Constitutional Law

Twenty Sixth Edition

SUNG Nak-In

the 26th President

Seoul National University

2026

Bobmun Sa

Paju Bookcity, Korea

憲 法 學

[제 26 판]

서울대학교 제26대 총장

법학 박사 成 樂 寅 著

法 文 社

勳·曺國 副學長과 鄭宗燮·宋石允 교수의 學問的 助言, 金孝全 교수님과 崔美汀 교수님 도움 말씀, 權建甫 교수·徐輔健 연구원, 대학원 韓東薰·朴眞佑·金壽用·金正淵·金東勳·李承玟(李鉉祐)·金慧眞 법학석사와 金正勳·李鎭 법학사; 제6판 朴正勳·李根寬 부학장, 權建甫·徐輔健 교수, BK법학사업단의 羅達淑 박사, 박사과정의 崔昌鎬 검사, 朴眞佑·金壽用 법학석사, 제47회 사법시험에 합격한 朴相凡·金찬·金載煥·洪眞映·鄭晶化·朴逸奎 군; 제7판 서울대 법대 韓寅燮·李昌熙·교수님, 박사과정의 崔昌鎬 검사, 朴眞佑·韓東薰·金壽用 법학석사, 제48회 사법시험에 합격한 金載煥·이민수·鄭津鏞·김태겸 법학사; 제8판 서울대 법대 申東雲·尹眞秀 교수님, 박사과정의 崔昌鎬 검사·呂雲國 판사, 丁哲 교수·朴眞佑 박사·韓東薰 박사·金壽用 법제연구원 부연구위원·金東勳 법무관, 강준구 연구조교·김성현·이돈필·김준형·김동혁·이미지·김대혁 군 등 제49회 사법시험에 합격; 제9판 서울대 법대 宋石允·李孝元·全鍾杙 교수, 박사과정의 崔昌鎬 부장검사·呂雲國 판사·金東勳 법무관·朴眞佑 박사·金容勳 조교, 김남기·김민석·김송경·윤기열 군 등 제50회 사법시험에 합격; 제10판 경원대 헌법학 교수로 부임한 박진우 박사·허진성 박사·박사과정의 김용훈·김태열·강준구 조교, 제51회 사법시험에 합격한 김지영·박재인 양, 육사 졸업 후 서울법대와 대학원에서 헌법학을 전공한 강유미 대위가 사상 최초로 여성장교로서 사법시험에 합격; 제11판 지난 10여 년 간 연구실을 거쳐 간 헌법학도들 박희정·윤학·이효원·진경준·정상익·서재덕·권건보·정철·장용근·한동훈·김수용·박진우·허진성·김용훈·김동훈·채영호 박사, 유남석·신상한·서영득·성기용·최창호·이기선·지석재·송경근·여운국·김윤홍·장성윤·김성현·김소연·임성희·전상현·션헤이즈·황선기·성승환·박상범·김태열·오유승·강준구·임승은·이재희 박사학위과정생, 경원대 법대의 박진우 교수, 제52회 사법시험에 김벼리·오유승 군이 합격의 영광; 제12판 대전대 허진성 교수, 제53회 사법시험에 박사과정의 임승은 양 합격. 석사과정의 김정길 조교, 제53회 사법시험에 최연소로 합격한 박정훈 양; 제13판 가천대 법대의 박진우 교수·아주대 이현한 교수·최창호 법무연수원 연구위원·헌법재판연구원의 한동훈 박사·허진성 대전대 교수·헌법재판소의 전상현·김동훈 연구관, 제54회 사법시험에 합격한 최지영·안해연 법학사·제53회 사법시험에 합격한 박정훈 법학사; 제14판 가천대 법대의 박진우 교수·최창호 서울고검 검사·헌법재판연구원의 한동훈 박사·허진성 대전대 교수·전상현 한양대 교수·김동훈 헌법연구관; 제15판 가천대 법대의 박진우 교수·김태열 조교·양태건 박사; 제16판 가천대 법대의 박진우 교수·미국변호사인 김태열 조교·중국변호사인 박대헌 조교; 제17판 박진우 교수·뉴욕 주 변호사인 김태열 조교·박대헌 조교; 제18판 가천대 법대의 박진우 교수·상명대 김용훈 교수·대전대 허진성 교수·뉴욕 주 변호사인 김태열 박사; 제19판 가천대 법대 박진우 교수·상명대 김용훈 교수, 뉴욕 주 변호사인 김태열 박사·박사과정의 윤형석 변호사; 제20판 가천대 법대 박신우 교수·뉴욕 주 변호사인 김대열 박시·박사과정의 윤형석 변호사); 제21판 고향(한정우 군수)으로부터 '창녕 군민 대상' 수상 및 창녕향교(김호일) 초헌관역, 학문적 출발점인 영남대 법대의 주호영 · 김찬돈 · 이용호 · 김상훈 · 이동형 · 서영애 · 백찬규 제씨 및 백서재 회장 · 박상호 국장, 언제나 따뜻하게 격려해 주신 종교계 지도자들에게도 감사드린다: 성직자의 길로 접어들면서 학업을 중단한 정진석 추기경님께 명예졸업장, 진제 조계종 종정님의 저서 '참선이란 무엇인가'에 추천사, 취임식을 찾아주신 박종화 경동교회 담임목사님, 천태종 본사에서 거행된 상월대조사 추념일추도사, 입적하신 설악 무산 조오현 큰스님의 사랑과 보살핌은 영원히 잊을 수가 없다. 1960년 4월민주혁명을 촉발시킨 대구 2·28기념사업회(우동기 회장)에서 주관 청년포럼 박진완 · 서보건 교수와 "헌법만들기 강좌", 송금조 회장께서 설립한 경암교육문화재단(진애언 이사장)의 경암상 수상: 가천대 법대 박진우 교수 · 김태열 박사 · 김동훈 헌법연구관 · 윤형석 변호사; 제22판 이헌환 헌법재판여구원장 · 김웅규 충북대 교수 · 권건보 한국헌법학회장님 · 가천대학교 법대 박진우 교수 · 김태열 박사; 제23판 최창호 변호사 · 조소영 교수 · 가천대학교 법대 박진우 교수 · 김태열 박사; 제24판 최창호 변호사 · 서울대 전상현 교수 · 가천대 박진우 교수 · 김태열 박사; 제25판 서울대 법대 이우영 · 전상현 교수, 입법조사처 김선화 박사 · 가천대 박진우 교수 · 김태열 박사의 변함없는 도움 말씀에 완결성을 더한다.

한국공법학회의 계희열 · 허영 · 이명구 · 김영수 · 이종상 · 권영설 고문님을 비롯해서 회장 재임 중 함께 수고하신 홍준형 · 정종섭 · 석인선 · 한견우 · 김선택 · 김유환 · 김민배 · 박영도 · 남복현 · 이인호 · 김병기 · 김웅규 · 권건보 · 조소영 · 김종보 · 김명연 · 황성기 · 이우영 · 최희경 · 나달숙 · 민병로 · 김종세 · 정종길 · 서보건 · 최우용 · 이발래 · 이희정 · 한동훈 · 김송옥 · 김지영 · 이일세 · 류지조 박사 등에게도 감사드린다.

대학원 헌법교실을 함께 한 분들의 큰 발전을 기원한다: 박희정 · 정상익 · 유남석 · 신상한 · 윤학 · 성기용 · 이헌환 · 서영득 · 송기춘 · 김윤홍 · 이효원 · 권건보 · 서재덕 · 최창호 · 진경준 · 정철 · 김완기 · 정영진 · 김춘곤 · 송경근 · 김진욱 · 서보건 · 황성기 · 김주영 · 기현석 · 전종익 · 이우영 · 전상현 · 김수용 · 김소연 · 정상우 · 양태건 · 박진우 · 채영호 · 김정현 · 장용근 · 한동훈 · 김태열 · 김동훈 · 윤성현 · 박종현 · 성승환 · 이진수 · 김영진 · 허진성 · 박대헌 · 윤기열 · 최정윤 · 조동은 · 이진 · 장소영 · 정구진 · 강민식 · 전령현 · 최호동 · 배정훈 · 박종원 · 성관정 · 최혜주 · 김학진 · 양소영; 김충희 · 이훈재 · 김지영 · 이연연 · 김봉원 · 김남기 · 이준화 · 김우진 · 이혜진 · 한철웅 · 김태희 · 전세영 · 최건호 · 서혜진 · 이재희 · 송창성 · 이동건 · 박기태 · 송진호 · 황신영 · 유성욱 · 이상돈 · 홍영기 · 김은정 · 김현창 · 한경태 · 전기연 · 전유림 · 진호성 · 한항 · 이재득 · 성지원 · 박정훈 · 강승우 · 황선기 · 이윤희 · 신유정 · 박유영 · 이은영 · 손원우 · 이상협 · 김영우 · 박성렬; 김학자 · 박동복 · 송구섭 · 이경찬 · 양수영 · 이상경 · 김용수 · 정진용 · 김동혁 · 이은주 · 윤성호 · 김성현 · 김도훈 · 이재희 · 신의철 · 김용신 · 서경준 · 최승훈 · 박지연 · 이승훈 · 장우석 · 이재원 · 백철우 · 이주현 · 조용범 · 장원필 · 김태호 · 김정옥 · 이탁순 · 김태성 · 김성률 · 최영준 · 임세진 · 천재현 · 최장미 · 김태겸 · 송광석 · 강미란 · 이민수 · 김준형 · 안영률 · 박영기 · 박민철 · 조광현 · 김민석 · 성빈 · 최훈일 · 권성우 · 김건 · 박재영 · 신기훈 · 선종문 · 김벼리 · 강소현 · 박지혜 · 한상훈 · 김혜현 · 김우석 · 박달재 · 이태윤 · 박동호 · 허민 · 김성태 · 이정훈 · 송찬호 · 최현호 · 김중식 · 허정인 · 오성헌 · 김대혁 · 박세환 · 최유경 · 임수민 · 방정미 · 나확진 · 왕정규 · 이문규 · 박광진 · 김기왕 · 백지열 · 김정훈 · 김준영 · 류성현 · 박재성 · 윤석범 · 이대웅 · 홍주현 · 서경미 · 배중화 · 양소연 · 정한샘 · 황신정 · 최재혁 · 양안나; 로스쿨의 '성사모' 제자들: 이한 · 정은혜 · 송가형 · 김영미 · 김석원 · 권도형 · 강세원 · 김동욱 · 이권일 · 이종헌 · 이나현 · 이해영 · 김진성 · 위보영 · 김성진 · 정재욱 · 남원철 · 강서연 · 윤성호 · 이충윤 · 최한결 · 김효준 · 이석형 · 이동욱 · 곽중혁 · 김다연 · 김병진 · 김세진 · 김은비 · 김태석 · 허영조 · 윤형석 · 권혜영 · 김재종 · 김종현 · 김진영 · 박은정 · 유지수 · 유현정 · 전성훈 · 채호준 · 최건호 · 조상현 · 김미영 · 김혜진 · 남수진 · 박지수 · 안재민 · 안태영 · 이병호 · 이영웅 · 정동일 · 정원혁 · 주석민 · 양지애 · 신익재 · 김상오 · 최헌영 · 이도감 · 박유준 · 최지영 · 이주연 · 한소은 등.

우수한 제자들과 교육 · 연구를 함께 한 시간이 행복하기만 하다. 저자가 서울대 제26대 총장 취임사에서 밝힌 대로 이들이 '선한 인재'로 거듭나서 우리 사회가 '선한 사람들의 공동체'가 되도록 기원한다. 저자가 총장 재임 중 공동선 구현의 일환으로 전국에서 처음으로 시작한 '천원의 아침 식사'가 전국으로 확산되어 큰 보람을 가진다.

초판부터 계속해서 개고 작업에 힘써 준 법문사 裵孝善 사장님 · 崔福鉉 전무님 · 全忠英 상무님, 金寧勳 · 魏鎬俊 · 玄根宅 차장님에게 감사드린다. 지금도 함께하는 편집부의 김용석 차장님, 기획영업부의 권혁기 차장님, 유진걸 · 김성주 과장님, 전산실의 이선미 님에게도 감사드린다. 제26판 작업에도 예년과 같이 가천대 박진우 교수와 감사연구원의 김태열 박사가 수고해 주셨다.

이번 제26판에서는 그간 게재하여오던 서문 중에서 초판만 게재하고 나머지는 삭제한다. 특히 인터넷에 게재된 『**헌법학**』 애독자의 '성낙인 **헌법학 서문**'도 독자들의 좋은 참고가 되었으면 한다.

2026년 2월 15일
자녀안심 국민재단 사무실에서
저자 成樂寅(성낙인) 씀

序　　文(초판)

세월은 참으로 유수와 같이 빨리도 흘러간다. 잔설을 녹이는 봄꽃을 완상하고 있는가 하면 어느듯 비바람치는 여름을 지나 낙엽이 뒹구는 가을이면 벌써 캠퍼스의 한 해는 저물어 간다. 헌법학이 무엇인지 법학이 무엇인지도 제대로 알지 못한 채 헌법학강의와 연구를 시작한 지 벌써 20년을 훌쩍 넘어섰다. 청년의 나이에 헌법학교수로 부임하여, 백발이 희끗희끗한 노교수의 풍모에 경의를 표하던 날이 엇그제 같은데, 하나 둘 늘어나는 흰머리를 새치라고 뽑아 가던 40대를 뛰어넘어 이제 늘어나는 흰머리를 안타까워하는 50대에 이르렀나 보다.

지난 20여년간 저자는 천마의 땅에서 관악의 기슭에서 헌법학자로서 나름대로 치열한 삶을 살아왔다. 그간 다수의 저서와 논문을 발표하면서 한국에서의 헌법학자로서의 고뇌를 되새겨 보았다. 저자는 헌법학연구의 결과물인 단행본 저서로는 "프랑스 제5공화국헌법상 각료제도"(Les ministres de la 5e République française, Paris, LGDJ, 1988), "프랑스헌법학"(법문사, 1995), "언론정보법"(나남출판, 1998), "선거법론"(법문사, 1998)을 출간한 바 있다. 특히 헌법재판소의 활성화와 더불어 판례와 사례연구의 중요성이 증대함에 따라 "한국헌법연습"(고시계 · 언약, 1997 · 1998(전정판))을 출간한 바 있으며, "헌법연습"(법문사, 2000)으로 새롭게 태어났다.

이제 그간 법과대학에서의 헌법학 강의와 연구의 집적물을 하나의 책으로 출간하게 되어 새삼 새로운 감회에 젖어든다. 대학에서의 강의과정에서 나름대로 정리한 강의안을 여러 차례 퇴고를 거듭하여 체계적 정리를 하고 보니 제법 근사한 憲法學 교과서가 된 것 같은 착각도 가지게 된다. 사실 교과서를 저술한다는 것이 비록 대단한 학문적 업적이라고 할 수는 없다고 하더라도 적어도 교수로서 늘 꿈꾸어 오던 희망사항임은 부인할 수 없다. 그러나 헌법학 전반에 걸쳐 세밀한 정리를 하는 일은 생각했던 것보다는 힘든 작업이었다. 막상 교과서를 집필하는 과정에서 아직도 너무나 많은 논점에 관해서 체계적 이해가 부족함을 통감하기도 하였다. 따라서 헌법학 교과서의 집필에 있어서는 무엇보다도 그간 한국헌법 반세기를 지탱하여 온 은사 · 선배 헌법학자들의 논고와 저술에 크게 의존할 수밖에 없었다. 그분들이 쌓아 온 고귀한 업적이 없었더라면 오늘의 한국헌법학도 제대로 자리잡기 어려웠을 것이다. 새삼 그분들의 노고에 존경과 경의를 표한다.

제26판(2026년판) 서문

『**헌법학**』 제26판을 출간한다. 초판 출간 이후 4반세기를 넘어섰다. 『**헌법학**』을 성원해주신 교수님들과 독자들에게 감사드린다. 제26판에서는 2026년 1월 현재 판례와 개정법률, 헌법학 관련 논저들을 충실히 반영하였다. 내용은 수정과 보완을 거듭하면서 업데이트하였지만 전체 분량은 최대한 현상 유지를 하였다.

2017년 박근혜 대통령에 이어 2025년 4월 4일 윤석열 대통령이 탄핵심판 인용결정으로 파면되었다. 6월 4일 이재명 대통령이 취임하였다. 87년 체제에서 다섯번째 평화적 정권교체이다. 87년 체제에서 저자의 6번째 가설 즉 대통령 재임 중 국회 절대 과반수가 단일 야당으로 넘어간 2024년 총선 이후 여소야대는 비상계엄으로 막을 내리고 여대야소로 작동한다. 소수 야당은 이제 들러리에 불과하다. 민주화 이후의 민주주의는 요원해 보인다(성낙인, 87년 체제의 종언과 제7공화국, 나남, 2025). 3개의 특검법과 상설특검법에 따른 특검도 작동하는 특검 정국이 계속된다. 이후 '2차 종합 특검'도 가동된다. 그야말로 특검 공화국이다. 위헌 논란을 촉발한 내란특별재판부 설치를 위한 '내란·외환·반란 범죄 등의 형사절차에 관한 특례법'도 제정되었다. 비상계엄 극복을 위한 계엄법 개정도 단행되었다. 비상계엄관련자들은 법원의 "위로부터의 내란 및 친위 쿠데타"로 응징된다.

정보통신망법 제정 심의위원장이었던 저자로서는 법 개정으로 불법정보에 허위·조작 정보 처벌과 징벌적 손해배상제도 도입에 우려를 표명한다. 정부조직도 대폭 개편되면서 국회법도 개정되어 정부소식법정주의가 무력해진다. 10월이면 검찰청이 사라지고 공소청이 대신하고 행정안전부에 중대범죄수사청도 신설된다. 공소청, 중대범죄수사청, 국가수사본부, 공수처 등 그야말로 형사사법기관의 혼돈상태이다. 정권이 교체될 때에도 지속가능하도록 제도적 장치를 마련하지 아니하면 정권교체 때마다 국가조직의 근간이 휘둘릴 소지가 있다. '방송통신위원회의 설치 및 운영에 관한 법률'을 폐지하고 미디어만 추가한 '방송미디어통신위원회의 설치 및 운영에 관한 법률'의 제정은 정치입법의 한 단면이다. 텔레비전 수신료 징수와 관련하여 방송법도 개정되었다. 헌법재판소법 개정으로 헌법연구관 정년이 법관과 같이 65세로 상향조정된 것은 바람직한 방향이다. 그 외에도

'인공지능 발전과 신뢰 기반 조성 등에 관한 기본법'이 제정되고 공직선거법, '개인정보 보호법'도 개정되었다. 인구절벽 · 지방소멸 시대에 적응하기 위한 광역지방자치단체 통합의 가속은 다행스럽다. '사립대학의 구조개선 지원에 관한 법률'의 원리가 사립 초중등학교에도 작동되도록 하여야 한다.

K-컬처는 세계를 호령한다. 대중음악, 고전음악, 미술, 문학, 뷰티, 영화, 드라마, 푸드 사회 전 분야에 이른다. 이는 MASGA로 상징되는 K-산업의 발전에 터 잡고 있다. 반도체 · TV · 휴대폰 · 자동차에 이어 조선 · 방위산업에 이르기까지 산업화의 과실을 밑거름으로 이를테면 "물질이 정신을 지배하는 시대"가 열린 셈이다. 하지만, K-민주주의는 아직도 요원해 보인다. '커피값 선결제'를 통하여 보여준 민주공화국 시민들의 민주주의 성숙도에 비하면 정치인들의 K-민주주의는 아직도 요원해 보인다. 노벨 평화상에 이어 문학상까지 수상한 나라에서 K-민주주의도 이제 성숙한 모습을 보여주어야 한다.

『**헌법학**』 이외에 저자의 다른 저서들 『**판례헌법**』, 『**헌법소송론**』 제3판(공저자: 권건보 · 정철 · 전상현 · 박진우 · 허진성 · 김용훈 · 이진 교수), 『**대한민국헌법사**』, 『**韓國憲法學概論**』(중국어판 번역: 蔡英浩 · 朴大憲 교수)도 참고하면 좋을 것 같다. 또한 헌법을 쉽게 이해하도록 「**만화 판례헌법 1. 헌법과 정치제도**」, 「**만화 판례헌법 2. 헌법과 기본권**」(2013)을 비롯해서 저자의 칼럼집인 「**우리헌법읽기**」(2014), 「**국민을 위한 사법개혁과 법학교육**」(2014), 한국연구재단 석학인문강좌(제67호)의 「**헌법과 생활법치**」(세창출판사, 2016)도 출간하였다. 또한 50년에 이르는 헌법학자의 여정에서 『**프랑스 제5공화국헌법상 각료제도**』(1988, 파리, 불어판), 『**프랑스헌법학**』(1995), 『**언론정보법**』(1998), 『**선거법론**』(1998)을 출간한 바 있고, 공간된 논문 82편을 모아 『**헌법학 논집**』(2018)을 출간하였다. 선배 · 동료법학자들이 117편에 이르는 주옥 같은 논문을 기고하여 주신 『**국가와 헌법**』 **Ⅰ(헌법총론·정치제도론)** · **Ⅱ(기본권론)**(2018)을 출간하였다.

지난 25년 간 『**헌법학**』 출간을 도와주신 분들에게도 감사드린다. 초판 金春坤 선생 · 安京姬 박사와 제42회 사법시험에 합격한 金相君 · 鄭晟太 · 柳承佑 · 徐아람 군 및 부속실의 康德和 선생; 제2판 權建甫 강사 · 장용근 군과 제43회 사법시험에 합격한 安台埈 · 朴鍾宇 · 方泰慶 · 고은설 군; 제3판 대학원 정철 · 한동훈 군과 제44회 사법시험에 합격한 성승환 · 김동훈 · 전상범 군; 제4판 李金玉 교수님, 崔京玉 · 權建甫 · 曺小永 · 정종길 박사와 金素延 연구관, 韓東薰 · 朴眞佑 · 金壽用 · 李경찬 · 金東勳 · 朴世勳 법학석사, 제45회 사법시험에 합격한 朴世勳 · 柳在遠 · 金志映 · 金지이나 군; 제5판 서울대 法大의 朴正

勳・曺國 副學長과 鄭宗燮・宋石允 교수의 學問的 助言, 金孝全 교수님과 崔美汀 교수님 도움 말씀, 權建甫 교수・徐輔健 연구원, 대학원 韓東薰・朴眞佑・金壽用・金正淵・金東勳・李承玟(李鉉祐)・金慧眞 법학석사와 金正勳・李鎭 법학사; 제6판 朴正勳・李根寬 부학장, 權建甫・徐輔健 교수, BK법학사업단의 羅達淑 박사, 박사과정의 崔昌鎬 검사, 朴眞佑・金壽用 법학석사, 제47회 사법시험에 합격한 朴相凡・金찬・金載煥・洪眞映・鄭晶化・朴逸奎 군; 제7판 서울대 법대 韓寅燮・李昌熙・교수님, 박사과정의 崔昌鎬 검사, 朴眞佑・韓東薰・金壽用 법학석사, 제48회 사법시험에 합격한 金載煥・이민수・鄭津鏞・김태겸 법학사; 제8판 서울대 법대 申東雲・尹眞秀 교수님, 박사과정의 崔昌鎬 검사・呂雲國 판사, 丁哲 교수・朴眞佑 박사・韓東薰 박사・金壽用 법제연구원 부연구위원・金東勳 법무관, 강준구 연구조교・김성현・이돈필・김준형・김동혁・이미지・김대혁 군 등 제49회 사법시험에 합격; 제9판 서울대 법대 宋石允・李孝元・全鍾杙 교수, 박사과정의 崔昌鎬 부장검사・呂雲國 판사・金東勳 법무관・朴眞佑 박사・金容勳 조교, 김남기・김민석・김송경・윤기열 군 등 제50회 사법시험에 합격; 제10판 경원대 헌법학 교수로 부임한 박진우 박사・허진성 박사・박사과정의 김용훈・김태열・강준구 조교, 제51회 사법시험에 합격한 김지영・박재인 양, 육사 졸업 후 서울법대와 대학원에서 헌법학을 전공한 강유미 대위가 사상 최초로 여성장교로서 사법시험에 합격; 제11판 지난 10여 년 간 연구실을 거쳐 간 헌법학도들 박희정・윤학・이효원・진경준・정상익・서재덕・권건보・정철・장용근・한동훈・김수용・박진우・허진성・김용훈・김동훈・채영호 박사, 유남석・신상한・서영득・성기용・최창호・이기선・지석재・송경근・여운국・김윤홍・장성윤・김성현・김소연・임성희・전상현・션헤이즈・황선기・성승환・박상범・김태열・오유승・강준구・임승은・이재희 박사학위과정생, 경원대 법대의 박진우 교수, 제52회 사법시험에 김벼리・오유승 군이 합격의 영광; 제12판 대전대 허진성 교수, 제53회 사법시험에 박사과정의 임승은 양 합격. 석사과정의 김정길 조교, 제53회 사법시험에 최연소로 합격한 박정훈 양; 제13판 가천대 법대의 박진우 교수・아주대 이헌환 교수・최창호 법무연수원 연구위원・헌법재판연구원의 한동훈 박사・허진성 대전대 교수・헌법재판소의 전상현・김동훈 연구관, 제54회 사법시험에 합격한 최지영・안해연 법학사・제53회 사법시험에 합격한 박정훈 법학사; 제14판 가천대 법대의 박진우 교수・최창호 서울고검 검사・헌법재판연구원의 한동훈 박사・허진성 대전대 교수・전상현 한양대 교수・김동훈 헌법연구관; 제15판 가천대 법대의 박진우 교수・김태열 조교・양태건 박사; 제16판 가천대 법대의 박진우 교수・미국변호사인 김태열 조교・중국변호사인 박대헌 조교; 제17판 박진우 교수・뉴욕 주 변호사인 김태열 조교・박대헌 조교; 제18판 가천대 법대의 박진우 교수・상명대 김용훈 교수・대전대 허진성 교수・뉴욕 주 변호사인 김태열 박사; 제19판 가천대 법대 박진우 교수・상명대 김용훈 교수, 뉴욕 주 변호사인 김태열 박사・박사과정의 윤형석 변호사; 제20판 가천대 법대 박진우 교수・뉴욕 주 변호사인 김태열 박사・박사과정의 윤형석 변호사); 제21판 고향(한정우 군수)으로부터 '창녕 군민 대상' 수상 및 창녕향교(김호일) 초헌관역, 학문적 출발점인 영남대 법대의 주호영 · 김찬돈 · 이용호 · 김상훈 · 이동형 · 서영애 · 백찬규 제씨 및 백서재 회장 · 박상호 국장, 언제나 따뜻하게 격려해 주신 종교계 지도자들에게도 감사드린다: 성직자의 길로 접어들면서 학업을 중단한 정진석 추기경님께 명예졸업장, 진제 조계종 종정님의 저서 '참선이란 무엇인가'에 추천사, 취임식을 찾아주신 박종화 경동교회 담임목사님, 천태종 본사에서 거행된 상월대조사 추념일추도사, 입적하신 설악 무산 조오현 큰스님의 사랑과 보살핌은 영원히 잊을 수가 없다. 1960년 4월민주혁명을 촉발시킨 대구 2 · 28기념사업회(우동기 회장)에서 주관 청년포럼 박진완 · 서보건 교수와 "헌법만들기 강좌", 송금조 회장께서 설립한 경암교육문화재단(진애언 이사장)의 경암상 수상: 가천대 법대 박진우 교수 · 김태열 박사 · 김동훈 헌법연구관 · 윤형석 변호사; 제22판 이헌환 헌법재판여구원장 · 김웅규 충북대 교수 · 권건보 한국헌법학회장님 · 가천대학교 법대 박진우 교수 · 김태열 박사; 제23판 최창호 변호사 · 조소영 교수 · 가천대학교 법대 박진우 교수 · 김태열 박사; 제24판 최창호 변호사 · 서울대 전상현 교수 · 가천대 박진우 교수 · 김태열 박사; 제25판 서울대 법대 이우영 · 전상현 교수, 입법조사처 김선화 박사 · 가천대 박진우 교수 · 김태열 박사의 변함없는 도움 말씀에 완결성을 더한다.

한국공법학회의 계희열 · 허영 · 이명구 · 김영수 · 이종상 · 권영설 고문님을 비롯해서 회장 재임 중 함께 수고하신 홍준형 · 정종섭 · 석인선 · 한견우 · 김선택 · 김유환 · 김민배 · 박영도 · 남복현 · 이인호 · 김병기 · 김웅규 · 권건보 · 조소영 · 김종보 · 김명연 · 황성기 · 이우영 · 최희경 · 나달숙 · 민병로 · 김종세 · 정종길 · 서보건 · 최우용 · 이발래 · 이희정 · 한동훈 · 김송옥 · 김지영 · 이일세 · 류지조 박사 등에게도 감사드린다.

대학원 헌법교실을 함께 한 분들의 큰 발전을 기원한다: 박희정 · 정상익 · 유남석 · 신상한 · 윤학 · 성기용 · 이헌환 · 서영득 · 송기춘 · 김윤홍 · 이효원 · 권건보 · 서재덕 · 최창호 · 진경준 · 정철 · 김완기 · 정영진 · 김춘곤 · 송경근 · 김진욱 · 서보건 · 황성기 · 김주영 · 기현석 · 전종익 · 이우영 · 전상현 · 김수용 · 김소연 · 정상우 · 양태건 · 박진우 · 채영호 · 김정현 · 장용근 · 한동훈 · 김태열 · 김동훈 · 윤성현 · 박종현 · 성승환 · 이진수 · 김영진 · 허진성 · 박대헌 · 윤기열 · 최정윤 · 조동은 · 이진 · 장소영 · 정구진 · 강민식 · 전령현 · 최호동 · 배정훈 · 박종원 · 성관정 · 최혜주 · 김학진 · 양소영; 김충희 · 이훈재 · 김지영 · 이연연 · 김봉원 · 김남기 · 이준화 · 김우진 · 이혜진 · 한철웅 · 김태희 · 전세영 · 최건호 · 서혜진 · 이재희 · 송창성 · 이동건 · 박기태 · 송진호 · 황신영 · 유성욱 · 이상돈 · 홍영기 · 김은정 · 김현창 · 한경태 · 전기연 · 전유림 · 진호성 · 한항 · 이재득 · 성지원 · 박정훈 · 강승우 · 황선기 · 이윤희 · 신유정 · 박유영 · 이은영 · 손원우 · 이상협 · 김영우 · 박성렬; 김학자 · 박동복 · 송구섭 · 이경찬 · 양수영 · 이상경 · 김용수 · 정진용 · 김동혁 · 이은주 · 윤성호 · 김성현 · 김도훈 · 이재희 · 신의철 · 김용신 · 서경준 · 최승훈 · 박지연 · 이승훈 · 장우석 · 이재원 · 백철우 · 이주현 · 조용범 · 장원필 · 김태호 · 김정옥 · 이탁순 · 김태성 · 김성률 · 최영준 · 임세진 · 천재현 · 최장미 · 김태겸 · 송광석 · 강미란 · 이민수 · 김준형 · 안영률 · 박영기 · 박민철 · 조광현 · 김민석 · 성빈 · 최훈일 · 권성우 · 김건 · 박재영 · 신기훈 · 선종문 · 김벼리 · 강소현 · 박지혜 · 한상훈 · 김혜현 · 김우석 · 박달재 · 이태윤 · 박동호 · 허민 · 김성태 · 이정훈 · 송찬호 · 최현호 · 김중식 · 허정인 · 오성헌 · 김대혁 · 박세환 · 최유경 · 임수민 · 방정미 · 나확진 · 왕정규 · 이문규 · 박광진 · 김기왕 · 백지열 · 김정훈 · 김준영 · 류성현 · 박재성 · 윤석범 · 이대웅 · 홍주현 · 서경미 · 배중화 · 양소연 · 정한샘 · 황신정 · 최재혁 · 양안나; 로스쿨의 '성사모' 제자들: 이한 · 정은혜 · 송가형 · 김영미 · 김석원 · 권도형 · 강세원 · 김동욱 · 이권일 · 이종헌 · 이나현 · 이해영 · 김진성 · 위보영 · 김성진 · 정재욱 · 남원철 · 강서연 · 윤성호 · 이충윤 · 최한결 · 김효준 · 이석형 · 이동욱 · 곽중혁 · 김다연 · 김병진 · 김세진 · 김은비 · 김태석 · 허영조 · 윤형석 · 권혜영 · 김재종 · 김종현 · 김진영 · 박은정 · 유지수 · 유현정 · 전성훈 · 채호준 · 최건호 · 조상현 · 김미영 · 김혜진 · 남수진 · 박지수 · 안재민 · 안태영 · 이병호 · 이영웅 · 정동일 · 정원혁 · 주석민 · 양지애 · 신익재 · 김상오 · 최헌영 · 이도감 · 박유준 · 최지영 · 이주연 · 한소은 등.

우수한 제자들과 교육 · 연구를 함께 한 시간이 행복하기만 하다. 저자가 서울대 제26대 총장 취임사에서 밝힌 대로 이들이 '선한 인재'로 거듭나서 우리 사회가 '선한 사람들의 공동체'가 되도록 기원한다. 저자가 총장 재임 중 공동선 구현의 일환으로 전국에서 처음으로 시작한 '천원의 아침 식사'가 전국으로 확산되어 큰 보람을 가진다.

초판부터 계속해서 개고 작업에 힘써 준 법문사 裵孝善 사장님 · 崔福鉉 전무님 · 全忠英 상무님, 金寧勳 · 魏鎬俊 · 玄根宅 차장님에게 감사드린다. 지금도 함께하는 편집부의 김용석 차장님, 기획영업부의 권혁기 차장님, 유진걸 · 김성주 과장님, 전산실의 이선미 님에게도 감사드린다. 제26판 작업에도 예년과 같이 가천대 박진우 교수와 감사연구원의 김태열 박사가 수고해 주셨다.

이번 제26판에서는 그간 게재하여오던 서문 중에서 초판만 게재하고 나머지는 삭제한다. 특히 인터넷에 게재된 『**헌법학**』 애독자의 '성낙인 **헌법학 서문**'도 독자들의 좋은 참고가 되었으면 한다.

2026년 2월 15일

자녀안심 국민재단 사무실에서

저자 成樂寅(성낙인) 씀

序　文(초판)

세월은 참으로 유수와 같이 빨리도 흘러간다. 잔설을 녹이는 봄꽃을 완상하고 있는가 하면 어느듯 비바람치는 여름을 지나 낙엽이 뒹구는 가을이면 벌써 캠퍼스의 한 해는 저물어 간다. 헌법학이 무엇인지 법학이 무엇인지도 제대로 알지 못한 채 헌법학강의와 연구를 시작한 지 벌써 20년을 훌쩍 넘어섰다. 청년의 나이에 헌법학교수로 부임하여, 백발이 희끗희끗한 노교수의 풍모에 경의를 표하던 날이 엇그제 같은데, 하나 둘 늘어나는 흰머리를 새치라고 뽑아 가던 40대를 뛰어넘어 이제 늘어나는 흰머리를 안타까워하는 50대에 이르렀나 보다.

지난 20여년간 저자는 천마의 땅에서 관악의 기슭에서 헌법학자로서 나름대로 치열한 삶을 살아왔다. 그간 다수의 저서와 논문을 발표하면서 한국에서의 헌법학자로서의 고뇌를 되새겨 보았다. 저자는 헌법학연구의 결과물인 단행본 저서로는 **"프랑스 제5공화국헌법상 각료제도"**(Les ministres de la 5e République française, Paris, LGDJ, 1988), **"프랑스헌법학"**(법문사, 1995), **"언론정보법"**(나남출판, 1998), **"선거법론"**(법문사, 1998)을 출간한 바 있다. 특히 헌법재판소의 활성화와 더불어 판례와 사례연구의 중요성이 증대함에 따라 **"한국헌법연습"**(고시계・언약, 1997・1998(전정판))을 출간한 바 있으며, **"헌법연습"**(법문사, 2000)으로 새롭게 태어났다.

이제 그간 법과대학에서의 헌법학 강의와 연구의 집적물을 하나의 책으로 출간하게 되어 새삼 새로운 감회에 젖어든다. 대학에서의 강의과정에서 나름대로 정리한 강의안을 여러 차례 퇴고를 거듭하여 체계적 정리를 하고 보니 제법 근사한 **憲法學** 교과서가 된 것 같은 착각도 가지게 된다. 사실 교과서를 저술한다는 것이 비록 대단한 학문적 업적이라고 할 수는 없다고 하더라도 적어도 교수로서는 꿈꾸어 오던 희망사항임은 부인할 수 없다. 그러나 헌법학 전반에 걸쳐 세밀한 정리를 하는 일은 생각했던 것보다는 힘든 작업이었다. 막상 교과서를 집필하는 과정에서 아직도 너무나 많은 논점에 관해서 체계적 이해가 부족함을 통감하기도 하였다. 따라서 헌법학 교과서의 집필에 있어서는 무엇보다도 그간 한국헌법 반세기를 지탱하여 온 은사・선배 헌법학자들의 논고와 저술에 크게 의존할 수밖에 없었다. 그분들이 쌓아 온 고귀한 업적이 없었더라면 오늘의 한국헌법학도 제대로 자리잡기 어려웠을 것이다. 새삼 그분들의 노고에 존경과 경의를 표한다.

본서의 서술에 있어서는 다음과 같은 몇 가지를 고려하였다. 첫째, 법과대학 학부 학생들의 교과서로 집필한 것이기 때문에 가급적 기존 헌법학 교과서의 체제와 편제를 존중하였다. 새로운 체제로 저술하여 학생들에게 부담감을 주지 않기 위한 배려이다. 이 과정에서 은사님·선배님들이 저술한 헌법학 교과서를 최대한 참조하면서 이분들의 소중한 견해를 경청하였다. 둘째, 헌법재판소가 활성화되면서 헌법학의 주요한 논점에 관해서 쌓아 온 판례이론을 최대한 반영하려고 노력하였다. 사실 헌법재판소결정에는 학자들의 이론이 상당부분 반영되어 있다. 따라서 더 이상 논란의 여지가 없는 일반론적인 내용은 판례를 최대한 원용하여 독자들의 참고와 편의에 제공하려고 노력하였다. 특히 지난 12년간의 헌법재판소결정(판례)을 해당 논점에 참조하고 인용하는 작업은 무척 힘든 일이었지만, 가급적 참조하려고 노력하였다. 셋째, 그간 외국의 헌법학이론이 수입되어 왔으나 다소 독일헌법학 중심의 편향적인 경향이 있었다. 이에 프랑스헌법학이론의 한국적 접목을 시도하였다. 그러나 법과대학 학부 학생들의 교과서라는 점을 특별히 의식하여 가급적 프랑스헌법학의 일반이론을 중심으로 한국적 접목을 시도하였다. 외국법학이론의 무분별한 도입도 문제가 되겠지만, 어차피 한국헌법의 뿌리가 서구라파에서 쌓아 올린 자유민주주의의 틀에 기초해 있다면, 외국이론을 도외시할 수 없기 때문이다. 프랑스헌법학의 본격적인 이론은 저자의 **프랑스憲法學**을 참조해 주기 바란다.

본서의 내용에 있어서도 다음과 같은 몇 가지를 고려하였다. 첫째, 헌법학연구에 있어서 국민의 자유와 권리(기본권)의 중요성을 소홀히 할 수는 없지만, 동시에 헌법학의 출발점은 근대입헌주의 이래 쌓아 올린 국민주권주의에 기초해 있다는 점을 간과해서는 안된다는 것이다. 바로 그런 의미에서 자유의 기술로서의 헌법학은 동시에 국민주권으로부터 비롯되는 권력의 기술로서의 헌법학과의 조화에 있다는 점을 강조하고자 하였다. 둘째, 한국헌법상 권력구조의 틀을 보다 실천적으로 이해하려고 노력하였다. 그간 한국헌법상 권력구조의 이해에 있어서는 헌법규범의 정확한 이해보다는 헌법현실적인 고려가 너무 앞서 나가고 있었다. 이제 나라의 민주화와 더불어 헌법규범의 정확한 이해와 그 규범의 제도적 뿌리를 찾아서 이에 충실한 연구가 뒤따라야 하기 때문에, 미래지향적인 헌법규범의 이해를 위한 노력을 기울여 보았다. 그것은 특히 헌법상 정부형태론과 정부와 국회의 관계에서 강조되고 있다. 현행헌법규범을 전제로 하여 그간 기피대상이었던 이원정부제(반대통령제)적인 이해의 가능성을 입체적으로 살펴보았다. 셋째, 헌법재판이 활성화되어 감에 따라 헌법재판론을 보다 깊이 있게 다루고자 노력하였다. 헌법재판과 관련된 많은 논점을 정리하고 이와 관련된 학설이나 헌법재판소와 대법원의 판례를 최대한 반영하려고 노력하였다. 넷째 그간 한국헌정의 민주적 전개에 따라 해마다 많은 법률들이 제정・개정되고 있다. 본서에서는 2001년 1월에 국회에서 통과된 법률까지 반영하였다. 특히 정부조직법 법원조직법과 같은 기본법률이 개정되어 관련내용을 추가하였다. 미진하고 불충분한 부분은 독자들의 질정을 받아 향후 충실히 보답할 것을 약속한다. 독자들은 때로 미진한 논점에 관해서는 저자의 憲法演習을 통하여 보완할 수 있기를 바란다.

그간 저자의 학자생활은 나름대로 격랑과 파도를 헤쳐왔다. 이 과정에서 너무나 많은 분들의 은혜를 입었다. 은사이신 金哲洙 교수님으로부터 끊임없이 학자로서의 영감을 얻을 수 있었다. 선생님으로부터는 학자적 연구활동뿐만 아니라, 학자로서의 사회활동에도 너무나 많은 것을 배워 왔다. 한국공법학회회장 재직시 총무간사로서, 한국법학교수회회장 재직시 총무간사와 사무차장으로서 가르침을 받아왔다. 서울대학교 법과대학의 權寧星 교수님과 최대권 교수님의 학은에도 감사드린다. 권영성 교수님의 정치한 논리는 저자의 헌법학 저술에 있어서도 살아있는 귀감이 되었다. 崔大權 교수님의 법사회학적인 논리 앞에 저자의 짧은 식견을 부끄러워하고 있다. 또한 金東熙 학장님은 저자를 프랑스공법학의 길로 안내해 주셨다. 언제나 인자하신 崔松和 전 부총장님의 격려도 잊을 수가 없다. 한편 저자는 프랑스 파리2대학교 법과대학원에 유학하면서 여러 은사・선배 교수님으로부터 가르침을 받았다. 지도교수이신 Denis LEVY 교수님을 비롯해서, Georges VEDEL, Jean-Louis QUERMONNE, Jacques CADART 교수님의 지도에 감사드린다. 또한 Jean MORANGE, Marc ORANGE 교수와 Georges TURKEWICZ 선생의 우의도 잊을 수가 없다. 일본의 원로헌법학자이신 清水英夫 선생님의 따뜻한 격려와, 右崎正博 교수의 우의에도 감사드린다.

저자는 그간 한국헌법학계의 원로・선배교수님들로부터 너무나 많은 격려와 지도편달을 받아왔다. 한국공법학회와 한국헌법학회를 통하여 선배교수님들의 가르침을 받는 것은 학자로서의 소중한 양식이 되었다. 특히 선배교수님들을 직접 모시고 총무이사, 연구이사, 출판이사, 국제이사 등의 업무를 수행할 수 있었던 것은 저자로서의 커다란 영광일 뿐만 아니라 가까이서 가르침을 받을 수 있는 소중한 기회이기도 하였다. 척박한 한국헌법학의 풍토에서 평생을 학자로서의 길을 걸어오신 이분들의 노고에 다시 한번 경의를 표한다. 저자의 교수생활은 영남대학교 법과대학에서 시작되었다. 이 자리를 빌려서 다시 한번 선배교수님들의 보살핌에 감사드린다. 또한 천마의 땅에서 저자의 가르침을 받은 법학도들의 대성을 기원한다.

憲法學 교과서를 집필하면서 그간 모아 놓은 논문과 강의안으로 쉽게 해결되리라던 당초의 생각은 일이 진행되면서 회의와 좌절로 이어지기도 하였다. 그러나 주변의 격려에 힘입어 이제 겨우 모습을 드러내게 되었다. 그간 작업과정에서 너무나 많은 분들의 은혜를 입었다. 시장성이 전혀 없는 프랑스憲法學을 흔쾌히 출간해 주셨던 법문사에서 憲法學 교과서를 낼 수 있게 되었다. 항시 좋은 책을 내주시는 법문사 裵孝善 사장님, 崔福鉉 상무님, 全忠英 이사님께 감사드린다. 편집작업에 고생한 金寧勳·魏鎬俊·玄根宅 과장님께도 이 자리를 빌려서 감사의 마음을 전하고자 한다. 현근택 과장님은 프랑스헌법학·선거법론에 이어 이번에도 까다로운 교정일을 책임져 주셨다. 조판을 맡아 준 光岩文化社 관계자 여러분께도 감사드린다. 원고의 수정과 교정 그리고 판례정리에 애를 쓴 제자들에게도 고마운 마음을 이 책의 머리에 담고자 한다. 영남대학교 법과대학에서 저자의 연구실을 지켜 주었던 金春坤 강사의 노고도 잊을 수가 없다. 독일에서 어려운 민법학 박사학위를 취득하고 서울대학교에서 박사후 과정을 하고 있는 安京姬 박사는 귀중한 연구시간을 할애하여 원고정리와 교정에 너무나 많은 고생을 하였다. 여성학자 특유의 세심한 원고정리 덕분에 보다 완벽한 체제를 갖출 수 있었다. 서울대학교 법과대학을 졸업하고 대학원 재학 중 제42회 사법시험에 합격하여 사법연수원 입소전 소중한 시간을 할애하여 독자의 입장에서 원고정리와 판례정리 및 교정까지 보아준 金相君·鄭晸太·柳承佑·徐아람 군의 노고를 잊을 수 없다. 이들의 앞날에 영광있기를 기원한다. 부속실의 康德和씨도 귀찮은 일을 맡아 주었다.

이제 헌법학 교과서를 통해서 헌법학자로서 생활을 중간정산하는 듯한 감회를 지울 수 없다. 이 자리를 빌려서 오늘의 저자가 있기까지 보살펴 주신 부모님 恩惠에 감사드린다. 이미 故人이 되신 부모님(成瑄永, 鄭鳳点)을 비롯해서, 형님들과 누님들의 사랑이 오늘이 있기까지 저자를 지탱하여 주셨다. 삼가 이 小著를 父母님 靈前에 바치고자 한다. 어슬픈 학자생활과 저술로 인하여 자주 찾아보지 못한 고향땅 昌寧이 새삼 눈에 아른거린다. 영일없는 작업에 가장을 빼앗긴 아내와 아이들에게도 이제 빚을 갚아야 될 때가 되었나 보다.

2001. 2. 15.

관악의 잔설을 바라보며 저자 成樂寅(성낙인) 씀

차　　례

제 1 편　헌법총론

제2장 헌법의 제정·개정과 헌법의 변천·보장 (39~89)

제 3 장 국가의 본질과 국가형태 (90～118)

제 2 편 정치제도론

제3장 정 부 (552~710)

제 3 편　기본권론

제 1 장　기본권 일반이론 (1047～1155)

참고문헌

김철수, 헌법학(상)(하), 박영사, 2008.
권영성, 헌법학원론, 법문사, 2010.
계희열, 헌법학(상)(중), 박영사, 2004, 2007.
구병삭, 신헌법원론, 박영사, 1997.
강경근, 헌법, 법문사, 2002.
김대환, 헌법총론, 헌법재판 및 위헌심사기준론, 기본권론, 박영사, 2023.
김백유, 헌법학(Ⅰ)(Ⅱ), 조은, 2010.
김승대, 헌법학강론, 법문사, 2022.
김하열, 헌법강의, 박영사, 2022.
김학성, 헌법학원론, 피앤씨미디어, 2016.
문광삼, 한국헌법학, 삼영사, 2008.
문홍주, 제6공화국 한국헌법, 해암사, 1997.
박일경, 제6공화국 신헌법, 법경출판사, 1990.
송석윤(역), 코젤렉의 개념사 사전 20, 푸른역사, 2021.
안용교, 한국헌법, 고시연구사, 1989.
양　건, 헌법강의, 법문사, 2022.
윤명선, 헌법학, 대명출판사, 2002.
윤성현, 헌법강의, 박영사, 2025.
이관희, 한국민주헌법론 Ⅰ·Ⅱ, 박영사, 2008.
이승우, 헌법학, 두남, 2013.
이준일, 헌법학강의, 홍문사, 2013.
이헌환, 대한민국헌법사전, 박영사, 2020.
장영수, 헌법학, 홍문사, 2013.
장영철, 헌법학, 박영사, 2022.
정만희, 헌법학개론, 피앤씨미디어, 2020.
정종섭, 헌법학원론, 박영사, 2020.
전광석, 한국헌법론, 집현재, 2015.
정영화, 헌법, 일조사, 2011.
정재황, 신헌법입문, 박영사, 2021.
조병윤, 헌법학원리, 성광사, 2010.
최대권, 헌법학강의, 박영사, 1998.
최용기, 헌법원론, 대명출판사, 2002.
허　영, 한국헌법론, 박영사, 2019.
홍성방, 헌법학, 박영사, 2011.

김기범, 한국헌법, 교문사, 1973.
유진오, 신고헌법해의, 일조각, 1953.
한수웅, 헌법학, 법문사, 2020.
한태연, 헌법학, 법문사, 2002.

성낙인, 헌법학입문, 제10판, 법문사, 2020.
성낙인, 헌법개론, 제15판, 법문사, 2026.
成樂寅, 蔡永浩 · 朴大憲 共譯, 韓國憲法學概論, 中國, 知识产权出版社, 2022.
성낙인, 헌법과 국가정체성, 박영사, 2019.
성낙인, 판례헌법, 제4판, 법문사, 2014.
성낙인, 헌법학논집, 법문사, 2018.
성낙인(기념논문집), 국가와 헌법 Ⅰ · Ⅱ, 법문사, 2018.
성낙인, 프랑스헌법학, 법문사, 1995.
성낙인, 헌법연습, 법문사, 2000.
성낙인, 선거법론, 법문사, 1998.
성낙인, 언론정보법, 나남, 1998.
성낙인 외, 헌법소송론 제3판, 법문사, 2026.
성낙인, 대한민국헌법사, 법문사, 2012.
성낙인, 헌법과 생활법치, 세창출판사, 2017.

기타 문헌은 본문에서 출전이 설명되어 있음.

제1편 헌법총론

제1장 헌법과 헌법학

제1절 권력과 자유의 조화의 기술로서의 헌법

Ⅰ. 의　의

1. 헌법과 헌법학

(i) 헌법 또는 헌법학(Constitutional Law, Droit constitutionnel, Verfassungsrecht)은 다른 실정법(학)과 마찬가지로 한국이나 동양의 전통적인 법규범·법질서에서 유래하기보다는 서양의 법질서·법체계를 이어받았다(繼受). 근대 한국에서 헌법개념은 장정(章程), 국제(國制), 국헌(國憲) 등으로 표현되기도 하였다. 고유한 의미에서의 헌법(학)은 "국가의 조직과 구성에 관한 기본원리를 정립한 법"이다. 그런 의미에서 헌법은 국가에서 작동되고 있는 모든 법규범 중에서 최고법이고 근본법(기본법)이다.

(ii) 1776년 미국 '버지니아 권리장전'(Virginia Bill of Rights)에 이어 제정된 1787년 미국헌법과 1789년 프랑스 혁명기에 천명한 '인간과 시민의 권리선언'(La déclaration des droits de l'homme et du citoyen) 이후 제정된 프랑스헌법으로부터 비롯된 일련의 입헌주의 문서는 주권재민(主權在民)에 기초한 근대입헌주의 헌법의 풀뿌리 역할을 다져왔다. 이제 헌법은 단순히 국가의 조직과 구성에 관한 기본법을 뛰어넘어 주권자인 국민의 자유와 권리보장을 위한 장전으로 자리매김한다.

(iii) 이에 따라 근대입헌주의의 정립 이래 헌법은 "국민주권주의에 기초하여 국가의 조직과 구성을 설계하고 국민의 자유와 권리를 보장하는 최고의 기본법"으로 정의할 수 있다.[1]

1) 학자들이 헌법개념에서 적시한 공통 요소는 국가의 기본법·최고법·근본규범, 국민의 기본권보장, 국가의 조직이다.

2. 권력의 학문으로서의 헌법학

(i) 국가에 현존하는 모든 제도의 유지·관리는 정치권력을 통하여 국가 안에서 구현된다. 그 국가에서 구현되는 (정치)권력은 헌법학연구의 기본적인 출발점이기도 하다. 바로 그러한 의미에서 헌법학은 권력의 학문이다.

(ii) 국가의 조직과 구성에 관한 정치제도(통치기구)를 연구하는 학문으로서의 헌법학은 어느 시대 어느 나라에서나 존재하여왔다. 역사적으로 근대입헌주의 이전의 군주주권 시대에 국민은 군주의 충실한 신민(臣民)에 불과하였다. 권력을 향유하는 사람의 말이 곧 법이 되는 절대군주시대에 국민의 자유와 권리는 제대로 보장될 수 없었다. 군주주권의 폐해를 통감한 몽테스키외는 '법의 정신'에서 "권력을 가진 사람은 언제나 그 권력을 남용하려 한다. 그는 자신이 가진 권력을 한계에 이르기까지 행사하려 한다"라고 하여 합리적인 권력 통제의 필요성을 강조하였다.[1] 이에 따라 18세기 말 미국과 프랑스에서 근대시민혁명 이후 "권력과 권력이 서로 차단하고 제어"할 수 있는 권력분립의 원리를 헌법규범으로 정립하였다. 1789년 프랑스 혁명기에 천명된 '인간과 시민의 권리선언'에서는 "권리의 보장이 확보되지 아니하고 권력의 분립이 규정되지 아니한 모든 사회는 헌법을 가진다고 할 수 없다"(제16조)라고 천명함으로써, 권력분립의 원리가 입헌주의 헌법의 핵심적인 요소임을 분명히 한다. 이에 따라 모든 국민주권국가에서는 권력분립의 원리가 헌법상 정치제도의 기본원리로 작동한다. 즉 권력분립은 국가업무의 원활한 수행과 국민의 기본권 존중이라는 목표를 합리적으로 이룩할 수 있는 정치적 기술이며, '정치적 지혜'이다(Joseph Barthélemy et Paul Duez, *Traité de droit constitutionnel*, Dalloz, 1933, p. 138).

(iii) 권력의 학문으로서의 헌법학은 같은 권력의 학문인 정치학과 밀접하게 연계된다. 사실 19세기 말 학문으로서의 헌법학이 정립되던 초기 단계에서는 (일반) 국가학(théorie générale de l'État, Allgemeine Staatslehre)이라고 하여 정치학과 헌법학이 미분화된 상태에 있었다. 그러나 규범과학인 헌법학은 20세기 초반에 이르러 차츰 사실과학인 정치학과 분리되어 오늘날과 같은 이론적·체계적 기초를 정립하였다.

(iv) 현실적으로 실존하는 정치권력은 새로운 법과 제도를 창출하는 데 결정적 역할을 담당한다. 특히 정치권력은 법규범으로 전화되지 못한 사항에 대하여

1) Charles Louis de Secondat de Montesquieu, *De l'esprit des lois*(법의 정신), 1748, 제11편 제6장.

관습 등을 매개로 법규범으로서의 공인된 가치를 부여하기도 한다. 하지만, 일단 법과 제도가 정립되면 이제 (정치)권력은 법과 제도로부터 연역되어야 하며, 이에 순응하고 존중하여야 한다.

(v) 그런데 권력의 기술로서의 헌법학연구에 있어서 그 권력의 실존적 상황을 외면한다면 그것은 자칫 공리공론에 빠질 우려가 있다. 그러한 우려를 불식시키기 위하여 헌법학은 사실과학인 국가학·정치학·행정학·사회학 등 사회과학과의 폭넓은 대화와 교류를 통하여 국가사회에서 실전적인 종합과학으로 정립되어야 한다. 그 과정에서 헌법규범은 헌법현실과의 지속적인 연계를 형성함으로써 헌법규범의 현실적합성을 검증받아야 한다. 즉 헌법규범론적인 논의와 더불어 헌정실제에 관한 논의와 연구도 인접 사회과학과 더불어 진행되어야 한다. 그리하여 헌법학이 살아있는 법학으로서의 생명력을 구현할 수 있다.

3. 자유의 학문으로서의 헌법학

(i) 오늘날 학문으로서의 헌법학은 근대입헌주의 이래 정립되어 온 국민주권주의 원리에 입각한 헌법과 헌법학을 의미한다. 근대입헌주의는 곧 군주주권에서 국민주권으로서의 전환을 의미한다. 이에 따라 주권자인 국민의 자유와 권리가 확보되지 아니한 헌법이란 상정할 수 없다.

(ii) 1776년 '버지니아 권리장전'과 1789년 프랑스혁명에서 천명된 '인간과 시민의 권리선언'은 억압과 굴종으로 점철된 구제도와 구시대를 청산하는 기념비적인 장전이라 아니할 수 없다. "인간의 자연적이며 박탈할 수 없는 권리"를 보장하고 "자유, 재산, 안전 및 압제에 대한 저항"을 인정한다(인권선언 제2조). 프랑스 인권선언의 정신은 곧바로 혁명헌법으로 이어졌으며, 그 사상적 흐름은 근대입헌주의 헌법의 이념적 기초가 되었다. 이는 곧 국가권력에 의한 자유의 억압으로부터 인간의 자유를 향한 의지를 헌법이념으로 구현한 근대적 자유이념의 헌법적 수용을 의미한다.[1] 그 자유의 주체는 인간 개개인이지만, 그 인간은 바로 사회와 국가의 구성원이기도 하다. 여기에 인간의 권리와 시민의 권리라는 두 가지 측면이 동시에 제기된다. 그러나 그 자유의 근원은 어디까지나 인간의 천부인권적인 자유에 기초하기 때문에 인간의 권리가 확보된 후에 비로소 시민의 권리도 보장될 수 있

---

1) Jean Morange, 변해철 역, 인간과 시민의 권리선언, 탐구당; 주명철, 헌법의 완성-입헌군주제 혁명을 완수하다, 여문책; *R.D.P.*, 1989, n° 3, "Le bicentenaire de la Révolution française"(프랑스혁명 200주년 특별호), Paris, LGDJ.

다. 이에 따라 권력의 학문으로서의 헌법학에 있어서 인간의 권리는 국가권력에 대한 소극적·방어적·항의적 성격의 자유일 수밖에 없었다.

(iii) 근대입헌주의의 국민주권주의적인 논리적 기초에 의하면 인간의 천부인권적인 자유는 최대한의 보장과 더불어 국가로부터의 자유를 의미한다. 그러나 근대입헌주의의 항의적·소극적인 자유 의지는 이제 국가의 적극적 개입을 통하여 실질적 자유의 확보라는 새로운 이데올로기의 정립으로 나아간다. 그것은 국가로부터 방임된 자유가 아니라 국가의 틀 안에서 보호받는 자유를 의미한다. 이에 따라 국민의 자유와 권리를 실질적으로 보장하기 위하여 새로이 사회적 기본권의 정립이 요구된다. 국가의 기능과 역할 또한 근대적 소극국가·야경국가에서 현대적 적극국가·급부국가·사회국가·복지국가·사회복지국가로 전환되면서, 국민의 실질적 자유와 권리의 보장을 위한 사회적 기본권이 확대·강화된다.

4. 권력과 자유의 조화의 기술로서의 헌법학

(i) 국가의 근본법 내지 기본법으로서의 헌법개념인 고유한 의미의 헌법으로부터, 국민주권주의와 국민의 자유와 권리의 보장원리에 기초한 근대입헌주의 헌법으로의 전환은 헌법학의 권력(權力)의 학문으로서의 특징과 자유(自由)의 학문으로서의 특징을 극명하게 보여준다. 주권자인 국민의 자유와 권리가 살아 숨쉬는 곳에 권력은 권력자를 위한 권력이 아니라 국민을 위한 권력으로 자리 잡을 수 있다. 여기에 헌법학연구에 있어서 주권자인 국민의 자유와 권리보장이 강조되는 이유가 있다. 그러나 헌법학연구가 자유와 권리·인권 등의 개념에만 집착할 경우에, 그것은 자칫 사변적·철학적·담론적 수준에서의 논의에 그칠 가능성을 배제할 수 없다. 바로 여기에 실천과학으로서의 성격을 적극적으로 작동함으로써 헌법학은 권력과 자유의 상호 융합과 조화 속에서 국가법질서의 근간을 다지는 학문으로서 정립될 수 있다.

(ii) 결국 근대입헌주의 이래 헌법 혹은 헌법학이라 함은 국민주권주의에 기초하여 국민의 자유와 권리가 보장되는 헌법과 헌법학을 의미한다. 이에 따라 권력의 학문으로서의 헌법학은 곧 권력의 민주화를 위한 학문을 의미한다. 이에 앙드레 오류의 표현대로 헌법은 "권력과 자유의 조화의 기술"로서의 성격을 분명히 드러낸다(André Hauriou, *Droit constitutionnel et institutions politiques*, Montchrestien, 1985, p. 29).

Ⅱ. 입헌주의

1. 고유한 의미의 헌법에서 근대입헌주의 헌법의 정립

(ⅰ) 고유한 의미의 헌법이란 "국가의 최고기관을 조직·구성하고, 이들 기관의 권한행사의 방법, 권력기관의 상호관계 및 활동범위를 규정한 규범"이다. 이는 근대입헌주의를 전제로 하지 아니한 헌법개념이다. 고유한 의미의 헌법은 국가의 근본조직법으로 국가가 있는 곳에서는 어떠한 체제에서도 존재하기 마련이다.

(ⅱ) 반면에 근대입헌주의 이론은 18세기에 만개한 일련의 사상적 흐름, 즉 법적으로는 근대자연법론, 사상사적으로는 사회계약론·계몽주의에 기초한다. 근대입헌주의 헌법의 고전적 개념은 16세기에 시작되어 18세기에 개화한 사회계약이론에서 그 기원을 찾을 수 있는바, 헌법은 바로 시민사회의 형성을 통하여 정립된 사회계약의 확인으로 나타난다. 사회계약의 주체인 인간과 시민은 "불가양의 자연적이고 신성한" 권리를 향유한다. 마침내 입헌주의는 1789년 이후 프랑스 혁명기에 제정되었던 일련의 헌법장전을 통하여 주권재민의 원리에 따라 공권력작용을 통제하기에 이른다.

(ⅲ) 사실 헌법은 권력의 전횡에 대한 성문의 법적 차단벽이다. 오늘날 모든 국가는 각 국가에 특유한 지배적 이데올로기에 따라 민주주의를 확립하고 국민의 자유와 권리를 보장하는 성문헌법을 가지고 있다. 그러나 헌정현실에서 정치권력에 대한 통제가 제대로 작동되지 아니하기 때문에, 헌법규범은 추상적 이론으로 머물기도 한다. 입헌주의가 제대로 뿌리를 내리지 못하고 있는 후진국가의 경우는 논외로 하더라도, 민주주의가 만개한 국가로 평가받는 국가들에서조차도 정치세력에 의한 국민주권의 침식현상이 드러난 바 있다. 여기에 입헌주의의 역사적 역할을 인정하면서도 헌법현실에 나타난 한계와 미흡함이 드러난다.

2. 근대입헌주의 헌법의 내용

(ⅰ) 근대입헌주의 헌법은 국민의 주권적 정당성에 기초한 헌법체제이다. 그것은 구체제의 군주주권을 국민주권으로 대체하였다. 주권자인 국민의 자유와 권리가 보장되지 아니하는 곳에 진정한 국민주권주의가 존재할 수 없다. 국민주권주의에서는 모든 권력이 주권자인 국민으로부터 비롯되는바, 그 권력은 국민의 자유와 권리를 보장하고 확보하기 위한 권력이어야 한다. 즉 권력의 민주화가 이루어져

야 한다. 권력의 민주화는 권력의 합리적 통제를 통하여 권력의 전횡과 남용을 방지함으로써 소기의 성과를 거둘 수 있다. 이에 따라 근대입헌주의헌법에서 권력의 구조와 조직체계는 바로 권력의 민주화를 실현하기 위한 제도적 장치이다.

(ii) 입헌주의의 본질적 징표는 헌법을 통한 국민주권주의의 현실적 구현에 있다. 여기에 헌법규범의 최고성과 우월성이 제기된다. 이러한 헌법규범의 특성을 유지하기 위하여 근대입헌주의 헌법은 헌법의 성문화와 더불어 헌법개정절차의 엄격성을 강조하는 경성헌법을 채택한다.

(iii) 즉 근대입헌주의 헌법은 국민주권 · 기본권보장 · 권력분립 · 대의제 · 법치주의 등을 그 내용으로 하고, 성문헌법 및 경성헌법을 그 형식으로 출발하여, 20세기 현대 사회복지국가 헌법으로 이어진다. 그러므로 현대 사회복지국가 헌법은 새로운 개념이 아니라 근대입헌주의 헌법의 연장선상에 있다.

3. 근대입헌주의 헌법의 역사적 발전

(i) 헌법의 역사적 발전에 관한 이해와 헌법의 중요성이나 사명을 "한 국가에서의 권력과 자유의 평화적 공존을 형성"하는 데에서 찾고 있는 앙드레 오류는 근대헌법의 발전에 관한 '네 가지 큰 물결이론'을 통하여 근대헌법에서 현대헌법에 이르는 헌법의 역사적 발전과정을 설명한다(André Hauriou, *op. cit.*, p. 29).

(ii) '첫 번째 물결'은 미국독립과 프랑스혁명으로 야기되었다. 역사적으로는 1776년 미국독립선언과 1787년에 제정된 미국헌법이 1789년의 프랑스혁명에 앞선다. 그러나 프랑스헌법이 근대헌법의 탄생에 더 큰 기여를 하였다. 스위스 · 이탈리아 등에서는 이른바 혁명기간대에 공화국헌법이 제정되었다. 연이어 스웨덴왕국헌법(1809년) · 스페인헌법(1812년) · 노르웨이왕국헌법(1814년)이 제정되었다. 나폴레옹 몰락 후인 1815년에는 네덜란드헌법이 제정되었다. 그리스는 1821년에 오스만제국(현 튀르키예)으로부터의 독립과 더불어 프랑스 인권선언과 1791년 헌법의 원리에 입각한 헌법을 제정하였다. 이 시기에 제정된 유럽 각국의 헌법은 자유주의 사상에 기초한다. 이는 봉건적 지배체제의 종식을 의미하며, 사회적으로는 산업화 단계로의 진입을 의미한다.

한편 라틴 아메리카 각국은 스페인과 포르투갈로부터의 독립 이후 미국식 헌정제도를 채택하였지만, 유럽 각국에서의 근대입헌주의 물결과는 달리 지주계층이 지배하는 가톨릭적 과두정치체제에 머무르는 한계를 가졌다. 특히 잦은 정변으로 인하여 집행부우월적인 라틴 아메리카형 대통령주의제가 등장하게 되었다.

(iii) '제2의 물결'은 1830년과 1848년의 프랑스혁명에 연계된다. 1830년 혁명은 유럽 헌법의 흐름에 직접적인 영향을 미쳤다. 이러한 흐름에 따라 1831년에 제정된 벨기에헌법은 의회제적 군주제를 채택하여 권력의 균형을 이룬 헌법으로 평가받는다. 이 헌법은 오늘날까지 그 효력을 지속하고 있으며, 미르킨-게츠비츠(Mirkine-Guetzévitch)가 적절히 지적한 바와 같이 19세기 유럽 각국의 헌법(특히 동유럽의 루마니아, 불가리아, 그리스, 세르비아 등)에 영국의 헌정체제보다 더 많은 영향을 미친 헌성체제로 평가된다. 1848년 혁명 이후 제정된 프랑스 제2공화국헌법은 유럽 여러 나라 국민의 호응을 불러일으켰다. 특히 독일과 폴란드·이탈리아 등의 헌정사에 큰 영향을 미친 바 있다.

(iv) '제3의 물결'은 제1차 세계대전 이후 나타난다. 봉건적 제국과 러시아제국의 붕괴에 이어서 바이마르공화국헌법의 제정과 더불어 오스트리아·폴란드·체코·튀르키예(터키)의 헌법과, 소비에트헌법 및 1931년 스페인공화국헌법으로 이어진다. 제3의 물결은 급진적이며 상이한 두 개의 흐름으로 나타난다. 인민민주주의 정치제도를 채택한 소비에트헌법과 프랑스헌법의 영향을 받은 입헌주의적인 중부 및 동부 유럽의 헌법이 그것이다. 전자는 사회주의를 표방하였으며, 후자는 합리화된 의회제를 특징으로 한다. 특히 합리화된 의회제는 영국식 내각 우위의 내각책임제보다는 프랑스식 의회 우위의 의원내각제로 기울어졌다. 종래 제정(帝國)이 지배하는 집행부 우위에 강한 불신을 가진 좌파의 영향과, 제1차 세계대전에서 프랑스의 승리가 그 중요한 요인이다. 합리화된 의회제에서는 정부와 의회의 원만한 관계유지를 위하여 의회의 정부에 대한 정치적 책임추궁의 남용을 방지하기 위한 제도적 장치를 마련한다. 하지만, 제1차 세계대전 이후에 채택된 헌법은 대부분 초기 단계에서 좌초되고 말았다. 의회제의 합리화 여부를 떠나 자유민주주의의 전통이 취약하던 이들 나라는 러시아에서 공산주의가 승리함에 따라 헌정체제가 과격하게 단절되었다. 다른 한편 이탈리아·독일·오스트리아·폴란드·루마니아·포르투갈·스페인 등은 차례로 파시즘의 희생자가 되었다.

(v) '제4의 물결'은 제2차 세계대전 이후에 나타난다. 제4의 물결은 인민민주주의에 입각한 동유럽을 제외한 세계 각국으로 널리 퍼져나갔다. 이것은 세계적인 탈식민지 경향과 그 궤를 함께한다. 이제 세계 각국은 그 헌법의 현실적 적용문제는 논외로 하고, 자유민주주의원리에 입각한 헌법의 정립기를 맞이한다. 앙드레 오류는 이로써 헌법의 팽창이 그 종착지에 이른다고 전망하면서도 동유럽 국가의 문제는 여전히 예외로 남겨두었다.

(vi) 그런데 고르바초프의 페레스트로이카로 대변되는 구소련을 정점으로 한 공산주의 국가에서 촉발된 변혁의 물결에 따라 러시아와 동유럽 각국의 헌정체제는 서유럽 자유민주주의 모델로 전환되었다. 바로 그런 점에서 1980년대 후반부터 제4의 물결의 확대 또는 '제5의 물결'로 평가할 수 있다.

(vii) 생각건대 세계헌법사는 수차례에 걸친 혁명과 전쟁의 와중에서도 권력의 통제와 자유의 확보라는 공통의 이념에 따라 보편화 되어간다. 20세기를 풍미한 사회주의 물결이 자본주의에 기반을 둔 자유민주주의 헌법체제에 편입됨으로써, 현대헌법은 사회복지국가 원리에 입각한 사회적 법치국가로 진전되었다. 특히 제2차 세계대전 이후에 각국 헌법에는 헌법의 최고규범성을 확인하는 헌법재판제도를 도입하고 이에 따른 법률의 적헌성 통제는 헌법의 규범적 효력을 강화하여 국법질서의 안정을 도모한다. 헌법재판은 "피치자(被治者)인 국민의 자유와 권리보장 · 법이념의 공식화 · 불명확한 자유와 권리개념을 재정립"하여 근대헌법이 구축한 자유민주주의 이념을 '사법적(司法的) 민주주의'로 전환시켜, 궁극적으로 '피치자(주권자) 민주주의'의 실현에 크게 기여한다(Dominique Rousseau, "Une résurrection: la notion de constitution", *R.D.P.*, 1990, p. 6).

4. 21세기 정보사회와 입헌주의헌법의 새로운 변용

(i) 근대시민혁명 이후 전개된 국민주권주의에 기초한 국민의 자유와 권리의 보장에 입각하여 정립된 서유럽의 자유민주주의는 그와 더불어 20세기를 양분하여왔던 인민민주주의의 조락(凋落)으로 이어졌다.

(ii) 한편, 20세기 후반 이후 정보사회의 전개는 헌법학의 이해와 실천에 있어서 새로운 도전에 직면한다. 또한 국제적 분쟁이 빈발하고 특히 2001년 미국에서의 9 · 11테러 이후 전 세계적인 위기의 상존(常存)에 따라 기본권이론에도 근본적인 변화를 초래한다. 더 나아가 제4차 산업혁명 시대의 개막에 따른 인공지능(AI, Artificial Intelligence)과 '대화형 인공지능 서비스'(챗GPT: Chat Generative Pre-trained Transformer)의 발전에 따라 고전적인 국가의 조직과 역할 및 기본권 보장에 새로운 변용이 불가피하다. 이제 지난 2세기 이상에 걸쳐 정립된 헌법학 이론의 가치와 체계도 근본적인 재발견과 재해석이 불가피하다.[1)]

---

1) 한국공법학자대회, "지능정보사회에서 공법학의 과제", 2020.10.12; "시대와 국가, 국민이 묻고 공법이 답하다", 2023.6.21; "인공지능과 미래사회, 그리고 공법의 대응", 2024.8.1. 헌법학자대회, "뉴노멀 시대와 헌법의 미래", 2021.10.1; "사회변화와 헌법", 2023.9.2; "미래사회의 균형추로서 헌법의 역할", 2024.8.30. 발표논문. 성낙인, "사회변동과 헌법", 헌법학연구 29-4; 이준일, "인공지능과 헌법", 헌법학연구 28-2; 정재황, "디지털, AI 시대의 헌법", 세계헌법연구 30-2; 이성엽 외, 생성형 AI와 법, 박영사.

Ⅲ. 외국의 입헌주의헌법이론과 대한민국헌법

1. 의 의

(i) 근대입헌주의에 기초한 헌법학 일반이론과 한국헌법학 이론 사이에 본질적 차이가 있을 수 없다. 오늘날 세계 각국 헌법교과서에 제시된 이론의 기본모형은 19세기 말에서 20세기 초에 정립되었다. 현대헌법학의 큰 산맥을 이루는 프랑스 헌법학과 독일 헌법학도 바로 이 시기에 태동하였다.

(ii) 현대 헌법학이론은 그 이전에 활동한 사상가들의 저술과 기념비적 헌법체제에 기초한다. 멀리 그리스의 아리스토텔레스의 '정치학'·플라톤의 '국가론'을 비롯하여 그 이후에 전개된 마키아벨리의 '군주론', 보댕·알투지우스·홉스의 주권이론, 그로티우스의 자연법론, 로크의 권력분립론 등은 미국 독립혁명과 프랑스 혁명기에 개화한 시에예스의 헌법제정권력이론·몽테스키외의 권력분립이론 및 루소의 주권론과 사회계약론의 사상적 뿌리이다. 이들의 이론은 근대입헌주의헌법의 모태라 할 수 있는 미국헌법(1787년)과 프랑스 제1공화국헌법(1792년)에서 구체화되었다.

2. 독일 헌법학

(i) 게르버(C. F. v. Gerber)와 라반트(P. Laband)에서 시작된 **법실증주의헌법학**은 **옐리네크**[1]에 이르러 **방법이원론**에 입각한 계몽적 법실증주의로 평가받는다. 그런 점에서 안쉬츠(G. Anschütz)·토마(R. Thoma)의 형식적 법실증주의에 입각한 해석론과의 상대적 차이가 지적된다. 한편 같은 법실증주의적 경향을 취하면서 옐리네크의 방법이원론을 극복하려는 **켈젠**[2]의 **순수법학이론**이 주목을 받던 터에, 헌법의 본질을 정치적 통합에서 찾으려는 **스멘트**[3]의 **통합이론**과 정치적 현실주의에 기초한 **슈미트**[4]의 **결단주의헌법관**이 20세기 독일 헌법학을 지배하는 기본흐름으로 자리 잡았다.[5]

---

1) Georg Jellinek, *Allgemeine Staatslehre*, 1900; 김효전 역, 일반국가학, 법문사.

2) Hans Kelsen, *Allgemeine Staatslehre*, 1925.

3) Rudolf Smend, *Verfassung und Verfassungsrecht*, 1928.

4) Carl Schmitt, *Verfassungslehre*, 1928; 김기범 역, 헌법이론, 교문사.

5) 현대 독일헌법학 관련 교재: 허영, 헌법이론과 헌법, 박영사, 2021; Konrad Hesse, *Grundzüge des Verfassungsrechts der Bundesrepublik Deutschland*, 1995: 계희열 역, 통일독일헌법원론, 박영사; Reinhold Zippelius/Thomas Würtenberger, *Deutsches Staatsrecht* I, 2005; Klaus Stern, *Das*

(ii) 독일의 헌법이론은 국내에서도 전적으로 수용되었다. 특히 박일경 교수는 제1공화국 이래 계속된 그의 저서에서 헌법학은 "객관적인 법규범의 논리적 해석과 그를 기초로 한 당해 법(헌법)의 통일적 체계화를 기하는 법학적 연구방법 내지 해석법학적 방법이어야" 한다고 하여 법실증주의적 헌법학 연구방법 내지 해석방법을 유지하였다. 반면에 대부분의 헌법학자들은 이들 세 개의 헌법관 모두 나름대로 이론적 취약점을 가지고 있기 때문에 어느 한쪽에 치우친 해석론 및 방법론에 경계하는 태도를 보인다. (동화적) 통합이론을 펼치는 허영 교수도 "헌법의 효력이나 헌법의 해석이 문제되는 경우에는 언제나" 사람에 의한 결정요소·규범성·가치지향적인 통합촉진의 요소라는 "이 세 가지 헌법의 요소를 함께 생각할 수 있는 범학파적 자세가 꼭 필요하다"라고 적시한다(19면).

(iii) 생각건대 헌법의 정의를 "국가의 조직과 작용에 관한 근본규범"으로 이해하는 규범주의, "정치적 통일체의 종류와 형태에 관한 주권자의 구체적인 전체결단"으로 이해하는 결단주의, "사회통합을 위한 공감대적인 가치질서"로 이해하는 (동화적) 통합이론은, 각기 그 이론이 가지고 있는 장·단점이 널리 인식된 상태이다. 사실 독일식의 어느 특정한 헌법관이라는 시각에서 헌법을 이해하는 흐름은 제1차 세계대전 이후에 전개된 독일 특유의 시대적 상황과 연계되어 있다. 하지만, 독일에서조차 이와 같은 세 개의 헌법이론 중 어느 특정 이론에 천착하지 아니한다. 더구나 독일 이외의 국가에서는 이러한 독일식 헌법관에 기초한 헌법이론이 전개되지 아니한다는 사실이다. 따라서 이들 이론은 한국 헌법학을 이해하는 데 하나의 유용한 도구일 수는 있지만, 헌법의 개념이나 효력의 출발점을 이들 이론 중 어느 하나에서만 추구한다면 자칫 헌법이론의 체계적 형성에 있어서 편협함을 면하지 못하게 된다.[1]

3. 프랑스 헌법학

(i) 독일 헌법학의 전개가 독일제국·바이마르공화국·나치체제·독일연방공화국 헌법으로 연결되는 헌법체제의 단편성·단절성으로 인하여 이론적이고 현학적인 방향으로 흘렀던 점에 비하면, 프랑스 헌법학의 전개는 실제적이고 현실

Staatsrecht der Bundesrepublik Deutschland, 5 Bände, 1984-2011; H. v. Mangoldt/F. Klein, *Das Bonner Grundgesetz*, 2000-2001; K. Schlaich, *Das Bundesverfassungsgericht*, 1997: 정태호 역, 독일헌법재판론, 미리; 정문식, 독일 헌법: 기본권일반론, 전남대출판부; 김대환 대표 편역, 슈타르크 헌법논집, 시와진실.

1) 국순옥, 민주주의 헌법론, 아카넷.

적인 방향으로 정립되었다. 몽테스키외[1]·루소[2] 등의 근대자연법이론이 시에예스[3]의 혁명헌법으로 구체화되면서, 1789년 인권선언 이래 구현된 일련의 헌법은 가히 세계헌법체제의 호수와도 같다. 프랑스헌법은 모리스 오류[4]의 사이클이론(순환이론) 등에서 적시된 바와 같이 수많은 변용을 겪은 끝에, 제3공화국에 이르러 헌법의 안정기로 접어들면서 오늘날 헌법학이론의 기초가 다져졌다. 반(半)대표이론의 에즈멩,[5] 헌법학일반이론과 사회연대론으로 유명한 뒤기,[6] 헌법순환이론의 모리스 오류, 일반국가론의 카레 드 말베르그[7] 등은 제3공화국 시절에 오늘날 프랑스 헌법학의 기반을 다져 놓은 불후의 명저들을 남겼다.

(ii) 생각건대 프랑스 헌법학이론의 특징은 주어진 헌법체제 그 자체의 중요성을 널리 인식하면서도 이들 헌법체제가 그 시대 그 사회에서 표출되는 현실적인 주권적 의사도 동시에 고려함으로써 헌법규범과 헌법현실 사이의 연계를 끊임없이 탐구하는 데에서 찾을 수 있다. 제3공화국 초기인 1877년 마크-마옹(Mac-Mahon) 사건 이후 대통령에게 부여된 의회해산권의 사실상 폐기에 대한 국민적 합의도출, 제5공화국헌법에 헌법개정절차가 엄연히 있음에도 불구하고 국민투표 규정을 원용하여 단행된 대통령의 변칙적 헌법개정에 대하여 관습헌법으로서의 가치인정, 헌법재판소(Conseil constitutionnel)와 국사원(Conseil d'État)의 판례를 통하여 1789년 인권선언에 대한 헌법적 가치인정, 프랑스 제5공화국 헌법에서 대통령주의제로부터 의원내각제에 준하는 동거정부(gouvernement de la cohabitation)의 구현 등은 프랑스 헌법학에서 찾아볼 수 있는 특징적 요소이다.[8]

헌법에 대한 독일식 현학적 이론이나 가치관 논쟁보다는, 오히려 헌법현실적인 관점에서 권력의 민주화와 국민의 기본권보장을 이해하려는 프랑스 헌법학의

---

1) Charles Louis de Secondat de Montesquieu, *De l'esprit des lois*(법의 정신), 1748.

2) Jean-Jacques Rousseau, *Du contrat social*(사회계약론), 1762.

3) Emmanuel Sieyès, *Qu'est-ce que le Tiers-État?*(제3계급이란 무엇인가?), 1789.

4) Maurice Hauriou, *Précis de droit constitutionnel*, Sirey, 1929; 성낙인, 프랑스헌법학, 법문사.

5) Adhémar Esmein, *Éléments de droit constitutionnel français et comparé*, L. Larose, 1896.

6) Léon Duguit, *Traité de droit constitutionnel*, 5 vol., Fontemoing & Cie, 1921-1929; 장윤영, "레옹 뒤기의 공법이론-객관주의 행정법을 중심으로", 공법연구 49-1.

7) Raymond Carré de Malberg, *Contribution à la théorie générale de l'État*, 2 vol., Sirey, 1920-1922.

8) 성낙인, 프랑스헌법학, 법문사, 74-93면; 권형준, 프랑스에 있어서의 기본권보장에 관한 연구, 서울대 박사학위논문, 1991.2; 한동훈, 프랑스 제3공화국 헌정체제, 한국학술정보; 남궁승태, 프랑스헌법소송론, 삼선; 전학선, 프랑스 헌법소송론, 한국문화사; 성낙인, "프랑스 인권선언과 헌법", 헌법학논집(동당 성낙인총장 퇴임기념), 법문사; 성낙인, "한국에서 프랑스 헌법 연구의 현황과 과제", 헌법학논집; 김충희, "레옹 뒤기의 생애와 그의 시대", 헌법학연구 21-2; 정재도, 프랑스 제4공화국 헌법상의 합리화된 의원내각제에 관한 연구, 서강대 박사학위논문, 2015.2.

흐름은 우리 헌법학의 이해에 있어서도 널리 수용되어야 한다.[1)]

4. 영국 헌법학

(i) 민주주의의 고향인 영국의 헌법학은 1920년대에 이르러 보통법에 기초한 법의 지배(rule of law)의 원리에 따른 다이시의 헌법이론으로 정립되었다.[2)] 그러나 영국 특유의 불문헌법체제로 인하여 영국 헌법학이론의 일반적 수용은 한계를 보인다. 그럼에도 불구하고 대헌장(1215) 이래 권리청원(1628)·인신보호법(1679)·권리장전(1689) 등을 통한 헌법적 기반을 제공하였다. 로크의 권력분립이론과 더불어 오랜 헌정사적 체험을 통하여 형성된 영국식 내각책임제는 한국헌법의 이해에도 필수적 요소이다.[3)] 군주주권으로부터 점진적으로 의회주권(국민주권)으로 이행된 영국식 입헌군주제는 현대적 입헌군주제와 의원내각제의 전범(典範)으로 작동한다.[4)]

(ii) 가장 오래된 불문헌법 국가인 영국에서도 근래 성문헌법의 필요성을 요구하는 헌법개혁 논의가 활발하게 진행되고 있다.[5)] 특히 세습상원의원 중심의 대법원으로부터 헌법개혁법률(2005년)에 따라 독립된 대법원의 발족(2009년)은 영국식 법의 지배를 향한 새로운 전개로 볼 수 있다.

---

1) 현대 프랑스헌법학 관련 교재: André Hauriou, *Droit constitutionnel et institutions politiques*, 1983; Georges Burdeau, *Traité de science politique*, 12 vol., 1980-1986; Jacques Cadart, *Institutions* politiques et droit constitutionnel, 1983; Pierre Pactet/Ferdinand Mélin-Soucramanien *Droit constitutionnel*, 2019; Maurice Duverger, *Institutions politiques et droit constitutionnel*, 2 vol, 1995; Jean Gicquel/Jean-Éric Gicquel, *Droit constitutionnel et institutions politiques*, 2019; Jacques Robert et Jean Duffar, *Droit de l'homme et libertés fondamentales*, 2003; Jean Rivero et H. Moutouch, *Libertés publiques*, 2 vol., 2003; Jean Morange, *Droits de l'homme et libertés publiques*, 2005; l"Association française de droit constitutionnel, *La Constitution de la Ve République: 60 ans d'application*(1958-2018), 2018; Louis Favoreu et ali., *Droit constitutionnel*, 2 vol., Dalloz, 2025.

2) Albert Venn Dicey, *An Introduction to the Study of the Law of Constitution*, 1925: 안경환·김종철 역, 헌법학입문, 경세원; 윤성현, J.S. Mill의 자유와 민주주의에 관한 헌법학적 연구, 서울대 박사학위논문, 2011.2.

3) 현대 영국헌법학 관련 교재: Wade and Phillips, *Constitutional Law*, 1977; John Alder, *Constitutional and Administrative Law*, 2005; Michael J. Allen/Brian Thompson, *Cases and Materials on Constitutional & Administrative Law*, 2005.

4) 2022년 승하한 엘리자베스(Elizabeth II) 여왕은 70년을 재위하면서 입헌군주제와 의회주권(의원내각제)이 서로 조화하는 민주적 작동의 전범을 보여주었다.

5) Cf. Jeffrey Jowell & Dawn Oliver, *The Changing Constitution*, Oxford Univ. Press, 2007; 김선화, "영국 헌법개혁의 추이와 내용: 의원내각제의 현대적 전개", 세계헌법연구 16-4.

5. 미국 헌법학

(i) 미국 헌법학은 1776년 독립과 더불어 1787년에 제정된 성문헌법으로부터 비롯된다. 하지만, 기본적으로 영미법계에 특유한 판례 중심의 이론 전개로 인하여 국내 헌법학이론의 전반적인 체계 정립을 위한 접목에는 한계가 있다.

(ii) 그럼에도 불구하고 정부형태로서의 미국식 대통령제는 전 세계 대통령제의 모델로 작동한다. 또한 연방대법원 판례이론을 중심으로 형성된 미국 헌법학이론은 1803년 '마버리 대 매디슨 사건'[1] 이래 세계헌법사에서 위헌법률심사의 금자탑을 쌓아왔으며 이는 현대적인 위헌법률심사제도의 효시라 할 수 있다. 미국식 대통령제의 권력구조뿐만 아니라 적법절차, 언론의 자유, 평등원리, 기본권의 효력 등에 관한 미국 연방대법원의 판례이론은 한국 헌법학에도 널리 수용되어 있다.[2]

6. 외국 헌법이론의 수용

(i) 외국 헌법학이론의 정확한 이해는 한국 헌법학의 이해에 불가결한 기초이다. 한국헌법전 그 자체가 독일·프랑스·영국·미국 등에서 채택하는 헌정제도의 한국적 수용에 바탕을 두기 때문에, 이들 국가에서 정립된 헌법규범 및 헌법해석론 등도 편견 없이 검토되어야 한다. 비록 상처투성이의 헌법사라 할지라도, 이제 고희(古稀)를 훌쩍 넘어선 헌법사는 한국헌법을 이해하고 해석하는 하나의 귀중한 역사적 체험을 제공하기에 충분하다.

(ii) 특히 국가와 사회의 민주화와 더불어 헌법재판제도의 활성화는 헌법의 규범적 효력을 더욱더 실질화한다. 이제 외국 헌법이론의 수용은 외국 헌법이론의 정확한 이해에 기초하여 그것의 한국적 토착화로 귀결되어야 한다.

7. 대한민국헌법의 이해

(i) 현대헌법의 발전과정은 한편으로는 자연법론에 기초한 인간의 존엄과 가치를 강화하면서, 다른 한편 이를 국가생활에서 구현하기 위하여 법실증주의에 의

---

1) *Marbury v. Madison*, 5 U.S.(1 Cranch) 137(1803).

2) 현대 미국헌법학 관련 교재: Erwin Chemerinsky, *Constitutional Law*, 2017; Steven Emanuel, *Constitutional Law*, 2004; John E. Nowak/Ronald D. Rotunda, *Treatise on Constitutionnal Law*, 1999; Laurence Tribe, *American Constitutional Law*, 2000; John H. Garvey, T. Alexander Aleinkoff, Daniel A. Farber, *Modern Constitutional Theory*, 2004; 문홍주, 미국헌법과 기본적 인권, 유풍출판사, 2002; 박홍우, 미국헌법, 사법연수원; 안경환, 미국헌법의 이해, 박영사.

하여 정립된 법의 단계구조론은 헌법의 우위를 제도화한다. 사실 법실증주의는 법규범의 실질적 정당성을 담보하지 못한다는 논리적 한계에도 불구하고 성문헌법의 우위를 확립한 위헌법률심사제도를 통하여 현대헌법학의 정립에 결정적 기여를 한 바 있다. 이에 헌법학의 이해에 있어서는 그 사상적 뿌리인 근대자연법론에 기초하면서도 동시에 법실증주의 이론을 동시에 포섭하는 지혜가 필요하게 된다. 특히 국가와 사회가 안정될수록 근대자연법론적인 사상적 세계에서 풍미하던 폭군방벌(暴君放伐)보다는 오히려 주어진 헌법과 제도의 안정성이 더욱 요망된다.

(ii) 한국헌법의 이해에 있어서도 외국의 특정이론에 편향된 이해가 아니라 외국헌법이론의 일반적 이해에 기초하여 한국헌법의 규범과 현실에 기초한 이론이 전개되어야 한다. 그간 권위주의시대를 거치는 동안에 만연하던 자연법론에 대한 향수로부터 벗어나서 헌법현실을 정확히 인식할 줄 아는 예지(叡智)가 필요하다. 즉, 근대입헌주의 헌법의 보편적 가치인 근대자연법론의 사상적 세계에 기초하면서도, 한국에서 전개되는 실존적 법규범과 법현실을 인식하고 이에 순응할 줄 아는 법적 실존주의(existentialisme juridique)에 입각하여야 한다. 그렇게 함으로써 동시대에 정립하고자 하는 법이념과 법적 안정성의 상호 조화로운 발전을 통하여 헌법학의 이해와 실천에 균형이론(balance theory)이 터 잡을 수 있다.[1]

(iii) 국가의 기본법(근본법)이자 최고법인 헌법이 국가 안에서 구현되고 국민과 호흡을 함께할 때 비로소 헌법은 "국민의 생활헌장(生活憲章)"으로 자리매김하게 된다. 바로 그때 국민주권주의에 기초한 민주법치국가는 국민의 삶 속에 자리 잡는 생활법치(生活法治)의 장을 열어갈 수 있다.[2]

---

1) 성낙인, "헌법학 연구와 교육 방법론", 헌법학논집; 전광석, "현대사회의 변화와 헌법학의 전개와 과제", 헌법학연구 28-4; 강일신, "헌법학에서 이론의 의미와 역할", 헌법학연구 29-1.

2) 성낙인, "헌법, 국민의 생활헌장으로", 헌법학논집; 성낙인, 헌법과 생활법치, 석학인문강좌 67, 세창출판사; 성낙인, 87년 체제의 종언과 제7공화국, 나남.

제 2 절 헌법의 개념 정의와 분류

Ⅰ. 의 의

(ⅰ) 헌법이라는 용례(用例)는 그 개념정의나 분류의 기준에 따라서 다양하게 사용된다. 헌법은 ① 그 발전과정에 따라 고유한 의미의 헌법·근대입헌주의 헌법·현대 사회복지주의 헌법, ② 형식과 실질이라는 기준에 따라 실질적 의미의 헌법·형식적 의미의 헌법으로 정의(定義)할 수 있다.

(ⅱ) 또한 헌법은 ① 성문헌법전의 존재 여부에 따라 성문헌법·불문(관습)헌법, ② 헌법제정의 주체에 따라 흠정헌법·협약헌법·민정헌법, ③ 헌법의 독창성 유무에 따라 독창적 헌법·모방적 헌법, ④ 국가형태에 따라 단일국가헌법·연방국가헌법, ⑤ 헌법개정절차의 난이(難易)에 따라 경성헌법·연성헌법, ⑥ 헌법규범과 헌법현실과의 관계를 기준으로 한 헌법의 존재론적 관점(즉 實效性)에 따라 규범적 헌법·명목적 헌법·가식적 헌법으로 분류(分類)할 수 있다.

Ⅱ. 헌법의 개념 정의

1. 헌법의 발전과정에 따른 헌법의 개념 정의

(1) 고유한 의미의 헌법

고유한 의미의 헌법이란 국가의 조직과 구성에 관한 기본법을 말한다. 국가의 형태를 갖춘 이상 그 국가의 조직과 구성에 관한 기본적 사항은 규범의 형태로 구체화된다. 이러한 국가의 기본법질서는 고전적 의미의 국가조직법이며, 이를 본래적 의미의 헌법이라고도 한다.

(2) 근대입헌주의 헌법

근대입헌주의 헌법은 고유한 의미의 헌법에서 정의하는 국가의 조직과 구성에 관한 기본법이면서, 그 내용도 ① 주권자인 국민이 제정한 국민주권주의 헌법, ② 주권자의 자유와 권리가 확보되어있는 기본권보장의 장전(章典)으로서의 헌법, ③ 대의민주주의 원리에 따라 주권자를 대신하여 권력의 견제와 균형을 위한 권력분립의 원리를 채택한 권력통제규범으로서의 헌법이라는 특성을 가진다. 또한 헌법의 형식은 ① 성문헌법과 ② 경성헌법의 원리를 채택한다.

(3) 현대 사회복지주의 헌법

(i) 현대 사회복지주의 헌법은 근대입헌주의 헌법의 내용과 형식상 특성을 유지하면서, 국민주권주의·기본권보장·권력통제를 더 실질화한 헌법을 말한다. 제1차 세계대전 이후 제정된 바이마르공화국헌법이 그 효시라 할 수 있다.

(ii) 현대 사회복지주의 헌법은 ① 국민주권주의를 실질화하기 위하여 대의민주주의에 직접민주주의 요소를 가미하고, ② 사회복지국가원리리에 입각하여 기본권을 실질적으로 보장하기 위하여 사회적 기본권과 사회적 시장경제질서를 채택함으로써 사회정의(경제민주화)의 실현을 도모한다. ③ 또한 국가의 기본법이자 최고규범인 헌법규범의 실질적 효력을 담보하기 위하여 헌법재판제도를 도입한다.

2. 실질적 의미의 헌법과 형식적 의미의 헌법

(1) 실질적 의미의 헌법

(i) 프랑스 인권선언에서 규정한 "권리의 보장이 확보되지 아니하고 권력의 분립이 규정되지 아니한 모든 사회는 헌법을 가지고 있다고 할 수 없다"(제16조)라는 표현은 가장 우아한 헌법의 역사적·실질적 개념정의로 평가받는다.

(ii) 헌법의 실질적 개념이란 헌법의 성문·불문 여부를 묻지 아니하고 법규범의 유형에 관계없이 그 실질적 내용이 헌법적 가치를 가진 규범의 총체를 말한다. 이에 모리스 오류는 헌법학의 개념요소를 "국가의 조직·기본규범·통치형태·정치권력의 부여와 그 제한 및 관계, 기본권보장에 관한 사항"으로 파악한다. 이에 따라 선거법, 의회법, 정당법 등에 관한 사항도 실질적 의미의 헌법개념에 포섭될 수 있다(Maurice Hauriou, *Précis de droit constitutionnel*, Sirey, 1929).

(2) 형식적 의미의 헌법

형식적 의미의 헌법은 성문헌법전에 명시된 규범만을 지칭하는바, 특별한 기관에 의하여 제정되고 특별한 절차를 통하여 개정될 수 있다. 헌법을 제정할 때 제헌의회 등 특별기관이 필요하다든가, 의회의 3분의 2 이상 등의 특별정족수와 국민투표를 통한 확정 등의 특수한 절차를 마련한다.

(3) 실질적 의미의 헌법과 형식적 의미의 헌법의 조화

(i) 실질적 의미의 헌법개념은 학술적(學術的) 강의를 위한 강학상(講學上) 개념이지만, 형식적 의미의 헌법개념은 주어진 성문의 헌법을 기준으로 하는 법적 개념이다. 이에 따라 형식적 의미의 헌법과 실질적 의미의 헌법은 서로 일치하

지 아니하며 그 사이에 괴리가 발생할 수 있다. ① 실질적 헌법 사항인지 여부는 시대에 따라 가변적이다. ② 입법기술상 헌법에 모든 내용을 담을 수는 없다. 국가권력작용과 기본권보장 등에 관한 기본적 사항은 대부분 공유하지만, 형식적 의미의 헌법 즉 성문헌법전에는 실질적 의미의 헌법개념에 포섭될 수 있는 선거 · 의회 · 정당 등에 관한 사항이 상당부분 제외되어 있다. ③ 실질적 헌법에 해당되는 사항이라도 쉽게 개정될 필요가 있는 경우에는 헌법전에 규정하지 아니한다. ④ 헌법적 가치를 가진 사항은 아니지만 정책적으로 헌법전에 규정하기도 한다(예컨대 1999년 개정 전 스위스 헌법 제25조 추가조항의 가축도살방법에 관한 규정, 미국 수정헌법 제18조 · 제21조의 알코올음료에 관한 규정 등).

(ii) 생각건대 실질적 의미의 헌법은 어떠한 나라, 어떠한 시대에도 존재할 수 있다. 하지만, 자칫 헌법개념의 지나친 확장으로 인하여 헌법학과 다른 법학과의 구별을 불투명하게 할 수 있다. 사실 헌법적 가치를 가진 규범은 행정법규 · 형사법규 및 민사법규에 이르기까지 광범위하게 존재한다. 그런데 오늘날 일부 영연방국가를 제외한 대부분의 국가들은 성문헌법을 채택하고 있을 뿐만 아니라 그 성문헌법은 경성헌법을 지향한다. 특히 다른 법규범에 대한 헌법규범의 우위를 전제로 한 위헌심사제도가 보편화되었다. 이제 헌법은 헌법전, 즉 형식적 의미의 헌법을 중심으로 이해함으로써 법적 개념에 더욱 충실할 수 있다.

국가의 기본법이라는 점에서만 본다면, 고유한 의미의 헌법과 실질적 의미의 헌법은 비슷한 의미를 가진다. 그러나 굳이 구별하자면, 고유한 의미의 헌법은 역사적으로 근대입헌주의 정립 이전부터 형성되어 온 헌법개념이라면, 실질적 의미의 헌법은 근대입헌주의 정립 이후의 헌법개념이라 할 수 있다.

Ⅲ. 헌법의 분류

1. 헌법의 존재형식에 따른 분류: 성문헌법과 관습헌법(불문헌법)

(1) 성문헌법

성문헌법이란 성문의 헌법전을 말한다. 오늘날 대부분의 국가는 성문헌법을 가진다. 성문헌법에는 일반적으로 헌법개정을 위한 특별한 기관이나 절차가 마련되어 경성헌법의 경향을 띤다.

(2) 관습헌법

A. 의 의

(i) 관습헌법이란 국가 안에서 용인되는 헌법적 가치를 가진 관습적 규범의

총체를 말한다. 헌정실제란 규범적 효력이 없는 헌정에서 실제로 일어난 사실에 불과하다는 점에서 관습헌법과 구별된다.

(ii) 영국과 같이 성문헌법이 존재하지 아니하는 국가에서는 관습헌법에 입각하여 헌정질서가 유지된다. 이에 영국에는 성문헌법은 없지만 실질적 의미의 헌법은 존재하기 때문에, 관습헌법과 실질적 의미의 헌법은 상호 중첩된다.

(iii) 한국과 같이 성문헌법이 존재하는 국가에서 관습헌법의 존재와 규범력을 인정할 수 있는지, 인정한다면 관습헌법 사항과 관습헌법의 성립요건·효력·변경 등은 어떻게 정립되어야 하는지의 문제가 제기된다.[1]

B. 관습헌법의 인정 여부

(i) 성문헌법이라고 하여도 그 속에 모든 헌법사항을 빠짐없이 규율할 수는 없다. 또한 헌법은 국가의 기본법으로서 간결성과 함축성을 추구하기 때문에 형식적 헌법전에는 기재되지 아니한 사항이라도 이를 불문헌법 내지 관습헌법으로 인정할 소지가 있다(헌재 2004.10.21. 2004헌마554등, 신행정수도의건설을위한특별조치법 위헌확인(위헌)).

(ii) 실제로 성문헌법주의를 강조하는 입장에서는 관습 그 자체가 불분명하다는 이유로 관습헌법의 존재 그 자체를 부인하고 이에 따라 그 규범력을 부인한다. 하지만, 성문헌법 속에 헌법사항을 모두 규정할 수 없을 뿐만 아니라, 성문헌법에 헌법적 가치를 가진 사항이 누락되거나 충분히 규정하지 못할 수도 있으므로 관습헌법의 필요성과 규범력을 인정하여야 한다.

관습헌법 논의는 '신행정수도의 건설을 위한 특별조치법' 사건으로 촉발되었다. 논의의 핵심은 수도가 서울이라는 사실이 관습헌법인가의 여부이다.

수도가 서울이라는 점은 관습헌법이므로 법률로써 수도를 이전할 수 없으며 헌법에서 명시한 제130조의 헌법개정 국민투표권을 침해하는 위헌법률이다. [반대의견] 관습헌법의 효력은 성문헌법의 보완적 효력을 가질 뿐이며, 관습헌법의 개정은 헌법개정사항이 아니다(8:1)(헌재 2004.10.21. 2004헌마554등, 신행정수도의건설을위한특별조치법 위헌확인(위헌)).

위 위헌결정에 따라 수도이전 대신 제시된 행정중심복합도시 건설과 관련하여, 7인의

---

1) 성낙인, 한국헌법학회 편, 헌법판례백선, 법문사; 김승대, "관습헌법의 법규범성에 대한 고찰", 헌법논총, 2004: "선행적 헌법관습"(국어, 국기, 국가, 수도)과 "후행적 헌법관습"(북한의 헌법적 지위와 북한과의 합의의 구속력, 외교부의 실무관행상 존재하는 고시(告示)류 조약)을 구분한다; 이광윤, "관습헌법 무엇이 문제인가?", 시민과 변호사, 2005.1: "추가적 관습헌법"과 "해석적 관습헌법"을 구분한다; 서보건, "관습헌법과 국민적 합의에 관한 연구-일본을 중심으로", 공법연구 33-1; 김경제, "국민주권에 대한 오해: 신행정수도건설법 위헌결정과 관련하여", (서울대)법학 46-3; 방승주, "수도가 서울이라는 사실이 과연 관습헌법인가?", 공법학연구 6-1; 정태호, "헌법재판소에 의해 왜곡된 관습헌법의 법리", 시민과 변호사 2005.1; 장영철, "수도의 법적 지위", 공법연구 40-1; 홍강훈, "관습헌법의 성립영역으로서의 헌법외적 관습헌법-태극기와 애국가는 관습헌법인가?", 공법연구 43-3; 성낙인, "헌법과 국가정체성", 헌법학논집; 이근관, "국제법상 한국의 동일성 및 계속성에 대한 고찰", 법학 61-2.

재판관은 "국민에게 특정의 국가정책에 관하여 국민투표에 회부할 것을 요구할 권리가 인정된다고 할 수도 없다"라고 하여 각하의견을 제시하였다. 다만, 6인의 재판관은 기존 헌법재판소 결정에 따라 수도가 서울이라는 점은 관습헌법에 속한다고 본다. 반면에 3인의 재판관은 관습헌법을 부인한다. 한편, 2인의 재판관은 신행정수도는 결과적으로 수도를 분할함에도 불구하고, 국민적 합의나 동의 절차를 생략하고 있기 때문에 위헌이라는 의견을 제시한다(헌재 2005.11.24. 2005헌마579등, 신행정수도 후속대책을 위한 연기·공주지역 행정중심복합도시 건설을 위한 특별법 위헌확인(각하)). 이 법률에 대하여는 수도분할이라는 비판론을 반영한 개정안이 2010년에 국회에 제출되었으나 부결되었다.

생각건대 헌법재판소가 수도가 서울이라는 점을 관습헌법으로 보았다면, 수도분할을 의미하는 위 특별법도 또한 위헌이라고 판시하였어야 마땅하다.

C. 관습헌법의 성립요건

(ⅰ) 관습헌법도 관습법의 일종이므로 관습법에 요구되는 일반적 성립요건이 충족되어야 한다. 첫째, 기본적 헌법사항에 관하여 어떠한 관행(慣行) 내지 관례(慣例)가 존재하여야 한다. 둘째, 그 관행은 국민이 그 존재를 인식하고 사라지지 아니할 관행이라고 인정할 만큼 충분한 기간 동안 반복 내지 계속되어야 한다(반복·계속성). 셋째, 관행은 지속성을 가져야 하며 그 중간에 반대되는 관행이 이루어져서는 아니 된다(항상성). 넷째, 관행은 여러 가지 해석이 가능할 정도로 모호하여서는 아니 되고 명확한 내용을 가져야 한다(명료성). 다섯째, 이러한 관행이 헌법관습으로서 국민들의 승인 내지 확신 또는 폭넓은 컨센서스를 얻어 국민이 강제력을 가진다고 믿고 있어야 한다(국민적 합의).

> "관습법이란 사회의 거듭된 관행으로 생성한 사회생활규범이 사회의 법적 확신과 인식에 의하여 법적 규범으로 승인·강행되기에 이른 것을 말"한다(헌재 2004.10.21. 2004헌마554등; 대판(전합) 2005.7.21. 2002다1178).

(ⅱ) 하지만, 관습헌법은 성문의 규범이 아니기 때문에 국가기관에 의한 인정은 특별히 요구되지 아니한다.

D. 관습헌법사항

(ⅰ) "관습헌법이 성립하기 위하여서는 관습이 성립하는 사항이 단지 법률로 정할 사항이 아니라 반드시 헌법에 의하여 규율되어 법률에 대하여 효력상 우위를 가져야 할 만큼 헌법적으로 중요한 기본적 사항"이어야 한다. "특히 헌법제정 당시 자명하거나 전제된 사항 및 보편적 헌법원리"는 형식적 헌법전에는 기재되지 아니하였다고 하더라도 관습헌법으로 인정할 수 있다. 관습헌법사항의 구체적인 내용으로서는 헌법적 가치를 가진 국가의 조직에 관한 사항, 국가기관의 권한구성에 관한 사항, 개인의 국가에 대한 지위와 관련된 사항 등을 들 수 있다.

(ii) 헌법재판소는 관습헌법사항의 구체적 예로 국어는 한국어, 수도는 서울, 대한민국이 국명(國名)이라는 세 가지를 적시한다. 그런데 대한민국이라는 국명은 헌법전(제1조 제1항)에 사실상 명시되어 있다.

(iii) 국호(대한민국), 국어(한국어), 수도(서울) 외에도 국기(태극기), 국가(애국가), 국시(國是) 등도 관습헌법에 포섭할 수 있다. 이들 국가정체성에 관한 사항은 외국헌법(예컨대 프랑스헌법)의 예와 같이 헌법에 이를 명시할 필요가 있다.

E. 관습헌법의 효력

(i) 관습헌법도 헌법규범이기 때문에 원칙적으로 성문헌법과 같은 효력을 가진다. 따라서 관습헌법에 어긋나는 법률은 위헌법률이 되고, 관습헌법에 어긋나는 공권력의 행사 또한 위헌이 된다. 하지만, "단지 관습헌법이라는 점만으로 성문헌법과 동일한 효력을 인정할 근거는 없다. … 성문헌법체제에서 관습헌법은 성문헌법을 보완하는 의미에서만 인정될 수 있으며, 더구나 관습헌법으로써 성문헌법을 변경하는 효력을 인정할 수 없다"라는 반대의견도 있다.

(ii) 그런데 관습헌법은 명확하게 확정적으로 존재하지 아니하기 때문에 그 효력에 있어서 한계를 가질 수밖에 없다. 관습은 결코 성문헌법전에 규정된 내용을 바꿀 수는 없다. 헌법전의 내용은 비록 상당기간 동안 적용되지 아니한다고 하더라도 결코 그 법규범적 가치를 상실하지 아니한다. 다만, 관습은 성문헌법이 침묵을 지키는 경우에 일정한 조건에 따라 성문헌법을 보충할 수 있다. 특히 헌법규정이 명확하지 아니할 경우에 이에 대한 평석을 가할 수 있다.

F. 관습헌법의 변경

(i) 관습헌법이 성립되기 위하여서는 관행의 존재, 반복·계속성, 명료성, 항상성, 국민적 합의와 같은 요건이 충족되어야 한다. 따라서 관행의 연속이 단절 또는 변경되거나 국민의 법적 확신이 변경되는 경우 관습헌법은 다른 내용으로 변경될 수 있다.

(ii) 또한 새로운 헌법관행과 그에 대한 국민의 법적 확신에 의하여 헌법의 의미와 내용이 실질적으로 변화하는 헌법변천에 의하여 관습헌법은 변경될 수 있다. 관습헌법의 성립요소인 관행의 연속과 법적 확신은 헌법변천의 주요 요소이므로, 관습헌법에 대한 헌법변천은 성문헌법보다 폭넓게 인정될 수 있다.

(iii) 관습헌법의 변경방법에 관하여 헌법재판소는 "어느 법규범이 관습헌법으로 인정된다면 그 개정가능성을 가지게 된다. 관습헌법도 헌법의 일부로서 성문헌법의 경우와 동일한 효력을 가지기 때문에 그 법규범은 최소한 헌법 제130조

에 의거한 헌법개정의 방법에 의하여만 개정될 수 있다. … 한편 이러한 형식적인 헌법개정 외에도, 관습헌법은 그것을 지탱하고 있는 국민적 합의성을 상실함에 의하여 법적 효력을 상실할 수 있다. … 관습헌법의 요건들은 그 성립의 요건일 뿐만 아니라 효력 유지의 요건이다"라고 하여 관습헌법의 변경은 헌법상 헌법개정절차 외에 국민적 합의성을 확인하는 방법으로도 가능하다고 판시한다(헌재 2004.10.21. 2004헌마554등). 이 경우 국민적 합의 유무를 확인하는 적절한 방법이 문제가 된다.

(iv) 생각건대 관습헌법의 변경은 관습헌법으로 확인된 사항뿐만 아니라 어떠한 사항이 관습헌법인가에 관한 논란이 지속될 경우에 그에 관하여 주권자의 의사를 확인하는 과정은 불가피하다. 바로 그런 점에서 헌법에 마련된 헌법개정절차뿐만 아니라 국민투표도 관습헌법에 관한 논의를 종식시킬 수 있는 중요한 방안이 될 수 있다. 이에 대하여는 국민투표를 통하여 헌법개정을 단행한다는 점에서 헌법 제10장에서 규정하는 경성헌법의 원리에 어긋나며, 민주적 정당성에 의하여 절차적 정당성이 대체될 수 없다는 비판이 가능하다(제1편 제2장 제1절 제2항 V. 3. 참조). 하지만, 관습헌법의 존재 및 그 변경의 확인을 헌법재판소의 결정에만 전적으로 의존하여서는 아니 되며 국민적 합의의 도출이 필요하다는 점도 고려하여야 한다.

예컨대 프랑스 제3공화국에서 비록 1877년 이래 의회해산권이 발동되지 아니하였다 하더라도 대통령의 의회해산권이 효력을 상실하였다고 보아서는 아니 된다. 또한 프랑스 제5공화국헌법에서 헌법개정의 장(章)에 헌법개정절차를 따로 마련하고 있음에도 불구하고 헌법 제11조의 국민투표로 단행된 헌법개정을 헌법관습으로 이해한다.

2. 헌법의 제정주체에 따른 분류: 흠정헌법 · 군민협약헌법 · 민정헌법 · 국약헌법

(i) 헌법제정의 주체는 주권자가 누구인가에 따라 달라진다.

(ii) 흠정(欽定)헌법은 군주주권시대에 군주가 제정한 헌법을 말한다. 한편 근대입헌주의의 정립과정에서 군주와 국민이 다 같이 참여하여 만든 과도기적인 성격을 가지는 군민(君民)협약헌법이 있었다.

흠정(欽定)헌법은 1814년의 프랑스의 루이 18세 헌장과, 1837년 피에몽-이태리왕국 Statuto albertino(이탈리아 성문헌법의 기원)를 들 수 있다. 군민(君民)협약헌법은 1830년 프랑스의 루이-필립헌장, 벨기에헌법, 1962년 모로코헌법을 들 수 있다.

(iii) 오늘날 국민주권주의가 정립되면서 국민이 헌법제정의 주체가 되는 민정헌법으로 귀결되었다. 다만, 국민주권주의 시대에도 국가 사이의 협약에 의한 국약(國約)헌법이 존재할 수 있다. 그러나 국약헌법도 개별국가 단위에서 주권자인

국민의 합의에 기초하여 국가 간 협약이 성립되기 때문에 민정헌법이어야 한다.

3. 헌법의 독창성 여부에 따른 분류: 독창적 헌법 · 모방적 헌법

(i) 독창적 헌법이란 기존 헌법과는 차원을 달리하여 새로이 창조된 헌법을 말한다. 독창적 헌법으로는 영국의 내각책임제헌법(관습헌법), 프랑스 제3 · 제4 공화국의 대륙식 의원내각제헌법, 미국의 대통령제헌법, 노농(勞農)소비에트의 독재를 규정한 구소련헌법 등이 있다.

(ii) 모방적 헌법이란 이미 존재하는 외국의 헌법을 모델로 하여 제정한 헌법을 말한다. 오늘날 대부분의 헌법은 모방적 헌법의 부류에 속한다.

4. 국가형태에 따른 분류: 단일국가헌법 · 연방국가헌법

국가형태가 단일국가형태를 취하는가, 아니면 연방국가형태를 취하는가에 따라 단일국가헌법과 연방국가헌법으로 분류할 수 있다. 국가형태 여하에 따라 국가의 조직구조가 근본적으로 달라진다.

5. 헌법개정절차의 난이에 따른 분류: 경성헌법 · 연성헌법

연성(軟性)헌법이란 헌법개정절차가 일반법률의 개정절차와 동일하여 쉽게 개정될 수 있는 헌법이다. 반면에 경성(硬性)헌법이란 헌법개정절차가 일반법률의 개정절차보다는 엄격한 헌법이다. 국가의 기본법인 헌법이 일반법률과 같이 쉽게 개정되어서는 아니 되므로 근대입헌주의 헌법은 경성헌법을 채택한다. 경성헌법도 필수적 국민투표를 거쳐야 하는 강한 경성헌법과, 선택적 국민투표를 거치거나 아예 국민투표를 거치지 아니하고도 개정될 수 있는 약한 경성헌법이 있다.

6. 헌법의 존재론적 분류: 규범적 헌법 · 명목적 헌법 · 가식적 헌법

(i) 카알 뢰벤슈타인은 헌법규범과 헌법현실과의 관계를 기준으로 한 헌법의 존재론적 분류(혹은 헌법의 효력에 따른 분류)로서 규범적 헌법 · 명목적 헌법 · 가식적 헌법을 들고 있다(Karl Loewenstein, *Verfassungslehre*, 3. Aufl., 1975, SS. 151-157).

(ii) 규범적 헌법은 헌법규범과 헌법현실이 대체로 일치하는 헌법이다. 이는 마치 사람의 몸에 옷이 잘 들어맞는 맞춤복과 같다(예컨대 영국, 미국, 프랑스, 독일의 헌법).

(iii) 명목적 헌법은 헌법규범은 이상적으로 정립되어 있지만 헌법현실과 대체

로 일치하지 아니하는 헌법을 말한다. 이는 기성복처럼 사람의 몸에 잘 어울리지 아니하는 옷과 같다(예컨대 라틴 아메리카 등 제3세계국가의 헌법).

(iv) 가식적 헌법이란 대외적인 과시용으로 제정된 헌법이기 때문에 본질적으로 헌법현실에 적용될 수 없는 헌법을 말한다. 이는 사람이 입고 다니기 위한 옷이 아니라 가장무도회용 복장에 불과하다(예컨대 공산주의국가와 독재국가의 헌법).

7. 국가체제에 따른 분류

(i) 국가가 채택하고 있는 경제체제 내지 경제질서의 기본원칙에 따라 자본주의헌법과 사회주의헌법으로 분류할 수 있다. 그러나 오늘날 사회주의국가는 몰락과정에 있다. 러시아는 시장경제를 표방하고 있고, 중국을 비롯한 전통적인 공산주의국가들도 시장경제를 대폭 도입하고 있다. 자본주의국가 또한 사회정의 또는 경제의 민주화를 위하여 국가적 규제와 조정을 행하는 사회적 시장경제질서를 채택한다.

(ii) 한편 국가권력의 행사방법에 따라 입헌주의헌법과 전제주의헌법으로도 분류할 수 있다. 하지만, 사회주의헌법이나 전제주의헌법은 헌법의 존재론적 분류의 시각에서 볼 때 가식적 헌법 혹은 장식적 헌법에 불과하기 때문에 입헌주의원리에 입각하여 탐구하는 헌법의 분류로서는 바람직한 분류방식이라 할 수 없다.

8. 대한민국헌법의 개념 정의와 분류

(i) 한국헌법은 원칙적으로 근대입헌주의적 의미의 헌법에 기초하여 현대 사회복지주의적 의미의 헌법을 수용하는 헌법이다.

(ii) 또한 한국헌법은 성문헌법 · 민정헌법 · 모방적 헌법 · 단일국가 헌법 · 강한 경성헌법 · (수정)자본주의헌법 · 입헌주의헌법이다. 그러나 아직도 민주주의가 완전히 정립되어 있지 못하기 때문에 명목적 헌법에서 규범적 헌법으로 발전과정에 있는 헌법이라고 평가할 수 있다.

제3절 헌법의 특성

Ⅰ. 의 의

(i) 헌법의 특성으로는 사실적 특성과 규범적 특성으로 나누어 볼 수 있다. 헌법의 사실적 특성은 헌법전의 제정·개정에 이르기까지의 특성에 중점을 둔다. 하지만, 헌법의 규범적 특성은 주어진 헌법(전)이 가진 특성에 중점을 둔다. 그러나 헌법의 사실적 특성과 규범적 특성에 대한 일의적 구획 자체가 명확하지 아니하다. 한편 헌법의 특성과는 별도로 헌법의 기능을 설명하기도 하지만, 이 또한 사실상 헌법의 특성과 중첩적이다.

헌법의 특성과는 별도로 헌법의 기능을 설명하면서 권영성 교수(15-17면)는 ① 정치적 기능으로는 국가구성적 기능·국민적 합의기능·공동체의 안정과 평화유지기능·국민통합기능·정치과정 합리화기능을, ② 규범적 기능으로서 법질서 창설기능·기본권보장기능·권력통제기능을, 허영 교수(20-23면)는 ① 국가창설적 기능, ② 정치생활 주도기능, ③ 기본권보장을 위한 사회통합기능, ④ 수권 및 권능제한적 기능, ⑤ 정치적 정의실현기능을 적시한다.

(ii) 사실(事實)로서의 헌법은 정치성·개방성·이념성·역사성·가치성 등을, 규범(規範)으로서의 헌법은 최고규범·기본권보장규범·권력통제규범·수권적 조직규범·헌법보장을 위한 규범으로서의 특성을 가진다.

김철수 교수((상) 18-21면)는 ① 헌법제도의 특성으로는 정치성·이념성·역사성·가치성·개방성·규범성을, ② 헌법규범의 특성으로는 수권적 조직규범, 기본권보장·권력제한규범, 최고규범, 헌법제정규범 및 헌법개정규범을 들고 있다. 권영성 교수(11-15면)는 헌법의 특질을 ① 헌법의 사실적 특질로서 정치성·이념성·역사성을, ② 헌법의 규범적 특질로서 최고법규성, 기본권보장규범성, 조직·수권규범성, 권력제한규범성, 자기보장규범성을, ③ 헌법의 구조적 특질로서 규범구조의 간결성·미완성성, 규범내용의 추상성·불확정성·개방성을 적시한다. 계희열 교수((상) 50면 이하)는 헌법의 규범적 특성으로 최고규범성·개방성·자기보장성·정치성을 들고 있다. 허영 교수(23-32면)는 헌법의 특성으로서 최고규범성, 정치규범성(유동성·추상성·개방성·미완성성), 조직규범성, 생활규범성, 권력제한규범성, 역사성을 제시한다.

Ⅱ. 헌법의 사실적 특성

1. 헌법의 정치성·개방성

(i) 권력의 기술로서의 헌법은 정치권력과 불가분의 관계에 있다. 헌법의 제정과 개정은 원칙적으로 주권자인 국민의 합의를 통하여 이루어진다. 그러나 현실적으로 헌법의 제정과 개정은 이를 주도하는 실존적(實存的) 정치세력의 정치력에 좌우될 수밖에 없기 때문에, 헌법은 그 탄생과정에서부터 숙명적으로 정치적일 수밖에 없다. 특히 정치제도야말로 정치적 타협과 결단의 소산이다. 하지만, 자유를 위한 기술로서의 헌법은 오히려 정치세력의 개입을 적극적으로 배제하여야 한다. 여기에 헌법의 권력과 자유의 조화의 기술로서의 성격이 드러난다.

(ii) 특히 권력의 기술로서의 헌법의 정치성은 항시 열려 있는 권력의 공간을 마련한다. 실정헌법 아래에서 일어나는 국가권력의 작동과정에는 정치적 투쟁이 계속된다. 이에 따라 규범으로서의 헌법학과 사실로서의 정치학은 서로 연계될 수밖에 없다. 사실 헌법규범에만 집착한 헌법학은 현실을 외면한 공리공론적인 개념법학에 머무르게 되고, 헌법현실에만 순응하는 헌법학은 규범과학으로서의 헌법학을 포기하는 결과를 초래하게 된다. 따라서 헌법규범과 헌법현실을 동시에 아우를 수 있는 현실적 공간을 헌법 스스로가 마련하여 주기 때문에 헌법의 개방적 성격이 자리매김한다. 하지만, 헌법의 개방성(開放性)은 주어진 헌법의 틀 안에서의 개방성이지 헌법의 틀을 뛰어넘는 개방성이 아니라는 점에서 한계가 있다.

(iii) 한국헌법은 1948년 국민적 합의에 의하여 제정된 이래, 그간 9차례에 걸친 개헌(그중에서 다섯 번은 사실상 헌법제정) 과정을 통하여 헌법의 정치성·개방성을 극명하게 보여준다. 정치적 소용돌이 속에서 헌법이 정치의 제물(祭物)이 된 굴욕의 역사를 체험한 바 있고, 헌법의 개방성은 오용(誤用)되어 결과적으로 의원내각제적 요소는 장식품이 되어 버리고 대통령주의제적 요소만 득세하였다.

2. 헌법의 이념성·역사성·가치성

(i) 헌법은 동시대를 풍미한 이념(理念)의 산물이다. 근대입헌주의 헌법에서의 사회계약론·자연법론은 현대헌법에 이르기까지 그 이념적 틀을 유지한다. 19세기 말에서 20세기 초기에 횡행한 좌우의 대립도 궁극적으로 헌법의 틀 속으로 용해되어왔다. 사회주의헌법이 좌파 이데올로기의 헌법적 구현이라면, 자본주의헌

법의 틀을 유지한 가운데 좌파 이데올로기를 헌법의 틀 속으로 수용한 헌법이 바로 20세기적인 사회복지국가헌법이다. 20세기 말 좌파 종주국인 구소련이 몰락하였지만, 21세기 헌법에서도 자본주의헌법의 틀을 유지하는 가운데 좌파 이데올로기의 적극적 수용을 통하여 사회복지국가를 더욱 발전시켜 나가야 한다.

(ii) 헌법의 발전과정에 따라 헌법의 개념 정립이 달리하여 왔던 바와 같이, 역사적으로 헌법은 고유한 의미의 헌법에서 근대입헌주의 헌법으로 정립되어 오늘에 이른다. 이러한 헌법의 역사성(歷史性)에 기초하여, 헌법전문에는 헌법제정 당시의 역사적 상황이 기록된다. 근대입헌주의 헌법은 물결의 흐름과 같이 세계사적인 변용을 거쳐, 현대 사회복지주의 헌법으로 발전하여왔다. 이제 21세기 정보사회에 따른 헌법의 변화에 직면한다.

(iii) 헌법에는 시대정신(Esprit du temps, Zeitgeist)이 구현되어 있다. 따라서 그 헌법에는 동시대의 지배적 이데올로기에 대한 헌법적 가치판단(價値判斷)이 반영된다. 바로 그런 점에서 개별국가의 헌법은 가치중립적이 아니라 가치지향적일 수밖에 없다.

(iv) 한반도의 북쪽에는 공산주의 이념에 기초한 인민민주주의 공화국이 수립되었다. 반면에 대한민국에서는 수정자본주의의 틀을 유지하면서 자유민주주의 공화국이 탄생되었다. 그것은 해방공간에서 한반도가 처한 특수한 역사적 성격의 반영이다. 바로 여기에 민주주의의 적에 대한 관용의 한계를 의미하는 공산주의에 적대적인 이데올로기가 자리 잡아왔다.

Ⅲ. 헌법의 규범적 특성

1. 국법질서체계에서 최고규범으로서의 헌법

(i) 헌법은 주권자인 국민의 합의에 기초한 국가의 조직과 구성 및 국민의 자유와 권리보장을 위한 최고의 규범체계이자 권리장전이다. 즉, 헌법은 국민적 합의에 의하여 제정된 국민생활에 있어서 최고의 도덕규범이며 정치생활의 가치규범으로서 정치와 사회질서의 지침을 제공하기 때문에 민주사회에서는 헌법규범을 준수하고 그 권위를 보존하여야 한다(헌재 1989.9.8. 88헌가6, 국회의원선거법 제33조, 제34조의 위헌심판(헌법불합치,잠정적용)). 따라서 국가의 법질서는 헌법을 최고규범으로 하여 그 가치질서에 의하여 지배되는 통일체를 형성한다. 그러한 통일체 안에서 상위규범은 하위규범에 대한 효력의 근거가 되는 동시에 해석의 근거가 된다(헌재 1989.7.21. 89헌마38, 상속세법 제32조의2 제1항의 위헌여부에 관한 헌법소원(한정합헌)).

(ii) 현행헌법에 최고규범성을 명시적으로 규정한 조항은 없다. 하지만, 경성헌법(제128조-제130조) · 대통령의 헌법존중의무와 헌법준수선서(제66조, 제69조) · 위헌법률심사제(제107조 제1항, 제111조 제1항) · 위헌명령심사제(제107조 제2항) · 부칙 제5조(이 헌법 시행 당시의 법령과 조약은 이 헌법에 위배되지 아니하는 한 그 효력을 지속한다) 등은 헌법이 국법질서에서 최고의 규범임을 사실상 천명한다.

2. 자유(기본권)의 장전으로서의 헌법

주권자인 국민의 자유와 권리(기본권)가 보장된 헌법이야말로 진정한 자유의 장전으로서의 헌법이다. 이에 근대입헌주의 헌법은 국민의 자유와 권리를 헌법에서 명시적으로 보장한다. 한국헌법도 헌법전문 및 제2장 "국민의 권리와 의무"에서 대한국민의 자유와 권리를 보장한다. 특히 헌법 제10조 후문에서는 "국가는 개인이 가지는 불가침의 기본적 인권을 확인하고 이를 보장할 의무를 진다"라고 하여 국가의 기본권보장의무를 규정한다. 또한 헌법소원제도(제111조 제1항)는 권력통제와 권리보장을 위한 장전으로서의 성격을 더욱 분명히 한다.

3. 정치제도를 설계하는 권력의 체계로서의 헌법

(i) 한 국가의 권력체계는 곧 주권적 의지의 헌법적 반영이다. 국가권력의 기본틀은 헌법에서 조직되고(조직규범성), 그 조직은 상호 견제와 균형을 이루어야 하며(권력통제규범성), 헌법의 수권에 따라 정치제도의 구체적인 모습이 드러난다(수권규범성).

(ii) 헌법의 수권(授權)에 따라 "입법권은 국회에 속한다"(제3장 국회, 제40조). 그리고 "행정권은 대통령을 수반으로 하는 정부에 속한다"(제4장 제1절 대통령, 제66조 제4항). 헌법에 명시된 정부의 제도로는 대통령 · 국무총리와 국무위원 · 국무회의 · 행정각부 · 감사원 등이 있다. "사법권은 법관으로 구성된 법원에 속한다"(제5장 제101조 제1항). "법원은 최고법원인 대법원과 각급법원으로 조직된다"(제2항). 제6장은 헌법재판소, 제7장은 선거관리, 제8장은 지방자치에 관하여 규정한다. 이들 헌법기관의 조직에 관한 구체적인 내용은 법률로 정한다. 또한 입법 · 행정 · 사법이 각기 견제와 균형을 이룰 수 있도록 협력 및 견제(통제) 장치를 헌법에 명시한다.

4. 헌법보장을 위한 규범으로서의 헌법

(i) 헌법은 헌법제정권자가 발동하는 헌법제정권력에 의하여 제정된다. 민정헌법은 주권자인 국민의 주권적 의사의 표현이다. 헌법은 전문에서 '대한국민(大

韓國民)'이 헌법을 제정하였음을 분명히 한다. 그 헌법은 국민투표를 통하여서만 개정될 수 있다(강한 경성헌법). 주권적 합의를 통한 헌법의 제정과 개정, 실정헌법규범을 준거로 한 위헌법률심사제의 도입은 최고규범으로서의 헌법의 실효성을 보장한다.

(ii) 그러나 법령 등 하위규범들과는 달리 헌법은 그 실효성을 확보하거나 그 내용을 직접 강제할 수 있는 강제집행제도가 없으므로 헌법의 자기보장규범성과 관련하여 문제가 제기된다.

5. 통일된 가치체계로서의 헌법

헌법은 전문 및 각 개별조항 사이에 서로 관련성이 없는 단순한 결합이 아니라 서로 밀접한 관련성을 가지고 하나의 통일된 가치체계를 이룬다. 그러므로 헌법규범의 특성인 기본권보장규범성 · 권력제한규범성 · 수권적 조직규범성 · 헌법보장을 위한 헌법규범성은 각기 별개로 논의되어서는 아니 되고 전체적 · 통일적인 가치체계로서 이해되어야 한다(헌재 1995.12.28. 95헌바3, 국가배상법 제2조 제1항 등 위헌소원(합헌,각하)).

제4절 헌법학과 헌법해석

Ⅰ. 의 의

헌법학은 법학의 한 분과이다. 하지만 여타 법학과는 여러 가지 다른 특성을 가진다. 이에 헌법학 연구의 방법과 내용이 다양하게 전개된다. 그 헌법학을 이해하고 적용하는 헌법의 해석 또한 헌법의 특성을 적극적으로 반영하여야 한다.

Ⅱ. 헌법학의 학문적 특성

1. 법학의 한 분과로서의 헌법학

헌법학은 법학의 한 분과이므로 규범과학으로서의 학문적 특성을 가진다. 헌법학은 국내공법이라는 점에서 국제공법이나 국내사법과 구별된다.

프레로(M. Prélot)는 국내공법으로서 헌법학을 국가구성요소인 국민에 관한 국민(인민)헌법, 국가의 최고기관 및 통치기관의 조직에 관한 정치헌법, 지방자치단체 등 중간기관의 조직에 관한 행정헌법, 사법부의 조직에 관한 사법헌법으로 분류하기도 한다. 한편 공법으로서의 헌법학이란 틀을 벗어나 사회의 근본규범이라는 관점에서는 가족헌법, 회사헌법, 노동헌법, 종교헌법, 국제헌법 등이 존재할 수 있다고 본다(성낙인, 프랑스 헌법학, 32면).

김철수 교수(상) 5면)는 광의의 헌법학이란 헌법규범·헌법제도·헌법의식·헌법질서 등을 연구하는 학문으로 보고, 이를 크게 헌법철학과 헌법과학으로 나눈다. 헌법철학은 헌법학설사·헌법사상사·헌법원리론·헌법학방법론·헌법가치론·헌법존재론 등을, 헌법과학은 대상에 따라 일반헌법학·비교헌법학·특수헌법학으로, 방법에 따라 헌법사학·헌법이론학(헌법해석학·헌법사회학)·헌법정책학으로 나눈다.

2. 규범과학으로서의 헌법학

규범과학으로서의 헌법학은 사실과학인 사회과학 특히 정치학과 밀접한 연계를 형성한다. 사실 헌법학은 초기에 국내공법학보다는 오히려 정치헌법으로부터 출발하여 일반국가학으로 발전하였는데, 일반국가학은 헌법학과 정치학으로 각기 정립되었다. 권력과 자유의 조화의 기술이라는 헌법학의 학문적 특성은 권력의 학문의 전형인 정치학의 특성과도 직접적으로 중첩된다.

Ⅲ. 헌법의 특성에 기초한 헌법해석

1. 헌법의 특성과 헌법해석의 연계성

(i) 헌법학연구의 출발은 헌법의 해석으로부터 비롯된다. 그 헌법해석학은 곧 법해석학의 일부일 수 있다. 하지만, 헌법규범이 가진 특성으로 인하여 헌법해석은 일반적인 법해석과 차별성을 가진다. 헌법의 사실적 특성과 규범적 특성은 헌법해석에서도 그대로 드러난다. 이에 따라 헌법해석에 있어서 판단의 기준은 규범적 관점뿐만 아니라 정치성·합목적성도 동시에 고려되어야 한다.

(ii) 헌법해석학이란 성문헌법규범을 논리적·체계적으로 해석하여 헌법규범의 원리·원칙을 연구하는 법해석학의 한 분야이다. 헷세(K. Hesse)는 헌법규범의 내용은 헌법의 해석에 의하여 완성된다고 보면서, 헌법의 해석을 "헌법규범의 구체화과정"이라고 한다(Konrad Hesse, 계희열 역, 통일독일헌법원론, 박영사, 2001, 36면).

2. 헌법해석의 기본원리

(i) **통일성** 헌법해석에 있어서는 헌법의 조문이나 규정을 전체적으로 조망한 통일적 해석론이 전개되어야 한다. 이 과정에서 헌법의 정치성·개방성·이념성·역사성·가치성 등의 특성이 충분히 고려되어야 한다.

(ii) **실제적 조화** 헌법규범은 또한 권력과 자유의 조화의 기술이라는 헌법의 특성에 따라 권력의 수권·통제와 기본권보장의 원리가 서로 조화되어야 한다. 즉 헌법의 해석은 이익형량을 통하여 규범 사이에 체계조화적인 해석의 원칙을 지켜나가야 한다.

(iii) **기능적 적정성** 헌법해석에 있어서는 헌법규범의 구조뿐만 아니라, 헌법규범의 정치적 통합과 기능 배분도 적극적으로 고려하여야 한다.

(iv) **헌법합치적 해석** 법률은 가능한 한 헌법합치적으로 해석되어야 한다.

> "헌법의 해석은 헌법이 담고 추구하는 이상과 방향에 따른 역사적, 사회적 욕구를 올바르게 수용하여 헌법적 방향을 제시하는 헌법의 창조적 기능을 수행하여 국민적 욕구와 의식에 알맞는 실질적 국민주권의 실현을 보장하는 것이어야 한다. 그러므로 헌법의 해석과 헌법의 적용이 우리 헌법이 지향하고 추구하는 방향에 부합하는 것이 아닐 때에는, 헌법적용의 방향제시와 헌법적 지도로써 정치적 불안과 사회적 혼란을 막는 가치관을 설정하여야 한다"(헌재 1989.9.8. 88헌가6, 국회의원선거법 제33조, 제34조의 위헌심판(헌법불합치,잠정적용)).

김철수 교수(상 3면)는 헌법해석의 원칙으로서 통일성의 원칙, 실천적 조화의 원칙, 헌법의 기능적 과제, 합헌적 법률해석, 해석적 구체화를 들고 있다. 계희열 교수(상 80면 이하)는 헌법의 해석원리로서 헌법의 통일성의 원리, 실제적 조화의 원리, 기능적 적정성의 원리, 통합작용의 원리, 헌법의 규범력의 원리를 제시한다. 권영성 교수(24면)는 헌법해석의 준칙(지침)으로서 헌법규범의 통일성·조화성 존중의 원칙, 헌법규범의 기능존중의 원칙, 논리성과 체계성 존중의 원칙을 제시한다. 허영 교수(71-74면)는 헌법해석의 지침으로서 헌법의 통일성(이익형량의 원칙·조화의 원칙), 헌법의 기능적 과제, 헌법의 사회안정적 요인을 들고 있다.

3. 헌법해석의 유형 또는 주체에 따른 구별

헌법해석은 해석의 주체에 따라 유권해석과 학리해석으로 구별된다.

(i) 유권(有權)해석은 국가기관이 행하는 해석이기 때문에 일정한 구속력을 가진다. 그것은 국가기관의 종류에 따라 입법부·행정부·사법부의 해석으로 나누어진다. 입법부의 유권해석은 입법의 형태로 구현된다. 행정부의 유권해석은 행정입법이나 행정처분으로 나타난다. 사법부의 유권해석은 판결로 나타난다. 헌법에 관한 최종적인 해석은 헌법재판소의 결정을 통하여 드러난다.

(ii) 학리(學理)해석은 헌법의 원리를 문리적·논리적으로 밝히기 위하여 私人(개인)이 하는 해석이다. 학리해석은 헌법학자들의 해석이 주축을 이룬다. 이는 사인의 해석이므로 법적 구속력은 없지만, 헌법해석의 중요한 방향을 제시한다.

(iii) 헌법해석은 유권해석 특히 헌법재판소의 해석과 학자들의 학리해석이 통일적으로 귀일되는 방향으로 정립되어야 한다.

Ⅳ. 전통적인 헌법해석의 방법

전통적인 법해석 방법으로는 사비니의 4단계 해석방법론인 ① 문법적 해석, ② 논리적 해석, ③ 역사적 해석, ④ 체계적 해석이 있다. 그 후에 이를 보완한 7단계 해석방법론으로서 ① 어학적 해석, ② 논리적 해석, ③ 체계적 해석, ④ 역사적·제도사적 해석, ⑤ 비교법학적 해석, ⑥ 입법자의 주관적 해석, ⑦ 목적론적 해석이 제시되어왔다(Friedrich Carl von Savigny, *System des heutigen Römischen Rechts* I, 1840, S. 212 ff.).

(i) 문리(文理)해석(문법적 해석·어학적 해석)은 실정헌법규범에 대하여 어학적·문법적 방법을 통하여 헌법의 의미내용을 명확히 하는 해석방법이다.

(ii) 주관적·역사적 해석은 헌법제정권자의 주관적 의사를 파악하여 이를 탐구

하는 해석방법이다.

(iii) 객관적·체계적 해석은 헌법제정권자의 주관적 의사보다는 헌법조문에 객관적으로 표현된 내용을 법체계 전체의 통일적 원리에 따라 사물의 본질·조리(條理)에 입각하여 객관적·유기적·체계적으로 탐구하는 해석방법이다.

(iv) 목적론적 해석은 헌법제정의 목적이나 헌법에 내재하는 가치를 추구하는 해석방법이다.

생각건대 헌법해석에 있어서는 제1차적으로 헌법조문의 의미와 내용을 명확히 하는 데 있다(文理解釋). 하지만, 문리해석에만 집착하면 자칫 헌법의 통일성을 해칠 수 있기 때문에 객관적(客觀的)·체계적(體系的) 해석이 뒷받침되어야 한다. 궁극적으로 헌법의 해석은 동시대의 헌법이 지향하는 권력과 자유의 조화라는 이념과 가치에 입각하여 목적론적(目的論的) 해석을 하여야 한다.

Ⅴ. 헌법해석의 한계

헌법의 해석은 성문헌법의 문의적(文義的) 한계를 뛰어넘어서는 아니 된다. 이에 따라 불문헌법의 해석에 있어서 성문헌법은 그 한계로 작용한다. 나아가서 헌법해석에 의한 헌법의 변천은 허용되지만, 헌법해석에 의한 헌법의 침훼나 헌법의 개정은 허용되지 아니한다.

Ⅵ. 합헌적 법률해석

1. 의 의

(1) 합헌적 법률해석을 통한 헌법해석

(i) 합헌적 법률해석(法律의 合憲的 解釋·憲法合致的 解釋)은 미국 연방대법원이 정립한 법률의 합헌성 추정의 원칙을 독일 연방헌법재판소가 수용하여 발전시켰다.

(ii) 합헌적 법률해석이란 "어떤 법률이 한 가지 해석방법에 의하면 헌법에 위배되는 것처럼 보이더라도 다른 해석방법에 의하면 헌법에 합치되는 것으로 볼 수 있을 때"(대결 1992.5.8. 91부8) 즉 "어떤 법률에 대한 여러 갈래의 해석이 가능할 때에는" 이를 위헌으로 해석하지 아니하고 합헌으로 해석하여야 한다는 사법소극주의적인 법률의 해석기술이다(헌재 1989.7.14. 88헌가5등, 사회보호법 제5조의 위헌심판(합헌))(헌재 1990.4.2. 89헌가113, 국가보안법 제7조에 대한 위헌심판(한정합헌)).

(iii) 합헌적 법률해석은 근본적으로 법률해석의 문제(체계적 해석방법의 한 형태)로부터 출발한 논의이므로 헌법해석과는 구별되어야 한다. 하지만, 법률을 합헌성과 연관하여 해석하고 그 합헌성 판단은 결국 헌법해석을 통하여 이루어진다는 점에서 헌법해석과도 밀접한 관련성을 가진다.

(2) 합헌적 법률해석과 규범통제의 관계

(i) 합헌적 법률해석은 사법부의 규범통제과정에서 판례로써 정립된 이론이다. 합헌적 법률해석과 규범통제(위헌법률심사제)는 표리관계에 있다. 합헌적 법률해석과 규범통제는 다 같이 헌법의 최고규범성을 전제로 한다. 그런데 합헌적 법률해석에 있어서 헌법은 법률의 '해석기준'(解釋基準)이 되지만, 규범통제에 있어서 헌법은 법률의 '심사기준'(審査基準)이 된다.

(ii) 또한 합헌적 법률해석은 헌법의 최고규범성이 보장되는 헌법에서는 당연히 인정될 수 있다. 하지만, 규범통제는 헌법의 최고규범성에 의하여 자동적으로 인정되지는 아니하고, 그에 대한 명시적인 별도의 근거규정이 있어야 한다. 헌법재판의 실제에서도 합헌적 법률해석은 규범의 위헌성을 소극적으로 판단함에 그치지만, 규범통제에 있어서는 규범의 위헌성을 적극적으로 판단한다.

(iii) 양자는 이러한 차이점을 가지고 있으나, 합헌적 법률해석이 규범통제에 대한 제약이 되기도 하고, 규범통제에 의하여 한계가 정하여지기도 하기 때문에, 두 제도는 서로 제약적 기능을 통하여 밀접한 관련성을 가진다.

2. 이론적 근거

(i) 국가의 최고법인 헌법규범과 그 헌법질서 아래 형성된 일련의 법질서가 통일적 법체계를 형성하여야 하기 때문에 모든 법규범은 헌법과 합치하여야 한다.

(ii) 국민적 정당성을 가진 입법부가 그 고유의 권한으로 정립한 법률에 대하여는 권력분립의 원리에 입각하여 가급적 입법권을 존중하여야 한다.

(iii) 국민의 대표기관인 입법부에서 정립된 법률은 일단 유효성이 추정되며, 그 법률의 추정적 효력을 통하여 민주적 법치국가에서의 법적 안정성을 확보할 수 있다(헌재 1990.6.25. 90헌가11, 국가보안법 제7조 제5항의 위헌심판(한정합헌))(허영 교수(78면)는 "국가간의 신뢰보호"를 추가한다).

(iv) 그런데 조약은 일단 체결되면 국가 사이의 신뢰보호 문제가 발생한다. 이에 따라 조약에 대한 위헌결정은 자칫 국가 사이에 분쟁을 촉발할 수 있으므로 더욱더 신중하게 하여야 한다.

3. 합헌적 법률해석의 전형: 한정합헌해석

(i) 합헌적 법률해석의 의의와 이론적 근거에 비추어 볼 때 헌법재판소의 변형결정은 모두 합헌적 법률해석의 의미를 일부 수용한다. 그중에서도 합헌적 법률해석의 전형은 "… 로 해석하는 한 헌법에 위배되지 아니한다"라는 주문형태의 한정합헌(限定合憲)결정이다(헌재 1989.7.21. 89헌마38, 상속세법 제32조의2의 위헌여부에 관한 헌법소원(한정합헌))(헌재 1990.4.2. 89헌가113, 국가보안법 제7조에 대한 위헌심판(한정합헌)).

(ii) 헌법재판소는 한정합헌결정은 한정위헌결정과 "서로 표리관계"에 있을 뿐이며 실제로는 차이가 없다고 판시한다(헌재 1997.12.24. 96헌마172등, 헌법재판소법 제68조 제1항 위헌확인 등(한정위헌,인용(취소))). 합헌적인 한정축소해석은 위헌적인 해석가능성과 그에 따른 법적용의 소극적 배제이고, 적용범위의 축소에 의한 한정적 위헌선언은 위헌적인 법적용 영역과 그에 상응하는 해석가능성을 적극적으로 배제한다는 뜻에서 차이가 있을 뿐, 본질적으로는 다 같은 부분위헌결정으로 본다. 따라서 한정위헌결정도 합헌적 법률해석의 한 형태라 할 수 있다(헌재 1992.2.25. 89헌가104, 군사기밀보호법 제6조 등에 대한 위헌심판(한정합헌)).

(iii) 그런데 헌법불합치결정이나 입법촉구결정은 그 자체가 본질적으로 위헌임을 전제로 하기 때문에 합헌적 법률해석으로 보기는 어렵다.

4. 합헌적 법률해석의 한계

합헌적 법률해석을 허용한다고 하더라도 그 이론적 근거를 뛰어넘을 수는 없는 일정한 한계가 있다(헌재 2004.3.25. 2001헌마882, 2002학년도 대전광역시 공립중등학교 교사임용후보자 선정경쟁시험 시행요강 취소(위헌)).

(i) 문리해석의 한계 법조문의 어의(語義)와 완전히 다른 의미로 변질되어서는 아니 된다(헌재 1989.7.14. 88헌가5등, 사회보호법 제5조의 위헌심판(합헌))(헌재 2006.5.25. 2005헌가17등, 부동산실권리자명의등기에 관한법률 제5조 제2항 위헌제청 등(헌법불합치,적용중지)). 특히 법조문이 다의적 해석가능성을 넘어 추상적이고 광범위하여 애매모호할 경우에는 합헌적 법률해석이 허용되지 아니한다(헌재 89헌가8, 국가보안법 제7조 제1항 제5항 위헌심판제청(한정합헌), 반대의견 중). 또한 법률의 해석은 유효한 법률조항을 전제로 하므로 실효(失效)된 법률조항에 대한 합헌적 법률해석은 허용되지 아니한다(헌재 2009헌바123등, 구 조세감면규제법 부칙 제23조위헌소원(한정위헌)).

> "합헌적 법률해석은 어디까지나 법률조항의 문언과 목적에 비추어 가능한 범위 안에서의 해석을 전제로 하는 것이고, 법률조항의 문구 및 그로부터 추단되는 입법자의 명백한 의사에도 불구하고 문언상 가능한 해석의 범위를 넘어 다른 의미로 해석할 수는 없다(헌재 1989.7.14. 88헌가5등)." "문언상 명백한 의미와 달리 "종업원의 범죄행위에 대해 영업주의 선임감독상의 과실(기타 영업주의 귀책사유)이 인정되는 경우"라는 요건을 추가하여 해석하는 것은 문언상 가능한 범위를 넘어서는 해석"이다(헌재 2007.11.29. 2005헌가10, 보건범죄단속에 관한 특별조치법 제6조 위헌제청(위헌)).

"지방공무원법 제29조의3은 '지방자치단체의 장은 다른 지방자치단체의 장의 동의를 얻어 그 소속 공무원을 전입할 수 있다'라고만 규정하고 있어, 이러한 전입에 있어 지방공무원 본인의 동의가 필요한지에 관하여 다툼의 여지없이 명백한 것은 아니나, 위 법률조항을, 해당 지방공무원의 동의없이도 지방자치단체의 장 사이의 동의만으로 지방공무원에 대한 전출 및 전입명령이 가능하다고 풀이하는 것은 헌법적으로 용인되지 아니하며, 헌법 제7조에 규정된 공무원의 신분보장 및 헌법 제15조에서 보장하는 직업선택의 자유의 의미와 효력에 비추어 볼 때 위 법률조항은 해당 지방공무원의 동의가 있을 것을 당연한 전제로 하여 그 공무원이 소속된 지방자치단체의 장의 동의를 얻어서만 그 공무원을 전입할 수 있음을 규정하고 있는 것으로 해석하는 것이 타당하고, 이렇게 본다면 인사교류를 통한 행정의 능률성이라는 입법목적도 적절히 달성할 수 있을 뿐만 아니라 지방공무원의 신분보장이라는 헌법적 요청도 충족할 수 있게 된다"(헌재 2002.11.28. 98헌바101, 지방공무원법 제29조의3 위헌소원(합헌)).

군장교가 형사기소되면 휴직을 명할 수 있으며, 휴직기간 중에는 봉급의 반액만 지급하게 되는데 무죄판결을 받으면 차액을 소급하여 지급한다. 그런데 무죄판결에 공소기각재판(이 경우 공소기각의 사유가 없었다면 무죄가 될 수 있는 내용상 무죄재판)을 포함하여 해석하여도 문의적 한계 내의 합헌적 법률해석에 부합한다(대판 2004.8.20. 2004다22377, 급여등(군인사법제48조 제4항)).

(ii) 목적론적(법목적적) 해석의 한계　해당 법률의 입법목적과 완전히 다른 해석을 하여서는 아니 된다(헌법재판소가 구 국회의원선거법 제55조의3과 제56조에 대하여 내린 '조건부 위헌결정'(헌재 1992.3.13. 92헌마37등(한정위헌,기각))(제2편 제5장 제2절 Ⅲ. 8. (6) H. 참조)은 법률의 확대해석을 통하여 입법권을 침해하여 입법목적적 한계를 벗어났다는 지적이 있다)(허영; 강경근).

정당추천후보자에게는 합동연설회 이외에 정당연설회를 가질 수 있도록 하고, 정당추천후보자는 소형인쇄물을 2종 더 배부할 수 있도록 한 국회의원선거법 제55조의3 및 제56조는 무소속 후보자에게도 정당연설회에 준하는 개인연설회나 소형인쇄물 배부를 동일하게 허용하는 경우에는 위헌성(違憲性)의 소지가 제거될 수 있다(條件附 違憲決定).

(iii) 헌법수용적 한계　헌법규범의 의미와 내용을 뛰어넘는 해석을 하여서는 아니 된다.

"법률조항의 문구가 간직하고 있는 말의 뜻을 넘어서 말의 뜻이 완전히 다른 의미로 변질되지 아니하는 범위 내이어야 한다는 문의적 한계와 입법권자가 그 법률의 제정으로써 추구하고자 하는 입법자의 명백한 의지와 입법의 목적을 헛되게 하는 내용으로 해석할 수 없다는 법목적에 따른 한계가 바로 그것이다. 왜냐하면, 그러한 범위를 벗어난 합헌적 해석은 그것이 바로 실질적 의미에서의 입법작용을 뜻하게 되어 결과적으로 입법권자의 입법권을 침해"한다(헌재 1989.7.14. 88헌가5등, 사회보호법 제5조(필요적 보호감호)의 위헌심판(합헌))(헌재 2002.11.28. 98헌바101등, 지방공무원법 제29조의3 위헌소원(합헌)).

5. 합헌적 법률해석의 기속력(변형결정의 기속력)

(i) 모든 국가기관은 헌법재판소의 결정을 따라야 한다. 즉 "법률의 위헌결정은 법원과 그 밖의 국가기관 및 지방자치단체를 기속한다"(헌재법 제47조 제1항). 그런데 합헌적 법률해석에 근거한 변형결정(變形決定)의 경우 그 기속력(羈束力)이 문제된다. 대법원은 변형결정의 기속력을 부인한 바 있다(대판 1996.4.9. 95누11405 (양도소득세 부과처분)). 그러나 헌법재판소는 변형결정도 헌법이 정한 위헌법률심판결정의 한 유형으로 받아들여 기속력을 인정한다(헌재 1997.12.24. 96헌마172등, 헌법재판소법 제68조 제1항 위헌확인 등(한정위헌,인용(취소))) (제2편 제5장 제2절 위헌법률심판 참조).

(ii) 생각건대 헌법재판의 특성에 비추어 변형결정의 기속력을 인정하여야 하지만, 동시에 헌법재판소도 변형결정을 최대한 자제하여야 한다. 왜냐하면 변형결정 그 자체가 때로는 합헌과 위헌의 경계가 불분명하여 국민의 법적 안정성을 저해하는 경우가 있을 뿐만 아니라, 변형결정의 결과 입법의 완성도가 훼손되는 경우도 발생하기 때문이다. 무엇보다 변형결정으로 인하여 헌법상 법원의 권한과 사실상 충돌하는 문제가 야기될 수 있다.

Ⅶ. 결 어

(i) 헌법재판소도 적시한 바와 같이 헌법의 해석에 있어서는 문리해석, 객관적·체계적 해석, 목적론적 해석, 합헌적 법률해석(한정합헌해석) 등의 방법을 적극적으로 동원하여 (헌)법해석에 있어서 소홀함이 없도록 하여야 한다.

(ii) 궁극적으로 헌법해석은 헌법의 개방성을 통하여 주어진 헌법을 유지하는 가운데, 헌법변천개념(제1편 제2장 제2절 참조)을 축소함으로써 헌법해석의 영역을 확대하여야 한다.[1] 또한 헌법학연구에 있어서 다원적이고 다양한 방법론적인 접근은 헌법해석의 깊이를 더 할 수 있다.[2]

---

1) 박진완, "헌법해석과 헌법변천", 헌법학연구 8-2 참조.

2) 신우철, 헌법과학, 동현출판사; 송기춘, "법학전문대학원에서의 헌법교육과 헌법이론", 세계헌법연구 22-2; 조동은, "헌법합치적 법률해석과 법원의 기본권보장의무", 헌법학연구 23-3; 계희열, 헌법의 해석, 고려대출판부; 이강국, 헌법합치적 법률해석, 박영사; 전광석, "헌법과 역사-헌법학의 관점에서", 공법연구 50-1. 참조.

제 2 장 헌법의 제정·개정과 헌법의 변천·보장

제 1 절 헌법의 제정과 개정

(i) 일반법규범에 대한 헌법의 최고성·우월성은 필연적으로 헌법의 제정 및 개정의 특수성을 요구한다. 국가의 기본법·근본법인 헌법이 일반법률과 동일한 절차와 방법으로 제정·개정될 수는 없다. 이러한 논리는 근대입헌주의 헌법에서 일반화된 성문헌법에 입각한 경성헌법으로 나타난다. 다만, 영국과 같은 불문헌법(관습헌법) 국가에서는 이러한 문제 자체가 발생하지 아니한다.

(ii) 헌법의 최고규범성을 담보하기 위하여서는, 헌법이 급작스럽게 제정되거나 또는 제도의 안정성을 해칠 정도로 지나치게 자주 개정되어서는 아니 된다. 기본법인 헌법의 안정성을 확보하기 위하여 헌법의 제정과 개정에도 충분한 숙고과정이 있어야 한다. 헌법의 안정은 곧 헌정체제의 안정으로 이어진다.

제 1 항 헌법의 제정

I. 의 의

헌법의 제정이란 헌법제정권자(시원적 제헌권자)가 헌법제정권력(시원적 제헌권)을 행사하여 국가의 새로운 기본적 법규범인 헌법을 창조하는 행위이다(헌법제정권력(verfassungsgebende Gewalt)과 시원적 제헌권(pouvoir constituant originaire)은 각기 독일어와 프랑스어의 번역어로 동일한 의미이다). 헌법제정과정에서는 헌법제정권력(憲法制定權力)의 본질, 헌법제정권력에 기초한 현실적 헌법제정권자, 헌법제정의 절차와 방법 등에 관한 논의가 제기된다.[1]

1) 조동은, 체제전환과 헌법제정절차-스페인, 헝가리, 남아프리카공화국을 중심으로, 서울대 박사학위논문, 2022.8: "헌법제정권력: 갱신 중의 개념", 헌법학연구 29-2: "헌법적 과도기와 과도기 헌법-

Ⅱ. 시원적 제헌권(헌법제정권력)

1. 시원적 제헌권의 의의 및 본질

(1) 의 의

(ⅰ) 시원적 제헌권이란 정치권력의 귀속과 행사에 관한 근본규범을 정립하는 권력이다. 즉 시원적 제헌권은 국가의 새로운 법질서를 창출하는 헌법규범을 정립하는 권력이다. 시원적 제헌권 이론은 1789년 프랑스혁명 이후 기존의 군주주권 체제를 무너뜨리고 국민주권 시대를 여는 새로운 법질서를 창출하는 과정에서 시에예스가 '제3신분이란 무엇인가?'에서 제기한 이래 오늘날 프랑스 헌법학 이론에서 일반적으로 수용된다.[1]

(ⅱ) 시에예스의 시원적 제헌권 이론과 대표민주제 이론은 20세기에 형성된 독일 국가학 이론으로 연계된다. 독일의 법실증주의자들에 의하여 제기된 헌법제정권력과 헌법개정권력 구별 부인론(憲法規定等價論으로 연결)에 대하여 슈미트(Carl Schmitt)는 시에예스가 정립한 시원적 제헌권 이론을 헌법제정권이론으로 발전시켰다. 슈미트는 헌법제정권력에 의하여 정치적 통일체의 종류와 형태에 관한 근본결단으로 헌법이 제정된다고 보았다. 즉 헌법의 정당성은 헌법제정권력의 정치적 결단에 근거하기 때문에 헌법제정권력의 무한계성을 강조한다.

시에예스는 헌법제정권력의 정당성의 근거를 시원적 자기 정당성에서 찾기 때문에 그 개념에서도 시원성·창조성·무한계성·무오류성이라는 특징을 가지며, 그 주체는 국민이다. 그런데 슈미트는 정당성의 근거를 제헌권자의 혁명성 및 의지와 결단에서 찾기 때문에 그 개념적 특징으로서 사실적·정치적 힘을 강조한다. 이에 따라 그 주체도 국민뿐만 아니라 신·소수자·군주 더 나아가서 비상시 결단권자 등으로 넓혀진다.

(ⅲ) 시원적 제헌권이론은 법규범론뿐만 아니라 법철학적 소재로서 이 이론에 다소 명확하지 못한 점도 있지만, 헌법의 연원 및 법규범적 가치를 논리적으로 설명하는데 있어서 반드시 필요한 이론이다. 하지만, 지나치게 정치 논리를 전면에 내세우는 시원적 제헌권이론 그 자체의 남용을 경계하여야 한다.

2019-2023년 칠레의 신헌법 제정 시도와 그 시사점을 중심으로", 세계헌법연구 30-2.

1) Emmanuel-Joseph Sieyès, *Qu'est-ce que le Tiers-état?*, 1789; 박인수 역, 제3신분이란 무엇인가, 책세상; 박인수, "국민통합의 헌법이론", 공법연구 52-4.

(2) 본 질

(ⅰ) 시원적 제헌권은 새로운 법이념에 기초하여 국가의 법질서를 창출하는(창조성) 제1차적이고 시원적인 권력이다(시원성). 그것은 기존의 어떠한 법질서로부터도 구속되지 아니하고 스스로 행하는(자율성) 권력이라는 점에서 제도화된 제헌권(헌법개정권력)과 구별된다. 따라서 시원적 제헌권은 헌법에 제도화된 틀 안에서 행사되는 입법권 · 행정권 · 사법권 등과 같은 국가권력의 포괄적 기초가 되기 때문에 통일적이고 분할될 수 없는(통일성, 불가분성) 권력이다.

(ⅱ) 특히 시원적 제헌권 이론의 논리적 기초는 국민주권주의에 기초한 근대 입헌주의 헌법의 탄생과 직결되므로 주권자는 시원적 제헌권을 항구적으로 향유(항구성)할 뿐 아니라 시원적 제헌권의 주체인 국민도 이를 양도할 수 없다(불가양성). 그러므로 시원적 제헌권은 이론상 위임될 수 없으며, 시원적 제헌권자는 그 권한을 다른 기관에 위임할 수도 없다(위임 불가성).

(ⅲ) 그러나 시원적 제헌권은 주어진 헌법질서가 정상적으로 작동되지 못하는 비상시에만 행사될 수 있다. 즉 시원적 제헌권의 행사는 기존의 법질서가 소멸되거나 무효화되는 법적 공백상태에서 새로운 질서를 창출하기 위한 무조건적인 권력이다. 혁명이나 해방전쟁 이후에 출현하는 사실상의 정부는 법적 공백상태에서 잠정적으로 부여된 정당성에 따라 시원적 제헌권을 가진다. 즉 이 정부는 법이념을 구현한다는 점에서 정당성을 가진다. 이와 같은 혁명적 정당성은 선거를 통하여 민주적 정당성으로 대체된다(Georges Burdeau, *Traité de science politique tome 2, L' État*, LGDJ, 1985, pp. 200-218).

(3) 구별 개념

(ⅰ) 시원적 제헌권과 구별되는 개념으로는 주권, 헌법개정권력, 입법권, 통치권 등을 들 수 있다.

(ⅱ) 국가 안에서 최고의 권력과 권위는 주권으로부터 비롯된다. 바로 그 주권을 향유하는 자가 국가의 새로운 법질서를 창출하는 시원적 제헌권을 가진다. 따라서 시원적 제헌권은 주권자가 향유하는 권력이다. 그런 점에서 주권과 시원적 제헌권은 동일선상에서 이해될 수도 있지만, 그 연원상 주권(자)으로부터 시원적 제헌권이 비롯된다는 점에서 주권이 더 우위에 있다. 시원적 제헌권의 발동으로 헌법이 제정되면 이제 주어진 헌법이라는 제도화된 틀 속에서 헌법개정권력이 도출되므로 헌법개정권력은 제도화된 제헌권(제2차적 제헌권)의 성격을 가진다. 즉 주권(→헌법제정권력)→헌법개정권력의 단계가 성립된다. 입법권은 주어진 헌법의 수권에 따라 행사되므로 헌법제정권력과 헌법개정권력의 하위개념이다.

(iii) 한편 통치권은 주권과 헌법제정권력의 발동을 통하여 정립된 헌법에서 수권(授權)된 권력이기 때문에 헌법에 종속되지만, 그렇다고 헌법개정권력과의 관계를 반드시 상하 개념으로 보기는 어렵다. 헌법의 동일성을 유지하는 범위 안에서 헌법개정권력은 통치권의 내용을 변경할 수 있다. 그러나 통치권의 본질적 내용을 변경하는 헌법개정권력의 발동은 자칫 헌법제정권력의 발동과 동일시할 수 있기 때문에 헌법개정으로 통치권을 변경하는 데에는 일정한 한계가 있다.

2. 시원적 제헌권의 실현과 혁명

(i) 기존의 법체제를 뛰어넘는 새로운 법질서를 창출하는 시원적 제헌권은 혁명(革命)의 적법성과 직접 연계된다. 시원적 제헌권의 발동은 구질서를 새 질서로 대체하기 때문에 혁명적일 수밖에 없다.

(ii) 혁명이란 새로운 질서의 창출을 의미한다. 새 질서의 유효성은 사실을 법으로 전환시킨 성공한 혁명의 효과로부터 비롯되기보다는 오히려 법이념의 변화로부터 비롯된다. 새로운 사회의 주체에 의한 새로운 법이념의 구현으로 이제 기존의 정치·사회적 조직은 폐지되고, 새로운 법체제로 대체된다.

(iii) 혁명은 기존의 법질서를 현존하는 사실에 양보하게 한다. 더 나아가 혁명은 모든 법적인 설명을 거부한다. 기존 법질서에 대한 부정은 어떠한 제재도 받지 아니할 뿐만 아니라, 오히려 새로운 법질서 창출의 기원이 된다.

(iv) 그러나 혁명은 '미래의 전달자'(porteur d'avenir)로서의 역할을 수행한다. 혁명의 초기에는 새로운 체제의 정립을 위하여 강력한 통제를 가한다. 그런데 이러한 통제는 과도기적 양상으로서 결코 오래 지속되지는 못한다. 초기에는 혁명에 따른 변화가 강요되기도 하지만 이후에는 자율적인 컨센서스로 나아간다.

(v) 이에 따라 1789년 프랑스혁명이나 1917년 러시아혁명과 같이 국민들의 전폭적 지지를 받은 진정한 혁명과, 아프리카나 라틴 아메리카에서 군인들과 같은 소수의 특수집단을 중심으로 헌정체제의 변화를 유발하는 쿠데타(coup d'État)나 항명사태와는 구별되어야 한다. 실제로 혁명은 국민들이 직접 참여하지만, 쿠데타가 발발할 때에 국민들은 궁정혁명(宮庭革命)의 경우처럼 단지 소극적으로 이를 받아들이는 데 불과하다. 하지만, 현실적으로 이를 구별하기란 그리 쉬운 일이 아니다. 혁명이나 쿠데타 모두 소수의 특정 세력이 행위의 실행과정에서 매우 중요한 역할을 하는 공통점이 있다.

(vi) 혁명과 쿠데타의 본질적인 차이는 그를 고무하는 기본적 이념과 궁극적인

목적에 있다. 혁명은 민주주의적 이데올로기에 기초하므로, 새로운 사회를 구축하기 위하여 국민에게 시원적 제헌권의 행사를 부여한다. 반면에 쿠데타나 군사반란은 현존 집권세력을 추방하여 이를 새로운 세력으로 대체한 것에 불과하다. 새 집권세력은 새로 제정된 헌법을 국민들에게 강요함으로써 국민주권을 침탈한다.

3. 실정헌법질서에서 적법성과 정당성

(i) 헌법에서 적법성과 정당성은 본질적으로 서로 다른 범주에 속하는 개념이다. 적법성(適法性)이란 실정헌법질서에 연계되는 구속적 효과를 지칭하며, 이를 어기면 제재를 가하는 공권력에 의하여 보장된다. 정당성(正當性)은 권력에 연계된 자격이며, 그 권력의 준거 기준 · 고취 연원 및 이데올로기는 다수의 국민이 결집하는 대상이다.

(ii) 적법성과 정당성은 비록 그 본질상 상이한 개념이긴 하지만, 때로는 상호 간에 조화를 도모할 수도 있다. 실정헌법질서가 일반국민의 법감정과 일치하여 폭넓은 컨센서스를 형성하면 정당성을 가지게 된다. 이 경우 실정헌법질서는 정당성과 서로 조화를 이룬다. 그런데 헌법상 적법성은 명백하고 구체적인 법적 개념이지만, 정당성은 개념 자체가 불명확하며 특히 한계상황에서는 주관적인 개념으로 작동되기도 한다. 사실 어떤 특정 시점에서 한 국가의 실정헌법질서는 단 하나만 존재한다. 하지만, 국가가 특수한 혼돈상황에 빠진 경우에는 주권적 의사에 부합하는 정당성을 결정하기란 결코 쉬운 일이 아니다.

예컨대 프랑스에서 1940년 7월 10일 법률로써 페탱(Pétain) 정부에 적법하게 권력의 이양을 보장하였기 때문에 이 정부의 시작은 적법할 뿐만 아니라 적어도 그 시점에는 국민의 다수견해에 부합하는 정당한 정부로 평가받았다. 그러나 일반국민과 애국시민의 감정이 적과의 협력을 거부하고 프랑스의 독립을 주장하면서 페탱 정부는 정당성을 상실하게 되었다. 이에 따라 비시(Vichy) 정부의 적법성까지도 문제가 제기되었다. 더 나아가 페탱 정부가 집권 초기에 과연 프랑스 국민의 정당성을 확보하였는지에 대하여도 의문이 제기되었다. 그런데 적법성과 정당성에 대한 논의에서 페탱 정부가 정당성을 상실한 시기의 구체적 적시는 사실상 불가능하다. 반면에 런던에 망명 중이던 드골(de Gaulle) 정부는 결코 적법한 정부로 간주할 수는 없었다. 하지만, 드골 정부를 향하여 모든 프랑스 국민의 희망이 전하여지고 마침내 프랑스 공화국의 정당성을 견지하는 정부로 인식되는 상황에 이르면서 드골 정부에 대하여 진정한 정당성을 부여할 수 있었다.

(iii) 정당성의 개념과 이념 정립의 어려움을 극복하기 위하여 인류의 보편적 가치인 '민주주의 이데올로기'로 이를 치환하려는 견해도 제기된다. 그러나 민주주

의도 인민민주주의와 자유민주주의라는 두 개의 상반된 흐름이 존재한다. 뿐만 아니라 정당성을 민주주의라는 보편적 이데올로기와 동일시하면 그것은 자칫 국가공동체에 특유한 신뢰성과 정체성에 직접 연계되는 정당성 개념을 객관화시켜 버릴 우려가 있다.

(iv) 실정헌법질서에 대하여 어떠한 가치판단을 가하거나 또는 이를 수정·대체하려는 시도가 있다고 하더라도 실정헌법질서의 명령적·강제적 성격은 변하지 아니한다. 이에 반하여 정당성은 부당한 체제에 저항하는 국민의 권리를 도덕적·정치적으로 정당화시켜 준다.

4. 시원적 제헌권의 한계

시원적 제헌권이 가진 시원성·창조성·자율성·불가양성·불가분성이라는 본질이 곧 시원적 제헌권의 무한계성을 의미하지는 아니한다. 시원적 제헌권이 국민적 정당성에 기초한 법이념의 구현으로 이해될 때, 비로소 민주적 이데올로기로서의 가치를 가진다. 바로 그런 점에서 시원적 제헌권은 민주적 이데올로기에 기초한 법이념을 부인하여서는 아니 되는 한계에 봉착한다.

한국헌법학계에서 인정하고 있는 헌법제정권력의 한계는 다음과 같다. 김철수 교수((상) 38면)는 인격불가침의 기본가치·법치국가의 원리·민주주의의 원리를, 권영성 교수(47면)는 국민적 합의·초실정법적 시대사상과 보편적인 법원칙·초국가적 자연법원리·국제법적 한계를, 허영 교수(44-47면)는 이데올로기적 한계·법원리적 한계·국제법적 한계를 들면서 자연법적 한계론에 대하여 비판한다.

Ⅲ. 헌법제정의 방법과 시기

헌법의 제정은 국가공동체가 새로이 정립되는 과정에서 사회질서의 법적·정치적 기초를 보다 구체화하고 명백히 하는 데 필요하다. 그런데 헌법제정이 필요한 시점, 헌법제정의 주체와 절차에 관한 논의가 전개된다.

1. 국가의 탄생

(i) 새 국가가 탄생하면 국가의 기본법인 헌법의 제정이 요구된다. 오늘날 헌법을 가지지 아니한 국가를 상정할 수는 없다. 그 헌법은 다른 국가에 대하여 해당 국가의 존재를 나타내는 징표이다. 그러므로 헌법은 국가의 동일성을 확인

하는 신분증(identification card, carte d'identité)과 같다.

(ii) 새로운 근대국가의 형성에 따라 그 법질서의 기초인 헌법이 탄생된다(예: 1787년 미국헌법, 1791년 프랑스헌법). 19세기에 유럽과 아메리카대륙에서 독립국가의 흐름은 최초의 헌법적 물결로 이어졌다. 이어서 1920년대 이후 유럽의 작은 나라들의 분리 독립현상은 제2의 헌법적 물결을 야기한 바 있다. 제3의 물결은 제2차 세계대전 이후 아시아 및 아프리카 각국의 신생독립국으로 이어졌다.

2. 기존 국가에서의 체제변화

(i) 한 국가에 있어서 헌법체제의 변화란 곧 기존의 헌법과 제도가 배척되었음을 의미한다. 국가적 위기에 직면하여 헌법적 정당성에 대한 의구심이 야기될 때, 결국 어떤 시점에 이르면 그러한 상태를 더 지속시키기보다는 오히려 기존 헌법을 대체할 새 헌법을 창출하여 정치 · 사회적 질서를 구축할 필요성이 제기된다. 하지만, 이러한 위기상황은 때로는 혁명이나 쿠데타와 같은 난폭한 체제 변화 과정에서 정치적 진공상태를 유발하기도 한다.

이와 같은 상황은 1958년 프랑스에서 제4공화국의 몰락이나, 1978년-1979년에 이란에서 팔레비 왕정의 제거 이후 호메이니가 이끄는 이슬람공화국의 건설로 나타났다.

(ii) 헌정체제의 변동과 정부의 변동은 구별되어야 한다. 정부의 변화(변동)가 현행헌법의 틀 안에서 헌법상 예견된 절차에 따른 정상적인 변화를 의미한다면, 헌정체제의 변화는 헌법의 변화로 이어진다. 헌정체제의 변화를 야기하는 정치적 선택은 계속된 위기에 따른 여론의 변화가 정확하게 반영된 시점이어야 한다. 그 선택은 항시 체제변화의 적합성문제로 연결된다.

1940년에서 1944년에 이르는 비시 체제가 예외적이라는 전제 아래, 프랑스가 독일점령으로부터 해방된 이후 1945년에 실시된 국민투표에서, 1875년 이래 지속되어 온 제3공화국 체제를 지속할지 여부에 관하여 국민의 의사를 물었다. 그 결과 주권자는 새로운 체제의 창설을 원함에 따라 새 헌법을 제정하고 1946년 제4공화국이 탄생되었다.

Ⅳ. 헌법제정권자(시원적 제헌권자)

헌법제정권자란 시원적 제헌권의 보유자 즉 헌법제정의 권한을 가진 자를 말한다. 헌법제정권자가 누구인가에 대한 논의가 제기된다.

1. 헌정의 실제에서 다양한 정립

헌정실제에서 헌법제정권자가 누구이냐 하는 문제는 해당 헌정체제의 기능과 관련된다. 이와 관련하여 세 개의 기본적 상황이 제기된다.

(i) 특정 개인이 시원적 제헌권을 독점적으로 향유하면서 헌법을 제정하는 상황을 들 수 있다. 이러한 전제적인 방법은 대통령독재체제 · 절대군주제 또는 제한군주제와 같은 모든 권위주의 체제의 특징이다. 권위주의 체제 및 절대군주제에서 헌법이란 특정 개인이나 집단이 국민에게 강요하는 문서에 불과하다.

(ii) 의회가 헌법을 제정하는 경우도 있다. 의회를 통한 헌법제정은 Nation 주권이론에 기초한 대의민주주의적인 방식이다. 이 경우에는 시원적 제헌권자인 국민이 헌법제정권의 행사를 대표자에게 위임하게 된다. 헌법제정의회(Assemblée constituante, Convention)를 통한 헌법제정의 기법은 근대헌법사에서 흔히 찾아볼 수 있다(예: 1787년 미국헌법, 1791 · 1848 · 1875년의 프랑스헌법, 1976년 포르투갈헌법). 헌법제정의회는 한시적인 주권적 의회이다. 헌법제정의회가 행사하는 헌법제정의 형태와 기능은 다양하다. 헌법제정의회가 동시에 (입법)의회일 경우에 그 의회는 소멸되지 아니하고 (입법)의회로 존속할 수도 있다(한국의 1948년 제헌의회). 반대로 기존의 의회가 새로운 선거를 거치지 아니하고 헌법제정의회로 전환될 수도 있다. 중요한 문제는 헌법제정의회의 대표성과 선출방식이다. 즉 헌법제정의회에 다양한 정치 · 사회세력이 참여함으로써 새로 제정된 헌법이 국민적 의사를 결집시킬 수 있어야 한다. 그렇지 아니한 헌법제정의회는 대표성에 근본적인 의문이 제기된다. 특히 연방국가에서는 주(州) 의회의 의결을 거치기도 한다.

(iii) 헌법제정 국민투표를 통하여 국민이 직접 시원적 헌법제정권을 행사할 수도 있다. 이 방식은 Peuple주권이론에 기초한 직접민주주의적인 방식으로서, 특히 제2차 세계대전 이후 폭넓게 행하여지고 있으나 그 현실적 모습은 다양하다. 그것은 크게 세 가지로 유형화할 수 있다: ① 국민의 헌법제정발안 후에 실시되는 국민투표(예: 스위스헌법), ② 정부나 정부자문기구로 구성된 위원회에서 성안된 헌법안에 대한 국민투표(예: 1958년 프랑스헌법), ③ 헌법제정의회에서 성안되고 통과된 헌법에 대한 국민투표(예: 1946년 프랑스헌법, 1978년 스페인헌법). 헌법제정국민투표가 가장 민주적인 방식이라 할 수 있다. 하지만, 외견상으로만 민주적인 모습을 보여주는 데 그치는 경우도 드러난다. 실제로 헌법제정과정에서 국민은 아무런 역할도 하지 못한 채 단지 성안된 헌법을 인준하는 데 불과한 경우

도 있다(예컨대 프랑스의 혁명력 8년 헌법이나 신생국가에서의 신임투표적인 국민투표가 이 범주에 속한다). 따라서 가장 바람직한 헌법제정방식은 헌법제정의회를 거쳐 국민투표로 확정하는 방식이다. 이때 국민은 헌법안을 기초할 대표자를 자유롭게 선출하고, 이들이 기초(起草)한 헌법안에 대하여 승인이나 거부를 하게 된다. 이 경우 다소 긴 시간에 걸친 합의과정이 요구된다고 하더라고 이와 같은 절차를 거치는 것이 민주주의의 이상에 가장 부합한다.

1946년 프랑스 제4공화국헌법제정과정이 그 전형에 속한다: 1° 헌법제정의회에서 채택된 헌법안이 1946년 5월 국민투표에서 부결. 2° 새로운 헌법제정의회에서 수정되어 채택된 헌법안이 1946년 10월 국민투표에서 겨우 통과되었다.

2. 주권자의 실질적 참여를 통한 헌법의 정당성 확보

(i) 국민의 자유로운 의사표명이 가능한 상황에서 채택된 헌법은 사회계약의 함축적 표현이다. 그러므로 헌법제정 과정에서는 정치적 선동이 아니라 주권자에게 제대로 된 정보제공이 필요하다. 특히 21세기 인터넷시대의 도래에 따라 헌법제정 과정에서 주권자가 실질적으로 참여할 수 있어야 한다.

(ii) 특정 시점에서 시원적 제헌권을 부여받은 기관은 정치권력 사이의 갈등을 극복하고 정치 · 경제 · 사회적인 상황설정에 관한 '법이념'을 해당 시점에서 구현하여야 한다. 현실적으로 시원적 제헌권을 부여받은 기관은 권력 장악을 위한 정치적 투쟁과정에서 승리한 개인이나 집단이 특정한 절차에 따라서 사실상 제헌권을 행사한다.

(iii) 제정된 헌법이 통치권자에 대한 정당성을 담보하고 이를 유지하기 위하여 피치자와의 연계가 불가피할 경우에는, 정치권력에 대한 동의의 필요성이 다시금 제기된다. 여기에 일종의 암묵적 계약이 존재하게 되고, 그 단절은 헌정체제의 변화로 치닫게 되어 결국 새로운 헌법의 제정이 뒤따르게 된다.

V. 대한민국헌법의 제정

1. 1948년 헌법의 제정

1948년 제헌헌법 전문에서는 "우리들 대한국민은 … 우리들의 정당 또 자유로히 선거된 대표로서 구성된 국회에서 … 이 헌법을 제정한다"라고 하여 대한국민이 대한민국헌법의 제헌권자이며 국민의 대표기관인 국회에서 헌법을 제정하였음을 분명히 한다. 당시에는 헌법제정 국민투표의 실시가 매우 어려운 상황이었기 때문에 국회가 헌법제정의회(제헌의회)를 겸하였다.

2. 제2공화국 이후의 헌법제정과 헌법개정

(i) 현행헌법은 그 전문에서 "우리 대한국민은… 1948년 7월 12일에 제정되고 8차에 걸쳐 개정된 헌법을 이제 국회의 의결을 거쳐 국민투표에 의하여 개정한다"라고 규정한다(1960년 제2공화국헌법도 국회에서 개정되었고, 1962년 제3공화국헌법 · 1972년 제4공화국헌법 · 1980년 제5공화국헌법 · 1987년 제6공화국헌법은 국민투표를 거쳐 개정되었다). 즉 헌법전문의 문언에 의하면, 대한민국헌법은 1948년에 제정된 이래 헌법의 개정만 있었고 헌법의 제정은 없었다. 헌법제정이 없었다면 그것은 곧 헌법제정을 위한 헌법제정권력(시원적 제헌권)의 발동은 없었고, 헌법개정을 위한 헌법개정권력(제도화된 제헌권)의 발동만 있었다고 본다.

(ii) 그러나 제3 · 제4 · 제5공화국 헌법은 헌법에 규정된 헌법개정절차에 의하지 아니하였기 때문에 제도화된 제헌권의 행사라고 단정할 수는 없다.

이는 헌법의 제정도 아니고 헌법의 개정도 아닌 "헌법의 개편 또는 구헌법의 폐제에 따른 헌법전의 신편성 내지 헌법전의 교체(Verfassungswechsel)에 해당"한다고 보는 견해도 있다(권영성, 49면).

(iii) 제2 · 제6공화국 헌법까지 포함하여 이들 헌법은 형식적으로는 헌법개정의 형태를 취하였지만, 기존 헌법질서의 전면적인 개편을 위하여 헌법제정권력자인 국민(헌법 제1조 제2항 전단의 주권자)의 개입으로 이루어진 전면적인 헌법의 변경이라는 점에서 실질적으로는 헌법제정으로 보아도 무방하다.

Ⅵ. 결 어

새로운 국가체제의 정립을 위한 헌법의 제정은 오늘날 세계 각국에서 국가체제의 안정과 더불어 그 빈도가 줄어간다. 한반도 통일시대에 흡수통일이 아닌 합의통일의 과정을 밟는 한, 새 국가체제의 설정을 위한 헌법의 제정이 필요하다.

제 2 항 헌법의 개정

Ⅰ. 의 의

(ⅰ) 헌법개정이란 헌법이 스스로 정한 개정절차에 따라 기존 헌법의 동일성(同一性)을 유지하면서, 헌법의 조문이나 문구를 의식적으로 수정 · 삭제 · 증보(추가)함으로써 헌법전의 내용을 바꾸는 작용이다. 즉 헌법개정은 헌법제정권력의 발동으로 정립된 성문헌법을 그 헌법이 정한 절차에 따라 헌법개정권력을 발동하여 개정한다는 점에서 헌법전에 기초한 개념이다.

(ⅱ) 성문헌법전의 개념인 헌법개정과 성문헌법전의 개념이 아닌 유사개념은 구별되어야 한다. 헌법개혁은 "비혁명적인 방법에 의한 새로운 헌법의 창제(創制)", 즉 헌법이 스스로 정한 개정절차에 따라 헌법을 개정하는 경우에도 그 개정의 규모가 커서 사실상 새 헌법의 제정과 같은 전면개정을 말한다(허영). 그러나 이는 형식적으로는 헌법개정이지만, 실질적으로는 헌법제정으로 볼 수도 있다.

(ⅲ) 헌법의 변천(변질)은 헌법의 특정 규범이 그대로 유지되지만 그 규범의 내용이 실질적으로 다른 내용으로 기능하게 된다. 헌법의 변천은 헌법규범이 시대변화에 순응한 결과이다.

바이마르공화국헌법 제48조 제2항과 한국의 제4공화국헌법 제53조의 규정에 따라 특정 헌법조항의 효력에 대한 잠정적 정지는 합헌적 헌법정지이지만, 헌법에 명문의 규정이 없음에도 불구하고 자행된 1961년 5 · 16 이후의 국가비상사태에 의한 헌법정지, 1972년 10 · 27비상조치, 1980년 국가보위비상대책위원회의 5 · 17조치는 위헌적 헌법정지로 볼 수도 있다(권영성, 51면 주1)).

Ⅱ. 제도화된 제헌권(헌법개정권력)

1. 의 의

(ⅰ) 제도화된 제헌권(pouvoir constituant institué)은 부차적 · 파생적 제헌권(pouvoir constituant dérivé) 및 헌법개정권력(Verfassungsänderungsgewalt)과 같은 용어이다. 이는 성문헌법을 개정하기 위하여 헌법에서 정하여진 권한이다.

(ii) 제도화된 제헌권의 발동은 ① 헌법이 국가가 처한 현실적 변화에 적응하여야 하되, ② 지나치게 자주 개정되지 아니하도록 제도적 안정 장치를 갖추고, ③ 불법적인 헌법의 파괴나 폐제(廢除)를 방지하기 위하여 필요하다.

(iii) 현행헌법은 제10장에서 헌법개정권의 발동절차를 규정한다.

2. 제도화된 제헌권의 특성

(1) 제도화된 권력

일찍이 나폴레옹은 "나의 명예는 전승보다 법전에 있다"라고 할 정도로 자신이 만든 법전이 완벽한 걸작임을 강조한 바 있다. 하지만, 헌법제정권자의 현명함과 겸손함은 그들이 만든 헌법이 만고불변의 걸작이 아니라 언제든지 개정될 수 있다고 보아 미리 헌법개정의 조건을 명시하고 있다. 즉 헌법개정에 관한 사항이 헌법에 제도화되어 있다는 점에서 제도화된 제헌권(헌법개정권력)은 시원적 제헌권에 종속된다.

(2) 조건에 제약받는 권력

개정되는 헌법의 내용은 새로운 현실을 정확하게 반영함과 동시에 기존의 헌법과 동일성을 유지하여야 한다. 그러므로 헌법의 개정에는 이 두 가지 측면이 합리적인 균형을 이루도록 방법론상 엄격한 제약이 있다. 이에 따라 상당수 국가의 헌법에서는 명시적으로 헌법개정의 대상·상황·기간을 제한하기도 한다.

Ⅲ. 헌법개정의 유형(방식과 절차)

1. 경성헌법과 연성헌법

헌법개정의 난이(難易)에 따라 경성헌법과 연성헌법으로 구분할 수 있다.

(1) 경성헌법

(i) 경성헌법(硬性憲法)은 헌법의 개정을 법률의 제정·개정절차보다 더 어렵게 만든 헌법이다. 경성헌법은 미국이 1787년 연방헌법제정 때 채택한 헌법개정방식이며 현대헌법이 일반적으로 채택한다.

(ii) 헌법개정에 마련된 특별한 절차는 헌법의 연속성과 국민적 합의에 기초한 헌법상 협약의 개정이 가지는 중요성을 강조하는 징표이다. 그것은 곧 일시적으로 형성된 다수파에 의하여 조급하게 내려지는 결정을 방지하고자 하는 것으로서 입법자(의회)에 대한 불신에서 비롯된다. 이에 따라 헌법개정발안권자, 공고

및 의결기간, 의결정족수 등에 관하여 헌법에 명문으로 규정하게 되는데 그 엄격성의 정도는 다소 차이를 보인다.

(iii) 경성헌법은 두 가지 효과를 가진다. ① 헌법을 자의적으로 개정하지 못하는 입법자는 헌법에 어긋나는 어떠한 법률도 제정할 수 없다. 그것은 헌법의 위장된 개정을 의미하기 때문이다. ② 헌법에 정립된 의회 · 정부 등 모든 국가기관은 헌법에서 부여한 권한을 포기할 수 없다. 이들 기관은 소유자로서 권리의 향유자가 아니라 권한의 보유자에 불과하기 때문에 그 권한을 함부로 행사하여서는 아니된다. 또한 헌법은 각자의 권한을 임의로 처분할 수 없도록 그 보유자를 분명히 한다. 헌법에 명시된 권한의 포기는 사실상 헌법의 묵시적 개정과 동일한 결과를 초래한다.

(2) 연성헌법

연성헌법(軟性憲法)이란 헌법개정을 쉽게 할 수 있는 헌법이다. 일반법률과 동일한 절차로 헌법의 개정이 가능한 경우에는 법률에 대한 헌법의 우위를 논하기가 어렵다. 또한 특별한 헌법개정절차를 밟더라도 그 의결정족수가 크게 높지 아니할 경우에도 연성헌법으로 볼 수 있다. 이 경우 헌법개정권과 입법권이 혼동되어 있다고 볼 수 있다(예: 1946년 이전의 이탈리아 헌법).

2. 헌법개정의 발안권자

헌법개정의 발안권자(發案權者)는 과거 집행부가 강력하던 시절에는 절대권력자에게 부여된 특권이었으나, 오늘날에는 민주적 방식에 입각한다.

(1) 정 부

정부에 독점적으로 헌법개정발안권을 부여하는 경우에는 자칫 집행부 독재의 위험이 따르게 된다. 이에 따라 오늘날에는 정부의 독점적 헌법개정발안권 행사에 대하여 부정적이다.

권위주의정부라 볼 수 있는 절대군주 · 독재자나 이와 유사한 나폴레옹 1세 및 3세 황제는 헌법개정발안권을 독점적으로 행사하여왔다.

(2) 의 회

국민의 대표자인 의회도 오늘날 주요한 헌법개정발안권자로 부상한다. 양원제 국가에서는 1원에만 발안권을 부여하는 경우(예: 프랑스 제2제정에서 상원), 양원이 경합적으로 발안권을 가지는 경우(예: 미국의 양원) 또는 양원이 각기 발안권을 가지는 경우(예: 프랑스 제5공화국헌법)가 있다. 그러나 헌정실제에서 정부와 합의에 이르지 못한 의회의 발안이 헌법개정에 이르기는 매우 어렵다.

(3) 국 민

국민이 직접 헌법개정발안권을 가지는 경우는 매우 드물다. 이 경우 헌법개정 절차는 헌법에 정하여진 일정한 숫자 이상의 서명에 따른 국민청원으로 개시되며, 이어서 의회가 헌법개정안이나 국민투표에 부의될 안을 심의한다.

1793년 프랑스헌법에서는 국민이 헌법제정회의를 소집할 수 있었다. 스위스헌법에서는 국민이 직접 발안권을 가진다. 한국헌법사에서 제2차 개정헌법(1954년), 제2공화국헌법(1960년) 및 제3공화국헌법(1962년)에서는 국회의원선거권자 50만인 이상의 찬성으로써 헌법개정안을 발의할 수 있었다.

3. 헌법개정의 절차

(i) 헌법개정절차는 헌법개정의 남용으로부터 헌법을 보호하여야 하는 측면과 특수한 국가적 상황에서 불가피한 헌법개정이 저지되지 아니하여야 한다는 두 가지 측면이 동시에 고려되어 그 개정절차의 난이(難易)가 결정된다.

(ii) 헌법개정발안권자와 헌법개정기관은 구별된다. 의회는 가장 전형적인 헌법개정기관이다. 양원제 국가에서는 각 원(예: 1949년 독일기본법) 또는 양원합동회의가 헌법개정권을 가진다. 다른 한편 헌법개정을 위하여 특별히 구성된 특별의회에 헌법개정권을 부여하기도 한다(예: 3분의 2 이상의 주 의회의 요청에 의한 미국헌법의 개정의 경우, 1848년 프랑스헌법). 가장 경성적인 헌법은 헌법개정 국민투표를 요구한다(예: 선택적 국민투표제도로는 1858년 프랑스헌법, 1972년 유신헌법). 사안에 따라서는 관계기관의 동의 없이는 헌법개정이 불가능한 경우도 있다. 예컨대 미국헌법에서는 어느 주의 상원에서의 대표성에 관한 사항은 그 주의 동의 없이는 개정이 불가능하다.

Ⅳ. 헌법개정의 한계

1. 헌법이론상 한계

(1) 한계부인설

시원적 제헌권과 제도화된 제헌권의 본질적 차이를 인정하지 아니하는 법실증주의는 헌법개정의 한계를 부인한다. 한계부인론의 논거는 다음과 같다.

(i) 국가성립과 더불어 제정된 헌법은 개정만 있을 뿐이다.

(ii) 사회생활이 변화하면 헌법도 변화하기 때문에 헌법개정의 한계를 인정할 수 없다.

(iii) 헌법규범 사이에 우열을 인정할 수 없다(헌법규범등가론). 헌법재판소는 헌법규범 사이에 효력의 우열을 이념적·논리적으로는 인정할 수 있지만, 이를 넘어서 현행헌법에서 헌법규정 사이에 헌법의 어느 특정 규정이 다른 규정의 효력을 전면 부인할 수 있을 정도로 효력에서 차등을 의미한다고 볼 수 없다는 이유로 개별 헌법조항에 대한 위헌심사를 부인한다(헌재 1996.6.13. 94헌마118등, 헌법 제29조 제2항 등 위헌확인(기각,각하)).

(iv) 헌법제정권력과 헌법개정권력의 차이를 인정할 수 없다.

(v) 현실적으로 헌법개정의 한계를 벗어난 헌법개정에 대하여 무효를 선언할 수 있는 기관이 없다(박일경 140면).

(vi) 헌법도 상대적인 규범이므로 현재 세대의 규범이나 가치관으로 장래 세대에 대한 구속은 타당하지 아니하다.

(2) 한계긍정설

시원적 제헌권(헌법제정권력)과 제도화된 제헌권(헌법개정권력)의 본질적 차이를 인정하는 이론에 기초한다면 한계긍정설을 취할 수밖에 없다. 한계긍정설의 논거는 다음과 같다.

(i) 시원적 제헌권으로부터 비롯되는 제도화된 제헌권의 발동에는 일정한 한계가 있다.

(ii) 시원적 제헌권 발동의 기초가 되는 헌법의 근본규범에 대한 개정은 이미 헌법의 동일성을 상실하고 있으므로 헌법의 개정이 아니라 헌법의 제정이다.

(iii) 헌법규범 사이에는 우열을 인정할 수밖에 없다.

(iv) 시원적 제헌권의 발동을 통하여 정립된 자연법적 원리는 헌법개정의 대상이 될 수 없다.

(3) 검 토

주어진 헌법의 본질을 왜곡하는 헌법의 개정은 이미 헌법의 개정이라 할 수 없기 때문에 헌법개정의 한계를 인정하여야 한다. 즉 헌법개정은 제도화된 제헌권의 행사라는 점에서 시원적 제헌권자만이 행사할 수 있는 영역에까지 미칠 수는 없다. 이는 곧 제도화된 제헌권의 한계를 의미한다. 그 한계를 무시하는 헌법개정은 헌정의 파탄을 초래할 수 있다. 그에 따라 야기되는 국민적 저항은 한계긍정론에서 그 논거를 찾을 수 있다. 이와 관련하여 헌법개정에 대한 위헌심사 논의가 헌법정책적 차원에서 제기되기도 한다(강승식, "헌법개정 위헌심사에 대한 비교법적 고찰", 미국헌법연구 33-2.).

2. 실정헌법상 한계

헌법에 명시된 헌법개정금지 조항은 제도화된 제헌권의 발동으로는 개정이 불가능하기 때문에 헌법개정의 한계가 될 수밖에 없다.

(1) 대상의 제한

(i) 헌법개정대상의 제한은 해당 국가의 헌정체제 및 사회적·문화적 특수성을 유지하는 데 기여한다.

(ii) 1954년 제2차 개정헌법에서는 "제1조(민주공화국), 제2조(국민주권주의)와 제7조의2(주권의 제약 또는 영토의 변경을 가져올 국가안위에 관한 중대사항에 관한 국민투표)의 규정은 개폐할 수 없다"(제98조 제6항)라고 규정한 바 있다.

프랑스헌법(제89조 제5항)과 이탈리아헌법(제139조)에서는 '공화국형태'는 개정의 대상이 될 수 없도록 명문의 규정을 두고 있다. 또한 군주국가에서의 군주제 폐지도 헌법개정으로는 불가능하다. 이슬람국가에서는 이슬람교와 관련된 일체의 규정과 정부형태는 헌법개정의 대상이 될 수 없다고 규정한다(1996년 모로코 헌법 제106조). 독일기본법은 더 포괄적으로 헌법개정대상을 제한한다(제79조 제3항): 연방제, 제1조(인간의 존엄과 가치, 기본적 인권의 불가침 등)와 제20조(연방국가적 헌법, 저항권)에 규정된 원칙에 저촉되는 개정은 허용되지 아니한다.

(iii) 현행헌법에는 헌법개정대상의 제한에 관한 명시적 규정은 없다. 하지만, 한국헌법의 기본원리인 국민주권주의·자유민주주의·사회복지국가원리·국제평화주의와 관련된 일련의 규정들은 헌법개정이 제한되는 대상으로 볼 수 있다.

(2) 상황의 제한

국가적 위기에 대응하고 영토의 보전에 대한 침해에 대처하기 위하여 헌법개정을 할 경우에 특별의결절차를 거치도록 하거나, 헌법개정의 한계로 명시하기도 한다.

특히 1960년 제2공화국 헌법에서는 중대사항에 관한 헌법개정은 국민투표를 거쳐야 한다고 규정한다: 제7조의2 대한민국의 주권의 제약 또는 영토의 변경을 가져올 국가안위에 관한 중대사항은 국회의 가결을 거친 후에 국민투표에 부하여 민의원의원선거권자 3분지 2 이상의 투표와 유효투표 3분지 2이상의 찬성을 얻어야 한다.

프랑스 제4·제5공화국헌법에서는 외국의 영토침해나 공화국의 분할과 같은 상황에 대처하기 위하여 "영토보전에 대한 침해"는 헌법개정의 대상이 될 수 없다고 규정한다(제89조 제4항). 이는 1940년에 헌법제정권의 왜곡된 위임으로 국민적 정당성을 가지지 못한 비시 체제의 탄생에 대한 반성적 성찰이다. 또한 국가적 위기에 처하여 헌법개정이라는 불필요한 정치적 논쟁을 차단하기 위하여, 대통령의 비상대권 발동기간(제16조 제5항) 및 대통령이 궐위(闕位)된 때에는(제7조 제11항) 헌법개정을 할 수 없다고 규정한다.

(3) 시간적 제한

(i) 헌법개정은 일정한 기간이 경과한 후에만 가능하도록 규정하기도 한다(예: 1791년 프랑스헌법 제7장 제2조·제3조, 2008년 그리스헌법 제110조 제6항). 이러한 헌법개정의 시간적 제약은 헌법의 안정성을 확보하고 더 나아가 헌법의 경성적 성격을 담보한다.

(ii) 그러나 헌법개정의 시간적 제약은 헌정의 실제에서 혁명·쿠데타·전쟁 등과 같은 돌발 사태로 인하여 제대로 지켜지지 못하고, 자칫 국민적 합의에 기초한 사회계약문서인 헌법이 휴지 조각으로 전락할 소지가 있다. 그러한 경우 곧 헌법의 폐지로 이어졌던 역사적 사실이 이를 반증한다. 오늘날에도 헌법의 안정을 구축하지 못하고 있는 라틴 아메리카 각국에서는 헌법에서 마련한 시간적 제약이 무시된 채 사실상 새 헌법이 제정된다.

3. 헌법개정의 한계를 일탈한 헌법개정의 효력

이론상 또는 실정법상으로 정립된 헌법개정의 한계가 실제로 잘 지켜지지 아니하는 사태가 발생할 수 있다. 그것은 기존 헌법의 틀을 뛰어넘기 때문에 위헌무효로 보아야 한다. 하지만, 현실적으로 그렇게 개정된 헌법도 유효하게 국가생활에서 작동된다. 이와 같은 잘못을 해결하기 위하여 헌법의 보장이 강화되어야 한다. 시원적 제헌권(헌법제정권력)의 발동이 아니라, 제도화된 제헌권(헌법개정권력)의 발동을 통하여 헌법의 제정으로 오인될 수 있는 헌법의 개정은 헌법을 수호하려는 국민의 저항권에 직면할 수도 있다.

Ⅴ. 대한민국헌법의 개정

1. 강한 경성헌법

(i) 헌법 제10장 헌법개정(제128조-제130조)에서는 엄격한 경성헌법원리에 따라 헌법개정은 주권자인 국민이 개입한 국민투표를 통하여서만 가능하도록 규정하고 있다. 즉 일원적 경성헌법원리를 채택한다.

제4공화국헌법은 ① 대통령제안→국민투표확정, ② 국회의원제안→국회의결→통일주체국민회의 의결확정이라는 약화된 경성헌법의 이원적 개헌절차를 채택한 바 있다.

(ii) 사실 헌법제정도 아닌 헌법개정에 반드시 주권적 의사가 직접적으로 개

입되어야 할 필요성이 있는가에 대하여는 의문을 가질 수 있지만, 한국헌법사의 불안정한 "헌법의 왈츠시대"[1]를 극복하기 위한 불가피한 선택으로 보인다.

2. 헌법개정절차(헌법 제10장)

(i) 헌법개정제안(발의)권자는 국민적 정당성의 두 축인 국회와 대통령, 즉 국회재적의원 과반수 또는 대통령(국무회의의 필수적 심의사항)이다(제128조 제1항).[2]

(ii) "제안된 헌법개정안은 대통령이 20일 이상의 기간 이를 공고하여야 한다"(제129조). 국가의 기본법인 헌법이 무엇 때문에 개정되고, 어떠한 내용이 개정의 대상인가를 국민 일반이 충분히 숙지하고 공론의 장을 마련하기 위하여 헌법개정안에 대하여 20일 이상의 공고기간을 마련하고 있다.

(iii) 헌법개정이라는 주요한 이슈가 장기화되어 헌정의 불안정을 초래하거나 국론분열로 이어지지 아니하도록 "국회는 헌법개정안이 공고된 날로부터 60일 이내에 의결하여야 하며, 국회의 의결은 재적의원 3분의 2 이상의 찬성을 얻어야 한다"(제130조 제1항). 헌법개정안은 일반법률안과 달리 수정통과나 일부투표는 허용되지 아니하므로 전부로써 가부(可否)투표에 회부되어야 한다. 헌법개정안에 대하여는 관례적으로 대체토론(大體討論)을 인정한다. 표결은 **기명투표**로 한다(국회법 제112조 제4항).

(iv) "헌법개정안은 국회가 의결한 후 30일 이내에 국민투표에 붙여 국회의원선거권자 과반수의 투표와 투표자 과반수의 찬성을 얻어야 한다"(제2항). "대통령은 늦어도 국민투표일전 18일까지 국민투표일과 국민투표안을 동시에 공고하여야 한다"(국민투표법 제49조). 그런데 헌법현실에 능동적으로 대응할 수 있도록 헌법개정절차에서 현행 필수적 국민투표는 선택적 국민투표로 완화하여 국회의 특별정족수에 따른 의결만으로 개헌을 할 수 있도록 하여야 한다(개헌절차의 연성화).

(v) "헌법개정안이 제2항의 찬성을 얻은 때에는 헌법개정은 확정되며, 대통령은 즉시 이를 공포하여야 한다"(제3항). 국민투표로 확정된 헌법개정안에 대한 대

---

1) Maurice Duverger, *Institutions politiques et droit constitutionnel*, tome 2, PUF, 1985, p. 15 이하. 뒤베르제는 프랑스헌법사에서 제3공화국 이전까지의 헌법의 불안정을 헌법의 왈츠로 논술한다. 이에 비견하여 한국헌법사에서 1987년 이전까지 전개된 불안정한 시기를 '헌법의 왈츠시대'로 명명한다.

2) 한국헌법사에서 제3공화국헌법에서만 대통령은 헌법개정안 제안권이 없다. 제119조 제1항: 헌법개정의 제안은 국회의 재적의원 3분의 1이상 또는 국회의원선거권자 50만인이상의 찬성으로써 한다.
문재인 대통령은 헌법이 정한 절차에 따라 개헌안을 발의하여 2018년 3월 26일 국회에 제출하였다(국회 의안번호 12670). 이 개헌안은 2018년 5월 24일 국회 본회의에 상정되어 표결에 부쳤지만 의결정족수 미달로 '투표 불성립'이 선언되었다. 헌법이 명시한 "60일 이내에 의결하여야 하며"라는 규정에 비추어 본다면 국회는 가부 간에 표결에 부쳤어야 마땅하다.

통령의 공포는 형식적인 절차에 불과하다(거부권행사 불가).

"헌법개정 공포문의 전문에는 헌법개정안이 대통령 또는 국회 재적의원 과반수의 발의로 제안되어 국회에서 재적의원 3분의 2 이상이 찬성하고 국민투표에서 국회의원 선거권자 과반수가 투표하여 투표자 과반수가 찬성한 사실을 적고, 대통령이 서명한 후 국새(國璽)와 대통령인(大統領印)을 찍고 그 공포일을 명기하여 국무총리와 각 국무위원이 부서한다"(법령등 공포에 관한 법률 제4조).

"국민투표의 효력에 관하여 이의가 있는 투표인은 10만인 이상의 찬성을 얻어 중앙선거관리위원회위원장을 피고로 하여 투표일로부터 20일 이내에 대법원에" 국민투표의 무효소송을 제소할 수 있다(국민투표법 제92조). "대법원은 제92조의 규정에 의한 소송에 있어서 국민투표에 관하여 이 법 또는 이 법에 의하여 발하는 명령에 위반하는 사실이 있는 경우라도 국민투표의 결과에 영향이 미쳤다고 인정하는 때에 한하여 국민투표의 전부 또는 일부의 무효를 판결한다"(제93조).

(vi) 개정된 헌법의 발효시기는 일반적으로 부칙에 규정한다. 발효시기에 관한 규정이 없을 경우에 공포시설과 20일 경과시설(헌법 제53조 제7항 유추해석)이 대립할 수 있다. 현행헌법은 1987년 10월 29일에 확정되었으나, 부칙 제1조에서 "이 헌법은 1988년 2월 25일부터 시행한다"라고 규정한다.

"성문헌법의 개정은 헌법의 조문이나 문구의 명시적이고 직접적인 변경을 내용으로 하는 헌법개정안의 제출에 의하여야 하고, 하위규범인 법률의 형식으로 일반적인 입법절차에 의하여 개정될 수는 없다. 한미무역협정의 경우 국회의 동의를 필요로 하는 조약의 하나로서 법률적 효력이 인정되므로 규범통제의 대상이 됨은 별론으로 하고, 그에 의하여 성문헌법이 개정될 수는 없으며 따라서 한미무역협정으로 인하여 청구인의 헌법 제130조 제2항에 따른 (헌법개정절차에서의) 국민투표권이 침해될 가능성은 인정되지 아니한다"(헌재 2013.11.28. 2012헌마166, 대한민국과 미합중국 간의 자유무역협정 위헌확인(각하)).

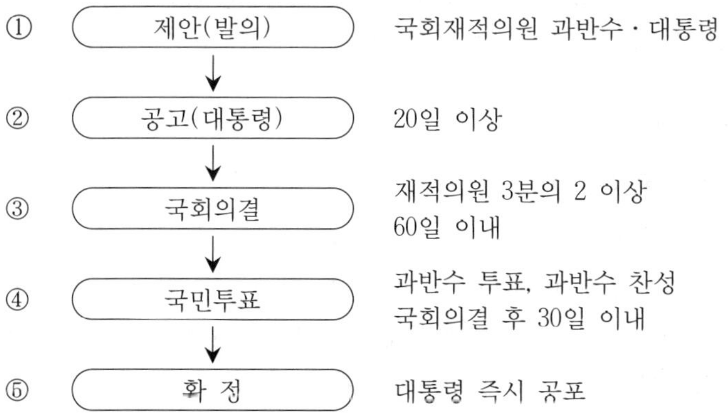

3. 대통령의 국민투표부의권(제72조)을 통한 헌법개정의 가능성

(i) 헌법 제72조에서 대통령의 국민투표 부의(附議) 대상을 "외교·국방·통일 기타 국가안위에 관한 중요정책"이라고 규정한다. 그런데 헌법개정안이 대통령의 국민투표부의 대상에 포함될 수 있는지에 관하여 논의가 제기된다.

(ii) 대통령의 국민투표부의권을 통한 헌법개정의 가능성에 관한 논의는 현행헌법과 비슷한 규범체계를 가진 프랑스 헌법사의 특수성으로부터 촉발되었다.

프랑스헌법은 제16장에서 한국헌법의 헌법개정과 유사한 조항을 두고 있다. 그런데 프랑스헌법 제11조는 대통령에게 "공권력의 조직에 관한 모든 법률안"에 대하여 국민투표부의권을 부여한다. 바로 이 규정에 의거하여 드골 대통령은 1962년 대통령직선제 헌법개정을 강행하여 치열한 합헌·위헌논쟁이 제기된 바 있다. 하지만, 헌법개정안이 국민투표에서 국민의 신임을 획득한 후에는, 이를 관습헌법으로 받아들여 헌법교과서에서는 예외적·비정상적 헌법개정절차로 널리 수용한다. 이는 국가의사의 결정에 있어서 최종적으로는 주권자인 국민의 판단에 따라야 한다는 프랑스적인 주권적 의사의 정당성론에 기초한 결과이다. 그러나 프랑스에서도 이와 같은 비정상적인 절차를 통한 헌법개정은 제한적으로 운용되어야 한다고 평가한다(성낙인, 헌법연습, 법문사, 2001, 제3편 [5] 헌법개정 국민투표와 신임투표 참조).

(iii) 생각건대 현행헌법과 헌법현실에 비추어 본다면 헌법 제72조의 국민투표조항을 원용한 헌법개정은 ① 경성헌법의 원리에 심각한 도전을 야기하고, ② 대의제에 입각한 헌법질서에 위배되고, ③ 공고절차의 생략으로 인하여 국민의 알 권리가 침해되고, ④ 헌법개정을 위한 별도의 특별절차를 침해하며, ⑤ 국회의원의 심의·표결권을 침해하여 권한분쟁의 가능성을 야기한다는 등의 논거에 따라 위헌이라고 보아야 한다(변해철, "헌법 제72조에 의한 영토조항에 대한 합헌성통제", 고시계, 1999.7, 88면).

(iv) 하지만, 대통령이 헌법개정국민투표를 강행하여 헌법개정국민투표안이 통과되면, 현실적으로 그 자체의 규범적 효력을 부인하기는 어렵게 된다.

4. 헌법개정의 한계

(i) 헌법개정의 이론상 한계를 인정하는 것이 통설이다. 그러나 그 구체적인 논거로는 헌법초월적 한계(외재적 한계·자연법적 한계), 헌법내재적 한계(법논리적 한계), 실정법적 한계를 들고 있다. 헌법초월적 한계를 자연법적 한계로 보는 한, 한국헌법에는 인간의 존엄과 가치와 같은 자연법적 원리를 채택하기 때문에 당연히 이를 인정하여야 한다.

(ii) 헌법내재적 한계로는 헌법전문과 제1조의 민주공화국 · 국민주권주의, 제4조의 평화통일주의, 제5조의 국제평화주의, 제8조의 복수정당제도의 보장원칙, 제10조의 기본권보장의 원칙, 제119조의 사회적 시장경제의 원칙, 제10장의 경성헌법원리 등이 있다. 헌법개정은 주어진 헌법의 동일성을 유지하는 범위 안에서 제도화된 제헌권의 발동을 통하여서만 가능하므로 헌법내재적 한계의 인정은 불가피하다.

(iii) 현행헌법에는 헌법개정의 한계에 관한 명문의 규정은 없다. 그런데 "대통령의 임기연장 또는 중임변경을 위한 헌법개정은 그 헌법개정 제안 당시의 대통령에 대하여는 효력이 없다"(제128조 제2항)라는 규정이 헌법개정의 한계조항이라는 견해도 제기된다.

이 규정은 한국헌법의 불행한 '왈츠'가 대통령의 집권연장에서 비롯되었다는 반성적 성찰에서 대통령 단임을 통한 권력의 민주화를 도모하려는 주권적 의사의 표현이다. 따라서 이 규정이 가지는 한국헌법에서의 가치를 결코 과소평가하여서는 아니 된다. 하지만, 그 헌법적 가치는 헌법개정의 한계조항이 아니라, 헌법개정 제안 당시의 대통령에 대하여서만 효력이 배제되는 헌법개정의 효력에 관한 소급적용제한(적용대상의 제한 또는 한계) 규정일 뿐이다.

제1공화국의 제2차 개정헌법(1954년)에서는 민주공화국가 · 국민주권주의 · 국민투표에 관한 규정은 개폐할 수 없다고 규정한 바 있다(제98조 제6항).

5. 헌법개정의 한계를 일탈한 헌법개정의 효력

(i) 헌법개정의 한계를 일탈한 헌법개정은 법적으로 무효이다. 만약 그 한계를 뛰어넘는 헌법개정이 강행된다면, 헌법개정의 효력에 관한 논쟁의 소용돌이에 휘말리게 된다. 다만, 현행헌법은 헌법개정에 필수적 국민투표제를 도입하므로, 비록 위헌적 내용을 담고 있는 헌법개정이라고 하더라도 주권적 의사의 개입을 통하여 헌법개정이 확정되면 이를 무효로 선언하기는 매우 어렵다.

(ii) 헌법개정의 한계를 뛰어넘는 헌법개정에 대하여는, ① 권한쟁의, ② 헌법소원, ③ 국민투표무효소송, ④ 저항권 등의 헌법보장수단을 통한 법적 · 사실적 대응이 가능하다. 그런데 헌법재판소는 헌법규범에 대한 헌법소원을 부인한다(헌재 1995.12.28. 95헌바3, 국가배상법 제2조 제1항 등 위헌소원(합헌,각하)). 다만, 헌법개정안은 국회의 의결을 거쳐야 하므로, 현실적으로 국회의 탄핵소추는 불가능하다. 즉 국회의원은 탄핵소추의 대상이 아니다(제65조). 또한 탄핵소추의 대상이 헌법개정안을 발의한 대통령일 경우에도 현실적으로 대통령에 대한 국회의 탄핵소추는 불가능하다.

Ⅵ. 결 어

(i) 근래 자유민주국가에서도 끊임없이 헌법개정 내지 헌법개혁이 논의된다. 프랑스에서 대통령의 7년 임기제는 2000년 5년 중임제 개헌으로 헌정체제의 새로운 변화를 초래한다. 230년 이상 지속되어 온 미국의 대통령선거는 네 차례나 유효득표수와 대통령 선거인단수의 괴리로 논란이 증폭된다. 일본에서는 평화조항과 천황제 등에 대한 개정논의가 지속적으로 제기되지만 1946년 헌법제정 이래 단 한 차례도 헌법개정을 하지 못하는 헌법개정 불임국가(不姙國家)로 머문다.

(ii) 헌법의 동일성을 유지하면서 새로운 시대적 상황에 부응하기 위한 헌법개정은 세계사의 변용과 더불어 앞으로도 변함없이 논의의 대상이 된다. 헌법개정에 있어서는 최고규범으로서의 헌법의 안정성을 유지함으로써 헌법국가의 기틀을 마련하여야 하는 측면과 사회계약문서로서의 헌법이 그 사회의 변화에 적극적으로 순응하여야 하는 측면이 조화를 이루는 가운데 국민적 합의가 도출되어야 한다.[1] 향후 개정 헌법은 세계화·정보화·지방화 시대에 능동적으로 대응하는 국민의 생활헌장(生活憲章)이어야 한다. 그때 비로소 헌법은 민주법치국가를 여는

1) 대화문화 아카데미, 새로운 헌법 필요한가; 좌승희, 선진자유주의와 시장경제 정착을 위한 새 헌법 연구, 경기개발연구원; 대한민국 학술원(김철수 편), 대한민국 정부형태 어떻게 할 것인가, 예지각; 한국공법학회, 헌법개정안 연구보고서, 2006; 한국헌법학회, 헌법개정연구, 2006; 정만희, 헌법개정과 정치제도개혁, 피앤씨미디어; 이헌환, 헌법 새로 만들기, 유원북스; 제18대 국회, 헌법연구자문위원회 활동결과보고서 및 참조자료, 2009; 제18대·제19대 국회, 국회미래한국헌법연구회; 19대 국회 국회 헌법개정 자문위원회 보고서, 2014년; 정재황, "2014년 국회 헌법개정자문위원회 개헌안에 대한 검토", 세계헌법연구 23-3; 국회헌법연구자문위원회 편, 세계각국헌법, 2009; 김철수 편, 세계비교헌법, 박영사; 국회도서관, 세계의 헌법 제3판; 송기춘, "2018년 대통령 발의 헌법개정안에 대한 평가", 김정현, "대통령 개헌안에 대한 비판적 고찰", 공법연구 47-1; 장영수, "2018년 3월 26일 발의된 대통령 개헌안의 문제점", 김종철, "권력구조 및 사법개혁과 관련된 헌법개정안 검토", 이인호, "대통령 발의 헌법개정안에 대한 비판적 검토", 이광윤·정다운, "지방분권 개헌에 관한 논의", 공법연구 46-4; 김배원, "대통령발의 헌법개정안의 완결성과 체계정합성에 대한 검토-현행헌법과의 비교를 중심으로", 공법학연구 19-4; 이병규, "헌법의 의미와 헌법개정 그리고 헌법의 변화", 공법학연구 20-1; 오호택, "법률개정을 통한 실질적 헌법개정", 헌법학연구 25-3; 김선택, "민주적 개헌논의의 헌법적 조건", 전광석, "헌법기능과 기본권 질서, 헌법개정의 방향", 송석윤, "헌법개정과 정치개혁-정상화, 구심력, 미래", 헌법학연구 27-3; 장지원, "스위스의 헌법개정절차와 사례에 관한 연구", 헌법학연구 29-4; 정철, "악법성을 지닌 헌법규정의 제도적 해소방안", 공법연구 52-3; 이황희, "안정과 변동-개헌절차와 그 방식에 관한 개헌론", 헌법학연구 30-1; 홍석한, "헌법개정 절차의 역사적 변화와 개선 방안에 대한 고찰", 미국헌법연구 35-2; 장지원, "국회의 헌법개정안 수정권 불인정에 대한 비판적 고찰", 공법연구 52-4; 김선택·윤정인, "헌법의 기능과 개헌의 과제", 헌법학연구 30-4; 정만희, "권력구조 개헌론", 헌법학연구 31-2; 김종철, "민주공화적 권력구조로의 개헌방안", 헌법학연구 31-3; 정재황, "계엄의 헌정사정 맥락과 대한민국의 새로운 헌법가치 지향", 공법연구 54-1.

민주시민의 생활법치(生活法治)를 위한 장전으로 자리 잡게 된다.[1)]

---

1) 성낙인, 87년체제의 종언과 제7공화국, 나남; 성낙인, "헌법, 민주시민의 생활헌장으로", 헌법학논집; 대화문화 아카데미, 2025 새헌법안-대권에서 분권으로; 이효원, "1987년 현행 헌법 이후 헌법개정에 대한 논의와 평가", 조동은, "자시지시성, 다중경로성, 통제가능성-헌법개정의 일반이론적 쟁점들", 전종익, "헌법의 기본이념과 국가의 구성요소-헌법 전문과 제1조-제4조의 개정방향", 진성헌, "헌법 총강의 개정을 위한 기초연구-제5조(전쟁과 군사), 제6조(국제관계), 제7조(공무원)", 법학(서울대) 66-3.

제2절 헌법의 변천과 헌법의 보장

제1항 헌법의 변천

Ⅰ. 의 의

1. 헌법변천의 개념

(ⅰ) 권력과 자유의 조화의 기술로서의 헌법은 정치·경제·사회적인 현실상황과 유리될 수 없다. 이에 따라 헌법은 정치·경제·사회적인 변화에 적응할 수 있어야 참된 헌법규범으로 자리 잡을 수 있다. 또한 주권자인 국민의 헌법제정권력발동에 기초한 헌법은 최고의 규범이어야 한다. 헌법규범의 최고성과 실효성을 담보하기 위하여서는 헌법규범이 헌법현실과 일치하여야 한다.

(ⅱ) 하지만, 헌법규범이 사회와 유리(遊離)되어 그 실효성을 담보할 수 없는 경우가 불가피하게 발생한다. 바로 이러한 상황에서 헌법이 예정한 헌법개정절차와 방법에 의하지 아니하고 헌법규범을 달리 적용함으로써 헌법의 의미와 내용에 실질적인 변화를 초래하면 이를 헌법의 변천(變遷)이라고 한다.

2. 헌법개정·헌법해석과의 관계

(ⅰ) 헌법변천은 헌법에 명시적으로 규정된 절차에 따라 특정 조항을 의식적으로 수정·삭제·추가하는 헌법개정과는 구별된다. 양자는 모두 헌법의 규범력을 높이기 위한 수단이나, 헌법변천의 가능성이 끝난 곳에서 헌법개정의 문제가 대두된다. 그러므로 헌법개정은 헌법변천의 한계에 해당한다.

(ⅱ) 헌법해석은 헌법규정의 문언으로 표현된 의미와 한계 안에서 이루어지나, 헌법변천은 현재 시행되고 있는 헌법의 특정한 규정에 대하여 규범력이 없다는 판단을 내림과 동시에 별도로 새로운 내용의 규범적 효력을 인정하게 된다. 따라서 이는 헌법개정과 차원을 달리한다.[1)]

---

1) 우베 볼크만, "헌법개정과 헌법변천", 헌법재판연구 5-1; 양천수, "헌법변천의 재검토", 헌법재판연구 7-1.

Ⅱ. 헌법변천의 유형 · 성립요건 · 한계

1. 헌법변천의 유형

옐리네크(G. Jellinek)는 헌법변천의 유형을 다음과 같이 분류한다. ① 헌법해석에 의한 변천은 의회 · 정부 · 법원 등이 헌법규범의 해석을 통하여 헌법규범의 미비점을 보완한다. ② 정치적 필요에 의한 변천은 국회나 정부의 정치적 관행에 따라 헌법규범의 실질적 의미나 내용이 변천한다. 그 밖에도 ③ 오래 계속된 관행에 의한 변천, ④ 국가권력의 불행사에 의한 변천, ⑤ 헌법의 흠결을 보충하고 보완하기 위한 변천을 들고 있다(Georg Jellinek, *Verfassungänderung und Verfassungswandlung*, 1906).

2. 헌법변천의 성립요건

헌법변천의 다양한 유형으로 인하여 헌법변천의 성립요건을 일의적으로 정립하기란 매우 어려운 일이다. 하지만, 헌법변천을 인정하기 위하여서는 최소한의 요건이 요구된다.

(ⅰ) 물적 요소 헌법변천은 장기간에 걸쳐 평온하게 반복 · 계속된 사실관계가 유권해석기관에 의하여 불변 · 명료하게 확립되어 있어야 한다.

(ⅱ) 심리적 요소 제정헌법의 규범력이 상실되고 사실에 대한 규범으로서의 가치를 인정하는 법적 확신 내지 국민적 합의가 존재하여야 한다.

하지만, 현실적으로 이와 같은 물적 요소와 심리적 요소를 반드시 충족하지 아니하더라도 헌법변천으로 볼 수 있는 사례가 있기 때문에 이와 같은 요건은 학리적인 요청에 불과한 측면도 있다.

3. 헌법변천의 한계

(ⅰ) 헌법변천은 ① 헌법개정의 한계 안에서만 가능하며, ② 또한 헌법을 최대한 존중하는 방향으로 이루어져야 한다.

(ⅱ) 헌법변천의 한계를 벗어난 헌법변천에 대하여는 헌법보장기관인 헌법재판소와 법원의 사법적 개입이 가능하다. 최종적으로는 국민의 엄격한 감시를 통한 주권적 개입이 가능하다.

Ⅲ. 헌법변천의 구체적 사례

1. 미국헌법의 변천

세계에서 가장 오래된 성문헌법이 230년 이상 작동하고 있는 미국에서는 헌법의 변천이 불가피한 측면도 있다. 1803년 마버리 대 매디슨(*Marbury v. Madison*, 5 U.S. 137(1803)) 사건에서 세계 최초로 위헌법률심사를 실시하였는데, 이는 명문의 헌법규정이 아니라 연방대법원의 판례를 통하여 정립되었다. 또한 연방헌법 제2조는 대통령선거의 방식으로서 선거인단을 통한 간접선거를 규정하지만, 실제로는 직접선거와 마찬가지로 작동한다. 그런데 2016년 대통령선거를 포함하여 역사상 네 차례(1876년, 1888년, 2000년, 2016년)나 유권자의 유효투표총수가 더 적은 후보자가 선거인단을 더 많이 확보하여 대통령에 당선되어 논란이 제기된다.

2. 일본헌법의 변천

1946년에 제정된 일본 헌법은 제9조에서 전력(戰力)의 보유금지를 명시한다. 그런데 1950년에 경찰예비대가 창설된 이후 1954년에는 자위대로 탈바꿈하여 실질적으로 군대와 마찬가지일 뿐만 아니라 그 규모는 계속 확대된다. 자위대의 위헌성 문제는 초기부터 제기되었으나, 자위권(自衛權)은 모든 국가가 반드시 가지고 있으며 이를 위한 병력을 전력으로 볼 수 없다는 헌법해석론이 제시되어 위헌론을 불식시켰다. 심지어 1990년부터는 해외파병에까지 이른다.[1)]

3. 의원내각제 국가에서의 헌법의 변천

의원내각제 국가에서의 헌법은 특히 중요한 의미를 가진다. 불문헌법국가인 영국에서 헌법의 변천은 바로 영국헌법사를 의미한다. 다른 나라에서도 의원내각제의 기본적 메커니즘은 헌법의 변천과 직접적으로 연계된다. 프랑스 제3공화국에서 대륙식·고전적 의원내각제의 정립은 1877년 마크-마옹(Mac-Mahon)사건에서 비롯되었다. 그 밖에도 의원내각제 헌법에서 국가원수에게 상당한 권한을 부여하나, 그 권한의 실질적인 행사권은 정부에 있다.

---

1) 이경주, "평화주의와 일본국헌법 그리고 평화운동", 일본사상 4; 최경옥, "일본국헌법의 제정과정과 특징", 헌법학연구 8-2; 민병로, "일본헌법 개정에 관한 고찰-중의원 헌법조사회 보고서를 중심으로", 성균관법학 17-1; 코마무라 케이고, "일본국헌법의 헌법개정과 헌법변동", 헌법재판연구 5-1.

4. 한국에서 헌법의 변천

(i) 헌법사에서 헌법의 변천이라고 단정할 수 있는 경우는 찾기 어렵다. 예컨대 1952년 및 1954년 헌법에 참의원제도를 두었으나, 실제로 참의원이 구성되지 아니하였다. 또한 제3공화국헌법 이래 헌법에 지방자치에 관한 규정을 두어왔으나 1991년까지 실시되지 아니하였다. 이를 헌법의 변천으로 보는 견해가 있다.

(ii) 하지만, 이는 헌법의 변천이 아니라 헌법위반상태로 보아야 한다.

Ⅳ. 헌법변천에 대한 평가

헌법변천의 인정 여부에 관하여는 논란이 있다.

(i) 긍정설은 헌법의 법원(法源)에는 불문헌법도 포함되므로, 헌법적 관행이 계속되어 그것이 국민의 법적 확신을 얻게 되었을 경우에는, 그 규범력을 인정하여 헌법의 법원으로서 받아들여야 한다고 본다.

(ii) 이에 반하여 부정설은 헌법과 모순되는 국가행위는 아무리 반복되어 관행으로 자리 잡았다고 하더라도, 헌법이 예정한 헌법개정절차와 방법에 의하지 아니하고는 헌법의 법원이 될 수 없다고 본다.

(iii) 생각건대 근대입헌주의 헌법은 다른 법규범과는 달리 헌법에서 미리 헌법개정의 절차와 방법을 예정하고 있기 때문에, 헌법의 변천을 인정하게 되면 경성헌법의 원리가 침훼될 수 있다. 그러므로 헌법의 변천은 가급적 억제되어야 한다. 하지만, 현실적으로 국가생활에서 일어나는 모든 현상에 대하여 헌법규범이 완벽하게 규율하지 못할 뿐만 아니라, 사회변화에 헌법이 적응하여야 할 필요성 또한 배제할 수 없다. 따라서 헌법의 변천은 사회변화에 헌법이 적응하기 위하여 헌법의 의미를 보완하는 정도의 수준에서만 인정되어야 한다.

Ⅴ. 헌법의 폐기 · 폐지 · 침훼 · 정지

헌법의 개정이나 헌법의 변천과 구별되는 개념으로서 헌법의 폐기 · 폐지 · 침훼 · 정지가 있다. 아래에서는 칼 슈미트의 분류에 따른다(Carl Schmitt, *Verfassungslehre*, 9. Aufl., 2003, S. 99 ff.).

1. 헌법의 폐기

헌법의 폐기(廢棄) 또는 파기(Verfassungsvernichtung)는 기존의 성문헌법을 폐기하고 새로운 헌법제정권력에 의한 헌법의 제정이다.

1789년 프랑스혁명 이후에 제정된 프랑스 제1공화국헌법, 1917년 러시아혁명 이후에 제정된 소비에트 헌법, 제1차 세계대전 이후에 제정된 독일의 1919년 바이마르공화국헌법 등은 헌법의 폐기 이후에 새로 제정된 헌법이다.

2. 헌법의 폐지

헌법의 폐지(廢止) 또는 헌법의 대체(Verfassungsbeseitigung)는 기존의 성문헌법을 폐기하고 새 헌법을 제정한다는 점에서는 헌법의 폐기와 동일하지만, 헌법제정권력의 변화를 수반하지 아니한다는 점에서 헌법의 폐기와 구별된다.

프랑스 제4공화국이 사실상 궤멸된 이후, 1958년에 제정된 제5공화국헌법의 제정이 이에 해당한다.

3. 헌법의 침훼

헌법의 침훼(侵毁) 또는 헌법의 침해 · 헌법의 파훼(Verfassungsdurchbrechung)는 헌법의 일부조항을 배제 혹은 정지함이 없이 헌법을 침범하는 공권력작용이다. 헌법의 침훼를 헌법이 인정하는 경우와 헌법이 부인하는 경우가 있다. 헌법이 인정하는 헌법의 침훼로는 헌법에 명시된 대통령의 국가긴급권이 있다. 예컨대 바이마르헌법의 대통령의 비상조치(제48조 제2항), 한국헌법에서 대통령의 비상계엄선포(제77조) 등에 따라 헌법의 개별조항을 침훼할 수 있다.

4. 헌법의 정지

헌법의 정지(Verfassungssuspension)는 헌법의 특정 조항에 대하여 그 효력을 일시적으로 상실하게 하는 공권력작용이다.

헌법이 인정하는 헌법 정지의 예로는 일본 메이지(明治)헌법 제31조(본장(本章)에 게재된 조규(條規)는 전시 또는 국가사변의 경우에 천황대권의 시행을 방해하지 아니한다)를 들 수 있는데, 여기에서는 헌법 자체에서 일정한 상황적 요건(전시나 국가사변)에 따라 헌법의 정지를 인정한다. 하지만, 헌법이 인정하지 아니하는 헌법의 정지를 허용하여서는 아니 된다.

제 2 항 헌법의 보장(보호)

I. 의 의

헌법의 보장 또는 헌법의 보호(수호)라 함은 ① 좁은 의미로는 헌법규범의 실효성(實效性) 확보를 말하고, ② 넓은 의미로는 국가의 존립 그 자체를 보장하는 국가의 보장(보호)까지 포함하는 개념이다. 일반적으로 헌법의 보장은 국가의 존립의 보장과 반드시 구별되는 개념은 아니므로, 헌법의 보장과 국가의 보장은 서로 융합된 개념으로 사용되기도 한다.

II. 헌법의 보장의 유형

헌법의 보장을 위한 수단과 방법에 관하여는 그간 학자에 따라 다양한 논의가 진행되어 왔다.

(i) 일찍이 옐리네크(G. Jellinek)는 비교적 폭넓은 헌법보장의 유형으로서 사회적 보장·정치적 보장·법적 보장을 제시한 바 있다.

(ii) 한편 켈젠(H. Kelsen)은 헌법위반적 입법을 저지하기 위한 수단인 헌법보장의 유형으로서 사전적·예방적 보장, 사후적·교정적 보장, 인적 보장, 물적 보장을 제시한 바 있다.

(iii) 그 밖에도 메르크(W. Merk)는 독일 헌법사에 기초한 광의와 협의의 헌법보장을 제시하고, 뷔르도(G. Burdeau)는 조직적 보장과 미조직적(未組織的) 보장을 제시하고, 오류(A. Hauriou)는 정치적 보장과 사법적 보장의 구별론을 제기한 바 있다(André Hauriou, *Droit constitutionnel et institutions politiques*, Montchrestien, 1985).

III. 대한민국헌법에서 헌법의 보장

한국헌법에서 헌법의 보장은 매우 다양하게 설계되어 있다. 국내에서도 외국의 이론에 기초하여 각기 헌법보장에 관한 유형 내지 수단을 제시한다.

1. 정치적 · 사법적 · 선언적 · 초헌법적 보장

(i) 정치적 헌법보장으로서는 권력분립제도를 통한 권력의 견제와 균형(제40조 · 제66조 · 제101조), 국무총리 · 국무위원 해임건의제도(제63조), 공무원의 정치적 중립성 보장(제7조 제2항), 군의 정치적 중립성(제5조 제2항), 헌법개정 국민투표제도(제130조 제2항), 국가긴급권제도(제76조 · 제77조), 국정감사 · 조사제도(제61조 제1항) 등이 있다.

(ii) 사법적 헌법보장으로서는 위헌법령심사제도(제107조 제2항), 국헌문란자 처벌제도(형법 · 국가보안법) 등이 있다. 헌법재판소에 의한 헌법보장으로는 탄핵제도 · 위헌정당해산제도 · 위헌법률심사제도 · 헌법소원제도 · 권한쟁의심판제도(제111조) 등이 있다.

(iii) 선언적 헌법보장으로서는 헌법준수의무 선서제도(제66조 제2항 · 제69조), 경성헌법제도(제10장 헌법개정) 등이 있다.

(iv) 초헌법적 보장으로는 저항권이 있다. 저항권은 헌법에서 명시적으로 규정된 권리가 아니므로 미조직적 헌법보장이다(김철수).

2. 평상시 헌법수호제도와 비상시 헌법수호제도

(i) 평상시 헌법수호제도로서 ① 사전예방적 헌법수호제도(헌법준수의무의 선서, 국가권력의 분립, 헌법개정의 곤란성, 공무원의 정치적 중립성보장, 방어적 민주주의의 채택), ② 사후교정적 헌법수호제도(위헌법령심사제, 탄핵제도, 위헌정당의 강제해산제, 공무원책임제, 각료의 해임건의 · 해임의결제)가 있다. 한국헌법에는 없지만, 헌법의 최고규범성의 선언, 의회해산제 등도 평상시 헌법수호제도이다.

(ii) 비상시 헌법수호제도로서 국가긴급권과 저항권행사가 있다(권영성).

3. 하향식 보호와 상향식 보호

넓은 의미의 헌법보호 수단으로는 외부로부터의 헌법질서 침해를 방지하기 위한 국가긴급권도 있지만, 좁은 의미의 헌법보호 수단으로서 다음 두 가지 유형이 있다. 즉 하향식과 상향식 헌법침해에 대한 보호 수단이 있다(허영). 하향식은 아래로 향한 헌법침해이고, 상향식은 위로 향한 헌법침해를 말한다.

(i) 하향식 헌법침해에 대한 보호 수단으로는 ① 헌법개정권력에 대한 헌법의 보호, ② 기타 국가권력에 대한 헌법의 보호(헌법소송제도, 권력분립제도, 국민소환제도), ③ 헌법보호 수단으로서의 저항권이 있다.

(ii) 상향식 헌법침해에 대한 보호 수단으로는 ① 헌법내재적 보호 수단(위헌정

당해산제도), ② 헌법외적 보호 수단(형사법적 보호 수단 · 행정법적 보호 수단)이 있다. 한국헌법에는 없지만 독일기본법에는 기본권 실효(失效)제도가 있다.

4. 검　토

헌법의 보장과 관련된 논의는 각기 그 지향점을 어떻게 보느냐에 따라 달라질 수 있다. 다만, 오늘날 헌법재판제도가 활성화되어 헌법의 규범적 효력이 강화되므로, 헌법의 정치직 성격에 기초한 정치적 보장과 사법심사를 통한 사법적 보장으로 나누어 살펴보는 방안이 타당하다. 이 경우 위에서 이미 제시된 정치적 · 사법적 · 선언적 · 초헌법적 보장의 분류에서 선언적 보장과 초헌법적 보장은 넓은 의미의 정치적 보장으로 볼 수 있다.

Ⅳ. 헌법의 수호자

1. 슈미트와 켈젠의 논쟁

(i) 헌법의 보장을 위한 헌법의 수호자가 누구인가에 관하여는 1931년 슈미트(C. Schmitt)와 켈젠(H. Kelsen)의 논쟁이 관심을 불러일으킨 바 있다.

(ii) 이원정부제인 바이마르 헌법체제에서 슈미트는 그의 저서 '헌법의 수호자'에서 국회와 법원은 헌법수호자 역할을 다할 수 없기 때문에 헌법수호자의 역할은 국민에 의하여 선출된 중립적 권력인 대통령이 담당하여야 한다고 하였다. 반면에 켈젠은 그의 논문 "누가 헌법의 수호자이어야 하는가?"에서 대통령 · 의회뿐만 아니라 헌법재판소의 헌법수호기능을 강조하였다.[1]

2. 검　토

생각건대 헌법기관의 헌법수호자로서의 역할을 과소평가할 수는 없다. 이에 따라 대통령 · 의회 · 헌법재판소를 포함한 사법부의 헌법수호역할과 이들 기관의 구성원인 공무원의 헌법수호의무를 강조한다. 특히 대통령은 국가원수로서 헌법질서를 파괴하려는 적으로부터 헌법을 수호하기 위하여 국가긴급권을 행사할 수 있다는 점에서 헌법수호자로서의 역할이 강조된다. 그러나 헌법기관이 헌법수호의무를 다하지 못할 때에는 주권자인 국민의 헌법수호자로서의 역할에 의지할

1) 김효전 역, 헌법의 수호자 논쟁, 교육과학사; 김학진, 칼 슈미트의 '헌법의 수호자'론에 관한 비판적 연구: 행정국가의 요청과 반의회주의를 중심으로, 서울대 박사학위논문, 2023.8.

수밖에 없다. 여기에 최후·최종적인 헌법수호자인 국민의 저항권이 도출된다. 결국 헌법기관과 주권자인 국민의 헌법수호의지를 결합함으로써, 국민주권과 기본권보장의 원리에 입각한 헌법국가(Verfassungsstaat)를 수호할 수 있다.

Ⅴ. 저 항 권

1. 의 의

저항권(Widerstandrecht, right of resistance)은 불법적인 국가권력의 행사에 대하여 저항하는 권리이다. 이는 입헌주의적 헌법질서를 침해하거나 파괴하려는 국가기관이나 공권력 담당자에 대하여 주권자인 국민이 헌법질서를 유지·회복시키기 위하여 최후의 무기로서 행사할 수 있는 헌법보장 수단이다. 즉, 저항권은 국가권력에 의하여 헌법의 기본원리에 대한 중대한 침해가 행하여지고 그 침해가 헌법의 존재 자체를 부인함으로써 다른 합법적인 구제수단으로는 목적을 달성할 수 없을 때에 국민이 자기의 권리·자유를 지키기 위하여 실력으로 저항하는 권리이다(헌재 1997.9.25. 97헌가4, 노동조합및노동관계조정법 등 위헌제청(각하): "국회법 소정의 협의없는 개의시간의 변경과 회의일시를 통지하지 아니한 입법과정의 하자는 저항권행사의 대상이 되지 아니한다").

2. 저항권이론의 발전

(i) 저항권이론은 서양의 기독교사상에서 신의 뜻(神意)에 어긋나는 지배에 대한 피치자의 저항을 인정하는 폭군방벌론(暴君放伐論)과 동양에서는 맹자의 역성혁명론(易姓革命論)으로부터 비롯된다. 또한 게르만 관습법도 치자(治者)가 민회(民會)의 뜻에 어긋나는 지배를 할 때 저항을 인정한다.

(ii) 근대사회에서 저항권은 알투지우스·로크·루소·시에예스 등에 의하여 사회계약론과 근대자연법론을 통하여 정립되었다. 저항권 사상은 그간 부침을 거듭하다가 제2차 세계대전을 겪으면서 새로운 부활을 맞이한다.

3. 구별개념

(1) 저항권과 혁명 그리고 쿠데타

(i) 저항권은 국민적 정당성에 기초한다는 점에서 혁명과 동일하다. 하지만, 혁명의 목적이 기존의 국법질서를 새로운 질서로 대체하는 새로운 헌법질서의 창출에 있다면, 저항권의 목적은 기존 헌법질서의 수호(유지·회복)를 위하여 행사되는 권리라는 점에서 혁명과 구별된다. 혁명은 '미래의 전달자'(porteur d'avenir)로서

새로운 질서를 구축하기 위하여 기존 질서를 파괴하며 그 과정에서 폭력적 방법이 동원되기도 한다. 성공한 혁명은 이제 새로운 법질서를 창출한다.

(ii) 혁명은 국민적 정당성에 기초하여 있다는 점에서, 소수의 특수집단을 중심으로 헌정체제의 변화를 유발하고 국민적 정당성을 상실한 채 자행되는 쿠데타(Coup d'État)나 항명사태와는 구별되어야 한다. 이에 헌법재판소는 1979년 12·12 및 1980년 5·18에 자행된 성공한 쿠데타의 처벌이 정의와 형평의 관념에 부합한다는 취지로 판시한다(헌재 1996.2.16. 96헌가2등, 5·18민주화운동등에관한특별법 제2조 위헌제청 등(합헌); 헌재 2002.10.31. 2000헌바76, 5·18민주화운동등에관한특별법 제4조 제1항 위헌소원(각하)).

(2) 저항권과 시민불복종

A. 시민불복종의 의의

시민불복종(civil disobedience)이란 전체법질서의 정당성은 긍정하면서도 자신의 양심에 비추어 정의롭지 못하다고 판단한 개별 법령이나 정책을 비폭력적인 방법을 통하여 의도적으로 위반하는 정치적 항의행위를 말한다.[1)]

B. 저항권과 시민불복종의 구별

(i) 시민불복종은 저항권이나 혁명과 같이 헌법질서가 근본적으로 파괴되는 상황에서도 발동될 수 있지만, 단순히 정부의 정책이나 입법에 대하여도 행사할 수 있다.

(ii) 저항권이나 혁명권의 행사는 실정법 질서를 부정하는 폭력적 방법도 정당화될 수 있다. 하지만, 시민불복종은 비폭력적 방법으로 행사되어야 한다.

(iii) 저항권의 행사에는 다른 구제방법으로 달성될 수 없는 최후의 수단이라는 보충성의 원리가 적용된다. 하지만, 시민불복종의 행사에는 보충성의 원리가 불필요하다. 왜냐하면 시민불복종은 국민의 당연한 권리행사의 한 방법이기 때문에 그 행사목적이나 행사방법으로 보충성이 특별히 요구되지 아니한다.

C. 시민불복종운동의 사례

(i) 시민불복종은 원래 서양사상에서 유래한다. 현대에 이르러 1906년 남아

1) 혁명, 저항권, 시민불복종 비교

	혁명	저항권	시민불복종
행사목적	기존질서 해체 미래의 전달자	민주법치국가의 입헌주의 수호	정의로운 개별 정책·입법 확립
보충성	무관	필요	불요
행사방법	폭력 불가피	폭력 허용	비폭력적
국가형벌권	행사 불가	위법성조각사유	형사처벌 최대한 관용 요망

프리카에서 시작된 이래, 1930년대에 인도에서는 간디(M. Gandhi)가 시민불복종 운동을 주도하였다. 1950년대 이후 미국에서는 킹(M. L. King) 목사를 중심으로 하는 민권운동이 시민불복종 운동의 대표적 사례로 꼽고 있다.

(ii) 대법원은 낙선운동이 "시민불복종 운동으로서 헌법상의 기본권행사 범위 내에 속하는 정당행위이거나 형법상 사회상규에 위반되지 아니하는 정당행위 또는 긴급피난의 요건을 갖춘 행위로 볼 수는 없다"(대판 2004.4.27. 2002도315)라고 판시한다.

(3) 저항권과 국가긴급권

국가긴급권은 국가의 자구행위라는 점에서 주권자인 국민이 행사하는 최후의 헌법질서보호수단인 저항권과 구별된다.

4. 저항권의 인정 여부

(1) 문제의 소재

(i) 저항권은 그 자체가 자연법적 권리이기 때문에 이를 실정권으로 규정되었느냐의 여부는 본질적인 문제는 아니다. 그럼에도 불구하고 각국의 헌법이나 권리장전에서는 저항권을 실정법적으로 인정하기도 한다.

1215년 영국의 마그나 카르타(대헌장)는 중세적 저항권의 효시라 할 수 있다. 마침내 근대시민혁명을 통하여 인권선언에서 저항권이 명문화되었다. 1776년 미국의 독립선언, 1789년 프랑스의 인권선언(제2조) 등이 대표적이다. 독일 연방헌법재판소는 공산당(KPD) 판결에서 저항권을 인정한 바 있다(BVerfGE 5, 85). 다만, 이 판결에서 공산당의 저항권행사 주장은 배척하였다). 1968년 제17차 독일기본법 개정에서는 제20조 제4항을 추가하여 저항권을 헌법에서 명시적으로 인정한다.

(ii) 한국에서는 헌법에 저항권에 관한 명시적 규정이 없기 때문에 이론상 인정 여부에 관하여 논란이 있다.

(2) 인정설

(i) 헌법학계의 지배적 견해는 ① 헌법 제10조와 제37조 제1항에서 인간의 존엄성과 기본권의 전국가성을 선언하여 간접적으로 인정하고, ② 재판규범성을 가진 헌법전문에서 저항권의 표현이라 할 수 있는 3·1운동과 "불의에 항거한 4·19민주이념을 계승하고"라고 규정하고 있으므로 현행헌법은 간접적으로 저항권을 인정하고 있다. ③ 또한 입헌적 질서가 독재권력에 의하여 유린되는 상황에서 헌법수호의 최종적 책무를 지는 주권자의 당연한 권리로 보아야 한다고 본다.

(ii) 헌법재판소와 대법원의 소수의견도 저항권의 규범성을 인정한다.

"저항권은 국가권력에 의하여 헌법의 기본원리에 대한 중대한 침해가 행하여지고 그 침해가 헌법의 존재 자체를 부인하는 것으로서 다른 합법적인 구제수단으로는 목적을 달성할 수 없을 때에 국민이 자기의 권리·자유를 지키기 위하여 실력으로 저항하는 권리"이다(헌재 1997.9.25. 97헌가4, 노동조합및노동관계조정법 등 위헌제청(각하), 동지: 대판 2000.9.5. 99도386). "인권과 민주적 헌법의 기본질서의 옹호를 위한 최후의 수단으로서 저항권은 헌법에 명문화되어 있지 않더라도 일종의 자연법상의 권리로서 이를 인정하는 것이 타당하다 할 것이고, 이러한 저항권이 인정된다면 재판규범으로서의 기능을 배제할 근거가 없다"(대판 1980.5.20. 80도306, 임항준의 소수의견).

(3) 부정설

(i) ① 저항권은 단지 이데올로기적 개념일 뿐이므로 실정법상의 권리로 인정할 수 없고, ② 법실증주의적인 관점에서도 자연법에 근거한 저항권은 인정할 수 없다고 본다.

(ii) 대법원(다수의견)은 과거에 비록 저항권이 존재한다고 인정하더라도 그 저항권이 실정법에 근거를 두지 못하고 자연법에만 근거하고 있는 한 법관은 이를 재판규범으로 원용할 수 없다고 판시한다.

"소위 저항권에 의한 행위이므로 위법성이 조각된다고 하는 주장은 그 '저항권' 자체의 개념이 막연할 뿐만 아니라, 이 점에 관한 일부 극소수의 이론이 주장하는 개념을 살핀다면, 그것은 실존하는 실정법적 질서를 무시한 초헌법적인 자연법질서 내에서의 권리주장이 이러한 전제하에서의 권리로써 실존적 법질서를 무시한 행위를 정당화하려는 것으로 해석되는바, 실존하는 헌법적 질서를 전제로 한 실정법의 범주 내에서 국가의 법적 질서의 유지를 그 사명으로 하는 사법기능을 담당하는 재판권행사에 대하여는 실존하는 헌법적 질서를 무시하고 초법규적인 권리개념으로써 현행법질서에 위배된 행위의 정당화를 주장하는 것은 그 자체만으로서도 이를 받아들일 수 없"다(대판 1975.4.8. 74도3323, 긴급조치위반 민청학련사건). "저항권이 비록 존재한다고 인정하더라도 그 저항권이 실정법에 근거를 두지 못하고 자연법에만 근거하고 있는 한, 법관은 이를 재판규범으로 원용할 수 없다"(대판 1980. 5.20. 80도306, 김재규사건; 동지: 대판 1980.8.26. 80도1278).

(4) 검 토

생각건대 입헌주의의 적으로부터 입헌주의를 수호하기 위하여 최종·최후의 수단으로서 저항권의 인정은 헌법의 명문규정의 존재 여부에 따라 좌우될 문제는 아니다. 따라서 입헌적 헌법질서수호를 위한 국민의 최종·최후의 무기로서 저항권을 인정하여야 한다. 이제 저항권의 인정 여부보다는 오히려 저항권의 행사요건과 저항권 행사의 법적 기준을 마련하는 데 초점이 모아져야 한다.

5. 저항권의 법적 성격

저항권의 법적 성격에 대하여는 실정권설과 자연권설이 대립되고 있으나, 저항권은 자연법적 원리에 따라 국가의 성립 이전부터 존재하는 전국가적 권리(前國家的 權利)로 보아야 한다. 또한 저항권은 헌법보호수단이면서 동시에 국민의 기본권으로서의 성격을 가진다(이중적 성격).

6. 저항권의 주체

저항권의 주체는 원칙적으로 모든 국민 개개인이지만, 단체와 정당 등도 주체가 될 수 있다. 그러나 국가기관이나 지방자치단체와 같은 공법인은 국민의 자유와 권리보장을 위한 수범자(受範者)이므로 저항권의 주체가 될 수 없다.

7. 저항권의 행사

(i) 저항권의 행사요건은 다음과 같다. ① 국가권력의 행사가 민주적 기본질서를 중대하게 침해하고 헌법의 존재 자체를 부인하여야 한다. ② 국가권력 행사의 불법이 객관적으로 명백하여야 한다. ③ 저항권의 행사가 헌법질서의 유지 또는 회복을 위하여 남겨진 최후의 수단이어야 한다(보충성).

(ii) 정당한 저항권 행사가 겉으로 보기에는 범죄의 구성요건 해당성이 있어 보이는 경우라 하더라도 형법상 정당행위(형법 제20조)로서 공무집행방해죄 등 여타 범죄의 위법성조각사유가 된다.

8. 저항권의 행사의 목적과 방법상의 한계

(i) 저항권 행사의 목적은 인간존엄을 이념으로 하는 헌법의 민주적 기본질서를 유지 · 수호하기 위한 행위이어야 한다.

(ii) 저항권 행사의 방법은 객관적으로 명백히 존재하는 불법적인 권력 행사에 대하여 원칙적으로 평화적이고 비폭력적인 방법으로 행사되어야 한다. 따라서 사전적 · 과잉행사는 금지된다. 다만, 불가피한 경우에 한하여 매우 제한적으로 폭력적인 방법이 동원될 수도 있다.

제 3 절 대한민국헌법사

제 1 항 헌법의 제정과 개정

Ⅰ. 제헌헌법 전사(前史)

(i) 한국에서 근대입헌주의적 의미의 헌법에 관한 논의는 19세기 말부터 시작되었다. 그 이전 조선시대에도 경국대전(經國大典)과 같은 국가의 조직과 구성에 관한 기본법제가 있었지만 근대국가의 헌법이라고 할 수는 없다.

(ii) 1894년 12월 12일 제정된 홍범(洪範)14개조는 사상 최초로 자주독립에 기초하여 국정의 민주적 개혁을 천명함으로써 근대국가 헌법의 내용을 담고 있다. 하지만, 이는 체계화된 근대적 의미의 헌법이라기보다는 개혁정치의 기본강령에 불과하다. 1899년 8월 17일 제정된 대한제국 국제(大韓帝國 國制)는 최초의 성문헌법으로 평가되는바, 전문 9개 조(條)로 구성되며, 국호를 조선에서 대한제국으로 변경하고 국가형태로서 전제군주국을 천명한다.[1)]

(iii) 19세기 말 근대 조선의 개국과 서양 헌법이론의 초기 수용과정에서 제정된 이들 규범은 새로운 개혁정치를 상징하는 의미가 있다. 하지만, 1910년 8월 29일 일본에 강제 병합됨에 따라 국권을 상실하고 말았다.

(iv) 1919년 3월 1일 기미독립운동을 기점으로 상하이(上海)에 대한민국임시정부(大韓民國臨時政府)를 수립하였다. 임시정부는 1919년 4월 11일 대한민국임시헌장(憲章)을 제정하고, 9월 11일 대한민국임시헌법(憲法)을 제정하였다. 이 헌법은 그 이후 대한민국임시헌법(1925년 4월 7일), 대한민국임시약헌(約憲)(1927년 4월 11일), 대한민국임시약헌(1940년 10월 9일), 대한민국임시헌장(1944년 4월 22일)으로 개정된 바 있다.

---

1) 전종익, 근대주권개념의 수용과 전개, 서울대 박사학위논문, 2006.8; 김효전, 서양헌법이론의 초기 수용, 철학과 현실사; 김효전, 근대한국의 국가사상-국권회복과 민권수호, 철학과 현실사; 김대환, "대한제국의 꿈과 대한민국임시헌장의 제정 정신", 세계헌법연구 25-1; 이영록, "임시의정원과 제헌국회의 관계", 공법연구 48-1; 이병규, "대한민국 임시의정원 성립의 헌법적 의의", 공법연구 48-1; 전종익, "상해시기 대한민국 임시의정원의 헌법적 지위와 역할", 공법연구 48-1; 김현정, "1932-1945년 대한민국 임시의정원의 모습과 그 헌정사적 의의", 공법연구 48-1.

(ⅴ) 1945년 8월 15일 일본의 패망에 따라 광복을 맞이하고 이후 '조선에 관한 모스크바 3국외상회의 결정서'(1945년 12월 27일)에 따라 미소공동위원회가 설치되었지만 결국 결렬되고 말았다. 이에 미군정은 남조선과도입법원(1946년 12월 12일)을 개원하고, 이어서 남조선과도정부(1947년 5월 17일)를 구성하였다.[1)]

(ⅵ) 광복 이후 행정연구위원회, 미소공동위원회, 남조선과도입법의원에서 정부수립과 헌법제정 논의가 진행되었다.[2)] 이후 김구(金九)·김규식(金奎植) 등 민족진영 인사들의 단독정부 구성반대에도 불구하고 남북은 분단국가로 치닫게 된다.[3)]

Ⅱ. 제헌헌법의 탄생

1. 대한민국의 법적 기초로서의 헌법

(ⅰ) 1948년 2월 27일 유엔 소총회에서 가능한 범위 내에서의 총선거실시를 결의함에 따라 미군정은 5월 10일 국회의원총선거를 실시하였다. 총선거에서 선출된 198명의 국회의원으로 5월 30일에는 제헌국회가 구성되었다.[4)]

(ⅱ) 1948년 6월 3일에는 헌법기초위원 30명과 전문위원 10명으로 헌법기초위원회를 구성하였다. 위원회에서는 유진오안(俞鎭午案)을 원안으로 하고 권승렬안(權承烈案)을 참고로 하여 초안(草案)을 작성하였다. 유진오안은 ① 정부형태

---

1) 신우철, 비교헌법사-대한민국입헌주의의 연원, 법문사; 한인섭, 100년의 헌법, 푸른역사; 정상우, "3·1운동과 민주공화국의 탄생", 헌법학연구 25-1; 장영수, "대한민국임시정부 법통 계승의 의미", 헌법학연구 25-1; 김수용, "민주헌정의 관점에서 본 대한민국임시정부헌법과 제헌헌법의 관계", 헌법학연구 25-1; 장인호·김일환, "대한민국헌정사에서 임시의정원의 의미와 국회의 운영방향에 관한 연구", 미국헌법연구 31-2.

2) 김수용, 건국과 헌법, 경인문화사; 김수용, 해방 후 헌법논의와 1948년 헌법제정과정에 관한 연구, 서울대 박사학위논문, 2007.2; 정상우, 미군정기 중간파의 헌법구상에 관한 연구, 서울대 박사학위논문, 2007.2; 정상우, "1948년헌법 제정과 국가공동체의 통합", 헌법학연구 21-3; 정상우, "1948년헌법 영토조항의 도입과 헌정사적 의미", 공법학연구 19-4.

3) 성낙인, 대한민국헌법사, 법문사; 김철수, 한국헌법사, 대학출판사; 김영수, 한국헌법사, 학문사; 정신문화연구원, 한국헌법사(상), (하); 장영수, 대한민국 헌법의 역사, 고려대 출판부.

4) 대한민국 헌정사

연도	48-52	52-54	54-60	60-60	60-61	61-69	69-72	72-80	80-87	87-
공화국	제1			제2		제3		제4	제5	제6
헌법	제헌헌법	제1차	제2차	제3차	제4차	제5차	제6차	제7차	제8차	제9차
별칭		발췌개헌	사사오입 개헌		소급입법 근거		3선개헌	유신헌법		
정부형태	대통령 간선제	대통령 직선제	대통령 직선제	의원내각제	의원내각제	대통령 직선제	대통령 직선제	대통령 간선제	대통령 간선제	대통령 직선제

로서 의원내각제, ② 국회의 양원제 등을 주요한 내용으로 한다.[1)]

(iii) 그러나 이승만(李承晩)은 정부형태를 의원내각제로 하게 되면 그 자신의 권력 행사에 뒤따를 한계를 두려워한 나머지, ① 정부형태를 대통령제로 하고, ② 국회를 단원제로 하는 헌법안을 채택하게 하였다. 6월 23일 국회에 상정된 헌법초안은 7월 12일 국회를 통과하여 마침내 1948년 7월 17일 국회의장이 서명·공포함으로써 당일로 시행되었다.

(iv) 제헌헌법은 전문·10장·103조로 구성된다. 제1장 총강, 제2장 국민의 권리·의무, 제3장 국회, 제4장 정부, 제5장 법원, 제6장 경제, 제7장 재정, 제8장 지방자치, 제9장 헌법개정, 제10장 부칙으로 구성된다. 제헌헌법의 기본 틀은 대체로 현행헌법에까지 유지된다.

2. 권력구조의 이원적 성격

(i) 국회는 임기 4년인 198명의 직선의원으로 구성된 단원제이다. 집행부의 수반이자 국가원수인 대통령과 부통령은 국회에서 간접선거방식(무기명투표)으로 선출되며(제53조), 4년 임기에 1차에 한하여 중임할 수 있다(제55조).

(ii) 대통령과 부통령을 두었고 임기 4년의 중임제한은 미국식 대통령제와 유사하다. 그러나 대통령과 부통령이 미국식 러닝메이트로 선출되지 아니하고 국회에서 각각 선출된다. 여기에 옥상옥으로 국무원제도를 둔다. 국무원은 의장인 대통령과 부의장인 국무총리 및 국무위원으로 구성되는 합의제 의결기관이다. 대통령의 유고가 발생할 때 제1순위 권한대행자인 부통령은 국무원의 구성원이 아니다(제4장 제2절). 의원내각제에서 비롯된 국무총리는 대통령이 임명하되 국회의 승인을 얻어야 한다. 또한 국회의원총선거 후에는 반드시 국무총리 임명에 대한 승인을 얻어야 한다(제69조 제1항). 이를 종합하여 보면 권력구조는 이론상 결코 대통령제라고 말할 수 없고, 오히려 절충형 정부형태로서 이원정부제에 가깝다.

(iii) 그 밖에도 헌법위원회가 위헌법률심사권(제81조)을, 탄핵재판소가 탄핵심판권(제47조)을 가진다.

3. 기본권의 실정권적 성격과 통제경제

기본권에 대한 법률유보조항을 둠으로써 기본권의 자연권성보다는 실정권성을

---

1) 이영록, 유진오 헌법사상의 형성과 전개, 서울대 박사학위논문, 2000.8; 김백유, "제1공화국 헌법의 성립과 헌법발전", 서울법학 22-2; 윤길중 외, 김효전 편, "개헌비사", 동아법학 72.

강조한다. 또한 바이마르헌법의 영향 아래 사회권을 보장한다. 특히 기업의 이익을 근로자가 나누어 가지는 근로자의 이익분배균점권을 규정한다(제18조). 제6장(경제)에 따로 설정된 경제질서에 관한 장은 자유민주주의 헌법체제로는 예외적이다. 비록 시장경제질서를 기본으로 하지만, 사회민주적 경제질서의 성격을 강하게 드러낸다. 천연자원의 국유화, 중요 공공기업의 국·공유화, 사영기업 경영에 대한 통제·관리, 대외무역의 국가적 통제 등이 그러하다.

Ⅲ. 이승만 정부의 집권도구로 전락한 헌법(제1공화국)

1. 헌법에 명시된 절차를 위배한 제1차 대통령직선제 헌법개정

(ⅰ) 초대 대통령에 취임한 이승만의 독주가 계속되는 가운데 한국민주당(한민당)은 1950년 1월 28일 대통령의 권력 전횡을 방지하기 위하여 내각책임제 헌법개정안을 국회에 상정하였다. 이 개정안은 재적의원 과반수의 찬성을 얻었지만 재적의원 3분의 2 획득에 실패하여 부결되었다.

(ⅱ) 1950년 5월 30일에는 제2대 국회의원선거가 실시되었다. 총선거 결과 지지 세력이 미약함을 감지한 이승만 대통령은 1951년 11월 30일 정·부통령 직선제 개헌안을 국회에 상정하였으나 겨우 19명 찬성에 143명 반대로 개헌안은 부결되었다. 이에 고무된 야당은 1952년 4월 17일 내각책임제 개헌안을 제출하였고, 정부쪽에서는 5월 14일 이미 부결된 바 있는 대통령직선제·국회양원제 개헌안을 다시 제출하였다. 7월 4일에는 정부 측의 대통령직선제 개헌안과 야당 측의 국무원불신임 개헌안이 절충된 소위 '발췌개헌안'(拔萃改憲案)은 비상계엄령이 선포되고 국회가 완전히 포위된 상태에서 국회의원의 자유로운 토론이 원천 봉쇄된 가운데 기립투표(起立投票)로 통과되었다.

(ⅲ) 이 개정안은 정부안과 야당안이 각기 공고된 가운데 그 둘을 발췌·절충한 개헌안으로서, 이는 헌법에 명시된 헌법개정절차의 하나인 공고절차를 생략하여 절차적 정의의 원리에 위배되는 위헌적인 헌법개정이다.

(ⅳ) 제1차 개정헌법은 양원제 국회(제31조), 국회의 국무원불신임제(제70조의2), 국무위원을 임명할 때 국무총리의 제청권(제69조) 등을 규정한다.

(ⅴ) 직선으로 제2대 대통령에 당선된 이승만은 국회의 승인을 얻어 임명하여야 하는 국무총리를 국회의 동의 없는 국무총리서리로 임명하여 의원내각제적인 국무원의 기능을 유명무실하게 만들었다. 또한 헌법에서 양원제를 도입하였지만

참의원 선거는 실시되지 아니하였다.

2. 의결정족수를 위반한 제2차 헌법개정

(i) 1954년 1월 23일 정부는 헌법상 경제질서를 자유시장경제질서로 개편하기 위하여 헌법개정안을 상정한 바 있으나, 3월 9일 스스로 이를 철회하였다.

(ii) 한편 1954년 5월 20일에 실시된 제3대 국회의원총선거에서 집권 자유당이 승리하자, 정부는 현직 대통령에 한하여 연임 제한 조항을 배제하는 개헌안을 1954년 9월 8일 국회에 제출하였다. 11월 27일 표결결과 재적 203명 중 찬성 135표로 헌법개정에 필요한 의결정족수인 재적의원 3분의 2 이상의 찬성에 1표가 부족하여 부결이 선포되었다. 그런데 수학적 계산원리에 어긋나는 '4사5입이론'(四捨五入理論)을 주장하여 그다음 날 자유당의원만 참석한 가운데 가결을 선포하였다.

(iii) 제2차 헌법개정은 헌법이 규정한 의결정족수를 정면으로 위배하여 원천적으로 무효이다. 뿐만 아니라 그 내용도 이승만의 종신집권을 위하여 초대 대통령에 한하여 중임제한을 폐지(부칙 제3호 제4항: "이 헌법공포당시의 대통령에 대하여는 제55조제1항 단서의 제한을 적용하지 아니한다.")함으로써 헌법상 자유와 권리보장의 근본규범인 법 앞의 평등원리를 위배한 위헌적 내용을 담고 있다.

(iv) 제2차 헌법개정에서는 한국헌법사에서 처음으로 국무총리제도를 폐지함으로써 미국식 대통령제에 비교적 근접한 권력구조를 취하고 있다. 하지만, 여전히 대통령선거와 부통령선거를 각기 행한다. 또한 의원내각제 요소로 민의원은 국무위원에 대한 불신임결의권을 가진다. 그 밖에도 대통령 궐위 시에 부통령의 지위 승계, 군법회의의 헌법적 근거를 마련하였다. 특히 헌법개정 금지 사항에 대하여 명문으로 규정하고 있다(제98조 제6항: "제1조(민주공화국), 제2조(국민주권주의)와 제7조의 2(주권의 제약 또는 영토의 변경을 가져올 국가안위에 관한 중대사항)의 규정은 개폐할 수 없다."). 또한 최초로 국민투표 조항(제7조의2)을 신설하였다.

(v) 국가경제의 발전에 따라 경제질서는 자유시장경제로 전환되었다(제6장). 천연자원의 국유화에서 법률에 의한 특허로, 중요 공공기업의 국·공유화 규정을 삭제하고, 사영기업의 사회화·국유화를 금지하고 경영에 대한 통제·관리를 못하게 하고, 대외무역도 국가적 통제에서 육성으로 전환되었다.

Ⅳ. 민주의 꿈을 실현하지 못한 장면 정부(제2공화국)

1. 3·15부정선거와 이승만 정부의 비극적 종말

(i) 초대 대통령 이승만의 자의적인 권력 행사와 위헌적인 헌법개정을 통한 헌정질서의 파행적 운용에도 불구하고, 1956년 및 1960년 대통령선거에서 민주당 후보이던 신익희(申翼熙)와 조병옥(趙炳玉)이 선거기간 중 급사(急死)함으로써, 이승만이 대통령에 당선되는 데 별다른 어려움이 없었다. 그러나 부통령선거(1960년)에서 이기붕(李起鵬) 후보를 당선시키기 위한 부정선거가 자행되었다.

(ii) 자유당의 의도대로 1960년 3월 15일 선거에서 이승만·이기붕 후보가 각기 정·부통령에 당선되었으나 4월 19일 학생들의 총궐기에 대응하여 정부는 무차별 발포와 비상계엄령을 선포함으로써 자유당 정권은 최후의 순간으로 치닫고 말았다. 4월 24일 이기붕 부통령의 사퇴에 이어 4월 26일에는 이승만 대통령이 하야함에 따라, 5월 2일에 허정(許政) 과도정부가 수립되었다.

2. 4월혁명에 따른 권력의 민주화를 위한 제3차 의원내각제 개헌

(i) 대통령 권력의 독재화로 인하여 야기된 제1공화국의 파행적인 헌정사에 대한 반성적 성찰로써, 국회는 4월 28일 의원내각제 개헌안을 마련하기 위한 기초위원회를 구성하였다. 6월 15일에는 개헌안이 여야의 찬성 속에 통과됨으로써 여야합의에 의한 헌법개정이라는 새로운 헌정사적 이정표를 세웠다.[1]

(ii) 이 헌법은 형식적으로는 헌법개정절차를 통한 헌법개정이지만, 그 실질에 있어서는 자유당 정부의 권위주의체제를 무너뜨린 학생들의 고귀한 4월혁명으로부터 그 탄생의 기원을 가진 사실상의 헌법제정이다. 바로 그러한 이유로 제2공화국헌법이라고 명명한다.

(iii) 제2공화국헌법의 권력구조는 고전적 의원내각제에 입각하면서 국회는 양원제를 채택한다. 위헌법률심판·탄핵심판을 위한 헌법재판소의 설치(제8장), 대법원장과 대법관의 선거제(제78조)를 채택하여 권력의 민주적 정당성 확보를 위한 기틀을 마련하였다. 그 밖에도 중앙선거관리위원회의 헌법기관화(제6장), 경찰의 중립성(제75조 제2항), 지방자치단체장의 직선제(제97조 제2항) 등을 규정하고 있다.

1) 최호동, "1962년 헌법상 정치제도의 형성과정에 관한 고찰-국회와 정부에 관한 제도의 변형과정을 중심으로", 공법연구 50-1; 이장희, "3·15부정선거 관련자 판결의 헌법적 평가", 공법학연구 26-3.

3. 기본권의 자연권적 성격 정립

기본권에 대한 법률유보조항을 폐지하고 기본권의 본질적 내용 침해금지 조항을 도입함으로써 기본권의 자연권적 성격을 보장한다(제28조 제2항). 이는 그동안 억압받던 국민의 자유와 권리의 보장을 헌법에서 강화하는 조치이다.

4. 제4차 헌법개정과 민주당 장면 정부의 한계

(i) 1960년 7월 28일에는 국회가 자진 해산하고 7월 29일에는 민의원과 참의원선거가 실시되었다. 8월 2일에는 양원합동회의에서 윤보선(尹潽善)을 대통령으로 선출하고 우여곡절 끝에 8월 19일에는 장면(張勉)을 국무총리로 인준하여 제2공화국 정부가 수립되었다.

(ii) 그런데 4월혁명 정신의 계승을 자처하는 학생들은 반민주행위자 처벌을 위한 특별법의 제정을 요구하였다. 10월 11일에는 학생들이 국회의사당을 점거하는 사태가 일어났다. 이에 11월 29일에는 반민주행위자 처벌을 위한 소급입법의 근거를 헌법부칙에 마련하는 제4차 헌법개정안을 국회에서 통과시켰다.

(iii) 제4차 헌법개정에서 소급입법의 헌법적 근거를 마련(부칙)함에 따라, 부정선거관련자처벌법, 반민주행위자공민권제한법, 부정축재특별처리법, 특별재판소및특별검찰부조직법 등 소급입법이 제정되었다. 하지만, 이는 새 헌법에 따라 정부가 수립된 상황에서 입헌주의 헌법의 일반원리에 위배되는 헌법개정이다.

(iv) 분출하는 국민적 욕구를 충족시키지 못한 민주당 정부는 정권 담당 세력 내부에서 신파·구파의 정파적 갈등까지 겹쳐 효율적인 정부를 이끌어 나가지 못하고, 위기관리 능력의 한계를 보여준 정부라 평가하지 아니할 수 없다.

Ⅴ. 군사정권의 장식품으로 전락한 헌법

1. 5·16과 박정희 정부(제3공화국)

(i) 1961년 5월 16일 박정희(朴正熙) 장군을 비롯한 일단의 무장군인들이 쿠데타를 감행하였다. 6월 6일에는 국가재건비상조치법을 제정함으로써 입헌적 질서는 파괴되고 말았다. 국가권력은 국가재건최고회의에 집중된 일종의 과도기적인 회의체 정부이다. 국회는 해산되고 제2공화국헌법은 비상조치법에 위배되지 아니하는 범위 내에서만 효력을 가지게 됨으로써 헌법파괴 상태가 지속되었다.

(ii) 군사정권은 민정이양을 위하여 국가재건비상조치법을 개정하는 방식으로 새 헌법을 성안하였다. 1962년 12월 6일 국가재건최고회의의 의결을 거친 헌법개정안은 12월 17일 국민투표에서 확정되었다(최초의 국민투표에 의한 개헌).[1)]

(iii) 제5차 개정헌법은 헌법파괴 상황에서 채택된 헌법이라는 점에서 실질적인 헌법의 제정으로 보아 제3공화국헌법이라고 부른다. 이 헌법은 권력구조에서 대통령중심제적인 구조를 취한다. 대통령은 4년 중임제(제69조), 국회는 단원제이다. 하지만, 국무총리제도와 국무총리·국무위원해임건의제도(제59조)를 두어 의원내각제적 요소도 동시에 내포한다. 특히 국회의원의 무소속출마 금지와 당적변경 시 의원자격을 상실(제38조)하게 하는 극단적 정당국가 원리를 채택하고, 국회의원선거법에서 정당명부식 비례대표제를 최초로 도입하였다. 대법원장과 대법관은 법관추천회의의 제청에 따라 대통령이 임명한다(제99조). 위헌법률심판권은 대법원에 부여한다(제102조). 그런데 탄핵은 탄핵심판위원회(제62조)가 관장한다. 또한 헌법개정에 필수적 국민투표조항(제121조)을 최초로 도입하였다.

(iv) 기본권에서는 '인간의 존엄과 가치' 조항을 신설하였다(제8조). 또한 직업의 자유(제13조)를 보장하고, 사회권에서는 '인간다운 생활을 할 권리'와 '교육을 받을 권리'(제30조 제1항)를 규정한다.

(v) 군정연장 등의 우여곡절을 거친 끝에 1963년에 대통령선거와 국회의원 총선거가 실시되었다. 대통령선거에서 박정희 후보(4,702,640표)는 윤보선(尹潽善) 후보보다 156,026표를 더 얻어 당선되었다.

(vi) 1967년 대통령선거에서 승리한 박정희 대통령은 1969년 10월 17일 대통령의 3선 재임을 가능하게 하는 제6차 헌법개정(소위 3선개헌)을 단행하였다.

2. 10월유신(제4공화국)

(i) 1971년 대통령선거에서 3선에 당선된 박정희 대통령은 '국가보위에관한특별조치법'을 제정하더니 1972년 10월 17일 마침내 '10월유신'을 단행하였다. 국회는 해산되고 비상국무회의가 국회의 권한을 대신하는 헌정중단사태가 초래되었다. 1972년 11월 21일에는 유권자 91.9퍼센트의 투표에 투표자 91.5퍼센트라는 기록적인 찬성 속에 유신헌법이 확정되었다(제7차 헌법개정).

(ii) 임기 6년의 대통령(제47조)은 통일주체국민회의 대의원에 의한 간접선거로

1) 조동은, "연속과 불연속-5·16 쿠데타의 헌법적 단층", 헌법학연구 27-3; 전종익, "1962년 헌법 제111조의 형성과 의미", 헌법학연구 29-1.

선출(제39조, 제45조)됨으로써 박정희 대통령의 종신집권이 가능하게 되었다. 국회의 3분의 1은 대통령이 일괄 추천하여 통일주체국민회의에서 선출하는 유신정우회 의원(제40조)으로 구성됨으로써 대통령이 행정부뿐만 아니라 입법부까지도 직접 장악할 수 있게 되었다. 사실 유신헌법은 '의회주의의 합리화' 내지 '오를레앙형 의원내각제'라는 미명 아래 권위적인 대통령권력의 인격화를 제도화함으로써 현대판 집행부 권력독점 체제의 전형을 보여준다.[1)]

(iii) 대통령의 긴급조치권, 대통령 중임제한 삭제, 국회의 회기 단축과 국정감사제 폐지, 대법원장을 비롯한 모든 법관의 대통령임명 등이 그것이다. 또한 헌법위원회(제8장)가 신설되어 위헌법률심사권·위헌정당해산심판권·탄핵심판권을 가졌지만 단 한 차례도 권한을 행사한 바 없는 유명무실한 기관이었다.

(iv) 기본권에서는 기본권제한의 사유로서 국가안전보장이 추가되고 자유와 권리의 본질적 내용 침해 금지 조항이 삭제되는 등 후퇴를 가져왔다(제32조).

(v) 박정희 대통령의 장기집권에 따른 누적된 폐해가 드러나면서, 헌정은 긴급조치로 물들어갔다. 1979년 제1야당 총재(金泳三)를 국회에서 제명하는 등 전제적인 권력 운용은 국민적 저항을 받게 되었다. 10월 26일 중앙정보부장(金載圭)이 대통령을 시해(弑害)함으로써 유신정부는 비극적 종말을 맞이하였다.

3. 12·12와 전두환 정부(제5공화국)

(i) 대통령의 유고에 따라 최규하(崔圭夏) 국무총리가 대통령에 취임하고 전국에 비상계엄령이 선포되었다. 그러나 12월 12일 전두환(全斗煥) 국군보안사령관을 중심으로 한 일단의 무장군인들은 군사쿠데타를 감행하였다. 이 와중에도 최규하 정부와 공화당·신민당을 중심으로 한 이른바 3김씨(金泳三·金大中·金鍾泌)는 각기 민주화에 대비한 헌법개정과 세력 확장에 몰두하는 가운데 1980년 '서울의 봄'은 5월 18일 광주에서의 무장진압으로 인하여 피로 물들었다.

(ii) 전두환을 중심으로 한 일단의 군인들은 헌정파탄을 자초하였다. 국회는 해산되고 정당활동은 금지되었으며 국가보위입법회의(國家保衛立法會議)가 국회의 기능을 대신하는 헌정중단 사태가 야기되었다. 이 과정에서 최규하 대통령이 사임하고(1980.8.16.), 연이어 박충훈(朴忠勳) 대통령 권한대행이 취임한 후 곧바로

---

1) Léo Hamon et Albert Mabileau, *La personnalisation du pouvoir*, PUF, 1964; 성낙인, "유신헌법의 역사적 평가", 헌법학논집; 이철호, 한국에서의 위헌적 입법기구에 관한 연구, 동국대 법학박사학위논문, 2002.2 참조.

사임하고 전두환이 통일주체국민회의에서 대통령으로 당선되고(1980.8.27.) 이어서 대통령에 취임하였다(1980.9.1.). 이러한 과도기 속에서 1980년 10월 22일 제8차 헌법개정을 확정지었다(이병규, "제5공화국 헌법의 성립과 정부헌법개정 활동", 헌법학연구 23-4).

(iii) 제5공화국헌법은 유신헌법에 대한 비난으로부터 벗어나기 위하여 국민의 자유와 권리보장조항을 강화하였다. 행복추구권(제9조)·형사피고인의 무죄추정(제11조)·연좌제폐지(제12조)·사생활의 비밀과 자유의 불가침(제16조)·근로자의 적정임금보장(제30조)·환경권(제33조) 등을 신설하고, 기본적 인권의 자연권성(제35조)을 강조하였다. 그러나 7년 단임(제45조)의 대통령선거는 선거인단에 의한 간접선거방식(제39조)을 고수하였다.

(iv) 1981년 2월 25일 시작된 전두환 정부는 군사통치의 틀을 벗어나지 못하여 극렬한 국민적 저항을 초래하였다. 특히 1987년에는 대통령직선제 개헌을 요구하는 6월항쟁을 촉발시켰고, 노태우 민주정의당 대통령후보의 6·29선언으로 국민적 요구인 직선제개헌의 길을 마련하였다.[1)]

Ⅵ. 여야합의에 의한 문민헌법의 탄생(제6공화국)

1. 6월항쟁과 제6공화국헌법

(i) 여야합의에 의한 8인 정치회담에서 성안(成案)된 대통령직선제를 중심으로 하는 헌법개정안이 1987년 10월 27일 국민투표에서 확정되었다(제9차 헌법개정). 이 헌법은 헌법에 마련된 개정절차에 따라 여야합의에 의하여 만들어진 전면적인 헌법개정이다. 국민의 요구에 따라 권위주의시대를 마감하는 헌법을 만들었다는 점에서 제6공화국헌법이라 할 수 있다.[2)]

(ii) 새 헌법에는 헌법재판소제도(제9장)를 도입하여 민주화 시대의 중요한 발걸음을 내딛게 된다. 특히 군(軍)의 정치적 중립(제5조) 규정을 신설하였다.

(iii) 신체의 자유에서 적법절차와 미란다(Miranda) 조항(제12조)을 신설하고, 사회권을 강화하여 최저임금보장(제32조)·쾌적한 주거생활(제35조)등을 규정한다.

---

1) 강원택, 제5공화국, 역사공간.

2) 음선필, "한국 헌정사에 나타난 의회민주주의", 헌법학연구 22-3; 정상우, "1987년 헌법개정안 형성과정 연구", 세계헌법연구 22-1; 이국운, "1987년 헌법의 형성과정 연구-'사건'의 헌법학을 지향하며", 헌법학연구 23-3; 최호동, 1987년 헌법규정의 형성과정 연구, 서울대 박사학위논문, 2020.8; 김종철, "87년 헌법 개정론의 의의와 한계", 헌법학연구 29-3.

2. 헌법의 안정 속에 민주정부의 승계

(1) 군민과도적인 노태우 정부

(i) 국민적 여망에도 불구하고 야당 지도자들이 후보단일화를 이루지 못하여 결국 '1노3김'(노태우 · 김영삼 · 김대중 · 김종필)의 대결구도로 선거가 진행되어 집권여당의 노태우(盧泰愚) 후보가 김영삼 후보를 누르고 대통령에 당선되었다.

(ii) 1988년 2월 25일 7년 임기의 전두환 대통령이 물러나고 5년 단임의 노태우 대통령이 취임함으로써 헌정사에서 **최초로 평화적 정부교체**가 이루어졌다. 1988년 4월 26일 실시된 제13대 국회의원총선거에서 3김이 각기 지배하는 '여소야대' 정국이 연출되면서 '5공청산청문회' 등으로 지난날의 잘못을 씻어내고 민주화의 길을 열어가려는 노력이 진행되었다.

(2) '문민정부'로서의 김영삼 정부

(i) 1990년 1월 22일 **3당합당**(민주자유당)으로 야당투사에서 집권여당의 대표로 변신한 김영삼(金泳三)은 집권여당 내부의 기득권세력과 끊임없는 정치적 투쟁 속에서 1992년 대통령선거에서 김대중 후보를 누르고 당선되었다.

(ii) 김영삼 정부는 문민정부임을 자임하면서 과거 군사정부 · 권위주의정부와의 차별성을 부각하고 기득권세력을 공격하는 등 자신의 독자적인 정치적 위상을 구축하는 데 상당한 성공을 거두었다. 취임 이후 단행한 일련의 사정과 개혁의 물결은 국민적 호응을 얻었다(예컨대 군 내부 하나회 해체, 금융실명제 실시 등). 그러나 김영삼 정부의 개혁은 임기 말에 발생한 일련의 재정 스캔들과 더불어 미증유의 IMF체제를 맞이하면서 실패하고 말았다.

(3) 최초의 평화적 정권교체와 김대중 '국민의 정부'

(i) 1997년 12월 18일 실시된 제15대 대통령선거에서는 새정치국민회의 김대중(金大中) 후보가 자유민주연합 김종필(金鍾泌) 총재와의 연대를 통하여, 신한국당의 이회창(李會昌) 후보를 누르고 당선되었다.

(ii) 김대중 정부의 출범은 한국헌정사에 있어서 **최초로 여야 사이에 대통령직의 수평적 정권교체**라는 점에서 그 의의를 찾을 수 있다.

(iii) 김대중 정부는 IMF위기를 극복하고, 햇볕정책을 통하여 분단 이후 처음으로 남북정상회담을 개최함으로써 노벨평화상을 수상하는 등 나름대로 역사적 소임을 다하였다. 그러나 부정부패를 청산하지 못함으로써 집권 말기에 국민적 신뢰를 상실하였다.

(4) 노무현 '참여정부'

(i) 2002년 12월 19일 실시된 제16대 대통령선거에서 새천년민주당의 노무현(盧武鉉) 후보가 한나라당의 이회창(李會昌) 후보를 누르고 당선되었다.

(ii) 노무현 정부의 개혁노선은 취임 직후 발표한 국민투표 논란과 2004년에 국회의 탄핵소추의결 등으로 인하여 국민적 갈등이 증폭되었다. 새천년민주당 후보로 당선된 대통령은 2004년 제17대 총선을 앞두고 열린우리당을 창당하였으나 이후 이합집산을 거듭한 끝에 새로운 대통합민주신당으로 연결되었다.

(5) 두 번째 정권교체와 '이명박 정부'의 출범

(i) 2007년 12월 19일 실시된 제17대 대통령선거에서는 한나라당의 이명박(李明博) 후보가 대통합민주신당의 정동영(鄭東泳) 후보를 누르고 승리하였다. 이 후보의 승리는 '경제 살리기'를 바라는 국민적 여망의 반영이었다. 10년 만에 보수진영이 승리함으로써 제2의 평화적 정권교체(two turn-over)가 구현되었다.

(ii) 이명박 정부는 국내외적인 경제위기의 극복과 외교적 성과에도 불구하고 양극화의 심화로 새로운 국민적 갈등이 야기되었다.

(6) '박근혜 정부'의 출범과 비극적인 탄핵에 따른 파면

(i) 2012년 4월 11일 제19대 국회의원총선거 직전 한나라당은 새누리당으로 바뀌면서 다수당을 유지하였다. 2012년 12월 19일 실시된 제18대 대통령선거에서 박근혜(朴槿惠) 후보가 민주통합당의 문재인 후보를 누르고 당선되었다.

(ii) 최초의 여성 대통령이자 박정희 전 대통령의 딸로서 경제민주화를 통하여 양극화 해소와 깨끗한 정치 구현을 다짐하였다. 하지만, 소통과 화합의 부족으로 결국 2016년 12월 국회에서 탄핵소추가 의결되어 2017년 3월 10일 헌법재판소의 인용결정으로 정권의 종언을 고하였다(헌재 2017.3.10. 2016헌나1, 대통령(박근혜) 탄핵(인용(파면))).

(7) 세 번째 정권교체와 '문재인 정부'의 출범

(i) 더불어민주당의 문재인(文在寅) 후보는 2017년 5월 9일 '촛불혁명 대통령'으로 당선되었다. 문재인 정부는 '적폐청산'이라는 구호 아래 개혁정책을 추진하였다. 취임사에서 평등한 기회, 공정한 과정, 정의로운 결과를 강조하였다. 하지만, 양극화에 따른 국론분열이 심각한 사회문제로 제기되었다.

(ii) 남북정상회담(2000년 6월 15일 · 2007년 10월 4일 남북정상회담에 이어 2018년 4월 27일 · 5월 26일 판문점 및 9월 18일 평양에서 개최된 남북정상회담; 6월 12일 싱가포르 · 2019년 2월 27-28일 하노이 · 2019년 6월 30일 판문점 미북정상회담)을 통하여 한반도 평화를 구축하려 하였지만, 또다시 남북 교착상태에 처한다.

(8) 네 번째 정권교체와 '윤석열 정부'의 출범

(i) 2022년 3월 9일 실시된 제20대 대통령선거에서 문재인 정부 검찰총장 출신인 국민의힘 윤석열(尹錫悅) 후보가 여당인 더불어민주당의 이재명(李在明) 후보를 0.73%(24만7077표) 차이로 누르고 승리함으로써 87년 체제에서 네 번째 평화적 정권교체가 이루어졌다.

(ii) 여소야대 상황에서 윤석열 정부의 국정운영은 교착상태에 빠졌다. 2024년 4월 10일 실시한 제22대 국회의원총선거에서 더불어민주당 등 범야권이 압도적으로 승리함으로써 87년 체제에서 사상 처음으로 대통령 재임기간 동안 동질적인 여소야대가 출현하여 정치적 위기에 직면하였다. 정치적 갈등 속에 12 · 3 비상계엄 선포 이후 국회의 탄핵소추에 따라 2025년 4월 4일 헌법재판소의 탄핵 인용결정으로 파면되었다(헌재 2025.4.4. 2024헌나8, 대통령(윤석열)탄핵(인용(파면))).

(iii) 2025년 6월 3일 실시된 제21대 대통령선거에서 더불어민주당의 이재명 후보가 국민의힘 김문수 후보를 누르고 당선되었다. 다섯 번째 정권교체이다. 이재명 정부는 '국민주권정부'임을 표방하면서 여대야소에서 안정된 출범을 하고 있다.

제2항 한국헌법사의 평가와 전망

Ⅰ. 한국헌법사에서 공화국의 순차(서수)

1. 실질적 헌정중단과 헌법의 전면개정

(i) 한국 헌법사에서 공화국의 시대구분은 언제나 논쟁적이다. 특히 1980년 헌법에서는 헌법규범 자체에서조차 혼란을 야기한다. 헌법전문에 '제5공화국'을 명시함으로써 공화국의 순차 매김을 통한 정치적 상징조작을 드러낸다.

(ii) 1960년 4·19의 완성된 혁명 여부, 1961년 5·16쿠데타로 비롯된 공화국 헌법의 일시중단과 1962년 새 공화국헌법 시행, 1972년 이른바 유신정변, 12·12와 5·18쿠데타에 이은 1980년 헌법, 1987년 6월항쟁 및 그에 따른 헌법의 전면적 변혁을 어떻게 새기느냐에 따라 공화국의 순차 매김이 달라질 수 있다.

헌정사적 혼란의 와중에서 실존적 권력집단은 자신들의 권력을 합리화시키는 방편으로 헌법개정을 하면서 헌법전문에 일정한 작위적(作爲的)인 내용을 첨가한 바 있다. 1960년 헌법개정에서 헌법전문에 전혀 손을 대지 아니하였던 겸손함에 비하면, 1962년 헌법전문에서는 "4·19의거와 5·16혁명의 이념"을 동시에 강조하면서도 1960년 헌법개정에 관하여는 언급을 생략하였고, 나아가서 1972년 헌법전문에서는 "1962년 12월 26일에 개정된"이라고 하여 여전히 1960년 헌법에 관한 언급은 생략하였다. 그런데 1980년 헌법전문에서는 "1960년 6월 15일, 1962년 12월 26일과 1972년 12월 27일에 개정된"이라고 하여 헌법의 전면개정에 관한 언급을 하고 있었으나, 1987년 헌법전문에서는 이에 관한 언급을 생략한 채 "8차에 걸쳐 개정된 헌법을"이라고 규정한다.

(iii) 공화국의 순차 매김은 헌법전문에서의 '개정'이라는 표현에도 불구하고, 헌정사적 변혁 과정에서 헌법의 전면개정으로 사실상 헌법의 제정에 이르러야 한다.

2. 헌법제정권력의 개입을 통한 국민적 정당성의 확보

공화국의 순차 매김은 새 공화국의 탄생을 의미한다. 기존 헌정체제가 중단되거나 위기에 처하여 국민적 정당성을 새로이 담보한 헌법이 탄생하였을 때, 적어도 새로운 공화국의 순차를 매길 수 있다(이효원). 그러므로 공화국의 순차 매김은 과거의 부정이 아니라 미래를 향한 논의이어야 한다(성낙인, "대한민국헌법사에서 공화국의 순차", 헌법학논집).

Ⅱ. 문민시대의 헌법이 지배하는 사회를 위하여

1. 진정한 문민시대를 위한 헌법이념의 구현

문민정부의 정확한 자리매김은 과거에 흐트러졌던 국법질서를 반석 위에 올려놓고 정의의 원리가 지배하는 사회를 정립하는 데 있다. 이를 구현하기 위하여 국민적 합의문서인 헌법이 국민의 생활헌장(生活憲章)으로 자리 잡아야 한다. 이제 위정자들도 헌법이 지배하는 사회가 꽃을 피우도록 노력하여야 한다.

2. 통일을 대비한 헌법규범의 재정립

통일한국의 헌법질서는 어떠하여야 하는지에 대한 국민적 논의도 이루어져야 한다. 70년 이상 이질적 체제에서 살아온 한민족의 국민적 통일성을 확보하기 위한 통일헌법의 권력구조에 대하여도 적극적인 연구가 진행되어야 한다.

3. 헌법사의 반성과 성찰

(i) 돌이켜 보면 혁명과 쿠데타 그리고 정변이 이어지는 가운데에서도, 주권자의 의식 속에는 민주공화국의 이념과 정신이 면면히 자리 잡아왔다. 쿠데타와 정변의 소용돌이 속에서도 면면히 이어온 불의에 대한 항쟁을 통하여 국민주권의 정신이 살아 움직이고 있음을 확인할 수 있었다. 지난 반세기에 걸쳐 쌓아 올린 민주주의를 향한 의지의 침전물은 결국 다섯 번에 걸친 평화적 정권교체로 이어진다. 새무얼 헌팅턴이 설파한 동아시아에서의 "정권교체 없는 민주주의"를 종식시킨 위대한 국민의 저력은 바로 이러한 헌법사적인 환희와 시련 속에서 잉태되었음을 자부할 수 있다.

(ii) 이제 동서냉전체제의 종식과 더불어 과학기술의 눈부신 발달에 힘입은 정보사회의 진전에 따라, 더 이상 '권력의 인격화' 현상은 설자리를 잃게 되고, 그 공간에는 전 인류가 주권자가 되는 전자민주주의시대가 새로 자리 매김한다.

제 3 장　국가의 본질과 국가형태

제 1 절　국가로서의 대한민국

Ⅰ. 의　　의

(ⅰ) 헌법학의 뿌리는 국가론(國家論)으로부터 비롯된다. 그럼에도 불구하고 국가론은 헌법학과 정치학에서 외곽에 머무른다. 국가론(국법론)의 어려움은 국가라는 개념 자체의 정의로부터 비롯된다. 국가의 개념에 따라 국가론의 포섭범위도 달라질 수밖에 없다.

(ⅱ) 일반국가학(allgemeine Staatslehre, théorie générale de l'État)에서 논의되어야 할 사항으로는 ① 국가의 본질을 규명하는 국가본질론, ② 국가의 생성과 변화를 추적하는 국가변천론, ③ 다양한 국가관을 연구하는 국가사상론, ④ 국가의 조직과 구성에 관한 국가형태론 등이 있다.

Ⅱ. 국가의 개념

(ⅰ) 국가의 개념은 다의적이지만 일반적으로 국가란 "일정한 지역을 지배하는 최고권력에 의하여 결합된 사람의 집단"이라고 정의한다. 이른바 고전적인 국가 3요소설에 따라 국가에는 ① 국가를 구성하는 자연인 전체로서의 국민, ② 일정한 지역을 포괄적으로 지배하는 영토, ③ 이를 통할하는 최고권력인 주권에 기초한 통치조직과 통치권이 있어야 한다.[1)]

(ⅱ) 국가는 강력한 법을 매개수단으로 하여 강제력을 발휘할 수 있다는 점에서 다른 사회조직과 구별되는 법적 사회이며 동시에 전형적인 정치적 사회이다.

---

1) Georg Jellinek, *Allgemeine Staatlehre*, 1913; 황동혁, "국가의 개념과 내용", 공법연구 52-2.

Ⅲ. 국가의 성립과 본질

1. 국가의 성립기원에 관한 이론

(i) 국가의 성립기원에 관하여는 다양한 이론이 전개된다. ① 국가는 신의 뜻에 따라 성립되었다는 신의설(神意說), ② 국가는 실력에 의한 정복을 통하여 지배·복종관계가 형성되었다는 실력설, ③ 국가는 가족으로부터 씨족을 거쳐 부족에서 근대국가로 정립되었다는 가족설, ④ 국가는 경제적 지배계급이 피지배계급을 착취하기 위한 수단으로 형성되었다는 계급국가설 등이 있다.

(ii) 근대시민사회의 형성과 더불어 정립된 사회계약설(社會契約說)이 오늘날 널리 국가의 기원으로 인용된다. 사회계약설에 의하면 국가는 인민의 동의에 의한 사회계약으로 성립되었다고 본다. 그것은 왕권신수설(王權神授說)에 근거한 절대군주의 지배에 저항한 근대시민사회의 형성과 맥락을 같이한다.

(iii) 홉스(T. Hobbes)의 사회계약설에 의하면 자연상태는 "만인의 만인에 대한 투쟁상태"이므로, 사회계약은 평화유지를 위하여 국가에 주권을 양도하는 복종계약(服從契約)이 된다. 이 복종계약을 통하여 사회의 평화가 유지될 수 있으므로, 복종계약은 양도하거나 취소할 수 없을 뿐만 아니라 저항할 수도 없다.

(iv) 로크(J. Locke)의 사회계약설에 의하면 자연상태는 비록 평화적이긴 하지만, 사회적 갈등이 야기될 경우에 이를 해결하기 위한 수단으로써 권리를 대표에게 위임하는 위임계약(委任契約)·신탁계약(信託契約)이 필요하다. 그런데 국가가 사회계약에 따라 위임된 권력을 남용할 경우에 사회계약 참여자인 국민은 이를 파기할 수 있을 뿐만 아니라 저항할 수도 있다. 그런 점에서 홉스의 복종계약설보다는 훨씬 진전된 사회계약이론이다.

(v) 루소(J. J. Rousseau)의 사회계약설에서는 평화롭고 조직되지 아니한 자연상태를 유지하기 위하여 전체 인민의 자유의사에 의한 합의를 통하여 국가를 창설한다고 본다. 따라서 국가권력의 원천은 인민 그 자신에 기초하며, 인민 사이에 체결된 계약이 바로 국가구성을 위한 사회계약이다. 인민의 총의인 일반의사(一般意思)는 공통의 이익을 추구하기 때문에 오류를 범할 수도 없다는 점에서, 개인이 자기의 이익만을 추구하는 특수의사나 특수의사의 단순한 총계에 불과한 전체의사와는 구별된다.

2. 국가의 본질

국가의 본질에 관하여는 일원론·이원론·다원론 등이 제시된다.

(i) 국가의 본질에 관한 일원적(一元的) 국가론은 하나의 관점에 기초하여 국가를 파악한다. ① 사회학적 국가론은 개개인의 관계나 활동이 있어야 사회나 국가가 성립된다고 본다. 따라서 국가란 단체적 통일체나 유기체가 아니라고 본다. ② 경제학적 국가론은 국가란 일정한 생산관계의 유지를 목적으로 하는 지배조직이라고 한다. 이는 공산주의자들의 국가관이다. ③ 법학적 국가론은 국가란 법규범체계인 법질서 그 자체라고 하여 법과 국가의 동일론에 기초한다. 법실증주의자인 켈젠의 이론이다. ④ 국가유기체설은 국가란 국민을 구성요소로 하지만, 독립된 의사를 가진 단체라고 한다. 따라서 이는 단순한 국민 개개인의 총화와는 구별된다.

(ii) 이원적(二元的) 국가론은 국가를 두 가지 관점에서 파악한다. 옐리네크는 사회학적·법학적 국가개념을 동원한다. 사회학적 국가개념에서는 국가란 원시적 통치권을 가지고 정주(定住)하는 인간의 단체적 통일체로 본다. 법학적 국가개념에서는 국가란 원시적 통치권을 가진 정주하는 국민의 사단(社團)으로 본다. 이는 국가주권설 및 국가법인설로 연계된다.

(iii) 다원적(多元的) 국가론은 국가란 전체사회가 아닌 부분사회라고 본다. 여기서 국가란 치안유지를 유일한 목적으로 한다.

Ⅳ. 국가의 구성요소

1. 의 의

전통적인 국가 3요소론(G. Jellinek)에 의하면 국가의 존립에는 국민, 일정한 영토, 최고국가권력으로서의 주권이 필수적으로 요구된다.

2. 국 민

(i) 국민은 국가의 항구적 소속원으로서 영토 안의 어디에서든지 국가의 통치권이 미치는 인적 범위를 말한다. 민주국가에서 국민은 국가의 주권자이다. 한국헌법의 인간상은 "자기결정권을 지닌 창의적이고 성숙한 개체로서의 국민"이다.

국민은 자신이 스스로 선택한 인생관 · 사회관을 바탕으로 사회공동체 안에서 각자의 생활을 스스로 책임지며 스스로 결정하고 형성하는 성숙한 민주시민으로 발전하였다(헌재 1998.5.28. 96헌가5, 기부금품 모집금지법 제3조 등 위헌제청(위헌)).

(ii) 국민은 혈통(血統) 중심의 개념인 민족과는 구별된다. 국민(國民)은 한 가지 목적을 가진 정치적 공동체로서 결합되고 국내법에 따라 그 지위가 부여되는 법적 개념이다. 이에 대하여 민족(民族)은 언어 · 종교 · 풍속 · 관습 등 문화적 요소와 내부적 동질성이라는 감정적 요소에 의하여 결부된 사회학적 개념이다.[1)]

(1) 국적의 취득

국민이 되는 자격이 국적(國籍)이다. 헌법 제2조 제1항에서 "대한민국의 국민이 되는 요건은 법률로 정한다"라고 규정한다. 이에 따라 국적법이 제정되었다. 국적의 취득에는 선천적 취득과 후천적 취득이 있다.

> "국적은 국가와 그의 구성원간의 법적 유대이고 보호와 복종관계를 뜻하므로 이를 분리하여 생각할 수 없다. 즉 국적은 국가의 생성과 더불어 발생하고 국가의 소멸은 바로 국적의 상실사유인 것이다. 국적은 성문의 법령을 통해서가 아니라 국가의 생성과 더불어 존재하는 것이므로 헌법의 위임에 따라 국적법이 제정되나 그 내용은 국가의 구성요소인 국민의 범위를 구체화, 현실화하는 헌법사항을 규율하고 있"다(헌재 2000.8. 31. 97헌가12, 국적법 제2조 제1항 제1호 위헌제청(헌법불합치, 잠정적용, 각하)).
>
> "근대국가 성립 이전의 영민(領民)은 토지에 종속되어 영주(領主)의 소유물과 같은 처우를 받았다. 근대국가에서도 개인은 출생지 또는 혈통에 기속되고 충성의무를 강요당하는 지위에 있었으므로 국적선택권이 인정될 여지가 없었다. 그러나 천부인권(天賦人權) 사상은 국민주권을 기반으로 하는 자유민주주의 헌법을 낳았고 이 헌법은 인간의 존엄과 가치를 존중하므로, 개인은 자신의 운명에 지대한 영향을 미치는 정치적 공동체인 국가를 선택할 수 있는 권리, 즉 국적선택권을 기본권으로 인식하기에 이르렀다. 세계인권선언(1948.12.10.)이 제15조에서 "① 사람은 누구를 막론하고 국적을 가질 권리를 가진다. ② 누구를 막론하고 불법하게 그 국적을 박탈당하지 아니하여야 하며 그 국적 변경의 권리가 거부되어서는 아니된다"는 규정을 둔 것은 이를 뒷받침하는 좋은 예다. 그러나 개인의 국적선택에 대하여는 나라마다 그들의 국내법에서 많은 제약을 두고 있는 것이 현실이므로, 국적은 아직도 자유롭게 선택할 수 있는 권리에는 이르지 못하였다(헌재 2000.8.31. 97헌가12)." "그러므로 '이중국적자의 국적선택권'이라는 개념은 별론으로 하더라도, 일반적으로 외국인인 개인이 특정한 국가의 국적을 선택할 권리가 자연권으로서 또는

1) 정상우, "헌법상 국민 개념의 형성 과정과 영향", 헌법학연구 29-2; 구자완, "국적이탈 제한의 대상적격", 헌법학연구 27-1; 권혜령, "귀화선서제도의 헌법적 문제", 세계헌법연구 28-1; 소은영, 국적에 관한 헌법적 검토, 헌법이론과 실무 2023-A-5; 권채리, "21세기 사회에서 국적법의 과제", 공법연구 52-1; 이재강, "귀화허가 취소의 헌법상 한계와 개선방안", 헌법학연구 31-1.

우리 헌법상 당연히 인정된다고는 할 수 없다"(헌재 2006.3.30. 2003헌마806, 입법부작위 등 위헌확인(각하)).

A. 선천적 취득

(i) 선천적 취득은 출생이란 사실로 국적을 취득하는 것이다. 선천적 국적취득에 관한 입법례로는 속지주의(屬地主義)와 속인주의(屬人主義)가 있다.

(ii) 속인주의(혈통주의)는 부모의 국적에 의하여 출생자의 국적을 결정하는 입법례로 유럽 각국과 일본 등 단일민족이나 소수민족국가에서 주로 채택한다.

(iii) 속지주의(출생지주의)는 어떤 국가의 영토 안에서 출생한 사람에 대하여는 부모의 국적을 묻지 아니하고 출생한 국가의 국적을 부여하는 입법례로 영국·미국·남미 각국 등 복수민족국가에서 주로 채택한다.

(iv) 우리나라는 단일민족국가론에 입각하여 원칙적으로 속인주의를 채택한다. 출생 당시에 부모가 이미 사망하였더라도 사망 당시에 대한민국 국민이었다면 국적을 취득한다. 국적불명이나 무국적·기아 등 예외적인 경우에 속지주의를 병용한다(국적법 제2조). 1997년 개정된 국적법은 속인주의를 원칙으로 하면서도 종래 부계혈통주의와 더불어 모계혈통주의도 도입한다(부모양계혈통주의).

부계혈통주의는 위헌이다. 구법상 부(父)가 외국인이기 때문에 대한민국 국적을 취득할 수 없었던 한국인 모(母)의 자녀 중에서 1998년 신법 시행 전 10년 동안에 태어난 자에게만 대한민국 국적을 취득하도록 하는 경과규정인 신 국적법 부칙 제7조 제1항의 헌법불합치 및 잠정적용을 명한다(헌재 2000.8.31. 97헌가12, 국적법 제2조 제1항 제1호 위헌제청(헌법불합치,잠정적용,각하)).

B. 후천적 취득

(i) 후천적 취득이란 출생 이후에 다른 나라 국적의 취득을 말한다. 그 사유로는 혼인·인지(認知)·귀화 등을 들 수 있다. 국적법도 이와 같은 후천적 취득을 예외적으로 인정한다. "대한민국 국적을 취득한 사실이 없는 외국인은 법무부장관의 귀화허가(歸化許可)를 받아 대한민국 국적을 취득할 수 있다." "귀화허가를 받은 사람은 법무부장관 앞에서 국민선서를 하고 귀화증서를 수여받은 때에 대한민국 국적을 취득한다"(국적법 제4조).

(ii) 귀화에는 법무부장관의 허가를 얻어서 하는 일반귀화·간이귀화, 법무부장관이 대통령의 승인을 얻어서 하는 특별귀화가 있다. ① 일반귀화는 대한민국에서 영주할 수 있는 체류자격을 가지고 5년 이상 대한민국에 주소를 가지는 것 등의 요건을 갖추었을 때 법무부장관의 허가를 얻어야 한다(국적법 제5조), ② 간이귀화는 3년 이상 대한민국에 주소를 가지는 것 등의 요건을 갖추었을 때 법무부장관의 허가를 얻어야 한다(제6조), ③ 특별귀화는 대한민국에 특별한 공로가 있는 사람 등에 대하여

법무부장관이 대통령의 승인을 얻어서 한다(제7조).

(iii) 또한 "외국인의 자(子)로서 대한민국의 민법상 미성년인 사람은 부 또는 모가 귀화허가를 신청할 때 함께 국적취득을 신청할 수 있다." "제1항에 따라 국적취득을 신청한 사람은 부 또는 모가 대한민국 국적을 취득한 때에 함께 대한민국 국적을 취득한다"(수반취득)(제8조). 한편 처(妻)의 수반취득을 삭제함으로써 혼인한 여성에게 독자적인 국적선택권을 보장한다.

법무부장관은 귀화신청인이 법률이 정하는 귀화요건을 갖추었다고 하더라도 귀화를 허가할지 여부에 관하여 재량권을 가진다(대판 2010.7.15. 2009두19069).

(2) 국적의 상실과 회복

(i) 국적법은 국적을 상실하는 경우(국적법 제15조)를 열거한다. 국적을 상실한 자는 법무부장관에게 국적상실의 신고를 하여야 한다(제16조). 국적을 상실한 자도 법무부장관의 국적회복허가를 받아 대한민국 국적을 취득할 수 있다(제9조).

(ii) 대한민국 남자와 결혼하여 국적을 취득한 여자는 이혼하더라도 한국 국적을 상실하지 아니한다(대판 1976.4.23. 73마1051). 외국의 영주권을 취득한 경우에도 한국 국적을 상실하지 아니한다(대판 1981.10.13. 80다1235).

(iii) 대한민국 국적을 상실한 자는 국적을 상실한 때부터 대한민국의 국민만이 누릴 수 있는 권리를 누릴 수 없다(제18조 제1항).

헌법 전문의 '대한민국임시정부 법통의 계승' 또는 제2조 제2항의 '재외국민 보호의무' 규정이 중국동포와 같이 특수한 국적상황에 처해 있는 자들의 이중국적 해소 또는 국적선택을 위한 특별법 제정의무나 우리 정부가 중국과 조약을 체결할 의무를 명시적으로 위임한 것이라고 볼 수 없다. 뿐만 아니라 동 규정 및 그 밖의 헌법규정으로부터 그와 같은 해석을 도출해 낼 수도 없다(헌재 2006.3.30. 2003헌마806, 입법부작위 등 위헌확인(각하)).

(3) 복수국적의 원칙적 금지 · 예외적 허용

(i) 현행 국적법은 원칙적으로 단일국적주의를 채택하고 제한적으로 복수국적을 허용한다(정인섭 편, 이중국적, 서울법대 공익인권법센터, 사람생각, 2004 참조). 즉 "대한민국 국적을 취득한 외국인으로서 외국 국적을 가지고 있는 자는 대한민국 국적을 취득한 날부터 1년 내에 그 외국 국적을 포기하여야 한다"(제10조 제1항).

"참정권과 입국의 자유에 대한 외국인의 기본권주체성이 인정되지 않고, 외국인이 대한민국 국적을 취득하면서 자신의 외국 국적을 포기한다 하더라도 이로 인하여 재산권 행사가 직접 제한되지 않으며, 외국인이 복수국적을 누릴 자유가 우리 헌법상 행복추구권에 의하여 보호되는 기본권이라고 보기 어려우므로, 외국인의 기본권주체성 내지 기본권침해가능성을 인정할 수 없다"(헌재 2014.6.26. 2011헌마502, 국적법 제10조 제1항 등 위헌확인(기각,각하)).

(ii) 또한 "만 20세가 되기 전에 복수국적자가 된 자는 만 22세가 되기 전까지, 만 20세가 된 후에 복수국적자가 된 자는 그 때부터 2년 내에 제13조와 제14조에 따라 하나의 국적을 선택하여야 한다." "다만, 제10조제2항에 따라 법무부장관에게 대한민국에서 외국 국적을 행사하지 아니하겠다는 뜻을 서약한 복수국적자는 제외한다"(제12조 제1항). "제1항 본문에도 불구하고 병역법 제8조에 따라 병역준비역에 편입된 자는 편입된 때부터 3개월 이내에 하나의 국적을 선택하거나 제3항 각 호의 어느 하나에 해당하는 때부터 2년 이내에 하나의 국적을 선택하여야 한다"(제12조 제2항). "직계존속(直系尊屬)이 외국에서 영주(永住)할 목적 없이 체류한 상태에서 출생한 자는 병역의무의 이행과 관련하여 다음 각 호의 어느 하나에 해당하는 경우에만 제14조에 따른 국적이탈신고를 할 수 있다. 1. 현역 · 상근예비역 · 보충역 또는 대체역으로 복무를 마치거나 마친 것으로 보게 되는 경우, 2. 전시근로역(戰時勤勞役)에 편입된 경우, 3. 병역면제처분을 받은 경우"(제12조 제3항 각 호). 헌법재판소의 헌법불합치결정에 따라 제14조의2가 신설되었다. 개정 국적법에서는 주된 생활의 근거가 외국에 있는 복수국적자에게 적용되는 예외적인 국적 이탈의 허가절차를 신설함으로써 위헌성을 제거하는 동시에 국적 이탈의 자유라는 사익과 병역의무 이행의 공평성 확보라는 공익의 조화를 도모하고 있다(제14조 의2): "제12조제2항 본문 및 제14조제1항 단서에도 불구하고 다음 각 호의 요건을 모두 충족하는 복수국적자는 '병역법' 제8조에 따라 병역준비역에 편입된 때부터 3개월 이내에 대한민국 국적을 이탈한다는 뜻을 신고하지 못한 경우 법무부장관에게 대한민국 국적의 이탈 허가를 신청할 수 있다"(제14조의 2 제1항).

"병역에 관한 헌법 및 병역법조항, 이중국적자의 국적선택제도에 관한 국적법조항 등을 전체적으로 조감(鳥瞰)하여 보면 위 국적법조항은 이중국적자라 하더라도 대한민국 국민인 이상 병역의무를 이행하여야 한다는 것을 대전제로 하고서, 국적선택제도를 통한 병역의무 면탈을 차단하려는 데에 그 입법취지가 있다"(헌재 2004.8.26. 2002헌바13, 국적법 제12조 제1항 단서 위헌소원(합헌)).

이중국적자의 국적선택의 자유를 제한하고 있는 국적법 제12조 제1항 단서 등의 규정은 합헌이다(헌재 2006.11.30. 2005헌마739, 국적법 제12조 제1항 등 위헌확인(합헌)).

대한민국 남성인 복수국적자가 18세가 되는 해의 3월 31일(복수국적자가 병역준비역에 편입된 때부터 3개월)이 지나면 병역의무를 해소하기 전에는 어떠한 예외도 인정하지 아니하고 국적이탈을 할 수 없도록 하는 규정들은 국적이탈의 자유를 지나치게 제한한다. 국적법은 대한민국 국적의 부 또는 모로부터 출생한 사람은 당연히 대한민국 국적을 취득하도록 규정하고 있으므로, 국적 부여와 관련하여 속지주의의 태도를 취하는 국가의 국적 또는 다른 한쪽 부모의 국적과 함께 복수국적을 소지하는 경우가 발생할 수 있다. 복수국적자 중에는 주된 생활근거를 국내에 두고 상당한 기간 대한민국 국적자로서의 혜택을 누리다가 병역의무를 이행하여야 할 시기에 근접하여 국적을 이탈하려는 사람은 '병역의무 이행의 공평성 확보'를 저해하므로 허용되기 어렵다. 이와 달리 외국에서만 주로 체류·거주하면서 대한민국과는 별다른 접점이 없는 사람에 대하여 전혀 예외를 인정하지 아니하고 위 시기가 경과하면 병역의무에서 벗어나는 경우에만 국적이탈이 가능하도록 한 일률적인 제한에 위헌성이 있다. '병역의무 이행의 공평성 확보'는 우리 사회에서 매우 중요한 가치이며, 이들 조항이 입법목적의 달성에 기여한다는 점은 분명하다. 따라서 향후 입법자는 이러한 입법목적이 훼손되지 아니하면서도, 주무관청이 구체적 사정을 고려하여 국적이탈을 예외적으로 허가할 수 있는 적정한 기준을 확립할 필요가 있다(7:2). 반면에 국적이탈 신고 시 신고서에 '가족관계기록사항에 관한 증명서'의 첨부를 요구하는 국적법 시행규칙에 대한 헌법소원은 기각되었다(7:2)(헌재 2020.9.24. 2016헌마889, 국적법 제12조 제2항 본문 등 위헌확인(헌법불합치(잠정적용), 기각)). 이에 따라 헌재 2006.11.30. 2005헌마739, 헌재 2015.11.26. 2013헌마805등 결정은 이 결정 취지와 저촉되는 범위 안에서 변경된다.

1993.12.31. 이전에 출생한 재외국민 2세도 18세 이후 통틀어 3년을 초과하여 국내에 체재한 경우 재외국민 2세 지위를 상실할 수 있도록 한 병역법 시행령 조항이 평등권을 침해하지 아니한다. 즉 출생년도를 기준으로 재외국민 2세 지위의 상실 여부를 달리하지 아니하고 일정 기간 이상 국내에 체재하였다는 요건을 충족한 경우 재외국민 2세 지위를 상실할 수 있도록 한 규정이 불합리하다고 할 수 없고, 이는 병역의무의 평등한 이행을 확보하기 위한 합리적인 이유가 있다(헌재 2021.5.27. 2019헌마177등, 구 병역법 시행령 부칙 제2조 위헌확인(기각)).

직계존속(直系尊屬)이 외국에서 영주(永住)할 목적 없이 체류한 상태에서 출생한 자는 병역의무를 해소한 경우에만 국적이탈을 신고할 수 있도록 하는 구 국적법 제12조 제3항은 헌법에 위반되지 아니한다(헌재 2023.2.23. 2019헌바462, 국적법 제12조 제3항 위헌소원(합헌)).

복수국적자가 외국에 주소가 있는 경우에만 국적이탈을 신고할 수 있도록 하는 국적법 제14조 제1항 본문이 헌법에 위반되지 아니한다(헌재 2023.2.23. 2020헌바603, 국적법 제14조 제1항 위헌소원(합헌)).

(iii) 국제적 흐름과 국익에 부합하도록 복수국적을 제한적으로 허용함에 따라 국적법은 복수국적자의 법적 지위(제11조의2), 복수국적자에 대한 국적선택명령(제14조의3), 복수국적자에 대한 대한민국 국적의 상실결정(제14조의4) 등을 규정한다. 또한 국적심사위원회를 국적법에서 법정기구로 규정한다(제22조-제23조).

대한민국 국민이 자진하여 외국 국적을 취득한 경우 대한민국 국적을 상실하도록 한 국적법 제15조 제1항이 과잉금지원칙에 위배되어 대한민국 국민인 청구인의 거주·이전의 자유 및 행복추구권을 침해한다고 볼 수 없다(헌재 2014.6.26. 2011헌마502, 국적법 제10조 제1항 등 위헌확인(각하)).

(4) 재외국민의 보호

(i) "국가는 법률이 정하는 바에 의하여 재외국민을 보호할 의무를 진다"(제2조

제2항). 헌법에서 재외국민이라 함은 외국에 있는 모든 국민을 말한다. 재외국민의 현황을 파악하기 위하여 재외국민등록제를 시행한다. 재외국민은 외국에 거주하는 대한민국 국민이다. 외국에서 영주권을 취득한 사람(永住權者)은 해당 국가에 비자 없이 자유롭게 입출국을 할 수 있지만 해당 국가의 국적을 취득하지 아니한 사람이므로 여전히 대한민국 국민이다. 반면에 시민권을 취득한 사람(市民權者)은 해당 국가의 국적을 취득한 사람이므로 국적을 상실한다(대판 1981.10.13. 80다2435). 다른 한편 재외동포에는 외국에 거주하는 대한민국 국민 또는 국민이었던 자 또는 그 자녀를 포괄한다(재외동포(시민권자) 〉 재외국민(영주권자)).

"헌법 제2조 제2항에서 규정한 재외국민을 보호할 국가의 의무에 의하여 재외국민이 거류국에 있는 동안 받는 보호는 조약 기타 일반적으로 승인된 국제법규와 해당 거류국의 법령에 의하여 누릴 수 있는 모든 분야에서의 정당한 대우를 받도록 거류국과의 관계에서 국가가 하는 외교적 보호와 국외거주 국민에 대하여 정치적인 고려에서 특별히 법률로써 정하여 베푸는 각종 지원을 뜻"한다(헌재 1993.12.23. 89헌마189, 1980년해직공무원의보상등에관한특별조치법에 대한 헌법소원(기각)).

보육료·양육수당은 영유아(嬰幼兒)가 국내에 거주하면서 국내에 소재한 어린이집을 이용하거나 가정에서 양육되는 경우에 지원되는 제도이다. 즉 영유아보육법상 보육료·양육수당은 대한민국 국민으로서 일정기간 계속 거주를 하는 자이면 그 거주의 목적이 무엇인지, 향후 생활의 근거가 대한민국인지 외국인지 여부 등을 불문하고 지급되어야 한다. 단지 외국의 영주권을 취득한 재외국민이라는 이유로 일반 국민들과 달리 취급할 아무런 이유가 없다(헌재 2018.1.25. 2015헌마1047, 보건복지부지침 2015년도 보육사업안내 부록 2 위헌확인(위헌)).

(ii) 이민을 한 재외국민에 대하여는 논란이 있다.

"'해외이주자'란 생업에 종사하기 위하여 외국에 이주하는 사람과 그 가족(민법 제779조에 따른 관계에 있는 사람을 말한다) 또는 외국인과의 혼인(외국에서 영주권을 취득한 대한민국 국민과 혼인하는 경우를 포함한다) 및 연고(緣故) 관계로 인하여 이주하는 사람을 말한다"(해외이주법 제2조 제1항). 그런데 실제로는 국외에서 직장을 구하여 편의상 이민의 절차를 밟는 경우가 적지 아니하며 이러한 경우에는 국적법 제12조 소정의 사유에 의하여 국적을 상실하지 아니하는 한, 대한민국의 재외국민으로서의 기본권을 향유하며, 그것이 국민의 능동적인 해외진출을 고무하는 방법이기도 하다(헌재 1993.12.23. 89헌마189, 1980년 해직공무원의보상등에관한특별조치법에 대한 헌법소원(기각): 재판관 이시윤·김양균의 반대의견).

(iii) 헌법재판소의 헌법불합치결정에 따라 공직선거법·국민투표법·주민투표법을 개정하여 법률이 정하는 일정한 재외국민에게 대통령선거권 및 국회의원선거권·지방의회의원 및 지방자치단체의 장 선거권·국민투표권·주민투표권을 부여한다(제4장 제3절 제2관 제3항 Ⅳ. 3. 참조).

[합헌결정] 해직된 공무원이 이민 간 이후 보상 배제(헌재 1993.12.23. 89헌마189, 1980년해직공무원의보상등에관한특별조치법에 대한 헌법소원(기각)), 외국국적동포는 부동산실명법 적용의 예외(헌재 2001.5.31. 99헌가18등, 부동산실권리자명의등기에관한법률 제10조 제1항 위헌제청 등(각하,합헌,헌법불합치,입법촉구,적용중지)), 국내에 주소를 두고 있는 피상속인의 경우에만 상속세 인적공제의 적용대상에 포함시키고 재외국민에 대한 적용 배제(헌재 2001.12.20. 2001헌바25, 구 상속세법 제4조 제2항 등 위헌소원(합헌)), 국제협력요원이 해외에 파견되어 봉사업무 중 사망한 경우 국가유공자법에 의한 보상의 부인(헌재 2010.7.29. 2009헌가13, 병역법 제75조 제2항 위헌제청(합헌)).

(iv) 재외동포의 법적 지위를 분명히 하기 위하여 '재외동포의 출입국과 법적 지위에 관한 법률'이 제정되었다. 재외동포법에서 재외동포는 "1. 대한민국의 국민으로서 외국의 영주권(永住權)을 취득한 자 또는 영주할 목적으로 외국에 거주하고 있는 자(이하 "재외국민"이라 한다), 2. 대한민국의 국적을 보유하였던 자(대한민국정부 수립 이전에 국외로 이주한 동포를 포함한다) 또는 그 직계비속(直系卑屬)으로서 외국 국적을 취득한 자 중 대통령령이 정하는 자(이하 "외국국적동포"라 한다)"(제2조)로 규정한다.

"법 제2조제2호에서 '대통령령으로 정하는 자'란 다음 각 호의 어느 하나에 해당하는 사람을 말한다. 1. 대한민국의 국적을 보유했던 사람(대한민국정부수립 이전에 국외로 이주한 동포를 포함한다)으로서 외국 국적을 취득한 사람, 2. 제1호에 해당하는 사람의 직계비속(直系卑屬)으로서 외국국적을 취득한 사람"(시행령 제3조).

개정 전 재외동포법 제2조 제2호에서는 "대한민국의 국적을 보유하였던 자"로만 규정하였고 "대한민국정부 수립 이전에 국외로 이주한 동포를 포함한다"라는 규정이 없었다. 이에 따라 개정 전 동법시행령 제3조(외국국적동포의 정의)에서는 "1. 대한민국 정부수립 이후에 국외로 이주한 자 중 대한민국의 국적을 상실한 자와 그 직계비속, 2. 대한민국 정부수립 이전에 국외로 이주한 자 중 외국 국적취득 이전에 대한민국의 국적을 명시적으로 확인받은 자와 그 직계비속"으로 규정하고 있었다. 이에 대하여 헌법재판소는 1948년 "정부수립이전이주동포를 재외동포법의 적용대상에서 제외하는 것은 합리적 이유없이 정부수립이전이주동포를 차별하는 자의적인 입법이어서 헌법 제11조의 평등원칙에 위배"된다고 판시한 바 있다(헌재 2001.11.29. 99헌마494, 재외동포의출입국과법적지위에관한법률 제2조 제2호 위헌확인(헌법불합치,잠정적용)).

(5) 북한주민

(i) 북한주민의 법적 지위는 헌법상 영토조항의 해석론과 직결되는 사항이다(제1편 제4장 제3절 제4관 제2항 Ⅲ. 참조). '북한이탈주민의 보호 및 정착지원에 관한 법률'은 북한이탈주민을 "군사분계선 이북지역(북한)에 주소·직계가족·배우자·직장 등을 두고 있는 사람으로서 북한을 벗어난 후 외국 국적을 취득하지 아니한 사람"으로 정의한다(제2조 제1호). 판례는 북한주민을 대한민국 국민으로 본다.

"조선인을 부친으로 하여 출생한 자는 남조선과도정부법률 제44호 국적에관한조례의 규정에 따라 조선국적을 취득하였다가 제헌헌법의 공포와 동시에 대한민국 국적을 취득하였다. … 북한지역은 우리 대한민국의 영토에 속하므로 북한국적의 주민은 대한민국의 국적을 취득·유지함에 아무런 영향이 없다"(대판 1996.11.12. 96누1221, 강제퇴거명령무효확인 등).

"우리 헌법이 "대한민국의 영토는 한반도와 그 부속도서로 한다"는 영토조항(제3조)을 두고 있는 이상 대한민국의 헌법은 북한지역을 포함한 한반도 전체에 그 효력이 미치고 따라서 북한지역은 당연히 대한민국의 영토가 되므로, 북한을 법 소정의 '외국'으로, 북한의 주민 또는 법인 등을 '비거주자'로 바로 인정하기는 어렵지만, 개별 법률의 적용 내지 준용에 있어서는 남북한의 특수관계적 성격을 고려하여 북한지역을 외국에 준하는 지역으로, 북한주민 등을 외국인에 준하는 지위에 있는 자로 규정할 수 있다"(대판 2004.11.12. 2004도4044 참조)(헌재 2005.6.30. 2003헌바114, 구 외국환거래법 제27조 제1항 제8호 등 위헌소원(합헌)).

탈북의료인에게 국내 의료면허를 부여할지 여부는 북한의 의학교육 실태와 탈북의료인의 의료수준, 탈북의료인의 자격증명방법 등을 고려하여 입법자가 그의 입법형성권의 범위 내에서 규율할 사항이지, 헌법조문이나 헌법해석에 의하여 바로 입법자에게 국내 의료면허를 부여할 입법의무가 발생한다고 볼 수는 없으므로, 이 사건 입법부작위의 위헌확인을 구하는 예비적 청구 부분은 부적법하다(헌재 2006.11.30. 2006헌마679, 북한의사자격 불인정 위헌확인(각하)).

북한주민은 '대일항쟁기(對日抗爭期) 강제동원 피해조사 및 국외강제동원 희생자 등 지원에 관한 특별법'상 위로금 지급 제외대상인 '대한민국 국적을 갖지 아니한 사람'에 해당하지 아니한다(대판 2016.1.28. 2011두24675 (위로금등지급기각결정취소)).

(ii) 이에 대하여 북한주민을 외국인으로 보아 귀순주민의 경우 망명 또는 귀화 등의 일정한 절차가 필요하다는 견해(도회근, "북한주민의 헌법상의 지위에 관한 연구", 헌법학연구 4-2, 353면)와, 남북한의 특수관계에 비추어 북한국적주민은 국내법상 대한민국 국민이면서 국제법상·사실상 북한국적을 가지는 이중적 지위를 부여하는 견해(장명봉, "대법원판결과 북한주민의 법적 지위문제", 김철수교수정년기념논문집, 1998, 168면 이하)도 있다. 특히 후자는 북한주민이 제3국으로 탈출할 경우 난민으로서 국제법적 보호를 받을 수 있도록 하여야 하고, 남한으로 귀순할 경우 일정한 국적취득절차를 거쳐야 대한민국 국적이 부여된다고 본다(오승진, "북한주민의 법적 지위", 헌법재판연구 11-2).

(iii) 생각건대 "대한민국의 영토는 한반도와 그 부속도서로 한다"라는 규정은 대한민국이 조선을 승계한다는 의미로 보아야 하고, 조선의 국민은 북한국적을 취득하였는지 여부를 떠나서 대한민국의 국민이 되고, 그 자녀도 마찬가지이다. 이러한 해석론은 북한을 국가로 인정하지 아니하는 헌법의 태도와도 부합한다.

(iv) 한편 남북교류의 확대와 북한이탈주민의 국내입국이 증가함에 따라 "남한주민과 북한주민 사이의 가족관계와 상속·유증 및 이와 관련된 사항을 규정함으로써" 이에 관한 "법률관계의 안정을 도모하고, 북한주민이 상속이나 유증 등으

로 소유하게 된 남한 내 재산의 효율적인 관리에 이바지함을 목적으로" '남북 주민 사이의 가족관계와 상속 등에 관한 특례법'이 제정되었다.

3. 영 역

(1) 의 의

영역(領域)은 일반적으로 넓은 의미의 영토와 동의어로 사용된다. 영역이란 국가의 영토고권(領土高權)이 배타적으로 행사되는 공간을 의미한다. 영역이란 좁은 의미의 영토와 영해 · 영공을 포괄하는 개념이다. 헌법재판소는 영토에 관한 권리(영토권)를 헌법소원의 대상인 기본권으로 인정한다.

"국민의 개별적 기본권이 아니라 할지라도 기본권보장의 실질화를 위하여서는, 영토조항만을 근거로 하여 독자적으로는 헌법소원을 청구할 수 없다 할지라도, 모든 국가권능의 정당성의 근원인 국민의 기본권침해에 대한 권리구제를 위하여 그 전제조건으로서 영토에 관한 권리를, 이를테면 영토권이라 구성하여, 이를 헌법소원의 대상인 기본권의 하나로 간주"할 수 있다(헌재 2001.3.21. 99헌마139등, 대한민국과일본국간의어업에관한협정비준 등 위헌확인(각하)).

"독도 등을 중간수역으로 정한 '대한민국과 일본국 간의 어업에 관한 협정' 제9조 제1항 등의 조항이 헌법상 영토조항을 위반하였다고 할 수 없다"(헌재 2009.2.26. 2007헌바35, 대한민국과 일본국 간의 어업에 관한 협정 위헌소원(합헌)).

(2) 영역의 범위

(i) 영역 중 협의의 영토(領土)는 한반도와 그 부속도서이다(제3조). 따라서 헌법상 북한지역은 당연히 대한민국의 영토로 인정된다.

(ii) 영해(領海)는 그 나라의 주권이 미치는 해역으로서 그 범위는 3해리 · 6해리 · 12해리 · 200해리 등 나라마다 주장이 달라서 통일되지 못하고 있다. 우리나라는 '영해 및 접속수역법'에 따라 12해리를 영해로 한다. 접속수역은 기선으로부터 측정하여 그 외측 24해리의 선(線)까지에 이르는 수역에서 대한민국의 영해를 제외한 수역으로 하고(법 제3조의2), 관세 · 출입국관리 · 위생에 관한 법규위반행위를 단속할 수 있다. "영해의 폭을 측정하기 위한 통상의 기선(基線)은 대한민국이 공식적으로 인정한 대축척해도(大縮尺海圖)에 표시된 해안의 저조선(低潮線)으로 한다"(법 제2조 제1항). 또한 '대륙붕에 관한 제네바조약'이 체결되어 연안국은 연안(沿岸)으로부터 수심(水深) 200미터까지의 해저구역인 대륙붕에서 어업이나 지하자원을 개발할 수 있으며 지배권으로서의 관리권이 인정된다. '배타적 경제수역 및 대륙붕에 관한 법률'에서는 '해양법에 관한 국제연합 협약'에 따라 배타적 경제수역(經濟水域)을 설정하고 그 범위는 동 협약에 따라 "'영해 및 접속수역법' 제2조에 따른 기선으로부터 그 바깥쪽 200해리의 선까지에 이르는 수역 중 대한민국의 영해를 제

외한 수역으로 한다." "대륙붕은 협약에 따라 영해 밖으로 영토의 자연적 연장에 따른 대륙변계(大陸邊界)의 바깥 끝까지 또는 대륙변계의 바깥 끝이 200해리에 미치지 아니하는 경우에는 기선으로부터 200해리까지의 해저지역의 해저와 그 하층토(下層土)로 이루어진다. 다만, 대륙변계가 기선으로부터 200해리 밖까지 확장되는 곳에서는 협약에 따라 정한다"(배타적 경제수역법 제1조, 제2조). 배타적 경제수역에서는 천연자원탐사나 인공섬의 설치가 가능하다. 그런데 인공섬의 설치에 대하여는 인위적인 영토 확장이라는 논란과 비판이 제기된다.

한편 '배타적 경제수역에서의 외국인어업 등에 대한 주권적 권리의 행사에 관한 법률'(경제수역어업주권법)이 제정되었다. "이 법은 '해양법에 관한 국제연합협약'의 관계 규정에 따라 대한민국의 배타적 경제수역에서 이루어지는 외국인의 어업활동에 관한 우리나라의 주권적 권리의 행사 등에 필요한 사항을 규정함으로써 해양생물자원의 적정한 보존·관리 및 이용에 이바지함을 목적으로 한다"(법 제1조).

(iii) 영공(領空)은 영토와 영해의 상공으로서 그 범위는 무한대인가 아니면 지배가능한 상공에 한하는가에 대하여 학설이 통일되어 있지 아니하며 국제조약으로 해결되어야 하지만, 일반적으로 지배가능한 상공에 한정한다.

(iv) 영역은 변경될 수도 있다. 영토변경의 사유로는 무주지선점(無主地先占)·자연적 영토형성이나 해중침몰 등의 자연적 변경도 있으나 그 예가 드물며, 국가 사이의 조약에 의한 영토의 병합·매매·교환·할양 등이 일반적이다. 영토의 변경이 있는 경우에는 주민의 국적·적용할 법 등 여러 가지 법적 문제가 발생한다. 한국과 같은 분단국가에서도 이와 같은 법적용의 확정이 문제된다.

4. 주　　권

(i) 주권(主權, sovereignty)은 국가의 의사를 결정하는 최고의 권력이며, 모든 국가권력의 원천이다. 주권은 대내적으로는 최고의 권력이며, 대외적으로는 독립된 권력이다. 서양에서의 주권개념은 주로 절대주의시대에 군주의 권력을 강화하는 도구로 원용되어왔다. 그러나 근대입헌주의 이래 국민주권주의가 정립되었다. 헌법 제1조 제2항에서도 "대한민국의 주권은 국민에게 있고, 모든 권력은 국민으로부터 나온다"라고 규정한다.

(ii) 주권에 기초하여 국민의 자유와 권리를 보장하고 국가의 조직과 구성에 관한 최고의 법인 헌법이 제정된다. 그 헌법의 제정권자는 바로 주권자이기 때문에 주권과 시원적 제헌권(헌법제정권력)은 동일시되는 경우도 있으나, 주권으로부

터 헌법제정권력이 도출되기 때문에 주권은 헌법제정권력보다 상위의 개념이다. 주권은 한 국가의 주인된 권력이라는 점에서 최고의 권력이며 동시에 국가권력 그 자체와 혼용되기도 한다. 하지만, 국가권력은 주권자가 제정한 헌법의 수권(授權)에 따라 부여된 구체적이고 현실적인 권력이다. 따라서 주권은 현실적 통치를 위하여 구체적으로 부여된 개별적 국가권력인 통치권과 구별된다.

(iii) 통치권(統治權)은 그 내용에 따라 영토고권 · 대인고권 · 권한고권(자주적 조직권)으로 나누어지고(권영성 116면; 김철수 교수((상) 156-157면)는 주권의 내용으로 설명한다). 그 발동형태에 따라 입법권 · 집행권 · 사법권으로 분류되기도 한다(제1편 제4장 제3절 국민주권주의 참조).

제 2 절 대한민국의 국가형태

Ⅰ. 의 의

국가형태(國家形態)란 국가의 전체적 성격을 나타내는 전반적인 조직과 구성에 관한 유형이다. 국가형태로부터 권력분립의 유형에 따른 정부형태가 구현된다. 즉 정부형태는 입법권과 행정권 사이의 권력분립형태를 의미한다는 점에서 국가형태와는 구별된다.

Ⅱ. 헌법학 일반이론으로서의 국가형태론

1. 고전적 이론

(i) 국가형태론은 고대 그리스에서부터 오늘에 이르기까지 여전히 논의의 대상이다. 펠로폰네소스전쟁에 당면하여 있던 그리스는 아테네의 민주정과 스파르타의 과두정(寡頭政)으로 양분되어 있었다. 이러한 상황에서 아리스토텔레스는 논쟁적인 양분법을 뛰어넘는 국가형태의 유형화를 시도하였다. 한편 플로렌스의 공화정에 경도되어 있던 마키아벨리(N. Machiavelli)는 군주제와 공화제를 대비시켰는데, 이는 몽테스키외의 군주제와 공화제의 분류에 앞선다. 이와 같은 이분법은 다양하게 제시된 바 있다: 영국식과 프랑스식, 귀족제와 황제제, 서양식 군주제와 동양식 전제제, 자본주의제와 사회주의제 등.

(ii) 고전적인 국가형태론 논쟁에서는 권력의 형식적 조직을 떠받쳐 주는 사회현상을 도외시할 수 없다. 국가형태론의 전개에서 사회현상에 대한 고려는 건전한(좋은) 국가와 타락한(나쁜) 국가를 구별하는 중요한 도구가 된다. 이에 따라 국가형태의 유형은 다음과 같은 세 가지 요소에 의하여 정립된다: ① 치자의 수에 따른 형식적 요소, ② 목적하는 바에 따른 실질적 요소(플라톤의 경우 법과 관습의 존중, 아리스토텔레스의 경우 일반이익의 추구), ③ 사회적 계층과 부의 재분배에 따른 실질적 요소(아리스토텔레스). 이들 세 가지 요소는 경험적·체계적·가치평가적인 분석을 동시에 고려한다.

(iii) 플라톤(Platon)의 국가론은 ① 법과 관습에 의하여 지배되는 세 개의 국

가형태(군주제 · 귀족제 · 절제된 민주제)와, ② 원칙을 일탈한(변질된) 세 개의 국가형태(폭군제 · 과두제 · 극단적 민주제)로 구분된다.

(iv) 아리스토텔레스(Aristoteles)는 '정치학'(제3편)에서 150개의 그리스 도시국가를 비교연구한 후에, 다음과 같이 국가형태를 유형화한다. 즉 건전한 형태에서 일반이익의 추구와 타락한 형태에서 특정집단에 의한 특수이익의 추구에 따라, ① 1인에 의한 지배는 군주제 · 폭군제(暴君制)로, ② 소수에 의한 지배는 귀족제 · 과두제(寡頭制)로, ③ 다중에 의한 지배는 민주제 · 폭민제(暴民制)로 정립한다. 그의 이론은 국가의 본질에 관한 이해에서 권력을 중심으로 경험적이고 체계적으로 분석하고 있어 과학적이라는 평가를 받는다. 아리스토텔레스의 국가형태론은 로크의 시민정부이론, 몽테스키외의 법의 정신, 루소의 사회계약론 등에서 전개되는 국가형태론에서도 그 기본원리가 원용된다.

2. 근대적 이론

(i) 우리나라 헌법학 교과서에서는 국가형태에 관한 근대적 이론이라는 표제 아래 주로 독일의 옐리네크(G. Jellinek)와 렘(H. Rehm)의 이론을 소개하여왔다(Cf. G. Jellinek, *Allgemeine Staatlehre*, 1913, S. 190; H. Rehm, *Allgemeine Staatlehre*, 1899, S. 180).

(ii) 옐리네크는 국가의사가 헌법상 한 사람의 자연적 의사에 의하여 구성되는가 아니면 여러 사람의 법적 의사에 의하여 구성되는가에 따라 "국가의사의 구성방법"이라는 단일한 분류기준에 입각하여 국가형태를 군주국과 공화국으로 구분한다. 즉 대의제도 · 정부조직 · 권력행사방법 등에 따라, ① 군주국은 세습군주국 · 선거군주국, 전제군주국 · 제한군주국(귀족군주국 · 입헌군주국 · 의회주의적 군주국)으로 나누고, ② 공화국은 귀족공화국 · 민주공화국으로 분류한다.

(iii) 렘은 ① 국가권력의 담당자에 따라 국가형태(군주국 · 귀족국 · 계급국 · 민주국)를 분류하고, ② 국가권력의 최고행사자에 따라 정부형태(민주정 · 공화정, 간접민주정 · 직접민주정, 연방제 · 단일제, 입헌정 · 비입헌정)를 분류한다.

(iv) 그런데 이들의 이론도 아리스토텔레스가 제시한 국가형태 분류의 틀을 크게 벗어나지 못한다. 더구나 그 사상적 기초가 국가법인설 · 국가주권설에 입각하고 있어 이론적 한계를 가진다.

3. 현대적 이론

(i) 오늘날 국가형태는 다음과 같이 분류할 수 있다. ① 군주주권 국가가 사

실상 소멸되었으므로 주권의 소재에 따른 구분은 이제 군주제도의 존재 여부에 따라 (입헌)군주국가와 공화국가로 구분된다. ② 가장 고전적인 유형인 단일국가·연방국가·국가연합은 여전히 유효하다. ③ 오늘날 국민주권 시대에 부합하는 권력의 작동 여부에 따라 자유민주주의 모델·권위주의 모델(전체주의 모델 포함)로 분류한다.[1)]

(ii) 전통적으로 한국에서 국가형태론은 주권의 소재(주권자가 누구냐)에 따른 **국체(國體)**와 국가권력(통치권)의 행사방법에 따른 **정체(政體)**의 구별론이 전개되어왔다. 국체이론에 따르면 주권이 군주에게 있으면 군주국, 주권이 국민에게 있으면 공화국이다. 하지만, 오늘날 군주제도를 두고 있는 나라는 있지만 군주주권국가는 사실상 사라졌다는 점에서 국체론은 그 의미를 상실한다.

> "실질적으로 공화국과 대비되는 군주국이 존재하지 않는 오늘에 있어서는 국가형태의 분류에 있어서 군주국과 공화국을 대비"하는 아무런 실익이 없다. "따라서 프랑스의 통설에 있어서와 같이 국가형태의 분류에 있어서 민주주의적 국가와 전체주의 또는 독재주의적 국가를 분류하는 경우가 보다 현실적일 수 있다"(한태연, 헌법과 정치체제, 법문사, 1987, 17-18면).

또한 국가권력의 행사방법에 따라 전제정체와 입헌정체로 구분할 수 있으나, 오늘날 국가권력의 행사방법이 전제적인 전제정체를 표방하는 국가는 없으며, 모두 입헌정체를 표방한다는 점에서 정체론도 한계가 있다.

> 국가형태론과 관련하여 정치학 특히 비교정치학에서는 '정치체제론'에서 논의된다. 그러나 정치학에서는 동시대의 정치현상 중심의 분석으로 그 논의의 중점이 옮겨가 있다

---

1) 국가형태와 정부형태의 종합적 유형화

I. 자유민주주의(다원적 민주주의) 모델		
1. 의원내각제(의회제)		
	일원적 의원내각제	영국, 독일, 이탈리아
	이원적 의원내각제	프랑스 제5공화국의 헌정실제(동거정부)
2. 대통령제		
	진정대통령제	미국
	대통령주의제	프랑스 제5공화국의 헌정실제(드골정부)
3. 혼합정체(반대통령제)		프랑스 제5공화국, 바이마르공화국, 핀란드
4. 회의정체		스위스
II. 권위주의 모델		
1. 마르크스 사회주의체제		구소련(도회근, 소비에트제도에 관한 헌법학적 연구, 서울대 박사학위논문, 1992; 김승대, 러시아헌법론, 법문사, 1998)
2. 파시스트체제		독일의 히틀러, 이탈리아의 무솔리니 체제
3. 개발도상국의 체제		신대통령제적인 제3세계국가 체제

(김병록, 국가형태분류이론에 관한 고찰, 연세대 박사학위논문, 1997 참조).

(iii) 이에 아리스토텔레스가 제시한 국가형태론의 준거 자체를 부정하지 아니하면서도, 그 준거가 현대적으로 변용되어 일반적으로 수용되고 있는 국가형태론이 제기된다.

국가형태란 국가권력의 형태와 부합할 수도 있다. 뷔르도에 의하면 국가형태(국가권력의 형태)는 그 구조·목적·행사방식에 따라 달리 볼 수 있다고 한다. 즉 ① 국가권력의 구조가 단일적이냐 연방적이냐에 따라 단일국가와 연방국가로, ② 국가권력의 목적이 자유주의적이냐 권위주의적이냐에 따라 자유민주국가와 권위주의국가로, ③ 국가권력의 행사방식에 따라 대통령제·의원내각제(의회제)·반대통령제(이원정부제)·회의정체 등으로 분류한다. 한 국가에서의 정치적 상황을 보다 종합적으로 이해하기 위하여서는 이들 세 가지 요소를 반드시 동시에 고려하여야 한다(Georges Burdeau, *Traité de science politique, t. 2 L'État*, LGDJ, 1979, pp. 364-365).

(iv) 또한 국가형태의 논의는 한 국가가 처한 법적·제도적 틀뿐만 아니라 정치적 상황까지도 동시에 고려함으로써, 국가형태의 포괄적인 유형을 제시할 수 있다. 즉 국가형태는 헌법상 정립된 정치제도뿐만 아니라 역사적·이데올로기적·경제적 요소도 동시에 고려하여야 한다. 이와 관련하여 저자는 '프랑스헌법학'에서 현대 프랑스 정치헌법학을 대표하는 11권의 저서에서 제시하는 국가형태(헌정체제)의 모델을 살펴본 후에 국가형태(헌정체제)의 모델을 크게 자유민주주의 모델과 권위주의 모델로 분류한 바 있다. 한편 권위주의 모델과는 별도로 전체주의 모델을 제시하는 학자들도 있다. 하지만, 전체주의도 결국 자유민주주의에 대칭되는 또 다른 형태의 극단적인 권위주의 모델이므로 이를 권위주의의 한 유형으로 포괄하여 분류하고자 한다(성낙인, 프랑스헌법학, 법문사, 1995, 288-292면).

(v) 국가형태가 거시적인 한 국가의 헌정체제 전반을 의미한다면, 정부형태란 국가형태보다는 좁은 의미로서 주어진 헌정체제에서 권력분립원리의 실천방식이다. 그러므로 국가형태와 정부형태의 유기적 이해가 요망된다. 정부형태는 대통령제·의원내각제와 그 절충형인 이원정부제 그리고 회의정체가 있다.

Ⅲ. 단일국가·연방국가·국가연합

1. 의 의

(i) 국가형태에 관한 고전적인 구별론에 의하면 국가권력 내부의 구조에 따라 단일국가와 연방국가로 구분한다. 하지만, 오늘날 국가의 결속력과 통합력이

강화되면서 연방국가는 단일국가화하고, 지방자치의 활성화에 따라 단일국가는 연방국가화하기 때문에, 연방국가와 단일국가의 구별론은 새로운 도전에 직면한다.

(ii) 한편 국제법적 공동체 구성이 촉진되면서 유럽연합(EU)과 같은 국가연합도 출현한다. 개별국가의 존재를 전제로 하면서 회원국가들이 하나의 통일체로 나아가는 과정에서 국가연합이 성립된다. 그런데 미국의 경우 초기에 국가 사이의 연합공동체에서 연방국가로 결속된 점에 비추어 본다면, 연방국가와 국가연합을 완전히 별개의 국가형태로 단정할 수는 없다.

(iii) 따라서 논의의 초점은 단일국가가 지방자치를 완결적으로 실천할 단계에 이르렀을 때 연방국가와의 구별로 모아진다. 동시에 연방국가는 그 기원이 국가연합으로부터 비롯되었으므로 현대적인 국가연합과의 구별이 문제된다.

2. 단일국가에서의 지방자치와 연방국가

(1) 의 의

(i) 단일국가(單一國家)란 국가의 구성이 단일적이고 통일적인 국가를 말한다. 일반적으로 단일국가는 권력이 중앙에 집중된다. 그러나 현대국가의 권력분립은 입법·행정·사법이라는 고전적·기능적·수평적 권력분립에 머무르지 아니하고, 지방자치제도를 통하여 권력을 수직적으로 분립함으로써 국민주권주의·민주주의·법치주의의 실질화를 도모하여 권력의 중앙집권이 완화된다.[1)]

(ii) 반면에 연방국가(聯邦國家)는 그 본질에 관한 이해에 따라서 그 개념 정의가 달라진다. 단일국가에서의 지방자치는 지역 분할을 통하여 권력분산과 주민자치를 구현하기 때문에, 적어도 국가 자체의 성격에 관한 한 특별히 문제가 되지 아니한다. 그러나 연방국가에서 지방(State, Land, Canton 등)의 법적 성격은 주권국가인가의 여부에 따라서 그 개념 정의도 달라질 수 있다.[2)]

---

1) 단일국가와 연방국가의 차이 비교

	단일국가	연방국가
국제법 주체	국제법 주체(단일국가의 지방자치단체는 국제법 주체 아님)	국제법 주체(지방은 국제법 주체 아님)
국가의 성격 결합의 근거	중앙정부로 단일적 결합	연방헌법에 근거한 영속적 결합체(연방만이 진정한 국가)
통치권	중앙정부만 향유(지방자치단체는 자치권만)	연방과 지방에 분할
국제법상 책임	중앙정부만 있음	연방국가만 있음
병력의 보유	중앙정부만 보유	연방국가만 보유(지방은 없음)

2) 이옥연, 통합과 분권의 거버넌스, 오름; 장영철, "지방분권강화 방안으로서 연방국가 원리에 관한 고찰", 헌법학연구 22-1; 김희정, "유럽헌법다원주의 이론과 한계", 유럽헌법연구 48.

(2) 지방자치의 헌법적 본질

(i) 지방자치제도는 ① 단일국가에서 지나친 권력집중으로 인하여 야기되는 폐해를 시정함으로써 권력분산과 권력분립의 목적을 달성하고, ② 지방과 중앙의 균형있는 발전을 도모하고, ③ 풀뿌리민주주의를 구현함으로써 국민주권주의를 실질화하고 민주주의의 내실을 다지려는 제도이다.

(ii) 전통적인 국가학이론에서는 국가의 구성요소로서 국민·영토·주권을 들고 있는데, 지방자치단체는 국민의 일부인 주민을, 영토의 일부인 지역을, 주권으로부터 비롯된 자치권을 부여받는다. 지방자치단체가 독자적이고 고유한 지방의 업무를 수행할 수 있도록 지방자치단체에 법인격을 부여한다. 하지만, 지방자치단체는 어디까지나 국가에 종속적인 단체이다. 이에 따라 지방자치단체는 헌법과 법률의 범위 안에서 고유의 사무를 처리할 수 있다. 그러므로 지방자치단체의 권한 내지 지방자치권은 지방자치단체 고유의 권한(固有權說)이 아니라 국가로부터 위임받은 권한(委任權說)을 행사할 뿐이다. 즉 지방자치는 하나의 주권국가 안에서 권한의 수직적 분배를 통한 권력의 분산을 의미한다.

(3) 연방국가의 헌법적 본질

(i) 연방국가의 법적 성격 내지 본질에 관하여는 연방과 지방 중에서 어느 쪽이 진정한 주권국가이냐에 관하여 이론대립이 있다.

① 지분국(支分國, 支邦國)만이 주권을 가지며 연방은 국가적 성질을 가지지 아니한다는 학설, ② 주권은 연방 및 지분국에 총유(總有)적으로 귀속한다는 학설, ③ 연방만이 주권을 가지고 지분국은 주권을 가지지 아니하나 참다운 국가라는 학설, ④ 연방만이 참다운 국가이며 지분국은 넓은 자치권을 가진 일종의 자치단체에 불과하기 때문에 주권을 가지지 아니한다는 학설, ⑤ 연방국가뿐만 아니라 지분국도 주권을 가지지만 외교권 등은 연방헌법을 제정하여 연방정부에 위탁하고 있을 뿐이므로 대내적으로 자주조직권을 가진 일종의 주권국가라는 학설 등이 있다.

(ii) 이 문제는 연방국가의 역사적 성격과 그 출현 배경을 도외시하고 일의적으로 정리할 수는 없다. 예컨대 미국의 독립은 새 국가의 창설을 의미하였지만, 이는 단일한 국가의 모습을 현실적으로 갖추지 못한 국가연합적 성격을 부인할 수 없다. 통일된 국가로서 미합중국의 건설은 바로 이미 국가의 모습을 가지고 있던 지방국(支邦國)의 통일을 의미한다. 여기에 연방과 지방 중에서 어느 쪽이 진정한 주권국가이냐 하는 문제가 제기된다.

(iii) 전통적인 주권이론에 따라서 주권은 단일적이고 불가분적이라고 한다면, 연방국가와 지분국 사이에 주권의 공유나 분할의 문제가 필연적으로 제기된다. 이는 동일한 국가 안에서 주권국가의 병존을 의미한다. 그렇다고 연방만이 주권국가이고 지분국은 주권국가가 아니라고 한다면 전통적인 국가의 개념이나 국가의 요소에 중대한 혼란을 초래한다. 이에 따라 전통적인 국가이론에 충실한 연방국가와 지분국의 구별론에 의할 경우 지분국이 주권국인지 여부의 문제는 일정한 한계에 봉착한다.

(4) 지방자치와 연방국가에서의 지방국(支邦國)

(i) 오늘날 중앙집권적인 단일국가에서도 국민주권을 실질화하기 위하여 지방자치가 강화된다. 다른 한편 연방국가는 급속하게 단일국가적 양상을 보인다. 과학기술의 발전과 정보전달 체계의 혁신적인 변화에 따라 이제 지역 사이의 거리는 시간적·공간적으로 사실상 극복된 상태이다. 또한 국가들의 블록 형성과 국가 사이의 치열한 경쟁으로 더 이상 국가와 지방국 사이의 갈등은 국가적 현안과제가 될 수 없게 되었다. 더 나아가 연방과 지방국 사이의 관계는 단일국가에서의 지방자치단체와 본질적 차이를 발견하기 어려운 한계 상황에 이른다.

(ii) 그렇지만 독자적인 헌법을 제정하고 이에 기초하여 입법부·행정부·사법부라는 국가와 같은 모습의 권력구조를 가지고 독자적인 법률을 제정하는 지방국은 결코 법적으로 지방자치단체와 동일시하여서는 아니 된다.

(iii) 단일국가에서는 헌법이념의 구현을 위한 지방자치관계법에서 정부와 지방자치단체 사이의 관계가 비교적 명확하게 구획된다. 그러나 연방국가에서 권한의 배분이나 권한의 다툼, 즉 권한쟁의가 제기되면 연방과 지방·지방과 지방 사이의 복잡한 문제는 최고의 규범인 연방헌법에서 획정하는 수밖에 없다. 국가에 따라서는 이러한 문제를 연방의 일방적 의사가 아닌 연방의 구성원인 지방(支邦)의 의사를 충분히 반영하기 위하여 연방형 양원제를 도입하기도 하며, 연방헌법개정에 있어서도 지방의 동의를 요구하기도 한다.

3. 연방국가와 국가연합

(1) 국가연합의 의의

국가연합(國家聯合)은 일반적으로 주권국가 사이의 연합을 의미한다. 국가연합은 복수의 국가 사이에 맺어진 국제조약에 근거하여 성립된 국가들의 연합체이다. 즉 국가연합은 주권국가 사이의 국제조약에 기초한 조약공동체이다. 이는 특정한 정치적·행정적·경제적·문화적 목적을 달성하기 위하여 주권국가 사이에 맺어진 국제협정에 기초하여 설립된 국제기구와는 구별된다. 국가연합에서 개별 구성국가는 국가로서의 단일성을 유지하고 탈퇴의 자유가 보장된다. 예컨대 1787년 독립 이전의 미국은 국가연합의 모습이었으며, 1958년에 성립한 아랍국가연합·1992년 구소련의 해체 이후 새로 발족한 독립국가연합(Commonwealth of Independent States, CIS) 및 영연방공동체(Commonwealth of Nations), 유럽연합(European Union, EU)도 국가연합의 한 형태이다.

(2) 연방국가와 국가연합의 차이[1)]

(i) 연방국가는 진정한 의미의 주권국가이지만, 국가연합은 진정한 의미의 국가가 아니며 따라서 주권국가도 아니다.

(ii) 연방국가는 연방헌법에 근거한 영속적 결합체이지만, 국가연합은 구성국가 사이의 조약에 근거한 잠정적이고 한시적인 성격을 가진 결합체이다.

(iii) 연방국가는 국제법상의 주체라는 점에서 지분국과 구별될 뿐만 아니라, 국가연합이 조약에 따른 특수하고 한정적인 부분을 제외하고는 국제법상의 주체가 될 수 없다는 점과도 구별된다.

(iv) 연방국가의 통치권은 연방 자체 안에서 연방과 지방에 분할되지만, 국가연합에서 통치권은 원칙적으로 개별국가가 보유한다.

(v) 연방국가는 연방이 국제법상의 책임을 다하지만, 국가연합은 원칙적으로 국제법상의 책임을 지지 아니한다.

(vi) 연방국가에서 병력은 연방에 속하지만, 국가연합에서 병력은 구성국가가 보유한다.

(vii) 연방국가는 통일헌법·양원제의회·연방최고법원 등이, 국가연합은 연합조약·복수헌법·연합의회 등이 그 제도적 특징이다.

1) 연방국가와 국가연합의 차이

	연방국가	국가연합
국제법 주체	국제법 주체(지방은 국제법 주체 아님)	국제법 주체 아님
국가의 성격 결합의 근거	연방헌법에 근거한 진정한 국가(영속적 결합체)	조약에 근거하며 진정한 국가 아님(잠정적·한시적 결합체)
통치권	연방과 지방에 분할	개별 구성국가만 향유
국제법상 책임	연방이 책임	국제법상 책임 없음
병력의 보유	연방국가만 보유(지방은 없음)	구성국만 보유

4. 소 결

(i) 오늘날 단일국가의 연방국가화와 연방국가의 단일국가화 현상이 초래되고 있어, 고전적인 이론으로 단일국가와 연방국가를 획일적으로 구별하는 데에는 어려움이 있다.

(ii) 또한 지역블록화에 따른 국가들의 연합체는 국가연합이라고 보기 어렵다. 국가연합에는 연합조약·연합의회가 존재하여야 한다고 하면 유럽연합은 분명히 국가연합의 성격을 띤다. 사실 유럽연합은 경제공동체로 출발하였으므로 이를 국가연합으로 보기는 어려웠다. 그러나 '마스트리히트(Maastricht)조약'을 통하여 국가연합적 성격을 드러낸다. 이러한 국제법적 조약공동체인 국가연합도 장기적으로는 연방국가로 나아갈 목표를 설정한다. 유럽연합헌법을 제정하고 유럽연합대통령을 선출하자는 논의의 전개는 이와 같은 흐름을 단적으로 반영한다. 또한 '마스트리히트조약'에서는 각 국가의 지방자치선거에 유럽연합회원국 주민에게 투표권을 부여한다. 이는 전통적인 국민의 선거권에 대한 하나의 혁신이며, 동시에 전통적인 주권이론의 새로운 변화를 초래한다. 반면에 영국이 2016년 6월 23일에 실시한 국민투표 결과에 따라 2020년에 유럽연합을 탈퇴(Brexit)함으로써 유럽연합을 중심으로 한 유럽통합에도 위기가 고조된다.

(iii) 분단된 한반도에서도 그간 연방제 논의가 끊임없이 제기된 바 있다. 그러나 북쪽이 주장하는 연방제는 법적으로 국가연합에 가깝다. 대한민국의 통일정책에서도 우선 국가연합의 단계를 거쳐 궁극적으로 통일헌법의 제정으로 통일국가의 건설을 지향한다. 그런데 2000년 6월 15일 평양 남북정상회담에서 남측의 국가연합제와 북측의 낮은 단계의 연방제 사이에 공통점이 있다고 합의하였다.

Ⅳ. 국가형태로서의 공화국의 현대적 변용

1. 공화국 개념 정립의 어려움

군주제도를 대체하는 공화국 국가형태가 근대입헌주의 이래 하나의 틀로서 정립되었다. 그러나 공화국의 정확한 의미는 아직도 미완의 단계에 머물러 있다. 이에 따라 군주제도가 존재하지 아니하는 소극적 의미의 공화국을 뛰어넘는 공화국의 적극적 개념이 모색되고 있다.

1970년대 이래 서양 정치학계에서 활발하게 논의되는 주제 중 하나는 공화주의(republicanism)이다. 이는 개인주의적 자유주의에 기초한 국가론을 비판하면서, 개인이 사적으로 누려야 할 권리의 확보보다는 시민으로서 갖추어야 할 덕(德, virtue)의 고양을 강조하는 정치이론이다. 그리하여 개인의 자율성과 공공성의 결합을 강조한다.[1)]

(1) 공화국의 소극적 개념

공화국은 군주나 황제와 같은 모든 형태의 권력세습을 부인하는 헌정체제이다. 이러한 소극적 의미의 공화국 개념은 프랑스 제3공화국의 대표적 헌법학자인 뒤기의 '헌법학원론'에서 분명히 제시되고 있다.

> "국가원수가 세습적일 때, 그 정부는 군주국이며, 그렇지 아니할 경우에 그 정부는 공화국이다. 그 이외에 실제로 군주국과 공화국의 다른 차이를 발견할 수 없다: 군주국은 세습적인 국가원수가 존재하는 국가(정부)형태이다; 공화국은 국가원수가 존재하지 아니하거나 국가원수가 세습적이 아닌 국가형태이다"(Léon Duguit, *Traité de droit constitutionnel, t. 2,* De Boccard, 1928, p. 607).

(2) 공화국의 적극적 개념

(i) 공화국의 적극적인 개념 정의는 여러 가지 어려움에 직면한다. 이에 파브르는 '헌법의 공화국원리론'(Michel-Henry Fabre, *Principes républicains de droit constitutionnel,* LGDJ, 1984, p. 7)에서 공화국 개념 정립의 어려움을 적시한다. 먼저 공화국이라는 용어가 이중의 의미를 가진다. 기술적인 의미에서 공화국은 국가가 어떠한 정치체제를 취하든 간에 국가와 혼동된다. 예컨대 보댕(J. Bodin)은 군주제적 공화국이라는 용례를 사용한다는 점을 적시한다. 이어서 프랑스에서 1789년 이래 공화국임을 천명한 헌법이 10개 이상이나 됨에 따라 공화국 헌법의 숫자 매김에 어려움이 뒤따른다. 이에 헌정체제란 공화국이라는 "헌법의 상품전시장"에 불과하다고 비판한다.

(ii) 공화국은 특정한 헌정체제(국가형태)를 지칭한다. 그런데 그 공화국은 단지 군주국이나 (황)제국을 부인하는 국가형태만은 아니다. 이러한 소극적 개념만으로는 결코 충분하지 아니하다. 적극적 의미의 공화국은 그 어떠한 권위주의 형태의 헌정체제를 배격함으로써 국민의 자유와 권리를 확고히 보장한다.

---

1) Cf. J. G. A. Pocock, *The Machiavellian Moment: Florentine Political Thought and the Atlantic Republican Tradition,* Princeton Univ. Press, 1975; Philip Pettit, *Republicanism: A theory of Freedom and Government,* Claredon Press, 1997; 김동훈, 한국헌법과 공화주의, 서울대 박사학위논문, 2010.8; Cecile Laborde/John Maynor, 곽준혁/조계원/홍성헌 옮김, *Republicanism and Political Theory,* 까치; 이국운, "공화주의 헌법이론의 구상", 법과사회 20; 한상희, "민주공화국의 의미-그 공화주의적 실천규범의 형성을 위하여", 헌법학연구 9-2; 성낙인, "국가형태로서의 공화국", 헌법학논집; 방승주, "민주공화국 100년의 과제와 현행헌법", 헌법학연구 25-2; 박진완, "민주공화국에서의 시민교육", 세계헌법연구 28-2.

2. 새로운 양상으로서의 공화적 군주제

(1) 공화적 군주제의 등장

1965년에 영국의 버네미(F.W.G. Benemy)는 수상을 '선출된 군주'로 규정한 바 있다. 한편 프랑스의 뒤베르제는 공화적 군주국(共和的 君主國)을 "경제적으로 가장 발달하고 또한 가장 오랜 민주주의의 역사를 가진 국가에서 공화국이 취하는 현대적 형태"로 본다. 예컨대 영국은 군주제도를 둔 의원내각제이지만 수상의 강력한 지위와 권한에 빗대어 수상을 공화적 군주로 본다. 다른 한편 미국 대통령은 전통적인 국가원수 이상으로 강력한 지위에 있다는 점을 강조하여 선출된 군주로 본다(Maurice Duverger, *La monarchie républicaine*, Edition R. Laffont, 1974, pp. 12-16).

(2) 공화적 군주제의 두 가지 유형

(i) 미국·영국·프랑스는 헌법체제 및 정부형태의 차이에도 불구하고, '선출된 군주'가 권력의 중심축에 있으며, 의회는 단지 균형추 역할에 그친다. 또한 독일·스웨덴·오스트리아·뉴질랜드·오스트레일리아·인도의 경우도 비슷하다. 그러나 핀란드·덴마크·노르웨이는 비록 라틴 아메리카 각국처럼 정도가 심하지는 아니하지만, 비민주적인 권위주의적 색채를 많이 가지기 때문에 공화적이라는 표현은 부적합하다. 다른 한편 유럽에서 이탈리아·벨기에·네덜란드·스위스는 공화적이지만 지도자가 취약하기 때문에 선출된 군주로 볼 수 없으므로 공화적 군주제로 볼 수 없다.

(ii) 공화적 군주제는 크게 보면 미국식과 유럽식이 있다. ① 미국에서 군주는 국민에 의하여 사실상 직선되며, 의회와의 직접적 연계 없이 통치한다. 의회는 대통령을 사직하게 할 수 없고, 대통령은 의회를 해산할 수 없다(대통령제). ② 유럽식 공화적 군주제에서 군주는 의회를 통하여 간접적으로 선출된다. 규율화된 정당제에서 양극화 현상(영국에서는 양당제로, 독일에서는 다당제이지만 안정적인 양극체제)에 따라 선거에서 승리한 쪽의 대표자가 정부를 맡는다(의원내각제). ③ 1962년 이래 프랑스에서는 대통령제와 의원내각제의 중간적 정부형태가 등장한다. 군주는 국민으로부터 직선된다. 의회는 수상이 이끄는 정부를 전복시킬 수 있다. 핀란드·오스트리아·바이마르공화국의 경우도 비슷한 부류이다(반대통령제).

Ⅴ. 국가형태·정부형태에 따른 정부조직

1. 국가형태·정부형태에 비추어 본 정부조직론의 연구 필요성

헌법상 국가형태에 이어서 정부형태가 정립되면, 정부의 조직도 이에 순응하여 결정된다.

(i) 권위주의체제는 그들 나름대로 체제유지에 적합한 정부조직을 유지·발전시켜 나가고, 집행권은 1인의 지도자를 정점으로 일사불란한 일원적 조직체계가 될 수밖에 없다. 공산주의국가에서 정부조직은 공산당의 우월성을 제도적으로 보장함으로써 일당독재를 합리화·효율화하기 위한 체제로 정립된다.

(ii) 자유민주주의국가의 정부조직도 국가형태·정부형태만큼이나 다양한 모습을 보인다. 미국식 대통령제에서 정부의 조직은 대통령을 정점으로 일원화되어 있다. 한편 의원내각제 국가에서는 수상을 정점으로 하는 정부조직체계가 형성되어 있다. 이원정부제(반대통령제)의 정부조직은 대통령과 정부(수상)로 집행권이 이원화되어 있는 만큼 대통령제나 의원내각제의 정부조직보다 더 다원적이다.

2. 단일국가·연방국가에 따른 정부조직

(i) 연방국가의 정부조직은 일반적으로 연방정부의 조직에 관한 논의에 한정된다. 하지만, 연방국가도 지방정부(State, Land, Canton 등)의 조직 양태에 따라 상당한 변용을 초래할 수 있다.

(ii) 단일국가에서의 정부조직은 비교적 단일한 시각에서 논의가 진행된다. 하지만, 단일국가에서도 지방자치제도의 활성화 여부에 따라 정부조직이 변화한다. 특히 이탈리아와 같이 지방자치제도가 거의 완결적 단계에 이른 나라에서의 정부조직은 연방국가의 정부조직과 본질적 차이를 발견하기 어렵다.

Ⅵ. 대한민국의 국가형태

1. 의 의

헌법 제1조 제1항에서는 "대한민국은 민주공화국이다"라고 규정한다. 이에 민주공화국(民主共和國)의 헌법적 의미와 그 규범성이 논의되어왔다.

2. 국가형태로서의 민주공화국

(i) 종래 한국 헌법학계는 '민주공화국'의 의미 분석 틀에 관하여 고전적인 국가형태론에 준거하여 이론을 제시하여왔다. ① 제1설은 민주는 정체, 공화국은 국체의 규정으로, ② 제2설은 민주는 민주정체를, 공화국은 공화정체로 이해하여 민주공화국을 정체에 관한 규정으로 본다. 이에 따라 제1조 제2항(주권재민원리)은 국체 규정으로 본다. ③ 제3설은 민주공화국 그 자체를 국체로 이해한다. ④ Input · Output 모델설은 국체와 정체의 구별을 전제로 한 논의는 무의미하며, 현행헌법상 국가형태는 대의민주제를 기본으로 하는 제도적 모델에 가깝기는 하지만 권위주의적 모델의 색채도 띠고 있다고 한다.

(ii) 생각건대 민주공화국의 의미는 곧 민주주의원리를 천명함과 동시에 공화국을 의미한다. 그러므로 '민주공화국' 그 자체를 국가형태에 관한 규정으로 이해하여야 한다. 여기서 민주공화국은 군주제를 부정하고, 국민주권주의원리에 따라 권위주의 및 전체주의를 배격한다.

3. 민주공화국의 규범성

민주공화국의 규범적 가치를 어떻게 평가하느냐에 따라 그 헌법적 의의가 달라질 수 있다. 그것은 헌법개정의 한계와도 직접적으로 연계된다(제1편 제2장 제2항 Ⅳ. 참조).

(i) 헌법개정의 한계와 관련하여 헌법학계의 통설은 한계긍정설이다. 즉 헌법이 동일성을 유지하는 가운데 그 내용을 보완·삭제하는 데 그치면 헌법개정이다. 하지만, 헌법개정을 통하여 헌법의 핵을 이루는 내용을 개정하게 되면 이는 실질적인 헌법제정이므로, 바람직한 헌법개정이 아니다.

(ii) 헌법의 핵(核)에 해당하는 내용이 바로 헌법 제1조의 민주공화국과 국민주권주의라는 점에 이론의 여지가 없다. 특히 프랑스 제4공화국헌법(제89조 제5항), 프랑스 제5공화국헌법(제98조 제5항), 이탈리아 헌법(제139조)에서는 공화국 국가형태가 헌법개정의 대상이 될 수 없음을 명시하고 있다. 제2차 개정헌법(1954년)에서도 이러한 규정을 명시한 바 있다(제98조 제6항: "제1조(민주공화국), 제2조(국민주권주의)와 제7조의 2(주권의 제약 또는 영토의 변경을 가져올 국가안위에 관한 중대사항에 대한 국민투표)의 규정은 개폐할 수 없다").

현행헌법에서 공화국은 비록 명시적인 헌법개정 금지의 대상이 아니지만, 공화국 국가형태는 헌법의 핵이므로 헌법개정의 대상이 되지 아니한다. 그러므로 공화국 국가형태를 군주국(군주제도국가)으로 변경하고자 한다면 이는 헌법제정권자의 시원적 제헌권의 발동을 통하여서만 가능하며, 헌법개정을 통하여 헌법 제

1조의 민주공화국을 (입헌)군주국으로 변경할 수는 없다(성낙인, 헌법연습 제1편 [3] 위헌정당해산과 국가형태 참조).

4. 민주공화국의 내용

(ⅰ) 민주공화국으로서의 대한민국은 국민주권주의에 입각한다. 헌법 제1조 제2항에서는 "대한민국의 주권은 국민에게 있고, 모든 권력은 국민으로부터 나온다"라고 하여 국민주권주의를 분명히 한다.

(ⅱ) 국민주권주의원리에 따라 대의민수주의를 채택하며(간접민주정), 여기에 국민투표제를 가미함으로써(직접민주정) 순수대표가 아닌 반대표(半代表)의 원리에 입각한다.

(ⅲ) 민주공화국에서 추구하는 민주주의는 자유민주주의를 의미하기 때문에, 권위주의적이고 전체주의적인 인민민주주의를 배척한다. 민주주의의 적에 대한 방어적 민주주의를 구현하기 위하여 위헌정당해산제도(제8조 제4항)를 규정한다.

(ⅳ) 오늘날 대의민주주의는 정당국가 경향으로 나아간다. 국가는 정당을 적극적으로 보호하고 육성하여야 한다.

(ⅴ) 자유민주주의가 지향하는 자유와 평등은 현대적인 사회복지국가원리에 따라 국가생활에서 적극적이고 실질적으로 구현되어야 한다. 이와 같은 논리는 헌법전문, 제10조(인간의 존엄과 가치 및 행복추구권), 제34조(인간다운 생활을 할 권리) 등에서 구현된다.

(ⅵ) 국가권력 구조상 국가형태는 연방국가가 아닌 단일국가이다.

Ⅶ. 결 어

(ⅰ) 헌법상 국가형태를 논의하면서 헌법총론에서는 특정 국가에 특유한 헌법체계보다는 헌법학 일반이론의 차원에서 국가형태와 정부형태를 종합적·체계적으로 이해하여야 한다. 특히 정부형태론에서는 자유민주주의원리에 충실한 모델에 한정하여 집중적인 논의가 이루어져야 한다.

(ⅱ) 국가형태론에 관한 고전적인 국체·정체 분류론에 따른 논의가 한계에 이르고 있음은 국민주권국가의 보편화에 따른 결과이다. 이제 군주제도를 두고 있는 나라를 제외하고는 공화국원리를 천명하고 있다. 공화국 국가형태가 국민주권주의 원리에 충실한 "국민의, 국민에 의한, 국민을 위한 정부"를 의미한다면, 자유민주주의 원리가 구현되는 곳에서만 공화국은 국민과 생명을 같이 할 수 있다.

(iii) 근대국가가 형성된 이후 여전히 전형적인 국가형태로 논의되는 단일국가·연방국가·국가연합의 논의는 오늘날 상당한 변용을 겪는다. 단일국가는 지방자치의 완결에 따라 연방국가화 하고, 세계화에 따라 연방국가는 단일국가화한다. 즉 단일국가와 연방국가의 현실적 구별이 불명확해지고 있다. 한편 국가연합은 다양한 형태로 전개된다. 영연방·독립국가연합(CIS)은 비록 국가연합의 형태를 취하지만 그 본질적 성격을 달리한다. 또한 유럽연합도 앞으로 어떠한 국가연합의 형태를 취할지 주목의 대상이다. 통일한국의 국가형태와 관련하여 북측이 주장하는 연방제는 Confederation이라는 점에서 국가연합적 성격을 가지기 때문에 연방제로 직접 연계시키기에는 어려움이 따른다.

(iv) 국가형태와 정부형태의 종합적인 조감에 비추어 해당 국가의 정부조직 또한 상당한 변용을 겪고 있음을 눈여겨볼 필요가 있다. 그간 한국의 정부형태론 논의에서 그 하부조직인 정부조직에 관한 논의가 뒷전으로 밀려난 현실은 재고되어야 한다.[1] 앞으로 자유민주주의 국가에서의 국가형태와 정부형태는 보다 유기적인 이론 전개가 요망된다.

1) 성낙인, "21세기 바람직한 정부조직과 정부조직법", 헌법학논집; 김동욱, 정부의 기능과 조직, 법문사; 김소연, 독립행정기관에 관한 헌법학적 연구-프랑스의 독립행정청을 중심으로, 서울대 박사학위논문, 2013.2.

제 4 장 대한민국헌법의 구조와 기본원리

제 1 절 대한민국헌법의 법원과 구조

Ⅰ. 법 원

1. 성문법원

대한민국헌법의 제1차적 성문법원(法源)은 대한민국 헌법전이다. 현행헌법은 헌법의 분류상 성문헌법 · 경성헌법에 속한다. 제2차적 성문법원은 헌법부속법령이다. 헌법부속법령은 국가권력의 조직에 관한 법령과 기본권 관련 법령으로 나눌 수 있다. 제3차적 성문법원은 국제관계법인 조약 · 국제법규이다. 헌법 제6조 제1항에서는 "일반적으로 승인된 국제법규는 국내법과 같은 효력을 가진다"라고 규정한다.

2. 불문법원

대한민국헌법의 불문법원으로는 자연법 · 관습헌법 · 판례헌법 등이 있다. 특히 헌법재판이 활성화되고 국민의 자유와 권리 및 권력작용에 관한 헌법판례가 양산되면서 불문법원으로서 판례법이 확고하게 자리 잡고 있다. "우리나라는 성문헌법을 가진 나라로서 기본적으로 우리 헌법전이 헌법의 법원이 된다." 그러나 성문헌법이라고 하여도 그 속에 모든 헌법사항을 빠짐없이 완전하게 규율하기란 불가능하고 또한 헌법은 국가의 기본법으로서 간결성과 함축성을 추구하기 때문에 형식적 헌법전에는 기재되지 아니한 사항이라도 이를 불문헌법 내지 관습헌법으로 인정할 소지가 있다(헌재 2004.10.21. 2004헌마554등, 신행정수도의건설을위한특별조치법위헌확인(위헌)) (제1편 제1장 제2절 Ⅲ. 참조).

Ⅱ. 구　　조

대한민국헌법은 전문, 본문 130조(제1장-제10장), 부칙 6조로 구성되어 있다. 본문은 제1장 총강(제1조-제9조), 제2장 국민의 권리와 의무(제10조-제39조), 제3장 국회(제40조-제65조), 제4장 정부(제66조-제100조), 제5장 법원(제101조-제110조), 제6장 헌법재판소(제111조-제113조), 제7장 선거관리(제114조-제116조), 제8장 지방자치(제117조-제118조), 제9장 경제(제119조-제127조), 제10장 헌법개정(제128조-제130조)의 순서로 규정되어 있다. 헌법구조의 특징은 다음과 같다.

(i) 헌법전의 전체적인 편제(編制)는 전문・총강・국민의 자유와 권리・정치제도의 순서로 되어 있다. 이와 같은 편제는 1919년에 제정된 독일 바이마르공화국헌법이나 1946년에 제정된 일본헌법과 유사하다. 또한 국민의 권리와 의무에 관하여 독립된 장이 없다는 점을 제외한다면 1958년에 제정된 프랑스 제5공화국헌법의 편제와도 유사하다. 그러나 1949년에 제정된 독일기본법에서는 기본권을 제1장에 규정하고 있어 한국헌법체제와 현저한 차이를 드러낸다.

(ii) 정치제도(통치기구)의 편제에서 1948년 제헌헌법과 같이 국회를 제일 먼저 규정하고 있다. 이는 1987년 헌법개정 당시의 민주화 명제에 부응하여 대통령 권력의 독주를 방지하고 국회를 강화한다는 상징적 의미가 있다. 하지만, 국가원수인 대통령이 정부 장(章)에 규정되어 있으므로, 정부를 조문 배열의 순서상 먼저 배치하여야 바람직할 뿐만 아니라 순리적이다.

(iii) 경제 장을 독자적으로 규정하고 있다. 이는 사회주의국가가 아닌 자유민주주의국가의 헌법으로서는 매우 이례적이다. 제헌헌법 이래 지속되어 온 경제에 관한 헌법규정은 경제상황의 변화에 따라 새로운 변용이 불가피한 내용을 수용하여야 한다.

제 2 절 헌법전문을 통한 헌법의 기본원리의 천명

Ⅰ. 의 의

일반적으로 법률은 전문(前文)을 두지 아니하지만, 1787년 미국헌법 이래 대부분의 헌법은 특별히 전문을 둔다. 헌법전문은 헌법의 본문 앞에 위치한 문장 또는 조문을 지칭하며, 해당 헌법의 성립유래와 기본원리를 천명한다.[1] 한국헌법도 1948년 제헌헌법 이래 전문을 두고 있다.

Ⅱ. 헌법전문의 내용

1. 헌법의 성립유래와 국민주권주의

헌법전문은 "유구한 역사와 전통에 빛나는 우리 대한국민(大韓國民)은 … 1948년 7월 12일에 제정되고 8차에 걸쳐 개정된 헌법을 이제 국회의 의결을 거쳐 국민투표에 의하여 개정한다"라고 규정한다. 헌법전문은 대한민국헌법의 성립과 제정 및 개정의 역사를 밝혀준다. 또한 헌법의 제정과 개정의 주체가 대한국민임을 밝힘으로써 국민주권주의원리와 헌법제정권자로서의 국민을 천명한다.

2. 대한민국임시정부의 법통계승

"우리 대한국민은 3·1운동으로 건립된 대한민국임시정부의 법통(法統)을 … 계승하고"라고 규정함으로써 대한민국의 정통성이 바로 3·1운동 및 대한민국임시정부에 있음을 분명히 한다. 그런데 헌법전문에서 대한민국임시정부의 법통계승을 규정하지만, 이는 어디까지나 정통성의 계승을 의미하며 실정 헌법질서에서 적법성의 계승으로 보기는 어렵다.

"대한민국이 '3·1운동으로 건립된 대한민국임시정부의 법통을 계승'한다고 선언한 헌

---

1) 한병호, "유럽 지역 국가의 헌법전문에 대한 비교연구", 헌법학연구 24-2; 김종철, "헌법전문과 6월항쟁의 헌법적 의미", 헌법학연구 24-2; 강승식, "헌법전문의 기능에 관한 버교법적 고찰", 홍익법학 13-1; 손형섭, "디지털 시대에 헌법상 공정의 원칙과 그 구현에 관한 연구", 공법연구 52-2; 한동훈, 1946년 프랑스 제4공화국 헌법 전문에 관한 연구, 비교헌법연구 2004-B-4, 헌법재판연구원; 이승우, "5·18광주민주화운동의 성격과 헌정사적 의의", 헌법학연구 31-1.

법 전문의 의미는, 오늘날의 대한민국이 일제에 항거한 독립운동가의 공헌과 희생을 바탕으로 이룩된 것이라는 점 및 나아가 현행 헌법은 일본제국주의의 식민통치를 배격하고 우리 민족의 자주독립을 추구한 대한민국임시정부의 정신을 헌법의 근간으로 하고 있다는 점을 뜻한다"(헌재 2011.3.31. 2008헌바141, 2009헌바14등, 친일반민족행위자 재산의 국가귀속에 관한 특별법 제2조 등 위헌소원 등(합헌)).

"헌법은 국가유공자 인정에 관하여 명문 규정을 두고 있지 않으나 전문에서 "3·1운동으로 건립된 대한민국임시정부의 법통을 계승"한다고 선언하고 있다. 이는 대한민국이 일제에 항거한 독립운동가의 공헌과 희생을 바탕으로 이룩된 것임을 선언한 것이고, 그렇다면 국가는 일제로부터 조국의 자주독립을 위하여 공헌한 독립유공자와 그 유족에 대하여는 응분의 예우를 하여야 할 헌법적 의무를 지닌다. 독립유공자의 구체적 인정절차는 입법자가 헌법의 취지에 반하지 않는 한 입법재량으로 정할 수 있다"(헌재 2005.6.30. 2004헌마859, 서훈부작위 등 위헌확인(각하)).

우리 헌법은 전문에서 "3·1운동으로 건립된 대한민국임시정부의 법통"의 계승을 천명하고 있는바, 비록 우리 헌법이 제정되기 전의 일이라 할지라도 국가가 국민의 안전과 생명을 보호하여야 할 가장 기본적인 의무를 수행하지 못한 일제강점기에 일본군위안부로 강제동원되어 인간의 존엄과 가치가 말살된 상태에서 장기간 비극적인 삶을 영위하였던 피해자들의 훼손된 인간의 존엄과 가치를 회복시켜야 할 의무는 대한민국임시정부의 법통을 계승한 지금의 정부가 국민에 대하여 부담하는 가장 근본적인 보호의무에 속한다고 할 것이다(헌재 2011.8.30. 2006헌마788, 대한민국과 일본국 간의 재산 및 청구권에 관한 문제의 해결과 경제협력에 관한 협정 제3조 부작위 위헌확인(위헌확인)).

3. 인민민주주의를 배척하는 자유민주주의

"불의에 항거한 4·19민주이념을 계승하고," "자율과 조화를 바탕으로 자유민주적 기본질서를 더욱 확고히 하여"라고 규정함으로써 자유민주주의를 기본이념으로 한다. 이는 조선민주주의인민공화국의 인민민주주의와 대칭되는 이념이다.

4. 민족적 민주주의에 입각한 조국의 평화통일

"조국의 민주개혁과 평화적 통일의 사명에 입각하여," "정의·인도와 동포애로써 민족의 단결을 공고히 하고, 모든 사회적 폐습을 타파하며"라고 하여, 민족의 동포애를 통한 조국의 민주개혁과 평화통일을 천명한다. 한국헌법이 지향하는 민족주의는 폐쇄적인 종족적 민족주의가 아니라 시민적 민족주의이어야 한다. 더 나아가 다문화사회의 진입에 따라 한국적 민족주의는 새로운 재조명이 필요하다.

5. 국민의 자유와 권리의 보장

"정치·경제·사회·문화의 모든 영역에 있어서 각인의 기회를 균등히 하고, 능력을 최고도로 발휘하게 하며, 자유와 권리에 따르는 책임과 의무를 완수하게 하여, 안으로는 국민생활의 균등한 향상을 기하고, … 우리들과 우리들의 자손의 안전과 자유와 행복을 영원히 확보할 것을 다짐하면서"라고 규정한다. 헌법제정권자인 국민의 자유와 권리를 보장함은 물론 권리에 따른 의무를 명시함으로써 헌법상 민주시민의 좌표를 분명히 한다.

6. 인류공영에 기초한 국제평화주의

"밖으로는 항구적인 세계평화와 인류공영에 이바지함으로써"라고 하여 인류의 공영을 위하여 국제평화를 기원한다.

Ⅲ. 헌법전문의 규범성

1. 의 의

헌법전문의 규범성에 관하여 이를 인정하는 견해와 부인하는 견해, 인정하더라도 재판규범으로 인정하는 견해와 부인하는 견해로 나누어진다.

2. 헌법전문의 법적 성격

헌법전문이 형식적으로는 헌법전의 일부를 이루고 있지만, 헌법의 본문과 마찬가지의 규범적 효력을 가지느냐에 관하여 논란이 되어왔다.

(1) 효력부인설

효력부인설에 의하면, 헌법전문은 헌법제정의 역사적 설명에 불과하거나 헌법제정의 유래·목적 또는 헌법제정에 따른 국민의사의 단순한 선언에 불과하다고 본다. 이는 안슈츠(G. Anschütz)·마이어(G. Meyer) 등 19세기 독일공법학자, 웨어(K. C. Wheare)·코윈(E. S. Corwin) 등 영미헌법학자 및 미국 연방대법원의 입장이다(*Jacobson v. Com. of Mass*, 197 U.S. 11(1905)).

(2) 효력인정설

효력인정설에 의하면, 헌법전문은 헌법제정권력의 소재를 밝힘으로써 국민의 전체적 결단인 헌법의 본질적 부분을 포함하고 있으므로 규범적 효력을 가진다고 본다. 오늘날 독일·프랑스·일본 및 한국에서 다수설·판례의 입장이다.

(3) 검 토

생각건대 미국의 헌법전문은 매우 짧고 간략할 뿐만 아니라 특별한 내용을 담고 있지 아니한다. 그런데 한국헌법 전문은 비교적 상세한 내용을 담고 있으며 특히 기본권을 포괄적으로 규정하고 있으므로, 헌법전문의 규범성을 긍정하는 효력인정설이 타당하다. 효력인정설의 입장에서도 헌법전문의 재판규범성 인정에 관하여는 견해가 대립한다. 헌법재판소는 설립 초기부터 헌법재판의 준거규범으로서 헌법전문을 적시한다.

"헌법은 그 전문에서 기회균등을 선언하고 있는바, 그것은 우리 헌법의 최고의 원리로서 국가가 입법을 하거나 법을 해석함에 있어 따라야 할 기준 …"(헌재 1989.1.25. 88헌가7, 소송촉진등에관한특례법 제6조의 위헌심판(위헌)).

"우리 헌법의 전문과 본문의 전체에 담겨져 있는 최고이념은 국민주권주의와 자유민주주의에 입각한 입헌민주헌법의 본질적 기본원리에 기초하고 있으며 …"(헌재 1989.9.8. 88헌가6, 국회의원선거법 제33조·제34조의 위헌심판(헌법불합치,잠정적용)).

"조세의 유도적·형성적 기능은 우리 헌법상 '국민생활의 균등한 향상'을 기하도록 한 헌법 전문 … 등에 의하여 그 헌법적 정당성이 뒷받침되고 있다"(헌재 1994.7.29. 92헌바49등, 토지초과이득세법 제10조 등 위헌소원 등(헌법불합치, 적용중지)).

"헌법전문은 형식적으로는 헌법전의 일부를 구성하는 것이고 실질적으로는 헌법규범의 단계적 구조 중에서 최상위의 규범이라 할 수 있다. 따라서, 대한민국이 3·1운동 및 대한민국임시정부가 추구한 자주독립, 민족자결주의적 성격과 이념을 계승하고 있음을 보여주고 있는 위 헌법전문의 내용은 헌법을 비롯한 모든 법령해석의 지침이 됨은 물론, 나아가 각 헌법기관과 국민이 존중하고 지켜가야 하는 가치규범으로서 작용한다"(서울지법 2001.1.16. 99가합30782).

3. 헌법전문의 규범적 효력 인정범위

(1) 헌법전문의 규범적 효력 인정

헌법의 기본원리를 천명하고 있는 헌법전문은 ① 국가의 최고규범으로서, ② 모든 법령해석의 기준이 될 뿐만 아니라, 입법의 지침(指針)으로서 기능하며, ③ 재판에서도 준거규범(準據規範)이 된다. ④ 헌법전문을 관류하는 기본원리는 헌법개정의 대상이 되지 아니한다. 그런데 헌법전문이 규범적 효력을 가진다고 하더라도, 헌법전문에 담고 있는 모든 내용이 구체적이고 현실적으로 규범적 효력을 가진다고 보기는 어렵다.

(2) 헌법전문의 규범적 효력의 구체적 범위

A. 의 의

헌법전문의 법적 효력을 인정하고 이를 재판의 준거규범으로 본다고 하더라도 헌법전문에 있는 자구(字句)의 정확한 의미가 헌법의 본문과 동일하게 해석될 수 있는지에 관하여는 여전히 의문이 남는다.

B. 헌법전문이 가지는 규범으로서의 상징성

(i) 프랑스에서도 헌법전문의 규범적 성격을 인정하여 1789년 인권선언과

1946년 헌법전문의 법규범성을 인정하지만(성낙인, 프랑스헌법학, 제4편 제1장 제2절 헌법위원회의 결사의 자유판결, 667면 이하), 인권과 국민주권에 직접적인 관련성이 없거나 모순되는 내용은 그 헌법적 가치를 인정하지 아니한다.

(ii) 한편 독일 연방헌법재판소는 "헌법전문으로부터 현행법에 관한 해석규칙과 장래의 입법기준을 얻을 수는 있지만," 그 이상을 도출할 수 있는지는 확실하지 아니하다(김철수(상) 134면)라고 판시한다.

(iii) 생각건대 헌법전문에서 헌법의 유래와 헌법제정권자의 의지를 나타내고, 그 헌법이 취하고 있는 기본원리를 밝혀 두고 있다는 점에서 그 의미와 규범적 가치를 인정할 수 있다. 그런데 헌법전문이 개별 헌법조문과 동일한 규범적 효력을 가진다고 보기에는 어려움이 뒤따른다. 그러므로 헌법전문으로부터 곧바로 기본권을 도출하여 낼 수 없을 뿐만 아니라 헌법소원을 제기할 수 없다.

> "헌법에 기재된 3·1정신은 우리나라 헌법의 연혁적·이념적 기초로서 헌법이나 법률해석에서의 해석기준으로 작용한다고 할 수 있지만, 그에 기하여 곧바로 국민의 개별적 기본권을 도출해 낼 수는 없다 할 것이므로, 헌법소원의 대상인 '헌법상 보장된 기본권'에 해당하지 아니한다"(헌재 2001.3.21. 99헌마139등, 대한민국과일본국간의어업에관한협정비준 등 위헌확인(각하)).

C. 헌법전문의 규범적 효력과 선언적 성격의 조화

헌법전문에는 헌법제정 당시의 헌법 탄생과 관련된 역사적인 상황을 반영한 선언적 성격도 동시에 담고 있다. 그러므로 비록 헌법전문이 실정규범으로서 실질적 효력을 가진다고 하더라도 불가피하게 일정한 한계가 따르기 마련이다. 예컨대 대한민국임시정부의 초대 대통령을 대한민국의 초대 대통령으로 보아야 한다는 주장은 "대한민국임시정부의 법통을 계승"한다는 헌법전문에 대한 지나친 집착으로 볼 수밖에 없다. 왜냐하면 1948년 헌법은 새로운 국가의 창설에 따른 제헌헌법 내지 건국헌법으로 이해하여야 하기 때문이다.

제3절 대한민국헌법의 기본원리

(i) "헌법의 기본원리는 헌법의 이념적 기초인 동시에 헌법을 지배하는 지도원리"이다. 따라서 대한민국헌법에는 주권자인 대한국민이 추구하는 헌법의 이념적 기초와 지도원리를 포섭하고 있다.

"대한민국의 주권을 가진 우리 국민들은 헌법을 제정하면서 국민적 합의로 대한민국의 정치적 존재형태와 기본적 가치질서에 관한 이념적 기초로서 헌법의 지도원리를 설정하였다. 이러한 헌법의 지도원리는 국가기관 및 국민이 준수하여야 할 최고의 가치규범이고, 헌법의 각 조항을 비롯한 모든 법령의 해석기준이며, 입법권의 범위와 한계 그리고 국가정책결정의 방향을 제시한다"(헌재 2001.9.27. 2000헌마238등, 제주4·3사건진상규명및희생자명예회복에관한특별법의결행위취소등(각하)).

헌법의 기본원리는 "입법이나 정책결정의 방향을 제시하며 공무원을 비롯한 모든 국민·국가기관이 헌법을 존중하고 수호하도록 하는 지침이 되며, 구체적 기본권을 도출하는 근거로 될 수는 없으나 기본권의 해석 및 기본권제한입법의 합헌성 심사에 있어 해석기준의 하나로서 작용한다"(헌재 1996.4.25. 92헌바47, 축산업협동조합법 제99조 제2항 위헌소원(위헌)).

(ii) 현행헌법의 기본원리를 논의하는 방향은 대체로 헌법의 기본원리와 헌법의 기본질서를 구별하기도 하고, 헌법의 기본이념과 기본원리 또는 헌법질서의 기초라고 하여 함께 서술하기도 한다.

권영성 교수(131면)는 한국헌법의 기본원리로서 국민주권의 원리, 자유민주주의, 사회국가의 원리, 문화국가의 원리, 법치국가의 원리, 평화국가의 원리를 들고 있다.

(iii) 대한민국헌법의 기본원리는 근대입헌주의헌법에 기초한 국민주권주의로부터 그 이념적·법적 기초를 찾아야 한다. 바로 그런 점에서 국민주권주의는 헌법이 지향하고 있는 정치·경제·사회·문화의 모든 영역에서 널리 관통하는 기본이념이다.

(iv) 국민주권주의로부터 비롯되는 정치적 이념은 자유민주주의이다. 무릇 헌법이 가진 정치적 설계의 측면을 무시할 수 없다면, 헌법의 기본질서도 바로 정치적 설계로서의 자유민주주의로부터 비롯된다. 자유민주주의는 헌법의 총강·정치제도·기본권을 관류하는 기본원리이다.

(v) 대한민국헌법은 제헌헌법 이래 근대입헌주의 헌법의 기본원리에 입각하면서 동시에 현대 복지국가 원리를 수용한다. 경제·사회·문화의 기본원리에는

근대입헌주의헌법의 기본원리인 자유국가·소극국가·야경국가 원리를 수용하면서도, 20세기의 적극국가·급부국가·복지국가·사회국가·사회복지국가 이념이 특별히 강조되어 있다. 독립된 장으로 설정된 "제9장 경제"가 그 단적인 예이다.

(vi) 나아가서 한국헌법은 지구촌 시대에 고립적인 자세가 아니라 세계적 헌법질서를 널리 수용하는 국제평화주의에 기초한다. 그 국제평화주의는 평화통일주의의 이념적 기반이다.

제 1 관 이념적 · 법적 기초 : 국민주권주의

Ⅰ. 의 의

(ⅰ) 주권론(主權論)은 '주인으로서의 권력'에 관한 논의이다. 주권이론은 첫째 주권의 본질(本質), 둘째 국제법적 주권국가(主權國家), 셋째 국가 안에서 주권의 소재(所在), 넷째 근대입헌주의의 정립에 따라 군주주권에서 국민주권으로 이행하는 과정에서 프랑스혁명 이래 전개된 주권에 관한 논쟁으로 이어진다.

(ⅱ) 절대군주시대에 가톨릭신학으로부터 탄생된 주권개념은 프랑스혁명을 거치면서 다시금 국민주권과 인민주권이라는 서로 다른 두 개의 주권이론으로 전개되었다. 이념적 · 사상적 뿌리를 달리하는 두 개의 이데올로기적 대립은 혁명이라는 특수한 시대적 상황과 연계되어 더욱 격화되었다.

(ⅲ) 국가작용에 국민이 참여하는 법적 기초인 주권론은 프랑스 정치헌법학 이론으로부터 비롯되어 오늘날 프랑스 정치헌법학에서 일반화된 이론이다.

Ⅱ. 주권의 본질과 특성

(ⅰ) 주권은 국가의사를 최종적으로 결정하는 국가 안에서 최고의 권력이다. 헌법제정을 위한 시원적 제헌권(헌법제정권력)은 바로 이 주권적 의사에 기초하여 발동된다. 그런 의미에서 주권은 시원적 제헌권과 동일시하기도 한다. 이에 따라 주권의 본질은 시원적 제헌권의 본질과 서로 조응한다. 이를 좀 더 엄격하게 본다면 주권으로부터 시원적 제헌권이 비롯된다.

(ⅱ) 주권은 국가 안에서 최고의 독립적이며 시원적인 권력이다(최고성 · 독립성 · 시원성). 주권은 기존의 어떠한 법질서로부터도 구속되지 아니하고 스스로 행하는(자율성) 권력이며, 헌법에 제도화된 틀 속에서 행사되는 모든 국가권력의 포괄적 기초가 되기 때문에 통일적이고 분할될 수 없는(통일성 · 불가분성) 권력이다. 또한 주권의 주체인 국민도 주권을 양도하거나 위임할 수 없으며(불가양성 · 위임불가성), 항구적으로 향유(항구성)한다.

Ⅲ. 국가의 주권

고전적 이론에 의하면 국가가 주권을 가진다. 여기서 주권의 의미는 국제적 측면과 국가 내적 측면을 동시에 가진다. **국제사회에서 개별국가는 주권국가로서 국제사회의 일원이며, 이러한 의미에서 지칭하는 주권은 국가주권이다.** 하지만, 헌법학에서 주된 논의의 대상은 **국가 내 주권**의 문제이다.

1. 정치적 개념으로서의 국가주권

(ⅰ) 국가주권의 개념은 1576년에 **장 보댕**(J. Bodin)이 **'공화국론'**(Les Six livres de la République)에서 주권과 절대적 독립 사이의 균형을 정립한 데에서 비롯되었다. 그의 국가주권론에 의하면 국가는 모든 형태의 종속으로부터 벗어나야 한다. 이러한 보댕의 이론은 국가주권론이 형성될 당시의 정치적 상황을 반영한다. 16세기 프랑스 왕정은 안으로는 거대한 봉건제후에 대한 군주의 우위를 확보하여야 하고, 밖으로는 로마교황청과 신성로마제국에 대한 왕정의 독립성을 보장하여야 하는 상황에 직면하여 있었다. 대내외 제 세력에 대한 프랑스의 독립성은 "왕은 오로지 신으로부터 왕관을 취득하며, 왕은 그 제국의 황제이다"라는 경구(警句)를 통하여 단적으로 드러난다.

(ⅱ) 비록 국가주권 개념이 당시의 정치적 필요성에 부응한 이론이라고 하지만, 주권-독립이라는 개념은 국가의 주권적 권력이 무엇인가에 관하여 실질적 의미를 부여하지 못하는 소극적 개념이라는 단점을 안고 있다.

2. 법적 개념으로서의 국가 내 주권

(ⅰ) 법적 개념으로서의 국가 내 주권이란 흔히 **통치권**으로 인식되기도 한다. 그러나 통치권과 주권은 구별되어야 한다. 주권은 국가 안에서 최고의 권력이지만, 통치권은 주권으로부터 비롯된 권력에 불과하다. 국가를 통치하기 위하여서는 일련의 권력 혹은 권리, 즉 입법권·규제권·경찰권·사법권·화폐주조권·외교권·군대보유권 등을 구현할 필요가 있다. 즉 국가의 특징은 바로 통치권과 같은 특권을 향유하는 데 있다. 그런데 국가 내 주권을 통치권으로 이해하는 한, 주권이란 공권력의 묶음이 여러 향유자에게 분배될 수 있는 가분적(可分的) 성격을 가진다.

(ii) 사실 국가 내 주권이론은 주권-독립이라는 국가주권 이론과 역사적으로 동일한 연원에 기초한다. 거대한 봉건제후에 대항하여 국왕은 국가주권 이론에 기초하여 국가적 특권을 점차 장악하게 된다. 국가주권 이론은 근대입헌주의의 전개에 따라 국민주권으로 대체되었다.

Ⅳ. 국민주권과 인민주권

1. 의 의

(i) "전락하는 왕의 운명은 곧 영국 민주주의의의 발달사이다"라는 경구와 같이, 군주주권에서 서서히 의회주권으로 변용되어 온 영국에서는 그 정치체제를 정당화하기 위하여 주권이론을 특별히 제기할 필요가 없었다. 반면에 프랑스에서는 1789년 혁명 이후 군주주권과 결별하고 새로운 국민주권국가의 헌법학이론을 정립하는 과정에서 주권이론의 논리적 체계화가 가장 중요한 과제였다.

(ii) 주권이론의 출발점은 한 국가 안에서의 주권적 권력, 즉 명령과 강제를 할 수 있는 힘이 누구에게 있는가 하는 의문에 대한 해답을 제시하는 데 있었다. 18세기 말에 이르기까지 주권은 군주주권으로 이해되었다. 즉 왕은 신으로부터 권력을 부여받았으므로 주권은 왕에게 있다(王權神授說). 왕권신수설에 의하면 왕은 주권의 보유자이면서 동시에 소유자이다.

(iii) 하지만, 왕권신수설에 기초한 군주주권 이론은 18세기에 이르러 근대자연법론·사회계약론·계몽사상에 의하여 배척·부인되기에 이른다. 이제 주권은 사회계약이라는 행위에 의하여서만 탄생될 수 있으며, 또한 주권은 반드시 시원적 사회계약의 서명자(참가자) 즉 국민(Nation)을 형성하는 개개인에게 귀속된다고 보았다. 이러한 주권개념은 홉스와 로크 등의 저술에서도 발견되지만 루소의 사회계약론으로부터 직접적인 영향을 받았다. 특히 인민(Peuple)주권이라는 분명한 표현과 그에 따라 구체화된 주권이론은 루소에 의하여 정립되었다.

(iv) 오늘날 논의되는 주권이론은 18세기에 본격적으로 정립되었다. 인민(Peuple)주권론은 루소가 '사회계약론'[1]에서 정립한 이론으로서, 사회의 각 구성원은 각기 각자의 몫을 가진다고 본다. 한편 국민(Nation)주권론은 몽테스키외의 '법의 정신'[2]에서 비롯되어, 시에예스가 '제3신분이란 무엇인가?'[3]에서 정립한 이론

---

1) Jean-Jacques Rousseau, *Du Contrat social*(사회계약론), 제Ⅲ편, 제Ⅰ장.
2) Charles Louis de Secondat de Montesquieu, *De l'esprit des lois*(법의 정신), 1748.

으로서, 주권은 국민(Nation)이라는 하나의 법인체에 부여된다는 이론이다. 서로 다른 두 개의 이론은 1791년 헌법(Nation 주권)과 1793년(혁명력 1년) 헌법(Peuple 주권)에서 각기 구현된 바 있다.

국민주권과 인민주권이라는 이원적 대립과 논리적 갈등, 즉 몽테스키외와 시에예스의 논리전개와 루소의 논리전개 사이의 갈등은 근본적으로 온건혁명파와 과격혁명파 사이에 사용된 하나의 도구적 개념이었다.[1] 이러한 갈등과 대립은 오늘날까지도 프랑스 헌법사에서 중요한 이론적 기반으로 작동한다.

(v) 국민(Nation)주권론과 인민(Peuple)주권론의 대립적 논의는 20세기 초에 까레 드 말베르그에 의하여 보다 정밀화되었다.[2] 그의 주권이론에 대하여 당대의 또 다른 대표적인 헌법학자인 뒤기는 부정적인 견해를 제시하기도 하였지만,[3] 까레 드 말베르그에 의하여 정립된 주권이론은 오늘날 프랑스 헌법학이론에서 확고한 위상을 차지한다. 즉 Nation과 Peuple의 이원적 대립은 Nation에 기초한 Peuple의 융합(融合)이라는 형태로 접목되어 오늘에 이르고 있다.[4]

2. 국민(Nation)주권이론

(i) 국민(Nation)주권론은 루소의 인민(Peuple)주권론에 대칭되는 개념으로서 몽테스키외의 '법의 정신'에서 제시하고 있는 순수대표제(système représentatif pur)에서 그 이론적 기초를 찾을 수 있다.

(ii) 국민주권의 원리는 Nation을 구성하는 Peuple의 상위에 Nation을 정립한다. 선거인의 선거(투표행위)는 권리가 아니고 기능(機能)이다. 선거인은 Nation의 이름으로 이 기능을 행사한다. 이 기능은 하나의 의무이다. 선거권은 이를 행사할 능력이 있는 시민에게만 부여되어야 하며, 선거권을 행사할 능력이 없는 시민에게는 선거권을 부여하지 아니하여야 Nation의 이익에 부합한다.

(iii) Nation주권이론에 의하면 선거는 보통선거일 필요가 없으므로 선거권은 자격을 갖춘 사람에게만 부여된다. 즉 사회적 책임을 다할 수 있는 유식하고 재

3) Emmanuel Joseph Sieyès, *Qu'est-ce que le Tiers-état?*, 1789; 박인수 역, 제3신분이란 무엇인가?

1) 여기서 우리는 몽테스키외나 시에예스의 귀족·법관·승려라는 보수적 출신성분과 루소의 서민적인 출신성분에서도 그 사상적 흐름의 일단을 읽을 수 있다.

2) Raymond Carré de Malberg, *Contribution à la théorie générale de l'État*, Sirey, 1922, tome 2, Chapitre Premier.

3) Léon Duguit, *Traité de droit constitutionnel*, Boccard, 1921, tome 1, pp. 551-585.

4) Guillaume Bacot, *Carré de Malberg et l'origine de la distinction entre souveraineté du peuple et souveraineté nationale*, CNRS, 1985.

산이 있는 사람만이 Nation의 이익을 표명할 능력을 가지기 때문에 선거는 제한선거일 수밖에 없다. 여기에 국민주권이론의 보수적 · 귀족지향적 경향이 드러난다.

(iv) Nation주권이론에 의하면 선거에서 당선된 사람들로 구성된 Nation의 대표는 자유롭게 Nation의 의사를 대표한다. Peuple이나 선거인이 Nation의 대표를 통제할 수는 없다(自由委任=기속위임금지). 자유위임원리에 입각한 대의제는 순수대표이론으로서 이는 국민(Nation)주권 개념에 내포되어 있다. 다른 한편 국민주권이론은 권력분립이론으로 순수대표이론을 제도적으로 보장하여 준다.

3. 인민(Peuple)주권이론

(i) 루소의 인민(Peuple)주권론은 그의 저서인 '사회계약론'에서 제시한 이상적 민주주의에 관한 논의를 통하여 이론적 정밀성을 가지게 되었다.

(ii) 인민주권론은 국민주권론에 대하여 분명한 반대 입장을 보인다. 인민주권론은 시민 위에 위치하는 우월적 존재로서의 Nation을 부정한다. 이에 따라 선거는 반드시 보통선거이어야 하며, 다른 사람들과 더불어 Peuple을 형성하는 각 개인은 주권의 일부분을 가진다. 보통선거의 부인은 시민의 주권 박탈을 의미하므로 인민주권원리에 어긋난다. 따라서 투표(선거)는 주권자의 권리이다.

(iii) 또한 주권자로서의 Peuple은 항시 그의 권력을 행사하여야 한다. 왜냐하면 주권은 불가양 · 불가분적이기 때문이다. 따라서 주권은 여러 권력이나 기관에 위임되거나 분리될 수 없다. 분리된 여러 기관으로 국민주권의 위임은 인민주권원리를 침해하는 결과가 되기 때문이다. 결국 주권의 위임은 대표자에 의한 주권의 사실상 박탈을 의미하며, 주권의 분할은 주권을 무력하게 만든다.

(iv) 인민주권론에 따르면 당선자는 Peuple에 의하여 통제되어야 한다. 모든 Peuple이 한자리에 모이기가 불가능하다면, 직접민주주의 방식으로서 국민투표를 할 수도 있다. 이에 선거인이 명령한 바에 따라 활동하도록 대표자에게 부과된 위임, 즉 강제위임(기속위임)의 원리를 취하게 된다. 이에 따라 정부는 대표자에게 복종하여야 하며, 당선자들은 Peuple에 복종하여야 한다. 그리하여 국민발안 · 국민투표제도(직접민주제)를 통하여 항시 Peuple에 복종하는 단원제 국회로 모든 권력이 융합된 회의정체가 인민주권원리의 논리적 귀결이다.

4. Nation주권과 Peuple주권의 이론대립과 그 융합

헌법과 정치제도의 기본원리에 관련되는 Nation과 Peuple이라는 두 개의 주권이론의 논리적 결과를 대비하면 다음과 같이 정리할 수 있다.[1]

(ⅰ) 국민주권이론에 의하면 ① 주권의 주체는 하나의 통일체로서의 전체국민이다. ② 전체국민이 선출한 대표자가 국정을 책임지는 대의제원리가 도출된다. ③ 그런데 대표자를 선출하는 선거인은 교양과 재산을 가진 자에게만 부여되는 제한선거제를 채택한다. ④ 국민의 권리가 아니라 책무로서의 선거를 통하여 당선된 대표자는 이제 단순히 선거구민의 대표가 아니라 전체 국민을 대표하는 기속위임금지(자유위임)의 법리에 따른다. ⑤ 자유위임의 문제점을 극복하기 위하여 통치방식은 다극화된 권력분립원리에 입각할 수밖에 없다.

(ⅱ) 인민주권이론에 의하면 ① 주권의 주체는 구체적인 개개인의 총합이다. ② 따라서 현실적·구체적인 주권자인 Peuple 자신이 직접 통치하는 직접민주제를 이상으로 한다. ③ 주권자인 Peuple의 투표권 행사는 어떠한 제한도 불가능하므로 보통선거를 채택한다. ④ 비록 Peuple을 대신하여 대표가 선출되었다고 하더라도 그 대표자는 항시 Peuple의 지시·통제를 받는 기속위임의 법리를 채택한다. ⑤ 국민의 직접적인 지시·통제를 받는 체제에서 권력분립은 반드시 채택하여야만 하는 필수적 원리가 아니다.

(ⅲ) 인민주권론도 국민주권론과 마찬가지로 유토피아적인 성격을 띤다. 따라서 이 두 개 이론에 입각한 논리를 각기 관철할 경우 매우 위험한 불합리성을 초래할 수 있다. 바로 이러한 위험성이 프랑스 헌법사에서 드러난 바 있다. 특히 프랑스혁명 이후 두 개의 각기 다른 주권론에 기초한 제도의 현실화 과정에서 심각

---

1) 국민주권과 인민주권의 비교

	Nation(국민) 주권	Peuple(인민) 주권
이론정립	시에예스(제3계급이란 무엇인가?), 몽테스키외(법의 정신)	루소(사회계약론)
국민개념	국민은 이념적·추상적 통일체	국민은 현실적·구체적 유권적 시민의 총합
통치방식	대의제	직접민주제
대표지위	무기속위임(자유위임)	기속위임
권력분립	원칙	불요
선거방식	제한선거	보통선거
선거권	의무	권리

한 문제점을 던져주기도 하였다.

인민주권과 국민주권에 기초한 논쟁은 제2차 세계대전 직후 프랑스 제4공화국 헌법제정을 위한 헌법제정국민의회에서 대표제 · 국민투표제 · 회의정체 · 의원내각제 · 양원제 · 단원제 등 새 헌법상 정치제도의 설계와 관련하여 치열하게 전개된 바 있다.

(iv) 오늘날 대의민주주의와 기속위임금지(자유위임)의 법리가 정착되고 있으며, 권력분립원리는 입헌주의의 당연한 요구라는 점에서 그것은 Nation주권론의 승리를 의미한다. 그러나 제한선거가 아닌 보통선거의 일반화와 더불어 대의제의 병폐를 보완하기 위하여 직접민주제를 도입함으로써 半(準)대표 원리의 헌법규범화는 Peuple주권론에 현실적인 공간을 확보하여 준다. 그것은 곧 수세기에 걸친 Nation-Peuple주권론의 논리가 이제 하나의 융합되고 통합된 타협적 헌법체제로 정착되었음을 의미한다.

바로 그런 점에서 현행 프랑스 헌법 제3조 제1항의 "국민주권(souveraineté nationale)은 인민(Peuple)에 속하며, 그 인민(Peuple)은 대표자(Représentant)와 국민투표(Référendum)를 통하여 이를 행사한다"라는 표현은 단일문장에서 국민주권과 인민주권의 원리를 동시에 포섭한 헌법규범으로 평가할 수 있다.[1] 즉 주권의 보유자인 인민은 그 주권을 국민주권론에 기초한 대의민주주의원리에 입각하여 대표자를 통하거나 또는 인민주권론에 기초한 직접민주주의원리에 입각한 국민투표를 통하여 행사한다. 이는 곧 국민주권론과 인민주권론이 융합된 반(半)대표론의 헌법적 구현을 의미한다.

Ⅴ. 한국헌법상 국민주권주의의 구현

1. 대한민국헌법의 법적 기초로서의 국민주권주의

(i) 헌법 제1조 제1항에서는 "대한'民'국은 '民主'공화국이다," 제2항에서는 "대한민국의 주권은 국민에게 있고, 모든 권력은 국민으로부터 나온다"라고 규정한다. 그것은 곧 대한국민이 헌법을 제정하였다는 헌법제정권자로서의 국민을 천명한 헌법전문과 동일한 맥락에서 이해된다. 여기서 지칭하는 국민은 전체국민이며, 주권보유자로서의 국민이다.

---

1) 제4공화국(유신헌법) 제1조 제2항의 "대한민국의 주권은 국민에게 있고, 국민은 그 대표자나 국민투표에 의하여 주권을 행사한다"라는 표현도 이와 궤를 같이 한다.

(ii) 이러한 국민주권주의의 법적 기초 아래 그 하위개념으로서 주권의 현실적 행사자는 바로 선거인 내지 유권자다. 그 선거인은 선거법상의 자격과 요건을 갖춘 일정한 국민에 한정된다.

(iii) 주권(보유)자로서의 국민은 주권행사자로서 국민투표권(제72조, 제130조 제2항)과 대표자선거권자로서 대통령선거권(제67조) · 국회의원선거권(제41조)을 가진다.

2. 자유와 권리보장을 통한 국민주권의 실질화

(i) 국민주권주의의 주체인 국민의 자유와 권리가 실질적으로 보장되지 아니하는 한, 그 국민주권론은 허구에 그치고 만다. 여기에 국민의 자유와 권리의 실질적 보장이 헌법상 요구된다.[1] 제2장 국민의 권리와 의무는 국민주권주의의 실질화를 위한 헌법적 의지의 표현이다. 인간의 존엄에 기초한 기본권의 실현이 그것이다. 특히 국민주권의 현실적 행사와 직접적으로 관련되는 정치적 기본권과 그 정치적 기본권의 구현을 위한 표현의 자유는 정치적 원리로서의 국민주권주의를 구현하기 위한 기본권적 표현이다(헌재 1989.9.8. 88헌가6, 국회의원선거법 제33조 · 제34조의 위헌심판(헌법불합치,잠정적용)).

(ii) 헌법상 개인으로서의 국민은 기본권향유자로서의 국민과 의무주체로서의 국민으로 나누어 볼 수 있다. 기본권주체로서의 국민은 개개 국민을 의미한다. 그러나 기본권의 자연권적 성격에 비추어 본다면 국민뿐만 아니라 외국인도 기본권향유자가 될 수 있다. 그런데 주권자로서의 국민이란 점에 비추어 본다면 외국인의 기본권에는 일정한 제한이 불가피하다. 그 전형적인 예는 주권보유자로서의 국민이 행사하는 선거권이다.

한편 의무주체로서의 국민도 국가구성원으로서의 국민의 지위에서 비롯되기 때문에 기본권향유자로서의 국민의 경우와 마찬가지로, 헌법상 규정된 국민의 의무는 원칙적으로 내국인에 한정된다. 한국헌법에는 6대 의무 즉 납세 · 근로 · 교육 · 국방 · 재산권행사의 공공복리적합 · 환경보전 의무로 규정되어 있다. 다만, 외국인도 일정한 경우에는 의무의 주체가 될 수 있다.

---

1) 양석진, 정보사회에 있어서 국민주권의 실질화에 관한 연구, 충남대 박사학위논문, 2003.2; 장용근, 전자민주주의의 헌법적 연구, 서울대 박사학위논문, 2004.2; 박경철, 국민주권의 본질과 실현조건에 관한 연구, 연세대 박사학위논문, 2001.2; 허진성, "국민주권과 대의민주주의에 관한 고찰", 공법연구 52-1; 정상우, "정치적 양극화와 대의민주주의 기능 회복", 헌법학연구 30-4; 이히오 "국민주권 의미에서 소버린 AI의 실현 방향", 헌법학연구 31-3.

3. 간접민주제(대의제)와 직접민주제의 조화: 반대표민주주의

(i) 주권적 의사의 구현을 위하여 주권자인 국민은 주권을 직접 행사하여야 한다(직접민주주의). 하지만, 현실적으로 이를 직접 행사할 수 없기 때문에 정치적 기술로서 대표자를 통하여 행사한다(간접민주주의). 대표자는 보통·평등·직접·비밀·자유선거를 통하여 선출된다. 한국헌법은 대의민주주의(간접민주주의)를 채택하지만, 동시에 직접민주주의적인 국민투표제도(제72조, 제130조 제2항)도 도입한다.

(ii) 특히 21세기 정보사회에서 인터넷의 보편화에 따라 루소가 추구한 직접민주주의의 이상이 새롭게 구현된다. 그것은 곧 전통적인 대의민주주의가 안고 있는 문제점을 극복하는 과정으로 볼 수도 있다. 다만, 인터넷과 같은 정보통신을 통하여 대의민주주의를 보완한다는 점에서, 제도화된 직접민주주의를 통한 대의민주주의의 보완과는 본질적으로 구별된다.

4. 대의제의 병폐를 시정하기 위한 권력분립주의

(i) 대의제원리는 자칫 대표자의 전횡으로 이어져 결과적으로 국민주권주의를 말살할 가능성이 있다. 여기에 대의민주제를 적극적으로 지탱할 수 있는 정치적 기술로서 권력분립주의가 필수적으로 등장한다.

(ii) 전통적으로 권력분립이론은 수평적 권력분립에 입각한 입법·행정·사법의 견제와 균형에 맞추어져 있었다. 그러나 오늘날 권력분립이론에서는 여·야 사이의 실질적 권력분립을 위한 의회의 견제기능 강화와 더불어, 풀뿌리 민주주의 이념에 기초한 아래로부터 민주주의를 정착하기 위한 수직적 권력분립으로서 지방자치제의 보장 등이 강조된다(헌재 1991.3.11. 91헌마21, 지방의회선거법 제36조 제1항에 대한 헌법소원(헌법불합치, 잠정적용, 각하)).

5. 대의제의 실질화를 위한 복수정당제의 보장

근대입헌주의국가에서 민주주의는 간접민주주의 즉 대의제를 기초로 정립되어왔다. 이에 따라 직접민주주의적인 사상적 세계에서 배척될 수밖에 없는 정당제도는 이제 대의제의 실질적 구현을 위하여 불가피한 제도로 인식된다. 특히 다원적 민주주의의 이상을 구현하기 위하여 복수정당제도가 보장되어야 한다(제8조).

6. 국민 전체에 봉사하는 직업공무원제의 보장

헌법상 공무원제도는 국민주권주의를 구현하기 위한 제도적 장치이다: "공무원은 국민 전체에 대한 봉사자이며, 국민에 대하여 책임을 진다"(제7조).

7. 소결: 국민주권주의의 실질화

한국헌법을 관류하는 기본원리는 국민주권주의로부터 비롯된다는 점에 관하여는 이의가 없다. 그 국민주권주의는 정치적으로는 자유민주주의, 경제적으로는 사회복지주의, 국제적으로는 국제평화주의의 실질적 구현으로 이어져야 한다. 그것은 명목상의 국민주권주의가 아니라 명실상부한 국민주권주의의 정립을 위한 토대이다.

제 2 관 정치적 기본원리 : 자유민주주의

Ⅰ. 의의: 민주주의의 이상적 모델로서의 자유민주주의

1. 국민주권주의에 기초한 민주주의

(i) 절대군주시대의 종언(終焉)을 고하고 정립된 근대입헌주의의 이념적 기초는 국민주권주의이다. 국민주권은 곧 국민이 주인이 되는 민주주의로 귀결된다. 그 민주주의의 가장 이상적 모델이 자유민주주의이다.

(ii) 민주주의의 개념 정의에 대하여는 그간 많은 논의가 전개되어왔다. 민주주의를 문언에 따라 정의하면 민(民) 즉 국민이 주인(主人)인 주의(主義) 내지 이념(이데올로기)이다.

(iii) 오늘날 민주주의의 개념적 징표로서 가장 많은 구성원들이 정치적으로 자유롭고 평등하게 참여하는 권력체제로는 미국의 링컨(A. Lincoln) 대통령이 게티스버그 연설에서 적시한 "국민의, 국민에 의한, 국민을 위한 정부"(the government of the people, by the people and for the people), 치자와 피치자의 자동성(自同性, identification) 원리를 보장하는 헌정체제 등이 원용된다.

프랑스헌법 제2조 제5항: "공화국의 원리는 국민의, 국민에 의한, 국민을 위한 정부이다."

2. 자유민주주의: 민주주의와 자유주의의 결합

(i) 민주주의라는 용례 및 민주주의를 구현하는 헌정체제 중에서도 그 현실적 양태는 매우 다양하게 작동한다. 진정한 민주주의 체제란 무엇인가에 대한 논의가 계속되는 가운데, 오늘날 일반화되어 있는 민주주의란 자유민주주의(liberal democracy) 또는 다원적 민주주의(pluralist democracy)를 의미한다.[1)]

(ii) 18세기 말 미국과 프랑스에서의 시민혁명 이후 성공적으로 정착한 근대입헌주의 이래 국민주권주의의 현실적 구현은 국민의 안전과 자유의 확보로부터

---

1) 성낙인 외, 자유민주주의와 유기천의 자유사회론, 법문사. 프랑스 헌법학 교과서에서는 일반적으로 자유민주주의라는 용례를 사용하고 있다(성낙인, 프랑스헌법학 참조). 그런데 서유럽의 사회당을 중심으로 하는 진보정당은 자유민주주의보다는 다원적 민주주의라는 용례를 선호한다. 이는 사회민주주의의 포섭과 맥락을 같이 한다. 예컨대 프랑스 사회당 출신의 프랑수아 미테랑 대통령은 1993년 9월 15일 대한민국 국회 연설에서 자유민주주의 대신 다원적 민주주의라는 용례를 사용한 바 있다.

비롯된다는 사고에 따라 자유주의가 지배적인 이념으로 정립되었다. 즉 자유주의란 국가권력으로부터의 자유를 통하여 주권자인 국민의 안전과 자유를 옹호하고 존중하는 헌법원리 내지 정치원리이다.

(iii) 이에 따라 국민주권주의에 기초한 민주주의와 자유주의가 결합한 자유민주주의는 근대입헌주의 이래 헌법원리 내지 정치원리로 정립되었다. 이제 자유민주주의는 권위주의 시절에 횡행하던 군주주권 · 전제주의 · 전체주의에 대응한 반대 명제(anti-these)로 정립되었다(이국운, "자유민주주의란 무엇인가?-헌정주의자의 시각", 공법연구 47-4, 89-116면).

Ⅱ. 인민민주주의를 배척하는 정치적 다원주의

1. 정치적 다원주의(多元主義)

(i) 자유민주주의는 국가와 사회에서 제기되는 다양한 주장이나 요구를 받아들이는 다원성을 필수적 덕목으로 한다. 그런 점에서 자유민주주의는 곧 다원적 민주주의와 동의어로 등치(等値)된다(다원적 민주주의에 관한 논의는, 한수웅, 헌법학 참조).

(ii) 정치적 다원주의를 구현하는 자유민주주의 체제에서는 모든 국민이 치자(治者)를 자유롭게 선택할 수 있다. 즉 선거인들에게 다양한 선택가능성이 보장된다. 정치적 자유주의 체제는 특정 이데올로기에 의한 지배를 배척함으로써 특히 정당이 정치적으로 자유롭게 결성되고 활동할 수 있는 체제이다(제8조).

(iii) 오늘날 지배적 헌정체제인 자유민주주의 체제는 비록 이것이 완결적이라고 볼 수는 없다고 하더라도, 적어도 이 시점까지 인류가 실천하고 있는 체제로서는 가장 국민의 자유와 안전 그리고 행복을 보장하는 체제라 할 수 있다.

2. 인민민주주의와 적대적인 이념적 좌표

(i) 1917년 러시아혁명 이후 지구촌은 자유민주주의 체제와 인민민주주의(人民民主主義) 체제로 양분되었다. 인민민주주의는 공산주의 내지 사회주의 이념에 기초한 정치원리이다. 공산주의는 계획경제의 원리에 따라 시장경제를 부정한다. 그런 점에서 자본주의적 시장경제질서를 기반으로 하는 자유민주주의와는 적대적이다. 하지만, 20세기 말에 불어 닥친 개혁과 개방의 물결은 공산주의 종주국이던 구소련의 붕괴와 더불어 인민민주주의의 조락(凋落)을 고한다.

(ii) 인민민주주의에 대한 자유민주주의의 우월성은 특정한 이데올로기에 치우치지 아니하고 모든 이데올로기를 체제 속으로 수용하는 데 있다. 자유민주주

의는 공산주의나 공산당까지도 허용하는 다원성을 통하여 구현된다. 다만, 대한민국은 분단국가의 특수상황에 따라 인민민주주의(공산주의, 공산당)를 배척한다.

Ⅲ. 정치적 자유주의와 평화적 정권교체

1. 정치적 자유주의

정치적 자유주의로서의 자유민주주의는 개인이나 집단이 자유롭게 자신의 의사를 표명할 수 있는 이념이나 주의를 말한다. 개인과 집단은 기본권 특히 언론의 자유보장을 통하여 자신의 의사를 표현할 수 있어야 한다. 이것은 집권세력에 반대하는 개인이나 정당이 합리적인 비판을 통하여 정권교체를 실현하기 위한 불가결의 요소이다.

2. 평화적 정권교체

(ⅰ) 자유민주주의 국가에서 "오늘의 소수는 내일의 다수가 될 수 있어야만 한다." 바로 그런 점에서 평화적 정권교체는 자유민주주의의 꽃이다. 오늘날 자유민주주의 국가에서의 정권교체는 극좌나 극우의 어느 극단에 이르지 아니하고 상호 대화와 타협 그리고 소통이 가능한 중도적인 보수와 진보의 각축장이다.

(ⅱ) 이제 자유민주주의는 극좌 또는 극우 정당이나 집단을 법적으로 허용하면서도, 그들이 국가사회의 다원성에 용해되어 버린다는 점에서 그 우월성이 구현된다.

Ⅳ. 소수파를 보호하는 다수결 원리

1. 다수결 원리

민주사회에서 분출하는 다원성을 용해하는 과정에서 궁극적으로 다수결 원리(多數決 原理)의 수용이 불가피하다. 민주주의 사회에서 다수결 원리란 참여자 전원의 통일된 의사합치가 불가능할 경우에 참여자 과반수의 의사를 전체의 의사로 간주하는 원리를 말한다. 이때 참여자의 의사는 주로 선거와 투표로 표출되는데, 모든 국민은 선거권연령·국적 등을 이유로 투표권이 봉쇄되지 아니하는 한 개개인의 자유의사에 따라 투표할 수 있어야 한다. 선거결과는 다수결 원리에 따라 결정된다(다수결 원리에 관한 상세는, 홍성방, 헌법학(상) 참조).

2. 소수파 보호

다수결 원리에서의 다수는 소수를 배척하는 다수가 아니라 소수파(少數派)도 보호하고 포용하는 다수이어야 한다. 역설적으로 말하자면 소수가 있기에 다수도 존재한다는 점에서 소수자 보호는 민주주의의 핵심적인 가치이다. 헌법에서 소수의 존재를 전제로 이를 보호하는 장치로는 복수정당제의 보장, 공직의 임기제를 통한 주기적 선거, 헌법재판을 비롯하여 여러 곳에 규정된 특별의결 정족수, 국회의 각종 회의 소집 관련 정족수 등이 있다.

V. 참여민주주의와 숙의민주주의를 통한 발전적 보완

1. 의 의

20세기 후반 인민민주주의 종주국인 구소련의 붕괴와 더불어 동독이 서독으로 흡수 통일됨으로써 자유민주주의의 우월성이 확실하게 입증되었다. 그럼에도 불구하고 자유민주주의가 안고 있는 일련의 한계를 극복하기 위한 노력이 계속된다. 참여민주주의(participatory democracy)와 숙의민주주의(deliberative democracy)는 이러한 흐름을 대표하는 이론으로서 그 지향점이 유사하다.[1)]

2. 참여민주주의를 통한 대의제의 보완

참여민주주의는 루소의 직접민주주의 이념을 계승하여 자유민주주의의 현실적 대안으로 제시된다. 특히 국민투표나 주민투표 등과 같은 제도화된 참여 이외에도 인터넷의 보편화에 따른 전자민주주의 시대를 맞이하여 사이버 공간에서의 참여를 통하여 간접적으로 직접민주주의의 이상을 구현할 수 있게 되었다.

3. 숙의민주주의를 통한 대중민주주의의 보완

(i) 숙의민주주의(熟議民主主義)는 사회구성원들의 삶에 유용한 지식을 기반으로 하여 문제해결을 숙의하고 가장 경제적이고 효율적인 해답을 찾아내려는 점에서 긍정적인 측면이 부각된다. 그런데 숙의민주주의는 엘리트주의와 실적주의를

---

1) 윤성현, "국가정책 주민투표제도에 관한 헌법정책론: 참여·숙의민주주의 이론을 중심으로", 공법학연구 18-3; 강재규, "지방자치와 주민참가·심의(숙의)민주주의형 시민참여를 중심으로", 공법학연구 17-1.

수용한다는 점에서 자유민주주의의 한 변형에 불과하다는 비판도 받는다.

(ii) 근래 숙의민주주의의 한 방식으로 공론조사(公論調査, deliberative polling)가 작동한다. 공론조사란 특정 이슈를 잘 모르고 응답하는 경우가 많은 여론조사의 한계를 보완하기 위하여, 무작위로 선정한 시민들에게 의제(議題)에 관한 정보를 제공하고 학습과 토론 등 숙의 과정을 거쳐 결과를 도출하는 조사방식이다.[1]

(iii) 이제 전통적 의미의 자유민주주의는 현대사회에서 이 두 이론을 폭넓게 수용하여 "숙의과정을 충분히 거친 참여"를 구현함으로써 진정한 자유민주주의의 이상을 구현할 수 있다.

Ⅵ. 주권적 의사를 구현하기 위한 제도의 정립

1. 주권자의 자유와 권리 보장

자유민주주의란 모든 권력의 원천인 주권자의 자유와 권리를 보장하여야만 정상적으로 작동할 수 있다. 바로 그런 점에서 헌법재판소 판례에서 적시한 바와 같이 "폭력적 지배와 자의적(恣意的) 지배"는 배척되어야 한다. 그래야만 "자치 · 자유 · 평등"이 보장된다(헌재 1990.4.2. 89헌가113, 국가보안법 제7조에 대한 위헌심판(한정합헌))(동지: 헌재 1990.6.25. 90헌가11, 국가보안법 제7조 제5항의 위헌심판(한정합헌)).

2. 주권자의 민주적 참여 보장

자유민주주의 국가에서 국민의 민주적 참여가 보장된 제도란 민주적 주권원리에 비추어 보건대 권력분립 · 대의제 · 직접 및 간접민주주의 · 반(半)대표제 등은 국가최고기관의 구성에 있어서 민주적인 주권적 의사의 표현이고, (복수)정당제도 · 선거권 및 선거제도는 국민의 주권적 의사를 구체적으로 실현하는 표현이다(위 판례 89헌가113 참조). 이때 선거는 모든 권력의 원천이 국민에 기초하고 있는 민주주의에서는 가장 많은 국민의 의사가 반영되어야만 한다. 이에 따라 민주주의국가의 선거는 보통선거이어야 하며, 정당을 비롯한 정치집단의 다원성 확보와 더불어 시민과 시민단체의 자유가 보장되어야 한다.

3. 법치국가적 통치질서 확립을 위한 사법권의 독립 보장

국민의 자유와 권리보장의 최후 보루는 사법권이다. 그러므로 사법권의 독립 특히 정치적 독립은 자유민주주의의 필수적인 제도적 장치이다. 이를 위하여 사

---

1) 문재인 정부는 이를 자주 원용하였다. 김은주, "숙의 민주주의와 공론화위원회", 공법연구 48-4.

법권은 그 구성과 작용에 있어서 독립적이어야 한다.

4. 시장경제와 경제의 민주화

(i) 자유민주주의는 원래 경제적으로는 자본주의적 시장경제로부터 비롯되었다. 그런데 자본주의 시장경제의 발전과정에서 야기된 빈부의 격차는 공동체의 위기를 야기하였다. 그 반작용(反作用)으로 공산주의 계획경제에 터 잡은 인민민주주의가 출현하였다.

(ii) 이에 따라 자본주의적 시장경제를 교정하기 위하여 전통적인 시장경제는 사회적 시장경제로 이행하게 되었다. 자본주의 체제 그 자체의 건전한 존속과 발전을 위하여 경제의 민주화는 자유민주주의 국가가 처하여 있는 시대적 과제이기도 하다.

(iii) 사실 자유민주주의 국가에서의 경제질서는 고전적인 순수한 시장경제질서는 사실상 사라졌다고 하여도 과언이 아니다. 사회정의(社會正義)를 구현하기 위하여 어느 정도까지 국가가 경제질서에 개입할 수 있느냐에 관하여 다양한 논쟁이 전개되지만, 그 큰 흐름은 경제의 민주화를 위한 사회적 시장경제질서로 정착하고 있다. 자본주의적 시장경제질서라는 큰 틀을 유지하는 가운데 경제에 대한 국가의 규제와 조정 및 간여의 정도에 따라서 자유민주주의 내지 다원적 민주주의를 구현하는 국가에서 다양한 정책수단이 제시된다. 그 논쟁은 중도보수의 시장친화(市場親和)적인 정책과 중도진보의 평등지향적인 사회민주주의(社會民主主義)적인 정책 사이의 대결로 나타난다.

제1항 (자유)민주적 기본질서

Ⅰ. 의 의

(ⅰ) 한국헌법은 그 이데올로기적 기초로서 자유민주주의라는 이념적 지표 아래 이를 구현하기 위한 (자유)민주적 기본질서를 규정한다. 헌법전문에서 "자유민주적 기본질서를 더욱 확고히 하여", 민족의 숙원인 통일은 "자유민주적 기본질서에 입각"(제4조)하며, "정당의 목적이나 활동이 민주적 기본질서에 위배"되어서는 아니 되며(제8조 제4항), "국가는 근로의 의무의 내용과 조건을 민주주의원칙에 따라 법률로 정한다"(제32조 제2항)라고 규정한다. 또한 "대한민국은 '민주'공화국"임을 헌법 제1조 제1항에서 천명한다. 다만, 한국헌법이 지향하는 '자유민주적 기본질서' 내지 '민주주의'란 인민민주주의 이념을 배척하는 자유민주주의를 의미한다.

(ⅱ) 독일기본법의 자유민주적 기본질서에 위배되는 위헌정당해산(제21조), 자유민주적 기본질서를 공격할 때 기본권상실(제18조), 자유민주적 기본질서를 유지하기 위한 비상대권발동(제91조 제1항) 등은 자유민주적 기본질서를 수호하기 위한 특유의 방어적(투쟁적) 민주주의 이념으로 연결된다.

Ⅱ. 민주적 기본질서와 자유민주적 기본질서

1. 양자의 관계

(ⅰ) 헌법 제8조에서는 "민주적 기본질서"라고 표현하지만, 전문 및 제4조(평화통일)에서는 "자유민주적 기본질서"라는 표현을 사용하기 때문에 민주적 기본질서와 자유민주적 기본질서의 의의 및 관계에 관하여 논란이 있다.

(ⅱ) 민주적 기본질서를 자유민주적 기본질서와 사회민주적 기본질서를 포괄하는 개념으로 이해하는 입장에서는, 자유민주적 기본질서를 헌법전문에서 구현하고자 하는 자유민주적 기본질서보다 좁은 개념으로 파악한다. 즉 민주적 기본질서를 자유민주적 기본질서와 사회민주적 기본질서로 나누어 민주적 기본질서가 자유민주적 기본질서보다 상위 혹은 포괄적 개념으로 본다(김철수(상) 195면 및 권영성 195면 이하 참조).

(ⅲ) 하지만, 한국헌법은 자유민주주의에 기초한 사회복지국가원리를 도입하

고 있으므로, 민주적 기본질서와 자유민주적 기본질서는 서로 별개의 충돌하는 개념이 아니라 서로 융합적인 개념으로 이해하여야 한다. 또한 헌법의 기본원리를 천명하고 있는 헌법전문에서 "자유민주적 기본질서"라고 표현하고 있지만, 한국헌법의 전체적인 이념적 틀에 비추어 본다면, 자유민주적 기본질서에는 사회복지국가원리도 당연히 포괄한다고 보아야 한다. 오늘날 전적으로 고전적 자유주의원리에 입각하여 국가의 기본질서를 형성하고 있는 나라는 찾아볼 수 없으므로 이와 같은 탄력적인 해석이 불가피하다.

(iv) 헌법재판소는 통합진보당 해산 청구 사건에서 헌법 제8조 제4항의 '민주적 기본질서'의 의미를 "개인의 자율적 이성을 신뢰하고 모든 정치적 견해들이 상대적 진리성과 합리성을 지닌다고 전제하는 다원적 세계관에 입각"하며, "모든 폭력적·자의적 지배를 배제하고, 다수를 존중하면서도 소수를 배려하는 민주적 의사결정과 자유와 평등을 기본원리로 하여 구성되고 운영되는 정치적 질서를 말한다"라고 판시한다(헌재 2014.12.19. 2013헌다1, 통합진보당 해산 청구 사건(인용(해산))).

2. 자유민주주의 이념에 입각하여 구현되는 자유민주적 기본질서

(i) 헌법전에서 민주적 기본질서라고 하든, 자유민주적 기본질서라고 하든 해당 조문의 표현에 대한 지나친 집착은 바람직하지 아니하다. 즉 자유민주적 기본질서이건 민주적 기본질서이건 간에 그 표현 여하를 떠나서 한국헌법이 지향하는 기본원리는 다름 아닌 자유민주주의라는 점을 염두에 두어야 한다. 그 자유민주주의에는 현대적인 사회복지국가원리가 당연히 내포되어야 한다.

(ii) 실로 한국헌법이 지향하는 자유민주주의는 현대적인 다원적 민주주의를 지칭하며, 그것은 곧 사회적 다원성을 부정하는 일당 지배체제의 이데올로기에 얽매인 인민민주주의를 배척한다는 의미로 새겨야 한다. 바로 그런 점에서 공산당을 수용하는 다른 국가의 자유민주주의와 구별될 수밖에 없다. 하지만, 서유럽의 사회당은 비록 이념적으로 좌파이긴 하지만, 그 좌파는 다원적 민주주의 이념을 수용한다는 점에서 그들의 기본 틀은 자유민주주의 이념에 기초한다.

(iii) 결국 대한민국이 수용하는 정치체제는 다원성을 부정하는 전체주의와 인민민주주의를 배척하는 범위 안에서 구현되는 자유민주주의이다.

Ⅲ. 자유민주적 기본질서의 헌법상 구현

1. 의 의

(i) 헌법재판소는 자유민주적 기본질서와 관련하여 다음과 같이 판시한다.

> "자유민주적 기본질서에 위해를 준다 함은 모든 폭력적 지배와 자의적 지배, 즉 반국가단체의 일인독재 내지 일당독재를 배제하고 다수의 의사에 의한 국민의 자치·자유·평등의 기본원칙에 의한 법치주의적 통치질서의 유지를 어렵게 만드는 것이고, 이를 보다 구체적으로 말하면 기본적 인권의 존중, 권력분립, 의회제도, 복수정당제도, 선거제도, 사유재산과 시장경제를 골간으로 한 경제질서 및 사법권의 독립 등 우리의 내부체제를 파괴·변혁시키려는 것"이다(헌재 1990.4.2. 89헌가113, 국가보안법 제7조에 대한 위헌심판(한정합헌))(동지: 헌재 1990.6.25. 90헌가11, 국가보안법 제7조 제5항의 위헌심판(한정합헌)).

(ii) 헌법재판소의 결정은 그간 국내학자들이 제시한 민주적 기본질서의 내용을 수용하고 있으며, 독일기본법 제21조 제2항에 근거한 독일공산당(KPD) 위헌판결에서 독일 연방헌법재판소가 판시한 자유민주적 기본질서의 의미와도 대체로 상통한다(KPD Urteil, 1956.8.17, BVerfGE 5, 85)(최희수, "위헌정당해산제도에 관한 연구", 정당과 헌법질서, 계희열교수화갑기념논문집, 1995, 444-479면 참조).

> 독일 연방헌법재판소는 "자유민주적 기본질서란 모든 폭력과 자의적 지배를 배제하고 그때그때의 다수의 의사에 따른 국민자결과 자유 및 평등에 기초한 법치국가적 통치질서를 말한다. 이 질서의 기본원리로는 최소한 다음의 요소들이 포함되어야 한다: 기본법에 구체화된 기본적 인권, 무엇보다도 생명과 그 자유로운 발현을 위한 인격권의 존중, 국민주권, 권력의 분립, 정부의 책임성, 행정의 합법성, 사법권의 독립, 복수정당의 원리와 헌법적인 야당의 구성권과 행동권을 가진 모든 정당의 기회균등"이라고 판시한다. 우리 헌법재판소의 판시사항과 비교하여 보면 사유재산과 시장경제를 골간으로 하는 경제질서를 언급하지 아니한 반면에, 국민주권을 적시하고 있다.

(iii) 헌법재판소의 결정에서 적시한 자유민주적 기본질서의 의미는 사실상 민주적 기본질서의 의미와 기본적인 내용을 공유한다. 다만, 사안 자체가 국가보안법사건에서 내려진 자유민주적 기본질서에 대한 평가라는 점에서 일정한 한계가 있다. 한편 헌법재판소가 통합진보당 사건에서 판시한 '민주적 기본질서'의 의미도 대체로 자유민주적 기본질서의 의미와 상통한다(헌재 2014.12.19. 2013헌다1, 통합진보당 해산 청구 사건(인용(해산))).

2. 자유민주적 기본질서의 법적 기초로서의 국민주권주의

헌법전문에서는 대한국민이 헌법을 제정하였음을 명시하고, 헌법 제1조에서는 그 대한국민은 주권자임을 분명히 한다. 이에 주권자인 국민이 세운 국가는 민주공화국임을 밝히고, 그 민주공화국의 "주권은 국민에게 있고, 모든 권력은 국민으로부터 나온다"(제1조 제2항).

3. 국민의 자유와 권리보장을 통한 자유민주적 기본질서의 실질적 정립

국민이 주권자인 국가에서 그 국민이 각자 자유와 권리를 향유할 수 없다면, 그 국민은 주권자로서의 역할과 기능을 수행할 수가 없다. 따라서 기본권보장은 자유민주적 기본질서의 실질화를 위한 필수적 전제조건이다.

4. 반대표민주주의(간접민주제와 직접민주제의 조화)를 통한 자유민주적 기본질서의 정립

근대입헌주의 이래 정립된 자유민주적 기본질서는 대의민주주의에 입각하지만, 그 문제점을 극복하기 위하여 직접민주주의의 요소를 가미한다. 그것은 바로 에즈멩(A. Esmein)이 주창한 반대표의 논리로 현대헌법에서 구현된다.

5. 민주적 선거제도를 통한 자유민주적 기본질서의 정립

민주적 선거제도의 정립은 자유민주적 기본질서의 필수적 요건이다. 보통・평등・직접・비밀선거의 원리가 헌법에 명시되어 있다(제41조 제1항, 제67조 제1항).

6. 자유민주적 기본질서의 실질화를 위한 복수정당제의 보장

현대 정당국가 경향에 따라 국민의 의사를 정치적으로 매개하는 정당은 인민민주주의와 전체주의 국가에서와 같은 일당독재가 아니라 복수정당제이어야 한다. 이에 헌법은 정당을 특별히 보호할 뿐만 아니라 복수정당제를 보장한다(제8조).

7. 권력분립과 정부의 책임성

폭력적・자의적 지배를 방지하기 위한 정치적 기술로서의 권력분립과 그 권력의 정당성의 기초인 국민에 대한 정부의 책임을 구현할 수 있어야 한다.

8. 실질적 법치주의의 확립

형식적 법치주의를 탈피한 실질적 법치주의의 구현은 바로 사람에 의한 지배가 아닌 법과 제도에 의한 지배를 의미한다.

9. 지방자치제의 보장

아래로부터의 민주주의 정착을 위한 지방자치제는 자유민주적 기본질서의 현실적 구현이다. 다원화된 사회의 다양한 목소리를 국가생활에서 구현하기 위하여 풀뿌리 민주주의의 이상에 기초한 지방자치제가 보장되어야 한다(제117조·제118조).

10. 경제의 민주화를 위한 사회적 시장경제질서

한국헌법은 전체주의국가의 계획경제질서를 부인하는 시장경제질서를 기본으로 하지만, 그것은 자유방임적 시장경제질서가 아니라 국가의 규제와 조정을 통하여 실질적인 경제의 민주화를 추구하는 사회적 시장경제질서를 채택한다.

> "이는 헌법이 이미 많은 문제점과 모순을 노정한 자유방임적 시장경제를 지향하지 않고 아울러 전체주의국가의 계획통제경제도 지양하면서 국민 모두가 호혜공영(互惠共榮)하는 실질적인 사회정의가 보장되는 국가, 환언하면 자본주의적 생산양식이라든가 시장메커니즘의 자동조절기능이라는 골격은 유지하면서 근로대중의 최소한의 인간다운 생활을 보장하기 위하여 소득의 재분배, 투자의 유도, 조정, 실업자 구제 내지 완전고용, 광범한 사회보장을 책임있게 시행하는 국가 즉 민주복지국가의 이상을 추구하고 있음을 의미"한다(헌재 1989.12.22. 88헌가13, 국토이용관리법 제21조의3 제1항, 제31조의2의 위헌심판(합헌)).

11. 권리구제의 실질화를 위한 사법권의 독립

국가권력의 자의적 행사나 횡포로부터 국민의 자유와 권리를 실질적으로 보장하기 위하여 사법권의 독립이 필수적이다.

12. 국제평화주의

헌법전문에서 "항구적인 세계평화와 인류공영에 이바지"할 것을 밝히고 있으며, 제5조 제1항에서는 "국제평화의 유지에 노력하고 침략적 전쟁을 부인"한다.

Ⅳ. 자유민주적 기본질서의 헌법상 보호

1. 헌법이 추구하는 기본질서로서의 자유민주적 기본질서

자유민주주의는 국민주권주의와 더불어 헌법의 핵심적인 구성원리이다. 이는 곧 대한민국의 국가이념이자 대한민국이 지향하는 목표이기도 하다. 따라서 자유민주적 기본질서는 대한민국의 실정법질서가 추구하는 최고의 원리임과 동시에 실정법해석의 기준이다. 그러므로 국가권력발동의 타당성 척도는 자유민주적 기본질서에 부합하느냐의 여부에 따라 결정된다(헌재 2001.9.27. 2000헌마238등, 제주4·3사건진상규명및희생자명예회복에관한특별법의결행위취소등(각하)).

2. 자유민주적 기본질서의 침해로부터 보호

(i) 자유민주적 기본질서를 적극적으로 보호하기 위하여 헌법상 제도를 적극적으로 구현하여야 한다. 권력에 의한 침해에 대하여는 탄핵제도·위헌법률심사제도·헌법소원 등과 같이 헌법상 마련된 제재 조치가 있다. 궁극적으로 국민은 초헌법적인 저항권을 행사할 수 있다. 또한 국민 개개인에 의한 침해에 대하여는 형사사법적인 제재가 가하여진다.

(ii) 특히 한편으로는 민주적 정당제도를 적극적으로 육성하면서 다른 한편으로는 정당에 의한 자유민주적 기본질서에 대한 침해에 대하여는 민주주의의 적에 대한 응징으로서 위헌정당해산제도를 마련하고 있다.

3. 방어적 민주주의론

(1) 방어적 민주주의의 의의

방어적(防禦的) 민주주의란 민주주의의 적으로부터 민주주의를 방어하고 수호하기 위한 이론으로서, 헌법내재적 헌법보호수단의 하나이다. 이 이론은 바이마르공화국헌법에서 1930년대 이후 나치가 자행한 폭력적 지배로 인하여 민주주의의 가치상대주의적 관용이 결과적으로 민주주의 그 자체를 말살하였다는 반성적 성찰에서 비롯되었다. 이에 방어적 민주주의는 종래 민주주의의 가치상대주의적 관용에 일정한 한계가 있음을 인정하고, 민주주의는 가치지향적이고 가치구속적인 민주주의일 수밖에 없음을 분명히 한다. 그러므로 방어적 민주주의는 민주주의의 적에 대한 투쟁을 정당화한다는 의미에서 전투적·투쟁적 민주주의라고도 한다. 하지만, 전투적·투쟁적 민주주의는 결코 공격적 투쟁이 아니라 방어적 투쟁을 의미한다. 즉 헌법이 구현하고자 하는 이념적 기초인 국민주권주의에 기초한 자유민주주의를 수호하는 데 있다. 바로 그런 의미에서 한국헌법은 전체주의를 배격하며, 남북분단이라는 특수한 상황에서 인민민주주의도 부정할 수밖에 없다.

제1공화국시절에 대법원은 진보당의 혁신적인 강령·정책에 대하여 합헌판결을 내린 바 있다. 당시 진보당은 평화통일론·자본주의를 지양한 복지정책론 외에 "우리는 자유민주주의를 폐기·지양하고 주요산업과 대기업의 국유 내지 국영을 위시한 급속한 경제건설, 사회적 생산력의 제고 및 사회적 생산물의 공정분배를 완수하기 위하여 계획과 통제의 제원칙을 실현하여야 한다"라는 취지로 사실상 계획경제체제를 도입하는 정강·정책을 취하였음에도 불구하고 매우 진보적인 판결을 내렸다(대판 4292(1959).2.27, 4291형상559). 그러나 당시 헌법에 정당해산에 관한 조항이 없었기 때문에 대법원의 합헌판결에도 불구하고 공보실장의 행정처분에 의하여 강제로 해산되었다.

(2) 독일기본법에서 제도화

(i) 독일기본법에서는 방어적 민주주의 이론에 기초하여 기본권 실효(상실) 제도와 위헌정당해산제도를 도입하였다.

(ii) 기본권 실효(失效) 제도란 헌법질서를 파괴하기 위한 목적으로 기본권을 악용하는 사람이나 단체에 대하여 헌법재판을 통하여 헌법상 보장된 일정한 기본권을 상실하게 함으로써, 헌법의 적으로부터 자유민주주의 헌법을 보호하기 위한 제도이다.

> 독일기본법 제18조: "표현의 자유, 특히 출판의 자유, 교수의 자유, 집회의 자유, 결사의 자유, 신서·우편·전신·전화의 비밀, 재산권 및 망명자비호권(亡命者庇護權)을 자유민주적 기본질서를 공격하기 위하여 남용(濫用)하는 자는 이러한 기본권을 상실한다. 상실과 그 정도는 연방헌법재판소에 의하여 선고된다."

(iii) 위헌정당해산제도는 헌법이념인 (자유)민주적 기본질서를 위배하는 목적이나 활동을 하는 정당에 대하여 헌법재판을 통하여 강제해산시킴으로써 민주주의의 적으로부터 민주주의를 방어하기 위한 제도이다(독일기본법 제21조 제2항).

(iv) 그런데 기본권실효제도는 조직화되지 아니한 개인을 대상으로 하는 제도이므로 실효성이 적고, 위헌정당해산제도는 야당 탄압을 위한 수단으로 악용될 역기능에 대한 우려가 제기된다.

(v) 독일 연방헌법재판소는 1952년 사회주의국가당(SRP)판결과 1956년 공산당(KPD)판결에서 방어적 민주주의 이론을 구체적으로 적용한 바 있다. 이 이론은 나치의 재출현을 막기 위한 제도적 장치이다. 공산당의 위헌 여부에 관하여 연방헌법재판소는 5년의 숙고 끝에 이를 해산시켰다. 연방헌법재판소는 민주주의 국가에서 정당의 해산은 정당의 특수한 지위로 말미암아 정당이 합법적 수단으로 헌법상 제도를 침해하더라도 곧바로 해산되지 아니하고, 자유롭고 민주적인 헌법국가의 최고 기본가치를 침해하였을 경우에만 해산된다고 판시한다.[1)]

---

1) 김종현, 방어적 민주주의에 관한 연구, 서울대 박사학위논문, 2017.8; 박병섭, "독일기본법상의 자유롭고 민주적인 기본질서", 공법연구 23-3; 김명재, "정당의 자유와 민주적 기본질서: 헌법 제8조의 해석을 중심으로" 헌법학연구 13-3; 박규환, "정당해산 심판기준에 관한 연구: 해산기준 명확화를 위한 기본권이론 도입에 관한 제언", 헌법학연구 14-4; 박선영, "위헌정당해산사유로서의 '민주적 기본질서'-통합진보당과 독일국가민주당(NPD)의 강제해산을 중심으로", 공법연구 46-1; 정혜영, "민주주의와 정당금지", 공법연구 48-3; 함재학, "자유민주적 기본질서에 관한 몇 가지 의문", 헌법학연구 30-4.

당의 목적이 복수정당제를 부인하고, 당내조직과 운영이 지도자원리에 기초하고, 당원의 활동이 기본권을 경시한다고 판시한다. 이에 따라 소속의원은 의원직을 상실하고, 대체정당의 결성은 금지되고, 당 소유의 재산은 몰수되었다(BVerfGE 2, 1, 1952. 10.23, SRP Urteil).

자유민주적 기본질서를 파괴하는 것을 목적으로 하는 정당은 헌법질서에 대한 명백한 도전이다(BVerfGE 5, 85, 1956. 8.17, KPD Urteil).

(3) 현행헌법의 방어적 민주주의

(ⅰ) 헌법전문과 제1조 제1항, 제4조에서 대한민국이 자유민주적 기본질서에 입각한 민주공화국임을 명시한다. 헌법 제8조 제4항에 방어적 민주주의 이론을 도입한다. 이에 입각하여 헌법재판소의 통합진보당에 대한 위헌정당해산결정이 2014년 12월 19일 처음으로 내려졌다(헌재 2014.12.19. 2013헌다1, 통합진보당 해산 청구 사건(인용(해산))).

"피청구인 주도세력은 우리 사회를 외세에 예속된, 천민적 자본주의 또는 식민지반자본주의사회로 보고, 이러한 모순이 국가의 주권을 말살하고 민중들의 삶을 궁핍에 빠뜨리고 있다고 주장하면서 새로운 대안체제이자 사회주의로 이행하기 위한 과도기 단계로서 '진보적 민주주의 체제'를 제시하고 있다. 피청구인 주도세력은 강령적 과제로 민족자주(자주), 민주주의(민주), 민족화해(통일)를 제시하면서, 최종적인 강령적 과제인 연방제 통일을 통한 사회주의 실현을 위해서는 먼저 남한에서 민중민주주의변혁이 이루어져야 하고, 이러한 '통일'과 '민주'라는 과제를 달성하기 위해서는 '자주'를 선차적으로 달성해야 한다고 인식하고 있다. 그리고 피청구인 주도세력은 진보적 민주주의 실현방안으로 선거에 의한 집권과 저항권에 의한 집권을 설정하면서, 필요한 때에는 폭력을 행사하여 기존의 우리 자유민주주의 체제를 전복하고 새로운 진보적 민주주의 체제를 구축하여 집권할 수 있다고 한다." 이를 종합하면, "피청구인의 진정한 목적과 활동은 1차적으로 폭력에 의하여 진보적 민주주의를 실현하고 최종적으로는 북한식 사회주의를 실현하는 것으로 판단된다." "결국 피청구인의 위와 같은 진정한 목적이나 그에 기초한 활동은 우리 사회의 민주적 기본질서에 대해 실질적 해악을 끼칠 수 있는 구체적 위험성을 초래하였다고 판단되므로, 민주적 기본질서에 위배된다."

[반대의견 (1인)] 피청구인이 대안체제의 수립이나 구조적이고 급진적인 변혁을 추구한다고 하더라도, 피청구인이 폭력적 수단이나 그 밖에 민주주의 원칙에 반하는 수단으로 변혁을 추구하거나 민주적 기본질서의 전복을 추구하려 한다는 점이 구체적으로 입증되지 아니하는 한 피청구인의 목적이 민주적 기본질서에 위배된다고 볼 수 없다.

또한 국가안보와 관련하여 헌법재판소와 대법원이 내린 일련의 판례는 방어적 민주주의이론의 적용으로 볼 수 있다.

제5기 한총련은 국가보안법 제7조의 이적단체에 해당된다(헌재 2001.9.27. 2000헌마238등, 제주4·3사건진상규명및희생자명예회복에관한특별법의결행위취소 등(각하))(헌재 1997.1.16. 92헌바6등, 국가보안법 위헌소원(한정합헌, 합헌))(헌재 1990.4.2. 89헌가113, 국가보안법 제7조에 관한 위헌심판(한정합헌))(대판 1998.7.28. 98도1395).

"헌법이 보장하고 있는 사상의 자유나 헌법이 천명하고 있는 평화통일의 원칙과 국제평화주의는 자유민주적 기본질서라는 대전제하에서 추구되어야 하는 것이므로, 아직도 북한이 자유민주적 기본질서에 대한 위협이 되고 있음이 분명한 상황"이다(대판 1992.8.18. 92도1244).

(ii) 아울러 헌법 제37조 제2항은 민주주의의 본질을 침해하는 기본권을 행사할 경우에 해당 기본권에 대한 제한을 정당화하는 근거가 된다.

(4) 방어적 민주주의의 한계

민주주의를 보호하기 위하여 탄생한 방어적 민주주의이론이 민주주의의 보호라는 목적을 넘어서 확대 적용되면 민주주의의 파괴 내지 자기부정이 되기 때문에, 방어적 민주주의도 일정한 한계가 있다.

(i) 민주주의의 본질을 침해하여서는 아니 된다. 특히 정치적 기본권을 부당하게 제한하는 수단으로 남용되어서는 아니 된다.

(ii) 헌법의 기본원리인 법치국가, 사회복지국가, 문화국가 및 국제평화주의를 침해하여서는 아니 된다.

(iii) 방어적 민주주의를 위한 국가의 개입과 제한은 비례의 원칙(과잉금지의 원칙)을 준수하여야 한다(계희열(상) 246면; 권영성 85-86면). 헌법재판소도 같은 입장을 표명한다.

"강제적 정당해산은 헌법상 핵심적인 정치적 기본권인 정당활동의 자유에 대한 근본적 제한이므로, 헌법재판소는 이에 관한 결정을 할 때 헌법 제37조 제2항이 규정하고 있는 비례원칙을 준수해야만 한다. 따라서 헌법 제8조 제4항의 명문규정상 요건이 구비된 경우에도 해당 정당의 위헌적 문제성을 해결할 수 있는 다른 대안적 수단이 없고, 정당해산결정을 통하여 얻을 수 있는 사회적 이익이 정당해산결정으로 인해 초래되는 정당활동 자유 제한으로 인한 불이익과 민주주의 사회에 대한 중대한 제약이라는 사회적 불이익을 초과할 수 있을 정도로 큰 경우에 한하여 정당해산결정이 헌법적으로 정당화될 수 있다." "북한식 사회주의를 실현하고자 하는 피청구인의 목적과 활동에 내포된 중대한 위헌성, 대한민국 체제를 파괴하려는 북한과 대치하고 있는 특수한 상황, 피청구인 구성원에 대한 개별적인 형사처벌로는 정당 자체의 위험성이 제거되지 않는 등 해산 결정 외에는 피청구인의 고유한 위험성을 제거할 수 있는 다른 대안이 없는 점, 그리고 민주적 기본질서의 수호와 민주주의의 다원성 보장이라는 사회적 이익이 정당해산결정으로 인한 피청구인의 정당활동의 자유에 대한 근본적 제약이나 다원적 민주주의에 대한 일부 제한이라는 불이익에 비하여 월등히 크고 중요하다는 점을 고려하면, 피청구인에 대한 해산결정은 민주적 기본질서에 가해지는 위험성을 실효적으로 제거하기 위한 부득이한 해법으로서 비례원칙에 위배되지 아니한다."

(iv) 한국헌법이 지향하는 방어적 민주주의는 소극적·방어적이어야 하고, 적극적·공격적이어서는 아니 된다.

"국가보안법 제7조 제1항은 그 소정의 행위가 국가의 존립·안전이나 자유민주적 기본질서에 해악을 끼칠 명백한 위험이 있는 경우에만 적용하도록 축소 제한해석하는 한 합헌 …"(헌재 1990.4.2. 89헌가113, 국가보안법 제7조에 관한 위헌심판(한정합헌)).

제 2 항 대표민주주의와 직접민주주의의 조화: 반대표제

Ⅰ. 의 의

(ⅰ) 서유럽 자유민주주의 국가에서 그 기초를 이룬 대의제이론은 영국의 군주제와 프랑스의 구체제에서도 상당한 정도의 이론적 기초를 다져왔다. 마침내 18세기 말 미국의 독립과 프랑스혁명을 통하여 결정적인 성공을 거두었다. 하지만, 대표의 개념에 관하여는 완전한 이론적 합의에 이르지 못하고 있다.

(ⅱ) 현대 민주주의체제에서 대표개념은 대체로 다음과 같은 요소를 내포한다. ① 법률은 국민의 대표자가 제정하며, ② 대표자는 전체 국민의 대표자이며, ③ 대표자는 반복되는 선거를 통하여 국민에 대하여 책임을 진다.

Ⅱ. 직접민주주의와 대표민주주의

1. 직접민주주의

(ⅰ) 직접민주주의란 국민이 직접 주권을 행사하는 제도이며, 작은 규모의 국가에서 잘 시행된다. 단일국가에서는 지방자치단체를 중심으로 활성화되어 있고, 연방국가에서는 인구나 지역 규모가 작은 주(州)에서 활성화되어 있다. 후자의 요건을 충족하고 있는 국가가 바로 스위스이다. 스위스에서는 전통적으로 칸톤(Canton) 단위로 직접민주주의가 시행된다.

(ⅱ) 스위스 직접민주주의의 핵심은 26개 칸톤에 있는 주회(Landesgemeinde, 州會)이다. Landesgemeinde는 매년 4월 말에서 5월 초 사이에 인민의회를 구성하기 위하여 시민을 소집한다. Landesgemeinde의 회기 중에 시민들은 대표자를 선출하고, 헌법상 문제점들을 처리하고, 법률안을 토론하여 표결할 뿐 아니라 중요한 행정사항도 처리한다. 이는 매우 민주주의적인 제도이다. 하지만, 그 회기가 지나치게 짧기 때문에 결과적으로 매우 중요한 사안들을 대표기관에 위임한다든가 거수투표를 하는 등의 문제점도 드러난다.

2. 대표민주주의

(1) 의 의

대표민주주의에서 주권의 행사 권한은 국민의 보통선거로 선출되고 국민 전체의 이름으로 결정하는 대표에게 부여된다. 대표민주주의에서는 모든 시민이 대표의 선출에 참여하는 보통선거 및 직접선거이어야 한다. 하지만, 대표민주주의의 초기 단계에서는 제한선거가 시행되기도 하였다(1918년 이전의 영국과 1814년 및 1830년의 프랑스 선거제도는 제한선거이었다).

(2) 유 형

대표민주주의는 고전적인 의회 중심의 순수대표형과 집행부 수장(首長)과 국회의원을 선출하는 병존형(대통령제)이 작동된다.

(i) 순수대표형에서 국민은 직접선거나 간접선거로 국회의원을 선출할 뿐이고, 국회가 집행부를 지명하고 통제한다. 순수대표제에서는 국회가 국민을 대신하여 집행부를 구성하기 때문에 국민들은 치자의 지정에 있어서 다소 동떨어져 있어야만 하는 문제점이 지적된다. 순수대표제에서 국회의원은 국민으로부터 선출된 유일한 기관이기 때문에 다른 어느 기관보다도 우월적 지위를 누리며, 집행기관은 단지 국회의 제2차적 기관에 불과하다.

(ii) 병존형에서는 국민이 국회의원뿐 아니라 집행권의 수반인 국가원수도 보통선거로 선출한다(대통령제 · 반대통령제). 이는 미국과 1962년 이후의 프랑스 모델이다. 이 경우 입법부의 우월성은 국가원수의 인격화된 권위에 의하여 제한될 수밖에 없다.

(3) 문제점

(i) 대표와 국민의 괴리　　대표민주주의에서 대표는 정치제도의 실질적 작동축으로서 기능한다. 그들은 자신들의 정치계층 안에서 대표를 충원함으로써 결과적으로 대표와 국민 사이의 간격이 벌어지는 문제점이 드러난다. 이에 따라 대표민주주의는 민주주의의 기본원리인 가장 많은 국민들의 이익을 대표하는 체제로 작동하기 어려워진다. 실제로 일반대중에게 제대로 된 정보가 제공되지 아니하면, 국가권력은 국회의원이나 정치지도자에 의하여 자의적으로 운용될 우려가 깊어진다.

(ii) 의회주권으로 변질　　특히 의원내각제에서 국민주권원리가 오히려 의회주권으로 변질된다. 즉 대표자가 선거에서 한 번 대표로 지정된 이후에는, 선거인

의 의사와 관계없이 처신할 뿐 아니라 선거인의 통제에서 벗어나 있다. 이러한 현상은 특히 다당제 국가에서 더욱 심각하게 나타난다. 이들 국가에서는 국회의 동일한 임기 중에 주권자의 의사와는 관계없이 자유롭게 새로운 의회의 다수파를 형성할 수 있을 뿐 아니라 주어진 의회의 다수파를 자유롭게 전복할 수도 있다. 이와 같이 주권자의 의사와 유리된 대표자의 행동은 그 대표자의 임기가 길어질수록 더욱더 심화된다. 이러한 상황에서 국민은 명목상 주권자에 불과하고 의회가 실질적 주권자로 등장한다.

(iii) **정당에 의한 국민주권의 왜곡** 대표민주주의의 두 번째 변용은 첫 번째 변용의 연장선상에서 나타난다. 오늘날 정당은 조직화·중앙집권화·계층화되어 있어 의원들이 행하는 의회에서의 의사결정은 그들이 소속한 정당지도자의 지시나 통제로부터 자유로울 수 없다. 이와 같이 의원들이 국민여론에 귀를 기울이기보다는 소속정당의 지도자의 의사에 따르게 되면, 더 이상 진정한 의미의 민주주의적인 메커니즘은 작동되지 못한다. 정당지도자의 의사가 의회의 의사결정에 적극적으로 개입하는 한, 국민주권의 원리는 정당에 의하여 왜곡되고 만다.[1]

Ⅲ. 반직접민주주의

1. 반(半)대표이론의 정립

에즈멩이 제시한 반대표이론은 오늘날 반직접민주주의이론으로 정립되고 있다. 반직접민주주의는 대표기관과 국민의 직접적인 개입이 공존하는 체제를 말한다. 즉 반직접민주주의의 특징은 중요한 국정사안에 대하여 국민이 직접 개입할 수 있다는 점이다. 그동안 반직접민주주의는 그리스·스위스의 칸톤·미국의 일부주 등에서만 실천되어왔다.

2. 순수대표제에서 반직접민주주의로 발전

(i) 민주주의의 초기 발전과정에서는 순수대표형의 대의제 중심으로 작동하여왔지만 그 사이 반직접민주주의는 끊임없이 발전을 거듭하여 마침내 국민의 직접적인 개입절차가 다수의 국가에서 헌법상 제도로 도입되기에 이르렀다(예컨대 프랑스 제4·제5공화국, 오스트리아, 독일의 란트, 에이레(아일랜드), 이탈리아, 스웨

1) 권영설, 헌법이론과 헌법담론, 법문사, 353면 이하 참조; Adhémar Esmein, "Deux formes de gouvernement", *R.D.P.*, tome 1, 1894, pp. 24-26.

덴 등). 대표민주주의의 고향인 영국도 1973년에 국민투표제도를 도입하여 총 네 차례의 국민투표(1975년, 2011년, 2014년, 2016년)가 실시되었다. 특히 2016년 6월 23일에 실시된 유럽연합(EU) 탈퇴 여부에 관한 국민투표(Brexit)는 전 세계적으로 큰 반향을 일으켰다.[1)]

(ii) 이에 따라 오늘날 대의민주주의만을 주장하는 순수대표제에서 직접민주주의를 가미한 반대표민주주의 내지 반직접민주주의로 나아간다. 이제 국민은 헌법개정뿐만 아니라 법률사항에까지 직접 개입한다. 한국에서도 직접민주주의적인 국민투표뿐만 아니라 신임투표 · 국민발안에 관한 논의가 계속된다. 또한 지방자치의 활성화와 더불어 주민소환('주민소환에 관한 법률') · 주민투표(주민투표법) · 주민발안('주민조례발안에 관한 법률') 등이 도입되어 있다.

헌법사항과 관련하여, 국민투표제도는 헌법개정뿐 아니라 새로운 민주주의적 질서를 창출하기 위하여 작동된다. 1976년 12월 15일 스페인에서는 40년에 이르는 프랑코 총통의 지배체제를 종식시키고 새로운 국회(Cortès)를 보통선거로 실시하기 위한 원칙을 제시하는 국민투표를 실시한 바 있다. 비슷한 사례로서 1974년 12월 8일 그리스에서는 군사정권 종식 이후 군주국으로의 회귀가 아닌 공화국의 성립을 위한 국민투표를 실시한 바 있다.

1) 박성용, "영국 헌정사에 있어서 레퍼렌덤의 특징과 의의", 유럽헌법연구 24.

제 3 항 민주적 선거제도

Ⅰ. 의 의

(ⅰ) 자유민주주의체제의 전개과정에서 국민주권의 원리는 직접민주정보다는 간접민주정 즉 대의제를 채택하게 되었다. 이에 따라 선거라는 대표자를 선임하는 정치과정이 뒤따른다. 권력의 원천인 국민을 대표하는 대표자 선임(選任)은 민주주의 원리에 입각하여야 한다. 특히 오늘날 대의제는 자유위임(기속위임금지)의 법리에 입각하기 때문에 민주적 선거제도의 중요성이 강조된다.

"선거는 주권자인 국민이 그 주권을 행사하는 통로이므로 선거제도는 첫째, 국민의 의사를 제대로 반영하고, 둘째, 국민의 자유로운 선택을 보장하여야 하고, 셋째, 정당의 공직선거 후보자의 결정과정이 민주적이어야 하며, 그렇지 않으면 민주주의원리 나아가 국민주권의 원리에 부합한다고 볼 수 없다"(헌재 2001.7.19. 2000헌마91등, 공직선거법 제146조 제2항, 제56조 등, 제189조 위헌확인(한정위헌)).

(ⅱ) 주권적 의사의 표현인 선거에서 보통·평등·직접·비밀·자유선거의 원리는 이제 일반적이고 필수적인 요소로 자리 잡고 있다. 그런데 어떤 선거제도를 채택하느냐에 따라 정당 사이에 의석배분이 달라진다. 이는 곧 선거제도가 그 나라의 정당구조 내지 헌정체제의 운용에 직접적인 영향을 미치는 징표이다. 각국의 다양한 헌정체제와 헌정현실은 헌법전에 구현된 정치체제와 더불어 이들 국가 특유의 정치적 환경 특히 현대 정당국가 경향에 따른 정당제도 및 이들 정당의 형성에 결정적인 영향을 미치는 선거제도와 불가분의 관계를 형성한다.[1]

(ⅲ) 한국헌법은 국회의원선거와 대통령선거에서 국민의 "보통·평등·직접·비밀선거"를 명시한다(제41조 제1항·제67조 제1항). 또한 "모든 국민은 법률이 정하는 바에 의하여 선거권을 가진다"(제24조), "지방의회의 조직·권한·의원선거와 지방자치단체의 장의 선임방법 기타 지방자치단체의 조직과 운영에 관한 사항은 법률로 정

1) 성낙인, 선거법론, 법문사; 성낙인, 공직선거법과 선거방송심의, 나남출판사; 조원용, "민주공화국에서 의무적 투표 참여제의 합헌성", 헌법학연구 20-4; 윤수정, "정치·선거분야에 대한 헌법재판소의 초기 결정 분석 및 평가", 헌법학연구 24-4; 김정현, "정치적·사회적 갈등의 통합을 위한 권력구조 및 선거제도 개선방안", 헌법학연구 28-2; 김해원, "지방선거에서의 정당공천제도", 헌법학연구 28-2; 김선량, "선거보도 심의제도 개선방안에 관한 소고", 공법연구 54-2; 조영승, "'지지후보 없음'에 투표할 권리에 관한 소고", 공법학연구 25-2; 배정훈, "선거공영제 관련 규정의 형성과 전개", 헌법학연구 30-3; 김효연, "비례성·대표성의 관점에서 분석한 선거제도 개선의 한계 및 평가", 헌법학연구 30-4; 조영승, "국회의원의 세대 간 불균형에 관한 헌법적 고찰", 헌법학연구 31-3.

한다"(제118조 제2항)라고 규정한다. 즉 보통 · 평등 · 직접 · 비밀선거는 헌법상 선거제도의 기본원칙이지만, 나머지 사항은 법률사항이다.

(iv) 선거제도의 구체적인 모습은 국회의원선거 · 대통령선거 · 지방자치선거에서 각기 달리하지만 그 기본원칙은 동일하다는 점에서 공직선거법에서는 이들 사항을 포괄적으로 규정한다.

(v) 선거는 헌법의 기본원리인 선거제도 및 정치적 기본권인 선거권과 피선거권, 정치제도의 한 부분으로서 국회의원선거 · 대통령선거 · 지방자치선거에서 각기 논술되기도 한다. 본서에서는 민주적 선거제도라는 관점에서 이를 총론에서 살펴보고자 한다.

Ⅱ. 선거제도와 기본원칙(보통 · 평등 · 직접 · 비밀 · 자유선거)

1. 제한선거(制限選擧)에서 보통선거(普通選擧)로

(i) 보통선거란 제한선거에 반대되는 선거로서 근대입헌주의 원리에 기초한 보통선거의 실시는 비교적 최근의 일이다. 보통선거는 입헌주의의 발전과정에서 자행되었던 사회적 신분 · 재력 · 납세실적 · 학위 등에 따른 제한선거의 양태를 배척할 뿐만 아니라, 인종 · 신앙 · 성별 등 그 어떠한 이유로도 선거권이 제한받지 아니하는 선거제도이다. 남녀 사이에 투표권의 불평등은 20세기에 이르러 비로소 보통선거의 원리로 정착되었다(영국 1918년, 미국 1919년, 프랑스 1944년). 제한선거는 선거권 자체를 부여하지 아니하는 선거이다. 반면에 불평등선거는 선거권은 부여하지만 선거권의 내용에 차등을 두는 선거라는 점에서 구별된다.

> "민주주의는 참정권의 주체와 국가권력의 지배를 받는 국민이 되도록 일치할 것을 요청한다. 국민의 참정권에 대한 이러한 민주주의적 요청의 결과가 바로 보통선거의 원칙이다. 즉 원칙적으로 모든 국민이 균등하게 선거에 참여할 것을 요청하는 보통 · 평등선거원칙은 국민의 자기지배를 의미하는 국민주권의 원리에 입각한 민주국가를 실현하기 위한 필수적 요건이다. 원칙적으로 모든 국민이 선거권과 피선거권을 가진다는 것은 바로 국민의 자기지배를 의미하는 민주국가에의 최대한의 접근을 의미하기 때문이다"(헌재 1999.5.27. 98헌마214, 공직선거법 제53조 제3항 등 위헌확인(위헌,기각)).

(ii) 하지만, 선거권(또는 피선거권)은 절대적으로 제한될 수 없는 권리가 아니기 때문에 이를 제한하는 입법은 국민의 기본권제한에 관한 헌법 제37조 제2항의 규정에 따라야 한다. 예컨대 재외국민에 대한 선거권 부인은 보통선거의 원칙

에 위배된다(헌재 2007.6.28. 2004헌마644등, 공직선거법 제15조 제2항 등 위헌확인 등(헌법불합치,잠정적용)).

> "선거권자의 국적이나 선거인의 의사능력 등 선거권 및 선거제도의 본질상 요청되는 사유에 의한 내재적 제약을 제외하고 보통선거의 원칙에 위배되는 선거권제한입법을 하기 위해서는 기본권제한입법에 관한 헌법 제37조 제2항의 규정에 따라야 한다"(헌재 1999.1.28. 97헌마253등, 공직선거법 제37조 제1항 위헌확인 등(기각,각하)).

2. 불평등선거(不平等選擧)에서 평등선거(平等選擧)로

(i) 평등선거란 불평등선거(차등선거)에 반대되는 선거로서 1인 1표(one man, one vote)의 원칙에 따라 모든 선거인이 평등하게 한 표를 행사하고, 1표 1가(one vote, one value)의 원칙에 따라 모든 선거인의 투표의 성과가치(成果價値)도 평등한 선거를 말한다. 또한 선거과정에서 선거참여자들의 기회균등도 요구된다.

불평등선거로서의 차등선거에는 복수투표제와 등급투표제 등이 있었다. 하지만, 제한선거와 더불어 차등선거는 용납되지 아니한다.

(ii) 오늘날 평등선거의 주된 쟁점은 선거구가 인위적으로 획정되는 국회의원 및 지방의회의원 선거에서 선거구 사이에 인구불평등이 문제된다. 헌법재판소는 지역구국회의원선거구획정에서 지역구 사이의 인구편차를 1995년에는 4:1 이상 위헌(헌재 1995.12.27. 95헌마224등, 공직선거법 [별표 1] 「국회의원지역선거구구역표」 위헌확인(기각))으로 결정한 이후, 2001년에는 3:1 이상 위헌(헌재 2001.10.25. 2000헌마92등, 공직선거법 [별표 1] 「국회의원지역선거구구역표」 위헌확인(헌법불합치,잠정적용))으로, 2014년에는 2:1 이상 위헌으로 판례를 변경하였다(헌재 2014.10.30. 2012헌마190등, 공직선거법 제25조 제2항 별표1 위헌확인 등(각하,헌법불합치,잠정적용)). 또한 선거구획정에 있어서 지리적 기준을 일탈한 경우에도 위헌으로 결정하였다(헌재 1995.12.27. 95헌마224등, 공직선거법 [별표 1] 「국회의원지역선거구구역표」 위헌확인(위헌,기각)).

3. 간접선거(間接選擧)에서 직접선거(直接選擧)로

(i) 직접선거는 간접선거에 반대되는 선거로서 선거인이 직접 대표자를 선출하는 선거제도이다. 민주주의의 발전과정에서 초기에는 선거인이 행하는 후보자에 대한 직접투표를 의미하였는데, 오늘날에는 선거결과가 유권자의 의사에 의하여 최종적으로 결정되기만 하면 직접선거의 원칙에 위배되지 아니한다.

(ii) 선거가 다단계로 시행될 경우에는 결국 간접선거가 된다. 예컨대 프랑스 상원의원선거는 3단계 선거제도이며, 미국의 대통령선거제도도 간접선거이다. 하지만, 선거결과가 유권자의 의사에 의하여 최종적으로 결정된다는 점에서 직접선거의 원칙에 위배된다고 할 수는 없다.

(iii) 그런데 간접선거과정에서 선거인단의 의사가 국민의 의사와 동떨어진

경우가 일어난다. 유신헌법에서 통일주체국민회의 대의원선거인단이 유권자의 의사와 관계없이 독자적으로 투표한 행태가 그 단적인 사례이다. 또한 예전의 전국선거구 비례대표국회의원선거제도는 비례대표의원선거를 위한 투표를 별도로 하지 아니하였다는 점에서 위헌선언된 바 있다(헌재 2001.7.19. 2000헌마91등).

"직접선거의 원칙은 선거결과가 선거권자의 투표에 의하여 직접 결정될 것을 요구하는 원칙이나. 국회의원선거와 관련하여 보면, 국회의원의 선출이나 정당의 의석획득이 중간선거인이나 정당 등에 의하여 이루어지지 않고 선거권자의 의사에 따라 직접 이루어져야 함을 의미한다. 역사적으로 직접선거의 원칙은 중간선거인의 부정을 의미하였고, 다수대표제하에서는 이러한 의미만으로도 충분하다고 할 수 있다. 그러나 비례대표제하에서 선거결과의 결정에는 정당의 의석배분이 필수적인 요소를 이룬다. 그러므로 비례대표제를 채택하는 한 직접선거의 원칙은 의원의 선출뿐만 아니라 정당의 비례적인 의석확보도 선거권자의 투표에 의하여 직접 결정"되어야 한다(헌재 2001.7.19. 2000헌마91등, 공직선거법 제146조 제2항 등 위헌확인(한정위헌)).

4. 공개선거(公開選擧)에서 비밀선거(秘密選擧)로

(i) 비밀선거는 공개선거 또는 공개투표에 반대되는 선거로서 선거인의 의사결정 또는 투표내용이 알려지지 아니하고 비밀에 부쳐지는 선거제도를 말한다. 공개선거는 개인의 자유로운 의사표명 기회가 사실상 차단될 위험이 있기 때문에 금지된다.

(ii) 비밀선거는 무기명투표와 투표내용에 대한 진술거부가 지켜져야 가능하다. 그런데 정보매체의 발전에 따라 여론조사 등이 난무하면서 투표의 비밀이 도전받는다. 여론조사는 비밀선거의 원칙을 지켜주는 전제 아래 국민의 알 권리 충족 기능을 수행하여야 한다(공직선거법 제167조).

(iii) 특히 오늘날 전자정부 및 인터넷 시대의 도래에 따라 전면적인 전자투표의 실시가 가능한지의 문제가 제기된다. 다른 한편 재외국민 부재자투표의 투표율 향상을 위한 방안 및 장애인을 위한 투표의 편의 제공 등이 비밀선거에 위배되는 대리투표의 위험 문제가 제기된다. 하지만, 새로운 선거제도의 도입은 여전히 불식되지 못하고 있는 선거부정으로부터 자유롭지 못하다는 한계에 봉착한다.[1]

비밀선거의 원칙이 자유선거의 원칙을 보장하는 전제조건으로 기능하고 있고, 민주주

1) 문재완, "공직선거 투표제도의 합헌적 실시방안", 공법학연구 22-1; 공진성, "장애인 선거권의 실질적 보장을 위한 공직선거법상 거소투표절차의 개선방안 연구", 공법학연구 22-2; 심소연, "선거의 공개성 원칙에 비추어 본 선거관리 및 사전투표제의 문제점과 개선방안", 공법연구 50-4; 이재희, "선거의 공정성과 언론의 역할", 공법연구 50-4; 이공주, "사전투표 제도의 문제점과 대응방안에 관한 연구", 헌법학연구 20-3; 허진성, "선거소송에 관한 헌법적 고찰", 헌법학연구 28-4.

의 아래에서 선거권이 지니는 중요한 의미를 고려하여, 비밀선거의 원칙에 대한 예외는 필요하고 불가피한 예외적인 경우에만 허용될 수 있다. 신체에 장애가 있는 선거인에 대해 투표보조인이 가족이 아닌 경우 반드시 2인을 동반하도록 한 공직선거법 규정은 신체에 장애가 있는 선거인이 실질적으로 선거권을 행사할 수 있도록 지원하고 투표보조인의 부당한 영향을 방지하여 선거의 공정성을 확보한다는 중대한 공익을 추구하고 있기 때문에 필요성을 인정할 수 있으며, 중증장애인의 선거권 행사를 대리투표로 악용하는 선거범죄를 예방하면서 투표보조 제도보다 손쉽게 활용될 수 있는 더 나은 방법은 현실적으로 찾기 어렵다. [반대의견(3인)] 선거권이 정치적 자기결정권이라는 점을 고려하여 신체에 장애가 있는 선거인이 투표 내용을 공개할 범위를 스스로 정하고 궁극적으로 스스로 기표행위를 할 수 있도록 보장되어야 한다(헌재 2020.5.27. 2017헌마867, 공직선거법 제157조 제6항 후단 위헌확인 등(기각,각하)).

5. 강제선거(强制選擧)에서 자유선거(自由選擧)로

(i) 자유선거는 강제선거에 반대되는 선거로서 선거인이 자신의 선거권을 외부의 강제나 간섭이 없이 의사형성과 의사실현을 할 수 있는 선거제도를 말한다. 헌법에서는 자유선거의 원칙을 명시적으로 적시하지 아니하지만, 자유선거는 민주주의선거의 당연한 원칙으로 인정된다.

"자유선거의 원칙은 비록 우리 헌법에 명시되지는 않았지만 민주국가의 선거제도에 내재하는 법원리인 것으로서 국민주권의 원리, 의회민주주의의 원리 및 참정권에 관한 규정에서 그 근거를 찾을 수 있다. 이러한 자유선거의 원칙은 선거의 전 과정에 요구되는 선거권자의 의사형성의 자유와 의사실현의 자유를 말하고, 구체적으로는 투표의 자유, 입후보의 자유, 나아가 선거운동의 자유를 뜻한다"(헌재 1994.7.29. 93헌가4, 구 대통령선거법 제36조 제1항, 제34조 등 위헌제청(위헌,합헌)).

(ii) 그런데 국민들의 정치적 무관심으로 인하여 투표참여가 저조하여 대표의 국민적 정당성에까지 의문이 제기된다. 이에 일부 국가에서는 투표참여를 선거인의 공적 의무로 규정하고 그 위반에 대하여 과태료나 벌금 등을 부과하는 법적인 제재를 가하기도 한다(벨기에 헌법 등). 이는 자유선거의 원칙에 비추어 본다면 바람직한 제도가 아니다. 현행헌법이 침묵을 지키는 가운데 공직선거법에서는 "선거권자는 성실하게 선거에 참여하여 선거권을 행사하여야 한다"(제6조 제4항)라고 규정하여 선거권자의 법적 의무를 명시하고 있지만 이를 강제하는 규정은 없다.

다만, "각급선거관리위원회(읍·면·동선거관리위원회는 제외한다)는 선거인의 투표참여를 촉진하기 위하여 교통이 불편한 지역에 거주하는 선거인 또는 노약자·장애인 등 거동이 불편한 선거인에 대한 교통편의 제공에 필요한 대책을 수립·시행하여야 하고, 투표를 마친 선거인에게 국공립 유료시설의 이용요금을 면제·할인하는 등의 필요한 대책을 수립·시행할 수 있다"(제6조 제2항).

Ⅲ. 선거구제와 대표제

1. 의의: 선거구제에서 대표제로

(i) 선거제도에 관한 논의는 ① 선거구획정, ② 선거구(選擧區)의 규모(대·중·소선거구제), ③ 대표의 결정방식(다수대표제·소수대표제·비례대표세·직능대표제)으로 귀결된다. 첫 번째 선거구획정은 선거구 사이의 인구불평등 및 게리맨더링 방지에 초점이 있으며, 이는 합리성과 적헌성에 기초하여 이론적 해결이 가능한 사항이다. 그러나 두 번째와 세 번째는 선거제도로서 합리성이나 정당성 혹은 당위의 문제가 아니라, 각국이 처한 특수한 사정을 감안하여 정치적으로 해결하여야 할 합목적적 선택의 문제이므로 항시 논란의 대상이다.

(ii) 대표의 결정방식인 대표제와 의원을 선출하는 단위인 선거구에 관한 논의는 일견 별개의 문제로 볼 수도 있다. 대표제의 종류인 다수대표제·소수대표제·비례대표제·혼합대표제·직능대표제는 오늘날 다수대표제·비례대표제·양자의 혼합으로 귀착된다. 한편 독일식 혼합선거제는 진정한 의미의 혼합선거제라기보다는 오히려 비례대표제에 다수대표제를 혼합한 제도이기 때문에, 결과적으로 비례대표제의 성격이 강한 부진정 혼합대표제이다.

그런데 다수대표제는 이론상으로는 중선거구제가 가능하지만 현실적으로 소선구제로 귀착된다. 비례대표제는 논리 필연적으로 중·대선거구제를 전제로 한다. 소선거구제와 대선거구제의 장·단점은 다수대표제와 비례대표제에도 그대로 적용될 수 있는 내용이다.

소선거구제란 하나의 선거구에서 1인(또는 2인)을 선출하는 제도이다. 대선거구제는 하나의 선거구에서 적어도 5인 이상을 선출하는 제도이다. 중선거구제는 하나의 선거구에서 3·4인 정도를 선출하는 제도이다. 과거 일본에서 중선거구제를 채택한 바 있으나 폐지되었다. 우리나라에서는 기초지방의회의원선거에서 중선거구제를 도입하고 있다.

소선거구제의 장·단점은 대선거구제의 단·장점으로 연결되므로 여기에서는 소선거구제의 장·단점을 살펴본다. (i) 장점으로는 ① 양대 정당제의 확립, ② 정치적 안정 확보, ③ 선거인의 대표선택 용이, ④ 선거인과 의원 사이의 유대강화, ⑤ 선거비용의 최소화, (ii) 단점으로는 ① 과다한 사표(死票) 발생, ② 정당득표율과 의석획득수의 괴리, ③ 지방토착인물의 과다등용, ④ 매수 등에 의한 부패가능성, ⑤ 선거구획정의 난점 및 게리맨더링의 위험 등이 있다. 제2공화국 참의원선거는 시·도 단위 대선거구제였다.

2. 다수대표제

(1) 의 의

다수대표제(多數代表制)란 다수의 후보자 중에서 선거인으로부터 다수득표자를 당선자로 결정하는 선거제도이다. 다수대표제는 선거제도로서 가장 간명하기 때문에 가장 오래된 선거제도이며 오늘날에도 널리 시행된다.

(2) 유 형

다수대표제는 상대적 다수대표제와 절대적 다수대표제로 구분할 수 있다.

(i) 상대적 다수대표제는 단 한 번의 선거에서 상대적으로 가장 많은 유효투표를 득표한 사람을 대표로 선출한다는 점에서 일회제 다수대표제라고도 한다. 선거제도가 간명하기 때문에 오늘날 영국·미국 등에서 널리 채택한다.

(ii) 절대적 다수대표제는 첫 번째 선거에서 유효투표의 과반수 득표자가 없으면 법정 득표 이상을 한 후보자 중에서 두 번째 결선투표를 실시하여 유효투표의 과반수 득표자를 당선자로 결정하는 선거제도로 결선투표제 또는 이회제 다수대표제라고 한다. 두 번 선거를 시행하기 때문에 불편하고 번거롭기는 하지만, 민주적 정당성에 더 부합하는 선거제도라고 평가할 수 있다. 프랑스 하원의원선거와 대통령선거, 오스트리아·핀란드·포르투갈·튀르키예·이란·브라질·아르헨티나·우루과이·루마니아·몰도바 대통령선거 등에서 채택한다.

(3) 장·단점

(i) 다수대표제의 장점은 ① 무엇보다도 기술적으로 손쉬운 방법으로 안정적 다수파를 확보함으로써 헌정체제의 안정을 도모할 수 있다. ② 이에 따라 정당제도는 양당제적 경향으로 나아간다. 특히 다당제 국가에서 절대적 다수대표제를 채택하면 2차 투표에서 좌·우 연합을 통한 양극화 현상을 초래하여 실질적으로 양당제와 유사하게 작동함으로써 정국의 안정을 도모할 수 있다. ③ 또한 소선거구제 선거를 통하여 선거인은 쉽게 후보자를 직접 선택함으로써 직접선거의 원리에 충실할 뿐만 아니라 선거인과 대표 사이의 유대를 강화할 수 있다.

(ii) 그러나 다수대표제의 단점으로는 ① 많은 유효투표가 결과적으로 사표가 되기 때문에 선거인의 정확한 의사가 의회구성에 반영되지 못한다. ② 이에 따라 전국적으로 종합하면 더 많은 유효투표를 획득한 정당임에도 불구하고 의석수는 오히려 소수파로 머무는 현상까지 초래할 수 있다. ③ 또한 거대 정당에게만 유리하고 소수파의 의회 진출 기회가 차단당하게 된다. ④ 게다가 선거구의 소규모

화로 인하여 선거구의 인위적 조작 가능성도 제기된다.

3. 비례대표제

(1) 의 의

(i) 비례대표제(比例代表制)는 다수대표제의 단점을 극복하기 위하여 각 정치세력의 득표율에 비례하여 대표자를 배분하는 선거제도이다.

(ii) 비례대표제는 유권자인 국민의 의사를 정확하게 반영할 수 있기 때문에 다수대표제보다 더 국민적 정당성을 확보할 수 있는 선거제도이다. 서유럽 각국에서 널리 채택된다. 그러나 국민의 정확한 의사의 반영과 사표의 방지는 상대적이며 국민의 의사를 사진기로 찍듯이 정확하게 반영할 수는 없으므로, 학자들은 비례대표제보다는 '비례선거제'라는 표현을 사용하기도 한다.[1)]

(2) 유 형

(i) 비례대표제는 사표를 방지함으로써 대표선출에서 선거인의 의사를 정확하게 반영하려는 선거제도이다. 이를 구현하기 위한 기법은 매우 다양하다. 선거구의 규모, 후보자의 입후보방식, 선거인의 투표방식, 유효투표의 의석배분방식 등에 따라서 다양한 제도가 제시되어 있다.

(ii) 선거구의 규모는 대선거구제를 전제로 전국선거구제와 권역별 선거구제가 있다. 국회의원선거에서는 일반적으로 권역별 비례대표제를 채택한다. 입후보방식은 개인별 입후보방식과 명부식 입후보방식이 있으며, 명부식은 고정명부식과 가변명부식 등이 있다. 오늘날 정당국가 경향과 더불어 정당별 고정명부식 비례대표제가 일반화되어 있다. 이에 따라 투표방식도 복수투표방법 등 복잡한 방법보다는 단일투표방법이 널리 채택된다.

(iii) 그런데 비례대표제는 당선자 결정방식에 어려움이 있다. 사표의 최대한 억제라는 목적을 달성하기 위하여 다양한 방안이 강구되어왔다. 일반적인 방식으로는 당선기수(當選基數)를 먼저 정하고, 이어서 나머지 잔여의석(殘餘議席)의 배분방식을 논의한다. 가장 간단한 방안은 최대잔여표를 기준으로 나머지 의석을 배분하는 방식이다. 그러나 이보다 더 비례의 원리에 충실한 방안으로는 최대평

---

1) 음선필, 비례대표선거제의 유형과 헌법적 기능에 관한 연구, 서울대 박사학위논문, 1997; 윤재만, "정당민주화와 선거제도개혁-민주적 정당조직과 독일식 비례대표제도를 중심으로", 헌법학연구 22-1; 조원용, "비례대표제의 합헌적 개선방안", 공법연구 43-2; 신옥주, "선거제도 개선을 통한 국회의원의 대표성·비례성 강화방안 연구-독일 연방선거법에 대한 비교법적 고찰을 중심으로", 공법연구 45-3; 위종욱, "위성정당의 헌법적 문제와 해결 방안", 공법연구 54-1.

균식과 동트식 비례대표제가 있다.

(iv) 의석배분 방법으로는 이 제도의 창안자인 동트(d'Hondt)의 이름을 원용한 동트식 비례대표제가 비교적 많이 채택되어왔다. 동트식에 의하면 각 명부가 획득한 유효투표수를 1부터 시작하여 해당 선거구에 배분된 총의석수에 이르기까지 순차적으로 각기 나누어 도표를 만든다. 이제 그 도표 중에서 기수(基數)가 제일 많은 명부부터 순차적으로 의석을 배정하는 이른바 제수식(除數式)이다.

아래의 표에 따라 이를 설명하면, 예컨대 8명의 의원을 선출할 경우에 각 명부에서 가장 많은 숫자를 선택하면 된다. 즉 이 경우 A명부 3석, B명부 2석, C명부 2석, D명부 1석, E명부 0석이 배정된다.

〈비례대표 의석배분의 예-동트식〉

	1	2	3	4	5	6	7	8
A명부	126,000	63,000	42,000	31,500	25,200	21,000	18,000	15,750
B명부	94,000	47,000	31,333	23,000	18,800	15,666	13,428	11,850
C명부	88,000	44,000	29,333	22,000	17,600	14,666	12,571	11,000
D명부	65,000	32,500	21,666	16,250	13,000	10,833	9,825	8,125
E명부	27,000	13,500	9,000	6,750	5,400	4,500	3,857	3,375

(3) 장·단점

(i) 비례대표제의 장점은 ① 투표의 산술적 계산가치의 평등뿐만 아니라 성과가치의 평등도 동시에 구현할 수 있으므로 평등선거의 원리에 가장 부합하는 제도이다. ② 이 경우 소선거구제에서 사표로 머물게 되는 군소정당이나 새로운 정치세력이 의회로 진출함으로써 민주주의의 또 다른 이상인 소수파 보호를 구현할 수 있다. ③ 소수파의 의회 진출로 다수파의 횡포를 방지하고 정당정치의 활성화에도 기여할 수 있다. ④ 또한 비례대표제를 채택하기 위하여서는 대선거구제를 채택할 수밖에 없는데, 이에 따라 다수대표제의 소선거구제에서 야기될 수 있는 선거구획정의 불평등 논란을 불식시킬 수 있다.

(ii) 반면에 비례대표제의 단점은 ① 각계각층의 다양한 정파가 의회에 진출할 수는 있지만, 안정적이고 동질적인 다수파를 의회 안에서 확보하기가 곤란할 뿐만 아니라 군소정당의 난립으로 인하여 정국 불안정을 초래할 우려가 있다. ② 또한 대선거구제를 채택하기 때문에 선거인과 대표 사이의 관계가 소원하여질 수밖에 없다. ③ 현실적으로도 비례대표제를 시행하기에는 절차상·기술적 난점이

많다. 투표 명부의 순서를 바꿀 수 있는 가변명부, 정당은 후보자의 명부만 작성하고 그 순위와 내용은 선거인이 작성하는 개방명부제 등이 있다. 하지만, 기술적 편의에 따라 일반적으로 명부식 비례대표제를 채택하는데, 이 경우 그 명부 자체 및 명부의 순위가 특정 정치지도자 또는 정치세력에 의하여 좌우되기 때문에 선거인의 정확한 의사를 제대로 반영할 수 없다는 문제점도 지적된다.

4. 혼합대표제

(1) 의 의

오늘날 국가에 따라서는 비례대표제와 다수대표제가 가진 장·단점을 서로 보완한 소선거구 상대적 다수대표제와 대선거구 비례대표제를 혼용하는 경향을 볼 수 있다. 독일의 선거제도와 일본의 선거제도가 이 범주에 속한다. 그러나 같은 이중투표제이지만 독일의 선거제도는 비례대표제에 가까운 부진정 혼합선거제라 할 수 있고, 일본의 선거제도는 병렬식 선거제도란 점에서 차이가 있다.

(2) 독일식 혼합대표제(부진정비례대표제)

현행 독일의 선거제도는 바이마르공화국에서 실패한 비례대표제에 대한 반성으로부터 비롯되었다. 독일 연방하원의원 선거방식은 비례대표제를 기본으로 하고 여기에 지역구에서 선출되는 상대적 다수대표제를 추가하므로 부진정혼합대표제 또는 비례대표제에 가까운 혼합대표제라고도 한다. 다만, 개정된 선거법에 따라 기존의 보정의석은 줄어들겠지만 비례대표성은 완화된다.

(i) 각 유권자는 두 개로 나누어진 투표용지를 가진다. 첫 번째 투표용지로 해당 선거구의 후보자에 투표하고 두 번째 투표용지에는 란트별로 각 정당이 제시한 후보자명부에 투표한다. 첫 번째 선거는 상대적 다수대표제, 두 번째 선거는 비례대표제이다. 과거에는 동트식을 채택하였으나 1985년에 하르-니마이어 방식으로 변경하였다. 최종적인 당선자는 각 정당에 배당된 비례대표제로 당선될 수 있는 수에서 다수대표제로 당선된 수를 공제한 숫자가 된다. 하지만, 초과의석의 지나친 발생에 대하여 헌법재판소가 헌법불합치결정(BVerfG 2 BvC 1/07)을 내리는 등의 문제점이 계속되어 2020년에 연방선거법이 개정되었다. 또한 2025년부터 지역구의석 수를 299석에서 280석으로 축소한다.

(ii) ① 유효득표율이 5% 이상(저지조항, 봉쇄조항)이거나 3개 선거구 이상에서 의석을 획득(기본의석)한 정당만이 의석을 배분받는다. 새로운 보정방식은 '주(Land)단위 보정'과 '연방단위 보정'을 단계별로 적용함으로써 의석수 증가를 억제하고자 한다. ② 의석배분 전에 먼저 기본의석 598석(지역구의석 299석+비례의석 299석)을 16개 주에 인구비례로 할당하다, 주별 인구비례 할당이 끝나면 각 주 안에서 의석배분이 실시된다. 개별 주에서 각 정당의 주별 정당득표율에 따라 배분되는 의석수(배분의석)에서 해당 정

당의 지역구 당선 의석을 뺀 의석을 해당 정당의 비례의석으로 산정한다. ③ 특정 정당이 특정 주에서 초과의석이 발생하면 해당 정당의 다른 주에 있는 비례의석을 줄인다. ④ '연방단위 보정'(補正)은 초과의석의 발생으로 인한 득표와 의석점유의 불비례를 보정의석 배분으로 해소하는 방식이다. 보정의석 산출에는 총 배분의석을 늘려 정당득표율과 의석점유율이 일치하는 지점을 찾아서 어느 정당도 득표보다 의석을 많이 가져가거나 적게 가져가지 아니하도록 '공정한 배분'이 이루어지게 한다. 다만, 초과의석 3석에 대하여는 보정하지 아니한다.

(3) 일본식 혼합대표제(병렬적 혼합대표제)

(i) 일본 중의원과 참의원 의원 선거방식은 지역구의원과 비례대표의원의 의석수가 미리 정하여져 있다. 선거인은 각기 1인 2표를 행사한다. 지역구의원은 상대적 다수대표제, 비례대표의원은 명부식 비례대표제로 선출된다(중의원 지역구(소선거구)289, 비례대표(권역별)176; 참의원 지역구(중대선거구)148, 비례대표(전국구)100).

(ii) 일본식 혼합대표제는 다수대표제로 선출되는 의원과 비례대표제로 선출되는 의원이 각기 정하여져 있으므로 병렬적 혼합대표제라고도 한다.

(4) 우리나라의 혼합대표제

현행 국회의원선거제도는 상대적 다수대표제로 선출되는 지역구의원과 비례대표제로 선출되는 전국선거구 비례대표의원으로 구분된다. 1인 1표제에 대한 헌법재판소의 한정위헌결정에 따라 이제 선거인은 1인 2표를 행사한다. 비례대표의원의 의석배분은 전국을 단일 선거구로 한다. 한편 지방의회의원선거에서도 비례대표제를 일부 도입한다.

5. 직능대표제

직능대표제(functional representation)는 선거인단을 각 직능별로 배분하고 그 직능을 단위로 대표를 선출하는 제도이다. 그런데 직능별 배분 그 자체가 현실적으로 불가능하기 때문에 직능대표제의 이상에도 불구하고 이 제도는 제대로 작동되지 못하고 폐기상태에 놓여 있다.

6. 평가: 헌정체제 · 선거제도 · 정당제도의 조화

(i) 브델은 대표제도의 이상과 현실을 단적으로 적시한 바 있다. ① 비례대표제는 풍부하고 훌륭한 이론을 제시하지만 비현실적이다. ② 이회제(절대적) 다수대표제는 좋은 착상을 제공하지만 부정적이다. ③ 일회제(상대적) 다수대표제는 이론적으로 취약하지만 효율적이다(L'idée du Doyen Vedel, cité par Benoît Jeanneau, *Droit constitutionnel et institutions politiques*, Dalloz, 1981, p. 40).

(ii) 국민의 주권적 의사표현인 선거에서 목표한 바를 모두 충족시킬 수 있는 선거제도의 채택은 결코 쉬운 일이 아니다. ① 평등선거의 원리, ② 직접선거의 원리, ③ 대표의 정확성, ④ 다수파의 확보, ⑤ 정부의 안정성, ⑥ 선거인이 대표를 선출하고 또한 의회의 다수파를 선출할 자유, ⑦ 정부의 팀워크와 정부의 공동강령채택 등에 관한 사항을 완전히 충족시키는 제도란 이상향에 불과하다.

(iii) 의회의 의사는 최종적으로 다수파에 의하여 결정된다. 그럼에도 불구하고 소수파의 의회 진출은 의회에 다양한 목소리를 반영하는 소중한 기회이다.

(iv) 결과적으로 비례대표제적인 이상과 다수대표제적인 현실의 조화는 하나의 유토피아에 불과할 수도 있다. 이에 선거제도로서 대표의 결정방식은 각국이 처한 특유의 역사적·정치적 상황을 고려한 선택의 문제로 돌아간다. 일찍이 뒤베르제가 '정당론'[1]에서 제시한 '뒤베르제의 법칙'(loi de Duverger)[2]은 선거제도에 따른 헌정체제와 정당제도의 상호관계를 단적으로 표현한다. ① 일회제 다수대표제는 양당제적 경향을, ② 비례대표제는 상호 독립적인 다당제적 경향을, ③ 이회제 다수대표제는 정당 사이의 연립에 의하여 절제된 다당제 경향을 가진다.

Ⅳ. 현행법상 선거제도

1. 의 의

(i) 1994년 대통령선거법·국회의원선거법·지방의회의원선거법·'지방자치단체의장선거법'을 통합한 '공직선거및선거부정방지법'(2005년 공직선거법으로 개정)과 '정치자금에관한법률중개정법률'(2005년 정치자금법으로 개정) 및 '지방자치법중개정법률'이 공포되었다.

(ii) 선거제도의 기본인 국회의원선거제도는 소선거구 상대적 다수대표제(지역구국회의원)와 전국선거구 비례대표(비례대표국회의원)제도를 채택한다. 기존의 1인 1표제에 의한 전국선거구 비례대표선거제도는 헌법재판소의 한정위헌결정으로 폐지되었고, 2004년 국회의원총선거에서는 비례대표국회의원선거에 정당투표제가 도입되었다(헌재 2001.7.19. 2000헌마91등). 대통령선거는 상대적 다수대표제를 채택한다. 기초 및 광역 지방자치단체의 장 선거도 상대적 다수대표제를 채택한다. 광역의회와

---

1) Maurice Duverger, *Les partis politiques*(정당론), A. Colin, 1ère éd., 1951, 10e éd.(Le Seuil), 1971.

2) William H. Riker, "The Two-Party System and Duverger's Law: An Essay on the History of Political Science", in *Mélanges Duverger*, Paris, PUF, 1988, pp. 405-423.

기초의회는 상대적 다수대표제로 선출되는 지역구의원과 비례대표의원으로 구성된다. 다만, 지역구의원의 경우에 광역의회는 소선거구제를, 기초의회는 중선거구제(제8회 전국동시지방선거에 한정하여 부분적으로 대선거구제 도입)를 채택한다.

2. 공정선거와 공직선거법

(1) 통합선거법으로서의 공직선거법

공직선거법은 "대한민국헌법과 지방자치법에 의한 선거가 국민의 자유로운 의사와 민주적인 절차에 의하여 공정히 행하여지도록 하고, 선거와 관련한 부정을 방지함으로써 민주정치의 발전에 기여함을 목적으로" 제정되었다(제1조).

(2) 공정선거를 보장하기 위한 공직선거법

A. 정당·후보자 등의 공정경쟁의무(제7조)

"선거에 참여하는 정당·후보자(후보자가 되고자 하는 자를 포함한다) 및 후보자를 위하여 선거운동을 하는 자는 선거운동을 함에 있어 이 법을 준수하고 공정하게 경쟁하여야 하며, 정당의 정강·정책이나 후보자의 정견을 지지·선전하거나 이를 비판·반대함에 있어 선량한 풍속 기타 사회질서를 해하는 행위를 하여서는 아니 된다."

B. 언론기관의 공정보도의무(제8조-제8조의7)

(i) 방송·신문·통신·잡지 기타의 간행물을 경영·관리하거나 편집·취재·집필·보도하는 자와 인터넷언론사가 정당의 정강·정책이나 후보자의 정견 기타사항에 관하여 보도·논평을 하는 경우와 대담·토론을 진행하고 이를 방송·보도하는 경우에는 공정하게 하여야 한다.

(ii) **공정보도의무**를 지는 언론매체는 방송·신문·통신·잡지 기타의 간행물 및 인터넷언론사이다. 공정보도의무를 지는 주체는 경영·관리자와 편집·취재·집필·보도하는 자이다. 언론매체의 경영자와 보도 관련자에 대한 포괄적인 공정보도의무의 부과는 현실적으로 경영과 편집의 완전한 분리가 불가능하기 때문이다. 그런 의미에서 총체적으로 언론사 내지 언론기관의 공정보도의무라고 할 수 있다. 공정보도의 대상은 보도·논평과 대담·토론이다.

(iii) 현행법에서 언론사의 **정치적 경향성**(傾向性) 표현을 언론보도의 공정성 개념에 포괄할 수 있는지에 관하여 논란이 있다. 일반적으로 언론기관이 특정한 정치적 성향의 명시적 표출은 현행 공직선거법의 틀을 벗어난다고 본다. 하지만, 공공성을 가진 방송을 제외한 언론기관의 정치적 경향성 표출은 공직선거법 위반으로 보기는 어렵다.

(iv) 선거보도의 공정성을 확보하기 위하여 공직선거법에서는 선거방송심의위원회(제8조의2), 선거기사심의위원회(제8조의3), 인터넷선거보도심의위원회(제8조의5), 선거방송토론위원회(제8조의7), 선거여론조사심의위원회(제8조의8)를 설치한다. 또한 선거보도에 관한 반론보도의 특칙(제8조의4)과 인터넷언론사에 대한 정정보도의 특칙(제8조의6)을 규정한다. 그런데 선거방송심의위원회는 방송미디어통신심의위원회, 선거기사심의위원회는 언론중재위원회, 인터넷선기보도심의위원회는 중앙선거관리위원회에 설치·운영하여 선거보도 관련 규제기구의 관할이 상이하다. 이 때문에 유사한 선거보도에 대하여 서로 다른 결론을 내리는 등의 혼란을 초래할 수 있다.

C. 공무원의 중립의무 등(제9조)

"공무원 기타 정치적 중립을 지켜야 하는 자(기관·단체를 포함한다)는 선거에 부당한 영향력의 행사 기타 선거결과에 영향을 미치는 행위를 하여서는 아니 된다." 그런데 직업공무원이 아닌 정무직 공직자의 정치적 중립의무는 논쟁적이다. 대통령 노무현의 정치적 발언은 결국 2004년의 탄핵사태로까지 이어진 바 있다.

> "공무원이란 원칙적으로 국가와 지방자치단체의 모든 공무원 즉, 좁은 의미의 직업공무원은 물론이고, 적극적인 정치활동을 통하여 국가에 봉사하는 정치적 공무원을 포함한다. 다만, 국회의원과 지방의회의원은 정당의 대표자이자 선거운동의 주체로서의 지위로 말미암아 선거에서의 정치적 중립성이 요구될 수 없으므로, 공선법 제9조의 '공무원'에 해당하지 않는다. 따라서 선거에 있어서의 정치적 중립성은 행정부와 사법부의 모든 공직자에게 해당하는 공무원의 기본적 의무이다. 더욱이, 대통령은 행정부의 수반으로서 공정한 선거가 실시될 수 있도록 총괄·감독해야 할 의무가 있으므로, 당연히 선거에서의 중립의무를 지는 공직자에 해당하는 것이고, 이로써 공선법 제9조의 '공무원'에 포함된다" (헌재 2004.5.14. 2004헌나1, 대통령(노무현) 탄핵(기각); 헌재 2008.1.17. 2007헌마700, 대통령의 선거중립의무 준수요청 등 조치 취소(기각)).

D. 사회단체 등의 공명선거추진활동(제10조)

사회단체의 정치활동 특히 선거개입은 원칙적으로 금지된다. 하지만, 사회단체 등은 선거부정을 감시하는 등 공명선거추진활동은 할 수 있다. 그런데 그 활동이 정치활동인지 공명선거추진활동인지의 경계가 불분명하다. 다만, 특별법에 의하여 설립된 국민운동단체 등은 그 명의 또는 그 대표의 명의로 공명선거추진활동을 할 수 없다.

E. 공정선거지원단(제10조의2), 사이버공정선거지원단(제10조의3)

(i) "각급선거관리위원회(읍·면·동 선거관리위원회는 제외한다)는 선거부정을 감시하고 공정선거를 지원하기 위하여 공정선거지원단을 둔다"(제10조의2 제1항).

(ii) 인터넷을 이용한 선거부정을 감시하고 공정선거를 지원하기 위하여 중앙선거관리위원회와 시·도선거관리위원회는 사이버공정선거지원단을 설치·운영하여야 한다(제10조의3 제2항). 인터넷언론사는 선거운동기간 중에 해당 인터넷홈페이지의 게시판·대화방 등에서 의견제시자의 실명(實名)을 확인하여야 한다(제82조의6). 인터넷실명제에 대하여는 일부 비판도 제기되지만 선거의 공정성 확보를 위하여 불가피한 측면도 있다(헌재 2010.2.25. 2008헌마324, 공직선거법 제82조의6 제1항 등 위헌확인 등(합헌,기각)). 그런데 헌법재판소는 인터넷언론사는 선거운동기간 중 당해 홈페이지 게시판 등에 정당·후보자에 대한 지지·반대 등의 정보를 게시하는 경우 실명을 확인 받는 조치를 하여야 하는 규정에 대하여 위헌으로 결정하였다(헌재 2021.1.28. 2018헌마456등, 공직선거법 제82조의6 제1항 등 위헌확인(위헌))(제3편 제4장 제3절 제5항 V. 2. (3) 인터넷 본인확인제 참조). 생각건대 선거운동기간 중이라는 특성에 비추어 본다면 반대의견과 같이 실명제를 위헌으로 보아서는 아니 되는 측면도 분명히 있다. 표현의 자유보다는 선거의 공정이라는 공익이 더 중요하기 때문이다.

실명확인 조항 중 "인터넷언론사" 및 "지지·반대" 부분은 명확성 원칙에 반하지 않는다. 그러나 인터넷언론사는 선거운동기간 중 당해 홈페이지 게시판 등에 정당·후보자에 대한 지지·반대 등의 정보를 게시하는 경우 실명을 확인받는 기술적 조치를 해야 하고, 행정안전부장관 및 신용정보업자는 실명인증자료를 관리하고 중앙선거관리위원회가 요구하는 경우 지체 없이 그 자료를 제출해야 하며, 실명확인을 위한 기술적 조치를 하지 아니하거나 실명인증의 표시가 없는 정보를 삭제하지 않는 경우 과태료 부과는 위헌이다.

정치적 의사표현을 자유롭게 할 수 있는 핵심적 기간이라 볼 수 있는 선거운동기간 중 익명표현의 제한이 구체적 위험에 기초한 것이 아니라 심판대상조항으로 인하여 위법한 표현행위가 감소할 것이라는 추상적 가능성에 의존하고 있는 점, 심판대상조항의 적용대상인 "인터넷언론사"의 범위가 광범위하다는 점까지 고려하면 심판대상조항으로 인한 기본권 제한의 정도는 결코 작다고 볼 수 없다. 실명확인제가 표방하고 있는 선거의 공정성이라는 목적은 인터넷 이용자의 표현의 자유나 개인정보자기결정권을 제약하지 않는 다른 수단에 의해서도 충분히 달성할 수 있다. 공직선거법은 정보통신망을 이용한 선거운동 규제를 통하여 공직선거법에 위반되는 정보의 유통을 제한하고 있고, '정보통신망 이용촉진 및 정보보호 등에 관한 법률'상 사생활 침해나 명예훼손 등의 침해를 받은 사람에게 인정되는 삭제요청 등의 수단이나 임시조치 등이 활용될 수도 있으며, 인터넷 이용자의 표현의 자유나 개인정보자기결정권을 제약하지 않고도 허위 정보로 인한 여론 왜곡을 방지하여 선거의 공정성을 확보하는 새로운 수단을 도입할 수도 있다. 인터넷을 이용한 선거범죄에 대하여는 명예훼손죄나 후보자비방죄 등 여러 사후적 제재수단이 이미 마련되어 있다. 현재 기술 수준에서 공직선거법에 규정된 수단을 통하여서도 정보통신망을 이용한 행위로서 공직선거법에 위반되는 행위를 한 사람의 인적 사항을 특정하고, 궁극적으로 선거의 공정성을 확보할 수 있다. 심판대상조항은 정치적 의사표현이 가장 긴요한 선거운동기간 중에 인터넷언론사 홈페이지 게시판 등 이용자로 하여금 실명확인을 하도록 강제함으로써 익명표현의 자유와 언론의 자유를 제한하고, 모든 익명표현을 규제함으로써 대다수 국민의 개인정보자기결정권도 광범위하게 제한하고 있다는 점에서 이와 같은 불이익은 선거의 공정성 유지라는 공익보다 결코 과소평가될 수 없다.

[반대의견(3인)] 심판대상조항은 '선거운동기간 중', '인터넷언론사 홈페이지의 게시판 · 대화방 등'에 '정당 · 후보자에 대한 지지 · 반대'의 정보 등을 게시하는 경우에 한정해서만 실명확인 조치 등을 통해 익명표현을 제한한다. … '정당 · 후보자에 대한 지지 · 반대'는 선거의 결과에 직접적으로 연관되고 선거운동기간에 본격적으로 상호 경쟁하는 정치적 의사표현이다. 이러한 상황적 특성과 환경에 따라, 선거운동기간 중 지명도 있는 인터넷언론사 홈페이지 게시판 등에 정당 · 후보자에 대한 지지 · 반대에 관련된 허위 또는 왜곡된 정보가 무책임하게 게시되는 경우, 해당 게시물이 인터넷 공간에서 광범위하고 급속하게 확대 · 재생산되고, 여기에 편향적인 정보 취득과 편견 강화 등 인터넷환경에서 나타날 수 있는 부정적 현상이 결합하면, 토론 등을 통한 자율적 교정이 어려워져 선거의 공정성을 훼손할 위험이 있다. 인터넷언론사 홈페이지의 게시판 · 대화방 등에 실명확인을 거쳐 정보 등이 게시되는 경우에도 게시자의 개인정보가 노출되는 것이 아니라 '실명인증'이라는 표시만 나타나므로, 이에 관한 '익명성'은 보장된다. 게시자의 실명인증자료는 선거과정을 공정하게 관리할 책임이 있는 중앙선거관리위원회가 요구하는 경우에 제출될 수 있을 정도로 별도로 관리되는 것으로, 위축효과는 이를 전제로 하는 정도로만 나타난다. 이것은 익명표현을 게시하려는 사람으로 하여금 자칫 위법행위를 할 수 있다는 위험을 인지하도록 하는 예방적 조치라고 할 수 있다. 따라서 심판대상조항으로 인한 익명표현의 자유, 개인정보자기결정권에 대한 제한은 그 범위와 정도에 있어서 필요최소한의 것이라고 할 수 있으며, 제한을 완화하면서 동일한 정도로 입법목적을 달성하는 다른 대안을 상정하기도 어렵다. 개방성과 상호작용성이 있는 인터넷언론사의 경우 게시판 등 이용자들이 제공하는 정보 및 이들의 의사표현을 기반으로 하는 여론의 형성과 전파는 언론 활동의 중요한 부분을 차지하므로, 선거의 공정성과 관련된 인터넷언론의 공적 책임은 홈페이지의 게시판 등에 이용자가 자유롭게 게시하는 정보 등의 관리에 관해서도 존재한다. 실명확인 조치 및 실명인증 표시 없는 게시물의 삭제를 강제하는 과태료 조항의 내용도 과도하지 않다. 따라서 게시판 등 이용자의 익명표현의 자유에 대한 제한에 수반되는 인터넷언론사의 언론의 자유에 대한 제한도 필요최소한의 정도를 넘었다고 보기 어렵다. 인터넷언론의 영향력과 책임에 상응하여 선거의 공정성 훼손의 위험을 방지하려는 공익에 비하여 제한되는 사익이 크다고 보기도 어렵다.

평상시 법정 요건에 해당되는 인터넷게시판을 설치 · 운영하는 정보통신서비스 제공자에게 본인확인조치의무를 부과하여 게시판 이용자로 하여금 본인확인절차를 거쳐야만 게시판을 이용할 수 있도록 하는 본인확인제(本人確認制)를 규정한 정보통신망법 관련 규정은 위헌이다(헌재 2012.8.23. 2010헌마47, 정보통신망 이용촉진 및 정보보호 등에 관한 법률 제44조의5 제1항 제2호 등 위헌확인(위헌)).

3. 선거권과 피선거권

(1) 의 의

국민주권주의의 원리(제1조)에 따라 "모든 국민은 법률이 정하는 바에 의하여" 선거권(제24조)과 공무담임권에 기초하여 피선거권(제25조)을 가진다.[1] "선거권자와 피선거권자의 연령은 선거일 현재로 산정한다"(법 제17조)(헌재 2021.9.30. 2018헌마300, 공직선거법 제17조 위헌확인(기각)).

(2) 선거권자

선거권자란 선거권이 있는 사람이다. 그런데 공직선거법은 형식주의를 채택하여 "선거권이 있는 사람으로서 선거인명부 또는 재외선거인명부에 올라 있는 사람"(제3조)만 선거인이 된다.

> "우리 헌법 아래에서 선거권도 법률이 정하는 바에 의하여 보장되는 것이므로 입법형성권을 갖고 있는 입법자가 선거법을 제정하는 경우에 헌법에 명시된 선거제도의 원칙을 존중하는 가운데 구체적으로 어떠한 입법목적의 달성을 위하여 어떠한 방법을 선택할 것인가는 그것이 현저하게 불합리하고 불공정한 것이 아닌 한 입법자의 재량영역에 속한다"(헌재 2004.3.25. 2002헌마411, 공직선거법 제18조 위헌확인(기각)).

선거권자에 관한 사항은 적극적 요건과 소극적 요건으로 나누어 볼 수 있다.

A. 적극적 요건

적극적 요건으로서 18세 이상의 대한민국 국민이어야 한다(제15조 제1항). 연령 계산은 민법 제158조의 규정에 따라 출생일을 산입한다. 예컨대 2022년 3월 9일에 실시된 제20대 대통령 선거권자는 2004년 3월 10일 이전 출생자이다.

(a) 선거권 연령: 19세에서 18세로 하향 조정 ① 선거권 연령은 20세였으나 2005년 19세로 하향된 후, 2020년에는 18세로 하향 조정되었다.

> 선거권 연령에 관한 사항은 순수한 입법재량사항으로 판시한 바 있다. 그런데 소수의견은 이는 입법재량사항이긴 하지만 하향조정의 필요성을 강조하였다(헌재 1997.6.26. 96헌마89, 공직선거법 제15조 위헌확인(기각); 헌재 2001.6.28. 2000헌마111, 공직선거법 제15조 제1항 위헌확인(기각); 헌재 2003.11.27. 2002헌마787등(기각)).
>
> 헌재 2012헌마174, 2012헌마287 결정에서 선거권연령 하한을 19세로 정한 공직선거법 조항에 대하여 합헌결정을 하였다. 그러나 2020.1.14. 공직선거법이 개정되어 선거권연령 하한이 종전 19세에서 18세로 하향 조정되어 19세 조항에 대한 권리보호이익 및 심판의 이익이 없으므로 심판청구를 모두 각하하였다(헌재 2020.8.28. 2017헌마187 공직선거법 제15조 등 위헌확인(각하)).

---

1) 이공주, "선출직 공직자의 피선거권 제한강화 필요성에 관한 연구", 헌법학연구 26-3; 김종현, "범죄자의 선거권 제한의 헌법적 검토", 공법연구 51-1.

② 선거권연령의 하향 조정 경향은 산업화 사회가 진전되면서 청년들이 그 전보다 빨리 성숙함과 동시에 경제활동 연령도 내려가고 있다는 점에 기인한다. 여기에 변화를 원하는 젊은 층에 투표권을 부여함으로써 노년층이나 여성들의 보수적인 투표성향을 상쇄시킬 수 있다는 분위기도 선거권연령의 인하에 주요한 사회적 동인을 제공하여 준다. 생각건대 선거권연령의 인하 여부는 입법정책적 문제이기는 하지만, 18세로의 하향조정은 세계적인 흐름에 부합한다.

(b) 대한민국 국민 ① 대한민국 국민만이 선거권을 가진다. 그런데 재외국민에 대한 투표권제한과 해외거주자에 대한 부재자투표제도의 미시행에 대하여 헌법재판소는 이를 부진정입법부작위에 해당하며 입법정책적 문제로 보았다. 이에 따라 북한주민이나 조총련계 재일교포의 선거권 부여, 선거의 공정성, 선거기술상의 문제, 납세·병역 등의 의무불이행 등을 근거로 재외국민 투표권 제한에 대하여 합헌으로 결정하였다(헌재 1999.1.28. 97헌마253등, 공직선거법 제37조 제1항 위헌확인 등(기각,각하)) (헌재 1999.3.25. 97헌마99, 공직선거법 제38조 제1항 등 위헌확인(기각,각하)).

② 그런데 재외국민의 참정권을 제한한다는 비판에 따라 헌법재판소는 2007년에 판례를 변경하여 위헌이라는 취지의 헌법불합치결정을 내렸다.

> 주민등록을 요건으로 재외국민의 국정선거권을 제한하고, 국내거주자에게만 부재자신고를 허용하고 국외거주자에게 이를 인정하지 아니하고, 주민등록을 요건으로 한 국내거주 재외국민의 선거권과 피선거권을 제한하고, 주민등록을 요건으로 재외국민의 국민투표권의 제한은 헌법 제37조 제2항에 위반하여 재외국민의 선거권과 평등권을 침해하고 보통선거의 원칙에도 위반된다(헌재 2007.6.28. 2004헌마644등, 공직선거법 제15조 제2항 등 위헌확인 등(헌법불합치,잠정적용)); 주민등록을 할 수 없는 국내거주 재외국민에 대하여 주민투표권을 인정하지 아니하는 주민투표법은 국내거주 재외국민의 평등권을 침해한다(헌재 2007.6.28. 2004헌마643, 주민투표법 제5조 위헌확인(헌법불합치,잠정적용)); 공직선거법이 부재자투표를 할 수 있는 사람과 부재자투표의 방법을 규정하면서 「대한민국 국외의 구역을 항해하는 선박에서 장기 기거하는 선원들을 부재자투표의 대상자로 규정하지 아니한 것은 선원들의 선거권을 침해한다(헌재 2007.6.28. 2005헌마772, 공직선거법 제38조 등 위헌확인(헌법불합치,잠정적용)). 중복투표를 방지할 수 있는 다른 대안이 있음에도 불구하고, 재외투표기간 개시일에 임박하여 또는 재외투표기간 중에 재외선거사무 중지결정이 있었고 그에 대한 재개결정이 없었던 예외적인 상황에서도 재외투표기간 개시일 이후에 귀국한 재외선거인등이 국내에서 선거일에 투표할 수 있도록 하는 절차를 마련하지 아니한 조항은 위헌이다(헌재 2022.1.27. 2020헌마895, 공직선거법 제218조의16 제3항 등 위헌확인(헌법불합치,잠정적용)).

③ 재외국민은 외국 국적자를 포함하는 재외동포보다 좁은 개념이다. 즉 재외동포 중에서 대한민국 국적을 가진 사람이 재외국민이다. 그러나 재외국민 중에는 외국영주권자, 북한주민, 재일교포 등 법적으로 대한민국 국민이긴 하지만, 현실적으로 국민으로 간주하기 어려운 경우도 있다.[1]

---

1) 정상우, 재외국민 선거권에 관한 헌법재판소 결정의 의미와 입법과제, 한국법제연구원, 2007; 장지

④ 개정 공직선거법은 대통령 및 비례대표국회의원 선거권자로서 18세 이상의 재외국민을 추가하고, 지역구국회의원 선거권자로서 주민등록법 제6조 제1항 제3호에 해당하는 사람으로서 주민등록표에 3개월 이상 계속하여 올라 있고 해당 국회의원지역선거구 안에 주민등록이 되어 있는 재외국민을 새로이 추가한다.

⑤ 한편 국민투표법 제14조 제1항에 의하면 '재외동포의 출입국과 법적 지위에 관한 법률'에 따른 국내거소신고를 한 재외국민만 국민투표권 행사가 가능하도록 규정함으로써 주민등록이 되어 있지 아니하고 국내거소신고도 하지 아니한 재외선거인은 대통령선거·비례대표국회의원선거와는 달리 국민투표권을 행사할 수 없었다. 이에 헌법재판소는 국민투표법 해당 조항에 대하여 재외선거인의 국민투표권을 침해한다고 결정하였다(헌재 2014.7.24. 2009헌마256등, 공직선거법 제218조의4 제1항 등 위헌확인(헌법불합치,잠정적용,각하,기각)). 그런데 위 국민투표법 조항은 2015.12.31.까지 개정되지 아니하여 그 효력을 상실하였다.

(c) 거주요건 지역구국회의원의 선거권자로 되기 위하여서는 일정한 거주요건이 필요하다. 지역구국회의원의 선거권은 18세 이상의 국민으로서 선거인명부작성기준일 현재 주민등록법의 요건에 따라 해당 국회의원지역선거구 안에 주민등록이 되어 있는 사람 또는 주민등록표에 3개월 이상 계속하여 올라 있고 해당 국회의원지역선거구 안에 주민등록이 되어 있는 사람(재외국민)에 한하여 인정된다(제15조 제1항 단서). 또한 공직선거법은 지방자치단체의 의회의원 및 장의 선거권을 행사하는 데에도 해당 지역의 거주를 요건으로 규정한다(제15조 제2항).

(d) 외국인 ① 대통령선거나 국회의원선거와 같이 주권적 의사표시에 기초한 국가기관 구성에 외국인에게 선거권을 인정하는 입법례는 찾아볼 수 없다. 또한 재외국민이 아닌 재외동포(외국국적동포)도 대한민국 국민이 아니므로 투표권을 부여할 수 없다.

② 그런데 근래 외국인에 대하여도 제한적 범위(예컨대 지방자치선거)에서 선거권을 인정하고 있다. 마스트리히트(Maastricht) 조약에 따라 유럽연합회원국 국민들은 자신이 거주하는 회원국 주소지에서 지방자치투표권을 가진다.

③ 공직선거법도 외국인에 대하여 일정한 요건에 따라 지방자치단체의 의회의원 및 장의 선거권을 부여한다.

출입국관리법 제10조(체류자격)에 따른 영주(永住)의 체류자격 취득일 후 3년이 경

원, "재외국민의 국민투표권에 대한 헌법재판소의 결정과 그에 따른 헌법개정 국민투표의 개선과제 연구", 공법연구 54-2; 기현석, "국민투표와 선거의 동시 실시로 인한 정족수 문제에 대한 연구", 세계헌법연구 30-3.

과한 18세 이상의 외국인으로서 제37조 제1항의 선거인명부작성기준일 현재 출입국관리법 제34조(외국인등록표등의 작성 및 관리)에 따라 해당 지방자치단체의 외국인등록대장에 올라 있는 사람은 지방선거에서 투표권을 가진다(제15조).

④ 주민투표법(제5조 제1항 제2호), '주민소환에 관한 법률'(제3조 제1항 제2호), '주민조례발안에 관한 법률'(제2조 제2호)에서도 일정한 요건을 갖춘 외국인에게 각각 주민투표권 · 주민소환투표권 · 주민조례청구권을 부여한다. 이는 지방자치가 비록 국가 안에서 실시되는 자치이지만 그 본질이 주민들의 자치를 전제로 하기 때문에 주민자치의 차원에서 인정된다.

B. 소극적 요건

(i) 공직선거법은 선거권 인정에 관한 소극적 요건으로서 금치산선고를 받은 자(개정 민법상의 피성년후견인)(제18조 제1항 제1호), 1년 이상의 징역 또는 금고의 형의 선고를 받고 그 집행이 종료되지 아니하거나 그 집행을 받지 아니하기로 확정되지 아니한 사람(다만, 그 형의 집행유예를 선고받고 유예기간 중에 있는 사람은 제외)(제2호)(헌재 2017.5.25. 2016헌마292등, 공직선거법 제18조 제1항 제2호 등 위헌확인(기각)), 선거범죄자(제3호), 법원의 판결 또는 다른 법률에 의하여 선거권이 정지 또는 상실된 자(제4호) 등을 규정한다.

헌법재판소는 구 공직선거법의 제2호 "금고 이상의 형의 선고를 받고 그 집행이 종료되지 아니하거나 그 집행을 받지 아니하기로 확정되지 아니한 사람"의 선거권 제한에 대하여 합헌으로 결정한 바 있다(헌재 2004.3.25. 2002헌마411, 공직선거법 제18조 위헌확인(기각))(헌재 2009.10.29. 2007헌마1462, 공직선거법 제18조 제1항 제2호 위헌확인(기각)). 그런데 집행유예기간 중인 자와 수형자(受刑者)의 선거권 제한은 입법목적의 정당성과 수단의 적합성은 인정하지만, 침해의 최소성과 법익의 균형성이 인정되지 아니하므로 '집행유예기간 중인 자'에 관한 부분은 위헌결정을, '수형자'에 관한 부분은 지나치게 전면적 · 획일적으로 수형자의 선거권을 제한하는 위헌성이 있음을 지적하면서도 위헌성을 제거하고 수형자에 대한 헌법합치적 선거권 부여는 입법자의 형성재량에 속한다는 이유로 헌법불합치결정을 내렸다(헌재 2014.1.28. 2012헌마409등, 공직선거법 제18조 제1항 제2호 위헌확인 등(위헌, 헌법불합치, 잠정적용)).

'정치자금법 제45조에 규정된 죄를 범한 자 또는 국회의원으로서 그 재임 중의 직무와 관련하여 형법(특정범죄 가중처벌 등에 관한 법률 제2조에 의하여 가중처벌되는 경우를 포함) 제129조 제1항에 규정된 죄를 범한 자로서 징역형의 선고를 받고 그 형의 집행이 종료된 후 10년을 경과하지 아니한 자'에 대하여 선거권을 인정하지 않는 공직선거법 제18조 제1항 제3호 중 위 해당 부분 대하여, 심판대상조항이 정한 범죄를 범하여 징역형의 판결이 확정된 사람은 그 판결이 확정된 때부터 선거권이 인정되지 않는 것이고, 이 사건 심판청구는 위 확정 이후 첫 선거일로부터 1년을 경과하여 제기된 것이므로 이를 각하한다(헌재 2024.3.28. 2020헌마640, 공직선거법 제18조 제1항 제3호 위헌확인(각하)).

'선거범으로 형의 집행유예의 선고를 받고 그 형이 확정된 후 10년을 경과하지 아니한 자'에 대한 선거권 제한은 선거범죄의 방지를 통한 선거의 공정성 확보라는 공익에 비추어 기간이 지나치게 장기간이라 보기 어렵다(5:4). 직무상 행위를 이용한 사전선거운동 금지 및 사전선거운동금지 규정은 헌법에 위반되지 않는다(헌재 2025.10.23. 2024헌바450, 공직선거법 제254조 제2항 등 위헌소원(합헌)).

(ii) 공직선거법 제18조 제1항 제3호에 규정된 선거범죄자와 다른 죄(罪)의 경합범에 대하여는 형법 제38조(경합범과 처벌예)에도 불구하고 이를 분리 심리하여 따로 선고하여야 한다(제18조 제3항).

경합범을 선거사범으로 의제(擬制)한 참정권 제한은 위헌의견이 다수이기는 하나, 헌법 제113조 제1항, 헌법재판소법 제23조 제2항 제1호에 정한 위헌결정 정족수에 이르지 못하므로 심판청구를 기각하였다(헌재 1997.12.24. 97헌마16, 공직선거법 제18조 제3항 위헌확인(기각), 재판관 5인의 위헌의견). 구 '지방교육자치에 관한 법률'에서도 분리선고 규정이 없었지만 헌법재판소는 합헌으로 판시하였다(헌재 2004.2.26. 2002헌바90, 지방교육자치에관한법률 제164조 등 위헌소원(합헌)).

선거범죄와 다른 죄가 병합되어 경합범으로 재판하게 되는 경우 선거범죄를 분리 심리하여 따로 선고하는 규정을 두지 아니한 것은 입법목적의 달성에 필요한 정도를 넘어서는 과도한 제한으로 침해의 최소성원칙에 위반된다(헌재 2014.9.25. 2013헌바208, 새마을금고법 제21조 제1항 제8호 등 위헌소원(헌법불합치,잠정적용)).

(3) 피선거권자(후보자)

피선거권은 일정한 조건을 충족하지 못하는 자를 제외하고는 누구나 자유롭게 향유할 수 있다. 공무담임을 하기 위하여서는 "법률이 정하는 바에 의하여" 일정한 요건을 구비하여야 한다. 공무담임권의 핵심적인 부분인 피선거권에 관하여 공직선거법에서는 적극적 요건과 소극적 요건을 규정한다.

A. 적극적 요건

(a) 대한민국 국민 공직선거에 입후보할 수 있는 피선거권자는 대한민국의 국민이다.

(b) 피선거권 연령 피선거권 연령은 대통령선거는 40세 이상이고, 그 밖에 국회의원선거와 지방자치선거 등 공직선거법의 적용을 받는 선거의 피선거권 연령은 18세 이상으로 통일되어 있다. 그런데 광역자치단체장의 피선거권 연령은 업무의 특성이나 기탁금 액수에 비추어 본다면 상향조정할 필요가 있다.

"국회의원으로 당선될 권리로서 피선거권을 누구에게, 어떤 조건으로 부여할 것인지는 입법자가 그의 입법형성권의 범위 내에서 스스로 정할 사항이지만, 이 때에도 헌법이 피선거권을 비롯한 공무담임권을 기본권으로 보장하는 취지와 대의민주주의 통치질서에서 선거가 가지는 의미와 기능이 충분히 고려되어야 한다는 헌법적인 한계가 있다. … 국회의원의 피선거권 행사연령을 25세 이상으로 정한 공직선거및선거부정방지법 제16조 제2항은 입법자의 입법형성권의 범위와 한계 내의 것으로, 청구인들의 공무담임권 등 기본권의 본질적 내용을 침해할 정도로 과도한 것이라 볼 수 없다"(헌재 2005.4.28. 2004헌마219, 공직선거법 제16조 제2항 위헌확인(기각)). 종전 25세는 공직선거법 개정으로 18세로 하향 조정되었다.

(c) 거주요건 ① 국회의원 피선거권에서는 거주요건이 없으나 대통령선거와 지방자치선거에서는 거주요건을 충족하여야 한다.

② 대통령선거에서는 선거일 현재 5년 이상의 국내거주가 피선거권의 요건이다. 다만, "공무로 외국에 파견된 기간과 국내에 주소를 두고 일정기간 외국에 체류한 기간은 국내거주기간으로 본다"(제16조 제1항). 한편 지방자치선거에서는 선거일 현재 계속하여 60일 이상 해당 지방자치단체의 관할구역에 주민등록이 되어 있어야 한다(제3항)(헌재 1996.6.26. 96헌마200, 공직선거법 제16조 제3항 위헌확인(기각); 헌재 2004.12.16. 2004헌마376, 공직선거법 제16조 제3항 위헌확인(기각): 종전 90일에서 60일로 하향조정되었다).

B. 소극적 요건

(ⅰ) 선거일 현재 다음 각 호의 어느 하나에 해당하는 자는 피선거권이 없다(제19조).

1. 제18조(선거권이 없는 자) 제1항 제1호·제3호 또는 제4호에 해당하는 자
2. 금고 이상의 형의 선고를 받고 그 형이 실효되지 아니한 자
3. 법원의 판결 또는 다른 법률에 의하여 피선거권이 정지되거나 상실된 자
4. 국회법 제166조(국회 회의 방해죄)의 죄를 범한 자로서 다음 각 목의 어느 하나에 해당하는 자(형이 실효된 자도 포함한다). 가. 500만원 이상의 벌금형의 선고를 받고 그 형이 확정된 후 5년이 경과되지 아니한 자, 나. 형의 집행유예의 선고를 받고 그 형이 확정된 후 10년이 경과되지 아니한 자, 다. 징역형의 선고를 받고 그 집행을 받지 아니하기로 확정된 후 또는 그 형의 집행이 종료되거나 면제된 후 10년이 경과되지 아니한 자
5. 제230조 제6항의 죄를 범한 자로서 벌금형의 선고를 받고 그 형이 확정된 후 10년을 경과하지 아니한 자(형이 실효된 자도 포함한다)

(ⅱ) 공무담임이 10년 간 제한되는 사유를 정치자금부정수수죄로 금고 이상의 형의 집행유예의 선고를 받고 그 형이 확정된 경우로 명확히 하여 형법 개정에 따른 정치자금법에 따른 처벌 규정의 혼란을 바로 잡았다(정치자금법 제57조). 헌법재판소는 선거법위반으로 형사처벌을 받은 자에 대한 피선거권 제한을 합헌으로 판시한다.

"선거범으로서 형벌을 받은 자에 대하여 일정기간 피선거권을 정지시키는 규정 자체는, 선거의 공정성을 해친 선거사범에 대하여 일정기간 피선거권의 행사를 정지시킴으로써 선거의 공정성을 확보함과 동시에 본인의 반성을 촉구하기 위한 법적 조치로서, 국민의 기본권인 공무담임권과 평등권을 합리적 이유없이 자의적으로 제한하는 위헌규정이라고 할 수 없다"(헌재 1995.12.28. 95헌마196, 공직선거법 부칙 제3조 위헌확인(기각)); 선거범으로서 100만원 이상의 벌금형을 선고받아 확정되면 5년 동안 피선거권이 제한되도록 하는 공직선거법 규정은 과잉금지원칙에 위배하여 공무담임권을 제한하고 있다고 할 수 없다(헌재 2008.1.17. 2004헌마41, 공직선거 및 선거부정방지법 제19조 제1호 등 위헌확인(기각)) (헌재 2008.1.17. 2006헌마1075, 정치자금법 제57조 등 위헌확인(기각)) (헌재 2011.12.29. 2009헌마476, 공직선거법 제250조 등 위헌확인(각하, 기각)).

C. 지방자치단체의 장의 선거권 및 피선거권의 법적 성격

지방자치단체장의 선거권 및 피선거권의 법적 성격을 법률상 권리라는 견해와 헌법상 권리라는 견해가 있지만, 헌법상 권리로 보아야 한다.

① 법률상 권리라는 견해　헌법 제118조 제2항은 선거의 방법으로 선출할 것을 전제로 규정한 지방의회의원의 경우와는 달리 지방자치단체장의 '선임방법'에 관한 사항을 법률로 정한다고만 규정하고 있는 점 등에 비추어 볼 때, 단체장에 대한 주민직접 선거제가 헌법적 의지라고는 볼 수 없으므로 단체장선거권 및 피선거권은 법률에 의하여 보장되는 법률상의 권리에 불과하다(헌재 1994.8.31. 92헌마174, 지방자치단체의 장 선거일 불공고 위헌확인 등(각하))(재판관 조규광 · 김진우의 보충의견).

② 헌법상 권리라는 견해　헌법 제117조, 제118조는 지방자치제도를 명문으로 보장하고 있으며, 지방자치란 지역중심의 지방자치단체가 독자적인 자치기구를 설치하여 그 자치단체의 고유사무를 국가기관의 간섭 없이 스스로의 권한과 책임아래 처리하는 것을 의미하므로, 지방자치단체의 대표인 단체장이 주민의 자발적 지지에 기초를 둔 선거에 의하여 선출되어야 한다는 것은 지방자치제도의 본질로부터 논리적으로 당연히 도출되는 원리여서, 국민의 단체장선거권 및 피선거권은 헌법에 의하여 보장되는 기본권이다. "공직선거 관련법상 지방자치단체의 장 선임방법은 '선거'로 규정되어 왔고, 우리 지방자치제의 역사에 비추어 볼 때 지방자치단체의 장에 대한 주민직선제 이외의 다른 선출방법을 허용할 수 없다는 국민적 인식이 존재한다고 볼 수 있다. 주민자치제를 본질로 하는 민주적 지방자치제도가 안정적으로 뿌리내린 현 시점에서 지방자치단체의 장 선거권을 지방의회의원 선거권, 더 나아가 국회의원 선거권 및 대통령 선거권과 구별하여 하나는 법률상의 권리로, 나머지는 헌법상의 권리로 이원화하는 것은 무의미한 것으로 보인다. 그러므로 지방자치단체의 장 선거권 역시 다른 선거권과 마찬가지로 헌법 제24조에 의해 보호되는 헌법상의 권리로 인정하여야" 한다(헌재 2016.10.27. 2014헌마797, 공직선거법 제191조 제3항 등 위헌확인(기각)).

③ 검 토　과거 헌법재판소가 지방자치선거에서의 선거권과 피선거권을 헌법상 권리가 아닌 법률상 권리로 본 결정은 공직선거법에서 국가적 대표를 선출하는 선거와 지방자치를 위한 선거 사이에 본질적 차이를 두고 있지 아니한 점에 비추어 보더라도 타당하지 아니하다. 헌법상 보장된 선거권을 지방선거와 국가선거에 따라 구별할 합리적 근거가 없으므로 헌법상 권리로 보아야 한다. 다만, 그 선거가 반드시 직선제일 필요는 없으므로, 현행헌법 아래에서 지방자치단체의 장 선거에서 간접선거도 가능하다.

(4) 제한의 한계

(i) "선거권과 피선거권은 민주정치에 있어서 주권자인 국민이 국정에 참여하는 필수적인 수단으로서 가장 중요한 기본권에 해당하므로 그 제한은 불가피한 최소한에 그쳐야 하며, 제한 여부나 제한기간 등은 선거범죄의 죄질과 가벌성의 정도에 부합되어야 한다"(헌재 1997.12.24. 97헌마16, 공직선거법 제18조 제3항 위헌확인(기각)).

(ii) 다만, 지방자치법에서는 단체장의 계속 재임을 3기로 제한하는데 헌법재판소는 이를 합헌으로 판시한다(헌재 2006.2.23. 2005헌마403, 지방자치법 제87조 제1항 위헌확인(기각)).

4. 선거구와 의원정수

(1) 선거구

"대통령 및 비례대표국회의원은 전국을 단위로"(제20조 제1항), "비례대표시·도의원은 당해 시·도를 단위로", "비례대표자치구·시·군의원은 당해 자치구·시·군을 단위로"(제2항), "지역구국회의원, 지역구지방의회의원(지역구시·도의원 및 지역구 자치구·시·군의원을 말한다)은 당해 의원의 선거구를 단위로"(제3항), "지방자치단체의 장은 당해 지방자치단체의 관할구역을 단위로" "하여 선거한다"(제4항).

(2) 의원정수

A. 국회의 의원정수

"국회의 의원정수(議員定數)는 지역구국회의원 254명과 비례대표국회의원 46명을 합하여 300명으로 한다"(제21조 제1항). "하나의 국회의원지역선거구(이하 "국회의원 지역구"라 한다)에서 선출할 국회의원의 정수는 1인으로 한다"(제2항).

B. 광역의회(시·도의회)의 의원정수(제22조)

"시·도별 지역구시·도의원의 총 정수는 그 관할구역 안의 자치구·시·군(하나의 자치구·시·군이 2 이상의 국회의원지역구로 된 경우에는 국회의원지역구를 말하며, 행정구역의 변경으로 국회의원지역구와 행정구역이 합치되지 아니하게 된 때에는 행정구역을 말한다) 수의 2배수로 하되, 인구·행정구역·지세·교통 그 밖의 조건을 고려하여 100분의 20의 범위에서 조정할 수 있다. 다만, 인구가 5만명 미만인 자치구·시·군의 지역구시·도의원정수는 최소 1명으로 하고, 인구가 5만명 이상인 자치구·시·군의 지역구시·도의원정수는 최소 2명으로 한다"(제1항)(시와 군을 통합하여 도농복합형태의 시로 한 경우에는 특별히 배려한다(제2항)). "비례대표 시·도의원정수는 제1항 내지 제3항의 규정에 의하여 산정된 지역구 시·도의원정수의 100분의 10으로 한다. 이 경우 단수는 1로 본다. 다만, 산정된 비례대표 시·도의원정수가 3인 미만인 때에는 3인으로 한다"(제4항).

C. 기초의회(자치구·시·군의회)의 의원정수(제23조)

(i) "자치구·시·군의회의 최소정수는 7인으로 한다"(제23조 제2항). "비례대표자치구·시·군의원정수는 자치구·시·군의원 정수의 100분의 10으로 한다. 이 경우 단수는 1로 본다"(제3항).

(ii) 한편 기초의회의원의 경우에 지역선거구에서 2인 이상 4인 이하의 기초의원을 선출하도록 하여 종전의 소선거구제가 중선거구제로 변경되었다(제26조 제2항).

다른 선거에서는 소선거구제를 채택하면서 기초의원 선거에서만 중선거구제를 채택하였다고 하여 자치구·시·군의 지방자치제도나 지방의회제도의 본질을 훼손한다고 볼 수 없다(헌재 2007.11.29. 2005헌마977, 공직선거법 제23조 제1항 등 위헌확인(각하,기각)).

D. 문제점과 대안

(i) 현행 선거제도는 지역구 국회의원뿐 아니라 광역의회의원·기초의회의원 선거에서 모두 상대적 다수대표제에 비례대표제를 가미하고 있다. 지방자치의 본질이 지방주민의 의사를 기초단위에서부터 수렴하는 데 있으므로 선거제도 또한 국회의원선거와는 구별되어야 한다. 무엇보다 지역단위를 기초로 한 지역주민의 대표라는 인식에 기초하여야 한다.

(ii) 기초의회의원은 지역주민과 친밀한 인사이어야 하므로 매우 세분된 동·읍·면 단위의 대표자 선출이 불가피하기 때문에 소선거구 상대적 다수대표제가 바람직하다. 그런 점에서 중선거구제의 채택은 올바른 방향이 아니다.

(iii) 기초의원이 가장 작은 신경조직의 대표라면, 광역의회의원은 광역지방자치단체 전체를 아우르는 대표이어야 한다. 이에 따라 현행 상대적 다수대표제에 비례대표제가 일부 가미된 제도를 전면적으로 개혁하여 대선거구 정당명부식 비례대표제를 도입할 필요가 있다. 광역의회의원선거제도의 개혁방안은 자칫 국회의원과 광역의회의원 사이에 갈등을 야기할 소지가 있다. 생각건대 국회의원은 전국적 인물이, 지방의원은 지역적 인물이 선출되는 방향으로 정립되어야 한다.

(3) 선거구획정위원회

A. 국회의원지역선거구와 기초의원지역선거구 획정

"국회의원지역구의 공정한 획정을 위하여 임기만료에 따른 국회의원선거의 선거일 전 18개월부터 해당 국회의원선거에 적용되는 국회의원지역구의 명칭과 그 구역이 확정되어 효력을 발생하는 날까지 국회의원선거구획정위원회를 설치·운영한다"(제24조 제1항). "국회의원선거구획정위원회는 중앙선거관리위원회에 두되, 직무에 관하여 독립의 지위를 가진다"(제24조 제2항). 한편 "자치구·시·군의원지역선거구(이하 "자치구·시·군의원지역구"라 한다)의 공정한 획정을 위하여 시·도에 자치구·시·군의원선거구획정위원회를 둔다"(제24조의3 제1항).

B. 선거구획정위원회의 구성

(i) "국회의원선거구획정위원회는 중앙선거관리위원회위원장이 위촉하는 9명의 위원으로 구성하며 위원장은 위원 중에서 호선한다"(제24조 제3항).

(ii) "자치구·시·군의원선거구획정위원회는 11인 이내의 위원으로 구성하되, 학계·법조계·언론계·시민단체와 시·도의회 및 시·도선거관리위원회가

추천하는 사람 중에서 시·도지사가 위촉하여야 한다"(제24조의3 제2항).

C. 선거구획정안 보고서 제출

(i) 국회의원선거구획정위원회는 "선거구획정안과 그 이유 및 그 밖에 필요한 사항을 기재한 보고서를 임기만료에 따른 국회의원선거의 선거일 전 13개월까지 국회의장에게 제출하여야 한다"(제24조 제11항).

(ii) 자치구·시·군의원선거구획정위원회는 "임기만료에 따른 자치구·시·군의원선거의 선거일 전 6개월까지 시·도지사에게 제출하여야 한다"(제24조의3 제5항).

선거구획정위원회의 선거구획정은 입법행위이고, 선거구획정안제출행위는 국회의 기관 내부의 행위에 불과하여 국민에 대하여 직접적인 법적 효과를 발생시키지 아니한다(헌재 2004.2.26. 2003헌마285, 선거구획정위원회위원위촉불이행 등 위헌확인(각하)).

D. 선거구 확정

"국회는 국회의원지역구를 선거일 전 1년까지 확정하여야 한다"(제24조의2 제1항).

국회의원선거구획정과는 달리 "시·도의회가 자치구·시·군의원지역구에 관한 조례를 개정하는 때에는 자치구·시·군의원선거구획정위원회의 선거구획정안을 존중하여야 한다"(제24조의3 제6항).

(4) 선거구획정

A. 의 의

선거구획정의 주된 쟁점은 평등선거의 실현이다.[1] 공직선거법에서 선거구획정은 지역구 국회의원선거구획정과 지방의회의원선거구획정으로 구분된다. 주된 쟁점은 선거구획정에 있어서 선거구 간 인구편차와 지리적 기준(게리맨더링과 같은 부정선거구획정)이다.

B. 지역구국회의원선거구 획정

(a) 의 의 ① "국회의원지역구는 시·도의 관할구역 안에서 인구·행정구역·지리적 여건·교통·생활문화권 등을 고려하여 다음 각 호의 기준에 따라 획정한다"(제25조 제1항).

1. 국회의원지역구 획정의 기준이 되는 인구는 선거일 전 15개월이 속하는 달의 말일 현재 주민등록법 제7조제1항에 따른 주민등록표에 따라 조사한 인구로 한다.
2. 하나의 자치구·시·군의 일부를 분할하여 다른 국회의원지역구에 속하게 할 수

1) 임기영, 미국의 선거구 획정에 관한 헌법적 쟁점과 최근의 변화, 비교헌법연구 2020-B-3; 소은영, 일본의 선거구획정에 대한 헌법적 검토, 비교헌법연구 2019-B-7; 조원용, "농촌 과나대표의 헌법적 문제점", 헌법학연구 30-1; 정상우, "국회의원 선거구획정위원회에 관한 헌법적 연구", 헌법학연구 31-3.

없다. 다만, 인구범위(인구비례 2:1의 범위를 말한다. 이하 이 조에서 같다)에 미달하는 자치구·시·군으로서 인접한 하나 이상의 자치구·시·군의 관할구역 전부를 합하는 방법으로는 그 인구범위를 충족하는 하나의 국회의원지역구를 구성할 수 없는 경우에는 그 인접한 자치구·시·군의 일부를 분할하여 구성할 수 있다.

② "국회의원지역구의 획정에 있어서는 제1항제2호의 인구범위를 벗어나지 아니하는 범위에서 농산어촌의 지역대표성이 반영될 수 있도록 노력하여야 한다"(제25조 제2항).

③ 과거에는 선거구획정이 정치문제이기 때문에 법적인 논의나 제재의 대상이 아니라는 견해도 있었으나, 오늘날에는 이 문제를 사법심사의 대상으로 보는데 이론이 없다(*Baker v. Carr*, 369 U.S. 186(1962)).

(b) 선거구 간 인구편차의 허용 기준

(i) 의 의　선거구 간 인구편차가 일정한 범위를 넘어서면 투표가치의 등가성에 위반된다. 헌법재판소는 1995년 결정에서 선거구 간 인구편차를 4:1로 제시한 이후, 2001년 결정에서 3:1로 판례를 변경하면서 앞으로 상당한 기간이 지난 후에는 인구편차 상하 33⅓%, 인구비례 2:1 또는 그 미만의 기준에 따라 위헌 여부를 판단하여야 한다고 판시한 바 있다(헌재 2001.10.25. 2000헌마92등, 공직선거법 「별표1」 국회의원지역선거구구역표 위헌확인(헌법불합치,잠정적용)). 2001년 결정 후 13년이 경과한 2014년, 헌법재판소는 헌법이 허용하는 선거구 간 인구편차의 기준을 인구편차 상하 33⅓%, 인구비례 2:1을 넘어서지 아니하여야 한다고 판례를 변경하였다(헌재 2014.10.30. 2012헌마190등, 공직선거법 제25조 제2항 별표1 위헌확인 등(각하,헌법불합치,잠정적용)).

(ii) 외국의 이론과 판례　외국에서도 선거구 간 인구편차를 종전의 3:1에서 2:1 이내로 축소하고 있다(성낙인, 지역구국회의원선거구획정에 있어서 인구편차의 기준, 헌법학논집 참조).

(iii) 헌법재판소가 1995년에 제시한 인구편차의 기준(4:1)　1996년 4월 11일 실시된 제15대 국회의원선거를 앞두고 이루어진 선거구획정에서 선거구 간 인구편차가 제14대 국회의원선거에서 약 5:1이 오히려 5.87:1로 개악되었다. 이에 헌법재판소는 선거구 획정은 평등선거의 원칙, 국민주권주의, 대의민주주의의 원리에 입각하여 인구편차는 4:1 이내이어야 한다고 판시하였다.

1) 국회의원선거에 있어서 "평등선거의 원칙은 평등의 원칙이 선거제도에 적용된 것으로서 투표의 수적 평등 즉 복수투표제 등을 부인하고 모든 선거인에게 1인 1표(one man, one vote)를 인정함을 의미할 뿐만 아니라 투표의 성과가치의 평등 즉 1표의 투표가치가 대표자선정이라는 선거의 결과에 대하여 기여한 정도에 있어서도 평등하여야 함(one vote, one value)을 의미한다. 그러나 이러한 투표가치의 평등은 모든 투표가 선거의 결과에 미치는 기여도 내지 영향력에 있어서 숫자적으로 완전히 동일할 것까지를 요

구하는 것이라고는 보기 어렵다."

2) 인구편차의 허용기준에 관하여 최소선거구의 인구수를 기준으로 한 것이 아니라 "투표가치에 있어서 중용(中庸)을 취한 평균적인 선거권"에 중점을 두어 **평균인구수를** 기준으로 판단한다.

3) 여러 가지 고려요소 즉 "행정구역, 지세, 교통사정, 생활권 내지 역사적, 전통적 일체감 등 여러 가지 정책적·기술적 요소" 중 인구기준에 기초한 "**투표가치의 평등은 여타 고려요소와는 다른 본질적인 중요성**"을 가진다. "우리나라는 단원제를 채택하고 있어, 국회의원이 법리상 국민의 대표자이기는 하나 현실적으로는 어느 정도의 지역대표성도 겸하고 있다는 점, 급격한 산업화·도시화의 과정에서 인구의 도시집중으로 인하여 발생한 도시와 농어촌과의 인구편차도 고려하여" 다음과 같이 결론을 내린다. "평등선거의 원칙을 엄격히 적용하는 경우에는 적어도 최대선거구의 인구수가 최소선거구의 인구수의 2배 이상인 때에는 위헌이라고 한다면, 그 여타의 제2차적 고려요소를 아무리 크게 고려한다고 하더라도 그 갑절인 4배를 넘는 경우 … 헌법합치적 설명이 불가능할 것이고, 이를 전국선거구의 인구평균수를 기준으로 하여 그 상하의 편차를 계산하면 그 평균인구수의 상하 60%의 편차가 되므로 … 상당한 정도의 합리적 근거가 있다."

4) "**선거구 구역표는 전체로서 불가분의 일체**를 이루는 것으로서 어느 한 부분에 위헌적인 요소가 있다면 선거구 구역표 전체가 위헌의 하자를 띠는 것으로 보아" 1995년 8월 4일에 개정된 통합선거법 제25조 제2항에 의한 동법 [별표 1] "국회의원지역선거구 구역표 전체에 대하여 위헌선언"을 하고 있다(헌재 1995.12.27. 95헌마224등, 공직선거법 [별표 1] 「국회의원지역선거구구역표」 위헌확인(위헌,기각)).

이 결정에 따라 인구 9만 미만인 행정구역은 선거구를 통합하고 인구 35만 이상인 행정구역은 2개의 선거구로 분할함으로써, 26개의 지역구선거구를 축소하였다. 선거구 간 인구편차는 4:1(최대 30만, 최소 7만5천)의 범위 안에서 획정되었다. 그런데 이 결정은 인구편차의 기준을 지나치게 넓게 설정하고 있다는 비판을 받아왔다.

(iv) 헌법재판소가 2001년에 제시한 인구편차의 기준(3:1) 헌법재판소는 공직선거법의 국회의원지역선거구 구역표 중에서 경기 안양시 동안구 선거구란은 선거구 간 인구편차 허용한계를 넘어섰지만, 재선거 또는 보궐선거가 실시될 경우에 법의 공백이 생기게 될 우려가 큰 점 등을 고려하여 선거구 구역표를 2001.12.31.을 시한으로 하여 입법자가 개정할 때까지 계속 적용하도록 하는 내용의 헌법불합치결정을 내렸다(헌재 2001.10. 25. 2000헌마92등, 공직선거법 [별표1] 국회의원지역선거구구역표 위헌확인(헌법불합치,잠정적용)).

2001년 결정은 1995년 결정과 마찬가지로 국회의원선거구 획정은 ① 대의제 민주주의와 평등선거의 원칙과 관련이 있고, ② 국회의 입법재량사항이지만 일정한 한계가 있으며, ③ 선거구 구역표가 전체로서 불가분의 일체라는 점을 재확인한다. 다만, 1995년 결정에서 평균인구수 상하 60% 편차(4:1) 기준과 달리 2001년 결정에서는 상하 50%의 편차(3:1)를 기준으로 축소한다.

(v) 헌법재판소가 2014년에 제시한 인구편차의 기준(2:1) 헌법재판소는 2001년 결정에서 앞으로 상당한 기간이 지난 후에는 인구편차 상하 33⅓%, 인구비례 2:1 또는 그 미만의 기준에 따라 위헌 여부를 판단하여야 한다는 점을 명시하였다. 그 후 13년이 지난 2014년에 헌법재판소는 2001년 결정에서 제시한 국회의원의 지역대표성이나 도농(都農) 간 인구격차, 불균형한 개발 등이 더 이상 인구편차 상하 33⅓%, 인구비례 2:1의 기준을 넘어 인구편차를 완화할 수 있는 사유가 되지 아니한다고 판시하였다(6:3)(헌재 2014.10.30. 2012헌마190등, 공직선거법 제25조 제2항 별표1 위헌확인 등(각하,헌법불합치,잠정적용)).

1) 국회의원은 국민의 대표로서 국정에 임하게 되고 국회의원으로서 국정을 수행함에 있어 득표수와 관계없이 동일한 권한을 수행하게 된다. 만일 한 명의 국회의원을 선출하는 선거권자의 수가 차이 나게 되면 선거권자가 많은 선거구에 거주하는 선거권자의 투표가치는 그만큼 줄어들게 되므로 가급적 그 편차를 줄이는 것이 헌법적 요청에 부합한다. 그런데 인구편차 상하 50%의 기준을 적용하게 되면 1인의 투표가치가 다른 1인의 투표가치에 비하여 세 배의 가치를 가지는 경우도 발생하는데, 이는 지나친 투표가치의 불평등이다. 더구나, 우리나라가 택하고 있는 단원제 및 소선거구제에서는 사표가 많이 발생할 수 있는데, 인구편차 상하 50%의 기준을 따를 경우 인구가 적은 지역구에서 당선된 국회의원이 획득한 투표수보다 인구가 많은 지역구에서 낙선된 후보자가 획득한 투표수가 많은 경우가 발생할 가능성도 있는바, 이는 대의민주주의의 관점에서도 결코 바람직하지 아니하다.

2) 국회의원이 지역구에서 선출되더라도 추구하는 목표는 지역구의 이익이 아닌 국가 전체의 이익이어야 한다는 원리는 이미 논쟁의 단계를 넘어선 확립된 원칙으로 자리 잡고 있으며, 이러한 원칙은 양원제가 아닌 단원제를 채택하고 있는 우리 헌법 하에서도 동일하게 적용된다. 따라서 국회를 구성함에 있어 국회의원의 지역대표성이 고려되어야 한다고 할지라도 이것이 국민주권주의의 출발점인 투표가치의 평등보다 우선시 될 수는 없다. 더구나, 지금은 지방자치제도가 정착되어 지역대표성을 이유로 헌법상 원칙인 투표가치의 평등을 현저히 완화할 필요성 또한 예전에 비하여 크지 아니하다. 국회의원의 지역대표성은 지방자치단체의 장이나 지방의회의원이 가지는 지역대표성으로 상당부분 대체되었다고 할 수 있다. 특히 현 시점에서 중대한 당면과제로 대두하고 있는 빈곤층 보호를 위한 안전망 구축, 전체적인 소득 불균형의 해소, 노년층의 증가에 따른 대응책 마련과 같은 국가적 차원의 문제는 국회의원들만이 해결할 수 있는 것임에 반하여, 특정 지역 내에서의 편의시설 마련이나 인프라 구축 등과 같은 문제는 지방자치제도가 정착된 상황에서는 지방자치단체의 장이나 지방의회가 주도적으로 해결할 수 있으므로, 국회의원의 지역대표성을 이유로 민주주의의 근간을 이루는 선거권의 평등을 희생하기 보다는 투표가치의 평등을 실현하여 민주주의의 발전을 위한 토양을 마련하는 것이 보다 중요하다.

3) 현행 공직선거법에 의하면 복수의 시·도의 관할구역에 걸쳐 지역구를 획정할 수

없기 때문에, 인구편차의 허용기준을 완화하면 할수록 시·도별 지역구 의석수와 시·도별 인구가 비례하지 아니할 가능성이 높아져 상대적으로 과대대표되는 지역과 과소대표되는 지역이 생길 수밖에 없다. 실제로 이 사건 선거구구역표 전체를 살펴보면, 지역대립 의식이 상대적으로 크고 정치적 성향이 뚜렷한 영·호남지역이 수도권이나 충청지역에 비하여 각각 과대하게 대표됨을 확인할 수 있는데, 이러한 차이는 지역정당구조를 심화시키는 부작용을 야기할 수 있다. 특히, 이와 같은 불균형은 농·어촌 지역 사이에서도 나타난다. 예컨대, 2012.1.31.을 기준으로 "충청남도 부여군청양군 선거구"의 인구수는 106,086명인데 비하여, "전라남도 순천시 곡성군 선거구"의 인구수는 303,516명으로, "충청남도 부여군청양군 선거구"에 주민등록을 마친 선거권자의 투표가치는 "전라남도 순천시 곡성군 선거구"에 주민등록을 마친 선거권자의 투표가치보다 약 2.86배 크다. 같은 농·어촌 지역 사이에 존재하는 이와 같은 불균형은 농·어촌 지역의 합리적인 변화를 저해할 수 있으며, 국토의 균형발전에도 도움이 되지 아니한다.

4) 인구편차 상하 33⅓%, 인구비례 2:1의 기준을 적용할 경우, 이 사건 선거구구역표 전체를 획정할 당시 고려한 2012.1.31.의 인구수를 기준으로 총 246개의 선거구 중 56개의 선거구가 조정대상이 되며, 선거 이후의 인구변화를 고려하여도 2013.7.31.을 기준으로 총 60개의 선거구가 분구·통합대상이 된다. 선거구의 분구·통합 과정에서 국회의원지역선거구의 수를 조정하여야 할 필요성이 있을 수 있고, 엄격하여진 기준에 따라 선거구를 조정하는 데 상당한 시간이 소요되고 여러 가지 어려움이 있을 수 있음을 부인할 수 없으나, 전문가들로 구성된 국회의원선거구획정위원회로부터 다양한 정책적 지원을 받을 수 있음을 고려할 때, 선거구 조정의 현실적인 어려움 역시 인구편차의 허용기준을 완화할 사유가 될 수는 없다.

(vi) 소결 및 현행 선거구획정 ① 인구편차의 기준을 종전 3:1에서 2:1로 변경한 헌법재판소의 결정은 긍정적으로 평가할 만하다. 국회의 구성에 있어서 국회의원의 지역대표성도 고려되어야 하지만, 지방자치제도가 정착된 현 시점에서는 지역대표성을 이유로 헌법원칙인 투표가치의 평등을 저해할 수는 없다. 국회의원의 지역대표성에 대한 고려가 국민주권주의의 출발점인 투표가치의 평등보다 우선할 수는 없기 때문이다. 2014년 결정은 정치 선진국의 선거구 인구편차 기준에 근접한다는 점에서 그 의의를 찾을 수 있다.

② 그런데 우리나라 특유의 급격한 도시화 현상, 한국인 특유의 귀소의식(歸巢意識), 단원제 국회 또한 부인할 수 없는 현실이다. 지방자치가 실시되고 있지만 양원제 국가의 상원구성에서와 같이 지역대표성이 고려되지 못하므로 인구편차에만 매몰되어서는 아니 된다. 향후 소선거구 상대적 다수대표제를 근간으로 하는 선거제도의 근본적인 개혁이 이루어져야 한다.

(c) 선거구 획정의 지리적 기준(인구비례 이외의 기준)

(i) 의 의 선거구획정에 있어서 인구편차와 더불어 중요한 지리적 기준에 대하여 공직선거법은 이를 분명히 한다. 그럼에도 불구하고 이에 어긋나는 선거구획정이 자의적으로 자행되는데 이를 게리맨더링이라 한다.

Gerrymander식 선거구획정이라는 표현은 19세기 미국의 Massachusetts 주지사 Gerry에 의하여 자행된 부정한 선거구획정이 그의 이름과 선거구 모습이 그리스신화에 나오는 Salamander와 비슷하다고 하여 둘을 합성하여 붙인 이름이다. 그런데 미국 연방대법원이 선거구 인구편차에 대하여는 적극적인 사법심사를 행하지만, 게리맨더링에 대하여는 주의회 결정을 존중하여 소극적이라는 비판을 받고 있다(*Rucho v. Common Cause*, 588 U.S. 684(2019)).

(ii) 인구편차와 지리적 기준의 조화 헌법상 보통선거·평등선거의 원칙에 따라 선출되는 국회의원은 특정한 집단의 대표가 아니라 전체국민을 대표하는 기관이다. 이러한 대표관념에 비추어 본다면 선거구획정은 인구수에 기초하여야 한다. 그런데 인구기준만으로는 다양한 선거구획정안이 나올 수 있으므로 일응의 획정 기준이 마련되지 아니한다면, 결국 행정구역이나 선거구의 단일성 및 인접성 등을 고려하지 아니할 수 없다. 다만, 이 경우에도 이러한 보충적 기준에 의하여 인구기준이 훼손당하여서는 아니 되며, 또한 보충적 기준을 활용한다고 하여 국회의원의 지역대표성과 이익대표성을 지나치게 강조하여도 아니 된다.

(iii) 헌법재판소가 제시한 지리적 기준 "선거구의 획정은 사회적·지리적·역사적·경제적·행정적 연관성 및 생활권 등을 고려하여 특단의 불가피한 사정이 없는 한 인접지역이 1개의 선거구를 구성하도록 함이 상당하며, 이 또한 선거구 획정에 관한 국회의 재량권의 한계"이다. 즉 선거구 획정에 있어서 인구비례의 원칙을 가장 중요한 기준으로 삼으면서도 지역구국회의원에 대한 어느 정도 지역대표로서의 성격을 고려하고 있다(헌재 1995.12.27. 95헌마224등, 공직선거법 [별표 1] 「국회의원지역선거구구역표」 위헌확인(위헌,기각)).

1996년에 실시된 제15대 국회의원선거를 앞두고 개정된 선거구획정에 의하면 충북의 옥천군은 보은군과 영동군의 중간에 위치하고 있음에도 불구하고 특정인을 유리하게 하기 위하여 옥천군을 독립선거구로 설정함에 따라 지리적으로 10킬로미터 이상 떨어져 있는 영동군과 보은군이 하나의 선거구로 획정되었다. 이에 헌법재판소는 위헌결정을 내린 바 있다. 그런데 인접하지 아니한 2개의 지역(인천 계양구 계양1동 및 강화군)을 1개의 선거구로 한 선거구획정은 합헌으로 판시한 바도 있다(헌재 1998.11.26. 96헌마54, 공직선거및선거부정방지법 [별표1]의 국회의원지역선거구구역표 위헌확인(기각)).

(iv) 소 결 선거구 사이의 인구편차에 지나치게 집착하게 되면 선거구획정

에서 지리적 기준이 몰각될 수 있다. 실제로 인구편차 2:1에 따른 선거구획정 과정에서 주민의 생활권과 유리된 선거구획정이 공공연하게 자행된다. 인구편차도 중요하지만 지리적 기준이 누더기처럼 되어버린 현재의 선거구획정은 전면적인 재검토가 필요한 시점에 이르렀다. 특히 제21대 국회의원 선거구획정과정에서 의원정수 300인에 2:1 인구편차를 준수하는 과정에서 행정구역이 분할되는 사례가 속출하였다.

> 순천시 일부를 분할하여 이웃 지역구로 편입한 것은 "선거구 획정 경위와 지역들과의 인접성, 생활환경이나 교통, 교육환경 등을 종합적으로 고려하면, 선거구 간 인구편차를 줄이면서 기존의 선거구 변동으로 인한 혼란을 최소화하고 농산어촌의 지역 대표성을 반영하기 위한 것으로 보여 부득이하다"(헌재 2023.10.26. 2020헌마412등, 공직선거법 제25조 제3항 별표 1 등 위헌확인(기각)).

이와 관련하여 헌법재판소 2001년 결정의 별개의견에서 의원의 지역대표성과 소수자보호의 원리 등을 감안할 때 투표가치의 평등은 한계를 가질 수밖에 없다고 지적하면서, 투표가치의 산술적 평등에 보다 더 접근시키기 위하여 어느 행정구역의 일부 주민을 다른 행정구역에 편입하여 하나의 선거구로의 획정은 의원의 주민대표성을 약화시킬 뿐만 아니라 자기 구역에서 분리되어 타구역에 편입당한 주민들의 선거권을 침해하므로 위헌이라는 의견을 경청할 필요가 있다.

C. 지방의회의원선거구의 획정

(a) 지방의회의원 선거구획정의 특수성 "시·도의회의원지역선거구는 인구·행정구역·지세·교통 그 밖의 조건을 고려하여 자치구·시·군(하나의 자치구·시·군이 2 이상의 국회의원지역구로 된 경우에는 국회의원지역구를 말하며, 행정구역의 변경으로 국회의원지역구와 행정구역이 합치되지 아니하게 된 때에는 행정구역을 말한다)을 구역으로 하거나 분할하여 이를 획정하되, 하나의 시·도의원지역구에서 선출할 지역구시·도의원정수는 1명으로" 한다(제26조 제1항). "자치구·시·군의원지역구는 인구·행정구역·지세·교통 그 밖의 조건을 고려하여 획정하되, 하나의 자치구·시·군의원지역구에서 선출할 지역구자치구·시·군의원정수는 2인 이상 4인 이하로 하며, 그 자치구·시·군의원지역구의 명칭·구역 및 의원정수는 시·도 조례로 정한다"(제2항). "제1항 또는 제2항의 규정에 따라 시·도의원지역구 또는 자치구·시·군의원지역구를 획정하는 경우 하나의 읍·면·동의 일부를 분할하여 다른 시·도의원지역구 또는 자치구·시·군의원지역구에 속하게 하지 못한다"(제3항). "자치구·시·군의원지역구는 하나의 시·도의원지역구 내에서 획정하여야 한다"(제4항).

> 헌법재판소의 지방의회의원 선거구 인구편차 허용기준 변경에 따른 헌법불합치 상황을 해소하고 지방소멸을 방지하기 위하여 지역구 시·도의회의원정수와 그 선거구 및

시 · 도별 자치구 · 시 · 군의회의원 총정수를 합리적으로 조정하고, 4인 이상 선출 선거구를 분할할 수 있도록 하는 규정을 삭제하고, 기초의원 중대선거구제 확대도입의 효과 검증을 위하여 국회의원선거구 기준 전국 11개 선거구 내 기초의원 선거구당 선출인원을 제8회 전국동시지방선거에 한정하여 3인 이상 5인 이하로 확대하였다(제4항 및 부칙 제17조)(부분적으로 대선거구제 도입)(헌재 2019.2.28. 2018헌마415등, 공직선거법 제26조 제1항 [별표 2] 위헌확인(각하,헌법불합치,잠정적용,기각)).

하나의 자치구 · 시 · 군에 최소 1명 이상의 시 · 도의원을 보장하려는 취지의 공직선거법 규정(제22조 제1항 단서 및 제26조 제1항)이 인구편차 상하 50%를 벗어난 것을 헌법적으로 정당화할 만한 합리적 이유가 될 수 없다(헌재 2025.10.23. 2022헌마1247, 공직선거법 제26조 제1항 [별표 2] 시 · 도의회의원지역선거구구역표 중 전라북도 장수군 선거구란 위헌확인(헌법불합치(잠정적용),각하)).

(b) 헌법재판소가 제시한 지역구 지방의회의원 선거구획정(3:1) 시 · 도의원 지역선거구 사이의 인구편차의 허용기준에 대하여 헌법재판소는 선거구획정에서 투표가치의 평등으로 가장 중요한 요소인 인구비례의 원칙과 우리나라의 특수사정으로서 시 · 도의원의 지역대표성 및 인구의 도시집중으로 인한 도시와 농어촌 사이의 극심한 인구편차 등 3개의 요소를 합리적으로 참작하여 결정되어야 함을 강조하면서, 시 · 도의원 지역선거구획정에서 헌법상 허용되는 인구편차의 기준으로 상하 50%의 인구편차(상한과 하한 인구수 비율 3:1) 기준을 제시한다. 또한 자치구 · 시 · 군 의회의원 지역선거구에서의 인구편차기준도 동일하다(헌재 2018.6.28. 2014헌마189, 공직선거법 제26조 제1항에 의한 [별표 2] 위헌확인(기각); 동지: 헌재 2018.6.28. 2014헌마166)(헌재 2007.3.29. 2005헌마985등, 공직선거법 제26조 제1항에 의한 [별표 2] 위헌확인 등(헌법불합치,잠정적용); 동지: 헌재 2009.3.26. 2006헌마14; 헌재 2009.3.26. 2006헌마67)(헌재 2019.2.28. 2018헌마415등, 공직선거법 제26조 제1항 [별표 2] 위헌확인 등(각하,헌법불합치,잠정적용,기각,))(헌재 2021.6.24. 2018헌마405, 서울특별시 자치구의회의원 선거구와 선거구별 의원정수에 관한 조례 [별표] 위헌확인(헌법불합치,잠정적용,합헌,각하)).

(5) 전국선거구 비례대표 국회의원 선거제도의 개혁

A. 의 의

비례대표선거제도는 각 정치세력에 대한 선거권자의 지지에 비례하여 대표자의 수를 배분하는 선거제도이다. 이는 사표를 양산하고 다양한 국민의 목소리를 제대로 대표하지 못하는 다수대표제의 문제점을 보완하기 위하여 창안되었다. 이러한 비례대표제는 소수자보호의 원리와 투표가치의 실질적 평등에 충실하지만, 대의제 이념과 갈등을 일으킬 소지도 있다. 그러나 비례대표제가 적절한 방법으로 운용될 경우 사회 제 세력에 상응한 대표를 형성하고, 정당 사이에 경쟁을 촉진하여 정치적 독점을 배제하는 긍정적인 효과를 기대할 수 있다.

종래 공직선거법은 지역구국회의원선거와 전국구국회의원선거로 표현되었다. 그런데 2000년 공직선거법을 개정하여 전국구국회의원을 비례대표국회의원으로 표기를 바꾸었다. 생각건대 지역구와 전국구는 선거구의 규모에 따른 구별이고, 비례대표는 다수대표제에 대칭되는 개념이므로 공직선거법의 표현은 적절하다고 할 수 없다.

B. 전국선거구 비례대표국회의원선거제도의 현황

(i) **역대 선거법에서 전국선거구 국회의원선거제도의 변천** 전국구국회의원선거제도는 제3공화국헌법에서 제1당에 프리미엄을 부여하기 위하여 도입되었다. 즉 제1당이 지역구선거에서 의원 정수(定數)의 과반수를 획득하지 못하더라도 전국구의석의 과반수를 부여하였다. 제4공화국(유신)헌법에서는 통일주체국민회의에서 일괄적으로 선출하는 유신정우회의원이 국회의원 정수의 3분의 1을 차지하였다. 제5공화국에서 전국구의석은 지역구의원정수의 2분의 1로 하며, 지역구의석수가 제1위인 정당에 3분의 2를 배분하고, 나머지 3분의 1은 제2당 이하 5석 이상의 지역구의석을 획득한 정당에 그 의석비율에 따라 배분하였다(구 국회의원선거법 제130조).

제6공화국에서는 1991년 개정된 선거법에서 제1당 프리미엄제도를 폐지하고 지역구선거에서의 의석비율로 전국구를 배정하였다. 그러나 이 제도는 지역구선거제도가 가진 치명적 약점인 사표의 양산에 따른 의석수획득을 준거로 다시금 전국구의석을 배정한다는 점에서, 다수대표제의 단점을 가중시킨 제도로 비판받아왔다. 이에 1994년에 제정된 공직선거법은 득표율 기준으로 개정되었다.

(ii) **현행 전국선거구 비례대표국회의원선거제도** 비례대표국회의원 정수는 46인이다. 비례대표국회의원후보자의 등록은 추천정당이 서면으로 신청하되 그 순위를 정한 비례대표국회의원후보자명부를 함께 첨부하여야 한다(공직선거법 제49조 제2항 후문).

2020년 공직선거법의 개정으로 제21대 및 제22대 국회의원총선거에서 **준연동형 비례대표제**(연동률 50%)를 도입하였다. ① 46명 중 16명은 **병립형 비례대표제로 정당득표율**에 따라 배분하고, 나머지 30명은 **준연동형 비례대표제**를 도입한다. 이에 따라 거대 양당은 소위 '위성정당'을 급조하였다. ② 준연동형 배분방식은 다음과 같다. 전체 300석 국회의원 정수에서 무소속·봉쇄조항(유효투표 3% 또는 지역구 5석) 미달 정당의 지역구 당선자 수를 제외한다. 하지만, 제189조 제1항 전체가 위헌결정되었다(7:2)(헌재 2026.1.29. 2020헌마956등, 공직선거법 제189조 제1항 제1호 위헌확인(위헌,각하)). 여기에 **비례 의석 할당 비율**을 곱하고, 여기서 **지역구 당선자 수를 뺀다**. 이후 연동률 50%를 적용하기 위하여 수치를 절반으로 나누면 한 정당에 돌아갈 연동 배분 의석수가 나온다. 결과가 마이너스 값이 나오는 정당은 이미 지역구 당선자만으로 비례대표 득표율에 걸맞은 원내 의석수를 충분히 확보하였다고 보고, 비례 의석을 보전해주지 아니한다. 반면에 지역구 당선자만으로는 정당 지지율에 걸맞은 원내 의석 비율이 나오지 아니한 정당에게 비례 의석으로 보완하여준다. 마지막으로 준연동형 비례대표제를 적용한 후 잔여 의석이 발생하면 이를 기존 병립형 방식으로 배분한다(제189조).

① 중앙선거관리위원회는 다음 각 호의 어느 하나에 해당하는 정당에 대하여 비례대표국회의원의석을 배분한다. 1. 임기만료에 따른 비례대표국회의원선거에서 전국 유효투표총수의 100분의 3 이상을 득표한 정당, 2. 임기만료에 따른 지역구국회의원선거에서 5 이상의 의석을 차지한 정당.

② 비례대표국회의원의석은 다음 각 호에 따라 각 의석할당정당에 배분한다.

1. 각 의석할당정당에 배분할 의석수(연동배분의석수)는 다음 계산식에 따른 값을 소수점 첫째자리에서 반올림하여 산정한다. 이 경우 연동배분의석수가 1보다 작은 경우 연동배분의석수는 0으로 한다.

$$\text{연동배분의석수} = \frac{\left(\text{국회의원정수} - \text{의석할당정당이 추천하지 않은 지역구국회의원당선인수}\right) \times \text{해당 정당의 비례대표국회의원선거 득표비율} - \text{해당 정당의 지역구국회의원당선인수}}{2}$$

2. 제1호에 따른 각 정당별 연동배분의석수의 합계가 비례대표국회의원 의석정수에 미달할 경우 각 의석할당정당에게 배분할 잔여 의석수(잔여배분의석수)는 다음 계산식에 따라 산정한다. 이 경우 정수(整數)의 의석을 먼저 배정하고 잔여의석은 소수점 이하 수가 큰 순으로 각 의석할당정당에 1석씩 배분하되, 그 수가 같은 때에는 해당 정당 사이의 추첨에 의한다.

$$\text{잔여배분의석수} = \left(\text{비례대표국회의원의석정수} - \text{각 연동배분의석수의 합계}\right) \times \text{비례대표국회의원선거 득표비율}$$

3. 제1호에 따른 각 정당별 연동배분의석수의 합계가 비례대표국회의원 의석정수를 초과할 경우에는 제1호 및 제2호에도 불구하고 다음 계산식에 따라 산출된 수(조정의석수)를 각 연동배분의석 할당정당의 의석으로 산정한다. 이 경우 산출방식에 관하여는 제2호 후단을 준용한다.

$$\text{조정의석수} = \text{비례대표국회의원의석정수} \times \text{연동배분의석수} \div \text{각 연동배분의석수의 합계}$$

③ 제2항의 비례대표국회의원선거 득표비율은 각 의석할당정당의 득표수를 모든 의석할당정당의 득표수의 합계로 나누어 산출한다.

소선거구 다수대표제를 규정하여 다수의 사표가 발생한다 하더라도 그 이유만으로 헌법상 요구된 선거의 대표성의 본질을 침해한다거나 그로 인해 국민주권원리를 침해하고 있다고 할 수 없고, 평등권과 선거권을 침해한다고 할 수 없다(헌재 2003.11.27. 2003헌마259등; 헌재 2016.5.26. 2012헌마374 참조). 선거제도의 형성에 관해서는 헌법 제41조 제1항에 명시된 보통·평등·직접·비밀선거의 원칙과 자유선거 등 국민의 선거권이 부당하게 제한되지 않는 한, 소선거구 다수대표제나 비례대표제 등 어느 특정한 선거제도가 다른 선거제도와 비교하여 반드시 우월하거나 열등하다고 단정할 수 없고, 입법자의 광범위한 형성재량이 인정된다(헌재 2023.7.20. 2019헌마1443, 공직선거법 제189조 제2항 등 위헌확인(기각,각하)).

C. 2004년 이전 전국선거구 비례대표국회의원선거제도의 문제점

(i) 제도의 위헌성: 헌법재판소의 한정위헌결정 헌법재판소는 2001년 7월

19일 결정에서 공직선거및부정선거방지법 제146조 제2항 중 "1인 1표로 한다" 부분은 "국회의원선거에 있어 지역구국회의원선거와 병행하여 정당명부식 비례대표제를 실시하면서도 별도의 정당투표를 허용하지 않는 범위에서 헌법에 위반된다"라고 하여 한정위헌결정을 내렸다. 즉 지역구선거에서 드러난 유권자의 의사를 그대로 정당에 대한 지지의사로 의제하여 비례대표의석을 배분하도록 하는데, 이러한 규정은 민주주의원리, 직접선거의 원칙 및 평등선거의 원칙에 위반되고, 그 결과 유권자들의 선거와 관련된 기본권을 침해한다.

1) 이른바 1인 1표제를 채택하여 유권자에게 별도의 정당투표를 인정하지 아니하고 지역구선거에서 표출된 유권자의 의사를 그대로 정당에 대한 지지의사로 의제하여 비례대표의석을 배분하도록 하는 현행 비례대표제는 유권자가 지역구후보자나 그가 속한 정당 중 어느 일방만을 지지할 경우 지역구후보자 개인을 기준으로 투표하든 정당을 기준으로 투표하든 어느 경우에나 자신의 진정한 의사는 반영시킬 수 없고, 후보자든 정당이든 절반의 선택권을 박탈당할 수밖에 없을 뿐만 아니라, 신생정당에 대한 국민의 지지도를 제대로 반영할 수 없어 기존의 세력정당에 대한 국민의 실제 지지도를 초과하여 그 세력정당에 의석을 배분하여 주게 된다는 점에서 민주주의원리에 부합하지 아니한다.

2) 직접선거의 원칙은 의원의 선출뿐만 아니라 정당의 비례적인 의석확보도 선거권자의 투표에 의하여 직접 결정될 것을 내용으로 하므로 지역구의원의 선거와는 별도의 선거인 비례대표의원의 선거에 관한 유권자의 별도의 의사표시(정당명부에 대한 별도의 투표)가 있어야 할 것임에도 불구하고, 현행제도는 정당명부에 대한 투표를 따로 인정하지 아니하고 있어 결과적으로 비례대표의원의 선출에 있어서 정당의 명부작성행위가 최종적·결정적인 의의를 지니게 되고 선거권자들의 투표행위로써 비례대표의원의 선출을 직접·결정적으로 좌우할 수 없게 된다는 점에서 직접선거의 원칙에 위배된다.

3) 현행 1인 1표제 하에서의 비례대표의석배분방식에서, 지역구후보자에 대한 투표는 지역구의원의 선출에 기여함과 아울러 그가 속한 정당의 비례대표의원의 선출에도 기여하는 2중의 가치를 지니게 되는 데 반하여, 무소속후보자에 대한 투표는 그 무소속후보자의 선출에만 기여할 뿐 비례대표의원의 선출에는 전혀 기여하지 못하므로 투표가치의 불평등이 발생하게 된다. 자신이 지지하는 정당이 자신의 지역구에 후보자를 추천하지 아니하여 어쩔 수 없이 무소속후보자에게 투표하는 유권자들로서는 자신의 의사에 반하여 투표가치의 불평등을 강요당하게 된다면, 이는 합리적 이유없이 무소속 후보자에게 투표하는 유권자를 차별하는 것이라 할 것이므로 평등선거의 원칙에 위배된다.

4) 공직선거법 제189조 제1항은 위와 같은 이유로 헌법에 위반되며, 공직선거법 제146조 제2항 중 "1인 1표로 한다" 부분은 국회의원선거에 있어 지역구국회의원선거와 병행하여 정당명부식 비례대표제를 실시하면서도 별도의 정당투표를 허용하지 아니하는 범위에서 헌법에 위반된다 할 것이므로, 그로 인하여 유권자인 국민들의 비례대표국회의원에 대한 선거권, 무소속후보자에 대하여 투표하는 유권자들의 평등권 등의 기본권이 침

해된다(헌재 2001.7.19. 2000헌마91, 공직선거법 제146조 제2항 위헌확인(한정위헌)).

(ii) 제도운용의 문제점　① 이 제도는 비례대표제의 본질에 비추어 본 사표방지의 효과를 기대할 수 없다. 비례대표국회의원선거제도는 지역구국회의원선거에서 양산된 사표를 중화시키기 위한 제도이다. 그러나 지역구국회의원선거는 상대적 다수대표제를 채택하기 때문에, 이른바 뒤베르제의 경향성법칙에 따라 양당제적 경향으로 흐르고 있는 정치적 상황에서는 그에 따라 나타난 결과를 통하여 비례대표제가 가지고 있는 이상을 실현할 수는 없다.

② 직능대표제의 기능은 사라지고 특정 정치지도자의 카리스마를 제도화시켜 주었다. 한국의 정당정치가 특정 정당지도자에 의한 사당화(私黨化) 경향을 보이는 중요한 요인 중의 하나로 비례대표국회의원선거제도를 들지 아니할 수 없다. 특히 후보자명부작성에 있어서 민주적인 당내절차를 밟지 못하고 있다.

③ 지역할거주의의 완화에도 기여하지 못하였다. 소선거구 다수대표제의 지역할거주의 경향을 해결하는 데에 비례대표제도는 아무런 기여를 하지 못하였다. 선거인들은 자기지역 출신인사들이 비례대표로 당선되더라도 이들에게 지역대표성을 전혀 인정하지 아니한다.

D. 전국선거구 국회의원선거제도의 개혁방향

(i) 논의의 기초　외국에서는 일반적으로 지역별 내지 권역별 비례대표제를 시행한다. 우리나라와 비슷한 국가 규모나 인구 규모의 나라에서 전국선거구 비례대표제를 시행하는 예는 찾아보기 어렵다. 다만, 유럽의회의원선거의 경우 그 특수성 때문에 전국을 단위로 한 비례대표제가 시행된다.

(ii) 비례대표제적인 이상(理想)의 현실적 시행의 어려움　비례대표제는 사표를 줄일 수 있는 대신 그 시행기술상 어려움이 많다. 근래에는 정당명부식을 많이 채택한다. 그러나 정당명부식은 명부의 순서가 정당지도자의 의사에 좌우될 수 있기 때문에 자칫 권위적인 정당지도자에 의한 놀이로 전락할 위험이 있다. 유권자는 정당이 정하여 놓은 명부에 대하여 투표한다는 점에서 이론상 직접선거의 원리에 위배될 소지도 있다.

(iii) 독일식 이중(정당)투표제의 도입가능성과 그 한계　한국에서 독일식 혼합선거제 도입은 일정한 한계를 가질 수밖에 없다. ① 지역구·비례대표 동시 입후보제도의 도입은 정당 고위인사들의 편안한 안식처가 될 소지가 크기 때문에 정당의 사당화를 초래할 수 있다. ② 지역구국회의원 숫자와 비례대표국회의원 숫자를 같거나 비슷하게 하면 사실상 비례대표제를 도입하는 결과를 초래한다. ③

정당투표제의 도입으로 한국적인 지역주의가 오히려 더 심화될 소지가 있다.

(iv) 현행제도의 개선방안 헌법과 공직선거법의 규정에 비추어 보건대 비례대표제의 존치가 불가피하다면, 전국선거구를 비례대표제의 본질에 부합하도록 권역별비례대표제로 개혁하여야 한다. 이를 위하여 비례대표의원정수는 지역구국회의원정수의 2분의 1 정도로 상향조정되어야 한다. 하지만, 비례대표국회의원 숫자를 상향 조정할 경우에 지역구국회의원 지역의 광역화로 인하여 지역구국회의원제도의 본래 의미를 상실할 우려가 있다. 이에 따라 현행 소선거구 상대적 다수대표제에 대한 근본적인 재검토가 필요하다.

① 정당투표식 비례대표제를 도입함으로써 환경운동단체 등 일부 신진세력이 의회에 진입할 기회를 가진다는 점에서는 긍정적으로 평가할 수 있다. 그러나 한국적 현실에서 원내교섭단체를 구성하지 못하는 소수파는 그 존재의의가 반감(半減)될 수밖에 없다. ② 정당국가 경향에 따라 지역선거구에서조차 유권자의 투표성향이 인물보다는 정당으로 기울고 있는 상황에서, 정당투표제는 정당이 정하여 놓은 후보자에 대한 투표라는 점에서 정당명부식 비례대표제는 정당의 민주화를 전제로 한다. ③ 비례대표제를 실시하면 제1당이 국회재적의원 과반수를 확보하지 못할 가능성이 매우 높아진다. 그것은 자칫 군소정당의 난립에 따른 정국불안정으로 이어질 소지가 있다. ④ 비례대표제의 시행이 여야 사이에 평화적 정권교체의 새로운 장애요인이 될 수도 있다. 한국적 현실에서 비례대표제의 시행은 여당이 비록 의회 과반수를 확보하지 못하더라도 항시 제1당을 차지할 가능성이 높다. ⑤ 2020년에 도입된 준연동형비례제는 혼란을 자초한다. 특히 비례대표만을 위한 소위 '위성정당'의 난립에 대한 우려가 현실로 드러났다. ⑥ 선거제도 자체와 직접 관련된 사안은 아니지만 정당의 이합집산이 심화되고 있는 상황에서 비례대표국회의원의 당적이탈에 따라 야기되는 문제점도 시정되어야 한다.

5. 선거기간과 선거일

(1) 선거기간

선거기간에 대한 법률상 제한은 선거운동의 과열을 방지하기 위한 조치이다. 대통령선거의 선거기간은 후보자등록마감일의 다음 날부터 선거일까지, 국회의원선거와 지방자치단체의 의회의원 및 장의 선거기간은 후보자등록마감일 후 6일부터 선거일까지를 말한다(제33조 제3항). 선거별 선거기간은 1. 대통령선거는 23일, 2. 국회의원선거와 지방자치단체의 의회의원 및 장의 선거는 14일이다.

(2) 임기만료에 의한 선거일

선거일을 법정화(선거일 법정주의)하여 국민들이 언제 선거가 실시되는지를 충분히 예측할 수 있도록 규정한다. 선거일의 요일은 수요일로 한다.

1. 대통령선거는 그 임기만료일 전 70일 이후 첫 번째 수요일, 2. 국회의원선거는 그 임기만료일 전 50일 이후 첫 번째 수요일, 3. 지방의회의원 및 지방자치단체의 장의 선거는 그 임기만료일 전 30일 이후 첫 번째 수요일로 한다(제34조 제1항). 제1항의 규정에 의한 선거일이 국민생활과 밀접한 관련이 있는 민속절 또는 공휴일인 때와 선거일 전일이나 그 다음날이 공휴일인 때에는 그 다음 주의 수요일로 한다(제2항).

(3) 보궐선거 등의 선거일 실시

(i) "대통령의 궐위로 인한 선거 또는 재선거는 그 선거의 실시사유가 확정된 때부터 60일 이내에 실시하되, 선거일은 늦어도 선거일 전 50일까지 대통령 또는 대통령권한대행자가 공고하여야 한다"(선거일 공고주의)(제35조 제1항).

(ii) 국회의원·지방의회의원의 보궐선거·재선거 및 지방의회의원의 증원선거는 매년 4월 첫 번째 수요일에 실시한다. 지방자치단체의 장의 보궐선거·재선거는 매년 2회 4월 첫 번째 수요일 및 10월 첫 번째 수요일에 실시한다(제2항).

국회의원 재·보궐선거일을 휴무일이 아닌 평일로 하고, 투표시간도 직장인들의 근무시간 이후가 아닌 오후 6시까지로 정하고, 또 저조한 투표율에도 불구하고 유효투표의 다수만 얻으면 당선될 수 있도록 한 현행규정은 합헌이다(헌재 2003.11.27. 2003헌마259등, 공직선거법 제35조 제2항 제1호 등 위헌확인(기각)). 그 이후 공직선거법이 개정되어 투표시간은 오후 8시까지로 연장되었다(제155조 제1항).

6. 선거인명부

선거인명부는 수시작성주의를 채택한다(제37조). 거소투표신고인명부와 선상투표신고인명부는 각각 따로 작성하여야 한다(제38조 제5항). 선거권자는 누구든지 자유로이 선거인명부를 열람하고(제40조), 누락 또는 오기가 있는 경우에는 이의신청을 할 수 있다(제41조).

7. 후 보 자

(1) 후보자추천

A. 정당의 후보자추천(제47조)

(i) "정당은 선거에 있어 선거구별로 선거할 정수범위안에서 그 소속당원을 후보자(이하 "정당공천후보자"라 한다)로 추천할 수 있다. 다만, 비례대표자치구·시·군의원의 경우에는 그 정수 범위를 초과하여 추천할 수 있다"(제1항). "정당이 제1항에 따라 후보자를

추천하는 때에는 민주적인 절차에 따라야 한다"(제2항).

정당이 공직선거법 제47조제1항 및 제2항에 따라 비례대표국회의원선거의 후보자를 추천하는 경우에는 당헌·당규 또는 그 밖의 내부규약 등으로 정하는 바에 따라 민주적 절차를 거쳐 추천할 후보자를 결정한다(정당법 제36조의2).

(ii) "정당이 비례대표국회의원선거 및 비례대표지방의회의원선거에 후보자를 추천하는 때에는 그 후보자 중 100분의 50 이상을 여성으로 추천하되, 그 후보자명부의 순위의 매 홀수에는 여성을 추천하여야 한다"(제3항). 이를 위반한 때에는 등록신청을 할 수 없고 등록 후에도 등록을 무효로 한다(제49조 제8항, 제52조 제1항 제2호).

(iii) "정당이 임기만료에 따른 지역구국회의원선거 및 지역구지방의회의원선거에 후보자를 추천하는 때에는 각각 전국지역구총수의 100분의 30 이상을 여성으로 추천하도록 노력하여야 한다"(제4항). 이 경우 보조금을 추가로 지급받을 수 있다(정치자금법 제26조). "정당이 임기만료에 따른 지역구지방의회의원선거에 후보자를 추천하는 때에는 지역구시·도의원선거 또는 지역구자치구·시·군의원선거 중 어느 하나의 선거에 국회의원지역구(군지역을 제외하며, 자치구의 일부지역이 다른 자치구 또는 군지역과 합하여 하나의 국회의원지역구로 된 경우에는 그 자치구의 일부지역도 제외한다)마다 1명 이상을 여성으로 추천하여야 한다"(제47조 제5항). 정당이 이를 위반하여 "등록된 것이 발견된 때에는 그 정당이 추천한 해당 국회의원지역구의 지역구시·도의원후보자 및 지역구자치구·시·군의원후보자의 등록은 모두 무효로 한다"(제52조 제2항).

(iv) 비례대표 국회의원선거, 지역구 지방의원선거 및 비례대표 지방의원선거에서 여성할당제는 강행규범이다. 하지만, 지역구 국회의원선거에서 여성할당제는 권장사항이라는 점에서 차이가 있다.

B 공직선거법상 기초의회의원선거에서 정당표방

구 공직선거법은 대통령선거·국회의원선거 및 지방자치선거 등 국가적 차원에서 실시되는 모든 선거에서 정당공천제를 시행함에도 불구하고, 유독 기초의회의원선거에서만 정당표방을 금지하여 공직선거법은 위헌이라는 의견이 제기되었다. 이와 관련하여 헌법재판소는 종전의 합헌결정(헌재 1999.11.25. 99헌바28, 공직선거법 제84조 위헌소원(합헌))을 변경하여 정당표방 금지를 위헌으로 판시하였다(헌재 2003.1.30. 2001헌가4, 공직선거법 제47조 제1항 중 앞괄호부분 등 위헌제청(위헌,각하)).

정당이 자치구·시·군의 장 후보자를 추천할 수 있도록 한 규정이 청구인의 공무담임권과 평등권을 부당하게 침해한다고 할 수 없다(헌재 2011.3.31. 2009헌마286, 공직선거법 제47조 등 위헌확인(기각)).

(i) 폐지론 ① 정당표방을 통하여 지방선거에서 지역주민들의 선택이 쉬워진다. ② 중앙당과 지역정당의 유기적인 연계를 통하여 국가와 지방자치단체, 국가사무와 지역사무의 유기적 연계에 기여할 수 있다. ③ 지역적 이해관계의 대립이 아닌 국민의사의 통

일적 형성에 기여할 수 있다. ④ 우리나라의 취약한 정당의 하부구조를 강화하는 데 도움이 될 수 있다. 헌법재판소도 위헌이라고 판시한다. 즉 ① 공무담임권의 내용인 선거에 입후보하여 당선될 수 있는 피선거권과 모든 공직에 임명될 수 있는 공직취임권의 제한, ② 후보자에 대한 정당의 지지 또는 추천에 관한 정보가 봉쇄됨으로써 유권자의 알 권리 제한, ③ 결과적으로 정당의 선거참여를 제한함으로써 헌법이 보장하는 정당활동의 자유(제8조) 제한 등이 문제된다. 특히 가장 심각하게 침해가 우려되는 기본권은 ④ 정치적 표현의 자유와 ⑤ 평등권이다. 정치적 표현의 자유와 관련하여서는 ① 후보자가 지지 또는 추천받고 있는 정당표방은 유권자들에게 자신의 자질과 능력이 소속정당에 의하여 검증되었고, 자신의 정치적 신념·지향하는 정책노선과 실천적 복안 등이 소속정당의 정책과 궤를 같이한다는 사실을 알리면서 동시에 자신을 지지하여달라는 의사의 표현이다. ② 당원경력의 표시는 인정하면서 정당추천의 금지는 표현의 자유를 규제하는 입법에서 명확성의 원칙에도 어긋난다. ③ 특히 정치적 표현의 자유는 민주주의의 생명선으로서 그에 대한 제한에는 보다 엄격한 기준이 적용되어야 한다. 또한 평등원칙과 관련하여서는 4대 지방선거 중 유독 기초의회의원선거의 경우에만 그 후보자에 대하여 정당표방을 금지하는바, 이를 다르게 취급할 만한 본질적인 차이가 있다고 하기 어렵다.

(ii) 허용론 ① 당내민주주의가 제대로 구현되지 아니한 상태에서 지방문제는 간과되고 지역의 정당조직이 중앙당에 예속되는 결과를 가져올 수 있다. ② 전국규모 정당의 지방선거 참여는 중앙정치에서 여·야 사이의 갈등을 지방자치단체에까지 확산시킬 수 있다. ③ 헌법의 정당보호 및 지방자치의 제도적 보장, 우리의 정치문화와 지방자치에 대한 국민의식 등 제반사정을 고려할 때 입법적으로 폐지하여도 문제가 없다. ④ 더 나아가 기초의회의원선거뿐 아니라 기초단체장선거에서도 정당공천제를 금지하여야 한다.

(iii) 지방자치를 통한 정당민주주의의 활성화 필요 지방자치제도의 본질인 주민참여와 정당제 민주주의에서 정당의 존재의의인 선거참여 사이에 야기되는 갈등관계는 조화롭게 해결되어야 한다. 지방자치제도와 정당민주주의 모두 헌법이 보장하는 제도이므로 둘 중 어느 쪽이 더 우월하다고 보기 어려워 이를 국회의 입법재량으로 판시한 종전의 헌법재판소 판례도 경청할 만한 가치가 있다. 그런데 정당민주주의의 활성화가 한국 민주주의의 발전을 위한 초석이라는 점에 비추어 본다면, 기초선거에서부터 정당공천제를 통하여 풀뿌리 정당제도의 착근(着根)에 기여하여야 한다. 정당공천에 따른 지방정치의 중앙정치 예속화 내지 황폐화는 우리 정당이 안고 있는 근본적인 문제이며 앞으로 극복하여야 할 과제이다. 하지만, 정당공천금지만으로는 그 효과를 발휘하기 어렵다. 또한 정당경력표시가 법적으로 허용되는 상황에서 정당공천금지는 현실과 유리된 과잉입법에 불과하다. 앞으로 대의민주주의의 활성화를 위하여서나, 의원내각제의 한국적 접목에 결정적인 장애요인으로 들고 있는 정당의 미성숙문제를 해결하기 위하여, 정당공천제는 피할 수 없는 명제이다. 보다 근본적으로는 풀뿌리민주주의의 정착을 위하여 정당이 기초지역에서부터 활성화되어야 한다. 또한 지구당제도를 폐지하고 시·도당제도를 도입하고 있는 현행 정당법도 조속히 개정되어야 한다.

C. 선거권자의 후보자추천(무소속후보자 추천)(제48조)

(i) 비례대표국회의원선거 및 비례대표지방의회의원선거를 제외하고 관할선거구 안에 주민등록이 된 선거권자는 각 선거별로 정당의 당원이 아닌 자를 해당 선거구의 후보자(무소속후보자)로 추천할 수 있다(제1항).

(ii) "무소속후보자가 되고자 하는 자는 관할선거구선거관리위원회가 후보자등록신청개시일 전 5일(대통령의 임기만료에 의한 선거에 있어서는 후보자등록신청개시일 전 30일, 대통령의 궐위로 인한 선거 등에 있어서는 그 사유가 확정된 후 3일)부터 검인하여 교부하는 추천장을 사용하여 다음 각호에 의하여 선거권자의 추천을 받아야 한다"(제2항). 추천선거권자수의 상한수를 넘어 추천을 받는 것은 금지된다(제48조 제3항 제2호).

1. 대통령선거: 5 이상의 시・도에 나누어 하나의 시・도에 주민등록이 되어 있는 선거권자의 수를 700인 이상으로 한 3천500인 이상 6천인 이하
2. 지역구국회의원선거 및 자치구・시・군의 장 선거: 300인 이상 500인 이하
3. 지역구시・도의원선거: 100인 이상 200인 이하
4. 시・도지사선거: 당해 시・도 안의 3분의 1 이상의 자치구・시・군에 나누어 하나의 자치구・시・군에 주민등록이 되어 있는 선거권자의 수를 50인 이상으로 한 1천인 이상 2천인 이하
5. 지역구자치구・시・군의원선거: 50인 이상 100인 이하. 다만, 인구 1천인 미만의 선거구에 있어서는 30인 이상 50인 이하

"무소속후보자에게 선거권자의 추천을 요건으로 입후보 허용, 선거기간개시일 전 정당의 당원교육 허용(헌재 2001.10.25. 2000헌마193, 공직선거법 제58조 제1항 등 위헌확인(기각)) 및 정당의 당사에 선전물의 설치 허용, 국회의원 입후보예정자에게 후원회 둘 수 없도록 한 것(헌재 2001.10.25. 2000헌바5, 정치자금에관한법률 제30조 제1항 등 위헌소원(합헌,각하))은 합리적 이유가 있는 차별이다(헌재 1996.8.29. 96헌마99, 공직선거법 제48조 등 위헌확인(기각)): 무소속후보자가 되고자 하는 자는 선거권자가 기명・날인한 추천장을 등록신청서에 첨부하도록 하면서 선거권자의 서명이나 무인을 허용하지 아니한 것은 합헌이다(헌재 2009.9.24. 2008헌마265, 공직선거및선거부정방지법 제49조 제3항 위헌확인(기각)). 다만, 공직선거법의 개정으로 무소속후보자 추천에서 선거권자의 서명을 허용한다(제49조 제3항). 무인(拇印)은 여전히 허용되지 아니한다.

D. 정당의 후보자추천을 위한 당내경선(제6장의2)

(i) 정당내부에서 당내경선의 실시 여부에 관하여 공직선거법은 각 정당의 재량에 맡기지만(제57조의2 제1항), 일단 당내경선을 실시하는 경우 경선후보자로서 당해 정당의 후보자로 선출되지 아니한 자는 당해 선거의 같은 선거구에서는 후보자로 등록될 수 없다(제2항). 이는 선거과정에서 절차적 민주주의를 위반하는 자에 대한 실질적 민주주의의 구현을 위하여 제재 조치를 마련한 입법정책적인 결단이다. 그런데 당내경선에 참여하지 아니한 당원은 얼마든지 탈당하여 후보가 될 수 있다. 이러

한 탈법현상을 방지하기 위하여 탈당을 통한 불복금지 방안도 강구되어야 한다.

제17대 대통령선거(2007년)에서 한나라당의 이회창 전 총재는 당내경선에 참여하지 아니한 채 당의 후보가 확정된 이후 탈당하여 무소속으로 출마한 바 있다.

정당이 공직선거 후보자 추천을 위한 당내경선 규정이 당내경선에 참여하고자 하는 청구인의 공무담임권과 평등권을 침해할 가능성이 없다(헌재 2014.11.27. 2013헌마814, 공직선거법 제47조 등 위헌확인(각하)).

(ii) 정당의 당원이 아닌 자도 당내경선의 선거인이 될 수 있다. 당내경선은 당원과 당원이 아닌 자에게 투표권을 부여하여 실시한다. 정당법 제22조(발기인 및 당원의 자격)의 규정에 따라 당원이 될 수 없는 자는 당내경선의 선거인이 될 수 없다(제57조의2 제3항).

(iii) 당내 경선사무는 정치자금법 제27조(보조금의 배분)에 따라 보조금의 배분대상이 되는 정당은 당내경선사무 중 경선운동, 투표 및 개표에 관한 사무의 관리를 당해 선거의 관할선거구선거관리위원회에 위탁할 수 있다(제57조의4 제1항). 당내경선의 투표 및 개표에 관한 사무를 수탁관리하는 경우에는 그 비용은 국가가 부담한다. 다만, 투표 및 개표참관인의 수당은 당해 정당이 부담한다(제2항).

정치자금법 제27조에 따라 보조금의 배분대상이 되는 정당의 중앙당은 그 대표자의 선출을 위한 선거(당대표경선)사무 중 투표 및 개표에 관한 사무의 관리를 중앙선거관리위원회에 위탁할 수 있고 이 경우 "그 비용은 해당 정당이 부담한다"(정당법 제48조의2).

(iv) 당내경선운동에도 엄격한 제한이 따른다(제57조의3). "제60조제1항에 따라 선거운동을 할 수 없는 사람은 당내경선에서 경선운동을 할 수 없다. 다만, 소속 당원만을 대상으로 하는 당내경선에서 당원이 될 수 있는 사람이 경선운동을 하는 경우에는 그러하지 아니하다"(제57조의6 제1항).

당내경선은 본 선거에 비하여 소수의 경선선거인이 참여하는 점, 경선운동방법으로 확성장치를 사용하는 것이 당내경선의 과열을 불러일으킬 수 있는 점 등을 고려할 때, 확성장치의 사용을 비롯하여 보다 다양한 경선운동방법을 허용하고 있지 아니한다고 하더라도 경선후보자가 자신의 능력이나 자질, 공약 등을 알릴 수 있는 기회가 보장되어 있으므로 정치적 표현의 자유를 침해한다고 볼 수 없다(헌재 2019.4.11. 2016헌바458등, 공직선거법 제91조 제1항 등 위헌소원(각하)).

(v) 국회에 의석을 가진 정당은 당내경선의 경선선거인이 되려는 사람을 모집하거나 당내경선을 위한 여론조사 실시 및 그 밖에 정당활동을 위하여 여론수렴이 필요한 경우에는, 관할 선거관리위원회를 경유하여 이동통신사업자에게 이용자의 이동전화번호가 노출되지 아니하도록 생성한 번호 즉 '휴대전화 가상번호'를 제공하여 줄 것을 서면(휴대전화 가상번호 제공 요청서)으로 요청할 수 있다

(제57조의8).

E. 예비후보자등록과 선거운동

(ⅰ) 예비후보자제도는 선거를 앞두고 후보자의 투명성과 선거운동기회의 균등을 목적으로 도입되었다.

예비후보자가 되고자 하는 자는 대통령선거는 선거일 전 240일, 지역구국회의원선거 및 시·도지사선거는 선거일 전 120일, 지역구시·도의회의원선거, 자치구·시의 지역구의회의원 및 장의 선거는 선거기간개시일 전 90일, 군의 지역구의회의원 및 장의 선거는 선거기간개시일 전 60일에 예비후보자등록을 서면으로 신청하여야 한다(제60조의2).

비록 선거운동의 기간이 법정되어 있지만 예비후보자 등에게 폭넓게 실질적인 선거운동을 허용한다. 예비후보자로 등록한 자는 선거운동 기간 전에도 선거준비사무소의 설치, 명함교부(병원·종교시설·극장 밖에서는 허용), 인쇄물의 우송, 어깨띠 또는 예비후보자임을 나타내는 표지물을 착용하는 행위 등의 방법으로 선거운동을 할 수 있다(제60조의3). 그러나 전화를 이용하여 송·수화자 간 직접 통화하는 방식으로 지지를 호소하는 행위는 삭제되었다.

비례대표시·도의회의원후보자에게 예비후보자등록을 인정하지 아니하는 공직선거법 제60조의2 제1항이 비례대표시·도의회의원후보자의 선거운동의 자유를 침해한다고 볼 수 없다(헌재 2011.3.31. 2010헌마314, 공직선거법 제60조의2 제1항 등 위헌확인(기각)).

'예비후보자의 배우자인 공무원에 대하여 선거운동을 금지하는 부분'은 공무원인 예비후보자의 배우자에 비하여 공무원이 아닌 예비후보자의 배우자와 달리 불리하게 취급하여 평등권을 침해하지 아니한다(헌재 2009.3.26. 2006헌마526, 공직선거법 제60조 제1항 단서 위헌확인(기각)). 법 개정으로 현재는 가능하다.

예비후보자홍보물의 수량을 '세대수의 100분의 10 이내에 해당하는 수' 부분은 예비후보자의 선거운동 자유를 침해하지 아니한다(헌재 2009.7.30. 2008헌마180, 공직선거법 제60조의3 제1항 제4호 위헌확인(기각)).

예비후보자의 선거운동에서 독자적으로 명함을 교부하거나 지지를 호소할 수 있는 주체를 예비후보자의 배우자와 직계존·비속으로의 제한은 과잉금지원칙에 위배하여 선거운동의 자유를 침해하지 아니한다(헌재 2011.8.30. 2010헌마259, 공직선거법 제60조의3 제2항 제1호 위헌확인(기각)) (판례 아래와 같이 변경).

예비후보자의 배우자가 그와 함께 다니는 사람 중에서 지정한 1명도 예비후보자의 명함을 교부하거나 예비후보자에 대한 지지를 호소할 수 있도록 허용하고, 그 외의 자에 대한 금지는 예비후보자의 선거운동의 강화에만 치우친 나머지, 배우자의 유무라는 우연적인 사정에 근거하여 합리적 이유 없이 배우자 없는 예비후보자와 배우자 있는 예비후보자를 차별취급하므로 평등권을 침해한다(헌재 2013.11.28. 2011헌마267, 공직선거법 제60조의3 제2항 제1호 등 위헌확인(각하,위헌)). 이에 따라 "배우자(배우자가 없는 경우 예비후보자가 지정한 1명)와 직계존비속"으로 개정되었다.

현직 국회의원인지 여부를 불문하고 예비후보자가 선거사무소를 설치하고 그 선거사무소에 간판·현판 또는 현수막을 설치·게시할 수 있도록 한 규정은 평등권을 침해하지 아니한다(헌재 2017.6.29. 2016헌마110, 공직선거법 제60조의3 제1항 제1호 등 위헌확인(각하)).

군의 장의 선거의 예비후보자가 되려는 사람은 그 선거기간개시일 전 60일부터 예비후보자등록 신청을 할 수 있다고 규정한 공직선거법 제62조의2 제1항 제4호 중 '군의 장의 선거' 부분은 헌법에 위반되지 아니한다(헌재 2020.11.26. 2018헌마260, 공직선거법 제60조의2 제1항 제4호 위헌확인(기각)).

(ii) 예비후보자의 난립을 방지하기 위하여 예비후보자등록을 신청하는 사람은 제56조 제1항 각 호에 따른 해당 선거기탁금의 100분의 20에 해당하는 금액을 관할선거구선거관리위원회에 기탁금으로 납부하여야 한다(제60조의2 제2항).

예비후보자의 기탁금 납부 및 반환에 관한 공직선거법 규정은 예비후보자의 무분별한 난립을 예방하고 책임성을 강화하기 위한 규정으로 그 입법목적과 수단, 기탁금의 액수 등에 비추어 과잉금지원칙을 위반하여 청구인의 공무담임권, 재산권, 평등권을 침해한다고 볼 수 없다(헌재 2010.12.28. 2010헌마79, 공직선거법 제56조 제1항 후문 등 위헌확인(기각))(동지, 헌재 2015.7.30. 2012헌마402, 공직선거법 제60조의2 제2항 위헌확인(기각)).

(2) 공무원 등의 입후보(제53조)

(i) 공무원 등이 후보자가 되고자 할 때에는 선거일 전 90일까지 그 직을 그만두어야 한다. 그런데 입후보 사퇴기간 제한에 해당하는 사람으로 공공기관 등의 상근 임원, 사립학교교원 외에 언론인이 포함되어 있어 논란이 제기된다. 이에 언론인의 범위를 "발행·경영하는 자와 이에 상시 고용되어 편집·제작·취재·집필·보도의 업무에 종사하는 자로서 중앙선거관리위원회규칙으로 정하는 언론인"으로 한정한다(제1항).

공무원(헌재 1995.3.23. 95헌마53; 헌재 2008.10.30. 2006헌마547; 헌재 2014.3.27. 2013헌마185등) 및 교원도 선거일 전 90일까지 그 직을 그만두도록 규정한 공직선거법 및 '지방교육자치에 관한 법률'상의 '입후보자 사직조항'은 합헌이다(헌재 2019.11.28. 2018헌마222, 공직선거법 제60조 제1항 제4호 등 위헌확인(기각,각하)).

정부투자기관의 "직원을 임원이나 집행간부들과 마찬가지로 취급하여 지방의회의원직에 입후보를 하지 못하도록 하고 있는" 규정은 "헌법 제11조의 평등원칙에 위배되고, 헌법 제37조 제2항의 비례의 원칙에 어긋나서 청구인들의 기본적인 공무담임권을 침해하는 것으로 헌법에 위반된다"(헌재 1995.5.25. 91헌마67, 구 지방의회의원선거법 제35조 등에 대한 헌법소원(한정위헌,기각)).

"다만, 대통령선거와 국회의원선거에 있어서 국회의원이 그 직을 가지고 입후보하는 경우와 지방의회의원선거와 지방자치단체의 장의 선거에 있어서 당해 지방자치단체의 의회의원이나 장이 그 직을 가지고 입후보하는 경우에는" 공직을 사퇴할 필요가 없다(제1항 단서).

지방자치단체장의 임기 중 사퇴 후 다른 선출직 입후보 금지는 보통선거의 원칙에 위반되어 공무담임권(피선거권)을 침해하고 평등의 원칙에 위반된다(헌재 1999.5.27. 98헌마214, 공직선거법 제53조 제3항 위헌확인(위헌,기각)).

(ii) 그러나 "1. 비례대표국회의원선거나 비례대표지방의회의원선거, 2. 보궐선

거등, 3. 국회의원이 지방자치단체의 장의 선거, 4. 지방의회의원이 다른 지방자치단체의 의회의원이나 장의 선거"에 입후보하는 경우에는 선거일 전 30일까지 그 직을 그만두어야 한다(제2항). "비례대표국회의원이 지역구국회의원 보궐선거등에 입후보하는 경우 및 비례대표지방의회의원이 해당 지방자치단체의 지역구지방의회의원 보궐선거등에 입후보하는 경우에는 후보자등록신청 전까지 그 직을 그만두어야 한다"(제3항).

(iii) 한편 "지방자치단체의 장은 선거구역이 당해 지방자치단체의 관할구역과 같거나 겹치는 지역구국회의원선거에 입후보하고자 하는 때에는 당해 선거의 선거일 전 120일까지 그 직을 그만두어야 한다. 다만, 그 지방자치단체의 장이 임기가 만료된 후에 그 임기만료일부터 90일 후에 실시되는 지역구국회의원선거에 입후보하려는 경우에는 그러하지 아니하다"(제5항).

공직선거에 입후보할 예정인 공직자에 대하여 공직자선거일 전 180일까지 사퇴하도록 한 규정은 입법목적의 정당성과 수단의 적정성은 인정되나 침해의 최소성과 법익의 균형성에 위배된다(헌재 2003.9.25. 2003헌마106, 공직선거법 제53조 제3항 위헌확인(위헌); 헌재 1999.5.27. 98헌마214, 공직선거법 제53조 제3항 등 위헌확인(위헌,기각)). 개정된 선거일 전 120일까지 사퇴하도록 한 규정은 피해의 최소성도 인정된다고 하여 이 한도에서 종전 2003헌마106 결정을 변경하고 나머지 목적의 정당성, 수단의 적절성, 법익의 균형성 모두 인정되어 비례의 원칙에 위배되지 아니한다(헌재 2006.7.27. 2003헌마758등, 공직선거법 제53조 제3항 위헌확인(합헌)).

(iv) 공직자가 선거에 미치는 영향을 최소화하기 위하여 선거일 일정기간 이전에 공직을 사퇴하여야 한다. 하지만, 공무담임권의 실질적 보장을 위하여 공직사퇴 요구를 최소화하고 사퇴시기를 단축하는 방향으로 나아가야 한다.

(3) 후보자등록과 기탁금

A. 후보지등록 등(제49조)

(i) "후보자의 등록은 대통령선거에서는 선거일 전 24일, 국회의원선거와 지방자치단체의 의회의원 및 장의 선거에서는 선거일 전 20일(후보자등록신청개시일)부터 2일간(후보자등록기간) 관할선거구선거관리위원회에 서면으로 신청하여야 한다"(제1항). "비례대표국회의원후보자와 비례대표지방의회의원후보자의 등록은 추천정당이 그 순위를 정한 후보자명부를 함께 첨부하여야 한다"(제2항).

(ii) 후보자등록을 신청하는 자는 피선거권, 등록대상재산, 병역, 납세, 벌금 100만원 이상의 형의 범죄경력(실효된 형을 포함), 공직선거에 후보자로 등록한 경력 등에 관한 서류를 제출하여야 하며, 기탁금을 납부하여야 한다(제4항).

공직선거에 후보자로 등록하고자 하는 자가 제출하여야 하는 금고 이상의 형의 범죄경력에 실효된 형을 포함하고 있는 공직선거법 제49조 제4항 제5호는 공무담임권을 침해하지 아니한다(헌재 2008.4.24. 2006헌마402등, 공직선거법 제49조 제10항 등 위헌확인 등(기각)).

공직선거에서 후보자의 학력은 선거인의 공정한 판단에 영향을 미치는 후보자의 이력에 관한 중요한 사항으로서 특히 후보자가 중퇴학력을 표시할 경우 수학기간을 의무적으로 기재하도록 하는 규정은 헌법에 위배되지 아니한다(헌재 2017.12.28. 2015헌바232, 공직선거법 제250조 제1항 등 위헌소원(합헌,각하)).

B. 후보자추천의 취소와 변경의 금지(제50조)

"정당은 후보자등록후에는 등록된 후보자에 대한 추천을 취소 또는 변경할 수 없으며, 비례대표국회의원후보자명부·비례대표지방의회의원후보자명부에 후보자를 추가하거나 그 순위를 변경할 수 없다."

C. 대통령선거에 있어서 예외적인 추가등록(제51조)

"대통령선거에 있어서 정당추천후보자가 후보자등록기간중 또는 후보자등록기간이 지난 후에 사망한 때에는 후보자등록마감일 후 5일까지 제47조(정당의 후보자추천) 및 제49조(후보자등록 등)의 규정에 의하여 후보자등록을 신청할 수 있다"(제51조). 그러나 유력 대통령선거 후보자가 선거기간 중 사망 등의 유고가 있을 경우에는 선거 연기 등의 입법적 보완이 필요하다(제2편 제3장 제2항 Ⅱ. 2. 참조).

D. 후보자등록의 무효(제52조)

후보자등록 후 피선거권이 없거나 비례대표 국회의원 및 지방의원 선거에서 여성후보자 추천의 비율과 순위 등을 어긴 경우에는 등록을 무효로 한다.

E. 기탁금과 선거결과에 따른 반환(제56조·제57조)

(a) 의 의 기탁금제도는 선거운동의 과열을 방지하고 선거운동에서 기회균등을 보장하기 위한 제도이다. 그런데 기탁금제도 그 자체에 대하여 선거공영제에 어긋난다는 취지의 위헌설도 있다. 하지만, "기탁금제도는 그 기탁 금액이 지나치게 많지 않은 한 위헌이라고 할 수 없다"(헌재 1996.8.29. 95헌마108).

(b) 법적 성격 기탁금제도는 "무분별한 후보난립을 방지하고 후보사퇴·등록무효 등 후보자의 성실성을 담보하기 위한 제재금예납의 의미와 함께, 공직선거법 위반행위에 대한 과태료 및 불법시설물 등에 대한 대집행비용과 부분적으로 선전벽보 및 선거공보의 작성비용에 대한 예납의 의미"도 가진다(헌재 1996.8.29. 95헌마108).

(c) 합헌성판단기준 기탁금 책정에 있어서는 각 선거의 특성을 우선적으로 고려하고, 이어서 같은 종류의 선거에서는 선거구 간의 인구수나 경제력 등을 종합적으로 고려하여 정하되 선거의 종류에 따라서는 일률적으로 정할 수도 있다.

"입법자가 각종 선거의 기탁금의 액수를 정함에 있어 평균적인 선거구의 규모 및 선거마다의 특성을 고려하여 각 선거마다 달리 기탁금을 정하되, 같은 종류의 선거에 있어서는 선거구간의 인구수나 경제력 등의 차이를 고려하지 아니하고 기탁금을 일률적으로 균등하게 책정하는 것을 나무랄 수는 없다"(헌재 1996.8.29. 95헌마108, 공직선거법 제56조 위헌확인(기각)).

(d) 기탁금의 헌법적 한계　기탁금을 책정하는 것 자체는 합헌이라 할지라도 그 액수는 공영선거의 원리를 저해하지 아니하는 범위에서 책정되어야 한다. 특히 국민의 피선거권을 사실상 제한하는 고액이어서는 아니 된다.

"기탁금의 목적은 선거관리의 차원에서 나오는 것으로서 순수히 행정적인 공익임에 반하여 이로 인하여 제한되는 국민의 권익은 피선거권이라는 대단히 중요한 기본권임에 비추어, 기탁금제도 자체가 합헌일지라도 그 액수는 그야말로 불성실한 입후보를 차단하는 데 필요한 최소한에 그치고 진지한 자세로 입후보하려는 국민의 피선거권을 제한하는 정도여서는 아니 된다"(헌재 2001.7.19. 2000헌마91등, 공직선거및선거부정방지법 제146조 제2항 위헌확인 등(위헌,한정위헌)).

(e) 기탁금의 책정과 반환　① 정당공천 후보자에 비하여 무소속 후보자에게 부과된 기탁금의 차등은 헌법재판소의 헌법불합치결정으로 동일하게 개정되었다(헌재 1989.9.8. 88헌가6, 국회의원선거법 제33조 등 위헌심판(헌법불합치,잠정적용)). 또한 지나친 기탁금 액수에 대하여도 헌법재판소가 위헌결정을 내린 바 있다(헌재 2001.7.19. 2000헌마91, 공직선거법 제146조 제2항 위헌확인(한정위헌): 종래 1,000만원이던 기탁금을 2,000만원으로 상향조정한 기탁금액수는 위헌이다).

② "후보자등록을 신청하는 자는 등록신청 시에 후보자 1명마다 다음의 기탁금(후보자등록을 신청하는 사람이 장애인복지법 제32조에 따라 등록한 장애인이거나 선거일 현재 29세 이하인 경우에는 다음 각 호에 따른 기탁금의 100분의 50에 해당하는 금액, 30세 이상 39세 이하인 경우에는 다음 각 호에 따른 기탁금의 100분의 70에 해당하는 금액을 말한다)을 중앙선거관리위원회규칙으로 정하는 바에 따라 관할선거구선거관리위원회에 납부하여야 한다"(제56조 제1항).

1. 대통령선거는 3억원, 2. 지역구국회의원선거는 1천500만원, 2의2. 비례대표국회의원선거는 500만원, 3. 시·도의회의원선거는 300만원, 4. 시·도지사선거는 5천만원, 5. 자치구·시·군의 장 선거는 1천만원, 6. 자치구·시·군의원선거는 200만원

5억 원의 기탁금은 대통령선거에서 후보자난립을 방지하기 위한 입법목적의 달성수단으로서는 개인에게 현저하게 과다한 부담을 초래하며, 이는 고액 재산의 다과에 의하여 공무담임권 행사기회를 비합리적으로 차별하므로 입법자에게 허용된 재량의 범위를 넘어선 것으로 청구인의 공무담임권을 침해한다(헌재 2008.11.27. 2007헌마1024, 공직선거법 제56조 제1항 제1호 위헌확인(헌법불합치,잠정적용)). 기탁금 3억원에 대하여는 합헌으로 판시한다(헌재 1995.5.25. 92헌마269, 대통령선거법 제26조 제1항 등 위헌확인(기각)).

비례대표국회의원 후보자 1명마다 1천500만 원이라는 기탁금액은 상대적으로 당비나 국고보조금을 지원받기 어렵고 재정상태가 열악한 신생정당이나 소수정당에게 선거에의 참여 자체를 위축시킬 수 있는 지나치게 과다한 금액에 해당하므로 침해의 최소성 원칙에 위배된다. 비례대표 기탁금조항을 통하여 달성하고자 하는, 정당의 후보자 추천에 있어서의 진지성, 선거과정에서 발생한 불법행위에 대한 과태료 및 행정대집행비용의 사

전 확보 등의 공익에 비하여 비례대표 기탁금조항으로 인하여 비례대표국회의원후보자나 이를 추천하는 정당이 받게 되는 공무담임권 및 정당활동의 자유에 대한 제한의 불이익이 매우 크므로, 비례대표 기탁금조항은 법익의 균형성 원칙에도 위반된다(헌재 2016.12.29. 2015헌마509등, 공직선거법 제56조 제1항 제2호 등 위헌확인(헌법불합치,적용중지,기각)). 이에 따라 비례대표 국회의원후보자의 기탁금은 500만원으로 하향 조정되었다.

시·도지사선거와 국회의원선거의 기탁금 차등과 같은 종류의 선거에서 동일한 기탁금 설정은 합헌이다(헌재 1996.8.29. 95헌마108, 공직선거법 제56조 위헌확인(기각)) (헌재 2019.9.26. 2018헌마128등, 공직선거법 제56조 제1항 제4호 등 위헌확인(기각,각하)).

③ "관할선거구선거관리위원회는 다음 각 호의 구분에 따른 금액을 선거일 후 30일 이내에 기탁자에게 반환한다. 이 경우 반환하지 아니하는 기탁금은 국가 또는 지방자치단체에 귀속한다"(제57조 제1항).

1. 대통령선거, 지역구국회의원선거, 지역구지방의회의원선거 및 지방자치단체의 장선거
   가. 후보자가 당선되거나 사망한 경우와 유효투표총수의 100분의 15 이상(장애인복지법 제32조에 따라 등록한 장애인이거나 선거일 현재 39세 이하인 경우에는 유효투표총수의 100분의 10 이상)을 득표한 경우 기탁금 전액(헌재 2003.8.21. 2001헌마687등, 공직선거법 제56조 제1항 제2호 위헌확인(기각, 각하)).
   나. 후보자가 유효투표총수의 100분의 10 이상 100분의 15 미만(장애인복지법 제32조에 따라 등록한 장애인이거나 선거일 현재 39세 이하인 경우에는 유효투표총수의 100분의 5 이상 100분의 10 미만)을 득표한 경우에는 기탁금의 100분의 50에 해당하는 금액.
   다. 예비후보자가 사망하거나, 당헌·당규에 따라 소속 정당에 후보자로 추천하여 줄 것을 신청하였으나 해당 정당의 추천을 받지 못하여 후보자로 등록하지 않은 경우에는 제60조의2제2항에 따라 납부한 기탁금 전액
2. 비례대표국회의원선거 및 비례대표지방의회의원선거: 당해 후보자명부에 올라 있는 후보자 중 당선인이 있는 때에는 기탁금 전액. 다만, 제189조 및 제190조의2에 따른 당선인의 결정 전에 사퇴하거나 등록이 무효로 된 후보자의 기탁금은 제외한다.

"선거는 그 과정을 통하여 국민의 다양한 정치적 의사가 표출되는 장으로서 낙선한 후보자라고 하여 결과적으로 '난립후보'라고 보아 제재를 가하여서는 아니 되므로 기탁금반환의 기준으로 득표율을 사용하고자 한다면 그 기준득표율은 유효투표총수의 미미한 수준에 머물러야 할 것이다." 종래 공직선거법 제57조에서 "당해 지역구의 유효투표총수를 후보자 수로 나눈 수 이상이거나 유효투표총수의 100분의 20 이상인 때에 해당하지 아니하면 기탁금을 반환하지 아니하고 국고에 귀속시키도록"한 것은 위헌이다(헌재 2001.7.19. 2000헌마91등, 공직선거법 제146조 제2항 등 위헌확인(한정위헌)). 또한 유효투표의 3분의 1 이상 요구도 위헌이다.

공직선거법 제57조 제1항 제1호 다목이 사망 내지 당내경선 탈락 등 객관적인 사유로 기탁금 반환 요건을 한정하고 질병을 이유로 한 경우에는 기탁금 반환을 허용하지 아니한 것은 예비후보자의 진지성과 책임성을 담보하기 위한 최소한의 제한으로 입법형성권의 범위와 한계 내에서 그 반환 요건을 규정한 것으로서 과잉금지원칙에 반하여 청구인의 재산권을 침해한다고 볼 수 없다(헌재 2013.11.28. 2012헌마568, 공직선거법 제57조 제1항 제1호 다목 위헌확인(기각)).

예비후보자가 후보자로 등록하지 않는 경우 납부한 기탁금을 국가 또는 지방자치단체에 귀속하도록 하여, 예비후보자의 무분별한 난립으로 인한 폐단을 방지하고 그 성실성을 담보하기 위한 것으로서 입법목적의 정당과 방법의 적정성이 인정된다. 예비후보자가 본선거에서 정당후보자로 등록하려 하였으나 자신의 의사와 관계없이 정당 공천관리위원회의 심사에서 탈락하여 본선거의 후보자로 등록하지 아니한 것은 후보자 등록을 하지 못할 정도에 이르는 객관적이고 예외적인 사유에 해당하므로 예비후보자가 납부한 기탁금의 반환 규정을 두지 아니한 것은 입법형성권의 범위를 벗어난 과도한 제한이므로 과잉금지원칙에 반하여 재산권을 침해한다(헌재 2018.1.25. 2016헌마541, 공직선거법 제57조 위헌확인(헌법불합치,잠정적용)).

기탁금을 납부하도록 하는 취지는 지역구 국회의원선거와 지방자치단체의 장선거가 동일하다(헌재 2020.9.24. 2018헌가15등, 공직선거법 제57조 제1항 제1호 다목 위헌제청(헌법불합치,잠정적용,일부 적용중지)).

8. 선거운동과 선거비용

공직선거법 제7장은 선거운동(제58조-제118조), 제8장은 선거비용(제119조-제136조)을 규정하고 있다. 공직선거법은 원칙적으로 선거운동의 자유를 인정한다. 하지만, 개별적이고 구체적으로 제한하거나 금지하는 방식을 채택한다.[1]

(1) 선거운동

A. 선거운동의 자유

(i) 선거란 헌법 제1조의 국민주권주의에 기초한 국민의 주권적 의사의 표현이다. 이에 따라 선거에 참여하는 모든 국민은 선거운동의 자유를 향유한다. 이는 헌법 제21조에서 보장하는 표현의 자유의 한 내용으로서 정치적 표현의 자유에 해당하며, 헌법 제24조에서 보장하는 선거권의 구현이다. 따라서 선거운동의 자유를 제한하는 입법은 엄격한 심사기준이 적용된다(헌재 1994.7.29. 93헌가4등, 대통령선거법 제36조 제1항 등 위헌제청(위헌)).

(ii) "공직선거법 제58조 제1항의 '선거운동'이란, 특정 후보자의 당선 내지 이

---

1) 성낙인, "선거제도와 선거운동", 헌법학논집; 전종익, "선거제도의 입법과 선거운동의 자유-국회의원의 이익충돌을 중심으로", 헌법재판연구 4-1; 조소영, "인터넷 선거운동 규제에 대한 헌법적 평가-공직선거법상의 관련 규정을 중심으로", 헌법재판연구 4-1; 허진성, "선거운동 규제의 개선방안에 관한 몇 가지 고찰", 헌법학연구 22-4; 방승주, "선거운동의 자유와 제한에 대한 평가와 전망", 헌법학연구 23-2; 손인혁, "선거운동의 자유와 선거의 공정성에 관한 연구", 헌법학연구 24-2; 조영승, "선거운동의 자유의 보장체계에 관한 소고", 공법학연구 19-2; 류성진, "자유로운 선거와 공정한 선거-공직선거법상 여론조사 결과 공표 금지를 중심으로", 공법학연구 21-2; 김선량, "공직선거법상 선거보도 공정성 심의의 심사기준에 관한 연구", 공법연구 48-4; 배정훈, "한국에서의 유권자 선거운동 규제의 도입과 전개", 공법연구 50-4; 기현석, "투표참여 권유활동(공직선거법 제58조의2)에 대한 연구", 공법학연구 23-1; 장영수, "사전선거운동 제한은 위헌인가?", 헌법학연구 28-2; 송석윤, "선거운동 규제에 관한 헌법적 고찰", 헌법실무연구 22; 배정훈, "선거운동에 관한 내용 중립성 규제의 위헌심사강도 세분화 가능성", 헌법학연구 29-2; 배정훈, 유권자 선거운동에 관한 연구: 선거운동 방법규제를 중심으로, 서울대 박사학위논문, 2022.2; 배정훈, "공직선거법상 비례대표 국회의원 후보자의 공개장소에서의 연설·대담 금지규정에 관한 헌법적 검토", 헌법학연구 31-3.

를 위한 득표에 필요한 모든 행위 또는 특정 후보자의 낙선에 필요한 모든 행위 중 당선 또는 낙선을 위한 것이라는 목적의사가 객관적으로 인정될 수 있는 능동적, 계획적 행위를 말한다"(헌재 1994.7.29. 93헌가4등, 대통령선거법 제36조 제1항 등 위헌제청(위헌)).

선거운동의 개념은 특정한 또는 적어도 특정될 수 있는 후보자의 당선이나 낙선을 위한 행위여야 한다. 특정 정당에 대한 지지발언을 통하여 당선시키고자 하는 정당 후보자가 특정될 수 있어야 한다. 후보자가 특정되지 아니한 상태에서 특정 정당에 대한 지지발언은 선거운동에 해당한다고 볼 수 없다(헌재 2004.5.14. 2004헌나1, 대통령(노무현) 탄핵(기각)).

선거운동은 … 단순히 장래의 선거운동을 위한 내부적·절차적인 준비행위에 해당하는 선거운동의 준비행위나 통상적인 정당활동과는 구별되나 구체적으로 어떠한 행위가 선거운동에 해당하는지 여부를 판단함에 있어서는 단순히 그 행위의 명목뿐만 아니라 그 행위의 태양 즉 그 행위가 행하여지는 시기·장소·방법 등을 종합적으로 관찰하여 그것이 특정후보자의 당선 또는 낙선을 도모하는 목적의사를 수반하는 행위인지 여부를 판단하여야 한다(대판 2007.3.15. 2006도8869). 이러한 선거운동에 대한 기준은 공직선거법 제57조의3 제1항 소정의 '당내경선운동'에 해당하는지 여부를 판단함에 있어서도 마찬가지로 적용된다(대판 2008.9.25. 2008도6232).

지역현안에 관한 공약제시 및 의정활동보고는 헌법과 선거법에 위반되지 아니한다(대판 2004.8.20. 2004수30).

(iii) 선거운동의 자유는 선거의 공정이라는 가치와의 균형이 요구된다. 즉 원칙적으로 선거가 민주주의의 축제가 될 수 있도록 선거운동의 자유가 최대한 보장되어야 하겠지만, 다른 한편에서는 선거운동의 지나친 자유는 선거의 공정을 해칠 우려가 있다. 따라서 선거운동의 자유와 선거의 공정이라는 두 가지 요구를 충족시킬 수 있는 입법이 요망되는바, 그 구체적인 입법의 모습은 그 나라의 정치문화·선거문화·선거풍토·시민의식 등의 사정을 고려하여 나타날 수밖에 없다(헌재 1999.11.25. 98헌마141, 공직선거법 제87조 단서 위헌확인(기각): 각종 단체중에서 노동조합에만 선거운동 허용은 합헌이다).

(iv) 그런데 공직선거법은 지나치게 선거부정방지에 초점을 두기 때문에, 선거운동의 자유보다는 오히려 선거운동규제법으로 작동한다. 외국의 입법례와 같이 선거운동의 자유를 확대하고, 선거운동 규제를 대폭 완화하여야 한다.

(v) 공직선거법에서 금지하지 아니하는 한 선거운동은 누구나 자유롭게 할 수 있다(제58조 제2항). "선거운동이라 함은 당선되거나 당선되게 하거나 되지 못하게 하기 위한 행위를 말한다." 하지만 "1. 선거에 관한 단순한 의견개진 및 의사표시, 2. 입후보와 선거운동을 위한 준비행위, 3. 정당의 후보자추천에 관한 단순한 지지·반대의 의견개진 및 의사표시, 4. 통상적인 정당활동, 6. 설날·추석 등 명절 및 석

가탄신일 · 기독탄신일 등에 하는 의례적인 인사말을 문자메시지(그림말 · 음성 · 화상 · 동영상 등을 포함한다)로 전송하는 행위"는 선거운동이 아니다(제58조 제1항).

B. 투표참여 자유활동

"누구든지 투표참여를 권유하는 행위를 할 수 있다. 다만, 다음 각 호의 어느 하나에 해당하는 행위의 경우에는 그러하지 아니하다. 1. 호별로 방문하여 하는 경우, 2. 사전투표소 또는 투표소로부터 100미터 안에서 하는 경우, 3. 특정 정당 또는 후보자(후보자가 되려는 사람을 포함한다)를 지지 · 추천하거나 반대하는 내용을 포함하여 하는 경우, 4. 현수막 등 시설물, 인쇄물, 확성장치 · 녹음기 · 녹화기(비디오 및 오디오 기기를 포함한다), 어깨띠, 표찰, 그 밖의 표시물을 사용하여 하는 경우(정당의 명칭이나 후보자의 성명 · 사진 또는 그 명칭 · 성명을 유추할 수 있는 내용을 나타내어 하는 경우에 한정한다)" (제58조 의2).

신문의 인터뷰란에서 완곡한 출마의사표시는 선거운동으로 보지 아니하나, 지역발전에 관한 설문서를 선거구민에 배포하는 행위는 선거운동에 해당된다(대판 1992.4.28. 92도344).

공직선거법 제58조의2 단서 제3호에서 규정한 특정 정당 또는 후보자를 지지 · 추천 · 반대하는 내용을 포함한 투표참여 권유행위가 '선거운동'에 해당하는 투표참여 권유행위에 한정된다고 볼 수 없다. 칼럼의 제목, 구체적인 내용, 행위의 시기와 당시 사회상황 등의 제반 사정들을 종합적으로 살펴보건대 '특정 정당을 반대하는 내용을 포함하여 투표참여를 권유하는 행위'에 해당한다. 한편 격식을 갖추어 정기적으로 발행되는 간행물은 공직선거법 제93조의 규율대상인 일반적인 문서 · 도화에 해당하지 아니한다(헌재 2022.5.26. 2020헌마1275, 기소유예처분취소(인용(취소),기각)).

C. 선거운동기간

(i) 사전선거운동과 선거일 선거운동은 금지된다. 즉 선거운동은 원칙적으로 "선거기간개시일부터 선거일 전일까지에 한하여 할 수 있다"(제59조)(헌재 2021.12.23. 2018헌바152, 공직선거법 제254조 제1항 등 위헌소원(합헌,각하)).

다만, 다음의 경우는 예외적으로 선거운동이 가능하다. 1. 제60조의3(예비후보자 등의 선거운동) 제1항 및 제2항의 규정에 따라 예비후보자 등이 선거운동을 하는 경우, 2. 문자메시지를 전송하는 방법으로 선거운동을 하는 경우. 이 경우 자동(自動) 동보통신(同報通信)의 방법(동시 수신대상자가 20명을 초과하거나 그 대상자가 20명 이하인 경우에도 프로그램을 이용하여 수신자를 자동으로 선택하여 전송하는 방식을 말한다)으로 전송할 수 있는 자는 후보자와 예비후보자에 한하되, 그 횟수는 8회(후보자의 경우 예비후보자로서 전송한 횟수를 포함한다)를 넘을 수 없으며, 중앙선거관리위원회규칙에 따라 신고한 1개의 전화번호만을 사용하여야 한다. 3. 인터넷 홈페이지 또는 그 게시판 · 대화방 등에 글이나 동영상 등을 게시하거나 전자우편(컴퓨터 이용자끼리 네트워크를 통하여 문자 · 음성 · 화상 또는 동영상 등의 정보를 주고받는 통신시스템을 말한다)을 전송하는 방법으로 선거운동을 하는 경우. 4. 선거일이 아닌 때에 전화(송 · 수화자 간 직접 통화하는 방식에 한정하며, 컴퓨터를 이용한 자동 송신장치를 설치한 전화는 제외)를 이용하거나 말(확성장치를 사용하거나 옥외집회에서 다중을 대상으로 하는 경우를 제외)로 선거운동을 하는 경우. 5. 후보자가 되려는 사람이 선거일 전 180

일(대통령선거의 경우 선거일 전 240일을 말한다)부터 해당 선거의 예비후보자등록신청 전까지 제60조의3제1항제2호의 방법(같은 호 단서를 포함한다)으로 자신의 명함을 직접 주는 경우.

선거운동기간을 제한하고 이를 위반한 사전선거운동을 형사처벌하는 구 공직선거법 제59조 중 선거운동기간 전에 개별적으로 대면하여 말로 하는 선거운동에 관한 부분, 공직선거법 제254조 제2항 중 '그 밖의 방법'에 관한 부분 가운데 개별적으로 대면하여 말로 하는 선거운동을 한 자에 관한 부분이 헌법에 위반된다(7:2)(헌재 2022.2.24. 2018헌바146, 공직선거법 제59조 본문 등 위헌소원(위헌)). 2020년 법 제59조 단서 제4호의 신설과 위 위헌결정에 따라 개별적으로 대면하여 말로 지지를 호소하는 방법의 선거운동에 대한 선거운동기간 제한과 처벌에 대한 효력은 종전의 합헌결정(헌재 2016.6.30. 2014헌바253, 공직선거법 제254조 제2항 등 위헌소원(합헌))이 있었던 날의 다음 날인 2016.7.1.로 소급하여 효력을 상실하게 되었다(다만, 인쇄물배부금지조항은 합헌6:위헌3).

(ii) 그런데 사전투표제도 도입과 선거일 SNS 선거운동의 허용으로 선거일 선거운동 금지의 의미는 크게 퇴색되었다. 인터넷 · 전자우편 · 문자메시지(음성 · 화상 · 동영상)를 활용한 선거운동은 선거일에도 가능하다. 투표장에서 '인증샷'을 찍어 SNS에 올릴 수도 있다. 이 경우 전자우편 전송대행업체에 위탁하여 전자우편을 전송할 수 있는 사람은 후보자와 예비후보자에 한한다(헌재 2010.6.24. 2008헌바169, 공직선거법 제59조 제3호 위헌소원(합헌)).

(iii) 대통령선거를 제외한 나머지 공직선거(국회의원선거와 지방자치단체의 의회의원 및 장의 선거)의 경우 후보자등록이 끝나기 전에 재외국민의 투표가 개시되는 문제점을 개선하기 위하여 후보자등록기간을 종전보다 앞당겨 선거일 전 20일부터 2일간으로 한다. 이에 따라 "후보자로 등록한 자는 선거기간개시일 전일까지 예비후보자를 겸하는 것으로 본다. 이 경우 선거운동은 예비후보자의 예에 따른다"(제60조의2 제7항).

공직선거법에서 선거운동의 기간 제한은 합헌이나 선거운동원의 지나친 제한은 위헌이다(헌재 1994.7.29. 93헌가4등, 구 대통령선거법 제36조 제1항 위헌제청(위헌)); 선거운동의 기간제한은 입법목적, 제한의 내용, 우리나라에서의 선거의 태양, 현실적 필요성 등을 고려할 때 선거운동의 자유를 형해화할 정도로 과도한 제한이 아니다(헌재 2008.10.30. 2005헌바32, 구 공직선거 및 선거부정방지법 제255조 제2항 제5호 위헌소원 등(합헌); 헌재 2001.8.30. 99헌바92, 공직선거법 제93조 제1항 위헌소원 등(합헌)).

"'사전선거운동'이라 함은 특정의 선거에 있어서 선거운동기간 전에 특정한 후보자의 당선을 목적으로 투표를 얻거나 얻게 하기 위하여 필요하고 유리한 모든 행위, 또는 반대로 특정한 후보의 낙선을 목적으로 필요하고 불리한 모든 행위 중 선거인을 상대로 당선 또는 낙선을 도모하기 위하여 하는 것이라는 목적의사가 객관적으로 인정될 수 있는 능동적 · 계획적 행위를 말하며, 일상적 · 의례적 · 사교적인 행위는 여기에서 제외되고, 일상적 · 의례적 · 사교적인 행위인지 여부는 그 행위자와 상대방의 사회적 지위, 그들 사이의 관계, 행위의 동기, 방법, 내용과 태양 등 제반 사정을 종합하여 사회통념에 비추어 판단하여야 한다"(대판 2005.8.19. 2005도2245; 대판 2005.1.27. 2004도7511).

D. 선거운동을 할 수 없는 자(제60조)와 단체의 선거운동

(i) 외국인, 미성년자(18세 미만의 자), 공무원, 정부투자기관 임직원 등은 선거운동을 할 수 없다. 하지만, 지방공사·지방공단의 상근직원은 가능하다. 또한 예비후보자·후보자의 배우자이거나 후보자의 직계존비속인 경우에는 예외적으로 선거운동을 할 수 있다. 지방선거에서 선거권을 가진 외국인은 해당선거에서 선거운동을 할 수 있다.

사단법인새마을운동중앙회는 공직선거법에 규정되어 있는 새마을운동협의회에 해당된다(대판 2010.5.13. 2009도327).

교원(헌재 2012.7.26. 2009헌바298, 국가공무원법 제65조 제2항 등 위헌소원(합헌)). 교원의 교육감선거(헌재 2019.11.28. 2018헌마222, 공직선거법 제60조 제1항 제4호 등 위헌확인(기각,각하)), 국민건강보험공단 상근직원(헌재 2004.4.29. 2002헌마467, 공직선거법 제60조 제1항 제9호 위헌확인(기각))에 대한 선거운동금지는 합헌이다.

한국철도공사(헌재 2018.2.22. 2015헌바124, 공직선거법 제60조 제1항 제5호 위헌소원(위헌)), 지방자치단체가 설립한 시설관리공단(7:2)(헌재 2021.4.29. 2019헌가11, 공직선거법 제57조의6 제1항 등 위헌제청(위헌)), 지방공사(7:2)(헌재 2022.6.30. 2021헌가24, 공직선거법 제57조의6 제1항 본문 등 위헌제청(위헌))(7:2)(헌재 2024.1.25. 2021헌가14, 구 공직선거법 제60조 제1항 제5호 등 위헌제청(위헌)), 지방공단(6:3)(헌재 2022.12.22. 2021헌가36, 공직선거법 제57조의6 제1항 본문 등 위헌제청(위헌)) 등의 상근직원에 대한 선거운동과 경선운동을 금지하고 위반 시 처벌은 위헌이다.

사회복무요원이 선거운동을 할 경우 경고처분 및 연장복무를 하게 하는 병역법 중 공직선거법 제58조 제1항의 선거운동에 관한 부분이 사회복무요원인 청구인의 선거운동의 자유를 침해하지 아니한다. 사회복무요원은 공무원은 아니지만, 병역의무를 이행하고 공무를 수행하는 사람으로서 공무원에 준하는 공적 지위를 가지므로, 그 지위 및 직무의 성질상 정치적 중립성이 보장되어야 한다(헌재 2016.10.27. 2016헌마252, 병역법 제33조 제2항 제2호 위헌확인(기각)).

언론인의 선거운동을 금지하고 그 위반 시 처벌을 규정한 구 공직선거법 관련조항은 선거운동의 자유를 침해한다(헌재 2016.6.30. 2013헌가1, 공직선거법 제60조 제1항 제5호 위헌제청(위헌)).

(ii) 지방자치단체의 장의 지위를 이용한 선거운동은 금지된다(제86조 제2항).

(iii) 개정 전 공직선거법에서 노동조합 외의 단체의 선거운동금지(제87조)에 관하여 헌법재판소는 합헌이라고 판시한 바 있다(헌재 1995.5.25. 95헌마105, 공직선거법 제87조 등 위헌확인(기각)). 개정된 공직선거법은 선거운동을 할 수 없는 단체를 한정적으로 열거함으로써 단체의 선거운동 금지를 완화하고, 노동조합도 선거운동을 할 수 있다. 다만, 공무원노동조합, 교원노동조합, 공명선거 활동을 하는 노동조합 또는 단체는 선거운동을 할 수 없다. 하지만, 단체가 선거운동과 같은 집단적 의사표현을 할 경우에 그 구성원 전원의 동의를 확보하였다고 보기 어렵고, 무릇 선거운동은 자연인 개인의 선거운동을 의미하므로 단체의 선거운동을 허용하여서는 아니 된다. 또한 정치자금법의 "국내·외의 법인 또는 단체는 정치자금을 기부할 수 없다"라는 규정에 비추어 보더라도 단체의 선거운동 금지가 타당하다(제31조).

시민단체나 사회단체의 선거운동 금지는 합헌이다(헌재 1995.5.25. 95헌마105, 공직선거법 제87조 등 위헌확인(기각); 헌재 2001.8.30. 2000헌마121등, 공직선거법 제58조 등 위헌확인(기각)).

"제3자편의 낙선운동이 실제로 선택하는 운동의 방법이나 형식은 그것이 단순한 의견개진이나 의사표시의 수준을 넘어서서 의도적이고 조직적이며 계획적인 운동의 수준에 이르는 것인 이상, 후보자편의 낙선운동이 취하는 운동의 방법, 형식과 다를 것이 없다. 제3자편의 낙선운동의 효과는 경쟁하는 다른 후보자의 당선에 크건 작건 영향을 미치게 되고 경우에 따라서는 제3자편의 낙선운동이 그 명분 때문에 후보자편의 낙선운동보다도 훨씬 더 큰 영향을 미칠 수도 있다. … 비록 이 사건 법률조항이 특정후보자의 당선을 위한다는 목적이 없는 제3자편의 낙선운동도 선거운동으로 규정하여 그에 따른 규제를 하고 있다 할지라도 국민의 정치적 의사표현의 자유에 대한 제한이 최소한에 그치도록 위에서 본 바와 같은 여러 보완조항을 두고 있으므로 이 규정으로 인한 표현의 자유에 대한 제한과 선거의 공정이라는 공익 사이에 균형이 유지되고 있다"(헌재 2001.8.30. 2000헌마121등, 공직선거법 제58조 등 위헌확인(기각)): 낙선운동은 선거운동과 같으며, 시민불복종운동으로 볼 수 없다(대판 2004.4.27. 2002도315); 낙천·낙선운동을 한 피고에게 위자료지급의무가 있다(대판 2004.11.12. 2003다52227).

E. 선거운동기구의 설치(제61조)와 정당선거사무소의 설치(제61조의2)

"선거운동 및 그 밖의 선거에 관한 사무를 처리하기 위하여 정당 또는 후보자는 선거사무소와 선거연락소를, 예비후보자는 선거사무소를, 정당은 중앙당 및 시·도당의 사무소에 선거대책기구 각 1개씩을 설치할 수 있다"(제61조).

F. 선거벽보(제64조), 선거공보(제65조)의 작성

책자형 선거공보에는 재산상황, 병역사항, 최근 5년간 납세사항, 전과기록, 직업·학력·경력 등 인적사항을 후보자정보공개자료로 게재하여야 한다.

시청각 장애인을 위하여 점자형 선거공보를 제출할 수 있다(제65조, 제122조제3항제2호). 또한 선거방송토론위원회 주관 대담·토론회에서 자막방송 또는 한국수어통역을 임의조항(헌재 2009.5.28. 2006헌마285, 공직선거법 제70조 제6항 등 위헌확인(기각))에서 의무조항으로 개정하였다(제82조의2 제12항).

공직선거법에서 점자형 선거공보를 책자형 선거공보의 면수 이내에서 의무적으로 작성하도록 하면서 책자형 선거공보에 내용이 음성으로 출력되는 전자적 표시가 있는 경우에는 점자형 선거공보의 작성을 생략할 수 있도록 하고, 방송법 등의 개정으로 선거방송에서 한국수어·폐쇄자막·화면해설 등을 이용한 방송을 할 의무 등이 부과된 점을 적극적으로 고려하여 선거방송에서 한국수어 또는 자막의 방영에 관한 재량사항 규정은 헌법에 위반되지 아니한다고 판단한 선례를 유지하였다(헌재 2020.8.28. 2017헌마813, 제19대 대통령선거 후보자토론회 시청금지행위 위헌확인 등(기각)).

G. 다양화된 선거운동방법

(a) 개 관 ① 현수막(제67조), 어깨띠 등 소품(제68조), 신문광고(제69조), 방송광고(제70조), 후보자 등의 방송연설(제71조), 방송시설주관 후보자연설의 방송(제72조), 경력

방송(제73조), 방송시설주관 경력방송(제74조), 공개장소에서의 연설·대담(제79조), 단체의 후보자등 초청 대담·토론회(제81조), 언론기관의 후보자등 초청 대담·토론회(제82조), 선거방송토론위원회 주관 대담·토론회(제82조의2), 선거방송토론위원회 주관 정책토론회(제82조의3), 정보통신망을 이용한 선거운동(제82조의4), 인터넷광고(제82조의7) 등을 통하여 선거운동을 할 수 있다. 한편 각급선거관리위원회 직원이 통신관련 선거범죄 조사를 위하여 정보통신서비스제공자에게 자료를 요청한 경우 이용자에 대한 통지의무를 부과하는 등 이용자의 개인정보자기결정권을 보호한다(제82조의4 제6호).

특히 딥페이크(Deep Fake)를 활용한 선거운동을 선거일 90일 전부터 전면금지한다(제82조의8).

> ① 누구든지 선거일 전 90일부터 선거일까지 선거운동을 위하여 인공지능 기술 등을 이용하여 만든 실제와 구분하기 어려운 가상의 음향, 이미지 또는 영상 등(딥페이크영상등)을 제작·편집·유포·상영 또는 게시하는 행위를 하여서는 아니 된다. ② 누구든지 제1항의 기간이 아닌 때에 선거운동을 위하여 딥페이크영상등을 제작·편집·유포·상영 또는 게시하는 경우에는 해당 정보가 인공지능 기술 등을 이용하여 만든 가상의 정보라는 사실을 명확하게 인식할 수 있도록 중앙선거관리위원회규칙으로 정하는 바에 따라 해당 사항을 딥페이크영상등에 표시하여야 한다.

선거운동의 자유를 감안하여 선거운동을 위한 확성장치를 허용할 공익적 필요성이 인정된다고 하더라도 정온한 생활환경이 보장되어야 할 주거지역에서 출근 또는 등교 이전 및 퇴근 또는 하교 이후 시간대에 확성장치의 최고출력 내지 소음을 제한하는 등 사용시간과 사용지역에 따른 수인한도 내에서 확성장치의 최고출력 내지 소음 규제기준에 관한 규정을 두지 아니한 것은, 국민이 건강하고 쾌적하게 생활할 수 있도록 노력하여야 할 국가의 기본권 보호의무를 과소하게 이행한 것으로서, 건강하고 쾌적한 환경에서 생활할 권리의 침해를 가져오므로 위헌이다. 이에 종전 판례(헌재 2008.7.31. 2006헌마711, 입법부작위 위헌확인(기각))를 변경한다(헌재 2019.12.27. 2018헌마730, 공직선거법 제79조 제3항 등 위헌확인(헌법불합치,잠정적용)). 이에 신설된 제79조 제8항은 소음기준을 규정한다.

선거운동을 위한 방송·신문·통신 또는 잡지 기타의 간행물 등 언론매체를 통한 광고를 원칙적으로 금지하고, 컴퓨터 통신을 이용한 선거운동에 대하여 규정하고 있을 뿐, 인터넷을 통한 선거운동 및 광고의 절차와 방법에 관하여는 아무런 규정도 없어, 인터넷을 통한 선거운동과 광고대행행위가 제한되는 경우 인터넷을 이용한 선거광고대행행위의 제한을 다투기 위하여는 위와 같은 규정들을 직접 대상으로 하여 헌법소원심판을 청구하여야 하며, 입법부작위를 대상으로 할 수는 없다(헌재 2001.3.21. 2000헌마37, 인터넷선거운동 및 인터넷광고대행행위 제한조치 등 위헌확인 (각하)).

② 하지만, 정보통신을 이용한 선거운동의 폐해를 시정하기 위하여 선거운동정보의 전송제한(제82조의5)과 더불어 인터넷언론사 게시판·대화방 등의 실명확인(제82조의6) 제도를 도입한 바 있다. 헌법재판소는 이를 합헌으로 결정한 바 있다.

인터넷언론사가 선거운동기간 중 당해 홈페이지의 게시판 등에 정당·후보자에 대한 지지·반대의 정보를 게시할 수 있도록 하는 경우 실명을 확인받도록 하는 기술적 조치를 하여야 하고 이를 위반한 때에는 과태료를 부과하는 공직선거법 관련 규정은 과잉금지원칙에 위배되어 게시판 이용자의 정치적 익명표현의 자유, 인터넷언론사의 언론의 자유, 사전검열금지 원칙을 침해한다고 볼 수 없다. 인터넷언론사의 공개된 게시판·대화방에서 정당·후보자에 대한 지지·반대의 글을 게시하는 행위가 양심의 자유나 사생활 비밀의 자유에 의하여 보호되는 영역이 아니다. 실명인증자료의 보관 및 제출의무가 개인정보자기결정권에 대한 제한에 해당하지 아니한다(헌재 2015.7.30. 2012헌마734등, 공직선거법 제82조의6 제1항 등 위헌확인 등(기각,합헌)).

그런데 헌법재판소는 인터넷언론사가 선거운동기간 중 당해 홈페이지 게시판 등에 정당·후보자에 대한 지지·반대 등의 정보를 게시하는 경우 실명을 확인받는 기술적 조치를 하도록 정한 공직선거법 조항 중 '인터넷언론사' 및 '지지·반대' 부분은 명확성원칙에 위배된다(헌재 2021.1.28. 2018헌마456등, 공직선거법 제82조의6 제1항 등 위헌확인(위헌))라고 결정하였다. 이는 위합헌결정에 대한 판례변경이라 할 수 있다(제3편 제4장 제3절 제5항 Ⅵ. 2. (3))(김현귀, "공직선거법상 인터넷 실명제의 헌법적 문제", 공법연구 50-2 참조).

③ 한편 지역구국회의원후보자 및 지역구시·도의회의원후보자에게 허용되는 선거운동방법인 공개장소에서의 연설이나 대담을 비례대표국회의원 및 비례대표시·도의회의원 후보자에게는 금지하더라도 이를 자의적 차별이라고 볼 수 없으며(헌재 2006.7.27. 2004헌마217, 공직선거법 제33조 제1항 제2호 등 위헌확인(합헌); 헌재 2011.3.31. 2010헌마314, 공직선거법 제60조의2 제1항 등 위헌확인(기각)), 이들이 선거기간 전 선거운동이 불가능하여도 선거운동의 자유를 침해하지 아니한다(헌재 2013.10.24. 2012헌마311, 공직선거법 제79조 제1항 등 위헌확인(기각)).

④ 단체나 언론기관은 후보자 등을 초청하여 대담·토론회를 개최할 수 있다. 하지만, 단체의 후보자등 초청 대담·토론회(제81조), 언론기관의 후보자등 초청 대담·토론회(제82조)는 임의적인 사항이지만, 선거방송토론위원회가 주관하는 대담·토론회(제82조의2)와 정책토론회(제82조의3)는 반드시 실시하여야 한다.

(b) **선거방송토론위원회 주관 대담·토론회**(제82조의2) ① 중앙선거방송토론위원회는 대통령선거 및 비례대표국회의원선거에 있어서 선거운동기간 대담·토론회를 개최하여야 한다. ② 각급선거방송토론위원회는 제1항 내지 제3항의 대담·토론회를 개최하는 때에는 후보자를 대상으로 개최한다. "초청받은 후보자는 정당한 사유가 없는 한 참석하여야 한다." 정당한 사유 없이 참석하지 아니한 초청후보자가 있는 때에는 그 사실을 선거인이 알 수 있도록 방송하게 하고, 이를 중앙선거관리위원회규칙으로 정하는 인터넷 홈페이지에 게시하여야 한다(제82조의2제6항). 이를 위반한 때에는 과태료를 부과한다(제261조 제3항 제3호의2).

선거방송 대담·토론회의 참가기준으로 여론조사 평균 지지율 100분의 5를 요구하는 공직선거법 관련 규정은 선거운동의 자유 및 공무담임권을 침해하였다고 볼 수 없다

(헌재 2009.3.26. 2007헌마1327등, 공직선거법 제82조의2 위헌확인 등(기각)) (헌재 2011.5.26. 2010헌마451, 공직선거법 제82조의2 제4항 제3호 위헌확인(기각)) (헌재 1998.8.27. 97헌마372등, 방송토론위원회진행사항결정행위 등 취소(기각)) (헌재 2019.9.26. 2018헌마128등, 공직선거법 제56조 제1항 제4호 등 위헌확인(기각,각하)).

③ "각급선거방송토론위원회는 제4항의 초청대상에 포함되지 아니하는 후보자를 대상으로 대담·토론회를 개최할 수 있다."

(c) 선거방송토론위원회 주관 정책토론회(제82조의3) 위원회는 임기만료에 의한 선거(대통령의 궐위로 인한 선거 및 재선거를 포함한다)의 선거일 전 90일(대통령의 궐위로 인한 선거 및 재선거에 있어서는 그 선거외 실시사유가 확정된 날의 다음날)부터 후보자 등록신청개시일 전일까지 정당(선거에 참여하지 아니할 것을 공표한 정당을 제외한다)의 대표자 또는 그가 지정하는 자를 초청하여 정책토론회(이하 이 조에서 "정책토론회"라 한다)를 월 1회 이상 개최하여야 한다.

H. 제한 또는 금지되는 선거운동의 유형

(i) "무소속후보자는 특정 정당으로부터의 지지 또는 추천받음을 표방할 수 없다." 다만, 정당의 당원경력을 표시하는 행위와 해당 선거구에 후보자를 추천하지 아니한 정당이 무소속후보자를 지지하거나 지원하는 경우 그 사실을 표방하는 행위는 그러하지 아니하다(제84조).

(ii) 공직자 등의 선거운동을 엄격히 금지한다. 즉 공무원 등의 선거관여금지 및 그 지위를 이용한 선거운동금지(제85조), 공무원 등의 선거에 영향을 미치는 행위금지(제86조), 타후보자를 위한 선거운동금지(제88조)를 규정한다.

"선거기간 중 선거운동과 관련하여 공무원이 정상적 업무 외의 출장을 하여 선거에 영향을 미치는 행위를 한 경우를 처벌하는 이 사건 처벌조항은 죄형법정주의의 명확성원칙에 위배된다고 할 수 없고, 위 조항 위반으로 벌금 100만원의 형을 선고받은 경우를 당연퇴직사유로 규정한 이 사건 당연퇴직조항은 공무담임권을 침해하거나 평등원칙에 위반되지 아니한다"(헌재 2005.10.27. 2004헌바41, 공직선거법 제256조 제2항 제1호 바목 등 위헌소원(합헌)).

공무원에 대한 "선거운동의 기획에 참여하거나 그 기획의 실시에 관여하는 행위"의 금지에 대하여 종전에 합헌이라고 판시한 결정(헌재 2005.6.30. 2004헌바33, 공직선거및선거부정방지법 제86조 제1항 제2호 등 위헌소원(합헌))을 일부 변경하여, "공무원이 그 지위를 이용하지 않고 사적인 지위에서 선거운동의 기획행위를 하는 것까지 금지하는 것은 선거의 공정성을 보장하려는 입법목적을 달성하기 위한 합리적인 차별취급이라고 볼 수 없으므로 평등권을 침해한다"(헌재 2008.5.29. 2006헌마1096, 공직선거법 제86조 제1항 제2호 등 위헌확인(한정위헌)).

공무원의 지위를 이용하여 선거에 영향을 미치는 행위에 대하여 1년 이상 10년 이하의 징역 또는 1천만 원 이상 5천만 원 이하의 벌금에 처하도록 규정한 공직선거법 제255조 제5항 중 제85조 제1항의 공무원 등이 "지위를 이용하여 선거에 영향을 미치는 행위" 부분은 공직선거법상 다른 조항과의 상호 관련성 및 형벌체계상의 균형에 대한 진지한 고민 없이 중한 법정형을 규정하여 형의 불균형 문제를 야기하고 있으므로, 형벌체계상의 균형을 현저히 상실하였다(헌재 2016.7.28. 2015헌바6, 공직선거법 제85조 제1항 등 위헌소원(위헌,합헌)). 이에 따라 법정형이 5년 이하의 징역 또는 2천만원 이하의 벌금으로 하향 조정되었다.

공무원이 선거에서 특정정당 또는 특정인을 지지하기 위하여 타인에게 '정당에 가입하도록 권유하는 행위'를 한 경우 3년 이하의 징역형과 자격정지형을 병과하도록 규정한 지방공무원법 규정은 헌법에 위반되지 아니한다(헌재 2021.2.25. 2019헌바58, 지방공무원법 제82조 제1항 위헌소원(합헌)).

공직선거법상 제한 또는 금지되는 행위의 유형과 방법은 다음과 같다. 유사기관의 설치금지(제89조)(헌재 2001.10.25. 2000헌마193, 공직선거법 제58조 제1항 등 위헌확인(기각): 유사기관의 설치금지는 합헌이다), 시설물설치 등의 금지(제90조), 확성장치와 자동차 등의 사용제한(제91조), 영화 등을 이용한 선거운동금지(제92조), 탈법방법에 의한 문서·도화의 배부·게시 등 금지(제93조)(헌재 2007.1.17. 2004헌바82, 공직선거법 제255조 제2항 제5호 등 위헌소원(합헌)), 방송·신문 등에 의한 광고의 금지(제94조), 신문·잡지 등의 통상방법 외의 배부 등 금지(제95조), 허위논평·보도 등 금지(제96조), 방송·신문의 불법이용을 위한 행위 등의 제한(제97조), 선거운동을 위한 방송이용의 제한(제98조), 구내방송 등에 의한 선거운동금지(제99조), 녹음기 등의 사용금지(제100조), 타연설회 등의 금지(제101조), 야간연설 등의 제한(제102조), 각종집회 등의 제한(제103조), 연설회장에서의 소란행위 등의 금지(제104조), 행렬 등의 금지(제105조), 호별방문의 제한(제106조), 서명·날인운동의 금지(제107조), 여론조사의 결과공표금지 등(제108조), 선거여론조사를 위한 휴대전화 가상번호의 제공(제108조의2), 정책·공약에 관한 비교평가결과의 공표제한 등(제108조의3), 서신·전보 등에 의한 선거운동의 금지(제109조), 후보자 등의 비방금지(제110조), 허위사실 등에 대한 이의제기(제110조의2).[1)]

공직선거법 제68조 제1항이 정하는 바에 따라 후보자와 그 관계자가 일정한 소품을 붙이거나 입거나 지니고 선거운동을 할 수 있는 외에는 누구든지 선거운동기간 중 어깨띠 등 표시물을 사용한 선거운동을 할 수 없도록 하는 것은 과도하게 정치적 표현의 자유를 침해한다(헌재 2022.7.21. 2017헌가4, 공직선거법 제255조 제1항 제5호 위헌제청(헌법불합치,잠정적용)). 이에 따라 소형의 소품등 표시물을 본인의 부담으로 제작 또는 구입하여 몸에 붙이거나 지니는 방법으로 선거운동을 할 수 있다.

누구든지 일정 기간 동안 선거에 영향을 미치게 하기 위한 광고물 설치·진열·게시, 표시물 착용을 할 수 없도록 한 것은 선거에서의 기회 균등 및 선거의 공정성에 구체적인 해악을 발생시키는 것이 명백하다고 볼 수 없는 정치적 표현까지 금지하는 것으로서 과도하게 정치적 표현의 자유를 침해한다(헌재 2022.7.21. 2017헌가1등, 공직선거법 제256조 제3항 제1호 아목 등 위헌제청(헌법불합치,잠정적용)). 이는 헌재 2001.12.20. 2000헌바96등 및 헌재 2015.4.30. 2011헌바163 결정을 변경한 것이다.

공직선거법 ① 제90조 제1항 제1호 중 '현수막, 그 밖의 광고물 설치·게시'에 관한 부분(헌재 2022.11.24. 2021헌바301, 공직선거법 제58조 제1항 본문 등 위헌소원(헌법불합치,잠정적용,합헌)). 제2호 중 '그 밖의 표시물 착용'에 관한 부분과 그 처벌조항, 제93조 제1항 본문 중 '벽보 게시, 인쇄물 배부·게시'에 관한 부분과 '광고, 문서·도화 첩부·게시'에 관한 부분과 그 처벌조항(헌재 2022.7.21. 2018헌바357등, 공직선거법 제90조 제1항 제1호 등 위헌소원(위헌,헌법불합치,잠정적용,합헌)) (6:3), 제1항 본문 중 인쇄물 살포 금지(헌재 2023.3.23. 2023헌가4, 공직선거법 제93조 제1항 본문 등 위헌제청(헌법불합치,잠정적용)), 제1항 제1호 중 화환 설치 금지(헌재 2023.6.29. 2023헌가12, 공직선거법 제90조 제1항 제1호 등 위헌제청(헌법불합치,잠정적용)) 조항은 모두 헌법에 합치되지 아니한다. 이는

---

1) 허순철, "영국 선거법상 허위사실공표와 표현의 자유", 공법학연구 19-4; 김정현, "공직선거법상 허위사실공표죄와 표현의 자유", 헌법학연구 28-4; 오윤식, "허위사실유포죄에 관한 비판적 고찰", 언론과 법 23-3; 김지윤, 선거과정에서의 허위조작정보 대응을 위한 비교법적 연구, 비교헌법연구 2024-B-5; 최경미, "인공지능 알고리즘과 선거-마이크로 타겟팅 규율을 중심으로", 공법연구 53-4.

선례를 변경하여 시설물설치, 인쇄물배부 등 금지조항이 정치적 표현의 자유를 침해한다고 보았다. ② 공개장소에서의 연설 · 대담장소 또는 대담 · 토론회장에서 연설 · 대담 · 토론용으로 사용하는 경우를 제외하고는 선거운동을 위한 확성장치 사용 금지 조항은 헌법에 위반되지 아니한다. 하지만, 시설물설치 · 인쇄물배부 등 금지조항은 정치적 표현의 자유를 침해한다(선례 변경)(헌재 2022.7.21. 2017헌바100등, 공직선거법 제255조 제2항 제4호 등 위헌소원(헌법불합치,잠정적용,합헌)). 헌법재판소의 결정에 따라 시설물설치 등의 금지 기간을 선거일 전 180일에서 120일로 단축하고(제90조 제1항), 달빕방법에 의한 문서 · 도화의 배부 · 게시 등 금지 기간을 선거일 전 180일에서 120일로 단축하여 정치적 표현의 자유를 확대하였다(제93조 제1항).

후보자의 배우자가 그와 함께 다니는 사람 중에서 지정한 1명도 명함교부를 할 수 있도록 한 "후보자의 배우자가 그와 함께 다니는 사람 중에서 지정한 1명" 부분은 배우자의 유무라는 우연한 사정에 근거하여 합리적 이유 없이 배우자 없는 후보자와 배우자 있는 후보자를 차별 취급하므로 평등권을 침해한다(헌재 2016.9.29. 2016헌마287, 공직선거법 제93조 제1항 제1호 위헌확인(위헌,기각)).

선거일 전 180일부터 선거일까지 선거에 영향을 미치게 하기 위하여 일정한 내용의 문서 기타 이와 유사한 것을 배부하는 등의 행위를 금지하는 공직선거법에 따라 휴대전화 문자메시지의 전송 금지는 선거의 자유를 침해하지 아니한다(헌재 2009.5.28. 2007헌바24, 공직선거법 제93조 제1항 위헌소원(합헌)). 그런데 제59조의 개정에 따라 선거운동기간에는 문자메시지 전송이 가능하다.

하지만, '기타 이와 유사한 것' 부분에 '정보통신망을 이용하여 인터넷 홈페이지 또는 그 게시판 · 대화방 등에 글이나 동영상 등 정보를 게시하거나 전자우편을 전송하는 방법'('인터넷')이 포함된다고 해석한다면, 과잉금지원칙에 위배하여 정치적 표현의 자유 내지 선거운동의 자유를 침해하므로 한정위헌결정을 내렸다(7:2))(헌재 2011.12.29. 2007헌마1001등, 공직선거법 제93조 제1항 등 위헌확인(한정위헌)): "인터넷은 누구나 손쉽게 접근 가능한 매체이고, 이를 이용하는 비용이 거의 발생하지 아니하거나 또는 적어도 상대적으로 매우 저렴하여 선거운동비용을 획기적으로 낮출 수 있는 정치공간으로 평가받고 있고, 오히려 매체의 특성 자체가 '기회의 균형성 · 투명성 · 저비용성의 제고'라는 공직선거법의 목적에 부합하는 것이라고도 볼 수 있는 점, 후보자에 대한 인신공격적 비난이나 허위사실 적시를 통한 비방 등을 직접적으로 금지하고 처벌하는 법률규정은 이미 도입되어 있고 모두 이 사건 법률조항보다 법정형이 높으므로, 결국 허위사실, 비방 등이 포함되지 아니한 정치적 표현만 이 사건 법률조항에 의하여 처벌되는 점, 인터넷의 경우에는 정보를 접하는 수용자 또는 수신자가 그 의사에 반하여 이를 수용하게 되는 것이 아니고 자발적 · 적극적으로 이를 선택(클릭)한 경우에 정보를 수용하게 되며, 선거과정에서 발생하는 정치적 관심과 열정의 표출을 반드시 부정적으로 볼 것은 아니라는 점 등을 고려하면, 이 사건 법률조항에서 선거일전 180일부터 선거일까지 인터넷상 선거와 관련한 정치적 표현 및 선거운동을 금지하고 처벌하는 것은 후보자 간 경제력 차이에 따른 불균형 및 흑색선전을 통한 부당한 경쟁을 막고, 선거의 평온과 공정을 해하는 결과를 방지한다는 입법목적 달성을 위하여 적합한 수단이라고 할 수 없다. 또한, 대통령 선거, 국회의원 선거, 지방선거가 순차적으로 맞물려 돌아가는 현실에 비추어 보면, 기본권 제한의 기간이 지나치게 길고, 그 기간 '통상적 정당활동'은 선거운동에서 제외됨으로써 정당의 정보제공 및 홍보는 계속되는 가운데, 정당의 정강·정책 등에 대한 지지, 반대 등 의사표현을 금지하는 것은 일반국민의 정당이나 정부의 정책에 대한 비판을 봉쇄하여 정당정치나 책임정치의 구현이라는 대의제도의 이념적 기반을 약화시킬 우려가 있다는 점, 사이버선거부정감시단의 상시적 운영, 선거관리위원회의 공직선거법 위반 정보 삭제요청 등 인터넷 상에서 선거운동을 할 수 없는 자의 선거운동, 비방이나 허위사실 공표의 확산을 막기 위한 사전적 조치는 이미 별도로 입법화되어 있고, 선거관리의 주체인 중앙선거관리위원회도 인터넷 상 선거운동의 상시화 방안을 지속적으로 제시해오고 있는 점, 일정한 정치적 표현 내지 선거운동 속에 비방·흑색선전 등의 부정적 요소가 개입될 여지가 있다 하여 일정한 기간 이를 일률적·전면적으로 금지하고 처벌하는 것은 과도하다고 볼 수밖에 없는 점 등을 감안하면, 최소침해성의 요건도 충족하지 못한다. 한편, 이 사건 법률조항에 대한 법익균형성 판단에는 국민의 선거참여를 통한 민주주의의 발전 및 민주적 정당성의 제고라는 공익 또한 감안하여야 할 것인데, 인터넷 상 정치적 표현 내지 선거운동을 금지함으로써 얻어지는 선거의 공정성은 명백하거나 구체적이지 못한 반면, 인터넷을 이용한 의사소통이 보편화되고 각종 선거가 빈번한 현실에서 선거일 전 180일부터 선거일까지 장기간 동안 인터넷 상 정치적 표현의 자유 내지 선거운동의 자유를 전면적으로 제한함으로써 생기는 불이익 내지 피해는 매우 크다 할 것이므로, 이 사건 법률조항은 법익균형성의 요건도 갖추지 못하였다."

[반대의견] "선거운동의 부당한 경쟁 및 후보자들 간의 경제력 차이에 따른 불균형이라는 폐해를 막고, 선거의 과열로 말미암아 선거의 평온과 공정을 해하는 결과가 발생하는 것을 방지함으로써 선거의 자유와 공정의 보장을 도모하려는 정당한 입법목적을 가지고 있고, 인터넷 선거운동의 경우에도 후보자간 조직동원력, 경제력에 따른 불균형이 발생할 소지는 충분하며, 선거운동기간 이전부터 선거일에 이르기까지 일반 유권자들뿐만 아니라 정당, 후보자 등 및 이들과 관련된 단체로부터 허위사실, 비방, 과대선전 등 선거에 영향을 미치는 표현행위가 무제한 쏟아질 경우 선거의 과열로 연결되어 선거의 평온과 공정성을 해할 가능성은 더욱 커질 것이므로, 수단의 적절성도 인정된다. 또한 허위사실공표나 비방 등을 처벌하는 공직선거법 제110조, 제250조, 제251조, 선거관리위원회의 시정조치라든가 사이버선거부정감시단 등 선거관리감독을 위한 제도적 장치만으로 위와 같은 폐해를 막기에 부족하므로, 선거에 영향을 미치는 표현행위 자체를 금지시키는 것 이외에는 입법목적을 효과적으로 달성할 만한 다른 대안이 없다 할 것이므로, 기본권 침해의 범위도 최소한의 범위 내로 제한되어 있다 할 것이다. 후보자들 사이의 선거운동에 있어 기회균등을 보장하고 선거의 과열을 막아 선거의 평온과 공정성을 확보하려는 공익에 비하여, 법에 의하여 허용되는 선거운동기간 이전에 허용되지 않은 방법이나 매체를 통하여 선거운동에 준하는 영향력을 가진 표현행위를 하지 못함으로써 입게 되는 불이익은 그다지 크지 않다고 할 것이므로, 법익의 균형성 요건도 충족한다."

공직선거법은 선거일 전 90일을 기준으로 다양한 규제를 부과하고 있는데, 심의위원회도 이러한 입법자의 판단을 존중하여 시기제한조항에도 선거일 전 90일을 기준으로 설정하였다. 따라서 시기제한조항이 모법의 위임범위를 벗어났다고 볼 수 없으므로 법률유보원칙에 반하여 표현의 자유를 침해하지 않는다. 시기제한조항은 선거일 전 90일부터 선거일까지 후보자 명의의 칼럼 등을 게재하는 인터넷 선거보도가 불공정하다고 볼 수 있는지에 대해 구체적으로 판단하지 않고 이를 불공정한 선거보도로 간주하여 선거의 공정성을 해치지 않는 보도까지 광범위하게 제한한다. 공직선거법상 인터넷 선거보도 심의의 대상이 되는 인터넷언론사의 개념은 매우 광범위한데, 시기제한조항이 정하고 있는 일률적인 규제와 결합될 경우 이로 인해 발생할 수 있는 표현의 자유 제한이 작다고 할 수 없다. 인터넷언론의 특성과 그에 따른 언론시장에서의 영향력 확대에 비추어 볼 때, 인터넷언론에 대하여는 자율성을 최대한 보장하고 언론의 자유에 대한 제한을 최소화하는 것이 바람직하고, 계속 변화하는 이 분야에서 규제 수단 또한 헌법의 틀 안에서 다채롭고 새롭게 강구되어야 한다. 시기제한조항의 입법목적을 달성할 수 있는 덜 제약적인 다른 방법들이 심의기준 규정과 공직선거법에 이미 충분히 존재하므로 시기제한조항은 과잉금지원칙에 반하여 표현의 자유를 침해한다(헌재 2019.11.28. 2016헌마90, 공직선거법 제8조의5 제6항 등 위헌확인(위헌,각하)).

공직선거법 제106조 제1항 소정의 호별방문죄는 연속적으로 두 집 이상을 방문함으로써 성립하고 또 타인과 면담하기 위하여 그 거택 등에 들어간 경우는 물론 타인을 면담하기 위하여 방문하였으나 피방문자가 부재중이어서 들어가지 못한 경우에도 성립한다(대판 2007.3.15. 2006도9042).

호별방문의 대상이 되는 '호(戶)'는 일상생활을 영위하는 거택(居宅)에 한정되지 아니하고 일반인의 자유로운 출입이 가능하도록 공개되지 아니한 곳으로서 널리 주거나 업무 등을 위한 장소 혹은 그에 부속하는 장소라면 이에 해당할 수 있다(대판 2010.7.8. 2009도14558).

불법선거, 금권선거 등이 잔존하는 우리의 선거역사 및 정치현실, 호별방문이라는 방법 자체에 내재하는 선거 공정 등을 깨뜨릴 가능성, 호별방문에 의한 선거운동 외에도 각 선거의 특성에 적합한 다른 선거운동방법이 존재하는 점, 일반인의 자유로운 출입이 가능하여 다수인이 왕래하는 공개된 장소까지 방문할 수 없는 것은 아니라는 점 등을 고려할 때 호별방문을 금지하는 것이 지나친 제한이라 할 수 없다(헌재 2016.12.29. 2015헌마509등, 공직선거법 제56조 제1항 제2호 등 위헌확인(헌법불합치, 적용중지,기각)). 하지만, 무소속후보자가 추천을 받기 위한 호별방문은 허용된다.

선거기간 중 서신에 의한 선거운동방법을 전면 금지한 공직선거 및 선거부정방지법 제109조 제1항은 합헌이다(헌재 2007.8.30. 2004헌바49, 공직선거 및 선거부정방지법 제109조 제1항 단서 위헌소원(합헌)).

중소기업중앙회 임원 선거에서 '정관으로 정하는 기간에는' 선거운동을 위하여 정회원에 대한 호별방문 등의 행위를 한 경우 이를 형사처벌하는데 형사처벌과 관련한 주요사항을 헌법이 위임입법의 형식으로 예정하고 있지도 않은 특수법인의 정관에 위임하고 있는데, 이는 사실상 그 정관 작성권자에게 처벌법규의 내용을 형성할 권한을 준 것이나 다름없으므로 죄형법정주의에 비추어 허용되기 어렵다(헌재 2016.11.24. 2015헌가29, 중소기업협동조합법 제137조 제2항 위헌제청(위헌)).

(iii) "누구든지 선거기간 중 선거운동을 위하여 이 법에 규정된 것을 제외하고는 명칭 여하를 불문하고 집회나 모임을 개최할 수 없다"(제103조 제1항). "누구든지 선거기간 중 선거에 영향을 미치게 하기 위하여 향우회·종친회·동창회·단합대회·야유회 또는 참가 인원이 25명을 초과하는 그 밖의 집회나 모임을 개최할 수

없다"(제103조 제3항).

선거기간 중 선거에 영향을 미치게 하기 위한 '향우회·종친회·동창회·단합대회 또는 야유회'가 아닌 '그 밖의 집회나 모임'의 개최까지 금지하는 것은 헌법에 위반된다(6:3)(판례변경)(헌재 2022.7.21. 2018헌바164, 공직선거법 제103조 제3항 위헌소원(위헌)).

(iv) "누구든지 선거기간 중 이 법에 규정되지 아니한 방법으로 선거권자에게 서신·전보·모사전송 그 밖에 전기통신의 방법을 이용하여 선거운동을 할 수 없다"(제109조).

(v) 국회의원 또는 지방의회의원은 보고회 등 집회, 보고서, 인터넷, 문자메시지, 송·수화자 간 직접 통화방식의 전화 또는 축사·인사말을 통하여 의정활동을 선거구민에게 보고할 수 있다. 다만, "선거일전 90일부터 선거일까지 직무상의 행위 그 밖에 명목여하를 불문하고 의정활동을 인터넷 홈페이지 또는 그 게시판·대화방 등에 게시하거나 전자우편·전자메시지로 전송하는 외의 방법으로 의정활동을 보고할 수 없다(제111조).

선거운동기간 전에 국회의원의 의정활동보고 허용은 합헌이다(헌재 2001.8.30. 99헌바92, 공직선거법 제93조 제1항 위헌소원(합헌); 헌재 1996.3.28. 96헌마9등, 공직선거법 제150조 제3항 등 위헌확인(기각)).

(vi) 기부행위는 부정한 경제적 이익제공을 통하여 선거권자의 자유의사를 왜곡하고 선거의 공정성을 해치며 혼탁한 선거의 주된 원인으로 지목되는 바 기부행위도 원칙적으로 금지된다. "'기부행위'라 함은 당해 선거구안에 있는 자나 기관·단체·시설 및 선거구민의 모임이나 행사 또는 당해 선거구의 밖에 있더라도 그 선거구민과 연고가 있는 자나 기관·단체·시설에 대하여 금전·물품 기타 재산상 이익의 제공, 이익제공의 의사표시 또는 그 제공을 약속하는 행위를 말한다"(제112조 제1항). 다만, 다음의 행위는 기부행위로 보지 아니한다: 1. 통상적인 정당활동과 관련한 행위, 2. 의례적 행위, 3. 구호적·자선적 행위, 4. 직무상의 행위, 5. 제1호부터 제4호까지 외에 법령의 규정에 근거하여 금품 등을 찬조·출연 또는 제공하는 행위, 6. 그 밖에 위 각 호의 어느 하나에 준하는 행위로서 중앙선거관리위원회규칙으로 정하는 행위(제112조 제2항).

'선거구민과 연고가 있는 자'의 기부행위를 제한하는 공직선거법 규정은 죄형법정주의의 명확성 원칙에 위배되지 아니한다(헌재 2009.4.30. 2007헌바29등, 공직선거법 제113조 위헌소원 등(합헌)).

(vii) 그 밖에도 후보자 등의 기부행위제한(제113조), 정당 및 후보자의 가족 등의 기부행위제한(제114조), 제삼자의 기부행위제한(제115조), 기부의 권유·요구 등의 금지

(제116조), 기부받는 행위 등의 금지(제117조), 선거일 후 답례금지(제118조) 등이 있다. 이러한 기부행위 제한규정을 위반하여 금품 등을 제공받은 사람에게는 그 제공받은 금액 또는 음식물·물품 등의 가액의 10배 이상 50배 이하에 상당하는 금액의 과태료를 부과하되, 헌법재판소의 헌법불합치결정의 취지를 받아들여 그 상한은 3천만원으로 한다(제261조 제9항).

'후보자가 되려고 하는 자'에 대한 기부행위금지 및 이를 위반한 행위에 대한 처벌 규정은 합헌이며(헌재 2010.9.30. 2009헌바201, 공직선거법 제113조 제1항 등 위헌소원(합헌)), 죄형법정주의의 명확성 원칙에 위배되지 아니하고(헌재 2014.2.27. 2013헌바106, 공직선거법 제112조 등 위헌소원(합헌)) (헌재 2021.2.25. 2018헌바223, 공직선거법 제113조 제1항 등 위헌소원(합헌)), 기부행위의 제한기간을 폐지하여 상시 제한 조항이 일반적 행동자유권 등을 침해하지 아니한다(헌재 2014.2.27. 2013헌바106, 공직선거법 제112조 등 위헌소원(합헌)).

공직선거법 제261조 제5항 제1호는 기부의 권유·요구 등의 금지에 위반하여 기부를 받은 자에 대하여 그 제공받은 금액 또는 음식물·물품 가액의 50배에 상당하는 금액의 과태료에 처하도록 규정하고 있었다(제261조 제6항). 이에 대하여 헌법재판소는 "50배 과태료 조항"은 구체적, 개별적 사정을 고려하지 아니하고 오로지 기부받은 물품 등의 가액만을 기준으로 하여 일률적으로 정하여진 액수의 과태료 부과는 구체적 위반행위의 책임 정도에 상응한 제재가 되기 어렵기 때문에 과잉금지원칙에 위반된다고 판시하였다(헌재 2009.3.26. 2007헌가22, 공직선거법 제261조 제5항 제1호 위헌제청(헌법불합치,적용중지)) (동지: 헌재 2011.6.30. 2010헌가86, 농업협동조합법 제174조 제4항 위헌제청(헌법불합치,적용중지)).

(viii) "누구든지 선거일 전 6일부터 선거일의 투표마감시각까지 선거에 관하여 정당에 대한 지지도나 당선인을 예상하게 하는 여론조사(모의투표나 인기투표에 의한 경우 포함한다)의 경위와 그 결과를 공표하거나 인용하여 보도할 수 없다"(제108조 제1항). 헌법재판소는 선거기간 동안의 여론조사결과공표금지를 합헌으로 판시하였으나, 소수의견이 제시한 바와 같이 지나친 제한이다. 이와 같은 비판을 수용하여 6일 전으로 개정되었다. 하지만, 정보사회의 진전과 선거일 전 5일부터 2일간 실시되는 사전투표제도에 비추어 본다면 이제 선거일 전 여론조사결과 공표 금지는 폐지되어야 한다.

"선거일에 가까워질수록 여론조사결과의 공표가 갖는 부정적 효과는 극대화되고 특히 불공정하거나 부정확한 여론조사결과가 공표될 때에는 선거의 공정성을 결정적으로 해칠 가능성이 높지만 이를 반박하고 시정할 수 있는 가능성은 점점 희박해진다고 할 것이므로, 대통령선거의 중요성에 비추어 선거의 공정을 위하여 선거일을 앞두고 어느 정도의 기간 동안 선거에 관한 여론조사결과의 공표를 금지하는 것 자체는 그 금지기간이 지나치게 길지 않는 한 위헌이라고 할 수 없다"(헌재 1995.7.21. 92헌마177등, 대통령선거법 제65조 위헌확인(각하)); (헌재 1998.5.28. 97헌마362등, 공직선거법 제108조 제1항에 대한 위헌확인(기각,각하)).

[반대의견](헌재 1999.1.28. 98헌바64, 공직선거법 제108조 제1항 등 위헌소원(합헌): 재판관 이영모) "국내에 있는 신문·방송 등 언론매체만 규제할 수 있을 뿐 외국의 언론매체와 인터넷 등에는 대응하지 못하므로 오늘날의 국제

화·정보화시대에 걸맞지 아니한 약점을 안고 있어 실질적인 효력면에서 의문이 있다. … 여론조사결과의 공표는 선거기간에 유권자들의 정당·후보자에 대한 지지도와 그 지지도의 변화과정을 알 수 있는 유일한 수단이라는 점 등을 헤아려보면, 여론조사결과의 공표금지는 헌법이 보장하는 국민의 알 권리·표현의 자유의 핵심 부분을 제한함으로써 여론형성을 제대로 못하게 막고 국민의 올바른 참정권행사를 침해하게 된다."

(ix) 한편 방송사업자 등 법 제108조 제3항 각 호의 어느 하나에 해당하는 자를 제외하고는 누구든지 선거에 관한 여론조사를 실시하려면 여론조사의 목적, 표본의 크기, 조사지역·일시·방법, 전체 설문내용 등을 여론조사 개시일 전 2일까지 관할 선거여론조사심의위원회에 서면으로 신고하여야 한다(제108조 제3항). 등록된 업체만 여론조사 공표·보도를 할 수 있고, 휴대전화 가상번호(假想番號)를 활용하여 여론조사를 할 수 있다(제108조 의2).

l. 선거와 관련 있는 정당활동의 규제(제9장)

선거에 즈음하여서는 정당활동도 많이 규제된다(제137조- 제145조).

정강·정책의 신문광고, 방송연설 등이 제한되고 홍보물의 배부도 제한된다. 정책공약집의 배부도 제한되고, 정당기관지의 발행·배부도 제한된다. 창당대회 등의 개최와 고지도 제한된다. 또한 당원집회·정당의 당원모집·당사게시 선전물 등도 제한된다.

(2) 선거비용(제8장)

(i) "선거비용이라 함은 당해 선거에서 선거운동을 위하여 소요되는 금전·물품 및 채무 그 밖에 모든 재산상의 가치가 있는 것으로서 당해 후보자(후보자가 되려는 사람을 포함하며, 대통령선거에 있어서 정당추천후보자와 비례대표국회의원선거 및 비례대표지방의회의원선거에 있어서는 그 추천정당을 포함한다)가 부담하는 비용과 다음 각 호의 어느 하나에 해당되는 비용을 말한다"(제119조 제1항).

1. 후보자가 이 법에 위반되는 선거운동을 위하여 지출한 비용과 기부행위제한규정을 위반하여 지출한 비용, 2. 정당, 정당선거사무소의 소장, 후보자의 배우자 및 직계존비속, 선거사무장·선거연락소장·회계책임자가 해당 후보자의 선거운동(위법선거운동을 포함한다)을 위하여 지출한 비용과 기부행위제한규정을 위반하여 지출한 비용, 3. 선거사무장·선거연락소장·회계책임자로 선임된 사람이 선임·신고되기 전까지 해당 후보자의 선거운동을 위하여 지출한 비용과 기부행위제한규정을 위반하여 지출한 비용, 4. 제2호 및 제3호에 규정되지 아니한 사람이라도 누구든지 후보자, 제2호 또는 제3호에 규정된 자와 통모하여 해당 후보자의 선거운동을 위하여 지출한 비용과 기부행위제한규정을 위반하여 지출한 비용

다만, 선거운동을 위한 준비행위에 소요되는 비용 등은 선거비용으로 인정되

지 아니한다(제120조).

(ii) 총액제한 방식에 따른 선거비용제한액의 산정 방법은 다음과 같다(제121조).

1. 대통령선거: 인구수×950원
2. 지역구국회의원선거: 1억원+(인구수×200원)+(읍·면·동수×200만원). 둘 이상의 자치구·시·군으로 된 경우에는 하나를 초과할 때마다 1천5백만원을 가산한다.
3. 비례대표국회의원선거: 인구수×90원
4. 지역구시·도의원선거: 4천만원+(인구수×100원)
5. 비례대표시·도의원선거: 4천만원+(인구수×50원)
6. 시·도지사선거: 가. 특별시장·광역시장·특별자치시장 선거: 4억원(인구수 200만 미만인 때에는 2억원)+(인구수×300원), 나. 도지사 선거: 8억원(인구수 100만 미만인 때에는 3억원)+(인구수×250원)
7. 지역구자치구·시·군의원선거: 3천500만원+(인구수×100원)
8. 비례대표자치구·시·군의원선거: 3천5백만원+(인구수×50원)
9. 자치구·시·군의 장 선거: 9천만원+(인구수×200원)+(읍·면·동수×100만원)

(iii) 선거비용의 보전은 다음과 같다(제122조의2).

1. 대통령선거, 지역구국회의원선거, 지역구지방의회의원선거 및 지방자치단체의 장 선거: 가. 후보자가 당선되거나 사망한 경우 또는 후보자의 득표수가 유효투표총수의 100분의 15 이상인 경우 - 후보자가 지출한 선거비용의 전액, 나. 후보자의 득표수가 유효투표총수의 100분의 10 이상 100분의 15 미만인 경우 - 후보자가 지출한 선거비용의 100분의 50에 해당하는 금액
2. 비례대표국회의원선거 및 비례대표지방의회의원선거: 후보자명부에 올라 있는 후보자중 당선인이 있는 경우에 당해 정당이 지출한 선거비용의 전액

(iv) 그러나 예비후보자의 선거비용 등은 보전(補塡)되지 아니한다.

공직선거법이 일정한 예비후보자의 선거운동을 허용하는 이상 그에 소요되는 비용을 보전하여주지 아니하는 것이 선거운동의 자유를 제한하는 것이 될 수 있지만, 선거운동의 자유를 침해하는 것으로 인정하기 위하여서는 헌법상 선거공영제의 취지에 반하는 정도에 이르러야 한다. 정치자금과 관련된 부정이 계속되고 있는 현실을 고려하여, 반환·보전비용 처리조항이 낙선한 후보자에 대하여 당선된 후보자와 달리 취급하는 것이 불합리하거나 자의적이지 아니하다(헌재 2018.7.26. 2016헌마524등, 공직선거법 제122조의2 제2항 제1호 등 위헌확인(기각)).

9. 투　　표

(1) 선거일과 선거방법

(i) 투표는 원칙적으로 선거일에 하지만, 투표참여를 확대하기 위하여 사전투표(제158조), 거소(居所)투표(제158조의2), 선상(船上)투표(제158조의3) 제도를 도입한다. 특히

선거일 전 5일부터 2일 동안 실시하는 사전투표는 투표율 확대에 크게 기여한다.

사전투표제도가 사전투표자가 선거일 투표자에 비해 짧은 숙려기간('선거일 전 5일부터 2일 동안')을 갖더라도 예비후보자의 선거운동이나 다른 다양한 매체 등을 통해 후보자에 대한 정보를 획득할 수 있고, 사전투표기간의 설정이 합리적인 점 등을 고려하여 선거권을 침해하지 아니한다(헌재 2025.10.23. 2023헌마1383등, 공직선거법 제148조 등 위헌확인(기각)).

큐알(QR) 코드가 표기된 사전투표용지 발급행위는 사실행위에 불과하다(각하). 사전투표관리관이 사전투표용지의 '일련번호를 떼지 않고' 선거인에게 교부하도록 정한 공직선거법 부분에 대한 심판청구는 기각한다. 사전투표관리관이 투표용지에 자신의 도장을 찍는 경우 도장의 날인은 인쇄날인으로 갈음할 수 있도록 정한 공직선거관리규칙 제84조 제3항 중 '사전투표관리관이 투표용지에 자신의 도장을 찍는 경우 도장의 날인은 인쇄날인으로 갈음할 수 있다' 부분에 대한 심판청구를 기각한다(헌재 2023.10.26. 2022헌마232등, 공직선거관리규칙 제84조 제3항 위헌확인(기각))(헌재 2023.10.26. 2022헌마231등, 공직선거법 제158조 제3항 위헌확인(기각))(헌재 2025.10.23. 2023헌마1383등, 공직선거법 제148조 등 위헌확인(기각)).

(ii) "선거는 기표방법에 의한 투표로 한다." "투표는 직접 또는 우편으로 하되, 1인 1표로 한다. 다만, 국회의원선거, 시·도의원선거 및 자치구·시·군의원선거에 있어서는 지역구의원선거 및 비례대표의원선거마다 1인 1표로 한다." "투표를 함에 있어서는 선거인의 성명 기타 선거인을 추정할 수 있는 표시를 하여서는 아니 된다"(제146조).

공직선거법이 공직선거에서 투표용지에 후보자들에 대한 '전부거부' 표시방법을 마련하지 아니하였다고 하여 선거권자의 선거권과 표현의 자유를 제한하지 아니한다(헌재 2007.8.30. 2005헌마975, 공직선거법 제150조 등 위헌확인(각하)).

(2) 투표용지에 정당·후보자의 게재 순위(제150조)

(i) 후보자의 게재순위를 정함에 있어서는 "후보자등록마감일 현재 국회에서 의석을 갖고 있는 정당의 추천을 받은 후보자, 국회에서 의석을 갖고 있지 아니한 정당의 추천을 받은 후보자, 무소속후보자의 순으로 하고, 정당의 게재순위를 정함에 있어서는 후보자등록마감일 현재 국회에서 의석을 가지고 있는 정당, 국회에서 의석을 가지고 있지 아니한 정당의 순으로 한다"(제3항)(헌재 1996.3.28. 96헌마9등, 공직선거법 제150조 제3항 등 위헌확인(기각)).

(ii) "국회에서 의석을 가지고 있는 정당의 게재순위를 정함에 있어 다음 각 호의 어느 하나에 해당하는 정당은 전국적으로 통일된 기호를 우선하여 부여한다"(제4항).

1. 국회에 5명 이상의 소속 지역구국회의원을 가진 정당
2. 직전 대통령선거, 비례대표국회의원선거 또는 비례대표지방의회의원선거에서 전국유효투표총수의 100분의 3 이상을 득표한 정당

(iii) "관할선거구선거관리위원회가 정당 또는 후보자의 게재순위를 정함에 있어서는 다음 각 호에 따른다"(제5항).

1. 후보자등록마감일 현재 국회에 의석을 가지고 있는 정당이나 그 정당의 추천을 받은 후보자 사이의 게재순위는 국회에서의 다수의석순. 다만, 같은 의석을 가진 정당이 둘 이상인 때에는 최근에 실시된 비례대표국회의원선거에서의 득표수 순
2. 후보자등록마감일 현재 국회에서 의석을 가지고 있지 아니한 정당이나 그 정당의 추천을 받은 후보자 사이의 게재순위는 그 정당의 명칭의 가나다순
3. 무소속후보자 사이의 게재순위는 관할선거구선거관리위원회에서 추첨하여 결정하는 순

(iv) "지역구자치구・시・군의원선거에서 정당이 같은 선거구에 2명 이상의 후보자를 추천한 경우 그 정당이 추천한 후보자 사이의 투표용지 게재순위는 해당 정당이 정한 순위에 따르되, 정당이 정하지 아니한 경우에는 관할선거구선거관리위원회에서 추첨하여 결정한다. 이 경우 그 게재순위는 "1-가, 1-나, 1-다" 등으로 표시한다"(제7항).

지방선거에서 통일된 기호를 부여받는 정당이 같은 선거구에 2인 이상의 후보자를 추천하는 경우 후보자 성명의 가나다순 기준으로 기호를 배정하는 것은 평등권을 침해하지 아니한다(헌재 2007.10.4. 2006헌마364등, 공직선거법 제150조 제4항 위헌확인 등(기각)).

(v) "후보자등록기간이 지난 후에 후보자가 사퇴・사망하거나 등록이 무효로 된 때라도 투표용지에서 그 기호・정당명 및 성명을 말소하지 아니한다"(제8항).

(3) 투표시간(제155조)

"투표소는 선거일 오전 6시에 열고 오후 6시(보궐선거등에 있어서는 오후 8시)에 닫는다. 다만, 마감할 때에 투표소에서 투표하기 위하여 대기하고 있는 선거인에게는 번호표를 부여하여 투표하게 한 후에 닫아야 한다"(제1항). 원칙적으로 "사전투표소는 사전투표기간 중 매일 오전 6시에 열고 오후 6시에 닫는다"(제2항).

⑥ 제1항 본문 및 제2항 전단에도 불구하고 격리자등이 선거권을 행사할 수 있도록 격리자등에 한정하여서는 투표소를 오후 6시 30분(보궐선거등에 있어서는 오후 8시 30분)에 열고 오후 7시 30분(보궐선거등에 있어서는 오후 9시 30분)에 닫으며, 사전투표소(제148조제1항제3호에 따라 설치하는 사전투표소를 제외하고 사전투표기간 중 둘째 날의 사전투표소에 한정)는 오후 6시 30분에 열고 오후 8시에 닫는다. 다만, 중앙선거관리위원회는 질병관리청장과 미리 협의하여 감염병의 전국적 대유행 여부, 격리자등의 수, 공중보건에 미치는 영향 등을 고려하여 달리 정할 수 있다.

⑧ 제6항 본문에 따라 투표하는 경우 제5항, 제176조제4항, 제218조의16제2항 및 제

218조의24제2항부터 제4항까지의 규정 중 "선거일 오후 6시"는 각각 "선거일 오후 7시 30분"으로, "오후 8시"는 각각 "오후 9시 30분"으로 보되, 제6항 단서에 따라 투표하는 경우 "오후 6시" 및 "오후 8시"는 각각 "격리자등의 투표시간을 포함한 투표 마감시각"으로 본다.

제6조의3(감염병환자 등의 선거권 보장) ① '감염병의 예방 및 관리에 관한 법률' 제41조제1항 또는 제2항에 따라 입원치료, 자가(自家)치료 또는 시설치료 중이거나 같은 법 제42조제2항제1호에 따라 자가 또는 시설에 격리 중인 사람("격리자등")은 선거권 행사를 위하여 활동할 수 있다.

"헌법 제1조 제2항, 제24조, 제34조 등의 규정만으로는 헌법이 투표일을 유급의 휴일로 하는 규정을 만들어야 할 명시적인 입법의무를 부여하였다고 보기 어렵고, 나아가 선거권 행사를 용이하게 하는 다양한 수단과 방법 중에 어떠한 방법을 채택할 것인지에 관하여는 입법자에게 일정한 형성의 자유가 인정되므로, 투표일을 유급의 휴일로 하는 규정을 만들어야 할 입법의무가 헌법의 해석상 곧바로 도출된다고 보기도 어렵다." 투표일 오전 6시에 투표소를 열도록 하여 일과 시작 전 투표를 할 수 있도록 하고 있고, 근로기준법 제10조는 근로자가 근로시간 중에 투표를 위하여 필요한 시간을 청구할 수 있도록 규정하고 있으며, 통합선거인명부제도가 시행됨에 따라 사전신고를 하지 않고도 부재자투표가 가능해진 점 등을 고려하면, 선거권 행사의 보장과 투표시간 한정의 필요성을 조화시키는 하나의 방안이 될 수 있다고 할 것이므로, 침해최소성 및 법익균형성에 반한다고 보기 어렵다(헌재 2013.7.25. 2012헌마815등, 공직선거법 제155조 제1항 위헌확인 등(기각)).

부재자투표시간을 오전 10시부터 오후 4시까지로 정하고 있는 공직선거법에서 투표종료시간은 합헌이다. 하지만 투표개시시간을 일과시간 이내인 오전 10시부터로 정한 것은 투표시간을 줄인 만큼 투표관리의 효율성을 도모하고 행정부담을 줄이는 데 있고, 그 밖에 부재자투표의 인계·발송절차의 지연위험 등과는 관련이 없다. 이에 반해 일과시간에 학업이나 직장업무를 하여야 하는 부재자투표자는 일과시간 이전에 투표소에 가서 투표할 수 없게 되어 사실상 선거권을 행사할 수 없게 되는 중대한 제한을 받으므로 선거권과 평등권을 침해한다(헌재 2012.2.23. 2010헌마601, 공직선거법 제155조 제2항 등 위헌확인(헌법불합치, 기각, 각하)).

(4) 투표의 비밀보장(제167조)

"투표의 비밀은 보장되어야 한다"(제1항). 다만, 언론사가 "선거의 결과를 예상하기 위하여 선거일에 투표소로부터 50미터 밖에서 투표의 비밀이 침해되지 않는 방법으로 질문하는 경우에는 그러하지 아니하며 이 경우 투표마감시각까지 그 경위와 결과를 공표할 수 없다"(제2항). "선거인은 자신이 기표한 투표지를 공개할 수 없으며, 공개된 투표지는 무효로 한다"(제3항).

10. 당 선 인(제12장)

(1) 대통령당선인의 결정 · 공고 · 통지(헌법 제67조 · 법 제187조)

(ⅰ) "대통령선거에 있어서는 중앙선거관리위원회가 유효투표의 다수를 얻은 자를 당선인으로 결정하고, 이를 국회의장에게 통지하여야 한다. 다만, 후보자가 1인인 때에는 그 득표수가 선거권자총수의 3분의 1 이상에 달하여야 당선인으로 결정한다"(헌법 제67조 제3항 · 법 제187조 제1항).

(ⅱ) "최고득표자가 2인 이상인 때에는 중앙선거관리위원회의 통지에 의하여 국회는 재적의원 과반수가 출석한 공개회의에서 다수표를 얻은 자를 당선인으로 결정한다." 이 경우에는 국회의장이 당선증을 교부한다(헌법 제67조 제2항 · 법 제187조 제2항). 이 조항에 대하여는 헌법 제67조 제1항의 "대통령은 국민의 보통 · 평등 · 직접 · 비밀선거에 의하여 선출한다"라는 규정에 대한 중대한 예외로서 대통령직선제의 본질에 어긋날 뿐만 아니라 민주적 정당성의 원리에 어긋난다는 비판이 있다(허영). 하지만, 이와 같은 예외적인 상황에서 다시 대통령선거를 실시할 수도 없기 때문에 부득이한 조치로 받아들여야 한다.[1)]

(2) 지역구국회의원당선인의 결정 · 공고 · 통지(제188조)

(ⅰ) "지역구국회의원선거에 있어서는 선거구선거관리위원회가 당해 국회의원지역구에서 유효투표의 다수를 얻은 자를 당선인으로 결정한다. 다만, 최고득표자가 2인 이상인 때에는 연장자를 당선인으로 결정한다"(제1항).

선거권자의 일정비율 이상이 반드시 투표에 참가하여야만 한다는 의미의 유효투표율을 채택하지 아니한 것은 선거의 대표성과 국민주권주의를 침해하지 아니한다(헌재 2003.11. 27. 2003헌마259등, 공직선거법 제35조 제2항 제1호 등 위헌확인(기각)).

---

1) 후보자 1인 및 최고득표자 2인 이상일 때 당선자 결정

	후보자 1인	최고득표자 2인 이상
대통령선거	선거권자 총수의 3분의 1 이상 득표	국회 재적의원 과반수 출석 공개회의 다수득표자
지역구 국회의원 선거	후보등록 마감시부터 투표 마감시까지: 무투표당선 투표마감 시각 후 당선인 결정 전까지: 사퇴 · 사망 또는 등록무효자가 다수득표시 당선인 없음	연장자
지방의회의원 및 지방자치단체장 선거	위와 동일	연장자

(ii) 후보자수가 1인이 된 때에는 그 후보자를 당선인으로 결정한다(제2항·제3항).

(3) 비례대표국회의원의석의 배분과 당선인의 결정·공고·통지(제189조)

"중앙선거관리위원회는 제출된 정당별 비례대표국회의원후보자명부에 기재된 당선인으로 될 순위에 따라 정당에 배분된 비례대표국회의원의 당선인을 결정한다"(제4항). "정당에 배분된 비례대표국회의원의석수가 그 정당이 추천한 비례대표국회의원후보자수를 넘는 때에는 그 넘는 의석은 공석으로 한다"(제5항).

(4) 지역구지방의회의원당선인의 결정·공고·통지(제190조)

(i) 지역구지방의회의원의 선거에 있어서는 "당해 선거구에서 유효투표의 다수를 얻은 자(지역구자치구·시·군의원선거에 있어서는 유효투표의 다수를 얻은 자 순으로 의원정수에 이르는 자를 말한다)를 당선인으로 결정한다. 다만, 최고득표자가 2인 이상인 때에는 연장자순에 의하여 당선인을 결정한다"(제1항).

(ii) 후보자수가 당해 선거구에서 선거할 의원정수를 넘지 아니하게 된 때에는 투표를 실시하지 아니하고, 선거일에 그 후보자를 당선인으로 결정한다(제2항·제3항).

(5) 비례대표지방의회의원당선인의 결정·공고·통지(제190조의2)

(i) "비례대표지방의회의원선거에 있어서는 당해 선거구선거관리위원회가 유효투표총수의 100분의 5 이상을 득표한 각 정당(의석할당정당)에 대하여 당해 선거에서 얻은 득표비율에" 따라 배분한다(제1항).

(ii) "비례대표시·도의원선거에 있어서 하나의 정당에 의석정수의 3분의 2 이상의 의석이 배분될 때에는" "잔여의석은 나머지 의석할당정당간의 득표비율에" 따라 배분한다(제2항).

(6) 지방자치단체의 장의 당선인의 결정·공고·통지(제191조)

"지방자치단체의 장 선거에 있어서는 선거구선거관리위원회가 유효투표의 다수를 얻은 자를 당선인으로 결정하고, 이를 당해 지방의회의장에게 통지하여야 한다. 다만, 최고득표자가 2인 이상인 때에는 연장자를 당선인으로 결정한다"(제1항). 후보자가 1인인 경우 지방자치단체의 장 후보자에 대한 투표를 실시하지 아니하고, 선거일에 그 후보자를 당선인으로 결정한다(제3항).

11. 재선거(再選擧)와 보궐선거(補闕選擧)(제13장)

임기만료에 따른 정상적인 선거 이외에 재선거·보궐선거를 실시한다. 또한 천재·지변 기타 불가피한 사유로 인하여 선거를 실시할 수 없거나 실시하지 못한 때에는 선거를 연기하여야 한다(제196조).

(1) 재선거(제195조)

(i) "다음 각호의 1에 해당하는 사유가 있는 때에는 재선거를 실시한다"(제1항).

1. 당해 선거구의 후보자가 없는 때
2. 당선인이 없거나 지역구자치구·시·군의원선거에 있어 당선인이 당해 선거구에서 선거할 지방의회의원정수에 달하지 아니한 때
3. 선거의 전부무효의 판결 또는 결정이 있는 때
4. 당선인이 임기개시전에 사퇴하거나 사망한 때
5. 당선인이 임기개시전에 제192조(피선거권상실로 인한 당선무효 등) 제2항의 규정에 의하여 당선의 효력이 상실되거나 같은 조 제3항의 규정에 의하여 당선이 무효로 된 때
6. 제263조(선거비용의 초과지출로 인한 당선무효) 내지 제265조(선거사무장 등의 선거범죄로 인한 당선무효)의 규정에 의하여 당선이 무효로 된 때

(ii) "하나의 선거의 같은 선거구에 제200조(보궐선거)의 규정에 의한 보궐선거의 실시사유가 확정된 후 재선거 실시사유가 확정된 경우로서 그 선거일이 같은 때에는 재선거로 본다"(제2항).

(2) 보궐선거(제200조)

(i) "지역구국회의원·지역구지방의회의원 및 지방자치단체의 장에 궐원 또는 궐위가 생긴 때에는 보궐선거를 실시한다"(제1항). "다른 공직선거(교육의원선거 및 교육감선거를 포함한다)에 입후보하기 위하여 임기 중 그 직을 그만 둔 국회의원·지방의회의원 및 지방자치단체의 장은 그 사직으로 인하여 실시사유가 확정된 보궐선거의 후보자가 될 수 없다"(제266조 제3항).

(ii) "비례대표국회의원 및 비례대표지방의회의원에 궐원이 생긴 때에는 선거구선거관리위원회는 궐원통지를 받은 후 10일 이내에 그 궐원된 의원이 그 선거 당시에 소속한 정당의 비례대표국회의원후보자명부 및 비례대표지방의회의원후보자명부에 기재된 순위에 따라 궐원된 국회의원 및 지방의회의원의 의석을 승계할 자를 결정하여야 한다"(제200조 제2항). "제2항에도 불구하고 의석을 승계할 후보자를 추천한 정당이 해산되거나 임기만료일 전 120일 이내에 궐원이 생긴 때에는 의석을 승계할 사람을 결정하지 아니한다"(제200조 제3항). 헌법재판소는 종전의 임기만료 전 180일 규정은 헌법에 위배된다고 판시하였다(헌재 2009.6.25. 2008헌마413, 공직선거법 제200조 제2항 단서 위헌확인(헌법불합치,잠정적용)). 또한 선거범죄로 당선이 무효로 된 때를 비례대표국회의원과 비례대표지방의회의원의 의석승계 제한사유로 한 규정은 대의제 민주주의원리에 부합하지 아니한다.

비례대표국회의원 당선인이 공직선거법 제264조의 규정에 의하여 당선이 무효로 된

경우에 비례대표국회의원후보자명부에 의한 승계원칙의 예외를 규정한 구 공직선거법 제200조 제2항 단서 부분은 대의제 민주주의 원리 및 자기책임의 원리에 부합하지 아니한 것으로서 궐원된 의원이 소속된 정당의 비례대표국회의원 후보자명부상의 차순위 후보자의 공무담임권을 침해하여 헌법에 위반된다. 헌법재판소는 같은 이유로 비례대표지방의회의원후보자명부에 의한 승계원칙의 예외를 규정한 구 공직선거법 제200조 제2항 단서에 대하여서도 위헌결정을 하였다(헌재 2009.10.29. 2009헌마350, 공직선거법 제200조 제2항 단서 위헌확인(위헌); 헌재 2009.6.25. 2007헌마40, 공직선거법 제200조 제2항 단서 위헌확인(위헌)).

(iii) "대통령권한대행자는 대통령이 궐위된 때에는 중앙선거관리위원회에, 국회의장은 국회의원이 궐원된 때에는 대통령과 중앙선거관리위원회에 그 사실을 지체 없이 통보하여야 한다"(제200조 제4항).

(3) 보궐선거 등에 관한 특례(제201조)

"보궐선거 등(대통령선거·비례대표국회의원선거 및 비례대표지방의회의원선거를 제외)은 그 선거일부터 임기만료일까지의 기간이 1년 미만이거나, 지방의회의 의원정수의 4분의 1 이상이 궐원(임기만료일까지의 기간이 1년 이상인 때에 재선거·연기된 선거 또는 재투표사유로 인한 경우 제외)되지 아니한 경우에는 실시하지 아니할 수 있다. 이 경우 지방의회의 의원정수의 4분의 1 이상이 궐원되어 보궐선거 등을 실시하는 때에는 그 궐원된 의원 전원에 대하여 실시하여야 한다."

(4) 선거의 연기(제196조)

"천재·지변 기타 부득이한 사유로 인하여 선거를 실시할 수 없거나 실시하지 못한 때에는 대통령선거와 국회의원선거에 있어서는 대통령이, 지방의회의원 및 지방자치단체의 장의 선거에 있어서는 관할선거구선거관리위원회위원장이 당해 지방자치단체의 장(직무대행자를 포함)과 협의하여 선거를 연기하여야 한다."

(5) 동시선거에 관한 특례(제14장)

"'동시선거'라 함은 선거구의 일부 또는 전부가 서로 겹치는 구역에서 2 이상의 다른 종류의 선거를 같은 선거일에 실시하는 것을 말한다"(제202조 제1항).

"임기만료일이 같은 지방의회의원 및 지방자치단체의 장의 선거는 그 임기만료에 의한 선거의 선거일에 동시실시한다"(제203조 제1항).

"제35조(보궐선거 등의 선거일)제2항제2호에 따른 지방자치단체의 장 선거가 다음 각호에 해당되는 때에는 임기만료에 의한 선거의 선거일에 동시실시한다"(제2항).

1. 임기만료에 의한 선거의 선거기간중에 그 선거를 실시할 수 있는 기간의 만료일이 있는 보궐선거 등, 2. 선거를 실시할 수 있는 기간의 만료일이 임기만료에 의한 선거의 선거일후에 해당되나 그 선거의 실시사유가 임기만료에 의한 선거의 선거일 30일전까지 확정된 보궐선거 등

"임기만료에 따른 국회의원선거 또는 지방의회의원 및 지방자치단체의 장의 선거가

실시되는 연도에는 제35조제2항제1호에 따라 4월 첫 번째 수요일에 실시하는 보궐선거등은 임기만료에 따른 선거의 선거일에 동시 실시한다. 이 경우 4월 30일까지 실시사유가 확정된 보궐선거등은 임기만료에 따른 지방의회의원 및 지방자치단체의 장의 선거의 선거일에 동시 실시한다"(제3항)(헌재 2003.11.27. 2003헌마259등, 공직선거법 제35조 제2항 제1호 등 위헌확인(기각): 국회의원 재·보궐선거일을 평일로 한 것은 합헌).

"임기만료에 따른 대통령선거가 실시되는 연도에는 1월 31일까지 실시사유가 확정된 제35조제2항제1호가목 본문 및 나목에 따른 보궐선거등은 해당 임기만료에 따른 대통령선거의 선거일에 동시 실시한다"(제4항).

12. 선거에 관한 쟁송(제15장)

(1) 의 의

선거에 관한 쟁송에는 선거소청, 당선소청, 선거소송, 당선소송이 있다. 선거소청에는 행정심판법이 준용되고, 선거에 관한 소송에는 행정소송법이 준용된다.[1]

(2) 선거소청(제219조)

지방자치선거의 특수성을 고려하여 지방의회의원 및 지방자치단체의 장의 선거에 있어서 선거의 효력에 관하여 이의가 있는 선거인·후보자를 추천한 정당 또는 후보자는 선거일부터 14일 이내에 당해 선거구선거관리위원회위원장을 피소청인으로 하여 선거의 종류에 따라 시·도선거관리위원회 또는 중앙선거관리위원회에 소청(訴請)할 수 있다(제1항).

(3) 당선소청(제219조)

지방자치선거의 특수성을 고려하여 지방자치선거에 있어서 당선의 효력에 관하여 이의가 있는 정당 또는 후보자는 당선인결정일부터 14일 이내에 당선인 또는 당해 선거구선거관리위원회위원장을 각각 피소청인으로 하여 선거의 종류에 따라 시·도선거관리위원회 또는 중앙선거관리위원회에 소청할 수 있다(제2항).

(4) 선거소송(제222조)

(i) 선거의 효력을 다투는 선거소송은 일종의 민중소송으로서 선거인·정당·후보자가 널리 제기할 수 있다. 선거소송은 선거에 관한 규정에 위반된 사실이 있고, 그로써 선거의 결과에 영향을 미쳤다고 인정하는 때에 제기되는 소송이다.

(ii) 대통령선거 및 국회의원선거에 있어서 선거의 효력에 관하여 이의가 있는 선거인·후보자를 추천한 정당 또는 후보자는 선거일부터 30일 이내에 당해 선거구선거관리위원회위원장을 피고로 하여 대법원에 소를 제기할 수 있다(제1항).

1) 허완중, "헌법재판으로서 선거소송", 공법연구 45-1; 안요환, "선거 관련 법제에 관한 헌법학적 연구", 법제 707.

(iii) 대법원은 선거에 관한 규정에 위반한 사실이 있는 때라도 선거의 결과에 영향을 미쳤다고 인정하는 때에 한하여 선거의 전부나 일부의 무효 또는 당선의 무효를 판결한다(제224조).

"'선거의 결과에 영향을 미쳤다고 인정하는 때'라고 함은 선거에 관한 규정의 위반이 없었더라면 선거의 결과, 즉 후보자의 당락에 관하여 현실로 있었던 것과 다른 결과가 발생하였을지도 모른다고 인정되는 때를 말한다." "선거소송에서 선거무효의 사유가 되는 '선거에 관한 규정에 위반된 사실'에는 후보자 등 제3자에 의한 선거과정상의 위법행위에 대하여 적절한 시정조치를 취함이 없이 묵인·방치하는 등 그 책임에 돌릴 만한 선거사무의 관리집행상의 하자가 따로 있는 경우도 포함되지만, 여기에서 선거관리위원회가 적절한 조치를 취함이 없이 묵인·방치한다 함은 선거관리위원회가 후보자 등 제3자에 의한 선거과정상의 위법행위를 알고서도 적절한 조치를 취하지 아니한 경우를 의미한다고 할 것이지 단속·감시·감독 등을 하였다면 알 수 있었음에도 이를 게을리하여 알지 못한 모든 경우까지 포함한다고 할 수 없다"(대판 2005.6.9. 2004수54).

(iv) 지방의회의원 및 지방자치단체의 장의 선거에 있어서 선거의 효력에 관한 제220조(소청에 대한 결정)의 결정에 불복이 있는 소청인(당선인 포함)은 해당 소청에 대하여 기각 또는 각하 결정이 있는 경우에는 소를 제기할 수 있다.

(5) 당선소송(제223조)[1]

(i) 선거가 유효임을 전제로 개개인의 당선인결정에 위법이 있음을 이유로 그 효력을 다투는 당선소송을 제기할 수 있다(제223조)(대판 1989.1.18. 88수177). 당선소송은 후보자나 후보자를 추천한 정당만이 제기할 수 있다(제223조).

(ii) 당선의 효력에 이의(異議)가 있는 후보자를 추천한 정당 또는 후보자는 당선인결정 이후 당선인을 피고로 하여 대법원 또는 관할 고등법원에 소를 제기할 수 있다.

(6) 재정신청(제273조)

유권자 및 후보자의 매수·이해유도죄 또는 공무원의 직권남용에 의한 선거

---

1) 선거소송과 당선소송의 비교

	선거소송	당선소송
제소권자	선거인(단 국민투표의 경우에는 10만 이상의 찬성요)·정당·후보자	정당·후보자
피고	당해 선거구 선거관리위원회위원장	당선인 등
제소법원	대법원(대통령, 국회의원, 시·도지사, 비례대표시·도의원), 관할 고등법원(비례대표시·도의원을 제외한 지방의회의원, 자치구·시·군의 장)	좌와 동일
기한	선거일부터 30일(국민투표의 경우에는 투표일로부터 20일)	당선인결정일부터 30일

범죄, 허위사실공표죄, 부정선거운동죄 등에 대하여 고발한 후보자와 정당의 중앙당 및 해당 선거관리위원회는 검사가 그 범죄에 대하여 공소를 제기하지 아니하는 경우에 그 검사 소속의 지방검찰청 소재지를 관할하는 고등법원에 그 당부에 관한 재정(裁定)을 신청할 수 있다.

재정신청권자를 '고발을 한 후보자와 정당(중앙당에 한함) 및 해당 선거관리위원회'로 제한하고, 재정신청 대상범죄에 공직선거법 제243조 위반죄를 포함하지 아니한 것에는 합리적인 이유가 있으므로 구 공직선거법 제273조 제1항은 재판청구권을 침해하지 아니한다(헌재 2015.2.26. 2014헌바181, 공직선거법 제273조 위헌소원(합헌)).

(7) 판 결(제224조)

(ⅰ) "소청이나 소장을 접수한 선거관리위원회 또는 대법원이나 고등법원은 선거쟁송에 있어 선거에 관한 규정에 위반된 사실이 있는 때라도 선거의 결과에 영향을 미쳤다고 인정하는 때에 한하여 선거의 전부나 일부의 무효 또는 당선의 무효를 결정하거나 판결한다"(제224조).

(ⅱ) "소청을 접수한 중앙선거관리위원회 또는 시·도선거관리위원회는 소청을 접수한 날부터 60일 이내에 그 소청에 대한 결정을 하여야 한다"(제220조 제1항). "소송에 있어서는 수소법원(受訴法院)은 소가 제기된 날부터 180일 이내에 처리하여야 한다"(제225조).

13. 선거범죄의 처벌과 당선무효

(1) 선거범죄의 처벌(제16장)

선거부정을 방지하기 위하여 선거범죄의 유형을 다양화하고 처벌을 강화한다. 그것은 매수 및 이해유도죄, 선거의 자유방해죄 등으로 다양화되어 있다.

제16장 벌칙(제230조-제262조의3): 매수 및 이해유도죄, 재산상의 이익목적의 매수 및 이해유도죄, 후보자에 대한 매수 및 이해유도죄, 당선인에 대한 매수 및 이해유도죄, 당선무효유도죄, 방송·신문 등의 불법이용을 위한 매수죄, 매수와 이해유도죄로 인한 이익의 몰수, 선거의 자유방해죄, 군인에 의한 선거자유방해죄, 직권남용에 의한 선거의 자유방해죄, 선장 등에 의한 선거자유방해죄 등, 벽보 그 밖의 기타 선전시설 등에 대한 방해죄, 투표의 비밀침해죄, 투표·개표의 간섭 및 방해죄, 공무원의 재외국민사무 간섭죄, 투표함 등에 관한 죄, 선거사무관리관계자나 시설 등에 대한 폭행·교란죄, 투표소 등에서의 무기휴대죄, 다수인의 선거방해죄, 사위등재·허위날인죄, 사위투표죄, 투표위조 또는 증감죄, 허위사실공표죄, 후보자비방죄, 방송·신문 등 부정이용죄, 성명 등의 허위표시죄, 선거운동기간위반죄, 부정선거운동죄, 각종제한규정위반죄, 기부행위의 금지제한 등 위

반죄, 선거비용부정지출 등 죄, 선거범죄선동죄, 양벌규정, 과태료의 부과·징수 등, 자수자에 대한 특례, 선거범죄신고자 등의 보호, 선거범죄신고자에 대한 포상금지급.

공직선거법 제250조 제1항의 입법취지, 용어의 사전적 의미, 유사 사례에서의 법원의 해석 등을 종합하여 보면, 심판대상조항에서의 '경력'은 후보자가 지금까지 겪어 지내 온 여러 가지 일들로서 후보자의 실적과 자질 등으로 투표자의 공정한 판단에 영향을 미치는 사항으로 충분히 해석할 수 있고 예측이 가능하다. 그리고 공직후보자 등에 대한 각종 세금 납부 및 체납실적은 공직후보자의 과거의 사적(事跡) 중 선거인의 투표권 행사에 있어서 공정한 판단에 영향을 미치는 후보자의 이력에 관한 중요한 사항으로서 경력에 포함되는 것이 명백하다. 따라서 죄형법정주의의 명확성원칙에 위반되지 아니한다(헌재 2017.7.27. 2015헌바219, 공직선거법 제250조 제1항 위헌소원(합헌)).

"후보자 등이 후보자 토론회에 참여하여 질문·답변을 하거나 주장·반론을 하는 것은, 그것이 토론회의 주제나 맥락과 관련 없이 일방적으로 허위의 사실을 드러내어 알리려는 의도에서 적극적으로 허위사실을 표명한 것이라는 등의 특별한 사정이 없는 한 공직선거법 제250조 제1항에 의하여 허위사실공표죄로 처벌할 수 없다." "이를 판단할 때에는 사후적으로 개별 발언들의 관계를 치밀하게 분석·추론하는 데에 치중하기보다는 질문과 답변이 이루어진 당시의 상황과 토론의 전체적 맥락에 기초하여 유권자의 관점에서 어떠한 사실이 분명하게 발표되었는지를 살펴보아야 한다." "공직선거법은 '허위의 사실'과 '사실의 왜곡'을 구분하여 규정하고 있으므로(제8조의4 제1항, 제8조의6 제4항, 제96조 제1항, 제2항 제1호, 제108조 제5항 제2호 등 참조), 적극적으로 표현된 내용에 허위가 없다면 법적으로 공개의무를 부담하지 않는 사항에 관하여 일부 사실을 묵비하였다는 이유만으로 전체 진술을 곧바로 허위로 평가하는 데에는 신중하여야 하고, 토론 중 질문·답변이나 주장·반론하는 과정에서 한 표현이 선거인의 정확한 판단을 그르칠 정도로 의도적으로 사실을 왜곡한 것이 아닌 한, 일부 부정확 또는 다소 과장되었거나 다의적으로 해석될 여지가 있는 경우에도 허위사실 공표행위로 평가하여서는 안 된다." [반대의견(5인)] "후보자 토론회의 토론과정 중 발언이 적극적·일방적으로 허위사실을 표명하는 것이 아니라는 이유에서 이를 허위사실공표죄로 처벌하지 않고 일률적으로 면죄부를 준다면, 이는 결과적으로 후보자 토론회의 의의와 기능을 소멸시켜 토론회가 가장 효율적이고 선진적인 선거운동으로 기능할 수 없게 만들고, 토론회에서 적극적으로 구체적인 발언을 한 후보자만이 법적 책임을 부담하게 될 위험이 커진다. 이로써 후보자들은 후보자 토론회에서 서로의 장점과 단점을 구체적·적극적으로 드러내지 않은 채 포괄적·소극적으로 불분명하게 지적하게 되고, 토론회의 생동감과 적극성은 기대할 수 없게 된다. 결국 실제 선거에서 후보자 토론회가 형식적으로 운영될 수밖에 없다." "방송중계를 전제로 하는 후보자 토론회에서의 발언을 '토론회'라는 측면에만 주목하여 '공표'가 아니라고 보는 것은 '공표'의 의미에 관한 대법원 판례에도 반한다." "후보자 토론회에서 이루어진 발언이 공직선거법 제250조 제1항에서 정한 '공표'에는 해당하나, 개별 사안에 따라 그 허위성 내지 허위성 인식 여부를 엄격하게 판단한 대법원의 확립된 법리는 선거의 공정과 후보자 토론회의 의의 및 기능, 정치적 표현의 자유, 선거운동의 자유 사이에서 적절한 균형을 유지하며 제 기능을 다하고 있다. 다수의견과 같이 '공표'의 범위를 제한하는 해석은 자칫 선거의 공정과 정치적 표현의 자유 사이의 균형을 심각하게 훼손할 수 있다." "공직선거법 제250조 제1항에서 정한 '공표'는 반드시 허위사실을 직접적으로 표현한 경우에 한정될 것은 아니고, 간접적이고 우회적인 표현에 의하더라도 그 표현된 내용 전체의 취지에 비추어 그와 같은 허위사실의 존재를 암시하고, 이로써 후보자의 평가에 유리한 영향을 미칠 가능성이 있을 정도의 구체성이 있으면 충분하다"(대판(전합) 2020.7.16. 2019도13328).

허위사실공표금지 조항의 입법취지가 후보자에게 유리하도록 허위의 사실을 공표하여 선거인의 공정한 판단에 영향을 미치는 것을 금지함으로써 선거의 공정을 보장하기 위한 것이리는 점을 고려하면, 여기서 '행위'라 함은 일상생활의 모든 행위를 말하는 것이 아니라 적어도 후보자의 자질, 성품, 능력 등과 관련된 것으로서 선거인의 후보자에 대한 공정한 판단에 영향을 줄 만한 사항으로 한정된다. 또한 '기타의 방법'은 연설·방송·신문·통신·잡지·벽보·선전문서에 준하여 공직선거 후보자에 관한 정보를 불특정 또는 다수인에게 전달하는 매체 내지 방법을 의미한다(헌재 2021.2.25. 2018헌바223, 공직선거법 제113조 제1항 등 위헌소원(합헌)).

공직선거법 제250조 제2항 허위사실공표금지조항 중 '후보자가 되고자 하는 자에 관하여 허위의 사실을 공표한 자'에 관한 부분은 합헌(전원일치)이나, 제251조 후보자비방금지조항 중 '후보자가 되고자 하는 자'에 관한 부분은 후보자가 되고자 하는 자에 대한 비방행위가 진실한 사실이거나 허위사실로 증명되지 아니한 사실에 대한 것이라면, 후보자가 되고자 하는 자는 이러한 문제제기에 대하여 스스로 반박을 하고, 이를 통해 유권자들이 후보자가 되고자 하는 자의 능력, 자질 및 도덕성 등 공직 적합성에 관한 정보를 얻어 선거의 공정성을 달성할 수 있어야 하므로 과잉금지원칙에 위배되어 정치적 표현의 자유를 침해하므로 2011헌바75결정(4:5)을 변경한다(6:3)(헌재 2024.6.27. 2023헌바78, 공직선거법 제250조 제2항 등 위헌소원(위헌,합헌)).

(2) 선거범죄로 인한 당선무효(제17장)

A. 선거비용의 초과지출로 인한 당선무효(제263조)

"선거비용제한액의 200분의 1 이상을 초과지출한 이유로 선거사무장, 선거사무소의 회계책임자가 징역형 또는 300만원 이상의 벌금형의 선고를 받은 때에는 그 후보자의 당선은 무효로 한다"(제263조 제1항). 정치자금법 제49조(선거비용 관련 위반행위자에 대한 벌칙) 제1항 또는 제2항 제6호의 죄를 범하여 선거사무소의 회계책임자가 징역형 또는 300만원 이상의 벌금형의 선고를 받은 때에는 그 후보자(대통령후보자, 비례대표국회의원후보자 및 비례대표지방의회의원후보자 제외)의 당선은 무효로 한다(제263조 제2항).

B. 당선인의 선거범죄로 인한 당선무효(제264조)

"당선인이 당해 선거에 있어 이 법에 규정된 죄 또는 정치자금법 제49조(선거비용관련 위반행위에 관한 벌칙)의 죄를 범함으로 인하여 징역 또는 100만원 이상의 벌금형의 선고를 받은 때에는 그 당선은 무효로 한다"(제264조).

공직선거법 위반 등으로 벌금 100만원 이상의 형이 확정될 경우 공직선거법 제19조는 피선거권을 5년 동안 제한하고, 제264조는 당선 무효가 되도록 규정하고 있는데 이는

"선거범으로부터 부정선거의 소지를 차단해 공정한 선거가 이뤄지도록 하려면 선거권 및 피선거권을 제한하는 것이 효과적"이다. 또한 "선거의 공정성을 확보하고 불법으로 당선된 국회의원에 대한 부적절한 공직수행을 차단하기 위한 점, 100만원 이상 벌금형을 기준으로 정한 것은 여러 요소를 고려해 입법자가 선택한 결과인 점 등을 고려해볼 때 당선무효 조항은 공무담임권과 평등권을 침해하지 않는다"(헌재 2011.12.29. 2009헌마476, 공직선거법 제250조 등 위헌확인(각하,기각)).

선거범으로서 벌금 100만원 이상의 형을 선고받은 경우 일정기간 선거권과 선거운동의 제한 및 기탁금과 선거비용의 반환 규정에 대하여 합헌이라고 판단한다. 즉 선거권제한 조항이 선거권 침해 여부 4(합헌):5(위헌); 피선거권제한 조항이 공무담임권 침해 여부 소극; 선거운동제한 조항이 선거운동의 자유 침해 여부(합헌5:위헌4); 기탁금 등 반환조항이 재산권 침해 여부(합헌4:위헌5)(헌재 2018.1.25. 2015헌마821, 공직선거법 제18조 제1항 제3호 등 위헌확인(기각)). 그런데 일반범죄는 집행유예기간 중 선거권과 선거운동 제한은 위헌(헌재 2014.1.28. 2012헌마409등, 공직선거법 제18조 제1항 제2호 위헌확인 등(위헌,헌법불합치,잠정적용))으로 판시한 바 있다.

착신전환 등을 통한 중복응답 등 범죄에 대하여 ① 선거범죄로 100만 원 이상의 벌금형의 선고를 받고 그 형이 확정된 후 5년을 경과하지 아니한 사람은 선거권이 없다는 규정(8:1), ② 선거범죄로 100만 원 이상의 벌금형의 선고를 받은 사람은 지방의회의원직에서 퇴직한다는 규정은 합헌이다(헌재 2022.3.31. 2019헌마986, 공직선거법 제266조 제1항 등 위헌확인(기각)).

C. 선거사무장 등의 선거범죄로 인한 당선무효(제265조)

(i) 선거사무장·선거사무소의 회계책임자 또는 후보자의 직계존비속 및 배우자가 해당 선거에 있어서 매수 및 이해유도죄(제230조-제233조), 당선무효유도죄(제234조), 기부행위의 금지제한 등 위반죄(제257조 제1항), 정치자금부정수수죄(정치자금법 제45조 제1항)를 범함으로 인하여 징역형 또는 300만원 이상의 벌금형의 선고를 받은 때에는 그 후보자의 당선은 무효로 한다(제265조).

(ii) 후보자의 직계존속 등의 범죄행위를 이유로 한 후보자에 대한 당선무효화는 연좌제금지를 규정한 헌법 제13조 제3항에 위배된다는 비판이 있다. 그러나 이 규정은 직계존속 등의 책임을 후보자로의 확장이 아니라 후보자의 자기책임에 근거한 규정으로 보아야 한다. 즉 이 규정은 후보자가 범죄행위를 교사 또는 방조하거나, 당선이라는 법률효과의 귀속 주체인 후보자가 선거운동에서 자신의 손발과 같은 직계존속 등을 제대로 통제하지 못한, 후보자 스스로의 책임에 근거한다. 다만, 제3자 또는 선거사무장 등이 후보자의 당선을 무효화하기 위하여 악의적으로 선거범죄를 범한 경우에 대비한 예외규정을 마련하지 못한 문제점이 있다.

후보자와 불가분의 선거운명공동체를 형성하여 활동하게 마련인 배우자의 실질적 지위와 역할을 근거로 후보자에 대한 연대책임 부여이므로 헌법 제13조 제3항에서 금지하고 있는 연좌제에 해당하지 아니한다(헌재 2005.12.22. 2005헌마19, 공직선거법 제265조 위헌확인(합헌); 헌재 2011.9.29. 2010헌마68, 공직선거법 제265조 위헌확인(기각)).

"선거사무장 또는 회계책임자가 기부행위를 한 죄로 징역형을 선고받는 경우에 그 후보자의 당선이 무효로 되는 것은 그러한 뜻을 규정하고 있는 공직선거및선거부정방지법 제265조의 규정에 의한 것일 뿐이고, 피고인들에 대하여 징역형을 선고하는 것이 연좌제를 금지한 헌법위반이라고 할 수는 없다"(대판 1997.4.11. 96도3451).

D. 공소시효 등

(i) 당선이 무효로 된 사람(그 기소 후 확정판결 전에 사직한 사람을 포함한다)과 당선되지 아니한 사람으로서 제263조부터 제265조까지 규정된 자신 또는 선거사무장 등의 죄로 당선무효에 해당하는 형이 확정된 사람은 제57조와 제122조의2에 따라 반환·보전받은 금액을 반환하여야 한다. "이 경우 대통령선거의 정당추천후보자는 그 추천 정당이 반환하며, 비례대표국회의원선거 및 비례대표지방의회의원선거의 경우 후보자의 당선이 모두 무효로 된 때에 그 추천 정당이 반환한다"(제265조의2). 또한 선거범죄로 인한 공무담임도 제한된다(제266조)(헌재 2021.12.23. 2018헌바152, 공직선거법 제254조 제1항 등 위헌소원(합헌,각하)). 선거범죄의 공소시효는 당해 선거일 후 6개월을 경과함으로써 완성한다. "다만, 범인이 도피한 때나 범인이 공범 또는 범죄의 증명에 필요한 참고인을 도피시킨 때에는 그 기간은 3년으로 한다"(제268조 제1항).

(ii) 공무원(제60조 제1항 제4호 단서에 따라 선거운동을 할 수 있는 사람은 제외)이 직무와 관련하여 또는 지위를 이용하여 범한 이 법에 규정된 죄의 공소시효는 해당 선거일 후 10년(선거일 후에 행하여진 범죄는 그 행위가 있는 날부터 10년)을 경과함으로써 완성된다(제268조 제3항)(헌재 2022.8.31. 2018헌바440, 공직선거법 제268조 제3항 등 위헌소원(합헌)).

공직선거법위반죄를 범함으로 인하여 100만 원 이상의 벌금형의 선고를 받아 당선이 무효로 된 자에게 반환·보전받은 금액을 반환하도록 하는 공직선거법 제265조의2는 헌법에 어긋나지 아니한다(헌재 2011.12.29. 2009헌마476, 공직선거법 제250조 등 위헌확인(각하,기각)).

(iii) 선거범의 재판기간은 강행규정을 마련하고 있다. "선거범과 그 공범에 관한 재판은 다른 재판에 우선하여 신속히 하여야 하며, 그 판결의 선고는 제1심에서는 공소가 제기된 날부터 6월 이내에, 제2심 및 제3심에서는 전심의 판결의 선고가 있은 날부터 각각 3월 이내에 반드시 하여야 한다"(제270조). 그런데 이 규정은 현실적으로 잘 지켜지지 아니하고 있다.

14. 임기개시(제14조)

(i) "대통령의 임기는 전임대통령의 임기만료일의 다음날 0시부터 개시된다. 다만, 전임자의 임기가 만료된 후에 실시하는 선거와 궐위로 인한 선거에 의한 대통령의 임기는 당선이 결정된 때부터 개시된다"(제1항).

(ii) "국회의원과 지방의회의원의 임기는 총선거에 의한 전임의원의 임기만료

일의 다음 날부터 개시된다"(제2항).

(iii) "지방자치단체의 장의 임기는 전임지방자치단체의 장의 임기만료일의 다음 날부터 개시된다"(제3항).

15. 평 가

(i) 공직선거법이 1994년에 제정할 당시에 법률의 명칭에서 적시하고 있는 바와 같이 선거부정을 방지하기 위하여 강력한 처벌조항과 선거비용상한액의 설정, 선거운동기간과 선거운동에 대한 엄격한 규제 등을 두고 있다.

(ii) 이러한 선거법의 정신은 상당한 효과를 거두고 있으나 아직도 여전히 선거부정은 근절되고 있지 아니하기 때문에 보다 강력한 법집행이 기대된다. 앞으로 선거의 부정방지와 공정성이 확보되면 현재와 같은 규제 중심의 선거법제는 자연스럽게 선거운동자유의 원칙으로 돌아가야 한다. 대법원도 최근 들어 선거운동의 자유를 확대하는 방향으로 해석한다(대판 2016.10.27. 2015도16764; 대판(전합) 2016.8.26. 2015도11812).

제 4 항 민주적 정당제도의 보장

Ⅰ. 의 의

(ⅰ) 근대입헌주의의 초기에 헌법은 정당에 대하여 부정적이었다. 특히 직접민주주의를 이상으로 하는 루소의 사상적 세계에서 정당은 국민의 의사를 왜곡하는 인자로 취급될 수밖에 없었다. 그러나 민주주의의 발전단계에서 정당의 역할과 기능을 부인할 수 없었기 때문에 헌법의 정당에 대한 태도는 트리펠(H. Triepel)이 지적한 바와 같이 ① 적대적 단계, ② 무시의 단계, ③ 승인 및 합법화의 단계를 거쳐, ④ 오늘날 헌법에 편입된 단계로 정립되었다(H. Triepel, *Die Staatverfassung und die politische Parteien*, 1928, S. 29).

(ⅱ) 제헌헌법은 정당에 대하여 묵인하는 태도를 취하였으나, 제2공화국헌법부터 정당에 대한 적극적 규정을 두고 있다. 특히 제3공화국헌법은 국회의원의 정당에 대한 기속을 강요함으로써 가장 강한 정당국가적 성격을 띠고 있었다. 현행헌법 제8조에서는 정당설립의 자유(복수정당제 보장), 목적・조직・활동의 민주성 및 국민의 정치적 의사형성에 필요한 조직, 국가의 보호 및 정치자금의 국고보조, 위헌정당해산절차 등을 규정한다. 제8조 이외에도 정당에 관한 규정이 다수 있다. 이와 같이 정당은 비록 헌법상 국가기관은 아니지만, 적어도 헌법상 보장되는 기관임을 분명히 한다. 더 나아가 일당독재를 배제하고 민주주의적 다원성이 정당제도를 통하여 수렴될 수 있도록 복수정당제를 보장한다.

제8조 이외에도 국무회의의 필수적 심의사항으로서 위헌정당해산의 제소(제80조 제14호)・헌법재판소의 위헌정당 해산심판(제111조 제1항 제3호), 헌법재판소 재판관의 정당가입금지(제112조 제2항), 정당해산결정의 의결정족수(제113조 제1항), 선거관리위원회의 정당에 관한 사무처리 및 규칙제정(제114조 제1항・제6항), 중앙선거관리위원회 위원의 정당가입금지(제114조 제4항), 선거공영제(선거에 관한 경비는 법률이 정한 경우를 제외하고는 정당 또는 후보자에게 부담시킬 수 없음)(제116조 제2항)을 규정한다.

Ⅱ. 헌법상 제도로서의 정당

1. 정당의 개념

(i) 헌법상 정당의 개념에 관한 명시적 규정은 없다. 헌법상 정당제도의 구체화법인 정당법 제2조에서는 "정당이라 함은 국민의 이익을 위하여 책임있는 정치적 주장이나 정책을 추진하고, 공직선거의 후보자를 추천 또는 지지함으로써 국민의 정치적 의사형성에 참여함을 목적으로 하는 국민의 자발적 조직을 말한다"라고 정의한다.

(ii) 정당의 개념요소는 다음과 같다: ① (자유)민주적 기본질서의 긍정, ② 국민의 이익 실현, ③ 책임있는 정치적 주장이나 정책의 추진, ④ 공직선거의 후보자 추천 또는 지지, ⑤ 국민의 정치적 의사형성에 참여, ⑥ 국민의 자발적인 계속적 조직.

헌법재판소는 우리 헌법 및 정당법상 정당의 개념적 징표로서는 ① 국가와 자유민주주의 또는 헌법질서를 긍정할 것, ② 공익의 실현에 노력할 것, ③ 선거에 참여할 것, ④ 정강이나 정책을 가질 것, ⑤ 국민의 정치적 의사형성에 참여할 것, ⑥ 계속적이고 공고한 조직을 구비할 것, ⑦ 구성원들이 당원이 될 수 있는 자격을 구비할 것 등을 들고 있다(헌재 2006.3.30. 2004헌마246, 정당법 제25조 등 위헌확인(기각)).

2. 정당의 헌법상 지위

(i) 정당을 헌법기관 또는 국가기관으로 보는 견해도 있다. 그런데 국가기관(헌법기관)은 그 설립이 엄격히 제한되고(법정주의), 공권력을 행사하여 스스로 의사결정을 할 수 있으며, 그 구성원은 공무원 또는 이에 준하는 신분을 가진다. 그러나 정당은 이와 달리 자유롭게 설립되고 운영되기 때문에 헌법기관 또는 국가기관으로 볼 수는 없다.

(ii) 이에 정당을 단순히 헌법 제21조의 사법상 결사로 보는 견해도 제기된다. 정당은 임의적으로 설립된 정치·사회적 단체라는 점에서 사법상 결사라 할 수 있다. 하지만, 정당은 그 설립의 자유와 기능이 헌법 제8조에서 특별히 보장받기 때문에 오로지 사법상 결사로만 볼 수는 없다.

(iii) 그러므로 정당은 헌법상 국가기관은 아니지만 헌법상 정치적·사회적·제도적으로 보장되고, 국민의 정치적 의사형성에 중개적 역할을 하는 기관이라는 제도적 보장설 내지 매개체설(중개적 기관설, 중간형태설)이 타당하다(독일에서의 논의: 계희열(상) 245면 이하).

헌법재판소도 매개체설의 입장을 취한다.

"정당은 자발적 조직이기는 하지만 다른 집단과는 달리 그 자유로운 지도력을 통하여 무정형(無定形)적이고 무질서적인 개개인의 정치적 의사를 집약하여 정리하고 구체적인 진로와 방향을 제시하며 국정을 책임지는 공권력으로까지 매개하는 중요한 공적 기능을 수행하기 때문에 헌법은 정당의 기능에 상응하는 지위와 권한을 보장함과 동시에 그 헌법질서를 존중"하여야 한다(헌재 1991.3.11. 91헌마21, 지방의회의원선거법 제36조 제1항에 대한 헌법소원(헌법불합치,잠정적용,각하)). "또한 정치적 결사로서의 정당은 국민의 정치적 의사를 적극적으로 형성하고 각계각층의 이익을 대변하며, 정부를 비판하고 정책적 대안을 제시할 뿐만 아니라, 국민 일반이 정치나 국가작용에 영향력을 행사하는 매개체의 역할을 수행하는 등 대의제민주주의에 없어서는 안 될 중요한 공적 기능을 수행하고 있다"(헌재 1996.3.28. 96헌마18등, 공직선거법 제111조 등 위헌확인(기각)).

3. 정당의 법적 성격

정당의 헌법상 지위를 제도보장 내지 매개체로 볼 경우에도 법적 성격은 여전히 의문으로 남는다.

(i) 정당이 헌법상 매개체의 지위를 가짐에도 불구하고 정당의 법적 성격은 사적·정치적 결사 내지 법인격 없는 사단으로 볼 수밖에 없는 한계가 있다. 이에 따라 정당은 공권력행사의 주체가 될 수 없고, 권한쟁의심판의 청구능력이 인정되지 아니한다. 하지만, 기본권의 주체로서 헌법소원 청구인이 된다.

정당은 정치활동을 목적으로 하는 자치적 정치단체이다(서울민사지법 제16부 결정 1987.7.30. 87카30864).

"정당의 법적 지위는 적어도 그 소유재산의 귀속관계에 있어서는 법인격없는 사단으로 보아야 하고, 중앙당과 지구당과의 복합적 구조에 비추어 정당의 지구당은 단순한 중앙당의 하부조직이 아니라 어느 정도의 독자성을 가진 단체로서 역시 법인격없는 사단에 해당한다"(헌재 1993.7.29. 92헌마262, 불기소처분취소; 동지: 서울민사지법 제16부 1979.9.8. 79카21709, 신민당총재단직무집행정지가처분결정).

정당의 법적 성격은 일반적으로 사적·정치적 결사 내지는 법인격 없는 사단으로 파악되고 있고, 이러한 정당의 법률관계에 대하여는 정당법의 관계 조문 이외에 일반 사법규정이 적용되므로, 정당은 공권력 행사의 주체가 될 수 없다. 따라서 한나라당이 대통령선거 후보경선과정에서 여론조사 결과를 반영한 것을 일컬어 헌법소원심판의 대상이 되는 공권력의 행사에 해당한다 할 수 없다(헌재 2007.10.30. 2007헌마1128, 한나라당 대통령 후보 경선 시 여론조사 적용 위헌확인(각하)).

(ii) 그러나 정당은 이론상으로는 "사적 결사와는 달리 그 존립이 헌법에 의하여 보장되고 국가의 특별한 보호를 받고 있으며 공적 임무를 다하고 있기 때문에 헌법제도와 사적 결사의 혼성태(混成態)"(김철수)로 볼 수도 있다. 이와 같이 정당의 법적 성격으로 혼성태론이 가장 수긍할 수 있는 이론임에도 불구하고, 현실적으로 정당 관련 쟁송에서는 전형적인 사법상 쟁송절차인 민사소송을 거칠 수밖

에 없는 한계가 있다.

(iii) 생각건대 비록 정당 관련 소송에서 형식적으로는 사법상 쟁송을 취할 수 밖에 없다고 하더라도, 사법적 판단에 있어서 법원은 정당의 헌법상 지위를 충분히 고려하여야 한다. 즉 헌법 제8조의 정당조항은 헌법 제21조의 일반결사에 대한 특별법의 성격을 가진다는 점을 재판과정에서 최대한 반영하여야 한다.

> "헌법이 정당에 대하여 일반결사와는 다른 특별한 보호와 규제를 하고 있는 이유는 정당이 '국민의 이익을 위하여 책임있는 정치적 주장이나 정책을 추진하고 공직선거의 후보자를 추천 또는 지지함으로써 국민의 정치적 의사형성에 참여함을 목적으로' 하여 조직된 단체이고 또 그러한 목적수행에 필요한 조직을 갖추고 있기 때문인 것으로 이해되고(정당법 제1조, 제2조 참조) 반대로 일반결사에 대하여 정당의 경우와 같은 헌법상의 보호와 규제가 없는 것은 그러한 단체는 각기 자기 고유의 설립목적이 따로 있고 국민의 정치적 의사형성에 참여함을 직접 목적으로 하여 조직된 것이 아니며 또 그러한 의사형성에 참여하는데 필요한 조직도 갖추고 있지 않기 때문인 것으로 이해된다"(헌재 1995.5.25. 95헌마105, 공직선거법 제87조 등 위헌확인(기각)).

Ⅲ. 정당의 권리·의무

1. 능동적 지위: 정치적 의사형성과정에의 참여

(i) 정당은 "국민의 이익을 위하여 책임있는 정치적 주장이나 정책을 추진하고, 공직선거의 후보자를 추천 또는 지지함으로써 국민의 정치적 의사형성에 참여"하는 국민의 자발적 조직이다. 다원화된 사회에서 국민의 정치적 의사형성에 다양한 집단과 기관이 참여하므로, 정당이 독점적 지위나 권한을 가질 수는 없지만, 정당은 국민의 여론형성 매개체로서 가장 주요한 역할과 기능을 수행한다.

(ii) 이에 따라 정당은 공직선거에 후보자를 추천하기 위하여 당내경선을 실시할 수 있다(공직선거법 제47조·제6장의2, 정당법 제28조). 또한 정당은 추천한 후보자의 당선을 위한 선거운동을 하며, 각급 선거관리위원회 위원추천권과 투·개표참관인지명권을 가진다.

2. 소극적 지위: 정당의 자유

(1) 정당의 설립·활동·해산의 자유

(i) 정당이 설립에서부터 활동 및 해산에 이르기까지 누리는 광범위한 자유는 헌법과 법률을 통하여 보장된다.

정당은 국민과 국가의 중개자로서 정치적 도관(導管)의 기능을 수행하여 주체적·능동적으로 국민의 다원적 정치의사를 유도·통합함으로써 국가정책의 결정에 직접 영향을 미칠 수 있는 규모의 정치적 의사를 형성한다. 이와 같은 정당의 기능을 수행하기 위하여는 무엇보다도 먼저 정당의 자유로운 지위가 전제되어야 한다. 즉, 정당의 자유는 민주정치의 전제인 자유롭고 공개적인 정치적 의사형성을 가능하게 하는 것이므로 그 자유는 최대한 보장되지 아니하면 아니 된다(헌재 2003.10.30. 2002헌라1, 국회의원과 국회의장간의 권한쟁의(기각)).

(ii) 헌법 제8조 제1항에서는 정당설립의 자유만 규정한다. 그런데 정당의 자유에는 정당설립의 자유뿐만 아니라 정당조직의 자유, 정당활동의 자유, 정당해산의 자유를 포괄하는 정당의 자유를 의미하는 것으로 이해하여야 한다. 이러한 정당설립의 자유는 비록 헌법 제8조 제1항 전단에 규정되어 있지만 국민 개인과 정당의 '기본권'이라 할 수 있다(헌재 2006.3.30. 2004헌마246, 정당법 제25조 등 위헌확인(기각)).

"'누구든지 정당이 특정인을 후보자로 추천하는 일과 관련하여 금품이나 그 밖의 재산상 이익을 제공하거나 그 제공을 받을 수 없다'라는 공직선거법 관련 규정은 헌법상 정당활동의 자유의 본질적 내용을 침해"하지 아니한다(헌재 2009.10.29. 2008헌바146등, 공직선거법 제47조의2 제1항 위헌소원 등(합헌)).

"헌법 제8조 제1항은 단지 정당설립의 자유만을 명시적으로 규정하고 있지만, 헌법 제21조의 결사의 자유와 마찬가지로 정당설립의 자유만이 아니라 누구나 국가의 간섭을 받지 아니하고 자유롭게 정당에 가입하고 정당으로부터 탈퇴할 수 있는 자유를 함께 보장한다. 정당의 설립만이 보장될 뿐 설립된 정당이 언제든지 다시 금지될 수 있거나 정당의 활동이 임의로 제한될 수 있다면, 정당설립의 자유는 사실상 아무런 의미가 없기 때문이다. 따라서 정당설립의 자유는 당연히 정당의 존속과 정당활동의 자유도 보장한다" (헌재 1999.12.23. 99헌마135, 경찰법 제11조 제4항 등 위헌확인(위헌,각하)).

(iii) "정당은 그 목적·조직과 활동이 민주적이어야 하며, 국민의 정치적 의사형성에 참여하는 데 필요한 조직을 가져야 한다"(제8조 제2항). 제8조 제2항은 제8조 제1항에 의하여 정당의 자유가 보장됨을 전제로 하여, 정당에 대하여 정당의 자유에 대한 한계 부과와 동시에 입법자에 대하여 그에 필요한 입법을 하여야 할 의무를 부과한다. 정당설립의 자유는 설립할 정당의 조직형태, 정당조직선택의 자유 및 그와 같이 선택된 조직을 결성할 자유를 포괄하는 '정당조직의 자유'를 포함한다 (헌재 2004.12.16. 2004헌마456, 정당법 제3조 등 위헌확인(기각))(헌재 1996.3.28. 96헌마9등, 공직선거법 제150조 제3항 등 위헌확인(기각)).

(iv) "정당은 중앙당이 중앙선거관리위원회에 등록함으로써 성립한다"(제4조 제1항). "등록신청을 받은 관할 선거관리위원회는 형식적 요건을 구비하는 한 이를 거부하지 못한다"(제15조). 정당설립의 자유가 보장되어 있다고 하여도 정당설립에 일정한 요건을 요구하는 등록제는 합헌이다. 이는 정기간행물을 발행할 때에 '잡지 등 정기간행물의 진흥에 관한 법률'에 따른 등록제와 같은 맥락에서 이해할 수 있다.

등록 및 등록취소의 요건은 정당의 조직·형태 등 형식적 요건에 한정되어야 하며, 실질적 내용을 요건으로 하여서는 아니 된다. 실질적 요건을 요구하면 그것은 실질적으로 허가제와 다름없기 때문이다. 정당의 등록에 일정한 요건을 요구하지만, 국민 개개인의 입당 및 탈당의 자유는 보장되어야 한다. 다만, 당원이 될 수 있는 사람에 대하여는 일정한 제한이 가능하다.

"정당활동의 자유를 제한하기 위하여는 헌법 제37조 제2항에 따라 국가안전보장, 질서유지, 공공복리를 위하여 필요한 경우에 법률의 규정에 의하여서만 가능"하다(대판 1994. 4.12. 93도2712, 대통령선거법 위반).

민주적 의사형성과정의 개방성을 보장하기 위하여 정당설립의 자유를 최대한으로 보호하려는 헌법 제8조의 정신에 비추어, 정당의 설립 및 가입을 금지하는 법률조항은 이를 정당화하는 사유의 중대성에 있어서 적어도 '민주적 기본질서에 대한 위반'에 버금가는 것이어야 한다(헌재 1999.12.23. 99헌마135, 경찰법 제11조 제4항 등 위헌확인(위헌,각하)).

(2) 정당해산의 자유와 등록취소

(i) 정당의 소멸사유로는 헌법재판소의 위헌정당해산결정, 선거관리위원회의 등록취소, 자진해산이 있다. 정당의 자유에는 정당해산의 자유도 포함된다. "정당은 그 대의기관의 결의로 해산할 수 있다"(정당법 제45조 제1항).

(ii) 또한 스스로의 의사가 아닌 공권력에 의한 정당의 등록취소제도도 마련되어 있다. 당해 선거관리위원회는 정당이 ① 정당법상 5 이상의 시·도당(제17조), 시·도당의 1천인 이상 당원수(제18조) 중 하나를 구비하지 못하게 된 때(헌재 2006.3.30. 2004헌마246, 정당법 제25조 등 위헌확인(기각): 지역정당과 군소정당을 배제하려는 합리적 제한이다)(다만, 요건의 흠결이 공직선거의 선거일 전 3월 이내에 생긴 때에는 선거일 후 3월까지, 그 외의 경우에는 요건흠결시부터 3월까지 그 취소를 유예한다.), ② 최근 4년간 임기만료에 의한 국회의원선거 또는 임기만료에 의한 지방자치단체의 장 선거나 시·도의회의원선거에 참여하지 아니한 때, ③ 임기만료에 의한 국회의원선거에 참여하여 의석을 얻지 못하고 유효투표 총수의 100분의 2 이상을 득표하지 못한 때(헌재 2006.4.27. 2004헌마562, 정당법 제38조 제1항 제3호 등 위헌확인(각하))에는 정당의 등록을 취소한다(제44조 제1항)고 규정하고 있었다. 그런데 ③의 사유로 정당등록을 취소하고 더 나아가서 등록 취소된 정당의 명칭과 같은 명칭을 등록 취소된 날부터 최초로 실시하는 임기만료에 의한 국회의원선거의 선거일까지 사용할 수 없도록 한 정당법 조항에 대하여, 헌법재판소가 과잉금지원칙에 위반되고 정당설립의 자유를 침해한다는 이유로 위헌결정을 내림에 따라 그 효력을 상실하였다(헌재 2014.1.28. 2012헌마431등, 정당법 제41조 제4항 위헌확인 등(위헌)).

"정당등록의 취소는 정당의 존속 자체를 박탈하여 모든 형태의 정당활동을 불가능하게 하므로, 그에 대한 입법은 필요최소한의 범위에서 엄격한 기준에 따라 이루어져야 한다. 그런데 일정기간 동안 공직선거에 참여할 기회를 수 회 부여하고 그 결과에 따라 등록취소 여부를 결정하는 등 덜 기본권 제한적인 방법을 상정할 수 있고, 정당법에서 법정의 등록요건을 갖추지 못하게 된 정당이나 일정 기간 국회의원선거 등에 참여하지 아니한 정당의 등록을 취소하도록 하는 등 현재의 법체계 아래에서도 입법목적을 실현할 수 있는 다른 장치가 마련되어 있으므로, 정당등록취소조항은 침해의 최소성 요건을 갖추지 못하였다. 나아가, 정당등록취소조항은 어느 정당이 대통령선거나 지방자치선거에서 아무리 좋은 성과를 올리더라도 국회의원선거에서 일정 수준의 지지를 얻는 데 실패하면 등록이 취소될 수밖에 없어 불합리하고, 신생·군소정당으로 하여금 국회의원선거에의 참여 자체를 포기하게 할 우려도 있어 법익의 균형성 요건도 갖추지 못하였다. 따라서 정당등록취소조항은 과잉금지원칙에 위반되어 청구인들의 정당설립의 자유를 침해한다."

국회의원총선거에 참여하여 의석을 얻지 못하고 유효투표총수의 100분의 2 이상을 득표하지 못한 때에 정당의 등록을 취소하도록 한 구 정당법 규정은 정당설립의 자유 등 기본권침해에 대하여 직접성이 없다(헌재 2006.4.27. 2004헌마562, 정당법 제38조 제1항 제3호 등 위헌확인(각하)).

(iii) 등록이 취소되거나 자진해산한 정당의 잔여재산은 당헌이 정하는 바에 따르고, 당헌에 규정이 없으면 국고에 귀속한다(제48조). 등록취소된 정당의 명칭은 등록취소된 날부터 최초로 실시하는 임기만료에 의한 국회의원선거일까지 사용할 수 없다(제41조 제4항). 위헌선언된 정당등록취소조항(정당법 제44조 제1항 제3호)을 전제로 한 명칭사용금지는 정당설립의 자유를 침해한다(헌재 2014.1.28. 2012헌마431등, 정당법 제41조 제4항 위헌확인 등(위헌)).

(3) 위헌정당의 해산(제2편 제6장 제5절 위헌정당해산심판 참조)

A. 의의: 정당해산의 요건 및 절차의 엄격화 필요성

정당은 일반결사에 비하여 헌법상 특별한 보호를 받는다. 즉 "정당의 목적이나 활동이 민주적 기본질서에 위배될 때에는 정부는 헌법재판소에 그 해산을 제소할 수 있고, 정당은 헌법재판소의 심판에 의하여 해산된다"(제8조 제4항).

B. 요건: 정당의 목적이나 활동의 민주적 기본질서 위배

(a) 정 당

해산대상으로서의 정당은 원칙적으로 정당으로서의 등록을 필한 정당(기성정당)에 한한다.

(b) 정당의 목적이나 활동

헌법 제8조 제4항의 문언상 정당의 목적과 활동 모두가 민주적 기본질서에 위배되어야 한다.

C. 강제해산절차

(a) 정부의 제소 정부는 정당의 "목적과 활동" 즉 강령 및 정강·정책이

헌법의 "민주적 기본질서"에 위배된다고 판단할 경우에, 국무회의의 필수적 심의를 거쳐(제89조 제14호), 헌법재판소에 그 해산을 제소할 수 있다.

(b) 헌법재판소의 심판 ① 헌법재판소의 위헌정당해산심판은 구두심리가 원칙이다. 위헌정당해산결정에는 재판관 6인 이상의 찬성이 있어야 한다(제113조 제1항).

② "헌법재판소는 정당해산심판의 청구를 받은 때에는 직권 또는 청구인의 신청에 의하여 종국결정의 선고시까지 피청구인의 활동을 정지하는 결정을 할 수 있다"(헌재법 제57조).

③ 헌법재판소가 정당의 위헌 여부를 심리한 결과, 위헌정당이 아니라는 결정이 내려진 경우에는, 일사부재리의 원칙에 따라 동일한 정당에 대하여 동일한 사유로 다시 심판할 수 없다(헌재법 제39조). 정당해산심판에는 헌법재판소법에 특별한 규정이 있는 경우를 제외하고는 "헌법재판의 성질에 반하지 아니하는 한도에서 민사소송에 관한 법령을 준용한다"(헌재법 제40조 제1항)(헌재 2014.2.27. 2014헌마7, 헌법재판소법 제40조 제1항 등 위헌확인(기각)).

(c) 해산결정의 집행 헌법재판소의 결정은 중앙선거관리위원회가 정당법에 따라 집행한다(헌재법 제60조). 해산결정의 통지를 받은 "당해 선거관리위원회는 그 정당의 등록을 말소하고 지체 없이 그 뜻을 공고하여야 한다"(정당법 제47조).

D. 강제해산의 효과

(a) 정당으로서의 특권상실 ① 헌법재판소의 해산선고를 받은 정당은 선고와 동시에 정당으로서의 모든 특권을 상실하게 되고 불법결사가 된다.

② 헌법재판소의 심판은 정당의 위헌성을 인정하는 창설적 효력을 가지기 때문에, 헌법재판소의 결정에 의하여 위헌정당으로 확정되고 위헌결정된 정당은 자동적으로 해산된다(헌재법 제59조). 따라서 중앙선거관리위원회의 해산공고는 선언적·확인적 효력밖에 없다.

(b) 대체정당(代替政黨)의 설립금지 "정당이 헌법재판소의 결정으로 해산된 때에는 해산된 정당의 강령(또는 기본정책)과 동일하거나 유사한 것으로 정당을 창당하지 못한다"(정당법 제40조). 또한 "해산된 정당의 명칭과 같은 명칭은 정당의 명칭으로 다시 사용하지 못한다"(동법 제41조 제2항).

(c) 잔여재산의 국고귀속 "헌법재판소의 해산결정에 의하여 해산된 정당의 잔여재산은 국고에 귀속한다"(정당법 제48조 제2항).

(d) 소속의원의 자격상실 여부

헌법재판소의 해산결정에 따라 강제해산된 정당의 소속의원에 대한 의원직 상실 여부에 관하여 명문의 규정이 없다. 앞으로 입법적으로 해결하여야 한다

(제2편 제5장 제6절 위헌정당해산심판 V. 6.).

3. 적극적 지위: 정당의 보호

(1) 정당 간 및 정당과 비정당 간의 평등

(i) "정당은 법률이 정하는 바에 의하여 국가의 보호를 받으며, 국가는 법률이 정하는 바에 의하여 정당의 운영에 필요한 자금을 보조할 수 있다"(제8조 제3항). 정당에 대한 보호는 헌법상 평등의 법리와 참정권의 법리에 따라 여·야 간, 소수파와 다수파 간의 평등한 보호를 전제로 한다. 즉 정당의 설립과 조직, 당원충원, 선전, 공직선거후보자추천, 선거과정, 정당활동 등에서 평등이 보장되어야 한다.

(ii) 다만, 헌법이 허용하는 합리적 범위 안에서의 차별은 불가피하다. 예컨대 정치자금모금이나 후원회를 통한 우대, 무소속후보자에 대한 정당공천후보자의 우대, 정당이 국회에 교섭단체를 구성한 경우에 해당 정당에 대하여 전국적으로 통일된 기호 부여 등이 있다. 그런데 정당추천후보자에게 허용되었던 정당연설회 등은 평등위반 논란이 제기되어, 폐지되었다(공직선거법 제75조-제78조 삭제).

구 지방의회의원선거법이 정당공천후보자에 대하여 과다한 기탁금을 요구하는 규정은 선거에서 차별대우를 받는 것과 같은 결과가 된다(헌재 1991.3.11. 91헌마21, 지방의회의원선거법 제36조 제1항에 대한 헌법소원(헌법불합치,잠정적용)).

"공직선거에 있어서 정당후보자에게 무소속후보자보다 우선순위의 기호를 부여하는 제도는 정당제도의 존재의의에 비추어 그 목적이 정당하다"(헌재 1996.3.28. 96헌마9등, 공직선거법 제150조 제3항 등 위헌확인(기각)).

"정당·의석수를 기준으로 한 기호배정이나 교섭단체의 경우 전국적인 통일 기호를 배정하는 공직선거법"은 평등권 등을 침해하지 아니한다(헌재 2004.2.26. 2003헌마601, 공직선거법 제64조 제1항 등 위헌확인(기각)).

"무소속후보자에게도 정당연설회에 준하는 개인연설회를 허용하는 경우에는 위헌성의 소지가 제거될 수 있으므로 … 무소속후보자에게도 정당추천후보자에 준하는 선거운동의 기회를 균등하게 허용하지 아니하는 한 헌법에 위반된다." 또한 정당추천 후보자에게 2종의 소형인쇄물을 더 배부할 수 있도록 한 규정도 헌법상 선거운동의 기회균등에 반하므로 조건부 위헌결정을 내렸다(헌재 1992.3.13. 92헌마37등, 국회의원선거법 제55조의3 등에 대한 헌법소원(한정합헌,기각)).

(2) 정당의 정치자금과 정치자금의 국고보조 및 선거공영제

A. 정치자금의 투명성 확보

(i) 정치자금은 넓은 의미에서는 정치활동에 필요한 일체의 경비라 할 수 있다. 정치자금의 종류는 다음과 같다(정치자금법 제3조 제1호): ① 당비, ② 후원금, ③ 기탁금, ④ 보조금, ⑤ 정당의 당헌·당규 등에서 정한 부대수입, ⑥ 정치활동을 위하여 정당(중앙당창당준비위원회 포함), 공직선거법에 따른 후보자가 되려는 사람, 후보자 또는 당선된 사람, 후원회·정당의 간부 또는 유급사무직원, 그 밖에 정치활동을

하는 사람에게 제공되는 금전이나 유가증권 또는 그 밖의 물건, ⑦ 앞의 항목에 열거된 사람(정당 및 중앙당창당준비위원회 포함)의 정치활동에 소요되는 비용.

헌법상 선거공영제에 따라 "선거에 관한 경비는 법률이 정하는 경우를 제외하고는 정당 또는 후보자에게 부담시킬 수 없다"(제116조 제2항). 또한 헌법 제8조 제3항의 규정에 따라 정치자금법이 제정되었다.

선거공영제는 선거 자체가 국민의 대표자를 선출하는 행위이므로 이에 소요되는 비용은 원칙적으로 국가가 부담하는 것이 바람직하다는 점과 선거경비를 개인에게 모두 부담시키는 것은 국민의 공무담임권을 부당하게 제한하는 결과를 초래할 수 있다는 점을 고려하여 선거의 관리·운영에 필요한 비용을 후보자 개인에게 부담시키지 않고 국민 모두의 공평부담으로 하고자 하는 원칙이다(헌재 2018.7.26. 2016헌마524등, 공직선거법 제122조의2 제2항 제1호 등 위헌확인(기각)).

(ii) "'당비'라 함은 명목여하에 불구하고 정당의 당헌·당규 등에 의하여 정당의 당원이 부담하는 금전이나 유가증권 그 밖의 물건을 말한다"(제3조 제2호). "정당은 소속 당원으로부터 당비를 받을 수 있다"(제3조 제3호). "정당의 회계책임자는 타인의 명의나 가명으로 납부된 당비는 국고에 귀속시켜야 한다"(제4조 제2항). 정당의 당비를 타인이 부담하여서는 아니 된다(정당법 제31조).

(iii) "'후원금'이라 함은 이 법의 규정에 의하여 후원회에 기부하는 금전이나 유가증권 그 밖의 물건을 말한다"(제2조 제3호). 정당은 후원회를 통하여 후원금을 받을 수 있다. 후원회라 함은 정치자금법의 규정에 의하여 정치자금의 기부를 목적으로 설립·운영되는 단체로서 관할 선거관리위원회에 등록된 단체를 말한다(제3조 제7호). 후원회지정권자란 1. 중앙당(중앙당창당준비위원회를 포함), 2. 국회의원(당선인 포함), 2의2. 지방의회의원(당선인 포함), 2의3. 대통령선거의 후보자 및 예비후보자, 3. 정당의 대통령선거후보자 선출을 위한 당내경선후보자, 4. 지역선거구국회의원선거의 후보자 및 예비후보자, 5. 중앙당 대표자 및 중앙당 최고집행기관의 구성원을 선출하기 위한 당내경선후보자, 6. 지역구지방의회의원선거의 후보자 및 예비후보자, 7. 지방자치단체의 장선거의 후보자 및 예비후보자를 말하며, 각각 하나의 후원회를 지정하여 둘 수 있다(제6조). 그러나 정치자금법과 공직선거법 등을 통하여 거액의 국고보조를 받는 정당의 후원회를 통한 모금은 비판받아 마땅하다.

광역자치단체장(헌재 2019.12.27. 2018헌마301, 정치자금법 제6조 위헌확인(헌법불합치,잠정적용)), 기초자치단체장(헌재 2016.9.29. 2015헌바228, 정치자금법 제6조 등 위헌소원(합헌)), 국회의원입후보예정자(헌재 1997.5.29. 96헌마85, 정치자금에관한법률 제5조 등 위헌확인(기각)), 시·도의원(헌재 2000.6.1. 99헌마576, 정치자금에관한법률 제3조 제8호 등 위헌확인(기각)), 지방자치단체장 및 지방자치단체장 선거에 입후보하는 자(헌재 2001.10.25. 2000헌바5, 정치자금에관한법률 제30조 제1항 등 위헌소원(합헌,각하)) 및 지역구기초의회의원 후보자·예비후보자의 후원회 설치 여부에 관하여 여러 판례가 있었지만 법률개정으로 모두 인정된다. 다만, 지방의회의원의 후원회는 인정하지 아니하는데 대하여 헌법재판소는 헌법불합치결정을 내렸다(6:3)(헌재 2022.11.24. 2019헌마528등, 정치자금법 제6조 등 위헌확인(헌법불합치,잠정적용)).

정치자금의 투명성확보를 위하여 후원인의 기부한도와 후원회의 모금한도를 법정화하고 있다. "후원인이 후원회에 기부할 수 있는 후원금은 연간 2천만원을 초과할 수 없다." 후원인이 하나의 후원회에 연간 기부할 수 있는 한도액은 500만원이다(다만, 대통령후보자등 · 대통령선거경선후보자의 후원회에는 각각 1천만원)(제11조). 후원회가 연간 모금할 수 있는 연간 모금한도액도 법정화되어 있다(제12조).

누구든지 후원회 회원이 될 수 있다. 후원회 회원이 아닌 자도 후원금을 낼 수 있다. 후원회는 개인으로 구성되며, 법인이나 단체는 후원회 회원이 될 수 없다(헌재 2019.12.27. 2018헌마301, 정치자금법 제6조 위헌확인(헌법불합치,잠정적용)).[1)]

정치인에게 직접 정치자금을 기부한 경우 해당 후원회가 기부받은 것으로 의제하면서도, 정치인에게 직접 정치자금의 무상대여를 허용할 경우, 후원금에 대한 각종 법적 규제를 우회 · 잠탈(潛奪)할 여지가 크고, 결국 정치자금의 적정 제공을 보장하고 대의민주주의가 제대로 기능하도록 하려는 목적에서 마련된 정치자금법의 취지가 몰각될 가능성이 높으므로, 정치활동의 자유를 침해하지 아니한다(헌재 2017.8.31. 2016헌바45, 정치자금법 제45조 제1항 등 위헌소원(합헌)).

(iv) 정치자금의 투명성 확보를 위하여 정치자금법에 의하지 아니하고는 정치자금을 기부하거나 받을 수 없고, 정치자금실명제 원칙을 채택한다. 타인의 명의나 가명으로 정치자금을 기부할 수 없다(제2조).

정치자금의 조달을 정당 또는 정치인에게 맡겨 두고 아무런 규제를 하지 않는다면 정치권력과 금력의 결탁이 만연해지고, 필연적으로 기부자의 정치적 영향력이 증대될 것이다. 금력을 가진 소수 기득권자에게 유리한 정치적 결정이 이루어진다면 민주주의의 기초라 할 수 있는 1인 1표의 기회균등원리가 심각하게 훼손될 수 있다. 그러므로 정치자금에 대한 규제는 대의제 민주주의의 필연적 귀결이다(헌재 2004.6.24. 2004헌바16, 정치자금에관한법률 제30조 제1항 위헌소원(합헌)).

정치자금 중 당비는 반드시 당원으로 가입해야만 납부할 수 있어 일반 국민으로서 자

1) 후원회 설치 여부

	당내경선후보자	예비후보자	후보자	당선 후
대통령	○	○	○	×
지역구국회의원		○	○	○
비례대표국회의원			×	○
중앙당대표	○			
지방자치단체장		○	○	○
지역구지방의회의원		○	○	○
비례대표지방의회의원			×	○

신이 지지하는 정당에 재정적 후원을 하기 위해 반드시 당원이 되어야 하므로, 정당법상 정당 가입이 금지되는 공무원 등의 경우에는 자신이 지지하는 정당에 재정적 후원을 할 수 있는 방법이 없다. 그리고 현행 기탁금 제도는 중앙선거관리위원회가 국고보조금의 배분비율에 따라 각 정당에 배분·지급하는 일반기탁금제도로서, 기부자가 자신이 지지하는 특정 정당에 재정적 후원을 하는 것과는 전혀 다른 제도이므로 정당 후원회를 대체할 수 있다고 보기도 어렵다. 나아가 정당제 민주주의 하에서 정당에 대한 재정적 후원이 전면적으로 금지됨으로써 정당이 스스로 재정을 충당하고자 하는 정당활동의 자유와 국민의 정치적 표현의 자유에 대한 제한이 매우 크기 때문에 정당활동의 자유와 국민의 정치적 표현의 자유를 침해한다. 그러므로 정당에 대한 재정적 후원을 금지하고 위반 시 형사처벌하는 정치자금법 제45조 제1항 본문의 '이 법에 정하지 아니한 방법'은 정당의 정당활동의 자유와 국민의 정치적 표현의 자유를 침해한다(헌재 2015.12.23. 2013헌바168, 정치자금법 제45조 제1항 등 위헌소원(헌법불합치,잠정적용)). 이에 따라 정치자금법 제6조가 개정되어 후원회지정권자가 대폭 확대되었다.

후원회는 우편 등 다양한 방법으로 모금할 수 있지만, 집회로 모금할 수는 없다(제14조). 후원회 해산 시 잔여재산은 후원회지정권자가 중앙당이나 당원인 경우 해산 시의 소속정당에 인계하고, 후원회지정권자가 당원이 아닌 경우에는 공익법인 또는 사회복지시설에 인계한다(제21조).

대통령선거경선후보자가 당내경선 과정에서 탈퇴함으로써 후원회를 둘 수 있는 자격을 상실한 때에는 후원회로부터 후원받은 후원금 전액을 국고에 귀속시키는 것은 평등권과 선거운동의 자유 및 공직선거에 입후보하지 아니할 자유(공직선거과정에서 이탈할 자유)를 침해한다(헌재 2009.12.29. 2007헌마1412, 정치자금법 제21조 제3항 제2호(대통령선거경선후보자 부분) 위헌확인(위헌)). 국회의원예비후보자가 당내경선에 참여하지 않고 정식 후보자 등록을 하지 않음으로써 후원회를 둘 수 있는 자격을 상실한 때에는 후원회로부터 후원받은 후원금 전액을 국고에 귀속시키는 것은 평등권과 선거운동의 자유 및 공직선거에 입후보하지 아니할 자유(공직선거과정에서 이탈할 자유)를 침해한다(헌재 2009.12.29. 2008헌마141등, 정치자금법 제21조 제3항 제2호(국회의원예비후보자 부분) 위헌확인(위헌)). 위의 위헌결정에 따라 "정당의 공직선거 후보자선출을 위한 당내경선 또는 당내경선에 참여하여 당선 또는 낙선한 때를 제외한다"(제21조 제3항)라는 조항이 추가되었다.

"외국인, 국내·외의 법인 또는 단체는 정치자금을 기부할 수 없다." "누구든지 국내·외의 법인 또는 단체와 관련된 자금으로 정치자금을 기부할 수 없다"(제31조).

단체관련자금 기부금지조항의 '단체'란 '공동의 목적 내지 이해관계를 가지고 조직적인 의사형성 및 결정이 가능한 다수인의 지속성 있는 모임'을 말하고, '단체와 관련된 자금'이란 단체의 명의로, 단체의 의사결정에 따라 기부가 가능한 자금으로서 단체의 존립과 활동의 기초를 이루는 자산은 물론이고, 단체가 자신의 이름을 사용하여 주도적으로 모집, 조성한 자금도 포함된다고 할 것이므로, 죄형법정주의의 명확성원칙 및 정치활동의 자유에 위반된다고 할 수 없다(헌재 2014.4.24. 2011헌바254, 정치자금법 제45조 제2항 제5호 위헌 소원(합헌)).

(v) "정치자금은 국민의 의혹을 사는 일이 없도록 공명정대하게 운용되어야 하고, 그 회계는 공개되어야 한다"(제2조 제2항).

정치자금의 투명성확보를 위하여 1회 120만원을 초과하여 정치자금을 기부하는 자와 선거비용 외의 정치자금은 50만원, 선거비용은 20만원을 초과하여 정치자금을 지출하는 자는 수표나 신용카드·예금계좌입금 등 실명(實名)이 확인되는 방법으로 하되, 현금지출은 연간 지출총액의 20%(선거비용은 선거비용제한액의 10%)를 초과할 수 없다(제2조 제4항).

정치자금의 모금방법이 다양화되어 현금 외에 신용카드, 예금계좌입금, 인터넷전자결제시스템 등에 의한 방법이 추가되었다. 그러나 집회에 의한 모금은 금지된다(제14조 제1항·제15조 등).

정치자금을 수입·지출하는 경우에는 회계책임자만이 이를 할 수 있고, 모든 정치자금의 수입은 선거관리위원회에 신고된 복수계좌로 하되 복수계좌 개수는 제한이 없지만, 지출은 단일계좌로 하여야 한다(제36조). 정당의 회계는 분기마다 당원에게 공개한다(제38조 제3항·제41조). 정치자금 고액기부자의 인적 사항은 공개한다. 대통령선거의 후보자·예비후보자 및 대통령선거경선후보자의 후원회의 경우 연간 500만원, 나머지 후원회의 경우 연간 300만원을 초과한 기부자의 인적 사항을 공개하여야 한다(제42조). 정당의 회계책임자를 포함한 정치자금의 수입과 지출을 담당하는 회계책임자는 정치자금법이 정하는 소정의 기한까지 관할 선거관리위원회에 정치자금의 수입과 지출에 관한 회계보고를 하여야 한다(제40조 제1항).

정치자금의 수입과 지출 내역 및 관련 서류를 누구든지 열람할 수 있고 그 사본을 교부할 수 있다(제42조). 이는 정치자금의 수입과 지출 등 정치자금과 관련한 사항을 국민에게 공개함으로써 정치자금의 투명성을 제고하고 정치자금과 관련한 부정을 예방하기 위한 취지이다.

정치자금의 수입·지출내역 및 첨부서류 등의 열람기간을 공고일로부터 3월간으로 제한한 것은 합헌이리고 판시한 바 있다(헌재 2010.12.28. 2009헌마466, 정치자금법 제42조 제2항 본문 등 위헌확인(기각,각하)). 그러나 정치자금의 투명성 강화 및 부정부패 근절에 대한 국민적 요구가 커지고 선거관리위원회가 데이터 생성·저장·유통 기술 발전을 이용하여 업무부담을 줄일 수 있는 점 등을 고려하여 선례를 변경하여 열람기간제한에 대하여 위헌결정을 하였다(6:3)(헌재 2021.5.27. 2018헌마1168, 정치자금법 제27조 제1항 등 위헌확인(위헌,각하)).

B. 정당의 기탁금과 재정투명성확보

정당의 재정투명성확보를 위하여 정치자금법에서 일정한 의무를 부과한다. "'기탁금'이라 함은 정치자금을 정당에 기부하고자 하는 개인이 이 법의 규정에 의하여 선거관리위원회에 기탁하는 금전이나 유가증권 그 밖의 물건을 말한다"(제3조 제5호). 기탁금을 기탁하고자 하는 개인은 각급 선거관리위원회에 기탁하여야 한다(제22조 제1항). 중앙선거관리위원회는 기탁금의 모금에 직접 소요된 경비를 공제하고 지급 당시 국고보조금 배분율에 따라 기탁금을 배분·지급한다(제23조 제1항). 종래 허용되었던 법인 또는 단체의 정치자금 기부와 기탁은 금지된다(제22조·제31조·제32조). 그럼에도 임직원을 통한 쪼개기 후원을 통한 탈법적 행태가 근절되지 아니하고 있다.

단체와 관련된 자금으로 정치자금 기부 금지 규정은 죄형법정주의의 명확성 원칙에 위반되지 아니하고, 또한 단체의 자금력을 통한 민주적 의사형성과정의 왜곡과 선거의 공정 저해를 방지하며 단체 구성원의 의사에 반하는 기부로 인한 구성원의 정치적 표현의 자유 침해를 방지하기 위한 것으로서 정치활동의 자유 및 정치적 표현의 자유를 침해한다고 볼 수 없다(헌재 2010.12.28. 2008헌바89, 구 정치자금에 관한 법률 제12조 제2항 등 위헌소원(합헌); 동지: 헌재 2012.7.26. 2009헌바298, 국가공무원법 제65조 제2항 등 위헌소원(합헌)).

C. 정치자금의 국고보조(國庫補助)

(i) 보조금이란 "정당의 보호·육성을 위하여 국가가 정당에 지급하는 금전이나 유가증권을 말한다"(제3조 제6호). 보조금에는 경상보조금, 선거보조금, 여성추천보조금, 장애인추천보조금, 청년추천보조금이 있다.

(ii) "국가는 정당에 대한 보조금으로 최근 실시한 임기만료에 의한 국회의원선거의 선거권자 총수에 보조금 계상단가를 곱한 금액을 매년 예산에 계상하여야 한다"(제25조 제1항). 중앙선거관리위원회는 경상보조금은 매년 분기별로 균등분할하여 정당에 지급한다(제25조 제4항).

정당보조금의 목적, 용도 외 사용의 금지 및 위반 시의 제재조치 등 그 근거 법령의 취지와 규정 등에 비추어 볼 때, 정당보조금은 국가와 정당 사이에서만 수수·결제되어야 하는 것으로 봄이 상당하므로 정당의 국가에 대한 정당보조금지급채권은 그 양도가 금지된 것으로서 강제집행의 대상이 될 수 없다(대판 2009.1.28. 2008마1440).

(iii) "대통령선거, 임기만료에 의한 국회의원선거 또는 공직선거법 제203조(동시선거의 범위와 선거일)제1항의 규정에 의한 동시지방선거가 있는 연도에는 각 선거(동시지방선거는 하나의 선거로 본다)마다 보조금 계상단가를 추가한 금액을 제1항의 기준에 의하여 예산에 계상하여야 한다"(제25조 제2항).

(iv) 공직후보자 여성추천보조금제도를 마련한다. 즉 "최근 실시한 임기만료에 의한 국회의원선거의 선거권자 총수에 100원을 곱한 금액을 임기만료에 의한" 국회의원 및 기초·광역의회의원선거가 있는 연도 예산에 계상하여야 한다(제26조 제1항).

② 여성추천보조금의 100분의 50을 각 선거의 여성추천보조금 총액으로 한다. 1. 여성후보자를 전국지역구총수의 100분의 30 이상 추천한 정당에는 여성추천보조금 총액의 100분의 40을 다음 기준에 따라 배분·지급한다. 2. 여성후보자를 전국지역구총수의 100분의 30 이상 100분의 40 미만을 추천한 정당에는 여성추천보조금 총액의 100분의 30을 제1호 각 목의 기준에 따라 배분·지급한다. 이 경우 하나의 정당에 배분되는 여성추천보조금은 제1호에 따라 각 정당에 배분되는 여성추천보조금 중 최소액을 초과할 수 없다. 3. 100분의 20 이상 100분의 30 미만을 추천한 정당에는 여성추천보조금 총액의 100분의 20을, 4. 100분의 10 이상 100분의 20 미만을 추천한 정당에는 여성추천보조금 총액의 100분의 10을 배분·지급한다(제2항).

(v) 사회적 약자의 정치적 진출을 지원하기 위하여 임기만료에 의한 지역구국회의원선거 및 지역구 기초·광역 의회의원선거에서 정당에 장애인추천보조금(제26조의2) 및 청년추천보조금 지급제도를 마련하였다(제26조의3).

(vi) 보조금의 배분은 다음과 같다(제27조). "경상보조금과 선거보조금은 지급 당시 국회법 제33조(교섭단체)제1항 본문의 규정에 의하여 동일 정당의 소속의원으로 교섭단체를 구성한 정당에 대하여 그 100분의 50을 정당별로 균등하게 분할하여 배분·지급한다"(제1항). 그 밖의 정당에 대하여는 각각 의석수 및 득표율에 따라 배분·지급한다(제2항·제3항).

정당에 보조금을 배분함에 있어 교섭단체의 구성 여부에 따라 차등을 두는 정치자금에관한법률 제18조 제1항 내지 제3항은 합헌이다(헌재 2006.7.27. 2004헌마655, 정치자금에관한법률 제18조 위헌확인(합헌)).

(vii) 경상보조금을 지급받은 정당은 그 경상보조금 총액의 100분의 30 이상은 정책연구소(정당법 제38조에 의한 정책연구소를 말함)에, 100분의 10 이상은 시·도당에 배분·지급하여야 하며, 100분의 10 이상은 여성정치발전을 위하여, 100분의 5 이상은 청년정치발전을 위하여 사용하여야 한다(제28조제2항). "제1항에도 불구하고 여성추천보조금은 여성후보자의, 장애인추천보조금은 장애인후보자의, 청년추천보조금은 청년후보자의 선거경비로 사용하여야 한다"(제28조제3항).

4. 수동적 지위: 정당의 의무

(1) 국가와 (자유)민주적 기본질서의 긍정의무

정당은 헌법이념상 국가를 긍정하여야 할 의무를 지고, 헌법 제8조 제4항의 규정에 따라 (자유)민주적 기본질서를 존중할 의무를 진다.[1]

---

1) 윤정인, "정당의 자유를 제한하는 전국정당요건의 위헌성", 헌법학연구 29-4.

(2) 조직의무

(i) "정당은 수도에 소재하는 중앙당과 특별시·광역시·도에 각각 소재하는 시·도당으로 구성한다"(정당법 제3조). "정당은 5 이상의 시·도당을 가져야 한다"(제17조). "각 시·도당은 당해지역에 거주하는 1천인 이상의 당원을 가져야 한다"(제18조). "정당의 창당활동은 발기인으로 구성하는 창당준비위원회가 이를 한다"(제5조). "창당준비위원회는 중앙당의 경우에는 200인 이상의, 시·도당의 경우에는 100인 이상의 발기인으로 구성한다"(제6조).

정당의 시·도당은 1천인 이상의 당원을 가져야 한다고 규정한 '법정당원수 조항'은 정당의 자유를 침해하지 아니한다(6:3)(헌재 2022.11.24. 2019헌마445, 정당법 제3조 등 위헌확인(기각,각하)).

정당법상 등록된 정당이 아니면 정당이라는 명칭을 사용하지 못하게 하는 정당명칭사용금지조항(전원일치), 정당은 수도 소재 중앙당과 5 이상의 시·도당을 갖추어야 한다고 정한 전국정당조항(4:5), 시·도당은 1천인 이상의 당원을 가져야 한다는 법정당원수 조항(7:2)에 대하여 합헌결정을 내렸다(헌재 2023.9.26. 2021헌가23, 정당법 제59조 제2항 등 위헌제청(합헌,기각)).

(ii) 청소년의 정치참여 확대를 위하여 "16세 이상의 국민은 공무원 그 밖에 그 신분을 이유로 정당가입이나 정치활동을 금지하는 다른 법령의 규정에 불구하고 누구든지 정당의 발기인 및 당원이 될 수 있다"(제22조). 다만, 18세 미만인 사람이 입당 신청을 하는 경우에는 법정대리인의 동의서를 함께 제출하여야 한다(제23조). 그런데 공무원, 대학교수가 아닌 교원, 공직선거법에 따라 선거권이 없는 사람 등은 당원이 될 수 없다. 또한 외국인은 당원이 될 수 없다(제22조). 더 나아가 복수당적도 금지된다(제42조 제2항).

초·중등학교 교원에 대해서는 정당가입과 선거운동의 자유를 금지하면서 대학교원에게는 이를 허용한다 하더라도, 이는 양자간 직무의 본질이나 내용 그리고 근무태양(勤務態樣)이 다른 점을 고려할 때 합리적인 차별이다(헌재 2004.3.25. 2001헌마710, 정당법 제6조 제1호 등 위헌확인(기각)).

사회복무요원이 정당이나 그 밖의 정치단체에 가입하는 등 정치적 목적을 지닌 행위를 금지한 병역법 중 '그 밖의 정치단체에 가입하는 등 정치적 목적을 지닌 행위'에 관한 부분은 헌법에 위반된다(6:3)(헌재 2021.11.25. 2019헌마534, 사회복무요원 복무관리 규정 제27조 등 위헌확인(위헌,기각,각하)).

복수 당적 보유 금지는 정당의 정체성을 보존하고 정당 간의 위법·부당한 간섭을 방지함으로써 정당정치를 보호·육성하기 위한 것으로 볼 수 있다. 이러한 입법목적은 국민의 정치적 의사형성에 중대한 영향을 미치는 정당의 헌법적 기능을 보호하기 위한 것으로 정당하고, 입법목적 달성을 위한 적합한 수단에 해당한다. 복수 당적 보유가 허용될 경우 정당 간의 부당한 간섭이 발생하거나 정당의 정체성이 약화될 수 있고, 그 결과 정당이 국민의 정치적 의사형성에 참여하고 필요한 조직을 갖추어야 한다는 헌법적 과제를 효과적으로 수행하지 못하게 될 우려가 있다(헌재 2022.3.31. 2020헌마1729, 정당법 제42조 제2항 등 위헌확인(기각,각하)).

(iii) 정당에 둘 수 있는 유급사무직원은 중앙당에는 100인(단, 정책연구소 연구원 제외)을 초과할 수 없으며, 시·도당에는 총 100인 이내에서 각 시·도당별로 중앙당이 정한다(제30조 제1항).

(iv) 지구당 관리에 따른 정치부패를 차단하기 위하여 정당의 지구당이 폐지되었다. 하지만, 이는 현실을 외면한 방안이다. 지구당이 사라진 자리에 당원협의회라는 새로운 조직이 작동한다. 정당의 다층적 구조를 해소하기 위하여서는 지구당보다는 오히려 시·도당을 폐지하여야 한다. 그런 점에서 헌법재판소의 지구당 폐지가 합헌이라는 결정은 비판받아 마땅하다.

> 지구당이나 당연락소가 없더라도 이러한 기능과 임무를 수행하는 것이 불가능하지 아니하고 특히 교통, 통신, 대중매체가 발달한 오늘날 지구당의 통로로서의 의미가 상당부분 완화되었기 때문에, 본질적 내용을 침해한다고 할 수 없고 비례원칙에도 어긋나지 아니한다(헌재 2004.12.16. 2004헌마456, 정당법 제3조 등 위헌확인(기각)).
>
> 정당의 시·도당 하부조직의 운영을 위하여 당원협의회 등의 사무소를 두는 것을 금지한 정당법이 정당활동의 자유를 침해하지 아니한다(헌재 2016.3.31. 2013헌가22, 정당법 제37조 제3항 단서 위헌제청(합헌)).

(v) "정당의 당원은 같은 정당의 타인의 당비를 부담할 수 없으며, 타인의 당비를 부담한 자와 타인으로 하여금 자신의 당비를 부담하게 한 자는 당비를 낸 것이 확인된 날부터 1년간 당해 정당의 당원자격이 정지된다"(제31조 제2항).

(3) 정당의 기구와 당내민주화의 의무

(i) 정당 내부의 의사형성 및 결정과정이 민주화되어 있지 아니할 경우 국민에 의한 지배가 아니라 유력 정치인 개인 또는 과두적 소수가 정당을 이용하여 행하는 인적 지배로 변질될 가능성이 있다. 그러므로 당내민주주의는 정당민주주의가 정상적으로 작동하기 위한 전제조건이다.[1]

(ii) 당내민주화의 핵심내용으로는 ① 정당의 민주적·공개적 운영, ② 정당의결의 민주화, ③ 정당기구구성과 선거후보자추천의 민주성, ④ 재정의 공개, ⑤ 당원의 지위보장 등이 있다.

(iii) 정당의 목적·조직과 활동은 민주적이어야 한다(제8조 제2항). 정당의 강령과 당헌은 공개되어야 하고(정당법 제28조), 당원의 총의를 반영할 수 있는 대의기관 및 집행기관과 의원총회를 가져야 한다(제29조). 정치자금법 제27조(보조금의 배분)의 규정에

1) 권영호, "한국정당의 내규에 관한 연구", 헌법학연구 6-1; 이종수, "선거과정의 민주화와 정당", 헌법학연구 8-2. 박규환, 국회의원선거 정당공천제도의 민주화에 관한 연구, 조선대 박사학위논문, 2008.8.

의한 보조금 배분대상 정당은 중앙당에 별도 법인으로 정책연구소를 두어야 한다(제38조). “대의기관의 결의와 소속 국회의원의 제명에 관한 결의는 서면이나 대리인에 의하여 의결할 수 없다”(제32조 제1항). “정당이 그 소속 국회의원을 제명하기 위해서는 당헌이 정하는 절차를 거치는 외에 그 소속 국회의원 전원의 2분의 1 이상의 찬성이 있어야 한다”(제33조).

(iv) 공직선거후보자추천은 민주적이어야 하며, 이를 위하여 당내경선을 실시할 수 있다(공직선거법 제47조, 제6장의2). 당내민주화를 위하여 정당법은 정당의 대표자와 투표로 선출하는 당직자의 선출을 위한 선거, 즉 당대표경선 등의 자유방해죄(제49조), 매수 및 이해유도죄(제50조), 매수 및 이해유도죄로 인한 이익의 몰수(제51조), 허위사실공표죄(제52조)를 신설하였다. 또한 공직선거법은 당내경선과 관련한 매수 및 이해유도죄(제230조 제6항), 선거의 자유방해죄(제237조 제5항, 제6항), 선거사무관리관계자나 시설 등에 대한 폭행·교란죄(제244조 제2항), 허위사실공표죄(제250조 제3항), 부정선거운동죄(제255조 제2항 제3호)를 신설하였다.

정당은 그 자유로운 지위와 함께 ‘공공의 지위’를 함께 가지므로 이 점에서 정당은 일정한 법적 의무를 지게 된다. 현대정치의 실질적 담당자로서 정당은 그 목적이나 활동이 헌법적 기본질서를 존중하지 아니하면 아니 되며, 따라서 정당의 활동은 헌법의 테두리 안에서 보장된다. 또한 정당은 정치적 조직체인 탓에 그 내부조직에서 형성되는 과두적(寡頭的)·권위주의적 지배경향을 배제하여 민주적 내부질서를 확보하기 위한 법적 규제가 불가피하게 요구된다(헌재 2003.10.30. 2002헌라1, 국회의원과 국회의장간의 권한쟁의(기각)).

정당의 공천도 사법심사의 대상이 되며, 이에 따라 지구당 대의기관의 의사를 반영하는 절차 없이도 공천이 가능하도록 규정한 새천년민주당 당헌 부칙 제5조는 헌법 제8조 제4항 및 정당법 제31조를 침해하므로 무효이다(서울지법 2000.3.24. 2000카합489).

Ⅳ. 헌정사와 정당

1. 인위적으로 조작된 정당사

한국정당사에서 여당은 제1공화국의 자유당, 제2공화국의 민주당, 제3·제4공화국의 민주공화당, 제5공화국의 민주정의당, 제6공화국의 민주자유당(1990)·신한국당(1995)·새정치국민회의(1998)·새천년민주당(2000)·열린우리당(2004)·대통합민주신당(2007)·한나라당(2008)·새누리당(2012)·더불어민주당(2017)·국민의힘(2022)으로 명멸하여왔다. 이 과정에서 민주당은 새정치민주연합(2014)에서 더불어민주당(2015)으로 변모하였다. 한편 새누리당은 자유한국당(2017)·

미래통합당(2020) · 국민의힘(2020)으로 변신을 거듭한다.

2. 국민적 정당제도의 미정착

정당의 이념이나 정책이 아니라, 정략적인 정당 사이의 비정상적인 이합집산 현상은 정치의 안정과 발전에 심각하게 지장을 초래한다.

V. 정당국가 경향(국회의원의 정당대표성과의 조화)

1. 의 의

오늘날 현대 민주주의사회에서 정당 없이는 민주정치가 제대로 기능을 할 수 없을 정도로 정당은 중요한 역할을 수행한다(헌재 1989.9.8. 88헌가6, 국회의원선거법 제33조, 제34조의 위헌심판(헌법불합치,잠정적용)). 이에 헌법 제8조에서도 정당에 대하여 특별한 보호규정을 두고 있다.

2. 정당국가적 민주주의

(1) 내용과 특성

라이프홀츠(G. Leibholz)는 정당국가적 민주주의는 전통적인 자유주의적 · 대표적 · 의회적 민주주의와 모든 면에서 본질적으로 구별된다고 본다. 즉 ① 정당국가적 민주주의는 직접민주정치의 대용품으로서 기능하고, ② 국민의 총의는 다수당의 의사와 동일시되고, ③ 의회제도로 정착된 원내정당의 규율 강화에 따른 원내정당 강제로 인하여 자유위임법리의 변용을 가져오고, ④ 선거는 정당에 의하여 지명된 후보자에 대한 국민투표의 성격을 가지고, ⑤ 정부의 의회해산은 정부에 대한 신임투표의 성격을 가지게 된다.[1] 헌법재판소도 정당국가적 경향을 원칙적으로 수용한다(헌재 2003.10.30. 2002헌라1, 국회의원과 국회의장간의 권한쟁의(기각)).

(2) 한계: 순기능과 역기능

(i) 정당국가 경향과 관련하여 국민대표인 국회의원보다는 오히려 정당에 의하여 국회가 운영되고 있는 점(헌재 1997.7.16. 96헌라2 참조)을 강조하는 견해와, 반대로 대의제 민주주의원리를 중시하고 정당국가적 현실은 국회의원의 국민대표성을 침해하지 아니하는 범위 안에서 수용하려는 입장으로 나누어진다(앞의 결정).

"정당국가적 민주주의는 긍정적인 측면뿐만 아니라 부정적인 측면을 동시에 가지고

---

1) G. Leibholz, *Verfassungsstaat—Verfassungsrecht*, 권영성 역, 헌법국가와 헌법, 박영사; 심철수, 208-209면; 김선택, 헌법연습, 법문사, 784면; 독일연방헌법재판소 1952.4.5, BVerfGE 1, 208(224).

있다. 긍정적인 측면으로는, ① 정당을 통하여 국민의 의사가 다양하게 그리고 지속적으로 국가의사 형성과정에 반영될 수 있다는 점, ② 정당 사이에서 의회 내의 의견이 사전에 조정됨으로써 의회 내의 의사결정이 효율적으로 정리될 수 있다는 점 등을 들 수 있다. 반면에 부정적인 측면으로는, ① 수뇌부의 결정에 따라 당원이 일사불란하게 움직이기를 원하는 정당조직의 요청 때문에 개개의 국회의원들이 소신에 따라 의정활동을 하는 것이 어렵다는 점, ② 합리적인 대화와 토론보다는 정당들의 막후협상을 통한 사전조율에 의하여 의회의 의결과 운영이 좌우된다는 점, ③ 같은 정당의 당원이 여당과 정부를 구성하므로 의회가 정부를 제대로 통제하지 못하게 된다는 점 등이 거론된다"(앞의 결정에서 재판관 권성의 반대의견).

(ii) 정당국가적인 현실이 긍정적 측면만 가지지는 아니하기 때문에 정당의 기능과 활동의 민주성 확보, 정당의 소속의원에 대한 구속의 합리적 제한 등을 통하여 정당국가의 부정적 효과를 상쇄시킬 필요성이 제기된다.

"국회의원은 어느 누구의 지시나 간섭을 받지 않고 국가이익을 우선하여 자신의 양심에 따라 직무를 행하는 국민 전체의 대표자로서 활동을 하는 한편, 현대 정당민주주의의 발전과 더불어 현실적으로 소속 정당의 공천을 받아 소속 정당의 지원이나 배경 아래 당선되고 당원의 한 사람으로서 사실상 정치의사 형성에 대한 정당의 규율이나 당론 등에 영향을 받아 정당의 이념을 대변하는 지위도 함께" 가진다(헌재 2014.12.19. 2013헌다1, 통합진보당 해산 청구 사건(인용(해산))).

3. 국회의원의 국민대표성과 정당대표성의 헌법적 가치

(1) 국회의원의 국민대표성: 대표민주주의와 자유위임(기속위임금지)

국회의원은 헌법 제1조 제2항(국민주권주의), 제7조 제1항(공무원의 국민 전체에 대한 봉사), 제40조(국회입법권), 제41조(국회의원의 선거), 제44조(불체포특권), 제45조(면책특권), 제46조 제2항(국가이익우선의무), 제50조(의사공개원칙) 등의 규정에 비추어 전체국민의 대표자로서의 지위와 더불어 기속위임금지의 법리(자유위임의 법리)에 기초한다.

생각건대 근대입헌주의의 초기단계에서 야기된 국민(Nation)주권론과 인민(Peuple)주권론의 전개과정에서 Nation주권론이 제기한 자유위임의 법리는 곧 대표민주주의의 정당성에 관한 논리적 기초를 제공한 바 있다. 사실 자유위임의 원리에 기초한 대표민주주의의 정착은 Nation주권론의 승리를 의미한다. 헌법재판소도 자유위임의 원칙을 분명히 밝히고 있다.

"역사적으로 유럽의 중세기 등족회의에서의 의원은 특정 사회층의 이익이나, 특정 지역의 이익을 대표하였던 까닭에 의회에서의 행동에 대하여 각각 선거민에 대하여 책임을 지는 명령적 위임(또는 기속위임)이었으나, 1791년 프랑스 헌법에서 '의원은 전국민의 대표자이고, 특정 지역의 대표자가 아니며, 의원에 대하여 위임을 부여할 수 없다'고 규정한 것을 위시하여 오늘날 독일 · 영국 · 프랑스 · 일본 등 자유민주주의국가에서는 거의가 헌법에 국회의원을 전국민의 대표자라고 규정하여 자유위임하에 두는 제도를 채택하고 있다"(헌재 1994.4.28. 92헌마153, 전국구국회의원 의석승계 미결정 위헌확인(각하)). 이 사건 당시 공직선거법에는 비례대표국회의원의 자진탈당에 따른 의원직 상실 규정이 없었다.

(2) 정당국가 경향에 따른 국회의원의 정당대표성과의 조화

(i) 정당은 법적으로 헌법기관도 아니면서 동시에 헌법 제21조의 일반적인 사법상 결사로도 볼 수 없는 특수성이 있기 때문에 정당의 헌법상 지위를 중개적 권력 또는 제도보장이라고 하지만, 이를 국회의원의 국민대표성과 동일시할 수는 없다. 특히 헌법 제46조 제2항에서 "국회의원은 국가이익을 우선하여 양심에 따라 직무를 행한다"라고 규정하고, 국회법에서도 "의원은 국민의 대표자로서 소속정당의 의사에 기속되지 아니하고 양심에 따라 투표한다"(제114조의2)라고 규정하므로 국회의원의 정당에 대한 기속성은 일정한 한계를 가진다.

(ii) 그런데 현대 의회정치는 정당을 중심으로 형성되므로 국회의원의 정당소속원으로서의 지위와 국민대표자로서의 지위는 서로 융합되어 있다. 이에 따라 전통적인 자유위임법리의 현대적 변용 내지 재해석이 불가피하다.

(3) 국회의원의 당적변경

A. 문제의 소재

제15대 국회의 인위적인 여대야소에 대하여 "국회는 보통 · 평등 · 직접 · 비밀선거에 의하여 선출된 국회의원으로 구성한다(제41조 제1항)라는 헌법규정은 단순히 국회의원을 선출한다는 의미를 넘어 국회의 정당간의 의석분포, 즉 국회의 구조를 결정하는 권리를 포함한다"라고 하여 국민의 기본권으로서의 국회구성권, 국민주권, 복수정당제를 침해한다고 주장하였으나 헌법재판소는 소극적이다.

"유권자가 설정한 국회의석분포에 국회의원들을 기속시키고자 하는 내용의 '국회구성권'이라는 기본권은 오늘날 이해되고 있는 대의제도의 본질에 반하는 것이어서 헌법상 인정될 여지가 없고, 청구인들 주장과 같은 대통령에 의한 여야 의석분포의 인위적 조작행위로 국민주권주의라든지 복수정당제도가 훼손될 수 있는지의 여부는 별론으로 하고 그로 인하여 바로 헌법상 보장된 청구인들의 구체적 기본권이 침해당하는 것은 아니다"(헌재 1998.10.29. 96헌마186, 국회구성권침해 등 위헌확인(각하)).

허영 교수는 국민의 국회구도결정권으로 본다: "국민의 국회구도결정권을 무시하는 인위적인 의원수 불리기를 못하게 하는 법적인 장치를 이번 15대 국회에서는 우선적으로 마련하여야 한다. 선거에서 당선된 후 2년 내에 소속정당을 바꾸려는 지역구의원의 경우에는 반드시 출신지역구에서 선거인의 동의를 얻도록 하는 제도적인 장치를 마련할 필요가 있다"("개혁의 방법을 개혁해야," 시민과 변호사, 1996.7, 10면).

B. 당적을 변경할 때 의원직 상실을 헌법규범화할 경우의 합헌성 여부

(i) 헌법상 자유위임의 원리는 대표민주주의를 떠받드는 기본원리이다. 따라서 국회의원의 정당기속성을 헌법에 규정한다면 이는 헌법의 핵으로서의 성격을 가지는 자유위임의 법리에 어긋난다. 즉 헌법기관도 아닌 정당에 대한 국회의원의 정당기속성은 국민대표주의원리의 본질에 어긋난다. 더구나 현행헌법은 "국회의원은 국가이익을 우선하여 양심에 따라 직무를 행한다"(제46조 제2항) 및 국회의원의 발언·표결의 자유(제45조)를 규정한다. 따라서 헌법에서 국회의원이 당적을 변경할 때 의원직 상실을 규정하면 이들 조항과 조화하기 어렵다.

(ii) 제3공화국헌법은 "국회의원은 임기 중 당적을 이탈하거나 변경한 때 또는 소속정당이 해산된 때에는 그 자격이 상실된다"(제38조 본문)라고 하여 헌법사상 가장 강력한 정당국가적 경향을 헌법에 명시적으로 규정한 바 있다.

이 규정에 따라 1969년 소위 3선개헌을 자행할 시점에 3명의 야당의원이 여당으로 전향함에 따라 이들의 국회의원직을 박탈하기 위하여 신민당은 유진오 대표의 주도로 스스로 정당을 해산시킨 바 있다. 다만, 합당이나 제명으로 소속정당이 달라진 경우는 예외로 하는 규정은 당연하다.

(iii) 생각건대 국회의원의 자의적인 당적변경이 곧 국회의원직의 상실로 이어진다는 헌법규정은 사실상 국회의원의 국민대표자로서 자유위임에 기초한 지위와 정당소속원으로서의 지위를 동일시하는 결과를 초래한다. 이는 헌법의 기본원리보다는 헌법현실적인 정당국가 경향에 지나치게 집착한 규정으로서 헌법규범체계상 수용하기 어렵다.

C. 당적을 변경할 때 의원직 상실의 법률규범화 가부

(i) 자유위임의 법리에 비추어 헌법상 명문의 규정을 두지 아니하고 개별 법률의 규정을 통하여 (비례대표 및 지역구) 국회의원 당적변경 시 의원직상실을 규정할 수 있는지가 문제된다.

(ii) 생각건대 국회의원직과 당적의 직접적 연계를 강요하는 입법은 위헌의 소지가 있다. 다만, 국회의원선거제도에 정당국가 경향이 어떻게 반영되고 있느냐에 따라서 입법은 어느 정도 유연성을 가질 수 있다.

(iii) 헌법재판소는 해석상 여지는 있지만, 법률로써 당적을 변경할 때 의원직 상실을 규정할 수 있다고 본다(헌재 1994.4.28. 92헌마153, 전국구국회의원 의석승계 미결정 위헌확인(각하)).

D. 비례대표국회의원과 지역구국회의원의 차별성 여부

(i) 자유위임의 법리가 전국선거구 비례대표국회의원과 지역구국회의원에게

동일하게 엄격히 적용될 수 있는지가 문제된다.

(ii) 공직선거법에서 지역구국회의원선거는 일회제 다수대표제에서 정당공천후보자뿐만 아니라 무소속후보자의 길을 열어 놓고 있기 때문에, 일응 지역구국회의원은 당적변경을 자유롭게 할 수 있다고 본다.

종래 지역구 선거결과가 비례대표에 직접적으로 연계되어 있었으나, 헌법재판소의 한정위헌결정(헌재 2001.7.19. 2000헌마91)으로 이런 문제점은 해소되었다.

(iii) 하지만, 비례대표국회의원선거는 후보자가 정당명부식으로 되어 있을 뿐만 아니라 당선자결정에 있어서도 당해 정당이 획득한 유효투표를 기준으로 하기 때문에, 비례대표국회의원의 당선 그 자체가 바로 정당과 직접적으로 연계된다. 그러므로 소속정당이 배정한 순서대로 소속정당의 득표율에 준거하여 당선된 비례대표국회의원에 대하여 자유위임의 논리에 따라 당적변경의 경우에도 의원직의 유지는 헌법상 정당보호의 논리에도 어긋난다. 따라서 공직선거법에서 비례대표국회의원 또는 당선인이 소속정당의 합당 · 해산 또는 제명 외의 사유로 당적을 이탈 · 변경하거나 둘 이상의 당적을 가지고 있을 때에는 그 당선을 무효로 하거나 퇴직된다(제192조 제3항 제3호, 제4항)는 규정은 합헌이다(다수설).

공직선거법 제192조 제4항은 비례대표 국회의원에 대하여 소속 정당의 해산 등 이외의 사유로 당적을 이탈하는 경우 퇴직된다고 규정하는데, 이 규정의 의미는 정당이 자진 해산하는 경우 비례대표 국회의원은 퇴직되지 아니한다는 것이다(헌재 2014.12.19. 2013헌다1, 통합진보당 해산 청구 사건(인용(해산))). 이에 대하여 대법원은 자진해산뿐만 아니라 강제해산된 경우에도 비례대표 지방의회의원은 퇴직하지 아니한다는 입장이다(대판 2021.4.29. 2016두39825).

(iv) 이에 대하여는 비례대표와 지역구국회의원의 선거방법 등에서 차이가 있고 특히 비례대표국회의원의 탈당은 도덕적으로 더욱 비난할 수 있을지는 몰라도 헌법상 자유위임의 원리에 투철하기 위하여서는 비례대표 · 지역구 구별 없이 당적변경이 국회의원직의 박탈로 이어질 수 없다는 비판론도 있다.

계희열 교수는 정국이 혼미하던 바이마르공화국시대에 의원직박탈논의가 있었으나 라이프홀츠 등이 박탈반대론을 개진한 바 있고, 기본법시대에 크릴레 등에 의하여 제기된 비례대표 의원에 대한 의원직박탈논의도 관철되지 못하였다는 점을 강조한다. 따라서 지역구와 전국구국회의원에 차이를 두고 또한 전국구국회의원에 대한 당적변경 시 의원직을 상실한다는 법규정은 위헌이라고 본다.[1)]

---

1) 계희열, "당적변경과 의원직-탈당의 경우 이원지바탈은 현법상 기능한기", 김철수교수 화갑기념논문집; 김문현, "당적변경과 국회의원신분 상실문제", 고시계, 1995.2, 65-77면; 안민식, "당적변동과

E. 비례대표국회의원이 당적을 변경할 때 의원직 상실 여부의 법정화

(i) 비례대표국회의원의 당적변경 시 의원직을 상실한다는 명문 규정을 두지 아니할 경우 위헌인지도 살펴보아야 한다.

(ii) 헌법재판소는 전국선거구는 물론이고 지역구국회의원의 당적변경에 대한 의원직상실 여부도 입법정책적 문제로 본다.

"전국구의원이 그를 공천한 정당을 탈당할 때 의원직을 상실하는 여부는 그 나라의 헌법과 법률이 국회의원을 이른바 자유위임(또는 무기속위임)하에 두었는가, 명령적 위임(또는 기속위임)하에 두었는가, 양제도를 병존하게 하였는가에 달려있는데, 자유위임하의 국회의원의 지위는 그 의원직을 얻은 방법 즉 전국구로 얻었는가, 지역구로 얻었는가에 차이가 없으며, 전국구의원도 그를 공천한 정당을 탈당하였다고 하여도 별도의 법률규정이 있는 경우는 별론으로 하고 당연히 국회의원직을 상실하지는 않는다." "또 헌법 제8조 제3항의 '정당은 법률이 정하는 바에 의하여 국가의 보호를 받으며 …'라는 규정이나 제41조 제3항의 '비례대표제 기타 선거에 관한 사항은 법률로 정한다'라는 규정도 전국구의원이 그를 공천한 정당을 탈당할 때 의원직을 상실하게 하는 규정은 아니다." [반대의견(1인)] "우리 헌법상의 정당관계규정, 실질적 국민주권론, 국민의 선거권, 전국구의원 선거제도를 둔 취지 및 헌법의 위임하에 마련된 구 국회의원선거법 관계규정 등에 비추어 전국구의원이 임의로 소속정당을 탈당하였을 때 의원직을 자동상실하는 법률규정은(있다면) 응당 합헌일 뿐만 아니라, 그러한 (의원직상실에 대한) 법률규정은 국회가 반드시 마련하여야 할 입법의무까지 있"다고 본다(헌재 1994.4.28. 92헌마153, 전국구국회의원 의석승계 미결정 위헌확인(각하)).

(iii) 생각건대 헌법재판소의 결정은 국회의원의 당적변경을 자유위임의 법리에 지나치게 의존하여 현대 정당국가 경향을 제대로 반영하지 못한 면이 있다. 반면에 반대의견과 같이 국회의 입법의무 요구는 전국선거구국회의원의 당적변경 시 의원직을 상실한다는 규정을 두지 아니할 경우 헌법위반이라는 결론에 기초하고 있으므로 전국선거구국회의원의 정당예속성을 강요하는 결과를 초래한다.

F. 전국선거구 비례대표국회의원제도와 정당국가·자유위임의 관계

전통적인 대표민주주의는 현대적인 정당국가 경향과 더불어 새로운 변용을 맞이한다. 특히 비례대표제의 정착은 정당명부식으로 연결된다. 이는 정당에 대한 헌법의 태도변화와도 불가분의 관계가 있다. 따라서 자유위임의 법리와 정당국가적 원리를 대립적인 관계로만 보아서 당적을 변경할 때 의원직박탈을 위헌으로 보는 견해는 받아들이기 어렵다.

의원직-탈당의 경우 의원직박탈은 헌법상 가능한가?", 계희열교수화갑기념논문집; 김선화, "비례대표국회의원의 국민대표성과 정당기속성의 헌법적 문제", 공법연구 46-4; 한명진, "위헌정당 소속 의원의 자격상실에 대한 비교법적 검토", 공법학연구 19-3.

(4) 전국선거구 비례대표국회의원의 의원직 승계

(i) 자유위임의 법리를 엄격히 고수하는 입장에서는 지역구국회의원과 마찬가지로 비례대표국회의원의 당적변경에 따른 의원직 상실은 헌법위반이므로 이를 인정할 수 없다고 본다. 그러나 비례대표의원이 당적을 변경할 때 의원직 상실은 현대 정당국가원리 및 선거제도와의 조화에 비추어 볼 때 위헌이 아니라고 할 수 있다. 공직선거법도 전국선거구 비례대표의원의 당적을 변경할 때 의원직 상실을 규정한다. 또한 "비례대표국회의원후보자명부에 기재된 순위에 따라 궐원된 국회의원의 의석을 승계할 자를 결정하여야 한다"(공직선거법 제200조 제2항)라고 규정하여 자동승계제도를 채택한다.

(ii) 한국의 고질적인 정당 간 이합집산현상에 따라 기존 정당으로부터 어떠한 이유로든 이탈하였다면 당연히 기존 정당으로부터 연유한 제 권익도 내려놓아야 정치도의상으로도 합당할 뿐만 아니라, 공직선거법상 비례대표의원의 당적변경 시 의원직을 상실하도록 규정한 법률의 입법취지에도 부합한다. 또한 "영국의 경우 비례대표제선거제도가 없지만, 국회의원이 당적을 변경할 때에는 '일반적으로 사의를 표하는 것으로 기대되고 있는' 것은(Wade/Philipps, *Constitutional Law*, 4판, 1952, 93면 참조) 어떠한 처신이 의회정치의 바람직한 모습인가를 그리는 데 참조가 된다"(재판관 김양균의 반대의견).

(iii) 실제로 사실상 이중당적보유와 비례대표의원의 대량탈당으로 인하여 비례대표예비후보가 고갈되어 의원직을 승계하지 못하는 현상까지 초래되었다. 이에 공직선거법에서는 "임기만료일 전 180일 이내에 궐원이 생긴 때에는" 의석승계를 인정하지 아니한다(제200조 제2항)라고 규정한 바 있는데, 이 규정에 대하여 헌법재판소가 헌법불합치결정을 선고함에 따라 120일로 단축되었다. 그런데 지역구국회의원의 궐원이 발생할 때 잔여임기가 1년 미만이면 보궐선거를 실시하지 아니한다는 규정(공직선거법 제201조 제1항)과의 형평상, 비례대표국회의원도 궐원이 발생할 때 그 잔여임기가 1년 미만이면 의원직승계를 하지 못하도록 하는 방안을 굳이 위헌으로 볼 필요는 없다.

임기만료일 전 180일 이내에 비례대표국회의원에 궐원이 생긴 때를 비례대표국회의원 의석승계 제한사유로 규정한 공직선거법 제200조 제2항 단서는 헌법의 기본원리인 대의제 민주주의 원리에 부합되지 아니하며 과잉금지원칙에 위배하여 궐원된 비례대표국회의원 의석을 승계받은 후보자명부상의 차순위 후보자의 공무담임권을 침해한다(헌재 2009. 6.25. 2008헌마413, 공직선거법 제200조 제2항 단서 위헌확인(헌법불합치,잠정적용)).

(5) 위헌정당해산으로 의원직 상실 여부(제2편 제5장 제6절 V. (6) 소속의원의 자격상실 여부)

헌법재판소에 의하여 위헌정당이 해산되는 경우, 그 소속 국회의원이 의원직을 상실 여부에 관하여 명문의 규정은 없지만 헌법재판소는 위헌정당해산으로 소속 국회의원의 의원직이 상실된다고 판시한다(헌재 2014.12. 19. 2013헌다1, 통합진보당 해산 청구 사건(인용(해산))).

(6) 소 결

(i) 국회의원의 당적변경 시 의원직 상실 여부의 헌법규범화는 자유위임의 법리에 비추어 바람직하지 아니하다. 자유위임의 법리는 정당국가 현상보다 더 우위를 가지는 헌법원리이기 때문이다. 하지만, 법률로 당적 변경 시 의원직상실을 규정할 수 있다. 이 경우에도 국회의원선거제도와 직접적으로 연계되어야 한다.

(ii) 지역구국회의원이 당적을 변경할 때 의원직을 상실하도록 하는 규정은 바람직하지 아니하지만, 비례대표국회의원의 의원직 상실은 불가피하다.

제 5 항 법치주의

Ⅰ. 의 의

(i) 법치주의란 인간에 대한 불신을 근거로 자의적 · 폭력적 지배를 배제하고 국민의 의사에 따라 제정된 법에 의한 '이성적 지배'를 요구하는 통치원리이다.[1] 즉 법치주의가 요구하는 "법에 의한 지배"에서 '법'이란 국민적 정당성에 기초한 헌법과 그 헌법에 합치적인 법률에 의한 지배를 말한다.

(ii) 법치주의는 비록 헌법에 명시된 원리는 아니지만, 헌법을 관류하는 기본원리라는 데에는 이의(異議)가 없다. 법치주의의 발전과 그에 따른 내용은 각국에서 발전된 특유의 법문화와 전통에 따라 다소 차이가 있을 수 있다.

Ⅱ. 법치주의의 이론적 전개

1. 법치주의의 발전

(i) 법의 지배(rule of law)원리는 영국에서 발전하였으며 특히 다이시(A. V. Dicey)의 이론을 통하여 정립되었다. 영국에서 법의 지배는 주권이 국왕으로부터 의회로 넘어가는 영국식 민주주의의 발전과정에서 정립된 원리이다. 즉 영국에서 법의 지배는 절대권력에 대한 보통법의 절대적 우위를 전제로 한다. 이에 따라 개인의 자유와 권리를 보장하기 위하여 절차법상 특별법원이 아닌 일반법원을 통한 쟁송절차를 관습헌법에 기초하여 정립한 원리이다.

(ii) 법의 지배원리는 미국에 도입되어 미국헌법의 기본원리로 정립되었다. 영국과 달리 성문헌법으로 출발한 미국에서 법의 지배는 헌법의 우월성에 기초하여 입법권에 대한 헌법의 우위가 위헌법률심사제를 통하여 보장된다.

(iii) 독일에서는 법의 지배 또는 법치주의보다는 오히려 법치국가(Rechtsstaat)로 표현된다. 원래 법치주의는 국가권력작용이 국가생활에서 구현되는 방법

1) 장승화 · 이창희 · 성낙인 편, 절차적 정와 법의 지배, 경인출판사; 김효전 편역, 법치국가의 원리, 법원사; 김해원, "기본권심사에서 법치국가원칙의 의미", 헌법학연구 23-1; 남정아, "공법상 적법절차원칙의 재조명", 공법연구 49-1; R. Carré de Malberg, *La loi, expression de la volonté générale*, Sircy, 1931 참조.

으로서, 오토 마이어가 주장한 공권력(행정)작용에 있어서 법률우위의 원칙으로 나타난다. 이는 결과적으로 법률에 의한 지배원리 내지 형식적 법치주의로 평가되었다. 그러나 바이마르헌법에서 나치의 발호로 인하여 형식적 법에 의한 지배원리가 국민의 자유와 권리를 효과적으로 보장하는 법원리가 될 수 없었다는 비판에 따라 실질적 법치주의론이 대두되었다. 이에 독일기본법에서 실질적 법치주의는 사회적 법치주의 이념으로 구현된다. 또한 연방헌법재판소의 위헌법률심사를 통하여 헌법의 우위가 확고하게 자리 잡고 있다.

(iv) 프랑스에서 법(률)의 지배(règne de la loi) 원리는 프랑스 제3공화국에서 의회주권이 법률주권으로 인식되어 카레 드 말베르그의 "법률은 일반의사의 표현"이라는 명제로 이어진다. 이에 따라 성문헌법체제에서도 법률에 대한 헌법의 우위는 제대로 작동되지 못하였다. 그러나 현행 제5공화국헌법에서 헌법재판소의 결정을 통한 위헌법률심사의 실질화는 사실상 의회주권=법률주권시대의 종언을 고함과 동시에 헌법의 우위를 통한 법치국가(État de droit)로 귀결되었다.

2. 실질적 법치주의의 정립

오늘날 법치주의는 실질적 법치주의에 입각한 법에 의한 지배를 의미한다. 그것은 의회주권론 내지 법률주권론에 기초한 법률의 우위가 아니라 성문헌법의 우위로 귀결되었다. 이에 따라 주권적 의지가 투영된 최고의 합의문서인 헌법의 우위가 위헌법률심사를 통하여 명백해졌다는 점에서 그 의의를 찾을 수 있다. 이제 법률의 정당성의 근거가 헌법이념에 있음을 분명히 한다.

> "오늘날 법치주의는 국민의 권리·의무에 관한 사항을 법률로써 정하여야 한다는 형식적 법치주의에 그치는 것이 아니라 그 법률의 목적과 내용 또한 기본권보장의 헌법이념에 부합되어야 한다는 실질적 적법절차를 요구하는 법치주의를 의미한다"(헌재 1992.2.25. 90헌가69 등, 상속세법 제29조의4 제2항에 대한 위헌심판(위헌)).

Ⅲ. 헌법상 법치주의의 구현

1. 의 의

헌법상 법치주의의 일반적 내용은 성문(경성)헌법, 기본권과 실질적 적법절차의 보장, 권력분립, 사법적 권리보장, 포괄적 위임입법의 금지, 파생원칙인 신뢰보호의 원칙 등이 있다. 현행헌법도 종래의 형식적 법치주의를 탈피하여 자유·평등 · 복지의 원리에 입각한 실질적 법치주의를 구현한다.

법치주의의 구현방법 내지 구성요소로서 권영성 교수(150-151면)는 ① 성문헌법주의, ② 기본권과 적법절차의 보장, ③ 권력분립의 확립, ④ 위헌법률심사제의 채택, ⑤ 포괄적 위임입법의 금지, ⑥ 행정의 합법률성과 사법적 통제, ⑦ 공권력행사의 예측가능성의 보장과 신뢰보호의 원칙을, 허영 교수(165-169면)는 ① 기본권보장, ② 권력분립제도, ③ 입법작용의 헌법 및 법기속, ④ 법치행정의 보장, ⑤ 효과적인 권리구제제도, ⑥ 신뢰의 보호 내지 소급효력의 금지 및 명확싱의 원칙, ⑦ 과잉금지의 원칙을 들고 있다.

2. 성문 · 경성헌법을 통한 헌법의 우위확보

한국헌법은 근대입헌주의 헌법의 기본틀에 입각하여 성문헌법을 채택하고, 또한 헌법개정도 반드시 주권적 의사가 개입하여야만 하는 경성헌법을 채택한다. 이에 따라 헌법의 우위가 형식적으로 확보되고 있다.

3. 헌법이념에 부합하는 기본권과 실질적 적법절차의 보장

헌법이 추구하는 이념적 지표는 국민의 자유와 권리의 보장에 있다. 그 국민의 자유와 권리의 실질적 보장은 실질적 적법절차의 보장에 있다. 헌법 제37조 제2항에 따라 자유와 권리의 제한은 비례의 원칙에 따라야 하고, 그 본질적 내용을 침해할 수 없을 뿐만 아니라, 헌법 제34조 제1항은 인간다운 생활을 할 권리를 보장한다. 헌법재판소도 적법절차의 원리는 비록 헌법 제12조 제1항(신체의 자유)에서만 규정되어 있지만, 한국헌법을 관류하는 기본원리라고 판시한다(헌재 1992.12.24.92헌가8, 형사소송법 제331조 단서규정에 대한 위헌심판(위헌))(헌재 1992.4.28. 90헌바24, 특정범죄가중처벌등에관한법률 제5조의3 제2항 제1호에 대한 헌법소원(위헌))(제3편 제4장 제2절 제3항 III. 2. 적법절차원리 참조).

4. 권력분립과 포괄적 위임입법의 금지

국가권력은 헌법의 수권에 따라 각기 입법 · 행정 · 사법으로 나뉘어 서로 견제와 균형을 유지한다. 그런데 현대적 행정국가 경향에 따라 야기되는 입법권의 형해화 현상을 방지하기 위하여 입법기관인 국회에서 제정한 "법률에서 구체적으로 범위를 정하여 위임받은 사항"만이 정부의 행정입법영역이며(제75조), 포괄적 위임입법은 금지된다(제2편 제3장 제1절 제3항 IV. 3. 참조). 이에 따라 행정입법이나 행정작용은 법률에 근거가 있어야 한다(법률유보의 원칙). 법률유보에 관하여는 전부유보설 · 침해유보설 · 급부행정유보설 · 권력행정유보설 등의 이론이 제기된다. 근래에는 법률유보의 적용을 행정작용의 성질에 따라 판단하기보다는 오히려 개인의 기본권과 공익의 구현을 위하여 가장 본질적이고 중요한 사항만 법률의 근거가 필요하다는 본질성설(중요사항유보설)이 다수설·판례의 입장이다.

"오늘날 법률유보원칙은 단순히 행정작용이 법률에 근거를 두기만 하면 충분한 것이 아니라, 국가공동체와 그 구성원에게 기본적이고도 중요한 의미를 갖는 영역, 특히 국민의 기본권실현과 관련된 영역에 있어서는 국민의 대표자인 입법자가 그 본질적 사항에 대해서 스스로 결정하여야 한다는 요구까지 내포하고 있다(의회유보원칙)." 그런데 텔레비전방송수신료 책정에 있어서는 국회의 결정이나 관여가 배제되었으므로 법률유보원칙에 위반된다(헌재 1999.5.27. 98헌바70, 한국방송공사법 제35조 등 위헌소원(헌법불합치,잠정적용,합헌)).

법률에서 법학전문대학원의 총 입학정원주의를 직접 규정하면서 구체적인 입학정원의 수를 입법자가 반드시 법률로써 규율하여야 하는 사항이 아니므로 법률유보의 원칙 및 포괄위임금지원칙에 위배되지 아니한다(헌재 2009.2.26. 2008헌마370등, 법학전문대학원 설치 예비인가 배제결정 취소 등(기각,각하)).

5. 규범통제와 권리구제의 제도화

(i) 규범 사이에 우열이 존재하지 아니하는 곳에 법질서의 안정을 구축할 수 없다. 헌법재판소는 위헌법률심사제를 통하여 헌법의 최고규범성을 구현한다(제111조 제1항 제1호). 또한 "명령·규칙 또는 처분이 헌법이나 법률에 위반되는 여부가 재판의 전제가 된 경우에는 대법원은 이를 최종적으로 심사할 권한을 가진다"(제107조 제2항). 즉 국회에서 제정한 법률도 합헌적이어야 하며, 법집행기관인 정부도 법률에 어긋나는 행정입법이나 행정작용을 할 경우에는 사법적 통제의 대상이다.

(ii) 그 밖에 헌법상 국가배상제도(제29조), 손실보상제도(제23조 제3항), 형사보상제도(제28조), 청원권(제26조), 헌법소원심판(제111조 제1항 제5호), 위헌법률심판제청(제107조 제1항) 등이 있다.

6. 파생원칙 – 신뢰보호의 원칙·소급입법의 금지·체계정당성의 원리

(1) 신뢰보호의 원칙

A. 의 의

법치국가원리의 파생원칙인 신뢰보호(信賴保護)의 원칙은 법적 규율이나 제도가 장래에도 지속되리라는 합리적인 신뢰를 바탕으로 이에 적응하여 개인의 법적 지위를 형성하여왔을 때에는 국가가 그와 같은 국민의 신뢰를 되도록 보호하여야 한다는 원칙이다. 공권력행사에 있어서 예측가능성의 보호 내지 신뢰보호의 원칙은 법적 안정성을 추구하는 자유민주주의·법치국가 헌법의 기본원칙이다. 헌법은 집행권과 사법권의 조직에 대한 법률주의(제96조·제89조 제102조 제3항)를 규정함으로써 간접적으로 공권력행사의 예측가능성을 담보하며, 형벌불소급과 일사부재리 원칙을 규정하여 국민의 신뢰를 보호한다(제13조). 또한 신뢰보호의 원칙은 법령의 개정에 있어서도 적용이 된다. 행정기본법에서도 이 원칙을 규정하고 있다(제12조 제1항 · 제2항).

헌법의 법치주의 원리로부터 파생되는 신뢰보호의 원칙은 법령의 개정에 있어서도 적용이 되는데, 어떤 사항을 규율하는 법령의 개정에 있어서 구 법령의 존속에 대한 당사자의 신뢰가 합리적이고도 정당한 반면, 법령 개정으로 야기되는 당사자의 손해가 극심하여 새로운 법령으로 달성하고자 하는 공익적 목적이 그러한 당사자의 신뢰의 파괴를 정당화할 수 없는 경우, 입법자는 경과규정을 두는 등 당사자의 신뢰를 보호할 적절한 조치를 하여야 하며, 이와 같은 적절한 조치 없이 새 법령을 그대로 시행하거나 적용하는 것은 허용될 수 없다(대판(전합) 2006.11.16. 2003두12899); 한약사 국가시험의 응시자격에 관하여 개정 전의 약사법 시행령에서 '필수 한약관련 과목과 학점을 이수하고 대학을 졸업한 자'로 규정하던 것을 '한약학과를 졸업한 자'로 응시자격을 변경하면서, 그 개정 이전에 이미 한약자원학과에 입학하여 대학에 재학 중인 자에게도 개정 시행령이 적용되게 한 개정 시행령 부칙은 헌법상 신뢰보호의 원칙과 평등의 원칙에 위배되어 허용될 수 없다(대판 2007.10.29. 2005두4649; 대판 2007.10.12. 2006두14476).

사법연수원의 소정 과정을 마치더라도 바로 판사임용자격을 취득할 수 없고 일정 기간 이상의 법조경력을 갖추어야 판사로 임용될 수 있도록 한 법원조직법 개정조항과 이 개정조항의 시행일에 관한 부칙은 이 사건 법원조직법 개정 시점인 2011.7.18. 당시에 이미 사법연수원에 입소하여 사법연수생의 신분을 가지고 있었던 자가 사법연수원을 수료하는 해의 판사 임용에 지원하는 경우에 적용되는 한 신뢰보호원칙에 반하여 청구인들의 공무담임권을 침해한다(헌재 2012.11.29. 2011헌마786, 법원조직법 부칙 제1조 등 위헌확인(한정위헌)).

"이 원칙은 법률이나 그 하위법규뿐만 아니라 국가관리의 입시제도와 같이 국·공립대학의 입시전형을 구속하여 국민의 권리에 직접 영향을 미치는 제도운영지침의 개폐에도 적용"된다(헌재 1997.7.16. 97헌마38, 종합생활기록부제도개선보완시행지침 위헌확인(기각)).

실종기간이 구법 시행기간 중에 만료되는 때에도 그 실종이 개정민법 시행일 후에 선고된 때에는 상속에 관하여 개정민법을 적용하도록 한 민법 부칙(1990.1.13.)은 신뢰보호원칙에 위배하여 재산권을 침해하지 아니한다(헌재 2016.10.27. 2015헌바203등, 민법 부칙 제12조 제2항 등 위헌소원 (합헌)).

전부개정 법률 시행 당시 아직 공소시효가 완성되지 아니한 성폭력범죄에 대하여 전부개정된 공소시효 특례를 적용하도록 한 부진정소급효 규정은 13세 미만의 사람에 대한 강제추행 등이 갖는 범죄의 중대성, 미성년자에 대한 성폭력 범죄의 특수성 등을 고려하였을 때 신뢰보호원칙에 위반되지 아니한다(헌재 2021.6.24. 2018헌바457, 성폭력범죄의 처벌 등에 관한 특례법 부칙 제3조 등 위헌소원(합헌,각하)).

B. 심사기준

(i) 법률의 제정이나 개정 당시 구법질서에 대한 당사자의 신뢰가 합리적이고도 정당하여 이러한 당사자의 신뢰에 대한 파괴가 정당화될 수 없다면 새로운 입법은 허용되지 아니한다. 반면에 경제적 여건 또는 사회적 환경의 변화에 따른 필요에 의하여 법률은 이러한 변화에 신축적으로 대응할 수밖에 없다면, 변경된 새로운 법질서와 기존의 법질서 사이에는 이해관계의 충돌이 불가피하다. 따라서

국민이 가지는 모든 신뢰가 헌법상 보호되지는 아니하고 기존의 법질서에 대한 국민의 신뢰가 합리적이어서 보호할 필요성이 인정되어야 한다.

(ⅱ) 그러므로 "신뢰보호원칙의 위반 여부는 한편으로는 침해받은 신뢰이익의 보호가치, 침해의 중한 정도, 신뢰침해의 방법 등과 다른 한편으로는 새 입법을 통해 실현코자 하는 공익목적을 종합적으로 비교형량하여 판단하여야 한다"(헌재 1998.11.26. 97헌바58, 농어촌특별세법 부칙 제3조 제3항 위헌소원(합헌); 헌재 1999.7.22. 97헌바76등, 구 수산업법 제2조 제7호 등 위헌소원(합헌,각하)).

외국에서 치과대학과 의과대학을 졸업한 우리 국민이 국내 의사면허시험을 치기 위하여 기존의 응시요건에 추가하여 새로이 예비시험을 치도록 한 '예비시험'조항 및 새로운 예비시험의 실시를 일률적으로 3년 후로 한 '경과규정'은 합헌이다(헌재 2003.4.24. 2002헌마611, 의료법 제5조 등 위헌확인(기각)).

C. 한 계

신뢰보호의 원칙은 "사회환경이나 경제여건의 변화에 따른 정책적인 필요에 의하여 공권력행사의 내용은 신축적으로 바뀔 수밖에 없고, 그 바뀐 공권력행사에 의하여 발생된 새로운 법질서와 기존의 법질서와의 사이에는 어느 정도 이해관계의 상충이 불가피하므로, 국민들이 국가의 공권력행사에 관하여 가지는 모든 기대 내지 신뢰가 절대적인 권리로서 보호"되지는 아니한다(헌재 1996.4.25. 94헌마119, 대학입시 기본계획 일부변경처분 위헌확인(기각)).

신뢰보호의 원칙 위반 위헌판례

산업재해보상보험법에서 최고보상금제의 소급적용(헌재 2009.5.28. 2005헌바20등, 산업재해보상보험법 제38조 제6항 위헌소원 등(위헌)), 세무사자격 자동취득 폐지 일부에게만 인정(헌재 2001.9.27. 2000헌마152, 세무사법중개정법률 중 제3조 제2호를 삭제한다는 부분 등 위헌확인(헌법불합치)); 변리사 자격 자동취득 폐지 일부에게만 인정(헌재 2001.9.27. 2000헌마208등, 변리사법 부칙 제4항 위헌확인, 변리사법중개정법률 중 제3조 제1항 제3호를 삭제 부분 등 위헌확인(헌법불합치)); 주택법에서 하자담보청구권의 소급박탈(헌재 2008.7.31. 2005헌가16, 주택법 제46조 제1항 등 위헌제청(위헌,각하)); 일률적인 택지소유상한법 적용으로 법률 전체 무효(헌재 1999.4.29. 94헌바37등, 택지소유상한에 관한법률 제2조 제1호 나목 등 위헌소원(위헌)).

신뢰보호의 원칙 위반 부인 합헌판례

인터넷 게임시설 제공업의 등록제(헌재 2009.9.24. 2009헌바28, 게임산업진흥에 관한 법률 제26조 제2항 위헌소원(합헌)); 게임제공업자의 경품용 상품권제도의 폐지(헌재 2009.4.30. 2006헌마1258, 게임산업진흥에 관한 법률 제32조 제1항 제4호 등 위헌확인(기각,각하)); 중소기업에 대한 특별세액감면 배제(헌재 2008.5.29. 2006헌바99, 조세특례제한법 부칙 제30조 위헌소원(합헌)); 국민연금 탈퇴자에게 반환일시금 지급 금지(헌재 2004.6.24. 2002헌바15, 구 국민연금법 제67조 제1항 위헌소원 등(합헌)); 식품접객업주의 합성수지 재질의 도시락 용기 사용 금지(헌재 2007.2.22. 2003헌마428등, 자원의절약과재활용촉진에관한법률시행령(기각,각하)); 병역법에서 병역면제 상한연령을 36세로 상향 조정(헌재 2002.11.28. 2002헌바45, 구 병역법 제71조 제1항 단서 위헌소원 (합헌)); 군인 연금인상률을 군인 보수인상률에서 소비자물가 변동률로 변경(헌재 2003.9.25. 2001헌마194, 군인연금법 제17조의2 제1항 등 위헌확인 (기각,각하)); 무기징역 집행 중에 있는 자의 가석방요건의 10년 이상 복역에서 20년 이상 복역으로 조정(헌재 2013.8.29. 2011헌마408, 형법 부칙 제2항 위헌확인(기각)); 고교평준화 지역의 신규 지정(헌재 2012.11.29. 2011헌마827, 초·중등교육법 제47조 제2항 등 위헌확인(기각)), 이미 소멸한 저작인접권의 회복(헌재 2013.11.28. 2012헌마770, 저작권법 부칙 제4조 위헌확인(기각)); 공무원 퇴직연금 수급요건을 재직기간 20년에서 10년으로 변경하면서 당시 재직 중인 공무원부터 적용(헌재 2017.5.25. 2015헌마933, 입법부작위 위헌확인 등(기각)); 퇴직연금수급자의 별도 소득에 대한 연금 일부지급 금지(헌재 2008.2.28. 2005헌마872등, 공무원연금법 제47조 제2항 등 위헌확인(기각)); 사법시험 1차에서 영어시험 대체제도(헌재 2007.4.26. 2003헌마947등, 사법시험법시행령 제4조 제3항 등 위헌확인 등(기각, 각하)).

(2) 소급입법의 금지

A. 의의 · 종류 · 한계

(i) 소급입법은 원칙적으로 허용되지 아니한다. 소급입법금지(遡及立法禁止)는 법치국가원리로부터 도출되는 원칙이다. "모든 국민은 행위시의 법률에 의하여 범죄를 구성하지 아니하는 행위로 소추되지 아니하며", "모든 국민은 소급입법에 의하여 참정권의 제한을 받거나 재산권을 박탈당하지 아니한다"(제13조 제1항 제2항). 소급입법은 신법이 이미 종료된 사실관계에 작용하는지 아니면 현재 진행 중인 사실관계에 작용하는지에 따라 **진정소급입법**과 **부진정소급입법**으로 구분된다.

(ii) **진정소급입법**(眞正遡及立法)이란 이미 과거에 완성된 사실이나 법률관계를 규율대상으로 하여 사후에 그 전과 다른 법적 효과를 발생하게 하는 입법을 말한다. 진정소급입법은 개인의 **신뢰보호**와 **법적 안정성**을 내용으로 하는 **법치국가원리**에 따라 원칙적으로 헌법상 허용되지 아니하며, 특단의 사정이 있는 경우에만 예외적으로 허용될 수 있다. 행정기본법에서는 소급적용 금지를 명시하고 있다(제14조 제1항).

(iii) 반면에 **부진정소급입법**(不眞正遡及立法)이란 과거에 이미 개시되었지만 아직 완결되지 아니하고 진행 중인 사실이나 법률관계에 새로이 개입하여 그 법적 지위를 사후에 침해하는 입법을 말한다. 부진정소급입법은 **원칙적으로 허용**되지만 소급효를 요구하는 공익상의 사유와 신뢰보호의 요청 사이의 교량(較量) 과정에서 신뢰보호의 관점이 입법자의 형성권에 제한을 가하게 된다. 부진정소급입법에 해당하는 과거에 시작된 구성요건 사항에 대한 신뢰는 장래 사실관계보다 더 보호될 가치가 있기 때문에 **신뢰보호원칙**에 대한 심사가 장래 입법보다는 더 강화되어야 한다. 또한 일정한 경우 신뢰보호가 충분히 이루어졌는지 여부가 과잉금지의 원칙의 위반 여부를 판단하는 기준이 된다. 이에 따라 공소시효정지에 관한 소급법률은 허용된다.

> "입법자가 공익상의 필요에 의하여 직업행사의 요건을 달리 정하거나 강화하는 등 직업제도를 개혁함에 있어서는 기존 종사자들의 신뢰를 보호하는 것이 헌법상 법치국가의 원리로부터 요청되고, **신뢰보호가 충분히 이루어졌는지 여부가 과잉금지원칙의 위반 여부를 판단하는 기준이 된다**"(헌재 2002.7.18. 99헌마574, 음반·비디오물및게임물에관한법률부칙 제3조 제4항 단서 등 위헌확인(기각)).

B. 진정소급입법의 제한

기존의 법에 의하여 형성되어 이미 굳어진 개인의 법적 지위를 사후입법으로 박탈하는 진정소급입법은 개인의 신뢰보호와 법적 안정성을 내용으로 하는 헌법상 법치국가원리에 따라 허용되지 아니한다.

국가보위입법회의법에 의한 국회사무처 공무원의 신분보장 박탈(헌재 1989.12.18. 89헌마32등(위헌,각하)); 정정보도청구권의 성립요건과 정정보도청구소송의 심리절차에 언론중재법의 시행 전에 행하여진 언론보도에 대하여도 언론중재법의 소급적용(헌재 2006.6.29. 2005헌마165등, 신문등의자유와기능보장에관한법률 제16조 등 위헌확인 등(위헌)); 주택법 개정 전에 사용검사 또는 사용승인을 얻은 공동주택의 담보책임 및 하자보수에 개정된 주택법의 적용(헌재 2008.7.31. 2005헌가16, 주택법 제46조 제1항 등 위헌제청(위헌)); 부당환급받은 세액을 징수하는 근거규정인 개정조항을 개정조항이 시행되기 전 환급세액을 수령한 부분까지 사후적으로 소급하여 개정된 징수조항의 적용(헌재 2014. 7.24. 2012헌바105, 구 법인세법 제72조 제5항 등 위헌소원(위헌)); 헌재 2016.9.29. 2014헌바254 결정에 따라 통상의 출퇴근 사고를 업무상 재해로 인정하는 내용의 신법을 개정법 시행일 이후 최초로 발생하는 재해부터 적용(헌재 2019.9.26. 2018헌바218등, 산업재해보상보험법 제37조 제1항 제3호 등 위헌소원(헌법불합치,적용중지))은 위헌이다.

공무원이 '직무와 관련 없는 과실로 인한 경우' 및 '소속상관의 정당한 직무상의 명령에 따르다가 과실로 인한 경우'를 제외하고 재직 중의 사유로 금고 이상의 형을 받은 경우, 퇴직급여 등의 개정된 감액조항의 소급적용은 예외적으로 소급입법이 허용되는 경우에 해당되지 아니한다(헌재 2013.8.29. 2010헌바354 등, 공무원연금법 제64조 제1항 제1호 등 위헌소원(위헌,합헌); 동지: 헌재 2013.9.26. 2013헌바170, 사립학교교직원 연금법 제42조 제1항 등 위헌소원(위헌,합헌)).

C. 진정소급입법의 예외적 허용

진정소급입법이 허용되는 경우는 구법에 의하여 보장된 국민의 법적 지위에 대한 신뢰가 보호할 만한 가치가 없거나 지극히 적은 경우와 소급입법을 통하여 달성하려는 공익이 매우 중대하여 예외적으로 구법에 의한 법적 상태의 존속을 요구하는 국민의 신뢰보호이익에 비하여 현저히 우선하는 경우로 크게 나누어 볼 수 있다(헌재 2021.1.28. 2018헌바88, 재조선미국육군사령부군정청 법령 제2호 제4조 등 위헌소원(합헌)). "진정소급입법이 허용되는 예외적인 경우로는 일반적으로, 국민이 소급입법을 예상할 수 있었거나, 법적 상태가 불확실하고 혼란스러웠거나 하여 보호할 만한 신뢰의 이익이 적은 경우와 소급입법에 의한 당사자의 손실이 없거나 아주 경미한 경우, 그리고 신뢰보호의 요청에 우선하는 심히 중대한 공익상의 사유가 소급입법을 정당화하는 경우를 들 수 있다"(헌재 1996.2.16. 96헌가2등, 5·18민주화운동등에관한특별법 제2조 제1항 등 위헌제청(합헌)).

"특단의 사정이 있는 경우, 즉 기존의 법을 변경하여야 할 공익적 필요는 심히 중대한 반면에 그 법적 지위에 대한 개인의 신뢰를 보호하여야 할 필요가 상대적으로 정당화될 수 없는 경우에는 예외적으로 허용될 수 있다"(헌재 1996.2.16. 96헌가2등, 5·18민주화운동등에관한특별법 제2조 제1항 등 위헌제청(합헌)).

친일재산은 취득·증여 등 원인행위 시에 국가의 소유로 한다고 규정하는 '친일반민족행위자 재산의 국가귀속에 관한 특별법' 제3조 제1항 본문은 진정소급입법에 해당하지만, 진정소급입법이라 하더라도 예외적으로 국민이 소급입법을 예상할 수 있었거나 신뢰보호 요청에 우선하는 심히 중대한 공익상 사유가 소급입법을 정당화하는 경우 등에는 허용될 수 있다. 친일재산의 소급적 박탈은 일반적으로 소급입법을 예상할 수 있었던 예외적인 사안이고, 진정소급입법을 통하여 침해되는 법적 신뢰는 심각하다고 볼 수 없는 데 반하여 이를 통하여 달성되는 공익적 중대성은 압도적이기 때문에 이 경우 진정소급입법이 허용되는 경우에 해당한다. 귀속조항이 진정소급입법이라는 이유만으로 헌법 제13조 제2항에 위배된다고 할 수 없다(대판 2011.5.13. 2009다26831등)(헌재 2011.11. 24. 2009헌바292, 일제강점하 반민족행위 진상규명에 관한 특별법 제2조 제7호 등 위헌소원(합헌))(헌재 2011. 3.31. 2008헌바141등, 친일반민족행위자 재산의 국가귀속에관한 특별법 제2조 등 위헌소원 등(합헌)).

① 1945년 8월 9일 이후에 성립된 거래를 전부 무효로 한 재조선미국육군사령부군정청 법령 제2호 제4조 본문과 ② 1945년 8월 9일 이후 일본 국민이 소유하거나 관리하는 재산을 1945년 9월 25일자로 전부 미군정청이 취득하도록 정한 재조선미국육군사령부군정청 법령 제33호 제2조 전단 중 '일본 국민'에 관한 부분이 모두 헌법에 위반되지 아니한다. 1945.8.9.은 일본의 패망이 기정사실화된 시점으로, 그 이후 남한 내에 미군정이 수립되고 일본인의 사유재산에 대한 동결 및 귀속조치가 이루어지기까지 법적 상태는 매우 불확실하고 혼란스러웠으므로 1945.8.9. 이후 조선에 남아 있던 일본인들이 일본의 패망과 미군정의 수립에도 불구하고 그들이 한반도 내에서 소유하거나 관리하던 재산을 자유롭게 거래하거나 처분할 수 있다고 신뢰하였다 하더라도 그러한 신뢰가 헌법적으로 보호할 만한 가치가 있는 신뢰라고 보기 어렵다. 일본인들이 불법적인 한일병합조약을 통하여 조선 내에서 축적한 재산을 1945.8.9. 상태 그대로 일괄 동결시키고 그 산일과 훼손을 방지하여 향후 수립될 대한민국에 이양한다는 공익은, 한반도 내의 사유재산을 자유롭게 처분하고 일본 본토로 철수하고자 하였던 일본인이나, 일본의 패망 직후 일본인으로부터 재산을 매수한 한국인들에 대한 신뢰보호의 요청보다 훨씬 더 중대하다. 심판대상조항이 각 1945.9.25.과 같은 해 12.6.에 공포되어 진정소급입법에 해당함에도 당시의 법적 상태가 불확실하고 혼란스러워서 보호할 만한 신뢰의 이익이 적고 신뢰보호의 요청에 우선하는 심히 중대한 공익상의 사유가 인정되므로, 소급입법금지원칙에 대한 예외로서 헌법 제13조 제2항에 위반되지 아니한다(헌재 2021.1.28. 2018헌바88, 재조선미국육군사령부군정청 법령 제2호 제4조 등 위헌소원(합헌)).

구 국가안전기획부직원법의 계급정년규정의 소급적용은 합헌이다(헌재 19944.28. 91헌바15등(합헌, 각하)).

D. 시혜적(施惠的) 소급입법에 대한 입법형성권

소급입법은 원칙적으로 금지되지만, 사회적 법치국가의 구현을 위하여 시혜적 소급입법은 폭넓게 인정된다. 시혜적 소급입법은 입법자의 의무가 아니므로, 입법자에게 광범위한 입법형성권이 부여된다. 개정된 신법이 피적용자에게 유리한 경우에 이른바 시혜적인 소급입법을 하여야 한다는 입법자의 의무가 헌법상의 원칙들로부터 도출되지는 아니한다. 따라서 이러한 시혜적 소급입법을 할 것인지 여부는 입법재량의 문제로서 그 판단은 일차적으로 입법기관에 맡겨져 있다. 시혜적 조치의 실시 여부는 국민의 권리를 제한하거나 새로운 의무를 부과하는 경우와는 달리 광범위한 입법형성의 자유가 인정된다(헌재 1998.11.26. 97헌바67, 구 관세법 부칙 제4조 등 위헌소원(합헌)).

(3) 법치주의원리로부터 도출되는 체계정당성의 원리

A. 의 의

헌법재판소는 법치주의원리로부터 도출되는 체계정당성(體系正當性)의 원리를 수용한다. '체계정당성'(Systemgerechtigkeit)의 원리란 "규범 상호간의 구조와 내용 등이 모순됨이 없이 체계와 균형을 유지하도록 입법자를 기속하는 헌법적 원리"이다(헌재 2004.11.25. 2002헌바66, 상속세 및증여세법 제41조의2 위헌소원(합헌))(헌재 2005.6.30. 2004헌바40등, 구 상속세및 증여세법 제41조의2 제1항 위헌소원(합헌)).

B. 필요성과 법적 근거

규범 사이에 체계정당성을 요구하는 이유는 입법자의 자의(恣意)를 금지하여 규범의 명확성·예측가능성 및 규범에 대한 신뢰와 법적 안정성을 확보하기 위하여 필요하기 때문이다. 이는 국가공권력에 대한 통제와 이를 통한 국민의 자유와 권리의 보장을 이념으로 하는 법치주의원리로부터 도출된다.

C. 위반의 효과와 그 위헌성 여부

(i) 체계정당성위반(Systemwidrigkeit) 자체가 바로 위헌이 되지는 아니한다. 이는 비례의 원칙 위반이나 평등원칙 위반 내지 입법의 자의금지 위반 등의 위헌성을 시사하는 하나의 징후일 뿐이다. 그것이 위헌이 되기 위하여는 결과적으로 비례의 원칙이나 평등의 원칙 등 일정한 헌법의 규정이나 원칙을 위반하여야 한다.

(ii) 또한 체계정당성의 위반을 정당화할 합리적인 사유의 존재에 대하여는 입법의 재량이 인정되어야 한다. 그러므로 입법재량의 한계를 현저히 일탈하지 아니하는 한, 위헌의 문제는 발생하지 아니한다.

Ⅳ. 법치주의의 제한(예외)

1. 대통령의 국가긴급권

헌법상 대통령의 국가긴급권(제76조, 제77조)이 발동되면, 헌법이 예정한 정상적이고 일반적인 법치주의 내지 적법절차가 일정한 기간 동안 제한적으로 적용될 수 있다. 그런데 대통령의 국가긴급권은 초헌법적 국가긴급권이 아니라, 헌법의 틀 속에서 헌법에서 정한 절차와 방법에 따라 제한된 범위 안에서 법치주의의 일반원리를 일정한 기간에 한하여 제한하는 권한이다. 국가긴급권은 대통령의 특권이자 동시에 국가공동체와 헌법의 보호를 위한 수단이기도 하다(제2편 제3장 제1절 제3항 Ⅶ. 참조).

2. 특수신분관계

특수신분관계에 있는 사람, 즉 공무원·국공립학교학생·군인·수형자의 경우에도 법치주의는 원칙적으로 적용되지만, 합리적 범위 안에서 기본권이 제한될 뿐이다(제3편 제1장 제8절 Ⅴ. 3. 특수신분관계 참조).

제 3 관 경제 · 사회 · 문화의 기본원리 : 사회복지국가

제 1 항 사회복지국가원리

Ⅰ. 의 의

(ⅰ) 18세기 말 근대시민혁명의 성공으로 국민주권주의가 정립되고 대의제 원리에 따라 권력분립을 통한 권력의 견제와 균형을 이룩함으로써 법치주의의 기틀을 마련하였다. 그런데 19세기에 산업혁명의 성공 이후 야기된 빈부 갈등이 심화하면서 이제 더 이상 국가는 형식적 자유의 보장자로만 그치지 아니하고, 실질적으로 국민의 자유와 권리를 국가생활에서 구현하기 위하여 적극적으로 개입할 수밖에 없었다. 이는 국가기능의 변화를 의미하며, 국가의 최고의 합의문서인 헌법에 새로운 국가의 기능과 역할을 적극적으로 수용한다.

(ⅱ) 사회복지국가원리는 1789년 프랑스혁명의 구호였으며 현행 프랑스헌법에 국시로 명시된 자유 · 평등 · 박애 중에서 평등과 박애 정신의 현대적 구현이기도 하다. 따라서 사회복지국가원리는 근대입헌주의 헌법원리인 기본권보장 · 대의제 · 권력분립 · 법치주의 원리를 수용하는 가운데 이를 보다 실질적으로 국가사회에서 구현하기 위한 원리이다.[1] 즉 오늘날 사회복지국가원리는 18 · 19세기적인 정치적 민주주의가 안고 있는 한계를 극복하기 위하여 경제 · 사회영역에서의 민주주의를 구현함으로써 국가공동체 구성원 사이에 연대를 확보하려는 원리이다.

Ⅱ. 사회복지국가원리의 현대적 전개

1. 의 의

(ⅰ) 독일에서는 1919년 바이마르헌법에서 사회권을 규정한 이래 사회국가원리가 1949년 독일기본법의 기본원리로 자리 잡았다. 사회국가란 사회적 · 경제적

---

1) 사회국가원리에 관한 상세는, 한수웅 헌법학 및 홍성방 헌법학(상) 참조. 홍 교수는 사회국가의 이념적 내용으로 사회적 정의 · 사회적 안전 · 사회의 통합을 강조한다; 박진완, "사회국가원리의 이론적 형성과 법적 구현과정에 대한 검토", 헌법학연구 29-2.

약자와 소외계층, 특히 산업혁명 이후 대량으로 발생한 무산 근로대중의 생존을 보호하고 정의로운 사회·경제질서를 확립하려는 국가로 정의할 수 있다.

(ii) 한편 독일과 달리 1946년 제4공화국헌법에서 프랑스는 "민주적·사회적 공화국"임을 명시한 이래, 현행헌법 제2조 제1항에서도 이를 그대로 규정한다. '민주적'이라는 표현은 1848년 제2공화국헌법에서도 명시된 바 있지만, '사회적'이라는 표현은 20세기 헌법에서 비로소 규정한다. 여기서 "민주적·사회적 공화국"은 곧 사회민주주의원리의 헌법적 수용을 의미한다. 사회민주주의란 정치적 영역에서의 민주주의뿐만 아니라 사회적 영역에서도 민주주의를 구현하려는 의지의 표현이다. 그것은 사회의 소외계층에 대하여 국가가 직접 배려하는 원리이다. 이와 같은 국가의 사회적 책무는 프랑스의 경우 1789년 인권선언과 1946년 헌법전문에 규정된 내용을 현행 헌법전문에서 재확인한다.

2. 사회복지국가원리의 내용

(1) 복지국가와 사회국가

(i) 복지국가원리와 사회국가원리의 차별성을 강조하면서 복지국가는 개인의 안전과 복지를 국가가 전적으로 책임지는 데 반하여, 사회국가는 개인의 생활을 스스로 설계하고 형성하도록 하여 스스로 책임지는 자유의 범위를 확대한다는 점에서 차별성을 강조하는 견해가 있다(계희열·허영). 그러나 두 원리는 이념·목표·내용 등이 유사하므로 이들을 동일한 개념범주에 포함하거나 사회복지국가라는 합성어로 사용하여도 무방하다는 견해도 있다.

(ii) 생각건대 복지국가원리가 "국민의 일상생활이 하나에서 열까지 철저히 국가의 사회보장제도에 의하여 규율되는 것을 내용으로" 한다는 비판은 지나치다. 그러므로 한국헌법의 이해에 있어서 적어도 사회국가원리와 복지국가원리를 구별할 필요는 없다. 헌법재판소도 사회국가(헌재 1998.5.28. 96헌가4등, 자동차손해배상보장법 제3조 단서 제2호 위헌제청(합헌); 헌재 2002.12.18. 2002헌마52, 저상버스도입의무 불이행 위헌확인(각하)), 사회복지국가(헌재 1993.3.11. 92헌바33등, 노동조합법 제12조의2 등에 대한 헌법소원(합헌)), 복지국가(헌재 1995.11.30. 94헌가2, 공공용지의취득및손실보상에관한특례법 제4조 위헌제청(위헌)), 민주복지국가(헌재 1989.12.22. 88헌가13, 국토이용관리법 제21조의3 제1항, 제31조의2의 위헌심판(합헌))라는 표현을 동시에 사용한다.

(2) 소극국가에서 적극국가로

(i) 산업사회의 진전에 따라 근대시민사회에서의 국가에 대한 자유의 명제가 이제 유산계급과 무산계급의 갈등으로 드러난 바 있다. 이에 국가의 역할과 기능을 소극적인 치안유지에 한정하려는 자유주의적인 사유재산 절대의 법리는 심각한 도전을 받아왔다. 이 와중에 빈부 사이의 극심한 갈등을 해결하기 위하여

극단적인 국가의 개입을 통한 공산주의적 유토피아를 구현하려는 이상주의자들에 의한 공산주의혁명의 성공으로 근대시민사회에 대한 근본적인 성찰을 요구받았다. 이에 따라 근대시민사회가 형성한 자유주의적인 사상적 기초 아래 그 갈등과 모순을 극복하기 위한 사회복지국가이론이 태동하게 되었다.

(ii) 사회복지국가에서 국가의 적극적 개입으로 자유주의사상에 기초한 자본주의의 모순과 병폐를 국가와 사회의 개혁을 통하여 보정(補正)하려 한다. 이는 국가공동체의 통합과 직결되는 문제이기도 하다. 여기에 사회복지국가에서 국가의 원조와 배려는 정당성을 가지게 된다.

(3) 자유와 평등의 실질적 보장

(i) 전통적인 자유와 평등의 법리에 의거하여 형성된 국가사회의 질서는 이제 공동체의 기본질서로서 기능하는 데 일정한 한계에 봉착하게 되었다. 경제력은 특정 계층에 편중되고 무산대중은 기아와 빈곤 그리고 질병으로부터 벗어나지 못하는 상황에서, 국가공동체 구성원의 안전과 행복을 담보할 수 없었다. 여기에 모든 국가공동체 구성원이 최소한 인간으로서의 자유와 평등을 실질적으로 향유할 수 있는 법과 제도의 정립이 요망된다.

(ii) 그간 다소 소홀히 취급될 수밖에 없었던 박애원리의 현대헌법상 구현이 바로 사회적(생존권적) 기본권이다. 사회권의 등장에 따라 기존의 자유와 평등의 법리는 그 기본을 유지하는 가운데 사회권과의 조화로운 범위 안에서 일정한 변용이 불가피하였다. 즉 실질적 자유와 평등의 원리가 제대로 작동할 수 있도록 하기 위하여 전통적인 자유와 평등에 대하여 일정한 제한이 불가피하게 되었다.

(iii) 따라서 근대입헌주의 헌법에서 평등보다는 자유 우선의 사상이 지배하였다면, 사회복지국가에서는 극단적인 공산주의적 평등논리를 배척하면서도 실질적 평등을 구현하기 위한 범위 안에서 자유를 제한한다. 여기에 사회복지국가에서의 자유와 평등의 갈등과 긴장관계가 형성된다. 이에 현대헌법에서는 자유와 평등의 실질적 보장을 통하여 사회복지국가원리를 구현한다.

(4) 경제에 대한 국가적 개입

경제에 대한 국가적 개입은 시장경제원리에 입각하여 사유재산제를 보장하는 가운데 사회정의의 실현을 위한 규제와 조정에 한정된다. 이는 전적으로 국가가 개입하는 공산주의적 계획경제와 구별된다. 오늘날 자유주의적 자본주의체제를 유지하여 온 국가에서 순수한 의미의 자본주의체제를 유지하고 있는 국가는 더 이상 존재하지 아니한다. 다만, 수정자본주의적 경제질서는 그 국가의 규제와 조정의 정도에 따라서 다양성을 가진다. 사회복지국가에서의 경제질서는 일반적으로 사회적 시장경제질서를 채택한다.

3. 사회복지국가원리의 법적 성격과 법치국가

(i) 근대 시민혁명에 따라 정립된 입헌주의의 핵심적 내용은 법치국가의 정립이다. 다른 한편 사회복지국가원리는 산업혁명의 성공에 따라 야기되는 사회적 갈등을 해소하기 위하여 제기된다(계희열). 이에 법치국가와 사회복지국가는 태생적으로 긴장관계를 형성할 수 있다. 그런데 고전적인 형식적 법치주의는 실질적 법치주의로의 변용을 통하여 사회복지국가원리와 결합함으로써 현대헌법의 새로운 지평을 형성한다. 그러므로 사회복지국가는 법치국가의 범주 안에서 구현되어야 하며, 인간의 존엄과 자유의 실질화를 통하여 정의의 원리에 기초한 실질적 법치국가의 구현은 바로 사회복지국가로 연계된다(한수웅).[1]

(ii) 이제 사회복지국가원리는 단순한 정치적·이념적 지표에 그치지 아니하고 규범적 성격을 가진다. 헌법의 기본원리인 사회복지국가원리는 헌법개정권력을 구속하고, 법령해석의 기준이 되며, 재판규범으로서의 성격을 가진다.

Ⅲ. 헌법상 사회복지국가원리의 구현

1. 사회복지국가원리의 헌법상 구현

(i) 현행헌법은 사회복지국가원리를 명시적으로 규정하지는 아니하지만, 헌법의 전문, 사회적 기본권의 보장(헌법 제31조 내지 제36조), 경제영역에서 적극적으로 계획하고 유도하며 재분배하여야 할 국가의 의무를 규정하는 경제에 관한 조항(헌법 제119조 제2항 이하) 등과 같은 이들 헌법규범은 사회복지국가원리의 헌법적 수용을 의미한다.

(ii) 사회복지국가란 "사회정의의 이념을 헌법에 수용한 국가", 사회현상에 대하여 방관적인 국가가 아니라 경제·사회·문화의 모든 영역에서 정의로운 사회질서의 형성을 위하여 사회현상에 관여하고 간섭하고 분배하고 조정하는 국가이며, 궁극적으로는 국민 각자가 실제로 자유를 행사할 수 있는 그 실질적 조건을 마련하여 줄 의무가 있는 국가이다.

---

1) 허영(174면): "민주주의가 자유와 평등의 통치형태적 실현수단이고, 법치국가가 자유와 평등의 국가기능적 실현수단이라면, 사회국가는 자유와 평등이 국민 스스로의 자율적인 생활설계에 의해서 실현될 수 있도록 생활여건을 조성해 주는 이른바 사회구조의 골격적인 테두리를 말한다."

2. 사회적 기본권의 보장

헌법은 제31조-제36조에 걸쳐서 사회적 기본권을 규정한다. 특히 제34조 제1항의 인간다운 생활을 할 권리는 사회적 기본권의 중심개념이다. 더 나아가 국가의 사회보장·사회복지의 증진에 노력할 의무(제2항), 생활능력이 없는 국민에 대한 국가의 보호(제5항), 재해로부터 국가의 국민보호(제6항), 국민의 근로의 권리 및 국가의 고용증진과 적정임금의 보장과 최저임금제의 실시(제32조 제1항), 인간의 존엄성을 보장하는 근로조건의 기준(제3항), 근로3권의 보장(제33조 제1항), 환경권(제35조), 교육을 받을 권리(제31조 제1항), 보건에 관한 국가의 보호(제36조 제3항) 등을 규정한다.

3. 재산권의 사회적 구속성

재산권은 보장되며, 그 내용과 한계는 법률로 정한다(제23조 제1항). 하지만, "재산권의 행사는 공공복리에 적합하도록 하여야 한다"(제2항)라고 하여 재산권의 사회적 구속성을 명시한다.

4. 경제의 민주화

"경제질서는 개인과 기업의 경제상의 자유와 창의를 존중함을 기본으로 한다"(제119조 제1항). 그러나 "균형있는 국민경제의 성장 및 안정과 적정한 소득의 분배를 유지하고, 시장의 지배와 경제력의 남용을 방지하며, 경제주체간의 조화를 통한 경제의 민주화를 위하여 경제에 관한 규제와 조정을 할 수 있다"(제2항). 경제의 민주화를 위한 규제와 조정은 곧 사회복지국가 원리의 이념적 지표인 사회정의의 실현을 위한 규제와 조정을 의미한다.

5. 국민의 의무

헌법에 명시된 국민의 의무 중에서 국방의 의무를 제외한 나머지 의무, 즉 재산권행사의 공공복리적합의무(제23조 제2항), 교육의 의무(제31조), 근로의무(제32조 제2항), 환경보전의무(제35조), 납세의무(제38조)는 사회복지국가원리의 구현과 관련되는 의무이다.

Ⅳ. 사회복지국가원리의 한계

사회복지국가의 원리의 한계에 관하여는 다양한 논의가 전개된다.[1]

1. 자유시장경제질서를 전제로 한 한계

사회복지국가원리에 입각한 국가의 규제와 개입은 자유시장경제질서를 부정하는 규제와 개입이어서는 아니 된다. 달리 말하자면 국가적 규제와 개입의 극단적 모델인 공산주의적 계획경제질서로 나아갈 수는 없다는 의미이다. 구소련을 비롯한 동유럽 공산국가의 시장경제로의 전환은 계획경제질서의 포기를 의미한다.

한편 서유럽의 자유민주주의국가에서 중도좌파(사회당)가 표방하는 경제체제도 기본적으로 자유시장경제질서의 틀을 벗어나지 아니하는 한도 안에서 사회정의의 이념을 구현하려 한다. 여기에 수정자본주의적 경제질서 · 사회적 시장경제질서 · 혼합경제질서라는 체제 안에서의 다양성이 자리 잡게 된다.

2. 법치국가적 한계

(i) 사회정의를 구현하기 위한 사회복지국가원리는 국가생활에서의 구체적 구현과정에서 적법절차 내지 법치국가적 한계를 수용하여야 한다. 사회정의의 이름 아래 적법절차를 무시할 수는 없기 때문이다.

(ii) 하지만, 사회복지국가원리의 구현에 필요한 범위 안에서 전통적 법치국가원리에서 주창되어 온 자유와 평등의 이념은 일정한 변화를 수용할 수밖에 없다. 그것은 곧 실질적 법치국가의 이념으로 국가생활에서 구현된다.

3. 개인의 자율과 창의에 기초한 한계

사회복지국가 원리에서의 국가적 규제와 개입은 개인의 자율과 창의에 바탕을 두어야 한다. 즉 개인의 자율과 창의를 존중하는 가운데 사회정의의 이름으로 국가적 규제와 개입을 통하여 사회복지국가를 구현하고자 한다.

> "자유민주주의국가에서는 각 개인의 인격을 존중하고 그 자유와 창의를 최대한으로 존중해 주는 것을 그 이상으로 하고 있는 만큼 기본권주체의 활동은 일차적으로 그들의 자결권과 자율성에 입각하여 보장되어야 하고 국가는 예외적으로 꼭 필요한 경우에 한하여 이를 보충하는 정도로만 개입할 수 있고, 이러한 헌법상 보충의 원리가 국민의 경제생

1) 계희열 교수((상)387면)는 법치국가적 한계, 이념적 · 개념적 한계, 재정적 한계를; 권영성 교수(141-142면)는 개념본질상의 한계, 법치국가원리의 한계, 기본권제한상의 한계, 재정 · 경제력에 의한 한계, 보충성의 원리에 의한 한계를; 허영 교수(175-177면)는 사회국가실현의 방법적 한계로 체계적합성의 요청에서 나오는 이념적 · 실질적 한계를 구분하고, 이념적 한계는 자율적인 생활설계의 존중, 생활수준의 상향적 조정의 추구, 자유를 전제로 한 자유 속의 평등을, 실질적 한계로는 경제정책적 한계와 제도적 · 재산권적 한계를 든다.

활의 영역에도 적용됨은 물론이므로 …"(헌재 1989.12.22. 88헌가13, 국토이용관리법 제21조의3 제1항, 제31조의2 위헌심판(합헌)).

4. 기본권제한에 따른 한계

사회복지국가원리를 구현하기 위하여 국민의 자유와 권리에 제한을 가하더라도, 자유와 권리의 본질적 내용을 침해할 수는 없다(제37조 제2항).

5. 재정 · 경제상의 한계

사회복지국가 원리를 실현하기 위하여는 국가의 재정 · 경제적인 뒷받침이 뒤따라야 한다. 그러나 국가가 수용할 수 있는 부담능력에는 일정한 한계가 있다. 그것은 곧 사회적 기본권(사회권)의 구체적 권리로서의 한계 문제와 직결된다.

6. 보충성원리에 의한 한계

경제사회적 문제는 제1차적으로 개인이 해결하고 그것이 불가능할 경우에 한하여 국가가 적극적으로 개입하는 보충성원리에 의한 한계를 가진다.

현대 산업사회에서의 위험원이 증가하는바, 그 위험이 현실화된 경우에 손해를 부담하게 하는 위험책임의 원리가 필요하다(헌재 1998.5.28. 96헌가4등, 자동차손해배상보장법 제3조 단서 제2호 위헌제청(합헌)). 국가는 저상(低床)버스를 도입하여야 할 의무는 없다(헌재 2002.12.18. 2002헌마52, 저상버스도입의무 불이행 위헌확인(각하)).

제 2 항 사회적 시장경제주의

Ⅰ. 의의 : 헌법과 경제질서

(ⅰ) 한국헌법은 제헌헌법 이래 독립된 경제 장(章)을 두고 있다. 이러한 헌법편제는 사회주의국가헌법(참고로 북한 헌법은 제2장 경제편에서 제19조부터 제38조까지 20개 조항을 두고 있다) 이외에 자유민주주의 헌법체제에서는 그 예를 찾기 어렵다. 다만, 자본주의적 경제질서와 사회주의적 경제질서의 타협적 구조로 나타난 1919년 바이마르공화국헌법에서 찾을 수 있다.

(ⅱ) 1789년 프랑스 인권선언 이래 근대헌법은 인간의 권리로서 사유재산권을 보장하기에 이르렀으며, 현행헌법도 제헌헌법 이래 재산권을 기본권의 하나로 규정한다. 그러나 재산권 등 사회·경제적 기본권의 보장에 그치지 아니하고, 경제에 관한 독립된 장의 설정은 국민의 정치적 자유와 권리의 확보와 더불어 국민의 경제적 자유와 평등의 실현을 도모하려는 국가적 의지의 표현이다.

(ⅲ) 18·19세기에 만연했던 자유시장경제원리와 사유재산권 절대의 법리는 19세기 말 20세기 초에 이르러 독점자본주의와 제국주의의 폐해로 나타났다. 이를 시정하여 국민의 실질적 자유와 평등을 확보하기 위하여 국가가 규제와 조정을 하는 사회적 시장경제질서가 등장하였다. 이는 곧 정치헌법과는 별개의 경제헌법이 아니라, 국가의 최고법인 헌법에 정치적 결단뿐만 아니라 경제적 결단을 동시에 내포하는 경제헌법을 의미한다.[1]

Ⅱ. 경제질서의 기본유형 : 세계경제질서의 새로운 재편

종래 헌법상 경제질서 모델인 자유민주주의국가 모델과 전체주의적인 공산주의 모델이라는 두 개의 축을 사이에 두고, 세계 각국의 헌법에서는 양자의 차이를 완화하려는 노력이 진행되어왔다.

---

1) 정순훈, 경제헌법, 법문사; 정영화, 평화통일과 경제헌법, 법원사; 이덕연, 경제와 헌법, 리걸플러스; 김형성, "통일헌법상의 경제질서", 의정연구 7-2; 성낙인, "헌법과 경제민주화", "대한민국 경제헌법사 소고", 헌법학논집; 윤재만, "경제질서와 기본권", 공법연구 36-4; 윤수정, "우리 헌법상의 경제질서", 공법연구 44-2; 김수용, "1948년 헌법개정요강의 경제질서", 공법연구 50-2; 김병록, "양극화와 경제정의", 미국헌법연구 34-2.

1. 순수한 시장경제질서

전통적 자유주의원리에 입각한 순수한 의미의 시장경제질서를 유지하는 체제는 그 자취를 감추어 간다. 굳이 찾아보자면 미국이 가장 이 모델에 가깝다.

2. 사회적 시장경제질서: 전통적인 자유민주주의국가에서 좌·우파의 갈등

(i) 소위 수정자본주의원리라 할 수 있는 사회적 시장경제질서가 전통적인 자본주의국가에서의 일반적 경제질서로 자리 잡고 있다. 사회적 시장경제질서를 유지하는 나라들에서도 좌·우파의 정책수단에 차이가 있다. 그러나 그 어떠한 경우에도 시장메커니즘에 대한 전면전인 국가적 개입은 허용되지 아니한다. 다만, 사회복지국가가 지향하는 사회정의의 구현 정도에 따라 국가적 개입의 차이가 있을 뿐이다. 그런데 우파·좌파 사이의 갈등은 기본적 출발점 내지 추구하는 정책방향의 차이로 인하여 이론상 두 개의 다른 경제질서로 이해될 수 있는 소지가 있다. 왜냐하면 우파 즉 보수파가 자유주의원리를 확대·강화하면서 그 문제점을 보완하는 입장이라면, 유럽 사회당으로 대표되는 좌파는 자본주의적 시장경제체제를 혁신적으로 개혁하여 사회정의의 실현에 중점을 두고 있기 때문이다.

(ii) 서유럽 자유민주주의국가의 경제질서는 자본주의적 시장경제질서의 틀 아래서 국가적 규제와 조정을 행한다. 이는 대체로 독일·프랑스·영국 등에서 채택하는 경제질서이며, 한국의 경제질서도 이 블록에 포함된다. 이러한 자유주의적 경향은 특히 유럽 보수파의 정책에서 더욱 분명하게 드러난다.

(iii) 그러나 유럽에서 지배적 정당으로 등장한 사회당은 보수파의 정책보다는 훨씬 강한 경제에 대한 국가적 개입을 천명한다. 영국 노동당과 프랑스 사회당(초기에 공산당과 연립정부구성)이 집권하였을 때 시행한 국유화 정책이 이를 단적으로 반증한다. 그러나 이들 좌파 정부도 최근에는 중도적 경향으로 나아간다.

3. 구소련을 비롯한 동유럽 각국의 시장경제질서로의 편입

(i) 구소련의 와해와 그에 따른 독립국가연합(CIS)이라는 불안한 특수국가연합체제가 현존하는 가운데, 러시아도 시장경제질서를 도입하였다. 또한 폴란드를 비롯한 동유럽 각국도 자본주의적 시장경제질서를 도입하였다.

(ii) 그런데 CIS 및 동유럽 각국이 계획경제에서 시장경제로 진입하였다고는 하지만, 토지를 비롯한 중요생산수단은 국·공유화된 상태에서 출발하였다는 점

에서, 서유럽 각국과 같이 생산수단의 사유화에서 출발한 모델과는 구별된다.

4. 전통적인 사회주의국가의 경제질서가 처한 한계상황

사회주의적 계획경제질서를 유지하는 중국·북한 등이 자본주의적 시장경제 메커니즘을 어느 정도까지 도입할 수 있을지는 여전히 의문으로 남는다. 이들 나라에서도 합영법·경제특구 등을 통하여 자본주의적 시장경제가 작동한다.

5. 전 망

순수한 시장경제질서를 제외한 계획경제질서·사회적 시장경제질서·자유시장경제질서 모델은 당분간 존속하리라고 본다. 특히 서유럽 각국에서 사회당이 추구하는 정책방향과 동유럽 각국의 경제질서는 그 체제가 상이하지만, 사회민주주의적이라는 점에서 유사한 측면이 있다.[1)]

Ⅲ. 헌법상 경제질서의 기본원칙 : 사회적 시장경제질서

1. 의 의

(ⅰ) 헌법 제119조에서는 경제질서의 기본원칙을 규정한다: ① 대한민국의 경제질서는 개인과 기업의 경제상의 자유와 창의를 존중함을 기본으로 한다. ② 국가는 균형있는 국민경제의 성장 및 안정과 적정한 소득의 분배를 유지하고, 시장의 지배와 경제력의 남용을 방지하며, 경제주체간의 조화를 통한 경제의 민주화를 위하여 경제에 관한 규제와 조정을 할 수 있다.

(ⅱ) 제119조 제1항은 대한민국의 경제질서에 관한 기본규정이다. 즉 "개인과 기업의 경제상의 자유와 창의를 존중함을 기본으로" 하는 시장경제질서원리를 천명한다. 시장경제질서는 재산권이 보장된 상황에서만 가능하다는 점에서 헌법 제

---

1) 세계 경제질서 모델

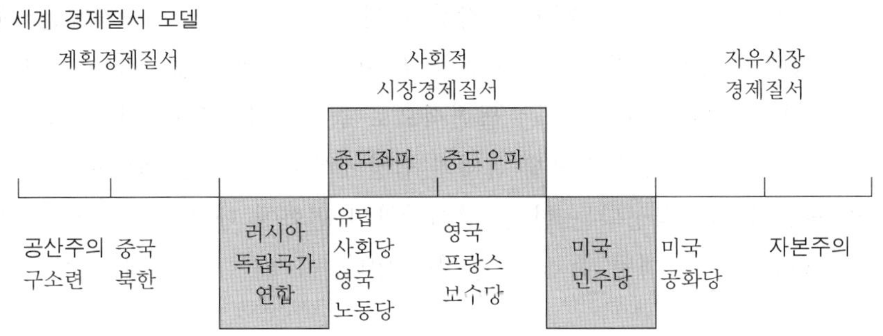

23조의 재산권보장과 그 맥락을 같이한다. 그러나 이는 1789년 프랑스 인권선언에서 천명한 사유재산권 절대의 법리나 18·19세기에 횡행하던 무제약적인 자유시장경제질서에 대하여는 일정한 제한이 불가피하다.

(iii) 경제의 성장·안정·분배, 경제력남용의 방지, 경제의 민주화는 오늘날 한국경제뿐만 아니라 세계경제가 안고 있는 당면과제이다. 이를 해결하기 위한 국가적 규제와 조정은 시대적 요구인 경제민주화 의지의 표현이다. 따라서 한국경제헌법의 기본원칙은 시장경제·사유재산권보장·경제의 민주화로 볼 수 있다.

(iv) "'사회적 시장경제질서'는 경제재의 생산과 분배가 자유경쟁원칙에 따라 행하여지되, 경제에 대한 국가의 통제가 사회정의실현과 경제적 약자를 보호하기 위하여 경제에 대한 국가의 통제를 강조하는 체제"이다. 그러므로 한국헌법에서 사회적 시장경제질서는 경제질서의 기본명제로서 시장경제·사유재산권보장·국가적 규제와 조정 등을 포괄하는 종합적·상위개념이다.

헌법재판소도 한국헌법의 경제질서는 사회적 시장경제질서임을 분명히 한다.

> "우리나라 헌법상의 경제질서는 사유재산제를 바탕으로 하고 자유경쟁을 존중하는 자유시장경제질서를 기본으로 하면서도 이에 수반되는 갖가지 모순을 제거하고 사회복지·사회정의를 실현하기 위하여 국가적 규제와 조정을 용인하는 사회적 시장경제질서로서의 성격을 띠고 있다." 이에 따라 "복수조합의 설립을 금지한 구 축산업협동조합법(1994.12.22. 제4821호로 개정되기 전의 것) 제99조 제2항은 입법목적을 달성하기 위하여 결사의 자유 등 기본권의 본질적 내용을 해하는 수단을 선택함으로써 입법재량의 한계를 일탈하였으므로 헌법에 위반된다"(헌재 1996.4.25. 92헌바47, 축산업협동조합법 제99조 제2항 위헌소원(위헌)).

(v) 제헌헌법의 경제질서는 국가적 규제와 통제의 성격이 강하였으나, 제2차 헌법개정(1954년) 이후 국가의 규제와 조정이 상당부분 완화되었다.

2. 시장경제질서

자본주의경제질서에서 재산소유형태를 사유재산제에 입각하고 있는 한, 그 경제구조는 필연적으로 시장경제에 입각하지 아니할 수 없다. 시장경제는 공개된 상태에서 경쟁에 의한 가격의 형성·생산 및 고용과 분배를 결정하는 경제구조이다. 시장경제의 기본인 자유경쟁은 필연적으로 경제주체인 "개인과 기업의 경제상의 자유"를 전제로 한다. 국민경제 전체의 입장에서도 모든 국민의 창의와 자기책임에 의하여 경제가 형성되는 한편, 경제상황의 변화에 대응하여 국가적 규제와 조정이 탄력적으로 실행될 수 있는 장점이 있다. 따라서 시장경제질서는 계획경제질서와는 근본적으로 구별된다.

헌법재판소는 1985년에 자행된 공권력에 의한 국제그룹해체사건에서 다음과 같이 판시한다: "헌법 제119조 제1항(제5공화국헌법 제120조 제1항)은 대한민국의 경제질서는 개인과 기업의 경제상의 자유와 창의를 존중함을 기본으로 한다고 하여 시장경제의 원리에 입각한 경제체제임을 천명하였는바, 이는 기업의 생성·발전·소멸은 어디까지나 기업의 자율에 맡긴다는 기업자유의 표현이며 국가의 공권력은 특단의 사정이 없는 한 이에 대한 불개입을 원칙으로 한다는 뜻이다"(헌재 1993.7.29. 89헌마31, 공권력행사로 인한 재산권침해에 대한 헌법소원(인용(위헌확인))).

이자제한법의 폐지는 복지국가를 추구하여야 할 국가의 책무 등 우리 헌법의 원리나 질서에 위배되지 아니한다(헌재 2001.1.18. 2000헌바7, 구 이자제한법중개정법률 등 위헌소원(합헌)). 유사수신행위의 금지는 헌법상 경제질서에 위배되지 아니한다(헌재 2003.2.27. 2002헌바4, 유사수신행위의규제에관한법률 제3조 등 위헌소원(합헌)).

3. 재산권보장

헌법 제23조 제1항 "모든 국민의 재산권은 보장된다"라는 규정은 재산권보장에 관한 일반적이고 포괄적인 원칙규정이다. 아울러 제13조 제2항은 소급입법에 의한 재산권의 박탈을 금지한다(제3편 제4장 제3항 참조). 그런데 프랑스 인권선언 제17조에서 규정된 18세기적인 소유권 절대의 관념은 1919년에 제정된 바이마르헌법 이래 소유권의 사회적 구속성으로 전화되어왔다.

"재산권의 사회적 제약 내지 사회 기속성을 강조하는 것은 재산권의 절대적 보장에서 배태(胚胎)되는 사회적 폐단을 최소화함과 아울러 사유재산제도의 기본이념을 보호하려는 것으로서 사유재산제도의 유지존속을 위한 사유재산제도의 최소한의 자기희생 내지 양보인 것이다." "우리 헌법도 재산권은 보장하되 '그 내용과 한계는 법률로 정한다'(헌법 제23조 제1항 후문)라고 하여 법률로 재산권을 규제할 수 있음을 명백히 하고 있을 뿐만 아니라 '재산권의 행사는 공공복리에 적합하도록 하여야 한다'(헌법 제23조 제2항)라고 하여 재산권행사의 사회적 의무성도 강조하고 있"다(헌재 1989.12.22. 88헌가13, 국토이용관리법 제21조의3 제1항, 제31조의2의 위헌심판(합헌)).

4. 경제의 민주화

헌법 제119조 제2항의 규정은 제1항의 시장경제원리에 대한 제약적 규정으로서 국가의 "경제에 관한 규제와 조정"을 선언한다. 즉 국가는 ① 균형있는 국민경제의 성장 및 안정과, ② 적정한 소득의 분배를 유지하고, ③ 시장의 지배와 경제력의 남용을 방지하며, ④ 경제주체간의 조화를 통한 경제의 민주화를 위하여, ⑤ 경제에 관한 규제와 조정을 할 수 있다. 현행헌법은 종래 사회정의의 실현을 위한 경제에 관한 규제와 조정 대신 경제의 민주화를 실현하기 위한 규제와 조정이로 대체하였다. 하지만, 양자는 서로 조응(照應)하는 개념으로 보아야 한다.

"이는 헌법이 이미 많은 문제점과 모순을 노정한 자유방임적 시장경제를 지향하지 않고 아울러 전체주의국가의 계획통제경제도 지양하면서 국민 모두가 호혜공영(互惠共榮)하는 실질적인 사회정의가 보장되는 국가, 환언하면 자본주의적 생산양식이라든가 시장 메커니즘의 자동조절기능이라는 골격은 유지하면서 근로대중의 최소한의 인간다운 생활을 보장하기 위하여 소득의 재분배, 투자의 유도·조정, 실업자구제 내지 완전고용, 광범한 사회보장을 책임있게 시행하는 국가, 즉 민주복지국가의 이상을 추구하고 있음을 의미"한다(헌재 1989.12.22. 88헌가13, 국토이용관리법 제21조의3 제1항, 제31조의2의 위헌심판(합헌)).

(1) 균형있는 국민경제의 성장 및 안정과 적정한 소득의 분배유지

현행헌법에서는 종래의 성장지상주의에 대한 반성적 성찰로서 경제성장의 혜택을 전 국민이 고르게 누릴 수 있도록 하기 위하여, 성장·안정·분배의 조화를 도모할 수 있게끔 국가적 규제와 조정을 가한다. 이것은 곧 경제적 측면에서 국민의 실질적 자유와 평등을 보장하려는 헌법적 결단의 표현이다.

"헌법 제119조 제2항은 국가가 경제영역에서 실현하여야 할 목표의 하나로서 '적정한 소득의 분배'를 들고 있지만, 이로부터 반드시 소득에 대하여 누진세율에 따른 종합과세를 시행하여야 할 구체적인 헌법적 의무가 조세입법자에게 부과되는 것이라고 할 수 없다. 오히려 입법자는 사회·경제정책을 시행함에 있어서 소득의 재분배라는 관점만이 아니라 서로 경쟁하고 충돌하는 여러 목표, 예컨대 '균형있는 국민경제의 성장 및 안정', '고용의 안정' 등을 함께 고려하여 서로 조화시키려고 시도하여야 하고, 끊임없이 변화하는 사회·경제상황에 적응하기 위하여 정책의 우선순위를 정할 수도 있다. 그러므로 '적정한 소득의 분배'를 무조건적으로 실현할 것을 요구한다거나 정책적으로 항상 최우선적인 배려를 하도록 요구"하지는 아니한다(헌재 1999.11.25. 98헌마55, 금융실명거래및비밀보장에관한법률 부칙 제12조 위헌확인(기각)).

(2) 시장의 지배와 경제력의 남용방지(제119조 제2항)

A. 의 의

독과점규제 및 공정거래확립의 헌법적 이념화는 20세기에 이르러 나타났다. 전통적인 시장경제질서에 맡겨 둘 경우, 자유경쟁질서가 유지되기보다는 오히려 건전한 거래를 저해하는 독과점기업의 출현을 초래하여 국민경제에 나쁜 영향을 미치게 된다. 이에 국가경제정책의 기본원리로서 독과점규제 및 공정거래 문제가 대두되었다. 이는 사회주의적 계획경제질서의 '사적 독점금지'와는 그 기본적 이념을 달리하는 문제이다.

"국가목표로서의 '독과점규제'는 스스로에게 맡겨진 경제는 경제적 자유에 내재하는 경제력집중적 또는 시장지배적 경향으로 말미암아 반드시 시장의 자유가 제한받게 되므

로 국가의 법질서에 의한 경쟁질서의 형성과 확보가 필요하고, 경쟁질서의 유지는 자연적인 사회현상이 아니라 국가의 지속적인 과제라는 인식에 그 바탕을 두고 있다. 독과점규제는 국가의 경쟁정책에 의하여 실현되고 경쟁정책의 목적은 공정하고 자유로운 경쟁의 촉진에 있다"(헌재 1996.12.26. 96헌가18, 주세법 제38조의7 등에 대한 위헌제청(위헌); 헌재 2004.6.24. 2002헌마496, 무혐의처분취소(인용(취소))).

'영업주체 혼동행위'를 부정경쟁행위로 정의하고 있는 '부정경쟁방지 및 영업비밀보호에 관한 법률' 제2조 제1호 나목이 경쟁행위를 자유롭게 수행할 수 없게 되어 직업의 자유의 자유로운 행사가 일부 제한된다 하더라도 그 제한의 정도가 건전하고 공정한 거래질서를 보호하려는 공익에 비하여 결코 중하다고 볼 수 없으므로 법익의 균형성도 인정된다(헌재 2021.9.30. 2019헌바217, 부정경쟁방지 및 영업비밀보호에 관한 법률 제2조 제1호 나목 위헌소원(합헌)).

B. 독과점규제의 수단

독과점규제는 '독점규제 및 공정거래에 관한 법률'에서 그 규제의 목표를 구체화하고 있다. 즉 국가의 경쟁정책은 시장지배적 지위의 남용방지, 기업결합의 제한, 부당한 공동행위의 제한 등을 통하여 시장경제가 정상적으로 기능하도록 하는 데 있다. 이에 따라 독과점규제의 목적은 궁극적으로 경쟁의 회복에 있으므로 독과점규제의 목적을 실현하는 수단 또한 자유롭고 공정한 경쟁을 가능하게 하는 방법이어야 한다(헌재 1996.12.26. 96헌가18, 주세법 제38조의7 등에 대한 위헌제청(위헌): 주세법의 自道소주구입명령제도가 헌법에 위반되는지 여부(적극)).

(3) 경제주체간의 조화를 통한 경제의 민주화

"'경제주체간의 조화를 통한 경제민주화'의 이념은 경제영역에서 정의로운 사회질서를 형성하기 위하여 추구할 수 있는 국가목표로서 개인의 기본권을 제한하는 국가행위를 정당화하는 헌법규범"이다(헌재 2004.10.28. 99헌바91, 금융산업의구조개선에관한법률 제2조 제3호 가목 등 위헌소원(합헌)).

Ⅳ. 사회적 시장경제질서의 구체화

1. 의의: 경제영역에서의 국가목표

(ⅰ) "우리 헌법은 전문 및 제119조 이하의 경제에 관한 장에서 균형있는 국민경제의 성장과 안정, 적정한 소득의 분배, 시장의 지배와 경제력남용의 방지, 경제주체간의 조화를 통한 경제의 민주화, 균형있는 지역경제의 육성, 중소기업의 보호육성, 소비자보호 등 경제영역에서의 국가목표를 명시적으로 규정함으로써, 우리 헌법의 경제질서는 사유재산제를 바탕으로 하고 자유경쟁을 존중하는 자유시장경제질서를 기본으로 하면서도 이에 수반되는 갖가지 모순을 제거하고 사회복지·사회정의를 실현하기 위하여 국가적 규제와 조정을 용인하는 사회적 시장경제질서로서의 성격을 띠고 있다"(헌재 2001.6.28. 2001헌마132, 여객자동차운수사업법 제73조의2 등 위헌확인(기각,각하)).

(ii) 헌법의 경제질서 장에서는 사회적 시장경제질서의 원리를 구현하기 위하여, 제120조의 천연자원 등의 국유화·사회화와 경제계획, 제121조의 농지제도, 제122조의 국토의 이용·개발, 제123조의 농·어민 및 중소기업의 보호·육성, 제124조의 소비자보호운동의 보장, 제125조의 대외무역, 제126조의 사영기업의 국·공유화, 제127조의 과학기술을 규정한다.

2. 국·공유화와 사유화(私有化)

(1) 국유화(國有化)·사회화(社會化)

제120조 제1항이 중요한 국가자원에 대한 국유화 내지 사회화의 원칙규범이라면, 제120조 제2항(국토와 자원)·제121조(농지제도)·제122조(국토)·제126조(사영기업의 국·공유화)는 헌법상 국유화·사회화에 관한 구체화 규범이다. '사회화'란 국가경제 전체에 대한 완전한 사회화를 의미하지 아니하고, 특정 재산에 대한 사회화를 의미한다. 왜냐하면 국가경제 전체의 사회화는 바로 사회주의적 사회화를 의미하기 때문이다. 현대 자본주의경제질서에서 사회화이념은 바이마르헌법에 나타난 공공복지 측면에서의 사회화와 미국의 '뉴딜'정책시대에 나타난 공공복지와 국민이익의 이념에서 찾을 수 있다.

(2) 천연자원(天然資源) 등의 국·공유화

"광물 기타 중요한 지하자원·수산자원·수력과 경제상 이용할 수 있는 자연력은 법률이 정하는 바에 의하여 일정한 기간 그 채취·개발 또는 이용을 특허할 수 있다"(제120조 제1항). 제헌헌법에서는 천연자원 등의 원칙적 국유화를 규정하였으나, 제2차 개정헌법 이후 "공공필요가 없는" 경우에 법률이 정하는 바에 의하여 일정한 기간 그 채취·개발 또는 이용을 특허할 수 있도록 함으로써 천연자원 등의 국·공유화 규정은 상대적으로 약화되었다. 생각건대 천연자원의 개발은 국민경제발전에 중요한 원동력을 주는 한편 상당한 시간과 막대한 자재·기업의욕과 기술이 요구되는 어려운 사업이다. 천연자원의 개발은 장려하되 그에 따르는 독점의 폐해를 막기 위하여 공공복리의 차원에서 특허하던 것을 법률로써 특허할 수 있도록 완화한다(전종익, 천연자원과 헌법, 박영사, 2021).

(3) 사영기업(私營企業)의 국·공유화와 경영에 대한 통제·관리

"국방상 또는 국민경제상 긴절한 필요로 인하여 법률이 정하는 경우를 제외하고는, 사영기업을 국유 또는 공유로 이전하거나 그 경영을 통제 또는 관리할 수 없다"(제126조)(헌재 1993.7.29. 89헌마31, 공권력 행사로 인한 재산권침해에 대한 헌법소원(인용(위헌확인))).

A. 사기업원칙

시장경제질서의 실천 주체는 바로 개인과 기업이다. 여기서 기업은 곧 시장경제질서에 입각한 사영기업을 의미한다. 사영기업 사이의 불균형문제를 시정하기 위하여 현행헌법은 "시장의 지배와 경제력의 남용을 방지하며, 경제주체간의 조화를 통한 경제의 민주화"(제119조 제2항)를 위하여 국가가 규제와 조정을 할 수 있도록 하였으며, 또한 "중소기업을 보호·육성"(제123조 제3항)하도록 규정한다.

B. 기업의 국·공유화

헌법상 기업의 국·공유화는 "국방상 또는 국민경제상 긴절한 필요"가 있어야 하며, 그것은 명령이나 처분을 통하여서가 아니라, '법률'로 정하여져야 한다.

다만, 국·공유화를 하는 경우에도 국민의 재산권보장에 관한 헌법 제23조 제1항과 제3항에 따라 정당한 보상을 지급하여야 한다.

(a) 국·공유화의 사유 ① "국방상 또는 국민경제상 긴절한 필요"가 있는 경우에 사영기업도 국·공유화할 수 있다. 이것은 국·공유화를 하는 국가측에서 본 국·공유화의 사유(事由)이자, 국·공유화를 당하는 기업측에서는 국·공유화 대상기업의 기준(基準)이 되기도 한다. "'사영기업의 국유 또는 공유로의 이전'은 일반적으로 공법상 수단에 의하여 사기업에 대한 소유권을 국가나 기타 공법인에 귀속시키고 사회정책적·국민경제적 목표를 실현할 수 있도록 그 재산권의 내용을 변형하는 것"이다(헌재 1998.10.29. 97헌마345, 자동차운수사업법 제24조 등 위헌확인(기각)).

② "국방상 긴절한 필요"란 해당 사기업을 국·공유화하지 아니하고는 도저히 국방목적을 달성할 수 없다고 판단되는 경우로 엄격히 해석하여야 한다. 오늘날 거의 모든 기업이 국방에 직·간접적으로 관련될 수밖에 없다. 왜냐하면 무기는 어느 특정 기업에서 전 제품이 생산되기보다는 분업이나 협업체제를 통하여 생산되기 때문이다.

③ "국민경제상 긴절한 필요"란 해당 사영기업을 국·공유화하지 아니하고는 국민경제의 정상적인 운용이 곤란한 경우를 말한다. 그런데 국민경제상 긴절한 필요에 의하여 국·공유화될 수 있는 기업은 그 예를 찾기가 지극히 힘들다. 국·공유화는 특정 기업에 한정되지 아니하고, 같은 종류에 속하는 일련의 기업군이어야 한다. 예상이 가능한 국·공유화기업군으로는 전력·철도·제철 등을 들 수 있다. 그러나 사영기업을 국·공유화하기보다는 오히려 기업의 국민화로 유도함으로써 국민경제의 균형 있는 발전에 더 기여할 수 있다.

④ 외국의 경우, 기업의 국·공유화 내지 사회화는 사회당(노동당)이 추구하는

정강정책의 현실화로서 시행된 예가 있다. 그런데 이것은 사회주의 혹은 공산주의 국가의 국·공유화 정책과는 그 기본적 출발점을 달리한다. 자본주의국가에서 진보정당은 사회정의를 실현하기 위한 경제정책적 수단으로서 주요기업을 국·공유화함으로써 "전체국민의 기업"이라는 이상을 실현하고자 한다. 하지만, 영국 노동당과 프랑스 사회당의 국·공유화 정책은 경영의 비경제성·비효율성과 개인의 창의적인 성취의욕의 부족으로 인하여 실패하고 말았다.

(b) 국·공유화의 한계　① 헌법에서 적시한 "국방상 혹은 국민경제상의 필요"라는 막연한 표현은 현실적으로 국·공유화의 한계로 기능하기 어렵다. 이에 따라 국·공유화의 한계가 정책집행자의 결정에 좌우될 우려가 있다.

② 제5공화국 초기에 언론의 공공성이라는 원칙에 따라 신문에 대하여는 사영기업과 국영기업의 존재를 인정하면서, 방송·통신은 국·공영으로 흡수·통합한 바 있다. 그러나 국·공유화를 통한 언론의 공적 책임 구현은 그 합리성을 찾기가 어렵다.

1987년 프랑스 우파정부에 의한 국영 제1방송(TF1)의 민영화는 정반대의 예이다. 우리나라는 유럽 사회당 계열의 진보정당이 아직 정권을 잡을 수 있는 정도로 성장하지 못하였기 때문에 국·공유화→사유화→재(再)국·공유화 등의 사태가 일어나지 아니하였다. 그런데 만약 진보정당이 집권하여 기업의 국·공유화를 시도한다면, 그들의 정강·정책과 헌법 제126조의 규정을 어떻게 조화시켜 나갈지 의문이다.

(c) 기업의 국민화　자본주의적 시장경제질서에서 국가는 개인의 자주적 경제계획과 판단에 의한 자유로운 경쟁질서를 확립할 책무를 가진다. 반면에 개인으로서의 기업인은 경제생활의 주체로서 자주적 계획과 판단에 따라 사회적 책임을 수행하여야 한다. 이제 기업은 한 개인의 순수한 사적 소유의 대상으로서만 머물러서는 아니 되고, 전체국민이 참여하고 공유하는 방향으로 나아가야 한다. 기업의 윤리성과 사회적 책임을 통한 기업의 국민화는 한국경제가 해결하여야 할 당면과제이다.

C. 경영의 통제 또는 관리

(i) 사기업의 '경영에 대한 통제 또는 관리'라 함은 비록 기업의 소유권 주체에 대한 변경은 이루어지지 아니하지만, 사기업경영에 대한 국가의 광범위하고 강력한 감독과 통제 또는 관리체계를 의미한다(헌재 1998.10.29. 97헌마345, 자동차운수사업법 제24조 등 위헌확인(기각)).

(ii) 기업의 국·공유화가 완전한 영구적 사회화라면, 사영기업에 대한 경영의 통제 또는 관리는 불완전한 일시적 사회화라 할 수 있다. 기업의 소유권은 그대

로 사인에게 맡겨 둔 채, 국방상 또는 국민경제상 긴절한 필요에 의하여 국가가 기업의 경영에 대한 통제 또는 관리는 국민의 재산권에 대한 중대한 국가적 구속이다. 따라서 기업경영의 통제나 관리는 기업의 국·공유화와 마찬가지로 엄격한 해석이 요망된다.

D. 국영기업의 사영화·민영화

사기업에 대한 경영개입은 제126조에서 적시하는 예외적인 경우보다는 오히려 기업의 국민화라는 측면에서 연구·검토되어야 한다. 국가나 공공기관에서 소유하거나 대주주로서 지배하던 기업을 민영화할 때에는 특정 개인에 의하여 경영이 완전히 좌우됨으로써 발생하는 폐해를 최소화하여야 한다. 금융이나 철강 등을 사유화·민영화할 때 이런 우려들이 현실화할 수 있다.

3. 경제계획(經濟計劃)

(i) "국토와 자원은 국가의 보호를 받으며, 국가는 그 균형있는 개발과 이용을 위하여 필요한 계획을 수립한다"(제120조 제2항). 이 규정과 제123조 제1항의 농·어촌개발을 위한 '계획'에 관한 규정이 헌법상 국가에 의한 경제에 관한 계획의 전부이다. 그러므로 헌법상 계획은 경제 전반에 관한 총체적 경제계획을 의미하지 아니하고, 국토나 자원의 이용·개발이나 농·어촌개발과 같은 특정한 부분에 대한 계획, 즉 부분적 경제계획에 불과하다.

(ii) 시장경제를 기본원리로 하고 있는 민주주의국가에서의 경제계획은 계획경제를 기본으로 하는 사회주의적 계획경제와는 구별된다. 오늘날 시장경제에 있어서의 총체적 경제계획은 시장경제 그 자체의 부정이 아니라, 오히려 시장경제 그 자체에서 나타날 수 있는 여러 가지 모순을 시정하고 그 자체의 기능을 합리적으로 조절하기 위한 현대적 경제정책의 한 부문을 의미한다.

4. 농지제도(農地制度)

헌법 제121조 : ① 국가는 농지에 관하여 경자유전(耕者有田)의 원칙이 달성될 수 있도록 노력하여야 하며, 농지의 소작(小作)제도는 금지된다. ② 농업생산성의 제고와 농지의 합리적인 이용을 위하거나 불가피한 사정으로 발생하는 농지의 임대차와 위탁경영은 법률이 정하는 바에 의하여 인정된다.

(1) 경자유전의 원칙

제헌헌법 이래 경제적·사회적 민주주의의 일환으로 경자유전의 원칙을 강조하였으며, 이에 따라 1949년에 농지개혁법을 시행한 바 있다. 소작제도금지 그 자체가 헌법상의 원칙이므로 법률로써도 소작제도를 허용할 수 없다. 이것은 곧 전근대적 법률관계인 소작제도의 청산을 의미한다. 더 나아가 헌법은 부재지주(不在地主)로 인하여 야기되는 농지이용의 비효율성을 제거하기 위하여 경자유전의 원칙을 국가의 의무로서 규정하고 있다.

농지소유자가 농지를 농업경영에 이용하지 아니하여 농지처분명령을 받았음에도 불구하고 정당한 사유 없이 이를 이행하지 아니하는 경우, 당해 농지가액의 100분의 20에 상당하는 이행강제금을 그 처분명령이 이행될 때까지 매년 1회 부과할 수 있도록 한 것은 합헌이다(헌재 2010.2.25. 2008헌바80등, 구 농지법 제65조 위헌소원(합헌). 동지: 헌재 2010.2.25. 2008헌바98등, 구 농지법 제10조 등 위헌소원(합헌); 헌재 2010.2.25. 2008헌바116, 구 농지법 제62조 제1항 위헌소원(합헌); 헌재 2010.2.25. 2008헌바39, 농지법 제62조 등 위헌소원(합헌)).

자경(自耕)농지에 대하여만 양도소득세 면제는 합헌이다(헌재 2003.11.27. 2003헌바2, 구 조세특례제한법 제69조 제1항 위헌소원(합헌)).

(2) 농지의 임대차(賃貸借)와 위탁경영(委託經營)

(i) 1980년 제5공화국 헌법에서 처음으로 농지의 임대차와 위탁경영이 가능하도록 규정하였다. 이는 경자유전의 원칙에 대한 예외조항이다. 전근대적 법률관계인 소작제도는 헌법에서 명시적으로 금지하면서, 이에 대한 대체제도로서 위탁경영과 임대차라는 근대적 법률관계의 설정을 허용한다. 그런데 농지의 임대차와 위탁경영으로 인하여 경자유전의 원칙이 무의미하게 될 가능성을 배제할 수 없다. 따라서 농지의 임대차나 위탁경영은 "농업생산성의 제고와 농지의 합리적 이용 또는 불가피한 사정"이 있을 때에 법률이 정하는 바에 의하여 인정된다.

(ii) 이에 따라 농지법은 "농지는 자기의 농업경영에 이용하거나 이용할 자가 아니면 소유하지 못한다"(제6조)라고 하여 경자유전의 원칙을 선언하면서, "농업인이 자기노동력이 부족하여 농작업의 일부를 위탁하는 경우" 등에 농지의 위탁경영을 인정하고(제9조), "상속으로 농지를 취득하여 소유하는 경우" 등의 사정이 있는 경우에만 농지의 임대차 또는 사용대차를 허용한다(제23조).

농지소유자로 하여금 원칙적으로 농지의 위탁경영을 할 수 없도록 한 농지법 제9조는 헌법에 위반되지 아니한다. 헌법이 제정 시부터 현행헌법에 이르기까지 농지소유에 관한 원칙으로 경자유전의 원칙은 전근대적인 토지소유관계를 청산하고, 투기자본의 유입으로 인하여 발생할 수 있는 농업경영 불안정과 같은 사회적 폐해를 방지함으로써 건전한 국민경제의 발전을 이루기 위한 원칙이다. 위탁경영 금지조항에 따라 농지는 소유와 경영이 원칙적으로 일치하게 되고, 이로써 경자유전의 원칙을 실현할 수 있게 되므로 입법목적의 정당성과 수단의 적합성도 인정된다. 농지소유자로서는 곡류의 경작·판매를 대신할 사람을 구하여 농지경영을 전담하게 하는 것이 농지를 보다 효율적으로 사용·

수익하는 방안이 될 수 있다. 그러나 농지에 대한 위탁경영을 널리 허용할 경우 농지가 투기 수단으로 전락할 수 있고, 식량 생산의 기반으로서 농지의 공익적 기능이 저해될 가능성을 배제하기 어렵다. 한편 위탁경영 금지조항에서는 예외적으로 농지의 위탁경영이 허용되는 사유를 규정함으로써 그 농지를 합리적으로 사용·수익할 수 있도록 하고 있으므로 위탁경영 금지조항은 침해의 최소성도 인정된다. 위탁경영 금지조항으로 농지의 공익적 기능을 유지할 수 있고 궁극적으로 건전한 국민경제의 발전을 도모할 수 있게 된다. 이러한 공익은 위탁경영 금지조항으로 인하여 제한되는 재산권보다 현저히 크기 때문에, 위탁경영 금지조항은 법익의 균형성도 인정된다(헌재 2020.5.27. 2018헌마362, 농지법 제9조 등 위헌확인(기각,각하)).

5. 국토(國土)의 이용·개발

(i) "국가는 국민 모두의 생산 및 생활의 기반이 되는 국토의 효율적이고 균형있는 이용·개발과 보전을 위하여 법률이 정하는 바에 의하여 그에 관한 필요한 제한과 의무를 과할 수 있다"(제122조).

(ii) "국토의 효율적이고 균형있는 이용·개발과 보전"의 필요성은 국토가 "국민 모두의 생산 및 생활의 기반"이 되기 때문이다. ① 토지가격은 주택가격뿐만 아니라, 모든 상품 및 서비스가격의 상승을 유도하여 경제안정을 저해하므로 근본적인 경제안정을 위하여서는 토지가격의 안정이 선행되어야 한다는 안정의 차원과, ② 토지투기는 불로소득(不勞所得)을 발생하게 하여 근로의욕과 생산의욕을 감퇴시키고 사회기강을 문란하게 하며 소득불균형을 심화시키므로 형평의 증진 차원에서 토지문제가 다루어져야 한다.

(iii) 이러한 토지문제를 해결하기 위하여 토지공개념을 도입하면서 소위 토지공개념 관련법률이 제정된 바 있다. 하지만 토지거래허가제, '개발이익 환수에 관한 법률', '재건축 초과이익 환수에 관한 법률' 종합부동산세법을 제외한 그 이외에 '택지소유 상한에 관한 법률', '토지초과이득세법' 등은 위헌·헌법불합치결정·일부위헌결정에 따라 상당부분 무력화되었다(제3편 제4장 제3항 VI. 3. 토지재산권의 특수성과 토지공개념 참조).

6. 농·어민 및 중소기업의 보호·육성

제123조에서는 현대산업사회에서 열악한 지위에 있는 산업, 즉 농업·어업·중소기업의 보호·육성과 그에 종사하는 국민을 보호함과 아울러 지역간 경제의 불균형으로 야기되는 국민수혜의 불균형을 시정하기 위한 국가적 의무를 규정한다.

"헌법 제123조는 농수산업정책, 지역적 경제촉진과 중소기업정책의 필요성을 구체적으로 강조함으로써, 지역간의 경제적 차이를 조정하고, 국민경제적 이유에서 일정경제부문이 변화한 시장조건에 적응하는 것을 용이하게 하거나 또는 경쟁에서의 상이한 조건을 수정하기 위하여, 경제적으로 낙후한 지역이나 일정경제부문을 지원할 국가의 과제를 규정하고 있다. 즉 국가가 보조금이나 세제상의 혜택 등을 통하여 시장의 형성과정에 지역적으로 또는 경제부문별로 관여함으로써, 시장에서의 경쟁이 국가의 지원조치에 의하여 조정된 새로운 기초 위에서 이루어질 수 있도록 하는 것이 헌법 제123조의 목적이다"(헌재 1996.12.26. 96헌가18, 주세법 제38조의7 등에 대한 위헌제청(위헌)).

(1) 농업 및 어업의 보호 · 육성

"국가는 농업 및 어업을 보호 · 육성하기 위하여 농 · 어촌종합개발과 그 지원 등 필요한 계획을 수립 · 시행하여야 한다"(제123조 제1항). 경제성장과정에서 상대적으로 비수혜업종인 농업을 보호 · 육성하기 위하여서는 단편적이고 평면적인 지원책으로는 해결의 실마리를 찾을 수 없다. 농 · 어촌종합개발을 통한 국가적 지원이나 계획이 수립되어야 한다. 농어업인 등의 복지증진, 농어촌의 교육여건 개선 및 농어촌의 종합적 · 체계적인 개발촉진에 필요한 사항을 규정함으로써 농어업인 등의 삶의 질을 향상시키고 지역 간 균형발전을 도모함을 목적으로 '농어업인 삶의 질 향상 및 농어촌지역 개발촉진에 관한 특별법'이 제정되었다.

(2) 지역간의 균형있는 발전

"국가는 지역간의 균형있는 발전을 위하여 지역경제를 육성할 의무를 진다"(제123조 제2항). 급속한 경제성장에 따라 계층적 격차뿐만 아니라, 지역간 격차도 심화되고 있다. 이러한 지역간 불균형을 시정하기 위하여 헌법은 국가의 지역경제육성 의무를 규정한다.

"국가지역정책은 농 · 어촌의 이주현상과 대도시에로의 지나친 인구집중을 방지하고 국토의 균형있는 인구분산을 이루게 함으로써, 궁극적으로 경제성장과 안정이라는 경제적 목표를 달성하는 데 기여할 뿐만 아니라 전국적으로 균형있는 경제, 사회, 문화적 관계를 형성하는 사회정책적 목표를 촉진토록 하는 데 있다"(헌재 1996.12.26. 96헌가18).

(3) 중소기업의 보호 · 육성

"국가는 중소기업을 보호 · 육성하여야 한다"(제123조 제3항). 이 규정은 제5공화국헌법에서 신설되었다. 중소기업은 고용의 창출과 민족자본의 형성이라는 측면에서 산업구조상 큰 비중을 차지할 뿐만 아니라, 국민경제에 미치는 영향이 지대하다. 중소기업을 국가적 차원에서 보호 · 육성하여 밑으로부터 국민경제의 안정적 성장을 도모함으로써 건전한 경제산업구조를 구축할 수 있다. "중소기업의 보호는 넓은 의미의 경쟁정책의 한 측면을 의미하므로, 중소기업의 보호는 원칙적으로 경쟁질서의 범주 내에서 경쟁질서의 확립을 통하여 이루어져야 한다"(헌재 1996.12. 26. 96헌가18).

(4) 농·어민의 이익보호

"국가는 농수산물의 수급균형과 유통구조의 개선에 노력하여 가격안정을 도모함으로써 농·어민의 이익을 보호한다"(제123조 제4항). 이 규정은 현행헌법에서 신설되었다. 제123조 제1항이 농·어업의 보호육성을 통하여 농·어민을 보호·육성하기 위한 조항이라면, 제4항은 농수산물의 수요와 공급의 균형유지와 건전한 유통구조를 통하여 가격안정을 도모함으로써, 농·어민의 경제적 이익을 보호함과 아울러 농수산물의 최종소비자인 전체국민의 이익을 보호하려는 데 있다.

(5) 농·어민과 중소기업의 자조조직(自助組織)의 육성

(i) "국가는 농·어민과 중소기업의 자조조직을 육성하여야 하며, 그 자율적 활동과 발전을 보장한다"(제123조 제5항). 국민경제의 뿌리인 농·어민의 보호를 위한 자조조직은 일반적으로 협동조합의 형태를 취한다. 그러나 농·어민의 자조조직이 흔히 정치적 이용의 대상으로 되어왔기 때문에 종래 헌법에서는 중소기업의 자조조직과 더불어 "정치적 중립성을 보장한다"라고 규정하였으나, 현행헌법에서는 "자율적 활동과 발전을 보장한다"라고 표현을 수정하였다.

(ii) 이와 관련하여 농·어민과 중소기업의 자조조직인 협동조합에 관한 규정 대신 협동조합설립권을 기본권으로 인정하자는 논의도 있다. 자주적인 운영이 보장되는 협동조합을 설립할 수 있는 기본권인 협동조합설립권을 인정한다면, 경제질서에 농·어민과 중소기업자에 대한 열거적 자조조직조항은 그 필요성이 사라지게 된다.

> "절대적 개인주의·자유주의를 근간으로 하는 초기 자본주의의 모순 속에서 소비자·농어민·중소기업자 등 경제적 종속자 내지는 약지기 그들의 경제적 생존권을 확보하고 사회경제적 지위의 향상을 도모하기 위하여 결성한 자조조직이 협동조합이고, 우리 헌법도 … 국가가 자발적 협동조합을 육성하여야 함을 명문으로 규정하고 있다"(헌재 1996.4.25. 92헌바47 축산업협동조합법 제99조 제2항 위헌소원(위헌)).

농협법은 지역농협을 법인으로 하면서(제4조), 공직선거에 관여해서는 아니 되고(제7조), 조합의 재산에 대하여 국가 및 지방자치단체의 조세 외의 부과금이 면제되도록 규정하고 있어(제8조) 이를 공법인으로 볼 여지가 있으나, 한편 지역농협은 조합원의 경제적·사회적·문화적 지위의 향상을 목적으로 하는 농업인의 자주적 협동조직으로, 조합원 자격을 가진 20인 이상이 발기인이 되어 설립하고(제15조), 조합원의 출자로 자금을 조달하며(제21조), 지역농협의 결성이나 가입이 강제되지 아니하고, 조합원의 임의탈퇴 및 해산이 허용되며(제28조, 제29조), 조합장은 조합원들이 직접 선출하거나 총회에서 선출하도록 하고 있

으므로(제45조), 기본적으로 사법인적 성격을 지닌다. 이처럼 사법적인 성격을 지니는 농협의 조합장선거에서 조합장을 선출하거나 조합장으로 선출될 권리, 조합장선거에서 선거운동을 하는 것은 헌법에 의하여 보호되는 선거권의 범위에 포함되지 않는다(헌재 2012.2.23. 2011헌바154, 구 농업협동조합법 제50조 제1항 제1호 등 위헌소원(합헌)).

지역농협 이사 선거의 경우 전화(문자메시지 포함)·컴퓨터통신(전자우편 포함)을 이용한 지지 호소의 선거운동방법을 금지하고, 이를 위반한 자를 처벌하는 구 농업협동조합법은 결사의 자유, 표현의 자유를 침해한다(헌재 2016.11.24. 2015헌바62, 구 농업협동조합법 제50조 제4항 등 위헌소원(위헌)). 이에 따라 전화·컴퓨터를 이용한 선거운동이 허용되도록 개정되었다.

직선제 조합장선거의 경우 후보자가 아닌 사람의 선거운동을 전면 금지하고, 이를 위반하면 형사처벌하는 규정은 조합장선거의 후보자 및 선거인인 조합원의 결사의 자유 등 기본권을 침해하지 아니한다(헌재 2017.6.29. 2016헌가1, 공공단체 등 위탁선거에 관한 법률 제66조 제1호 등 위헌제청(합헌)).

임원의 선거운동 기간 및 선거운동에 필요한 사항을 정관에서 정할 수 있도록 규정한 신용협동조합법 규정은 헌법에 위반된다(7:2). 하지만, 자격정지 이상의 형을 받은 전과가 있는 자에 대하여 전과의 실효 여부를 불문하고 선고유예를 할 수 없도록 규정한 형법 제59조 제1항 단서는 헌법에 위반되지 아니한다(헌재 2020.6.25. 2018헌바278, 신용협동조합법 제27조의2 제2항 등 위헌소원(위헌,합헌)).

중소기업중앙회가 사적 결사체로써 결사의 자유, 단체 내부 구성의 자유의 보호대상이 된다고 하더라도, 공법인적 성격 역시 강하게 가지고 있으므로, 그 선거운동 제한이 기본권을 침해하였는지 여부를 판단함에 있어서는 입법재량을 존중하여야 한다. 농업협동조합중앙회, 수산업협동조합중앙회의 경우 회장선거의 선거관리를 중앙선거관리위원회에 의무적으로 위탁하도록 하고 있고, 그 선거운동에 대한 법적 규율은 공공단체등 위탁선거에 관한 법률이 우선 적용되어 선거운동 기간 전이라도 예비후보자로 등록한 사람에 대해 일정한 범위에서의 선거운동이 허용되고 있는 반면, 중소기업중앙회의 경우 임의위탁선거로서 그 선거운동에 대한 법적 규율이 중소기업협동조합법에 의하여 예비후보자 제도가 인정되지 아니하므로 선거운동 기간 외에는 일체의 선거운동이 금지되는바, 차별취급에 합리적인 이유가 있다(헌재 2021.7.15. 2020헌가9, 중소기업협동조합법 제137조 제2항 위헌제청(합헌)).

7. 소비자보호운동의 보장

(1) 법률이 정하는 바에 의한 소비자보호운동의 보장

"국가는 건전한 소비행위를 계도하고 생산품의 품질향상을 촉구하기 위한 소비자보호운동을 법률이 정하는 바에 의하여 보장한다"(제124조). 헌법이 보장하는 소비자보호운동이라 함은 공정한 가격으로 양질의 상품 또는 용역을 적절한 유통구조를 통하여 적절한 시기에 안전하게 구입하거나 사용할 소비자의 제반 권익을 증진할 목적으로 이루어지는 구체적 활동을 의미한다(헌재 2011.12.29. 2010헌바54, 형법 제314조 제1항 등 위헌소원(각하,합헌)).

광우병 파동에서 조·중·동에 대한 광고 중단 압박운동에 대하여 형법상 업무방해죄 적용은 헌법에 위배되지 아니한다.

"소비자는 물품 및 용역의 구입·사용에 있어서 거래의 상대방, 구입장소, 가격, 거래조건 등을 자유로이 선택할 권리를 가진다. 소비자가 시장기능을 통하여 생산의 종류, 양과 방향을 결정하는 소비자주권의 사고가 바탕을 이루는 자유시장경제에서는 경쟁이 강화되면 될수록 소비자는 그의 욕구를 보다 유리하게 시장에서 충족시킬 수 있고, 자신의 구매결정을 통하여 경쟁과정에 영향을 미칠 수 있기 때문에 경쟁은 또한 소비자보호의 포기할 수 없는 중요구성부분이다"(헌재 1996.12.26. 96헌가18, 주세법 제38조의7 등에 대한 위헌제청(위헌)).

소비자불매운동은 모든 경우에 있어서 그 정당성이 인정될 수는 없고, 헌법이나 법률의 규정에 비추어 정당하다고 평가되는 범위에 해당하는 경우에만 형사책임이나 민사책임이 면제된다고 할 수 있다. 우선, 1) 객관적으로 진실한 사실을 기초로 행하여져야 하고, 2) 소비자불매운동에 참여하는 소비자의 의사결정의 자유가 보장되어야 하며, 3) 불매운동을 하는 과정에서 폭행, 협박, 기물파손 등 위법한 수단이 동원되지 아니하여야 하고, 4) 특히 물품 등의 공급자나 사업자 이외의 제3자를 상대로 불매운동을 벌일 경우 그 경위나 과정에서 제3자의 영업의 자유 등 권리를 부당하게 침해하지 아니할 것이 요구된다 (헌재 2011.12.29. 2010헌바54, 형법 제314조 제1항 등 위헌소원(각하,합헌)).

(2) 소비자보호이념과 헌법

(i) 1962년 미국의 케네디 대통령은 의회에 제시한 "소비자보호에 관한 연두교서"를 통하여 소비자의 4대 권리로서 ① 안전의 권리, ② 알 권리, ③ 선택할 수 있는 권리, ④ 의사를 반영할 수 있는 권리 등을 제창하였다. 이에 따라 전 세계적으로 소비자보호의 물결이 일었다. 소비자주권론의 입장에서는 소비자의 권리를 헌법상 권리로 이해한다.

(ii) 우리나라에서는 1980년 제5공화국헌법 제정 당시 소비자보호의 헌법화에 관한 논의가 국민의 기본권강화와 국민복지향상이라는 측면에서 활발히 전개된 바 있다. 소비자보호의 이념을 헌법에 규정하자는 데에는 대체적인 찬동을 얻었으나, 그 구체적 방향에 관하여는 논란이 있었다. 즉 ① 소비자보호를 기본권의 하나로 파악하여 국민의 경제활동과 거래에 있어서의 경제적 불이익을 방지하려는 견해와, ② 경제의 장에 소비자보호를 독과점규제와 더불어 규정하려는 견해로 대립하였다. 제5공화국헌법은 경제의 장에 따로 소비자보호조항을 신설하였으며, 현행헌법은 이 조항을 그대로 답습한다. 제119조 제2항에서 설명한 바와 같이, 독과점규제도 소비자보호측면이 강하지만, 소비자보호는 제124조에서 별도로 규정한다.

(3) 권리냐 제도보장이냐

(i) 한국헌법상 소비자보호는 기본권의 장이 아닌 경제의 장에 규정되어 있

다. 따라서 헌법상 소비자보호운동은 소비자의 권리(복합적 기본권론: 권영성 577면)로서의 이익보호라기보다는 객관적 법질서의 보장이라는 측면에서 제도보장으로 파악할 수도 있다(대판 2013.3.14. 2010도410). 반면에 소비자보호운동의 제도보장이라는 헌법상 표현에 충실한 한정적·특정적 해석이 아닌 소비자보호권의 보장으로 보려는 견해도 제기될 수 있다. 다만, 헌법표현상 '소비자보호운동'이라는 점에서 헌법 제124조에서 소비자의 권리를 바로 연역하여 낼 수 있을지 의문이다.[1)]

(ii) 소비자의 권리를 헌법에서 추론하기 위하여서는 헌법상 인간의 존엄과 가치·행복추구권(제10조), 인간다운 생활을 할 권리(제34조)까지 동원하여야 한다. 그런데 헌법재판소는 제124조를 소비자의 권리에 대한 근거규정으로 이해한다. 하지만, 이는 헌법 제124조의 정확한 해석에 부합하는지 의문이다.

헌법 제124조에 의하여 "보호되는 것은 사적 경제영역에서 영리를 추구하는 기업이 제공하는 물품 또는 서비스를 이용하는 소비자가 기업에 대하여 갖는 권리인 반면, 제27조에 규정된 재판청구권은 국가에 대하여 재판을 청구할 수 있는 주관적 공권에 관한 것이므로 사적 영역에 적용되는 소비자의 권리를 국가가 제공하는 재판제도의 이용의 문제에 적용할 수 없다"(헌재 2005.3.31. 2003헌바92, 민사집행법 제158조 등 위헌소원(합헌)).

(iii) 헌법상 소비자보호의 보장이 아니라, 소비자보호 '운동'(運動)의 보장이다. 소비자개념을 무엇으로 보는가에 관계없이 모든 국민이 최종적 소비자의 입장에 처하여 있는 경제구조 아래에서 소비자보호를 위한 운동의 전개가 소비자보호를 위한 행동전략의 본질이다. 그러나 소비자보호운동은 소비자보호를 위한 하나의 수단에 불과하며, 소비자보호가 그 목적이어야 한다. 따라서 소비자보호운동의 보장규정은 너무 좁다는 비난을 면하기 어렵다.

소비자가 구매력을 무기로 상품이나 용역에 대한 자신들의 선호를 시장에 실질적으로 반영하기 위한 집단적 시도인 소비자불매운동은 본래 '공정한 가격으로 양질의 상품 또는 용역을 적절한 유통구조를 통해 적절한 시기에 안전하게 구입하거나 사용할 소비자의 제반 권익을 증진할 목적'에서 행해지는 소비자보호운동의 일환으로서 헌법 제124조를 통하여 제도로서 보장되나, 그와는 다른 측면에서 일반 시민들이 특정한 사회, 경제적 또는 정치적 대의나 가치를 주장·옹호하거나 이를 진작시키기 위한 수단으로서 소비자불매운동을 선택하는 경우도 있을 수 있고, 이러한 소비자불매운동 역시 반드시 헌법 제124조는 아니더라도 헌법 제21조에 따라 보장되는 정치적 표현의 자유나 헌법 제10조에 내재된 일반적 행동의 자유의 관점 등에서 보호받을 가능성이 있으므로, 단순히 소비자불매운동이 헌법

---

1) 이세주, "소비자보호에 관한 비교헌법적 고찰", 헌법학연구 25-2; 황의관, "소비자권리의 기본권적 성격과 헌법상 규범화에 관한 연구", 공법학연구 22-3.

제124조에 따라 보장되는 소비자보호운동의 요건을 갖추지 못하였다는 이유만으로 이에 대하여 아무런 헌법적 보호도 주어지지 아니한다거나 소비자불매운동에 본질적으로 내재되어 있는 집단행위로서의 성격과 대상 기업에 대한 불이익 또는 피해의 가능성만을 들어 곧바로 형법 제314조 제1항의 업무방해죄에서 말하는 위력의 행사에 해당한다고 단정하여서는 아니 된다(대판 2013.3.14. 2010도410).

8. 대외무역

"국가는 대외무역을 육성하며, 이를 규제·조정할 수 있다"(제125조). 대외무역에 관한 헌법규정이 제3공화국헌법에서 "국가의 통제" 대신 "육성과 규제·조정"으로 바뀜으로써 자유무역체제로의 전환을 가져왔다. 그러나 본조의 "규제·조정"이라는 의미를 국가가 일정한 계획을 수립하고, 그 계획의 틀 안에서 사인에 대한 자유활동의 허용으로 오해될 소지가 있다. 이에 자유무역체제로의 완전한 이행의 천명을 주장하는 입헌론도 제기된다.

9. 과학기술

第127조: "① 국가는 과학기술의 혁신과 정보 및 인력의 개발을 통하여 국민경제의 발전에 노력하여야 한다. ② 국가는 국가표준제도를 확립한다. ③ 대통령은 제1항의 목적을 달성하기 위하여 필요한 자문기구를 둘 수 있다."

(1) 과학기술의 혁신과 정보 및 인력의 개발

과학기술의 혁신 없이는 전체 국민경제의 발전을 기약할 수 없다. 과학기술의 혁신을 위하여 국가는 특별한 정책적 배려를 하여야 한다.

(2) 국가표준제도

국가표준제도는 전국가적인 관리·통일을 위하여 마련된 제도이다. 연방국가의 경우, 연방 전체의 통일성을 기하기 위하여 연방입법사항으로 규정한다.

오늘날 계량·계측 등의 사항은 전 세계적으로 통일되어 간다. 국내표준제도의 확립은 곧 국제표준제도에 연결되며, 국제화된 표준제도가 국가 안에서 정립되어야 국가경제질서가 안정된다. 이를 위하여 국가표준기본법이 제정되어 있다.

(3) 경제·과학자문기구

경제과학자문기구의 설치는 제헌헌법 기초과정에서부터 논의되었으나 현실화되지 못하다가, 제3공화국헌법에서 경제과학에 관한 사항을 종합적으로 심의하기 위한 경제과학심의회의가 헌법상 필수기관으로 규정되었다. 그러나 제4공화국헌법 이래 임의기관으로 규정한다.

현행헌법에서는 국민경제의 발전을 위한 중요정책의 수립에 관하여 대통령의 자문에 응하기 위하여 헌법상 필수기관이 아니라 임의기관(제93조)으로서 국민경제자문회의를 설치하고 있다. 또한 헌법기관은 아니지만 국가과학기술자문회의도 설치한다.

V. 국가의 경제질서에 대한 개입의 한계

(i) 헌법상 경제질서의 기본원칙(사유재산권보장·시장경제·경제의 민주화)을 벗어나는 국가의 경제에 대한 개입은 허용되지 아니한다. 즉 재산권의 본질적 내용 침해, 시장경제에 입각한 규제와 조정(보충성원리)이 아닌 사회주의적 계획경제질서의 전면적 도입(예컨대 사유재산의 전면적 국·공유화), 개인의 자율과 창의의 배제, 법치국가원리 위배 등은 용납되지 아니한다.

(ii) 다른 한편 국가가 경제질서에 대하여 소극적인 방임자적 자세를 취하여도 아니 된다. 즉 시장경제 자체를 왜곡하는 독과점에 대하여는 국가의 적극적 개입이 불가피하다.

제 3 항 문화국가원리

Ⅰ. 의 의

(i) 한국헌법(학)에서 '문화', '문화국가', '문화국가원리'[1]는 비교적 최근에 본격적으로 논의되기 시작하였다. 그런데 독일의 근대화과정에서 제기된 '문화국가'(Kulturstaat)원리가 우리나라에서 자칫 문화에 대한 국가의 개입을 정당화할 소지가 있다는 우려도 제기된다.[2]

(ii) 제헌헌법 이래 헌법전문에 '문화'라는 표현이 있긴 하지만, 1980년 헌법에서 처음으로 헌법 본문에 '문화', '전통문화', '민족문화'를 규정하기에 이르렀다. 더 나아가 대통령은 취임에 즈음하여 "민족문화의 창달에 노력하여"라고 선서한다(제69조). 그런데 현행헌법은 문화국가원리의 정립이라는 차원에서 본다면 전통문화·민족문화에 한정되어 있다는 점에서 그 한계가 있다.

Ⅱ. 헌법과 문화

1. 의 의

국가의 성격으로 헌법에서 문화국가를 구체적으로 적시한 예는 찾기 어렵다. 이와 달리 헌법에 법치국가·사회국가 등의 표현이 명시적으로 규정되어 있지는 아니하더라도 사실상 헌법규범 곳곳에 이들 원리가 스며들어 있다는 점에서 문화국가와의 차별성이 제기된다.

---

1) 성낙인, "헌법상 문화국가원리와 문화적 기본권", 유럽헌법연구 30; 김수갑, 문화국가론, 충북대출판부; 류시조, "한국 헌법상의 문화국가원리에 관한 연구", 헌법학연구 14-3; 김상겸, "헌법 제9조", 헌법주석서 1; 전광석, "헌법과 문화", 공법연구 18; 이시우, "문화복지의 헌법적 의미와 그 입법정책적 과제", 헌법학연구 5-2; 이인호, "문화에 대한 국가개입의 헌법적 한계-한글전용정책의 헌법적 문제점을 포함하여", 공법연구 43-1; 이종수, "문화기본권과 문화법제의 현황 및 과제", 공법연구 43-4; 전종익, "국가공동체와 문화유산", 공법연구 43-3; 최윤철, "세계화와 한국의 다문화주의", 공법연구 43-3; 박종현, "헌법상 문화국가원리의 구체화와 헌법재판에서의 적용", 헌법학연구 21-3; 이세주, "헌법상 문화국가원리에 대한 고찰", 세계헌법연구 21-2; 차원일, "언어에 대한 국가적 개입의 헌법적 정당성", 헌법학연구 24-3; 김선택, "다문화사회와 헌법", 헌법학연구 16-2; 강철근, "문화국가와 국산영화의무상영제에 관한 연구", 공법연구 32-4; 최정호, "문화다양성에 대한 입법평가", 헌법학연구 29-3; 김진곤, "소외집단의 문화적 접근권 및 문화향유권의 보호", 헌법학연구 28-4.

2) 권영설, "문화와 법: 역동적 관계의 진화", 선진국가를 위한 공법적 과제, 2014.

2. 국가와 문화의 관계

(i) 국가와 문화의 관계에 관하여 독일의 국법학자 후버(Ernst Rudolf Huber)는 문화와 국가의 상호관계에 기초하여 다음과 같은 논리를 제기한 바 있다. 첫째 문화의 국가로부터의 자유, 둘째 문화에 대한 국가의 기여(문화보호, 문화관리, 문화전승, 문화진흥), 셋째 국가의 문화형성력(특히 문화고권), 넷째 문화의 국가형성력, 다섯째 문화적 산물로서의 국가 등을 적시한다.

(ii) 문화국가의 유형으로는 그림(Dieter Grimm)의 유형론이 국내에서 널리 수용되고 있다. 문화와 국가의 관계에 대하여 근대 이전의 문화가 국가에 종속되었던 단계를 거쳐서 국가로부터 문화가 자율성을 확보하는 단계에서 이제 시장에 따라 문화가 종속되고 문화적 불평등이 심화되는 역사적 발전단계를 설명하기도 한다. 또한 문화에 대한 국가의 태도로는 첫째, 국가와 문화의 분리와 단절에 기초한 이원주의적 모델(초기 미국), 둘째, 문화 외의 다른 공익적 목적을 위하여 문화를 육성하는 공리주의적 모델(계몽군주국가 시대), 셋째, 국가가 문화를 지배하고 조종하는 통치적 모델(나치), 넷째, 문화 자체를 목적으로 문화를 육성하는 문화국가적 모델(프로이센의 개혁시대)을 들고 있다. 일반적으로 한국 헌법학계에서는 문화국가모델을 지원하고 지지한다. 그 문화국가에서는 문화에 대한 '불편부당(不偏不黨)의 원칙'(Prinzip der Nichtidentität)이 적용된다.

3. 헌법과 문화국가원리

(i) 헌법(학)에서 문화국가원리의 본격적 논의는 독일 헌법학으로부터 비롯된다. 영미법계 국가뿐만 아니라 대륙법계 국가인 프랑스에서도 헌법학에서 문화국가원리에 관한 논술은 찾아보기 어렵다.[1]

(ii) 문화국가원리에서 지칭하는 문화의 개념은 다양하게 정의된다. 문화기본법에서는 문화를 "문화예술, 생활 양식, 공동체적 삶의 방식, 가치 체계, 전통 및 신념 등을 포함하는 사회나 사회 구성원의 고유한 정신적·물질적·지적·감성적 특성의 총체"로 정의한다(제3조). 이에 기초하여 문화란 "모든 사회와 사회구성원의 고유한 정신적·물질적·지적·감성적·창조적 활동의 총체"로 정의할 수

---

1) 프랑스헌법에서 공화국의 성격 즉 공화국을 수식하는 공화국의 표상으로서 "불가분적, 비종교적, 민주적, 사회적, 지방분권적 공화국"(제2조 제1항 본문)이라고 규정하고 있다. 하지만, 공화국의 문화적 성격은 적시하지 아니한다.

있다. 이에 문화국가를 "국가가 개인의 문화적 자유와 자율성을 보장하고, 개인의 문화적 생활을 구현하기 위하여 국가가 적극적으로 문화의 육성 · 진흥을 위하여 개입함으로써, 문화적 평등을 실질적으로 보장하는 국가"로 정의하고자 한다.

(iii) 문화국가원리를 구현하기 위하여 제정된 문화기본법은 문화가 민주국가의 발전과 국민 개개인의 삶의 질 향상을 위하여 가장 중요한 영역 중의 하나임을 인식하고, 문화의 가치가 교육 · 환경 · 인권 · 복지 · 정치 · 경제 · 여가 등 우리 사회 영역 전반에 확산될 수 있도록 국가와 지방자치단체가 그 역할을 다하며, 개인이 문화 표현과 활동에서 차별받지 아니하도록 하고 문화의 본질적 속성인 다양성 · 자율성 · 창조성 원리의 조화로운 실현을 기본이념으로 한다(제2조).

Ⅲ. 문화국가원리의 내용

1. 의 의

문화에 대한 국가의 포괄적 지배시대를 마감한 프랑스혁명 이래 전개된 자유주의적 사상의 흐름에 따라 문화의 자율성시대를 맞이한다. 그러나 문화의 자율성은 문화의 경제적 종속성, 전통문화의 쇠퇴, 문화적 불평등과 같은 새로운 상황에 직면한다. 특히 인터넷시대의 도래와 더불어 정보의 보유 여부에 따라 문화적 평등은 더욱 촉진될 수도 있고 반대로 불평등이 더욱 심화될 수도 있다.

2. 헌법상 문화국가원리의 내용

(1) 문화국가원리의 실현과 문화정책

문화국가원리의 실현은 국가의 문화정책과 직접적으로 연계된다. 오늘날 국가는 문화의 다원성을 구현할 수 있도록 적극적인 문화정책을 펼쳐야 한다. 국가는 문화가 꽃을 피울 수 있는 불편부당한 풍토의 조성에 노력하여야 한다. 문화의 다양성 보호와 증진을 위하여 '문화다양성의 보호와 증진에 관한 법률'이 제정되었다. 헌법재판소도 문화국가의 실현과 문화정책을 강조한다.

"문화국가원리는 국가의 문화국가실현에 관한 과제 또는 책임을 통하여 실현되는바, 국가의 문화정책과 밀접 불가분의 관계를 맺고 있다. 과거 국가절대주의사상의 국가관이 지배하던 시대에는 국가의 적극적인 문화간섭정책이 당연한 것으로 여겨졌다. 그러나 오늘날에 와서는 국가가 어떤 문화현상에 대하여도 이를 선호하거나, 우대하는 경향을 보이지 않는 불편부당의 원칙이 가장 바람직한 정책으로 평가받고 있다. 오늘날 문화국가에서의 문화정책은 그 초점이 문화 그 자체에 있는 것이 아니라 문화가 생겨날 수 있는 문화풍토를 조성하는 데 두어야 한다." "문화국가원리의 이러한 특성은 문화의 개방성 내지 다원성의 표지(標識)와 연결되는데, 국가의 문화육성의 대상에는 원칙적으로 모든 사람에게 문화창조의 기회를 부여한다는 의미에서 모든 문화가 포함된다. 따라서 엘리트문화뿐만 아니라 서민문화, 대중문화도 그 가치를 인정하고 정책적인 배려의 대상으로 하여야 한다"(헌재 2004.5.27. 2003헌가1등, 학교보건법 제6조 제1항 제2호 위헌제청 등(위헌,헌법불합치,적용중지)).

(2) 문화의 국가로부터의 자유

문화를 인간의 정신적·창조적 활동영역으로 이해하는 한, 문화에 대한 국가의 개입은 정신적·창조적 활동영역을 저해할 소지가 있다. 즉 문화국가원리에 따라 국가는 문화정책을 적극적으로 시행할 의무가 있으나, 자칫 문화영역에 대한 국가의 지배와 간섭으로 이어져서는 아니 된다. 그러므로 문화에 대한 국가적 개입은 최소한에 그쳐야만 한다.

(3) 문화에 대한 국가적 개입

문화에 대한 국가적 개입은 사회복지국가원리에서의 국가적 규제나 개입과는 그 성격을 달리한다. 전자는 조성적이지만, 후자는 조정적이다. 문화에 대한 국가적 개입의 포기는 문화국가원리의 포기로 이어질 수 있기 때문에, 국가는 목적과 방법상의 한계 안에서 개입하여야 한다. 그것은 조성·육성·진흥·계승·발전·지원의 차원에서 이루어져야 하며, 직접적 규제는 최소한에 그쳐야 한다.

3. 헌법상 문화국가원리의 구현

(1) 문화국가원리의 일반적 구현

(i) 헌법에서 문화국가원리에 입각한 조항들을 찾을 수 있다. 즉 전문에서 "정치·경제·사회·문화의 모든 영역에 있어서"의 보호를 선언한다. 제9조에서는 "국가는 전통문화의 계승·발전과 민족문화의 창달에 노력하여야 한다"라고 규정한다. 이 조항은 헌법상 문화국가원리가 터 잡는데 결정적인 조항이라 할 수 있다. 평등권의 근거조항인 제11조 제1항에서는 "정치적·경제적·사회적·문화적 생활의 영역에 있어서 차별을 받지 아니한다"라고 하여 헌법전문의 입장을 평등권에서 다시 한 번 더 강조한다. 이와 같은 흐름은 헌법상 국가원수이자 동시에 행정권의 수반인(제66조 제4항) 대통령의 취임에 즈음한 선서에서도 헌법 제9조에서 강조한 "민족문화의 창달에 노력"한다고 선언한다(제69조).

(ii) 헌법재판소는 "우리나라는 건국헌법 이래 문화국가의 원리를 헌법의 기본원리로 채택"하고 있다고 판시한다(헌재 2004.5.27. 2003헌가1등). 하지만, 헌법재판소가 들고 있

는 헌법 제9조는 1980년 헌법에서 비로소 도입된 조항이므로 제헌헌법 이래 문화국가원리를 기본원리로 한다는 판시는 그 적절성에 의문이 제기된다.

(iii) 생각건대 1980년대에 이르러 국민소득 1만 달러 시대에 접어들면서 제헌헌법 이래 규정된 '인간다운 생활을 할 권리'가 이제 사회경제적으로 인간의 풍요로운 삶을 위한 실질적인 권리로 정립되면서, 문화국가원리의 구현을 위하여 국가는 물질적 측면에서의 인간다운 생활을 할 권리를 뛰어넘어 문화적 측면에서의 인간다운 생활을 할 권리를 구현할 수 있도록 노력하여야 한다. 이를테면 헌법상 문화국가원리는 국민경제의 성장과 안정의 산물이라고 하여도 과언이 아니다.

(2) 문화민족국가의 구현

(i) 해방과 건국 이후 밀물같이 다가온 외래문화의 홍수 속에서 전통문화의 계승·발전의 필요성이 제기되었다. 그런데 전통문화라 하여 무조건 보호하기보다는 시대적 상황에 맞는 문화를 보호·증진하여야 한다. 헌법재판소는 전통이나 전통문화의 역사성과 시대성을 특별히 강조한다.

> "헌법 전문과 헌법 제9조에서 말하는 '전통', '전통문화'란 역사성과 시대성을 띤 개념으로 이해하여야 한다. 과거의 어느 일정 시점에서 역사적으로 존재하였다는 사실만으로 모두 헌법의 보호를 받는 전통이 되는 것은 아니다. 전통이란 과거와 현재를 다 포함하고 있는 문화적 개념이다." "따라서 우리 헌법에서 말하는 '전통' '전통문화'란 오늘날의 의미로 재해석된 것이 되지 않으면 안 된다. 그리고 오늘날의 의미를 포착함에 있어서는 헌법이념과 헌법의 가치질서가 가장 중요한 척도의 하나가 되어야 할 것임은 두말할 나위가 없고 여기에 인류의 보편가치, 정의와 인도의 정신 같은 것이 아울러 고려되어야" 한다(헌재 2005.2.3. 2001헌가9등, 민법 제781조 제1항 본문 후단부분 위헌제청 등(호주제 헌법불합치,잠정적용)).

(ii) 헌법은 헌법의 기본원리를 천명한 헌법 전문에서 "정의·인도와 동포애로써 민족의 단결을 공고히 하고"라고 하여 비록 민족의 단결을 강조하지만 그 저변에는 민족적 민주주의적인 경향이 흐르고 있음을 부인할 수 없다. 다른 한편 헌법전문에서 "항구적인 세계평화와 인류공영에 이바지함으로써"라고 하여 "인류의 보편가치, 정의와 인도의 정신"을 한국헌법의 기본원리로 천명하고 있음에 비추어 전 인류적인 정신과 가치를 받아들이고 있다. 그런 점에서 헌법전문의 큰 뜻은 인류의 보편가치에 충실한 문화국가원리를 지향한다.

(iii) 생각건대 한국헌법은 그 제헌 당시부터 민주주의 특히 자유민주주의를 지향하는 가운데 민족적 민주주의의 속성을 강하게 드러내고 있다. 그러한 사상적 흐름은 자연스럽게 헌법에 '민족의 단결'과 '민족문화'를 강조하게 된다.

(iv) 문제는 한국사회가 급격하게 다문화사회로 접어들고 있으므로 한국헌법의 기본원리로서의 민족적 민주주의에 대한 재검토가 요망된다. 이제 순혈 단일민족이란 인식에 따른 민족적 민주주의로부터 시민적·개방적 민족주의로 나아가야 할 시점에 이르렀다.[1)]

4. 문화국가원리로부터 문화적 기본권의 정립

(1) 사회복지국가원리와 사회권으로부터 비롯되는 문화국가원리

문화적 기본권을 정립하는 데에는 헌법의 기본원리와의 견련성으로부터 출발하여야 한다. 그렇다면 문화적 기본권도 헌법의 기본원리로부터 발전적으로 정립하여 나가야 한다. 즉 헌법의 기본원리로서의 문화국가원리와 문화적 기본권은 서로 호응하는 동반자적 관계로 나아가야 한다.

> "개별성·고유성·다양성으로 표현되는 문화는 사회의 자율영역을 바탕으로 한다고 할 것이고, 이들 기본권은 견해와 사상의 다양성을 그 본질로 하는 문화국가원리의 불가결의 조건이"다(헌재 2004.5.27. 2003헌가1등, 학교보건법 제6조 제1항 제2호 위헌제청 등(위헌,헌법불합치,적용중지)).
>
> "양심의 자유, 종교의 자유, 언론의 자유, 학문과 예술의 자유와 같이 문화국가의 성립을 위하여 불가결한 기본권의 보장과 …"(헌재 2000.4.27. 98헌가16등(위헌)).

다른 한편 문화적 기본권은 기본권으로서의 속성과 그 출발점이라는 관점에서 본다면 사회복지국가원리 및 사회권으로부터 비롯된 속성을 무시할 수 없다.

(2) 문화적 기본권 논의의 전개

(i) 자유권 중에서 핵심적인 개인의 정신적·창조적 활동영역을 보장하기 위한 양심의 자유(제19조), 종교의 자유(제20조), 표현의 자유(제21조), 학문과 예술의 자유(제22조 제1항) 등은 문화적 기본권의 측면을 가진다. 특히 환경권(제35조), 국가의 환경보전의무(제35조 제1항), 국가의 국민의 쾌적한 주거생활을 위한 노력(제35조 제3항) 등은 문화적 기본권과 직접적으로 관련된다. 더 나아가 혼인과 가족제도도 가족에 관한 권리(제36조)로 문화적 기본권에 포섭될 수 있다. 인간의 존엄과 가치 및 행복추구권(제10조)은 모든 기본권의 원류적 기본권으로 문화적 기본권과 연계된다.

(ii) 결국 헌법상 모든 기본권은 문화적 기본권과 연계되지 아니할 수 없다.

---

1) 2018년 정부가 제시한 헌법개정안은 헌법 전문에서는 "민족의 단결"이라는 기존의 표현을 고수하고 있지만 헌법 제9조 및 헌법 제69조에서는 민족이라는 표현이 삭제되고 특히 헌법 제9조에서는 다문화사회를 직접 언급하고 있다. 즉 기존 대통령선서문에서 "민족문화의 창달"은 "문화의 창달"로 대치되었다. 특히 개정안 제9조는 "국가는 문화의 자율성과 다양성을 증진하고, 전통문화를 발전적으로 계승하기 위하여 노력해야 한다"라고 하여 "민족문화의 창달" 대신 "문화의 자율성과 다양성을 증진하고"라고 함으로써 사실상 다문화사회에 접어든 현실을 문화국가원리에도 반영된다.

그런데 이렇게 할 경우 자칫 문화적 기본권의 백화점화할 우려를 자아낸다. 그러므로 문화적 기본권의 핵심영역은 가급적 사회복지국가로부터 비롯되는 사회권적 측면이 강한 기본권 중심으로 이론을 구축하여 나가야 한다. 문화적 기본권을 실질화하기 위한 '인간다운 생활을 할 권리'(제34조)로부터, 교육권(제31조), 근로권 및 근로3권(제32조, 제33조), 환경권(제35조), 혼인과 가족에 관한 권리(제36조) 및 지적재산권보호(제22조 제2항) 등이 문화적 기본권과 관련된다.

(iii) 한편 문화기본법에서는 "모든 국민은 성별, 종교, 인종, 세대, 지역, 정치적 견해, 사회적 신분, 경제적 지위나 신체적 조건 등에 관계없이 문화 표현과 활동에서 차별을 받지 아니하고 자유롭게 문화를 창조하고 문화 활동에 참여하며 문화를 향유할 권리(문화권)를 가진다"라고 규정한다(제4조).

(3) 국가유산(문화재) 및 창작물 등의 보호

(i) "저작자·발명가·과학기술자와 예술가의 권리는 법률로써 보호한다"(제22조 제2항). 비록 이들의 권리가 기본권으로 정립되어 있지는 아니하지만 학문과 예술의 자유에 준하는 수준의 법적 보호를 받아야 한다.

(ii) 실용신안제도와 관련하여 헌법재판소는 "헌법 제22조 제2항은 … 학문과 예술의 자유에 내포된 문화국가 실현의 실효성을 높이기 위하여 저작자 등의 권리보호를 국가의 과제로 규정하고 있다. 저작자 등의 권리를 보호하는 것은 학문과 예술을 발전·진흥시키고 문화국가를 실현하기 위하여 불가결"하다고 판시한다(헌재 2002.4.25. 2001헌마200, 실용신안법 제34조 등 위헌확인(기각)). 또한 헌법재판소는 저작권보호를 위한 불법적인 전송 금지(헌재 2011.2.24. 2009헌바13 등, 저작권법 제104조 등 위헌소원(합헌)), 청소년보호를 위하여 게임산업에 대한 셧다운제(헌재 2014.4.24. 2011헌마659 등, 청소년보호법 제23조의3 등 위헌확인(기각,각하))를 인정한다.

(iii) 특히 국가유산은 전 세계 인류의 자산이라는 차원에서 보호되어야 한다. 헌법재판소는 민족문화유산 보존의 차원에서 전통사찰의 보전 및 전통사찰에 대한 권리행사의 일정한 제한을 허용한다(헌재 2012.6.27. 2011헌바34, 전통사찰의 보존 및 지원에 관한 법률 제14조 위헌소원(합헌)).

"중요한 것은 민족문화유산을 보존하는 것이 국가의 단순한 은혜적 시혜가 아니라 헌법상 의무이므로, 일단 관할국가기관에 의하여 민족문화유산으로 지정된 전통사찰의 경우, 사정이 허락하는 한 이를 최대한 빠짐없이 지속적으로 보존하는 것이 헌법 제9조 등의 규정취지에 부합한다"(헌재 2003.1.30. 2001헌바64, 구 전통사찰보존법 제6조 제1항 제2호 등 위헌소원(헌법불합치,잠정적용); 헌재 2001.6.28. 99헌마516(헌법불합치,잠정적용) 참조).

사법상 보유권한의 유무를 불문하고 도굴(盜掘) 등이 된 문화재인 정을 안 경우, 특히 선의취득 등 사법상 보유권한의 취득 후에 도굴 등이 된 정을 알게 된 경우까지 처벌의 대상으로 삼고 있는데, 문화재의 보유·보관자에 대한 신고의무나 등록의무의 부과 및 그 위반에 대한 제재를 통하여도 달성 가능하므로 침해의 최소성에 반한다. 나아가 선의 취득자 등이 보유문화재가 도굴 등이 된 정을 알고 즉시 제3자에게 문화재를 이전하는 경우 그 행위는 제3자를 구성요건에 해당하게 할 수 있다는 점에서 적법하게 취득한 문화재에 관한 재산권의 처분을 사실상 불가능하게 하므로 침해되는 사익이 현저하여 법익균형성의 요건을 충족하기 어렵다. 이는 재산권 행사의 사회적 제약을 넘어 불필요하거나 지나치게 가혹한 부담을 부과하는 것으로 헌법에 위반된다. 문화재는 원칙적으로 사적 소유권의 객체가 될 수 있고, 문화재의 은닉이나 도굴된 문화재인 정을 알고 보유 또는 보관하는 행위의 태양이 매우 다양함에도 구체적 행위 태양이나 적법한 보유권한의 유무 등에 관계없이 필요적 몰수형 규정은 형벌 본래의 기능과 목적을 달성함에 있어 필요한 정도를 현저히 일탈하여 지나치게 과중한 형벌 부과로 책임과 형벌 간의 비례원칙에 위배된다(헌재 2007.7.26. 2003헌마377, 문화재보호법 제81조 제4항 등 위헌확인(위헌,기각,각하)).

5. 헌법재판소 판례에서 구현된 문화국가원리

(1) 의 의

(ⅰ) 헌법재판소 판례를 통하여 문화국가원리에 관류하는 내용은 헌법 제9조로부터 비롯된다. 그런데 헌법재판의 특성상 '헌법상 보장된 기본권' 보호의 입장에서 어떠한 판단을 내리는가에 따라 굳이 문화적 기본권이라고 표현하지 아니하더라도 문화와 관련된 기본권의 침해 여부에 중점을 두게 된다.

(ⅱ) 헌법재판소 판례에서는 문화, 문화국가, 문화국가원리, 문화국가이념, 문화국가실현이라는 표현이 상호 혼용되어 있으나 종국적으로는 문화국가원리의 표현으로 이해된다. 주제별로는 교육권, 문화예술 등이 주로 관련된다.

(2) 교육과 문화국가원리

헌법재판소는 교육권(교육을 받을 권리)과 문화국가의 연계성을 강조하면서, ① 의무교육 취학연령(就學年齡)(헌재 1994.2.24. 93헌마192, 교육법 제96조 제1항 위헌확인(기각)), ② 중등교육 의무교육(헌재 1991.2.11. 90헌가27, 교육법 제8조의2에 관한 위헌심판(합헌)), ③ 대학의 자율성 보장과 서울대학교 1994학년도 신입생 선발입시안(헌재 1992.10.1. 92헌마68 등, 1994학년도 신입생선발입시안에 대한 헌법소원(기각)), ④ 교원지위법정주의(대학교원의 정년보장)와 기간제임용(헌재 1998.7.16. 96헌바33 등, 사립학교법 제53조의2 제2항 위헌소원 등(합헌,각하)), 이후 판례를 변경하여 기간제임용 헌법불합치결정(헌재 2003.2.27. 2000헌바26, 구 사립학교법 제53조의2 제3항 위헌소원(헌법불합치)), ⑤ 과외금지와 밤 10시 이후 학원의 과외교습금지의 위헌성(헌재 2009.10.29. 2008헌마635, 서울특별시 학원의 설립·운영 및 과외교습에 관한 조례 제5조 제1항 전문 위헌확인(기각)) 등을 판시한다.

"단지 일부 지나친 고액과외교습을 방지하기 위하여 모든 학생으로 하여금 오로지 학원에서만 사적으로 배울 수 있도록 규율한다는 것은 어디에도 그 예를 찾아볼 수 없는 것일 뿐만 아니라 자기결정과 자기책임을 생활의 기본원칙으로 하는 헌법의 인간상이나 개성과 창의성, 다양성을 지향하는 문화국가원리에도 위반된다(헌재 2000.4.27. 98헌가16등, 학원의설립·운영에관한법률 제22조 제1항 제1

호 등 위헌제청, 동법 제3조 등 위헌확인(위헌)).

(3) 전통, 전통문화 및 가족제도와 문화국가

호주제도(戶主制度)는 "혼인과 가족생활에서 개인의 존엄을 존중하라는 헌법 제36조 제1항의 요구에 부합하지 않는다"라고 하여 위헌(헌법불합치)으로 판시한다(헌재 2005.2.3. 2001헌가9등, 민법 제781조 제1항 본문 후단부분 위헌제청 등(헌법불합치,잠정적용)).

(4) 재산권과 문화국가

주택공급조합의 조합원을 무주택자로 한정한 것은 문화국가원리에 위배되지 아니한다고 판시한다(헌재 1997.5.29. 94헌바5, 주택건설촉진법 제3조 제9호 위헌소원(합헌)). 한편 국세기본법에서 국세에 대한 우선권 부여는 위헌이라고 판시한다(헌재 1990.9.3. 89헌가95, 국세기본법 제35조 제1항 제3호의 위헌심판(위헌)).

(5) 문화예술과 문화국가

(i) 문화예술보호를 위하여 "공연관람자 등이 예술감상에 의한 정신적 풍요를 느낀다면 그것은 헌법상의 문화국가원리에 따라 국가가 적극 장려할 일"이므로 문예진흥기금 부과는 위헌(헌재 2003.12.28. 2002헌가2, 구 문화예술진흥법 제19조 제5항 등 위헌제청(위헌))이다. 또한 학교환경위생정화구역의 영화상영금지(헌재 2004.5.27. 2003헌가1 등, 학교보건법 제6조 제1항 제2호 위헌제청, 학교보건법 제19조 등 위헌제청(위헌,헌법불합치)) 및 대학·유치원 근처 당구장금지도 위헌이다. 그런데 초·중·고 근처 당구장, 초·중·고·대학 근처 여관·납골시설, 18세 미만 노래방 출입금지는 합헌이라고 판시한다.

(ii) 국산영화보호를 위한 스크린쿼터제는 국내문화를 보호·증진하기 위한 합헌적 제한이라고 판시한다(헌재 1995.7.21. 94헌마125, 영화법 제26조 등 위헌확인(기각)). 다만, 이 결정에서 헌법 제9조의 문화국가원리를 제한의 근거로 들지 아니한 점은 아쉽다.

Ⅳ. 결어: 문화국가에서의 문화적 기본권

인간의 삶에 있어서 물질적 소여를 뛰어넘어 정신세계에서의 소여를 충족하기 위하여 문화국가론이 헌법의 기본원리로 요구받는다. 한국헌법의 기본원리로 뒤늦게 자리매김한 문화국가원리는 그 정체성이나 정향성에 대한 의구심을 불러일으키기도 한다. 하지만 자유민주주의원리, 사회복지국가원리, 국제평화주의라는 전통적인 국가원리에 문화국가원리를 정립함으로써 문화에 대한 '불편부당의 원칙'에 따라 "지원은 하되 간섭하지 아니한다"라는 명제가 구현되어야 한다.

제 4 관 국제질서의 기본원리 : 국제평화주의

제 1 항 국제평화주의

Ⅰ. 의 의

(i) 인류의 역사는 "전쟁과 평화"의 연속으로 점철되어왔다. 전쟁의 참화를 방지하기 위하여 일찍이 그로티우스(H. Grotius), 칸트(I. Kant) 등이 국제평화론을 제창하였지만, 국제평화주의 이념을 제도적으로 실현하지는 못하였다. 이준(李儁) 열사가 참가하려 한 1907년 제2차 헤이그 국제평화회의(계약상 의무이행강제를 위한 전쟁금지)는 평화를 위한 현대적 국제회의의 시작이었다. 특히 20세기에 자행된 두 차례에 걸친 세계대전의 후유증을 극복하는 과정에서, 국제평화주의 이념은 국제적으로 더욱 확산되었다.

(ii) 제1차 세계대전 이후 창설된 국제연맹은 초강대국 미국의 불참으로 처음부터 그 기능을 제대로 발휘할 수 없었다. 1928년에 전쟁포기에 관한 조약(不戰條約)이 체결되었으나 위반에 대한 제재수단의 결여로 실효성을 거두지 못하였다.

(iii) 제2차 세계대전은 인간존엄성 말살에 대한 심각한 우려를 자아낸 바 있다. 이에 1948년 국제연합(UN)이 탄생하였고, 유엔헌장은 침략전쟁뿐만 아니라 분쟁해결수단으로서의 전쟁 또는 무력의 행사를 금지한다.

Ⅱ. 국제평화주의의 헌법적 보장

제2차 세계대전 이후 국제평화주의 이념은 최고의 합의문서인 헌법에 명시된다. 각국 헌법에서 국제평화주의의 선언은 다양하게 전개되어왔다.

(i) 제2차 세계대전을 일으킨 독일은 전쟁야기에 대한 책임의식을 헌법전에 담고 있다. 1949년에 제정된 독일기본법은 강력한 평화조항을 규정하고 있다: 침략전쟁의 거부(제26조 제1항), 평화교란행위의 금지(제26조 제1항), 군수물자의 생산·수송·유통의 통제(제2항), 통치권의 제한(제24조 제1항), 양심적 병역거부권(제4조 제3항), 국제법규의 국내법

에 대한 우월(제25조) 등을 규정한다.

(ii) 제2차 세계대전의 또 다른 전범국가(戰犯國家)인 일본은 1946년 헌법에서 교전권의 포기와 전력(戰力) 보유의 금지까지 규정한 유일한 국가이다(제9조).

(iii) 침략전쟁을 부인하는 헌법으로는 한국헌법 등을 들 수 있다.

(iv) 국제분쟁의 평화적 해결의무를 국가의 의무로서 헌법에 규정하기도 한다(1931년 스페인헌법).

(v) 그 밖에도 영세중립(永世中立)을 선언한 국가도 있다. 스위스는 1815년 비인회의의 결과 영세중립국이 되었고, 1955년 오스트리아헌법은 영세중립을 선언한다(제1조 제1항).

(vi) 각국 헌법에서의 평화유지를 위한 노력은 오늘날 지역안보회의 등을 통하여 상당부분 결실을 거둔다. 하지만, 국지전(局地戰)은 계속 발발한다. 또한 강대국을 중심으로 군비강화나 신무기개발이 계속되기 때문에, 자국의 안보를 위한 노력은 각국에서 강화된다. 특히 남북분단의 특수상황에 처한 한반도에서는 경제대국 일본의 재무장(再武裝)과 중국을 비롯한 한반도를 둘러싼 초강대국의 전력강화로 새로운 긴장을 초래한다.

Ⅲ. 헌법상 국제평화주의의 구현

1. 국제평화주의의 일반적 선언

헌법전문에서 "안으로는 국민생활의 균등한 향상을 기하고 밖으로는 항구적인 세계평화와 인류공영에 이바지함으로써 우리들과 우리들의 자손의 안전과 자유와 행복을 영원히 확보할 것을 다짐하면서"라고 규정하고, 제5조 제1항에서 "대한민국은 국제평화의 유지에 노력하고"라고 하여 국제평화주의를 명시한다.

2. 침략전쟁의 부인

(i) "대한민국은 국제평화의 유지에 노력하고 침략적 전쟁을 부인한다"(제5조 제1항). 침략전쟁은 적의 직접적 공격을 격퇴하기 위한 전쟁(自衛戰爭)에 대응하는 개념으로서, 영토의 확장·국가이익의 실현·국제분쟁의 해결을 위한 수단으로서 행하는 무력행사를 말한다. 한국헌법은 침략적 전쟁을 부인한다는 점에서 교전권(交戰權) 자체를 부인하는 일본헌법과 구별된다.

국군의 이라크전쟁파견결정이 침략전쟁을 부인하고 있는 헌법 제5조 제1항에 위반된다는 이유로 제기된 헌법소원에 대하여, 헌법재판소는 각하결정을 내렸다. 즉, 서희(徐熙)·제마(濟馬)부대의 파병과 관련된 국무회의의 결정은 그 자체로 국민에 대하여 직접적인 법률효과를 발생시키는 행위가 아니며, 대통령의 결정과 국회의 의결은 기본권침해의 자기관련성이 없다(헌재 2003.12.18. 2003헌마225, 이라크전쟁파견동의안의결 위헌확인(각하) 및 헌재 2003.12.18. 2003헌마255등, 이라크전쟁파견결정등 위헌확인(각하)). 한편 자이툰부대의 파병에 관한 대통령의 파병결정은 그 성격상 국방 및 외교에 관련된 고도의 정치적 결단을 요하는 문제로서 헌법과 법률이 정한 절차를 지켜 이루어진 이상, 대통령과 국회의 판단은 존중되어야 하고 헌법재판소가 사법적 기준만으로 이를 심판하는 것은 자제되어야 한다(헌재 2004.4.29. 2003헌마814, 일반사병 이라크파병 위헌확인(각하)).

(ii) 헌법 제5조 제2항에서 "국군은 국가의 안전보장과 국토방위의 신성한 의무를 수행함을 사명으로 하며, 그 정치적 중립성은 준수된다"라고 규정한다. 그 밖에도 대통령의 국군통수권(제74조 제1항), 국군의 조직과 편성의 법정주의(제74조 제2항), 국민의 국방의무(제39조 제1항), 국가안전보장회의(제91조), 군사법원(제27조 제2항, 제110조), 군사에 관한 주요사항에 대한 국무회의의 필수적 심의(제89조 제2호·제6호·제16호), 선전포고 등 군사행동에 대한 국회의 동의(제60조 제2항) 등 군사관련 규정은 침략전쟁에 대응하고 자위전쟁(自衛戰爭)에 부응하는 헌법규범이다.

3. 국제법규의 존중

헌법 제6조 제1항은 "헌법에 의하여 체결·공포된 조약과 일반적으로 승인된 국제법규는 국내법과 같은 효력을 가진다." 제6조 제2항은 "외국인은 국제법과 조약이 정하는 바에 의하여 그 지위가 보장된다"라고 규정하여 국제법존중주의를 명시한다.

4. 평화적 통일의 지향

한국헌법은 평화통일을 지향한다. 헌법전문에서 "조국의 … 평화적 통일의 사명"을, 제4조에서 "자유민주적 기본질서에 입각한 평화적 통일정책을 수립하고 이를 추진한다"라고 규정하고, 제66조 제3항에서 "대통령은 조국의 평화적 통일을 위한 성실한 의무를 진다"라고 규정하며, 제69조의 대통령의 취임 선서문에서 "조국의 평화적 통일 … 에 노력하여"라고 규정하며, 제92조 제1항은 "평화통일정책의 수립에 관한 대통령의 자문에 응하기 위하여 민주평화통일자문회의를 둘 수 있다"라고 규정한다.

제 2 항 평화통일주의

Ⅰ. 의 의

(ⅰ) 국가의 통일(통합)이란 원래 둘 이상의 국가들이 통합한 하나의 국가 건설을 의미하지만, 남북한의 통일은 원래 단일한 하나의 국가가 역사적으로 분단되었다가 재결합하는 통일을 의미한다. 제2차 세계대전과 동서냉전시대의 산물로 야기된 분단국가들이 차례로 통일을 성취함으로써(1975년 베트남, 1990년 독일, 1992년 예멘) 이제 한국은 사실상 유일한 분단국가로 남아있다. 특히 20세기 말 동유럽에서의 민주와 자유의 물결이 공산주의 종주국 소련의 붕괴와 체제변화로 이어짐에 따라, 체제의 우위성이 입증되고 있는 자유민주주의에 입각한 통일의 염원이 그 어느 때보다도 강하게 드러난다.

(ⅱ) 1948년 2월 27일 유엔소총회의 결의에 따라, 5월 10일에 국회의원총선거가 실시되었다. 비록 대한민국헌법의 실질적 효력이 38선 이남지역에만 미치고 있었으나, 7월 12일 제정된 헌법은 대한민국이 한반도의 유일한 합법정부임을 천명하고 있다. 이러한 역사적 사실에 근거하여 헌법의 영토조항에서 "대한민국의 영토는 한반도와 그 부속도서로 한다"라고 규정한다. 이에 따라 제헌헌법에서는 통일문제에 관한 특별한 조항을 두지 아니하였다.

(ⅲ) 같은 분단국가인 독일연방공화국(서독)의 본(Bonn) 기본법은 1949년 5월 8일 제정 당시부터 전문에서 독일국민의 통일을 위한 노력을 규정하고 기본법의 효력이 미치는 범위는 11개 란트에 국한된다고 선언하고, 제146조에서는 통일헌법의 제정과 함께 기본법은 효력을 상실한다고 규정하므로, 기본법은 서독영역 내에서만 효력을 가지고 있었다. 그런데 독일은 통일 후에 새로운 헌법의 제정이 아니라, 동독의 5개 란트를 포괄하여 기본법의 효력범위를 전 독일에 확장시켰다.

(ⅳ) 생각건대 제헌헌법이 비록 영토조항에서 한반도의 유일한 합법정부로서 대한민국을 상정하였지만, 국제평화주의에 입각하여 "항구적인 세계평화와 인류공영" 및 "모든 침략적 전쟁을 부인"하는 조항도 동시에 두고 있으므로 무력통일이 아닌 평화통일을 지향한다.

제헌헌법(건국헌법)에 대하여는 "당시의 헌법을 완성된 헌법으로 예상한 나머지 남북

통일에 관한 특별규정을 두지 아니하고 암묵적으로는 무력통일을 목표로 하였다"라는 견해도 있다(권영성 180면).

(v) 이에 따라 제헌헌법의 영토조항을 그대로 둔 채 1972년 헌법(제4공화국 헌법)전문에서 평화통일의 원칙을 천명하고 있다. 현행헌법은 전문과 제4조에서 평화통일의 원칙을 더욱 강화한다.

(vi) 그런데 국가상황 및 국제환경의 변화에 따라 헌법상 영토조항과 평화통일주의 이념 사이에 충돌이 예고된다. 특히 남북한의 유엔동시가입과 남북교류의 확대에 따라 헌법규범과 헌법현실 사이의 갈등은 심화된다.

> "남·북한이 유엔(U.N)에 동시가입하였다고 하더라도, 이는 '유엔헌장'이라는 다변조약(多邊條約)에의 가입을 의미하는 것으로서 유엔헌장 제4조 제1항의 해석상 신규가맹국이 '유엔(U.N)'이라는 국제기구에 의하여 국가로 승인받는 효과가 발생하는 것은 별론으로 하고, 그것만으로 곧 다른 가맹국과의 관계에 있어서도 당연히 상호간에 국가승인이 있었다고는 볼 수 없다는 것이 현실 국제정치상의 관례이고 국제법상의 통설적인 입장이다"(헌재 1997.1.16. 92헌바6 등, 국가보안법 위헌소원(한정합헌,합헌)).

Ⅱ. 헌법상 평화통일주의

1. 헌법상 평화통일주의의 직접적인 천명

현행헌법에서는 전문을 비롯하여 여러 조항에서 "평화적 통일"의 원칙을 직접 천명(闡明)한다. 즉 전문에서 대한국민은 "평화적 통일의 사명"을 가지며, 제4조에서 "대한민국은 통일을 지향하며, 자유민주적 기본질서에 입각한 평화적 통일정책을 수립하고 이를 추진"하고, 제66조 제3항에서는 "대통령은 조국의 평화적 통일을 위한 성실한 의무를" 규정하고, 제69조의 대통령취임선서문에서 "조국의 평화적 통일"을 선서하며, 제92조 제1항에서 "평화통일정책의 수립에 관한 대통령의 자문에 응하기 위하여 민주평화통일자문회의를 둘 수 있다"라고 규정한다.

2. 헌법상 평화통일주의의 간접적인 천명

(i) 평화통일의 원칙은 헌법에 직접 규정한 조항 이외에도 간접적으로 관련된 조항에서도 인정된다.

(ii) 국제평화주의원칙은 곧 조국의 평화적 통일과 관련될 수밖에 없다. 헌법전문에서 "항구적인 세계평화와 인류공영에 이바지함으로써 우리들과 우리들의

자손의 안전과 자유와 행복을 영원히 확보할 것을 다짐"하고, 제5조 제1항에서 "대한민국은 국제평화의 유지에 노력하고 침략적 전쟁을 부인한다"라고 규정하고, 제2항에서 "국군은 국가의 안전보장과 국토방위의 신성한 의무를 수행함을 사명으로 하며, 그 정치적 중립성은 준수된다"라고 규정함으로써 대한민국이 평화통일의 원칙을 추구하고 있음을 간접적으로 보여준다.

3. 국민과 대통령의 평화적 통일을 위한 책무

(i) 평화통일의 성취는 이 시대 대한민국 국민의 권리이자 의무이기도 하다. 대통령은 통일과 관련된 중요정책에 대하여 국민투표(제72조)를 통하여 주권자인 국민의 합의를 도출함으로써 통일정책에 대한 국민적 정당성이 확보될 수 있다.

(ii) 또한 대통령의 평화통일을 위한 책무가 명시되어 있다(제66조 제3항, 제69조). 이에 따라 대통령은 국가원수이자 국정의 최고책임자로서 통일과업을 달성하기 위한 최종적인 정책적 결단권을 가진 자라 아니할 수 없다. 여기에 주권자로서의 국민과 국가원수로서의 대통령 사이에 민주적 절차와 방법에 의한 합의가 필요하다.

4. 자유민주적 기본질서에 입각한 평화적 통일

통일관련 헌법조항에 비추어 현행헌법이 추구하는 통일은 무력이 아닌 평화적 수단과 방법에 의한 통일임이 분명하다. 그러나 그 통일이 자유민주주의를 부인하는 전체주의 내지 공산주의에 입각한 통일이어서는 아니 된다. 바로 그러한 점이 평화적 통일이 가지는 헌법적 함의임과 동시에 한계라 할 수 있다. 헌법재판소도 (헌법전문과 제4조에서의) 통일은 대한민국의 존립과 안전의 부정도 아니고 또한 자유민주적 기본질서에 위해를 주지도 아니며 오히려 그에 바탕을 둔 통일이라고 판시한다(헌재 1990.4.2. 89헌가113, 국가보안법 제7조에 관한 위헌심판(한정합헌)).

Ⅲ. 평화통일주의와 대한민국의 영토조항

헌법 제3조의 "대한민국의 영토는 한반도와 그 부속도서로 한다"라는 영토조항과 헌법상 평화통일조항 사이에 규범조화적 해석이 필요하다. 사실 영토조항을 문언대로 이해하면 휴전선 이북지역에도 대한민국헌법의 효력이 미친다. 헌법의 영토조항에 의하면 북한의 휴전선 이북에 대한 실효적 지배를 부정하기 때문에 평화적 통일조항과 상충될 수 있다.

1. 헌법상 영토조항의 정당화이론

(i) 헌법상 영토조항이 한국헌법의 이해와 적용에 아무런 문제가 없다고 보는 영토조항의 정당화이론의 논리는 다음과 같다: ① 헌법에서 대한민국의 영토범위를 명백히 함으로써 타국에 대하여 침략적 야욕이 없음을 분명히 하고 있다(국제평화주의론). ② 대한민국은 한반도의 유일한 합법정부이다(유일합법정부론). ③ 따라서 휴전선 이북지역은 조선민주주의인민공화국이라는 불법적인 반국가단체가 지배하고 있는 미수복지역이다(미수복지역론). ④ 더구나 영토조항은 구한말(舊韓末)의 영토를 승계(구한말영토승계론)한 대한민국의 정통성과 직결되는 사안이므로, 이 문제는 현실적 상황논리로 해결할 성격이 아니다. 즉 북한도 대한민국의 영토의 일부라고 본다.

(ii) 이 견해는 타당성은 있으나 실효성(實效性)이 없는 대한민국 헌법규범의 문제점을 자유민주적 기본질서에 입각한 평화통일에 따라 자연스럽게 해결될 수 있다고 본다. 즉 현행헌법을 통일한국의 완성헌법으로 이해한다. 영토조항의 정당화이론에 의하면 통일의 방안으로서 무력에 의한 통일을 배제하는 한 영토조항은 평화통일조항과 충돌되지 아니하며 오히려 이와 조화된다고 한다. 영토조항은 바로 국가보안법 제3조의 근거가 되고 있으며, 대법원 판례도 같은 입장이다.

> "헌법 제3조는 '대한민국의 영토는 한반도와 그 부속도서로 한다'고 규정하고 있어 법리상 이 지역에서는 대한민국의 주권과 부딪치는 어떠한 국가단체도 인정할 수 없는 것이므로 비록 북한이 국제사회에서 하나의 주권국가로 존속하고 있고, 우리 정부가 북한 당국자의 명칭을 쓰면서 정상회담을 제의하였다 하여 북한이 대한민국의 영토고권을 침해하는 반국가단체가 아니라고 단정할 수 없다"(대판 1990.9.25. 90도1451)(동지: 대판 1961.9.28. 4294형상378); "설사 그가 북한법의 규정에 따라 북한 국적을 취득하여 중국주재 북한대사관으로부터 북한의 해외공민증을 발급받은 자라 하더라도 북한지역 역시 대한민국의 영토에 속하는 한반도의 일부를 이루는 것이어서 대한민국의 주권이 미칠 뿐이고 대한민국의 주권과 부딪치는 어떠한 국가단체나 주권을 법리상 인정할 수 없다는 점에서 볼 때 그러한 사정은 그가 대한민국 국적을 취득하는 데 아무런 영향을 끼칠 수 없다"(대판 1996.11.12. 96누1221).
>
> "북한이 우리의 자유민주적 기본질서에 대한 위협이 되고 있음이 분명한 상황에서 우리 정부가 북한 당국자의 명칭을 사용하고, 남북동족간에 자유로운 왕래와 상호교류를 제의하였으며, 남북국회회담 등과 같은 회담을 병행하고, 나아가 비록 북한이 대한민국과 함께 유엔에 동시가입하였다거나 그 사이에 '남북사이의화해와불가침및교류·협력에 관한 합의서'가 체결·발효되었다 하더라도 국가보안법이 그 규범력을 상실하였다고 할 수 없다"(대판 1992.7.24. 92도1148; 대판(전합) 2008.4.17. 2003도758).

(iii) 헌법재판소도 대법원과 유사한 견해를 표명하고 있다.

"현 단계에 있어서 북한은 조국의 평화적 통일을 위한 대화와 협력의 동반자임과 동시에 대남적화노선을 고수하면서 우리 자유민주체제의 전복을 획책하고 있는 반국가단체라는 성격도 함께 갖고 있음이 엄연한 현실인 점 …"(헌재 1993.7.29. 92헌바48, 남북교류협력에관한법률 제3조 위헌소원(각하); 헌재 1990.4.2. 89헌가113, 국가보안법 제7조에 관한 위헌심판(한정합헌)).

2. 영토조항의 현실적 해석론

헌법상 영토조항의 문리해석은 필연적으로 휴전선 이북지역에서의 북한의 지배는 불법적 지배이며, 결국 북한은 반국가단체가 될 수밖에 없다. 따라서 헌법상 평화통일의 원칙과 규범조화적 해석을 위하여서는 현실적 상황에 부응한 영토조항의 해석이 불가피하다는 입장이다.

(i) 국가의 기본적 요소의 하나인 영토는 새로운 국가를 건설하면서 헌법제정권자가 내린 근본결단에 기초하기 때문에, 헌법개정의 차원을 뛰어넘는 중요한 사안이라는 인식에 기초하여, 헌법의 영토조항은 그대로 둔 채 단지 변화된 헌법현실에 부응한 헌법변천의 차원에서 영토조항을 재해석하여야 한다고 본다. 헌법변천론도 영토조항을 통일한국의 영토조항으로 이해하는 견해와 헌법변천에 따라 영토조항은 사문화되었다는 견해로 나누어진다.

(ii) 특히 평화통일조항에 무게를 두는 견해에 의하면, 제헌헌법 이래 규정되어 온 영토조항에 입각한 한반도유일합법정부론은 1972년 헌법 이래 새로 첨가된 평화통일조항과의 관계에서 신법이 구법에 우선한다든가 현실적 원칙이 비현실적 원칙에 우선한다는 논리에 입각하여 영토조항의 포기로 본다.

(iii) 평화통일을 중요한 가치지표로 추구하는 헌법질서에 따라, 북한을 하나의 실제적 통치집단으로 인정하고, 북한지역까지 대한민국의 영토로 보려는 경직되고 비현실적인 냉전시대의 사고에서 탈피하여야 한다고 주장한다. 이 견해는 특히 독일에서 '1민족2국가론'으로 통일문제를 접근한 데에서 그 교훈을 찾고 있다.

(iv) 영토조항은 미래지향적 규정으로서 한반도 전체를 영토로 한 국가형성이라는 미래에 달성하여야 할 목표를 제시하는 미래지향적 · 미완성적 성격을 가진 조항이며, 평화통일조항은 영토조항이 제시하는 목표를 달성하기 위하여 현재 국가가 취하여야 할 절차 · 방법 · 내용을 규정하고 있는 현실적 · 구체적 성격을 가진 조항이라는 견해도 있다(도회근, "헌법 제3조(영토조항)의 해석", 권영성교수정년기념논문집, 1999).

3. 헌법규범과 헌법현실 사이의 괴리를 최소화하는 논리의 필요성

(i) 기존의 영토조항 해석론이 변화된 국내외적 현실을 헤쳐 나가는 과정에서 장애요인이 된다면 이제 이를 보다 전진적인 자세로 해석할 필요가 있다.

(ii) 하지만, 헌법의 핵인 영토조항이 가진 규범력을 무시할 수는 없다. 즉 영토조항에 근거하여 만약 북한붕괴 등의 긴급사태가 발생할 경우에 북한지역에도 대한민국의 통치권이 미치고, 대한민국이 한반도의 유일한 합법정부이고, 대외적으로는 북한과의 관계가 국가 대 국가의 관계라는 면이 있을지라도 대내적으로는 한민족 내부의 관계에 불과하다는 규범적 의미를 내포한다.

(iii) 따라서 대한민국의 영토는 한반도 전체이지만, 그 실질적 통치권을 행사하는 수단으로 무력이 아닌 평화적 방법을 추구하여야 한다고 이해함으로써 평화통일조항과 영토조항을 조화롭게 해석할 수 있다(심경수, "영토조항의 통일지향적 의미와 가치", 헌법학연구 7-2, 131-168면).

Ⅳ. 평화통일주의와 국가보안법

국가보안법은 "국가의 안전을 위태롭게 하는 반국가활동을 규제함으로써 국가의 안전과 국민의 생존 및 자유를 확보"(제1조 제1항)하기 위하여 제정되었다. 그런데 국가보안법은 냉전체제적인 법적 성격 및 그 규범운용의 지나친 자의적 성격으로 인하여 위헌 논의가 계속되어왔다. 이에 1991년에 법 개정을 통하여 "이 법을 해석적용함에 있어서는 제1항의 목적달성을 위하여 필요한 최소한도에 그쳐야 하며, 이를 확대해석하거나 헌법상 보장된 국민의 기본적 인권을 부당하게 제한하는 일이 있어서는 아니 된다"(제1조 제2항)라는 조항을 삽입하였다. 하지만, 헌법상 평화통일원칙에 비추어 국가보안법 위헌론이 제기된다.

1. 합 헌 론

대법원은 줄곧 국가보안법의 합헌성을 인정한다. 북한이 여전히 적화통일노선을 포기하지 아니하고, 반국가단체로서의 성격도 가지므로 국가보안법의 규범력이 상실되었다고 볼 수 없다는 견해가 대법원의 확립된 입장이다.

> "북한은 조국의 평화적 통일을 위한 대화와 협력의 동반자이기도 하지만 다른 한편 남·북한 관계의 변화에도 불구하고 여전히 적화통일노선을 고수하면서 우리의 자유민주주의 체제를 전복하고자 획책하는 반국가단체로서의 성격도 아울러 가지고 있고, 그 때문

에 반국가단체 등을 규율하는 국가보안법의 규범력도 계속 유효하다는 것이 대법원의 확립된 견해이다”(대판(전합) 2010.7.23. 2010도11890)(대판 2012.10.11. 2012도7455).

“우리 헌법전문과 제4조, 제5조에서 천명한 국제평화주의와 평화통일의 원칙은 자유민주적 기본질서라는 우리 헌법의 대원칙을 해치지 않는 것을 전제로 하므로 북한이 막강한 군사력으로 우리와 대치하면서 우리 사회의 자유민주적 기본질서에 대한 위협이 되고 있음이 분명한 상황에 국가의 안전을 위태롭게 하는 반국가활동을 규제함으로써 국가의 안전과 국민의 생존 및 자유를 확보함을 목적으로 하는 국가보안법이 평화통일의 원칙과 모순되는 법률이라고 할 수 없다”(대판 1993.9.28. 93도1730; 대판 1991.11.22. 91도2341; 대판 1990.9.25. 90도1451; 대판 1980.12.23. 80도2570; 대판 2004.8.30. 2004도3212).

헌법재판소도 관련된 국가보안법 규정에 대하여 한정합헌결정을 내린다.

“국가보안법 제7조 제1항 및 제5항의 규정은 각 그 소정의 행위가 국가의 존립·안전을 위태롭게 하거나 자유민주적 기본질서에 위해를 줄 명백한 위험이 있는 경우에만 축소적용되는 것으로 해석한다면 헌법에 위반되지 아니한다”(헌재 1990.4.2. 89헌가113, 국가보안법 제7조에 대한 위헌심판(한정합헌); 헌재 2002.4.25. 99헌바27등, 국가보안법 위헌소원(합헌,각하); 헌재 2003.5.15. 2000헌바66, 국가보안법 제8조 제1항 등 위헌소원(합헌)). 다만, 헌법재판소도 헌법재판소의 결정과 국민의 의사를 수렴하여 입법과정에 반영하는 것이 필요하다고 하여 국가보안법의 발전적인 입법 방향을 암시한다(헌재 2004.8.26. 2003헌바85, 국가보안법 제7조 제1항 등 위헌소원(합헌)).

2. 위 헌 론

헌법재판소의 반대의견에서는 국가보안법을 위헌으로 본다. 특히 남북관계의 진전에 따라 국가보안법의 위헌성을 더욱 강조한다.

“북한을 반국가단체로 규정지음으로써 북한을 정부를 참칭하거나 국가를 변란할 것을 목적으로 하는 범죄단체임을 전제로 하는 국가보안법의 여러 규정은 헌법의 평화통일조항과 상충된다. … 국가보안법이 그대로 존속하는 한 북한을 대등한 당사자로 전제하고 시 추진하고 있는 정부의 통일정책 내지 대북한정책은 명백히 국가보안법에 위반한 범죄행위이다.”

“1. 국가보안법 제7조 제1항 및 제5항의 규정은 너무 막연하고 불명확하여 죄형법정주의에 위반되고 또한 표현행위가 대한민국에 명백한 현실적인 위험이 있거나 없거나를 가리지 아니하고 다만 반국가단체에 이로울 수 있다는 이유만으로 무조건 표현행위를 제한하고 처벌대상으로 삼고 있다는 점에서 표현의 자유의 본질적 내용을 침해하는 명백한 위헌법률이다. 2. 국가보안법은 북한을 반국가단체로 규정짓고 있을 뿐만 아니라 특히 국가보안법 제7조 제1항 및 제5항은 반국가단체인 북한에게 이로운 것은 곧 대한민국에 해롭다는 상호배타적인 적대관계의 논리를 강요하고 있어 헌법의 평화통일조항에 정면으로 위반된다”(재판관 변정수의 반대의견: 헌재 1990.4.2. 89헌가113, 국가보안법 제7조에 대한 위헌심판(한정합헌). 동지: 헌재 1990.6.25. 90헌가11(한정합헌); 헌재 1992.1.28. 89헌가8(한정합헌)).

“더욱이 남·북한이 유엔에 동시에 가입하였고 우리 정부가 북한을 평화통일협상의 대상으로 인정하여 ‘남북사이의화해와불가침및교류·협력에관한합의서’라는 외교문서까지 교환하면서 남·북대화를 진행하고 있는 오늘의 상황에서 상호교류·협력의 걸림돌이 되는 국가보안법의 위헌성은 더욱 뚜렷해졌다"(재판관 변정수의 반대의견: 헌재 1992.4.14. 90헌바23, 국가보안법 제9조 제2항 등에 대한 헌법소원(한정합헌)).

3. 합리적 개정의 필요성

(i) 국가보안법에 의할 경우 북한은 "정부를 참칭하거나 국가를 변란할 것을 목적으로 하는 국내외의 결사 또는 집단으로서 지휘통솔체제를 갖춘 단체"(제2조 제1항)이므로 반국가단체로 볼 수밖에 없다. 이에 따라 잠입·탈출(제6조), 찬양·고무 등(제7조), 회합·통신(제8조) 등을 처벌한다. 그러나 남북정상회담 등 남북 사이에 교류가 활성화되고 있는 상황에서 평화통일정책의 수행에 장애가 되는 요인들을 제거하는 작업이 필요하다. 하지만, 이 경우에도 방어적 민주주의이론에 입각하여 자생적 공산주의자에 대한 관용의 한계를 분명히 하여야 한다.

(ii) 더구나 1991년 국가보안법 개정 이후에도 수사기관이 헌법재판소의 한정축소해석을 제대로 수용하지 아니하고 있어 문제가 제기된다. 또한 대법원도 여전히 경직된 태도를 취한다(대판 1998.7.28. 98도1395; 대판 2004.8.30. 2004도3212: 한총련은 국가보안법 제7조의 이적단체에 해당된다).

> 국가보안법상 이적 찬양·고무·선전·동조행위, 이적단체가입 및 이적표현물 제작·소지·반포·취득행위를 금지하고 처벌하는 것은 합헌이다. 다만, 2012헌바95등 결정과 비교하여 볼 때 '소지' 부분에 대하여는 4(합헌):5(위헌)로 위헌 의견이 증가하였다(헌재 2018.3.29. 2016헌바361, 국가보안법 제14조 위헌소원(합헌)).
>
> "반국가단체나 그 구성원 등의 활동을 찬양·고무·선전·동조한 사람을 처벌하도록 정하고 있는 국가보안법 제7조 제1항 중 '찬양·고무·선전 또는 이에 동조한 자'에 관한 부분 및 이적행위를 할 목적으로 문서·도화 기타의 표현물을 제작·운반·반포한 사람을 처벌하도록 정하고 있는 국가보안법 제7조 제5항 중 '제1항 가운데 찬양·고무·선전 또는 이에 동조할 목적으로 제작·운반·반포한 자'에 관한 부분이 헌법에 위반되지 아니한다"(6:3)(헌재 2023.9.26. 2017헌바42, 국가보안법 제2조 제1항 등 위헌소원(합헌,각하)). 그런데 "제7조 제5항 중 '제1항 가운데 찬양·고무·선전 또는 이에 동조할 목적으로 소지·취득한 자'에 관한 부분"은 위헌의견이 더 많다는 점에 주목할 필요가 있다(4:5).

V. 평화통일주의와 남북 교류·협력

헌법상 평화통일조항과 영토조항이 병존된 상태에서 '남북교류협력에 관한 법률'이 제정되어, 국가보안법이 합헌이라면 동법은 위헌의 소지가 있다. 이에 국가보안법과의 합리적인 관계설정 등이 문제된다. 헌법재판소는 남북교류협력법의 제정목적과 성격에 대하여 평화통일을 지향하는 기본법이며 동법이 적용되는 범위에서 국가보안법의 적용이 배제되므로, 남한주민이 북한주민을 접촉하고자 할 때 통일부장관의 승인을 얻도록 하는 규정은 통일에 관한 국민의 기본권을 침해하지 아니한다고 판시하였다. 더 나아가서 통일에 관한 헌법규정은 국가의 통일의무를 규정할 뿐 국민 개개인의 통일에 관한 기본권, 즉 통일과 관련된 구체적인 행동을 요구하거나 일정한 행동을 할 수 있는 권리가 도출된다고 볼 수 없다고 판시한다(헌재 2000.7.20. 98헌바63, 남북교류협력에관한법률 제9조 제3항 위헌소원(합헌)).

1. 헌법재판소의 다수의견(남북교류법 · 국가보안법 구별론)

"현단계에 있어서의 북한은 조국의 평화적 통일을 위한 대화와 협력의 동반자임과 동시에 대남적화노선을 고수하면서 우리 자유민주체제의 전복을 획책하고 있는 반국가단체라는 성격도 함께 가지고 있음이 엄연한 현실임에 비추어, 헌법 제4조가 천명하는 자유민주적 기본질서에 입각한 평화적 통일정책을 수립하고 이를 추진하는 한편 국가의 안전을 위태롭게 하는 반국가활동을 규제하기 위한 법적 장치로서, 전자를 위하여는 남북교류협력에관한법률 등의 시행으로써 이에 대처하고 후자를 위하여는 국가보안법의 시행으로써 이에 대처하고 있"다. "국가보안법(1991.5.31. 개정 전후를 막론하고)과 남북교류협력에관한법률은 상호 그 입법목적과 규제대상을 달리하고 있으며 따라서 구 국가보안법 제6조 제1항 소정의 잠입 · 탈출죄와 남북교류협력에관한법률 제27조 제2항 제1호 소정의 죄(같은 조문 제1항 제1호 전단 소정의 죄도 같다)는 각기 그 구성요건을 달리하고 있"다(헌재 1993.7.29. 92헌바48, 남북교류협력에관한법률 제3조 위헌소원(각하)).

2. 헌법재판소의 소수의견(일반법 · 특별법론)

"남북교류협력에관한법률과 국가보안법은 법체계상 특별법과 일반법의 관계에 있다고 할 것으로, 만일 남북교류협력에관한법률 제3조 중의 '정당하다고 인정하는 범위 안에서'의 부분이 위헌이 되어 위 규정의 구성요건이 단순화된다면 국가보안법의 구성요건과의 사이에 공통성이 생겨 결국 당해 사건에 있어서 범죄 후 법률의 변경이 있는 경우에 해당되어 형법 제1조 제2항에 의하여 법원은 피고인에게 보다 유리한 남북교류협력에관한법률의 적용을 고려하여야 할 것이고, 더구나 법률적용의 문제는 법원의 직권사항임에 비추어 공소장의 변경과정을 거칠 필요없이 당연히 당해 사건의 판결결과에 영향이 생길 것으로 본다"(앞의 결정: 재판관 이시윤, 김양균의 반대의견). "남북교류협력에관한법률 제3조는 '남한과 북한과의 왕래 · 교역 · 협력사업 및 통신역무의 제공 등 남북교류와 협력을 목적으로 하는 행위에 관하여는 정당하다고 인정되는 범위 안에서 다른 법률에 우선하여 이 법을 적용한다'라고 규정하고 있는바 여기서의 다른 법률에는 국가보안법도 그에 해당됨은 입법취지나 법의 내용으로 보아 의문의 여지가 없으므로 위 법률의 규제대상과 국가보안법의 규제대상이 같다는 것을 전제로 하고 있는 것이다. 만약 다수의견처럼 국가보안법의 처벌규정에 해당되는 행위에는 남북교류협력에관한법률이 적용될 여지가 없다고 한다면 그 법률에 구태여 제3조와 같은 규정을 둘 필요가 없"다(앞의 결정: 재판관 변정수의 반대의견).

3. 일반법과 특별법 관계론의 타당성

(i) 생각건대 '남북교류협력에 관한 법률'과 국가보안법은 법체계상 특별법과 일반법의 관계에 있다고 보는 소수의견이 타당하다. 만약 다수의견과 같이 이를 전혀 다른 법체계로 이해할 경우 통일을 향한 남북교류의 활성화는 언제나 국가보안법으로 족쇄가 채워질 우려가 있다. 민간차원의 교류협력 활성화를 위하여서도 법의 해석·적용에 있어서도 개방적 상황을 반영하여야 한다.

(ii) '남북교류협력에 관한 법률'은 남북교류를 활성화하기 위하여 남북한 주민의 왕래에 관하여는 "대통령령이 정하는 바에 따라 통일부장관의 방문승인을 받아야 하며 통일부장관이 발급한 증명서(방문증명서)를 소지하여야 한다"(제9조). 또한 "남한의 주민이 북한의 주민과 회합·통신, 그 밖의 방법으로 접촉하려면 통일부장관에게 미리 신고하여야 한다"(제9조의2 제1항). 남북교류협력에 있어서 이 법은 다른 법률에 우선적으로 적용된다(헌재 2005.6.30. 2003헌바114, 구 외국환거래법 제27조 제1항 제8호 등 위헌소원(합헌)).

(iii) 특히 '남북교류협력에 관한 법률'(제12조)과 '남북관계 발전에 관한 법률'에서는 "남한과 북한의 관계는 국가간의 관계가 아닌 통일을 지향하는 과정에서 잠정적으로 형성되는 특수관계이다." "남한과 북한간의 거래는 국가간의 거래가 아닌 민족 내부의 거래로 본다"라고 규정한다(발전법 제3조).[1] 또한 남북합의서의 체결·비준에 관한 사항을 규정함으로써 남북합의서의 법적 효력에 관한 근거를 부여하고, 특히 국회는 국가나 국민에게 중대한 재정적 부담을 지우는 남북합의서 또는 입법사항에 관한 남북합의서의 체결·비준에 대한 동의권을 가지도록 규정한다(제21조). 남북합의서는 남한과 북한 사이에 한하여 적용하며, 대통령은 남북관계에 중대한 변화가 발생하거나 국가안전보장, 질서유지 또는 공공복리를 위하여 필요하다고 판단될 경우에는 기간을 정하여 남북합의서의 효력의 전부 또는 일부를 정지시킬 수 있다. 대통령이 국회의 체결·비준 동의를 얻은 남북합의서에 대하여 그 효력을 정지시키고자 하는 때에는 국회의 동의를 얻어야 한다(제23조).

남북합의서 위반행위로서 전단등 살포를 하여 국민의 생명·신체에 위해를 끼치거나 심

---

1) 이효원, 남북한특수관계론의 헌법학적 연구, 서울대 박사학위논문, 2006.2; 김하중, 체제불법청산방안에 관한 헌법적 연구, 고려대 박사학위논문, 2008.2; 표명환, "한반도 통일과 반법치국가적 불법청산의 과제", 공법연구 40-3; 김완기, 남북 경제통합에 관한 법제도적 연구, 서울대 박사학위논문, 2016.2; 장소영, 북한의 경제개발구법에 관한 연구, 서울대 박사학위논문, 2017.2; 류지성, "남북관계발전과 판문점선언에 대한 법제 구축", 헌법학 연구 24-4; 김종현, "오물풍선 이후 대북전단에 관한 헌법적 검토", 헌법학연구 30-3.

각한 위험을 발생시키는 것을 금지하고 이에 위반한 경우 처벌하는 규정은 표현의 자유를 침해한다(7:2)(헌재 2023.9.26. 2020헌마1724, 남북관계 발전에 관한 법률 일부 개정법률 위헌확인(위헌)).

Ⅵ. '남북 사이의 화해와 불가침 및 교류 · 협력에 관한 합의서'

1. 남북기본합의서의 합헌성

1991년에 체결된 남북기본합의서의 헌법적 근거로는 헌법 제4조의 평화통일 조항을 들 수 있다. 그런데 이 합의서가 헌법 제3조의 영토조항에 위배되는지 여부가 문제된다. 하지만, 남북한의 통일이 무력이 아닌 평화적 방법으로 이루어져야 한다는 헌법적 요청을 실현하는 과정에서, 북한과의 대화 · 교류 · 협력은 불가피하므로 위헌으로 볼 수는 없다.

2. 남북기본합의서의 법적 성격

헌법재판소와 대법원은 남북기본합의서의 법적 성격에 대하여 일종의 신사협정으로서 정치적 구속력은 있으나 법적 구속력은 없어서 국내법과 동일한 효력이 없다고 판시한다.

헌법재판소는 "남북합의서는 남북관계를 '나라와 나라 사이의 관계가 아닌 통일을 지향하는 과정에서 잠정적으로 형성되는 특수관계'임을 전제로 하여 이루어진 합의문서인바, 이는 한민족공동체 내부의 특수관계를 바탕으로 한 당국간의 합의로서 남북당국의 성의있는 이행을 상호 약속하는 일종의 공동성명 또는 신사협정에 준하는 성격을 가짐에 불과"하다고 판시하였고(헌재 1997.1.16. 92헌바6등), 대법원도 "남북합의서는 … 북한 당국이 각기 정치적인 책임을 지고 상호간에 그 성의 있는 이행을 약속한 것이기는 하나 법적 구속력이 있는 것은 아니어서 이를 국가간의 조약 또는 이에 준하는 것으로 볼 수 없고, 따라서 국내법과 동일한 효력이 인정되는 것도 아니다"라고 판시하여(대판 1999.7.23. 98두14525), 남북합의서가 법률이 아님은 물론 국내법과 동일한 효력이 있는 조약이나 이에 준하는 규범으로 볼 수 없다는 점을 명백히 하였다(헌재 2000.7.20. 98헌바63, 남북교류협력에관한법률 제9조 제3항 위헌소원(합헌)).

Ⅶ. 결　　어

평화통일의 원칙은 헌법을 지배하고 있는 기본원칙이다.[1] 특히 남북교류가 활

1) 성낙인, "통일헌법의 기본원리 소고", 헌법학논집; 장명봉, 분단국가의 통일헌법연구, 국민대 출판부, 1998; 김승대, 통일헌법이론, 법문사, 1996; 박정원, 남북한 통일헌법에 관한 연구, 국민대 박사학위

성화되어 있는 상황에서 헌법상 영토조항 및 국가보안법도 평화통일의 원칙에 부합하는 범위 안에서 재해석이 불가피하다.

특히 2000년 6월 15일, 2007년 10월 4일, 2018년 4월 27일·5월 26일·9월 18일 남북정상회담과, 6월 12일 싱가포르·2019년 2월 27-28일 하노이·2019년 6월 30일 판문점 미북정상회담을 통하여 한반도 평화를 위한 노력이 계속되어왔다.

논문, 1997.2; 최양근, 단계적 연방통일헌법 연구: 한민족의 미래와 비전, 선인, 2011; 김소연, "남북합의서의 법적 성격과 효력-기존 남북합의서의 분석과 이에 기초한 향후 남북 간 합의의 발전방향", 공법연구 47-4; 이장희, "한반도 평화체제 구축에 대비한 북한의 법적 지위 관련 판례의 검토", 헌법학연구 24-4; 김정현, "통일헌법과 정부형태", 공법연구 48-1; 전령현, 중국 '일국양제'의 홍콩특별행정구 적용에 관한 법적 연구: 중앙과 홍콩특별행정구의 관계를 중심으로, 서울대 박사학위논문, 2022.8.

제 3 항 국제법존중주의

Ⅰ. 의 의

(ⅰ) 국제평화주의의 이념이 국제사회에서 구현되기 위하여서는 국제질서의 기본규범인 국제법이 존중되어야 한다. 국제법존중주의는 각국 헌법에서 구체화되어 있으나 그 규범적 가치에 있어서 미묘한 차이가 있다.

(ⅱ) 헌법 제6조 제1항은 "헌법에 의하여 체결·공포된 조약과 일반적으로 승인된 국제법규는 국내법과 같은 효력을 가진다," 제6조 제2항은 "외국인은 국제법과 조약이 정하는 바에 의하여 그 지위가 보장된다"라고 규정하여 국제법존중주의를 명시한다.

우리나라가 1990.4.10. 가입한 시민적·정치적권리에관한국제규약(International Covenant on Civil and Political Rights)에 따라 바로 양심적 병역거부권이 인정되거나 양심적 병역거부에 관한 법적인 구속력이 발생한다고 보기 곤란하고, 양심적 병역거부권을 명문으로 인정한 국제인권조약은 아직까지 존재하지 아니하며, 유럽 등의 일부국가에서 양심적 병역거부권이 보장된다고 하더라도 전 세계적으로 양심적 병역거부권의 보장에 관한 국제관습법이 형성되었다고 할 수 없어 양심적 병역거부가 일반적으로 승인된 국제법규로서 우리나라에 수용될 수는 없으므로, 이 사건 법률조항에 의하여 양심적 병역거부자를 형사처벌한다고 하더라도 국제법 존중의 원칙을 선언하고 있는 헌법 제6조 제1항에 위반된다고 할 수 없다(헌재 2011.8.30. 2008헌가22등, 병역법 제88조 제1항 제1호 위헌제청 등(합헌)).

Ⅱ. 국제법과 국내법의 관계

국제법과 국내법의 관계에 관하여는 양자를 별개의 법체계로 파악하는 입장(이원론)과 동일한 법체계에 속한다고 보는 입장(일원론)이 대립하지만, 한국헌법의 해석상 양자는 동일한 법체계에 속한다고 보아야 한다. 국제법의 국내법적 효력에 관하여는 국제법우위론과 국내법우위론이 대립된다. 하지만, 국내법질서체계에서는 국제법도 헌법의 하위규범일 수밖에 없다.

"헌법 제6조 제1항의 국제법존중주의는 우리나라가 가입한 조약과 일반적으로 승인된 국제법규가 국내법과 같은 효력을 가진다는 것으로서 조약이나 국제법규가 국내법에 우선한다는 것은 아니다"(헌재 2001.4.26. 99헌가13, 부정수표 단속법 제2조 제2항 위헌제청(합헌)).

Ⅲ. 국제법의 국내법적 효력

1. 의 의

국제법의 국내법적 수용에 있어서 ① 국내법적 형식을 취할 경우에는 그 효력이 특별히 문제되지 아니한다. ② 그러나 국내법적 형식을 취하지 아니할 경우에는 국내법상의 헌법·법률·명령·조례·규칙 등과의 관계에서 우열을 결정하여야 하는 문제가 남는다.

2. 일반적으로 승인된 국제법규

(i) 일반적으로 승인된 국제법규란 세계 다수국가에 의하여 일반적으로 승인된 보편적·일반적 규범을 말한다. 따라서 세계 다수국가에 의하여 승인된 규범이면 충분하고, 대한민국이 반드시 이를 승인할 필요는 없다. 일반적으로 승인된 국제법규는 성문의 국제법규와 국제관습법을 포함하며, 나아가서 보편적 규범력이 인정되는 국제조약도 포함한다. 예컨대 유엔헌장의 일부(1945년), 국제사법재판소(I.C.J.)규정, 제노사이드금지협정(1948년), 포로에 관한 제네바협정(1949년) 등이 포함된다. 국제관습법으로는 포로의 살해 금지와 인도적 처우에 관한 전쟁법의 일반원칙, 외교관 대우에 관한 국제법상 원칙, 국내문제 불간섭의 원칙, 민족자결의 원칙, 조약준수의 원칙 등이 있다.

(ii) 이에 대하여 국제법학계의 지배적 견해는 일반적으로 승인된 국제법규란 국제관습법(관습국제법)만을 의미한다고 본다. 즉 비록 일정한 조약이 국제사회의 호응을 얻어 비당사국에도 일반적 규범력을 가지기도 하지만, 이는 조약 자체가 일반적 규범력을 발휘하기 때문이 아니라, 그 조약의 내용이 국제관습법화되어 국제관습법의 자격으로 일반적 효력을 발휘한다고 본다.[1)]

(iii) 무엇이 일반적으로 승인된 국제법규인지에 관하여는 논란이 있다.

헌법재판소는 국제연합의 '인권에 관한 세계선언'의 국내법적 효력을 부인한다.

---

1) 정인섭, 신 국제법강의; 정인섭, 한국판례국제법, 홍문사; 정상익, 조약체결과 민주적 통제, 서울대 박사학위논문, 2011.2; 정광현, "국제인권규약과 헌법상 기본권", 헌법재판연구 6-1; 전종익, "헌법재판소의 국제인권조약 적용", 저스티스 170-2; 박종현, "헌법재판소의 국제인권규범 활용에 대한 검토", 헌법학연구 28-3; 조재현·김형섭, "국제인권규범의 국내법적 효력", 공법학연구 24-2; 최혜주, 중국의 외국인 권리보호에 관한 연구: 한국과의 비교를 중심으로, 서울대 박사학위논문, 2022.8.

"국제연합의 '인권에 관한 세계선언' 및 '시민적 및 정치적 권리에 관한 국제규약' 그리고 국제연합교육과학문화기구와 국제노동기구가 채택한 '교원의 지위에 관한 권고'는 우리의 현실에 적합한 교육제도의 실시를 제약하면서까지 교원에게 근로권이 제한없이 보장되어야 한다든가 교원단체를 전문직으로서의 특수성을 살리는 교직단체로서 구성하는 것을 배제하고 반드시 일반노동조합으로서만 구성하여야 한다는 근거로 삼을 수 없다"(헌재 1991.7.22. 89헌가106, 사립학교법 제55조 등에 대한 위헌심판(합헌)).

미합중국 소속 미군정청이 이 사건 법령을 제정한 행위는, 제2차 세계대전 직후 일본은행권을 기초로 한 구 화폐질서를 폐지하고 북위 38도선 이남의 한반도 일대에서 새로운 화폐질서를 형성한다는 목적으로 행한 고도의 공권적 행위로서, 국제관습법상 재판권이 면제되는 주권적 행위에 해당한다. 따라서 이 사건 법령이 위헌임을 근거로 한 미합중국에 대한 손해배상 또는 부당이득반환 청구는 그 자체로 부적법하여 이 사건 법령의 위헌 여부를 따져 볼 필요 없이 각하를 면할 수 없다(헌재 2017.5.25. 2016헌바388, 재조선 미국육군사령부 군정청 법령 제57호 위헌소원(각하)).

또한 헌법재판소는 국제노동기구의 제87호 협약(결사의 자유 및 단결권보장에 관한 협약), 제98호 협약(단결권 및 단체교섭권에 대한 원칙의 적용에 관한 협약), 제151호 협약(공공부문에서의 단결권보호 및 고용조건의 결정을 위한 절차에 관한 협약)은 우리나라가 비준한 바가 없고, 헌법 제6조 제1항에서 말하는 일반적으로 승인된 국제법규로서 헌법적 효력을 가진다고 볼 만한 근거도 없다고 판시하고 있다(헌재 2005.10.27. 2003헌바50등, 지방공무원법 제58조 제1항 등 위헌소원(합헌)).

"강제노동의 폐지에 관한 국제노동기구(ILO)의 제105호 조약은 우리나라가 비준한 바 없고, 헌법 제6조 제1항에서 말하는 일반적으로 승인된 국제법규로서 헌법적 효력을 갖는 것이라고 볼 만한 근거도 없으므로, 이 사건 심판대상규정의 위헌성심사의 척도가 될 수 없다"(헌재 1998.7.16. 97헌바23, 구 형법 제314조에 대한 위헌소원(합헌)).

(iv) 헌법은 "일반적으로 승인된 국제법규는 국내법과 같은 효력을 가진다"(제6조 제1항)라고 하지만, 그 존재형식이나 내용의 다양성으로 인하여 국내법상 헌법·법률·명령·조례·규칙의 규범 중에서 조약의 위치에 대하여 논란이 제기된다. 일반적으로 승인된 국제법규도 조약과 마찬가지로 법률과 같은 효력을 가진다는 견해도 있다. 하지만, 원칙적으로 헌법보다는 하위이고 법률보다는 상위의 규범으로 보아야 한다. 다만, 이를 일의적으로 판단하기보다는 오히려 국제법규의 법적 성격에 따라 국내법의 규범단계구조에 맞추어 개별적으로 판단하여야 한다.

일반적으로 승인된 국제법규가 재판의 전제가 된 경우에는, 원칙적으로 법원이 이를 심사하고, 법률적 효력을 가진 국제법규의 위헌 여부가 문제된 경우에는 최종적으로 헌법재판소가 심판한다. 다만, 일반적으로 승인된 국제법규가 헌법 및 법률에 저촉된다고 하더라도 위헌선언을 통하여 일반적 효력을 상실시키기 곤란하다는 점에서, 조약에 대한 규범통제와는 그 효력에 있어서 본질적으로 구별된다.

사후적 경합범에 대한 선고형을 임의적으로 감면하도록 한 형법조항은 죄형법정주의의 명확성원칙, 책임과 형벌간의 비례원칙, 일사부재리원칙에 위반되지 않는다. 또한 ① 인도조약조항은 인도조약 체약국 사이의 외교적 절차를 규정한 것이므로 형사절차 등에서 요구되는 것과 같은 정도의 절차적 보장이 요청된다고 보기 어려운 점, ② 만약 인도조약조항에서 인도된 범죄인에 대한 고지 및 의견·자료 등의 제출기회 부여, 동의요청 기한 등을 규정한다면, 추가적 범죄를 처벌하려는 청구국의 형사사법 운용의 효율성을 저해하고 사법적 정의구현을 훼손할 우려가 있는 점, ③ 인도된 범죄인은 청구국에 의한 구금, 기소 또는 심리절차에서 사후적 불복 기회와 절차적·실체적 권리의 보장을 확보할 수 있는 점 등을 종합하면, 인도조약조항이 인도조약에 따른 범죄인의 인도 시 특정성의 원칙을 배제하는 예외사유로 '피청구국의 동의'와 '청구국의 동의요청서 등의 제출의무'를 규정하면서도, 해당 범죄인에 대한 동의요청절차 진행 고지 및 의견·자료 등의 제출 기회 부여, 이의신청절차 등을 별도로 마련하지 않고, 청구국의 동의요청 기한을 정하지 않은 것이 헌법 제12조 제1항에 따른 적법절차원칙에 위반된다고 보기 어렵다(헌재 2025.6.27. 2020헌바318, 형법 제39조 제1항 등 위헌소원(합헌)).

3. 조 약

(1) 의 의

조약이란 2국 또는 그 이상의 국가 간에 법규상의 권리의무를 창설·변경·소멸시키는 법률효과를 목적으로 하는 문서화된 명시적 합의를 말한다. "헌법에 의하여 체·공포된 조약 … 국내법과 같은 효력을 가진다"(제6조 제1항).

헌법재판소는 조약을 '국가·국제기구 등 국제법 주체 사이에 권리의무관계를 창출하기 위하여 서면형식으로 체결되고 국제법에 의하여 규율되는 합의'로 개념을 정의한다. 그러므로 동맹 동반자관계를 위한 전략대화 출범에 관한 공동성명은 조약이 아니다(헌재 2008.3.27. 2006헌라4, 국회의원과 대통령 등 간의 권한쟁의(각하)).

(2) 조약의 체결·비준과 국회의 동의

(i) "헌법에 의하여 체결·공포된 조약"이란 헌법상의 규정과 절차에 따른 조약을 말한다. 조약은 국무회의의 심의, 전권대사의 서명, 국회의 동의, 대통령의 비준, 대통령의 공포라는 절차를 거쳐서 최종적으로 효력을 발생한다. 하지만, 조약의 체결방식에 따라 조약비준 후 국회가 동의권을 행사하는 경우도 있다.

(ii) 헌법상 조약의 체결권과 비준권은 대통령에게 있다(제73조). 대통령은 조약

체결·비준에 앞서 국무회의의 심의를 거쳐야 한다(제89조).

(iii) 국회는 중요한 조약 즉 "상호원조 또는 안전보장에 관한 조약, 중요한 국제조직에 관한 조약, 우호통상항해조약, 주권의 제약에 관한 조약, 강화조약, 국가나 국민에게 중대한 재정적 부담을 지우는 조약 또는 입법사항에 관한 조약의 체결·비준"에 대한 사전적 동의권을 가진다(제60조 제1항). 위에 적시된 조약들은 예시적이라기보다는 열거적으로 보아야 한다. 그러므로 어업조약이나 무역조약 등은 원칙적으로 국회의 동의를 요하지 아니하지만, 이 경우에도 국회의 동의를 받으면 법률적 효력을 가진다.

국회의 동의는 조약의 국내법적 효력을 부여하는 입법행위의 실질을 가지며, 나아가 조약에 대한 국회의 민주적 통제과정으로서 의미를 가진다. 양국의 전권위원이 서명하는 조약의 경우, 국회에서 수정동의권을 행사하면 어려운 문제가 발생할 수 있기 때문에 법률과 달리 조약에 대한 국회의 수정동의는 원칙적으로 허용되지 아니하며, 수정동의권을 행사할 경우에는 사전에 상대국과 충분한 협의를 거쳐야 한다(제2편 제2장 제8절 제1항 입법권 참조).

(iv) 조약과 비구속적 합의는 구별되어야 한다: "조약과 비구속적 합의를 구분함에 있어서는 합의의 명칭, 합의가 서면으로 이루어졌는지 여부, 국내법상 요구되는 절차를 거쳤는지 여부와 같은 형식적 측면 외에도 합의의 과정과 내용·표현에 비추어 법적 구속력을 부여하려는 당사자의 의도가 인정되는지 여부, 법적 효과를 부여할 수 있는 구체적인 권리·의무를 창설하는지 여부 등 실체적 측면을 종합적으로 고려하여야 한다. 비구속적 합의의 경우, 그로 인하여 국민의 법적 지위가 영향을 받지 않는다고 할 것이므로, 이를 대상으로 한 헌법소원 심판청구는 허용되지 않는다"(헌재 2019.12.27. 2016헌마253, 일본군 위안부 문제 합의 발표 위헌확인(각하,기타)).

'대한민국 외교부장관과 일본국 외무대신이 2015.12.28. 공동발표한 일본군 위안부 피해자 문제 관련 합의'의 절차와 형식에 있어서나, 실질에 있어서 구체적 권리·의무의 창설이 인정되지 않고, 합의를 통해 일본군 '위안부' 피해자들의 권리가 처분되었다거나 대한민국 정부의 외교적 보호권한이 소멸하였다고 볼 수 없는 이상 합의가 일본군 '위안부' 피해자들의 법적 지위에 영향을 미친다고 볼 수 없으므로 일본군 '위안부' 피해자들의 배상청구권 등 기본권을 침해할 가능성이 있다고 보기 어렵다. 따라서 이 사건 합의를 대상으로 한 헌법소원심판청구는 허용되지 않는다. 사망한 청구인 심판절차는 사망으로 종료하였다[심판절차종료].

일반적인 조약이 서면의 형식으로 체결되는 것과 달리 이 사건 합의는 구두 형식의 합의이고, 표제로 대한민국은 '기자회견', 일본은 '기자발표(記者發表)'라는 용어를 사용하여 일반적 조약의 표제와는 다른 명칭을 붙였으며, 구두 발표의 표현과 홈페이지에 게재된 발표문의 표현조차 일치하지 않는 부분이 존재하였다. 또한 합의는 국무회의 심의나 국회의 동의 등 헌법상의 조약체결절차를 거치지 않았다. 합의의 내용상, 한 · 일 양국의 구체적인 권리 · 의무의 창설 여부가 불분명하다. 합의 중 일본 총리대신이 일본군 '위안부' 피해자에 대한 사죄와 반성의 마음을 표시하는 부분의 경우, 일본군 '위안부' 피해자의 권리구제를 목적으로 하는지 여부가 드러나지 않아 법적 의미를 확정하기 어렵고, 일본군 '위안부' 피해자의 피해 회복을 위한 법적 조치에 해당한다고 보기 어렵다. 일본군 '위안부' 피해자 지원을 위한 재단 설립과 일본 정부의 출연에 관한 부분은, '강구한다', '하기로 한다', '협력한다'와 같은 표현에서 드러나는 것처럼 구체적인 계획이나 의무 이행의 시기 · 방법, 불이행의 책임이 정해지지 않은 추상적 · 선언적 내용으로서, '해야 한다'라는 법적 의무를 지시하는 표현이 전혀 사용되지 않았다. 주한 일본 대사관 앞의 소녀상에 관한 대한민국 정부의 견해 표명 부분도, '일본 정부의 우려를 인지하고 관련 단체와의 협의 등을 통해 적절히 해결되도록 노력한다'고만 할 뿐, '적절한 해결'의 의미나 방법을 규정하지 않았으며, 해결시기 및 미이행에 따르는 책임도 정하고 있지 않으므로 양국의 권리 · 의무를 구체화하고 있다고 볼 내용이 없다. 그 밖에, 일본군 '위안부' 피해자 문제의 '최종적 · 불가역적 해결', '국제사회에서의 비난 · 비판 자제'에 관한 한 · 일 양국의 언급은, 근본적으로 일본군 '위안부' 피해자 문제가 과연 무엇인가에 대한 공통의 인식이 존재하지 않는다는 점 등에서 한 · 일 양국의 법적 관계 창설에 관한 의도가 명백히 존재하였다고 보기 어렵다.

(v) 조약은 아니지만 "국회는 선전포고, 국군의 외국에의 파견 또는 외국군대의 대한민국 영역안에서의 주류에 대한 동의권을 가진다"(제60조 제2항).[1]

(3) 조약의 효력

(i) 조약은 "국내법과 같은 효력을 가진다"(제6조 제1항). 그러나 그 국내법의 정확한 의미가 무엇인가에 관하여 논란이 있다. 국제협조주의의 입장에서는 조약우위설도 주장하지만 헌법우위설이 다수설이다. 즉 조약은 국민주권주의에 기초하여 헌법제정권력이 제정한 "헌법에 의하여 체결"되었고, 헌법은 국가의 최고규범이며, 헌법부칙 제5조의 "이 헌법시행 당시의 법령과 조약은 이 헌법에 위배되지 아니하는 한 그 효력을 지속한다"라는 규정 등에 비추어 조약은 헌법보다 하위일 수밖에 없다. 국회의 동의를 얻은 조약은 법률과 동일한 효력을 가지며, 국내 법률과 저촉될 경우 신법우선 · 특별법우선의 원칙에 따라 우열이 가려진다. 하지만,

1) 한국과 미국 간의 군사 · 안보에 대한 양자 간 조약으로 정식명칭은 "대한민국과 아메리카합중국 간의 상호방위조약 제4조에 의한 시설과 구역 및 대한민국에서의 합중국 군대의 지위에 관한 협정(SOFA)(Agreement under Article Ⅳ of the Mutual Defense Treaty between the Republic of Korea and the United States of America, Regarding Facilities and Areas and the Status of United States Armed Forces in the Republic of Korea)"이다. 서울에서 1966.7.9. 서명, 1967.2.9. 발효하였다. SOFA는 한국에서는 조약으로 보지만(헌재 1999.4.29. 97헌가14), 미국에서는 행정협정으로 본다.

국회의 동의를 획득하지 못한 조약은, 국제법적으로는 효력을 가진다고 보아야 하지만, 국내법으로서의 효력을 발휘할 수 없다. 한편 행정협정 등은 법률보다 하위규범으로 보아야 한다.

"마라케쉬협정도 적법하게 체결되어 공포된 조약이므로 국내법과 같은 효력을 갖는 것이어서, 그로 인하여 새로운 범죄를 구성하거나 범죄자에 대한 처벌이 가중된다고 하더라도 이것은 국내법에 의하여 형사처벌을 가중한 것과 같은 효력을 갖게 되는 것이다" (헌재 1998.11.26. 97헌바65, 특정범죄가중처벌등에관한법률 부칙 제2항 등 위헌소원(합헌)).

"위헌심사의 대상이 되는 법률이 국회의 의결을 거친 이른바 형식적 의미의 법률을 의미하는 것에는 의문이 있을 수 없다. 따라서 형식적 의미의 법률과 동일한 효력을 갖는 조약 등은 포함된다" (헌재 1995.12.28. 95헌바3, 국가배상법 제2조 제1항 등 위헌소원(합헌, 각하)); 헌재 2001.9.27. 2000헌바20, 국제통화기금조약 제9조 제3항 등 위헌소원(대상적격긍정)).

'국제형사재판소에관한로마규정'은 우리나라가 2002.11.13. 비준하여 헌법 제6조 제1항의 '헌법에 의하여 체결 · 공포된 조약'으로서 국내법과 같은 효력을 갖는다. 그러나 위 로마규정 제29조에 의하여 시효적용이 배제되는 국제형사재판소 관할범죄인 고문범죄는 '민간인 주민에 대한 광범위하거나 체계적인 공격의 일부로서 그 공격에 대한 인식을 가지고 범하여진 행위로서의 고문'을 말하는 것이므로, 위 고소사실에 대하여도 위 로마규정이 적용되어 공소시효 적용이 배제된다고 보기 어렵다(헌재 2004.12.14. 2004헌마889, 불기소처분취소(각하)).

① 한일어업협정은 우리나라 정부가 일본 정부와의 사이에서 어업에 관하여 체결 · 공포한 조약(조약 제1477호)으로서 헌법 제6조 제1항에 의하여 국내법과 같은 효력을 가지므로, 그 체결행위는 고권적 행위로서 '공권력의 행사'에 해당한다. ② '헌법전문에 기재된 3 · 1정신'은 헌법의 연혁적 · 이념적 기초로서 헌법이나 법률해석에서의 해석기준으로 작용한다고 할 수 있지만, 그에 기하여 곧바로 국민의 개별적 기본권성을 도출하여낼 수는 없다고 할 것이므로, 헌법소원의 대상인 '헌법상 보장된 기본권'에 해당하지 아니한다. ③ 국민의 개별적 기본권이 아니라 할지라도 기본권보장의 실질화를 위하여서는, 영토조항만을 근거로 하여 독자적으로는 헌법소원을 청구할 수 없다 할지라도, 모든 국가권능의 정당성의 근원인 국민의 기본권 침해에 대한 권리구제를 위하여 그 전제조건으로서 영토에 관한 권리를, 이를테면 영토권이라 구성하여, 이를 헌법소원의 대상인 기본권의 하나로 간주하는 것은 가능하다. ④ 어업 또는 어업관련업무에 종사하지 아니하는 자는 이 협정으로 인하여 직접적으로 기본권을 침해받은 자에 해당되지 아니하므로 헌법소원청구를 할 자격이 없다. ⑤ 한일 양국간에 이 협정이 새로이 발효됨으로 인하여, 우리나라의 어민들은 종전에 자유로이 어로활동을 영위할 수 있었던 수역에서 더 이상 자유로운 어로활동을 영위할 수 없게 된 셈이다. 이로 인하여 청구인들이 주장하는 기본권의 침해 가능성이 인정되고, 따라서 이 협정은 법령을 집행하는 행위가 존재하지 아니하고 바로 법령으로 말미암아 직접 기본권이 침해되는 예외적인 경우에 해당한다. ⑥ 독도 등을 중간수역으로 정한 것이 영해 및 배타적경제수역에 대한 국민의 주권 및 영토권을 침해하지 아니한다. ⑦ 65년협정에 비하여 조업수역이 극히 제한됨으로써 어획량이 감소하더라고 우리 어민들에게 엄청난 불이익을 초래하여 행복추구권, 직업선택의 자유, 재산권, 평등권, 보건권 등을 침

해하지 아니한다. ⑧ 하지만 이 협정의 합의의사록은 양국 정부의 어업질서에 관한 양국의 협력과 협의 의향을 선언한 것이므로 조약에 해당하지 아니하며 국회에 상정하지 아니하여도 국회의 의결권을 침해하지 아니한다(헌재 2001.3.21. 99헌마139 등, 대한민국과일본국간의어업에관한협정비준등 위헌확인(각하)).

한국인 BC급 전범들이 일본에 대하여 가지는 청구권이 '대한민국과 일본국 간의 재산 및 청구권에 관한 문제의 해결과 경제협력에 관한 협정'(조약 제172호) 제2조 제1항에 의하여 소멸되었는지 여부에 관한 한·일 양국 간 해석상 분쟁을 위 협정 제3조가 정한 절차에 따라 해결하지 아니하고 있는 피청구인의 부작위가 청구인들의 기본권을 침해하는지 여부에 대하여 각하결정을 하였다(5:4). 한국인 BC급 전범들이 처한 특수한 사정들, 즉 ① 한국인 BC급 전범들은 국제전범재판을 통하여 전범으로 인정을 받아 처벌을 받았고, 이러한 국제전범재판의 국제법적 지위와 효력을 국내기관이 헌법 및 법률 등에 따라서 존중하여야 하는 점, ② 한국인 BC급 전범들이 받은 피해의 상당 부분이 국제전범재판에 따른 처벌로 인하여 생긴 피해이고, 이러한 피해 구제를 중심으로 한국인 BC급 전범 당사자들이 투쟁을 하여 왔고, 한·일 양국도 상호 협의를 하여 왔던 점, ③ 외교적으로 한국 정부를 대표하는 피청구인이 지속적으로 일본 측에 국제전범재판에 따른 처벌로 인하여 발생한 한국인 BC급 전범의 피해 문제의 주도적 해결을 촉구하여 온 점 등을 종합적으로 고려하여, 일제강점기 한국인 BC급 전범들이 입은 피해에 대한 청구권과 관련하여 피청구인이 이 사건 협정 제3조에 따라 분쟁해결에 나아갈 구체적 작위의무가 인정되지 아니하므로 각하한다(다만, 헌법과 협정의 해석에 의하여도 피청구인이 협정 제3조에 따라 분쟁해결에 나아갈 구체적 작위의무가 인정되지 아니한다는 별개의견(1인의 각하의견)도 있다). [반대의견(4인)] 한국인 BC급 전범들이 입은 피해 중 국제전범재판에 따른 처벌로 인한 피해 부분에 대하여는 법정의견과 같은 각하 결론에 찬성하지만, 일제의 강제동원으로 인한 피해 부분에 대하여는 일본군위안부 피해자 및 일제강제동원 피해자의 경우와 본질적으로 다르지 아니하므로 피청구인의 부작위로 인하여 기본권이 침해되어 위헌으로 본다(헌재 2021.8.31. 2014헌마888, 대한민국과 일본국 간의 재산 및 청구권에 관한 문제의 해결과 경제협력에 관한 협정 제3조의 분쟁해결 부작위 위헌확인(각하)).

(ii) 한편 한미FTA체결에 따라 조약의 직접적용 여부와 관련하여 자기집행적(self-executing) 조약과 비자기집행적(non-self-executing) 조약에 관한 논의가 증폭된 바 있다. 전자는 특별한 입법적 조치 없이 바로 국내에 적용되는 조약이고, 후자는 집행을 위한 법률의 제정(이행입법)이 있어야 국내에 적용될 수 있는 조약이다. 그런데 현행헌법상 조약에 관한 규정에 비추어 본다면 국회의 동의를 얻은 조약과 국회의 동의를 얻지 아니한 조약으로 구분하여 그 법적 성격과 효력을 결정하면 되기 때문에 이러한 논의의 현실적 실익은 없어 보인다.

(4) 조약에 대한 사법심사

조약이 헌법에 위반된 경우에는 헌법우위설의 입장에서 사법심사의 대상이 된다. 법률적 효력을 가진 조약의 위헌심사는 헌법재판소가, 명령·규칙의 효력을 가진 조약의 위헌심사는 최종적으로 대법원이 한다(헌재 1999.4.29. 97헌가14, 대한민국과아메리카합중국간의상호방위조약제4조에의한시설과구역및대한민국에서의합중국군대의지위에관한협정 제2조 제1의 (나)항 위헌제청(합헌)).

"'1994년 관세 및 무역에 관한 일반협정'(General Agreement on Tariffs and Trade 1994, GATT)은 국회의 동의를 얻어 대통령의 비준을 거쳐 공포되고 '세계무역기구(WTO) 설립을 위한 마라케쉬협정'(Agreement Establishing the WTO)(조약 1265호)의 부속 협성(나자간 무역협정)이고, '정부조달에 관한 협정'(Agreement on Government Procurement, AGP)은 국회의 동의를 얻어 공포시행된 조약(조약 1363호, 복수국가간 무역협정)으로서 각 헌법 제6조 제1항에 의하여 국내법령과 동일한 효력을 가지므로 지방자치단체가 제정한 조례가 GATT나 AGP에 위반되는 경우에는 그 효력이 없다"(대판 2005.9.9. 2004추10).

제정절차뿐만 아니라 그 실질적 내용도 합헌적인 진정합헌조약에 대비되는 제정절차와 그 실질적 내용이 위헌적인 조약은 국내법적으로는 효력을 가지지 못한다. 그런데 제정절차상으로는 합헌적이나 실질적으로는 위헌적인 조약은 국제법상으로는 유효할지 몰라도 국내법상으로는 위헌·무효로 보아야 한다. 한편 절차상으로는 위헌이나 실질적으로는 합헌인 조약도 국제법상으로는 유효할지 몰라도 국내법상으로는 위헌·무효이다. 이때 해당 조약은 사법심사의 대상이 된다. 사법심사를 통하여 위헌·무효 여부가 결정된다. 다만, 조약은 국가 사이의 타협과 절충의 결과이므로 그 심사에 있어서 신중에 신중을 거듭하여야 한다. 국내법적으로 해당 조약이 위헌·무효로 결정되면, 국제법적으로 유효한 조약일 경우에 국가는 상대국에 대하여 국가책임을 부담할 수도 있다.

Ⅳ. 외국인의 법적 지위 보장

(i) 외국인의 법적 지위에 관하여 각국 헌법은 상호주의 또는 평등주의를 채택한다. 그런데 오늘날 국제화 추세에 따라, 헌법상으로는 종래 상호주의를 채택하던 국가들도 개별 입법에서는 평등주의로 이행하는 입법례가 많다.

(ii) 헌법 제6조 제2항도 "외국인은 국제법과 조약이 정하는 바에 의하여 그 지위가 보장된다"라고 규정하여 상호주의를 채택한다.

(iii) 대한민국에 거주할 목적을 가지고 합법적으로 체류하고 있는 "재한외국인의 처우 등에 관한 기본적인 사항을 정함으로써 재한외국인이 대한민국 사회에 적응하여 개인의 능력을 충분히 발휘할 수 있도록 하고, 대한민국 국민과 재한외국인이 서로를 이해하고 존중하는 사회 환경을 만들어 대한민국의 발전과 사회

통합에 이바지함을 목적으로"(제1조) '재한외국인 처우 기본법'이 제정되어 있다. 국가 및 지방자치단체는 위와 같은 목적을 달성하기 위하여 재한외국인에 대한 처우 등에 관한 정책의 수립·시행에 노력하여야 하며(제3조), 재한외국인 또는 그 자녀에 대한 불합리한 차별 방지 및 인권옹호를 위한 교육·홍보 그 밖에 필요한 조치를 하기 위하여 노력하여야 한다(제10조).

제2편 정치제도론

제1장 정치제도의 일반이론

제1절 총 설

I. 정치제도론(통치기구론)의 헌법적 좌표

(i) 정치제도론(政治制度論)은 통치기구론(통치구조론)으로 통용된다. 정치제도론에서는 국민의 자유와 권리를 보장하기 위한 최후의 보루인 사법제도와 헌법재판소제도까지 논의하기 때문에, 국민을 지배의 대상으로 삼는 '통치'(統治)라는 개념에 기초한 통치기구론이라는 용어는 부적절하다. 더구나 국민의 자유와 권리를 보장하는 최후의 보루인 사법부를 통치기구의 일부로 보아서는 아니 된다. 이에 본서에서는 통치기구론을 정치제도론으로 대체한다.

(ii) 헌법상 정치제도론을 제외한다면 헌법(학)은 자유의 학문이다. 그런데 권력론을 중심으로 전개되는 정치제도론이 없는 헌법학은 고유한 의미의 헌법이 내포하는 헌법의 본질적 요소를 상실한다. 이에 헌법학연구에서 자유의 기술로서의 헌법학과 권력의 기술로서의 헌법학의 조화가 요망된다.

(iii) 근대입헌주의 이래 헌법학은 그 이념적 · 제도적 기초인 국민주권주의로부터 출발한다. 헌법(전)은 주권자인 국민의 창조물이다. 국민주권주의는 그 규범적 의미를 재론할 필요도 없이 국민이 주인으로서 권력을 향유한다는 의미이다. 헌법학은 바로 국민주권주의의 규범적 의미가 어떻게 국가생활에서 구현되어 있는지를 연구하는 학문이다. 이에 모든 국가권력의 원천이자 그 주체인 국민의 자유와 권리를 보장하고 국민주권주의에 부합할 수 있는 제도적 장치로서 정치제도를 설계하여야 한다. 왜냐하면 국민의 자유와 권리가 제대로 확보되지 아니하는 곳에 진정한 의미의 국민주권주의가 자리 잡을 수 없기 때문이다.

(iv) 근대입헌주의 헌법의 이념적 기초인 국민주권주의는 그 자체가 바로 자유와 권력의 문제로 직결된다. 이에 따라 헌법학연구에서 기본권(자유)과 정치제

도(통치기구)의 관계를 목적과 수단으로 구분하여 정치제도(통치기구)의 기본권 종속성 내지 기속성을 강조하여왔다. 하지만, 정치제도의 기본권 종속성을 지나치게 강조하다보면 자칫 헌법학의 본질이 오로지 기본권(자유와 권리) 중심적인 사고의 틀로 매몰될 위험이 있다. 그러므로 정치제도론의 연구에 있어서는 기본권 기속적인 논의의 틀로 한정하기보다는 오히려 무엇이 동시대에 가장 바람직한 정치제도인가에 관한 연구에 초점이 모아져야 한다.

프랑스 법과대학에서의 헌법학 강의는 '헌법과 정치제도'(Droit constitutionnel et institutions politiques)와 '기본적 인권과 자유'(Droits de l'homme (Droits fondamentaux) et libertés publiques)를 각기 독립된 교과목으로 강의한다.

권영성 교수(730면)는 민주공화국이라는 국가적 공동체가 존속·유지되지 아니하는 상황에서 기본권보장체계만이 독자적으로 형성되고 존립할 수 있다는 발상과 논리는 비현실적·허구적이라고 비판하면서, 한국헌법의 해석론으로서는 민주공화제적인 국가공동체의 유지·수호와 기본권보장체계의 존중이라는 양대 가치를 실현목표로 하는 제도적·기술적 장치가 바로 통치구조라는 의미에서 전자와 후자는 목적과 수단의 관계라고 하는 유기적인 관계에 있다고 주장한다.

(v) 헌법 제1조 제1항에서 "대한민국은 민주공화국이다"라고 하여 대한민국은 민주주의국가임과 동시에 군주제가 아닌 공화국의 형태를 취하고 있음을 분명히 한다. 나아가서 제2항에서는 "대한민국의 주권은 국민에게 있고, 모든 권력은 국민으로부터 나온다"라고 규정하여 대한민국에서 권력의 원천은 국민에게 있음을 밝힌다. 그리하여 권력의 원천이요 주인인 국민의 자유와 권리가 보장되는 전제 아래(제2장 국민의 권리와 의무), 권력의 원천인 국민으로부터 비롯되는 모든 국가권력에 관한 합리적 체계를 제3장 이하에서 정립한다. 이는 곧 국민적 정당성을 담보하는 법적·이념적 기초인 국민의 자유와 권리의 보장과 국민적 정당성의 원천으로부터 비롯되는 권력의 학문으로서의 정치제도론을 헌법에서 분명히 한다. 바로 그런 의미에서 국민주권주의는 대한민국헌법 전반을 관류하는 이념적 기초임과 동시에 규범적 기초로서, 공권력의 구성·행사·통제를 지배하는 한국 정치헌법질서의 기본원리이다(헌재 2000.3.30. 99헌바113, 지방교육자치에관한법률 제53조 등 위헌소원(합헌)).

(vi) 국민주권주의에 기초하여 이를 구체적으로 구현하는 정치제도가 정립된다. 국민의 주권적 의사를 대표하는 대의제는 국민적 정당성을 확보하는 기본원리이다. 이에 따라 주권적 의사표현의 정당성과 합법성을 담보하기 위한 선거제도는 민주주의원리에 입각하여야 한다. 대의제의 현실적 구현인 권력분립의 원리는 "권력에 의한 권력의 통제"를 위한 합리적 제도로 정립되어야만 한다. 그것은

의원내각제 · 대통령제 · 반대통령제(이원정부제) · 의회정부제 등의 다양한 모습으로 헌법에 구현된다. 현실적으로 헌법상 정부형태의 선택은 헌법제정과 헌법개정 과정에서 드러난 주권적 의사에 따라 결정된다.

Ⅱ. 정치제도론(통치기구론) 논의의 순서

(i) 정치제도론의 전개는 국민주권주의가 그 논의의 출발점이다. 그러나 한국헌법 체계상 총강 내지 총론(제1편)에서 이미 국민주권주의를 논의하기 때문에, 그 국민주권주의로부터 비롯된 국민대표론(대의제)으로부터 정치제도론을 펼쳐 나가는 게 순리이다.

(ii) 국민대표론(대의제)에 이어서 권력분립주의에서 비롯된 권력구조의 본질적 메커니즘인 정부형태론이 전개된다. 그러나 정부형태론 또한 국가형태론의 구체적 모습이기 때문에 정부형태론을 국가형태론(國家形態論)과 더불어 헌법총론에서 논술할 수도 있지만, 본서에서는 편의상 정치제도론에서 논술하고자 한다.

(iii) 한편 제6공화국헌법에서 도입된 헌법재판소는 헌법의 규범력을 담보하는 가장 강력한 헌법보장기관으로 정립되어 있다. 이에 따라 헌법재판을 헌법총론의 헌법보장론으로 끌어올리는 작업도 가능할 뿐만 아니라 그 필요성도 인정된다. 하지만, 본서에서는 한국헌법의 규정체계, 사법기관으로서의 헌법재판소, 헌법재판이 헌법상 정치제도 논의에서 최종적인 단계라는 점 등에 비추어 법원에 이어 헌법재판론을 정치제도의 마지막 장에서 논술하고자 한다.

Ⅲ. 한국헌법에서 정치제도론(통치기구론)의 규정체계

(i) 한국헌법에서 정치제도는 국회, 정부, 법원, 헌법재판소의 순서로 기술되어 있다. 제4 · 제5공화국헌법에서 정부 · 국회의 순서로 규정하던 것을, 제헌헌법의 규정체계와 같이 국회 · 정부의 순서로 되돌려 놓았다. 제헌헌법은 원래 유진오 안에 따른 의원내각제 정부형태이었으나, 이승만의 요구에 따라 대통령제적 요소를 덧칠하면서도 그 규정체계는 그대로 유지되었다. 현행헌법의 규정체계는 1987년 6월항쟁 이후에 전개된 일련의 헌법심의과정에서 한국헌법사에 깊은 상처를 안겨준 집행부 우위 현상 특히 대통령 권력의 인격화에 대한 반성적 성찰에 따라, 국회의 순서를 상징적으로 정치제도(통치기구)의 제1순위로 올려놓았다.

권력의 인격화는 한국헌정사에서 유신헌법을 특징짓는 개념으로 원용되었다. 이 때문에 권력의 인격화라는 개념은 권위주의체제의 정치지도자에 대한 상징적 의미로도 인식되었다. 그러나 원래 권력의 인격화는 헌정체제 여하를 불문하고 특정 국가에서 최고지도자의 개인적 권위에 의한 통치에 대한 상징적 표현이다. 바로 그런 의미에서 제2차 세계대전 이후에 등장한 정치지도자 중에서 미국의 케네디 대통령 · 영국의 처칠 수상 · 프랑스의 드골 대통령과 같은 자유민주주의국가의 정치지도자뿐만 아니라, 구소련의 흐루쇼프(흐루시초프) 공산당 제1서기 · 중국의 마오쩌둥(毛澤東) 공산당 주석과 같은 권위주의적 정치지도자까지 포괄하여 논의되어왔다. 그러나 오늘날 권력의 인격화라는 명제는 권력의 민주화라는 명제로 대체되면서 사람에 의하여 지배되는 권력이 아니라 제도에 의하여 지배되는 권력의 제도화로 이행한다(Léo Hamon et Albert Mabileau, *La personnalisation du pouvoir*, P.U.F., 1964.).

비록 당시의 시대 상황을 헌법전에 반영하여 국회를 전면에 내세웠다고 하지만, 정부 특히 대통령이라는 직위는 행정부의 수반일 뿐만 아니라 대한민국을 대표하는 국가원수라는 점을 간과한 규정체계라는 비판을 면할 수 없다. 헌법상 국가원수임과 동시에 집행부수반인 대통령은 대통령직선제를 통하여 직접 국민적 정당성까지 확보하고 있기 때문이다.

(ii) 헌법보장의 실효성을 확보하기 위하여 헌법재판제도를 도입함으로써 민주화에 중요한 기여를 한다. 그러나 제5장 법원에 관한 규정을 그대로 유지하면서, 제6장 헌법재판소를 신설함에 따라 규정체계 및 사법체계상 서로 조화로운 관계설정이 이루어지지 못한다. 1980년 헌법의 법원을 그대로 둔 채 헌법위원회 대신 헌법재판소를 추가하는 형태를 취하는 한, 같은 사법기관인 법원과 헌법재판소 사이에 필연적으로 갈등과 긴장관계를 유발할 수밖에 없다. 특히 일반법원이 아닌 헌법재판소를 설치하여 헌법재판을 담당하도록 한 주권적 의사가 헌법재판소의 헌법상 지위 및 조직과 구조에 있어서 제대로 반영되지 못하고 있다는 비판에 직면한다.

제 2 절 대의제도(국민대표제)

Ⅰ. 의 의

대의제도(代議制度)는 대표제, 국민대표제, 대의민주주의, 대표민주주의, 의회제(도), 의회정치, 의회민주주의 등으로 다양하게 표현된다. 대의제도는 근대입헌주의원리에 따라 주권자인 국민이 직접 국정을 담당할 수 없는 현실에서 국민을 대신하여 국민으로부터 선출된 의원으로 구성된 국회(의회)에 국민적 정당성을 부여하는 국가의사의 결정원리이자 정치조직원리이다.[1)]

허영 교수(718면 주 2))는 "대의제도는 간접민주주의·대의민주주의·의회민주주의의 세 가지 개념을 포괄하는 가장 넓은 개념형식이다. 그리고 대의민주주의는 민주주의의 유형을 나타내는 간접민주주의의 대명사이기도 하다"라고 하여 구별한다.

Ⅱ. 국민대표와 국민주권의 실질화

1. 의 의

주권자인 국민이 직접 모든 국정을 담당하는 형태가 바람직하다. 이것은 루소가 추구한 직접민주주의의 이상이기도 하다. 그런데 직접민주주의는 현실적으로 불가능하므로 불가피하게 Nation주권론의 대표민주제(순수대표제)가 자리 잡게 되었고, 이것이 1791년 프랑스헌법에 구현되었다.[2)] 그러나 대의제도에서 대표자가 국민을 대표한다는 그 법이론적 기초에 관하여 논란이 계속된다.

2. 대표와 국민

대의제에 있어서 국민과 대표자의 관계에 관하여 논란이 제기되어왔다.

(ⅰ) 법적 대표설 중에서 ① 법적 위임관계설에 의하면 국민과 대표와의 관계

---

1) 조병윤, 국민대표론의 연구, 서울대 박사학위논문, 1983; 정종섭, 대의제에 관한 비판적 연구, 연세대 박사학위논문, 1989; 이병훈, 대표원리와 의회주의의 기능, 박문각; 송석윤, 헌법과 정치, 경인문화사.

2) 제1편 제4장 제3절 제1관 국민주권주의 및 성낙인, 프랑스헌법학, 189면 이하; 이소현, '민주적 대표'의 형성에 관한 연구: 17~18세기 영국령 북미식민지와 미합중국에서의 논의를 중심으로, 서울대 박사학위논문, 2024.8.

는 강제위임이 아닌 대표위임, 개별적 위임 아닌 집단적 위임의 관계에 있다고 본다. ② 옐리네크의 **법정대표설**에 의하면 국민은 선거를 통하여 의회를 조직하는 제1차 국가기관이고, 의회는 국민의 의사를 대표하는 제2차 국가기관이므로, 국민과 의회는 법적으로 하나의 통일체를 형성한다고 본다.

(ii) **정치적 대표설**에 의하면 대표기관은 국민 전체의 이익을 위하여 공정하고 성실하게 직무를 수행하여야 할 정치적·도의적 의무를 지는 데 불과하므로, 그 대표관계는 정치적(사회적·사실적) 대표관계라고 본다.

(iii) **헌법적 대표설**에 의하면 국민대표의 성립에는 법적 개념으로서 국민의 존재를 전제로 하는바, 국민대표기관의 권리는 국민의 위임행위에 의하여서가 아니라 헌법에서 직접 나온다고 본다. 이에 따라 헌법 제1조 제2항의 "모든 권력은 국민으로부터 나온다"라는 규정 및 헌법 제46조 제2항의 국회의원의 국가이익우선의무는 헌법적 대표설로만 설명될 수 있다고 한다.

생각건대 현대헌법에서 기속위임금지(자유위임)의 법리가 정립된 상황에서 국민과 대표 사이의 관계에 있어 법적 기속설은 그 타당성을 상실한다. 또한 주권이론과 대표제원리가 헌법전 내지 헌법이론의 틀 속으로 들어온 이상, 이를 순전히 정치적 의미로만 볼 수도 없다. 따라서 국민과 대표 사이에는 대표제 내지 대의제원리의 작동을 전제로 하기 때문에, 특정한 이론에만 입각한 이해는 바람직하지 아니하다. 헌법 제1조 제2항에서 "대한민국의 주권은 국민에게 있고, 모든 권력은 국민으로부터 나온다"라고 규정한다. 그러므로 대의제도는 헌법상 국민주권주의로부터 그 제도의 기초가 비롯된다고 보아야 한다.

3. 국민주권의 실질화 – 순수대표에서 반(半)대표로

(i) 현대헌법에서 국민주권주의는 국민주권과 인민주권의 원리가 현대적으로 접목되어 전통적인 대의민주주의·대표민주주의의 결점을 보완하는 방향으로 정립된다. 이에 **Nation주권론의 순수대표제와 Peuple주권론의 직접민주주의의 현대적 접목**이 이루어진다. 한국헌법에서도 **국민투표제도를 도입함으로써 반대표(régime semi-représentatif)**의 원리를 구현한다. 이에 따라 기속위임금지(자유위임)의 법리가 작동되는 대표민주주의에서 대표와 주권자의 단절 현상을 보완하기 위하여 국민의 직접적인 국정참여를 제도적으로 보완한다.

"국민주권주의가 두 가지의 서로 상반되는 내용 즉, 형식적이고 명목적인 정치용 국민주권주의이론과 실질적이고 능동적인 국민용 국민주권주의이론이 혼동되어 헌법적 가치규범으로서 도덕성을 확립하지 못하고 있다. 지금까지 우리나라의 헌법체제하에서의 국민주권론은 실질적인 국민주권론이 되지 못하고 형식적인 국민주권론을 합리화하는 데 공헌하였으며, 국민대표론은 민의를 실제로 반영하는 현대적 대표론이 되지 못하고 민의와 동떨어진 권력의 자의적, 독단적 행사만을 합리화하는 전근대적 대표론에 머무르고 있는 점이 적지 않았다. … 헌법상의 국민주권론을 추상적으로 보면 전체국민이 이념적으로 주권의 근원이라는 전제 아래 형식적인 이론으로 만족할 수 있으나, 현실적으로 보면 구체적인 주권의 행사는 투표권행사인 선거를 통하여 이루어"진다(헌재 1989.9.8. 88헌가6, 국회의원선거법 제33조, 제34조의 위헌심판(헌법불합치,잠정적용)). 위 결정에서 헌법재판소가 판시하고 있는 형식적 국민주권과 실질적 국민주권이 정확하게 무엇을 지칭하는지 불투명하지만, 적어도 Nation주권과 Peuple주권의 또 다른 표현으로서 이해되어서는 아니 된다.

(ii) 이에 대하여 정당국가 경향에 의하여 대의제의 자유위임관계가 조화된다는 전제에서 "일부 일본학자(예컨대 히구치)는 이른바 반대표 내지 반직접민주제의 개념을 사용하기도 하지만, 그것은 문제의 본질을 정확히 표현하지 못한 부적합한 개념"이라고 비판하는 견해가 있다(허영 737면 주 2)). 그러나 이는 프랑스 헌법학에서 일반이론으로 정립되어 있는 반대표의 법리와 정당국가 경향에 의하여 오히려 대의제원리의 문제점이 더욱 가중된다는 점을 제대로 인식하지 못한 견해로 보인다. 반대표의 법리는 직접민주주의의 이상실현을 주장하면서 정당을 백안시한 인민주권이론과의 현대적 조화라는 관점에서 이해되어야 한다.

Ⅲ. 대의제의 논리적 기초

1. 의의: 대의제의 기원

대의제(代議制)는 15·16세기 영국입헌주의의 발전과정에서 정립되어왔으며, 18세기 말 프랑스와 미국의 근대시민혁명 이후 오늘날의 입헌주의원리에 입각한 형태로 정립되었다.

2. 대의제의 본질

(i) 대의제도의 원리에 따라 국민적 정당성에 기초한 의회는 국민의 신임에 기초하여 책임정치를 구현하여야 한다.

(ii) 대표를 선출하기 위한 선거는 보통·평등·직접·비밀·자유선거라는 민주적 선거제도로 정립되어야 한다.

(iii) 일단 국민의 대표로 선출된 이상 그는 주권자의 명령에 따르는 기속위임

이 아니라 자유위임(기속위임금지)의 원리에 입각하여 자신의 책임으로 의사를 결정한다. 따라서 대표는 국민 전체의 대표이기 때문에 국민 전체의 이익을 위하여 행동하고 국민에 대하여 책임을 진다.

(iv) 의회는 국민적 정당성을 부여받은 의원들의 자유로운 토론의 장이어야 한다. 의회에서 충분한 토론과 공론화 과정을 거친 후에는 민주주의의 일반원칙인 다수결원리에 따라 최종적인 의사결정이 이루어져야 한다. 이러한 의사결정에는 소수파존중의 원리도 지켜져야 한다. 일단 의회의 의사결정이 이루어지면 절차적 정당성의 원리에 따라 이에 승복하여야 한다. 하지만, 다수결원리는 어느 특정 정당이나 정파에 의한 의사의 독점으로 연결될 위험이 있다.

(v) 다수파는 주권자의 선택에 따라 교체될 수 있어야 한다. 신임과 책임의 원리에 따라 "오늘의 소수가 내일의 다수"가 될 수 있어야 한다.

권영성 교수(737면)는 대의제의 개념적 징표로서, 통치자와 주권적 국민의 구별, 국가기관구성권과 국가의사결정권의 분리, 선거에 의한 대표자선출, 국민전체대표자로서의 통치자, 명령적 위임배제와 자유위임의 원리의 지배, 전체이익의 우선, 국민에 대한 대표자의 정치적 책임을 들고 있다. 허영 교수(730-734면)는 대의제도의 기능으로서 책임정치실현기능 · 통치기관의 기초적 구성원리로서의 기능 · 엘리트에 의한 전문정치실현기능 · 제한정치 · 공개정치의 실현기능 · 사회통합기능을 적시한다.

"헌법의 기본원리인 대의제민주주의하에서 국회의원선거권이란 것은 국회의원을 보통 · 평등 · 직접 · 비밀선거에 의하여 국민의 대표자인 국회의원을 선출하는 권리에 그치고, 개별유권자 혹은 집단으로서의 국민의 의사를 선출된 국회의원이 그대로 대리하여 줄 것을 요구할 수 있는 권리까지 포함하는 것은 아니다. 또한 대의제도에 있어서 국민과 국회의원은 명령적 위임관계에 있는 것이 아니라 자유위임관계에 있기 때문에 일단 선출된 후에는 국회의원은 국민의 의사와 관계없이 독자적인 양식과 판단에 따라 정책결정에 임할 수 있다. 그런데 청구인들 주장의 '국회구성권'이란 유권자가 설정한 국회의석분포에 국회의원들을 기속시키고자 하는 것이고, 이러한 내용의 '국회구성권'이라는 것은 오늘날 이해되고 있는 대의제도의 본질에 반하는 것이므로 헌법상 인정될 여지가 없다" (헌재 1998.10.29. 96헌마186, 국회구성권 등 침해 위헌확인(각하)).

(viii) 이러한 대의제도의 원리는 권력의 상호 견제와 균형을 주된 가치로 추구하는 권력분립주의에 기초한 정부형태론과 이념적 · 기능적인 연관성을 가진다.

3. 대의제의 위기와 병리

(i) 대의제의 위기는 대의제와 합의제의 원리가 제대로 지켜지지 아니함으로

인하여 야기되는 위기의 측면과 이러한 전제조건들이 현대국가의 구조나 기능의 변화에 따라 겪는 위기의 측면으로 나누어 볼 수 있다.

(ii) 우선 대의제의 경우 ① 대의제를 실천하기 위하여서는 민주적 선거법제의 정립과 이에 기초한 선거의 공정성이 담보되어야 한다. 하지만, 현실적으로 이를 제대로 구현하지 못하고 있다. ② 현대적 정당국가 경향에 따라 고전적인 국민대표의 원리는 다시금 국민→정당→대표라는 중첩적인 간접대표의 구조로 전락한다. ③ 여기에 행정국가 경향도 의회의 위상 저하를 초래한다.

(iii) 다음으로 합의제의 경우 ① 의회가 정치적 합의를 통한 국민적 컨센서스를 도출하는 장이 되지 못하고 있다. 이에 따라 오히려 대립과 갈등을 심화시킴으로써 국민적 신뢰를 상실하여 간다. 합의제가 의회주의의 본질인 다수결원리가 소수파의 이해와 설득보다는 다수파의 독선과 독주를 초래한다. ② 특히 정당국가 경향에 따라 소수의 정당지도자에 의한 의회의 과점(寡占)현상이 심화된다.

4. 대의제의 위기에 대한 대책

(1) 대의제(代議制)의 위기극복

A. 선거제도의 개혁

국민들의 다양한 이해관계를 의회 속으로 끌어들여 이를 용해할 수 있는 선거제도의 개혁이 이루어져야 한다. 특히 대표의 결정방식에서 소수파의 의회 진출을 보장하기 위하여 비례대표제나 직능대표제의 적극적인 개발을 통하여 사회현실에 부합하는 방향으로 정립되어야 한다. 다만, 비례대표제나 직능대표제 등은 오히려 정당국가 경향을 심화시키고, 국민의 의사보다는 정당지도자의 의사에 따라 대표가 구성될 소지가 있으므로, 정당의 당내 민주화가 특별히 요구된다. 정당국가 경향은 그 부작용으로서 자유위임의 법리에 대한 심각한 도전을 초래하게 되고 결과적으로 기속위임의 경향을 초래할 수도 있다.

B. 정당의 민주화

정당의 민주화로 의회주의의 위기를 극복하여야 한다. 현대적 정당국가 경향에 따른 대의제의 병리를 근본적으로 치유하기 위하여 주권자인 국민이 직접 국정에 능동적으로 참여할 수 있는 제도적 장치를 마련하고 이를 유효적절하게 실천하여야 한다. 즉, 국민이 참여하는 아래로부터의 정당민주주의가 정립되어야 한다.

C. 참여민주주의

루소의 직접민주주의적인 이상이 실천되기는 어렵다고 하더라도 국민이 현실적으로 참여할 수 있는 참여민주주의의 길을 개척하여 나가야 한다. 이를 위하여 국민의 알 권리를 구현하여 현대정보사회에서 국정참여와 비판의 길을 넓혀 나가야 한다. 또한 여론조사결과의 공정성과 정확성을 담보함으로써 국민의 살아있는 의사에 정치인들이 귀를 기울이도록 하여야 한다. 그것이 바로 직접민주주의의 이상을 구현함과 동시에 에즈멩의 반대표법리를 현대적으로 재현하는 길이다.

D. 지방자치의 활성화

지방자치의 활성화를 통하여 지방의 문제는 지방주민들이 자신들과 관련된 사안에 대하여 스스로 결정할 수 있는 참여민주주의의 메커니즘을 적극적으로 실천하여야 한다. 이를 구현하기 위하여 지방자치단체 단위에서 주민소환·주민투표·주민발안과 같은 직접민주주의 제도의 적극적 실천이 필요하다.

(2) 합의제(合議制)의 병리극복

A. 자유투표(自由投票)

국회 표결과정에서는 정당의 규율을 제한하는 방안이 마련되어야 한다. 자유투표제도(교차투표제도)를 확립하여 의원들이 정당지도자의 이익이 아닌 국익의 차원에서 적극적으로 투표하여야 한다. 국회법(제114조의2)에서는 '자유투표'를 규정하고 있으나, 한국의 정치현실에서는 오히려 국회의원의 정당기속이 강화된다.

B. 헌법재판소의 통제

대화와 타협의 정신이 결여된 정당정치는 결국 의회의 합의과정에서도 연장되기 때문에 이들의 판단이 정확하였는지 여부는 최종적으로 제3의 기관인 헌법재판소가 통제하여야 한다.

C. 의사와 표결의 공개

자유위임의 법리는 자신의 행위에 대한 책임을 전제로 한다. 따라서 의사와 표결은 공개되어야 한다. 이것은 선거에서 투표의 비밀과는 다른 문제이다.

본회의든 위원회의 회의든 국회의 회의는 공개가 원칙이나, 공개 여부에 관하여 회의 구성원의 자율적인 판단을 허용한다(헌재 2000.6.29. 98헌마443등, 국회예산결산특별위원회계수조정소위원회 방청허가불허 위헌확인, 국회상임위원회 방청불허행위 위헌확인 등(각하,기각)).

"국회본회의 회의록에 '장내소란'으로 기재된 것만으로 청구인들이 이의를 한 것으로 인정할 수는 없고, 방송사의 보도내용을 담은 비디오테이프 또한 본회의장 내에서 일어난 소란을 청구인들이 이의를 한 것으로 인정할 증거가 되지 아니한다"라고 하여 국회속기록만을 증거로 하여야 한다는 이유로 권한쟁의심판은 기각되었다. 이 사건에서 반대의견은 회의록에 있는 사항뿐만 아니라 변론에 현출된 모든 자료와 정황을 종합하여 건전한 상식과 경험칙에 따라서 합리적으로 판단하여야 하므로 인용되어야 한다고 비판한다(기각4:인용3:각하2)(헌재 2000. 2.24. 99헌라1, 국회의장과 국회의원간의 권한쟁의('날치기 법안통과'와 관련된 국회의원의 법률안심의·표결권의 침해 여부)(기각)).

Ⅳ. 한국헌법상 대의제와 반대표

(i) 헌법 제1조에서 선언한 국민주권주의 원리에 따라, 국민의 선거권(제24조)과 공무담임권(제25조)이 보장된다. 나아가서 제40조(입법권)·제41조(국회의원선거)·제66조 제4항(행정권)·제67조(대통령선거) 등에서 대의제 원리를 규정한다.

(ii) 한편 국가의 주요정책에 대한 대통령의 국민투표부의권(제72조)과 헌법개정에 있어서 필수적 국민투표제도(제130조 제2항)를 채택하여 대의제 원리를 보완한다.

(iii) 그 밖에도 국회의원의 자유위임원칙에 입각한 국가이익우선의무(제46조 제2항), 국민정당의 정립을 위한 정당조항(제8조)을 두고 있다.

Ⅴ. 결　어

(i) 대의제는 근대입헌주의 헌법의 근간을 이루는 정치원리로서 오늘날에도 여전히 정치조직의 기본원리로 자리 잡고 있다. 그러나 대의제에 기반한 대표민주주의는 그간 많은 병리현상을 야기하였다. 이에 따라 병리의 시정을 위한 다양한 의견에 귀를 기울여야 한다.

(ii) 대표민주주의는 국민주권주의를 구현하기 위한 하나의 정치적 조직원리이다. 그러나 자유위임의 법리에 따라 국민과 대표 사이에 간격이 발생한다. 특히 현대적인 정당국가 경향에 따라 정당에 의한 지배 내지 정당지도자에 의한 정치가 일반화되고 있으나, 정당의 민주화가 이루어지지 못함으로 인하여 국민과 대표 사이의 왜곡현상만 심화시킨다는 비판을 받는다. 더구나 행정국가 경향은 주권적 정당성을 대변하는 의회의 위상을 저하시킨다.

(iii) 바로 여기에 국민주권주의의 실질화를 위하여 직접민주주의적 요소의 강화가 필요하다. 특히 정보사회의 진전에 따라 직접민주주의적인 기능과 역할을 활성화할 수 있는 참여민주주의를 더욱 강화하여야 한다.

제 3 절 권력분립주의

Ⅰ. 의 의

(i) "절대 권력은 절대 부패한다"(액턴 경). 정치적 기술로서의 권력분립이론(權力分立理論)은 국가작용의 원활한 수행과 국민의 기본권보장을 위하여 입법·행정·사법 등의 국가기능을 각기 독립적인 기관으로 하여금 그 기능을 담당하게 함으로써 국가기능의 합리적 작동을 도모하려는 소극적 원리에 기초한 '정치적 지혜'의 원리이다(M. Troper, *La séparation des pouvoirs et l'histoire constitutionnelle française*, LGDJ, 1985). 하지만, 권력이 논리 필연적으로 분리되어야 하는 것은 아니다.

(ii) 권력분립의 원리는 그 이론적 기초로서 대의제와 직접적으로 연계된다. 직접민주주의제에서는 권력분립이론이 특별히 요구되지 아니한다. 예컨대 고대 그리스나 오늘날 스위스에서는 권력분립이론이 특별한 의미를 가지지 못한다.

(iii) 권력분립이론은 국민주권이론과 더불어 절대권력에 대항하는 자유주의에 사상적 기초가 있다. 미국의 독립혁명과 프랑스의 시민혁명 과정에서 권력분립이론이 적극적으로 개진되었다. 이에 따라 권력분립의 원리는 상호 분립된 권력 사이의 공화를 통한 균형을 이룸으로써 정치적 자유의 원동력으로서 기능한다.

Ⅱ. 권력분립이론의 정립

1. 몽테스키외 이전의 권력분립이론

(i) 몽테스키외 이전에도 다수의 공법학·정치학자들은 이미 국가기능의 유형화이론을 제시한 바 있다. 아리스토텔레스는 '정치학'에서 공적 업무를 심의하는 의회·공무원단·사법관 사이의 기능을 유형화한 바 있다. 근대에 이르러 그로티우스(H. Grotius), 볼프(C. Wolff), 푸펜도르프(S. Pufendorf)와 같은 자연법론자들도 정치적 기능의 분립을 논의하였다. 그러나 이들이 제시한 논리는 단순히 국가기능의 이론적 분석에 그치고, 그것을 헌법상 국가기능의 조직에 실제로 적용하는 데까지는 생각하지 못하였다.

(ii) 드 파두(Marsile de Padoue)나 보댕(J. Bodin)은 입법권과 사법권이 한 사

람에 의하여 장악되는 권력집중의 위험을 경고하였다. 그러나 이들이 제시한 권력의 균형은 왕과 의회 그리고 귀족 사이의 균형에 불과하였다. 로크도 '시민정부 2론'에서 입법기관과 집행기관의 분리를 주장하였지만 충분한 논거를 제시하지는 못하였다. 그의 국가기능론에 의하면 국가권력을 규율할 입법권은 공동체와 그 구성원의 보전을 담당하고, 집행권은 법률의 시행을 보장하고, 동맹권은 대외관계에 있어서 국가를 대표한다(John Locke, *Two Treaties of Civil Government*, 1690).

2. 몽테스키외의 권력분립이론

(i) 몽테스키외는 '법의 정신'에서 국가의 기능을 입법·행정·사법의 삼권분립을 주장하였다. "정치적 자유는 절제된 정부에서만 존재한다." "권력을 가진 자는 그 권력을 남용하려 한다는 것이 영원한 경험법칙이다; 그는 권력의 한계에 이르기까지 이를 행사하려 한다." "이러한 권력을 남용하지 아니하도록 하기 위하여 권력이 권력을 차단하는 장치가 필요하다"(Ch. Louis de Secondat de Montesquieu, *De l'esprit des lois*, 1748, 제11편 제6장).

(ii) 그의 권력분립이론은 특히 로크의 이론적 영향과 그 자신의 영국여행을 통하여 얻은 체험을 바탕으로 이를 현실화하였다. 그는 로크가 생각하지 못하였던 사법권의 독립·분립이론을 제시하였다. 특히 프랑스혁명 당시의 인사들도 제대로 이해하지 못하였던 권력의 균형과 공화이론을 제시하였다. 그의 권력이론에 의하면 결정권과 통제권을 통하여 권력기관 사이에 하나의 '콘서트'를 이루어야 하고, 의회도 상호 견제·조정을 위하여 양원제이어야 한다.

Ⅲ. 근대입헌주의 헌법에서의 권력분립

1. 권력과 자유의 조화의 기술로서의 헌법: 정치적 설계로서의 권력분립

1789년 프랑스혁명 과정에서 채택한 '인간과 시민의 권리선언' 제16조에서는 "권리의 보장이 확보되지 아니하고, 권력의 분립이 규정되지 아니한 모든 사회는 헌법을 가지고 있지 아니한다"라고 규정한다. 이는 곧 권력분립의 원리가 국민의 자유와 권리를 확보하기 위한 불가결한 요소임을 분명히 한다. 정치적 설계로서의 권력분립이론은 국가업무의 원활한 수행과 국민의 기본권존중이라는 목표를 합리적으로 이룩할 수 있는 정치적 기술이다.

2. 자유민주주의에 기초한 권력분립의 실천적 모델로서의 정부형태

(1) 권력분립의 다양한 유형

오늘날 권력분립원리에 입각한 각국의 정부형태는 입법권과 집행권의 관계를 중심으로 살펴본다. 왜냐하면 사법권은 무엇이 법인가를 선언하는 기관이므로, 입법·행정 등 정치권력기관과는 일정한 거리를 유지한 가운데 독립적이고 공정한 재판을 하여야 하기 때문이다.

권영성 교수(752-753면)는 입법부와 행정부의 관계를 기준으로 입법부우위형(프랑스의 국민공회제·스위스의 의회정부제)·집행부우위형(제한군주제·신대통령제)·엄격한 분립형(미국 헌법·1791년 프랑스 헌법)·균형형(의원내각제)을 제시하기도 하고, 입법부와 사법부의 관계에서 위헌법률심사제도의 존재 여부를 기준으로 입법부우위형(영국)·사법부우위형(헌법재판소제도 도입 국가)·균형형(미국)을 들기도 한다.

(2) 입법권과 집행권의 관계에 따른 권력분립

권력분립에 따른 정부형태의 유형은 입법권과 집행권의 성립과 존속이 독립적인 엄격한 권력분립형(엄격형)인 미국식 대통령제(경성형)와, 그 성립과 존속이 직접적으로 연계되는 의원내각제 모델(연성형)이 있다. 그런데 대통령제와 의원내각제라는 전형적인 모델 이외에 이들 두 가지 정부형태가 가진 요소를 혼합한 절충형 정부형태인 반대통령제(이원정부제)가 새로운 정부형태의 모델로 등장한다. 다른 한편 스위스에서는 권력분립이 아닌 회의체형태의 의회정부제(회의정체)가 작동된다.

Ⅳ. 권력분립이론의 현대적 변용

1. 의 의

(i) 권력분립의 원리는 헌정체제 내지 정부형태를 유형화하는 데 논리적 기초를 제공하여 준다.

예컨대 프랑스 혁명기에 나타난 통령제(統領制)와 같은 집행부로의 권력집중과 국민공회와 같은 의회로의 권력집중은 권력의 균형이 붕괴되어 권력분립의 원리가 제대로 실천되지 못한 헌정체제이다. 특히 집행부독재의 헌정체제는 현대에 이르러 개발도상국가에서 소위 신대통령제로 재현되었다.

(ii) 연성적 권력분립의 원리를 채택하는 의원내각제에서는 권력의 분립과

더불어 권력의 공화가 불가결하다. 또한 경성적 권력분립을 채택하는 대통령제에서도 헌정체제의 정상적인 기능을 위하여 집행부와 입법부 사이에 권력공화가 필요하다. 이에 고전적 권력분립이론에 대한 비판이 제기된다.

2. 고전적 권력분립이론에 대한 비판

(1) 사회주의체제의 권력분립주의의 부정

사회주의체제는 비록 간접적으로 18세기 계몽주의의 영향을 받았다고 볼 수는 있겠지만, 그 이념적 기초는 마르크시즘에서 비롯된다. 마르크스주의는 국가권력을 사회주의의 완수에 이르는 과정에서 필요한 도구로 간주한다. 한편 국가는 인민 혹은 프롤레타리아가 직접 지배하여야 한다고 본다. 이에 따라 권력이란 굳이 분할되거나 억제되어야 한다는 문제를 제대로 인식하지 못한다.

(2) 다원적 헌정체제에서 권력분립이론의 부적합성

(i) 다원적 민주주의를 실천하는 헌정체제에서도 권력분립은 실제로 크게 상반된 결과를 연출한다. 현실적으로 끊임없이 권력집중현상이 강화되면서도 자유주의적 헌정체제가 유지된다. 예컨대 유럽 민주주의의 고향인 영국의 양당제에서는 하원의 다수를 지배하는 다수당이 정부를 장악함으로써 국가권력은 내각에 집중될 수밖에 없다. 그러므로 영국에서 자유민주주의의 정립이 결코 권력분립원리에만 기초한다고 볼 수는 없다.

(ii) 한편 행정국가 경향에 따라 입법부가 집행부 독주에 대하여 효율적인 견제기능을 할 수 있는지에 대하여도 의문이 제기된다. 행정국가 체제에서는 행정입법의 증대로 국회입법권이 무력화된다.

(iii) 더 나아가 현대사회에서 국가적 위기의 상시화에 따라 비상사태의 극복을 위한 권력집중은 불가피한 현상으로 받아들인다.

(iv) 결국 입법부에 의한 견제는 오늘날 대통령제 국가의 전형인 미국을 제외하고는 제대로 실천되지 못하고 있다. 의원내각제 국가에서 정부는 의회다수파의 지지를 통하여 존속한다.

(3) "낡은 이론"이라는 비판

권력분립이론은 정당제도가 제대로 자리를 잡지 못한 상황에서 창안된 이론이므로 오늘날의 정당국가 경향에 부합하지 못하는 낡은 이론이라는 비판이 있다. 사실 권력분립이론은 제도론적 관점에 치중되었으며, 그것은 곧 상이한 기관과 상이한 권한의 정립 및 그들 사이에 바람직한 균형상태의 정립이었다. 그러나 오늘날 정부와 의회 사이의 권력분립이 존재한다기보다는 오히려 총선거를 통하여 승리한 다수파가 의회와 정부를 장악하고, 이 다수파를 견제하면서 차기 정권교체를 겨냥하는 반대파가 있어 양자 사이에 권력의 견제와 균형이 형성된다(여야 사이의 권력분립). 이제 권력분립이론이 오늘날의 정치현실에 제대로 부합할 수 있도록 권력분립이론에 기초한 정치제도에 변함없는 신뢰를 부여하여야 한다.

3. 정치권력의 현대적 정립

고전적 권력분립이론은 상당한 변화를 맞이한다. 비록 대륙식 의원내각제의 강한 의회·약한 정부의 구도를 체험하기도 하였지만, 세계화에 따른 국가 사이의 무한경쟁시대에 대처하기 위하여 집행부강화의 행정국가 경향이 두드러진다.

김철수 교수((하) 1480–1482면)는 권력분립이론의 현대적 문제 상황으로 ① 민주주의원리의 도전, ② 정당국가와 권력분립, ③ 적극국가와 권력분립, ④ 위헌법률심사제와 권력분립, ⑤ 권력의 지역분산과 수직적 권력분립, ⑥ 직접민주주의와 권력분립을 논한다. 특히 오늘날 입법부와 행정부의 협동에 의하여 국민의 인권이 침해되고 헌법이 파괴되는 사례가 늘어나고 있으므로 법원·헌법재판소 등이 의회의 위헌입법을 심사하는 위헌법률심사제가 강조된다. 이는 오늘날 입법권과 행정권의 확대·강화에 따른 권력집중을 막기 위하여 오히려 바람직하다고 한다.

(1) 전통적인 집행부·입법부 사이의 권력분립구조 유지

다원적 민주주의헌정체제에서 입법기관·집행기관의 분리는 정치권력 구조의 토대를 이룬다. 집행기관의 기본구조인 국가원수·정부수반·각료 등의 집행기관은 그 기관의 활동을 준비하고 결정을 집행하는 중요 임무를 수행하는 행정기관으로 유지된다. 또한 심의기관은 전체 대의기관으로 확대된다. 사법기관도 정치권력기관과는 별개의 독자적인 재판체계를 구축한다. 특히 헌법재판의 강화로 위헌심사제도의 정립은 권력분립의 새로운 양상을 제공한다.

(2) 전통적 구조로부터 기능의 변화

(i) 오늘날 기능의 배분에 따라 정부는 중요한 정치적 결정을 하고 이를 집행하며, 숙고기관인 의회는 정부의 활동을 통제한다. 정부는 의회다수파와 끊임없는 공조체제를 구축하면서 집권정당이 선거에서 제시한 정책강령을 실현하기 위한 권력을 행사한다. 바로 그런 의미에서 진정한 권력분립은 국가정책을 지휘하는 집행기관의 권력과 정부의 활동을 통제하는 심의기관인 의회에 부여된 통제권한 사이에 자리 잡게 된다. 이에 뢰벤슈타인은 소위 동태적 권력분립이론을 제시한다. 그것은 기관의 분리가 아니라 기능의 분리를 통하여 정책결정기능·정

책집행기능 · 정책통제기능으로 분리한다.

(ii) 또한 전통적인 수평적 권력분립의 구조에서 더 나아가 지방자치의 활성화를 통한 수직적 권력분립의 중요성이 배가된다. 특히 지방자치단체 내부에서의 권력분립 또한 정상적으로 작동되어야 한다.

행정공무원이 지방입법기관의 입법 참여는 권력분립의 원칙에 배치되므로, 공무원의 지방의회의원 입후보제한이나 겸직금지가 필요하다(헌재 1991.3.11. 90헌마28, 지방의회의원선거법 제28조 등에 대한 헌법소원(위헌, 기각)).

정부투자기관의 집행간부뿐만 아니라 직원의 지방의회의원 겸직금지는 권력분립원칙에 합치된다(헌재 1995.5.25. 91헌마67, 구 지방의회의원선거법 제35조 등에 대한 헌법소원(한정위헌, 기각)).

4. 권력균형의 붕괴

(i) 오늘날 헌정체제에서 제도적 균형은 대통령제에서만 찾아볼 수 있다. 여기에서는 입법부와 집행부가 서로 독립적이며, 원칙적으로 상대방에 대한 압력수단이나 통제수단이 존재하지 아니한다. 특히 의회의 다수파가 대통령과 정파를 달리할 경우 대통령은 그의 의지를 입법부에 투여할 방책이 없게 되며, 그런 의미에서 제도의 균형이 형성된다.

(ii) 정부가 의회 앞에 책임을 지는 의원내각제에서 정부는 의회다수파의 지지를 통하여 유지된다. 이에 따라 입법부와 집행부는 서로 적대적일 수 없으며 오히려 상호 긴밀한 협조관계를 유지함으로써 정치권력의 통합이 구축된다. 의회다수파의 지지로 탄생한 정부라고 하더라도 그 정부와 의회 사이에 끊임없는 긴장과 갈등이 야기되며, 특히 연립정부일 경우에 그러한 현상은 더욱 두드러진다. 그런 의미에서 정부와 의회 사이에 권력균형을 유지한다고 볼 수 있다. 그런데 이러한 균형은 권력분립이론으로부터 비롯되기보다는 오히려 권력의 자율통제현상으로 보아야 한다.

(iii) 비록 고전적인 권력균형의 원리가 다소 퇴보한다고 하더라도 권력분립이론에 기초한 자유민주주의 체제는 지방자치, 사법권독립, 개인의 자유와 권리보장, 반대의 자유를 강화함으로써 더욱 공고하여진다.

V. 대한민국헌법과 권력분립

1. 대한민국헌법사에서 얼룩진 권력구조의 틀

(1) 제헌헌법에서 권력구조의 이원적 성격

(i) 제헌헌법의 권력구조는 유진오(兪鎭午)의 의원내각제 안에 이승만(李承晩)의 대통령제 안이 절충된 이원적 권력구조를 채택하였다.

(ii) 국회는 임기 4년의 단원제로 구성된다. 집행부의 수반이자 국가원수인 대통령과 부통령은 각기 국회에서 간접선거방식으로 선출되며 1차에 한하여 연임할 수 있다. 여기에 옥상옥으로 국무원을 설치한다. 국무원은 의장인 대통령과 부의장인 국무총리 및 국무위원으로 구성되는 합의제기관이다. 대통령유고 시 제1순위 권한대행자인 부통령은 국무원의 구성원이 아니다. 국무총리는 대통령이 임명하되 국회의 승인을 얻어야 하고, 또한 국회의원총선거 후에는 재차 국무총리임명에 대한 승인이 필요하다. 이러한 국무총리제도는 의원내각제로부터 비롯된다.

(iii) 1952년에 정부의 대통령직선제개헌 안과 야당의 국무원불신임개헌 안이 절충된 '발췌개헌 안'이 통과되었다. 1954년에는 소위 '사사오입개헌'(4捨5入改憲)에 따라 초대 대통령에 한하여 중임제한이 삭제되고 국무총리제도가 폐지되었다.

(2) 제2공화국의 권력분립의 연성형: 의원내각제헌법

제2공화국헌법은 고전적 의원내각제 원리에 입각하면서 국회는 양원제를 채택하고, 위헌법률심판을 위한 헌법재판소의 설치, 대법원장과 대법관의 선거제를 채택하여 권력의 민주화와 정당성 확보를 위한 기틀을 마련하였다.

(3) 제3공화국의 권력분립의 경성형: 대통령제적 헌법

제3공화국헌법은 권력구조에서 대통령중심제를 채택하며 국회는 단원제로 하고 위헌법률심판권을 대법원에 부여하였다. 하지만, 국무총리제도를 두고 국무총리·국무위원해임건의제도를 두는 등 의원내각제적인 요소도 내포한다.

(4) 제4공화국·제5공화국의 집행부우위의 신대통령제

제4공화국헌법에서 임기 6년의 대통령은 통일주체국민회의(統一主體國民會議) 대의원에 의한 간접선거로 선출되며 박정희 대통령의 종신집권이 가능하게 되었다. 국회의 3분의 1은 사실상 대통령이 지명하는 유신정우회(維新政友會) 의원으로 구성됨으로써 대통령은 행정부뿐만 아니라 입법부까지도 직접 장악하였다.

1980년 제5공화국헌법에서 7년 단임의 대통령선거는 선거인단에 의한 간접선거방식임에도 대통령으로의 권력 집중 현상은 여전하였다.

2. 현행 헌법규범의 실천적 해석과 적용의 필요성

(i) 한국헌법사의 권력구조는 제2공화국의 의원내각제 정부형태를 제외하고는 대통령중심제라고 평가된다. 그러나 제헌헌법 이래 항시 의원내각제적 요소를 가지고 있기 때문에 오히려 이원정부제적인 운용가능성을 안고 있는 권력구조이다. 그럼에도 불구하고 헌정의 실제는 대통령중심제적 운용으로 일관되어 결과적으로 헌법규범의 정확한 실천이 이루어지지 못하였다.

(ii) 현행헌법은 대통령직선제를 채택하기 때문에 대통령제적이라 할 수 있다. 그러나 국무총리제도, 국무총리·국무위원해임건의권 등으로 인하여 대통령제는 상당히 완화되고, 반대통령제(이원정부제)에 가까운 요소를 다수 가지고 있다. 그런데 대통령의 임기는 5년 단임이고 국민으로부터 직접 선출된 국회의원의 임기는 4년이다. 따라서 대통령과 의회의 다수파가 반드시 일치한다는 보장이 없다. 민주주의의 꽃은 평화적 정권교체에 있다. 그렇다면 가장 이상적이고 완전한 의미의 정권교체는 대통령과 의회의 다수파가 동시에 교체되는 것인데, 임기를 달리하는 대통령과 국회가 병존하고 헌법에 정부(대통령)의 의회해산권이 없기 때문에 현실적으로 그 실현이 어렵다.

(iii) 두 개의 국민적 정당성이 병존하는 헌정체제에서 권력의 정당성은 주권자인 국민이 내린 최후의 선택에 우위를 두어야 한다. 대통령과 의회의 다수파가 일치하지 아니하는 분리된 정부에서는 국정운용에 많은 어려움이 뒤따른다. 이러한 헌정현실 때문에 미국식 대통령제를 수입한 개발노상국가의 민주주의가 시련을 겪고 있다.

(iv) 또한 통일한국의 권력구조도 고려하여야 한다. 동서독 통합이라는 흡수통일 모델도 그 후유증이 심각하다. 하물며 완전한 흡수통일이 아닌 형태로의 통일까지도 고려하여야 한다. 이때 국가적 통합의 상징인 바람직한 대통령의 모습은 대통령중심제적인 대통령이냐 아니면 의원내각제의 상징적·명목적·의례적 지위에 머무르는 대통령인지에 대한 검토가 필요하다. 더 나아가 중간적인 존재로서 외교·안보·통일 등 국가통합 및 정체성과 관련된 업무는 대통령이 관장하고, 그 밖의 내정사항은 국무총리를 중심으로 한 정부가 관장하여야 하는지에 관한 연구도 뒤따라야 한다.

Ⅵ. 결 어

(ⅰ) 몽테스키외의 권력분립이론은 미국헌법에 이식되어 미국식 대통령제라는 경성적 권력분립체계가 정립되었으나, 그의 모국인 프랑스에서는 혁명의 와중에서 도입과 좌절의 진통을 겪은 끝에 변형된 형태로 작동된 바 있다.

(ⅱ) 고전적 권력분립이론은 오늘날 그 기본적인 모습(입법·집행·사법)을 외견상 유지하지만 그 실제에 있어서는 상당한 변화를 겪고 있다. 몽테스키외가 알지 못하던 자유민주주의의 원리에 입각한 다양한 헌정체제의 구축, 현대적 정당국가 경향, 세계화시대에 집행부강화의 행정국가 경향, 지방분권 등은 고전적인 견제와 균형의 틀을 뛰어넘는 새로운 권력분립의 모습을 요구한다.

제 4 절 정부형태론

제 1 항 정부형태론의 개념 및 위상

Ⅰ. 헌정체제(통치질서의 형태)와 정부형태

넓은 의미의 정부형태(政府形態)는 국가의 통치질서 형태 또는 국가의 헌정체제를 의미한다. 일반적으로 '정부형태'(régime politique)란 권력분립원리의 조직적·구조적 실현형태를 말한다.

Ⅱ. 정부형태론의 위상

1. 정부형태론 논의의 전제

정부형태의 개념정립에는 ① 자유민주주의적 헌정체제(국가형태·정치형태·정치체제)를 전제로 한다. 그것은 곧 국민적 정당성을 가진 헌정체제를 전제로 한다는 의미이다. 그러므로 헌정체제와 정부형태는 불가분적으로 연계된다. ② 정부형태 논의의 중심축은 입법부와 행정부의 관계에 따라 대통령제·의원내각제(의회제)·반대통령제(이원정부제)로 구분한다.

2. 새로운 논의의 틀: 국가기능과 정당제도에 따른 분류

(ⅰ) 자유민주주의국가의 정부형태가 가진 기능적 성격에 착안한 분류도 제시된다. 즉 ① '집행부 중심의 민주적 헌정제도'로서 미국·프랑스 제5공화국·영국의 헌정체제, ② '의회 중심의 민주적 헌정제도'로서는 이탈리아와 독일의 '합리화된 의회적 민주주의' 헌정체제, ③ '국민투표 중심의 민주적 헌정제도'로서 스위스 등의 헌정체제로 분류한다(A. Brimo, "A propos de la typologie des régimes constitutionnels des démocraties occidentales contemporaines", in *Mélanges Paul Couzinet*, 1974, p. 22 이하).

(ⅱ) 정당국가 경향에 비추어 정당제도에 따라 단일정당제, 복수정당제는 양당제(영국식 경성양당제·미국식 연성양당제)와 다당제(독일식 양극적 다당제·이탈리아식 다극적 다당제)로 논술하기도 한다(Benoît Jeanneau, *Droit constitutionnel et institutions politiques* Dalloz, 1991, 목차, p. 093 이하).

제 2 항 의원내각제

Ⅰ. 의 의

의원내각제(議院內閣制)는 역사적으로 절대군주제로부터 제한군주제 그리고 이원적 의원내각제인 오를레앙적 의원내각제를 거쳐 오늘날의 고전적 혹은 일원적 의원내각제로 정착되었다. 일원적 의원내각제는 영국과 같은 군주제적 의원내각제와 프랑스 제3·제4공화국과 같은 공화제적 의원내각제로 분류할 수 있다. 한편 제2차 세계대전 이후 유럽 각국에서는 집행권의 안정을 위한 의원내각제 원리의 변용으로서 이른바 의회제의 합리화 이념이 제도화되어왔다.[1)]

Ⅱ. 의원내각제의 기본원리

1. 연성적 권력분립

(i) 의원내각제는 권력기관 사이에 엄격한 분립이 아니라 오히려 기관적·기능적 공화(共和)를 허용하기 때문에 권력분립은 엄격형이 아니라 연성형이다.

(ii) 의원내각제는 그 고향인 유럽에서의 정립과정에서 왕권의 제약으로부터 비롯되었다. 그 왕권의 제약은 권력의 엄격한 분립을 통하여서가 아니라, 국민의 대표기관인 의회로 왕권을 이양함으로써 상호 간에 권력의 공화를 구축하였다. 한편 왕권과 의회의 중간에 위치한 집행기관인 정부는 역사적으로 왕과 의회의 이중의 신임에 기초한 이원적 의원내각제로 작동되었다. 그 후 점차 왕권이 쇠퇴하면서 집행권은 정부로 일원화되어 일원적 의원내각제가 정립되었다. 정부는 유일한 국민적 정당성의 축인 의회의 신임에 기초한다. 여기에 의회와 정부 사이에 권력 공화의 원리가 터 잡게 되며, 그것은 곧 권력분립의 연성형을 의미한다.

---

1) 기현석, 의원내각제의 유형에 관한 연구, 서울대 박사학위논문, 2009.2; 김도협, 독일의원내각제에 관한 연구, 단국대 박사학위논문, 1999.8; G. Burdeau, *Traité de science politique, tome V(Les régimes politiques)*, LGDJ, 1985; Ph. Lauvaux, *Parlementarisme rationlisé et stabilité du pouvoir exécutif*, Bruxelles, Bruylant, 1988.

2. 대 의 제

대의제는 의원내각제에서 의회주권의 정당성을 제공하여 준다. 이에 따라 헌법사항을 제외하고는 국민투표를 통한 국민의 직접 개입은 정당화될 수 없다. 하지만, 현대적 의원내각제의 발전은 대의제원리의 엄격한 적용을 완화한다. 이제 국민투표는 의원내각제에서 일상적인 제도로 수용되고 있다. 이는 반대표이론의 현대적 구현이다.

Ⅲ. 의원내각제의 기준

역사적으로 의원내각제의 법적 기준에 대한 연구에는 두 개의 기본적 사고가 지배하여왔다. 이는 19세기에 전개된 균형이론(이원주의이론)과, 균형이론의 비현실성을 비판하면서 제기된 정치적 책임이론이 있다.

1. 균형이론

균형이론(均衡理論)은 프랑스 제3공화국을 풍미한 대표적 헌법학자인 에즈멩 · 뒤기 · 오류에 의하여 제기되었다.[1] 균형이론은 집행권과 입법권의 균형 및 집행권과 입법권의 공화라는 두 개의 기본원리에 입각한다. 실제로 균형은 집행부와 입법부 사이의 균형을 의미하나, 이들 국가기관 내부에서의 균형도 동시에 존재하여야 한다.

(1) 의회와 정부 사이의 균형

(i) 의회와 정부 사이의 균형은 상호 간에 일정한 활동수단의 향유를 의미한다. 의회는 정부의 활동을 통제하며, 궁극적으로 정치적 책임추궁을 통하여 정부를 물러나게 할 수 있다(불신임의결).

(ii) 정부는 의회에 대하여 의회회기의 개회와 폐회에 관여하며, 각료의 출석 · 발언권과 의회해산권을 통하여 관여할 수 있다. 단순한 의회해산의 위협만으로도 집행부에 대한 의회의 통제수단 남용을 차단하는 데 충분한 균형수단이 된다. 즉, "의회해산제는 의원내각제의 필수적 균형추이며, 바로 이 의회해산제는

1) Cf. A. Esmein, *Eléments de droit constitutionnel français et comparé*, Sirey, 1928; L. Duguit, *Traité de droit constitutionnel*, Fontemoing & Cie, 1921-1929; M. Hauriou, *Précis de droit constitutionnel*, Sirey, 1929.

제도의 민주주의적 성격을 확인한다." 정부와 의회 사이의 갈등은 최종적으로 주권자인 국민의 중재적 개입으로서 해결된다.

(2) 의회 및 정부 내부의 균형

(i) 집행부와 입법부 자체 내부에서도 동시에 이원성과 균형이 존재한다.

(ii) 의회는 양원제를 채택한다. 하원은 국민의 직선의원으로 구성되는 반면, 상원은 세습귀족이나 간선의원으로 구성된다. 상원은 하원보다는 보수적이며, 궁극적으로 하원의 독주에 대응한 균형추 역할을 수행한다.

(iii) 집행권은 국가원수와 수상에 의하여 지휘되는 정부로 이원화되어 있다. 국가원수는 국가의 상징적 존재로서 정치적 책임을 지지 아니할 뿐만 아니라 형식적·의례적 권한만을 가진다. 반면에 집행부의 실질적 권한을 향유하는 정부는 의회 앞에 책임을 진다. 이러한 집행부의 이원화는 입법부의 이원화와 마찬가지로 권위주의체제의 출현을 제어(制御)할 수 있는 제도적 장치이기도 하다.

(3) 권력의 공화(共和)

권력의 공화원리는 집행부와 입법부가 모두 국가작용에 있어서 서로 협력하는 원리이다. 집행부는 법률안제출·법률안공포 등을 통하여 의회의 입법형성과정에 개입할 뿐만 아니라, 법규명령권을 가지기 때문에 실질적으로 입법기능을 행사한다. 의회 또한 재정사항에 대한 허가나 외교사항에 대한 동의 등을 통하여 집행부의 작용에 협력한다. 균형이론에 의하면 바로 이 균형장치를 통하여 입법부와 집행부가 각기 별개의 독립기관으로 유지된다고 본다.

(4) 균형이론에 대한 비판

(i) 균형이론에 대하여는 균형이란 역사적 상황의 결과이지 그 자체가 의원내각제의 논리적 기초가 될 수 없기 때문에 균형이론 그 자체가 의원내각제를 법적으로 규명하기에는 불충분하다는 비판이 제기된다. 게다가 양원제는 의원내각제의 법적 필요요건이 아니라는 비판도 제기된다.

(ii) 집행권의 이원주의는 왕이 일정한 행정권을 향유하며 또한 내각이 정치적으로 왕과 더불어 집행권을 공유할 만한 정치적 세력을 가졌을 때에만 존재할 수 있다. 이것은 프랑스에서 오를레앙주의로 명명된다.

(iii) 의회해산권 또한 의원내각제의 논리적 필요보다는 역사적 상황변화로부터 비롯된다. 원래 의회해산권은 군주주권을 보장하는 왕의 특권이었다. 그 이후 왕권의 쇠락과 더불어 정부에 의회해산권을 부여함으로써 의원내각제의 정당성을 찾으려는 데에 있다는 비판이 제기된다. 의회해산제도의 고전적 분석이론은

국민의 중재이론에 기초하고 있으나, 이 중재개념이 권력 사이에 새로운 균형의 회복이론과 혼동된 측면을 무시할 수 없다. 결국 고전적 균형이론은 의회해산의 위협을 통하여 정부를 불신임하려는 의도를 가진 의회를 견제함으로써 정부가 일정한 권위를 확보하려는 데에 기초하여 특수화된 이론에 불과하다는 비판이 제기된다.

2. 정치적 책임이론

(1) 의회 앞에 지는 정부의 정치적 책임

(i) 정치적 책임이론(責任理論)이란 의원내각제의 기본원리는 의회 앞에 정치적으로 책임을 지는 정부, 즉 정부가 의회의 소수파로 전락하였을 경우 그 정부는 법적으로 사직(辭職)을 강요당하는 것으로 충분하다는 입장이다. 이 이론에 따르면 국가원수의 역할은 약화되고, 의회해산권 또한 부차적인 제도로 머무르게 된다. 이는 19세기 영국에서 균형이론이 의원내각제의 정상적 기능을 충분히 설명하지 못함에 따라 대두된 이론이다.

(ii) 정치적 책임이론은 의회의 불신임에 따라 정부가 사직하는 헌정체제를 의원내각제로 받아들였던 역사적 사실에 근거한다. 즉, 역사적으로 국가원수의 퇴영과 더불어 집행권의 이원적 구조가 소멸함에 따라 균형추 개념은 그 중요한 가치를 상실하게 된다. 이에 따라 정치적 책임이론만이 의원내각제를 정의할 수 있다고 본다. 영국에서는 왕과 상원의 쇠락과 더불어 내각과 하원의 관계로만 작동하게 되었다. 프랑스에서 국가원수는 1877년 마크-마옹(Mac-Mahon)사건 이래 그 중재적 역할이 약화되었으며, 의회해산권 또한 그 기능을 상실하게 되어 의원내각제를 특징짓는 요소로서 정치적 책임만 남게 되었다.

> 프랑스 제3공화국 초대 대통령이던 마크-마옹은 내각과의 갈등으로 의회를 해산하였으나, 총선거 후 새로 구성된 다수파가 여전히 대통령에 적대적이자 스스로 대통령직을 사임하였다. 그 이후 대통령의 의회해산권은 명목상 권한으로 머물게 되었다.

(2) 정치적 책임이론에 대한 비판

(i) 하지만, 정치적 책임이론에 대하여는 정치적 책임 그 자체를 하나의 절대적 가치 기준으로 보는 데에 대한 비판이 제기된다. 비록 정치적 책임이론이 오늘날 균형이론보다 더 설득력을 가진다고 하더라도 이 이론만으로 의원내각제와 회의정체의 구별이 법적으로도 가능한가에 대하여 새로운 의문이 제기된다.

다른 한편 정부와 의회의 밀접한 연계성 및 의회 앞에 지는 정부의 책임은 의원내각제뿐만 아니라 회의정체에도 공통된 사항이기도 하다. 이에 대하여 회의정체란 현실적 적응성이 없는 이론적 가설이라는 입장과, 집행권은 의회의 위임권력을 행사하기보다는 오히려 스스로 자율조직과 고유권한을 향유한다는 점에서 대리권만 가지는 회의정체와 구별된다는 견해가 있다.

(ii) 오늘날 헌정실제에서 다수의 불신임동의안이 상정되고 있지만, 실제로 영국 · 프랑스 · 독일 등에서 불신임동의안이 통과된 예는 극히 예외적이므로 제도의 위력은 반감되어 있다. 하지만, 국민의 대표기관인 의회가 정부에 정치적 책임을 추궁하여 정부를 불신임할 수 있는 수단을 향유한다는 사실 그 자체만으로도 정치적 책임이론의 가치를 평가할 수 있다.

Ⅳ. 의원내각제의 권력구조

1. 의의: 의원내각제 개념정립의 한계

입법부와 집행부 사이에 균형이 파괴된 상태에서 의원내각제가 정상적인 기능을 수행할 수 없으므로, 입법부와 집행부 사이에 어떠한 형태로든 균형이 모색되어야만 한다. 결국 각국의 다양한 상황에서 전개되는 정치적 책임추궁과 그에 대한 의회해산의 위협이라는 수단을 통하여 이룩된 균형이 그 나라의 역사적 · 문화적 · 사회적 · 정치적 환경과 부합할 때 그 의원내각제는 '권력의 공화와 견제 체제'를 구축할 수 있다.

2. 의원내각제의 유형

일반적으로 의원내각제는 대륙식 · 고전적 의원내각제와 영국식 내각책임제로 구분된다. 그 유형에 따라 의원내각제의 장 · 단점이 달라질 수 있다.

의원내각제의 장 · 단점은 일반적으로 대통령제와 비교하여 평가된다. 장점으로는 ① 입법부와 정부의 권력의 공화를 통한 신속하고 능률적인 국정운영, ② 의회 앞에 책임지는 정부를 통한 책임정치의 구현 등이 있다. 단점으로는 ① 입법부의 다수파를 형성하는 정부와의 일치에 따른 지나친 정당국가 경향과 그에 따른 견제장치의 미비, ② 다당제에서 다수당의 난립에 따른 정부불안정의 우려 등이 있다.

(1) 대륙식 · 고전적 의원내각제

대륙식 · 고전적 의원내각제의 전형은 프랑스 제3 · 제4공화국의 의원내각제이다. 집행권은 대통령과 수상을 중심으로 하는 정부로 이원화되어 있었으나, 1877년 마크-마옹사건 이래 대통령은 집행권의 실질적 권한을 행사하지 아니함으로써 의원내각제로 정립되었다. 이 사건 이후 헌법(헌법적 법률)에서 대통령에게 부여한 의회해산권은 사실상 정부의 의회해산권으로 전환되었다. 의회는 대정부질문을 통하여 정부불신임권의 행사로 나아갈 수 있었다. 그러나 다당제 정당제도에서 의회가 정부에 대한 불신임권을 지나치게 행사함으로 인하여 연립정부는 너무나 취약하여 정부의 불안정이 계속되어, 강한 의회·약한 정부로 귀결되었다.

(2) 영국식 내각책임제

(i) 영국에서 정립된 내각책임제는 상대적 다수대표제 선거제도와 연계되어 영국 특유의 양당제에서 강력한 정부를 구축한다. 영국의 규율화된 양당제에서 다수당의 리더인 수상에 대한 도전은 상상하기 어렵다. 영국식 내각책임제의 발전과정에서 국가원수인 국왕은 일원적 의원내각제의 정립에 따라 "왕은 군림하나, 통치하지 아니하는" 명목적·의례적·상징적 지위에 머물게 되었다. 이에 따라 의회의 안정적 지원을 받는 정부가 더욱 강력하여질 수밖에 없었기 때문에, 양당제에 힘입은 대처정부(1979-1990)의 장수는 수상정부제·수상독재제로까지 평가받는 강한 정부·약한 의회로 귀결되었다.

(ii) 그런데 영국에서도 1974년·2010년에 이어 2017년에 실시된 총선거에서 제1당이 하원의 절대과반수를 확보하지 못한 상황이 발생한 바 있다(Hung 의회). 결국 제1당은 군소정당과 합의하여 연립정부를 구성하였다.

(3) 합리화된 의원내각제

고전적 의원내각제에서 정부의 불안정을 해소하기 위하여 의원내각제의 합리화 방안이 헌법의 틀 속으로 들어왔다. 독일의 건설적 불신임투표제도는 의원내각제의 합리화를 위한 대표적인 헌법적 장치로 평가된다. 독일의 안정된 의원내각제는 정부이 불안정이 계속되고 있는 이딜리아의 의원내각제와 대비된다.

3. 집행부의 구조: 형식적 이원화, 실질적 일원화

(i) 의원내각제는 전통적으로 군주제의 유물이 잔존하는 체제이다. 의원내각제의 고향인 영국에서는 지금도 군주제가 존재한다. "전락하는 왕의 운명은 곧 영국민주주의의 발달사"일 뿐만 아니라 영국식 의원내각제의 역사이기도 하다. 한편, 의원내각제의 발전과정에서 왕의 신임과 의회의 신임을 동시에 가지는 이중적 신임에 기초한 이원적 의원내각제이다. 그러나 집행권이 의회의 신임에 기초한 정부로 일원화되면서 의원내각제는 일원적 의원내각제로 정립되었다.

(ii) 국가원수인 왕이나 대통령은 상징적·명목직·의례적 지위에 머무르고,

집행부의 실질적 권한은 수상을 중심으로 하는 정부로 일원화되어 있다. 즉, 집행권이 형식적으로는 이원화되어 있지만 실질적으로는 일원화되어 있다.

4. 정부와 의회 사이에 권력의 공화(共和): 성립과 존속의 상호연계

(i) 의원내각제에서 권력의 정당성의 원천은 의회에 있다. 의회의 다수파가 정부를 구성한다. 따라서 의회의 신임을 상실한 정부란 더 이상 존재할 수 없다. 그러나 의회 앞에 지는 정부의 책임으로 인하여 정부가 무력한 상태에 빠지는 수동적 지위에 머무를 수만은 없기 때문에, 정부에 의회해산권을 부여한다. 그것은 의회에 대항하여 정부가 취할 수 있는 수단의 균형추이기도 하다.

(ii) 따라서 의원내각제는 정부와 의회가 서로 상대방의 성립과 존속에 개입할 수 있는 제도적 장치를 마련하여 궁극적으로 정치적 책임의 소재를 밝힘으로써 권력의 공화(共和)를 도모하는 제도라고 평가할 수 있다.

V. 의원내각제의 현실적 운용 - 정당 · 다수파 · 선거제도와의 연계

1. 의 의

서유럽에서 정립된 일원적 의원내각제는 의회 앞에 책임지는 수상을 중심으로 한 정부와, 국민의 직선을 통하여 선출된 하원에 의한 의회의 주도권 장악을 특징으로 한다. 그런데 오늘날 '정당국가 경향'에서 영국을 제외한 대부분의 유럽 대륙국가에서는 다당제로 인하여 안정적 · 동질적 의회다수파가 존재하지 아니하기 때문에 정치적 불안정의 역사적 경험을 공유한다.

2. 선거제도와 의원내각제

정당제도는 선거제도와 직접적으로 연계된다. 뒤베르제가 '정당론'에서 주장한 이론을 리커는 '뒤베르제의 법칙'이라고 명명한다. 영국식 1회제 다수대표제는 소수당에게 불리할 수밖에 없다. 반면에 독일의 혼합선거제도(부진정 비례대표제)는 소수당에게 그 존립기반을 제공하여 주는 대신, 소수파의 의회진출과 더불어 다당제로 귀결된다. 다른 한편 프랑스에서와 같이 2회제 다수대표제의 채택은 다당제에서도 양극화 현상으로 귀결된다.

3. 정당제도와 의원내각제

유럽에서 정당의 구도는 극우·극좌의 중간에 위치한 보수우파와 진보좌파 사이의 균형으로 나타난다. 의원내각제에서도 국민적 선호가 어느 극단에 이르지 아니하면서도 보수와 진보의 균형을 이룬다. 영국의 보수당·노동당, 프랑스의 범우파와 사회당, 독일의 중도우파와 사회민주당의 정립을 통하여 국가의 기본문제에 대하여 공통의 정치적 인식을 가질 수 있게 되었다.

4. 의원내각제의 합리화

(1) 의 의

(i) 유럽 각국은 의원내각제의 합리화를 통하여 의원내각제의 문제점을 시정하려는 노력을 계속하고 있다. 그 대표적인 사례로 제2차 세계대전 이후 1949년에 제정된 독일연방공화국 기본법에서는 건설적 불신임투표제도를 도입하여 의원내각제의 안정을 구가하면서 강력한 정부를 구현하여왔다(Konrad Adenauer 1949-1962; Helmut Kohl 1982-1998; Angela Merkel 2005-2021). 콜 수상의 장기 재임 덕분에 통일대업도 가능하였다고 평가한다. 독일은 다당제 국가임에도 불구하고 영국의 수상정부제에 못지아니한 헌정의 안정을 유지한다.

(ii) 독일식 의원내각제의 합리화 방안이 의원내각제의 틀을 간직한 채 구현된 의원내각제의 제도적 변용이라면, 1958년에 제정되어 1962년에 대통령직선제를 채택한 프랑스 제5공화국헌법은 전통적인 의원내각제의 범주를 뛰어넘는 헌법체제의 변용으로 볼 수 있다.

(2) 독일의 건설적 불신임투표제도

A. 의 의

건설적(建設的) 불신임투표제도(不信任投票制度)는 차기 수상을 연방의회 재적의원 과반수의 찬성으로 선임하지 아니하고는 정부를 불신임할 수 없게 하는 제도로서, 정국의 불안정을 예방하는 독일식 의원내각제 특유의 제도이다(기본법 제67조).

B. 법적 성격

건설적 불신임투표제도는 내각의 불안정과 그 후유증으로 독재자의 출현을 초래한 바이마르공화국의 정부형태에 대한 반성을 통하여 정부의 위기를 사전에 예방하기 위한 헌법정책적인 의지의 표현이다. 이는 연방의회와 연방정부가 동반자로서 상호조정과 타협을 통하여 합리적인 헌정체제를 구축하려는 의지에 따라 독일식 의원내각제의 안정을 위한 초석을 다졌다.

C. 절 차

(i) 건설적 불신임투표의 발의는 연방의회(하원) 재적의원 4분의 1 이상이 지명한 연방수상후보를 새로운 연방수상으로 제안함으로써 시작된다. 이때 불신임의 대상은 현직 연방수상에 국한된다. 불신임안의 제출과 후임자 선출에 48시간의 숙고기간을 둔다. 이로써 연방의회의 경솔과 감정에 치우친 불신임결의를 예방하고 연방의회의원들에 대하여 타협의 시간을 부여한다.

(ii) 불신임안에 명시된 차기수상후보는 재적의원 과반수의 찬성을 획득하여야 한다. 만약 과반수 획득에 실패할 경우 현직 연방수상에 대한 불신임안은 자동적으로 부결된 의안으로 간주되며 더 이상의 절차진행은 할 수 없다.

D. 현직 연방수상의 해임과 신임 연방수상의 임명

차기 연방수상 후보자가 재적의원 과반수를 획득한 경우, 연방의회는 연방대통령에게 현직 연방수상의 해임을 요청할 수 있으며, 연방대통령은 현직 연방수상을 해임하여야 한다. 이어서 연방대통령은 연방의회가 선출한 차기 연방수상을 임명하여야 한다.

E. 건설적 불신임투표의 실제 사례

건설적 불신임투표는 두 번 작동되었다. 첫째, 1972년 4월 27일 야당이 발의하였지만, 차기 연방수상후보가 과반수 득표를 얻지 못하여 브란트(Willy Brandt) 연방수상에 대한 불신임안은 부결되었다. 둘째, 1982년 10월 1일 연정에서 탈퇴한 자유민주당(FDP)이 기독교민주연합(CDU)/기독교사회주의연맹(CSU)과 연합하여 불신임투표를 발의하였는데, 차기 연방수상후보인 콜이 과반수를 획득함으로써 사회민주당(SPD)의 슈미트(Helmut Schmidt) 연방수상이 퇴임하는 정권교체를 이룩하였다.

(3) 프랑스의 의원내각제를 뛰어넘는 새로운 헌정체제

(i) 1875년 프랑스 제3공화국 이래 전개되어 온 대륙식·고전적 의원내각제는 제4공화국까지 지속되었다. 그러나 위기에 처한 제4공화국의 마지막 수상으로 초빙된 드골(Charles de Gaulle)은 의회권한의 축소와 중재적 권력을 향유하는 대통령 권력의 실세화를 내용으로 하는 제5공화국헌법 안을 마련하였다. 특히 1958년 헌법의 대통령 간선제에서 1962년 대통령 직선제 헌법개정을 통하여 대통령도 국민적 정당성을 주권자로부터 직접 향유하게 되었다. 이에 따라 프랑스 제5공화국헌법은 더 이상 의원내각제가 아니라 반대통령제(이원정부제)로 지칭된다.

(ii) 헌정실제에서 대통령과 의회다수파의 일치는 강력한 대통령주의제로 작동한다. 반면에 대통령과 의회다수파의 불일치에 따라 세 차례에 걸친 동거정부(gouvernement de la cohabitation) 시기에는 사실상 의원내각제적인 틀을 운용한 경험을 가지고 있다(제4항 이원정부제(반대통령제) 참조).

Ⅵ. 결 어

의원내각제는 권력공화의 원리에 따라 집행권의 형식적 이원화 · 실질적 일원화, 의회 앞에 책임지는 정부, 정부의 의회해산권이라는 세 가지 요소를 핵심으로 한다. 의원내각제는 의회만이 유일한 국민적 정당성을 가지므로 정치적 책임의 소재를 분명히 할 수 있는 결정적인 장점이 있다. 특히 의회의 정부불신임권과 정부의 의회해산권이라는 균형추를 작동시킴으로써, 정치적 갈등해소를 궁극적으로 주권자인 국민의 의사에 맡길 수 있다는 점에서 의원내각제의 정치적 가치를 높이 평가할 수 있다. 그러나 의원내각제에서의 정치적 불안정은 결국 정부의 불안정과 국가 자체의 불안정으로 귀결되기 때문에, 흔히 의원내각제의 정립을 위한 정치문화적 조건을 제시하기도 한다.

권영성 교수(772면)는 의원내각제의 성공조건으로 ① 안정된 복수정당제, ② 국민 사이의 동질성과 화합의 정신, ③ 언론의 자유와 정치적 자유보장, ④ 문민통치의 전통, ⑤ 직업공무원제의 확립, ⑥ 정치인의 투철한 공직의식 등을 들고 있다.

제 3 항 대통령제

Ⅰ. 의 의

대통령제(大統領制)는 세계 각국 헌법에서 도입한 바 있으나 대부분의 국가에서 실패로 귀결되었다. 하지만, 미국에서는 비교적 성공적으로 작동한다. 이에 따라 여러 나라에서 다양한 모습으로 실천되고 있는 의원내각제와 달리 대통령제는 특별한 설명이 없는 한 미국식 대통령제를 지칭한다.

김철수 교수((하) 1493면)는 대통령제의 장점으로 ① 행정부의 안정과 이를 통한 강력한 행정수행, ② 법률안거부권행사를 통한 졸속입법방지와 소수자의 이익보호를, 단점으로 ① 대통령의 독재화 경향, ② 권력분립원리에 충실한 결과 국정의 통일적 수행 방해, ③ 행정부와 입법부의 충돌 시 조정방법 부재를 들고 있다.

Ⅱ. 정부형태론을 통하여 본 대통령제

1. 의원내각제에 대칭되는 정부형태로서의 대통령제

(i) 정부형태의 고전적 모델인 의원내각제와 대통령제는 각기 의회와 정부 사이의 관계에 준거하여 부여된 명칭이다. 미국식 대통령제와 의원내각제를 구별하는 기준은 권력분립이 엄격형인가 연성형인가에 있다.

(ii) 대통령제는 엄격한 권력분립을 특징으로 한다. 여기에 대통령제의 독자성과 우월성을 추가하기도 한다. 엄격한 권력분립형의 정부형태는 미국식 대통령제뿐만 아니라 1791년 프랑스헌법의 입헌군주제, 혁명력 3년 프랑스헌법의 집정관체제, 1848년 프랑스헌법의 대통령제적 공화제까지를 포괄한다. 이러한 체제에서는 의회의 정부불신임권과 집행부의 의회해산권이 존재하지 아니한다.[1)]

---

1) 이금옥, 미국의 입헌주의에 관한 연구, 경희대 법학박사학위논문, 1997; 칼 밴 도렌 저, 박남규 역, 미국 헌법을 만든 사람들의 이야기, 홍익출판사; 이병규, 토마스 제퍼슨의 헌법사상, 동아대 박사학위논문, 2010.2; 강승식, 미국에서의 권력분립원리에 관한 연구: 의회와 대통령과의 권한관계를 중심으로, 한양대 박사학위논문, 2004.2; 함성득, 미국정부론, 나남; 김명식, "미연방대통령 권한대행제도에 관한 일고찰: 대통령직무수행불능을 중심으로", 공법학연구 9-1; 임종훈, "미국의 대통령제에 관한 연구", 헌법학연구 23-4. 미국의 대통령제와 그 개혁논의에 관하여는 J. M. Burns, *Presidential Government*, 권영성 감수, 미국형대통령제-리더쉽의 위기를 중심으로, 법문사; 권영설, "국가기능의 비효율과 미국

2. 미국헌법의 제정연원

(ⅰ) 필라델피아에서 미국헌법의 기초자들은 영국의 헌정제도 즉, 의원내각제의 영향을 받았지만, 영국의 의원내각제와는 차별화된 제도를 창설하려 하였다.

(ⅱ) 혹자는 미국에서 대통령제의 탄생은 영국헌법의 왜곡에 따른 우연의 결과라고 보기도 한다. 프랑스 헌법학자들은 "미국의 헌정제도는 하나의 복사판이긴 하지만, 원전에 충실하지 못하였다"라고 한다. 즉, 미국헌법은 이미 영국에서 50년 전에 시행되었던 제도에 기초를 두고 있었는데, 미국헌법의 기초자들은 1787년에 이미 영국에서 제한군주제에 의거한 권력분립적인 모델보다는 의원내각제가 정착되었음을 제대로 인식하지 못하였다고 본다. 다른 한편 영국학자들은 미국헌법은 점증하는 의회의 힘에 직면한 영국의 마지막 권위적 군주인 조지 3세 시대 헌정제도의 충실한 복사판일 뿐이라는 견해가 제기된다.

(ⅲ) 이에 대하여 18세기에 이미 정립된 영국의 의원내각제를 미국헌법의 기초자들도 이를 충분히 인식하였지만, 그들은 영국의 의원내각제에 대하여 부정적인 생각을 가졌다는 견해도 제기된다. 따라서 그들은 오히려 권력의 절대적 분립원리에 기초한 새로운 제도를 창설하려는 의지를 가졌다고 본다.

(ⅳ) 이러한 미국헌법의 연원에 관한 논쟁에도 불구하고 다음과 같이 동일한 결론에 이른다. 즉, 미국헌법은 영국헌정의 영향 아래 공화제헌법을 채택하면서 절대군주제와 의원내각제의 중간에 위치한 제한군주제의 원리에 기초한다.

3. 권력분립의 엄격성 여부

(ⅰ) 미국헌법의 제정연원에 관한 논쟁에도 불구하고 의원내각제 모델에 반대되는 엄격한 권력분립을 미국헌법이 확립하였다는 점에 관하여는 이론이 없다. 그런데 헌법제정과정에서 엄격한 권력분립이 다소 완화되었다. 특히 대통령과 행정부 공무원의 책임이나 대통령의 결정에 대한 의회의 필수적 동의사항을 헌법에 명시한 규정이 이를 입증한다.

(ⅱ) 이에 대하여 특정 사안에서 헌법상 대통령의 결정에 대한 상원의 필수적 동의는 의회의 정부에 대한 개입으로 이해하기보다는 오히려 상원의 정부에 대한

의 헌법개혁논의", 이명구 교수 화갑기념 논문집, 1998; 미국의 대통령직교체법(Presidential Transition Act of 1963)에 관하여는 권영설, "정권교체의 헌법문제", 동아법학 23; 이금옥, "현행 헌법의 제왕적 대통령제와 권력구조 개편", 헌법학연구 24-3; 함성득, 제왕적 대통령제의 종언, 섬앤섬.

자문적 기구로서의 성격을 드러낸다고 본다. 다른 한편 대통령의 법률안거부권도 이를 '권력분립의 위반'으로 보지 아니하고 몽테스키외가 '법의 정신'에서 적시한 바대로 정부가 가진 특권인 저지권의 한 예로 이해할 수도 있다고 한다.

4. 사 견

미국식 대통령제의 이해에 있어서는 미국 헌법제정자들의 의도와 헌법규범 · 헌정실제를 종합적으로 검토하여야 한다. 미국식 모델은 찬반논쟁과 함께 세계 각국에 이식되었으나 수많은 시행착오를 겪으면서 변형된 대통령제가 작동되어왔다. 다른 한편으로는 소위 대통령주의제 · 대통령중심제 등의 용어가 등장하면서 고전적 대통령제를 새로운 시각에서 보려는 경향도 강하게 대두된다.

Ⅲ. 미국식 대통령제의 규범과 현실

1. 대통령제의 기본요소

(i) 대통령제는 1787년 이래 형성된 미국식 모델에 준거하며, 이에 대한 변형으로서 대통령주의제와 반대통령제가 있다. 또한 그 기본적 요소는 ① 집행부의 일원성, ② 대통령의 사실상 직선, ③ 집행부와 입법부의 상호 독립성 등이 있다.

(ii) 미국에서 대통령은 마지막 단계에서 선거인단으로부터 선출된다(형식적 간선제). 선거인단이 확정되면 사실상 당선자가 결정되므로 실질적으로는 직선제나 마찬가지이다. 하지만, 후보자가 전체 국민으로부터 획득한 유효투표가 더 많음에도 불구하고 다수의 선거인단 확보에 실패한 사례가 발생함에 따라 제도에 대한 논란이 계속된다(19세기에 두 번 발생). 2000년 앨 고어(Al Gore)와 2016년 힐러리 클린턴(Hilary Cliton) 후보의 패배도 같은 사례이다.

2. 고전적(진정한) 대통령제: 미국식 대통령제

(1) 헌법제도의 기초

A. 최초로 제정된 성문헌법과 그 개정

(i) 1787년 9월 17일에 제정된 미국헌법은 세계에서 가장 오래된 성문헌법이다. 최초의 헌법은 7개 조항으로 구성되었으며, 18세기 사회계약론자(자연법론자)들의 권력분립이론이 구체화된 헌법이라는 점에서 그 역사적 가치를 평가받는다.

(ii) 미국헌법은 또한 각 지방(支邦)을 존중하는 차원에서 연방제를 채택한다.

연방상원은 각 주(州)를 대표하는 2명의 의원으로 구성되며, 임기는 6년이고 각기 한 표의 투표권을 행사한다(제1조 제3항). 또한 어떤 주도 상원의 동의 없이는 상원에서의 균등한 투표권을 박탈당하지 아니한다(제5조). 이들 규정은 헌법개정권의 매우 중요한 제한으로 연계되며, 연방제에서 불가결한 사항이기도 하다.

새로 연방에 가입하려는 주는 연방의회의 결정에 의할 뿐만 아니라, 관계 각 주의 주의회와 연방의회의 동의 없이는 2 이상의 수 또는 주의 일부를 결합하여 새로운 주를 형성할 수 없다(제4조 제3항). 건국 당시 13개 주의 대표로 출발한 연방이 50개 주에 이르렀지만, 최근 워싱턴DC의 주 승격 · 푸에르토리코의 연방 가입이 문제되고 있다.

(iii) 헌법개정안 발의권은 양원에서 각기 3분의 2 이상 또는 각 주의회의 3분의 2 이상의 요구가 있을 때 개정안의 발의를 위하여 소집된 헌법회의에 있다.

헌법개정은 4분의 3 이상의 주의회에서 비준되거나 각 주의 4분의 3 이상의 헌법회의에서 비준되어야 한다(제5조). 실제로 헌법개정안은 항상 연방의회가 발의하였다.

B. 미국식 연방제

(i) 헌법은 연방과 주 사이에 권한배분의 원리를 정립한다: "헌법에 의하여 연방에 위임하지 아니하고 각 주에 금지하지 아니한 권한은 각기 각 주 또는 국민에 유보된다"(수정헌법 제10조). 그러나 1787년 이래 헌정의 실제에서는 연방의 권한이나 통제력이 전반적으로 증대되어왔다. 연방의회는 헌법에 열거된 사항뿐만 아니라 여타 사항에 관하여도 폭넓게 권한을 행사한다(헌법 제1조 제8항 제18호). 의회에서 확정된 연방권한의 확장이나 추가에 관하여는 연방대법원도 이를 인정한다(*MacCulloch v. Maryland*, 17 U.S. 316(1819)). 연방권한의 확장은 경제 · 사회영역에서 두드러지게 나타나고, 특히 대통령의 권한강화로 이어졌다. 그럼에도 각 주의 자치권 그 자체를 침해하지는 아니하였기 때문에 연방제는 정상적으로 지속된다.

(ii) 50개의 각 주는 법적 · 정치적 평등을 향유하는 가운데, 연방 모델에 기초하여 각 주의 헌법과 제도를 가진다. 양원제(Nebraska 주만 단원제), 직선주지사, 선거직 중심의 사법제도를 채택한다.

C. 연성적 양당제

(i) 연방탄생 초기부터 19세기 중반에 이르기까지 양당제 정착에는 진통이 뒤따랐다.

초기에는 연방제 강화를 주장한 해밀턴(Hamilton)과 존 아담스(John Adams)의 연방당과 연방강화에 반대하며 지방분권을 강조한 제퍼슨(Jefferson)과 매디슨(Madison)의

민주공화당(초기에는 공화당이었음)으로 구분되었다. 그런데 아이러니컬하게도 제퍼슨은 연방주의자를 제거하였음에도 연방대통령의 권한을 강화하였다. 이에 비록 군소정당(Whig당만 두 차례 대통령 배출)이 있기는 하지만 민주공화당이 지배적 정당이 되었다. 그러나 노예문제와 새로운 주의 연방가입문제 등으로 인하여 민주공화당은 분열되기 시작하였다. 1854년에는 링컨이 노예제 반대론자를 중심으로 공화당을 창설함에 따라 민주공화당은 노예제 찬성론자들이 중심이 된 민주당으로 변신하였다. 이로써 민주당·공화당의 양당제가 정착되었다.

(ii) 미국의 정당은 무엇보다도 정당규율이 존재하지 아니하는 연성정당제의 성격을 가진다. 이는 정당의 규율이 엄격한 경성정당 형태인 영국식 양당제와 본질적으로 구별된다. 정당은 선거 등과 관련하여 주로 주(洲) 단위로 활동한다.

(2) 연방정부와 의회

A. 대통령의 지위와 권한

대통령은 국가원수임과 동시에 정부수반으로서 헌법이 부여한 권한 이상의 포괄적인 권한을 행사한다. 대통령은 고위공직자임면에서부터 정책집행에 이르기까지 사실상 정부의 전권(全權)을 행사한다. 하지만, 헌법상 대통령의 권한이 명확하지 아니한 경우도 있을 뿐만 아니라, 의회와 그 권한을 공유하는 경우도 많이 있다. 예컨대 대통령의 군통수권 행사에 의회는 2년의 범위 안에서 필요한 지출을 동의하고 대외적인 군사행동을 취하도록 하거나 전쟁선언을 한다.[1] 또한 대통령의 조약체결·비준에 상원의 동의를 필요로 하고, 의회는 주와 주 사이 또는 외국과의 교역을 규율한다. 대통령의 주요공직자임명은 상원의 동의를 얻어야 한다.

B. 연방의회의 지위와 권한

(i) 연방의회는 상원과 하원의 양원제로 구성된다.

(ii) 하원에서는 의장, 교섭단체 대표 및 20개 위원회 위원장이 중요역할을 수행한다. 임기 2년의 하원의원은 상대적 다수대표제로 선출된다(435명). 하원은 상원과 거의 동일한 권한을 향유하는 평등양원제이며 대통령 등에 대한 탄핵소추권을 가진다(1868년 앤드루 존슨, 1998년 빌 클린턴, 2019년과 2021년 도널드 트럼프 대통령은 각기 하원에서 탄핵소추되었으나 상원에서 부결되었다.).

(iii) 상원은 1913년 이래 6년 임기의 직선의원으로 구성된다(100명). 상원의 장은 부통령이 겸직한다. 상원의 권한은 대체로 하원과 비슷하나, 특히 조약의 비준은 상원의원 3분의 2 이상의 동의를 얻어야 한다(1919년의 베르사유(Versailles) 조약은 상원의 과반수는 확보하였으나 3분의 2 획득실패로 비준되지 못하였다). 또한

---

1) 그런데 전쟁선포는 헌법에서 의회에 부여된 권한이지만 20세기 후반 이후 대통령이 군 최고 통수권자로서 개전 전후로 의회에 정보를 제공하고 필요한 조치를 심의하도록 권고하는 경우가 더욱 빈번하다: 이옥연, "미국 민주주의의 사각지대: 대통령제의 권력분립과 대외정책", 미국학논집 42-2.

대통령 등에 대한 탄핵심판권을 가지며, 대통령이 연방법관·대사 등 수 천 명에 이르는 중요한 공직자를 임명할 때에는 상원의 동의를 얻어야 한다.

C. 대통령과 의회의 관계

(i) 대통령과 의회의 원만한 관계는 필수적이다. 그러나 대통령과 의회다수파의 불일치 가능성은 언제나 존재할 수 있으므로 분점정부(divided government)가 필연적으로 초래된다. 왜냐하면 대통령 재임 중 2년 임기의 하원의원선거가 실시되고 상원 또한 2년마다 3분의 1씩 개선(改選)되기 때문이다. 정부의 의회해산권이나 의회의 정부불신임권이 존재하지 아니하는 체제에서 대통령과 의회의 상호 존중은 미국식 대통령제의 효율성을 제고하기 위하여 불가피하다.

(ii) 입법권에 관한 한 의회가 전권을 행사하며 대통령은 입법절차에 아무런 적극적 수단을 가지지 못한다. 이에 대통령은 연두교서를 통하여 정책의 주요방향을 제시하고, 이들 정책은 의원입법으로 제시된 후에 원내대표를 중심으로 의회에서 공식·비공식 접촉을 활발하게 전개한다.

(3) 연방사법권

(i) 연방법원은 94개 지방법원과 13개 항소법원 및 대법원으로 구성된다. 연방대법원은 헌법(제3조 제2항)에 준거하여 최고법원으로서의 권한을 행사한다. 9명의 종신 대법관으로 구성된 대법원은 미국법원의 상징이다.

(ii) 연방법원은 원칙적으로 연방법과 관련된 사항과 연방 혹은 여러 개의 주와 관련된 사항을 관장한다. 그러나 연방법원과 주법원 사이에 권한배분에 관한 분쟁이 발생할 소지를 안고 있다.

(iii) 연방대법원의 권위와 권한은 1803년 마버리 대 매디슨 판결(*Marbury v. Madison*, 5 U.S. 137(1803)) 이후에 정립된 법률의 합헌성 통제로부터 비롯된다. 합헌성 문제는 일반법원에서도 제기될 수 있으나, 연방대법원의 판결이 가장 결정적이다. 나아가서 연방대법원은 연방헌법의 평석을 통하여 의회입법에 대한 국민의 자유보장기관으로서의 사명을 다하고 있다.

(iv) 연방대법원의 합헌성 통제와 헌법해석권을 통한 정치적 역할도 증대된다. 국민의 직접 대표성이 없는 법관에 의한 의회입법권에 대한 통제에 의문이 제기되기도 하였으나 오늘날 그 순기능적 측면을 널리 받아들인다.

연방대법원은 1803년부터 남북전쟁에 이르기까지는 활동이 미미하였으나, 그 후 제2차 세계대전에 이르기까지는 법관에 의한 통치라 할 정도로 보수적 입장에서 매우 왕성하게 활동하였다. 제2차 세계대전 이후에는 대체로 온건·절제적 입장이라 평가된다. 워렌(E. Warren) 법원의 사법적극주의를 거쳐 버거(W. E. Burger) 법원은 사법소극주의적인 경향으로 나아갔다. 렌퀴스트(W. Rehnquist) 법원도 사법소극주의적인 경향이기는 하나 사안별로 엄격심사주의를 채택하였다. 현재 로버츠(J. Roberts) 법원도 대체로 사법소극주의적인 성향을 드러내고 있다.

(4) 제도의 운용

(i) 미국식 대통령제의 실상은 헌법 그 자체보다는 오히려 헌정실제에 기초한다. 미국식 대통령제라는 용어에 어울리게 대통령의 역할이 결정적이라 할지라도 그것은 의회와의 균형을 이룬 체제의 하나로 평가할 수 있다.

권영성 교수(779-780면)는 대통령제가 미국에서 성공적으로 운영되는 주된 요인으로, ① 정치인과 시민의 사회적 동질성, ② 권력분산적 연방제도와 지방자치제, ③ 미국민의 반독재의식과 고도의 민주정치적 소양, ④ 각종 선거의 공정한 실시, ⑤ 여론의 자유와 존중, ⑥ 헌법수호자로서의 법원의 권위유지 등을 들고 있다.

(ii) 대통령의 우월적 지위는 여러 가지 측면에서 찾을 수 있다. 무엇보다도 대통령이 집행권의 전권을 장악함으로써 현대적 집행권 강화의 경향과 더불어 권력의 인격화 현상을 초래한다.

(iii) 그럼에도 불구하고 대통령제에서 권력 사이에 균형의 형성은 연방제구조와 권력분립원리로부터 비롯된다. 대통령은 주(州)의 문제에 관하여 원칙적으로 개입할 수 없다. 권력분립원리는 의회와 대법원과의 관계에서 분명하게 드러난다. 대통령은 의회에 대하여 법률안거부권 행사 이외에 그 어떠한 공식적인 수단을 가지지 아니한다. 게다가 정당의 내부규율이 느슨하기 때문에 대통령이 소속 정당의 지원을 받는다는 보장이 없다. 대법원은 비록 대통령이 희망하는 법률이라 하더라도 이를 무효화시킬 수 있는 합헌성 통제와 헌법평석권을 행사한다.

Ⅳ. 미국식 대통령제의 프랑스에서의 변용

미국식 대통령제는 유럽 각국의 의원내각제와 대칭되는 개념으로서 대통령이 국정의 주도권을 장악하는 제도이다. 하지만 미국식 대통령제는 민주화되지 못한 국가에서 뢰벤슈타인이 적시한 신대통령제로 나타났다(Karl Loewenstein, *Verfassungslehre*, 3. Aufl., 1975, S. 65).

1. 프랑스 헌법사에서 대통령제적 체험

프랑스 헌법사에서 1791년 헌법, 혁명력 3년(1795년) 헌법, 1848년 헌법은 대통령제적인 모델로 평가된다(M. Troper, *La séparation des pouvoirs et l'histoire constitutionnelle française*, LGDJ, 1985; H. Tay, *Le régimes présidentiels et la France*, LGDJ, 1967).

(1) 1791년 9월 3일 헌법의 대통령제적 경향

(i) 1791년 헌법에는 몽테스키외의 이론이 구체화되어 있다. 입법국민의회가 입법권을 가지고, '프랑스의 왕'에서 바뀐 '프랑스 국민의 왕'이 집행권을 가진다. 집행부 수장인 왕과 단원제의회로 권력이 분립된 대통령제 정부형태이다.

(ii) 집행권과 입법권의 권력분립은 미국식 모델에 따라 경성적이다. 각료임명권은 왕이 가지고, 각료는 왕 앞에서만 책임을 진다. 각료는 국회의원이 될 수 없다. 왕은 의회를 해산할 수 없다. 왕은 법률에 대하여 정지적 거부권을 가진다.

(2) 혁명력 3년 실월(實月) 5일(1795년 8월 22일) 헌법: 지나친 권력분립

이 헌법은 로베스피에르(Robespierre)의 몰락을 고한 헌법이며, 국민투표를 배제하여 다시 한 번 몽테스키외가 루소에 승리한 헌법이다. 이 헌법은 집정관독재나 의회독재에 대한 반동으로서 권력기관의 엄격한 분립이 이루어졌다. 의회는 평등양원제를 채택한다. 집행권은 의회에서 선출되는 5인의 집정관으로 구성된다. 권력분립은 1791년 헌법보다 더욱 엄격하다. 집정관은 각료를 임면하고, 집정관과 각료는 의회 앞에 책임을 지지 아니한다. 또한 집행부는 의회해산권이 없을 뿐만 아니라 법률안거부권조차도 없었다. 하지만, 지나친 권력분립은 입법부와 집행부 사이에 타협이 이루어지지 못하고 파국으로 치닫고 말았다.

(3) 1848년 7월 4일의 제2공화국헌법과 대통령주의제

(i) 최초로 보통선거를 정립한 제2공화국헌법은 단원제 국회와 4년 임기에 재선이 가능한 공화국 대통령제를 도입하였다. 선거에서 투표자의 절대다수를 획득한 후보가 없을 경우에는 의회가 대통령을 선출할 수 있다. 의회는 대통령이 추천하는 3인의 후보 중에서 부통령을 선출한다.

(ii) 대통령은 의회를 해산할 수 없고 의회는 대통령에 대하여 정치적 책임추궁을 할 수 없다는 점에서 대통령제에 가깝다. 그러나 각료는 대통령이 임면하지만 의회 앞에 책임을 지고, 대통령의 법률안제출권이 보장된다는 점에서 의원내각제적 요소도 가미되어 있다. 하지만, 대통령제적 요소가 의원내각제적 요소를 압도한다. 헌정 실제에서는 루이 나폴레옹(Louis Napoléon)의 집행부 독재로 귀결되어 대통령주의제로 작동되었다.

2. 제5공화국헌법과 헌정실제의 변용

(1) 헌정체제의 기초: 의원내각제와 대통령제의 융합

1958년 프랑스 제5공화국헌법은 제3 · 제4공화국에서 이어온 의원내각제적 전통을 간직하면서 그동안 체험한 의회우위에 따른 정부의 불안정을 해소하기 위하여 드골 장군이 바이오(Bayeux, 1946) 연설에서 밝힌 의지가 구체화된 헌법이다. 드골 자신도 헌법제정자문회의에서 새 헌법이 의원내각제 원리에 기초한 헌법임을 부인하지 아니하였다. 다만, 의원내각제의 합리화 내지 정화(淨化)의 차원에서 종래 의회주권의 원리에 상당한 변용을 가하였다. 이에 따라 의회권한의 약화와 집행권의 강화로 구현되어 있다. 특히 제도의 중추(궁륭(穹窿)의 핵)인 대통령의 권한과 역할이 강화되었다. 그런데 1962년 대통령직선제 개헌으로 정부형태 자체에 대하여 의원내각제적인 평석보다는 오히려 새로운 정부형태라는 인식이 확산되었다(J.-L. Debré, *Les idées constitutionnelles du général de Gaulle*, LGDJ, 1974).

(2) 대통령주의제적 경향과 동거정부(同居政府)

(i) 프랑스의 대통령주의제는 자유민주주의 헌정체제에서 권력불균형의 한 형태라 할 수 있다. 1986년에서 1988년 · 1993년에서 1995년 · 1997년에서 2002년에 이르는 동거정부 시기를 제외하고는, 헌정실제에서 대통령제에 가까운 모습이다. 즉 의회보다는 직선대통령 중심으로 권력의 불균형을 초래하였다. 특히 2000년 9월 헌법개정 국민투표에서 대통령 임기를 국민의회의원 임기와 같이 5년으로 단축함으로써 대통령주의제 경향이 강화되고 있다. 하지만, 2024년 6월 마크롱 대통령이 의회해산권을 행사한 후 총선거 결과 여소야대 상황에서 어려움을 겪고 있다.

(ii) 2008년 7월 양원합동회의에서 대폭적인 헌법개정을 단행하였다.[1] 그간 동거정부체제를 거치면서 제기된 대통령과 수상과의 권한관계를 보다 더 분명히 하고, 의회의 권한을 강화하고, 시민의 권리보호강화라는 방향을 제시함으로써 새로운 제도의 균형을 모색한다. 특히 사후적 규범통제제도를 도입함으로써 헌법재판소가 명실상부한 헌법재판기관으로 자리매김하게 되었다.

---

1) 변해철, "프랑스 위헌법률심판제도의 개혁과 성과: 2008년 헌법개정을 중심으로", EU연구 28; 전학선, " 프랑스에서 사후적 규범통제 도입에 따른 헌법재판의 변화", 헌법학연구 18-3; 한동훈, "2008년 프랑스 헌법개정에 관한 소고", 토지공법연구 43-3; 박인수, "프랑스 헌법재판소의 규범통제", 토지공법연구 43-3 참조.

(iii) 그런데 최근 프랑스에서는 기존 정당체제에 새로운 변화 양상을 보여준다. 2017년 · 2022년에 실시된 대통령선거에서 전통적인 중도보수와 중도좌파(사회당)가 몰락하고 신중도를 표방한 공화국전진당(La République en Marché)의 마크롱(Emmanuel Macron)이 결선투표에서 극우파(국민전선)의 르 펜(Marine Le Pen)을 누르고 연이어 당선되었다. 전통적인 중도좌파와 중도우파 중심의 헌정운용은 극좌파의 쇠퇴와 극우파의 약진으로 새로운 정치 지형을 형성한다.

V. 결 어

(i) 미국식 대통령제를 도입한 개발도상국가에서는 헌정실제에서 권위주의적 대통령제로 변모하는 각국의 현실은 '죽음의 키스'로 지목된다. 토크빌의 '미국민주주의론'[1]에 영향을 받은 1848년 제2공화국의 대통령제 또한 나폴레옹 3세의 제정체제로 실패하고 말았다. 20세기에 신생 제3세계국가의 대통령제 도입은 뢰벤슈타인(K. Loewenstein)의 이른바 '신대통령제'로 전락하였다. 이는 곧 미국식 대통령제 실천의 어려움을 단적으로 보여준다.

반면에 전통적인 의원내각제국가이었던 프랑스 제5공화국헌법에서 대통령제적 요소의 도입과 더불어 헌정실제에서 나타난 대통령주의제의 경향은 미국식 대통령제의 긍정적 측면의 도입이라 평가할 수도 있다. 미국식 대통령제가 안고 있는 많은 문제점에도 불구하고 의원내각제적인 전통에서 도입된 미국식 대통령제적 요소는 프랑스 제5공화국에서 하나의 중요한 실험장이 되고 있다. 이에 따라 대통령제 · 의원내각제라는 전통적인 정부형태에 관한 이원론적인 틀을 벗어나서 절충형 정부형태론이 모색되고 있음은 주목할 만한 가치가 있다.

(ii) 대통령제와 대통령주의제를 포괄하는 넓은 의미의 대통령제는 이제 권력분립의 엄격성에 준거하기보다는 오히려 국정의 주도권을 장악하는 대통령우월적인(혹은 집행부우월적인) 헌정체제를 총괄하는 의미로 이해할 수 있다.

1) Alexis-Charles-Henri Maurice Clérel de Tocqueville, *De la démocratie en Amérique*, 1835-1840.

제 4 항 이원정부제(반대통령제)

Ⅰ. 의 의

절충형 정부형태는 전통적인 (일원적) 의원내각제와 미국식 대통령제의 중간 모델을 총칭하는 개념이다. 그런데 일반적 의미에서의 절충형 정부형태가 아닌 새로운 정부형태 모델로서 이원정부제(半대통령제)의 정립에 관하여는 논란이 계속된다.

Ⅱ. 독자적인 제3의 정부형태로서의 이원정부제

1. 절충형 정부형태로부터 이원정부제의 정립

(ⅰ) 문홍주 교수는 절충형 정부형태를 행정권의 이원화 유무와 대통령제와 의원내각제의 상호 가미 정도에 따라 분류한다: ⑴ 행정권이 이분된 경우, ① 대통령제적 이원정부제(핀란드 · 프랑스), ② 의원내각제적 이원정부제(오스트리아 · 터키(튀르키예)), ⑵ 행정권의 분할과 관계없이 양 제도의 요소를 가미한 경우, ① 의원내각제적 요소가 가미된 대통령제(포르투갈 · 한국 · 남미 각국), ② 대통령제적 요소가 가미된 의원내각제(아이슬란드 · 이탈리아 · 독일 · 이스라엘).[1]

(ⅱ) 대통령제의 전형적인 모델로 미국의 대통령제를 지칭한다면, 의원내각제적 요소를 전혀 도입하지 아니하고 미국의 대통령제와 동일한 정부형태를 취하는 나라는 없다고 보아도 과언이 아니다. 반면에 (일원적) 의원내각제의 경우에 영국의 내각책임제를 준거로 하든지, 프랑스 제3 · 제4공화국과 독일 · 이탈리아 등 유럽국가의 의원내각제를 준거로 하든지 간에, 의원내각제에 대통령제적인 요소를 가미한 정부형태는 매우 다양하다.

(ⅲ) 프랑스 제5공화국헌법에서 대통령권력의 실세화를 통하여 '정화된 의원내각제'를 구축하였으나, 1962년 헌법개정을 통하여 대통령 직선제를 도입함으로써 절충형 정부형태의 전형인 집행권의 강화 및 대통령 권한의 실질화에 이르게 되

---

1) 문홍주, "절충형 정부형태", 공법연구 15, 9-25면; 김정현, 분점정부에 관한 헌법학적 연구, 서울대 박사학위논문, 2011.8.

었다. 이에 뒤베르제가 1970년 그의 헌법교과서에서 최초로 반대통령제(半大統領制, 이원정부제, régime semi-présidentiel)의 이론적 체계를 제시하였다.[1] 핀란드·포르투갈 등에서도 이원정부제를 정부형태의 모델로 받아들인다.[2]

2. 헌법규범상 이원정부제의 범주

국내 헌법학계도 정부형태의 제3유형인 이원정부제의 독자성을 인식하고 있나. 이원정부제(二元政府制)는 의원내각제와 대통령제의 중간에 위치한 제3의 독자적인 정부형태이다. 이제 헌법규범을 중심으로 대통령제와 의원내각제라는 양극단의 제도를 8등분하여 이를 도식화하면 다음과 같다.

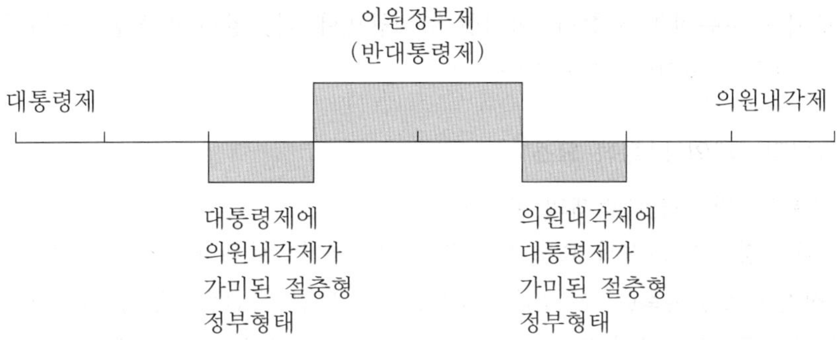

(i) 8분의 6 이상이 대통령제의 요소를 가질 경우에는 대통령제로 보아도 무방하다. 따라서 헌법규범이 일부 의원내각제적인 요소를 가지고 있다고 하더라도 이를 의원내각제나 이원정부제로 운용하기는 어렵다.

(ii) 마찬가지로 8분의 6 이상이 의원내각제의 요소를 가질 경우에는 의원내각제로 보아도 무방하다. 따라서 헌법규범이 일부 대통령제적 요소를 가지고 있다고 하더라도 이를 대통령제나 이원정부제로 운용하기는 어렵다.

---

1) 뒤베르제는 1978년에 간행된 저서에서 반대통령제에 관한 다양한 모델을 정형화하였으며, 1980년에 발표된 논문에서 이를 종합 정리한 바 있다. 1983년에 개최된 국제학술대회에서는 반대통령제에 관하여 정치헌법학자들의 논문발표 및 각국의 전·현직 수상을 비롯한 정치지도자들이 토론에 참여하였던바, 그 내용이 출간되었다. 이에 프랑스의 대표적 일간지인 르 몽드(Le Monde)는 1981년 이래 이 용례를 수용한다: Maurice Duverger, *Echec au roi*, A. Michel., 1978, p. 250; "A new political system model: semi-presidential government", *European Journal of Political Research*, 1980, pp. 168-183; Maurice Duverger(sous la direction de), *Les régimes semi-présidentiels*, PUF, 1986, p. 367.

2) 프랑스에서도 반대통령제(régime semi-présidentiel: Maurice Duverger · Benoît Jeanneau)이외에 반의회제(régime semi-parlementaire), 혼합정체(régime mixte: Pierre Pactet · Marcel Prélot · Charles Cadout), 이원적 의원내각제(régime parlementariste dualiste: Claude Leclercq) 등으로 불리고 있다.

(iii) 8분의 5 이상 8분의 6 이하가 대통령제의 요소를 가질 경우에는 이를 단순히 대통령제로 보기는 어렵기 때문에 대통령제에 의원내각제의 요소가 가미된 절충형 정부형태로 본다. 이 경우 대통령제나 이원정부제로 운용될 수도 있다.

(iv) 8분의 5 이상 8분의 6 이하가 의원내각제의 요소를 가질 경우에는 의원내각제에 대통령제의 요소가 가미된 절충형 정부형태로 볼 수 있다. 이 경우 의원내각제나 이원정부제로 운용될 수도 있다.

(v) 8분의 3 이상 8분의 5 이하가 대통령제의 요소를 가지거나 반대로 8분의 3 이상 8분의 5 이하가 의원내각제의 요소를 가진 정부형태는, 이를 대통령제에 의원내각제의 요소가 가미된 절충형 정부형태 또는 의원내각제에 대통령제가 가미된 절충형 정부형태로 명명하기는 어렵기 때문에, 이를 제3의 독자적인 정부형태인 이원정부제로 분류하여야 한다. 이러한 헌법규범에서는 항시 이원정부제적 헌법현실이 전개될 가능성이 열려 있다.

3. 이원정부제의 본질적 요소

(1) 대통령제와 의원내각제의 본질적 요소

(i) 대통령제의 본질적 요소로는 집행권이 국민으로부터 사실상 직선되는 대통령을 정점으로 일원화(一元化)되어 있다. 의회 또한 국민으로부터 선출되기 때문에 두 개의 국민적 정당성의 축이 병존하며, 정부와 의회는 그 성립과 존속이 독립적이기 때문에 권력분립의 원리가 엄격하게 지배된다.

(ii) 의원내각제의 본질적 요소는 집행권이 형식적으로는 국가원수와 수상을 중심으로 하는 정부로 이원화(二元化)되어 있지만, 실질적으로는 수상을 중심으로 하는 정부에 일원화되어 있으며, 정부의 성립과 존속이 의회와 직접적으로 연계되어 있는 권력공화의 원리에 입각한 연성적 권력분립의 원리를 채택하는 데에 있다. 이에 따라 의회는 정부불신임권을 행사하고, 정부는 의회해산권을 가지기 때문에 정치적 책임의 원리와 권력균형의 원리를 포괄한다.

(2) 이원정부제의 본질적 요소: 대통령제의 요소로서 국민의 보통선거에 의한 대통령선거와 의원내각제의 요소로서 의회의 정부불신임권

(i) 이원정부제는 넓은 의미의 정부, 즉 집행권이 대통령제와는 달리 대통령과 수상을 중심으로 하는 좁은 의미의 정부로 이원화되어 있다. 입헌군주제에서 국왕은 상징적·명목적·의례적 지위와 권한만을 가지며 이원정부제가 도입될 여지가 없다. 이원정부제에서의 국가원수는 왕이 아닌 대통령이라는 점에서 반

(半)대통령제라는 용례가 적실성을 가진다.

(ii) 이원정부제에서 대통령은 사실상 직선제를 통하여 국민적 정당성을 직접 확보한다. 이에 따라 이원정부제에서는 대통령제와 마찬가지로 대통령과 의회라는 두 개의 국민적 정당성의 축이 병존한다.

(iii) 하지만, 대통령제와는 달리 정부와 의회는 일정한 연계를 구축한다. 국민적 정당성을 가진 대통령의 정치적 무책임 대신, 수상을 중심으로 하는 정부가 의회 앞에 정치적 책임을 지는 이른바 의회의 정부불신임권의 제도화이다. 이에 뒤베르제는 이원정부제의 본질적 요소로서 대통령제적 요소로서 국민의 보통선거에 의한 대통령선거와 의원내각제의 요소로서 의회의 정부불신임권을 들고 있다.

결국 이원정부제의 본질적 요소는 ① 집행부의 실질적 이원화(양두제), ② 대통령의 사실상 직선제, ③ 의회의 정부불신임권으로 요약할 수 있다.

이러한 기본적 요소 이외의 사항은 각국의 헌법규범과 헌법현실에 따라 상당한 차이를 보인다. 특히 집행부의 의회해산제도와 국가긴급권은 나라에 따라 차이가 있으므로, 뒤베르제도 이를 이원정부제의 본질적 요소로 보지 아니한다.

Ⅲ. 이원정부제의 비교헌법적 검토

뒤베르제는 바이마르공화국(1919-1933), 핀란드(1919년 이후), 오스트리아(1929년 이후), 아일랜드(1937년 이후), 아이슬란드(1945년 이후), 프랑스(1962년 이후) 및 포르투갈(1976년 이후) 헌법을 반대통령제 헌법모델로 제시한다.[1]

한편 체제변혁에 따른 일부 국가 특히 러시아연방헌법 · 몽골헌법도 일응 이원정부제의 부류로 볼 수도 있다.[2]

1. 헌법규범상 대통령의 지위와 권한

이원정부제에서 대통령의 헌법상 특권은 헌정의 실제에서 나라마다 상당한

1) 성낙인, "프랑스 이원정부제의 현실과 전망", 헌법학논집 및 프랑스헌법학, 350- 357면의 핀란드의 반대통령제; Jaakko Husa, *The constitution of Finland*, Hart, 2011; 박인수 교수는 "현행 프랑스 헌법상 정부형태에 관한 소고"(심곡 정광용교수회갑기념논문집, 1991, 304면)에서 "유효적 국민제도"(régime populaire effectif)로 평가한다; 정재황, "프랑스 혼합정부제의 원리와 실제에 대한 고찰", 공법연구 27-3; 전학선, "프랑스 이원정부제의 실체와 현황", 헌법학연구 21-3; 장영철, "오스트리아 연방헌법체계 내에서 연방대통령의 지위와 권한", 헌법학연구 21-3; 김정현, "오스트리아의 권력구조와 연립정부", 헌법학연구 21-1.

2) 류시조, "러시아 통치구조의 변천과 특색", 부산외대 비교법학 14; 밧시이힝 빗쳉겔 · 박정칠, "몽골 권력구조의 문제점과 개선방안", 세계헌법연구 28-2.

차이를 보여준다.[1] 헌법규범상 대통령의 권한을 비교헌법적으로 그 권한의 강도에 따라 본다면, 통치자(아이슬란드 · 핀란드) → 조정자 이상(바이마르 · 오스트리아 · 포르투갈) → 조정자(프랑스) → 조정자 이하(아일랜드)로 구분할 수 있다.

(i) 프랑스 대통령은 통치자라기보다 오히려 조정자이다. 대통령은 법률안거부권 · 의회해산권 · 국민투표부의권 · 의회다수파의 지지를 받을 수 있는 수상의 선택권 등이 있다. 그러나 대통령의 입법이나 정부에 대한 직접적인 관여는 헌법 제16조의 비상대권 발동이나 고위공직자임명의 경우에 한정된다.

(ii) 아일랜드 대통령은 조정자라고 하기에도 부족한 권한을 가질 뿐이다. 그는 의회에서 통과된 법률의 합헌성심사요구 · 의회에 대한 임시회 소집요구 및 교서권 행사에 있어서 수상의 동의가 필요하다. 다만, 대통령은 수상에 의한 의회해산요구나, 상원 과반수 및 하원 3분의 1 이상의 공동발의에 의한 국민투표부의요구를 저지할 권한을 가진다. 대통령이 이들 권한을 행사함에 있어서 별다른 정치적 영향력을 발휘하지 못한다는 점에서 아일랜드헌법은 반대통령제와 의원내각제의 경계선상에 위치한다.

(iii) 반면에 바이마르 · 오스트리아 · 포르투갈 헌법상 대통령은 조정자 이상의 중요한 특권을 향유한다. 대통령은 직권으로 수상을 면직처분할 수 있다. 따라서 수상이 이끄는 정부는 의회와 대통령으로부터 각기 신임을 얻는 이른바 이중의 신임이 있어야만 존속할 수 있다. 오스트리아헌법에서 대통령은 조정자적 기능에 조금 더 권한을 향유한다. 바이마르와 포르투갈헌법은 대통령에게 법률안거부권을 부여한다. 포르투갈헌법상 대통령의 거부권 행사는 재적의원 과반수의 찬성을 얻어야 할 뿐만 아니라, 특히 선거법과 공 · 사유재산에 대한 제한 및 국방과 외교에 관한 법률은 재적의원 3분의 2 이상의 찬성이 있어야만 법률안을 재의결할 수 있다는 점에서 대통령의 진정한 저지권이 인정된다. 바이마르공화국 대통령은 또 다른 형태의 거부권, 즉 의회에서 통과된 모든 법률안에 대하여 국민투표에 부의할 수 있다(아이슬란드도 비슷함). 바이마르헌법 제48조에 의하면,

1) 반대통령제(이원정부제)에서 헌법상 대통령의 권한

	수상임명권	수상면직권	의회해산권	법률안발의권	법률안거부권	국민투표부의권	위헌법률제청권	법률명령제정권	명령제정권	정부결정거부권	공무원임명권	행정통제권	외교권	헌법재판관임명권
핀란드	○		○	○	●				●		●	●	○	
아이슬란드	●		○	○	○	○		○		○	○	○	○	
바이마르	●	●	●		●	●		●			○		○	
포르투갈	●	●	○		●	○	●				○		○	●
오스트리아	●	●	●								○		○	
프랑스	●		●			○	●				○		○	●
아일랜드	○		○			○	●							●
● 결정권				○ 저지권이나 공동결정권										

"국가의 안전과 공공질서가 지나치게 혼란하고 위협받았을" 때 프랑스헌법 제16조보다 더 강력한 비상대권을 부여하였다. 아이슬란드 대통령은 의회휴회기간 중에 임시법률을 제정할 권한을 가진다.

(iv) 아이슬란드와 핀란드 헌법에서 대통령은 조정자 이상의 지위, 즉 통치자로서의 지위와 권한을 가진다. 그는 수상 및 정부와 협의하여 국정지도에 참여한다. 아이슬란드헌법에서 모든 정부의 정책결정은 대통령이 서명하여야 하며, 반면에 대통령의 고유한 결정사항도 관계 각료의 부서가 있어야 한다는 점에서 대통령과 정부는 저지권을 공유한다. 이는 반대통령제 국가 중 집행권 내부의 양두제가 가장 엄격한 헌법 모델이다. 그러나 대통령·국회의원선거의 불일치가 야기될 경우에 헌법에서 보장된 대통령의 권한에도 불구하고 헌정실제에서 대통령은 통치자이기보다는 조정자적 역할에 그친다. 그런 점에서 핀란드헌법은 아이슬란드헌법에 비하여 대통령과 정부의 독자적 고유영역을 보장한다는 점에서 더 비융합적이다. 대통령은 관계 각료와 관계없이 독자적으로 행정통제에 나아갈 수 있다. 반면에 정부는 대통령이 참석하지 아니하는 회의에서 정부의 중요한 활동을 결정·집행할 수 있다. 그러나 실제로 국가의 주요사항은 대통령이 주재하는 회의에서 결정되며, 대통령 자신이 국무회의에서 법안제출·명령제정·고위공직자임명 등에 관한 결정권을 행사한다. 이러한 대통령의 독자적 결정에 대하여 관계 각료는 대통령의 결정이 위법한 경우에만 부서를 거부할 수 있다.

2. 헌법현실상 대통령의 지위와 권한

(i) 다른 모든 정부형태와 마찬가지로 반대통령제에서도 헌법규범과 헌정실제의 괴리현상을 발견할 수 있다.[1]

(ii) 프랑스와 아이슬란드의 경우 규범과 실제 사이에 상당한 괴리를 나타낸

1) 반대통령제(이원정부제)에서 헌법규범·헌법현실상 대통령의 권한

	대통령의 권한	
	헌법상 권한	실제 권한
권한의 상하위에 따른 분류	1. 핀란드 2. 아이슬란드 3. 바이마르 4. 포르투갈 5. 오스트리아 6. 프랑스 7. 아일랜드	1. 프랑스 2. 핀란드 3. 바이마르 4. 포르투갈 * 프랑스 5. 오스트리아 6. 아이슬린드 7. 아일랜드

다. 프랑스헌법에서 대통령의 권한은 7개국 중 하위에 속하나 의회의 다수파와 대통령이 일치할 경우에는 가장 강력한 권한을 향유한다. 그러나 동거정부의 경우에는 대통령의 실제 권한은 훨씬 약화된 바 있다. 반면에 아이슬란드 대통령은 헌법상 부여된 강력한 지위에도 불구하고 실제로는 취약한 지위에 있다. 프랑스와 아이슬란드에 이어 포르투갈과 오스트리아가 그 다음 부류에 속하고, 바이마르와 핀란드에서는 규범과 실제가 비슷한 양상으로 나타나며, 아일랜드의 경우 의원내각제와 비슷한 양상이다.

(iii) 결국 헌정실제에서 드러난 대통령의 권한을 그 지위의 강도에 따라 살펴보면, 프랑스(의회의 다수파와 대통령이 일치할 경우)→핀란드→바이마르→포르투갈·프랑스(동거정부)→오스트리아→아이슬란드→아일랜드 순으로 나타난다.

3. 대통령과 의회의 관계

(i) 대통령의 실제 권한은 헌법에서 보장된 권한보다는 오히려 의회다수파의 구조에 따라 달라진다. 반대통령제에서 대통령과 의회다수파 사이의 관계를 보면 다음과 같다.[1] 물론 반대통령제뿐만 아니라 의회다수파의 존재 여부에 따라 다양한 헌정현실의 작동 현상은 모든 정부형태에 공통적이다.

(ii) 의회다수파의 존재는 세 개의 상이한 정치적 상황을 연출한다. ① 의회의 다수파와 대통령이 동일한 정치세력이거나 대통령을 그들의 지도자로 받아들일 경우에 대통령은 수상과 같은 실질적 권한과 왕(王)과 같은 상징적 권한을 함께 가진다. ② 대통령과 의회의 다수파가 다를 경우에 대통령은 헌법이 부여한 권한에만 매몰되고, 의회다수파의 지지를 받는 수상이 진정한 집행부의 수장으로 부상하게 된다. ③ 대통령과 의회의 다수파가 같은 정파에 속한다 할지라도 그 다수파가 대통령을 그들의 지도자(首長)로 받아들이지 아니할 경우를 상정할 수 있다. 이때 대통

1) 반대통령제(이원정부제)에서 대통령과 의회다수파와의 관계

대통령과 의회 다수파와의 관계		대 통 령			
		다수파 수장	반 대	다수파 구성원	중 립
	단일적	전제군주	조정자	상징	조정자
	지배정당의 연합	제한군주	조정자	상징	조정자
	균형된 연합	양두제	조정자	상징	조정자
준 다수파		제한군주	조정자	상징	조정자
다수파의 부재		⊠	⊠	⊠	양두제
		⊠ 논리상 불가능한 상태			

령은 정치적으로 의회다수파나 그 지도자가 추구하는 방향으로 따라갈 수밖에 없으며, 이는 곧 대통령이 허약한 지위로 전락함을 의미한다.

(iii) 반면 의회다수파의 부재(不在)는 비다수의회제와 비슷한 현상을 초래한다. 이 경우 대통령의 안정이 정부의 안정을 보장하기는 어렵게 된다. 바이마르공화국 대통령은 평상시에 별다른 역할을 수행하지 못하였으며, 위기 시에는 반대로 준독재자로서 의회해산권을 행사함으로써 대통령중심의 정부를 구성하여 통치권자로 등장하였다. 이에 공화국 의회는 그 영향력을 상실하게 되었다. 핀란드에서도 대통령이 상당히 어려운 역할을 수행한다. 안정된 의회다수파의 형성에 실패함에 따라 정부의 존속기간은 평균 1년 정도에 불과하다.

Ⅳ. 결　　어

(i) 절충형 정부형태의 전형으로 볼 수 있는 이원정부제(반대통령제)의 기본적인 특징은 국민으로부터 선출된 대통령과 의회라는 두 개의 국민적 정당성이 병존한다는 점이다. 집행부는 실질적인 권한을 가진 대통령과 의회 앞에 정치적 책임을 지는 수상을 중심으로 한 정부라는 이원적 구조를 취한다. 이원정부제(반대통령제)는 의원내각제의 전통이 뿌리 깊은 유럽대륙에서 비롯되었다는 점에서, 그것은 의원내각제의 기본 메커니즘에 종래 상징적인 대통령이 이제 실질적 권한을 가지는 대통령으로의 변환이기도 하다.

(ii) 바이마르공화국의 실패는 이원정부제의 실패로 인식되어왔다. 그러나 이원정부제가 작동하고 있는 각국의 헌정실제는 결코 이원정부제가 정부형태로서 실패한 모델이 아님을 잘 보여준다. 특히 프랑스 제5공화국 헌법에서 드골·퐁피두 대통령 통치기간은 '공화적 군주제'로 부를 만큼 강력한 '대통령주의제'이지만, 미테랑·시라크 대통령 재임 중 '동거정부'(gouvernement de la cohabitation)의 경험은 동일한 헌법에서 다양한 헌정현실을 단적으로 보여준다.

(iii) 이원정부제에서 권력의 축은 대통령·정부(내각)·의회라는 삼각구도로 이루어진다. 이들 사이에 이루어지는 권력중심의 이동은 국민으로부터 선출된 대통령과 의회라는 두 개의 국민적 정당성의 현실적인 향방 여하에 따라 좌우될 수밖에 없다. 선거결과에 따라 주권적 의사의 방향이 분명해질 뿐만 아니라 책임정치도 동시에 구현될 수 있다. 무엇보다도 유럽식 이원정부제의 성공적 정착은 바로 주권적 의사에 순응하는 권력에 기인한다.

[프랑스 제5공화국에서 헌법현실의 상호관계]

1. 대통령주의제: 대통령과 의회다수파의 일치

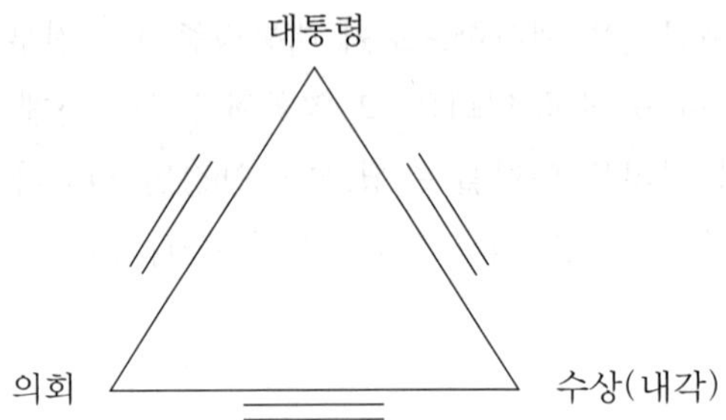

2. 동거정부: 대통령과 의회다수파의 불일치

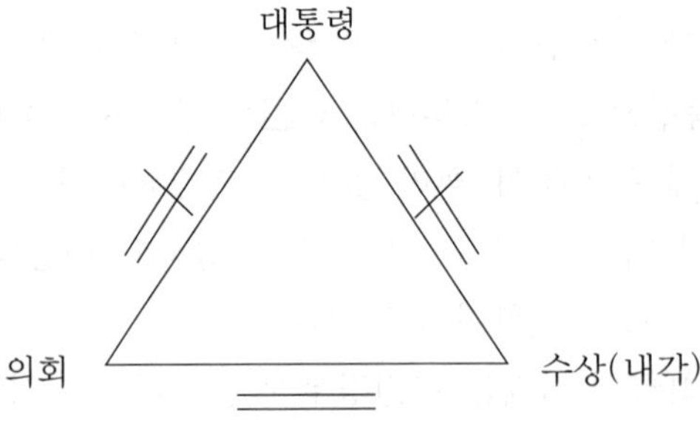

제 5 항 한국헌법상 정부형태와 이원정부제(반대통령제)의 가능성

Ⅰ. 의 의

(i) 헌법상 정부형태는 국가형태 내지 헌정체제(정치형태·정치체제)와 밀접한 관련이 있다. 그런 의미에서 헌법체계상 정부형태론은 정치제도론에서 논의하기보다는 헌법총론에서의 논의가 오히려 바람직하다.

(ii) 정부형태 논의에 있어서는 헌법규범뿐만 아니라 정당성의 원리에 기초한 "여러 정치세력 사이에 나타난 정치적 게임의 결과"를 동시에 고려하여야 한다. 그러나 한국헌정사에 있어서 권위주의적 헌정체제의 작동은 정부형태론의 논의에서도 상당부분 혼란을 야기하기도 한다. 전통적인 대통령제·의원내각제뿐만 아니라 절충형 정부형태인 이원정부제(반대통령제)의 논의에서도 이러한 여진이 그대로 반영되어 있다. 이와 같은 혼란의 근본이유는 제2공화국의 의원내각제를 제외하고는 한국헌정사에서 권위주의적인 신대통령제적 헌법현실이 정부형태를 결정하는 주요한 요인으로 작용하여왔기 때문이다.

(iii) 정부형태의 논의는 종래 의원내각제와 대통령제라는 이분법적 사고가 지배적이었다. 그런데 굳이 대통령제라고 볼 수도 없고, 그렇다고 일원적 의원내각제라고도 볼 수 없는 절충형 정부형태가 매우 다양한 모습으로 나타난다. 그중에서 특히 대통령제와 의원내각제의 핵심적인 내용을 각기 담고 있는 중간형태로서의 이원정부제가 나름대로 자리 잡고 있다. 그러나 국내헌법학계에서 이원정부제는 다양하게 명명되고 있을 뿐만 아니라 그 개념 정립 또한 학자에 따라서 상이하다. 심지어 이원정부제는 자유민주주의적인 정부형태가 아니라 권위주의적인 정부형태로 지칭되기도 한다.

(iv) 전통적인 대통령중심제적인 이론과 판례는 적어도 1998년 대통령직의 정권교체와 여소야대 및 소위 공동정부를 거치면서, 대통령제적 헌법현실에 대한 반성을 요구한다. 이에 따라 정부형태론의 시각에서도 헌법규범의 엄격한 해석뿐만 아니라 헌정실제에서의 탄력적 적용이 불가피한 실정이다. 더구나 현행헌법에서 앞으로 전개될 헌정사적인 변화에 수반될 미래지향적인 논의도 절실하다.

Ⅱ. 한국헌법학계의 관점에서 본 이원정부제

1. 한국에서 이원정부제(반대통령제)의 용례

(ⅰ) 한국헌법학계에서 이원정부제 논의는 제4공화국 시절 김철수 교수가 이원적 집정부제론을 제시하면서 본격화된 바 있다. 이원적 집정부제는 1980년 헌법논의과정에서 이원집정부제(二元執政府制)라는 표현으로 일반화되었다. 그런데 이원집정부제는 그 논의과정에서 자칫 불순한 제도인 양 치부되어 헌법학자나 일반인에게 좋지 아니한 정부형태의 모델로 잘못 각인되었다.

(ⅱ) 제3의 정부형태 모델로서 의원내각제와 대통령제를 절충한 이원정부제는 한국헌법론에서 뿐만 아니라 외국에서도 다양한 용례로 사용된다.[1] 이원정부제가 독자적인 제3의 정부형태 모델로서 자리 잡기 위하여서는 그 용례부터 통일되어야 한다. 이제 제3의 정부형태로서 그 용례를 이원정부제나 반대통령제로 정립하여야 한다.[2] 국내의 다수견해는 이원정부제라는 용어를 사용한다.[3]

(ⅲ) 일부 학자들은 이원정부제와 반대통령제를 별개의 범주로 이해하기도 하고, 반대통령제를 권위주의적인 대통령제의 일종으로 평가절하하기도 한다. 생각건대 뒤베르제가 반대통령제라고 명명한 바와 같이 반대통령제와 이원(집)정부제는 서로 다른 정부형태의 모델이 아니라 같은 모델로 보아야 한다.

2. 한국에서 이원정부제의 개념 및 본질

(ⅰ) 제3의 정부형태 유형으로서 이원정부제를 정립하기 위하여 이원정부제의 개념부터 정립되어야 한다. 이원정부제에 있어서 이원정부란 대통령과 내각(수상이 이끄는 정부)으로의 이원화, 즉 집행권의 양두제(兩頭制)를 의미한다.

(ⅱ) 국내 헌법학계에서 공통적으로 인정하는 이원정부제의 요소는 다음과 같

---

1) 권영성(782-783면): "이원집정부제는 논자에 따라 반대통령제·준대통령제·이원집정부제·혼합정부형태·권력분산형 대통령제·권력분산형 의원내각제·이원집행권제·이원적 의회주의·이원적 의원내각제·대통령제적 의회주의·의회주의적 대통령제·반의원내각제·반의회제·이원적 정부제·절름발이 의원내각제·혼합형 의원내각제·부진정 의원내각제 등으로 불려지기도 한다."

2) 성낙인, "정부형태로서의 半大統領制", 한국공법학회 학술대회 논문집, 1990.6; "이원정부제(반대통령제)의 이론과 실제", 한일법학 10; "이원정부제의 구체화를 통한 권력분점의 구현", 공법연구 38-1, 2009.10.

3) 조병윤, "이원정부제와 능동적·실질적 국민주권(Peuple주권)", 고시계, 1989.7, 75면: "이 체제는 '그 이원성'의 의미가 무엇이냐에 그 본질적 특징이 있지 '정부'냐 '집정부'냐는 별다른 의미가 없고, 다만 행정부를 의미할 뿐이다."

다. ① 이원정부제란 의원내각제의 요소와 대통령제의 요소가 결합되어 있다. ② 집행권이 이원적 구조를 취한다. 즉 집행권이 대통령과 내각(수상)으로 구성되고 대통령과 내각(수상)이 각기 실질적 권한을 나누어 가진다. ③ 국민으로부터 직접 선출된 대통령은 의회에 대하여 독립되어 의회로부터 정치적 책임을 지지 아니한다. ④ 대통령은 의회해산권을 가지며 위기 시에 국가긴급권을 행사한다. ⑤ 의회는 내각불신임권을 가진다.

(iii) 국내 다수 학자는 이원정부제란 원칙적으로 위기 시에는 대통령이 행정권을 전적으로 행사하나, 평상시에는 수상이 행정권을 행사하며 하원에 대하여 책임을 지는 의원내각제 형식으로 운영된다고 본다. 다른 한편 대통령은 고유권한으로서 외교·국방 등 국가안보 및 국가긴급권을 보유하고, 수상은 법률의 집행권과 그 밖의 일반행정에 관한 사항을 관장한다고 보기도 한다.

(iv) 사실 이원정부제의 본질적 요소는 그 기본 모델을 어느 나라 헌법에서 찾느냐에 따라 달라질 수 있다. 국내학자들은 이원정부제국가로서 "바이마르공화국·프랑스 제5공화국·오스트리아·핀란드"를 공통적으로 열거한다. 다만, 학자에 따라서는 다른 나라를 추가하기도 한다(포르투갈(권영성·구병삭·안용교·양건), 아이슬란드(구병삭·양건), 아일랜드(안용교·양건), 러시아(장영철)를 각기 추가한다). 저자는 우선 이원정부제의 본질적 요소로서 ① 집행부의 실질적 이원화(양두제), ② 대통령의 사실상 직선제, ③ 의회의 정부불신임권을 제시하고자 한다.

3. 한국에서 이원정부제에 대한 평가

(i) 이원정부제가 가지는 제3의 정부형태로서의 독자성을 부인하는 견해도 있다. 허영 교수(788-789면)에 의하면 절충형 정부형태는 변형 및 혼합의 한계와 헌법의 체계정당성을 무시하기 때문에, 이원정부제와 절충형 정부형태를 개념적으로 구별할 필요가 없다고 한다.

즉 제3의 정부형태로서 이른바 절충형 정부형태 논의가 "바이마르식의 절충형이 의원내각제를 바탕으로 하고 있다면, 현 프랑스식의 절충형은 대통령제를 그 기본으로 삼고 있다는 인식에서 나온 개념장난에 불과하다. 또 우리나라의 일부 헌법학자에 의하여 거론되는 이른바 '이원적 집정부제' 내지 이원정부제도 결코 새로운 제도나 이론이 아니고 바이마르제도에 관한 뢰벤슈타인의 설명과 개념을 그대로 받아들이고 있는 것에 지나지" 아니한다고 하여 이원정부제라는 개념정립 자체를 부정한다(허영).

(ii) 한편 이원정부제의 정부형태로서 독자성을 인정하는 국내의 다수견해도 이

원정부제에 대한 부정적인 시대적 상황과 맞물려 이원정부제에 대한 평가도 냉소적이거나 부정적이다. 특히 이원정부제는 집행권의 양두제로 인하여 대통령과 수상 사이에 명확한 권한획정이 없는 상태에서 서로 갈등이 증폭될 소지가 있고 그것은 결국 정치적 불안정이나 대통령 독재의 길로 나아갈 우려가 있다는 점을 적시한다.

권영성(784-785면): "이원정부제는 프랑스 제5공화정에서처럼 비교적 성공적으로 운영되고 있는 경우도 없지 아니하나, 제3세계국가들의 경우처럼 프랑스와는 상이한 정치적 전통과 정치문화를 가진 국가인 경우에는 성공하기보다는 오히려 실패할 가능성이 농후한 정부형태"이므로, "정치적·경제적 난국을 타개할 필요성이 있다든가 분단국가에 있어서 국론통일이 불가피한 국가적 상황에서는 이원정부제(이원집정부제)라는 것이 결코 바람직한 정부형태라고 할 수 없다."

한편 최대권 교수(335면)는 이원집정부제를 의원내각제의 한 변형으로 보아 "혼합적 의회주의=소위 이원집정제정부"로 명명한다. 이러한 시각은 이원정부제가 의원내각제의 고향인 유럽 각국에서 자리 잡고 있다는 점에서 설득력을 가진다. "이 정부형태는 의원내각제의 단점인 정치적 불안정을 피하면서 그 장점인 정부 책임(신임)의 원리 및 대통령제의 장점인 정치적 안정을 도모할 수 있도록 고안된 것이라고 말하여지고 있다." 이에 따라 한국에서도 국회에서 여소야대 현상이 일어나는 경우에는 이원정부제적인 운용이 바람직하다는 점을 지적하면서 "그러나 권력이 있으면 행사하고 싶은 것이 사람의 특히 한국 사람의 심성인 까닭에 그러한 전통이 과연 형성될 수 있을 것인지에 대하여는 강한 의문이 제기된다"라고 지적한다.

(iii) 이원정부제에 대한 국내학계에서의 부정적 평가는 이원정부제가 본격적으로 논의되던 1980년 당시의 시대적 상황과 연계되어 있다. 더 나아가 이원정부제의 전형적 모델로 각인된 바이마르공화국의 실패한 헌정사적 경험도 작용한다. 그렇지만 이원정부제에 대한 호·불호의 문제를 떠나 이원정부제의 독자적 가치를 인정하고 한국적 입헌주의의 정립을 위하여 현행헌법상 이원정부제적 요소를 적극적으로 수용하는 자세 또한 필요하다.

Ⅲ. 현행헌법상 정부형태와 이원정부제의 실현가능성

1. 한국헌법사의 정부형태론

(i) 문홍주 교수는 제1·제3·제4·제5공화국헌법을 이원정부제적 성격을 가진 헌법으로 이해한다. 그러나 다수견해는 한국헌법사에서 제2공화국헌법을 제외하고는 대통령제·대통령중심제·변형된 대통령제·한국형 대통령제·영도적 대통령제·절대적 대통령제·대통령제에 의원내각제적 요소를 다소 가미한 절충

형정부형태 등의 표현은 사용하여도 이원정부제적 성격을 인정하지 아니한다. 헌법재판소까지도 한국헌법상 정부형태를 대통령제(헌재 1995.7.21. 92헌마177등, 대통령선거법 제65조 위헌확인(각하)) 또는 대통령중심제(헌재 1994.4.28. 89헌마221, 정부조직법 제14조 제1항 등의 위헌 여부에 관한 헌법소원(합헌,각하). 동지: 헌재 1994.4.28. 89헌마86, 신체의 자유에 관한 헌법소원(기각))라고 표현한다.[1)]

> 권영성 교수(790-792면)는 현행헌법의 정부형태를 대통령제와 의원내각제의 기본적 식별 기준을 의회의 집행부 불신임권과 집행부의 의회해산권 유무에서 구하는 통설적 입장에 따라, 기본적으로 대통령제 정부형태로 보고 다만 부통령제가 없다는 점 등에 비추어 순수한 미국형 대통령제라고 할 수는 없다고 하면서, 결국 한국 현행헌법의 정부형태는 비록 제도적 기능을 발휘하지 못하고 있지만 의원내각제적 요소를 가미하고 부통령제의 미설치·대통령이 긴급명령권 등을 보유한다는 점에서, 변형된 대통령제의 일종으로서 한국적 정치문화에 특유한 한국형 대통령제라고 보고 있다.
>
> 김철수 교수((하) 1504-1505면)는 현행헌법의 정부형태는 엄밀한 의미에서의 미국식 대통령제와도 다르고 프랑스식 대통령제와도 다르다. 따라서 이 정부형태는 "대통령제에 의원내각제적 요소를 다소 가미한 절충제"라고도 할 수 있으며 우리나라의 관용으로는 대통령제라고 부르고 있다고 한다.

(ii) 먼저 헌법사에서 대통령의 위상이나 좌표를 본다면 제헌헌법 당시의 대통령은 의회로부터 선출되었다. 또한 제4·제5공화국의 대통령은 선거인단이라는 특수한 형태의 집단으로부터 선출되었다. 따라서 비록 대통령에게 헌법상 강력한 권한을 부여하였다고 하더라도 그것은 대통령제의 본질에 어긋난다. 결국 헌법규범상 대통령제나 이원정부제와 같이 국민적 정당성을 가지는 대통령은 1952년 대통령직선제 이후의 제1공화국 및 제3·제6공화국 대통령에 한정되어야만 한다.

(iii) 특히 대통령중심제라는 표현은 정부형태의 기본 틀에서 벗어나 있으므로 그 정확한 의미를 헤아리기 어렵다. 대통령중심제가 헌법현실에서의 대통령우월제적 현상을 지칭한다면, 그것은 프랑스헌법이론에서 대통령우월제적인 헌법현실에 비추어 표현된 대통령'주의'제를 의미한다고 볼 수도 있다. 그런데 한국헌법론에서 대통령중심제라는 표현은 자유민주주의원리에 입각한 대통령주의제를 의미하는지 아니면 신대통령제적인 대통령중심제를 의미하는지조차도 불투명하다.

(iv) 실제로 이승만·박정희·전두환 대통령 집권기의 정부형태를 논하면서 대통령제에 그 어떠한 수식어를 가하더라도 그것은 자유민주주의 모델로서의 대통령제가 아닌 권위주의적 모델로서의 대통령제, 즉 헌법규범을 뛰어넘는 왜곡된

---

1) 문광삼, "정부형태의 변천: 그 헌법사적 고찰", 헌법학연구 4-1, 138-164면; 정만희, 헌법의 기본문제(1), 세종출판사, 13-41면; 김정현, "5년 단임 대통령제의 명암과 정부형태 개헌의 방향", 헌법학연구 29-1; 김문현, "정부형태 개헌논의에 관한 관견", 박종보, "헌정질서 회복을 위한 통치구조 개혁 방안", 헌법재판연구 12-1.

대통령 '권력의 인격화'를 추구한 신대통령제이었음을 부인할 수 없다. 제6공화국 헌법에서 노태우 대통령 이후 문민대통령인 김영삼 · 김대중 · 노무현 · 이명박 · 박근혜 · 문재인 · 윤석열 · 이재명 정부의 정부형태에 대한 대통령중심제라는 표현은 헌법현실에서 드러난 대통령우월적인 대통령주의제를 지칭한다.

2. 현행헌법상 권력구조에 대한 정밀한 검토의 필요성

(i) 현행헌법이 대통령제, 의원내각제, 이원정부제(반대통령제) 정부형태에서 공유하는 내용은 다음과 같다. ① 국회는 국정조사권을 가진다. ② 국회는 예산의 심의와 확정권을 가진다. ③ 국회는 탄핵소추권을 가진다.

(ii) 현행헌법에서 미국식 대통령제의 요소는 다음과 같다.[1] ① 대통령은 국가원수인 동시에 행정권의 수반이다. ② 대통령은 미국에서는 사실상 직선되고, 한국에서는 명실상부하게 직선된다. ③ 대통령의 임기가 보장된다. ④ 대통령은 법률안거부권(법률안재의요구권)을 가진다. 다른 점은 ① 부통령제를 두지 아니한다. ② 대통령에게 법률안제출권을 부여한다. ③ 국무총리를 둔다. ④ 국회는 국무총리와 국무위원에 대한 해임건의권을 가진다. ⑤ 국회가 국정감사권을 가진다. ⑥ 단일국가이다.

(iii) 독일식 의원내각제의 요소는 다음과 같다. ① 국가원수는 대통령이다. ② 국회의원과 각료의 겸직이 허용된다. ③ 국무총리해임건의권제도는 불신임제도와 유사하다. 다른 점은 ① 대통령은 상징적 존재가 아니라 행정의 실권(實權)을 장악한다. ② 국무총리는 독일의 수상처럼 행정부의 제1인자가 아니다. ③ 정부는 국회를 해산할 수 없다. ④ 국회가 국정감사권을 가진다. ⑤ 단일국가이다.

(iv) 프랑스 제5공화국의 이원정부제(반대통령제) 요소는 다음과 같다. ① 대통령은 국민이 직접 선출한다. ② 대통령의 임기가 보장된다. ③ 대통령은 수상을

1) 미국의 대통령제와 한국의 대통령제의 비교

	한 국	미 국
임 기	5년 단임	4년(연임가능)
거부권 인정 여부	인정(환부거부만)	인정(환부거부 · 보류거부)
행정부의 법률안제출권	인정	부정
대통령 권한대행	1) 국무총리 2) 국무위원	1) 부통령 2) 하원의장
국정감사 · 조사권인정 여부	국정감사 · 조사권 모두 인정	국정조사권만 인정됨
탄핵소추	국회의 탄핵소추 헌법재판소의 탄핵심판	하원이 탄핵소추: 상원이 탄핵심판(재판장: 대통령 · 부통령의 경우에만 연방대법원장)
거부권 인정 시한	정부이송 후 15일 이내	정부이송 후 10일 이내

임명하고 국무회의를 주재한다. ④ 대통령은 비상대권을 가진다. ⑤ 대통령은 법률안을 국민투표에 부의할 수 있다. ⑥ 대통령은 군(軍)의 통수권자이다. ⑦ 국회의 국무총리해임건의권은 불신임동의권과 유사하다. ⑧ 단일국가이다. 다른 점은 ① 정부는 국회해산권이 없다. ② 국정의 중심축은 대통령이다. 국무총리가 행정을 실질적으로 장악하지 못한다. ③ 국회가 국정감사권을 가진다.

(v) 위와 같이 현행헌법과 주요 외국의 정부형태를 비교하여 보건대 한국헌법의 정부형태를 논하면서 대통령중심제라는 사고에 집착할 필요는 없다. 헌법규범과 헌정실제를 함께 아우르는 정부형태론이 전개되어야 한다.

3. 현행헌법규범의 이원정부제적 이해와 해석의 가능성

현행헌법은 대통령제의 요소와 의원내각제의 요소를 혼합하고 있으므로 이원정부제적 이해와 해석의 여지도 충분히 가지고 있다.

(i) 대통령 직선제를 채택하기 때문에 대통령은 미국식 대통령제의 사실상 직선제보다 오히려 더 강력한 국민적 정당성을 가진다. 부통령제를 두지 아니하고 국무총리제를 두고 있다. 대통령의 유고에 따른 권한대행 및 후임자선거제도도 프랑스와 유사하다.

(ii) 의원내각제와 이원정부제의 본질적 요소인 정부불신임권의 존재 여부에 관하여는 논란의 소지가 있다. 현행헌법상 국무총리·국무위원해임건의권을 단순한 정치적 건의로 이해하는 한 현행헌법은 이원정부제의 본질적 요소의 하나를 가지지 아니한다. 그러나 국무총리·국무위원해임건의권을 대통령은 특별한 사유가 없는 한 이에 응하여야 한다고 보면, 그것은 정부불신임권에 준하여 해석하고 운용될 수 있다. 사실 의원내각제의 정부불신임권도 그 기원은 각료의 개별적·형사적 책임에서 출발하여, 오를레앙 체제적인 이원적 의원내각제의 개별적·정치적 책임으로 발전한 후에, 일원적 의원내각제에서 내각의 집단적·정치적 책임으로 정립되었다는 점을 상기한다면, 국무총리·국무위원해임건의권은 연혁적으로 의원내각제의 정치적 책임추궁제도로부터 비롯되었다는 점에는 이론의 여지가 없다. 다만, 국무총리에 대한 해임건의권에 따라 내각이 총사퇴하여야 하느냐에 관하여 논란이 있으나, 헌법에서 국무위원은 국무총리의 제청으로 임명되기 때문에 자신을 제청한 국무총리가 사임하면 국무위원도 사임하여야 헌법규범에 충실한 국정운용이다. 따라서 헌법에서 국무총리해임건의권을 국회의 정부불신임권의 일종으로 이해할 수도 있다. 무엇보다도 헌법상 국무총리는 국회의 동의를 얻

어 대통령이 임명하기 때문에, 국무총리는 대통령과 국회로부터 비롯된 이중의 신임에 기초한다. 그럼에도 불구하고 헌법상 국무총리는 대통령의 명을 받아 행정각부를 통할한다는 문언에 집착하여 국무총리를 단순히 대통령의 보좌기관으로만 한정하려는 현실적 해석론이 헌정사적인 성찰을 통하여서는 정당할지 모르나, 결코 현행헌법의 미래지향적인 해석론이 될 수는 없다(제2편 제2장 제8절 제3항 II. 4.).

그런 점에서 헌법재판소의 소수의견이 나름대로 헌법규범을 직시하려는 태도는 그나마 다행스럽다: "국무회의 및 국무총리에 관한 헌법규정은 반드시 준수되어야 하고 대통령중심제하에서의 국무총리는 보좌기관에 불과하다는 등의 이론을 내세워 이를 가볍게 생각하여서는 아니 된다"(헌재 1994.4.28. 89헌마221, 재판관 변정수의 반대의견).

4. 헌법규범과 헌법현실의 융합: 연립정부와 정권교체의 현실화에 따른 반향

(1) 헌법상 정권교체(政權交替)와 이원정부제

(i) 넓은 의미의 정부교체는 정당을 달리하는 집권자 및 집권세력의 교체, 즉 여야 사이의 정권교체와 좁은 의미의 동일한 집권세력 내부에서 집권자의 교체(정부교체)를 포괄한다(광의의 정부교체 = 협의의 정부교체 + 정권교체). 정권교체론은 헌법상 정부형태와 직접적으로 연계하여 이해하여야 한다.

(ii) 미국식 대통령제의 정부교체는 대통령직의 교체만을 의미한다. 의원내각제 국가에서의 정부교체나 정권교체는 곧 '의회다수파의 집권'을 의미한다. 그런데 프랑스 제5공화국과 같은 이원정부제(반대통령제) 국가에서의 정부교체 내지 정권교체는 특별한 의미를 가진다. 대통령의 의회해산권은 대통령과 의회다수파를 일치시킬 수 있는 유효한 수단이다. 그러나 의회해산권이 잘못 행사되었을 경우에는 오히려 대통령과 의회다수파의 불일치를 초래할 수 있다. 대통령 재임 중 의회의 여소야대에 따른 동거정부의 출현이 작은 정권교체를 의미한다면, 대통령 선거 직후 의회해산권 행사를 통한 의회다수파와 대통령의 일치는 큰 정권교체를 의미한다. 프랑스 제5공화국 헌정사에서 대통령선거와 국민의회의원선거라는 두 개의 선거결과에 따라 야기되는 국민적 심판을 겸허하게 수용함으로써 1981년 이후 큰 정권교체와 작은 정권교체가 반복된다. 이러한 순조로운 정권교체는 제5공화국헌법의 "양호한 건강상태의 증명서"이기도 하다.

(iii) 한국헌법사에서 진정한 의미의 평화적 정권교체는 1997년, 2007년, 2017년, 2022년, 2025년 대통령선거에서 구현되었다. 하지만, 의회해산제가 없기 때문에 의회다수파의 교체까지 이르지 못하고 대통령직만의 교체를 의미하는 작은 정권교체

에 불과하다.

(iv) 하지만, 오늘의 현실적 상황에 안주하지 아니하는 미래지향적 대응이 요망된다. 앞으로 전개될 헌정실제에서 적어도 인위적인 정계개편과 같은 반의회주의적인 행태가 시정된다면, 5년 단임의 대통령과 4년 임기의 국회다수파의 일치와 불일치에 따라서 다양한 헌정사적 변용이 전개될 수밖에 없다.

(v) 이하에서는 현행헌법에서 전개될 수 있는 다양한 헌정실제의 과거·현재·미래를 정권교체와 의회민주주의의 기초로서의 의회다수파의 변화와 정당제도·선거제도를 종합적으로 고려하여 살펴보고자 한다.

(2) 대통령과 동일정당에 의한 국회다수파의 일치: 대통령주의제

(i) 한국헌정사에서 국무총리는 국회의 해임건의권에 의하여 해임되기보다는 대통령의 명에 따라 일방적으로 임면되어왔기 때문에 국무총리의 존재 자체를 대통령의 신임에만 의존하여 평가하여왔다. 대통령의 국회다수파 지배라는 헌법현실에 휘둘려 헌법에서 명시한 국무총리의 임명에 있어서 국회의 사전동의·재임 중 국회의 해임건의권이라는 제도적 장치를 무력화시켜 버렸다. 따라서 적어도 제6공화국헌법 이전의 대통령 권력의 인격화는 이른바 제왕적 대통령주의제로 평가하여도 무리가 없다.

(ii) 현행헌법에서 대통령은 그 이전과는 상당한 차이를 드러낸다. 노태우 대통령시절 짧은 여소야대[1]는 3당합당으로 다시금 여대야소로 귀결되었다. 그러나 대통령은 집권당을 일사불란하게 통할하는 주체라기보다는 세 개 정파 중 제1정파의 수장에 불과하였다. 당내 제2정파에 불과한 김영삼 대표의 끊임없는 도전으로 말미암아 대통령은 당을 제대로 장악할 수 없었다.

(iii) 김영삼 정부는 여대야소라는 편안한 분위기에서 문민정부의 시대적 차별성을 부각시키면서 노태우 대통령시대를 뛰어넘는 강력한 대통령주의제적인 경향을 연출할 수 있었다. 그러나 민주자유당의 제3정파인 김종필 대표와의 정치적 결별은 집권 후반기를 불안하게 만든 요인이었다.

(iv) 이명박 정부와 박근혜 정부의 집권 전반기에도 국회다수파의 안정적인 지지를 확보하였다. 문재인 정부는 의회소수파로서 어려움이 있었지만 2020년에 실시된 제21대 총선거에서 압도적 다수를 확보하였다. 2025년 6월 이재명 정부도

1) 대통령과 국회다수파의 불일치에 따른 대통령과 국회의 위상과 관련된 변화의 징표로는 1988년 정기승 대법원장, 2017년 김이수 헌법재판소장 임명동의안, 2023년 이균용 대법원장 임명동의안이 국회에서 부결되었다.

2024년 총선에서 압도적 다수파에 힘입은 상태에서 출범하였다.

(3) 대통령과 복수정당에 의한 국회다수파의 일치: 이원정부제적 운용가능성

(i) 1998년 헌정사상 최초로 대통령직의 정권교체를 이룩한 김대중 정부가 들어서면서 야기된 국무총리임명동의안 파동은 국회다수파의 동의 없이는 국무총리임명이 불가능하다는 사실을 단적으로 보여준 바 있지만, 또다시 인위적인 여대야소로 되돌아갔다. 하지만, 김대중 대통령 정부에서 김종필 국무총리는 바로 공동정부의 한 축이라는 점에서 더 이상 방탄총리·의전총리가 아니었다.

(ii) 김종필 국무총리는 국회다수파의 한 축을 이루는 수장이기 때문에 헌법상 국회와 대통령의 명실상부한 이중의 신임에 기초하고 있었다. 집행권의 양두화 현상은 특히 공동정부가 1년을 지나면서 더욱 심화되었다. 예컨대 정부조직법 개정에 따라 대통령의 인사권과 총리의 예산권으로 이원화된 바 있다. 또한 국무위원임명제청권의 행사도 실질화되었다. 이를 "한 지붕 두 가족"에서 "헌법상 총리권한 내각제 안 부러워"라든가, "헌법대로일 뿐"이라고 적시함으로써 이원정부제적인 헌법규범의 헌정현실에서의 적용으로 평가되었다. 바로 그런 점에서 이 기간은 집행권의 양두제를 의미하는 이원정부제적인 시험기로 볼 수 있다.

(4) 대통령과 국회다수파의 불일치: 이원정부제의 현실화

(i) 현행헌법에서 대통령재임 중 실시된 국회의원총선거에서 단일야당이 국회의 과반수의석을 확보할 경우에는 이원정부제가 현실화될 가능성이 높다.

(ii) 대통령은 여전히 헌법상 자신에게 부여된 권한을 최대한 발휘하려 할 것이고, 국회를 장악한 야당은 헌법에서 국회에 부여된 정부에 대한 견제권을 최대한 발휘하려고 할 것이다. 더구나 국무총리임명문제는 이제 1998년의 상황과는 전혀 다른 방향으로 전개될 가능성이 높다.

(iii) 그것은 프랑스식의 동거정부는 아니라 하더라도 국회다수당과 사전적인 정치적 조율이 없는 국무총리를 비롯한 내각의 구성은 불가능하며, 경우에 따라서는 여야 사이에 연립정부의 구성도 필요하다. 또한 헌법상 국회의 동의를 얻어 대통령이 임명하는 주요공직인 헌법재판소장·대법원장 및 대법관·감사원장은 더 이상 대통령의 고유권한으로 머물 수 없게 된다.

(iv) 대통령과 국회다수파의 갈등이 심화될수록 국회는 국무총리·국무위원 출석요구 및 질문권(제62조 제2항), 국정감사·조사 등을 적극적으로 행사하여 대정부공세를 강화하여 대통령에게 정치적 타격을 가하게 된다. 결국 국회다수파는 정부를 공격하여 정치적·법적 문제점을 노출한 후 국무총리·국무위원해임건의

(제63조), 탄핵소추(제65조), 예산심의・확정(제54조) 등을 통하여 전 방위적으로 정부를 압박할 수 있게 된다.

(v) 이런 상황에 이르면 헌법재판소 등이 현행헌법의 정부형태를 대통령제 내지 대통령중심제로만 이해하는 데 그 한계가 드러난다. 실제로 2022년 출범한 윤석열 정부는 여소야대 상황에서 국무총리・국무위원해임건의 및 국무위원・검사에 대한 탄핵소추, 대법원장임명동의안 부결 등으로 정국이 혼란에 처한 바 있다. 더 나아가 2024년 제22대 국회의원 총선거에서 단일야당인 더불어민주당이 의회에서 압도적 과반수를 확보하여 여소야대는 심화된다. 이에 헌법상 "국무총리는 대통령을 보좌하며, 행정에 관하여 대통령의 명을 받아 행정각부를 통할한다"(제86조 제2항)라는 규정에 얽매인 헌법규범의 평면적 이해의 한계를 보여준다. 결국 윤석열 정부는 대화와 타협보다는 비상계엄 발동으로 실각하고 말았다.[1)]

(vi) 이에 대한 해결 방안으로서 대통령과 총리가 역할을 분담하는 권력분점론 내지 권력분산론이 제기될 수 있다. 권력분점론에 기초한 이원정부제를 가장 잘 실천하고 있는 나라는 핀란드이다. 그것은 핀란드가 처한 특유한 역사적 상황과 맞물려 있다. 초강대국 러시아를 이웃에 두고 있는 이 나라는 외교・국방문제는 대통령에게 전적으로 일임하여 외교・국방문제가 정쟁의 대상이 될 수 없게 함으로써 국가안전보장을 확보하고, 내정문제는 총리를 중심으로 한 정부가 책임지도록 한다. 비슷한 논리는 프랑스 제5공화국에서도 자크 샤방-델마스(Jacques Chaban-Delmas) 등에 의하여 '유보영역이론'으로 개진된 바 있다. 유보영역이론은 동거정부에서 더욱 분명히 그 실체를 드러낸 바와 같이, 적어도 외교・국방・EU문제에 관한 한 대통령이 직접 간여한다. 특히 동거정부 구성에 있어서 외무장관과 국방장관의 임명은 대통령이 적극적으로 반대하지 아니하는 인사를 임명하여왔다. 그러나 대통령과 동거정부의 갈등관계는 여전히 존재한다는 점에 유보영역이론에도 한계가 있다.

5. 소 결

(i) 현행헌법에 따라 5년 단임의 대통령선거와 4년 임기의 국회의원총선거가 교차적으로 시행되는 한, 동일한 헌법규범에서 나타날 다양한 헌법현실적인 변용을 수용함으로써 주권적 의사에 순응하여야 한다. 그 과정에서 프랑스의 경험도 참조할 필요가 있다. 즉 1981년에서 1995년까지 두 번의 7년 임기를 성공적으로

1) 2024년 여소야대 총선 이후 1년 간 상황에 대하여는, 성낙인, 87년 체제의 종언과 제7공화국, 나남.

마친 사회당의 미테랑 대통령 재임기간 중에 하원인 국민의회의 다수파를 장악한 우파의 동거정부(1986-1988, Jacques Chirac 총리; 1993-1995, Édouard Balladur 총리)와 1997년부터 재임한 우파인 공화국연합의 시라크 대통령 재임 중 전개된 동거정부(1997-2002, 사회당의 Lionel Jospin 총리)는 정치적 지향점을 달리하는 좌파와 우파의 동거였다. 이는 비록 의원내각제에 준하는 헌정운용이라고는 하지만, 수시로 대통령과 정부의 극단적 대립관계가 연출되었다는 점에서 우려를 자아내기에 충분하다. 동일한 헌법 아래에서 대통령과 의회다수파의 일치로부터 비롯된 대통령주의제를 뛰어넘어 의원내각제적인 동거정부에 이른 헌정현실을 냉철하게 분석할 필요성이 제기된다. 더구나 한국헌법에는 프랑스 등 다수의 이원정부제 국가에서 채택하고 있는 대통령의 의회해산권이 없기 때문에 그에 따른 갈등은 더욱 심화될 소지가 있을 뿐만 아니라 그 타개책의 마련 또한 어려우리라고 예상된다.

(ii) 사실 이원정부제의 헌정운용이 한국적 상황에서 결코 쉬운 일이 아니다. 특히 대통령과 총리의 권한획정은 헌법규범의 문리적 해석보다는 양자 사이의 정치적 타협이 오히려 더 중요한 요인으로 작동할 수밖에 없다.

(iii) 현행헌법상 대통령 · 총리 · 국회다수파의 삼각관계를 중심으로 다음과 같은 헌정실제가 구현될 수 있다.

① 단일정당으로 형성된 국회다수파의 지지를 받는 대통령우월적 대통령주의제 - 김영삼 대통령 집권기(1993-1998), 노무현 대통령 집권 후기(2004-2008), 이명박 대통령 집권기 · 박근혜 대통령 집권 전반기(2008-2016), 문재인 대통령 집권 후반기(2020-2022) · 이재명 대통령 집권 전반기(2025-현재)

② 단일정당으로 형성된 국회다수파의 지지를 받지만 집권당 내부에서 끊임없는 견제를 받는 대통령제 - 노태우 대통령 집권 후기(1990-1993)

③ 이질적 양당으로 형성된 국회다수파의 지지를 받지만 연립정부에 준하는 공동정부의 대통령우월적 이원정부제 - 김대중 대통령 집권 전반기(1998-1999)

④ 대통령재임 중 야당이 국회의 다수파이지만 복수의 이질적 야당 : 대통령과 국회다수파 사이의 비타협적 갈등 심화 - 노태우 대통령 집권 초기(1988-1989), 김대중 대통령 집권 후반기(2000-2003), 노무현 대통령 집권 초기(2003-2004), 박근혜 대통령 집권 후반기(2016-2016), 문재인 대통령 집권 전반기(2017-2020)

⑤ 대통령 취임하기 전부터 단일 야당이 국회의 다수파 : 대통령과 국회다수파 사이의 비타협적 갈등 속에 대통령이 정치적으로 주도 - 노무현 대통령 집권 초기(2003-2004), 윤석열 대통령 집권 전반기(2022-2024)

⑥ 대통령재임 중 단일야당의 승리에 따른 대통령과 국회다수파의 불일치 : 대통령과

국회다수파 사이의 비타협적 갈등의 현실화에 따른 권력분점의 실패 - 윤석열 대통령 집권 후반기(2024-2024)

Ⅳ. 의원내각제 헌법개정과 이원정부제적 양두제 운용가능성

1997년 대통령선거과정에서 새정치국민회의와 자유민주연합이 집권을 위한 의원내각제 개헌에 합의한 바와 같이, 그간 정치제도의 균형을 위한 의원내각제 개헌논의가 계속되어왔다. 그러나 우리의 정치현실에 비추어 본다면 의원내각제 헌법에서 과연 일원적 의원내각제가 정립될 수 있을지 의문이다.

1. 연립정부구성: 의원내각제 헌법에서 양두제적인 헌법현실

(ⅰ) 한국적 현실에서 연립정부가 구성되면 연립정부의 제1당 대표가 국무총리로, 제2당 대표가 대통령에 취임할 가능성이 높다. 그런데 대통령이 영국의 왕이나 독일의 대통령처럼 정치에 초연할 수가 있을지 의문이다. 정치적 실세인 대통령은 헌법상 명목적으로 부여된 권한까지도 실질적으로 행사함으로써 이원정부제 헌법에서 나타나는 양두제적(兩頭制的)인 헌정실제가 나타날 가능성이 높다.

제2공화국에서 집권한 민주당은 신파와 구파로 나뉘어 사실상 두 정파의 연립정부에 준한다. 신파에 비하여 소수파였던 구파의 수장인 윤보선이 대통령에 취임하였다. 그러나 그는 뜻밖에도 구파인 김도연을 총리로 지명하였으나 민의원에서 부결되자 마지못하여 신파의 수장인 장면을 총리로 지명하였다.[1)]

(ⅱ) 또한 내각은 총리를 비롯하여 상당수를 연립정부의 제1당이 차지하지만 연립정부의 제2당에서도 다수의 각료를 배출하게 된다. 그런데 제2당 출신 각료는 총리보다 자기 당의 수장인 대통령에게 더 충성하기 마련이다. 이 경우 대통령은 이원정부제 헌법을 가지고 있지만 사실상 의원내각제의 국가원수 역할에 머무르는 오스트리아 대통령보다 더 강력한 조정자로 등장할 가능성이 있다.

(ⅲ) 따라서 헌법규범은 의원내각제임에도 불구하고 양두제적 헌법현실이 전개될 가능성이 높다. 이들 사이의 동거가 실패한 동거가 될지 성공한 동거가 될지는 이질적인 정당구조에 비추어 매우 예측하기 어렵다.

---

1) 제2공화국의 민주당의 갈등구조에 관한 연구는, 백영철, "제2공화국의 의회정치: 갈등처리과정을 중심으로", 김수신, "공화국의 성낭과 성낭정치", 백영철 편, 제2공화국과 한국민주주의, 나남, 128 135 및 176-181면 참조.

2. 단일정당의 집권: 의원내각제 헌법에서 양두제적 운용의 불투명성

(ⅰ) 의원내각제 헌법에서 연립정부가 아닌 단일정당이 집권할 경우에는 전형적인 일원적 의원내각제가 전개될 가능성이 높다. 이 경우에 대통령은 독일처럼 가급적 정치적으로 중립적인 인사를 추대하여야 한다.

(ⅱ) 만약 집권당 내부에서 정치적으로 제2인자를 대통령으로 선출한다면 제2공화국과 비슷한 정치적 상황이 전개될 가능성이 높다. 대통령이 조정자 이상의 정치적 영향력을 발휘하게 되면 집행권의 양두화를 초래하게 된다.

Ⅴ. 결 어

(ⅰ) 이제 한국에서 정부형태를 보는 시각은 과거의 권위주의시대에 전개된 신대통령제적인 헌법현실에 기초한 대통령중심제의 사고에서 벗어나야 한다. 물론 대통령중심제는 여대야소 국회가 존재하는 한 변함없이 지속되리라고 본다.

(ⅱ) 현행헌법에서 전개될 다양한 정치적 미래상은 한국적 자유민주주의의 중요한 실험장이 될 수 있다. 대통령 재임 중 국회의원총선거에서 단일야당이 승리한 경우에는 헌법규범의 엄격한 재해석이 요망된다. 특히 그동안 잠자고 있던 국회다수파의 정부에 대한 견제권은 실질적 권한으로 작동할 수 있다.

(ⅲ) 개헌을 통하여 영국식 혹은 대륙식 의원내각제가 정립되리라고 속단할 수는 없다. 한국적 현실에서 제2공화국의 경험에서 드러난 바와 같이 대통령이 비정치적인 인물로 충원되기는 어렵다. 따라서 헌법이 의원내각제적이라고 하더라도 상당부분 이원정부제적인 양두제 현상이 출현될 가능성이 높다.

(ⅳ) 결론적으로 순수한 미국식 대통령제로의 헌법개정을 하지 아니하는 한, 여소야대 상황이 전개되면 이원정부제적인 운용은 불가피하다. 윤석열 정부의 실패는 이를 단적으로 증명한다. 그럼에도 불구하고 이원정부제에 대한 정확한 자리매김은 여전히 미흡한 실정이다. 이는 이원정부제가 한국에서 현실적으로 바람직한 정부형태인가의 문제와는 전혀 별개의 사안이다. 이제 주어진 헌법규범에서 야기될 수 있는 정치적 갈등을 최소화함으로써 국정의 난맥이나 혼란을 최소화시킬 수 있는 정치적 지혜가 필요한 시점이다. 그 근본적인 방향은 국민이 선택한 주권적 의사에 순응하는 길이다.

제2장 국 회

제1절 의회주의(의회제)

Ⅰ. 의 의

의회주의(議會主義)란 주권적 정당성의 원천인 국민이 선출한 의원들로 구성된 합의기관인 의회가 국가의사결정의 원동력이 되어야 한다는 정치원리(정치방식)이다. 의회주의라는 용례는 의원내각제, 의회민주주의 등과 혼용되기도 한다. 그러나 의회주의를 적어도 정부형태로서의 대통령제에 대비되는 개념으로 이해하는 한, 그것은 의원내각제를 의미한다.

대통령제(presidentialism)에 대칭되는 개념으로서 parliamentarism의 정확한 직역은 의회제 내지 의회주의이지만 일반적으로 의원내각제라고 번역한다.

Ⅱ. 연혁과 발전

1. 등족회의

(ⅰ) 의회주의의 민주정치적 관념은 고대민회에서 계승되었지만, 대표의 관념은 중세 등족회의(等族會義)에서 비롯되었기 때문에, 일반적으로 의회제도의 기원은 등족회의에서 찾는다.

(ⅱ) 등족회의의 전신인 가신회의(家臣會議)는 어전회의(御前會議) 내지 자문회의에 불과하여 오늘날 의회와 같은 의결기관의 성격을 가지지 못하였다. 그러나 12세기 이후 유럽에서는 귀족・승려뿐만 아니라 시민계급의 대표가 참여하는 등족회의가 일반화되었다. 등족회의는 세 계급의 대표가 참여하여 삼부회 또는 신분의회라고도 한다.

(iii) 사실 등족회의는 그 기능적 · 제도적 한계로 인하여 의회제도의 기원으로 부적합하다는 견해가 제기되기도 한다. 하지만, ① 삼부회 또는 사부회(기사계급까지 포함) 형태의 등족회의는 영국에서 귀족원과 서민원의 양원제로 연결되었고, ② 등족회의의 의원은 신분계급만의 대표가 전체국민의 대표자로 간주되었고, ③ 등족회의의 군주에 대한 청원서제출권은 근대의회의 법률안발안권의 원류라 할 수 있고, ④ 등족회의의 조세승인권은 근대의회의 예산의결권으로 연결되었다는 점에서 그 역사적 가치를 인정할 수 있다.

2. 근대적 의회제의 성립

(i) 민주주의의 고향인 영국의회제의 발전과정은 근대의회제의 발전과정이라 할 수 있다. 모범의회(模範議會)를 거쳐 14세기에 이미 양원제의 모습을 갖춘 영국의회는 튜더 · 스튜어트의 절대왕조시대에 왕과의 끊임없는 투쟁과정을 거쳐, 마침내 1688년 명예혁명을 통하여 국왕에 대한 의회우위를 확보하기 시작하였다. 명예혁명 이후 채택된 권리장전은 근대의회제의 기본원리를 구현하고 있다. 이로써 "전락하는 왕의 운명은 곧 영국 민주주의의 발달사"임을 실감나게 한다.

(ii) 영국에서는 의회제가 점진적으로 발전되어왔다. 하지만, 그 밖의 국가에서는 18세기에 이르기까지 여전히 절대군주의 지배에 놓여 있어 의회제가 제대로 그 기능을 발휘할 수 없었다. 바로 그런 점에서 영국 의회제의 발전은 17 · 18세기 유럽 지성계로부터 동경의 대상이었다. 그런데 18세기 말 세계사를 뒤흔든 미국의 독립혁명과 프랑스의 시민혁명으로 근대입헌주의가 태동되었으며, 그것은 동시에 근대적 의회제의 본격적 정립을 알리는 신호탄이었다. 근대시민혁명 이후 탄생한 헌법에서는 영국에서 쌓아 올린 근대적 의회제의 원리와 당시에 풍미하던 근대자연법론 및 사회계약론에 입각하여, 국민주권에 기초한 의회제가 성문헌법의 틀 속에 그 모습을 드러낸다. 이에 따라 영국식 신분 양원제를 뛰어넘는 의회제가 본격적으로 정립된다.

3. 근대 시민혁명 이후의 의회제

(i) 미국과 프랑스에서 근대시민혁명의 성공은 근대입헌주의 물결의 세계적 전파로 나아갔다. 19세기에 상당수의 유럽 각국에서는 의회제를 헌법의 기본원리로 받아들였다. 19세기 말 20세기 초에 이르러 비교적 안정적인 의회제의 정착기가 도래하였다. 주권적 의사를 대변하는 의회의 안정은 정부에 대한 통제 강화와

더불어 의회제정 입법의 전성기를 의미하는 의회주권의 시대를 열어갔다.

(ii) 하지만, 20세기에 두 차례 세계대전을 거치면서 의회주의에 대한 회의론이 대두되었고, 심지어 의회제에 대한 극단적인 부정론까지 대두되었다. 여기에 근대입헌주의 이래 쌓아 올린 국민주권=의회주권=법률주권의 시대는 종언을 고하고, 국민주권의 실질화를 위한 반(半)대표론이 자리 잡게 되었다.

Ⅲ. 의회주의의 본질(기본원리)

의회주의는 ① 대의제도의 원리에 따라 국민의 대표기관인 의회에 국민적 정당성을 부여하는 원리이다. ② 국민적 정당성에 기초한 의회는 국민의 신임에 기초하여 책임정치를 구현하여야 한다. ③ 국민의 대표로 구성된 의회는 자유위임의 원리에 따라 의원들의 공개적이고 개방적인 토론의 장이어야 한다. ④ 의회에서의 충분한 토론과 공론화과정을 거친 후에는 민주주의의 일반원칙인 다수결원리에 따라 최종적인 의사결정이 이루어져야 하지만, 이 과정에서 소수파존중의 원리도 지켜져야 한다. ⑤ 궁극적으로 의회주의의 꽃은 정권교체로 구현된다.

김철수 교수((하) 1514-1518면)는 의회제의 표지로는 공선(公選)의원·입법기관성을 제시하고, 의회제의 본질적 원리로는 의회의 대표기관성·의회의 합의기관성을 적시한다. 권영성 교수(856-858면)는 의회주의의 기본원리로서 국민대표의 원리·공개와 이성적 토론의 원리·다수결의 원리·정권교체의 원리를 들고 있다.

Ⅳ. 의회주의의 병폐와 개선

1. 의회주의의 위기

(i) 의회주의의 위기(危機)는 ① 의회주의를 실천하기 위한 전제조건 즉 대의제원리가 제대로 지켜지지 아니함으로 인하여 야기되는 위기와, ② 현대국가의 구조와 기능의 변화에 따른 위기로 나누어 볼 수 있다.

(ii) 의회주의의 위기현상으로는 정당국가 경향에 따른 고전적 국민대표원리의 변용과 행정국가 경향에 따른 집행부 강화를 들 수 있다. 또한 의회에서의 대립과 갈등의 심화 및 그에 따른 다수파의 독주는 정치적 합의를 통한 국민적 컨센서스를 형성하지 못하고 있다.

권영성 교수(864-855면)는 의회주의 위기의 원인으로 ① 국민적 동질성의 상실과 이로 인한 계층 사이의 갈등, ② 정당국가 경향에 따른 합의기능 상실, 행정국가·사회국가 경향에 따른 의회의 기능 정체, ③ 인물선거에서 정당 또는 정당지도자에 대한 신임투표로 선거제도 성격변화, ④ 의회의 운영방식과 의사절차의 비효율성을 들고 있다.

김철수 교수((하) 1518면)는 의회주의의 위기에 대한 대책으로 ① 직접민주제 도입, ② 선거제도 개선, ③ 의회제도의 개편을 제시한다.

2. 의회주의의 위기에 대한 대책

(i) 의회에서 중심적 기능을 차지하는 정당의 민주화가 이루어져야 한다. 정당의 민주화는 의회의 구성에 있어서 민주적 공천과정과 의회의 활동에 있어서 자유투표 등을 통하여 달성될 수 있다.

(ii) 참여민주주의를 활성화하여야 한다. 정보사회에서 국정참여와 비판의 길을 넓히는 한편, 여론조사결과의 공정성과 정확성을 담보함으로써 국민의 살아있는 의사에 정치인들이 귀를 기울여야 한다.

(iii) 의회에서의 토론과 합의과정이 투명하게 공개되어, 국민적 비판을 수용하여야 한다. 그에 따라 상임위원회의 상시운영체제가 이루어져야 한다.

(iv) 의회의 전문성을 제고함으로써 행정부 종속적인 의안처리를 시정하여야 한다. 어차피 오늘날 의회의 기능이 대정부 통제로 중점이 이동하고 있다면, 감사기관을 의회와 연계시킴으로써 의회의 전문성을 제고할 수 있다.

V. 대한민국헌법과 의회주의

(i) 헌법상 국회는 의회주의의 중심축이다. 의회의 강화를 위한 헌법적 의지는 헌법상 정치제도에서 대통령을 포함한 정부(제4장)에 앞서 국회(제3장)를 규정한다. 그런데 헌법현실에서는 의회주의의 문제점이 극복되지 못하고 있다.[1)]

(ii) 의회주의의 보완을 위하여 헌법 제72조에서는 국가의 중요정책에 대한 대통령의 국민투표부의권을 부여하고, 헌법개정에는 필수적 국민투표제도(제130조 제2항)를 채택한다(半대표원리의 제도화).

1) 음선필, "한국헌정사에 나타난 의회민주주의", 헌법학연구 22-3; 강태수, "의회민주주의와 헌법개정", 공법연구 42-1 참조.

제 2 절 의회의 조직과 구성

Ⅰ. 의 의

헌법상 합의체기관인 의회의 구성원리는 역사적으로 단원제와 양원제로 정립되어왔다. 물론 비교헌법사적으로 3원제나 4원제가 없었던 바는 아니지만, 일반적이고 보편적인 모델은 역시 단원제와 양원제이다. 의회의 구성에서 양원제와 단원제 중에서의 선택은 각국 특유의 역사적 발전과정과도 연계되어 있다.[1)]

Ⅱ. 단원제와 양원제의 제도적 평가

1. 양 원 제

(1) 양원제(兩院制)의 의의 · 연혁

(ⅰ) 양원제라 함은 의회가 두 개의 서로 독립적인 합의체로 구성되어 활동함으로써, 원칙적으로 두 합의체의 일치된 의사를 의회의 의사로 간주하는 의회의 구성원리를 말한다.

(ⅱ) 양원제는 역사적으로 영국에서 상원인 귀족원과 하원인 서민원(평민원)으로 정립되었다. 영국민주주의는 초기에 귀족원 중심의 의회주의에서 마침내 서민원 중심의 의원내각제(내각책임제)로 정립되었다.

(ⅲ) 근대입헌주의시대에 몽테스키외가 '법의 정신'에서 주창한 양원제는 1787년 미국헌법에서 연방형 양원제로 정립되어 오늘에 이르고 있다. 프랑스 · 독일 · 일본 등에서도 양원제를 채택한다.

(2) 양원제의 유형

양원제의 유형화 기준은 상원의 구성원리가 상이함에서 비롯된다. 즉 양원제에

---

1) 각국의 의회제도 비교

	미 국	영 국	일 본	독 일	프랑스	러시아	중 국
구성	상원 100명 하원 435명	상원 771명 하원 650명	참의원 248명 중의원 465명	상원 69명 하원 598명	상원 348명 하원 577명	상원 166명 하원 450명	전인대 2984명
임기	상원 6년 하원 2년	하원 5년	참의원 6년 중의원 4년	하원 4년	상원 6년 하원 5년	상원 2년 하원 4년	5년

서 하원은 항시 국민의 보통·평등·직접·비밀·자유선거의 원리에 따라 선출된 의원으로 구성된다. 상원의 구성방법으로는 ① 신분형(보수형, 영국), ② 연방형(미국·독일·스위스), ③ 지역대표형(참의원형, 일본·한국의 제2공화국), ④ 직능대표형(아일랜드) 등이 있다.

(3) 양원의 상호관계

(i) 양원 사이의 지위와 권한에 기초하여 균형형(미국·프랑스 제5공화국·스위스)과 불균형형(영국·프랑스 제4공화국)으로 분류할 수 있다. 그러나 균형형일 경우에도 완전한 균형은 실제로 매우 어렵다. 예컨대 미국과 프랑스 제5공화국은 넓은 의미에서 균형형이지만, 미국에서는 상원이 프랑스 제5공화국에서는 하원이 실질적으로 더 우위에 있다.

(ii) 양원의 운영은 각기 서로 ① 구성원이 서로 독립적인 조직독립의 원칙, ② 독립적이고 독자적으로 회의 개최·의사진행 및 의결을 행하는 의결독립의 원칙, ③ 의사가 일치할 경우에만 의회의 의결로 간주하는 의사일치의 원칙, ④ 동시에 집회·개회하고, 동시에 휴회·폐회하는 동시행동의 원칙에 따른다.

2. 단 원 제

(i) 단원제(單院制)라 함은 의회가 민선의원으로 구성되는 하나의 합의체로 구성되는 의회제도를 말한다. 단원제는 의회가 하나의 원으로 구성되기 때문에 의회구성원리의 다양성은 배제되고, 국민의 보통·평등·직접·비밀·자유선거로 선출되는 의원으로만 구성된다.

(ii) 사실 국민의 의사를 대표하는 단일적 대의기관이 국민의 의사를 하나로 집약시킬 수 있다는 점에서 단원제가 이상적일 수도 있다. 바로 이러한 이유로 프랑스 혁명기에 시에예스와 루소는 단원제 의회를 주장하였다. 이에 따라 프랑스 제1공화국헌법에서 단원제 의회로 연결되었지만, 그 의회의 과격한 의사결정으로 인하여 공화국 자체의 붕괴로 귀결되고 말았다.

(iii) 한편 20세기의 신생독립국가들은 국가의사의 원활하고 효율적인 수행을 위하여 일반적으로 단원제 의회를 채택한다.

3. 제도적 가치: 장·단점

(i) 단원제와 양원제의 상호관계 및 제도적 가치에 대한 평가는 상호표리의 관계에 있다.

(ii) 양원제의 장점으로는 ① 신중한 의안처리로 단원제의 경솔함과 급진성의 방지, ② 의회구성에서 권력분립 원리의 도입으로 다수의 횡포 방지, ③ 양원 중 일원이 정부와 충돌할 경우에 다른 일원의 중재, ④ 상원의 성격에 따라 연방국가적 성격을 반영하거나 지역대표·직능대표의 원리를 도입할 수 있다. 이는 반대로 단원제의 단점으로 드러난다.

(iii) 양원제의 단점으로는 ① 양원 사이의 의사불일치로 인한 의안처리의 지연, ② 두 개의 의원운영으로 인한 국가예산지출의 증대, ③ 양원이 갈등할 경우에 의회의 책임소재 불투명, ④ 의회가 분열하면 의회의 정부견제력 약화, ⑤ 상원의 보수화로 인하여 국민의 의사가 굴절될 우려, ⑥ 양원의 지지기반이 상이할 경우에 상원의 보수반동화 우려, ⑦ 지방대표와 지역대표·직능대표가 국민 전체의 의사를 왜곡할 우려 등이 있다. 이는 반대로 단원제의 장점으로 드러난다.

4. 평　　가

의회의 구성원리로서 양원제와 단원제는 각 국가가 처한 역사적·정치적·사회적 성격을 반영한다. 따라서 일의적으로 양원제와 단원제의 장점과 단점을 평가하기는 어렵다. 자유민주주의의 오랜 역사적 전통을 가진 영국·미국·프랑스·독일 등에서 비록 그 내부적인 특징이나 모델이 상이하더라도 양원제를 채택하고 있는 점은 시사하는 바가 크다. 상원은 단원제 의회의 지나친 급진주의적 획일성을 제어하기 위한 숙고기관으로서의 존재가치를 찾을 수 있다. 이에 부아시 당글라(Boisy d'Angla)는 프랑스헌법사에서 "상원이 공화국의 이성(理性, raison)이라면, 하원은 공화국의 상상력(想像力, imagination)"이라고 표현한다. 그것은 양원제를 통하여 상원의 보수적 성격과 하원의 진보적 성격의 조화를 의미한다.

그런데 20세기 신생독립국가에서 단원제를 채택하는 경향이 있다고 하여도 이를 양원제의 조락이라고 평가하기에는 이른 감이 있다. 양원제의 조락 원인으로는 정당의 발달과 행정권의 비대화와 그 안정·강화를 들고 있다(김철수(하) 1522면).

Ⅲ. 헌법상 양원제 도입의 적실성과 바람직한 양원제 모델

1. 의의·연혁

(i) 한국헌법사에서 의회구성은 대체로 단원제를 채택한다. 신생독립국가인 대한민국은 최초로 보통·평등·직접·비밀·자유선거를 통하여 1948년 국회를

구성하였다는 사실 그 자체만으로도 역사적 가치를 가지기에 충분하였다. 비록 단원제라 하더라도 의회의 구성 그 자체가 의미를 가지는 상황이었다.

(ii) 1952년 한국전쟁의 와중에서 대통령직선제를 위한 개헌에서 양원제를 도입하였다. 하지만, 상원인 참의원 선거를 실시하지 아니하여 결국 양원제는 문서상 도입에 그치고 말았다. 제2공화국헌법에서는 당시의 시대적 상황을 반영하여 의원내각제 국가에서 일반화되어 있는 양원제를 채택하였다. 제2공화국의 양원제는 평등양원제를 채택하면서도 참의원보다는 민의원이 다소 우월한 지위를 가지는 모델이다.

(iii) 제3공화국 이래 단원제로 정립되었다. 단원제 국회는 강력한 행정부 의사의 일방적 전달 통로로 전락하고 말았다. 다만, 국회법을 통하여 최초로 비례대표제가 도입되었다. 제4공화국헌법에서는 지역구의원과 통일주체국민회의에서 선출하는 의원(대통령의 추천에 의하여 의원 정수의 3분의 1을 선출, 소위 유신정우회의원), 제5공화국헌법 이래 지역구의원과 비례대표의원으로 구성된다.

2. 국회에서의 소위 '날치기'방지와 양원제도입

(1) 국회에서의 날치기현상

(i) 한국헌정사에서 중대한 오점의 하나는 국회에서의 날치기 의사진행이다. 헌법개정과 같은 헌법사항에서부터 핵심입법 및 예산안 등에 이르기까지 적법절차를 무시한 의사진행이 자행되어왔다. 날치기입법에 대하여 헌법재판소에 헌법소원심판이나 권한쟁의심판이 제기되었지만 날치기로 통과된 법률 자체에 대한 위헌선언은 내려지지 아니하였다(헌재 1995.2.23. 90헌마125, 입법권침해 등에 대한 헌법소원(각하); 헌재 1997.1.16. 92헌바6등, 국가보안법 위헌소원(한정합헌,합헌)).

(ii) 헌법재판소는 날치기입법에 대한 국회의원의 권한쟁의심판에서 당사자적 격성을 부인하였으나(헌재 1995.2.23. 90헌라1, 국회의원과 국회의장간의 권한쟁의심판(각하)), 곧 판례를 변경하여 당사자적격을 인정하고 국회의원의 법률안심의 · 표결권이 침해되었음을 인정하였지만, 날치기로 통과된 법률 자체의 위헌무효확인청구는 기각하였다(헌재 1997.7.16. 96헌라2, 국회의원과 국회의장간의 권한쟁의심판(인용(권한침해), 기각)).

(iii) 국민의 대표기관인 국회의 의사결정과정이 헌법재판소라는 사법기관을 통한 재단(裁斷) 그 자체가 대의기관으로서 중대한 오욕이며 수치이다. 그럼에도 불구하고 이러한 파행적 의사진행으로 인하여 결국 사법의 장으로 내몰리는 현상은 국회 스스로 국민대표기관으로서의 위상 저하를 자초하게 된다. '국회선진화법'으로 통칭되는 개정 국회법에서는 날치기 방지를 위한 특단의 제도를 마련하여 두고 있다. 하지만, 이는 국회의 정상적인 작동을 저해하는 입법이라는 비판

도 동시에 받고 있다.

(2) '날치기' 방지와 양원제

(i) 단원제 국회에서는 비록 날치기라는 비판을 받더라도, 다수파나 정부는 의안통과라는 소정의 성과를 거둘 수 있다. 그러나 양원제에서는 의결독립의 원칙과 의사일치의 원칙에 따라 반드시 양원에서 동일한 내용으로 각기 통과되어야만 한다. 어느 일원에서 날치기를 하더라도 다른 일원을 거쳐야 하기 때문에 날치기는 사실상 무의미할 수밖에 없다. 따라서 의안처리의 날치기방지라는 목적을 달성하는 데에는 양원제가 확실히 우월한 제도이다.

(ii) 하지만, 양원제에서 양원 사이에 연속적인 의사불일치로 인하여 국가의사가 장기적으로 해결되지 아니하면 국정의 안정적 수행에 혼란을 초래할 수 있기 때문에, 의회제도의 합리화 이념에 따라 일련의 제한이 가하여진다. 그 경우에 지나치게 어느 특정 일원에 우월성을 보장한다면, 자칫 날치기의안처리를 제도화시켜 줄 우려가 있다. 예컨대 프랑스 제5공화국헌법에서 정부에 의한 하원(국민의회)에 일방적인 의안처리권부여제도 등이 이러한 우려를 자아낸다.

3. 남북통일과 양원제 도입

(1) 남북한 통일(統一)에 따른 이질성 극복

남북은 80년을 서로 다른 이념과 체제 아래 살아오면서 사실상 독자적인 국가를 형성하고 있다. 남북이 어떠한 형태로든 통일을 이룩하면 남북 사이에 민족의 동질성 확보를 위하여 정치제도의 근본적 개혁이 불가피하다.

(2) 양원제 도입의 필요성

(i) 남북통일 이후 단원제일 경우에 국민의 인구비례에 의한 보통·평등선거로 구성된 의회는 인구의 절대 과반수를 차지하는 남쪽에 의하여 좌우될 수밖에 없다. 남북 사이의 이질성을 극복하고 갈등을 최소화하기 위하여 단순한 인구비례가 아닌 남북의 특수성을 고려한 상원제도의 도입이 필요하다.

(ii) 특히 통일국가가 연방제일 경우에는 연방형 상원이 정립되어야 한다. 연방국가가 아닌 단일국가로 통일을 할 경우에도 남북한의 지역대표성과 더불어 국가의 원로원적 성격을 가진 상원이 필요하다.

Ⅳ. 결 어

(i) 단원제 의회는 신생독립국가의 일반적인 모델이며, 한국헌법사에서도 단원제가 자리 잡고 있다. 단원제는 효율적인 국정운영을 바라는 시대적 요청에 부합한 제도로 평가할 수 있다.

(ii) 한국에서는 영국식 보수적 상원제나 연방국가의 연방형 상원제도의 도입은 원천적으로 불가능하다. 따라서 민주적 양원제 모델로서의 상원은 직능대표형나 지역대표형일 수밖에 없다. 그런데 비록 단원제 국회라 하더라도 전국선거구 비례대표제를 통하여 제3공화국 이래 직능대표의 원리를 도입하려 하였으나, 원래의 제도적 취지와는 거리가 먼 제도로 운영되어왔다. 실제로 외국에서도 직능대표형 의회제도가 제대로 자리 잡지 못하고 있다. 따라서 한국에서의 양원제는 어차피 제2공화국의 참의원이 참고 모델일 수밖에 없다. 비교헌법적으로는 같은 단일국가인 일본이나 프랑스 상원과 비슷한 모델이 고려될 수 있다.

(iii) 그런데 국회의 구성은 헌법사항이므로 헌법개정을 통하여서만 양원제를 도입할 수 있다. 최근에 극단적 정치 대립을 극복하기 위한 방안의 하나로서 양원제 도입 주장이 제기된다. 단원제 국회의 일방적 의사진행을 제어할 수 있는 방안의 하나로 평가할 수 있다.[1)] 특히 의원내각제 개헌이나 남북통일이 이루어지면 양원제 도입의 적실성이 강조되기 마련이다.

---

1) 전직 국회의원들의 법정단체인 대한민국 헌정회는 권력분산형 대통령제의 일환으로 양원제 도입을 주장한다: 헌정회, 권력분산형 대통령제 개헌안, 2024 참조.

제 3 절 국회의 헌법상 지위

I. 의 의

국민주권주의의 논리적 체계에 따르면 주권자인 국민이 직접 국정을 담당하여야 한다. 그러나 현실적으로 직접민주주의를 국가생활에서 실천하는 데 어려움이 있다. 이를 해결하기 위한 제도적 장치가 바로 국민의 대표기관인 국회이다. 국회는 국민의 주권적 의사를 대변하는 기관이다. 국회의 입법권 행사의 결과물인 법률은 주권자의 일반의사의 표현이다. 하지만, 현대적인 행정국가 경향에 따라 국회의 주된 역할이 정부에 대한 통제 · 견제권으로 이행한다.

II. 주권적 의사의 대표기관으로서의 국회

1. 국민주권에서 의회주권으로

(i) 국민대표기관으로서의 국회가 가진 대표의 법적 성격에 관하여는 국민대표제의 법적 성격과 유사한 논의가 전개된다. 그것은 법적 대표기관성을 부인하는 정치적 대표설 · 정당대표설 · 사회적 대표설과, 법적 대표기관성을 인정하는 법적 위임관계설 · 법정대표설 · 헌법적 대표설이 있다.

(ii) 한국헌법 제1조에서 "대한민국의 주권은 국민에게 있고, 모든 권력은 국민으로부터 나온다"라고 규정한 국민주권주의원리에 비추어 본다면, 대의제도는 헌법상 국민주권주의로부터 비롯되기 때문에 이를 정치적 의미로만 이해할 수는 없다. 국회의 국민대표기관으로서의 지위는 국민주권주의에 기초한 대의제 이념의 헌법상 구현이다. 바로 그러한 정신사적 기초에서 국민주권은 의회주권으로 연결될 수 있었다.

2. 의회주권의 종언

(i) 국회의 국민대표기관성은 역사적으로 국민주권주의의 제도적 구현장치인 의회제에서 비롯되었다. 유럽 민주주의의 발전과정에서 권력분립주의의 현실적 구현은 의원내각제로 정립되었나. 이에 따라 국민주권은 곧 유일한 국민적 정

당성을 담보하고 있는 의회주권(議會主權)으로 연결된 바 있다.

(ii) 그러나 20세기에 이르러 그동안 적대시되던 정당이 오히려 헌법에서 적극적 보호를 받게 되면서, 국회의원이 전체 국민을 위한 봉사자를 의미하는 자유위임(기속위임금지)의 법리를 일탈(逸脫)하여 정당의 지휘·통제에 따르게 되는 정당국가 현상을 초래한다. 그것은 결과적으로 국회의 국민대표기관성에 대한 심각한 도전이자, 의회제에 대한 회의(懷疑)로 이어진다.

(iii) 한편 대의제(간접민주제)의 모순을 극복하기 위하여 직접민주제적 요소를 도입함으로써 반(半)대표의 원리가 헌법상 제도로 정립되어 있다. 21세기 인터넷시대의 도래에 따라 이제 인터넷은 비제도적인 직접민주제로서 국가생활 속에 작동한다. 이러한 현상은 반대표원리의 비제도적인 구현이라고도 할 수 있으며, 앞으로 법적 제도로 구현될 가능성이 높아지고 있다.

Ⅲ. 입법기관으로서의 국회

1. 법률주권의 종언

(i) 국회의 본질적 기능은 입법기관으로서의 기능이다. 이에 국회는 입법부라고도 한다. 의회라는 표현이 국민의 주권적 의사를 수렴하는 대의기관을 의미한다면, 입법부라는 표현은 국민의 의사를 수렴하고 국민을 대신하여 법규범을 정립하는 기관이라는 의미이다. 특히 국가의 조직체계에서 의회가 유일한 국민적 정당성을 가진 유럽 의원내각제 국가에서는 대의제원리와 결합하여 국민의 주권적 의사가 곧 의회의 의사를 의미하는 국민주권=의회주권이라는 등식으로 작동하여왔다. 더 나아가 주권적 의사를 대변하는 의회의 의사는 의회의 본원적 권한인 입법으로 구현되기 때문에 의회주권=법률주권으로 연결되었다. 즉 법률은 국민의 일반의사의 표현(la loi, expression de la volonté générale)으로 간주되었다. 이에 따라 헌법의 최고규범성은 그 실질적 의의와 기능을 다할 수 없었다.

(ii) 그러나 헌법의 최고규범성을 국가생활 속에서 구현하기 위하여 법률에 대한 사법심사제가 도입됨에 따라 의회주권과 법률주권(法律主權) 시대는 사실상 종언을 고하게 되었다. 이제 국회에서 제정한 법률은 헌법에 합치되는 범위 안에서만 정당성을 가지게 된다.

2. 입 법 권

(1) 원칙 – 형식적 의미의 입법

로크나 몽테스키외의 권력분립이론에서 의회의 본원적 기능은 입법권이었다. 입법은 의회에서 제정한 법규범을 의미하는 형식적 의미의 법률을 원칙으로 한다. 그러므로 헌법 제40조("입법권은 국회에 속한다")의 입법은 형식적 의미의 법률을 의미한다(형식적 입법설). 즉 "헌법 제40조의 의미는 적어도 국민의 권리와 의무의 형성에 관한 사항을 비롯하여 국가의 통치조직과 작용에 관한 기본적이고 본질적인 사항은 반드시 국회가 정하여야 한다"(헌재 2001.4.26. 2000헌마122, 농업기반공사및 농지기금관리법 부칙 제6조 단서 위헌확인(기각))(헌재 1998.5.28. 96헌가1, 의료보험법 제33조 제1항 위헌제청(위헌)). 원칙적으로 국회는 단독으로 입법권을 행사하고(국회단독입법의 원칙), 국회가 입법의 중심이 되어야 한다(국회중심입법의 원칙).

(2) 예 외

(i) 국회는 최고의 입법기관이지만, 유일한 입법기관은 아니다. 국회단독입법의 원칙과 국회중심입법의 원칙에는 예외가 있다. 대통령은 법률안제출권(제52조), 법률안공포권(제53조 제1항), 법률안거부권(제53조 제2항) 등을 통하여 입법과정에 참여한다.

(ii) 긴급명령 · 긴급재정경제명령(제76조)은 제정 및 발령 주체가 대통령이지만 그 규범적 효력이나 가치에서 법률과 동일하기 때문에 실질적 의미의 입법이다. 또한 법률보다는 하위규범이지만 행정부의 행정입법권(제75조 · 제95조), 국회(제64조 제1항) · 대법원(제108조) · 헌법재판소(제113조 제2항) · 중앙선거관리위원회(제114조 제6항)의 규칙제정권, 지방자치단체의 자치입법권(제117조 제1항)은 실질적 의미의 법정립작용이다.

3. 국회입법권의 위축

(i) 입법기관으로서의 국회의 지위는 그 형식적 측면에서는 여전히 변함이 없다. 국민의 대표기관이자 최고의 합의체기관인 국회에서 공개된 토론의 장을 통한 법률제정은 당연한 이치이다. 그러나 실질적 측면에서 국회 입법권은 매우 위축되어 있다. 현대적인 다원화 사회에서 국가기능이 복합적으로 확대되어 가지만, 국회는 전문적 입법능력의 부족으로 인하여 행정부에서 작성한 입법안을 통과시키는 절차적 기관에 불과한 통법부(通法府)라는 비판을 받는다. 더 나아가 국회에서 제정한 법률이라는 외관만 갖춘 채 그 법률의 실질적 내용은 위임입법의 형태로 넘겨버리게 된다. 이러한 현상은 전문적이고 특수한 영역의 입법에서 더욱 심화되어간다.

(ii) 그럼에도 불구하고 특히 국민적 관심사나 대의민주주의를 실천하는 데 불가결한 입법과정에서는 여전히 민의의 장인 국회가 핵심적인 역할과 기능을 한다는 점을 간과하여서는 아니 된다.

Ⅳ. 국정통제기관

1. 정부와의 관계

(i) 헌법상 정부형태는 대통령제 또는 이원정부제에 가깝기 때문에 국회와 정부는 성립과 존속이 상호 독립적이다. 대통령과 국회는 각기 직선제를 통하여 국민으로부터 직접 정당성을 확보한다. 하지만, 헌법개정·헌법기관의 구성 및 법률안과 예산안을 채택하는 과정에서 상호 협력관계를 형성한다.

(ii) 전통적인 의회의 국민대표기관 및 입법기관으로서의 성격은 현대의회제도의 정립과정에서 상당부분 퇴색되었다. 이에 따라 국민주권=의회주권=법률주권시대의 종언으로 귀착된다. 여기에 권력분립이론에 입각한 견제와 균형의 핵심기관으로 이제 국정통제기관으로서의 의회가 부상하게 된다.

(iii) 의회의 국정통제기능은 대정부통제기능에 중점을 둔다. 의원내각제에서 국회의 정부통제기능은 궁극적으로 정부불신임권을 행사함으로써 정부를 전복시킬 수도 있다. 즉 정부의 성립과 존속 그 자체가 의회에 달려있다. 대통령제에서 의회의 정부에 대한 통제기능은 의원내각제에 비하여 일정한 한계가 있다. 그러나 오늘날 정부형태와 관계없이 정부와 정부를 지지하는 여당과 정부와 대립하는 야당 사이에서, 의회는 정치적 토론과 공론화의 각축장으로서 국민의 의사를 수렴한다. 한국에서도 여야 사이에 대립의 핵심은 정부의 지지와 비판 사이에 야기되는 정치적 통제에 있다. 하지만, 지나친 당리당략적인 행태로 인하여 국회가 건전한 민의의 전달장이 되지 못한다는 비판에 직면한다.

(iv) 헌법상 국회의 대정부통제권으로는 의원내각제 내지 이원정부제적인 국무총리임명동의권(제86조), 국무총리·국무위원해임건의권(제63조), 국회출석요구·질문권(제62조) 등이 있다. 그 밖에도 국정감사·조사권(제61조), 탄핵소추의결권(제65조), 긴급명령 및 긴급재정·경제명령승인권(제76조), 계엄해제요구권(제77조), 대법원장·대법관(제104조), 헌법재판소장(제111조), 감사원장(제98조) 등 주요공직자임명동의권 및 인사청문권, 예산에 관한 권한(제54조-제58조) 등이 있다.

2. 사법부와의 관계

(i) 국회와 사법부도 그 성립과 존속이 상호 독립적이지만, 국회는 대법원과 헌법재판소의 구성에 인사청문회와 인준 동의 등을 통하여 개입한다. 특히 전형적인 정치기관인 국회와 비정치적 기관인 사법부는 그 기본적 역할과 기능을 달리한다. 사법은 독립성을 그 생명으로 한다. 바로 그런 점에서 정부형태의 논의에서도 사법부는 논외로 하고 국회와 정부의 관계를 중심으로 논의된다.

(ii) 사법부는 정치적 소용돌이로부터 일정한 거리를 유지한 채 독립적인 법적 판단을 하는 기관이다. 그런데 입법·행정·사법이라는 국가권력구조의 한 축인 사법부는 그 성립과 존속에 있어서 국민적 정당성과 직접적으로 연계되지 아니하므로, 사법부의 성립에 국민적 정당성의 두 축인 국회와 정부가 개입한다. 국회는 대법원장·대법관·헌법재판소장에 대한 임명동의권(제104조, 제111조), 헌법재판소 재판관 3인의 선출권(제111조), 법원과 헌법재판소의 설치·조직에 대한 법률제정권(제102조, 제113조)을 가진다. 또한 사법부의 운영에 있어서 예산안의 심의·확정권과 국정조사·감사를 통하여 일정한 통제를 가할 수 있다. 그러나 사법부의 핵심구성원인 법관이나 헌법재판관의 독립성을 제도적으로 보장하고 있으므로 사법권에 대한 정치적 통제는 불가능하다.

(iii) 특히 헌법재판소는 위헌법률심판이나 헌법소원심판을 통하여 국민의 대표기관인 국회에서 제정한 법률에 대하여 사법적 재단(裁斷)을 가하기 때문에, 국회와 헌법재판소 사이에 긴장관계가 형성될 수 있다. 생각건대 국민적 정당성을 직접 확보한 국회에서 제정한 법률에 대하여 헌법재판소도 헌법합치적 법률해석과 변형결정을 통하여 사법적 재단을 가급적 자제하여야 한다.

제 4 절 국회의 회의운영과 의사원칙

Ⅰ. 의 의

국회의 회의운영과 의사원칙에 관하여는 헌법, 국회법, 국회규칙 등에서 상세히 규정한다. 특히 국회의 회기와 회의는 총선거 이후 새 국회가 개원(開院)할 때에 논란이 제기되어 이를 합리적으로 재정립한 바 있다.

Ⅱ. 국회의 회기와 회의[1)]

1. 국회의 회기: 정기회 · 임시회 · (특별회)

(ⅰ) 국회의원총선거에 따라 구성된 국회의원의 임기개시 후 임기만료까지의 기간을 의회기 또는 입법기(立法期)라고 한다. 회기란 의회기 안에서 국회가 활동할 수 있는 일정한 기간이다. 국회의 회기에는 정기회, 임시회, 특별회가 있다. 국회의 정기회의 회기는 100일[2)]을, 임시회의 회기는 30일을 초과할 수 없다(제47조 제2항). 과거에 국회의 연간 총회기일수를 헌법에서 제한함으로써 국회의 상설화를 차단한 바 있으나,[3)] 현행헌법과 국회법은 국회의 상설화를 위한 배려를 하고 있다.

---

1) 국회와 지방의회의 비교

	국 회	지방의회
집회종류	1회의 정기회와 임시회	2회의 정례회와 임시회
임시회 소집권자	대통령과 재적의원 1/4 이상	지방자치단체장과 조례로 정하는 수 이상의 지방의회의원의 요구
연간 회기 총일수	제한 없음	정례회 · 임시회는 해당 지방자치단체의 조례로 정함
의장 · 부의장 불신임	규정 없음	불신임의결 가능(재적 1/4 이상발의 재적과반수의 찬성)
의사정족수	재적의원 1/5 이상	재적의원 1/3 이상
의결정족수	재적과반수출석과 출석과반수찬성	왼쪽과 동일
의안발의요건	의원 10인 이상의 찬성	지방자치단체의 장이나 조례로 정하는 수 이상의 지방의회의원의 찬성

2) 제3공화국헌법에서는 120일로 하였고, 제4 · 5공화국헌법에서는 90일로 단축한 바 있다.

3) 제4 · 제5공화국헌법에서는 "국회는 정기회 · 임시회를 합하여 연 150일을 초과하여 개최할 수 없다. 다만 대통령이 집회를 요구한 임시회의 일수는 이에 산입되지 아니한다"라고 규정한 바 있다.

제5조의2(연간 국회운영기본일정 등) ① 의장은 국회의 연중 상시운영을 위하여 각 교섭단체 대표의원과의 협의를 거쳐 매년 12월 31일까지 다음 연도의 국회 운영 기본일정(국정감사를 포함한다)을 정하여야 한다. 다만, 국회의원 총선거 후 처음 구성되는 국회의 해당 연도 국회 운영 기본일정은 6월 30일까지 정하여야 한다.

(ii) 헌법상 "정기회(定期會)는 법률이 정하는 바에 의하여 매년 1회 집회"된다. "다만, 그 날이 공휴일인 때에는 그 다음날에 집회한다"(제47조 제1항, 국회법 제4조).[1] 집회일의 법정화는 국회의 자율성 존중을 위한 배려이다. 국회법은 매년 9월 1일을 집회일로 하고(제4조), 회기는 100일로 한다(제5조의2 제2항 제2호).

(iii) 헌법상 "임시회(臨時會)는 대통령 또는 국회재적의원 4분의 1 이상의 요구에 의하여 집회된다"(제47조 제1항 후단). "대통령이 임시회의 집회를 요구할 때에는 기간과 집회요구의 이유를 명시하여야 한다"(제47조 제3항). 또한 국무회의의 심의를 거쳐야 한다(제89조 제1호). "의장은 임시회의 집회 요구가 있을 때에는 집회기일 3일 전에 공고한다"(제5조 제1항). 연간 국회 운영 기본일정으로는 "2월 · 3월 · 4월 · 5월 및 6월 1일과 8월 16일에 임시회를 집회한다"(제5조의2 제2항 제1호). "제1호에 따른 임시회의 회기는 해당 월의 말일까지로 한다. 다만, 임시회의 회기가 30일을 초과하는 경우에는 30일로 한다"(제5조의2 제2항 제2호).

(iv) 특별회(特別會)란 국회가 해산된 후 새로 선출된 국회의원이 소집되는 집회를 말한다. 헌법에 국회해산제도가 없기 때문에 이에 관한 규정은 없다.

2. 휴회 · 폐회

휴회(休會)란 국회의 회기 중 국회의 의결로 기간을 정하여 활동을 중지하는 것을 말한다(국회법 제8조 제1항). 휴회일수도 회기에 산입된다. "국회는 휴회 중이라도 대통령의 요구가 있을 때, 의장이 긴급한 필요가 있다고 인정할 때 또는 재적의원 4분의 1 이상의 요구가 있을 때에는 국회의 회의(본회의)를 재개한다"(동 제2항).

폐회(閉會)란 회기의 종료에 의하여 국회가 그 활동을 중지하는 것을 말한다.[2]

3. 개의 · 유회 · 산회

"본회의는 오후 2시(토요일은 오전 10시)에 개의한다. 다만, 의장은 각 교섭단체 대표의원과 협의하여 그 개의시(開議時)를 변경할 수 있다"(국회법 제72조). "본회의는

---

1) 정기회는 나라에 따라 연 1회 또는 2회로 하고 있다. 또한 개원일도 나라에 따라 상이하다.

2) 제5공화국헌법에서는 대통령이 요구한 임시회의 경우 집회요구시에 대통령이 정한 기간이 끝나면 폐회하도록 규정한 바 있다.

재적의원 5분의 1 이상의 출석으로 개의(開議)한다"(제73조 제1항). "의장은 제72조의 규정에 의한 개의시부터 1시간이 지날 때까지 제1항의 정족수에 미치지 못할 때에는 유회(流會)를 선포할 수 있다"(동 제2항). "회의 중 제1항의 정족수에 미치지 못할 때에는 의장은 회의의 중지 또는 산회(散會)를 선포한다. 다만, 의장은 교섭단체 대표의원이 의사정족수의 충족을 요청하는 경우 외에는 효율적인 의사진행을 위하여 회의를 계속할 수 있다"(동 제3항). "의사일정에 올린 안건의 의사가 끝났을 때에는 의장은 산회를 선포한다"(제74조 제1항). 원칙적으로 "산회를 선포한 당일에는 회의를 다시 개의할 수 없다"(제74조 제2항).

4. 국회의원의 임기개시 · 임시회 · 원구성

(1) 임기개시 후 7일에 집회

"국회의원 총선거 후 첫 임시회(소집권자는 국회 사무총장)는 의원의 임기개시 후 7일에 집회하며, 처음 선출된 의장의 임기가 폐회 중에 만료된 경우에는 늦어도 임기만료일 5일 전까지 집회한다"(국회법 제5조 제3항). 새 국회가 개원하면 바로 회기를 개시하도록 한 규정은 국회의 상설화를 위한 국회법 제5조의2 규정과 맥락을 같이 한다.

(2) 국회의 원구성(院構成)과 의장직무대행(議長職務代行)의 권한

(i) 국회의원총선거 후 최초로 의장과 부의장을 선거할 때에는 "출석의원 중 최다선 의원이, 최다선(最多選) 의원이 2명 이상인 경우에는 그 중 연장자가 의장의 직무를 대행"한다(제18조 제1호).

> 의장직무대행의 권한은 다음과 같다. ① 제15조 제2항의 규정에 의하여 처음 선출된 의장 또는 부의장의 임기가 만료되는 때 그 임기만료일 전 5일에 의장과 부의장의 선거가 실시되지 못하여 그 임기만료 후 의장과 부의장을 선거할 때, ② 의장과 부의장이 모두 궐위되어 그 보궐선거를 할 때, ③ 의장 또는 부의장의 보궐선거에 있어서 의장과 부의장이 모두 사고가 있을 때, ④ 의장과 부의장이 모두 사고가 있어 임시의장을 선거할 때.

(ii) 국회의 원구성이 되기 이전단계에서 의장직무대행의 권한에 관하여 제15대 국회 개원 시 논란이 된 바 있다.[1] 이와 관련된 문제점은 다음과 같다.

① 국회의장권한대행의 권한은 새로운 의장단을 선출하는 데 있지만, 새로운 의장단

---

1) 제15대 국회의원총선거실시 후 국회의원의 임기개시 후 7일인 6월 5일 개원하여 국회법 제18조의 규정에 따라 출석의원 중 연장자인 자유민주연합 소속의 김허남 의원이 의장직무대행을 맡았다. 그런데 김 대행은 국회가 개회하자마자 여야 사이에 의사일정의 합의가 없다는 이유로 바로 산회를 선포하고 다음 집회일을 6월 12일로 선언하였다. 이와 관련하여 헌법재판소는 국회구성불이행 위헌확인사건(헌재 1996.11.28. 96헌마207)에서 심판청구를 각하한 바 있다.

을 선출하기까지 의장으로서 일련의 권한을 행사할 수밖에 없다. 이때 의장대행의 권한은 정식의장의 권한과 동일한 권한을 가지지는 아니한다고 하더라도, 의장으로서 원활한 의사진행의 원활을 기하기 위하여 의사진행발언 및 산회선포 등의 권한을 가진다. ② 국회의 임기개시에 따른 임시회의 첫 날 원구성을 완료하여야 하지만, 원구성을 완료하지 못하는 사태가 불가피하게 발생한다면, 임기개시 7일째 되는 날 반드시 원구성을 완료하지 아니하여도 위법은 아니다. ③ 원구성을 마치지 아니한 상태에서 의장대행의 산회선포행위는 바람직하지 아니하지만, 여야 사이에 의사일정 합의가 이루어지지 아니한 상태에서 국회의 파국을 막기 위하여 불가피한 상황이라고 판단할 때 산회선포를 할 수 있다. ④ 그러나 의장권한대행의 휴회선포는 국회법 제8조에 따른 국회의 의결을 거쳐야 할 뿐만 아니라, 국회법 제5조 제3항을 새로이 입법화한 입법취지에도 어긋난다.

Ⅲ. 국회의 의사원칙

국회의 의사(議事)는 민주적 정당성에 기초한 절차적 정당성의 원칙이 지켜져야 한다. 다른 한편 국회의 의사절차는 동시에 능률성의 원칙도 제고되어야 한다. 이에 따라 두 가지 원칙이 서로 조화되는 가운데 국회의 의사가 진행되어야 한다. 국회의사절차의 기본원칙으로는 ① 의사공개의 원칙, ② 다수결원칙, ③ 회기계속의 원칙, ④ 일사부재의의 원칙이 있다. 다만, 일사부재의의 원칙은 헌법이 아니라 국회법에 규정되어 있다(제92조). 헌법재판소는 의회에서의 의사결정절차에서 다수결의 원칙과 의사공개의 원칙을 특별히 강조한다.

의회민주주의원리는 국가의 정책결정에 참여할 권한을 국민의 대표기관인 의회에 유보하는 것에 그치지 아니하고 나아가 의사결정과정의 민주적 정당성까지 요구한다. 절차의 민주성과 공개성이 보장되어야만 민주적 정당성도 획득될 수 있다. 의회민주주의 국가에서 의사절차는 공개와 이성적 토론의 원리, 합리적 결정, 다원적 개방성, 즉 토론과 다양한 고려를 통하여 의안의 내용이 변경될 가능성, 잠재적인 통제를 가능하게 하는 절차의 개방성, 다수결의 원리에 따른 의결 등 여러 가지 요소에 의하여 이루어져야 하지만, 무엇보다도 중요한 요소는 헌법 제49조의 다수결의 원리와 제50조의 의사공개의 원칙이라 한다(헌재 2010.12.28. 2008헌라7, 국회의원과 국회의장 등 간의 권한쟁의(각하,권한침해확인,기각)).

1. 의사공개의 원칙

(ⅰ) 의사공개의 원칙이란 민의의 전당인 국회의 의사진행을 공개함으로써, 국민의 비판과 감시를 받게 하는 원칙이다. 이에 따라 국회본회의뿐만 아니라 위원회도 공개되어야 한다. 다만, 소위원회는 의결로 공개하지 아니할 수 있다. 계수

조정소위원회는 관례상 비공개가 원칙이다.

(ii) 그러나 공개원칙은 절대적인 원칙이 아니다. "국회의 회의는 공개한다. 다만, 출석의원 과반수의 찬성이 있거나 의장이 국가의 안전보장을 위하여 필요하다고 인정할 때에는 공개하지 아니할 수 있다"(제50조 제1항). "공개하지 아니한 회의내용의 공표에 관하여는 법률이 정하는 바에 따른다"(제50조 제2항).

(iii) 국회법에서는 위원회에서의 방청에 관하여 "의원이 아닌 사람이 위원회를 방청하려면 위원장의 허가를 받아야 한다." "위원장은 질서 유지를 위하여 필요할 때에는 방청인의 퇴장을 명할 수 있다"(제55조)라고 규정한다.

(iv) 의사공개(議事公開)의 원칙은 방청의 자유(국회법 제152조-제154조), 보도의 자유, 국회의 사록의 공표·배포의 자유(제118조) 등을 그 내용으로 한다. 의사공개의 실현을 위하여 국회의사의 중계방송을 운영하고 있다(제149조, 제149조의2)(홍일선, "의사공개의 원칙-의회민주주의 발전을 위한 비판적 검토", 공법학연구 18-2).

헌법 제50조 제1항 본문 및 단서는 "소위원회의 회의에 적용된다. 국회법 제57조 제5항 단서는 헌법 제50조 제1항 단서가 국회의사공개원칙에 대한 예외로서의 비공개 요건을 규정한 내용을 소위원회 회의에 관하여 그대로 이어받아 규정한 것에 불과하므로, 헌법 제50조 제1항에 위반하여 국회 회의에 대한 국민의 알권리를 침해하는 것이라거나 과잉금지의 원칙을 위배하는 위헌적인 규정이라 할 수 없다." "국민은 헌법상 보장된 알권리의 한 내용으로서 국회에 대하여 입법과정의 공개를 요구할 권리를 가지며, 국회의 의사에 대하여는 직접적인 이해관계 유무와 상관없이 일반적 정보공개청구권을 가진다"(헌재 2009.9.24. 2007헌바17, 국회법 제57조 제5항 단서 등 위헌소원(합헌,각하)).

"위원회에서는 의원이 아닌 자는 위원장의 허가를 받아 방청할 수 있다"라고 규정한 국회법 제55조 제1항은 "위원장이라고 하여 아무런 제한 없이 임의로 방청불허결정을 할 수 있는 것이 아니라, 회의장의 장소적 제약으로 불가피한 경우, 회의의 원활한 진행을 위하여 필요한 경우 등 결국 회의의 질서유지를 위하여 필요한 경우에 한하여 방청을 불허할 수 있는 것으로 제한적으로 풀이되며, 이와 같이 이해하는 한, 위 조항은 헌법에 규정된 의사공개의 원칙에 저촉되지" 아니하며, "예산심의에 관하여 이해관계를 가질 수밖에 없는 많은 국가기관과 당사자들에게 계수조정과정을 공개하기는 곤란하다는 점과, 계수조정소위원회를 비공개로 진행하는 것이 국회의 확립된 관행이라는 점을 들어 방청을 불허한 것이고, 한편 절차적으로도 계수조정소위원회를 비공개로 함에 관하여는 예산결산특별위원회 위원들의 실질적인 합의 내지 찬성이 있었다고 볼 수 있으므로, 이 사건 소위원회 방청불허행위를 헌법이 설정한 국회 의사자율권의 범위를 벗어난 위헌적인 공권력의 행사라고 할 수 없다"(헌재 2000.6.29. 98헌마443등, 국회예산결산특별위원회 계수조정소위원회 방청허가불허 위헌확인, 국회상임위원회 방청불허행위 위헌확인 등(기각)).

그런데 2001년도 예산안심의과정에서 "소위원회의 회의는 공개한다"라는 개정 국회법 제57조 제5항에 의거하여 예산결산특위 계수조정소위원회의 회의도 처음에는 공개되었다. 그러나 밀실거래가 횡행하던 장이 갑자기 공개되자 회의가 피상적으로 진행될 수

밖에 없었고, 결국 "다만, 소위원회의 의결로 공개하지 아니할 수 있다"라는 단서조항에 따라 비공개리에 예산안이 결정되었다. 국회 소위원회의 의사 비공개는 국회의 자율권을 존중하여야 하는 문제도 있으나, 국민의 알 권리와 재산권보장 및 국회의 의사공개의 원칙에 비추어 최대한 공개하는 방향으로 정립되어야 한다.

2. 다수결원칙

현행헌법은 다수결원리를 채택한다. "국회는 헌법 또는 법률에 특별한 규정이 없는 한 재적의원 과반수의 출석과 출석의원 과반수의 찬성으로 의결한다. 가부동수인 때에는 부결된 것으로 본다"(제49조). 민의의 전당인 국회에서의 논의과정은 다양한 의견의 수렴 및 상호 이해와 설득과정을 거쳐야 하며, 최종의사결정은 다수결원리에 따라야 한다. 하지만, 다수결원리는 최종의사결정의 모습일 뿐 그 자체가 의회민주주의의 본질적 내용일 수는 없다.

"의회민주주의와 다수결원리의 헌법적 의미를 고려할 때, 헌법 제49조는 단순히 재적의원 과반수의 출석과 출석의원 과반수에 의한 찬성을 형식적으로 요구하는 것에 그치지 않고, 국회의 의결은 통지가 가능한 국회의원 모두에게 회의에 출석할 기회가 부여된 바탕 위에 재적의원 과반수의 출석과 출석의원 과반수의 찬성으로 이루어져야 함을 뜻하는 것으로 해석하여야 한다"(헌재 1997.7.16. 96헌라2, 국회의원과 국회의장간의 권한쟁의(인용(권한침해),기각) (재판관 3인의 의견)).

"의회민주주의의 기본원리의 하나인 다수결의 원리는 의사형성과정에서 소수파에게 토론에 참가하여 다수파의 견해를 비판하고 반대의견을 밝힐 수 있는 기회를 보장하여 다수파와 소수파가 공개적이고 합리적인 토론을 거쳐 다수의 의사로 결정한다는 데 그 정당성의 근거가 있는 것이다. 따라서 입법과정에서 소수파에게 출석할 기회조차 주지 않고 토론과정을 거치지 아니한 채 다수파만으로 단독 처리하는 것은 다수결의 원리에 의한 의사결정이라고 볼 수 없다"(헌재 2010.12.28. 2008헌라7, 국회의원과 국회의장 등 간의 권한쟁의(각하,권한침해확인,기각)).

다수결의 원리를 실현하는 국회의 의결방식은 헌법이나 법률에 특별한 규정이 없는 한 재적의원 과반수의 출석과 출석의원 과반수의 찬성을 요하는 일반정족수를 기본으로 한다. 일반정족수는 국회의 의결이 유효하기 위한 최소한의 출석의원 또는 찬성의원의 수를 의미하므로, 의결대상 사안의 중요성과 의미에 따라 헌법이나 법률에 의결의 요건을 달리 규정할 수 있다. 즉 일반정족수는 다수결의 원리를 실현하는 국회의 의결방식 중 하나로서 국회의 의사결정시 합의에 도달하기 위한 최소한의 기준일 뿐 이를 헌법상 절대적 원칙이라고 보기는 어렵다(헌재 2016.5.26. 2015헌라1, 국회의원과 국회의장 등 간의 권한쟁의 (각하)).

3. 회기계속의 원칙

(i) 현행헌법은 회기계속(會期繼續)의 원칙을 채택한다. "국회에 제출된 법률안 기타의 의안은 회기 중에 의결되지 못한 이유로 폐기되지 아니한다"(제51조). 미국 등에서는 회기불계속의 원칙을 채택한다. 하지만, 국회가 의원 임기 동안 계

속적으로 의안을 심의할 수 있어야 한다는 점에서 회기계속의 원칙이 바람직하다. 이 경우 지나친 의안의 누적은 해결하여야 할 과제이다.

(ii) "다만, 국회의원의 임기가 만료된 때에는 그러하지 아니하다"(제51조 단서). 국회의원의 임기가 만료되어 새로운 국회가 구성되는 경우에는 예외적으로 회기불계속의 원칙을 채택한다.

4. 일사부재의의 원칙

(i) 헌법이 아니라 국회법에서 일사부재의의 원칙을 채택한다. 국회법에서는 한번 "부결된 안건은 같은 회기 중에 다시 발의하거나 제출할 수 없다"(제92조)라고 규정한다. 일사부재의(一事不再議)의 원칙은 ① 국회의결의 불안정을 막고, ② 회의의 능률성을 제고하고, ③ 소수파의 의사방해를 차단하기 위한 제도이다.

(ii) 그러나 이 원칙의 경직적 운영은 바람직하지 아니하기 때문에 일정한 예외(부적용)가 있다. ① 일단 의제로 된 안건이라도 후에 철회되어 의결에 이르지 아니한 안건, ② 위원회의 의결을 본회의에서 번복한 경우, ③ 전회기에 의결한 안건의 재심의, ④ 동일의안이더라도 새로이 발생한 사유로 재차(再次) 심의하는 경우 등은 일사부재의의 원칙을 적용받지 아니한다. 다만, 의안이 가결된 후에 사정변경 또는 착오를 이유로 가결된 의안을 번복하여 의결을 무효로 하고 다시 의결하는 번안(飜案)은 일사부재의의 원칙이 적용되지 아니한다.

일사부재의의 원칙을 경직되게 적용하면 국정운영이 왜곡되고 다수에 의하여 악용되어 다수의 횡포를 합리화하는 수단으로 전락할 수도 있으므로 그 적용에 신중을 기하여야 한다. 다만, 방송법 표결과정에서 표결에 참석한 국회의원의 수가 재적 과반수에 미달하였는데, 국회부의장이 즉석에서 재투표를 실시하여 가결을 선포한 행위는 일사부재의원칙 위반이지만, 통과된 법률은 무효라고 할 수 없다(헌재 2009.10.29. 2009헌라8등, 국회의원과 국회의장 등 간의 권한쟁의(인용(권한침해),기각,각하)). [위헌의견(5인)] 헌법 제49조 및 국회법 제109조는 의결정족수에 관하여 일부 다른 입법례와는 달리, 의결을 위한 출석정족수와 찬성정족수를 병렬적으로 규정하고 있고, '재적의원 과반수의 출석'과 '출석의원의 과반수의 찬성'이라는 규정의 성격이나 흠결의 효력을 별도로 구분하여 규정하고 있지 아니하다. 국회의원이 특정 의안에 반대하는 경우 회의장에 출석하여 반대투표하는 방법뿐만 아니라 회의에 불출석하는 방법으로도 반대 의사를 표시할 수 있으므로, '재적의원 과반수의 출석'과 '출석의원 과반수의 찬성'의 요건이 국회의 의결에 대하여 가지는 의미나 효력을 달리 할 이유가 없다. 전자투표에 의한 표결의 경우 국회의장의 투표종료선언에 의하여 투표 결과가 집계됨으로써 안건에 대한 표결 절차는 실질적으로 종료되므로, 투표의 집계 결과 출석의원 과반수의 찬성에 미달한 경우는 물론 재적의원 과반수의 출석에 미달한 경우에도 국회의 의사는 부결로 확정되었다고 볼 수밖에 없다. 결국 방송법 수정안에 대한 1차 투표가 종료되어 재적의원 과반수의 출석에 미달되었음이 확인된 이상, 방송법 수정안에 대한 국회의 의사는 부결로 확정되었다고 보아야 하므로, 이를 무시하고 재표결을 실시하여 그 표결 결과에 따라 방송법안의 가결을 선포한 행위는 일사부재의 원칙(국회법 제92조)에 위배하여 표결권을 침해한 것이다. [합헌의견(4인)] 헌법 제49조 및 국회법 제109조의 '재적의원 과반수의 출석'이라는 의결정족수는 국회의 의결을 유효하게 성립시키기 위한 전제요건인 의결능력에 관한 규정으로서, '출석의원 과반수의 찬성'이라는 다수결 원칙을 선언한 의결방법에 관한 규정과는 그 법적 성격이 구분된다. 따라서 의결정족수에 미달한 국회의 의결은 유효하게 성립한 의결로 취급할 수 없다. 국회에서의 실무 관행도 이와 같고, 의결정족수를 국회의 의결을 유효하게 성립시키기 위한 전제요건으로 보는 것은 비교법적으로도 공통된 것으로서, 이렇게 보지 않을 경우 소수의 국회의원만이 참석한 상태에서의 표결도 가능하고 이때에는 굳이 투표 결과를 확인할 필요도 없이 부결이 된다는 결론에 이르게 되어 대의민주주의의 원리에도 부합하지 않는다. 따라서 방송법 수정안에 대한 투표가 종료된 결과 재적의원 과반수의 출석이라는 의결정족수에 미달된 이상, 방송법 수정안에 대한 국회의 의결이 유효하게 성립되었다고 할 수 없으므로, 방송법 수정안에 대한 재표결을 실시하여 그 결과에 따라 방송법안의 가결을 선포한 것이 일사부재의 원칙에 위배된다고 할 수 없다.

5. 1일 1차 회의 원칙과 그 예외

국회 본회의와 상임위원회는 1일 1차 회의를 원칙으로 하며, 산회를 선포한 후에는 그 날 회의를 다시 열지 못하는 것이 원칙이지만, 국회법은 예외를 인정한다. "의사일정에 올린 안건의 의사가 끝났을 때에는 의장은 산회를 선포한다." "산회를 선포한 당일에는 회의를 다시 개의할 수 없다. 다만, 내우외환, 천재지변 또는 중대한 재정·경제상의 위기, 국가의 안위에 관계되는 중대한 교전 상태나 전시·사변 또는 이에 준하는 국가비상사태로서 의장이 각 교섭단체 대표의원과 합의한 경우에는 그러하지 아니하다"(제74조).

Ⅳ. 정 족 수

1. 의 의

정족수(定足數)란 다수인으로 구성되는 합의체에서 회의진행과 의사결정에 필요한 인원수를 말한다. 정족수에는 의사정족수와 의결정족수가 있다. 의사정족수는 의회의 의사를 여는 데 필요한 의원의 수이기 때문에 개의(開議)정족수라고도 한다. 의결정족수는 의안을 의결하는 데 필요한 의원의 수를 말한다.

2. 의사정족수

의사정족수(議事定足數)는 헌법에 규정되지 아니하고, 국회법에 규정되어 있다.[1] "본회의는 재적의원 5분의 1 이상의 출석으로 개의한다"(국회법 제73조 제1항). 본회의의 개의 후에는 "교섭단체 대표의원이 의사정족수의 충족을 요청하는 경우 외에는 효율적인 의사진행을 위하여 회의를 계속할 수 있다"(제73조 제3항 단서). 위원회의 의사정족수도 재적위원 5분의 1 이상이다. 그러나 5분의 1 이상의 의사정족수는 지나치게 낮다는 비판을 면하기 어렵다.

3. 의결정족수

(i) 헌법상 일반 의결정족수(議決定足數)는 다수결의 원리에 의한다. "국회는 헌법 또는 법률에 특별한 규정이 없는 한 재적의원 과반수의 출석과 출석의원 과반수의 찬성으로 의결한다. 가부동수인 때에는 부결된 것으로 본다"(제49조). 본회의뿐만 아니라 위원회도 동일하다.

---

1) 국회의 정족수

정 족 수	사 유
10인 이상	회의의 비공개발의, 일반의안의 발의
20인 이상	국무총리 · 국무위원 출석요구발의, 긴급현안질문, 징계요구발의, 의사일정변경발의
30인 이상	위원회에서 폐기한 의안의 본회의 부의요건, 의안의 수정동의, 자격심사청구
재적 1/5 이상	본회의 · 위원회 의사정족수, 기명 · 호명 · 무기명 투표요구
재적 1/4 이상	구속의원석방요구발의, 임시회집회, 국정조사요구, 전원위원회요구, 휴회 중 회의재개요구
재적 1/3 이상	국무총리 · 국무위원 해임건의발의, 대통령 이외의 자 탄핵발의, 무제한토론 요구
재적 과반수출석/출석다수표	임시의장과 상임위원장 선출, 예결위원장 · 윤리특위위원장 선출, 대통령선거에서 최다득표자 2인 이상일 때 대통령 선출
재적 과반수	헌법개정안발의, 대통령탄핵소추발의, 의장과 부의장선출, 계엄해제요구, 국무총리 · 국무위원해임건의의결, 대통령을 제외한 고위공무원 탄핵의결, 신속처리안건 지정동의요구
재적과반수출석/출석 3분의 2 찬성	대통령의 거부권행사 법률안 재의결시
재적 1/4 이상 출석/출석과반수 찬성	전원위원회에서의 의안의결
재적 5분의 3 이상 찬성	신속처리안건지정동의의결, 무제한토론종결동의
재적 3분의 2 이상 찬성	의원의 제명, 대통령탄핵소추의결, 의원자격심사결정, 헌법개정안의 의결

(ii) 국회가 보다 신중한 결정을 하도록 하기 위하여 헌법에 특별의결정족수 규정을 두고 있다.

재적의원 과반수의 출석과 출석의원 3분의 2 이상의 찬성: 법률안의 재의(제53조 제4항)

재적의원 과반수의 찬성: 국무총리·국무위원해임건의(제63조 제2항), 일반적인 탄핵소추의 의결 및 대통령에 대한 탄핵소추발의(제65조 제2항), 계엄의 해제요구(제77조 제5항), 헌법개정안발의(제128조 제1항)

재적의원 3분의 2 이상의 찬성: 국회의원의 제명처분(제64조 제3항), 대통령에 대한 탄핵소추의결(제65조 제2항), 헌법개정안의결(제130조 제1항)

V. 회의진행

1. 본 회 의

본회의(本會議)는 국회의원 전원이 본회의장에 모여 회합하는 회의를 말한다. 본회의는 오후 2시에 개의함을 원칙으로 한다(국회법 제72조). 본회의의 의사일정은 의장이 국회운영위원회와 협의하여 작성한다(제76조). 의장은 특별한 사정이 없으면 본회의를 매주 목요일 오후 2시에 개의한다(제76조의2 제1호). 본회의 개의시로부터 1시간이 경과할 때까지 재적의원 5분의 1 이상의 출석이 없을 경우 의장은 유회(流會)를 선포할 수 있다(제73조 제2항). 회의 도중에 재적의원 5분의 1 이상의 출석이 없을 경우 의장은 회의의 중지 또는 산회를 선포한다(제73조 제3항 본문). "의사일정에 올린 안건의 의사가 끝났을 때에는 의장은 산회를 선포한다"(제74조 제1항). 의장은 '감염병의 예방 및 관리에 관한 법률'에 따라 본회의가 정상적으로 개의되기 어려울 경우에는 각 교섭단체 대표의원과 합의하여 본회의를 원격영상회의 방식으로 개의할 수 있다(제73조의2).

2. 위 원 회

(i) 위원회(委員會)는 본회의의 의결이 있거나 의장 또는 위원장이 필요하다고 인정할 때, 재적위원 4분의 1 이상의 요구가 있을 때 개회한다(국회법 제52조). 의사정족수는 재적위원 5분의 1 이상이다(제54조).

(ii) 위원회에 회부된 안건의 심사는 안건의 취지설명, 전문위원의 검토보고, 대체토론(안건 전체에 대한 문제점과 당부(當否)에 관한 일반적 토론을 말하며 제안자와의 질의·답변을 포함한다), 축조심사, 표결의 순으로 진행된다(제58조 제1항).

"축조심사(逐條審査)는 위원회의 의결로 이를 생략할 수 있다. 다만, 제정법률안과 전부개정법률안에 대해서는 그러하지 아니하다"(제58조 제5항). "위원회는 안건이 예산상의 조치를 수반하는 경우에는" 정부의 의견을 들어야 하며, 필요하다고 인정하는 경우에는 의안 시행에 수반될 것으로 예상되는 비용에 관하여 국회예산정책처의 의견을 들을 수 있다(제58조 제7항). "위원회에서 본회의에 부의할 필요가 없다고 결정된 의안은 본회의에 부의하지 아니한다. 다만, 위원회의 결정이 본회의에 보고된 날부터 폐회 또는 휴회 중의 기간을 제외한 7일 이내에 의원 30명 이상의 요구가 있을 때에는 그 의안을 본회의에 부의하여야 한다"(제87조 제1항).

Ⅵ. 표 결

1. 표결의 기본원칙

"의원은 국민의 대표자로서 소속 정당의 의사에 기속되지 아니하고 양심에 따라 투표한다"(제114조의2). 국회법에서는 전자투표를 표결의 일반원칙으로 규정한다. 그 밖에도 표결에는 기록표결 · 거수표결 · 기명투표 · 호명투표 · 무기명투표와 이의 유무를 묻는 방법 등이 있다. 본회의에서는 거수표결이 불가능하지만, 위원회에서는 거수표결이 가능하다. 또한 토론 없이 표결하는 경우로는 국회 회의의 비공개 의결과 국회의원의 사직 허가 등이 있다.

2. 표결 방법

(ⅰ) 전자투표의 원칙과 그 예외 "표결할 때에는 전자투표에 의한 기록표결로 가부(可否)를 결정한다. 다만, 투표기기의 고장 등 특별한 사정이 있을 때에는 기립표결로, 기립표결이 어려운 의원이 있는 경우에는 의장의 허가를 받아 본인의 의사표시를 할 수 있는 방법에 의한 표결로 가부를 결정할 수 있다"(제112조 제1항).

(ⅱ) 기명 · 호명 또는 무기명투표 "중요한 안건으로서 의장의 제의 또는 의원의 동의(動議)로 본회의 의결이 있거나 재적의원 5분의 1 이상의 요구가 있을 때에는 기명투표 · 호명투표(呼名投票) 또는 무기명투표로 표결한다"(제2항).

(ⅲ) 이의 유무를 묻는 경우 "의장은 안건에 대하여 이의(異議)가 있는지 물어서 이의가 없다고 인정할 때에는 가결되었음을 선포할 수 있다. 다만, 이의가 있을 때에는 제1항이나 제2항의 방법으로 표결하여야 한다"(제3항).

(ⅳ) 기명투표 헌법개정안은 기명투표로 표결한다(제4항).

(v) 무기명투표 "대통령으로부터 환부(還付)된 법률안과 그 밖에 인사에 관한 안건은 무기명투표로 표결한다. 다만, 겸직으로 인한 의원 사직과 위원장 사임에 대하여 의장이 각 교섭단체 대표의원과 협의한 경우에는 그러하지 아니하다"(제5항). "국회에서 실시하는 각종 선거는 법률에 특별한 규정이 없으면 무기명투표로 한다"(제6항). 그 밖에 국무총리 · 국무위원 해임건의안, 탄핵소추안의 의결, 신속처리안건 지정 동의, 본회의 부의 요구, 무제한 토론 종결 의결 등도 무기명투표로 한다.

(vi) 해임건의안 · 탄핵소추안 "국무총리 또는 국무위원의 해임건의안이 발의되었을 때에는 의장은 그 해임건의안이 발의된 후 처음 개의하는 본회의에 그 사실을 보고하고, 본회의에 보고된 때부터 24시간 이후 72시간 이내에 무기명투표로 표결한다. 이 기간 내에 표결하지 아니한 해임건의안은 폐기된 것으로 본다"(제7항). 제7항 후문은 탄핵소추안에도 동일하다(제130조 제2항).

국회법은 제5절 표결 제112조에서 표결방법을 규정하고 있다. 제112조 제7항은 해임건의안 표결방법을 규정한 반면, 탄핵소추안 의결에 관해서는 제11장 탄핵소추 제130조에서 별도로 규정하고 있다. 그리하여 헌법개정안, 대통령으로부터 환부(還付)된 법률안과 그 밖에 인사에 관한 안건, 해임건의안 등의 경우에 의장이 각 교섭단체 대표의원과 합의를 하는 경우에는 기명투표 또는 무기명투표를 전자장치를 이용하여 실시할 수 있지만(제112조 제9항) 탄핵소추안은 기존 수기방식의 무기명투표로 의결하여야 한다.

(vii) 체포동의안 표결 "의장은 제1항에 따른 체포동의를 요청받은 후 처음 개의하는 본회의에 이를 보고하고, 본회의에 보고된 때부터 24시간 이후 72시간 이내에 표결한다. 다만, 체포동의안이 72시간 이내에 표결되지 아니하는 경우에는 그 이후에 최초로 개의하는 본회의에 상정하여 표결한다"(제26조 제2항).

(viii) 자유투표 · 교차투표(交叉投票) "의원은 국민의 대표자로서 소속 정당의 의사에 기속되지 아니하고 양심에 따라 투표한다"(제114조의2).

청구인들이 국회본회의에서 이의제기(국회법 제112조 제3항)를 한 사실이 있는지 여부에 관한 증거를 보면, 국회본회의 회의록에 (장내소란)으로 기재된 것만으로 청구인들이 이의를 한 것으로 인정할 수는 없고, 방송사의 보도내용을 담은 비디오테이프 또한 본회의장 내에서 일어난 소란을 청구인들이 이의를 한 것으로 인정할 증거가 되지 아니한다(기각4; 인용3; 각하2)(헌재 2000.2.24. 99헌라1, 국회의장과 국회의원간의 권한쟁의(기각)).

제 5 절 국회의원선거

(제1편 제4장 제3절 제2관 제3항 민주적 선거제도 참조)

제 6 절 국회의 내부조직

Ⅰ. 의 의

국민의 대표기관인 의회에서의 의사결정은 국회의원 개개인의 독자적인 활동을 보장하는 조직에 따라 작동되어야 한다. 이에 따라 의회는 합의제기관인 의회의 특성에 부합하도록 합리적이고 효율적인 운영을 위한 조직체계를 갖추고 있다. 즉 의회는 위계화된 단선(單線)조직인 집행부와는 그 조직체계를 달리한다. 또한 '세종특별자치시 설치 등에 관한 특별법'에 따라 세종특별자치시에 분원(分院)을 둔다(국회법 제22조의4).[1)]

Ⅱ. 국회법상 국회의원의 활동을 위한 조직

1. 국회의장과 부의장

(1) 의장단 선거와 임기 및 재임 중 사임

(i) "국회는 의장 1인과 부의장 2인을 선출한다"(제48조). "의장과 부의장은 국회에서 무기명투표로 선거하고 재적의원 과반수의 득표로 당선된다"(국회법 제15조). "의장 또는 부의장이 궐위된 때나 의장과 부의장이 모두 궐위된 때에는 지체 없이 보궐선거를 실시한다"(제16조)

(ii) "의장과 부의장의 임기는 2년으로 한다. 다만, 국회의원 총선거 후 처음 선출된 의장과 부의장의 임기는 그 선출된 날부터 개시하여 의원의 임기 개시 후 2년이 되는 날까지로 한다." "보궐선거로 당선된 의장 또는 부의장의 임기는 전임자 임기의 남은 기간으로 한다"(제9조).

(iii) "의장과 부의장은 국회의 동의를 얻어 그 직을 사임할 수 있다"(제19조).

(2) 의장단의 겸직 제한 및 의장의 당적보유 금지

(i) "의장과 부의장은 특별히 법률로 정한 경우를 제외하고는 의원 외의 직을 겸할 수 없다"(제20조).

---

1) 조원용, "국회 상임위원 사·보임에 대한 헌법학적 일고찰", 공법연구 48-4.

(ii) "의원이 의장으로 당선된 때에는 당선된 다음 날부터 의장으로 재직하는 동안은 당적(黨籍)을 가질 수 없다. 다만, 국회의원 총선거에서 공직선거법 제47조에 따른 정당추천후보자로 추천을 받으려는 경우에는 의원 임기만료일 90일 전부터 당적을 가질 수 있다." "제1항 본문에 따라 당적을 이탈한 의장의 임기가 만료된 때에는 당적을 이탈할 당시의 소속 정당으로 복귀한다"(국회법 제20조의2). "비례대표국회의원이 국회의장으로 당선되어 국회법 규정에 의하여 당적을 이탈한 경우에는" 의원직을 상실하지 아니한다(공직선거법 제192조 제4항).

국회 운영에 있어서 국회의장의 중립적 중재자로서의 역할을 강조하면서 2002년부터 국회의장의 당적 보유를 금지한다. 하지만, 특정 정당 소속으로 국회의원에 당선된 사람이 탈당하였다고 하여 정치적 중립을 담보하기는 어렵다. 국회의장에 대한 중립적 중재자로서의 요구는 비등하는 반면, 국회의장이 출신 정당의 당파적 이익을 대변한다는 비판은 여전히 제기된다. 다만, 국회의장이 차기 국회에 진출하지 아니하는 관례가 형성됨에 따라 국익을 위한 정치적 중립성이 제고될 소지는 있다.

(3) 국회의장의 직무대리와 직무대행

(i) "의장이 사고(事故)가 있을 때에는 의장이 지정하는 부의장이 그 직무를 대리한다"(제12조 제1항, 제2항).

(ii) "의장과 부의장이 모두 사고가 있을 때에는 임시의장을 선출하여 의장의 직무를 대행하게 한다"(제13조).

(iii) "국회의원 총선거 후 의장이나 부의장이 선출될 때까지는 사무총장이 임시회 집회 공고에 관하여 의장의 직무를 대행한다"(제14조).

(iv) 개원국회의 의장직무는 "출석의원 중 최다선의원이, 최다선의원이 2명 이상인 경우에는 그 중 연장자가 의장의 직무를 대행한다"(제18조).

(4) 지위와 권한

(i) 의장은 상임위원회 위원이 될 수 없지만(제39조 제3항), 부의장은 가능하다. 의장과 부의장의 국무위원 겸직은 금지된다.

(ii) 의장은 본회의 표결에 참가할 수 있으나, 가부동수일 때 결정권은 없다.

"의장은 위원회에 출석하여 발언할 수 있다. 다만, 표결에는 참가할 수 없다"(제11조).

(iii) "의장은 국회를 대표하고 의사를 정리하며, 질서를 유지하고 사무를 감독한다"(제10조). 그 밖에도 의장은 정기국회집회공고권, 임시국회집회공고권, 원내

질서유지권, 의사정리권, 사무감독권, 국회대표권, 위원회 출석 · 발언권, 국회의 위임에 의한 특별위원선임권, 국회에서 가결된 의안의 정부 이송권, 확정된 법률의 예외적인 공포권, 의원의 청가허가권, 폐회중의 의원사직처리권, 의안을 심사할 위원회의 선택결정권 등을 가진다.

"국회의장은 헌법 제48조에 따라 국회에서 선출되는 헌법상의 국가기관이다. 헌법과 법률에 의하여 국회를 대표하고 의사를 정리하며, 질서를 유지하고 사무를 감독할 지위에 있고(제10조), 이러한 지위에서 본회의 개의일시의 변경, 의사일정의 작성과 변경, 의안의 상정, 의안의 가결선포 등의 권한을 행사한다(헌재 1997.7.16. 96헌라2)"(헌재 2003.10.30. 2002헌라1, 국회의원과 국회의장간의 권한쟁의(기각)).

2. 국회의 위원회

(1) 의 의

(i) 원칙적으로 국회의 의안심의는 본회의에서 이루어져야 한다. 그러나 모든 의안에 대하여 본회의에서 충실하게 토론이 이루어지기는 매우 어렵다. 이에 소수의 의원들로 구성된 위원회에서 **사전적 · 예비적 심사**를 한다. 위원회란 국회 본회의에서의 의안심의를 원활하게 할 목적으로 일정사항에 관하여 전문지식을 갖춘 소수의원들이 예비적으로 심의하는 합의제기관이다.

(ii) 국회법에서도 **상임위원회중심주의**를 채택하여 상임위원회에서 법안을 심의하여 본회의에 심사보고를 한 후에 가부투표를 하는 **본회의결정중심주의**를 채택한다. 이는 프랑스식의 강한 위원회 모델이라 할 수 있고, 미국의 위원회제도와 비슷하다. 반면에 영국에서는 위원회의 기능이 약한 편이다.

"상임위원회(Standing Committee)를 포함한 위원회는 의원 가운데서 소수의 위원을 선임하여 구성되는 국회의 내부기관인 동시에 본회의의 심의 전에 회부된 안건을 심사하거나 그 소관에 속하는 의안을 입안하는 국회의 합의제기관이다. 위원회의 역할은 국회의 예비적 심사기관으로서 회부된 안건을 심사하고 그 결과를 본회의에 보고하여 본회의의 판단자료를 제공하는 데 있다. 우리나라 국회의 **법률안심의는 본회의 중심주의**가 **아닌 소관 상임위원회 중심**으로 이루어진다. 소관 상임위원회에서 심사 · 의결된 내용을 본회의에서는 거의 그대로 통과시키는 이른바 '**위원회 중심주의**'를 채택하고 있"다(헌재 2003.10.30. 2002헌라1, 국회의원과 국회의장간의 권한쟁의(기각); 헌재 2000.2.24. 99헌라1).

(2) 위원회제도의 기능(장 · 단점)

(i) 위원회는 소입법부(小立法府)라 할 정도로 오늘날 중요한 힘을 가진다. 위원회는 ① 법안심의의 시간절약 및 중요안건의 집중토의를 통하여 **능률적 · 효율적인 의사운영**을 할 수 있고, ② **전문적** 지식을 가지고 심의함으로써 국정기능

의 분화·확대에 부응할 수 있고, ③ 탄력적인 회의운영을 할 수 있다.

(ii) 반면에 위원회의 단점으로는 ① 행정부 공무원이나 이익단체의 로비창구가 될 우려가 있고, ② 정당을 대표하는 위원 사이에 야기되는 정략적인 투쟁으로 인하여 심의기관으로서의 기능이 저해되기도 하고, ③ 위원회중심주의로 인하여 본회의의 형식화를 초래함으로써 전체 국회의원이 폭넓은 심의를 할 수 없다.

(3) 위원회의 종류

"국회의 위원회는 상임위원회와 특별위원회 두 종류로 한다"(국회법 제35조). 특별위원회는 심의대상이 특정한 안건에 한정되며, 한시적 존속기관이라는 점에서 상임위원회와 구별된다.

A. 상임위원회

(i) "상임위원회는 그 소관에 속하는 의안과 청원 등의 심사, 그 밖에 법률에서 정하는 직무를 수행"(제36조)하는 상설적 위원회이다. 국회법상 17개의 상임위원회가 있으며, 그 소관사무는 법정되어 있다(국회법 제37조): 국회운영위원회, 법제사법위원회, 정무위원회, 재정경제기획위원회, 교육위원회, 과학기술정보방송통신위원회, 외교통일위원회, 국방위원회, 행정안전위원회, 문화체육관광위원회, 농림축산식품해양수산위원회, 산업통상자원중소벤처기업위원회, 보건복지위원회, 기후에너지환경노동위원회, 국토교통위원회, 정보위원회, 성평등가족위원회가 있다.

상임위원회는 하나 이상의 정부조직과 연계되므로, 모든 국가기관은 원칙적으로 특정 상임위원회와 연계된다. "의장은 어느 상임위원회에도 속하지 아니하는 사항은 국회운영위원회와 협의하여 소관 상임위원회를 정한다"(제37조 제2항).

(ii) "상임위원회의 위원 정수(定數)는 국회규칙으로 정한다. 다만, 정보위원회의 위원 정수는 12명으로 한다"(제38조). "상임위원은 교섭단체 소속 의원 수의 비율에 따라 각 교섭단체 대표의원의 요청으로 의장이 선임하거나 개선한다." "어느 교섭단체에도 속하지 아니하는 의원의 상임위원 선임은 의장이 한다"(제48조 제1항, 제2항). "위원을 개선할 때 임시회의 경우에는 회기 중에 개선될 수 없고, 정기회의 경우에는 선임 또는 개선 후 30일 이내에는 개선될 수 없다"(제48조 제6항). 이 조항의 문리적 해석과 체계적 해석의 관점에서 본다면 아래 결정에서 다수의견은 받아들이기 어렵다. "의장과 교섭단체 대표의원은 위원의 선임·선임요청 또는 개선·개선요청과 관련하여 윤리심사자문위원회에 이해충돌 여부에 관하여 자문을 요청할 수 있다"(제48조의2 제4항).

국회의장이 위원회의 위원을 선임·개선하는 행위는 국회의 자율권에 근거하여 내부적으로 회의체 기관을 구성·조직하는 것으로서 다른 국가기관의 간섭을 받지 아니하고 광범위한 재량에 의하여 자율적으로 정할 수 있는 고유한 영역에 속한다. 국회의 의사절차와 내부조직을 정할 때, 국회 내 다수형성의 가능성을 높이고 의사결정의 능률성을 보장하는 것은 국회에 관한 헌법 규정들에서 도출되는 중대한 헌법적 이익이다. 자유위임원칙은 헌법이 추구하는 가치를 보장하고 실현하기 위한 통치구조의 구성원리 중 하나이므로, 다른 헌법적 이익에 언제나 우선하는 것은 아니고, 국회의 기능 수행을 위해서 필요한 범위 내에서 제한될 수 있다. 위원의 의사에 반하는 개선을 허용하더라도, 직접 국회의원이 자유위임원칙에 따라 정당이나 교섭단체의 의사와 달리 표결하거나 독자적으로 의안을 발의하거나 발언하는 것까지 금지하게 되는 것은 아니다. 국회법 제48조 제6항의 입법목적은 '위원이 일정 기간 재임하도록 함으로써 위원회의 전문성을 강화'하는 것이므로, 국회법 제48조 제6항은 '위원이 된(선임 또는 보임된) 때'로부터 일정 기간 동안 '위원이 아니게 되는(사임되는) 것'을 금지하는 형태로 규정되어야 한다. 따라서 국회법 제48조 제6항 본문 중 "위원을 개선할 때 임시회의 경우에는 회기 중에 개선될 수 없고" 부분은 개선의 대상이 되는 해당 위원이 '위원이 된(선임 또는 보임된) 임시회의 회기 중'에 개선되는 것을 금지하는 것이다. 이는 국회법 제48조 제6항 본문 중 "정기회의 경우에는 선임 또는 개선 후 30일 이내에는 개선될 수 없다." 부분이 '선임 또는 개선된 때로부터' '30일' 동안 개선을 금지하는 것과 마찬가지이다(헌재 2020.5.27. 2019헌라1, 국회의원과 국회의장 간의 권한쟁의(기각)).

[반대의견(4인)] 개선행위는 교섭단체의 추인의결에 반하는 소속 국회의원의 사개특위 위원 지위를 강제로 박탈함으로써 사개특위에서의 특정 법률안에 대한 심의·표결권의 행사를 사전에 전면적으로 금지하는 결과를 초래하였는데, 이는 정당의 기속성이 자유위임의 원칙을 압도하는 것이다. 정당기속성이라는 정치현실의 이름으로 이것을 허용하는 것은 자유위임에 따른 국가대표성의 구현이라는 대의제 민주주의의 원리를 부정하고 대의제 민주주의의 틀을 뛰어넘는 원칙의 변화를 의미하는 것으로 받아들일 수 없다. 국회법 제48조 제6항 본문 중 "…위원을 개선할 때 임시회의 경우에는 회기 중에 개선될 수 없고…" 부분은 법률의 문언 자체가 명확한 개념으로 구성되어 있어 더 이상 다른 해석방법을 활용할 필요가 없다. 위 법률규정에 사용된 문언의 그 통상적인 의미에 충실하게 해석하면, 국회 내 상임위원회 위원 또는 특별위원회 위원을 개선할 때 임시회의 경우에는 그 회기 중에 개선될 수 없다고 규정하고 있음이 명백하다. 설령 본회의에서 의결될 당시 국회법 제48조 제6항 본문의 문언이었던 "…임시회의 경우에는 동일 회기 중에 개선될 수 없고…"를 전제로 해석한다고 하더라도, '위원은 임시회의 회기 중에 개선될 수 없다'고 보는 것이 합리적이고 타당한 법률해석이다. 이 사건 개선행위는 자의적인 강제 개선으로서 헌법규범인 자유위임원칙에 위반되고, 합헌적 법률해석에 따라서 인정되는 국회법 제48조 조항들의 내재적 개선 제한 사유인 헌법상 자유위임원칙을 침해하거나 훼손할 수 없다는 한계를 넘은 것으로서 국회법 제48조 조항들을 위반한 것이다. 아울러 청구인의 의사에 반하여 강제로 이루어진 이 사건 개선행위는 국회법 제48조 제6항 본문에서 금지하는 임시회 회기 중의 개선으로서 같은 항 단서의 사유에도 해당하지 않으

므로 어느 모로 보나 국회법 제48조 제6항에 명백히 위반된다.

(iii) "상임위원의 임기는 2년으로 한다. 다만, 국회의원 총선거 후 처음 선임된 위원의 임기는 선임된 날부터 개시하여 의원의 임기 개시 후 2년이 되는 날까지로 한다." "보임(補任)되거나 개선(改選)된 상임위원의 임기는 전임자 임기의 남은 기간으로 한다"(제40조). "의원은 둘 이상의 상임위원이 될 수 있다"(복수상임위원회제도)(제39조 제1항). 특히 각 교섭단체 대표의원은 국회운영위원회와 정보위원회의 위원을 겸한다(제39조, 제48조 제3항). "상임위원은 소관 상임위원회의 직무와 관련한 영리행위를 하여서는 아니 된다"(제40조의2).

> "오늘날 교섭단체가 정당국가에서 의원의 정당기속을 강화하는 하나의 수단으로 기능할 뿐만 아니라 정당소속 의원들의 원내 행동통일을 기함으로써 정당의 정책을 의안심의에서 최대한으로 반영하기 위한 기능도 갖는다는 점에 비추어 볼 때, 국회의장이 국회의 의사(議事)를 원활히 운영하기 위하여 상임위원회의 구성원인 위원의 선임 및 개선에 있어 교섭단체대표의원과 협의하고 그의 '요청'에 응하는 것은 국회운영에 있어 본질적인 요소라고 아니할 수 없다. 피청구인은 국회법 제48조 제1항에 규정된 바에 따라 청구인이 소속된 한나라당 '교섭단체대표의원의 요청'을 서면으로 받고 이 사건 사·보임행위를 한 것으로서 하등 헌법이나 법률에 위반되는 행위를 한 바가 없다"(헌재 2003.10.30. 2002헌라1, 국회의원과 국회의장간의 권한쟁의(기각)).

(iv) 상임위원장 및 예산결산특별위원회 위원장은 해당 위원회 "위원 중에서 임시의장선거의 예에 준하여 본회의에서 선거한다"(제41조 제2항, 제45조 제3항). "특별위원회에 위원장 1명을 두되, 위원회에서 호선하고 본회의에 보고한다"(제47조 제1항).

B. 특별위원회

(i) 특별위원회는 "둘 이상의 상임위원회와 관련된 안건이거나 특히 필요하다고 인정한 안건을 효율적으로 심사하기 위하여 본회의의 의결로" 설치된다(제44조). 그 위원은 교섭단체 소속 의원 수의 비율에 의하여 각 교섭단체 대표의원의 요청으로 의장이 상임위원 중에서 선임한다(제48조 제4항).

(ii) 상설 특별위원회로는 50인의 위원으로 구성되는 임기 1년의 예산결산특별위원회가 있다. "이 경우 의장은 교섭단체 소속의원 수의 비율과 상임위원회 위원 수의 비율에 따라 각 교섭단체 대표의원의 요청으로 위원을 선임한다"(제45조).

(iii) 비상설 특별위원회는 정하여진 활동기한에 따라 한시적으로 설치된 위원회이다. 그간 상설 특별위원회이던 윤리특별위원회는 비상설 특별위원회로 전환되었다. 윤리특별위원회는 의원의 자격심사와 징계에 관한 사항을 심사한다(제46조).

"의원의 겸직 및 영리업무 종사와 관련된 의장의 자문과 의원 징계에 관한 윤리특별위원회의 자문 및 의원의 이해충돌 방지에 관한 사항의 사무를 수행하기 위하여 국회에 윤리심사자문위원회를 둔다"(제46조의2 제1항). 또한 헌법에서 국회의 동의나 선출을 요하는 주요공직자에 대하여 심사하는 인사청문특별위원회(제46조의3)가 있다. 인사청문회는 인사청문특별위원회가 하는 경우(국회의 동의를 요하는 기관과 국회가 선출하는 기관)와 해당 상임위원회가 하는 경우가 있다(제2편 제2장 제8절 제3항Ⅲ. 참조).

C. 전원위원회(全院委員會)

전원위원회는 국회의원 전원으로 구성되는 위원회를 말한다(제63조의2). 전원위원회는 그 구성원이 국회의원 전원(全員)이라는 점에서 본회의와 같지만, 전원위원회는 어디까지나 위원회이기 때문에 전원위원회가 본회의의 기능을 대체할 수는 없다. 전원위원회는 상임위원회 중심주의로 인하여 본회의에서 의안심의가 실질적으로 이루어지지 못하는 현상을 보완하기 위하여 마련되었다.

1948년 국회법 제정 때 도입되어 5차례 운영되었으나 1960년에 폐지되었다가, 2000년 2월 새로 도입되었다. 2003년 3월 이라크 파병동의안 처리, 2023년 4월 선거제도 개혁과 관련하여 전원위원회가 열린 바 있다.

(i) 개 회　　전원위원회는 "재적의원 4분의 1 이상의 요구"가 있을 때 개회한다. "다만, 의장은 주요의안의 심의등 필요하다고 인정하는 경우 각 교섭단체 대표의원의 동의를 얻어 전원위원회를 개최하지 아니할 수 있다."

전원위원회는 위원장 1인을 두되 의장이 지명하는 부의장으로 한다.

(ii) 안건심사　　국회는 위원회의 심사를 거치거나 위원회가 제안한 의안 중 정부조직에 관한 법률안, 조세 또는 국민에게 부담을 주는 법률안 등 주요의안의 본회의 상정 전이나 본회의 상정 후에 "의원 전원으로 구성되는 전원위원회에서" 심사한다.

전원위원회는 안건을 심사하여 수정안을 제출할 수 있다. 이 경우 해당 수정안은 전원위원장이 제출자가 된다. 그러나 전원위원회에서 심사안건을 본회의에 부의하지 아니하거나 폐기할 수 없다.

(iii) 회의진행　　전원위원회의 의사정족수는 재적위원 5분의 1 이상, 의결정족수는 재석위원 4분의 1 이상의 출석과 출석위원 과반수의 찬성이다. 그런 점에서 전원위원회의 의결정족수는 일반적인 의결정족수보다 완화되어 있다.

D. 연석회의(連席會議)

연석회의는 위원회 간의 협의로 열리는 회의다. 의견을 진술하고 토론할 수 있으나 표결할 수는 없다(제63조 제1항, 제83조의2 제3항).

(4) 위원회의 운영

A. 개회 및 의결

(i) "위원장(소위원회의 위원장을 포함한다)은 예측 가능한 국회운영을 위하여 특별한 사정이 없으면 다음 각 호의 기준에 따라 제49조제2항의 의사일정 및 개회일시를 정한다. 1. 위원회 개회일시: 매주 월요일·화요일 오후 2시, 2. 소위원회 개회일시: 매주 수요일·목요일 오전 10시(제49조의2).

운영위원회, 정보위원회, 성평등가족위원회, 특별위원회 및 예산결산특별위원회 등을 제외한 각 상임위원회는 매월 2회 이상 개회한다(제49조의2 제2항). 위원장은 위원의 회의 출석 현황을 공개하여야 한다(제49조의3).

위원회는 "1. 본회의의 의결이 있을 때, 2. 의장 또는 위원장이 필요하다고 인정할 때, 3. 재적위원 4분의 1 이상의 요구가 있을 때" 개회한다"(제52조).

(ii) "위원회는 재적위원 5분의 1 이상의 출석으로 개회하고, 재적위원 과반수의 출석과 출석위원 과반수의 찬성으로 의결한다"(제54조).

(iii) "정보위원회의 위원은 의장이 각 교섭단체 대표의원으로부터 해당 교섭단체 소속 의원 중에서 후보를 추천받아 부의장 및 각 교섭단체 대표의원과 협의하여 선임하거나 개선한다. 다만, 각 교섭단체 대표의원은 정보위원회의 위원이 된다"(제48조 제3항). "정보위원회의 위원 정수는 12명으로 한다"(제38조). "정보위원회의 회의는 공개하지 아니한다. 다만, 공청회 또는 제65조의2에 따른 인사청문회를 실시하는 경우에는 위원회의 의결로 이를 공개할 수 있다"(제54조의2 제1항). 정보위원회에는 상설소위원회가 없다. 그런데 "정보위원회의 회의는 공개하지 아니한다"라는 규정에 대하여 위헌결정이 내려졌다(제54조의2 제1항).

> "헌법 제50조 제1항 단서가 정하고 있는 회의의 비공개를 위한 절차나 사유는 그 문언이 매우 구체적이어서, 이에 대한 예외도 엄격하게 인정되어야 한다. 따라서 헌법 제50조 제1항으로부터 일체의 공개를 불허하는 절대적인 비공개가 허용된다고 볼 수는 없는바, 특정한 내용의 국회의 회의나 특정 위원회의 회의를 일률적으로 비공개한다고 정하면서 공개의 여지를 차단하는 것은 헌법 제50조 제1항에 부합하지 아니한다." "정보위원회의 회의 일체를 비공개 하도록 정함으로써 정보위원회 활동에 대한 국민의 감시와 견제를 사실상 불가능하게 하고 있다. 또한 헌법 제50조 제1항 단서에서 정하고 있는 비공개사유는 각 회의마다 충족되어야 하는 요건으로 입법과정에서 재적의원 과반수의 출석과 출석의원 과반수의 찬성으로 의결되었다는 사실만으로 헌법 제50조 제1항 단서의 '출석위원 과반수의 찬성'이라는 요건이 충족되었다고 볼 수도 없다"(7:2)(헌재 2022.1.27. 2018헌마1162등, 국회법 제54조의2 제1항 본문 위헌확인 등(위헌,각하)).

B. 소(小)위원회의 운영

위원회는 필요한 경우 특정한 안건의 심사를 위하여 소위원회를 둘 수 있다. "상임위원회(정보위원회 제외)는 소관 사항을 분담·심사하기 위하여 상설소위원회를 둘 수 있다"(제57조 제1항). "상임위원회는 소관 법률안의 심사를 분담하는 둘 이상의 소위원회를 둘 수 있다"(제2항). "소위원회의 회의는 공개한다. 다만, 소위원회의 의결로 공개하지 아니할 수 있다"(제5항).

"소위원회는 폐회 중에도 활동할 수 있으며, 법률안을 심사하는 소위원회는 매월 3회 이상 개회한다. 다만, 국회운영위원회, 정보위원회 및 여성가족위원회의 법률안을 심사하는 소위원회의 경우에는 소위원장이 개회 횟수를 달리 정할 수 있다"(제6항). "소위원회에 관하여는 이 법에서 다르게 정하거나 성질에 반하지 아니하는 한 위원회에 관한 규정을 적용한다. 다만, 소위원회는 축조심사(逐條審查)를 생략해서는 아니 된다"(제8항).

C. 공청회 및 청문회

"위원회(소위원회 포함)는 중요한 안건 또는 전문지식을 요하는 안건을 심사하기 위하여 그 의결 또는 재적위원 3분의 1 이상의 요구로 공청회를 열고 이해관계자 또는 학식·경험이 있는 사람 등(진술인)으로부터 의견을 들을 수 있"고(제64조), "중요한 안건의 심사와 국정감사 및 국정조사에 필요한 경우 증인·감정인·참고인으로부터 증언·진술을 청취하고 증거를 채택하기 위하여 의결로 청문회를 열 수 있다"(제65조 제1항).

D. 의사공개원칙

헌법상 원칙적으로 "국회의 회의는 공개한다"(제50조 제1항). 따라서 의사공개의 원칙은 위원회의 회의에도 당연히 적용된다. 다만, 출석의원 과반수의 찬성이 있거나 의장이 국가의 안전보장을 위하여 필요하다고 인정할 때(제50조 제1항 단서)에는 비공개로 할 수 있다. 다만, 회의의 질서유지를 위하여 회의는 공개하되 방청은 제한할 수 있다(제49조 제1항, 제55조 제2항 등).

Ⅲ. 교섭단체

1. 의　　의

(i) 교섭단체(交涉團體)는 원칙적으로 같은 정당소속의원으로 구성되는 원내정치단체이다. 이는 국회의 원활한 운영을 위하여 소속의원의 의사를 수렴·집약하여 의견을 조정하는 교섭창구의 역할을 하는 조직이다. 교섭단체는 각종 위원

회의 위원배정, 의사일정의 결정, 발언시간의 결정 등 국회운영 전반에 걸쳐 적극적으로 관여하고, 국회의 의사결정과정에서 권력통제의 역할도 수행한다.

(ii) "교섭단체는 정당국가에서 의원의 정당기속을 강화하는 하나의 수단으로 기능할 뿐만 아니라 정당소속 의원들의 원내 행동통일을 기함으로써 정당의 정책을 의안심의에서 최대한으로 반영하기 위한 기능도 갖는다"(헌재 2003.10.30. 2002헌라1, 국회의원과 국회의장간의 권한쟁의(기각)). 교섭단체의 영향력 확대는 자유위임의 원리에 비추어 볼 때 문제가 있다. 국회의원은 국민의 대표자로서 누구의 지시나 간섭도 받지 아니하고 소신껏 의정활동을 할 수 있어야 하는데, 지나친 교섭단체의 활동증대나 소속의원의 결속강조는 결코 바람직하다고만 할 수는 없다. 이러한 문제점은 교섭단체 내부의 민주화나 교차투표를 활성화함으로써 해소되어야 한다.

(iii) 문제는 탈당하면 의원직을 상실하는 비례대표의원 중에는 자신이 소속한 정당의 당적을 보유하면서 다른 정당의 교섭단체에 등록하는 사례가 있는데 이는 바람직하지 아니할 뿐만 아니라 탈법적인 현상이다.

> "국회 입법활동의 활성화와 효율화를 이루기 위하여는 우선적으로 교섭단체의 전문성을 제고시켜야 하며, 교섭단체가 필요로 하는 전문인력을 공무원 신분인 정책연구위원으로 임용하여 그 소속의원들의 입법활동을 보좌하도록 할 필요성이 발생하므로 교섭단체에 한하여 정책연구위원을 배정하는 것은 입법재량의 범위 내로서 그 차별에 합리적인 이유가 있다"(헌재 2008.3.27. 2004헌마654, 국회법 제34조 등 위헌확인(기각)).

2. 교섭단체의 구성

(i) 교섭단체의 기관으로는 의원총회와 대표의원이 있다. 교섭단체의 권한은 대부분 원내대표라 불리는 대표의원을 통하여 행사된다. 교섭단체의 대표의원은 소속의원의 의견을 종합하여 국회에서의 의사진행과 의안에 대한 입장을 결정한다.

(ii) 국회법에 의하면 소속의원 20명 이상이 정당을 단위로 하나의 교섭단체 구성이 원칙이지만, 정당단위가 아니더라도 다른 교섭단체에 속하지 아니하는 20명 이상의 의원으로 따로 교섭단체를 구성할 수 있다(제33조 제1항). 그런데 교섭단체의 법적 구성인원은 교섭단체의 본질에 관련되는 문제라기보다는, 효율적인 국회운영을 위하여 탄력적으로 조정될 수 있는 기술적인 문제라 할 수 있다. 장기적으로 볼 때 다양한 정치적 요구를 수용하고 정치적 환경변화에 적응하기 위하여 교섭단체구성의 최소인원수를 현재보다 하향조정하는 방안도 필요하다. 다만, 정파적 이해에 따라 국민들의 의사를 무시하고 무리하게 추진되어서는 아니 된다.

제16대 총선 직후 교섭단체구성의 최소인원수를 축소하자는 논의가 제기되었다. 그 이유는 ① 제16대 국회의원정수가 299명에서 273명으로 26명이나 줄었으며, ② 교섭단체를 두는 목적이 정당이나 집단에 속한 의원들의 의사를 사전에 조정하여 국회운영을 원활하게 하는 데 있는 만큼 자유민주연합을 교섭단체로 인정하여야 하며, ③ 세계적 추세를 보더라도 미국 상·하원, 영국 상·하원, 독일 상원 등 상당수 국가에서 교섭단체 구성에 조건을 두지 아니하거나 제한을 두더라도 15인 이내로 규정한다는 점 등이다.

이에 대하여는 ① 유럽의 경우 다당제가 제도적으로 정착되어 교섭단체 구성요건이 느슨하고 미국처럼 양당제로 운영되는 나라에서는 교섭단체개념이 아예 없지만 정치변동이 심한 나라들에서는 교섭단체 구성요건이 엄격할 수밖에 없으며, ② 제6대-제8대 국회의 교섭단체 하한선이 10인이었다고 하나, 당시 국회는 의원수가 175명, 상임위 수가 12개에 불과하여 273명의 의원에 상임위만 17개인 지금과는 상황이 다르며, ③ 설사 교섭단체 하한선을 낮출 현실적인 이유가 있다 하더라도 자유민주연합이 총선에서 참패한 직후에 교섭단체 최소인원수의 하향조정 추진은 다분히 정략적이라는 이유로 반론이 제기되었다(허전, "교섭단체의 의의와 그 구성 하한선의 헌법적 판단", 공법연구 29-1 참조).

3. 교섭단체의 지위

교섭단체의 소송법상 지위와 관련하여 헌법재판소는 국회 내의 일부기관인 교섭단체가 국회 내의 다른 기관인 국회의장을 상대로 권한쟁의심판을 청구할 수 없다고 판시한 바 있다(헌재 1995.2.23. 90헌라1, 국회의원과 국회의장간의 권한쟁의심판(각하)). 즉 국회의원 또는 교섭단체에 대하여 헌법재판소법 제62조 제1항 제1호 소정의 다른 기관인 정부나 법원 등과 대등한 지위를 인정할 수 없다고 판시하였다. 이후 헌법재판소는 판례를 변경하여 국회의원에게 권한쟁의심판의 당사자능력을 인정한다. 이에 따라 국회의 부분기관인 국회의장과 부의장, 국회의원, 국회의 위원회 등도 독자적으로 당사자능력을 인정받지만(헌재 1997.7.16. 96헌라2, 국회의원과 국회의장간의 권한쟁의(인용(권한침해), 기각); 헌재 2003.10.30. 2002헌라1,국회의원과 국회의장간의 권한쟁의(기각)), 교섭단체의 권한쟁의심판 당사자능력을 여전히 부인한다(헌재 2020.5.27. 2019헌라6등, 국회의원과 국회의장 간의 권한쟁의(기각)). 생각건대 교섭단체가 가지는 역할과 기능에 비추어 보면, 교섭단체에 대하여 권한쟁의심판의 당사자능력을 인정하는 것이 바람직하다고 본다.

Ⅳ. 국회의원의 활동보조기관

국회의원의 의정활동보조기관으로 국회사무처, 국회예산정책처(국회법 제22조의2, 국회예산정책처법), 국회입법조사처(국회법 제22조의3, 국회입법조사처법), 국회도서관(국회도서관법), 국회미래연구원(국회미래연구원법), 국회기록원(국회법 제22조의4)을 설치하고 있다. 국회사무처 사무총장은 국회의장의 처분에 대한 행정소송의 피고가 된다(국회사무처법 제4조제3항). "국회의원 총선거 후 의장이나 부의장이 선출될 때까지는 사무총장이 임시회집회공고에 관하여 의장의 직무를 대행한다. 처음 선출된 의장과 부의장의 임기만료일까지 부득이한 사유로 의장이나 부의장을 선출하지 못한 경우와 폐회 중에 의장·부의장이 모두 궐위된 경우에도 또한 같다"(국회법 제14조).

제 7 절　국회의원의 지위 · 권한 · 의무

Ⅰ. 의　　의

국민의 대표기관인 국회의 구성원으로서 국회의원은 헌법상 지위 · 신분상 지위 및 일반적 권한과 특권을 누리며 그에 따른 의무를 진다.

Ⅱ. 국회의원의 헌법상 지위

1. 국민의 대표자로서의 지위

(ⅰ) 국회의원은 국민의 보통 · 평등 · 직접 · 비밀 · 자유선거에 의하여 선출되는 국민의 대표자이다. 헌법상 대통령과 더불어 국민적 정당성을 직접 확보하고 있다. 또한 국회의원은 헌법상 국민주권주의(제1조), 국가이익우선의무(제46조 제2항)에 따라 지역구민의 대표가 아니라 국민 전체의 대표자로서의 지위를 가진다.

> "대의제도에 있어서 국민과 국회의원은 명령적 위임관계에 있는 것이 아니라 자유위임관계에 있기 때문에 일단 선출된 후에는 국회의원은 국민의 의사와 관계없이 독자적인 양식과 판단에 따라 일할 수 있다"(헌재 1998.10.29. 96헌마186, 국회구성권 등 침해 위헌확인(각하)).
>
> 국회의원이 지역구에서 선출되더라도 추구하는 목표는 지역구의 이익이 아닌 국가 전체의 이익이어야 한다는 원리는 이미 논쟁의 단계를 넘어선 확립된 원칙으로 자리 잡고 있으며, 이러한 원칙은 양원제가 아닌 단원제를 채택하고 있는 우리 헌법에서도 동일하게 적용된다(헌재 2014.10.30. 2012헌마190등, 공직선거법 제25조 제2항 별표1 위헌확인 등(각하,헌법불합치,잠정적용)).

(ⅱ) 하지만, 국회의원은 국민의 주권적 의사를 대변하는 헌법기관으로서 국회에서 의정활동을 하면서 항시 국민의 살아있는 의사에 귀를 기울여야 한다. 특히 현대 정보사회의 진전에 따라 인터넷을 통한 여론수렴이 작동되는 현실에 비추어 자유위임의 법리는 실질적으로 기속위임의 현상이 나타난다.

2. 국회의 구성원으로서의 지위

(ⅰ) "국회는 … 국회의원으로 구성한다"(제41조 제1항). 국회구성원으로서의 국회의원은 국회의 운영 및 활동에 참여한다.

(ii) 국회의원은 국민의 대표기관인 국회의 구성원으로서의 지위와 더불어, 국회의원 스스로 국민의 대표자로서의 지위를 가진다. 즉 국회의원이 스스로 국민대표자로서의 지위에서 국회라는 헌법기관의 구성원이 된다. 이에 헌법기관의 구성원이자 국민의 대표자인 국회의원의 지위를 보장하기 위한 헌법적 장치로서 국회의원에게 특권과 법률안제출권 등이 부여된다.

3. 국민대표자에서 정당대표자로 전락

(i) 국회의원은 헌법 제1조 제2항(국민주권주의), 제7조 제1항(공무원의 국민전체에 대한 봉사), 제40조(국회입법권), 제41조(국회의원의 선거), 제44조(불체포특권), 제45조(면책특권), 제46조 제2항(국가이익우선의무), 제50조(의사공개원칙) 등의 규정에 비추어 전체국민의 대표자로서의 지위와 더불어 자유위임의 법리에 기초한다. 국회법도 "의원은 국민의 대표자로서 소속정당의 의사에 기속되지 아니하고 양심에 따라 투표한다"(제114조의2)라고 규정한다. 하지만, 현대 의회정치는 정당을 중심으로 작동되고 있으므로 국회의원의 정당소속원으로서의 지위와 국민대표자로서의 지위는 서로 조화롭게 작동되어야 한다. 여기에 자유위임법리의 현대적 변용 및 재해석이 요망된다(제1편 제4장 제3절 제2관 제4항 V. 참조).

(ii) 헌법상 국회의원은 국민의 대표자이지 정당의 대표자가 아니다. 이에 따라 국회의원의 당적이 변경되더라도 국회의원직은 그대로 유지되지만, 공직선거법에서는 비례대표국회의원이 당적을 변경하면 국회의원직을 상실하도록 규정한다(제192조 제4항). 또한 공직선거법은 정당공천후보자에 대하여 무소속후보자보다 많은 특권을 부여한다. 이제 국회의원의 정당소속원으로서의 지위는 단순히 사실상의 지위에 머무르지 아니하고 법적 지위로 볼 수 있는 측면도 있다.

(iii) 생각건대 국회의원은 국익우선의무(제46조 제2항, 국회법 제114조의2)에 따라 정당대표자로서의 지위보다는 국민대표자로서의 지위가 우선하여야 한다(헌재 2003.10.30. 2002헌라1, 국회의원과 국회의장간의 권한쟁의(기각)). 그런데 미국을 제외한 대부분의 국가에서는 정당의 규율이 엄격하기 때문에, 국회의원은 정당소속원으로서 정당수뇌부의 지시·통제에 따를 수밖에 없으므로, 국회의원은 국민대표자로서의 지위보다는 정당 구성원의 지위로 전락한다.[1)]

1) 제20대 국회에서 더불어민주당 소속 금태섭 의원은 고위공직자범죄수사처법안에 반대표를 던졌다. 이에 당은 금 의원에게 징계를 의결하여 논란이 제기되었다. 그런데 일반적으로 당론에 따른다고 하지만, 인사에 관하여는 무기명투표로 진행하기 때문에 당론 여하와 관계없이 작동될 소지도 있다.

Ⅲ. 국회의원의 신분상 지위

1. 의원자격의 발생

(i) 의원자격의 발생시기는 당선인의 결정으로 발생한다는 당선결정설, 당선인의 결정과 피선거인의 의원취임승낙에 의하여 발생한다는 취임승낙설, 헌법과 법률이 정한 임기개시와 동시에 발생한다는 임기개시설이 있다. 공직선거법은 국회의원의 임기는 "총선거에 의한 전임의원의 임기만료일의 다음 날부터 개시된다"(제14조 제2항)라고 하여 임기개시설을 취한다.

(ii) 다만, 보궐선거에 의한 의원의 임기는 당선이 결정된 때부터 개시되기 때문에 의원자격도 그때 함께 발생하지만, 그 임기는 전임자의 잔임기간(殘任期間)으로 한다(제14조 제2항 단서). 또한 비례대표의원직을 승계하는 의원의 자격은 중앙선거관리위원회가 승계를 결정·통고한 때로부터 발생한다(제200조 제2항).

2. 의원자격의 소멸

(i) 임기만료 　의원은 4년의 임기만료로 자격을 상실한다.

(ii) 사 직 　의원은 임기 중 본인의 희망에 의하여 국회의 허가를 얻어 사직할 수 있다. 폐회 중에는 의장이 허가할 수 있다(국회법 제135조). 그런데 비례대표국회의원이 지역구국회의원선거에 입후보하기 위한 사직은 바람직하지 아니하다.

(iii) 퇴 직 　당연히 의원자격을 상실하는 사망이나 임기만료 이외에, 국회법상 겸직 금지 규정 위반(제29조), 사직원을 제출하여 공직선거후보자로 등록(제136조 제1항), 공직선거법상 피선거권상실(제136조 제2항), 당선무효·선거무효와 금고 이상 유죄판결의 확정으로 퇴직한다.

선거에서 당선된 국회의원이 선거소송에서 선거무효 또는 당선무효에 따른 퇴직사유는 다음과 같다: ① 선거일 또는 임기개시 전에 피선거권이 없었을 경우, ② 선거사무장, 선거사무소의 회계책임자가 선거비용제한액의 200분의 1 이상을 초과지출한 이유로 징역형 또는 300만원 이상의 벌금형을 선고받은 경우, ③ 선거사무소의 회계책임자가 정치자금법 제49조(선거비용관련 위반행위에 관한 벌칙) 제1항 또는 제2항 제6호의 죄를 범하여 징역형 또는 300만원 이상의 벌금형의 선고를 받은 경우, ④ 공직선거법에 규정된 죄와 정치자금법 제49조(선거비용관련 위반행위에 관한 벌칙)의 죄를 범함으로 인하여 징역 또는 100만원 이상의 벌금형의 선고를 받은 경우(헌재 2008.1.17. 2006헌마1075, 정치자금법 제57조 등 위헌확인(기각)), ⑤ 선거사무장 · 선거사무소의 회계책임자 또는 후보자의 직계존 · 비속 및 배우자가 매수 및 이해유도죄(제230조- 제233조) · 당선무효유도죄(제234조) · 기부행위위반죄(제257조 제1항) 또는 정치자금부정수수죄(정치자금법 제45조 제1항)로 징역형 또는 300만원 이상의 벌금형을 선고받은 경우, ⑥ 그 밖의 사유로 대법원에서 선거무효 또는 당선무효를 선고받은 경우. 그 밖에도 형사사건으로 금고 이상의 유죄판결이 확정된 경우(국회법 제136조 제2항)도 퇴직사유가 된다.

(iv) 제 명 제명은 윤리특별위원회의 심사와 본회의의 보고를 거쳐(국회법 제14장), 본회의에서 재적의원 3분의 2 이상의 찬성으로 의결하며 법원에 제소할 수 없다(제64조 제3항, 제4항).

(v) 자격심사 국회는 의원자격의 보유에 필요한 피선거권의 보유 여부, 겸직으로 인한 자격상실 여부 등을 심사한다(제64조 제2항). 국회법상 제명과 동일한 절차를 거친다.

(vi) 위헌정당해산결정 명시적인 규정은 없지만 헌법재판소가 위헌정당해산결정을 할 경우 해당 정당 소속 국회의원은 비례대표국회의원뿐만 아니라 지역구국회의원도 의원자격을 상실한다고 본다(헌재 2014.12.19. 2013헌다1, 통합진보당 해산 청구 사건(인용(해산)))(제2편 제5장 제6절 Ⅴ. 6.).

3. 소속정당의 합당 · 해산과 의원직

헌법상 명문의 규정이 없지만 자유위임의 원리에 따라 국회의원은 원칙적으로 당적을 변경하더라도 의원직을 상실하지 아니한다. 다만, 공직선거법에 따라 비례대표국회의원은 "소속정당의 합당 · 해산 또는 제명 외의 사유로 당적을 이탈 · 변경하거나 2 이상의 당적을 가지고 있는 때에는" 퇴직한다(제192조 제4항).

Ⅳ. 국회의원의 권한과 권리

국회의원의 권한(권리)은 일반적으로 향유하는 권한(권리)과 헌법상 부여된 특권으로 나누어 살펴볼 수 있다.

1. 일반적 권한과 권리

국회의원은 헌법기관의 구성원으로서 독자적 · 개별적으로 권한과 권리를 가진다. 즉 상임위원회와 본회의에서의 발언 · 동의권, 질문권 · 질의권, 토론 · 표결권, 수당 · 여비수령권 등을 가진다.

"국회의원의 질의권, 토론권, 표결권 등은 국회의 구성원의 지위에 있는 국회의원에게 부여된 권한이지 국회의원 개인에게 헌법이 보장하는 권리, 즉 기본권으로 인정된 것이라 할 수 없다": "설사 국회의장의 불법적인 의안처리행위로 헌법의 기본원리가 훼손되었다고 하더라도 그로 인하여 헌법상 보장된 구체적 기본권을 침해당한 바 없는 국회의원인 청구인들에게 헌법소원심판청구가 허용된다고 할 수 없다"(헌재 1995.2.23. 90헌마125등, 입법권침해 등에 대한 헌법소원(각하)).

(1) 발언권

(i) "정부에 대한 질문을 제외하고는 의원의 발언 시간은 15분을 초과하지 아니하는 범위에서 의장이 정한다. 다만, 의사진행발언, 신상발언 및 보충발언은 5분을, 다른 의원의 발언에 대한 반론발언은 3분을 초과할 수 없다"(국회법 제104조 제1항). 교섭단체대표연설은 40분까지 할 수 있다.

(ii) "의장은 본회의가 개의된 경우 그 개의시부터 1시간을 초과하지 아니하는 범위에서 의원에게 국회가 심의 중인 의안과 청원, 그 밖의 중요한 관심 사안에 대한 의견을 발표할 수 있도록 하기 위하여 5분 이내의 발언('5분자유발언')을 허가할 수 있다"(제105조 제1항). 이는 국회에서의 토론을 활성화하기 위한 장치이다.

(2) 질문권

(i) 국회의원의 정부에 대한 질문에는 서면질문과 구두질문이 있다.

(ii) 국회는 국정 전반에 관하여 대정부질문을 할 수 있다(제122조의2 제1항). 정부에 대한 질문을 위한 본회의는 개의일 오후 2시로 한다(제76조의2 제2호). 토론식질문을 활성화하기 위하여 "대정부질문은 일문일답의 방식으로 하되, 의원의 질문시간은 20분을 초과할 수 없다"(제122조의2 제1항).

(iii) "의원은 20인 이상의 찬성으로 회기 중 현안이 되고 있는 중요한 사항을 대상으로 정부에 대하여 질문(긴급현안질문)을 할 것을 의장에게 요구할 수 있다"(제122조의3 제1항). 질문요구서는 본회의 개의 24시간 전까지 의장에게 제출하여야 한다(제2항). "긴급현안질문을 할 때 의원의 질문은 10분을 초과할 수 없다. 다만, 보충질문은 5분을 초과할 수 없다"(제6항).

(3) 질의권

국회의원은 의제가 되어 있는 의안에 대하여 위원장·발의자·국무위원·정부위원에 대하여 의의(疑義)를 물을 수 있다. 질의권은 의제가 되어 있는 의안에 한정되는 점에서 국정 전반에 걸쳐 물을 수 있는 질문권과 구별된다.

(4) 의안발의권 등

국회의원은 다른 의원과 공동으로 의안발의권, 임시회집회요구권, 국정조사요구권, 의원석방요구권을 가진다. 법률안 등 의안은 국회의원 10인 이상이 발의하여야 한다. 국회의원의 지위에 비추어 본다면 의원 개인도 법률안 등의 발의권을 가질 수 있어야 하지만, 그 남용을 방지하고자 하는 취지로 이해된다. 의원자격심사는 30인 이상의 발의가 있어야 한다. 임시회집회요구 · 국정조사요구 · 의원석방요구는 재적의원 4분의 1 이상의 발의가 있어야 한다. 국무총리 · 국무위원해임건의안과 탄핵소추안은 재적의원 3분의 1 이상의 발의가 있어야 한다. 헌법개정안과 대통령에 대한 탄핵소추안은 재적의원 과반수의 발의가 있어야 한다.

(5) 토론 및 표결권

의원은 의제가 된 의안에 대하여 토론하고, 헌법상 보장된 표결의 자유에 따라 표결권을 가진다. 국회법에서는 자유투표제를 명시하고 있다(제114조의2). 또한 국회법은 의원의 성명이 기록되는 전자투표제를 채택한다(제112조).

2. 국회의원의 특권

(1) 평등권의 예외로서의 특권(特權)

(i) 헌법 제11조의 평등원칙에도 예외가 있다. 헌법이 인정하는 예외적 특권은 일반결사(제21조)에 대한 정당의 특권(제8조), 내란 또는 외환의 죄를 범한 경우를 제외하고는 재직중 형사상의 소추를 받지 아니하는 대통령의 특권(제84조), 국회의원의 면책특권(제45조)과 불체포특권(제44조) 등이 있다.

(ii) 국회의원의 헌법상 특권은 국민의 대표자인 국회의원이 직무수행에 있어서 자주성 · 독립성을 확보한 가운데 헌법상 권한을 적절히 행사할 수 있도록 부여된 권한이다. 따라서 국회의원은 헌법이 부여한 특권을 포기할 수 없다.

(2) 국회의원의 면책특권(免責特權)

A. 의 의

(i) "국회의원은 국회에서 직무상 행한 발언과 표결에 관하여 국회 외에서 책임을 지지 아니한다"(제45조). 1689년 영국의 권리장전에서 비롯된 국회의원의 책임면제특권은 오늘날 세계 각국의 헌법에서 널리 인정된다.

> "that the freedom of speech, and debates or proceedings in Parliament, ought not to be impeached or questioned in any court or place out of Parliament"(권리장전 제1장 제5항 제9호).
>
> "for any Speech or Debate in either House, they(Senators and Representatives) shall not be questioned in any other Place"(미국 연방헌법 제1조 제6항 (1)).

(ii) 면책특권의 취지는 국회의원이 국민의 대표자로서 국회 내에서 자유롭게 발언하고 표결할 수 있도록 보장함으로써 국회가 입법 및 국정통제 등 헌법이

부여한 권한을 적정하게 행사하고 그 기능을 원활하게 수행할 수 있도록 보장하는 데에 있다(대판 1996.11.8. 96도1742).

B. 법적 성격

면책특권은 국회의원의 발언·표결이 비록 민·형사상의 범죄나 책임을 구성한다고 하더라도 책임을 면제받는 특권, 즉 형법상 인적 처벌조각사유에 해당한다.

C. 주 체

(i) 면책특권은 국회의원만이 누릴 수 있는 특권이다. 따라서 국회의원을 겸직하고 있는 국무위원이 국무위원으로서 행한 발언은 면책특권의 대상이 되지 아니한다. 이에 대하여 어느 지위에서 행한 발언인지 구별하기 어렵기 때문에 어떤 자격으로서 행한 발언인지 여부를 불문하고 면책된다는 견해도 있다(김철수(상) 1578면).

(ii) 미국의 경우 그 행위가 국회의원에 의하여 수행되었더라면 면책되는 의정활동인 업무를 수행하는 한 보좌관의 행위도 면책특권의 보호를 받는다는 판례가 있다(*Gravel v. U.S.*, 408 U.S. 606(1972)). 영국의 경우 의사절차에 참가한 증인·청원인 등에게도 면책특권을 인정한다.

(iii) 면책특권은 책임만 면제(인적 처벌 조각사유)받을 뿐, 위법성은 조각되지 아니하므로 국회의원의 발언·표결을 교사·방조한 자는 민·형사상의 책임을 진다.

(iv) 의원의 임기 중에 발생한 면책특권은 의원의 임기가 끝난 후에도 그 효력이 지속된다.

D. 면책대상

면책의 대상이 되는 행위는 국회 내에서 직무상 행한 발언과 표결이다.

(a) 국회 내에서 국회 내에서의 의미는 장소적 관념이라기보다는 국회의 직무활동범위로 새겨야 한다. 따라서 의사당 밖에서 개최되는 위원회나 공청회 등에서의 발언·표결도 면책된다.

(b) 직무상 행한 발언과 표결 직무상 발언은 국회의원이 직무상 행하는 모든 의사표시로 토론·연설·질문·사실의 진술 등이 포함된다. 직무상 표결은 의안에 관하여 가부(可否)의 의사를 표시하는 행위이다. 현실적으로 "직무상 행한 발언과 표결"의 의미에 대한 정확한 자리매김은 쉬운 일이 아니다. 하지만, 면책특권의 도입 취지에 비추어 가급적 면책범위를 폭넓게 인정하여야 한다. 가령, 대통령의 위헌·위법한 비상계엄 선포에 대하여 국회가 계엄해제요구안을 본회의에서 표결처리할 때 국회의원이 반대표를 던졌다고 하여 해당 의원에게 형사

책임을 물을 수는 없다.

"헌법 제45조에서 규정하는 국회의원의 면책특권은 국회의원이 국민의 대표로서 국회 내에서 자유롭게 발언하고 표결할 수 있도록 보장함으로써 국회가 입법 및 국정통제 등 헌법에 의하여 부여된 권한을 적정하게 행사하고 그 기능을 원활하게 수행할 수 있도록 보장하는데 그 취지가 있다. 이러한 면책특권의 목적 및 취지 등에 비추어 볼 때, 발언 내용 자체에 의하더라도 직무와는 아무런 관련이 없음이 분명하거나 명백히 허위임을 알면서도 허위의 사실을 적시하여 타인의 명예를 훼손하는 경우 등까지 면책특권의 대상이 될 수는 없지만 발언 내용이 허위라는 점을 인식하지 못하였다면 비록 발언내용에 다소 근거가 부족하거나 진위 여부를 확인하기 위한 조사를 제대로 하지 않았다고 하더라도 그것이 직무 수행의 일환으로 이루어진 것인 이상 이는 면책특권의 대상이 된다"(대판 2007.1.12. 2005다57752).

(c) 명예훼손적(名譽毁損的) 언동(言動) 포함 여부

(i) 헌법 제45조는 면책특권의 대상에서 배제되는 행위에 대하여 특별한 규정이 없다. 다만, 국회법 제146조에서는 "의원은 본회의 또는 위원회에서 다른 사람을 모욕하거나 다른 사람의 사생활에 대한 발언을 할 수 없다"라고 규정하고 이를 위반하였을 때에는 국회법 제155조에 따라 해당 의원을 징계할 수 있다. 이 경우 면책특권의 대상범위에 명예훼손적 언동의 포함 여부는 국회법 제146조의 해석에 따라 결정된다.

(ii) 명예훼손적 언동은 면책특권의 대상에 포함되지 아니한다는 견해 국회법 제146조를 헌법 제45조 면책특권에 대한 헌법내재적 한계의 구체화로 본다. 이에 따라 국회법 제146조의 행위와 이에 준하는 명예훼손적 언동의 경우 헌법의 보호범위 밖에 있는 행위로 보아 면책특권이 미치지 아니한다고 본다(다수설).

이에 대하여 국회법 제146조는 면책특권의 헌법내재적 한계의 구체화가 아니라 의원의 발언이 대외적으로는 면책특권의 대상이 되지만, 대내적으로는 국회의 징계대상이 될 수 있음을 확인하는 규정일 뿐이라는 비판적인 견해도 제기된다(최윤철, "국회의원의 면책특권의 보호범위에 관한 연구", 법학연구 11, 한국법학회, 2003, 359면).

(iii) 명예훼손적 언동도 면책특권의 대상에 포함된다는 견해 헌법 제45조는 면책특권에 대하여 아무런 입법위임도 하지 아니하므로 국회법 제146조는 헌법 제45조와는 별개의 규정이고, 단지 국회법 제146조는 국회의원의 국회 내 징계책임(제155조)의 실체적 성립요건으로 해석하는 견해에 의하면 헌법에 별도의 단서규정이 없는 한 명예훼손적 언동도 당연히 면책특권 보호 대상으로 본다.

(iv) 사안에 따라 개별적으로 검토하여야 한다는 견해 헌법이 의원의 명예훼손적 언동에 관하여 침묵하고 있기 때문에 이는 해석의 문제라고 보고, 형법이

정한 구성요건과 위법성조각사유를 기준으로 면책특권 인정 여부를 경우에 따라 개별적으로 판단하여야 한다는 견해도 있다(신동운, "국회의원의 면책특권과 그 형사법적 효과", 서울대 법학 34-2, 1993, 211면).

(v) 검 토 의사진행과정에서 발언과 표결뿐만 아니라 가벼운 충돌이 야기될 수도 있고, 또한 의사진행방해를 하는 과정에서 과격한 발언과 행동이 돌출할 수 있다. 그런 점에서 면책대상인 발언과 표결의 의미를 완화한 해석은 국회에서의 원활한 의정활동을 위하여 바람직하다. 불포함설에 의하면 자칫 국회의원의 면책특권이 형해화되고, 야당탄압수단으로 악용될 우려를 배제할 수 없다. 다만, 특단의 사정이 있을 경우에 한하여 개별적 판단은 가능하다.

독일기본법은 국회 내에서의 행위라 할지라도 모욕적이거나 명예훼손적인 경우에는 면책되지 아니한다(제46조 제1항 제2문)라는 명시적인 규정을 두고 있다. 그런데 독일에서도 이를 형법상 일반적인 명예훼손(제185조-제186조)이 아니라, 어떤 사실이 진실이 아님을 확실히 알고 있음에도 불구하고 이를 공표하여 타인을 중상하거나 사회적 평가를 현저히 저하하는 경우인 "중대한 명예훼손"(제187조)에 한하여 기본법을 적용한다는 점에서 독일에서도 면책특권의 범위를 넓게 인정한다.

(d) 원고사전배포행위(原稿事前配布行爲) 원고사전배포행위는 '국회 내에서'의 의미를 좁게 이해하면 면책대상이 될 수 없다. 그러나 국회의원이 대정부질문을 하기 직전에 국회출입기자들에게 원고를 배포하는 관행을 존중하여 줄 만한 충분한 가치가 있을 경우에는 법적용에 있어서도 이를 참고하여야 한다.

제5공화국시절인 1986년에 유성환 의원의 원고사전배포행위에 대하여 1심에서는 직무상 발언의 의미를 매우 좁게 해석하여 면책특권을 부인하였으나, 2심에서는 면책특권에 해당되므로 재판의 대상이 될 수 없다고 하여 공소기각판결을 내렸다(서울지법 1987.4.10. 86고합1513, 서울고법 1991.11.14. 87노1386). 대법원도 이를 면책특권의 대상으로 보았다.

"배포한 원고의 내용이 공개회의에서 행할 발언내용이고(회의의 공개성), 원고의 배포시기가 당초 발언하기로 예정된 회의시작 30분 전으로 근접되어 있으며(시간적 근접성), 원고배포의 장소 및 대상이 국회의사당 내에 위치한 기자실에서 국회출입기자들만을 상대로 하여 한정적으로 이루어졌고(장소 및 대상의 한정성), 원고배포의 목적이 보도의 편의를 위한 것(목적의 정당성)이라면, 국회의원이 국회본회의에서 질문할 원고를 사전에 배포한 행위는 면책특권의 대상이 되는 직무부수행위에 해당한다"(대판 1992.9.22. 91도3317).

국회의원인 피고인이, 구 국가안전기획부 내 정보수집팀이 대기업 고위관계자와 중앙일간지 사주 간의 사적 대화를 불법 녹음한 자료를 입수한 후 그 대화 내용과, 전직 검찰간부인 피해자가 위 대기업으로부터 이른바 떡값 명목의 금품을 수수하였다는 내용이 게재된 보도자료를 작성하여 국회 법제사법위원회 개의(開議) 당일 국회 의원회관에서 기자들에게 배포한 사안에서, 피고인이 국회 법제사법위원회에서 발언할 내용이 담긴 위 보도자료를 사전에 배포한 행위는 국회의원 면책특권의 대상이 되는 직무부수행위에 해당하므로 피고인에 대한 허위사실적시 명예훼손 및 통신비밀보호법 위반의 점에 대한 공소를 기각하여야 한다. 하지만, 자신의 인터넷 홈페이지에 게재하였다고 하여 통신비밀보호법 위반으로 기소된 사안에서 위 행위는 형법 제20조의 정당행위에 해당한다고 볼 수 없다고 판시한다(대판 2011.5.13. 2009도14442).

E. 면책의 효과

(a) 법적 책임면제　　국회에서 직무상 행한 발언이 면책특권의 범위 내에 속하더라도 어디까지나 민·형사상 법적 책임이 면제될 뿐이며 정치적 책임이나 국회의 자율권에 근거한 징계책임은 별개이다(통설).

국회의원이 원내에서 발언한 내용을 원외에서 공표하거나 출판한 때에는 면책특권이 인정되지 아니한다. 다만, 공개회의의 회의록을 그대로 공개 또는 반포한 경우에는 보도의 자유의 일환으로 면책된다(그러나 비밀을 요한다고 의결한 부분과 의장이 국가의 안전보장을 위하여 필요하다고 인정한 부분으로서 회의록에 게재하지 아니하기로 한 내용을 보도할 경우에는 면책되지 아니한다)(제50조 제2항, 국회법 제118조 제4항).

(b) 면책행위에 대한 법원의 판단

(i) 면책특권의 범위 내에 속하는 행위에 대하여 검사가 면책특권의 대상이 되지 아니하는 행위로 판단하여 공소제기한 경우 법원의 판결 주문에 대하여 논란이 있다.

(ii) 학설과 판례

① 면책특권의 법적 성격을 추가적 범죄성립요건으로 보아 실체판단이 가능하므로 무죄판결을 선고하여야 한다는 견해,

② "공소장에 기재된 사실이 진실하다 하더라도 범죄가 될 만한 사실을 포함되지 아니하는 때"에 해당하므로 공소기각결정(형사소송법 제328조 제1항 제4호)을 하여야 한다는 견해,

③ "피고인에 대하여 재판권이 없는 때"에 해당하므로 공소기각판결(형사소송법 제327조 제1호)을 하여야 한다는 견해(서울고법 1991.11.14. 87노1386),

④ "공소제기의 절차가 법률의 규정에 위반하여 무효인 때"에 해당하므로 공소기각판결(형사소송법 제327조 제2호)을 선고하여야 한다는 견해가 있다(대판 1992.9.22. 91도3317).

(iii) 검 토　　대법원이 유성환 의원 사건에서 판시한 바와 같이 위법적인 공소제기에 대하여는 형사소송법 제327조 제2호의 공소기각판결을 내려야 한다.

(3) 국회의원의 불체포특권(不逮捕特權)

A. 의 의

(i) "① 국회의원은 현행범인인 경우를 제외하고는 회기중 국회의 동의없이 체포 또는 구금되지 아니한다. ② 국회의원이 회기전에 체포 또는 구금된 때에는 현행범인이 아닌 한 국회의 요구가 있으면 회기중 석방된다"(제44조).

(ii) 불체포특권은 원래 영국에서 의회민주주의의 발전과정에서 국왕에 대항하여 국회의원이 획득한 특권으로서 1603년 Privilege of Parliament Act에서 명문화된 이후 세계 각국의 헌법에서 널리 채택하고 있다.

B. 법적 성격

불체포특권은 의원의 신체의 자유를 보장함으로써, 의원의 자유로운 의정활동을 보장하여 행정부로부터 자유로운 국회기능을 보장하려는 데 그 의의가 있다. 따라서 불체포특권은 의원이 개인적으로 이를 포기할 수 없다. 왜냐하면 불체포특권은 의원의 특권임과 동시에 의회의 정상적 기능을 보장하기 위한 제도적 장치이기 때문이다.

C. 내 용

(a) 회기중 국회의원은 현행범인인 경우를 제외하고는 회기중 국회의 동의없이 체포 또는 구금되지 아니한다. 국회의원이 공직선거법 위반으로 기소되었을 때 불체포특권을 내세워 공판기일에 불출석함으로써 고의로 재판의 진행을 지연시키는 잘못된 관행을 차단하기 위하여, 선거범에 관한 재판에서 피고인이 2회 이상 정당한 이유 없이 불출석할 경우 궐석재판을 진행할 수 있다(공직선거법 제270조의2).

(i) 체포·구금이라 함은 형사절차상 체포·구금뿐만 아니라 행정상 강제 등 모든 체포·구금을 포함한다.

(ii) 현행범인에게는 이 특권을 인정하지 아니한다. 형사소송법 제211조의 범죄의 실행 중 혹은 실행 직후에 있는 현행범인은 부당한 체포·구금의 위험이 없을 뿐만 아니라 명백한 범죄인의 보호는 평등의 원칙에도 어긋나기 때문이다.

하지만, 현행범에 대한 불체포특권의 배제는 최소한에 그쳐야 한다. 즉 불체포특권의 제한은 현행범을 체포하는 단계에 한하여 가능하다. 따라서 이미 체포·구금된 국회의원에 대하여 국회 회기 중 구속의 계속 여부는 현행범 여부를 가리지 아니하고 전적으로 국회의 결의에 따라야 한다.[1] 왜냐하면 불체포특권의 악용은

---

1) 신동운, "국회의원의 불체포특권과 구속영장의 집행정지 형사소송법 제101조 제4항 및 제5항의 성립경위와 관련하여", 형사정책연구 18-3(71호), 673-704면 참조. 이 논문에서는 특히 1952년 서민호

자칫 국회의원의 정상적인 의정활동에 지장을 초래하게 되기 때문이다. 또한 형사소송법 제101조 제4항과 제5항에서도 체포·구속된 국회의원의 구속영장집행정지와 관련하여 현행범을 전면적으로 배제하는 명문의 근거를 두지 아니한다.

(iii) 국회의 동의가 있으면 체포·구금될 수 있다. "의원을 체포하거나 구금하기 위하여 국회의 동의를 받으려고 할 때에는 관할법원의 판사는 영장을 발부하기 전에 체포동의 요구서를 정부에 제출하여야 하며, 정부는 이를 수리(受理)한 후 지체 없이 그 사본을 첨부하여 국회에 체포동의를 요청하여야 한다." "의장은 제1항에 따른 체포동의를 요청받은 후 처음 개의하는 본회의에 이를 보고하고, 본회의에 보고된 때부터 24시간 이후 72시간 이내에 표결한다. 다만, 체포동의안이 72시간 이내에 표결되지 아니하는 경우에는 그 이후에 최초로 개의하는 본회의에 상정하여 표결한다"(국회법 제26조). 국회의 동의는 재적의원 과반수의 출석과 출석의원 과반수의 찬성으로 한다(제49조, 국회법 제109조). 이때 체포 또는 구금에 명백하고 정당한 이유가 있을 때에는 국회가 반드시 동의하여야 한다는 견해(기속설)도 있으나, 다수설은 동의 여부를 국회의 재량사항(재량설)으로 이해한다. 이 경우 국회는 체포·구금의 이유가 있다고 하여 동의를 하는 이상 조건이나 기한을 붙일 수 없다는 견해(권영성)도 있으나, 국회의원의 의정활동의 정상적인 수행을 위하여 불가피한 경우에 한하여 국회는 자율적으로 조건이나 기한을 부가하여 동의할 수 있다고 본다.

한편 국회의원이 직무상 행한 범법행위에 대하여 검찰이 형사범으로 공소를 제기할 때 국회의 고발이 있어야 한다는 견해가 있다. 생각건대 국회의 권위와 자율성을 존중하여 면책특권의 범위를 보다 탄력적으로 넓게 해석하여야 하므로 국회의원의 직무행위와 관련된 범법행위에 대하여는 국회의 고발이 있어야 한다는 고발필요설이 설득력을 가진다.[1] 하지만, 명문의 규정이 없는데도 국회의 고발이 없으면 검찰권행사가 불가능하다고 한다면, 이는 검찰권행사에 대한 중대한 제약을 초래할 우려가 있다(고발불필요설).[2]

(iv) 회기중이어야 한다. 회기중이란 집회일로부터 폐회일까지를 말한다. 휴

의원 사건을 전후한 상황과 그 이후의 관련 헌법 및 형사소송법의 개정추이를 상론한다. 제21대 국회에서 더불어민주당의 노웅래, 이재명, 윤관석, 이성만 의원에 대한 체포동의안은 부결되었다. 반면에 국민의힘의 하영제 의원, 더불어민주당의 이재명 대표에 대한 체포동의안은 가결되었다.

1) 유성환 의원 사건에서 구병삭·권영성·허영 교수는 고발이 있어야 한다는 요지의 의견을 제시한 바 있다. 강경근, "국회의원의 면책특권", 월간고시, 1994.6, 122면.

2) 일본 판례의 입장은 정만희, 헌법과 통치구조, 법문사, 2004, 219면. 동지: 서울형사지법 앞의 판결.

회 중도 포함된다.

(b) 회기전 국회의원이 회기 전에 체포 또는 구금된 때에는 현행범인이 아닌 한 국회의 요구가 있으면 회기중 석방된다.

(i) 회기전 체포·구금에 대한 사후구제제도이다.

(ii) 회기전이란 회기시작 이전을 말하며, 전 회기의 기간도 포함한다.

(iii) 현행범인에게는 인정되지 아니한다. 현행범인도 국회의 회기중 석방될 수 있는가에 대한 논쟁은 1952년에 현행범인으로 구속된 서민호 의원 사건에서 논란이 되어 현행헌법에서 이를 분명히 한다.

(iv) 국회의 석방요구에 따라 회기중 석방된다. 국회 재적의원 4분의 1 이상의 연서로 그 이유를 첨부한 요구서를 의장에게 제출하면 재적의원 과반수의 출석과 출석의원 과반수의 찬성으로 석방요구를 의결한다(제28조, 제109조). 국회의 석방요구가 있으면 즉각 석방하여야 한다. 회기중에만 석방되며 회기 후에는 다시 체포·구금될 수 있다.

(c) 계엄선포 중 국회의원의 불체포특권 "계엄 시행 중 국회의원은 현행범인인 경우를 제외하고는 체포 또는 구금되지 아니한다"(계엄법 제13조). 이는 헌법상 국회의 계엄해제요구권(제77조 제5항)을 보장하기 위한 장치이므로, 이 경우 회기 중인지 여부를 묻지 아니하고 국회의 동의권 자체가 인정되지 아니한다.

D. 효 과

불체포특권은 국회의원의 처벌 면제가 아니라, 단지 회기 중 체포 또는 구금되지 아니하는 특권이다. 따라서 국회의원은 범죄사실이 있으면 형사소추와 처벌을 받는다.

(4) 세비 기타 편익을 받을 권리

의원은 따로 법률에서 정하는 바에 따라 수당과 여비를 받는다(국회법 제30조). 세비의 법적 성격에 관하여는 비용변상설과 보수설이 있으나, 의원과 그 가족의 생계유지를 위하여 국고에서 세비가 지급되고 있기 때문에 보수라고 할 수 있다. 그러나 '국회의원수당 등에 관한 법률' 제1조는 비용변상설에 입각한다.

"이 법은 국민에게 봉사하는 국회의원의 직무활동과 품위유지에 필요한 최소한의 실비를 보전하기 위한 수당 등에 관한 사항을 규정함을 목적으로 한다."

국회의원수당 등에 관한 법률에 따라 국회의원에게 지급되는 입법활동비, 특별활동비, 입법 및 정책개발비, 여비는 위 법률에서 정한 고유한 목적에 사용되어야 하며 이러한 성질상 압류가 금지된다고 봄이 타당하다. 따라서 이들은 강제집행의 대상이 될 수 없다(대판 2014.8.11. 2011마2482, 채권압류 및 추심명령).

V. 국회의원의 의무

1. 헌법상 의무

"국회의원은 청렴의 의무가 있다." 또한 "국회의원은 국가이익을 우선하여 양심에 따라 직무를 행한다"(제46조 제1항, 제2항, 국회법 제24조). "국회의원은 그 지위를 남용하여 국가·공공단체 또는 기업체와의 계약이나 그 처분에 의하여 재산상의 권리·이익 또는 직위를 취득하거나 타인을 위하여 그 취득을 알선할 수 없다"(제46조 제3항, 제155조 제1호). "국회의원은 법률이 정하는 직을 겸할 수 없다"(제43조). 의원은 원칙적으로 국무총리 또는 국무위원의 직 이외의 다른 직을 겸할 수 없으며 당선 전부터 일정한 직을 가진 경우에는 임기개시일 전까지 그 직을 휴직 또는 사직하여야 한다(국회법 제29조).

국회의원으로 하여금 직무관련성이 인정되는 주식을 매각 또는 백지신탁하도록 하여 그 직무와 보유주식 간의 이해충돌을 원천적으로 방지하고 있는바, 헌법상 국회의원의 국가이익 우선의무, 지위남용 금지의무 조항 등에 비추어 볼 때 정당한 입법목적을 달성하기 위한 적절한 수단이다. 나아가 국회의원이 보유한 모든 주식에 대해 적용되는 것이 아니라 직무관련성이 인정되는 3천만 원 이상의 주식에 대하여 적용되어 그 적용범위를 목적달성에 필요한 범위 내로 최소화하고 있는 점, 당사자에 대한 사후적 제재수단인 형사처벌이나 부당이득환수, 또는 보다 완화된 사전적 이해충돌회피수단이라 할 수 있는 직무회피나 단순보관신탁만으로는 입법목적 달성효과를 가져오기 어렵기 때문에 최소침해성원칙에 반한다고 볼 수 없고, 국회의원의 사익 침해가 확보되는 공익보다 크다고는 볼 수 없으므로 법익균형성원칙도 준수하고 있다. 매각 또는 백지신탁의 대상이 되는 주식의 보유한도액을 결정함에 있어 국회의원 본인뿐만 아니라 본인과 일정한 친족관계가 있는 자들의 보유주식도 포함하는 것은 본인과 친족 사이의 실질적·경제적 관련성에 근거한 것이므로 헌법 제13조 제3항에 위배되지 아니한다(헌재 2012.8.23. 2010헌가65, 공직자윤리법 제14조의4 제1항 위헌 제청(합헌)).

2. 국회법상 의무

(i) 국회의원은 ① 본회의·위원회 출석의무(국회법 제155조 제8호), ② 의사법령·규칙준수의무(제6조), ③ 품위유지의무(제25조), ④ 사적 이해관계의 등록 의무(제32조의2), ⑤ 윤리심사자문위원회의 의견 제출(제32조의3, 제32조의4), ⑥ 이해충돌의 신고(제32조의5), ⑦ 이해충돌 우려가 있는 안건 등에 대한 회피(제32조의6), ⑧ 영리업무종사 금지의무(제29조의2), ⑨ 다른 의원을 모욕하거나 다른 의원의 발언을 방해하지 아니할 의무(제146조, 제147조), ⑩ 의

장의 질서유지명령에 복종할 의무(제145조, 제155조 제6호 등), ⑪ 의장석 또는 위원장석의 점거 금지의무(제148조의2), ⑫ 회의장 출입의 방해 금지의무(제148조의3)가 있다.

(ⅱ) 국회의원의 윤리성을 제고하기 위하여 국회는 '국회의원윤리강령' 및 '국회의원윤리실천규범'을 제정한 바 있다. 또한 국회의원은 윤리심사자문위원회에 사적 이해관계의 등록(제32조의2), 이해충돌의 신고(제32조의4), 이해충돌 우려가 있는 안건 등에 대한 회피(제32조의5)를 하여야 한다. 윤리심사자문위원회는 이해충돌에 관련된 의견을 국회에 제출하여야 한다(제32조의3).

3. 의무위반에 대한 제재

국회의원이 그 의무를 이행하지 아니할 경우 제재를 가할 수 있다. 겸직의무 위반의 경우에는 자격심사를 할 수 있다(국회법 제138조, 제142조). 의원이 청렴의무, 지위남용금지의무 및 국회법상의 의무를 위반하면 징계사유가 된다(제155조).

제 8 절 국회의 권한

(i) 국회의 권한(權限)은 그 국가 특유의 정치적 환경과 권력분립 및 정부형태에 따라 차이가 있다. 엄격한 권력분립의 대통령제와 연성적 권력분립의 의원내각제, 그 중간모델인 이원정부제(반대통령제)의 작동실태에 따라 다소 다른 모습을 보여준다. 현행헌법은 대통령제에서 찾아볼 수 없는 정부에 대한 중요한 정치적 통제권으로서 국무총리 · 국무위원 해임건의권을 국회에 부여한다.

(ii) 국회의 권한을 형식적으로 파악하면 의결권 · 동의권 · 승인권 · 통고권 · 통제권 등으로 설명할 수도 있다. 그러나 일반적으로 국회가 가진 권한의 실질적 내용에 따라 논술한다. 가장 고전적이고 전통적 권한인 입법권, 재정권, 국정통제권이 국회의 핵심적 권한이다. 그 밖에도 국회 내 인사권과 내부자율권 등이 있다.

(iii) 국회의 가장 고전적인 권한은 입법권이다. 그런데 현행헌법에서는 미국 대통령제에서 존재하지 아니하는 정부의 법률안제출권이 있다. 그런 점에서 국회의 입법권은 제한적이다.

(iv) 국회의 재정에 대한 권한은 재정입헌주의에 따라 작동한다. 예산의 편성권과 집행권은 정부가 가진다. 하지만, 국회는 예산의 확정 및 통제권을 가진다. 다만, 우리나라에서 예산은 독자적인 법규범의 형태를 취하고 있지만, 예산법률주의의 필요성도 제기된다.

(v) 오늘날 국회의 권한은 전통적인 입법권보다는 오히려 국정통제권으로 그 중점이 이동하고 있다. 국정감사권은 외국의 헌법에서 그 예를 찾기 어려운 한국헌법상 특유의 제도이다. 또한 인사청문제도는 대통령의 인사권에 대한 실질적인 통제권으로 작동한다. 특히 여소야대 상황에서는 탄핵소추, 국무총리 · 국무위원 해임건의 등이 정부를 무력화하는 수단으로 작동한다.

(vi) 국회의 일반적인 권한이 아닌 특별한 권한으로는 헌법개정에 관한 권한(헌법개정안 발의권, 헌법개정안 의결권)이 있다(제1편 헌법총론의 헌법개정 참조 (제1편 제2장 제1절 제2항 V. 참조)).

제1항 입 법 권

Ⅰ. 의 의

(i) 국회의 본원적 기능은 입법작용이다. 따라서 "입법권은 국회에 속한다"(제40조). 이는 "행정권은 대통령을 수반으로 하는 정부에 속한다"(제66조 제4항), "사법권은 법관으로 구성된 법원에 속한다"(제101조 제1항)라는 규정과 맥락을 같이 한다.

(ii) 그런데 국회의 본원적 권한인 입법권은 전문적·기술적 입법 및 위임입법의 증대에 따라 형식적 권한으로 전락하고 있다.

Ⅱ. 헌법 제40조: "입법권은 국회에 속한다"

1. 입법권의 개념

(1) 입법권(立法權)의 개념에 관한 학설

(i) 입법권의 개념 내지 의미에 관하여는 형식설, 실질설, 절충설이 있다.

(ii) 실질설에 의하면 입법권이란 국민의 권리와 의무에 관한 규범인 실질적 의미의 법규를 정립하는 권한을 말한다. 따라서 그 내용이 법규사항인 한 법률·명령·규칙 등 형식 여하를 불문하나, 관습법은 포함되지 아니한다. 다만, 헌법이 인정하는 예외로 체결·공포된 국제조약(제6조 제1항), 대통령의 조약체결권(제73조)과 긴급명령·긴급재정경제명령권(제76조), 위임명령·집행명령(제75조) 등이 있다.

(iii) 형식설에 의하면 입법권이란 국회의 의결을 거쳐 성립되는 형식적 의미의 법률정립권으로 본다. 따라서 법률이 일정한 형식과 절차를 거쳐서 정립되는 한 그 내용 여하를 불문한다. 다만, 대통령의 긴급명령·긴급재정경제명령권(제76조)은 헌법이 인정하는 국회입법권의 예외일 뿐이다.

(iv) 양립설(兩立說, 절충설)은 원칙적으로 형식적 의미의 법률정립권으로 이해하나, 때로는 실질적 의미의 법규정립권으로도 파악할 수 있다는 입장이다.

(2) 검 토

"입법권은 국회에 속한다"는 국민의 대표기관인 국회에서 국민의 권리의무에 관한 사항과 국가의 통치조직이나 작용에 관한 기본적인 사항을 법률의 형식으로 정하여야 한다는 의미이다. 즉 헌법의 바로 아래 규범으로서 헌법이념을 구체화하는 법률이라는 형식의 법규범은 적어도 국회에서 제정되어야 한다. 따라서 입법권에서 '법'은 원칙적으로 국민의 대표기관인 국회에서 정립하는 형식적 의미의 법률을 말한다. 더 나아가서 법률은 단순히 국회에서 제정되기만 하면 된다는 의미가 아니라 그 내용 또한 대의민주주의의 기본원리에 충실하여야 한다. 역사적으로 법률은 의회주권으로부터 비롯된 법률주권의 표현이다.

2. 입법권의 주체로서의 국회

국회는 입법권의 주체이다. 입법은 국회가 중심이 되어야 한다는 점을 분명히 하기 위하여 "입법권은 국회에 속한다"(제40조)라고 헌법에 명시하고 있다.

(i) 국회에서 제정한 입법은 법률의 형식으로 정립된다. 국회 이외의 입법작용으로는 법률과 동일한 효력을 가지는 대통령의 국가긴급권 발령(긴급명령·긴급재정경제명령)과 법률 하위의 규범(국회·대법원·헌법재판소·중앙선거관리위원회의 규칙, 위임명령·집행명령)이 있다. 이는 헌법이 인정한 예외이다.

(ii) 국회가 입법의 중심이라는 의미는 바로 국회가 단독으로 입법을 하여야 한다는 의미로 연결될 수 있다. 실제로 국회의 단독 입법이 이상적일 수도 있다. 그러나 국회중심입법의 원칙은 곧바로 국회독점입법의 원칙으로 연결되지는 아니한다. 정부의 법률안제출권, 대통령의 법률안거부권과 법률안공포권은 법률의 제정과정에서 정부의 적극적인 개입 여지를 마련한다. 하지만, 법률의 실질적 제정권은 여전히 국회에 있으므로, 국회중심입법의 원칙은 유지된다.

Ⅲ. 입법권의 특성

1. 입법의 의의

입법이란 국가통치권에 의거하여 국가와 국민 및 국민과 국민 사이의 관계를 규율하는 일반적·추상적 성문의 법규범을 정립하는 작용이다. 국회가 입법권에 입각하여 정립하는 법규범이 바로 '법률'이다.

2. 입법의 일반성·추상성의 원칙

입법의 일반성이란 불특정 다수인을 대상으로 하는 것을 말하고, 추상성이란 불특정한 사항을 규정하는 것을 말한다. 국민의 대표기관인 국회에서 제정하는 법규범 즉 법률이 특정인·특정사항을 대상으로 한정적·제한적으로 제정된다면, 이는 헌법상 평등원칙에 위배될 소지가 있다. 이에 국회에서 제정한 법률의 확실성·공평성·안정성·통일성을 확보하기 위하여 입법의 일반성·추상성의 원칙이 정립되어 있다.

3. 처분적 법률: 입법의 일반성·추상성의 원칙의 예외

(1) 의 의

(i) 한국헌법상 법규범은 헌법·법률·명령·조례·규칙으로 위계화되어 있다. 법률의 제정은 헌법상 "입법권은 국회에 속한다"(제40조)라는 규정에 따라 국회의 권한 사항이다. 국회에서 제정하는 법률은 제정절차·내용·형식 등에 따라 각기 다른 유형이 있을 수 있지만, 현행헌법에서는 일반법률 이외의 유형은 존재하지 아니한다.

프랑스의 경우, 국민투표에서 통과된 법률·조직법률·수권법률·예산법률 등 여러 가지 유형이 있으며, 이 법률들은 각기 법률의 제정절차·효력 등이 상이하다. 특히 프랑스를 비롯하여 다수의 국가에서는 국회법과 국회규칙을 총괄하여 국회규칙만 있으며 국회법이 따로 존재하지도 아니한다. 다른 한편 미국·독일 등 연방국가에서는 연방법률과 주(州)법률이 각기 독자적으로 존재한다.

(ii) 다만, 법률의 내용상 특성인 일반성과 추상성을 가지지 아니하는 처분적 성격의 법률을 제정할 수 있느냐가 논의되고 있을 뿐이다.

(2) 처분적 법률(處分的 法律)의 개념

처분적 법률(Maßnahmegesetz)이란 일반적·추상적 사항을 규율하는 일반적 법률과는 달리, 사법·행정을 매개로 하지 아니하고 직접 구체적인 사건을 규율하거나 특정인에게만 적용되어 직접 국민에게 권리나 의무를 발생하게 하는 법률을 말한다. 헌법재판소도 "행정집행이나 사법집행을 매개로 하지 아니하고 직접 국민에게 권리나 의무를 발생하게 하는 법률, 즉 법률이 자동집행력을 갖는" 법률을 처분적 법률이라고 본다(헌재 1989.12.18. 89헌마32등, 국가보위입법회의법 등의 위헌여부에 대한 헌법소원(위헌,각하)).

(3) 처분적 법률의 부인에서 인정으로

(i) 종래 처분적 법률은 법규범이 가진 가장 본질적 특성인 일반성·추상성의 원칙에 어긋나기 때문에 이를 인정할 수 없다는 견해가 지배적이었다. 권력분립의 원리에 따라 입법작용은 행정작용의 개별적 처분성 및 사법작용의 실질적 재판성과 구별되어야 한다는 입장이다. 또한 처분적 법률은 일정한 범위의 국민 또는

특정한 사항을 대상으로 하기 때문에 평등원칙에 어긋난다고 보았다(1980년대까지 헌법학계의 통설).

(ii) 그러나 오늘날 사회적 법치국가의 실현을 위하여 국가의 기능과 역할이 증대함에 따라 일반법률을 통하여 제대로 구현할 수 없는 국민의 생존과 복지를 도모하고, 더 나아가 현대적인 위기국가의 상존에 따른 임기응변적인 위기관리를 위하여 처분적 법률의 존재가 불가피하다. 따라서 처분적 법률이 극단적인 개별적·구체적 처분이나 재판을 그 내용으로 하지 아니한다면 권력분립의 원리에 어긋난다고 볼 수 없다. 또한 헌법상 평등의 원칙이란 형식적 평등이 아니라 실질적·상대적 평등을 의미하기 때문에, 처분적 법률에 의하여 긴요하게 국가적 배려를 필요로 하는 국민에 대한 우선적 배려는 오히려 평등원칙의 실질적 구현이다.

(iii) 헌법재판소도 '5·18민주화운동 등에 관한 특별법'사건 등에서 처분적 법률을 적극적으로 받아들이고 있다.

"우리 헌법은 개별사건법률에 대한 정의를 하고 있지 않음은 물론 개별사건법률의 입법을 금하는 명문의 규정도 없다. 개별사건법률금지의 원칙은 '일반적으로 적용되어야지 어떤 개별사건에만 적용되어서는 아니된다'는 법원칙으로서 헌법상의 평등원칙에 근거하고 있는 것으로 풀이되고, 그 기본정신은 입법자에 대하여 기본권을 침해하는 법률은 일반적 성격을 가져야 한다는 형식을 요구함으로써 평등원칙위반의 위험성을 입법과정에서 미리 제거하려는 데 있다 할 것이다. 개별사건법률은 개별사건에만 적용되는 것이므로 원칙적으로 평등원칙에 위배되는 자의적인 규정이라는 강한 의심을 불러일으킨다. 그러나 개별사건법률금지의 원칙이 법률제정에 있어서 입법자가 평등원칙을 준수할 것을 요구하는 것이기 때문에, 특정 규범이 개별사건법률에 해당한다 하여 곧바로 위헌을 뜻하는 것은 아니다. 비록 특정 법률 또는 법률조항이 단지 하나의 사건만을 규율하려고 한다 하더라도 이러한 차별적 규율이 합리적 이유로 정당화될 수 있는 경우에는 합헌적일 수 있다. 따라서 개별사건법률의 위헌 여부는, 그 형식만으로 가려지는 것이 아니라, 나아가 평등의 원칙이 추구하는 실질적 내용이 정당한지 아닌지를 따져야 비로소 가려진다"(헌재 1996.2.16. 96헌가2등).

"우리 헌법은 처분적 법률로서 개인대상법률 또는 개별사건법률의 정의를 따로 두고 있지 않음은 물론, 이러한 처분적 법률의 제정을 금하는 명문의 규정도 두고 있지 않은바, 특정규범이 개인대상 또는 개별사건법률에 해당한다고 하여 그것만으로 바로 헌법에 위반되는 것은 아니라고 할 것이다. 결국 심판대상조항이 일반 국민을 그 규율의 대상으로 하지 아니하고 특정 개인만을 그 대상으로 한다고 하더라도 이러한 차별적 규율이 합리적인 이유로 정당화되는 경우에는 허용된다"(헌재 2005.6.30. 2003헌마841, 뉴스통신진흥에관한법률 제10조 등 위헌확인(기각)).

(4) 처분적 법률의 유형

처분적 법률의 유형으로는 일정 범위의 국민만을 대상으로 하는 '개별인 법률', 개별적·구체적인 상황 또는 사건을 대상으로 하는 '개별사건 법률', 시행기간이 한정된 '한시적 법률'로 나누어 볼 수 있다.

(ⅰ) 개별인 법률 부정선거관련자처벌법, 정치활동정화법, 부정축재처리법, 정치풍토쇄신을위한특별조치법, 반국가행위자의처벌에관한특별조치법, '민주화운동관련자 명예회복 및 보상 등에 관한 법률', '특수임무수행자 보상에 관한 법률', '삼청교육피해자의명예회복및보상에관한법률', '동학농민혁명 참여자 등의 명예회복에 관한 특별법', '친일반민족행위자 재산의 국고귀속에 관한 특별법' 등이 있다.

① "'그 소속공무원은 이 법에 의한 후임자가 임명될 때까지 그 직을 가진다'라는 내용은 … 처분적 법률의 예에 해당하는 것이며 따라서 국가보위입법회의 의장 등의 면직(免職)발령은 위 법률의 후속조치로서 당연히 행하여져야 할 사무적 행위에 불과하다." 또한 동 규정은 "조직의 변경과 관련이 없음은 물론 소속공무원의 귀책사유의 유무라든가 다른 공무원과의 관계에서 형평성이나 합리적 근거 등을 제시하지 아니한 채 임명권자의 후임자임명이라는 처분에 의하여 그 직을 상실하는 것으로 규정하였"으므로 헌법상 직업공무원제도의 본질에 반하는 위헌이다(헌재 1989.12.18. 89헌마32등, 국가보위입법회의법 등의 위헌여부에 관한 헌법소원(위헌,각하)).

② 분조합(分組合) 또는 분조합원의 사유재산을 박탈하여 보훈기금에 귀속시키기 위한 개별적 처분법률(處分法律)이다(헌재 헌재 1994.4.28. 92헌가3, 보훈기금법 부칙 제5조 및 한국보훈복지공단 부칙 제4조 제2항 후단에 관한 위헌심판(한정위헌,한정합헌)).

③ "사법의 본질은 법 또는 권리에 관한 다툼이 있거나 법이 침해된 경우에 독립적인 법원이 원칙적으로 직접 조사한 증거를 통한 객관적 사실인정을 바탕으로 법을 해석·적용하여 유권적인 판단을 내리는 작용이다. 우리 헌법은 권력 상호간의 견제와 균형을 위하여 명시적으로 규정한 예외를 제외하고는 입법부에게 사법작용을 수행할 권한을 부여하지 않고 있다. 그런데 위 법 제7조 제7항 본문은 법원으로 하여금 증거조사도 하지말고 형을 선고하도록 하고 있어 헌법이 정한 입법권의 한계를 유월(踰越)하여 사법작용을 침해하고 있다." 즉 최초의 공판기일에 검사의 의견만 듣고 결심하여 형을 선고하라는 것은 권력분립원칙에 어긋난다(헌재 1996.1.25. 95헌가5, 반국가행위자의처벌에관한특별조치법 제2조 제1항 제2호 등 위헌제청(위헌)).

④ 연합뉴스를 국가기간뉴스통신사로 지정하고 국가의 재정지원 등을 규정한 '뉴스통신진흥에관한법률'은 개인대상법률(헌재 2005.6.30. 2003헌마841, 뉴스통신진흥에관한법률 제10조 등 위헌확인(기각))이지만 위헌은 아니다.

⑤ 세무대학 폐지법률(헌재 2001.2.22. 99헌마613, 세무대학설치법폐지법률 위헌확인(기각,각하))은 처분법률이지만 위헌이 아니다.

⑥ 보안관찰처분대상자에게 출소 후 신고의무를 법 집행기관의 구체적 처분(예컨대 신고의무부과처분)이 아닌 법률로 직접 부과하고 있기는 하나, 일부 특정 대상자에게만 적용되는 것이 아니라 대상자 모두에게 적용되는 일반적이고 추상적인 법률규정이므로 법률이 직접 출소 후 신고의무를 부과하고 있다고 하더라도 처분적 법률 내지 개인적 법률에 해당된다고 볼 수 없다(헌재 2003.6.26. 2001헌가17등, 보안관찰법 제27조 제2항 위헌제청, 보안관찰법 제27조 제2항 등 위헌소원(합헌)).

(ⅱ) 개별사건 법률 긴급금융조치법, 긴급통화조치법, '5·18민주화운동등에관한특별법', '제주4·3사건 진상규명 및 희생자명예회복에 관한 특별법', 민주화운동기념사업회법, '의문사진상규명에관한특별법', '일제강점하강제동원피해진상규명등에관한특별법', '일제강점하 반민족행위 진상규명에 관한 특별법' 등이 있다. 17차례 제정된 특별건사법도 개별사건 법률이다.

① "특별법 제2조는 제1항에서 '1979년 12월 12일과 1980년 5월 18일을 전후하여 발생한 … 헌정질서파괴행위에 대하여 … 공소시효의 진행이 정지된 것으로 본다'고 규정함으로써, 특별법이 이른바 12·12사건과 5·18사건에만 적용됨을 명백히 밝히고 있으므로 다른 유사한 상황의 불특정 다수의 사건에 적용될 가능성을 배제하고 오로지 위 두 사건에 관련된 헌정질서파괴범만을 그 대상으로 하고 있어 특별법 제정 당시 이미 적용의 인적 범위가 확정되거나 확정될 수 있는 내용의 것이므로 개별사건법률임을 부인할 수 없다. … 이른바 12·12 및 5·18사건의 경우 그 이전에 있었던 다른 헌정질서파괴범과 비교해 보면, 공소시효의 완성 여부에 관한 논의가 아직 진행중이고, 집권과정에서의 불법적 요소나 올바른 헌정사의 정립을 위한 과거청산의 요청에 미루어 볼 때 비록 특별법이 개별적 사건법률이라고 하더라도 입법을 정당화할 수 있는 공익이 인정될 수 있다고 판단된다. 따라서 이 법률조항은 개별사건법률에 내재된 불평등요소를 정당화할 수 있는 합리적인 이유가 있으므로 헌법에 위반되지 아니한다"(헌재 헌재 1996.2.16. 96헌가2등, 5·18민주화운동등에관한특별법 제2조 등 위헌제청(합헌)).

② "특정한 규범이 개인대상 또는 개별사건법률에 해당한다고 하여 그것만으로 바로 헌법에 위반되는 것은 아니다. 다만 이러한 법률이 일반국민을 그 규율대상으로 하지 아니하고 특정 개인이나 사건만을 대상으로 함으로써 차별이 발생하는바, 그 차별적 규율이 합리적인 이유로 정당화되는 경우에는 허용된다"(헌재 2008.1.10. 2007헌마1468, 한나라당 대통령후보 이명박의 주가조작 등 범죄행위의 진상규명을 위한 특별검사의 임명 등에 관한 법률 위헌확인(위헌,기각)).

(ⅲ) 한시적 법률　'재외국민취적·호적정정및호적정리에관한특례법' 등이 있다.

(5) 처분적 법률에 대한 사법심사

현행헌법상 규범통제는 재판의 전제가 된 경우에만 심사하는 구체적 규범통제(제107조 제1항)를 취하기 때문에, 처분적 법률에 대한 위헌법률심사를 바로 인정할 수는 없다. 하지만, 처분적 법률로 인하여 권리침해의 직접성과 현재성이 인정될 경우에는 헌법소원을 통하여 권리구제를 받을 수 있다. 법률은 일반성·추상성을 가진 규범이므로 헌법소원의 요건인 직접성을 충족시키지 못하지만 처분적 법률은 구체적 집행행위를 매개로 하지 아니하고 국민의 기본권에 직접 영향을 미친다는 점에서 직접성을 충족하기 때문이다. 이 경우 법령 자체의 효력 유무에 대한 주장을 소송물로 하여 제소하는 길이 없기 때문에 보충성원칙의 예외에 해당한다. 헌법재판소도 별도의 법률집행 없이 법률규정 자체에 의하여 직접 기본권이 침해된 경우에 그 법률규정에 대한 헌법소원을 인정한다(헌재 1990.10.8. 89헌마89, 교육공무원법 제11조 제1항에 대한 헌법소원(위헌,각하)).

"법률에 대한 헌법소원심판도 가능함은 헌법재판소법 제68조 제1항의 해석상 당연하다. 다만, 모든 법률이 다 헌법소원심판의 대상이 되는 것이 아니고 청구인 스스로가 당해 법률규정과 법적인 관련성이 있어야 할 뿐만 아니라 당해 법률의 규정에 의하여 별도의 구체적 집행행위의 매개 없이 직접적으로 헌법상 보장된 기본권을 현재 침해당하고 있는 경우, 자기성·직접성·현재성이 구비된 경우에 한정됨을 원칙으로 한다"(헌재 1991.3.11. 91헌마21, 지방의회의원선거법 제36조 제1항에 대한 헌법소원(헌법불합치,잠정적용,각하)).

(6) 검 토

생각건대 국민의 자유와 권리를 제약하는 처분적 법률은 원칙적으로 허용되어서는 아니 되며, 허용할 경우에도 엄격히 한정되어야 한다. 하지만, 국민의 실질적 자유와 권리를 보장하려는 실질적 법치주의 및 사회적 법치국가의 요청에 따른 처분적 법률은 합리적 범위 안에서 비교적 폭넓게 인정할 수 있다.

Ⅳ. 입법권의 범위와 한계

1. 법률제정권

(1) 의 의

국회는 국민의 권리·의무에 관한 법규사항을 법률로 규정할 수 있는 권한을 가진다. 또한 헌법에서 명시적으로 국회의 의결을 거친 형식적 법률로 제정하도록 요구하는 법률사항도 법률이라는 형식의 법규범으로 정립한다.[1] 국회는 법규사항이나 법률사항에 한정되지 아니하고 널리 법률제정권을 가진다.

(2) 법률제정절차(法律制定節次)[2]

A. 법률안의 제출

(i) 정부의 법률안제출권은 미국의 대통령제에서는 인정되지 아니하며, 의원내각제나 이원정부제(반대통령제)에서만 인정된다. 현행헌법에서 법률안제출권은 국회의원과 정부가 공유한다(제52조). 정부의 법률안은 국무회의의 필수적 심의를 거쳐야 한다(제89조 제3호). "정부는 부득이한 경우를 제외하고는 매년 1월 31일까지 해당

1) 임종훈 외, 입법과정론, 박영사; 양태건, 의회 의사진행방해제도에 관한 헌법학적 연구, 서울대 박사학위논문, 2014.8; 이윤환, "국회의 입법절차하자에 대한 위헌법률심사", 공법연구 26-2; 정극원, "국회 전속적 입법사항에 관한 일고찰", 공법학연구 24-2; 김정현, "국회의 입법권과 권력통제", 헌법학연구 30-3; 정란, 국회 입법절차에 관한 헌법적 검토: 숙의민주주의를 중심으로, 서울대 박사학위논문, 2024.8; 성낙인, "제21대 국회의 입법과 제22대 국회의 비전", 세계헌법연구 30-3.

2) 국회의 입법과정

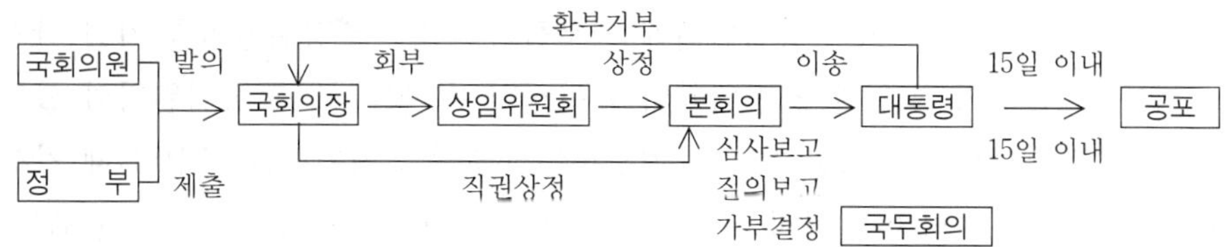

연도에 제출할 법률안에 관한 계획을 국회에 통지하여야 한다." "정부는 제1항에 따른 계획을 변경하였을 때에는 분기별(分期別)로 주요 사항을 국회에 통지하여야 한다"(국회법 제5조의3).

(ii) "의원은 10인 이상의 찬성으로 의안을 발의할 수 있다"(국회법 제79조). "의원이 예산상 또는 기금상의 조치를 수반하는 의안을 발의하는 경우에는 그 의안의 시행에 수반될 것으로 예상되는 비용에 관한 국회예산정책처의 추계서 또는 국회예산정책처에 대한 추계요구서를 함께 제출하여야 한다." 위원회가 제안하는 경우에는 "국회예산정책처의 추계서를", 정부가 제안하는 경우에는 "추계서와 이에 상응하는 재원조달방안에 관한 자료를 의안에 첨부하여야 한다"(제79조의2).

B. 법률안의 심의·의결

(a) 의 의 "법률안 심의·표결권은 의회민주주의의 원리, 입법권을 국회에 귀속시키고 있는 헌법 제40조, 국회는 국민이 선출한 국회의원으로 구성한다고 규정한 헌법 제41조 제1항으로부터 도출되는 헌법상의 권한이다. 그리고 이러한 법률안 심의·표결권은 국회의 다수파의원에게만 보장되는 것이 아니라 소수파의원과 특별한 사정이 없는 한 국회의원 개개인에게 모두 보장"된다(헌재 1997.7.16. 96헌라2, 국회의원과 국회의장간의 권한쟁의(인용(권한침해),기각); 헌재 2000.2.24. 99헌라1, 국회의장과 국회의원간의 권한쟁의(기각)).

(b) 위원회의 심사 (i) 국회에 제출된 법률안은 의장이 인쇄하거나 전산망에 입력하는 방법으로 의원에게 배부하고 본회의에 보고하며 소관 상임위원회에 회부한다(국회법 제81조). "의장은 특히 필요하다고 인정하는 안건에 대해서는 본회의의 의결을 거쳐 이를 특별위원회에 회부한다"(제82조).

(ii) 위원장의 입법예고 "위원장은 간사와 협의하여 회부된 법률안(체계·자구심사를 위하여 법제사법위원회에 회부된 법률안은 제외한다)에 대하여 입법 취지와 주요 내용 등을 국회공보 또는 국회 인터넷 홈페이지 등에 게재하는 방법 등으로 입법예고하여야 한다." "입법예고기간은 10일 이상으로 한다"(제82조의2).

(iii) 안건조정위원회의 심사 "위원회는 이견을 조정할 필요가 있는 안건(예산안, 기금운용계획안, 임대형 민자사업 한도액안 및 체계·자구심사를 위하여 법제사법위원회에 회부된 법률안은 제외한다)을 심사하기 위하여 재적위원 3분의 1 이상의 요구로 안건조정위원회를 구성하고 해당 안건을 제58조 제1항에 따른 대체토론(大體討論)이 끝난 후 조정위원회에 회부한다. 다만, 조정위원회를 거친 안건에 대해서는 그 심사를 위한 조정위원회를 구성할 수 없다." "조정위원회의 활동기한은 그 구성일부터 90일로 한다. 다만, 위원장은 조정위원회를 구성할 때 간사와 합의하여 90일을 넘지 아니하는 범위에서 따로 정할 수 있다." "조정위원회는 조

정위원회의 위원장 1명을 포함한 6명의 조정위원회의 위원으로 구성한다." "제3항에 따라 조정위원회를 구성하는 경우에는 소속 의원 수가 가장 많은 교섭단체("제1교섭단체")에 속하는 조정위원의 수와 제1교섭단체에 속하지 아니하는 조정위원의 수를 같게 한다." "소위원회는 폐회 중에도 활동할 수 있으며, 법률안을 심사하는 소위원회는 매월 3회 이상 개회한다"(제57조의2).

(iv) 위원회의 심사 절차　"위원회는 안건을 심사할 때 먼저 그 취지의 설명과 전문위원의 검토보고를 듣고 대체토론[안건 전체에 대한 문제점과 당부(當否)에 관한 일반적 토론을 말하며 제안자와의 질의·답변을 포함한다]과 축조심사 및 찬반토론을 거쳐 표결한다"(제58조 제1항). "제1항에 따른 축조심사는 위원회의 의결로 생략할 수 있다. 다만, 제정법률안과 전부개정법률안에 대해서는 그러하지 아니하다"(제58조 제5항). "소위원회는 축조심사(逐條審査)를 생략해서는 아니 된다"(제57조 제8항).

"위원회에서 법률안의 심사를 마치거나 입안을 하였을 때에는 법제사법위원회에 회부하여 체계와 자구에 대한 심사를 거쳐야 한다." 그러나 법제사법위원회의 체계·자구 심사 권한의 범위를 넘어서는 심사로 인하여 법안심사의 신속성과 효율성이 떨어진다는 비판에 따라 체계·자구 심사 중인 법률안에 대한 소관 위원회의 본회의 부의 요구 가능 기간을 60일로 단축하고, 법제사법위원회가 체계·자구 심사의 범위를 벗어나 심사할 수 없음을 명시하고 있다(제86조).

"법제사법위원회가 제1항에 따라 회부된 법률안에 대하여 이유 없이 회부된 날부터 60일 이내에 심사를 마치지 아니하였을 때에는 심사대상 법률안의 소관 위원회 위원장은 간사와 협의하여 이의가 없는 경우에는 의장에게 그 법률안의 본회의 부의를 서면으로 요구한다. 다만, 이의가 있는 경우에는 그 법률안에 대한 본회의 부의 요구 여부를 무기명투표로 표결하되, 해당 위원회 재적위원 5분의 3 이상의 찬성으로 의결한다"(제86조 제3항).

과방위원장의 본회의 부의 요구행위에 대한 권한침해확인청구(별개의견 4인) 및 무효확인청구(인용의견 4인), 국회의장의 가결 선포행위에 대한 권한침해확인청구 및 무효확인청구를 기각하였다. 또한 환노위원장과 국회의장에 대한 같은 청구를 기각하였다(헌재 2023.10.26. 2023헌라2, 국회의원과 국회 과학기술정보방송통신위원회 위원장 등 간의 권한쟁의(기각))(헌재 2023.10.26. 2023헌라3, 국회의원과 국회 환경노동위원회 위원장 등 간의 권한쟁의(기각)). 국회법 제86조 제3항의 해석과 관련하여, '이유 없이'에 대한 판단이 '소관 위원회 위원장의 간사와의 협의 또는 소관 위원회 재적위원 5분의 3 이상의 찬성 의결, 국회의장의 교섭단체 대표의원과의 합의 또는 본회의에서의 표결'이라는 국회 내부의 절차를 통해 자율적으로 이루어질 수 있도록 제도를 설계하고 있다. 국회가 이러한 절차를 준수하여 법률안을 본회의에 부의하기로 결정하였다면, 특별한 사정이 없는 한 이러한 결정은 존중되어야 하고 국회 이외의 기관이 그 판단에 개입하는 것은 가급적 자제되어야 한다. 또한, '이유 없이'의 의미를 실체적으로 판단하는 경우에도 개별적이고 구체적인 사정을 일일이 고려하여 이유의 유무를 판단해서는 아니 되며, '법사위의 책임 없는 불가피한 사유로 그 기간을 준수하지 못하였는지 여부'를 기준으로 엄격하게 판단함이 타당하다. [반대의견] '이유 없이'는 '60일의 기간 내에 법률안에 대한 체계·자구 심사를 마칠 것을 기대하기 어려운 객관적이고 합리적인 사유 없이'를 의미하는 것으로, 이에 대한 구체적 판단은 구체적이고 개별적인 사정을 종합적으로 고려하여 이루어져야 한다. 이에 2023헌라2 및 2023헌라3 사건에서 개별적이고 구체적 사정을 고려하여 각각의 사안에서 법사위의 심사지연에 이유가 있는지 여부를 판단하건대, 2023헌라2 사건에서는 소관 위원회인 과방위가 법률안에 대해 충실하게 심사하였다고 보기 어려워 법사위가 법률안의 위헌성이나 체계정합성에 대한 심사를 계속하여야 할 합리적인 사유가 인정된다고 보아, 법사위의 심사지연에 이유가 있다. 반면, 2023헌라3 사건에서는 법사위가 소관 위원회인 환노위에서 이미 논의한 사항을 반복하거나 반드시 필요하다고 보기 어려운 절차진행을 주장하면서 60일의 기간을 도과하였으므로, 법사위의 심사지연에 이유가 없다.

(v) 헌법재판소 위헌결정에 대한 위원회의 심사 "헌법재판소는 종국결정이 법률의 제정 또는 개정과 관련이 있으면 그 결정서 등본을 국회로 송부하여야 한다." "의장은 제1항에 따라 송부된 결정서 등본을 해당 법률의 소관 위원회와 관련위원회에 송부한다." "위원장은 제2항에 따라 송부된 종국결정을 검토하여 소관 법률의 제정 또는 개정이 필요하다고 판단하는 경우 소위원회에 회부하여 이를 심사하도록 한다"(제58조 의2).

(vi) 의안의 상정시기와 자동상정 위원회는 의안(예산안, 기금운용계획안, 임대형 민자사업 한도액안은 제외한다)이 그 위원회에 회부된 날부터 일부개정법률안의 경우에는 15일, 제정법률안·전부개정법률안·폐지법률안의 경우에는 20일, 체계·자구심사를 위하여 법제사법위원회에 회부된 법률안은 5일, 법률안 이외의 의안은 20일을 지나지 아니한 때에는 그 의안을 상정할 수 없다. "다만, 긴급하고 불가피한 사유로 위원회의 의결이 있는 경우에는 그러하지 아니하다"(제59조). 위원회에 회부되어 상정되지 아니한 의안 및 청원은 제59조의 기간이 지난 후 30일이 지난 날 이후 처음으로 개회하는 위원회에 자동상정된 것으로 본다. "다만, 위원장이 간사와 합의하는 경우에는 그러하지 아니하다"(제59조 의2).

(vii) 위원회에서 폐기된 의안 "위원회에서 본회의에 부의할 필요가 없다고 결정된 의안은 본회의에 부의하지 아니한다"(제87조 제1항). 이를 Pigeonhole이라고 한다. 이와 관련된 소정의 요구가 없을 때에는 해당 법률안은 폐기된다. "다만, 위원회의 결정이 본회의에 보고된 날부터 폐회 또는 휴회 중의 기간을 제외한 7일 이내에 의원 30인 이상의 요구가 있을 때에는 그 의안을 본회의에 부의하여야 한다"

(제87조 제1항 단서). 이를 위원회의 해임(Discharge of Committee)이라고 한다.

(viii) 국회의장의 심사기간 지정과 직권상정 의장의 심사기간 지정과 직권상정 권한은 국회의 장애상태를 해소하기 위하여 의장에게 부여된 특권이다. 그런데 이는 위원회 중심주의에서는 예외적으로 부여된 권한이다. 이전에는 의장이 각 교섭단체대표의원과 협의절차만 거치면 의안에 대한 심사기간 지정을 특별한 제약 없이 할 수 있어서 소위 '법안 날치기'를 초래하는 중요한 원인이 되었다. 이에 대한 반성적 고려에서 개정된 국회법에서는 국회 심의과정에서 물리적 충돌의 가능성을 최소화하기 위하여 의장의 심사기간 지정요건을 엄격하게 제한한다.

"의장은 다음 각 호의 어느 하나에 해당하는 경우에는 위원회에 회부하는 안건 또는 회부된 안건에 대하여 심사기간을 지정할 수 있다. 이 경우 제1호 또는 제2호에 해당할 때에는 의장이 각 교섭단체 대표의원과 협의하여 해당 호와 관련된 안건에 대해서만 심사기간을 지정할 수 있다. 1. 천재지변의 경우, 2. 전시·사변 또는 이에 준하는 국가비상사태의 경우, 3. 의장이 각 교섭단체 대표의원과 합의하는 경우." "제1항의 경우 위원회가 이유 없이 지정된 심사기간 내에 심사를 마치지 아니하였을 때에는 의장은 중간보고를 들은 후 다른 위원회에 회부하거나 바로 본회의에 부의할 수 있다"(제85조).

국회법 제85조 제1항은 천재지변이나 국가비상사태 등의 경우에 위원회에 회부하는 안건 또는 회부된 안건에 대하여 의장이 심사기간을 지정할 수 있도록 규정하고 있는 조항이고, 제85조의2 제1항은 국회에서 위원회에 회부된 안건을 신속처리대상안건으로 지정하고자 하는 경우 재적의원 5분의 3 이상 또는 안건의 소관 위원회 재적위원 5분의 3 이상의 찬성으로 의결하도록 규정하고 있는 조항이며, 제86조 제2항은 법률안의 체계와 자구에 대한 심사와 관련하여 천재지변이나 국가비상사태 등의 경우에 의장이 심사기간을 지정할 수 있도록 하되, 법제사법위원회가 이유 없이 그 기간 내에 심사를 마치지 아니한 때에는 바로 본회의에 부의할 수 있도록 한 조항이고, 제106조의2 제6항은 무제한 토론의 종결동의는 동의가 제출된 때부터 24시간이 경과한 후에 무기명투표로 표결하되 재적의원 5분의 3 이상의 찬성으로 의결하도록 규정한 조항이다. 그런데 심판대상조항들이 의회주의 및 다수결의 원칙을 위반하여 국민주권주의 및 선거를 통해 국회에 입법권을 위임한 국민의 정치적 기본권을 침해한 것이라고 주장할 뿐, 자신의 기본권이 현실적으로 침해되었다거나 침해될 가능성이 있다고 인정할 만한 구체적 사정을 주장하고 있지 않으며, 설령 결과적으로 어떠한 불이익을 입게 된다고 하더라도 이를 자신의 기본권을 직접, 현실적으로 침해하는 법적 불이익이라고 볼 수는 없다. 따라서 심판청구는 기본권 침해의 법적 관련성을 갖추지 못하여 부적법하다(헌재 2016.5.26. 2014헌마795, 국회법 제85조 제1항 등 위헌확인(각하)).

(c) 국회선진화법의 안건신속처리제 ① '국회선진화법'이라 불리는 개정 국회법은 여·야 사이에 쟁점이 된 안건이 위원회 단계부터 심의되지 못한 채 장기간 계류되는 문제점을 해소하기 위하여 일정한 요건을 갖추고 일정 기간이 경과

하면 자동적으로 다음 단계로 진행되도록 하는 안건 신속처리제를 도입하였다. 안건 신속처리제의 내용은 다음과 같다.

② 위원회에 회부된 안건(체계·자구심사를 위하여 법제사법위원회에 회부된 안건을 포함한다)을 "신속처리대상안건으로 지정하려는 경우 의원은 재적의원 과반수가 서명한 신속처리대상안건 지정요구 동의(動議)를 의장에게 제출하고, 안건의 소관 위원회 소속 위원은 소관 위원회 재적위원 과반수가 서명한 신속처리안건 지정동의를 소관 위원회 위원장에게 제출하여야 한다. 이 경우 의장 또는 안건의 소관 위원회 위원장은 지체 없이 신속처리안건 지정동의를 무기명투표로 표결하되, 재적의원 5분의 3 이상 또는 안건의 소관 위원회 재적위원 5분의 3 이상의 찬성으로 의결한다"(제85조의2 제1항). "위원회는 신속처리대상안건에 대한 심사를 그 지정일부터 180일 이내에 마쳐야 한다. 다만, 법제사법위원회는 신속처리대상안건에 대한 체계·자구심사를 그 지정일, 제4항에 따라 회부된 것으로 보는 날 또는 제86조 제1항에 따라 회부된 날부터 90일 이내에 마쳐야 한다"(제85조의2 제3항). 위원회(법제사법위원회는 제외한다)가 "기간 내에 심사를 마치지 아니하였을 때에는 그 기간이 끝난 다음 날에 소관 위원회에서 심사를 마치고 체계·자구심사를 위하여 법제사법위원회로 회부된 것으로 본다. 다만, 법률안 및 국회규칙안이 아닌 안건은 바로 본회의에 부의된 것으로 본다"(제85조의2 제4항). "법제사법위원회가 신속처리대상안건(체계·자구심사를 위하여 법제사법위원회에 회부되었거나 제4항 본문에 따라 회부된 것으로 보는 신속처리대상안건을 포함한다)에 대하여 제3항 단서에 따른 기간 내에 심사를 마치지 아니하였을 때에는 그 기간이 끝난 다음 날에 법제사법위원회에서 심사를 마치고 바로 본회의에 부의된 것으로 본다"(제85조의2 제5항).

③ "신속처리대상안건은 본회의에 부의된 것으로 보는 날부터 60일 이내에 본회의에 상정되어야 한다." "신속처리대상안건이 60일 이내에 본회의에 상정되지 아니한 때에는 그 기간이 경과한 후 처음으로 개의되는 본회의에 상정된다"(제85조의2 제6항, 제7항).

법률안의 본회의 상정시기는 다음과 같다: "본회의는 위원회가 법률안에 대한 심사를 마치고 의장에게 그 보고서를 제출한 후 1일이 지나지 아니하였을 때에는 그 법률안을 의사일정으로 상정할 수 없다. 다만, 의장이 특별한 사유로 각 교섭단체 대표의원과의 협의를 거쳐 이를 정한 경우에는 그러하지 아니하다"(제93조의2).

국회 사법개혁특별위원회(사개특위) 및 정치개혁특별위원회(정개특위) 소관 법률안에 대한 신속처리대상안건 지정과 관련된 일련의 행위들에 관하여 야당 의원들이 청구한 권한쟁의심판에서 청구를 각하 및 기각하였다(헌재 2020.5.27. 2019헌라3, 국회의원과 국회의장 등 간의 권한쟁의(기각,각하)): [법정의견(5인)] 전산정보시스템인 국회 입안지원시스템을 통한 의원 입법의 발의를 접수한 것이 국회규칙 및 내규에 근거한 것으로 국회법 제79조 제2항을 위반한 것이 아니고, 이렇게 접수된 법률안을 대상으로 신속처리안건 지정동의안을 상정한 것은 절차상 위법하지 않다. 신속처리안건 지정동의안의 심의는 그 대상이 된 위원회 회부 안건 자체의 심의가 아니라, 이를 신속처리대상안건으로 지정하여 의사절차의 단계별 심사기간을 설정할 것인지 여부를 심의하는 것이다. 국회법 제85조의2 제1항에서 요건을 갖춘 지정동의가 제출된 경우 의장 또는 위원장은 '지체 없이' 무기명투표로 표결하도록 규정하고 있고, 이 밖에 신속처리안건 지정동의안의 표결 전에 국회법상 질의나 토론이 필요하다는 규정은 없다. 이 사건 사개특위의 신속처리안건 지정동의안에 대한 표결 전에 그 대상이 되는 법안의 배포나 별도의 질의·토론 절차를 거치지 않았다는 이유로 그 표결이 절차상 위법하다고 볼 수 없다. [별개의견(4인)] 국회법 제85조의2 제1항에서 신속처리안건 지정동의안의 표결을 무기명투표로 하고 재적위원 5분의 3 이상의 찬성으로 의결하도록 한 취지는, 안건의 신속처리 여부를 의결할 때 의원 개개인이 정당기율의 영향에서 벗어나 자유투표를 할 수 있는 분위기를 마련하고, 국회 내 다수세력의 일방적인 의사결정이 아니라 다수와 소수의 공동의 의사를 형성하기 위하여 상대방을 설득하고 합의할 수 있는 의사를 형성하라는 것이다. 신속처리안건 지정동의안의 의결정족수 충족은 단순히 그 숫자가 충족되는 것만으로 정당화되는 것이 아니라, 표결에 참여하는 의원들 사이의 자유로운 토론의 결과라는 점이 전제되어야 한다.

(d) 본회의 심의와 무제한토론제도 ① 국회 "본회의는 안건을 심의할 때 그 안건을 심사한 위원장의 심사보고를 듣고 질의·토론을 거쳐 표결한다"(제93조). 본회의에서 안건을 심의하면서, 소수파에게 합법적인 의사진행방해의 수단을 제공함으로써 물리적 충돌을 방지하고 안건이 대화와 타협을 통하여 심의되는 선진적인 정치문화를 조성하기 위하여 '무제한토론제도'를 도입하였다.

② 의원이 본회의에 부의된 안건에 대하여 무제한토론을 하려는 경우에는 "재적의원 3분의 1 이상이 서명한 요구서를 의장에게 제출하여야 한다. 이 경우 의장은 해당 안건에 대하여 무제한토론을 실시하여야 한다"(제106조의2 제1항). "무제한토론을 실시하는 본회의는 제7항에 따른 무제한토론 종결 선포 전까지 산회하지 아니하고 회의를 계속한다. 이 경우 제73조 제3항 본문에도 불구하고 회의 중 재적의원 5분의 1 이상이 출석하지 아니하였을 때에도 회의를 계속한다"(제106조의2 제4항). "의원은 무제한토론을 실시하는 안건에 대하여 재적의원 3분의 1 이상의 서명으로 무제한토론의 종결동의(終結動議)를 의장에게 제출할 수 있다"(제106조의2 제5항). "무제한토론의 종결동의는 동의가 제출된 때부터 24시간이 지난 후에 무기명투표로 표결하되 재적의원 5분의 3 이상의 찬성으로 의결한다. 이 경우 무제한토론의 종결동의에 대해서는 토론을 하지 아니하고 표결한다"(제106조의2 제6항). "무제한토론을 실시하는 중에

해당 회기가 끝나는 경우에는 무제한토론의 종결이 선포된 것으로 본다. 이 경우 해당 안건은 바로 다음 회기에서 지체 없이 표결하여야 한다"(제106조의 2 제8항).

장내소란으로 의안상정 · 제안설명 등 정상적인 의사진행이 이루어지지 못하고 질의신청을 하는 의원도 없는 상황에서 위원회의 심사를 거치지 아니한 의안에 대하여 제안자의 취지설명 · 질의 · 토론절차를 거치지 아니한 채 표결절차를 진행한 국회의장의 행위가 국회법 제93조의 심의절차에 위반하였다고 볼 수 없고 질의 · 토론을 거치도록 정한 국회법 제93조에 위반하여 국회의원의 심의 · 표결권을 침해할 정도에 이르렀다고 보기 어렵다(헌재 2008.4.24. 2006헌라2, 국회의원과 국회의장 간의 권한쟁의(기각)).

국회의장이 적법한 반대토론 신청이 있었음에도 반대토론을 허가하지 아니하고 토론절차를 생략하기 위한 의결을 거치지도 아니한 채 법률안들에 대한 표결절차를 진행한 것은 국회법 제93조 단서를 위반하여 국회의원의 법률안 심의 · 표결권을 침해하였다(헌재 2011.8. 30. 2009헌라7, 국회의원과 국회의장간의 권한쟁의(권한침해, 기각)).

'회기결정의 건'은 무제한토론의 대상이 될 수 없다(헌재 2020.5.27. 2019헌라6등, 국회의원과 국회의장 간의 권한쟁의(기각)): [법정의견(5인)] 국회의장의 의사진행에 관한 폭넓은 재량권은 국회의 자율권의 일종이므로, 다른 국가기관은 헌법이나 법률에 명백히 위배되지 않는 한 국회의장의 의사절차 진행 행위를 존중하여야 한다. 무제한토론제도의 입법취지는 '소수 의견이 개진될 수 있는 기회'를 보장하면서도, 의사절차가 지나치게 지연되거나 안건에 대한 처리 자체가 불가능하게 되는 것을 방지하여 '안건에 대한 효율적인 심의'가 이루어지도록 하는 것이다. 국회법 제7조에 따라 집회 후 즉시 의결로 국회의 회기를 정하는 것이 국회법이 예정하고 있는 국회의 정상적인 운영 방식이다. 무제한토론 역시 국회가 집회 후 즉시 의결로 국회의 회기를 정하여 해당 회기의 종기가 정해져 있는 상태에서 실시되는 것을 전제로 하여, 해당 회기의 종기까지만 보장되도록 규정되어 있다(국회법 제106조의2 제8항). '회기결정의 건'에 대하여 무제한토론이 실시되는 경우, 무제한토론을 할 의원이 더 이상 없거나 무제한토론의 종결동의가 가결되지 않으면, 국회가 해당 회기를 정하지 못하게 된다. 국회법 제106조의2 제8항은 무제한토론을 실시하는 중에 해당 회기가 끝나는 경우 해당 안건은 바로 다음 회기에서 지체 없이 표결하도록 규정하고 있으나, 이미 헌법 제47조 제2항에 의하여 종료된 해당 회기를 그 다음 회기에 이르러 결정할 여지는 없다. 결국 '회기결정의 건'에 대하여 무제한토론이 실시되면, 무제한토론이 '회기결정의 건'의 처리 자체를 봉쇄하는 결과가 초래된다. 이는 당초 특정 안건에 대한 처리 자체를 불가능하게 하는 것이 아니라 처리를 지연시키는 수단으로 도입된 무제한토론제도의 취지에 반할 뿐만 아니라, 국회법 제7조에도 정면으로 위반된다. 국회가 집회할 때마다 '해당 회기결정의 건'에 대하여 무제한토론이 개시되어 헌법 제47조 제2항에 따라 폐회될 때까지 무제한토론이 실시되면, 국회는 다른 안건은 전혀 심의 · 표결할 수 없게 되므로, 의정활동이 사실상 마비된다. 국회법 제106조의2 제8항은 무제한토론의 대상이 다음 회기에서 표결될 수 있는 안건임을 전제하고 있다. 그런데 '회기결정의 건'은 해당 회기가 종료된 후 소집된 다음 회기에서 표결될 수 없으므로, '회기결정의 건'이 무제한토론의 대상이 된다고 해석하는 것은 국회법

제106조의2 제8항에도 반한다. [반대의견(4인)] 무제한토론은 국회 소수파가 특정 안건의 본회의 통과를 막기 위해 제한된 시간을 넘어 토론을 지속할 수 있게 하는 합법적 의사진행방해(filibuster) 수단의 하나이다. 그러나 무제한토론은 회기를 넘어서 지속될 수는 없으므로, 특정 안건에 대한 의사진행을 봉쇄하는 것이 아니라 최대한으로 잡아도 다음 회기까지 의결을 지연시키는 작용을 할 뿐이다. 이 제도가 갖는 의의는 국회의 의사를 일시적으로 지연하면서 소수파의 견해를 듣고, 다수파와 소수파가 합의를 통하여 법안을 처리할 수 있도록 동기를 부여하여 극단적인 대치 상황을 피하게 한다는 점에서 찾을 수 있다. 오늘날의 변화된 정치현실 속에서 권력분립원리는 의회 소수파에게 집권당 및 정부를 통제할 가능성을 보장할 것을 요청한다. 소수파의 보호가 가능할 수 있도록 의사형성과정에 영향력을 행사하는 소수파의 절차적 권리가 보장되어야 한다. 헌법은 이에 따라 국회소집 요구(제47조 제1항), 국정조사 요구(제61조), 정부의 출석과 답변 요구(제62조) 등의 기회를 국회 소수파에게 보장하고 있다. 국회 소수파에게 의견 제시의 기회를 보장하여 의사의 진행을 지연할 수 있도록 기회를 부여하는 무제한토론의 취지를 고려할 때, 무제한토론은 특별한 사정이 없는 한 모든 의안에 대해서 인정되어야 한다. 만일 무제한토론을 배제하기 위해서는 명문의 규정 또는 무제한토론을 배제할 만한 합리적인 이유가 있어야 한다. 그런데 현행 국회법상으로는 '회기결정의 건'과 관련하여 무제한토론 또는 찬반토론을 배제하는 명문의 규정이 없고, 국회에서 '회기결정의 건'에 대해서 토론을 실시하지 아니하였던 관행이 존재한다고 볼 만한 자료도 없다. '회기결정의 건'은 성격상 해당 회기에만 적용되므로, '무제한토론을 실시한 해당 안건은 바로 다음 회기에 지체 없이 표결하여야 한다'는 국회법 제106조의2 제8항 제2문이 적용될 수 없다. 그러나 국회법 제106조의2 제8항은 제7항, 제9항과 연결하여 해석해야 하고, 그 취지는 무제한토론이 종결된 경우에는 그 의안에 대해서 더 이상 무제한토론으로 다투지 말고 표결을 하여 분쟁을 종결하자는 것이다. 해당 회기 중에 무제한토론이 종결된 경우에는 '회기결정의 건'에 대하여 지체 없이 표결을 해야 분쟁이 해결된다는 점은 일반적인 의안과 차이가 없고, 다만, 안건의 성격상 회기 종료로 분쟁이 자연적으로 해결되므로, 제106조의2 제8항 제2문이 적용될 여지가 없는 것뿐이다. 따라서 국회법 제106조의2 제8항 제2문이 적용될 수 없다고 하여 '회기결정의 건'이 무제한토론에 성격상 부적합하다고 볼 수 없다.

(e) 법률안의 수정동의　① 법률안의 수정동의는 "그 안을 갖추고 이유를 붙여 의원 30명 이상의 찬성 의원과 연서하여 미리 의장에게 제출하여야 한다. 다만, 예산안에 대한 수정동의는 의원 50명 이상의 찬성이 있어야 한다"(제95조 제1항). "수정동의는 원안 또는 위원회에서 심사보고(제51조에 따라 위원회에서 제안하는 경우를 포함)한 안의 취지 및 내용과 직접 관련성이 있어야 한다"(제95조 제5항). "의원은 그가 발의한 의안 또는 동의(動議)를 철회할 수 있다"(제90조 제1항). 하지만, 조약은 다른 나라와 관련되는 특수성 때문에 법률안과 달리 수정동의가 허용되지 아니한다.

② 국회의장은 국회에서 의결된 법률안의 조문이나 자구·숫자·법률안의 체

계 또는 형식 등의 정비가 필요한 경우 국회의 위임 의결이 없더라도 의결된 법률안의 내용이나 취지를 변경하지 아니하는 범위 안에서 이를 정리할 수 있다.

국회의장이 국회의 위임 없이 법률안을 정리하더라도 그러한 정리가 국회에서 의결된 법률안의 실질적 내용에 변경을 초래하는 것이 아닌 한 헌법이나 국회법상의 입법절차에 위반된다고 볼 수 없다(헌재 2009.6.25. 2007헌마451, 게임산업 진흥에 관한 법률 제32조 제1항 제7호 위헌확인(기각)).

"국회법상 수정안의 범위에 대한 어떠한 제한도 규정되어 있지 않은 점과 국회법 규정에 따른 문언의 의미상 수정이란 원안에 대하여 다른 의사를 가하는 것으로 새로 추가, 삭제, 또는 변경하는 것을 모두 포함하는 개념이라는 점에 비추어, 어떠한 의안으로 인하여 원안이 본래의 취지를 잃고 전혀 다른 의미로 변경되는 정도에까지 이르지 않는다면 이를 국회법상의 수정안에 해당하는 것으로 보아 의안을 처리할 수 있는 것으로 볼 수 있다. 물론 이미 이루어진 것의 잘못된 점을 바로잡는다는 수정의 사전적 의미를 감안하여 원안의 목적 또는 성격을 변경하지 않는 범위 내에서 고치는 것을 전제로 하고 수정안은 원안과 동일성이 인정되는 범위 내에서만 인정될 수 있다는 해석도 가능하기는 하다. 그러나 원안의 목적과 성격을 보는 관점에 따라서는 동일성의 인정범위가 달라질 수 있고 또한 너무 좁게 해석하면 국회법 규정에 따른 수정의 의미를 상실할 수도 있다." "복수차관제와 일부청의 차관급 격상을 내용으로 하는 정부조직법 개정안에 대한 수정안인 국회의장이 방위사업청 신설을 내용으로 하는 의안('수정안')을 적법한 수정안에 해당하는 것으로 보고 의안을 처리하였다 하더라도 이를 명백히 법률에 위반된다고 할 수는 없다. 게다가 국회속기록에 의하면 피청구인(국회의장)은 국회의 의사절차가 명문의 규정이 없는 경우 과거의 관례에 따르게 되어 있는 점을 전제로 국회사무처로부터 제17대 국회에서 2005.6.29.까지의 수정안 12개 중 10개가 원안에 포함되어 있지 않은 새로운 사항을 규정한 것이라는 자료를 보고받고 이에 근거하여 이 사건 수정안을 표결처리하였고, 당해 국회사무처의 보고자료에서 언급한 의안을 살펴보면 실제로 이와 같이 새로운 사항을 규정한 의안들이 아무런 문제없이 수정안으로 처리되어왔음을 확인할 수 있다" (헌재 2006.2.23. 2005헌라6, 국회의원과 국회의장간의 권한쟁의(기각)).

C. 정부이송

"국회에서 의결된 의안은 의장이 정부에 이송한다"(국회법 제98조 제1항).

D. 대통령의 법률안거부 · 법률의 확정

(i) 대통령이 법률안에 이의가 있을 때에는 법률안이 정부에 이송된 후 15일 이내에 환부거부하여야 한다(제53조 제2항). 미국과 달리 보류거부는 인정되지 아니한다.

(ii) 대통령의 법률안거부에 대하여 국회에서 재적의원 과반수의 출석과 출석의원 3분의 2 이상의 찬성으로 재의결하면 그 법률안은 법률로서 확정된다(제53조 제4항). 법률안이 정부에 이송된 후 15일의 기간 내에 대통령이 공포나 재의요구를 하지 아니하면 그 법률안은 법률로서 확정된다(제53조 제5항).

E. 법률의 공포와 효력발생

(i) 대통령은 법률안이 정부에 이송된 후 15일 이내에 공포하여야 한다(제53조 제1항). 법률이 확정된 후 또는 확정법률이 정부에 이송된 후 5일 이내에 대통령이 공포하지 아니할 때에는 국회의장이 이를 공포한다(제53조 제6항 후문).

(ii) "법률 공포문의 전문(前文)에는 국회의 의결을 받은 사실을 적고, 대통령이 서명한 후 대통령인을 찍고 그 공포일을 명기하여 국무총리와 관계 국무위원이 부서하여야 한다." 공포는 "관보에 게재함으로써 한다"(법령 등 공포에 관한 법률 제5조 제1항, 제11조 제1항). "대한민국헌법 제53조제6항에 따라 국회의장이 공포하는 법률의 공포문 전문에는 국회의 의결을 받은 사실과 대한민국헌법 제53조제6항에 따라 공포한다는 뜻을 적고, 국회의장이 서명한 후 국회의장인(國會議長印)을 찍고 그 공포일을 명기하여야 한다." "국회의장의 법률 공포는 서울특별시에서 발행되는 둘 이상의 일간신문에 게재함으로써 한다"(동법 제5조 제2항, 제11조 제2항).

(iii) "법률은 특별한 규정이 없는 한 공포한 날로부터 20일을 경과함으로써 효력을 발생한다"(제53조 제7항). "공포한 날"의 의미는 관보발행일설, 관보도착일설이 있으나 판례는 최초구독가능시설을 채택한다(대판 1970.7.16. 70누76).

F. 입법절차에 대한 위헌심사

(a) 의　의　　국회의 법률제정절차도 헌법재판소의 헌법소원심판, 위헌법률심판(또는 헌법재판소법 제68조 제2항의 헌법소원심판), 권한쟁의심판의 대상이 된다.

(b) 헌법소원심판　　① 헌법재판소는 "법률의 입법절차가 헌법이나 국회법에 위반된다고 하더라도 그러한 사유만으로는 그 법률로 인하여 국민의 기본권이 현재, 직접적으로 침해받는다고 볼 수 없으므로 헌법소원심판을 청구할 수 없다"라고 하여 원칙적으로 입법절차의 하자를 이유로 한 헌법소원을 제기할 수 없다는 입장이다(헌재 1998.8.27. 97헌마8등, 노동조합및노동관계조정법 등 위헌확인(각하); 헌재 1994.6.30. 91헌마162, 경찰법 등에 대한 헌법소원(각하)).

② 또한 헌법재판소는 법률안의 소위 날치기통과의 경우, 국회의원 및 교섭단체의 헌법소원은 국가기관 또는 그 일부가 제기한 헌법소원으로 보아서 청구인 적격을 부인하였다(헌재 1995.2.23. 90헌마125, 입법권침해 등에 대한 헌법소원(각하)). 그러나 지방자치단체의 폐치·분합의 경우, 대상지역주민들의 청문권 등을 침해받게 될 수 있으므로 기본권 관련성을 인정한다(헌재 1994.12.29. 94헌마201, 경기도남양주시등33개도농복합형태의시설치등에관한법률 제4조 위헌확인(기각); 헌재 2001.2.22. 99헌마613등, 세무대학설치폐지법률위헌확인(기각)). 즉 헌법재판소는 원칙적으로 국민에게 정당한 입법을 요구할 절차적 기본권이 인정되지 아니하므로, 입법절차의 하자만으로는 국민의 기본권을 침해할 여지가 없지만, 국민에게 특정의 절차적 기본권이 인정되는 특수한 경우에는, 입법절차의 하자가 그 특정의 절

차적 기본권을 침해할 여지가 있어 헌법소원이 적법하다고 본다.

(c) 위헌법률심판 ① 위헌법률심판의 경우에는, 헌법소원과 달리 국민의 기본권침해가 전제되지 아니하고, 재판의 전제성 등의 적법요건이 갖추어진 경우라면 본안에서의 위헌적 사유의 심사에는 헌법에서 명시적인 제한이 없으므로, 위헌법률심판을 청구할 자격이 인정되는 자는 법률 내용의 위헌적 요소와 독립하여 법률 제정절차의 위헌적 요소를 주장하여 다툴 수 있다고 보아야 한다.

② 절차상의 위헌요소도 법률의 위헌무효를 인정하는 이유가 될 수 있어야만, 헌법의 최고 규범력을 확보하고, 중대하게 위헌적인 입법행위를 근본적으로 규제할 수 있기 때문이다. 다만, 절차의 하자가 사소한 경우에도 해당 법률이 위헌이라고 한다면, 권력분립원리에 기초한 국회와 헌법재판소의 헌법상 지위와 권한에 어긋날 뿐만 아니라, 현실적으로 위헌성에 대한 소모적인 논쟁 때문에 입법의 목적이 부당하게 저지되는 문제점이 발생할 수 있다. 그러므로 법률의 위헌사유로서 절차의 하자는 명백하고 중대한 경우로 한정하여 해석되어야 한다.

③ 헌법재판소 역시 구 국가보위입법회의에서 제정한 법률에 대한 여러 결정에서, 해당 법률은 절차의 하자가 없으므로 그것을 이유로 위헌을 주장할 수는 없다고 판시하였으므로, 반대로 해석한다면 입법절차의 하자도 위헌법률심판의 이유가 될 수 있다는 취지로 해석된다.

> "1980.10.27. 공포된 구 헌법 부칙 제6조 제1항은 국가보위입법회의에 입법권을 부여하는 합헌적 근거규정을 마련하였고, 그 제3항은 국가보위입법회의가 제정한 법률이 지속효를 가지며 그 법률에 대한 제소나 이의를 할 수 없도록 하여 구 헌법하에서 그 제정절차를 다툴 수 없는 유효한 법률임을 명백히 하였다. 또한 1987.10.29. 공포된 현행헌법 부칙 제5조는 현행헌법 시행 당시의 법령은 현행헌법에 위배되지 아니하는 한 효력을 지속한다고 하여 법령의 지속효에 관한 규정을 두고 있으므로, 국가보위입법회의에서 제정된 법률의 내용이 현행헌법에 저촉된다고 하여 다투는 것은 별론으로 하되, 현행헌법 아래에서도 제정절차에 위헌적 하자가 있음을 이유로 이를 다툴 수는 없다고 함이 헌법재판소의 확립된 판례이다(헌재 1994.4.28. 91헌바15등; 헌재 1992.4.14. 90헌바23 결정 등 참조)" (헌재 1995.1.20. 90헌바1, 소송촉진에관한특례법 제11조 및 제12조의 위헌여부에 관한 헌법소원(합헌)).

④ 나아가서 헌법재판소는 야당의원들의 실력저지로 정상적인 의사진행이 불가능한 상황에서 국회의장이 제안설명, 심사보고 등을 유인물로 대체한 채 이의 있다는 의원이 있음에도 이의 유무만을 묻고서 곧바로 행한 가결선포에 대하여 비록 합헌이라고 판시하였지만, 입법절차의 하자에 대한 위헌법률심사를 적극적으로 행하였다는 점에서 그 의의를 찾을 수 있다.

"당시 의장이 야당의원들의 거듭된 실력저지로 정상적인 의사진행에 의한 표결이 사실상 불가능한 상황이었음을 확인한 후 본회의장 내에서 헌법 및 국회법 소정의 의결정족수를 넘는 다수 의원들이 당해 안건에 대하여 찬성의사를 표시함을 확인하고 '국가보안법중 개정법률안'이 가결되었음을 선포하였던 것으로 인정된다. 그렇다면 신법의 개정절차에 헌법 제40조 및 제49조 등을 위반한 위헌적 요소가 있었다고는 볼 수 없다" (헌재 1997.1.16. 92헌바6등, 국가보안법 위헌소원(기각)).

(d) 권한쟁의심판　① 권한쟁의심판의 경우, "국회의장이 야당의원들에게 본회의 개의일시를 국회법에 규정된 대로 적법하게 통지하지 않음으로써 그들이 본회의에 출석할 기회를 잃게 되었고, 그 결과 법률안의 심의·표결과정에 참여하지 못하게 되었다면 이로써 야당의원들의 헌법에 의하여 부여된 법률안 심의·표결의 권한이 침해"라고 판시하였으나, 법률안 가결선포행위의 위헌 여부에 대하여는 인용정족수 미달로 기각되었다(6:3) (헌재 1997.7.16. 96헌라2, 국회의원과 국회의장간의 권한쟁의(인용(권한침해), 기각(무효확인))).

② 하지만, 기각의견에서 헌법에 의하여 부여된 법률안 심의·표결의 권한이 침해되었으나 법률안의 가결선포행위는 입법절차에 관한 헌법의 규정을 명백히 위반한 흠이 없다는 설시는 납득하기 어렵다. 그런데 헌법재판소의 이러한 태도는 입법절차에 명백한 흠이 있는 경우, 권한쟁의심판을 통하여 법률안이 위헌임을 확인하고 나아가 그 무효를 확인할 수도 있다는 입장으로 볼 수 있다. 가령 일부 국회의원에 대한 권한 침해가 다수결의 원칙과 회의공개의 원칙과 같은 입법절차에 관한 헌법의 규정을 명백히 위반한 흠에 해당한다면 법률안 가결선포행위는 무효로 될 수 있다(헌재 2011.8.30. 2009헌라7, 국회의원과 국회의장간의 권한쟁의(권한침해, 기각)).

검사의 수사권을 제한하는 검찰청법과 형사소송법의 개정과 관련된 국회의원과 국회 법제사법위원회 위원장 및 국회의장 간의 권한쟁의 사건에서 법제사법위원회 법률안으로 각 가결선포한 행위가 국회의원들의 법률안 심의·표결권을 침해한다(5:4). 즉 법사위 위원장이 조정위원회의 의결정족수를 충족시킬 의도로 민주당을 탈당한 위원을 그 사정을 알면서도 비교섭단체 몫의 조정위원으로 선임하여 조정위원회에서 실질적인 조정심사 없이 조정안이 가결되도록 하였음에도 법사위 전체회의에서 침해된 법률안 심의·표결권을 회복시키려는 노력 대신 오히려 토론의 기회를 제공하지 않고 그대로 표결에 부쳐 가결선포한 행위가 관련 국회법 규정을 위반하였을 뿐만 아니라 헌법상 다수결원칙 등을 위반한다. 그러나 헌법재판소는 위 행위에 관한 무효확인청구 및 피청구인 국회의장에 대한 심판청구를 기각한다(5:4) (헌재 2023.3.23. 2022헌라2, 국회의원과 국회 법제사법위원회 위원장 등 간의 권한쟁의(인용(권한침해), 기각)).

③ 또한 헌법재판소가 제3자 소송담당도 부정하면서 국회의원 자신의 심의·표결권의 침해도 인정하지 아니한 점은 비판의 소지가 있다.

"국회의원의 심의·표결권은 국회의 대내적인 관계에서 행사되고 침해될 수 있을 뿐 다른 국가기관과의 대외적인 관계에서는 침해될 수 없는 것이므로, 국회의원들 상호간 또는 국회의원과 국회의장 사이와 같이 국회 내부적으로만 직접적인 법적 연관성을 발생시킬 수 있을 뿐이고 대통령 등 국회 이외의 국가기관과 사이에서는 권한침해의 직접적인 법적 효과를 발생시키지 아니한다"(헌재 2007.7.26. 2005헌라8, 국회의원과 정부간의 권한쟁의(각하)).

④ 국회에서 원래 의안에 기초하지 아니한 수정안에 대하여 의결하였을 경우에 헌법재판소는 이를 "국회법상 수정안"으로 볼 수 있다고 판시한다. 그러나 수정안이 원안과 일치하지 아니할 경우에는 다른 의안으로 보아야 한다.

"원안이 본래의 취지를 잃고 전혀 다른 의미로 변경되는 정도에까지 이르지 않는다면 이를 국회법상의 수정안에 해당하는 것으로 보아 의안을 처리할 수 있는 것으로 볼 수 있다."(6:3) [인용의견] "국회법상 '수정안'은 원안과 동일성이 인정되는 범위 안에서 제출된 경우에만 수정안으로 볼 수 있다. 국회법 제95조 제1항의 수정안은 본질적으로 이미 위원회에서 심사를 마친 원안의 존재를 전제로 하고 당해 원안과 동시에 본회의에서 심의되는 종속적이고 부수적인 성격을 가진다. 개념적으로 보아도 수정은 추가, 삭제, 변경 등 원안을 손질하여 고치는 것이므로 원안의 기본적인 내용을 변경하지 않는 범위 내에서 이루어져야 한다. 따라서 원안과는 전혀 다른 내용이 포함되어 있어 결과적으로 원안이 다른 의미로 변질되는 경우는 수정안으로 볼 수 없고 '별개의 의안'을 제안하는 것으로 보아야 한다"(헌재 2006.2.23. 2005헌라6, 국회의원과 국회의장간의 권한한쟁의(기각)).

(3) 법률제정권의 한계

국회의 법률제정권도 헌법의 틀 안에서 행사되어야 한다는 한계가 있다.

(i) 입법재량권의 남용금지에 의한 한계가 있다. 즉 국회가 누리는 입법형성의 자유는 헌법 및 헌법원리에 기속되는 범위 내에서의 자유일 뿐이다. 따라서 국회의 법률제정권은 헌법상 적법절차의 원리, 비례의 원칙(과잉금지의 원칙) 등에 합치되어야 한다. 법률은 헌법에 합치하여야 하기 때문에, 법률이 헌법의 개별적·구체적 규정에 위배되어서도 아니 될 뿐만 아니라 헌법이 추구하는 기본원리에 위반되어서도 아니 된다.

(ii) 국제법상의 일반원칙에 따른 한계가 있다. 헌법 제6조 제1항의 국제법존중주의에 합치되어야 한다. 국회의 법률제정권의 한계를 일탈한 법률은 위헌법률심판·헌법소원심판 등을 통하여 위헌·무효가 된다.

국회의 입법기능의 한계를 허영 교수(974-977면)는 능동적 한계(헌법원리상의 한계·이론상의 한계)와 수동적 한계(정부의 입법간여기능·법원과 헌법재판소의 규범통제권)로 나누어 설명한다.

(4) 법률제정권의 통제

(i) 행정국가 경향에 따라, 정부는 헌법상 제도인 법률안제출권·대통령의 법률안거부권·법률공포권 등을 통하여 공식적인 통제를 가할 뿐만 아니라, 국회의 입법과정에 직접적으로 개입한다(제52조·제58조).

(ii) 또한 사법기관은 법원의 위헌법률심판제청권(제107조)·헌법재판소의 위헌법률심판권 및 헌법소원심판권(제111조) 등을 통하여 국회에서 제정한 법률에 대하여 실질적으로 통제한다. 또한 헌법재판소는 일정한 조건이 충족될 경우에 입법부작위에 대한 헌법소원도 인정한다.

(iii) 특히 오늘날 대중민주주의적 경향에 따라 국회의 입법권은 국민의 입법청원과 입법에 대한 저항, 언론매체를 통한 여론의 형성, 이익단체의 로비활동, 정당의 당정협의회나 원내교섭단체를 통한 영향력 행사로 인하여 상당한 정도 통제된다. 최근에는 NGO의 활동과 영향력이 날로 증대되어 국회의 입법권에 직접적인 영향력을 행사한다. 또한 인터넷시대에 사이버공간을 통한 영향력은 무서울 정도로 성장하고 있어 국회에 대한 새로운 통제수단으로 작동한다.

2. 법률제정 이외의 입법권

국회입법권의 본질은 법률제정권이다. 그러나 국회는 법률제정 이외에도 법규범정립작용에 직접적으로 개입한다.

(1) 헌법개정에 관한 권한

국회는 재적의원 과반수의 발의로 헌법개정을 제안할 수 있다(제128조 제1항). 헌법개정안이 국회에 제안되면 국회는 이를 정부에 이송하고, 대통령이 20일 이상의 기간 이를 공고하며, 국회는 헌법개정안이 공고된 날로부터 60일 이내에 이를 의결하여야 한다(제130조 제1항). 국회의 의결을 거친 헌법개정안은 30일 이내에 국민투표에 붙인다.

(2) 중요한 조약의 체결·비준에 대한 동의권

A. 의 의

국회는 중요조약의 체결·비준에 대한 동의권을 가진다(제60조 제1항). 국회의 동의를 필요로 하는 조약은 "상호원조 또는 안전보장에 관한 조약, 중요한 국제조직에 관한 조약, 우호통상항해조약, 주권의 제약에 관한 조약, 강화조약, 국가나 국민에게 중대한 재정적 부담을 지우는 조약 또는 입법사항에 관한 조약"이다. 이들 조약은 반드시 국회의 동의를 얻어야 한다. 그러나 단순한 행정협정, 문화협정, 비자협정, 무역조약, 어업조약, 국가승인 등은 국회의 동의 대상이 아니어서 논란이 있다.

단순한 행정협정은 국회의 동의가 필요하지 아니하다. 다만, 한미행정협정(SOFA)은 국회의 동의를 얻어 1967년부터 발효되었다. 이 경우 비록 명칭은 행정협정이지만 헌법 제60조 제2항의 '외국군대의 대한민국 영역 안에서의 주류에 관한 사항'에 관한 규정으로 볼 수 있다.

B. 시 기

조약의 체결방식에 따라 조약의 서명 후 대통령의 비준 전 단계에서 국회가 동의권을 행사하는 경우와, 조약비준 후 국회가 동의권을 행사하는 경우가 있다.

C. 조약동의안의 수정가능성

일반적으로 양국의 전권위원이 서명하는 조약의 경우, 국회에서 수정동의권을 행사하면 어려운 문제가 발생할 수 있다. 이 경우 상대국과 충분한 협의를 거친 다음에 수정동의권을 행사하는 것이 바람직하다.

D. 동의거부의 효과

헌법상 국회의 동의를 획득하지 못한 조약은 국내법으로서의 효력을 발휘할 수 없다.

(3) 국회의 규칙제정권

"국회는 헌법과 법률에 저촉되지 아니하는 범위 안에서 의사와 내부규율에 관한 규칙을 제정할 수 있다"(제64조 제1항).

제2항 재 정 권

Ⅰ. 의 의

(1) 재정입헌주의(財政立憲主義)

재정이란 국가 또는 공공단체가 그 존립을 유지하고 활동하는 데 필요한 재화를 취득·관리·운용하는 모든 활동을 말한다. 재정은 대부분 국민의 부담으로 조달된다. 이에 따라 국민부담의 합리성과 민주성을 제고하기 위하여 재정에 관한 기본사항을 헌법에서 정하는 재정입헌주의를 채택한다.

(2) 재정의회주의(財政議會主義)

(i) 재정집행권은 행정부가 담당할 수밖에 없다. 이에 헌법은 재정에 관한 정부의 권한으로서 ① 예산안제출권, ② 추가경정예산안제출권, ③ 예비비지출권, ④ 긴급재정경제명령·처분권 등을 부여한다.

(ii) 그러나 재정집행의 기본원칙과 집행범위는 국민의 대표기관인 국회의 통제를 받는 재정민주주의·재정의회주의·국회중심주의를 채택한다. 이러한 국회의 재정에 관한 권한은 연혁적으로 조세승낙권 → 지출승낙권 → 예산확정권의 순서로 발전하여왔다. 현행헌법은 재정권력작용의 민주적 통제를 위하여, ① 공정한 과세의 원칙을 확립하도록 납세의무를 법률로 명시하고(제38조), ② 조세법률주의의 원칙에 따라 조세의 부과·징수작용의 한계를 규정하며, ③ 국회가 집행부의 재정관리작용을 통제한다.

(iii) 국회의 재정에 관한 권한은, ① 그 성질에 따라 입법적 권한과 집행적 권한, ② 그 내용에 따라 수입에 관한 권한과 지출에 관한 권한, ③ 그 강제성 여부에 따라 재정권력작용과 재정관리작용으로 나눌 수 있다. 이러한 분류 중 일반적으로 수입에 관한 사항은 조세법률주의원칙에 입각하여 논술되고 여타 사항은 재정에 관한 일반적 권한으로 논의되는바, 예산안심의·확정권(제54조·제56조), 결산심사권(제99조), 계속비에 대한 의결권(제55조 제1항), 예비비지출·승인권(제55조 제2항), 기채동의권(제58조 전단), 예산외에 국가의 부담이 될 계약체결에 대한 동의권(제58조 후단), 재정적 부담을 지우는 조약의 체결·비준에 대한 동의권(제60조 제1항), 긴급재정경제처분에 대한 승인권(제76조 제3항) 등이 있다.

Ⅱ. 헌법상 조세의 기본원칙

1. 의 의

(ⅰ) 조세(租稅)라 함은 국가나 지방자치단체 등 공권력의 주체가 재원조달의 목적으로 과세권을 발동하여 일반국민으로부터 반대급부 없이(무상) 강제적으로 부과·징수하는 과징금을 말한다(헌재 1991.11.25. 91헌가6, 지방세법 제31조에 대한 위헌심판(위헌)).

(ⅱ) 헌법상 조세의 부과와 징수는 국민의 재산권에 중대한 제한을 가져오기 때문에 이에 관한 사항은 국민의 대표기관인 의회가 제정하는 법률에 의하도록 한다. 이는 국민주권주의와 법치주의를 채택하고 있는 민주국가 헌법의 공통된 기본원칙이다(헌재 2001.11.29. 2000헌바95, 구 조세특례제한법 제37조 제7항 중 후단부분 위헌소원(합헌))(김웅희, 조세법의 기본원칙에 관한 헌법적 연구, 숭실대 박사학위논문, 2004.2 참조).

(ⅲ) 조세의 부과와 징수에 있어서 지켜야 할 기본원칙이 조세법률주의이다. 전통적인 조세정의의 실현수단인 조세법률주의는 동시에 납세자인 국민의 재산권의 실질적 보장을 위한 조세평등주의와 조화되어야 한다. 즉 "조세법률주의를 지나치게 철저하게 시행한다면 복잡다양하고도 끊임없이 변천하는 경제상황에 대처하여 적확하게 과세대상을 포착하고 적정하게 과세표준을 산출하기 어려워 담세력에 응한 공평과세의 목적을 달성할 수 없게 된다. 따라서 조세법률주의를 견지하면서도 조세평등주의와의 조화를 위하여 경제현실에 응하여 공정한 과세를 할 수 있게 하고 탈법적인 조세회피행위에 대처"하여야 한다(헌재 1998.3.26. 96헌바57, 상속세법 제8조의2 제6항 위헌소원(합헌)).

2. 조세법률주의

(1) 의의 및 연혁

(ⅰ) 조세법률주의(租稅法律主義)는 영국의 1215년 대헌장(Magna Carta)과 1689년 권리장전, 1776년 미국 버지니아권리장전에서 "대표 없는 곳에 과세 없다"라는 원칙이 확립된 이후 세계 각국에서 채택되고 있다. 현행헌법도 "조세의 종목과 세율은 법률로 정한다"라고 규정함으로써(제59조), 행정부의 일방적이고 자의적인 조세부과를 금지하고 반드시 국회가 제정한 법률에 의하여서만 조세를 부과할 수 있다는 조세법률주의의 원칙을 선언하고 있다. 조세법률주의에 따라 조세의 부과(賦課)만이 아니라 조세의 감면(減免)도 법률로 규정되어야 한다.

(ⅱ) 조세법률주의는 과세요건을 법률로 규정하여 국민의 재산권을 보장하고, 과세요건을 명확하게 규정하여 국민생활의 법적 안정성과 예측가능성을 보장하

는 데 있다. 헌법에서 "조세의 종목과 세율은 법률로 정한다"라고 하여 영구세주의를 채택한다. 그러나 실제로 조세는 예산과 불가분의 관계에 있기 때문에 사실상 매년 개정이 불가피하다.

영구세주의란 의회가 조세에 관한 법률을 제정하면 그 법률에 따라 국가나 공공단체가 계속하여 조세를 부과·징수할 수 있는 방식이다. 반면에 일년세주의란 국가나 공공단체가 조세를 부과·징수하기 위하여서는 의회가 매년 그에 관한 법률을 새로이 의결하는 방식이다.

과점주주(寡占株主)의 주식의 소유 정도 및 과점주주 소유의 주식에 대한 실질적인 권리의 행사 여부와 법인의 경영에 대한 사실상의 지배 여부 등 제2차 납세의무의 부과를 정당화시키는 실질적인 요소에 대하여는 고려함이 없이, 과점주주 전원에 대하여 일률적으로 법인의 체납액 전부에 대한 무제한의 납세의무를 인정함으로써, 과점주주에 대한 조세형평이나 재산권 보장은 도외시한 채 조세징수의 확보만을 지나치게 강조하여 실질적 조세법률주의에 위반되고 또 과점주주들간에 불합리한 차별로 평등의 원칙과 조세평등주의에도 위반된다. 그러므로 주식회사를 실질적으로 운영하면서 이를 조세회피의 수단으로 이용할 수 있는 지위에 있는 자, 즉 법인의 경영을 사실상 지배하거나 과점주주로서의 요건, 즉 당해 법인의 발행주식총액의 100분의 51 이상의 주식에 관한 권리를 실질적으로 행사하는 자로 제한함이 상당하다(헌재 1997.6.26. 93헌바49등, 구 국세기본법 제39조 위헌소원 구 국세기본법 제39조 제2호 위헌소원(한정위헌)).

이혼 시 재산분할을 청구하여 상속세 인적공제액을 초과하는 재산을 취득한 경우 그 초과부분에 대한 증여세 부과는, 증여세제의 본질에 반하여 증여라는 과세원인 없음에도 불구하고 부과하는 증여세는 현저히 불합리하고 자의적이며 헌법상 재산권보장에 부합하지 아니하고 실질적 조세법률주의에 위배된다(헌재 1997.10.30. 96헌바14, 구 상속세법 제29조의2 제1항 제1호 중 이혼한 자의 재산분할에 대한 증여세 규정부분 위헌소원(위헌)).

상속사실(또는 증여사실)의 신고를 하지 아니하거나 신고에서 누락된 상속재산(또는 증여재산)의 가액은 상속개시(또는 증여) 당시가 아닌 상속세(또는 증여세) 부과 당시의 가액으로 평가하는 것은 조세법률주의에 위반된다(헌재 1992.12.24. 90헌바21, 상속세법 제9조 제2항에 대한 헌법소원(위헌)).

(2) 조세법률주의의 내용

헌법재판소는 조세법률주의의 핵심적 내용은 과세요건법정주의와 과세요건명확주의라고 판시한다(헌재 1995.7.21. 92헌바27등, 상속세법 제7조의2 제1항 위헌소원(한정위헌)).

A. 과세요건법정주의(課稅要件法定主義)

(ⅰ) 과세요건법정주의란 납세의무를 발생하게 하는 납세의무자, 과세물건, 과세표준, 세율 등 과세요건과 조세의 부과·징수절차를 모두 국민의 대표기관인 국회가 제정한 법률로써 정하여야 한다는 원칙이다.

다른 담보물권보다 후에 성립된 조세채권일지라도 그 조세채권이 우선된다는 구 국세기본법 제35조 제1항 제3호는 헌법 제59조에 위반된다(헌재 1990.9.3. 89헌가95, 국세기본법 제35조 제1항 제3호에 관한 위헌심판(위헌)).

(ii) 그러나 경제현실의 변화나 사회현상의 복잡·다기화와 국회의 전문적·기술적 능력의 한계 및 시간적 적응능력의 한계로 인하여 조세부과에 관련된 모든 법규를 예외 없이 형식적 법률을 통한 부과는 사실상 불가능할 뿐만 아니라 때로는 형식적 법률로 규정하기보다 오히려 탄력성이 있는 행정입법으로의 위임이 허용된다(헌재 1997.10.30. 96헌바92등, 법인세법 제18조의3 제1항 제1호 위헌소원(합헌); 헌재 1998.7.16. 96헌바52등, 구 지방세법 제112조 제2항 위헌소원(위헌)). 이에 따라 과세요건법정주의와 관련하여 위임입법의 허용한계가 문제될 수 있다.

(iii) 헌법재판소는 위임의 구체성·명확성의 요구 정도는 규율대상의 종류와 성격에 따라 달라질 수 있다고 판시한다(제3장 제3항 3. 참조).

조세와 관련하여 "과세요건은 극히 전문기술적인 판단을 필요로 하는 경우가 많으므로, 그러한 경우의 위임입법에 있어서는 기본적인 조세요건과 과세기준이 법률에 의하여 정하여지고 그 세부적인 내용의 입법을 하위법규에 위임한 경우 일률적으로 헌법상 조세법률주의에 위반된다고 말할 수는 없다"(헌재 2002.6.27. 2000헌바88, 구 소득세법 제31조 제3항 위헌소원(합헌)).

B. 과세요건명확주의(課稅要件明確主義)

(i) 과세요건명확주의는 과세요건이 비록 법률로 규정되어 있더라도 그 규정내용이 지나치게 추상적이고 불명확하면 과세관청의 자의적인 해석과 집행을 초래할 염려가 있으므로 그 규정 내용이 명확하고 일의적(一義的)이어야 한다는 원칙이다.

(ii) 하지만, 다른 법률의 경우와 마찬가지로 조세법규에 있어서도 법규 상호간의 해석을 통하여 그 의미가 명확하여질 수 있다면 다소 포괄적이고 추상적인 용어의 사용도 허용될 수 있다. 따라서 해당 조세법규의 체계 및 입법취지 등에 비추어 그 의미가 분명하여질 수 있는 경우에는 과세요건명확주의에 위반된다고 할 수 없다(헌재 2002.6.27. 2001헌바44, 소득세법 제88조 제1항 위헌소원(합헌)). 여기서 과세요건명확주의는 납세자의 입장에서 어떠한 행위가 해당 문구에 해당하여 과세의 대상으로 예견할 수 있는지, 해당 문구의 불확정성이 행정관청의 입장에서 자의적·차별적 법률적용의 가능성을 부여하는지, 입법기술적으로 보다 확정적인 문구의 선택을 기대할 수 있는지 여부 등의 기준에 따른 종합적인 판단을 요한다(헌재 2002.5. 30. 2000헌바81, 부가가치세법 제13조 제1항 제3호 위헌소원(합헌)).

자의(自意)에 의한 양도가 아닌 강제수용이나 협의수용에 의한 양도의 경우에 양도소득세 부과는 과세요건명확주의에 반하지 아니한다(헌재 2007.4.26. 2006헌바71, 소득세법 제88조 제1항 위헌소원(합헌)).

세무조사의 사전신고를 받고 수정신고를 하는 경우 중소기업 특별세액 감면규정을 적용하지 아니하는 것은 합헌이다(헌재 2008.5.29. 2006헌바99, 조세특례제한법 부칙 제30조 위헌소원(합헌)).

민법에 따른 등기를 하지 아니한 경우라도 부동산을 사실상 취득하였다면 해당 취득물건의 소유자 또는 양수인을 취득자로 보아 과세한 규정은 합헌이다. '부동산의 사실상 취득'의 의미를 충분히 예측할 수 있으므로 과세요건 명확주의에 위배된다고 볼 수 없고, 양수인이 등기를 마치지 아니한 모든 경우가 아니라 사회통념상 대금의 거의 전부가 지급되었다고 볼 수 있는 경우에만 취득세를 부과하므로 과잉금지원칙에 반하여 재산권을 침해한다고 볼 수 없다(헌재 2022.3.31. 2019헌바107, 지방세법 제7조 제2항 위헌소원(합헌)).

해외 파생상품 거래에 대한 양도소득의 범위를 정하고 있는 구 소득세법 중 '대통령령으로 정하는 파생상품 등의 거래 또는 행위로 발생하는 소득' 부분 및 해외 파생상품의 범위에 대하여 정하고 있는 '자본시장과 금융투자업에 관한 법률' 중 '파생상품시장과 유사한 시장으로서 해외에 있는 시장' 부분은 포괄위임금지원칙 내지 과세요건명확주의에 위반되지 아니한다(헌재 2024.7.18. 2020헌바487등, 구 소득세법 제94조 제1항 제5호 등 위헌소원(합헌,각하)).

C. 기타 조세법률주의의 내용

(a) 실질적 법치주의 헌법 제38조와 제59조가 선언하는 조세법률주의는 형식적 법치주의에 그치지 아니하고 법률의 목적과 내용 또한 기본권보장의 헌법이념에 부합하여야 한다는 실질적 법치주의를 의미한다(헌재 1994.6.30. 93헌바9, 구 상속세법 제7조의2 제1항 위헌소원(한정위헌)). 그것은 동시에 적법절차원리와도 부합하여야 한다.

(b) 유추해석과 확장해석의 금지 조세법규의 해석과 적용은 국민의 재산권이 부당하게 침해되지 아니하도록 엄격하게 행하여야 한다. 조세행정청은 법률이 규정하는 바에 따라서 엄격하게 조세를 부과하고 징수하여야 한다. 조세법률주의의 원칙은 "조세의 요건과 그 부과징수절차는 국민의 대표기관인 국회가 제정한 법률에 의하여 규정되어야 하고, 나아가 그 법률의 집행에 있어서도 이것이 엄격하게 해석·적용하여야 하며, 행정편의적인 확장해석이나 유추해석은 허용되지" 아니한다(헌재 1990.9.3. 89헌가95, 국세기본법 제35조 제1항 제3호의 위헌심판(위헌); 대판 1983.10.25. 82누358)(헌재 1996.8.29. 95헌바41, 구 조세감면규제법 제88조의2 등 위헌소원(합헌,각하)).

특히 감면요건 규정 가운데에 명백히 특혜규정이라고 볼 수 있는 규정은 엄격하게 해석하여야 조세공평의 원칙에도 부합한다(대판 2009.8.20. 2008두11372).

과세요건법정주의 및 과세요건명확주의를 포함하는 조세법률주의가 지배하는 조세법의 영역에서는 경과규정의 미비라는 명백한 입법의 공백을 방지하고 형평성의 왜곡을 시정하는 것은 원칙적으로 입법자의 권한이고 책임이지 법문의 한계 안에서 법률을 해석·적용하는 법원이나 과세관청의 몫은 아니다. 뿐만 아니라 구체적 타당성을 이유로 법률에 대한 유추해석 내지 보충적 해석을 하는 것도 어디까지나 '유효한' 법률조항을 대상으로 할 수 있는 것이지 이미 '실효(失效)된' 법률조항은 그러한 해석의 대상이 될 수 없다. 따라서 관련 당사자가 공평에 반하는 이익을 얻을 가능성이 있다 하여 이미 실효된 법률조항을 유효한 것으로 해석하여 과세의 근거로 삼는 것은 과세근거의 창설을 국회가 제정하는 법률에 맡기고 있는 헌법상 권력분립원칙과 조세법률주의의 원칙에 반하므로, "이 사건 선부개정법의 시행에도 불구하고 이 사건 부칙조항이 실효되지 않은 것으로 해석하는 것"은 헌법상 권력분립원칙과 조세법률주의의 원칙에 위배된다(헌재 2012.5.31. 2009헌바123, 구 조세감면규제법 부칙 제23조 위헌소원(한정위헌)). (전상현, "법관의 법형성에 관한 헌법재판소의 통제", 헌법학연구 27-4 참조).

사해행위(詐害行爲) 이후에 성립한 조세채권이 구 국세징수법 제30조의 피보전채권이 될 수 있다고 해석, 적용하는 것이 엄격해석의 원칙에 반하는 것도 아니므로 구 국세징수법 제30조는 조세법률주의에 반하지 아니한다(헌재 2013.11.28. 2012헌바22, 국세징수법 제30조 위헌소원(합헌)).

(c) 소급과세금지와 신뢰보호 헌법 제13조 제2항의 소급입법금지의 원칙은 조세의 부과와 징수에 있어서도 적용되어야 하기 때문에 이미 완성된 과세요건사실에 대하여 사후의 새로운 세법에 의하여 과세할 수 없다는 소급과세금지의 원칙이 도출된다. 조세법령에서의 소급입법금지원칙인 소급과세금지의 원칙은 그 조세법령의 효력발생 이전에 완성된 과세요건사실에 대하여 해당 법령을 적용할 수 없다는 원칙이다(헌재 2008.5.29. 2006헌바99, 조세특례제한법 부칙 제30조 위헌소원(합헌)). 소급과세금지의 원칙은 헌법상 신뢰보호의 원칙과도 직접적으로 연계되는데 국세기본법 제18조, 지방세기본법 제20조 등에서 이에 대하여 명문으로 규정한다.

D. 조세법률주의의 예외

조세법률주의의 첫 번째 요소는 조세의 부과·징수는 국민의 대표기관인 국회가 제정한 법률에 의하여야 한다는 원칙이다. 그러나 이와 같은 조세법률주의에는 일정한 예외가 있다. 조례에 의한 지방세의 부과·징수(지방자치법 제152조)(지방세기본법 제5조 제1항), 조약에 의한 협정세율(관세법 제73조), 긴급재정경제명령(제76조 제1항)이 이에 해당한다.

(a) 조례(條例)에 의한 지방세(地方稅)의 부과·징수 지방자치법 제152조는 "지방자치단체는 법률로 정하는 바에 따라 지방세를 부과·징수할 수 있다"라고 하고, 지방세기본법 제5조 제1항은 "지방자치단체는 지방세의 세목, 과세대상, 과세표준, 세율 그 밖에 지방세의 부과·징수에 필요한 사항을 정할 때에는 이 법 또는 지방세관계법에서 정하는 범위에서 조례로 정하여야 한다"라고 규정하여 지방세의 부과·징수에 관한 예외를 인정한다. 이는 지방자치단체의 자율과세권을 확보하기 위한 입법적 배려이다. 그러나 과세자율권은 법률상 근거가 필요하다.

(b) 조약에 의한 협정세율 관세법 제73조는 외국과의 조약에 의하여 관세에 관하여 협정세율을 정할 수 있도록 규정한다. 그러나 이와 같은 조약은 국회의 동의를 필요로 한다.

(c) 긴급재정경제명령 대통령은 긴급재정경제명령을 통하여 조세에 관하여 규율할 수 있다. 이는 조세법률주의에 대한 예외를 인정한 규정이다. 그러나

이 경우에도 국회의 승인을 얻어야 한다(제76조).

(d) 예외적인 행정입법으로의 위임 가능성　　조세에 관한 사항이라도 예외적으로 행정입법위임이 가능하지만, 매우 제한적으로 허용되어야 한다.

> "조세법률주의를 지나치게 철저하게 시행한다면 복잡다양하고도 끊임없이 변천하는 경제상황에 대처하여 적확하게 과세대상을 포착하고 적정하게 과세표준을 산출하기 어려워 담세력에 응한 공평과세의 목적을 달성할 수 없게 된다. 조세법률주의를 견지하면서도 조세평등주의와의 소화를 위하여 경제현실에 응하여 공정한 과세를 할 수 있게 하고 탈법적인 조세회피행위에 대처하기 위하여는 납세의무의 중요한 사항 내지 본질적인 내용에 관련된 것이라 하더라도 그 중 경제현실의 변화나 전문적 기술의 발달 등에 즉응(卽應)하여야 하는 세부적인 사항에 관하여는 국회제정의 형식적 법률보다 더 탄력성이 있는 행정입법에 이를 위임할 필요가 있다"(헌재 1995.11.30. 94헌바40등 참조)(헌재 2002.1.31. 2001헌바13, 구 상속세법 제34조의 5 제1항 제1호 중 "대통령령이 정하는 이익"부분 위헌소원(합헌)).

3. 조세평등주의

(i) 조세평등주의(租稅平等主義)는 조세법률주의와 함께 헌법에 기초한 조세법의 기본원칙으로서, 조세의 부과뿐만 아니라 조세의 감면에도 적용된다.

> "헌법규정에 근거를 둔 이러한 조세법률주의는 조세평등주의와 함께 조세법의 기본원칙으로서, 그 핵심적 내용은 과세요건법정주의 및 과세요건명확주의"이다(헌재 2001.6.28. 99헌바54, 구상속세법 제9조 제1항 위헌소원(헌법불합치,잠정적용)); 비상장법인의 과점주주 중 주식을 가장 많이 소유하거나 법인의 경영을 사실상 지배하는 자와 생계(生計)를 함께 하는 자에 대한 제2차 납세의무의 부과는 조세평등주의에 위반된다(헌재 2007.6.28. 2006헌가14, 구 지방세법 제22조 제2호 (3)목 위헌제청(위헌)); 취득세 미납에 따른 가산세 부과(헌재 2003.9.25. 2003헌바16, 지방세법 제121조 제1항 위헌소원(헌법불합치,적용중지)), 소득세할 주민세의 미납(헌재 2005.10.27. 2004헌가21, 구 지방세법 제177조의2 제4항 위헌제청 (위헌)), 법인세할 주민세의 미납(헌재 2005.10.27. 2004헌가22, 지방세법 제177조의2 제3항 위헌제청(위헌))에 미납기간의 장단을 고려하지 아니한 것은 헌법에 위반된다.
>
> 부동산등기신청 시 등록세 미납기간의 장단을 고려 아니한 것(헌재 2005.12.22. 2004헌가31, 구 지방세법 제151조 등 위헌제청(합헌)), 종합소득세 납부의무 위반 시 미납기간을 고려하지 아니하고 일률적으로 미납세액의 100분의 10에 해당하는 가산세 부과(헌재 2013.8.29. 2011헌가27, 구 소득세법 제81조 제3항 위헌제청(합헌)), 신축주택에 대한 양도소득세 감면을 거주자에게만 적용하고 법인은 적용대상에 포함하지 아니한 것(헌재 2011.6.30. 2010헌바430, 조세특례제한법 제99조 위헌소원(합헌)), 골프장을 스키장 및 승마장보다 사치성 재산으로 중과세(헌재 1999.2.25. 96헌바64, 구 지방세법 제112조 제2항 전문 위헌소원(합헌)), 비영리내국법인의 장기 보유 비사업용 토지에 대하여 개인의 경우와 같이 그 적용을 배제하거나 유예하는 규정을 두지 아니함(헌재 2011.7.28. 2009헌바311, 법인세법 부칙 제1조 위헌소원등(합헌)), 상속세액 미달 납부 시 그에 대한 미납기간과 미납부세액을 고려한 가산세 부과(헌재 2016.12.29. 2016헌바268, 상속세 및 증여세법 제78조 제2항 위헌소원(합헌)), 장학단체의 임대용 재산에 대한 과세(헌재 2005.2.24. 2003헌바72, 지방세법 제288조 제1항 등 위헌소원(합헌)), 금융소득에 대한 분리과세(헌재 1999.11.25. 98헌마55, 금융실명거래및비밀보장에관한법률 부칙 제12조 위헌확인(기각)), 골프장 입장행위에 대하여 1명 1회 입장에 1만 2천 원의 개별소비세 부과(6·3)(헌재 2024.8.29. 2021헌바34, 개별소비세법 제1조 제3항 제4호 위헌소원(합헌)), 가업을 승계하는 자녀에게 가업승계 증

여세 과세특례를 부여하되, 가업을 승계하지 아니하거나 가업에 종사하지 아니하는 경우에는 그 특례 배제(헌재 2025.7.17. 2020헌바557, 구 조세특례제한법 제30조의6 제1항 등 위헌소원(합헌,각하))는 과잉금지원칙과 조세평등주의에 위배되지 아니한다.

조세평등주의는 헌법 제11조의 "평등의 원칙 또는 차별금지의 원칙의 조세법적 표현이라고 할 수 있다. 따라서 국가는 조세입법을 함에 있어서 조세의 부담이 공평하게 국민들 사이에 배분되도록 법을 제정하여야 할 뿐만 아니라, 조세법의 해석 · 적용에 있어서도 모든 국민을 평등하게 취급하여야 할 의무를 진다"(헌재 1989.7.21. 89헌마38, 상속세법 제32조의2의 위헌여부에 관한 헌법소원(한정합헌)). 조세평등주의의 구체적 실현을 위하여 실질과세의 원칙과 응능부담의 원칙이 적용되어야 한다.

(ii) 실질과세의 원칙은 조세평등주의의 파생원칙으로서 경제적 실질에 따라 능력에 맞는 공평한 조세부담을 부과하려는 과세입법 및 세법적용상의 원칙이다. 이에 따라 국세기본법 제14조, 지방세기본법 제17조, '국제조세조정에 관한 법률' 제3조에서는 실질과세의 원칙을 규정한다(헌재 1989.7.21. 89헌마38, 상속세법 제32조의2의 위헌여부에 관한 헌법소원(한정합헌)).

실질과세의 원칙은 헌법상의 기본이념인 평등의 원칙을 조세법률관계에 구현하기 위한 실천적 원리로서, 조세의 부담을 회피할 목적으로 과세요건사실에 관하여 실질과 괴리되는 비합리적인 형식이나 외관을 취하는 경우에 그 형식이나 외관에 불구하고 실질에 따라 담세력(擔稅力)이 있는 곳에 과세함으로써 부당한 조세회피행위를 규제하고 과세의 형평을 제고하여 조세정의를 실현하는 데 있다. 이는 조세법의 기본원리인 조세법률주의와 대립관계에 있는 것이 아니라 조세법규를 다양하게 변화하는 경제생활관계에 적용함에 있어 예측가능성과 법적 안정성이 훼손되지 아니하는 범위 내에서 합목적적이고 탄력적으로 해석함으로써 조세법률주의의 형해화를 막고 실효성을 확보한다는 점에서 조세법률주의와 상호보완적이고 불가분적인 관계에 있다(대판(전합) 2012.1.19. 2008두8499, 취득세등부과처분취소).

수입담배를 보세구역에서 반출한 후 판매되지 아니하여 재반입한 경우에도 담배소비세 불환급은, 담배의 소비행위라는 과세물건이 없음에도 불구하고 담배소비세를 부과한 것이 되어 결과적으로 실질과세의 원칙에 어긋난다(헌재 2001.4.26. 2000헌바59, 지방세법 제233조의9 제1항 제2호 위헌소원(헌법불합치,잠정적용)).

상속채무 초과상태에 있는 한정승인자의 상속재산취득에 대한 취득세 부과는 실질과세 원칙에 위배되지 아니한다(헌재 2006.2.23. 2004헌바43, 지방세법 제110조 위헌소원(합헌)).

수증자가 증여받은 재산을 증여자에게 반환하는 경우(통상 '증여의 합의해제'), 증여받은 때부터 1년이 도과한 경우에는 '반환'에 대하여 증여세를 부과하도록 한 것은 계약자유의 원칙과 실질과세의 원칙에 위배되지 아니한다(헌재 2002.1.31. 2000헌바35, 구 상속세법 제29조의2 제5항 위헌소원(합헌)).

(iii) 응능부담(應能負擔)의 원칙에 따라 조세의 부과와 징수에 있어서 납세자의 담세능력에 상응하여 공정하고 평등하게 하여야 하며 합리적 이유 없이 특정의 납세의무자에게 불리하게 하거나 우대를 허용하지 아니한다(헌재 1997.10.30. 96헌바14, 구 상속세법 제29조의2 제1항 제1

호 중 이혼한 자의 재산분할에 대한 증여세 규정부분 위헌소원(위헌)). 조세평등주의가 요구하는 담세능력에 따른 과세의 원칙은 한편으로 동일한 소득은 원칙적으로 동일하게 과세될 것을 요청하며('수평적 조세정의'), 다른 한편으로 소득이 다른 사람들 사이에 공평한 조세부담의 배분을 요청한다('수직적 조세정의'). 그러나 이 원칙도 합리적 이유가 있으면 납세자 사이에 차별취급도 예외적으로 허용된다(헌재 2002.8.29. 2001헌가24, 구 지방세법 제196조의5 제1항 제1호 위헌제청(합헌)).

4. 조세와 준조세

(1) 준조세(準租稅)의 종류

조세라는 명칭이 붙어 있지는 아니하지만 조세법률주의의 적용을 받는 사항을 준조세라고 한다. 준조세에는 부담금(분담금, 납부금), 수수료, 사용료 등이 있다. ① 부담금이란 일반적으로 특정한 공익사업에 이해관계를 가지는 자가 그 경비의 전부 또는 일부를 국가나 공공단체에 부담하여야 하는 공법상의 금전납부의무를 말한다. ② 수수료(手數料)는 국가나 공공단체가 사인을 위하여 행하는 공적 역무에 대한 반대급부로서 징수하는 요금이다. ③ 사용료(使用料)는 공공시설의 이용 또는 재산의 사용에 대한 요금이다.

(2) 부담금(負擔金)

A. 의 의

(i) 부담금이란 중앙행정기관의 장, 지방자치단체의 장, 행정권한을 위탁받은 공공단체 또는 법인의 장 등 법률에 따라 금전적 부담의 부과권한을 부여받은 자가 분담금(分擔金)·부과금(賦課金)·기여금(寄與金) 그 밖의 명칭에 불구하고 재화 또는 용역의 제공과 관계없이 특정 공익사업과 관련하여 법률에서 정하는 바에 따라 부과하는 조세 외의 금전지급의무(특정한 의무이행을 담보하기 위한 예치금 또는 보증금의 성격을 가진 것은 제외한다)를 말한다(부담금관리기본법 제2조).

(ii) 종래 부담금은 특정의 공익사업과 특별한 이해관계에 있는 자에 대하여 그 사업에 필요한 경비를 부담시키기 위하여 과하는 금전지급의무로 이해되었지만, 부담금관리기본법은 부담금의 개념요소에서 반대급부인 특별한 경제적 이익의 보장이라는 요소를 배제하여, 부담금제도 설정의 허용범위를 비교적 넓게 인정한다. 그런 점에서 반대급부 없이 일방적으로 부과된다는 점에서 부담금과 조세는 동일하지만, 조세는 일반목적에 부과되는 데 반하여 부담금은 특별목적에 부과된다는 점에서 차이가 있다.

B. 부담금부과의 일반적 요건

(ⅰ) 부담금은 조세에 대한 관계에서 예외적으로만 인정되어야 한다. 공적 과제의 재정조달을 조세로 할지 아니면 부담금으로 할지에 관하여 입법자의 자유로운 선택권을 허용하여서는 아니 된다. 부담금납부의무자는 재정조달대상인 공적 과제에 대하여 일반국민에 비하여 '특별히 밀접한 관련성'을 가져야 한다. 부담금이 장기적으로 유지되는 경우에는 그 징수의 타당성이나 적정성이 입법자에 의하여 지속적으로 심사되어야 한다. 다만, 부담금이 재정조달목적뿐 아니라 정책실현목적도 함께 가지는 경우에는 위 요건들 중에서 일부가 완화되어야 한다(헌재 2004.7.15. 2002헌바42, 먹는물관리법 제28조 제1항 위헌소원(합헌)).

(ⅱ) 모든 국민의 재산권은 헌법에서 보장하고 있으므로(헌법 제23조 제1항), 국민에게 조세 이외에 재산상의 부담을 부과할 경우 이에 대한 헌법적 근거가 필요하다. 현행헌법은 기본권에 관한 일반적 유보조항(헌법 제37조 제2항)을 두고 있으며 공공복리를 위하여 필요한 경우 법률로써 국민의 자유와 권리를 제한할 수 있으므로 부담금부과에 의한 재산권의 제한도 마찬가지이다. 따라서 법률에 의한 부담금제도의 설정은 헌법이 허용하는 기본권제한의 범주에 포함된다. 다만, 일반적 유보조항에 의하여 부담금제도의 설정이 허용된다고 하더라도 부담금의 종류에 따라 구체적인 사정이 고려되어야 한다.

C. 유형별 부담금의 부과요건

(ⅰ) 재정조달을 목적으로 하는 부담금의 경우 특정한 반대급부 없이 부과될 수 있다는 점에서 조세와 매우 유사하다. 따라서 헌법 제38조가 정한 조세법률주의, 헌법 제11조 제1항이 정한 법 앞의 평등원칙에서 파생되는 공과금부담의 형평성, 헌법 제54조 제1항이 정한 국회의 예산심의·확정권에 의한 재정감독권과의 관계에서 오는 한계를 고려하여야 한다. 더 나아가 일반적인 기본권제한의 한계(비례성원칙)에 따라야 한다. 특히 학교용지부담금의 경우 여기에 덧붙여 헌법 제31조 제3항의 의무교육의 무상성과의 관계를 고려하여야 한다. 헌법재판소는 재정조달 목적 부담금의 헌법적 정당화 요건을 엄격하게 제시한다.

"재정조달목적 부담금은 특정한 반대급부 없이 부과될 수 있다는 점에서 조세와 매우 유사하므로 헌법 제38조가 정한 조세법률주의, 헌법 제11조 제1항이 정한 법 앞의 평등원칙에서 파생되는 공과금 부담의 형평성, 헌법 제54조 제1항이 정한 국회의 예산심의·확정권에 의한 재정감독권과의 관계에서 오는 한계를 고려하여, 그 부과가 헌법적으로 정당화되기 위하여는 ① 조세에 대한 관계에서 예외적으로만 인정되어야 하며 국가의 일반적

과제를 수행하는 데에 부담금 형식을 남용하여서는 아니 되고, ② 부담금 납부의무자는 일반 국민에 비해 부담금을 통해 추구하고자 하는 공적 과제에 대하여 특별히 밀접한 관련성을 가져야 하며, ③ 부담금이 장기적으로 유지되는 경우 그 징수의 타당성이나 적정성이 입법자에 의해 지속적으로 심사되어야 한다." "특히 부담금 납부의무자는 그 부과를 통해 추구하는 공적 과제에 대하여 '특별히 밀접한 관련성'이 있어야 한다는 점에 있어서 ① 일반인과 구별되는 동질성을 지녀 특정집단이라고 이해할 수 있는 사람들이어야 하고(집단적 동질성), ② 부담금의 부과를 통하여 수행하고자 하는 특정한 경제적·사회적 과제와 특별히 객관적으로 밀접한 관련성이 있어야 하며(객관적 근접성), ③ 그러한 과제의 수행에 관하여 조세외적 부담을 져야 할 책임이 인정될만한 집단이어야 하고(집단적 책임성), ④ 만약 부담금의 수입이 부담금 납부의무자의 집단적 이익을 위하여 사용될 경우에는 그 부과의 정당성이 더욱 제고된다(집단적 효용성)." 또한 부담금은 국민의 재산권을 제한하는 성격을 가지고 있으므로 부담금을 부과함에 있어서도 평등원칙이나 비례성원칙과 같은 기본권제한입법의 한계는 준수되어야 하며, 위와 같은 부담금의 헌법적 정당화 요건은 기본권 제한의 한계를 심사함으로써 고려될 수 있다"(헌재 2008.11.27. 2007헌마860, 영화 및 비디오물의 진흥에 관한 법률 제25조의2 등 위헌확인(기각,각하)).

"의무교육에 필요한 학교시설은 국가의 일반적 과제이고, 학교용지는 의무교육을 시행하기 위한 물적 기반으로서 필수조건임은 말할 필요도 없으므로 이를 달성하기 위한 비용은 국가의 일반재정으로 충당하여야 한다. 따라서 적어도 의무교육에 관한 한 일반재정이 아닌 부담금과 같은 별도의 재정수단을 동원하여 특정한 집단으로부터 그 비용을 추가로 징수하여 충당하는 것은 의무교육의 무상성을 선언한 헌법에 반한다." "학교용지확보 필요성에 있어서 주택건설촉진법상의 수분양자(受分讓者)들의 구체적 사정을 거의 고려하지 않은 채 수분양자 모두를 일괄적으로 동일한 의무자집단에 포함시켜 동일한 학교용지부담금을 부과하는 것은 합리적 근거가 없는 차별에 해당하고, 의무자집단 전체의 입장에서 보더라도 일반 국민, 특히 다른 개발사업에 의한 수분양자집단과 사회적으로 구별되는 집단적 동질성을 갖추고 있다고 할 수 없다"(헌재 2005.3.31. 2003헌가20, 구 학교용지확보에관한특례법 제2조 제2호 등 위헌제청(위헌)).

"의무교육의 무상성에 관한 헌법상 규정은 교육을 받을 권리를 보다 실효성 있게 보장하기 위해 의무교육 비용을 학령아동 보호자의 부담으로부터 공동체 전체의 부담으로 이전하라는 명령일 뿐 의무교육의 모든 비용을 조세로 해결해야 함을 의미하는 것은 아니므로, 학교용지부담금의 부과대상을 수분양자가 아닌 개발사업자로 정하고 있는 이 사건 법률조항은 의무교육의 무상원칙에 위배되지 아니한다"(헌재 2008.9.25. 2007헌가1, 학교용지 확보 등에 관한 특례법 제2조 제2호 등 위헌제청(합헌)).

(ii) 정책실현을 목적으로 하는 부담금의 경우 헌법의 기본적 재정질서와는 별개의 문제로 개별행위에 대한 명령·금지와 같은 직접적인 규제수단을 사용하는 대신 부담금이라는 금전적 부담의 부과를 통하여 간접적으로 국민의 행위를 유도하고 조정함으로써 사회적·경제적 정책목적을 달성하고자 한다. 그런데 이 경우에 보다 효과적인 경우가 많기 때문에 부담금을 사회적·경제적 정책을 실현하는 수단으로의 이용 그 자체가 곧바로 헌법에 위반되지는 아니한다. 그러나 직

어도 정책실현을 목적으로 하는 부담금이 사회적 · 정책적 목적을 실현하는 데 적절한 수단이 되어야 함은 물론이고 법 앞의 평등원칙에서 파생되는 공과금 부담의 형평성을 벗어나서는 아니 된다. 헌법재판소는 정책실현목적 부담금의 헌법적 정당화 요건을 다음과 같이 판시한다.

"정책실현목적 부담금의 경우 재정조달목적은 오히려 부차적이고 그보다는 부과 자체를 통해 일정한 사회적 · 경제적 정책을 실현하려는 목적이 더 주된 경우가 많다. 이 때문에, 재정조달목적 부담금의 정당화 여부를 논함에 있어서 고려되었던 사정들 중 일부는 정책실현목적 부담금의 경우에 똑같이 적용될 수 없다." "그런데 정책실현목적 부담금의 경우에는, 특별한 사정이 없는 한, 부담금의 부과가 정당한 사회적 · 경제적 정책목적을 실현하는 데 적절한 수단이라는 사실이 곧 합리적 이유를 구성할 여지가 많다. 그러므로 이 경우에는 '재정조달 대상인 공적 과제와 납부의무자 집단 사이에 존재하는 관련성' 자체보다는 오히려 '재정조달 이전 단계에서 추구되는 특정 사회적 · 경제적 정책목적과 부담금의 부과 사이에 존재하는 상관관계'에 더 주목하게 된다. 따라서 재정조달목적 부담금의 헌법적 정당화에 있어서는 중요하게 고려되는 '재정조달 대상 공적 과제에 대한 납부의무자 집단의 특별한 재정책임 여부' 내지 '납부의무자 집단에 대한 부담금의 유용한 사용 여부' 등은 정책실현목적 부담금의 헌법적 정당화에 있어서는 그다지 결정적인 의미를 가지지 않는다" (헌재 2004.7.15. 2002헌바42, 먹는물관리법 제28조 제1항 위헌소원(합헌)).

개발제한구역훼손부담금은 개발제한구역 내에 입지하는 시설 등의 설치에 따른 토지형질변경에 대하여 구역 내 · 외의 토지가격 차액에 상당하는 경제적 부담을 부과함으로써 구역 내로의 입지선호를 제거함과 동시에 불가피한 경우로 입지를 제한하여 개발제한구역의 훼손을 억제하는 한편 개발제한구역의 지정 · 관리를 위한 재원을 확보하는데 그 목적이 있으므로 정책실현목적 부담금의 성격을 가진다(헌재 2007.5.31. 2005헌바47, 개발제한구역의지정및관리에관한특별조치법 제22조 등 위헌소원(각하, 기각)).

(3) 특별부담금(特別負擔金)

(i) 헌법재판소는 과밀부담금(헌재 2001.11.29. 2000헌바23, 수도권정비계획법 제2조 제3호 등 위헌소원(합헌)), 수신료(헌재 1999.5.27. 98헌바70, 한국방송공사법 제35조 등 위헌소원(헌법불합치, 잠정적용, 합헌); 헌재 2008.2.28. 2006헌바70, 방송법 제64조 등 위헌소원(합헌): 수신료가 부담금관리기본법상 부담금으로 규정되어 있지 않다 하더라도 여전히 수신료는 특별부담금에 해당한다), 수질개선부담금(헌재 1998.12.24. 98헌가1, 구 먹는물관리법 제28조 제1항 위헌제청(합헌)) 등을 특별부담금으로 보고, 이러한 특별부담금은 그 성질상 조세와 구별된다. 즉, 특별부담금은 공적기관에 의한 반대급부가 보장되지 아니하는 금전급부의무의 설정이라는 점에서 조세와 유사하나, 특별한 과제를 위한 재정충당을 위하여 부과된다는 점에서 일반적인 국가재정수요의 충당을 위하여 부과되는 조세와는 구분된다. 무엇보다도 특정집단으로부터 징수된다는 점에서 일반국민으로부터 그 담세능력에 따라 징수되는 조세와는 다르다(헌재 2001.11.29. 2000헌바23, 수도권정비계획법 제2조 제3호 등 위헌소원(합헌)).

(ii) 다만, 이러한 특별부담금에 있어서도 법률의 근거가 있어야 한다. 이것은 조세법률주의의 내용이라기보다 국민의 재산권에 대한 제한에 필요한 법률유보

원칙의 내용으로 이해한다. 즉 조세나 부담금과 같은 전통적인 공과금체계로는 현대국가의 새로운 행정수요에 원활하게 대처할 수 없기 때문에 특별부담금이라는 새로운 유형의 공과금을 도입할 필요성이 인정된다. 특히 헌법 제37조 제2항에 의하면 "국민의 모든 자유와 권리는 국가안전보장·질서유지 또는 공공복리를 위하여 필요한 경우에 한하여 법률로써 제한할 수 있"으므로, 국민의 재산권을 제한하는 특별부담금제도의 도입 그 자체는 헌법상 문제가 없다. 다만, 특별부담금을 부과함으로써 국민의 재산권을 제한하는 법률규정이 헌법에 위배되지 아니하기 위하여서는 헌법 제37조 제2항에서 정하고 있는 과잉금지의 원칙과 평등의 원칙에 위배되어서도 아니 된다(헌재 2001.11.29. 2000헌바23, 수도권정비계획법 제2조 제3호 등 위헌소원(합헌)).

조세유사적 성격을 지닌 특별부담금의 부과가 과잉금지의 원칙과 관련하여 방법상 적정한 것으로 인정되기 위하여서는 이러한 부담금의 부과를 통하여 수행하고자 하는 특정한 경제적·사회적 과제에 대하여 **특별히 객관적으로 밀접한 관련이 있는 특정집단**에 국한하여 부과되어야 하고, 이와 같이 부과·징수된 부담금은 그 특정과제의 수행을 위하여 별도로 지출·관리되어야 하며 국가의 일반적 재정수입에 포함시켜 일반적 국가과제를 수행하는 데 사용하여서는 아니 된다(헌재 1999.10.21. 97헌바84, 관광진흥법 제10조의4 제1항 위헌소원(합헌)).

Ⅲ. 예산심의·확정권

1. 의 의

(1) 예산(豫算)의 개념

(i) 예산이라 함은 1회계연도에 있어서 국가의 세입·세출에 관한 예정준칙을 내용으로 하고, 국회의 의결에 의하여 성립하는 국법행위형식이다. 즉 예산은 한 회계연도에 정부가 할 수 있는 세출의 준칙과 이에 충당할 재원인 세입에 대하여 국회가 정부에 재정권을 부여하는 국법의 한 형식을 말한다. 세입예산은 단순한 세입예산표에 불과하며 국가의 수입을 구속하지 아니한다. 그러나 세출예산은 지출의 목적·금액 및 기간 내에서만 국비가 지출되어야 한다.[1]

(ii) 실질적 의미의 예산은 한 회계연도에 있어서 국가의 세입·세출에 관한 예정준칙을 말한다. 형식적 의미의 예산은 일정한 형식으로서 정부가 작성하고 국회의 심의·의결로써 성립되는 국법의 한 형식을 말한다. 실질적 의미의 예산이 국회의 승인을 얻으면 형식적 의미의 예산이 된다. 헌법과 국가재정법에서의 예

1) 신정규, "예산법률주의와 재정준칙의 헌법적 수용에 관한 재정헌법적 고찰", 헌법학연구 30-4.

산은 형식적 의미의 예산이다.

(2) 예산의 기능

(i) 현대국가의 예산은 국가와 지방자치단체의 정치와 행정활동을 보장하는 현금수지의 추계 및 관리이다. 또한 예산관련 정책의 결정·집행은 국민이나 사회 제집단의 이해관계와 불가분의 관계를 가진다.

(ii) 경제적 측면에서 예산은 공공부문과 민간부문 사이에서 자원의 적절한 배분, 경제안정과 발전, 소득의 재분배 등의 과제를 수행하며 국민경제의 총량이나 활동수준을 조정하고 통제한다.

(iii) 정치적 측면에서 예산은 정치권력이 경제정책의 목적을 달성하기 위한 수단이다. 특히 현대국가의 예산은 행정부와 국회를 연결하는 매개체이기도 하다. 오늘날 예산의 결정과 집행에 있어서 국회의 재정통제작용의 약화와 더불어 정부의 행정편의주의로 인하여 권력이 행정부로 집중되어 있다.

(3) 예산의 법적 성질

예산을 법률의 형식으로 하여야 하는지(예산법률주의) 아니면 법률과 다른 독자적인 형식으로 하여야 하는지에 관하여 각국의 입법례는 서로 다르다. 미국·영국·독일·프랑스 등 다수의 국가에서는 예산법률주의를 채택한다. 그러나 현행헌법은 일본·스위스 등과 같이 예산을 특수한 존재형식으로 규율한다. 즉 헌법 제40조의 국회입법권과는 별도로 제54조에 국회의 예산심의권을 규정한다. 이에 따라 예산의 법적 성격이 문제된다.

(a) 훈령설 예산은 단순한 견적이 아니고 그 자체가 행정청이 내리는 국가원수의 훈령(訓令)이다. 예산의 구속력은 국회의 의결을 거친 뒤 국가원수가 재가·공포함으로써 발생한다.

(b) 승인설 예산의 법적 성격을 부인하고 예산은 어디까지나 행정행위로서 국회에 대한 의사표시에 불과하다. 즉 예산은 국회가 정부에 대하여 지출을 승인하는 행위이다. 따라서 예산은 국회가 정부의 행위에 대하여 사전승인을 하여줌으로써 정부의 지출책임을 해제하는 수단이다.

(c) 법형식설(법규범설) 예산은 법률과 병립하는 국법의 한 형식이다. 즉 예산은 한 회계연도에 있어서 국가의 재정행위의 준칙으로서, 주로 세입·세출의 예정준칙을 내용으로 하고 국회의 의결에 의하여 정립되는 국법의 한 형식이다. 헌법재판소도 법형식설을 취한다.

"예산은 일종의 법규범이고 법률과 마찬가지로 국회의 의결을 거쳐 제정되지만 법률과 달리 국가기관만을 구속할 뿐 일반국민을 구속하지 않는다. 국회가 의결한 예산 또는 국회의 예산안 의결은 헌법재판소법 제68조 제1항 소정의 '공권력의 행사'에 해당하지 않고 따라서 헌법소원의 대상이 되지 아니한다"(헌재 2006.4.25. 2006헌마409, 서울-춘천 고속도로민간투자시설사업관련 2006년도 예산안 의결 위헌확인(각하)).

(d) 예산법률설 입법권은 국회가 가지듯이 예산의 본질과 재정의 민주화 이념에 비추어 예산도 법률이어야 한다.

(e) 검 토 예산훈령설은 예산을 군주주권 시대의 국가원수의 행위로 이해하지만 오늘날 이를 주장하는 학자는 없다. 예산법률설은 다수 국가에서 채택하는 제도로서 그 논리적 타당성을 인정할 수 있으나, 한국에서 예산법률주의의 채택은 헌법개정사항이다. 예산승인설은 헌법상 예산이 국법의 한 존재형식이 아니라는 점에 착안하여, 형식적으로 예산은 입법의 존재형식이 아니며 실질적으로도 입법행위가 아닌 특수한 국가작용이라고 보는 견해로서 외견상 타당한 측면이 있다. 생각건대 국회의 예산심의·의결은 예산의 성립을 위한 요소이다. 그런데 일단 국회의 의결이 있으면 예산은 국가기관을 구속한다. 또한 예산은 단순한 세입·세출의 견적표가 아니고 세입에 관하여는 재원을, 세출에 관하여는 그 목적·시기·금액을 한정하므로, 법규범의 일종이라 할 수 있다. 다만, 예산은 한 회계연도에 있어서 국가기관의 재정행위만을 규율할 뿐이므로 일반국민을 규율하는 법규범과 구별된다. 하지만, 법령 중에도 국가기관만을 규율하는 조직규범도 있고, 일정한 기간 동안만 효력을 가지는 한시법도 있다. 따라서 재정민주주의의 논리에 기초하여 정부에 대한 구속력을 강화하고 국회의 필수적 의결을 요구하는 법규범설이 타당하다(통설). 한편 법규범설을 수용하면서도 강제력의 담보수단과 제재장치의 한계를 적시하며 준칙규범성을 주장하는 견해도 있다(허영 985-986면).

이러한 예산의 법적 성질에 관한 논란은 헌법이 예산법률주의를 채택하지 아니한 데에서 연유한다. 예산과 법률을 별개의 존재형식으로 설정하여 놓았음에도 학계의 통설이 예산을 법규범으로 이해하고 있다면, 헌법정책적으로는 예산법률주의의 채택이 바람직하다.

2. 예산과 법률

(1) 의 의

예산과 법률을 별개의 존재형식으로 인정하는 헌법의 태도에도 불구하고 예산의 법적 성질은 법규범의 일종으로 이해된다. 이에 따라 예산과 법률의 성질·관계·차이 등이 문제된다.

(2) 개 념

예산은 1회계연도에 있어서 국가의 세입·세출의 예정준칙을 내용으로 하고, 국회의 의결에 의하여 성립하는 국법행위형식이다.

법률은 국회의 의결을 거쳐 제정되는 법규범이다.

(3) 차 이

A. 존재형식

현행헌법에서 예산은 법률이 아닌 독자적인 국법행위형식이다. 그러나 예산은 '예산'의 형식으로, 법률은 '법률'의 형식으로 존재한다.[1)]

B. 절 차

(a) 제출권자 예산은 정부만 제출권이 있고, 국회는 제출권이 없다.

(b) 심 의 국회는 정부가 제출한 예산안의 범위 내에서 삭감할 수 있으나, 정부의 동의없이 지출예산 각항의 금액을 증가하거나 새 비목을 설치할 수 없다(제57조). 법률안에 대하여는 이러한 제한이 없다. 즉 예산은 국회가 소극적 수정만 할 수 있으나, 법률은 이러한 제한이 없다.

(c) 효력발생요건 예산안은 단지 관보로써 공고하도록 되어 있으므로 공고가 효력발생요건이 아니다. 그러나 법률안은 공포가 효력발생요건이다(제53조).

(d) 거부권의 제한 국회는 예산심의를 전면 거부할 수 없으며, 대통령도 법률안거부권 행사(제53조 제2항)와 같이 국회에서 통과된 예산안을 국회에 환송하여 재심의를 요구하는 거부권을 행사할 수 없다.

1) 예산과 법률의 비교

	예 산	법 률
존재형식	예산이라는 독립된 법규범(예산비법률주의: 일본·스위스)	법률
제출시한	회계연도 개시 90일 전까지	제한 없음
제출권자	정부만 제출가능	정부와 국회의원(10인)·위원회
심의절차	정부의 동의 없이 증액 또는 새비목 설치 불가	정부제출법안수정·철회 시 국회동의(수정 시 30인 동의)
공청회개최 여부	예결위는 예산안에 대하여 공청회를 개최하여야 함	개정법률안·전면개정법률안 공청회 개최의무
효력발생요건	공고가 효력발생요건 아님	공포가 효력발생요건
거부권행사여부	예산안에 대한 거부권행사 불가	법률안에 대한 거부권행사 가능
유효기간	1회계연도에서만 효력발생	개정·폐지될 때까지 효력지속
구속력	국가기관만을 구속	국가기관과 국민 모두를 구속

C. 효 력

(a) 기 간 예산은 1회계연도에 한하여 효력을 가진다. 법률은 원칙적으로 영구적 효력을 가진다.

(b) 구속력 예산은 국가기관만을 구속한다. 법률은 일반국민도 구속한다.

(c) 범 위 예산에 대한 국회의 의결은 정부의 재정행위를 구속하지만, 정부의 수입·지출의 권한과 의무는 예산에 의하지 아니하고 별도의 법률로 규정된다. 세입의 측면에서는 예산에 계정되어 있더라도 별도로 법률에 근거가 없으면 조세 등을 징수할 수 없고, 예산에 계정되어 있지 아니하더라도 다른 법률에 근거가 있으면 징수할 수 있다. 또한 지출의 측면에서는 예산에 계상되어 있더라도 지출의 근거가 되는 법률이 없으면 지출행위를 할 수 없고, 예산에 계상되지 아니하면 법률에 의하여 지출이 인정되더라도 지출을 할 수 없다.

(4) 예산과 법률의 상호관계

A. 변경관계

예산과 법률은 성질·성립절차·효력이 상이하다. 따라서 예산을 가지고 법률을, 법률을 가지고 예산을 변경할 수 없다. 이는 양자가 서로 성립요건을 달리하기 때문인데 예산법률주의국가에서도 마찬가지다.

B. 구속관계

(a) 예산이 법률에 구속되는 경우 세출예산은 비록 예산으로서 성립하여 있다고 하더라도, 그 경비의 지출을 명하거나 인정하는 법률이 없는 경우에 정부는 지출을 할 수 없다. 세입예산 역시 세입의 근거가 되는 법률이 없으면 징수할 수 없다.

(b) 법률이 예산에 구속되는 경우 법률에 의하여 경비의 지출이 인정되고 명령되었다 하더라도 그 지출의 실행에 필요한 예산이 없으면 실제 지출행위는 할 수 없다. 그러나 조세법률주의에 따라 법률의 근거가 있는 한 세입예산을 초과하거나 예산에 계상되어 있지 아니한 항목의 수납도 가능하다.

(c) 예산심의권이 법률에 구속되는 경우 국회가 예산을 필요로 하는 법률을 제정하게 되면, 그에 따라 국회의 예산심의권도 불가피하게 법률에 의한 제한을 받게 된다.

C. 불일치의 발생

세출예산에서 인정된 지출사항에 대하여 그 예산의 집행을 명하는 법률이 성립되지 아니하면 예산의 실행이 불가능하다. 또한 경비의 지출을 국가에 의무지우는 법률이나 경비의 지출을 가능하게 하는 법률이 성립되었으나, 예산이 성립되지 아니한 경우에는 법률의 집행이 불가능하다. 이러한 불일치는 그 형식·제출권의 소재·제출시기·성립시기·심의절차 등이 다르기 때문에 발생한다.

예산법률주의를 채택하고 있는 프랑스에서는 예산과 법률의 불일치를 방지하려는 헌법규정을 두고 있다: "국회의원제출법률안 및 수정안은 그 채택이 국고수입의 감소나 국고지출의 신설 또는 증가를 초래할 경우에는 이를 수리할 수 없다"(제40조).

D. 불일치의 조정

(a) 사전적 조정 　정부는 예산안과 법률안을 제출하면서 예산과 법률의 불일치가 발생하지 아니하도록, 모든 세출을 가능한 한 예산안에 반영하고 근거법령과 예산안을 동시에 제출하며, 정부의 국회출석발언권 등 국회에 대한 견제권을 통하여 조정하여야 한다. 이와 관련하여 국회법은 대표적으로 세 가지 방안을 마련하고 있다.

(i) "의원이 예산상 또는 기금상의 조치를 수반하는 의안을 발의하는 경우에는 그 의안의 시행에 수반될 것으로 예상되는 비용에 관한 국회예산정책처의 추계서(推計書) 또는 국회예산정책처에 대한 추계요구서를 함께 제출하여야 한다." "위원회가 예산상 또는 기금상의 조치를 수반하는 의안을 제안하는 경우에는 그 의안의 시행에 수반될 것으로 예상되는 비용에 관한 국회예산정책처의 추계서를 함께 제출하여야 한다." "정부가 예산상 또는 기금상의 조치를 수반하는 의안을 제출하는 경우에는 그 의안의 시행에 수반될 것으로 예상되는 비용에 관한 추계서와 이에 상응하는 재원조달방안에 관한 자료를 의안에 첨부하여야 한다"(제79조의2).

(ii) "기획예산처 소관인 재정 관련 법률안과 상당한 규모의 예산상 또는 기금상의 조치를 수반하는 법률안을 심사하는 소관 위원회는 미리 예산결산특별위원회와의 협의를 거쳐야 한다"(제83조의2 제1항).

(iii) "위원회는 안건이 예산상의 조치를 수반하는 경우에는 정부의 의견을 들어야 하며, 필요하다고 인정하는 경우에는 의안의 시행에 수반될 것으로 예상되는 비용에 관하여 국회예산정책처의 의견을 들을 수 있다"(제58조 제7항).

한편 예산을 필요로 하는 법률이 성립한 경우에 정부가 법률을 성실하게 집행할 의무를 다하도록 하기 위하여 법률집행에는 반드시 예산조치를 하여야 한다.

의원입법에 의한 예산과 법률의 불일치를 방지하기 위하여 영국과 같이 예산을 수반하는 의원입법을 금지하거나 그러한 법률안의 발안권을 정부에 전속시키는 방안을 생각할 수 있으나, 현행헌법상 불가능하기 때문에 미국과 같이 정부 · 세출위원회 사이에 미리 조정하는 방안을 생각할 수 있다.

(b) 사후조치　　정부는 추가경정예산조치, 예비비지출, 기타 예산운용에서 일시 전용하는 등 해결책을 강구할 수 있다. 또한 예산관련법률의 제정 및 그 시행시기를 조절하는 방안도 생각할 수 있다.

3. 예산의 성립

(1) 예산안(豫算案)의 제출

(i) 정부는 회계연도마다 예산안을 편성하여 국무회의의 심의(제89조 제4호)를 거친 후, 회계연도개시 90일 전까지 국회에 제출하여야 한다(제54조 제2항). 이에 따라 국가재정법은 회계연도 개시 120일 전까지 정부가 예산안을 국회에 제출하도록 규정하고 있다(국가재정법 제33조). 제출기일의 법정은 예산심의기간의 부족으로 인한 부실 심의와 준예산의 성립을 방지하기 위한 규정이다.

(ii) 예산을 편성함에 있어서 예산을 1회계연도마다 편성하게 하는 1년예산주의, 국가의 총세입과 세출을 계상하여 편성하는 총계예산주의(현물출자, 전대차관 도입, 기술료 등에 대하여는 총계예산주의 원칙의 예외가 인정된다(국가재정법 제53조)), 국가의 세입 · 세출을 합하여 하나의 예산으로 편성하는 단일예산주의(회계통일주의)를 취한다. 이러한 원칙에 대한 예외로는 일반회계예산에 대한 특별회계예산(국가재정법 제4조), 본예산에 대한 추가경정예산(헌법 제56조), 준예산(제54조 제3항)이 있다.

(2) 예산안의 심의

A. 의　의

국회는 예산심의에 있어서 초기에는 대정부통제기능에 중점을 두었으나, 그 다음 행정의 능률화로 중점이 전환되었고, 최근에는 정책에 따른 재원의 합리적인 배분에 중점을 두고 있다.

B. 예산심의와 통제에 관한 유형

예산심의와 그 통제에 관련하여 ① 현대의 기능주의적 행정국가에서 보편적으로 볼 수 있는 행정부우월형(영국), ② 행정부가 절대적인 권한을 행사할 수 없는 상대주의적 혹은 혼합주의적인 모습 안에서 국회가 강력한 권한을 가지는 입법부우위형(미국), ③ 다원적 민주주의를 기초로 하는 시민사회의 경험이 없는 체제에서 인적 · 물적 자원의 최적활용 기술 및 이를 수용하는 상황의 창출에 중점을 두는 개발도상국가에서의 행정부 중심의 관료제유형(한국)으로 실증적 분석을 한다.

C. 절 차

(a) 개 관 예산안이 국회에 제출되면, 국회는 예산안을 소관 상임위원회에 회부하고, 소관 상임위원회는 예비심사를 하여 그 결과를 의장에게 보고하며, 본회의에서 정부의 시정연설을 듣는다. 의장은 예산안에 위의 보고서를 첨부하여 예산결산특별위원회에 회부하고, 그 심사가 끝난 후 국회 본회의에 부의한다(국회법 제84조 제1항·제2항).

(b) 정책연설 국가재정법에 따라 회계연도개시 120일 전까지 국회에 예산안이 제출되면 정기국회 회기 중에 국무총리는 시정연설을 하고 기획예산처장관은 예산안 제안설명을 한다. 이어서 여야의원들의 분야별 질문이 진행된다.

(c) 예비심사(상임위원회별) 각 상임위원회별 예비심사제도는 우리나라의 특유한 제도이지만 이러한 중복심사의 효용성에 대한 의문도 제기된다. 특히 상임위원회 소속의원들은 자신의 지역구문제 등 이해관계에 관심을 가질 뿐만 아니라 때로는 해당 부처의 이익을 대변함으로써 오히려 예산을 증액시키기도 한다. 의장은 예산안을 소관 상임위원회에 회부할 때에는 심사기간을 정할 수 있으며, 상임위원회가 이유 없이 그 기간 내에 심사를 마치지 아니한 때에는 이를 바로 예산결산특별위원회에 회부할 수 있다(제84조 제6항).

(d) 종합심사(예산결산특별위원회) 기획예산처장관의 제안설명을 들은 후 국무총리를 비롯한 관계장관에게 국정 전반에 관한 질의를 한다. 종합질의가 끝나면 다시 분야별로 계수조정을 위한 소위원회가 구성되어 여야합의에 따른 조정을 한다.

> "예산결산특별위원회는 소관 상임위원회의 예비심사내용을 존중하여야 하며, 소관 상임위원회에서 삭감한 세출예산 각 항의 금액을 증가하게 하거나 새 비목(費目)을 설치할 경우에는 소관 상임위원회의 동의를 받아야 한다. 다만, 새 비목의 설치에 대한 동의 요청이 소관 상임위원회에 회부되어 회부된 때부터 72시간 이내에 동의 여부가 예산결산특별위원회에 통지되지 아니한 경우에는 소관 상임위원회의 동의가 있는 것으로 본다"(제84조 제5항). "예산결산특별위원회는 예산안·기금운용계획안 및 결산에 대하여 공청회를 개최하여야 한다(제84조 의3).

(e) 본회의 의결 예산안·기금운용계획안·임대형 민자사업 한도액안 및 세입예산안 부수 법률안에 대하여는 국회법상의 무제한 토론 규정을 매년 12월 1일까지 적용하고 "실시 중인 무제한토론, 계속 중인 본회의, 제출된 무제한토론

의 종결동의에 대한 심의절차 등은 12월 1일 밤 12시에 종료한다"(제106조의 2 제10항). 이는 헌법이 요청하는 예산안 국회처리 시한을 준수할 수 있도록 특별히 마련한 조항이다. 그런데 본회의 의결은 언제나 수정 없이 형식적 절차로 전락하고 있다.

(f) 문제점　　현행 예산심의제도는 예산결산특별위원회에서 사실상 예산안에 대한 심의가 이루어지는데 그 심의기간이 2주 정도밖에 되지 아니할 뿐만 아니라, 소위원회 중심으로 운영되기 때문에 심의의 통일성을 기하는 데 어려움이 있다. 이를 제도적으로 뒷받침하기 위하여서는 국회예산정책처 제도를 활성화하여야 한다. 또한 예산심의에 있어서 정당의 통제력과 의원 개인의 대표성 · 전문성이 조화될 수 있도록 교차투표제도의 활성화도 요망된다.

D. 제　약

(i) 국회는 예산안에 대한 발안권이 없다.

(ii) 국회는 예산안에 대한 폐제 · 삭감(소극적 수정)은 할 수 있으나 정부의 동의없이 원안의 증액수정 또는 신비목설치(적극적 수정)는 할 수 없다(제57조).

(iii) 국회는 이미 조약이나 법률에서 규정된 세출은 삭감할 수 없다.

(iv) 예산이 수반되는 국가적 사업을 규정한 법률이 존재하고 정부가 이를 위한 예산안을 제출한 때에는 국회의 예산심의권은 이에 구속된다.

(v) 정부가 본회의 또는 위원회에서 의제(議題)가 된 예산안을 수정 또는 철회할 때에는 본회의나 위원회의 동의를 얻어야 하며(국회법 제90조 제3항), "예산안에 대한 수정동의는 의원 50명 이상의 찬성이 있어야 한다"(국회법 제95조 제1항 단서).

(vi) 일반 법률과는 달리 국회가 예산안에 대한 심의를 거부하면 국가의 재정적 지출이 불가능하기 때문에 전면거부는 인정할 수 없다. 다만, 일부수정만 가능하다. 또한 대통령은 예산안에 대하여 거부권을 행사할 수 없다.

(3) 예산안의 확정

(i) 국회는 예산안을 회계연도개시 30일 전에 의결하여야 한다. 이것은 신회계연도개시 시까지 예산의 불성립을 방지함과 아울러 신회계연도개시와의 사이에 30일의 여유를 둠으로써 의결된 예산의 원활한 수행을 기하려는 규정이다.

(ii) 국회가 의결한 예산은 정부에 이송되어 대통령이 이를 공고한다. "예산공고문의 전문에는 국회의 의결을 받은 사실을 적고, 대통령이 서명한 후 대통령인을 찍고 그 공고일을 명기하여 국무총리와 관계 국무위원이 부서하여야 한다." "공고는 관보에 게재함으로써 한다"(법령 등 공포에 관한 법률 제8조 · 제11조). 법률과 달리 공고는 예산의 효력발생요건이 아니다.

(4) 계속비와 예비비 제도

A. 계속비(繼續費)의 의결

헌법은 1년예산주의를 취하면서도 특별히 계속지출의 필요가 있을 때에는 연한을 정하여 계속비로서 국회의 의결을 얻어야 한다는 예외를 인정한다(헌법 제55조 제1항). 계속비란 여러 해에 걸친 사업의 경비에 관하여 일괄하여 미리 국회의 의결을 얻고 이것을 변경할 경우 외에는 다시 의결을 얻을 필요가 없는 경비를 말한다. 계속비는 사업의 경비총액과 그 연한(원칙적으로 5년 이내)을 미리 정할 뿐만 아니라 각 연도에 지출할 금액(年賦額)을 미리 정하여 국회의 의결을 얻어야 한다(국가재정법 제23조). 그러나 계속비의 성격상 매년도의 지출잔액은 예산연한이 종료될 때까지 순차로 이월사용할 수 있다.

B. 예비비(豫備費)의 의결과 지출에 대한 승인

"정부는 예측할 수 없는 예산 외의 지출 또는 예산초과지출에 충당하기 위하여 일반회계 예산총액의 100분의 1 이내의 금액을 예비비로 세입세출예산에 계상할 수 있다"(국가재정법 제22조 제1항). 그러나 예산에 예비비를 반드시 계상하여야 하는 사항은 아니다. "예비비의 지출은 차기국회의 승인을 얻어야 한다"(헌법 제55조 제2항). "예비비는 기획예산처장관이 관리한다"(국가재정법 제51조 제1항). "정부는 예비비로 사용한 금액의 총괄명세서를 다음 연도 5월 31일까지 국회에 제출하여 그 승인을 얻어야 한다"(국가재정법 제52조 제4항). 예비비는 총액만 계정하고 무슨 목적으로 어떻게 사용되는가는 정부의 재량에 맡기기 때문에 개별적·구체적 지출에 대하여 차기국회의 승인을 얻어야 한다. 국회의 승인을 얻지 못하더라도 지출행위 그 자체의 효력에는 영향이 없으며, 다만 정부에 정치적 책임을 추궁할 수 있을 뿐이다.

4. 예산의 불성립과 변경

(1) 예산의 불성립과 임시예산(臨時豫算)

"정부는 회계연도마다 예산안을 편성하여 회계연도개시 90일전까지 국회에 제출하고 국회는 회계연도개시 30일전까지 이를 의결하여야 한다"(제54조 제2항). 새로운 회계연도가 개시될 때까지 예산안이 의결되지 못한 때에는 정부는 국회에서 예산안이 의결될 때까지, ① 헌법이나 법률에 의하여 설치된 기관 또는 시설의 유지·운영, ② 법률상 지출의무의 이행, ③ 이미 예산으로 승인된 사업의 계속 등을 위한 경비를 전년도예산에 준하여 집행할 수 있다(제54조 제3항). 이를 임시예산·준예산(準豫算)이라 한다.

잠정예산(暫定豫算)이란 회계연도 개시 전까지 예산안이 국회에서 의결되지 못한 경우에 국회의 의결을 거쳐 단기간 동안(보통 3-4개월) 편성되는 예산을 말하며 미국·영국·일본에서 채택하고 있는 제도이다. 가예산(假豫算)이란 회계연도 개시 전까지 예산안이 국회에서 의결되지 못한 경우에 최소한의 국정운영을 위하여 1개월 이내의 예산을 임시로 국회의 의결을 받아 집행하는 제도를 말한다.

(2) 추가경정예산(追加更正豫算)

정부는 예산성립 후에 생긴 사유로 인하여 예산에 변경을 가할 필요가 있을 때에는 추가경정예산안을 편성하여 국회에 제출할 수 있다(헌법 제56조). 정부는 예산안을 편성할 때 미리 예비비제도를 두어 예산성립 후에 일어나는 예비지출에 대비하고 있으나, 그것으로 충족되지 아니할 경우 추가경정예산안을 통하여 추가적인 세입지출을 할 수 있다. 추가경정예산안을 편성할 수 있는 사유는 "① 전쟁이나 대규모 재해(재난 및 안전관리 기본법 제3조에서 정의한 자연재난과 사회재난의 발생에 따른 피해를 말한다)가 발생한 경우, ② 경기침체, 대량실업, 남북관계의 변화, 경제협력과 같은 대내·외 여건에 중대한 변화가 발생하였거나 발생할 우려가 있는 경우, ③ 법령에 따라 국가가 지급하여야 하는 지출이 발생하거나 증가하는 경우"로 제한된다(국가재정법 제89조 제1항).

추가경정예산안의 심의는 본예산심의와 같은 절차와 방법에 의한다.

5. 예산의 효력

(1) 시간적 효력

예산은 한 회계연도(1월 1일-12월 31일) 내에서만 효력을 가진다(1년예산주의). 다만, 예외직으로 계속비제도를 두고 있다.

(2) 대인적 효력

예산은 국가기관만을 구속한다. 일반국민은 예산에 구속되지 아니한다.

(3) 지역적 효력

예산은 국내외를 불문하고 효력이 미친다. 따라서 예산은 외국공관 등에서의 수입·지출에도 적용된다.

(4) 형식적 효력

예산으로 법률을 변경할 수 없고, 법률로써 예산을 변경할 수도 없다.

(5) 실질적 효력

예산이 확정되면 정부의 재정행위를 구속하는데, 그 효력에 있어서 세입예산과 세출예산은 내용을 달리한다.

(a) 세출예산　세출예산은 지출의 목적·금액·시기에 대한 구속력을 가질 뿐만 아니라 "예산이 정한 각 기관 간, 각 장·관·항 간에 상호 이용(移用)할 수 없다." 다만, 예산 집행상 필요에 따라 "미리 예산으로써 국회의 의결을 얻은 때에는 기획예산처장관의 승인을 얻어 이용하거나 기획예산처장관이 위임하는 범위 안에서 자체적으로 이용할 수 있다"(국가재정법 제47조 제1항).

(b) 세입예산　영구세주의에서 세입예산은 세입예정표 이상의 효력을 가지지 아니한다.

그런데 예산의 법적 성질을 법규범으로 본다면 그것이 세출예산이든 세입예산이든 일정한 구속력을 가진다고 보아야 한다. 다만, 구속의 범위·정도에 있어서 차이가 있을 따름이다. 예컨대 세입예산을 세출예산과 예산의 범위 내에서만 징수하여야 할 구속력은 없다고 하더라도, 예산에 계상되지 아니하는 수입을 법률에 근거하여 징수한 경우에도 해당 연도의 세출에 충당할 수 없는 구속력을 가지게 된다.

즉 세입예산은 특정회계연도의 세입을 통관할 수 있는 편의를 제공할 뿐, 세입예산에 근거하여 정부가 직접 세금을 징수할 수 없다. 조세 기타 국가의 세입은 다른 법령이 정하는 바에 의하여 징수할 수 있다. 따라서 예산에 계상되어 있어도 그것을 징수할 수 있는 법적 근거가 없으면 징수할 수 없다.

Ⅳ. 결산심사권

(i) "재정경제부장관은 '국가회계법'에서 정하는 바에 따라 회계연도마다 작성하여" 국무회의의 심의(제89조 제4호)를 거쳐 "대통령의 승인을 받은 국가결산보고서를 다음 연도 4월 10일까지 기획예산처장관과 감사원에 각각 제출하여야 한다"(국가재정법 제59조). "감사원은 제59조에 따라 제출된 국가결산보고서를 검사하고 그 보고서를 다음 연도 5월 20일까지 재정경제부장관에게 송부하여야 한다"(제60조). "정부는 제60조에 따라 감사원의 검사를 거친 국가결산보고서를 다음 연도 5월 31일까지 국회에 제출하여야 한다"(제61조). "국회는 결산에 대한 심의·의결을 정기회 개회 전까지 완료하여야 한다"(국회법 제128조의2).

(ii) "감사원은 세입·세출의 결산을 매년 검사하여 대통령과 차년도국회에 그 결과를 보고하여야 한다"(제99조). 예산의 집행결과인 결산을 국회에 보고하도록 하는 것은 국회의 재정작용에 대한 사후적 통제의 실효를 거두기 위한 제도적 장치이다.

(iii) "결산의 심사 결과 위법하거나 부당한 사항이 있는 경우에 국회는 본회의 의결 후 정부 또는 해당 기관에 변상 및 징계조치 등 그 시정을 요구하고, 정부 또는 해당 기관은 시정요구를 받은 사항을 지체 없이 처리하여 그 결과를 국회에 보고하여야 한다"(국회법 제84조 제2항 후단).

(iv) 또한 국회는 결산심사의 결과 정부의 결산이 위법·부당하다고 인정할 때에는 탄핵소추, 국무총리와 관계 국무위원에 대한 해임건의 등이 가능하다.

국회의 예산결산 및 기금심의활동의 전문성을 제고하고, 국회의원들에 대한 효율적인 지원을 위하여 '국회예산정책처'를 설치하고 있다(국회법 제22조의2, 국회예산정책처법).

V. 정부의 중요 재정행위에 대한 동의권·승인권

국회는 정부의 중요 재정행위에 대한 동의권과 승인권을 통하여 국정을 통제할 수 있다.

1. 동 의 권

(1) 기채(起債)동의권

국가의 세입부족을 보충하기 위하여 정부가 유동국채나 고정국채를 발행하는 경우 국회의 사전동의를 얻어야 한다(제58조 전단).

(2) 예산 외에 국가의 부담이 될 계약체결에 대한 동의권

외채지불보증계약, 외국인고용계약, 임차계약 등과 같은 국가의 부담이 될 계약을 체결하려 할 때에는 국회의 사전동의를 얻어야 한다(제58조 후단).

(3) 재정적 부담을 지우는 조약의 체결·비준에 대한 동의권

국가나 국민에 중대한 재정적 부담을 지우는 조약의 체결·비준은 국회의 동의를 얻어야 한다(제60조 제1항).

(4) 기금에 대한 국회의 통제

(i) 기금이란 특정사업을 계속적·탄력적으로 수행하기 위한 목적으로 국가재정법에 따라 세입세출예산 외로 운영할 수 있도록 조성된 자금을 말한다. 이러한 기금의 관리·운영에 관한 법률로는 국가재정법이 있다.

(ii) 정부는 기금운용계획안을 회계연도개시 120일 전까지 국회에 제출하여야 한다(국가재정법 제68조 제1항). 국회는 기금운용계획안을 회계연도개시 30일 전까지 심의·확정한다. 기금운용계획안 및 기금운용계획변경안의 회부 등에 관하여는 국회법

제84조 중 예산안 관련 규정을 준용한다(국회법 제84조의2).

(iii) 한편 "국회는 '사회기반시설에 대한 민간투자법' 제7조의2 제1항에 따라 국회에 제출되는 임대형 민자사업 한도액안을 회계연도 개시 30일 전까지 심의·확정한다." "임대형 민자사업 한도액안의 회부 등에 관하여는 국회법 제84조 중 예산안 관련 규정을 준용한다"(국회법 제84조의4).

2. 승 인 권

(1) 예비비지출승인권

예비비지출에 대하여 차기국회의 승인을 얻지 못한 경우 정부가 그에 대한 정치적 책임을 져야 한다(제55조 제2항).

(2) 긴급재정경제명령 및 긴급재정경제처분에 대한 승인권

대통령의 재정경제상의 긴급권발동은 국회의 사후승인을 얻어야 한다(제76조 제3항).

제3항 국정통제권

Ⅰ. 의　　의

(ⅰ) 가장 고전적이고 전통적인 국회의 권한인 입법권과 재정권은 오늘날 축소·약화되는 반면에, 국정통제권(國政統制權)은 그 중요성이 날로 증가된다.

(ⅱ) 국회의 헌법기관구성에 관한 권한, 탄핵소추·의결권, 국정감사·조사권은 국회의 정부행위에 대한 동의권·승인권과는 달리 그 자체가 독자적인 국회의 권한으로 볼 수도 있지만, 본서에서는 이를 국회의 국정통제권으로 살펴본다.

Ⅱ. 헌법기관의 구성과 존속에 관한 권한(국회의 인사권)

1. 의　　의

(ⅰ) 종래 헌법상 대통령의 권한 및 그에 대한 견제장치에 대하여 충분한 고려를 하지 아니하고 대통령주의제적인 헌정현실에 입각하여 헌법상 부여된 대통령의 주요권한을 대통령의 재량적 권한으로 간주하여왔다.

(ⅱ) 하지만, 대통령과 국회의 다수파가 일치하는 상황에서도 정부여당 내부의 갈등은 대통령의 주요공직자임면에 대한 도전으로 이어질 수 있다. 더 나아가 대통령과 국회다수파의 불일치가 초래될 경우에, 대통령의 주요공직자임면에 대한 국회의 통제권은 살아 있는 헌법규범으로 작동하게 된다.

2. 권력분립원리와 국회의 주요공직자임면통제권

(1) 권력분립원리의 현대적 변용과 국가기관의 구성

국회가 정부제출 법률안을 통과시키는 통법부(通法府)로 전락하면서 국회의 권한 중에서 입법권은 약화되고 있는 반면에, 이제 국회의 권한은 정부에 대한 견제 및 통제기능으로 그 중심축이 이동되고 있다. 그중에서 주요공직자임면에 대한 국회의 통제가 새롭게 주목을 끈다.

(2) 인사청문회(人事聽聞會)의 제도화

A. 의　의

국회는 공식후보자에 대한 인사청문회를 실시한다. 의회는 입법청문회, 감독청문회, 조사청문회, 인준청문회를 실시할 수 있다. 인사청문회는 이 중에서 인준청문회의 한 유형으로서 대통령제를 채택하는 미국에서 발전된 제도이다.

B. 인사청문회의 제도적 가치

인사청문회제도는 ① 지위에 적합한 인물을 선택함으로써 헌법기관구성에 있어서 국민적 정당성을 확보할 수 있고, ② 국회의 행정부 및 사법부에 대한 통제기능을 강화할 수 있고, ③ 청문과정에서 국민의 참여를 실현할 수 있다.[1)]

C. 인사청문회의 실시[2)]

(i) "국회는 헌법에 따라 그 임명에 국회의 동의가" 필요하거나 "헌법에 따라 국회에서 선출하는" 공직후보자에 대하여는 인사청문특별위원회에서 인사청문을 실시하고(국회법 제46조의3), 그 밖에 법률상 인사청문의 대상인 공직후보자에 대하여는 소관 상임위원회에서 인사청문을 실시한다(제65조의2). "인사청문특별위원회의 위원정수는 13인으로 한다"(인사청문회법 제3조 제2항).

(ii) 대법원장 및 대법관 · 헌법재판소장 · 국무총리 · 감사원장 및 국회에서 선출하는 헌법재판관 및 중앙선거관리위원회 위원 등 헌법에서 국회의 동의 및 선출을 요구하는 공직후보자에 대하여는 인사청문특별위원회에서 인사청문회를 실시한다. "대통령당선인이 국무총리후보자에 대한 인사청문의 실시를 요청하는 경우에" 인사청문특별위원회를 둔다(제46조의3 제1항).

(iii) 또한 "상임위원회는 다른 법률에 따라 다음 각 호의 어느 하나에 해당하는 공직후보자에 대한 인사청문 요청이 있는 경우 인사청문을 실시하기 위하여 각각 인사청문회를 연다."

"1. 대통령이 각각 임명하는 헌법재판소 재판관, 중앙선거관리위원회 위원, 국무위원,

---

1) 김태열, 미국 인사청문제도에 대한 연구, 서울대 박사학위논문, 2018.2; 임지봉, "우리나라 국회의 임명동의권과 인사검증시스템", 헌법학연구 20-4; 전학선, "프랑스의 고위공직자 인사검증 시스템", 헌법학연구 20-4.

2) 인사청문회의 실시기관과 대상

	대 상
인사청문특별위원회	국무총리, 대법원장, 대법관, 헌법재판소장, 감사원장, 국회선출 헌법재판소 재판관 3인과 중앙선거관리위원회 위원 3인
소관 상임위원회	대통령이 임명하는 헌법재판소 재판관, 중앙선거관리위원회 위원, 국무위원, 방송미디어통신위원회 위원장, 국가정보원장, 공정거래위원회 위원장, 금융위원회 위원장, 국가인권위원회 위원장, 고위공직자범죄수사처장, 국세청장, 검찰총장, 경찰청장, 합동참모의장, 한국은행 총재, 특별감찰관, 한국방송공사 사장, 대법원장이 각각 지명하는 헌법재판소 재판관 또는 중앙선거관리위원회 위원 후보자

방송미디어통신위원회 위원장, 국가정보원장, 공정거래위원회 위원장, 금융위원회 위원장, 국가인권위원회 위원장, 고위공직자범죄수사처장, 국세청장, 검찰총장, 경찰청장, 합동참모의장, 한국은행 총재, 특별감찰관, 한국방송공사 사장 또는 방송미디어통신심의위원회 위원장의 후보자, 2. 대통령당선인이 대통령직 인수에 관한 법률 제5조제1항에 따라 지명하는 국무위원 후보자, 3. 대법원장이 지명하는 헌법재판소 재판관 또는 중앙선거관리위원회 위원의 후보자"(국회법 제65조의2 제2항). "헌법재판소 재판관 후보자가 헌법재판소장 후보자를 겸하는 경우에는 제2항제1호에도 불구하고 제1항에 따른 인사청문특별위원회의 인사청문회를 연다. 이 경우 제2항에 따른 소관 상임위원회의 인사청문회를 겸하는 것으로 본다"(제5항).

소관 상임위원회의 인사청문 이후에 행하는 소관 상임위원장의 보고는 대통령이 공직후보자를 임명하는 데 참고자료에 불과하다. 그 점에서 헌법상 국회의 임명동의를 받아야 하는 공직후보자의 경우와 구별된다. 이에 따라 해당 상임위원장의 보고가 부정적임에도 불구하고 대통령은 임명을 강행하고 있다. 하지만, 인사청문회의 존재이유에 비추어 특별한 사정이 없는 한 인사청문회 결과를 가급적 존중함으로써, 인사청문회의 실효성에 관한 의문을 불식시켜야 한다.

"대통령이 국회인사청문회의 결정이나 국회의 해임건의를 수용할 것인지의 문제는 대의기관인 국회의 결정을 정치적으로 존중할 것인지의 문제이지 법적인 문제가 아니다. 따라서 대통령의 이러한 행위는 헌법이 규정하는 권력분립구조 내에서의 대통령의 정당한 권한행사에 해당하거나 또는 헌법규범에 부합하는 것으로서 헌법이나 법률에 위반되지 아니한다"(헌재 2004.5.14. 2004헌나1, 대통령(노무현) 탄핵(기각)).

(iv) "국회는 임명동의안등이 제출된 날부터 20일 이내에 그 심사 또는 인사청문을 마쳐야 한다"(인사청문회법 제6조 제2항). "위원회는 임명동의안이 회부된 날부터 15일 이내에 인사청문회를 마치되, 인사청문회의 기간은 3일 이내로 한다. 다만, 부득이한 사유로 헌법재판소 재판관등의 후보자에 대한 인사청문회를 그 기간 이내에 마치지 못하여 제6조제3항의 규정에 의하여 기간이 정하여진 때에는 그 연장된 기간 이내에 인사청문회를 마쳐야 한다"(인사청문회법 제9조 제1항). "위원회는 임명동의안등에 대한 인사청문회를 마친 날부터 3일 이내에 심사경과보고서 또는 인사청문경과보고서를 의장에게 제출한다"(제9조 제2항).

(iv) 한편 지방자치단체의 장은 조례로 정하는 직위의 후보자에 대하여 지방의회에 인사청문을 요청할 수 있다(지방자치법 제47조의2).

3. 대통령의 사법기관구성에 대한 국회의 통제

(i) 대통령은 국가원수의 지위에서 다른 헌법기관의 구성에 관한 권한을 가진다. 헌법재판소의 장은 국회의 동의를 얻어 재판관 중에서 대통령이 임명한다(제111조 제4항). 대법원장 및 대법관(대법원장의 제청이 있어야 함)은 국회의 동의를 얻어 대통령이 임명한다(제104조). 사법기관의 구성에 있어서 국회의 동의절차는 국민적 정당성의 확보와 더불어 권력분립의 또 다른 축인 국회의 합리적인 통제를 통하여 대통령의 임명권행사가 적절하도록 견제하는 데 있다.

(ii) 특히 여소야대 국회에서는 대통령의 임명권이 제약될 수도 있다. 헌법재판소장과 대법원장은 각 1명뿐이기 정부여당과 야당 사이에 정치적 합의를 이루어야만 임명동의절차가 원만하게 진행될 수 있다.[1]

(iii) 대법관은 대법원장의 제청에 따라 국회의 동의를 얻어 대통령이 임명한다. 이 경우에 대법원장의 임명제청권과 대통령의 임명권이 합리적으로 조율되어야 한다. 그렇지 아니할 경우에 대법관임명동의안은 국회에서 부결될 수도 있다. 그런 조율의 결과인지 실제로 국회에서 대법관 임명동의안이 부결된 전례가 없다. 이들 사법관은 임명 전에 엄격한 검증이 필요하다. 왜냐하면 사법관은 임명된 이후에는 "그 직무집행에 있어서 헌법이나 법률을 위배"하여 국회의 탄핵소추(제65조 제1항)를 받는 경우를 제외하고는 엄격히 그 신분이 보장되고(제106조 제1항), 그 임기도 비교적 긴 6년이기 때문이다. 대통령 5년 단임, 국회의원 임기 4년에 비추어 헌법재판소 재판관·대법관(원장 포함)의 6년 임기는 정치적 중립성을 담보하고 사법의 안정을 기한다는 측면에서 긍정적으로 평가할 수 있다.

4. 대통령의 행정부구성에 대한 국회의 통제

(1) 국무총리 등의 임명동의

(i) 대통령의 국무총리·감사원장 등의 임명은 국회의 동의를 얻어야 한다(제86조·제98조). 국무총리후보자에 대한 인사청문회에서는 국정의 제2인자로서 내각을 통할할 후보자의 국정에 임하는 정치철학과 능력 등을 충분히 검증하여야 한다.[2]

---

1) 1988년 4월 26일에 실시된 제13대 국회의원총선거에서 집권 민주정의당이 국회 과반수확보에 실패한 여소야대 국회에서, 노태우 대통령이 요청한 대법원장 정기승 임명동의안이 국회에서 부결된 바 있다. 또한 2017년 5월 10일에 취임한 문재인 대통령이 지명한 김이수 헌법재판소장 후보자에 대한 임명동의안도 국회에서 부결되었다. 2023년 9월 25일 이균용 대법원장 후보자에 대한 임명동의안이 국회에서 부결되었다.

(ii) '대통령직 인수에 관한 법률'(제5조 제2항)과 국회법(제46조의3 제1항 단서, 제65조의2 제2항 제2호)에서는 대통령취임과 동시에 새 정부가 출범할 수 있도록 대통령당선인이 국무총리 및 국무위원 후보자에 대한 인사청문의 실시를 요청할 수 있도록 규정한다.

(iii) 여소야대 국회가 정립되면 국무총리의 위상과 역할이 더욱 중요하다. 이 경우 국무총리는 헌법상 "대통령을 보좌하며, 행정에 관하여 대통령의 명을 받아 행정각부를 통할한다"(제86조 제2항)라는 대통령보좌기관으로서의 성격보다는 오히려 "행정각부를 통할"하는 국정의 중심축으로 작동하게 된다. 그렇게 되면 국무총리에 대한 신임의 기초도 대통령보다는 오히려 국회로부터 나와야 한다. 국무위원의 임면에서도 국무총리의 제청권 및 해임건의권(제87조 제3항)과 대통령의 임면권(제87조 제1항)은 경합적 관계를 형성할 수도 있다. 나아가서 헌법상 국무회의의 필수적 심의를 거쳐 임명되는 주요공직자에 대한 임명권도 대통령의 재량권으로부터 국무총리와 대통령의 정치적 합의를 통하여 이루어져야 한다. 예컨대 검찰총장·합동참모의장·각군참모총장·국립대학교총장·대사 기타 법률이 정한 공무원과 국영기업체관리자의 임명(헌법 제89조 제16호)이 그러하다.

(2) 국무총리·국무위원 해임건의(解任建議)

A. 의 의

헌법 제63조 제1항은 "국회는 국무총리 또는 국무위원의 해임을 대통령에게 건의할 수 있다"라고 규정한다. 이는 제61조의 국정에 관한 조사·감사권, 제62조의 국무총리·국무위원 또는 정부위원에 대한 국회출석요구 및 질문권과 더불어 국회가 가진 정부통제권의 핵심적 사항이다. 국무총리·국무위원해임건의권은 대통령제에서는 찾아볼 수 없고, 이원정부제(반대통령제)와 의원내각제로부터 비롯된 제도이다. 다만, 헌법규정상 해임 '의결'이 아니고 해임 '건의'(建議)이기 때문에 그 해석상 논란이 있다. 헌법의 표현방식이 어떠하든 간에 국무총리·국무위원해임건의권은 정부가 의회 앞에 지는 정치적 책임의 일종이다.

B. 해임'건의'권의 의의: 의원내각제적 뿌리

(a) 한국헌법사의 회고 (i) 대통령중심제 내지 대통령우월제적인 헌법규범과 헌정실제라 할 수 있는 제1공화국에서 이미 제1차 개헌(1952.7.7.)과 제2차 개헌(1954.11.29.)에서 국회의 정부불신임권을 명문화하였다.

2) 2002년 7월과 8월에 걸쳐서 대통령이 지명한 장상·장대환 국무총리후보자에 대한 임명동의안이 부결되었다. 그 외에도 인사청문회가 실시되기 전이나 보고서 채택 이전에 후보자가 사퇴한 예로는 이명박 정부의 김태호, 박근혜 당선인 인수위원회의 김용준, 박근혜 정부의 문창극·안대희 후보자가 있다.

"민의원에서 국무원 불신임결의를 하였거나 민의원의원총선거 후 최초에 집회된 민의원에서 신임결의를 얻지 못한 때에는 국무원은 총사직을 하여야 한다"(제1차 개헌 제70조의2).

"민의원에서 국무위원에 대하여 불신임결의를 하였을 때에는 당해 국무위원은 즉시 사직하여야 한다"(제2차 개헌 제70조의2).

(ii) 한국헌법사에서 가장 대통령제적인 헌법이라고 평가받는 제3공화국헌법에서도 "국회는 국무총리 또는 국무위원의 해임을 대통령에게 '건의'할 수 있다." "대통령은 특별한 사유가 없는 한 이에 응하여야 한다"라고 규정한다(제59조).

(iii) 유신헌법(1972년 제7차 개헌)에서는 "국회는 국무총리 또는 국무위원에 대하여 개별적으로 그 해임을 '의결'할 수 있다"(제97조 제1항)라고 하여 개별적인 불신임동의를 제도화함으로써 해석상 논란의 소지를 제거하였다. 제5공화국헌법(1980년 제8차 개헌)도 같다(제99조). 한편 이들 헌법에는 대통령의 의회해산권이 존재한다.

(b) 정부가 의회 앞에 지는 책임의 본질

의회의 정부에 대한 통제수단은 영국의회제의 발전과정에서 개별각료의 형사책임으로부터 비롯되었다. 하지만, 그 이후에 개별각료에 대한 정치적 책임에서, 더 나아가 의회에 대한 불신임동의에 따라 정부가 집단적으로 사임함으로써 정치적·집단적 책임으로 정립되었다(Pierre Desmottes, *De La responsabilité pénale des ministres et régime parlementaire français*, LGDJ, 1968).

C. 현행헌법상 해임 '건의'권

(a) 비대통령제적 요소 (i) 국무총리·국무위원 해임건의제도를 대통령제 정부형태라는 기본시각에서 출발하여, 의회로부터 정치적 책임을 지지 아니하는 대통령에 대한 견제수단으로서 그 '보좌기관'인 국무총리·국무위원에 대하여 국회가 행사하는 정치적 공세의 한 수단에 불과하다고 보는 견해도 있다.

(ii) 그러나 ① 이 제도의 본질이나 연원은 의원내각제로부터 비롯되며, ② 한국헌법사에서 국회의 국무총리·국무위원 해임건의제도는 그것이 건의이든 의결이든 간에 국회의 대정부 정치적 책임추궁수단으로서 의원내각제에서 차용한 제도이고, ③ 미국식 대통령제에서 그 예를 찾아볼 수 없는 국무총리는 단순히 대통령의 보좌기관으로만 보기보다는 오히려 이원정부제(반대통령제)에서와 같은 정부의 한 축으로 이해하여야 한다. ④ 그러므로 국무총리·국무위원 해임건의제도는 이원정부제(반대통령제)·의원내각제의 일반적인 해석과 관례에 따라야 한다.

(iii) 특히 국무위원에 대한 개별적 해임건의는 가급적 자제하여야 한다. 집행부의 중요한 정책은 국무회의의 심의를 거친 후에 비로소 특정 부처의 이름으로 집행된다. 따라서 정책집행과 관련하여 어느 특정 국무위원에 대한 국회의 정치적

책임 추궁은 부적절하다. 굳이 정부구성원에 대한 개별적 책임을 추궁하려면, 헌법상 국무회의의 구성원인 국무위원이 아니라 부·처의 장(장관)에 대한 해임건의가 되어야 한다. 그런데 이 경우 자칫 특정 개인에 대한 인신공격의 형태로 오용될 소지가 있다. 따라서 ① 책임정치의 구현, ② 다당제가 정립될 경우에 연립정부의 가능성, ③ 오늘날 정부의 집단적·연대적 책임이라는 점에 비추어 보건대, 국무위원에 대한 개별적 해임건의제도는 바람직한 제도로 볼 수 없다.[1]

(b) 해임건의제도의 헌법적 가치 　해임건의제도는 ① 국민의 대표기관인 국회 앞에 책임정치를 구현할 수 있도록 헌법에 마련된 제도이며, ② 국회가 정부구성(국무총리임명동의권)에 있어서 뿐만 아니라, 비록 해임의결권은 아니라 하더라도 정부의 존속에 개입하는 제도적 장치이고, ③ 헌법상 두 개의 국민적 정당성의 축이 병존하는 상태에서, 그 성립과 존속에 서로 개입할 수 없는 미국식 대통령제와의 결정적인 차이점이다. ④ 그것은 헌법재판소나 대법원과 같은 사법기관의 구성에 있어서 국회의 임명동의에 따라 대통령이 임명권을 행사한 이후에는 법적 문책 이외에는 사법관에 대한 통제가 불가능한 점과 대비된다.

(c) 해임건의의 사유 　해임건의의 사유에 관하여는 명문의 규정이 없다. 따라서 직무집행상 위헌·위법이 있는 경우뿐만 아니라, 정책의 수립이나 집행에 있어서 중대한 과오를 범한 경우, 직무집행에서의 능력부족, 부하직원의 과오나 범법행위에 대한 정치적 책임, 국무회의 구성원으로서의 정치적 책임 등을 널리 포함한다. 그러므로 "직무집행에 있어서 헌법이나 법률을 위배한 때"(제65조)로 한정하는 탄핵소추의 사유보다 훨씬 넓은 개념이다.

(d) 해임건의의 절차 　해임건의안은 국회재적의원 3분의 1 이상의 발의로 성립된다(제63조 제2항). "국무총리 또는 국무위원의 해임건의안이 발의되었을 때에는 의장은 그 해임건의안이 발의된 후 처음 개의하는 본회의에 그 사실을 보고하고, 본회의에 보고된 때부터 24시간 이후 72시간 이내에 무기명투표로 표결한다. 이 기간 내에 표결하지 아니한 해임건의안은 폐기된 것으로 본다"(국회법 제112조 제7항). 이 기간은 해임건의안의 장기화로 인한 정국불안정을 해소하기 위한 장치이다.

(e) 해임건의의 효과 　국회재적의원 과반수의 찬성을 얻은 경우에는 해임

---

1) 제3공화국에서 권오병 문교부장관(1969.4.8.)과 오치성 내무부장관(1971.10.2.)에 대한 해임건의안이 각기 가결된 바 있다. 이 경우 여당이 국회의 안정다수를 확보하고 있었으므로 이들에 대한 해임건의안은 규율화된 정당제에서 비정상적인 결과였으며 이는 다분히 여당 내부의 갈등에 따른 인신공격의 결과이기도 하다.

건의가 그 효력을 발생한다(제63조 제2항). 일반의사정족수에 비하여 가중된 정족수를 규정함으로써 해임건의로 인한 정국의 혼란을 방지하고자 한다. 하지만, 재적과반수에는 미달하더라도, 유효투표의 과반수가 해임건의안에 찬성할 경우에는 정치적 부담이 될 수 있다. 국회가 해임건의를 한 국무총리·국무위원에 대하여 대통령이 해임하여야 하느냐의 여부에 관하여, 헌법규정과 정부형태를 보는 시각 혹은 제도의 본질을 보는 시각에 따라 차이가 있다. 해임건의권의 효과와 관련한 쟁점은, ① 해임건의의 법적 구속력 여부와 ② 국무총리에 대한 해임건의 시 국무총리뿐만 아니라 전 국무위원까지 해임하여야 하는지 여부이다.

(i) 해임건의의 구속력을 인정하는 견해와 부정하는 견해가 대립된다.

① 비구속설에 의하면 "해임건의가 있는 경우에는 대통령은 국무총리 또는 국무위원을 반드시 해임하여야 할 구속을 받지 아니한다. 또한 국무총리에 대한 해임건의를 대통령이 정치적으로 존중하여 국무총리를 해임하는 경우라도, 그 밖의 국무위원 전원까지 해임할 필요는 없다. 현행헌법의 해임건의제는 의원내각제의 수상에 대한 불신임의 결과와는 상이한 제도이기 때문이다"(권영성·이효원)라고 설명한다. 헌법재판소도 "국무총리나 국무위원에 대한 국회의 해임건의권은 대통령을 기속하는 해임결의권이 아니라, 아무런 법적 구속력이 없는 단순한 해임건의에 불과"하다고 판시한다.

> "우리 헌법 내에서 '해임건의권'의 의미는, 임기 중 아무런 정치적 책임을 물을 수 없는 대통령 대신에 그를 보좌하는 국무총리·국무위원에 대하여 정치적 책임을 추궁함으로써 대통령을 간접적이나마 견제하고자 하는 것에 지나지 않는다. 헌법 제63조의 해임건의권을 법적 구속력 있는 해임결의권으로 해석하는 것은 법문과 부합할 수 없을 뿐만 아니라, 대통령에게 국회해산권을 부여하고 있지 않는 현행 헌법상의 권력분립질서와도 조화될 수 없다"(헌재 2004.5.14. 2004헌나1, 대통령(노무현) 탄핵(기각)).

② 구속설에 의하면 "대통령에의 해임건의는 법적 구속력이 있으나, 특별한 사유가 있는 경우에는 대통령은 이에 응하지 않을 수 있다"(김철수)라고 설명한다.

③ 생각건대 헌법상 명시된 해임건의제도는 헌정실제에서 유효하게 작동하도록 하려는 전제로부터 비롯되며 그 효과가 "사실상 무의미한" 상황을 염두에 두고 설정된 제도가 아니다. 또한 해임건의에 재적의원 과반수라는 특별의결정족수를 규정한 헌법의 취지에도 부합하지 아니한다. 비록 헌법규범의 정치성·강령성을 인정한다 할지라도, 이 제도가 한국헌법사에서 계속 존치하는 이유는 이에 대한 실질적인 헌법적 구속력을 인정하려는 제도적 장치로 보아야 한다. 의회로부터

불신임당한 국무총리·국무위원의 계속 재임은 정국의 경색만을 초래할 뿐이다.

해임건의의 구속력을 인정할 경우 대통령이 취할 입장에 관하여 명문의 규정은 없지만 제3공화국헌법의 "대통령은 특별한 사유가 없는 한 이에 응하여야 한다"라는 의미로 이해하여야 한다. '특별한 사유'가 있을 경우에 대통령의 정치적 판단권을 존중한다는 점에서, 전형적인 불신임동의권인 해임의결권과 구별된다. 이 경우 대통령은 특별한 사유를 엄격하게 해석하여야 한다.[1]

특히 여소야대의 정치적 상황이 전개될 경우, 정부의 안정을 위하여서는 거대야당의 슬기로운 자제가 동시에 뒤따라야 한다. 해임건의와 대통령의 해임거부 사이의 갈등이 해소되지 아니할 경우에, 해임건의의 사유와 관련하여 대통령은 국민투표부의권(제72조)을 발동할 수도 있다.

(ii) 국무총리에 대한 해임건의는 정부에 대한 국회의 정치적 책임추궁제도이다. 국무총리를 비롯한 국무위원 전원은 집단적·연대적·정치적 공동체일 뿐만 아니라 헌법상 국무위원은 국무총리의 제청으로 임명되므로, 자신을 임명제청한 국무총리가 해임건의로 사퇴하면 전체 국무위원도 사퇴하여야 한다(반대설·이효원).

1988년 제13대 국회에서 통과된 '국정감사 및 조사에 관한 법률 개정안'과 '국회에서의 증언·감정 등에 관한 법률 개정안'에 대한 대통령의 거부권행사에 대하여 야당은 총리를 비롯한 전 국무위원 해임건의안 또는 관련부처인 총무처장관·법무부장관 등에 대한 해임건의안을 상정하려다 파국을 방지하여야 할 거대 야당의 책임을 통감하고 해임건의안 상정계획을 자제하였다.

(iii) 헌법정책적으로는 주권자인 국민의 국민적 정당성을 대표하는 국회와 대통령 사이에 수단의 공유라는 측면에서 국회의 해임건의권에 대응하여 제4·제5공화국헌법처럼 대통령에게 국회해산권을 부여하여야 한다.

1) 2001년 9월 임동원 통일부장관에 대한 해임건의에 따라 대통령은 그를 면직한 바 있다. 그러나 해임건의된 그를 곧바로 대통령특보로의 임명은 잘못된 인사권 행사이다. 2003년 8월 김두관 행정자치부장관 해임건의도 논란 끝에 수용된 바 있다. 그런데 2016년 9월 23일 김재수 농림수산식품부장관·2022년 9월 29일 박진 외교부장관·2022년 12월 11일 이상민 행정안전부장관에 대한 해임건의안이 국회에서 통과되었지만 박근혜·윤석열 대통령은 이를 수용하지 아니하였다. 2023년 9월 21일 사상 처음으로 한덕수 국무총리 해임건의안을 통과시켰지만, 윤석열 대통령은 이를 수용하지 아니하였다.

Ⅲ. 탄핵소추

1. 탄핵소추 기관

헌법 제65조 제1항에서 "국회는 탄핵의 소추를 의결할 수 있다"라고 하여 국회를 탄핵소추기관(彈劾訴追機關)으로 규정한다. 헌법에서 국민에게 공무원을 공직에서 배제할 수 있는 권리를 부여하였다고 볼 수 없기 때문에, 헌법은 국회의 탄핵소추권을 의무가 아닌 재량으로 규정한다.

2. 탄핵소추 대상자

헌법상 탄핵소추대상자는 "대통령·국무총리, 국무위원, 행정각부의 장, 헌법재판소 재판관, 법관, 중앙선거관리위원회 위원, 감사원장·감사위원 기타 법률이 정한 공무원"이다(제65조 제1항). "기타 법률이 정한 공무원"에 관한 단일 법률은 없다. 법률상 탄핵소추대상자로 정할 직위로는 검찰총장, 각 군 참모총장, 각 처장, 정부위원(차관 포함) 등이 있고, 그 외에도 고위외교관이나 정무직 또는 별정직 고위공무원도 포함될 수 있다. 법률에서 규정한 탄핵소추대상자로는 검사(검찰청법 제37조), 공수처의 처장·차장·수사처검사(고위공직자범죄수사처 설치 및 운영에 관한 법률 제14조), 경찰청장과 국가수사본부장(국가경찰과 자치경찰의 조직 및 운영에 관한 법률 제14조 제5항, 제16조 제5항), 각급선거관리위원회 위원(선거관리위원회법 제9조 제2호), 방송미디어통신위원회 위원장(방송미디어통신위원회의 설치 및 운영에 관한 법률 제6조 제5항), 방송미디어통신심의위원회 위원장(방송미디어통신위원회의 설치 및 운영에 관한 법률 제19조 제5항), 원자력안전위원회 위원장(원자력안전위원회의 설치 및 운영에 관한 법률 제6조 제5항) 등이 있다.

위 법률들에 비추어 그 밖에 탄핵소추 대상자로는 국가정보원 원장, 장관급 위원장(국가교육위원회 위원장·공정거래위원회 위원장·금융위원회 위원장·국민권익위원회 위원장·개인정보보호위원회 위원장), 차관급 처장(인사혁신처 처장·법제처 처장·식품의약품안전처 처장·국가데이터처 처장·지식재산처 처장) 및 행정 각부에 소속된 청장 등도 포함되어야 한다. 그 외에도 인사청문회 대상인 고위공직자(한국은행 총재·특별감찰관 등)도 탄핵소추대상자가 되어야 한다.

헌법에서 최고위 사법관이 아닌 일반 법관에 대하여도 탄핵소추의 대상으로 한다. 그러나 일반 법관이나 검사에 대한 탄핵에 대하여는 신중한 재검토가 필요하다. 일반 공무원과 달리 법관은 사법권독립의 원칙과 법관이라는 신분적 특성을 충분히 고려하여 법관징계법이 제정되어 있다. 검사 또한 준사법관이라는 점에서 검사징계법을 따로 제정하고 있다. 그런데 법관과는 달리 검사는 헌법사항이 아니므로 평검사는 검찰청법 개정으로 탄핵소추대상자에서 제외될 수 있다. 특히 종래 검사징계는 검찰총장만 할 수 있도록 되어 있었으나 법무부장관도 징계심의를 청구할 수 있도록 개정되었다. 공수처 검사도 마찬가지다.

한편 탄핵심판기관인 헌법재판소 재판관을 탄핵소추 대상자로 포함함에 따라 탄핵심판기관(심판자)의 중립성을 요구하는 헌법상 적법절차원리와 부합하지 아니하며, 실제로 3인 이상의 헌법재판관들에 대한 탄핵소추가 이루어지는 경우 탄핵심판의 정족수를 갖출 수도 없어(헌재법 제23조 제1항) 탄핵심판이 불가능하다는 문제점이 지적된다. 또한 국회의원은 탄핵소추기관이지 탄핵소추의 대상자가 아니다. 다만, 국무위원의 직을 겸하고 있는 국회의원이 국무위원의 지위에서 행한 직무행위와 관련하여 탄핵소추가 가능하다고 보아야 한다.

3. 탄핵소추의 사유

탄핵소추의 사유는 "직무집행에 있어서 헌법이나 법률을 위배한 때"이다.

(1) "직무집행에 있어서"

(i) 탄핵소추사유가 되는 '직무'란, 법제상 소관 직무에 속하는 고유 업무 및 통념상 이와 관련된 업무를 말한다. 따라서 직무상의 행위란, 법령·조례 또는 행정관행·관례에 의하여 그 지위의 성질상 필요로 하거나 수반되는 모든 행위나 활동을 의미한다(헌재 2004.5.14. 2004헌나1, 대통령(노무현) 탄핵(기각)).

가령 대통령의 직무집행에는 각종 단체·산업현장 등 방문행위, 준공식·공식만찬 등 각종 행사에 참석하는 행위, 대통령이 국민의 이해를 구하고 국가정책을 효율적으로 수행하기 위하여 방송에 출연하여 정부의 정책을 설명하는 행위, 기자회견에 응하는 행위 등이 모두 포함될 수 있다(헌재 2004.5.14. 2004헌나1, 대통령(노무현) 탄핵(기각)).

(ii) 직무집행과 관련하여 한 행위이면 전·현직을 불문한다. 반면에 취임 이전에 이루어진 행위는 직무집행과 무관한 경우 탄핵소추의 사유가 될 수 없다.

"당선 후 취임시까지의 기간에 이루어진 대통령의 행위도 소추사유가 될 수 없다. 비록 이 시기 동안 대통령직인수에관한법률에 따라 법적 신분이 '대통령당선자'로 인정되어 대통령직의 인수에 필요한 준비작업을 할 수 있는 권한을 가지게 되나, 이러한 대통령당선자의 지위와 권한은 대통령의 직무와는 근본적인 차이가 있고, 이 시기 동안의 불법정치자금 수수 등의 위법행위는 형사소추의 대상이 되므로, 헌법상 탄핵사유에 대한 해석을 달리할 근거가 없다"(헌재 2004.5.14. 2004헌나1).

(iii) 다만, 탄핵소추 의결이 있기 전에는 사직하거나 해임할 수 있는데(국회법 제134조 제2항),

사임이나 해임되어 현재 직무집행상태에 있지 아니한 자는 소추대상이 되지 아니한다.

(2) 헌법이나 법률을 위배

헌법은 헌법전뿐만 아니라 관습헌법도 포함한다. 법률은 형식적 의미의 법률뿐만 아니라 실질적 의미의 법률도 포함한다.

> '헌법'에는 명문의 헌법규정뿐만 아니라 헌법재판소의 결정에 따라 형성되어 확립된 불문헌법도 포함되고, '법률'에는 형식적 의미의 법률과 이와 동등한 효력을 가지는 국제조약 및 일반적으로 승인된 국제법규 등이 포함된다(헌재 2017.3.10. 2016헌나1, 대통령(박근혜)탄핵(인용(파면))).

위법한 행위는 고의·과실·법의 무지를 포함한다. 위법하지 아니한 단순한 정치적 실책이나 무능력은 탄핵소추의 사유가 되지 아니하고 해임건의의 사유가 될 뿐이다. 대통령의 경우 중대한 법위반행위가 있어야 한다. 그런데 대통령이 아닌 공직자의 경우에도 중대한 법위반이 아닌 경우에는 탄핵소추의 사유가 될 수 없는지에 관하여는 더 많은 논의가 필요하다.

> "헌법 제65조 제1항은 탄핵사유를 '헌법이나 법률에 위배한 때'로 제한하고 있고, 헌법재판소의 탄핵심판절차는 법적인 관점에서 단지 탄핵사유의 존부만을 판단하는 것이므로, … 정치적 무능력이나 정책결정상의 잘못 등 직책수행의 성실성 여부는 그 자체로서 소추사유가 될 수 없어, 탄핵심판절차의 판단대상이 되지 아니한다"(헌재 2004.5.14. 2004헌나1).
>
> 탄핵소추사유는 그 대상 사실을 다른 사실과 명백하게 구분할 수 있을 정도의 구체적 사실이 기재되면 충분하다. 이 사건 소추의결서의 헌법 위배행위 부분은 소추사유가 분명하게 유형별로 구분되지 아니한 측면이 있지만, 소추사유로 기재된 사실관계는 법률 위배행위 부분과 함께 보면 다른 소추사유와 명백하게 구분할 수 있을 정도로 충분히 구체적으로 기재되어 있다(헌재 2017.3.10. 2016헌나1, 대통령(박근혜)탄핵(인용(파면))).

(3) 탄핵사유의 차별화 필요성

헌법과 헌법재판소법은 탄핵대상자별로 개별적인 탄핵사유를 제시하지 아니하고 통일적인 탄핵사유를 제시한다. 그렇지만 국민에 의하여 직접 선출되어 집행부의 수반으로서 국가를 대표하는 대통령의 탄핵사유와 선출되지 아니하고 대법원장에 의하여 임명된 일반 법관의 탄핵사유가 동일하다는 점은 문제가 있어 보인다. 국가의 최고권력자라 할지라도 법을 준수하고 법 앞에는 평등하다는 법의 지배의 원리를 강조할 수도 있지만, 민주적 정당성을 국민으로부터 직접 수여받은 국가원수인 대통령이 탄핵소추의 의결에 따라 그 권한행사가 정지된다는 사실을 고려하면 탄핵결정 즉 파면단계뿐만 아니라 탄핵소추의 단계에서도 특히 대통령에 대한 탄핵사유와 기타 고위공직자들의 탄핵소추사유는 구별할 필요가 있다. 프랑스의 경우에는 대통령에 대한 탄핵사유를 대역죄로 한정하는 명문의 규정을 두고 있고, 미국 역시 헌법에는 탄핵사유를 구분하지 아니하고 있지만 실제 탄핵심판 과정에서는 탄핵제도의 본질에 비추어 탄핵사유를 이원화하는 경향을 보인다. 이렇게 대통령에 대한 탄핵사유를 기타 고위공직자의 경우와 달리 개별화하는 경우 대통령에 대한 탄핵소추 사유는 대통령의 직무집행행위가 헌법과 법률에 위반하여 자유민주적 기본질서를 위협함으로써 헌법의 법치국가원리와 민주국가원리를 구성하는 기본원칙을 저버릴 정도로 중대한 위법행위가 있어야 한다고 볼 수 있다.[1] 헌법재판소는 이와 같은 중대한 위법행위 외에 이에 해당하지 아니하더라도 국민의 신임을 배반한 것으로 평가될 수 있는 뇌물수수, 부정부패, 국가의 이익을 명백히 해하는 행위 등도 대통령에 대한 탄핵소추의 소유가 될 수 있다고 보았다(헌재 2004.5.14. 2004헌나1, 대통령(노무현) 탄핵(기각)).

> 구체적으로 살펴보면, 대통령이 헌법상 부여받은 권한과 지위를 남용하여 뇌물수수, 공금의 횡령 등 부정부패행위를 하는 경우, 공익실현의 의무가 있는 대통령으로서 명백하게 국익을 해하는 활동을 하는 경우, 대통령이 권한을 남용하여 국회 등 다른 헌법기관의 권한을 침해하는 경우, 국가조직을 이용하여 국민을 탄압하는 등 국민의 기본권을 침해하는 경우, 선거의 영역에서 국가조직을 이용하여 부정선거운동을 하거나 선거의 조작을 꾀하는 경우를 그 예로 들었다.
>
> "대통령의 파면을 요청할 정도로 '헌법수호의 관점에서 중대한 법위반'이란, 자유민주적 기본질서를 위협하는 행위로서 법치국가원리와 민주국가원리를 구성하는 기본원칙에 대한 적극적인 위반행위를 뜻하는 것이고, '국민의 신임을 배반한 행위'란 '헌법수호의 관점에서 중대한 법위반'에 해당하지 않는 그 외의 행위유형까지도 모두 포괄하는 것으로서, 자유민주적 기본질서를 위협하는 행위 외에도, 예컨대, 뇌물수수, 부정부패, 국가의 이익을 명백히 해하는 행위가 그의 전형적인 예가 될 것이다"(헌재 2004.5.14. 2004헌나1, 대통령(노무현) 탄핵(기각)).

4. 탄핵소추의 발의

(1) 발의의 요건

(ⅰ) "대통령에 대한 탄핵소추는 국회재적의원 과반수의 발의와 재적의원 3분의 2 이상의 찬성이 있어야 한다." 그 외의 자에 대한 탄핵소추는 "국회재적의원 3분의 1 이상의 발의가 있어야 하며, 그 의결은 재적의원 과반수의 찬성이 있어야 한다"(제65조 제2항).[2]

---

1) 허진성, "대통령의 국가긴급권과 법치주의에 관한 고찰 - 정치와 사법의 관계를 중심으로 -", 외법논집 49-4.

2) 1999년 4월에 한나라당이 제기한 김태정 검찰총장 탄핵소추안은 의결정족수인 재적의원 과반수에

국회의 의사절차에 헌법이나 법률을 명백히 위반한 흠이 있는 경우가 아니면 국회 의사절차의 자율권은 권력분립의 원칙상 존중되어야 하고, 국회법 제130조 제1항은 탄핵소추의 발의가 있을 때 그 사유 등에 대한 조사 여부를 국회의 재량으로 규정하고 있으므로, 국회가 탄핵소추사유에 대하여 별도의 조사를 하지 아니하였다거나 국정조사결과나 특별검사의 수사결과를 기다리지 아니하고 탄핵소추안을 의결하였다고 하여 그 의결이 헌법이나 법률을 위반한 것이라고 볼 수 없다. 탄핵소추절차는 국회와 대통령이라는 헌법기관 사이의 문제이고, 국회의 탄핵소추의결에 따라 사인으로서 대통령 개인의 기본권이 침해되는 것이 아니다. 국가기관이 국민에 대하여 공권력을 행사할 때 준수하여야 하는 법원칙으로 형성된 적법절차의 원칙을 국가기관에 대하여 헌법을 수호하고자 하는 탄핵소추절차에 직접 적용할 수 없다(헌재 2017.3.10. 2016헌나1, 대통령(박근혜)탄핵(인용(파면))).

대통령 권한대행에 대한 탄핵소추가 제기될 경우에 발의 및 의결정족수에 대하여 논란이 있다. 즉 권한대행에 대하여 대통령과 같은 특별정족수를 요구할 것인지 아니면 권한대행은 국무총리 또는 법률이 정하는 본직이 있기 때문에 일반적인 탄핵소추 정족수로 충분한지에 관한 논쟁이다. ① 대통령 권한대행은 대통령과 같은 신분이기 때문에 대통령과 같은 요건이 필요하다는 견해(이인호·헌법재판연구원, 주석 헌법재판소법), ② 대통령은 국민적 정당성을 직접 확보하고 있기 때문에 국정안정을 위하여 특별정족수를 규정하지만, 권한대행은 본직이 있기 때문에 가중요건이 필요하지 않다는 견해가 있다(권건보·신옥주·이장희·임지봉·차진아). 이와 관련하여 일반요건으로 권한대행에 대한 탄핵소추가 의결되었을 경우에는 권한쟁의심판청구가 가능하다는 견해도 제기된다. 다른 한편 ③ 탄핵소추사유가 권한대행의 본직 재임 중 행한 것이면 일반요건으로, 대통령 권한대행 재임 중 행한 것이면 대통령과 같은 가중요건이 필요하다는 견해도 있다(김하열·이헌환). 즉 권한대행 체제가 가동될 경우 권한대행에 대한 경호도 대통령에 준하는 경호를 제공할 뿐만 아니라 대통령의 형사상 특권(제84조)이 권한대행에게도 적용된다고 해석하여야 하므로 대통령 탄핵소추 정족수가 적용된다고 본다(박진우). ④ 권한대행은 어디까지나 본직이 있고 대행일 뿐이다. '사고'인 경우 대통령이 엄연히 존재하는 상황에서 권한대행에 대하여 대통령과 같은 요건을 요구하기는 어렵다. 하지만, 대통령이 '궐위'된 경우에는 권한대행은 유일한 실질적인 대통령이므로 대통령과 같은 가중요건이 필요하다는 견해도 있다. 다만 이 경우 60일 이내에 후임자를 선출하여야 하는 시간의 급박성 때문에 가중요건의 실효성이 떨어진다. ⑤ 생각건대 현직 대통령이 존재하는 사고의 경우와 대통령이 유고인 경우를 구별하는 견해가 타당한 측면이 있다. 그러나 권한대행의 행위는 곧바로 대통령의 행위와 같은 법적 효과를 가지기 때문에 권한대행의 행위에 대한 탄핵에는 불가피하게 대통령과 같은 가중요건이 필요하다고 보아야 한다. 이외에도 헌법재판소에서 탄핵이 인용되었을 경우, (권한대행으로서의) 위헌·위법 행위가 인정된 마당에 대행의 신분을 유지한다는 것은 고위공직자의 위헌·위법행위로부터 헌법질서를 수호·유지한다는 탄핵제도의 취지에 비추어 바람직하지 않으므로 권한대행뿐만 아니라 본직에서도 파면된다고 보아야 한다(박진우). 그런데 2024년 12월 27일

는 4표가 모자랐지만, 찬성표가 반대표보다 더 많이 나왔다.

국회의장은 직권으로 한덕수 대통령 권한대행에 대한 탄핵소추 의결정족수를 국무총리와 같이 재적의원 과반수 찬성으로 결정하였다. 연이은 표결에서 출석의원 192인 전원 찬성으로 탄핵소추안이 가결되었다. 이에 따라 헌정사상 최초로 최상목 부총리 겸 재정경제부 장관이 대통령 권한대행(정부조직법상 후순위 권한대행자)으로 취임하였다.

대통령과 구별되는 민주적 정당성의 크기와 해당 공직의 박탈을 통하여 국민으로부터 위임된 권한을 환수함으로써 헌법을 수호하고자 하는 탄핵심판 제도의 취지 등을 종합하면, 대통령 권한대행 중인 국무총리에 대한 탄핵소추 시 그 의결정족수는 헌법 제65조 제2항 본문에 따라 국회재적의원 과반수의 찬성으로 족하다. [기각(4인)] 특별검사 임명 법률안에 대한 재의요구권 행사, 비상계엄 선포 및 내란행위 관련, 공동 국정운영 관련, 특별검사 후보자 추천 의뢰 관련에 대하여는 청구인의 주장을 뒷받침하는 증거나 객관적 자료가 없다. 국회가 선출하도록 되어 있는 3인의 재판관을 임명하지 아니한 것은 헌법과 법률에 따른 구체적 작위의무를 위반한 것이다. 다만, 재판관 임명 거부가 현직 대통령에 대한 탄핵심판을 진행하는 헌법재판소를 무력화시키기 위한 목적 또는 의사에 기인하였다고까지 인정할 증거나 객관적 자료는 발견되지 않는 점 등을 고려하면, 대통령을 통하여 간접적으로 부여된 국민의 신임을 배반한 경우에 해당한다고 단정할 수 없다. [기각(1인)] 헌법재판관 임명 부작위에 대해서도 헌법과 법률 위반을 인정할 수 없다. [인용(1인)] 특별검사 후보자 추천 의뢰 및 헌법재판관 임명 부작위와 관련하여 헌법과 법률 위반이 인정되고 그 위반의 정도가 파면을 정당화할 수 있을 정도로 중대하다. 5인이 기각의견, 1인이 인용의견, 2인이 각하의견이므로 헌법재판소법 제23조 제2항 본문에 따라 기각한다(헌재 2025.3.24. 2024헌나9. 국무총리(한덕수) 탄핵).

피청구인(국회의장)이 국회 본회의에 상정된 '국무총리(한덕수) 탄핵소추안'을 가결 선포한 행위 및 소추의결서 등본을 피소추자 한덕수에게 송달한 행위가, 헌법 및 법률에 따라 부여된 청구인들(국회의원)의 위 탄핵소추안에 관한 심의·표결권을 침해할 가능성이 인정되지 아니한다(6:2)(헌재 2024.3.27. 2024헌라8, 국회의원과 국회의장 간의 권한쟁의(각하)). [반대의견(2인)] "탄핵소추안의 가결 여부를 좌우하는 핵심 쟁점은 결국 의결정족수였음에도, 헌법과 국회법에는 별도의 명확한 규정이 마련되어 있지 않고, 이로 인해 국회 안팎으로 논란이 끊이지 않았다. 헌법재판소의 관련 해석조차 없는 상황에서 국회의원들 사이에서도 의견이 일치하지 않았으며, 이는 국가적·사회적 파급력이 매우 큰 사안이므로, 이 사건 탄핵소추안에 대하여 어떤 의결정족수를 적용할지 결정하기 전에 표결에 참여하는 국회의원들이 서로 의견을 교환하고 토론을 거쳐 숙의하는 과정을 반드시 거칠 필요가 있었다. 따라서 국회의장이자 본회의 주재자인 피청구인에게는, 이 사건 탄핵소추안에 대한 표결이 이루어지는 과정에서 의결정족수와 관련하여 국회의원들에게 충분한 의견 제출 및 질의와 토론의 기회 등을 보장하고, 이를 통해 갈등과 분쟁을 최소화할 방법을 모색해야 할 헌법상 책무가 있었다." 피청구인의 위 가결선포행위가 헌법상 다수결의 원리 및 의회민주주의를 위반하여 청구인들의 심의·표결권을 침해하였다. [해설] 대통령 권한대행인 국무총리에 대한 탄핵소추안과 관련하여 국회의장이 헌법 제65조 제2항 본문의 의결정족수를 전제로 가결을 선포한 행위 및 소추의결서 등본을 피소추자에게 송달한 행위에 대하여, 그 의결정족수 적용에 반대하는 국회의원들의 위 탄핵소추안에 관한 심의·표결권을 침해할 가능성이 인정되는지 여부에 대하여 판단한 사건이다. 국무총리의 경우 재적의원 과반수의 찬성으로 탄핵소추의결이 가능하지만, 대통령 권한대행의 경우에는 대통령의 탄핵소추의결 정족수를 충족하여야 한다고 보아야 한다.

(ii) "탄핵소추의 발의에는 소추대상자의 성명·직위와 탄핵소추의 사유·증거, 그 밖에 조사에 참고가 될 만한 자료를 제시하여야 한다"(국회법 제130조 제3항).

(1) 국회의 의사절차에 헌법이나 법률을 명백히 위반한 흠이 있는 경우가 아니면 국회 의사절차의 자율권은 권력분립의 원칙상 존중되어야 하고, 국회법 제130조 제1항은 탄핵소추의 발의가 있을 때 그 사유 등에 대한 조사 여부를 국회의 재량으로 규정하고 있으므로, 국회가 탄핵소추사유에 대하여 별도의 조사를 하지 아니하였다거나 국정조사결과나 특별검사의 수사결과를 기다리지 아니하고 탄핵소추안을 의결하였다고 하여 그 의결이 헌법이나 법률을 위반한 것이라고 볼 수 없다. (4) 탄핵소추절차는 국회와 대통령이라는 헌법기관 사이의 문제이고, 국회의 탄핵소추의결에 따라 사인으로서 대통령 개인의 기본권이 침해되는 것이 아니다. 국가기관이 국민에 대하여 공권력을 행사할 때 준수하여야 하는 법원칙으로 형성된 적법절차의 원칙을 국가기관에 대하여 헌법을 수호하고자 하는 탄핵소추절차에 직접 적용할 수 없다(헌재 2017.3.10. 2016헌나1, 대통령(박근혜)탄핵(인용(파면))).

(iii) 현행법상 탄핵사유에 시효가 규정되어 있지 아니하므로 국회는 탄핵소추대상자가 공직에 재직하고 있는 한 언제든지 탄핵소추의 발의를 할 수 있다. 생각건대 독일의 입법례(연방대통령은 3개월, 법관은 2년)를 참고하여 국회법에 탄핵소추에 대한 시효기간을 규정할 필요가 있다. 이 경우 대통령직의 중요성 및 민주적 정당성에 비추어 다른 고위공직과 차별이 필요하므로 대통령은 6개월, 기타 탄핵대상자는 2년의 시효기간의 설정이 바람직하다고 본다. 또한 이미 헌법재판소가 탄핵심판을 한 사건에 대하여는 동일한 사건에 대해서는 일사부재리의 원칙상 다시 심판할 수 없다(헌재법 제39조).

실질적으로 주요 소추사유에 변동이 없는 탄핵소추안의 재발의는 제한될 필요가 있고, 입법자는 탄핵소추의 성격과 본질, 국회의사의 조기 확정과 그 직무집행에 있어서 헌법이나 법률을 위반한 고위공직자를 탄핵소추한다는 공익 사이의 형량 등을 고려하여 국회에서 탄핵소추안이 부결될 경우 다른 회기 중에도 다시 발의하는 횟수를 제한하는 규정을 마련할 필요가 있다(헌재 2025.4.4. 2024헌나8, 대통령(윤석열) 탄핵(인용), 재판관 정형식의 보충의견).

"공직자의 법 위반행위에 대하여 탄핵소추가 가능함에도 불구하고 탄핵소추가 이루어지지 아니한 채 해당 공직자가 상당한 기간 동안 계속하여 공직을 수행하였다면, 그 행위로 인하여 손상된 헌법질서는 이미 시간의 경과로 회복되었을 가능성이 높은 반면,

관련 증거는 산일 · 멸실되어 적정한 심판을 기대하기 어렵다. 따라서 일정한 시간의 경과로 인하여 발생한 사실상태를 존중하여 공직수행의 안정을 도모할 필요가 있다." … "독일과 일본은 검사를 탄핵대상으로 삼고 있지는 않지만, 다른 공직자들에 대한 탄핵소추 기간을 제한하고 있다. 독일은 연방대통령에 대한 탄핵소추의 경우 소추권이 있는 기관이 탄핵소추의 기초가 되는 사실을 안 때로부터 3개월 이내에 제기하도록 규정하고 있고, 연방법관이 직무를 위반한 경우에는 연방법관이 위반하였다고 주장된 재판절차의 확정력 있는 종결로부터 6개월, 직무 외의 위반을 한 경우에는 위반을 한 때로부터 2년이 각 경과하면 탄핵소추를 허용하지 않고 있다. 일본은 재판관(법관)에 대하여 탄핵소추사유가 있은 후 3년이 경과한 때에는 원칙적으로 탄핵소추를 할 수 없도록 하면서, 동일한 사유에 대하여 형사소추가 있는 때에는 사건의 판결이 확정된 후 1년이 경과할 때까지 탄핵소추를 할 수 있도록 하는 등의 예외사유를 규정하고 있다." … "탄핵심판제도의 실효성을 제고하기 위해서는 탄핵절차에도 소추기간을 제한할 필요성이 인정되므로, 입법자는 징계시효에 관한 규정(국가공무원법 제83조의2, 검사징계법 제25조 등 참조) 및 공소시효에 관한 규정(형사소송법 제249조 등 참조) 등과의 체계적 정합성, 소추대상 공직자의 종류, 소추사유의 경중 등을 종합적으로 고려하여 탄핵소추시효 또는 탄핵심판의 청구기간에 관한 규정을 마련할 필요가 있다"(5인 기각의견 중 4인 보충의견)(헌재 2024.5.30. 2023헌나2, 검사(안동완) 탄핵(기각)).

(2) 본회의 보고와 조치

(i) "탄핵소추가 발의되었을 때에는 의장은 발의된 후 처음 개의하는 본회의에 보고하고, 본회의는 의결로 법제사법위원회에 회부하여 조사하게 할 수 있다"(국회법 제130조 제1항). 본회의가 "탄핵소추안을 법제사법위원회에 회부하기로 의결하지 아니한 경우에는 본회의에 보고된 때부터 24시간 이후 72시간 이내에 탄핵소추 여부를 무기명투표로 표결한다. 이 기간 내에 표결하지 아니한 탄핵소추안은 폐기된 것으로 본다"(제130조 제2항).[1] 하지만, "법제사법위원회가 제130조제1항의 탄핵소추안을 회부받았을 때에는 지체 없이 조사 · 보고하여야 한다"(제131조 제1항)라고 규정할 뿐 해당 탄핵소추안에 대한 국회의 의결시한에 관하여는 명문의 규정이 없다. 생각건대 법제사법위원회를 경유한 경우와 경유하지 아니하고 직접 본회의에서 의결하는 경우와 본질적인 차이점이 존재하지 아니한다는 점, 탄핵소추안은 공직의 정상적인 운용과 피소추자에게 심대한 영향을 미치기 때문에 즉각적인 의사결정이 이루어져야 한다는 점 등을 고려하여 법제사법위원회에 회부할 경우에도 본회의 의결시한에 관한 규정을 두어야 한다.

---

1) 제15대 국회에서 김태정 검찰총장에 대한 탄핵소추안이 폐기(1998.5.26.)되었다. 제20대 국회에서 정종섭 행정자치부장관, 제21대 국회에서는 2019년 · 2020년 홍남기 기획재정부장관, 2020년 추미애 법무부장관에 대한 탄핵소추안이 폐기되었다.

탄핵소추안은 해임건의안과 달리 안이 본회의에 보고되면 법제사법위원회 회부 여부에 관한 본회의 의결을 거쳐야 한다. 이에 따라 2023.11.9. 이동관 방송통신위원장과 2명의 검사에 대한 탄핵소추안을 더불어민주당이 철회한 데에 대한 논쟁이 제기되었다. 즉 국회 본회의 보고 그 자체만으로 탄핵소추안이 의안으로 성립되었다고 볼 수 없다는 견해와. 반면에 국회 본회의 보고만으로 의안이 성립된다는 견해가 제기된다.

권한쟁의심판절차 계속 중 국회의원직을 상실한 국회의원 2명의 권한쟁의심판절차는 종료되었다는 선언을 하고, 피청구인 국회의장이 2023.11.10. 방송통신위원회 위원장 및 검사 2명에 대한 탄핵소추안의 철회요구를 수리한 행위 및 피청구인 국회의장이 2023.12.1. 위 탄핵소추안과 동일한 내용으로 다시 발의된 위 검사 2명에 대한 탄핵소추안을 국회 본회의에서 안건으로 상정하여 표결을 실시한 후 가결을 선포한 행위는 모두 국회의원인 청구인들의 심의·표결권을 침해할 가능성이 없으므로, 위 행위들을 다투는 권한쟁의심판청구는 모두 부적법하다(헌재 2024.3.28. 2023헌라9, 국회의원과 국회의장 간의 권한쟁의(각하,기타)).

(ii) 한편, 국회는 본회의 의결을 위하여 국회법 제93조에 따른 질의와 토론 절차를 생략할 수 있는지가 논의된다. 국회법 제93조는 국회의 의사결정에 있어 일반규정의 성격을 가지므로 탄핵소추의결과 같이 중대한 사안에서 질의와 토론을 생략할 수는 없다고 보아야 한다. 헌법재판소는 국회법 제130조 제2항을 탄핵소추에 대한 특별규정으로 해석하여 국회법 제93조에 따른 질의와 토론 없이 표결할 수 있다고 판시하지만(헌재 2004.5.14. 2004헌나1, 대통령(노무현) 탄핵(기각)), 이는 받아들이기 어렵다.

"국회법 제93조는 '본회의는 안건을 심의함에 있어서 질의·토론을 거쳐 표결할 것'을 규정하고 있으므로 탄핵소추의 중대성에 비추어 국회 내의 충분한 질의와 토론을 거치는 것이 바람직하다. 그러나 법제사법위원회에 회부되지 않은 탄핵소추안에 대하여 "본회의에 보고된 때로부터 24시간 이후 72시간 이내에 탄핵소추의 여부를 무기명투표로 표결한다."고 규정하고 있는 국회법 제130조 제2항을 탄핵소추에 관한 특별규정인 것으로 보아, '탄핵소추의 경우에는 질의와 토론 없이 표결할 것을 규정한 것'으로 해석할 여지가 있기 때문에, 국회의 자율권과 법해석을 존중한다면, 이러한 법해석이 자의적이거나 잘못되었다고 볼 수 없다"(헌재 2004.5.14. 2004헌나1, 대통령(노무현) 탄핵(기각)).

(3) 법제사법위원회의 조사

본회의 의결로 법제사법위원회에 회부하여 조사하게 한 경우(국회법 제130조 제1항 후단) 회부를 받은 법제사법위원회는 지체 없이 조사하여 그 결과를 보고하여야 한다. 발의된 탄핵안에 대하여 국회가 탄핵소추의 의결을 하기 위한 준비과정이라는 점에서 국회는 특별한 사정이 없는 한 법제사법위원회로 하여금 조사하도록 할 필요가 있다. 이러한 조사과정은 탄핵심판기관의 심리와 달리 국회의 탄핵소추의결 과정을 국회 차원에서 정당화함과 동시에 절차적 숙고를 할 수 있는 장치라는 점에서 필요하다. 그리고 이 조사에 있어서는 '국정감사 및 조사에 관한 법률'이 규정하는 조사의 방법 및 조사상의 주의의무규정을 준용한다(국회법 제131조 제1항, 제2항). 법제사법위원회의 조사는 이후 본회의에서 탄핵소추의 의결을 위한 기초자료가 된다는 점에서 법제사법위원회는 탄핵발의에서 제시된 탄핵사유와 그 증거 등을 철저하게 하여야 한다. 조사를 받는 국가기관은 그 조사를 신속히 완료시키기 위하여 충분한 협조를 하여야 한다(국회법 제132조).

5. 탄핵소추의 의결

(1) 의결정족수와 의결방식

(i) 탄핵소추의 의결에는 국회 재적의원 과반수의 찬성이 있어야 한다. 다만, 대통령에 대한 탄핵소추의 의결에는 국회 재적의원 3분의 2 이상의 찬성으로 가중되어 있다(헌법 제65조 제2항).[1)]

(ii) 국회가 탄핵소추 사유가 존재하더라도 탄핵소추의결을 하지 아니할 수 있는지에 대하여는 논란이 있을 수 있다. 탄핵재판제도는 고위 공직자의 헌법과 법률 위배행위로부터 헌법을 보호하는 제도이므로 구체적인 탄핵소추 사유가 드러난 이상 소추의무가 발생한다고 볼 여지도 있다. 그렇지만, 헌법이 탄핵 여부에 대한 선택권을 국회에 부여하고 있는 점(제65조 제1항), 탄핵소추권한을 국회에 부여한 이상 정치적 해결의 여지를 허용하고 있다고 볼 수 있다는 점에서 탄핵소추 여부는 국회의 재량에 속한다고 보아야 한다.

> "국회에게 대통령의 헌법 등 위배행위가 있을 경우에 탄핵소추의결을 하여야 할 헌법상의 작위의무가 있다거나 청구인에게 탄핵소추의결을 청구할 헌법상 기본권이 있다고 할 수 없다. 왜냐하면 헌법은 "대통령 … 이 그 직무집행에 있어서 헌법이나 법률을 위배한 때에는 국회는 탄핵의 소추를 의결할 수 있다."(제65조 제1항)라고 규정함으로써 명문규정상 국회의 탄핵소추의결이 국회의 재량행위임을 밝히고 있고 헌법해석상으로도 국정통제를 위하여 헌법상 국회에게 인정된 다양한 권한 중 어떠한 것을 행사하는 것이 적절한 것인가에 대한 판단권은 오로지 국회에 있다고 보아야 할 것이며(중략)"(헌재 1996.2.29. 93헌마186 긴급재정명령등 위헌

1) 제12대 국회에서 유태흥 대법원장에 대한 탄핵소추안(1985.10.18.), 제15대 국회에서 김태정 검찰총장에 대한 탄핵소추안(1999.2.4.), 21대 국회에서 추미애 법무부장관에 대한 탄핵소추안(2020)이 부결되었다. 2002년 대통령 노무현, 2016년 대통령 박근혜, 2021년 임성근 판사, 2023년 이상민 행정안전부장관, 안동완·손준성·이정섭 검사, 2024년 이진숙 방송통신위원장, 최재해 감사원장, 이창수 서울중앙지검장, 조상원 4차장, 최재훈 반부패2부장에 대한 탄핵소추안이 가결되었다. 특히 2024.12.3. 윤석열 대통령이 비상계엄을 선포하자 국회는 탄핵소추안을 제기하였으나 1차에서 "투표불성립 이후 기간경과로 폐기"된 후, 12.14. 2차에서 찬성 204, 반대 85, 기권 3, 무효 8로 가결되었다. 이후 박성재 법무부장관, 조지호 경찰청장, 한덕수 국무총리 겸 대통령 권한대행에 대한 탄핵소추안도 가결되었다.

확인(기각)).

(iii) 탄핵소추사유가 여러 개인 경우 소추사유별로 표결할지 여부가 문제되는데, 헌법재판소는 표결할 안건의 제목 설정권을 가지고 있는 국회의장의 판단에 달려 있다고 보았다(헌재 2004.5.14. 2004헌나1, 대통령(노무현) 탄핵(기각)). 탄핵소추사유가 직무집행행위의 위법성에 있다는 점을 고려하면 행위별로 표결하는 것이 국회의원의 표결권을 제대로 보장한다고 할 수 있다. 또한 헌법재판소의 소추사유의 심리에서도 탄핵소추사유별로 판단이 이루어져 그 중 인정되는 사유에 의하여 탄핵결정이 날 수 있다는 점에서 볼 때도 탄핵사유별로 각각 깊이 있는 심사보고와 질의·토론을 거쳐 표결하여야 한다. 다만, 최종 표결할 안건의 사전조율 과정에서 이러한 개별적 검토과정의 포함 여부는 국회의 자율권에 속한다.

"탄핵소추의결은 개별 사유별로 이루어지는 것이 국회의원들의 표결권을 제대로 보장하기 위해서 바람직하나, 우리 국회법상 이에 대한 명문 규정이 없으며, 다만 제110조는 국회의장에게 표결할 안건의 제목을 선포하도록 규정하고 있을 뿐이다. 이 조항에 따르면 탄핵소추안의 안건의 제목을 어떻게 잡는가에 따라 표결범위가 달라질 수 있으므로, 여러 소추사유들을 하나의 안건으로 표결할 것인지 여부는 기본적으로 표결할 안건의 제목설정권을 가진 국회의장에게 달려있다고 판단된다"(헌재 2004.5.14. 2004헌나1).

"국회 재적의원 과반수에 해당하는 171명의 의원이 여러 개 탄핵사유가 포함된 하나의 탄핵소추안을 마련한 다음 이를 발의하고 안건 수정 없이 그대로 본회의에 상정된 경우에는 그 탄핵소추안에 대하여 찬반 표결을 하게 된다. 그리고 본회의에 상정된 의안에 대하여 표결절차에 들어갈 때 국회의장에게는 '표결할 안건의 제목을 선포'할 권한만 있는 것이지(국회법 제110조 제1항), 직권으로 이 사건 탄핵소추안에 포함된 개개 소추사유를 분리하여 여러 개의 탄핵소추안으로 만든 다음 이를 각각 표결에 부칠 수는 없다"(헌재 2017.3.10. 2016헌나1).

(2) 소추의결의 형식

국회가 본회의에서 탄핵소추를 의결할 때에는 피소추자의 성명, 직위, 탄핵소추의 사유를 표시한 '소추의결서'라는 형식의 문서로 하여야 한다(국회법 제133조).

(3) 소추의결서의 송달

(i) "탄핵소추가 의결되었을 때에는 의장은 지체 없이 소추의결서의 정본(正本)을 법제사법위원장인 소추위원에게 송달하고, 그 등본(謄本)을 헌법재판소, 소추된 사람과 그 소속 기관의 장에게 송달한다"(국회법 제134조 제1항). "소추위원은 헌법재판소에 소추의결서의 정본을 제출하여 탄핵심판을 청구하며, 심판의 변론에서 피청구인을 심문할 수 있다"(헌재법 제49조 제2항).

(ii) 국회법은 소추위원이 언제까지 소추의결서 정본을 헌법재판소에 제출하여

야 하는가에 대한 규정이 없다. 소추위원이 헌법재판소에 소추의결서 정본(正本)을 제출하는 시기가 늦어지면 헌법재판소의 탄핵심판 결정도 늦어질 개연성이 높다. 그러므로 현행법의 해석론상 국회는 탄핵소추의결 후 지체 없이 정본을 헌법재판소에 제출하여야 한다. 생각건대 소추위원이 탄핵소추의결서 정본을 헌법재판소에 제출함으로써 탄핵심판절차가 비로소 개시된다는 점, 탄핵심판절차의 심리기긴은 탄핵소추의결서 제출시점에 따라 절대적 영향을 받는다는 점, 탄핵심판의 심리기간의 장·단은 피소추자의 권한행사정지 기간에 영향을 미치는 점 등을 고려할 때, 국회의 "탄핵소추의결 시부터 72시간 이내에"(독일의 입법례(연방헌법재판소법 제49조 제2항)는 1월 이내) 탄핵소추의결서의 정본을 헌법재판소에 제출하여야 한다고 규정할 필요가 있다.

6. 탄핵소추의결의 효과

(1) 피소추자의 권한행사 정지

(ⅰ) "탄핵소추의 의결을 받은 사람은 소추의결서가 송달된 때부터 헌법재판소의 탄핵심판이 있을 때까지 그 권한행사가 정지된다"(제65조 제3항, 국회법 제134조 제2항, 헌재법 제50조). 그러므로 이 기간 중의 직무행위는 무효가 된다.

(ⅱ) 권한행사의 정지 시점은 국회의 소추의결 시가 아니라 소추의결서가 피소추자에게 송달된 때이다. 권한행사정지의 효력이 종료하는 시기는 헌법재판소의 탄핵심판에 대한 종국결정의 선고 시이다. 종국결정의 내용에 따라 정지된 권한의 회복 또는 종국적인 파면의 효과가 발생한다. 국회의 탄핵소추의결서를 송달받은 피소추자가 소추의결에도 불구하고 직무를 수행한 경우에는 그 직무행위는 권한 없는 자의 행위가 되어 무효가 된다. 탄핵소추된 자라 할지라도 직무의 계속수행의 필요가 있다며 탄핵소추의 효력을 정지시키는 가처분의 필요성이 논의된다. 하지만, 한국의 경우 영국이나 프랑스와 달리 탄핵절차에서 형벌을 부과하지 아니하는 징계절차의 성격을 가지므로 여기서는 무죄추정의 원칙을 고려할 여지는 없기 때문에 가처분은 현행 탄핵제도에서 허용되지 아니한다.

(2) 임명권자의 사직원 접수와 해임의 금지

(ⅰ) "소추의결서가 송달되었을 때에는 소추된 사람의 권한 행사는 정지되며, 임명권자는 소추된 사람의 사직원을 접수하거나 소추된 사람을 해임할 수 없다"(국회법 제134조 제2항). 이는 사직이나 해임으로 탄핵의 면탈을 방지하기 위한 제도적 장치이다. 그러나 임명권자는 헌법재판소의 탄핵심판결정 선고 이전이라도 피소추자를

파면할 수 있다. "피청구인이 결정 선고 전에 해당 공직에서 파면되었을 때에는 헌법재판소는 심판청구를 기각하여야 한다"(헌재법 제53조 제2항).

(ii) 국회에서 탄핵소추가 의결된 이후에는 탄핵심판을 피하기 위한 사직이나 해임을 금지하지만 임명권자의 파면은 가능하다. 그런데 대통령의 경우 국민으로부터 선출되기 때문에 임명권자가 존재하지 아니하므로 탄핵 이외에는 파면이 불가능하다. 또한 헌법재판소법의 규정만으로 본다면 탄핵심판을 회피하기 위한 대통령의 사임은 불가능하다고 보아야 한다. 다만, 대통령이 탄핵심판 중에 스스로 사임하면 현실적으로 이를 거부하기는 어렵다. 결국 실질적 임명권자인 국민이 원하고 본인이 사임하면 이를 받아들여야 한다. 이 경우에도 탄핵심판결정을 목전에 두고 파면을 모면하기 위한 사임은 차단되어야 한다.

(iii) 한편 탄핵심판의 실효성을 담보하기 위하여 대통령이 사임하더라도 탄핵심판은 계속되어야 한다는 주장도 있다. 즉 당사자가 사망한 경우가 아닌 사임의 경우에는 탄핵심판이 가지는 헌법수호 기능에 비추어 탄핵심판은 계속되어야 한다고 본다. 하지만, 공직으로부터의 추방이라는 탄핵심판 본래의 제도적 특성을 고려하건대, 사임을 수용한 이상 탄핵심판은 더 이상 계속될 필요가 없으므로 헌법재판소는 기각결정을 통하여 탄핵심판을 종료하여야 한다. 탄핵심판절차에서 다른 심판 절차와 달리 헌법재판소법에 특별한 규정이 없으면 "형사소송에 관한 법령을 준용"하는 규정도 탄핵심판이 고위공직자 개인의 형사사법적인 제재에 따른 기본권보장의 강화에 있다고 보아야 한다. 더 나아가 현행헌법상 탄핵심판이 사법기관인 헌법재판소의 권한사항이지만, 미국을 비롯한 일부 나라들에서는 정치적 대의기관인 상원이 탄핵심판기관이라는 점도 함께 고려하여야 한다. 그 어떤 이유이든 간에 공직으로부터 추방된 자에 대하여 헌법재판소가 탄핵심판을 굳이 계속할 이유가 없다.

(3) 국회의 탄핵소추 철회 또는 취하

국민의 유일한 대의기관인 국회가 재량적 권한으로서 탄핵소추권 발동과 마찬가지로, 국회가 탄핵소추권의 발동으로 인한 정치적 혼란을 수습하기 위한 방안의 하나로 탄핵심판 청구를 철회 또는 취하할 수 있다고 보아야 한다. 왜냐하면 탄핵심판이 헌법재판을 통한 사법적 판단을 구하는 장이기는 하지만, 동시에 탄핵을 소추한 국회도 정치적 판단의 재량을 가져야 하기 때문이다. 특히 대통령에 대한 탄핵소추는 대통령의 사직의사와 국회의 탄핵소추 철회 또는 취하를 통하여 정치적 합의의 장을 마련하면 국정의 안정을 기할 수 있다.

Ⅳ. 국정감사권 및 국정조사권

1. 의　　의

국정감사제도는 국회의 가장 중요한 정책통제수단이다. 국회는 국정감사에서 국정전반에 대하여 그 문제점을 포괄적으로 지적하고 앞으로 국정운영의 방향을 제시함으로써 국정의 투명성을 제고하며 국민의 알 권리를 구현한다. 또한 특정 의혹사건에 대하여는 국정조사를 행한다. 국정감사 · 조사(國政監査 · 調査)가 국정의 민주화를 위한 중요한 도구로서 기능함에도 불구하고, 국정감사 · 조사제도의 본질 및 국정감사의 방향과 그 한계 등과 관련하여 문제점이 제기된다.[1)]

2. 국정감사 · 조사의 제도적 기초

(1) 의　의

국회는 국민의 대표기관으로서 국가권력의 정당한 행사 여부를 조사하며, 국정에 관한 자료와 정보를 수집하고, 국회의 권한에 상응한 책임을 추궁한다. 특히 국민의 알 권리를 보장하기 위하여, 국회가 국정에 관하여 적극적으로 진실을 밝히고 정보를 제공하여 국민적 공감을 형성함으로써 정치적 통합에 기여할 수 있다. 또한 대통령제 국가에서 국정조사권은 다른 국가기관과의 견제와 균형을 유지하는 수단으로 인식되어 그 중요성이 증대되어 간다.

(2) 한국에서 국정감사 · 조사권의 제도화

1948년 제헌헌법(제43조) 및 1962년 헌법(제57조)에서 영국 · 프랑스 · 미국 · 일본 등에는 없는 국정감사권을 제도화하였다. 국정감사는 정기국회에서 지난 1년간의 국정 전반을 파악하고 이를 비판하는 제도이다. 특히 야당이 행사할 수 있는 최고의 대정부 공격수단이지만, 집권세력에게는 거추장스러운 제도임에 틀림없다.[2)] 이에 1972년 유신헌법에서

---

1) 국정감사와 국정조사의 차이

구분	국정감사	국정조사
대상	국정전반	특정 국정 사안
계획서	국정감사 계획서 작성 · 통지	본회의에서 조사계획서 승인
시기	매년 정기회 집회일 이전 감사시작일부터 30일 이내의 기간(본회의 의결로 정기회 중 가능)	조사계획서상 조사에 필요한 기간
담당 주체	소관 상임위원회	조사특별위원회 또는 소관 상임위원회

2) 전원배, 의회조사제에 관한 비교헌법적 연구: 우리나라 국정조사권의 활성화를 위하여, 서울대 박

는 국정감사가 폐지되었다. 국정감사가 폐지됨에 따라 국회의 대정부 통제기능은 약화될 수밖에 없었다. 국정조사는 제헌헌법 이래 헌법과 법률에 명문의 규정이 없었다. 1975년에 개정된 국회법에서 처음으로 국정조사에 대한 법적 근거를 마련한 바 있다. 1980년 제5공화국헌법에서는 헌법에 명시적으로 국정조사를 규정하였다.

현행헌법에서 처음으로 국정감사와 국정조사를 함께 규정한다: "① 국회는 국정을 감사하거나 특정한 국정사안에 대하여 조사할 수 있으며, 이에 필요한 서류의 제출 또는 증인의 출석과 증언이나 의견의 진술을 요구할 수 있다. ② 국정감사 및 조사에 관한 절차 기타 필요한 사항은 법률로 정한다"(제61조). 그런데 제3공화국헌법의 "다만, 재판과 진행중인 범죄수사·소추에 간섭할 수 없다"(제58조)라는 단서조항은 헌법에 규정되지 아니하고 '국정감사 및 조사에 관한 법률'(제8조)에서 같은 취지를 규정한다.

(3) 국정감사와 국정조사

(i) 국정감사·국정조사의 법적 성질에 관하여는 국회의 고유한 독립적 권한이라는 학설과 국회의 보조적 권한이라는 학설이 있으나, 헌법이 국회에 부여한 권한을 실질적으로 행사하기 위하여 마련된 보조적 권한으로 볼 수 있다.

(ii) 국정감사권은 국정조사권과 그 본질·주체·방법과 절차·효과·한계 등에서 비슷하지만 그 시기·기간·대상을 달리한다. 국정조사가 부정기적으로 특정 사안을 대상으로 하지만, 국정감사는 정기적으로 국정 전반을 대상으로 한다.

3. 국정감사·조사권의 주체와 대상기관

(i) 국회가 그 주체이다. 국회란 본회의, 상임위원회, 특별위원회가 국정감사·조사권을 가진다는 의미이다(제61조, 국회법 제127-129조, 국감법).

(ii) 국정감사의 대상기관은 '국정감사 및 조사에 관한 법률'(제7조)에서 구체화되어 있다.

1. 정부조직법, 그 밖의 법률에 따라 설치된 국가기관
2. 지방자치단체 중 특별시·광역시·도. 다만, 그 감사범위는 국가위임사무와 국가가 보조금 등 예산을 지원하는 사업으로 한다.
3. 공공기관의 운영에 관한 법률 제4조에 따른 공공기관, 한국은행, 농업협동조합중앙회, 수산업협동조합중앙회

사학위논문, 1995.8; 국회사무처 입법조사국, 의회의 국정감사 및 조사제도, 입법참고자료 253, 일본의 사례(浦和充子事件, 吹田默禱事件) 등; 문홍주, 미국헌법과 기본적 인권, 예풍출판사, 891면 이하; 이관희, "독일의 국정조사권에 관한 연구", 헌법학연구 6-4 참조.

4. 제1호부터 제3호까지 외의 지방행정기관·지방자치단체·감사원법에 따른 감사원의 감사대상기관. 이 경우 본회의가 특히 필요하다고 의결한 경우로 한정한다.

위 법률규정에 비추어 보면 국회의 국정감사대상기관은 사실상 제한이 없다. 특히 감사원법상의 감사대상기관은 국가 내의 모든 기관을 포괄하므로(제22조, 제23조), 국회의 의결로써 사립학교 등에 대한 국정감사가 가능하다.

(iii) 국정조사의 대상기관은 국회 본회의가 의결로써 승인한 조사계획서에 기재된 기관에 한정된다(제3조 제4항).

4. 국정감사·조사권의 행사

(i) "국회는 국정전반에 관하여 소관 상임위원회별로 매년 정기회 집회일 이전에 국정감사 시작일부터 30일 이내의 기간을 정하여 감사를 실시한다. 다만, 본회의 의결로 정기회 기간 중에 감사를 실시할 수 있다"(국감법 제2조 제1항). 국정감사는 "상임위원장이 국회운영위원회와 협의하여 작성한 감사계획서에 따라 한다. 국회운영위원회는 상임위원회 간에 감사대상기관이나 감사일정의 중복 등 특별한 사정이 있는 때에는 이를 조정할 수 있다"(제2조 제2항).

(ii) "국회는 재적의원 4분의 1 이상의 요구가 있는 때에는 특별위원회 또는 상임위원회로 하여금 국정의 특정사안에 관하여 국정조사를 하게 한다." "조사 요구는 조사의 목적, 조사할 사안의 범위와 조사를 할 위원회 등을 기재하여 요구의원이 연서(連署)한 서면(조사요구서)으로 하여야 한다." 본회의는 "조사계획서를 검토한 다음 의결로써 이를 승인하거나 반려한다"(제3조).

(iii) 국정감사·조사의 장소는 "위원회에서 정하는 바에 따라 국회 또는 감사·조사 대상 현장이나 그 밖의 장소에서 할 수 있다"(제11조).

(iv) 국정감사·조사의 방법의 구체적인 내용인 예비조사, 보고·서류제출·증인등의 출석요구, 청문회의 개최, 동행명령, 벌칙과 고발 등에 관하여는 '국정감사 및 조사에 관한 법률'에 규정되어 있다. 또한 '국회에서의 증언·감정 등에 관한 법률'에 따라 위원회는 증인이 정당한 이유 없이 출석하지 아니한 때에는 그 의결로 해당 증인에 대하여 지정한 장소까지 동행할 것을 명령할 수 있지만, 강제로 구인할 권한은 없다. 동행명령은 위원장이 발부한다. 동행명령 거부에 대한 고발에 따라 국회모욕죄로 처벌받을 수 있다.

(v) 국정감사·조사는 공개를 원칙으로 한다. "다만, 위원회의 의결로 달리 정할 수 있다"(제12조).

(vi) 국정감사·조사를 마쳤을 때에는 "위원회는 지체 없이 감사 또는 조사 보고서를 작성하여 의장에게 제출하여야 한다"(제15조 제11항). 의장은 이를 지체 없이 본회의에 보고하여야 하고, 본회의의 의결로 국정감사·조사 결과를 처리한다(제15조, 제16조 제1항). "국회가 제1항에 따라 감사 결과를 처리하는 경우에는 감사 종료 후 90일 이내에 의결하여야 한다"(제16조 제2항). "국회는 감사 또는 조사 결과 위법하거나 부당한 사항이 있을 때에는 그 정도에 따라 정부 또는 해당 기관에 변상, 징계조치, 제도개선, 예산조정 등 시정을 요구하고, 정부 또는 해당 기관에서 처리함이 타당하다고 인정되는 사항은 정부 또는 해당 기관에 이송한다"(제16조 제3항).

(vii) "국회는 의결로 감사원에 대하여 감사원법에 따른 감사원의 직무 범위에 속하는 사항 중 사안을 특정하여 감사를 요구할 수 있다. 이 경우 감사원은 감사 요구를 받은 날부터 3개월 이내에 감사 결과를 국회에 보고하여야 한다"(국회법 제127조의2 제1항).

5. 국정감사·조사권의 범위와 한계

(1) 의 의

(i) 국회는 매년 정기적으로 국정 전반에 대하여 국정감사를 할 수 있고, 특정한 국정사안에 대하여 국정조사를 할 수 있다. 그 범위는 입법·재정·행정·사법의 모든 국정영역에 걸쳐 있고, 국회 내부의 자율적 사항에 관하여도 행사할 수 있다. 하지만, 국정감사·조사에도 일정한 한계가 있다.

(ii) 절대적 한계사항은 이론(성질)상 전혀 감사·조사의 대상이 될 수 없는 사항을 말한다. 순수한 사생활이나, 권력분립상 사법부나 행정부의 전속적 권한사항인 재판작용이나 행정작용 그 자체는 국정감사·조사의 대상이 될 수 없다.

(iii) 상대적 한계사항은 이론상 감사·조사의 대상이 될 수 있지만, 감사·조사의 추구목적에 따른 이익과 피감사·조사사항 또는 증인이 감사·조사에 의하여 입게 되는 불이익을 비교형량하여 감사·조사권 행사의 자제가 적절하다고 판단되는 사항을 말한다.

(iv) 하지만, 현실적으로 절대적 한계사항과 상대적 한계사항의 구별이 명확하지 아니하므로 권력분립·기본권보장·국익에 따른 한계로 나누어 설명한다.

(2) 권력분립상 한계

A. 감사·조사목적에 의한 한계

(i) 국정감사·조사권은 국회의 입법, 예산심의, 행정감독, 자율권에 관한 사항 및 국회의 기능을 실효적으로 행사하기 위한 사항에 한정되어야 한다.

(ii) '국정감사 및 조사에 관한 법률'(국감법)에서는 "감사 또는 조사를 할 때에는 그 대상기관의 기능과 활동이 현저히 저해되거나 기밀이 누설되지 아니하도록" 주의의무를 규정한다(제14조 제1항). 또한 국회는 해당 기관에 시정요구 등을 할 수 있을 뿐이고(제16조 제2항), 국회 스스로 정부의 행정처분을 대신하여 명할 수는 없다.

B. 사법권독립의 보장을 위한 한계

(i) 법관이 양심에 따라 독립하여 재판을 할 수 있도록 국정감사·조사는 "계속(繫屬) 중인 재판"에 "관여할 목적"으로 행사되어서는 아니 된다(국감법 제8조). 생각건대 계속 중인 사건은 물론, 종국판결이 내려진 사건도 법관의 재판에 관여할 소지가 있는 국정감사·조사는 원칙적으로 인정되어서는 아니 된다. 예컨대 국회는 특정 개인의 유죄 탐구를 목적으로 하는 조사, 현재 계속 중인 재판사건에 대한 법관의 소송지휘, 재판절차를 대상으로 하는 조사, 오로지 재판내용에 대한 당부를 판단하기 위하여 행하는 조사를 하여서는 아니 된다(권영성 928면; 김철수(하) 1632면).

(ii) 국정감사·조사는 사법권독립의 본질적 내용을 침해하지 아니하여야 한다. 하지만, 사법권독립이라는 이유만으로 국민의 주권적 대표기관인 국회의 비판과 감시의 대상으로부터 완전히 벗어날 수는 없다. 따라서 국민적 의혹 해소나 정치적·법적 책임(탄핵소추) 추궁을 위한 국정감사·조사는 가능하다.

C. 검찰권의 공정한 행사를 위한 한계

(i) 검찰권의 행사는 행정작용의 일종이기 때문에 국정감사·조사의 대상이 될 수 있다. 그러나 준사법기관인 검찰의 공정한 권한행사를 담보하기 위하여 "수사 중인 사건의 소추(訴追)에 관여할 목적으로 행사되어서는 아니 된다"(국감법 제8조).

(ii) 하지만, "수사 중인 사건의 소추에 관여할 목적"이 아닌 여타 국정에 대한 비판과 감시를 위하여 검찰에 대한 국정감사·조사권은 발동될 수 있다. 특히 기소독점주의에 입각한 검찰권행사의 남용과 그에 따른 폐해가 심각한 현실에서 '관여할 목적'을 보다 엄격하게 해석함으로써 국정감사·조사의 범위를 확대할 필요가 있다. 따라서 수사나 소추의 대상이 되어 있는 범죄사건일지라도 '소추에 관여할 목적'이 아닌 정치적·법적 목적(탄핵소추나 해임건의 등을 위한 목적)을 위하여서는 감사·조사를 할 수 있다(권영성 928면).

(iii) 그 외에도 헌법기관인 감사원의 준사법적 기능에 대한 국정감사·조사권도 일정한 한계가 있으므로, 변상책임의 판정이나 징계처분과 문책의 요구 등 준사법적 판단작용은 국정감사·조사의 대상에서 제외되어야 한다는 견해도 있다(권영성 929면). 그러나 감사원의 준사법적 기능은 법원이나 검찰업무와는 본질적으로 다

르며, 감사원의 준사법적 기능과 독립된 행정위원회 등이 가지는 준사법적 기능의 본질적 구별도 어렵기 때문에 감사원에 대한 국정감사·조사의 한계를 인정할 실익이 별로 없다.

D. 지방자치보장을 위한 한계

지방자치의 실시에 따라 지방의회가 구성되어 있으므로, 국회의 지방자치단체에 대한 국정감사·조사의 실시는 지방화의 논리에 부합하지 아니하는 측면이 있다. 그러나 지방자치단체는 상당부분 국가예산을 집행하거나 국가업무를 수행하고 있으므로 감사·조사의 적실성 여부에 관한 일의적 단정은 어려운 일이다. 지방의 고유사무에 대한 국정감사·조사는 배제하여야 하지만, 고유사무와 위임사무의 구획 또한 쉬운 일이 아니다. 따라서 국회의 지방자치단체에 대한 국정감사·조사는 가급적 자제하여 국가적 의혹사건에 대한 국정조사에 한정되어야 한다. 국감법에서도 감사대상기관으로 "지방자치단체 중 특별시·광역시·도"와 같은 광역지방자치단체로서 "그 감사범위는 국가위임사무와 국가가 보조금 등 예산을 지원하는 사업으로 한다"(제7조 제2호). "제1호부터 제3호까지 외의 지방행정기관·지방자치단체·감사원법에 의한 감사원의 감사대상기관"은 "본회의가 특히 필요하다고 의결한 경우로 한정"(제7조 제4호)함으로써, 지방자치보장을 위하여 지방자치단체에 대한 국정감사에 일정한 제한을 둔다.

(3) 기본권보장을 위한 한계

국정감사·조사라 하더라도 헌법상 보장된 개인의 기본권을 침해할 수는 없다. 이와 관련하여 사상 및 양심의 자유, 통신의 자유 등이 문제될 수 있다. 특히 문제되는 것은 사생활보호와 불리한 진술거부권이다.

A. 사생활보호

(i) 헌법 제17조에서 "사생활의 비밀과 자유"를 규정한다. 이에 국감법에서도 국정 "감사 또는 조사는 개인의 사생활을 침해하"여서는 아니 됨을 명시한다(제8조). 다만, 국정감사·조사의 목적상 이에 관한 감사·조사가 불가결한 경우에는 사생활의 비밀과 자유의 보장에도 일정한 한계가 있을 수 있다. 즉 국정감사·조사라 하더라도 국가작용과 관련이 없는 순수한 사적 사항은 국정감사·조사의 대상에서 제외되지만, 구체적 사안에서 그것이 순수한 사적 사항인지 아니면 공적 사항인지의 구별이 쉽지 아니하다. 미국의 왓킨스사건에서는 의회가 개인의 사생활 폭로를 목적으로 하는 조사는 할 수 없음을 밝힌 바 있다(*Wadkins v. U.S.*, 354 U.S. 178(1957)).

(ii) 그러나 공직자의 부정부패 등을 폭로하기 위한 공적 인물의 사생활, 국

가안보와 관련이 있는 사회조직활동, 정치자금의 출처, 암흑가의 유력자나 보스의 조직활동 등은 비록 개인의 사적 사항이라 할지라도 감사·조사의 대상이 될 수 있다. 다만, 특정인의 형사책임을 추궁하기 위한 사생활의 감사·조사는 인권침해의 우려가 있기 때문에 허용되어서는 아니 된다.

(iii) 국정감사·조사의 목적을 달성하기 위하여 개인의 사생활에 대한 조사를 할 경우에도 목적 이외의 범위로 이를 공개하여서는 아니 된다. 이에 국감법에서는 일정한 주의의무를 부과한다: "의원 및 사무보조자는 감사 또는 조사를 통하여 알게 된 비밀을 정당한 사유 없이 누설해서는 아니 된다"(제14조 제2항).

B. 불리한 증언거부권

모든 국민은 "형사상 자기에게 불리한 진술을 강요당하지 아니한다"(제12조 제2항 후단). "감사 또는 조사를 위한 증인·감정인·참고인의 증언·감정 등에 관한 절차는 '국회에서의 증언·감정 등에 관한 법률'에서 정하는 바에 따른다"(국감법 제10조제5항). "증인은 형사소송법 제148조(친족 등 특수관계인) 또는 제149조(업무상 타인의 비밀을 알게 된 자)에 해당하는 경우에 선서·증언 또는 서류등의 제출을 거부할 수 있다"(증감법 제3조 제1항). 증인의 보호를 위하여 "국회에서 증언하는 증인은 변호사인 변호인을 대동할 수 있다"(제9조 제1항 제1문).

(4) 국익을 보장하기 위한 한계

국가기밀 등과 같이 국익에 관련된 중요한 사항에 대하여는 국정감사·조사권발동이 자제되어야 한다. 이와 관련하여 '국회에서의 증언·감정 등에 관한 법률'에서는 공무상 비밀에 관한 증언·서류등의 제출(제4조)과 그에 대한 거부 등에 대한 조치요구(제4조 제2)를 규정한다.

> 제4조 ① 국회로부터 공무원 또는 공무원이었던 사람이 증언의 요구를 받거나, 국가기관이 서류등의 제출을 요구받은 경우에 증언할 사실이나 제출할 서류등의 내용이 직무상 비밀에 속한다는 이유로 증언이나 서류등의 제출을 거부할 수 없다. 다만, 군사·외교·대북 관계의 국가기밀에 관한 사항으로서 그 발표로 말미암아 국가안위에 중대한 영향을 미칠 수 있음이 명백하다고 주무부장관(대통령 및 국무총리의 소속기관에서는 해당 관서의 장)이 증언 등의 요구를 받은 날부터 5일 이내에 소명하는 경우에는 그러하지 아니하다. ② 국회가 제1항 단서의 소명을 수락하지 아니할 경우에는 본회의의 의결로, 폐회 중에는 해당 위원회의 의결로 국회가 요구한 증언 또는 서류등의 제출이 국가의 중대한 이익을 해친다는 취지의 국무총리의 성명(聲明)을 요구할 수 있다. ③ 국무총리가 제2항의 성명 요구를 받은 날부터 7일 이내에 그 성명을 발표하지 아니하는 경우에는 증언이나 서류등의 제출을 거부할 수 없다.

제4조의2 국회는 제2조에 따라 서류등의 제출을 요구받은 국가기관이 제4조제1항 단서에 해당하지 아니함에도 이를 거부하거나 거짓으로 제출한 때에는 본회의 또는 해당 위원회의 의결로 주무부장관에 대하여 본회의 또는 위원회에 출석하여 해명하도록 하거나, 관계자에 대한 징계 등 필요한 조치를 요구할 수 있다.

(5) 국정감사·조사의 실질적 무한계에 따른 문제점

'국정감사 및 조사에 관한 법률'(국감법)에서 국정감사와 조사의 한계를 규정하고 있음에도 불구하고 '국회에서의 증언·감정 등에 관한 법률'에서는 국가안위에 관한 국가기밀 사항을 제외하고는, "국회에서 안건심의 또는 국정감사나 국정조사와 관련하여 보고와 서류 및 해당 기관이 보유한 사진·영상물(이하 '서류등'이라 한다)의 제출 요구를 받거나, 증인·참고인으로서 출석이나 감정의 요구를 받은 때에는 이 법에 특별한 규정이 있는 경우를 제외하고는 다른 법률에도 불구하고 누구든지 이에 따라야 한다"(제2조)라고 규정하기 때문에 앞에서 설명한 국정감사와 조사의 한계가 실질적으로 제 기능을 발휘하기 어렵다. 이론상으로나 다른 관련 법률에 비추어 규범과 현실의 조화가 필요하다.

6. 소결: 국정감사제도의 과도기적 성격

(i) 국정감사제도는 한국적 현실에서 그 뿌리를 내려왔고 또한 그 순기능적 측면이 국민적 공감을 얻어왔다. 그러나 국정감사제도는 선진외국에서 그 예를 찾기 어렵고, 국정감사에 따른 행정마비 등의 문제점도 많이 노출된다.

(ii) 네 번의 평화적 정권교체에 따른 책임정치 구현의 요구에 따라, 국정운영의 결과는 선거를 통한 국민의 심판에 맡겨야 한다. 이제 국정감사는 한국적 민주주의의 정착을 위한 과도기적 제도로서의 사명을 다 하였다고 보아도 무방하다.

V. 정부와 대통령의 국정수행에 대한 통제권

1. 의 의

국회의 헌법기관구성과 존속에 관한 권한·탄핵소추권·국정감사조사권 등은 국회의 특수한 대정부 견제권으로 기능한다. 이들 권한은 사실상 독자적인 국회의 권한으로도 볼 수 있다. 반면에 국정 일반에 대한 국회의 대정부 견제권은 각종의 요구권·동의권·승인권 등을 통하여 구현된다.

2. 대통령의 국가긴급권발동에 대한 통제권

대통령은 계엄과 긴급명령, 긴급재정경제명령·처분권과 같은 국가긴급권을 행사할 수 있다. 하지만, 대통령의 국가긴급권은 국회의 사후통제를 받는다. 대통령이 계엄을 선포한 때에는 지체없이 국회에 통고하여야 하며, 국회는 재적의원 과반수의 찬성으로 계엄의 해제를 요구할 수 있다. 국회의 해제요구가 있으면 대통령은 계엄을 해제하여야 한다(제77조). 대통령이 긴급명령, 긴급재정경제명령·처분을 발한 때에는 지체없이 국회에 보고하여 승인을 얻어야 한다. 헌법에 특별의결정족수 규정이 없으므로 국회는 재적의원 과반수의 출석과 출석의원 과반수의 찬성으로 이를 승인할 수 있다(제76조). 이에 대하여 계엄해제요구의 경우와 마찬가지로 재적의원 과반수의 승인을 얻어야 한다는 견해도 있다(권영성 972면).

3. 정부의 재정작용에 대한 통제권

(i) 국회는 예산안을 의결·확정하고 결산심사권을 가진다. 나아가서 예비비의 의결과 지출에 대한 승인을 한다. 예측할 수 없는 예산 외의 지출 또는 예산초과지출에 충당하기 위하여 예비비 항목을 둘 수 있는데 예비비의 지출은 차기국회의 승인을 얻어야 한다(제55조 제2항).

(ii) 기채동의권(起債同意權)을 가진다. 국가의 세입부족을 보충하기 위하여 정부가 유동국채나 고정국채를 발행하는 경우 "정부는 미리 국회의 의결을 얻어야 한다"(제58조 전단).

(iii) 예산 외에 국가의 부담이 될 계약체결에 대한 동의권을 가진다. 외채지불보증계약, 외국인고용계약, 임차계약 등과 같은 계약을 체결할 때에는 국회의 사전동의를 얻어야 한다(제58조 후단).

(iv) 재정적 부담을 지우는 조약의 체결·비준에 대한 동의권을 가진다. 국가나 국민에 중대한 재정적 부담을 지우는 조약의 체결·비준은 국회의 동의를 얻어야 한다(제60조 제1항).

(v) 긴급재정경제명령 및 긴급재정경제처분에 대한 승인권을 가진다. 대통령의 재정·경제상의 긴급권발동에 대하여 국회의 사후승인을 얻어야 한다(제76조 제3항).

4. 국무총리 및 국무위원 출석요구권·질문권

(i) "국무총리·국무위원 또는 정부위원은 국회나 그 위원회에 출석하여 국

정처리상황을 보고하거나 의견을 진술하고 질문에 응답할 수 있다"(제62조 제1항). "국회나 그 위원회의 요구가 있을 때에는 국무총리·국무위원 또는 정부위원은 출석·답변하여야 하며, 국무총리 또는 국무위원이 출석요구를 받은 때에는 국무위원 또는 정부위원으로 하여금 출석·답변하게 할 수 있다"(제62조 제2항).

(ii) 국무총리·국무위원 또는 정부위원의 출석·답변요구를 국회의 권한으로 규정하고, 나아가서 이들의 의무로 규정한 것은 의원내각제 내지 이원정부제(반대통령제)적인 요소로서, 국회의 국무총리·국무위원해임건의권과 더불어 국회의 정부 정책에 대한 책임추궁의 대표적인 제도이다. 사실 의원내각제에서 대정부불신임동의권의 출발점은 국무총리·국무위원에 대한 질문제도에서 비롯되었다.

(iii) 국회가 국무총리 등에 대한 출석요구를 발의하기 위하여서는 국회의원 20인 이상이 이유를 명시한 서면으로 하거나, 위원회의 의결로써 할 수 있다(국회법 제121조). 국회 본회의는 회기 중 기간을 정하여 국정전반 또는 국정의 특정분야를 대상으로 정부에 대하여 질문을 할 수 있다. 질문을 하고자 하는 의원은 미리 질문의 요지를 기재한 질문요지서를 구체적으로 작성하여 의장에게 제출하여야 하며, 의장은 적어도 늦어도 48시간 전까지 질문요지서가 정부에 도달되도록 송부하여야 한다(제122조 의2). 그런데 요식적인 질문제도의 한계를 극복하기 위하여 긴급히 발생한 현안문제에 대하여 긴급현안질문제도를 신설하고 있다(제122조 의3).

(iv) 또한 국회 "본회의나 위원회는 특정한 사안에 대하여 질문하기 위하여 대법원장, 헌법재판소장, 중앙선거관리위원회 위원장, 감사원장 또는 그 대리인의 출석을 요구할 수 있다. 이 경우 위원장은 의장에게 그 사실을 보고하여야 한다"(제121조 제5항). 국가인권위원회 "위원장은 국회에 출석하여 위원회의 소관 사무에 관하여 의견을 진술할 수 있으며, 국회에서 요구하면 출석하여 보고하거나 답변하여야 한다"(국가인권위원회법 제6조 제3항). 공수처 "처장은 국회에 출석하여 수사처의 소관 사무에 관하여 의견을 진술할 수 있고, 국회의 요구가 있을 때에는 수사나 재판에 영향을 미치지 않는 한 국회에 출석하여 보고하거나 답변하여야 한다"(공수처법 제17조 제2항).

5. 외교·국방정책수행에 대한 동의권

국회는 중요조약에 대한 비준동의권을 가진다(제60조 제1항). 또한 국회는 선전포고, 국군의 외국에의 파견 또는 외국군대의 대한민국 영역 안에서의 주류에 대한 동의권을 가진다(제60조 제2항). 이와 관련하여 특히 한미행정협정(SOFA)에 대한 동의문제와 자유무역협정(FTA)에 관한 협상결과도 국회의 동의를 얻어야 한다.

6. 일반사면에 대한 동의권

국가원수인 대통령의 사면권행사에 있어서 일반사면은 국회의 동의를 얻어야 한다(제79조 제2항).

Ⅵ. 특별검사제도

1. 의 의

(i) 특별검사제도(特別檢事制度)는 고위공직자의 비리나 국정의혹사건에 대하여 수사의 정치적 중립성을 담보하기 위하여 국회가 주도하여 검찰청법의 검사가 아닌 독립된 수사기구에서 수사하게 함으로써 국민적 의혹을 해소하고자 하는 제도이다(이현환, 특별검사제, 박영사, 2000 참조).

(ii) 특별검사제도는 미국에서 발달된 제도이다. 한국에서도 1999년 이후 2015년까지 열 차례 특별검사제도 도입을 위한 개별적인 법률을 제정하여 시행한 바 있다. 이들 특별검사법은 모두 개별사건에 관한 처분적 법률이다.[1)]

2. 특별검사제도 도입에 대한 찬반 논쟁

미국에서 특별검사(Independent Counsel)가 도입된 계기는 1973년 Nixon 대통령의 Watergate사건이다. 즉 백악관관리나 대통령에 대한 수사 및 기소를 법무부가 담당하는 것은 '이익충돌'이라는 이유로 상원 특별위원회가 특별검사를 요구하였다. 이후 1978년 정부윤리법에 특별검사제가 도입되었다. 1993년 Clinton 대통령성추문사건에서 특별검사제가 시행된 바 있다. 하지만, 회의론이 제기되어 1999년 특별검사법이 폐지되었다. 그 이후 '외부 특별검사' 제도를 도입하였다. 2017년 Trump 대통령이 대통령선거 과정에서 야기한 러시아 스캔들, 2022년 Trump 전 대통령의 기밀문서 유출 관련 혐의와 2021년

---

1) ① '한국조폐공사노동조합파업유도및전검찰총장부인에대한옷로비의혹사건진상규명을위한특별검사의임명등에관한법률', ② '주식회사지엔지대표이사이용호의주가조작·횡령사건및이와관련된정·관계로비의혹사건등의진상규명을위한특별검사의임명등에관한법률', ③ '남북정상회담관련대북비밀송금의혹사건등의진상규명을위한특별검사임명등에관한법률', ④ '노무현대통령의측근최도술·이광재·양길승관련권력형비리의혹사건등의진상규명을위한특별검사의임명등에관한법률', ⑤ '한국철도공사 등의 사할린 유전개발사업 참여관련 의혹사건 진상규명을 위한 특별검사의 임명 등에 관한 법률', ⑥ '삼성 비자금 의혹 관련 특별검사의 임명 등에 관한 법률', ⑦ '한나라당 대통령후보 이명박의 주가조작 등 범죄혐의의 진상규명을 위한 특별검사의 임명 등에 관한 법률', ⑧ '검사 등의 불법자금 및 향응수수사건 진상규명을 위한 특별검사의 임명 등에 관한 법률', ⑨ '2011.10.26 재보궐선거일 중앙선거관리위원회와 박원순 서울시장 후보 홈페이지에 대한 사이버테러 진상규명을 위한 특별검사의 임명 등에 관한 법률', ⑩ '이명박 정부의 내곡동 사저부지 매입의혹사건 진상규명을 위한 특별검사의 임명 등에 관한 법률'.

1·6 의회 폭동 사태 선동 의혹을 조사하기 위하여 특별검사가 임명되었다.

한국에서 미국식 특별검사제도의 도입에 관하여 찬반론이 전개된다.

(1) 찬성론

① 검찰의 기소독점주의 및 기소편의주의에 대한 제도적 견제장치로서 검찰의 미흡한 수사 및 불기소처분 등을 보정하기 위하여 필요하고, ② 권력형 부정사건 및 정치적 성격이 강한 사건에서 대통령이나 정치권력으로부터 독립된 특별검사가 수사 및 공소유지를 하게 함으로써 법의 공정성 및 사법적 정의를 확보할 수 있으며, ③ 국민의 기본권보장 및 권력남용 방지라는 차원에서 볼 때 권력분립원칙을 실질적으로 확보할 수 있다.

(2) 반대론

① 특별검사제도는 검사의 신분과 정치적 중립성이 헌법과 법률에 의하여 보장되는 우리나라에는 적합하지 아니하고, ② 정략적 차원에서 특별검사제를 실시하여 정치적 여론재판이 지속될 경우 정치적 혼란이 가중되고 국정수행에 방해가 될 우려가 있으며, ③ 권력분립원칙이 훼손되고 특별검사의 무리한 수사로 국가기밀누설 및 인권침해의 우려가 있다.

(3) 검 토

(i) 특별검사제는 기존의 사법체계에서 본다면 예외적인 제도라는 점에 관하여는 이론의 여지가 없다.

(ii) 민주화과정에서 권력형 비리의 수사에 제3의 수사기관이 담당하여야 한다는 주장에 따라 개별사건법률을 통하여 특별검사제를 시행하여왔다. 하지만, 사법체계의 안정적 작동을 위하여 특별검사제의 시행은 가급적 자제되어야 한다.

3. 종전 개별법으로 제정된 특별검사제도의 문제점

(i) 특별검사제도가 여야 사이에 정치적 흥정의 대상이 되어왔다. 따라서 법률의 내용과 형식에 있어서 일관성과 정확성이 담보되지 못하고 있다.

(ii) 수사대상 및 수사기간이 지나치게 제한됨으로 인하여 실체적 진실규명이 제대로 이루어지지 못하고 있다.

(iii) 행정부 소속의 준사법기관인 검찰권이 입법부인 국회에 의하여 좌우될 우려가 있다. 특히 지나치게 잦은 특별검사제의 도입은 자칫 헌법과 법률이 정한 수사기구인 검찰의 기소독점주의를 왜곡시킬 우려가 있다.

4. 일반법으로 '특별검사의 임명 등에 관한 법률'의 제정

(1) 개별사건법률에서 일반법의 제정

대형 비리사건이 터질 때마다 개별적 특별검사법 제정 여부 및 특별검사의 수사 대상·추천권자 등을 둘러싸고 정치적 공방이 지속된다. 이에 상설 특별검사법으로 2014년 '특별검사 임명 등에 관한 법률'을 제정하였다.

(2) '특별검사의 임명 등에 관한 법률'의 구체적 내용

(i) 수사대상은 국회가 정치적 중립성과 공정성 등을 이유로 특별검사의 수사가 필요하다고 본회의에서 의결한 사건과 법무부장관이 이해관계 충돌이나 공정성 등을 이유로 특별검사의 수사가 필요하다고 판단한 사건이다(제2조).

(ii) 특별검사의 수사가 결정된 경우 대통령은 국회에 설치된 특별검사후보추천위원회에 지체 없이 2명의 특별검사 후보자 추천을 의뢰하여 추천을 받은 날부터 3일 내에 1명을 특별검사로 임명하여야 한다(제3조). 특별검사후보추천위원회는 위원장 1명을 포함하여 7명의 위원으로 구성하며 위원장은 위원 중에서 호선한다.

> 위원은 ① 법무부 차관, ② 법원행정처 차장, ③ 대한변호사협회장, ④ 그 밖에 학식과 덕망이 있고 각계 전문 분야에서 경험이 풍부한 사람으로서 국회에서 추천한 4명을 국회의장이 임명하거나 위촉한다(제4조).

(iii) 특별검사는 준비기간이 만료된 날의 다음 날부터 60일 이내에 담당사건에 대한 수사를 완료하고 공소제기 여부를 결정하여야 한다. 다만, 대통령의 승인을 받아 수사기간을 한 차례만 30일까지 연장할 수 있다(제10조).

(iv) 특별검사법에 따라 처음으로 2021년 '4·16 세월호 참사 증거자료의 조작·편집 의혹 사건 진상규명을 위한 특별검사'가 임명되었다. 한편 2025년 이재명 정부는 '관봉권 띠지 폐기 의혹 및 쿠팡 퇴직금 불기소 외압 의혹' 진상규명을 상설 특검에 맡긴다.

(v) 한편 대통령의 친인척 등 대통령과 특수관계에 있는 사람의 비위행위에 대한 감찰을 담당하기 위하여 '특별감찰관법'이 제정되었다. 하지만, 이 법에 따른 특별감찰관을 임명하지 아니하여 논란이 제기된 바 있다.

5. 특별검사법 제정 이후에도 계속해서 개별사건 특별검사법의 제정

(i) 일반법인 '특별검사의 임명 등에 관한 법률'을 제정하였음에도 불구하고 최순실·드루킹 의혹 등에 따라 새로 개별사건 특별검사법을 제정하였다.

(ii) 2016년 '박근혜 정부의 최순실 등 민간인에 의한 국정농단 의혹 사건 규명을 위한 특별검사의 임명 등에 관한 법률'이 제정되었다. 현직 대통령이 직접 연루된 사안으로 야당이 합의한 2명의 특별검사후보자 중에서 대통령이 임명한 바 있다. 이에 대하여 여당의 후보추천권이 박탈되어 적법절차 원칙에 위반된다는 헌법소원이 제기되었으나 헌법재판소는 국회의 입법재량으로 판시한다.

> 대통령이 더불어민주당과 국민의당에 특별검사 후보자추천을 의뢰하고, 두 정당이 합의하여 15년 이상 판사 또는 검사의 직에 있었던 변호사 중에서 특별검사후보자 2명을 추천하도록 규정한 특별검사법은 헌법에 위반되지 아니한다. 즉 특별검사후보자의 추천권을 누구에게 부여하고 어떠한 방식으로 특별검사를 임명할 것인지에 관한 사항은 사건의 특수성과 특별검사법의 도입 배경, 수사대상과 임명 관여주체와의 관련성 및 그 정도, 그에 따른 특별검사의 독립성·중립성 확보 방안 등을 고려하여 국회가 입법재량에 따라 결정할 사항이므로, 국회의 결정이 명백히 자의적이거나 현저히 불합리한 것이 아닌 한 입법재량으로서 존중되어야 한다(헌재 2019.2.28. 2017헌바196, 박근혜 정부의 최순실 등 민간인에 의한 국정농단 의혹 사건 규명을 위한 특별검사의 임명 등에 관한 법률 제3조 제2항 등 위헌소원(합헌)).

(iii) 2018년 제정된 '드루킹의 인터넷상 불법 댓글 조작 사건과 관련된 진상규명을 위한 특별검사의 임명 등에 관한 법률'은 대한변호사협회에서 추천한 4인의 후보 중 야당이 2명을 추천하고, 대통령은 이 중 1인을 특별검사로 임명하였다.

(iv) 2022년 '공군 20전투비행단 이예람 중사 사망 사건 관련 군 내 성폭력 및 2차 피해 등의 진상규명을 위한 특별검사 임명 등에 관한 법률'이 제정되었다. 국회가 추천한 2명의 후보자 중에서 대통령은 특별검사를 임명하였다.

(v) 2025년 6월 10일 윤석열 전 대통령 재임 중 발생한 일련의 의혹 사건을 담당하기 위한 3개의 특별검사법이 제정되었다. 즉 '김건희와 명태균·건진법사 관련 국정농단 및 불법 선거 개입 사건 등 진상규명을 위한 특별검사 임명 등에 관한 법률', '순직 해병 수사 방해 및 사건 은폐 등의 진상규명을 위한 특별검사의 임명 등에 관한 법률', '윤석열 전 대통령 등에 의한 내란·외환 행위의 진상규명을 위한 특별검사 임명 등에 관한 법률'이다. 이들 법률에서는 특별검사 후보자 추천에서 국회 제2당인 국민의힘은 원천적으로 배제되어 제1당인 더불어민주당과 원내 3당인 조국혁신당이 추천하는 2인의 후보자 중 1인을 대통령이 임명하도록 규정하고 있다. 이에 따라 내란·김건희 특검은 민주당 추천후보가, 채해병 특검은 조국혁신당 추천 후보가 각각 임명되었다.

그런데 3개 특검이 종료된 후 2026년 1월 소위 '2차종합특검법'인 '윤석열·김건희에 의한 내란·외환 및 국정농단 행위의 진상규명을 위한 특별검사 임명에 관한 법률'이 제정되었다.

Ⅶ. 고위공직자범죄수사처

1. 독립수사기관으로서의 지위와 조직

(ⅰ) 비리에 연루된 고위공직자를 수사하고 기소하는 고위공직자범죄수사처(공수처)가 제3의 독립된 행정기관으로 설립되었다(고위공직자범죄수사처 설치 및 운영에 관한 법률).

(ⅱ) 공수처장은 국회에 설치된 공수처장후보추천위원회가 10년 이상 법조경력을 가진 사람 2명을 후보로 추천하면 대통령이 1명을 지명한 뒤 국회 인사청문회를 거쳐 임명한다. 공수처장후보추천위원회는 법무부 장관과 법원행정처장, 대한변호사협회장, 여당 추천 인사 2명, 야당 추천 인사 2명 등 7명으로 구성하고, 재적위원 3분의 2 이상의 찬성으로 의결한다(제2장).

2. 공수처의 권한과 수사대상

(ⅰ) 공수처는 원칙적으로 기소권을 제외한 수사권과 영장청구권을 가진다. 다만, 판·검사나 경무관급 이상의 경찰이 공수처의 수사대상인 경우에는 이들에 대하여 기소권까지 행사할 수 있다(제3장). 검찰의 기소독점주의에 대한 예외 인정으로 위헌론이 제기될 소지가 있다.

(ⅱ) 수사대상인 고위공직자란 대통령을 비롯한 3부 요인, 정무직 공직자, 판·검사, 경무관급 이상 경찰 등에 재직 중인 사람 또는 그 직에서 퇴직한 사람을 말한다. 그 배우자와 직계존·비속도 포함된다(제2조).

3. 공수처의 법적 지위 및 권한에 대한 헌법적 판단

공수처는 전통적인 정부조직과의 관계에서 헌법적 논쟁을 촉발한다.

첫째, 헌법상 정부조직의 기본틀에 어긋날 소지가 있다. "행정권은 대통령을 수반으로 하는 정부에 속한다"(제66조 제4항), 국무총리는 "대통령의 명을 받아 국무총리를 통할한다"(제86조 제2항)라는 헌법 규정에 비추어 본다면 집행기관으로서의 행정기관은 원칙적으로 국무총리의 통할을 받아야 한다. 다만, 국가안전기획부(현 국가정보원)와 같은 특수조직만 그 예외를 인정한다(헌재 1994.4.28. 89헌마221, 정부조직법 제14조 제1항 등의 위헌여부에 관한 헌법소원(합헌,각하)). 현행 헌법상 형사사법제도의 축은 검찰총장(제86조 제1호: 검찰총장의 임명은 국무회의의 필수적 심의사항)의 지휘를 받는 검사가 독점적으로 공소를 제기하는 국가소추 구조이다(형소법 제246조). 그런데 공수처는 헌법이 정한 형사사법체계의 예외적 기관으로 설립된 제3의 행정기관이지만, 국가인권위원회와도 그 성격을 전적으로 달리한다. 생각건대 헌법이 예정한 형사사법체계를 벗어난 예외적인 제3의 행정기관 설치는 현행 헌법체계에 정합하지 아니한 측면이 있다. 예외기관의 설치는 단순히 합헌·위헌의 문제를 뛰어넘어 헌법합치적 국가행정기관의 정립으로 이어져야 한다.

둘째, 헌법 제12조에서 상정한 전통적인 '검사' 이외에 '공수처검사'를 신설함으로써 두 종류의 검사가 존재한다. 한편 검·경 수사권 조정에 따라 검찰의 수사권이 제한되어(부패범죄, 경제범죄 등 대통령령으로 정하는 중요 범죄로 한정), 수사권과 공소권의 분리로 나아간다. 특히 공수처 검사는 수사권과 공소권을 동시에 가지기도 한다는 점에서 오히려 수사와 공소 분리 방침과도 부합하지 아니한다.

그런데 헌법재판소는 대통령→국무총리로 이어지는 현행헌법의 정부조직에 대한 예외기구로서 대통령직속기관인 공수처의 설치에 대하여 합헌으로 판시한다(헌재 2021.1.28. 2020헌마264등, 고위공직자범죄수사처 설치 및 운영에 관한 법률 위헌확인(기각,각하)). 하지만, 이는 현행헌법이 상정하는 국가조직의 기본체계와 바람직한 국가조직이 무엇인지에 관한 근본적인 성찰이 부족하다.

수사처의 설치와 직무범위 및 수사·기소 대상 등을 정한 구 공수처법 제2조 및 공수처법 제3조 제1항, 수사처검사의 영장청구와 관련하여 검찰청법 제4조에 따른 검사의 직무를 수행할 수 있도록 정한 공수처법 제8조 제4항이 청구인들의 기본권을 침해하지 않는다. 대통령과 행정부, 국무총리에 관한 헌법 규정의 해석상 국무총리의 통할을 받는 '행정각부'에 모든 행정기관이 포함된다고 볼 수 없다. 즉 정부의 구성단위로서 그 권한에 속하는 사항을 집행하는 중앙행정기관을 반드시 국무총리의 통할을 받는 '행정각부'의 형태로 설치하거나 '행정각부'에 속하는 기관으로 두어야 하는 것이 헌법상 강제되는 것은 아니므로, 법률로써 '행정각부'에 속하지 않는 독립된 형태의 행정기관을 설치하는 것이 헌법상 금지된다고 할 수 없다. 수사처는 직제상 대통령 또는 국무총리 직속기관 내지 국무총리의 통할을 받는 행정각부에 속하지 않는다고 하더라도 대통령을 수반으로 하는 행정부에 소속되고 그 관할권의 범위가 전국에 미치는 중앙행정기관으로 보는 것이 타당하다. 수사처가 중앙행정기관임에도 불구하고 기존의 행정조직에 소속되지 않고 대통령과 기존행정조직으로부터 구체적인 지휘·감독을 받지 않는 형태로 설치된 것은 수사처 업무의 특수성에서 기인한다. 수사처의 권한 행사에 대해서는 여러 기관으로부터의 통제가 이루어질 수 있으므로, 단순히 수사처가 독립된 형태로 설치되었다는 이유만으로 권력분립원칙에 위반된다고 볼 수 없다. 헌법에서 수사단계에서의 영장신청권자를 검사로 한정한 것은 다른 수사기관에 대한 수사지휘권을 확립시켜 인권유린의 폐해를 방지하고, 법률전문가인 검사를 거치도록 함으로써 기본권침해가능성을 줄이고자 한 것이다. 헌법에 규정된 영장신청권자로서의 검사는 검찰권을 행사하는 국가기관인 검사로서 공익의 대표자이자 수사단계에서의 인권옹호기관으로서의 지위에서 그에 부합하는 직무를 수행하는 자를 의미하는 것이지, 검찰청법상 검사만을 지칭하는 것으로 보기 어렵다(6:3).

[반대의견(3인)] 제2조, 제3조 제1항, 제24조 제1항이 권력분립원칙에 위반되고 위 제24조 제1항은 적법절차원칙에도 위반된다. 독립행정기관을 창설하는 입법도 권력분립원칙에 따른 헌법적 기준과 한계를 준수하여야 한다. 그럼에도 구 공수처법 제2조 및 공수처법 제3조 제1항은 법무부 소속의 검사에게 귀속되어 있던 권한과 기능 중 가장 중요한 수사권과 공소권의 일부를 분리하여 행정각부에 소속되지 않은 수사처에 부여하고 있는데, 이는 "행정권은 대통령을 수반으로 하는 정부에 속한다"라고 규정하여 행정권의 핵심영역이나 전통적으로 행정부의 영역에 해당하는 전형적인 행정업무는 헌법에서 따로 규정하고 있지 않는 한 행정각부에 속하도록 하는 헌법 제66조 제4항에 위반된다. 검사가 수사 중인 고위공직자범죄등 사건도 수사처에 이첩하여야 하는데, 이는 수사처가 헌법과 법률에 의한 검사보다 우위의 입장에서 검사의 수사권 및 공소권 행사에 관한 권한과 기능을 침해하는 것이다. 또한 수사처는 행정부 소속임에도 대통령, 법무부장관 등의 통제에서 벗어나 있고, 국회는 수사처장에 대한 해임건의를 할 수 없으며, 고소 · 고발 사건에 대한 재정신청 외에는 수사처의 수사 등을 통제할 방안이 없는 등 권한에 상응하는 책임도 부담하지 않는다.

[반대의견(2인)] 제2조, 제3조가 사법권의 독립 및 평등권을 침해한다. 수사처의 수사에는 내사(內査)가 포함되고, 공수처법상 내사의 시기 · 요건 · 방법 및 통제 등에 대하여 구체적인 법적 규정이 없어 내사는 전적으로 수사처의 재량에 달려 있다. 내사가 이루어지는 것만으로 사법권 및 법관의 독립 등은 심각하게 훼손되는 것이고, 나아가 재판 당사자가 가지는 헌법 제27조가 보장한 재판청구권을 침해하는 결과를 초래할 수 있다. 대통령, 국무총리, 그 밖의 정무직 공무원 등이나 검사나 경무관 이상의 경찰공무원 등은 인적 · 재정적 · 정치적 관계로 말미암아 경찰이나 검찰 등과 이해충돌 상황에 있다고 할 것이나, 판사 등은 그러한 이해충돌 상황에 있다고 할 수 없음에도 판사 등을 검사 또는 경무관 이상의 경찰공무원과 전적으로 동일하게 취급하는 것은 합리적이라 할 수 없다.

[보충의견(3인)] 법률에 설치근거를 둔 행정기관들 사이에 직무범위를 어떻게 나누고 권한을 어떻게 배분할 것인지를 헌법상 권력분립원칙의 문제로 보기 어려우므로, 수사처장의 이첩요청권한으로 말미암아 수사처와 기존의 다른 수사기관과의 관계가 문제된다 하더라도 이는 입법정책의 문제에 불과하다. 판사에 대한 수사 및 공소제기의 주체가 수사처로 변경된 것일 뿐 피의자로서 판사가 받게 될 실질적인 불이익의 차이는 존재하지 아니하므로, 그로 인해 사법권의 독립이 침해되었다고 할 수 없다.

한편 헌법재판소는 국회의원 당선자가 제기한 헌법소원심판에서 ① 고위공직자범죄수사처장 후보추천위원회 위원의 추천 및 위촉, ② 후보추천위원회 의결정족수, ③ 수사처검사의 자격요건, 임명절차, 임명권자 등 공수처의 구성에 관한 조항들은 청구인의 법적 지위에 영향을 미친다고 볼 수 없어 기본권침해가능성이 인정되지 아니한다고 판시하였다(헌재 2021.4.29. 2020헌마1707등, 고위공직자범죄수사처 설치 및 운영에 관한 법률 일부 개정법률 위헌확인(각하)).

제 4 항 국회 내부사항에 대한 자율적 권한

Ⅰ. 의 의

(i) 국회는 다른 기관의 간섭을 받지 아니하고 헌법·법률과 국회규칙에 따라 국회의 조직과 활동 및 내부사항을 자율적으로 결정할 수 있다.

(ii) 국회의 자율적 권한은 권력분립의 원리에 따라 국회 내부에 관한 사항을 다른 기관의 개입 없이 자율적으로 행할 수 있는 권한이다. 이에 따라 국회는 입법 및 국정통제기능을 자주적으로 행사할 수 있게 된다. 또한 이는 국회의 순수히 내부적인 문제일 경우 다수파로부터 소수파를 보호하기 위하여는 내부적으로 정하여진 규칙에 따라 문제를 해결하자는 취지이다(김영천, 의회의 자율권에 관한 비교법적 연구, 고려대 박사학위논문, 1991 참조).

Ⅱ. 국회규칙의 제정에 관한 권한

1. 의 의

"국회는 법률에 저촉되지 아니하는 범위 안에서 의사와 내부규율에 관하여 자율적으로 규칙(規則)을 제정할 수 있다"(제64조 제1항). 국회의 규칙제정권은 국회의 독자성·자율성을 보장하기 위한 권한이다.

2. 성 격

(i) 국회규칙의 법적 성격에 관하여는 명령설과 자주법설이 있다. 명령설은 국회규칙이란 국회법의 세칙규정으로서 법률의 수권에 의한 명령적 성격의 규범으로 본다. 자주법설(自主法說)에 의하면 국회규칙이란 국회의 자주적 결정에 의한 독자적인 법규범으로 본다.

(ii) 생각건대 국회규칙은 국회의 자주적인 결정에 따른 독자적인 법규범이라고 할 수 있지만, 국가법규범 체계상 명령과 동일한 효력을 가지기 때문에 국회법의 하위규범이다. 이러한 문제점 때문에 다수의 국가에서는 국회법이 아닌 국회규칙이라는 독자적인 법규범형태를 취하기도 한다.

3. 제정절차

국회 자체의 활동 및 국회의원과 직접 관련되는 사항은 국회 본회의의 의결을 거쳐 제정한다. 그러나 국회사무처 · 국회도서관 · 국회예산정책처 · 국회입법조사처, 국회미래연구원의 운영이나 그 소속직원에 관한 사항은 국회의장이 국회운영위원회의 동의를 얻어 제정한다.

4. 내　　용

국회규칙에서는 '의사와 내부규율'에 관하여 규정할 수 있다. 그런데 국회법에서 비교적 상세한 국회관련 내용을 규정하고 있기 때문에, 국회규칙에서는 주로 기술적 · 절차적 사항을 규정하고 있을 뿐이다. 이에 국회규칙의 법규범적 가치가 반감되어 있다.

5. 효　　력

(a) 법규범적 효력　　국회규칙은 헌법과 법률의 하위규범이다.

(b) 대인적 효력　　국회규칙은 원칙적으로 국회구성원에만 미친다. 그러나 국회의사에 관한 사항은 제3자에게도 효력이 미칠 수 있다.

(c) 시간적 효력　　국회규칙은 제정과 개정 즉시 효력을 발생한다. 법규명령이므로 의원의 개선(改選)과 관계없이 효력이 지속된다.

Ⅲ. 의사진행에 관한 권한

국회의 집회 · 휴회 · 폐회 · 회기, 의사일정작성, 의안발의 · 동의 · 수정 등 국회의 의사진행은 헌법 · 국회법 · 국회규칙에 의하고, 이에 규정이 없는 사항에 관하여는 국회의 자주적인 결정에 의한다. 국회의 의사절차가 명백히 자의적이지 않는 한 국회의 자율적 결정은 존중되어야 한다.

"원만한 회의진행 등 회의의 질서유지를 위하여 방청을 금지할 필요성이 있었는지에 관하여는 국회의 자율적 판단을 존중하여야 하며 헌법재판소가 관여할 정도로 명백히 이유없는 자의적인 것이라고 보여지지 않는다"(헌재 2000.6.29. 98헌마443등, 국회상임위원회 방청불허행위 위헌확인 등(기각)).

Ⅳ. 질서유지에 관한 권한

(ⅰ) 국회는 국회법에 의하여 내부질서 유지를 위하여 내부경찰권과 국회가택권을 가진다. 내부경찰권은 원내의 질서를 유지하기 위하여 원내의 모든 자에게 명령·강제할 수 있는 권한이다. "경위나 경찰공무원은 국회 안에 현행범인이 있을 때에는 체포한 후 의장의 지시를 받아야 한다. 다만, 회의장 안에서는 의장의 명령 없이 의원을 체포할 수 없다"(제150조).

(ⅱ) 국회가택권(家宅權)은 국회출입을 통제할 수 있는 권한이다.

Ⅴ. 내부조직에 관한 권한

국회는 의장·부의장 선출, 위원회의 구성, 위원선출 등에 관하여 자율권을 가진다.

Ⅵ. 국회의원의 신분에 관한 권한

국회는 의원의 자격심사 및 징계, 의원의 체포·구금 등에 대한 동의, 의원의 석방요구, 의원의 청원의 허가, 의원의 사임허가 등 의원의 신분에 관한 권한을 가진다.

1. 의원의 자격심사권

(ⅰ) 국회는 의원의 자격을 심사할 수 있다(제64조 제2항). 의원의 자격이란 헌법상 의원으로서의 지위를 보유하는 데 필요한 자격을 말한다. 예컨대 법률상 피선거권의 보유, 겸직금지의 직에 취임 금지, 적법한 당선인 등의 자격요건을 말한다. 자격심사 처분에 대하여는 법원에 제소할 수 없다(제64조 제4항).

(ⅱ) 의원이 다른 의원에 대한 자격심사에 대하여 이의가 있을 때에는 의원 30명 이상의 연서로 의장에게 자격심사를 청구할 수 있다(국회법 제138조). 의원의 자격심사는 윤리특별위원회의 예심을 거쳐 본회의에서 재적의원 3분의 2 이상의 찬성이 있어야 한다. 그 결과에 대하여는 법원에 제소할 수 없다(제64조 제4항). "본회의는 심사대상 의원의 자격 유무를 의결로 결정하되, 그 자격이 없는 것으로 의결할 때

에는 재적의원 3분의 2 이상의 찬성이 있어야 한다"(제142조 제3항).

2. 의원의 징계권

(i) 국회는 의원을 징계할 수 있다(제64조 제2항). 의원의 징계라 함은 의원이 원내질서를 문란하게 하거나 국회의 품위와 위신을 손상시키는 경우에 국회의 질서유지를 목적으로 해당 의원에 과하는 제재를 말한다. 국회의원의 징계사유는 국회법에 상세히 열거되어 있다. "국회는 의원이 다음 각 호의 어느 하나에 해당하는 행위를 하였을 때에는 윤리특별위원회의 심사를 거쳐 그 의결로써 징계할 수 있다"(제155조). 이는 헌법상 청렴의무와 직권남용금지의무 및 국회법상의 각종 의무위반, '국정감사 및 조사에 관한 법률'과 공직자윤리법에서 정한 징계사유에 해당하는 경우 등으로 유형화할 수 있다. "다만, 의원이 제10호("제148조의2를 위반하여 의장석 또는 위원장석을 점거하여 점거 해제를 위한 제145조에 따른 의장 또는 위원장의 조치에 따르지 아니하였을 때")에 해당하는 행위를 하였을 때에는 윤리특별위원회의 심사를 거치지 아니하고 그 의결로써 징계할 수 있다"(제155조 단서).

(ii) 징계의 요구는 의장, 위원장, 20인 이상의 의원, 모욕당한 의원 등이 요구할 수 있고, 징계사유 발생일 또는 징계대상자가 있음을 안 날부터 10일 이내에 하여야 한다(제156조).

(iii) 징계의 종류로서는 국회법에서 1. 공개회의에서의 경고, 2. 공개회의에서의 사과, 3. 30일 이내의 출석정지(이 경우 출석정지기간에 해당하는 '국회의원수당 등에 관한 법률'에 따른 수당·입법활동비 및 특별활동비는 그 2분의 1을 감액), 4. 제명을 규정한다(제163조 제1항). 헌법상 국회의원의 제명에는 재적의원 3분의 2 이상의 찬성이 필요하고(제64조 제3항), 징계처분 및 제명처분에 대하여는 법원에 제소할 수 없다(제64조 제4항)(반면에 지방의원에 대한 징계처분은 행정소송의 대상이 된다). 제명이 의결되지 아니한 때에는 본회의는 다른 징계의 종류를 의결할 수 있다(제163조 제4항). 징계로 제명된 사람은 그로 인하여 궐원된 의원의 보궐선거에서 후보자가 될 수 없다(제164조).

(iv) 특히 회의장에서 질서문란행위를 하거나 이에 대한 의장 또는 위원장의 조치에 불응한 경우, 의장석 또는 위원장석을 점거하고 점거 해제를 위한 의장 또는 위원장의 조치에 불응한 경우 및 의원의 본회의장 또는 위원회 회의장 출입을 방해한 경우에는 징계를 강화하고 있는데 해당 행위를 한 의원에 대한 징계의 종류는 다음과 같다. ① 공개회의에서의 경고 또는 사과(이 경우 수당등 월액의 2분의 1을 징계 의결을 받은 달과 다음 달의 수당등에서 감액하되 이미 수당등을 지급한

경우에는 감액분을 환수), ② 30일 이내의 출석정지(이 경우 징계 의결을 받은 달을 포함한 3개월간의 수당등을 지급하지 아니하되 이미 수당등을 지급한 경우에는 이를 전액 환수), ③ 제명(제163조 제2항).

(v) "윤리특별위원회는 의원의 징계에 관한 사항을 심사하기 전에 윤리심사자문위원회의 의견을 청취하여야 한다. 이 경우 윤리특별위원회는 윤리심사자문위원회의 의견을 존중하여야 한다"(제46조 제3항). "의장은 제155조 각 호의 어느 하나에 해당하는 행위를 한 의원(징계대상자)이 있을 때에는 윤리특별위원회에 회부하고 본회의에 보고한다"(제156조 제1항).

3. 의원의 사직허가권

"국회는 의결로 의원의 사직을 허가할 수 있다. 다만, 폐회 중에는 의장이 허가할 수 있다"(제135조 제1항).

Ⅶ. 국회의 자율권의 한계와 사법심사

(i) 국회의 자율권 행사에 사법권이 어느 정도로 개입할 수 있는가가 문제된다. 이는 헌법재판소의 위헌법률심판권이 국회의 법률제정 등 의사절차의 적부(適否)에도 미치는지 여부와 관련하여 특히 문제된다.

(ii) **심사긍정설**에 의하면 헌법재판소는 법률에 관한 형식적 심사권을 가질 뿐 아니라, 법치주의에 따라 정당한 법의 적용을 보장하는 것이 그 사명이므로, 모든 법률문제의 적부를 판단할 권한을 가진다고 한다.

(iii) **심사부정설**에 의하면 위헌·위법의 문제라고 하여 그 모두가 법원이나 헌법재판소의 심리대상이 아니라는 점, 국회가 의결하고 또 적법한 절차에 따라 공포된 이상 헌법재판소는 국회의 자주성을 존중하여야 하므로, 법률제정 등의 의사절차에 관한 사실을 심리한다든가 그 유효·무효를 판단하여서는 아니 된다고 한다(권영성).

대법원이 위헌법률심사권을 가지고 있을 때 다음과 같이 판시한 바 있다: "국민투표법은 국회에서 의결을 거친 것이라 하여 적법한 절차를 거쳐서 공포·시행되고 있으므로, 법원으로서는 국회의 자주성을 존중하는 의미에서 논지가 지적하는 점을 심리하여 그 유·무효를 판단할 성질의 것이 아니다"(대판 1972.1.18. 71도1845)(성낙인, 헌법연습 제3편 [10] 입법절차상의 하자에 대한 사법심사 참조).

(iv) 생각건대 국회의 자율권은 **헌법 및 법률에의 기속이라는 한계**를 가진다.

그 한계를 일탈한 경우, 헌법재판소 등에 의한 사법심사의 대상이 된다고 보아야 한다. 특히 자율권행사의 결과가 국회 내부에서만 영향을 미치지 아니하고 국민의 기본권과 관련되거나 기타 국회 외적인 효과를 발생시킬 경우, 사법심사의 가능성이 더욱 커진다. 헌법재판소도 입법절차의 하자에 대하여 사법심사를 한다(제2장 제8절 제1항 Ⅳ. 참조).

> "국회는 국민의 대표기관, 입법기관으로서 폭넓은 자율권을 가지고 있고, 그 자율권은 권력분립의 원칙이나 국회의 지위, 기능에 비추어 존중되어야 하는 것이지만, 한편 법치주의의 원리상 모든 국가기관은 헌법과 법률에 의하여 기속을 받는 것이므로 국회의 자율권도 헌법이나 법률을 위반하지 않는 범위 내에서 허용되어야 하고 따라서 국회의 의사절차나 입법절차에 헌법이나 법률의 규정을 명백히 위반한 흠이 있는 경우에도 국회가 자율권을 가진다고는 할 수 없다"(헌재 1997.7.16. 96헌라2, 국회의원과 국회의장간의 권한쟁의(인용(권한침해),기각)).

제3장 정　　부

(i) 헌법 제4장 정부는 제1절 대통령, 제2절 행정부(제1관 국무총리와 국무위원·제2관 국무회의·제3관 행정각부·제4관 감사원)로 구성되어 있다. 이에 헌법상 집행부의 구조는 다음과 같이 정리할 수 있다. ① 정부는 대통령과 행정부를 포괄하는 집행부 전체를 의미한다. 즉 정부는 국가원수를 제외한 좁은 의미가 아니라 넓은 의미의 정부를 지칭한다. ② 정부(政府)는 대통령(大統領)과 행정부(行政府)로 이원화되어 있다. 일반적으로 행정부는 집행부를 총괄하는 의미로 사용되기도 하는데, 한국헌법상 행정부는 대통령을 제외한 정부만을 지칭한다. 이와 같이 겉으로 보기에 집행권은 이원화되어 있다. ③ 하지만, 제2절 행정부에 규정되어 있는 내용을 보면 제2관 국무회의의 의장은 대통령이며, 제4관 감사원은 대통령 직속기관이다. 따라서 여기서 의미하는 행정부는 사실상 집행부의 의미로 볼 수 있기 때문에 일원적 성격의 행정부로 볼 수도 있다.

(ii) 헌법구조의 외관상 정부가 대통령과 행정부로 구분되어 있지만, 헌법 제66조 제4항에서 "행정권은 대통령을 수반으로 하는 정부에 속한다"라고 규정하고 있어 이 규정만 보면 집행권은 명실상부하게 일원화되어 있다. 그러나 대통령은 행정부를 독자적으로 구성할 수 없다. 제86조 제1항에서 "국무총리는 국회의 동의를 얻어 대통령이 임명한다"에 이어, 제87조 제1항에서 "국무위원은 국무총리의 제청으로 대통령이 임명한다"라고 규정하고 있어 정부의 성립 그 자체가 국회의 동의 없이는 불가능하다. 또한 제63조 제1항에서 "국회는 국무총리 또는 국무위원의 해임을 대통령에게 건의할 수 있다"라고 규정하고 있어 정부의 존속에도 국회가 직접 개입할 수 있다. 그러므로 좁은 의미의 정부는 대통령뿐만 아니라 국회의 신임도 견지하여야 하는 이중의 신임에 기초한다.

(iii) 한편 지방자치와 선거관리는 헌법상 독립된 장(章)으로 규정되어 있지만, 그 기능의 집행부적 성격을 가지고 있으므로, 본서에서는 편의상 제3장(정부)에서 제3절 지방자치, 제4절 선거관리위원회로 나누어 살펴보고자 한다.

제 1 절 대 통 령

제 1 항 대통령의 헌법상 지위

Ⅰ. 의 의

1. 정부형태와 대통령의 헌법상 지위

대통령(大統領)이라는 용어 속에는 이미 국가원수라는 관념이 포함되어 있다. 국가원수인 대통령의 지위와 권한은 헌법상 정부형태에 따라서 달라진다.

대통령은 영어의 President, 불어의 Président의 번역어이다. 대통령이 국가원수인 국가는 공화국(Republic)이다. 중화인민공화국(중국)과 조선인민민주주의공화국(북한)에서는 국가원수를 주석(主席)이라 하고, 중화민국(대만)에서는 총통(總統)이라고 한다.

2. 미국식 대통령제의 대통령: 권력분립의 엄격형 대통령제

미국식 대통령제 국가에서의 대통령은 국가원수이자 동시에 집행부의 수반이다. 대통령을 정점으로 안정되고 강력한 정부의 구축은 미국의 영광과 번영을 이루어왔다. 하지만, 미국 이외의 많은 국가에서는 실패로 이어진다.

3. 프랑스식 이원정부제의 대통령: 의원내각제적 전통에 대통령제적 요소의 접목

프랑스에서는 1962년 대통령직선제 헌법개정에 따라 대통령과 국민의회(하원)라는 두 개의 국민적 정당성의 축이 병존하는 헌법체제에서 대통령과 의회의 다수파가 일치하면 대통령중심제가, 대통령과 의회의 다수파가 일치하지 아니하면 의원내각제에 가까운 동거정부라는 프랑스 특유의 이원정부제가 정립된다.

4. 독일식 의원내각제의 대통령: 합리화된 의원내각제의 대통령

(ⅰ) 세습군주제를 두지 아니한 국가로서 의원내각제 정부형태를 채택하고 있는 국가의 대통령은 일반적으로 의회에서 간접선거로 선출된다.

(ⅱ) 대륙식 의원내각제를 실천하고 있는 대표적인 국가는 독일과 이탈리아이다. 이탈리아의 대통령은 불안정한 헌정 실제에서 중재자로서 중요한 역할과 기

능을 한다. 이탈리아는 군소정당이 난립하는 다당제 국가로서 불안정한 정국을 통합·조정하는 대통령의 역할이 증대한다. 한편 독일은 건설적 불신임투표제 등을 도입하여 의원내각제를 합리화함으로써 다당제에서 강력하고 안정된 연립정부를 구축한다. 이에 따라 연방대통령의 중재적 역할도 사실상 줄어든다.

5. 스위스식 의회정부제의 대통령: 의회를 대표하는 대통령

(i) 의회정부제(회의정체, régime d'assemblée)란 일반적으로 집행부에 대한 의회의 절대적 우위를 특징으로 하는 정부형태를 지칭한다. 즉 의회정부제(회의정체)는 집행부 자체가 의회에 종속되는 의회중심제라 할 수 있다.

(ii) 스위스의 정부형태는 집행부가 의회에 종속되는 의회정부제의 전형으로 볼 수 있다. 하지만, 대통령의 실질적 권한이 미약함에도 불구하고 의회의 회기가 짧기 때문에 집행부는 충분히 안정과 독립을 유지함으로써 의회의 독주를 불식시킨다. 이에 스위스는 의회정부제의 이상적인 형태를 실천하는 나라로 평가된다.

6. 한국헌법사에서 대통령의 지위 변천

한국헌법사에서 대통령은 제2공화국의 의원내각제 대통령을 제외하고는 국정의 최고책임자로서 국가원수이자 동시에 정부수반으로서의 지위를 가진다. 하지만, 제헌헌법 이래 의원내각제적 요소가 잔존하여왔기 때문에 절충형 정부형태에서 대통령의 지위와 비슷한 점이 많다.

Ⅱ. 국민적 정당성의 한 축으로서의 대통령

(i) 대통령은 국민의 직접선거에 의하여 선출된다(제67조). 따라서 헌법상 국민적 정당성은 국회와 대통령이 공유한다. 이는 의원내각제에서 의회가 유일한 국민적 정당성을 가진 기관인 점과 구별된다. 그간 한국헌법사에서 국민적 정당성을 직접 확보하지도 아니한 대통령이 오히려 직선대통령이나 국회보다 더 강력한 지위와 권한을 누려왔던 헌정현실은 헌법상 정당성의 원리에 어긋난다.

(ii) 국민적 정당성을 직접 확보하고 있는 대통령은 행정권의 수반(제66조 제4항)이다. 그러나 정부(제4장)는 미국식 대통령제와 같이 명실상부한 일원제가 아니라 대통령(제4장 제1절)과 행정부(제4장 제2절)라는 이원적 체제를 가진다. 특히 행정부구성에 있어서 대통령은 사전에 국회의 동의를 얻어 국무총리를 임명한다(제86조 제1항). 또한 행정부의

존속도 국회의 국무총리·국무위원해임건의제도(제63조)에 의한 정치적 통제를 받는다. 즉 행정부의 성립과 존속에는 국민적 정당성의 또 다른 축인 국회와의 합의가 필요하다. 바로 그런 점에서 헌법상 정부는 명실상부하게 일원화된 정부도 아니고, 형식적으로는 이원화되어 있지만 실질적으로는 일원화되어 있는 정부도 아닌 독특한 이원정부이다.

Ⅲ. 국가원수로서의 대통령

대통령은 국가의 원수이다(제66조 제1항). 국가원수(國家元首)로서의 대통령의 지위는 적어도 형식적으로는 정부형태와 특별한 관련성이 없다. 입헌군주제의 국왕이나, 의원내각제의 대통령도 다 같이 국가원수로서의 지위를 가진다. 그러나 같은 국가원수라 하더라도 상징적·명목적·의례적 지위와 권한을 행사하는 국가원수가 아니라, 실질적 권한을 행사하는 국가원수라는 점에서 차이가 있다.[1]

1. 국가와 헌법의 수호자

(i) "대통령은 국가의 독립·영토의 보전·국가의 계속성과 헌법을 수호할 책무를 진다"(제66조 제2항). 또한 대통령 취임에 즈음하여 "헌법을 준수하고 국가를 보위하며", "국민의 자유와 복리의 증진 및 민족문화의 창달에 노력하여 대통령으로서의 직책을 성실히 수행"(제69조)하여야 한다는 취지의 선서를 한다. 즉 대통령은 국가와 헌법의 수호자이며, 헌법상 보장된 국민의 기본권수호자이다.

"헌법 제66조 제2항 및 제69조에 규정된 대통령의 '헌법을 준수하고 수호해야 할 의무'는 헌법상 법치국가원리가 대통령의 직무집행과 관련하여 구체화된 헌법적 표현이다. '헌법을 준수하고 수호해야 할 의무'가 이미 법치국가원리에서 파생되는 지극히 당연한 것임에도, 헌법은 국가의 원수이자 행정부의 수반이라는 대통령의 막중한 지위를 감안하여 제66조 제2항 및 제69조에서 이를 다시 한번 강조하고 있다. 이러한 헌법의 정신에 의한다면, 대통령은 국민 모두에 대한 '법치와 준법의 상징적 존재'인 것이다." "헌법 제69조는 대통령의 취임선서의무를 규정하면서, 대통령으로서 '직책을 성실히 수행할 의무'를 언급하고 있다. 비록 대통령의 '성실한 직책수행의무'는 헌법적 의무에 해당하나, '헌법을 수호해야 할 의무'와는 달리, 규범적으로 그 이행이 관철될 수 있는 성격의 의무가 아니므로, 원칙적으로 사법적 판단의 대상이 될 수 없다"(헌재 2004.5.14. 2004헌나1, 대통령(노무현) 탄핵(기각)).

---

1) 배중화, "대통령의 정치적 중립의무", 헌법학연구 28-4.

(ii) 위헌정당해산제소권(제8조 제4항), 국가긴급권(제76조 긴급명령, 긴급재정경제명령·처분권, 제77조 계엄선포권) 등은 국가와 헌법을 수호하기 위하여 대통령에게 부여된 헌법상 특권이다. 또한 대통령은 국가안전보장회의를 주재한다(제91조).

2. 대외적으로 국가의 대표자

대통령은 국가원수로서 "외국에 대하여 국가를 대표한다"(제66조 제1항). 대통령은 국가대표자로서 "조약을 체결·비준하고, 외교사절을 신임·접수 또는 파견하며, 선전포고와 강화를 한다"(제73조).

(i) 대통령은 조약을 체결·비준한다(제73조). 다만, "국회는 상호원조 또는 안전보장에 관한 조약, 중요한 국제조직에 관한 조약, 우호통상항해조약, 주권의 제약에 관한 조약, 강화조약, 국가나 국민에게 중대한 재정적 부담을 지우는 조약 또는 입법사항에 관한 조약의 체결·비준에 대한 동의권을 가진다"(제60조 제1항). 외교관련 중요정책에 대하여 최종적으로 국민투표에 부의할 수 있다(제72조).

(ii) 대통령은 "외교사절을 신임·접수 또는 파견"한다(제73조). 외교사절은 국가를 대표하여 외국과 교섭하도록 파견된 사람이다. 신임이란 우리나라에 온 외교사절에 신임장을 수여하는 행위이다. 접수란 외국의 외교사절이 우리나라에서 적법한 외교활동을 할 수 있도록 수락하는 행위이다. 파견이란 우리나라의 외교사절을 외국이나 국제조직에 보내는 행위이다.

(iii) 대통령은 "선전포고와 강화를 한다"(제73조). 선전포고란 전쟁개시의 선언이다. 강화(講和)란 전쟁의 종결을 위한 적국과의 협의이다. 다만, 선전포고와 강화조약의 체결·비준은 국회의 동의를 얻어야 한다(제60조 제1항, 제2항).

(iv) 대통령은 국군의 해외파견 및 외국군대의 국내주류를 허용한다. 다만, 국회는 "국군의 외국에의 파견 또는 외국군대의 대한민국 영역 안에서의 주류(駐留)에 대한 동의권을 가진다"(제60조 제2항).

3. 대내적으로 국정의 최고책임자

국가원수로서의 대통령은 국정의 최고책임자이다. ① 국정책임자로서 다른 헌법기관구성에 관한 권한을 가진다. 헌법재판소장 및 헌법재판관임명권, 대법원장 및 대법관임명권, 중앙선거관리위원회 위원(3人)의 임명권자이다. ② 대통령은 행정부의 수반이 아니라 국가원수의 자격으로 영전수여권, 사면권, 법률공포권을 가진다. ③ 대통령은 민족의 숙원인 "조국의 평화적 통일을 위한 성실한 의무"

(제66조 제3항)를 진다. 취임선서에서도 "조국의 평화적 통일"(제69조)의 책무를 선서하고, 필요할 경우 통일정책을 국민투표에 부의(제72조)하여 주권적 개입을 가능하게 한다.

Ⅳ. 행정권 수반으로서의 대통령

"행정권은 대통령을 수반으로 하는 정부에 속한다"(제66조 제4항). 대통령은 행정권의 수반(首班)으로서 행정부의 구성권을 가진다(국무총리·국무위원, 감사원장 등 중요 공직자임명권). 행정권의 구체적 내용으로서는 국가원수로서의 지위와 직결되는 군통수권을 비롯하여, 행정정책결정 및 집행, 행정입법 등에 관한 권한 등이 있다. 행정권 수반으로서의 대통령은 국가최고정책심의기관인 국무회의의 의장(제88조)이다. 대통령의 행정권 행사는 국무회의의 심의(제89조에서는 필수적 심의사항을 명기하고 있음), 국무총리 및 관계 국무위원의 부서, 헌법상 자문기관의 자문 등 헌법과 법률이 정한 절차에 따라야 한다.

제 2 항 대통령의 신분상 지위

Ⅰ. 의 의

국가원수이자 행정권의 수반인 대통령의 특수한 신분에 비추어 헌법은 대통령선거, 대통령의 유고·권한대행·후임자선거, 신분상 특권과 의무, 퇴임 후의 예우 등에 관하여 비교적 상세히 규정한다.

Ⅱ. 대통령선거

1. 정부형태와 대통령선거제도

대통령선거(大統領選擧)는 정부형태에 따라서 나라마다 상이하다.

(1) 미국식 대통령제의 대통령선거제도

(i) 미국 대통령의 피선자격은 미국에서 출생한 시민으로서 14년 이상 미국에 거주하고 35세 이상인 사람이다.

(ii) 대통령선거에 있어서 형식적 간선제와 실질적 직선제를 조화시켜야 한다. 정당의 예비선거를 거쳐 후보자를 확정한 후에, 유권자의 선거인단선거가 11월 첫 월요일 다음 화요일에 실시된다. 선거인단선거에서는 각 주별로 할당된 선거인단을 선출한다(각 주에 할당된 선거인단의 숫자는 상·하양원의 원 수와 같다. 전체 선거인단의 숫자는 538명이다). 이 경우 유효투표를 한 표라도 더 획득한 후보가 각주에 할당된 선거인단 전원을 확보한다(Winner takes all)(다만, Nebraska주와 Maine주 하원은 각 선거구에서 1위를 한 선거인단 후보자에게 배분한다). 선거인단선거를 통하여 사실상 대통령당선자가 결정된다. 이들 선거인단이 모여 12월 둘째 수요일 다음 월요일에 투표하는 공식적인 대통령선거는 형식적 행위에 불과하다(전체선거인단의 과반수를 확보하는 자가 당선자로 결정된다. 그러나 법적으로는 27개 주만이 선거인으로 하여금 승리한 후보자에게 투표하도록 강제하고 있을 뿐이다). 하지만, 선거인단을 각 주별로 통할하는 제도에서, 선거인단은 더 많이 확보하면서 전체 유권자의 유효투표 수는 더 적은 대통령 당선자가 출현할 수 있다. 이에 대통령선거는 사실상 직선제라고 하지만 현실적으로 직선제의 의미가 반감될 수 있기 때문에 전국적으로 대통령직선제를 실시하자는 주장도 제기된다. 또한 대통령선거전이 치열할 경우에 당선자의 유효득표율이 과반수에 이르지 못할 수도 있으므로, 국민적 정당성을 강화하기 위하여 결선투표제의 도입도 논의된다. 한

편 대통령후보 중 어느 누구도 선거인단 과반수를 확보하지 못한 경우에 대통령은 연방하원에서, 부통령은 연방상원에서 선출한다.

(iii) 비록 법적인 제도는 아니지만 미국의 대통령선거는 사실상 선거인단의 선출 이전 단계에서 각 정당별로 이루어지는 예비선거제도를 통하여 선거전이 개시된다. 공화·민주 양당을 중심으로 전당대회에 파견할 대의원선출과정을 거친 다음에, 이들이 모인 전당대회에서 대통령후보를 선출한다. 관심의 초점은 대의원선출과정이다. 당원들뿐만 아니라 일반인도 대의원 선출에 참여하는 예비선거(primary election)와 당원들만 대의원 선출에 참여하는 코커스(caucus)가 있다.

예비선거제도는 국민의 살아있는 여론에 기초한 후보자선출과정이라는 점에서 긍정적으로 평가되기도 하지만, 선거전이 지나치게 장기화되는 문제가 있다.

(iv) 미국의 대통령선거제도는 러닝메이트(running-mate) 시스템이기 때문에 대통령후보자의 당선과 더불어 부통령후보자는 사실상 자동적으로 당선된다.

> 수정헌법 제12조(1804년 9월 25일 공표)는 대통령선거와 부통령선거를 법적으로 구별한다: "선거인은 각각 주에 집회하여 대통령과 부통령을 비밀투표로 투표한다. 양자 중 적어도 1인은 그들 자신과 동일한 주의 주민이 아니어야 한다. 선거인은 투표용지에 대통령으로 투표하려는 자를 기명하고 각개의 투표용지에 부통령으로 투표하려는 자를 기명한다."

부통령은 대통령의 유고가 발생하면 즉시 대통령직을 승계하는 예비대통령이라 할 수 있다. 대통령직을 승계하면 전임 대통령의 잔여임기 동안 재임한다. 부통령의 유고 이후 지명된 부통령이 취임하였을 때 대통령의 궐위가 발생한 경우에는 국민적 정당성이 취약한 지명된 부통령이 대통령직에 취임할 수도 있다.

(v) 대통령의 임기는 4년이고, 1차에 한하여 중임할 수 있다. 대통령 중임제는 초대 대통령 워싱턴 이래 헌법적 관습으로 정립되었으나, 루즈벨트(Franklin Roosevelt) 대통령이 4선(1933-1945)에 이르자 그 후 수정헌법(제22조, 1951년)에서 중임제를 규정하고 있다. 그런데 현실적으로 대통령의 유고와 재선 실패 등으로 인하여 대통령의 평균재임기간은 5년 정도에 그친다. 1945년 이후 중임(8년) 대통령은 6명에 불과하다(2024년 대통령 선거에서 승리한 트럼프는 제22대·제24대 대통령 클리블랜드 이후 132년 만에 비연속적으로 연임한 대통령이다).

(2) 프랑스식 이원정부제의 대통령선거제도

(i) 1958년 헌법제정 당시 프랑스 제5공화국의 대통령선거제도는 제2공화국의 국민직선제와 제3·제4공화국의 의회를 통한 간접선거의 중간형태인 대규모 선거인단에 의한 간접선거제도를 채택하였다. 즉 지방의회의원과 국회의원을 포괄하는 87,761인의 선거인단에 의한 간접선거제도이다. 그런데 선거인단의 구성

에서 작은 시・읍・면(commune)의 과잉대표로 인하여 국민적 정당성에 의문이 제기되면서, 드골 대통령은 1962년 대통령직선제 헌법개정을 단행하였다.

(ii) 대통령선거제도는 절대적 다수대표제를 채택한다. 1차 투표에서 유효투표의 절대과반수를 획득한 후보자가 없을 경우에, 2주 후 결선투표를 실시한다. 결선투표는 국민적 정당성의 원리에 더 부합한다. 그러나 두 번에 걸친 선거에 따른 선거과열 및 시간낭비로 인하여 현실적으로 시행에 어려움이 있다.

프랑스는 다당제국가이다. 이에 따라 1차 투표에서는 극좌 공산당에서부터 극우 인민전선당에 이르기까지 다수의 대통령후보자가 적게는 6명(1965)에서 많게는 12명(1974)에 이른다. 특히 동일정당에서 2명이 대통령후보로 입후보하기도 한다. 이는 미국식 예비선거제도나 한국식 전당대회와 같은 대통령후보자 선출의식이 정립되지 아니할 뿐만 아니라, 2차 결선투표 제도가 있기 때문이다. 이에 따라 2차 투표에서는 각기 결선투표에 임하는 후보자를 중심으로 양극화 현상을 초래한다. 이 경우 1차 투표에서 1위를 차지한 후보자가 2차 투표에서 오히려 패배하는 경우도 있다. 그런데 2017년 및 2022년에 실시된 대통령선거에서 극우파인 르펜과 중도파인 마크롱(Macron)이 결선투표에 진출하여 마크롱의 승리로 기존의 중도 좌파・우파 정당체제가 사실상 궤멸상태에 빠졌다.

(iii) 대통령선거는 현 대통령의 임기만료 20일 내지 35일 전에 실시하며, 대통령이 궐위(闕位)된 경우에도 마찬가지이다. 대통령유고 시 권한대행의 제1순위자는 상원의장이다. 이는 상원의 국가원로원적인 성격을 반영하여 대통령유고 시 국가의 안정을 위한 헌법정책적 선택이다.

(iv) 종래 임기 7년의 대통령은 중임제한이 없었다. 이는 제3・제4공화국의 의원내각제에서 실질적인 권한이 없는 대통령의 경우와 마찬가지이다. 그런데 대통령의 임기제한・중임제한과 국민의회의원과의 임기불일치에 따른 동거정부의 문제점을 극복하기 위하여 2000년 헌법개정에서 대통령의 임기를 국민의회의원과 같은 5년으로 단축하고, 2008년 헌법개정에서는 대통령의 중임제한도 명시한다.

(3) 이탈리아와 독일식 의원내각제의 대통령선거제도

(i) 이탈리아의 대통령은 상・하 양원의원과 각 지방의회에서 선출된 대표로 구성된 합동회의에서 3분의 2를 획득한 사람이 당선되며, 제4차 투표 이후에는 단순과반수를 획득한 사람이 당선된다(제83조 제3항). 실제로 대통령선거가 23차에까지 계속된 경우도 있었다. 대통령의 임기는 7년이며 재선이 가능하다.

(ii) 독일의 대통령은 임기 5년에 1차에 한하여 연임할 수 있으며, 연방회의(Bundesversammlung)에서 재적의원 과반수를 득표한 사람이 당선된다. 2차투표에서도 당선자가 없으면 3차 투표에서는 최다득표자를 당선자로 한다. 연방회의

는 연방의회의원과 비례선거의 원칙에 따라 각 지방의회가 선출한 동수의 위원으로 구성된다. 연방회의는 늦어도 연방대통령의 임기만료 30일 전에, 연방대통령의 궐위가 있는 경우에는 궐위 시로부터 늦어도 30일 내에 집회한다(제54조 제4항). 독일의 대통령은 그 선거방식에서부터 전형적인 대륙식 의원내각제의 형태를 취하고 있을 뿐만 아니라 그 지위나 권한 또한 상징적·명목적·의례적이다.

(4) 스위스식 의회정부제(회의정체)의 대통령선거제도

(i) 스위스는 약 25,000명 당 1인의 의원이 4년 임기 비례대표제로 선출되는 국민의회(Nationalrat, Conseil national, 200명)와 20개 칸톤(Canton) 당 2인(작은 칸톤 6개 반주는 1인씩)이 선출되는 46인으로 구성되는 참의원(Ständerat, Conseil des États)(1979년 1월 1일에 Canton de Jura가 추가되었다. 참의원선거제도는 칸톤마다 상이하다)의 합동회의인 연방회의(Assemblée fédérale, Bundesversammlung)에서 절대다수로 선출된 7인의 각료(국회의원과 동일한 4년 임기)가 집행부인 연방평의회(Conseil fédéral)를 구성한다. 연방회의는 7인의 각료 중 1인을 매년 연방평의회 의장(Président de la Confédération)으로 선출한다. 연방평의회 의장은 명예직이지만 국가원수로서의 지위를 가지기 때문에 흔히 대통령이라고 부른다. 대통령은 다음 해에 대통령 또는 부통령에 선임될 수 없으며, 동일인이 2년 간 계속하여 부통령에 취임할 수 없다(제176조 제3항).

(ii) 법적으로 강력한 의회에 종속되는 집행부의 장인 대통령이 의회에서 선출되는 것은 당연하다고 볼 수 있다. 그럼에도 불구하고 다시금 1년의 중임제한은 집행부의 장인 대통령이 헌법상 권한을 뛰어넘는 권한행사를 방지하기 위한 헌법정책적 배려이다. 스위스 특유의 안정된 의회정부제는 작은 국가규모·직접민주주의의 실천·연방제 등의 요소가 가장 이상적으로 작동하는 모델이다.

2. 한국헌법상 대통령선거제도

(1) 대통령중심제적 헌정현실

제1공화국의 이승만 초대 대통령은 국회에서 간접선거로 선출되었으나 1952년에 직선제를 도입하였다. 제2공화국은 순수한 의원내각제를 도입하여 대통령은 국회 양원합동회의에서 선출되었다. 제3공화국의 대통령직선제는 제4공화국(유신헌법)에서 간선제(통일주체국민회의)로 전환되어 제5공화국(대통령 선거인단)까지 지속되었다. 1987년 제6공화국헌법은 대통령직선제를 채택한다.

(2) **대통령선거제도**[1] (제1편 제4장 제3절 제2관 제3항 민주적 선거제도 참조)

(3) **대통령선거제도와 문제점**

(i) "대통령은 국민의 보통·평등·직접·비밀선거에 의하여 선출한다." 다만, "대통령후보자가 1인인 때에는 그 득표수가 선거권자 총수의 3분의 1 이상이 아니면 대통령으로 당선될 수 없다." "대통령으로 선거될 수 있는 자는 국회의원의 피선거권이 있고 선거일 현재 40세에 달하여야 한다." "대통령의 선거에 관한 사항은 법률로 정한다"(제67조).

2021년 35세의 이준석 후보가 제1야당인 국민의힘 대표로 당선되면서 대통령 피선거권 연령을 미국과 같이 35세로 하향 조정하자는 논의가 제기된다. 2023.10.15. 에콰도르 대통령선거에서 35세의 기예르모 라소(Guillermo Lasso)가 대통령에 당선되었다.

(ii) 한국헌법사에서 대통령직선제는 대표의 결정방식으로서 상대적 다수대표제를 채택하여왔다. 현행헌법상 절대적 다수대표제의 도입은 개헌을 통하여서만 가능하다고 보아야 한다. "최고득표자가 2인 이상인 때에는" 국회에서 선출할 수 있도록 한 규정은 상대적 다수대표제를 전제로 한 규정으로 볼 수 있다.

그런데 1987년 대통령선거에서 노태우 후보가 유효투표의 불과 36.6%의 득표로 당선된 이후 결선투표제 즉 절대적 다수대표제를 도입하여야 한다는 주장이 제기된다. 그러나 결선투표제는 그 이상적인 성격에도 불구하고 현실적으로는 두 차례에 걸친 선거의 번거로움·선거비용의 증대·후보자의 난립과 같은 문제점을 가지고 있기 때문에 신중하게 논의되어야 한다. 오히려 국민의 살아있는 여론

1) 대통령과 지방자치단체장의 선거와 권한 비교

	대 통 령	지방자치단체장
최고득표자 2인일 때	국회재적과반수 참석한 공개회의에서 다수표 획득한 자	연장자
후보자가 1인일 때 당선요건	선거권자 총수의 1/3 이상	무투표 당선
행정입법권	대통령령 제정권한	규칙제정권한
재의요구	이송된 날로부터 15일 이내	이송된 날로부터 20일 이내
재의요구사유	명문의 규정은 없음	월권·법령위반·현저한 공익위배
긴급권	긴급명령, 긴급재정경제명령·처분권 계엄선포권	선결처분권
임기	5년 단임	4년(계속재임은 3기까지)
입후보시 기탁금	3억원(5억원 헌법불합치)	시·도지사 5천만원 기초단체장 1천만원

을 통하여 여·야 두 축을 중심으로 단일화하는 정치과정이 바람직하다.

(iii) "대통령의 임기는 5년으로 하며, 중임할 수 없다"(제70조). 5년 단임제는 장기집권의 폐해를 종식시키기 위한 과도기적 제도이다. 1980년 헌법의 7년 단임제가 최초로 실천된 이후, 1987년 헌법의 5년 단임제에 따라 아홉 번째 대통령을 맞이함으로써 한국 민주화의 가장 큰 걸림돌이었던 대통령의 장기집권에 따른 병폐를 해소하였다. 하지만, 5년 단임이라는 비정상적인 임기는 4년의 국회의원 임기와도 일치하지 아니한다. 그러므로 의회해산권이 없는 현행헌법에서 두 개의 국민적 정당성이 불일치할 경우에 대비한 헌법규범의 재정립이 요망된다.

(iv) "대통령이 궐위되거나 사고로 인하여 직무를 수행할 수 없을 때에는 국무총리, 법률이 정한 국무위원의 순서로 그 권한을 대행한다"(제71조). 그러나 대통령유고에 따른 후임자선거와 대통령임기만료에 따른 후임자선거의 선거일이 상이함으로 인하여 시간상의 간격이 발생할 소지가 있다. 즉 "대통령의 임기가 만료되는 때에는 임기만료 70일 내지 40일 전에 후임자를 선거한다"(제68조 제1항). "대통령이 궐위된 때 또는 대통령 당선자가 사망하거나 판결 기타의 사유로 그 자격을 상실한 때에는 60일 이내에 후임자를 선거한다"(제68조 제2항). 이들 규정은 프랑스헌법과 같이 통일시킬 필요가 있다. 다만, 그 기간의 장·단기는 보다 신중한 논의가 필요하다.

(v) 대통령선거에 있어서 "최고득표자가 2인 이상인 때에는 국회 재적의원 과반수가 출석한 공개회의에서 다수표를 얻은 자를 당선자로 한다"(제67조 제2항). 이는 극단적인 예외적 상황에 대비한 규정이다. 국민적 정당성의 핵심 축인 대통령을 국회에서 선출한다는 것은 결코 바람직하지 아니하다.

(4) 검　토

정부형태를 중심으로 보건대 한국의 대통령선거제도는 결선투표제를 도입하지 아니한 점을 제외하고는 미국보다는 프랑스의 대통령선거제도와 유사하다.

Ⅲ. 대통령의 취임과 임기의 개시

1. 대통령당선인의 지위와 권한

(i) 대통령유고 등 특단의 사정이 없는 한, 현 대통령 "임기만료일 전 70일 이후 첫 번째 수요일"에 대통령선거가 실시된 이후 대통령취임 전일까지 대통령

당선인으로서 국정을 인수할 준비기간을 가진다.

(ii) 1988년에 '대통령취임준비위원회설치령'을 제정한 이후, 2003년에 '대통령직 인수에 관한 법률'이 제정되었다.

"이 법은 대통령당선인으로서의 지위와 권한을 명확히 하고 대통령직 인수를 원활하게 하는 데에 필요한 사항을 규정함으로써 국정운영의 계속성과 안정성을 도모함을 목적으로 한다"(제1조).

(iii) ① 대통령당선인은 대통령당선인으로 결정된 때부터 대통령 임기 시작일 전날까지 그 지위를 갖는다. ② 대통령당선인은 이 법에서 정하는 바에 따라 대통령직 인수를 위하여 필요한 권한을 갖는다(제3조).

(iv) "대통령당선인은 대통령임기 시작 전에 국회의 인사청문 절차를 거치게 하기 위하여 국무총리 및 국무위원 후보자를 지명할 수 있다. 이 경우 국무위원 후보자에 대하여는 국무총리 후보자의 추천이 있어야 한다"(제5조 제1항). 이는 대통령취임 즉시 국무총리를 임명하여 국정에 임할 수 있도록 한 배려이다.

(v) "대통령당선인을 보좌하여 대통령직 인수와 관련된 업무를 담당하기 위하여 대통령직인수위원회를 설치한다. 위원회는 대통령 임기 시작일 이후 30일의 범위에서 존속한다"(제6조).

위원회는 "1. 정부의 조직·기능 및 예산현황의 파악, 2. 새 정부의 정책기조를 설정하기 위한 준비, 대통령의 취임행사 등 관련업무의 준비, 3. 대통령의 취임행사 등 관련 업무의 준비, 4. 대통령당선인의 요청에 따른 국무총리 및 국무위원 후보자에 대한 검증, 5. 그 밖에 대통령직 인수에 필요한 사항에 관한 사항"을 담당한다(제7조). 위원회는 위원장 1명, 부위원장 1명 및 24명 이내의 위원으로 구성하고 대통령당선인이 임명한다(제8조).

2. 대통령의 취임과 취임선서

(i) 대통령은 취임(就任)에 즈음하여 다음과 같은 선서를 한다.

"나는 헌법을 준수하고 국가를 보위하며 조국의 평화적 통일과 국민의 자유와 복리의 증진 및 민족문화의 창달에 노력하여 대통령으로서의 직책을 성실히 수행할 것을 국민 앞에 엄숙히 선서합니다"(제69조).

(ii) 대통령 취임선서에서는 국가원수인 대통령이 헌법의 준수·국가의 보위·조국의 평화적 통일·국민의 자유와 복리의 증진·민족문화의 창달과 같은 국가적 과업 수행을 명시한다. 취임선서는 대통령이 한국헌법상 기본원리를 준수하고 이를 재임 중 성실히 수행할 책무를 주권자인 국민 앞에 하는 약속이다.

3. 대통령임기의 개시

"대통령의 임기는 전임대통령의 임기만료일의 다음날 0시부터 개시된다. 다만, 전임자의 임기가 만료된 후에 실시하는 선거와 궐위로 인한 선거에 의한 대통령의 임기는 당선이 결정된 때부터 개시된다"(공직선거법 제14조 제1항)(대통령직 인수에 관한 법률 부칙 제3조). 이에 따라 윤석열 대통령 탄핵심판 인용결정으로 2025년 6월 3일 실시된 대통령선거에서 당선된 이재명 후보는 당선이 확정된 직후인 6월 4일 대통령에 취임하였다.

4. 중임제한 헌법개정제한

"대통령의 임기연장 또는 중임변경을 위한 헌법개정은 그 헌법개정 제안 당시의 대통령에 대하여는 효력이 없다"(제128조 제2항). 이는 1인 장기집권을 방지하고, 평화적 정권교체를 위하여 헌법상 마련된 제도적 장치이다.

Ⅳ. 대통령의 유고·권한대행·후임자선거

1. 의 의

"국가의 원수이며, 외국에 대하여 국가를 대표"(제66조 제1항)하고, 행정권의 수반(제66조 제4항)으로서 명실상부한 정치제도의 중추기관인 대통령의 유고는 곧 국가적으로 헌정운용에 중대한 지장을 초래한다. 이에 각국 헌법에서 대통령유고 시에는 즉시 새 대통령이 취임하든가 아니면 권한대행을 거쳐 새 대통령선거를 실시한다. 현행헌법에서는 대통령 유고 시에 권한대행에 이어서 후임자선거, 후임자의 새로운 임기개시 등의 절차로 진행된다. 그런데 전임자와 후임자선거 사이의 헌법적인 문제점이 명료하게 정비되어 있지 아니한 점이 지적된다.

2. 대통령의 유고

(1) 의 의

(i) 대통령직을 수행할 수 없는 장애가 발생한 대통령의 유고(有故)는 궐위와 사고로 나누어 볼 수 있다: "대통령이 궐위된 때 또는 대통령 당선자가 사망하거나 판결 기타의 사유로 자격을 상실한 때에는 60일 이내에 후임자를 선거한다"(제68조 제2항). "대통령이 궐위되거나 사고로 인하여 직무를 수행할 수 없을 때에는 국무총리, 법률이 정한 국무위원의 순서로 그 권한을 대행한다"(제71조).

(ii) 일반적으로 궐위(闕位)는 ① 대통령으로 취임한 이후 사망 또는 사임하여 대통령직이 비어 있는 경우, ② 헌법재판소의 탄핵결정으로 파면된 경우, ③ 대통령취임 후 피선자격의 상실 및 판결 기타의 사유로 자격을 상실한 경우를 포괄한다. 그런데 제68조 제2항에서는 궐위는 원래의 의미에 한정되지 아니하고 대통령에 취임하기 전에 "대통령당선자가 사망하거나 판결 기타의 사유로 자격을 상실한 때"를 포함한다. 그런데 이 경우는 곧 퇴임할 현직 대통령이 재임하고 있기 때문에 대통령직 자체에 대한 궐위가 발생한 경우가 아니다.

(iii) 사고(事故)란 대통령 재임 중 신병·해외여행 등으로 직무를 수행할 수 없는 경우와, 국회의 탄핵소추의결로 헌법재판소의 탄핵결정이 있을 때까지 권한행사가 정지된 경우를 말한다.

(2) 문제점

A. "대통령당선자가 사망하거나 판결 기타의 사유로 자격을 상실한 때"

현직 대통령이 궐위된 경우와는 달리 "대통령당선자가 사망하거나 판결 기타의 사유로 자격을 상실한 때"에는 현직 대통령의 임기가 종료되는 시점까지 시일의 촉박 등으로 인하여 후임자선거의 실시가 현실적으로 불가능하다. 이 경우 현직 대통령은 임기만료와 더불어 대통령직에서 퇴임하고 후임자가 선출되어 취임할 때까지 과도기적으로 권한대행이 취임할 수밖에 없다. 이에 대하여 퇴임하는 대통령이 후임자 취임 시까지 계속 재임하여야 한다는 견해도 있지만, 임기가 끝난 대통령은 퇴임하여야 한다고 본다. 대통령 권한대행은 국무총리, 법률이 정한 국무위원의 순서로 한다(제71조).

B. "대통령이 사고로 인하여 직무를 수행할 수 없을 때"

(i) ① 국회의 탄핵소추의결로 직무를 수행할 수 없는 경우와, ② 대통령이 정상적인 활동을 하고 있지만 일시적인 해외여행 등으로 직무수행이 불가능한 경우에는 특별히 문제가 되지 아니한다. ③ 그러나 대통령의 건강문제는 논쟁적이다(예컨대 1999년 옐친 러시아 대통령의 사임, 1974년 퐁피두 프랑스 대통령의 사망). 이 경우 대통령의 정상적인 직무수행이 불가능한 경우에는 직무대행의 결정, 범위, 기간 등이 문제될 수 있다. 예컨대 대통령이 정신질환·회복불가능한 말기암·뇌사상태 등과 같은 중대한 질병에 걸린 경우에는 신속하게 권한대행을 정하여 대통령선거에 대비하여야 한다. 반면에 대통령의 건강이 회복가능할 경우에는 일시적인 권한대행체제로 갈 수 있지만, 회복가능한 기간의 범위가 문제된다.

(ii) 대통령 유고에 대한 최종적인 판단권자에 관하여는 법적 공백상태에 있

다. “이론적으로 여기에 있어서의 대리는 법정대리를 의미하는 까닭에, 대리의 사유가 있으면 여기에 규정된 자가 당연히 대리하게 되는 것이 원칙이지만, 그러나 실제에 있어서는 대통령의 직위의 중요성으로 보아, 사고의 경우의 권한대행에는 대통령의 의사표시가 필요하다고 생각된다. 따라서 대통령의 사고의 경우에 있어서의 그 직무대리에 관한 헌법의 규정은, 다만 그 대행자의 지정에 그 의미가 있다고 할 수 있다”라는 견해도 있다(한태연 513면). 한편 “권한대행의 필요 여부는 제1차적으로 대통령 자신이 결정하겠지만, 대통령이 정신장애 등으로 이를 결정할 수 없을 때에는 누가 결정할 것인가를 사전에 법으로 규정하여 둘 필요가 있다”라는 견해도 있다(권영성 974면; 구병삭 967면).

(iii) 생각건대 현행법상 법적 공백상태에 따른 문제는 정부에서 해결할 수밖에 없으며, 이 경우 국가의 최고정책심의기관인 국무회의의 심의를 거쳐서 결정하여야 한다. 즉 제1순위 대통령 권한대행자이자 국무회의의 부의장인 국무총리가 주재하는 국무회의의 의결로 대통령의 유고 내지 대통령직의 장애를 결정하고 일련의 법적인 조치를 취하여야 한다.

프랑스헌법에서는 정부의 요청에 따라 헌법재판소가 최종적으로 대통령직의 장애를 선언한다(제7조). 또한 대통령선거와 관련된 특단의 사유가 발생한 경우에도 헌법재판소가 결정권을 가진다(제58조: 헌법재판소는 대통령선거가 적법하게 이루어지는지 감독한다. 대통령선거에 이의가 있는 경우에는 이를 심사하고 투표결과를 공표한다.).

(iv) 헌법정책적으로는 헌법재판소가 명백한 대통령의 궐위뿐만 아니라 대통령직 수행에 장애가 있는 경우까지 포괄적으로 유고의 결정권을 가져야 한다.

3. 대통령 권한대행

(1) 의 의

대통령 유고 시에 새로 대통령직을 맡는 방식에는 크게 두 가지가 있다.

(i) 미국식으로 대통령 유고(궐위) 시에 즉시 후임자가 대통령직에 취임하는 방식이다. 이 경우 후임자가 단순히 권한대행이 아니라 정식 대통령에 취임하므로 특별히 후임자선거 등의 문제가 발생하지 아니한다. 이는 대통령선거에서 ‘러닝메이트’로서 국민적 합의를 얻은 바 있는 미국식 부통령제와 맥락을 같이한다. 새로 취임한 대통령은 전임자의 잔여임기 동안 재임하므로 대통령직의 승계라 할 수 있다(수정헌법 제25조 제1항). 다만, 미국에서도 대통령이 궐위가 아니라 사고로 인하여 대통령직의 수행에 장애가 있는 경우에는 권한대행체제가 가동될 수 있다.

(ii) 프랑스처럼 대통령 유고 시에 법적 순서에 따라 대통령 권한대행(大統領 權

限代行)이 취임하고, 이어서 헌법절차에 따라서 새 대통령을 선거하는 방식이 있다. 이 경우 새 대통령은 전임자의 잔여임기와 관계없이 취임일로부터 5년의 임기가 새로 시작된다. 대통령유고와 그에 따른 권한대행 및 후임자선거에 있어서 현행헌법은 미국헌법보다는 프랑스헌법과 유사한 점이 많다.

(2) 대통령 권한대행의 시기와 순서[1]

(i) 대통령의 궐위나 사고에 따른 대통령직의 유고가 확인되고 결정되는 시점부터 즉시 대통령 권한대행이 정식으로 취임한다.

(ii) "대통령이 궐위되거나 사고로 인하여 직무를 수행할 수 없을 때에는 국무총리, 법률이 정한 국무위원의 순서로 그 권한을 대행한다"(제71조). 국무총리가 헌법상 제1순위 대통령 권한대행자이다. 국무총리마저도 궐위된 경우에는 재정경제부장관이 겸임하는 부총리, 과학기술정보통신부장관이 겸임하는 부총리 및 정부조직법 제29조 제1항에 규정된 순서에 따라 국무위원이 그 직무를 대행한다(정부조직법 제12조).

(iii) 역대 헌법에서 대통령 권한대행자는 제헌헌법에서는 부통령 → 국무총리, 제2차 개정헌법에서는 부통령 → 법률이 정하는 순위에 따른 국무위원, 제3차 개정헌법(제2공화국)에서는 참의원의장 → 민의원의장 → 국무총리 순서로 규정한 바 있다. 제5차 개정헌법(제3공화국) 이후 현재에 이르고 있다.

외국의 입법례를 보면 미국과 같이 부통령제를 두고 있으면 부통령이 제1순위자이지만, 그렇지 아니한 경우에는 의회의장이 제1순위 권한대행인 경우가 일반적이다. 의원내각제 국가인 독일 · 이탈리아와 이원정부제(반대통령제) 국가인 프랑스에서는 상원의장이

1) 권한대행 및 직무대행의 순서

국가기관	제1순위	제2순위	제3순위
대 통 령	국무총리	법률이 정한 국무위원	
국무총리	부총리(재정경제부장관) → 부총리(과학기술정보통신부장관)	대통령이 지명하는 국무위원	지명이 없는 경우 정부조직법에 규정된 순서
국회의장	의장지명 부의장(의장 · 부의장 모두 궐위 시는 임시의장선출)		
대법원장	선임대법관		
헌법재판소장	일시적 사고 시: 재판관 중 임명일자 순으로 권한대행(같은 때에는 연장자 순) 궐위 또는 1월 이상의 사고 시: 재판관 7인 이상 출석한 재판관회의에서 과반수 찬성으로 선출한 재판관		
중앙선거관리위원회 위원장	상임위원 또는 부위원장	위원 중에서 임시위원장 호선	
감사원장	감사위원으로 최장기간 재직한 감사위원(2인 이상일 때는 연장자)		

제1순위 권한대행자이다. 즉 대통령 권한대행은 국민적 정당성과 직접 관련이 없는 정부보다는 의회의 수장이 대통령직을 대행하는 경향으로 나타난다. 다만, 이들 국가에서도 국민적 정당성이 더 강력한 하원의장이 아니라 상원의장이 권한대행자이다. 이는 보수적이고 원로원적 성격을 가진 상원을 통한 정국의 안정을 도모하려는 의도로 보인다. 국무총리가 대통령권한대행을 맡는 국가로는 오스트리아 · 핀란드 · 체코 · 러시아 등이 있다. 한국에서도 국회의장→국무총리의 순서로 하는 절충안이 검토될 수 있다. 다만, 여소야대 국회에서는 국회의장이 대통령 권한대행으로서 역할과 기능에 한계가 있을 수 있다. 이에 양원제를 도입하여 상원의장을 권한대행 1순위로 할 필요가 있다.

(iv) 한국헌법사에서 정치적으로 혼란한 때에 권한대행체제가 가동되었다.[1] 1960년 4월혁명 이후와 같은 특수한 상황이 아닌 한 대통령 권한대행을 강제로 사퇴시켜서는 아니 되며, 가급적 빨리 권한대행체제를 종식시켜야 한다.

한국헌법사에서 대통령의 유고 사례는 다음과 같다. 1960년 4 · 19 혁명에 따라 이승만 대통령이 4월 27일 대통령 사임서를 국회에 제출하고, 5월 2일에 허정 과도정부 수반이 취임하였다. 또한 1961년 5 · 16 군사쿠데타 이후 상당한 기간이 경과한 후에 윤보선 대통령이 사임한 바 있다. 다만, 이 경우는 이미 국가재건비상조치법이 제2공화국헌법을

1). 헌정사에서 대통령 권한대행 사례

1차	1960년 4월 27일-6월 15일	이승만 대통령 사임. 허정 외무부장관 권한대행
2차	1960년 6월 16일-6월 22일	허정 외무부장관 국무총리 취임. 곽상훈 민의원의장 권한대행
3차	1960년 6월 23일-8월 7일	곽상훈 민의원의장 권한대행 사퇴. 허정 국무총리 재권한대행
4차	1960년 8월 8일-8월 12일	윤보선 대통령 당선까지. 백낙준 참의원의장 권한대행
5차	1962년 3월 24일-1963년 12월 16일	5 · 16쿠데타로 윤보선 대통령 사임. 박정희 국가재건최고회의 의장 권한대행
6차	1979년 10월 26일-1979년 12월 21일	박정희 대통령 피살. 최규하 국무총리 권한대행
7차	1980년 8월 16일-9월 1일	최규하 대통령 사임. 박충훈 국무총리 서리 권한대행
8차	2004년 3월 12일-5월 14일	노무현 대통령 탄핵소추안 의결. 고건 국무총리 권한대행
9차	2016년 12월 9일-2017년 5월 10일	박근혜 대통령 탄핵소추안 의결. 황교안 국무총리 권한대행
10차	2024년 12월 14일-2024년 12월 27일	윤석열 대통령 탄핵소추안 의결. 한덕수 국무총리 권한대행
11차	2024년 12월 27일-2025년 3월 24일	한덕수 국무총리 탄핵소추안 의결. 최상목 경제부총리 권한대행
12차	2025년 3월 24일-2025년 5월 1일	한덕수 국무총리 탄핵소추안 기각. 권한대행 복귀
13차	2025년 5월 2일-2025년 6월 3일	한덕수 국무총리 사신 사퇴. 최상목 경제부총리 탄핵소추안 발의 자진 사퇴, 이주호 교육부총리 권한대행

대체하고 있었다. 이 두 가지 경우 모두 헌정중단에 따른 과도기적인 체제였다.

반면에 1979년 10 · 26에 따른 대통령의 궐위로 최규하 국무총리가 대통령 권한대행을 거쳐 1979년 12월 6일 통일주체국민회의에서 대통령으로 선출되어 정식 대통령에 취임하였다. 1980년 8월에는 최 대통령의 하야와 더불어 박충훈 권한대행이 취임한 후 곧바로 사임하고 전두환 장군이 제11대 대통령으로 취임한 바 있다.

그 밖에 대통령에 대한 국회의 탄핵소추의결에 따라 사고와 궐위가 발생하였다. 2004년 노무현 대통령, 2016년 박근혜 대통령, 2024년 윤석열 대통령이 국회의 탄핵소추의결로 각기 대통령으로서의 직무가 정지된 바 있다. 노 대통령은 헌법재판소의 기각결정(헌재 2004.5.14. 2004헌나1, 대통령(노무현) 탄핵(기각))으로 대통령직에 복귀하였지만, 박근혜 · 윤석열 대통령은 각기 헌법재판소의 인용결정(헌재 2017.3.10. 2016헌나1, 대통령(박근혜) 탄핵(인용))(헌재 2025.4.4. 2024헌나8, 대통령(윤석열) 탄핵(인용(파면)))으로 파면에 이르렀다.

(3) 대통령 권한대행의 기간

(i) 대통령 권한대행의 기간은 궐위와 사고로 구분될 수 있다. 궐위의 경우에는 헌법 제68조 제2항의 "60일 이내에 후임자를 선거한다"라는 규정에 따라 대통령 권한대행의 재임기간은 60일을 초과할 수 없다고 해석하여야 한다(통설).

(ii) 현행헌법상 대통령권한대행의 재임기간 60일이 적정한지에 관하여는 논란이 있다. 권한대행의 기간은 짧을수록 좋다. 그런 의미에서 프랑스헌법에서 새 대통령선거를 위한 투표는 헌법재판소가 궐위개시 또는 장애의 결정적 성격의 선언 후 "20일 내지 35일 이내에 실시된다"(제97조 제5항)라는 규정과 비교하여 보면 후임자선거기간이 너무 길게 늦추어져 있다.

대통령에 대한 탄핵소추의결이나 건강상태 등 사고로 인하여 권한대행체제로 나아갈 경우에는 그 기간을 예정하기가 어렵다. 탄핵심판은 180일 이내에 결정되어야 한다고 본다면, 사고로 인한 권한대행은 매우 길어질 수 있다. 만약 탄핵심판 인용에 따라 대통령이 궐위에 이르면 60일 이내에 대통령선거를 실시하여야 한다. 대통령이 수술 등으로 인하여 대통령직을 전혀 수행할 수 없는 경우에 수술 후 회복될 수 있다면 권한대행체제에서 후임자선거 준비를 하지 아니하여도 된다. 이 경우 수술 후 상태가 악화되어 결국 후임자선거를 할 수밖에 없는 상황이 발생하였을 경우에는, 그러한 장애가 발생한 때로부터 60일 이내에 후임자선거를 실시할 수밖에 없다. 결국 권한대행의 기간은 불가피하게 60일을 초과할 수도 있다. 이 경우 권한대행의 기간은 최소한의 범위 내에서 국무회의의 심의를 거쳐 결정하여야 한다.

(4) 대통령 권한대행의 직무범위(職務範圍)

(i) 대통령 권한대행의 직무범위는 "원칙적으로는 대통령의 권한 전반에 걸치겠지만, 이 경우 그 임시대리의 성질로 보아 다만 잠정적인 현상유지에만 국한되고, 정책의 전환 · 인사의 이동과 같이 현상유지를 벗어나는 직무는 대행할 수

없다"라는 견해가 있다(김철수).

(ii) 반면에 대통령의 궐위 시와 사고 시를 구별하는 견해도 있다. 즉 궐위된 경우에는 그 대행은 반드시 현상유지적이어야 할 이유가 없지만, 사고인 경우에는 그 성질상 잠정적인 현상유지에 국한되고 기본정책의 전환·인사이동 등 현상유지를 벗어나는 직무는 대행할 수 없다고 본다(권영성·구병삭). 그러나 이에 대하여 "대통령의 사고가 장기화되는 경우에는 오히려 60일로 한정된 궐위 시보다도 잠정적인 현상유지만으로는 될 수 없는 사태가 생길 수 있다는 점을 유의할 필요가 있다"라고 보아서 궐위 시와 사고 시 대행할 직무범위를 구별하는 견해에 대하여 비판론이 제기되기도 한다(허영).

(iii) 생각건대 대통령 권한대행의 직무범위는 일의적으로 단정하기 어려운 문제이다. 궐위와 사고를 구별하는 견해도 일리가 있다. 사고의 경우 일시적 권한대행에 불과하다면 분명히 그 직무범위를 제한적으로 이해하여야 한다. 권한대행의 성격이 일시적이 아니라 사실상 후임자선거를 준비하여야 하는 경우라면 궐위와 구별하여야 할 특별한 이유가 없기 때문이다. 그 어떠한 경우이든 간에 대통령 권한대행은 일시적 대행에 불과하며 하루속히 정식 대통령에게 직무를 넘겨야 하므로 권한대행이 정식 대통령과 동일한 권한을 가질 수는 없다.[1]

(iv) 그런데 권한대행의 권한을 제한하는 헌법적 근거도 없다. 또한 헌법상 대통령은 "국가의 원수이며 외국에 대하여 국가를 대표"(제66조 제1항)하며, 행정권의 수반(제66조 제4항)이자, "국가의 독립·영토의 보전·국가의 계속성과 헌법을 수호할 책무"(제66조 제2항)를 가지므로, 권한대행에게 선량한 관리자로서의 주의의무만 요구하여도 아니 된다. 하지만, 권한대행의 본질에 비추어 최소한의 소극적인 책임과 관리에 무게중심이 실려야 한다. 따라서 국가원수로서의 대통령의 직무와 관련된 권한의 행사는 가급적 자제하여야 한다. 예컨대 헌법재판소장과 헌법재판관, 대법원장과 대법관 등의 임명과 같이 사법권의 구성에 관한 권한, 개각 등 행정부 내의 최고위직 공직자에 대한 임면권의 행사 등은 최대한 자제하여야 한다. 또한 국가의 중요한 아젠다 중에서 정치적으로 논쟁적인 사안에 대한 결정을 가급적 자제하여야 한다. 다만, 공석 중인 주요 공직에 대하여는 정부기능의 정상적인 수행을 위하여 보임(補任)을 할 수 있다.

1) 박진우, "헌법기관의 권한대행에 관한 연구: 대통령권한대행을 중심으로", 헌법학연구 20-1; 허칭환, "대통령 권한대행에 관한 연구", 공법연구 53-3.

이론의 여지가 없는 대통령 권한대행의 직무는 국무회의 주재, 공무원 임명, 부처 보고 청취 및 지시, 대통령 직속기구 업무지시, 일상적인 외교 및 조약 체결, 통상적인 안보 총괄 등이 있다.

국가원수로서의 지위에서 행하는 대통령의 권한은 최대한 자제하여야 하지만, 구체적 사안에 따라서는 이를 일의적으로 획정하는 것은 쉬운 일이 아니다. 예컨대 국가원수로서 사법부 구성에 관한 권한에 대한 논쟁이 그러하다. 대통령은 헌법재판소장 및 헌법재판관, 대법원장 및 대법관 임명권을 가진다. 그런데 헌법재판관은 대통령이 직접 임명하는 3인을 제외한 나머지는 국회에서 선출하는 3인과 대법원장이 지명하는 3인으로 구성된다(제111조 제3항). 이들은 국회에서 인사청문회를 거친 후 청문보고서가 채택된 경우 대통령의 헌법재판관 임명권은 형식적 권한에 불과하기 때문에 권한대행은 이들을 임명하지 않으면 위헌이라는 견해도 제기된다(이헌환·임지봉). 하지만, 이를 위헌으로 단정할 수는 없지만 헌법기관의 정상적인 작동을 위하여 임명하여야 할 것으로 본다(권건보). 반면에 이들이 국회 인사청문회의 청문보고서 채택 여부를 불문하고 국회가 선출한 재판관이 국회에서 탄핵소추의결한 탄핵심판을 담당하는 것은 모순이라는 이유로 임명하여서는 아니 된다는 견해도 제기된다(문재완). 또한 권한대행의 헌법재판관 임명은 상황유지·관리적 행위가 아니라 "권한을 행사한 결과를 기준으로 볼 때" 현상변경적 행위이므로 임명하여서는 아니 된다는 견해도 제기된다(지성우). 대법관은 대법원장의 제청으로 국회의 동의를 얻어 대통령이 임명한다(제104조 제2항). 이 경우에도 국회의 동의까지 얻은 경우에는 헌법재판관의 경우와 같은 논리에서 대통령 권한대행은 대법관을 임명하여야 한다. 그러나 사법부 수장 즉 헌법재판소장과 대법원장의 지명은 권한대행의 직무범위 밖이라고 보아야 한다. 따라서 이 경우에는 소장 및 원장 권한대행 체제로 운영하다가 대통령이 복귀하든가 새 대통령이 취임한 이후에 지명하여야 한다. 또한 대통령이 직접 임명하는 헌법재판관·중앙선거관리위원은 임명하여서는 아니 된다.

그런데 일련의 절차를 모두 밟고 대통령의 임명행위만 남아있는 상태에서 한덕수 대통령 권한대행이 헌법재판관 임명을 거부하자 국회는 권한대행에 대한 탄핵소추를 의결하였다. 반면에 헌법재판소와 대법원에서는 권한대행이 임명하여야 한다는 견해를 피력한 바 있다. 최상목 권한대행은 국회에서 의결한 3인의 헌법재판관 중 2인만 임명(2024.12.31.)하여 새삼 논란이 되었다.

국회의 재판관 선출권은 독자적이고 실질적인 것이고, 대통령은 국회가 재판관으로 선출한 사람의 임명을 임의로 거부하거나 선별하여 임명할 수 없고, 다만 헌법과 법률이 정한 자격요건을 갖추지 못한 사람이 재판관으로 선출되거나 그 선출과정에 의회민주주의를 원칙으로 하는 헌법 및 국회법 등 법률을 위반한 하자가 있는 경우에 한하여 임명을 보류하고 재선출을 요구할 수 있을 뿐이며, 대통령의 재판관 임명권 행사는 그의 권한인 동시에 헌법기관인 헌법재판소가 구성되어 그 기능을 다할 수 있도록 할 헌법상 의무에 해당한다. 대통령의 권한을 대행하게 된 때부터 국회가 선출한 사람을 재판관으로 임명하여 재판관의 공석 상태를 해소하여야 할 구체적 작위의무가 있다. 국회에는 그 동안 재판관의 정치적 중립성을 담보하기 위하여 다수당이 일방적으로 재판관 3인 모두를 선출하지 않도록 하는 정치적 관행이 있었다고 하면서도, 교섭단체의 재판관 후보자 추천에 관하여 특정한 내용의 추천방식이 관행으로 굳어졌다거나 각 교섭단체가 추천하는 특정 후보자에 대해 다른 교섭단체가 합의를 한 경우에 한해 선출하는 관행이 있었음을 인정할 자료는 없다. 재판관 후보자 추천부터 본회의 의결에 이르기까지의 과정을 종합하여 살펴보면, 교섭단체들이 재판관 후보자 추천에 관하여 의견조율을 거쳐 협의 결과에 따라 국회의장에게 재판관 후보자를 추천하고, 선출절차가 진행된 것으로 봄이 타당하다. [법정의견(5인)] 이미 본회의 의결을 통해 그 권한 실현 의사를 결정하고 나아가 ⊥와 같이 결정된 의사가 다른 국가기관에 의하여 침해되었음을 확인한 경우에는, 국회의장은 그 대표권에 기하여 권한침해에 대한 방어적 행위로서 해당 국가기관을 상대로 권한쟁의심판을 청구할 수 있고, 권한쟁의심판을 청구하기 위한 별도의 본회의 의결은 필요하지 않다. 반면, [별개의견(3인)] 본회의의 의결이 필요하다는 것을 전제로, 다만 심판 계속 중이던 본회의에서 심판청구를 지지하고, 그에 따른 소송행위가 유효·적법함을 확인한다는 취지의 결의안을 가결하여 심판청구를 추인하는 의사를 결정·표시함으로써 그 절차적 흠결을 보완함에 따라 이 사건 심판청구가 사후적으로 적법하게 되었다. [해설] 임명부작위라는 '부작위'를 대상으로 한 권한쟁의심판 사건이다. 헌법재판소법 제66조 제2항은 헌법재판소가 부작위에 대한 심판청구를 인용하는 결정을 한 때에는 피청구인은 결정 취지에 따른 처분을 하여야 한다고 규정하고 있다(헌재 2025.2.27. 2025헌라1, 국회와 대통령 간의 권한쟁의(인용(권한침해),각하)).

감사원은 비록 대통령 직속기구이지만, "감사원장은 국회의 동의를 얻어 대통령이 임명"한다(제97조 제2항). 따라서 헌법재판소장·대법원장과 마찬가지로 권한대행이 임명할 수 없다고 보아야 한다. 원장의 제청으로 대통령이 임명하는 감사위원도 원칙적으로 권한대행이 임명하여서는 아니 된다(반대: 박진우). 행정부 최고위직인 국무위원도 임명하여서는 아니 된다. 이에 대하여는 완전히 조각 수준이 아닌 한 임명할 수 있다는 견해도 있다(반대: 박진우). 헌법상 "국무위원은 국무총리의 제청으로 대통령이 임명한다"(제87조 제1항). 따라서 만약 대통령 권한대행이 국무위원을 임명한다는 것은 셀프 제청을 하고 임명하는 모순을 범하게 된다.

대통령 권한대행이 법률안 재의요구권을 행사할 수 있느냐에 대한 논쟁도 제기된다. 재의요구권은 권한대행의 직무범위 밖이라는 견해도 제기된다. 하지만, 법률안 재의요구권은 그 본질이 국회입법권에 대하여 정부에 부여한 견제권의 성격을 가질 뿐 입법에 관한 최종적인 결정이 아니므로 권한대행의 재의요구권을 부정하기는 어렵다. 국회는 재의요구에 따라 다시 재의결 절차를 밟으면 된다. 하지만, 정치적 논쟁이 촉발될 수 있는 사안에서는 재의요구 결정이 결코 쉬운 일이 아니다. 예컨대 대통령 수사를 위한 특별검사법 같은 사안이 그러하다(전상현). 과거 고건 권한대행도 법률안 재의요구권을 행사한 바 있다. 한덕수·최상목 권한대행도 법률안 재의요구권을 행사하였는데, 국회에서 최종적으로 부결되었다.

(v) 프랑스헌법에서는 대통령의 국민투표부의권과 국민의회(하원)해산권은

권한대행이 행사할 수 없음을 명시한다(제7조 제4항). 즉 국민투표나 의회해산에 따른 총선거라는 국민의 주권적 의사를 표현하는 문제까지 권한대행에게 부여할 수 없다는 점을 헌법에 명시한다. 더 나아가 "대통령의 궐위기간 동안 또는 대통령의 장애의 결정적 성격이 선언된 때부터 후임 대통령선거까지의 기간 동안, 헌법 제49조(불신임동의), 제50조(의회의 불신임에 따른 정부의 사직), 제89조(헌법개정)는 적용될 수 없다"(제77조 제11항)라고 규정한다. 이는 권한대행이라는 과도기에 정부의 불안정을 초래하여서는 아니 될 뿐만 아니라, 자칫 권한대행 자체에까지 영향을 미칠 수 있는 헌법개정을 할 수 없다는 취지로 이해할 수 있다.

한국헌법의 해석에 있어서도 국민의 총의를 묻는 국민투표부의나 헌법개정안 발의는 대통령 권한대행의 직무범위를 벗어난다고 보아야 한다.

4. 후임자선거

(1) 의 의

(i) 헌법 제68조 제2항은 "대통령이 궐위된 때 또는 대통령 당선자가 사망하거나 판결 기타의 사유로 그 자격을 상실한 때에는 60일 이내에 후임자를 선거한다"라고 규정한다. 헌법규정상 후임자(後任者)는 전임자의 잔여임기를 승계하는 자를 의미하는지 새 대통령을 의미하는지 여부가 분명하지 아니하다.

(ii) 제68조 제2항만을 따로 떼어놓고 본다면 전임자의 잔여임기를 승계하는 후임자로 이해할 소지도 있다. 그러나 제68조 제1항에서 "대통령의 임기가 만료된 때에는 임기만료 70일 내지 40일 전에 후임자를 선거한다"라고 하여 후임자라는 용어를 동일하게 사용하므로, 현행헌법의 후임자는 프랑스헌법의 '새 대통령'(제7조)의 의미로 이해하여야 한다. 따라서 대통령의 임기만료에 따른 선거와 대통령의 유고로 인한 선거는 본질적 차이가 없다. 즉 후임자선거로 당선된 자는 전임자의 잔여임기와 관계없이 취임일로부터 5년의 임기가 개시되는 차기 대통령을 의미한다.

그런 점에서 제7차 개정헌법(제4공화국헌법)에서의 "잔임기간이 1년 미만인 때에는 후임자를 선거하지 아니한다"(제45조 제2항 단서), "대통령이 궐위된 경우의 후임자는 전임자의 잔임기간 중 재임한다"(제45조 제3항)라는 규정과의 차이가 드러난다.

(2) 공직선거법의 후임자선거

공직선거법에서는 정치일정의 투명성을 담보하기 위하여 대통령선거는 그 임기만료일 전 70일 이후 첫 번째 수요일로 규정한다(제34조 제1항). 다만, "대통령의 궐위로 인한 선거 또는 재선거는 그 선거의 실시사유가 확정된 때부터 60일 이내에 실시하되, 선거일은 늦어도 선거일 전 50일까지 대통령 또는 대통령권한대행자가 공고하여야 한다"(제35조 제1항). "대통령권한대행자는 대통령이 궐위된 때에는 중앙선거관리위원회에" "그 사실을 지체 없이 통보하여야 한다"(제200조 제4항).

(3) 임기만료에 따른 후임자선거와 유고 시 후임자선거의 차이에 따른 문제점

(i) 임기만료에 따른 후임자선거는 임기만료 70일 내지 40일 전, 유고 시 후임자선거는 60일 이내라는 서로 상이한 규정으로 인하여 후임자 선출 일정에 괴리가 발생할 소지가 있다. 그런데 헌법에서 대통령권한대행의 재임기간을 특별히 규정하지 아니하기 때문에 제68조 제2항에 따라 해석하면 대통령권한대행의 재임기간은 60일을 초과하지 아니하여야 한다.

(ii) 생각건대 현실적으로 후임자가 정상적으로 선출되어있는 상황에서 며칠의 간격으로 이러한 문제점의 발생은 바람직하지 아니하다. 즉 제68조 제2항의 의미는 대통령유고 시 후임자가 선출되지 아니하였을 경우에 한하여 60일 이내에 후임자를 선출한다는 의미로 새길 수밖에 없다. 입법정책적으로는 제68조 제2항과 제68조 제1항을 동일하게 규정하여야 한다.

5. 소 결

(i) 대통령의 궐위에 따른 권한대행은 60일 이내에 후임자선거를 실시하여야 하고, 대통령 권한대행의 기간은 원칙적으로 60일을 초과할 수 없다. 그러나 예외적 상황에서는 그 기간이 연장될 수 있다. 다만, 사고로 인한 권한대행의 경우에는 그 사유가 일시적인지 아니면 결정적인지에 관하여 법적 판단을 할 수 있는 기관이 필요하다.

(ii) 대통령 권한대행의 순위가 국무총리와 법률이 정한 국무위원의 순서로 되어 있는데, 국회의장을 제1순위로 하는 방안도 고려되어야 한다.

(iii) 권한대행의 범위는 헌법상 특별한 제한이 없다. 프랑스헌법에서처럼 일정한 경우 권한대행의 권한범위를 제한하는 입법례도 참조할 필요가 있다.

(iv) 헌법 제68조의 후임자라는 표현은 오해의 소지가 있으므로 '새 대통령' 등의 표현으로 분명히 하여 둘 필요가 있다. 또한 대통령임기만료에 따른 후임자선거는 70일 전 40일 이내로, 유고 시의 후임자선거는 60일 이내로 구별되어 있는 일정도 통일시켜야 한다. 권한대행의 기간도 단축되어야 한다. 후임자는 전임자의 잔임기간에 관계없이 새로이 대통령 임기를 시작한다. 따라서 후임자는 차

기 대통령을 의미한다(성낙인, "대통령 유고의 헌법문제－프랑스와 한국을 중심으로", 헌법학논집).

V. 대통령의 신분상 특권과 의무

국가원수이자 행정권의 수반인 대통령이 재직 중 그 직무를 원활히 수행하기 위하여 형사상 특권을 부여하고, 나아가서 국민적 정당성을 직접 확보한 대통령의 임기보장을 위하여 면직에 있어서도 엄격히 제한을 가한다.

1. 형사상 특권

(1) 의 의

(i) "대통령은 내란 또는 외환의 죄를 범한 경우를 제외하고는 재직중 형사상의 소추를 받지 아니한다"(제84조). 즉 대통령은 재직 중에는 원칙적으로 형사재판을 받지 아니한다. 대통령에게 부여한 불소추특권은 "국민주권주의(제1조 제2항)와 법앞의 평등(제11조 제1항), 특수계급제도의 부인(제11조 제2항), 영전에 따른 특권의 부인(제11조 제3항) 등을 규정한 헌법 이념에 비추어 볼 때," "대통령이라는 특수한 신분 때문에 일반 국민과는 달리 대통령 개인에게 특권을 부여한 것으로 볼 것이 아니라 단지 국가의 원수로서 외국에 대하여 국가를 대표하는 지위에 있는 대통령이라는 특수한 직책의 원활한 수행을 보장하고, 그 권위를 확보하여 국가의 체면과 권위를 유지하여야 할 실제상의 필요 때문"이다(헌재 1995.1.20. 94헌마246, 불기소처분취소(각하,기각)).

(ii) 다만, "내란 또는 외환의 죄를 범한 경우"는 대통령의 형사상 특권에서 제외된다. 아무리 국가원수라 하더라도 국가안전보장과 직접적으로 관련되는 내란·외환 범죄는 소추가 가능하도록 하여 형사상 특권의 한계를 규정한다.

윤석열 대통령이 2024.12.3. 비상계엄을 발령함에 따라 이에 대하여 헌정사상 처음으로 형법상 내란죄의 우두머리(수괴) 혐의로 형사피의자가 되었다. 이에 따라 검찰에서 수사가 진행되던 중 대통령에 대한 사건이 고위공직자범죄수사처로 이관된 바 있다.

(2) 형사상 특권의 효과

(i) 재판권의 부존재 불소추특권에도 불구하고 만약 대통령에 대하여 형사소추가 있을 경우에는 형사소송법 제327조 제1호의 "피고인에 대하여 재판권이 없는 때" 즉 재판권 부존재를 이유로 공소기각의 판결을 하여야 한다. 이는 같은 형사소송법 제327조의 공소기각의 판결이지만 국회의원의 면책특권의 대하여 내리는 제2호의 "공소제기의 절차가 법률의 규정에 위반하여 무효인 때"와 구

별된다. 또한 대통령 신분보유기간 동안에만 누릴 수 있는 특권이라는 점에서 임기가 끝난 이후에도 특권을 향유하는 국회의원의 면책특권과는 차이가 있다.

(ii) 공소시효의 진행 정지 및 배제　재직 중 범한 형사범죄에 대하여 퇴직 후에는 형사소추가 가능하며 내란 또는 외환의 죄를 제외한 범죄에 대하여는 재직 중 형사소송법상의 공소시효 진행이 정지된다(헌재 1995.1.20. 94헌마246, 불기소처분취소(각하,기각)). '헌정질서 파괴범죄의 공소시효 등에 관한 특례법'에 따라 내란죄와 외환죄의 경우에도 재직 중에 공소시효에 관한 형사소송법의 적용이 배제된다. 또한 형법 제250조의 죄로서 '집단살해죄의 방지와 처벌에 관한 협약'에 규정된 집단살해에 해당하는 범죄의 경우에도 마찬가지로 공소시효의 적용이 배제된다(동법 제3조 제2호). 결국 대통령이 재직 중인 동안 공소시효가 정지되거나 그 적용이 배제된다(헌재 1995.1.20. 94헌마246, 불기소처분취소(각하,기각)).

(iii) 형사소추만 제외　형사소추만 제외하고 있으므로 민사소송이나 행정소송의 제기는 가능하다. 퇴직 후에는 당연히 형사소추가 가능하다.

(3) 형사상 특권의 범위

(i) 문제의 소재　불소추특권에 따라 형사소추는 불가능하더라도 형사범죄와 관련된 수사는 가능한지에 대하여 다양한 논의가 제기된다.

(ii) 강제수사 가능　헌법에서 "형사상의 소추를 받지 아니한다"라고 규정하고 있을 뿐이고 수사 여부에 관하여는 언급이 없기 때문에 형사상 특권에도 불구하고 강제수사가 가능하다는 입장이 있다(홍완식). 즉 소추의 개념을 '소송의 제기와 진행'으로 좁게 해석하여 소추의 개념에 '수사'까지 포함하게 되면 이는 지나친 확장해석이고, 불소추특권의 본질은 '형사소추 유예의 특전'일 뿐이며, 국민의 알 권리 충족을 위하여서도 강제수사가 불가피하다(김선택). 또한 "시간이 경과하면 증거를 수집하기 어려우므로 대통령의 재직 중에 행해진 범죄행위에 대하여도 수사기관은 언제나 수사할 수 있어야" 하며, "수사를 하는 이상 수사의 방법으로 압수·수색"도 가능하다고 본다(이효원·임지봉·정종섭). 다만, 현실적으로 검찰의 수사가 어렵기 때문에 특별검사의 수사가 필요하다는 견해도 제기된다.

(iii) 임의수사만 가능　형사상 특권에 비추어 보건대 강제수사는 제외하고 임의수사만 가능하다는 견해도 있다. 즉 "수사의 방법이 문제될 뿐 수사의 대상이 된다는 사실, 특히 임의수사의 대상이라는 점에 대하여는 이론이 없다"(송기춘).

(iv) 일체의 수사 불가　불소추특권에 수사를 포함하는 견해는 헌법규범을 지나치게 문리적으로만 해석한 결과로 본다. 무릇 형사소추는 수사를 전제로 하는데, 불소추를 전제로 한 수사라는 논리 자체가 성립할 수 없다(김철수·허영). 더 나

아가 "형사상의 소추라 함은 원래 형사소송법상의 공소의 제기를 의미하지만, 헌법 제84조의 그것은 기소에 그치지 아니하고 체포·구금·수색·압수·검증도 포함한다." 이에 따라 "대통령은 재직 중 형사피고인으로서 뿐만 아니라 증인으로서도 구인당하지 아니함을 원칙으로 한다"(권영성·이인호·장영수).

(v) 소결(형사상 특권과 탄핵심판의 조화) 불소추특권의 본질상 재직 중에는 형사재판권을 행사할 수 없다. 다만, 대통령 재직 중 형사사건에 연루된 의심이 충분한 경우에는 증거 은폐를 배제하기 위하여 기소를 전제로 한 수사가 아닌 수사기관의 조사를 통하여 미래를 대비하여야 한다. 이 경우 조사는 임의수사와 비슷한 형태가 될 수밖에 없다. 그런데 수사기관이든 특별검사든 대통령이 응하지 아니하는 한 대통령을 직접 조사는 실질적으로 어렵다고 보아야 한다.

생각건대 헌법상 대통령에 대한 법적 책임추궁의 논리구조는 재직 중 "내란 또는 외환의 죄를 범한 경우"에는 "형사상의 소추"를 통한 형사책임을, 재직 중 "직무집행에 있어서 헌법이나 법률을 위배한 때에는" 탄핵심판을 받도록 설계하고 있다. 즉 "대통령은 내란 또는 외환의 죄를 범한 때에는 재직 중이라도 소추를 받는 것이며 그 이외의 범죄를 범하였을 때에는 우선 그를 탄핵에 의하여 파면하고 그 후에 형사상의 소추를 할 수 있"다(유진오). 따라서 대통령이 재직 중 형사소추를 전제로 한 수사의 대상이 될 소지가 있는 위헌·위법행위를 범한 경우에는 형사법적 책임추궁이 아니라 탄핵심판으로 나아가야 한다. 그렇지 아니할 경우 대통령에 대한 지나친 형사법적 제재는 자칫 대통령직의 정상적인 수행에 지장을 초래할 뿐만 아니라 대통령에 대한 형사상 특권을 부여한 헌법의 취지에도 부합하지 아니한다.

(4) 형사피고인인 대통령의 재판 중단 여부

(i) 문제의 소재 헌법은 대통령의 형사상 특권을 재직 중 범죄에 한정한다. 그런데 대통령 취임 전 형사피고인으로 재판을 받고 있을 경우에 대통령 취임 후에는 재판이 중단되어야 하는지 여부의 논쟁이 제기된다.[1)]

(ii) 재판 계속 대통령의 형사상 특권은 재직 중 형사범죄와 관련된 소추를 받지 아니한다는 의미이며 따라서 취임 이전에 범한 범죄와 관련된 재판을 중

1) 2017년 대통령선거과정에서 홍준표 새누리당 대통령 후보가, 2024년 더불어민주당의 이재명 대표가 형사피고인으로서 재판 중이었다. 이에 한동훈 전 국민의힘 비상대책위원장이 헌법 제84조의 해석론을 들고 나왔다. 미국에서도 2024년 트럼프 공화당 대통령 후보가 배심원단의 유죄평결을 받아 문제가 제기되고 있: 중앙일보 2024.6.1; 김중구, "대통령의 면책특권과 민사상 손해배상 책임", 미국헌법연구 36-2.

단하여서는 아니 된다. 왜냐하면 헌법 제84조는 "재직중"이라고 규정하고 있기 때문이다. 이는 헌법 조문의 문리해석에 부합한다(허영·김상겸·신평·임지봉·장영수·전학선·황도수).

(iii) 재판 중단 대통령이 재임 중 형사재판을 받게 된다면, 법원의 재판 과정에서 대통령이 정상적인 국정수행을 할 수 없게 된다. 대통령 취임 이전의 행위로 인하여 공직에서 추방되어서는 아니 된다는 것이 형사상 특권을 부여한 역사적 해석에 부합한다(김선택·노희범·차진아·한상희·홍완식). 형사소송법의 '국가소추주의'(제246조)에서 소추는 공소 제기와 공소 수행을 포괄한다(조국).

(iv) 소결(형사상 특권의 합목적적 해석 필요성) 법실증주의적인 문리해석에 따라 재판이 계속된다고 보면 대통령의 형사상 특권이 사실상 형해화될 우려가 있다. 즉 대통령 취임 전 진행되었던 형사재판이 취임 후에도 계속된다면, 결국 확정판결로 이어질 수 있다. 만약 대통령이 금고 이상의 형의 확정판결을 받게 되면 국가공무원으로서의 신분을 잃게 된다(국가공무원법 제33조·제69조). 생각건대 직접선거·보통선거를 통하여 국민적 정당성을 확보한 대통령이 취임 전 기소된 재판에 따라 대통령직을 상실하는 것은 바람직하지 아니하다. 따라서 대통령은 재임 중 소추되지 아니하는 것과 같은 논리의 연장선상에서 재임 중 재판은 중단되어야 한다. 즉 불소추 특권은 수사에서부터 재판에 이르기까지 모든 형사사법절차에서 작동되어야 헌법규범의 실효성을 담보할 수 있다. 이러한 해석이 대통령에게 형사상 특권을 부여한 헌법규범의 객관적 해석·목적론적 해석에 부합한다. 탄핵이 "직무집행에 있어서 헌법이나 법률을 위배한 때"로 한정되듯이 직무와 무관한 취임 전 행위로 인하여 대통령직이 박탈되어서는 아니 된다(헌재 1995.1.20. 94헌마246, 불기소처분취소(각하, 기각)). 향후 헌법개정 시에는 더 이상 불필요한 논쟁이 촉발되지 아니하도록 프랑스헌법과 같이 보다 포괄적으로 대통령의 형사상 특권을 규정할 필요가 있다.[1)]

2. 탄핵결정 이외의 사유로 인한 파면의 금지

대통령은 탄핵 이외의 사유로 파면되지 아니한다. 이는 국가원수이자 행정부 수반인 대통령직의 특성상, 파면권자가 없는 점의 반사적 효과로 볼 수도 있다.

---

1) 비교헌법적으로 살펴보면 대통령의 형사상 특권에 관하여 대통령제의 모국인 미국은 실정법에 전혀 규정하지 아니한다(정일영, "미국 대통령 면책특권의 형성과 변화", 미국헌법연구 35-3). 다수의 국가(이탈리아·그리스·대만·필리핀·싱가포르 등) 헌법은 우리와 비슷하다. 프랑스헌법(제67조)은 이에 관하여 상세히 규정한다: "대통령 임기 중에는 그 어떤 프랑스의 법원이나 행정당국도 증언을 위하여 대통령의 출석을 요구할 수 없으며, 제소, 심리, 수사나 소추의 대상이 되지 아니한다. 임기 중에는 모든 시효의 진행이 중단된다. 대통령 재직 중 중단된 모든 소송이나 절차는 그 직무가 종료된 때로부터 한 달 후 재개된다"; 한동훈, "대통령의 형사상 특권의 적용범위에 관한 연구", 헌법학연구 31-2.

탄핵소추는 형사상 특권과 그 성격을 달리하므로 재직 중에도 가능하다. 탄핵소추의 의결이 있으면 그 권한행사가 정지되며, 탄핵결정이 있으면 대통령직에서 파면된다. 대통령직의 특수성을 고려하여 탄핵소추는 국회 재적의원 과반수의 발의와 재적의원 3분의 2 이상의 찬성이 있어야 한다(제65조).

3. 대통령으로서의 직책을 성실히 수행할 의무

대통령에게 특권을 부여한 만큼 대통령은 막중한 책무를 진다. 이는 대통령취임선서에서도 잘 드러난다. "헌법 제69조는 대통령의 취임선서의무를 규정하면서, 대통령으로서 '직책을 성실히 수행할 의무'를 언급한다. 비록 대통령의 '성실한 직책수행의무'는 헌법적 의무에 해당하나, '헌법을 수호하여야 할 의무'와는 달리, 규범적으로 그 이행이 관철될 수 있는 성격의 의무가 아니므로, 원칙적으로 사법적 판단의 대상이 될 수 없다"(헌재 2004.5.14. 2004헌나1, 대통령(노무현) 탄핵(기각)). 또한 대통령직의 수행에 전념하게 하기 위하여 "대통령은 국무총리·국무위원·행정각부의 장 기타 법률이 정하는 공사(公私)의 직을 겸할 수 없다"(제83조).

Ⅵ. 대통령퇴임 후의 예우

헌법상 "전직대통령의 신분과 예우에 관하여는 법률로 정한다"(제85조). 특히 직전 대통령은 국가원로자문회의의 의장이 되고 그 외의 전직대통령은 위원이 된다. 국가원로자문회의는 국정의 중요한 사항에 관한 대통령의 자문에 응하기 위한 기구이나, 필수적 헌법기관은 아니다(제90조). '전직대통령 예우에 관한 법률'에서는 연금·경호 등에 관하여 상세히 규정한다. 그러나 ① 재직 중 탄핵결정을 받아 퇴임한 경우, ② 금고 이상의 형이 확정된 경우, ③ 형사처분을 회피할 목적으로 외국정부에 도피처 또는 보호를 요청한 경우, ④ 대한민국의 국적을 상실한 경우 등의 사유가 있을 때에는 필요한 기간의 경호 및 경비를 제외하고 전직대통령으로서의 예우를 하지 아니한다(제7조 제2항).

제 3 항　대통령의 권한

Ⅰ. 의　의

(ⅰ) 대통령의 헌법상 지위가 정부형태에 따라 상이하듯이 그 권한 또한 정부형태에 따라 달라진다. 의원내각제 국가에서 대통령의 권한은 명목적·의례적·상징적일 수밖에 없다. 그러나 대통령제에서 집행부의 권한은 대통령으로 명실상부하게 일원화되어 있다. 이원정부제(반대통령제)에서 대통령은 수상을 중심으로 하는 좁은 의미의 정부와 권한을 나누어 가진다.

(ⅱ) 한국헌법상 대통령은 국가원수이자 행정권의 수반이다(제66조 제4항). 따라서 국정의 모든 부분에 걸쳐서 권한을 가지지만, 실제로는 국무총리를 중심으로 하는 좁은 의미의 정부와 상당부분 공유한다. 대통령은 헌법상 강력하고 다양한 종류의 권한을 가지기 때문에 그 권한의 설명 방식 또한 다양할 수 있다. 헌법상 지위에 기초한 권한의 설명도 가능하지만 이하에서는 편의상 권한의 구체적 내용을 기준으로 설명한다.

Ⅱ. 헌법기관구성에 관한 권한

대통령은 헌법기관구성권자로서의 권한을 가진다. 그 구체적 내용은 국가원수로서의 권한과 행정수반으로서의 권한으로 나누어진다(심경수, "권력분립과 대통령의 임명권", 헌법학연구 23-3).

1. 국가원수로서 헌법기관구성권자

대통령은 국정의 최고책임자로서 정부 이외의 헌법기관 구성에 관한 권한을 가진다. 헌법재판소장 및 헌법재판관임명권, 대법원장 및 대법관임명권, 중앙선거관리위원회 위원(3人)의 임명권자이다(제104조, 제111조, 제114조). 그러나 대통령이 가진 임명권에는 실질적으로 다양한 제한이 가하여진다. 헌법재판소장·대법원장은 국회의 동의를 얻어 임명한다. 대법관은 대법원장의 제청으로 국회의 동의를 얻어 임명한다. 9인의 헌법재판관 중 3인은 국회에서 선출하는 자를, 3인은 대법원장이 지명하는 자를 임명한다. 중앙선거관리위원회 위원은 3인은 국회에서 선출하는 자를, 3인은 대법원장이 지명하는 자로 구성된다. 또한 국회에서 선출하는 사람과 국회의 임명동의를 얻어야 하는 사람은 인사청문특별위원회를 거쳐야 하고, 나머지 헌법재판관·중앙선거관리위원회 위원도 국회 소관상임위원회에서 인사청문회를 거쳐야 한다. 결국 대통령은 헌법재판관 3인과 중앙선거관리위원 3인만 재량적 권한으로 임명할 수 있다. 다만, 이들 권한은 국가원수로서의 대통령의 권한이므로 헌법상 국무회의의 필수적 심의사항이 아니다.

2. 행정수반으로서 행정기관구성권자

대통령은 행정수반으로서 행정부의 구성권을 가진다. 즉 국무총리·국무위원, 감사원장, 행정각부의 장 및 중요공직자임명권을 가진다. 국무총리는 국회의 사전동의를 얻어 임명한다(제86조 제1항). 국무위원 및 행정각부의 장은 국무총리의 제청으로 임명한다(제87조 제1항·제94조). 감사원장은 국회의 동의를 얻어 임명한다(제98조 제2항). 감사위원은 감사원장의 제청으로 임명한다(제98조 제3항). 국회는 국무총리와 감사원장의 임명동의를 처리하기 전에 인사청문회를 실시한다(국회법 제65조의2).

Ⅲ. 국민투표부의권

1. 의 의

(ⅰ) 대의민주주의에서 국민이 직접 국정에 참여하는 직접민주주의의 구현은 쉬운 일이 아니다. 국민투표제도(國民投票制度)는 집행권이 의회나 정당에 대하여 가지는 독자적인 수단이다. 그러나 국민투표제도가 독재자의 권력 남용을 위한 도구로 전락하기도 한다. 프랑스에서 보나파르티즘(bonapartisme)의 경험과 권위주의체제의 민의조작이 이를 단적으로 보여준다. 이에 국민투표라는 국민에게 직접 호소하는 제도에 대한 의구심이 야기되기도 한다. 국가 전체의 차원이 아닌 지역적 차원에서의 국민투표도 같은 문제점이 있다.

(ⅱ) 하지만, 루소가 사회계약론에서 직접민주주의의 이상을 주장한 이래 국민투표제도는 대의민주제의 보완이라는 측면에서 그 가치를 인정할 수 있다.

2. 국민투표의 유형

(1) 의 의

국민투표제도는 여러 가지 관점에서 다양하게 논의된다.[1] 일반적으로 국민투표제도는 그 시행시기·절차·대상·성격 등에 따라서 유형화된다.

(2) 넓은 의미의 국민투표

(i) 첫째 유형은 **국민거부**이다. 국민거부란 의회에서 제정한 법률에 대하여 일정한 숫자의 국민이 서명하여 해당 법률의 전부 또는 일부의 폐지 또는 시행을 반대하기 위하여 국민투표를 청원하는 제도이다. 이러한 유형은 이탈리아헌법에서 찾아볼 수 있다.

(ii) 국민거부와 유사한 **국민소환**(recall)은 국민들의 청원에 의하여 임기 중에 있는 선출직 공직자에 대하여 개인 혹은 집단적으로 임기를 종료시키기 위하여 국민투표에 부의하는 제도이다. 국민소환은 국가단위보다는 지방자치 차원에서 확대된다(지방자치법 및 '주민소환에 관한 법률').

(iii) **국민발안**(initiative)이란 헌법이나 법률의 제정 혹은 개정을 청원하여 이를 국민투표에 부의하는 제도이다. 제3공화국헌법은 국회의원선거권자 50만인 이상에게 헌법개정발안권을 부여한 바 있다(제119조 제1항).

(iv) **국민투표**(referendum)가 가장 일반화되어 있고 보편적인 제도이다.

(3) 좁은 의미의 국민투표(레퍼렌덤)

중요정책 또는 법안에 대하여 국민이 직접 찬성 또는 반대의 의사를 표현하는 국민투표제도는 좁은 의미의 국민투표이다. 이러한 국민투표제도는 ① 실시의 임의성 여부에 따라 선택적 국민투표와 필수적 국민투표로, ② 단순히 주어진 의제(議題)에 대한 찬반만 묻느냐 아니면 최고정책결정권자인 대통령 등의 신임을 묻느냐에 따라 국민투표(레퍼렌덤)와 신임투표(플레비시트)로, ③ 실시지역의 규모에 따라 전국단위 국민투표와 지방단위 국민투표로 나누어 볼 수 있다.

A. 선택적 국민투표와 필수적 국민투표

국민투표제도를 도입하는 나라에서도 국민투표의 실시 여부는 선택 사항이다. 즉 널리 일반적으로 필수적 국민투표제도를 도입하는 나라는 없다. 다만, 헌법개정에 있어서는 필수적 국민투표제도를 도입하는 나라가 있다(강한 경성헌법).

B. 레퍼렌덤과 플레비시트

(i) 특정 사안과 관련하여 제도화된 국민투표(레퍼렌덤)에 통치권자의 신임문제를 결부시킴으로써, 특정 사안에 관한 논의보다는 오히려 통치권자의 정치적

1) 한태연, 헌법과 국민, 고시연구사, 113-142면; 신규하, 국민투표에 관한 연구, 서울대 박사학위논문 2014.2; 이경주, 유권자의 권리찾기 국민소환제, 책세상; 허창환, "헌법 제72조 국민투표에 관한 연구", 공법연구 50-4; Jean-Marie Denquin, *Référendum et plébiscite*, LGDJ, 1976 참조.

신임문제로 그 중점이 돌려지는 현상이 야기된다. 국민투표를 통하여 대통령이나 정부의 신임을 동시에 제기할 때에 그것이 실질적으로는 대통령의 신임만을 묻는 경우에는 신임국민투표라고 불리는 플레비시트(plebiscite, plébiscite)가 된다.

(ii) 플레비시트는 흔히 독재권력이 집권의 합리화를 위한 도구로 악용하여왔기 때문에 비판을 받기도 하였다. 프랑스의 나폴레옹(1802년)이나 독일의 히틀러(1933년) 등은 플레비시트를 통하여 집권을 합리화한 바 있다. 한국에서도 박정희 대통령은 1975년에 자신의 집권연장을 위하여 플레비시트를 악용하였다. 그러나 1969년 프랑스의 드골 대통령은 국민투표에 자신의 신임을 동시에 제기하는 플레비시트를 통하여 국민의 신임을 얻지 못하자 스스로 사임하는 용단을 내린 바 있다.

C. 전국단위 국민투표와 지역단위 국민투표

일반적으로 국민투표란 전국을 단위로 실시되는 국민투표를 의미한다. 하지만, 전국단위 국민투표는 그 실시에 따른 경제성・효율성 및 기술적 문제점 등으로 인하여 현실적으로 자주 시행되기가 어렵다. 반면에 지역단위 국민투표는 보다 쉽게 실시될 수 있다. 특히 직접민주주의가 가장 활성화된 스위스에서는 주단위 국민투표가 자주 실시된다. 프랑스에서도 국가단위 국민투표(제11조)와는 별개로 지방단위 국민투표의 헌법적 근거를 마련한다(제72조의1).

3. 한국헌법상 국민투표

(1) 의 의

(i) "대통령은 필요하다고 인정할 때에는 외교・국방・통일 기타 국가안위에 관한 중요정책을 국민투표에 붙일 수 있다"(제72조). 대통령은 국가의 중요정책에 관하여 국민투표를 통하여 정책의 국민적 정당성을 확보할 수 있다. 이는 국민적 정당성을 확보하고 있는 대통령이 국민적 정당성의 또 다른 축인 국회를 배제하고 직접 국민의 의사에 호소하는 유효한 수단으로서, 국민투표부의 여부는 대통령의 재량적 권한이다.

"헌법 제72조는 국민투표에 부쳐질 중요정책인지 여부를 대통령이 재량에 의하여 결정하도록 명문으로 규정하고 있고 헌법재판소 역시 위 규정은 대통령에게 국민투표의 실시 여부, 시기, 구체적 부의사항, 설문내용 등을 결정할 수 있는 임의적인 국민투표발의권을 독점적으로 부여하였다고 하여 이를 확인하고 있다. 따라서 특정의 국가정책에 대하여 다수의 국민들이 국민투표를 원하고 있음에도 불구하고 대통령이 이러한 희망과는 달리 국민투표에 회부하지 아니한다고 하여도 이를 헌법에 위반된다고 할 수 없고 국민에게 특정의 국가정책에 관하여 국민투표에 회부할 것을 요구할 권리가 인정된다고 할 수도 없다"(헌재 2005.11.24. 2005헌마579, 신행정수도 후속대책을 위한 연기·공주지역 행정중심복합도시 건설을 위한 특별법 위헌확인(각하)).

(ii) 또한 헌법 제130조에서는 헌법개정절차에 있어서 국회의 의결을 거친 후 국민투표를 통하여 확정하게 함으로써 헌법개정에 관한 한 필수적 국민투표제도를 도입하고 있다(강한 경성헌법).

(iii) 현행 국민투표제도에 대하여 몇 가지 논란이 제기된다. 첫째, 현행 국민투표는 의결 정족수를 명시하고 있지 아니한다. 이에 대하여는 국민투표에 부의하는 대통령에게 의결 정족수 결정의 재량이 인정된다는 견해도 있을 수 있다. 하지만, 이 경우는 헌법개정 국민투표 조항인 헌법 제130조 제2항을 유추적용하는 것이 바람직하다. 둘째, 국민투표 결과에 대하여 법적 구속력이 있는지 여부가 논란이 있을 수 있다. 하지만, 주권자의 국민적 선택에 대하여는 당연히 법적 구속력을 부여하여야 한다. 셋째, 대통령이 자신에 대한 신임국민투표 또는 특정 정책에 자신의 신임을 연계한 국민투표를 실시할 수 있는지 여부에 관하여 헌법재판소는 부정적이다. 이에 관하여는 레퍼렌덤과 플레비시트에서 상론한다.

(2) 한국헌법사에서 국민투표

(i) 제2차 헌법개정(1954년 헌법)에서 국민투표제도를 도입한 이래, 1975년 실시된 국민투표를 제외하고는 모두 헌법개정을 위한 국민투표이다.

① 1962.12.17, 헌법개정(제3공화국헌법), 찬성률 78.8%, ② 1969.10.17, 헌법개정(3선개헌), 찬성률 65.1%, ③ 1972.11.21, 헌법개정(유신헌법), 찬성률 91.5%, ④ 1975.2.12, 헌법개정 및 정부신임, 찬성률 73.1%, ⑤ 1980.10.22, 헌법개정(제5공화국헌법), 찬성률 91.6%, ⑥ 1987.10.27, 헌법개정(제6공화국헌법), 찬성률 93.1%.

(ii) 1975년 박정희 대통령이 부의한 국민투표는 유신헌법에 대한 신임을 묻는 국민투표였던바, 그것은 한편으로는 헌법개정과 관련되고 다른 한편으로는 신임투표의 성격을 띠고 있다. 하지만, 이 국민투표는 유신체제와 박정희체제를 정당화하는 도구로 악용된 권위주의체제의 민의조작이다.

(iii) 한국헌법사에서 그간 실시된 국민투표에서 한 번도 부결된 적이 없다는 점에서, 국민투표가 하나의 장식품으로 전락하였다는 비판을 받는다. 기록적인 찬성률이 이를 잘 보여준다. 하지만, 이 과정에서도 국민투표가 가지는 최소한의 의의를 찾을 수는 있다. 국민의 격렬한 반대에 봉착한 바 있는 대통령의 3선개헌안이 역대 국민투표 중 가장 낮은 지지율을 보였다. 또한 극심한 통제체제였음에도 불구하고 유신헌법과 정부에 대한 신임을 묻는 국민투표가 두 번째로 낮은 지

지율을 보여주었다. 반면에 1987년 6월항쟁 이후 여야합의에 의한 제6공화국헌법안에 대하여 가장 높은 지지를 받았다.

(3) 헌법 제72조의 중요정책 국민투표

좁은 의미의 국민투표제도인 헌법 제72조의 국민투표는 선택적(임의적) 국민투표이며, 동시에 전국단위 국민투표이다. 또한 원칙적으로 신임투표가 아닌 일반적 의미의 국민투표이다. 그런데 헌법상 중요정책의 의미와 관련하여 국민투표의 대상이 무엇인가에 관한 논의가 계속된다.

A. 레퍼렌덤과 플레비시트

(i) 헌법 제72조에서 국민투표의 대상을 "외교·국방·통일 기타 국가안위에 관한 중요정책"이라고 규정한다. "기타 국가안위에 관한 중요정책"이라고 규정하고 있으므로 헌법상 국민투표에 회부되는 대상은 예시적 규정으로 보아야 한다. 따라서 대통령은 국민투표 대상을 선택하면서 폭넓은 재량권을 가진다. 그런데 이 조항을 통하여 신임투표(플레비시트)가 가능한지 의문이 제기된다.

1987년 대통령선거과정에서 민주정의당의 노태우 후보는 대선공약으로 집권하면 중간평가를 받겠다고 하여, 신임투표를 실시하리라고 기대하였으나, 당선된 후에 이를 실천하지 아니하였다. 그런데 노무현 대통령은 2003년 10월 13일 국회본회의에서 행한 시정연설에서 정책과 결부하지 아니하고 단순히 신임 여부만을 묻는 국민투표를 실시하고자 한다고 밝힘으로써, 그 신임의 의미와 방법에 관하여 논란이 증폭된 바 있다.

(ii) 신임 국민투표의 위헌 여부에 관한 다툼은 헌법소원의 제기로 헌법재판소의 판단을 받은 바 있다. 헌법재판소 다수의견(5인)은 "심판의 대상이 된 대통령의 행위가 법적인 효력이 있는 행위가 아니라 단순한 정치적 계획의 표명에 불과하기 때문에 공권력의 행사에 해당하지 않는다"라는 이유로 심판청구를 부적법하다고 보아 이를 각하하였다(헌재 2003.11.27. 2003헌마694등, 대통령신임투표를 국민투표에 붙이는 행위 위헌확인(각하)). 하지만, 대통령 노무현 탄핵심판사건에서 헌법재판소는 같은 사안을 두고서 대통령이 위헌적인 재신임 국민투표를 단지 제안만 하였을 뿐 강행하지는 아니하였으나, 헌법상 허용되지 아니하는 "재신임 국민투표를 국민들에게 제안한 것은 그 자체로서 헌법 제72조에 반하는 것으로 헌법을 실현하고 수호해야 할 대통령의 의무를 위반"하였다고 판시하였다. 이처럼 앞의 헌법소원 사건에서와 다른 입장은 탄핵사건에서 소수의견을 밝히지 아니하기로 한 데에서 비롯되므로 이 결정을 놓고 판례의 변경으로 보기는 어렵다. 왜냐하면 헌법소원과 탄핵심판은 그 본질과 심판의 대상이 다르기 때문이다. 이와 관련된 주요 판시 사항은 다음과 같다(헌재 2004.5.14. 2004헌나1, 대통령(노무현) 탄핵(기각)).

"헌법 제72조의 국민투표의 대상인 '중요정책'에는 대통령에 대한 '국민의 신임'이 포함되지 않는다. 선거는 '인물에 대한 결정' 즉, 대의제를 가능하게 하기 위한 전제조건으로서 국민의 대표자에 관한 결정이며, 이에 대하여 국민투표는 직접민주주의를 실현하기 위한 수단으로서 '사안에 대한 결정' 즉, 특정한 국가정책이나 법안을 그 대상으로 한다. 따라서 국민투표의 본질상 '대표자에 대한 신임'은 국민투표의 대상이 될 수 없으며, 우리 헌법에서 대표자의 선출과 그에 대한 신임은 단지 선거의 형태로써 이루어져야 한다. 대통령이 이미 지난 선거를 통하여 획득한 자신에 대한 신임을 국민투표의 형식으로 재확인하고자 하는 것은, 헌법 제72조의 국민투표제를 헌법이 허용하지 않는 방법으로 위헌적으로 사용하는 것이다. 대통령은 헌법상 국민에게 자신에 대한 신임을 국민투표의 형식으로 물을 수 없을 뿐만 아니라, 특정 정책을 국민투표에 붙이면서 이에 자신의 신임을 결부시키는 대통령의 행위도 위헌적인 행위로서 헌법적으로 허용되지 않는다. … 결론적으로, 대통령이 자신에 대한 재신임을 국민투표의 형태로 묻고자 하는 것은 헌법 제72조에 의하여 부여받은 국민투표부의권을 위헌적으로 행사하는 경우에 해당하는 것으로, 국민투표제도를 자신의 정치적 입지를 강화하기 위한 정치적 도구로 남용해서는 안된다는 헌법적 의무를 위반한 것이다."

(iii) 생각건대 한국헌법 제72조는 분명히 '중요정책'이라고 명시하고 있기 때문에, 단순히 대통령 자신에 대한 추상적인 신임만을 묻는 플레비시트는 받아들이기 어렵다. 하지만, 대통령이 국민에게 자신의 신임을 묻고자 할 경우에는 대통령이 국민투표사항으로 제시한 '중요정책'에 대한 인준 여부를 곧 자신에 대한 신임 여부로 결부하는 방식 즉, 중요정책에 대한 레퍼렌덤에 플레비시트의 요소를 동시에 결부하는 방식은 가능하다고 보아야 한다. 그런 점에서 헌법재판소의 헌법 제72조에 대한 경직된 해석론에 동의하기 어렵다(헌재 2004.5.14. 2004헌나1, 대통령(노무현) 탄핵(기각)).

B. 중요정책 국민투표와 법률국민투표

(i) 일반적으로 국민투표란 국민의 뜻을 물어서 국가의 중요정책 등을 결정하는 레퍼렌덤으로 이해된다. 그런데 중요정책의 의미에 법률도 포함되는지 여부, 즉 법률은 국회의 의결을 거쳐 제정하여야 함에도 불구하고, 대통령이 국회를 배제한 채 직접 국민에게 호소하는 법률국민투표제도를 현행헌법상 채택할 수 있느냐의 문제가 제기된다.

(ii) 이에 대하여는 대의제의 원리에 모순될 뿐 아니라 기술적으로도 어려운 점이 많다는 이유로 법률은 제외된다는 부정설이 다수설이다(김철수(하) 1726면; 권영성 995면). 다만, 명시적으로 적시하고 있지는 아니하지만 법률안도 포함되는 듯한 서술도 보인다(허영 1033면). 생각건대 법치국가에서 중요정책은 법률로 구체화되므로 법률을 굳이 중요정책의 개념에서 제외할 필요는 없다고 본다.

(iii) 설령 법률을 제외한다고 하더라도 법률의 핵심적인 내용을 중요정책으로 제시하여 국민투표에서 통과된 후 이를 법률안으로 제시할 경우에 국회에서 반대하기는 어렵다.

프랑스에서는 국민투표를 통하여 확정된 법률은 국회에서 제정한 법률과는 달리 위헌법률심사의 대상이 되지 아니할 뿐만 아니라, 그 법률의 내용이 일반법률과 배치(背馳)될 경우에 동 법률에 대하여 우월적 효과를 부여한다. 이는 프랑스 특유의 위헌법률심사제도와 헌법개정에서 연성헌법 및 국민적 정당성에 기초한 국민주권론으로부터 비롯된다.

(iv) 한국헌법상 국민투표제도에 대하여 비록 프랑스헌법에서와 같은 특수한 의미를 부여하기는 힘들다 하더라도, 국민투표제도 자체가 가지는 순기능을 도외시할 수는 없다. 특히 두 개의 국민적 정당성이 병존하는 한국헌법에서 여소야대 등 분리된 정부 내지 동거정부적인 상황이 전개된다면, 대통령과 국회의 갈등이 심화될 수밖에 없다. 이 경우에 국민투표는 정치적 갈등을 해소하기 위하여 국민의 의사를 직접 확인할 수 있는 유효한 수단이 될 수 있다.

C. 헌법개정을 위한 국민투표

한국헌법에서 헌법개정을 위하여서는 국회의 의결을 거쳐 국민투표로 확정되는 가장 경성적인 헌법개정절차를 채택한다(제10장 헌법개정). 따라서 헌법 제72조 국민투표 조항을 통한 헌법개정은 위헌으로 보아야 한다(제1편 제2장 제1항 V. 3. 참조).

4. 소 결

현대 대의민주주의의 문제점을 극복하고 국민적 합의를 도출할 수 있는 유일한 방안은 국민투표제도라는 점을 부인할 수 없다. 국민으로부터 직선된 대통령과 국회의 임기가 다 같이 보장되고 있는 체제에서는 더욱 그 제도적 가치를 찾을 수 있다. 특히 남북한 통일과 관련된 현안이 제기될 경우에는 대통령의 국민투표부의권 발동이 불가피한 상황도 전개될 수 있다.

Ⅳ. 입법에 관한 권한

1. 국회에 관한 권한

(1) 임시회 집회요구권

대통령은 국무회의의 필수적 심의(제89조 제7호)를 거쳐, "기간과 집회요구의 이유를 명시하여"(제47조 제3항), 국회에 임시회의 집회를 요구할 수 있다(제47조 제1항).

(2) 국회 출석·발언권

“대통령은 국회에 출석하여 발언하거나 서한(書翰)으로 의견을 표시할 수 있다”(제81조). 이는 대통령의 권한이지 의무는 아니다. 하지만, 대통령은 행정권의 수반으로서 국회에 출석하여 연두교서(年頭敎書)를 직접 발표하는 게 바람직하다. 그 밖에도 대통령은 일반국정에 관하여 국회에 의견을 제시할 수 있다.

2. 입법에 관한 권한

대통령이 가지는 실질적 의미의 입법, 즉 법규범정립에 관한 권한으로는 헌법개정·국회의 법률제정·행정입법에 관한 권한으로 나누어 볼 수 있다.

(1) 헌법개정에 관한 권한

대통령은 헌법개정안을 제안할 수 있다(제128조 제1항). 헌법개정안이 제안되면 대통 대통령은 즉시 이를 공포하여야 한다(제130조).

(2) 법률제정에 관한 권한

A. 법률안제출권

대통령은 국무회의의 심의를 거쳐 국회에 법률안을 제출할 수 있다(제52조, 제89조 제3호). 대통령의 법률안제출권은 대통령제에서는 볼 수 없는 의원내각제 내지 이원정부제적 요소이다.

> “대통령의 법률안제출행위는 국가기관간의 내부적 행위에 불과하고 국민에 대하여 직접적인 법률효과를 발생시키는 행위가 아니므로, 헌법재판소법 제68조에서 말하는 공권력의 행사에 해당되지 아니한다”(헌재 1994.8.31. 92헌마174, 지방자치단체의장선거일불공고 위헌확인 등(각하)).

B. 법률안거부권(법률안 재의요구권)

(a) 재의요구권의 의의

법률안거부권(法律案拒否權) 또는 법률안 재의요구권(法律案 再議要求權)이란 국회에서 의결하여 정부에 이송된 법률안에 대하여 대통령이 이의를 제기하여 국회에 재의를 요구하는 권한이다. 이것은 국회의 고유한 권한인 법률제정권에 대한 대통령의 직접적이고 실질적인 개입권이다.

(b) 재의요구권의 제도적 가치

(ⅰ) 국회의 가장 본원적인 권한은 법률제정권이다. 그런데 대통령의 법률안거부권으로 인하여 국회의 법률제정권이 실질적인 제약을 받는다. 그런 점에서 엄격한 권력분립주의를 채택하는 미국 연방헌법에서 법률안거부권은 이례적인 제도이다.[1] 하지만, 국회의 법률제정에 대한 독점권을 방지함으로써 국회를 견제하

는 장치로 이해할 수 있다. 즉 국회가 법률제정 독점권을 가지게 되면 자칫 위헌적인 법률이 제정될 수도 있을 뿐만 아니라, 행정권을 형해화하는 법률의 제정으로 행정마비현상을 초래할 수도 있기 때문이다. 특히 한국과 같은 단원제 국회에서는 경솔한 국회입법에 대한 **통제수단**으로서도 기능할 수 있다.[1]

(ii) 한국에서 대통령의 법률안거부권 **행사는** 매우 이례적인데, 이는 대체로 국회다수파와 대통령의 소속정당이 일치하였기 때문이다. 그러나 국회다수파와 대통령의 불일치가 발생할 경우에는 대통령의 거부권행사가 국회에 대한 중요한 견제수단으로 작동할 수 있다.[2] 특히 제22대 국회에서 여소야대가 심화되면서 대통령의 법률안거부권 행사가 늘어났다.[3]

(c) 재의요구권의 법적 성격

대통령의 법률안거부권이 법률의 완성에 어떠한 성격을 가지는가에 대하여는 논란이 있다. 법률의 완성에 대한 정지조건을 의미한다는 학설, 취소권을 의미한다는 학설, 공법상의 특유제도라는 학설 등이 있다. 생각건대 법률안거부권은 국회가 재의결할 때까지 법률로서의 확정을 정지시키는 **소극적인 정지적 거부권**(停止的 拒否權)으로 보아야 한다. 대통령의 법률안거부권의 성격을 정지적 거부권으로 이해한다면 국회의 재의결 전까지 대통령은 언제든지 재의요구를 철회할 수 있다고 보아야 한다(실제로 1956년 귀속재산처리특별회계법과 1964년 탄핵심판법에 대하여 대통령이 재의요구를 철회한 사례가 있다).

(d) 재의요구권의 유형

거부의 유형으로는 환부거부와 보류거부가 있다. (i) **환부거부**(還付拒否)는

---

1) 미국 건국 이후 2024.5.31. 현재 대통령은 법률안거부권을 2,596번 행사하였는데, 이 중 환부거부가 1,530건, 보류거부가 1,066건이다. 거부권이 행사된 법률안이 의회에서 재의결된 건수는 112건이다. 박지용, "미국헌법상 대통령의 법률안거부권의 역사적 기원", 미국헌법연구 35-2; 전진영, 역대 대통령의 거부권 행사와 해외 사례, 이슈와 논점 2080; 김선화, 대통령 법률안 재의요구권의 헌법적 한계, 이슈와 논점 2239; 김선화, 국회의 책임성과 임기만료시 법률안재의요구권의 문제, 이슈와 논점 2247; 장효훈, 대통령의 법률안거부권의 역사와 행사사유, 헌법원리와 국가권력 2024-A-2.

1) 정철, "법률안거부권의 헌법적 의의", 세계헌법연구 25-2; 홍석한, "대통령의 법률안 거부권에 대한 고찰", 미국헌법연구 30-1; 이준일, "대통령거부권의 헌법적 한계", 세계헌법연구 29-3; 김정현, "법률안거부권과 탄핵소추권을 중심으로 본 권력충돌과 헌법상 강경책", 헌법학연구 30-4.

2) 1948년 정부 수립 이후 2024년 5월 29일까지 법률안에 대하여 재의요구가 행사된 사례는 총 88건이다. 제헌국회 14건, 제2대 국회 25건, 제3대 국회 3건, 제4대 국회 3건, 제5대 국회 8건, 제6대 국회 1건, 제7대 국회 3건, 제9대 국회 1건, 제13대 국회 7건, 제16대 국회 4건, 제17대 국회 2건, 제19대 국회 3건, 제21대 국회 14건의 법률안에 대하여 재의를 요구하였다. 88건 가운데 의원내각제인 제5대 국회에서 민의원의 재의에 붙여졌던 8건의 재의요구를 제외하면 80건이다.

3) 제22대 국회 개원 이래 2025년 4월 말까지 무려 28건의 재의요구권이 행사되었다. 특히 김건희 여사 특검법은 4차례 거부되었다. 권한대행으로는 고건 2건, 한덕수(1차) 6건, 최상목 9건, 한덕수(2차) 2건의 재의요구권을 행사하였다.

국회에서 의결하여 정부에 이송한 법률안이 이송된 후 15일 이내에 대통령이 이의서를 첨부하여 국회에 환부하고 재의를 요구하는 제도이다(제53조 제2항). 국회가 폐회 중이라도 의원의 임기만료로 인한 경우가 아닌 한 환부거부를 할 수 있다(제53조 제2항). 그러나 "대통령은 법률안의 일부에 대하여 또는 법률안을 수정하여 재의를 요구할 수 없다"(제53조 제3항). 즉 일부거부나 수정거부는 인정되지 아니한다.

(ii) 보류거부(保留拒否)란 국회의 장기휴회나 폐회 등으로 인하여 대통령이 지정된 기일 안에 환부할 수 없는 경우에 그 법률안이 자동적으로 폐기되는 제도이다. 미국에서는 보류거부가 인정되나, 현행 한국헌법상 보류거부가 인정되는지에 관하여는 부분긍정설과 부정설이 있다. 부분긍정설에 의하면 보류거부는 원칙적으로 인정되지 아니하지만 국회의원의 임기만료로 폐회되거나 국회가 해산된 경우에는 환부가 불가능하기 때문에 법률안이 폐기되므로 보류거부가 예외적으로 인정된다는 입장이다. 그러나 헌법상 회기계속의 원칙(제51조)을 취하고, 국회 폐회 중의 환부를 인정하고(제53조 제2항), 15일 이내에 공포나 재의요구를 하지 아니하면 "법률로서 확정"(제53조 제5항)되기 때문에 보류거부는 원칙적으로 인정될 수 없다(부정설). 다만, 국회의 임기만료에 따른 법률안의 폐기는 보류거부라기보다는 새로운 국민적 정당성에 근거한 새 국회가 지난 국회의 의안을 승계하지 아니함에 따른 결과이다. 즉 지난 국회의 민주적 정당성이 끝남에 따른 반사적 효과에 불과하다. 따라서 국회에서 의결된 법률안에 대하여 대통령이 공포나 재의결 요구를 하지 아니하더라도 해당 법률안은 국회임기만료에 따라 자동적으로 폐기된다.

(e) 재의요구권의 행사요건

(i) 실질적 요건 재의요구권 행사의 실질적 요건에 관하여는 명문의 규정은 없다. 하지만, 제도의 취지에 비추어 볼 때 거부권의 행사에는 정당한 사유와 필요성이 있어야 한다. 즉 ① 위헌적 법률안, ② 국익에 어긋나는 법률안, ③ 집행 불능의 법률안, ④ 정부에 부당한 정치적 압력을 가하는 내용을 담고 있는 법률안 등에 대하여는 재의요구권을 행사할 수 있다. 다른 한편 재의요구권 행사의 헌법 내재적 한계라는 관점에서 ① 이익충돌금지원칙에 따라 대통령의 사적인 이해에 따른 거부권행사(김선화), ② 권력분립원칙에 따라 국회의 입법재량권을 무력화하는 거부권행사(김종철·홍석한), ③ 대통령의 헌법상 책무에 어긋나는 거부권행사(김선화) 등은 위헌이라는 견해도 제기된다.

(ii) 절차적 요건 "국회에서 의결된 법률안은 정부에 이송되어 15일 이내

에 대통령이 공포한다"(제53조 제1항). 그런데 "법률안에 이의가 있을 때에는 대통령은 제1항의 기간 내에 이의서(異議書)를 붙여 국회로 환부(還付)하고, 그 재의(再議)를 요구할 수 있다. 국회의 폐회 중에도 또한 같다"(제53조 제2항).

(f) 국회의 재의결

대통령의 재의요구에 대하여 국회는 독자적으로 법률안에 대한 결정권을 가진다. "재의(再議)의 요구가 있을 때에는 국회는 재의에 붙이고, 재적의원 과반수의 출석과 출석의원 3분의 2 이상의 찬성으로 전과 같은 의결을 하면 그 법률안은 법률로서 확정된다"(제53조 제4항). 그런데 환부거부된 법률안에 대한 국회의 재의결 시한에 관하여 헌법과 법률에 규정이 없기 때문에 이와 같은 법적 흠결은 보완이 필요하다(정재황). 재의결로 "확정법률이 정부에 이송된 후 5일 이내에 대통령이 공포하지 아니할 때에는 국회의장이 이를 공포한다"(제53조 제6항).

(g) 재의요구권 행사에 대한 사후 통제

대통령의 재의요구권 행사에 대하여 헌법재판소의 권한쟁의심판 또는 탄핵심이 가능하다는 견해도 있다(이준일). 하지만, 대통령의 재의요구권 행사 이후 국회는 헌법이 정한 절차에 따라 입법권을 행사할 수 있기 때문에 이로 인하여 국회의 입법권이 침해되었다고 볼 수 없으므로 권한쟁의심판의 대상이 되지 아니한다(박진우·한수웅). 또한 헌법은 대통령에게 재의요구권 행사 여부에 관하여 폭넓은 재량을 인정하고 있기 때문에 원칙적으로 탄핵심판의 대상이 되지 아니한다(한수웅). 다만, 거부권의 행사요건 즉 실질적 요건이나 절차적 요건을 중대하고 명백하게 위배하였을 경우에는 권한쟁의심판이나 탄핵심판의 대상이 될 수 있다.

C. 법률안공포권

(i) "국회에서 의결된 법률안은 정부에 이송되어 15일 이내에 대통령이 공포한다"(제53조 제1항). 이 기간 내에 대통령이 공포나 재의의 요구를 하지 아니한 경우에는 15일 경과 시에, 국회에서 재의결한 경우에는 재의결 시에, 법률안은 법률로서 확정되고(제53조 제4항, 제5항), 대통령은 이를 지체없이 공포하여야 한다(제53조 제6항 제1문). 정부는 대통령이 법률안을 공포한 경우에는 이를 지체 없이 국회에 통지하여야 한다(국회법 제98조 제2항). 법률안이 확정되었으나 대통령이 공포하지 아니하는 경우, 대통령이 이송받아 15일이 경과하여 확정된 때에는 확정된 후로부터 5일이 지난 경우나, 국회의 재의결로 확정된 때에는 확정법률이 정부에 이송된 후로부터 5일이 지나면, 국회의장이 이를 공포한다(제53조 제6항 제2문). 법률은 특별한 규정이 없으면, 공포한 날로부터 20일을 경과함으로써 효력을 발생한다(제53조 제7항).

(ⅱ) 공포는 법률의 효력발생요건이다. 헌법은 대통령이 법률안을 공포하지 아니하면 이를 법률로써 확정시키고, 확정된 법률마저 대통령이 공포하지 아니하면 국회의장이 이를 공포하도록 한다. 만약 국회의장마저 이를 공포하지 아니하는 경우에는, 그 법률은 효력이 없다. 이때 법률의 제정권자인 국회를 구성하는 국회의원은 국회의장을 상대로 헌법재판소에 권한쟁의심판을 청구할 수 있다. 그런데 권한쟁의심판은 이행, 즉 공포를 명할 수 없는 한계가 있다(헌재법 제66조). 이는 헌법이 전혀 예상하지 못한 상황으로, 이런 경우 공포 없이도 법률의 효력을 발생하게 하는 입법, 즉 공포를 간주하는 입법이 필요하다. 특단의 경우 공포 없이 법률의 효력을 발생시켜도 위의(제53조 제7항) '특별한 규정'에 해당하여 합헌이라 할 수 있다.

3. 행정입법에 관한 권한

(1) 의　의

(ⅰ) 대통령은 행정입법권(行政立法權)을 가진다. 행정입법이란 행정기관이 정립하는 일반적·추상적 법규범이다. 법규범의 단계구조나 법치주의의 원칙상 입법권은 국회에 속하고(제40조), 특히 국민의 권리·의무에 관한 법규사항은 법률로 정하여야 하나(제37조 제2항), 예외적으로 대통령에게 행정입법권을 부여한다. 즉 "대통령은 법률에서 구체적으로 범위를 정하여 위임받은 사항과 법률을 집행하기 위하여 필요한 사항에 관하여 대통령령을 발할 수 있다"(제75조).

(ⅱ) 현대 국가기능의 변화 즉 사회복지국가의 성격과 행정국가 경향에 따라 국가기능은 확대되고 다원화되어 간다. 이에 따라 법규범도 전문화·기술화되어 법률에서는 기본원칙만을 정하고 세부적인 내용은 행정입법으로 정한다.[1]

(2) 종　류

행정입법은 그 성질과 효력에 따라 법규명령과 행정명령(행정규칙)으로 구분된다. 법규명령은 발령주체에 따라 대통령령(제75조)·총리령(제95조)·부령(제95조)으로, 그 성격에 따라 위임명령과 집행명령으로 나눌 수 있다.

A. 법규명령(法規命令)과 행정명령(行政命令)

(a) 법규명령　　(ⅰ) 법규명령은 헌법에 근거하여 행정기관이 발하는 국민의 권리·의무에 관련된 사항(법규사항)에 관한 일반적 명령이다.

(ⅱ) 법규명령은 국민의 권리·의무에 관련된 사항을 추상적 법규범의 형태

---

1) 이재홍, "헌법재판소의 의회유보원칙 심사척도와 심사강도", 공법연구 53-3; 이재희, "행정입법의 합헌성 기준과 행정입법에 대한 통제", 헌법학연구 31-1.

로 규율하여 계속적으로 효력을 가지는 법규범이며, 법규범으로서의 일정한 형식과 절차를 거쳐서 제정되며 관보에 공포됨으로써 유효하게 성립한다. 이에 관하여는 '법령 등 공포에 관한 법률'에서 상세히 규정한다.

(iii) 헌법상 법규명령은 대통령령(제75조) · 총리령(제95조) · 부령(제95조)과 국회규칙(제64조) · 대법원규칙(제108조) · 헌법재판소규칙(제113조) · 중앙선거관리위원회규칙(제114조) 등이 있다. 다만, 법규명령을 규정하고 있는 헌법 조항들은 예시적이므로, 입법자가 사전에 상세한 규율이 불가능한 전문적 · 기술적 영역에 대하여는 예외적으로 행정규칙이지만 법규명령의 성격을 가지는 위임입법이 인정될 수 있다. 이에 따라 행정규제기본법에서 이에 관한 법적 근거를 마련하고 있다(제4조 제2항).

게임제공업자에 대하여 금지되는 경품제공행위와 관련하여 경품의 종류 및 제공방식을 문화관광부장관의 고시로의 위임은 합헌이다(헌재 2009.2.26. 2005헌바94등, 음반 · 비디오물 및 게임물에 관한 법률 제50조 제3호 위헌소원 등(합헌)).

행정규칙은 법규명령과 같은 엄격한 제정 및 개정절차를 필요로 하지 아니하므로, 기본권을 제한하는 내용의 입법을 위임할 때에는 법규명령에 위임하는 것이 원칙이고, 고시와 같은 형식으로 입법위임을 할 때에는 법령이 전문적 · 기술적 사항이나 경미한 사항으로서 업무의 성질상 위임이 불가피한 사항에 한정된다(헌재 2014.7.24. 2013헌바183 등, 구 조세특례제한법 제2조 제3항 위헌소원(합헌)).

(b) 행정명령　　행정명령(행정규칙)은 행정기관이 법규사항과 관련이 없는 사항인 행정부 내부의 조직 · 활동 등을 규율하기 위하여 행정기관의 고유한 권한에 의거하여 발하는 명령이다. 행정명령은 그 내용에 따라 조직규칙 · 근무규칙 · 영조물규칙 등으로 나눌 수 있고, 그 형식은 고시 · 훈령 · 통첩 · 예규 · 지시 · 일일명령 등으로 발령된다. 행정명령 발령의 형식과 절차에 관한 일반규정은 없으나, 행정관행은 공포절차를 거친다.

법률규정에 의하여 "위임된 금융감독위원회의 고시로 규제될 내용 및 범위의 기본사항이 구체적으로 규정되어 있어 누구라도 … 금융감독위원회의 고시에 규정될 내용의 대강을 예측할 수 있다 할 것이므로, 포괄위임입법금지를 선언한 헌법 제75조에 위반되지 아니한다"(헌재 2004.10.28. 99헌바91, 금융산업의구조개선에관한법률 제2조 제3호 가목 등 위헌소원(합헌)).

(c) 법규명령과 행정명령의 비교　　법규명령은 행정기관이 정립한다는 점에서 행정명령과 동일하나, 일반적 · 대외적 구속력을 가지는 법규범이라는 점에서 행정명령과 구별된다. 따라서 법규명령만이 본래의 의미의 행정입법임과 동시에 실질적 의미의 입법작용이다. 그런데 행정실제에서는 행정명령도 법규명령과 같은 법규성을 인정할 필요성이 제기된다. 하지만, 이는 평등원칙 또는 평등권의 법규성의 결과이지, 행정규칙 그 자체의 법규성이 인정된다고 보아서는 아니 된다.

"이른바 행정규칙은 일반적으로 행정조직 내부에서만 효력을 가지는 것이고 대외적인 구속력을 갖는 것이 아니다. 다만 행정규칙이 법령의 규정에 의하여 행정관청에 법령의 구체적 내용을 보충할 권한을 부여한 경우 또는 재량권행사의 준칙인 규칙이 정하는 바에 따라 되풀이 시행되어 행정관행이 이룩되게 되면, 평등의 원칙이나 신뢰보호의 원칙에 따라 행정기관은 그 상대방에 대한 관계에서 그 규칙에 따라야 할 자기구속을 당하게 되는 경우에는 대외적인 구속력을 가지게 된다"(헌재 1990.9.3. 90헌마13, 전라남도 교육위원회의 1990학년도 인사원칙(중등)에 대한 헌법소원(각하)).

법령의 규정이 특정 행정기관에게 법령 내용의 구체적 사항을 정할 수 있는 권한을 부여하면서 권한행사의 절차나 방법을 특정하지 아니한 경우에는 수임 행정기관은 행정규칙이나 규정 형식으로 법령 내용이 될 사항을 구체적으로 정할 수 있다. 이 경우 행정규칙 등은 당해 법령의 위임한계를 벗어나지 아니하는 한 대외적 구속력이 있는 법규명령으로서 효력을 가지게 되지만, 이는 행정규칙이 가지는 일반적 효력이 아니라 행정기관에 법령의 구체적 내용을 보충할 권한을 부여한 법령 규정의 효력에 근거하여 예외적으로 인정되는 것이다. 따라서 그 행정규칙이나 규정이 상위법령의 위임범위를 벗어난 경우에는 법규명령으로서 대외적 구속력을 인정할 여지는 없다. 이는 행정규칙이나 규정 '내용'이 위임범위를 벗어난 경우뿐 아니라 상위법령의 위임규정에서 특정하여 정한 권한행사의 '절차'나 '방식'에 위배되는 경우도 마찬가지이므로, 상위법령에서 세부사항 등을 시행규칙으로 정하도록 위임하였음에도 이를 고시 등 행정규칙으로 정하였다면 그 역시 대외적 구속력을 가지는 법규명령으로서 효력이 인정될 수 없다(대판 2012.7.5. 2010다72076).

B. 위임명령(委任命令)과 집행명령(執行命令)

(a) 위임명령

(i) 의 의 ① 위임명령은 헌법에 근거하여 법률에서 구체적으로 범위를 정하여 위임한 경우에 행정기관이 발하는 법규명령이다. 위임명령은 법률이 위임한 사항을 실질적으로 보충하는 보충명령이다. 대통령은 "법률에서 구체적으로 범위를 정하여 위임받은 사항에 관하여 대통령령을 발할 수 있다"(제75조). "'구체적으로 범위를 정하여'라고 함은 법률 그 자체에 이미 대통령령으로 규정될 내용 및 범위의 기본적 사항이 구체적으로 규정되어 있어서 누구라도 당해 법률 그 자체에서 대통령령에 규정될 내용의 대강을 예측할 수 있어야 함을 의미하고, 그렇게 하지 아니한 경우에는 위임입법의 한계를 일탈한" 명령이다. 이때 예측가능성의 유무는 당해 특정조항으로 판단하여서는 아니 되고 관련 법률조항 전체를 유기적·체계적으로 종합 판단하여야 하며 각 대상법률의 성질에 따라 구체적·개별적으로 검토되어야 한다(대판 2008.11.27. 2006두19570)(헌재 1994.7.29. 93헌가12, 도시계획법 제92조 제1호 등 위헌제청(합헌); 헌재 2001.11.29. 2000헌바23, 수도권정비계획법 제2호 제3호 등 위헌소원(합헌))(헌재 1995.9.28. 93헌바50, 특정범죄가중처벌등에 관한법률 제4조 위헌소원(위헌)). 헌법 제75조는 위임입법의 헌법상 근거를 마련함과 동시에 위임의 한계를 제시하며 이는 행정부에 입법을 위임하는 수권법률의 명확성원칙에 관한 규정으로서 법률의 명확성의 원칙이 행정입법에 관하여 구체화된 특별

규정이라 할 수 있다(헌재 1999.4.29. 94헌바37, 택지소유상한에 관한법률 제2조 제1호 나목 등 위헌소원(위헌)).

② 헌법 제75조의 규정에 따라 행정입법의 수요와 헌법상 기본권 보장의 원칙과의 조화를 기하기 위하여 위임입법은 허용하되 백지위임은 허용되지 아니한다(헌재 1998.2.27. 95헌바59, 주차장법 제19조의4 제1항 위헌소원(합헌)). 즉 위임명령의 내용은 수권법률이 수권한 규율대상과 목적의 범위 안에서 정하여야 하며 이를 위배한 위임명령은 위법한 법규명령으로서 위임입법의 한계를 벗어난 위법한 명령이 된다(헌재 1997.4.24. 95헌마273, 행정사법 시행령 제3조 제9호 위헌확인(기각)).

(ii) 형 식 ① 수권법률에서 위임명령으로의 위임 형식은 일반적·포괄적 위임이 아니라 특정적·구체적 위임이어야 한다. 국회에서 제정한 법률에서 포괄적·일반적 위임을 하게 되면 국회입법권의 형해화 현상을 초래하므로 포괄적 백지위임은 금지된다. 위임의 구체성과 명확성의 요구 정도는 그 규율대상의 종류와 성격에 따라 달라질 수 있다. 국민의 기본권을 직접적으로 제한 또는 침해할 여지가 있는 처벌법규나 조세법규 등의 법규에서는 구체성과 명확성의 요구가 강화되어 위임의 요건과 범위가 보다 엄격하게 제한적으로 규정이 되어야 한다. 반면에 급부행정의 영역과 다양한 사실관계를 규율하거나 수시로 사실관계의 변화가 예상되는 영역에서는 위임의 구체성과 명확성의 요구는 완화된다. 또한 법률이 대통령령이나 총리령과 같은 행정입법이 아니라 대법원규칙에 위임하는 경우에도 수권법률에서 헌법 제75조에 근거한 포괄위임금지원칙을 준수하여야 하지만, 위임의 구체성·명확성의 정도는 다른 규율영역에 비하여 완화될 수 있다(헌재 2016.6.30. 2013헌바370등, 민사소송법 제109조 제1항 위헌소원(합헌)).

> "국회입법에 의한 수권이 입법기관이 아닌 행정기관에게 법률 등으로 구체적인 범위를 정하여 위임한 사항에 관하여는 당해 행정기관에게 법정립의 권한을 갖게 되고, 입법자가 규율의 형식도 선택할 수도 있다 할 것이므로, 헌법이 인정하고 있는 위임입법의 형식은 예시적인 것으로 보아야 할 것이고, 그것은 법률이 행정규칙에 위임하더라도 그 행정규칙은 위임된 사항만을 규율할 수 있으므로, 국회입법의 원칙과 상치(相馳)되지도 않는다. 다만, 형식의 선택에 있어서 규율의 밀도와 규율영역의 특성이 개별적으로 고찰되어야 할 것이고, 그에 따라 입법자에게 상세한 규율이 불가능한 것으로 보이는 영역이라면 행정부에게 필요한 보충을 할 책임이 인정되고 극히 전문적인 식견에 좌우되는 영역에서는 행정기관에 의한 구체화의 우위가 불가피하게 있을 수 있다. 그러한 영역에서 행정규칙에 대한 위임입법이 제한적으로 인정될 수 있다." 모법조항의 해석상 문화관광부장관은 개개의 게임물마다 사행성 조장 등을 평가하여 경품제공방식을 정할 수도 있고, 사행성 조장 등에 관한 일정한 기준을 정립하여 그 범주에 드는 게임물에 대하여는 경품의 제공을 금지하고 그렇지 않은 게임물에 대하여는 경품의 제공을 허용하는 경품제공방식을 정할 수도 있다고 할 것인바, 경품제공방식 중 후자의 방식을 취한 것으로 모법

조항의 위임범위 내에 속한다(헌재 2008.11.27. 2005헌마161등, 게임제공업소의 경품취급기준고시 위헌확인 (기각)).

'역사문화미관지구' 내에서 허용될 수 있는 건축물의 층수나 용적률, 건폐율 등의 건축제한 내용을 정하는 것은 해당 지구의 지정목적, 지역적 특성, 주민의 생활편익과 문화재의 보존가치와의 조화를 고려하여 급변하는 사회 · 경제환경에 맞추어 탄력적으로 규율하여야 할 필요가 있으므로, 지방자치단체의 조례에 위임할 필요성이 인정된다. 따라서 '역사문화미관지구' 내 토지소유자들에 대한 재산권제한의 구체적 내용을 해당 지방자치단체의 조례에 위임하고 있는 이 사건 재산권제한조항은 포괄위임입법금지원칙에 위반되지 아니한다(헌재 2012.7.26. 2009헌바328, 구 국토의 계획 및 이용에 관한 법률 제37조 제1항 제2호 등 위헌소원(합헌)).

개발사업의 범위 및 규모 등에 관하여 필요한 사항은 대통령령으로 정하도록 한 구 개발이익환수에 관한 법률은 비록 입법위임을 하면서 그 자체로 위임의 구체적 기준이나 범위를 한정하고 있지는 아니하나 개발사업의 규모와 범위를 경제적 · 사회적 상황의 변동에 따라 탄력적, 유동적으로 대처하여 신속한 입법적 대응을 하기 위하여 하위 법령에 위임할 필요가 있으므로 포괄위임입법금지원칙에 위반되지 아니한다(헌재 2009.3.26. 2008헌바7, 개발이익환수에 관한 법률 제5조 제2항 위헌소원(합헌)).

"위임조항 자체에서 위임의 구체적 범위를 명확히 규정하고 있지 않더라도 당해 법률의 전반적인 체계와 관련규정에 비추어 위임조항의 내재적인 위임의 범위나 한계를 객관적으로 분명히 확정할 수 있다면 이를 일반적이고 포괄적인 백지위임에 해당하는 것으로 볼 수 없다" … 직업안정및고용촉진에관한법률상 유료직업소개업의 허가기준을 미리 법률로 상세하게 정하기는 입법기술상 어렵기 때문이다(헌재 1996.10.31. 직업안정및고용촉진에관한법률 제10조 제1항 등 위헌소원, 93헌바14(합헌)).

국민들로 하여금 양도소득세의 과세대상 범위를 전혀 예측할 수 없게 만들고, 행정부의 자의적인 행정입법의 여지를 남김으로써 조세법률주의를 규정한 헌법 제59조와 포괄적인 위임입법을 금지한 헌법 제75조에 위반된다(헌재 2003.4.24. 2002헌가6, 구 소득세법 제23조 제1항 제5호 위헌제청(위헌)); 문예진흥기금 모금의 모금액 · 모금대행기관의 지정 · 모금수수료 · 모금방법 및 관련자료 기타 필요한 사항을 대통령령으로의 위임은 위헌이다(헌재 2003.12.18. 2002헌가2, 구 문화예술진흥법 제19조 제5항 위헌제청(위헌)); 군인연금과 공무원연금의 지급정지대상기관을 명령으로의 위임은 위헌이다(헌재 2003.9.25. 2000헌바94등, 공무원연금법 제47조 제3호 위헌소원(위헌))(헌재 2003.4.24. 2002헌가6, 구 소득세법 제23조 제1항 제5호 위헌제청(위헌))(헌재 2003.4.24. 2002헌가15, 구 소송촉진등에관한특례법 제3조 제1항 위헌제청(위헌)).

② 그러나 구체적인 사안에서 위임입법의 한계를 일탈하였는지 여부를 판단하기란 그리 쉬운 일이 아니다.

합헌판례

특정 사안과 관련하여 법률에서 하위 법령에 위임을 한 경우 하위 법령이 위임의 한계를 준수하고 있는지 여부를 판단할 때는 당해 법률 규정의 입법 목적과 규정 내용, 규정의 체계, 다른 규정과의 관계 등을 종합적으로 살펴야 하는바, 위임규정 자체에서 그 의미 내용을 정확하게 알 수 있는 용어를 사용하여 위임의 한계를 분명히 하고 있는데도 그 문언적 의미의 한계를 벗어났는지 여부나, 수권 규정에서 사용하고 있는 용어의 의미를 넘어 그 범위를 확장하거나 축소하여서 위임 내용을 구체화하는 단계를 벗어나 새로운 입법을 하였는지 여부 등도 고려되어야 한다(대판 2010.4.29. 2009두17797).

"위임되는 '구체적인 시기 · 기간 · 절차 등'은 신상공개에 있어서 본질적 부분은 아니며 어디까지나 부수적인 부분이라고 볼 것이다. 그리고 대통령령에 규정될 '시기'는 법 제20조 제1항('계도문을 연 2회 이상 작성')을 고려하면 연 2회 이상으로서 각 확정판결 후 이에 가까운 때가 될 것으로 예상되고, '기간'은 입법목적을 달성하기에 합리적인 기간으로서 위 조항이 '연 2회 이상'이라고 정하고 있으므로 통상 6개월 범위 내일 것이 예측될 수 있으며, "절차"는 제3항 등 법상의 제 규정을 참조할 때 그 절차의 일반적 내용의 대강이 예측될 수 있고, "등"은, 시기, 기간, 절차와 유사하게, 신상공개시 필요한 그 밖의 사항이 대통령령으로 규정될 것임이 어느 정도 예측될 수 있으므로, 결국 대통령령에 규정될 내용의 대강이 예측가능하다" 따라서 "포괄위임입법금지 원칙에 위배된다고 할 수 없다"(합헌4). "신상공개의 시기 · 기간 · 절차 등은 신상공개제도의 전반적 성격 및 운용방향을 결정짓는 본질적 내용에 해당할 뿐만 아니라, 대상자의 기본권에 직접적인 영향을 주는 중요한 사항이다." "이러한 시기 · 기간 · 절차 등에 관하여 그 기본내용이나 범위를 구체적으로 정함이 없이 일체를 대통령령에서 정하도록 위임하고 있다." 이는 위임입법의 정당한 한계를 벗어났다(위헌5)(헌재 2003.6.26. 2002헌가14, 청소년의성보호에관한법률 제20조 제2항 제1호 등 위헌제청(합헌,각하)).

"안마시술은 시각장애인이 하는 것이라는 사회적 관습과 국민의 법의식이 존재하여 그러한 관습과 법의식을 밑바탕에 깔고 이 조항이 입법된 것이며, 비맹제외(非盲除外)라는 기준이 비록 법 제61조 제4항의 문언에 표시되어 있지 않았다고 하더라도 그러한 정부정책에 대한 시각장애인들의 신뢰를 보호할 필요가 있다"(헌재 2003.6.26. 2002헌가16, 구 의료법 제67조 등 위헌제청(합헌)).

오수처리시설(汚水處理施設)의 방류수수질기준(放流水水質基準)에 대하여 아무런 정함이 없이 "오수처리시설의 방류수수질기준은 환경부령으로 정한다"는 부분은 포괄위임입법금지의 원칙에 위배되지 아니한다(헌재 2004.11.25. 2004헌가15, 오수 · 분뇨및축산폐수의처리에관한법률 제5조 제1항 위헌제청(합헌)).

해양환경개선부담금의 산정기준(헌재 2007.12.27. 2006헌가8, 해양오염방지법 제46조의3 제4항 위헌제청(합헌)). 부동산 매각허가결정에 대한 즉시항고가 기각된 경우 항고인이 공탁한 항고보증금 중 반환하지 아니하는 금액의 이율을 상한의 제한 없이 대법원규칙에 위임(헌재 2014.10.30. 2013헌바368, 민사집행법 제130조 제7항 위헌소원(합헌)), 대주주가 상장주식을 양도한 경우에 양도소득세를 부과하는 "대통령령으로 정하는 대주주"에 관한 부분(헌재 2015.7.30. 2013헌바460, 소득세법 제94조 제1항 제3호 가목 등 위헌소원(합헌)), 컴퓨터용디스크 등에 대한 증거의 조사방식에 관한 세부적인 사항(헌재 2016.6.30. 2013헌바27, 군사법원법 제348조의2 위헌소원 등(합헌)), 민사소송법에 규정한 소송구조요건과 절차의 위임(헌재 2016.7.28. 2014헌바242등, 민사소송법 제128조 제1항 위헌소원 등(합헌,각하)), 화약류 사용의 전문성 · 기술성을 고려하면 위임의 필요성이 인정(헌재 2017.9.28. 2016헌가20, 구 총포 · 도검 · 화약류 등 단속법 제72조 제6호 등 위헌제청(합헌)), 방송통신위원회가 지원금 상한액에 대한 기준 및 한도를 정하여 고시(헌재 2017.5.25. 2014헌마844, 이동통신단말장치 유통구조 개선에 관한 법률 제4조 제1항 등 위헌확인(기각)), '공공기관의 운영에 관한 법률'에서 입찰참가자격의 제한기준 등에 관하여 필요한 사항의 기획재정부장관에 위임(헌재 2017.8.31. 2015헌바388, 공공기관의 운영에 관한 법률 제39조 제2항 등 위헌소원(합헌)), 보수를 제외한 직장가입자의 소득이 대통령령으로 정하는 금액을 초과하는 경우 보수월액에 대한 보험료 외에 소득월액에 대한 보험료를 추가로 납부하도록 한 구 국민건강보험법과, 소득월액 산정의 기준, 방법 등을 대통령령에 위임(헌재 2019.2.28. 2017헌바245, 국민건강보험법 제71조 위헌소원(합헌)), 관할관청의 승인을 받아야 하는 자동차의 튜닝을 국토교통부령으로 위임하면서 위임의 범위를 예시하는 기준 등 규정 미비(헌재 2019.11.28. 2017헌가23, 자동차관리법 제81조 제19호 등 위헌제청(합헌)), 물이용부담금의 산정방법 등 필요한 사항을 위임 중 '공공수역으로부터 취수된 원수를 정수하여 공급받는 최종 수요자' 부분(헌재 2020.8.28. 2018헌바425, 한강수계 상수원수질개선 및 주민지원 등에 관한 법률 제19조 제1항 등 위헌소원(합헌)), 전기요금의 산정방식이나 요금체계 등 전기요금의 결정에 관한 구체적인 사항의 위임 필요성(7:2)(헌재 2021.4.29. 2017헌가25, 전기사업법 제16조 제1항 위헌제청(합헌)), 노인장기요양 급여비용의 구체적인 산정방법 등을 보건복지부령에 위임(7:2)(헌재 2021.8.31. 2019헌바73, 노인장기요양보험법 제39조 제1항 등 위헌소원(합헌)).

헌법불합치 · 위헌판례

"행형법 제46조 제4항은 징벌을 부과함에 있어 필요한 기준을 법무부장관이 정하도록 규정하고 있으나, … 모두 이 사건 시행령조항의 법률적 근거가 된다고 할 수 없다. 따라서 이 사건 시행령조항은 금치처분을 받은 수형자의 집필에 관한 권리를 법률의 근거나 위임 없이 제한하는 것으로서 법률유보의 원칙에 위반된다"(헌재 2005.2.24. 2003헌마289, 행형법시행령 제145조 제2항 등 위헌확인(위헌,각하)).

언론인의 선거운동을 금지한 구 공직선거법 제60조 제1항 제5호 중 '제53조 제1항 제8호에 해당하는 자' 부분은 '대통령령으로 정하는 언론인'이라고만 하여 '언론인'이라는 단어 외에 대통령령에서 정할 내용의 한계를 설정하지 아니하였다. 관련조항들을 종합하여 보아도 방송, 신문, 뉴스통신 등과 같이 다양한 언론매체 중에서 어느 범위로 한정될지, 어떤 업무에 어느 정도 관여하는 자까지 언론인에 포함될 것인지 등을 예측하기 어렵기 때문에 포괄위임금지원칙을 위반한다(헌재 2016.6.30. 2013헌가1, 공직선거법 제60조 제1항 제5호 위헌제청(위헌)).

통상의 취득세율의 100분의 750으로 중과세하면서 그 대상을 "대통령령으로 정하는 고급주택"이라고 규정하여 대통령령에 위임(헌재 1999.1.28. 98헌가17, 지방세법 제112조 제2항 전단 중 "고급주택" 부분 위헌제청(위헌)), "약국을 관리하는 약사 또는 한약사는 보건복지부령으로 정하는 약국관리에 필요한 사항을 준수하여야 한다"는 약사법 위반자를 200만원 이하의 벌금(헌재 2000.7.20. 99헌가15, 약사법 제77조 제1호 중 '제19조 제4항' 부분 위헌제청(위헌)), "'대통령령으로 정하는 이율'에 의한다고 규정하고 있을 뿐, 그 이율의 상한이나 하한에 대한 아무런 기준이 제시되지 않음(헌재 2003.4.24. 2002헌가15, 구 소송촉진등에관한특례법 제3조 제1항 위헌제청(위헌))(개정 법률에서는 "100분의 4 범위 안에서" 금융권연체 이율에 따라 대통령령으로 법정이율을 조정할 수 있도록 하고, 정부도 법정이율을 5%로 하향조정하는 대통령령을 발하였다). '국가를당사자로하는계약에관한법률' 중 '입찰참가자격의 제한기간을 대통령령이 정하는 일정기간으로 규정하고 있는 부분'(헌재 2005.6.30. 2005헌가1, 국가를당사자로하는계약에관한법률 제27조 제1항 위헌제청(헌법불합치,잠정적용)), 의료기기 판매업자의 의료기기법 위반행위 등에 대하여 보건복지가족부령이 정하는 기간 이내의 범위에서 업무정지를 명할 수 있도록 규정(헌재 2011.9.29. 2010헌가93, 의료기기법 제32조 제1항 제5호 등 위헌제청(헌법불합치,잠정적용)), "주무관청은 대통령령이 정하는 사유가 있는 때에는 이사의 취임승인을 취소할 수 있다"는 규정(헌재 2004.7.15. 2003헌가2, 공익법인의설립·운영에관한법률 제14조 제2항 위헌심판(위헌)), "자동차운전전문학원을 졸업하고 운전면허를 받은 사람 중 교통사고를 일으킨 비율이 대통령령이 정하는 비율을 초과하는 때"의 '교통사고' 부분(헌재 2005.7.21. 2004헌가30, 도로교통법 제71조의15 제2항 제8호 위헌제청(위헌)), "퇴역연금수급권자가 정부투자기관 또는 재투자기관에 취업하여 보수 기타 급여를 지급받는 경우 퇴역연금액의 2분의 1 이내인 부분으로서 국고의 부담금에 상당하는 퇴역연금의 지급을 정지"하면서 소득 수준에 대한 고려 없이 지급정지와 소득수준의 상관관계에 관한 일체의 규율을 위임(헌재 2009.3.26. 2007헌가5등, 구 군인연금법 제21조 제5항 제2호 위헌제청(각하,위헌))(동지: 헌재 2010.7.29. 2009헌가4, 구 군인연금법 제21조 제3항 제2호 등 위헌제청(위헌,각하)), 행정사법 시행령 중 '행정사의 수급상황을 조사하여 행정사 자격시험의 실시가 필요하다고 인정하는 때 시험실시계획을 수립하도록 한 부분'(헌재 2010.4.29. 2007헌마910, 행정사법 시행령 제4조 제3항 위헌확인(위헌)), "사업주는 이 법 또는 이 법에 의한 명령의 시행을 위하여 필요한 사항으로서 노동부령이 정하는 사항을 노동부장관에게 보고하여야 한다"라는 규정 중 처벌법규의 구성요건에 관한 기본사항인 '보고내용'에 관하여 그 대강이 확정되지 않은 상태에서 그 규범의 실질을 모두 노동부령에 위임(헌재 2010.2.25. 2008헌가6, 산업안전보건법 제69조 제1호 위헌제청(위헌)), 체육시설을 도시계획시설사업의 대상이 되는 기반시설의 한 종류로 정한 규정 중 '체육시설' 부분은 개별 체육시설의 성격과 공익성을 고려하지 아니한 채 구체적으로 범위를 한정하지 아니함(헌재 2011.6.30. 2008헌바166등, 국토의 계획 및 이용에 관한 법률 제2조 제6호 등 위헌소원 등(헌법불합치,잠정적용,합헌)). "노동부장관은 거짓이나 그 밖의 부정한 방법으로 이 장의 규정에 따른 고용안정·직업능력개발 사업의 지원을 받은 자 또는 받으려는 자에게 대통령령으로 정하는 바에 따라 그 지원을 제한하거나 이미 지원된 것의 반환을 명할 수 있다"라는 규정은 지원 제한에 대하여 제한의 범위나 기간 등에 관하여 기본적 사항도 법률에 규정하지 아니한 채 대통령령에 포괄적으로 위임(헌재 2013.8.29. 2011헌바390, 구 고용보험법 제35조 제1항 위헌소원(위헌)), 영업자 등의 준수사항에 관한 부분은 위임의 필요성은 인정되나 예측가능성이 없음(헌재 2016.11.24. 2014헌가6, 구 식품위생법 제97조 제6호 위헌제청(위헌)), 보건의료기관개설자에 대한 대불비용 부담금 부과와 관련한 규정 중 '그 금액' 부분이 부담금의 산정방식이나 요건에 대하여 포괄적으로 위임(7:2)(판례변경)(헌재 2022.7.21. 2018헌바504, 의료사고 피해구제 및 의료분쟁 조정 등에 관한 법률 제47조 제2항 등 위헌소원(헌법불합치,잠정적용,합헌)).

(iii) 성 질 위임명령은 모법인 법률의 위임을 전제로 하므로 법률종속적 법규명령이다. 따라서 모법이 소멸하면 위임명령도 소멸하고, 모법에 위반되는 규정을 할 수 없다.

(iv) 위임의 범위와 한계 ① 헌법상 국회의 법률제정사항, 예컨대 국적취득의 요건(제2조 제1항), 조세의 종목과 세율(제59조), 지방자치단체의 종류(제117조 제2항) 등은 이를 다시 명령으로 위임할 수 없다.

"중학교 의무교육의 실시 여부 자체라든가 그 연한은 교육제도의 수립에 있어서 본질적 내용으로서 국회입법에 유보되어 있어서 반드시 형식적 의미의 법률로 규정되어야 할 기본적 사항이라 하겠으나(이에 따라서 교육법 제8조에서 3년의 중등교육을 반드시 실시하여야 하도록 규정하고 있다), 그 실시의 시기·범위 등 구체적인 실시에 필요한 세부사항에 관하여는 반드시 그런 것은 아니다"(헌재 1991.2.11. 90헌가27, 교육법 제8조의2에 관한 위헌심판(합헌)). 헌법 제31조 제6항에서는 교육제도 등에 관한 '기본적 사항'을 법률로 정하도록 한다.

② 이른바 의회유보원칙에 따라 국민의 기본권과 관련된 본질적 사항은 법률로 규정되어야 한다. 오늘날 법률유보원칙은 행정작용이 법률에 근거를 두어야 할 뿐만 아니라, 국가공동체와 그 구성원에게 기본적이고도 중요한 의미를 가지는 영역, 특히 국민의 기본권실현과 관련된 영역에 있어서는 국민의 대표자인 입법자가 그 본질적 사항에 대하여서 스스로 결정하여야 한다는 요구까지 내포하고 있다(의회유보원칙).

연금지급정지의 대상이 되는 정부투자기관·재투자기관 및 정부재정지원기관에 관하여 구체적으로 범위를 정하지 아니하고 포괄적으로 행정자치부령에 입법을 위임하고 있는바 이는 헌법상 입법위임의 한계를 일탈한 것으로서 헌법 제75조 및 제95조에 위반된다. 지급정지제도의 본질에 비추어 지급정지의 요건 및 내용을 규정함에 있어서는 소득의 유무뿐만 아니라 소득의 수준에 대한 고려는 필수적인 것임에도 불구하고 … 지급정지와 소득수준의 상관관계에 관하여 아무런 정함이 없이 대통령령에 포괄적으로 입법을 위임하여 헌법 제75조가 정하는 포괄위임금지의 원칙에 위반된다(헌재 2003.9.25. 2001헌가22, 군인연금법 제21조 제5항 제2호 위헌제청(위헌)).

입주자대표회의는 공법상의 단체가 아닌 사법상의 단체로서, 본질적인 부분은 입주자들이 국가나 사업주체의 관여 없이 자치활동의 일환으로 입주자대표회의를 구성할 수 있다는 것인데, 입주자대표회의의 구성에 필요한 사항을 대통령령에 위임하도록 한 구 주택법 규정은 법률유보원칙을 위반하지 아니한다(헌재 2016.7.28. 2014헌바158 등, 주택법 제43조 제7항 위헌소원 등(합헌)).

③ 벌칙규정에 관하여는 죄형법정주의와 적법절차의 원리에 비추어 처벌의 대상이 될 행위는 법률로써 규정하여야 하지만, 처벌의 수단과 정도는 법률이 최고한도를 정한 후 그 범위 안에서 명령으로 정할 수 있다.

"위임입법에 관한 헌법 제75조는 처벌법규에도 적용되는 것이지만, 법률에 의한 처벌법규의 위임은 그 요건의 범위가 보다 엄격하게 제한적으로 적용되어야 한다. 처벌법규의 위임을 하기 위하여서는, 첫째, 특히 긴급한 필요가 있거나 미리 법률로써 자세히 정할 수 없는 부득이한 사정이 있는 경우에 한정되어야 하며, 둘째, 이러한 경우에도 법률에서 범죄의 구성요건은 처벌대상행위가 어떠한 것일 것이라고 예측할 수 있을 정도로 구체적으로 정하고, 셋째, 형벌의 종류 및 그 상한과 폭을 명백히 규정하여야 하되, 위임입법의 위와 같은 예측가능성의 유무를 판단함에 있어서는 당해 특정 조항 하나만을 가지고 판단할 것이 아니고 관련법조항 전체를 유기적·체계적으로 종합하여 판단하여야 한다"(헌재 1997.5.29. 94헌바22, 건축법 제78조 제1항 등 위헌소원(위헌); 헌재 2002.5.30. 2001헌바5, 구 전기통신사업법 제74조 등 위헌소원(위헌)). 이에 따라 대통령령이 정하는 경우가 아닌 한 누구든지 전기통신사업자가 제공하는 전기통신역무를 이용하여 타인의 통신을 매개하거나 타인의 통신용에 제공한 자를 형사처벌하도록 규정한 구 전기통신사업법 규정은 죄형법정주의에서 도출되는 명확성의 원칙에 위배되며 위임입법의 한계를 일탈하였다.

④ 법률에서 위임받은 사항을 위임명령에서 다시 하부기관에 재위임할 경우에, 위임받은 사항의 대강을 정하고 특수사항의 범위를 정한 재위임은 가능하나, 법률에서 위임받은 사항을 그대로 재위임하는 무조건적 백지 재위임은 금지된다. 조례가 법률로부터 위임받은 사항을 다시 지방자치단체장이 정하는 규칙 등에 재위임하는 경우에도 마찬가지이다(대판 2022.4.14. 2020추5169).

"법률에서 위임받은 사항을 전혀 규정하지 않고 재위임하는 것은 복위임(復委任)금지의 법리에 반할 뿐 아니라 수권법의 내용변경을 초래하는 것이 되고 부령의 제정·개정절차가 대통령령에 비하여 보다 용이한 점을 고려할 때 재위임에 의한 부령의 경우에도 위임에 의한 대통령령에 가해지는 헌법상의 제한이 당연히 적용되어야 할 것이므로 법률에서 위임받은 사항을 전혀 규정하지 아니하고 그대로 재위임하는 것은 허용되지 않으며, 위임받은 사항에 관하여 대강을 정하고 그 중의 특정 사항을 범위를 정하여 하위법령에 다시 위임하는 경우에만 재위임이 허용된다"(헌재 1996.2.29. 94헌마213, 풍속영업의규제에 관한법률 제3조 제5호 등 위헌확인(기각,각하)).

(b) 집행명령

(i) 의 의 집행명령은 헌법에 근거하여 행정기관이 법률집행에 필요한 세칙을 정하는 명령이다. "대통령은 … 법률을 집행하기 위하여 필요한 사항에 관하여 대통령령을 발할 수 있다"(제75조 후단)라고 하여 대통령의 집행명령제정권을 부여한다. 정부의 고유권한인 법률의 집행에 있어서 정부 안에서 통일성·형평성·합리성을 기하기 위하여 법률집행에 관한 일반적 준칙이 필요하다.

(ii) 성 질 집행명령의 법적 성질도 위임명령과 동일하다. 즉 집행명령은 법률종속적 법규명령이다. 또한 "집행명령은 근거법령인 상위법령이 폐지되면 특별한 규정이 없는 이상 실효되나 상위법령이 개정됨에 그친 경우에는 … 당연히 실효(失效)되지 아니하고 개정법령의 시행을 위한 집행명령이 제정·발효될 때까지는 그 효력을 유지한다"(대판 1989.9.12. 88누6962).

(iii) 한 계 집행명령, 즉 "법률의 시행령은 … 법률이 규정한 범위 내에서 법률을 현실적으로 집행하는 데 필요한 세부적인 사항만을 규정할 수 있을 뿐, … 법률에 규정되지 아니한 새로운 내용을 규정할 수 없다"(대판 1990.9.28. 89누2493).

(3) 행정입법에 대한 통제

행정입법의 중요성이 증대되는 만큼이나 행정입법에 대한 통제의 중요성도 커진다. 법률은 그 대강만 정하고 그 구체적 내용이 행정입법을 통하여 규정되기 때문에 명령이 제정되지 아니하면 법률이 제대로 작동하지 못할 위험성이 그만큼 커진다. 여기에 행정입법에 대한 통제의 중요성이 있다.

A. 국회에 의한 통제

(a) 직접적 통제 국회는 행정입법의 성립·발효에 대한 동의·승인을 하거나, 유효하게 성립한 행정입법의 효력을 소멸시키기 위하여 법률을 제정 또는 개정함으로써 행정입법을 무력하게 만들 수 있다. 현행법상 국회의 행정입법에 대한 동의권이나 승인권은 인정되지 아니한다. 그런데 윤석열 정부의 여소야대 상황에서 야당은 행정입법에 대한 국회의 직접 통제를 제도화하려 한다. 다른 한편 행정안전부의 경찰국 신설, 법무부의 인사정보관리단 신설 등과 관련하여 이를 행정입법인 시행령으로 실시하여 논란이 증폭된다. 생각건대 법규명령을 제정할 때에는

가급적 관련 법률의 입법취지와 내용을 최대한 존중하여야 한다.

(b) 간접적 통제 국회는 정부에 대한 국정통제권을 발동함으로써 행정입법을 통제할 수 있다. 국정통제권의 중요한 수단으로서는 국정감사·국정조사·대정부질문·탄핵소추·국무총리 및 국무위원해임건의 등이 있다. 특히 "중앙행정기관의 장은 법률에서 위임한 사항이나 법률을 집행하기 위하여 필요한 사항을 규정한 대통령령·총리령·부령·훈령·예규·고시 등이 제정·개정 또는 폐지되었을 때에는 10일 이내에 이를 국회 소관상임위원회에 제출하여야 한다. 다만, 대통령령의 경우에는 입법예고를 할 때(입법예고를 생략할 경우에는 법제처장에게 심사를 요청할 때를 말한다)에도 그 입법예고안을 10일 이내에 제출하여야 한다"(국회법 제98조의2 제1항).

③ 상임위원회는 위원회 또는 상설소위원회를 정기적으로 개최하여 그 소관 중앙행정기관이 제출한 대통령령·총리령 및 부령('대통령령' 등이라 한다)의 법률 위반 여부 등을 검토하여야 한다. ④ 상임위원회는 제3항에 따른 검토 결과 대통령령 또는 총리령이 법률의 취지 또는 내용에 합치되지 아니한다고 판단되는 경우에는 검토의 경과와 처리 의견 등을 기재한 검토결과보고서를 의장에게 제출하여야 한다. ⑤ 의장은 제4항에 따라 제출된 검토결과보고서를 본회의에 보고하고, 국회는 본회의 의결로 이를 처리하고 정부에 송부한다. ⑥ 정부는 제5항에 따라 송부받은 검토결과에 대한 처리 여부를 검토하고 그 처리결과(송부받은 검토결과에 따르지 못하는 경우 그 사유를 포함한다)를 국회에 제출하여야 한다. ⑦ 상임위원회는 제3항에 따른 검토 결과 부령이 법률의 취지 또는 내용에 합치되지 아니한다고 판단되는 경우에는 소관 중앙행정기관의 장에게 그 내용을 통보할 수 있다. ⑧ 제7항에 따라 검토내용을 통보받은 중앙행정기관의 장은 통보받은 내용에 대한 처리 계획과 그 결과를 지체 없이 소관 상임위원회에 보고하여야 한다(국회법 제98조의2 제2항-제9항).

B. 법원에 의한 통제

(i) 법원은 위헌·위법 명령심사제를 통하여 행정입법을 통제할 수 있다(제107조 제2항). "법원조직법 제7조 제1항 제2호는 명령 또는 규칙이 법률에 위반함을 인정하는 경우에는 대법관 전원의 3분의 2 이상의 합의체에서 심판하도록 규정하고 있는바, 여기서 말하는 명령 또는 규칙이라 함은 국민에 대하여 일반적 구속력을 가지는 이른바 법규의 성질을 가지는 명령 또는 규칙을 의미한다"(대판 1990.2.27. 88재누55).

구 상속세 및 증여세법 시행령 제31조 제6항의 규정은 모법의 규정 취지에 반할 뿐 아니라 그 위임범위를 벗어난 것으로서 무효라고 봄이 상당하다(대판 2009.3.19. 2006두19693).

(ii) 행정소송법에서는 대법원판결에 의하여 명령·규칙의 위헌·위법이 확정된 경우에 행정안전부장관이 지체 없이 이를 관보에 게재하도록 하는 판결공고제를 도입한다(행정소송법 제6조).

C. 헌법재판소에 의한 통제

(i) 헌법재판소는 법원의 재판을 제외한 모든 사항에 대하여 헌법소원심판권을 가진다(제111조 제1항 제5호, 헌재법 제68조 제1항). 그런데 헌법 제107조 제2항의 규정에 따라 명령·규칙·처분의 위헌·위법에 대한 최종적인 심사권은 대법원이 가진다. 일반적인 법규명령은 일반성·추상성을 가진 규범이므로 헌법소원의 청구요건 중 하나인 직접성을 인정받을 수 없을 뿐만 아니라 구체적 규범통제에 따른 법원에 의한 통제가 예정되어 있다. 하지만, 이는 재판의 전제성을 요구하는 구체적 규범통제에 입각한 규정일 뿐 처분적 법규명령에 대한 직접적인 규정으로 보기는 어렵다. 이에 따라 헌법재판소는 다른 법률에 다른 구제절차가 존재하지 아니한다는 이유로 처분적 법규명령은 헌법소원의 대상이 된다고 판시한다.

"헌법 제111조 제1항 제5호에서 법률의 위헌여부심사권을 헌법재판소에 부여한 이상 통일적인 헌법해석과 규범통제를 위하여 … 입법부에서 제정한 법률, 행정부에서 제정한 시행령이나 시행규칙 및 사법부에서 제정한 규칙 등은 그것들이 별도의 집행행위를 기다리지 않고 직접 기본권을 침해하는 것일 때에는 모두 헌법소원심판의 대상이 될 수 있"다(헌재 1990.10.15. 89헌마178, 법무사법 시행규칙 제3조 제1항에 대한 헌법소원(위헌)).

(ii) 하지만, 법원이 처분적 법규명령에 대하여 처분성을 인정하여 행정소송을 적법하다고 인정하면, 보충성의 원칙에 의하여 헌법소원은 부적법하여진다. 대법원은 행정입법의 행정소송 대상적격을 확대하려는 경향을 보인다.

대법원은 대판 1954.8.19. 4286행상37의 방론(傍論)에서 "물론 법령의 효력을 가진 명령이라도 그 효력이 다른 행정행위를 기다릴 것 없이 직접적으로 또 현저히 그 자체로서 국민의 권리훼손 기타 이익침해의 효과를 발생케 하는 성질의 것이라면 행정소송법상 처분이라 보아야 할 것이고 따라서 그에 관한 이해관계자는 그 구체적 관계사실과 이유를 주장하여 그 명령의 취소를 법원에 구할 수 있을 것이다"라고 판시하였다.

(iii) 법원이 행정입법 특히 처분적 법규명령의 처분성을 인정하여 행정소송의 대상적격으로 받아들이면 보충성의 원칙에 의하여 헌법소원을 청구하기 전에 행정소송을 먼저 제기하여야 한다. 처분적 조례도 법원이 처분성을 인정한다면 헌법소원에서 보충성의 원칙의 예외가 적용되기 어렵다. 대법원은 '두밀분교' 판결(대판 1996.9.20. 95누8003)에서 처분적 조례가 행정소송의 대상이 된다고 판시한다. 하지만, 헌법재판소는 '두밀분교' 판결 이후에도 "행정부에서 제정한 명령·규칙도 별도의 집행행위를 기다리지 않고 직접 기본권을 침해하는 것일 때에는 헌법소원심판의 대상이 될 수 있고 현행 행정소송법의 해석상 명령·규칙 자체의 효력을 다투는 것

을 소송물로 하여 일반법원에 소송을 제기할 수 있는 방법은 인정되지 아니하므로 이 사건의 경우에는 헌법재판소법 제68조 제1항 단서의 규정이 적용되지 아니한다"(헌재 1997.6.26. 94헌마52, 국가유공자예우등에관한법률시행령 제23조 위헌확인(정정된 사건명, 독립유공자예우에관한법률시행령 제7조 위헌확인)(기각))라고 판시한다.

D. 국민에 의한 통제

행정입법이 실질적 적법절차의 원리에 부합되도록 하기 위하여 행정절차법이 제정되어 있다. 행정절차법에서는 행정입법의 제정에 따른 민주적 여론수렴절차를 마련하기 위하여 입법예고 · 청문 · 공청회제도를 도입하고 있다.

E. 행정부 내부의 통제

행정입법에 대한 행정부 내부의 통제가 어느 정도 실효성을 가질 수 있을지에 대하여는 의문이지만 행정부 내부에서 최대한 거를 수 있는 장치를 마련하여야 한다. ① 상급행정청은 하급행정청의 행정입법에 대하여 지휘감독권을 행사할 수 있고, ② 법제처와 같은 전문기관의 심사를 통하여 행정입법에 대한 법체계상의 통일성 · 형평성 · 합리성을 제고시킬 수 있다. ③ 그러나 행정부 내부의 자기통제는 일정한 한계가 있기 때문에 적법절차를 제도화한 행정절차법에서는 입법예고 · 청문 · 공청회제도 등이 마련되어 있다.

Ⅴ. 사법에 관한 권한

헌법상 대통령의 사법에 관한 권한으로는 헌법재판소 및 대법원 구성권 · 위헌정당해산제소권 · 사면권이 있다.

1. 위헌정당해산제소권

"정당의 목적이나 활동이 민주적 기본질서에 위배될 때에는 정부는 헌법재판소에 그 해산을 제소할 수 있다"(제8조 제4항). "정당해산의 제소"는 국무회의의 필수적 심의사항이다(제89조 제14호)(상세는, 제1편 제4장 제3절 제2관 제4항 민주적 정당제도의 보장 '위헌정당의 해산' 참조).

2. 사 면 권

(1) 의　의

(ⅰ) 오늘날 각국 헌법에 규정되어 있는 국가원수의 사면권(赦免權)은 군주시대의 국왕의 은사권(恩賜權)에서 유래한다. "사면은 형의 선고의 효력 또는 공소권을 상실시키거나, 형의 집행을 면제시키는 국가원수의 고유한 권한"이며, "사법부

의 판단을 변경하는 제도로서 권력분립의 원리에 대한 예외"이다. 오늘날 "법이념과 다른 이념과의 갈등을 조정하고, 법의 이념인 정의와 합목적성을 조화시키기 위한 제도로도 파악"된다(헌재 2000.6.1. 97헌바74, 사면법 제5조 제1항 제2호 위헌소원(합헌)).

(ii) 그간 사면제도의 남용(濫用)으로 인하여 많은 비판을 받아왔다. 그럼에도 불구하고 각국 헌법에서 여전히 사면제도를 존치하고 있다. 이는 사면제도를 단순히 구시대적 유물로만 치부할 수 없는 헌법적 의의가 있기 때문이다. 즉 사면제도를 통하여 형사사법제도의 경직성을 교정하고 나아가서 형의 집행에 있어서 인간적이고 정치적인 요소를 고려할 수 있다.

(iii) 헌법 제79조에서 대통령의 사면권을 규정한다: "① 대통령은 법률이 정하는 바에 의하여 사면·감형 또는 복권을 명할 수 있다. ② 일반사면을 명하려면 국회의 동의를 얻어야 한다. ③ 사면·감형 또는 복권에 관한 사항은 법률로 정한다." 이에 따라 사면법이 제정되어 있다.

(iv) 한편 대통령의 사면·감형과 복권은 국무회의의 필수적 심의사항이다(제89조 제9호). 헌법상 "사면·감형 또는 복권"이라고 표현하고 있으나 일반적으로 사면은 "사면·감형 또는 복권"을 포괄하는 개념으로 이해한다. 사면법도 "사면·감형 또는 복권"을 포괄적으로 규정한다. 따라서 사면은 본래의 의미의 사면(협의의 사면)과 감형·복권을 포괄하는 넓은 의미의 사면(광의의 사면)으로 나누어 볼 수 있다. 헌법상 '일반사면'은 협의의 사면의 일종인 일반사면을 의미한다. '사면'법에서는 "사면, 감형 및 복권에 관한 사항을 규정"(제1조)하면서, 동시에 "사면은 일반사면과 특별사면으로 구분한다"(제2조)라고 규정한다.

> "사면의 종류, 대상, 범위, 절차, 효과 등은 범죄의 죄질과 보호법익, 일반국민의 가치관 내지 법감정, 국가이익과 국민화합의 필요성, 권력분립의 원칙과의 관계 등 제반사항을 종합하여 입법자가 결정할 사항으로서 광범위한 입법재량 내지 형성의 자유가 부여되어 있다"(헌재 2000.6.1. 97헌바74, 사면법 제5조 제1항 제2호 위헌소원(합헌)).

(2) 사면의 종류

광의의 사면의 종류에는 사면·감형·복권이 있다. 이는 다시 국회의 동의를 얻어야 하는 일반사면, 대통령령으로 행하는 일반감형·일반복권, 대통령이 명하는 특별사면·특별감형·특별복권으로 구별된다. "일반사면, 죄 또는 형의 종류를 정하여 하는 감형 및 일반에 대한 복권은 대통령령으로 한다. 이 경우 일반사면은 죄의 종류를 정하여 한다"(제8조). "특별사면, 특정한 자에 대한 감형 및 복권은 대통령이 한다"(제9조).

A. 협의의 사면

(i) 사면이라 함은 형사사법절차에 의하지 아니하고 형의 선고의 효력상실·공소권의 소멸(사면법 제5조 제1항 제1호, 일반사면)·형의 집행의 면제(제5조 제1항 제2호, 특별사면)를 명하는 대통령의 특권을 말한다. 협의의 사면에는 다시 일반사면과 특별사면이 있다.

(ii) 일반사면(大赦)은 죄의 종류를 지정하여(제8조), 이에 해당되는 모든 죄인에 대하여 형 선고의 효력이 상실되며, 형을 선고받지 아니한 자에 대하여는 공소권(公訴權)이 상실된다(제5조 제1항 제1호). 일반사면은 헌법상 국무회의의 필수적 심의를 거친 후에 국회의 동의를 얻어, 대통령령으로 행한다(제8조). 그러나 입법정책적으로는 미국·바이마르·프랑스 제5공화국 헌법 등과 같이 일반사면의 형식은 법률에 의하도록 하여야 한다.

(iii) 특별사면(特赦)은 형의 선고를 받은 특정인에 대한 형의 집행 면제(제5조 제1항 제2호)를 말한다. "형의 집행유예를 선고받은 자에 대하여는 형 선고의 효력을 상실하게 하는 특별사면 또는 형을 변경하는 감형을 하거나 그 유예기간을 단축할 수 있다"(제7조).

(iv) 특별사면은 법무부장관이 사면심사위원회의 심사를 거쳐 대통령에 상신하여(제10조), 국무회의의 심의를 거쳐 대통령이 명한다(제9조). 검찰총장은 법무부장관에게 특별사면을 상신할 것을 신청할 수 있다(제11조). 선고된 형의 전부 사면 또는 일부 사면 여부는 사면권자의 전권사항이다.

B. 감　형

감형(減刑)은 대통령이 형의 선고를 받은 자에 대한 형의 변경 또는 형의 집행의 감경을 말한다(제5조 제1항 제3·4호). 일반감형은 죄 또는 형의 종류를 정하여 국무회의의 심의를 거쳐 대통령령으로 행한다. 특별감형은 특정인에 대하여 법무부장관이 사면심사위원회의 심사를 거친 후 대통령에게 상신(上申)하고 대통령은 국무회의의 심의를 거쳐 이를 명한다.

C. 복　권

복권(復權)이란 죄를 범하여 형의 선고를 받은 자에 대한 "형 선고의 효력으로 인하여 상실되거나 정지된 자격의 회복"을 말한다(제5조 제1항 제5호)(대판 1986.7.3. 85수2). "복권은 형의 집행이 끝나지 아니한 자 또는 집행이 면제되지 아니한 자에 대하여는 하지 아니한다"(제6조). 일반복권은 죄 또는 형의 종류를 정하여 국무회의의 심의를 거쳐 대통령령으로 행한다. 특별복권은 특정인에 대하여 법무부장관이 사면심사위원회의 심사를 거친 후 대통령에게 상신을 하고, 대통령은 국무회의의 심의를 거쳐 특별복권을 명한다.

(3) 사면의 효과

(ⅰ) 광의의 사면, 즉 사면·감형·복권으로 인하여 "형의 선고에 따른 기성(旣成)의 효과는 변경되지 아니한다"(제5조 제2항). 즉 사면의 효과는 장래효만 가지며, 소급효는 가지지 아니한다.

(ⅱ) 대법원은 징역형의 집행유예와 벌금형을 병과(倂科) 받은 자에 대하여 징역형 부분에 대한 특별사면이 있는 경우 벌금형 부분에도 사면의 효력이 미치는가에 대하여 소극적(대판 1997.10.13. 96모33)이다. 한편 헌법재판소는 "징역형의 집행유예에 대한 사면이 병과된 벌금형에도 미치는 것으로 볼 것인지 여부는 사면권자의 의사인 사면의 내용에 대한 해석문제에 불과하다"(헌재 2000.6.1. 97헌바74, 사면법 제5조 제1항 제2호 위헌소원(합헌))라고 본다.

(ⅲ) 대법원은 유죄판결 확정 후에 형 선고의 효력을 상실하게 하는 특별사면이 있더라도 남아 있는 불이익 제거를 위한 재심청구를 할 수 있다고 판시한다.

> 유죄판결 확정 후에 형 선고의 효력을 상실하게 하는 특별사면이 있었다고 하더라도, 형 선고의 법률적 효과만 장래를 향하여 소멸될 뿐이고 확정된 유죄판결에서 이루어진 사실인정과 그에 따른 유죄 판단까지 없어지는 것은 아니므로, 유죄판결은 형 선고의 효력만 상실된 채로 여전히 존재하는 것으로 보아야 하고, 한편 형사소송법 제420조 각 호의 재심사유가 있는 피고인으로서는 재심을 통하여 특별사면에도 불구하고 여전히 남아 있는 불이익, 즉 유죄의 선고는 물론 형 선고가 있었다는 기왕의 경력 자체 등을 제거할 필요가 있다(대판(전합) 2015.5.21. 2011도1932).

(4) 사면권의 한계와 통제

A. 사면권의 한계

(ⅰ) 대통령의 사면권행사에 대하여 헌법상 한계가 규정되어 있지 아니하다. 그러나 이론상 헌법내재적 한계를 인정하는 견해가 있다: ① 헌법상 권력분립의 원리에 비추어 보건대 사면권이 사법권의 본질적 내용을 침해하여서는 아니 된다. 따라서 사면에는 질적·양적 한계가 있다. 이러한 헌법적 한계를 실천하기 위하여 대통령은 사면을 행하기 전에 대법원의 의견을 청취하는 제도적 보완이 필요하다. ② 사면권은 국가이익이나 국민화합을 위하여 행사되어야 하며, 정치적·당리당략적인 사면은 자제되어야 한다. ③ 탄핵소추 등의 문제가 제기된 경우에 탄핵소추권을 소멸시켜서는 아니 된다. ④ 국회는 일반사면의 동의 시에 대통령이 제안하지 아니한 죄의 종류를 추가할 수 없다. ⑤ 일반사면은 사면권자의 자의가 아니라 보편타당한 평등의 원리에 입각하여야 한다.[1)]

---

1) 김민우, "대통령 사면권 행사의 한계와 법치주의", 공법학연구 17-4; 프랑스에서의 논의는, 성낙

(ii) 이에 대하여 한계부정론에 의하면 권력분립의 원리는 권력 상호 간의 견제와 균형의 원리에 기초하고 있으므로, 사면권은 이러한 견제와 균형의 원리와는 아무런 관련성이 없으며, 권력분립과는 별개의 위치에 있다고 본다.

(iii) 생각건대 사면권의 행사도 국가작용이므로, 헌법의 테두리 안에서만 정당하다. 따라서 그 한계가 인정된다.

그러나 대통령의 사면권 행사 그 자체는 헌법에서 정한 절차적 통제 이외에 어떠한 사전적 통제도 할 수 없다. 이에 따라 사면권 행사에 대한 통제나 제한은 헌법이론으로만 머무른다.

B. 사면권 행사에 대한 통제

(i) 현행법상 일반사면에 대하여는 국민의 대표기관인 국회의 사전적 동의절차라는 최소한의 사전적 통제제도가 마련되어 있다.

(ii) 그러나 특별사면의 경우에는 종래 국무회의의 심의라는 형식적 절차만 마련되어 있다는 비판에 따라 개정 사면법에서는 법무부장관이 특별사면·특정한 자에 대한 감형 및 복권을 대통령에게 상신할 때에는 사면심사위원회의 심사를 반드시 거치도록 하고, 법무부장관의 특별사면 등의 상신의 적정성을 심사하기 위하여 법무부장관 소속으로 사면심사위원회를 두도록 한다(제10조, 제10조의2). 하지만, 사면심사위원회가 실질적인 역할을 제대로 하지 못한다는 비판에 직면하여 있다.

C. 사면권행사에 대한 사법심사

(i) 대통령의 사면권행사가 헌법내재적인 한계를 넘어섰을 경우에 사후에 사법심사가 가능한지에 대하여 논란이 있다. ① 부정설은 사면은 권력분립의 원리와 무관한 제도이고, 법으로부터 자유로운 행위이며, 통치행위의 일종이라는 논거를 제시한다. ② 긍정설은 사면을 권력분립주의의 예외로 보아서는 아니 되며, 사면행위도 엄격한 법적 행위이기 때문에 법으로부터 자유로울 수 없으며, 처음부터 사법심사의 대상에서 제외되는 통치행위 범주로 보아서는 아니 된다고 비판한다.

(ii) 생각건대 대통령의 사면권행사가 헌법상 규정된 사전적 절차를 적법하게 거친 이후에는, 사면권행사 그 자체에 대한 사법심사는 현실적으로 어렵다. 그런데 사면권의 한계를 긍정한다면, 대통령의 사면권행사로 인하여 법원의 사법권이 침해된 경우, 법원은 헌법재판소에 권한쟁의심판을 제기할 수 있다. 그러나 실제로 법원이 헌법재판소에 제소하는 상황은 기대하기는 힘들다. 또한 대통령이

인, 헌법연습, 794면 이하 참조.

국회의 동의를 받지 아니하고 일반사면을 행한 경우, 국회는 권한쟁의심판을 제기할 수 있다. 한편 사면에서 제외된 자는 평등권침해를 이유로 헌법소원을 제기할 수도 있다. 그러나 일반국민은 기본권침해의 자기관련성 · 직접성을 인정받기 어려우므로, 타인에 대한 사면권의 행사에 대하여 헌법소원을 제기할 수는 없다(헌재 1998.9.30. 97헌마404, 전두환 · 노태우 전대통령에 대한 특별사면 위헌확인(각하); 헌재 2000.4.27. 99헌마499, 특별사면 위헌확인(각하) 등).

(5) 사면제도의 입법론적 보완방안

(i) 헌법이론적인 한계에 비추어 본다면, 미국 연방헌법(제2조 제1항 제1절 후문)과 같이 사면의 대상에서 탄핵사건은 제외되어야 한다. 왜냐하면 탄핵은 예외적이고 중요한 헌법보장수단이므로 국회와 헌법재판소의 탄핵에 관한 권한을 형해화하여서는 아니 되고, 또한 (광의의) 사면은 형사적 책임이 그 대상이 되기 때문이다.

(ii) 다른 한편 프랑스 사면법에서와 같이 전범(戰犯) · 반인륜적 범죄 · 테러관련 범죄에 대하여는 사면을 배제하도록 하여야 한다. 특히 종래 사면권을 국가원수의 자비 내지 양식의 문제로 이해하여 사면권행사에 대하여 의회에서 공개적 토론을 자제하여왔던 프랑스에서도, 사면에 대한 이의제기제도가 도입되었다. 더 나아가 2008년 개정헌법에서는 "공화국 대통령은 독립적으로 사면권을 가진다. 그는 이 권한을 법률에 의하여 구성되는 위원회의 의견개진에 따라 행사한다"라고 하여 대통령의 사면권 행사에 대한 헌법적 통제장치를 마련하고 있다.

Ⅵ. 행정에 관한 권한

"행정권은 대통령을 수반으로 하는 정부에 속한다"(제66조 제4항).

1. 행정권의 의의

(i) 행정권의 개념에 관하여는 실질설과 형식설이 있다. ① 실질설은 행정권이란 법 아래에서 법의 규제를 받으면서 국가목적을 적극적으로 실현하기 위하여 전체로서 통일성을 가진 계속적이고 형성적인 국가작용이라는 행정의 실질적 개념에 근거한다. ② 형식설에 의하면 행정권이란 입법기관과 사법기관의 작용을 제외한 모든 형식의 국가작용을 말한다.

(ii) 생각건대 헌법 제66조 제4항의 행정권은 형식설에 입각하여 제4장 정부의 작용을 지칭한다고 보아야 한다. 헌법상 대통령에게 행정권의 수반으로서의 지위 부여는 곧 대통령이 행정에 관한 한 최고의 정책결정 및 집행권자임을 의미한

다. 행정이란 본질적으로 법 아래에서 법의 집행을 의미한다. 하지만, 법률의 집행을 위하여 대통령에게 명령제정권(제75조)을 부여한다.

2. 국군통수권

(1) 의 의

(i) "대통령은 헌법과 법률이 정하는 바에 의하여 국군을 통수한다"(제74조 제1항). "국군의 조직과 편성은 법률로 정한다"(제2항). 그 밖에 헌법상 군에 관한 규정으로는 국군의 사명과 정치적 중립성(제5조 제2항), 국무총리와 국무위원의 군사에 관한 부서(제82조) 및 문민원칙(제86조 제3항·제87조 제4항), 군사에 관한 중요사항의 국무회의 필수적 심의(제89조 제6호), 국회의 선전포고·국군의 해외파견·외국군대의 국내주류 동의권(제60조 제2항), 계엄(제77조) 등이 있다.

(ii) 국군의 최고통수권자는 정부형태에 따라 달라질 수 있다. 대통령제에서는 대통령이 국가원수이자 동시에 행정권의 수반이기 때문에 대통령은 당연히 군통수권자가 된다. 이원정부제에서는 외교·국방에 관한 권한은 국가원수인 대통령에게 부여하자는 유보영역이론이 제기된다. 의원내각제에서는 형식상 국가원수에게 군통수권을 부여하더라도, 실질적으로는 수상이 군통수권자이다.

권영성 교수(259면 이하)는 군사에 관한 헌법원칙으로 1. 국가수호, 2. 국민군, 3. 평화지향, 4. 문민우위, 5. 정치적 중립, 6. 민주군정, 7. 병정(兵政)통합의 원칙을 제시한다.

(2) 국군통수권(國軍統帥權)의 내용

A. 군정(軍政)·군령(軍令) 일원주의에 따른 최고통수권자

(i) 군정이란 군을 조직·편성하고 병력을 취득·관리하는 작용으로서, 국가가 통치권에 의거하여 국민에게 명령·강제하고 부담을 과하는 작용이다. 군령이란 국방목적을 위하여 군을 현실적으로 지휘·명령하고 통솔하는 작용이다.

(ii) 군정·군령 이원주의는 군정기관과 군령기관을 분리하여 군정은 일반행정기관이 담당하고, 군령은 국가원수소속인 별도의 특수기관에서 담당하게 하는 제도이다. 군정·군령 일원주의는 군정과 군령을 모두 일반행정기관이 관장하게 하여 문민통제를 확보하는 제도이다. 현행헌법은 군에 대한 문민통제의 원칙에 따라 군정·군령 일원주의를 채택한다.

B. 그 밖에 군사에 관한 권한

대통령은 군통수권자로서 선전포고 및 강화권, 국군의 해외파견권, 외국군대의 국내주류허용권, 계엄선포권 등을 가진다.

(3) 국군통수권의 통제

대통령의 군통수권은 문민정부의 원칙에 따라 민주적으로 행사되어야 한다. 이에 따라 대통령이 군통수권을 행사하는 데에는 일정한 제약이 뒤따른다.

(i) 법치행정의 원칙에 따라 군통수권자로서의 대통령은 "헌법과 법률이 정하는 바에 의하여 국군을 통수"(제74조 제1항)하여야 한다. 또한 "국군의 조직과 편성은 법률로 정한다"(제2항)라고 하여, 헌법상 행정조직법정주의의 원칙은 군의 조직과 편성에도 그대로 적용됨을 특별히 강조한다.

(ii) 국제평화주의에 따라 "대한민국은 국제평화의 유지에 노력하고 침략적 전쟁을 부인"(제5조 제1항)한다. 그러므로 대통령은 침략적 전쟁을 수행하기 위하여 군을 동원할 수 없으며, 자위전쟁선포권만 가진다.

(iii) 군의 정치적 중립성의 원칙에 따라 "국군은 국가의 안전보장과 국토방위의 신성한 의무를 수행함을 사명으로 하며, 그 정치적 중립성은 준수"(제5조 제2항)되어야 한다. 그러므로 대통령은 군을 정치적으로 이용하여서는 아니 된다. 헌법상 "군의 정치적 중립성 준수"는 제6공화국헌법에서 처음으로 규정하고 있다. 이는 그간 권위주의정부나 군사정부를 거치는 동안에 군의 정치적 개입으로 인하여 야기된 문제점을 극복하려는 1987년 6월 민주항쟁 이념의 헌법적 표현이다.

> 헌법 제5조 제2항은 군의 정치개입을 되풀이하지 아니하겠다는 국민적 결단의 표현으로서, 민주헌정체제의 수립을 위하여 군의 정치적 중립이 필수적이라는 헌정사적 의미를 포함하고 있다(헌재 2018.7.26. 2016헌바139, 구 군형법 제94조 위헌소원(합헌)).

(iv) 대통령의 군통수권행사에 대하여는 행정부 내부의 통제제도가 마련되어 있다. 대통령의 군통수권과 같은 국법상 권한의 행사에는 국무총리와 관계국무위원의 부서가 있어야 한다. 헌법에서는 특히 "군사에 관한 것도 또한 같다"(제82조 후문)라고 명시한다. 또한 선전·강화 기타 중요한 대외정책, 계엄과 그 해제, 군사에 관한 중요사항, 합동참모의장·각군참모총장의 임명 등은 반드시 국무회의의 심의를 거쳐야 한다(제89조 제2호·제5호·제6호·제16호). 군사정책의 수립에 관하여는 국무회의의 심의에 앞서 국가안전보장회의의 자문을 거친다(제91조 제1항).

(v) 대통령의 중요한 군통수권행사는 국회의 통제를 받는다. 안전보장에 관한 조약, 강화조약, 선전포고, 국군의 외국에의 파견, 외국군대의 대한민국 영역 안에서의 주류에 대하여는 국회의 동의를 얻어야 한다(제60조). 또한 일반적인 정부통제장치인 국정감사·조사 및 예·결산심사를 통하여 국회의 통제를 받는다.

(4) 군사제도에 따른 기본권 제한

(ⅰ) 군사제도의 시행과 헌법 제37조 제2항에 따라 군사목적 달성을 위한 기본권 제한과 더불어 군인이라는 특수신분관계에 따른 기본권 제한을 받는다.

(ⅱ) 국민은 국방과 군사목적을 위하여 부과되는 군사적 부담(負擔)을 진다. 그것은 징발(徵發)·군사제한 등이 있다. 이를 실현하기 위하여 징발법·'군사기지 및 군사시설 보호법'·통합방위법 등이 시행된다.

(ⅲ) "법률이 정하는 주요방위산업체(主要防衛事業體)에 종사하는 근로자의 단체행동권은 법률이 정하는 바에 의하여 이를 제한하거나 인정하지 아니할 수 있다"(제33조 제3항). 이는 주요방위산업체 근로자의 단체행동권에 대한 헌법직접적 제한이다. 방위산업은 국가안보와 직결되므로 군사비밀보호법이 적용된다.

(ⅳ) 국가안전보장을 위하여 국가기밀 중에서 특히 군사기밀(軍事機密) 확보를 위한 제한이 불가피하게 발생한다. 주로 제한되는 기본권은 표현의 자유와 알 권리이다(제3편 제4장 제3절 제5항 Ⅷ. 2. 국가기밀 참조). 그 밖에 군사와 관련하여 군인(軍人)의 기본권 제한에 관하여는 공무원의 기본권 제한에서 논술한다(제2편 제3장 제2절 제5항 Ⅴ. 3. 공무원의 기본권제한 참조).

3. 공무원임면권

(1) 임면권

"대통령은 헌법과 법률이 정하는 바에 의하여 공무원을 임면한다"(제78조). 임면은 임명·파면·휴직·전직·징계처분을 포함하는 넓은 개념이다. 행정기관 소속 5급 이상 공무원 및 고위공무원단에 속하는 일반직 공무원은 소속 장관의 제청으로 인사혁신처장과 협의를 거친 후에 국무총리를 거쳐 대통령이 임용하고, 기타 6급 이하의 공무원은 그 소속 장관이 임용한다(국가공무원법 제32조 제1항·제2항). 대통령이 공무원을 임면함에 있어서는 일정한 제약이 뒤따른다.

(2) 임명권의 제약

(ⅰ) 선거직 공무원은 원칙적으로 대통령의 임명대상이 아니다.

(ⅱ) 임명자격이 정하여진 공무원은 일정한 임명자격요건을 갖춘 사람 중에서 임명하여야 한다. 예컨대 검사나 교육공무원 등은 일정한 자격요건이 법률로 정하여져 있다.

(ⅲ) 일정한 고위공무원의 임명에는 국무회의의 필수적 심의를 거쳐야 한다: 검찰총장·합동참모의장·각군참모총장·국립대학교총장·대사 기타 법률이 정한 공무원과 국영기업체관리자의 임명(제80조 제16호).

(iv) 중요헌법기관구성원의 임명에는 국회의 인사청문회를 거친 후 동의를 얻어야 한다: 국무총리, 감사원장의 임명 등.

(v) 임명에 있어서 일정한 기관의 제청을 요하는 공무원의 경우에는 그 제청이 있어야만 임명할 수 있다: 국무위원, 행정각부의 장, 감사위원.

(vi) 그 밖에도 국회법 등에서 정한 중요 공직자의 임명에는 국회의 인사청문회를 거쳐야 한다.

(3) 면직(免職)에 대한 제약

(i) 일반직 공무원이나 신분이 보장되는 별정직 공무원은 적법절차에 의한 법정면직사유(탄핵·형벌·징계 등)가 없는 한 파면할 수 없다.

(ii) 국회가 해임건의를 한 국무총리나 국무위원은 특별한 사유가 없는 한 해임하여야 한다.

(iii) 헌법재판소의 탄핵결정을 받은 공무원에 대하여, 대통령은 사면에 의하여 복직시킬 수 없다.

(4) 직업공무원제도의 보장

"공무원의 신분과 정치적 중립성은 법률이 정하는 바에 의하여 보장된다"(제7조 제2항). 따라서 대통령의 공무원임면권은 직업공무원제도의 보장이라는 기본원칙에 위배되어서는 아니 된다.

4. 재정에 관한 권한

(i) 대통령은 회계연도마다 예산안을 편성하여 회계연도 개시 90일 전까지 국회에 제출하여야 한다(제54조 제2항). 그 외에도 추가경정예산안제출권(제56조)을 가지며, 계속비(제55조 제1항)·예비비(제55조 제2항)·기채 및 예산외에 국가에 부담이 될 계약의 체결(제58조) 등에 관하여 국회의 동의나 승인을 얻어야 한다.

(ii) 대통령은 '재정·경제상의 위기'를 극복하기 위하여 국가긴급권의 일종인 긴급재정경제명령 및 긴급재정경제처분권을 가진다(제76조 제1항).

5. 영전수여권

"대통령은 법률이 정하는 바에 의하여 훈장 기타 영전을 수여한다"(제80조). 이를 위하여 상훈법이 제정되어 있다. 영전수여는 국무회의의 심의를 거쳐야 하며(제89조 제8호), 영전에는 어떠한 특권도 부여될 수 없다(제11조 제3항).

6. 각종 회의주재권

대통령은 헌법상 국무회의(제88조 제3항) 및 국가안전보장회의(제91조 제2항)의 의장으로서 회의를 주재한다.

Ⅶ. 국가긴급권

1. 의　의

국가비상사태와 같은 국가적 위기에 능동적으로 대처하기 위하여 오늘날 헌법에서는 국가긴급권(國家緊急權)을 규정한다. 현행헌법도 일련의 국가긴급권을 헌법의 수호자로서의 대통령에게 부여하고 있다.

> "입헌주의헌법은 국민의 기본권보장을 그 이념으로 하고 그것을 위한 권력분립과 법치주의를 그 수단으로 하기 때문에 국가권력은 언제나 헌법의 테두리 안에서 헌법에 규정된 절차에 따라 발동되지 않으면 안된다. 그러나 입헌주의국가에서도 전쟁이나 내란, 경제공황 등과 같은 비상사태가 발발하여 국가의 존립이나 헌법질서의 유지가 위태롭게 된 때에는 정상적인 헌법체제의 유지와 헌법에 규정된 정상적인 권력행사방식을 고집할 수 없게 된다. 그와 같은 비상사태하에서는 국가적·헌법적 위기를 극복하기 위하여 비상적 조치가 강구되지 않을 수 없다. 그와 같은 비상적 수단을 발동할 수 있는 권한이 국가긴급권이다"(헌재 1994.6.30. 92헌가18, 국가보위에관한특별조치법 제5조 제4항 위헌제청(위헌)).

2. 헌법보장수단으로서의 국가긴급권

국가긴급권은 헌법기관의 자체 고장에 의한 기능장애상태인 헌법장에상태와는 달리, 국가긴급사태에 직면하여 정상적인 헌법보호수단을 통하여서는 헌법을 수호하기 어려운 경우에 헌법질서를 수호하기 위하여 인정되는 강력하고 예외적인 헌법보장수단이다.

> "즉 국가긴급권은 국가의 존립이나 헌법질서를 위태롭게 하는 비상사태가 발생한 경우에 국가를 보전하고 헌법질서를 유지하기 위한 헌법보장의 한 수단이다. 그러나 국가긴급권의 인정은 일면 국가의 위기를 극복하여야 한다는 필요성 때문이기는 하지만 그것은 동시에 권력의 집중과 입헌주의의 일시적 정지로 말미암아 입헌주의 그 자체를 파괴할 위험을 초래하게 된다. 따라서 헌법에서 국가긴급권의 발동기준과 내용 그리고 그 한계에 관하여 상세히 규정함으로써 그 남용 또는 악용의 소지를 줄이고 심지어는 국가긴급권의 과잉행사 때는 저항권을 인정하는 등 필요한 제동장치도 함께 마련해 두는 것이 현대의 민주적인 헌법국가의 일반적 태도이다"(헌재 1994.6.30. 92헌가18, 국가보위에관한특별조치법 제5조 제4항 위헌제청(위헌)).

3. 국가긴급권의 유형

(1) 법계(法系)에 따른 유형

국가긴급권은 법계에 따라 대륙법계형과 영미법계형으로 구분할 수 있다.

(i) 대륙법계인 독일과 프랑스[1]의 국가긴급권은 성문헌법에 규정되어 있으며, 의회나 정부의 통제가 미약하다. 특히 바이마르헌법 제48조 제2항의 국가긴급권은 대통령에 의한 입헌적 독재의 대표적인 형태로 평가된다.

(ii) 반면에 영미법계에서는 국가긴급권을 헌법이 아닌 개별법률에서 규정하고, 의회와 법원의 통제가 강력하다.

(2) 긴급의 정도에 따른 유형

(i) 국가긴급권은 그 긴급의 정도에 따라 입헌주의적 긴급권 · 초입헌주의적 긴급권 · 초헌법적 긴급권으로 분류할 수 있다. ① 입헌주의적 긴급권은 평상시의 상태를 유지한 채로 비상사태에 대응하기 위하여 임시적인 조치를 취하는 권한으로서, 제도의 임시적인 기능화를 위하여 헌법의 부분적 · 일시적 정지를 법적으로 용인한다. ② 초입헌주의적 긴급권은 헌법 자체가 비상사태를 예정하고 이에 따라 입헌주의를 일시적으로 정지하여 독재적 권력행사를 인정하는 슈미트가 말한 입헌적 독재유형이다. ③ 초헌법적 긴급권은 극도의 비상사태에서 헌법의 틀이나 수권을 초월한 슈미트가 말한 주권적 독재유형이다.

(ii) 입헌주의적 긴급권뿐만 아니라 초입헌주의적 긴급권도 국가적 위기를 해결하기 위하여 헌법의 틀 속에서 이루어지므로, 이를 인정하는 데 이론의 여지가 없다. 그런데 초헌법적 긴급권은 법이론상 원칙적으로 이를 수용할 수 없다. 하지만, 현실적으로 국가의 존립 그 자체를 방어하기 위한 초헌법적 긴급권의 발동사태를 전면적으로 부인하기는 어렵다. 또한 초헌법적 긴급권행사에 대한 사후적인 사법심사도 현실적으로 한계에 봉착한다.

(3) 위기정부의 성격에 따른 유형

국가의 위기를 극복하는 통치형태는 위기정부의 성격에 따라 이를 분류할 수 있다. ① 행정형은 행정권을 강화하는 긴급독재로서 병력을 동원하는 계엄제도가 원용된다. ② 입법형은 의회에서 행정부에 입법권을 위임하는 긴급명령이나 수권

---

1) 성낙인, 프랑스헌법학, 387면 이하; 갈봉근, 프랑스 제5공화국 대통령의 비상대권론, 삼화출판사; 이준일, "내란 목적 비상계엄과 대통령 탄핵", 공법연구 53-3; 신옥주, "12·3 계엄, 45년간의 노력과 한계", 헌법학연구 31-1; 손인혁, "국가긴급권으로서 계엄제도의 현황과 개선방안", 조동은, "헌법문제로서의 국헌문란-1952년과 2024년의 두 비상계엄과 헌법수호의 과제", 헌법재판연구 12-1.

법과 같은 위기입법을 제정하는 방식이다. ③ 그 밖에도 행정형과 입법형이 결합된 내각독재 · 대통령독재 · 전시내각 등이 있다.

(4) 국가긴급권발동의 시기에 따른 유형

국가긴급권발동의 시간적 관점에 따라 ① 사전적 · 예방적 긴급권과 ② 사후적 · 교정적 긴급권으로 나눌 수 있다.

4. 현행헌법상 대통령의 국가긴급권[1)]

(1) 헌법의 수호자로서의 대통령

굳이 슈미트의 논리를 빌리지 아니하더라도 국가원수인 대통령은 헌법의 수호자이다. 특히 현행헌법상 대통령은 국가원수로서 직접 국민적 정당성을 확보하고 있을 뿐만 아니라, 현대적인 국가적 위기관리기능의 강화추세에 따라 집행권의 명실상부한 책임자란 점에서, 대통령은 단순한 국가기관 중의 하나가 아니라 헌법상 '제도의 핵심축'(궁륭의 핵)이다. "대통령은 국가의 독립 · 영토의 보전 · 국가의 계속성과 헌법을 수호할 책무를 진다"(제66조 제2항). 또한 대통령은 취임에 즈음하여 "헌법을 준수하고 국가를 보위"할 것을 선서한다(제69조).

1) 헌법상 대통령의 국가긴급권 비교

	긴급명령(제76조 제2항)	긴급재정 · 경제명령 (제76조 제1항)	긴급재정 · 경제 처분 (제76조 제1항)	계엄(제77조)
상황	중대한 교전상태	내우 · 외환, 천재 · 지변 기타 중요한 재정 · 경제상 위기	좌동	전시 · 사변 또는 이에 준하는 국가비상사태/ 병력 동원
효력	법률과 동일(기존 법률 개정 · 폐지가능)	법률과 동일	행정처분 (행정작용)	특별조치
기본권	제한 가능	경제기본권 제한 가능	제한 불가	영장제도, 언론 · 출판 · 집회 · 결사 자유 한정
국회집회	집회 불가능한 때	집회 기다릴 여유 없을 때	좌동	집회와 무관
국회통제	지체없이 보고, 승인(일반 정족수) 승인없으면 효력상실	좌동	좌동	지체없이 통고 재적과반수 해제요구
수정승인	가능	좌동	좌동	
국무회의	필수적 심의	좌동	좌동	좌동
목적	소극적(국가안전보장, 질서유지) : 적극적(공공복리) 불가	좌동	좌동	좌동

(2) 헌법보장수단으로서의 대통령의 국가긴급권

A. 의 의

제헌헌법은 대통령의 긴급명령권·긴급재정처분권(제57조)과 계엄선포권(제64조)을 인정한다. 제2공화국헌법은 긴급명령제도를 삭제하고, 긴급재정명령과 긴급재정처분권을 인정하고, 대통령은 국무회의의 의결을 거친 계엄선포를 거부할 수 있다. 제3공화국헌법은 대통령의 긴급명령권을 부활시켜, 긴급재정경제명령 및 긴급재정경제처분권과 계엄선포권을 인정한다. 제4공화국헌법은 대통령에게 강력한 긴급조치권(제53조)과 계엄선포권(제54조)을 부여한다. 제5공화국헌법은 대통령에게 비상조치권(제51조)과 계엄선포권(제52조)을 인정하면서 제4공화국헌법보다 강화한 통제제도를 마련한 바 있다.

현행헌법에서는 대통령에게 긴급명령권·긴급재정경제명령권·긴급재정경제처분권(제76조)과 계엄선포권(제77조)을 부여한다. 헌법에 명시된 대통령의 국가긴급권 이외의 국가긴급권은 허용되지 아니한다. 국가긴급권 발령 그 자체는 대통령의 통치행위로서 사법심사의 대상이 되지 아니한다.

국가보위에 관한 "특별조치법은 결국 그 법이 공포시행된 당시의 제3공화국헌법(제73조, 제75조)이나 현행헌법(제76조, 제77조)이 국가안전보장에 관계되는 비상사태수습을 위하여 대통령에게 부여한 국가긴급권, 즉 긴급재정경제처분 및 명령권이나 긴급명령권 또는 계엄선포권 이외에 또 하나의 국가긴급권을 부여한 법률이고 그 발동요건이나 국회에 의한 사후통제면에서는 헌법이 정한 세 가지의 국가긴급권보다 강력한 권한을 대통령에게 부여하고 있다"(헌재 1994.6.30. 92헌가18, 국가보위에관한특별조치법 제5조 제4항 위헌제청(위헌)).

국가비상사태의 선포 및 해제를 규정한 구 '국가보위에 관한 특별조치법' 제2조 및 제3조는 헌법이 인정하지 아니하는 초헌법적 국가긴급권을 대통령에게 부여하는 법률로서 헌법이 요구하는 국가긴급권의 실체적 발동요건, 사후통제 절차, 시간적 한계에 위반되어 위헌이고, 이를 전제로 한 특별조치법상 그 밖의 규정들도 모두 위헌이다(헌재 2015.3.26. 2014헌가5, 국가보위에관한특별조치법 제9조등 위헌제청(위헌))(승이도, "초헌법적 국가긴급권에 대한 위헌심사 연구", 공법연구 45-1).

B. 긴급명령권(緊急命令權)

(a) 의 의 긴급명령은 "국가의 안위에 관계되는 중대한 교전상태에 있어서 국가를 보위하기 위하여 긴급한 조치가 필요하고 국회의 집회가 불가능한 때에 한하여" 대통령이 발하는 "법률의 효력을 가지는 명령"이다(제76조 제2항).

(b) 성 격 긴급명령은 정상적인 입법절차를 통하여 법률을 제정할 수 없는 비상사태를 극복하기 위하여 대통령이 발하는 긴급입법으로서 법률의 효력을 가진다. 이는 국회입법권에 대한 중대한 도전이자 예외이다.

(c) 발동요건 (ⅰ) "국가의 안위에 관계되는 중대한 교전상태"가 있어야 한다. 중대한 교전상태란 선전포고가 없더라도 이에 준하는 외국과의 전쟁이나

내란·사변 등을 말한다. 중대한 교전상태가 국가의 안위에 직접적으로 관계되어야만 한다.

(ii) "국가를 보위하기 위하여 긴급한 조치가 필요"하여야 한다. 긴급한 조치는 침략적 전쟁을 위한 조치가 아니라 방위를 위한 조치이어야 한다. 또한 긴급한 조치는 법률적 효력을 가지는 조치이어야만 하고, 이를 통하여 그 목적을 달성할 수 있는 경우에 한한다.

(iii) "국회의 집회가 사실상 불가능"하여야 한다.

(iv) 국무회의의 필수적 심의를 거쳐야 한다(제89조 제5호). 필요한 경우에는 국무회의의 심의에 앞서 국가안전보장회의의 자문을 거쳐야 한다(제91조).

대통령은 헌법상 요건의 충족 여부에 관하여 객관적으로 판단하여야 한다.

(d) 국회의 승인과 그 효과 긴급명령을 "한 때에는 지체없이 국회에 보고하여 그 승인을 얻어야 한다"(제76조 제3항). 국회의 승인권에는 긴급명령 중 불필요한 내용이나 필요 이상의 내용을 삭제·수정할 수 있는 수정승인권이 포함된다는 견해(권영성)도 있다. 그러나 긴급명령발동의 긴급성에 비추어 본다면 승인 또는 부인만 인정하여야 한다. 만약 수정승인의 필요성이 있으면 추후에 대체입법을 통하여 얼마든지 개정을 할 수 있다.

국회가 임시회(제47조 제1항)에서 승인을 하면 긴급명령의 효력은 확정된다. 즉 국회의 승인은 대통령이 발령한 긴급명령에 대한 정당성을 부여함과 동시에 긴급명령에 대한 법률로서의 효력을 부여하게 된다. "승인을 얻지 못한 때에는 그 … 명령은 그때부터 효력을 상실한다. 이 경우 그 명령에 의하여 개정 또는 폐지되었던 법률은 그 명령이 승인을 얻지 못한 때부터 당연히 효력을 회복한다"(제76조 제4항).

(e) 효 력 긴급명령은 비록 제정 주체가 집행부의 수장인 대통령이지만, 그 법적 효력은 일반법률과 동일하다.

(f) 대통령의 공포 대통령은 국회의 승인과 승인거부의 "사유를 지체없이 공포하여야 한다"(제76조 제5항).

(g) 한 계 ① 헌법상 명문의 규정은 없지만, 긴급명령의 본질이나 발동요건에 비추어 보건대, 긴급명령은 소극적으로 국가의 보위를 위하여서만 발동할 수 있고, 적극적인 공공복리의 증진을 위하여 발동할 수는 없다. ② 또한 긴급명령은 법률의 효력을 가질 뿐이므로 헌법사항을 변경할 수는 없다. 즉 헌법에 명문의 규정은 없지만 입헌주의원리에 비추어 보건대 긴급명령에 의한 헌법개정, 국회해산, 국회·헌법재판소·법원의 권한에 대한 특별조치, 군정의 실시 등은 할

수 없다.

(h) 통 제 ① 대통령의 긴급명령에 대한 사전적 통제는 행정부 내부의 통제, 즉 국무회의의 심의와 관련 자문기관의 자문이 있을 뿐이다.

② 사후적 통제로는 국회의 통제가 가장 중요하다. 국회는 긴급명령에 대한 승인권과 긴급명령을 무력화하는 법률개정권을 행사할 수 있다. 긴급명령의 위헌 여부에 관하여 법원은 위헌심사제청권, 헌법재판소는 위헌심판권(위헌법률심사권 또는 헌법소원심판권)으로 통제할 수도 있다.

현행 긴급명령의 전신(前身)이라 할 수 있는 유신헌법의 긴급조치에 대하여 헌법재판소와 대법원이 그 위헌성을 인정하면서도 다소의 시각 차이를 보인다. 즉 헌법재판소는 ① 긴급조치의 위헌성 여부를 현행헌법만을 기준으로 판단한다. 왜냐하면 유신헌법은 "긴급조치는 사법적 심사의 대상이 되지 아니한다"(제53조 제4항)라고 규정하고 있을 뿐만 아니라, 제헌헌법 이래 현행헌법에 이르기까지 헌법의 동일성과 연속성을 가지고 헌법으로서의 규범적 효력을 가지는 헌법은 오로지 현행헌법뿐이다. ② 긴급조치는 법률과 동일한 효력을 가지므로 위헌심사권은 헌법재판소에 전속한다(헌재 2013.3.21. 2010헌바132등, 구 헌법 제53조 등 위헌소원(위헌))라고 판시한다. 반면에 대법원은 ① 긴급조치 제1호는 유신헌법과 현행헌법에 위반된다. ② 긴급조치는 명령의 효력을 가진다(대판 2010.12.16. 2010도5986)라고 각기 판시한다.

C. 긴급재정경제명령권(緊急財政經濟命令權)

(a) 의 의 긴급재정경제명령은 "내우・외환・천재・지변 또는 중대한 재정・경제상의 위기에 있어서 국가의 안전보장 또는 공공의 안녕질서를 유지하기 위하여 긴급한 조치가 필요하고 국회의 집회를 기다릴 여유가 없을 때에 한하여 최소한으로 필요한 재정・경제상의 … 법률의 효력을 가지는 명령"이다(제76조 제1항).

긴급재정경제명령권을 긴급재정경제처분권과 독립된 긴급권으로 보지 아니하고 긴급재정경제처분의 실효성을 확보하기 위하여 법률적 효력을 가진 명령으로써 뒷받침할 필요가 있는 경우에 발할 수 있는 명령으로 파악함으로써 긴급재정경제명령권을 긴급재정경제처분권에 종속된 긴급권으로 보고 있는 듯한 견해도 있지만(권영성 984면), 상호 독립적인 권한으로 이해하여야 한다.

(b) 성 격 긴급재정경제명령은 정상적인 입법절차를 통하여 법률을 제정할 수 없는 비상사태를 극복하기 위하여 대통령이 발하는 긴급입법이다. 이는 국회입법권 및 재정의회주의에 대한 중대한 도전이자 예외이다.

(c) 발동요건 (ⅰ) "긴급재정경제명령은 정상적인 재정운용・경제운용이 불가능한 중대한 재정・경제상의 위기가 현실적으로 발생하여"야 한다. 따라서 위기발생의 우려가 있다고 하여 사전적・예방적으로 발할 수는 없다.

(ii) 국가의 안전보장 또는 공공의 안녕질서를 유지하기 위하여 긴급한 조치가 필요하여야 한다.

(iii) "국회의 폐회 등으로 국회가 현실적으로 집회할 수 없고 국회의 집회를 기다려서는 그 목적을 달할 수 없는 경우에 … 행사되어야 한다."

(iv) 국무회의의 필수적 심의를 거쳐야 한다(제89조 제5호). 필요한 경우에는 국무회의의 심의에 앞서 국가안전보장회의의 자문을 거쳐야 한다(제91조).

"긴급재정경제명령은 평상시의 헌법질서에 따른 권력행사방법으로서는 대처할 수 없는 중대한 위기상황에 대비하여 헌법이 인정한 비상수단으로서 의회주의 및 권력분립의 원칙에 대한 중대한 침해가 되므로 위 요건은 엄격히 해석"되어야 한다. 다만, 긴급재정경제명령이 헌법 제76조 소정의 요건과 한계에 부합하면 따로 과잉금지의 원칙 준수 여부를 살필 필요는 없다(헌재 1996.2.29. 93헌마186, 긴급재정경제명령 등 위헌확인(기각,각하)).

(d) **국회의 승인과 그 효과** 긴급재정경제명령을 "한 때에는 지체없이 국회에 보고하여 그 승인을 얻어야 한다"(제76조 제3항). 이에 따라 소집되는 국회가 임시회(제47조 제1항)에서 승인을 하면 긴급재정경제명령의 효력은 확정된다. 국회의 "승인을 얻지 못한 때에는 그 … 명령은 그때부터 효력을 상실한다. 이 경우 그 명령에 의하여 개정 또는 폐지되었던 법률은 그 명령이 승인을 얻지 못한 때부터 당연히 효력을 회복한다"(제76조 제4항).

(e) **효 력** 긴급재정경제명령은 비록 제정 주체가 대통령이긴 하지만, 그 법적 효력은 일반법률과 동일하다.

(f) **대통령의 공포** 대통령은 국회의 승인과 승인거부의 "사유를 지체없이 공포하여야 한다"(제76조 제5항).

(g) **한 계** 헌법에 명문의 규정은 없지만, ① 긴급재정경제명령의 본질이나 발동요건에 비추어 보건대, 긴급재정경제명령은 소극적으로 국가의 보위를 위하여서만 발동할 수 있고, 적극적으로 공공복리의 증진을 위하여 발동할 수는 없다(헌재 1996.2.29. 93헌마186). ② 또한 긴급재정경제명령은 법률의 효력을 가질 뿐이므로 헌법사항을 변경할 수는 없다. ③ 특히 긴급재정경제명령은 재정과 경제 사항만을 그 발령사항으로 할 수 있는 내용상의 한계가 있다.

(h) **통 제** ① 대통령의 긴급재정경제명령에 대한 사전적 통제는 행정부 내부의 통제 즉 국무회의의 심의가 있을 뿐이다.

② 사후적 통제로는 국회의 통제가 가장 중요하다. 국회의 승인권과 긴급재정경제명령을 무력화시키는 법률개정권을 행사할 수 있다. 또한 법원의 위헌심사제

청권과 헌법재판소의 위헌심판권으로 사후에 통제할 수 있다.

D. 긴급재정경제처분권(緊急財政經濟處分權)

(a) 의 의 긴급재정경제처분은 "내우 · 외환 · 천재 · 지변 또는 중대한 재정 · 경제상의 위기에 있어서 국가의 안전보장 또는 공공의 안녕질서를 유지하기 위하여 긴급한 조치가 필요하고 국회의 집회를 기다릴 여유가 없을 때에 한하여 최소한으로 필요한 재정 · 경제상의 처분"이다(제76조 제1항).

(b) 성 격 긴급재정경제처분은 광의의 처분으로서 행정작용이다. 행정작용은 정부의 권한으로서, 원칙적으로는 그 행사에 국회의 동의나 승인을 필요로 하지 아니한다. 그런데 현행헌법은 재정에 관하여 재정의회주의를 취하고 있으므로 국회는 재정입법권(제59조), 예산안심의 · 확정권(제54조 제1항), 기채(起債)동의권 · 예산외 국가의 부담이 될 계약체결동의권(제58조), 재정적 부담이 있는 조약체결에 대한 동의권(제60조 제1항), 예비비지출승인권(제55조 제2항 후문), 결산심사권 등을 가진다. 하지만, 대통령은 국회의 사전개입 없이 긴급재정경제처분을 발동할 수 있다. 따라서 긴급재정경제처분은 재정의회주의에 대한 중대한 예외이다. 즉 원칙적으로 처분은 구체적 사건에서 법률을 집행하는 행정청의 행위인데, 긴급재정경제처분은 법률의 집행 없이 바로 대통령이 발동할 수 있다는 측면에서 재정의회주의에 대한 중대한 예외이다.

(c) 발동요건과 국회의 승인 및 그 효과, 대통령의 공포, 한계 긴급재정경제처분의 발동요건과 국회의 승인의 필요성, 승인 또는 승인거부의 효과, 대통령의 공포, 한계는 긴급재정경제명령의 그것과 같다.

(d) 효 력 긴급재정경제처분은 넓은 의미의 행정처분으로서 행정행위 등 개개의 처분에 해당하는 행정작용으로서의 효력을 가진다.

(e) 통 제 긴급재정경제처분은 국무회의의 사전심의를 거쳐야 한다. 사후적으로는 국회의 승인, 행정소송, 헌법소원 등의 통제수단이 있다.

E. 계엄선포권(戒嚴宣布權)

(a) 의 의 "전시 · 사변 또는 이에 준하는 국가비상사태에 있어서 병력(兵力)으로써 군사상의 필요에 응하거나 공공의 안녕질서를 유지할 필요가 있을 때에는 법률이 정하는 바에 의하여 계엄을 선포할 수 있다"(제77조 제1항).

계엄은 병력을 사용함으로써 국가비상사태에 즈음하여 사실상 군에 의한 통치를 가능하게 할 뿐만 아니라, 헌법의 일부조항을 배제할 수 있는 가장 강력한 국가긴급권의 일종이다.

(b) 계엄의 종류 헌법과 계엄법상 계엄에는 경비계엄(제2조 제3항)과 비상계엄(제2조 제2항)이 있다. 비상계엄이나 경비계엄 다 같이 헌법 제77조 제1항의 요건을 충족하여야 한다. 계엄법상 비상계엄은 행정 및 사법기능의 수행이 현저히 곤란한 경우에(제2조 제2항), 경비계엄은 일반행정기관만으로는 치안을 확보할 수 없는 경우에(제2조 제3항) 선포할 수 있다. 따라서 비상계엄이 훨씬 강력한 계엄이며, 그에 따른 일련의 비상조치 내용에 관하여는 헌법에 이를 명시하고 있다. 대통령은 비상사태의 추이를 보아 계엄의 종류, 시행지역, 계엄사령관을 변경할 수 있다(제2조 제4항).

(c) 계엄의 발동요건 경비계엄과 비상계엄을 불문하고 헌법상 요건(제77조 제1항)을 충족하여야 한다.

(i) "전시·사변 또는 이에 준하는 국가비상사태가" 있어야 한다. 국가비상사태에는 헌법상 예시된 전쟁·사변뿐만 아니라 이에 준하는 무장폭동이나 반란 등 극도의 사회질서교란상태를 포괄한다. 국가비상사태의 해결을 위한 계엄의 발동필요성 여부는 발령권자인 대통령이 판단한다.

(ii) 병력동원의 필요성이 있어야 한다. 즉 "병력으로써 군사상의 필요에 응하거나 공공의 안녕질서를 유지할 필요가" 있어야 한다. 국가비상사태에 처하여 경찰력만으로는 공공의 안녕질서유지가 불가능한 상황에서, 군병력을 동원하여야만 가능한 경우에 계엄을 발동할 수 있다.

(iii) 계엄선포의 실질적 요건이 충족된다고 판단하면 발령권자인 대통령은 국무회의의 필수적 심의(제89조 제5호)를 거쳐, "법률이 정하는 바에 의하여 계엄을 선포할 수 있다"(제77조 제1항). "대통령이 계엄을 선포하거나 변경하고자 할 때에는" "국무회의의 일시·장소, 출석자의 수 및 성명, 발언 내용 등을 기록한 회의록을 즉시 작성하여야 한다"(계엄법 제2조 제5항). "대통령이 계엄을 선포하였을 때에는 지체 없이 국회에 통고(通告)하여야 하고, 통고할 때에는 제2조제5항 후단에 따라 작성된 회의록을 국회에 제출하여야 한다"(계엄법 제4조 제2항).

계엄을 선포할 때에는 계엄선포의 이유, 계엄의 종류, 계엄시행일시, 시행지역, 계엄사령관을 공고하여야 한다(계엄법 제3조). 대통령은 현역 장성급장교 중에서 국방부장관이 추천한 사람을 국무회의의 심의를 거쳐 계엄사령관으로 임명한다(동법 제5조 제1항). 계엄사령관은 계엄의 시행에 관하여 국방부장관의 지휘·감독을 받는다. 다만, 전국을 계엄지역으로 하는 경우와 대통령이 직접 지휘·감독을 할 필요가 있는 경우에는 대통령의 지휘·감독을 받는다(동법 제6조 제1항).

(iv) "계엄을 선포한 때에는 대통령은 지체없이 국회에 통고하여야 한다"(제77조

제4항). 국회가 폐회 중일 때에는 대통령은 지체 없이 국회에 집회를 요구하여야 한다(계엄법 제4조 제2항). "누구든지 계엄 선포 이후 국회의원 및 국회 소속 공무원의 국회 경내(국회 청사 외곽 경계의 안쪽을 말한다) 출입 및 회의를 방해하여서는 아니 된다"(계엄법 제11조의2).

> "계엄 시행 중 국회의원은 현행범인인 경우를 제외하고는 체포 또는 구금되지 아니한다." "국회가 계엄 해제를 요구하기 위하여 본회의를 개의하는 경우 제1항에도 불구하고 현행범인 국회의원을 체포 또는 구금하고 있는 행정기관 등은 국회의원이 해당 안건을 심의하기 위한 본회의에 출석할 수 있도록 조치하여야 한다"(계엄법 제13조). "계엄 시행 중에 국회의 권한 행사를 보장하기 위하여 계엄사령관의 지휘·감독을 받는 군인, 경찰 및 정보·보안기관 직원 등은 국회 경내에 출입할 수 없다. 다만, 국회의장이 요청하거나 허가한 경우에는 그러하지 아니하다"(계엄법 제13조의2).

(d) 계엄의 내용과 효력 헌법상 계엄에 관한 내용과 효력을 계엄법에서는 보다 구체적으로 규정한다.

(i) 비상계엄(非常戒嚴)

① 행정사무와 사법사무에 관한 특별조치 "비상계엄은 대통령이 전시·사변 또는 이에 준하는 국가비상사태 시 적과 교전(交戰)상태에 있거나 사회질서가 극도로 교란(攪亂)되어 행정 및 사법(司法)기능의 수행이 현저히 곤란한 경우에 군사상의 필요에 따르거나 공공의 안녕질서를 유지하기 위하여 선포한다"(계엄법 제2조 제2항).

"비상계엄이 선포된 때에는 법률이 정하는 바에 의하여 … 정부나 법원의 권한에 관하여 특별한 조치를 할 수 있다"(제77조 제3항). 하지만, 국회의 권한에 관하여는 특별한 조치를 할 수 없다고 보아야 한다. "계엄 시행 중 국회의원은 현행범인인 경우를 제외하고는 체포 또는 구금되지 아니한다(계엄법 제13조 제1항). 국회가 계엄 해제를 요구하기 위하여 본회의를 개의하는 경우 제1항에도 불구하고 현행범인 국회의원을 체포 또는 구금하고 있는 행정기관 등은 국회의원이 해당 안건을 심의하기 위한 본회의에 출석할 수 있도록 조치하여야 한다(제2항)"라는 규정은 국회의원의 신체의 자유가 바로 국회의 정상적인 활동과 직결되기 때문이다.

"비상계엄의 선포와 동시에 계엄사령관은 계엄지역의 모든 행정사무와 사법사무를 관장한다"(동법 제7조 제1항). 사법사무는 원칙적으로 법원의 재판을 제외한 사법경찰·검찰·형집행 사무 등을 말한다. 다만, 계엄법에 열거된 13개 유형의 범죄는 군사법원에서 재판한다(동법 제10조). "비상계엄하의 군사재판은 군인·군무원의 범죄나 군사에 관한 간첩죄의 경우와 초병·초소·유독음식물공급·포로에 관한 죄 중 법률이 정한 경우에 한하여 단심으로 할 수 있다. 다만, 사형을 선고한 경우에는 그러하지 아니하다"(제110조 제4항). "계엄지역의 행정기관(정보 및 보안 업무를 관장하는 기관을 포함한다) 및 사법기관은 지체 없이 계엄사령관의 지휘·감독을 받아야 한다"(계엄법 제8조 제1항).

② 국민의 자유와 권리에 관한 특별한 조치 "비상계엄이 선포된 때에는 법률이 정하는 바에 의하여 영장제도, 언론·출판·집회·결사의 자유 … 에 관하여 특별한 조치를 할 수 있다"(제77조 제3항).

영장주의를 완전히 배제하는 특별한 조치는 비상계엄에 준하는 국가비상사태에 있어서도 가급적 회피하여야 할 것이고, 설사 그러한 조치가 허용된다고 하더라도 지극히 한시적으로 이루어져야 할 것이며, 영장 없이 이루어진 수사기관의 강제처분에 대하여는 사후적으로 조속한 시간 내에 법관에 의한 심사가 이루어질 수 있는 장치가 마련되어야 할 것임에는 의문의 여지가 없다. 그런데 국가보안법위반죄 등을 범한 자를 법관의 영장 없이 구속·압수·수색할 수 있도록 했던 구 인신구속 등에 관한 임시 특례법 제2조 제1항이 1961.8.7.부터 계엄이 해제된 이후인 1963.12.17.까지 무려 2년 4개월이 넘는 기간 동안 시행되었는바, 비록 일부 범죄에 국한되는 것이라도 이러한 장기간 동안 영장주의를 완전히 무시하는 입법상 조치가 허용될 수 없음은 명백하고 따라서 이 사건 법률조항은 구 헌법 제64조나 현행 헌법 제77조의 특별한 조치에 해당한다고 볼 수 없다(헌재 2012. 12. 27. 2011헌가5, 구 인신구속 등에 관한 임시특례법 제2조 제1항 위헌제청(위헌)).

그런데 특별조치는 헌법상 규정된 이들 기본권에 한정되는지(한정적 규정설), 아니면 예시적인지(예시적 규정설)에 관하여 논란이 있다. 한정적 규정설에 의하면, 계엄법 제9조에서 헌법 제77조 제3항에 규정되어 있지 아니한 단체행동과 재산권 등에 관한 특별조치를 할 수 있다는 규정은 위헌으로 보아야 하지만, 예시적 규정설에 의하면 계엄의 목적을 달성하기 위하여 불가피한 경우를 전제로 합헌이라고 본다.

계엄의 본질을 대통령의 비상대권으로 보든 헌법보장의 수단으로 보든 간에 대통령의 권력남용을 방지하기 위하여 한정적 규정설이 더 설득력을 가진다. 그런데 실제로 영장제도나 표현의 자유와 같은 가장 본원적인 기본권에 대한 특별조치를 인정하면서, 계엄법에 규정된 단체행동(계엄법 제9조 제1항), 재산권(동법 제9조 제2항 및 제3항) 등에 관한 특별조치를 위헌적인 규정으로 볼 경우에 계엄의 목적달성에 어려움이 따를 수 있다. 이와 같은 논쟁을 불식시키기 위하여 개정된 계엄법은 "거주·이전의 자유"를 삭제하였다. 하지만, 단체행동과 재산권 제한에 대하여는 헌법에 규정이 없음에도 불구하고 여전히 계엄법에 존치되어 있어 논쟁의 여지를 남긴다.

이에 대하여 김철수 교수((하) 1750면)는 위헌주장이 없지 아니하나 극도의 위기를 극복하기 위하여 엄격한 요건하에서 발동되는 계엄제도의 목적과 요건 등을 고려하여 볼 때 합헌으로 보고 있는 반면, 권영성 교수(990면)는 국민의 기본권제한에 관한 규정은 확대해석이 허용될 수 없으므로 비단 거주·이전의 자유만이 아니라 헌법에 규정이 없는 기본권제한을 계엄법으로 규정한다는 것은 위헌의 여지가 있다고 한다.

제9조(계엄사령관의 특별조치권) ① 비상계엄지역에서 계엄사령관은 군사상 필요할 때에는 체포·구금(拘禁)·압수·수색·언론·출판·집회·결사 또는 단체행동에 대하여 특별한 조치를 할 수 있다. 이 경우 계엄사령관은 그 조치내용을 미리 공고하여야 한다. ② 비상계엄지역에서 계엄사령관은 법률에서 정하는 바에 따라 동원(動員) 또는 징발을 할 수 있으며, 필요한 경우에는 군수(軍需)로 제공할 물품의 조사·등록과 반출금지를 명할 수 있다. ③ 비상계엄지역에서 계엄사령관은 작전상 부득이한 경우에는 국민의 재산을 파괴 또는 소각(燒却)할 수 있다. ④ 계엄사령관이 제3항에 따라 국민의 재산을 파괴 또는 소각하려는 경우에는 미리 그 사유, 지역, 대상 등 필요한 사항을 그 재산의 소재지를 관할하는 행정기관과 그 재산의 소유자, 점유자 또는 관리자에게 통보하거나 공고하여야 한다.

(ii) 경비계엄(警備戒嚴) ① "경비계엄은 대통령이 전시·사변 또는 이에 준하는 국가비상사태 시 사회질서가 교란되어 일반행정기관만으로는 치안을 확보할 수 없는 경우에 공공의 안녕질서를 유지하기 위하여 선포한다"(동법 제2조 제3항). 경비계엄은 병력을 동원한 소극적인 치안확보가 그 주된 목적이다.

② 경비계엄은 비상계엄보다 훨씬 완화된 형태의 계엄이다. 오로지 군사에 관한 행정사무와 사법사무만이 계엄조치의 대상이 된다(동법 제7조 제2항). 이에 관련된 사법·행정기관은 계엄사령관의 지휘·감독을 받는다. 또한 국민의 자유와 권리에 관한 특별조치도 허용되지 아니하며, 군사법원의 재판관할권도 확대되지 아니한다.

(e) 계엄의 해제 ① 대통령은 국가비상사태가 "평상상태로 회복되거나 국회의 계엄해제의 요구가 있을 때에는 지체없이 계엄을 해제하고 이를 공고하여야 한다"(제77조 제5항, 법 제11조).

② 계엄의 해제는 대통령이 국무회의의 심의를 거쳐 직권으로 할 수도 있고(계엄법 제11조 제2항), 국방부장관이나 행정안전부장관이 국무총리를 거쳐 계엄의 해제를 건의할 경우에 국무회의의 심의를 거쳐 할 수도 있다(동법 제11조 제3항). 정부에서 계엄을 해제하지 아니할 경우 "국회가 재적의원 과반수의 찬성으로 계엄의 해제를 요구한 때에는 대통령은 이를 해제하여야 한다"(제77조 제5항). 이 경우에도 국무회의의 심의를 거쳐야 한다(제89조 제5호). 구금된 현행범인 국회의원에 대한 계엄해제를 요구하기 위한

국회 본회의 참석 조치를 신설함으로써 국회의원의 계엄해제 요구 관련 안건에 대한 국회 심의 참여를 보장하고 국회가 계엄해제 요구권을 자율적으로 행사할 수 있도록 한다(계엄법 제13조).

③ "계엄이 해제된 날부터 모든 행정사무와 사법사무는 평상상태로 복귀한다"(계엄법 제12조 제1항). "비상계엄 시행 중 제10조에 따라 군사법원에 계속(係屬) 중인 재판사건의 관할은 비상계엄 해제와 동시에 일반법원에 속한다"(제2항). 기존 "다만, 대통령이 필요하다고 인정할 때에는 군사법원의 재판권을 1개월의 범위에서 연기할 수 있다"(제2항 단서)는 단서 규정은 국민의 재판을 받을 권리와 민간인에 대한 군사재판의 예외규정에 어긋나는 위헌적인 규정으로 보아 삭제되었다. 그러나 대법원은 합헌이라고 판시한 바 있다(대판 1985.5.28. 81도1045).

국방부장관, 계엄사령관 및 각 행정기관의 장은 계엄 해제 이후 다음 각 호의 사항을 포함한 계엄 관련 지휘·감독 사항 및 사무 내용 등을 국회에 보고하여야 한다. 1. 제6조 제1항에 따른 국방부장관과 대통령의 지휘·감독 사항, 2. 제8조에 따른 계엄사령관의 지휘·감독 사항, 3. 제9조에 따른 계엄사령관의 특별조치 사항, 4. 제9조의2제4항의 조사서, 확인서, 사진 등 증명자료(계엄법 제11조의3).

(f) 계엄에 대한 통제 ① 기관 내 통제장치, 즉 정부 내의 통제장치로서 국무회의의 심의·관계자의 부서나 건의 등은 대통령의 독단적인 판단에 대한 최소한의 견제장치이자 동시에 국정관련자에 대한 책임소재를 밝힌다. 또한 정부 내 통제는 사전적 통제로서의 의미를 가진다.

② 국회와 법원 및 헌법재판소에 의한 통제는 사후적 통제에 불과하다는 한계가 있다. 대통령이 국회의 계엄해제요구에 불응할 경우에, 국회는 탄핵소추와 그 밖의 대정부견제권을 발동하여 계엄을 통제할 수 있다. 계엄선포행위 그 자체는 통치행위이므로 사법심사가 불가능하다는 견해도 있었다. 대법원도 계엄선포의 요건구비나 당·부에 대한 사법심사를 부정한 바 있다(대재 1979.12.7. 79초70 외). 그러나 헌법재판소는 헌법소원심판을 통하여 적극적으로 헌법상 계엄선포의 요건충족에 대한 심사를 하여야 한다. 한편 계엄선포 이후 내려진 계엄당국의 일련의 개별적 포고령이나 개별적·구체적 집행행위는 당연히 사법심사의 대상이 된다.

F. 국가긴급권발동의 신중성 요망

(i) 한국헌정사의 굴절에는 대통령의 국가긴급권 남용이 그 중요한 몫을 차지한다. 특히 유신헌법 시절에 자행되었던 긴급조치는 국민주권과 기본권보장을 침탈한 바 있다. 유신헌법이 모델로 하였다는 프랑스 제5공화국헌법에서 국가긴

급권은 1961년 알제리사태에서 발령된 이후 반세기 이상 발동되지 아니하였다.

(ii) 1981년 이후 발령된 국가긴급권은 1993년의 긴급재정경제명령이 유일했다. 그런데 2024년 12월 3일 45년 만에 다시 대통령이 비상계엄을 선포하였다. 헌정사상 처음으로 안정기에 접어든 입헌적 질서를 수호하기 위하여서도 대통령의 긴급권발동은 최대한 자제되어야 한다.

2024년 12월 3일 22시 23분에 윤석열 대통령은 대국민담화를 통해 전국비상계엄을 선포하였다. 하지만, 국회가 헌법 제77조 제5항에 따라 12월 4일 오전 1시 계엄해제요구 결의안을 통과시켰고 이에 따라 오전 4시 윤석열 대통령은 계엄해제를 선언함으로써 비상계엄 사태는 6시간의 해프닝으로 막을 내렸다. 이번 대통령의 비상계엄선포는 헌법이 규정한 상황적 요건("전시 · 사변 또는 이에 준하는 국가비상사태에 있어서 병력으로써 군사상의 필요에 응하거나 공공의 안녕질서를 유지할 필요가 있을 때")을 갖추지 못하였을 뿐만 아니라 정상적인 헌법질서 회복을 위하여 발동되어야 한다는 국가긴급권 발동목적에도 위배되는 위헌적인 발동으로 보아야 한다. 더구나 비상계엄에 따른 계엄 포고령 제1호가 국회의 활동을 정지하는 내용으로 구성되었고 출동한 군이 국회의사당을 장악하려 하는 등 헌법에 반하는 행위를 자행함으로써 그 정당성마저 인정받지 못하였다. 우리 헌법은 대통령의 비상계엄에 대한 사후적 통제 권한을 국회에 부여하고 있다. 이에 따라 비상계엄이 선포되더라도 국회의 활동을 제약하거나 정지시키는 행위를 할 수 없다. 계엄법에서 "계엄 시행 중 국회의원은 현행범인인 경우를 제외하고는 체포 또는 구금되지 아니한다"(제13조)라고 규정하는 것도 이 때문이다(성낙인의 헌법정치, '12 · 3 서울의 밤' 법치경제를 허물다, 아주경제 2024.12.26. 참조). 12 · 3 내란 관련 3개 특검법 제정 이후 전담재판부 설립 등을 위한 '내란 · 외환 · 반란범죄 등의 형사절차에 관한 특례법'이 제정되었다. 하지만 특례법은 사법권 독립 · 소급입법 금지 등과 관련하여 위헌 논란을 촉발한다.

5. 대통령의 국가긴급권발동의 한계와 이에 대한 통제

현행헌법은 국가긴급권을 대통령의 권한으로 규정하면서도 국가긴급권의 내용 · 효력통제 · 한계를 분명히 함으로써, 그 남용과 악용을 막아 국가긴급권이 헌법보호의 비상수단으로서 제 기능에 부합하도록 하고 있다(헌재 1994.6.30. 92헌가18).

(1) 국가긴급권발동의 한계

국가긴급권은 비입헌주의적인 상태의 제거를 위하여 마련된 제도적 장치이므로 입헌주의를 회복할 수 있는 범위 안에서 발동되어야 한다. 따라서 국가긴급권의 발동에는 일정한 내재적 · 논리적 한계가 설정된다. 즉 국가긴급권은 입헌주의에 대한 위협이 존재하여야만 할 뿐만 아니라 다른 대안적인 수단으로서 위기를 극복할 수 없는 경우에 행사되는 최종 · 최후의 수단이어야 한다.

(i) 국가긴급권의 발동목적은 국가의 존립과 안전을 확보함으로써 정상적인

헌법질서를 회복하여 국민의 자유와 권리를 보호하려는 소극적 목적이어야 한다.

(ii) 국가긴급권의 발동기간은 일시적·임시적·잠정적으로만 발동되어야 한다. 발동기간의 영구화는 입헌적 질서 자체를 왜곡시킨다.

(iii) 국가긴급권의 발동요건은 헌법이 정한 요건과 절차에 따라야 한다.

(iv) 국가긴급권의 발동범위는 국민의 기본권 제한과 침해를 최소화할 수 있는 범위 안에서 이루어져야 한다.

(2) 사전적 통제의 미흡

헌법상 대통령의 국가긴급권발동에는 일정한 요건과 절차를 명시하고 있으나 이러한 요건과 절차에 따라 국가긴급권이 발동되었는지를 사전에 통제할 수 있는 장치가 미흡하다. 물론 급박한 상황에서 국민의 자유와 권리를 보호하고 국가의 존립을 수호할 책무를 지고 있는 대통령의 결단이 가장 중요하지만, 적어도 대통령의 결단이 상황에 부합하는지 여부를 검증할 수 있는 최소한의 제도적 장치가 필요하다. 현행헌법에서는 국무회의의 심의가 유일한 사전적 통제장치이다. 헌법정책적으로는 현행 프랑스헌법 제16조의 "수상, 양원의장, 헌법재판소의 공식적인 자문을 거친 후"라는 규정과 유사한 사전적 통제절차를 마련하여야 한다.

(3) 사후적 통제의 강화필요성

사전적 통제가 급박한 위기를 극복한다는 국가긴급권의 목적에 비추어 제한적일 수밖에 없다면, 사후적 통제라도 강화하여야 한다.

(i) 국회의 통제가 가장 중요하다. 대통령과 더불어 국민적 정당성을 확보하고 있는 국회는 대통령의 주권적 권력행사에 대하여 보다 직접적인 통제를 가할 수 있다. 승인이나 해제요구 또는 탄핵소추나 법률개정 등을 통하여 궁극적으로 대통령의 국가긴급권발동 자체를 무력화시킬 수 있다. 그러나 국회가 대통령이 이끄는 다수파에 의하여 장악되고 있을 경우에는 대통령의 국가긴급권행사에 대한 통제는 한계에 봉착하게 된다.

(ii) 헌법재판소 및 법원에 의한 사법적 통제도 가능하다. 사법적 통제는 헌법에서 명시하고 있는 국가긴급권의 발동요건, 즉 국가긴급권발동 그 자체의 적헌성 여부에 대한 심사와 국가긴급권발동에 따른 구체적인 명령과 처분의 내용에 대한 통제로 나누어 볼 수 있다.

① 국가긴급권 발동 그 자체는 헌법에서 명시한 일정한 요건에서만 발동될 수 있다. 이론상으로는 헌법상 요건에 부합하는지 여부에 관한 사법적 심사가 가능하다. 그런데 현실적으로 대통령이 내린 고도의 정치적 결단에 입각한 행위에 대

한 사법적 통제는 매우 어렵다. 이에 사법심사 여부를 놓고 통치행위이론이 제기된다. 대법원은 대통령의 비상계엄선포행위에 대한 사법심사를 거부한다.

"평상시의 헌법질서에 따른 권력행사 방법으로는 대처할 수 없는 중대한 위기상황이 발생한 경우 이를 수습함으로써 국가의 존립을 보장하기 위하여 행사되는 국가긴급권에 관한 대통령의 결단은 존중되어야 하나, 이 같은 국가긴급권은 국가가 중대한 위기에 처하였을 때 그 위기의 직접적 원인을 제거하는 데 필수불가결한 최소의 한도 내에서 행사되어야 하는 것으로서 국가긴급권을 규정한 헌법상의 발동 요건 및 한계에 부합하여야 하고, 이 점에서 유신헌법 제53조에 규정된 긴급조치권 역시 예외가 될 수는 없다"(대판 2013.5.16. 2011도2631 전원합의체 판결).

"대통령의 계엄선포행위는 고도의 정치적 · 군사적 성격을 띠는 행위라고 할 것이어서, 그 선포의 당 · 부당을 판단할 권한은 헌법상 계엄의 해제요구권이 있는 국회만이 가지고 있다 할 것이고, 그 선포가 당연무효의 경우라면 모르되, 사법기관인 법원이 계엄선포의 요건구비나 선포의 당 · 부당을 심사하는 것은 사법권의 내재적인 본질적 한계를 넘어서는 것이 되어 적절한 바가 못 된다"(대재 1979.12.7. 79초70; 동지: 대판 1981.1.23. 80도2756; 대판 1981.2.10. 80도3147; 대판 1981.4.28. 81도874; 대판 1981.5.26. 81도1116; 대판 1981. 9.22. 81도1833; 대판 1982. 9.14. 82도1847).

대통령의 국가긴급권발동 그 자체를 통치행위로 보아 사법심사의 대상에서 제외하는 입장은 프랑스 국사원의 판례에도 분명히 나타난다(C.E. 1962.3.2. Rubin de Servens). 이 판결에 의하면 사전적인 공식적 자문절차를 이행하였음을 명시하고 있으므로, 국가긴급권발동의 실질적 요건에 대한 적극적 판단은 하지 아니하더라도 국가긴급권발동의 형식적 요건은 판단하고 있음이 분명하다(사건의 개요 및 판결문 전문은, 성낙인, 프랑스헌법학, 745면 이하 참조).

현행헌법상 대통령의 국가긴급권발동에 있어서도 실질적 요건에 대한 적극적 판단은 현실적으로 어렵다고 하더라도 적어도 형식적인 요건에 대한 판단은 가능하다. 물론 현행헌법상 형식적 요건은 국무회의의 심의에 불과하기 때문에 형식적 요건에 대한 사법심사의 의의가 반감된다. 하지만, 헌법보장기관으로서의 헌법재판소제도를 도입하고, 헌법재판이 가지는 일반재판에 대한 특수성을 고려하건대 적어도 대통령의 국가긴급권발동 그 자체의 실질적 요건에 관한 최소한의 평가가 이루어져야 한다. 그래야만 헌법상 발동요건의 강화가 최소한의 의의를 가질 수 있다. 이와 관련하여 비록 유신헌법 시절에 발령된 긴급조치이긴 하지만 긴급조치 자체의 요건이 달라졌음에 비추어 긴급조치의 실효(失效)를 선언한 대법원의 태도는 전진적인 해석의 여지를 남겨준다.

"그 근거법인 구 헌법 제53조가 1980.10.27. 제5공화국헌법의 제정공포에 따라 폐지됨으로써 일단 실효되었다 할 것이고 또한 구 헌법 제53조의 대통령긴급조치권이나 헌법

제51조의 대통령비상조치권은 다 같이 그 연혁이나 성질에 있어 강학상의 국가긴급권에 연유하는 것으로 각 그 적법성에는 의심할 여지가 없으니 각 정하는 바 그 발동요건이나 통제기능에 있어 구 헌법 제53조의 대통령긴급조치권은 헌법 제51조의 대통령비상조치권과는 현저한 차이가 있어 우리 제5공화국의 국가이념이나 그 헌법정신에 위배됨이 명백하여 그 계속효가 부인될 수밖에 없어 …"(대판 1985.1.29. 74도3501).

② 국가긴급권발동에 따른 구체적인 법률적 명령·법규명령과 처분의 내용에 대한 통제는 사법심사의 일반원칙에 입각하여 사법심사의 대상이 된다. 대법원의 소수의견(강신옥변호사사건)도 같은 의견을 개진한 바 있다.

"통치행위 중에서도 이 사건 긴급조치와 같이 국민의 기본권제한과 관련된 조치인 경우에는 기본권보장과 헌법보장의 책무를 진 법원으로서는 당연히 그 효력의 존속 여부를 심사 판단할 권한이 있다고 보아야 한다"(대판 1985.1.29. 74도3501, 이회창 대법관의 소수의견).

입법사항에 관하여는 법원이 아닌 헌법재판소의 위헌법률심사 혹은 헌법소원심사를 통하여 사법적 판단이 가능하다. 헌법재판소는 긴급재정경제명령의 통치행위성을 인정하면서도 이에 대한 사법심사의 가능성 또한 인정하였다.

"통치행위를 포함하여 모든 국가작용은 국민의 기본권적 가치를 실현하기 위한 수단이라는 한계를 반드시 지켜야 하는 것이고, 헌법재판소는 헌법의 수호와 국민의 기본권 보장을 사명으로 하는 국가기관이므로 비록 고도의 정치적 결단에 의하여 행하여지는 국가작용이라고 할지라도 그것이 국민의 기본권침해와 직접 관련되는 경우에 당연히 헌법재판소의 심판대상이 될 수 있는 것일 뿐만 아니라, 긴급재정경제명령은 법률의 효력을 갖는 것으로서 헌법에 기속되어야 한다"(헌재 1996.2.29. 93헌마186, 대통령의금융실명거래및비밀보장에 관한긴급재정경제명령의 위헌 여부에 관한 헌법소원(기각,각하)).

(4) 주권자인 국민의 저항권행사

대통령이 국가긴급권행사로 인하여 국민의 자유와 권리가 확보되지 아니할 경우 국민은 최후의 무기인 저항권을 행사할 수 있다(저항권에 관한 상세는, 제1편 제2장 제2절 제2항 헌법의 보장 참조).

Ⅷ. 권한행사방법과 그 통제

대통령의 권한행사는 헌법과 법률이 정한 절차와 방법에 합치되어야 할 뿐만 아니라 정치적으로도 정당하여야 한다.

1. 권한행사의 방법

(1) 문서주의와 부서

(ⅰ) "대통령의 국법상 행위는 문서로써 하여야 하며, 이 문서에는 국무총리

와 관계 국무위원이 부서한다. 군사에 관한 것도 또한 같다"(제82조).

(ii) 문서주의(文書主義)의 채택은 대통령의 "국법상 행위"의 명확성을 통하여 그에 따른 확실한 행위의 증거를 남김으로써 대통령으로 하여금 헌법과 법령에서 자신에게 부여된 권한행사를 신중하게 할 수 있다. 문서는 대통령의 국법상 행위의 유효요건이므로, 문서로 행하여지지 아니한 대통령의 국법상 행위는 헌법상 효력이 없다. 국법상 행위란 헌법과 법령상 대통령에게 부여된 일체의 권한과 관련된 행위를 말한다.

(iii) 문서주의와 더불어 국무총리와 관계 국무위원의 부서제도는 대통령의 전제방지와 보필책임을 명백히 하여 책임의 소재를 분명히 하고(권력통제와 보필책임), 나아가서 물적 증거로서의 의미도 가진다. 헌법상 국민적 정당성을 직접적으로 확보하고 있는 대통령은 그 임기가 보장되어 있기 때문에 재임 중 정치적 책임을 지지 아니한다. 그러나 국회는 국무총리·국무위원해임건의제도를 통하여 대통령의 국법상 행위에 부서한 자에 대한 정치적 책임추궁이 가능하다. 이론상 국무총리·관계 국무위원은 부서를 거부할 수 있다. 하지만, 부서거부는 곧바로 면직으로 연결되기 마련이다. 헌법상 요구된 부서가 없는 대통령의 국법상 행위는 부서가 적법요건에 불과하기 때문에 위헌이긴 하지만 유효하다는 견해도 있으나, 국법상 행위의 헌법상 요건결여로 무효라고 보아야 한다(다수설: 자세한 내용은 제2절 제1항 국무총리 참조).

(2) 국무회의의 심의

헌법 제89조에서는 헌법상 중요한 국정사항을 국무회의의 필수적 심의사항으로 명기하고 있다.

(3) 자문기관의 자문

헌법상 대통령은 국가원로자문회의(제90조), 민주평화통일자문회의(제92조), 국민경제자문회의(제93조), 국가안전보장회의(제91조) 등의 자문을 거칠 수 있다. 이 중에서 헌법상 필수적 자문기관은 국가안전보장회의뿐이고, 나머지는 대통령의 임의적 자문기관에 불과하다. 따라서 대통령은 이들 자문기관의 자문의견에 기속될 필요는 없다. 하지만 국가원로, 통일문제 및 경제전문가인 이들의 자문은 대통령의 국정운용에 중요한 참고가 될 수 있다.

A. 국가원로자문회의

"국정의 중요한 사항에 관한 대통령의 자문에 응하기 위하여 국가원로로 구성되는 국가원로자문회의를 둘 수 있다"(제90조 제1항). "둘 수 있다"라고 규정하고 있으므로 헌법상 필수기관이 아니라 임의기관이다. "국가원로자문회의의 의장은 직전대통령이 된다. 다만, 직전대통령이 없을 때에는 대통령이 지명한다"(제90조 제2항). 국가원로자문회의의 조직·직무범위 기타 필요한 사항은 법률로 정한다"(제90조 제3항). 1988년에 국가원로자문회의법이 개정되었다가, 1989년에 정치적 논란이 제기되어 폐지된 이후 현재까지 법률조차 제정되지 못하고 있다. 이는 전직 대통령들이 구속되는 등 한국헌정사의 얼룩진 모습과도 맞물려 있는 문제이다. 앞으로 전직 대통령을 비롯한 국가원로의 목소리가 여과 없이 대통령의 국정운영에 고려될 수 있도록 한 헌법의 취지가 충분히 반영될 수 있도록 제도가 정착되어야 한다.

B. 국가안전보장회의

"국가안전보장에 관련되는 대외정책·군사정책과 국내정책의 수립에 관하여 국무회의의 심의에 앞서 대통령의 자문에 응하기 위하여 국가안전보장회의를 둔다"(제91조 제1항). 헌법상 "둔다"라고 규정하고 있으므로 국가안전보장회의는 헌법상 필수기관이다. 대통령은 국가안전보장회의의 의장으로서 회의를 주재한다(제91조 제2항). "국가안전보장회의의 조직·직무범위 기타 필요한 사항은 법률로 정한다"(제91조 제3항). 이에 따라 국가안전보장회의법이 제정되어 있다.

C. 민주평화통일자문회의

"평화통일정책의 수립에 관한 대통령의 자문에 응하기 위하여 민주평화통일자문회의를 둘 수 있다"(제92조 제1항). 헌법상 필수기관이 아니라 임의기관이다. "민주평화통일자문회의의 조직·직무범위 기타 필요한 사항은 법률로 정한다"(제92조 제2항). 이에 따라 민주평화통일자문회의법이 제정되어 있다.

D. 국민경제자문회의

"국민경제의 발전을 위한 중요정책의 수립에 관하여 대통령의 자문에 응하기 위하여 국민경제자문회의를 둘 수 있다"(제93조 제1항). 헌법상 필수기관이 아니라 임의기관이다. "국민경제자문회의의 조직·직무범위 기타 필요한 사항은 법률로 정한다"(제93조 제2항). 이에 따라 국민경제자문회의법이 제정되어 있다.

E. 국가과학기술자문회의

"국가는 과학기술의 혁신과 정보 및 인력의 개발을 통하여 국민경제의 발전에 노력하여야 한다"(제127조 제1항). "대통령은 제1항의 목적을 달성하기 위하여 필요한 자문기구를 둘 수 있다"(제3항). 이에 따라 국가과학기술자문회의를 설치하고 있다. 그러나 이 기구는 헌법기관이 아니다.

2. 통 제

(1) 정부 내 통제

정부 내 통제로는 ① 국무회의의 심의, ② 국무총리 · 국무위원의 부서, ③ 국무총리의 국무위원임명제청 및 해임건의, ④ 자문기관의 자문 등이 있다.

(2) 정부 외 통제

A. 국회에 의한 통제

(i) 대통령의 "국법상 행위" 이전에 국회의 사전동의를 통한 통제가 가장 실질적 통제수단이다: ① 중요조약의 체결 · 비준(제60조), ② 선전포고 · 국군의 해외파견 · 외국군대의 국내 주류(駐留), ③ 일반사면, ④ 국무총리 · 감사원장 · 대법원장 · 대법관 · 헌법재판소장 임명에 대한 동의권 등이 있다.

(ii) 대통령의 "국법상 행위"가 이루어진 이후에 사후적 통제로서는 ① 예비비지출, ② 긴급명령, ③ 긴급재정경제명령, ④ 긴급재정경제처분에 대한 승인권과, ⑤ 계엄해제요구권이 있다. 그 밖에도 ① 국정감사 · 조사, ② 국무총리 · 국무위원해임건의, ③ 대정부질문, ④ 탄핵소추 등을 통하여 대통령에 대한 통제를 강화할 수 있다.

B. 법원에 의한 통제

대통령이 행한 "명령 · 규칙 또는 처분이 헌법이나 법률에 위반되는 여부가 재판의 전제가 된 경우에는 대법원은 이를 최종적으로 심사할 권한을 가진다"(제107조 제2항).

C. 헌법재판소에 의한 통제

헌법재판소는 ① 탄핵심판, ② 위헌법률심판(긴급명령 등), ③ 헌법소원심판, ④ 권한쟁의심판 등을 통하여 대통령의 "국법상 행위"를 통제할 수 있다.

D. 국민에 의한 통제

대통령의 국법상 행위에 대하여 헌법에 마련된 국민의 직접적 통제는 거의 미약하다. ① 다만, 대통령이 국민투표에 부의할 경우에 한하여 중요정책에 대한 통제가 가능하다. ② 최후의 수단으로서 저항권행사도 생각할 수 있다. ③ 특히 정보사회의 진전에 따라 대통령이 국법상 행위를 하기 전 · 후에 걸쳐 살아있는 여론을 통한 통제가 실질적인 의미를 가진다.

제 2 절 행 정 부

제 1 항 국무총리

Ⅰ. 의 의

국무총리(國務總理) 제도는 제2공화국의 의원내각제를 제외한다면, 대통령중심제를 취하여 온 한국헌법사에서 독특한 제도이다(다만, 1954년 제2차 헌법개정으로 국무총리제도가 1960년까지 폐지된 바 있다). 미국식 대통령제에서 부통령은 있어도 국무총리는 없다. 그렇다면 한국헌법에서 국무총리는 의원내각제 내지 이원정부제의 국무총리에서 그 제도의 기원을 찾아야 한다. 그러나 헌법상 국무총리는 의원내각제와 같은 집행권의 수장이 아니라 대통령을 정점으로 하는 집행권의 제2인자에 불과하다(굳이 역사적으로 따지자면 절대군주시대인 조선왕조의 영의정에 비견될 수 있다). 결국 한국헌법의 국무총리와 가장 유사한 제도는 이원정부제의 국무총리이다. 그간 대통령주의제적 경향에 따라 국무총리는 대통령에 종속된 지위에 머물렀다. 이제 전통적인 국무총리관의 새로운 재해석이 필요한 때가 되었다.[1]

Ⅱ. 국무총리의 헌법상 지위

1. 대통령과 국회의 이중의 신임에 기초한 지위

(i) 헌법상 국무총리는 국회의 동의를 얻어 대통령이 임명한다(제86조 제1항). 그러므로 국무총리는 임명권자인 대통령의 신임뿐만 아니라, 국회다수파의 신임이 있어야 한다. 즉 국무총리는 헌법상 국민적 정당성의 두 축인 대통령과 국회로부터의 이중의 신임에 기초한다. 종래 국무총리의 지위를 대통령의 신임에만 의존하는 지위로 이해하여왔으나, 이는 대통령주의제적 헌법현실에만 매달린 편협한 해석이다. 더구나 국무총리는 재임 중에도 끊임없이 제기될 수 있는 국회의 국무총리

1) 심경수, "우리나라 헌법상 국무총리의 지위", 헌법학연구 4-3; 김민우, "국무총리의 지위에 관한 헌법적 고찰", 공법학연구 26-3.

해임건의권으로부터 자유로울 수 없기 때문에, 국무총리는 단순히 대통령의 신임에만 의탁하여서는 아니 된다.

(ii) 현행헌법에서 5년 임기의 대통령과 4년 임기의 국회의원은 그 임기가 일치될 수 없다. 더구나 대통령은 국회해산권도 없다. 따라서 대통령과 국회다수파는 항시 불일치할 가능성이 있기 때문에 대통령직의 여야교체, 국회 다수파의 여야교체에 따라 국무총리의 지위와 위상은 달라질 수밖에 없다.

2. 대통령권한대행자로서의 지위

국무총리는 대통령이 궐위되거나 사고가 있을 때 헌법상 제1순위 대통령권한대행자이다(제71조). 대통령권한대행은 단순히 집행권의 제2인자로서의 지위가 아니라, 국가원수인 대통령직의 권한대행이다. 집행권의 제2인자이긴 하지만, 직접 국민적 정당성을 확보하지 아니한 국무총리의 제1순위 권한대행은 바람직하지 아니하다. 하지만, 국회의 동의를 얻어야 하기 때문에 그런 점에서 간접적으로나마 국민적 정당성을 확보하고 있다고 볼 수도 있다.

3. 집행권의 제2인자로서 대통령을 보좌하는 지위

(1) 집행권의 제2인자로서의 지위

(i) 국무총리는 집행부의 제2인자이다. 헌법상 국무총리는 최고정책심의기관인 국무회의의 부의장이며(제88조 제3항), 대통령의 명을 받아 행정각부를 통할하고(제86조 제2항), 국무위원과 행정각부의 장의 임명제청권(제87조 제1항, 제94조), 국무위원의 해임건의권을 가진다(제87조 제3항). 또한 대통령의 모든 국법상 행위를 부서한다(제82조).

(ii) 헌법상 집행부의 제2인자로서의 지위는 곧 대통령의 보좌기관으로서의 지위와 일맥상통할 수 있다. 하지만, 권력의 속성이 제2인자로서의 지위 확보를 통하여 권력을 실질화하기보다는 단순한 보좌기관으로서의 지위를 선호하기 마련이다. 헌법재판소의 고식적인 판단도 바로 여기에 기인한다.

> "국무총리에 관한 헌법상 위의 제규정을 종합하면 국무총리의 지위가 대통령의 권한행사에 다소의 견제적 기능을 할 수 있다고 보여지는 것이 있기는 하나, 우리 헌법이 대통령중심제의 정부형태를 취하면서 국무총리제도를 두게 된 주된 이유가 부통령제를 두지 않았기 때문에 대통령 유고시의 그 권한대행자가 필요하고 또 대통령제의 기능과 능률을 높이기 위하여 대통령을 보좌하고 그 의견을 받들어 정부를 통할·조정하는 보좌기관이 필요하다는 데 있었던 점과 대통령에게 법적 제한 없이 국무총리해임권이 있는 점(헌법 제78조, 제86조 제1항 참조) 등을 고려하여 총체적으로 보면 내각책임제 밑에서의 행정권이 수상에

게 귀속되는 것과는 달리 우리나라의 행정권은 헌법상 대통령에게 귀속되고, 국무총리를 단지 대통령의 첫째가는 보좌기관으로서 행정에 관하여 독자적인 권한을 가지지 못하고 대통령의 명을 받아 행정각부를 통할하는 기관으로서의 지위만을 가지며, 행정권행사에 대한 최후의 결정권자는 대통령이라고 해석하는 것이 타당하다고 할 것이다. 이와 같은 헌법상의 대통령과 국무총리의 지위에 비추어 보면 국무총리의 통할을 받는 행정각부에 모든 행정기관이 포함된다고 볼 수 없다"(헌재 1994.4.28. 89헌마221, 정부조직법 제14조 제1항 등의 위헌여부에 관한 헌법소원(합헌,각하)).

(iii) 그러나 국무총리의 제2인자로서의 지위의 실질화 기능성을 배제할 수는 없다. 특히 국회의원총선거에서 단일 야당이 국회 절대과반수를 차지할 경우에도 국무총리의 지위를 단순히 대통령에 종속적인 지위로만 이해하기는 어렵다. 바로 여기에 헌법상 "대통령의 명을 받아"에 집착하던 사고의 틀은 "국회의 동의"로 무게 중심을 이동하여야 할 필요성이 제기된다.

(2) 국무총리의 통할을 받지 아니하는 행정기관의 설치

(i) 국무총리의 통할을 받지 아니하는 정부기관이 대통령 직속으로 설치되고 있어서 국무총리의 통할권의 범위와 한계를 설정하는 데 어려움이 뒤따른다. 특히 헌법규범에 의하지 아니하고 법률에 의하여 국무총리의 통할을 벗어나는 대통령 직속 행정기관의 설치는 헌법상 집행부의 제2인자인 국무총리의 지위와 권한범위에 대한 의구심을 자아낸다. 앞의 판례에서 헌법재판소는 국가안전기획부(현 국가정보원)는 대통령 직속기관이므로 국무총리의 통할을 받을 필요가 없다고 판시한다. 물론 국가안보업무의 특성상 국가안전기획부를 대통령 직속기관으로의 설치는 국가원수 본연의 임무와도 부응할 수 있는 여지는 있다.

(ii) 그런데 김대중 정부에서 장관급이 맡은 구 중앙인사위원회(현재는 폐지되었음)와 기획예산위원회(정부조직법이 개정되어 기획예산처로 변경되었다가 기획재정부로 통합되었다)는 일반행정기관임에도 불구하고 대통령 직속기관으로 설치되었다. 이 기관의 위원장들은 국무위원이 아니므로 국무총리의 제청을 받지 아니하고 임명될 뿐만 아니라 국회의 국무위원해임건의의 대상에서도 제외되어 있다. 이는 헌법 제82조의 대통령의 국법상 행위는 국무총리와 관계 국무위원이 부서한다는 규정에도 어긋난다.

(iii) 생각건대 대통령 직속기관으로서 헌법상 기관이나 국가정보원과 같은 특수한 기관(미국의 CIA, 영국의 MI6)이 아닌 일반적 행정업무를 취급하는 기관의 설치는 헌법상 국무총리제도나 국무위원제도의 본질에 어긋난다. 특히 이들 기관의 행위는 바로 대통령에게 책임이 전가될 수 있기 때문에 국무총리라는 완충장치를 거치지 아니하게 되어 오히려 대통령에게 정치적 부담이 될 뿐이다. 그리므

로 대통령실에는 대통령비서실과 특수한 임무를 가진 정책기구 등의 설치에 한정되어야 하며, 일반행정기관의 설치는 현행헌법의 규범체계에 어긋난다.

> "대통령이 이러한 직속기관을 설치하는 경우에도 자유민주적 통치구조의 기본이념과 원리에 부합되어야 할 것인데 그 최소한의 기준으로 ㄱ) 우선 그 설치·조직·직무범위 등에 관하여 법률의 형식에 의하여야 하고, ㄴ) 그 내용에 있어서도 목적·기능 등이 헌법에 적합하여야 하며, ㄷ) 모든 권한이 기본권적 가치실현을 위하여 행사하도록 제도화하는 한편, ㄹ) 권한의 남용 내지 악용이 최대 억제되도록 합리적이고 효율적인 통제장치가 있어야" 한다(헌재 1994.4.28. 89헌마221, 정부조직법 제14조 제1항 등의 위헌여부에 관한 헌법소원(합헌,각하))(헌재 2021.1.28. 2020헌마264등, 고위공직자범죄수사처 설치 및 운영에 관한 법률 위헌확인(기각,각하)).

4. 중앙행정관청으로서의 지위

(i) 국무총리는 행정에 관하여 대통령의 명을 받아 행정각부를 통할하며(제86조 제2항), 행정각부의 통할적 성질의 행정사무를 관장·처리하는 중앙행정관청의 지위에 있다. 국무총리는 대통령 다음가는 상급행정관청으로서 중앙행정관청을 지휘·감독하고 중앙행정기관의 장의 명령이나 처분이 위법 또는 부당하다고 인정할 때에는 대통령의 승인을 받아 이를 중지 또는 취소할 수 있다(정부조직법 제18조 제2항). 또한 국무총리는 그의 소관사무에 관하여 법률이나 대통령령의 위임 또는 직권으로 총리령을 발할 수 있다(제95조).

(ii) 국무총리는 독임제행정관청으로서 소관사무에 관하여 직무를 처리하고 행정각부의 사무를 기획·조정하고 특정부처에 속하지 아니하는 사무를 처리한다. 국무총리소속으로는 정부조직법에서 일정한 사무를 담당할 부서(기획예산처·인사혁신처·법제처·식품의약품안전처·국가데이터처·지식재산처·공정거래위원회·금융위원회·국민권익위원회·개인정보보호위원회·원자력안전위원회)를 설치하고 있다(정부조직법 제3장).

5. 국무총리의 신분상 지위: 임면 및 문민원칙과 국회의원겸직

(i) 군인은 현역을 면한 후가 아니면 국무총리로 임명될 수 없다(제86조 제3항). 이는 문민정부의 원칙에 입각한 규정이다. 문민원칙은 국무총리에 한정되지 아니하고 집행부구성의 일반원칙이다.

(ii) 또한 국무총리는 국회의원을 겸직할 수 있다(국회법 제29조, 국가공무원법 제3조). 미국식 대통령제에서 장관은 국회의원을 겸직할 수 없다. 그렇다면 국무총리의 국회의원 겸직은 의원내각제 및 이원정부제의 틀 아래에서 이해될 수 있다. 특히 한국적 이원정부제가 정립될 경우에 주요한 기능을 할 수 있다. 즉 국회 다수파의 수장이 국

무총리로 등용되는 상황에도 부응할 수 있는 제도적 장치이다. 하지만, 정부의 제2인자로서 국정을 통할하는 국무총리의 지위에 비추어 보면 국회의원 겸직은 바람직하지 아니하다.

(iii) 국무총리는 국회의 동의를 얻어 대통령이 임명한다. 임명권을 가지는 대통령은 동시에 면직권도 가진다. 임명과정에서 국회의 동의와 재임 중 국회의 해임건의권은 곧 국무총리직의 성립과 존속이 국회에 기초하고 있음을 의미한다.

6. 대통령의 국무총리 지명과 국무총리서리의 위헌성

(i) 국무총리후보자는 국회의 동의를 얻은 후에 국무총리에 취임한다.

제헌헌법: "대통령이 임명하고 국회의 승인을 얻어야"; 제2공화국헌법: "대통령이 지명하여 민의원의 동의를 얻어야"; 제3공화국헌법: "국무총리는 대통령이 임명하고"; 제4공화국헌법부터는 현행헌법규정과 같다.

과거에 관행적으로 대통령이 국무총리후보자를 지명하면 국회의 임명동의를 받기 전에 곧바로 국무총리 직무를 수행하여왔다. 이를 국무총리서리(國務總理署理)라고 한다. 이에 국무총리서리 제도의 합헌성 여부에 관하여 논란이 되었다.

1998년 국회에서 자유민주연합 총재 김종필 국무총리임명동의안의 처리가 무산되자 김대중 대통령이 김종필을 국무총리서리로 임명한 바 있다(김선택, 헌법사례연습, 949면).

(ii) 합헌론에 의하면 ① 대통령제와 부합하지 아니하는 국무총리제도가 가진 모순으로 인하여 제헌헌법 이후 여러 차례 관행적으로 국무총리서리를 임명한 바 있고, ② 정부조직법(제22조)의 사고의 개념에 궐위를 포함할 수 없으므로, 국무총리의 궐위에 따른 법적 흠결을 보충하는 국무총리서리의 임명행위는 합리적인 해석 범위 안에 있다고 본다.

(iii) 위헌론에 의하면 ① 헌법상 국무총리서리제도가 없으므로, 과거의 국무총리서리제도는 잘못된 관행이며, ② 국회의 동의를 얻지 아니한 국무총리서리 임명은 헌법상 국회의 권력통제와 권력분립주의에 어긋나며, ③ 헌법상 국무총리는 국회의 동의를 얻어 임명하여야 하므로 국회의 동의를 얻지 아니한 채 임명된 국무총리서리의 법적 행위는 효력을 가지지 아니하며, ④ 국무총리의 궐위 시에는 헌법과 법률이 정한 순서에 따라 직무대행이 국무총리로서의 지위와 권한을 가지면 된다고 본다.

(iv) 원칙적 위헌론에 대하여 예외적 합헌론도 있다. 예외적 합헌론에 의하면

① 원칙적으로 국무총리서리임명은 위헌이다. ② 다만, 대통령이 국무총리임명동의를 국회에 요청하였으나 국회가 이를 처리하지 못한 예외적인 상황이라면, 대통령은 국무총리의 제청을 받는 국무위원과 행정각부의 장을 임명할 수 없기 때문에 국정의 공백이 발생하므로 과도기적으로 국무총리서리제도를 인정할 수밖에 없다고 한다.

1998년 김종필씨에 대한 국무총리임명동의안의 처리가 무산되자 김대중 대통령이 김종필씨를 국무총리서리로 임명하였고 이에 대하여 한나라당 국회의원들은 김대중 대통령을 피청구인으로 하여 위 임명처분이 주위적(主位的)으로는 국무총리임명에 관한 청구인들의 동의권한을, 예비적(豫備的)으로는 국무총리임명동의안에 관한 청구인들의 심의·표결권한을 각 침해하였다고 주장하면서, 그 권한침해의 확인과 아울러 이 사건 임명처분의 무효확인을 구하는 심판청구를 제기하였다. 이 사건은 대통령이 국무총리를 임명하기 위하여 국회에 임명동의를 요청하였으나 국회 소수파인 집권당이 임명동의안 표결방식을 문제 삼아 표결을 강력히 제지함으로써 국회가 가부에 관한 의사표시를 할 수 없었기 때문에 결과적으로 대통령으로서는 국무총리서리를 임명하게 되었다.

헌법재판소에서 ① 1인의 재판관은 국회의원들의 당사자적격이 없음을 이유로 각하의견을, ② 2인의 재판관은 국회의원들의 권리보호이익이 없음을 이유로 각하 의견을, ③ 2인의 재판관은 청구인적격성이 없음을 이유로 각하 의견을, ④ 3인의 재판관은 국무총리서리제도의 위헌성을 이유로 권한침해를 인정하는 인용의견을, ⑤ 1인의 재판관은 국정공백을 메우기 위한 서리임명의 합헌성을 인정하여 권한침해를 부정하는 기각의견을 제시하였다. 결국 관여재판관의 과반수인 5인이 각기 이유를 달리하나 각하결정이 내려졌다(헌재 1998.7.14. 98헌라1, 대통령과 국회의원간의 권한쟁의(각하))(제2편 제5장 제4절 Ⅱ. (2) 참조).

(ⅴ) 생각건대 국무총리제도가 의원내각제 내지 이원정부제의 전형적인 제도이므로 이들 정부형태에 기초한 논리 전개가 바람직하다. 현행헌법상 국무총리는 국회의 사전동의를 얻어 임명되므로, 국회의 동의를 얻지 아니한 국무총리서리제도는 헌법에 어긋난다는 위헌론이 원칙적으로 타당하다. 다만, 대통령이 국무총리임명을 위하여 적법한 절차를 밟았음에도 불구하고 국회에서 이를 적법하게 처리하지 아니할 경우에는, 헌법상 정치제도의 정상적인 작동을 위하여 잠정적으로 부득이하게 국무총리서리를 임명할 수밖에 없다는 주장도 일리가 있다.

새 대통령의 취임에 따라 국무총리를 비롯한 내각이 총사퇴하였을 경우에도 새 국무총리가 임명될 때까지 과도기적으로 사표를 낸 국무총리를 비롯한 내각이 재임할 수밖에 없다. 그런데 이 경우에도 국회에서의 정쟁 등으로 인하여 임명동의안 처리가 지연될 경우에는, 변칙적이기는 하지만 퇴임할 국무총리가 새로 취임한 대통령의 뜻에 따라 국무위원 및 행정각부의 장을 임명제청하고, 사임한 후에 정부조직법이 정한 순서에 따라 그 직무를 대행하여야 한다.

한편 국정공백을 최소화하기 위하여 '대통령직 인수에 관한 법률'에서는 대통령당선인이 국무총리후보자를 지명할 수 있도록 규정한다(제5조).

2022년 5월 10일에 취임한 윤석열 대통령은 인수위원회 시기에 한덕수 국무총리 후보자를 지명하여 국회에 임명동의를 요청하였지만, 대통령 취임 때까지 임명동의안이 처리되지 아니하였다. 이에 현직 김부겸 국무총리가 국회의 청문보고서가 채택된 국무위원에 대한 임명제청을 한 후 퇴임하였다. 그 후 나머지 국무위원도 정부조직법에 따라 국무총리 권한대행이 임명제청하여 국무위원으로 임명되었다.

Ⅲ. 국무총리의 권한

1. 대통령의 권한대행권

(ⅰ) 국무총리는 집행부의 제2인자로서 대통령유고 시에 그 권한을 대행한다(제71조). 대통령유고 시 국무총리는 단순히 집행부의 제1인자일 뿐만 아니라 국정의 최고책임자로서 국가원수의 직위까지 겸하기 때문에, 조속한 국정안정을 위하여 권한대행체제를 벗어나야 한다. 이에 대통령유고 시 후임자선거에 관한 60일의 기간(제68조 제2항)은 지나치게 길다는 비판을 면하기 어렵다.

(ⅱ) 대통령권한대행자의 직무범위는 법적으로 제한되어 있지는 아니한다. 하지만, 권한대행의 본질상 선량한 관리자로서의 주의의무를 다하는 일상적인 현상유지업무에 그쳐야 하며, 새로운 정책을 시행하는 등 적극적인 업무 수행은 자제하여야 한다. 비록 그 본질은 다르지만 의원내각제에서 불신임된 정부의 국무총리가 후임총리의 취임 시까지 혹은 총선거 이후 새 정부가 구성될 때까지 현직 총리가 수행하는 일상적인 업무 범위와 유사하다고 볼 수 있다(제1절 제2항 Ⅳ. 참조).

2. 집행부구성 관여권

국무총리는 국무위원과 행정각부의 장의 임명에 대한 제청권(제87조 제1항, 제94조)을 가지며, 국무위원의 해임건의권(제87조 제3항)을 가진다.

(1) 국무위원임명제청권(國務委員任命提請權)의 성격과 제청결여의 효과

(ⅰ) 대통령이 국무위원과 행정각부의 장 임명에서 국무총리의 임명제청권은 대통령의 인사권 전횡을 방지하고 대통령의 "국법상 행위"에 대한 책임소재를 분명히 한다.

(ii) 국무총리의 임명제청이 결여된 대통령의 임명행위에 대하여, 유효설은 국무총리를 헌법상 대통령의 보좌기관으로서의 지위에 치중하여 국무총리의 제청은 기관 내 통제에 불과하고 그것은 형식적 의미만 가지는 적법요건에 불과하다고 한다. 따라서 국무총리의 제청 없이 대통령이 단독으로 한 임명행위는 헌법위반으로 탄핵소추의 사유는 될 수 있지만 당연무효는 아니라고 본다.

생각건대 유효설은 헌법상 절차를 무시한 대통령의 전횡에 대하여 면죄부를 주는 결과를 초래할 우려가 있다. 임명제청권이 지극히 형식적이고 실효성이 없다는 주장은 대통령주의제적인 헌법현실에만 집착한 견해이다. 대통령과 국무총리의 권력분점이 현실화되면 이러한 해석은 자칫 헌법규범의 정확한 자리매김에 혼란을 초래할 우려가 있다. 따라서 헌법규정상 명백한 부분은 헌법규범대로 해석하여 위헌무효로 보아야 한다(위헌무효설)(국무위원 참조).

(iii) 한편 국무총리의 임명제청에 대통령이 구속되는가에 관하여, 국무총리가 임명제청한 사람에 대하여 대통령이 임명을 거부할 수 있다고 보아야 한다. 이 경우 대통령의 임명권이 국무총리의 제청권보다 상위의 규범적 가치를 가지기 때문이다. 그러나 대통령과 국무총리가 정부구성에서부터 갈등하는 모습을 보여서는 아니 된다. 그러므로 대통령은 국무총리와 충분한 사전협의를 거쳐서 헌법위반적인 상황이 발생하지 아니하도록 노력하여야 한다.

(2) 국무위원 해임건의의 성격과 효력

국회의 국무총리나 국무위원의 해임건의와는 달리 국무총리의 국무위원해임건의에 대하여 대통령은 법적으로 구속될 필요가 없다고 본다(통설). 집행부 내에서 대통령이 국무총리의 해임건의를 받아들이지 아니하면 곧 국무총리가 자신이 제청한 국무위원에 대하여 불신임하였음에도 불구하고 대통령이 해당 국무위원을 신임한다는 의미이다. 따라서 비록 법적으로 대통령이 국무총리의 해임건의에 구속될 필요는 없겠지만, 적어도 대통령이 국무총리의 해임건의를 수용하지 못할 특별한 사유가 있을 경우에는 국무총리가 스스로 사임하거나 대통령이 국무총리를 직권으로 면직하는 방법밖에 없다. 즉 해임건의의 법적 구속력은 없다 하더라도 실제로 구속력을 발휘할 수도 있다.

(3) 국무총리의 사임 및 해임의 성격과 효과

국무총리가 재임 중 스스로 사임하는 경우와 대통령의 해임 등으로 국무총리가 사직하였을 경우에, 사임한 국무총리가 제청한 국무위원이나 행정각부의 장도 사임하는 것이 바람직하다(상세한 설명은 국무위원 참조).

3. 부서권과 부서결여의 효력

"대통령의 국법상 행위는 문서로써 하며, 이 문서에는 국무총리와 관계 국무위원이 부서한다"(제82조). 국무총리는 모든 사항에 관하여 부서할 권한과 의무를 가지는 데 반하여 국무위원은 관계사항에 관하여서만 부서한다. 관계 국무위원이란 그 사무를 주관하는 행정각부의 장인 국무위원이다.

(1) 부서(副署)의 법적 성격

(i) 의 의 　부서제도는 원래 군주국가에서 국왕의 친서에 대신이 서명하는 제도로서, 군주의 전횡을 방지하면서 대신(大臣)의 실질적 책임을 명백히 하는 제도이다. 헌법상 부서의 법적 성격에 관하여 논란이 있다.

(ii) 제1설은 국무회의는 의결기관이 아닌 심의기관이며 국무총리(국무위원)는 국회에 대하여 책임을 지지 아니하기 때문에, 부서는 대통령의 전제를 방지하거나 국무위원의 책임의 소재를 분명히 하는 의미가 아니라, 단지 대통령의 행위에 참여하였다는 물적 증거에 불과하다고 본다(물적 증거설).

(iii) 제2설은 국무회의가 심의기관이고 국무총리(국무위원)가 국회에 책임을 지지 아니한다고 하더라도, 국회가 국무총리 또는 국무위원의 해임을 대통령에게 건의할 수 있으므로, 부서는 국무총리와 관계 국무위원의 책임의 소재를 명백히 한다고 본다(책임소재설).

(iv) 제3설은 부서는 국무에 관한 대통령의 문서에 신빙성을 부여함과 아울러 군주국가에서의 부서제도의 취지도 포함하지만, 대통령이 국무총리(국무위원 포함)를 자유로이 해면(解免)할 수 있는 이상 대통령의 전횡을 방지하고 국무총리(국무위원)의 보좌책임을 명백히 하려는 취지는 그 실질적 의미가 반감된다고 본다.

(v) 소 결 　대통령을 보좌하는 이들의 국정에 대한 책임소재를 분명히 하는 데 부서의 본질이 있다고 보는 다수설인 책임소재설(보필책임설)이 타당하다.

(2) 부서의 거부

부서는 책임의 소재를 밝히는 국법상 행위이므로, 부서를 강요할 수는 없다. 그러나 임면권을 가진 대통령의 국법상 행위에 대하여 부서를 거부하고도 국무총리(국무위원)직을 유지할 수는 없게 되므로 부서의 거부 여부는 정치적 책임의 시각에서 이해하여야 한다.

(3) 부서결여의 법적 효력

그 사유가 어떤 것인지를 불문하고 부서가 결여된 대통령의 국법상 행위의 효력에 대하여 유효설과 무효설이 있다.

(i) 유효설은 부서제도가 "대통령의 국무행위에 관한 유효요건이 아니라 적법요건이기 때문에(제82조 참조), 부서 없는 대통령의 국무행위도 당연히 무효가 아니고 위법행위가 되는 데 지나지 아니하며, 다만 국회는 이것을 탄핵소추의 사유로 할 수 있을 뿐이라"고 본다.

(ii) 무효설은 부서가 없으면 대통령의 국법상 행위의 형식적 요건이 구비되지 아니하므로 부서가 있어야만 그 효력이 있다고 본다(다수설).

생각건대 헌법이 명시적으로 요구하는 부서라는 요건을 갖추지 못한 국법행위는 무효라고 보아야 한다. 외국의 입법례에서도 부서 없는 행위를 무효로 규정한다(스웨덴과 스페인 헌법). 다만, 부서와 관련된 법적 성격・거부・결여 등은 대통령 앞에 지는 국무총리(국무위원)의 책임문제이며, 법적 논의는 이론적 차원의 틀을 벗어날 수 없다.

4. 국무회의에서의 심의권

국무총리는 국정의 최고정책심의기관인 국무회의의 부의장으로서 국가의 중요정책에 대한 심의권을 가진다(제88조, 제89조).

5. 행정각부의 통할권

국무총리는 행정에 관하여 대통령의 명을 받아 행정각부를 통할한다(제86조 제2항). 국무총리는 집행부의 제2인자로서 행정각부를 통할한다. 하지만, 헌법상 국무총리의 행정각부 통할권은 "대통령의 명을 받아" 행사한다. 이는 의원내각제에서 행정부 수반인 국무총리의 행정각부 통할권과는 구별된다.

6. 총리령의 발령권

국무총리는 소관사무에 관하여 법률이나 대통령령의 위임 또는 직권으로 총리령을 발할 수 있다(제95조).

(1) 위임명령

위임명령은 법률 또는 대통령령의 위임에 의하여 발하는 법규명령이다. 위임명령은 위임된 범위 안에서만 국민의 권리・의무에 관한 사항을 규정할 수 있다.

(2) 직권명령

직권명령은 국무총리가 직권으로써 발하는 (집행)명령이다. 헌법에서 의미하는 총리의 직권명령은 행정청 내부의 의사표시에 불과한 행정명령과는 구별되는 법규명령의 일종이다. 따라서 직권명령은 법률이나 대통령령의 범위 안에서 국민의 권리·의무에 관한 사항을 규정할 수 있다. 이에 대하여 국민의 권리·의무에 관한 사항은 위임명령으로써만 규정할 수 있다는 견해도 있다(김철수(상) 1769면).

(3) 총리령과 부령의 효력관계

(ⅰ) 법률과 대통령령에 근거하여 발하는 총리령과 행정각부의 장이 발령하는 부령 사이에 형식적으로는 총리령이 우월하다고 볼 수도 있지만, 총리령과 부령은 우열이 없다고 보아야 한다. 실제로 국무총리 직속기관들은 스스로 법규명령을 발령할 수 없기 때문에 소관사항에 관하여 총리령으로 발령하게 된다. 이 경우 부령보다 총리령을 더 우위에 두기는 더욱 어렵게 된다.

(ⅱ) 총리령에 위배되는 부령의 제정은 국무총리의 행정통할권과 집행부 제2인자로서의 지위에 대한 도전이 될 수도 있다. 따라서 총리령에 위배되는 부령에 대하여 국무총리는 "대통령의 명을 받아 행정각부를 통할"하는 차원에서 부령을 시정할 수 있다. 결국 총리령에 반하는 부령의 제정은 어렵다고 보아야 한다.

7. 국회출석·발언권

국무총리는 국회나 그 위원회에 출석하여 국정처리상황을 보고하거나 의견을 진술하고 질문에 응답할 수 있다(제62조 제1항). 또한 국회나 그 위원회의 요구가 있으면 출석·답변하여야 하며, 국무위원으로 하여금 대리로 출석·답변하게 할 수 있다(제2항). 제1항이 권한이라면 제2항은 의무사항이다.

Ⅳ. 국무총리의 의무와 책임

국무총리는 집행부의 제2인자로서 법적·정치적으로 대통령과 국회에 대하여 의무와 책임을 진다. 이러한 책임과 의무는 상호적인 관계에 있다. 특히 국무총리의 대통령과 국회에 대한 이중의 책임은 동시에 이중의 신임에 기초한다.

1. 대통령에 대한 의무와 책임

국무총리는 대통령에 대하여 법적·정치적 의무와 책임을 진다. 대통령의 보좌기관으로서의 국무총리는 부서의무와 그에 따른 책임, 국무회의 부의장으로서의 직무수행의무와 그에 따른 책임, 행정각부를 통할할 의무와 책임을 진다. 이에 따라 임기가 보장된 대통령은 국무총리에 대하여 법적 책임뿐만 아니라 정치적 책임을 지게 할 수 있다.

2. 국회에 대한 의무와 책임

(1) 국회의 요구에 따라 출석 · 답변할 의무

국회나 그 위원회의 요구가 있으면 출석 · 답변하여야 하며, 국무위원으로 하여금 대리로 출석 · 답변하게 할 수 있다(제62조 제2항).

(2) 국회의 해임건의에 따른 의무와 책임

국회는 재적의원 3분의 1 이상의 발의와 재적의원 과반수의 찬성으로 대통령에게 국무총리의 해임을 건의할 수 있다(제63조). 대통령은 특별한 사유가 없는 한 해임건의에 응하여야 한다(해임건의의 상세는 국회의 대정부통제권 참조).

(3) 탄핵소추에 따른 책임

국무총리가 직무집행에 있어서 위헌 · 위법한 행위를 할 경우에 국회는 재적의원 3분의 1 이상의 발의와 재적의원 과반수의 찬성으로 탄핵소추를 의결할 수 있다. 이 경우 헌법재판소의 "탄핵심판이 있을 때까지 그 권한행사가 정지된다"(제65조). 헌법재판소의 "탄핵결정은 공직으로부터 파면함에 그친다"(제65조 제4항 헌재법 제53조). "파면된 사람은 결정 선고가 있은 날부터 5년이 지나지 아니하면 공무원이 될 수 없다"(헌재법 제54조 제2항). 또한 탄핵결정에 의하여 "민사상이나 형사상의 책임이 면제되지는 아니한다"(제65조 제4항 헌재법 제54조 제1항). 해임건의에 따른 책임이 정치적 책임이라면, 탄핵소추에 따른 책임은 법적 책임이다.

V. 부 총 리

(i) 부총리제도는 제3공화국 이래 국무총리소속의 부총리(副總理) 겸 경제기획원 장관으로 존치되었으나 헌법의 근거가 없다는 비판을 받아왔다. 이에 국무총리 직속의 부총리제도를 폐지하고 주요 부처 장관을 담당하는 국무위원이 부총리를 겸임하면서 국무총리가 특별히 위임하는 사무를 처리하도록 하여왔다.

(ii) 그런데 2008년 출범한 이명박 정부는 정부조직을 대폭 축소하면서 부총리제도를 폐지하였다. 하지만, 2013년 출범한 박근혜 정부가 부총리제도를 도입하였다. 경제분야 정책을 총괄 · 조정하는 경제부총리는 기획재정부장관이 겸임하며 사회분야는 교육부장관이 겸임하였다. 문재인 · 윤석열 정부에서도 그대로 유지되

었다. 그러나 이재명 정부는 기획재정부를 재정경제부로 개편하면서 재정경제부장관이 부총리를 겸임하고, 교육부장관이 겸임하던 사회부총리 대신 과학기술정보통신부장관이 부총리를 겸임하도록 개정하였다.

부총리는 각기 국무총리 유고 시 권한대행권을 가진다.

Ⅵ. 결 어

(i) 종래 한국헌법상 권력구조를 보는 시각은 지나치게 신대통령제・대통령중심제・대통령주의제적인 헌법현실에 집착한 해석론에 머무르고 있었다. 이러한 시각은 국무총리의 헌법상 지위를 논하면서 극명하게 드러난다.

(ii) 그러나 권력의 민주화 요구에 따라 권력분점론이 제기된다. 국무총리는 대통령과 국회라는 두 개의 국민적 정당성 사이에 야기되는 정치적 갈등을 중화시킬 수 있다. 이제 헌법상 "대통령의 명을 받아"라는 규정에 집착하여 국무총리를 대통령의 단순한 보좌기관으로 이해하기보다는 '국회의 동의를 받아 임명'되는 점과 '국회의 해임건의권'에 무게를 실어 국무총리의 헌법상 지위를 보다 적극적으로 이해하여야만 헌법현실에서 대통령과 국회의 갈등을 무리 없이 해결할 수 있다. 실제로 국무총리후보자는 인준표결에서 여러 차례 부결되었을 뿐만 아니라, 인사청문회를 실시하기도 전에 사퇴하는 사태가 속출한다.

(iii) 위와 같은 논리의 연장선상에서 정부조직법으로 대통령실에 집행기관의 설치는 헌법상 권력구조 및 집행부구조의 틀에 어긋난다고 보아야 한다.

제 2 항 국무위원

Ⅰ. 의 의

(i) 국무위원(國務委員)은 국무회의의 구성원을 말한다. 따라서 국무회의의 법적 성격·지위 여하에 따라 국무위원의 지위·권한·책임이 달라진다. 국무회의 구성원으로서의 국무위원은 국무회의제도와 연계되며, 그 국무회의제도는 정부형태와 연계된다.

(ii) 국무위원은 국가최고심의기관의 구성원일 뿐만 아니라 특정 행정부처의 행정업무를 총괄하는 행정각부의 장이라는 이중적 지위에 있다. 즉 국무위원은 정치와 행정의 중심축에 위치한다. "권한(권력)이 있는 곳에 책임이 따른다"라는 명제는 바로 국무위원(장관)으로부터 연유한다.

Ⅱ. 국무위원의 지위

1. 국무회의의 구성원

(1) 정부형태론상 국무위원

(i) 국무위원이라는 용어가 지칭하는 국무회의의 구성원으로서의 지위는 국무회의의 지위나 성격에 따라서 달라진다. 미국식 대통령제에서는 엄격한 의미의 국무위원은 존재하지 아니하며, 장관만이 법적으로 존재할 뿐이다. 왜냐하면 미국에서 국무회의는 법적 제도가 아니기 때문이다.

(ii) 국무회의의 제도적 뿌리는 의원내각제로부터 비롯된다. 의원내각제에서 국무회의·국무위원은 집단적·연대적인 정치적 권한과 책임 아래 형성된 제도이다. 대통령은 국무회의의 의장이 되고, 국무위원은 국무총리의 제청으로 대통령이 임명하며, 최고의 정책심의기관이라는 점 등에서 우리나라와 유사하다. 프랑스 제3·제4공화국 의원내각제에서 국무회의가 대통령이 주재하는 형식적 기구라면, 수상이 주재하는 내각회의는 실질적인 최고정책심의기관이다.

(iii) 그러나 프랑스 제5공화국의 이원정부제에서 동거정부를 제외하고는, 대통령이 주재하는 국무회의가 실질적인 최고정책심의기관이다.

(2) 현행헌법상 국무위원의 국무회의에서의 위상

(i) 국무회의 구성원으로서의 국무위원은 다른 국무위원과 대등한 지위에 있다. 다만, 대통령이나 국무총리와의 관계에 관하여 헌법상 명문의 규정은 없다. 하지만, 국무회의는 정책을 심의하는 회의체 기관이며, 그 회의의 구성원이 자유롭게 정책을 심의하기 위하여 대통령·국무총리·국무위원은 동등한 지위에서 회의에 참여한다. 국무회의규정에서도 "국무회의는 구성원 과반수의 출석으로 개의하고 출석구성원 3분의 2 이상의 찬성으로 의결한다"(제6조)라고 하여 국무회의의 회의체적인 성격을 분명히 한다.

(ii) "국무회의는 대통령·국무총리와 15인 이상 30인 이하의 국무위원으로 구성한다"(헌법 제88조 제2항). 따라서 국무회의의 구성원은 대통령·국무총리라는 의장·부의장(제88조 제3항)인 국무회의의 구성원과 (일반)국무위원으로 계층화되어 있다. 또한 행정각부의 장이 아니라 "국정에 관하여 대통령을 보좌"(제87조 제2항 전문)하는 국무위원과 대통령·국무총리가 국무회의에서 동등한 지위를 가진다고 보기는 어렵다.

(iii) 생각건대 현행헌법상 국무회의는 회의체적 성격을 가진 최고국가정책심의기관이다. 그런데 국무위원은 대통령을 보좌하는 지위, 대통령·국무총리가 아닌 국무회의 구성원으로서의 지위, 대통령의 국법상 행위에 대한 부서제도(제82조)는 국무회의의 회의체적 성격을 저하하는 규정으로 보인다.

(iv) 한편 국무위원이 행정각부의 장으로서 국무회의에서 소속 부처의 이익을 대변하는 지위가 아니라 국정 전반에 관하여 국익을 위한 논의를 진행하는 위상의 정립이 요망된다. 그것은 현행법상 행정각부의 장(장관)의 지위와 국무위원의 지위와의 관계에 관한 검토와 직접적으로 연계된다.

(3) 국무위원과 행정각부의 장의 이중적 지위

(i) 행정각부의 장은 국무위원 중에서 국무총리의 제청으로 대통령이 임명하기 때문에(제94조), 행정각부의 장은 국무위원과 행정각부의 장이라는 이중적 지위를 가진다. 헌법상 '행정각부의 장'이라고 표현하고 있으나 정부조직법에서는 '장관'이라고 한다.

원·부·처의 장관이 아닌 국무위원은 과거에는 무임소국무위원(Minister without Portfolio)이라고 하였으나, 1981년 이후 정무장관이라고 하였다. 무임소국무위원이라 하지 아니하고 행정각부의 장과 동일한 호칭인 장관이라 한다는 점에서 장관이 아닌 국무위원은 없다. 이명박 정부에서는 특임장관제도를 도입하였으나 그 이후 폐지되었다.

(ii) 국무위원과 장관은 국무위원이 국무회의의 구성원이라는 지위를 제외하

면 본질적인 차이가 없다. 입법론적으로는 대통령의 국법상 행위에 국무총리와 '관계 국무위원'이 부서하는 제도는 오히려 '관계장관'의 부서로 대체하고, 국무위원은 국무회의의 구성원으로서 국정 전반에 걸쳐 정책을 심의하는 지위로 이해하여야 한다. 그렇게 할 경우에 비로소 국무위원의 법적 지위 대등설을 취하는 다수설의 입장과도 맥락을 같이할 수 있다.

(iii) 국무회의 구성원인 국무위원 사이에 토론을 활성화함으로써 국무회의를 명실상부한 국정의 최고정책심의(토론)기관으로 정립하기 위하여 국무위원의 수는 적정 수준을 유지하여야 한다. 즉 그 숫자가 20명을 초과하게 되면 심의가 제대로 이루어질 수 없다. 프랑스는 정부조직비법정주의를 채택하기 때문에 대통령이 그때그때의 상황판단에 따라 그 숫자를 대통령령으로 조정할 수 있으나, 한국의 정부조직법정주의에서는 국무위원인 장관의 수는 헌법과 법률에서 규정한다.

2. 국무위원의 신분(임면)

(1) 국무위원의 임명

(i) 국무위원은 국무총리의 제청으로 대통령이 임명한다(제87조 제1항). 국무위원은 임명에 앞서 국회 소관상임위원회의 인사청문절차를 거쳐야 한다(국회법 제65조의2 제2항). 국무위원의 임명절차는 장관의 임명절차와 동일하다(제94조).

국무총리가 갑을 제청하였으나, 대통령은 을을 임명하였다면 제청이 없는 임명이다. 왜냐하면 제청된 사람이 아닌 제3자의 임명은, 제청이 전혀 없는 임명과 다를 바 없기 때문이다. 다만, 국무총리가 갑을 제청하였으나, 대통령과 국무총리가 협의하여 을을 임명하는 경우에는, 그 협의를 새로운 제청으로 볼 수 있다.

(ii) 국가원수인 대통령의 국무위원(장관) 임명권은 외견상 모든 정부형태에 공통된다. 미국식 대통령제에서는 대통령이 (상원의 인준절차를 제외한다면) 재량적으로 행사하는 권한이며, 국회의원이 아닌 사람 중에서 임명한다. 의원내각제에서는 국무총리의 제청으로 국가원수인 대통령이 임명하지만, 대통령의 각료임명권은 형식적·의례적 권한이고 실질적 임명권(組閣權)은 수상이 가진다. 또한 원칙적으로 국회의원 중에서 임명된다. 한편 이원정부제(반대통령제)적인 프랑스 제5공화국에서 실질적 각료임명권은 대통령이 가진다. 다만, 동거정부 기간에는 실질적 각료임명권을 수상이 가졌으며 대통령은 특별한 경우에 한하여 사실상의 거부권 행사에 만족할 수밖에 없었다.

(iii) "군인은 현역을 면한 후가 아니면 국무위원으로 임명될 수 없다"(제87조 제4항).

국무총리뿐만 아니라(제86조 제3항) 국무위원도 문민주의원칙에 입각한다. 이는 군벌정치(軍閥政治) 내지 군국주의적 발호를 방지하려는 데에 있다.

(2) 국회의원과의 겸직 허용

(i) 국무총리와 국무위원(장관)의 국회의원 겸직문제는 정부형태의 한 잣대로 논의된다. 미국식 대통령제에서는 허용될 수 없지만 의원내각제에서는 겸직이 당연하다. 하지만, 의원내각제에서 겸직이 야기하는 문제점을 시정하기 위하여 프랑스 제5공화국헌법은 의원과 장관의 겸직을 금지한다.

(ii) 헌법 제43조에서는 "국회의원은 법률이 정하는 직을 겸할 수 없다"라고만 규정하고 그 구체적인 범위는 국회법에 위임한다. 국회법에서 "의원은 국무총리 또는 국무위원의 직 이외의 다른 직을 겸할 수 없다"라고 규정한다(제29조 제1항). 또한 "국무총리 또는 국무위원의 직을 겸한 의원은 상임위원을 사임할 수 있다"(제39조 제4항)라는 규정은 국무위원과 의원의 겸직을 전제로 한 규정으로 볼 수 있다.

(iii) 결국 헌법이 의원과 국무위원의 겸직 여부에 관하여 침묵하는 가운데, 국회법에서 겸직을 허용하고 있다. 의원과 정부직의 겸직 허용은 대통령중심제적 헌정운용에서 의원내각제(혹은 이원정부제)적 운용의 한 예시이다. 헌정실제에서 이 겸직 규정은 폭넓게 활용된다. 하지만, 국회의원의 국무위원을 비롯한 정부직의 겸직은 심화된 제왕적 대통령제를 강화할 뿐이다. 더 나아가 박근혜 정부에서 국회의원의 대통령특보 임명은 권력분립을 전제로 한 헌법체제에 어긋난다.

(3) 국무위원의 면직

국무위원이 그 직을 종료하는 사유로는 ① 임명권자의 교체와 임명제청권자인 국무총리의 교체가 있다. 즉 임명권자인 대통령이 바뀌면 국무위원직도 종료되어야 한다. 국무총리의 교체에 따른 사임 여부에 관하여는 논란이 있다. ② 정치적 책임추궁의 성격을 띨 수밖에 없는 대통령의 해임, 국무총리의 해임건의(제87조 제3항) 및 국회의 국무위원해임건의(제63조 제1항)에 따라 국무위원직이 종료된다. 이들 관계는 국무위원(장관)의 정치적 책임의 문제로 논의하는 게 합리적이다.

Ⅲ. 국무위원의 권한

1. 국무회의의 소집요구 · 심의 · 의결권

국무위원은 의장에게 의안을 제출하고 국무회의의 소집을 요구할 수 있으며(정부조직법 제12조 제3항), 국무회의의 심의 · 의결에 참가할 권한과 의무가 있다. 이는 국무위원이 국무회의의 구성원이라는 지위에서 향유하는 기본적인 권한과 의무이다.

2. 대통령의 권한대행

대통령이 궐위되거나 사고로 인하여 직무를 수행할 수 없을 때에는 국무총리에 이어 법률이 정한 국무위원의 순서로 대통령의 권한을 대행한다(제71조). 즉 헌법상 대통령의 유고 시에 제1순위 권한대행인 국무총리까지 유고 상태인 경우에는 법률이 정한 국무위원이 대통령 권한대행, 국무회의의장 직무대행, 국무총리 직무대행을 맡게 된다.

(i) 국무회의의장의 직무대행 "의장과 부의장이 모두 사고로 직무를 수행할 수 없는 경우에는 재정경제부장관이 겸임하는 부총리, 과학기술정보통신부장관이 겸임하는 부총리 및 (정부조직법) 제29조제1항에 규정된 순서에 따라 국무위원이 그 직무를 대행한다"(정부조직법 제12조 제2항).

(ii) 국무총리의 직무대행 "국무총리가 사고로 직무를 수행할 수 없는 경우에는 재정경제부장관이 겸임하는 부총리, 과학기술정보통신부장관이 겸임하는 부총리의 순으로 직무를 대행하고 국무총리와 부총리가 모두 사고로 직무를 수행할 수 없는 경우에는 대통령의 지명이 있으면 그 지명을 받은 국무위원이, 지명이 없는 경우에는 제29조제1항에 규정된 순서에 따른 국무위원이 그 직무를 대행한다"(정부조직법 제22조).

3. 국무위원의 부서권

"대통령의 국법상 행위는 문서로써 하며, 이 문서에는 국무총리와 관계 국무위원이 부서한다"(제82조). 국무총리는 모든 사항에 관하여 부서하여야 하지만, 관계 국무위원은 관계 사항에 관하여만 부서한다(부서제도에 관한 상세한 논의는 국무총리 참조).

4. 국무위원의 국회출석 · 발언권

(i) 국무위원(국무총리 · 정무위원)은 국회나 그 위원회에 출석하여 국정처리 상황을 보고하거나 의견을 진술하고 질문에 응답할 수 있는 권한을 가진다(제62조 제1항). 또한 국회나 그 위원회는 국무위원에 대한 출석 · 답변을 요구할 수 있으며, 국무위원은 이에 응하여 출석 · 답변하여야 한다. 그러나 정부위원으로 하여금 출석 · 답변하게 할 수 있다(제62조 제2항). 국무위원의 국회에서의 출석 · 답변은 권한이자 동시에 의무사항이다.

(ii) 국무위원의 국회출석·발언권은 의원내각제에서는 당연하지만, 대통령제에서는 오히려 예외적인 제도이다.

5. 장관으로서의 국무위원

(i) 국무회의 구성원으로서의 국무위원의 역할과 권한은 대통령중심제적인 헌정현실에서 상당히 제한적일 수밖에 없다. 오히려 중앙행정기관의 장 즉 장관직에 그 무게의 중심이 옮겨질 수밖에 없다.

(ii) 현대 행정국가에서 테크노크라트의 장관직 진입과 행정과 정치 사이에 교차 현상의 접점인 **행정과 정치의 융합선상**에 처한 지위가 국무위원인 장관직이다. 정치의 시대에는 국무위원으로서의 신분과 권한이 강화되고 행정의 시대에는 행정각부의 장인 장관이 전면에 부상하게 된다.

Ⅳ. 국무위원의 책임

국무위원의 책임은 부서·국회출석답변·탄핵소추 등과 같은 **법적 책임**과, 국무위원의 정치적 위상과 존립 그 자체를 좌우하는 **정치적 책임**으로 나누어 볼 수 있다. 국무위원의 정치적 책임은 국회의 국무위원해임건의제도(제63조)로 헌법에 명시되어 있다. 대통령 앞에 지는 책임은 명문이 없지만, 대통령은 임명권(제87조 제1항)과 더불어 면직권도 가진다(제87조 제3항).

1. 의회 앞에 지는 책임

국회는 국무위원의 해임을 대통령에게 건의할 수 있다(제63조 제1항)(상세한 설명은 국회의 대정부통제권 참조).

2. 대통령 앞에 지는 책임

헌정실제상 국무위원의 운명은 **대통령의 정치적 판단**에 달려 있다. 사실 국무회의 구성원으로서의 국무위원의 위상 및 부서제도·해임건의권 등 국무위원의 지위와 권한은 대통령의 정치적 위상·결단 여하에 좌우되므로 대통령에 정면 대응하는 국무위원의 존재는 인정될 수 없다. 그러나 여소야대 상황이 전개되면 국무위원과 대통령 사이에 새로운 형태의 정치적 책임추궁이 가능하다.

3. 국무총리와의 연대성 및 책임

(1) 국무총리 앞에 지는 정치적 책임

(i) 헌법상 국무총리는 국무위원의 임명제청권과 해임건의권을 가지므로 국무총리의 정치적 신임을 상실한 국무위원의 존재를 상정하기 어렵다.

(ii) 국무위원이 국무총리 앞에 지는 정치적 책임은 언제·어떻게 국무총리가 해임건의권을 행사하느냐에 달려 있다. 그것은 대통령과 국무총리의 관계·위상 등의 영향을 받을 수밖에 없다. 국무총리의 비중이 높아지면 이런 유형의 책임추궁이 빈발하게 되고, 반면 대통령이 내각을 직접 장악하면 국무총리의 해임건의가 빛을 발하지 못하게 된다.

(2) 국무총리와의 연대책임 여부

(i) 국무총리 또한 그 임명 시에 국회의 동의를 얻어야 할 뿐만 아니라 재임 중에도 국회의 해임건의대상이며, 대통령의 직접적인 해임의 대상이다.

(ii) 국무총리가 퇴임할 경우 국무위원의 사퇴 여부가 문제될 수 있다. 헌법상 국무위원은 국무총리의 제청으로 대통령이 임명하므로 제청권자가 사임하면 피제청권자도 사임하여야 한다. 특히 국회의 국무총리에 대한 해임건의는 곧 내각 전체에 대한 국회의 해임건의로 보아 전 국무위원도 함께 사임하여야 한다(반대설 이효원).

V. 결 어

국무위원의 지위·권한·책임을 논하면서 헌법상 국무위원제도가 적어도 대통령제에서 비롯된 제도는 아니라는 전제에서 살펴보아야 한다. 현행헌법을 개정하지 아니한다는 전제에서 서로 임기를 달리하는 대통령과 국회 중 어느 하나라도 여야 사이에 정권교체가 이루어질 경우, 국무총리·국무위원(장관)의 위상도 매우 달라질 수 있으므로, 의원내각제 내지 이원정부제(반대통령제)적인 뿌리를 가진 이들 제도에 관한 세심한 배려와 더불어 정밀한 연구가 필요하다.

제 3 항 국무회의

Ⅰ. 의 의

국무회의(國務會議)의 헌법상 지위는 정부형태에 따라 달라진다. 미국식 대통령제에서 국무회의는 헌법기관이 아니다. 의원내각제에서의 국무회의는 국가원수가 주재하지만, 실제로는 수상이 주재하는 내각회의가 실질적인 국무회의이다. 이원정부제에서 대통령이 주재하는 국무회의는 동거정부가 아닌 한 명실상부한 국가의 최고정책심의기구이다. 비교헌법적으로 본다면 한국헌법상 국무회의는 이원정부제의 국무회의와 가장 가까운 제도라 할 수 있다.

Ⅱ. 국무회의의 헌법상 지위와 권한

1. 헌법상 필수기관

국무회의는 헌법상 필수기관이다. 특히 제89조에서는 국무회의의 필수적 심의사항을 명기한다.

2. 정부의 최고정책심의기관

(1) 의 의

(ⅰ) "국무회의는 정부의 권한에 속하는 중요한 정책을 심의한다"(제88조 제1항). 종래 국무회의의 법적 성격을 의결기관설·자문기관설 등으로도 보았으나, 현재는 헌법상 국정에 관한 최고의 심의기관(審議機關)으로 보는 심의기관설이 통설이다.

국무회의는 심의기관이므로 대통령은 국무회의의 심의에 구속되지 아니한다. 따라서 국무회의에서 심의하여 이를 의결하였다는 관용적 표현은 상정된 안건이 가결되었다는 의미에 불과하다. 그러므로 국무회의에서 의안이 통과되더라도 그 자체는 법적 효과를 동반하지 아니하고, 국무회의의 심의 결과에 따라 대통령을 비롯한 관계기관의 국법상 행위가 있어야 비로소 법적 효과를 발휘한다.

제헌헌법 및 제2공화국(의원내각제)의 국무회의는 의결기관이었으나, 제3공화국 이래 심의기관으로 정립되었다.

"국무회의의 의결은 국가기관의 내부적 의사결정행위에 불과하여 그 자체로 국민에 대하여 직접적인 법률효과를 발생시키는 행위가 아니므로 헌법재판소법 제68조 제1항에서 말하는 공권력의 행사에 해당하지 아니한다"(헌재 2003.12.18. 2003헌마225, 이라크전쟁파견동의안의결 위헌확인(각하)).

(ii) 국무회의는 의결기관이 아니지만 국정의 중요사항에 대한 필수적 심의기관이므로 심의과정에서 대통령의 독선을 방지할 수 있는 제도적 장치이다.

(2) 심의사항

필수적 심의사항은 헌법 제89조에 열거되어 있다. 특히 제17호에서 "기타 대통령·국무총리 또는 국무위원이 제출한 사항"이라고 규정하기 때문에, 국정에 관한 중요안건은 전부 국무회의의 심의사항이라 할 수 있다.

1. 국정의 기본계획과 정부의 일반정책
2. 선전·강화 기타 중요한 대외정책
3. 헌법개정안·국민투표안·조약안·법률안 및 대통령령안
4. 예산안·결산·국유재산처분의 기본계획·국가의 부담이 될 계약 기타 재정에 관한 중요사항
5. 대통령의 긴급명령·긴급재정경제처분 및 명령 또는 계엄과 그 해제
6. 군사에 관한 중요사항
7. 국회의 임시회집회의 요구
8. 영전수여
9. 사면·감형과 복권
10. 행정각부간의 권한의 획정
11. 정부안의 권한의 위임 또는 배정에 관한 기본계획
12. 국정처리상황의 평가·분석
13. 행정각부의 중요한 정책의 수립과 조정
14. 정당해산의 제소
15. 정부에 제출 또는 회부된 정부의 정책에 관계되는 청원의 심사
16. 검찰총장·합동참모의장·각군참모총장·국립대학교총장·대사 기타 법률이 정한 공무원과 국영기업체관리자의 임명
17. 기타 대통령·국무총리 또는 국무위원이 제출한 사항

(3) 심의의 효과

A. 헌법상 필수적 심의사항에 대하여 심의를 거치지 아니한 대통령의 국법상 행위의 효과

헌법 제89조에서 열거된 사항은 국무회의의 필수적 심의를 거쳐야 한다. 그럼에도 불구하고 대통령이 국무회의의 심의를 거치지 아니하고 헌법 제89조에 열거된 사항에 대하여 국법상 행위를 하였을 경우에 그 법적 효과에 관하여는 유효

요건을 결여하였으므로 무효라는 견해와 효력요건이 아니라 적법요건에 불과하기 때문에 유효하긴 하지만 적법한 국법상 행위가 아니기 때문에 탄핵소추의 대상이 된다는 견해가 있다. 생각건대 헌법에서 명시적으로 요구하는 사전심의를 거치지 아니하였다면 위헌무효라고 보아야 한다.

B. 국무회의 심의결과의 구속력

대통령은 국무회의의 심의결과에 구속될 필요가 없다. 하지만, 대통령이 국무회의의 심의결과와 다른 "국법상 행위"를 할 경우에는 위헌·위법 문제를 야기할 수 있다. 이에 따라 대통령이 국무회의의 심의결과와 다른 국법상 행위를 하기는 어렵다. 다만, 대통령이 국무회의의 심의결과에 불만이 있을 때 국무회의에서 심의한 사항에 대한 집행을 미루거나 재론하게 할 수 있다.

3. 독립된 합의제기관

국무회의는 헌법상 독립된 기관이자 합의제기관이다. 따라서 비록 헌법상 대통령이 의장이고 국무총리가 부의장이긴 하지만, 모든 위원은 국무회의의 구성원으로서 동등한 자격을 가진다. 하지만, 그간 국무회의는 대통령중심의 권위적 운영으로 인하여 합의제기관으로서의 헌법적 의의가 제대로 작동하지 못하였다.

합의제기관이므로 "국무회의는 구성원 과반수의 출석으로 개의하고 출석구성원 3분의 2 이상의 찬성으로 의결한다"(국무회의규정 제6조).[1]

Ⅲ. 국무회의의 구성과 운영

1. 현행법상 국무회의의 구성과 운영

(ⅰ) "국무회의는 대통령·국무총리와 15인 이상 30인 이하의 국무위원으로 구성

1) 각종회의 의사정족수와 의결정족수

	정 족 수
국무회의	구성원 과반수의 출석으로 개의, 출석 2/3 이상의 찬성으로 의결
감사위원회의	재적 감사위원 과반수의 찬성으로 의결
각급선거관리위원회	위원 과반수의 출석으로 개의, 출석과반수의 찬성으로 의결 (위원장은 표결권과 가부동수일 때 결정권 가짐)
대법관회의	대법관 전원의 3분의 2 이상의 출석과 출석 과반수의 찬성으로 의결 (대법원장은 표결권과 가부동수일 때 결정권 가짐)
헌법재판관회의	재판관 전원의 3분의 2를 초과하는 인원의 출석과 출석인원 과반수의 찬성으로 의결(헌법재판소장은 표결권만 가짐)

한다"(제88조 제2항). "대통령은 국무회의의 의장이 되고, 국무총리는 부의장이 된다"(제88조 제3항). "의장이 사고로 직무를 수행할 수 없는 경우에는 부의장인 국무총리가 그 직무를 대행하고, 의장과 부의장이 모두 사고로 직무를 수행할 수 없는 경우에는 재정경제부장관이 겸임하는 부총리, 과학기술정보통신부장관이 겸임하는 부총리 및 제29조제1항에 규정된 순서에 따라 국무위원이 그 직무를 대행한다"(정부조직법 제12조 제2항).

(ii) 국무회의의 구성원은 아니지만 "국무조정실장·인사혁신처장·법제처장·식품의약품안전처장·국가데이터처장·지식재산처장 그 밖에 법률로 정하는 공무원은 필요한 경우 국무회의에 출석하여 발언할 수 있다"(제13조 제1항). 방송미디어통신위원회('방송미디어통신위원회의 설치 및 운영에 관한 법률' 제6조 제2항), 금융위원회('금융위원회의 설치 등에 관한 법률' 제4조 제6항), 공정거래위원회('독점규제 및 공정거래에 관한 법률' 제38조 제2항), 개인정보보호위원회('개인정보 보호법' 제7조의3 제4항), 원자력안전위원회('원자력안전위원회의 설치 및 운영에 관한 법률' 제6조 제3항), 국가인권위원회(국가인권위원회법 제6조 제4항)의 위원장과 고위공직자범죄수사처 처장('고위공직자범죄수사처 설치 및 운영에 관한 법률' 제17조 제3항)도 국무회의에 출석하여 발언할 수 있다.

(iii) "대통령은 국무회의 의장으로서 회의를 소집하고 이를 주재한다"(제12조 제1항). "국무위원은 정무직으로 하며 의장에게 의안을 제출하고 국무회의의 소집을 요구할 수 있다"(제3항).

> 국무회의 규정[대통령령 제28211호] 제8조(배석 등) ① 국무회의에는 대통령비서실장, 국가안보실장, 대통령비서실 정책실장, 국무조정실장, 인사혁신처장, 법제처장, 식품의약품안전처장, 공정거래위원회위원장, 금융위원회위원장, 과학기술혁신본부장, 통상교섭본부장 및 서울특별시장이 배석한다. 다만, 의장이 필요하다고 인정하는 경우에는 중요 직위에 있는 공무원을 배석하게 할 수 있다. ② 의장이 필요하다고 인정할 때에는 중앙행정기관인 청(廳)의 장으로 하여금 소관 사무와 관련하여 국무회의에 출석하여 발언하게 하거나 관계 전문가를 참석하게 하여 의견을 들을 수 있다. 제7조(대리 출석) ② 대리 출석한 차관은 관계 의안에 관하여 발언할 수 있으나 표결에는 참가할 수 없다. 그러나 국무위원의 유고에 따른 그 직무대행자는 표결권을 가진다.

2. 국무회의의 구성과 운영상 문제점

(i) 국무회의에서 국무위원 사이에 토론의 활성화를 위하여 국무위원의 수를 20인 이내로 조정할 필요가 있다.

(ii) 국무회의는 대통령이 언제나 직접 주재하여야 한다. 국가최고정책심의기관인 국무회의를 대통령이 주재하지 아니하고 부의장인 국무총리가 주재하는 행태는 헌법기관의 민주적 운용의 원리에도 어긋난다.

제 4 항 행정각부

Ⅰ. 의 의

행정각부(行政各部)는 대통령을 수반으로 하는 행정부의 구성단위로서 대통령과 국무총리의 지휘·통할에 따라 법정소관사무를 담당하는 중앙행정기관이다. 하지만, 행정각부는 단순히 대통령이나 국무총리의 보좌기관이 아니라 독자적으로 행정업무를 처리하는 중앙행정관청이다.

헌법재판소는 국무총리의 통할을 받지 아니하고 대통령이 직접 통할하는 중앙행정기관의 설치가 가능하다고 판시한다. 하지만, 이러한 기관의 설치는 특수기관(예컨대 국가정보원)을 제외하고는 원칙적으로 허용되어서는 아니 된다.

"헌법 제4장 제2절 제3관(행정각부)의 '행정각부'의 의의에 관하여 학설상으로는 정부의 구성단위로서 대통령 또는 국무총리의 통할하에 법률이 정하는 소관사무를 담당하는 중앙행정기관이라든가, 또는 대통령을 수반으로 하는 집행부의 구성단위로서 국무회의의 심의를 거쳐 대통령이 결정한 정책과 그 밖의 집행부의 권한에 속하는 사항을 집행하는 중앙행정기관이라는 등으로 일반적으로 설명되고 있다. … 헌법이 '행정각부'의 의의에 관하여는 아무런 규정도 두고 있지 않지만, '행정각부의 장'에 관하여는 '제3관 행정각부'의 관에서 행정각부의 장은 국무위원 중에서 임명되며(헌법 제94조) 그 소관사무에 관하여 법률이나 대통령령의 위임 또는 직권으로 부령을 발할 수 있다(헌법 제95조)고 규정하고 있는바, 이는 헌법이 '행정각부'의 의의에 관하여 간접적으로 그 개념범위를 제한한 것으로 볼 수 있다. 즉, 성질상 정부의 구성단위인 중앙행정기관이라 할지라도, 법률상 그 기관의 장이 국무위원이 아니라든가 또는 국무위원이라 하더라도 그 소관사무에 관하여 부령을 발할 권한이 없는 경우에는, 그 기관은 우리 헌법이 규정하는 실정법적 의미의 행정각부로는 볼 수 없다는 헌법상의 간접적인 개념제한이 있음을 알 수 있다. 따라서 정부의 구성단위로서 그 권한에 속하는 사항을 집행하는 모든 중앙행정기관이 곧 헌법 제86조 제2항 소정의 행정각부는 아니라 할 것이다. 또한 입법권자는 헌법 제96조에 의하여 법률로써 행정을 담당하는 행정기관을 설치함에 있어 그 기관이 관장하는 사무의 성질에 따라 국무총리가 대통령의 명을 받아 통할할 수 있는 기관으로 설치할 수도 있고 또는 대통령이 직접 통할하는 기관으로 설치할 수도 있다 할 것이므로 헌법 제86조 제2항 및 제94조에서 말하는 국무총리의 통할을 받는 행정각부는 입법권자가 헌법 제96조의 위임을 받은 정부조직법 제29조에 의하여 설치하는 행정각부만을 의미한다고 할 것이다" (헌재 1994.4.28. 89헌마221, 정부조직법 제14조 제1항 등의 위헌여부에 관한 헌법소원(합헌,각하)).

Ⅱ. 행정각부의 장

1. 행정각부의 장의 이중적 지위

(ⅰ) "행정각부의 장은 국무위원 중에서 국무총리의 제청으로 대통령이 임명한다"(제94조). 따라서 행정각부의 장은 동시에 국무위원인 이중적 지위에 있다.

(ⅱ) 과거 무임소국무위원 및 특임장관은 국무위원이지만 행정각부의 장은 아니었다. 박근혜 정부 이후 무임소국무위원 및 특임장관은 폐지되었다. 이재명 정부에서 기획예산처 장관은 국무위원이지만 행정각부의 장은 아니다.

(ⅲ) 국무위원은 의장인 대통령과 부의장인 국무총리와 더불어 헌법상 국가최고정책심의 기관인 국무회의의 구성원이다. 따라서 국무위원은 법적으로는 대통령·국무총리와 동위(同位)에 있고, 소관사무에 제한이 없다. 그러나 행정각부의 장은 중앙행정기관의 장으로서 행정부 내부에서 대통령·국무총리의 지휘·감독하에 결정된 정책을 구체적으로 집행하는 기관이므로 소관사무에 한계가 있다.

2. 행정각부의 장의 권한

(ⅰ) 행정각부의 장은 법률이 정하는 바에 따라 소관사무를 결정하고 집행하는 권한을 가진다. 또한 필요한 경우에 권한을 하급기관에 일부 위임할 수도 있다.

(ⅱ) "행정각부의 장은 소관사무에 관하여 법률이나 대통령령의 위임 또는 직권으로 부령을 발할 수 있다"(제95조).

(ⅲ) 그 밖에도 행정각부의 장은 소관사무에 관하여 법률안·대통령령안의 제정·개정안을 작성하고, 소관사무를 통할하고 소속공무원을 지휘·감독한다.

Ⅲ. 행정각부의 조직·설치와 직무범위

1. 정부조직법정주의와 정부조직비법정주의

(ⅰ) 정부조직법정주의(政府組織法定主義)는 정부조직에 관한 기본적인 사항을 헌법 및 법률사항으로 규정한다. 반면에 정부조직비(非)법정주의는 정부조직에 관하여 대통령 혹은 집행부의 수반에게 폭넓은 재량을 부여함으로써 정부조직에 관한 기본적인 사항도 법률사항으로 규율하지 아니한다.

(ii) 정부조직법정주의의 입장에서는 19세기의 '행정조직의 자유'는 20세기에 '행정조직법정주의'로 대체되었다고 본다. 즉 행정조직법정주의는 법치주의원리의 구현으로 이해한다. 한국헌법도 "행정각부의 설치·조직과 직무범위는 법률로 정한다"(제96조)라고 하여 행정조직법정주의를 명시한다. 이에 따라 행정사무의 통일적이고 능률적인 수행을 위하여 행정기관의 설치·조직과 직무범위의 대강을 정하는 행정조직에 관한 일반법으로서 정부조직법이 있다.

확실히 법치주의가 구현되지 못하였던 시대에 집행부의 조직은 군주의 특권으로 간주되었으며, 이에 대한 반성적 성찰로서 정부조직법(률)정주의는 그 논리적 타당성이 있다. 정부조직은 간접적으로나마 국민의 권리·의무에 영향을 미친다는 점에서 더욱 논리적 정당성을 가진다.

(iii) 그런데 프랑스·이탈리아 등과 같은 자유민주주의국가에서도 정부조직이 국회가 제정한 법률에 유보되지 아니하고 정부조직비법정주의를 채택하고 있다. 프랑스 정부조직의 특성은 정부 각 부처의 명칭·숫자·권한·의전서열 등이 헌법이나 법률에서 미리 정하여 있지 아니하고 "대통령의 정부구성에 관한 명령(décret)"으로 정하여진다. 정부조직비법정주의는 정부가 국민 앞에 제시한 정책을 실현하기 위한 도구로서 책임정치구현에 기여할 수 있는 장점이 있다.

(iv) 한국과 같이 정부의 권력이 대통령으로 집중되고, 행정의 투명성이 담보되지 아니한 헌정 현실에서는 정부조직법정주의가 타당하다고 본다. 그런데 현행 정부조직법정주의는 민주화 이후 정권교체와 정부교체가 일상화되면서 지나치게 잦은 정부조직 변경으로 인하여 사실상 정부조직비법정주의로 작동한다는 비판으로부터 자유로울 수 없다.

2. 문재인·윤석열 정부의 정부조직

문재인 정부는 18부, 5처, 18청으로 구성되어 있었다. 윤석열 정부에서도 여소야대 상황에서 문재인 정부의 조직이 대체로 유지된다. 제3의 독립기관으로 신설된 고위공직자범죄수사처에 대하여 헌법재판소는 대통령을 수반으로 하는 행정부에 소속된 행정기관으로 이해한다(헌재 2021.4.29. 2020헌마1707등, 고위공직자범죄수사처 설치 및 운영에 관한 법률 일부 개정법률 위헌확인(각하)). 국무총리 소속 국가보훈처장은 장관급으로 격상된 이후 국가보훈부로 확대되었고, 개인정보보호위원회가 신설되었다. 소방청은 행정안전부에, 해양경찰청은 해양수산부에 각기 독립관청으로 승격되었다. 행정자치부가 행정안전부로 개칭되고, 산업통상자원부 소속으로 통상교섭본부가 신설되고 그 산하의 중소기업청은 중소벤처기업부로 승격되고, 보건복지부 소속으로 질병관리청이 신설되었다. 외교부 소속으로 재외동포청이, 과학기술정보통신부 소속으로 우주항공청이 각각 신설되었다. 문화체육관광부 소속 문화재청은 국가유산청으로 개칭되었다(19부, 3처, 20청).

3. 이재명 정부의 정부조직

(i) 이재명 정부는 여대야소 상황에서 큰 폭의 정부조직 개편을 단행하였다. 대통령실 소속 방송통신위원회는 방송미디어통신위원회로 개칭되어 정치적이라는 비난을 받는다. 집행기관인 방송미디어통신위원회는 "행정에 관하여 대통령의 명을 받아 행정각부를 통할"(제86조 제2항)하는 국무총리 소속이 바람직하다. 국무총리 소속 기관이 강화되었다. 기획재정부의 예산업무는 국무총리 소속으로 신설된 기획예산처가 담당하고, 통계청은 국가데이터처로, 특허청은 지식재산처로 각기 격상되며 국무총리 소속으로 변경되었다. 교육부장관이 겸임하던 부총리는 과학기술정보통신부장관 겸 부총리로 바뀐다. 법무부 소속 검찰청은 폐지되고 공소청이 신설될 예정이다(2026.10.2.). 환경부는 기후에너지환경부로 개칭되어 에너지 업무가 분산된다는 비판을 받는다. 여성가족부가 성평등가족부로 확대된 것은 바람직하다(19부, 6처, 18청). 그 밖에 금융위원회의 개편, 행정안전부 소속 중대범죄수사청 신설 등을 과제로 남겨두고 있다.

(ii) 대통령 및 소속기관: 대통령비서실, 국가안보실, 정책실, 대통령경호처; 감사원, 국가정보원, 고위공직자범죄수사처; 국가안전보장회의, 민주평화통일자문회의, 국민경제자문회의, 국가과학기술자문회의; 방송미디어통신위원회.

(iii) 제3의 독립기관: 국가인권위원회.

(iv) 국무총리 및 소속기관: 국무조정실, 국무총리비서실; 기획예산처, 인사혁신처, 법제처, 식품의약품안전처, 국가데이터처, 지식재산처; 공정거래위원회, 금융위원회, 국민권익위원회, 개인정보보호위원회, 원자력안전위원회.

(v) 행정각부 및 그 소속 외청: 재정경제부(국세청, 관세청, 조달청), 과학기술정보통신부(우주항공청), 교육부, 외교부(재외동포청), 통일부, 법무부(검찰청(공소청)), 국방부(병무청, 방위사업청), 행정안전부(경찰청, 소방청, 중대범죄수사청), 국가보훈부, 문화체육관광부(국가유산청), 농림축산식품부(농촌진흥청, 산림청), 산업통상부, 보건복지부(질병관리청), 기후에너지환경부(기상청), 고용노동부, 성평등가족부, 국토교통부(행정중심복합도시건설청, 새만금개발청), 해양수산부(해양경찰청), 중소벤처기업부.

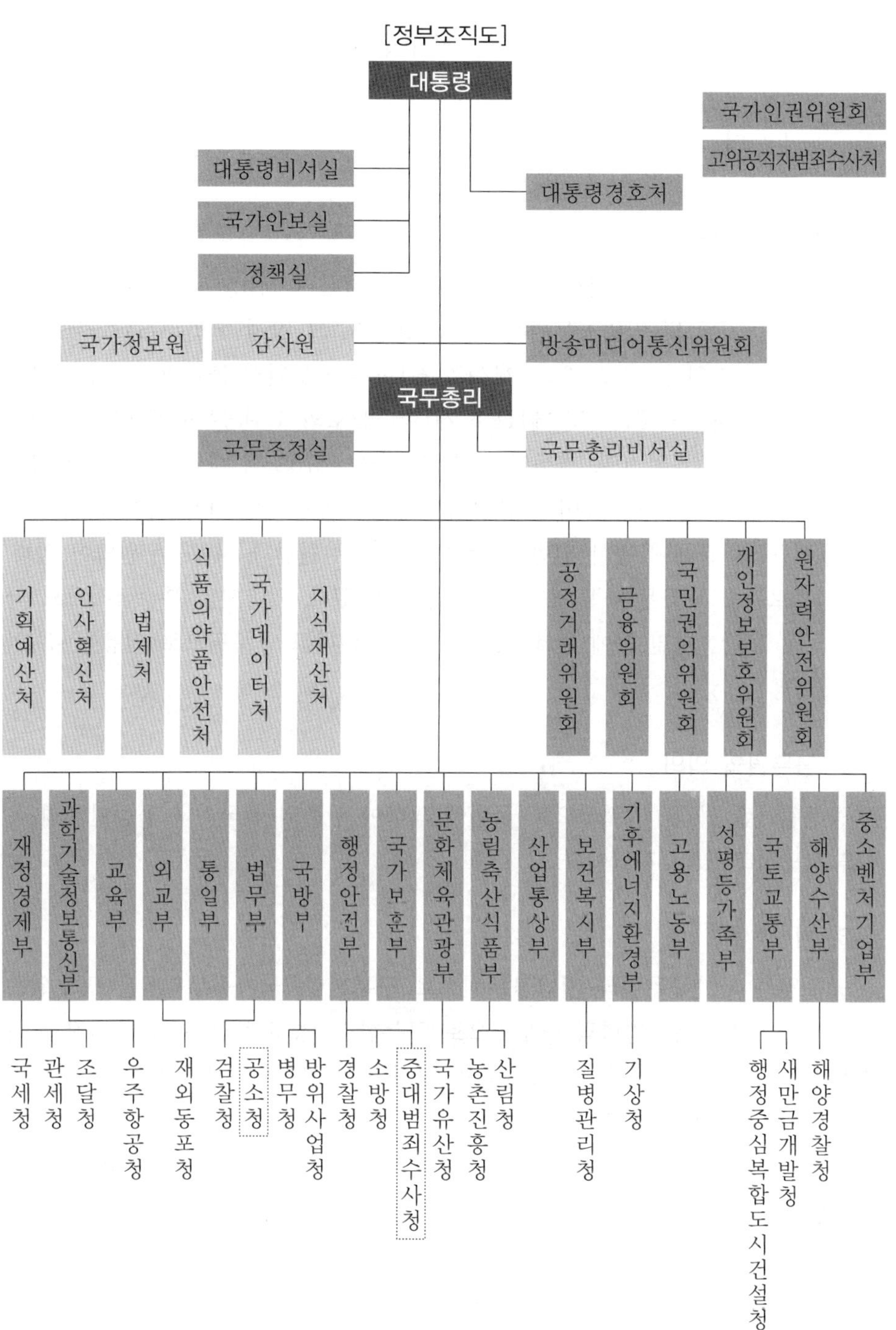
[정부조직도]
대통령
국가인권위원회
고위공직자범죄수사처
대통령비서실
국가안보실
정책실
대통령경호처
국가정보원
감사원
방송미디어통신위원회
국무총리
국무조정실
국무총리비서실
기획예산처
인사혁신처
법제처
식품의약품안전처
국가데이터처
지식재산처
공정거래위원회
금융위원회
국민권익위원회
개인정보보호위원회
원자력안전위원회
재정경제부
과학기술정보통신부
교육부
외교부
통일부
법무부
국방부
행정안전부
국가보훈부
문화체육관광부
농림축산식품부
산업통상부
보건복지부
기후에너지환경부
고용노동부
성평등가족부
국토교통부
해양수산부
중소벤처기업부
국세청
관세청
조달청
우주항공청
재외동포청
검찰청
공소청
병무청
방위사업청
경찰청
소방청
중대범죄수사청
국가유산청
농촌진흥청
산림청
질병관리청
기상청
행정중심복합도시건설청
새만금개발청
해양경찰청

제 5 항 공무원제도

Ⅰ. 의 의

1. 헌법과 공무원제도

(ⅰ) 헌법에서는 공무원제도(公務員制度)에 관하여 제1장 총강 제7조에 공무원의 헌법상 지위 및 직업공무원제도를 보장한다. 그 밖에 헌법 제33조 제2항의 공무원인 근로자의 근로3권 제한, 제29조 제1항의 공무원의 불법행위책임과 국가의 배상책임, 제65조 제1항 및 제111조 제1항 제2호의 고위공무원에 대한 탄핵규정, 제24조의 공무원선거권, 제25조의 공무담임권, 제78조의 대통령의 공무원임면권 등에 관한 규정이 있다. 이들 규정에서 공무원개념에는 다소 차이가 있다.

(ⅱ) 공무원관계에 관한 일반법으로는 국가공무원법과 지방공무원법이 있다. 특별법으로는 교육공무원법, 경찰공무원법 등이 있다. 외국인과 복수국적자도 국가안보 및 보안·기밀 등에 관계되는 분야를 제외하고 공무원으로 임용될 수 있다(국가공무원법 제26조의3).

2. 공무원의 의의

공무원이란 직접·간접적으로 국민에 의하여 선출되어 국가나 공공단체의 공무를 담당하고 있는 사람이다.

3. 범 위

공무원은 국가공무원과 지방공무원으로 구분된다. 국가공무원법은 공무원을 경력직 공무원과 특수경력직 공무원으로 구분한다. 경력직 공무원은 "실적과 자격에 따라 임용되고 그 신분이 보장되며 평생 동안 공무원으로 근무할 것이 예정되는 공무원을 말하며" 일반직·특정직으로 구분된다(국가공무원법 제2조 제2항)(헌재 1993.9.27. 92헌바21, 1980년해직공무원의보상등에 관한특별조치법 제4조에 대한 헌법소원(합헌)). 특수경력직 공무원은 경력직 공무원 외의 공무원으로서, 정무직·별정직으로 구분된다(제2조 제3항).

Ⅱ. 국민 전체에 대한 봉사자

국민주권주의 원리에 따라 공무원은 주권자인 국민 전체의 이익을 위하여 봉사하여야 한다. 여기서 공무원은 모든 공무원을 의미한다.[1)]

"우리나라의 공무원제도는 정무직공무원의 일부를 제외하고는 대부분 성적제를 채택하고 있다고 할 수 있다(국가공무원법 제2조, 제26조, 경찰공무원법 제7조, 교육공무원법 제2장). 국민주권주의와 국민의 기본권보장을 양대 지주(支柱)로 하고 있는 우리나라의 헌법이념상 공무원은 과거와 같이 집권자에의 충성관계나 관료적인 공리(公吏)로서가 아니라 국민의 수임자로서 국민에게 봉사하는 것을 본래의 사명으로 하고 전문적 기술적 행정을 담당함을 그 목적으로 하는 기관이라는 의미에서 공무원제도는 민주성과 중립성, 전문성, 능률성을 가진 직업공무원임을 특질로" 한다(헌재 1993.9.27. 92헌바21, 1980년해직공무원등에관한특별조치법 제4조에 대한 헌법소원(합헌)).

Ⅲ. 국민에 대한 책임

1. 책임의 성격

(i) ① 공무원은 주권자인 국민의 수임자이므로 국민에 대하여 국무에 관한 법적 책임을 진다는 법적 책임설, ② 국민과 공무원 사이에 엄격한 법적 위임관계가 존재하지 아니하므로 공무원의 책임을 정치적·윤리적 책임으로 보는 정치적·윤리적 책임설, ③ 헌법 제7조 제1항이 공무원의 국민에 대한 책임을 규정하고 있기 때문에 공무원의 국민에 대한 헌법적 책임이라는 헌법적 책임설이 있다.

(ii) 생각건대 공무원과 국민의 관계가 법적으로 구체화되어 있지 아니하더라도 국민의 공복인 공무원은 국민에 대한 정치적·윤리적 책임은 피할 수 없다. 더 나아가 우리 헌법은 주권자인 국민 전체에 대한 봉사자로서의 헌법적 책임을 명시적으로 규정하고 있다.

"공무원은 그 임용주체가 궁극에는 주권자인 국민 또는 주민이기 때문에 국민 전체에 대하여 봉사하고 책임을 져야 하는 특별한 지위에 있고, 그가 담당한 업무가 국가 또는 공공단체의 공공적인 일이어서 특히 그 직무를 수행함에 있어서 공공성·공정성·성실성 및 중립성 등이 요구되기 때문에 일반근로자와는 달리 특별한 근무관계에 있는 사람

---

1) 전민형, "공화국원리의 공직제도에서의 구체화로서 국민전체에 대한 봉사자", 세계헌법연구 30-3; 전민형, "헌법 제7조의 기존해석에 대한 반론", 헌법학연구 30-4; 김해원, "헌법상 정치적 중립성의 의미·심사기준·구체적 적용에 관한 연구", 헌법학연구 31-2; 서영득, 공무원 징계법, 박영사.

이다. 그리하여 우리 헌법도 제7조 제1항 · 제2항에서 "공무원은 국민 전체에 대한 봉사자이며 국민에 대하여 책임을 진다. 공무원의 신분과 정치적 중립성은 법률이 정하는 바에 의하여 보장된다"라고 규정하고 있고, 그 밖에 제29조 제1항 · 제2항에서 공무원의 불법행위책임과 그에 대한 국가의 배상의무 및 일정한 공무원에 대한 배상제한 규정을 두고 있으며, 제33조 제2항에서 근로기본권에 관하여 공무원에 대한 특별규정을 두고 있다. 우리 헌법이 위와 같은 규정을 두게 된 뜻은 바로 위에서 본 바와 같은 공무원의 지위의 특수성과 직무의 공공성에서 비롯"된다(헌재 1992.4.28. 90헌바27등, 국가공무원법 제66조에 대한 헌법소원(합헌)).

2. 책임의 유형

책임의 유형으로는 그 성격에 따라 정치적 책임과 법적 책임이 있다. ① 정치적 책임으로는 선거직 공무원에 대한 차기선거에서의 심판, 국무총리 · 국무위원에 대한 해임건의(제63조), 불법행위를 한 공무원의 처벌청원(제26조) 등이 있다. ② 법적 책임으로는 대통령 · 국무총리 · 국무위원 등 고위공무원에 대한 탄핵소추 및 탄핵심판(제65조, 제111조), 국가배상책임(제29조), 기타 공무원에 대한 징계책임 · 변상책임 · 형사책임추궁 및 임용권자에 의한 해임 등이 있다.

Ⅳ. 직업공무원제도

1. 의 의

헌법 제7조 제2항은 "공무원의 신분과 정치적 중립성은 법률이 정하는 바에 의하여 보장된다"라고 하여 직업공무원제도(職業公務員制度)를 규정한다. 이는 엽관제에 대비되는 제도로서 직업공무원제도의 확립을 위하여 과학적 계급제, 성적주의, 인사의 공정, 공무원의 신분보장 및 정치적 중립성의 확보가 전제되어야 한다.

제2공화국헌법에서 공무원의 신분보장과 정치적 중립성(직업공무원제도)을 최초로 규정하였고, 제3공화국헌법에서 국민전체에 대한 봉사자로서의 공무원을 규정하였다. 제6공화국헌법에서는 국군의 정치적 중립성이 최초로 규정되어 있다.

"헌법 제7조 제2항은 공무원의 신분과 정치적 중립성을 법률로써 보장할 것을 규정하고 있다. 위 조항의 뜻은 공무원이 정치과정에서 승리한 정당원에 의하여 충원되는 엽관제를 지양하고, 정권교체에 따른 국가작용의 중단과 혼란을 예방하며 일관성있는 공무수행의 독자성과 영속성을 유지하기 위하여 공직구조에 관한 제도적 보장으로서의 직업공무원제도를 마련해야 한다는 것이다. 직업공무원제도는 바로 그러한 제도적 보장을 통하여 모든 공무원으로 하여금 어떤 특정 정당이나 특정 상급자를 위하여 충성하는 것이 아니라 국민 전체에 대한 봉사자로서(헌법 제7조 제1항) 법에 따라 그 소임을 다할 수 있게 함으로써 공무원 개인의 권리나 이익을 보호함에 그치지 아니하고 나아가 국가기능의 측면에서 정치적 안정의 유지에 기여하도록 하는 제도이다." "직업공무원제도는 헌법이 보장하는 제도적 보장 중의 하나임이 분명하므로 입법자는 직업공무원제도에 관하여 '최소한 보장'의 원칙의 한계 안에서 폭넓은 입법형성의 자유를 가진다"(헌재 1997.4.24. 95헌바48, 구 지방공무원법 제2조 제3항 제2호 나목 등 위헌소원(합헌)). "따라서 입법자가 동장(洞長)의 임용의 방법이나 직무의 특성 등을 고려하여 이 사건 법률조항에서 동장의 공직상의 신분을 지방공무원법상 신분보장의 적용을 받지 아니하는 별정직 공무원의 범주에 넣었다 하여 바로 그 법률조항 부분을 위헌이라고 할 수는 없다." "직업공무원제도하에 있어서는 과학적 직위분류제, 성적주의 등에 따른 인사의 공정성을 유지하는 장치가 중요하지만 특히 공무원의 정치적 중립과 신분보장은 그 중추적 요소라고 할 수 있"다(헌재 1989.12.18. 89헌마32등, 국가보위입법회의법 등의 위헌여부에 관한 헌법소원(위헌,각하): 합리적 이유 없이 임명권자의 후임자임명이라는 처분에 의하여 그 직을 상실토록 한 것은 임기만료나 정년까지는 그 신분이 보장된다는 직업공무원제도의 본질적 내용을 침해한다).

엽관제(獵官制)는 "정치과정에서 승리한 정당원에 의하여 충원되는" "집권세력에 대한 논공행상"으로 평가절하되기도 하나 나름대로의 장점도 있다. 즉, 집권세력이 자신의 정책에 부합하는 인사를 주요보직에 보임함으로써 효율적이고 안정적인 국정운영을 가능하게 한다. 그러나 역사상 엽관제는 바람직하지 못한 방향으로 운용되었음을 부인할 수 없다(헌재 1997.4.24. 95헌바48, 구 지방공무원법 제2조 제3항 제2호 나목 등 위헌소원(합헌)).

2. 직업공무원의 범위

공무원에는 경력직·특수경력직이 모두 포함되지만, 정치적 중립성이 보장되는 직업공무원에는 협의의 공무원인 경력직 공무원 즉 일반직·특정직 공무원이 있다.

3. 신분보장

(i) 공무원은 국민전체에 대한 봉사자이기 때문에 신분이 보장되어야 한다. 국가공무원법 제3조·제68조·제78조 등은 공무원에 대한 부당한 휴직, 강임, 면직, 기타 징계처분의 금지를 규정한다.

국가공무원법 제69조 등에서 금고 이상의 형의 집행유예판결을 받은 자에 대한 공무원 임용결격 및 당연퇴직사유로 한 규정은 합헌이다. 공무원의 구체적인 정년연령에 관하여 입법권자는 광범위한 입법재량을 가진다(헌재 1997.11.27. 95헌바14등(합헌)); 6급 이하 지방공무원의 정년을 57세, 5급 이상의 지방공무원의 정년을 60세로 한 규정은 차별의 합리적인 이유가 있다(헌재 2007.6.28. 2005헌마553, 지방공무원법 제66조 제1항 위헌확인(기각,합헌)). 법 개정으로 현재는 정년이 60세로 통일되었다; 공무원의 임용 당시에는 정년 연령에 관한 규정만 있었는데 사후에 계급정년 규정을 신설하여 정년이 단축되도록 한 구 국가안전기획부직원법 관련 규정은 입법자의 입법형성재량 범위 내에서의 입법이고, 또한 소급입법에 의한 기본권 침해규정이라고 할 수도 없다

(헌재 1994.4.28. 91헌바15등, 국가안전기획부 직원법 제22조 등에 대한 헌법소원(합헌,각하)); 법원의 판결에 의하여 자격이 정지된 자를 공무원직으로부터 당연 퇴직하도록 하는 지방공무원법 규정은 헌법에 위반되지 아니한다(헌재 2005.9.29. 2003헌마127, 지방공무원법 제61조 위헌확인(합헌)).

지방자치단체의 직제가 폐지된 경우에 해당 공무원을 직권면직할 수 있는 지방공무원법은 직업공무원제도를 위반하지 아니한다(헌재 2004.11.25. 2002헌바8, 지방공무원법 제62조 제1항 제3호 위헌소원(합헌)).

공무원(헌재 2003.10.30. 2002헌마684등, 국가공무원법 제33조 제1항 제5호 등 위헌확인(위헌))(헌재 2016.7.28. 2014헌바437, 지방공무원법 제31조 제5호 위헌소원(합헌)), 향토예비군 지휘관이 금고 이상의 형의 선고유예를 받으면 당연 해임은 공무담임권을 침해하므로 위헌이다(헌재 2005.12.22. 2004헌마947, 향토예비군설치법시행규칙 제10조 제3항 제5호 위헌확인(위헌)).

공무원의 시간외·야간·휴일근무수당 산정방법을 규정하고 있는 공무원수당 등에 관한 규정은 평등권을 침해하지 아니한다(헌재 2017.8.31. 2016헌마404, 공무원수당 등에 관한 규정 제15조 제2항 등 위헌확인(기각)).

'공무원 재해보상법'에서 공무원에게 휴업급여·상병보상연금을 규정하지 않았다하여 인간다운 생활을 할 권리와 평등권을 침해한다고 볼 수 없다(헌재 2024.2.28. 2020헌마1587, 공무원 재해보상법 제8조 위헌확인(기각)).

(ii) 국가공무원법(제79조)은 징계의 종류로서 "파면·해임·강등·정직·감봉·견책(譴責)"을 규정한다. 다만, 정무직 공무원과 별정직 공무원은 직업공무원으로서의 신분보장을 받지 못한다.

(iii) 그런데 공무원법상 공무원으로 임용될 수 없는 결격사유가 있음에도 불구하고 공무원으로 임용된 경우에는 그 임용 자체가 무효이다. 하지만, 이 경우에도 사실상 공무원으로서 재임 중에 한 업무는 유효하다.

임용결격공무원에 관한 부분 중 "공무원으로서 요구되는 도덕성을 심히 훼손하는 범죄로 인한 경우등"이란 표현이 헌법상 명확성 원칙에 위배되지 아니한다. 임용결격공무원에 대한 특별채용 기준의 하나로 '공무원으로서의 도덕성' 요구는 헌법상 공무담임권을 침해하지 아니한다(헌재 2004.2.26. 2003헌바4, 임용결격공무원등에대한퇴직보상금지급등에관한특례법 제7조 제1항 단서 위헌소원(합헌)).

특별채용된 모든 당연퇴직공무원에 대하여 일률적으로 경력 및 호봉을 산입하지 아니하도록 한 규정 중 '당연퇴직공무원' 부분이 선고유예를 받아 당연퇴직된 공무원을 달리 취급하지 않아 평등권을 침해하지 아니한다(헌재 2004.6.24. 2003헌바111, 임용결격공무원등에대한퇴직보상금지급등에관한특례법 제2조 제3호 등 위헌소원(합헌)).

임용결격자가 공무원으로 임용되어 사실상 근무하여 온 경우 공무원연금법의 퇴직급여 등을 청구할 수 없다(대판 1996.7.12. 96누3333).

4. 정치적 중립성

(i) 공무원에 대한 정당의 간섭은 배제되며, 공무원의 정당가입 기타 정당활동은 금지된다(헌재 2014.3.27. 2011헌바42, 정당법 제22조 제1항 제1호 등 위헌소원(합헌)). 일반직 공무원의 정치적 중립성은 보장되어야 하겠지만, 이를 이유로 정치적 표현의 자유를 제한할 수는 없다.

(ii) 공직선거법(제9조 제1항)은 "공무원 기타 정치적 중립을 지켜야 하는 자(기관·단체를 포함한다)

는 선거에 대한 부당한 영향력의 행사 기타 선거결과에 영향을 미치는 행위를 하여서는 아니 된다"라고 하여 선거에서의 공무원의 정치적 중립의무를 규정하고 있는데, 이는 "국민 전체에 대한 봉사자"로서의 공무원의 지위를 규정하는 헌법 제7조 제1항, 자유선거원칙을 규정하는 헌법 제41조 제1항 및 제67조 제1항, 정당의 기회균등을 보장하는 헌법 제116조 제1항으로부터 나오는 헌법적 요청이다. 공직선거법 제9조는 이를 구체화하는 규정이다(헌재 2004.5.14. 2004헌나1, 대통령(노무현) 탄핵(기각)).

> 선거활동에 관하여 대통령의 정치활동의 자유와 선거중립의무가 충돌하는 경우에는 후자가 강조되고 우선되어야 한다(헌재 2008.1.17. 2007헌마700, 대통령의 선거중립의무 준수요청 등 조치 취소(기각)).

(iii) 공무원의 정치적 중립성을 구현하기 위하여 헌법재판관과 중앙선거관리위원회 위원의 정당 가입을 금지한다. 한편 정무직 공무원, 별정직 공무원, 조교수 이상의 교원은 정당 가입이 예외적으로 허용된다.

(iv) 군(軍)의 정치개입을 금지하기 위하여 헌법 제5조 제2항에서는 국군의 정치적 중립성을 규정한다. 이는 제6공화국헌법에서 최초로 도입된 조항이다.

Ⅴ. 공무원의 임면과 권리의무

1. 임 면

헌법 제78조는 "대통령은 헌법과 법률이 정하는 바에 의하여 공무원을 임면한다"라고 규정하는바, 임면에는 보직·전직·휴직·징계처분 및 파면이 포함된다. 대통령의 공무원임면에는 국회의 동의·일정기관의 제청·국무회의의 심의·해임건의 등 헌법 및 법률상의 제한이 있다.

2. 권리의무

(i) 공무원은 공법상 근무관계에 따라 포괄적인 권리·의무를 가진다.

(ii) 권리로서는 직무상 가지는 각종의 권한, 급여·연금 등 재산권, 행정소송 제기권 등이 있다. 직무상 의무로는 직무전념의무, 법령준수의무, 명령복종의무,[1] 비밀엄수의무, 품위유지의무 등이 있다.

이와 같은 직무상의 각종 의무를 위반하는 경우 공무원은 징계책임을 부담하게 된다. 특히 국민에 대한 무한봉사책임을 지는 공무원의 청렴 및 부패방지를

---

1) 명령복종의무와 관련하여서는 비상계엄 이후 국가공무원법 등의 개정을 통하여 이를 삭제하려는 국가공무원법 개정안이 입법예고되어 있다.

위하여 국민권익위원회(부패방지 및 국민권익위원회의 설치와 운영에 관한 법률) 소관으로 '부정청탁 및 금품등 수수의 금지에 관한 법률'(請託禁止法)이 시행됨에 따라 공무원의 청렴의무가 강조된다.

국가공무원법이 공무원 징계사유로 규정한 품위손상행위는 '주권자인 국민으로부터 수임받은 공무를 수행함에 손색이 없는 인품에 어울리지 않는 행위를 함으로써 공무원 및 공직 전반에 대한 국민의 신뢰를 떨어뜨릴 우려가 있는 경우'를 일컫는 것으로 해석할 수 있고, 그 수범자인 평균적인 공무원은 이를 충분히 예측할 수 있다. 따라서 이 사건 법률조항은 명확성원칙에 위배되지 아니한다(헌재 2016.2.25. 2013헌바435, 국가공무원법 제63조 등 위헌소원(합헌)).

3. 공무원의 기본권 제한

(1) 정치활동의 제한

국가공무원법(제65조)과 지방공무원법(제57조)은 공무원의 일정한 정치활동금지를 규정한다. 이에 따라 공무원은 집단·연명(連名)으로 또는 단체의 명의를 사용하여 국가의 정책을 반대하거나 국가정책의 수립·집행을 방해하여서는 아니 되며(국가공무원 복무규정 제3조 제2항, 지방공무원 복무규정 제1조의2 제2항), 직무를 수행할 때 제3조에 따른 근무기강을 해치는 정치적 주장을 표시하거나 상징하는 복장 또는 관련 물품을 착용하여서는 아니 된다(국가공무원 복무규정 제8조의2 제2항, 지방공무원 복무규정 제1조의3 제2항). 정당법(제22조 제1항 단서)에서는 정무직 공무원을 제외한 국가공무원법 제2조 및 지방공무원법 제2조에 규정된 공무원은 정당발기인이나 당원이 될 수 없음을 규정한다. 또한 공직선거법(제85조·제86조)은 선거에 영향을 미치는 공무원의 행위를 금지한다. 이와 같은 공무원의 정치활동제한의 근거로는 대국민봉사자설, 특별권력관계설, 공무성설 등이 있다. 하지만, 정치활동의 제한은 공무원인 국민의 정치적 기본권과 갈등관계에 있다.[1]

공무원에 대하여 '선거운동의 기획에 참여하거나 그 기획의 실시에 관여하는 행위'를 금지하고 이를 위반하는 경우 형사처벌하는 공직선거법 조항은 '공무원의 지위를 이용하지 아니한 행위'에까지 적용하는 한 헌법에 위반된다(헌재 2008.5.29. 2006헌마1096, 공직선거법 제86조 제1항 제2호 등 위헌확인(한정위헌)). 이는 종전 합헌결정(헌재 2005.6.30. 2004헌바33, 공직선거법 제86조 제1항 제2호 등 위헌소원(합헌))을 변경한 판례이다.

공무원에 대하여 국가 또는 지방자치단체의 정책에 대한 반대·방해 행위를 금지한 구 '국가공무원 복무규정' 및 구 '지방공무원 복무규정'이 과잉금지원칙에 반하여 공무원의 정치적 표현의 자유를 침해한다고 할 수 없다(헌재 2012.5.31. 2009헌마705, 국가공무원 복무규정 제3조 제2항 등 위헌확인(각하,기각)).

공무원의 투표권유운동 및 기부금모집을 금지함으로써 공무원의 정치적 중립성을 보장하므로 정치적 의사표현의 자유를 침해한다고 볼 수 없다(헌재 2012.7.26. 2009헌바298, 국가공무원법 제65조 제2항 등 위헌소원(합헌)).

공직선거법의 공무원으로서 당내경선에서 경선운동 금지. 당내경선에서 법이 허용하지 아

1) 김재호·김권일, "군인 관련 법체계 개선방안", 공법연구 48-2; 황성기, "군형법상 상관모욕죄에 관한 헌법적 고찰", 헌법학연구 26-2; 승이도, "군인의 명령복종의무와 법령준수의무", 공법연구 54-1.

니한 방법으로 경선운동 금지, 국회의원 후보자가 되고자 하는 자로 하여금 일정 범위의 기부행위 금지, 선거범죄 등과 다른 죄의 경합범에 대한 분리 선고 규정은 헌법에 위반되지 아니한다. 또한 국가공무원법의 정당가입권유금지조항도 합헌이다(6:3). 반대의견은 공무원의 기본권이 제한될 수 있더라도 기본권 최대한보장의 원칙에 따라 그 제한의 정도는 최소한에 그쳐야 한다고 본다(헌재 2021.8.31. 2018헌바149, 국가공무원법 제65조 제2항 제5호 등 위헌소원(합헌)): 헌재 2019.11.28. 2018헌마222 결정 및 헌재 2020.4.23. 2018헌마551 결정에서도 헌법이 공무원을 국민 전체의 봉사자로 규정하고(제7조 제1항) 공무원의 정치적 중립성 보장을 선언하고 있으므로(제7조 제2항), 공무원의 정치적 기본권은 법률로 제한될 수 있다고 판시한 바 있다(6:3).

'아동·청소년이용음란물임을 알면서 이를 소지한 죄로 형을 선고받아 그 형이 확정된 사람은 지방공무원법 제2조 제2항 제1호의 일반직공무원으로 임용될 수 없도록 한 것'에 관한 부분은 모두 헌법에 합치되지 아니한다(6:2)(헌재 2023.6.29. 2020헌마1605등, 기본권 침해 위헌확인(헌법불합치,잠정적용)).

(2) 근로3권의 제한

(ⅰ) 헌법 제33조 제2항 및 국가공무원법 제66조는 공무원인 근로자는 법률이 정하는 자에게만 근로3권을 인정한다. "근로3권이 보장되는 공무원의 범위를 사실상 노무에 종사하는 공무원에 한정"하고 있는 국가공무원법 제66조 제1항은 근로3권의 향유주체가 될 수 있는 공무원의 범위를 정하도록 하기 위하여 헌법 제33조 제2항이 입법권자에게 부여한 형식적 재량권의 범위를 벗어나지 아니한다.

"위 법률조항이 규정하고 있는 '노동운동'의 개념은 그 근거가 되는 헌법 제33조 제2항의 취지에 비추어 근로자의 근로조건의 향상을 위한 단결권·단체교섭권·단체행동권 등 이른바 근로3권을 기초로 하여 이에 직접 관련된 행위를 의미하는 것으로 좁게 해석하는 것이 상당하고, 한편 위 법률조항이 그 제정 이래 오랫동안 집행되어 오면서 법원도 위 법률조항을 해석·적용함에 있어서 위와 동일한 뜻으로 명백히 한정해석하고 있으므로, 법률에 대한 일반적인 명확성의 원칙은 물론 적법절차나 죄형법정주의의 원칙에서 요구되는 보다 엄격한 의미의 명확성의 원칙에 의한 판단기준에도 위배된다고 할 수 없다"(헌재 1992.4.28. 90헌바27등, 국가공무원법 제66조에 대한 헌법소원(합헌)).

(ⅱ) 이러한 공무원의 근로3권의 제한은 공무원인 국민의 근로3권과 갈등관계에 있다(제3편 제6장 제5절 참조).

(3) 군인(군무원)의 기본권 제한

(ⅰ) "국가방위와 국민의 보호를 사명으로 하는 군인의 기본권을 보장하고, 군인의 의무 및 병영생활에 대한 기본사항"을 규정한 '군인의 지위 및 복무에 관한 기본법'이 제정되어 있다.

[법정의견] 장교는 군무와 관련된 고충사항을 집단으로 진정 또는 서명하는 행위를 하여서는 아니 된다고 규정한 '군인의 지위 및 복무에 관한 기본법' 중 '장교'에 관한 부분은

군무와 관련된 고충사항을 집단으로 진정 또는 서명하는 행위가 군기를 문란하게 하여 예측하기 어려운 분열과 갈등을 조장할 수 있는 점, 장교 집단의 이익을 대변하기 위한 것으로 비추어질 경우 군무의 공정성과 객관성에 대한 신뢰가 저하될 수 있는 점, 군 전체가 정치적 편향성에 대한 의심을 받을 수 있는 점, 군인복무기본법에서 군무와 관련된 고충사항과 관련된 문제를 제기할 수 있는 다른 방법들을 이미 마련하고 있는 점 등을 고려하여 표현의 자유를 침해하지 아니한다. [반대의견] 군무와 관련된 고충사항을 집단으로 진정 또는 서명하는 행위에 대한 규제의 필요성은 그 위험성에 따라 개별적 사안에서 구체적으로 판단되어야 하는 점, 군무와 관련된 고충사항을 집단으로 진정 또는 서명하는 행위에는 공익적인 목적을 가진 행위도 포함될 수 있으므로, 일률적으로 군무의 공정성과 객관성에 대한 신뢰를 훼손시킨다고 단정할 수 없는 점, 정치적 중립성을 훼손하는지 행위에 해당하는지 여부는 제반 사정을 고려하여 판단하여야 하는 점, 이미 군무와 관련된 고충사항을 집단으로 진정 또는 서명하는 행위가 오·남용될 경우에 대한 금지 및 처벌 규정을 별도로 마련하고 있는 점, 다른 방법은 군무와 관련된 고충사항을 집단으로 진정 또는 서명하는 행위와 동일한 정도로 실효성을 담보할 수 없는 점 등을 고려하여 장교의 표현의 자유를 침해한다(5:4)(헌재 2024.4.25. 2021헌마1258, 군인의 지위 및 복무에 관한 기본법 제31조 제1항 제5호 위헌확인(기각)).

(ii) 군인(군무원)도 넓은 의미의 공무원이기 때문에 일반공무원에 대한 기본권 제한이 그대로 적용된다. 하지만, 군인(군무원) 신분의 특수성으로 인하여 일반공무원에 비하여 특별한 기본권 제한이 야기되기도 한다.

장교의 평시 외출·외박 지역을 제한하는 육군 병영생활 예규는 장교의 일반적 행동의 자유, 거주·이전의 자유를 침해하지 아니한다(헌재 2025.11.27. 2021헌마1280, 군인의 지위 및 복무에 관한 기본법 시행령 제38조 제2항 등 위헌확인(기각,각하)).

군무원(軍務員)은 국군의 구성원으로서 군부대에서 근무하며 군의 전투를 지원하는 등의 업무를 수행하고 있기 때문에, 그 지위와 업무의 특수성으로 인하여 헌법상 정치적 중립의 요청이 더욱 강조된다. 군무원의 정치적 표현의 자유를 제한하는 내용의 실정법을 해석할 때 관련된 헌법 규정의 의미와 내용을 충분히 고려하여 조화롭고 체계적으로 해석하여야 한다. 그렇다고 군무원의 정치적 표현의 자유를 전면적으로 제한할 수는 없고, 헌법상 정치적 표현의 자유의 중요성과 군무원에 대한 정치적 중립의무의 의미, 심판대상조항의 입법취지, 관련 규범들의 내용을 종합적으로 고려하여, 심판대상조항을 한정적으로 해석하여야 한다(헌재 2018.7.26. 2016헌바139, 구 군형법 제94조 위헌소원(합헌)).

육군 장교가 민간법원에서 약식명령을 받아 확정되면 자진신고할 의무를 규정한 '2020년도 장교 진급 지시' 조항 및 '2021년도 장교 진급 지시' 조항은 진술거부권 및 양심의 자유를 제한하지 아니하며, 법률유보원칙 및 과잉금지원칙에 반하여 일반적 행동의 자유를 침해하지 아니한다(헌재 2021.8.31. 2020헌마12등, 국방부 군인·군무원 징계업무처리 훈령 제4조 등 위헌확인(기각,각하)).

(iii) 군인·군무원은 헌법상 예외법원인 군사법원의 재판을 받는다(제110조 제1항). 개정 군사법원법에 따라, 군인과 군무원은 1심 사건에 한하여 군사법원의 재

판을 받고 항소심과 상고심은 법원조직법상 일반법원의 관할로 변경되었다(계엄령 발령시에는 예외). 따라서 군인·군무원의 1심 사건의 경우에는 일반법원에 의한 재판청구권이 제한된다.

(iv) 군인·군무원 등은 전투·훈련 등 직무집행과 관련하여 입은 손해에 대하여는 법률이 정하는 보상 외에 국가 또는 공공단체에 공무원의 직무상 불법행위로 인한 배상을 청구할 수 없다(제29조 제2항).

(v) 헌법상 병역의무(제39조)와 국군조직법(제6조·제10조 제2항)·군인사법(제47조·제47조의2)에 근거하여 '군인의 지위 및 복무에 관한 기본법'(제31조)과 군인복무규율(제13조)에서는 군복무에 관한 기강을 저해하거나 군무의 본질을 해치는 군무 이외의 집단행위를 금지한다.

(vi) 병역법에서는 병역의무자에 대하여 해외여행의 허가 및 취소(제70조), 불이행자에 대한 제재(제76조)를 규정하고 있다(귀국보증인제도는 폐지되었다). 이는 국방의무의 성실한 이행을 위한 일련의 조치이다.

(4) 특수신분관계에 의한 제한

공무원은 국가 등과 공법상 특수신분관계를 맺고 있다. 이에 따라 국가 등의 질서유지 및 특수신분관계의 목적달성을 위하여 필요하고 합리적인 범위 안에서 일반국민과는 다른 특별한 제한을 받는다. 하지만, 법치주의원칙에 따라 이러한 제한에도 헌법과 법률의 근거가 있어야 한다(제3편 제1장 제8절 V. 3. 특수신분관계 참조).

(5) 제한의 한계

공무원도 국민이므로 공무원의 기본권 제한은 국민 또는 근로자로서의 기본권과 조화될 수 있는 범위 안에서 한정적으로 인정된다.

제3절 감 사 원

Ⅰ. 의 의

헌법편제상 제4장 정부 제2절 행정부 제4관에 감사원(제97조-제100조)을 규정한다. 감사원(監査院)은 국가의 예산집행에 대한 회계감사와 공무원의 직무감찰을 담당하는 대통령 직속기관이다. 감사기관의 위상은 입법례에 따라 상이하다. 우리나라에서도 국회소속으로 변경하자는 의견도 있다. 하지만, 이는 헌법개정사항이고, 국회의 국정감사권 존폐 여부와도 직결되는 사항이다.[1)]

제헌헌법부터 제2공화국헌법에서는 회계감사권을 가진 심계원과 직무감찰권을 가진 감찰위원회가 분리되어 있었다. 현행 감사원 제도는 제3공화국헌법부터 오늘에 이른다. 영국의 감사원(National Audit Office, NAO)과 미국의 연방감사원(Government Accountability Office, GAO)은 실질적으로 독립하여 있지만 법적으로는 의회 소속기관이다. 독일의 감사원(Bundesrechnungshof)과 일본의 회계검사원은 헌법상 독립기관이다. 프랑스의 회계검사원(Cour des comptes)은 형식적으로는 집행부 소속이지만 법원에 준하는 독립기관이다. 제1공화국의 회계검사기관인 심계원도 이와 비슷한 예이다.

Ⅱ. 감사원의 헌법상 지위

1. 헌법상 대통령소속기관

(ⅰ) 감사원은 헌법기관으로서 '대통령소속하'(제97조)의 중앙행정기관이다. 즉 감사원은 헌법편제상 행정부 소속기관이므로 감사원은 행정부 수반인 대통령 소속기관으로 보아야 한다.

(ⅱ) 이에 대하여 감사원은 행정수반으로서의 대통령 소속이 아니라 국가원

---

1) 최승필 · 임현 · 서승환, "감사원 독립성의 규범적 의미와 기능에 대한 검토", 공법연구 45-4; 김연식, "영국 국가감사제도에 대한 고찰-소위 Westminster형 국가감사제도의 문제점과 시사점", 공법연구 45-4; 정재황, "프랑스의 감사원제도에 대한 연구", 세계헌법연구 13-1; 장용근, "재정통제기관으로서의 감사원의 지위에 대한 헌법적 검토", 미국헌법연구 30-2; 임지봉, "감사원의 독립성과 정치적 중립성", 헌법학연구 29-3; 송순섭, 미국 감사원에 관한 헌법학적 연구, 서울대 박사학위논문, 2023.8; 정문식, "감사원 내 기관의 권한과 의사결정절차-독일 연방감사원의 운영상 특징을 중심으로", 공법연구 52-3; 김지영, "프랑스 회계원의 임무와 역할 변화에 관한 공법적 고찰", 공법연구 53-3.

수로서의 대통령에 소속되어 있다는 견해도 있다(김철수(상) 1785면).

2. 독립기관

(i) 감사원은 비록 대통령소속기관이긴 하지만, 직무상 독립된 기관이다. 즉 "감사원은 대통령에 소속하되, 직무에 관하여는 독립의 지위를 가진다"(감사원법 제2조 제1항). 감사의 본질상 누구의 지시나 감독을 받아서는 그 기능을 독자적으로 공정하게 수행할 수 없다. 감사원의 독립성을 제도적으로 뒷받침하기 위하여 감사원장 임명에 있어서 국회의 동의(제98조 제2항)·감사위원의 정치운동 금지(제10조)·겸직 제한(제9조) 등을 통한 신분보장과 더불어 감사원의 인사·조직·예산의 독립성이 보장되어야 한다. 즉 "감사원 소속 공무원의 임면(任免), 조직 및 예산의 편성에 있어서는 감사원의 독립성이 최대한 존중되어야 한다"(제2조 제2항, 제18조).

(ii) "감사원은 세입·세출의 결산을 매년 검사하여 대통령과 차년도국회에 그 결과를 보고하여야 한다"(제99조).

3. 합의제 의결기관

헌법상 감사원이 합의제 의결기관이라는 명시적 규정이 없지만, 감사원법에서는 "감사위원회의는 재적 감사위원 과반수의 찬성으로 의결한다"(제11조 제2항)라고 하여, 감사원을 합의제 의결기관으로 규정한다. 감사위원회의에서 감사원장과 감사위원은 법적으로 동등한 지위에 있다. 합의제기관이므로 업무처리의 능률성·신속성보다는 업무처리의 공정성·객관성에 중점을 둔다.

Ⅲ. 감사원의 구성

1. 감사원의 구성

헌법상 "감사원은 원장을 포함한 5인 이상 11인 이하의 감사위원으로 구성한다"(제98조 제1항). 감사원법에서는 "감사원은 감사원장을 포함한 7명의 감사위원으로 구성한다"(제3조)라고 규정한다.

2. 감사원장과 감사위원의 임명

감사원은 비록 대통령소속기관이지만, 헌법기관인 점을 고려하여 감사원장은 국민의 대표기관인 국회의 동의를 얻어 대통령이 임명한다(제98조 제2항).[1] 또한 감사위원도 원장의 제청으로 대통령이 임명한다(제98조 제3항).

3. 감사원장과 감사위원의 임기 및 신분보장

감사원장과 감사위원의 임기는 4년이고 1차에 한하여 중임할 수 있다(제98조 제2항, 제3항). 감사원장과 감사위원의 임기를 대통령의 임기와 달리함으로써 헌법상 독립기관성을 제고하고자 하는 취지로 이해된다. 감사위원은 정치운동금지(제10조) · 겸직제한(제9조) 등을 통하여 신분을 보장받는다. 감사원장의 정년 70세, 감사위원의 정년 65세(제6조 제2항) 규정은 헌법상 중임제한과 더불어 장기재직에 따른 폐해를 시정하려는 취지로 보인다.

① 감사원의 독립성을 훼손한 행위, ② 국민권익위원회 위원장 등에 대한 표적감사를 한 행위, ③ 감사원장으로서의 의무를 위반한 행위, ④ 국회의 자료제출요구를 거부한 행위가 헌법 및 법률을 중대하게 위반하지 않았다. [보충의견 3인] 훈령을 개정하여 국무총리에게 공익감사청구권을 부여한 행위 역시 헌법 및 감사원법 등을 위반한 것이나, 법위반행위가 중대하여 파면을 정당화하는 사유가 존재한다고 보기는 어렵다(헌재 2025.3.13. 2024헌나2, 감사원장(최재해) 탄핵(기각)).

Ⅳ. 감사원의 권한

1. 세입 · 세출의 결산검사 · 보고권 및 회계검사권

(ⅰ) 감사원은 "국가의 세입 · 세출의 결산, 국가 및 법률이 정한 단체의 회계검사"(제97조)를 담당한다. "감사원은 세입 · 세출의 결산을 매년 검사하여 대통령과 차년도국회에 그 결과를 보고하여야 한다"(제99조). 이들 권한의 행사와 그 권한행사의 적정성 여부는 결과보고서를 통하여 드러난다. 감사원은 결산에 관한 권한만 가지며, 예산에 관하여는 헌법상 아무런 권한이 없다.

(ⅱ) "국회는 의결로 감사원에 대하여 감사원법에 따른 감사원의 직무 범위에 속하는 사항 중 사안을 특정하여 감사를 요구할 수 있다. 이 경우 감사원은 감사요구를 받은 날부터 3개월 이내에 감사 결과를 국회에 보고하여야 한다"(국회법 제127조의2 제1항).

2. 직무감찰권

(ⅰ) 감사원은 "행정기관 및 공무원의 직무에 관한 감찰"을 담당한다. 감찰권의

---

1) 2003년 9월 윤성식 감사원장후보자에 대한 임명동의안이 국회에서 부결된 바 있다.

범위에는 공무원의 비위감찰뿐만 아니라 행정감찰도 포함된다. 감사원법은 "감사원 감사를 받는 사람이 불합리한 규제의 개선 등 공공의 이익을 위하여 업무를 적극적으로 처리한 결과에 대하여 그의 행위에 고의나 중대한 과실이 없는 경우에는 이 법에 따른 징계 요구 또는 문책 요구 등 책임을 묻지 아니한다"(제34조의3 제1항)라고 규정함으로써 적극행정에 대한 면책제도를 마련하고 있다.

"감사원법에 의하면 감사원은 일정한 경우 공무원에 대한 징계요구 등을 그 소속장관 또는 임용권자에게 할 수 있고(제32조) 감사의 결과 위법 또는 부당하다고 인정되는 사실이 있을 때에는 소속장관, 감독기관의 장 또는 당해 기관의 장에게 시정·주의 등을 요구할 수 있으며(제33조 제1항) 감사결과 법령상·제도상 또는 행정상 모순이 있거나 그 밖에 개선할 사항이 있다고 인정할 때에는 국무총리, 소속장관, 감독기관의 장 또는 해당 기관의 장에게 법령 등의 제정·개정 또는 폐지를 위한 조치나 제도상 또는 행정상의 개선을 요구할 수 있고(제34조 제1항) 위와 같은 요구를 하는 것이 부적절하거나 관계기관의 장으로 하여금 자율적으로 처리하게 할 필요가 인정되는 때 또는 행정운영 등의 경제성·효율성 및 공정성 등을 위하여 필요하다고 인정되는 때에는 소속장관, 감독기관의 장 또는 해당 기관의 장에게 그 개선 등에 관한 사항을 권고하거나 통보할 수 있다(제34조의2). 위와 같은 감사원법 규정들의 구체적 내용을 살펴보면 감사원의 직무감찰권의 범위에 인사권자에 대하여 징계 등을 요구할 권한이 포함되고, 위법성뿐 아니라 부당성도 감사의 기준이 되는 것은 명백하며, 지방자치단체의 사무의 성격이나 종류에 따른 어떠한 제한이나 감사기준의 구별도 찾아볼 수 없다." 따라서 감사원이 지방자치단체에 대하여 자치사무의 합법성뿐만 아니라 합목적성에 대하여도 감사한 행위는 감사원법 제24조 제1항 제2호 등 감사원법에 근거하여 이루어졌으므로 이와 같은 감사원법의 관련규정은 지방자치단체가 가지는 지방자치권의 본질을 침해하지 아니한다(헌재 2008.5.29. 2005헌라3, 강남구청 등과 감사원 간의 권한쟁의(각하,기각)).

(ii) 그러나 공무원 중에서 국회·법원·헌법재판소 소속공무원은 제외된다. 감사원이 행정부 수반으로서의 대통령소속 기관이기 때문이다. 그런데 중앙선거관리위원회에 대한 감사에 관하여는 논란이 제기된다.[1]

중앙선관위는 헌법재판소에 감사원 직무감찰과 관련한 권한쟁의 심판을 청구하였다. 이는 "경력 채용과 관련한 감사원의 감사를 거부하거나 회피하기 위한 것이 아니다"라며 "현재 감사원 감사에 성실히 임하고 있다"고 밝혔다. 이어 "헌법상 독립기관인 선관위에 대한 감사원의 감사 범위가 명확히 정리돼 국가기관 간 불필요한 논란이 재발하지

1) 박진우, "중앙선거관리위원회에 대하여 최근 제기되는 문제점 분석과 개선방안에 관한 연구", 가천법학 16-3; 허진성, "선거관리위원회의 헌법적 위상에 관한 연구 - 감사원의 직무감찰 범위와 관련하여", 공법학연구 21-3; 조성규, "선거관리위원회에 대한 감사원 직무감찰의 법적 문제", 행정법연구 62; 조소영, "선거관리위원회의 헌법적 의의와 독립성 확보 논의: 감사원의 직무감찰 대상 배제 여부를 중심으로", 유럽헌법연구 34; 장영수, "선관위의 헌법상 지위에 비추어 본 감사원의 직무감찰 대상 여부에 대한 헌법적 검토", 헌법학연구 30-4.

않기를 바란다"라고 하였다. 선관위는 헌법 97조에서 감사원의 감사 범위에 선관위가 빠져 있고, 국가공무원법 17조에 "인사 사무 감사를 선관위 사무총장이 한다"라는 내용이 담겼다는 이유로 감사원의 직무감찰을 받을 수 없다고 주장한다. 반면 감사원은 감사원법에 감찰 제외 대상으로 국회, 법원, 헌재가 규정되어 있지만, 선관위에 대해서는 국회에서 논의 끝에 제외하지 않는 것으로 규정되어 직무감찰이 가능하다는 입장이다. 헌법재판소는 선관위의 손을 들어주었다.

선거관리위원회를 독립적 헌법기관으로 설치한 헌법개정권자의 의사 및 헌법 제97조를 비롯한 헌법의 체계 등을 종합할 때, 헌법의 해석상 감사원이 선거관리위원회와 같은 독립적인 헌법기관에 대하여 직무감찰을 하는 것은 허용될 수 없다. 헌법의 해석에서 직접 도출되는 내용이므로, 입법을 통하여 이를 개정할 수는 없다(헌재 2025.2.27. 2023헌라5, 중앙선거관리위원회와 감사원 간의 권한쟁의(인용(권한침해))).

[해설] 선거관리위원회가 과연 전형적인 헌법상 독립기관인지 의문이다. 중앙선거관리위원장 및 각급선거관리위원장을 현직 법관이 맡고 있다는 점에서 더욱 그러하다. 선거관리위원회의 근본적인 개혁이 필요하다.

3. 감사 결과 처리에 관한 권한

(i) 변상책임의 판정 등 감사원은 감사 결과에 따라 따로 법률에서 정하는 바에 따라 회계관계직원 등에 대한 변상책임의 유무를 심리(審理)하고 판정한다(감사원법 제31조 제1항). 변상판정처분에 대하여는 곧바로 행정소송을 청구할 수 없고 재결에 해당하는 재심의(再審議) 판정(제7절 재심의)에 대하여서만 감사원을 피고로 행정소송을 제기할 수 있다(대판 1984.4.10. 84누91).

(ii) 징계 · 문책 요구 등 "감사원은 국가공무원법과 그 밖의 법령에 규정된 징계 사유에 해당하거나 정당한 사유 없이 이 법에 따른 감사를 거부하거나 자료의 제출을 게을리한 공무원에 대하여 그 소속 장관 또는 임용권자에게 징계를 요구할 수 있다"(제32조 제1항).

(iii) 시정 · 주의 등의 요구 "감사원은 감사 결과 위법 또는 부당하다고 인정되는 사실이 있을 때에는 소속 장관, 감독기관의 장 또는 해당 기관의 장에게 시정 · 주의 등을 요구할 수 있다"(제33조 제1항).

(iv) 법령 · 제도 · 행정의 개선 등의 요구 "감사원은 감사 결과 법령상 · 제도상 또는 행정상 모순이 있거나 그 밖에 개선할 사항이 있다고 인정할 때에는 국무총리, 소속 장관, 감독기관의 장 또는 해당 기관의 장에게 법령 등의 제정 · 개정 또는 폐지를 위한 조치나 제도상 또는 행정상의 개선을 요구할 수 있다"(제34조 제1항).

(v) 권고 등 "감사원은 감사 결과 다음 각 호의 어느 하나에 해당하는 경

우에는 소속 장관, 감독기관의 장 또는 해당 기관의 장에게 그 개선 등에 관한 사항을 권고하거나 통보할 수 있다. 1. 제32조, 제33조 및 제34조에 따른 요구를 하는 것이 부적절한 경우, 2. 관계 기관의 장이 자율적으로 처리할 필요가 있다고 인정되는 경우, 3. 행정운영 등의 경제성 · 효율성 및 공정성 등을 위하여 필요하다고 인정되는 경우"(제34조의2 제1항).

(vi) 수사기관에 고발 "감사원은 감사 결과 범죄 혐의가 있다고 인정할 때에는 이를 수사기관에 고발하여야 한다"(제35조).

(vii) 감사원은 감사 결과에 관련하여 피감사기관에 일련의 요구권을 가지지만 직접 명령이나 처분을 내릴 권한은 가지지 아니한다.

4. 감사원규칙제정권

감사원법 제52조에 의하면 감사원은 감사에 관한 절차 · 감사원의 내부규율과 감사사무처리에 관한 규칙을 제정할 수 있다. 감사원규칙의 법적 성격에 대하여 법규명령으로 보는 견해와 행정명령으로 보는 견해가 있다. 생각건대 헌법상 근거 없이는 법규명령을 제정할 수 없으므로 행정명령으로 보아야 한다.

V. 헌법상 감사제도의 발전 방향

(i) 국회에 대한 결산검사보고 및 국회 예산정책처의 예산통제기능과 더불어 회계검사 기능의 독립성 보장이라는 차원에서 국회 이관이 요구된다.

(ii) 감사원을 국회소속으로 할 경우에 공직자의 직무감찰 기능을 담당할 정부 소속의 감사원 내지 감찰관 제도가 필요하다. 다만 감사원의 일상적인 사정기능은 국민권익위원회의 부패방지기능과 '부정청탁 및 금품 등 수수의 금지에 관한 법률'의 작동으로 넘겨야 한다. 이 경우 감사원은 일일이 직무감찰권을 발동하기보다는 오히려 성과평가 중심의 정책감사기관으로 전환되어야 한다.

제 4 절 지방자치제도

Ⅰ. 의 의

1. 중앙집권과 지방분권

(i) 국가형태로서의 연방국가와 단일국가는 오늘날 상호근접현상을 보인다. 특히 단일국가에서도 지방분권이 강화된다. 전형적 중앙집권국가인 프랑스도 2002년 헌법개정에서 지방분권국가를 표방한다(제1조). 지방자치의 활성화는 연방국가와 단일국가의 경계선을 무너뜨리는 결과를 초래할 수 있다. 이러한 현상은 단일국가로서 지방자치를 완결된 형태로 실시하고 있는 이탈리아에서 두드러지게 나타난다.

(ii) 중앙집권과 지방분권은 세계화와 지방화라는 두 개의 목표를 동시에 달성하기 위하여 조화로운 실현이 요망된다. 즉 국가적 차원에서 국익에 관한 문제를 능동적으로 처리하여야 하는 한편, 국가 안에서 지방의 문제는 해당 지방 스스로 공적 업무를 수행할 수 있도록 제도적 장치를 마련하여야 한다. 지방의 업무를 수행하기 위하여 지방자치단체는 고유한 업무를 관리하고, 법인격체로서 행정상·재정상 자치를 향유하면서 국가로부터 일정한 수준의 독립성을 가져야 한다. 이러한 지방분권은 지역단위를 중심으로 하는 지역적 지방분권과 해당 기관이 담당하는 업무(예컨대, 병원이나 대학 등)의 특성에 비추어 일정한 독자성을 유지하는 기능적 지방분권의 형태로 분류할 수 있다. 일반적으로 지방분권이라 할 경우에는 지역을 기초로 한 지방자치단체의 자치를 의미한다.

2. 지방자치의 의의

(i) 지방자치제도라 함은 일정한 지역을 단위로 일정한 지역의 주민이 그 지방주민의 복리에 관한 사무·재산관리에 관한 사무·기타 법령이 정하는 사무(헌법 제117조 제1항)를 그들 자신의 책임에 따라 자신들이 선출한 기관을 통하여 직접 처리하게 함으로써 지방자치행정의 민주성과 능률성을 제고하고 지방의 균형 있는 발전과 아울러 국가의 민주적 발전을 도모하는 제도이다. 지방자치는 자치를 지방적 범위 안에서 실현함으로써 지방 시정(施政)에 직접적인 관심과 이해관계가 있는

지방주민으로 하여금 스스로 다스리게 한다면 자연히 민주주의가 육성·발전될 수 있다는 소위 **'풀뿌리민주주의'**(grass-roots democracy)를 그 이념적 배경으로 한다(헌재 1991.3.11. 91헌마21, 구 지방의회의원선거법 제36조 제1항에 대한 헌법소원(헌법불합치,각하)).

(ii) 헌법상 지방자치이념을 구현하기 위하여 지방자치법은 "지방자치단체의 종류와 조직 및 운영에 관한 사항을 정하고, 국가와 지방자치단체 사이의 기본적인 관계를 정함으로써 지방자치행정을 민주적이고 능률적으로 수행하고, 지방을 균형있게 발전시키며, 대한민국을 민주적으로 발전시키려는 것을 목적"(제1조)으로 제정되어 지방자치의 민주성과 능률성을 강조한다.[1]

Ⅱ. 지방자치선거법제

(제1편 제4장 제3절 제2관 제3항 민주적 선거제도 참조)

Ⅲ. 헌법과 지방자치

1. 한국헌법사에서 지방자치

(i) 제헌헌법 이래 지방자치에 관한 규정을 마련한다. 그러나 제1공화국과 제2공화국에서의 짧은 기간을 제외하고는 지방자치가 실시되지 못하였다.

(ii) 현행헌법상 "지방자치단체는 주민의 복리에 관한 사무를 처리하고 재산을 관리하며, 법령의 범위 안에서 자치에 관한 규정을 제정할 수 있다"(제117조 제1항). "지방자치단체의 종류는 법률로 정한다"(동조 제2항). "지방자치단체에 의회를 둔다"(제118조 제1항). "지방의회의 조직·권한·의원선거와 지방자치단체의 장의 선임방법 기타 지방자치단체의 조직과 운영에 관한 사항은 법률로 정한다"(동조 제2항).

---

1) 홍정선, 지방자치법학, 법영사; 김철용 편, 주석지방자치법, 한국사법행정학회; 성낙인, "지방분권 헌법개정의 방향", 세계헌법연구 31-2; 성낙인, "프랑스의 지방분권 헌법개정", 공법연구 54-1; 김효진, 지방자치제도상 주민참가의 활성화를 위한 정보공개에 관한 연구: 일본의 이론과 실제를 중심으로, 대구대 박사학위논문, 1977.2; 백윤철, 프랑스 지방분권에 관한 연구, 서울대 박사학위논문, 1998; 박대헌, 중국 일반지방자치제도에 관한 헌법학적 연구, 서울대 박사학위논문, 2017.2; 허전 외, 지방자치의 법과 과제, 법문사; 도회근, "지방자치제도에 관한 헌법개정방향", 공법연구 44-3; 정연주, "현행 지방자치제도의 문제점과 개선방안", 헌법학연구 26-3; 손상식, "지방선거 입후보를 위한 60일 이상 주민등록 요건에 대한 비판적 검토", 공법연구 49-1; 강일신, "지방자치와 사법심사", 세계헌법연구 27-2; 정주백, "지방자치법 제28조 제1항 단서 위헌 논증; 전종익, "1962년 헌법 제111조의 형성과 의미", 헌법학연구 29-1; 김수연, "중앙지방협력회의의 통치구조상 의미와 한계", 공법학연구 24-4; 최성한, "지방자치법상 권한배분원칙의 체계적 해석 기준", 공법학연구 25-1.

1991년에 광역 및 기초자치단체의 의회의원선거가 실시되었다. 그러나 자치단체의 장 선거는 대통령의 일방적인 발표로 법정기간 내 선거일을 공고하지 아니함으로써 그 선거의 실시가 연기되었다. 이후 1994년에 '공직선거및선거부정방지법'이 제정되어 1995년에 역사상 처음으로 4개 지방선거를 동시에 실시하였다.

헌법재판소는 1992년에 제기된 지방자치단체의 장 선거연기에 관한 헌법소원사건의 판단을 미루어 오다가, 법률의 개정에 따라 권리보호이익이 없다는 이유로 각하결정을 내렸다(헌재 1994.8.31. 92헌마184, 지방자치단체의 장 선거일 불공고 위헌확인(각하)). 그러나 헌법재판소는 ① 사건의 심리를 지나치게 연기함으로써 국민의 권리보호의 적실성을 상실하게 하였고, ② 헌법상 보호되는 기본권의 범위를 지나치게 좁게 파악하였으며, ③ 결과적으로 헌법소원의 청구가능성의 길을 좁혀 놓았다는 비난을 면하기 어렵다.

2. 헌법상 지방자치의 본질

(1) 지방자치의 유형: 주민자치(住民自治)와 단체자치(團體自治)

(i) 연혁적으로 지방자치의 유형은 주민자치와 단체자치로 구분된다.[1] 주민자치란 정치와 행정이 그 지방주민의 의사에 따라 행하여지는 지방자치를 말한다. 주민자치는 지방주민으로 구성된 명예직 공무원이 공공업무를 수행한다는 점에서 정치적 의미의 지방자치라고도 한다. 반면에 단체자치란 국가 안에서 일정한 지역을 기초로 독립된 법인격과 자율권을 가진 단체에 의하여 행하여지는 지방자치를 말한다. 단체자치는 법적 능력이 있는 지방자치단체에 의하여 공공업무를 수행한다는 점에서 법률적 의미의 지방자치라고도 한다.

(ii) 또한 지방자치는 직접민주제를 기초로 하는 주민총회형과 대표(간접)민주제를 기초로 하는 의원내각제형과 수장제형이 있다. ① 주민총회형은 지역주민

1) 주민자치와 단체자치의 특징은 다음과 같이 설명된다. 홍정선, 지방자치법학, 13면 참조.

사 항	주민자치	단체자치
기원	영국, 미국	독일, 프랑스
기본원리	민주주의의 자기통치	지방분권
자치권의 성질	자연권으로서의 주민의 권리 (고유권)	실정권으로서의 단체의 권리 (전래권)
자치기관의 성격	국가의 지방행정청	독립기관으로서의 자치기관
자치의 중점	주민의 참여	국가로부터 독립
지방정부 형태	기관통합(단일)주의 의결기관인 동시에 집행기관	기관대립주의 집행기관과 의결기관의 분리
국가의 감독형식	입법적·사법적 감독중심	행정적 감독중심
법적 권한부여	개별적 수권주의	포괄적 수권주의
지방세제도	독립세주의	부가세주의

이 지방의회를 구성하면서 동시에 집행의 책임을 진다(스위스). ② 의원내각제형은 지방의회의 의원만 주민이 직접선출하고 자치단체의 장은 지방의회에서 선출한다. ③ 수장제형(대통령제형)은 지방의회의원은 물론 지방자치단체의 장까지 주민이 직접 선출한다.

(iii) 주민자치와 단체자치는 각 국가의 특수한 법적·역사적 환경 속에서 형성되었기 때문에 어느 하나만을 지방자치의 본질적 징표로 삼을 수는 없다. 그리고 주민사치의 민수수의원리와 단체자치의 지방분권원리를 대립적으로 이해하여도 아니 된다. 헌법 제118조에서는 지방의회의원선거를 명시함으로써 대표기관의 구성에 지역주민의 의사가 직접 반영되게 함으로써 민주적 정당성을 부여한다. 또한 헌법 제117조 제1항에서는 지방자치단체의 존립을 보장하고 "주민의 복리에 관한 사무와 주민의 재산을 관리하도록" 함으로써 자치권을 보장한다. 이는 중앙과 지방 사이에 권한배분의 원리에 입각한 권력분립의 한 유형이며, 동시에 권한이 있는 곳에 책임도 따른다는 점을 분명히 한다.

(2) 지방자치의 제도보장

(i) 지방자치단체가 가지는 자치권의 본질에 관하여는, 국가성립 이전부터 지역주민이 보유한 고유권능이라는 (자치)고유권설과 국가가 승인하는 한도 안에서만 행사할 수 있는 위임된 권능이라는 (자치)전래권설이 대립되어왔다. 하지만, 지방자치는 헌법과 법률 아래에서 행하여질 수밖에 없으므로 자치전래권설(自治傳來權說)에 입각할 수밖에 없다(통설).

(ii) 한국헌법에서 지방자치에 관한 기본적인 보장(제도보장)은 헌법 제117조 제1항에 규정되어 있으므로 지방자치단체의 자치권이 입법에 의하여 본질적 내용의 변질이 초래되어서는 아니 된다. 지방자치에 대한 법적 제한이 지방자치단체가 정상적인 활동을 할 수 없을 정도이거나 지방자치를 단순한 외견상의 존재로 만들 때에는 본질적 내용의 침해로 보아야 한다(오동석, "지방자치의 제도적 보장론 비판", 공법연구 29-1).

(iii) 헌법상 지방자치의 구체적 내용은 헌법 제117조 제1항 후단, 제117조 제2항, 제118조 제2항에 의하여 법률에 유보되어 있다. 따라서 입법자는 그의 재량에 따라 지방자치단체의 조직과 활동을 규율함으로써 지방자치제도를 구체화할 수 있고, 또한 지방자치단체의 자치권을 제한할 수도 있다. 그러나 헌법상 지방자치의 제도적 보장에 의하여 입법권도 자치권의 본질적 내용을 침해할 수 없으므로, 그것은 동시에 국가입법권에 대한 제약의 원리이기도 하다.

헌법재판소는 지방자치제도의 본질적 내용으로서 ① 자치단체의 보장, ② 자치기능의 보장, ③ 자치사무의 보장을 들고 있다(헌재 2001.6.28. 2000헌마735, 입법부작위 위헌확인(각하)).

전통적으로 지방자치는 주민의 의사에 따라 지방행정을 처리하는 '주민자치'와 지방분권주의를 기초로 하여 국가 내의 일정한 지역을 토대로 독립된 단체의 존재를 전제로 하여 그 단체의 의회와 기관이 그 사무를 처리하는 '단체자치'를 포함하고, 이러한 지방자치는 국민의 기본권이 아닌 헌법상의 제도적 보장으로 이해된다. 이러한 지방자치는 민주주의의 요체이고, 현대의 복합사회가 요구하는 정치적 다원주의를 실현하기 위한 제도적 장치로서 지방의 공동 관심사를 자율적으로 처결함과 동시에 주민의 자치역량을 배양하여 국민주권주의와 자유민주주의의 이념구현에 이바지함을 목적으로 하는 제도이며, 이러한 지방자치제의 헌법적 보장은 국민주권의 기본원리에서 출발하여 주권의 지역적 주체인 주민에 의한 자기통치의 실현으로 요약될 수 있고, 이러한 지방자치의 본질적이고 핵심적인 내용은 입법 기타 중앙정부의 침해로부터 보호되어야 하는 헌법상의 요청이기도 하다(헌재 2009.3.26. 2007헌마843, 주민소환에 관한 법률 제1조 등 위헌확인(기각)).

지방자치단체의 존재 자체를 부인하거나 각종 권한을 말살하는 행태와 같이 그 본질적 내용을 침해하지 않는 한 법률에 의한 통제는 가능한 것인바, 지방자치단체는 공장총량제를 초과하는 경우의 허가권 행사가 제한될 뿐 그 밖에는 여전히 주민의 복리에 관한 사무를 처리할 수 있으므로, 지방자치의 본질적 내용을 침해하여 지방자치에 관한 헌법 제117조 제1항에 위반된다고 할 수 없다(헌재 2001.11.29. 2000헌바78, 수도권정비계획법 제18조 위헌소원(합헌)).

Ⅳ. 지방자치법제

헌법상 제도보장으로서의 지방자치제는 헌법 제117조와 제118조에서 규정한다.

1. 지방자치단체

(1) 지방자치단체의 개념과 법적 성격

지방자치단체라 함은 국가 안의 일정한 지역을 기초로 하고 그 지역의 주민을 구성원으로 하여 국가로부터 부여된 지방행정을 담당하는 단체를 말한다.

(ⅰ) 인적 구성요소는 주민이다.

(ⅱ) 공간적 요소는 지역이다. 즉 일정한 지역을 기초로 한 지역단체이다. 그러나 국가주권에 종속된다. 지방자치단체는 독립된 법인격을 가진 법인이다. 일정한 지역에 대한 지배권을 가진다는 점에서 다른 공법인과 구별된다. 지방자치단체의 관할구역에 관한 다툼이 있는 경우, 그 경계를 결정함에 있어서 헌법재판소는 명시적인 법령의 규정이 있는 경우 그에 따르고, 명시적인 법령이 없는 경우에는 경계에 관한 불문법을 따라야 하며, 불문법도 존재하지 아니하면 형평의 원

칙에 입각하여 합리적이고 공평하게 관할구역의 경계를 획정하여야 한다는 기준을 제시하고 있다(헌재 2015.7.30. 2010헌라2, 홍성군과 태안군 등 간의 권한쟁의(각하,무효확인,기각)).

국가가 영토고권을 가지는 것과 마찬가지로, 지방자치단체에게 자신의 관할구역 내에 속하는 영토, 영해, 영공을 자유로이 관리하고 관할구역 내의 사람과 물건을 독점적, 배타적으로 지배할 수 있는 권리가 부여되어 있다고 할 수는 없다. 지방자치단체의 영토고권은 우리나라 헌법과 법률상 인정되지 아니한다(헌재 2006.3.30. 2003헌라2, 아산시와 건설교통부장관간의 권한쟁의(각하)).

"지방지치단체의 구역은 주민·자치권과 함께 자치단체의 구성요소이며, 자치권이 미치는 관할구역의 범위에는 육지는 물론 바다도 포함되므로, 공유수면에 대한 지방자치단체의 자치권한이 존재한다"(헌재 2004.9.23. 2000헌라2, 당진군과 평택시간의 권한쟁의(인용(권한확인),각하)).

(iii) 권능적 요소는 자치권이다. 자치입법권·자치조직권·자치행정권·자치재정권을 가진다.

(iv) 기능적 요소는 고유사무의 수행이다. 즉 어느 정도 독립하여 지방사무를 수행한다. 지방자치단체가 수행하는 사무에는 자치사무·단체위임사무·기관위임사무가 있다. 이 중에서 자치사무가 고유사무이고, 단체위임사무는 법률에 의한 지방자치단체의 사무이며, 기관위임사무는 국가 또는 상위지방자치단체의 하위기관으로서의 지방자치단체의 장의 사무이다.

지방선거사무는 지방자치단체의 존립을 위한 자치사무에 해당한다(헌재 2008.6.26. 2005헌라7, 강남구 등과 국회 등 간의 권한쟁의(기각,각하)).

법령상 지방자치단체의 장이 처리하도록 하고 있는 사무가 자치사무인지, 기관위임사무에 해당하는지 여부를 판단하면서는 그에 관한 법령의 규정 형식과 취지를 우선 고려하여야 할 것이지만, 그 외에도 그 사무의 성질이 전국적으로 통일적인 처리가 요구되는 사무인지 여부나 그에 관한 경비부담과 최종적인 책임귀속의 주체 등도 아울러 고려하여 판단하여야 한다(대판 2010.10.14. 2008다92268).

(2) 지방자치단체의 명칭과 구역

(i) "지방자치단체의 명칭과 구역은 종전과 같이 하고, 명칭과 구역을 바꾸거나 지방자치단체를 폐지하거나 설치하거나 나누거나 합칠 때에는 법률로 정한다"(지방자치법 제5조 제1항). 제1항에 따라 지방자치단체를 폐지하거나 설치하거나 나누거나 합칠 때, 그 명칭이나 구역을 변경할 때에는 "관계 지방의회의 의견을 들어야 한다. 다만, '주민투표법' 제8조에 따라 주민투표를 한 경우에는 그러하지 아니하다"(제3항).

(ii) "자치구가 아닌 구와 읍·면·동의 명칭과 구역은 종전과 같이 하고, 자치구가 아닌 구와 읍·면·동을 폐지하거나 설치하거나 나누거나 합칠 때에는 행정안전부장관의 승인을 받아 그 지방자치단체의 조례로 정한다. 다만, 명칭과 구역의 변

경은 그 지방자치단체의 조례로 정하고, 그 결과를 특별시장·광역시장·도지사에게 보고하여야 한다"(제7조 제1항).

① 일정 지역 내의 지방자치단체인 시·군을 모두 폐지하여 지방자치단체의 중층구조의 단층화는 헌법상 지방자치제도의 보장에 위반되지 아니한다. ② 제주도의 지방자치단체인 시·군을 모두 폐지하는 '제주도 행정체제 등에 관한 특별법' 제3조 및 '제주특별자치도 설치 및 국제자유도시 조성을 위한 특별법' 제15조 제1항·제2항은 제주도민들의 선거권 및 피선거권의 참정권을 침해하지 아니한다. ③ 제주도의 지방자치단체인 시·군을 폐지하는 입법을 위해 제주도 전체에 대한 주민투표 실시가 폐지되는 지방자치단체의 주민들의 청문권을 침해하지 아니한다(헌재 2006.4.27. 2005헌마1190, 제주특별자치도의 설치 및 국제자유도시조성을 위한 특별법안 제15조 제1항 등 위헌확인(기각)).

2. 지방자치단체의 종류

"지방자치단체의 종류는 법률로 정한다"(헌법 제117조 제2항). 지방자치법에서 규정하는 특별시·광역시·특별자치시·도·특별자치도, 시·군·자치구가 일반지방자치단체이다(지방자치법 제2조 제1항). "제1항의 지방자치단체 외에 특정한 목적을 수행하기 위하여 필요하면 따로 특별지방자치단체를 설치할 수 있다. 이 경우 특별지방자치단체의 설치 등에 관하여는 제12장에서 정하는 바에 따른다"(제2조 제3항). 한편, 지방자치단체는 아니지만 인구 50만 이상 대도시 또는 인구 100만 이상인 대도시에 대하여 그 특성을 고려하여 관계 법률에서 정하는 바에 따라 특례를 둘 수 있도록 하며 특히 인구 100만 이상인 대도시의 경우 각종 사무특례 등을 마련하기 위하여 특례시 제도를 도입하고 있다(지방자치분권 및 지역균형발전에 관한 특별법 제58조).

'제주특별자치도 설치 및 국제자유도시 조성을 위한 특별법'(구 제주도 행정체제 등에 관한 특별법), '강원특별자치도 설치 등에 관한 특별법', '전북특별자치도 설치 등에 관한 특별법', '세종특별자치시 설치 등에 관한 특별법'의 제정으로 특별자치도와 특별자치시가 신설되었다.

특별시·광역시 및 특별자치시가 아닌 인구 50만 이상의 시에는 자치구가 아닌 구를 둘 수 있고 '자치구가 아닌 구의 구청장은 시장이 임명한다' 부분이 행정구 주민의 평등권을 침해하지 아니한다(헌재 2019.8.29. 2018헌마129, 지방자치법 제3조 제3항 등 위헌확인(기각,각하)).

3. 지방자치단체의 기관과 권한

(1) 지방자치단체의 기관

지방자치단체의 의결기관은 지방의회, 집행기관은 지방자치단체의 장이다.

A. 지방의회 – 의결기관(議決機關)

(a) 구 성 (i) 지방자치단체의 의결기관인 지방의회의 조직은 법률로

정한다(헌법 제118조 제2항). 지방자치법상 지방의회는 지방의회의원으로 구성되는데, 지방의회의원의 선거는 법률로 정한다(헌법 제118조 제2항, 지자법 제36조). "지방의회의원은 주민이 보통·평등·직접·비밀선거로 선출한다"(지자법 제38조).

민주주의의 본질은 국가권력의 형성 및 그 행사에 있어서 그 근거를 국민적 합의에 두고 있으므로 지방자치가 진실로 민주정치의 발전에 기여할 수 있기 위하여는 무엇보다도 지방의회의 구성이 해당 지역주민 각계각층의 의견이 민주적이고 합리적으로 수렴된 유루(遺漏) 없는 합의에 의하여 이루어질 수 있도록 제도화되어야 한다(헌재 1991.3.11. 91헌마21, 구 지방의회의원선거법 제36조 제1항에 대한 헌법소원(헌법불합치, 잠정적용, 각하)).

지방의회의 의장은 지방자치법 제43조, 제44조의 규정에 의하여 의회를 대표하고 의사를 정리(整理)하며, 회의장 내의 질서를 유지하고 의회의 사무를 감독할 뿐만 아니라 위원회에 출석하여 발언할 수 있는 등의 직무권한을 가지므로, 지방의회의 의사를 결정 공표하여 그 당선자에게 이와 같은 의장으로서의 직무권한을 부여하는 지방의회의 의장 선거는 행정처분의 일종으로서 항고소송의 대상이 된다(대판 1995.1.12. 94누2602).

세종특별자치시의회를 신설하면서 지방의회의원선거를 실시하지 아니하고 연기군의 회의원 등에게 세종특별자치시의회의원의 자격을 취득하도록 하는 부칙조항은 주민의 선거권 및 공무담임권을 침해하지 아니한다(헌재 2013.2.28. 2012헌마131, 구 세종특별자치시 설치 등에 관한 특별법 부칙 제3조 제1항 등 위헌확인(기각)).

(ii) 임기 4년의 지방의회의원은 명예직에서 사실상 유급직으로 전환되었다.

① 1. 의정(議政) 자료를 수집하고 연구하거나 이를 위한 보조 활동에 사용되는 비용을 보전(補塡)하기 위하여 매월 지급하는 의정활동비, 2. 지방의회의원의 직무활동에 대하여 지급하는 월정수당, 3. 본회의 의결, 위원회 의결 또는 지방의회의 의장의 명에 따라 공무로 여행할 때 지급하는 여비. ② 제1항 각 호에 규정된 비용은 대통령령으로 정하는 기준을 고려하여 해당 지방자치단체의 의정비심의위원회에서 결정하는 금액 이내에서 지방자치단체의 조례로 정한다(지자법 제40조).

폭넓은 겸직금지도 법률로 규정되어 있다(제43조).

상근직인 농지개량조합장을 제외한 나머지 비상근직인 농수산·축산업협동조합, 인삼협동조합의 조합장에 대한 겸직금지규정은 헌법상 평등권과 공무담임권을 침해하는 위헌규정이다(헌재 1991.3.11. 90헌마28(위헌, 기각)); 지방공사직원의 지방의회의원 겸직금지는 위헌이지만 지방공사임원의 입후보금지는 합헌이다(헌재 2004.12.16. 2002헌마333등, 지방자치법 제33조 제1항 제5호 위헌확인(기각)).

지방의회 위원회 위원장은 위원회의 방청신청에 대하여 구체적 사정을 고려하여 허가 여부를 결정할 수 있다(헌재 2017.7.27. 2016헌마53, 방청불허처분취소(각하)).

(iii) "지방의회는 매년 2회 정례회를 개최한다"(제53조 제1항). "연간 회의 총일수와 정례회 및 임시회의 회기는 해당 지방자치단체의 조례로 정한다"(제56조 제2항).

(iv) "지방의회에 교섭단체를 둘 수 있다. 이 경우 조례로 정하는 수 이상의 소

속의원을 가진 정당은 하나의 교섭단체가 된다." "제1항 후단에도 불구하고 다른 교섭단체에 속하지 아니하는 의원 중 조례로 정하는 수 이상의 의원은 따로 교섭단체를 구성할 수 있다"(제63조의2).

(b) 권 한 (i) 지방의회는 ① 조례의 제정·개정 및 폐지, 예산의 심의·확정, 결산의 승인 등에 관한 사항을 의결한다(제47조). ② 행정사무처리상황을 보고받을 권한과 질문권을 가진다(제51조). ③ 내부운영에 관하여 자율적인 규칙제정권 등을 가진다(제52조).

(ii) 특히 집행기관통제권으로 지방자치단체의 사무를 감사하거나 특정 사안에 대하여 지방의회의 의결로써 행할 수 있는 행정사무감사·조사권을 가진다(제49조). 이는 국회의 국정감사·자체감사·감사원감사와 중복되지 아니하여야 한다.

"지방의회는 매년 1회 그 지방자치단체의 사무에 대하여 시·도에서는 14일의 범위에서, 시·군 및 자치구에서는 9일의 범위에서 감사를 실시하고, 지방자치단체의 사무 중 특정 사안에 관하여 본회의 의결로 본회의나 위원회에서 조사하게 할 수 있다"(제49조 제1항). "지방자치단체 및 그 장이 위임받아 처리하는 국가사무와 시·도의 사무에 대하여 국회와 시·도의회가 직접 감사하기로 한 사무 외에는 그 감사를 각각 해당 시·도의회와 시·군 및 자치구의회가 할 수 있다"(제49조 제3항).

(iii) 지방자치단체의 장의 지방의회 사무직원 임명권은 헌법재판소의 합헌결정(헌재 2014.1.28. 2012헌바216, 지방자치법 제91조 제2항 위헌소원(합헌)) 이후 지방의회 의장으로 변경되었다. "지방의회의 의장은 지방의회 사무직원을 지휘·감독하고 법령과 조례·의회규칙으로 정하는 바에 따라 그 임면·교육·훈련·복무·징계 등에 관한 사항을 처리한다"(제103조 제2항).

(iv) 지방자치단체의 장이 지방공사 사장과 지방공단의 이사장, 지방자치단체 출자·출연 기관의 기관장 등의 직위 중 조례로 정하는 직위의 후보자에 대하여 지방의회에 인사청문을 요청할 수 있고, 이 경우 지방의회의 의장은 인사청문회를 실시한 후 그 경과를 지방자치단체의 장에게 송부하여야 한다(제47조의2).

(c) 의회집행부의 불신임과 의원의 징계 "의장이나 부의장이 법령을 위반하거나 정당한 사유 없이 직무를 수행하지 아니하면 지방의회는 불신임을 의결할 수 있다." "불신임의결은 재적의원 4분의 1 이상의 발의와 재적의원 과반수의 찬성으로 행한다." "불신임결의가 있으면 의장이나 부의장은 그 직에서 해임된다"(제62조). 불신임제도는 의장단의 직무태만·위법행위 및 권한남용 방지를 위하여 도입된 제도이지만, 의회의 안정적인 기능 유지를 위하여 그 요건은 엄격하게 해석하여야 한다. "지방의회는 지방의회의원이 이 법이나 자치법규에 위배되는 행

위를 하면 윤리특별위원회의 심사를 거쳐 의결로써 징계할 수 있다"(제98조). 지방의회의 불신임의결과 징계의결에 대하여는 국회의원의 제명처분과 달리 법원에 제소하여 그 위법·부당성을 다툴 수 있다.

B. 단체의 장 – 집행기관(執行機關)

(a) 구 성 (i) 헌법은 지방자치단체의 장의 선임방법을 법률로 정하도록 하고(제118조 제2항), 지방자치법은 이를 보통·평등·직접·비밀선거로 선출하도록 하고(제107조), '지방자치단체의 장의 직 인수위원회'를 규정한다(제6장 제1절 제1관). 장의 임기는 4년으로 하고 계속 재임은 3기에 한한다(제108조).

"지방자치단체 장의 계속 재임을 3기로 제한한 규정의 입법취지는 장기집권으로 인한 지역발전저해 방지와 유능한 인사의 자치단체 장 진출확대로 대별할 수 있는바, 그 목적의 정당성, 방법의 적절성, 피해의 최소성, 법익의 균형성이 충족되므로 헌법에 위반되지 아니한다"(헌재 2006.2.23. 2005헌마403, 지방자치법 제87조 제1항 위헌확인(기각)).

헌법에서 지방자치제를 제도적으로 보장하고 있고, 지방자치는 지방자치단체가 독자적인 자치기구를 설치하여 그 자치단체의 고유사무를 국가기관의 간섭 없이 스스로의 책임 아래 처리하는 것을 의미한다는 점에서 지방자치단체의 대표인 단체장은 지방의회의원과 마찬가지로 주민의 자발적 지지에 기초를 둔 선거를 통하여 선출되어야 한다는 것은 지방자치제도의 본질에서 당연히 도출되는 원리이다(헌재 2016.10.27. 2014헌마797, 공직선거법 제191조 제3항 등 위헌확인(기각)).

선거에 의하여 취임하는 지방자치단체의 장의 선거운동 금지, 지방자치단체의 장의 업무전념성, 지방자치단체의 장과 해당 지방자치단체 소속 공무원의 정치적 중립성, 선거의 공정성을 확보하기 위한 입법목적이 정당하다. '국민 전체에 대한 봉사자'라는 신분과 지위의 특수성에 비추어 공무원에 대해서는 일반 국민보다 강화된 기본권 제한이 가능하다(헌재 2020.3.26. 2018헌바90, 구 공직선거법 제60조 제1항 제4호 등 위헌소원(합헌)).

(ii) 한편 구 지방자치법은 지방자치단체의 장이 금고 이상의 형의 선고를 받은 경우 부단체장으로 하여금 그 권한을 대행하도록 규정한 바 있는데(제111조 제1항 제3호). 이에 대하여 헌법재판소는 종전의 합헌 판례(헌재 2005.5.26. 2002헌마699등, 지방자치법 제101조의 2 제1항 제3호 위헌확인(소극))를 변경하여 무죄추정의 원칙에 위배되고 과잉금지원칙을 위반하여 지방자치단체의 장의 공무담임권을 침해하므로 위헌이라고 판시한다(헌재 2010.9.2. 2010헌마418, 지방자치법 제111조 제1항 제3호 위헌확인(헌법불합치,적용중지)).

'금고 이상의 형이 선고되었다'는 사실 자체에 주민의 신뢰가 훼손되고 자치단체장으로서 직무의 전념성이 해쳐질 것이라는 부정적 의미를 부여한 후, 그러한 판결이 선고되었다는 사실만을 유일한 요건으로 하여, 형이 확정될 때까지의 불확정한 기간 동안 자치단체장으로서의 직무를 정지시키는 불이익을 가하고 있으며, 그와 같이 불이익을 가함에 있어 필요최소한에 그치도록 엄격한 요건을 설정하지도 아니하였으므로, 무죄추정의 원칙에 위배된다. 금고 이상의 형을 선고받은 자치단체장을 다른 추가적 요건 없이 직무에서 배제하는 것이 위 입법목적을 달성하기 위한 최선의 방안이라고 단정하기는 어렵고, 특히 금고 이상의 형의 선고를 받은 이후 선거에 의하여 자치단체장으로 선출된 경우에는 '자치단체행정에 대한 주민의 신뢰유지'라는 입법목적은 자치단체장의 공무담임권을 제한할 적정한 논거가 되기 어렵다. 이 사건 법률조항은 필요최소한의 범위를 넘어선 기본권제한에 해당할 뿐 아니라, 이로 인하여 해당 자치단체장은 불확정한 기간 동안 직무를 정지당함은 물론 주민들에게 유죄가 확정된 범죄자라는 선입견까지 주게 되고, 더욱이 장차 무죄판결을 선고받게 되면 이미 침해된 공무담임권은 회복될 수도 없는 등의 심대한 불이익을 입게 되므로, 법익균형성 요건 또한 갖추지 못하였다. 선거직 공무원으로서 선거과정이나 그 직무수행의 과정에서 요구되는 공직의 윤리성이나 신뢰성 측면에서는 국회의원의 경우도 자치단체장의 경우와 본질적으로 동일한 지위에 있다고 할 수 있는데, 국회의원에게는 금고 이상의 형을 선고받은 후 그 형이 확정되기도 전에 직무를 정지시키는 제도가 없으므로, 자치단체장의 평등권을 침해한다.

(b) 권 한 지방자치단체장은 해당 지방자치단체를 대표하고 그 사무를 총괄하며(제114조), 소속직원을 지휘·감독한다(제118조). 그러나 지방자치단체장이 국가사무를 처리하는 경우에는 국가의 지방행정기관의 지위에 서게 된다.

(c) 보좌기관 특별시에는 3인 이하의 부시장, 그 밖의 광역자치단체에는 2인(인구 800만 이상의 광역시 및 도는 3인) 이하의 부시장·부지사, 시·군·자치구에는 부시장·부군수·부구청장을 둔다. 다만, 특별시와 광역시가 아닌 인구 100만 이상 특례시의 부시장은 2명으로 한다(지방자치분권 및 지방행정체제 개편에 관한 특별법 제42조). 그 임명은 시·도지사의 제청으로 행정안전부장관을 거쳐 대통령이 임명한다. 기초자치단체의 부단체장은 일반직 공무원으로 보하며 해당 자치단체장이 임명한다(제123조).

C. 지방교육자치(地方敎育自治)

(i) 지방교육자치의 기본원리로는 ① 주민참여의 원리, ② 지방분권의 원리, ③ 일반행정으로부터의 독립, ④ 전문직 관리의 원칙 등이 있다(헌재 2003.3.28. 2000헌마283등, 지방교육자치에관한 법률 제62조 제1항 위헌확인(기각)).

(ii) '지방교육자치에 관한 법률'은 "시·도의 교육·학예에 관한 사무의 집행기관으로서 교육감을 둔다"(제18조)라고 규정한다.

(iii) "교육감은 주민의 보통·평등·직접·비밀선거에 따라 선출한다"(제43조). "정당은 교육감선거에 후보자를 추천할 수 없다"(제46조). 하지만, 교육감직선제는 많은 문제점을 야기한다. 이에 지방교육자치의 본질을 흩트리지 아니하는 범위에서 광역자치단체장과 교육감의 정책연대를 통한 단일화를 함으로써 지방교육자치의 활성화와 지방자치선거의 단순화를 위하여 심각하게 고려할 필요가

있다.[1]

교육감선거운동과정에서 후보자의 과거 당원경력 표시를 금지시키는 '지방교육자치에 관한 법률' 관련 규정은 표현내용에 관한 규제로서 중대한 공익 실현을 위하여 불가피한 경우에 엄격한 요건에 따라 허용된다. 다만, 이 규정은 교육감선거후보자의 정치적 표현의 자유를 침해하지 아니한다(헌재 2011.12.29. 2010헌마285, 지방교육자치에 관한 법률 제46조 제3항 위헌확인(기각)).

(iv) "공직선거법 제53조제1항 각 호의 어느 하나에 해당하는 사람 중 후보자가 되려는 사람은 선거일 전 90일까지 그 직을 그만두어야 한다. 다만, 교육감선거에서 해당 지방자치단체의 교육감이 그 직을 가지고 입후보하는 경우에는 그러하지 아니하다"(제47조). 교육감선거에 관하여 '지방교육자치에 관한 법률'에서 규정한 사항을 제외하고는 공직선거법 관련조항 가운데 시·도지사 및 시·도지사선거에 관한 규정을 준용한다(제49조). 한편 주민은 교육감을 소환할 권리를 가진다. 교육감의 주민소환에 관하여는 '지방교육자치에 관한 법률'에서 규정한 사항을 제외하고는 "그 성질에 반하지 아니하는 범위에서 '주민소환에 관한 법률'의 시·도지사에 관한 규정을 준용한다"(제24조의2 제3항).

구 지방교육위원선거에서 다수득표자 중 교육경력자가 선출인원의 2분의 1 미만인 경우에는 득표율에 관계 없이 경력자 중 다수득표자 순으로 선출인원의 2분의 1까지 우선 당선시키는 규정은 합헌이다(합헌4:위헌5)(헌재 2003.3.27. 2002헌마573, 지방교육자치에관한법률 제60조 등 위헌확인(기각)).

(2) 지방자치단체의 권한

지방자치단체는 "주민의 복리에 관한 사무를 처리하고, 재산을 관리하며, 법령의 범위안에서 자치에 관한 규정을 제정할 수 있다"(헌법 제117조 제1항, 지방자치법 제1장 제3절 참조).

A. 고유사무처리권: 주민복리에 관한 사무처리권

지방자치단체는 주민의 복리를 위하여 지방행정권을 가진다. 주민복리에 관한 사무를 고유사무라고 한다. 이는 지방자치단체가 지방의 이익을 증진하기 위하여 자기목적으로 행하는 사무이다. 지방자치단체는 그 사무를 처리함에 있어서 주민의 편의 및 복리증진을 위하여 노력하여야 하며(제12조 제1항), 법령이나 상급지방자치단체의 조례에 위반하여 그 사무를 처리할 수 없다(제12조 제3항).

B. 재산관리권

지방자치단체는 재산관리권과 지방재정에 관한 권한을 가진다. 지방자치단체

1) 성낙인, "선거제도와 선거운동", 헌법학논집; 류시조, "지방분권법상의 지방자치와 지방교육자치 통합의 문제에 관한 소고-교육감을 매개로 한 지방자치와 교육자치 연계·통합 논의를 중심으로", 공법학연구 18-1; 양태건, "지방교육자치발전을 위한 교육감선출제도의 발전적 모색", 헌법학연구 29-4.

는 기본재산을 유지하고 적립금의 설치 · 관리 및 처분을 할 수 있으며, 조세를 부과하고 사용료 · 분담금 · 수수료 등을 징수할 수 있고, 공공기관의 설치 · 관리 및 처분을 할 수 있다. 지방재정을 보조하고 재정기반을 확충하기 위한 법률로 지방교부세법 등이 있다.

C. 자치입법권: 조례(條例)와 규칙(規則)

(a) 의 의 (ⅰ) "지방자치단체는 … 법령의 범위안에서 자치에 관한 규정을 제정할 수 있다"(헌법 제117조 제1항). 자치입법권은 지방자치단체가 법령의 범위에서 그 사무에 관하여 조례를 제정하는 권한과, 지방자치단체의 장이 법령 또는 조례의 범위에서 그 권한에 속하는 사무에 관하여 규칙을 제정하는 권한을 말한다(제3장). 또한 교육감은 교육규칙제정권을 가진다(지방교육자치에 관한 법률 제25조).

(ⅱ) 광의의 지방자치단체의 자치입법권은 자주법 혹은 자치법이라고 불리는 바, 그 명칭은 조례라고 총칭한다(실질적 의미의 조례). 그러나 협의의 조례는 국가기관이 제정하는 법령과는 달리 국가로부터 독립된 법인격을 인정받은 행정주체인 지방자치단체가 법령의 범위에서 그 권한에 속하는 사무에 관하여 지방의회의 의결에 의하여 제정하는 법형식을 말한다(형식적 의미의 조례)(제28조).

(b) 조례제정권의 근거와 범위 (ⅰ) 헌법 제117조 제1항에 근거하여 지방자치단체는 자주입법권으로서 조례를 제정할 수 있다. 즉 헌법 제117조 1항의 "법령의 범위안에서" 지방자치단체에 조례제정권이 부여되어 있기 때문에 개개의 법률에 특별한 규정이 없더라도 조례를 제정할 수 있다. 그러나 주민의 권리 · 의무에 관한, 즉 법규를 내용으로 하는 조례의 경우, 법률의 근거가 필요한가에 대하여 학설의 대립이 있었다. ① 필요설에 의하면, 입법권은 국회에 속하기 때문에 국민의 자유와 권리를 제한할 경우에는 반드시 법률의 근거가 있어야 하므로, 조례로써 법규사항을 규율할 경우에는 개별적 법률의 수권(授權)이 있어야 한다. ② 반면에 불필요설에 의하면, 헌법의 규정은 국가의 입법권에 관한 규정이지 지방자치단체의 입법권에 관한 규정이 아니다. 대의민주주의원리에 따라 국민의 대표기관인 국회의 입법원칙으로서 국민의 자유와 권리는 법률에 의하지 아니하고는 제한될 수 없다. 하지만, 조례의 제정기관인 지방의회 또한 주민의 대표기관인 이상 대의제의 원리에 비추어 문제될 사안이 아니라고 본다.

(ⅱ) 생각건대 기본권의 제한은 법률로써만 가능하므로(제37조 제2항) 법규사항에 관한 조례는 개별적 법률의 위임이 있어야만 한다. 또한 헌법상 지방의회는 "법령의 범위안에서" 조례제정권을 가지므로 조례가 법령을 위배하여서는 아니 된다.

'1994년 관세 및 무역에 관한 일반협정'(General Agreement on Tariffs and Trade 1994, 'GATT')은 국회의 동의를 얻어 대통령의 비준을 거쳐 공포되고 시행된 조약인 '세계무역기구(WTO) 설립을 위한 마라케쉬협정'(Agreement Establishing the WTO)(조약 1265호)의 부속 협정(다자간 무역협정)이고, '정부조달에 관한 협정'(Agreement on Government Procurement('AGP')은 국회의 동의를 얻어 공포시행된 조약(조약 1363호, 복수국가간 무역협정)으로서 각 헌법 제6조 제1항에 의하여 국내법령과 동일한 효력을 가지므로 지방자치단체가 제정한 조례가 GATT나 AGP에 위반되는 경우에는 그 효력이 없다. 특정 지방자치단체의 초·중·고등학교에서 실시하는 학교급식을 위해 위 지방자치단체에서 생산되는 우수 농수축산물과 이를 재료로 사용하는 가공식품('우수농산물')을 우선적으로 사용하도록 하고 그 사용하는 자를 선별하여 식재료나 식재료 구입비의 일부를 지원하며 지원을 받은 학교는 지원금을 반드시 우수농산물을 구입하는 데 사용하도록 하는 것을 내용으로 하는 위 지방자치단체의 조례안이 내국민대우원칙을 규정한 GATT에 위반되어 그 효력이 없다(대판 2005.9.9. 2004추10, 전라북도학교급식조례재의결무효확인).

대통령령으로 지방의회 사무직원의 정원 등에 관하여 규정하는 것은 조례제정권의 자율성을 침해하지 아니한다(대판 1997.9.9. 96추169).

기타도로의 점용료에 관하여 대통령령의 범위 내에서 조례로 규정할 수 있도록 규정한 도로법 제43조 제2항은 헌법에 위반되지 아니한다(헌재 2007.12.27. 2004헌바98, 도로법 제43조제2항 위헌소원(합헌)).

(iii) 조례제정권은 "법령의 범위안에서"라는 헌법규정에 비추어 보건대 법령을 위배하지 아니하는 범위 안으로 엄격히 한정되어야 하겠지만, 지방의회는 주민의 민주적 정당성을 가지고 있으므로 그 위임은 법규명령과 같이 구체적으로 범위를 정하여 할 필요가 없으며 포괄적 위임으로 충분하다.

조례의 제정권자인 지방의회는 선거를 통해서 그 지역적인 민주적 정당성을 지니고 있는 주민의 대표기관이고 헌법이 지방자치단체에 포괄적인 자치권을 보장하고 있는 취지로 볼 때, 조례에 대한 법률의 위임은 법규명령에 대한 법률의 위임과 같이 반드시 구체적으로 범위를 정하여 할 필요가 없으며 포괄적인 것으로 족하다(헌재 1995.4.20. 92헌마264등, 부천시담배자동판매기설치금지조례 제4조 등 위헌확인(기각)).

(iv) 한편 헌법 제117조의 조례제정권에 벌칙(罰則)을 내용으로 하는 조례제정권을 포함할 것이냐에 관하여 견해가 대립한다: ① 부정설에 의하면 벌칙을 내용으로 하는 조례는 행정상 필요한 상태의 실현을 내용으로 하므로 벌칙제정권은 헌법상 조례제정권의 범위를 벗어난다. 따라서 조례의 벌칙제정권은 지방자치법 제28조 제1항 단서에 의하여 비로소 부여된 권능일 뿐이다. ② 긍정설에 의하면 지방자치단체가 조례에 벌칙규정을 설정하는 것은 조례의 실효성 확보를 위한 제도적 장치이다. 벌칙을 내용으로 하는 조례는 간접적으로 행정상 필요한 상태의 실현을 내용으로 한다. 따라서 벌칙을 규정한 조례도 헌법상 부여된 자주입

법권에 포함된다고 본다.

(v) 생각건대 지방자치단체의 조례에 의한 벌칙제정은 신중하게 작동되어야 한다. 그 남용은 자칫 국회입법권에 대한 중대한 위해를 초래할 수 있다. 그런데 지방자치법 제28조 제1항 단서에서 "다만, 주민의 권리 제한 또는 의무 부과에 관한 사항이나 벌칙을 정할 때에는 법률의 위임이 있어야 한다"라고 규정함으로써 조례에 의한 벌칙제정권을 간접적으로 인정한다.

(c) 조례의 내용과 한계 (i) 조례는 형식적으로는 헌법과 법령의 범위 안에서 제정되어야 하고, 실질적으로는 지방자치단체의 사무에 관한 사항이어야 한다. 지방자치법 제28조 제2항에서는 "법령에서 조례로 위임한 사항은 그 법령의 하위 명령에서 그 위임의 내용과 범위를 제한하거나 직접 규정할 수 없다"라고 규정한다.

"헌법 제117조 제1항에서 규정하고 있는 '법령'에 법률 이외에 헌법 제75조 및 제95조 등에 의거한 '대통령령', '총리령' 및 '부령'과 같은 법규명령이 포함되는 것은 물론이지만, 헌법재판소의 "법령의 직접적인 위임에 따라 수임행정기관이 그 법령을 시행하는데 필요한 구체적 사항을 정한 것이면, 그 제정형식은 비록 법규명령이 아닌 고시, 훈령, 예규 등과 같은 행정규칙이더라도, 그것이 상위법령의 위임한계를 벗어나지 아니하는 한, 상위법령과 결합하여 대외적인 구속력을 갖는 법규명령으로서 기능하게 된다고 보아야 한다"고 판시한 바에 따라, 헌법 제117조 제1항에서 규정하는 '법령'에는 법규명령으로서 기능하는 행정규칙이 포함된다"(헌재 2002.10.31. 2001헌라1, 강남구청과 대통령간의 권한쟁의(기각)).

"지방자치법은 지방의회와 지방자치단체의 장에게 독자적 권한을 부여하고 상호견제와 균형을 이루도록 하고 있으므로 지방의회는 법률에 특별한 규정이 없는 한 견제의 범위를 넘어서 상대방의 고유권한을 침해하는 내용의 조례를 제정할 수 없다"(대판 2007.2.9. 2006추45).

"지방의회의원이 지방자치단체의 장이 조례안으로서 제안한 행정기구를 종류 및 업무가 다른 행정기구로 전환하는 수정안을 발의하여 지방의회가 의결 및 재의결하는 것은 지방자치단체의 장의 고유권한에 속하는 사항의 행사에 관하여 사전에 적극적으로 개입하는 것으로서 허용되지 아니한다"(대판 2005.8.19. 2005추48).

(ii) 조례의 규정사항이 법령에 위반할 수 없다. 그러나 법령에 규정이 없으면 헌법과 법령의 취지에 비추어 합리적인 범위 안에서 조례를 제정할 수 있다.

(청주시) 정보공개조례안은 국가위임사무가 아닌 자치사무에 관한 정보만을 공개대상으로 한다고 풀이되는 이상 반드시 전국적으로 통일된 기준에 따르도록 할 것이 아니라 행정자치단체가 각 지역의 특수성을 고려하여 자기 고유사무와 관련된 행정정보의 공개사무에 관하여 독자적으로 규율할 수 있다고 보여지므로, 구태여 국가의 입법미비를 들어 조례제정권의 행사를 가로막을 수 없다(대판 1992.6.23. 92추17).

조례가 규율하는 특정사항에 관하여 그것을 규율하는 국가의 법령이 이미 존재하는 경우에도 조례가 법령과 별도의 목적에 기하여 규율함을 의도하는 것으로서 그 적용에 의하여 법령의 규정이 의도하는 목적과 효과를 전혀 저해하는 바가 없는 때, 또는 양자가 동일한 목적에서 출발한 것이라고 할지라도 국가의 법령이 반드시 그 규정에 의하여 전국에 걸쳐 일률적으로 동일한 내용을 규율하려는 취지가 아니고 각 지방자치단체가 그 지방의 실정에 맞게 별도로 규율하는 것을 용인하는 취지라고 해석되는 때에는 그 조례가 국가의 법령에 위반되지 아니한다(대판 2006.10.12. 2006추38[지방의회조례안재의결무효확인청구]).

(iii) 법령에 위반되는 조례로는 ① 국가의 법령이 일정한 기준을 만들어 규제하는 경우에 국가의 법령과 동일한 목적으로 동일사항에 대하여 국가의 법령보다 강한 형태의 규제를 하는 조례, ② 같은 경우에 동일사항에 관하여 국가법령보다 고차의 기준을 부가하는 조례, ③ 법률에 특별한 위임이 있는 경우에 그 위임의 한계를 초월하는 조례, ④ 법률이 세목의 보충적 규정을 두고 대통령령·총리령·부령 등이 이를 받아 지정하는 경우 그 지정에 반하는 사항을 규율하는 조례, ⑤ 기관위임사무에 대하여 제정한 조례 등을 들 수 있다.

조례제정은 원칙적으로 자치사무와 단체위임사무에 한정되며, 기관위임사무에 관하여 조례를 제정할 수 없다. 다만, 기관위임사무도 개별법령에서 위임한 경우에는 예외적으로 가능하다(대판 1999.9.17. 99추30).

(iv) 법령에 위반되지 아니하는 조례로는 ① 해당 사항을 규율하는 국가의 법령이 없고 국법상 완전히 공백상태에 있는 사항에 관하여 정하는 조례, ② 국가법령이 규제하는 사항과 동일한 사항에 관하여 해당 국가법령과 다른 목적으로 규제하는 조례, ③ 국가법령이 규제하는 사항과 동일한 사항에 관하여 해당 국가법령이 규제의 범위 외에 두는 사항을 규제하는 조례 등이 있다.

합의제 행정기관인 옴부즈맨(Ombudsman)을 집행기관의 장인 도지사 소속으로 설치하는 데에는 지방자치법 제107조 제1항에 따라 당해 지방자치단체의 조례로 정하면 된다. 따라서 헌법이나 다른 법령상 별도의 설치근거는 요구되지 아니한다(대판 1997.4.11. 96추138, 옴부즈만조례안재의결무효확인).

(d) 규 칙 "지방자치단체의 장은 법령이나 조례가 위임한 범위에서 그 권한에 속하는 사무에 관하여 규칙을 제정할 수 있다"(제29조). "시·군·자치구의 규칙은 시·도의 조례나 규칙을 위반해서는 아니 된다"(제30조).

(e) 교육규칙 교육감은 법령 또는 조례의 범위 안에서 그 권한에 속하는 사무에 관하여 교육규칙을 제정할 수 있다(지방교육자치에관한 법률 제25조 제1항).

(f) 조례와 규칙에 대한 통제 조례와 규칙도 합헌성 및 합법성의 통제의 대

상이 된다. 조례나 규칙이 국민의 기본권을 침해하면 헌법소원에 의한 위헌성심사가 가능하고(조례에 대한 헌법소원에서는 침해의 직접성과 보충성이 문제된다(헌법소원심판의 대상 참조)), 법원에 의한 위헌 · 위법성심사가 가능하다. 지방자치단체의 장은 지방의회가 제정한 조례안에 대하여 재의를 요구할 수 있고(제32조), 재의결된 사항이 법령에 위반된다고 판단되는 때에는 재의결된 날부터 20일 이내에 대법원에 제소할 수 있다(제192조, 제120조).

조례안재의결 무효확인소송에서의 심리대상은 지방의회에 재의를 요구할 당시 이의사항으로 지적되어 재의결에서 심의의 대상이 된 사항에 국한된다(대판 2007.12.13. 2006추52 [조례안의결무효확인청구]).

D. 주민결정과 주민참여(住民參與)

(i) 지방자치법에서는 주민참여를 강화하기 위하여 주민투표(제18조), 법령에 위반하지 아니하는 조례의 제정 및 개폐청구(제19조), 주민감사청구제도(제21조), 주민소송제도(제22조)와 주민소환제도(제25조)를 규정한다.

(ii) 지방자치단체의 장은 "주민에게 과도한 부담을 주거나 중대한 영향을 미치는 지방자치단체의 주요 결정사항 등에 대하여 주민투표에 부칠 수 있다"(제18조 제1항). 그러나 주민투표를 거치지 아니하고 지방자치단체의 폐치 · 분합에 관한 법률이 제정되었다고 하여도 적법절차에 어긋나지 아니한다(헌재 1994.12.29. 94헌마201, 경기도남양주시등33개도농복합형태의시설치등에관한법률 제4조 위헌확인(기각)). 한편 주민투표권은 법률상 권리이므로, 선거권 · 공무담임권 · 국민투표권과 같이 헌법상 보장되는 참정권과 구별된다(헌재 2001. 6.28. 2000헌마735, 입법부작위위헌확인; 헌재 2005.10.4. 2005헌마848, 중 · 저준위방사성폐기물처분시설의유치지역지원에관한특별법 제7조 등 위헌확인(각하)). 따라서 국가정책에 대한 주민투표는 구속력이 없고 자문적 성격만 가질 뿐이지만, 지방사무에 관한 주민투표는 투표결과에 구속력이 발생한다.

행정자치부장관이 주민투표 실시요구를 하지 않은 상태에서 제주 주민이 제주도를 특별자치도로 개혁하는 주민투표 실시를 요구할 수 없다(헌재 2005.12.22. 2005헌라5, 제주시등과 행정자치부장관등간의 권한쟁의(각하)).

국가정책에 관한 주민투표의 경우에 주민투표소송을 배제함으로써 지방자치단체의 주요결정사항에 관한 주민투표의 경우와 달리 취급하였다 하더라도, 이는 양자 사이의 본질적인 차이를 감안한 것으로서 입법자의 합리적인 입법형성의 영역 내의 것이므로 평등권을 침해하지 아니한다(헌재 2009.3.26. 2006헌마99, 주민투표법 제8조 제4항 위헌확인(기각,각하)).

헌법은 간접적인 참정권으로 선거권(헌법 제24조), 공무담임권(헌법 제25조)을, 직접적인 참정권으로 국민투표권(헌법 제72조, 제130조)을 규정하고 있을 뿐 주민투표권을 기본권으로 규정한 바가 없고 제117조, 제118조에서 제도적으로 보장하고 있는 지방자치단체의 자치의 내용도 자치단체의 설치와 존속 그리고 그 자치기능 및 자치사무로서 지방자치단체의 자치권의 본질적 사항에 관한 것이므로 주민투표권을 헌법상 보장되는 기본권이라고 하거나 헌법

제37조 제1항의 "헌법에 열거되지 아니한 권리"의 하나로 보기 어렵다. 지방자치법이 주민에게 주민투표권(제13조의2), 조례의 제정 및 개폐청구권(제13조의3), 감사청구권(제13조의4) 등을 부여함으로써 주민이 지방자치사무에 직접 참여할 수 있는 길을 일부 열어 놓고 있지만 이러한 제도는 어디까지나 입법에 의하여 채택된 것일 뿐 헌법에 의하여 보장되고 있는 것은 아니므로 주민투표권은 법률이 보장하는 권리일 뿐 헌법이 보장하는 기본권 또는 헌법상 제도적으로 보장되는 주관적 공권으로 볼 수 없다(헌재 2005.12.22. 2004헌마530, 주민투표법 제7조 제1항등 위헌확인(각하)).

지방자치단체의 주요결정사항에 관한 주민의 직접참여를 보장하기 위하여 지방자치법 제18조의 규정에 의한 주민투표의 대상·발의자·발의요건·투표절차 등에 관한 사항을 규정하는 주민투표법이 제정되었다.

주민에게 과도한 부담을 주거나 중대한 영향을 미치는 지방자치단체의 주요 결정사항에 대하여 18세 이상의 주민과 출입국관리 관계 법령에 따라 대한민국에 계속 거주할 수 있는 자격(체류자격변경허가 또는 체류기간연장허가를 통하여 계속 거주할 수 있는 경우를 포함한다)을 갖춘 외국인으로서 지방자치단체의 조례로 정한 사람에게 주민투표권을 부여한다(주민투표법 제5조). 주민투표청구권자 총수의 20분의 1 이상 5분의 1 이하의 범위에서 지방자치단체의 조례로 정하는 수 이상의 서명으로 그 지방자치단체의 장에게 주민투표의 실시를 청구할 수 있으며, 지방의회는 재적의원 과반수의 출석과 출석의원 3분의 2 이상의 찬성으로 그 지방자치단체의 장에게 주민투표의 실시를 청구할 수 있다. 이 경우 주민투표를 실시하여야 한다(제9조 제1항). 지방자치단체의 장은 직권에 의하여 주민투표를 실시하고자 하는 때에는 그 지방의회 재적의원 과반수의 출석과 출석의원 과반수의 동의를 얻어야 한다(제9조 제6항). "주민투표에 부쳐진 사항은 주민투표권자 총수의 4분의 1 이상의 투표와 유효투표수 과반수의 득표로 확정된다"(제24조).

(iii) 주민은 지방자치단체의 조례를 제정하거나 개정하거나 폐지할 것을 청구할 수 있다(제19조). 지방자치법 제19조에 따른 주민의 조례 제정·개정 또는 폐지 청구에 필요한 사항을 규정하기 위하여 '주민조례발안에 관한 법률'이 제정되었다. '주민조례발안에 관한 법률'에 따르면, 18세 이상의 주민은 해당 지방자치단체의 의회에 조례를 제정하거나 개정 또는 폐지할 것을 청구할 수 있다(제2조).

(iv) '부패방지 및 국민권익위원회의 설치와 운영에 관한 법률'(제6장 국민감사청구)에서 도입된 국민감사청구제도는 18세 이상 일정 수의 국민은 감사원에 국민감사청구를 하고, 그 청구가 기각되면 헌법소원이 가능하다. 마찬가지로 18세 이상인 지방주민은 주민감사청구(지방자치법 제21조)를 할 수 있다. 이 경우 시·도는 중앙행정기관에, 시·군·구는 시·도에 주민감사청구를 하고, 이에 불복하면 주민감사청구를 한 주민(감사청구 전치주의)은 주민소송을 제기할 수 있다. 또한 국민권익위원회가 감사원에 감사의뢰를 할 수 있듯이, 시민고충처리위원회(법 제3장)는 해당 지방자치

단체에 감사를 의뢰할 수 있다.

국민의 신청에 대한 행정청의 거부행위가 헌법소원심판의 대상인 공권력의 행사가 되기 위해서는 국민이 행정청에 대하여 신청에 따른 행위를 해 줄 것을 요구할 수 있는 권리가 있어야 하는데(헌재 1999.6.24. 97헌마315), 헌법이나 법률 어디에도 감사원장에 대하여 공익사항에 관한 감사원 감사청구를 할 수 있는 권리를 규정하고 있지 않고, 달리 조리상 이러한 권리를 인정할 만한 사정도 보이지 않는다. 따라서 이 사건 감사청구 거부결정은 헌법재판소법 제68조 제1항의 공권력 행사에 해당한다고 볼 수 없으므로, 이를 대상으로 한 이 사건 심판청구는 부적법하다(헌재 2014.4.8. 2014헌마256, 감사청구 기각결정 위헌확인(각하)). 국민감사청구는 '부패방지 및 국민권위원회의 설치와 운영에 관한 법률' 제72조에 근거하고, 공익감사청구는 '공익감사청구 처리규정(감사원 훈령)'에 근거한다.

(v) 감사청구를 한 주민은 그 감사청구한 사항과 관련이 있는 위법한 행위나 업무를 게을리 한 사실에 대하여 해당 지방자치단체의 장을 상대방으로 하여 주민소송(제22조)을 제기할 수 있다.

(vi) 지방자치법이 규정하는 주민소환제도의 시행을 위하여 제정된 '주민소환에 관한 법률'에서는 소환대상과 요건 등을 규정한다.

주민소환투표를 실시하기 위하여 광역단체장은 당해 지방자치단체의 주민소환투표청구권자 총수의 100분의 10 이상, 기초단체장은 당해 지방자치단체의 주민소환투표청구권자 총수의 100분의 15 이상, 지방의회의원(비례대표 제외)은 당해 지방의회의원의 선거구 안의 주민소환투표청구권자 총수의 100분의 20 이상의 주민의 서명으로 그 소환사유를 서면에 구체적으로 명시하여 요구하여야 한다(제7조). 다만, 선출직 지방공직자의 임기개시일부터 1년이 경과하지 아니한 때나 임기만료일부터 1년 미만일 때 또는 해당선출직 지방공직자에 대한 주민소환투표를 실시한 날부터 1년 이내에 해당하는 때에는 주민소환투표의 실시를 청구할 수 없다(제8조). 교육감의 주민소환에 관하여는 '지방교육자치에 관한 법률'에서 규정한 사항을 제외하고는 그 성질에 반하지 아니하는 범위에서 '주민소환에 관한 법률'의 시·도지사에 관한 규정을 준용한다(지방교육자치에관한법률 제24조의2 제3항).

주민소환투표대상자는 관할선거관리위원회가 주민소환투표안을 공고한 때부터 주민소환투표결과를 공표할 때까지 그 권한행사가 정지된다(제21조).

주민소환투표권자 총수의 3분의 1 이상의 투표와 유효투표 총수 과반수의 찬성으로 확정된다. 전체 주민소환투표자의 수가 주민소환투표권자 총수의 3분의 1에 미달하는 때에는 개표를 하지 아니한다(제22조).

주민소환이 확정된 때에는 주민소환투표대상자는 그 결과가 공표된 시점부터 그 직을 상실한다(제23조). 주민소환투표소송은 공직선거법의 소청과 소송에 관한 사항을 준용한다(제24조).

주민소환제는 역사적인 기원을 따져 볼 때 기본적으로 정치적인 행위로 이해하는 것이 타당하고, 주민소환제를 두고 있는 대부분의 국가에서도 이러한 취지에서 청구사유에 제한을 두지 아니한다. 그리고 대의민주주의 아래에서 대표자에 대한 선출과 신임은 선거의 형태로 이루어지는 것이 바람직하고, 주민소환은 대표자에 대한 신임을 묻는 것으로서 그 속성은 재선거와 다를 바 없으므로, 선거와 마찬가지로 그 사유를 묻지 아니하는 것이 제도의 취지에도 부합한다(헌재 2011.3.31. 2008헌마355, 주민소환에 관한 법률 위헌확인 (기각)).

E. 선결처분권(先決處分權)

지방자치단체의 장은 대통령의 긴급명령권에 상응하는 선결처분권을 가진다.

지방자치단체의 장은 지방의회가 지방의회의원이 구속되는 등의 사유로 제73조에 따른 의결정족수에 미달하게 될 때와 지방의회의 의결사항 중 주민의 생명과 재산 보호를 위하여 긴급하게 필요한 사항으로서 지방의회를 소집할 시간적 여유가 없거나 지방의회에서 의결이 지체되어 의결되지 아니할 때에는 선결처분(先決處分)을 할 수 있다. 선결처분은 지체 없이 지방의회에 보고하여 승인을 받아야 하고, 승인을 받지 못하면 그때부터 효력을 상실한다(제122조).

4. 국가의 지방자치단체에 대한 지도 · 감독

(1) 지도 · 지원 · 감독 · 감사

중앙행정기관장 또는 시 · 도지사는 지방자치단체의 사무에 관하여 조언 · 권고 · 지도를 할 수 있다.

(2) 위법 · 부당한 명령 · 처분의 시정

(i) "지방자치단체의 사무에 관한 지방자치단체의 장(제103조제2항에 따른 사무의 경우에는 지방의회의 의장을 말한다)의 명령이나 처분이 법령에 위반되거나 현저히 부당하여 공익을 해친다고 인정되면 시 · 도에 대해서는 주무부장관이, 시 · 군 및 자치구에 대해서는 시 · 도지사가 기간을 정하여 서면으로 시정할 것을 명하고, 그 기간에 이행하지 아니하면 이를 취소하거나 정지할 수 있다"(제188조 제1항). "주무부장관은 지방자치단체의 사무에 관한 시장 · 군수 및 자치구의 구청장의 명령이나 처분이 법령에 위반되거나 현저히 부당하여 공익을 해침에도 불구하고 시 · 도지사가 제1항에 따른 시정명령을 하지 아니하면 시 · 도지사에게 기간을 정하여 시정명령을 하도록 명할 수 있다"(제188조 제2항). 이 경우 자치사무에 관한 명령이나 처분에 대하여는 법령을 위반하는 것에 한한다(제5항).

지방자치법 제157조 제1항 전문 및 후문에서 규정하고 있는 지방자치단체의 사무에 관한 그 장의 명령이나 처분이 법령에 위반되는 경우라 함은 명령이나 처분이 현저히 부당하여 공익을 해하는 경우, 즉 합목적성을 현저히 결하는 경우와 대비되는 개념으로 시·군·구의 장의 사무의 집행이 명시적인 법령의 규정을 구체적으로 위반한 경우뿐만 아니라 그러한 사무의 집행이 재량권을 일탈·남용하여 위법하게 되는 경우를 포함한다(대판(전합) 2007.3.22. 2005추62).

(ii) 지방자치단체의 장은 제1항에 따른 "자치사무에 관한 명령이나 처분의 취소 또는 정지에 대하여 이의가 있으면 그 취소처분 또는 정지처분을 통보받은 날부터 15일 이내에 대법원에 소(訴)를 제기할 수 있다"(제188조 제6항).

지방교육자치에 관한 법률 제3조에 의하여 준용되는 지방자치법 제169조 제2항은 자치사무에 관한 명령이나 처분의 취소 또는 정지에 대하여서만 소를 제기할 수 있다고 규정하고, 주무부장관이 지방자치법 제169조 제1항에 따라 시·도에 대하여 행한 시정명령에 대하여도 대법원에 소를 제기할 수 있다는 규정을 두지 아니하므로, 시정명령의 취소를 구하는 소송은 허용되지 아니한다(대판 2014.2.27. 2012추183).

(3) 지방자치단체의 장에 대한 직무이행명령

"지방자치단체의 장이 법령의 규정에 따라 그 의무에 속하는 국가위임사무나 시·도위임사무의 관리와 집행을 명백히 게을리하고 있다고 인정되면 시·도지사에 대해서는 주무부장관이, 시·군·자치구에 대해서는 시·도지사가 기간을 정하여 서면으로 이행할 사항을 명령할 수 있다"(제189조 제1항). "지방자치단체의 장은 제1항 또는 제4항에 따른 이행명령에 이의가 있으면 이행명령을 접수한 날부터 15일 이내에 대법원에 소를 제기할 수 있다. 이 경우 지방자치단체의 장은 이행명령의 집행을 정지하게 하는 집행정지결정을 신청할 수 있다"(제6항).

(4) 지방의회의결에 대한 재의(再議)와 제소(提訴)

"지방의회의 의결이 법령에 위반되거나 공익을 현저히 해친다고 판단되면 시·도에 대해서는 주무부장관이, 시·군 및 자치구에 대해서는 시·도지사가 해당 지방자치단체의 장에게 재의를 요구하게 할 수 있고, 재의 요구 지시를 받은 지방자치단체의 장은 의결사항을 이송받은 날부터 20일 이내에 지방의회에 이유를 붙여 재의를 요구하여야 한다"(제192조 제1항).

"시·군 및 자치구의회의 의결이 법령에 위반된다고 판단됨에도 불구하고 시·도지사가 제1항에 따라 재의를 요구하게 하지 아니한 경우 주무부장관이 직접 시장·군수 및 자치구의 구청장에게 재의를 요구하게 할 수 있고, 재의 요구 지시를 받은 시장·군수 및 자치구의 구청장은 의결사항을 이송받은 날부터 20일 이내에 지방의회에 이유를 붙여 재의를 요구하여야 한다"(제2항). 의회가 이 요구에 대하여 재의의 결과 재적의원 과반수의 출석과 출석의원 3분의 2 이상의 찬성으로 전과 같은 의결을 하면 그 의결사항은 확정된다(제3항). "지방자치단체의 장은 제3항에 따라 재의결된 사항이 법령에 위반된다고 판단되면 재의결된 날부터 20일 이내에 대법원에 소를 제기할 수 있다. 이 경우 필요하다고 인정되면 그 의결의 집행을 정지하게 하는 집행정지결정을 신청할 수 있다"(제4항).

5. 지방자치법제와 제도의 문제점

(1) 지방자치단체에 대한 중앙정부의 지나친 통제

(i) 지방자치단체에 대한 감독권으로서 감독관청의 자치사무감사권(제190조), 지방자치단체장의 명령·처분에 대한 시정명령 및 취소권(제188조), 지방의회 의결사항에 대한 재의요구지시권(제192조 제1항), 감독관청에 지방의회 재의결사항에 대한 제소지시 및 직접제소권(제192조 제5항), 직무이행명령 및 대집행권(제189조) 등을 통하여 지방자치단체에 대한 통제를 강화하고 있다. 권한분쟁사항은 헌법재판소의 권한사항(헌법 제111조 제1항 제4호, 헌재법 제61조 이하)임에도 불구하고 대법원의 기관소송관할권 확대는 지방자치의 본질에 비추어 타당성을 찾기 어려울 뿐만 아니라 중앙정부의 통제권을 강화하려는 의혹을 자아내게 한다.

(ii) 또한 지방의회가 구성되면서 국회의 국정감사와 지방의회의 사무감사 등 중복감사가 문제된다. 중복감사로 인한 국정의 비능률과 비효율성을 시정하고 지방의회가 본연의 자세로 일할 수 있도록 하여야 한다.

(iii) 지방자치법은 행정안전부장관 또는 시·도지사가 지방자치단체의 자치사무에 관하여 감사를 실시할 때에는 감사 실시 전에 해당 사무의 처리가 법령에 위반되는지 여부 등을 확인하도록 하고(제190조 제2항), 주무부장관·행정안전부장관 또는 시·도지사는 이미 감사원 감사 등이 실시된 사안에 대하여는 새로운 사실이 발견되거나 중요한 사항이 누락된 경우 등을 제외하고는 감사대상에서 제외하고 종전의 감사결과를 활용하여야 함을 규정함으로써(제191조) 지방자치단체의 자치사무에 대한 과도한 통제와 중복감사의 문제점을 어느 정도 시정하고 있다.

(iv) 헌법재판소는 "중앙행정기관의 지방자치단체의 자치사무에 대한 구 지방자치법 제158조 단서 규정의 감사권은 사전적·일반적인 포괄감사권이 아니라 그 대상과 범위가 한정적인 제한된 감사권이라 해석함이 마땅하다"라고 판시한다.

행정안전부장관 등이 서울특별시를 상대로 자치사무에 대하여 실시한 합동감사가 지방자치권을 침해하는지에 대한 권한쟁의심판청구사건에서, "중앙행정기관이 구 지방자치법 제158조 단서 규정상의 감사에 착수하기 위해서는 자치사무에 관하여 특정한 법령위반행위가 확인되었거나 위법행위가 있었으리라는 합리적 의심이 가능한 경우이어야 하고, 또한 그 감사대상을 특정하여야 한다. 따라서 전반기 또는 후반기 감사와 같은 포괄적·사전적 일반감사나 위법사항을 특정하지 아니하고 개시하는 감사 또는 법령위반사항을 적발하기 위한 감사는 모두 허용될 수 없다. 행정안전부장관 등이 감사실시를 통보한 사무는 서울특별시의 거의 모든 자치사무를 감사대상으로 하고 있어 사실상 피감사대상이 특정되지 아니하였고 행정안전부장관 등은 합동감사 실시계획을 통보하면서 구체적으로 어떠한 자치사무가 어떤 법령에 위반되는지 여부를 밝히지 아니하였는바, 그렇다면 행정안전부장관 등의 합동감사는 구 지방자치법 제158조 단서 규정상의 감사개시요건을 전혀 충족하지 못하였다 할 것이므로 헌법 및 지방자치법에 의하여 부여된 서울특별시의 지방자치권을 침해한"다(헌재 2009.5.28. 2006헌라6, 서울특별시와 정부 간의 권한쟁의(인용)).

종합감사의 형식이나 자료제출 요청의 명목을 불문하고, 지방자치단체의 자치사무에 대한 포괄적·사전적 감사나 법령위반사항을 적발하기 위한 감사는 허용되지 아니한다(5:4)(헌재 2022.8.31. 2021헌라1, 남양주시와 경기도 간의 권한쟁의(인용(권한침해))).

(ⅴ) 그런데 근본적으로 이러한 국가의 통제가 가능한 데에는 지방자치단체의 재정자립도가 현저히 낮아 거액의 국고보조를 받고 있기 때문이다. 따라서 지방자치단체의 재정자립도를 높이는 방안이 강구되어야 한다.

(2) 지방의회의원의 의정활동비지급

지방의회의원에게 의정자료의 수집·연구와 이를 위한 보조활동에 소요되는 비용 등을 보전하기 위하여 매월 의정활동비를 지급한다(제40조). 그런데 명예직에서 월정급여를 받는 유급직으로의 전환은 바람직하지 아니하다.

(3) 지방자치와 주민참여의 확대

주민의 적극적인 참여를 통하여 책임과 고통을 분담함으로써 주민의 지방자치에 관한 관심을 제고하면서 동시에 주민에 대한 지방자치의 교육장으로서의 기능도 충족하여야 한다. 지방자치법은 조례의 제정 및 개정·폐지 청구권(제19조), 주민의 감사 청구(제21조), 주민소송(제22조), 주민소환(제25조) 등을 도입하고 있다.

(4) 지방의회선거의 정당참여

정당공천제를 배제하더라도 입후보자가 정당을 표방할 경우에 이를 방지할 수는 없다. 한국의 취약한 정당의 하부구조를 강화하기 위하여서는 기초의회의원선거에도 정당공천제의 도입이 바람직하다. 헌법재판소도 기초의원선거에서 정당표방금지는 위헌으로 판시하였다(헌재 2003.1.30. 2001헌가4, 공직선거법 제47조 제1항중 앞괄호부분 등 위헌제청(위헌,각하); 헌재 2003.5.15. 2003 헌가9등, 공직선거법 제84조 위헌제청(위헌)).

(5) 지방자치단체의 파산선고제의 철회와 재정진단제의 강화

지방자치단체의 재정적자로 인한 부실을 더 이상 방치할 수 없을 경우에 파산선고제(破産宣告制)를 도입하려 한 바 있으나, 한국 현실에 맞지 아니한다는 이유로 철회된 바 있다. 이에 재정진단제를 강화하려 한다. 재정진단제(財政診斷制)란

지방자치단체의 장이 대통령령이 정하는 바에 의하여 재정보고서를 행정안전부장관에게 제출하면 행정안전부장관이 재정분석을 하고 분석결과 재정의 건전성과 효율성 등이 현저히 떨어지는 지방자치단체에 대하여 대통령령이 정하는 바에 의하여 재정진단을 실시할 수 있는 제도이다(지방재정법 제54조, 제55조). 이러한 재정진단을 통하여 행정안전부장관은 재정의 건전성과 효율성 등이 우수한 지방자치단체에 대하여는 지방교부세법 제9조의 규정에 의한 특별교부세를 별도로 교부할 수 있다(동법 제57조). 하지만, 제재규정 등의 미흡으로 그 동안 실효를 거두지 못하고 있다.

(6) 지방의회와 지방자치단체장 선거의 일원화

지방의회와 지방자치단체장 선거는 다 같이 주민직선제를 취한다. 이와 같은 이중의 국민적 정당성을 통하여 상호견제와 균형을 이룰 수도 있다. 그러나 지방의회와 단체장이 상호견제와 반목을 계속할 경우 그 갈등의 해결이 쉽지 아니하므로 지방의회의 주민직선과 단체장 간선제도 신중하게 검토하여야 한다.

(7) 지방자치제도의 근본적 개혁

(i) 현행 지방자치는 광역과 기초로 구분된다. 그러나 현대적인 정보사회에 비추어 본다면 굳이 다층화할 필요가 있는지 의문이다. 특히 기존 광역자치단체의 경쟁력 강화를 위한 대통합이 불가피하다.[1)]

또한 광역자치단체인 특별시·광역시 소속 자치구·군은 굳이 지방자치를 할 필요가 없어 보인다. 이 경우 제주특별자치도와 세종특별자치시의 예를 참조하여 볼 필요가 있다.

(ii) 지방자치 선거제도의 근본적 개혁이 필요하다. 풀뿌리민주주의의 확립을 위하여 기초의원선거는 소선거구 상대적 다수대표제로 하고, 자치단체 전체의 여론수렴을 위하여 광역의원선거는 대선거구 비례대표제의 도입이 필요하다. 그런데 개정 공직선거법에서는 오히려 기초의원선거를 중선거구제로 개정하였다.

(iii) 지방교육자치에 따른 교육감선거의 혼란상을 방지하기 위하여 교육감선거를 광역단체장선거와 연계한 정책투표가 필요하다. 이렇게 할 경우 지방선거에서 7-8개 투표에까지 이른 선거제도의 혼란을 광역단체장(교육감), 기초단체장, 광역의원, 기초의원 선거에 따른 4개 투표로 줄일 수 있다.

---

1) 성낙인, "국민통합과 행정통합", 공법학연구 21-4: 현행 광역지방자치단체를 초광역권으로 재편성하여야 한다. 예컨대 부산·울산·경남, 전남·광주, 충남·대전·세종시 등의 통합이 필요하다; 류성진, "지역균형발전과 지방분권에 대한 공법적 고찰", 공법연구 51-1.

V. 결 어

(i) 지방자치가 활성화되기 위하여 정부가 움켜쥐고 있는 권한을 과감하게 지방으로 이양하여야 한다. 국가업무인 국방·외교 등을 제외한 민원관련 업무는 대폭적인 지방이양이 뒤따라야 한다. '국가균형발전 특별법', '지방분권 및 지방행정체제개편에 관한 특별법', 주민투표법 등의 제정을 통한 지방자치와 지방분권의 강화는 바람직하다. 또한 '자치분권 사전협의'제도는 중앙행정기관의 제·개정 법령에 대하여 행정안전부가 입법예고 단계에서 사무배분의 적정성, 국가 지도·감독의 적정성, 자치입법·조직·인사·재정권 침해 여부 등을 검토하여 개선방안을 모색하는 제도로 도입되어 이를 지방자치법에 명시한다(제15조).[1] 더 나아가 제주도(제주특별자치도 설치 및 국제자유도시조성을 위한 특별법 제11장)에 이어 전국적으로 지방자치경찰제도가 도입되어 지방자치의 강화에 기여하리라는 기대가 증폭된다.

(ii) 한편 지방선거를 통하여 정부여당이 아닌 야당추천인사가 단체장이나 지방의회의 다수파를 차지하는 지방자치단체가 다수 출현한다. 이에 대하여 중앙과 지방 사이의 수직적 권력분립이라는 긍정적인 측면에도 불구하고, 지역분할구도의 고착화에 대한 우려가 제기된다.

(iii) 주민과 함께 하는 지방자치가 뿌리내리기 위하여서는 주민과 대표의 적극적인 의지가 중요하다. 그런 의미에서 시민감시운동의 활성화도 긴요하다.

---

1) 제15조의2(자치분권 사전협의) 중앙행정기관의 장은 다음 각 호의 어느 하나에 해당하는 사항과 관련하여 소관 법령을 제정·개정 또는 폐지하려는 경우에는 대통령령으로 정하는 바에 따라 사전에 행정안전부장관과 협의하여야 한다. 1. 지방자치단체의 행정·재정 등에 영향을 미치는 사무의 신설·변경·폐지에 관한 사항, 2. 지방자치단체나 그 장에 대한 사무의 위임에 관한 사항, 3. 지방자치단체가 수행하는 사무에 대한 지도·감독에 관한 사항.

제 5 절 선거관리위원회

Ⅰ. 의 의

(ⅰ) 선거관리위원회(選擧管理委員會)는 독립된 헌법기관이다. "선거와 국민투표의 공정한 관리 및 정당에 관한 사무를 처리"하기 위하여 선거관리위원회를 둔다"(제114조 제1항). "각급선거관리위원회의 조직·직무범위 기타 필요한 사항은 법률로 정한다"(제7항). 중앙선거관리위원회는 제2공화국헌법에서 처음으로 도입된 제도이다. 이후 제3공화국헌법에서 각급선거관리위원회 규정이 추가로 도입되었다.

그런데 한국과 같이 중앙선거관리위원회를 비롯하여 전국에 각급선거관리위원회를 설치한 것은 매우 이례적이다. 외국에서는 오히려 선거관리 그 자체는 전국적 조직을 가진 내무부(또는 지방자치부) 및 지방자치단체가 관리한다. 다만, 선거비용이나 정치자금 등과 관련된 정치활동 투명성확보를 위한 국가기관 설치가 일반적이다. 앞으로 민주화가 안정기에 접어들면 통상적인 선거관리는 일반행정기관에 맡기고 중앙선거관리위원회는 정치활동의 투명성확보를 위한 기구로 재정립되어야 한다.[1)]

영국은 '정당·선거 및 국민투표법 2000' 및 '정당·선거법 2009'에 따라 선거위원회의 역할과 기능이 규정되어 있다. 하지만 실제 선거의 관리에 관한 사항은 행정부 소속의 선거관리관이 담당한다. 선거위원회는 선거관리관에 대한 지휘·감독권이 없다. 미국은 1975년에 설치된 연방선거위원회가 연방선거직공무원과 대통령·부통령과 상하의원 및 그 후보자 및 정당과 정치단체의 정치자금에 관한 사무를 담당한다. 각 주에서는 주무장관과 주선거위원회가 선거업무를 담당한다. 프랑스는 선거와 관련된 업무마다 각기 다양한 기관 즉 헌법재판소·투표감독위원회·선거운동감독위원회·시청각최고위원회·정치자금 및 선거회계 국가위원회가 담당한다. 하지만 일상적인 선거관리는 행정부에서 담당한다. 일본의 중앙선거관리위원회는 내각 총무성에 설치되어 있다. 이와 같이 선거관리위원회가 헌법기관으로서 독립된 위원회 형태를 취하고 있는 경우는 매우 이례적인데 필리핀·인도네시아·인도 등이 있다.

---

1) 성승환, 선거관리기구에 관한 헌법학적 연구, 서울대 박사학위논문, 2013.8; 조원용, "중앙선거관리위원회의 독립성 강화를 위한 새로운 헌법학적 제안", 헌법학연구 29-1, 안요환, "선거범죄 조사 관련 우리나라 헌법재판소의 해석과 일본의 판례", 법제 통권 710.

Ⅱ. 선거관리위원회의 헌법상 지위

(ⅰ) 선거관리위원회는 "선거와 국민투표의 공정한 관리 및 정당에 관한 사무를 처리하기 위하여" 설치된 헌법상 필수기관이다.

> "제1공화국 헌법은 선거관리기구 설치에 관한 직접적인 근거규정을 두지 않았고, 선거관리사무는 법률상 기관인 내무부 소속의 선거위원회가 담당하였다. 그러나 제3차 헌법 개정이 이루어지며 3·15 부정선거에 대한 반성적 조치로 민주적인 선거제도와 관련된 규정들이 헌법에 도입되었는데, 가장 핵심적인 내용은 선거관리사무 및 그 주체를 정부와 기능적·조직적으로 분리하여 독립된 헌법기관에게 맡긴 것이었다. 이후 헌법이 여러 차례 개정되었으나 선거관리의 주체를 정부와는 별도의 독립된 합의제 헌법기관으로 규정하여 그 독립성과 중립성을 강조하는 체계는 현행 헌법에 이르기까지 그대로 견지되고 있다. 이와 같이 제3차 개정헌법 이래로 우리 헌법이 선거관리사무를 행정부로부터 기능적·조직적으로 분리하여 독립된 헌법기관인 선거관리위원회에 부여한 것은, 선거관리기구가 대의민주제에서 요청되는 독립적·중립적 선거관리라는 헌법적 과제를 제대로 수행하기 위해서는 외부 권력기관, 특히 대통령을 수반으로 하는 정부의 영향력을 제도적으로 차단할 필요가 있고, 이를 위해서는 선거관리사무를 행정부가 아닌 독립된 헌법기관에 맡겨야 한다는 헌법적 결단이 헌법체계에 반영된 결과라고 볼 수 있다" (헌재 2025.2.27. 2023헌라5, 중앙선거관리위원회와 감사원 간의 권한쟁의(인용(권한침해))).

(ⅱ) 독임제행정기관이 아니고 위원회라는 합의제기관이다.

(ⅲ) 헌법상 독립된 기관이다. 기관의 독립성을 보장하기 위하여 중앙선거관리위원회의 구성에 관하여 헌법에 명시하고 있다. 그런데 중앙선거관리위원회가 제기한 감사원의 직무감찰에 대한 권한쟁의심판을 인용한 헌법재판소의 결정은 실질을 외면한 채 기관의 형식적 독립성에 매몰되었다는 비판으로부터 자유로울 수 없다.

> "(1) 헌법 제97조의 해석 ○ 헌법 제97조는 피청구인에게 '국가'를 대상으로 한 회계검사권과 '행정기관'을 대상으로 한 직무감찰권을 부여하고 있다. 설령 선거관리가 그 사무의 성격상 행정작용에 해당한다고 하더라도, 선거관리위원회를 독립된 헌법기관으로 설치함으로써 선거관리에 정부가 영향력을 행사할 수 없도록 하여 선거관리의 독립성과 중립성을 보장하고자 하는 것이 헌법개정권자의 의사인 점을 고려하면, 헌법상 대통령 소속으로 행정부에 속한 피청구인의 직무감찰 대상에 청구인이 당연히 포함된다고 볼 수 없다. ○ 현행 헌법상 피청구인의 직무감찰은 행정기관의 권한과 조직 및 그 소속 공무원의 직무수행의 합법성뿐만 아니라 합목적성까지 조사함으로써 행정기관의 운영개

선과 향상을 도모하고 직원의 비위를 척결하는 것으로서, 대통령의 행정감독권에 기하여 대통령 소속 하에 설치된 직무감찰기관이 수행하던 기능이 제5차 개정헌법을 통해 피청구인이 헌법기관으로 규정됨에 따라 헌법기능으로 격상되어 헌법 제97조의 직무감찰 대상 범위 등의 내용에 반영된 것이라 볼 수 있다. 따라서 피청구인의 직무감찰권은 행정부 내부의 통제장치로서의 성격을 갖는다고 볼 수 있는바, 정부와 독립된 헌법기관인 국회, 법원, 헌법재판소는 물론 이들 헌법기관과 마찬가지로 독립된 헌법기관으로 설치된 선거관리위원회도 헌법 제97조가 정한 피청구인의 직무감찰 대상에 포함되지 않는다고 봄이 타당하다. ○ 더욱이 대통령은 감사원장과 감사위원을 임명하고 있으며, 정당민주주의 하에서 특정 정당의 당원으로서 해당 정당의 정책이나 이익과 밀접하게 관련될 가능성이 있는바, 대통령 소속기관인 피청구인이 청구인에 대하여 직무감찰을 할 수 있게 된다면 선거관리의 공정성과 중립성에 대한 국민의 신뢰가 훼손될 위험도 있다. ○ 따라서 헌법 제97조가 정한 피청구인의 직무감찰 대상인 '행정기관 및 공무원'에 청구인과 그 소속 공무원은 포함되지 않는다고 봄이 타당하다. (2) 감사원법 제24조 제1항 제1호와 같은 조 제3항의 해석 ○ 청구인과 그 소속 공무원은 헌법 제97조에 의하여 피청구인의 직무감찰이 허용되는 '행정기관 및 공무원'에 포함되지 않으므로, 헌법 제97조를 구체화한 감사원법 제24조 제1항 제1호의 '행정기관 및 그 소속 공무원'에도 청구인과 그 소속 공무원은 제외된다고 보는 것이 합헌적 법률해석의 원칙상 명백하다. ○ 한편 감사원법 제24조 제3항은 "제1항의 공무원에는 국회·법원 및 헌법재판소에 소속한 공무원은 제외한다."라고 규정하여 청구인 소속 공무원을 직무감찰 제외대상으로 명시하고 있지 않다. 그러나 정부와 독립된 헌법기관인 국회, 법원, 헌법재판소가 피청구인의 직무감찰 대상에 해당하지 않음은 앞서 본 바와 같으므로, 이들 헌법기관 소속 공무원을 직무감찰 대상에서 제외한 감사원법 제24조 제3항은 예시적·확인적 규정에 불과하다고 할 것이다. 따라서 감사원법 제24조 제3항이 청구인을 직무감찰 제외대상으로 명시하지 않았다고 하더라도 청구인이 피청구인의 직무감찰 대상에 포함되지 않는다는 결론에는 아무런 차이가 없다(헌재 2025.2.27. 2023헌라5, 중앙선거관리위원회와 감사원 간의 권한쟁의(인용(권한침해))). [해설] 그간 선거관리위원회는 외부기관으로부터 직무감사를 받지 아니하였다. 윤석열 정부에서 중앙선관위는 국민권익위원회의 조사를 받겠다고 위원회에서 결의한 바 있다. 또한 대통령 소속인 감사원의 직무감찰을 처음에는 거부하였다가 이번에 한하여 받기로 하면서, 동시에 헌법재판소에 권한쟁의심판을 제기하였다. 생각건대 위원장이 비상임인 상태에서 제대로 된 관리·감독이 작동하지 못하고 있으므로 위원회의 독립성을 훼손하지 아니하는 범위에서 외부기관의 감사는 불가피하다. 마침 감사원법도 제24조 제3항에서 선거관리위원회 소속 공무원을 직무감찰 제외대상으로 명시하고 있지 않다는 점도 유연한 해석의 여지가 있다. 더구나 선거관리업무는 집행 즉 행정업무라는 점에서 사법·입법과는 구별된다. 이번 헌법재판소의 지나치게 고식적이고 경직적인 법해석은 실질보다는 형식에 치우친 점을 지적하지 않을 수 없다.

(iv) 정치적 중립 기관이다. 선거관리위원회의 정치적 중립을 담보하기 위하여 헌법에서 독립된 기관으로 규정한다. 하지만, 때로 선거관리위원회의 정치적 중립성에 의문이 제기되기도 한다.

Ⅲ. 선거관리위원회의 조직과 구성

1. 선거관리위원회의 종류

중앙선거관리위원회 아래 ① 서울특별시·광역시·도 선거관리위원회, ② 구·시·군 선거관리위원회, ③ 읍·면·동 선거관리위원회가 있다.

2. 중앙선거관리위원회

(i) "중앙선거관리위원회는 대통령이 임명하는 3인, 국회에서 선출하는 3인과 대법원장이 지명하는 3인의 위원으로 구성한다"(제114조 제2항). 이 경우 위원은 국회의 인사청문을 거쳐 임명·선출 또는 지명하여야 한다(선거관리위원회법 제4조 제1항). 중앙선거관리위원회 위원장은 정치적 영향력으로부터 벗어나기 위하여 "위원 중에서 호선한다"(제2항 후문). 중앙선거관리위원회 위원장의 호선 제도는 위원회의 정치적 중립성을 강조하기 위한 장치로 보이나 헌법재판소 소장이나 대법원장의 예에 비추어 본다면 오히려 대통령이 위원장을 지명하는 방안도 고려할 필요가 있다.

(ii) 그러나 대법원장이 3인의 중앙선거관리위원을 지명하는 것은 그 제도적 정당성에 의문이 제기된다. 특히 관례적으로 대법원장은 1인의 대법관과 2인의 법원장을 중앙선거관리위원으로 지명하고 그중에서 대법관인 위원이 위원장으로 호선된다. 헌법기관의 구성원이 또 다른 헌법기관의 장이 되는 것은 독립기관의 자기모순이다. 앞으로 중앙선거관리위원회의 헌법기관으로서 독립성을 분명히 하기 위하여 상근 위원장이 독립적으로 업무를 수행하도록 하여야 한다. 중앙선거관리위원회는 비상근인 위원장·위원과 상임인 장관급인 상임위원·사무총장의 이원체제로 작동한다. 자연히 업무는 상근직원들에 의하여 좌우될 수밖에 없다.

(iii) "위원의 임기는 6년으로 한다"(제3항). "위원은 정당에 가입하거나 정치에 관여할 수 없다"(제4항). "위원은 탄핵 또는 금고 이상의 형의 선고에 의하지 아니하고는 파면되지 아니한다"(제5항). 위원의 신분을 법관과 동일하게 보장함으로써 정치적 중립성을 가진 독립기관성을 강조한다.

Ⅳ. 선거관리위원회의 권한

1. 선거와 국민투표의 관리

(ⅰ) 선거관리위원회는 "선거와 국민투표의 공정한 관리"를 한다(제114조 제1항). "각급 선거관리위원회는 선거인명부의 작성 등 선거사무와 국민투표사무에 관하여 관계행정기관에 필요한 지시를 할 수 있다"(제115조 제1항). "제1항의 지시를 받은 당해 행정기관은 이에 응하여야 한다"(제2항).

(ⅱ) 선거관리위원회는 선거운동을 관리한다. "선거운동은 각급선거관리위원회의 관리하에 법률이 정하는 범위안에서 하되, 균등한 기회가 보장되어야 한다"(제116조 제1항). 선거관리위원회의 조사권 중 자료제출 요구권에 대한 논란이 제기된 바 있다. 헌법재판소는 이를 물리적 강제력이 수반되지 아니하는 행정조사로 본다. 하지만, 이에 대하여는 영장주의가 적용될 소지도 충분히 있어 보인다.

> 각급선거관리위원회 위원 · 직원의 선거범죄 조사에 있어서 피조사자에게 자료제출의무 부과 및 허위자료를 제출하는 경우 형사처벌하는 규정은 영장주의와 일반적 행동자유를 침해하지 아니한다(헌재 2019.9.26. 2016헌바381, 공직선거법 제256조 제5항 제12호 위헌소원(합헌)).

(ⅲ) 선거관리위원회는 '공공단체등 위탁선거에 관한 법률'에 따른 위탁선거에 관한 사무를 행한다(선거관리위원회법 제3조 제1항 제4호).

(ⅳ) 현행 선거관리위원회의 조직은 국민적 신뢰가 높은 법관으로 하여금 선거관리의 공정성을 담보하고자 하는 취지에 따라 법관들이 중앙 및 지역 선거관리위원장을 겸한다. 하지만, 현실적으로 그 운용상의 문제점이 드러나고 있어 법관들의 겸직은 재고되어야 한다. 실제로 중앙선거관리위원회가 재정신청한 사건을 중앙선거관리위원인 법관들이 재판하는 결과를 초래할 수도 있다. 선거사범에 대한 검찰의 압수 · 수색 영장청구 → 법원 판단, 선관위 고발 · 수사의뢰 → 검찰 기소 → 법원판결의 단계에서 법원은 곧 법관이 선관위원장을 겸하는 법관이다. 물론 법관은 다르지만 선관위원장인 법관이 관할하는 법관들이 재판하므로 셀프 재판과 제 식구 감싸기의 우려가 제기된다.

2. 정당사무관리 및 정치자금배분

(ⅰ) 선거관리위원회는 "정당에 관한 사무를 처리"한다(제114조 제1항, 정당법 제8조, 제11조, 제15조, 제36조-제38조).

(ⅱ) 선거관리위원회는 정치자금의 기탁과 기탁된 정치자금 및 국고보조금을 각 정당에 배분한다(정치자금법 제22조, 제23조, 제25조, 제27조).

3. 선거공영제의 실시

"선거에 관한 경비는 법률이 정하는 경우를 제외하고는 정당 또는 후보자에게 부담시킬 수 없다"(제116조 제2항).

4. 규칙제정권

"중앙선거관리위원회는 법령의 범위안에서 선거관리·국민투표관리 또는 정당사무에 관한 규칙을 제정할 수 있으며, 법률에 저촉되지 아니하는 범위안에서 내부규율에 관한 규칙을 제정할 수 있다"(제114조 제6항). 중앙선거관리위원회의 규칙제정권은 국회·대법원·헌법재판소와 같은 다른 헌법기관의 규칙제정권과 동일한 법규명령제정권이다. 따라서 헌법조문의 "'법령'의 범위안에서"라는 표현은 법률의 범위 안에서로 이해되어야 한다.

> "공직선거관리규칙은 중앙선거관리위원회가 헌법 제114조 제6항 소정의 규칙제정권에 의하여 공직선거및선거부정방지법에서 위임된 사항과 대통령·국회의원·지방의회의원 및 지방자치단체의 장의 선거의 관리에 필요한 세부사항을 규정함을 목적으로 하여 제정된 법규명령이"다(대판 1996.7.12. 96우16). 그러나 "개표관리요령은 개표관리 및 투표용지의 유·무효를 가리는 업무에 종사하는 각급 선거관리위원회 직원 등에 대한 업무처리지침 내지 사무처리준칙에 불과할 뿐 국민이나 법원을 구속하는 효력은 없다."
>
> 선거공영제는 선거 자체가 국가의 공적 업무를 수행할 국민의 대표자를 선출하는 행위이므로 이에 소요되는 비용은 원칙적으로 국가가 부담하는 것이 바람직하다는 점과 선거경비를 개인에게 모두 부담시키는 것은 경제적으로 넉넉하지 못한 자의 입후보를 어렵거나 불가능하게 하여 국민의 공무담임권을 부당하게 제한하는 결과를 초래할 수 있다는 점을 고려하여, 선거의 관리·운영에 필요한 비용을 후보자 개인에게 부담시키지 아니하고 국민 모두의 공평부담으로 하고자 하는 원칙이다(헌재 2011.4.28. 2010헌바232, 공직선거법 제265조의2 제1항 위헌소원(합헌)).

제 4 장 법　　원

헌법 제5장 법원(제101조-제110조)은 전통적인 의미에서의 사법부에 관한 규정이다. 헌법 제101조 제1항에서 "사법권은 법관으로 구성된 법원에 속한다"라고 규정한다. 이는 제3장 국회의 제40조 "입법권은 국회에 속한다," 제4장 정부의 제66조 제4항 "행정권은 대통령을 수반으로 하는 정부에 속한다"라는 규정과 대비된다. 그런데 제5장 법원에 관한 규정에는 현행헌법에서 새로 도입된 제6장 헌법재판소와의 관계를 제대로 고려하지 아니한 규정들이 문제가 된다. 특히 최고법원인 대법원과 헌법재판소의 관계설정이 중요한 쟁점으로 부각된다(제5장 헌법재판소 참조).

제 1 절　법원의 지위와 조직

"법원(法院)은 최고법원인 대법원과 각급법원으로 조직된다"(제101조 제2항). "대법원과 각급법원의 조직은 법률로 정한다"(제102조 제3항). 이에 따라 법원조직법에서는 대법원, 고등법원, 특허법원, 지방법원, 가정법원, 행정법원, 회생법원의 조직에 관한 구체적인 내용을 규정한다.

제 1 항　대법원의 지위와 조직

Ⅰ. 대법원의 헌법상 지위

1. 의의 및 외국의 최고법원제도

대법원의 지위와 구성은 각기 그 나라의 독특한 법문화와 연계되어 다양한 모습을 보인다.

대법원의 비교법적 지위는 ① 독립된 행정법원의 설치 여부에 따라 사법제도국가와 행정제도국가, ② 독립된 헌법재판소제도의 설치 여부에 따라 구별된다. 이는 주로 영미법계와 대륙법계의 차이로 볼 수도 있다.[1]

(i) 미국의 연방대법원은 위헌법률심사기관, 기본권보장기관, 상고심재판기관, 제1심재판기관(관할사건)의 지위를 가진다. 연방대법원 아래 항소법원과 지방법원이 있다. 연방특수지방법원으로는 연방조세법원, 연방청구법원, 연방국제거래법원이 있다. 각 주에도 각급법원이 설치되어 있다. 연방대법원은 주 최고법원의 상고사건도 관할한다.

(ii) 일본의 최고재판소는 위헌법률심사기관, 기본권보장기관, 상고심재판기관, 사법행정기관의 지위를 가진다.

(iii) 독일의 연방헌법재판소는 헌법보장기관・위헌법률심사기관이며 최고의 상고심재판기관이다. 연방법원으로는 연방일반법원, 연방행정법원, 연방재정법원, 연방노동법원, 연방사회법원이 있다. 각 주에는 주 헌법재판소와 일반법원이 있다.

(iv) 프랑스의 헌법재판소는 위헌법률심사권을 가진다. 민・형사사건의 최고법원은 파기원(파훼원)이다. 파기원 아래 항소법원과 지방법원이 있다. 지방법원에는 민사법원과 형사법원이 있다. 예외적 민사법원으로는 상사법원, 노사조정법원, 농업법원, 사회보장법원 등이 있다. 한편 행정사건의 최고법원은 국사원이다. 국사원 아래 항소행정법원과 지방행정법원이 있다. 행정사건과 일반사건의 관할을 정하는 관할법원(권한쟁의법원)이 있다. 또한 탄핵재판기관으로는 고등법정과 공화국정의법원이 있다.

(v) 영국에서는 그간 '법률귀족'(Law Lords)으로 불리는 상원의원 12명으로 구성된 상원 내 항소위원회(Appellate Committee of the House of Lords)가 대법원의 역할을 수행하여왔다. 그러나 헌정개혁법(Constitutional Reform Act 2005)에 따라 2009년 10월 1일 독립적인 대법원이 개설되었다. 대법원은 원장・부원장을 포함한 12명의 대법관으로 구성되는데 종전의 법률귀족이 대법관으로 유임되었다. 향후 대법관이 공석될 경우 대법관선발위원회(Selection Commission)에서 후임자를 선임한 후 총리의 제청을 거쳐 국왕이 임명한다. 신임대법관은 귀족의 작위를 받거나 상원의원직을 가질 수 없다.

2. 한국헌법사상 대법원의 지위

한국헌법사에서 대법원은 최고법원의 지위를 유지하여왔다. 다만, 헌법재판은 제3공화국을 제외하고는 헌법위원회(제1・제4・제5공화국)나 헌법재판소(제2공화국)가 담당하여왔다. 그런데 제6공화국에서 헌법재판소가 활성화되면서 대법원과

1) 이우영, "미국의 대법원", 인권과 정의 411호; 성낙인, 프랑스헌법학, 680-697면 참조. 전통적인 사회주의국가에서도 사법독립의 차원에서 새로이 사법부가 구성된다; 정철, 중국헌법상 사법제도에 관한 연구, 서울대 박사학위논문, 2008.2; 임종훈, "영국 대법원의 독립과 그 헌법적 함의", 공법연구 43-3; 박종현, "헌법질서 내에서의 법원의 지위와 역할", 헌법학연구 22-1; 장영수, "대법원장, 헌법재판소장 추천위원회의 의의와 한계", 공법학연구 24-3; 김정수, "사법개혁과 개헌 방향에 대한 헌법적 관견", 헌법학연구 28-4.; Cf. Jeffrey Jowell & Dawn Oliver, *The Changing Constitution*, Oxford Univ. Press, 2007.

헌법재판소 사이에 갈등이 표출되기도 한다.

Ⅱ. 현행헌법상 대법원의 지위

(ⅰ) 헌법에서 "법원은 최고법원인 대법원"이라고 명시하는 바와 같이, 대법원(大法院)은 대한민국헌법상 최고법원이다(제101조 제2항).

(ⅱ) 대법원은 기본권보장기관이다. 대법원의 기본권보장기관으로서의 역할은 국민의 재판청구권을 통하여 구체화된다.

(ⅲ) 대법원은 헌법보장기관이다. 위헌법률심판제청권, 선거소송관할권, 명령·규칙의 위헌심사권 등을 통하여 헌법보장기관으로서의 성격을 분명히 한다.

(ⅳ) 대법원은 최고사법행정기관이다. "대법원장과 대법관이 아닌 법관은 대법관회의의 동의를 얻어 대법원장이 임명한다"(제104조 제3항). 또한 "대법원은 법률에 저촉되지 아니하는 범위안에서 소송에 관한 절차, 법원의 내부규율과 사무처리에 관한 규칙을 제정할 수 있다"(제108조).

Ⅲ. 대법원의 구성

"대법원에 부를 둘 수 있다"(제102조 제1항). "대법원에 대법관을 둔다. 다만, 법률이 정하는 바에 의하여 대법관이 아닌 법관을 둘 수 있다"(제102조 제2항). "대법원과 각급법원의 조직은 법률로 정한다"(제102조 제3항).

제2공화국헌법에서 대법원장과 대법관은 선거인단의 선거로 선출되었다. 제3공화국헌법에서는 대법원장과 대법관은 법관추천회의의 추천을 받아 임명되었다. 제4공화국헌법 이래 대법원장과 대법관 임명과정은 현재와 같다.

1. 대법원장

(1) 대법원장(大法院長)의 헌법상 지위

(ⅰ) 대법원장은 대법원의 장이다. 최고법원인 대법원의 수장인 대법원장은 대법원을 대표하며(제104조 제1항, 제2항), 법원구성권과 사법행정권을 가진다(법원조직법 제13조).

(ⅱ) 대법원장은 대법관회의의 의장이다(제16조 제1항). 대법관회의는 대법관으로 구성되는 대법원의 최고의사결정기구이다.

(ⅲ) 대법원장은 대법관 전원합의체의 재판장이다(제7조 제1항). 대법관 전원합의체

는 대법관 전원의 3분의 2 이상으로 구성되는 재판부이다.

(2) 대법원장의 신분상 지위

(i) 대법원장은 대통령이 판사·검사·변호사의 자격이 있는 자로서 20년 이상 법조경력을 가진 45세 이상의 사람(법원조직법 제42조 제1항) 중에서, 대통령이 국회의 동의를 얻어 임명한다(제104조 제1항). 국민적 정당성을 직접적으로 확보하지 아니한 사법부의 수장을 임명하면서 국민적 정당성을 가진 국회와 대통령이 개입한다. 국회의 동의권과 대통령의 임명권은 서로 조화롭게 작동되어야 한다. 국회의 의사를 전혀 고려하지 아니한 대통령의 독단적인 임명권의 행사는 자칫 최고법원의 구성 자체를 어렵게 할 수 있다. 임명동의과정에서 국회는 인사청문회를 실시한다.

(ii) "대법원장의 임기는 6년으로 하며, 중임할 수 없다"(제105조 제1항). 대법원장의 정년은 70세이다(법원조직법 제45조 제4항).

(3) 대법원장의 권한

(i) 대법원장은 대법관임명제청권을 가진다(제104조 제2항). 대법원장의 임명에 이미 국민적 정당성의 양축인 국회의 동의와 대통령의 임명권이 반영되었으므로, 대법원의 구성에는 대법원장이 직접 개입할 수 있어야 한다는 취지이다. 다만, 대법관은 대법원장의 임명제청에 이어 국회의 동의를 얻어 대통령이 임명하기 때문에 대법원장의 임명제청권, 국회의 임명동의권, 대통령의 임명권이라는 삼각축의 조화가 요망된다. 그러나 대법원장임명 과정에서 국회와 대통령의 의사가 충분히 반영되었기 때문에 국회와 대통령의 대법원구성에 관한 권한은 대법원장의 임명제청권보다 상대적으로 약화될 수밖에 없다. "대법원장은 대법관 후보자를 추천하는 경우에는 추천위원회의 추천 내용을 존중한다"(법원조직법 제41조의2 제6항). 그런데 대법관은 대법원장과 전원합의체 재판을 함께 하므로 전원합의체 구성원인 대법관 선임에 대한 대법원장의 임명제청권은 문제의 소지가 있다.

(ii) 대법원장은 헌법재판소 재판관 중 3인의 지명권을 가진다(제111조 제3항). 대법원장의 헌법재판소 재판관지명권은 대법원과 헌법재판소가 각기 헌법상 독립적인 최고사법기관이라는 점에서 비판의 소지가 있다. 특히 그간 대법원장은 헌법재판관지명보다는 대법관임명제청에 더 무게중심을 두어왔고, 헌법재판관지명에는 특별한 절차 없이 대법원장의 재량으로 지명하였다. 이에 대한 문제제기에 따라 대법원은 2018년에 '헌법재판소재판관후보추천위원회 내규'를 제정하였다. 추천위원회는 법무부장관이 빠지고 그 외는 대법관후보추천위원회와 동일하다.

(iii) 대법원장은 중앙선거관리위원회 위원 중 3인의 지명권을 가진다(제114조 제2항).

하지만, 국민적 정당성을 직접 확보하지 아니한 대법원장의 중앙선거관리위원회 위원 지명권은 폐지하고, 국회와 대통령이 선출 및 임명권을 가져야 한다. 특히 대법원장이 현직 법관 중에서 중앙선거관리위원회 위원을 지명하고 있는 관행은 시정되어야 한다. 더구나 대법원장이 대법관 중에서 지명한 위원이 중앙선거관리위원회 위원장으로 선임되는 관례도 헌법기관의 장을 헌법기관의 구성원이 선임되는 모순적인 제도 운용이다.

(iv) 대법원장은 대법관이 아닌 법관을 대법관회의의 동의를 얻어 임명한다(제104조 제3항). 특히 각급 판사의 승진 및 보직은 법관인사위원회를 거쳐야 하지만, 법원의 구조와 체질상 대법원장의 권한이 거의 절대적이다. 이와 같은 대법원장을 중심으로 하는 관료화된 인사체계는 "법관의 인적 독립"이라는 관점에서 본다면 바람직한 현상이 아니다.

(v) "대법원장은 사법행정사무를 총괄하며, 사법행정사무에 관하여 관계 공무원을 지휘·감독한다"(법원조직법 제9조 제1항). 또한 법관 이외의 법원공무원을 임명한다(제53조).

(vi) "대법원장은 법원의 조직, 인사, 운영, 재판절차, 등기, 가족관계등록, 그 밖의 법원 업무와 관련된 법률의 제정 또는 개정이 필요하다고 인정하는 경우에는 국회에 서면으로 그 의견을 제출할 수 있다"(제9조 제3항). 한편 헌법재판소의 장도 헌법재판소의 조직·인사·운영·심판절차 그 밖에 헌법재판소의 업무에 관련된 법률의 제정 또는 개정이 필요하다고 인정하는 경우에는 국회에 서면으로 그 의견을 제출할 수 있다(헌법재판소법 제10조의2). 위와 같은 대법원장과 헌법재판소장의 입법의견제출권 행사에는 차이가 있는데, 헌법재판소장이 국회에 입법의견을 제출할 때에는 헌법재판소법 제16조 제4항 제1호에 의하여 반드시 재판관회의의 의결을 거쳐야 하지만, 대법원장의 경우에는 대법관회의의 의결이 필요하지 아니하다.

2. 대 법 관

(1) 대법관(大法官)의 헌법상 지위

대법관은 최고법원인 대법원의 구성원으로서 대법관회의 및 대법관 전원합의체의 구성원이다.

(2) 대법관의 신분상 지위

(i) 대법관은 대법원장과 동일한 법조자격을 가진 자 중에서 대법원장이 대법관후보추천위원회의 추천을 받아 대통령에게 임명을 제청하고 국회의 동의를 얻어 대통령이 임명한다(제104조 제2항, 법원조직법 제41조 제2항). 대법관후보추천위원회는 위원장을 포함

한 10명의 위원으로 구성한다(제41조 의2).

① 대법원장이 제청할 대법관 후보자의 추천을 위하여 대법원에 대법관후보추천위원회를 둔다. ② 추천위원회는 대법원장이 대법관 후보자를 제청할 때마다 위원장 1명을 포함한 10명의 위원으로 구성한다. ③ 위원은 다음 각 호에 해당하는 사람을 대법원장이 임명하거나 위촉한다: 1. 선임대법관, 2. 법원행정처장, 3. 법무부장관, 4. 대한변호사협회장, 5. 사단법인 한국법학교수회 회장, 6. 사단법인 법학전문대학원협의회 이사장, 7. 대법관이 아닌 법관 1명, 8. 학식과 덕망이 있고 각계 전문 분야에서 경험이 풍부한 사람으로서 변호사 자격을 가지지 아니한 사람 3명. 이 경우 1명 이상은 여성이어야 한다. ④ 위원장은 위원 중에서 대법원장이 임명하거나 위촉한다(법원조직법 제41조의2).

(ii) 하지만, 추천위원회의 구성에 있어서 당연직 위원을 제외하고는 법관뿐만 아니라 외부인사도 대법원장이 임명하거나 위촉한다. 이에 추천위원회의 명실상부한 독립적 기능과 역할을 기대하기가 어렵다.

(iii) "대법관의 임기는 6년으로 하며, 법률이 정하는 바에 의하여 연임할 수 있다"(제105조 제2항). 대법관의 정년은 대법원장과 같이 70세로 한다(법원조직법 제45조 제4항).

(3) 대법관의 권한

대법관은 대법원 재판부에서 심판권을 가지고, 대법관회의에서 심의·의결권을 가진다.

3. 대법관이 아닌 법관과 재판연구관

대법원에는 "다만, 법률이 정하는 바에 의하여 대법관이 아닌 법관을 둘 수 있다"(제102조 제2항). 대법원에 대법원장 및 대법관 이외에 일반법관을 둔 대법원 조직의 이원화는 대법원 운영의 합리화와 신속한 재판을 도모하기 위한 장치이다. 대법원장은 "판사로 보하거나 3년 이내의 기간을 정하여 판사가 아닌 사람을 재판연구관으로 임명"하여, "대법원에서 사건의 심리 및 재판에 관한 조사·연구 업무를" 담당하게 할 수 있다"(법원조직법 제24조).

Ⅳ. 대법원의 조직

1. 의 의

"대법원과 각급법원의 조직은 법률로 정한다"(제102조 제3항). 이에 따라 법원조직법이 제정되어 있다.

2. 대법원의 내부조직

(1) 대법관 전원합의체(全員合議體)와 부(部)

(ⅰ) 대법원에는 대법관 전원합의체와 부를 두고 있다. 이상적으로는 최고법원인 대법원의 재판은 미국 연방대법원과 같이 대법관 전원합의체로만 운용되어야 하지만, 대법원의 과중한 업무부담으로 인하여 특별한 사정이 없는 한 부 중심으로 운용된다. 헌법도 "대법원에 부를 둘 수 있다"(제102조 제1항)라고 규정하고 있다.

(ⅱ) 대법관 전원합의체(全員合議體)는 대법관 3분의 2 이상의 합의체로서 대법원장이 재판장이 되고, 헌법 · 법률에 다른 규정이 없으면 과반수로 결정한다. 법원조직법 제7조 제1항에서는 대법관 전원합의체 심판사항을 규정하고 있다.

(ⅲ) 대법원의 부는 대법관 3인 이상으로 구성하며(법원조직법 제7조 제1항), 재판사무의 전문성 · 효율성을 제고하기 위하여 행정 · 조세 · 노동 · 군사 · 특허 등의 전담특별부를 둘 수 있다(제2항).

(ⅳ) 대법원의 심판권은 부에서 먼저 사건을 심리하여 의견이 일치된 경우에 일정한 예외를 제외하고는 그 부에서 재판할 수 있다(제7조 제1항).

(2) 대법관회의(大法官會議)

(ⅰ) 대법관회의는 대법관 전원으로 구성된 회의체이며 그 의장은 대법원장이다. 현재 14인으로 구성되어 있다(제4조 제2항).

(ⅱ) 대법관회의는 대법관전원의 3분의 2 이상의 출석과 출석인원 과반수의 찬성으로 의결하며, 가부동수인 경우에는 대법원장이 결정권을 가진다(제16조).

(ⅲ) 법원조직법 제17조에 규정된 사항은 대법관회의의 의결을 거쳐야 한다.

3. 대법원의 부설기관

(ⅰ) 대법원의 부설기관은 법원조직법에 규정되어 있다. 법원행정처(제67조 제68조), 사법연수원(제20조), 사법정책연구원(제20조의2), 법원공무원교육원(제21조), 사법정책자문위원회(제25조), 법관인사위원회(제25조의2), 사법보좌관(제54조), 법원도서관(제22조), 재판연구관(제24조) 등이 있다. 법원행정처는 사법행정사무를 관장하는 법원행정조직의 중심축이다. 법원행정처장은 대법관 중에서 대법원장이 보하도록 한다(제68조 제1항).

(ⅱ) 특히 "형(刑)을 정할 때 국민의 건전한 상식을 반영하고 국민이 신뢰할 수 있는 공정하고 객관적인 양형(量刑)을 실현하기 위하여 대법원에 양형위원회를 둔다"(제81조의2 제1항).

(iii) 법원의 윤리감사업무의 독립성과 전문성을 강화하기 위하여 대법원에 정무직 윤리감사관을 둔다. 윤리감사관은 개방형 직위로 한다(제71조의2).

4. 판사회의

"고등법원 · 특허법원 · 지방법원 · 가정법원 · 행정법원 및 회생법원과 대법원규칙으로 정하는 지원에 사법행정에 관한 자문기관으로 판사회의를 둔다"(제9조의2 제1항).

Ⅴ. 대법원의 권한

1. 대법원의 심판권

(i) 대법원의 심판권은 대법관 전원의 3분의 2 이상으로 구성된 합의체에서 행사한다. 대법원장이 재판장이 되고, 헌법 · 법률에 다른 규정이 없으면 과반수로 결정한다. 법원조직법 제7조 제1항에서는 대법관 전원합의체 심판사항을 규정하고 있다: ① 명령 또는 규칙이 헌법에 위반된다고 인정하는 경우, ② 명령 또는 규칙이 법률에 위반된다고 인정하는 경우, ③ 종전에 대법원에서 판시한 헌법 · 법률 · 명령 또는 규칙의 해석적용에 관한 의견을 변경할 필요가 있다고 인정하는 경우, ④ 부에서 재판하는 것이 적당하지 아니하다고 인정하는 경우.

(ii) 그 밖의 사건은 부에서 심판한다. 대법원의 부는 대법관 3인 이상으로 구성한다.

대법관 전원의 3분의 2에 미달되는 수의 대법관으로 구성된 부에서 종전에 대법원에서 판시한 적용법률에 관한 의견을 변경한 경우 민사소송법 제422조 제1항 제1호 소정의 재심사유에 해당한다(대판(전합) 2011.7.21. 2011재다199; 대판 2000.5.12. 99재다524).

(iii) 대법원은 위헌 · 위법한 명령 · 규칙에 대한 최종적인 심사권(제107조 제2항), 위헌법률심판제청권(제107조 제1항)을 가지고, 선거소송, 상고심 · 재항고심 및 다른 법률에 따라 대법원의 권한에 속하는 사건(법원조직법 제14조)을 관할한다.

다만, 비례대표 시 · 도의원선거와 시 · 도지사선거를 제외한 지방선거에 관한 소송의 제1심 관할법원은 고등법원이다.

2. 대법원의 규칙제정권

(i) "대법원은 법률에 저촉되지 아니하는 범위안에서 소송에 관한 절차, 법원의 내부규율과 사무처리에 관한 규칙을 제정할 수 있다"(제108조). 대법원의 규칙

제정권은 법규명령제정권이다. 대법원규칙은 법률에 저촉되지 아니하는 범위 안에서 제정되는 규범이기 때문에 법률보다 하위규범이다. 대법원에 법규명령제정권을 부여한 취지는, ① 사법의 독립성을 도모하고, ② 기술적·합목적적 견지에서 소송기술적 사항을 그 업무에 정통한 사법부 스스로 규정하도록 하고, ③ 최고법원인 대법원의 통제·감독권을 확보하려는 데에 있다.

(ii) 대법원의 규칙제정권의 범위는 헌법에 열거된 사항뿐만 아니라 대법원 운용과 관련하여 대법원이 필요하다고 판단되는 사항에까지 이른다(예시설).

> 법률은 헌법 제108조에서 열거하고 있는 사항은 물론, 열거하지 아니한 사항에 대하여서도 이를 대법원규칙에서 정하도록 위임할 수 있으므로, 소송비용에 관한 사항이 소송절차에 관련된 사항인지와 관계없이 심판대상조항이 이를 대법원규칙에 위임하였다 하여 헌법 제108조를 위반한다고 볼 수는 없다(헌재 2016.6.30. 2013헌바370등, 민사소송법 제109조 제1항 위헌소원(합헌)).

(iii) 대법원규칙은 대법관회의의 의결로 제정하며, 법원행정처장이 이를 관보에 게재하여 공포한다.

(iv) 대법원규칙에 대한 위헌·위법성심사권은 헌법 제107조 제2항의 규정을 문리적으로 적용한다면 대법원이 가진다고 볼 수 있다. 그러나 대법원이 제정한 규칙에 대한 대법원의 위헌·위법심사는 바람직하지 아니하므로, 사안에 따라서는 헌법재판소가 적극적으로 사법심사를 하여야 한다. 헌법재판소는 법무사법 시행규칙에 대한 헌법소원사건에서 대법원규칙에 대한 위헌심사를 한 바 있다(헌재 1990.10.15. 89헌마178, 법무사법시행규칙 제3조 제1항에 대한 헌법소원(위헌)).

3. 대법원의 사법행정권

(i) 사법행정권은 사법재판권의 행사나 재판제도를 운용·관리하기 위하여 필요한 일체의 행정작용이다. 법관의 인사행정, 법원의 조직·구성 등의 운영·관리, 법원시설의 물적 시설관리, 재무관리 등이 있다.

(ii) 사법행정기관으로는 최고기관으로서 대법원장과 대법원, 법원행정처 및 각급법원이 있다.

(iii) 대법관회의는 ① 판사의 임명 및 연임에 대한 동의, ② 대법원규칙의 제정과 개정 등에 관한 사항, ③ 판례의 수집·간행에 관한 사항, ④ 예산 요구, 예비금 지출과 결산에 관한 사항, ⑤ 다른 법령에 따라 대법관회의의 권한에 속하는 사항, ⑥ 특히 중요하다고 인정되는 사항으로서 대법원장이 회의에 부친 사항을 심의하고 의결한다(법원조직법 제17조).

(iv) 법관의 인사에 관한 중요 사항을 심의하기 위하여 대법원에 법관인사위원회를 둔다. 법관인사위원회는 위원장 1명을 포함한 11명의 위원으로 구성한다. 인사위원회는 ① 인사에 관한 기본계획의 수립에 관한 사항, ② 판사의 임명에 관한 사항, ③ 판사의 연임에 관한 사항, ④ 판사의 퇴직에 관한 사항, ⑤ 그 밖에 대법원장이 중요하다고 인정하여 회의에 부치는 사항을 심의한다(법원조직법 제25조의2).

제4항 위원은 다음 각 호에 해당하는 사람을 대법원장이 임명하거나 위촉한다: 1. 법관 3명, 2. 법무부장관이 추천하는 검사 2명. 다만, 제2항제2호의 판사의 신규 임명에 관한 심의에만 참여한다. 3. 대한변호사협회장이 추천하는 변호사 2명, 4. 사단법인 한국법학교수회 회장과 사단법인 법학전문대학원협의회 이사장이 각각 1명씩 추천하는 법학교수 2명, 5. 학식과 덕망이 있고 각계 전문 분야에서 경험이 풍부한 사람으로서 변호사의 자격이 없는 사람 2명. 이 경우 1명 이상은 여성이어야 한다.

제 2 항 각급법원의 지위와 조직

Ⅰ. 의 의

"각급법원의 조직은 법률로 정한다"(제102조 제3항). 각급법원의 조직에 관하여는 법원조직법에서 상세히 규정한다. 각급법원은 항소법원인 고등법원과 사실상 항소법원인 특허법원, 지방법원, 제1심법원인 행정법원·가정법원·회생법원이 있다. 그 밖에 특별법원인 군사법원이 있다.[1)]

Ⅱ. 고등법원

(ⅰ) 고등법원은 판사인 고등법원장과 판사로 구성된다. 고등법원은 서울·부산·대구·광주·대전·수원·인천(2028. 3.1)에 소재한다. 제주·전주·청주·춘천·창원·울산에 고등법원 원외재판부를 둔다(각급 법원의 설치와 관할구역에 관한 법률 부칙).

(ⅱ) 고등법원(高等法院)에는 부를 두지만, 종전의 부장판사제도는 폐지되었다(법원조직법 제27조). 이에 따라 고등법원 승진 병목 현상은 사라졌다. 고등법원의 심판권은 판사 3인으로 구성된 합의부에서 행한다(제7조 제3항). 부의 구성원 중 1인은 그 부의 재판에서 재판장이 된다(제27조 제3항). 사법일원화에 따라 기존의 부장판사 1인에 배석판사 2인이 아닌 비슷한 경력의 법관으로 구성하는 '대등재판부'(對等裁判部)를 대법원을 제외한 모든 법원에 도입한다.

> 고등법원은 다음의 사건을 심판한다. 다만, 제28조의4제2호에 따라 특허법원의 권한에 속하는 사건은 제외한다. 1. 지방법원 합의부, 가정법원 합의부, 회생법원 합의부 또는 행정법원의 제1심 판결·심판·결정·명령에 대한 항소 또는 항고사건, 2. 지방법원단독판사, 가정법원단독판사의 제1심 판결·심판·결정·명령에 대한 항소 또는 항고사

1) 기존의 각급법원과 성격을 전혀 달리하는 상고법원(上告法院) 설립논의가 계속된다. 대법원의 과중한 업무를 해소하기 위하여 상고심리불속행제도를 운영하고 있으나 매우 미흡하기 때문에 상고법원을 설립하자는 취지이다. 하지만, 이는 합헌이나 위헌 논의의 차원을 넘어서 재판의 심급구조와 법원의 재판을 받을 권리에 대한 근본적인 성찰이 요구되는 사안이다(김종철·이준일·이상경·허진성, "대법원의 역할과 상고심 개선의 헌법적 쟁점에 관한 연구", 공법연구 44-1). 생각건대 상고법원 도입이나 대법관의 대폭 증원 등의 방안보다는 헌법이 인정하는 대법원의 부에 대법관이 부의 장을 맡고 고등법원 부장판사급의 법관이 배석하고 논쟁적인 사안에서는 전원합의체를 활성화하는 것이 현실적으로 바람직하다고 본다.

건으로서 형사사건을 제외한 사건 중 대법원규칙으로 정하는 사건, 3. 다른 법률에 따라 고등법원의 권한에 속하는 사건(제28조).

Ⅲ. 특허법원

(i) 특허법원(特許法院)은 판사인 특허법원장과 판사로 구성된다. 특허법원의 소재지는 대전이다. 과거에 특허쟁송은 특허청 안에 설치된 특허심판소와 항고심판소를 거쳐 대법원으로 가는 특별행정쟁송제도를 시행하여왔다. 그러나 이 제도에 대한 위헌 논의가 촉발되면서 법원조직법의 개정에 이어 관련 제도에 대한 헌법재판소의 헌법불합치결정(헌재 1995.9.28. 92헌가11등, 특허법 제186조 제1항 등 위헌제청(헌법불합치,잠정적용))으로 1998년 3월 1일부터 특허쟁송은 지식재산처에 설치된 특허심판원을 거쳐 특허법원에 이어 최종적으로 대법원으로 연결되는 특별쟁송제도를 채택한다. 그러나 특허법원의 법관도 일반법관의 순환근무 형태로 운영되고 있어서 전문성 제고가 요구된다.

(ii) "특허법원에 부를 둔다"(법원조직법 제28조의3). 특허법원의 심판권은 판사 3인으로 구성된 합의부에서 행한다(제7조 제3항).

특허법원은 다음의 사건을 심판한다. 1. 특허법 제186조제1항, 실용신안법 제33조, 디자인보호법 제166조제1항 및 상표법 제162조에서 정하는 제1심 사건, 2. 민사소송법 제24조제2항 및 제3항에 따른 사건의 항소사건, 3. 다른 법률에 따라 특허법원의 권한에 속하는 사건(제28조의4).

Ⅳ. 지방법원

(i) 지방법원(地方法院)은 판사인 지방법원장과 판사로 구성된다. 지방법원장은 그 법원과 소속지원 · 시군법원 및 등기소의 사법행정사무를 관장하고 소속 공무원을 지휘 · 감독한다.

(ii) 지방법원 및 가정법원의 사무의 일부를 처리하게 하기 위하여 그 관할구역에 지원과 가정지원, 시법원 또는 군법원 및 등기소를 둘 수 있다(제3조 제2항). 시 · 군법원제도는 법원이 소재하지 아니하는 시 · 군 주민의 사법편의를 제공하기 위하여 마련된 제도이다.

(iii) 지방법원의 심판권은 합의부의 심판권, 항소부의 심판권, 단독판사의 심판권, 시 · 군법원의 심판권으로 나누어져 있다.

Ⅴ. 가정법원

(i) 가사에 관한 소송 · 비송사건 · 조정 및 소년보호사건을 심판하는 가정법원(家庭法院)은 판사인 가정법원장과 판사로 구성된다.

가정법원은 서울, 부산, 대구, 광주, 대전, 인천, 수원, 울산, 창원(2029.3.1.)에 설치되어 있다. 대구 · 광주 · 대전 · 인천 · 수원의 관할구역 안에 가정지원이 설치되어 있다. 가정지원에도 항소부를 둘 수 있다(각급 법원의 설치와 관할구역에 관한 법률 부칙).

(ii) 가정법원의 심판권은 합의부의 심판권, 항소부의 심판권, 단독판사의 심판권으로 나누어져 있다.

Ⅵ. 행정법원

(i) 행정법원(行政法院)은 판사인 행정법원장과 판사로 구성된다. 서울에는 행정법원이 설치되어 있고, 지방에서는 지방법원에서 행정사건을 심판한다.

행정쟁송은 과거에 행정심판전치주의에 따라 행정심판을 거친 후에 관할고등법원을 거쳐 대법원에 이르는 구조를 취하였다. 그러나 1998년부터 행정법원이 발족하면서, 행정심판전치주의는 원칙적으로 임의적 전치주의로 변경되어 행정심판의 경유 여부에 관계없이 행정법원을 거쳐 고등법원과 대법원에 이르는 쟁송구조로 변경되었다.

(ii) "행정법원은 행정소송법에서 정한 행정사건과 다른 법률에 따라 행정법원의 권한에 속하는 사건을 제1심으로 심판한다"(법원조직법 제40조의4)

Ⅶ. 회생법원

(i) 도산사건(倒産事件)을 전문적으로 처리하는 전문법원을 설치하여 공정하고 효율적인 구조조정 절차를 담당하게 하여 도산사건의 예측가능성을 높이고 도산절차 이용 문턱을 낮추어 수요자의 법원 접근성을 강화하고 이해당사자 간 공정성과 형평성을 제고하여 재판에 대한 국민의 신뢰를 증진하는 등 구조조정 절차에서 있어서 실질적인 법치주의를 구현하려는 목적에서 회생법원(回生法院)이 2017년 신설되었다.

(ii) "회생법원에 회생법원장을 둔다." "회생법원장은 판사로 보한다." "회생법원장은 그 법원의 사법행정사무를 관장하며, 소속 공무원을 지휘·감독한다"(제40조의5). "회생법원에 부를 둔다"(제40조의6 제1항). 회생법원은 서울·수원·부산 및 대전·대구·광주(2026. 3.1)에 설치되며 '채무자 회생 및 파산에 관한 법률'에 따른 회생사건, 간이회생사건 및 파산사건 또는 개인회생사건을 담당한다(법원조직법 제3편 제6장).

Ⅷ. 군사법원

(i) "군사재판을 관할하기 위하여 특별법원으로서 군사법원(軍事法院)을 둘 수 있다"(제110조 제1항). 군사법원의 상고심은 대법원에서 관할한다(제2항).

(ii) "군사법원의 조직·권한 및 재판관의 자격은 법률로 정한다"(제3항). 군사재판의 제1심관할법원은 국방부장관 소속인 지역군사법원으로 하고, 제2심관할법원은 서울고등법원으로 한다(군사법원법 제6조 및 제10조, 별표 1 신설). 군사법원은 군판사 3명을 재판관으로 한다(제8조 및 제22조). 다만 전시·사변 또는 이에 준하는 국가비상사태 시에는 군사법원(전시군사법원)을 고등군사법원(2심)과 보통군사법원(1심)으로 하며(군사법원법 제534조의2), 고등군사법원은 국방부에 설치한다(제534조의3). 전시 군사법원 체제에서는 일반 군장교인 심판관이 재판관으로 될 수 있다(제534조의8).

Ⅸ. 일반법원과 특별법원

1. 의 의

사법기관의 제도개혁·민주화 문제는 그간 ① 특별법원(特別法院)인 군사법원의 합헌적 제도개선, ② 특별법원은 아니지만 행정심판제도·행정소송제도의 개선, ③ 특허쟁송제도·해난쟁송제도에 관한 위헌 논의에 이은 헌법재판소의 헌법불합치결정, ④ 헌법재판소의 인적 구성 및 제도개선과 더불어 재판기관으로서의 대법원과의 관계정립 등이 주된 의제로 제기되어왔다.

2. 헌법상 사법기관·재판기관

(i) 헌법의 정치제도편에서 "입법권은 국회에 속한다"(제40조), "행정권은 대통령을 수반으로 하는 정부에 속한다"(제66조 제4항)라는 규정과 더불어, 제101조 제1항은 "사법권은 법관으로 구성된 법원에 속한다"라고 규정함으로써, 입법권·행정

권·사법권이 견제와 균형을 이루는 삼권분립의 모습을 취한다.

(ii) 제3공화국헌법에서는 법원이 위헌법률심사권까지를 포함한 일체의 법률적 쟁송을 담당하였다. 또한 1972년 헌법과 1980년 헌법에서도 헌법위원회의 기능이 전혀 활성화되지 못하였기 때문에 사법권의 개념과 범위에 관하여 특별히 문제되지 아니하였다. 그런데 현행헌법에서 제5장 법원과는 별도로 설치된 제6장 헌법재판소가 매우 활성화되어 있다. 이에 따라 "사법권은 법원에 속한다"라는 규범을 헌법재판소와의 관계에서 어떻게 규범조화적으로 해석하여야 하는지에 관한 의문은 사법권의 개념과 범위에 관한 문제로 연결된다.

3. 사법의 본질과 사법일원주의의 재고

(i) "사법권은 법원에 속한다"라는 의미에서 사법·사법권·사법기관·재판기관 등의 개념정립이 필요하다.

(ii) "사법권은 법관으로 구성된 법원에 속한다"(제101조 제1항)라는 헌법규정은 사법개념과 직접적으로 연계된다. 즉 사법권은 사법에 관한 권한이다.

(iii) 사법 또는 사법권개념으로 실질설과 형식설이 논의된다. 하지만, 사법·사법권의 정의에 관한 논쟁보다는, 무엇이 사법·사법권이냐의 관점에서 사법의 본질인 법적 분쟁의 해결에 초점이 모아져야 한다.

> "'파산관재인의 선임 및 직무감독에 관한 사항'은 대립당사자간의 법적 분쟁을 사법적 절차를 통하여 해결하는 전형적인 사법권의 본질에 속하는 사항이 아니다"(헌재 2001.3.15. 2001헌가1등, 공적자금관리특별법 제20조 중 파산관재인관련부분 등 위헌제청(합헌)).

(iv) 사법기관·재판기관은 분쟁해결을 담당하는 기관이다. 그런 의미에서 "법원(사법부)은 사법기관이다." 법원이 행하는 사법작용 중에서 특별히 재판을 담당하는 기관을 '재판기관'이라고 본다면, 그것은 좁은 의미의 사법에 해당된다.

(v) 위와 같은 사법·사법권·사법기관·재판기관이라는 개념에 비추어 보건대, 헌법상 "사법권은 법원에 속한다"라는 법조문의 타당성에 의문이 제기된다. 왜냐하면 헌법재판소도 분명히 그 이론·개념·기능상 사법기관·재판기관임에 틀림없기 때문이다. 따라서 헌법상 법원과 헌법재판소는 사법기관·재판기관으로서 병렬적으로 존재한다. 그것은 곧 헌법상 사법기관·재판기관은 일원적 구조가 아니라 이원적 구조임을 의미한다. 이에 따라 법원과 헌법재판소와의 관계가 논쟁의 초점이 된다.

(vi) 이제 사법제도에 관한 논의는 독일이나 프랑스처럼 민·형사법원과는 별

도의 행정법원을 설치하는 데에만 초점을 맞추기보다는, 일반법원과는 구별되는 헌법법원 · 헌법재판소를 두고 있느냐의 여부에도 주목하여야 한다. 그런 의미에서 현행헌법상 미국식 사법일원주의의 틀은 적어도 붕괴되었다고 보아야 한다. 미국식 사법일원주의에서 연방대법원이 누리는 권위는 *Marbury v. Madison*, 5 U.S. 137 (1803)사건 이래 쌓아올린 위헌법률심사권에 기초한다. 위헌법률심사권이 헌법재판소로 넘어가고 또 그 기능이 활성화되어 있는 현행헌법에서 일반법원 내지 대법원 중심의 사법일원주의적 사고는 시정되어야 한다.

4. 재판기관(사법기관)으로서의 헌법재판소와 법원

(i) 헌법재판소와 대법원은 헌법상 국가최고기관의 지위에 있으면서 사법기능을 수행한다는 공통점을 가진다. 그런데 현행헌법은 대법원과 헌법재판소의 권한 · 기능에 관하여 몇 가지 구분을 하고 있지만, 그 최종적 구획이 불명확하여 논쟁을 유발한다. 명령 · 규칙에 대한 헌법재판소의 위헌심판권행사가 이러한 분쟁을 촉발한 적도 있다(헌재 1990.10.15. 89헌마178, 법무사법시행규칙에 대한 헌법소원(위헌)).

(ii) 헌법 제101조 제1항과 더불어 법원조직법 제2조 제1항의 "법원은 헌법에 특별한 규정이 있는 경우를 제외한 모든 법률상의 쟁송(爭訟)을 심판하고, 이 법과 다른 법률에 따라 법원에 속하는 권한을 가진다"라는 규정에 비추어 본다면 헌법재판소는 예외적 사법기관이다. 법원조직법에 의하면 헌법재판소는 헌법에 특별한 규정이 있는 사항만을 재판하는 기관이다. 이러한 사고는 헌법재판소법 제정에도 반영되어 사법기관인 법원에서 행하는 본원적 작용인 재판에 대하여는, 예외적 법원(재판소)인 헌법재판소에서 헌법소원심판을 할 수 없다고 명문화하였다(헌재법 제68조 제1항). 특히 헌법재판소의 한정위헌결정에 대하여 법원이 이를 수용하지 아니함으로써 긴장관계가 형성된 바 있다(헌재 1997.12.24. 96헌마172등, 헌법재판소법 제68조 제1항 등 위헌확인 등(한정위헌,인용(취소)); 대판 1997.3.28. 96누11327).

(iii) 한편 검찰은 준사법기관이므로 검찰이 행한 불기소처분도 헌법소원의 대상에서 제외되어야 한다고 주장하였으나 헌법재판소는 이를 받아들이지 아니한다(헌재 1989.7.14. 89헌마10(인용(취소)) 등. 헌법재판소 판례 중 단일주제로는 가장 많은 판례(헌법소원심판)를 남기고 있다). 다만, 개정된 형사소송법에서 재정신청이 전면적으로 확대되어 불기소처분에 대한 헌법소원이 대폭 감소한다.

(iv) 하지만, 현행헌법에서 대법원과 헌법재판소 사이에 야기될 수 있는 갈등은 각기 헌법보장기관, 국민의 기본권보장기관으로서의 기능을 충실히 수행함으로써 극복될 수 있다. 국민의 자유와 권리보장을 위하여 상호 판례를 존중함으로써 헌법상 야기될 수 있는 미묘한 갈등을 국민의 편에서 조화시켜 나가야 한다.

프랑스에서는 규범통제기관인 헌법재판소(Conseil constitutionnel, 헌법위원회·헌법평의회·헌법원으로도 번역됨), 중요법안의 사전심의기관이면서 동시에 최고행정법원인 국사원(Conseil d'État, 국참사원으로도 번역됨), 민·형사사건 등 일반재판에 관한 최고법원인 파기원(Cour de cassation, 파훼원·대법원으로도 번역됨)이 다양하게 정립되어 있다. 그런데 이들 최고재판기관 사이에 형성된 판례이론이 갈등보다는 오히려 발전적으로 조화를 이룸으로써 각기 최고재판기관으로서 국민의 기본권보장기관이라는 인식이 국민뿐만 아니라 권력기관·재판기관 내부에서도 공감대가 형성되어 있다.

(v) 입법론(헌법정책)적으로는 국가의 최고법인 헌법에 대한 적합성을 심판하는 헌법재판소를 중심으로 법규범의 통일적 해석을 도모할 필요가 있다. 법률가들의 사법관료적 성향이 팽배한 한국적 현실에서 독일의 경험은 좋은 시사점을 준다. 독일기본법은 원래 연방최고재판소의 설치를 예정하고 있었으나, 연방헌법재판소가 사실상 최고재판소로서 헌법해석의 최종결정권을 가짐에 따라, 1968년 기본법 개정으로 연방최고재판소에 관한 규정을 삭제하였다. 기본법 제9장 사법에서 제92조 법원의 조직에 연방헌법재판소를 포괄한다. 이에 따라 연방헌법재판소는 연방대통령·연방하원·연방상원·연방정부와 더불어 헌법상 최고기관의 하나이자 최고법원으로서의 위상을 정립하고 있다.

"사법권은 재판관에게 맡긴다. 사법권은 연방헌법재판소, 이 기본법에 규정된 연방법원 및 주법원에 의하여 행사된다"(독일 기본법 제92조).

(vi) 결국 현행헌법에서 "사법권은 법관으로 구성된 법원에 속한다"라는 규정에 집착하기보다는 대법원과 헌법재판소와의 관계는 헌법재판소의 사법기관으로서의 위상과 인식의 전환을 통하여 조화적인 헌법의 해석·적용·판단을 도모하여야 한다. 사법권을 넓게 해석하여 사법권을 법원에 한정하지 아니하고 헌법재판소까지 포함하며 동시에, 법관이라는 용어에 집착하기보다는 헌법재판소 재판관까지 포괄함으로써, 별개의 장으로 마련된 법원과 헌법재판소를 통일적으로 바라볼 수 있는 시각교정이 필요하다(헌법재판소와 대법원의 관계는 후술하는 헌법재판소 참조).

5. 일반법원·특별법원·특수법원

헌법 제101조 제1항은 "사법권은 법관으로 구성된 법원에 속한다"라고 규정하고, 동조 제2항은 "법원은 최고법원인 대법원과 각급법원으로 조직된다"라고 규정한다. 헌법규정에 비추어 본다면 모든 재판은 법관에 의하여야 하고 또한 대법원을 최종심으로 하여야 한다. 이러한 해석은 헌법재판을 예외적인 사법기능으로 이해하는 전제에서 가능하다. 즉 헌법재판을 포괄하여 사법으로 이해할 경우에 동 규정은 "헌법재판소에 의한 재판을 제외하고는" 대법원을 최종심으로 한다고 이해되어야 한다. 그래야만 현행헌법상 사법(권)의 개념이 좁은 의미의 사법으로 이해될 수 있으며, 또한 그 한도 안에서 사법일원주의를 채택한다고 할 수 있다. 따라서 이제 특별법원의 문제는 법관이나 헌법재판관이 아닌 사람에 의한 재판이 허용되는지 여부와 대법원이나 헌법재판소를 최종심으로 하지 아니하는 법원의 설치 가능 여부 문제로 귀결된다.

헌법재판소법에서 법원의 재판에 대한 헌법소원을 금지하기 때문에 헌법재판소를 최종심으로 한다는 표현이 어색하다. 따라서 헌법개정이 아니라 헌법재판소법의 개정을 통하여 법원의 재판에 대한 헌법소원이 허용된다면(다수학자의 입장), 헌법재판소가 사실상 최종심으로서의 역할을 수행할 수도 있다.

(1) 특별법원(特別法院)의 인정 여부

A. 특별법원의 개념(성격)

(i) 헌법상 특별법원의 설치 가능성은 먼저 특별법원의 개념(성격)을 어떻게 이해하느냐에 따라 달라질 수 있다.

(ii) 특수법원설(소수설)은 법관의 자격을 가진 자가 재판을 담당하고 최고법원에 상고가 인정될지라도, "그 권한의 한정, 그 대상의 특수성, 그 인적 구성의 특수성 및 그 재판기관의 임시성 등을 그 내용으로 하는 법원"(한태연 622-623면)을 특별법원이라고 본다. "그러나 이러한 법원(예: 海員법원, 소년법원, 가사법원, 근로법원 등)도 그 재판에 대하여 최고법원에 상고할 수 있고 또 그 조직과 법관의 자격·임기·신분보장 및 특히 그 독립성이 그 나라 헌법이 규정하는 일반원칙 그대로일 때에는 역시 최고법원의 하급법원인 동시에 그 나라의 보통법원에 속하는 것이므로(예: 위에 말한 우리나라의 가정법원, 현재의 영국의 유언·이혼·해사재판소) 이것을 특별법원이라고 하지 아니하는 것이 통례이다"(박일경 537면).

(iii) 예외법원설(다수설)은 "특별법원의 특징은 그 권한의 한정(예: 영국의 郡재판소는 200파운드까지만), 관할대상의 특수성(예: 가정법원), 법원존립의 임시성(예: 과거의 우리나라의 반민족행위처벌법의 특별재판소) 등에 있는 것이 아니고 그 재판에 대한 최고법원에의 상고가 인정되지 아니하거나(예: 옛날의 영국의 성좌재판소), 또는 헌법이 규정하는 법관의 자격 내지 일반법원의 독립성에 관련되는 제 규정이 인정되지 아니하는 점(예: 군사법원, 과거 우리나라의 반민족행위자 처벌을 위한 특별재판소에 대하여 위헌론이 나온 것도 그 법관자격이 주요원인이 되었다) 등

에 있다"는 입장이다(박일경 537면; 김철수1944면; 권영성 1092면; 안용교 984면; 허영 1112면). 헌법재판소도 예외법원설을 취한다.

"헌법이 군사법원을 특별법원으로 설치하도록 허용하되 대법원을 군사재판의 최종심으로 하고 있고, 구 군사법원법 제21조 제1항은 재판관의 재판상의 독립을, 같은 조 제2항은 재판관의 신분을 보장하고 있으며, 또한 같은 법 제22조 제3항, 제23조 제1항에 의하면 군사법원의 재판관은 반드시 일반법원의 법관과 동등한 자격을 가진 군판사를 포함시켜 구성하도록 하고 있는바, 이러한 사정을 감안하면 구 군사법원법 제6조가 일반법원과 따로 군사법원을 군부대 등에 설치하도록 하였다는 사유만으로 헌법이 허용한 특별법원으로서 군사법원의 한계를 일탈하여 사법권의 독립을 침해하고 위임입법의 한계를 일탈하거나 헌법 제27조 제1항의 재판청구권, 헌법 제11조의 평등권을 본질적으로 침해한 것이라고 할 수 없"다(헌재 1996.10.31. 93헌바25, 군사법원법 제6조 등 위헌소원(합헌)).

(iv) 생각건대 특별법원은 심판을 법관의 자격이 없는 사람 또는 재판의 독립에 필요한 신분보장을 받고 있지 못한 사람이 하거나, 그 재판에 대한 최고법원으로의 상소가 인정되지 아니하는 법원으로 보는 예외법원설이 타당하다. 따라서 대법원에 상고는 인정되지만 법관의 자격이 없는 사람이 재판을 담당하는 법원, 법관의 자격을 가진 사람이 재판을 담당하는 경우에도 그 재판에 대하여 대법원에 상고가 인정되지 아니하는 법원은 모두가 특별법원(예외법원)에 해당된다.

B. 군사법원(軍事法院) 이외의 특별법원의 허용가능성

(i) 특별법원을 예외법원으로 파악하는 경우에 헌법상 근거가 있는 군사법원(제110조) 이외의 특별법원을 인정할 수 있는지에 관하여 논란이 있다.

(ii) 긍정설은 특별법원의 조직 및 그 법원의 법관의 자격을 법률로써 정하는 경우에는 헌법 제101조 제2항 및 제3항과 제102조 제3항과의 관련상 위헌이 아니라고 본다(유진오, 신고헌법해의, 일조각, 168면).

(iii) 부정설은 ① 사법권독립의 원칙에 중대한 예외가 되는 특별법원의 설치에 관하여 헌법이 군사법원 외에는 하등의 규정을 두지 아니하는 점, ② 헌법 제101조 제2항이 "최고법원인 대법원"이라고 규정하여 원칙적으로 대법원을 최종심으로 하는 점, ③ 헌법 제105조 제3항이 일반법관의 임기에 관하여 일률적으로 규정을 두는 점, ④ 헌법 제106조가 법관에 대하여 일률적으로 신분을 보장하는 점 등에 비추어 보아, 현행헌법은 군사법원 이외의 특별법원의 설치를 인정하지 아니한다고 본다(다수설).

(iv) 생각건대 특별법원을 예외법원으로 이해하는 다수설의 입장에서는, 군사법원 이외의 특별법원을 수용할 수 없다. 헌법상 법원은 "최고법원인 대법원과 각급법원으로 조직"(제101조 제2항)되며 "법관의 자격은 법률로 정한다"(제3항)라는 규정에

비추어 볼 때, 최고법원인 대법원에 연결되지 아니하는 예외법원의 설립은 위헌이다. 하지만, 최고법원인 대법원의 하급법원으로서 특별법원을 설립하여 그 조직 및 법관의 자격을 법률로써 정하는 경우에는 위헌이라고만 볼 수는 없다.

(2) 특별법원(예외법원)으로서의 군사법원(軍事法院)

A. 군사법원의 지위와 성격

(i) 군사법원은 그 재판이 법관의 자격이 없는 국군장교인 심판관이 참여할 수 있다는 점에서 특별법원이다. 군사재판을 관할하는 군사법원은 현행헌법이 명문으로 인정하는 유일한 '특별법원'으로서 이론상 예외법원이다(제110조 제1항). 유일한 '특별법원'이라는 의미는 헌법 제110조에서 명시적으로 특별법원이라는 표현을 쓰고 있기 때문이다. 하지만, 이론상으로도 헌법상 군사법원 이외의 특별법원을 설치할 수 없다는 의미로 받아들여서는 아니 된다. 종전에는 건국 이후에도 유효하였던 군정법령(과도정부법률)인 국방경비법에 의거하여 군법회의가 설치·운용되어왔다. 그러나 특별법원으로서 군법회의의 설치는 위헌이라는 이론이 유력하게 제기되어, 제2차 개헌에서 군법회의의 설치근거를 헌법에 규정하기에 이르렀다(서재덕, 군사법제도의 구조에 관한 비교연구－한국과 미국을 중심으로, 서울대 박사학위논문, 2008.8).[1)]

(ii) 군사법원의 상고심은 원칙적으로 대법원의 관할 아래 있으므로 군사법원은 대법원의 하급심이다. 그러나 "비상계엄하의 군사재판은 군인·군무원의 범죄나 군사에 관한 간첩죄의 경우와 초병·초소·유독음식물공급, 포로에 관한 죄 중 법률이 정한 경우에 한하여 단심으로 할 수 있다"(제110조 제4항, 군사법원법 제534조)라고 규정하므로, 이 점에서 군사법원은 전형적인 특별법원의 성격을 가진다.

동 규정은 "비상사태하의 급박한 사정과 신속한 사회질서의 유지를 위하여 부득이한 경우가 예상되므로 이것을 제도화한 것이다. 그리고 동항에 열거된 범죄 중 구체적으로 어떤 범죄가 단심제의 적용을 받게 될 것인지는 법률로 정하게 되는 것이지만 여기서 단심제로 한다는 것은 3심제가 단심제로 되어 심급이 축소된다는 사실 외에 최고법원인 대법원의 심판권도 제한된다는 것을 아울러 주의해야 한다"(박일경 538면).

(iii) 한편 헌법 제27조 제2항은 "군인 또는 군무원이 아닌 국민은 대한민국의 영역 안에서는 중대한 군사상 기밀·초병·초소·유독음식물공급·포로·군용물에 관한 죄 중 법률이 정한 경우와 비상계엄이 선포된 경우를 제외하고는 군사법원의 재판을 받지 아니한다"라고 규정한다. 이 규정은 "헌법과 법률이 정한 법관에 의한 재판"에 대한 예외이면서, 동시에 그 예외를 제한·축소한다는 두 가지

1) 김정수, "군 사법제도 개혁의 평가와 개선방안", 헌법학연구 30-4.

의의를 가진다(대결(전합) 2016.6.16. 2016초기318).

B. 군사법원의 헌법상 문제점

(i) 헌법상 유일한 특별법원으로서 군사법원이 명문화되어 있으므로 적어도 헌법규정 사이에 저촉될 소지가 있다 하더라도, 위헌문제를 제기할 수 없다는 점에서 형식적으로는 위헌문제가 해소되었다(헌재 1996.10.31. 93헌바25, 군사법원법 제6조 등 위헌소원(합헌)). 군사법원은 원칙적으로 군인·군무원이라는 특수신분에 있는 사람에게만 관할권이 인정된다.

> "비상계엄지역 내에서도 계엄사령관은 법원이 정상적으로 기능을 발휘하고 있는 한 원칙적으로 군인 또는 군속 아닌 일반국민에 대한 재판은 법원으로 하여금 담당케 하도록 최대의 노력을 아끼지 말아야 할 것이 요망된다"(대재 1964.7.21., 64초4).

(ii) 비상계엄(제110조 제4항)이 발동된 경우에 특정한 범죄에 대하여 헌법과 법률이 정한 법관에 의한 재판이 아니면서 대법원에도 연결되지 아니하는 단심제의 채택은 국민의 재판을 받을 권리를 사실상 봉쇄한다는 점에서, 헌법의 규정은 최대한 한정·축소 해석되어야 한다. 비록 사형의 경우를 제외한다고는 하지만, 국가의 존립과 안전이 직접적으로 위협받는 경우에 한하여 단심제 군사법원의 재판을 받도록 하여야 한다.

(iii) 군사법원이 헌법상 인정되어 있다 하더라도, 군사법원법에 의하여 설치된 군사법원제도가 헌법에서 특별법원으로 인정한 최소한의 필요성, 즉 헌법정신에 부합한 제도인지도 널리 검토되어야 한다.

(iv) 입법론적으로는 프랑스나 독일과 같이 평상시에는 군사법원제도를 폐지하고 일반법원에서 재판하여야 한다는 견해에도 귀를 기울일 필요가 있다.

C. 현행법상 군사법원

(i) 군 장병의 재판받을 권리를 실질적으로 보장하기 위하여 군사재판 항소심을 서울고등법원으로 이관하는 한편, 군단급 이상의 부대에 설치되어 1심 군사재판을 담당하던 보통군사법원을 폐지하고 국방부에 각 군 군사법원을 통합하여 중앙지역군사법원·제1지역군사법원·제2지역군사법원·제3지역군사법원·제4지역군사법원을 설치한다(제5조 삭제, 제6조 및 제10조, 별표 1 신설).

(ii) 법관에 의한 재판을 받을 권리를 보장하기 위하여, 관할관 확인제도를 폐지하고 원칙적으로 군판사 외에 심판관(제5편 전시·사변 시의 특례)이 재판에 참여하던 군사법원의 재판관 구성을 민간 법원의 조직구성과 유사하게 변경하는 한편, 군사법원에서는 군판사 3명을 재판관으로 하고, 군사법원에 부(部)를 둔다(제8조 및 제22조).

(iii) 성폭력범죄, 군인 등의 사망사건의 원인이 되는 범죄 및 군인 등이 그 신

분을 취득하기 전에 저지른 범죄를 군사법원의 재판권에서 제외한다(제2조 제2항).

(iv) 종전에 장성급 장교가 지휘하는 부대에 설치되었던 보통검찰부는 폐지하고, 국방부장관 및 각 군 참모총장 소속으로 검찰단을 둔다. 한편 군검찰 수사의 독립성을 강화하기 위하여 국방부장관 및 각 군 참모총장은 군검사를 일반적으로 지휘·감독하고, 구체적 사건에 관하여는 소속 검찰단장만을 지휘·감독한다(제36조, 제38조 및 제39조).

(v) 군검사와 군사법경찰관은 구체적 사건의 범죄수사 및 공소유지에 관하여 상호 간에 협력하여야 한다. 군사법경찰관이 수사를 시작하여 입건하였거나 입건된 사건을 이첩받은 경우에는 48시간 이내에 관할 검찰단에 통보하여야 한다. 군사법경찰관은 사건을 송치한 후 군검사로부터 보완 수사를 요청받은 때에는 정당한 이유가 없는 한 지체없이 이를 이행하고 그 결과를 군검사에게 통보하여야 한다(제228조 및 제283조, 제228조의2). 군검사가 구속영장을 청구할 때 해당 군검찰부가 설치되어 있는 부대의 장의 승인을 받도록 하던 규정을 삭제하였다(제238조 제3항 삭제).

(vi) "군사법원의 재판관은 헌법과 법률에 의하여 그 양심에 따라 독립하여 심판한다"(제21조 제1항). "재판관, 군검사 및 변호인은 재판에 관한 직무상의 행위로 인하여 징계나 그 밖의 어떠한 불리한 처분도 받지 아니한다"(제21조 제2항). "재판의 심리와 판결은 공개한다. 다만, 안녕과 질서를 해칠 우려가 있을 때 또는 군사기밀을 보호할 필요가 있을 때에는 군사법원의 결정으로 재판의 심리만은 공개하지 아니할 수 있다"(제67조 제1항). "누구든지 법정에서는 재판장의 허가 없이 녹화, 촬영, 중계방송 등의 행위를 하지 못한다"(제68조 의2). "재판의 합의는 법률에 다른 규정이 없으면 재판관 과반수의 의견에 따른다"(제69조 제2항). 또한 군사법원에 즉결심판절차가 도입되었다(제3편 제4장).

> 현역병의 군대 입대 전 범죄에 대한 군사법원의 재판권 행사는 재판청구권을 침해하지 아니한다(헌재 2009.7.30. 2008헌바162, 군사법원법 제2조 제2항 위헌소원 등(합헌,각하)).

(vii) 군사법원 운영에 관한 주요 사항을 심의·의결하기 위하여 국방부에 군사법원운영위원회를 둔다(제4조 의2).

(3) 특수법원(特殊法院)

(i) 특수법원이란 법관의 자격을 가진 자가 재판을 담당하고, 최고법원에 상고가 인정되고 있을지라도 그 관할이 한정되고 그 대상이 특수한 법원이다. 특수법원은 현행헌법 아래에서 법률로써 설치가 가능하다. 헌법 제102조에서는 "대법원에

부를 둘 수 있다"(제1항), "대법원과 각급법원의 조직은 법률로 정한다"(제3항)라고 규정하므로 비록 특수법원은 아니라 할지라도 대법원에 특수사건을 전담할 부를 설치할 수 있다. 이에 따라 법원조직법은 "대법원장은 필요하다고 인정하는 경우에 특정한 부로 하여금 행정·조세·노동·군사·특허 등의 사건을 전담하여 심판하게 할 수 있다"(제7조 제2항)라고 규정한다.

"특허법원이 심판권을 가지는 사건 및 민사소송법 제24조제2항 및 제3항에 따른 소의 제1심사건을 담당하는 법원은 제62조에도 불구하고 당사자의 동의를 받아 당사자가 법정에서 외국어로 변론하는 것을 허가할 수 있다. 이 경우 민사소송법 제143조제1항 및 제277조는 적용하지 아니한다." "특허법원장 및 민사소송법 제24조제2항에서 정한 지방법원의 장은 제1항에 따른 허가가 있는 사건(국제사건)을 특정한 재판부(국제재판부)로 하여금 전담하게 할 수 있다"(제62조 의2).

(ii) 각급법원의 조직도 법률로 정하도록 하고 있기 때문에 하급법원으로서 가정법원·행정법원·회생법원·특허법원을 설치하고 있다. 행정사건도 3심제를 도입하고 있다. 특허법원은 사실상 특허심판원의 항소심역할을 한다.

(iii) 생각건대 헌법재판을 제외한다면 사법일원주의적 경향을 취하는 현행헌법에서 대법원에 연결되지 아니하는 독립된 법원의 설치는 불가능하더라도, 대법원에도 헌법상 허용된 부의 설치를 통하여 재판의 전문화를 도모하여야 할 뿐만 아니라, 특수법원으로서 행정·조세·가사·노동·회생·특허법원 또는 각급법원에 특별전담부를 설치하여 재판의 전문화 및 법관의 전문화를 이루어야 한다.

(4) 예외법원과 특수법원의 융화적·통합적 이해의 필요성

(i) 현행법제에서 특수법원은 사실상 일반법원과 특별히 구별되지 아니한다. 즉 법원조직상 가정법원·서울행정법원·서울회생법원·특허법원을 분리 운영한다는 점 이외에는 법관 및 법원의 전문화라는 취지와는 거리가 멀다. 법관의 순환근무체제가 개혁되어야만 특수법원은 그 본래의 목적과 취지를 살릴 수 있다.

(ii) 생각건대 기존에 형성된 통설적 개념인 특별법원=예외법원에 대칭되는 특수법원은 특별법원일 수 없다는 획일적 사고에 집착할 필요는 없다. 특히 전문법관제도는 얼마든지 도입이 가능하다. 이 경우 특수법원과 예외법원의 구별은 별로 큰 실익이 없다. 그러므로 헌법이론상 특별법원으로서 예외법원과 구별되는 특수법원의 관념은 보다 융화적·통합적으로 이해할 필요가 있다.

제 2 절 사법절차와 운영

Ⅰ. 재판의 심급제

헌법에 재판의 심급제(審級制)에 관하여 명문의 규정이 없다. 다만, 제101조 제2항에서 "법원은 최고법원인 대법원과 각급법원으로 조직된다"라고 규정함으로써 간접적으로 법원의 심급제를 예상하고 있다. 법원조직법에서는 소송절차를 신중하게 하고, 재판을 공정하게 하기 위하여 3심제를 채택한다.

1. 3심제의 원칙

(i) 민사재판·형사재판·행정재판 및 군사법원의 재판은 3심제를 원칙으로 한다.

(ii) 과거 행정재판은 고등법원이 1심이 되는 2심제였으나, 1998년부터 3심제로 되고, 행정심판은 선택적 전치사항으로 변경되었다(상고제한과 관련된 사항은 제2편 제7장 제3절 재판청구권 참조). 하지만, 국세기본법의 국세심판(국세심판원), 특허심판(특허심판원), 해양안전심판(지방해양안전심판원, 중앙해양안전심판원)은 **특별행정심판**으로서 행정심판전치주의를 취한다. 또한 국가공무원법(제16조), 지방공무원법(제20조의2), 관세법(제120조), 도로교통법(제142조) 등에서도 여전히 행정심판전치주의를 규정하고 있다.

2. 3심제의 예외

(1) 특허소송의 2심제

1998년 3월 1일 **특허법원**이 개설되면서 특허쟁송은 특허법에 따라 지식재산처에 설치된 특허심판원을 거쳐야 한다(특허행정심판전치주의). 특허법원에 이어 최종적으로 대법원으로 연결되기 때문에 특허법원은 사실상 제2심법원으로 작동한다.

(2) 해양안전소송의 2심제

'해양사고의 조사 및 심판에 관한 법률'에 따라 설치된 지방해양안전심판원의 재결에 불복하는 자는 중앙해양안전심판원에 제소할 수 있다(해양안전행정심판전치주의). 그런데 "중앙심판원의 재결에 대한 소송은 중앙심판원의 소재지를 관할하는 고등법원에 전속한다"(제74조 제1항)라고 하여 고등법원 전속관할로 개정되었다. 이에 따라 과거 단심제로 인한 위헌 논란이 종식되었다.

(3) 선거소송의 단심제 · 2심제

대통령선거와 국회의원선거의 선거소송과 당선소송은 대법원의 전속관할로 한다(공직선거법 제222조-제223조). 이는 선거관련 소송의 결과를 신속히 확정할 필요가 있기 때문이다. 다만, 지방선거 중 비례대표 시 · 도의원선거와 시 · 도지사선거 이외의 선거소송과 당선소송은 그 선거구를 관할하는 고등법원이 관할권을 가진다.

(4) 비상계엄하 군사재판의 예외적 단심제

"비상계엄하의 군사재판은 군인 · 군무원의 범죄나 군사에 관한 간첩죄의 경우와 초병 · 초소 · 유독음식물공급 · 포로에 관한 죄 중 법률이 정한 경우에 한하여 단심으로 할 수 있다. 다만, 사형을 선고한 경우에는 그러하지 아니하다"(제110조 제4항).

(5) 그 밖에 단심제가 적용되는 경우

지방자치법은 지방자치단체의 장이 제188조에 따른 자치사무에 관한 명령이나 처분의 취소 또는 정지에 대하여 이의가 있는 경우, 제189조에 따른 직무이행명령에 이의가 있는 경우 및 제192조에 따라 지방의회에서 재의결된 사항이 법령에 위반된다고 판단할 경우 대법원에 소를 제기할 수 있음을 규정함으로써 해당 사항에 대하여 단심제를 채택하고 있다. 한편, 법관징계법은 법관징계에 관한 소송을 대법원 단심으로 재판할 것을 규정하고 있다(법 제27조).

Ⅱ. 재판의 공개제

1. 의 의

(i) 재판의 공개는 근대 재판제도의 기본원칙의 하나로서, 재판의 심리와 판결을 일반에 공개함으로써 재판의 공정을 기하고 재판에 대한 국민의 신뢰를 증대시키기 위한 제도이다(최선, "판결문공개제도와 사법부의 책무성", 헌법학연구 28-1).

(ii) 헌법 제109조에 이 원칙을 명시하고 있다: "재판의 심리와 판결은 공개한다. 다만, 심리는 국가의 안전보장 또는 안녕질서를 방해하거나 선량한 풍속을 해할 염려가 있을 때에는 법원의 결정으로 공개하지 아니할 수 있다." 또한 헌법 제27조 제3항 후문에서도 "형사피고인은 상당한 이유가 없는 한 지체없이 공개재판을 받을 권리를 가진다"라고 규정한다.

헌법 제109조는 재판공개의 원칙을 규정하고 있는 것으로서 검사의 공소제기절차에는 적용될 여지가 없으며 재판공개의 원칙이 법원이 판결하기 전에 당사자에게 미리 그 내용을 알려줄 것을 의미하는 것은 아니다(대판 2008.12.24. 2006도1427).

2. 재판공개제의 내용

재판의 심리와 판결은 공개하는 것이 원칙이다. 심리란 원고와 피고의 심문과 변론을 말한다. 판결은 사건의 실체에 대한 법원의 판단을 말한다. 재판은 민사·형사·행정·특허·선거소송의 재판을 말한다. 하지만, 재판이 아닌 가사절차나 비송사건절차는 공개의 대상이 아니다. 공개란 방청의 자유가 허용되는 일반공개를 말한다.

> "법원이 미리 방청권을 발행하여 그 소지자에 한하여 방청을 허용하는 등의 방법으로 방청인의 수를 제한하는 조치를 취하는 것이 공개재판주의의 취지에 반하는 것이 아니다"(대판 1990.6.8. 90도646).

3. 재판공개제의 예외

(i) 헌법 제109조 단서 규정에 따라 심리는 비공개로 할 수 있다. 재판의 비공개는 법원이 객관적으로 명백한 사유가 있는 경우에 한하여 결정할 수 있는 기속재량사항이다. 그러나 판결의 선고는 반드시 공개하여야 한다. 재판공개의 원칙에 위배될 경우에는 상고이유가 된다. 특히 판결문을 비롯하여 법원이 보유·관리하는 일체의 정보는 '공공기관의 정보공개에 관한 법률'에 따라 정보공개청구의 대상이 된다.

(ii) 특수한 소송당사자의 이익을 보호하기 위하여 공개하지 아니할 수 있다. 즉 소년보호사건 절차는 공개되지 아니하고, 소년사건과 가사사건은 그 보도가 제한되거나 금지된다(가사소송법 제10조, 소년법 제68조).

제 3 절 법원의 권한

Ⅰ. 의 의

법원은 민사·형사·행정사건 기타 쟁송사건에 대한 재판권 이외에도 비송사건관할권, 명령·규칙·처분심사권, 위헌법률심판제청권, 대법원규칙제정권, 사법행정권, 법정질서유지권 등의 권한을 가진다. 대법원장은 헌법재판소 재판관 3인 지명권 및 중앙선거관리위원회 위원 3인 지명권 등의 권한을 가진다.

Ⅱ. 쟁송재판권

쟁송재판권(爭訟裁判權)이란 법원이 민사소송·형사소송·행정소송·선거소송 등의 법적 쟁송에 관하여 재판하는 민사재판권·형사재판권·행정재판권·특허재판권·선거소송재판권을 말한다.

Ⅲ. 위헌법률심판제청권(헌법재판소의 위헌법률심사권 참조)

1. 의 의

위헌법률심판제청권(違憲法律審判提請權)이란 법률이 헌법에 위반되는 여부가 재판의 전제가 된 경우에 각급법원이 직권 혹은 당사자의 신청에 의한 결정으로 법률의 위헌 여부의 심판을 헌법재판소에 제청하는 권한을 말한다(제107조 제1항).

2. 위헌법률심판제청의 주체

제청의 주체는 해당 사건을 담당하는 법원이다. 법원에는 대법원과 각급법원, 군사법원도 포함된다.

3. 위헌법률심판제청의 요건

법원이 위헌법률심판을 제청하기 위하여서는 "법률의 위헌 여부가 재판의 전제"가 되어야 한다.

4. 위헌법률심판제청의 대상

헌법 제107조 제1항에서 '법률'이라고 규정하고 있는데, 법률에는 형식적 의미의 법률뿐만 아니라 실질적 의미의 법률도 포함된다.

5. 위헌법률심판제청의 절차

"법률이 헌법에 위반되는지 여부가 재판의 전제가 된 경우에는 당해 사건을 담당하는 법원(군사법원을 포함)은 직권 또는 당사자의 신청에 의한 결정으로 헌법재판소에 위헌 여부 심판을 제청한다"(헌재법 제41조 제1항). "대법원 외의 법원이 위헌법률심판제청을 할 때에는 대법원을 거쳐야 한다"(헌재법 제41조 제5항).

6. 위헌법률심판제청권의 행사와 합헌판단

법원의 위헌법률심판제청권에 법률의 합헌결정권 내지 합헌판단권도 인정하여야 한다. 그러나 헌법재판소는 부정적이다(제5장 헌법재판소 제2절 위헌법률심판 참조).

7. 위헌법률심판제청권행사의 한계

법원은 헌법판단을 회피하여서는 아니 된다. 또한 제청 여부만 판단하고 한정합헌해석과 적용위헌의 판단을 할 수는 없다.

8. 위헌법률심판제청의 효과

"법원이 법률의 위헌 여부 심판을 헌법재판소에 제청한 때에는 당해 소송사건의 재판은 헌법재판소의 위헌 여부 결정이 있을 때까지 정지(停止)된다. 다만, 법원이 긴급하다고 인정하는 경우에는 종국재판 외의 소송절차를 진행할 수 있다"(헌재법 제42조 제1항).

Ⅳ. 명령 · 규칙심사권

1. 의 의

"명령 · 규칙 또는 처분이 헌법이나 법률에 위반되는 여부가 재판의 전제가 된 경우에는 대법원은 이를 최종적으로 심사할 권한을 가진다"(제107조 제2항). 명령 · 규칙심사권(命令 · 規則審査權)은 재판에 계속 중인 구체적 사건에 적용할 명령 · 규칙의 효력을 심사하여 무효라고 인정되는 경우에 법원이 그 사건에의 적용을 거부하거나 대법원이 거부 또는 무효화시키는 권한을 말한다. 명령·규칙심사권을 법원에 부여한 이유는 상위법인 헌법이나 법률에 위반되는 하위법인 명령·규칙의 적용을 법원이 거부하여 국법질서의 통일을 유지하고자 하는 데 있다.

2. 내　용

(1) 심사주체

(i) 심사주체는 각급법원 및 군사법원이다. 대법원이 최종적인 심사권을 가진다(제107조 제2항).

(ii) 헌법재판소가 명령·규칙에 대한 심사권을 가지는가의 논란에 대하여 헌법재판소는 대법원규칙에 대하여 적극적으로 사법심사를 한 바 있다.

> 입법부·행정부·사법부에서 제정한 규칙이 별도의 집행행위를 기다리지 아니하고 직접 기본권을 침해할 때에는 헌법소원심판의 대상이 될 수 있다(헌재 1990.10.15. 89헌마178, 법무사법 시행규칙에 대한 헌법소원(위헌)).

(2) 심사대상

(i) 심사대상은 명령·규칙이다. 명령은 대통령령·총리령·부령 등 모든 행정기관이 발령하는 법규명령을 말한다. 규칙은 국가기관에 의하여 정립되고 규칙이라는 명칭을 가진 법규범을 말한다. 헌법상 법규명령과 동일한 효력을 가진 규칙으로는 국회규칙(제64조)·대법원규칙(제108조)·헌법재판소규칙(제113조)·중앙선거관리위원회규칙(제114조)이 있다.

(ii) 또한 지방자치단체가 제정한 조례와 규칙도 그 법적 성격은 법규명령이다(제117조 제1항). 따라서 이들 조례와 규칙도 당연히 명령·규칙심사의 대상이 된다(대판 1996.9.20. 95누7994(원심: 서울고법 1995.5.16. 94구11554), 두밀분교폐지조례).

(iii) 조약 중에서 헌법 제60조 제1항에 열거된 조약은 위헌법률심사의 대상이 되나, 그 밖의 조약은 명령·규칙심사의 대상이 된다.

(3) 심사기준

심사기준은 상위법인 헌법·법률이며, 형식적 의미의 헌법과 법률 이외에 실질적 의미의 헌법과 법률도 포함한다.

(4) 심사요건

헌법상 구체적 규범통제를 취하므로 명령·규칙의 위헌·위법 여부가 재판의 전제가 되어야 한다(제107조 제2항). '재판의 전제'는 구체적인 사건의 재판에서 그 사건에 적용할 명령·규칙이 위헌·위법으로 문제되는 경우를 말한다.

(5) 심사의 범위

(i) 법원이 명령·규칙의 위헌·위법 여부를 심사할 경우에는 형식적 심사권뿐만 아니라 실질적 심사권도 가진다.

(ii) 형식적 심사권이란 형식적 하자의 유무, 즉 적법절차에 입각하여 성립되었는지 여부를 심사하는 권한이다. 헌법의 명문규정 여하에 관계없이 법원은 형식적 심사권을 가진다.

(iii) 실질적 심사권이란 실질적 하자의 유무, 즉 내용상 상위규범에 위반하는지 여부를 심사하는 권한이다.

3. 심사의 방법 및 절차

위헌·위법 여부의 결정은 대법관 전원합의체에서 심리하여 과반수로 결정한다(법원조직법 제7조 제1항). 그러나 합헌·합법의 결정은 대법관 3인 이상으로 구성된 부에서 심판한다.

4. 위헌·위법인 명령·규칙의 효력

(i) 법원이 명령·규칙을 위헌·위법이라고 결정한 경우, 그 명령·규칙의 해당 사건 적용을 거부할 수 있을 뿐이다(개별적 효력). 무효화 선언은 법원의 법규적용에 관한 한계를 벗어나기 때문이다. 다만, 대법원은 무효선언을 할 수 있다(대판 1983.7.12. 82누148: 처분적 명령의 취소 가능).

(ii) 그러나 헌법재판소는 그 명령·규칙을 일반적으로 무효화시킬 수 있다(일반적 효력).

V. 행정처분심사권

1. 의 의

행정처분심사권(行政處分審査權)이란 행정처분이 헌법이나 법률에 합치되는지 여부를 법원이 심사할 수 있는 권한, 즉 행정재판권을 말한다. 행정처분이 위헌·위법인 경우에 법원은 이를 취소·변경할 수 있는 권한을 가진다.

2. 유 형

(i) 행정처분심사제는 별도로 설치된 행정법원이 행정재판을 관할하는 행정

제도국가형(프랑스, 독일 등)과 일반법원이 행정재판을 관할하게 하는 사법제도국가형(미국, 일본 등)이 있다.

(ii) **사법제도국가형**은 법관으로 구성되어 독립적이고 공정한 심리와 재판을 보장할 수 있다. 이 제도에 의하면 공법과 사법의 구별이 없이 모든 법률에 대한 판례의 통일성을 도모할 수 있다. 또한 개인의 기본권보장에도 충실할 수 있다. 반면에 법관은 민·형사 이외에 행정사건에는 정통하지 못하므로 행정사건은 별도의 행정법원에 맡겨야 합목적적이라는 비판도 제기된다.

(iii) **행정제도국가형**은 행정관 출신의 재판관으로 구성되어 정치적·행정적 고려에 의한 재판을 할 가능성이 있다. 이 제도는 행정감독적인 성격을 가지고 있어 국가의 공익적 목적에서 행정권의 자율성을 광범위하게 인정한다. 반면에 제소자가 일반법원과 행정법원 중 어디에 제소하여야 할지를 판단하여야 하며, 관할의 착오로 권리구제를 받지 못하게 될 수도 있다.

3. 현행 행정처분심사제

(i) "처분이 헌법이나 법률에 위반되는 여부가 재판의 전제가 된 경우에는 대법원은 이를 최종적으로 심사할 권한을 가진다"(제107조 제2항). 현행헌법의 행정처분심사제는 행정재판을 전담하는 독립된 최고행정법원을 설치하지 아니하므로 **사법제도국가형**을 채택한다. 하지만, 헌법 제107조 제3항에서 "재판의 전심절차로서 행정심판을 할 수 있다. 행정심판의 절차는 법률로 정하되, 사법절차가 준용되어야 한다"라고 규정하여 행정심판의 헌법적 근거를 마련하고 있다. "여기서 말하는 '사법절차'를 특징짓는 요소로는 **판단기관의 독립성·공정성, 대심적 심리구조, 당사자의 절차적 권리보장** 등을 들 수 있다. 위 헌법 조항은 행정심판에 사법절차의 '**준용**'을 요구하고 있으므로 위와 같은 사법절차적 요소를 엄격히 갖춰야 할 필요는 없다고 할지라도 적어도 사법절차의 본질적 요소를 전혀 구비하지 아니하고 있다면 '준용'의 요구에마저 위반된다"(헌재 2000.6.1. 98헌바8, 산업재해보상보험법 제94조 제2항 등 위헌소원(합헌)).

(ii) 그러나 행정소송법은 종전의 필수적 행정심판전치주의를 폐지하고, 선택적 행정심판전치주의를 채택한다(행소법 제18조 제1항). 입법자는 행정심판을 통한 권리구제의 실효성, 행정청에 의한 자기 시정의 개연성, 당해 행정처분의 특수성 등을 고려하여 행정심판을 행정소송에 대한 선택적 전치절차로 할지 아니면 필요적 전치절차로 할지 여부를 결정하는 입법형성권을 가진다. 이에 따라 제1심법원으로서 행정법원을 설치하고 있다(행소법 제9조). 행정심판제도는 사법일원주의를 보완하는

의미를 가지므로 행정심판제도와 행정소송제도의 조화로운 운용이 필요하다.

Ⅵ. 법정질서유지권

1. 의　　의

법정질서유지권(法廷秩序維持權)은 법정에서 질서를 유지하고 심판을 방해하는 행위를 배제·제지하기 위하여 법원이 가지는 권력적 작용으로서 법정경찰권이라고도 한다. 법정의 존엄과 질서유지 및 법원청사의 방호를 위하여 대법원과 각급 법원에 법원보안관리대를 둔다(법원조직법 제55조의2).

2. 주　　체

법정질서유지권의 주체는 법원이다. 실제로 그것은 법정을 대표하는 재판장이 행사한다.

3. 내　　용

"재판장은 법정의 존엄과 질서를 해칠 우려가 있는 사람의 입정(入廷) 금지 또는 퇴정(退廷)을 명할 수 있고, 그 밖에 법정의 질서유지에 필요한 명령을 할 수 있다"(법원조직법 제58조 제2항). "재판장은 법정에서의 질서유지를 위하여 필요하다고 인정할 때에는 개정 전후에 상관없이 관할 경찰서장에게 국가경찰공무원의 파견을 요구할 수 있다"(법원조직법 제60조 제1항). 재판장의 법정질서유지명령을 위반한 사람에게는 감치·과태료부과 등 일정한 제재를 과할 수 있다(제61조).

법원보안관리대의 대원은 법원청사 내에 있는 사람이 법정의 존엄과 질서를 해치는 행위를 하거나 하려고 하는 경우 등에는 이를 제지하기 위하여 신체적인 유형력(有形力)을 행사하거나 경비봉, 가스분사기 등 보안장비를 사용할 수 있다. 이 경우 유형력의 행사 등은 필요한 최소한도에 그쳐야 한다(법원조직법 제55조의2 제2항).

4. 한　　계

법정질서유지권은 ① 시간적으로는 개정(開廷) 중 혹은 이에 밀착한 전후시간에만 허용되며, ② 장소적으로는 법정과 법관이 직무를 행하는 장소에 한정되고, ③ 대인적으로는 소송관계인과 법정 안에 있는 사람에게만 발동될 수 있다.

제 4 절 사법권의 범위와 한계

Ⅰ. 의　　의

"사법권(司法權)은 법관으로 구성된 법원에 속한다"(제101조 제1항). 사법의 개념은 법원의 지위, 조직 등에 관한 논의의 출발점이다. 사법의 본질적 속성에 따라 법원의 지위와 권한이 문제된다. 특히 사법은 입법·행정과 그 기본적인 속성이나 성격을 달리한다. 즉 사법은 정치권력과 일정한 거리를 유지한 채 "무엇이 법인가?"를 판단하는 숙고의 장이기 때문에 **독립성**이 강하게 요구된다.

Ⅱ. 사법권의 개념

(ⅰ) 제101조 제1항이 의미하는 '사법권'의 개념(槪念)에 관하여는 그간 형식설과 실질설이 논의되어왔다. 이는 헌법규정상 행정권 및 입법권의 개념과 직접적으로 연계된다.

(ⅱ) **형식설**에 의하면 "사법권이란 국가기관 중에서 입법기관 또는 행정기관의 권한을 제외한 사법기관인 법원에 속하는 권한"을 말한다(다수설). **실질설**에 의하면 사법권이란 "구체적인 법적 분쟁이 발생한 경우에, 당사자로부터 쟁송의 제기를 기다려, 독립된 지위를 가진 기관이 제3자적 입장에서 무엇이 법인가를 판단하고 선언함으로써 법실서를 유지하기 위한 작용"이라고 정의한다. **양립설**은 실질설과 형식설을 결합하려는 통합적 입장이다.

(ⅲ) 실질설에 의하면 비송사건이나 위헌법률심판제청사건의 사법성을 인정할 수 없게 되며, 헌법상 예외법원의 설치가 금지된다. 한편 형식설에 의하면 실질적으로 행정작용이라 할 수 있는 사법행정작용이나, 실질적으로 입법작용이라 할 수 있는 규칙제정권도 사법권의 범위에 포함되는 문제점이 있다.

(ⅳ) 생각건대 "사법권은 법원에 속한다"라는 의미를 "법원이 사법권을 가진다"라는 의미와 동일하다고 본다면, 이는 곧 기관적이고 형식적 의미로서 법원의 권한이 사법권이라는 의미로 이해된다. 다만, 법원의 정상적인 작동을 위하여 필요한 사법행성권이나 사법입법권은 부수적인 작용에 불과하다. 그런 의미에서 사

법권에 관한 실질설과 형식설의 논의는 무의미한 논쟁에 불과하다는 비판론도 제기된다(허영 986면 주 1)).

Ⅲ. 사법의 기능

사법은 구체적인 쟁송을 전제로 헌법과 법률에 의하여 신분이 독립된 법관에 의하여 무엇이 법인가를 선언하는 작용이다. 따라서 사법은 정치적 영역인 입법이나 행정과는 그 본질을 달리한다.

1. 개인의 자유와 권리 보장 기능

사법은 국민의 자유와 권리 보장을 위한 최후의 보루이다. 국가권력으로부터 개인의 권리보호뿐만 아니라 개인 사이의 권리분쟁에 관하여 사법은 최종적인 판단권자이며, 이를 통하여 법치주의가 구현된다.

2. 법질서유지기능

사법은 권력분립의 요청에 따라, 입법부에서 제정한 법 아래에서 행한 행정부의 법집행 및 사인의 법적 행위에 대하여 그 합법성을 심사함으로써, 객관적 법질서를 유지하는 기능을 가진다.

3. 사회적 긴장관계의 해소기능

사법은 국민의 생활 속에서 야기된 법적 분쟁의 종국적인 해결의 장이다. 따라서 사법은 법적 해결을 통하여 사회적 갈등과 긴장관계를 해소함으로써, 궁극적으로 법적 평화의 유지기능을 가진다.

4. 사법의 소극적 성격

사법은 입법과 같이 적극적인 법형성작용을 하지 아니하고 행정과 같이 적극적인 형성적 작용도 하지 아니한다. 사법은 단지 구체적인 사건을 전제로 제기된 쟁송에 대하여 헌법과 법률이 정한 자격을 갖추고 신분이 독립된 법관에 의하여 무엇이 법인가를 선언하는 작용이다. 따라서 사법은 본질상 소극적·수동적 국가작용이다.

5. 법관에 의한 법창조기능

법관은 법적용과정(재판과정)에서 법해석을 통하여 법의 흠결을 보충하는 기능을 하므로 사법작용의 그 소극적·수동적 성격에서 나아가 실제로는 법을 창조하기도 한다. "법관은 법이 없다는 이유로 재판을 거부할 수 없다"라는 명제도 바로 이러한 법관의 법창조기능을 강조한다. 법관의 법창조기능은 법의 흠결이나 법의 불명확성을 전제로 하기 때문에 사법의 본질적 특성인 소극적 기능에 배치되지 아니한다.

Ⅳ. 사법권의 범위

사법권을 형식적 의미로 이해하더라도 사법권의 실질적 의미에 비추어 "무엇이 법인가"를 선언하는 작용은 사법권의 범위로 인식될 수 있어야 하나, 헌법체계상 일정한 사항은 법원이 아닌 다른 헌법기관에 실질적 의미의 사법권을 부여한다. 따라서 사법권의 범위(範圍)와 한계는 법원의 권한을 중심으로 본 범위와 한계가 된다.

1. 민사재판권

민사재판권은 민사소송관할권을 말한다. 민사소송이란 사인 사이에 발생하는 생활관계에 관한 분쟁 또는 이해충돌을 국가가 재판권을 행사하여 법적·강제적으로 해결하고 조정하는 절차를 말한다.

2. 형사재판권

형사재판권은 형사소송관할권을 말한다. 형사소송이란 범죄를 인정하고 형벌을 과하는 절차를 말한다.

> "법정형의 종류와 범위의 선택은 그 범죄의 죄질과 같은 여러 가지 요소를 종합적으로 고려하여 입법자가 결정할 사항으로서 법정형이 현저히 형벌체계상의 균형을 잃고 있다거나 헌법상의 비례의 원칙 등에 명백히 위배되는 경우가 아닌 한, 쉽사리 헌법에 위반된다고 단정할 수 없다"(헌재 2004.6.24. 2003헌바53, 성폭력범죄의처벌및피해자보호등에관한법률 제5조 제1항 위헌소원(합헌)).

3. 행정재판권

행정재판권은 행정소송관할권을 말한다. 행정소송이란 행정법규의 적용에 관한 행정작용상의 분쟁을 심리하고 판단하기 위한 절차를 말한다. 헌법은 사법제도국가형을 채택한다.

4. 헌법재판권

헌법재판권은 헌법소송관할권을 말한다. 헌법소송이란 좁은 의미로는 위헌법률심판을 말하고, 넓은 의미로는 권한쟁의심판 · 탄핵심판 · 헌법소원심판 · 위헌정당해산심판 · 선거소송재판까지 포함한다.

현행헌법은 선거소송재판권과 명령 · 규칙심사권 및 위헌법률심판제청권만 법원에 부여한다.

Ⅴ. 사법권의 한계

법원은 헌법규정과 헌법이론상 부여된 사법권의 범위 내의 쟁송만을 관할한다.

1. 실정법상 한계

(i) 헌법상 다른 기관의 권한으로 규정하거나 법원의 사법심사 대상에서 제외하는 사항을 말한다. 위헌법률심판, 탄핵심판, 위헌정당해산심판, 권한쟁의심판, 헌법소원심판은 헌법재판소의 권한사항이다(제111조 제1항).

(ii) 국회의원의 자격심사 · 징계 · 제명은 법원에의 제소가 금지된다(제64조 제4항).

국회의 자율권에 속하는 사항, 즉 국회의사절차 · 입법절차도 헌법이나 법률에 명백히 위반한 흠이 있는 경우에는 국회가 자율권을 가진다고 할 수 없다(헌재 1997.7.16. 96헌라2, 국회의원과 국회의장간의 권한쟁의(인용(권한침해), 기각)).

(iii) 비상계엄하의 군사재판은 군사법원이 단심으로 재판할 수 있다(제110조 제4항).

2. 국제법상 한계

(i) 치외법권자 즉 체재국법(滯在國法)의 적용을 받지 아니하고 본국법의 적용을 받을 수 있는 국제관습법에 따른 특권을 가진 외국의 국가원수 · 외교사절 등에 대하여는 사법권이 미치지 아니한다.

(ii) 조약도 사법심사의 대상이 되어야 한다는 긍정설이 타당하다. 따라서 헌법 제60조 제1항에 열거된 중요조약은 법률과 동일한 효력을 가지므로 위헌 여부가 헌법재판소의 심판사항이다. 하지만, 그 밖의 조약은 명령 · 규칙과 동일한 효력을 가지므로 위헌 · 위법 여부에 관하여 법원이 심사할 수 있다(제107조 제2항).

3. 사법본질적 한계

사법작용의 본질상 사법권을 행사하기 위하여서는 구체적 사건에 관하여(사건성), 당사자의 소제기(訴提起)를 전제로 하여(당사자적격, 소의 이익), 당해 사건이 사건으로서의 성숙성을 가져야(사건의 성숙성) 한다.

(i) 구체적 사건성이란 사법권발동의 대상이 되기 위하여 구체적이고 현실적인 권리 · 의무관계에 관한 쟁송, 즉 법적 분쟁이 있어야 함을 의미한다.

(ii) 사법권은 당사자의 소제기를 전제로 발동되기 때문에 당사자적격과 소의 이익이 있어야 한다. 당사자적격이란 당사자가 구체적 청구에 의하여 소송을 수행할 정당한 이익이 있는 자, 즉 특정 법률관계에 관하여 법적 이해관계가 있거나 권리 · 이익이 침해당한 자일 것을 요구한다. 소(訴)의 이익이란 당사자가 그 청구에 관하여 소제기의 실질적 이익이 있어야 한다는 의미이다.

(iii) 법원은 절실하고 현존하거나 급박한 사건만을 심사할 수 있을 뿐 장래의 문제를 심사할 수 없기 때문에 사건의 성숙성(ripeness)이 요구된다.

4. 정책적 · 현실적 한계

사법은 법적용상의 분쟁을 대상으로 한다. 따라서 법적용상의 문제를 벗어난 정책적 또는 현실적 판단문제는 사법심사의 대상이 되지 아니한다.

(i) 훈시규정(訓示規定)이나 방침규정(方針規定)은 소(訴)로써 그 실현을 청구할 수 없다.

(ii) 권력분립의 원리에 따라 법원은 행정처분의 취소나 무효확인은 할 수 있으나, 직접 처분을 행하거나 처분을 명하는 이행판결(履行判決)은 할 수 없다. 대법원도 적극적 형성판결과 의무이행소송을 부인한다(대판 1997.9.30. 97누3200; 대판 1995.3.10. 94누14018등). 그런데 행정소송법 개정안에는 의무이행소송(義務履行訴訟)이 도입되어 있어서 관심을 기울일 필요가 있다.

(iii) 행정행위 내지 행정처분은 행정기관의 재량 여하에 따라 기속행위(羈束行爲)와 재량행위(裁量行爲)로 구분된다. 기속행위는 엄격히 법의 기속을 받는 행위

이나, 재량행위는 행정기관의 재량에 맡겨진 행위이다. 기속행위의 경우 법규정에 위반된 처분 등이 내려지면, 법원은 당연히 그것을 무효라고 선언하거나 취소할 수 있다. 한편 재량행위가 재량권의 현저한 일탈·남용이 있어 위법인 경우에는 그 처분 등을 무효·취소할 수 있으나, 단순히 부당한 처분인 경우에는 그렇지 아니하다. 그 범위에서 사법권의 한계가 있다.

(iv) 공법상 특별권력관계이론에 의하면 공법상 특별권력관계에 관련된 사항에 관하여는 사법심사를 부인하여왔다. 그러나 오늘날 그 이론은 비판의 십자포화를 맞아 사실상 해체된 상황이고, 이를 특수신분관계로 이해한다. 특수신분관계에서 내려진 처분도 사법심사의 대상이다. 다만, 그 신분관계의 특수성에 따라 구체적 사안과 관련된 재판에서 재판의 적용기준이 달라질 수 있다(제3편 제1장 제8절 V. 3. 특수신분관계 참조).

5. 통치행위

(1) 통치행위이론(統治行爲理論)의 역사적·경험적 특성

(i) 근대 입헌주의의 기본권보장·법치주의·권력분립의 원리에 따라 국가기관의 그 어떠한 행위도 최종적으로는 법원의 사법심사를 받아야 한다. 그러나 국가생활 속에서 야기되는 특수한 상황에서 내려진 행위, 즉 고도의 정치적 판단을 요하는 사항 등에 관하여 사법부의 적극적인 판단은 국가적 활동의 원활한 수행에 합당하지 못한 경우도 있을 수 있다. 이에 법원의 사법심사대상에서 제외되는 통치행위를 인정하는 이론이 제기되어왔다.

(ii) 법치주의에 대한 중대한 예외인 통치행위의 인정 여부 및 인정할 경우 그 범위에 관하여 민주주의의 발전과정에서 그 나라에 특유한 역사적·정치적 상황에 따라 다양한 이론과 판례가 전개되어왔다. 통치행위는 사법심사가 배제되는 행위라고 정의할 수 있지만, 통치행위를 인정하는 논리적 기초에 관하여는 특히 통치행위라는 용어 자체가 실정법상의 개념이 아니라 이론과 판례를 통하여 형성된 개념이기 때문에 이를 이해하고 받아들이는 데에 제각기 차이를 드러낸다.

(2) 각국에서의 통치행위이론의 발전

통치행위이론은 ① 각국의 특수한 헌정사와 헌정실제, ② 권력분립주의에 대한 기본적 인식, ③ 사법제도의 특수성에 따른 사법심사제의 특성 등에 따라, 그 용어·논리적 기초·범위 등이 각기 정립되어왔다.[1] 즉 국가행위·정치행위 등에

---

1) 안경환, "미국 헌법상 정치적 행위", 김도창박사고희기념논문집, 108-109면; 김선화, 미국 헌법상 정치문제법리의 연구, 이화여대 박사학위논문 2004.2; 성낙인, 프랑스헌법학, 724면 이하 참조.

대하여는 사법자제의 입장을 취한다. 더 나아가서 오늘날에는 통치행위의 범주를 최대한 축소하고 있다.

영국에서는 의회의 행위(act of parliament), 국왕대권(royal prerogative) 및 국가행위(act of state)에 대하여 사법심사를 배제한다. 그러나 민주주의의 발전과정에서 왕권이 내각으로 이양됨에 따라 1957년에 **국왕소추법**(The Crown Proceeding Act)에서 대권에 대한 유보조항을 설정함으로써 전통적인 사법심사배제의 원칙은 크게 수정되었다.

미국에서 정치문제(political questions)는 사법자제(judicial self-restraint)이론 및 권력분립원리에 따라 1849년 *Luther v. Borden*(48 U.S. 1)판결에서 통치행위성을 인정한 바 있다. 그러나 1962년 *Baker v. Carr*(369 U.S. 186)사건에서 선거구인구획정문제를 사법심사의 대상으로 판단함으로써 통치행위를 축소하여 나간다. 이 판결은 1946년의 *Colegrove v. Green*(328 U.S. 549)판결을 번복한 사법적극주의의 표현으로 이해된다.

독일도 재판으로부터 자유로운 고권행위 또는 통치행위(Regierungsakte)를 인정한다. 연방헌법재판소는 1972년의 동·서독 기본조약에 관한 판결이유에서 **"자유로운 정치적 형성의 영역을 개방"**하여 둠으로써 최소한 사법자제의 원리의 존재 자체를 인정한다.

일본에서도 미일안보조약의 위헌심사에 관한 *砂川*사건(1959)에서 최고재판소는 이를 "국가존립의 기초에 극히 중대한 관계가 있는 **고도의 정치성**을 가지는 사항"으로 보아 "국회의 고도의 정치적 내지 자유재량적 판단"에 맡겨지며 "일견 극히 명백한 당연무효라고 인정되지 아니하는 한 사법심사권의 범위 밖"이라고 판시한다.

프랑스에서도 정치적 행위를 통치행위(정부행위, acte de gouvernement)로 이해하는 **정치적 동기이론(政治的 動機理論)**이 19세기 초기의 국사원 판례이론이다. 그러나 1875년 나폴레옹 공(Prince Napoléon) 판결에서 정치적 동기이론은 포기되기에 이르렀다. 이후 통치행위의 범위는 국사원의 판례를 통하여 형성된 소위 **통치행위목록표**에 의할 수밖에 없었다. 1962년 국사원은 대통령의 헌법 제16조에 기초한 **비상대권발동**에 대하여 "이 명령은 **통치행위**의 성격을 가지며, 따라서 동 명령의 적법성에 대한 평가나 발동기간에 대한 통제는 국사원(의 권한)에 속하지 아니하며 …"라고 판시한다(C.E. 1962.3.2. Rubin de Servens).

(3) 한국에서의 통치행위이론

A. 학 설

통치행위 부정론과 긍정론이 있다. 후자는 다시 권력분립설, 내재적 한계설, 자유재량행위설, 사법적 자기제약설, 통치행위독자성설 등으로 설명된다.

(a) 부정설 부정설에 의하면, ① 법치주의가 지배하고 행정소송의 개괄주의를 채택하는 이상 모든 행정작용은 사법심사의 대상이어야 하고, ② 권력분립이론상 통치행위도 집행부에 대한 사법권의 통제수단으로서 사법심사를 받아야 하며, ③ 통치행위를 인정하게 되면 헌법이 규정하고 있는 명령·처분에 대한 법원의 위헌심사권(헌법 제107조 제2항, 법원조직법 제2조 제1항, 제7조 제1항)을 부인하게 되어 결과적으로 행정권의 남용

으로부터 국민의 기본권을 제대로 보장할 수 없다고 본다(김철용).

(b) 긍정설　　(i) 권력분립설에 의하면, ① 헌법상 입법·집행·사법작용이 분립되어 있고, ② 통치행위는 집행부의 권한사항이므로 사법심사의 대상이 되지 아니하며, ③ 정치적인 국가행위의 통제는 정치영역에 맡김으로써 사법과정과 정치과정을 구별한 권력분립원리에 적합하다고 본다(미국 판례 및 서울고법 1964.7.16. 64로159). 그러나 오히려 사법심사를 통하여 권력을 견제함으로써 법을 실현하려는 권력분립원리에 배치된다는 비판을 받는다.

(ii) 내재적(內在的) 한계설에 의하면, ① 사법권에는 그에 내재하는 일정한 한계가 있으므로 통치행위에 대한 사법심사는 부정되어야 하고, ② 동태적인 정치문제는 그 지위가 독립되어 있고 정치적으로 책임을 지지 아니하는 법원의 심사가 부적합하며, ③ 그 문제에 대한 최종적인 판단은 집행부나 국회 또는 국민에게 일임하여야 한다고 본다. 그러나 이 학설은 결과적으로 사법부의 기능을 축소하게 되어 국민의 권리구제가 미흡하여진다는 비판이 제기된다.

(iii) 자유재량설(自由裁量說)에 의하면, 통치행위는 행정행위이긴 하나 자유재량행위로 보아 사법심사의 대상이 되지 아니한다고 본다. 즉 고도의 정치적 고려가 필요한 문제는 국회나 정부의 자유재량에 일임하고 법원의 개입을 허용하지 아니한다. 다만, 헌법이 허용하는 자유재량의 한계를 넘는 월권행위(越權行爲)는 사법권의 심사대상이 되어야 한다(대재 1964.7.21. 64초6; 대판 1981.1.23. 80도2756; 대판 1981.2.10. 80도3147).

그러나 ① 행정소송사항의 개괄주의를 취하고 있으며, ② 현실적으로 통치행위의 대부분이 자유재량행위일지라도 그 개념구성상 통치행위와 자유재량행위는 구별되어야 하고, ③ 자유재량행위는 재량권의 한계를 넘지 아니하는 한 위법의 문제가 생기지 아니하나, 통치행위는 위법의 문제가 생길 수 있지만 그 위법성을 법원이 심사하지 아니할 뿐이라는 비판이 있다.

(iv) 통치행위독자성설(統治行爲獨自性說)에 의하면, 통치행위는 고도의 정치적 성격을 가지기 때문에 사법권의 판단 범위 밖이라고 본다. 통치란 국가 전체의 지도와 영도를 말하며, 통치행위는 독자적인 정치행위이다. 그러나 통치행위의 성격을 특종의 국가행위로 보아서도 아니 되므로 이를 사법심사의 대상에서 제외하는 타당근거는 그 행위의 성질에서가 아니라 사법의 본질에서 찾아야 한다.

(v) 사법자제설(司法自制說)에 의하면, 통치행위에 대하여 이론상 사법권이 미치지만, 사법부의 자제에 의하여 법원이 정치문제에 대한 개입을 회피하여 그 정치문제를 담당하는 각 기관의 결정을 존중하여야 한다고 본다. 즉 통치행위는

정치의 사법화를 피함으로써 사법의 정치화를 막기 위한 수단이라고 본다. 그러나 헌법상 사법심사의 대상을 법원이 스스로 자제하는 그 자체가 심사권의 포기라는 비판이 제기된다.

국내학자들과 판례는 사법자제설에 관심을 가진다(헌재 2003.12.18. 2003헌마255등, 이라크전쟁파견결정 등 위헌확인(각하): 재판관 4인의 별개의견; 헌재 2004.4.29. 2003헌마814, 일반사병 이라크 파병 위헌확인(각하); 대판 2004.3.26. 2003도7878).

(c) 검 토 학자들은 대체로 헌법이론상 혹은 헌법해석상으로는 통치행위를 부정한다. 그 근거로는 헌법상 재판청구권(제27조 제1항), 법원의 명령·규칙·처분의 심사권(제107조 제2항, 법원조직법 제2조 제1항 및 제7조 제1항) 등을 들고 있다. 그러나 헌법현실 내지 헌법정책적인 입장에서 사법심사의 한계에 해당하는 통치행위를 최소한 받아들이고 있으며 학설로는 사법자제설을 취한다.

생각건대 사법자제설 그 자체는 통치행위의 존립근거로서 일반화될 수 있는 이론이 아니라, 구체적 사안에 직면하여 정치의 영역으로 남겨 두는 게 타당하다고 판단하면 사법심사를 자제한다는 의미이다. 결국 통치행위의 존재는 인정하되, 특정 행위의 통치행위 여부는 구체적 사안에 따라 판단할 수밖에 없다.

B. 통치행위의 범위 및 판례

(i) 국내학자들이 통치행위라고 제시한 일련의 사항은 대체로 유사하며, 그것은 외국의 판례·학설과도 비슷하다. 프랑스에서의 통치행위표(목록)는 국내에서도 통치행위의 범위를 설정하는 유용한 준거가 될 수 있다. 그러나 통치행위의 범위를 설정하면서 다른 한편으로는 그것이 기본권침해와 관련된 경우에는 사법심사를 받아야 한다고 본다. 이는 헌법이론상 제시한 통치행위 부정론과 헌법현실상 수용한 통치행위 긍정론 사이의 타협적 결론이라 할 수 있다. 결국 통치행위의 존재 및 범위는 헌법이론상 논리필연적으로 존재하여야 할 사항이 아니지만, 사법부가 계쟁사안의 구체적·개별적 판단을 통하여 직접 사법심사를 하여야 할 사안인지 아니면 고도의 정치적 사안에 속하므로 사법심사를 자제하여야 하는지를 판단하여야 한다.

(ii) 종래 법원의 판례는 여러 차례 나와 있으나 그 사안은 대통령의 비상계엄선포행위에 한정되어 있었다. 대법원 및 서울고등법원의 판단은 내재적 제약설, 권력분립설, 자유재량행위설, 사법자제설적으로 이해될 수 있는 소지를 남기고 있다(내재적 제약설 및 권력분립설적 판례: 서울고법 1964.7.16. 64로159; 재량행위설적 판례: 대재 1964.7.21. 64초4; 재량행위설 내지 내재적 제약설적인 판결: 대재 1979.12.7. 79초70; 내재적 제약설적인 판례: 대판 1981.4.28. 81도874).

그런데 종래의 대법원의 견해와 달리 이른바 12·12군사반란과 5·18민주화운동 등 사건에서 대법원은 대통령의 비상계엄의 선포나 확대행위의 통치행위성을 인정하면서도 비상계엄의 선포나 확대가 국헌문란의 목적을 달성하기 위하여 행하여진 경우에는 법원은 그 자체가 범죄행위에 해당하는지 여부에 관하여 심사할 수 있다고 판시한 바 있다(대판(전합) 1997. 4.17. 96도3376).

"[14] 대통령의 비상계엄의 선포나 확대 행위는 고도의 정치적·군사적 성격을 지니고 있는 행위라 할 것이므로, 그것이 누구에게도 일견하여 헌법이나 법률에 위반되는 것으로서 명백하게 인정될 수 있는 등 특별한 사정이 있는 경우라면 몰라도, 그러하지 아니한 이상 그 계엄선포의 요건 구비 여부나 선포의 당·부당을 판단할 권한이 사법부에는 없다고 할 것이나, 비상계엄의 선포나 확대가 국헌문란의 목적을 달성하기 위하여 행하여진 경우에는 법원은 그 자체가 범죄행위에 해당하는지의 여부에 관하여 심사할 수 있다."

"[1] [다수의견] 우리나라는 제헌헌법의 제정을 통하여 국민주권주의, 자유민주주의, 국민의 기본권보장, 법치주의 등을 국가의 근본이념 및 기본원리로 하는 헌법질서를 수립한 이래 여러 차례에 걸친 헌법개정이 있었으나, 지금까지 한결같이 위 헌법질서를 그대로 유지하여 오고 있는 터이므로, 군사반란과 내란을 통하여 폭력으로 헌법에 의하여 설치된 국가기관의 권능행사를 사실상 불가능하게 하고 정권을 장악한 후 국민투표를 거쳐 헌법을 개정하고 개정된 헌법에 따라 국가를 통치하여 왔다고 하더라도 그 군사반란과 내란을 통하여 새로운 법질서를 수립한 것이라고 할 수는 없으며, 우리나라의 헌법질서 아래에서는 헌법에 정한 민주적 절차에 의하지 아니하고 폭력에 의하여 헌법기관의 권능행사를 불가능하게 하거나 정권을 장악하는 행위는 어떠한 경우에도 용인될 수 없다. 따라서 그 군사반란과 내란행위는 처벌의 대상이 된다. [반대의견] 군사반란 및 내란행위에 의하여 정권을 장악한 후 이를 토대로 헌법상 통치체제의 권력구조를 변혁하고 대통령, 국회 등 통치권의 중추인 국가기관을 새로 구성하거나 선출하는 내용의 헌법개정이 국민투표를 거쳐 이루어지고 그 개정 헌법에 의하여 대통령이 새로 선출되고 국회가 새로 구성되는 등 통치권의 담당자가 교체되었다면, 그 군사반란 및 내란행위는 국가의 헌정질서의 변혁을 가져온 고도의 정치적 행위라고 할 것인바, 그와 같이 헌정질서 변혁의 기초가 된 고도의 정치적 행위에 대하여 법적 책임을 물을 수 있는지 또는 그 정치적 행위가 사후에 정당화되었는지 여부의 문제는 국가사회 내에서 정치적 과정을 거쳐 해결되어야 할 정치적·도덕적 문제를 불러일으키는 것으로서 그 본래의 성격상 정치적 책임을 지지 않는 법원이 사법적으로 심사하기에는 부적합한 것이고, 주권자인 국민의 정치적 의사형성과정을 통하여 해결하는 것이 가장 바람직하다. 따라서 그 군사반란 및 내란행위가 비록 형식적으로는 범죄를 구성한다고 할지라도 그 책임 문제는 국가사회의 평화와 정의의 실현을 위하여 움직이는 국민의 정치적 통합과정을 통하여 해결되어야 하는 고도의 정치문제로서, 이에 대하여는 이미 이를 수용하는 방향으로 여러 번에 걸친 국민의 정치적 판단과 결정이 형성되어 온 마당에 이제 와서 법원이 새삼 사법심사의 일환으로 그 죄책 여부를 가리기에는 적합하지 아니한 문제라 할 것이므로, 법원으로서는 이에 대한 재판권을 행사할 수 없다."

또한 대법원은 대북송금사건 판결에서 통치행위가 사법심사대상에서 제외되는 영역을 최소화하여 그 개념성을 인정하고 사법자제설의 입장을 취한다.

"고도의 정치성을 띤 국가행위에 대하여는 이른바 통치행위라 하여 법원 스스로 사법심사권의 행사를 억제하여 그 심사대상에서 제외하는 영역이 있으나, 이와 같이 통치행위의 개념을 인정한다고 하더라도 과도한 사법심사의 자제가 기본권을 보장하고 법치주의 이념을 구현하여야 할 법원의 책무를 태만히 하거나 포기하는 것이 되지 않도록 그 인정을 지극히 신중하게 하여야 하며, 그 판단은 오로지 사법부만에 의하여 이루어져야 한다." "남북정상회담의 개최는 고도의 정치적 성격을 지니고 있는 행위라 할 것이므로 특별한 사정이 없는 한 그 당부를 심판하는 것은 사법권의 내재적 본질적 한계를 넘어서는 것이 되어 적절하지 못하지만, 남북정상회담의 개최과정에서 재정경제부장관에게 신고하지 아니하거나 통일부장관의 협력사업 승인을 얻지 아니한 채 북한측에 사업권의 대가 명목으로 송금한 행위 자체는 헌법상 법치국가의 원리와 법 앞에 평등원칙 등에 비추어 볼 때 사법심사의 대상이 된다"(대판 2004.3.26. 2003도7878).

(iii) 한편 헌법재판소가 개설되면서 통치행위의 논의는 법원에서 헌법재판소로 넘어가고 있다. 헌법재판소는 '금융실명거래및비밀보장에관한긴급재정경제명령' 사건에서 통치행위이론 자체를 인정하면서도 구체적인 요건심리를 한다.

"통치행위란 고도의 정치적 결단에 의한 국가행위로서 사법적 심사의 대상으로 삼기에 적절하지 못한 행위라고 일반적으로 정의되고 있는바, 이 사건 긴급명령이 통치행위로서 헌법재판소의 심사대상에서 제외되는지에 관하여 살피건대, 고도의 정치적 결단에 의한 행위로서 그 결단을 존중하여야 할 필요성이 있는 행위라는 의미에서 이른바 통치행위의 개념을 인정할 수 있고 … 그러나 이른바 통치행위를 포함하여 모든 국가작용은 국민의 기본권적 가치를 실현하기 위한 수단이라는 한계를 반드시 지켜야 하는 것이고, 헌법재판소는 헌법의 수호와 국민의 기본권보장을 사명으로 하는 국가기관이므로 비록 고도의 정치적 결단에 의하여 행해지는 국가작용이라고 할지라도 그것이 국민의 기본권침해와 직접 관련되는 경우에 당연히 헌법재판소의 심판대상이 될 수 있는 것일 뿐만 아니라, 긴급재정경제명령은 법률의 효력을 갖는 것이므로 마땅히 헌법에 기속되어야 한다"(헌재 1996.2.29. 93헌마186, 긴급재정경제명령 등 위헌확인(기각,각하)).

이 사건에서 헌법재판소는 통치행위의 이론적·실제적인 존재를 인정하면서도 동시에 통치행위에 대하여도 국민의 기본권보호를 위하여 이에 대한 사법심사가 가능하다는 점을 분명히 한다. 만일 통치행위라는 이유로 대통령의 국가긴급권발동에 대하여 사법심사를 하지 아니한다면, 헌법에 아무리 국가긴급권발동 요건을 강화한다고 하여도 그것은 하나의 장식물에 불과하기 때문이다. 다만, "국방 및 외교에 관련된 고도의 정치적 결단을 요하는 문제로서 헌법과 법률이 정한 절차를 지켜 이루어진 이상, 대통령과 국회의 판단은 존중되어야 하고" 사법적 기준만으로의 심판은 자제되어야 한다(헌재 2004.4.29. 2003헌마814, 일반사병 이라크 파병 위헌확인(각하)).

청구인 대통령이 한미연합 군사훈련의 일종인 2007년 전시증원연습을 하기로 한 결정이 새삼 국방에 관련되는 고도의 정치적 통치행위에 해당된다고 보기 어렵다(헌재 2009.5.28. 2007헌마369, 2007년 전시증원연습 등 위헌확인(각하)).

"대통령의 단체장선거일의 결정은 고도의 정치적 성격을 지닌 일로서 국회에서 우선적으로 다룰 필요가 있을 뿐만 아니라, 국회가 이 문제를 해결하겠다고 나선다면 사법기관의 일종인 헌법재판소는 이를 존중함이 마땅하다"(헌재 1994.8.31. 92헌마174, 지방자치단체의 장 선거일 불공고 위헌확인 등(각하)).

2016년 2월의 개성공단 운영 전면중단 조치가 적법절차원칙, 과잉금지원칙, 신뢰보호원칙 등을 위반하지 아니하며, 개성공단 투자기업인들의 영업의 자유와 재산권을 침해하지 아니한다. 또한 대통령의 고도의 정치적 결단에 따른 조치라도 국민의 기본권 제한과 관련된 이상 헌법소원심판의 대상이 되고 반드시 헌법과 법률에 근거하여야 한다. 고도의 정치적 결단에 기초한 정책 결정과 같이 정치적 판단 재량이 인정되는 사안에서 기본권 침해 여부를 심사함에 있어서는, 정책 판단이 명백하게 재량의 한계를 유월하거나 선택된 정책이 현저히 합리성을 결여한 것인지를 살피는 완화된 심사기준을 적용하여야 한다(헌재 2022.1.27. 2016헌마364, 개성공단 전면중단 조치 위헌확인(기각,각하)).

통일부장관이 2010.5.24. 발표한 북한에 대한 신규투자 불허 및 투자확대 금지를 내용으로 하는 대북조치로 인하여 개성공업지구의 토지이용권을 사용·수익할 수 없게 됨에 따라 재산상 손실을 입은 경제협력사업자가 제기한 보상입법을 마련하지 아니한 입법부작위에 대한 헌법소원심판청구를 각하한다(헌재 2022.5.26. 2016헌마95, 입법부작위 위헌확인(각하)).

제 5 절 사법권의 독립

Ⅰ. 의 의

(ⅰ) 사법부는 비록 그 성립과 존속에 있어서 직접 국민적 정당성을 확보한 기관은 아니지만, 사법의 본질은 공정한 재판을 통하여 분쟁을 평화적으로 해결함으로써 국민의 자유와 권리를 보장하는 데 있다. 따라서 사법부는 그 어느 국가기관보다 독립성의 요청이 강하다. 사법부의 독립(獨立)을 위하여 법원이 국회나 정부로부터 독립되어야 한다는 법원(法院)의 독립과 그 법원에서 재판하는 법관이 권력기관이나 사회세력의 간섭으로부터 독립적으로 재판하여야 한다는 법관(法官)의 독립이 요구된다.

(ⅱ) 사실 사법권은 근대입헌주의 이전단계에서는 행정과 분리되지 못하고 있었다. 그러나 근대입헌주의의 발전과정에서 사법의 독립성이 강조되어왔고, 특히 몽테스키외가 '법의 정신'(1748)에서 제시한 사법부를 포함한 삼권분립론은 1787년 미국 연방헌법 제3조 및 1789년 프랑스 인권선언 제16조에 명시되었다.[1]

(ⅲ) 현행헌법상 사법권독립과 직접 관련되는 조항으로는 제101조 "사법권은 법관으로 구성된 법원에 속한다"라는 규정과 법관의 직무상 독립을 규정한 제103조, 법관의 신분보장을 규정한 제106조 등이 있다.

Ⅱ. 법원의 독립(사법부의 독립)

1. 입법부로부터의 독립

(1) 법원과 국회의 상호 독립

(ⅰ) 법원과 국회는 그 조직·구성·운영·기능면에서 서로 독립적이어야 한다. 다만, 법원은 국민으로부터 직접 국민적 정당성을 확보하고 있는 기관이 아니기 때문에 최고법원인 대법원의 구성에 국회의 임명동의권(제104조)을 통한 개입은 법원의 독립을 저해하는 것이 아니라 오히려 법원 구성에 있어서 민주적 정당성을 간접적으로나마 확보하는 길이다.

---

1) 이경주, "일본의 사법권독립과 민주화", 공법연구 48-1.

(ii) 헌법의 수권에 따라 법률에 의한 법원의 조직 및 법관의 법률에 의한 재판은 법치주의의 요청이며 법원의 입법부에 대한 예속을 의미하지 아니한다.

(2) 법원과 국회의 상호 견제와 균형

(i) 국회는 법원에 대하여 ① 국정감사·조사권(제61조), ② 법원예산심의확정권 및 결산심사권(제54조), ③ 대법원장·대법관 임명동의권(제104조), ④ 법관에 대한 탄핵소추권(제65조)으로 견제할 수 있다. 그러나 국회의 법원에 대한 국정감사·조사권은 "계속(繫屬) 중인 재판"에 "관여할 목적"으로 행사되어서는 아니 된다(국감법 제8조).

(ii) 법원은 국회에 대하여 위헌법률심판제청권(제107조 제1항)으로 견제할 수 있다. 그러나 법원의 사법권은 국회의 내부행위에는 미치지 아니한다(제64조 제4항).

2. 집행부로부터의 독립

(i) 사법권의 집행부로부터의 독립은 사법권의 본질적 요소이다. 이에 따라 법원과 정부는 각기 독립기관으로 구성된다. 정부는 ① 대법원장·대법관임명권(제104조), ② 법원예산편성권(제54조 제2항), ③ 대통령의 사면권(제79조) 등을 통하여 법원을 견제할 수 있다. 반면에 법원은 정부에 대하여 위헌·위법한 명령·규칙·처분심사권(제107조 제2항)을 통하여 견제할 수 있다. 법원의 심사권을 통하여 궁극적으로 법치행정을 구현할 수 있다.

(ii) 대통령의 대법원장과 대법관임명권행사는 사법부의 구성에 대통령이 직접 개입함으로써 사법부독립을 저해한다는 측면보다는, 오히려 국가원수로서의 대통령이 사법부구성에 일정한 책임을 지도록 함과 동시에, 국민적 정당성을 직접 확보하고 있는 대통령과 국회의 개입을 통하여 최고법원구성에서 국민적 정당성에 대한 의문을 제거할 수 있다. 일단 최고법원인 대법원이 구성되면 일반법관에 대한 인사권은 대법원장이 행사한다(제104조 제3항).

(iii) 정부의 법원예산편성권에 대하여는 법원에 독자적인 예산편성권을 부여하자는 의견도 있지만, 국가예산체계상 불가피한 측면이 있다. 다만, 법원의 예산을 편성할 때에는 사법부의 독립성과 자율성을 존중하여야 한다(법원조직법 제82조 제2항). 정부가 대법원의 세출예산요구액을 감액하고자 할 때에는 국무회의에서 대법원장의 의견을 들어야 하며, 정부가 대법원의 세출예산요구액을 감액한 때에는 그 규모 및 이유, 감액에 대한 대법원장의 의견을 국회에 제출하여야 한다(국가재정법 제40조 제2항).

(iv) 대통령의 사면권 남용으로 사법부의 판단을 무력화하고, 법치주의를 저해한다는 우려가 제기되므로 대통령은 사면권을 신중하게 행사하여야 한다.

3. 법원의 자율성

헌법과 법률이 정하는 범위 안에서 법원이 자율적으로 내부사무처리 및 내부규율에 관한 사항을 정할 수 있도록 대법원에 규칙제정권을 부여한다(제108조). 대법원규칙은 법규명령과 동일한 효력을 가지므로 사법심사의 대상이 된다.

Ⅲ. 법관의 신분상 독립(인적 독립)

법관의 독립은 신분상 독립(인적 독립)과 직무상 독립(재판상 독립 또는 물적 독립)으로 나누어 설명할 수 있다.

1. 법관의 인적 독립(신분상 독립)

사법권의 본질적 내용인 재판작용은 법관이 담당한다. 그 법관의 신분상(身分上) 독립이 확보되지 아니하면 재판의 공정성과 독립성이 확보될 수 없다.

2. 법관인사의 독립

(ⅰ) 법관인사에 있어서 공정성을 확보함으로써 법관의 신분상 독립이 보장될 수 있다. 법관인사는 두 종류로 구분된다. 대법원장·대법관은 국민적 정당성의 두 축인 국회의 임명동의를 얻어 대통령이 임명한다. 다만, 대법원장은 대법관 임명제청권을 행사한다. 그런데 대법원장의 최고법원 구성원인 대법관 임명제청권은 재고되어야 한다. 대법관은 임기제이기 때문에 대법원장이 바뀌어도 새로운 임명제청절차를 거칠 필요가 없다.

(ⅱ) 하지만, 일반법관의 임명과 보직은 사법부 내부에서 결정하여야 한다(헌재 1993.12.23. 92헌마247, (법관)인사명령취소(각하): 보충성의 원칙의 예외적용 부인). 일반법관은 법관인사위원회(法官人事委員會)의 심의를 거치고 대법관회의의 동의를 받아 대법원장이 임명한다(법원조직법 제17조 제1호, 제41조 제3항). 법관인사의 객관성과 투명성을 확보하기 위하여 대법원에 설치된 법관인사위원회는 위원장 1명을 포함한 11명의 위원으로 구성한다(제25조의2 제3항).

3. 법관자격의 법률주의

(ⅰ) 법관의 신분상 독립을 보장하기 위하여 법관의 자격은 법률로 정한다(법원조직법 제42조, 제101조 제3항) 대법원장·대법관은 20년 이상의 법조경력을 가지고 45세 이상인

사람 중에서 임용한다(법원조직법 제42조 제1항). 법조일원화에 따른 판사의 고령화, 역량을 갖춘 충분한 수의 판사 임용의 어려움, 재판지연 심화 가능성 등 여러 문제를 해결하고자 판사는 5년 이상 법조경력이 있는 사람 중에서 임용한다. 이 경우 20년 이상 법조경력이 있던 사람 중에서 특정 재판사무만을 담당하는 판사를 임용할 수 있다. 판사의 임용에는 성별, 연령, 법조경력의 종류 및 기간, 전문분야 등 국민의 다양한 기대와 요청에 부응하기 위한 사항을 적극 반영하여야 한다. 법원행정처는 판사 임용 과정과 결과 및 임용제도 개선 상황을 매년 국회 소관 상임위원회에 보고하여야 한다(법원조직법 제42조). 또한 원칙적으로 10년 미만의 법조경력을 갖춘 판사는 합의부 재판장이 될 수 없도록 하고 변론을 열어 판결하는 사건에 관하여는 단독으로 재판할 수 없도록 하는 등 법조일원화제도를 개선하였다(제43조 의3).

10년 미만의 법조경력을 가진 사람의 판사임용을 위한 최소 법조경력요건을 단계적으로 2013년부터 2017년까지는 3년, 2018년부터 2021년까지는 5년, 2022년부터 2025년까지는 7년으로 정한 법원조직법은 공무담임권을 침해하지 아니한다(헌재 2016.5.26. 2014헌마427, 법원조직법 부칙 제2조 위헌확인(기각)).

(ii) 법관의 정치적 중립성을 보장하기 위하여 임용을 법적으로 제한한다.

1. 다른 법령에 따라 공무원으로 임용하지 못하는 사람, 2. 금고 이상의 형을 선고받은 사람, 3. 탄핵으로 파면된 후 5년이 지나지 아니한 사람, 4. 대통령비서실 소속의 공무원으로서 퇴직 후 3년이 지나지 아니한 사람, 5. 정당법 제22조에 따른 정당의 당원 또는 당원의 신분을 상실한 날부터 3년이 경과되지 아니한 사람, 6. 공직선거법 제2조에 따른 선거에 후보자(예비후보자를 포함한다)로 등록한 날부터 5년이 경과되지 아니한 사람, 7. 공직선거법 제2조에 따른 대통령선거에서 후보자의 당선을 위하여 자문이나 고문의 역할을 한 날부터 3년이 경과되지 아니한 사람은 법관으로 임용할 수 없다(법원조직법 제43조 제1항).

헌법재판소는 법관 임용의 결격사유인 "당원 신분을 상실한 날부터 3년이 경과되지 아니한 사람"에 대하여 위헌결정을 내렸다.

법관 임용 결격사유로 과거 3년 이내의 당원 경력 조항은 공무담임권을 침해하여 헌법에 위반된다(7:2). [일부위헌의견] '대법원장 · 대법관에 관한 부분'은 헌법에 위반되지 아니하지만 '판사에 관한 부분'은 헌법에 위반된다(헌재 2024.7.18. 2021헌마460, 법원조직법 제43조 제1항 제5호 위헌확인(위헌)).

4. 법관의 임기와 정년

(i) 헌법과 법원조직법에서는 사법의 보수화를 방지하기 위하여 법관임기제를 도입하고 있다. 법관 임기의 차등도 가능하다. 또한 사법의 노쇠화를 방지하기 위하여 법관정년제를 도입하고 있다(제105조 제4항, 법원조직법 제45조 제4항)(헌재 2002.10.31. 2001헌마557, 법원조직법 제45조 제4항(법관정년제) 위헌확인(기각)).

(ii) "대법원장의 임기는 6년으로 하며, 중임할 수 없다"(제105조 제1항). 대법원장의 중임제한은 특정인의 지나친 장기 재임에 대한 경계의 의미를 가진다. 이는 대통령의 중임제한과도 일맥상통할 수 있다. "대법관의 임기는 6년으로 하며, 법률이 정하는 바에 의하여 연임할 수 있다"(제105조 제2항).

(iii) "대법원장과 대법관이 아닌 법관의 임기는 10년으로 하며, 법률이 정하는 바에 의하여 연임할 수 있다"(제105조 제3항). 법관임기제의 취지는 충분히 이해가 되지만, 자칫 법관임기제로 인하여 법관의 신분상 독립이 저해되는 일이 없어야 한다. 법원조직법에는 법관의 연임기준과 절차에 관한 규정을 신설하여 판사의 연임제도가 객관적으로 운영되도록 규정한다.

> "① 임기가 끝난 판사는 법관인사위원회의 심의를 거치고 대법관회의의 동의를 받아 대법원장의 연임발령으로 연임한다. ② 대법원장은 다음 각 호의 어느 하나에 해당한다고 인정되는 판사에 대해서는 연임발령을 하지 아니한다. 1. 신체상 또는 정신상의 장해로 판사로서 정상적인 직무를 수행할 수 없는 경우, 2. 근무성적이 현저히 불량하여 판사로서 정상적인 직무를 수행할 수 없는 경우, 3. 판사로서의 품위를 유지하는 것이 현저히 곤란한 경우"(제45조 의2).

권력분립의 정신에 따라 입법권이 사법권에 간섭하는 것을 최소화하여 사법의 자주성과 독립성을 보장한다는 측면과 사법권의 적절한 행사에 요구되는 판사의 근무와 관련하여 내용적·절차적 사항에 관하여 전문성을 가지고 재판 실무에 정통한 사법부 스스로 근무성적평정에 관한 사항을 정하도록 할 필요성에 비추어 보면, 판사의 근무성적평정에 관한 사항을 하위법규인 대법원규칙에 위임할 필요성을 인정할 수 있다. 또한 관련조항의 해석과 판사에 대한 연임제 및 근무성적평정제도의 취지 등을 고려할 때, 이 사건 근무평정조항에서 말하는 '근무성적평정에 관한 사항'이란 판사의 연임 등 인사관리에 반영시킬 수 있는 것으로 사법기능 및 업무의 효율성을 위하여 판사의 직무수행에 요구되는 것, 즉 직무능력과 자질 등과 같은 평가사항, 평정권자 및 평가방법 등에 관한 사항임을 충분히 예측할 수 있다. 이 사건 연임결격조항은 직무를 제대로 수행하지 못하는 판사를 그 직에서 배제하여 사법부 조직의 효율성을 유지하기 위한 것으로 그 정당성이 인정된다. 판사의 근무성적은 공정한 기준에 따를 경우 판사의 사법운영능력을 판단함에 있어 다른 요소에 비하여 보다 객관적인 기준으로 작용할 수 있고, 이를 통하여 국민의 재판청구권의 실질적 보장에도 기여할 수 있다. 나아가 연임심사에 반영되는 판사의 근무성적에 대한 평가는 10년이라는 장기간 동안 반복적으로 실시되어 누적된 것이므로, 평정권자의 자의적인 평가를 통하여 특정 가치관을 가진 판사를 연임에서 배제하는 수단으로 남용될 가능성이 크다고 볼 수 없다. 근무성적평정을 실제로 운용함에 있어서는 재판의 독립성을 해칠 우려가 있는 사항을 평정사항에서 제외하는 등(판사 근무성적평정규칙 제4조 제2항 참조) 평정사항을 한정하고 있으며, 연임 심사과정에서 해당 판사에게 의견진술권 및 자료제출권이 보장되고, 연임하지 아니하기로 한 결정에 불복하여 행정소송을 제기할 수 있는 점 등을 고려할 때, 판사의 신분보장과 관련한 예측가능성이나 절차상의 보장이 현저히 미흡하다고 볼 수도 없으므로, 이 사건 연임결격조항은 사법의 독립을 침해한다고 볼 수 없다(헌재 2016.9.29. 2015헌바331, 구 법원조직법 제45조의2 제2항 제2호 등 위헌소원(합헌)).

정년퇴직일 전에 임기만료일이 먼저 도래하는 법관의 경우 임기만료일을 기준으로 명예퇴직수당 정년잔여기간을 산정하도록 정한 대법원 규칙은 평등권을 침해하지 아니한다(5:4)(헌재 2020.4.23. 2017헌마321, 법관 및 법원공무원 명예퇴직수당 등 지급규칙 제3조 제5항 위헌확인(기각)).

(iv) "법관의 정년은 법률로 정한다"(제105조 제4항). 대법원장과 대법관의 정년은 70세, 일반법관의 정년은 65세로 규정되어 있다. 그러나 일반법관의 정년제가 제대로 지켜지지 못하고 있다.

5. 법관의 신분보장

법관의 독립을 위하여 법관의 개인적인 신분보장, 즉 법관에 대한 파면사유의 제한 · 징계처분의 효력제한 · 퇴직사유의 제한을 헌법에서 직접 규정한다.

(i) "법관은 탄핵 또는 금고 이상의 형의 선고에 의하지 아니하고는 파면되지 아니"한다(제106조 제1항).

"차관급 상당 이상의 보수를 받는 자"에 법관을 포함시키는 것은, 법관의 신분을 직접 가중적으로 보장하고 있는 헌법 제106조 제1항에 위배된다(헌재 1992.11.12. 91헌가2, 1980년해직공무원의보상등에관한특별조치법 제2조에 대한 위헌심판(한정위헌)).

(ii) "법관은 … 징계처분에 의하지 아니하고는 정직 · 감봉 기타 불리한 처분을 받지 아니한다"(제106조 제1항). 법관은 대법원에 설치된 법관징계위원회의 징계처분에 의하지 아니하고는 "정직 · 감봉 또는 불리한 처분을 받지 아니한다"(법원조직법 제46조 제1항, 법관징계법 제4조). 법관에 대한 징계처분은 정직(停職) · 감봉(減俸) · 견책(譴責)의 세 종류로 한다(법관징계법 제3조). 한편 법관징계위원회의 객관성과 공정성을 높이기 위하여 법관징계위원회에 법관 3명 이외에 변호사 · 법학교수 등 외부인사를 위촉하도록 규정한다(법관징계법 제5조 제1항 · 제2항). 법관의 징계에 대한 소송은 전심절차를 거치지 아니하고 대법원에 징계처분의 취소를 청구하는 단심재판을 취한다(제27조).

'품위 손상', '위신 실추'라는 불명확한 개념을 전제로 한 구 법관징계법 제2조 제2호가 그 적용범위가 지나치게 광범위하거나 포괄적이어서 법관의 표현의 자유를 과도하게 제한한다고 볼 수 없어 과잉금지원칙에 위배되지 아니한다. 구 법관징계법은 법관에 대한 대법원장의 징계처분 취소청구소송을 대법원에 의한 단심재판에 의하도록 규정하고 있는바,

이는 독립적으로 사법권을 행사하는 법관이라는 지위의 특수성과 법관에 대한 징계절차의 특수성을 감안하여 재판의 신속을 도모하기 위한 것으로 그 합리성을 인정할 수 있고, 대법원의 단심으로 재판하는 경우에는 사실확정도 대법원의 권한에 속하여 법관에 의한 사실확정의 기회가 박탈되었다고 볼 수 없으므로, 헌법 제27조 제1항의 재판청구권을 침해하지 아니한다(헌재 2012.2.23. 2009헌바34, 법관징계법 제2조 제2호 등 위헌소원(합헌)).

(iii) "법관이 중대한 심신상의 장해로 직무를 수행할 수 없을 때에는 법률이 정하는 바에 의하여 퇴직하게 할 수 있다"(제106조 제2항). 대법관은 대법원장의 제청으로 대통령이, 판사는 법관인사위원회의 심의를 거쳐 대법원장이 퇴직을 명할 수 있다(법원조직법 제47조).

(iv) 그 밖에도 법원조직법에서는 법관의 신분과 관련된 법관의 정치적 중립(제49조)·겸직금지(제49조)·파견근무(제50조)·휴직(제51조)·겸임(제52조) 등에 관하여 규정한다. 또한 법관의 지위존중 및 보수(제46조 제2항)에 관하여도 규정한다.

법관의 파견근무는 넓은 의미의 사법부인 헌법재판소 파견근무에 엄격히 한정되어야 한다. 그런데 헌법기관인 중앙선거관리위원회를 비롯하여 각급기관에 법관이 겸임 근무한다. 이들 겸임기관에서 결재한 사안에 대하여 법적 쟁송이 제기될 때 결국 법관이 재판하여야 하므로 법관의 겸임근무는 최소화되어야 한다. 특히 소규모 법원에서 법관이 선거관리위원장으로서 선거사범을 고발하게 될 때 스스로 재판하여야 하는 문제가 발생할 수 있다. 또한 권력분립주의 원리에 비추어 보면 정부나 국회에 법관의 파견근무는 바람직하지 아니하다.

이에 법원조직법에서는 법관으로서 퇴직 후 2년이 지나지 아니한 사람은 대통령비서실의 직위에 임용될 수 없도록 하며, 대통령비서실 소속 공무원으로서 퇴직 후 3년이 지나지 아니한 사람은 법관으로 임용할 수 없도록 하는 한편, 법관의 대통령비서실 파견 및 겸임을 금지함으로써 법관의 정치적 중립성과 독립성을 제고하고 있다(제43조 제4호 및 제50조의2).

(v) 법관의 신분을 헌법에서 보장하지만, 실제로는 사법제도의 관료화로 인한 부작용이 남아 있었다. 특히 고등법원부장판사로의 승진병목현상은 중진법관의 퇴직을 야기하여 왔는데 법조일원화의 일환으로 폐지되었다(법원조직법 제27조). '법관의 보수에 관한 법률'에서는 법관보수체계를 근속연수에 따라 단일화하였다(단일호봉제). 이제 법관의 직급은 대법원장·대법관·일반법관으로 단순화되었다.

법관과 마찬가지로 검사의 직급도 검찰총장과 검사로 단순화된 단일호봉제를 채택한다(검찰청법 제6조 및 검사의보수에관한법률). 그 밖에도 검찰청법은 검사동일체원칙의 폐지(제7조), 검찰총장후보추천위원회(제34조의2), 검찰인사위원회의 자문기관화(제35조), 7년마다 검사적격심사위원회의 심사(제39조) 등을 규정한다.

(vi) 그런데 법원의 업무폭증으로 인하여 법관의 업무부담이 과다하게 됨에 따라 사법인력을 보다 효율적으로 활용하기 위하여, 실질적 쟁송에 해당하지 아니하는 부수적인 업무와 공증적 성격의 사법업무 등에 대하여는 상당한 경력과 능력을 갖춘 사법보좌관이 처리하도록 한다(법원조직법 제54조). 하지만, 헌법과 법률이 정한 법관이 아닌 사람에 의한 사법업무처리의 범위는 신중하게 결정되어야 한다.

사법보좌관에게 소송비용액 확정결정절차를 처리하도록 규정하고 있는 법원조직법 제54조는 재판청구권을 규정하고 있는 헌법 제27조 제1항에 위반되지 아니한다(헌재 2009.2.26. 2007헌바8등, 법원조직법 제54조 위헌소원(합헌)).

Ⅳ. 법관의 직무상 독립(물적 독립·재판상 독립)

1. 의 의

법관이라는 신분 그 자체의 보장이 법관의 신분상 독립(인적 독립)이라면, 법관으로서 직무를 수행하는 데 있어서 독립이 바로 재판상 독립 또는 직무상(職務上) 독립·물적(物的) 독립이다. "법관은 헌법과 법률에 의하여 그 양심에 따라 독립하여 심판한다"(제103조).

2. 헌법과 법률에 의한 심판

"법관은 헌법과 법률에 의하여 … 독립하여 심판한다"(제103조). 법치주의원리에 입각하여 재판에 있어서 헌법과 법률에의 구속성을 헌법에서 명시하고 있다. 헌법은 성문헌법 및 관습헌법을 포함한다. 법률은 헌법에 합치되는 합헌적 법률을 의미하는데 형식적 의미의 법률뿐만 아니라 실질적 의미의 법률로 볼 수 있는 긴급명령·긴급재정경제명령 및 조약·국제관습법도 포함한다. 다만, 형사재판에 있어서는 죄형법정주의의 원칙에 따라 관습형법은 배제된다.

"재판상 공유물분할에 있어서는 다양한 기초사실이 존재할 수밖에 없으므로 그 요건을 정할 때에는 어느 정도 추상적 표현의 사용이 불가피하고, 대법원이 법관에게 허용된 재량의 한계를 제시하고 있는 점을 고려하면, 심판대상조항은 수범자의 예측가능성을 저해하거나 법관의 자의적 해석에 관한 위험이 있다고 볼 수 없으므로 명확성원칙에 위배되지 아니한다"(헌재 2022.7.21. 2020헌바205, 민법 제269조 제2항 위헌소원(합헌)).

3. 법관의 양심에 따른 심판

(i) "법관은 … 그 양심에 따라 독립하여 심판한다"(제103조). 양심(良心)이란 인간 내심의 작용인 도덕적·윤리적 확신이다. 헌법 제103조의 양심의 의미에 관하여는 의견이 다양하다. ① 객관적 양심설에 의하면 양심이란 법관으로서의 양심을 의미하며, 법관이 적용하는 법 중에서 객관적으로 존재하는 정신을 가리킨다고 이해한다. ② 주관적 양심설에 의하면 양심이란 법관 개인의 주관적 양심이라고 한다. ③ 절충설에 의하면 양심이란 헌법·법률의 구속에 따라야 한다는 주관적 양심이라고 본다. 생각건대 여기에서의 양심은 법관으로서의 객관적 양심 즉 법조인으로서의 객관적·논리적 양심으로 이해하여야 한다.

"금고 이상의 형의 선고를 받아 집행을 종료한 후 또는 집행이 면제된 후로부터 5년을 경과하지 아니한 자에 대해서는 집행유예를 하지 못하도록 규정하고 있는 형법 제62조 제1항 단서는 정당한 재판을 받을 권리를 침해한다거나 법관의 양심에 따른 재판권을 침해한다고 볼 수 없다"(헌재 2005.6.30. 2003헌바49등, 형법 제62조 제1항 단서 위헌소원 등(합헌)).

(ii) 대법원에 양형위원회(量刑委員會)를 설치하고 있다. 양형위원회는 법관이 재판에 참고할 수 있는 구체적이고 객관적인 양형기준을 설정하도록 함으로써 양형의 편차를 줄이고, 양형기준을 공개함으로써 투명성을 높여 국민의 신뢰를 높이려는 제도이다. 양형위원회는 양형기준을 설정·변경하고 이와 관련된 양형정책을 연구·심의할 목적으로 대법원에 설치된 위원회로서 그 권한에 속하는 업무를 독립하여 수행하는 기구이다(법원조직법 제81조의2). 양형기준은 법적 구속력을 가지지는 아니하지만, 법원이 양형기준을 벗어난 판결을 하는 경우에는 판결서에 양형의 이유를 적어야 한다(제81조의7). 판결서에 양형의 이유를 적어야 하는 경우에는 당해 양형을 하게 된 사유를 합리적이고 설득력 있게 표현하는 방식으로 그 이유를 기재하여야 한다(대판 2010.12.9. 2010도7410, 2010전도44).

대법원 양형위원회의 양형기준은 법적 구속력을 가지지 아니하고 그 내용의 타당성에 의하여 일반적인 설득력을 가지는 것으로 예정되어 있으므로 법관의 양형에 있어서 그 존중이 요구되는 것일 뿐이다(대판 2009.12.10. 2009도11448).

과실로 사람을 치상하게 한 자가 구호행위를 하지 아니하고 도주하거나 고의로 유기함으로써 치사(致死)의 결과에 이르게 한 경우에 살인죄와 비교하여 그 법정형을 더 무겁게 한 것은 형벌체계상의 정당성과 균형을 상실하였다(헌재 1992.4.28. 90헌바24, 특정범죄가중처벌등에관한법률 제5조의3 제2항 제1호에 대한 헌법소원(위헌)).

단순매수나 단순판매목적소지의 마약사범에 대하여도 사형·무기 또는 10년 이상의 징역에 처하도록 규정하고 있어, 예컨대 단 한 차례 극히 소량의 마약을 매수하거나 소지하고 있었던 경우 실무상 작량감경을 하더라도 별도의 법률상 감경사유가 없는 한 집행유예를 선고할 수 없도록 법관의 양형선택과 판단권을 극도로 제한하고 있고 또한 범죄자의 귀책사유에 알맞은 형벌을 선고할 수 없도록 법관의 양형결정권을 원천적으로 제한하고 있어 매우 부당하다(헌재 2003.11.27. 2002헌바24, 특정범죄가중처벌등에관한법률 제11조 제1항 위헌소원(위헌)).

뇌물액이 5천만원 이상인 경우에 법정형이 살인죄보다 무겁게 가중처벌하여 집행유예를 선고할 수 없게 하더라도 헌법에 위반되지 아니한다(헌재 1995.4.20. 93헌바40, 특정범죄가중처벌등에관한법률 제2조 제1항 제1호 위헌소원(합헌)).

허위신고에 의한 밀수입행위에 대해 징역형과 별도로 '수입한 물품원가의 2배에 상당하는 벌금형'을 필요적으로 병과하도록 하는 규정은 범죄의 죄질 및 행위자의 책임에 비하여 지나치게 가혹하거나 범죄에 대한 형벌 본래의 목적과 기능을 달성함에 있어 필요한 정도를 일탈한 자의적 입법에 해당하지 아니한다(헌재 2008.4.24. 2007헌가20, 특정범죄 가중처벌 등에 관한 법률 제6조 제6항 제2호 위헌제청(합헌)).

강도가 사람을 상해하거나 상해(강도상해, 치상)에 이르게 한 때에는 무기 또는 7년 이상의 징역에 처하는 것은 법정형의 하한을 살인죄의 그것보다 높여, 법률상의 감경사유가 없는 한 집행유예의 선고가 불가능하도록 한 것이 사법권의 독립 및 법관의 양형판단재량권을 침해 내지 박탈하지 아니한다(헌재 2001.4.26. 99헌바43, 형법 제337조 위헌소원(합헌); 헌재 2016.9.29. 2014헌바183등(합헌)).

수재액이 5,000만 원 이상인 때에는 7년 이상의 징역으로 처벌하는 것은 책임과 형벌간의 비례원칙에 위배되지 아니한다(헌재 2012.12.27. 2011헌바217, 특정경제범죄 가중처벌 등에 관한 법률 제5조 제1항 등 위헌소원(합헌)).

그 밖에도 조세범에 대한 벌금액을 체납상당액으로 정액화한 조세범처벌법, 주거침입강간죄의 가중처벌, 미신고수입의 법인을 범인으로 보고 필수적 몰수·추징하는 구 관세법은 헌법에 위배되지 아니한다.

(iii) 법관은 "헌법과 법률에 의하여" "독립하여 심판"하여야 하지만, 법률상 기구인 양형위원회의 양형기준 제시는 법관의 양심에 따른 재판에 위배되지 아니한다. 다만, 여기서 양심은 양심의 자유에서의 양심과는 달리 법관으로서의 양심을 의미한다. 법관은 재판에 임하면서 미국의 '긴즈버그 기준'(The Ginsburg Standard), 즉 "암시하지 않고, 예측하지 않고, 예고하지 않는"(No hint, No forecast, No preview) 공정한 재판의 3가지 원칙을 준수하여야 한다. 법관도 당연히 인간으로서의 자유와 권리를 누리지만, 현실의 정치·경제·사회 문제에 SNS 등을 통한 직접적인 논평은 자칫 재판에 임하는 법관 자신의 공정성과 형평성에 대한 의구심을 자아낼 수 있기 때문에 최대한 자제하여야 한다.

4. 내·외부작용으로부터 독립된 심판

(1) 다른 국가기관으로부터 심판의 독립

법관의 재판권행사에 대하여 국회·정부·헌법재판소 등 어떠한 국가기관으로부터 지휘·감독이나 간섭을 받아서는 아니 된다. "형사재판에 있어서 사법권

독립은 심판기관인 법원과 소추기관인 검찰청의 분리를 요구함과 동시에 법관이 실제재판에 있어서 소송당사자인 검사와 피고인으로부터 부당한 간섭을 받지 아니한 채 독립하여야 할 것을 요구한다"(헌재 1995.11.30. 92헌마44, 소송기록송부지연 등에 대한 헌법소원(위헌)).

(2) 소송당사자

법관은 재판과정에서 소송당사자로부터 독립되어야 한다. 법관이 소송당사자와 특수한 관계에 있을 경우에 대비하여 제척·기피·회피 제도를 마련한다.

> 금융기관의 연체대출금에 대하여 회사정리절차 진행 중에도 경매절차를 진행할 수 있도록 한 것은 재판을 통하여 회사정리절차를 주도할 법원의 권한을 무력화시키고 금융기관의 의사에 따르지 아니할 수 없게 하여 사법권독립에 위협의 소지가 될 수 있는 특권이다(헌재 1990.6.25. 89헌가98등, 금융기관연체대출금에관한특별조치법 제7조의3에 대한 위헌심판(위헌)).

(3) 사회적 세력으로부터 독립

법관은 재판을 하면서 정당·사회단체·언론기관으로부터 독립되어야 한다. 그러나 재판에 대한 정당한 비판은 적극적으로 수용하여야 한다.

(4) 법원 내부로부터 독립

법원의 조직은 대법원을 최고법원으로 하는 심급제(審級制)를 채택하고 있다. 그러나 재판에서 상급심법원의 지휘·감독 기타 간섭은 배제되며, 심급제가 재판의 독립에 영향을 미쳐서는 아니 된다. 하지만, "상급법원 재판에서의 판단은 해당 사건에 관하여 하급심을 기속한다"(법원조직법 제8조)라는 규정은 헌법상 재판의 독립에 위배되지 아니한다. 헌법의 심급제 규정은(제101조 제2항), 구체적인 분쟁해결과 법해석에 있어서 통일성을 유지하기 위하여, 최소한 해당 사건에서는 상급법원의 판단이 하급법원에 대한 구속력 부여를 전제한다고 볼 수 있기 때문이다.

> 상고심으로부터 사건을 환송받은 법원은 그 사건을 재판함에 있어서 상고법원이 파기이유로 한 사실상 및 법률상의 판단에 대하여 기속된다(대판 2009.4.9. 2008도10572).

V. 결　어

사법권의 독립은 국가기관인 법원의 독립과, 그 법원에서 재판담당자인 법관의 신분상 독립과 재판에서의 독립으로 귀결된다. 사법권의 독립은 공정한 재판을 통하여 국민의 자유와 권리의 보장에 만전을 기하기 위하여 반드시 필요하다. 또한 법원의 관료화를 제어하기 위하여 법원(사법)의 민주화가 더욱 요망된다. 특히 민주화 과정에서 야기되는 사법의 정치화에 대한 우려도 불식되어야 한다.

제 6 절 사법권에 대한 통제

Ⅰ. 의 의

사법권은 국민의 자유와 권리를 보장하기 위한 최후의 보루이지만 아무런 통제 없이 무소불위의 권한을 행사하여서는 아니 된다. 이에 사법권에 대하여 적절한 통제의 필요성이 제기된다.

사법권에 대한 통제(統制)는 외부적 통제와 절차적 통제로 나누어 설명할 수 있다.

Ⅱ. 외부적 통제

1. 국회에 의한 통제

국회는 ① 사법사항에 관한 입법권행사(제101조 제3항, 제102조 제3항 등), ② 대법원장 · 대법관임명동의권(제104조), ③ 법원예산의 심의확정권 · 결산심사권(제54조), ④ 법관에 대한 탄핵소추권(제65조), ⑤ 일반사면동의권(제79조 제2항) 등을 통하여 사법부를 통제할 수 있다.

2. 정부에 의한 통제

정부는 ① 대법원장 · 대법관임명권(제104조), ② 법원예산편성권(제54조), ③ 사면 · 감형 · 복권에 관한 권한(제79조)으로서 사법부를 통제할 수 있다.

3. 헌법재판소에 의한 통제

헌법재판소는 ① 법관탄핵심판권, ② 헌법소원심판권, ③ 권한쟁의심판권 등을 통하여 사법부를 통제할 수 있다(제111조 제1항).

4. 국민에 의한 통제

배심제 · 참심제 등 국민의 사법참여제도를 통한 통제가 가능할 것이다. '국민의 형사재판 참여에 관한 법률'의 시행으로 일정한 형사사건의 경우에 국민이 재판에 참여하는 국민참여재판제도가 시행되고 있다. 한편 학자나 전문가들은 판례평석

등을 통하여 사법작용에 대하여 비판을 가할 수 있다.

Ⅲ. 절차적 통제

헌법의 수권에 따라 법원조직법을 비롯하여 민사소송법 · 형사소송법 · 가사소송법 등 각종 사법 관련 소송법에서는 사법절차상의 과오를 최소화하는 방안을 마련하고 있다. 이 중에서 중요한 것으로는 심급제도와 재판의 공개제도 등이 있다.

제 5 장 헌법재판소

제 1 절 헌법재판의 일반이론

Ⅰ. 의 의

(i) 헌법재판(憲法裁判)은 헌법규범의 실효성을 담보하는 헌법보장제도이다. 즉 헌법재판을 통하여 헌법의 규범력을 실질화하고, 궁극적으로 입헌주의를 규범적으로 실현한다. 근대입헌주의 초기에 의회제적 전통이 자리 잡은 유럽에서 국민주권은 의회주권으로, 의회주권은 법률주권으로 인식되고 있었다. 이에 따라 국민주권을 대표하는 의회의 행위에 대하여 국민으로부터 직접 그 존재의 정당성을 확보하지 아니한 법관에 의한 사법적 재단으로 야기되는 "법관에 의한 통치"는 수용되기 어려웠다. 결과적으로 법률에 대한 사법적 재단(裁斷)이 용납되지 아니하는 상황에서 헌법의 최고규범성을 담보하기 어려웠다.[1]

(ii) 헌법재판의 핵심은 위헌법률심판이다. 따라서 위헌법률심판이 전제되지 아니하는 한 이를 헌법재판이라 할 수 없다. 다만, 헌법재판소의 권한사항으로 위헌법률심판 이외에 헌법소원심판, 권한쟁의심판, 탄핵심판, 위헌정당해산심판, 선거심판 등을 추가하는 국가도 있다.[2]

(iii) 위헌법률심판은 유럽민주주의를 이식한 미국에서 시작되었다. 신생독립국가인 미국의 가장 합리적 통치는 법치주의의 정립이었다. 또한 엄격한 권력분립주의에 따라 정부와 의회 사이에 놓인 차단벽을 합리적으로 제어하기 위한 유일한 수단은 헌법적합성의 원리에 기초한 사법적 통제일 수밖에 없었다. 1803년 미국 연방대법원이 *Marbury v. Madison*(5 U.S. 137) 사건에서 처음으로 인정한 위헌법률심사는 헌법재판의 기념비적 사건이다.

1) 성낙인, "헌법재판, 자유민주주의를 향한 여정", 헌법실무연구 23(제200회 발표회).
2) 성낙인 · 권건보 · 정 철 · 전상현 · 박진우 · 허진성 · 김용훈, 헌법소송론 제2판, 법문사.

(iv) 20세기 이전에 서유럽에서는 탄핵심판 · 권한쟁의심판 등을 다루기는 하였지만, 위헌법률심사는 20세기에 들어와서 본격적으로 정립되었다. 현대 법실증주의의 창시자인 한스 켈젠(H. Kelsen)이 제시한 헌법재판은 법원의 일반재판작용과는 구별되는 특별히 창설된 헌법재판소를 통하여 헌법재판의 실질화와 특수성을 도모하는 데 있다. 헌법재판은 오스트리아에서 시작되어 독일에서 꽃을 피웠고, 20세기 후반에 이르러 유럽 각국에서 보편적 제도로 자리 잡고 있다. 따라서 오늘날 헌법재판은 일반적으로 미국식 위헌법률심사제도보다는 오히려 유럽대륙의 헌법재판소제도를 통한 헌법재판을 지칭한다.

Ⅱ. 헌법재판의 본질

1. 의 의

(1) 헌법재판의 제도적 특성

헌법재판은 헌법의 최고규범성과 실효성을 담보하기 위한 제도적 장치이다. 헌법재판에서 최고의 준거규범인 헌법은 주권자의 헌법제정권력 발동을 통하여 정립된다. 그 헌법은 성문헌법으로서 헌법개정을 어렵게 하는 경성헌법이다. 여기에 헌법규범의 최고성과 안정성을 담보할 수 있는 헌법재판의 특수성이 도출된다.

(2) 헌법재판의 기능

(i) 헌법재판은 근대입헌주의 헌법의 기본원리인 국민주권주의와 기본권보장을 위한 제도적 장치이다. 주권자인 국민의 기본권을 보장하기 위한 헌법재판은 자유의 기술로만 머물러서는 아니 되고 권력의 민주화를 위한 기술이어야 한다.

(ii) 헌법재판은 권력의 합리적 통제를 통하여 실질적 권력분립주의를 구현함으로써 국민주권주의와 기본권보장을 실현하기 위한 제도로서 자리 잡는다.

(iii) 더 나아가서 헌법재판은 헌법규범이 가진 정치성 · 개방성에 기초하여 정치적 논쟁을 사법적으로 종식시킴으로써 정치적 평화기능을 가진다. 이는 헌법재판이 가지는 부수적 효과라 할 수 있다.

요컨대 헌법재판은 근대입헌주의 헌법의 국민주권 · 기본권보장 · 권력분립원리와 더불어 정치적 평화를 담보하기 위한 제도적 장치이다.

권영성 교수(1115면)는 헌법재판의 긍정적 기능으로 민주주의이념구현 · 헌법질서 수호 · 개인의 자유와 권리보호 · 소수의 보호 · 연방제 유지를, 부정적 기능으로 일반법원의 경우 사법부의 정치기관화 · 보수적 사법부로 인한 사회발전 지연을 든다. 허영 교수

(892-893면)는 헌법재판의 이념적 기초로서 헌법의 성문성과 경성·헌법의 최고규범성·기본권의 직접적 효력성·헌법이념의 포괄성을, 헌법재판의 특성으로 정치형성재판·비강권재판·공감대적 가치실현재판을 제시한다. 헌법재판소 실무제요(1-3면)에서는 헌법재판의 기능으로 헌법보호, 권력통제, 기본권보호, 정치적 평화보장, 교육적 기능을 든다.

2. 헌법재판의 법적 성격

(1) 의 의

재판이란 독립성이 보장된 제3의 국가기관에 의하여 사법적 절차를 통하여 최종적 판단을 내리는 국가작용이라고 볼 때, 헌법재판도 그 본질은 '재판'이므로 넓은 의미의 사법작용이다. 그러나 헌법재판은 헌법적인 쟁점을 해결하기 위한 재판이라는 점에서, 구체적 사건의 분쟁해결을 목적으로 하는 일반사법작용과는 구별된다. 이에 헌법재판의 법적 성격에 관하여 다양한 이론이 제시된다.

(2) 학 설

(i) 사법작용설은 헌법재판도 헌법분쟁에 대하여 헌법규범의 의미와 내용을 해석하고 정립하는 국가작용이라는 점에 착안하여 그 법적 성격을 사법작용으로 이해하여, 헌법재판을 전형적인 사법적 법인식작용으로 본다.

(ii) 정치작용설은 헌법재판의 대상이 되는 분쟁은 법적 분쟁이 아닌 정치적 분쟁이므로 헌법재판의 본질을 정치작용으로 본다.

(iii) 입법작용설은 헌법재판을 통한 헌법의 해석은 일반법률의 해석과는 달리 헌법을 보충하고 형성하는 기능을 가진다는 점에 착안하여 헌법재판을 입법작용으로 이해한다. 즉 헌법재판소의 위헌 또는 일부위헌 결정은 법률의 폐지나 삭제, 한정위헌결정은 법률의 변경, 법률개선입법촉구결정을 동반한 헌법불합치결정은 법률의 개정, 입법부작위 위헌확인은 입법강제와 같은 결과를 초래하므로 입법작용이라 할 수도 있다. 하지만, 국회의 입법작용이 적극적 입법작용이라면 헌법재판소의 입법작용은 소극적 입법작용에 불과하다.

(iv) 사법작용설·정치작용설·입법작용설도 모두 한계를 가지므로 헌법재판은 입법·사법·행정 등 모든 국가작용을 통제한다는 제4의 국가작용설도 있다.

(3) 검 토

(i) 헌법 '제5장 법원'에서 "사법권은 법관으로 구성된 법원에 속한다"(제101조 제1항), "법원은 최고법원인 대법원과 각급법원으로 조직된다"(제2항)라고 규정한다. 그런데 '제6장 헌법재판소'에서 따로 헌법재판에 관한 규정을 두고 있다. 따라서 현행 헌법체계상 헌법재판은 사법권과 구분된다. 그러나 헌법재판도 '재판'이라는 점에

서 사법작용이다. 헌법재판은 독립적인 법관에 의하여 사법적 절차에 따라 진행되며, 그 결정은 사법적 효과를 가진다. 다만, 헌법재판의 특수성을 도외시하고 오직 사법작용이라는 잣대만 가지고는 헌법규범의 특수성을 반영한 '헌법'재판의 목적이 달성될 수는 없다. 특히 미국이나 일본과 같이 일반법원이 헌법재판을 담당하지 아니하고 '헌법'법원을 따로 설치하여 헌법재판을 담당하게 하는 대륙식 헌법재판소제도에서는 법관의 인적 구성 및 재판절차가 일반 사법작용과는 달리하므로 헌법재판을 사법작용과 동일시할 수는 없다. 그렇다고 헌법재판을 통하여 결과적으로 나타나는 현상에 천착하여 헌법재판을 정치작용 또는 입법작용으로 이해할 수도 없다. 결국 헌법재판은 헌법규범의 정치성과 개방성에 기초하여 헌법적 분쟁을 해결하기 위한 수단으로서 사법적 방법을 원용한다. 따라서 헌법재판은 좁은 의미의 사법에는 포섭될 수 없으나, 넓은 의미의 사법이라 할 수 있다. 이에 따라 헌법재판은 순수한 사법작용이 아니라 정치적 사법작용 혹은 제4의 국가작용으로 이해되기도 한다.

(ii) 하지만, 헌법재판이 가지는 최고규범인 헌법의 해석작용에 비추어 본다면, 사법작용으로서의 성격을 결코 간과하여서는 아니 된다. 특히 구체적 규범통제제도를 도입한 현행 헌법재판제도에서는 사법작용적인 측면이 더욱 강하게 드러난다. 따라서 헌법재판의 본질은 어디까지나 사법작용이라고 보아야 하지만, '헌법'재판이므로 헌법이 가진 특성에 입각하여 일련의 정치작용 · 입법작용 내지 권력통제작용을 포괄하는 사법작용으로 이해하여야 한다. 이는 궁극적으로 국가최고사법기관인 헌법재판소의 위상정립과 관련되는 문제이다.

헌법재판소의 한정합헌결정을 무시한 대법원판결은 헌법재판소가 국가최고사법기관으로 위상정립이 되지 못한 상황에서 필연적으로 발생할 수밖에 없다. 또한 법원의 판결에 대한 헌법소원 배제도 헌법재판소의 최고사법기관성에 대한 인식부족에서 기인한다.

3. 사법적극주의와 사법소극주의

(1) 의 의

일반법규범에 비하여 헌법규범이 가지고 있는 개방성과 추상성에 비추어 헌법재판기관이 헌법해석에 있어서 취하여야 할 태도에 관하여는, 미국에서 발달된 이론으로서 사법적극주의와 사법소극주의가 있다.[1)]

---

1) 임지봉, 사법적극주의와 사법권의 독립, 철학과 현실사; 허성욱, 공공선택이론과 사법심사에 관한 연구-사법심사의 준거기준으로서 공공선택이론의 함의에 관하여, 서울대 박사학위논문, 2008.2; 박종현, 헌법재판과 정책결정, 서울대 박사학위논문 2009.8; 이상경, "미국 헌법재판제도의 성립의 초기배경

(2) 사법적극주의(司法積極主義)

사법적극주의(judicial activism)는 진보적 헌법철학에 기초한 이론으로서, 사법부도 단순히 선례(先例)에 기속되는 소극적인 재판작용으로 만족하여서는 아니되고, 역사와 사회의 변화에 따라 헌법규범을 능동적으로 해석하여 의회와 정부의 작용을 판단하여야 한다는 이론이다. 사법적극주의는 국가작용에서 야기되는 비민주적 행위에 대한 헌법의 수호자로서 사법부의 적극적 기능을 강조한다. 이는 정당을 통한 의회와 정부 사이의 권력융화 및 행정국가 현상에 따라, 국민의 자유와 권리를 수호할 수 있는 유일한 견제세력은 법원이라는 인식에 기초한다.

(3) 사법소극주의(司法消極主義)

사법소극주의(judicial passivism)는 보수적 헌법철학에 기초한 이론으로서, 사법부는 민주적 정당성에 기초한 의회나 정부의 국가작용에 대하여 적극적으로 개입하기보다는 기존의 선례와 법감정에 기초하여 판단하여야 하며, 이와 명백히 어긋나지 아니하는 한 사법적 개입은 자제하여야 한다는 이론이다. 사법소극주의의 기저(基底)에는 사법부가 안고 있는 민주적 정당성의 취약 및 국가작용에 관한 비전문성에 대한 인식이 자리 잡고 있다.

(4) 검 토

사법적극주의는 자칫 국민적 정당성을 결여한 "법관에 의한 통치"로 사법의 정치화를 초래할 수 있다. 민주적 정당성을 가진 의회와 정부의 행위에 대한 사법부의 지나친 개입은 대의제원리에 입각한 고전적 권력분립의 틀을 깨뜨리게 된다.

반면에 사법소극주의에 안주하게 되면 사법부가 국민의 자유와 권리 보장을 위한 최후의 보루로서의 역할을 다하지 못하게 된다.

따라서 헌법재판에서는 사법적극주의나 사법소극주의의 어느 한쪽에 치우치지 아니하고 오로지 주권자인 국민이 제정한 헌법이 요구하는 명령에 입각하여 시대정신에 부합하는 입헌주의적 헌법질서 수호자로서의 기능을 다하여야 한다.

> "헌법재판에 있어서는 다른 국가기관 즉 입법부나 행정부가 국민으로 하여금 인간다운 생활을 영위하도록 하기 위하여 객관적으로 필요한 최소한의 조치를 취할 의무를 다하였는지의 여부를 기준으로 국가기관의 행위의 합헌성을 심사하여야 한다는 통제규범으로 작용"한다(헌재 1997.5.29. 94헌마33, 1994년 생계보호기준 위헌확인(기각)).

및 마샬 대법원장의 헌법재판권 정당화 논의의 재조명", 헌법학연구 17-1; 김해원, "헌법재판에서의 사법적극주의와 사법소극주의", 영남법학 32; 윤성현, "헌법재판과 여론", 법학(서울대) 63-2; 전상현, "헌법재판과 사법적극주의", 헌법학연구 29-1; 김문현, "헌법재판과 민주주의", 공법연구 53-2; 김종철, "정치의 사법화 다시 보기", 공법연구 54-1.

4. 헌법재판의 한계

(ⅰ) 20세기 후반 헌법재판의 활성화는 곧 헌법재판이 개입할 수 있는 영역의 무한계성을 드러낸다. 헌법적 쟁점을 판단하기 위하여 설립된 헌법재판기관이 특정한 사안에 대한 헌법적 판단의 회피나 자제는 부적절하다. 하지만, 헌법규범이 가진 정치적 성격에 비추어 보건대 모든 헌법적 쟁점에 대한 헌법재판에 의한 재단(裁斷)은 권력분립원리나 권력의 정당성원리에 비추어 결코 올바른 방향이 아니다. 여기에 헌법재판의 한계문제가 제기된다.

(ⅱ) 사법적 판단대상의 경계선상에 있는 전형적인 사안이 통치행위이다. 법치주의의 구현을 위하여 사법심사의 대상에서 제외되는 통치행위는 부정되어야 마땅하다. 하지만, 현실적으로 사법적 판단을 내리기에 부적합한 국가작용의 일종으로 통치행위의 존재를 인정할 수밖에 없다. 과거 대법원은 대통령의 비상계엄선포행위에 대하여 사법적 판단을 자제한 바 있다(대재 1979.12.7. 79초70등). 그러나 통치행위라 할지라도 헌법에서 명시한 요건은 충족되어야 하므로 이에 대한 사법적 판단은 불가피하다. 헌법재판소도 헌법상 대통령의 긴급재정경제명령 발동요건에 대하여 판단한 바 있다(헌재 1996.2.29. 93헌마186, 긴급재정경제명령 등 위헌확인(기각,각하)). 대법원도 기존의 소극적 입장에서 보다 진전된 입장을 보인다(대판(전합) 1997.4.17. 96도3376; 대판 2004.3.26. 2003도7878)(통치행위에 관한 설명은 제2편 제4장 제4절 사법권의 범위와 한계 참조).

Ⅲ. 헌법재판의 유형

헌법재판의 유형은 헌법재판을 담당하는 기관을 중심으로 한 분류와 헌법재판의 대상이 되는 사항을 중심으로 한 분류로 크게 대별된다.

1. 헌법재판의 담당기관

헌법재판을 담당하는 기관을 중심으로 구분한 헌법재판 유형은 독일·오스트리아·이탈리아·스페인·포르투갈·튀르키예(터키) 등과 같이 담당기관을 별도로 설치하는 유럽 대륙의 헌법재판소 유형과, 미국·일본과 같이 일반법원이 헌법재판까지 담당하는 유형으로 대별할 수 있다.[1] 다만, 프랑스의 헌법재판소는 일

---

1) 김용훈, 유럽연합의 규범통제제도에 관한 연구-선결적 부탁절차를 중심으로, 서울대 박사학위논문, 2011.2; 蔡永浩, 한국·일본·대만의 위헌심사제도에 관한 비교법적 연구: 중국에서의 제도설계와 관련하여, 서울대 박사학위논문, 2009.2; 민병로, 일본의 사법심사제, 전남대출판부; 민병로·손형섭 역,

반법원형도 아니고 헌법재판소형도 아닌 제3의 특수기관형으로 지칭되기도 하였으나, 위헌법률심판이 활성화됨에 따라 헌법재판소의 한 유형으로 분류된다. 최근 유럽연합도 국가성이 강조되면서 실질적인 사법심사가 이루어진다.

2. 헌법재판의 대상

(i) 헌법재판의 주된 대상은 **위헌법률심판**이다. 위헌법률심사의 시점이나 내용을 기준으로 할 때, 프랑스와 같이 의회에서 통과된 후 공포 이전에 위헌법률심사를 행하는 **사전적·예방적** 위헌법률심사제도도 있다(아일랜드, 헝가리, 폴란드 등이 사전적 규범통제제도를 채택한다). 일반적으로는 법률시행 이후에 위헌법률심사를 행하는 **사후적·교정적** 위헌법률심사제도를 채택한다.

(ii) 규범통제제도를 중심으로 살펴보면, 법률의 위헌 여부가 재판의 전제가 된 경우에 한하여 소송당사자의 신청 또는 법원의 직권에 의하여 위헌심사를 행하는 **구체적 규범통제제도**와, 법률의 위헌 여부에 관한 다툼이 있는 경우에 재판의 전제와는 관계없이 일정한 국가기관의 신청에 의하여 헌법재판기관이 위헌심사를 담당하는 **추상적 규범통제제도**가 있다. 구체적 규범통제에서 헌법재판기관의 위헌판단은 해당 사건에 한하여 효력을 발생하는 데 그치고 원칙적으로 법률(혹은 법률조항) 자체의 효력을 폐지하는 일반적 효력을 가지지 아니한다. 그러나 현행 위헌법률심사제도는 구체적 규범통제가 가진 한계를 극복하기 위하여 해당 법률에 대하여 일반적 효력을 가지는 점이 특징적이다. 구체적 규범통제는 **일반법원형** 국가(미국·일본)에서 채택하고 있고, **헌법재판소형** 국가에서는 구체적 규범통제와 추상적 규범통제(독일·이탈리아)를 병용한다. 한편 프랑스에서는 종래 사전적·추상적 규범통제만 시행하여왔지만, 2008년 7월의 헌법개정을 통하여 사후적·구체적 규범통제도 새롭게 도입하였다.

(iii) 그 외에 헌법재판기관의 심판사항으로서 **정당해산심판·권한쟁의심판·선거소송심판**을 들 수 있고, 헌법재판소형인 독일·오스트리아·스페인 등의 헌

일본판례헌법, 전남대출판부; 성낙인, "프랑스 헌법재판의 특성과 헌법재판소의 구성", 헌법학논집; 이세주, "독일 연방헌법재판소의 헌법재판실무상의 시사점에 관한 고찰", 공법연구 45-1; 정광현, "법률의 위헌성에 대한 사법심사", 공법연구 47-1; 남복현, "헌법재판소와 법원 간 갈등해결", 헌법학연구 27-1; SUNG NAK IN(ed), *Asian Forum for Constitutional Law*, 2005; 전학선, 프랑스 헌법소송론, 한국문화사; 황동혁, "추상적 규범통제 도입방안", 공법연구 53-4; 김해원, "헌법 제111조 제1항과 임명·선출·지명의 규범적 의미", 헌법학연구 31-1; 박범영, "세계의 헌법재판관 구성 현황과 시사점 그리고 개선방향", 헌법재판연구 12-1; 박종현, "신 일리학파의 비교정치과정 이론과 약한 사법심사", 헌법학연구 31-3.

법소원제도가 있다.

Ⅳ. 현행헌법상 헌법재판제도

1. 한국헌법사의 헌법재판제도

① 1948년 제헌헌법에서 헌법위원회의 권한은 구체적 규범통제를 통한 위헌법률심판에 한정되었다. 헌법위원회는 부통령을 위원장으로 하고 5인의 대법관과 5인의 국회의원으로 구성된다. 탄핵심판은 탄핵재판소가 담당한다. ② 1960년 제2공화국헌법에서는 추상적 규범통제제도에 입각한 헌법재판소가 도입되었다. 심판관은 9인으로 구성되며 대통령·대법원·참의원에서 각기 3인을 선출하며 임기는 6년이다. 헌법재판소는 위헌법률심사·국가기관 간의 권한쟁의심판·정당해산판결·탄핵재판·대통령과 대법원장 및 대법관의 선거에 관한 소송 등의 권한을 가졌으나, 5·16쿠데타로 인하여 설치되지 못하였다. ③ 1962년 제3공화국헌법에서는 대법원이 헌법재판기관으로서 위헌법률심사와 위헌정당해산심판을 겸하였다. 탄핵심판은 탄핵심판위원회가 가진다. ④ 1972년 제4공화국헌법(유신헌법)에서는 헌법위원회를 설치하였다. 헌법위원회는 9인의 위원으로 구성되고 대통령이 임명하는데 9인의 위원 중 3인은 국회에서 선출하는 자를, 3인은 대법원장이 지명하는 자를 임명한다. 헌법위원회는 위헌법률심판권·탄핵심판권·위헌정당해산권을 가진다. ⑤ 1980년 제5공화국헌법의 헌법위원회도 제4공화국 헌법위원회와 비슷하다.

2. 헌법재판소의 지위와 권한

(1) 헌법재판소의 지위와 권한: 자유의 보장과 권력의 통제

(i) 헌법재판소는 헌법상 보장된 권한을 통하여 헌법보장기관·헌법수호기관·기본권보장기관·권력통제기관으로서의 지위를 가진다. 헌법재판소는 대법원과 더불어 헌법상 최고사법기관의 하나로서, 국민의 자유와 권리를 보장하는 기관임과 동시에 권력통제기관으로서의 기능을 가진다. 헌법재판소는 위헌법률심판·헌법소원심판 등을 통하여 국민의 자유와 권리보장을 위한 최후의 보루로서의 역할과 기능을 수행한다.

김철수 교수((하) 2038-2041면)는 헌법재판소의 지위를 사법적 헌법보장기관, 주권행사기관·하나의 최고기관, 최종심판기관, 최종적 기본권보장기관으로 본다. 권영성 교수(1128-1129면)는 헌법재판기관, 헌법수호기관, 기본권보장기관, 권력통제·순화기관으로 본다. 헌법재판소의 최고기관성에 관하여 권영성 교수는 담당하는 헌법재판의 특성에서 결과하는 단순한 논리적 우월을 의미한다고 보고, 허영 교수(910면)는 불필요한 논의로 본다.

(ii) 헌법재판소는 위헌법률심판·탄핵심판·정당해산심판·권한쟁의심판·

헌법소원심판을 관장한다(제111조 제1항).

(2) 헌법재판소와 대법원의 관계

A. 문제의 소재

헌법 제5장에서 법원을, 제6장에서 헌법재판소를 각각 규정하고 있지만, 법원과 헌법재판소는 모두 사법기관으로서의 기능을 가진다는 점에서 동일하다. 다만, 헌법재판소의 권한은 헌법에 열거된 사항에 한정되고, 포괄적인 사법권은 법원에 부여되어 있다(법원조직법 제2조 제1항). 특히 대법원에는 최고법원의 지위가 부여되어 있으므로(제101조 제2항), 대법원과 헌법재판소 사이에 미묘한 갈등을 야기한다.

B. 헌법재판소와 대법원(大法院)의 상호관계

(i) 현행헌법상 대법원과 헌법재판소는 다 같이 국가의 최고사법기관으로서 대등한 지위에 있으며, 그 조직과 구성에 있어서도 서로 독립적이다.

(ii) 그러나 ① 대법원장이 헌법재판관 3인의 지명권을 가지고, 법원은 헌법재판소에 판사들을 헌법연구관으로 파견 근무하게 하는 등 조직적인 관련성을 가지는 점, ② 위헌법률심판을 법원의 제청에 의하도록 하는 등 현실적으로 재판권을 행사하는 과정에서 서로 불가피하게 관련성을 가지게 되는 점, ③ 양 기관 모두 사법적 절차에 의한 국민의 권리 구제에 그 목표가 있는 점 등에 비추어 양 기관의 상호 협력적 업무수행이 매우 중요하다.

(iii) 그런데 헌법재판소의 위헌결정과 대법원의 합헌판결이 같은 날 선고되어 최고사법기관 사이에 상이한 결론이 내려져 논란이 증폭된 바 있다. 앞으로 두 기관 사이에 선고일정을 조정하는 등의 제도적 보완이 이루어져야 한다. 역설적으로 이와 같은 경우에는 법원의 재판에 대한 헌법소원이 가능하다고 보아야 한다.

자동차를 이용한 범죄행위를 한 때에는 반드시 운전면허를 취소하여야 한다는 도로교통법 조항에 대하여 헌법재판소는 "명확성의 원칙과 직업의 자유 등에 위반된다"라고 판시(헌재 2005.11.24. 2004헌가28, 도로교통법 제78조 제1항 단서 제5호 위헌제청(위헌))하였다. 반면에 대법원은 같은 날 "처분청이 재량의 여지가 없음이 명백"하다고 판시한 바 있다(대판 2005.11.24. 2005두8061).

C. 법원이 위헌법률심판제청한 사건에 대하여 합헌결정을 하는 경우

(i) 헌법재판소의 위헌법률심판에는 법원의 위헌법률심판제청이 있어야 한다. 법원은 위헌의 확신이 아닌 위헌의 의심이 있는 경우에도 위헌법률심판제청을 하여야 한다. 법원의 위헌법률심판제청이 곧 위헌을 의미하지는 아니하며, 다만 위헌의 의심이 있다는 것에 불과하다. 위헌 여부의 최종 판단은 헌법재판소의

전속적 권한이다. 그런데 헌법재판소가 합헌결정을 하였다면, 이는 법원의 제청권 행사에 따른 이유 설시(說示)의 배척을 의미한다.

(ii) 반대로 당사자의 위헌법률심판제청신청을 법원이 기각하면 이는 법원의 합헌판단권 행사로 보아야 한다(본장 제2절 II. 4 참조). 이에 불복한 당사자가 제기한 헌법소원(위헌법률심판형)에 대하여 헌법재판소가 이를 인용할 경우에도 헌법재판소의 헌법해석이 법원과의 갈등을 야기하지는 아니한나. 왜냐하면 헌법재판소의 위헌결정은 일반적 효력을 가지고 대법원과 모든 법원을 기속하기 때문이다(헌재법 제47조).

D. 변형결정(變形決定)의 기속력문제

헌법재판소가 변형결정을 내릴 경우에, 그 취지를 법원이 받아들이지 아니하면 서로 갈등을 야기할 소지가 있다. 헌법재판소는 한정위헌 · 한정합헌 · 헌법불합치결정 등 모든 변형결정도 기속력을 가진다고 판시한다. 하지만, 헌법재판소도 변형결정을 내릴 경우에는 매우 신중하게 하여야 한다(이에 관한 상세는 본장 제4절 헌법재판(위헌심판)의 결정유형과 효력 참조).

E. 명령 · 규칙심사권의 소재

(i) 대법원은 명령 · 규칙 · 처분에 대한 위헌심판권을 가진다(제107조 제2항). 대법원이 법률에 대한 위헌심판권을 행사할 수는 없지만, 헌법재판소가 명령 · 규칙 · 처분에 대한 위헌심판권을 행사하는 경우는 쉽게 예상할 수 있다. 예컨대 헌법재판소가 헌법소원심판을 하는 과정에서, 비록 해당 법률 그 자체는 위헌의 소지가 없다 하더라도, 해당 법률과 연계된 하위규범인 명령이나 규칙이 헌법에 위반되어 결과적으로 "헌법상 보장된 기본권이 침해될 경우"에는 명령 · 규칙에 대한 위헌심판권을 행사하게 된다. 여기에 헌법재판소와 대법원의 갈등요인이 발생한다.

법무사법시행규칙에 대한 헌법소원심판 사건에서 처음으로 헌법재판소와 대법원의 갈등이 첨예하게 대립된 바 있다(헌재 1990.10.15. 89헌마178, 법무사법시행규칙 제3조 제1항에 대한 헌법소원(위헌)).

(ii) 또한 헌법재판소가 위헌법률심판을 하면서 특정 명령 · 규칙을 적시하지 아니하고 근거 법률에 대한 위헌 또는 한정위헌을 선언함으로써 결과적으로 이와 직접적으로 관련된 명령 · 규칙을 위헌으로 결정할 수도 있다(헌재 1992.6.26. 90헌가23, 정기간행물의등록등에관한 법률 제7조 제1항 위헌확인(한정위헌)).

(iii) 그 외에 명령 · 규칙이 직접 국민의 기본권을 침해할 경우 헌법소원을 청구할 수 있다(이에 대한 상세는 제3절 III. 4. (6) (7) 참조).

F. 법원의 재판에 대한 헌법소원 여부

(i) 헌법상 대법원과 헌법재판소는 서로 독립적이고 수평적인 관계를 유지

한다. 헌법이 침묵하고 있는 가운데 헌법재판소법에서는 헌법소원의 대상에서 법원의 재판을 제외한다(헌재법 제68조 제1항). 하지만, 다수의 헌법학자들이 주장하는 바와 같이 법원의 재판에 대한 헌법소원을 인정하게 되면 독일과 마찬가지로 헌법재판소가 사실상 최고법원의 지위를 가지게 될 가능성이 높다(이에 관한 상세는 제3절 Ⅲ. 3. (2) 참조).

(ii) 다만, 헌법재판소의 변형결정에도 불구하고 이에 반대되는 대법원판결에 대하여 헌법재판소는 해당 판결을 취소한 바 있다. 이에 따라 예외적으로 법원의 재판도 헌법소원의 대상이 된다.

헌법재판소는 "구 소득세법 제23조 제4항 단서, 제45조 제1항 제1호 단서는 … 실지거래가액에 의할 경우를 그 실지거래가액에 의한 세액이 그 본문의 기준시가에 의한 세액을 초과하는 경우까지를 포함하여 대통령령에 위임한 것으로 해석하는 한 헌법에 위반된다"는 결정(헌재 1995.11.30. 94헌바40등(한정위헌,합헌))을 내렸다. 그러나 대법원(대판 1996.4.9. 95누11405)은 헌법재판소의 한정위헌결정에도 불구하고 헌법상의 조세법률주의와 포괄위임금지원칙에 위배되지 아니하는 유효한 규정이라고 판시하였다. 이에 헌법재판소는 헌법재판소의 한정위헌결정은 단순한 법률해석이 아니라 위헌결정의 일종이며, 법원을 비롯한 모든 국가기관을 기속하기 때문에 위헌결정된 법률을 적용한 법원의 재판도 이 경우에는 취소되어야 한다고 판시한 바 있다(헌재 1997.12.24. 96헌마172등, 헌법재판소법 제68조 제1항 위헌확인 등(한정위헌,인용(취소)))(제2편 제5장 제3절 Ⅲ. 6. (2) C. 참조).

G. (원)행정처분에 대한 헌법소원

(원)행정처분에 대한 헌법소원의 인정 여부에 관하여 논란이 제기된다. 생각건대 원행정처분에 대한 헌법소원을 인정하게 되면 법원의 재판에 대한 헌법소원을 인정하는 결과를 초래하게 되므로 원칙적으로 원행정처분에 대한 헌법소원은 인정할 수 없다. 다만, "원행정처분을 심판의 대상으로 삼았던 법원의 재판이 예외적으로 헌법소원심판의 대상이 되어 그 재판 자체까지 취소되는 경우에 한하여, 국민의 기본권을 신속하고 효율적으로 구제하기 위하여" 예외적으로 원행정처분에 대한 헌법소원이 가능하다(헌재 1999.9.16. 97헌마160, 구 소득세법 제60조 위헌확인 등(각하); 헌재 2001.2.22. 99헌마409, 양도소득세등부과처분취소(각하)).

H. 대법원장의 법관에 대한 불리한 인사처분에 대한 헌법소원

법관에 대한 불리한 인사처분에 대하여 ① 행정소송을 제기할 경우에 인사권자인 대법원장이 내린 처분에 대한 재판에서 하급심 판사의 소신 있는 판단을 기대하기 힘들고, ② 대법원에서 심판할 경우 실질적으로 누구도 자신의 행위에 대한 심판자가 될 수 없다는 법원칙에 위배되고, ③ 권리구제의 실효성이 없으므로 헌법소원을 인정하여야 한다. 그러나 헌법재판소는 이를 받아들이지 아니한다.

헌법재판소는 국가공무원법에 의하여 법원행정처 소청심사위원회 심사를 청구하여 그 시정(是正)을 구할 수 있고, 그 절차에서 구제를 받지 못한 때에는 행정소송을 제기하여

그 구제를 청구할 수 있음에도 불구하고, 위와 같은 구제절차를 거치지 아니한 채 제기한 헌법소원심판청구는 보충성원칙에 위배된다고 판시한다. [별개의견(2인)] "청구인에게 결정적으로 불리한 판례가 확립되어 있는 것도 아니고 법관에게는 재판직무의 독립성이 보장되었음에 비추어 대법원장의 처분에 대한 행정소송에 있어서 권리구제의 기대가능성이 없는 경우라고 하기 어렵다." [반대의견(3인)] "법원행정처에 설치되어 있는 소청심사위원회는 국가공무원법상으로는 법원일반직·기능직공무원 및 법관 모두에게 적용될 수 있는 것이지만 시행령(법원공무원규칙)상으로는 법관은 그 적용대상에서 제외"된다는 점, 행정소송을 제기하는 방법으로 이를 다툴 수 있는 방법은 형식논리로는 일응 열려 있지만 현실적으로 권리가 구제될 전망은 매우 희박한 점에 비추어 보충성의 예외를 인정하여야 한다(헌재 1993.12.23. 92헌마247, 인사명령취소(각하); 헌재 2001.12.20. 2001헌마245, 예비판사임용거부처분취소(각하) 참조).

Ⅰ. 법관에 대한 탄핵소추의결

국회에서 법관에 대한 탄핵소추의결을 하였을 경우, 헌법재판소가 탄핵심판을 하는 과정에서도 갈등관계가 발생할 수 있다. 그런데 법관에 대한 탄핵심판 계속 중 법관의 임기가 만료되어 퇴직한 사안에서 헌법재판소는 각하로 결정함에 따라 본안 판단이 내려지지 아니하였다. 이 사안에서 탄핵심판을 유지할 독립적인 심판이익의 결여로 보아 부적법 각하할 것인지 아니면 탄핵심판이 가지는 객관적인 헌법해명의 기회를 중시하여 행위의 위헌성 여부를 확인하여 법관 탄핵결정의 기준을 밝혀야 하는지에 대하여 의견이 갈라졌다(헌재 2021.10.28. 2021헌나1, 법관(임성근)에 대한 탄핵심판 사건(각하)).

[각하(4인)] 헌법 제65조 제4항 전문은 "탄핵결정은 공직으로부터 파면함에 그친다."라고 규정하고, 헌법재판소법 제53조 제1항도 "피청구인을 해당 공직에서 파면하는 결정을 선고한다."라고 규정함으로써, 탄핵심판이 피청구인을 해당 공직에서 파면할 것인지 여부를 판단하는 절차임을 명확히 하고 있다. 탄핵심판의 이익이란 탄핵심판청구가 이유 있는 경우에 피청구인을 해당 공직에서 파면하는 결정을 선고할 수 있는 가능성을 상정하여 탄핵심판의 본안심리에 들어가 그 심리를 계속할 이익이다. 이것은 본안판단에 나아가는 것이 탄핵심판절차의 목적에 기여할 수 있는지 여부에 관한 문제이다. 이를 통해 무익한 탄핵심판절차의 진행이 통제되고, 탄핵심판권 행사의 범위와 한계가 설정된다. 탄핵심판절차는 파면결정을 선고함으로써 헌법의 규범력을 확보하기 위한 수단이므로, 파면을 할 수 없어 목적 달성이 불가능하면 심판의 이익은 소멸한다. [각하(1인)] 헌법재판소법은 탄핵심판 계속 중에 피청구인이 임기만료 등의 사유로 퇴직할 경우에 있어 탄핵심판절차의 진행에 관한 규정을 두고 있지 않고, 탄핵결정의 주문으로 파면만을 규정할 뿐 위헌 내지 위법확인에 관한 주문을 선고할 수 있다는 규정을 두고 있지 않다. [심판절차종료(1인)] 헌법은 법관에 대하여 임기제와 연임제를 규정하고 있지만, 이러한 법관의 임기제·연임제와, 법관의 법적 책임을 추궁하기 위한 탄핵제도와의 관계에 관하여는 헌법이나 법률 어디에서도 이를 규율하고 있지 않다. 그렇다면 이미 법관의 임기

제 · 연임제에 따라 퇴직의 효력이 발생한 이상 그 효력을 부정하면서까지 탄핵심판절차가 계속 진행된다고 볼 수는 없다. 또한 탄핵소추 의결을 받은 자는 탄핵심판이 있을 때까지 권한행사가 정지되므로, 심판절차종료선언을 한다고 하여 탄핵제도를 둔 취지가 몰각된다고 보기 어렵다. [인용(3인)] 탄핵심판은 공직의 강제 박탈이라는 주관소송으로서의 성격뿐만 아니라 헌법질서의 회복과 수호를 목적으로 하는 객관소송으로서의 성격도 강하게 가지고 있고, 고위공직자의 임기만료 근접 시기에 이루어진 위헌 · 위법행위에 대한 헌법적 통제를 통해 탄핵심판제도의 실효성을 확보할 필요성이 크며, 피청구인의 행위가 얼마나 중대한 헌법 또는 법률 위반인지를 규명하는 것은 헌법질서의 수호 · 유지의 관점에서 파면 여부 그 자체에 대한 판단 못지않게 탄핵심판에서 핵심적인 부분이다.

J. 법령의 해석 · 적용의 문제

헌법재판소가 법률의 위헌 여부를 판단하기 위한 전제 문제로서 불가피하게 법원의 최종적인 법률해석에 앞서 법령을 해석하거나 그 적용 범위를 판단하였을 때, 법원 특히 대법원이 법령의 해석 · 적용에 관한 헌법재판소의 판단에 구속되는지 여부가 문제된다. 대법원은 구체적 사건에서 헌법과 법률의 해석 · 적용 권한은 사법권의 본질적 내용으로서 그 권한은 대법원을 최고법원으로 하는 법원에 있으므로 헌법재판소의 법률해석에 대법원이나 각급 법원이 구속되지 아니한다는 입장이다(대판 2009.2.12. 2004두10289)(대판 2013.3.28. 2012재두299). 이에 따라 대법원은 위헌정당 해산결정에 따른 법적 효과와 관련하여 독자적으로 판단하였다.

위헌정당해산심판으로 정당이 강제해산되면 해당 정당소속 국회의원은 자격을 상실한다(헌재 2014.12.19. 2013헌다1, 통합진보당 해산청구 사건(인용)해산). 그런데 지방의회의원의 경우 중앙선거관리위원회는 비례대표의원의 자격을 상실하게 하였지만, 대법원은 비례대표의원도 의원직을 유지한다고 판시하였다(대판 2021.4.29. 2016두39825 비례대표지방의회의원 퇴직처분 취소 등). 이에 관한 법률 정비가 시급하다(제5장 제6절 V. 6. 소속의원의 자격상실 여부 참조).

K. 제소기간이 경과한 후에 행정처분의 근거법률이 위헌이라고 주장하는 경우

대법원은 행정처분의 근거가 되는 법률이 헌법에 위반된다는 사유는 특별한 사정이 없는 한 그 행정처분의 취소소송의 전제가 될 수 있을 뿐 당연무효 사유는 아니라고 보았다(대판 1994.10.28. 92누9463, 압류처분등무효확인). 그 후 대법원은 하자 있는 행정처분이 당연무효가 되기 위해서는 그 하자가 중대하고 객관적으로 명백한 것이어야 한다는 중대명백설을 채택하였다(대판(전합) 1995.7.11. 94누4615, 건설업영업정지처분무효확인(파기환송)). 헌법재판소도 제소기간이 경과한 후 행정처분의 근거법률이 위헌임을 이유로 무효확인소송 등을 제기하더라도 행정처분의 효력에는 영향이 없으므로 제소기간이 경과하여 불가쟁력이 발생한 행정처분의 근거법률의 위헌여부에 따라 다른 내용의 재판을 받게 된다고 볼 수 없다고 보아 재판의 전제성을 부인하였다(헌재 1999.9.16. 92헌바9, 자연공원법제4조제43조제1항에대한헌법소원(각하); 헌재 2021.9.30. 2019헌바149, 구 조세범 처벌법 제15조 제1항 본문 위헌소원(각하)). 이런 결과는 행정법 법률관계의 안정성은 보장할 수 있을지는 몰라도 위헌 가능성 있는 법률에 근거한 행정처분이 그대로 집행되는 현상을 묵과하는 결과가 된다.

그 후 헌법재판소는 행정처분에 대한 쟁송기간이 경과한 후에는 처분의 근거 법규가 위헌임을 이유로 무효확인소송 등을 제기하더라도 행정처분의 효력에 영향이 없음이 원칙이지만 행정처분 자체의 효력이 쟁송기간 경과 후에도 존속 중인 경우, 특히 그 처분이 위헌법률에 근거하여 내려진 것이고 그 행정처분의 목적달성을 위하여서는 후행 행정처분이 필요한데 후행 행정처분은 아직 이루어지지 않은 경우, 그 행정처분을 무효로 하더라도 법적 안정성을 크게 해치지 않는 반면에 그 하자가 중대하고 그 구제가 필요한 경우에는 그 예외를 인정하여 이를 당연무효사유로 보아서 쟁송기간 경과 후에라도 무효확인을 구할 수 있는 것이라고 판시하여 재판의 전제성을 긍정하였다(헌재 1994.6.30. 92헌바23, 구 국세기본법 제42조 제1항 단서에 대한 헌법소원(위헌불선언)). 이후 대법원도 하자가 중대하지만 명백하지 않는 경우라도 당연무효로 볼 수 있다는 취지의 판결을 함으로써 중대명백성의 결론을 모든 사안에 그대로 적용할 수 없음을 인정하고 있다.

> 취득세 신고행위는 납세의무자와 과세관청 사이에 이루어지는 것으로서 취득세 신고행위의 존재를 신뢰하는 제3자의 보호가 특별히 문제되지 않아 그 신고행위를 당연무효로 보더라도 법적 안정성이 크게 저해되지 않는 반면, 과세요건 등에 관한 중대한 하자가 있고 그 법적구제수단이 국세에 비하여 상대적으로 미비함에도 불구하고 위법한 결과를 시정하지 않고 납세의무자에게 그 신고행위로 인한 불이익을 감수시키는 것이 과세관청의 안정과 그 원활한 운영의 요청을 참작하더라도 납세의무자의 권익구제 등의 측면에서 현저하게 부당하다고 볼 만한 특별한 사정이 있는 때에는 예외적으로 이와 같은 하자 있는 신고행위가 당연무효라고 함이 타당하다(대판 2009.2.12. 2008두11716, 취득세부과처분무효확인(파기환송)).

ㄴ. 소 결

헌법재판소나 대법원 모두 기본권보장의 최종 보루인 점에 비추어 본다면, 어느 기관이 어떠한 권한을 가지느냐가 아니라, 어느 기관이 기본권보장기관으로서의 헌법적 사명을 다할 수 있느냐가 사안의 본질이다. 어차피 헌법상 병렬적인 규정체계에 따를 수밖에 없다면 두 기관이 이론과 판례를 통하여 서로 보완적인 기능과 역할에 충실하여야 한다. 헌법상 헌법재판관 3인은 대법원장이 지명권을 가진다. 이에 따라 대법원장은 현직 고위법관 중에서 헌법재판관을 지명하여왔다. 또한 현직법관이 헌법연구관으로 파견근무하고 있어 이들 기관 사이에 충분한 유기적 협조관계가 마련될 수도 있다. 즉 독일과 같은 명문의 규정이 없는 이상, 프랑스에서 헌법재판소와 국사원·파기원이 서로 협조적으로 해결하는 모델도 참고할 필요가 있다.

(3) 헌법재판소와 국회(國會)와의 관계

A. 의 의

(i) 헌법재판소는 위헌법률심판권으로 국회에서 제정한 법률에 대한 통제권을 행사한다. 의회민주주의의 발전과정에서 입법권은 국민적 정당성을 향유하는 의회의 고유한 권한이다.

(ii) 그러나 헌법의 최고규범성을 실질적으로 담보하기 위한 제도적 장치로서의 헌법재판은 20세기 후반 이래 헌법의 기본틀로 정립되었다. 이제 국회에서 제정한 법률에 대한 헌법재판소의 통제는 보편적 제도로 자리 잡았다.

B. 헌법재판소 구성에 있어서 국회의 간여

헌법재판소를 구성하는 데 국회는 적극적으로 간여할 수 있다. 헌법상 헌법재판소장의 임명에는 국회의 동의를 얻어야 하고, 국회는 3인의 헌법재판관을 선출한다(제111조). 또한 헌법상 국회가 간여하지 아니하는 헌법재판관에 대하여도 국회는 인사청문회를 실시한다(헌재법 제6조, 국회법 제65조의2).

C. 국회입법권의 최대한 존중

(i) 헌법재판소는 가능한 범위 안에서 국민의 대표기관인 국회의 입법권을 존중하여 위헌법률심판권을 신중하게 행사하여야 한다.

(ii) 이에 헌법재판소는 헌법과 법률에 명문의 규정이 없음에도 불구하고 변형결정을 통하여 국회입법권을 존중한다. 헌법재판소는 비록 헌법에 위배되는 법률이라 하더라도 국회입법권을 존중하기 위하여 헌법불합치결정을 내리면서 동시에 입법촉구결정을 함께 내리기도 한다. 또한 한정합헌해석·한정위헌해석을 통하여 국회입법권을 최대한 존중하는 결정을 내린다.

(iii) 헌법재판소는 특히 기본권보장과 관련하여 국회입법권을 최대한 존중하려는 태도를 보인다. 예컨대 평등원칙의 심사기준으로서 제시한 자의금지의 원칙, 사회권의 국가생활에서의 실현과 관련한 최소보장의 원칙, 국가의 기본권보장의무와 관련한 과소보호금지의 원칙 등에서 국회입법권의 존중이라는 헌법재판소의 기본적인 시각이 드러난다. 또한 입법부작위헌법소원에 대하여는 헌법상 입법의무를 요구함으로써 진정입법부작위헌법소원을 엄격하게 제한한다.

(iv) 하지만, 국회가 헌법재판소의 결정취지를 입법에 적시에 제대로 반영하지 아니하여 비판을 받고 있다.

예컨대 헌법재판소는 지역구국회의원으로 출마하려는 다른 공직의 경우 공직사퇴시한이 60일인 데 비하여 지방자치단체장의 공직사퇴시한을 180일로 정한 공직선거법 제53조

제3항에 대하여 "공직사퇴시한을 훨씬 앞당겨 규정해야 할 합리적인 이유가 없다"(헌재 2003.9.25. 2003헌마106, 공직선거법 제53조 제3항 위헌확인(위헌))라고 판시함으로써 공직사퇴시한을 사실상 60일로 하여야 한다고 판시하고 있음에도 불구하고 국회는 120일로 개정함으로써 위헌 논란이 제기된다.

(ⅴ) 특히 헌법재판소의 위헌결정을 비판하는 정치적 공세는 자칫 헌법재판소의 권위를 훼손할 우려가 있다. 예컨대 헌법재판소의 수도이전특별법 위헌결정(헌재 2004.10.21. 2004헌마554등, 신행정수도의건설을위한특별조치법 위헌확인(위헌))에 대한 정치계의 반응은 이를 단적으로 보여준다.

D. 위헌결정의 기속력이 국회를 구속하는지 여부

(ⅰ) 헌법재판소가 위헌으로 결정한 법률의 효력은 법원 기타 국가기관 및 지방자치단체를 기속한다(헌재법 제47조 제1항). 위헌결정의 기속력이 위헌결정의 계기를 부여한 법원에 미치고 그 법률을 근거로 행정작용을 한 행정기관에도 미치는 근거는 이 규정으로부터 도출된다. 그런데 위헌결정의 기속력이 입법부에도 미치는지에 대하여는 논란이 있다. 국회는 자신의 독자적인 헌법해석을 기초로 헌법가치를 실현하기 위한 목적으로 국가정책을 입법화하는 과정에서 광범위한 입법재량권을 행사한다. 즉 국회는 입법사실을 기초로 입법의 여부, 입법의 시기, 그리고 입법의 방식, 입법의 내용 등에 있어 국회 스스로 결정을 할 수 있는 재량을 가진다. 그런데 헌법재판소가 특정 법률에 대하여 위헌결정을 내렸더라도 입법자가 그 법률이 헌법해석상 다시 필요하다는 판단에 따라 재입법을 추진할 수 있는지에 대한 의문이 제기된다. 생각건대 헌법재판소가 위헌결정을 내린 후 입법의 기초가 되는 입법상황과 여건이 변화하지 아니하였음에도 국회가 위헌결정의 취지를 정면으로 거스르는 재입법을 한다면 이러한 국회의 시도는 헌법재판소의 위헌법률심판권을 무력화시킨다. 이 경우 헌법재판소는 구체적인 사건에서 재판의 전제가 되어 심판대상이 된 그 법률에 대하여 위헌 결정하는 방법 이외에 다른 재입법의 차단 방법은 현실적으로 불가능하다. 그렇지만 위헌결정 이후 입법상황 내지 입법여건이 본질적으로 변화하였고 이를 근거로 입법자가 그 입법이 다시 필요하다고 판단하여 재입법을 하는 경우는 헌법적으로 허용된다고 보아야 한다.

(ⅱ) 헌법재판소는 위헌결정의 기속력 위반주장과 관련하여 결정주문 외에 결정이유에 대하여 기속력을 인정하기 위하여서는 위헌이유에 대하여도 재판관 6인 이상의 찬성이 있어야 한다고 판시한다.

"헌법재판소법 제47조 제1항은 "법률의 위헌결정은 법원 기타 국가기관 및 지방자치단체를 기속한다."고 규정하고, 같은 법 제75조 제1항은 "헌법소원의 인용결정은 모든 국가기관과 지방자치단체를 기속한다."고 규정함으로써 헌법재판소가 내린 법률의 위헌결정 및 헌법소원의 인용결정의 효력을 담보하기 위해서 기속력을 부여하고 있는바, 이와 관련하여 입법자인 국회에게 기속력이 미치는지 여부, 나아가 결정주문뿐 아니라 결정이유에까지 기속력을 인정할지 여부 등이 문제될 수 있는데, 이에 대하여는 헌법재판소의 헌법재판권 내지 사법권의 범위와 한계, 국회의 입법권의 범위와 한계 등을 고려하여 신중하게 접근할 필요가 있을 것이다. 이 사건에서 청구인들은, 헌법재판소가 2003헌마715등 사건에서 시각장애인에게만 안마사 자격을 인정하는 이른바 비맹제외기준이 과잉금지원칙에 위반하여 비시각장애인의 직업선택의 자유를 침해한다는 이유로 위헌결정을 하였음에도 불구하고 국회가 다시 비맹제외기준과 본질적으로 동일한 내용의 이 사건 법률조항을 개정한 것은 비맹제외기준이 과잉금지원칙에 위반한다고 한 위헌결정의 기속력에 저촉된다는 취지로 주장하는바, 이는 기본적으로 위 위헌결정의 이유 중 비맹제외기준이 과잉금지원칙에 위반한다는 점에 대하여 기속력을 인정하는 전제에 선 것이라고 할 것이다. 앞서 본 바와 같이 결정이유에까지 기속력을 인정할지 여부 등에 대하여는 신중하게 접근할 필요가 있을 것이나 설령 결정이유에까지 기속력을 인정한다고 하더라도, 이 사건의 경우 위헌결정 이유 중 비맹제외기준이 과잉금지원칙에 위반한다는 점에 대하여 기속력을 인정할 수 있으려면, 결정주문을 뒷받침하는 결정이유에 대하여 적어도 위헌결정의 정족수인 재판관 6인 이상의 찬성이 있어야 할 것이고(헌법 제113조 제1항 및 헌법재판소법 제23조 제2항 참조), 이에 미달할 경우에는 결정이유에 대하여 기속력을 인정할 여지가 없다고 할 것인바, 앞서 본 바와 같이 2003헌마715등 사건의 경우 재판관 7인의 의견으로 주문에서 비맹제외기준이 헌법에 위반된다는 결정을 선고하였으나, 그 이유를 보면 비맹제외기준이 법률유보원칙에 위반한다는 의견과 과잉금지원칙에 위반한다는 의견으로 나뉘면서 비맹제외기준이 과잉금지원칙에 위반한다는 점과 관련하여서는 재판관 5인만이 찬성하였을 뿐이므로 위 과잉금지원칙 위반의 점에 대하여 기속력이 인정될 여지가 없다고 할 것이다"(헌재 2008.10.30. 2006헌마1098등, 의료법제61조제1항중 「장애인복지법」에따른시각장애인중부분위헌확인(기각)).

이 사안과 관련하여 종전에 헌법재판소(1차 위헌결정)는 '안마사에 관한 규칙' 제3조 제1항 제1호 등에 대하여 ① 법률유보원칙 위반과 ② 과잉금지원칙 위반을 이유로 위헌결정을 내린 바 있었다(헌재 2006.5.25. 2003헌마715등, 안마사에관한 규칙제3조제1항제1호등위헌확인(각하,위헌)). 1차 위헌결정에서 헌법재판소는 ① 법률유보원칙 위배(2인), ② 과잉금지원칙 위배(2인), ③ 법률유보원칙과 과잉금지원칙 위배(3인)로 각각 위헌의견을 제시한 바 있다.

그런데 헌법재판소의 위헌결정 이후에 국회는 법률을 개정하여 법률유보원칙 위반을 치유하면서 다시 비맹제외기준을 법률에 도입하였다. 국회의 입법이유는 "비시각장애인의 직업선택의 자유보다는 신체장애인에 대한 국가의 보호의무를 규정하고 있는 헌법 제34조 제5항의 정신을 좀 더 고려하여 안마사의 자격을 장애인복지법에 따른 시각장애인 중에서 일정한 교육을 마친 자로 하여 이를 법률에 직접 규정하려는" 데에 있었다. 즉 국회는 종전 결정(1차 위헌결정)의 재판관 5인의 의견과 달리 안마사 직업에 대한 비맹제외기준은 헌법 제34조의 신체장애인에 대한 국가의 보호의무를 위하여 필요하다는 헌법해석을 하였다. 그러자 일반인들이 새 법률조항에 대하여 다시 직업선택의 자유 침해를 주장하면서 헌법소원(2차 소송)을 제기하였다. 이에 대하여 헌법재판소는 1차 위헌결정에서 직업선택의 자유에 대한 과잉금지원칙 위배 여부에 관하여 5인의 재판관이 위헌의견을 제시하였지만, 위헌정족수인 6인 이상에 미치지 못해서 위헌이유가 입법자에게 기속력이 인정될 수 없다고 보았다. 그리고 비맹제외기준 도입의 재입법에 대하여 종전의 직업의 자유(자유권) 심사기준을 사용하면서도 맹인들의 인간다운 생활을 할 권리(생존권)의 관점에서 종전 결정과 달리(1차 위헌결정) 과잉금지원칙 위배는 아니라고 보았다.

국회는 헌법재판소의 입장(1차 위헌결정)과 다르게 헌법을 해석하여 이를 기초로 1차 위헌결정 후 4개월 만에 즉 입법상황 내지 입법어건이 변화하지 아니하였다고 볼 수 있는 상태에서 비맹제외기준 도입의 재입법을 하였다. 이와 같이 국회와 대통령은 헌법을 헌법재판소와 다르게 해석할 수 있고 이런 해석에 근거하여 헌법재판소의 위헌결정 이후 재입법을 통하여 위헌결정 이전의 상태로 돌아가고자 할 수 있다. 이 사건에서는 헌법재판소 역시 자신의 헌법해석을 수정함으로써 입법자의 재입법을 위헌으로 보지 아니하였다.

(iii) 헌법재판소는 입법자에게 위헌결정의 기속력이 미치는지 여부에 대하여 명시적으로 판단하지는 아니하였다. 하지만, 위헌결정으로 효력이 상실된 법률의 개선입법에 대하여 헌법소원심판이 청구된 사건들에서, 심판대상이 된 개정 법률조항이 위헌결정된 법률조항의 반복입법에 해당하는지 여부는 단지 위헌결정된 법률조항의 내용이 일부라도 내포되어 있는지 여부에 의하여 판단할 것이 아니라, 입법목적이나 입법동기, 입법 당시의 시대적 배경 및 관련조항들의 체계 등을 종합하여 실질적 동일성이 있는지 여부에 따라 판단하여야 한다고 판시하였다(헌재 2010.12.28. 2008헌마89, 정치자금에 관한 법률에 대한 12조 제2항 위헌소원(기각)).

(4) 헌법재판소와 정부(政府)와의 관계

A. 의 의

정부의 공권력작용에 대한 헌법재판소의 합헌성 통제는 많은 갈등요인을 안고 있다. 헌법재판소의 위헌법률심판, 헌법소원심판, 권한쟁의심판, 탄핵심판은 정부와 직접적으로 관련된다.

B. 헌법재판소 구성에 정부의 간여

헌법재판소의 구성에 있어서 대통령은 3인의 재판관을 직접 임명할 뿐만 아니라 헌법재판소장도 임명한다(제111조). 민주적 정당성을 국민으로부터 직접 부여받은 대통령이 3인의 재판관을 임명하는 데 대하여는 헌법적 정당화가 가능하나(헌법재판소의 구성원리 참조), 대통령이 지명하는 재판관에 대하여는 국회의 동의절차가 없는 점이 대법원의 구성방식과 비교하여 불균형이라는 비판이 제기된 바 있다. 이에 대통령이 지명하는 재판관도 해당 상임위원회에서 인사청문회를 거치도록 2005년 헌법재판소법이 개정되었다(헌재법 제6조 제2항).

C. 행정부의 공권력 행사에 대한 통제

(i) 현실적으로 통치행위의 존재를 인정할 수밖에 없으므로 헌법재판소는 사법심사의 대상에서 제외되는 공권력작용을 인정하는 사법자제설의 입장을 취한다(헌재 2004.4.29. 2003헌마814, 일반사병 이라크 파병 위헌확인(각하)). 하지만, 헌법재판소는 적어도 헌법규범에 명시된 사항에 대하여는 통치행위적 성격을 가진 공권력작용에 대하여도 적헌성 통제를 가함으로써 헌법재판소의 존재이유를 확인하여 준다(헌재 1996.2.29. 93헌마186, 긴급재정경제명령 등 위헌확인(기각,각하))(제2편 제4장 제4절 V. 5.).

(ii) 행정입법뿐만 아니라 구체적 행정처분, 검사의 불기소처분 등에 대하여도 헌법재판소의 통제 가능성이 열려 있다. 이와 관련하여 관계행정기관뿐만 아니라 법원과의 갈등까지 야기될 수 있다. 또한 오늘날 입법이 사실상 정부입법의 형태를 취하고 있음에 비추어 헌법재판소의 위헌결정에 대하여 정부가 그 취지를 반영하는 입법을 제대로 준비하지 아니하여 비판이 제기된다.

(iii) 권한쟁의심판의 경우에는 행정기관이 권한쟁의심판의 당사자가 되기 때문에 이 경우에도 헌법재판소와 긴장관계가 형성될 수 있다.

(iv) 주요 공직자에 대한 탄핵심판은 예민한 정치문제가 될 수 있다. 특히 대통령탄핵사건에서 헌법재판소가 내린 실정법 위반 여부와 탄핵 여부에 대한 결정문에서 이러한 문제점이 잘 드러난다(헌재 2004.5.14. 2004헌나1, 대통령(노무현) 탄핵(기각))(헌재 2017.3.10. 2016헌나1, 대통령(박근혜) 탄핵(인용)). 탄핵심판인용은 공직으로부터 추방된다는 점에서 엄청난 갈등을 야기할 수 있다.

3. 헌법재판소의 구성과 조직

(1) 헌법재판소의 구성과 민주적 정당성

(i) 국민주권이 곧 의회주권이던 시대에 헌법재판이란 상정하기 어려웠다. 그러나 의회가 제정한 법률도 국민의 기본권을 침해할 수 있으므로 헌법의 최고규범성을 담보함으로써 입헌적 헌법질서를 수호하기 위하여 헌법재판소가 설치되었다. 따라서 헌법재판소에는 그 조직과 구성에서부터 주권적 의사를 충실히 반영하기 위한 제도적 장치가 마련되어야 한다.

(ii) 이에 헌법은 민주적 정당성을 직접 확보하고 있는 대통령과 국회에 각기 헌법재판관을 임명 또는 선출할 수 있도록 규정한다. 또한 헌법재판도 재판이라는 특성을 감안하여 대법원장에게도 헌법재판관 지명권을 부여한다. 그런데 대법원장의 헌법재판관 지명권은 실체적 정당성과 절차적 정당성이 동시에 문제되기 때문에 바람직하지 아니하다.

(iii) 헌법재판소는 법관의 자격을 가진 9인의 재판관으로 구성하며, 재판관은

대통령이 임명한다(제111조 제2항). 재판관 중 3인은 국회에서 선출하는 자를, 3인은 대법원장이 지명하는 자를 임명한다(제3항). "헌법재판소의 장은 국회의 동의를 얻어 재판관중에서 대통령이 임명한다"(제4항).

(iv) 헌법재판관의 자격을 법관의 자격을 가진 자로 한정함에 따라 헌법재판소의 구성이 사법관 중심의 폐쇄적인 구조로 전락하고 있다. 헌법재판관에는 사회의 다원적 목소리를 수렴하기 위하여 학자·외교관·국회의원 등 다양한 경력을 가진 인사들이 참여할 수 있어야 한다(문재인 정부 헌법개정안은 정책재판기관 기능을 강화하기 위하여 법관요건을 삭제하고 있다).

(v) 대법원장이 지명하는 헌법재판관에 대하여는 헌법상 아무런 제한 규정이 없다. 그런데 대법원이 '헌법재판관후보추천위원회 내규'를 마련하여 대법원장의 헌법재판관 지명에 앞서 후보추천절차를 거치도록 한다. 또한 헌법상 대법관은 대법원장의 제청을 받아 국회의 임명동의를 얻어 대통령이 임명함에도 불구하고 대통령이나 대법원장이 지명하는 헌법재판관에 대하여는 국회의 임명동의절차가 존재하지 아니한다. 이와 같은 문제들은 앞으로 헌법개정이 이루어질 때 정밀하게 검토하여 개선하여야 한다. 다만, 국회법과 인사청문회법에서는 국회에서 선출하지 아니하는 나머지 6인의 헌법재판관에 대하여는 해당 상임위원회에서 각각 인사청문회를 거치도록 함으로써 제도의 미비한 점을 보완하고 있다.

(2) 헌법재판소의 조직

A. 헌법재판소의 장(長)

(i) "헌법재판소의 장은 국회의 동의를 얻어 재판관중에서 대통령이 임명한다"(제111조 제4항). 국회법 개정으로 헌법재판소 재판관후보자가 소장을 겸하는 경우에는 소장후보자에 대한 인사청문특별위원회의 인사청문회만 개최한다(제65조의2 제3항).

초대 조규광 소장과 김용준·윤영철 소장은 각기 재판관이 아닌 상태에서 소장으로 취임하였다. 그런데 2006년 윤영철 소장의 임기만료에 따라 대통령은 현직 전효숙 재판관을 사직하게 한 후 새 소장 후보자로 지명하여 국회에 임명동의안을 제출하였다. 이에 국회는 소장에 대한 인사청문회를 실시하였다. 이는 현직 재판관을 사직하게 한 후 6년 임기의 소장으로 보하려 하였다는 비판에 직면하였다. 그 이전의 소장은 재판관이 아닌 자 중에서 대통령이 지명하여 국회의 동의를 얻은 바 있다. 그 사이에 인사청문회법이 제정되어 국회의 동의가 필요하지 아니한 재판관에 대한 인사청문과 국회의 동의를 얻어야 하는 재판관과 소장에 대한 인사청문이 상이하게 작동된다. 즉, 헌법상 소장은 "재판관중에서" 국회의 동의를 얻어야 하므로 먼저 재판관에 대하여 해당 상임위원회에서 인사청문회를 실시한 후 인사청문특별위원회를 거쳐야 한다는 논란에 휘말려 결국 대통령은 후보자 지명을 철회하였다. 이후 대통령은 이강국 전 대법관을 소장후보자로 지명하였다. 박근혜 대통령은 2013년 이동흡 전 재판관을 소장후보자로 지명하였으나 자진 사퇴한 후 박한철 재판관을 소장으로 임명하였다. 2017년 문재인 대통령은 김이수 재판관을 소장후보자로 지명하였으나 국회에서 부결된 이후 이진성 재판관을 소장으로 임명하여 잔여임기 1년 동안만 소장직을 수행한 바 있다. 2018년에는 임기 5년을 남긴 유남석 재판관이 소장에 취임하였다. 2023년 12월 이종석 재판관이 임기를 불과 11개월을 남기고 소장으로 취임하였다가 2024년 10월 17일 퇴임하였다.

(ii) "헌법재판소장은 헌법재판소를 대표하고, 헌법재판소의 사무를 총괄하며, 소속 공무원을 지휘·감독한다"(헌재법 제12조 제3항). 또한 "헌법재판소장은 헌법재판소의 조직, 인사, 운영, 심판절차와 그 밖에 헌법재판소의 업무와 관련된 법률의 제정 또는 개정이 필요하다고 인정하는 경우에는 국회에 서면으로 그 의견을 제출할 수 있다"(제10조의2). "헌법재판소장의 대우와 보수는 대법원장의 예에" 따른다(제15조 제1항). 헌법재판소장의 정년에 관하여는 따로 규정하고 있지 아니하지만, 재판관의 정년인 70세(제7조 제2항)에 따른다. 이는 헌법재판소법에서 "헌법재판소는 9명의 재판관으로 구성한다"(제3조)라는 규정과 맥락을 같이 한다. 헌법재판소장이 일시적인 사고(事故)로 직무를 수행할 수 없을 때 헌법재판관 중 임명 일자가 오래된 순으로 권한을 대행하고, 임명 일자가 같을 때는 연장자순으로 대행한다. 헌법재판소장이 궐위(闕位)되거나 1개월 이상 사고로 직무를 수행할 수 없을 때는 재판관회의에서 선출된 헌법재판관이 권한을 대행한다. 권한대행은 재판관 전원의 3분의 2를 초과하는 인원의 출석과 출석인원 과반수의 찬성으로 선출한다(제12조의2).

(iii) 그런데 헌법상 대통령 5년, 국회의원 4년, 대법원장 6년, 대법관 6년, 헌법재판관 6년의 임기는 명시하면서 헌법재판소장의 임기에 관하여는 아무런 언급이 없다. 헌법에서 대법원장의 임기를 명시하고 있고, 헌법재판소법 등 관련 법률에서 헌법재판소장은 대법원장과 같은 예우를 받고 있다. 따라서 다른 헌법기관장의 임기제와의 균형과 헌법재판소의 안정적 운영을 위하여 헌법재판소장의 임기를 6년으로 법정화하는 것이 바람직하다.

B. 헌법재판관(憲法裁判官)

헌법재판소의 재판관은 소장을 포함하여 9인으로 한다(제111조 제2항). "재판관은 정무직(政務職)으로 하고 그 대우와 보수는 대법관의 예에 따른다"(헌재법 제15조 제1항). 헌법재판관은 헌법상 법관의 자격을 요구한다(제111조 제2항).

헌법재판소법 제5조 ① 재판관은 다음 각 호의 어느 하나에 해당하는 직(職)에 15년 이상 있던 40세 이상인 사람 중에서 임명한다. 다만, 다음 각 호 중 둘 이상의 직에 있던 사람의 재직기간은 합산한다: 1. 판사·검사·변호사, 2. 변호사 자격이 있는 사람으로서 국가기관, 국영·공영 기업체, 「공공기관의 운영에 관한 법률」 제4조에 따른 공공기관 또는 그 밖의 법인에서 법률에 관한 사무에 종사한 사람, 3. 변호사 자격이 있는 사람으로서 공인된 대학의 법률학 조교수 이상의 직에 있던 사람. ② 다음 각 호의 어느 하나에 해당하는 사람은 재판관으로 임명할 수 없다(결격사유). 1. 다른 법령에 따라 공무원으로 임용하지 못하는 사람, 2. 금고 이상의 형을 선고받은 사람, 3. 탄핵에 의하여 파면된 후 5년이 지나지 아니한 사람, 4. 정당법 제22조에 따른 정당의 당원 또는 당원의 신분을 상실한 날부터 3년이 경과되지 아니한 사람, 5. 공직선거법 제2조에 따른 선거에 후보자(예비후보자를 포함한다)로 등록한 날부터 5년이 경과되지 아니한 사람, 6. 공직선거법 제2조에 따른 대통령선거에서 후보자의 당선을 위하여 자문이나 고문의 역할을 한 날부터 3년이 경과되지 아니한 사람. ③ 제2항제6호에 따른 자문이나 고문의 역할을 한 사람의 구체적인 범위는 헌법재판소규칙으로 정한다.

(iii) 헌법재판관은 국회의 인사청문을 거쳐 임명·선출 또는 지명하여야 한다. 이 경우 대통령은 재판관(국회에서 선출하거나 대법원장이 지명하는 사람은 제외한다)을 임명하기 전에, 대법원장은 재판관을 지명하기 전에 인사청문을 요청한다(제6조 제2항).

헌법 제27조가 보장하는 재판청구권에는 공정한 헌법재판을 받을 권리도 포함되고, 헌법 제111조 제2항은 헌법재판소가 9인의 재판관으로 구성된다고 명시하여 다양한 가치관과 헌법관을 가진 9인의 재판관으로 구성된 합의체가 헌법재판을 담당하도록 하며, 같은 조 제3항은 재판관 중 3인은 국회에서 선출하는 자를 임명한다고 규정한다. 그렇다면 헌법 제27조, 제111조 제2항 및 제3항의 해석상, 피청구인이 선출하여 임명된 재판관 중 공석이 발생한 경우, 국회는 공정한 헌법재판을 받을 권리의 보장을 위하여 공석인 재판관의 후임자를 선출하여야 할 구체적 작위의무를 부담한다(헌재 2014.4.24. 2012헌마2, 퇴임재판관 후임자선출 부작위 위헌확인(각하)).

그런데 국회선출 헌법재판관 임명과 관련하여 논란이 제기되었다. 즉 대통령 권한대행이 국회선출 헌법재판관 후보 중 2인을 임명하고 1인에 대하여는 국회에서 합의가 이루어지지 아니하였다는 이유로 임명을 보류하였다. 이에 국회의장이 임명을 요청하는 권한쟁의심판을 제기하였다. 헌법재판소는 국회선출 후보자 임명거부는 위헌이라고 판시하였다(헌재 2025.2.27. 2025헌라1, 국회와 대통령 간의 권한쟁의(인용(권한침해),각하)). 하지만, 헌법재판관 선출 관례에 따른 교섭단체의 의사를 제대로 반영하지 아니하였다는 비판을 받는다.

국회가 대통령 권한대행 기획재정부장관을 상대로 ① 재판관으로 선출한 마은혁을 임명하지 아니한 부작위가 헌법상 또는 법률상 권한을 침해한 것임을 확인하고(권한침해 확인 부분), ② 마은혁이 재판관의 지위에 있음을 확인하거나, 또는 마은혁을 재판관으로 임명하라는 결정을 구하는(지위확인 등 부분) 권한쟁의심판 청구에 대하여, 임명부작위는 헌법재판소 재판관 선출을 통한 헌법재판소 구성권을 침해한다고 보아 권한침해확인 부분을 인용하고, 지위확인 등 부분은 부적법 각하하였다. [판시사항] 국회의 재판관 선출권은 독자적이고 실질적인 것이고, 대통령은 국회가 재판관으로 선출한 사람의 임명을 임의로 거부하거나 선별하여 임명할 수 없고, 다만 헌법과 법률이 정한 자격요건을 갖추지 못한 사람이 재판관으로 선출되거나 그 선출과정에 의회민주주의를 원칙으로 하는 헌법 및 국회법 등 법률을 위반한 하자가 있는 경우에 한하여 임명을 보류하고 재선출을 요구할 수 있을 뿐이며, 대통령의 재판관 임명권 행사는 그의 권한인 동시에 헌법기관인 헌법재판소가 구성되어 그 기능을 다할 수 있도록 할 헌법상 의무에 해당한다. ○ 피청구인에게는 대통령의 권한을 대행하게 된 때부터 국회가 선출한 사람을 재판관으로 임명하여 재판관의 공석 상태를 해소하여야 할 구체적 작위의무가 있다. ○ 마은혁의 재판관 임명에 관하여 교섭단체 간의 합의를 확인할 수 없어 그 임명을 보류한 것이라는 취지로 주장하였다. 국회에는 그 동안 재판관의 정치적 중립성을 담보하기 위하여 다수당이 일방적으로 재판관 3인 모두를 선출하지 않도록 하는 정치적 관행이 있었다고 하면서도, 교섭단체의 재판관 후보자 추천에 관하여 특정한 내용의 추천방식이 관행으로 굳어졌다거나 각 교섭단체가 추천하는 특정 후보자에 대해 다른 교섭단체가 합의를 한 경우에 한해 선출하는 관행이 있었음을 인정할 자료는 없다. ○ 재판관 후보자 추천부터 본회의 의결에 이르기까지의 과정을 종합하여 살펴보면, 교섭단체들이 재판관 후보자 추천에 관하여 의견조율을 거쳐 협의 결과에 따라 국회의장에게 재판관 후보자를 추천하고, 선출절차가 진행된 것으로 봄이 타당하다. ○ 권한침해확인 청구 부분에 관하여(주문 제1항 관련), 이와 같은 권한쟁의심판을 청구하기 위하여 청구인의 본회의 의결이 필요한지에 관하여는 재판관의 견해가 나뉘었다. [법정의견(5인)] "권한쟁의심판을 통해 보호하고자 하는 권한과 관련하여 이미 본회의 의결을 통해 그 권한 실현 의사를 결정하고 나아가 그와 같이 결정된 의사가 다른 국가기관에 의하여 침해되었음을 확인한 경우에는, 국회의장은 그 대표권에 기하여 권한침해에 대한 방어적 행위로서 해당 국가기관을 상대로 권한쟁의심판을 청구할 수 있고, 권한쟁의심판을 청구하기 위한 별도의 본회의 의결은 필요하지 않다고 보는 것이 타당하다." 이유에서 본 바와 같은 사정을 종합하면 이 부분 심판청구에 대하여 별도의 본회의 의결이 필요하지 않다. [별개의견(3인)] 심판청구를 위해서는 본회의의 의결이 필요하다는 것을 전제로, 다만 청구인이 심판 계속 중이던 2025.2.14. 본회의에서 "이 사건 심판청구를 지지하고, 이 사건 심판청구와 그에 따른 소송행위가 유효·적법함을 확인한다"라는 취지의 결의안을 가결하여 이 사건 심판청구를 추인하는 의사를 결정·표시함으로써 그 절차적 흠결을 보완함에 따라 이 사건 심판청구가 사후적으로 적법하게 되었다. ○ 이 사건은 임명부작위라는 '부작위'를 대상으로 한 권한쟁의심판 사건이다. 헌법재판소법 제66조 제2항은 헌법재판소가 부작위에 대한 심판청구를 인용하는 결정을 한 때에는 피청구인은 결정 취지에 따른 처분을 하여야 한다고 규정하고 있다.

(iv) 헌법재판관의 임기는 6년이고, 법률이 정하는 바에 의하여 연임할 수 있다(제112조 제1항). 그러나 연임한 사례는 단 한 번뿐이다(재판관 김문희. 다만, 김진우 재판관은 취임 3년 후 비상임에서 상임으로 임명된 바 있다). 재판관의 정년은 70세이다(헌재법 제7조 제2항).

(v) 헌법재판관의 직무상 독립, 신분보장, 정치적 중립성, 겸직금지 등에 관

한 사항은 대법관이나 법관의 경우에 준하여 헌법재판소법에 규정한다. 헌법재판관은 직무상 독립과 신분을 보장받는다. 재판관은 헌법과 법률 그리고 양심에 따라 독립하여 심판한다(제4조). 재판관은 탄핵 또는 금고 이상의 형의 선고에 의하지 아니하고는 파면되지 아니한다(제112조 제3항). 재판관은 정당에 가입하거나 정치에 관여할 수 없다(제112조 제2항). 재판관은 국회 또는 지방의회의 의원의 직, 국회·정부 또는 법원의 공무원의 직, 법인·단체 등의 고문·임원 또는 직원의 직을 겸하거나 영리를 목적으로 하는 사업을 할 수 없다(헌재법 제14조).

C. 재판관회의(裁判官會議)

"재판관회의는 재판관 전원으로 구성되며, 헌법재판소장이 의장이 된다." 다수의 재판관 결원에 대비하여 재판관회의의 정족수를 하향조정하였다. 즉 "재판관회의는 재판관 전원의 3분의 2를 초과하는 인원의 출석과 출석인원 과반수의 찬성으로 의결한다." "의장은 의결에서 표결권을 가진다"(헌재법 제16조).

"다음 각 호의 사항은 재판관회의의 의결을 거쳐야 한다. 1. 헌법재판소규칙의 제정과 개정, 제10조의2에 따른 입법 의견의 제출에 관한 사항, 2. 예산 요구, 예비금 지출과 결산에 관한 사항, 3. 사무처장, 사무차장, 헌법재판연구원장, 헌법연구관 및 3급 이상 공무원의 임면(任免)에 관한 사항, 4. 특히 중요하다고 인정되는 사항으로서 헌법재판소장이 재판관회의에 부치는 사항"(헌재법 제16조).

D. 보조기관

(i) "헌법재판소의 행정사무를 처리하기 위하여 헌법재판소에 사무처를 둔다." "사무처장은 헌법재판소장의 지휘를 받아 사무처의 사무를 관장하며, 소속 공무원을 지휘·감독한다"(헌재법 제17조).

(ii) 헌법재판소에는 헌법연구관·헌법연구관보를 두고 헌법연구위원을 둘 수 있다. 이들은 헌법재판소장의 명을 받아 사건의 심리와 심판에 관한 조사·연구에 종사한다(제19조, 제19조의2, 제19조의3)(이황희, "헌법연구관제도의 모델", 공법연구 49-4).

(iii) 한편 "헌법 및 헌법재판 연구와 헌법연구관, 사무처 공무원 등의 교육을 위하여 헌법재판소에 헌법재판연구원"을 설치하였다(제19조의4 제1항). 헌법재판연구원은 헌법재판에 관한 새로운 싱크 탱크로 자리 잡아야 한다.

4. 헌법재판소의 일반심판절차

헌법재판소의 심판절차는 일반심판절차와 특별심판절차가 있다. 특별심판절차는 위헌법률심판절차·탄핵심판절차·정당해산심판절차·권한쟁의심판절차·

헌법소원심판절차가 있다. 이하에서는 일반심판절차를 중심으로 설명한다.

(1) 재판부

(i) "헌법재판소법에 특별한 규정이 있는 경우를 제외하고는 헌법재판소의 심판은 재판관 전원으로 구성되는 재판부에서 관장한다." "재판부의 재판장은 헌법재판소장이 된다"(헌재법 제22조).

(ii) 다만, "헌법재판소장은 헌법재판소에 재판관 3명으로 구성되는 지정재판부를 두어 헌법소원심판의 사전심사를 담당하게 할 수 있다"(제72조 제1항).

"지정재판부는 다음 각 호의 어느 하나에 해당되는 경우에는 지정재판부 재판관 전원의 일치된 의견에 의한 결정으로 헌법소원의 심판청구를 각하한다. 1. 다른 법률에 따른 구제절차가 있는 경우 그 절차를 모두 거치지 아니하거나 또는 법원의 재판에 대하여 헌법소원의 심판이 청구된 경우, 2. 제69조의 청구기간이 지난 후 헌법소원심판이 청구된 경우, 3. 제25조에 따른 대리인의 선임 없이 청구된 경우, 4. 그 밖에 헌법소원심판의 청구가 부적법하고 그 흠결을 보정할 수 없는 경우(제72조 제3항). "지정재판부는 전원의 일치된 의견으로 제3항의 각하결정을 하지 아니하는 경우에는 결정으로 헌법소원을 재판부의 심판에 회부하여야 한다. 헌법소원심판의 청구 후 30일이 지날 때까지 각하결정이 없는 때에는 심판에 회부하는 결정(심판회부결정)이 있는 것으로 본다"(제72조 제4항).

(iii) 재판관이 헌법재판소법에 규정된 제척·기피·회피사유에 해당하는 경우 그 직무집행에서 제외된다(제24조). 특히 재판관에 대한 탄핵심판의 경우에는 탄핵심판 정족수 등과 관련하여 복잡한 문제가 제기된다.

(2) 당사자와 소송대리인

(i) 각종 심판절차에서 정부가 당사자(참가인을 포함한다)인 경우에는 법무부장관이 이를 대표하고, 국가기관 또는 지방자치단체가 당사자인 경우에는 변호사 또는 변호사의 자격이 있는 소속 직원을 대리인으로 선임하여 심판을 수행하게 할 수 있다(헌재법 제25조 제1항·제2항).

(ii) "당사자인 사인(私人)은 변호사를 대리인으로 선임하지 아니하면 심판청구를 하거나 심판수행을 하지 못한다. 다만, 그가 변호사의 자격이 있는 경우에는 그러하지 아니하다"(제25조 제3항). 변호사강제주의가 적용되는 절차로는 탄핵심판사건, 정당해산심판사건, 헌법소원심판사건이 있다. 그러나 국가기관이나 지방자치단체가 당사자인 권한쟁의심판에는 변호사강제주의가 적용되지 아니한다. 헌법소원심판에서 변호사강제주의에 대하여는 위헌론과 합헌론이 대립한다.

"변호사강제주의는 재판업무에 분업화 원리의 도입이라는 긍정적 측면을 제외하고도 재판을 통한 기본권의 실질적 보장, 사법의 원활한 운영과 헌법재판의 질적 개선, 재판심리의 부담경감 및 효율화, 그리고 사법운영의 민주화 등 공공복리에 그 기여도가 크다 하겠고, 그 제도적 이익은 본인소송주의를 채택함으로써 변호사선임비용지출을 하지 않는 이익보다는 이익형량상 크다." "무자력자에 대한 국선대리인제도라는 대상(代償)조치가 별도로 마련되어 있는 이상 헌법에 위배된다고 할 수 없다"(헌재 1990.9.3. 89헌마120등, 헌법재판소법 제25조 제3항에 관한 헌법소원(기각)).

(iv) 생각건대 권리구제의 최후 보루인 헌법재판소에의 제소가 변호사선임비용문제로 인하여 국민의 사법접근이 제한되어서는 아니 된다. 독일에서도 민사소송은 변호사강제주의를 채택하면서 헌법소원에는 이를 적용하지 아니하는 점을 참고할 필요가 있다.

(3) 심판청구(審判請求)

A. 심판청구의 방식

"심판청구는 심판절차별로 정하여진 청구서를 헌법재판소에 제출함으로써 한다. 다만, 위헌법률심판에서는 법원의 제청서, 탄핵심판에서는 국회의 소추의결서(訴追議決書)의 정본(正本)으로 청구서를 갈음한다"(헌재법 제26조 제1항).

B. 청구서의 송달

"헌법재판소가 청구서를 접수한 때에는 지체 없이 그 등본을 피청구기관 또는 피청구인에게 송달하여야 한다"(제27조 제1항).

C. 심판청구의 보정(補正)

"재판장은 심판청구가 부적법하나 보정(補正)할 수 있다고 인정되는 경우에는 상당한 기간을 정하여 보정을 요구하여야 한다"(제28조 제1항).

변호사를 대리인으로 선임하고 그 대리인명의로 헌법재판소법 제71조 제1항의 사항을 기재한 헌법소원심판청구서를 작성하여 제출할 것을 명하는 보정명령을 받하였으나, 보정명령을 송달받고도 그 보정기간인 7일을 경과하여도 보정하지 아니하였으므로 부적법한 심판청구이다(헌재 2004.9.23. 2003헌마16, 정부조직법 제26조 등 위헌확인(각하)).

(4) 심리(審理)

A. 심판정족수

"재판부는 재판관 7명 이상의 출석으로 사건을 심리한다"(헌재법 제23조 제1항). 하지만, 헌법재판소의 가처분인용결정으로 효력이 정지되었다(헌재 2024.10.14. 2024헌사1250, 헌법재판소법 제23조 제1항 효력정지 가처분(인용)).

B. 심리의 방식

탄핵심판·정당해산심판·권한쟁의심판은 구두변론에 의하나, 위헌법률심판·헌법소원심판은 서면심리를 원칙으로 한다(제30조).

C. 심판의 공개

“심판의 변론과 결정의 선고는 공개한다. 다만, 서면심리와 평의(評議)는 공개하지 아니한다.” 심판의 변론은 국가의 안전보장 또는 안녕질서나 선량한 풍속을 해할 우려가 있는 때에는 결정으로 공개하지 아니할 수 있다(헌재법 제34조, 법원조직법 제57조 제1항 단서).

D. 일사부재리(一事不再理)

“헌법재판소는 이미 심판을 거친 동일한 사건에 대하여는 다시 심판할 수 없다”(제39조). 동일한 사건이란 당사자, 심판유형, 심판대상(해당 사건) 등이 모두 동일하다는 의미이다. 일사부재리는 헌법의 해석을 주된 임무로 하고 그 결정의 효력이 당사자뿐만 아니라 국가기관과 일반 국민에까지 미치는 헌법재판에서 법적 분쟁을 조기에 종결시켜 법적 안정상태를 조속히 회복하고 동일 분쟁에 대하여 반복적인 소송의 제기를 미연에 방지하여 소송경제를 이루려는 데 있다.

전소의 심판대상인 법률조항과 중복되는 후소도 심판청구의 유형이 상이하면 일사부재리원칙 위반이 아니다(헌재 1997.6.26. 96헌가8등, 국가보안법 제19조 위헌제청(합헌))(헌재 2006.5.25. 2003헌바115등, 구 수산업법 제81조 제1항 제1호 등 위헌소원 등(합헌,각하)).

헌법재판에서의 일사부재리를 규정한 헌법재판소법 제39조는 재판청구권을 침해하지 아니한다(헌재 2011.10.25. 2011헌마175, 헌법재판소법 제39조 등 위헌확인(각하,기각); 헌재 2007.6.28. 2006헌마1482, 헌법재판소법 제24조 제3항 등 위헌확인(각하,기각)).

E. 증거조사 및 자료제출요구

“재판부는 사건의 심리를 위하여 필요하다고 인정하는 경우에는 직권 또는 당사자의 신청에 의하여” 증거조사를 할 수 있다(제31조). 또한 “재판부는 결정으로 다른 국가기관 또는 공공단체의 기관에 심판에 필요한 사실을 조회하거나, 기록의 송부나 자료의 제출을 요구할 수 있다. 다만, 재판·소추 또는 범죄수사가 진행중인 사건의 기록에 대하여는 송부를 요구할 수 없다”(제32조).

F. 가처분(假處分)

(a) 의 의 헌법재판에 있어서 가처분이란 본안사건에 대한 결정의 실효성을 확보하기 위하여 본안결정이 있기 전에 본안사건에서 다툼이 있는 법관계를 잠정적·임시적으로 정하는 가구제제도이다.

(b) 절 차

(i) 신청 또는 직권 이미 계속(繫屬) 중이거나 장래 계속될 본안소송의 청구인적격이 있는 자의 신청 또는 헌법재판소의 직권으로 가처분의 절차가 개시된다(헌법재판소법 제57조, 제65조, 제40조, 행정소송법 제23조 제2항).

(ii) 신청의 방식과 신청기간 가처분의 신청취지와 신청이유를 기재한 신청서를 헌법재판소에 제출하여야 하며, 신청서에는 필요한 증거서류 또는 참고자

료를 첨부할 수 있다. 가처분 신청기간에는 특별한 제한이 없으며 본안청구가 허용되는 기간 내이거나 본안이 계속 중인 이상 신청할 수 있다. 그러나 본안심판이 종결되었거나 본안심판절차가 충분히 진행되어 본안결정을 할 수 있는 정도에 도달한 시점에서는 신청할 수 없다. 변호사강제주의는 가처분절차에도 적용된다.

(c) 적법요건

(ⅰ) 당사자 당사자능력과 본안에 대하여 당사자적격이 있는 자만이 가처분신청에서 당사자로 될 수 있다. 그러나 본안의 피청구인과 가처분의 피신청인이 다를 수 있다(헌재 1998.7.14. 98헌사31, 국무총리서리임명행위의 효력정지 및 직무집행정지 가처분사건(기각)).

(ⅱ) 본안사건과의 관계 가처분신청을 하기 위하여서는 본안사건이 헌법재판소 관할에 속하여야 하며 본안사건이 헌법재판소에 계속 중일 때 신청할 수 있다. 본안사건의 소송물의 범위를 초과하여 가처분을 신청할 수 없다.

(ⅲ) 권리보호이익 가처분을 통하여 보호하려는 권리보호이익이 인정되어야 한다. 본안결정이 적시에 선고될 경우, 본안심판사건이 법적으로 아직 성숙되지 아니한 경우, 다른 방법으로 가처분의 신청목적을 달성할 수 있는 경우에는 가처분의 권리보호이익이 없다. 다만, 권리보호이익이 없더라도 사정변경이 있으면 권리보호이익이 다시 생길 수 있다.

(d) 실체적 요건

(ⅰ) 본안의 승소가능성 본안심판의 승소가능성은 원칙적으로 고려의 대상이 되지 아니하나, 본안심판이 명백히 부적법하거나 이유없음이 명백한 경우에는 가처분을 명할 수 없다(헌재 2000.12.8. 2000헌사471, 사법시험령 제4조 제3항 효력정지 가처분신청(인용)).

(ⅱ) 중대한 불이익방지 중대한 불이익은 침해행위가 위헌으로 판명될 경우 발생하게 될 회복하기 어려운 현저한 손해를 말한다.

(ⅲ) 긴급성의 존재 가처분은 본안결정이 중대한 손실을 방지하기에 적절한 시간 안에 내려질 것을 기대할 수 없는 긴급한 필요가 있는 경우에 신청할 수 있다.

(ⅳ) 가처분의 필요성의 비교형량 가처분을 인용한 뒤 나중에 본안심판이 기각되었을 때 발생하게 될 불이익과 가처분을 기각한 뒤 후에 본안심판이 인용되었을 때 발생하게 될 불이익을 비교형량하여 후자가 전자보다 클 경우에 가처분을 인용하여야 한다. 이는 독일 연방헌법재판소 판례에서 인정하는 이른바 이중가설이론(Doppel hypothese)이다(헌재 1999.3.25. 98헌사98, 직접처분 효력정지 가처분신청(인용); 헌재 2006.2.23. 2005헌사754, 효력정지가처분신청(일부인용).).

입국불허결정을 받은 외국인이 인천공항출입국관리사무소장('피신청인')을 상대로 인신보호청구의 소 및 난민인정심사불회부결정취소의 소를 제기한 후 그 소송수행을 위하여 변호인접견신청을 하였으나 피신청인이 이를 거부한 사안에서, 헌법재판소는 회복하기 어려운 중대한 손해를 입을 수 있고 손해를 방지할 긴급한 필요 역시 인정되고 이 사건 신청을 기각한 뒤 본안 청구가 인용될 경우 발생하게 될 불이익이 크므로 접견신청 거부행위에 대한 신청인의 효력정지가처분신청을 인용한다(헌재 2014.6.5. 2014헌사592, 효력정지가처분신청(인용)).

기간임용제 교원 재임용 탈락의 당부에 대하여 다시 심사할 수 있도록 하면서, 재임용 탈락이 부당하였다는 결정에 대하여 청구인(학교법인)은 소송으로 다투지 못하도록 하고 있는 대학교원 기간임용제 탈락자 구제를 위한 특별법 제9조 제1항의 효력을 가처분으로 정지시켜야 할 필요성이 있다(헌재 2006.2.23. 2005헌사754, 효력정지가처분신청(일부인용)).

(e) 허용범위

(i) 정당해산심판과 권한쟁의심판 이외에 가처분의 허용 여부 헌법재판소법은 정당해산심판과 권한쟁의심판에 관하여서만 가처분에 관한 규정(제57조 및 제65조)을 두고 있을 뿐이다. 이에 다른 헌법재판에도 가처분을 인정할 수 있는지에 관하여 논란이 있다. 부정설에 의하면 헌법재판소법의 관련 규정은 열거적으로 이해하여야 하기 때문에 특별한 규정이 없는 한 정당해산심판과 권한쟁의심판 이외에 가처분을 허용하여서는 아니 된다고 본다. 하지만, 긍정설에 의하면 "다른 심판절차에 있어서도 가처분의 필요성은 있을 수 있고, 달리 가처분을 허용하지 아니할 상당한 이유를 찾아볼 수 없다. 즉 헌법재판 일반에 대한 가처분을 인정하여야 한다"라고 본다(헌재 2000.12.8. 2000헌사471, 사법시험령 제4조 제3항 효력정지 가처분신청(인용)). 생각건대 다른 심판절차에 가처분 여부를 명시하지 아니한 법의 흠결(欠缺)이 있지만, 헌법재판소의 관련규정을 예시적으로 이해한다면 가처분을 널리 허용할 수 있다고 보아야 한다.

(ii) 규범통제에서의 가처분 위헌법률심판의 성격을 가진 규범통제는 헌법재판소법에서 위헌법률심판(제41조 제1항)과 위헌심사형 헌법소원(제68조 제2항)으로 두 가지를 설정한다. 그런데 규범통제 가처분은 규범에 대한 직접적인 가처분과 위헌심사형 헌법소원에서의 재판의 정지를 명하는 가처분이 있다. 그러나 재판의 정지를 명하는 가처분은 위헌심사형 헌법소원의 본질이나 헌법재판소법에 비추어 보건대 이를 허용하여서는 아니 된다. 헌법재판소도 민사소송절차의 일시정지를 구하는 가처분신청에 대하여 이를 기각한 바 있다(헌재 1993.12.20. 93헌사81, 소송절차정지 가처분신청(기각)).

(iii) 권리구제형 헌법소원심판에서의 가처분 헌법재판소법 제68조 제1항 헌법소원심판에 대한 가처분의 인정 여부에 관하여 명시적인 규정이 없다. 하지만, 이 절차에서도 가처분의 필요성이 있을 수 있으며, 이를 허용하지 아니할 상

당한 이유를 찾아볼 수 없으므로, 가처분이 허용된다(헌재 2000.12.8. 2000헌사471, 사법시험령 제4조 제3항 효력정지 가처분신청(인용)).

이 경우 "가처분의 요건은 헌법소원심판에서 다투어지는 '공권력의 행사 또는 불행사'의 현상을 그대로 유지시킴으로 인하여 생길 회복하기 어려운 손해를 예방할 필요가 있어야 한다는 것과 그 효력을 정지시켜야 할 긴급한 필요가 있어야 한다는 것 등이 된다. 따라서 본안심판이 부적법하거나 이유 없음이 명백하지 않는 한, 위와 같은 가처분의 요건을 갖춘 것으로 인정되면, 가처분을 인용한 뒤 종국결정에서 청구가 기각되었을 때 발생하게 될 불이익과 가처분을 기각한 뒤 청구가 인용되었을 때 발생하게 될 불이익을 비교형량하여 후자가 전자보다 큰 경우에, 가처분을 인용할 수 있다"(헌재 2002.4.25. 2002헌사129, 효력정지 가처분신청(인용,기각)).

헌법재판소는 법령의 효력을 정지시키는 가처분을 인정한다. 즉 군사법원법에 따라 재판을 받는 미결수용자의 면회횟수를 주 2회로 정하는 군행형법시행령의 효력을 가처분으로 정지시켜야 할 필요성을 인정한다.

"가처분은 위헌이라고 다투어지는 법령의 효력을 그대로 유지시킬 경우 회복하기 어려운 손해가 발생할 우려가 있어 가처분에 의하여 임시로 그 법령의 효력을 정지시키지 아니하면 안 될 필요가 있을 때 허용되고, 다만 현재 시행되고 있는 법령의 효력을 정지시키는 것일 때에는 그 효력의 정지로 인하여 파급적으로 발생되는 효과가 클 수 있으므로 비록 일반적인 보전의 필요성이 인정된다고 하더라도 공공복리에 중대한 영향을 미칠 우려가 있을 때에는 인용되어서는 안 될 것이다"(헌재 2002.4.25. 2002헌사129, 효력정지 가처분신청(인용,기각)).

또한 헌법재판소는 사법시험 제1차시험, 변호사시험 합격자성명 공개, 코로나 관련자의 변호사시험 응시 제한 및 금지 등과 관련한 가처분도 수용한다.

"신청인들은 2001년부터 4년간 제1차시험에 응시할 수 없게 되므로 사법시험의 합격가능성이 원천적으로 봉쇄되는 회복하기 어려운 손해를 입게 될 것임이 명백할 뿐만 아니라, 사법시험 제1차시험은 매년 초에 시행되어 그 적용의 시기도 매우 근접하였으므로 긴급성도 인정된다"(헌재 2000.12.8. 2000헌사471, 사법시험령 제4조 제3항 효력정지 가처분신청(인용)).

제7회 변호사시험 합격자 명단이 법무부 홈페이지 등을 통하여 일반에 일단 공개되면 이를 다시 비공개로 돌리는 것은 불가능하고, 이로써 신청인들은 회복하기 어려운 중대한 손해를 입을 수 있다. 또한 변호사시험의 합격자 발표일이 임박하였으므로 손해를 방지할 긴급한 필요도 인정된다. 가처분을 인용하더라도 법무부장관은 합격자의 응시번호만을 공개하는 방법 등 성명을 공개하지 않는 다른 방법으로 합격자를 공고할 수 있고, 그 후 종국결정에서 청구가 기각된다면 그때 비로소 성명을 추가 공고하면 된다. 반면, 가처분을 기각한 뒤 청구가 인용되었을 때는 이미 합격자 명단이 널리 알려졌을 것이므로 이를 돌이킬 수 없어 신청인들에게 발생하는 불이익이 매우 클 수 있다. 따라서 가처분을 인용한 뒤 종국결정에서 청구가 기각되었을 때 발생하게 될 불이익보다 가처분을 기각한 뒤 청구가 인용되었을 때 발생하게 될 불이익이 더 크다(헌재 2018.4.6. 2018헌사242등, 효력정지가처분신청(인용)). 2017년 변호사시험법 제11조는 "법무부장관은 합격자가 결정되면 즉시 명단을 공고하고, 합격자에게 합격증서를 발급하여야 한다"라고 개정되었다. 하지만, 헌법재판소는 본안판단에서 합헌결정을 내렸다(4:5)(헌재 2020.3.26. 2018헌마77등, 변호사시험법 제11조 위헌확인(기각)).

회복하기 어려운 중대한 손해를 입을 위험, 변호사시험 실시가 임박한 만큼 손해를 방지할 긴급한 필요도 인정되므로 직업선택의 자유에 대한 과도한 제한의 우려가 있어 가처분을 기각한 뒤 청구가 인용되었을 때 발생하게 될 불이익 더 크다. 이에 법무부장관이 제10회 변호사시험과 관련하여 한 공고 중 자가격리자의 시험응시 사전신청 기간을 2021.1.3.(일) 18:00까지로 제한한 부분 및 코로나확진자의 시험응시를 금지한 부분과 응시생 중 고위험자를 의료기관에 이송하여 응시를 제한하는 부분의 효력을 헌재 2020헌마1736 헌법소원심판청구 사건의 종국결정 선고 시까지 정지한다(헌재 2021.1.4. 2020헌사1304, 효력정지 가처분신청(일부인용)). 이 사건 본안결정에서 해당 공고 부분이 청구인들의 직업선택의 자유를 침해하여 위헌임을 확인하였다(헌재 2023.2.23. 2020헌마1736, 법무부공고 제2020-360호 등 위헌확인(인용(위헌확인))).

하지만, 변호사시험 응시횟수 5회 제한이나, 사법시험 폐지에 관한 가처분 신청은 각각 기각되었다.

변호사시험의 응시기간과 응시횟수를 법학전문대학원의 석사학위를 취득한 달의 말일 또는 취득예정기간 내 시행된 시험일부터 5년 내에 5회로 제한하는 데 대한 가처분신청은 이유없다(헌재 2016.9.29. 2016헌마47 등, 변호사시험법 제7조 위헌확인 등(기각,각하)).

사법시험법을 폐지하도록 한 변호사시험법 부칙 제2조는 폐지와 법학전문대학원의 도입으로 교육을 통한 법조인을 양성하려는 공익이 더 크므로 법익의 균형성도 갖추었으므로 가처분신청은 이유없다(헌재 2016.9.29. 2012헌마1002등, 변호사시험법 부칙 제2조 등 위헌확인 등(기각)).

또한 헌법재판소법 제23조 제1항에 대한 효력정지 가처분신청을 인용한다.

"신청인은 헌재의 탄핵심판이 있을 때까지 권한행사가 정지되는데, 헌법재판소법 제23조 제1항에 따라 사건을 심리조차 할 수 없다고 한다면 이는 신청인의 신속한 재판을 받을 권리에 대한 과도한 제한"이며, "헌법재판소법 제23조 제1항으로 인해 회복하기 어려운 중대한 손해를 입을 위험이 있고, 3명의 재판관 퇴임이 임박한 만큼 손해를 방지할 긴급한 필요도 인정된다"(헌재 2024.10.14. 2024헌사1250, 헌법재판소법 제23조 제1항 효력정지 가처분(인용)).

그러나 가처분의 특성상 매우 제한적으로 인용하여야 한다. 따라서 그 성질상 검사의 불기소처분, 입법부작위, 행정처분 부작위 등에 대하여는 가처분을 인정하기 어렵다.

(iv) 탄핵심판에서의 가처분 탄핵심판에 있어서 가처분은 허용될 가능성이 희박하다.[1] 탄핵소추의결로 직무집행이 정지되므로 직무집행정지를 구하는 가

1) 이에 대하여 현행헌법은 "탄핵심판이 있을 때까지"로 종전의 "탄핵결정이 있을 때까지"의 표현을 바꾸었고 1980년 헌법개정시 무죄추정의 원칙을 새로 도입한 점 그리고 탄핵제도의 남용가능성에 대비책이 필요한 점을 들어 권한행사의 정지가 종료하는 시기를 심판절차 종료시까지가 아니라 탄핵심판절

처분은 인정될 여지가 없다. 반대로 탄핵소추의결을 받은 사람이 그 의결의 정지를 구하는 가처분을 신청할 여지가 있으나 탄핵심판의 본질상 허용되기 어렵다.

(f) 심리와 결정 가처분은 헌법재판소 전원재판부에서 하며, 헌법재판소가 직권으로 가처분을 결정할 수도 있다. 헌법재판소는 구두변론 없이 가처분결정을 할 수 있다. 가처분의 결정에는 각하결정, 가처분결정, 기각결정이 있다. 가처분신청에 대하여는 재판관 6명 이상의 출석으로 심리하고 종국심리에 관여한 재판관 과반수의 찬성으로 인용결정을 한다. 가처분 인용결정 이후 본안 결정이 있기 전까지 사이에 가처분 사유가 소멸한 경우 당사자의 신청 또는 직권으로 헌법재판소는 가처분을 취소할 수 있으며 가처분 인용결정 주문에서 "종국결정 선고 시까지"라는 문구가 명시되지 아니한 경우에는 헌법재판소는 본안에 대한 기각결정을 선고할 때 가처분결정도 직권으로 취소하여야 한다.

지정재판부가 가처분결정을 할 수 있는가 하는 문제가 제기될 수 있는데, 헌법재판소법 제72조 제3항의 규정(재판관 3인의 일치된 의견으로 헌법소원심판에 대한 각하결정만할 수 있음)에 비추어 지정재판부는 가처분 기각결정 또는 인용결정은 할 수 없다고 보아야 할 것이나, 지정재판부에서 가처분신청을 이유없다고 기각한 사례가 있다(헌재 1997.12.16. 97헌사189, 가처분신청(기각); 헌재 1997.12.23. 97헌사200, 가처분신청(기각)).

G. 심판비용

헌법소송은 객관적 성격을 가지므로, 헌법재판소의 심판비용은 원칙적으로 국가부담으로 한다(제37조). 국가가 부담하는 심판비용에는 재판수수료와 헌법재판소가 심판 등을 위하여 지출하는 비용인 재판비용만 포함되고, 변호사강제주의에 따른 변호사보수 등의 당사자비용은 포함되지 아니한다(헌재 2015.5.28. 2012헌사496, 심판비용부담 결정 등 신청(각하)). 국가부담이므로 인지를 첩부하지 아니한다.

H. 심판의 지휘와 법정경찰권

"재판장은 심판정의 질서와 변론의 지휘 및 평의(評議)의 정리(整理)를 담당한다"(제35조 제1항).

I. 심판기간

"헌법재판소는 심판사건을 접수한 날부터 180일 이내에 종국결정의 선고를 하여야 한다"(제38조).

차의 소송계속 직전까지로 제한하고 이후 계속 정지되는 것은 헌법재판소의 판단에 따른 것으로 보는 입장이 있다. 이 입장에 따르면 피소추자의 권한행사의 정지를 구하는 가처분이 신청된 경우 헌법재판소는 이를 독자적으로 결정할 수 있고 이는 헌법위반이 되지 아니한다: 정철, "탄핵심판절차에서 가처분의 필요성", 세계헌법연구 31-2, 56-59면.

헌법재판사건의 심판기간을 180일로 정한 헌법재판소법 제38조 본문이 신속한 재판을 받을 권리를 침해하는 것이라고는 볼 수 없다(헌재 2009.7.30. 2007헌마732, 헌법재판소법 제38조 위헌확인(기각)).

J. 준 용

"헌법재판소의 심판절차에 관하여는 헌법재판소법에 특별한 규정이 있는 경우를 제외하고는 헌법재판의 성질에 반하지 아니하는 한도에서 민사소송에 관한 법령을 준용한다. 이 경우 탄핵심판의 경우에는 형사소송에 관한 법령을 준용하고, 권한쟁의심판 및 헌법소원심판의 경우에는 행정소송법을 함께 준용한다." "형사소송에 관한 법령 또는 행정소송법이 민사소송에 관한 법령에 저촉될 때에는 민사소송에 관한 법령은 준용하지 아니한다"(제40조). "위헌으로 결정된 법률 또는 법률의 조항에 근거한 유죄의 확정판결에 대하여는 재심을 청구할 수 있다"(제47조 제4항). 이 경우 "재심에 대하여는 형사소송법의 규정을 준용한다"(제47조 제5항). "제68조제2항에 따른 헌법소원이 인용된 경우에 해당 헌법소원과 관련된 소송사건이 이미 확정된 때에는 당사자는 재심을 청구할 수 있다"(제75조 제7항). "제7항에 따른 재심에서 형사사건에 대하여는 형사소송법을 준용하고, 그 외의 사건에 대하여는 민사소송법을 준용한다"(제75조 제8항).

준용조항은 헌법재판에서의 불충분한 절차진행규정을 보완하고, 원활한 심판절차진행을 도모하기 위한 조항으로, 그 절차보완적 기능에 비추어 볼 때, 소송절차 일반에 준용되는 절차법으로서의 민사소송에 관한 법령을 준용하도록 한 것이 현저히 불합리하다고 볼 수 없다. 또한 정당해산심판의 고유한 성질에 반하지 않도록 적용범위를 한정하고 있는 바, '헌법재판의 성질에 반하지 않는' 경우란, 다른 절차법의 준용이 헌법재판의 고유한 성질을 훼손하지 않는 경우로 해석할 수 있고, 이는 헌법재판소가 당해 헌법재판이 갖는 고유의 성질 · 헌법재판과 일반재판의 목적 및 성격의 차이 · 준용 절차와 대상의 성격 등을 종합적으로 고려하여 구체적 · 개별적으로 판단할 수 있다(헌재 2014.2.27. 2014헌마7, 헌법재판소법 제40조 제1항 등 위헌확인(기각)).

공정거래위원회의 무혐의처분에 대하여 청구된 헌법소원심판이 계속 중인 상태에서 당해 무혐의처분을 받은 자가 행정소송법 제16조의 제3자의 소송참가를 신청한 경우 헌법소원심판절차의 공법적 분쟁해결절차로서의 성질에 비추어 행정소송법 제16조는 헌법소원심판절차에도 준용되어야 한다(헌재 2008.10.30. 2005헌마1005, 무혐의처분취소(기각)).

헌법재판의 정의나 헌법소원심판이 수행하는 객관적인 헌법질서에 관한 수호 · 유지 기능 그리고 헌법소원심판의 직권주의적 성격과 심판비용의 국가부담 원칙, 변호사강제주의, 국선대리인제도 등에 관한 헌법재판소법의 규정 내용 등을 종합하여 보면, 당사자비용을 제외한 심판비용을 국가가 모두 부담하는 헌법소원심판절차에서 청구인이 승소하였는지 아니면 패소하였는지를 구분하지 아니하고 승소자의 당사자비용을 그 상대방인 패소자에게 반드시 부담시켜야만 하는 민사소송법과 행정소송법의 소송비용에 관한 규정들을 준용하는 것은 헌법재판의 성질에 반한다(헌재 2015.5.28. 2012헌사496, 심판비용부담 결정 등 신청(각하)).

5. 종국결정

(1) 종국결정의 선고

(i) "재판부가 심리를 마쳤을 때에는 종국결정을 한다"(헌재법 제36조 제1항). 종국결정을 할 때에는 사건번호와 사건명·당사자와 심판수행자 또는 대리인의 표시·주문(主文)·이유·결정일을 적은 결정서를 작성하고 심판에 관여한 재판관 전원이 이에 서명날인하여야 한다(헌재법 제36조 제2항).

(ii) "심판에 관여한 재판관은 결정서에 의견을 표시하여야 한다"(제3항). 과거 헌법재판소법에는 탄핵심판과 정당해산심판의 경우 심판에 관여한 재판관의 의견표시의무에 대한 명시적 근거가 없어 소수의견을 결정문에 표시하지 못하는 문제점이 있었다. 이를 시정하기 위하여 모든 심판에 관여한 재판관은 결정문에 의견을 표시하도록 개정하였다.

(iii) "종국결정이 선고되면 서기는 지체 없이 결정서 정본을 작성하여 당사자에게 송달하여야 한다"(헌재법 제36조 제4항). "종국결정은 헌법재판소규칙으로 정하는 바에 따라 관보에 게재하거나 그 밖의 방법으로 공시한다"(제36조 제5항). 헌법재판소는 종국결정이 법률의 제정 또는 개정과 관련이 있으면 그 결정서 등본을 국회로 송부하여야 한다(국회법 제58조의2 제1항).

(2) 결정정족수(決定定足數)

"재판부는 종국심리에 관여한 재판관 과반수의 찬성으로 사건에 관한 결정을 한다." 다만, "법률의 위헌결정, 탄핵의 결정, 정당해산의 결정 또는 헌법소원에 관한 인용결정을 하는 경우"(헌법 제113조 제1항) 및 "종전에 헌법재판소가 판시한 헌법 또는 법률의 해석적용에 관한 의견을 변경하는 경우"에는 재판관 6명 이상의 찬성이 있어야 한다(헌재법 제23조 제2항). 따라서 권한쟁의심판은 재판관 7인이 출석하여 심리한 경우에는 재판관 4인 이상의 찬성으로 권한침해를 확인할 수 있다.

(3) 평결(評決)의 방식

(i) 재판 평의에서 그 평결방식에는 쟁점별 합의제와 주문별 합의제가 있다. 쟁점별 합의제는 적법요건이나 본안에 해당되는 문제들을 개개 쟁점별로 각각 표결하여 결론을 도출하는 평결방식을 말한다. 주문별 합의제는 적법요건이나 본안에 해당되는 문제들을 개개 쟁점별로 표결하지 아니하고 결론에 초점을 맞추어 전체적으로 표결하여 주문을 결정하는 평결방식을 말한다.

(ii) 평결방식과 관련하여 헌법재판소법에 명시적인 규정을 두고 있지 아니

하므로 평결방식은 재판관의 선택에 맡겨져 있다고 할 수 있다. 헌법재판소의 실무에서는 기본적으로 주문별 합의제에 입각하여, 적법요건과 본안을 분리하여 평결하지 아니하고 전체적으로 평결하여 결론을 도출한다(상세는 위헌법률심판 7. 주문의 합의 방식 참조).

(4) 결정유형(決定類型)

헌법재판소는 원칙적으로 각하결정(심판의 청구가 부적합한 경우), 기각결정(심판청구가 적법하지만 이유가 없을 경우), 인용결정(심판청구가 적법하고 이유가 있을 경우)을 한다. 다만, 위헌법률심판에 있어서는 각하결정 또는 합헌결정·위헌결정·변형결정 가운데 어느 하나를 한다(상세는 위헌법률심판 6. 결정 유형과 효력 참조).

헌법재판소의 심판유형에 따른 사건부호는 다음과 같다.
헌가: 위헌법률심판
헌나: 탄핵심판사건
헌다: 정당해산심판사건
헌라: 권한쟁의심판사건
헌마: 헌법재판소법 제68조 제1항에 의한 헌법소원심판사건(권리구제형 헌법소원사건)
헌바: 헌법재판소법 제68조 제2항에 의한 헌법소원심판사건(위헌심사형 헌법소원사건)
헌사: 각종 신청사건(국선대리인선임신청, 가처분신청, 기피신청 등)
헌아: 각종 특별사건(재심 등)

(5) 결정의 효력

A. 확정력(確定力)

(i) 헌법재판소의 심판절차에 관하여 민사소송법이 준용되고(헌재법 제40조 제1항), 헌법재판소법 제39조에 의하여 헌법재판소는 이미 심판을 거친 동일한 사건에 대하여는 다시 심판할 수 없으므로, 헌법재판소 결정에도 확정력을 인정할 수 있다.

(ii) 헌법재판소는 자신이 내린 결정을 철회·변경할 수 없다(不可變力). 이를 자기구속력이라고 한다.

(iii) 헌법재판소는 최종심이므로 그 결정은 선고함으로써 형식적 확정력이 발생한다. 당사자는 그 결정에 불복할 수 없다(不可争力)(헌재 2004.9.23. 2003헌아61, 국가공무원법 제69조 위헌제청(재심)(각하)). 다만, 재심의 경우에는 예외적으로 형식적 확정력이 배제된다.

(iv) 형식적으로 확정된 헌법재판소의 결정에 대하여 당사자는 동일한 사항에 대하여 다시 심판을 청구하지 못하며, 헌법재판소도 자신의 결정내용에 구속되며 자신이 내린 결정과 모순된 결정을 할 수 없다. 이를 실질적 확정력 또는 기판력(既判力)이라 한다. 기판력은 원칙적으로 결정주문에 포함된 것에 한하여 발생한다(헌재법 제40조 및 민사소송법 제216조 제1항)(기판력의 객관적 범위). 또한 기판력은 원칙적으로 헌법소송절차

에 참여한 사람으로서 공격·방어의 기회가 주어진 사람에 한하여 미친다. 그러나 민사소송법이 준용되는 범위 내에서 예외적으로 제3자(예: 승계인)에게 기판력을 미치게 하는 경우도 있다(헌재법 제40조 제1항 및 민사소송법 제218조 제1항)(기판력의 주관적 범위).

B. 법규적(法規的) 효력

(ⅰ) 법규적 효력은 법규범에 대한 헌법재판소의 위헌결정이 소송당사자뿐만 아니라 모든 국가기관과 지방자치단체를 넘어서 일반 사인에게도 그 효력이 미치는 일반적 구속력을 말한다(대세적 효력).

(ⅱ) 독일에서는 기본법(제94조 제2항)의 위임을 받아 연방헌법재판소법(제31조 제2항)이 연방헌법재판소의 판결은 법률로서의 효력을 가진다고 규정하여 법규적 효력에 관하여 규정하고 있다. 하지만, 우리나라에서는 법규적 효력을 명문으로 인정한 헌법규정이나 법률의 규정은 존재하지 아니한다.

(ⅲ) 다만 "위헌으로 결정된 법률 또는 법률의 조항은 그 결정이 있는 날부터 효력을 상실한다"라고 규정하고 있는 헌법재판소법 제47조 제2항을 법규적 효력의 근거규정으로 볼 수 있다.

C. 기속력(羈束力)

a. 기속력과 기판력의 차이

(ⅰ) 법률의 위헌결정은 법원과 그 밖의 국가기관 및 지방자치단체를 기속하며(헌재법 제47조 제1항), 권한쟁의심판의 결정과 헌법소원의 인용결정은 모든 국가기관과 지방자치단체를 기속한다(제67조 제1항, 제75조 제1항). 이에 따라 헌법재판소도 이미 내린 결정을 임의로 변경할 수 없다. 다른 한편 행정소송에서도 기속력이 인정되지만, 이는 행정청과 관계행정청만 기속된다는 점에서 헌법재판의 기속력과 구별된다.

(ⅱ) 기판력(旣判力)은 원칙적으로 당사자 사이에서만 효력이 미친다. 반면에 기속력은 모든 국가기관과 지방자치단체를 구속한다는 점에서 헌법재판의 기속력은 헌법소송의 특징이라 할 수 있다.

b. 기속력의 내용

기속력(羈束力)은 ① 모든 국가기관과 지방자치단체가 헌법재판소의 결정에 따라야 하며, ② 장래에 어떠한 처분을 할 경우 헌법재판소의 결정을 존중하여야 한다는 결정준수의무(決定遵守義務)와, ③ 동일한 사정에서 동일한 이유에 근거한 동일 내용의 공권력의 행사 또는 불행사가 금지된다는 반복금지의무(反復禁止義務)를 그 내용으로 한다.

구 헌법재판소법 제47조 제1항은 "법률의 위헌결정은 법원 기타 국가기관 및 지방자치단체를 기속한다"라고 규정하고 있는데, 이러한 위헌결정의 기속력과 헌법을 최고규범으로 하는 법질서의 체계적 요청에 비추어 국가기관 및 지방자치단체는 위헌으로 선언된 법률규정에 근거하여 새로운 행정처분을 할 수 없음은 물론이고, 위헌결정 전에 이미 형성된 법률관계에 기한 후속처분이라도 그것이 새로운 위헌적 법률관계를 생성・확대하는 경우라면 이를 허용할 수 없다. 따라서 조세 부과의 근거가 되었던 법률규정이 위헌으로 선언된 경우, 비록 그에 기한 과세처분이 위헌결정 전에 이루어졌고, 과세처분에 대한 제소기간이 이미 경과하여 조세채권이 확정되었으며, 조세채권의 집행을 위한 체납처분의 근거규정 자체에 대하여는 따로 위헌결정이 내려진 바 없다고 하더라도, 위와 같은 위헌결정 이후에 조세채권의 집행을 위한 새로운 체납처분에 착수하거나 이를 속행하는 것은 더 이상 허용되지 아니하고, 나아가 이러한 위헌결정의 효력에 위배하여 이루어진 체납처분은 그 사유만으로 하자가 중대하고 객관적으로 명백하여 당연무효라고 보아야 한다(대판(전합) 2012.2.16. 2010두10907 압류등처분무효확인).

c. 심판 결정에 따른 기속력

(ⅰ) 위헌법률심판의 경우에는 위헌결정에만, 헌법소원심판의 경우에는 인용결정에만 기속력이 인정된다.

(ⅱ) 하지만, 헌법재판소법 제67조 제1항에서 "권한쟁의심판의 결정"이라고 규정하고 있기 때문에 권한쟁의심판의 경우에는 인용결정뿐만 아니라 기각결정에도 기속력이 인정된다.

d. 기속력의 범위

(ⅰ) 기속력의 주관적 범위와 관련하여 헌법재판소법에서 위헌결정의 경우에는 "법원 그 밖의 국가기관 및 지방자치단체"로, 헌법소원심판 인용결정과 권한쟁의심판의 인용결정의 경우에는 "모든 국가기관과 지방자치단체"로 규정하고 있다. 모든 국가기관에 법원이 당연히 포함되어야 한다. 다만, 국회에 기속력이 미치는가에 대하여는 논란이 있으나 미친다고 보아야 한다.

1999.4.29. 택지소유상한에관한법률 전부에 대한 위헌결정으로 제30조 규정 역시 그 날로부터 효력을 상실하게 되었고, 체납 택지초과소유부담금을 강제로 징수할 수 있는 다른 법률적 근거가 없으므로, 위헌결정 이전에 이미 택지초과소유부담금 부과처분과 압류처분 및 이에 기한 압류등기가 이루어지고 각 처분이 확정되었다고 하여도, 위헌결정 이후에는 별도의 행정처분인 공매처분 등 후속 체납처분 절차를 진행할 수 없고, 만일 그와 같은 절차를 진행하였다면 그로 인한 공매처분은 법률의 근거 없이 이루어진 것으로서 그 하자가 중대하고도 명백하여 당연무효라고 할 것이며, 그 공매처분에 기하여 이루어진 소유권이전등기 역시 원인무효의 등기이다(대판 2002.11.22. 2002다46102(소유권말소등기등)).

(ii) 기속력의 객관적 범위와 관련하여 헌법재판소의 결정 주문뿐만 아니라 결정의 주요이유에도 미치는가에 관하여는 견해가 대립된다. 긍정설은 결정의 주요이유에도 기속력을 인정하여야 유사사건 및 후속사건에서 분쟁을 방지하는 효과를 가진다고 본다. 반면에 부정설은 결정 이유의 중요 부분과 그렇지 아니한 부분의 구별도 어렵기 때문에 오히려 법적 안정성을 해칠 우려가 있다고 본다. 헌법재판소도 부정적인 입장이다.

> "헌법재판소법 제47조에 정한 기속력을 명백히 하기 위하여는 어떠한 부분이 위헌인지 여부가 그 결정의 주문에 포함되어야 하므로, 이러한 내용을 결정의 이유에 설시하는 것만으로는 부족하고 결정의 주문에까지 등장시켜야 한다"(헌재 1992.2.25. 89헌가104 참조)(헌재 1994.4.28. 92헌가3, 보훈기금법 부칙 제5조 및 한국보훈복지공단법 부칙 제4조 제2항 후단에 관한 위헌심판(한정위헌,한정합헌)).

(iii) 생각건대 헌법재판소의 결정대로 객관적 범위는 주문에 한정하여야 한다. 하지만, 재판의 속성인 분쟁의 해결과 유사분쟁의 재발방지를 위하여 중요한 이유 설시에 대하여도 기속력을 인정하는 것이 바람직하다.

e. 결정유형에 따른 기속력

(i) 합헌결정에 대하여는 기속력이 인정되지 아니하므로, 합헌으로 결정된 법률에 대하여 다시 위헌결정으로 판례 변경이 가능하다. 합헌결정 그 자체가 기속력을 가지지는 아니하지만 구체적 규범통제의 본질 및 일사부재리의 원칙에 따라 위헌법률심판제청을 한 법원은 헌법재판소의 합헌결정을 따라야 한다.

(ii) 헌법불합치결정의 기속력도 위헌결정의 기속력과 동일하다는 데에는 헌법재판소와 대법원의 일치된 견해이다.

> "법률에 대한 헌법재판소의 위헌결정에는 단순위헌결정은 물론, 헌법불합치결정도 포함되고, 이들은 모두 당연히 기속력을 가진다. 다만 헌법재판소는 위헌결정을 통하여 위헌법률을 법질서에서 제거하는 것이 오히려 법적 공백이나 혼란을 초래할 우려가 있는 경우, 헌법불합치결정을 하면서 위헌 법률을 일정 기간 동안 계속 적용을 명하는 경우가 있는데, 모든 국가기관은 이에 기속되고, 법원은 이러한 예외적인 경우에 위헌법률을 계속 적용하여 재판할 수 있다"(헌재 2013.9.26. 2012헌마806, 재판취소(각하)).

(iii) 한정위헌결정의 기속력에 대하여 대법원은 부정적인 입장이지만, 헌법재판소는 이를 인정한다.

(6) 결정의 집행력

헌법재판소법은 헌법재판소의 결정에 대한 집행력을 일반적으로 규정하지 아니한다. 다만, 정당해산심판에만 규정한다: "정당의 해산을 명하는 헌법재판소의 결정은 중앙선거관리위원회가 정당법의 규정에 따라 집행한다”(제60조).

6. 재심(再審)

(1) 의 의

(i) 재심이란 확정된 종국결정에 재심사유에 해당하는 중대한 하자가 있는 경우에 그 결정의 취소와 이미 종결되었던 사건의 재심판(再審判)을 구하는 비상의 불복신청방법이다. 재심제도는 법적 안정성과 구체적 정의라는 상반된 요청을 조화시키기 위하여 마련되었다. 헌법재판소법에서는 재심에 관하여 명문의 규정을 두고 있지 아니하지만, 헌법재판소법 제40조에 따라 민사소송법이 준용되어 재심에 관하여도 민사소송법의 규정이 법적 준거가 될 수밖에 없다.

(ii) 그런데 헌법재판소법 제39조의 일사부재리의 원칙과 헌법재판소의 결정의 효력 특히 확정력과의 관계에서 헌법재판소의 결정에 대하여 재심이 허용되는지 여부가 문제된다.

(2) 허용 여부

헌법재판은 그 심판의 종류에 따라 절차의 내용과 효과가 한결같지 아니하기 때문에 재심의 허용 여부와 허용의 정도 등은 심판절차의 종류에 따라서 개별적으로 판단할 수밖에 없다(헌재 1995.1.20. 93헌아1, 불기소처분취소(재심)(각하)). 헌법재판소는 재심을 허용함으로써 얻을 수 있는 구체적 타당성의 이익과 재심을 허용하지 아니함으로써 얻을 수 있는 법적 안정성의 이익을 비교형량하여 전자가 후자보다 우월한 경우에 재심을 허용한다.

(3) 구체적 검토

헌법재판소의 결정에 대하여 재심이 문제되는 구체적인 경우로는 ① 정당해산심판사건, ② 헌법재판소법 제68조 제1항의 헌법소원, ③ 헌법재판소법 제68조 제2항의 헌법소원을 들 수 있다.

A. 정당해산심판사건에 대한 재심 허용

헌법재판소는 정당해산심판사건에 대한 재심을 허용하여야 한다는 입장이다.

> 정당해산심판은 원칙적으로 해당 정당에게만 그 효력이 미치며, 정당해산결정은 대체정당이나 유사정당의 설립까지 금지하는 효력을 가지므로 오류가 드러난 결정을 바로잡지 못한다면 장래 세대의 정치적 의사결정에까지 부당한 제약을 초래할 수 있다. 따라서 정당해산심판절차에서는 재심을 허용하지 아니함으로써 얻을 수 있는 법적 안정성의 이익보다 재심을 허용함으로써 얻을 수 있는 구체적 타당성의 이익이 더 크므로 재심을 허용하여야 한다. 한편, 이 재심절차에서는 원칙적으로 민사소송법의 재심에 관한 규정이 준용된

다(헌재 2016.5.26. 2015헌아20, 통합진보당 해산(재심)(각하)).

B. 헌법재판소법 제68조 제1항의 헌법소원에 대한 재심 허용

(i) 헌법재판소는 처음에는 헌법재판소법 제68조 제1항에 의한 헌법소원 가운데 행정작용에 속하는 공권력작용을 대상으로 하는 권리구제형 헌법소원에 있어서는, 사안의 성질상 헌법재판소의 결정에 대한 재심은 재판부의 구성이 위법한 경우 등 절차상 중대하고 명백한 위법이 있어 재심을 허용하지 아니하면 현저히 정의에 반하는 경우에 한하여 제한적으로 허용될 수 있을 뿐이라고 하여, 민사소송법 제451조 소정의 판단누락은 재심의 사유로 되지 아니한다는 입장이었다(헌재 1995.1.20. 93헌아1, 불기소처분취소(재심)(각하); 헌재 1998.3.26. 98헌아2, 불기소처분취소(재심)(각하)).

(ii) 그러나 그 후 헌법재판소는 "공권력작용에 대한 권리구제형 헌법소원절차에 있어서 '헌법재판소의 결정에 영향을 미칠 중대한 사항에 관하여 판단을 누락한 때'를 재심사유로 허용하는 것이 헌법재판의 성질에 반한다고 볼 수 없"다고 함으로써 판례를 변경하여 판단누락(判斷漏落)도 헌법재판소 결정에 대한 재심사유로 인정하였다(헌재 2001.9.27. 2001헌아3, 불기소처분취소(재심)(기각)).

(iii) 따라서 행정작용에 속하는 공권력작용을 대상으로 하는 권리구제형 헌법소원에서 재심의 사유로는 ① 재판부의 구성이 위법한 경우 등 절차상 중대하고 명백한 위법이 있어 사안의 성질상 헌법재판소의 결정에 대한 재심을 허용하지 아니하면 현저히 정의에 반하는 경우, ② 헌법재판소의 결정에 영향을 미칠 중대한 사항에 관하여 판단을 누락한 경우를 들 수 있다.

헌법재판소법 제70조 제4항에 의하여 헌법소원심판의 청구기간을 산정함에 있어서 청구인이 국선대리인 선임신청을 한 날로부터 위 선임신청 기각결정의 통지를 받은 날까지의 기간은 청구기간에 산입하지 아니함에도 불구하고 이를 간과한 채 청구기간을 잘못 계산하여 심판청구가 청구기간을 도과하여 부적법하다는 이유로 각하하는 결정을 한 경우, 재심대상 사건에는 헌법재판소법 제40조 제1항에 의하여 준용되는 민사소송법 제451조 제1항 제9호의 '판결에 영향을 미칠 중요한 사항에 관하여 판단을 누락한 때'에 해당하는 재심사유가 있다(헌재 2007.10.4. 2006헌아53, 불기소처분취소(재심)(기각,각하)).

청구인이 청구기간을 준수하여 헌법소원심판청구를 하였음에도 우편집배원의 착오로 인하여 잘못 기재된 우편송달보고서를 근거로 청구기간을 잘못 계산하여 헌법소원심판청구에 대한 본안 판단을 하지 아니한 채 심판청구가 청구기간을 도과하여 부적법하다는 이유로 각하하는 결정을 한 경우, 이러한 재심대상결정에는 헌법재판소법 제40조 제1항에 의하여 준용되는 민사소송법 제451조 제1항 제9호의 '판결에 영향을 미칠 중요한 사항에 관하여 판단을 누락한 때'에 준하는 재심사유가 있다(헌재 2009.6.25. 2008헌아23, 불기소처분취소(재심)(취소,각하,기각)).

C. 헌법재판소법 제68조 제2항의 헌법소원에 대한 재심 불허

헌법재판소는 헌법재판소법 제68조 제2항의 헌법소원에 대한 재심 허용 여부에 대하여, 법적 안정성을 유지하기 위하여 재심을 허용할 수 없다는 입장이다.

> "만약 헌법재판소법 제68조 제2항에 의한 헌법소원심판청구사건에 있어서 선고된 헌법재판소의 결정에 대하여 재심에 의한 불복방법이 허용된다면, 종전에 헌법재판소의 위헌결정으로 효력이 상실된 법률 또는 법률조항이 재심절차에 의하여 그 결정이 취소되고 새로이 합헌결정이 선고되어 그 효력이 되살아날 수 있다거나 종래의 합헌결정이 후일 재심절차에 의하여 취소되고 새로이 위헌결정이 선고될 수 있다 할 것이다. 그러나 이러한 결과는 그 문제된 법률 또는 법률조항과 관련되는 모든 국민의 법률관계에 이루 말할 수 없는 커다란 혼란을 초래하거나 그 법적 생활에 대한 불안을 가져오게 할 수도 있다. 결국 위헌법률심판을 구하는 헌법소원에 대한 헌법재판소의 결정에 대하여는 재심을 허용하지 아니함으로써 얻을 수 있는 법적 안정성의 이익이 재심을 허용함으로써 얻을 수 있는 구체적 타당성의 이익보다 훨씬 높을 것으로 쉽사리 예상할 수 있고, 따라서 헌법재판소의 이러한 결정에는 재심에 의한 불복방법이 그 성질상 허용될 수 없다고 보는 것이 상당하다"(헌재 1992.6.26. 90헌아1, 민사소송법 제118조에 대한 헌법소원(각하)).

7. 심판확정기록의 열람·복사

헌법재판소는 특별히 비공개가 제외되는 사유가 있는 경우 이외에는 심판확정기록의 열람과 복사를 허용하여야 한다(제39조의2 제1항).

V. 결 어

헌법의 실효적 보장수단으로서의 헌법재판제도는 헌법국가 내지 법치국가의 구현을 위한 제도적 장치이다. 나라의 민주화와 더불어 헌법재판이 매우 활성화되어 이제 아시아를 대표하는 헌법재판으로 자리 잡고 있다. 앞으로 헌법재판소가 안고 있는 문제점을 극복하여 나감으로써 명실상부한 헌법보장기관으로서 헌법재판소의 사명과 역할을 다할 수 있다.[1)]

---

1) 헌법재판 관련 주요 문헌. 성낙인, "헌법재판의 발전방향 소고", 헌법학논집; 성낙인 외, 헌법소송론, 법문사; 이효원, 헌법재판강의, 박영사; 김운용, 위헌심사론, 삼지원; 남궁승태, 프랑스헌법소송론, 삼선; 남복현, 헌법 판례평석, 만파; 박승호, 헌법재판연구(1), 경인; 방승주, 헌법소송사례연구, 박영사; 이상돈, 미국헌법과 연방대법원, 학연사; 전광석, 헌법판례연구, 법문사; 정연주, 헌법판례연구(1), 박영사; 정재황, 판례헌법, 법원사; 정재황, 헌법재판개론, 박영사; 정종섭, 헌법소송법, 박영사; 한병채, 헌법재판론, 고시계사; 허전, 헌법소송, 진원사; 김백유, 헌법과 헌법판례, 한성; 김하열, 헌법소송법, 박영사; 신미용, 헌법실무강의, 신조사; 신평, 헌법재판법, 법문사; 이동흡, 헌법소송법, 박영사; 정연주, 헌법소송론, 법영사; 허영, 헌법소송법론, 박영사; 홍성방, 헌법소송법, 법문사; 오호택, 헌법소송

(ⅰ) 헌법재판소의 구성에 있어서 '헌법'재판이 가진 특수한 의미를 고려하여 다원성이 확보되어야 한다. 법관자격을 요구하는 헌법재판관의 자격요건을 완화하고 재판관의 연령대·성별구성을 다변화하여야 한다.

(ⅱ) 헌법재판소와 대법원의 역할 및 관계도 재정립되어야 한다.

(ⅲ) 기본권보장의 최후 보루인 헌법재판소에 대한 국민의 액세스를 제고하기 위하여 변호사강제주의는 재고되어야 한다.

(ⅳ) 헌법재판소는 단순히 구체적 사건을 재판하는 기관이 아니라 국법질서의 기본틀 형성과 관련된 결정을 내리는 기관이라는 점을 유념하여, 헌법재판소의 적극적인 논리개발과 균형잡힌 헌법의식의 표현이 필요하다. 일부의 비판에도 불구하고 흐트러진 민주화 이후의 민주주의의 홍수 속에서 그간 헌법재판소가 쌓아올린 헌법국가를 향한 의지는 높이 평가하여야 한다.

그간 헌법재판소는 1988년 9월에 개소한 이래 2025년 12월 31일 현재 총 5만 5천 건이 넘는 사건을 접수하여, 5만 4천 건 이상을 처리하였다. 이 중에서 특히 위헌 781건, 헌법불합치 328건, 한정위헌 70건, 한정합헌 28건을 선고하였다.

법, 동방문화사; 김도협, 헌법재판개설, 진원사; 최희수, 헌법소송법요론, 대명출판사; 김현철, 판례 헌법소송법, 전남대출판부; 허완중, 헌법소송법, 박영사; 권순현·김주환, 헌법판례선, 삼조사; 헌법재판소 편, 헌법실무연구, 헌법재판소판례요지집, 헌법재판실무제요, 헌법소원심판개요, 헌법논총, 헌법재판자료집, 헌법재판연구, 헌법재판소 판례집; 헌법재판연구원, 헌법재판연구, 세계헌법재판동향; 법원도서관 편, 헌법재판제도의 이해; 법무부 편, 헌법재판 이론과 실무; 사법연수원, 헌법재판 강의노트; 헌법판례연구회 편, 헌법판례연구, 박영사; 헌법재판소 30년사, 헌법재판소 등.

제 2 절 위헌법률심판

Ⅰ. 의 의

(ⅰ) 위헌법률심판이란 법률이 헌법에 위반되는 여부가 재판의 전제가 된 경우에 법원의 제청에 의하여 헌법재판소가 법률의 위헌여부를 심판하여 그 효력을 상실하게 하는 제도를 말한다(제107조 제1항, 제111조 제1항 제1호). 현행 위헌법률심판제도는 사후교정적 위헌심사·구체적 규범통제제도를 취하지만 위헌으로 결정된 법률 또는 법률조항은 일반적으로 효력을 상실한다(헌재법 제47조 제2항). 헌법재판소는 제도적·형식적 측면에서는 독일식이지만, 구체적 규범통제제도를 채택한다는 점에서 추상적 규범통제제도와 구체적 규범통제를 모두 구비한 독일의 헌법재판제도와 구별된다.

(ⅱ) 헌법에서는 "법원의 제청에 의한 법률의 위헌여부심판"을 규정하고 있지만(헌법 제107조 제1항, 제111조 제1항 제1호), 헌법재판소법은 당해 사건의 당사자가 법원에 위헌법률심판제청을 신청하였으나 법원이 그 신청을 기각한 경우 당사자가 직접 헌법재판소에 위헌법률심판을 구하는 헌법소원에 대하여도 규정하고 있다(헌재법 제68조 제2항). 이러한 유형의 헌법소원은 그 형식은 헌법소원이지만 그 실질은 위헌법률심판이다.

Ⅱ. 법원의 위헌법률심판제청

1. 의 의

헌법은 "법률이 헌법에 위반되는 여부가 재판의 전제가 된 경우에는 법원은 헌법재판소에 제청하여 그 심판에 의하여 재판한다"(헌법 제107조 제1항)라고 하여 위헌법률심판의 제청권은 법원에, 심판권은 헌법재판소에 각각 나누어 부여한다. 이에 따라 구체적인 사건의 재판을 담당하는 법원이 법률의 위헌 여부에 대한 심판을 제청하면 헌법재판소는 그 법률의 위헌 여부를 결정하고 법원은 헌법재판소의 결정에 따라 재판한다. 법원의 제청권은 법원의 직권 또는 당사자의 신청에 의한 결정으로 행사된다(헌재법 제41조 제1항).

2. 위헌법률심판제청의 절차

(1) 법원의 직권에 의한 제청절차

(ⅰ) 위헌법률심판제청은 법원이 직권에 의한 '결정'으로 할 수 있다. 법원의 제청권은 권한이기도 하지만 동시에 의무이기도 하다. 1980년 헌법(헌법 제108조 제1항)에서는 제청의 요건을 "법률이 헌법에 위반되는 것으로 인정한 때"로 규정하고 있었지만, 현행헌법에서는 "법률이 헌법에 위반되는 여부가 재판의 전제가 된 경우에는 법원은 헌법재판소에 제청하여 그 심판에 의하여 재판한다"라고 규정하고 있다. 이에 따라 법원은 법률이 헌법에 위반된다고 판단하는 경우뿐 아니라 위헌 여부에 관한 의심이 있는 경우에도 위헌법률심판을 제청하여야 한다(헌법 제107조 제1항). 위헌법률심판의 제청을 위하여서는 법률조항의 위헌 여부에 대한 합리적인 의심이 있는 정도로 충분하고 반드시 위헌이라는 판단이 있어야 할 필요는 없다. 헌법재판소법에 의하면 당사자의 제청신청에 대한 법원의 기각결정에 대하여 헌법소원심판이 가능하고(헌재법 제68조 제2항) 위헌법률심판 제청서에 법률 또는 법률조항이 위헌이라고 해석되는 이유를 적어야 한다(헌재법 제43조).

> "헌법 제107조 제1항, 헌법재판소법 제41조, 제43조 등의 규정취지는 법원은 문제되는 법률조항이 담당법관 스스로의 법적 견해에 의하여 단순한 의심을 넘어선 합리적인 위헌의 의심이 있으면 위헌여부심판을 제청을 하라는 취지이고, 헌법재판소로서는 제청법원의 이 고유판단을 될 수 있는 대로 존중하여 제청신청을 받아들여 헌법판단을 하는 것이다"(헌재 1993.12.23. 93헌가2, 형사소송법 제97조 제3항 위헌제청(위헌)).

(ⅱ) 제청법원은 당해 사건의 전제가 된 법률이나 법률조항에 대하여 다른 법원이 행한 판단에 구속되지 아니하고 자신의 판단에 따라 제청권을 행사하여야 한다(헌법 제107조 제1항; 헌재법 제41조 제1항). 그러므로 다른 법원이 같은 법률이나 법률조항에 대하여 위헌제청을 하지 아니하였더라도 당해 법원의 판단에 따라 그 조항에 대하여 제청을 할 수 있고 다른 법원이 그 조항에 대하여 이미 위헌제청을 하였다고 하더라도 독립적으로 제청을 할 수 있다.

(2) 당사자의 신청에 의한 제청절차

A. 제청신청권자

법원의 위헌법률심판제청은 당해 사건의 당사자의 제청신청에 의하여도 가능하다. 즉 법원에 계속된 사건의 당사자는 당해 법원에 재판의 전제가 된 법률 또는 법률조항의 위헌 여부 심판을 헌법재판소에 제청할 것을 신청할 수 있다(헌재법

제41조 제1항). 제청신청권은 당해 사건의 당사자이기만 하면 원고와 피고 모두 가능하고 형사소송의 경우 피고인은 물론 검사도 가능하다. 다만, 고소인은 형사소송의 당사자가 아니므로 제청신청권이 없다. 민사소송의 보조참가인도 제청신청권이 있다(헌재 2003.5.15. 2001헌바98, 하도급거래공정화에 관한 법률 제14조 제1항 등 위헌소원(합헌)). 행정소송의 피고인 행정청도 제청신청권이 있다고 보아야 한다. 행정청이 국가기관이라 할지라도 위헌 여부가 헌법재판소에 의하여 확정되기 전까지는 법집행을 거부할 수 없으므로 위헌법률심판 제청신청권을 독자적으로 인정할 필요가 있다(헌재 2008.4.24. 2004헌바44, 온천법 제2조 등 위헌소원(합헌)).

"헌법재판소법 제40조에 의하여 준용되는 민사소송법에 의하면 보조참가인은 피참가인의 소송행위와 저촉되지 아니하는 한 소송에 관하여 공격·방어·이의·상소, 기타 일체의 소송행위를 할 수 있는 자(민사소송법 제76조 제1항 본문)이므로 헌법재판소법 소정의 위헌심판제청신청의 '당사자'에 해당한다고 할 것이고, 이와 같이 해석하는 것이 구체적 규범통제형 위헌심사제의 입법취지 및 기능에도 부합한다고 할 것이다. 민사소송의 보조참가인은 헌법재판소법 제68조 제2항의 헌법소원의 당사자 적격이 있다" (헌재 2003.5.15. 2001헌바98, 하도급거래공정화에 관한 법률 제14조 제1항 등 위헌소원(합헌)).

"헌법재판소법 제68조 제2항은 기본권의 침해가 있을 것을 그 요건으로 하고 있지 않을 뿐만 아니라 청구인적격에 관하여도 '법률의 위헌여부심판의 제청신청이 법원에 의하여 기각된 때에는 그 신청을 한 당사자'라고만 규정하고 있는바, 위 '당사자'는 행정소송을 포함한 모든 재판의 당사자를 의미하는 것으로 새겨야 할 것이고, 행정소송의 피고인 행정청만 위 '당사자'에서 제외하여야 할 합리적인 이유도 없다. 행정청이 행정처분 단계에서 당해 처분의 근거가 되는 법률이 위헌이라고 판단하여 그 적용을 거부하는 것은 권력분립의 원칙상 허용될 수 없지만, 행정처분에 대한 소송절차에서는 행정처분의 적법성·정당성뿐만 아니라 그 근거 법률의 헌법적합성까지도 심판대상으로 되는 것이므로, 행정처분에 불복하는 당사자뿐만 아니라 행정처분의 주체인 행정청도 헌법의 최고규범력에 따른 구체적 규범통제를 위하여 근거 법률의 위헌 여부에 대한 심판의 제청을 신청할 수 있고 헌법재판소법 제68조 제2항의 헌법소원을 제기할 수 있다고 봄이 상당하다"(헌재 2008.4.24. 2004헌바44, 온천법 제2조 등 위헌소원(합헌)).

"헌법재판소법 제41조 제1항 및 법 제68조 제2항 전문을 해석하면 위헌심판 제청신청은 당해사건의 당사자만 할 수 있다고 봄이 상당하고 형사재판의 경우 피고인이 아닌 고소인은 형사재판의 당사자라고 볼 수 없으므로, 형사사건의 고소인은 위헌제청신청을 할 수 있는 자에 해당하지 않는다"(헌재 2010.3.30. 2010헌바102, 형사소송법 제262조 제6항 위헌소원(각하)).

B. 제청신청에 대한 결정

(i) 제청신청에 대하여 법원은 신속하게 판단하여 결정을 내려야 한다. 위헌법률심판 제청신청은 당해 소송재판의 전제가 되는 법률의 위헌 여부에 대한 문제 제기이므로 이를 선결적으로 먼저 해결하고 나갈 필요가 있다는 점에서 제청신

청사건에 대하여 먼저 처리하여야 한다. 그런데 법원의 실무에서는 제청신청을 기각하는 경우에는 당해 소송에 대한 종국판결 선고와 함께 제청신청을 기각하는데, 이는 바람직한 태도라고 할 수 없다.

(ii) 구속적부심사절차에서 구속적부심사절차에 관한 법률조항에 대하여 위헌심판 제청신청을 받은 법원이 제청신청에 대하여 먼저 결정하지 아니한 채 구속적부심사청구를 기각하면 제청신청은 재판의 전제성이 사라져버린다. 이는 제청신청제도를 형해화하기 때문에 제도의 취지에 어긋난다. 이 경우 여전히 해당 구속적부심사절차에서 재판의 전제성이 있다고 보는 헌법재판소의 입장이 타당하다.

> "위헌여부심판의 제청신청을 받은 법원은 법리상 늦어도 본안사건에 대한 재판을 마치기 전까지는 제청신청에 대한 재판을 하여야 할 것인데도 이 사건의 경우 위에서 본 바와 같이 위헌여부심판의 제청에 대하여는 결정을 하지 아니한 채 먼저 구속적부심사청구를 기각한 다음 제청신청을 기각하여 사건을 부당하게 처리하였을 뿐만 아니라 헌법소원심판청구를 할 당시 청구인이 계속 구속상태에 있었고 또한 새로이 구속적부심사청구를 할 수 있는 상태에 있었으므로, 헌법소원심판청구 당시 일단 구속적부심사청구가 기각되었다고 하더라도 재판의 전제성은 있다"(헌재 1995.2.23. 92헌바18, 군사법원법 제238조 등에 대한 헌법소원(각하)).

C. 제청신청에 대한 기각결정의 효력

제청신청에 대하여 법원이 제청결정을 하면 법원의 직권에 의한 제청절차와 방법을 따른다. 그런데 법원이 제청신청에 대하여 기각하는 결정을 하면 당사자는 당해 사건의 소송절차에서 동일한 사유를 이유로 다시 위헌여부심판의 제청을 신청할 수 없다(헌재법 제68조 제2항 제2문). 이를 재신청금지라고 한다. 그러므로 당해 사건의 소송절차에서 제청신청이 기각되어 헌법소원심판을 청구한 경우는 물론 헌법소원심판을 청구하지 아니한 경우에도 같은 심급에서 다시 동일한 사유로 위헌여부심판제청신청을 하면 재신청금지에 해당한다(헌재 1994.4.28. 91헌바14, 집회및시위에관한법률 제2조 등에 대한 헌법소원(합헌, 각하)). 또한 당사자가 제청신청을 한 심급이 아닌 심급(상소심)의 소송절차는 물론이고 대법원에 의하여 파기환송되기 전후의 소송절차까지도 기각결정에 따른 재신청금지가 적용된다(대결 1996.5.14. 95부13; 대결 2000.4.11. 98카기137)(헌재 2007.7.26. 2006헌바40, 민사집행법 제130조 제3항 위헌소원(각하); 헌재 2009.9.24. 2007헌바118, 제8조 제2항 민법 제999조 제1항 등 위헌소원(합헌)).

> 헌법재판소법 제68조 제2항은 법률의 위헌여부심판의 제청신청이 기각된 때에는 그 신청을 한 당사자는 헌법재판소에 헌법소원심판을 청구할 수 있으나 다만 이 경우 그 당사자는 당해 사건의 소송절차에서 동일한 사유를 이유로 다시 위헌여부심판의 제청을 신청할 수 없다고 규정하고 있는바, 이때 당해 사건의 소송절차란 당해 사건의 상소심 소송절차를 포함한다 할 것이다. 청구인들은 의정부지방법원 2005라146 사건의 진행 중에 그 재판의 전제가 되는 민사집행법 제130조 제3항이 청구인들의 재판청구권 등을 침해

한다고 주장하면서 위 법원에 위헌법률심판제청신청(의정부지방법원 2005카기909 위헌심판제청)을 하여 2005.12.1. 그 신청이 기각되었는데도 이에 대하여 헌법소원심판을 청구하지 아니하고 있다가 다시 그 재항고심 소송절차에서 대법원에 같은 이유를 들어 위 법조항이 위헌이라고 주장하면서 위헌법률심판제청신청(대법원 2006카기7 위헌법률심판제청)을 하였고 2006.3.29. 그 신청이 기각되자, 이 사건 헌법소원심판청구를 하였음이 인정된다. 그렇다면 이 사건 헌법소원심판청구는 헌법재판소법 제68조 제2항 후문의 규정에 위배된 것으로서 부적법하다(헌재 2007.7.26. 2006헌바40, 민사집행법 제130조 제3항 위헌소원(각하)).

D. 헌법재판소법 제68조 제2항의 심판청구(제2장 헌법소원심판 제3절 위헌심사형헌법소원 부분 참조)

3. 위헌법률심판제청권의 주체

(1) 당해 사건을 담당하는 법원

(i) 위헌법률심판제청권자는 대법원과 각급법원이다. 군사법원도 포함된다(헌재법 제41조 제1항). 다만, 대법원 이외의 법원이 제청을 할 때에는 대법원을 거쳐야 한다(헌재법 제41조 제5항). 대법원 경유는 형식적 절차이며, 대법원이 하급법원의 제청에 대한 실질적 심사권을 가지지 아니한다.

(ii) 헌법에서는 제청권의 주체를 '법원'이라 하고 있고, 헌법재판소법에서는 '당해 사건을 담당하는 법원'(제41조 제1항)이라고 규정하고 있지만, 당해 사건을 담당하는 법원은 담당재판부로 이해된다. 이러한 논란의 소지를 제거하기 위하여 제청권자를 당해 사건을 담당하는 법관이나 재판부로 개정하여야 한다.

(2) 헌법재판소의 부수적 위헌심사의 가능성

(i) 헌법재판소가 위헌법률심판의 절차가 아닌 다른 사건의 심판과정에서 법률의 위헌 여부가 그 심판의 전제가 된 경우에 이를 직권으로 심판할 수 있는지 문제될 수 있다.

(ii) 헌법재판소법은 권리구제형 헌법소원심판의 경우에는 이런 직권심판의 가능성을 인정하고 있다. 즉 헌법재판소가 그 헌법소원을 인용할 때에는 기본권 침해의 원인이 된 "공권력의 행사 또는 불행사가 위헌인 법률 또는 법률의 조항에 기인한 것이라고 인정될 때에는 인용결정에서 해당 법률 또는 법률의 조항이 위헌임을 선고할 수 있다"(헌재법 제75조 제5항). 헌법재판소는 이 규정을 통하여 부수적인 위헌결정을 내리면서 이를 주문에 표시한다(헌재 1992.1.28. 91헌마111, 변호인의 조력을받을 권리에 대한 헌법소원; 헌재 1995.7.21. 92헌마144, 서신검열 등 위헌확인(인용)).

(iii) 헌법재판소가 위헌심판절차가 아닌 다른 심판절차(헌법 제111조 제1항탄핵심판, 권한쟁의심판, 위헌정당해산심판)에서 심판대상을 심리하면서 이의 선결문제로서 법률의 위헌 여부가 문제된다면 그 법률의 위헌 여부의 판단을 회피할 수는 없다. 헌법재판소는 헌법에 대한 최종적

인 해석기관이고 법률에 대한 유일한 위헌결정권을 보유한 기관으로서 당해 심판절차에서 헌법에 부합하는 판단을 제시하여야 할 헌법적 권한과 의무를 부여받고 있기 때문이다. 명문의 규정은 없지만 헌법소원심판절차에서 부수적 위헌결정을 할 수 있다는 규정(헌재법 제75조 제5항)을 이 경우에 유추적용할 수 있고 선결문제에 관한 행정소송법의 규정(행정소송법 제11조 제1항, 제2항)도 참고할 수 있다. 문제된 법률이 위헌이라는 판단을 할 경우에는 법률에 대한 위헌결정의 정족수에 따라(헌법 제113조 제1항) 재판관 6인 이상의 찬성이 있어야 한다.

4. 위헌법률심판제청의 대상

위헌법률심판제청대상으로서는 형식적 의미의 법률 이외에 실질적 의미의 법률인 긴급명령, 긴급재정·경제명령과 국회의 동의를 얻어 비준된 조약도 포함된다(Ⅲ. 헌법재판소의 위헌법률심판 2. 위헌법률심판의 대상 (1) 법률).

5. 위헌법률심판제청의 요건: 재판의 전제성

(1) 의 의

(i) 현행 위헌법률심판은 구체적 규범통제제도를 채택하고 있으므로 법원의 위헌법률심판제청 또는 헌법재판소법 제68조 제2항의 헌법소원심판청구가 적법하기 위하여서는 문제된 법률의 위헌여부가 재판의 전제가 되어야 한다(제107조 제1항). 그러므로 심판대상조항의 위헌여부가 아니라 법원의 구체적 판단의 문제로 남게 될 경우에는 위헌법률심판제청은 재판의 전제성이 없다(헌재 2021.2.25. 2013헌가13등, 향토예비군 설치법 제15조 제9항 제1호 위헌제청(각하)).

(ii) 그 밖에도 재판의 본질상 사건성(구체적 사건성·당사자적격성·소의 이익)도 충족하여야 한다.

(2) 재판(裁判)

재판은 법원이 실질적 사법권을 행사하여 구체적인 분쟁이나 법 위반 여부를 법규범을 통하여 유권적으로 판단하는 작용을 말한다. 재판은 판결·결정·명령 등 형식 여하를 불문하고, 종국재판뿐만 아니라 중간재판도 포함한다. 또한 판결절차만이 아니라 이를 실현하는 집행절차도 재판에 포함된다. 소송절차만이 아니라 비송절차 역시 재판작용에 해당한다. 소송절차 안에서의 개별적인 재판작용도 재판에 해당하므로 보정명령(헌재 1994.2.24. 91헌가3), 법관의 제척·기피·회피의 결정, 구속적부심사(헌재 1995.2.23. 92헌바18), 구속기간갱신결정(헌재 2001.6.28. 99헌가14), 체포·구속·압수·수색영장발부(헌재 1996.2.16. 96헌가2등), 보석허가결정(헌재 1993.12.23. 93헌가2), 증거채부결정(證據採否決定)(헌재 1996.12.26. 96헌바1), 소송비용에 대한 재판(헌재 1994.2.24. 91헌가3), 재심개시결정(헌재 2000.1.27. 98헌가9)도 재판에 포함된다.

"재판이라 함은 판결·결정·명령 등 그 형식 여하와 본안에 관한 재판이거나 소송절차에 관한 재판이거나를 불문하며, 심급을 종국적으로 종결시키는 종국재판뿐만 아니라 중간재판도 이에 포함된다. 법 제295조에 의하여 법원이 행하는 증거채부결정은 당해 소송사건을 종국적으로 종결시키는 재판은 아니라고 하더라도, 그 자체가 법원의 의사결정으로서 헌법 제107조 제1항과 헌법재판소법 제41조 제1항 및 제68조 제2항에 규정된 재판에 해당된다"(헌재 1996.12.26. 94헌바1, 형사소송법 제221조의2 위헌소원(위헌)). 또한 "형사소송법 제201조에 의한 지방법원판사의 영장발부 여부에 관한 재판도 포함된다고 해석되므로 지방법원판사가 구속영장발부 단계에서 한 위헌여부심판제청은 적법하다"(헌재 1993.3.11. 90헌가70, 형법 제241조에 관한 위헌심판(합헌)).

"민사소송법 제368조의2에 의하여 제청법원 또는 그 재판장이 하고자 하는 인지첩부(印紙貼付)를 명하는 보정명령은 당해 소송사건의 본안에 관한 판결주문에 직접 관련된 것이 아니라고 하여도 위에서 말한 재판에 해당된다"(헌재 1994.2.24. 91헌가3, 인지첩부및공탁제공에관한특례법 제2조에 대한 위헌심판(합헌)).

(3) 전제성(前提性)

재판의 전제성의 의미에 관하여 헌법과 헌법재판소법은 규정하고 있지 아니하지만, 헌법재판소는 확립된 판례를 통하여 재판의 전제성의 의미를 구체화한다. 즉 재판의 전제성이란 ① 구체적인 사건이 법원에 계속(繫屬) 중이어야 하고, ② 위헌 여부가 문제되는 법률 또는 법률조항이 당해 사건에 적용되어야 하고, ③ 위헌 여부에 따라 당해 법원이 다른 내용의 재판을 하게 되는 경우를 말한다.

"재판의 전제성이라 함은 첫째 구체적인 사건이 법원에 현재 계속 중이어야 하고, 둘째 위헌 여부가 문제되는 법률이 당해 소송사건의 재판과 관련하여 적용되는 것이어야 하며, 셋째 그 법률이 헌법에 위반되는지의 여부에 따라 당해 사건을 담당한 법원이 다른 내용의 재판을 하게 되는 경우를 말하고, 여기에서 법원이 '다른 내용의' 재판을 하게 되는 경우라 함은 원칙적으로 법원이 심리중인 당해 사건의 재판의 결론이나 주문에 어떠한 영향을 주는 것뿐만이 아니라, 문제된 법률의 위헌 여부가 비록 재판의 주문 자체에는 아무런 영향을 주지 않는다고 하더라도 재판의 결론을 이끌어내는 이유를 달리하는 데 관련되어 있거나 또는 재판의 내용과 효력에 관한 법률적 의미가 전혀 달라지는 경우도 포함한다"(헌재 1993.5.13. 92헌가10등, 헌법재판소법 제47조 제2항 위헌제청 등(합헌))(헌재 2004.9.23. 2004헌가12, 구 경찰공무원법 제21조 위헌제청(위헌))(헌재 2005.12.22. 2004헌마947, 향토예비군설치법시행규칙 제10조 제3항 제5호 위헌확인(위헌)).

A. 구체적인 사건이 법원에 계속(繫屬) 중일 것

(ⅰ) 재판의 전제성이 인정되기 위하여서는 구체적인 소송사건이 법원에 계속되어 있어야 한다. 계속이란 특정한 청구에 대하여 법원에 적법하게 재판절차가 현실적으로 존재하는 상태를 말한다(헌재 1992.8.19. 92헌바36; 헌재 2007.10.4. 2005헌바71).

"당해사건이 부적법한 것이어서 법률의 위헌여부를 따져 볼 필요조차 없이 각하를 면할 수 없는 것일 때에는 위헌여부심판의 제청신청은 적법요건인 '재판의 전제성'을 흠결한 것으로서 각하될 수밖에 없고 이러한 경우에는 헌법재판소법 제68조 제2항에 의한 헌법소원심판을 청구할 수 없는 것이다"(헌재 1992.8.19. 92헌바36, 국회의원선거법 제133조 제1항 위헌소원(각하)).

(ii) 다만, 당해 소송사건이 향후 적법요건을 갖출 가능성이 있는 경우에는 헌법재판소는 재판의 전제성을 인정할 필요가 있다. 예컨대 당해 법원이 각하판결을 선고하고 위헌제청신청도 기각하였더라도 각하판결이 아직 확정되지 아니하였고 부적법사유에 대한 대법원의 확립된 판례도 존재하지 아니하여 적법 여부가 불분명한 경우에는 재판의 전제성판단을 구비한 것으로 보아 본안판단을 진행한다(헌재 2004.10.28. 99헌바91, 금융산업의구조개선에관한법률 제2조 제3호 가목 등 위헌소원(합헌)).

"금융감독위원회가 주식회사인 보험회사에 대하여 부실금융기관으로 결정하고 증자 및 감자를 명한 처분에 대하여 이 사건의 청구인들인 위 회사의 '주주' 또는 '이사' 등이 그 취소를 구하는 당해소송에서 제1심과 항소심 법원은 '주주' 또는 '이사' 등이 가지는 이해관계를 행정소송법 제12조 소정의 '법률상 이익'으로 볼 수 없다고 하면서 소를 각하하는 판결을 선고하였다. 그러나, 당해사건에 직접 원용할 만한 확립된 대법원 판례는 아직까지 존재하지 않아 해석에 따라서는 당해소송에서 청구인들의 원고적격이 인정될 여지도 충분히 있고, 헌법재판소가 이에 관하여 법원의 최종적인 법률해석에 앞서 불가피하게 판단할 수밖에 없는 경우에는 헌법재판소로서는 일단 청구인들이 당해소송에서 원고적격을 가질 수 있다는 전제하에 재판의 전제성 요건을 갖춘 것으로 보고 본안에 대한 판단을 할 수 있다"(헌재 2004.10.28. 99헌바91, 금융산업의구조개선에관한법률 제2조 제3호 가목 등 위헌소원(합헌)).

"제2차 대전 직후 남한 내 일본화폐 등의 강제예입에 관한 미군정법령 제57호는 국제관습법상 재판권이 면제되는 주권적 행위에 해당한다. 따라서 이 사건 법령이 위헌임을 근거로 한 미합중국에 대한 손해배상 또는 부당이득반환 청구는 그 자체로 부적법하여 이 사건 법령의 위헌 여부를 따져 볼 필요 없이 각하를 면할 수 없으므로, 재판의 전제성이 없어 부적법하다"(헌재 2017.5.25. 2016헌바388, 재조선 미국육군사령부 군정청 법령 제57호 위헌소원(각하)).

(iii) 당해 사건의 계속요건은 법원의 제청결정 시뿐만 아니라 헌법재판소의 심판 시에도 존속하여야 한다. 법원이 제청한 경우 당해 소송절차는 정지되므로(헌재법 제42조) 당해 소송이 종료되는 일은 없겠지만 예외적으로 소취하·상소취하 또는 공소취소의 경우에는 소송계속이 소급적으로 소멸하므로 재판의 전제성이 흠결된다. 이 경우 제청법원이 제청을 철회하지 아니하면 헌법재판소는 부적법 각하한다. 다만, 예외적으로 심판의 필요성이 긍정되면 심판할 수 있다.

B. 위헌 여부가 문제되는 법률이 당해 소송사건에 적용될 것

위헌 여부가 문제되는 법률이나 법률조항이 당해 소송사건에 적용되는 조항이어야 한다. 구체적 규범통제제도에서 위헌이 문제되는 조항일지라도 당해 소송

사건에 적용되지 아니하면 위헌법률심판을 할 필요가 없기 때문이다.

(a) 직접 적용되는 경우

(i) 위헌법률심판에서 심판의 대상이 되는 법률 또는 법률조항은 대부분 직접 적용된다. 공소가 제기되지 아니한 법률조항의 위헌 여부는 당해 형사사건의 재판의 전제가 될 수 없고(헌재 1989.9.29. 89헌마53, 박력항위등처벌에관한법률의 위헌여부에 관한 헌법소원(합헌,각하)), 비록 공소장의 '적용법조'란에 적시된 법률조항이라 하더라도 구체적 소송사건에서 법원이 적용하지 아니한 법률조항은 재판의 전제성이 없다(헌재 1997.1.16. 89헌마240, 국가보위입법회의법 국가보안법 의 위헌여부에 관한 헌법소원(한정합헌,각하)). 반면, 법관은 공소장의 변경 없이도 직권으로 공소장의 기재와는 다른 법조를 적용할 수 있으므로 공소장에 적시되지 아니한 법률조항이라고 할지라도 법원이 공소장변경 없이 실제 적용한 법률조항은 재판의 전제성이 있다(헌재 1997.1.16. 89헌마240).

> "비록 공소장에 적시된 법률조항이라 하더라도 구체적 소송사건에서 법원이 적용하지 아니한 법률조항은 결국 재판의 전제성이 인정되지 않는다고 보아야 할 것이다. 왜냐하면 헌법재판소에서 그러한 법률조항에 대하여 위헌결정을 한다고 하더라도 다른 특별한 사정이 없는 한 그로 인하여 당해 소송사건의 재판의 주문이 달라지지 않을 뿐만 아니라 재판의 내용과 효력에 관한 법률적 의미가 달라지지도 않기 때문이다(헌재 1997.1.16. 89헌마240, 국가보위입법회의법, 국가보안법의 위헌 여부에 관한 헌법소원(합헌,한정합헌,각하))."

(ii) 법률의 적용은 상급법원에 의하여 변경될 수도 있다. 당사자가 항고심에서 법원이 적용한 법률조항에 대하여 위헌법률심판제청 신청을 거쳐 헌법소원심판을 청구하였는데 재항고심인 대법원이 다른 법률조항을 적용하여 재판을 한 경우, 헌법재판소는 대법원이 다른 법률조항을 적용하였다는 이유로 헌법소원의 심판대상이 된 법률조항의 재판의 전제성을 부인하였다(헌재 2008.11.27. 2006헌바48, 신탁업법 제17조의10 위헌소원(각하)).

(iii) 형사재판의 재심사건은 재심사유의 유무를 판단하는 재심청구에 대한 심판과 재심개시결정 이후 열리는 본안에 대한 심판으로 구별되므로 당해 사건이 재심청구에 대한 심판인지 본안에 대한 심판인지 여부에 따라 재판의 전제성 판단이 달라진다. 재심개시 여부에 대한 심판이 당해 사건인 경우 원판결에서 유죄판결의 근거가 된 법률조항은 재판의 전제성이 인정되지 아니한다.

> "형사소송법은 재심의 절차를 '재심의 청구에 대한 심판'과 '본안사건에 대한 심판'이라는 두 단계 절차로 구별하고 있으므로, 당해 재심사건에서 아직 재심개시결정이 확정된 바 없는 이 사건의 경우 위헌법률심판제청이 적법하기 위해서는 이 사건 법률조항의 위헌 여부가 '본안사건에 대한 심판'에 앞서 '재심의 청구에 대한 심판'의 전제가 되어야 하는데, '재심의 청구에 대한 심판'은 원판결에 형사소송법 제420조, 헌법재판소법 제47조

제3항 등이 정한 재심사유가 있는지 여부만을 우선 결정하는 재판이어서 원판결에 적용된 법률조항일 뿐 '재심의 청구에 대한 심판'에 적용되는 법률조항이라고 할 수는 없으므로 이 사건 법률조항에 대해서는 재판의 전제성이 인정되지 아니한다"(헌재 2010.11.25. 2010헌가22, 구 공유수면관리법 제23조 위헌제청(각하)).

"확정된 유죄판결에서 처벌의 근거가 된 법률조항은 재심의 개시 여부를 결정하는 재판에서는 재판의 전제성이 인정되지 아니하고, 재심의 개시 결정 이후의 '본안사건에 대한 심판'에 있어서만 재판의 전제성이 인정된다. 이 사건 제청법원은 당해 사건인 재심사건에서 재심개시결정을 하지 아니한 채 심판대상조항에 대하여 위헌제청을 하였으므로, 위헌법률심판제청은 재판의 전제성이 인정되지 아니하여 부적법하다"(헌재 2016.3.31. 2015헌가36, 구 폭력행위 등 처벌에 관한 법률 제3조 제1항 위헌제청(각하)).

(ⅳ) 당해 사건에 법률이 적용되지 아니하는 경우를 살펴보면, 헌법재판소는 심판청구인이 국가보안법 제6조(잠입·탈출) 위반으로 공소가 제기된 사건에서 국가보안법과 '남북교류협력에 관한 법률'은 상호 입법목적과 규제대상을 달리하여 공소사실에 '남북교류협력에 관한 법률' 조항은 적용될 여지가 없으므로 당해 형사사건의 재판의 전제가 될 수 없다고 보았고(헌재 1993.7.29. 92헌바48, 남북교류협력에 관한 법률 제3조 위헌소원(각하)), 노동관계법개정법률의 국회통과가 헌법에 위반된다고 주장하면서 회사 노동조합이 파업을 하자 회사가 회사 노동조합을 상대로 쟁의행위금지 가처분신청을 한 사건에서 노동관계법개정법률은 당해 사건의 재판에 적용되는 법률이 아니라 피신청인(노동조합)의 조합원들이 쟁의행위를 하게 된 계기가 된 것에 불과하다고 보아 재판의 전제성을 부인하였다(헌재 1997.9.25. 97헌가4, 노동조합및노동관계조정법 등 위헌제청(각하)).

유류분반환청구는 민사소송으로 진행되는 반면, 기여분결정 심판청구는 가사소송법상 가사비송사건으로 별도의 청구를 해야 하기 때문에 유류분반환청구의 소에서 기여분결정이 행하여질 수 없고, 유류분 산정에 있어서 기여분이 공제되는지 여부 및 기여분과 유류분의 관계에 대한 규정이 없어 유류분산정에서 기여분이 공제될 수 없으므로, 기여분에 관한 법률조항은 당해사건인 유류분반환청구사건에는 적용되지 아니하여 재판의 전제성이 인정되지 아니한다(헌재 2018.2.22. 2016헌바86, 민법 제1008조의2 제4항 위헌소원(각하)).

"이 사건 재심청구 조항은 학교폭력 가해학생이 학교폭력예방법에 따른 징계조치를 받은 이후 그 불복 절차에 관하여 규율하고 있는 조항으로서 징계조치 자체의 적법 여부와는 아무런 관련이 없으므로, 징계조치의 무효확인을 구하는 당해사건의 재판에 적용된다고 볼 수 없다. 따라서 이 사건 재심청구 조항에 대한 심판청구는 재판의 전제성이 인정되지 아니하여 부적법하다"(헌재 2019.4.11. 2017헌바140, 학교폭력예방 및 대책에 관한 법률 제17조 제1항 등 위헌소원(각하,합헌)).

(b) 간접 적용되는 경우

당해 사건에 적용된다는 것은 반드시 직접 적용되는 경우만을 의미하지는 아니하고 당해 사건에 직접 적용되는 법률과 내적 관련성이 있는 경우에는 간접적으로 적용되는 법률조항에 대하여도 재판의 전제성을 인정할 수 있다.

'정치자금에관한법률' 중 '후원회'에 대한 정의 규정은 "정치자금에관한법률에서 정한 방법에 의하지 아니하고 정치자금을 수수하였다"는 당해 사건의 공소사실에 직접 적용되는 법률조항은 아니지만, 그 위헌 여부에 따라 당해 사건의 재판에 직접 적용되는 법률조항의 의미가 달라져 재판에 영향을 미칠 수 있으므로 재판의 전제성이 인정된다(헌재 2001.10.25. 2000헌바5, 정치자금에 관한법률 제30조 제1항 등 위헌소원(각하, 합헌)).

의료인이 건강보험상의 요양급여를 제공하고 그 비용을 요양급여기준에 위반하여 과다하게 편취하여 사기죄로 기소된 형사사건에서 요양급여의 방법 · 절차 · 범위 · 상한기준을 보건복지부장관이 정하도록 위임한 당시 의료보험법 규정이 당해 사기죄 사건에 적용된다(헌재 2000.1.27. 99헌바23, 의료보험법 제29조 제3항 위헌소원(합헌)).

선거범죄로 징역형을 선고받은 피고인이 100만원 이상의 벌금형을 선고받은 때에는 그 당선을 무효로 한다는 공직선거법 조항에 대하여 헌법재판소법 제68조 제2항 헌법소원심판을 청구한 경우, 해당 공직선거법 조항은 동법 위반 여부에 대한 재판인 당해 사건에 적용되는 것이 아니라 그 재판의 결과에 따라 비로소 형성되는 당선무효라는 법적 효과를 별도로 규정한 조문이어서 재판의 전제성이 부인된다(헌재 1997.11.27. 96헌바60, 공직선거 및 선거부정방지법 제230조제1항제1호(합헌, 각하)).

성폭력범죄로 유죄판결이 확정된 자를 신상정보 등록대상자로 규정한 법률조항이 성폭력범죄에 대한 형사재판에서 재판의 전제성이 부인되는 것도 같은 이유에서이다(헌재 2015.12.23. 2015헌가27, 성폭력범죄의 처벌 등에 관한 특례법 제42조 제1항 위헌제청(각하)).

(c) 평등원칙 위반과 재판의 전제성

입법자가 특정한 대상만을 한정하여 이들에게 수혜적 조치를 부여한 경우 수혜적 조치로부터 제외된 자들이 평등원칙 위반을 주장하는 경우 당해 사건의 당사자가 해당 법률의 적용대상이 아니라는 이유로 재판의 전제성을 부인할 수 없다. 헌법재판소가 평등원칙 위반을 이유로 위헌결정을 하면 입법자는 그 결정취지에 따라 법률을 개정하여 당해 사건의 당사자들을 수혜적 조치의 대상에 포함되는 입법을 하여야 하고, 그러한 개선된 입법에 따라 당해 사건의 당사자가 구제될 수 있기 때문이다. 이는 이른바 부진정 입법부작위에 대한 위헌법률심판으로서 헌법재판소가 심판대상조항에 대하여 헌법불합치결정을 선고하고 그에 따른 입법자의 개선입법이 소급적으로 당해 사건에 적용될 수 있으므로 재판의 전제성을 인정한다(헌재 1999.7.22. 98헌바14; 헌재 2000.6.21. 2000헌바47; 헌재 2006.4.27. 2005헌바69).

"청구인은 당해소송에서 심판대상조항이 평등권, 재산권 등을 침해하여 위헌이라고 하여 이미 납부한 관리비의 반환을 청구하였는데, 심판대상조항이 청구인과 같은 경우를 관리비 반환대상에서 제외하는 것이 평등권 침해로써 위헌이라는 이유로 헌법불합치결정을 하고 입법자가 그 결정취지에 따라 시혜대상을 확대하여 청구인과 같은 경우에도 관리비를 반환하도록 법을 개정할 경우, 법원은 당해사건에 관한 판결을 달리 하여야 할 것이다. 따라서, 심판대상조항의 위헌여부는 당해사건 재판의 주문 또는 내용과 효력에 관한 법률적 의미에 영향을 미치는 것으로서 재판의 전제성이 있다"(헌재 1999.7.22. 98헌바14, 공업배치및공장설립에관한법률 부칙 제3조 위헌소원(합헌)).

C. 법률의 위헌 여부에 따라 다른 내용의 재판을 하게 될 것

심판대상인 법률이나 법률조항의 위헌 여부에 따라 당해 법원이 다른 내용의 재판을 하게 되는 경우란 재판의 주문(결론)이 달라지는 경우, 또는 주문(결론)은 달라지지 아니하지만 재판의 내용과 효력에 관한 법률적 의미가 달라지는 경우를 말한다. 그 밖에 재판의 결론을 이끌어 내는 이유가 달라지는 경우가 포함될 수 있는지가 문제된다.

(a) 주문이 달라지는 경우

(ⅰ) 주문변경의 의미　　주문이 달라지는 경우는 법원이 다른 내용의 재판을 하게 되는 전형적인 경우이다. 재판의 결론인 주문에 영향을 준다면 재판의 전제성은 인정되므로 그것이 제청신청인의 권리에 어떠한 영향을 미치는지까지 판단할 필요는 없다(헌재 1990.6.25. 89헌가98등, 금융기관의연체대출금에관한특별조치법 제7조의3 에 관한 위헌심판(위헌)).

위헌법률심판을 구하는 헌법소원을 제기한 후 심판청구인이 당해 소송에서 승소하여 그 판결이 확정된 경우 당해 소송에서 승소한 청구인은 재심을 제기할 수 없고(대판 1993.12.28. 93다47189) 유리한 판결이 확정된 이상 위헌결정이 나더라도 당해 사건의 주문이나 결론에 영향을 줄 수 없으므로 재판의 전제성이 없다(헌재 2000.7.20. 99헌바61, 사립학교교원연금법 제57조 제1항 등 위헌소원(각하)). 그러나 예컨대 직위해제처분을 받은 국립대학교 교수인 제청신청인이 후에 복직명령을 받았더라도 직위해제기간은 승신소요최저연수 계산에서 제외되고 그 기간 중 감봉이라는 불이익이 있어 이를 제거하기 위한 직위해제처분의 취소를 구할 소의 이익이 인정되므로 직위해제처분의 근거가 된 국가공무원법 규정은 여전히 그 위헌 여부에 따라 직위해제처분의 취소 여부가 달라질 수 있어 재판의 결과에 영향을 주므로 재판의 전제성이 인정된다(헌재 1998.5.28. 96헌가12, 구 국가공무원법 제73조의2 제1항 단서 위헌제청(위헌)).

그러나 예컨대 직위해제처분을 받은 국립대학교 교수인 제청신청인이 후에 복직명령을 받았다 하더라도 직위해제기간은 승진소요최저연수의 계산에서 제외되고 그 기간 중 감봉을 감수하여야 하는 불이익이 있어 이를 제거하기 위하여 직위해제처분의 취소를 구할 소의 이익이 인정되어 제소기간 내에 제소한 경우에는 직위해제처분의 근거가 된 구 국가공무원법 규정은 여전히 당해 소송에 적용되는 법률이고 이 법률의 위헌 여부에 따라 직위해제처분의 취소 여부가 달라질 수 있어 재판의 결과에 영향을 주므로 재판의 전제성이 인정된다(헌재 1998.5.28. 96헌가12, 구 국가공무원법 제73조의2 제1항 단서 위헌제청(위헌)).

"헌법재판소에 판단을 구하여 제청한 법률조문의 위헌여부가 현재 제청법원이 심리중인 당해 사건의 재판결과 즉 재판 결론인 주문에 어떠한 영향을 준다면 그것으로서 재판의 전제성이 성립되어 제청결정은 적법한 것으로 취급될 수 있는 것이고 제청신청인의 권리에 어떠한 영향이 있는가 여부는 헌법소원심판사건이 아닌 위헌법률심판사건에 있어서 그 제청결정의 적법여부를 가리는데 무관한 문제라 할 것이다"(헌재 1990.6.25. 89헌가98등, 금융기관의 연체대출금에관한 특별조치법 제7조의3에 대한 위헌심판(위헌)).

"당해 사건에 적용된 민법(1958.2.22. 법률 제471호) 부칙 제25조 제2항이 위헌이 되어 민법(1958.2.22. 법률 제471호) 제정 이전의 구 관습이 적용되는 경우 청구인은 당해 사건에서 문제가 된 상속을 할 수 없게 되어 당해 사건의 주문이 달라지게 되는 것이 원칙이지만, 항소심인 당해 사건의 소송절차에 적용되는 민사소송법 제415조 본문의 불이익변경금지원칙에 의하여 법원은 1심판결의 주문을 유지할 수밖에 없는 경우에는 당해 사건 재판의 주문에 영향을 미치는 경우라고 할 수 없고 내용 및 효력에 관한 법률적 의미가 특별히 달라진다고 보기도 어렵다"(헌재 2010.4.29. 2008헌바113, 구 민법 부칙 제25조 제2항 위헌소원(각하)).

"헌법재판소법 제68조 제2항에 의한 헌법소원심판 청구인이 당해 사건인 형사사건에서 무죄의 확정판결을 받은 때에는 처벌조항의 위헌확인을 구하는 헌법소원이 인용되더라도 재심을 청구할 수 없어, 청구인에 대한 무죄판결을 종국적으로 다툴 수 없게 된다. 이러한 경우 법률의 위헌 여부에 따라 당해 사건 재판의 주문이 달라지거나 재판의 내용과 효력에 관한 법률적 의미가 달라지는 경우에 해당한다고 볼 수 없으므로 더 이상 재판의 전제성이 인정되지 아니하는 것으로 보아야 한다"(헌재 2008.7.31. 2004헌바28, 국가보안법 제3조 제1항 제2호 위헌소원(각하))(헌재 2011.7.28. 2009헌바149, 농업협동조합법 제50조 제3항 등 위헌소원(각하)).

"당해 사건 원고가 제1심에서 승소판결을 받은 이후 항소심 계속 중에 피고가 항소를 취하하여 원고의 승소로 사건이 종결된 경우 심판대상 조항에 대한 위헌결정은 당해 사건 재판의 결론이나 주문에 영향을 미치지 아니하므로 재판의 전제성이 인정되지 아니한다"(헌재 2012.7.26. 2011헌가40, 고용보험법 제50조 제5항 위헌제청(각하)).

(ⅱ) **불가쟁력이 발생한 후 행정처분의 근거법률에 대한 위헌심판청구** 행정처분에 대한 취소소송의 제소기간이 지난 후에 처분의 무효확인의 소를 제기하면서 당해 사건의 당사자가 그 행정처분의 근거가 된 법률을 대상으로 하여 위헌법률심판 제청신청을 한 경우 재판의 전제성이 문제된다. 행정처분의 근거법률이 헌법재판소에 의하여 위헌이라는 결정을 받는 경우 그 행정처분의 하자가 무효사유에 해당하는지, 취소사유에 해당하는지 여부는 원칙적으로 당해 사건을 재판하는 법원이 판단할 사항이다(헌재 1998.4.30. 95헌마93등, 재판취소 등, 토지수용처분취소 등(각하)). 그런데 처분의 무효사유

를 이른바 중대명백설에 따라 판단하는 법원의 확립된 판례에 따르면(대판(전합) 1995. 7.11. 94누4615) 처분의 근거가 된 법률조항이 헌법에 위반된다는 사정은 중대한 하자임에는 틀림없으나 객관적으로 명백하다고는 볼 수 없어 처분의 취소사유에 불과할 뿐 무효사유로 인정되지 아니한다. 이와 같은 이유로 헌법재판소는 당해 사건이 취소소송의 제소기간을 도과한 행정처분에 대한 무효소송인 경우 처분의 근거 법률에 대하여 재판의 전제성을 부정한다(5:4)(헌재 2014.1.18. 2010헌바251, 백두대간 보호에 관한 법률 제7조 제1항 제6호 위헌소원(각하)). 이에 대하여는 처분의 하자가 무효사유인지 또는 취소사유인지는 개별 소송사건에서 법원이 판단할 문제이고, 이른바 중대명백설도 처분의 무효를 판단하는 하나의 기준에 불과하므로 처분의 근거 법률이 위헌인 경우 그 처분이 무효로 판단될 가능성을 부인할 수 없으므로 재판의 전제성을 인정하여야 반대의견이 있다(4인). 헌법재판소는 같은 이유에서 당해 사건이 행정처분의 효력을 선결문제로 하는 민사소송인 경우에도 재판의 전제성을 부인한다(헌재 2016.11.24. 2015헌바207, 공익사업을 위한 토지 등의 취득 및 보상에 관한 법률 제45조 제1항 위헌소원(각하)).

한편 단계적으로 별개의 법률효과가 발생되는 독립된 행정처분의 경우, 선행처분에 불가쟁력이 생겨 그 효력을 다툴 수 없게 되었다면, 그 처분에 하자가 있더라도 그것이 당연무효의 사유가 아닌 한 후행처분에 승계되지 아니하므로(대판 2005.4.15. 2004두14915) 후행처분의 취소를 구하는 당해 사건에서 선행처분의 근거가 된 법률의 위헌 여부는 재판의 전제성이 인정되지 아니한다(헌재 2014.3.27. 2011헌바232, 도시개발법 제11조 제6항 등 위헌소원(각하)).

다만, 아직 행정처분의 집행이 종료되지 아니한 경우, 선행 행정처분이 위헌법률에 근거하여 내려지고 행정처분의 목적을 달성하기 위하여서는 행정처분이 필요한데 그 후행 행정처분이 아직 이루어지지 아니한 경우와 같이 후행 행정처분을 무효로 하더라도 법적 안정성을 크게 해치지 아니하는 반면 그 하자가 중대한 경우에는 재판의 전제성을 인정한다(헌재 1994.6.30. 92헌바23, 구 국세기본법 제42조 제1항 단서에 대한 헌법소원(합헌)).

(iii) **전소판결의 기판력과 재판의 전제성** 전소의 기판력 있는 법률효과가 후소의 선결문제로 작용하는 경우 후소는 전소의 기판력을 받게 되어 전소판결 내용과 다른 판단을 할 수 없으므로 재판의 전제성이 부인되는 경우가 발생한다. 예컨대 종합소득세 부과처분(과세처분)이 무효임을 이유로 그 후행처분인 압류처분에 대하여 무효확인을 구하는 당해 사건에서 위 과세처분의 무효여부는 당해 사건의 판단에 있어 선결문제인데, 전소인 과세처분취소소송에서 확정된 청구기각판결의 기판력은 후소인 당해 사건에도 미치게 되므로 심판대상인 소득세법 조항이 위헌이어서 그에 기초한 과세처분이 무효라고 하더라도 확정된 전소의 기판력에 의하여 당해 사건에서 위 과세처분이 무효라고 판단할 수 없어 심판

대상 조항은 재판의 전제성이 없게 된다(헌재 1998.3.26. 97헌바13, 구 소득세법 제82조 제2항 등 위헌소원(각하)).

"청구인은 이 사건 심판청구의 당해 사건에서 인공조림목에 대한 국가의 환수조치가 무효임을 전제로 임목매각대금의 반환을 청구하고 있으므로 이 사건 인공조림목 소유권이 청구인에게 있는지 여부는 당해 사건에 있어서의 선결문제라 할 것이고, 따라서 전소인 인공조림목에 대한 소유권확인판결의 기판력은 이 사건에도 미친다 할 것이다. 그렇다면 이 사건 심판대상 조항이 위헌이어서 그에 기초한 이 사건 인공조림목 환수조치가 무효라고 하더라도 전소인 인공조림목에 대한 소유권확인판결의 기판력 때문에 당해 사건에서 이 사건 조림목 소유권이 청구인에게 있다고 판단할 수 없고, 결국 이 사건 심판청구는 이 사건 심판대상 조항의 위헌 여부에 따라 당해 사건의 주문이 달라지거나 재판의 내용과 효력에 관한 법률적 의미가 달라지는 경우에 해당한다고 할 수 없으므로 이 사건 심판청구는 재판의 전제성 요건을 갖추지 못하여 부적법하다"(헌재 2000.6.21. 2000헌바47, 구 산림법 제40조 제1항 위헌소원(각하)).

"승소판결을 선고받아 그 판결이 확정되었음에도 시효중단을 위하여 다시 동일한 소송을 제기한 경우 후소는 전소의 기판력을 받게 되어 법원은 확정된 전소판결의 내용에 어긋나는 판단을 할 수 없다. 따라서 심판대상조문의 위헌 여부에 따라 당해 사건의 주문이 달라지거나 재판의 내용과 효력에 관한 법률적 의미가 달라지는 경우에 해당한다고 할 수 없으므로 재판의 전제성이 인정되지 아니한다"(헌재 2012.11.29. 2011헌바231, 민법 제414조 등 위헌소원(각하)).

(b) 재판의 내용과 효력에 관한 법률적 의미가 달라지는 경우

당해 사건의 재판주문을 결정하고 그 기판력의 내용을 형성하는 그 자체에 직접 영향을 주지는 아니하지만 그 재판의 밀접 불가결한 실질적 효력이 달라지는 경우에는 재판의 전제성이 있다고 보아야 하는 경우가 있다. 예컨대 법원이 무죄 등의 판결을 선고하면 구속영장은 효력을 잃게 되는데 심판대상인 구 형사소송법 제331조 단서에 의하면 검사가 사형, 무기 또는 10년 이상의 징역이나 금고를 구형하는 경우에는 법원이 무죄 등의 판결을 선고하더라도 구속영장의 효력이 그대로 유지되고 있었다. 이 경우 심판대상조항의 위헌 여부에 따라 형사판결의 주문이 달라지지는 아니하지만 그 재판의 효력이라고 할 수 있는 구속영장의 효력이 달라지므로 재판의 전제성을 인정할 수 있다(헌재 1992.12.24. 92헌가8, 형사소송법 제331조 단서규정에 대한 위헌심판(위헌)). 반면, 헌법재판소는 성폭력범죄로 유죄판결이 확정된 자를 신상정보 등록대상자로 규정한 법률조항은 성폭력범죄에 대한 형사재판인 당해 사건에는 적용되는 법률조항이 아니고 그 위헌 여부에 따라 주문(결론)은 물론이고 재판의 내용이나 효력의 법률적 의미도 달라지지 아니하므로 재판의 전제성이 부인된다고 본다. 이에 대하여 그 법률조항이 위헌으로 결정되면 재판의 효력 중 '신상정보 등록'이라는 법률효과가 사라지게 되므로 재판의 효력에 관한 법률적 의미가 달라져 재판의 전제성을 인정하여야 한다는 반대의견이 있다(7:2)(헌재 2015.12.23. 2015헌가27, 성폭력범죄의 처벌 등에 관한 특례법 제42조 제1항 위헌제청(각하)).

"이 법 제331조 본문의 규정은, "무죄, 면소, 형의 면제, 형의 선고유예, 형의 집행유예, 공소기각 또는 벌금이나 과료를 과하는 판결이 선고된 때에는 구속영장은 효력을 잃는다."라고 하고 … 제331조 단서는 "단 검사로부터 사형, 무기 또는 10년 이상의 징역이나 금고의 형에 해당한다는 취지의 의견진술이 있는 사건에 대하여는 예외로 한다"라고 본문에 대한 예외규정을 두어 법원의 무죄 등의 판결선고에도 불구하고 구속영장의 효력이 상실되지 않는 예외를 설정함으로써 … 법 제331조 단서규정의 위헌여부에 따라 형사판결의 주문 성립과 내용 자체가 직접 달라지는 것은 아니지만 만약 위 규정이 위헌으로 법적 효력이 상실된다면 이 법 제331조 본문의 규정이 적용되어 제청법원이 무죄 등의 판결을 선고하게 될 경우에 그 판결의 선고와 동시에 구속영장의 효력을 상실시키는 재판의 효력을 가지게 되며, 이와는 달리 이 단서 규정이 합헌으로 선언되면 검사로부터 피고인들에 대하여 징역 장기 10년의 구형이 있는 위 피고사건에 있어서 당해사건을 담당하는 법원의 판결만으로는 구속영장의 효력을 상실시키는 효력을 갖지 못하게 되는 결과로 인하여 그 재판의 효력과 관련하여 전혀 다른 효과를 가져오는 재판이 될 것이다. 따라서 법 제331조 단서규정의 위헌여부는 … 재판주문을 결정하고 기판력의 내용을 형성하는 그 자체에 직접 영향을 주는 것은 아니라 할지라도 그 재판의 밀접 불가결한 실질적 효력이 달라지는 구속영장의 효력에 관계되는 것이어서 재판의 내용이나 효력 중에 어느 하나라도 그에 관한 법률적 의미가 전혀 달라지는 경우에 해당하는 것이므로 재판의 전제성이 있다"(헌재 1992.12.24. 92헌가8, 형사소송법 제331조 단서규정에 대한 위헌심판(위헌)).

(c) 재판의 이유가 달라지는 경우

재판의 전제성을 인정할 필요가 있는지에 대하여 논의되는 유형으로 '재판의 이유가 달라지는 경우'가 있다. 재판의 결론인 주문에는 영향을 미치지 아니하지만 그러한 판단을 내리는 이유가 달라지는 경우에도 재판의 전제성을 인정할 수 있는지 문제된다. 재판의 전제성은 위헌법률심판의 적법요건으로서 본안판단을 위한 권리보호필요성 또는 심판의 이익에 상응하는 소송요건임을 고려할 때, 현실적으로 재판의 결과나 법률적 영향이 달라질 수 없는 경우까지 이를 확대하는 것은 부적절하다. 법률 또는 법률조항의 위헌여부가 재판의 결론이나 주문에 대해서는 물론이고 재판의 내용과 효력에 관한 법률적 의미에도 아무런 영향을 미치지 아니한다면, 단지 이유를 달리 구성한다는 것만으로 재판의 전제성을 인정할 수는 없다.

(4) 전제성 구비 여부의 판단

A. 제청법원의 판단 존중

(i) 사실관계의 인정과 이에 대한 법률의 해석·적용은 당해 사건을 직접 재판하는 법원의 권한이다. 헌법은 법률에 대한 해석·적용과 이를 바탕으로 한 위헌법률심판의 제청권을 법원에 부여하였다. 이와 같은 사정을 고려한다면 재판이 전제성 구비 여부에 관한 판단은 1차적으로 제청법원이 가진다(헌재 2007.4.26. 2004헌가29 등, 국민연금법 제3조 제1항 제

3호 등 위헌제청 등(합헌)). 따라서 재판의 전제성에 관한 제청법원의 견해는 존중되어야 한다. 헌법재판소는 제청법원의 재판의 전제성에 관한 법률적 견해가 명백히 유지될 수 없는 경우에만 직권으로 이를 조사하여 제청법원과 달리 판단할 수 있다고 하였다(헌재 2009.9.24. 2007헌가15, 예금자보호법 제41조 제2호 등 위헌제청(각하,합헌)).

사실관계의 인정과 이에 대한 법률의 해석·적용은 당해 사건을 직접적으로 재판하고 있는 제청법원이 보다 정확하게 할 수 있다. 또한 헌법은 법률에 대한 해석·적용과 이를 바탕으로 한 위헌법률심판의 제청권을 법원에 부여하였다. 이와 같은 사정을 고려한다면 재판의 전제성 구비 여부에 관한 판단은 1차적으로 제청법원이 가진다(헌재 2007.4.26. 2004헌가29등, 국민연금법 제3조 제1항 제3호 등 위헌제청 등(합헌)). 헌법재판소는 제청법원의 견해가 명백히 부당한 경우를 제외하고는 제청법원의 견해를 존중하여야 한다. 헌법재판소는 제청법원의 재판의 전제성에 관한 법률적 견해가 명백히 유지될 수 없는 경우에는 직권으로 이를 조사할 수 있고 그 결과 제청법원이 제청한 법률조항이 당해 사건에 적용될 수 없다고 판단할 경우에는 재판의 전제성이 인정되지 아니한다는 이유로 제청을 각하한다(헌재 2009.9.24. 2007헌가15, 예금자보호법 제41조 제2호 등 위헌제청(각하,합헌)).

> "위헌법률심판이나 법 제68조 제2항의 규정에 의한 헌법소원심판에 있어서 위헌 여부가 문제되는 법률이 재판의 전제성요건을 갖추고 있는지의 여부는 헌법재판소가 별도로 독자적인 심사를 하기보다는 되도록 법원의 이에 관한 법률적 견해를 존중해야 할 것이며, 다만 그 전제성에 관한 법률적 견해가 명백히 유지될 수 없을 때에만 헌법재판소는 이를 직권으로 조사할 수 있다 할 것이다. 왜냐하면 문제되는 법률의 위헌 여부가 재판의 전제가 되느냐 않느냐는 사건기록 없이 위헌 여부의 쟁점만 판단하게 되어 있는 헌법재판소보다는 기록을 갖고 있는 당해 사건의 종국적 해결을 하는 법원이 더 잘 알 것이며, 또 헌법재판소가 위헌 여부의 실체판단보다는 형식적 요건인 재판의 전제성에 관하여 치중하여 나름대로 철저히 규명하려고 든다면 결과적으로 본안사건의 종국적 해결에 커다란 지연요인이 될 것이기 때문이다"(헌재 1993.5.13. 92헌가10등, 헌법재판소법 제47조 제2항 위헌제청 등(합헌)).

(ii) 다만, 재판의 전제성 유무가 헌법소송의 기능·본질 및 효력 등 헌법재판제도에 관한 헌법적 선결문제의 해명에 따라 전적으로 좌우되는 경우에는, 헌법재판소는 법원의 법률적 견해에 구애받지 아니하고 법원의 위헌법률심판제청이 적법한지 여부를 독자적으로 결정한다. 왜냐하면 실체법에 관한 사항이든 절차법에 관한 사항이든 헌법 또는 헌법재판제도의 문제에 대한 해명은 헌법재판소의 독자적 판단사항이기 때문이다(헌재 1994.6.30. 92헌가18, 국가보위에 관한 특별조치법 제5조 제4항 위헌제청(위헌)).

B. 헌법재판소의 전제성 판단의 기속력 여부

(i) 당해 사건의 법원이 재판의 전제성이 인정되지 아니한다고 판단하여 제

청신청을 기각한 후 위헌법률심판을 구하는 헌법소원이 제기된 경우, 헌법재판소는 당해 사건의 소송기록 없이 심판청구인의 주장만을 바탕으로 판단할 수밖에 없다. 헌법재판소가 당사자의 주장사실이 모두 인정된다는 전제에서 재판의 전제성을 인정하더라도 헌법재판소의 전제성 판단이 사실인정에 관한 당해 법원의 판단을 기속하지는 못한다. 그 결과 헌법재판소가 재판의 전제성을 인정하고 위헌결정을 선고했음에도 불구하고 당해 사건의 법원이 여전히 재판의 전제성을 부인하여 헌법재판소의 위헌결정과는 관계없이 다른 법률조항을 적용하여 재판하는 경우가 발생할 수 있다. 이 경우 헌법재판소는 결과적으로 당해 사건에 적용되지 않는 법률조항에 대하여 위헌여부의 심판을 한 것이 된다.

(ii) 실제로 하급법원이 재판의 전제성을 인정하여 제청한 법률에 대하여 헌법재판소가 위헌결정을 내렸음에도 당해 사건의 상급심인 대법원이 재판의 전제성을 부인하여 다른 법률을 적용한 경우도 있다(헌재 1992.2.25. 90헌가69등, 상속세법 제29조의4 제2항에 대한 위헌심판(위헌); 대판 1993.4.27. 92누9777, 증여세등부과처분무효확인).

(5) 전제성 구비가 요구되는 시기

재판의 전제성은 법률의 위헌여부심판제청 시뿐만 아니라 심판 시에도 갖추어져야 함이 원칙이다(헌재 1993.12.23. 93헌가2, 형사소송법 제97조 제3항 위헌제청(위헌)). 법원이 위헌법률심판을 제청한 이후 법률이 개정되거나 폐지되어 심판대상 조항이 더 이상 당해 사건에 적용되지 아니하는 경우에는 재판의 전제성이 부인된다.

> 위헌심판제청 이후 사회보호법이 개정되어 신법의 별표에 규정된 죄에 대하여서만 보호감호를 처하도록 개정되면서 신법 시행 당시 계속 중인 사건에 대하여는 신법을 적용하도록 규정하였는데 청구인이 신법의 별표에 해당되지 아니하는 죄로 공소가 제기된 경우라면 보호감호에 대한 법률조항이 더 이상 재판의 전제가 될 수 없게 되어 부적법하다(헌재 1989.4.17. 88헌마4, 사회보호법의위헌여부에관한헌법소원(각하)).

법원이 위헌법률심판을 제청한 후 당해 사건의 당사자가 소를 취하하거나 상소를 취하함으로써 재판절차가 존재하지 않게 된 경우에도 재판의 전제성은 부인된다.

(6) 심판의 필요성을 이유로 한 예외적 재판의 전제성

헌법재판소는 재판의 전제성 요건을 갖추지 못하였거나 당해 소송절차의 종료 등으로 재판의 전제성이 소멸한 경우에도 객관적인 헌법질서의 수호·유지 또는 당사자의 권리구제를 위하여 심판의 필요성이 인정되는 경우에는 예외적으로 재판의 전제성을 인정하고 있다. 이러한 예외는 문제된 법률조항의 위헌여부에

대한 헌법적 해명의 필요성은 크지만 사실상 또는 규범상의 장애로 인하여 재판의 전제성을 인정하기가 쉽지 않은 사건들에서 주로 고려된다.

"위헌여부심판이 제청된 법률조항에 의하여 침해된다는 기본권이 중요하여 동 법률조항의 위헌 여부의 해명이 헌법적으로 중요성이 있는 데도 그 해명이 없거나, 동 법률조항으로 인한 기본권의 침해가 반복될 위험성이 있는데도 좀처럼 그 법률조항에 대한 위헌여부심판의 기회를 갖기 어려운 경우에는 설사 그 심리기간 중 그 후의 사태진행으로 당해 소송이 종료되었더라도 헌법재판소로서는 제청 당시 전제성이 인정되는 한 예외적으로 객관적인 헌법질서의 수호·유지를 위하여 심판의 필요성을 인정하여 적극적으로 그 위헌 여부에 대한 판단을 하는 것이 헌법재판소의 존재이유에도 부합하고 그 임무를 다하는 것이 될 것이다"(헌재 1993.12.23. 93헌가2, 형사소송법 제97조 제3항 위헌제청(위헌)).

"당해 사건에서 무죄판결이 선고되거나 재심청구가 기각되어 원칙적으로는 재판의 전제성이 인정되지 아니할 것이나, 긴급조치의 위헌 여부를 심사할 권한은 본래 헌법재판소의 전속적 관할 사항인 점, 법률과 같은 효력이 있는 규범인 긴급조치의 위헌 여부에 대한 헌법적 해명의 필요성이 있는 점, 당해 사건의 대법원판결은 대세적 효력이 없는 데 비하여 형벌조항에 대한 헌법재판소의 위헌결정은 대세적(對世的) 기속력을 가지고 유죄확정판결에 대한 재심사유가 되는 점, 유신헌법 당시 긴급조치 위반으로 처벌을 받게 된 사람은 재판절차에서 긴급조치의 위헌성을 다툴 수조차 없는 규범적 장애가 있었던 점 등에 비추어 볼 때, 예외적으로 헌법질서의 수호·유지 및 관련 당사자의 권리구제를 위하여 재판의 전제성을 인정함이 상당하다"(헌재 2013.3.21. 2010헌바132등, 구 헌법 제53조 등 위헌소원(위헌)).

진지한 양심의 결정에 따라 예비군 훈련을 거부하는 사람에 대한 처벌 문제는 심판대상조항의 위헌 여부가 아니라 법원의 구체적 판단의 문제로 남게 되었으므로 이에 대한 위헌법률심판제청은 재판의 전제성이 없다(헌재 2021.2.25. 2013헌가13등, 향토예비군설치법 제15조 제9항 제1호 위헌제청(각하)).

6. 위헌법률심판제청결정

(1) 제청결정에 대한 항고금지

법원은 직권 또는 당사자의 신청에 의한 결정으로 헌법재판소에 위헌 여부 심판을 제청한다(헌재법 제41조 제1항). 이 제청에 관한 결정에 대하여는 항고할 수 없다(제41조 제4항). 제청에 관한 결정 중 당사자의 신청에 대한 각하 또는 기각결정에 대하여도 당사자는 항고할 수 없다. "제41조제1항에 따른 법률의 위헌 여부의 제청신청이 기각된 때에는 그 신청을 한 당사자는 헌법소원심판을 청구할 수 있다"(제68조 제2항).

(2) 제청의 철회

A. 원칙적 불허와 예외적 허용

위헌법률심판은 객관소송으로서 성격을 가진다는 점에서 법원이 제청결정을 한 후 자유로이 그 제청을 철회할 수는 없다. 그러나 구체적 규범통제형을 채택하고 있는 현행 위헌법률심판에서 당해 사건의 해결의 필요성이 사후적으로 소멸된 경우에는 제청의 철회를 인정하여 불필요한 헌법판단의 과정을 생략할 필요가 있다.

B. 철회가 가능한 경우

(i) 먼저 당해 사건의 당사자가 소취하와 같은 소송종료적 소송행위를 하는 경우 소송계속이 소급적으로 소멸되므로 재판의 전제성도 소멸한다. 이 경우 제청법원은 제청을 철회할 수 있다. 만약 제청법원이 철회하지 아니하면 헌법재판소는 제청에 대하여 각하결정을 한다. 또한 법원의 제청 이후 다른 사건에서 당해 법률조항에 대한 헌법재판소의 위헌결정이 내려진 경우, 법률의 개정으로 심판대상 법률규정도 개정되고 개정법이 계속 중인 당해 사건에도 적용되도록 규정한 경우에도 제청법원은 역시 제청을 철회할 수 있다. 제청법원이 철회한 경우 헌법재판소는 예외적으로 헌법적 해명이 필요한 경우가 아니라면 다른 재판 없이 위헌심판절차의 종료로 처리한다.

(ii) 법원의 제청 이후 제청된 법률이 폐지된 경우에는 제청요건이 없어졌다고 판단하면 제청을 철회할 수 있다. 여기에는 헌법재판소의 위헌결정으로 인하여 법률이 폐지되는 경우도 포함된다. 위헌심사형 헌법소원의 청구 이후에 당해 소송에서 청구인의 승소판결이 확정된 경우에는, 승소한 청구인은 재심청구권이 없다(대판 1993.12.28. 93다47189; 대판 1998.11.10. 98두11915).

> 청구인에게 유리한 판결이 확정되어 심판대상 법률조항에 대해 헌법재판소가 위헌결정을 선고하더라도 당해 사건 재판의 주문이나 결론에 영향을 미치지 아니하므로 청구인은 헌법소원심판 청구를 취하할 수 있다. 이 경우 취하가 없으면 재판의 전제성이 부정되어 각하된다(헌재 1989.4.17. 88헌가4, 사회보장법 제5조의 위헌심판(각하)).

(iii) 법원의 위헌제청이 있은 후 당사자가 위헌제청신청을 취하한 경우에는, 법원은 즉시 위헌법률심판제청을 취소하고 그 취소결정의 정본을 헌법재판소에 송부한다. 헌법재판소는 심판의 이익이 없음을 이유로 제청을 각하한다.

7. 위헌법률심판제청의 효과: 재판의 정지

"법원이 법률의 위헌 여부 심판을 헌법재판소에 제청한 때에는 당해 소송사건의 재판은 헌법재판소의 위헌 여부의 결정이 있을 때까지 정지된다"(제42조 제1항 본문). "이 경우 법원으로서는 헌법재판소에서 내려질 위헌여부심판의 결과를 기다려서 재판하여야 할 것이며 만약 위헌결정이 내려지면 그에 따른 입법시정의 결과를 보고 재판하여야" 한다(헌재 1993.5.13. 90헌바22등, 1980년해직공무원의보상등에관한특별조치법 제2조 및 제5조에 대한 헌법소원(합헌)). 다만, 법원이 긴급하다고 인정하는 경우에는 종국재판외의 소송절차를 진행할 수 있다(제42조 제1항 단서).

법원의 위헌법률심판 제청으로 당해 사건의 재판이 정지된 경우 그 재판정지 기간은 구속기간(형사소송법 제92조 제1항, 제2항, 군사법원법 제132조 제1항, 제2항)과 판결선고기간(민사소송법 제199조)에 산입하지 아니한다.

Ⅲ. 헌법재판소의 위헌법률심판

1. 의 의

법원이 직권 또는 당사자의 신청에 의한 결정으로 법률의 위헌여부에 대한 심판을 제청한 경우(헌법 제107조 제1항, 헌재법 제41조 제1항) 또는 그러한 제청을 신청하였다가 기각결정을 받은 당사자가 법률의 위헌 여부에 대한 심판을 구하는 헌법소원을 제기한 경우(헌재법 제68조 제2항) 헌법재판소는 그 법률의 위헌 여부에 대하여 심판한다. 헌법재판소는 먼저 법원의 제청 또는 당사자의 헌법소원이 적법한지 여부를 판단한 후 법률의 위헌 여부를 판단한다.

2. 위헌법률심판의 대상

위헌법률심판의 대상(對象)에는 형식적 의미의 법률 및 법률과 동일한 효력을 가지는 긴급명령·긴급재정경제명령, 국회의 동의를 얻어 비준된 조약도 포함된다. 나아가서 헌법규범이나 관습법도 위헌심판의 대상이 될 수 있는지 문제된다.[1]

(1) 법률(法律)

A. 현행법률

위헌법률심판의 대상인 법률은 1차적으로 국회에서 제정한 형식적 의미의 법률로서 현재 효력을 가진 법률을 말한다(헌재 1989.9.29. 89헌가86; 헌재 1994.8.31. 91헌가1; 헌재 1997.1.26. 93헌바54). 명령·규칙·조례와 같은 하위법령이 재판의 전제가 된 경우에는 대법원이 이를 최종적으로 심사할 수 있는 권한을 가지므로(헌법 제107조 제2항) 위헌법률심판의 대상이 될 수 없다(대판(전합) 2003.7.24. 2001다48781)(헌재 1998.10.15. 96헌바77, 경기도립학교설치조례중개정조례 제2조 등 위헌소원(각하)).

---

1) 정극원, "헌법규범 자체의 모순과 헌법규범 간 상충의 해결방안에 관한 일고찰", 공법학연구 18-1; 정연주, "긴급조치에 대한 심사 관할권과 유신헌법 제53조의 위헌성", 헌법학연구 20-3; 정계선, "법원의 헌법적 판단", 헌법학연구 21-3; 허병조, "위헌결정법률에 대한 국회의 입법절차와 입법방향", 헌법학연구 22-1; 권건보, "관습법에 대한 헌법재판소의 위헌심사 권한", 헌법재판연구 3-2; 강일신, "위헌법률심판에서 입법과정의 합리성 심사", 헌법학연구 25-3; 허완중, "대한민국 최초의 위헌법률심사", 공법연구 51-3.

B. 폐지된 법률과 개정된 법률조항

위헌심판의 대상인 법률은 원칙적으로 현행법률이다. 그러나 폐지된 법률이라 할지라도 당해 재판에 적용될 수 있어 재판의 전제가 되는 경우에는 예외적으로 위헌법률심판의 대상이 될 수 있다. 다만, 헌법재판소가 이미 위헌으로 선언하여 그 효력이 상실된 법률은 심판의 대상이 될 수 없다(헌재 1994.8.31. 91헌가1, 지방세법 제31조 에 관한 위헌심판(한정합헌))(헌재 1994.6.30. 92헌가18, 국가보위에관한특별조치법 제5조 제4항 위헌제청(위헌)).

"법률은 원칙적으로 발효시부터 실효시까지 효력이 있고, 그 법률이 시행중에 발생한 사건에 적용되기 마련이므로 법률이 폐지된 경우라 할지라도 그 법률이 시행당시에 발생한 구체적 사건에 대하여서는 법률의 성질상 더 이상 적용될 수 없거나 특별한 규정이 없는 한, 폐지된 법률이 적용되어 재판이 행하여질 수밖에 없는 것이고, 이때 폐지된 법률의 위헌여부가 문제로 제기되는 경우에는 그 위헌여부심판은 헌법재판소가 할 수밖에 없"다(헌재 1989.12.18. 89헌마32등, 국가보위입법회의법 등의 위헌여부에 관한 헌법소원(위헌,각하)).

"보호감호처분에 대하여는 소급입법이 금지되므로 비록 구법이 개정되어 신법이 소급적용되도록 규정되었다고 하더라도 실체적인 규정에 관한 한 오로지 구법이 합헌적이어서 유효하였고 다시 신법이 보다 더 유리하게 변경되었을 때에만 신법이 소급적용될 것이므로 폐지된 구법에 대한 위헌 여부의 문제는 신법이 소급적용될 수 있기 위한 전제문제로서 판단의 이익이 있어 위헌제청은 적법하다"(헌재 1989.7.14. 88헌가5등, 사회보호법 제5조의 위헌심판(합헌)).

심판대상조항은 '구법령 정리에 관한 특별조치법'에 따라 폐지된 조항이지만 계쟁 토지가 귀속재산인지 여부와 관련하여 현재까지도 여전히 유효한 재판규범으로서 적용되고 있고 그 위헌 여부가 당해 사건의 재판의 전제가 되어 있으므로 헌법소원의 대상이 된다(헌재 2021.1.28. 2018헌바88, 재조선미국육군사령부군정청 법령 제2호 제4조 등 위헌소원(합헌)).

C. 시행 전 법률

위헌법률심판의 대상이 되는 법률은 현재 시행되고 있는 법률을 의미하므로, 아직 시행되지 아니한 법률은 위헌법률심판의 대상이 될 수 없다고 볼 수도 있지만, 시행 전의 법률에 대한 위헌법률심판은 재판의 전제성을 인정할 여지가 없기 때문에 부적법하다고 보아야 한다. 시행 전의 법률이 직접 기본권을 침해하리라고 확실히 예상되는 경우 법률이 시행되기 전 단계에서도 헌법재판소법 제68조 제1항에 의한 헌법소원은 허용될 수 있지만(헌재 1994.12.29. 94헌마201, 경기도남양주시등33개도농복합형태의시설치등에관한법률 제4조 위헌확인(기각))(헌재 1995.3.23. 94헌마175, 경기도남양주시등33개도농복합형태의시설치등에관한법률 제8조 위헌확인(기각)), 이는 위헌법률심판과는 분명히 구별되는 절차이다(헌재 1994.12.29. 94헌마201, 경기도남양주시등33개도농복합형태의시설치등에관한법률 제4조 위헌확인(기각))(헌재 1995.3.23. 94헌마175, 경기도남양주시등33개도농복합형태의시설치등에관한법률 제8조 위헌확인(기각)).

D. 법률의 해석

과거 헌법재판소는 위헌법률심판은 법률 자체를 대상으로 하여야 하고 법률에 대한 특정한 해석에 대한 위헌법률심판은 원칙적으로 허용되지 아니하는 것으로 보았다. 그러나 이후 판례를 변경하여, 법률의 의미는 법률해석에 의해 확인되는 것이어서 법률과 법률의 해석을 구분할 수 없고 법률에 대한 규범통제는 결국 해석에 의하여 구체화 된 법률의 의미와 내용에 대한 헌법적 통제이므로 법률의 특정한 해석이나 적용을 대상으로 하는 위헌법률심판도 가능하다고 판시하였다(헌재 2012.12.27. 2011헌바117, 구 특정범죄가중처벌 등에 관한 법률 제2조 제1항 위헌소원(한정위헌)).

다만, 특정한 법률해석의 위헌성이 문제되는 경우 법원은 위헌법률심판을 제청하기보다는 스스로 합헌적 법률해석을 통하여 문제를 해결할 것이므로, 법률해석을 대상으로 하는 위헌법률심판은 헌법재판소법 제68조 제2항에 의한 헌법소원에서 한정위헌결정을 구하는 한정위헌청구의 경우가 될 것이다.

(2) 긴급명령, 긴급재정경제명령

국회가 제정한 형식적 의미의 법률 이외에도 법률과 동일한 효력을 가지는 법규범은 위헌법률심판의 대상이 된다. 헌법상 긴급명령 · 긴급재정경제명령도 법률과 동일한 효력을 가지므로(헌법 제76조 제1항, 제2항) 위헌법률심판의 대상이 된다.

그런데 유신헌법이 규정한 대통령의 긴급조치에 대한 위헌심사의 관할이 문제된 바 있다. 대법원은 위헌법률심판의 대상은 법률을 비롯하여 국회의 관여가 있는 법규범에 대하여만 허용되고 그 밖의 모든 법규범의 위헌 여부는 법원이 심사할 권한을 가지며, 특히 긴급조치가 그 효력을 발생 또는 유지하는 데 국회의 동의 내지 승인과 같은 절차를 가지지 아니하므로 법률의 효력을 부여할 수 없다고 판단하였다(대판(전합) 2010.12.16. 2010도5986).

> "헌법재판소에 의한 위헌심사의 대상이 되는 '법률'이라 함은 '국회의 의결을 거친 이른바 형식적 의미의 법률'을 의미하고, 위헌심사의 대상이 되는 규범이 형식적 의미의 법률이 아닌 때에는 그와 동일한 효력을 갖는 데에 국회의 승인이나 동의를 요하는 등 국회의 입법권 행사라고 평가할 수 있는 실질을 갖춘 것이어야 한다. 유신헌법 제53조 제3항은 대통령이 긴급조치를 한 때에는 지체없이 국회에 통고하여야 한다고 규정하고 있을 뿐, 사전적으로는 물론이거니와 사후적으로도 긴급조치가 그 효력을 발생 또는 유지하는 데 국회의 동의 내지 승인 등을 얻도록 하는 규정을 두고 있지 아니하고, 실제로 국회에서 긴급조치를 승인하는 등의 조치가 취하여진 바도 없다. 따라서 유신헌법에 근거한 긴급조치는 국회의 입법권 행사라는 실질을 전혀 가지지 못한 것으로서 헌법재판소의 위헌심판대상이 되는 '법률'에 해당한다고 할 수 없고, 긴급조치의 위헌 여부에 대한 심사권은 최종적으로 대법원에 속한다"(대판 2010.12.16. 2010도5986).

반면에 헌법재판소는 헌법 제107조 제1항 · 제2항이 규범의 효력을 기준으로 법률에 대한 위헌심사권은 헌법재판소에, 법률보다 하위의 규범에 대한 위헌 · 위법심사권은 법원에 부여하고 있는 규정에 비추어 볼 때, 법률과 동일한 효력 또는 그 이상의 효력을 가지는 긴급조치에 대한 위헌심사권은 헌법재판소에 귀속된다고 보았다(헌재 2013.3.21. 2010헌바132등, 구 헌법 제53조 등 위헌소원(위헌)).

생각건대 위헌법률심사는 헌법의 최고규범성을 실현하기 위한 규범통제제도로서 위헌 여부가 문제되는 법규범의 제정 주체가 아니라 그 법규범의 효력에 따라 그 효력이 법률과 같다면 위헌법률심사의 대상이 되어야 하므로 대법원의 입장은 받아들이기 어렵다.

(3) 조 약

(i) "헌법에 의하여 체결·공포된 조약과 일반적으로 승인된 국제법규는 국내법과 같은 효력을 가진다"(헌법 제6조 제1항). 따라서 법률과 동일한 효력을 가진 조약이라면 위헌법률심사의 대상이 된다(헌재 2001.9.27. 2000헌바20, 국제통화기금조약제9조 제3항 등 위헌소원(각하)). 다만, 법률보다 하위의 효력을 가지는 조약의 경우에는 명령·규칙에 대한 위헌·위법심사권이 부여된 법원이 심사한다. 위헌법률심판의 대상이 되는 조약인지 여부는 그 명칭에 구애되지 아니하고 효력을 기준으로 판단하는데, 주로 헌법 제60조에 의하여 체결된 조약이 그 대상이 된다.

> "이 사건 조약은 그 명칭이 '협정'으로 되어 있어 국회의 관여 없이 체결되는 행정협정처럼 보이기도 하나 우리나라의 입장에서 볼 때에는 외국군대의 지위에 관한 것이고, 국가에게 재정적 부담을 지우는 내용과 입법사항을 포함하고 있으므로 국회의 동의를 요하는 조약으로 취급되어야 한다. 이 사건 조약은 국회의 비준동의와 대통령의 비준 및 공포를 거친 것으로 인정되므로 이 사건 조약이 국내법적 효력을 가짐에 있어서 성립절차상의 하자로 인하여 헌법에 위반되는 점은 없다"(헌재 1999.4.29. 97헌가14, '대한민국과아메리카합중국간의상호방위조약제4조에의한시설과구역및대한민국에서의합중국군대의지위에관한협정'(이른바 SOFA협정) 제2조 제1의 (나)항 위헌제청(합헌)).

(ii) 일반적으로 승인된 국제법규도 위헌법률심판의 대상이 되는지 문제된다. 헌법이 국내법과 동일한 효력을 부여하고 있으므로, 일반적으로 승인된 국제법규 중에서 법률과 동일한 효력을 가진 국제법규에 대하여는 위헌법률심판의 대상성을 인정할 수 있다는 견해도 있다(허영). 다만, "일반적으로 승인된" 국제법규라면 대체로 그 내용이 헌법규범에 위반될 가능성이 매우 낮다.

> "국제연합(UN)의 '인권에 관한 세계선언'은 아래에서 보는 바와 같이 선언적인 의미를 가지고 있을 뿐 법적 구속력을 가진 것은 아니고 …"(헌재 1991.7.22. 89헌가106, 사립학교법 제55조·제58조 제1항 제4호에 관한 위헌심판(합헌)).

(4) 헌법규범(憲法規範)

(i) 헌법조항에 대한 위헌심사가 허용되는지 문제된다. 이는 헌법의 개별규

범들 사이에도 효력의 차이가 있다는 전제에서 상위의 헌법규범에 위반되는 하위 헌법규범의 효력을 부인할 수 있는지에 대한 논의이다. 헌법재판소는 그러한 논의가 이념적으로나 논리적으로는 가능하다면서도 헌법규범에 대한 위헌심사는 허용되지 아니한다는 입장이다(헌재 1995.12.28. 95헌바3, 국가배상법 제2조 제1항 등 위헌소원(합헌,각하)).

"헌법 제111조 제1항 제1호, 제5호 및 헌법재판소법 제41조 제1항, 제68조 제2항은 위헌심사의 대상이 되는 규범을 '법률'로 명시하고 있으며, 여기서 '법률'이라고 함은 국회의 의결을 거쳐 제정된 이른바 형식적 의미의 법률을 의미하므로 헌법의 개별규정 자체는 헌법소원에 의한 위헌심사의 대상이 아니다"(헌재 1996.6.13. 94헌바20, 헌법 제29조 제2항 등 위헌소원(합헌,각하)). "우리나라의 헌법은 독일기본법처럼 헌법개정의 한계에 관한 규정을 두고 있지 아니하고, 헌법의 개정을 법률의 형식으로 하도록 규정하고 있지도 아니한 점을 감안할 때, 우리 헌법의 각 개별규정 가운데 무엇이 헌법제정규정이고 무엇이 헌법개정규정인지를 구분하는 것이 가능하지 아니할 뿐 아니라, 각 개별규정에 효력상의 차이를 인정하여야 할 형식적인 이유를 찾을 수 없다. 이러한 점과 앞에서 검토한 현행헌법 및 헌법재판소법의 명문의 규정취지에 비추어, 헌법제정권과 헌법개정권의 구별론이나 헌법개정한계론은 그 자체로서의 이론적 타당성 여부와 상관없이 우리 헌법재판소가 헌법의 개별규정에 대하여 위헌심사를 할 수 있다는 논거로 원용될 수 있는 것이 아니다. 또한 국민투표에 의하여 확정된 현행헌법의 성립과정과 헌법 제130조 제2항이 헌법의 개정을 국민투표에 의하여 확정하도록 하고 있음에 비추어, 헌법은 그 전체로서 주권자인 국민의 결단 내지 국민적 합의의 결과라고 보아야 할 것으로, 헌법의 규정을 헌법재판소법 제68조 제1항 소정의 공권력행사의 결과라고 볼 수도 없다"(헌재 1995.12.28. 95헌바3, 국가배상법 제2조 제1항 등 위헌소원(합헌,각하)).

(ii) 헌법전에 규정된 조항들이나 헌법해석상 인정되는 원리들 중에서도 공동체의 근본적인 가치나 핵심적인 원리에 관한 헌법규범과 그 이외 헌법규범들과의 구별이 어느 정도 가능하므로 근본적인 가치나 핵심적인 원리와 충돌하는 헌법규범의 효력을 부인하여야 한다는 주장도 이론적으로는 충분히 개진될 수 있다. 그러나 실정법으로서의 헌법에 대하여 위와 같은 이론을 그대로 적용하기는 어렵다. 위헌법률심판이 헌법의 최고규범성을 관철하기 위하여 헌법의 하위에 있는 법규범들의 효력을 통제하기 위한 제도라는 점에 비추어 본다면 헌법규범은 위헌법률심판의 대상이 아니라고 볼 수밖에 없다.

(5) 관습법

법원은 관습법의 위헌 여부를 스스로 판단하고 있지만(대판(전합) 2003.7.24. 2001다48781), 헌법재판소는 법률과 같은 효력을 가지는 관습법은 위헌법률심판이나 헌법재판소법 제68조 제2항에 따른 헌법소원의 대상이 된다고 본다(8:1)(헌재 2013.2.28. 2009헌바129, 상속에 관한 구 관습법 부분 위헌소원(각하)). 반면에 관습법은 형식적 의미의 법률과 동일한 효력이 없고, 관습법의 위헌 또는 위법 여부는 관습법의 승인 또는 소멸에 대한 법원의 판단과정에서 함께 이루어지므로 관습법에 대한 위헌심사는 법원이 담당하여야 한다는 반대의견이 있다(헌재 2016.4.28. 2013헌바396등, 상속에 관한 관습법 위헌소원(합헌))(헌재 2020.10.29. 2017헌바208, 구 관습법 위헌소원(합헌)).

(6) 입법부작위

위헌법률심판은 현실적으로 존재하였거나 존재하는 법률이 헌법에 위반되는지 여부를 심판하는 제도이므로, 국회가 입법을 하지 아니하고 있는 것이 헌법에 위반되는지 여부가 심판의 대상이 될 수는 없다. 따라서 '법률의 부존재' 즉, 입법부작위는 헌법재판소법 제68조 제1항에 의한 헌법소원을 통하여 그 위헌성을 확인받을 수는 있을지언정 위헌법률심판 또는 헌법재판소법 제68조 제2항에 의한 헌법소원의 대상은 되지 못한다(헌재 2011.2.15. 2011헌바20, 형법 제50조 제2항 등 위헌소원(각하))(헌재 2009.5.12. 2009헌바69, 민사소송법 제449조 관련 입법부작위 위헌소원(각하)).

다만, 법률이 존재하기는 하지만 그 내용의 불완전 또는 불충분으로 인하여 위헌 여부가 문제되는, 이른바 부진정입법부작위의 경우에는 그 불완전한 법률 자체가 위헌법률심판의 대상이 될 수 있다(헌재 2010.2.25. 2008헌바67, 형사소송법 제366조 위헌소원(합헌)). 이때 재판의 전제성은 심판대상이 된 법률조항의 불완전하거나 불충분한 부분에 대하여 헌법재판소가 위헌으로 결정하고 그 결정에 따른 개선입법이 당해 사건에 적용된다면 법원이 다른 내용의 재판을 하게 되는지를 기준으로 판단한다.

3. 위헌법률심판의 요건

위헌법률심판의 요건으로는 법원에 의한 위헌법률심판제청과 재판의 전제성이다. 법률의 위헌 여부는 본안의 판단대상이다.

4. 위헌법률심판대상의 확정

(1) 직권에 의한 심판대상의 확정

(ⅰ) 헌법재판소는 제청된 법률 또는 법률조항의 위헌 여부만을 결정한다(헌재법 제45조). 구체적 규범통제형 위헌법률심사제도를 수용하여 법원의 제청에 따라 법률의 위헌 여부를 심사하여야 하므로 위헌심판대상의 확정은 제청권자인 법원의 권한에 속한다. 이는 헌법의 권력분립정신이 위헌심사제도에 반영되어 헌법재판소의 권한에 대한 헌법적 한계로 작동한다.

(ⅱ) 그러나 위헌법률심판은 전(全) 헌법적 관점으로부터 법률의 위헌 여부를 심사하여 헌법의 최고규범성과 법질서의 통일성을 확보하는 객관소송으로서의 특징을 가지므로 제청법원의 신청주의 내지 처분권주의에 좌우될 수 없는 측면

이 있다. 이에 따라 위헌법률심판제도를 도입한 각국의 헌법재판소는 일반적으로 심판대상의 제한과 확장 및 변경을 허용하여 위헌법률심판제도에 있어 직권심리주의를 수용한다. 우리 헌법재판소도 직권으로 심판대상을 제한, 확장, 변경한다.

(2) 심판대상의 제한

제청법원이 제청한 법률조항 중 당해 사건에 적용되지 아니하는 부분이 있는 경우 헌법재판소는 심판의 대상을 당해 사건에 관련된 부분으로 제한하여 판단한다. 법원이 제청한 법률조항 중 재판의 전제성이 인정되지 아니하는 부분을 특정하여 각하결정을 선고할 수도 있지만, 심판대상의 특정 문제로 본다.

> "이 사건 심판의 대상은 구 지방공무원법 제2조 제3항 제2호 나목 중 동장부분(다만, 청구인들은 같은 호 나목전부에 대하여 헌법소원심판을 청구하였으나 청구인들은 동장으로 재직중 동장의 직무에서 배제된 자들이므로 위 나목 중 '동장'부분에 대하여만 헌법소원심판을 청구한 것이라고 해석되므로 이 부분 심판의 대상을 '동장'부분으로 한정한다) … 이 헌법에 위반되는지 여부이다"(헌재 1997.4.24. 95헌바48, 구 지방공무원법 제2조 제3항 제2호 나목 등 위헌소원(합헌)).

(3) 심판대상의 확장

제청법원이 제청한 법률조항과 일정한 관련성을 가지고 있어서 심판대상으로 포함하여 심판하여야 법적 명확성과 법적 통일성 그리고 소송경제의 관점에서 정당화될 수 있는 경우가 있다. 헌법재판소 역시 일정한 유형들에서 심판대상을 확장하고 있다. 예컨대 관세법 위반의 '미수범'에 대하여 미수범 감경을 하지 아니하는 관세법 관련 조항의 위헌 여부를 심판하면서 같은 조문에 규정되어 있고 동일한 심사척도가 적용되는 '예비' 부분까지 심판대상을 확장하였다(헌재 1996.11.28. 96헌가13, 관세법 제182조 제2항 위헌제청(합헌)). 또한 호주제의 위헌성이 다투어진 사건에서 호주제 위헌 여부에 관한 완전한 헌법적 해명을 위하여 함께 심리하는 것이 타당하다고 보아 처의 부가입적(夫家入籍)을 규정한 조항도 호주제의 골격을 이루는 밀접불가분한 조항이라는 이유로 심판대상을 확장하였다(헌재 2005.2.3. 2001헌가9등, 민법 제781조 제1항 본문 후단 부분 위헌제청(헌법불합치,잠정적용)). 또한 심판대상조항의 적용의 전제가 되는 법률조항을 심판대상에 포함하기도 한다(헌재 1999.3.25. 98헌가11등, 지방세법 제188조 제1항 제2호 (2)목 중 고급오락장용 건축물부분 등 위헌제청(위헌)).

(4) 심판대상의 변경

헌법재판소는 헌법적 분쟁에 대한 적정하고 효율적인 심리를 위하여 직권으로 심판대상을 변경하기도 한다. 심판대상 변경의 필요성은 법원의 제청사건보다는 위헌법률심판을 구하는 헌법소원사건에서 주로 제기된다. 헌법재판소는 심판청구의 이유, 위헌법률심판제청을 위한 신청사건의 경과, 당해 재판과의 관련성 등을 종합적으로 고려하여 심판대상을 변경한다.

"헌법재판소는 심판청구서에 기재된 청구취지에 구애됨이 없이 청구인의 주장요지를 종합적으로 판단하여야 하며, 청구인이 주장하는 침해된 기본권과 침해의 원인이 되는 공권력을 직권으로 조사하여 피청구인과 심판대상을 확정하여 판단하여야 하는데, 당해 사건에서의 청구인들의 청구취지는 이 사건 토지들이 국유가 아니라 청구인들의 사유토지임을 전제로 그 소유권확인을 구하는 것이므로 당해 사건의 재판에 보다 직접적으로 관련을 맺고 있는 법률조항은 제외지를 하천구역에 편입시키고 있는 '하천법 제2조 제1항 제2호 다목'이라기 보다 오히려 하천구역을 포함하여 하천을 국유로 한다고 규정함으로써 직접 제외지의 소유권귀속을 정하고 있는 동법 제3조라 할 것이므로 직권으로 이 사건 심판의 대상을 위 하천법 제2조 제1항 제2호 다목에서 동법 제3조로 변경한다"(헌재 1998.3.26. 93헌바12, 하천법 제2조 제1항 제2호 다목 위헌소원(합헌)).

5. 위헌법률심판의 기준 및 관점

(1) 심판의 기준

위헌법률심판은 "법률이 '헌법'에 위반되는 여부"에 대한 심판이므로 심판의 기준은 원칙적으로 헌법재판(위헌법률심판)을 할 당시에 규범적 효력을 가진 헌법이다. 여기서 헌법이라 함은 원칙적으로 형식적 의미의 헌법전, 즉 헌법전문 · 헌법본문 · 헌법부칙을 말한다. 그런데 헌법재판소는 실질적 의미의 헌법이라 할 수 있는 관습헌법을 근거로 위헌법률심판을 한 바 있다(헌재 2004.10.21. 2004헌마554등, 신행정수도의건설을위한특별조치법 위헌확인(위헌)).

(2) 위헌법률심판의 관점

위헌법률심판의 대상이 되는 법률의 위헌 여부를 판단함에 있어서는 법률의 형식적 합헌성과 실질적 합헌성을 모두 판단하여야 한다. 이때 헌법재판소는 제청법원이나 제청신청인이 주장하는 법적 관점에서만 아니라 심판대상규범의 법적 효과를 고려하여 모든 헌법적 관점에서 심사한다. 법원의 위헌제청을 통하여 제한되는 것은 심판의 대상이지 위헌심사의 기준이 아니다(헌재 1996.12.26. 96헌가18, 주세법 제38조의7 등 위헌제청(위헌)). 또한 위헌법률심판을 통하여 헌법재판소가 판단하는 것은 제청법원이나 청구인이 주장하는 위헌사유의 타당성 여부가 아니라 법률의 위헌 여부이므로 헌법재판소가 법률을 위헌으로 판단하는 경우 제청법원이나 청구인이 주장하는 위헌사유를 모두 판단할 필요는 없다. 반면에 심판대상 법률조항을 합헌으로 판단하는 경우에는 제청법원이나 청구인이 주장한 위헌사유에 대하여 모두 판단하여야 한다(헌재 1996.12.26. 96헌가18, 주세법 제38조의7 등에 대한 위헌제청(위헌)).

6. 위헌법률심판의 결정유형과 효력

(1) 의 의

헌법재판소법은 위헌법률심판의 결정형식에 관하여 충분한 규정을 두고 있지 아니한다. "헌법재판소는 제청된 법률 또는 법률조항의 위헌 여부만을 결정한다. 다만, 법률조항이 위헌결정으로 인하여 당해 법률 전부를 시행할 수 없다고 인정될 때에는 그 전부에 대하여 위헌의 결정을 할 수 있다"라는 규정만을 두고 있을 뿐이다(헌재법 제45조). 이에 따라 합헌·위헌결정의 두 가지 결정유형을 인정하는 데 이론의 여지가 없지만, 그 중간형식의 결정 혹은 변형결정을 인정할 수 있는지 논란이 되고 있다. 헌법재판소는 합헌결정과 (단순)위헌결정 이외에도 한정합헌, 한정위헌, 헌법불합치 등과 같은 변형결정들을 선고한다. 위헌법률심판이 적법요건을 갖추지 못하여 법률의 위헌 여부에 대한 본안판단에 나아가지 아니하는 경우에는 각하 결정을 선고한다.

(2) 각하결정

헌법재판소는 위헌법률심판제청이 된 사건에 대하여 제청요건을 갖추지 못한 경우 주문에서 "이 사건 위헌법률심판제청을 각하한다"라는 결정을 선고한다. 헌법재판소법 제68조 제2항의 헌법소원의 경우에는 "이 사건 심판청구를 각하한다"라는 주문을 선고한다.

헌법재판소가 이미 위헌으로 결정한 법률조항에 대한 제청 또는 심판청구는 제청 또는 심판의 이익이 없으므로 각하결정을 선고하여야 하지만, 위헌결정 이전에 당해 사건이 확정된 경우에는 청구인의 구제를 위한 재심청구(헌재법 제75조 제7항)가 가능하도록 각하결정 대신 심판대상 법률조항이 위헌임을 확인하는 결정을 선고한다.

> "청구인들이 헌법재판소법 제68조 제2항에 따라 헌법소원심판청구를 한 이 사건 법률조항은 이미 헌법재판소가 1997.12.24. 96헌가19 등(병합) 사건에서 … 이 사건 법률조항에 대하여는 위헌임을 확인하는 결정을 하기로 한다"(헌재 1999.6.24. 96헌바67, 구 상속세법 제9조 제1항 위헌소원(위헌)).

(3) 합헌결정(合憲決定)

심판대상이 된 법률 또는 법률조항의 위헌 여부를 심사한 결과 헌법에 위반되는 사유를 확인할 수 없을 때, 헌법재판소는 "(심판대상 법률조항은) 헌법에 위반되지 아니한다"라는 주문의 합헌결정을 선고한다. 합헌결정은 심판대상 법률이 헌법에 부합한다는 적극적인 판단이라기보다 헌법에 위반된다고 할 수 없다는 소극적인 판단이다. 따라서 위헌의견이 과반수이지만 법률의 위헌결정에 필요한 6인 이상의 찬성(헌법 제113조 제1항, 헌재법 제23조 제2항 제1호)에는 이르지 못한 경우에도 합헌결정으로서 주문은 동일하다.

과거 헌법재판소는 위헌의견이 과반수이지만 위헌결정 정족수에 미달하는 경우 "헌법에 위반된다고 선언할 수 없다"라는 이른바 '위헌불선언' 주문형식을 취한 바 있으나, 5·18특별법사건에 대한 결정(헌재 1996.2.16. 96헌가2등, 5·18민주화운동등에관한특별법 제2조 제1항 등 위헌제청(합헌))부터는 위헌의견이 과반수인 경우에도 합헌결정을 선고하고 있다.

헌법재판소가 합헌결정을 선고하면 제청법원은 위헌 여부의 심판이 제청되었던 법률을 계속 중인 당해 사건에 적용하여 재판하게 된다. 헌법재판소가 합헌으로 결정한 법률에 대하여 당해 사건의 상소심 법원이 다시 제청할 수 있는지 문제된다. 각 심급의 법원이 독립된 제청권을 가지고 있고 심급의 진행에 따라 헌법재판소 재판관의 구성도 변화될 수 있음을 들어 긍정하는 견해도 있지만, 당사자와 당해 사건이 동일한 사건에서 이미 헌법재판소가 심판한 경우이므로(헌재법 제39조), 적어도 당해 사건의 상급심에서는 다시 제청할 수 없다고 보아야 한다(허영).

한편, 합헌결정에도 기속력이 인정되는지 문제된다. 헌법재판소법은 후술하는 바와 같이 위헌결정에 대하여서만 기속력을 규정하고 있기 때문이다. 헌법재판소는 이미 합헌으로 결정한 법률에 대한 심판제청이나 헌법소원도 적법한 것으로 인정하여 본안에 대하여 다시 판단하고 있는바, 합헌결정에 대하여는 기속력을 인정하지 아니한다.

(4) 위헌결정(違憲決定)

A. 주문형식

헌법재판소가 위헌법률심판의 대상이 된 법률에 대하여 위헌결정을 할 때에는 재판관 6인 이상의 찬성이 있어야 한다(제113조 제1항; 헌재법 제23조 제2항 제1호). 위헌결정은 "(심판대상 법률조항은) 헌법에 위반된다"라는 주문형식을 취한다. 후술할 변형결정과 구별하기 위하여 단순위헌결정으로 부르기도 한다.

B. 위헌결정의 범위

(i) 헌법재판소는 제청된 법률 또는 법률조항의 위헌 여부만을 결정한다. 재판의 전제가 된 법률조항 중 일부만 위헌이고 다른 부분은 합헌인 경우 위헌인 부분에 대하여만 위헌결정을 하고 합헌인 부분에 대하여는 합헌결정을 한다(헌재 1998.9.30. 98헌가7등, 금융기관의연체대출금에 관한 특별조치법 제3조 위헌제청,금융기관의연체대출금에관한특별조치법 제3조 위헌소원(합헌,위헌)). 다만, 법률조항의 위헌결정으로 인하여 해당 법률 전부를 시행할 수 없다고 인정될 때에는 그 전부에 대하여 위헌결

정을 할 수 있다(헌재법 제45조).

법률 전부에 대하여 위헌 결정을 한 예: 헌재 1996.1.25. 95헌가5, 반국가행위자의처벌에관한특별조치법 제2조 제1항 제2호 등 위헌제청(위헌); 헌재 1999.4.29. 94헌바37등, 택지소유상한에관한법률 제2조 제1호 나목 등 위헌소원(8:1)(위헌).

(ii) 또한 제청된 법률조항과 밀접한 관련성을 가지거나, 일체를 형성하거나 또는 부수적으로 관련되는 조항에 대하여는 제청되지 아니한 조항에 대하여도 위헌결정을 선고할 수 있다.

헌재 1989.11.20. 89헌가102, 변호사법 제10조 제2항에 대한 위헌심판(위헌); 헌재 1996.12.26. 94헌바1, 형사소송법 제221조의2 위헌소원(6:3)(위헌); 헌재 1999.9.16. 99헌가1, 음반및비디오물에관한법률 제17조 제1항 등 위헌제청(위헌,각하); 헌재 2001.1.18. 2000헌바29, 수표법 제28조 제2항 등 위헌소원(합헌,각하); 헌재 2001.7.19. 2000헌마91등, 공직선거법 제146조 제2항 등 위헌확인 등(한정위헌); 헌재 2001.11.29. 99헌마494, 재외동포의출입국과법적지위에관한법률 제2조 제2호 위헌확인(6:3)(헌법불합치,잠정적용); 헌재 2002.8.29. 2001헌바82, 소득세법 제61조 위헌소원(위헌); 헌재 2003.9.25. 2000헌바94등, 공무원연금법 제47조 제3호 위헌소원 등(위헌).

C. 위헌결정의 효력

(a) 확정력 헌법재판소의 심판절차에 관하여 민사소송법이 준용되고(헌재법 제40조 제1항), 헌법재판소법 제39조에 의하여 헌법재판소는 이미 심판을 거친 동일한 사건에 대하여는 다시 심판할 수 없다. 따라서 헌법재판소 결정에도 일반 재판과 마찬가지로 확정력이 인정된다. 헌법재판소는 자신이 내린 결정을 철회·변경할 수 없으며(불가변력), 당사자는 그 결정에 불복할 수 없고(불가쟁력), 헌법재판소는 자신이 내린 결정과 모순되는 결정을 할 수 없다(기판력).

(b) 일반적 효력(법규적 효력) 구체적 규범통제는 당해 사건에서 위헌인 법률의 적용배제에 그치는 것이 보통이지만(개별적 효력), 헌법재판소법은 구체적 규범통제를 취하면서도 위헌으로 결정된 법률의 효력을 무효로 하는 일반적 효력을 부여하고 있다(객관적 규범통제).

위헌결정의 이러한 일반적 효력으로 말미암아 위헌결정이 선고된 법률은 당해 사건에서 적용배제를 넘어 일반적으로 효력을 상실하게 되므로 누구도 그 법률의 유효성을 법적 근거로 원용할 수 없다. 위헌결정의 효력은 당사자나 국가기관뿐만 아니라 일반국민 모두에게 미친다. 이러한 측면에서 위헌결정은 법규적 효력을 가진다고 할 수 있다.

"법률 또는 법률조항에 대한 위헌 결정은 일반적 기속력과 대세적 · 법규적 효력을 가진다. 즉 법규범에 대한 헌법재판소의 위헌결정은 소송 당사자나 국가기관 이외의 일반 사인에게도 그 효력이 미치고, 종전 위헌결정의 기초가 된 사실관계 등의 근본적인 변화에 따른 특별한 정당화 사유가 있어 반복입법이 이루어지는 경우가 아닌 한, 일반 국민은 헌법재판소가 위헌으로 선언한 법규범이 적용되지 않는 것을 수인해야 하고, 위헌으로 선언한 법규범에 더 이상 구속을 받지 않게 된다. 이러한 효력은 법원에서의 구체적 · 개별적 소송사건에서 확정된 판결이 그 기속력이나 확정력에 있어서 원칙적으로 소송 당사자에게만 한정하여 그 효력이 미치는 것과 크게 다른 것이다. … 종전 결정에서 이미 위헌 선언되어 효력이 상실된 법률조항 부분이 입법의 결함에 해당한다고 주장하는 이 사건 헌법소원심판청구는 종전의 위헌결정에 대한 불복이거나, 위헌으로 선언된 규범의 유효를 주장하는 것이어서 법률조항에 대한 위헌결정의 법규적 효력에 반하여 허용될 수 없다"(헌재 2012.12.27. 2012헌바60, 구 교통사고처리특례법 제4조 제1항 위헌소원(각하)).

(c) 기속력 (i) "법률의 위헌결정은 법원과 그 밖의 국가기관 및 지방자치단체를 기속(羈束)한다"(헌재법 제47조 제1항).

다만, 위헌결정이 국회도 기속하는지가 문제된다. 위헌결정의 기속력에도 불구하고 국회는 위헌결정에 기속되지 아니한다는 견해가 있다. 즉 민주주의원리의 실현이나 국회를 통한 헌법재판소의 오류의 시정과 법발전 또는 기관 상호 간 존중의 원칙에 의하여 보완되어야 한다는 이유로 국회는 헌법재판소의 위헌결정에 기속되지 아니한다고 본다(정연주, "위헌결정의 기속력", 헌법논총 제17집, 헌법재판소, 413면).

국회는 자신의 독자적인 헌법해석을 기초로 헌법가치를 실현하기 위한 목적으로 국가정책을 입법화한다는 점에서 광범위한 입법재량권을 보유하고 있다. 헌법재판소의 위헌결정이 선고된 후 입법의 기초가 되는 입법상황과 여건이 변화하지 아니하였음에도 국회가 헌법재판소의 위헌결정의 취지를 정면으로 거스르며 재입법을 시도하는 행위는 헌법재판소의 위헌법률심판권을 무력화시킬 수 있다. 그렇지만 위헌결정 이후 입법상황 내지 입법여건이 본질적으로 변화하였고 이를 근거로 입법자가 그 입법이 다시 필요하다고 판단하여 재입법하는 경우는 헌법적으로 허용된다고 보아야 한다.

헌법재판소는 입법자인 국회에 대하여도 위헌결정의 기속력이 미치는지 여부, 나아가 결정주문뿐만 아니라 결정이유에까지 그 기속력이 인정되는지 여부 등의 문제와 관련하여, 헌법재판권 내지 사법권의 범위와 한계, 국회의 입법권의 범위와 한계 등을 고려하여 신중하게 접근할 필요가 있음을 인정하면서도, 결정이유에 위헌결정의 기속력을 인정할 수 있으려면 주문을 뒷받침하는 이유에 대하여 적어도 위헌결정의 정족수인 재판관 6인 이상의 찬성이 있어야 하므로 이에 미달할 경우에는 결정이유에 대하여 기속력을 인정할 여지가 없다고 판시한다(헌재 2008. 10. 30. 2006헌마1098등, 의료법 제61조 제1항 중 '장애인복지법'에 따른 시각장애인 중 부분 위헌확인(기각)).

(ii) 헌법재판소 자신에게도 이러한 기속력이 미치므로 헌법재판소는 이미 내린 결정을 임의로 변경할 수 없다. 다만, 헌법재판소법 제23조 제2항 제2호에 의하여 판례 변경을 통하여 자신의 결정을 변경할 수 있을 뿐이다.

그런데 헌법재판소의 결정에 대하여 재심(再審)이 허용되는지 여부는 실정법상 명문의 규정이 없기 때문에 논란이 있다. 헌법재판소는 심판절차의 종류에 따라 개별적으로 재심의 허용 여부와 정도를 판단한다. 재심은 재판을 받은 당사자에게 인정되는 특별한 불복절차인데, 위헌법률심판은 법원의 제청에 의한 심판으로서 당사자를 상정할 수 없으므로 위헌법률심판에 대한 재심청구는 부적법하다(실무제요, 124면). 위헌법률심판을 구하는 헌법소원이 인용된 경우(제68조 제2항)에는 인용결정(위헌결정)의 일반적 기속력과 대세적·법규적 효력을 고려할 때, 재심을 허용하지 아니함으로써 얻는 법적 안정성의 이익이 재심을 허용함으로써 얻을 수 있는 구체적 타당성의 이익보다 훨씬 크므로 재심이 허용되지 아니한다(헌재 1992. 6. 26. 90헌아1, 민사소송법 제118조에 대한 헌법소원(각하)).

(d) 위헌결정의 효력발생시기

(i) 원칙적인 장래효와 형벌조항에 대한 소급효 위헌으로 결정된 법률 또는 법률조항은 그 결정이 있는 날부터 효력을 상실한다(헌재법 제47조 제2항). 한편 형벌에 관한 법률 또는 법률의 조항은 소급하여 그 효력을 상실하되, 해당 법률 또는 법률조항에 대하여 종전에 합헌으로 결정한 사건이 있는 경우에는 그 결정이 있는 날의 다음날로 소급하여 효력을 상실한다(헌재법 제47조 제3항). 위헌으로 결정된 법률조항에 대하여는 법적 안정성을 중시하여 장래효만 인정하고 있다. 반면에 형벌규정에 대하여는 구체적 정의를 중시하여 위헌결정된 형벌조항은 소급하여 무효가 된다. 다만, 종전에는 형벌조항에 대한 위헌결정의 소급효에 아무런 제한을 두지 아니하였으나 2014년 헌법재판소법을 개정하여 종전에 합헌결정이 있었던 경우에는 형벌조항에 대한 위헌결정도 그 합헌결정의 다음날까지만 소급하도록 하였다. 이는 과거에 합헌결정한 형벌조항에 대하여는 위헌결정의 소급효를 제한하여 그동안 쌓아 온 규범에 대한 사회적인 신뢰와 법적 안정성을 확보할 수 있게 되었다. 헌법재판소는 형벌조항에 대한 소급효제한이 평등원칙에 위반되지는 아니한다고 판시하였다(헌재 2016. 4. 28. 2015헌바216, 헌법재판소법 제47조 제3항 단서 위헌소원(합헌)).

헌법재판소법 제47조 제2항이 형벌법규 이외의 법률 또는 법률조항에 대한 위헌결정에 대하여 소급효를 인정하지 아니함으로 인하여 구체적 타당성이나 평등의 원칙이 완벽하게 실현되지 아니하더라도 이를 헌법위반이라 할 수 없다(헌재 2008.9.25. 2006헌바108, 헌법재판소법 제47조 제2항 위헌소원(합헌)). 헌법재판소법 제47조 제3항에서 형벌에 관한 법률 또는 법률의 조항에 한하여 위헌결정의 소급효를 인정하고 있다고 하더라도 이를 평등원칙에 어긋나는 자의적인 차별이라고 할 수 없다(헌재 2001.12.20. 2001헌바7등, 헌법재판소법 제47조 제2항 위헌소원(합헌)).

"헌법은 헌법재판소에서 위헌으로 선고된 법률 또는 법률의 조항의 시적 효력범위에 관하여 직접적으로 아무런 규정을 두지 아니하고 하위법규에 맡겨 놓고 있는바, … 위헌으로 선고된 법률 또는 법률의 조항이 제정 당시로 소급하여 효력을 상실하는가 아니면 장래에 향하여 효력을 상실하는가의 문제는 특단의 사정이 없는 한 헌법적합성의 문제라기보다는 입법자가 법적 안정성과 개인의 권리구제 등 제반이익을 비교형량하여 가면서 결정할 입법정책의 문제 … '법적 안정성 내지 신뢰보호의 원칙'과 '개별적 사건에 있어서의 정의 내지 평등의 원칙'이라는 서로 상충되는 두 가지 원칙이 대립하게 되는데 이 중 어느 원칙을 더 중요시할 것인가에 관하여는 법의 연혁 · 성질 · 보호법익 등을 고려하여 입법자가 자유롭게 선택할 수 있도록 일임된 사항으로 보여진다"(헌재 1993.5.13. 92헌가10등, 헌법재판소법 제47조 제2항 위헌제청(합헌))(헌재 2001.12.20. 2001헌바7등, 헌법재판소법 제47조 제2항 위헌소원(합헌)).

위헌으로 결정된 법률 또는 법률의 조항에 근거한 유죄의 확정판결에 대하여는 재심을 청구할 수 있고, 이러한 재심에 대하여는 형사소송법을 준용한다(헌재법 제47조 제4항, 제5항). 형벌에 관한 조항이 위헌으로 결정된 경우 실무에서는 다음과 같이 사건을 처리한다. 먼저, 수사 중인 사건은 혐의없음 결정을 하거나, 가중처벌규정만이 위헌결정이 된 경우에는 기본구성요건을 정한 규정으로 의율하여 처리한다. 재판 계속 중인 사건은 공소를 취소하거나, 공소장변경을 신청하고, 판결이 선고되었지만 상소 제기가 가능한 사건은 피고인을 위하여 상소한다. 재판이 확정된 사건은 재심의 대상이 된다. 한편 헌법재판소는 위헌결정의 소급효와 관련하여 형벌에 관한 법률조항이라 하더라도 불처벌의 특례를 규정한 법률조항에 대한 위헌결정에 대하여는 소급효를 인정하지 아니한다. 만약 이에 대한 소급효를 인정하면 불처벌의 특례에 따라 형사처벌을 받지 아니한 자들에게도 특례의 폐지가 적용되어 형사상의 불이익이 소급적으로 미치게 되기 때문이다(헌재 1997.1.16. 90헌마110등, 교통사고처리특례법 제4조 등에 대한 헌법소원(기각, 각하)).

위헌으로 결정된 법률 또는 법률의 조항에 근거한 유죄의 확정판결에 대하여는 재심을 청구할 수 있고, 재심에 관하여는 형사소송법을 준용한다(헌재법 제47조 제4항, 제5항). 실무적으로는 형벌에 관한 조항이 위헌으로 결정된 경우에는 다음과 같이 사건을 처리한다. 즉 수사 중인 사건은 혐의없음 결정을 하거나, 가중처벌규정만이 위헌결정이 된 경우에는 기본구성요건을 정한 규정으로 의율(擬律)하여 처리한다. 재판 계속 중인 사건은 공소를 취소하거나, 공소장변경을 신청한다. 판결이 선고된 사건은 피고인을 위하여 상소한다. 재판이 확정된 사건은 재심의 대상이 된다. 한편, 헌법재판소는 형벌에 관한 법률조항이라 하더라도 불처벌의 특례를 규정한 법률조항에 대한 위헌결정에 대하여는 소급효를 인정하지 아니한다. 만약 이에 대한 소급효를 인정할 경우에는 그 조항에 의거하여 형사처벌을 받지 아니한 자들에게 형사상의 불이익이 미치게 되기 때문이다(헌재 1997.1.16. 90헌마110등, 교통사고처리특례법 제4조 등에 대한 헌법소원(기각,각하)).

헌법재판소법 제47조 제3항에 의하여 소급효가 인정되는 "형벌에 관한 법률 또는 법률의 조항"의 범위는 실체적인 형벌법규에 한정하여야 하고 위헌으로 결정된 법률이 형사소송절차의 절차법적인 법률인 경우에는 동 조항이 적용되지 아니한다고 해석하여야 한다(헌재 1992.12.24. 92헌가8, 형사소송법 제331조 단서 규정에 대한 위헌심판(위헌)).

(ii) **예외적인 소급효와 판례를 통한 확대** 헌법재판소법은 형벌조항의 경우를 제외하고는 위헌결정의 장래효를 규정하고 있지만, 헌법재판소는 형벌조항 이외의 경우에도 판례를 통하여 위헌결정의 소급효를 대폭 확대하고 있다. 즉, ① 위헌결정을 위한 계기를 부여한 사건(당해사건), ② 위헌결정이 있기 전에 이와 동종의 위헌 여부에 관하여 헌법재판소에 위헌제청을 하였거나 법원에 위헌제청신청을 한 사건(동종사건), ③ 따로 위헌제청신청을 아니하였지만 당해 법률조항이 재판의 전제가 되어 법원에 계속 중인 사건(병행사건)에 대하여 구체적 규범통제의 실효성 보장을 위하여 소급효가 인정되어야 한다고 본다. 한편 ④ 위헌결정 이후에 제소된 사건(일반사건)이라도 구체적 타당성의 요청이 현저하고 소급효의 부인이 정의와 형평에 어긋나는 경우에는 예외적으로 소급효를 가진다고 하였다. ①-③의 경우에는 구체적 규범통제의 실효성을 보장하기 위하여 소급효가 인정되어야 하고, ④의 경우에는 개별 사안에 따라 구체적 타당성의 요청이 현저한 경우에 한하여 소급효를 인정할 수 있다는 것이다. 어떤 사안이 ④의 경우에 해당하는지는 헌법재판소가 위헌선언을 하면서 그 주문에서 밝히거나, 일반 법원이 개별 사건에서 해당 법률의 연혁·성질·보호법익 등을 검토하고 제반이익을 형량에서 합리적·합목적적으로 정하여 대처할 문제로 보았다.

"구체적 규범통제의 실효성의 보장의 견지에서 법원의 제청·헌법소원의 청구 등을 통하여 헌법재판소에 법률의 위헌결정을 위한 계기를 부여한 당해 사건, 위헌결정이 있기 전에 이와 동종의 위헌 여부에 관하여 헌법재판소에 위헌제청을 하였거나 법원에 위헌제청신청을 한 경우의 사건, 그리고 따로 위헌제청신청을 아니하였지만 당해 법률 또는 법률의 조항이 재판의 전제가 되어 법원에 계속중인 사건에 대하여는 소급효를 인정하여야 할 것이다. 또 다른 한가지의 불소급의 원칙의 예외로 볼 것은, 당사자의 권리구제를 위한 구체적 타당성의 요청이 현저한 반면에 소급효를 인정하여도 법적 안정성을 침해할 우려가 없고 나아가 구법에 의하여 형성된 기득권자의 이익이 해쳐질 사안이 아닌 경우로서 소급효의 부인이 오히려 정의와 형평 등 헌법적 이념에 심히 배치되는 때라고 할 것으로, 이 때에 소급효의 인정은 법 제47조 제2항 본문의 근본취지에 반하지 않을 것으로 생각한다. 어떤 사안이 후자와 같은 테두리에 들어가는가에 관하여는 다른 나라의 입법례에서 보듯이 본래적으로 규범통제를 담당하는 헌법재판소가 위헌선언을 하면서 직접 그 결정주문에서 밝혀야 할 것이나, 직접 밝힌 바 없으면 그와 같은 경우에 해당하는가의 여부는 일반 법원이 구체적 사건에서 해당 법률의 연혁·성질·보호법익 등을 검토하고 제반이익을 형량에서 합리적·합목적적으로 정하여 대처할 수밖에 없을 것으로 본다"(헌재 1993.5.13. 92헌가10등, 헌법재판소법 제47조 제2항 위헌제청(합헌)).

한편 대법원은 위의 ①-③의 경우에 대해 소급효를 인정하는 것은 물론이고, "위헌결정 이후에 위와 같은 이유로 제소된 일반사건에도 미친다"라고 하여, ④의 경우에도 원칙적으로 소급효를 인정함으로써 위헌결정의 소급효를 더 확대하고 있다. 다만, 일반사건의 경우에는 기판력과 행정행위의 확정력 등 다른 법리에 의하여 위헌결정의 소급효가 제한될 수 있다는 입장이다(대판 1994.10.25. 93다42740; 대판 1994.10.28. 92누9463).

"헌법재판소의 위헌결정의 효력은 위헌제청을 한 당해 사건, 위헌결정이 있기 전에 이와 동종의 위헌 여부에 관하여 헌법재판소에 위헌여부심판을 제청하였거나 법원에 위헌여부심판제청 신청을 한 경우의 당해 사건과, 따로 위헌제청신청은 아니하였지만 당해 법률 또는 법률의 조항이 재판의 전제가 되어 법원에 계속중인 사건뿐만 아니라, 위헌결정 이후에 같은 이유로 제소된 일반사건에도 미친다"(대판 1995.7.28. 94다20402; 대판 2000.2.25. 99다54332).

"위헌결정의 효력은 그 미치는 범위가 무한정일 수는 없고, 법원이 위헌으로 결정된 법률 또는 법률의 조항을 적용하지는 않더라도 다른 법리에 의하여 그 소급효를 제한하는 것까지 부정되는 것은 아니라 할 것이며, 법적 안정성의 유지나 당사자의 신뢰보호를 위하여 불가피한 경우에 위헌결정의 소급효를 제한하는 것은 오히려 법치주의의 원칙상 요청되는 바라 할 것이다." 구 지방공무원법에 의하여 "당연퇴직한 지방공무원이 당연퇴직의 근거가 된 위 규정이 헌법재판소의 2002.8.29.자 2001헌마788, 2002헌마173(병합) 결정으로 효력을 상실하자 위헌결정 이후에 같은 이유로 공무원지위확인 등을 구하기 위하여 제소한 일반사건인 이 사건의 경우 원고의 권리구제를 위한 구체적 타당성의 요청이 현저한 경우에 해당한다거나 소급효의 부인이 정의와 형평 등 헌법적 이념에 심히 배치되는 때에 해당한다고 보기 어려우며, 오히려 위헌결정의 소급효를 인정할 경우 구 지방공무원법에 의해 형성된 공무원의 신분관계에 관한 법적 안정성이 심하게 침해될 것으로 보여서, 이 사건은 위헌결정의 소급효를 제한하는 것이 법치주의의 원칙상 요청되는 경우에 해당한다"(대판(전합) 2005.11.10. 2003두14963).

(iii) **위헌결정의 소급효와 위헌법률에 근거한 행정행위의 효력** 헌법재판소의 위헌결정은 모든 국가기관을 기속하므로 행정청은 헌법재판소가 위헌으로 결정한 법률에 근거하여 행정행위를 할 수 없다. 헌법재판소의 위헌결정에도 불구하고 행정청이 그 법률에 근거한 처분을 하였다면 그 처분은 무효이다. 문제는 헌법재판소의 위헌결정이 있기 전에 이루어진 행정행위도 그 근거 법률의 위헌결정으로 인해 무효가 되는지, 아니면 취소할 수 있는 행정행위에 불과한 것인지이다. 이는 어떤 법률에 근거하여 행정행위가 이루어진 후에 그 근거 법률의 위헌성이 헌법재판소 결정으로 확인된 경우 헌법재판소의 위헌결정 이전에 있었던 행정행위의 효력은 어떻게 되는지에 관한 문제로서, 위헌결정의 소급효를 전제로 한 논의이다. 즉, 위헌결정의 소급효는 당연히 미친다는 전제 하에서 행정행위의 근거가 된 법률이 사후적으로 위헌결정되었다는 하자가 그 행정행위를 무효로 하는 하자인지, 취소할 수 있는 하자인지에 관한 문제이다.[1)]

대법원은 행정행위의 무효사유를 판단하는 기준으로 이른바 '중대명백설'을 취하는데, 행정행위의 근거가 된 법률이 헌법에 위반된다는 것은 중대한 하자이기는 하지만 헌법재판소에 의하여 위헌결정이 나기 전에는 그 하자가 명백한 것은 아니므로, 근거 법률이 사후에 위헌으로 결정되었다는 사실은 행정행위의 취소사유에 해당하는 하자일 뿐 무효사유는 아니라는 입장이다. 이에 따르면, 행정행위의 근거가 된 법률에 대해 위헌결정이 선고되더라도 그 행정행위에 대해 무효를 주장할 수는 없고 제소기간 내에 취소소송을 제기하여 취소를 구할 수 있을 뿐이다.

> "위헌인 법률에 근거한 행정처분이 당연무효인지의 여부는 위헌결정의 소급효와는 별개의 문제로서, 위헌결정의 소급효가 인정된다고 하여 위헌인 법률에 근거한 행정처분이 당연무효가 된다고는 할 수 없고, 오히려 이미 취소소송의 제기기간을 경과하여 확정력이 발생한 행정처분에는 위헌결정의 소급효가 미치지 않는다고 보아야 한다"(대판 1994.10.28. 92누9463; 헌재 2004.6.24. 2003헌바30, 지방공무원법 제29조의3 위헌소원(각하)).

---

1) 남복현, "형벌법규에 대한 위헌결정의 효력을 둘러싼 쟁점-위헌결정의 소급효 제한과 그 제한시점을 중심으로", 공법연구 43-1; 이성환, 헌법재판소 결정의 효력에 관한 연구, 서울대 박사학위논문, 1994; 최희수, 법률의 위헌결정의 효력에 관한 연구, 고려대 박사학위논문, 2002.2; 김현철, "형벌조항에 대한 위헌결정의 소급효 제한", 헌법재판연구 3-2. 입법으로 해결되기 이전에도 가장 최근에 합헌결정된 이후로 형벌법규의 소급효를 제한하여야 한다는 견해도 있었다: 박진우, "형벌조항에 관한 위헌결정의 소급효에 대한 비판적 연구", 세계헌법연구 17-2; 허완중, "위헌결정의 효력과 행정처분의 효력", 공법연구 47-3; 최승필, "위헌결정과 행정처분의 효력", 공법연구 47-3.

(5) 변형결정(變形決定)

A. 의 의

헌법재판소법 제45조 본문은 "헌법재판소는 제청된 법률 또는 법률조항의 위헌 여부만을 결정한다"라고 규정하고 있다. 여기서 "위헌 여부만을"이라는 문구에 주목하여 헌법재판소는 원칙적으로 합헌결정 아니면 위헌결정 둘 중 하나만을 선고할 수 있다는 견해도 있다. 대법원이 헌법재판소의 변형결정의 효력을 따르지 않을 때 제시하는 논리이기도 하다(대판 1996.4.9. 95누11405; 대판 2013.3.28. 2012재두299). 그러나, 위 조항에 곧바로 이어지는 단서에서 "다만, 법률 조항의 위헌결정으로 인하여 해당 법률 전부를 시행할 수 없다고 인정될 때에는 그 전부에 대하여 위헌결정을 할 수 있다"고 한 것을 보면, 위 조항의 의미는 '합헌결정 아니면 위헌결정을 선고해야 한다'는 의미가 아니라 '법원이 제청한 법률 또는 법률조항에 대해서만' 결정하라는 의미로 보인다(전상현, "위헌법률심사의 본질과 한정위헌", 헌법학연구 19-2, 318면.). 헌법재판소는 단순합헌이나 단순위헌결정 이외에도 경우에 따라서는 국회입법권의 존중, 법률생활의 안정, 복잡 다양한 헌법상황과 법적 공백·법적 혼란상태의 극복을 위하여 유연하고 신축성 있는 판단을 해야 할 필요성에 따라 변형결정을 하고 있다. 변형결정으로는 헌법불합치결정, 한정합헌결정, 한정위헌결정, 일부위헌결정, 적용위헌결정 등이 있다.[1]

B. 허용 여부

(a) 긍정설 변형결정의 남발을 우려하면서도 변형결정 자체는 허용하여야 한다는 입장이다. 그 근거로는 ① 위헌결정이 초래할 법적 공백과 법적 혼란의 방지, ② 복잡하고 다양한 헌법상황 속에서 유연하고 신축성 있는 판단의 필요성, ③ 국회입법권의 존중, ④ 외국에서도 변형결정의 인정 등을 들고 있다. 헌법재판소도 그간 다양한 변형결정을 내린다.

> "제45조에 근거하여 한 변형재판에 대응하여 위헌법률의 실효 여부 또는 그 시기도 헌법재판소의 재량으로 정할 수 있는 것으로 보아야 하며 이렇게 함으로써 비로소 헌법재판의 본질에 적합한 통일적, 조화적인 해석을 얻을 수 있"다(헌재 1989.9.8. 88헌가6, 국회의원선거법 제33조, 제34조의 위헌심판(헌법불합치,잠정적용)).

---

1) 헌법재판소, 헌법재판실무제요, 161면 이하; 남복현, 헌법불합치결정의 현안, 한국학술정보; 방승주, "헌법불합치결정과 그에 대한 국회 및 법원의 반응: 2006년 6월 이후의 위헌법률심판("헌가" 및 "헌바")사건을 중심으로", 헌법학연구 17-4; 한수웅, "위헌법률의 잠정적용을 명한 헌법불합치결정의 효력", 김용준헌법재판소장 회갑기념논문집; 허완중, "한정위헌결정과 일부위헌결정의 관계", 헌법학연구 20-4; 이동훈, "헌법재판에서 변형결정의 기속력", 공법학연구 17-2; 남복현, "한정위헌결정의 실체법적 쟁점에 관한 헌법재판소와 대법원의 견해 비교연구", 헌법실무연구 20.

(b) 부정설 헌법재판소가 최초로 헌법불합치결정을 선고한 사건에서, 헌법재판소는 변형결정을 선고할 수 없다는 반대의견이 제시된 바 있었다. 헌법재판소는 제청된 법률이 위헌인지 합헌인지를 분명히 결정해야 할 의무가 있고, 위헌으로 결정하면 그 효력은 헌법재판소법이 규정한 대로 정해지는 것이지 헌법재판소가 그 효력을 변경하거나 유보시킬 수 없다는 이유에서다(88헌가6 결정의 재판관 변정수의 반대의견). 같은 취지에서 위헌결정의 효력을 헌법재판소가 유보하는 결정을 할 수 있으려면 헌법재판소법의 개정이 필요하다는 의견도 있었다(88헌가6 결정의 재판관 김진우의 반대의견).

대법원은 헌법재판소의 변형결정에 대하여 사안에 따라 달리 판단한다. 헌법불합치결정에 관하여는, 헌법불합치결정이 적용중지 또는 잠정적용을 동반하는 위헌결정의 일종임은 인정하면서도 적용중지나 잠정적용 또는 개선입법의 소급적용 범위에 관하여는 헌법재판소의 판단에 구애받지 아니하고 독자적으로 판단한다(대판 2011.9.29. 2008두18885; 대판 2020.1.30. 2018두49154). 특히 형벌조항에 대하여는 헌법불합치결정을 단순위헌결정과 같이 취급하여 적용중지 또는 잠정적용 가능성을 부인함으로써 헌법불합치결정을 인정하지 아니한다(대판(전합) 2011.6.23. 2008도7562; 대판 2018.10.25. 2015도17936). 한편, 한정합헌이나 한정위헌 결정에 대하여는 여러 차례에 걸쳐 그 기속력을 부인한다(대판 1996.4.9. 95누11405; 대판 2013.3.28. 2012재두299). 그러나 헌법재판소 최초의 한정위헌이라고 할 수 있는 "민법 제764조의 '명예회복에 적당한 처분'에 사죄광고를 포함시키는 것은 헌법에 위반된다"는 결정에 대하여는 별다른 이견 없이 그 결정을 수용하여 이후 법원의 판결에 반영하였고, 헌법재판소의 한정위헌결정을 명시적으로 원용하여 한정위헌결정된 법령의 적용을 배제한 사례도 있다(대결 2005.8.2. 2004마494).

(c) 검 토 법률조항이 규율하는 영역 중에서 일부에 대하여만 위헌성이 인정되거나 다의적인 해석가능성이 있는 법률조항 중 특정한 해석에 위헌성이 인정되는 경우에 그 위헌성이 인정되는 부분에 한정하여 위헌으로 결정하는 것은 허용되어야 할 뿐 아니라, 필요한 것일 수도 있다. 또한 위헌결정으로 인하여 법률조항의 효력이 즉시 상실됨으로써 발생하는 법적 공백이 너무 크거나 오히려 위헌결정의 취지에 반하는 사태가 발생하는 경우라면 위헌결정에도 불구하고 그 법률조항의 효력을 유지시킬 필요가 있다. 따라서 헌법재판소가 사안에 따라 변형결정을 선고하는 것은 필요하다. 그러나 변형결정은 헌법재판소법이 예정하지 아니한 결정 형식으로서 위헌결정의 범위와 효력을 헌법재판소 스스로 정한다는 점에서 남용될 우려가 있다. 따라서 변형결정은 단순위헌결정으로는 대처하기 어려운 불가피한 사정이 있는 경우로만 제한되어야 한다. 그리고 변형결정의 선고

가 불가피한 이유에 대하여 헌법재판소가 분명하게 논증하여야 한다.

C. 헌법불합치결정(憲法不合致決定)

(a) 의 의 헌법불합치결정이란 비록 위헌성이 인정되는 법률이라 하더라도 위헌결정의 효력을 즉시 발생시킬 때 오는 법의 공백을 막아 법적 안정성을 유지하기 위하여 일정기간 당해 법률의 효력을 지속시키는(계속효) 결정형식이다. 헌법불합치결정의 주문형식은 "헌법에 합치되지 아니한다"로 하고 있으며, 이에 부수하여 "위 법률조항은 입법자가 개정할 때까지(또는 일정한 시한을 정하여) 계속 적용된다"라고 하거나(계속적용), "법원 기타 국가기관 및 지방자치단체는 위 법률조항의 적용을 중지하여야 한다"는(적용중지) 주문을 덧붙인다.

> "단순위헌의 결정을 하여 그 결정이 있은 날로부터 법률의 효력을 즉시 상실하게 하는 하나의 극에서부터 단순합헌의 결정을 하여 법률의 효력을 그대로 유지시키는 또 하나의 극 사이에서, 문제된 법률의 효력상실의 시기를 결정한 날로부터 곧 바로가 아니라 새 법률이 개정될 때까지 일정기간 뒤로 미루는 방안을 택하는 형태의 결정주문을 우리는 '헌법에 합치하지 아니한다'로 표현하기로 한다"(헌재 1989.9.8. 88헌가6, 국회의원선거법 제33조·제34조의 위헌심판(헌법불합치,잠정적용)).

이 경우 헌법불합치결정은 위헌결정과 개선입법을 명하는 결정이 결합된 형태로 이해할 수 있다. 그러나 문제의 법률 또는 법률의 조항이 이미 개정되었을 경우에는 그 개정의 취지를 존중하여 따로 개선입법을 명하는 결정을 할 필요는 없다.

헌법재판소의 결정 중에는 주문에서는 헌법에 합치되지 아니한다는 주문만을 선고하고 이유에서 적용중지를 명하는 경우도 있고(헌재 2020.9.24. 2018헌가15등; 헌재 2024.7.18. 2022헌가6), 동일한 법률조항에 대하여 이미 헌법불합치결정과 함께 개선입법 및 계속적용을 명하는 결정이 있었음을 이유로 "헌법에 합치되지 아니함을 확인한다"는 주문만을 선고한 사례도 있다(헌재 2022.11.24. 2021헌바301).

(b) 헌법불합치결정의 필요성 단순위헌결정으로 법적 공백과 혼란이 우려되어 법적 안정성을 도모할 필요가 있는 경우, 위헌적 상태를 해결하기 위하여 다양한 방법이 가능하여 그 선택을 입법자의 입법형성권에 맡겨야 하는 경우에 불합치결정이 필요하다(헌재 2002.11.28. 2001헌가28, 국가정보원직원법 제17조 제2항 위헌제청(헌법불합치,잠정적용)). 구체적으로 헌법불합치결정이 인정되는 경우는 다음과 같다(실무제요, 228면 이하 참조).

(ⅰ) 평등원칙에 위반된 법률에 대하여 단순위헌결정을 하게 되면 입법자의 의사와 관계없이 헌법적으로 규정되지 아니한 법적 상태를 일방적으로 형성하는 결과를 초래할 경우

헌재 2000.8.31. 97헌가12. 국적법 제2조 제1항 제1호 위헌제청(잠정적용,각하); 헌재 2001.6.28. 99헌마516. 고엽제후유의증환자지원등에관한법률 제8조 제1항 제1호 등 위헌확인(잠정적용,각하); 헌재 2001.9.27. 2000헌마152. 세무사법중개정법률 중 제3조 제2호를 삭제한다는 부분 등 위헌확인(잠정적용); 헌재 2001.11.29. 99헌마494, 재외동포의출입국과법적지위에관한법률 제2조 제2호 위헌확인(잠정적용); 헌재 2006.2.23. 2004헌마675등, 국가유공자등예우및지원에관한법률 제31조 제1항 등 위헌확인(잠정적용).

(ii) 자유권이라 하더라도 법률의 합헌부분과 위헌부분의 경계가 불분명하여 단순위헌결정으로는 적절하게 구분하여 대처하기가 어렵거나 권력분립원칙과 민주주의원칙에서 입법자에게 위헌적인 상태를 제거할 수 있도록 배려하는 경우

헌재 1989.9.8. 88헌가6, 국회의원선거법 제33조, 제34조의 위헌심판(잠정적용); 헌재 1991.3.11. 91헌마21, 지방의회의원선거법 제36조 제1항에 대한 헌법소원(잠정적용,각하); 헌재 1993.3.11. 88헌마5, 노동쟁의조정법에 관한 헌법소원(잠정적용); 헌재 1994.7.29. 92헌바49, 토지초과이득세법 제10조 등 위헌소원(적용중지); 헌재 1998.12.24. 89헌마214 등, 도시계획법 제21조에 대한 헌법소원(적용중지); 헌재 2001.5.31. 99헌가18등, 부동산실권리자명의등기에 관한법률 제10조 제1항 위헌제청 등(적용중지); 헌재 2002.9.19. 2000헌바84, 약사법 제16조 제1항 등 위헌소원(잠정적용); 헌재 2003.3.27. 2000헌바26, 구 사립학교법 제53조의2 제3항 위헌소원(적용중지); 헌재 2003.7.24. 2000헌바28, 구 소득세법 제101조 제2항 위헌소원(적용중지) 등.

(iii) 단순위헌선언을 한다면 법적 공백상태가 야기되고 법적 혼란을 초래할 우려가 있는 경우

헌재 1997.3.27. 95헌가14등, 민법 제847조 제1항 위헌제청 등(적용중지,형식적존속); 헌재 1999.5.27. 98헌바70, 한국방송공사법 제35조 등 위헌 소원(잠정적용,합헌); 헌재 1999.10.21. 97헌바26, 도시계획법 제6조 위헌소원(잠정적용); 헌재 2002.11.28. 2001헌가28, 국가정보원직원법 제17조 제2항 위헌제청(잠정적용).

(iv) 이미 헌법합치적 입법이 있는 경우

헌재 1995.9.28. 92헌가11등, 특허법 제81조 제1항 등 위헌제청(잠정적용); 헌재 1995.11.30. 91헌바1등, 소득세법 제60조 등에 대한 헌법소원(적용중지), 헌재 2020.9.24. 2018헌가15, 공직선거법 제57조 제1항 제1호 다목 위헌제청(잠정적용).

(c) 헌법불합치결정의 범위 헌법재판소는 법률 전부에 대하여 헌법불합치결정을 할 수도 있으나(헌재 1994.7.29. 92헌바49등, 토지초과이득세법 제10조 등 위헌소원(잠정적용)), 법률조항의 일부에 대하여 헌법불합치결정을 하기도 한다(헌재 1997.3.27. 95헌가14등, 민법 제847조 제1항 위헌제청 등(잠정적용)).

(d) 헌법불합치결정의 효력(效力) 헌법불합치결정도 위헌결정으로서 기속

력을 가지며 확정력과 법규적 효력을 가진다.

(i) 위헌법률의 형식적 존속과 입법개선의무 단순위헌결정과 달리 헌법불합치결정이 내려지면 법률은 일정 기간 형식적으로 존속한다.

헌재 1994.7.29. 92헌바49등, 토지초과이득세법 제10조 등 위헌소원(적용중지); 헌재 1997.3.27. 95헌가14등, 민법 제847조 제1항 위헌제청 등(적용중지).

따라서 헌법불합치결정된 법률에 근거한 처분 등은 그 기간 동안 하자 없는 처분으로 존속하게 된다. 또한 헌법불합치결정은 입법자의 입법형성권을 존중하여 합헌적 상태의 실현을 입법자에게 맡긴다는 것에 그 본질이 있으므로, 입법자는 입법개선의무를 진다.

헌법재판소는 2005헌바33 사건에서 구 공무원연금법 제64조 제1항 제1호가 공무원의 '신분이나 직무상 의무'와 관련이 없는 범죄에 대하여서도 퇴직급여의 감액사유로 삼는 것이 퇴직공무원들의 기본권을 침해한다는 이유로 헌법불합치결정을 하였고, 2008헌가15 결정에서 구 공무원연금법조항을 준용하고 있던 구 사립학교교직원 연금법 제42조 제1항 전문에 대하여도 같은 취지로 헌법불합치결정을 하였다. 사립학교 교원이 '직무와 관련 없는 과실로 인한 경우' 및 '소속상관의 정당한 직무상의 명령에 따르다가 과실로 인한 경우'를 제외하고 재직 중의 사유로 금고 이상의 형을 받은 경우, 퇴직급여 등을 감액하도록 규정한 구 사립학교교직원 연금법 제42조 제1항 전문 중 공무원연금법 제64조 제1항 제1호 준용 부분은 그에 따른 개선입법인바, 교원의 직무와 관련이 없는 범죄라 할지라도 고의범(故意犯)의 경우에는 교원의 법령준수의무, 청렴의무, 품위유지의무 등을 위반한 것으로 볼 수 있으므로 이를 퇴직급여의 감액사유에서 제외하지 아니하더라도 위 헌법불합치결정의 취지에 반한다고 볼 수 없다(헌재 2013.9.26. 2010헌가89 등, 사립학교교직원 연금법 제42조 제1항 위헌제청 등(각하,합헌)).

(ii) 법률의 적용중지, 절차정지 헌법불합치결정의 경우 원칙적으로 해당 법률의 적용이 중지되고, 결정 당시 법원 및 행정청에 계속된 모든 유사사건의 절차는 정지되어야 한다. 헌법불합치결정은 위헌결정의 일종으로서 법률이 형식적으로 존속하는 것과는 무관하게 당해 법률의 위헌성은 확인되었으므로 이를 적용함으로써 야기되는 위헌적 상태의 지속은 법치국가원리에 위배될 수 있기 때문이다. 단순위헌결정의 경우에는 절차가 정지되지 아니하고 헌법재판소의 위헌결정에 따라 절차가 진행되고 판결이 내려진다는 점에서 헌법불합치결정과 구별된다.[1)]

---

1) 적용중지 결정례: 92헌바49등; 91헌바1등; 95헌가14등; 95헌가6등; 94헌바19등; 96헌가22등; 89헌바214등, 99헌가2; 96헌바95등; 99헌가18등; 2000헌바26; 2000헌바28; 2003헌바16; 2002헌가22등; 2003헌가1등; 2005헌가17등; 2004헌가25; 2006헌바5; 2004헌마1010등; 2007헌가4; 2004헌마1010등; 2007헌가8; 2007헌가22; 2008헌가28; 2008헌가4; 2010헌마418; 2010헌가86; 2009헌바146; 2010헌바

헌법불합치결정도 본질적으로 위헌결정의 일종이므로 소급효를 가지며, 그 범위도 단순위헌결정과 같다. 그러나 그 의미와 내용은 단순위헌결정과 같을 수 없다. 즉 단순위헌결정의 경우 소급효가 미치는 당해 사건 등에 대하여 법원은 당해 규정의 무효를 전제로 재판을 하여야 하지만, 헌법불합치결정의 경우(예외적으로 잠정적용이 명하여진 경우가 아니라면) 소급효가 미치는 사건에 대하여는 입법자의 결정(법률의 개정 또는 폐지 등)을 기다려 그에 따라 재판을 하여야 한다. 한편 대법원은 (단순)위헌결정의 소급효에서와 달리 헌법불합치결정(적용중지) 이후에 제소된 일반사건에 관하여 원칙적으로 개정법률을 소급하여 적용할 수 없다는 입장이다.

> "어떠한 법률조항에 대하여 헌법재판소가 헌법불합치결정을 하여 그 법률조항을 합헌적으로 개정 또는 폐지하는 임무를 입법자의 형성 재량에 맡긴 이상, 그 개선입법의 소급적용 여부와 소급적용의 범위는 원칙적으로 입법자의 재량에 달"려 있다(대판 2008.1.17. 2007두21563 (과징금부과처분무효확인등)).
>
> "적어도 헌법불합치결정을 하게 된 당해 사건 및 위 헌법불합치결정 당시에 위 법률조항의 위헌 여부가 쟁점이 되어 법원에 계속 중인 사건에 대하여는 위 헌법불합치결정의 소급효가 미친다고 하여야 할 것이므로 비록 현행 사립학교법 부칙 (2005.1.27.) 제2항의 경과조치의 적용 범위에 이들 사건이 포함되어 있지 않더라도 이들 사건에 대하여는 종전의 법률조항을 그대로 적용할 수는 없고, 위헌성이 제거된 현행 사립학교법의 규정이 적용"된다고 보아야 한다(대판 2006.3.9. 2003다52647 (교원재임용제외결정무효확인)).
>
> "어느 법률 또는 법률조항에 대한 적용중지의 효력을 갖는 헌법불합치결정에 따라 개선입법이 이루어진 경우 헌법불합치결정 이후에 제소된 일반사건에 관하여 개선입법이 소급하여 적용될 수 있는지 여부는, 그와 같은 입법형성권 행사의 결과로 만들어진 개정법률의 내용에 따라 결정되어야 하므로, 개정 법률에 소급적용에 관한 명시적인 규정이 있는 경우에는 그에 따라야 하고, 개정 법률에 그에 관한 경과규정이 없는 경우에는 다른 특별한 사정이 없는 한 헌법불합치결정 전의 구법이 적용되어야 할 사안에 관하여 개정 법률을 소급하여 적용할 수 없는 것이 원칙이다"(대판 2015.5.29. 2014두35447 (상이연금지급거부처분취소)).

이는 합헌적 상태의 실현을 입법자에게 맡긴다는 불합치결정의 본질에 비추어 당연하다고 할 수 있다. 그럼에도 개정 전의 사건에 개정법률을 소급적용할지 여부와 관련하여 실무상의 혼선이 있었다. 헌법재판소는 구 소득세법의 위임규정에 대하여 "이 사건 위임조항을 적용하여 행한 양도소득세부과처분 중 확정되지 아니한 모든 사건과 앞으로 행할 양도소득세부과처분 모두에 대하여 위 개정법률을 적용할 것을 내용으로 하는 헌법불합치결정을 하기로 한다"라고 판시하였

28; 2010헌바167; 2015헌마1160등; 2017헌가7; 2018헌바218등; 2019헌바131; 2019헌바161; 2020헌가19; 2021헌가1, 2019헌가29, 2020헌마468등, 2022헌가6 등.

다(헌재 1995.11.30. 91헌바1등, 소득세법 제60조 등에 대한 헌법소원(헌법불합치,적용중지)). 이에 따라 개정법률의 적용은 불합치결정의 본질상 당연히 인정되는 효력으로 보아야 한다.

> "헌법재판소가 헌법불합치라는 변형결정주문을 선택하여 위헌적 요소가 있는 조항들을 합헌적으로 개정 혹은 폐지하는 임무를 입법자의 형성재량에 맡긴 경우에는, 이 결정의 효력이 소급적으로 미치게 되는 모든 사건이나 앞으로 이 사건 법률조항을 적용하여 행할 부과처분에 대하여는 법리상 이 결정 이후 입법자에 의하여 위헌성이 제거된 새로운 법률조항을 적용하여야" 한다(헌재 2000.1.27. 96헌바95등, 법인세법 제59조의2 제1항 등 위헌소원(헌법불합치,적용중지,각하)).

그러나 대법원은 "위의 헌법불합치결정은 그 위헌성이 제거된 개정법률이 시행되기 이전까지는 종전 구 소득세법 제60조를 그대로 잠정 적용"을 허용하는 취지의 결정이라고 이해함이 상당하다는 이유로 양도소득세부과처분에 대하여 개정법률을 적용하지 아니하고 구법을 적용한 바 있다(대판 1997.3.28. 95누17960).

위 결정에서 헌법재판소는 잠정적용이 아니라 적용중지를 명하였다. 따라서 대법원 판결은 헌법재판소의 결정에 정면으로 배치된다.

(iii) 예외적 잠정적용 법률이 형식적으로 존속함에도 그 적용의 중지는 헌법우위의 원리(헌법의 규범력 실현)가 법적 안정성과 입법형성권에 대하여 할 수 있는 최대한의 양보이다. 그러나 헌법불합치결정과 적용중지만으로는 극복할 수 없는 법적 공백상태가 발생할 수 있다. 이러한 경우 예외적으로 법률의 잠정적용이 허용된다. 즉 "위헌적인 법률조항을 잠정적으로 적용하는 위헌적인 상태가 위헌결정으로 말미암아 발생하는 법이 없어 규율없는 합헌적인 상태보다 오히려 헌법적으로 더욱 바람직하다고 판단되는 경우에는, 헌법재판소는 법적 안정성의 관점에서 법치국가적으로 용인하기 어려운 법적 공백과 그로 인한 혼란을 방지하기 위하여 입법자가 합헌적인 방향으로 법률을 개선할 때까지 일정기간 동안 위헌적인 법규정을 존속케 하고 또한 잠정적으로 적용하게 할 필요가 있다" (헌재 1999.10.21. 97헌바26, 도시계획법 제6조 위헌소원(헌법불합치,잠정적용)).[1]

---

1) 잠정적용 결정례: 88헌가6; 91헌마21; 88헌마5; 92헌가11등; 98헌바70; 97헌바26; 99헌가7; 97헌가12; 2000헌바59; 99헌마516; 99헌바54; 2000헌마152; 2000헌마208등; 2000헌마92등; 99헌마494; 2000헌마81; 2000헌바84; 2001헌가28; 2001헌바64; 2002헌바14등; 2002헌바104; 2001헌가9등; 2003헌바40; 2005헌가1; 2003헌가5등; 2004헌마675; 2005헌마165등; 2005헌바33; 2005헌마1139; 2004헌마643; 2005헌마772; 2004헌마644등; 2004헌마1021; 2007헌마1105; 2004헌마1010등; 2007헌가4; 2007헌가9; 2006헌바112; 2006헌마352; 2007헌마1024; 2006헌마67; 2006헌마240등; 2008헌마413; 2008헌가25; 2008헌가1등; 2008헌가13; 2008헌가28; 2009헌가8; 2008헌마128; 2009헌가30; 2008헌바166; 2010헌가93; 2009헌바146, 2010헌마601; 2009헌바190; 2010헌마278; 2011헌가32; 2011헌마122; 2011헌마724; 2012헌마409등; 2013헌가28; 2009헌마256등; 2013헌바208; 2011헌바129등; 2012헌마190등; 2013헌마623; 2013헌바129; 2014헌마340등; 2013헌마757; 2012헌마858; 2013헌가9; 2013헌마712; 2014헌바446

다만, 주의할 점은 ① 이러한 잠정적용은 국민의 기본권을 침해하거나 헌법에 위반되는 법률임에도 불구하고 예외적으로 그 효력을 유지시키는 것이라는 점에서 헌법재판소가 명확히 잠정적용을 명한 경우에만 인정되어야 한다. 잠정적용은 제청신청인의 권리구제를 거부하는 결과가 되므로 판결이유와 주문에서 이를 명시하여야 한다. ② 헌법재판소도 안이하게 잠정적용을 명하여서는 아니 되며 헌법의 규범력·국민의 기본권침해의 중대성과 법적 안정성의 요구를 엄격히 교량하여 후자가 월등히 우월한 경우에만 잠정적용을 명하여야 한다.

헌법재판소가 잠정적용을 명한 경우에 법률은 형식적으로 유효할 뿐만 아니라 적용이 가능하므로 법원은 위헌으로 선언된 법률을 그대로 적용하여 판결하여야 한다.

헌법재판소가 헌법불합치결정에서 잠정적용을 명한 경우에도 국회가 헌법불합치결정의 취지에 따라 법률을 개정하였을 때 개정된 법률조항의 소급적용 여부 및 그 범위는 여전히 문제된다. 개정된 법률조항이 소급하여 적용되는 범위에 대하여는 원칙적으로 국회가 부칙에서 규정하지만, 위헌법률심판이 가지는 구체적 규범통제로서의 실효성을 보장하기 위하여서는 적어도 당해 사건에 한하여서는 헌법불합치결정에 따라 개정된 법률조항이 소급하여 적용되는 것으로 보아야 한다. 한편 대법원은 헌법불합치결정의 계기를 부여한 당해 사건 및 헌법불합치결정 당시에 그 법률조항의 위헌 여부가 쟁점이 되어 법원에 계속 중인 사건에 대하여는 개정된 법률조항이 소급적용되어야 한다는 입장이다.

> "구법 조항에 대한 이 사건 헌법불합치결정의 취지나 위헌심판에서의 구체적 규범통제의 실효성 보장이라는 측면을 고려할 때, 적어도 이 사건 헌법불합치결정을 하게 된 당해 사건 및 이 사건 헌법불합치결정 당시에 구법 조항의 위헌 여부가 쟁점이 되어 법원에 계속 중인 사건에 대하여는 이 사건 헌법불합치결정의 소급효가 미친다고 하여야 할 것이므로 비록 현행 군인연금법 부칙에 소급 적용에 관한 경과조치를 두고 있지 않더라도 이들 사건에 대하여는 구법 조항을 그대로 적용할 수는 없고, 위헌성이 제거된 현행

등; 2013헌바168; 2013헌바68; 2015헌가15; 2015헌바20; 2014헌가9; 2014헌바254; 2015헌바182; 2015헌바208등; 2015헌마653; 2015헌가19; 2015헌바370등; 2012헌바90; 2013헌바322등; 2015헌가28등; 2016헌가14; 2011헌바379등; 2012헌마191등; 2012헌마538등; 2018헌바137; 2016헌마344등; 2016헌마263; 2015헌가38; 2015헌바77등; 2018헌마415등; 2017헌바127; 2018헌마301; 2018헌마730; 2018헌마927; 2018헌가15; 2017헌가22; 2018헌가6; 2018헌가2; 2017헌바479; 2018헌마405; 2020헌마895; 2018헌마998등; 2017헌가1등; 2017헌가4; 2017헌바100등; 2018헌바504; 2020헌마895; 2018헌바357등; 2016헌마388; 2018헌바115; 2021헌바301; 2019헌마528등; 2020헌마1181; 2018헌바48; 2020헌가1; 2023헌가4; 2018헌바433; 2019헌마1234; 2023헌가12; 2020헌마1605등; 2019헌마1165; 2020헌가4등, 2021헌가3, 2021헌가19, 2020헌마389등, 2021헌마886, 2024헌가12등, 2022헌마1247 등.

군인연금법의 규정이 적용되는 것으로 보아야 할 것이다"(대판 2011.9.29. 2008두18885).

다른 한편 대법원은 잠정적용을 명한 헌법불합치결정의 구체적 적용에 있어서 법적 혼란을 이유로 헌법불합치결정을 한 경우와 수혜적 법률의 평등원칙 위반을 이유로 헌법불합치결정을 한 경우로 구분하여 전자의 경우에는 당해 사건에 위헌성을 포함하는 구법을 그대로 적용하는 반면, 후자의 경우에는 당해 사건에 위헌성을 제거한 개정법률을 소급하여 적용한다.

"만일 제청을 하게 된 당해 사건에 있어서도 소급효를 인정하지 않는다면, 제청 당시 이미 위헌여부심판의 전제성을 흠결하여 제청조차 할 수 없다고 해석되어야 하기 때문에, 구체적 규범통제의 실효성을 보장하기 위하여서라도 적어도 당해 사건에 한하여는 위헌결정의 소급효를 인정하여야 한다고 해석되고, 이와 같은 해석은 이 사건에 있어서와 같이 헌법재판소가 실질적으로 위헌결정을 하면서도 그로 인한 법률조항의 효력상실시기만을 일정기간 뒤로 미루고 있는 경우에도 마찬가지로 적용된다"(대판 1991.6.11. 90다5450).

한편 대법원은 형벌조항에 대하여는 헌법불합치결정을 독자적인 결정형식으로 인정하지 아니하고 단순위헌결정과 동일하게 취급하여 헌법재판소의 적용중지 또는 잠정적용 명령에도 불구하고 소급하여 효력을 상실한다고 본다. 따라서 형벌조항에 관한 헌법재판소의 헌법불합치결정은 법원의 재판에 있어서는 단순위헌결정과 아무런 차이가 없게 되었다.

"헌법재판소법 제47조 제2항 단서는 형벌에 관한 법률조항에 대하여 위헌결정이 선고된 경우 그 조항이 소급하여 효력을 상실한다고 규정하고 있으므로, 형벌에 관한 법률조항이 소급하여 효력을 상실한 경우에 당해 조항을 적용하여 공소가 제기된 피고사건은 범죄로 되지 아니한 때에 해당하고, 법원은 이에 대하여 형사소송법 제325조 전단에 따라 무죄를 선고하여야 한다. 또한 헌법 제111조 제1항과 헌법재판소법 제45조 본문에 의하면 헌법재판소는 법률 또는 법률조항의 위헌 여부만을 심판·결정할 수 있으므로, 형벌에 관한 법률조항이 위헌으로 결정된 이상 그 조항은 헌법재판소법 제47조 제2항 단서에 정하여진 대로 효력이 상실된다. 그러므로 헌법재판소가 이 사건 헌법불합치결정의 주문에서 이 사건 법률조항이 개정될 때까지 계속 적용되고, 이유 중 결론에서 개정시한까지 개선입법이 이루어지지 아니하는 경우 그 다음날부터 효력을 상실하도록 하였더라도, 이 사건 헌법불합치결정을 위헌결정으로 보는 이상 이와 달리 해석할 여지가 없다" (대판(전합) 2011.6.23. 2008도7562 다수의견).

이러한 대법원의 판례는 잠정적용을 명한 헌법재판소결정의 효력을 잘못 이해하고 있으므로 부당하다.

한편, 비형벌조항에 대하여 헌법불합치결정을 선고하였으나 헌법재판소가 제시한 입법시한까지 국회가 개선입법을 하지 아니한 채 개정시한이 지남으로써 해당 법률조항의 효력이 상실된 경우 헌법불합치결정의 효력이 미치는 범위가 문제된다. 이와 관련하여 대법원은 잠정적용의 경우에는 당해 사건을 포함한 모든 사건에서 해당 법률조항의 효력상실 효과는 장래를 향해서만 미칠 뿐이지만, 적용중지의 경우에는 헌법불합치결정 시점과 법률조항의 효력이 상실되는 시점 사이에 아무런 규율도 존재하지 아니하는 법적 공백을 방지할 필요가 있으므로 해당 법률조항은 헌법불합치결정이 있었던 때로 소급하여 효력을 상실한다고 본다.

비형벌조항에 대해 잠정적용 헌법불합치결정이 선고되었으나 위헌성이 제거된 개선입법이 이루어지지 않은 채 개정시한이 지남으로써 그 법률조항의 효력이 상실되었다고 하더라도 그 효과는 장래에 향해서만 미칠 뿐이다. 한편 비형벌조항에 대한 적용중지 헌법불합치결정이 선고되었으나 위헌성이 제거된 개선입법이 이루어지지 않은 채 개정시한이 지난 때에는 헌법불합치결정 시점과 법률조항의 효력이 상실되는 시점 사이에 아무런 규율도 존재하지 않는 법적 공백을 방지할 필요가 있으므로, 그 법률조항은 헌법불합치결정이 있었던 때로 소급하여 효력을 상실한다. 비형벌조항에 대해 잠정적용 헌법불합치결정이 선고된 경우라도 해당 법률조항의 잠정적용을 명한 부분의 효력이 미치는 사안이 아니라 적용중지 상태에 있는 부분의 효력이 미치는 사안이라면, 그 법률조항 중 적용중지 상태에 있는 부분은 헌법불합치결정이 있었던 때로 소급하여 효력을 상실한다(대판 2020.1.30. 2018두49154).

D. 한정합헌결정(限定合憲決定)

(a) 한정합헌결정의 의의 법률조항에 대하여 여러 해석가능성이 있는 경우에 최대한 헌법에 부합하는 방식으로 그 법률조항의 의미를 확정함으로써 그 법률조항의 합헌성을 유지하려는 결정형식을 말한다. 주문은 "… 것으로 해석되는 한(이러한 해석하에), 헌법에 위반되지 아니한다"라는 형태를 취한다. 헌법합치적 법률해석이 주문에 반영된 결정형식이다. 제한적인 해석을 전제로 헌법에 합치된다는 것을 선언함으로써 위헌적인 법률의 해석이나 적용을 차단하려는 시도로 볼 수 있지만, 한정적 합헌해석이라는 이름으로 위헌적인 법률을 존치시킴으로써 헌법재판소에게 부여된 규범통제의 기능을 제대로 수행하지 못하는 결과가 될 수도 있다. 2002년에 마지막으로 선고된(헌재 2002.4.25. 99헌바27등, 국가보안법 제7조 위헌소원(한정합헌)) 이후로 지금까지 헌법재판소도 거의 사용하지 아니하는 주문 형식이다.

"일반적으로 어떤 법률에 대하여 여러 갈래의 해석이 가능할 때에는 원칙적으로 헌법에 합치하는 해석 즉 합헌해석을 하여야 한다. 왜냐하면 국가의 법질서는 헌법을 최고법규로 하여 그 가치질서에 의하여 지배되는 통일체를 형성하는 것이며 그러한 통일체 내에서 상위규범은 하위규범의 효력근거가 되는 동시에 해석근거가 되는 것이므로, 헌법은 법률에 대하여 형식적인 효력의 근거가 될 뿐만 아니라 내용적인 합치를 요구하고 있기 때문이다"(헌재 1989.7.21. 89헌마38, 상속세법 제32조 2의 위헌 여부에 관한 헌법소원(한정합헌)).

"어떤 법률의 개념이 다의적이고 그 어의(語義)의 테두리 안에서 여러 가지 해석이 가능할 때 헌법을 그 최고법규로 하는 통일적인 법질서의 형성을 위하여 헌법에 합치되는 해석 즉 합헌적인 해석을 택하여야 하며, 이에 의하여 위헌적인 결과가 될 해석을 배제하면서 합헌적이고 긍정적인 면은 살려야 한다는 것이 헌법의 일반원리이다. 이러한 합헌적 제한해석과 주문예는 헌법재판제도가 정착된 여러 나라에 있이시 널리 활용되는 것으로서 법률에 일부 합헌적인 요소가 있음에도 불구하고 위헌적 요소 때문에 전면위헌을 선언할 때 생기는 큰 충격을 완화하기 위한 방안이"다(헌재 1990.4.2. 89헌가113, 국가보안법 제7조에 대한 위헌심판(한정합헌)).

(b) 법률의 합헌적 해석의 허용한계 "법률의 합헌적 해석은 헌법의 최고규범성에서 나오는 법질서의 통일성에 바탕을 두고, 법률이 헌법에 조화하여 해석될 수 있는 경우에는 위헌으로 판단하여서는 아니 된다." 이는 권력분립과 입법권을 존중하는 정신에 그 뿌리를 두고 있다. 따라서 "법률 또는 법률의 위 조항은 원칙적으로 가능한 범위 안에서 합헌적으로 해석함이 마땅하나 그 해석은 법의 문구와 목적에 따른 한계가 있다. 즉, 법률의 조항의 문구가 간직하고 있는 말의 뜻을 넘어서 말의 뜻이 완전히 다른 의미로 변질되지 아니하는 범위 내이어야 한다는 문의적 한계와 입법권자가 그 법률의 제정으로써 추구하고자 하는 입법자의 명백한 의지와 입법의 목적을 헛되게 하는 내용으로 해석할 수 없다는 법목적에 따른 한계가 바로 그것이다. 왜냐하면, 그러한 범위를 벗어난 합헌적 해석은 그것이 바로 실질적 의미에서의 입법작용을 뜻하게 되어 결과적으로 입법권자의 입법권을 침해하"기 때문이다(헌재 1989.7.14. 88헌가5등, 사회보호법 제5조의 위헌심판(합헌)).

(c) 한정합헌결정의 본질 헌법재판소는 "한정합헌의견은 질적인 일부위헌"으로 이해하고 있다. 그러나 주문에서 위헌을 선언하는 것도 아니고 위헌인 부분이 특정되는 것도 아니어서 위헌결정의 기속력을 인정하기는 어렵다. 위헌결정으로서의 효력을 부여하기 위해서는 위헌인 부분을 특정하는 한정위헌결정의 형식으로 선고하여야 할 것이다.

"이 사건에 있어서 관여 재판관의 평의의 결과는 단순합헌의견 3, 한정합헌의견 5, 전부위헌의견 1의 비율로 나타났는데, 한정합헌의견(5)은 질적인 일부위헌의견이기 때문에 전부위헌의견(1)도 일부위헌의견의 범위 내에서는 한정합헌의 의견과 견해를 같이한 것이라 할 것이므로 이를 합산하면 헌법재판소법 제23조 제2항 제1호 소정의 위헌결정 정족수(6)에 도달하였다고 할 것이며 그것이 주문의 의견이 되는 것이다(법원조직법 제66조 제2항 참조)" (헌재 1992.2.25. 89헌가104, 군사기밀보호법 제6조 등에 관한 위헌심판(한정합헌)).

"헌법재판소법 제47조에 정한 기속력을 명백히 하기 위하여는 어떠한 부분이 위헌인지 여부가 그 결정의 주문에 포함되어야 하므로, 이러한 내용을 결정의 이유에 설시하는 것만으로서는 부족하고 결정의 주문에까지 등장시켜야 한다(헌재 1992.2.25. 89헌가104 결정 참조)"(헌재 1994.4.28. 92헌가3, 보훈기금법 부칙 제5조 및 한국보훈복지공단법 부칙 제4조 제2항 후단에 관한 위헌심판(한정위헌,한정합헌)).

E. 한정위헌결정(限定違憲決定)

(i) 심판의 대상이 된 법률조항을 특정한 내용으로 해석·적용하는 것이 헌법에 위반된다는 결정형식이다. 주문은 "… 것으로 해석하는 한 헌법에 위반된다"라는 형태를 취한다.

"정기간행물의등록등에관한법률 제7조 제1항은 제9호 소정의 제6조 제3항 제1호 및 제2호의 규정에 의한 해당 시설을 '자기소유'이어야 하는 것으로 해석하는 한 헌법에 위반된다"(헌재 1992.6.26. 90헌가23, 정기간행물의등록등에관한법률 제7조 제1항의 위헌심판(한정위헌)).

공직선거법 제93조 제1항 및 제255조 제2항 제5호 중 제93조 제1항의 각 '기타 이와 유사한 것'에, '정보통신망을 이용하여 인터넷 홈페이지 또는 그 게시판·대화방 등에 글이나 동영상 등 정보를 게시하거나 전자우편을 전송하는 방법'이 포함되는 것으로 해석하는 한, 헌법에 위반된다(헌재 2011.12.29. 2007헌마1001등, 공직선거법 제93조 제1항 등 위헌확인(한정위헌)).

형법 제129조 제1항 중 "공무원"에 '구 제주특별자치도 설치 및 국제자유도시 조성을 위한 특별법' 제299조 제2항의 통합영향평가 심의위원회 심의위원 중 위촉위원이 포함되는 것으로 해석하는 것은 죄형법정주의 원칙의 유추해석금지에 위배되어 헌법에 위반된다(헌재 2012.12.27. 2011헌바117, 구 특정범죄가중처벌등에 관한 법률 제2조 제1항 위헌소원 등(한정위헌)).

(ii) 한정위헌결정은 법문언의 가능한 해석 중 일부를 법규범의 영역에서 제거한다는 점에서 질적인 일부위헌결정이라고 할 수 있다. 또한 특정한 해석이 법규범으로 적용되는 것을 배제한다는 점에서 적용위헌이라고도 할 수 있다. 이때 주문은 "…에 …을 포함시키는 것은 헌법에 위반된다", "…에 적용하는 것은 헌법에 위반된다"라는 형식을 취한다.

"민법 제764조의 '명예회복에 적당한 처분'에 사죄광고를 포함시키는 것은 헌법에 위반된다"(헌재 1991.4.1. 89헌마160, 민법 제764조의 위헌여부에 관한 헌법소원(한정위헌)).

"국유재산법 제5조 제2항을 동법의 국유재산 중 잡종재산에 대하여 적용하는 것은 헌법에 위반된다"(헌재 1991.5.13. 89헌가97, 국유재산법 제5조 제2항의 위헌심판(한정위헌)).

"1980년해직공무원의보상등에관한특별조치법 제12조 제2항 제1호의 '차관급 상당 이상의 보수를 받은 자'에 법관을 포함시키는 것은 헌법에 위반된다"(헌재 1992.11.12. 91헌가2, 1980년해직공무원의보상등에관한특별조치법 제12조에 대한 위헌심판(한정위헌)).

공직선거법 제86조 제1항 제2호의 '공무원이 선거운동의 기획에 참여하거나 그 기획의 실시에 관여하는 행위'를 공무원의 지위를 이용하지 아니한 행위에까지 적용하는 한 헌법에 위반된다(종전의 합헌결정을 판례변경한 사안)(헌재 2008.5.29. 2006헌마1096, 공직선거법 제86조 제1항 제2호 등 위헌확인(한정위헌)).

고급오락장에 대한 취득세 중과세율을 규정한 구 지방세법 제112조 제2항 제4호는 고급오락장으로 사용할 목적이 없는 취득의 경우에도 적용되는 한 헌법에 위반된다(헌재 2009.9.24. 2007헌바87, 구 지방세법 제112조 제2항 제4호 위헌소원(한정위헌)).

(iii) 한정합헌결정과 한정위헌결정의 관계가 문제되는바, 헌법재판소는 한정합헌결정과 한정위헌결정을 실질적으로 동일하다고 판시하고 있다(헌재 1997.12.24. 96헌마172, 헌법재판소법 제68조 제1항 위헌확인 등(한정위헌)). 하지만 양자는 의미와 효력 및 실제적 기능 면에서 구별된다.

즉 한정합헌결정이건 한정위헌결정이건 헌법재판소는 당해 사건에서의 법률의 적용과 관련하여 필요한 범위 내에서만 합헌 또는 위헌의 판단을 하는 것이기 때문에 나머지 부분에 대한 판단은 두 경우에 모두 유보한 것이라고 이해하여야 한다. 한정합헌결정의 경우에는 합헌으로 해석되는 부분의 나머지 부분이 위헌으로 해석되지만, 한정위헌결정의 경우에는 위헌으로 해석되는 부분의 나머지 부분은 위헌이라고 단정할 수 없다는 것일 뿐이고 합헌으로 판단된 것은 아니다.

(iv) 한정위헌결정을 구하는 심판청구, 즉 한정위헌청구가 허용되는지가 문제되는데, 헌법재판소는 한정위헌결정을 주문형식의 하나로 선고하면서도 한정위헌청구에 대하여는 원칙적으로 부적법하다고 보아 모순적인 태도를 보였으나(헌재 1995.7.21. 92헌바40; 헌재 1997.2.20. 95헌바27), 그 후 명시적으로 선례를 변경하여 한정위헌청구는 원칙적으로 적법하다고 하였다(헌재 2012.12.27. 2011헌바117, 구 특정범죄가중처벌 등에 관한 법률 제2조 제1항 위헌소원 등(한정위헌))(상세는 제3절 위헌심사형 헌법소원 참조).

F. 변형결정의 기속력(羈束力)

(a) 문제의 소재 독일 연방헌법재판소법이 '헌법재판소의 결정'에 대하여 기속력을 인정하는 것과는 달리, 현행 헌법재판소법 제47조 제1항은 "법률의 위헌결정은 법원과 그 밖의 국가기관 및 지방자치단체를 기속한다"라고만 규정하여 변형결정의 허용 여부 및 변형결정의 기속력의 인정 여부에 대하여 논란이 제기된다.

(b) 대법원의 태도 앞에서 보았듯이 대법원은 헌법불합치결정이 적용중지 또는 잠정적용을 동반하는 위헌결정의 일종이라는 것은 인정하면서도, 적용중지나 잠정적용 또는 개선입법의 소급적용 범위에 관하여는 헌법재판소의 결정에 따르지 아니하고 구체적인 사건들에 따라 독자적으로 판단하려는 태도를 보이고 있다.

특히 문제가 되는 것은 한정합헌·한정위헌결정인데, 대법원은 한정합헌·한정위헌결정에 대하여 여러 차례에 걸쳐 기속력을 부인하였고, 한정위헌결정의 기속력을 부인하는 재판에 대하여 헌법재판소가 헌법소원을 인용하기도 하였다

(헌재 2022.7.21. 2013헌마242 결정에서 '대법원 2013. 3.28. 선고 2012재두299 판결'에 대한 재판소원 인용).

대판 1996.4.9. 95누11405: "한정위헌결정에 표현되어 있는 헌법재판소의 법률해석에 관한 견해는 법률의 의미·내용과 그 적용범위에 관한 헌법재판소의 견해를 일응 표명한 데 불과하여 이와 같이 법원에 전속되어 있는 법령의 해석·적용 권한에 대하여 어떠한 영향을 미치거나 기속력도 가질 수 없다." "[1] 헌법재판소의 결정이 그 주문에서 당해 법률이나 법률조항의 전부 또는 일부에 대하여 특정의 해석기준을 제시하면서 그러한 해석에 한하여 위헌임을 선언하는, 이른바 한정위헌결정의 경우에는 헌법재판소의 결정에 불구하고 법률이나 법률조항은 그 문언이 전혀 달라지지 않은 채 그냥 존속하고 있는 것이므로 이와 같이 법률이나 법률조항의 문언이 변경되지 아니한 이상 이러한 한정위헌결정은 법률 또는 법률조항의 의미, 내용과 그 적용범위를 정하는 법률해석이라고 이해하지 않을 수 없다. 그런데 구체적 사건에 있어서 당해 법률 또는 법률조항의 의미·내용과 적용범위가 어떠한 것인지를 정하는 권한, 곧 법령의 해석·적용 권한은 바로 사법권의 본질적 내용을 이루는 것으로서, 전적으로 대법원을 최고법원으로 하는 법원에 전속한다. 이러한 법리는 우리 헌법에 규정된 국가권력분립구조의 기본원리와 대법원을 최고법원으로 규정한 헌법의 정신으로부터 당연히 도출되는 이치로서, 만일 법원의 이러한 권한이 훼손된다면 이는 헌법 제101조는 물론이요, 어떤 국가기관으로부터도 간섭받지 않고 오직 헌법과 법률에 의하여 그 양심에 따라 독립하여 심판하도록 사법권독립을 보장한 헌법 제103조에도 위반되는 결과를 초래한다. [2] 법률보다 하위법규인 대통령령의 제정근거가 되는 법률조항(이른바 위임 규정)에 대하여 한정위헌결정이 있는 경우에 있어서도, 앞에서 본 바와 같이 그 법률조항의 문언이 전혀 변경되지 않은 채 원래의 표현 그대로 존속하고 있는 이상 그 법률조항의 의미·내용과 적용범위는, 역시 법령을 최종적으로 해석·적용할 권한을 가진 최고법원인 대법원에 의하여 최종적으로 정하여질 수밖에 없고, 그 법률조항의 해석은 어디까지나 의연히 존속하고 있는 그 문언을 기준으로 할 수밖에 없다 할 것이므로 그 문언이 표현하고 있는 명백한 위임취지에 따라 제정된 대통령령 조항 역시 의연히 존속한다고 보아야 한다. 따라서 이 사건 양도소득세부과처분에 적용된 구 소득세법시행령 제170조 제4항 제2호는 그 위임 근거규정인 구 소득세법 제23조 제4항 단서 및 제45조 제1항 제1호 단서의 각 규정이 헌법재판소의 결정에도 불구하고 그 문언의 표현이 전혀 변경되지 않은 채 존속하고 있는 이상 위 시행령 조항의 헌법위반 여부와 상위법의 위반 여부에 관하여는 대법원이 최종적으로 판단하여 이 사건에 적용할지 여부를 결정하여야 한다"(동지: 대판 2001.4.27. 95재다14; 대판 2008.10.23. 2006다66272).

다만, 앞에서 설명하였듯이 대법원은 헌법재판소의 한정위헌결정의 효과를 이견 없이 수용한 경우도 있고, 헌법재판소의 한정위헌결정을 명시적으로 원용하여 그 법령의 적용을 배제한 결정도 있다(대결 2005.8.2. 2004마494).

(c) 헌법재판소의 입장 헌법재판소는 한정위헌결정이 법률의 해석에 대한 헌법재판소의 단순한 견해가 아니라, 위헌결정의 한 유형이며, 따라서 기속력을

포함하여 위헌결정으로서의 효력을 모두 가진다는 입장이다.

"헌법재판소의 법률에 대한 위헌결정에는 단순위헌결정은 물론, 한정합헌, 한정위헌결정과 헌법불합치결정도 포함되고 이들은 모두 당연히 기속력을 가진다. … 합헌적인 한정축소해석은 위헌적인 해석 가능성과 그에 따른 법적용을 소극적으로 배제한 것이고, 적용범위의 축소에 의한 한정적 위헌선언은 위헌적인 법적용 영역과 그에 상응하는 해석 가능성을 적극적으로 배제한다는 뜻에서 차이가 있을 뿐, 본질적으로는 다 같은 부분위헌결정이다(헌재 1992.2.25. 89헌가104)."

"법률에 대한 위헌심사는 당연히 당해 법률 또는 법률조항에 대한 해석이 전제되는 것이고, 헌법재판소의 한정위헌의 결정은 단순히 법률을 구체적인 사실관계에 적용함에 있어서 그 법률의 의미와 내용을 밝히는 것이 아니라 법률에 대한 위헌성심사의 결과로서 법률조항이 특정의 적용영역에서 제외되는 부분은 위헌이라는 것을 뜻한다 함은 이미 앞에서 밝힌 바와 같다. 따라서 헌법재판소의 한정위헌결정은 결코 법률의 해석에 대한 헌법재판소의 단순한 견해가 아니라, 헌법에 정한 권한에 속하는 법률에 대한 위헌심사의 한 유형인 것이다."

"만일, 대법원의 견해와 같이 한정위헌결정을 법원의 고유권한인 법률해석권에 대한 침해로 파악하여 헌법재판소의 결정유형에서 배제해야 한다면, 헌법재판소는 앞으로 헌법합치적으로 해석하여 존속시킬 수 있는 많은 법률을 모두 무효로 선언해야 하고, 이로써 합헌적 법률해석방법을 통하여 실현하려는 입법자의 입법형성권에 대한 존중과 헌법재판소의 사법적 자제를 포기하는 것이 된다. 또한, 헌법재판소의 한정위헌결정에도 불구하고 위헌으로 확인된 법률조항이 법률문언의 변화없이 계속 존속된다고 하는 관점은 헌법재판소결정의 기속력을 결정하는 기준이 될 수 없다. 헌법재판소의 변형결정의 일종인 헌법불합치결정의 경우에도 개정입법시까지 심판의 대상인 법률조항은 법률문언의 변화없이 계속 존속하나, 법률의 위헌성을 확인한 불합치결정은 당연히 기속력을 갖는 것이므로 헌법재판소결정의 효과로서의 법률문언의 변화와 헌법재판소결정의 기속력은 상관관계가 있는 것이 아니다."

"이 사건 대법원판결은 헌법재판소가 이 사건 법률조항에 대하여 한정위헌결정을 선고함으로써 이미 부분적으로 그 효력이 상실된 법률조항을 적용한 것으로서 위헌결정의 기속력에 반하는 재판임이 분명하므로 이에 대한 헌법소원은 허용된다." 또한 대법원판결로 말미암아 헌법상 보장된 기본권인 재산권 역시 침해되었으므로 대법원판결은 헌법재판소법 제75조 제3항에 따라 취소되어야 한다(6:3)(헌재 1997.12.24. 96헌마172등, 헌법재판소법 제68조 제1항 위헌확인 등(한정위헌, 인용(취소))).

(d) 검 토 헌법재판의 특수성에 비추어 변형결정 자체의 인정은 불가피하다. 변형결정을 인정한다면 그에 상응하는 효력을 인정하여야 한다. 그러한 점에서 대법원이 헌법재판소의 한정위헌결정을 무시하고 이를 단순한 견해표명으로 보면서 구체적인 사안에서 내리는 독자적인 판단은 바람직하지 아니하다.

향후 명문으로 변형결정과 그 효력에 관한 조항을 입법화할 필요성이 있다.

(6) 결 어

헌법재판소의 결정유형은 헌법재판의 특수성 반영이라고 하더라도 지나친 변형결정의 남발은 결국 헌법재판의 회피, 사법편의주의, 헌법해석의 객관성 결여 등으로 헌법재판의 신뢰와 권위를 떨어뜨릴 수 있기 때문에 변형결정은 신중하게 내려져야 한다.

7. 주문의 합의방식

재판관들의 의견이 위헌, 헌법불합치, 한정위헌, 합헌 등으로 분립되어 어느 한 의견만으로는 결정에 필요한 정족수를 충족시킬 수 없는 경우 주문을 어떻게 결정할 것인지 문제된다. 헌법재판소법은 이에 관하여 규정하지 아니하고 있어 민사소송에 관한 법령을 준용하여 해결하여야 한다(헌재법 제40조 제1항). 법원조직법 제66조 제2항은 합의에 관한 의견이 3개 이상의 견해로 나누어지고 어느 견해도 그 과반수에 이르지 못하는 경우 신청인(민사의 경우에는 원고, 형사의 경우에는 검사)에게 가장 유리한 견해를 가진 수에 순차로, 그다음으로 유리한 견해를 가진 수를 더하여 과반수에 이르게 된 때의 견해를 채택하도록 하고 있는데, 헌법재판소는 이 규정을 준용하고 있다(실무제요, 83면 이하).

"이 사건 법률조항 중 "과점주주"에 관한 부분에 대하여는 재판관 5인이 한정위헌의견, 재판관 1인이 헌법불합치의견, 재판관 3인이 합헌의견인데, 한정위헌의견은 질적인 일부위헌의견이기 때문에 위헌결정의 일종인 헌법불합치의견도 일부위헌의견의 범위 내에서는 한정위헌의견과 견해를 같이 한 것이라 할 것이므로, 이를 합산하면 헌법재판소법 제23조 제2항 제1호에 규정된 위헌결정의 정족수에 도달하여 한정위헌결정을 선고하기로 한다. 이 사건 법률조항 중 "임원"에 관한 부분에 대하여는 재판관 5인이 한정위헌의견, 재판관 1인이 헌법불합치의견이고, 재판관 3인이 단순위헌의견인바, 어느 쪽도 독자적으로는 위헌결정의 정족수에 이르지 못하였으나, 단순위헌의견과 헌법불합치의견도 일부위헌의견의 범위내에서는 한정위헌의견과 견해를 같이 한 것이라 할 것이므로, 이를 합산하면 헌법재판소법 제23조 제2항 제1호에 규정된 위헌결정의 정족수에 도달하여 한정위헌결정을 선고하기로 한다"(헌재 2002.8.29. 2000헌가5등, 상호신용금고법 제37조의3 제1항 등 위헌제청(한정위헌)).

"법률조항이 헌법에 위반된다는 점에 있어서는 재판관 이재화, 재판관 조승형을 제외한 그 나머지 재판관 전원의 의견이 일치되었으나, 5인 재판관은 단순위헌결정을 선고함이 상당하다는 의견이고 2인 재판관은 헌법불합치결정을 선고함이 상당하다는 의견으로서, 5인의 의견이 다수의견이기는 하나 헌법재판소법 제23조 제2항 제1호에 규정된 '법률의 위헌결정'을 함에 필요한 심판정족수에 이르지 못하였으므로 이에 헌법불합치의 결정을 선고한다"(헌재 1997.7.16. 95헌가6등, 민법 제809조 제1항 위헌제청(헌법불합치, 적용중지)).

헌법재판소의 결정은 심판에 관여한 재판관들의 합의(合議)를 통하여 이루어진다. 이때 합의의 대상을 개별 쟁점으로 할 것인지(쟁점합의제), 아니면 사건의 결론에 해당하는 주문(主文)으로 할 것인지가 문제된다(주문합의제). 합의방식의 차이가 재판의 결론에 영향을 미치는 경우는, 적법요건에 대한 견해가 대립하는 상황에서 다수의 재판관이 사건의 적법성을 인정한 후 위헌의견을 제시하였지만 위헌결정의 정족수 6인에는(헌법 제113조 제1항, 헌재법 제23조 제2항 제1호) 이르지 못할 때이다. 예컨대 5인의 재판관은 심판청구의 적법성을 인정하고 나아가 위헌의견을 제시하였으나 4인의 재판관은 심판청구가 재판의 전제성을 갖추지 못하여 부적법하다는 의견인 경우, 쟁점합의제에 따르면 과반수 재판관의 의견으로 적법요건은 이미 갖추어졌으므로 적법요건을 갖추지 못하였다는 의견을 가진 재판관 4인도 법률의 위헌 여부에 대한 의견을 다시 제시하여야 한다. 반면에 주문합의제에 따르면, 재판관 5인은 위헌의견이고 재판관 4인은 각하의견이므로 합의는 이미 종료되었고 심판청구는 적법하되 위헌결정은 선고할 수 없다는 결론이 되어 주문은 합헌결정으로 정하여진다. 헌법재판소는 확립된 실무로 **주문합의제**(主文合議制)를 채택한다. 주문합의제에 대하여는 사건의 본안에 대한 합의기회를 제한하여 위헌결정을 어렵게 한다는 비판도 있으나 심판청구가 부적법하다는 판단을 한 재판관들에게 본안에 대한 의견을 강요할 수는 없다.

> "위헌의견은 헌법재판의 합의방식에 관하여 쟁점별 합의를 하여야 한다는 이론을 펴고 있으나 우리 재판소는 발족 이래 오늘에 이르기까지 예외없이 주문합의제를 취해 왔으므로 위헌의견이 유독 이 사건에서 **주문합의제**에서 쟁점별 합의제로 변경하여야 한다는 이유를 이해할 수 없고, 새삼 판례를 변경하여야 할 다른 사정이 생겼다고 판단되지 아니한다"(헌재 1994.6.30. 92헌바23, 구 국세기본법 제42조 제1항 단서에 대한 헌법소원(합헌)(재판관 4인의 각하의견)).

한편 재판관들의 의견이 위헌, 헌법불합치, 한정위헌, 합헌 등으로 분립되어 어느 한 의견만으로는 결정에 필요한 정족수를 충족시킬 수 없는 경우 주문을 어떻게 결정할 것인지 문제된다. 헌법재판소법은 이에 관하여 규정하지 아니하고 있어 민사소송에 관한 법령을 준용하여 해결하여야 한다(헌재법 제40조 제1항). 법원조직법 제66조 제2항은 합의에 관한 의견이 3개 이상의 견해로 나누어지고 어느 견해도 그 과반수에 이르지 못하는 경우 신청인(민사의 경우에는 원고, 형사의 경우에는 검사)에게 가장 유리한 견해를 가진 수에 순차로, 그다음으로 유리한 견해를 가진 수를 더하여 과반수에 이르게 된 때의 견해를 채택하도록 하고 있는데, 헌법재판소는 이 규정을 준용하고 있다(실무제요, 71-72면).

"이 사건 법률조항 중 '과점주주'에 관한 부분에 대하여는 재판관 5인이 한정위헌의견, 재판관 1인이 헌법불합치의견, 재판관 3인이 합헌의견인데, 한정위헌의견은 질적인 일부위헌의견이기 때문에 위헌결정의 일종인 헌법불합치의견도 일부위헌의견의 범위내에서는 한정위헌의견과 견해를 같이 한 것이라 할 것이므로, 이를 합산하면 헌법재판소법 제23조 제2항 제1호에 규정된 위헌결정의 정족수에 도달하여 한정위헌결정을 선고하기로 한다. 이 사건 법률조항 중 '임원'에 관한 부분에 대하여는 재판관 5인이 한정위헌의견, 재판관 1인이 헌법불합치의견이고, 재판관 3인이 단순위헌의견인바, 어느 쪽도 독자적으로는 위헌결정의 정족수에 이르지 못하였으나, 단순위헌의견과 헌법불합치의견도 일부위헌의견의 범위내에서는 한정위헌의견과 견해를 같이 한 것이라 할 것이므로, 이를 합산하면 헌법재판소법 제23조 제2항 제1호에 규정된 위헌결정의 정족수에 도달하여 한정위헌결정을 선고하기로 한다"(헌재 2002.8.29. 2000헌가5등, 상호신용금고법 제37조의3 제1항 등 위헌제청(한정위헌)).

"법률조항이 헌법에 위반된다는 점에 있어서는 재판관 이재화, 재판관 조승형을 제외한 그 나머지 재판관 전원의 의견이 일치되었으나, 5인 재판관은 단순위헌결정을 선고함이 상당하다는 의견이고 2인 재판관은 헌법불합치결정을 선고함이 상당하다는 의견으로서, 5인의 의견이 다수의견이기는 하나 헌법재판소법 제23조 제2항 제1호에 규정된 "법률의 위헌결정"을 함에 필요한 심판정족수에 이르지 못하였으므로 이에 헌법불합치의 결정을 선고"한다(헌재 1997.7.16. 95헌가6등, 민법 제809조 제1항 위헌제청(헌법불합치, 적용중지)).

제 3 절 헌법소원심판

Ⅰ. 의 의

1. 의 의

(ⅰ) 헌법소원제도(憲法訴願制度, Verfassungsbeschwerde)는 현행헌법에서 처음 도입되었다. 헌법 제111조 제1항 제5호는 헌법재판소의 권한으로 "법률이 정하는 헌법소원에 관한 심판"을 규정한다. 이에 따라 헌법재판소법에서 헌법소원에 관하여 규정한다(제68조-제75조). 그런데 헌법재판소법은 법원의 재판에 대한 헌법소원을 제외하고, 가처분제도를 규정하지 아니하는 등의 문제점이 지적된다.

(ⅱ) 헌법재판소법 제68조에서는 본래의 의미의 헌법소원 즉 권리구제형 헌법소원뿐만 아니라 위헌심사형 헌법소원도 인정한다. 위헌심사형 헌법소원은 그 실질에 있어서 위헌법률심판과 유사하므로 이하에서는 권리구제형 헌법소원을 중심으로 설명한다.

2. 법적 성격: 헌법소원의 이중성

헌법소원은 개인의 주관적인 기본권보장기능과 위헌적인 공권력행사를 통제하는 객관적 헌법질서보장기능을 가진다. 전자는 기본권침해의 요건과 권리보호이익(소의 이익)이 요구되는 주관적 쟁송의 성격이 드러나고, 심판의 단계에 접어들면 규범통제절차로서 객관적 소송의 양상을 띤다.

> "헌법소원의 본질은 개인의 주관적 권리구제뿐 아니라 객관적인 헌법질서의 보장도 겸하고 있으므로 헌법소원에 있어서의 권리보호의 이익은 일반법원의 소송사건에서처럼 주관적 기준으로 엄격하게 해석하여서는 아니 된다. 따라서 침해행위가 이미 종료하여서 이를 취소할 여지가 없기 때문에 헌법소원이 주관적 권리구제에는 별 도움이 안되는 경우라도 그러한 침해행위가 앞으로도 반복될 위험이 있거나 당해 분쟁의 해결이 헌법질서의 수호·유지를 위하여 긴요한 사항이어서 헌법적으로 그 해명이 중요한 의미를 지니고 있는 경우에는 심판청구의 이익을 인정하여 이미 종료한 침해행위가 위헌이었음을 선언적 의미에서 확인할 필요가 있"다(헌재 1992.1.28. 91헌마111, 변호인의 조력을 받을 권리에 대한 헌법소원(인용(위헌확인),위헌)) (헌재 1991.3.11. 91헌마21, 지방의회의원선거법제36조 제1항에 대한 헌법소원(헌법불합치,잠정적용,각하)) (헌재 1992.10.1. 90헌마5, 면직처분 등에 대한 헌법소원(각하)) (헌재 1993.9.27. 92헌바21, 1980년 해직공무원의보상등에관한특별조치법 제4조에 대한 헌법소원(합헌)) (헌재 1995.7.21. 92헌마144, 서신검열 등 위헌확인(인용(위헌확인),한정위헌,기각,각하)).

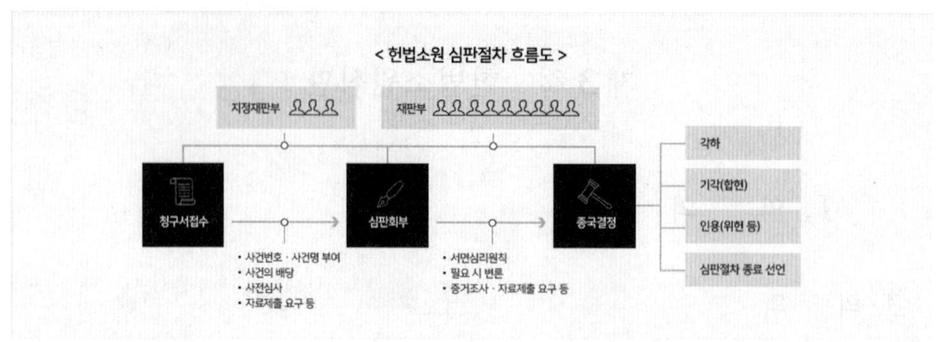

3. 헌법소원심판의 심리

(1) 서면심리의 원칙

헌법소원의 심판은 서면심리에 의한다. "다만, 재판부가 필요하다고 인정하는 경우에는 변론을 열어 당사자·이해관계인 그 밖의 참고인의 진술을 들을 수 있다"(헌재법 제30조 제2항).

(2) 지정재판부의 사전심사

(i) 헌법소원의 남소(濫訴)로 인하여 헌법재판업무가 과중하게 될 우려가 있기 때문에 헌법재판소장은 재판관 3명으로 구성되는 지정재판부를 두어 헌법소원심판의 사전심사를 담당하게 할 수 있다(제72조 제1항).

(ii) 지정재판부는 심판청구서에 기재된 청구요지와 청구인의 주장에만 한정하지 아니하고 가능한 한 모든 측면에서 헌법상 보장된 기본권의 침해 유무를 직권으로 심사하여야 한다(헌재 1993.5.13. 92헌마80, 체육시설의설치이용에관한법률시행규칙 제5조에 대한 헌법소원(위헌)).

지정재판부는 "1. 다른 법률에 따른 구제절차가 있는 경우 그 절차를 모두 거치지 아니하거나 또는 법원의 재판에 대하여 헌법소원의 심판이 청구된 경우, 2. 제69조의 청구기간이 지난 후 헌법소원심판이 청구된 경우, 3. 제25조에 따른 대리인의 선임 없이 청구된 경우, 4. 그 밖에 헌법소원심판의 청구가 부적법하고 그 흠결을 보정할 수 없는 경우"에는 "지정재판부 재판관 전원의 일치된 의견에 의한 결정으로 헌법소원의 심판청구를 각하한다"(제72조 제3항).

(iii) "지정재판부는 전원의 일치된 의견으로 제3항의 각하결정을 하지 아니하는 경우에는 결정으로 헌법소원을 재판부의 심판에 회부하여야 한다. 헌법소원심판의 청구 후 30일이 지날 때까지 각하결정이 없는 때에는 심판에 회부하는 결정(심판회부결정)이 있는 것으로 본다"(제72조 제4항).

(3) 이해관계인 등의 의견제출

"헌법소원의 심판에 이해관계가 있는 국가기관 또는 공공단체와 법무부장관은 헌법재판소에 그 심판에 관한 의견서를 제출할 수 있다." "제68조제2항에 따른 헌법소원이 재판부에 심판 회부된 경우에는 제27조제2항(법무부장관 및 당해 소송사건의 당사자에게 헌법소원심판청구서의 등본을 송달한다) 및 제44조(당해 소송사건의 당사자 및 법무부장관은 헌법재판소에 법률의 위헌 여부에 대한 의견서를 제출할 수 있다)를 준용한다"(헌재법 제74조).

국가인권위원회법 제28조 제1항: "위원회는 인권의 보호와 향상에 중대한 영향을 미치는 재판이 계속중인 경우 … 헌법재판소의 요청이 있거나 필요하다고 인정할 때에는 … 헌법재판소에 법률상의 사항에 관하여 의견을 제출할 수 있다."

(4) 가 처 분(헌법재판의 일반이론 참조)

"헌법재판소법은 정당해산심판과 권한쟁의심판에 관해서만 가처분에 관한 규정(헌재법 제57조 및 제65조)을 두고 있을 뿐, 다른 헌법재판절차에 있어서도 가처분이 허용되는가에 관하여는 명문의 규정을 두지 아니한다. 그러나 위 두 심판절차 이외에 같은 법 제68조 제1항 헌법소원심판절차에 있어서도 가처분의 필요성은 있을 수 있고, 달리 가처분을 허용하지 아니할 상당한 이유를 찾아볼 수 없으므로 위 헌법소원심판청구사건에서도 가처분이 허용된다"(헌재 2000.12.8. 2000헌사471, 사법시험령 제4조 제4항 효력정지 가처분신청(인용). 참고판례: 헌재 1999.3.25. 98헌사98, 직접처분 효력정지 가처분신청(인용))(자세한 내용은 제5장 제1절 Ⅳ.(4) 참조).

4. 유 형

(1) 권리구제형과 위헌심사형

헌법재판소법 제68조에서는 권리구제형 헌법소원(제1항)과 위헌심사형 헌법소원(제2항)을 규정한다 '헌법재판소 사건의 접수에 관한 규칙'(제3조)에서는 헌법재판소법 제68조 제1항에 의한 헌법소원심판사건을 '제1종 헌법소원심판사건'으로, 헌법재판소법 제68조 제2항에 의한 헌법소원심판사건을 '제2종 헌법소원심판사건'으로 명명한다.

(2) 권리구제형 헌법소원: 원래 의미의 헌법소원

헌법재판소법 제68조 제1항: "공권력의 행사 또는 불행사(不行使)로 인하여 헌법상 보장된 기본권을 침해받은 자는 법원의 재판을 제외하고는 헌법재판소에 헌법소원심판을 청구할 수 있다. 다만, 다른 법률에 구제절차가 있는 경우에는 그 절차를 모두 거친 후에 청구할 수 있다." 권리구제형 헌법소원제도는 오스트리아와 독일에서 도입된 이래 오늘날 널리 수용된다.

(3) 위헌심사형 헌법소원: 다른 유형의 위헌법률심판

A. 헌법재판소법에 의한 위헌심사형 헌법소원

(i) 헌법재판소법 제68조 제2항: "제41조제1항에 따른 법률의 위헌 여부 심판의 제청신청이 기각된 때에는 그 신청을 한 당사자는 헌법재판소에 헌법소원심판을 청구할 수 있다. 이 경우 그 당사자는 당해 사건의 소송절차에서 동일한 사유를 이유로 다시 위헌 여부 심판의 제청을 신청할 수 없다."[1]

(ii) 당해 사건의 소송절차라 함은 당해 사건의 전(全) 심급에서 원칙적으로 한 번만 제청신청을 할 수 있다는 의미로 이해한다.

(iii) 위헌법률심판제청신청이 기각 또는 각하될 경우에 위헌심사형 헌법소원을 제기할 수 있다. 다만, 제청신청이나 기각결정이 없는 경우에도 예외적으로 허용된다.

B. 본질: 규범통제

(i) 위헌심사형 헌법소원은 법원의 재판에 대한 헌법소원을 인정하지 아니하면서 위헌법률심판제청신청인의 권리구제와 객관적 규범통제제도를 채택하는 우리나라 특유의 제도이다. 그 법적 성격에 대하여 법원의 기각결정에 대한 헌법소원이라는 견해(불복형 헌법소원)와, 그 본질에 중점을 두어 위헌법률심사라는 견해가 있으나 두 가지 성격을 동시에 가진다고 보아야 한다. 헌법재판소는 헌법재판소법 제68조 제2항에 의한 헌법소원의 적법요건으로 재판의 전제성을 요구함으로써 위헌법률심판이라는 입장이다.

> "헌법재판소법 제68조 제2항의 규정에 의한 헌법소원심판청구의 심판대상은 재판의 전제가 되는 법률이지 규칙은 그 대상이 될 수 없으므로 형사소송규칙 제178조에 대한 헌법소원심판청구는 부적법하다"(헌재 1993.7.29. 92헌바48, 남북교류협력에관한법률 제3조 위헌소원(각하); 헌재 2004.2.26. 2003헌바31, 형사소송법 제93조 등 위헌소원(합헌,각하)).
>
> "법률조항 자체의 위헌 여부를 다투는 것이 아니라 당해 사건 재판의 기초가 되는 사실관계의 인정이나 평가 또는 개별적 · 구체적 사건에서의 법률조항의 단순한 포섭 · 적용에 관한 법원의 재판결과를 다투는 것에 불과하므로 헌법재판소법 제68조 제2항의 헌법소원으

---

1) 사법심사(위헌법률심사)의 구조: 위헌법률심판(헌가 사건)과 위헌심사형 헌법소원(헌바 사건)

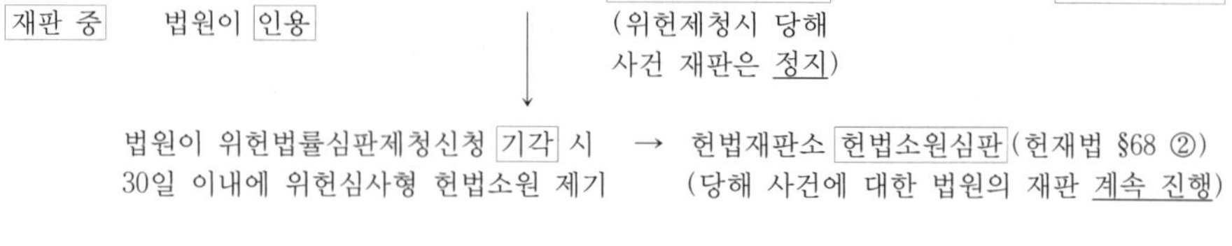

법원에서 당해사건 [재판 중] → 법원의 [직권] 또는 당사자의 위헌법률심판제청신청 법원이 [인용] → 법원이 헌법재판소에 [위헌법률심판제청] (위헌제청시 당해 사건 재판은 정지) —(대법원 경유)→ 헌법재판소 [위헌법률심판]

↓

법원이 위헌법률심판제청신청 [기각] 시 30일 이내에 위헌심사형 헌법소원 제기 → 헌법재판소 [헌법소원심판](헌재법 §68 ②) (당해 사건에 대한 법원의 재판 계속 진행)

로는 부적법하다"(헌재 2018.1.25. 2016헌바357, 채무자 회생 및 파산에 관한 법률 제152조 제1항 등 위헌소원(각하)).

(ii) 즉 헌법재판소법 제68조 제2항의 헌법소원심판청구는 형식은 비록 법원의 제청신청기각결정에 대한 헌법소원이지만 그 본질은 규범통제이다. 심판의 대상은 법원의 기각결정이 아니라 법률이나 법률조항의 위헌 여부이다.

헌법재판소 역시 규범통제제도로 파악한다. 이에 따라 재판절차의 진행은 위헌법률심판절차의 방식으로 진행된다. 심판청구서의 기재사항(헌재법 제71조 제2항), 심판의 절차(헌재법 제73조 제2항, 제74조 제2항), 주문의 표시, 인용결정의 효력(헌재법 제75조 제6항, 제7항) 등에서 위헌법률심판절차의 규정을 준용한다.

"법 제68조 제1항에 의한 헌법소원심판은 주관적 권리구제의 헌법소원으로서, 개별적인 공권력의 행사 또는 불행사로 인하여 헌법상 보장된 기본권을 침해받은 자가 청구할 수 있고 이 경우 법 제75조 제2항 및 제5항에 의한 부수적 위헌심판청구도 할 수 있음에 대하여 법 제68조 제2항에 의한 헌법소원심판은 구체적 규범통제의 헌법소원으로서 법 제41조 제1항의 규정에 의한 법률의 위헌여부심판의 제청신청이 법원에 의하여 기각된 때에는 그 신청을 한 당사자는 헌법재판소에 제청신청이 기각된 법률의 위헌 여부를 가리기 위한 헌법소원심판을 청구할 수 있는바, 그렇다면 법 제68조 제1항과 같은 조 제2항에 규정된 헌법소원심판청구들은 그 심판청구의 요건과 그 대상이 각기 다른 것임이 명백하다"(헌재 1994.4.28. 89헌마221 정부조직법 제14조 제1항 등의 위헌여부에 관한 헌법소원(각하,합헌)).

(iii) 헌법재판소법 제68조 제2항의 헌법소원심판청구를 제1항의 권리구제형 헌법소원으로 변경할 때는 심판청구 변경의 절차를 밟아야 한다(헌재법 제40조, 민사소송법 제262조 제1항). 헌법재판소도 같은 입장이다(헌재 2007.10.25. 2005헌바68, 군인연금법 제21조 제5항 제1호 위헌소원 등). 제청신청에 대한 기각결정이 있은 후 당사자가 헌법재판소법 제68조 제1항의 헌법소원심판을 청구한 경우 헌법재판소는 석명(釋明)을 통하여 청구인의 의도가 제68조 제2항의 헌법소원청구로 확인되면 원래 의도에 따라 심판청구 변경 절차를 통하여 심판청구를 변경하도록 하여야 한다. 또한 헌법재판소는 직권으로 청구인의 의도를 선해(善解)하여 제68조 제2항의 헌법소원으로 볼 수 있다는 입장이다.

"청구인의 대리인은 헌법재판소법 제68조 제1항의 헌법소원으로 청구하였지만, 청구인이 대법원에 위헌법률심판제청신청을 하였다가 기각되자 국선대리인 선임신청을 한 점에 비추어 보면 청구인의 원래 의도는 헌법재판소법 제68조 제2항의 헌법소원을 제기하려는 것이었다고 보이므로, 이 사건 헌법소원은 청구인의 원래 의도에 따라 헌법재판소법 제68조 제2항의 헌법소원으로 보고 판단하기로 한다"(헌재 2008.10.30. 2006헌마447, 형법 제225조 위헌확인(합헌)).

C. 심판청구의 요건

(a) 청구인 적격(청구권자)

(ⅰ) 당해 사건의 법원에 대한 당사자의 "제청신청이 기각된 때에는 그 신청을 한 당사자"는 헌법재판소법 제68조 제2항에 따라 헌법재판소에 직접 헌법소원심판을 할 수 있다. 이를 통하여 당사자가 헌법재판소에 위헌법률심사를 받을 수 있는 기회를 허용하고 있다는 의미에서 헌법재판소법 제68조 제2항에 의한 헌법소원 청구인은 제청권자와 유사한 지위에 있다.

(ⅱ) 제68조 제2항의 위헌심사형 헌법소원은 권리구제형 헌법소원과 달리 "기본권의 침해"를 요건으로 하지 아니할 뿐만 아니라 청구인적격을 "법률의 위헌 여부 심판의 제청신청이 기각된 때에는 그 신청을 한 당사자"라고만 규정하므로 위헌심사형 헌법소원의 청구인적격을 가진 당사자는 모든 재판에서의 당사자를 의미한다. 따라서 행정소송에서의 피고인 행정청도 위헌심사형 헌법소원의 청구인적격을 가진다(헌재 2008.4.24. 2004헌바44, 온천법 제2조 등 위헌소원(합헌)). 그런 점에서 국가기관은 청구할 수 없는 권리구제형 헌법소원과 구별된다.

> "헌법재판소법 제41조 제1항 및 법 제68조 제2항 전문을 해석하면 위헌심판 제청신청은 당해사건의 당사자만 할 수 있다." 형사재판의 경우 피고인이 아닌 고소인은 형사재판의 당사자라고 볼 수 없으므로, 위헌제청신청을 할 수 있는 자에 해당하지 않는다. 타인의 위증사건에서 단순히 고소인의 지위에 있는 자가 청구한 헌법소원심판청구는 헌법재판소법 제68조 제2항의 요건을 갖추지 못하여 부적법하다(헌재 2010.3.30. 2010헌바102, 형사소송법 제262조 제6항 위헌소원(각하)).

(ⅲ) "당해 사건의 소송절차"란 당해 사건의 상소심 소송절차는 물론이고 대법원에 의하여 파기환송되기 전후의 소송절차까지도 포함한다. 따라서 항고심 소송절차에서 위헌법률심판 제청신청을 하여 그 신청이 기각되었는데도 이에 대하여 헌법소원심판을 청구하지 아니하다가 다시 그 재항고심 소송절차에서 대법원에 같은 이유를 들어 위헌법률심판 제청신청을 하였고 그 신청이 기각되자 이에 대한 헌법소원심판청구는 헌법재판소법 제68조 제2항 후문의 규정에 위배된다(헌재 2007.7.26. 2006헌바40, 민사집행법 제130조 제3항 위헌소원(각하)). 마찬가지로 당해 사건의 1심 재판과정에서 위헌법률심판 제청신청을 하여 그 신청이 기각되자 헌법소원심판을 청구한 당사자가 당해 사건의 항소심 재판과정에서 다시 같은 법률조항에 대하여 위헌법률심판 제청신청을 하여 그 신청이 기각되자 헌법소원심판을 재차 청구한 경우에는 제68조 제2항 후문에 위반되어 부적법하다(헌재 2011.5.26. 2009헌바419, 통신비밀보호법 제16조 제1항 제2호 위헌소원(각하)).

(b) 심판대상

(ⅰ) 위헌심사형 헌법소원심판청구의 심판 대상은 재판의 전제가 되는 법률이다. 현행 법률뿐만 아니라 폐지된 법률도 심판대상이 될 수 있다.

대통령령이나 총리령, 부령 등과 같은 하위규범은 그 심판대상이 될 수 없다(헌재 2007.4.26. 2005헌바51, 국민건강보험법 제63조 제4항 등 위헌소원(각하,기각))(헌재 2010.2.25. 2008헌바79, 구 소득세법 제21조 제1항 제10호 등 위헌소원(각하,합헌)). 국회가 제정한 형식적 의미의 법률 이외에도 법률과 동일한 효력을 가진 규범이라면 조약이나 명령 등도 대상이 될 수 있으며, 법률과 동일한 효력을 가진 관습법도 그 대상이 된다(헌재 2016.4.28. 2013헌바396등, 상속에 관한 관습법 위헌소원 등(합헌)).

분묘기지권에 관한 관습법 중 "타인 소유의 토지에 소유자의 승낙 없이 분묘를 설치한 경우에는 20년간 평온·공연하게 그 분묘의 기지를 점유하면 지상권과 유사한 관습상의 물권인 분묘기지권을 시효로 취득하고, 이를 등기 없이 제3자에게 대항할 수 있다"는 부분 및 "분묘기지권의 존속기간에 관하여 당사자 사이에 약정이 있는 등 특별한 사정이 없는 경우에는 권리자가 분묘의 수호와 봉사를 계속하는 한 그 분묘가 존속하고 있는 동안은 분묘기지권은 존속한다"는 부분은 모두 헌법에 위반되지 아니한다(7:2)(헌재 2020.10.29. 2017헌바208, 구 관습법 위헌소원(합헌)). 이 결정에서 헌법재판소는 관습법이 헌법소원심판의 대상이 된다고 본 선례(헌재 2016.4.28. 2013헌바396등)의 입장을 유지하였다. 관습법이 재산권을 침해하였는지 여부에 관한 심사기준을 처음으로 제시하였는바, 재산권 침해 여부를 과잉금지원칙에 따라 심사하되 관습법 성립 전후의 역사적 배경과 관습법으로서 수행하여 온 역할, 재산권의 대상인 토지의 특성 및 헌법 제9조에 따른 전통문화의 보호 등을 고려하여 심사기준을 완화하였다. 관습법은 오랜 세월 우리의 관습으로 형성·유지되어 왔고 현행 민법 시행 이후에도 대법원판결을 통하여 일관되게 유지되어 온 것인바, 장묘(葬墓)문화의 변화, 임야의 경제적 가치 상승 등 그간 변화된 사정에도 불구하고 관습법이 헌법에 위배되지 아니한다고 판단하였다.

민법 시행 이전의 "여호주가 사망하거나 출가하여 호주상속이 없이 절가된 경우, 유산은 그 절가(絕家)된 가(家)의 가족이 승계하고 가족이 없을 때는 출가녀가 승계한다"는 구 관습법은 민법 시행 이전에 상속 등을 규율하는 법률이 없는 상황에서 절가된 가(家)의 재산분배에 관하여 적용된 규범으로서, 비록 형식적 의미의 법률은 아니지만 실질적으로는 법률과 같은 효력을 가진다. 그렇다면 법률과 같은 효력을 가지는 이 사건 관습법도 헌법소원심판의 대상이 되고, 단지 형식적 의미의 법률이 아니라는 이유로 그 예외가 될 수는 없다(헌재 2016.4.28. 2013헌바396등, 상속에 관한 관습법 위헌소원 등(합헌))(관습법의 위헌소원대상성에 대한 비판적 견해로는 윤진수, "상속관습법의 헌법적 통제", 헌법학연구 23-2 참조).

(ⅱ) 위헌심사형 헌법소원은 '법률'의 위헌성을 적극적으로 다투는 제도이므로 '법률의 부존재' 즉, 입법부작위를 다투는 청구는 그 자체로 허용되지 아니한다(헌재 2011.2.15. 2011헌바20, 형법 제50조 제2항 등 위헌소원(각하))(헌재 2009.5.12. 2009헌바69, 민사소송법 제449조 관련 입법부작위 위헌소원(각하)).

(c) 재판의 전제성

(ⅰ) 위헌법률심판과 마찬가지로 재판의 전제성이 요구된다.

당해 사건 재판에서 승소판결을 받아 그 판결이 확정된 경우 재심을 청구할 법률상 이익이 없고, 심판대상조항에 대하여 위헌결정이 선고되더라도 당해 사건 재판의 결론이나 주문에 영향을 미칠 수 없으므로 그 심판청구는 재판의 전제성이 인정되지 아니하나, 파기환송 전 항소심에서 승소판결을 받았다고 하더라도 그 판결이 확정되지 아니한 이상 상소절차에서 그 주문이 달라질 수 있으므로, 심판대상조항의 위헌 여부에 관한 재판의 전제성이 인정된다(헌재 2013.6.27. 2011헌바247, 구 부가가치세법 제22조 제5항 제1호 위헌소원(각하))(헌재 2000.6.29. 99헌바66등, 헌법재판소법 제75조 제7항 위헌소원(합헌)).

동일 청구인이 과거에 유사한 취지로 헌법소원심판을 청구한 바 있으나, 과거(헌법재판소법 제68조 제1항에 따른 청구)와는 달리 법원의 위헌제청신청을 거치는 등 헌법재판소법 제68조 제2항의 헌법소원으로 청구유형을 바꾸어 청구한 경우로서, 재판의 전제성을 충족하였다(과거에 제기한 헌법소원과는 헌법소원의 유형이 다른 이상 일사부재리 원칙을 위반하지 아니한다). 귀환하지 아니한 국군포로의 경우 그간의 행적 등을 파악할 수 없는 한계 등을 이유로 억류기간 동안의 보수지급 대상에서 제외한 것은 평등원칙에 위배되지 아니한다(합헌5:각하4)(헌재 2022.12.22. 2020헌바39, 국군포로의 송환 및 대우 등에 관한 법률 제9조 제1항 위헌소원(합헌)).

"헌법재판소법 제68조 제2항에 의한 헌법소원에 있어서 만약 당해사건이 부적법한 것이어서 법률의 위헌 여부를 따져볼 필요조차 없이 각하를 면할 수 없는 것일 때에는 위헌여부심판의 제청신청은 적법요건인 재판의 전제성을 흠결한 것으로서 각하될 수밖에 없"다(헌재 2004.6.24. 2001헌바104, 도시계획법 부칙 제10조 제3항 위헌소원(각하)); 단순히 법률의 구체적 해석·적용을 다투는 경우로서 법률조항 자체의 위헌성을 다투는 것으로 볼 여지가 없는 경우 헌법재판소법 제68조 제2항에 의거한 심판청구로서 부적법하다(헌재 2005.7.21. 2001헌바67, 구 금융산업의구조개선에관한법률 제14조의3 제1항 위헌소원(각하)); 무죄의 확정판결이 난 사안에 대한 위헌소원도 부적법하다(헌재 2021.12.23. 2018헌바211, 상고심절차에 관한 특례법 제2조 등 위헌소원(합헌,각하)).

미합중국 군대가 대한민국의 영토 및 그 부근에 배비하는 권리에 관한 '대한민국과 미합중국 간의 상호방위조약' 및 미합중국이 대한민국에서 시설과 구역의 사용을 공여받도록 하고, 합동위원회에 관하여 규정하고 있는 '대한민국과 아메리카합중국 간의 상호방위조약'에 의한 시설과 구역 및 '대한민국에서의 합중국군대의 지위에 관한 협정'에 대한 헌법소원심판 청구에 대하여 제1심 법원은 '이 사건 부지공여승인은 항고소송의 대상이 되는 처분에 해당하지 않고, 피고적격도 인정되지 않는다.'는 이유로 소각하 판결을 하였고, 항소 및 상고하였으나 모두 기각되어 위 판결이 확정되었다. 따라서 심판대상조항의 위헌 여부는 당해사건의 재판의 전제가 되지 아니한다(헌재 2023.5.25. 2022헌바36, 대한민국과 미합중국 간의 상호방위조약 제4조 등 위헌소원(각하)).

(ⅱ) 한편, 위헌심사형 헌법소원(헌재법 제68조 제2항)의 경우에는 당해 법원에 위헌법률심판제청을 신청할 때 당해 사건이 법원에 계속 중이면 이 요건을 충족한다(헌재 1998.7.16. 96헌바33등). 당해 법원이 위헌법률심판제청신청을 배척한 후 재판을 진행하여 당사자가 헌법재판소에 헌법소원심판을 청구하기 전에 당해 사건의 소송계속이 이미 소멸될 수 있지만(소의 취하 등), 이후 헌법재판소가 위헌결정을 선고하면 청구인은

재심을 청구하여 구제될 수 있기 때문이다(헌재법 제75조 제7항).

헌법재판소법 제68조 제2항에 의한 헌법소원이 인용된 경우에 당해 헌법소원과 관련된 소송사건이 이미 확정된 때에는 당사자는 재심을 청구할 수 있으므로, 대법원이 상고기각판결을 선고함으로써 원심판결이 확정되었더라도 재판의 전제성이 소멸된다고 볼 수는 없다(헌재 1998.7.16. 96헌바33등, 사립학교법 제53조의2 제2항 위헌소원 등(위헌,각하)).

(d) 제청신청의 기각결정

(i) 헌법재판소법 제68조 제2항의 위헌심사형 헌법소원은 원칙적으로 법률의 위헌여부심판의 제청신청을 하여 그 신청이 기각된 때에만 청구할 수 있으므로, 청구인이 특정 법률조항에 대한 위헌여부심판의 제청신청을 하지 아니하였고 따라서 법원의 기각결정도 없었다면 그 부분 심판청구는 심판청구요건을 갖추지 못하여 부적법하다(헌재 1994.4.28. 89헌마221; 헌재 1997.11.27. 96헌바12; 헌재 2000.7.20. 98헌바74; 헌재 2015.6.25. 2014헌바61).

제청신청이 기각된 경우란 신청이 실체심리 결과 이유 없다고 하여 신청을 배척하는 경우는 물론이고 위헌이라고 주장하는 법률이나 법률조항이 재판의 전제성을 갖추지 못하였다고 판단하여 배척하는 경우도 포함한다. 헌법재판소에 헌법소원을 제기하여 재판의 전제성에 대하여 당해 법원과 다른 판단을 받을 수 있는 가능성을 허용하여야 하기 때문이다. 재판의 전제성에 대한 판단 권한은 원칙적으로 당해 사건의 재판을 담당하는 법원에 있다. 하지만, 재판의 전제성이라는 요건은 소송의 경과에 따라 변경될 수 있을 뿐 아니라 재판의 전제성에 대한 법원의 판단이 명백히 부당한 경우도 있으므로 당사자의 위헌법률심판청구를 넓게 보장하기 위하여 재판의 전제성 흠결 여부를 포함하여 법률의 위헌 여부에 대하여 헌법재판소의 판단 기회를 보장할 필요가 있다.

헌법재판소도 "위헌제청신청이 기각된 때"에는 법원의 합헌판단에 의한 기각결정뿐만 아니라 재판의 전제성 흠결을 이유로 한 기각결정도 포함된다고 해석한다(헌재 1993.7.29. 90헌바35). 또한 당해 법원이 실질적으로 위헌 여부에 대하여 판단하여 각하결정이라는 재판형식으로 배척한 경우에도 헌법재판소법 제68조 제2항의 헌법소원심판의 청구를 허용하고 있다(헌재 1989.12.18. 89헌마32등, 국가보위입법회의법 등의 위헌여부에 관한 헌법소원(위헌,각하)).

"헌재법 제68조 제2항은 위헌제청신청이 기각된 때에는 그 신청인이 바로 헌법재판소에 법률의 위헌 여부에 관한 심사를 구하는 헌법소원을 제기할 수 있다는 것으로서, 그 경우에 "위헌제청신청이 기각된 때"라는 것은 반드시 합헌판단에 의한 기각결정만을 의미하는 것이 아니라 재판의 전제성을 인정할 수 없어 내리는 기각결정도 포함하는 것으로 해석"된다(헌재 1993.7.29. 90헌바35, 반국가행위자의처벌에관한특별조치법 제5조 등 및 헌법재판소법 제41조 등에 대한 헌법소원(위헌,각하)).

(ⅱ) 제청신청에 대한 법원의 기각결정이 없었던 법률조항에 대한 헌법소원은 부적법하다(헌재 1994.4.28. 89헌마221; 헌재 1997.8.21. 93헌바51; 헌재 2006.7.27. 2005헌바19). 제청신청 및 기각결정에 포함되지 아니한 법률조항을 헌법소원에 포함한 경우에는 그 법률조항에 대하여만 부적법한 청구로 보아 각하한다(헌재 1997.11.27. 96헌바12; 헌재 2002.5.30. 2001헌바28). 그러나 당사자가 제청신청의 대상으로 제시하지 아니하였고 또한 당해 법원 역시 신청기각결정의 대상으로 삼지 아니하였음이 명백한 법률조항이라 하더라도, 예외적으로 제청신청을 기각한 당해 법원이 당해 조항을 실질적으로 판단하였거나 당해 조항이 명시적으로 제청신청을 한 조항과 필연적 연관관계를 맺고 있어서 당해 법원이 묵시적으로 제청신청된 것으로 판단한 것으로 볼 수 있는 경우에는 헌법재판소법 제68조 제2항의 헌법소원으로서 적법하다고 본다(헌재 2001.2.22. 99헌바93; 헌재 1998.3.26. 93헌바12; 헌재 2005.2.24. 2004헌바24; 헌재 2010.9.30. 2009헌바2).

"법 제68조 제2항에 의한 헌법소원심판의 청구는 법 제41조 제1항의 규정에 의한 적법한 위헌여부심판의 제청신청을 법원이 각하 또는 기각하였을 경우에만 당사자가 직접 헌법재판소에 헌법소원의 형태로써 심판을 청구할 수 있는 것인데 이 사건에 있어서 청구인들의 위헌제청신청사건을 담당하여 이유 없다고 기각한 제청법원의 결정내용에 의하면 청구인들이 이 사건 헌법소원심판청구를 한 국가안전기획부법 제15조 및 제16조에 관하여는 재판 대상으로 삼은 법률조항도 아니어서 이 규정들에 대하여는 제청법원이 위헌제청신청기각의 결정을 한 바 없음을 알 수 있다. 따라서 같은 규정들에 대하여는 법 제68조 제2항에 의한 심판의 대상이 될 수 없는 사항에 대한 것으로서 이 부분 청구인들의 심판청구는 부적법하다"(헌재 1994.4.28. 89헌마221, 정부조직법 제14조 제1항 등의 위헌여부에 관한 헌법소원(각하,합헌)).

"청구인은 당해사건에서 심판대상조항들이 적용된 결과로 유죄판결을 받았다. 그런데 심판대상 조항들 중 학원법 제22조 제1항 제2호에 대해서는 명시적인 위헌법률심판제청신청이 없었고 따라서 위헌제청신청 기각결정에서도 같은 규정을 명시적 판단대상으로 삼지는 않았다. 그러나, 같은 조항은 학원법 제6조 위반행위에 대한 벌칙규정으로서, 학원법 제6조에 대한 위헌법률심판제청신청과 이에 대한 법원의 판단에 위 벌칙규정에 대한 신청과 판단이 실질적으로 포함되어 있는 것으로 볼 수 있다. 그러므로, 같은 조항에 대한 심판청구도 헌법재판소법 제68조 제2항에 따른 적법요건을 갖춘 것으로 본다"(헌재 2001.2.22. 99헌바93, 학원의설립·운영에 관한 법률 제6조 등 위헌소원(합헌)).

"헌법재판소법 제68조 제2항의 헌법소원은 법률의 위헌여부심판의 제청신청을 하여 그 신청이 기각된 때에만 청구할 수 있는 것이므로, 청구인이 특정 법률조항에 대한 위헌여부심판의 제청신청을 하지 않았고 따라서 법원의 기각결정도 없었다면 비록 헌법소원심판청구에 이르러 위헌이라고 주장하는 법률조항에 대한 헌법소원은 원칙적으로 심판청구요건을 갖추지 못하여 부적법한 것이나, 예외적으로 위헌제청신청을 기각 또는 각하한 법원이 위 조항을 실질적으로 판단하였거나 위 조항이 명시적으로 위헌제청신청을 한 조항과 필연적 연관관계를 맺고 있어서 법원이 위 조항을 묵시적으로나마 위헌제청신청으로 판단을 하였을 경우에는 헌법재판소법 제68조 제2항의 헌법소원으로서 적법한 것이다. 그런데,

이 사건에 있어서 청구인은 위헌제청신청을 함에 있어 행형법 제29조의 위헌 여부를 다투고 있을 뿐 이와 필연적 연관관계도 없는 행형법 제28조에 관한 위헌 여부를 명시적으로 다툰 바 없고, 법원의 위헌제청신청 각하결정도 행형법 제29조에 대하여만 판단했을 뿐, 행형법 제28조에 관하여 판단한 바 없으므로, 행형법 제28조에 관한 심판청구는 심판청구의 요건을 갖추지 못한 것으로 부적법하다(헌재 2005.2.24. 2004헌바24, 행형법 제29조 제1항 위헌소원 등(각하)).

(e) 청구기간

헌법재판소법 제68조 제2항의 헌법소원의 경우 청구기간은 위헌심판 제청신청을 기각하는 법원의 결정을 통지받은 날부터 30일 이내에 청구하여야 한다(헌재법 제69조 제2항). 제청신청에 대한 기각결정의 송달은 당해 사건의 공동소송대리인 중 1인에게 하면 적법한 송달이라고 본다(헌재 1993.7.29. 91헌마150, 택지개발예정지구지정 등에 대한 헌법소원(각하)). 비록 송달받은 당해 사건의 공동소송대리인 중 1인이 제청신청서에 기재된 대리인이 아니더라도 제청사건은 당해 사건의 부수·파생하는 절차이므로 당해 사건의 공동소송대리인은 제청신청사건의 대리권도 당연히 가지기 때문이다

D. 심판청구의 절차

(ⅰ) 위헌법률심판을 구하는 헌법소원의 심판청구서에는 위헌법률심판제청서의 기재사항이 준용된다(헌재법 제71조 제2항, 제43조).

(ⅱ) 위헌법률심판을 구하는 헌법소원에서 심판의 대상은 재판의 전제가 된 법률이 헌법에 위반되는지 여부이므로 심판청구서에 위헌이라고 해석되는 이유를 기재하여야 하고 심판청구의 취지도 재판의 전제가 된 "법률 또는 법률조항이 헌법에 위반된다라는 결정"을 구하는 형식이어야 한다.

(ⅲ) 위헌법률심판을 구하는 헌법소원은 그 본질이 규범통제제도이지만 그 형식은 헌법소원으로 심판청구되기 때문에 헌법재판소법 제72조가 정하는 지정재판부의 사전심사를 받는다. 하지만, 헌법재판소법 제68조 제2항의 헌법소원은 그 본질이 규범통제제도라는 점을 고려하면 재판의 전제성은 동법 제41조의 위헌법률심판제청사건과 같이 9인의 전원재판부에서 심리하는 것이 논리적으로 타당하다. 변호사강제주의와 국선대리인에 관한 규정도 적용된다(헌재법 제25조 제3항, 제4항, 제70조).

E. 한정위헌청구의 허용 여부

(ⅰ) 위헌법률심판을 구하는 헌법소원에서 심판의 대상은 법률 또는 법률조항이 헌법에 위반되는지 여부이다. 그런데 법률 또는 법률조항에 대한 특정한 해석이 헌법에 위반된다고 주장하는 심판청구가 허용되는지 문제된다. 이른바 한정위헌청구의 허용 여부이다.

(ii) 과거에 헌법재판소는 법률조항 자체의 위헌성이 아니라 법률해석의 위헌성을 다투는 심판청구는 원칙적으로 부적법하다고 보았다(헌재 1995.7.21. 92헌바40; 헌재 1997.2.20. 95헌바27). 그 후 헌법재판소는 선례를 변경하여, 법률의 의미는 법률해석에 의하여 확인되므로 법률과 법률해석을 구분할 수 없고 법률에 대한 규범통제는 해석에 의하여 구체화된 법률의 의미에 대한 헌법적 통제라는 이유에서, 법률해석의 위헌성을 주장하는 한정위헌청구도 원칙적으로 적법하다고 판시하였다(헌재 2012.12.27. 2011헌바117, 구 특정범죄가중처벌 등에 관한 법률 제2조 제1항 위헌소원 등(한정위헌)). 다만, 헌법재판소법이 재판소원을 금지한 취지에 비추어 볼 때, 재판의 기초가 되는 사실관계의 인정이나 평가, 개별적 · 구체적 사건에서 법률조항의 포섭 · 적용, 법원의 법률해석이나 재판의 결과 등에 대한 다툼은 규범통제가 아니므로 여전히 허용될 수 없다고 본다.

> "규범으로서의 법률은 그 적용영역에 속하는 무수한 사례를 포괄적으로 규율해야 하기 때문에 일반적 · 추상적으로 규정될 수밖에 없으므로 개별적 · 구체적인 법적분쟁에 법률을 적용하는 경우에는 당해 사건에 적용할 가장 적합한 규범을 찾아내고 그 규범의 의미와 내용을 확정하는 사유과정인 법률해석의 과정을 거칠 수밖에 없게 되는 것 … '법률 또는 법률조항'과 '법률 또는 법률조항의 해석'은 결코 분리된 별개의 것이 아니며, 따라서 당해 사건 재판의 전제가 되는 법률 또는 법률조항에 대한 규범통제는 결국 해석에 의하여 구체화 된 법률 또는 법률조항의 의미와 내용에 대한 헌법적 통제 … 구체적 규범통제절차에서 제청법원이나 헌법소원청구인이 심판대상 법률조항의 특정한 해석이나 적용부분의 위헌성을 주장하는 한정위헌청구 역시 원칙적으로 적법한 것으로 보아야 할 것이다. … 헌법재판소 선례들이 한정위헌청구는 원칙적으로 부적법하지만 예외적으로는 적법하다고 보는 입장은 합당하지 못한 것이다. … 구체적 규범통제절차에서 법률조항에 대한 특정적 해석이나 적용부분의 위헌성을 다투는 한정위헌청구가 원칙적으로 적법하다고 하더라도, 재판소원을 금지하고 있는 '법' 제68조 제1항의 취지에 비추어 한정위헌청구의 형식을 취하고 있으면서도 실제로는 당해 사건 재판의 기초가 되는 사실관계의 인정이나 평가 또는 개별적 · 구체적 사건에서의 법률조항의 단순한 포섭 · 적용에 관한 문제를 다투거나 의미있는 헌법문제를 주장하지 않으면서 법원의 법률해석이나 재판결과를 다투는 경우 등은 모두 현행의 규범통제제도에 어긋나는 것으로서 허용될 수 없"다(헌재 2012.12.27. 2011헌바117, 구 특정범죄가중처벌 등에 관한 법률 제2조 제1항 위헌소원 등(한정위헌)).

F. 심판청구 이후의 절차

위헌법률심판을 구하는 헌법소원을 제기한 경우 심판청구인의 제청신청을 기각한 당해 법원은 당해 사건을 그대로 진행한다. 이에 따라 "헌법재판소법 제68조제2항에 따른 헌법소원이 인용된 경우에 해당 헌법소원과 관련된 소송사건이 이미 확정된 때에는 당사자는 재심을 청구할 수 있다." "제7항에 따른 재심에서 형사사건에 대하여는 형사소송법을 준용하고, 그 외의 사건에 대하여는 민사소송법을 준용한다"(제75조 제7항 · 제8항). 이와 같이 당해 사건의 재판이 확정된 후 헌법재판소가 위헌으로 결정하는 경우 재심절차를 통하여 청구인을 구제하여야 하는 번거로움과 법적 안정성을 고려할 때 헌법소원심판 절차에서 헌법재판소가 당해 사건의 재판을 정지시키는 가처분의 필요성이 제기된다.

G. 종국결정

(i) 위헌심사형 헌법소원에 대한 결정유형은 위헌법률심판의 결정유형과 같다. 위헌심사형 헌법소원을 인용하는 결정은 원칙적으로 법률에 대한 위헌결정이 된다. 이 경우 위헌법률심판에 관한 헌법재판소법 제45조 · 제47조의 위헌결정과 위헌결정효력에 관한 규정을 준용한다(제75조 제5항 · 제6항). 이에 따라 위헌심사형 헌법소원에서의 위헌결정은 법원 기타 모든 국가기관과 지방자치단체에 대하여 기속력을 가지게 된다. 그런데 헌법재판소는 헌법재판소법 제68조 제2항에 따른 헌법소원에서의 변형결정도 법원에 대한 기속력을 인정한다. 그러나 대법원은 단순위헌 · 단순합헌 등 헌법재판소의 전형적인 결정에 대한 기속력은 문제가 되지 아니하지만, 헌법재판소의 변형결정은 법원을 기속하지 아니한다고 본다(대판 1996.4.9. 95누11405, 양도소득세부과처분 취소사건).

나아가서 대법원은 헌법재판소의 한정위헌결정뿐 아니라 사실상 단순위헌결정과 실질적으로 동일한 헌법불합치결정에 대하여 그 기속력을 인정하지 아니한 경우도 있다(대판 1997.3.28. 96누15602, 양도소득세부과처분 취소사건).[1] 다만, 대법원도 "헌법재판소의 헌법불합치결정은 헌법재판소법 제45조 본문 및 제47조 제1항 소정의 위헌결정임에 틀림없고 이는 다만 같은 법 제47조 제2항 본문의 예외로서 위헌결정으로 인한 법률조항의 효력상실시기만을 일정기간 뒤로 미루고 있음에 불과하다"(대판 1991.6.11. 90다5450)라고 판시함으로써 원칙적으로 헌법불합치결정에 대하여 기속력을 인정한다.

생각건대 헌법재판소법 제45조 등에 비추어 본다면 헌법재판소의 변형결정은 예외적이다. 특히 헌법재판소가 변형결정을 남발하여 결과적으로 스스로의 권위에도 손상을 입고 있다는 점을 부인할 수 없다(예컨대 국가보안법 사건의 경우). 그러나 헌법재판의 특수성에 비추어 변형결정은 헌법재판제도를 도입한 각국에서 널리 인정된다. 대법원이 강조하는 법률의 해석 · 적용권한도 법원의 전속적 권한이라고 보기는 어렵다. 또한 그러한 주장은 헌법상 법률의 위헌 여부에 관한 헌법재판소의 위헌심판권에 대한 이해 부족으로부터 기인한다.

헌법재판소법 제68조 제2항에 따른 헌법소원이 인용된 경우, 즉 심판대상 법률조항에 대해 헌법재판소가 위헌으로 결정한 경우 당해사건이 이미 확정된 때

1) 이에 대한 비판적 분석은, 황치연, "헌법재판소결정의 효력과 대법원의 판결", 인권과 정의 1997. 11(제255호), 174-184면 참조.

에는 당사자는 재심을 청구할 수 있다(제75조 제7항). 여기서 위 규정 소정의 "당해 헌법소원과 관련된 소송사건"이라 함은 당해 헌법소원의 전제가 된 당해 소송사건만을 가리키는 것이다(대판 1992.5.12. 91누7101; 대판 1993.7.27. 92누13400). 이에 따른 재심절차에서는 형사사건에 대하여는 형사소송법을 준용하고, 그 외의 사건에 대하여는 민사소송법을 준용한다(제75조 제8항).

(ii) 헌법재판소는 위헌심사형 헌법소원의 결정형식에 있어서도 위헌법률심판의 경우와 마찬가지로 변형결정을 내린다.

Ⅱ. 헌법소원심판의 청구권자

"공권력의 행사 또는 불행사로 인하여 헌법상 보장된 기본권을 침해받은 자는 법원의 재판을 제외하고는 헌법재판소에 헌법소원심판을 청구할 수 있다"(헌재법 제68조 제1항). 이때 기본권을 침해받은 자는 기본권의 보유능력이 인정되는 자임을 전제로 한다. 따라서 청구권자는 일단 기본권의 주체성이 인정되는 자이어야 한다.

1. 자연인과 단체

(i) 청구권자는 기본권의 주체에서와 마찬가지로 모든 국민을 의미한다. 외국인에게도 인정되는 기본권에 한하여 외국인도 청구권자가 된다. 태아(胎兒)도 제한적으로 인정되지만, 배아(胚芽)는 인정되지 아니한다.

> 헌법재판소법 제68조 제1항의 헌법소원은 기본권의 주체만 청구할 수 있는데, 단순히 '국민의 권리'가 아니라 '인간의 권리'로 볼 수 있는 기본권에 대해서는 외국인도 기본권의 주체이다. 변호인의 조력을 받을 권리는 성질상 인간의 권리에 해당되므로 외국인도 기본권의 주체로서 청구인 적격이 인정된다(헌재 2018.5.31. 2014헌마346, 변호인 접견 불허처분 등 위헌확인(인용)).

(ii) '국민'의 범주에는 자연인뿐만 아니라 법인 중에서 사법인도 포함된다(예컨대 사립학교 법인, 한국영화인협회 등). 이에 따라 성질상 법인이 누릴 수 있는 기본권에 대하여는 법인 명의로 헌법소원을 청구할 수 있다. 또한 권리능력 없는 단체(사단 또는 재단)도 대표자를 통하여 독립된 조직체로서 활동하는 경우에는 성질상 단체가 누릴 수 있는 기본권에 대하여 청구권자가 될 수 있다. 예컨대 한국신문편집인협회, 정당, 노동조합(헌재 1999.11.25. 95헌마154, 노동조합법 제12조 등 위헌확인(각하,위헌))과 같은 단체가 이에 해당한다.

미국산 쇠고기 및 쇠고기제품 수입위생조건 위헌확인에서 침해된다고 하여 문제되는 생명·신체의 안전에 관한 기본권은 성질상 자연인에게만 인정되는 것이므로 진보신당은 기본권 행사의 주체가 될 수 없어 청구인능력이 인정되지 아니한다(헌재 2008.12.26. 2008헌마419, 미국산 쇠고기 및 쇠고기제품 수입위생조건 위헌확인(각하,기각); 헌재 1991.3.11. 91헌마21, 지방의회의원선거법 제36조 제1항에 대한 헌법소원(헌법불합치,각하)).

2. 단체의 구성원·내부기관은 제외

(i) 나만, 헌법소원의 청구권자가 될 수 있는 단체라고 하더라도 "원칙적으로 단체 자신의 기본권을 직접 침해당한 경우에만 그의 이름으로 헌법소원심판을 청구할 수 있을 뿐이고 그 구성원을 위하여 또는 그 구성원을 대신하여 헌법소원심판을 청구할 수 없"으므로 자기관련성에 주의가 필요하다(후술하는 자기관련성 참조).

"한국신문편집인협회는 그 자신의 기본권이 직접 침해당하였다는 것이 아니고 청구인협회의 회원인 언론인들의 언론·출판의 자유가 침해당하고 있어 청구인협회는 간접적으로 기본권을 침해당하고 있음을 이유로 하여 이 사건 헌법소원심판을 청구하고 있는 것으로 보이므로 자기관련성을 갖추지 못하여 부적법하다"(헌재 1995.7.21. 92헌마177등, 대통령선거법 제65조 위헌확인(각하)); 전국 시·도 교육의원협의회가 그 구성원인 교육의원들을 위하여 또는 교육의원들을 대신하여 헌법소원을 청구할 수는 없다(헌재 2009.3.26. 2007헌마359, 지방교육자치에 관한 법률 제4조 등 위헌확인(각하)); 사단법인 한국기자협회가 그 구성원인 기자들을 대신하여 제기한 헌법소원심판청구는 기본권 침해의 자기관련성을 인정할 수 없어 부적법하다(헌재 2016.7.28. 2015헌마236등, 부정청탁 및 금품등 수수의 금지에 관한 법률 제2조 제1호 마목 등 위헌확인 등(각하,기각)).

(ii) 또한 단체 자체가 아닌 단체소속의 분과위원회 또는 단체의 내부기관은 청구권자가 될 수 없다.

인천전문대학 기성회 이사회는 인천전문대학 기성회로부터 독립된 별개의 단체가 아니고 인천전문대학 기성회 내부에 설치된 회의 기관 가운데 하나에 불과하므로 인천전문대학 기성회 이사회는 그 이름으로 헌법소원심판을 청구할 수 있는 헌법소원심판 청구능력이 있다고 할 수 없다(헌재 1991.6.3. 90헌마56, 영화법 제12조 등에 대한 헌법소원(각하); 헌재 2010.7.29. 2009헌마149, 재단법인 인천전문대학학사운영회 설립 및 지원에 관한 조례 위헌확인(각하)).

3. 국가기관, 공공단체, 공법인

(1) 원칙: 부정

헌법재판소는 공권력의 행사자인 국가, 지방자치단체나 그 기관 또는 조직의 일부나 공법인은 기본권의 수범자이지 기본권의 주체가 아니라고 보아, 지방자치단체(헌재 2006.2.23. 2004헌바50, 구 농촌근대화촉진법 제16조 위헌소원(기각), 헌재 2006.12.28. 2006헌마312, 혁신도시 최종입지 공표행위 위헌확인(각하)), 지방자치단체의 장(헌재 1997.12.24. 96 헌마365, 행정심판법 제37조 제1항 위헌확인(각하)), 지방자치단체의 의결기관(헌재 1998.3.26. 96헌마345, 지방자치단체의행정기구와정원기준등에관한규정 제14조 제1항 등 위헌확인(각하)), 국회의 구성원인 국회상임위원회(헌재 1994.12.29. 93헌마120, 분기소처분취소(각하)), 공법인인 지방자치단체의 교육위원(헌재 1995.9.28. 92헌마23등, 지방교육자치에 관한법률 제13조 제1항에 대한 헌법소원(각하)), 국회의원 등에 대하여 청구인적격을 부인한다.

검사가 발부한 형집행장에 의하여 검거된 벌금미납자의 신병에 관한 업무와 관련하여 경찰공무원은 국가기관의 일부 또는 그 구성원으로서 공법상의 권한을 행사하는 공권력행사의 주체일 뿐 기본권의 주체라 할 수 없으므로 헌법소원을 제기할 청구인적격을 인정할 수 없다(헌재 2009.3.24. 2009헌마118, 공권력행사 위헌확인(각하)).

공직선거법이 지방자치단체장의 직무와 관련된 영역에서 금품제공행위 등을 금지하고 있는 부분은 지방자치단체장 개인의 기본권을 제한하는 것이 아니라 지방자치단체장으로서의 공무집행의 방법을 제한하는 것이므로 이는 헌법소원심판의 대상이 될 수 없다(헌재 2008.5.29. 2005헌마442, 공직선거 및 선거부정방지법 제86조 제3항 위헌확인(각하)).

(2) 예외적 인정

(i) 공권력의 주체라고 하더라도 국·공립대학이나 공영방송국과 같이 국가에 대하여 독립성을 가지는 독자적인 기구로서(헌재 1995.2.23. 90헌마125, 입법권침해 등에 대한 헌법소원(각하)), 해당 기본권 영역에서 개인들의 기본권실현에도 이바지 하는 경우에는 예외적으로 기본권주체가 될 수 있다.

(ii) 헌법재판소는 국립서울대학교에 대하여 학문의 자유 및 대학의 자치와 관련하여 기본권주체성을 인정한다(헌재 1992.10.1. 92헌마68등, 1994학년도 신입생선발입시안에 대한 헌법소원(기각)). 국립강원대학교에 대하여도 대학자율권의 주체성을 인정한다(헌재 2015.12.23. 2014헌마1149, 강원대학교 법학전문대학원 2015학년 모집정지처분등 취소(인용)).

"헌법 제31조 제4항이 규정하는 교육의 자주성 및 대학의 자율성은 헌법 제22조 제1항이 보장하는 학문의 자유의 확실한 보장을 위해 꼭 필요한 것으로서 대학에 부여된 헌법상 기본권인 대학의 자율권이므로, 국립대학인 청구인도 이러한 대학의 자율권의 주체로서 헌법소원심판의 청구인능력이 인정된다."

즉, 국립대학교의 경우 대법원은 영조물(교육시설)에 불과하다는 이유로 행정소송의 당사자능력을 인정하지 아니하지만(대판 2010.3.11. 2009두23129; 대판 2007.9.20. 2005두6935), 헌법재판소는 대학의 자율성과 학문의 자유라는 기본권 주체성을 긍정하여 독자적인 헌법소원 청구인능력을 인정한다. 반면에 사립대학교나 사립 중·고교의 경우에는 사립학교법 등 관련 법률을 근거로 설립된 교육시설에 불과하므로 헌법소원심판을 제기할 청구인능력이 없고 해당 시설에 관한 권리의무의 주체인 학교법인이 헌법소원을 제기하는 것으로 충분하다는 입장이다(헌재 1993.7.29. 89헌마123, 구 법인세법 제59조의3, 같은 법 시행령 제124조의8에 대한 헌법소원(각하)).

사이버대학은 사립학교법 및 고등교육법을 근거로 설립된 교육시설에 불과하여 헌법소원심판을 제기할 청구인능력이 없다(헌재 2016.10.27. 2014헌마1037, 의료기사 등에 관한 법률 제4조 제1항 제1호 위헌확인(각하,기각)).

(iii) 또한 대통령도 발언내용이 직무 부문과 사적 부문이 경합하는 경우에 사적 부문에 대하여는 기본권주체성을 인정한다(헌재 2008.1.17. 2007헌마700, 대통령의 선거중립의무 준수요청 등 조치 취소(기각)).

개인의 지위를 겸하는 국가기관이 기본권의 주체로서 헌법소원의 청구적격을 가지는지 여부는, 심판대상조항이 규율하는 기본권의 성격, 국가기관으로서의 직무와 제한되는 기본권 간의 밀접성과 관련성, 직무상 행위와 사적인 행위 간의 구별가능성 등을 종합적으로 고려하여 결정되어야 한다.

Ⅲ. 헌법소원심판의 대상

1. 국가기관에 의한 공권력의 행사 또는 불행사(작위의무의 존재)

(ⅰ) 권리구제형 헌법소원의 대상은 "공권력의 행사 또는 불행사"이다. 공권력의 행사인 이상 입법·사법·행정 등이 적극적인 공권력을 행사한 경우는 물론 부작위에 의한 공권력의 불행사도 포함된다.[1] 여기에서 '공권력'이란 모든 국가기관·공공단체 등에 의하여 이루어지는 고권적 작용으로서, 그 행사 또는 불행사로 국민의 권리와 의무에 대하여 직접적인 법률효과를 발생하여 청구인의 법률관계 내지 법적 지위를 불리하게 변화시켜야 한다(헌재 2012.8.23. 2010헌마439, 전기통신사업법 제54조 제3항 위헌확인 등(각하)).

전기통신사업자에게 이용자에 관한 통신자료를 수사관서의 장의 요청에 응하여 합법적으로 제공할 수 있는 권한을 부여하고 있는 법률 조항에 근거하여 이루어진 통신자료 취득행위는 강제력이 개입되지 아니한 임의수사에 해당하는 것이어서 헌법재판소법 제68조 제1항에 의한 헌법소원의 대상이 되는 공권력의 행사에 해당하지 아니한다(헌재 2012.8.23. 2010헌마439, 전기통신사업법 제54조 제3항 위헌확인 등(각하))(헌재 2022.7.21. 2016헌마388, 통신자료 취득행위 위헌확인 등(헌법불합치(잠정적용)각하)).

수사기관에 공사단체 등에 대한 사실조회의 권한을 부여한 법률 조항 및 개인정보의 수사기관 제공 여부를 개인정보처리자의 재량사항으로 규정한 법률 조항에 근거해서 이루어진 수사기관의 사실조회행위도 헌법재판소법 제68조 제1항에 의한 헌법소원의 대상이 되는 공권력의 행사에 해당하지 아니한다(헌재 2018.8.30. 2014헌마368, 건강보험 요양급여내역 제공 요청 및 제공 행위 등 위헌확인(인용,각하)).

(ⅱ) 행정청이 우월적 지위에서 일방적으로 강제하는 권력적 사실행위는 헌법소원의 대상이 되지만(헌재 2001.7.19. 2000헌마546, 유치장내화장실설치및관리행위 위헌확인 등(인용(위헌확인))), 행정지도와 같이 대외적 구속력이 없는 비권력적 사실행위는 헌법소원의 대상이 되지 아니한다(헌재 1994.5.6. 89헌마35, 공권력행사로 인한 재산권

---

1) 김학성, 헌법소원에 관한 연구, 서울대 박사학위논문, 1990.2; 박종보, 법령에 대한 헌법소원: 그 대상과 요건을 중심으로, 서울대 박사학위논문, 1994.2; 박승호, 헌법재판연구(1), 경인; 전학선, "행정부작위에 대한 헌법소원", 공법연구 30-3; 정구환, 불기소 헌법소원, 육법사; 김정태, 헌법소원에 관한 연구: 보충성원칙과 그 예외를 중심으로, 한양대 박사학위논문, 1997; 김하열, "헌법소원 사건의 효율적 처리에 관한 고찰", 공법연구 43-1; 정주백, "법률에 대한 헌법소원심판에 있어서의 권리보호이익", 헌법학연구 21-4; 방승주, "사후적으로 위헌선언된 긴급조치에 대한 국가배상책임", 헌법학연구 25-3; 손형섭, "사법제도 개혁을 위한 헌법 구조적 대안 연구-헌법재판소법 개정을 통한 재판소원제도 도입론", 공법연구 48-1; 성기용, "헌법소원의 직접성 요건-헌법재판소 판례의 변천을 중심으로", 헌법재판연구 8-1; 박진영, "헌법소원심판에서 사실인정과 증거조사업무의 문제점과 개선방안", 공법연구 52-2.

침해에 관한 헌법소원등(각하)). 다만, 행정지도라 하더라도 그에 따르지 아니할 경우 일정한 불이익조치를 예정하고 있는 등 사실상 강제적 성격을 띠는 경우에는 예외적으로 헌법소원의 대상이 될 수 있다(헌재 2003.6.26. 2002헌마337등, 학칙시정요구 등 위헌확인(각하)).

개성공단 전면중단 조치는 투자기업인 청구인들로 하여금 공권력에 순응케 하여 개성공단의 운영을 중단시키는 결과를 실현한 일련의 행위로 구성되며, 그로 인해 위 청구인들의 개성공단에서의 사업 활동이 중단되고, 개성공단 내 공장, 영업시설이나 자재 등에 접근, 이용이 차단되는 등 법적 지위에 직접적, 구체적 영향을 받게 되었으므로, 위 조치는 피청구인들이 투자기업인 청구인들에 대한 우월적 지위에서 일방적으로 행한 권력적 사실행위로서 공권력의 행사에 해당한다(헌재 2022.1.27. 2016헌마364, 개성공단 전면중단 조치 위헌확인(기각)).

교육인적자원부장관의 대학총장들에 대한 학칙시정요구는 고등교육법 규정에 따른 것으로서 그 법적 성격은 대학총장의 임의적인 협력을 통하여 사실상의 효과를 발생시키는 행정지도의 일종이지만, 그에 따르지 않을 경우 일정한 불이익조치를 예정하고 있어 사실상 상대방에게 그에 따를 의무를 부과하는 것과 다를 바 없으므로 단순한 행정지도로서의 한계를 넘어 규제적·구속적 성격을 상당히 강하게 갖는 것으로서 헌법소원의 대상이 되는 공권력의 행사라고 볼 수 있다(헌재 2003.6.26. 2002헌마337등, 학칙시정요구 등 위헌확인(각하)).

한편, 공권력의 불행사도 헌법소원의 대상이 될 수 있지만, 이를 위해서는 작위의무가 있을 것을 요구된다.

"공권력의 불행사에 대한 헌법소원은 공권력의 주체에게 헌법에서 유래하는 작위의무가 특별히 구체적으로 규정되어 있어 이에 의거하여 기본권의 주체가 공권력의 행사를 청구할 수 있음에도 공권력의 주체가 그 의무를 해태(懈怠)하는 경우에 허용되므로, 작위의무가 없는 공권력의 불행사에 대한 헌법소원은 부적법하다"(헌재 2004.8.26. 2003헌마916, 재직기간산입거부처분취소(각하)).

(iii) 하지만, 현실적으로 구체적 사안에서 공권력의 행사에 해당되는지 여부에 관한 판단은 그리 쉬운 일이 아니다. 예컨대 방송통신심의위원회의 시정요구는 공권력의 행사로 보지만, 방송통신심의위원회의 의견제시는 공권력의 행사로 보지 아니한다.

방송통신심의위원회의 시정요구는 단순한 행정지도로서의 한계를 넘어 규제적·구속적 성격을 가진 것으로서 헌법소원의 대상이 되는 공권력의 행사라고 봄이 상당하다(헌재 2012.2.23. 2011헌가13, 방송통신위원회의 설치 및 운영에 관한 법률 제21조 제4호 위헌제청(합헌)).

방송통신심의위원회가 방송법 제100조 제1항 단서에 따라 한 '의견제시'는 헌법소원의 대상이 되는 공권력의 행사에 해당하지 아니하고, 위 조항은 기본권 침해의 직접성이 인정되지 아니한다(헌재 2018.4.26. 2016헌마46, 방송법 제100조 제1항 위헌확인 등(각하)).

(iv) 또한 작위의무가 존재하는 공권력의 불행사로 볼 수 있는지 여부에 관한

판단도 그리 쉬운 문제가 아니다.

헌법소원 사건의 결정서 정본을 국선대리인에게만 송달하고 청구인에게는 송달하지 아니한 부작위의 위헌확인을 구하는 헌법소원 심판청구는 공권력 불행사가 존재하지 아니하는 경우에 해당하여 부적법하다(헌재 2012.11.29. 2011헌마693, 헌법재판소법 제36조 제4항 위헌확인 등(각하)).

외부인으로부터 연예인 사진을 교부받을 수 있는지에 관한 문의에 대하여 '마약류수용자'로 분류되어 있고 연예인 사진은 처우상 필요한 것으로 인정하기 어려워 불허될 수 있다는 취지로 고지한 행위는 담당직원이 형집행법 관련 법령과 행정규칙을 해석·적용한 결과를 알려준 것에 불과할 뿐, 이를 넘어 어떠한 새로운 법적 권리의무를 부과하거나 일정한 작위 또는 부작위를 구체적으로 지시하는 내용이라고 볼 수 없으므로, 헌법소원의 대상이 되는 '공권력의 행사'로 볼 수 없다(헌재 2016.10.27. 2014헌마626, 교도소 내 부당처우행위 위헌확인(각하)).

2. 공법상 법인과 영조물법인에 의한 공권력의 행사 또는 불행사

(i) 헌법소원의 대상이 되는 공권력은 입법·행정·사법 등의 모든 기관뿐만 아니라, 간접적인 국가행정, 예를 들어 공권력을 간접적으로 행사하는 공법상의 사단이나 재단과 같은 공법상 법인, 국립대학교(헌재 1992.10.1. 92헌마68등, 1994학년도 신입생선발입시안에 대한 헌법소원(기각))와 같은 영조물법인 등의 작용도 포함된다.

"대통령선거방송위원회는 공직선거법 규정에 의해 설립되고 동법에 따른 법적 업무를 수행하는 공권력의 주체이므로, 이 사건 결정 및 공표행위는 헌법소원의 대상이 되는 공권력의 행사이다"(헌재 1998.8.27. 97헌마372 등, 방송토론회진행사항결정행위 등 취소(기각)).

"법학전문대학원협의회는 교육과학기술부장관으로부터 적성시험의 주관 및 시행업무를 위임받아 매년 1회 이상의 적성시험을 실시하므로, 최소한 적성시험의 주관 및 시행에 관해서는 교육과학기술부장관의 지정 및 권한의 위탁에 의해 관련 업무를 수행하는 공권력 행사의 주체라고 할 것이며, 2010학년도 적성시험의 구체적인 시험 일시는 위 공고에 따라 비로소 확정되는 것으로 위 공고는 헌법소원의 대상이 되는 공권력의 행사에 해당한다"(헌재 2010.4.29. 2009헌마399, 2010학년도 법학적성시험 시행일자 공고 등 위헌확인(각하)).

(ii) 하지만, 정당, 외국, 사립대학, 한국증권거래소, 한국감정평가협회 등은 공권력 행사의 주체가 되지 아니한다.

정당의 법적 성격은 일반적으로 사적·정치적 결사 내지는 법인격 없는 사단으로 파악되므로 정당은 공권력 행사의 주체가 될 수 없다. 또한 정당의 대통령선거 후보선출은 자발적 조직 내부의 의사결정에 지나지 아니하므로 한나라당이 대통령선거 후보경선과정에서 여론조사 결과를 반영한 것을 공권력 행사에 해당한다고 할 수 없다(헌재 2007.10.30. 2007헌마1128, 한나라당 대통령후보 경선시 여론조사 적용 위헌확인(각하)).

이화여자대학교는 사립대학으로서 국가기관이나 공법인, 국립대학교와 같은 공법상의 영조물에 해당하지 아니하고, 일반적으로 사립대학과 그 학생과의 관계는 사법상의 계약관계이므로 학교법인 이화학당을 공권력의 주체라거나 이화학당의 법학전문대학원 모집요강을 공권력의 행사라고 볼 수 없다(헌재 2013.5.30. 2009헌마514, 법학전문대학원 설치인가 중 입학전형계획 위헌확인 등(기각,각하)).

"한국증권거래소의 기본적인 성격은 민법상 사단법인에 준하는 것으로 상장법인인 청구인회사에 대한 한국증권거래소의 상장폐지확정결정은 헌법소원의 대상이 되는 공권력의 행사에 해당되지 아니한다"(헌재 2005.2.24. 2004헌마442, 주권상장폐지확정결정취소(각하)).

토지보상평가지침을 만든 한국감정평가협회는 '부동산가격공시및감정평가에관한법률'에 따라 감정평가업자와 감정평가법인 또는 감정평가사사무소의 소속 감정평가사들이 감정평가제도의 개선 및 업무의 효율적인 수행을 위하여 설립한 사적 임의단체로서 동 협회에 관하여는 원칙적으로 민법 중 사단법인에 관한 규정이 준용된다. 따라서 공권력행사의 주체가 아닌 한국감정평가협회가 제정한 토지보상평가지침은 헌법소원의 대상이 되는 공권력의 행사에 해당하지 아니한다(헌재 2006.7.27. 2005헌마307, 택지개발촉진법시행령 제13조의2 제5항 제4호 등 위헌확인(기각,각하)).

3. 예외(법원의 재판과 사법상 행위)

(i) 법원의 재판이 공권력의 행사라는 점에 이의가 없지만, 헌법재판소법 제68조 제1항에서 이를 헌법소원의 대상에서 제외하고 있다. 이에 대하여 위헌론이 제기되지만 헌법재판소는 일관되게 합헌으로 판시한다. 다만, 헌법재판소도 헌법재판소가 위헌(변형결정 포함)으로 결정한 법률을 적용하여 기본권을 침해한 재판에 대하여는 헌법소원을 인정한다.

(ii) 행정청의 사법상(私法上) 행위에 대하여 헌법재판소는 헌법소원의 대상성을 부인하지만, 현실적으로 순수한 사법상 행위인지 여부에 관한 판단은 그리 쉬운 문제가 아니기 때문에 가급적 헌법소원을 인정할 필요가 있다.

(iii) 이하에서는 편의상 입법·행정·사법에 대한 헌법소원의 순서로 나누어 설명한다.

4. 입법작용에 대한 헌법소원

(1) 법 률

(i) 입법행위도 공권력의 행사에 포함될 수 있다. 하지만, 법률에 대한 헌법소원의 제기는 추상적 규범통제제도가 아닌 구체적 규범통제제도를 취하는 현행 헌법에서 헌법소원으로서의 요건을 갖춘 경우에 한하여 제한적으로 인정될 수 있다. 즉 "모든 법률이 다 헌법소원의 대상이 되는 것이 아니고 그 법률이 별도의 구체적 집행행위를 기다리지 아니하고 직접적으로, 그리고 현재적으로 헌법상 보장된 기본권을 침해하는 경우에 한정됨을 원칙으로" 한다(헌재 1990.6.25. 89헌마220, 지방공무원법 제31조 등에 대한 헌법소원(기각); 헌재 2000.11.30. 2000헌마

79, 수도법 제52조의 2 위헌확인(각하)).

(ii) 이에 따라 개별적 처분이 있는 경우에는 법률 자체에 의한 권리침해의 직접성이 인정되지 아니한다(헌재 1989.10.27. 89헌마105등, 사회안전법에 관한 헌법소원(각하)). 다만, "예외적으로 집행행위가 존재하는 경우라도 그 집행행위를 대상으로 하는 구제절차가 없거나 구제절차가 있다고 하더라도 권리구제의 기대가능성이 없고 다만 기본권침해를 당한 청구인에게 불필요한 우회절차를 강요하는 것밖에 되지 않는 경우 등으로서 법률에 대한 전제관련성이 확실하다고 인정되는 때에는 당해 법률을 헌법소원의 직접 대상으로 삼을 수 있다"(헌재 1992.4.14. 90헌마82, 국가보안법 제19조에 대한 헌법소원(위헌)).

"법규 때문에 기본권의 침해를 받았다고 하여 헌법소원의 형태로서 그 위헌여부의 심판을 구하는 법규에 대한 헌법소원은, 구체적인 소송사건에서 전제된 경우도 아니고 법규 때문에 직접적인 기본권의 침해가 있는 경우도 아닌데 단순히 어느 법규가 위헌인가의 여부에 대한 의문이 있어 제기하는 외국의 추상적 규범통제제도와는 근본적으로 다른 별개의 제도인 것이다. 이러한 법규헌법소원은 자기관련성, 현재성 그리고 직접성을 갖추게 되면 그것만으로 적법한 소원심판청구로 되어 허용이 된다"(헌재 1991.3.11. 90헌마28, 지방의회의원선거법 제28조 등에 대한 헌법소원(위헌, 기각); 헌재 1989.7.21. 89헌마12, 형사소송법개정 등에 관한 헌법소원(각하) 참조).

국가기관인 징계위원회의 구성에 관한 사항을 규정한 조직규범에 의한 기본권침해는 심판대상조항 자체에 의하여 직접 발생하는 것이 아니라, 심판대상조항에 의하여 구성된 징계위원회가 징계의결을 현실적으로 행하고 이에 따른 구체적인 집행행위, 즉 법무부장관의 제청으로 대통령이 행하는 해임, 면직, 정직 등의 징계처분이 있을 때 비로소 발생하므로 이 심판청구는 직접성을 갖추지 못하였다(8:1)(헌재 2021.6.24. 2020헌마1614, 검사징계법 제5조 제2항 제2호 등 위헌확인(각하)).

(iii) 헌법소원의 대상이 되는 법률은 기본적으로 현재 "시행중인 유효한 법률"일 필요가 있다. 하지만, 이미 폐지된 법률이나 개정되기 전의 법률(구 법률) 조항도 그에 대하여 아직 헌법적 해명이 이루어진 바가 없고 여전히 유사한 기본권 침해의 가능성이 남아 있는 경우라면 헌법소원의 대상이 될 수 있다(헌재 1995.5.25. 91헌마67, 지방의회의원선거법 제35조등에 대한 헌법소원(한정위헌, 기각)).

(iv) 한편 헌법소원심판 청구 당시 공포되기만 하고 아직 시행되지는 아니한 법률도 그 효력이 발생하기 이전에 이미 청구인들의 권리관계가 침해될 수 있는 경우에는 헌법소원의 대상이 될 수 있다(헌재 1994.12.29. 94헌마201, 경기도남양주시등33개도농복합형태의시설치등에관한법률(기각)). 심지어 헌법재판소는 국회 본회의 통과 후 아직 공포되지는 아니한 법률도 심판 당시에 공포 후 시행되고 있다면 헌법소원의 대상이 된다고 판시한 바 있다(헌재 2001.11.29. 99헌마494, 재외동포의출입국과법적지위에관한법률 제2조 제2호 위헌확인(헌법불합치)). 이러한 점에서 위헌심사형 헌법소원과 확연한 차이가 있다.

법률안은 대통령이 거부권을 행사하지 않는 한 정부에 이송된 후 15일 이내에 공포하여야 하고 만일 공포하지 않는다면 법률로서 확정되는 바(헌법 제53조 제5항), 법률안이 거부권 행사에 의하여 최종적으로 폐기되었다면 모르되, 그렇지 아니하고 공포되었다면 법률안은 그 동일성을 유지하여 법률로 확정되는 것이라고 보아야 한다. 나아가, 우리 재판소가 위헌제청 당시 존재하지 아니하였던 신법의 경과규정까지 심판대상을 확장하였던 선례(헌재 2000.8.31. 97헌가12, 판례집 12-2, 167, 172)에 비추어 보면, 심판청구 후에 유효하게 공포·시행되었고 그 법률로 인하여 평등권 등 기본권을 침해받게 되었다고 주장하는 이상 청구 당시의 공포 여부를 문제삼아 헌법소원의 대상성을 부인할 수는 없다(헌재 2001.11.29. 99헌마494, 재외동포의출입국과법적지위에관한법률 제2조제2호위헌확인).

(2) 헌법규범

헌법전에 규정되어 있는 규범 중에는 헌법핵에 해당되는 근본규범이 아닌 헌법률적 가치를 가진 규범이 있다. 이들 헌법률에 해당하는 규범이 헌법핵에 위반할 경우에 위헌법률심판 혹은 헌법소원심판이 가능한지 여부에 관하여는 이를 인정하려는 학계의 이론도 제시되지만, 헌법재판소는 부정적이다(제2절 위헌법률심판 참조).

(3) 긴급명령, 긴급재정경제명령

긴급명령, 긴급재정경제명령도 국회의 승인을 얻으면 법률과 동일한 효력을 가지게 되므로 헌법소원심판의 대상이 된다(헌재 1996.2.29. 93헌마186, 긴급재정경제명령 등 위헌확인(기각,각하)). 헌법재판소가 대통령의 '금융실명거래및비밀보장을위한긴급재정경제명령'에 대한 헌법소원사건(헌재 1996.2.29. 93헌마186(기각,각하))에서 내린 결론은 중요한 의의를 가진다. 즉 대통령의 긴급재정경제명령의 발동이 비록 통치행위라 하더라도 국민의 기본권침해와 직접 관련될 경우에는 본안 판단을 하여야 한다는 점을 명확히 한 점에서, 국가긴급권행사가 당연무효인 경우를 제외하고는 사법심사의 대상이 되지 아니한다는 과거 대법원 판례의 논리를 극복한 판례로 평가할 수 있다. 대통령의 비상계엄선포행위와 같은 고도의 정치적 행위에 비록 이 사건에서 헌법소원이 기각되었지만 헌법상 긴급재정경제명령의 발동요건에 대한 헌법재판소의 사법적 판단은 의미있는 일이다. 최근 헌법소원사건은 아니지만, 대통령의 비상계엄의 포고령에 대하여 탄핵심판절차에서 위헌성을 심사한 사례가 있다(헌재 2025.4.4. 2024헌나8, 대통령(윤석열) 탄핵(인용(파면))).

(4) 입법의 부작위

A. 진정입법부작위

(i) 법률의 제정 여부는 원칙적으로 입법권자인 국회의 재량사항이다. 그러나 "헌법에서 명문으로 일정한 입법을 하도록 규정한 경우와, 헌법해석상 일정한 입법을 하여야 하는 경우에 국회는 입법의무를 지며 이에 반하는 입법의 부작위는 위헌"이 된다. 이 경우 당사자는 위헌확인소송을 청구할 수 있고, 헌법재판소는

변형결정으로서 입법촉구결정을 할 수도 있다. 즉 헌법재판소는 진정입법부작위에 대하여 헌법소원을 인정한다(헌재 1994.12.29. 89헌마2, 조선철도(주) 주식의 보상금청구에 관한 헌법소원(인용(위헌확인))). 하지만, 진정입법부작위에 대한 위헌을 확인한 조선철도 사례는 매우 예외적이다.

(ii) 다만, 헌법재판소는 헌법에 명시적으로 표현된 명백한 위임을 넘어 헌법재판소가 헌법의 해석을 통하여 입법자의 헌법적 의무를 폭넓게 인정하면 할수록 입법자의 입법형성의 자유는 축소된다. 그러므로 입법자의 입법형성의 자유를 보장하기 위하여 헌법의 해석을 통한 입법자의 헌법적 입법의무는 예외적으로만 이를 인정하고, 되도록 헌법에 명시적인 위임이 있는 경우만으로 제한되어야 한다(헌재 2006.4.27. 2005헌마968, 입법부작위 위헌확인(각하)).

헌법재판소가 입법개선시한을 정하여 헌법불합치결정을 하였음에도 국회가 입법개선시한까지 개선입법을 하지 아니하여 국회의원의 선거구에 관한 법률이 존재하지 아니하게 된 경우, 국회는 이를 입법하여야 할 헌법상 의무가 있다(헌재 2016.4.28. 2015헌마1177 등, 입법부작위 위헌확인(각하)).

"아무런 입법을 하지 않은 채 방치되어 있는 진정입법부작위가 헌법소원의 대상이 되려면 헌법에서 기본권보장을 위하여 명시적인 입법위임을 하였음에도 입법자가 이를 이행하지 않을 때, 그리고 헌법해석상 특정인에게 구체적인 기본권이 생겨 이를 보장하기 위한 국가의 행위의무 내지 보호의무가 발생하였음이 명백함에도 불구하고 입법자가 아무런 입법조치를 취하고 있지 않은 경우라야 한다"(헌재 1993.3.11. 89헌마79, 의료법시행규칙에 관한 헌법소원(각하). 이 사건에서는 이 요건에 해당되지 않는 것으로 보고 있다).

일반국민이 입법을 하여달라는 취지의 청원권을 향유하고 있음은 별론이로되 입법행위의 소구(訴求)청구권은 원칙적으로 인정될 수 없다. 만일 법을 제정하지 아니한 것이 위헌임을 탓하여 이 점에 관하여 헌법재판소의 위헌판단을 받아 입법당국으로 하여금 입법을 강제하게 하는 것이 일반적으로 허용된다면 결과적으로 헌법재판소가 입법자의 지위에 갈음하게 되어 헌법재판의 한계를 벗어나게 된다. 따라서 입법부작위에 대한 헌법재판소의 재판관할권은 극히 한정적으로 인정할 수밖에 없다(헌재 1989.3.17. 88헌마1, 사법서사법시행규칙에 관한 헌법소원(기각,각하)).

국회의원선거의 투표소 내에 수화통역인을 배치하도록 하는 내용의 헌법의 명시적인 입법위임이 존재한다고 볼 수 없고, 헌법해석상 그러한 입법의무가 새롭게 발생된다고도 볼 수 없다(헌재 2013.8.29. 2012헌마840, 투표소 내 수화통역인 배치 부작위 위헌확인(각하)).

형사피고인과 달리 형사피의자에 대하여는 국선변호인제도를 규정하지 아니하는 입법부작위는 헌법소원심판의 대상이 될 수 없다(헌재 2008.7.1. 2008헌마428, 입법부작위 위헌확인(각하)).

지방자치단체장을 위한 별도의 퇴직급여제도를 마련하지 아니하는 것은 진정입법부작위는 헌법소원의 대상이 될 수 없다(헌재 2014.6.26. 2012헌마459, 입법부작위 위헌확인 등(각하,기각)).

진정입법부작위에 대한 헌법소원은 헌법에서 기본권 보장을 위하여 법령에 명시적인 입법위임을 하였는데도 입법자가 이를 이행하지 아니한 경우이거나, 헌법해석상 특정인에게 구체적인 기본권이 생겨 이를 보장하기 위한 국가의 행위의무 내지 보호의무가 발생하였음이 명백함에도 불구하고 입법자가 아무런 입법조치를 취하지 아니한 경우에 한하여 허용되나(헌재 1989.3.17. 88헌마1; 헌재 2010.10.28. 2008헌마332). 그런데 헌법은 국민 개개인에게 공무원에 대한 탄핵

청구권을 보장하도록 법률로 정할 것을 명시적으로 위임하지 아니하고, 달리 헌법해석상 이러한 입법의무가 발생하였다고 보기도 어려우므로, 입법부작위를 대상으로 한 심판청구는 부적법하다(헌법재판소법 제72조 제3항 제4호)(헌재 2017.1.11. 2016헌마1136, 국민의 탄핵 청구권 미보장 위헌확인(각하)).

"헌법 제35조 제1항, 제2항만으로는 헌법이 독서실과 같이 정온(靜穩)을 요하는 사업장의 실내소음 규제기준을 마련하여야 할 구체적이고 명시적인 입법의무를 부과하였다고 볼 수 없고, 다른 헌법조항을 살펴보아도 위와 같은 사항에 대한 명시적인 입법위임은 존재하지 아니한다. 환경권의 내용과 행사는 법률에 의해 구체적으로 정해지므로(헌법 제35조 제2항), 입법자는 환경권의 구체적인 실현에 있어 광범위한 형성의 자유를 가진다"(헌재 2017.12.28. 2016헌마45, 환경정책기본법 제12조 제2항 등 위헌확인(각하)).

양심적 병역거부를 이유로 유죄판결을 받은 청구인들의 개인통보에 대하여 자유권규약위원회(Human Rights Committee)가 채택한 견해(Views)에 따른, 전과기록 말소 및 충분한 보상 등 구제조치를 이행하는 법률을 제정할 입법의무가 대한민국 국회에게 발생하였다고 볼 수 없다. 우리나라는 자유권규약의 당사국으로서 자유권규약위원회의 견해를 존중하고 그 이행을 위하여 가능한 범위에서 충분한 노력을 기울여야 한다. 다만, 우리 입법자가 반드시 자유권규약위원회의 견해(Views)의 구체적인 내용에 구속되어 그 모든 내용을 그대로 따라야만 하는 의무를 부담한다고 볼 수는 없으므로, 피청구인(대한민국 국회)에게 이 사건 견해에 언급된 구제조치를 그대로 이행하는 법률을 제정할 구체적인 입법의무가 발생하였다고 보기 어렵다(헌재 2018.7.26. 2011헌마306등, 입법부작위 위헌확인(각하)).

의료인이 아닌 사람도 문신시술을 업으로 행할 수 있도록 그 자격 및 요건을 법률로 제정하도록 하는 내용의, 명시적인 입법위임은 헌법에 존재하지 않으며, 문신시술을 위한 별도의 자격제도를 마련할지 여부는 여러 가지 사회적·경제적 사정을 참작하여 입법부가 결정할 사항으로, 그에 관한 입법의무가 헌법해석상 도출된다고 보기는 어렵다. 의료인 자격에 이르지 않는 문신시술 자격제도는 현행법에 상응하는 정도로 국민의 건강을 보호할 수 없으므로, 이러한 보건위생상 위험을 감수하고 새로운 제도를 도입할지 여부는 입법재량의 영역에 속한다고 하여 선례를 유지한다(5:4)(헌재 2022.3.31. 2017헌마1343등, 의료법 제27조 제1항 본문 전단 위헌확인 등(기각,각하)).

그 밖에 입법의무를 부인한 사례로는 삼청교육 피해자에 대한 피해 보상을 하여야 할 헌법해석상 입법의무(헌재 1996.6.13. 93헌마276, 입법부작위 위헌확인(각하)), 주민투표법을 제정하여야 할 헌법상 의무(헌재 2001.6.28. 2000헌마735, 입법부작위위헌확인(각하)), 국가가 실시하는 교사임용시험에서 양성평등채용목표제의 실시의무(헌재 2006.5.25. 2005헌마362, 입법부작위위헌확인(각하)), 북한의료 면허를 가지고 탈북한 의료인에 대한 국내 의료면허를 부여할 입법의무(헌재 2006.11.30. 2006헌마679, 북한 한의사자격 불인정 위헌확인(각하)), 기존의 입법 이외에 양육비 대지급제 등과 같은 구체적·개별적 사항에 대한 입법의무(헌재 2021.12.23. 2019헌마168, 입법부작위 위헌확인(각하)) 등이 있다.

B. 부진정입법부작위

(i) 입법을 하였으나 그 입법이 불완전한 부진정입법부작위로 인한 기본권침해의 경우 불완전한 입법이 아닌 입법부작위 자체는 헌법소원의 대상이 될 수 없다(헌재 1989.7.28. 89헌마1, 사법서사법시행규칙에 관한 헌법소원(각하); 헌재 2003.1.30. 2002헌마358, 입법부작위 위헌확인(각하); 헌재 2003.5.15. 2000헌마192등, 입법부작위 위헌확인(각하)).

(ii) 이 경우 불완전한 법규 자체를 대상으로 헌법소원을 제기할 수 있다. 다

만, 헌법재판소법 소정의 제소기간(청구기간)을 준수하여야 한다.

"'부진정입법부작위'를 대상으로 하여, 즉 입법의 내용·범위·절차 등의 결함을 이유로 헌법소원을 제기하려면 결함이 있는 당해 입법규정 그 자체를 대상으로 하여 그 헌법위반을 내세워 적극적인 헌법소원을 제기하여야" 한다(헌재 2001.12.20. 2001헌마484, 민사소송법 제422조 위헌확인(각하)).

(5) 조 약

국회의 비준동의를 얻어 체결된 조약은 헌법소원의 대상이 된다(제2절 위헌법률심판 참조).

(6) 명령·규칙

(i) 헌법재판소는 "법원의 제청에 의한 법률의 위헌 여부 심판권"을 가진다(제111조 제1항 제1호). 반면에 "명령·규칙 또는 처분이 헌법이나 법률에 위반되는 여부가 재판의 전제가 된 경우에는 대법원은 이를 최종적으로 심판한다"(제107조 제2항). 그런데 당해 법률 그 자체의 위헌 여부와는 별개로 당해 법률의 하위규범인 명령·규칙이 '헌법상 보장된 기본권'을 침해할 경우에는 이에 대한 헌법소원심판이 불가피하다. 이로 인하여 결국 명령·규칙에 대한 규범통제기관이 헌법재판소와 대법원으로 이원화되는 문제점이 발생한다.[1)]

"헌법 제107조 제2항이 규정한 명령·규칙에 대한 대법원의 최종심사권이란 구체적인 소송사건에서 명령·규칙의 위헌 여부가 재판의 전제가 되었을 경우 법률의 경우와는 달리 헌법재판소에 제청할 것 없이 대법원이 최종적으로 심사할 수 있다는 의미이며, 헌법 제111조 제1항 제1호에서 법률의 위헌 여부 심사권을 헌법재판소에 부여한 이상 통일적인 헌법해석과 규범통제를 위하여 공권력에 의한 기본권 침해를 이유로 하는 헌법소원심판청구사건에 있어서 법률의 하위법규인 명령·규칙의 위헌 여부 심사권이 헌법재판소의 관할에 속함은 당연한 것으로서 헌법 제107조 제2항의 규정이 이를 배제한 것이라고는 볼 수 없다. 그러므로 법률의 경우와 마찬가지로 명령·규칙 그 자체에 의하여 직접 기본권이 침해되었음을 이유로 하여 헌법소원심판을 청구하는 것은 위 헌법 규정과는 아무런 상관이 없는 문제이다. 그리고 헌법재판소법 제68조 제1항이 규정하고 있는 헌법소원심판의 대상으로서의 "공권력"이란 입법·사법·행정 등 모든 공권력을 말하는 것이므로 입법부에서 제정한 법률, 행정부에서 제정한 시행령이나 시행규칙 및 사법부에서 제정한 규칙 등은 그것들이 별도의 집행행위를 기다리지 않고 직접 기본권을 침해하는 것일 때에는 모두 헌법소원심판의 대상이 될 수 있"다(헌재 1990.10.15. 89헌마178, 법무사법시행규칙에 대한 헌법소원(위헌)).

(ii) 명령·규칙이 구체적 집행절차를 매개로 하지 아니하고 그 자체에 의하여 직접·현재 국민의 기본권을 침해하는 경우에는 헌법소원의 대상이 된다.

---

1) 정태호, "명령·규칙에 대한 규범통제기관 이원화의 부작용과 헌법 제107조 제2항의 개정방향", 헌법재판연구 창간호; 정남철, "위헌·위법인 조례에 대한 규범통제와 행정소송에 의한 권리구제", 공법연구 47-1.

"법률의 경우와 마찬가지로 명령·규칙 그 자체에 의하여 직접 기본권이 침해되었음을 이유로 하여 헌법소원심판을 청구"할 수 있다(헌재 1990.10.15. 89헌마178, 법무사법시행규칙에 대한 헌법소원(위헌); 헌재 1995.12.28. 91헌마114, 형사소송규칙 제40조에 대한 헌법소원(기각); 헌재 1993.5.13. 92헌마80, 체육시설의 설치·이용에관한 법률시행규칙(문화체육부령) 제5조에 대한 헌법소원(위헌)).

또한 그 형식이 비록 행정규칙으로 되어 있다 하더라도 실질적으로 법규명령의 성격을 가진다면 헌법소원의 대상이 된다(헌재 1992.6.26. 91헌마25, 공무원임용령 제35조의2 등에 대한 헌법소원(각하)).

"대법원규칙도 그 자체에 의하여 직접 기본권이 침해되었음을 이유로 하는 때에는 헌법소원심판의 대상이 된다. 헌법소원심판의 대상이 되는 법령은 그 법령에 기한 다른 집행행위를 기다리지 않고 직접 기본권을 침해하는 법령이어야 하나, 예외적으로 법령이 일의적이고 명백한 것이어서 집행기관이 심사와 재량의 여지없이 그 법령에 따라 일정한 집행행위를 하여야 하는 때에는 당해 법령을 헌법소원의 직접대상으로 삼을 수 있다"(헌재 1995.2.23. 90헌마214, 공탁금의이자에관한규칙에 대한 헌법소원(기각)).

(iii) 대법원규칙도 그 자체에 의하여 직접 기본권이 침해되었음을 이유로 하는 때에는 헌법소원심판의 대상이 된다(헌재 1990.10.15. 89헌마178, 법무사법시행규칙에 대한 헌법소원(위헌))(헌재 1995.2.23. 90헌마214, 공탁금의이자에관한규칙에 대한 헌법소원(기각))(헌재 1996.4.25. 95헌마331, 법무사법시행규칙 제35조 제4항 등 위헌확인(기각)).

"헌법재판소법 제68조 제1항이 규정하고 있는 헌법소원심판의 대상으로서의 "공권력"이란 입법·사법·행정 등 모든 공권력을 말하는 것이므로 입법부에서 제정한 법률, 행정부에서 제정한 시행령이나 시행규칙 및 사법부에서 제정한 규칙 등은 그것들이 별도의 집행행위를 기다리지 않고 직접 기본권을 침해하는 것일 때에는 모두 헌법소원심판의 대상이 될 수 있는 것이다"(헌재 1990.10.15. 89헌마178, 법무사법시행규칙에 대한 헌법소원(위헌)).

"헌법재판소법 제68조 제1항에 규정된 헌법소원심판의 대상으로서의 공권력이란 입법·사법·행정 등 모든 공권력을 말하는 것으로서 사법부에서 제정한 규칙도 그것이 별도의 집행행위를 기다리지 않고 직접 기본권을 침해하는 것일 때에는 모두 헌법소원심판의 대상이 될 수 있는 것이므로 헌법 제107조 제2항 등을 근거로 헌법재판소에 이 사건에 대한 재판권이 없다는 주장은 받아들일 수 없다"(헌재 1996.4.25. 95헌마331, 법무사법시행규칙 제35조 제4항 등 위헌확인(기각)).

(7) 자치입법(조례)

(i) 지방자치단체에서 제정하는 조례도 불특정다수인에 대하여 구속력을 가지는 법규이므로 조례제정행위도 입법작용의 일종으로서 헌법소원의 대상이 될 수 있다. 헌법재판소도 "조례는 지방자치단체가 그 자치입법권에 근거하여 자주적으로 지방의회의 의결을 거쳐 제정한 법규이기 때문에 조례 자체로 인하여 기본권을 침해받은 자는 그 권리구제의 수단으로서 조례에 대한 헌법소원을 제기할 수 있다"라고 판시한다(헌재 1995.4.20. 92헌마264등, 부천시담배자동판매기설치금지조례 제4조 등 위헌확인(기각)).

"조례 자체에 의한 직접적인 기본권침해가 문제될 때에는 그 조례 자체의 효력을 직접 다투는 것을 소송물로 하여 일반법원에 구제를 구할 수 있는 절차가 있는 경우가 아니어서 다른 구제절차를 거칠 것 없이 바로 헌법소원심판을 청구할 수 있는 것이므로 보충성의 원칙에 반하지 아니한다"(헌재 1994.12.29. 92헌마216, 학원의설립·운영에관한법률 제8조 등 위헌확인(각하)).

물론 국민의 권리의무에 직접 관계되지 아니한 조례의 내용에 대한 다툼은 현행법상 여전히 헌법소원의 대상이 되지 아니한다.

(ii) 그런데 대법원은 '두밀분교사건'에서 구체적 집행행위의 개입 없이 직접적으로 국민의 권리의무에 영향을 미치는 조례의 처분성을 인정하고 조례 그 자체의 효력을 다투는 행정소송이 적법하다고 판시한 바 있다(대판 1996.9.20. 95누8003). 이에 따라 처분적 조례(구체적 집행행위의 개입 없이 직접적으로 국민의 권리의무에 영향을 미치는 조례)에 대한 헌법소원은 보충성원칙에 대한 예외가 될 수 없으므로 부적법하게 될 가능성이 높다. 또한 행정소송 제기 후 헌법소원을 제기하면, 판결의 기판력이 제거되지 아니하였고 헌법재판소법 제68조 제1항이 재판에 대한 헌법소원을 금지하기 때문에 재판 후 원처분에 대한 헌법소원도 헌법재판소는 부적법하다고 보고 있으므로 이 경우 부적법 판단을 받게 될 수밖에 없다.

"원행정처분에 대하여 법원에 행정소송을 제기하여 패소판결을 받고 그 판결이 확정된 경우에는 당사자는 그 판결의 기판력에 의한 기속을 받게 되므로, 별도의 절차에 의하여 위 판결의 기판력이 제거되지 아니하는 한, 행정처분의 위법성을 주장하는 것은 확정판결의 기판력에 어긋나므로 원행정처분은 헌법소원심판의 대상이 되지 아니한다고 할 것이며, 뿐만 아니라 원행정처분에 대한 헌법소원심판청구를 허용하는 것은, '명령·규칙 또는 처분이 헌법이나 법률에 위반되는 여부가 재판의 전제가 된 경우에는 대법원은 이를 최종적으로 심사할 권한을 가진다'고 규정한 헌법 제107조 제2항이나, 원칙적으로 헌법소원심판의 대상에서 법원의 재판을 제외하고 있는 헌법재판소법 제68조 제1항의 취지에도 어긋난다"(헌재 1998.5.28. 91헌마98등, 양도소득세등부과처분에 대한 헌법소원(각하)).

(8) 기타 국회의 의결 등

(i) 앞에서 설명한 사항들은 실질적 의미의 입법과 관련된 사항이지만, 기관적·형식적 의미의 입법기관인 국회의 의결 등도 여기에서 살펴보고자 한다.

(ii) 국회의 다양한 의결도 국회의 자율권을 침해하지 아니하는 범위에서 헌법소원의 대상이 될 수 있다. 예컨대 국회에서 발생한 입법절차의 하자(瑕疵)도 헌법소원의 대상이 될 수 있다(헌재 1994.12.29. 94헌마201, 경기도 남양주시등33개도농복합형태의시설치에관한법률 제4조 위헌확인(기각)).

그러나 헌재 1998.8.27. 97헌마8등, 노동조합및노동관계조정법 등 위헌확인(각하)사건에서는 그러한 사유만으로 국민의 기본권이 현재·직접 침해받는다고 할 수 없어 부적법하다고 판시한다.

(iii) 국회의 의결사항 중 예산안 의결 등도 구체적으로 다른 헌법소원의 요건 즉 "헌법상 보장된 기본권"의 침해 여부에 따라 결정될 사안이나, 헌법상 예산은 법률의 형식을 취하지 아니하고 대내적 효력을 가지는 데 불과하다는 점에서 부정적인 견해도 있다.

"국회의 기관내부의 행위에 불과하여 국민의 권리의무에 대하여 직접적인 법률효과를 발생시키는 행위가 아닌 선거구획정위원회 위원선임 및 선거구획정위원회의 선거구획정안 제출행위를 하지 않은 부작위는 국가기관의 내부적 의사결정행위에 불과하여 그 자체로 국민에 대하여 직접적인 법률효과를 발생시키는 행위가 아니므로 헌법소원의 대상이 되는 헌법재판소법 제68조 제1항 소정의 공권력의 불행사에 해당되지 아니한다"(헌재 2004.2.26. 2003헌마285, 선거구획정위원회위원위촉 불이행 등 위헌확인(각하)).

(iv) 한편 헌법 제64조 제4항에서 규정하고 있는 국회의원의 제명이나 자격심사에 대하여는, 국회의 자율성 존중을 위하여 헌법 자체에서 사법심사를 부정하기 때문에 이에 대한 헌법소원을 부정하는 견해와 긍정하는 견해가 있으나, 이는 헌법률에 대한 헌법소원의 문제와 의결절차상의 하자에 관한 문제를 동시에 고려하여 판단하여야 한다.

5. 행정에 대한 헌법소원

헌법소원의 대상으로는 행정청의 공권력의 행사 또는 불행사가 가장 많은 비중을 차지한다.

(1) 통치행위

(i) 통치행위에 대한 헌법소원은 통치행위에 대한 사법심사의 인정 여부에 따라 달라질 사안이다. 통치행위 긍정설의 입장에서도 사법심사 자체를 원천적으로 부정하는 입장도 있겠지만 최소한 헌법상의 요건에 관하여는 본안 판단을 하여야 헌법재판소제도를 도입한 취지에 부합한다.

(ii) 대통령의 긴급재정경제명령의 발동이 비록 통치행위라 하더라도 국민의 기본권침해와 직접 관련될 경우에는 본안 판단을 하여야 한다는 헌법재판소의 판시(헌재 1996.2.29. 93헌마186(기각,각하))에 비추어 볼 때, 대통령의 긴급재정·경제처분도 긴급재정·경제명령과 마찬가지로 그로 인해 국민의 기본권 침해를 직접 야기할 경우에는 헌법소원의 대상이 될 수 있다. 최근 헌법재판소는 대통령의 비상계엄선포가 고도의 정치적 결단을 요하는 행위라 하더라도 탄핵심판절차에서 이를 심사할 수 있다고 판시한 바 있다(헌재 2025.4.4. 2024헌나8, 대통령(윤석열) 탄핵(인용(파면)))(제4장 제4절 V. 5. 통치행위 참조).

(2) 행정입법부작위(行政立法不作爲)

대법원은 "행정소송은 구체적 사건에 대한 법률상 분쟁을 법에 의하여 해결함으로써 법적 안정을 기하자는 것이므로 부작위위법확인소송의 대상이 될 수 있는 것은 구체적 권리의무에 관한 분쟁이어야 하고, 추상적인 법령에 관하여 제정의 여부 등은 그 자체로서 국민의 구체적인 권리의무에 직접적 변동을 초래하는 것이 아니어서 행정소송의 대상이 될 수 없다"고 판시하고 있다(대판 1992.5.8. 91누11261). 이에 따라 행정입법부삭위는 다른 구제절차가 없는 경우에 해당하여 헌법소원심판의 대상이 된다(헌재 1998.7.16. 96헌마246, 전문의자격시험불실시 위헌확인 등(인용(위헌확인)각하)).

A. 헌법에서 유래하는 작위의무의 존재

(i) "행정권력의 부작위에 대한 헌법소원은 공권력의 주체에게 헌법에서 유래하는 작위의무가 특별히 구체적으로 규정되어 이에 의거하여 기본권의 주체가 행정행위를 청구할 수 있음에도 공권력의 주체가 그 의무를 해태(懈怠)하는 경우에 허용되고(헌재 1996.6.13. 94헌마118등), 특히 행정명령의 제정 또는 개정의 지체가 위법으로 되어 그에 대한 법적 통제가 가능하기 위하여서는 첫째, 행정청에게 시행명령을 제정(개정)할 법적 의무가 있어야 하고 둘째, 상당한 기간이 지났음에도 불구하고 셋째, 명령제정(개정)권이 행사되지 않아야 한다"(헌재 1998.7.16. 96헌마246, 전문의 자격시험불실시 위헌확인 등(인용(위헌확인),각하)).

(ii) 특히 작위의무가 비록 직접 헌법에 의한 부여가 아니라 할지라도, "법률이 행정입법을 당연한 전제로 규정하고 있음에도 불구하고 행정권이 그 취지에 따라 행정입법을 하지 아니함으로써 법령의 공백상태를 방치하고 있는 경우에는 행정권에 의하여 입법권이 침해되는 결과가 되"기 때문에, 그러한 행정입법 작위의무는 헌법적 의무라고 보아야 한다(헌재 2002.7.18. 2000헌마707, 평균임금결정·고시부작위 위헌확인(인용(위헌확인))).

(iii) "행정부가 위임 입법에 따른 시행명령을 제정하지 않거나 개정하지 않은" "정당한 이유가 있었다면 그런 경우에는 헌법재판소가 위헌확인을 할 수는 없다." 그러한 정당한 이유가 인정되기 위하여서는 그 위임입법 자체가 명백히 헌법에 위반되거나, "행정입법 의무의 이행이 오히려 헌법질서를 파괴하는 결과를 가져옴이 명백할 정도는 되어야" 한다(헌재 2004.2.26. 2001헌마718, 입법부작위 위헌확인(인용(위헌확인))).

"현재까지의 행정입법 부작위로 인한 법령의 공백을 대법원 판례가 대신하고 있어 실질적으로는 평균임금 산정방법이 불가능한 경우가 없게 되었다고 하더라도, 이것은 노동부장관의 행정입법 부작위로 인하여 법령의 공백상태가 발생함으로써 이를 메우기 위하여 부득이 법원의 판례가 형성되었던 것에 불과하므로 그러한 사유로는 노동부장관의 행정입법 작위의무가 면제된다고 볼 수 없다"(헌재 2002.7.18. 2000헌마707, 평균임금결정·고시부작위 위헌확인(인용(위헌확인))).

헌법재판소는 치과전문의시험제도와 관련한 행정입법부작위 위헌확인소원 사건에서 행정입법부작위를 위헌선언하였다.

"보건복지부장관의 작위의무는 의료법 및 위 규정에 의한 위임에 의하여 부여된 것이고 헌법의 명문규정에 의하여 부여된 것은 아니다. 그러나 삼권분립의 원칙, 법치행정의 원칙을 당연한 전제로 하고 있는 우리 헌법하에서 행정권의 행정입법 등 법집행의무는 헌법적 의무라고 보아야 한다. 왜냐하면 행정입법이나 처분의 개입 없이도 법률이 집행될 수 있거나 법률의 시행 여부나 시행시기까지 행정권에 위임된 경우는 별론으로 하고, 이 사건과 같이 치과전문의제도의 실시를 법률 및 대통령령이 규정하고 있고 그 실시를 위하여 시행규칙의 개정 등이 행해져야 함에도 불구하고 행정권이 법률의 시행에 필요한 행정입법을 하지 아니하는 경우에는 행정권에 의하여 입법권이 침해되는 결과가 되기 때문이다. 따라서 보건복지부장관에게는 헌법에서 유래하는 행정입법의 작위의무가 있다"(헌재 1998.7.16. 96헌마246, 전문의 자격시험불실시 위헌확인 등(인용(위헌확인),각하)).

또한 헌법재판소는 서울특별시(교육감) 등이 근로3권이 모두 허용되는 사실상 노무에 종사하는 공무원의 구체적인 범위에 관한 조례를 제정하지 아니한 부작위(헌재 2009.7.30. 2006헌마358, 입법부작위 위헌확인(인용(위헌확인))), 평균임금을 결정하여 고시하지 아니한 노동부장관의 행정입법부작위(헌재 2002.7.18. 2000헌마707, 평균임금결정·고시부작위 위헌확인(인용(위헌확인))), 대통령이 법률의 위임에 따라 군법무관의 봉급과 그 밖의 보수를 법관 및 검사의 예에 준하여 지급하도록 하는 대통령령을 제정하지 아니하는 입법부작위(헌재 2004.2.26. 2001헌마718, 입법부작위 위헌확인(인용(위헌확인))) 등에 대하여 위헌임을 확인한 바 있다.

'국군포로의 송환 및 대우 등에 관한 법률'에서 대한민국에 귀환하여 등록한 포로에 대한 보수 기타 대우 및 지원만을 규정하고, 대한민국으로 귀환하기 전에 사망한 국군포로에 대하여는 이에 관한 입법조치를 하지 않은 입법부작위에 대한 헌법소원심판 청구는 부진정입법부작위를 대상으로 한 것이므로 부적법하다. 하지만, 같은 법 제15조의5 제2항의 위임에 따른 대통령령을 제정하지 아니한 행정입법부작위는 청구인의 명예권을 침해하여 위헌이다(헌재 2018.5.31. 2016헌마626, 입법부작위 위헌확인(인용(위헌확인),각하)).

(iv) 하지만, 입법부작위를 이유로 한 부진정입법부작위에 대한 헌법소원심판 청구는 부적법하다. 이 경우에는 불완전한 행정입법에 대하여 적극적인 헌법소원심판을 제기하여야 한다.

"피청구인이 이 사건 규정에서 직업재활훈련 운영사업에 관하여는 외국인 산재장해자에 관한 규정을 두고 있으면서도 직업훈련비용 지원사업에 관하여는 외국인 산재장해자에 관한 규정을 두고 있지 않은 것은 반대해석에 의하여 직업훈련비용 지원사업에 있어서는 외국인 산재장해자가 그 대상이 되지 아니한다는 내용의 입법을 한 것으로 보아야 할 것이므로, 이는 입법자가 어떤 사항에 관하여 입법은 하였으나 불완전, 불충분 또는 불공정하게 규율한 경우에 불과하여 이를 '부진정입법부작위'라 할 수 있을지언정 청구인이 심판의 대상으로 삼고 있는 바와 같은 진정입법부작위에 해당한다고 할 수는 없다 할 것이다. 따라서 청구인의 이 사건 심판청구는 존재하지도 않는 진정입법부작위를 심판의 대상으로 삼은 것으로서 부적법하다"(헌재 2008.8.19. 2008헌마505, 입법부작위 위헌확인(각하)).

B. 행정입법의무의 면제

(i) 헌법상 권력분립 및 법치행정의 원리에 비추어 보면 행정권의 행정입법 등 법집행의무는 헌법적 의무로 보아야 한다. 이와 같은 행정입법의 제정이 법률의 집행에 필수불가결한 경우에는 행정입법을 제정하지 아니함으로써 행정권에 의한 입법권 침해의 결과를 초래한다. 하지만, 하위 행정입법의 제정 없이 상위 법령의 규정만으로도 집행이 이루어질 수 있는 경우에는 하위 행정입법을 하여야 할 헌법적 작위의무는 인정되지 아니한다.

(ii) 이에 따라 헌법재판소는 법무부장관이 사법시험의 '성적세부 산출 및 그 밖에 합격결정에 필요한 사항'에 관한 법무부령을 제정하지 아니한 부작위에 대하여 헌법상 작위의무가 인정되지 아니하고 권리보호의 이익도 인정되지 아니하여 부적법하므로 이를 각하한 바 있다(헌재 2005.12.22. 2004헌마66, 입법부작위 위헌확인(각하)).

C. 행정입법부작위와 보충성의 원칙의 예외

부작위위법확인소송의 대상이 될 수 있는 것은 구체적 권리의무에 관한 분쟁이어야 한다(대판 1992.5.8. 91누11261). 따라서 시행규칙에 대한 입법부작위는 다른 구제절차가 없는 경우에 해당하므로(헌재 1998.7.16. 96헌마246, 전문의 자격시험불실시 위헌확인 등(인용(위헌확인),각하)), 헌법소원의 대상이 된다.

(3) 행정규칙(行政規則)

(i) 훈령(訓令), 통첩(通牒) 등 행정규칙은 행정청 내부의 의사표시에 불과하기 때문에 원칙적으로 헌법소원의 대상이 될 수 없다(헌재 2001.3.22. 2000헌마29, 한약관련과목의 범위 및 이수인정기준 위헌확인(각하)).

(ii) 그러나 사실상 많은 행정규칙이 일반국민을 구속하고, 결과적으로 국민의 기본권을 침해할 경우에는 헌법소원의 대상이 된다. 행정규칙이 대법원 판례에 의하여 법규성이 인정되는 경우에는 예외적으로 헌법소원의 대상이 될 수 있다. 먼저 이른바 법령보충적 행정규칙, 즉 법령의 규정이 행정청에 법령의 구체적 내용을 보충할 권한을 부여한 경우에는 그것이 상위법령과 결합하여 대외적인 구속력을 갖는 법규명령으로 기능하여 헌법소원의 대상이 될 수 있다. 다음으로 재량권행사의 준칙인 행정규칙도 그대로 반복 적용되어 자기구속의 법리에 따라 대외적 구속력을 가지게 되는 경우에는 예외적으로 헌법소원의 대상이 될 수 있다. 헌법재판소도 형식적으로는 행정규칙이나 실질적으로는 법규명령의 성격을 갖는

경우에는 헌법소원을 인정하고 있다.

"법령의 직접적인 위임에 따라 수임행정기관이 그 법령을 시행하는 데 필요한 구체적 사항을 정한 것이라면, 그 제정형식은 비록 법규명령이 아닌 고시, 훈령, 예규 등과 같은 행정규칙이더라도 그것이 상위법령의 위임한계를 벗어나지 아니하는 한, 상위법령과 결합하여 대외적인 구속력을 갖는 법규명령으로서 기능하게 된다고 보아야 할 것인바, 청구인이 법령과 예규의 관계규정으로 말미암아 직접 기본권침해를 받았다면" 이에 대하여 헌법소원심판을 청구할 수 있다(헌재 1992.6.26. 91헌마25, 공무원임용령 제35조의2 등에 대한 헌법소원(각하); 헌재 2000.6.29. 2000헌마325(각하): 이 사건에서 헌법재판소는 공직선거에관한사무처리예규는 법규성이 없다고 판시하였다)(헌재 2004.1.29. 2001헌마894, 정보통신망이용촉진및정보보호등에관한법률 제42조 등 위헌확인(기각,각하)).

'외국인산업기술연수생의 보호 및 관리에 관한 지침'(헌재 2007.8.30. 2004헌마670, 산업기술연수생 도입기준 완화결정 등 위헌확인(위헌)), 신규카지노업 허가에 앞서 문화관광부장관이 공고한 '외국인전용 신규카지노업 허가계획'(헌재 2006.7.27. 2004헌마924, 외국인전용카지노업 신규허가계획 위헌확인(합헌)), '저소득가구 전세자금 지원기준'(헌재 2011.10.25. 2009헌마588, 국민주택기금전세자금 대출자격 부적격자결정 위헌확인(기각)), 검찰 계호근무준칙(헌재 2005.5.26. 2004헌마49, 계호근무준칙 제298조 등 위헌확인(위헌, 인용(위헌확인))) 등은 공권력 행사에 해당한다.

공직선거에 관한 사무처리예규(헌재 2000.6.29. 2000헌마325, 공직선거및선거부정방지법 제179조 제3항 제3호 등 위헌확인(각하)), 검찰보존사무규칙(헌재 1998.2.27. 97헌마101, 검찰보존사무규칙 제22조 등 위헌확인(각하))(헌재 2008.7.22. 2008헌마496, 검찰보존사무규칙 제20조의2 위헌확인(각하)), 중국동포 국적업무처리지침(헌재 2006.3.30. 2003헌마806, 입법부작위 등 위헌확인(각하)), 화재조사관 자격시험에 응시할 수 있는 자를 소방공무원으로 한정한 '화재조사관 자격시험에 관한 규정'(헌재 2016.9.29. 2013헌마821, 소방기본법 제29조 등 위헌확인(각하)) 등은 공권력행사가 아니므로 헌법소원의 대상이 되지 아니한다.

(4) 행정처분(行政處分)

A. 의 의

행정처분에 대하여는 헌법 제107조 제2항에 따라 행정소송을 제기하게 되므로 보충성의 원칙에 따라 헌법소원은 원칙적으로 인정될 수 없다. 그러나 법원의 재판에 대한 헌법소원이 인정되지 아니하는 현행법에서 행정소송을 거친 경우 법원의 재판이 아닌 원행정처분(原行政處分)에 대한 헌법소원을 인정할 수 있는지에 대하여 논란이 있다.

B. 부정설

(i) 헌법재판소는 원행정처분에 대한 헌법소원을 받아들이면서 원행정처분의 취소는 원행정처분을 심판의 대상으로 삼았던 법원의 재판이 예외적으로 헌법소원심판의 대상이 되어 그 재판 자체까지 취소되는 경우에 한하여 국민의 기본권을 신속하고 효율적으로 구제하기 위하여 가능하고, 이와는 달리 법원의 재판이 취소되지 아니하는 경우에는 확정판결의 기판력으로 인하여 원행정처분은 헌법소원의 대상이 되지 아니한다고 판시한다(헌재 1997.12.24. 96헌마172등, 헌법재판소법 제68조 제1항 위헌확인 등(한정위헌, 인용(취소)))(헌재 1998.5.28. 91헌마98등, 양도소득세 등 부과처분에 대한 헌법소원(각하))(헌재 2001.2.22. 99헌마409, 양도소득세 등 부과처분취소(각하)).

(ii) 그 이유로서 ① 법원의 재판을 취소하지 아니하고, 원행정처분만을 취소

하는 결정은 확정판결의 기판력에 저촉되어 법적 안정성을 해친다는 점, ② 헌법재판소법 제68조 제1항이 헌법소원의 심판대상에서 '법원의 재판'을 제외하는 것은 위 조항 단서의 보충성의 원칙과 결합하여 법원의 재판 자체뿐만 아니라 재판의 대상이 되었던 원행정처분도 제외하는 것으로 보아야 한다는 점, ③ 원행정처분에 대한 헌법소원심판은 단순한 행정작용에 대한 심사가 아니라 헌법소원심판의 대상에서 제외된 사법작용에 대한 심사가 되어 법원의 재판에 대한 헌법소원을 허용하는 결과가 되어 사실상 제4심을 인정하게 된다는 점 등을 들고 있다.

C. 긍정설

(i) 이에 반하여 긍정적인 입장에서는 ① 원행정처분은 공권력의 행사임이 분명하고, ② 헌법 제107조 제2항은 행정처분이 재판의 전제가 된 경우에 한하여 대법원이 최종적인 심판권을 가질 뿐이며, ③ 행정처분의 전제가 된 법률이 위헌임에도 불구하고 이를 간과하였을 경우에 헌법재판소의 판단을 받을 수 있어야 하고, ④ 행정처분을 헌법소원의 대상에서 제외한다면 헌법재판소법 제75조(인용결정) 제3항 · 제4항 · 제5항은 무의미하게 된다는 점을 들고 있다.

(ii) 헌법재판소의 소수의견도 ① '법원의 재판'에 대한 직접적인 소원과 헌법재판소법 제68조 제1항 단서에서 규정하는 '권리구제절차로서의 재판'을 거친 원공권력작용에 대한 소원은 명백히 구분하여야 하므로 구제절차로서 '재판'을 거친 원공권력작용도 헌법소원의 대상이 될 수 있다는 점, ② 또한 헌법 제107조 제2항은 "명령 · 규칙 또는 처분이 헌법이나 법률에 위반되는 여부가 재판의 전제가 되는 경우에는 대법원은 이를 최종적으로 심사할 권한을 가진다"라고 규정하고 있는바, 위 헌법조항의 문언에 따르더라도 처분 자체의 위헌 · 위법성이 재판의 전제가 된 경우만을 규정하고 있으므로 그 경우를 제외하고는 처분 자체에 의한 직접적인 기본권 침해를 다투는 헌법소원이 모두 가능하다는 점 등을 들어 법원의 재판을 거친 원행정처분도 헌법소원의 대상이 된다고 본다.

D. 검 토

생각건대 법원의 재판에 대한 헌법소원을 인정하지 아니하는 현행 헌법재판소법에 비추어 본다면 부정설을 따를 수밖에 없어 보인다. 입법정책론적으로는 법원의 재판에 대한 헌법소원을 인정하면 해결될 수 있다고 본다.

(5) 행정부작위(行政不作爲)

A. 작위의무의 존재

(i) 헌법재판소법 제68조 제1항에 의하면 '공권력의 불행사'는 헌법소원의

대상이 될 수 있다. 따라서 행정권력의 불행사에 해당하는 행정부작위도 원칙적으로 헌법소원의 대상이 된다. 헌법재판소는 행정부작위에 대하여 대법원이 행정소송의 대상에서 제외하고 있음에 비추어 헌법소원을 인정한다. 다만, 작위의무의 존재를 요구한다.

> "대법원의 판례를 종합해 보면 행정청 내부의 사실행위나 사실상의 부작위에 대하여 일관하여 그 행정처분성을 부인함으로써 이를 행정쟁송대상에서 제외시켜 왔음을 알 수 있어 본건과 같은 경우도 행정쟁송에서 청구인의 주장이 받아들여질 가능성은 종래의 판례 태도를 변경하지 않는 한 매우 희박함을 짐작하기에 어렵지 않"다(헌재 1989.9.4. 88헌마22, 공권력에 의한 재산권침해에 대한 헌법소원(인용(위헌확인),기각)).
>
> 분쟁해결절차로 나아가지 않은 피청구인의 부작위가 청구인들의 기본권을 침해하여 위헌인지 여부는, 침해되는 기본권의 중대성, 기본권침해 위험의 절박성, 기본권의 구제가능성, 작위로 나아갈 경우 진정한 국익에 반하는지 여부 등을 종합적으로 고려하여, 국가기관의 기본권 기속성에 합당한 재량권 행사 범위 내로 볼 수 있을 것인지 여부에 따라 결정된다. 일본국에 의하여 광범위하게 자행된 반인도적 범죄행위에 대하여 일본군위안부 피해자들이 일본에 대하여 가지는 배상청구권은 헌법상 보장되는 재산권일 뿐만 아니라, 그 배상청구권의 실현은 무자비하고 지속적으로 침해된 인간으로서의 존엄과 가치 및 신체의 자유를 사후적으로 회복한다는 의미를 가지는 것이므로 피청구인의 부작위로 인하여 침해되는 기본권이 매우 중대하다. 청구인들이 일본국에 대하여 가지는 일본군위안부로서의 배상청구권이 '대한민국과 일본국 간의 재산 및 청구권에 관한 문제의 해결과 경제협력에 관한 협정' 제2조 제1항에 의하여 소멸되었는지 여부에 관한 한·일 양국 간 해석상 분쟁을 위 협정 제3조가 정한 절차에 따라 해결하여야 할 피청구인의 작위의무는 헌법에서 유래하는 작위의무로서 부작위로 인하여 중대한 기본권의 침해를 초래하였다 할 것이므로, 이러한 분쟁해결절차로 나아가지 아니한 피청구인의 부작위는 헌법에 위반된다(헌재 2011.8.30. 2006헌마788, 대한민국과 일본국 간의 재산 및 청구권에 관한 문제의 해결과 경제협력에 관한 협정 제3조 부작위 위헌확인(위헌확인))(헌재 2011.8.30. 2008헌마648, 대한민국과 일본국 간의 재산 및 청구권에 관한 문제의 해결과 경제협력에 관한 협정 제3조 부작위 위헌확인(위헌확인)).

한편, 사할린 한인의 대일청구권이 이른바 한일청구권협정 제2조 제1항에 의하여 소멸하였는지 여부에 관한 한일 양국 간 해석상 분쟁을 위 협정 제3조가 정한 절차에 의하여 해결하지 아니하고 있는 외교부장관의 부작위에 대하여 헌법재판소는 외교부장관의 작위의무는 인정되나, 부작위상태에 있다고 보기 어렵다고 판시한 바 있다(헌재 2019.12.27. 2012헌마939, 대한민국과 일본국 간의 재산 및 청구권에 관한 문제의 해결과 경제협력에 관한 협정 제3조의 분쟁해결 부작위 위헌확인(각하)).

> 헌법재판소는 비록 상당한 기간이 지나긴 하였지만 작위의무를 이행하였다는 이유로 각하결정을 내렸다. 이에 대하여 부작위가 상당기간 지속된 이후 작위의무를 이행하였다고 보아 각하할 것이 아니라 권리보호이익을 인정하여 본안에서 위헌확인결정을 하여야 한다는 반론도 제기된다(이황희, "행정부작위 헌법소원에서의 작위의무 이행", 세계헌법연구 28-2.).

(ii) 행정권력의 부작위에 대한 헌법소원이 허용되기 위하여서는 공권력의 주체에게 헌법에서 유래하는 작위의무가 특별히 구체적으로 규정되어(작위의무의 존재), 이에 의거하여 기본권의 주체가 행정행위를 청구할 수 있음에도 불구하고(청구가능성), 공권력의 주체가 그 의무를 게을리 하는 경우(작위의무의 불이행)이어야 한다. 여기서 말하는 "공권력의 주체에게 헌법에서 유래하는 작위의무가 특별히 구체적으로 규정되어"가 의미하는 바는 첫째, 헌법상 명문으로 공권력 주체의 작위의무가 규정되어 있는 경우, 둘째, 헌법의 해석상 공권력 주체의 작위의무가 도출되는 경우, 셋째, 공권력 주체의 작위의무가 법령에 구체적으로 규정되어 있는 경우 등을 포괄하고 있다(헌재 2004.10.28. 2003헌마898, 근로기회제공불이행 위헌확인(각하)). 그러므로 기본권의 침해 없는 행정행위의 단순한 부작위의 경우는 헌법소원으로 부적법하다(헌재 2005.9.29. 2005헌마437, 토지매수 · 보상 불이행 등 위헌확인(각하)).

"헌법소원은 헌법재판소법 제68조 제1항에 규정한 바와 같이 공권력의 불행사에 대하여서도 그 대상으로 할 수 있지만, 행정권력의 부작위에 대한 소원의 경우에 있어서는 공권력의 주체에게 헌법에서 유래하는 작위의무가 특별히 구체적으로 규정되어 이에 의거하여 기본권의 주체가 행정행위를 청구할 수 있음에도 공권력의 주체가 그 의무를 해태하는 경우에 허용된다고 할 것이며, 따라서 의무위반의 부작위 때문에 피해를 입었다는 단순한 일반적인 주장만으로서는 족하지 않다고 할 것으로 기본권의 침해 없이 행정행위의 단순한 부작위의 경우는 헌법소원으로서는 부적법하다"(헌재 1991.9.16. 89헌마163, 약사관리제도 불법운용과 한약업사업권침해에 대한 헌법소원(각하); 헌재 2007.7.26. 2005헌마501, 토지보상 부작위 위헌확인(각하)).

국방부장관의 국가유공자 유족이 등록하도록 지도하거나 스스로 대리등록하는 등 유가족이 보상금을 받을 수 있도록 조치를 취하여야 할 작위의무는 헌법상으로도 법률상으로도 도출되지 아니하므로 헌법소원심판청구는 작위의무없는 공권력의 불행사에 대한 헌법소원으로서 부적법하다(헌재 1998.2.27. 97헌가10등, 국가유공자예우등에관한법률 제9조 위헌제청 등(합헌)).

국가보훈처장은 청구인인 망부(亡夫) 혹은 친족에 대한 서훈추천(敍勳推薦)을 하여 주어야 할 헌법적 작위의무가 없으므로 행정권력의 부작위에 대한 헌법소원으로서 다툴 수 없다(헌재 2005.6. 30. 2004헌마859, 서훈추천부작위 등 위헌확인(각하)).

구치소장이 수용자인 청구인의 특정 의약품 지급 요청에 응하지 아니한 행위는 헌법에서 유래하는 작위의무가 없는 행정청의 단순한 부작위에 대한 헌법소원으로서 부적법하다(헌재 2016.11.24. 2015헌마11, 공권력행사 위헌확인(각하)).

환경부장관이 자동차제작자에게 자동차교체명령을 해야 할 헌법상 작위의무가 있다고 볼 수 없으므로 환경부장관에게 헌법에서 유래하는 구체적 작위의무가 인정되지 아니하는 공권력의 불행사를 대상으로 한 것이어서 부적법하다(헌재 2018.3.29. 2016헌마795, 행정부작위 위헌확인(각하)).

재정신청사건의 공소유지담당변호사가 무죄판결에 대하여 상소를 제기하여야 할 작위의무가 없고 공권력의 불행사에 해당되지 아니한다(헌재 2004.2.26. 2003헌마608, 항소부제기 위헌확인(각하)).

그 밖에 군수관리의 임야조사서, 토지조사부에 대한 열람 · 복사 신청에 불응한 부작위

(헌재 1989.9.4. 88헌마22, 공권력에 의한 재산권침해에 대한 헌법소원(토지조사부 열람신청불응)(인용(위헌확인),기각)), 공정거래법위반행위에 대하여 공정거래위원회의 고발권 불행사(헌재 1995.7.21. 94헌마136, 고발권불행사 위헌확인(기각)), 불구속피고인에게 형사판결서를 송달하지 아니한 부작위(헌재 2013.9.26. 2012헌마631, 형사사건 판결문 송달 부작위 등 위헌확인(각하)), 법원이 수수료 미납을 이유로 한 판결문 송달 부작위(헌재 2013.9.26. 2012헌마631, 형사사건 판결문 송달 부작위 등 위헌확인(각하)), 독도에 대피시설이나 의무시설, 관리사무소, 방파제 등을 설치하지 아니한 부작위(헌재 2016.5.26. 2014헌마1002, 독도 안전시설 설치 등 부작위 위헌확인(각하)), 공무원연금법에서 예산의 일부를 책임준비금으로 적립하지 아니한 부작위(헌재 2016.6.30. 2015헌마296, 공무원연금 급여비용 지급 및 책임준비금 적립 부작위 위헌확인(각하)) 등이 있다.

도로교통공단 이사장이 운전면허시험장에 제2종 소형 운전면허 취득을 위한 기능시험 응시에 사용할 수 있는 특수제작 · 승인된 이륜자동차를 마련하지 아니한 부작위에 대하여, 평등권을 침해하는 위헌적인 공권력의 불행사라는 위헌의견(5인)과, 구체적 작위의무가 인정되지 아니한 공권력의 불행사를 대상으로 한다는 각하의견(4인)으로 나누어짐에 따라 기각결정을 선고하였다(헌재 2020.10.29. 2016헌마86, 장애인시험용 이륜자동차 미비치 위헌확인(기각)).

과거사정리법에 따른 진실규명사건의 피해자, 가족 및 유족에 대한 피해의 배 · 보상, 명예회복 및 가해자와의 화해를 위한 적절한 조치 이행 의무 관련 사건에서 ① 헌법소원심판절차 계속 중 사망한 진실규명사건의 피해자가 본인의 명예회복 및 가해자와의 화해 권유를 위하여 적절한 조치를 취하지 아니한 부작위의 위헌확인을 구하는 부분에 대하여 심판절차 종료선언을 하고(전원일치), 나머지 심판청구 중 피청구인들이 ② 피해자와 그 가족들의 피해를 회복하기 위하여 금전적 배상 · 보상이나 위로금을 지급하지 아니한 부작위(전원일치), ③ 피해자의 유가족들의 명예를 회복하기 위하여 적절한 조치를 취하지 아니한 부작위(각하6:위헌2), ④ 피해자의 유족들과 가해자 간의 화해를 적극 권유하지 아니한 부작위(각하4:위헌4)의 위헌확인을 구하는 부분을 모두 각하하는 결정을 선고하였다(심판절차종료선언,각하). 이에 대하여는 ㉮ 피해자의 유가족들에 대한 명예회복 조치가 이루어지지 아니하였다는 명예회복 부작위 부분에 대한 반대의견(2인), ㉯ 피해자 및 그 유족에 대한 화해권유 조치가 이루어지지 아니하였다는 화해권유 부작위 부분에 대한 위헌의견(4인) 및 작위의무 이행여부 판단 기준을 제시한 2인의 위헌의견에 대한 보충의견, ㉰ 각하 4인, 위헌 4인인 경우 주문은 '기각'이 되어야 한다는 주문표시에 대한 반대의견이 있다(3인)(헌재 2021.9.30. 2016헌마1034, 행정부작위 위헌확인(각하,기타)). 이 결정에서 헌법재판소는 과거사정리법 제36조 제1항, 제39조가 정하고 있는 피해자 및 유가족의 명예를 회복시켜야 할 의무, 가해자와 피해자 · 유족 간의 화해를 적극 권유하여야 할 의무가 선언적인 명목상의 의무가 아니라, 헌법에서 유래하는 작위의무임을 인정하였다. 특히 작위의무 이행 여부에 대한 재판부의 판단은 엇갈렸으나, 국가가 피해자 등의 명예를 회복하고 가해자와 피해자의 화해를 적극 권유하기 위하여 적절한 조치를 취하여야 할 구체적 작위의무를 부담한다는 점에 대하여는 관여 재판관 전원의 의견이 일치하였다.

한편 헌법기관의 구성에 관한 국회의 권한 불행사에 대하여서도 헌법재판소는 부작위를 다투는 헌법소원을 인정한 바 있다.

피청구인이 선출하여 임명된 재판관 중 공석이 발생한 경우, 피청구인은 공정한 헌법재판을 받을 권리의 보장을 위하여 '상당한 기간' 내에 공석이 된 재판관의 후임자를 선출하여야 할 헌법상 작위의무를 부담한다고 할 것이다. … 다만 … 이 사건 심판청구의 권리보호이익은 소멸하였다(헌재 2014.4.24. 2012헌마2, 퇴임재판관 후임자선출 부작위 위헌확인(각하)).

B. 행정소송법상 '처분' 또는 '부작위'와의 관계

(i) 행정권의 공권력행사 또는 불행사는 대부분 행정소송의 대상이 된다. 행정소송은 항고소송 · 당사자소송 · 민중소송 · 기관소송으로 나누어지는데, 헌법소원심판의 대상과 항고소송의 대상(처분 또는 부작위: 행정소송법 제2조 제1항)과의 관계가 특히 문제된다.

(ii) 행정청의 공권력행사 또는 불행사가 항고소송의 대상으로 인정된다면, 이에 대하여는 다른 법률에 의한 구제절차가 존재하기 때문에 헌법소원심판을 청구하기에 앞서 항고소송을 거쳐야 하고, 항고소송을 거쳤다면 이에 대한 헌법소원은 법원의 재판에 대한 헌법소원의 제기이므로 부적법하다(헌재법 제68조 제1항).

(iii) 다만, 헌법소원과 항고소송의 구제절차가 상호 택일적이라고는 할 수 없다. 이에 따라 대법원이 어떠한 공권력의 행사 또는 불행사가 행정소송의 대상이라고 판결하였더라도 일정한 경우 헌법재판소에 의하여 보충성의 예외에 해당될 수 있다(헌재 2004.6.24. 2003헌마723, 지목변경신청반려처분 취소(기각)).

(6) 검사의 불기소처분(不起訴處分) 등

A. 헌법소원의 원칙적 허용에서 부인으로

(i) 검찰은 준사법기관이지만 조직체계상 행정부에 속하므로 검찰권 행사도 공권력의 행사이다. 검사의 불기소처분은 전형적인 공권력의 행사에 해당된다.

(ii) 불기소처분이란 검사가 수사 결과 공소를 제기하지 아니하는 처분을 말한다. 불기소처분에는 종국처분으로서 혐의없음, 공소권없음, 죄가 안 됨이 있다. 또한 중간처분으로는 기소유예, 기소중지가 있다.

(iii) 종래 검사의 불기소처분도 행정처분이므로 행정처분과 마찬가지로 헌법소원의 대상이 되지 아니한다는 견해가 제기된 바 있다. 그러나 형사소송법이 개정되기 전까지 헌법재판소는 이 모든 처분에 대하여 헌법소원을 인정하였다. 이에 따라 헌법소원사건의 약 70% 정도가 검사의 불기소처분에 대한 사건이었다.

(iv) 헌법재판소가 혐의없음 처분을 취소하는 경우에는 평등권과 재판절차진술권을 근거로 하고, 기소유예처분을 취소하는 경우에는 평등권과 행복추구권을 근거로 하는 경우가 많다.

"불기소처분은 처분의 형식상 피의자를 대상으로 하는 적극적 처분이라고 할 수 있으나, 피해자를 중심으로 생각하여 보면 피해자에 대한 보호를 포기한 소극적인 부작위처분이라는 실질을 함께 가지고 있다." "이 경우 개인의 법익을 직접 침해하는 것은 국가가 아닌 제3자의 범죄행위이므로 위와 같은 원초적인 행위 자체를 기본권침해행위라고 규정할 수는 없으나, 이와 같은 침해가 있음에도 불구하고 이것을 배제하여야 할 국가의 의무가 이행되지 아니한다면 이 경우 국민은 국가를 상대로 헌법 제10조, 제11조 제1항 및 제30조(이 사건과 같이 생명, 신체에 대한 피해를 받은 경우)에 규정된 보호의무위반 또는 법 앞에서의 평등권위반이라는 기본권 침해를 주장할 수 있는 것이다. 즉, 검사의 자의적인 수사 또는 판단에 의하여 불기소처분이 이루어진 경우에는 '같은 것은 같게, 같지 아니한 것은 같지 않게' 처리함으로써 실현되는 헌법 제11조에 정한 법 앞에서의 평등권을 침해하게 된다 할 것이다. 또한, 헌법은 제27조 제5항을 신설하여 형사피해자의 재판절차에서의 진술권을 규정한다. 위 규정의 취지는 법관이 공평한 재판을 하여야 한다는 것을 뜻할 뿐만 아니라 이에 더 나아가 형사피해자에게 법관으로 하여금 적절한 형벌권을 행사하여 줄 것을 청구할 수 있는 사법절차적 기본권을 보장해 준 적극적 입장에 있는 것이라 할 것이다. 그러므로 검사의 불기소처분이 적절하게 행사되지 못하거나 자의적으로 행사된 경우에는 형사피해자는 헌법 제27조 제5항에 규정된 위와 같은 기본권의 침해와 아울러 제11조에 정한 평등권을 침해했다고 주장할 수 있다"(헌재 1989.4.17. 88헌마3, 검사의 공소권행사에 대한 헌법소원(각하)).

감금의 수단에는 아무런 제한이 없고 반드시 물리적인 강제력이 필요한 것이 아니므로, 만취한 사람을 그 의사에 반하여 차량에 탑승시켜 운행한 행위도 감금죄를 구성할 수 있다. 이 사건 불기소처분은 감금죄의 법리를 오해하고 증거판단을 잘못한 자의적인 검찰권 행사로서 평등권과 재판절차진술권을 침해한다(헌재 2021.11.25. 2021헌마78, 불기소처분취소(인용(취소))).

B. 재정신청(裁定申請)의 확대와 형사피해자의 예외적 허용

(i) 형사소송법이 개정되어 2008년 1월 1일부터 검사의 불기소처분에 대한 재정신청이 전면적으로 허용됨에 따라(제260조) 헌법소원은 예외적으로 가능하게 되었다. 즉 검찰의 불기소처분에 대한 형사피해자인 고소인의 불복방법은 고등검찰청 검사장에게 항고를 한 이후, 고등법원에 재정신청을 할 수 있을 뿐이다.

헌법재판소는 개정 형사소송법상의 재정신청을 경유한 불기소처분에 대하여 원행정처분에 대한 원칙적 헌법소원심판청구 허용불가의 법리를 마찬가지로 적용하여 헌법소원을 제기할 수 없다고 결정하고 있으며(헌재 2008.7.29. 2008헌마487, 불기소처분취소(각하)), 형사소송법상의 재정신청절차를 거치지 아니한 채 불기소처분의 취소를 구하는 헌법소원심판청구에 대하여 부적법 각하결정을 내린다(헌재 2008.8.12. 2008헌마508, 불기소처분취소(각하)).

진정(陳情)은 그 자체가 법률의 규정에 따른 법률상의 권리행사로 인정되는 것이 아니고 진정을 기초로 하여 수사소추기관의 적의 처리를 요망하는 의사표시에 지나지 아니한 것이므로, 진정에 따라 이루어진 진정사건의 종결처리는 구속력이 없는 진정사건에 대한 수사기관의 내부적 사건처리방식에 지나지 않는바, 진정인은 그 처리결과에 대하

여 불만이 있으면 따로 고소나 고발을 할 수 있고 진정사건의 종결은 진정인의 권리행사에 아무런 영향을 미치는 것이 아니라는 점에서 진정종결처분은 헌법소원심판의 대상이 되는 공권력의 행사라고 할 수 없다(헌재 1990.12.26. 89헌마277; 헌재 1991.12.9. 91헌마191; 헌재 1993.9.15. 93헌마209). 따라서 이 사건 '공소권 없음'의 진정종결처분은 헌법소원의 대상이 되지 아니한다(헌재 2010.10.19. 2010헌마584, 공소권없음처분취소(각하)).

진정사건 그 자체를 종결처분한 것이 헌법적으로 정당한지 여부를 다투는 것과는 달리 고소사건을 진정사건으로 접수함으로써 정당한 고소사건에 대해서 그 수사를 회피할 목적으로 진정종결처분을 남용한 것은 아닌지 여부가 문제될 수 있기 때문에, 이와 같은 행위는 단순한 각하사항이 아니라 본안 판단의 사항이 된다(헌재 2001.7.19. 2001헌마37, 진정종결처분취소(기각)).

공무원의 직무상 범죄에 관한 죄의 피해자 또는 고발인에 대하여, 재항고권 대신 재정신청권만을 인정하였다고 하여서 고소·고발인의 권리구제에 부족함이 있다고 할 수 없다. 따라서 재정신청을 할 수 있는 고소·고발인에 대하여 재항고권을 부여하지 않은 것에는 합리적인 이유가 있다고 인정되므로, 이 사건 법률조항은 청구인의 평등권을 침해하지 않는다(헌재 2014.2.27. 2012헌마983, 검찰청법 제10조 제3항 위헌확인(기각)).

(ii) 다만, 고소하지 아니한 형사피해자는 고등검찰청 검사장에게 항고를 한 이후, 법원에 재정신청을 할 수 없으므로 보충성의 원칙의 예외가 되어 헌법소원을 제기할 수 있다(헌재 2010.6.24. 2008헌마716, 기소유예처분취소 등(인용(취소)기각]).

C. 형사피의자에 대한 헌법소원의 원칙적 허용

(i) 검사의 기소유예처분은 종국처분이라기보다는 일종의 중간처분에 해당되므로 보충성의 원칙의 예외가 적용되어 헌법소원이 가능하다. 검사의 자의적인 기소유예처분에 대하여 형사피의자는 평등권·행복추구권·재판청구권 침해를 이유로 헌법소원을 제기할 수 있다. 검사의 기소유예처분에 대한 헌법재판소의 인용결정은 궁극적으로 기소유예처분이 '죄 없음'에 대한 판단이 아니다.

의료인이 병원 건물 내부에 지인을 소개한 기존 환자에게 비급여 진료 혜택을 1회 받을 수 있는 상품권을 제공하겠다는 취지의 포스터를 게시한 행위(의료광고행위)가 의료법이 금지하는 환자 유인행위에 해당한다고 보아 한 기소유예처분(헌재 2019.5.30. 2017헌마1217, 기소유예처분취소(인용(취소))); 약사법 및 동법 시행규칙에서 금지하는 표시·광고는 엄격하게 해석되어야 하므로, 청구인이 '추석선물 특가'라고 표시·광고하여 의약품을 판매하였다고 하더라도 이를 '다른 약국과 판매의약품의 가격을 비교하는 표시·광고'에 해당한다고 볼 수 없다. 그럼에도 약사법위반 피의사실이 인정됨을 전제로 한 기소유예처분(헌재 2021.5.27. 2020헌마1163, 기소유예처분취소(인용(취소)); 군검찰관이 범죄혐의가 없음이 명백한 사안인데도 자의적이고 타협적으로 내린 기소유예처분(헌재 1989.10.27. 89헌마56, 군검찰관의 공소권행사에 관한 헌법소원(인용(취소))); 공인중개사법에서 허용된 중개보조원의 업무범위를 넘어서 실질적으로 중개업무를 하였거나 이를 지시·묵인하였다고 볼 수 없으므로 기소유예처분이 수사미진 및 증거판단에 중대한 잘못(헌재 2021.8.31. 2020헌마125, 기소유예처분취소(인용(취소))); 검사의 불기소처분을 취소하는 헌법재판소의 결정이 있는 때에는 그 결정에 따라 불기소한 사건을 재기수사하는 검사로서는 헌법재판소가 그 결정의 주문 및 이유에서 밝힌 취지에 맞도록 성실히 수사하여 결정을 하여야 한다. 그럼에도 불구하고 피청구인이 아무런 추가 수사를 함이 없이 단지 죄명만을 방조죄로 변경하여 다시 기소유예처분을 한 것은 헌법재판소 결정의 기속력을 규정한 헌법재판소법 제75조 제1항에 위배되고, 원기소유예처분의 법리오해 및 수사미진(헌재 2011.3.31. 2010헌마312, 기소유예처분취소(인용)); 대통령의 전과와 토지소유에 관하여 명예훼손적 표현을 담고 있는 동영상을 개인블로그에 게시한 청구인에 대하여 '구 정보통신망 이용촉진 및 정보보호 등에 관한 법률' 제70조 제2항에 규정된 명예훼손 혐의를 인정한 기소유예처분은 그 결정에 영향을 미친 중대한 사실오인 내지 법리오해의 잘못(헌재 2013.12.26. 2009헌마747, 기소유예처분취소 (인용(취소))).

직무유기죄는 직무에 관한 의식적인 방임이나 포기에 해당한다고 볼 수 있는 경우에 한하여 성립하는 범죄로서 공무원이 어떠한 형태로든 직무집행의 의사로 자신의 직무를 수행한 경우에는 그 혐의가 인정되지 아니한다(헌재 2020.3.26. 2017헌마1179, 기소유예처분취소(인용(취소))); 기획법관이 직무상 비밀을 누설하였다거나 총무과 직원 등에게 수사상황을 파악하여 보고하게 하였다고 단정하기 어려움에도 불구하고, 공무상 비밀누설 및 직권남용권리행사방해 혐의를 인정한 기소유예처분(헌재 2022.5.26. 2021헌마1400, 기소유예처분취소(인용(취소))).

일시오락의 정도에 불과하여 사회상규에 위배되지 아니하는 행위에 대하여 도박죄 인정(헌재 2013.12.26. 2011헌마592, 기소유예처분취소(인용(취소))), 폭행하여 상해를 가하고 도주하는 피해자를 쫓아가 제압하는 과정에서 3주 상해를 가한 행위는 적법한 현행범인 체포행위로 정당행위에 해당하므로 위법성이 조각(헌재 2014.4.24. 2013헌마849, 기소유예처분취소(인용(취소))), 전자금융거래법위반 혐의 인정(헌재 2017.6.29. 2017헌마306, 기소유예처분취소(인용(취소))), 의료법위반 혐의 인정(헌재 2017.5.25. 2016헌마213, 기소유예처분취소(인용(취소))), "you are fucking crazy"라는 영어표현을 하였다는 이유로 모욕 혐의 인정(헌재 2017.5.25. 2017헌마1, 기소유예처분취소(인용(취소))), 계좌번호를 알려준 사실만으로 전자금융거래법위반 혐의 인정(헌재 2017.5.25. 2017헌마137, 기소유예처분취소(인용(취소))), 청구인의 특유재산에 대한 재물손괴 혐의 인정(헌재 2017.4.27. 2016헌마160, 기소유예처분취소(인용(취소))), 특수절도의 고의 및 불법영득의사 부인(헌재 2019.6.28. 2018헌마948, 기소유예처분취소(인용(취소))), 사기를 인정할 증거가 부족함에도 불구하고 보험금 편취 인정(헌재 2019.9.26. 2018헌마1176, 기소유예처분취소(인용(취소))), 음주운전 증거 부족에도 음주운전 사실을 전제(헌재 2019.9.26. 2019헌마674, 기소유예처분취소(인용(취소))), 독서실에서 휴대전화 충전 행위에 대한 절도의 고의 내지 불법영득의사 인정(헌재 2020.2.27. 2018헌마964, 기소유예처분취소(인용(취소))), 선거운동 사실을 인정할 증거가 부족(헌재 2020.2.27. 2016헌마1071, 기소유예처분취소(인용(취소))), 사기의 고의 증거 부족(헌재 2020.2.27. 2018헌마155, 기소유예처분취소(인용(취소))), 재물손괴 혐의의 증거 부족(헌재 2020.3.26. 2019헌마1254, 기소유예처분취소(인용(취소))), 강제추행을 당하는 상황에서 이루어진 정당방위(헌재 2021.2.25. 2019헌마929, 기소유예처분취소(인용(취소))), 폭행 사건 현장에서 이탈하지 못하도록 상대방의 옷을 잡은 행위는 정당행위(헌재 2021.3.25. 2020헌마257, 기소유예처분취소(인용(취소))), 청탁금지법 위반 증거 부족(헌재 2021.12.23. 2020헌마1008, 기소유예처분취소(인용(취소))), 재물손괴혐의의 인정을 전제(헌재 2021.12.23. 2020헌마1620, 기소유예처분취소(인용(취소))). 강원랜드 사외이사 선임 관련 직권남용혐의(헌재 2022.5.26. 2018헌마1029, 기소유예처분취소(인용(취소))), 개인정보처리자가 아닌 빌딩 관리단 대표자에 대한 개인정보보호법 위반 처분(헌재 2022.9.29. 2020헌마1204, 기소유예처분취소(인용(취소))), 절도의사 없는 휴대폰 충전기 절도 간주(헌재 2022.9.29. 2022헌마819, 기소유예처분취소(인용(취소))), 이혼 소송 중 아내와 지내던 집에 들어갔다가 주거침입(헌재 2023.9.26. 2021헌마1602, 기소유예처분취소(인용(취소))), 초등학교 교사가 레드카드 옆에 피해아동의 이름표를 붙인 정서적 학대행위에 따른 '아동학대범죄의처벌등에관한특례법' 위반 혐의 인정(헌재 2023.10.26. 2022헌마1119, 기소유예처분취소(인용(취소))), 인터넷 커뮤니티 사이트에서 연예인 관련 기사에 비난 댓글을 게재한 행위에 대한 기소유예처분(헌재 2025.5.29. 2022헌마154, 기소유예처분취소(인용(취소))) 등.

절도죄가 성립하기 위하여 필요한 주관적 구성요건으로서의 절도의 고의와 불법영득의사는 그 성질상 그와 상당한 관련성이 있는 간접사실 또는 정황사실을 증명하는 방법에 의하여 입증할 수밖에 없다(헌재 2020.6.25. 2019헌마1269, 기소유예처분취소(인용(취소)))(헌재 2021.6.24. 2020헌마157, 기소유예처분취소(인용(취소))).

피해자가 처음부터 처벌불원 의사를 명시한 이상 이후 피해자가 다시 처벌을 희망하더라도 이미 이루어진 처벌불원의 의사표시의 효력에는 아무런 영향이 없으므로 공소권없음의 처분을 하여야 한다(검찰사건사무규칙 제69조 제3항 제4호 참조). 그럼에도 폭행 피의사실이 인정됨을 전제로 한 기소유예처분을 하였는바, 이에 직권으로 반의사불벌죄의 처벌불원 의사표시 존재 여부를 심리한 결과 기소유예처분에 사실오인 또는 법리오해의 잘못이 있다(헌재 2020.7.16. 2019헌마1120, 기소유예처분취소(인용(취소))).

외국인 여성 이주노동자의 언어적·경제적·사회적·심리적 취약성을 고려하여, 성매매에 이르는 과정에 직접적인 협박이나 적극적인 거부가 존재하지 아니하더라도 '위력에 의하여 성매매를 강요당한 성매매피해자'에 해당할 수 있다. 나아가 성매매 혐의의 수사과정에서 피의자가 성매매피해자임을 주장하는 경우, 피의자가 성매매피해자에 해당하지 않는다는 증거를 검사가 수사하여야 한다(헌재 2020.9.24. 2018헌마1224, 기소유예처분취소(인용(취소))).

다단계판매조직 이사 등과 공모하였음을 인정할 증거가 부족함에도, 이들과 공모하여 미등록 다단계판매조직을 운영하였음을 전제로 한 기소유예처분(헌재 2020.9.24. 2018헌마1028, 기소유예처분취소(인용(취소))), 임대차계약이 적법하게 해지되었음에도 임차인이 퇴거하지 않은 채 운영하고 있는 영업장의 단전(斷電)행위가 정당행위에 해당될 여지가 있음에도 불구하고, 이를 판단하지 않은 채 업무방해 혐의가 인정됨을 전제로 한 기소유예처분(헌재 2020.9.24. 2020헌마130, 기소유예처분취소(인용(취소))), 수사기록상 제출된 증거만으로는 피의사실과 같은 혐의를 인정하기 부족함에도 불구하고 내린 기소유예처분(헌재 2020.12.23. 2020헌마892등, 기소유예처분취소(인용(취소))), 양배추, 양파, 흑마늘 식품에 대한 블로그 광고 글이 식품광고로서의 한계를 벗어난 과대광고에 해당한다고 보기 어려움에도 불구하고, 식품위생법위반 피의사실이 인정됨을 전제로 한 기소유예처분(헌재 2020.11.26. 2017헌마1156, 기소유예처분취소(인용(취소))), 재미교포 '토크콘서트' 북한 여행기 발언 사건에서 발언만으로는 국가보안법위반(찬양·고무등) 및 탈북자들에 대한 명예훼손 혐의를 인정할 증거가 부족한 기소유예처분(헌재 2021.9.30. 2015헌마349, 기소유예처분취소(인용(취소))), 사제 전투화가 '군복 및 군용장구의 단속에 관한 법률'에서 정하는 '유사군복'에 해당한다고 인정할 증거가 부족함에도 불구하고, 유사군복을 판매할 목적으로 소지하였다는 피의사실이 인정됨을 전제로 기소유예처분(헌재 2021.11.25. 2019헌마490, 기소유예처분취소(인용(취소))), 남편의 폭행에 대항하여 손톱으로 남편의 팔을 할퀸 행위에 대한 기소유예처분(헌재 2023.8.31. 2021헌마994, 기소유예처분취소(인용(취소))) 등을 취소하였다.

기소유예처분 당시에는 해당 피의사실이 범죄를 구성하였으나 기소유예처분 후 형벌법규의 변경으로 범죄를 구성하지 아니하게 된 경우에, 기소유예처분의 취소를 구하는 헌법소원심판에서 기소유예처분 당시 시행 중이었던 법령(舊法)이 아니라 헌법소원심판 결정 당시 시행 중인 법령(新法)을 기준으로 기소유예처분의 위헌 여부를 판단하여야 한다(8:1)(헌재 2023.2.23. 2020헌마1739, 기소유예처분취소(인용,(취소))). [별개의견] 기소유예처분 당시 법률에 의하더라도 피의사실은 범죄의 구성요건에 해당하지 아니한다. [반대의견] 기소유예처분은 처분 당시의 공직선거법에 따른 것으로 그로 말미암아 기본권이 침해되었다고 볼 수 없다.

PC방 종업원에 대하여 게임물 관련사업자로서 또는 PC방 출입 관련 업무를 실제로 집행하는 자로 인정(헌재 2024.7.18. 2022헌마1632, 기소유예처분취소(인용(취소))), 관할 관청의 승인 없이 튜닝된 사실을 알지 못하였다고 주장하였음에도 불구하고 고의가 인정됨을 전제로 한 기소유예처분(헌재 2024.7.18. 2023헌마1273, 기소유예처분취소(인용(취소))), 식당에서 자신의 우산과 외관이 유사한 타인의 우산을 가져간 절도사건(헌재 2024.8.29. 2023헌마79, 기소유예처분취소(인용(취소))).

(ii) 검사가 기소중지처분을 한 경우 피의자에게는 검사가 다시 사건을 재기하여 수사를 한 후 종국처분을 하지 아니하는 한 '범죄의 혐의자'라는 법적인 불이익상태가 그대로 존속된다고 보아야 하므로, 만약 검사가 자의적으로 기소중지처분을 하였다면 피의자도 헌법상 보장된 평등권과 행복추구권 등이 침해되었음을 이유로 헌법소원을 제기할 수 있다(헌재 1997.2.20. 95헌마362, 기소중지처분취소 등(기각,각하)).

D. 검사의 불기소처분 이외의 처분

(i) 검사의 재기불요결정(再起不要決定), 부적법한 내사종결처분(內査終結處分) 등은 여전히 계속하여 헌법소원심판을 통하여 구제가 되어야 할 가능성이 있다.

검사가 기소중지처분을 한 사건에 관하여 그 고소인이나 피의자가 그 기소중지의 사유가 해소되었음을 이유로 수사재기신청을 하였는데도 검사가 재기불요결정을 하였다면, 이 재기불요결정은 실질적으로는 그 결정시점에 있어서의 제반사정 내지 사정변경 등을 감안한 새로운 기소중지처분으로 볼 수 있으므로 이 재기불요결정도 헌법소원의 대상이 되는 공권력의 행사에 해당한다(헌재 2009.9.24. 2008헌마210, 재기불요결정취소(기각)).

경찰서장이 고소장을 제출받고도 부적법하게 진정사건으로 접수하여 내사종결처분을 하였으므로 내사종결처분은 수사기관의 내부적 사건처리방식에 지나지 아니한다고 할 수 없고, 헌법소원의 대상인 공권력의 행사에 해당한다(헌재 2014.9.25. 2012헌마175, 재판취소(기각)).

(ii) "검사의 공소취소처분에 따라 법원이 공소기각결정을 하여 동 결정이 확정된 경우에는 설사 검사의 공소취소처분이 다시 취소된다고 하더라도 이는 형사소송법 제420조 소정의 재심사유에 해당되지 아니하여 원래의 공소제기로 인한 소송계속상태가 회복될 수 있는 가능성이 없으므로 공소취소처분의 취소를 청구하는 심판청구는 권리보호의 이익이 없어 부적법하다"(헌재 1997.3.27. 96헌마219, 공소취소처분 위헌확인(각하)).

그 밖에도 검사의 기소처분, 구형(求刑), 약식명령, 내사종결처분, 수사재기결정, 형기종료일 지정처분은 헌법소원의 대상이 되지 아니한다.

검사의 공소제기처분(公訴提起處分)은 공소가 제기된 이후에는 법원의 재판절차에 흡수되어 그 적법성에 대하여 충분한 사법적 심사를 받을 수 있으므로 독자적인 합헌성 심사의 필요가 없어 독립하여 헌법소원의 대상이 될 수 없으므로, 위 공소제기처분에 대한 헌법소원심판청구는 부적법하다(헌재 2012.7.26. 2011헌바268, 형법 제156조 위헌소원 등(합헌,각하)).

"내사(內査)는 범죄혐의 유무를 확인하기 위하여 범죄인지 전에 행해지는 수사기관 내부의 조사활동에 불과하므로, 그 과정에서 피내사자의 기본권을 제한하는 별도의 처분이 있었음을 구체적으로 특정하여 다투지 않는 이상, 단지 내사 그 자체만으로는 피내사자에게 어떠한 의무를 부과하거나 피내사자의 기본권에 직접적이고 구체적인 침해를 가한다고 볼 수 없으므로, 헌법소원심판의 대상이 되는 공권력 행사로 보기 어렵다"(헌재 2011.2.15. 2011헌마30, 불기소처분취소 등(각하)). 그러나 고소사건을 진정사건으로 보아서 내린 종결처분에 대하여는 헌법소원을 인정한다(헌재 2000.11.30. 2000헌마356, 진정종결처분취소(기각)).

헌법과 형사소송법 기타 법률의 규정에 의하더라도 피의자가 수사기관에 대하여 특정한 증거방법에 의한 수사를 요구할 권리가 있다고 할 수 없으므로, 수사과정에서 수사기관이 청구인의 요청에도 불구하고 청구인의 친구를 참고인으로 조사하지 아니한 것은 헌법소원의 대상이 되는 공권력의 불행사에 해당하지 아니한다(헌재 2011.9.29. 2010헌바66, 형법 제298조 위헌소원(합헌,각하)).

"검사의 구형은 양형에 관한 의견진술에 불과하여 법원이 그 의견에 구속된다고 할 수 없으므로 검사의 구형 그 자체로는 청구인에게 직접적으로 어떠한 법률적 효과를 발생한다고 할 수 없고, 선고된 형량에 대하여 불복이 있을 경우 형사소송법 규정에 의한 상소를 하여 다툴 수 있는 등 형의 양정에 관하여는 재판절차를 통하여 충분한 사법적 심사를 받게 되므로 검사의 구형 그 자체는 독립하여 헌법소원심판의 청구대상이 될 수 없다"(헌재 2004.9.23. 2000헌마453, 검사의 피의자신문조서 일부내용삭제제출행위 등 위헌확인(각하)).

헌법재판소법 제68조 제1항의 헌법소원은 행정처분에 대하여도 청구할 수 있는 것이나 그것이 법원의 재판을 거쳐 확정된 경우에는 당해 행정처분을 심판의 대상으로 삼았던 법원의 재판이 헌법재판소가 위헌으로 결정한 법령을 적용하여 국민의 기본권을 침해한 결과 헌법소원심판에 의하여 그 재판 자체가 취소되는 경우에 한하여 당해 행정처분에 대한 심판청구가 가능한 것이고, 이와 달리 법원의 재판이 취소될 수 없는 경우에는 당해 행정처분에 대한 헌법소원 심판청구도 허용되지 아니하며 이와 같은 법리는 검사의 형기종료일(刑期終了日) 지정처분에 대하여 법원의 이의신청절차를 거친 경우에도 마찬가지로 적용된다(헌재 2012.5.31. 2010헌아292, 공권력행사 위헌확인(각하)).

(5) 공정거래위원회의 혐의없음 결정 등

공정거래위원회의 무혐의처분 또는 전속적 고발권 불행사는 검사의 불기소처분과 구조가 비슷하면서도 재정신청과 같은 구제수단이 존재하지 아니하므로, 여전히 피해자는 헌법상 보장된 재판절차진술권의 침해를 이유로 헌법소원의 대상이 될 수 있다(헌재 2010.2.25. 2008헌마497; 헌재 1995.7.21. 94헌마136등).

"피청구인의 고발권 불행사를 검사의 불기소처분과 동일하게 평가할 수는 없을 것이나, 그 구조상으로는 피청구인이 청구외 회사의 범죄사실 즉 형사처벌의 대상이 되는 공정거래법위반사실을 인정하면서도 그 처벌을 위한 고발에 나아가지 아니한다는 점에서 검사가 범죄사실을 인정하면서도 공소의 제기에 나아가지 아니하는 기소유예 불기소처분과 유사하고, 따라서 청구인이 청구외 회사의 불공정거래행위라는 이 사건 범죄의 피해자라면, 검사의 불기소처분에 대한 헌법소원에 있어서와 같이(헌재 1989.12.22. 89헌마145 참조) 피청구인의 고발권 불행사로 인하여 자기 자신의 헌법상 보장된 재판절차진술권이 침해되었다고 주장할 수 있을 것이다"(헌재 1995.7.21. 94헌마136, 고발권불행사 위헌확인(기각)).

가습기살균제 제품의 표시·광고에 관하여 공정거래위원회가 심사대상에서 제외한 행위는 평등권과 재판절차진술권을 침해한다(헌재 2022.9.29. 2016헌마773, 심의절차종료결정 위헌확인(인용(위헌확인),각하)).

(6) 권력적 사실행위

권력적 사실행위도 헌법소원심판의 대상이다. 권력적 사실행위란 일정한 법률효과의 발생을 목적으로 하지 아니하고, 직접적으로 사실상의 효과만을 가져오는 공권력의 행사를 말한다. 특히 행정상 권력적 사실행위는 특정한 행정목적을 위하여 행정청의 일방적 의사결정에 의하여 국민의 신체, 재산 등에 실력(實力)으로 행정상 필요한 상태를 실현하는 권력적 행정작용을 의미한다.

행정상 권력적 사실행위에 해당하는지 여부는 i) 당해 행정주체와 상대방과의 관계, ii) 그 사실행위에 대한 상대방의 의사·관여 정도·태도, iii) 그 사실행위의 목적·강제수단의 발동 가부, iv) 그 행위가 행하여질 당시의 구체적 사정 등을 종합적으로 고려하여 개별적으로 판단한다(헌재 1994.5.6. 89헌마35, 공권력행사로 인한 재산권침해에 관한 헌법소원(각하)).

헌법재판소는 국제그룹해체사건에서 위헌을 확인한 바 있다: "재무부장관이 제일은행장에 대하여 한 해체준비착수지시와 언론발표지시를 보면 이는 … 일종의 권력적 사실행위로 볼 것이며, 헌법재판소법 제68조 제1항 소정의 헌법소원의 대상이 되는 공권력의 행사에 해당"된다(헌재 1993.7.29. 89헌마31, 공권력행사로 인한 재산권침해에 대한 헌법소원(인용(위헌확인))).

한국인과 결혼한 중국인 배우(헌재 2002.7.18. 2000헌마327, 신체과잉수색행위 위헌확인(인용(위헌확인)))자가 한국에 입국하기 위하여 결혼동거목적거주(F-2) 사증발급을 신청함에 있어 주중국 대한민국대사가 전화예약에 의한 방법으로 사증(査證)신청접수일을 지정한 행위는 공권력의 행사에 해당하지 아니한다. 사증발급을 신청함에 있어 피청구인이 중국인 배우자와의 교제과정, 결혼하게 된 경위, 소개인과의 관계, 교제경비내역 등을 당해 한국인이 직접 기재한 서류를 제출할 것을 요구하는 조치는 권력적 사실행위이다(헌재 2005.3.31. 2003헌마87, 한중국제결혼절차 위헌확인(기각,각하)).

헌법재판소는 유치장수용자에 대한 신체수색(헌재 2002.7.18. 2000헌마327, 신체과잉수색행위 위헌확인(인용(위헌확인))), 감사원장의 국민감사청구기각결정(헌재 2006.2.23. 2004헌마414, 국민감사청구기각결정취소(기각))도 공권력행사에 해당한다고 판시한다.

그 밖에 헌법재판소가 권력적 사실행위에 대하여 헌법소원을 인정한 사례로 미결수용자의 서신의 지연발송·지연교부행위(헌재 1995.7.21. 92헌마144, 서신검열 등 위헌확인(인용(위헌확인),한정위헌,기각,각하)), 소송기록송부지연행위(헌재 1995.11.30. 92헌마44, 소송기록송부지연 등에 대한 헌법소원(위헌)), 유치장 내 화장실설치 및 관리행위(헌재 2001.7.19. 2000헌마546, 유치장 내 화장실설치 및 관리행위 위헌확인(인용(위헌확인))), 마약류사범에 대한 구치소장의 정밀신체검사(헌재 2006.6.29. 2004

헌마826, 항문내 검사 위헌확인(기각,합헌)), 교도소 수형자에 대한 소변강제채취(헌재 2006.7.27. 2005헌마277, 소변강제채취 위헌확인(합헌)), 국가정보원의 2005년도 7급 제한경쟁시험 채용공고 중 '남자는 병역을 필한 자' 부분(헌재 2007.5.31. 2006헌마627, 군미필자 응시자격제한 위헌확인(기각)), 방송위원회가 주식회사 문화방송에 대하여 한 '경고 및 관계자 경고'처분(헌재 2007.11.29. 2004헌마290, 경고 및 관계자 경고 처분취소(인용)), 서울남대문경찰서장이 법률상 근거 없이 옥외집회신고서를 반려한 행위(헌재 2008.5.29. 2007헌마712, 민원서류 반려 위헌확인(위헌)), 교도소 내 징벌수용자에 대한 처우(헌재 2009.3.31. 2009헌마113, 교도소내 징벌수용자 화장실 관리행위 위헌확인(각하)), 2010학년도 법학적성시험 시행계획 공고(헌재 2010.4.29. 2009헌마399, 2010학년도 법학적성시험 시행일자 공고 등 위헌확인(각하,기각)), 법학전문대학원 졸업예정자에 한하여 필기전형을 실시하도록 정한 법원행정처장의 '재판연구원 신규 임용 계획' 및 법학전문대학원 졸업예정자에 한하여 실무기록평가를 실시하도록 정한 법무부장관의 '검사 임용 지원 안내'(헌재 2015.4.30. 2013헌마504, 재판연구원 등 임용기준 차등적용 위헌확인(각하)), 검찰수사관의 피의자신문 시 변호인에 대한 후방착석요구행위(헌재 2017.11.30. 2016헌마503, 변호인 참여신청서 요구행위 등 위헌확인(인용(위헌확인),각하)), 대통령의 지시에 따른 문화체육관광부장관 등의 문화예술계 블랙리스트의 작성 등과 지원사업 배제 지시(헌재 2020.12.23. 2017헌마416, 특정 문화예술인 지원사업 배제행위 등 위헌확인(인용(위헌확인))), 대통령과 통일부장관의 개성공단 운영 전면중단 조치(헌재 2022.1.27. 2016헌마364, 개성공단 전면중단 조치 위헌확인(기각)), 수사기관 등이 전기통신사업자에게 이용자의 성명 등 통신자료의 제공을 요청하여 취득한 행위(헌재 2022.7.21. 2016헌마388등, 통신자료 취득행위 위헌확인 등(헌법불합치)), 육군훈련소장의 훈련병에게 육군훈련소 내 종교행사에 참석하도록 한 행위(헌재 2022.11.24. 2019헌마941, 육군훈련소 내 종교행사 참석 강제 위헌확인(인용(위헌확인))), 금융위원회위원장이 시중 은행을 상대로 투기지역·투기과열지구 내 초고가 아파트에 대한 주택구입용 주택담보대출을 금지한 조치(헌재 2023.3.23. 2019헌마1399, 기획재정부 주택시장 안정화 방안 중 일부 위헌확인(기각)) 등이 있다.

또한 구속된 피의자에 대한 수갑 및 포승사용행위도 헌법소원의 대상이다.

> "구속된 피의자가 검사조사실에서 수갑 및 포승을 시용한 상태로 피의자신문을 받도록 한 이 사건 수갑 및 포승 사용행위는 이미 종료된 권력적 사실행위로서 행정심판이나 행정소송의 대상으로 인정되기 어려워 헌법소원심판을 청구하는 외에 달리 효과적인 구제방법이 없으므로 보충성의 원칙에 대한 예외에 해당한다." "청구인에 대한 이 사건 기본권침해는 종료하였다. 그러나 이 사건 계구(戒具)사용행위는 법무부훈령인 계호근무준칙에 의거한 점에서 앞으로도 반복될 것이 확실시될 뿐만 아니라 헌법질서의 수호·유지를 위하여 그 해명이 중요한 의미를 가지고 있으므로 심판청구의 이익을 인정할 수 있다." "청구인이 검사조사실에 소환되어 피의자신문을 받을 때 계호교도관이 포승(捕繩)으로 청구인의 팔과 상반신을 묶고 양손에 수갑을 채운 상태에서 피의자조사를 받도록 한 이 사건 계구사용행위는 과잉금지원칙에 어긋나게 청구인의 신체의 자유를 침해하여 위헌인 공권력행사이다"(헌재 2005.5.26. 2001헌마728, 수갑 및 포승 시용(施用) 위헌확인(인용(위헌확인))).

(7) 행정계획(안), 공고, 확인, 회신, 권고 등

A. 행정계획

(i) 행정계획이란 특정한 행정목표를 달성하기 위하여 관련 행정수단을 종합하고 조정함으로써, 장래 일정한 시점에서 일정한 질서를 실현하기 위한 활동기준으로 설정된 계획을 말한다. 행정계획안은 행정청의 내부적 의사표시에 불과하므로 원칙적으로 헌법소원의 대상이 아니다. 하지만, "이러한 사실상의 준비행위나 사전안내라도 그 내용이 국민의 기본권에 직접 영향을 끼치는 내용이고 앞으로 법령의 뒷받침에 의하여" 틀림없이 그대로 실시되리라고 예상될 수 있을 때에는 그로 인하여 직접적으로 기본권침해를 받게 되는 사람에게는 사실상의 규범작용으로 인한 위험성이 이미 발생하였다고 보아야 하므로 이러한 사항도 헌법소원의 대상은 될 수 있다(헌재 1992.10.1. 92헌마68등, 1994학년도 신입생선발입시안에 대한 헌법소원(기각)).

"국립대학인 서울대학교의 '94학년도 대학입학고사주요요강"은 사실상의 준비행위 내지 사전안내로서 행정쟁송의 대상이 될 수 있는 행정처분이나 공권력의 행사는 될 수 없지만, 그 내용이 국민의 기본권에 직접 영향을 끼치는 내용이고 앞으로 법령의 뒷받침에 의하여 그대로 실시될 것이 틀림없을 것으로 예상되어 그로 인하여 직접적으로 기본권 침해를 받게 되는 사람에게는 사실상의 규범작용으로 인한 위험성이 이미 현실적으로 발생하였다고 보아야 할 것이므로 이는 헌법소원의 대상이 되는 헌법재판소법 제68조 제1항 소정의 공권력의 행사에 해당된다고 할 것이며, 이 경우 헌법소원 외에 달리 구제방법이 없다(헌재 1992.10.1. 92헌마68등, 1994학년도 신입생선발입시안에 대한 헌법소원(기각)).

사립대학인 학교법인 이화학당의 법학전문대학원 모집요강은 헌법소원심판의 대상인 공권력의 행사가 아니다. 교육부장관이 학교법인 이화학당에게 한 법학전문대학원 설치인가 중 여성만을 입학자격요건으로 하는 입학전형계획을 인정한 부분이 남성인 청구인의 직업선택의 자유를 침해하지 아니한다(헌재 2013.5.30. 2009헌마514, 법학전문대학원 설치인가 중 입학전형계획 위헌확인 등(기각,각하)).

그러나 개발제한구역제도개선방안확정발표(헌재 2000.6.1. 99헌마538등, 개발제한구역제도개선방안확정발표 위헌확인(각하); 헌재 2002.10.31. 2002헌마369, 고소사건처리지연 위헌확인(기각,각하)), 국무총리의 새만금간척사업에 대한 정부조치계획의 확정발표(헌재 2003.1.30. 2001헌마579, 새만금간척사업에 대한 정부조치계획의 확정발표 등 취소(각하)), 교육인적자원부장관이 발표한 '학교교육 정상화를 위한 2008학년도 이후 대학입학제도 개선안' 중 '학교생활기록부의 반영 비중 확대' 및 '대학수학능력시험 성적 등급만 제공' 부분(헌재 2008.9.25. 2007헌마376, 학교교육정상화를 위한 2008학년도 이후 대학입학제도 개선안 위헌확인(각하)), 기획재정부장관이 6차에 걸쳐 공공기관 선진화 추진계획을 확정·공표한 행위(헌재 2011.12.29. 2009헌마330, 공공기관 선진화 추진계획 위헌확인(각하)), 국토교통부장관이 발표한 한국토지주택공사 이전방안(헌재 2014.3.27. 2011헌마291, 한국토지주택공사 이전방안 취소(각하)), 2012년도 대학교육역량강화사업 기본계획 중 총장직선제 개선을 국공립대 선진화 지표로 규정한 부분 및 2013년도 대학교육역량강화사업

기본계획 중 총장직선제 개선 규정을 유지하지 아니하는 경우 지원금 전액을 삭감 또는 환수하도록 규정한 부분(헌재 2016.10.27. 2013헌마576, 2012년도 대학교육역량강화사업 기본계획 취소 등(각하)), 어린이헌장의 제정·선포행위(헌재 1989.9.2. 89헌마170, 대한민국 어린이헌장에 대한 헌법소원(각하)), 수사기관의 진정사건에 대한 내사종결처리(헌재 1990.12.26. 89헌마277, 진정사건 내사종결처리에 대한 헌법소원(각하)), 내부적 감독작용(정부투자기관에 대한 예산편성지침통보행위)(헌재 1993.11.25. 92헌마293, 1993년도 정부투자기관예산편성공동지침 위헌확인(각하)), 교도소장의 독거수용 거부(헌재 2013.5.21. 2013헌마339, 독거수용 거부처분 위헌확인(각하)), 공납금 미납으로 졸업증 교부 및 증명서 빌급 거부 통보(헌재 2001.10.25. 2001헌마113, 교육기본법 제8조 제1항 등 위헌확인 등(각하)), 교도소 내 두발규제(헌재 2012.4.24. 2010헌마751, 교도소 내 두발규제 위헌확인(각하)), 교도소 구호 제창을 통한 인사 행위(헌재 2012.7.26. 2011헌마332, 계호업무지침 제118조 등 위헌확인(기각,각하)), 계약이행능력의 심사기준인 방위사업청지침(헌재 2013.11.28. 2012헌마763, 방위사업청물품적격심사기준 부칙제2조등 위헌확인(각하)), 대학생토론대회 참가 자격으로 재학생과 휴학생으로 한정한 공모 공고(헌재 2015.10.21. 2015헌마214, 전국대학생 토론대회 공모 공고 위헌확인(각하)), 제20대 국회의원 선거 및 제19대 대통령 선거에서 투표지 분류기 등을 이용하도록 하는 행위(헌재 2016.3.31. 2015헌마1056등, 공직선거법 제170조 위헌확인 등(기각,각하)), 대통령이 국회 본회의에서 행한 시정연설에서 정책과 결부하지 아니하고 단순히 대통령의 신임 여부만을 묻는 국민투표를 실시하고자 한 것 등은 헌법소원의 대상이 될 수 없다고 판시한다.

> "발언의 본의는 재신임의 방법과 시기에 관한 자신의 구상을 밝힌 것에 불과하며, 정치권에서 어떤 합의된 방법을 제시하여 주면 그에 따라 절차를 밟아 국민투표를 실시하겠다는 것이어서 이는 법적인 절차를 진행시키기 위한 정치적인 사전준비행위 또는 정치적 계획의 표명"(헌재 2003.11.27. 2003헌마694, 대통령신임투표를 국민투표에 붙이는 행위 위헌확인, 대통령재신임 국민투표실시계획 위헌확인, 대통령재심임을 국민투표에 붙이는 결정취소(각하)), 기획재정부장관이 한 2016년도 정부 예산안 편성행위 중 4·16세월호참사 특별조사위원회에 대한 부분(헌재 2017.5.25. 2016헌마383, 예산편성 부작위 위헌확인(각하)), 변호인에 대한 참여신청서요구행위를 포함하여 피의자신문 시 변호인 참여와 관련된 제반 절차를 규정한 검찰청 내부의 업무처리지침 내지 사무처리준칙(헌재 2017.11.30. 2016헌마503, 변호인 참여신청서 요구행위 등 위헌확인(인용(위헌확인),각하)) 등은 헌법재판소법 제68조 제1항의 헌법소원심판의 대상으로서 '공권력의 행사'에 해당하지 아니한다.

B. 공 고

공고(公告)가 헌법소원의 대상이 되는지 여부에 관하여는 일률적으로 판단하기가 어렵다. 공고가 단순히 법령사항을 확인하는 것에 불과한 경우에는 헌법소원의 대상이 되지 아니한다(예컨대 사법시험 영어대체공고, 사법시험 학점이수 공고). 법무부장관의 '2014년 제3회 변호사시험 합격자는 원칙적으로 입학정원 대비 75%(1,500명) 이상 합격시키는 것으로 한다'는 공표(헌재 2014.3.27. 2013헌마523, 변호사시험 합격자 결정기준 위헌확인(각하))도 헌법소원의 공권력의 행사가 아니다.

육군참모총장으로부터 학군사관후보생 선발의 실시를 위임받은 학생중앙군사학교장이 육군규정 제105호 '장교획득 및 임관규정'이 정하는 내용과 동일한 내용으로 수능성적의 배점을 정하여 공고한 경우 그 공고는 헌법소원의 대상이 되는 공권력의 행사에 해당하지만, 학군사관후보생 선발에 필요한 세부사항을 정하여 학생중앙군사학교장이 각 대학 학군단에 하달한 문서인 '학군사관후보생모집/선발계획'은 행정청 내부의 해석지침의 성격을 지니는 것으로 헌법소원의 대상이 되는 공권력의 행사에 해당하지 아니한다(헌재 2007.5.31. 2004헌마243, 학군사관 선발요강 및 세부계획 위헌확인(각하)).

하지만, 공고가 새로운 내용을 담고 있거나 이를 통하여 세부 내용들이 비로소 확정되는 경우에는 예외적으로 헌법소원의 대상이 된다. 예컨대 공무원채용시험시행계획공고(헌재 2000.1.27. 99헌마123, 1999년도 공무원채용시험계획 위헌확인(인용(취소))), 사법시험 시험일자 공고(헌재 2001.9.27. 2000헌마159, 제42회 사법시험 제1차시험 시행일자 위헌확인(기각)), 교사임용후보자 선정경쟁시험 시행요강 공고(헌재 2004.3.25. 2001헌마882, 2002학년도 대전광역시 공립중학교 교사임용후보자 선정경쟁시험 시행요강 취소(인용(위헌확인))), 법학전문대학원협의회의 법학적성시험 시행공고(헌재 2010.4.29. 2009헌마399, 2010학년도 법학적성시험 시행일자 공고 등 위헌확인(기각)), 변리사시험시행계획 공고(헌재 2019.5.30. 2018헌마1208, 2019년도 제56회 변리사 국가자격시험 시행계획 공고 중 2. 실무형 문제 출제 위헌확인(각하,기각)) 등이 있다.

C. 확 인

단순한 확인에 불과한 통지는 헌법소원의 대상이 되지 아니한다.

청구인은 강제추행죄로 유죄판결이 확정된 자로서 이 사건 등록조항에 따라 당연히 신상정보 등록대상자가 된 것이고(헌재 2014.3.17. 2014헌마164), 이 사건 통지는 신상정보 등록대상자라는 사실을 알려주는 단순한 통지에 불과하여 어떠한 법적인 권리·의무를 부과하거나 일정한 작위나 부작위를 구체적으로 지시하는 내용을 포함하고 있지 않아 공권력 행사에 해당하지 아니하여 부적법하다(헌재 2016.11.24. 2016헌마194, 신상정보 등록 고지 취소 등(기각,각하)).

D. 회신, 권고 등

회신(回信), 권고(勸告) 등도 헌법소원의 대상이 되지 아니한다.

행정청이 질의에 대하여 법률적 문제에 대한 해석 및 안내를 위한 단순한 회신(헌재 2001.3.21. 2000헌마37, 인터넷선거운동 및 인터넷광고대행행위 제한조치 등 위헌확인(각하)), 단순한 질의 내지 민원성 요청에 대한 법무부 법조인력과의 거부취지답변(헌재 2010.6.24. 2010헌마41, 사법시험실시계획 공고 중 시험일자 부분 위헌확인(기각,각하)), 적용법조에 대한 구문(求問)(헌재 1990.3.28. 90헌마47, 감호의 재집행 등에 대한 헌법소원(각하(4호))) 등은 공권력 행사에 해당하지 아니한다.

권고와 같은 비권력적 행위도 마찬가지이다.

'선거법위반행위에 대한 중지촉구' 공문은 그 형식에 있어서 '안내' 또는 '협조요청'이라는 표현을 사용하고 있으며, 또한 그 내용에 있어서도 청구인이 계획하는 행위가 공선법에 위반된다는, 현재의 법적 상황에 대한 행정청의 의견을 단지 표명하면서, 청구인이 공선법에 위반되는 행위를 하는 경우 피청구인이 취할 수 있는 조치를 통고하고 있을 뿐이다. 따라서 '중지촉구' 공문은 국민에 대하여 직접적인 법률효과를 발생시키지 않는 단순한 권고적, 비권력적 행위로서, 헌법소원의 심판대상이 될 수 있는 '공권력의 행사'에 해당하지 않으므로, '선거법위반행위에 대한 중지촉구'에 대한 이 사건 심판청구는 부적법하다(헌재 2003.2.27. 2002헌마106, 선거법위반행위에 대한 중지촉구 등 위헌확인(각하)).

(8) 행정청의 사법상 행위

행정청의 권력작용·관리작용뿐만 아니라 국고작용도 헌법소원이 인정될 수 있다. 그러나 행정청의 사법상(私法上) 행위에 대하여 헌법재판소는 헌법소원의 대상성을 부인한다(헌재 1992.11.12. 90헌마160, 하천부지교환에 관한 헌법소원(각하); 헌재 1992.12.24. 90헌마182, 어업권침해에 대한 헌법소원(각하)).

"한국방송공사의 직원 채용관계는 특별한 공법적 규제 없이 한국방송공사의 자율에 맡겨진 셈이 되므로 이는 사법적인 관계에 해당한다. … 이 사건 공고는 헌법소원으로 다툴 수 있는 공권력의 행사에 해당하지 않는다"(헌재 2006.11.30. 2005헌마855, 군미필자 응시자격 제한 위헌확인(각하)).

"서울교통공사는 공익적인 업무를 수행하기 위한 지방공사이나, … 정관은 서울교통공사 직원의 임면, 근무관계라는 사법(私法) 관계를 규정하고 있고, 개정 이전에 비하여 일반직이 증원되어 있는 정원표로서, 대외적인 구속력을 갖지 못하므로, 헌법소원의 대상이 되는 공권력 행사에 해당하지 아니한다."(헌재 2021.2.25. 2018헌마174, 서울교통공사정관 일부개정(안) 중 무기업무직 전면 정규직 전환관련 등 위헌확인(각하)).

하지만, 현실적으로 행정작용이 순전히 사법상 작용인지 아니면 공법상 작용과 뒤섞여 있는지의 판단도 어려울 뿐만 아니라 기관적·형식적 의미의 행정 개념에 의할 경우 행정작용으로 볼 수밖에 없다. 따라서 가급적 사경제적인 사법상 작용이라 할지라도 행정청이 행한 작용이라면 적어도 헌법재판소의 본안판단을 받아야 한다.

(9) 행정기관의 내부적 의사결정 등

행정기관의 내부적 의사결정이나 단순한 사실행위 등은 헌법소원의 대상이 되지 아니한다.

"기본권의 주체가 행정기관의 내부적 의사결정에 불과하여 직접 국민의 권리의무에 영향을 미치지 아니하는 행위를 청구한 것에 대하여 공권력의 주체"가 내린 거부행위(헌재 2004.8.26. 2003헌마916, 재직기간산입거부처분취소(각하)); 예산편성 행위는 헌법(제54조 제2항, 제89조 제4호)과 국가재정법에 따른 것으로서, 이는 국무회의의 심의, 대통령의 승인 및 국회의 예산안 심의·확정을 위한 전 단계의 행위로서 국가기관 간의 내부적 행위에 불과(헌재 1994.8.31. 92헌마174 참조)(헌재 2017.5.25. 2016헌마383, 예산편성 부작위 위헌확인(각하)); 구 통신위원회의 의결 및 방송통신위원회의 의결은 이동전화의 번호 통합과 번호이동에 관한 사항을 내부적으로 결정한 행위이고, 방송통신위원회의 홈페이지 게시는 번호통합정책 및 번호이동제도(헌재 2013.7.25. 2011헌마63등, 이동전화 식별번호 통합추진 위헌확인(기각,각하)); 국회의원 선거 및 대통령 선거에서 투표지분류기 등을 이용하는 행위는 투표 결과를 집계하기 위한 행정청의 단순한 사실행위에 불과(헌재 2016.3.31. 2015헌마1056등, 공직선거법 제170조 위헌확인 등(기각,각하)); 법률안의 제출은 국가기관 상호간의 내부적인 행위에 불과(헌재 2009.2.10. 2009헌마65, 입법부작위 위헌확인 등), 협의이혼의사확인신청서를 반려한 행위는 '가족관계의 등록에 관한 규칙'에 따른 사무집행으로서 사실행위에 불과(헌재 2016.6.30. 2015헌마894, 가족관계의 등록 등에 관한 법률 제75조 등 위헌확인(기각,각하)) ; 건축물대장은 행정사무집행의 편의와 사실증명의 자료로 삼기 위한 것일 뿐이고 그 등재로 인하여 당해 건축물에 대한 실체상 권리관계에 어떠한 변동을 초래하는 것은 아니므로, 건축물대장에 대한 등재행위나 건축물대장의 말소행위(헌재 2004.1.29. 2002헌마235, 건축물대장직권말소취소(각하)).

(10) 기타 헌법재판소가 대상성을 부인한 사례

고소 사건에 대한 재항고를 진정으로 받아들여 재기수사를 명할 수 있도록 규정하고 있는 대검찰청 예규인 '재항고사건 처리지침'(헌재 2011.6.28. 2011헌마300, 대검찰청 예규 제526호 제7조 제2항 제1호 등 위헌확인(각하)), 일반대학 졸업자가 교육대학원에서 초등교육을 전공하여 초등교사 자격증 취득이 불가능하다는 내용의 교원자격검정 실무편람 부분(헌재 2013.2.28. 2010헌마438, 교원자격검정 실무편람 부분 위헌확인(각하)) 등에 대하여는 헌법소원의 대상성을 부인한다.

"원래의 불기소처분의 구제절차에서 내려진 결정인 항고기각 및 재항고기각결정에 대하여 그 고유한 위헌사유를 밝히지 아니한 채 불기소처분과 함께 취소를 구하는 데 불과한 경우에는, 항고 또는 재항고기각결정을 별도로 소원심판청구의 대상으로 할 수 없다"(헌재 1993.5.13. 91헌마213, 불기소처분에 대한 헌법소원(기각,각하)).

행정자치부 자치행정과장이 지방자치단체 담당과장에게 "사태종료시까지 전공노 조합원의 병·연가 불허" 등을 내용으로 하는 업무연락공문을 발송한 행위는 행정기관 내부의 행위일 뿐 대외적으로 효력이 있는 명령이나 지시가 아니므로 헌법소원의 대상이 되는 공권력행사에 해당하지 아니한다(헌재 1994.4.28. 91헌마55, 집유질서유지대책에 대한 헌법소원(각하); 헌재 2005.5.26. 2005헌마22, 전공노대책 관련 긴급지시취소(각하)).

"부패방지법이 발효되기 전인 2002.1.17.에 감사원에 위 법상의 국민감사청구를 한 경우 그 감사결과통보불이행이 공권력의 불행사에 해당하지 않는다. 감사원이 부패방지위원회에 감사결과를 통보하는 것은 국가기관간의 내부적 행위에 불과하고 국민에 대하여 직접적인 법률효과를 발생시키는 행위가 아니므로 감사원이 부패방지위원회로부터 이첩받은 신고사항에 대한 감사결과를 위 위원회에 통보하지 않은 행위는 공권력의 불행사라 볼 수 없다. 위와 같은 감사결과통보불이행이 감사원장의 소속공무원에 대한 지휘감독에 대한 태만으로 인한 것이라고 주장하는 경우 감사원장의 이러한 직무유기는 공권력의 불행사로 인정되지 않는다"(헌재 2005.2.3. 2004헌마34, 감사결과통보불이행 위헌확인(각하)).

"전주교도소 교도관이 국가의 소송수행자로서 청구인과의 민사재판 소송수행 중 준비서면을 제출한 행위는 청구인과 국가 간에 사적 주체로서의 소송에서 이루어진 것에 불과하여 공권력의 행사라고 볼 수 없다"(헌재 2011.2.24. 2009헌마209, 공권력행사 위헌확인 등(기각,각하)).

행정심판 재결에 대하여 재결 자체의 고유한 위헌 사유가 있음을 그 이유로 내세우는 경우가 아니면 원처분이 아닌 재결에 대하여 헌법소원심판을 청구할 수 없다(헌재 2016.4.28. 2013헌마870, 행정심판위원회재결 위헌확인(각하)).

금융위원회가 시중 은행들을 상대로 가상통화 거래를 위한 가상계좌의 신규 제공을 중단하도록 한 조치 및 금융위원회가 가상통화 거래 실명제를 시행하도록 한 조치는 일련의

'가이드 라인'에 해당하므로 헌법소원의 대상이 되는 공권력의 행사에 해당하지 아니하여 그에 관한 심판청구는 각하한다(5:4)(헌재 2021.11.25. 2017헌마1384, 정부의 가상통화 관련 긴급대책 등 위헌확인(각하)). 일반국민을 상대로 한 가상통화공개(ICO)를 금지하기로 한 '가상통화 관계기관 합동 TF'의 방침도 마찬가지이다(전원일치)(헌재 2022.9.29. 2018헌마1169, 가상통화공개(ICO)금지 방침 등 위헌확인(각하)).

또한 "사법시험관리위원회가 사법시험 제1차시험에 정답개수형 문제를 출제하기로 한 심의·의결이 시험출제위원을 법적으로 구속히는 헌법소원심판청구의 대상이 되는 공권력의 행사"가 아니라고 판시한다.

"행정행위로서 시험출제업무를 담당하는 시험위원은 법령규정의 허용범위 내에서 어떠한 내용의 문제를 출제할 것인가, 어떤 유형의 문제를 출제할 것인가, 특정 문제유형을 어느 정도 출제할 것인가 등 시험문제의 구체적인 내용을 자유롭게 정할 수 있다고 할 것이다. 입법자가 사법시험 제1차시험의 시험방법에 대하여 출제담당시험위원에게 요구하는 것은 논술형이나 면접이 아닌 선택형 또는 선택형과 일부 기입형을 요구하고 있을 뿐이고, 그 외 시험방법에 관한 구체적인 내용, 즉 시험의 난이도, 문항수, 문제유형, 출제비율, 배점비율, 시험시간, 출제범위 등은 시험위원들의 재량에 맡겨져 있다고 할 것이다"(헌재 2004.8.26. 2002헌마107, 제44회사법시험제1차시험출제방향및기준에관한심의사항 취소(각하)).

변호사시험 관리위원회는 변호사시험에 관한 법무부장관의 의사결정을 보좌하기 위하여 법무부에 설치된 자문위원회로서, 일정한 심의사항에 관하여 의결절차를 거쳐 위원회의 의사를 표명하더라도 그것은 단순히 법무부장관에 대한 권고에 불과하여 그 자체로서는 법적 구속력이나 외부효과가 발생하지 아니하는 의견진술 정도의 의미를 가지는 데 지나지 아니하므로, 변호사시험 관리위원회의 의결은 헌법소원의 대상이 되는 공권력 행사로 볼 수 없다(헌재 2012.3.29. 2009헌마754, 법학전문대학원 설치·운영에 관한 법률 제8조 제1항 등 위헌확인(기각)).

6. 사법에 대한 헌법소원

(1) 의 의

(i) 법원의 재판은 헌법재판소법 제68조 제1항에 따라 헌법소원의 대상에서 제외한다. 또한 헌법재판소는 일관되게 헌법재판소의 결정에 대하여도 헌법소원의 대상이 될 수 없다고 판시한다(헌재 1989.7.10. 89헌마144, 국선대리인선임신청기각결정에 대한 헌법소원(각하)).

(ii) 한편 헌법재판소는 법원의 행정작용 내지 재판절차와 관련하여 법원행정처장의 민원인에 대한 법령질의회신, 법원재판장의 변론지휘권, 재판의 부작위 또는 재판의 지연에 대한 헌법소원을 부인한다.

법령질의회신: 청구인이 제출한 재심소장을 법원행정처 송무국장이 '민원에 대한 회신'형식으로 반려하였을 경우에 이 '민원에 대한 회신'은 공권력행사에 해당되나, 헌법소원 제기 이후 대법원에서 청구인의 재심소장을 정식으로 접수하여 권리보호이익이 인정

되지 아니하여 부적법하다(헌재 1989.7.28. 89헌마1, 사법서사법시행규칙에 대한 헌법소원(각하); 헌재 2007.2.22. 2005헌마645, 재심소장 민원처리 위헌확인(각하)).

변론지휘권: '재판장의 소송지휘권의 행사에 관한 사항은 그 자체가 재판장의 명령으로서 법원의 재판에 해당하거나, 또는 그것이 비록 재판의 형식이 아닌 사실행위로 행하여졌다고 하더라도 법원의 종국판결이 선고된 이후에는 위 종국판결에 흡수·포함되어 그 불복방법은 판결에 대한 상소에 의하여만 가능하므로, 재판장의 변론지휘권의 부당한 행사를 그 대상으로 하는 헌법소원심판청구는 결국 법원의 재판을 그 대상으로 한 경우에 해당하여 부적법하다'(헌재 1992.6.26. 89헌마271, 변론의 제한에 대한 헌법소원(각하)).

재판지연: "법원은 민사소송법 제184조에서 정하는 기간 내에 판결을 선고하도록 노력해야 하겠지만, 이 기간 내에 반드시 판결을 선고해야 할 법률상의 의무가 발생한다고 볼 수 없으며, 헌법 제27조 제3항 제1문에 의거한 신속한 재판을 받을 권리의 실현을 위해서는 구체적인 입법형성이 필요하고, 신속한 재판을 위한 어떤 직접적이고 구체적인 청구권이 이 헌법규정으로부터 직접 발생하지 아니하므로, 보안관찰처분들의 취소청구에 대해서 법원이 그 처분들의 효력이 만료되기 전까지 신속하게 판결을 선고해야 할 헌법이나 법률상의 작위의무가 존재하지 아니한다"(헌재 1999.9.16. 98헌마75, 재판지연확인(각하)).

이러한 판례의 경향은 사법에 대한 헌법소원의 보충성원칙을 비교적 엄격하게 적용하고 있으므로, 법원의 재판에 대한 헌법소원이 인정되지 아니하는 한 사법작용에 대한 헌법소원이 인정되기는 현실적으로 매우 어렵다.

(iii) 다른 한편 법원의 일반적인 사법행정작용에 대하여는 행정에 대한 헌법소원과 마찬가지로 헌법소원을 인정하여야 한다.

법원공무원이나 집행관 등에 의한 접수거부처분에 대한 헌법소원을 인정한다. 하지만, 보충성원칙 위배를 이유로 각하결정을 내렸다(헌재 1991.11.25. 89헌마235, 재판청구권 등의 침해에 대한 헌법소원(각하)).

대법원장의 법관 인사처분에 대하여 법원행정처의 소청심사위원회 심사와 행정소송을 제기하여 구제를 받을 수 있으므로 이러한 구제절차를 거치지 아니한 헌법소원심판청구는 보충성 요건을 충족하지 못하여 부적법하다(6:3)(헌재 1993.12.23. 92헌마247, 인사명령취소(각하)).

(2) 법원의 재판(裁判)에 대한 헌법소원

A. 의 의

헌법 제111조 헌법재판소의 권한에서는 제1항 제5호에서 "법률이 정하는 헌법소원에 관한 심판"을 규정한다. 이에 따라 헌법재판소법 제68조 제1항은 "공권력의 행사 또는 불행사로 인하여 헌법상 보장된 기본권을 침해받은 자는 법원의 재판을 제외하고는 헌법재판소에 헌법소원심판을 제기할 수 있다"라고 규정한다. 법원의 재판이라 함은 소송법상 법원이 행하는 공권적 법률판단 또는 의사의 표현을 지칭하며, 종국판결 외에 본안전 소송판결 및 중간판결 기타 소송절차의 파생적·부수적 사항, 예를 들어 재판장의 소송지휘에 관한 사항에 대한 공권적 판단도 포함된다(헌재 1992.12.24. 90헌마158, 판결의 저촉여부에 관한 헌법소원(각하)). 따라서 법원의 재판인 판결, 결정, 명령 자체를 대상으로 하여 헌법소원심판을 청구한다면 이는 부적법하게 된다.

위헌법률심판제청 불행사(헌재 2004.8.26. 2003헌마412, 위헌제청불행사 위헌확인(각하)); 소액사건의 판결이유를 설명하지 아니한 재판(헌재 2004.9.23. 2003헌마19, 재판 등 위헌확인(각하)); 법원이 위헌제청신청을 기각하는 결정을 하고 당해 사건의 진행을 정지하지 아니하고 진행한 조치(헌재 2008.9.25. 2006헌바23, 헌법재판소법 제41조 위헌소원 등(각하)); '국민의 형사재판 참여에 관한 규칙' 제3조 제1항에 따른 피고인 의사의 확인을 위한 안내서를 송달하지 아니한 부작위(헌재 2012.11.29. 2012헌마53, 국민참여재판 피고인 의사확인 부작위 위헌확인 등(각하)); 영장 발부(헌재 2018.8.30. 2016헌마344 등, 디엔에이감식시료채취 영장 발부 위헌확인 등(헌법불합치,기각,각하)); 통신제한조치에 대한 법원의 허가(헌재 2018.8.30. 2016헌마263, 통신제한조치 허가 위헌확인 등(헌법불합치,각하))는 헌법소원심판의 대상이 될 수 있는 예외적인 재판에 해당하지 아니한다.

B. 법원의 재판에 대한 헌법소원의 원칙적 부인

(i) 헌법재판소는 헌법 제111조 제1항 제5호의 '법률이 정하는 헌법소원'의 의미에 법원의 재판이 당연히 포함되지는 아니한다고 판시한다.

"헌법 제111조 제1항 제5호가 '법률이 정하는 헌법소원에 관한 심판'이라고 규정하여 그 구체적인 형성을 입법자에게 위임함으로써, 입법자에게 헌법소원제도의 본질적 내용을 구체적인 입법을 통하여 보장할 의무를 부과하고 있다." "헌법소원은 언제나 '법원의 재판에 대한 헌법소원'을 그 심판의 대상으로 포함하여야만 비로소 헌법소원제도의 본질에 부합한다고 단정할 수 없다"(헌재 1997.12.24. 96헌마172등, 헌법재판소법 제68조 제1항 위헌확인 등(한정위헌,인용(취소)))(대판 1996.4.9. 95누11405; 대판 1997.3.28. 96누15602)(헌재 1999.10.21. 96헌마61등, 양도소득세부과처분취소 등(합헌,각하))(헌재 2001.2.22. 99헌마461등(기각,각하))(헌재 2001.7.19. 2001헌마102, 헌법재판소법 제68조 제1항 위헌확인 등(기각,각하))(헌재 2003.3.27. 2001헌마116(기각,각하))(헌재 2002.5.30. 2001헌마781, 상고심절차에 관한 특례법 제2조 등 위헌확인(기각,각하)).

(ii) 이에 따라 법률로써 법원의 재판을 헌법소원의 대상에서 제외한다고 하더라도 헌법상 평등권과 재판청구권을 침해하지 아니한다고 판시한다.

"입법작용과 행정작용의 잠재적인 기본권침해자로서의 기능과 사법작용의 기본권보호자로서의 기능이 바로 법원의 재판을 헌법소원심판의 대상에서 제외한 것을 정당화하는 본질적인 요소이다." "법원의 재판을 헌법소원심판의 대상이 될 수 있도록 한다면 또 한 번의 기본권구제절차를 국민에게 제공하게 되는 것이므로 더욱 이상적일 수 있다. 그러나 입법자가 헌법재판소와 법원의 관계 기타의 사정을 고려하여 행정작용과 재판작용에 대한 기본권의 보호를 법원에 맡겨 헌법재판소에 의한 기본권구제의 기회를 부여하지 아니하였다 하여 위헌이라 할 수는 없"다. "기본권침해에 대한 구제절차가 반드시 헌법소원의 형태로 독립된 헌법재판기관에 의하여 이루어질 것만을 요구하지는 않는다"; 동지판례(헌재 2018.8.30. 2015헌마784, 재판취소 등(기각,각하))(헌재 2018.8.30. 2015헌마861등, 재판취소 등(기각,각하)).

"헌법재판소법 제68조 제1항은 2016헌마33 사건에서 한정위헌결정을 선고함으로써 위헌 부분이 제거된 나머지 부분으로 이미 그 내용이 축소된 것이어서 청구인들의 기본권을 침해하지 아니하고, 긴급조치 발령 등으로 인한 국가의 배상책임을 부인한 대법원 판결은 헌법재판소가 위헌으로 결정한 법령을 적용한 재판이 아니므로 예외적으로 허용되는 재판소원의 대상이 될 수 없다"는 취지로 판시한 바 있다. 이 사건 법률조항이 헌법에 위반되지 아니하고, 긴급조치 발령 및 그에 수반한 불법행위에 대한 국가배상책임을 부인한 대법원 판결이 헌법소원심판의 대상이 되는 예외적인 법원의 재판에 해당하지 아니한다는 헌재 2018.8.30. 2015헌마861등 결정, 헌재 2019.2.28. 2016헌마56 결정 등의 입장을 재확인한다. 또한 헌법재판소가 법률조항에 대하여 위헌결정을 선고하였다고 할지라도 헌법재판소 결정 이전에 이미 대법원에서 상고가 기각되어 그 판결이 확정된 이상, 위헌결정의 소급효가 이미 확정된 재판에까지 미치는 것이 아니며, 위 법률조항을 적용한 재판이 헌법재판소가 위헌으로 결정하여 그 효력을 상실한 법률을 적용한 재판에 해당한다고도 볼 수 없다(헌재 2019.7.25. 2018헌마827, 재판취소 등(기각, 각하)).

법원의 재판에 대한 헌법소원을 금지하는 헌법재판소법 제68조 제1항 본문 중 "법원의 재판을 제외하고는" 부분은 헌법에 위반되지 않고, 긴급조치 관련 국가배상책임을 인정하지 아니한 대법원 판결의 취소를 구하는 헌법소원 심판청구는 부적법하다. [반대의견(2인)] 헌법재판소법 조항 중 국가권력이 국민의 자유와 권리를 '의도적이고 적극적으로' 침해하는 총체적 불법행위를 자행한 경우에 국가의 불법행위 책임을 부인하는 재판에 관한 부분은 헌법에 위반되고, 대법원 판결은 그러한 재판에 해당하므로 취소되어야 한다(헌재 2020.11.26. 2014헌마1175등, 재판취소(각하)).

(iii) 결론적으로 헌법재판소는 법원의 재판에 대한 헌법소원 인정 여부는 입법정책의 문제로 본다.

"법원의 재판도 헌법소원심판의 대상으로 하는 것이 국민의 기본권보호의 실효성 측면에서 바람직한 것은 분명하다. 그러나 현재의 법적 상태가 보다 이상적인 것으로 개선되어야 할 여지가 있다는 것이 곧 위헌을 의미하지는 않는다. 법원의 재판을 헌법소원심판의 대상에 포함시켜야 한다는 견해는 기본권보호의 측면에서는 보다 이상적이지만, 이는 헌법재판소의 위헌결정을 통하여 이루어질 문제라기보다 입법자가 해결하여야 할 과제이다."

C. 법원의 재판에 대한 헌법소원의 예외적 인정

(i) 헌법재판소는 법원의 재판에 대한 헌법소원을 부인한다. 다만, 예외적으로 헌법재판소 결정의 기속력을 담보하기 위하여 법원의 재판에 대한 헌법소원을 인정한 바 있다(헌재 1997.12.24. 96헌마172등, 헌법재판소법 제68조 제1항 위헌확인 등(한정위헌, 인용(취소))).

또한 '법원의 재판' 중 '헌법재판소가 위헌으로 결정한 법령을 적용함으로써 국민의 기본권을 침해한 재판' 부분에 대하여 한정위헌결정을 한 바 있다. 그러나 이 결정의 효력은 주문에 표시된 부분에 국한되었다.

헌법재판소법 제68조 제1항 본문 중 "법원의 재판을 제외하고는" 부분은, 헌법재판소가 위헌으로 결정한 법령을 적용함으로써 국민의 기본권을 침해한 재판이 포함되는 것으로 해석하는 한 헌법에 위반된다(헌재 2016.4.28. 2016헌마33, 평균임금 정정불승인처분 취소 등(한정위헌, 각하)).

"헌법재판소법 제68조 제1항의 '법원의 재판'에 헌법재판소가 위헌으로 결정하여 그 효력을 상실한 법률을 적용함으로써 국민의 기본권을 침해하는 재판도 포함되는 것으로 해석하는 한도 내에서 헌법재판소법 제68조 제1항은 헌법에 위반된다"(헌재 2019.2.28. 2018헌마140, 헌법재판소법 제68조 제1항 본문 위헌확인 등(기각, 각하)).

이에 더 나아가 재판소원 금지조항의 적용 영역에서 "법률에 대한 위헌결정의 기속력에 반하는 재판" 부분을 모두 제외하기 위하여 '법원의 재판' 가운데 "법률에 대한 위헌결정의 기속력에 반하는 재판" 부분은 헌법에 위반된다고 결정하였다.

"헌법재판소법 제68조 제1항 본문 중 '법원의 재판' 가운데 '법률에 대한 위헌결정의 기속력에 반하는 재판' 부분은 헌법에 위반되고, 법률에 대한 일부위헌결정에 해당하는 헌재 2012.12.27. 2011헌바117 결정의 기속력을 부인한 법원의 재판(재심기각결정)은" "재판청구권을 침해한 것이므로 이를 취소한다"(헌재 2022.6.30. 2014헌마760등, 헌법재판소법 제68조 제1항 등 위헌확인(위헌, 인용(취소), 각하)). 동지: (헌재 2022.7.21. 2013헌마242, 재판취소 등(인용(취소)각하)) (헌재 2022.7.21. 2013헌마496, 재판취소 등(인용(취소), 각하)) (헌재 2022.7.21. 2013헌마497, 재판취소 등(인용(취소), 각하)).

헌재 1997.12.24. 96헌마172등 결정 이후 법원의 재판을 취소한 4개의 결정을 유형별로 분석해보면, 먼저 한정위헌결정 이후에 대법원이 그 위헌결정의 기속력에 반하는 판결을 내렸을 경우 그 확정판결은 예외적으로 재판소원으로 다툴 수 있고 헌법재판소는 그 확정판결을 취소할 수 있다고 한다. 다음으로 헌법재판소의 한정위헌결정이 있기 이전에 이미 대법원의 확정판결이 있었다면, 헌법재판소법 제75조 제7항에 따라 그 확정판결에 대해 재심을 청구할 수 있다. 그럼에도 불구하고 만일 법원이 한정위헌결정의 기속력에 반하여 그 당사자의 재심청구를 기각한다면, 이 경우 헌법재판소는 재심기각판결을 취소할 수 있다고 한다. 다만, 법률에 대한 한정위헌결정 이전에 확정된 청구인들에 대한 유죄판결 등 재심대상판결은 법률에 대한 위헌결정의 기속력에 반하는 재판에 해당하지 않으므로 그에 대한 심판청구는 부적법하다고 판단하였다.

(ii) 이와 같은 헌법재판소의 결정은 결국 법원의 재판에 대한 헌법소원을 인정하지 아니하기 때문에 야기되는 문제점을 극복하려는 불가피한 선택으로 보인다. 그러나 이러한 예외적 인정이 대법원과의 관계에서 실효성을 담보할 수 있는 해결책이 될 수 있을지는 의문이다.

96헌마172등 사건에서 반대의견(3인)은 헌법재판소법 제68조 제1항이 합헌인 것과 상관없이 당해 사건 판결은 법원이 스스로 법률에 대한 위헌심판을 하였다는 점에서 헌법 제101조, 제107조, 제111조에 정면으로 반하므로 헌법소원을 인정할 수 있다고 본다.

D. 소결: 법원의 재판에 대한 헌법소원의 원칙적 인정 필요성

(i) 헌법재판소는 헌법상 "법률이 정하는 헌법소원"에서 '법률'이라는 자구에 지나치게 묶여 있음을 지적하지 아니할 수 없다. 여기서 '법률'은 어디까지나 헌법소원의 수식어에 불과하다. 이는 곧 헌법소원의 구체적인 의미와 내용을 헌법에서 모두 정할 수 없기 때문에 이를 법률로 정한다는 취지이지, 헌법소원의 본질적 내용에 대한 제한을 법률로 정할 수 있다는 취지로 이해하여서는 아니 된다. 헌법소원은 헌법재판소법 제68조 제1항에서 정의하고 있듯이 "공권력의 행사 또는 불행사로 인하여 헌법상 보장된 기본권을 침해받은 자"가 제기하는 권리구제제도이다. 법원의 재판도 "공권력의 행사 또는 불행사"에 해당되므로 헌법상 보장된 기본권을 침해할 수 있다. 헌법재판소는 헌법상 "법률이 정하는"이라는 규정은 입법자에게 부여된 재량의 여지라고 판시한다. 그러나 그 입법자의 판단 내지 입법재량은 헌법소원제도의 본질에 부합하는 방향으로 정립하여야 한다는 기속을 받는다고 보아야 하며, 그 본질과 관계없이 입법자에게 무조건적인 재량 부여로 보아서는 아니 된다.

(ii) 다만, 법원의 재판을 헌법소원의 대상으로 할 경우 사실상 헌법재판소가 법원의 재판에 대한 최종심으로 작동하는 결과를 초래하여 결국 헌법상 법원과 헌법재판소의 관계에 관하여 본질적인 문제점을 야기한다는 지적이 있다. 그러나 법원의 재판에 대한 헌법소원을 인정함으로써 법원과 헌법재판소 사이의 권한배분 및 역할관계에 관하여 야기되는 문제점이야말로 입법정책·입법기술적으로 해결되어야 할 과제이지 헌법본질적인 문제로 볼 사안은 아니다.

(iii) 기술적이고 부수적인 문제에 대하여는 남소(濫訴)의 폐해를 방지하기 위하여 현재 대법원이 시행되고 있는 상고심리불속행제도와 유사한 제도를 법원의 재판에 대한 헌법소원 남용을 방지하는 방안을 고려할 수 있다. 대법원과 헌법재판소는 위헌론이 제기된 대법원의 재판을 받을 권리의 제한에 대하여는 입법정책의 문제로 보고 있고(대판 1976.11.9. 76도3076등; 헌재 1997.12.24. 96헌마172등(한정위헌, 인용(취소))), 상고허가제나 상고심리불속행제도(上告審理不續行制度)에 관하여도 일관되게 합헌이라고 판시한다. 또한 소액사건심판법 제3조의 상고이유제한에 대하여도 공익상의 요청과 신속·간편·저렴을 이유로 평등권위반이 아니라고 판시한다.

대법원과 헌법재판소는 구 소송촉진등에관한특례법 제11조·제12조에서 규정한 상고허가를 합헌이라고 판시한 바 있다(대판 1989.12.15. 88카75; 헌재 1995.1.20. 90헌바1(합헌)).

그간 상고허가제는 위헌이라는 비판을 받아왔다. 1994년 사법개혁과정에서 결국 '상고심절차에관한특례법'을 제정하여 상고심리불속행제도라는 사실상의 상고허가제를 도입하고 있다. 이에 대하여 대법원은 역시 합헌이라고 판시한다(대판 1995.7.14. 95카기41).

소액사건 상고제한도 합헌으로 판단한다(대판 1989.10.24. 89카55; 헌재 1992.6.26. 90헌바25(합헌); 헌재 2010.1.26. 2010헌마31(각하); 헌재 2009.2.26. 2007헌마1388(기각); 헌재 2005.3.31. 2004헌마933(기각); 헌재 1995.10.26. 94헌바28(합헌)).

하지만, 대법원과 헌법재판소의 판례는 특허법 사건과 관련하여 보건대, 지나치게 사법국가주의적이라는 비판을 면할 수 없다.

대법원은 구 특허법 제186조에 의거한 특허심판·특허항고심판을 거친 후에 바로 대법원에 상고하는 제도는 위헌이라 하여 위헌법률심판제청을 한 바 있고, 헌법재판소도 헌법불합치결정을 내린 바 있다(헌재 1995.9.28. 93헌가8등, 특허법 제186조 제1항 등 위헌제청(헌법불합치,잠정적용)).

(iv) 법원은 구체적 사건에 관한 분쟁해결과 권리구제에 그 본질적인 기능이 부여되어 있다면 헌법재판소는 헌법질서의 수호와 국민의 기본권보장에 그 본질적인 기능이 부여되어 있다. 헌법소원제도가 헌법수호와 기본권보호를 위한 제도적 장치이므로, 헌법의 최고규범성과 공권력행사의 기본권기속성을 확보하기 위하여 법원의 재판에 대한 헌법소원을 인정하면 국민의 평등권·재판청구권과 헌법소원심판청구권을 실질적으로 보장할 수 있다.[1]

(3) 기타 사법부작위(司法不作爲)

공권력의 불행사에 대한 헌법소원은 공권력의 주체에게 헌법에서 직접 도출되는 작위의무나 법률상의 작위의무가 특별히 구체적으로 존재하여 이에 의거하여 기본권의 주체가 그 공권력의 행사를 청구할 수 있음에도 불구하고 공권력의 주체가 그 의무를 해태하는 경우에 한하여 허용된다. 그러므로 이러한 작위의무가 없는 공권력의 불행사에 대한 헌법소원은 부적법하다. 이에 관한 한 사법부작위의 경우도 마찬가지이다.

"법원은 민사소송법 제184조에서 정하는 기간 내에 판결을 선고하도록 노력해야 하겠지만, 이 기간 내에 반드시 판결을 선고해야 할 법률상의 의무가 발생한다고 볼 수 없으며, 헌법 제27조 제3항 제1문에 의거한 신속한 재판을 받을 권리의 실현을 위해서는 구체적인 입법형성이 필요하고, 신속한 재판을 위한 어떤 직접적이고 구체적인 청구권이 이 헌법규정으로부터 직접 발생하지 아니하므로, 보안관찰처분들의 취소청구에 대해서 법원이 그 처분들의 효력이 만료되기 전까지 신속하게 판결을 선고해야 할 헌법이나 법률상의 작위의무가 존재하지 아니한다"(헌재 1999.9.16. 98헌마75, 재판지연 위헌확인(각하)): '재정신청사건의 공소유지담당 변호사가 무죄판결에 대하여 항소를 제기하지 않은 것은 헌법소원의 대상이 되는 공권력의 불행사에 해당하지 않는다'(헌재 2004.2.26. 2003헌마608, 항소부제기 위헌확인(각하)).

---

1) 정광현, "재판소원 도입에 관한 일고", 공법연구 53-3.

(4) 소 결

(ⅰ) 잘못된 재판에 대한 헌법소원의 인정이 바람직하다. 헌법재판소는 헌법재판소의 결정에 대한 헌법소원을 인정하지 아니한다(헌재 1989.7.10. 89헌마144, 국선대리인 선임신청 기각결정에 대한 헌법소원(각하)). 하지만, 판례변경을 함으로써 사실상 오류나 잘못을 인정한다.

예컨대 헌법재판소는 1997년에 종전의 판례를 변경하여 국회의원과 국회의장간의 권한쟁의를 인정한다. 헌재 1997.7.16. 96헌라2, 국회의원과 국회의장간의 권한쟁의(인용(권한침해),기각); 그 외에도 헌재 1996.3.28. 93헌마198, 약사법 제37조 등 위헌확인(각하) 사건에서 법령에 대한 헌법소원의 청구기간에 관하여 이전까지 유지하여 오던 "상황성숙성이론"을 폐기하였으며, 헌재 2002.8.29. 2001헌마788등(위헌) 사건에서부터 금고 이상의 형의 선고유예판결을 받은 경우를 당연퇴직대상으로 규정하던 지방공무원법 규정에 대하여 종전의 판례를 변경하여 위헌선언하였다.

(ⅱ) 대법원을 비롯한 각급법원과는 별도로 헌법재판소를 설치한 취지는 헌법을 수호하고 헌법상 기본권을 보장하려는 데 있으므로, 구체적 사건에서의 분쟁해결·권리구제와 관련된 법원의 역할이나 기능과의 차별성을 인정하여야 한다. 비록 현행 헌법재판이 구체적 규범통제제도를 취하지만 결정의 일반적 효력을 부여하는 객관적 규범통제의 성격을 가진다. 또한 헌법재판소도 규범통제 과정에서 현실적이고 구체적인 타당성 확보 방안에 대하여 더욱 성찰하여야 한다.

헌법재판소의 재산권관련 판례는 지나치게 사인의 재산권보장과 시장경제라는 고전적인 시각에 편중되어 있다는 비판을 받아왔다. 특히 국유의 잡종재산에 대한 시효취득 인정(헌재 1991.5.13. 89헌가97, 국유재산법 제5조 제2항에 대한 위헌심판(한정위헌); 헌재 1992.10.1. 92헌가6등, 지방재정법 제72조 제2항에 대한 위헌심판(한정위헌)), 토지초과이득세법의 헌법불합치 결정(헌재 1994.7.29. 92헌바49등, 토지초과이득세법 제10조 등 위헌소원, 토지초과이득세법 제8조 등 위헌소원(헌법불합치,적용중지)), 택지소유상한에관한법률 제2조 제1호 나목 등 위헌소원사건에서의 위헌결정(헌재 1999.4.29. 94헌바37(위헌)), 4층 이상 건물에 대한 보험가입강제에 관한 사건(헌재 1991.6.3. 89헌마204, 화재로인한재해보상과보험가입에 관한법률 제5조 제1항의 위헌여부에 관한 헌법소원(한정위헌)) 등은 비판의 소지가 있다.

(ⅲ) 특히 표면적으로는 대법원이 헌법재판소의 변형결정에 대한 기속력을 부인하고 있지만, 실제로는 "시행령조항의 헌법위반 여부와 상위법의 헌법위반 여부에 관하여는 대법원이 최종적으로 판단하여 이 사건에 적용할지 여부를 결정하여야"(대판 1996.4.9. 95누11405, 양도소득세 부과처분 취소사건) 한다는 판시를 살펴보면 대법원의 고뇌는 아마도 헌법 제107조 제2항에 근거한 명령 등에 대한 위헌심사권의 확보에 초점을 맞추고 있어 보인다(헌재 1990.10.15. 89헌마178, 법무사법시행규칙에 대한 헌법소원사건 이래 대법원은 명령·규칙·처분심사에 대한 고유권론에 집착한다).

(ⅳ) 헌법재판소의 대법원판결 취소결정은 매우 파격적이다. 그러나 일반법원과 다른 헌법재판소를 설치한 헌법의 태도에 비추어 본다면 이러한 갈등은 당연

히 예견될 수 있는 문제이다. 헌법소원제도의 본질 및 입법정책적인 차원에서 이러한 갈등을 해소할 수 있는 입법적 보완이 시급하다. 특히 헌법재판소결정의 실효성을 담보할 수 있는 강제집행제도도 차제에 입법화되어야 한다.

(v) 헌법재판소는 한정위헌결정으로 야기된 대법원과의 갈등을 다시 한정위헌결정으로 해결하였다. 이와 같은 번잡스러움을 해소하기 위하여서는 위헌선언이 바람직하나, 현실적으로는 입법적 보완이 이루어질 때까지 헌법불합치결정과 입법촉구결정이 오히려 바람직하다고 본다.

Ⅳ. 공권력에 의한 청구인의 기본권침해

헌법소원은 "공권력의 행사 또는 불행사(不行使)로 인하여 헌법상 보장된 기본권의 침해를 받은 자"가 그 침해를 구제받기 위하여 헌법재판소에 심판을 청구하는 제도이다. 즉 헌법소원은 청구인이 해당 공권력의 작용으로 인하여 자신의 기본권을 직접·현재 침해받아야 한다. 이는 청구인적격과 관련된 문제로, 기본권 침해의 주관적(인적) 관련성, 시간적 관련성, 객관적(물적) 관련성으로 논의되고 있다. 이러한 점에서 이 문제는 실무상 '기본권 침해의 법적 관련성'이라고도 불린다.[1)]

1. 기본권의 침해

(1) 헌법상 보장된 기본권

(i) 헌법소원심판을 청구하기 위하여서는 "헌법상 보장된 기본권"이 침해되어야 한다. 헌법상 보장된 기본권이란 헌법상 국민에게 부여된 주관적 공권으로서 헌법에 명문으로 규정된 기본권과 헌법해석을 통하여 도출되는 기본권이다.

> 정당설립의 자유는 비록 헌법 제8조 제1항 전단에 규정되어 있지만 국민 개인과 정당의 '기본권'이라 할 수 있고, 당연히 이를 근거로 하여 헌법소원심판을 청구할 수 있다(헌재 2004.10.28. 2004헌마512, 청원기각처분 취소(각하); 헌재 2006.3.30. 2004헌마246, 정당법 제25조 등 위헌확인(기각)).

(ii) 헌법상 보장되는 제도나 헌법상 기본질서 또는 헌법의 기본원리 등은 주관적 공권이 아니므로 헌법상 보장되는 기본권이 될 수 없다. 또한 법률상의 권리에 불과하거나 헌법상 부여된 권한도 헌법상 보장되는 기본권으로 볼 수 없다. 따라

---

1) 헌법재판소, 헌법재판실무제요, 287면; 헌법재판소 헌법재판연구원, 수석 헌법재판소법, 1074면; 임효준, "헌법소원의 직접성 요건에서 문제되는 '집행행위'의 성격 및 범위", 세계헌법연구 30-1.

서 제도적 보장이나 헌법원리에 어긋난다는 이유로 제기하는 헌법소원 또는 지방자치단체 주민으로서의 자치권 또는 주민권, 국회의원의 심의·표결권 등을 침해받았다는 이유로 제기하는 헌법소원은 허용될 수 없다.

다른 한편 국회 내부에서 정당 사이에 형성되는 의석분포결정권 내지 국회구성권(헌재 1996.11.28. 96헌마207, 국회구성의무불이행 위헌확인(각하))이나 국회의원의 심의·표결권 등은 헌법상 보장된 기본권으로 볼 수 없다.

또한 헌법재판소는 국회의 입법에 대한 국민의 청문권이나 재정지출에 대한 국민의 감시권(헌재 2005.11.24. 2005헌마579등, 신행정수도 후속대책을 위한 연기·공주지역 행정중심복합도시 건설을 위한 특별법에 대한 위헌확인(각하)), 평화적 생존권도 판례를 변경(헌재 2009.5.28. 2007헌마369, 2007년 전시증원연습 등 위헌확인(각하))하여 헌법상 보장된 기본권이 아니라고 본다.

(2) 기본권의 침해 가능성

헌법소원은 기본권을 침해받은 자가 청구할 수 있으므로, 공권력 작용으로 인하여 그 기본권을 침해받을 가능성이 인정되어야 한다. 가령 어떤 법령조항이 헌법소원을 청구하고자 하는 자에 대하여 시혜적인 내용을 담고 있는 경우라면, 애당초 기본권침해의 가능성이나 위험성이 없으므로 당해 법령조항을 대상으로 권리구제형 헌법소원을 청구하는 것은 허용되지 아니한다(헌재 2007.7.26. 2004헌마914, 한국철도공사법 부칙 제8조 위헌확인(각하,기각))(헌재 2015.12.23. 2010헌마620, 대일항쟁기 강제동원 피해조사 및 국외강제동원 희생자 등 지원에 관한 특별법 제4조 위헌확인(각하)).

헌법재판소는 대통령이 국민투표부의권을 현실적으로 행사하지 아니한 이상 국민투표권이 침해될 가능성이 없다고 판시한다.

> "1. 헌법 제72조의 국민투표권은 대통령이 어떠한 정책을 국민투표에 부의한 경우에 비로소 행사가 가능한 기본권이다. 한미무역협정에 대한 대통령의 국민투표 부의가 행해지지 않은 이상 헌법 제72조의 국민투표권의 침해 가능성은 인정되지 않는다. 2. 성문헌법의 개정은 헌법의 조문이나 문구의 명시적이고 직접적인 변경을 내용으로 하는 헌법개정안의 제출에 의하여야 하고, 하위규범인 법률의 형식으로, 일반적인 입법절차에 의하여 개정될 수는 없다. 한미무역협정의 경우, 국회의 동의를 필요로 하는 조약의 하나로서 법률적 효력이 인정되므로, 그에 의하여 성문헌법이 개정될 수는 없으며, 따라서 한미무역협정으로 인하여 청구인의 헌법 제130조 제2항에 따른 헌법개정절차에서의 국민투표권이 침해될 가능성은 인정되지 아니한다"(헌재 2013.11.28. 2012헌마166, 대한민국과 미합중국 간의 자유무역협정 위헌확인(각하)).

2. 기본권침해의 자기관련성

(1) 자신의 기본권침해

헌법소원심판청구는 청구인 자신(본인)의 기본권이 침해당하여야 한다. 즉 공권력의 행사 또는 불행사의 직접적인 상대방 또는 수범자(受範者)가 자기관련성

(自己關聯性)에 해당한다고 할 수 있다. 공권력의 작용에 단순히 간접적·사실적 또는 경제적인 이해관계가 있을 뿐인 제3자인 경우에는 자기관련성이 인정되지 아니한다(헌재 1993.7.29. 89헌마123, 구 법인세법 제59조의3, 같은 법 시행령 제124조의8에 대한 헌법소원(각하)).

"단체의 구성원이 기본권을 침해당한 경우 단체가 구성원의 권리구제를 위하여 그를 대신하여 헌법소원심판을 청구하는 것은 원칙적으로 허용될 수 없다"(헌재 1991.6.3. 90헌마56)(헌재 1994.2.24. 93헌마33)(헌재 1995.7.21. 92헌마177등)(헌재 2002.6.27. 2000헌마642등, 부동산중개업법 제15조 등 위헌확인(기각,각하)).

"생명을 위협하는 중대한 질환을 가진 환자 등에게 임상시험용 의약품을 임상시험 외의 목적으로 사용할 수 있는 예외를 규정하고 있고, 임상시험의 단계에 따라 일정한 환자들이 피험자(被驗者)로서 줄기세포치료제에 의한 치료를 받을 수 있는 가능성도 열려 있으므로, 난치병 환자인 청구인들의 기본권 침해가능성 내지 기본권 침해의 자기관련성이 인정되지 아니한다"(헌재 2013.5.30. 2010헌마136, 약사법 제31조 제8항 등 위헌확인(기각,각하)).

행정구의 구청장이 시장의 지휘·감독을 받아 사무를 처리하도록 하는 권한조항의 수범자는 행정구의 구청장이고, 행정구에 거주하는 주민의 법적 지위나 권리의무에 어떠한 불이익을 준다고 볼 수 없다. 권한조항에 따라 행정구의 구청장이 시장의 지휘·감독을 받음에 따라 주민으로서 행정서비스를 제대로 받지 못할 가능성은 간접적·사실적 이해관계에 불과하므로 자기관련성이 인정되지 아니한다(헌재 2019.8.29. 2018헌마129, 지방자치법 제3조 제3항 등 위헌확인(기각,각하)).

"선거권자인 청구인은 정당후보자 추천을 위한 경선절차에 참여한 자를 적용대상으로 하는 심판대상조항에 대하여 단지 간접적·사실적 이해관계만 가지고 있어 자기관련성이 없다"(헌재 2007.9.18. 2007헌마989, 공직선거법 제57조의2 제2항 위헌확인(각하)).

검사가 정당의 당원에게 검사실로 출석할 것을 요구한 행위에 대하여 정당은 출석요구행위와 단지 간접적, 사실적 이해관계만이 있을 뿐이므로, 자기관련성이 인정되지 아니한다(헌재 2014.8.28. 2012헌마776, 통합진보당 당원 소환통지 취소(각하)).

전문대학을 설립·운영하고 있는 학교법인이 전문대학 내 간호조무 관련 학과 졸업자를 간호조무사 국가시험 응시자격 대상에서 제외하고 있는 의료법에 대하여 헌법소원심판을 청구할 자기관련성이 없다. 일반 고등학생인 청구인은 전문대학의 간호조무 관련 학과에서 학업할 수 있는 지위를 확정적으로 부여받았다고 볼 수 없으므로, 심판대상조항의 위헌 여부를 다툴 자기관련성이 없다(헌재 2016.10.27. 2016헌마262, 의료법 제80조 제1항 위헌소원(각하)).

재외국민특별전형 지원자격으로 학생의 부모의 해외체류요건을 정한 대학입학전형기본사항 부분에 관한 헌법소원심판에서, 학부모의 심판청구는 기본권침해의 자기관련성이 인정되지 아니하여 부적법하므로 각하하고, 학생의 심판청구는 균등하게 교육받을 권리를 침해하지 아니하므로 기각한다(헌재 2020.3.26. 2019헌마212, 한국대학교육협의회 2021학년도 대학입학전형기본사항 Ⅱ. 3. 다. (6) 중 세부 지원자격 위헌확인(기각,각하)).

동물보호자인 청구인들은 수의사 또는 수산질병관리사의 처방전 없이는 '동물약국 개설자'로부터 심판대상조항이 규정한 동물용의약품을 구매할 수 없게 되었는바, 이로 인한 불편함이나 경제적 부담은 간접적·사실적·경제적인 것에 지나지 않으므로 기본권 침해의 자기관련성이 인정되지 아니하여 부적법하다(헌재 2023.6.29. 2021헌마100, 처방대상 동물용의약품 지정에 관한 규정 위헌확인(기각,각하)).

(2) 예외: 제3자의 기본권을 직접적이고 법적으로 침해

그러나 공권력작용의 직접적인 상대방이 아닌 제3자라고 하더라도 공권력작용이 그 제3자의 기본권을 직접적이고 법적으로 침해하고 있는 경우에는 그 제3자에게 자기관련성이 인정된다(헌재 1993.3.11. 91헌마233, 도로부지점용허가처분 등에 대한 헌법소원(각하)). 제3자의 기본권을 직접적이고 법적으로 침해하는 경우인지 여부는 입법의 목적, 실질적인 규율대상, 법규정에서의 제한이나 금지가 제3자에게 미치는 효과나 진지성의 정도 및 규범의 직접적인 수규자(受規者)에 의한 헌법소원제기의 기대가능성 등을 종합적으로 고려하여 판단하여야 한다(헌재 1997.9.25. 96헌마133, 공직선거및선거부정방지법 제60조제1항 제5호 등위헌확인(각하)).

"법률 또는 법률조항 자체가 헌법재판소법 제68조 제1항에 의한 헌법소원의 대상이 되기 위해서는 청구인이 그 법률 또는 법률조항에 의하여 구체적인 집행행위를 기다리지 아니하고 직접, 현재 그리고 자기의 기본권을 침해받아야 하는 것이 원칙이나 예외적으로 제3자에게도 자기관련성이 인정될 수 있는데, 어떠한 경우에 제3자의 자기관련성을 인정할 것인지는 법의 목적과 실질적인 규율의 대상, 법률 또는 법률조항의 제한이나 금지가 제3자에게 미치는 효과나 진지성의 정도 등을 종합적으로 고려하여 판단하여야 한다. 뉴스통신진흥에관한법률 제10조 등은 청구인 회사(뉴스통신사)와 서로 경업관계에 있는 연합뉴스사를 국가기간뉴스통신사로 지정하고 이에 대하여 재정지원 등 혜택을 부여함을 그 내용으로 하는바, 그 혜택의 범위에서 제외된 청구인 회사의 경우 영업활동이 부당하게 축소되므로 그러한 범위에서 기본권에 대하여 직접 법적인 제한을 받는 것으로 보아야 한다"(헌재 2005.6.30. 2003헌마841, 뉴스통신진흥에관한법률 제10조 등 위헌확인(기각)).

"법무사법 제4조 제1항 제1호는 신규 법무사의 수요를 충당하는 두 개의 공급원 즉, 하나는 경력공무원이고 다른 하나는 시험합격자라고 하는 두 개의 공급원을 규정하고 있으므로 이 두 개의 공급원은 어떤 형태와 어떤 정도에 의해서든 개념상 서로 상관관계를 가질 수밖에 없다. 따라서 경력공무원에 의한 신규 법무사의 충원이 중단된다면 시험합격자에 의한 충원의 기회는 개념상 늘어날 수밖에 없어서 청구인들의 법적 지위가 상대적으로 향상된다고 볼 여지가 있으므로, 청구인들은 이 사건 법률조항의 위헌 여부에 대하여 자기관련성을 갖는다(헌재 2001.11.29. 2000헌마84, 법무사법 제4조 제1항 제1호 등 위헌확인(기각,각하)).

"일반소비자인 청구인들에 대해서는 이 사건 고시가 생명·신체의 안전에 대한 보호의무를 위반함으로 인하여 초래되는 기본권 침해와의 자기관련성을 인정할 수 있고, 또한 이 사건 고시의 위생조건에 따라 수입검역을 통과한 미국산 쇠고기는 별다른 행정조치 없이 유통·소비될 것이 예상되므로, 청구인들에게 이 사건 고시가 생명·신체의 안전에 대한 보호의무에 위반함으로 인하여 초래되는 기본권 침해와의 현재관련성 및 직접관련성도 인정할 수 있다"(헌재 2008.12.26. 2008헌마419, 미국산 쇠고기 및 쇠고기제품 수입위생조건 위헌확인(각하,기각)).

"위 조항의 문언상 직접적인 수범자는 '정보통신서비스 제공자'이고, 정보게재자인 청구인은 제3자에 해당하나, 사생활이나 명예 등 자기의 권리가 침해되었다고 주장하는 자로부터 침해사실의 소명과 더불어 그 정보의 삭제 등을 요청받으면 정보통신서비스 제

공자는 지체 없이 임시조치를 하도록 규정하고 있는 이상, 임시조치로 청구인이 게재한 정보는 접근이 차단되는 불이익을 받게 되었으므로, 위 조항으로 인한 기본권침해와 관련하여 청구인의 자기관련성을 인정할 수 있다"(헌재 2012.5.31. 2010헌마88, 정보통신망 이용촉진 및 정보보호 등에 관한 법률 제44조의2 제2항 위헌확인(기각)).

"법률서비스 온라인 플랫폼을 운영하며 변호사등의 광고·홍보·소개 등에 관한 영업행위를 하고 있는 청구인 회사는 위 규정의 직접적인 수범자인 변호사의 상대방으로서 변호사가 준수해야 하는 광고방법, 내용 등의 제약을 그대로 이어받게 된다. … 위 규정은 청구인 회사의 영업의 자유 내지 법적 이익에 불리한 영향을 주는 것이므로, 기본권 침해의 자기관련성을 인정할 수 있다"(헌재 2022.5.26. 2021헌마619, 변호사 광고에 관한 규정 제3조 제2항 등 위헌확인(위헌,기각)).

(3) 침익적 법령과 수혜적 법령의 자기관련성

자기관련성의 인정 여부를 판단함에 있어 관련 법령이 침익적(侵益的) 법령인 경우에는 당해 법령의 직접 상대방으로서 그 법령의 적용을 받아 자신의 법익이 침해된 자가 자기관련성을 가지게 된다. 하지만, 관련 법령이 수혜적(受惠的) 법령인 경우에는 당해 법령의 직접 상대방은 아니더라도 수혜범위에서 배제된 자가 평등원칙에 위반하여 수혜대상에서 제외되었다는 주장을 하거나 비교집단에게 혜택을 부여하는 당해 법령이 위헌으로 선고되어 그러한 혜택이 제거된다면 비교집단과의 관계에서 자신의 법적 지위가 향상된다고 볼 여지가 있을 경우에는 자기관련성을 인정할 수 있다(헌재 2010.4.29. 2009헌마340, 병역법 제26조 제1항 제3호 등 위헌확인(각하))(헌재 2020.7.16. 2018헌마319, 소득세법 시행령 제12조 제18호 등 위헌확인(각하)).

"일반적으로 수혜적 법령의 경우에는 수혜범위에서 제외된 자가 자신이 평등원칙에 반하여 수혜대상에서 제외되었다는 주장을 하거나, 비교집단에게 혜택을 부여하는 법령이 위헌이라고 선고되어 그러한 혜택이 제거된다면 비교집단과의 관계에서 자신의 법적 지위가 상대적으로 향상된다고 볼 여지가 있는 때에는 그 법령의 직접적인 적용을 받는 자가 아니라고 할지라도 자기관련성을 인정할 수 있다." "재학생 방침보류는 예비군 교육훈련에 있어 가급학교 학생에 대한 수혜적 성격의 규정이라 할 수 있는데, 청구인은 학생에게 예비군 교육훈련 일부의 보류혜택을 부여하는 것이 부당하다고 주장할 뿐 자신도 학생과 동일한 보류혜택을 받아야 함에도 평등원칙에 반하여 그 수혜대상에서 제외되었다는 주장은 하지 않고, 나아가 예비군 교육훈련의 대상과 내용 등은 가변적 군사상황, 훈련시설의 수용능력 등을 종합적으로 고려하여 정책적이고 군사과학적인 차원에서 결정되어야 할 문제이므로 청구인에게는 이 사건 재학생 방침보류의 위헌 여부에 관한 헌법소원심판을 구할 자기관련성이 없다"(헌재 2013.12.26. 2010헌마789, 향토예비군 설치법 시행규칙 제17조 제3항 위헌확인(각하)).

(4) 자기관련성 여부에 관한 판단

(i) 현실적으로 제3자의 자기관련성 여부에 관한 판단은 그리 쉬운 일이 아니다. 실제로 헌법재판소가 자기관련성을 부인한 판례 중에도 논쟁적인 사례가 다수 있다. 헌법재판소는 침해사실의 소명(疏明)이 있으면 자기관련성을 인정한

다. '소명'이란 '증명'에 비하여 낮은 개연성, 즉 법관이 일응 확실할 것이라는 추측을 얻은 상태 또는 그와 같은 상태에 이르도록 증거를 제출하는 당사자의 노력을 말한다(헌재 2012.5.31. 2010헌마88, 정보통신망 이용촉진 및 정보보호 등에 관한 법률 제44조의2 제2항 위헌확인(기각)) (헌재 2006.6.29. 2005헌마165등, 신문등의자유와기능보장에관한법률 제16조 등 위헌확인 등(위헌,기각,각하)).

법률조항의 문언상 직접적인 수범자는 '정보통신서비스 제공자'이고, 정보게재자인 청구인은 제3자에 해당하나, 사생활이나 명예 등 자기의 권리가 침해되었다고 주장하는 자로부터 침해사실의 소명과 더불어 그 정보의 삭제 등을 요청받으면 정보통신서비스 제공자는 지체 없이 임시조치를 하도록 규정하고 있는 이상, 위 임시조치로 게재한 정보는 접근이 차단되는 불이익을 받게 되었으므로, 입법목적, 실질적인 규율대상, 제한이나 금지가 제3자에게 미치는 효과나 진지성의 정도를 종합적으로 고려할 때, 기본권침해와 관련하여 자기관련성을 인정할 수 있다(헌재 2012.5.31. 2010헌마88, 정보통신망 이용촉진 및 정보보호 등에 관한 법률 제44조의2 제2항 위헌확인(기각)).

(ii) 하지만, 청구인이 막연(漠然)하고 모호(模糊)한 사실의 나열만으로는 자기관련성을 인정할 수 없다.

헌법소원제도는 공권력작용으로 인하여 헌법상의 권리를 침해받은 자가 그 권리를 구제받기 위하여 심판을 구하는 이른바 주관적 권리구제절차라는 점을 본질적 요소로 하고 있는 것으로서(헌재 1997.12.24. 96헌마172등 참조), 청구인의 구체적인 기본권 침해와 무관하게 법률 등 공권력이 헌법에 합치하는지 여부를 추상적으로 심판하고 통제하는 절차가 아니다. 그러므로 법률 등 공권력에 대한 헌법소원심판청구가 적법하기 위하여는 청구인에게 당해 공권력에 해당되는 사유가 발생함으로써 그 공권력이 청구인 자신의 기본권을 직접 현실적으로 침해하였거나 침해가 확실히 예상되는 경우에 한정된다(헌재 1994.6.30. 91헌마162 참조). 따라서 헌법재판소법 제68조 제1항에 의한 헌법소원의 청구인은 자신의 기본권에 대한 공권력 주체의 침해 행위가 위헌적임을 구체적이고 명확하게 주장하여야 하고, 그와 같이 기본권 침해의 가능성을 확인할 수 있을 정도로 구체적인 주장을 하지 아니하고 막연하고 모호한 주장만을 하는 경우 그 헌법소원은 부적법하다(헌재 2005.2.3. 2003헌마544등). 청구인은 심판대상 행위가 국민정서에 반한다는 등 막연하고 모호한 사실을 나열하고 있을 뿐 자신의 기본권침해의 가능성을 확인할 수 있을 정도의 구체적인 주장을 하고 있지 아니하다. 또한 국회가 대통령 탄핵소추안을 가결한 행위는 헌법 제65조에 규정된 국회의 탄핵소추권의 내용을 이루는 절차적 행위로서 일반 국민을 그 행위의 대상으로 하고 있지 아니하다. 따라서 청구인은 이 사건 심판대상 행위에 의하여 자기의 기본권을 직접 침해받는 자가 아니므로 이 사건 심판청구는 자기관련성이 없다(헌재 2013.10.1. 2013헌마631) (헌재 2016.12.27. 2016헌마1073, 대통령 탄핵 가결행위 위헌확인(각하)).

(iii) 자기관련성이 인정된 사례

공정거래법위반행위에 대하여 공정거래위원회가 고발권을 불행사한 경우 그 피해자(헌재 1995.7.21. 94헌마136, 고발권불행사 위헌확인(기각)), 주식회사의 주주(헌재 1991.4.1. 90헌마65, 불기소처분에 대한 헌법소원(기각,각하)), 정당의 재물손괴에 대한 검사의 불기소처분에 대한 지구당 부위원장(헌재 1993.7.29. 92헌마262, 불기소처분취소(기각)), 교통사고 사망피해자의 부모(헌재 1993.3.11. 92헌마48, 불기소처분에 대한 헌법소원(기각)), 직권남용죄의 경우 의무 없는 일을 행사하도록 강요받은 사람이나 권리행사를 방해받은 피해자(헌재 1993.7.29. 92헌마234, 불기소처분취소(기각)), 불기소처분에 있어서의 형사피해자(고소인)(헌재 1994.12.29. 93헌마86, 불기소처분취소(기각)) 등은 자기관련성이 있다.

(ⅳ) 자기관련성이 부정된 사례

검사의 불기소처분에 대한 고발인(헌재 1989.12.22. 89헌마145(각하). 그 후 헌재의 일관된 입장), 지역구에 거주하지 아니하거나 출마한 적이 없는 선거인의 지역구선거에 대한 헌법소원(헌재 1990.9.3. 89헌마90, 동해시 재선거에 관한 헌법소원(각하)), 법인·사단의 이름으로 소속원의 기본권침해를 이유로 한 헌법소원(헌재 1991.6.3. 90헌마56, 영화법 제12조 등에 대한 헌법소원(각하); 헌재 1995.7.21. 92헌마177등, 대통령선거법 제65조 위헌확인(각하)), 의료사고 피해자의 아버지나 남편(피해자가 사망하지 아니한 경우)(헌재 1993.11.25. 93헌마81, 불기소처분취소(기각,각하)), 학교법인재단이사의 학교법인재산의 횡령행위에 있어 대학교수나 교수협의회(헌재 1999.3.25. 98헌마242, 불기소처분취소(각하)), 공무원정원 제한에 대한 주민의 헌법소원(헌재 2001.1.18. 2000헌마149, 행정자치부고시 제1999-58호「지방자치단체 표준정원」2. 시·군·자치구 중 ③ 자치구 부분 위헌확인(각하)), 신문구독자 혹은 신문판매업자가 신문발행업자의 행위를 제한하는 규정의 위헌 여부를 다투는 경우(헌재 2002.7.18. 2001헌마605, 신문업에있어서의 불공정거래행위및시장지배적지위남용행위의유형및기준 제3조 제1항 등 위헌확인(기각,각하)), 대한민국 정부의 이라크전쟁 파병결정에 대한 시민단체대표(헌재 2003.12.18. 2003헌마255등, 이라크전쟁 파병결정 등 위헌확인(각하)), 성매매와 관계없이 건전영업을 하였고 앞으로도 성매매에 관여할 의사가 없는 스포츠맛사지업주가 성매매특별법에 대한 위헌 여부 다툼(헌재 2005.12.22. 2004헌마827, 성매매방지및피해자보호등에관한법률 등 위헌소원(각하)), 교육인적자원부장관의 국·공립대학총장들에 대한 학칙시정요구에 대한 해당 대학의 교수회나 그 소속교수들(헌재 2003.6.26. 2002헌마337등, 학칙시정요구 등 위헌확인(각하)), 서울대학교 총장의 "2009학년도 대학 신입학생 입학전형 안내"에 대하여 학부모 및 사적 결사인 단체(헌재 2008.9.25. 2008헌마456, 2009학년도 대학 신입학생 입학전형 안내 취소 등(각하)), 법학전문대학원 설치 예비인가 배제결정에 대하여 해당 학교법인 소속의 교수(헌재 2008.11.27. 2008헌마372, 법학전문대학원 설치 예비인가 배제결정 취소(각하)), '국립대학법인 서울대학교 설립·운영에 관한 법률'에 대한 다른 대학 교직원, 일반 시민 및 서울대학교 재학생(헌재 2014.4.24. 2011헌마612, 국립대학법인 서울대학교 설립·운영에 관한 법률 위헌확인(각하,기각)), '부정청탁 및 금품등 수수의 금지에 관한 법률'(청탁금지법)에 대하여 전국의 신문·방송·통신사 소속 현직 기자들을 회원으로 두고 있는 사단법인 한국기자협회(헌재 2016.7.28. 2015헌마236등, 부정청탁 및 금품등 수수의 금지에 관한 법률 제2조 제1호 마목 등 위헌확인 등(각하,기각)), 백화점 셔틀버스를 이용하여 오던 소비자(헌재 2001.6.28. 2001헌마132, 여객자동차운수사업법 제73조의2 위헌확인(기각,각하)) 등은 자기관련성이 없다.

청구인 연합회는 구성원인 회원의 직업의 자유 및 평등권 침해를 주장하는 취지로서 연합회 자체의 기본권과는 아무런 관련이 없으므로 자기관련성이 인정되지 아니한다(헌재 2008.11.27. 2006헌마1244, 국유림의 경영 및 관리에 관한 법률 시행령 제21조 제2항 등 위헌확인(각하))(헌재 2019.8.29. 2018헌마297등, 가축분뇨의 관리 및 이용에 관한 법률 부칙 제10조의2 위헌확인(각하,기각)).

고등검사장이 장차 검찰총장에 임명될 가능성이 있다는 사정만으로는 검찰총장이었던 자의 기본권을 제한하고 있는 법률조항이 고등검사장의 직위에 있는 청구인들의 기본권을 직접 그리고 현재 침해하고 있다고 볼 수 없다(헌재 1997.7.16. 97헌마26, 검찰청법 제12조 제4항 등 위헌확인(위헌,각하)).

한편 국립대학에 대한 재정지원행위에 대한 위헌확인을 청구함에 있어서 재정지원이 배제된 사립대학의 학교법인은 자기관련성이 있지만, 사립대학 학생이나 교수(헌재 2003.6.26. 2002헌마312, 국립대학 재정지원행위 위헌확인(각하)), 신문법상의 관련조항에 대하여 독자·신문사의 대표이사·신문사의 기자(헌재 2006.6.29. 2005헌마165등, 신문등의자유와기능보장에관한법률 제16조 등 위헌확인 등(위헌,기각,각하)), 정당의 당내경선에 참여하였다가 탈락한 자는 당해 정당의 대통령 후보자로 등록할 수 없도록 한 공직선거법 관련조항에 대하여 선거권자(헌재 2007.9.18. 2007헌마989, 공직선거법 제57조의2 제2항 위헌확인(각하)) 등은 간접적·반사적 이해관계를 가질 뿐이므로 자기관련성이 없다.

종교인에 대한 비과세는 수혜적 규정이므로 종교인의 심판청구는 기본권침해가능성 요건을 갖추지 못하였고, 일반 국민인 청구인들의 심판청구는 자기관련성 요건을 갖추지 못하였다(헌재 2020.7.16. 2018헌마319, 소득세법 시행령 제12조 제18호 등 위헌확인(각하)).

3. 기본권침해의 직접성

(1) 의 의

헌법소원심판청구는 청구인의 기본권이 직접 침해당하여야 가능하다. 이에 따라 헌법소원심판을 청구하려면 기본권침해의 직접성이 인정되어야 한다. 여기서 기본권침해의 직접성(直接性)이란 해당 공권력의 행사 또는 불행사와 기본권의 침해 사이에 직접적인 인과관계가 있어야 함을 의미한다(객관적 관련성 또는 물적 관련성). 따라서 다른 공권력작용이 매개되어야만 기본권이 침해되는 경우에는 기본권침해의 직접성이 인정되지 아니한다.

(2) 법령소원에서의 직접성

법령은 구체적인 집행행위를 통하여 국민에 대하여 직접적인 구속력을 가질 수 있다. 따라서 기본권침해의 직접성(直接性)은 법령에 대한 헌법소원(법령소원)에서 특히 문제된다. 법령소원에 있어서 직접성은 구체적 집행행위에 의하지 아니하고 법령 그 자체에 의하여 자유의 제한, 의무의 부과, 권리 또는 법적 지위의 박탈이 초래됨을 의미한다(헌재 2017.8.31. 2015헌마134 형법 제40조 위헌확인(각하)). 집행행위를 매개로 하여 기본권 침해가 발생하는 경우에는 기본권 침해의 일차적 요인이 되는 집행행위를 다투도록 하는 것이 권리구제에 더 실효적일 수 있다. 이러한 점에서 직접성은 일반적·추상적 성격의 법령에 대한 헌법소원에 있어서 보충성의 원리와 관련이 된다(김하열).

"법령에 대한 헌법소원에 있어서 '기본권침해의 직접성'을 요구하는 이유는, 법령은 일반적으로 구체적인 집행행위를 매개로 하여 비로소 기본권을 침해하게 되므로 기본권의 침해를 받은 개인은 먼저 일반 쟁송의 방법으로 집행행위를 대상으로 하여 기본권침해에 대한 구제절차를 밟는 것이 헌법소원의 성격상 요청되기 때문이다"(헌재 2003.7.24. 2003헌마3, 동해시개인택시운송사업면허사무처리규정 제4조 제1항 위헌확인(각하)).

이 사건 법률조항은 수사기관 등의 전기통신사업자에 대한 통신자료 제공요청이라는 행위를 예정하고 있으나, 통신자료 취득행위에 대한 직접적인 불복수단이 존재하는지 여부가 불분명하고, 청구인들이 영장주의 및 적법절차원칙 위반을 다투고 있는 부분과 관련하여서는 법률 그 자체에 의하여 청구인들의 법적 지위에 영향을 미친다고 볼 수 있으므로 이 사건 법률조항은 직접성이 인정된다. 직접성을 부정한 헌재 2012.8.23. 2010헌마439 결정은 이 결정과 저촉되는 범위 안에서 이를 변경한다(헌재 2022.7.21. 2016헌마388, 통신자료 취득행위 위헌확인 등(헌법불합치(잠정적용)각하)).

A. 원 칙

(ⅰ) 법령소원에 있어서 직접성은 별도의 구체적인 집행행위의 매개 없이 당해 법령 그 자체에 의하여 직접 헌법상 보장된 기본권을 제한하는 결과로 이어질 때 인정될 수 있다. 만일 법령에서 집행행위를 예정하고 있다면 그 구체적인 집행행위를 통하여 비로소 기본권 침해의 법률효과가 발생한다. 이처럼 집행행위가 존재하거나 집행행위가 예정된 경우에는 원칙적으로 기본권침해의 직접성 요건을 충족하지 못한다(헌재 1998.3.26. 96헌마166, 관세법 [별표] 관세율표 제6부 제31류위헌확인(각하)).

"청구인 스스로가 헌법소원의 대상인 법률조항과 법적으로 관련되어 있어야 하며, "정의규정" 또는 "선언규정" 등과 같이 그 법률조항 자체에 의하여는 기본권의 침해가 발생할 수 없는 경우 또는 법률 또는 법률조항이 구체적인 집행행위를 예정하고 있는 경우에는 직접성의 요건이 결여된다"(헌재 2004.9.23. 2002헌마563, 의문사진상규명에관한특별법 제1조 등 위헌확인(각하); 헌재 2010.9.30. 2009헌마631, 일제강점하 반민족행위 진상규명에 관한 특별법 제2조 제9호 위헌확인(각하)).

교육과학기술부장관의 '2005학년도 대학입학전형기본계획' Ⅱ.1.나.(7)항 '성적통지' 중 '영역별/과목별로 표준점수, 백분위, 등급을 기재하고, 종합등급은 기재하지 않음-표준점수와 백분위는 소수 첫째 자리에서 반올림한 정수로 표기' 부분은 한국교육평가원장의 구체적인 집행행위를 예정하고 있으므로 기본권침해의 직접성이 인정되지 아니한다(헌재 2008.4.24. 2005헌마35, 2005학년도 대학입학전형기본계획 위헌확인(각하)).

미결수용자가 재판에 참석할 때 사복을 착용하기 위하여 자비부담으로 신청할 경우 당해 교도소장이 '부적당한 사유'가 없는 한 허가하도록 규정한 구 행형법 제22조 제2항 중 "재판에 참석할 때" 부분의 경우 당해 소장의 허가 또는 불허가라는 집행행위가 있어야 비로소 청구인들에 대한 기본권 침해 여부가 현실화되는 것이므로 기본권 침해의 직접성이 인정되지 아니한다(헌재 2010.4.29. 2008헌마412, 행형법 제22조 제2항 위헌확인 등(각하)).

교도소장이 엄중격리대상자인 수용자에 대하여 한 처우의 근거규정들에 대한 헌법소원심판청구는 헌법소원의 직접성 요건을 흠결하여 부적법하다(헌재 2011.4.28. 2009헌마305, 특별관리대상자 관리지침 위헌확인(각하)).

직접적으로 청구인들의 자유를 제한하거나 의무를 부과하거나, 권리 또는 법적 지위를 박탈하는 것이 아니라 피청구인의 시정요구라는 구체적인 집행행위를 매개로 하여야만 비로소 청구인들의 권리의무에 영향을 미치는 것이므로 이 부분 심판청구는 직접성 요건을 갖추지 못하여 부적법하다(헌재 2012.2.23. 2008헌마500, 방송통신위원회의 설치 및 운영에 관한 법률 제21조 제4호 위헌확인 등(각하,기각)).

'고등학교 졸업학력 검정고시'에 관하여 필요한 사항은 교육과학기술부령으로 정하도록 하는 초·중등교육법 시행령 제98조 제2항은 고졸검정고시 기존 합격자의 고졸검정고시

응시자격을 직접 제한하는 것은 아니므로 이 부분 심판청구는 기본권침해의 직접성이 없다(헌재 2012.5.31. 2010헌마139등, 전라남도 교육청 공고 제2010-67호 위헌확인 등(각하,위헌확인)).

대형마트와 준대규모점포에 대하여 영업시간 제한을 명하거나 의무휴업일을 지정하여 의무휴업을 명할 수 있다고 규정하면서 영업시간의 제한의 경우 오전 0시부터 오전 10시까지의 범위에서 할 수 있도록 규정한다. 그러므로 기본권침해의 법률효과는 지방자치단체장이 영업시간 제한 및 의무휴업일 지정에 관한 구체적인 처분을 하였을 때 그 처분에 의하여 비로소 발생하는 것이지, 위 조항들에 의하여 곧바로 발생하는 것이 아니므로 기본권 침해의 직접성을 인정할 수 없다(헌재 2013.12.26. 2013헌마269등, 유통산업발전법 제12조의2 위헌확인(각하)).

사법시험법 시행규칙 제7조 제1항 제2호는 사법시험 실시계획 공고의 간접적인 근거가 되는 법령에 해당할 뿐 그 자체로 직접 사법시험에 응시하는 청구인의 기본권을 제한한다고 볼 수 없어, 사법시험법 시행규칙에 대하여는 기본권 침해의 직접성을 인정할 수 없다(헌재 2014.4.24. 2013헌마341, 사법시험법 시행규칙 제7조 제1항 제2호 위헌확인(기각)).

어떤 장소를 금연구역으로 지정할 것인지 여부는 지방자치단체의 재량에 맡겨져 있으므로 기본권 침해의 효과는 지방자치단체가 조례를 통하여 금연구역을 지정할 때 비로소 발생한다. 따라서 지방자치단체는 조례로 관할 구역 안의 일정한 장소를 금연구역으로 지정할 수 있다고 규정한 국민건강증진법 제9조 제5항에 대한 심판청구는 기본권 침해의 직접성 요건을 갖추지 못하여 부적법하다(헌재 2014.9.25. 2013헌마411등, 국민건강증진법 제9조 제4항 제23호 위헌확인 등(각하,기각)).

청구인들이 주장하는 기본권침해가 공직선거법 제25조 제1항 본문 중 '자치구' 부분이 아니라 심판대상 선거구구역표에 의하여 비로소 발생하게 되는 이상, 공직선거법 제25조 제1항 본문 중 '자치구' 부분에 대하여 기본권침해의 직접성을 인정할 수 없다(헌재 2014.10.30. 2012헌마190등, 공직선거법 제25조 제2항 별표1 위헌확인 등(각하,헌법불합치,잠정적용)).

시정요구 및 법외노조통보라는 별도의 집행행위를 예정하고 있으므로, 법외노조통보 조항에 대한 헌법소원은 헌법상 보장된 기본권침해의 직접성이 인정되지 아니한다(헌재 2015.5.28. 2013헌마671 등, 교원의 노동조합 설립 및 운영 등에 관한 법률 제2조 위헌확인 등(각하,기각,합헌)).

청구인들에 대한 기본권침해는 위 규정에 의하여 직접 초래되는 것이 아니라 교육부장관의 감리행위라는 집행행위가 있을 경우에 비로소 기본권침해가 현실화된다. 따라서 기본권침해의 직접성 요건을 갖추지 못하여 부적법하다(헌재 2016.2.25. 2013헌마692, 사립학교법 제29조 제4항 제1호 등 위헌확인(각하,기각)).

학원의 설립·운영 및 과외교습에 관한 법률 조항은 학원 등의 교습시간 지정에 관하여 조례의 시행을 예정하면서 교습시간 지정이 필요한지 여부부터 지정할 경우 교습시간의 범위 등에 이르기까지 교육감에게 재량권을 부여한다. 청구인들이 주장하는 기본권침해의 법률효과는 조례 또는 교육감의 교습시간 지정행위에 의하여 비로소 발생하는 것이지, 학원의 설립·운영 및 과외교습에 관한 법률 조항에 의하여 곧바로 발생하는 것이 아니므로 학원의 설립·운영 및 과외교습에 관한 법률 조항에 대한 기본권침해의 직접성이 인정되지 아니한다(헌재 2016.5.26. 2014헌마374, 학원의 설립·운영 및 과외교습에 관한 법률 제16조 제2항 등 위헌확인(각하,기각)).

세월호피해지원법은 심의위원회의 배상금 등 지급결정이라는 집행행위를 예정하고, 또한 대통령령 제정이라는 집행행위를 예정하고 있으므로, 그 자체로 직접 청구인들의 자유를 제한하거나 의무를 부과한다고 볼 수 없으므로 이 조항들에 대한 심판청구는 기본권 침해의 직접성 요건을 갖추지 못하였다(헌재 2017.6.29. 2015헌마654, 4·16세월호참사 피해구제 및 지원 등을 위한 특별법 제6조 제3항 등 위헌확인(위헌,기각,각하)).

장교의 평시 외출·외박 지역을 제한하는 육군 병영생활 예규는 장교의 일반적 행동의 자유, 거주·이전의 자유를 침해하지 아니한다(헌재 2025.11.27. 2021헌마1280, 군인의 지위 및 복무에 관한 기본법 시행령 제38조 제2항 등 위헌확인(기각,각하)).

(ii) 기본권침해의 직접성에서 말하는 집행행위란 공권력행사로서의 집행행위를 의미한다.

"법규범이 구체적인 집행행위를 기다리지 아니하고 직접 기본권을 침해한다고 할 때의 집행행위란 공권력행사로서의 집행행위를 의미하는 것이므로, 법무사의 사무원 총수는 5인을 초과하지 못하도록 규정한 법무사법시행규칙이 정하고 있는 법률효과가 구체적으로 발생함에 있어 이 사건에서 법무사의 해고행위와 같이 공권력이 아닌 사인의 행위를 요건으로 하고 있다고 할지라도 법규범의 직접성을 부인할 수 없는 것이다"(헌재 1996.4.25. 95헌마331, 법무사법시행규칙 제35조 제4항 위헌확인(기각)).

"공기업의 사법상의 행위인 수의계약 체결행위를 예정하고 있다고 할지라도 법규범의 직접성을 부인할 수는 없는 것이다"(헌재 2023.10.26. 2019헌마871, 공공기관의 운영에 관한 법률 제39조 제3항 등 위헌확인(기각)).

B. 예 외

집행행위가 존재하거나 예정되어 있더라도 예외적으로 법령에 대하여 기본권 침해의 직접성이 인정되는 경우가 있다.

(i) 즉 집행행위가 존재하는 경우라도 그 집행행위에 대한 구제절차가 없거나, 있다고 하더라도 권리구제의 기대가능성이 없고 다만 기본권침해를 당한 청구인에게 불필요한 우회절차를 강요하는 것 밖에 아니 되는 경우에는 법령에 대해 직접성이 인정된다(헌재 1997.8.21. 96헌마48, 국가보안법 제19조 위헌확인(기각)).

(ii) 그리고 법규범이 집행행위를 예정하고 있더라도 법규범의 내용이 집행행위 이전에 이미 국민의 권리관계를 직접 변동시키거나 국민의 법적 지위를 결정적으로 정하는 것이어서 국민의 권리관계가 집행행위의 유무나 내용에 의하여 좌우될 수 없을 정도로 확정된 상태인 경우에는 예외적으로 직접성이 인정된다(헌재 1997.7.16. 97헌마38, 종합생활기록부제도개선보완시행지침위헌확인(기각))

(iii) 또한 "법령의 집행행위를 기다렸다가 그 집행행위에 대한 권리구제절차를 밟을 것을 국민에게 요구할 수 없는 경우에도 예외적으로 기본권침해의 직접성이 인정될 수 있다"(헌재 2003.7.24. 2003헌마3, 동해시개인택시운송사업면허사무처리규정 제4조 제1항 위헌확인(각하)).

"이미 특별검사가 임명되어 수사의 개시가 목전에 있고, 특별검사의 수사가 개시되면 청구인들은 참고인 또는 피의자로서 조사 또는 수사를 받거나 위 특별검사이 출석요구와 동행명령을 받을 개연성이 크고 또한 재판과정에 관여될 가능성도 있다. 한편 이 사건 법률은 특별검사의 피의자나 참고인 지정행위 및 동행명령 자체에 대한 불복수단을 규정하고 있지 않을 뿐 아니라, 그것들이 항고소송의 대상이 되는 처분인지 여부도 불분명하다. 또한 특별검사의 동행명령의 법적 성격이 이 사건 법률 제6조 제8항에 의하여 특별검사의 수사절차에 준용될 형사소송법 제417조(준항고)에서 규정하는 '검사의 구금에 관한 처분'에 해당한다고 보기도 어렵다. 결국 특별검사의 참고인 또는 피의자 지정과 동행명령에 대하여는 구제절차가 없거나 권리구제의 기대가능성이 없어, 구체적 집행행위의 존재에도 불구하고 예외적으로 당해 법률을 직접 헌법소원의 대상으로 삼을 수 있는 경우에 해당하므로 심판대상조항에 의한 기본권침해의 직접성을 인정할 수 있다"(헌재 2008.1.10. 2007헌마1468, 한나라당 대통령후보 이명박의 주가조작 등 범죄혐의의 진상규명을 위한 특별검사의 임명 등에 관한 법률 위헌확인(위헌,기각)).

"이 사건 별표 중 이명(耳鳴) 기준 부분에서 정하는 요건을 갖추지 못한 자는 국가보훈처장에 의한 상이등급 판정이라는 집행행위의 유무 또는 내용에 관계없이 상이등급 미달 판정을 받게 되고 그 결과 국가유공자등록도 할 수 없으므로, 위 조항으로 인한 기본권 침해의 직접성이 인정된다"(헌재 2012.5.31. 2011헌마241, 국가유공자 등 예우 및 지원에 관한 법률 제6조의4 제1항 등 위헌확인(기각,각하)).

상이등급 판정은 재량의 여지없이 심판대상조항을 기계적으로 적용한 결과에 지나지 아니하므로, 청구인의 지위는 심판대상조항에 의하여 이미 확정되었다. 따라서 심판대상조항은 청구인의 기본권을 직접 제한한다(헌재 2015.6.25. 2013헌마128, 국가유공자 등 예우 및 지원에 관한 법률 시행규칙 제8조의3 별표 4 위헌확인(기각)).

"생계보호기준에 따라 일정한 생계보호를 받게 된다는 점에서 직접 대외적 효력을 가지며, 공무원의 생계보호급여 지급이라는 집행행위는 위 생계보호기준에 따른 단순한 사실적 집행행위에 불과하므로, 위 생계보호기준은 그 지급대상자인 청구인들에 대하여 직접적인 효력을 갖는 규정이다"(헌재 1997.5.29. 94헌마33, 1994년 생계보호기준 위헌확인(기각)).

"위 조항은 수사기관 등의 전기통신사업자에 대한 통신자료 제공요청이라는 행위를 예정하고 있으나, 통신자료 취득행위에 대한 직접적인 불복수단이 존재하는지 여부가 불분명하고, 영장주의 및 적법절차원칙 위반을 다투고 있는 부분과 관련하여서는 법률 그 자체에 의하여 청구인들의 법적 지위에 영향을 미친다고 볼 수 있다. 따라서 위 조항은 기본권 침해의 직접성이 인정된다. 직접성을 부정한 헌재 2012.8.23. 2010헌마439 결정은 이 결정과 저촉되는 범위 안에서 이를 변경한다"(헌재 2022.7.21. 2016헌마388등, 통신자료 취득행위 위헌확인 등(헌법불합치,잠정적용,각하)).

(3) 위임입법과 직접성

(i) 기본권침해의 직접성에서 말하는 집행행위에는 행정부에 의한 입법작용도 포함된다(헌재 1996.2.29. 94헌마213, 풍속영업의규제에 관한법률 제2조 제6호 등 위헌확인(기각,각하)). 따라서 법률규정이 그 규정의 구체화를 위하여 하위규범의 시행을 예정하고 있는 경우에는 당해 법률의 직접성은 부인된다(헌재 2008.4.24. 2004헌마440, 복권 및 복권기금법 제11조 위헌확인(각하)). 또한 어떤 법령조항이 정한 기준을 강화 또는 완화하는 하위규범이 그 법령조항에 따라 제정되는 경우에도 그 모법(母法)인 법령조항은 직접성을 갖추지 못한다(헌재 2008.4.24. 2007헌마243, 액화석유가스의 안전관리 및 사업법 시행규칙[별표5] 제1항 타목 등 위헌확인(각하,기각)).

"법률 또는 법률조항 자체가 헌법소원의 대상이 될 수 있으려면 그 법률 또는 법률조항에 의하여 구체적인 집행행위를 기다리지 아니하고 직접·현재·자기의 기본권을 침해받아야 하는 것을 요건으로 하고, 여기서 말하는 집행행위에는 입법행위도 포함되므로 법률규정이 그 규정의 구체화를 위하여 하위규범의 시행을 예정하고 있는 경우에는 당해 법률의 직접성은 부인된다." "이 사건 법률조항의 위임에 따라 제정된 공직자윤리법시행령 … 제3조 제4항 제6호가 등록의무자의 범위에 경사를 규정함으로써 비로소 청구인의 기본권은 직접·현실적으로 침해되는 것이므로, 이 사건 법률조항은 이 사건 시행령조항의 근거가 되는 법률에 해당할 뿐 그 자체로 직접 청구인의 기본권을 침해한다고 볼 수 없어 직접성 요건이 부인된다"(헌재 2010.10.28. 2009헌마544, 공직자윤리법 제3조 제1항 제13호 등 위헌확인(기각,각하)).

법률조항의 위임에 따라 제정된 공직자윤리법시행령이 등록의무자의 범위에 경사를 규정함으로써 비로소 기본권은 직접·현실적으로 침해되는 것이므로, 법률조항은 시행령조항의 근거가 되는 법률에 해당할 뿐 그 자체로 직접 청구인의 기본권을 침해한다고 볼 수 없어 직접성 요건이 부인된다(헌재 2010.10.28. 2009헌마544, 공직자윤리법 제3조 제1항 제13호 등 위헌확인(기각,각하)).

근로자의 임금을 최저임금의 단위기간에 맞추어 환산하는 방법을 대통령령으로 정하도록 위임하고 있을 뿐이다. 그렇다면 기본권침해는 시행령조항에 의하여 비로소 발생하는 것이지 법률조항에 의하여 발생하는 것이 아니므로, 법률조항에 대한 심판청구는 기본권 침해의 직접성을 갖추지 못하여 부적법하다(헌재 2020.6.25. 2019헌마15, 최저임금법 제5조의2 등 위헌확인(기각,각하)).

(ii) ① 다만, 법률조항의 구체화를 위하여 시행령의 시행을 예정하고 있는 경우라 하더라도 법률조항의 의회유보원칙 위배 또는 포괄위임금지원칙 위배를 다투는 경우에는 예외가 인정된다(헌재 2012.11.29. 2011헌마827, 초·중등교육법 제47조 제2항 등 위헌확인(기각)). ② 또한 수권조항과 시행령조항이 불가분의 관계에서 전체적으로 하나의 규율내용을 형성하고 있는 경우에는 수권조항과 시행령조항 모두에 대하여 직접성이 인정될 수 있다는 것이 헌법재판소의 입장이다(헌재 2002.6.27. 99헌마480, 전기통신사업법 제53조 등 위헌확인(위헌,각하)).

"이 사건 법률조항의 경우 고등학교의 입학방법 및 절차 전부를 대통령령에 위임함으로써, 하위규정에 그 규정의 구체화를 위임하고 있어 직접성 요건의 충족 여부가 문제되는바, 청구인들은 이 사건 법률조항의 의회유보의 원칙 위반 또는 포괄위임입법금지의 원칙 위반 여부를 다투고 있는데, 의회유보의 원칙 위반 등의 문제는 위 법률조항에 의하여 시원적으로 발생하는 것이어서 결국 위 법률조항의 위헌성 여부가 적법한 심판대상인 이 사건 시행령조항에 영향을 미치게 되므로 그 위헌성을 심사할 수 있다고 보아야" 한다(헌재 2012.11.29. 2011헌마827, 초·중등교육법 제47조 제2항 등 위헌확인(기각)).

"전기통신사업법 제53조 제1항, 제2항, 같은 법 시행령 제16조에 관하여 위 조항들은 서로 불가분의 관계를 가지면서 전체적으로 이른바 불온통신의 내용을 확정하고 이를 금지하는 규정으로서, 전기통신을 이용하는 자들에게 공공의 안녕질서 또는 미풍양속을 해하는 내용의 통신을 하지 말 것을 명하고 있다. 따라서, 전기통신이용자들은 어떠한 집행행위에 의하여 비로소 그러한 불온통신의 금지의무를 지게 되는 것이 아니라, 위 조항들 자체에 의하여 직접 위와 같은 의무를 부담하게 된다고 할 것이므로, 위 조항들은 기본권침해의 직접성의 요건을 갖춘 것으로 보아야 한다"(헌재 2002.6.27. 99헌마480, 전기통신사업법 제53조등위헌확인(위헌,각하)).

"구 방송법 제32조 제2항은 '위원회는 제1항의 규정에 불구하고 대통령령이 정하는 방송광고에 대하여는 방송되기 전에 그 내용을 심의하여 방송 여부를 심의·의결할 수 있다'고 규정하고 있어 마치 이 사건 규정들에 의한 기본권 침해는 방송위원회의 심의·의결이라는 집행행위를 매개로 하여서만 발생하는 것처럼 보이나, … 이 사건 규정들은 서로 불가분적으로 결합하여 그 자체에서 텔레비전 방송광고의 사전심의라는 의무를 부과하고 있는 것이다. 그렇다면 이 사건 규정들은 집행행위 이전에 이미 국민의 권리관계를 직접 확정적으로 정하고 있다고 할 것이고, 따라서 이 사건 규정들의 권리침해의 직접성은 인정된다"(헌재 2008.6.26. 2005헌마506, 방송법 제32조 제2항 등 위헌확인(위헌)).

(4) 제재조항과 직접성

국민에게 일정한 행위의무 또는 행위금지의무를 부과하는 법규정을 정한 후 이를 위반할 경우 제재수단으로서 형벌 또는 행정벌 등의 부과를 정한 경우에, 그 형벌이나 행정벌의 부과를 위 직접성에서 말하는 집행행위라고는 할 수 없다. 국민은 별도의 집행행위를 기다릴 필요 없이 제재의 근거가 되는 법률의 시행 자체로 행위의무 또는 행위금지의무를 직접 부담하기 때문이다. 따라서 그러한 제재조항의 전제가 되는 구성요건조항이 별도로 존재할 경우 그 제재조항은 원칙적으로 직접성이 부정된다(헌재 1996.2.29. 94헌마213, 풍속영업의규제에관한법률 제2조 제6호 등 위헌확인(기각,각하)).

"이 사건 과태료조항은 그 전제인 의무부과조항(이 사건 금연구역조항)을 위반하는 경우에 과태료를 부과하는 제재조항으로서, 청구인들이 과태료라는 제재가 체계정당성에 어긋난다거나 과다하다는 등 그 자체의 고유한 위헌성을 다투는 것이 아니라, 전제되는 의무부과조항이 위헌이어서 그 제재조항도 위헌이라고 주장하고 있으므로, 이 사건 과태료조항에 대한 심판청구는 기본권침해의 직접성 요건을 갖추지 못하여 부적법하다"(헌재 2013.6.27. 2011헌마315등, 국민건강증진법 제9조 제4항 제23호 등 위헌확인(기각,각하)).

다만, 그 제재조항에 대하여 체계정당성 위배 또는 제재 과잉 등 그 자체의 독자적 위헌성을 주장할 경우에는 예외가 인정될 수 있다(헌재 2009.10.29. 2007헌마1359, 경비업법 제15조제3항 등위헌확인(기각,각하))(헌재 2008.11.27. 2007헌마860, 영화 및 비디오물의 진흥에 관한 법률 제25조의2 등위헌확인(기각,각하)).

"벌칙·과태료 조항의 전제가 되는 구성요건 조항이 별도로 규정되어 있는 경우에, 벌칙·과태료 조항에 대하여는 청구인이 그 법정형이 체계정당성에 어긋난다거나 과다하다는 등 그 자체가 위헌임을 주장하고 있지 않는 한 직접성을 인정할 수 없다"(헌재 2014.9.25. 2013헌마424, 변호사법 제21조의2 제1항 위헌확인 등(기각,각하)).

"벌칙·과태료조항의 전제가 되는 구성요건 조항이 별도로 규정되어 있는 경우에, 벌칙·과태료조항에 대하여는 청구인들이 그 법정형 또는 행정질서벌이 체계정당성에 어긋난다거나 과다하다는 등 그 자체가 위헌임을 주장하고 있지 않는 한 직접성을 인정할 수 없다. 이러한 법리는 행정제재조항의 경우에도 마찬가지로 적용된다"(헌재 2016.5.26. 2015헌마248, 공인중개사법 제32조 제3항 등 위헌확인(기각, 각하)).

(5) 재량행위와 직접성

(ⅰ) 법령에 근거한 구체적인 집행행위가 재량행위인 경우에는 법령에 의한 기본권침해의 직접성이 인정될 여지가 없다(헌재 2003.7.24. 2003헌마3, 동해시개인택시운송사업면허사무처리규정 제4조 제1항 위헌확인(각하)). 법령은 집행기관에게 기본권침해의 가능성만을 부여할 뿐 법령 스스로가 기본권의 침해행위를 규정하고 행정청이 이에 따르도록 구속하지 아니하고, 이때의 기본권침해는 집행기관의 의사에 따른 집행행위, 즉 재량권의 행사에 의하여 비로소 이루어지고 현실화되기 때문이다.

(ⅱ) 그런데 형벌에 관한 법률조항도 엄밀하게 보면 넓은 의미의 재량행위의 일종인 형법조항의 적용행위라는 구체적인 집행행위를 통하여 비로소 국민의 기본권이 제한된다. 하지만, 국민에게 그 합헌성이 의심되는 형벌조항에 대하여 위반행위를 우선 범하고 그 적용·집행행위인 법원의 판결을 기다려 헌법소원심판을 청구할 것을 요구할 수는 없을 것이다. 이러한 점에서 형벌에 관한 조항의 경우에는 예외적으로 집행행위가 재량행위임에도 불구하고 법령에 의한 기본권침해의 직접성을 인정함이 타당하다(헌재 1998.4.30. 97헌마141, 특별소비세법 시행령 제37조 제3항 등 위헌확인(각하)).

4. 기본권침해의 현재성

(1) 의 의

기본권침해의 현재성(現在性)은 공권력의 작용으로 인한 기본권의 침해가 현재 이루어지고 있어야 함을 의미한다. 이는 기본권침해 관련성이 시간적 측면에서 문제되는 요건이라 할 수 있다(시간적 관련성).

헌법소원심판청구는 청구인의 기본권이 현재 침해되고 있어야 한다. 따라서 기본권이 과거에 침해되었고 현재는 그 침해의 효과가 소멸한 경우라든가, 기본권침해의 우려가 있다고 하더라도 그러한 권리침해의 우려가 단순히 잠재적으로 나타날 수도 있는 정도에 불과할 경우에는 권리침해의 현재성(現在性)을 구비하였다고 할 수 없다(헌재 1989.7.21. 89헌마12, 형사소송법개정 등에 대한 헌법소원(각하)). 즉 기본권침해의 현재성은 원칙적으로 현재 및 미래의 사안에 관하여 논의되고, 과거의 사안은 권리보호의 이익에 관한 문제로 논의된다(김하열).

매수가격 기준조항은 시장·군수·구청장의 농지처분명령과 그에 따른 농지매수청구가 있는 경우에 비로소 적용될 수 있다. 그런데 소유 농지의 처분명령을 받은 적이 없고, 농지의 매수청구를 한 사실도 없다면, 매수가격 기준조항에 관하여서는 기본권침해의 현재성을 인정할 수 없으므로 이 부분 심판청구는 부적법하다(헌재 2020.5.27. 2018헌마362, 농지법 제9조 등 위헌확인(기각,각하)).

(2) 현재성의 예외

(i) 현재 상황에서 판단할 때 장래 기본권 침해가 확실하게 예측되는 경우에는 예외적으로 기본권 침해의 현재성이 인정된다(상황성숙성이론). 즉 기본권침해가 가까운 장래에 있을 것이 확실하고 그 침해를 기다리게 되면 구제가 곤란하게 될 뿐만 아니라 법익 자체가 중대한 경우에는 현재성을 인정하여야 한다. 다만, 청구인이 고소·고발을 한 사실이 없고 단순히 장래 잠정적으로 나타날 수 있는 권리침해의 우려에 대한 헌법소원청구에 불과하다면 현재성이 인정되지 아니한다(헌재 1989.7.21. 89헌마12, 형사소송법개정 등에 관한 헌법소원(각하)).

예컨대 장래실시가 확실한 대학입시요강(헌재 1992.10.1. 92헌마68등, 1994년도 신입생선발입시안에 대한 헌법소원(기각)), 공포 후 시행 전이지만 시행될 것이 확실한 법률 자체(헌재 1994.12.29. 94헌마201, 경기도남양주시등33개도농복합형태의시설치에관한법률 제4조 위헌확인(기각)), 장래 선거가 실시될 것이 확실한 법률 규정(헌재 1991.3.11. 91헌마21, 지방의회선거법 제36조 제1항에 대한 헌법소원(헌법불합치,잠정적용,각하))에 대하여는 헌법소원의 현재성을 인정한다.

"고등학교에서 일본어를 배우고 있는 청구인들은 서울대학교 대학별 고사의 선택과목에서 일본어가 제외되어 있는 입시요강으로 인하여 그들이 94학년도 또는 94학년도에 서울대학교 일반계열 입학을 지원할 경우 불이익을 입게 될 수도 있다는 것을 현재의 시점에서 충분히 예측할 수 있는 이상 기본권침해의 현재성을 인정하여 헌법소원심판청구의 이익을 인정하는 것이 옳을 것이다. 기본권 침해가 눈앞에 닥쳐올 때를 기다렸다가 헌법소원을 하라고 요구한다면 기본권구제의 실효성을 기대할 수 없기 때문이다"(헌재 1992.10.1. 92헌마68 등, 1994학년도신입생선발입시안에 대한 헌법소원(기각)).

"심판청구 당시 청구인들은 국가공무원 채용시험에 응시하기 위하여 준비하고 있는 단계에 있었으므로 이 사건 심판대상조항으로 인한 기본권침해를 현실적으로 받았던 것은 아니다. 그러나 청구인들은 심판청구 당시 국가공무원 채용시험에 응시하기 위한 준비를 하고 있었고, 이들이 응시할 경우 장차 그 합격여부를 가리는 데 있어 가산점제도가 적용될 것임은 심판청구 당시에 이미 확실히 예측되는 것이었다. 따라서 기본권침해의 현재 관련성이 인정된다"(헌재 1999.12.23. 98헌마363, 제대군인지원에관한법률 제8조 제1항 등 위헌확인(위헌))(헌재 2001.2.22. 2000헌마25, 국가유공자등예우및지원에관한법률 제34조 제1항 위헌확인(기각)).

장래의 선거에서 부재자투표 여부가 확정되는 선거인명부작성 기간이 아직 도래하지 아니하여 부재자투표를 할 것인지 여부가 확정되지 아니한 상태에서 청구인이 부재자투표소 투표의 기간을 제한하고 있는 법률조항에 대하여 제기한 헌법소원의 경우, 청구인이 비록 장래의 선거에 관하여 아직 부재자투표 여부가 확정되지 아니하였다 하더라도 주기적으로 반복되는 선거의 특성과 기본권 구제의 실효성 측면을 고려할 때 기본권침해의 현재성을 갖춘 것으로 보아야 한다(헌재 2010.4.29. 2008헌마438, 공직선거법 제148조 제1항 위헌확인(기각)).

가까운 장래에 심판대상조항들이 시행되면 청구인의 직업수행의 자유 등 기본권이 침해되리라는 것이 확실히 예상되므로 예외적으로 기본권침해의 현재성이 인정된다(헌재 2015. 3.26. 2014헌마372, 품질경영 및 공산품안전관리법 시행규칙 제2조 제3항 별표3 제2호 마목 등 위헌확인(기각)).

군법무관들을 원천적으로 배제하고 있는데 "군법무관들도 각종 위원회의 위원직을 수행할 수 있는 법률적 소양과 나름대로의 경험을 지니고 있는 점, 군법무관도 판사·검사·변호사와 동일한 시험을 통해 선발되었고 그 업무도 유사한 점, 대부분의 위원직이 해당 기관의 선정에 의하여 결정되고 여하한 신청권도 인정되지 않는 점, 청구인들에게 입법청원 외에 이 사건 제1법률을 다툴 수 있는 다른 법적 구제수단도 없는 점, 군법무관으로 근무한 기간과 판사·검사·변호사로 근무한 기간의 합산 문제가 개입될 수 있는 점 등을 고려할 때, 이 사건에서는 장래 청구인들의 권리 침해가능성이 현재로서 확실히 예상된다고 보아 청구인들에게 '현재성'을 인정함이 상당하다"(헌재 2007.5.31. 2003헌마422, 국가공무원법 제8조 제2항 등 위헌확인(기각,각하)).

계모가 생존하고 있으므로 계자를 계모의 상속인에서 제외하는 법률에 의한 기본권침해가 아직 발생하지 않았으나, 계모가 사망하는 경우 기본권침해가 장래에 발생할 것이 확실히 예상되므로 기본권침해의 현재성을 인정할 수 있다(헌재 2009.11.26. 2007헌마1424, 민법 제1000조 제1항 제1호 위헌확인(기각)).

공기업의 업무를 수행하던 비정규직 근로자를 정규직 근로자로 고용한 공기업의 자회사와 수의계약을 체결할 수 있도록 한 조항에 의한 공기업과 자회사의 수의계약 체결 및 그에 따른 일반경쟁입찰의 미실시가 예상되므로, 제한경쟁입찰에 의한 공기업과의 계약체결 기회를 가질 수 없게 된 기본권 침해의 현재성이 인정된다(헌재 2023.10.26. 2019헌마871, 공공기관의 운영에 관한 법률 제39조 제3항 등 위헌확인(기각)).

(ii) 또한 과거에 기본권 침해가 이미 종료된 경우라 하더라도 기본권침해의 효과가 현재도 지속되고 있다면 기본권침해의 현재성이 인정될 수 있다. 이러한 경우 헌법재판소는 권리보호의 이익이 인정될 수 있는가의 문제로 접근하고 있다.

5. 권리보호의 이익

(1) 의 의

권리보호의 이익은 국가적·공익적 입장에서는 무익한 헌법소송제도의 이용을 통제하는 원리로서, 당사자의 입장에서는 소송제도를 이용할 정당한 이익 또는 필요성을 말한다. 이는 소송제도에 필연적으로 내재하는 요청으로서, 헌법재판소법 제40조 제1항에 의하여 준용되는 민사소송법 내지 행정소송법 규정들에 대한 해석상 인정되는 적법요건이다(헌재 2001.9.27. 2001헌마152, 헌법재판소법 제70조 등 위헌확인(기각)).

헌법소원제도는 국민의 기본권침해를 구제하여 주는 제도이므로, 그 제도의 목적상 권리보호의 이익이 있는 경우에 비로소 이를 제기할 수 있다. 그러나 헌법소원의 본질이 주관적 권리구제뿐만 아니라 객관적인 헌법질서의 보장도 겸하고 있다. 이러한 '헌법소원의 양면성' 또는 헌법소원의 이중적 성격을 고려한다면, 주관적 권리구제의 실익만을 고려하여 헌법소원의 적법성을 판단할 수는 없다.

(2) 원 칙

(i) 헌법소원심판을 적법하게 청구하려면 청구인에게 권리보호이익(訴의 이익·審判請求의 이익)이 있어야 함이 원칙이다. 이러한 권리보호의 이익은 헌법소원을 제기할 때뿐만 아니라 헌법재판소의 결정선고를 할 때에도 존재하여야 한다.

헌법소원심판청구 당시 권리보호이익이 인정되더라도 심판계속 중에 사실관계 또는 법률관계의 변동으로 말미암아 청구인이 주장하는 기본권의 침해가 종료된 경우에는 원칙적으로 권리보호이익이 없으므로 헌법소원이 부적법한 것으로 된다(헌재 2006.1.26. 2005헌마474, 공직선거지법 제22조 제1항 등 위헌확인(각하)).

헌법소원심판청구가 적법하려면 심판청구 당시는 물론 결정 당시에도 권리보호이익이 존재하여야 하는데, 피청구인이 선거구를 획정함으로써 선거구에 관한 법률을 제정하지 아니하고 있던 피청구인의 입법부작위 상태는 해소되었고, 획정된 선거구에서 국회의원 후보자로 출마하거나 선거권자로서 투표하고자 하였던 청구인들의 주관적 목적이 달성되었으므로, 청구인들의 이 사건 입법부작위에 대한 심판청구는 권리보호이익이 없어 부적법하다(헌재 2016.4.28. 2015헌마1177등, 입법부작위 위헌확인 등(각하)).

통고처분 범칙금을 납부하지 아니하여 즉결심판, 나아가 정식재판의 절차로 진행되었다면 당초의 통고처분은 그 효력을 상실한다 할 것이므로 이미 효력을 상실한 통고처분의 취소를 구하는 헌법소원은 권리보호의 이익이 없어 부적법하다(헌재 2003.10.30. 2002헌마275, 통고처분취소(기각,각하)).

폭행 또는 협박으로 아동·청소년을 추행한 죄에 대하여 형의 선고를 받아 확정된 사람으로부터 디엔에이감식시료를 채취할 수 있도록 규정하고 있다. 이 사건 심판청구 후 청구인이 디엔에이감식시료 채취에 동의하여 채취를 마쳤는바, 기본권 제한상황이 종료되었으므로 권리보호이익이 소멸되었다(헌재 2018.4.26. 2017헌마397, 디엔에이신원확인정보의 이용 및 보호에 관한 법률 제5조 제1항 제10호 위헌확인(각하)).

중학교 역사 및 고등학교 한국사 과목의 교과용도서를 국정도서로 지정한 교육부장관 고시 등의 위헌확인을 구하는 사건에서, 초·중등교육법 등 상위 법령은 기본권 침해의 직접성이 인정되지 않으므로 부적법하고, 역사교과서를 국정도서로 정한 교육부장관 고시는 시행되기도 전에 관련 고시가 재개정됨으로써 폐지되어 권리보호이익이 인정되지 아니하고 헌법적 해명의 필요성 등 예외적인 심판의 이익도 인정되지 아니하여 부적법하므로 심판청구를 각하한다(헌재 2018.3.29. 2015헌마1060등, 초·중등교육법 제29조 제2항 위헌확인 등(각하)).

□□호가 해상에서 기울기 시작한 때부터 대한민국 정부가 행한 구호조치에 대한 헌법소원심판청구는 권리보호이익이 소멸하였고 예외적인 심판청구이익도 인정되지 아니하여 부적법하다(5:4). [반대의견] 예외적인 심판청구이익이 인정되며, 정부의 위 구호조치는 과소보호금지원칙에 반하여 희생자들에 대한 생명권 보호의무를 다하지 않은 것이므로 유가족들의 행복추구권을 침해한다(헌재 2024.5.30. 2014헌마1189등, 신속한 구호조치 등 부작위 위헌확인(각하)).

(ii) 형사피해자가 검사의 불기소처분의 취소를 구하는 헌법소원심판청구에서, 해당 범죄의 공소시효가 완성된 경우 및 이미 확정판결이 있는 경우(법원에서 유죄가 확정된 범죄사실과 그 기본적 사실관계가 동일하여 공소사실의 동일성이 인정되는 관계에

있는 범죄사실에 대하여는 그 확정판결의 기판력이 미치게 되므로)(헌재 2010.5.27. 2010헌마71, 불기소처분취소(각하, 기각)) 에는 권리보호이익이 인정되지 아니한다.

헌법소원 제기 시에는 공소시효가 완성되지 아니하였더라도 이후 헌법소원심판절차 중에 공소시효가 완성된 경우에도 권리보호의 이익이 없다(헌재 1989.4.17. 88헌마3, 검사의 공소권행사에 대한 헌법소원(각하); 헌재 2003.12.18. 2001헌마163, 계구사용행위 위헌확인(인용(위헌확인), 각하)).

"법원이 기피신청(忌避申請)에 대하여 한 각하결정은 법원의 재판을 헌법소원심판의 대상에서 제외하고 있는 헌법재판소법 제68조 제1항에 따라 헌법소원심판의 대상이 되지 아니한다. 기피신청에 대한 재판이 이미 확정되고 그 기피재판의 본안사건에 대하여 이미 종국재판이 내려진 경우, 기피재판의 근거가 된 법률에 대한 헌법소원은 권리보호의 이익이 없어 부적법하다"(헌재 2004.6.24. 2003헌마612, 행정소송법 제8조 제2항 등 위헌확인(각하)).

공소시효완성을 이유로 한 불기소처분에 대한 헌법소원은 시효완성 시 기각한 바 있다(헌재 1992.7.23. 92헌마103(각하); 헌재 1992.12.24. 92헌마186, 불기소처분에 대한 헌법소원(기각, 각하); 헌재 1990.12.26. 90헌마2(기각)).

12·12에 대한 불기소처분에 대하여 공소시효완성을 이유로 각하한 바 있다(헌재 1995.1.20. 94헌마246, 불기소처분취소(기각, 각하)).

사건의 수사나 처분에 관여한 경찰관과 검사들을 직권남용권리행사방해 또는 직무유기 등의 죄로 고소하고, 청구인의 고소를 각하한 검사를 고소하는 일을 되풀이하면서 각 불기소에 대하여 항고·재항고를 거쳐 헌법소원심판을 청구하는 일을 반복하는 것은 권리남용에 해당됨이 명백하므로 그 일환으로 청구된 헌법소원심판은 권리보호의 이익이 없어 부적법하다(헌재 2007.1.16. 2006헌마1475, 불기소처분취소(각하)).

수갑사용행위는 이미 종료되었으므로 이에 관하여 심판을 구할 주관적 권리보호이익은 더 이상 존재하지 않는다. 규칙이 개정된 상황에서는 특별한 사정이 없는 한 구속 전 피의자심문에 임의 출석한 피의자에 대하여 수갑을 사용하지 않을 것이므로, 수갑사용행위와 동일한 유형의 행위가 반복될 위험이 있다고 보기 어렵고, 헌법재판소가 추가적으로 헌법적 해명을 할 필요성이 인정된다고 볼 수도 없어 예외적 심판의 이익 역시 인정되지 않는다"(헌재 2023.7.20. 2020헌마506, 수갑사용 행위 위헌확인(각하)).

(iii) 그러나 기소유예처분을 받은 피의자가 헌법소원을 제기한 경우 그 피의사실에 대한 공소시효가 완성되었다고 하더라도 검사는 기소유예처분을 취소한 후 '공소권없음'의 처분을 하여야 하고, 공소권없음 처분이 기소유예보다 유리하므로 권리보호의 이익이 있다(헌재 1997.5.29. 95헌마188, 기소유예처분취소(기각)). 마찬가지 이유로 기소유예처분의 대상인 피의사실에 대하여 일반사면이 내려지더라도 권리보호의 이익이 있다(헌재 1996.10.4. 95헌마318, 기소유예처분취소(인용(취소))).

(3) 예 외

(i) 비록 청구인의 주관적 권리구제에는 도움이 되지 아니한다고 하더라도

객관적인 헌법질서의 보장을 위하여 일정한 경우 예외적으로 심판청구의 이익을 인정하여 이미 종료한 침해행위가 위헌임을 선언하기도 한다. 즉 "침해행위가 앞으로도 반복될 위험이 있거나 당해 분쟁의 해결이 헌법질서의 수호·유지를 위하여 긴요한 사항이어서 헌법적으로 그 해명이 중대한 의미를 가지고 있는 경우에는 심판청구의 이익을 인정하여야" 한다(헌재 1992.1.28. 91헌마111, 변호인의 조력을 받을 권리에 대한 헌법소원(인용(위헌확인),위헌)).

옥외집회신고에 대한 서울남대문경찰서장의 반려행위는 관할경찰관서장에 의하여 아무런 법적 근거 없이 반복되어 왔을 뿐 아니라 그 편의성 때문에 앞으로도 반복될 가능성이 높고, 위 반려행위의 법적 성격과 효과에 관하여 아직 법원의 확립된 해석도 없다. 그렇다면 이 사건 반려행위가 부당한 공권력의 행사로서 청구인들의 기본권을 침해하는지 여부에 관하여 헌법적으로 해명할 필요성이 존재한다고 할 것이므로, 이 사건 심판청구는 객관적 권리보호이익이 있는 적법한 청구이다(헌재 2008.5.29. 2007헌마712, 민원서류 반려위헌확인(인용(위헌확인),각하)).

"이 사건 법률조항은 비록 형벌에 관한 것이기는 하지만 불처벌의 특례를 규정한 것이어서 위헌결정의 소급효를 인정할 경우 오히려 그 조항에 의거하여 형사처벌을 받지 않았던 자들에게 형사상의 불이익이 미치게 되므로 이와 같은 경우까지 헌법재판소법 제47조 제2항 단서의 적용범위에 포함시키는 것은 법적 안정성과 이미 면책받은 가해자의 신뢰보호의 이익을 크게 해치게 되므로 그 규정취지에 반한다. 따라서 이 사건 법률조항에 대하여 위헌선언을 하더라도 그 소급효는 인정되지 아니하므로, 가해자인 피의자들에 대한 불기소처분을 취소하고 그들을 처벌할 수는 없어 이 사건 심판청구는 주관적인 권리보호이익을 결여하고 있다. … 이 사건 법률조항에 대하여 위헌성이 엿보이는 경우에도 주관적 권리보호이익이 없다는 이유로 헌법적 해명을 하지 아니한다면 향후 교통사고 피해자는 헌법소원을 제기할 수 없고, 위헌적인 법률조항에 의한 불기소처분이 반복될 우려가 있으므로 헌법재판소로서는 이 사건 법률조항에 대하여 예외적으로 심판을 할 이익 내지는 필요성이 인정된다"(헌재 2009.2.26. 2005헌마764 등, 교통사고처리특례법 제4조제1항위헌확인(위헌)).

"한국인과 결혼한 중국인 배우자가 결혼동거목적거주 사증을 신청하고자 하는 경우에 당해 한국인에게 결혼경위 등을 기재하도록 요구하는 제도는 앞으로도 계속 시행될 것이 예상되므로, 청구인과 같이 중국인 배우자와 결혼하려는 자들에게 대하여 침해반복의 위험성이 여전히 존재하고 이에 대하여는 아직 헌법적 해명이 이루어진 바 없어 이에 대한 해명의 필요성이 있는 등 심판의 이익이 있다"(헌재 2005.3.31. 2003헌마87, 한중국제결혼절차 위헌확인(기각,각하)); 사법시험 제2차 시험에서 해당 문제번호의 답안지에 답안을 작성하지 아니한 자에 대하여 그 과목을 영점처리하도록 규정하고 있는 '사법시험법 시행규칙'에 대한 심판청구가 사법시험 제2차 시험일정이 종료된 후 청구되었더라도 사법시험은 매년 반복하여 시행되어 기본권침해가 반복될 가능성이 있으므로 예외적으로 권리보호의 이익이 인정된다(헌재 2008.10.30. 2007헌마1281, 사법시험법 시행규칙 제7조 제3항 제7호 위헌확인(기각)).

검사의 열람·등사 거부처분에 대한 불복절차에 따른 법원의 열람·등사 허용 결정에 대하여 검사가 따르지 아니한 경우, 이후 청구인들의 변호인들이 수사서류에 대하여 이미 열람·등사를 마쳤다 하더라도 이 사건과 유사한 사건에 대하여 헌법적 해명이 이루어진 바 없고 이 사건과 같은 유형의 침해행위가 앞으로도 반복될 가능성이 크다고 할 것이므로, 심판의 이익이 여전히 존재한다(헌재 2010.6.24. 2009헌마257, 열람·등사 거부처분취소(위헌확인)).

후방착석요구행위는 종료되었으나, 수사기관이 이 사건 지침에 근거하여 후방착석요구행위를 반복할 위험성이 있고, 변호인의 피의자신문참여권의 헌법적 성격과 범위를 확인하고 이를 제한하는 행위의 한계를 확정짓는 것은 헌법적 해명이 필요한 문제에 해당하므로, 심판이익을 인정할 수 있다(헌재 2017.11.30. 2016헌마503, 변호인 참여신청서 요구행위 등 위헌확인(인용(위헌확인),각하)).

이 사건 촬영행위는 이미 종료되어 주관적 권리보호이익은 소멸하였으나, 집회·시위 등 현장에서 경찰의 촬영행위는 계속적·반복적으로 이루어질 수 있고, 그에 대한 헌법적 해명이 필요하므로 예외적으로 심판의 이익이 인정된다(헌재 2018.8.30. 2014헌마843, 채증활동규칙 위헌확인(기각,각하)).

만기 전역하여 병의 신분이 아니지만, 병역의무를 이행하는 병에 대한 선거운동 제한을 규정한 조항들은 "앞으로 계속 시행될 선거에서 청구인과 같이 병으로 복무하는 사람의 기본권을 반복하여 제한할 것이 확실히 예상되고, 병에게도 공직선거에서 정치적 중립의무를 부과하는 것이 헌법에 위반되는지 여부는 헌법질서 수호·유지를 위하여 긴요한 사항으로서 그 헌법적 해명이 중대한 의미를 지니므로, 심판청구의 이익을 예외적으로 인정할 수 있다"(헌재 2018.4.26. 2016헌마611, 국가공무원법 제65조 등 위헌확인(기각)).

변호사 등록을 신청하는 자에게 등록료 1,000,000원을 납부하도록 정한 대한변호사협회의 '변호사 등록 등에 관한 규칙' 조항 및 '변호사 등록 등에 관한 규정' 조항과 관련, 심판청구 이후 위 규정 조항의 개정으로 등록료의 액수가 변경되었으나 위 규칙 조항은 계속 적용되고 등록료의 다과에 관한 문제가 여전히 남아있는 경우에는 청구인에 대한 개별적 사안의 성격을 넘어 일반적으로 헌법적 해명의 필요성이 있으므로, 예외적으로 위 조항들에 대한 심판의 이익이 인정된다(헌재 2019.11.28. 2017헌마759, 변호사 등록 등에 관한 규정 제9조 제1호 위헌확인(기각)).

(ii) 여기서 침해행위가 반복될 위험이란 단순히 추상적·이론적인 가능성이 아니라 구체적·실제적이어야 하며 이러한 점에 대한 입증책임은 헌법소원 청구인에게 있다(헌재 2002.7.18. 99헌마592, 현수막철거이행명령취소(각하); 헌재 1997.6.26. 97헌바4, 형법 제314조 위헌소원 등(각하)).

헌법재판소는 종료된 변호인접견 방해행위(헌재 1992.1.28. 91헌마111, 변호인의 조력을 받을 권리에 대한 헌법소원(인용(위헌확인),위헌)), 구속기간이 종료된 구속기간연장허용규정(헌재 1992.4.14. 90헌마82, 국가보안법 제19조에 대한 헌법소원(위헌)), 종료된 기업해체지시(헌재 1993.7.29. 89헌마31, 공권력행사로 인한 재산권침해에 대한 헌법소원(인용(위헌확인))), 정년연령에 이른 자의 공직복직(헌재 1993.9.27. 92헌바21, 1980년 해직공무원의복직등에관한특별조치법 제4조에 대한 헌법소원(합헌)), 출소한 미결수용자의 서신의 지연발송·지연교부행위(헌재 1995.7.21. 92헌마144, 서신검열 등 위헌확인(한정위헌, 기각,각하)), 소송기록송부가 이루어진 이후 이와 관련된 형사소송법 규정(헌재 1995.11.30. 92헌마44, 소송기록지연송부 등에 대한 헌법소원(위헌)), 폐지된 법률의 계속 적용(헌재 1995.10.26. 93헌마246, 국채법 제7조 위헌확인(위헌)), 심판계속 중 사망 시 유족이 유죄판결에 대한 재심청구(헌재 1997.1.16. 89헌마240, 국가보위입법회의, 국가보안법의 위헌여부에 관한 헌법소원(한정합헌,각하)), 변호인에게 고소장과 피의자신문조서에 대한 열람 및 등사를 거부한 경찰서장의 정보비공개결정(헌재 2003.3.27. 2000헌마474, 정보비공개결정 위헌확인(인용(위헌확인))), 신체구속을 당하지 아니한 피의자의 신문에 변호인이 참여할 권리(헌재 2004.9.23. 2000헌마138, 변호인의 조력을 받을 권리 등 침해 위헌확인(인용(위헌확인))) 등의 사안에서 헌법적 해명의 필요성을 인정함으로써 권리보호이익을 인정하고 있다. 국민의 기본권 침해에 대한 구제의 범위를 확대한다는 점에서 바람직한 방향이라고 평가할 수 있다.

(iii) 하지만, **헌법적 해명이 필요하지 아니한 경우**에는 심판청구의 이익도 인정할 수 없다고 본 사례도 다수 있다.

지방의회 위원회 위원장은 특정 방청신청에 대하여 구체적 사정을 고려하여 허가 여부를 결정하고, 위원회 회의는 논의가 속행되지 아니하는 이상 개별 회의마다 성격이 다르므로 이 사건 **방청불허행위(傍聽不許行爲)**와 동일한 행위가 반복될 위험성은 없다. 설령 반복 위험성이 있더라도 이 사건에서는 이 사건 방청불허행위가 지방자치법의 적법한 요건을 갖추고 있는가에 관한 위법성이 문제될 뿐이므로, 헌법적으로 해명이 중대한 의미를 지니는 경우로 보기 어렵다(헌재 2017.7.27. 2016헌마53, 방청불허처분취소(각하)).

심판청구 후 개정되어 서울광장의 사용이 신고제로 운영되게 됨에 따라 더 이상 피청구인에 의하여 서울광장의 사용거부나 불허처분이 행해질 수 없으므로 동일하거나 유사한 공권력행사가 반복될 우려가 있다고 할 수 없고, 피청구인이 위와 같은 개정조례안 재의결의 무효확인을 구하는 소를 제기하였다가 이를 취하함으로써 신고제를 취한 개정조례의 효력이 문제될 수 있을 만한 사정도 사라져 버렸으므로 헌법질서의 수호·유지를 위하여 헌법적 해명이 긴요한 사항이라고 할 수도 없다(헌재 2012.2.23. 2009헌마403, 서울특별시 서울광장 사용허가 불허처분 위헌확인(각하)).

구 'G20 정상회의 경호안전을 위한 특별법' 관련 조항은 부칙에서 정한 **유효기간의 종기가 도과하여 실효(失效)**된 이상 주관적 권리보호이익이 인정되지 아니하고, 위 조항은 G20 정상회의를 개최함에 따라 행해진 **1회적인 입법조치**라서 앞으로 이와 동일한 입법이 반복적으로 행해질 것이라고 단정할 수 없고, 이미 실효되었고 반복가능성도 없는 위 조항의 위헌 여부를 판단하는 것은 향후의 헌법질서의 수호·유지에 기여한다고 볼 수도 없으므로 헌법적 해명의 필요성을 인정할 수 없다(헌재 2012.2.23. 2010헌마660등, G20 정상회의 경호안전을 위한 특별법 제5조 등 위헌확인 (각하)).

물포운용지침 등 관련규정과 대법원 판례에 의하면, **물포발사행위**는 타인의 법익이나 공공의 안녕질서에 대하여 직접적이고 명백한 위험을 초래하는 집회나 시위에 대하여 구체적인 해산사유를 고지하고 최소한의 범위 내에서 이루어져야 하므로, 집회 및 시위 현장에서 청구인들이 주장하는 것과 같은 유형의 근거리에서의 물포 직사살수(直射撒水)라는 기본권침해가 반복될 가능성이 있다고 보기 어렵고, 설령 물포발사행위가 그러한 법령상의 한계를 위반하면 위법함이 분명하므로, 헌법재판소가 헌법적으로 해명할 필요가 있는 사안이라고 보기도 어렵다(헌재 2014.6.26. 2011헌마815, 물포사용행위 위헌확인 (각하)).

피청구인이 '북한주민 등에 대한 인권유린의 증거조사 및 기록보존을 위한 제도적 장치를 마련하고, 인권유린의 중단 및 예방조치를 강구하기 위한 법률'을 마련하지 않음으로써 자신들의 기본권이 침해되었다는 청구인들의 주장은 위와 같은 북한인권법의 제정으로 모두 해소되었으므로, 이 사건 심판청구의 권리보호이익은 소멸되었고, 달리 헌법적 해명의 필요성도 찾아보기 어렵다(헌재 2016.4.28. 2013헌마266, 입법부작위 위헌확인(각하)).

피청구인 교도소장이 미결수용자인 청구인이 자비로 구매한 흰색 러닝셔츠 1장을 허가 없이 다른 색으로 물들여 소지하고 있던 것을 '형의 집행 및 수용자의 처우에 관한 법률' 소정의 금지물품에 해당한다고 보아 같은 법에 따라 폐기한 행위에 대한 헌법소원 심판청구는 심판청구의 이익이 인정되지 아니한다(헌재 2016.10.27. 2014헌마626, 교도소 내 부당처우행위 위헌확인(각하)).

국립공원관리공단이 국립공원 입장료와 문화재 관람료를 통합징수한 행위를 다투는 헌법소원은 통합징수가 이미 폐지되어 권리보호이익이 없다(헌재 2007.3.29. 2006헌마363, 문화재 관람료 통합징수 행위 취소(각하)).

V. 보충성의 원칙과 예외

1. 의 의

헌법소원은 기본권침해를 제거할 수 있는 다른 수단이 없거나 헌법재판소에 제소하지 아니하고도 동일한 결과를 얻을 수 있는 법적 절차나 방법이 없을 때에 한하여 예외적으로 인정되는 최후의 기본권보장수단으로 이해되고 있다(헌법소원의 보충성). 이에 따라 헌법소원심판은 법적으로 허용되는 다른 권리구제의 절차를 모두 거치지 아니하는 한 적법하게 청구할 수 없다. 이러한 헌법소원심판의 적법요건을 보충성의 원칙이라 부른다. 이것은 헌법소원을 예비적·최후적 구제수단으로 함으로써 남소(濫訴) 및 민중소송화를 막기 위한 소송법적 장치라 할 수 있다.

2. 원 칙

헌법재판소법 제68조 제1항 단서는 "다른 법률에 구제절차가 있는 경우에는 그 절차를 모두 거친 후에 청구할 수 있다"라고 하여 보충성(補充性)의 원칙을 제시한다. 여기서 말하는 권리구제절차는 공권력의 행사 또는 불행사를 직접대상으로 하여 그 효력을 다툴 수 있는 권리구제절차를 의미하며, 사후적·보충적 구제수단인 손해배상청구나 손실보상청구를 의미하지 아니함은 헌법소원제도를 규정한 헌법의 정신에 비추어 명백하다(헌재 1989.4.17. 88헌마3, 검사의 공소권행사에 대한 헌법소원(각하); 헌재 2004.7.15. 2002헌마676, 국유지양여신청거부처분 위헌확인(각하)).

현행범인으로 체포되어서 경찰서 유치장에 구금되어 체포된 때로부터 48시간이 경과하기 전에 석방된 자가 자신에 대한 구금은 불필요하게 장시간 계속된 것으로서 기본권을 침해하였다며 제기한 헌법소원은 "체포에 대하여는 헌법과 형사소송법이 정한 체포적부심사라는 구제절차가 존재함에도 불구하고 체포적부심사절차를 거치지 않고 제기된 헌법소원심판청구는 법률이 정한 구제절차를 거치지 않고 제기된 것으로서 보충성의 원칙에 반하여 부적법하다"(헌재 2010.9.30. 2008헌마628, 유치장 구금행위 위헌확인(각하))(헌재 2011.6.30. 2009헌바199, 형법 제311조 위헌소원 등(합헌,기각)).

피청구인이 청구인에 관한 보도자료를 기자들에게 배포한 행위는 수사기관이 공소제기

이전에 피의사실을 대외적으로 알리는 것으로서, 이것이 형법 제126조의 피의사실공표죄에 해당하는 범죄행위라면 청구인은 이를 수사기관에 고소하고 그 처리결과에 따라 검찰청법에 따른 항고를 거쳐 재정신청을 할 수 있으므로, 위와 같은 권리구제절차를 거치지 아니한 채 제기한 보도자료 배포행위에 대한 심판청구는 보충성 요건을 갖추지 못하여 부적법하다(헌재 2014.3.27. 2012헌마652, 피의사실 언론공표 등 위헌확인(위헌확인,각하)).

교도소장의 이송처분(移送處分)(헌재 1992.6.19. 92헌마110, 이송처분에 대한 헌법소원(각하)), 교도소장의 서신발송 불허처분(헌재 2016.4.28. 2013헌마870, 행정심판위원회재결 위헌확인(각하)) 공정거래위원회의 경고(헌재 2012.6.27. 2010헌마508, 경고의결처분취소(각하)), 민주화운동관련자명예회복및보상심의위원회의 명예회복신청기각결정(헌재 2002.10.31. 2002헌마213, 명예회복신청기각결정취소(각하)), 운전적성판정을 위하여 장애인에 대하여 실시하는 운동능력측정검사에서의 불합격처분(헌재 2005.3.31. 2003헌마746, 장애인운동능력측정검사불합격처분취소 등(각하)), 고용노동부장관의 전국교직원노동조합에 대한 시정요구(헌재 2015.5.28. 2013헌마671등, 교원의 노동조합 설립 및 운영 등에 관한 법률 제2조 위헌확인 등(기각,각하,합헌)) 등에 대하여는 행정소송 등의 절차에 따라 구제를 받을 수 있으므로 사전구제 절차를 거치지 아니하고 제기한 헌법소원심판청구는 부적법하다.

(ii) 종래 헌법재판소는 국가인권위원회의 진정각하 · 진정기각 결정에 대하여 확립된 대법원 판례로 행정처분성이 긍정된다고 보기 어렵다는 이유를 들어 헌법소원심판 제기가 적법하다고 함으로써 보충성 요건을 요구하지 않았으나, 이후 국가인권위원회의 진정각하 · 진정기각 결정은 항고소송의 대상이 되는 행정처분에 해당한다고 선례를 변경하였다(대판 2009.4.9. 2008두16070; 대판 2015.1.29. 2014두42711 등 참조). 헌법재판소는 국가인권위원회의 진정각하 · 진정기각 결정에 대하여 행정심판이나 행정소송의 구제절차를 거치지 아니한 이상 보충성 요건을 충족하지 못한다고 판시한다.

국가인권위원회는 법률상의 독립된 국가기관이고, 피해자인 진정인에게는 국가인권위원회법이 정하고 있는 구제조치를 신청할 법률상 신청권이 있는데 국가인권위원회가 진정(陳情)을 각하 및 기각결정을 할 경우 피해자인 진정인으로서는 자신의 인격권 등을 침해하는 인권침해 또는 차별행위 등이 시정되고 그에 따른 구제조치를 받을 권리를 박탈당하게 되므로, 진정에 대한 국가인권위원회의 각하 및 기각결정은 피해자인 진정인의 권리행사에 중대한 지장을 초래하는 것으로서 항고소송의 대상이 되는 행정처분에 해당하므로, 그에 대한 다툼은 우선 행정심판이나 행정소송 등 사전 구제절차를 거치지 아니하였으므로 보충성 요건을 충족하지 못하였다(헌재 2015.3.26. 2013헌마214등, 진정사건 각하결정 취소 등(각하)).

3. 보충성의 예외(例外)

(i) 청구인이 자신의 불이익으로 돌릴 수 없는 정당한 이유있는 착오로 전심절차를 밟지 아니한 경우 또는 전심절차로 권리가 구제될 가능성이 거의 없거나 권리구제절차가 허용되는지의 여부가 객관적으로 불확실하여 전심절차이행의 기대가능성이 없을 때에는 보충성의 원칙에 대한 예외를 인정하여 적법한 헌법소원심판청구로 본다(헌재 1989.9.4. 88헌마22, 공권력에 의한 재산권 침해에 대한 헌법소원(인용(위헌확인),기각)). 그 취지는 이를 통하여 청구인에게 시간과

노력과 비용의 부담을 지우지 아니하고 헌법소원심판제도의 창설 취지를 살리고자 하는 데 있다.

소송에서 패소(敗訴)가 예견(豫見)된다는 점만으로는 전심절차로 권리가 구제될 가능성이 거의 없어 전심절차이행의 기대가능성이 없는 경우에 해당한다고 볼 수 없다(헌재 2010.4.29. 2003헌마283, 임원취임 승인취소 처분 등 취소(각하)).

① 피해자의 고소가 아닌 수사기관의 인지 등에 의하여 수사가 개시된 피의사건에서 검사의 불기소처분이 이루어진 경우, 고소하지 아니한 피해자로 하여금 별도의 고소 및 이에 수반되는 권리구제절차를 거치게 하는 방법으로는 종래의 불기소처분 자체의 취소를 구할 수 없고 당해 수사처분 자체의 위법성도 치유될 수 없다는 점에서 이를 본래 의미의 사전 권리구제절차라고 볼 수 없고, 고소하지 아니한 피해자는 검사의 불기소처분을 다툴 수 있는 통상의 권리구제수단도 경유할 수 없으므로 그 불기소처분의 취소를 구하는 헌법소원의 사전 권리구제절차라는 것은 형식적·실질적 측면에서 모두 존재하지 아니할 뿐만 아니라 별도의 고소 등은 그에 수반되는 비용과 권리구제가능성 등 현실적인 측면에서 볼 때에도 불필요한 우회절차를 강요함으로써 피해자에게 지나치게 가혹할 수 있으므로 고소하지 아니한 피해자는 예외적으로 불기소처분의 취소를 구하는 헌법소원심판을 곧바로 청구할 수 있다. ② 검사의 불기소처분에 대한 검찰청법 소정의 항고(抗告) 및 재항고는 그 피의사건의 고소인 또는 고발인만이 할 수 있을 뿐 기소유예처분을 받은 피의자가 범죄혐의를 부인하면서 무고(無辜)함을 주장하는 경우에는 검찰청법이나 다른 법률에 이에 대한 권리구제절차가 마련되어 있지 아니하므로, 기소유예처분을 받은 피의자가 검사의 기소유예처분의 취소를 구하는 헌법소원심판을 청구하는 경우에는 보충성원칙의 예외에 해당한다(헌재 2010.6.24. 2008헌마716, 기소유예처분취소 등(인용, 기각)).

(ii) 구제절차가 없거나 구제절차가 있다고 하더라도 권리구제의 기대가능성이 없고 다만 기본권침해를 당한 청구인에게 불필요한 우회절차를 강요하게 되는 경우 등으로서 당해 법률에 대한 전제관련성이 확실하다고 인정되는 때에는 당해 법률을 헌법소원의 직접대상으로 삼을 수 있다(헌재 1992.4.14. 90헌마82, 국가보안법 제19조에 대한 헌법소원(위헌)). 이에 따라 헌법재판소는 법률·행정입법·조례 등 법령 자체에 대한 헌법소원에 대하여 보충성원칙을 적용하지 아니한다.

"법령 자체에 의한 직접적인 기본권 침해 여부가 문제되었을 경우 그 법령의 효력을 직접 다투는 것을 소송물로 하여 일반 법원에 구제를 구할 수 있는 절차는 존재하지 아니하므로(일반법원에 명령·규칙을 직접 대상으로 하여 행정소송을 제기한 경우에 이것이 허용되어 구제된 예를 발견할 수 없다) 이 경우에는 다른 구제절차를 거칠 것 없이 바로 헌법소원심판을 청구할 수 있는 것이다"(헌재 1990.10.15. 89헌마178, 법무사법시행규칙에 대한 헌법소원(위헌)).

"이 사건 조항은 학교교과교습학원 및 교습소의 교습시간을 제한하고 있을 뿐이므로 비록 그로 인하여 학원 운영자 등이 교습시간을 제한받는다고 하여도 위 조항을 그 상대방과 적용사건이 특정되는 처분적 조례로서 항고소송의 대상이 된다고 볼 수 있을지는 의문이다. 그렇다면 이 사건 조항에 대한 소송을 일반 법원에 제기하더라도 이 사건 조항이 항고소송의 대상이 되는 행정처분에 해당하는지 여부가 객관적으로 불확실하고 이 사건 조항에 대하여 법원에서 항고소송의 대상으로 인정받은 적도 없는바, 청구인들에게 항고소송에 의한 권리구제절차를 거치도록 요구하거나 기대할 수 없으므로 보충성의 예외를 인정하여 헌법소원을 허용함이 상당하다"(헌재 2009.10.29. 2008헌마454, 부산광역시 학원의 설립·운영 및 과외교습에 관한 조례 제9조 위헌확인(기각)).

법률상 구제절차가 없는 경우에 해당하거나 사전에 구제절차를 거칠 것을 기대하기가 곤란한 경우에는 보충성의 요건을 충족한 것이다. 대통령 선거방송토론위원회의 결정이 행정쟁송의 대상인 처분인지 여부는 객관적으로 불확실하며, 처분에 해당한다고 하더라도 짧은 법정선거운동기간에 행정쟁송절차가 완료되어 구제될 가능성은 기대하기 어려우므로, 토론위원회의 결정을 다툼에 있어 행정쟁송을 거칠 것을 요구하는 것은 적절치 않다(헌재 1998.8.27. 97헌마372등, 방송토론회진행사항결정행위 등 취소(기각)).

취소·변경 청구의 대상이 되어야 할 접견방해행위는 계속 중인 것이 아니라, 이미 종료된 사실행위여서 취소·변경할 여지가 없기 때문에 법원으로서는 재판할 이익이 없다고 하여 청구를 각하할 수밖에 없을 것이므로 형사소송법 제417조 소정의 불복방법은 이 사건과 같은 수사기관에 의한 접견방해에 대한 구제방법이 될 수 없고 헌법소원의 심판청구이외에 달리 효과있는 구제방법을 발견할 수 없다(헌재 1992.1.28. 91헌마111, 변호인의 조력을 받을 권리에 대한 헌법소원(인용(위헌확인),위헌)).

미결수용자에 대한 서신검열과 서신의 지연발송 및 지연교부행위를 대상으로 한 심판청구 부분은 적법하다(헌재 1995.7.21. 92헌마144, 서신검열 등 위헌확인(인용(위헌확인),한정위헌,기각,각하)).

"교도소내의 수용자 처우는 이른바 권력적 사실행위로서 행정소송의 대상이 된다고 단정하기 어렵고, 가사 행정소송의 대상이 된다고 하더라도 해당 처우가 이미 종료되었으므로 권리보호이익의 소멸로 각하될 가능성이 많은바, 청구인에게 그에 의한 권리구제절차를 밟을 것을 기대하기는 곤란하므로 보충성원칙의 예외로서 헌법소원의 제기가 가능하다"(헌재 2011.4.28. 2009헌마305, 특별관리대상자 관리지침 위헌확인(각하)).

검사의 접견불허행위에 대하여 준항고를 제기하지 아니하고 헌법소원심판을 청구한 경우: "사건 당일 종료된 검사의 접견불허행위에 대하여 청구인이 형사소송법 제417조에 따라 그 취소를 구하는 준항고를 제기할 경우 법원이 법률상 이익이 결여되었다고 볼 것인지 아니면 실체 판단에 나아갈 것인지가 객관적으로 불확실하여 청구인으로 하여금 전심절차를 이행할 것을 기대하기 어려우므로, 청구인의 위 접견불허행위에 대한 심판청구에 대해서는 보충성원칙의 예외가 인정된다"(헌재 2019.2.28. 2015헌마1204, 변호인 접견불허 위헌확인 등(인용(위헌확인),각하)).

(iii) 헌법재판소는 공무원이 자신에 대하여 발하여진 직무명령(전투경찰의 진압명령)의 취소를 구하는 헌법소원(헌재 1995.12.28. 91헌마80, 전투경찰대설치법 등에 대한 헌법소원(기각,각하)), 행정심판법과 행정소송법의 부작위는 행정쟁송의 요건으로 당사자의 신청이 필요함에도 불구하고 신청을 전제로 하지 아니하는 행정부작위를 대상으로 제기한 헌법소원(헌재 1995.7.21. 94헌마136, 고발권불행사 위헌확인(기각)), 타인의 고소·고발에 따른 불기소처분에 대한 헌법소원(헌재 1992.1.28. 90헌마227, 불기소처분에 대한 헌법소원

(각하), 감사원장의 국민감사청구기각결정에 대한 헌법소원(헌재 2006.2.23. 2004헌마414, 국민감사청구기각결정취소(기각)), 권력적 사실행위(헌재 2007.11.29. 2004헌마290, 경고 및 관계자 경고 처분취소(취소,각하)) 등에 대하여 보충성의 원칙의 예외를 인정한다.

> 후방착석(後方着席)요구행위에 대하여 형사소송법 제417조의 준항고로 다툴 수 있는지 여부가 불명확하므로, 보충성 원칙의 예외가 인정된다(헌재 2017.11.30. 2016헌마503, 변호인 참여신청서 요구행위 등 위헌확인(인용(위헌확인),각하)).

또한 헌법재판소는 감사원장의 국민감사청구기각결정(헌재 2006.2.23. 2004헌마414, 국민감사청구기각결정취소(기각))에 대하여도 보충성 원칙의 예외를 인정한다.

> "감사원장의 국민감사청구기각결정의 처분성 인정 여부에 대하여 대법원판례는 물론 하급심판례도 아직 없으며 부패방지법상 구체적인 구제절차가 마련되어 있는 것도 아니므로, 청구인들이 행정소송을 거치지 않았다고 하여 보충성 요건에 어긋난다고 볼 수는 없다."

한편 헌법재판소는 행정심판법과 행정소송법의 부작위는 행정쟁송의 요건으로 당사자의 신청이 필요함에도 불구하고 신청을 전제로 하지 아니하는 행정부작위를 대상으로 제기한 헌법소원(헌재 1995.7.21. 94헌마136, 고발권불행사 위헌확인(기각))에 대해서도 보충성의 원칙의 예외를 인정한다.

> "공정거래법은 고발에 대한 이해관계인의 신청권을 인정할 수 있는 규정을 두고 있지 아니할 뿐만 아니라, 법해석상으로도 공정거래위원회의 고발권행사가 청구인의 신청이나 동의 등의 협력을 요건으로 하는 것이라고 보아야 할 아무런 근거도 없다. 그렇다면 이 사건 심판대상 행정부작위는 더 나아가 살필 여지도 없이 행정심판 내지 행정소송의 대상이 되는 '부작위'로서의 요건을 갖추지 못하였다고 할 것이므로 이러한 경우에도 청구인에게 위와 같은 행정쟁송절차의 사전 경유를 요구한다면 이는 무용한 절차를 강요하는 것으로 되어 부당하다. … 따라서 청구인이 이 사건 심판대상 행정부작위에 대하여 위와 같은 행정쟁송절차의 경유 없이 곧바로 헌법소원심판청구를 한 것은 보충성의 예외로서 적법하다고 보아야 할 것이다"(헌재 1995.7.21. 94헌마136, 고발권불행사 위헌확인(기각)).

(ⅳ) 반면에 헌법재판소는 대법원의 확립된 판례에 비추어 패소가 예견된다는 점만으로는 전심절차로 권리가 구제될 가능성이 거의 없어 전심절차이행의 기대가능성이 없는 경우에 해당한다고 볼 수 없다(헌재 1998.10.29. 97헌마285, 부가가치세부과처분 등 위헌확인(각하))라고 판시한 바 있고, 예비판사임용거부처분에 대하여도 검사임용거부처분과 마찬가지로 항고소송의 대상이 되는 행정처분에 해당된다는 이유로 각하결정을 내렸다(헌재 2001.12.20. 2001헌마245, 예비판사임용거부처분취소(각하); 헌재 2002.8.29. 2002헌마26, 춘천교육대학교특별전형편입대상자공개경쟁선발시험불합격처분취소(각하)). 하지만, 헌법소원은 예외적이고 최종적인 구제수단이므로, 이 경우도 보충성의 예외가 인정되어야 한다.

(ⅴ) 이와 관련하여 판례상 행정소송의 대상이 되는지 여부가 불분명한 권력적 사실행위에 대하여 학자들의 견해를 수용하여 판례를 변경할 경우 헌법재판소도 보충성원칙을 수용할 수밖에 없다. 이에 권리구제와 소송경제를 위하여 헌법재판소의 보충성원칙에 대한 명확한 기준이 제시되어야 한다. 검사의 불기소처분이라는 특수한 사안이긴 하지만, 헌법재판소는 "헌법재판 계속 중에 대검찰청의 재항고기각결정이 있으면 동 심판청구는 전치요건흠결의 하자가 치유되어 적법하다"라고 판시한다(헌재 1991.4.1. 90헌마194, 불기소처분에 대한 헌법소원(기각,각하)). 하지만, 보충성요건 흠결(欠缺)의 치유이론(治癒理論)을 일반적으로 적용할 수는 없다(김철용 · 김문현 · 정재황, 헌법재판절차의 개선을 위한 입법론적 연구, 헌법재판연구 4, 1993).

헌법재판소는 "종전의 대법원판례를 신뢰하여 헌법소원의 방법으로 권리구제를 구하던 중 대법원판례가 변경되고 변경된 대법원판례에 따를 경우 제소기간의 도과로 법원에 의한 권리구제를 받을 수 없게 되는 예외적인 경우라면 그 이전에 미리 제기된 권리구제의 요청, 즉 청구인의 헌법소원심판청구는 헌법상 보장된 실질적인 재판청구권의 형해화를 막기 위하여 허용되어야" 하고 이러한 해석이 기본권침해에 대한 마지막 구제수단으로서 허용된다는 보충성의 원칙에 어긋나지 아니하므로 보충성요건의 흠결이 있다고 할 수 없다고 판시한다.

"지목변경신청반려행위(地目變更申請返戾行爲)가 항고소송의 대상이 되는 처분행위에 해당한다는 변경된 대법원판례에 따르면 지목변경신청반려행위에 대하여 행정소송을 거치지 않고 제기된 헌법소원심판청구는 보충성의 요건을 흠결하여 각하되어야 한다. 그러나 지목변경신청반려행위의 처분성을 부인하던 종래의 대법원판례가 변경되기 전에 제기된 지목변경신청반려행위에 대한 헌법소원심판청구의 경우에는 변경된 대법원판례에 따라 보충성의 요건을 판례변경 전까지 소급하여 엄격하게 적용하면 헌법재판소로서는 청구인의 청구를 각하해야 될 뿐만 아니라 청구인이 별도로 제기할 지목변경신청반려행위의 취소를 구하는 행정소송에서도 그 청구는 제소기간의 도과(徒過)로 각하될 것이 분명하므로 청구인으로서는 지목변경신청반려행위에 대하여 더 이상 다툴 수 없게" 되므로 권리를 구제받을 길이 없게 된다(헌재 2004.6.24. 2003헌마723, 지목변경신청반려처분취소(기각))(헌재 2005.9.13. 2005헌마829, 지목정정신청반려처분취소(각하)).

Ⅵ. 헌법소원심판의 절차

1. 청구기간

(1) 법정기간

헌법재판소법에 의하면 "제68조 제1항에 따른 헌법소원의 심판은 그 사유가 있음을 안 날부터 90일 이내에, 그 사유가 있는 날부터 1년 이내에 청구하여야 한다.

다만, 다른 법률에 의한 구제절차를 거친 헌법소원의 심판은 그 최종결정을 통지받은 날로부터 30일 이내에 청구하여야 한다"(헌재법 제69조 제1항).

헌법소원심판청구의 청구기간을 제한하는 헌법재판소법 제69조 제1항은 재판청구권을 침해하지 아니한다(헌재 2007.10.25. 2006헌마904, 헌법재판소법 제69조 제1항 위헌확인(기각)).

(2) 청구기간의 기준

(i) 권리구제형 헌법소원의 심판은 원칙적으로 그 사유가 있음을 안 날부터 90일 이내에, 그 사유가 있는 날부터 1년 이내에 청구하여야 한다(헌재법 제69조 제1항 본문). 여기에서 '사유가 있음을 안 날'이란 공권력의 행사에 의하여 기본권 침해의 사실관계를 안 날을 의미하고 '사유가 있는 날'이란 공권력의 행사에 의하여 기본권에 대한 침해가 현실적으로 발생한 날을 뜻한다.

사인소추(私人訴追)를 금지하는 형사소송법 제246조의 규정에 의한 기본권침해를 안 날은 '고소한 때'로 보아야 한다(반대의견: 검사의 불기소처분 또는 이에 따른, 항고・재항고절차의 종료를 안 때를 기산점)(헌재 2001.1.18. 2000헌마66, 주차장법 제19조 등 위헌확인(각하))(헌재 2005.3.31. 2004헌마436, 형사소송법 제246조 등 위헌확인(각하)).

(ii) 기본권침해가 있음을 안 날로부터 90일, 그 사유가 있은 날로부터 1년이 지나지 않아야 청구기간을 준수한 것이 되며, 만일 두 기간 중에 어느 하나라도 경과하면 부적법한 청구가 된다.

(3) 청구기간의 계산

청구기간은 민사소송에 관한 법령을 준용하여 민법상 기간에 관한 조항에 따라 계산한다(헌재법 제40조 제1항; 민사소송법 제170조). 헌법재판소법상 청구기간은 일(日) 또는 년(年)으로 정하여져 있으므로 기간의 초일(初日)은 산입하지 아니하는 것이 원칙이나, 가령 법령의 시행일과 같이 그 기간이 오전 영시로부터 시작하는 때에는 그러하지 아니하다(민법 제157조). 청구기간의 90일 또는 1년은 그 기간말일의 종료로 기간이 만료하며(민법 제159조),[1] 1년의 청구기간은 역(曆)에 의하여 계산한다(민법 제160조). 기간의 말일이 토요일 또는 공휴일에 해당하는 때에는 청구기간은 그 다음날(翌日)로 만료한다(민법 제161조).

(4) 법령소원의 기산점

A. 기산점의 유형

(i) 헌법재판소는 법령에 대한 헌법소원의 청구기간을 다음의 두 가지 유형

1) 민법 제159조(기간의 만료점): "기간을 일, 주, 월 또는 연으로 정한 때에는 기간말일의 종료로 기간이 만료한다."

에 따라 기산일을 산정하고 있다.

첫째, 법령의 시행과 동시에 기본권침해를 받은 경우에는 헌법소원청구인이 그 법령이 시행된 사실을 안 날로부터 90일 이내에, 법령이 시행된 날로부터 1년 이내에 헌법소원심판을 청구하여야 한다.

둘째, 법령의 시행 이후에 그 법령에 해당하는 사유가 발생하여 비로소 기본권 침해를 받은 경우에는 청구인이 법령에 해당하는 사유가 발생하였음을 안 날로부터 90일, 그 사유가 발생한 날로부터 1년 이내에 헌법소원심판을 청구하여야 한다(헌재 2004.4.29. 2003헌마484, 건축법 제21조 제1항 위헌확인(각하) 등).

(ii) 법령에 대한 헌법소원심판에 있어 청구기간 산정의 기산점이 되는 "법령에 해당하는 사유가 발생한 날"이란 "법령의 규율을 구체적이고 현실적으로 적용받게 된 최초의 날"을 의미한다고 보아야 한다. 즉 일단 법령에 해당하는 사유가 발생하면 그때로부터 당해 법령에 대한 헌법소원의 청구기간의 진행이 개시되며 그 이후에 새로이 법령에 해당하는 사유가 발생한다고 하여 일단 개시된 청구기간의 진행이 정지되고 새로운 청구기간의 진행이 개시된다고 볼 수는 없다(헌재 2001.6.28. 2000헌마111, 공직선거및선거부정방지법 제15조제1항위헌확인(기각)).

"헌법소원심판청구에 대한 청구취지변경이 이루어진 경우 청구기간의 준수 여부는 법 제40조 제1항 및 민사소송법 제265조에 의하여 추가 또는 변경된 청구서가 제출된 시점을 기준으로 판단하여야 한다. 청구취지 등 정정서를 낸 경우도 마찬가지이다."

(iii) 법령 자체에 대한 헌법소원도 마찬가지이다. 다만, 법령에 대한 헌법소원심판 청구기간을 도과한 후에, 그 법령에 의한 법률효과에 대하여 법원에 재판을 청구할 수 있는 경우 위헌법률심판청구를 할 수는 있다.

"이 사건 법률조항에 의해 당연퇴직한 제청신청인이 헌법소원심판 청구기간을 도과한 채 공무원지위확인을 구하는 당사자소송을 제기하여 소송계속중 당해 법원이 이 사건 법률조항에 대하여 위헌법률심판을 제청한 경우, 제청법원은 당해 사건 본안을 판단함에 있어서 이 사건 법률조항의 위헌 여부에 따라 당해 사건의 재판의 결론이나, 주문, 이유 등을 달리하게 될 것이 명백하므로 재판의 전제성을 인정할 수 있다. 다만, 이미 오래 전에 이 사건 법률조항과 유사한 공무원인사 관련 법률조항에 의하여 당연퇴직된 당사자들이 이 사건과 같이 당사자소송을 통하여 위헌법률심판제청을 다수 하는 경우 법적 안정성이 문제될 수 있는데, 이는 재판의 전제성이 없다는 이유로 위헌법률심판제청 자체를 각하할 것이 아니라 위헌결정의 소급효를 적절히 제한함으로써 해결하여야 한다"(헌재 2004.9.23. 2004헌가12, 구 경찰공무원법 제21조 위헌심판(위헌)).

"청구기간이 헌법소원청구인에게 유리하게 개정되었고, 그러한 사건들에 대해서도 신법상 청구기간을 적용한다고 해서 헌법소원청구인들 간에 심한 형평성문제가 있다거나 법적 안정성이 침해되는 것이라 볼 만한 사정도 없으므로, 그러한 사건들에 대해서도 헌법소원청구인에게 유리한 신법상 청구기간규정이 적용된다고 봄이 상당하다"(헌재 2003.7.24. 2003헌마97, 헌법재판소법 제69조 제1항 위헌확인(각하)).

"헌법재판소의 결정례는, 법령에 대한 헌법소원의 청구기간은 법령이 시행된 후에 비로소 그 법령에 해당하는 사유가 발생한 경우에는 언제나 법령시행일이 아닌 해당 사유발생일로부터 기산하여야 한다는 것이 아니라, 법령시행일을 청구기간 기산일로 하는 것이 기본권구제의 측면에서 부당하게 청구기간을 단축하는 결과가 되는 경우 등에는, 법령시행일이 아닌 법령이 적용될 해당 사유가 발생하여 기본권침해가 비로소 현실화된 날부터 기산함이 상당하다는 취지이다"(헌재 2002.1.31. 2000헌마274, 교원공무원법 제47조 위헌확인(각하): "청구인은 이 사건 조항의 시행으로 인하여 그 즉시 정년이 62세로 단축된 중등교원의 지위를 갖게 된 것이지, 이후 62세에 달하여 실제 정년퇴직에 이르러서야 비로소 기본권의 제한을 받게 되었다고 할 것은 아니므로, 청구기간의 기산점은 이 사건 조항의 공포일(시행일)로 보는 것이 타당하다").

B. 특수한 사례

(a) 교원의 정년단축 사례의 경우

헌법재판소는 초·중등교육공무원 정년을 65세에서 62세로 단축한 교육공무원법 제47조에 대한 헌법소원에서 해당 법률조항의 시행일을 기준으로 청구기간을 기산하여야 한다고 판시한 바 있다.

청구인은 이 사건 법률조항의 시행으로 인하여 그 즉시 정년이 62세로 단축된 중등교원의 지위를 갖게 된 것이지, 이후 62세에 달하여 실제 정년퇴직에 이르러서야 비로소 기본권의 제한을 받게 되었다고 할 것은 아니므로, 청구기간의 기산점은 이 사건 법률조항의 공포일(시행일)로 보는 것이 타당하다(헌재 2002.1.31. 2000헌마274, 교육공무원법 제47조 위헌확인(각하)).

(b) 유예기간을 두고 있는 법령의 경우

헌법재판소는 그동안 법령의 시행일 이후 법령에 규정된 일정한 기간이 경과한 후에 비로소 법령의 적용을 받는 청구인들에 대한 헌법재판소법 제68조 제1항의 규정에 의한 법령에 대한 헌법소원심판 청구기간의 기산점을 법령의 시행일이라고 판시하여왔다(헌재 2011.5.26. 2009헌마285, 건설기계관리법 시행령 제2조[별표1] 제27호 위헌확인(각하,기각); 헌재 2013.11.28. 2011헌마372, 연근해어업의 표준어구와 어법에 관한 해석 지침 등 위헌확인(각하))(헌재 2014.5.29. 2013헌마100, 노인복지법 시행규칙 부칙 제3조 등 위헌확인(각하)). 하지만, 헌재 2020.4.23. 2017헌마479 결정에서 유예기간을 두고 있는 법령에 대한 헌법소원심판의 청구기간 기산점을 그 법령의 시행일이 아니라 유예기간 경과일이라고 종전의 판례를 변경하였다.

"유예기간을 경과하기 전까지 청구인들은 이 사건 보호자동승조항에 의한 보호자동승의무를 부담하지 않는다. 이 사건 보호자동승조항이 구체적이고 현실적으로 청구인들에게 적용된 것은 유예기간을 경과한 때부터라 할 것이므로, 이때부터 청구기간을 기산함이 상당하다. 종래 이와 견해를 달리하여, 법령의 시행일 이후 일정한 유예기간을 둔 경우 이에 대한 헌법소원심판 청구기간의 기산점을 법령의 시행일이라고 판시한 우리 재판소 결정들은, 이 결정의 취지와 저촉되는 범위 안에서 변경한다"(헌재 2020.4.23. 2017헌마479, 여객자동차 운수사업법제83조 제1항 제2호 등위헌확인(기각,각하)).

(c) 다른 법률에 의한 구제절차를 거친 경우

헌법재판소법 제69조 제1항 단서에 의하면, "다만, 다른 법률에 따른 구제절차를 거친 헌법소원의 심판은 그 최종결정을 통지받은 날부터 30일 이내에 청구하여야 한다"(제69조 제1항 단서). 헌법재판소는 30일의 청구기간의 기준일을 청구인이 주장하는 구제절차의 최종결정일로 본다(헌재 1992.6.26. 89헌마161, 증여세 등 부과처분에 대한 헌법소원(각하)).

(5) 청구기간의 도과가 문제되지 아니하는 경우

(i) 청구기간을 준수하였는지 여부는 이미 기본권침해가 발생한 경우에 비로소 문제될 수 있다. 따라서 아직 기본권의 침해는 없으나 장래 확실히 기본권 침해가 예측되므로 미리 앞당겨 현재성을 인정하는 경우에는 청구기간 도과의 문제는 발생할 여지가 없다(헌재 1999.12.23. 98헌마363, 제대군인지원에관한법률 제8조 제1항 등 위헌확인(위헌)).

(ii) 진정입법부작위와 같이 공권력의 불행사가 계속되는 경우에는 기본권침해가 계속되고 있으므로 청구기간의 제약이 없다(헌재 1994.12.29. 89헌마2, 조선철도(주) 주식의 보상금청구에 관한 헌법소원(인용(위헌확인))). 다만, 부진정입법부작위는 불완전한 입법규정을 대상으로 하여야 하므로 헌법재판소법 제69조 제1항의 청구기간의 적용을 받는다(헌재 1996.10.31. 94헌마204, 입법부작위 위헌확인(각하)).

(6) 국선대리인 선임신청을 한 경우

헌법소원심판을 청구하려는 자가 변호사를 대리인으로 선임할 자력(資力)이 없는 경우에는 헌법재판소에 국선대리인을 선임하여 줄 것을 신청할 수 있는데 이 경우 헌법소원심판의 청구기간은 국선대리인의 선임신청이 있는 날을 기준으로 정한다(헌재법 제70조 제1항). 이는 국선대리인 선임신청이 있는 날에 헌법소원심판의 청구가 이루어진 것으로 간주하겠다는 취지이다.

(7) 청구기간의 도과에 정당한 사유가 있는 경우

헌법재판소법 제68조 제1항의 헌법소원에는 헌법재판소법 제40조 제1항과 행정소송법 제20조 제2항 단서에 따라 정당한 사유가 있는 경우에는 청구기간을 도과하여도 적법한 청구로 본다. 여기서 "정당한 사유가 있는 경우"라 함은 여러 사정을 종합하여 지연된 헌법소원심판청구를 허용하는 것이 사회통념상 상당하다고 할 수 있는 경우를 뜻한다(헌재 1993.7.29. 89헌마31, 공권력 행사로 인한 재산권침해에 관한 헌법소원(인용(위헌확인))).

헌법재판소 출범 초기에 헌법소원제도가 정착되기 전이며 또한 국제그룹 해체와 관련된 공권력행사의 특이성을 고려하여 청구기간의 도과에 정당한 사유가 있다고 보아 적법한 청구로 인정한 바 있다(헌재 1993.7.29. 89헌마31). 또한 검사가 기소유예처분을 함에 있어 피의자로부터 반성문도 징구하지 아니하고 피의자에게 그 취지도 통지하지 않은 경우, 피의자라 하더라도 불기소처분이 있음을 알지 못하는 데에 과실이나 책임이 있다고 할 수 없으므로 청구기간의 도과에 정당한 사유가 있다고 인정한 바 있다(헌재 2001.12.20. 2001헌마39, 기소유예처분취소(기각)).

2. 청구형식

청구는 서면으로써 하여야 하고 심판청구서에는 청구인 및 대리인, 침해된 권리, 침해의 원인이 되는 공권력의 행사 또는 불행사, 청구이유, 그 밖에 필요한 사항 등을 적어야 한다(헌재법 제71조 제1항). 헌법소원심판청구권자는 그 심판청구의 취지나 이유에서 침해되었다고 주장하는 기본권을 특정하고 침해의 원인으로 간주하는 공권력 담당기관의 작위 또는 부작위 등을 특정하여 밝힘으로써 침해된 기본권을 구제받을 수 있는지 여부에 대하여 헌법적 판단을 구하여야 한다.

다수인 공동으로 헌법소원심판을 청구한 경우 헌법소원심판의 대상인 공권력의 행사 또는 불행사와 침해된 권리가 특정되어 있는지 여부는 청구인별로 개별적으로 판단하여야 한다(헌재 2007.11.29. 2005헌마347, 한국철도공사법 부칙 제8조 위헌확인(각하)).

3. 변호사강제주의

(i) "사인은 변호사를 대리인으로 선임하지 아니하면 청구할 수 없으며 심판수행을 하지 못한다." "다만, 그가 변호사의 자격이 있는 경우에는 그러하지 아니하다"(헌재법 제25조 제3항)(헌재 2004.4.29. 2003헌마783, 헌법재판소법 제25조 제3항 등 위헌확인(기각); 헌재 2001.9.27. 2001헌마152, 헌법재판소법 제70조 등 위헌확인(기각)).

변호사강제주의의 규정은 여러 가지 헌법재판의 종류 가운데 사인이 당사자로 되는 심판청구인 탄핵심판청구와 헌법소원심판청구에 있어서 적용된다고 보아야 할 것인데, 이 규정에 의해 무자력자(無資力者)의 헌법재판을 받을 권리의 침해가능성은 탄핵심판청구에서라기보다는 당사자적격에 아무런 제한을 두고 있지 않은 헌법소원심판청구의 경우이다(헌재 1990.9.3. 89헌마120, 헌법재판소법 제25조 제3항에 관한 헌법소원(기각)).

(ii) "헌법소원심판을 청구하는 자가 변호사를 대리인으로 선임할 자력이 없는 경우에는 헌법재판소에 국선대리인을 선임하여 줄 것을 신청할 수 있다"(제70조). 또한 헌법소원심판을 청구하는 자가 무자력요건에 해당하지 아니하더라도 헌법재판소가 공익상 필요하다고 인정할 때에는 국선대리인을 선임할 수 있다. 헌법소원의 공익적 소송으로서의 취지를 살리기 위하여 국선대리인의 선임요건으로 공익상 요건을 추가하고 있다. 이에 따라 헌법재판소는 헌법재판소규칙이 정하는 바에 따라 변호사 중에서 국선대리인을 선정한다. 헌법재판소의 결정에 대한 헌법소원을 인정하지 아니하기 때문에 국선대리인선임신청을 기각하는 헌법재판소

의 결정에 대하여는 헌법소원심판을 청구할 수 없다(헌재 1989.7.10. 89헌마144, 국한 헌법소선대리인선임신청기각결정에 대원(각하)).

한편 헌법재판소는 변호사강제주의를 완화하여 주는 방향으로 나아간다.

"헌법재판소법 제25조 제3항의 취지는 '재판의 본질을 이해하지 못하고 재판자료를 제대로 정리하여 제출할 능력이 없는 당사자를 보호해 주며 사법적 정의의 실현에 기여'하려는 데 있다고 할 것이고 청구인의 헌법재판청구권을 제한하려는 데 그 본래의 목적이 있는 것이 아니므로 변호사인 대리인에 의한 헌법소원심판청구가 있었다면 그 이후 심리과정에서 대리인이 사임하고 다른 대리인을 선임하지 않았더라도 청구인이 그 후 자기에게 유리한 진술을 할 기회를 스스로 포기한 것에 불과할 뿐, 헌법소원심판청구를 비롯하여 기왕의 대리인에 의하여 수행된 소송행위 자체로서 재판성숙단계에 이르렀다면 기왕의 대리인의 소송행위가 무효로 되는 것은 아니라고 할 것이다. … 이 사건심판청구는 적법하며 위 대리인이 2회에 걸쳐 작성제출한 위 헌법소원심판청구이유보충서의 기재범위 내에서 본안 판단하여야 할 것이다"(헌재 1992.4.14. 91헌마156, 불기소처분에 대한 헌법소원(기각)).

4. 공탁금의 납부

헌법재판소는 헌법소원심판의 청구인에 대하여 헌법재판소규칙으로 정하는 공탁금의 납부를 명할 수 있다(헌재법 제37조 제2항). 이는 독일의 헌법소원남소부담금제도와 유사하다.

Ⅷ. 헌법소원심판의 결정

1. 종국결정의 유형

(1) 심판절차종료선언결정

(ⅰ) 청구인이 사망(헌재 1992.11.12. 90헌마33, 불기소처분에 대한 헌법소원(기타); 헌재 1994.12.29. 90헌바13, 형법 제338조 등에 대한 헌법소원(기타))하였으나 수계할 당사자가 없는 경우 민사소송법 제233조에 의하여 심판절차를 종료하거나, 청구인이 헌법소원청구를 취하(헌재 1995.12.15. 95헌마221등, 불기소처분취소(5·18관련)(취하))하는 경우에 절차를 종료하는 결정을 내린다.

[다수의견] "헌법재판소법이나 행정소송법이나 헌법소원심판청구의 취하와 이에 대한 피청구인의 동의나 그 효력에 관하여 특별한 규정이 없으므로, 소의 취하에 관한 민사소송법 제239조는 검사가 한 불기소처분의 취소를 구하는 헌법소원심판절차에 준용된다고 보아야 한다. 따라서 청구인들이 헌법소원심판청구를 취하하면 헌법소원심판절차는 종료되며, 헌법재판소로서는 헌법소원심판청구가 적법한 것인지 여부와 이유가 있는 것인지 여부에 대하여 판단할 수 없게 된다"(헌재 1995.12.15. 95헌마221등, 불기소처분취소(5·18관련)(취하)).

[반대의견(3인)] "헌법소원심판청구 중 주관적 권리구제에 관한 점 이외에, 헌법질서

의 수호·유지를 위하여 긴요한 사항으로서 그 해명이 헌법적으로 특히 중대한 의미를 지니고 있는 부분이 있는 경우에는, 비록 심판청구의 취하가 있는 경우라 하더라도, 전자의 부분에 한하여 민사소송법 제239조의 준용에 따라 사건의 심판절차가 종료될 뿐이고, 후자의 부분에 대하여서는 헌법소원심판의 본질에 반하는 위 법률조항의 준용은 배제된다고 할 것이므로 위 취하로 말미암아 사건의 심판절차가 종료되는 것이 아니라 할 것이다. 따라서 청구인이 심판청구를 취하하면, 전자에 부분에 대하여는 심판절차의 종료선언을 하되, 후자의 부분에 대하여는 헌법적 해명을 하는 결정선고를 함이 마땅하다."

[평석] 헌법재판제도의 객관적 규범통제로서의 역할을 고려한다면 다수의견은 타당하다고 할 수 없다; 헌재 2003.2.11. 2001헌마386, 헌법재판소법 제68조 제1항 위헌확인 등(취하) 사건에서도 헌법재판소의 한정위헌결정의 기속력을 부인한 대법원판결의 취소를 구하던 청구인이 청구를 취하하자 소송절차종료선언을 하였다. 하지만, 이 결정에서도 2인의 재판관은 위헌의견을 제시하였다.

(ii) 그러나 헌법소원의 주관적 권리구제뿐만 아니라 객관적 헌법질서보장의 측면에서 헌법소원청구 취하의 경우에도 본안판단을 하여야 한다(헌재 2003.4.24. 2001헌마386, 헌법재판소법 제68조 제1항 위헌확인 등(취하)(김영일·송인준 재판관의 반대의견))(허영 856면).

(iii) 한편 기망(欺罔)에 의한 청구의 취하를 취소할 수 있는지에 대하여 헌법재판소는 소송행위에 있어서는 그 표시를 기준으로 하여 의사표시의 효력 유무를 판단할 수밖에 없으므로 기망에 의한 취하였다고 하더라도 이를 무효라 할 수 없다고 판시한 바 있다(헌재 2005.3.31. 2004헌마991, 불기소처분취소(기각)).

(2) 심판청구각하결정

(i) 헌법소원심판의 대상이 되지 못하거나 청구요건을 갖추지 못하여 청구가 부적법한 경우에 각하결정을 내린다. 각하결정은 전원재판부에서 내리지만, 지정재판부의 사전심사를 통하여 보충성·출소기간·변호사강제주의 위반 기타 요건불비를 이유로 재판관 전원의 일치된 의견으로 내려질 수도 있다. 지정재판부는 헌법소원을 각하한 경우, 그 결정일부터 14일 이내에 청구인 또는 그 대리인 및 피청구인에게 그 사실을 통지하여야 한다(헌재법 제73조 제1항).

(ii) 각하결정의 사유로는 ① 다른 법률에 의한 구제절차가 있는 경우에 그 절차를 모두 거치지 아니한 경우, ② 헌법재판소법 제68조 제1항에 따라 헌법소원에서 제외되는 법원의 재판에 대하여 헌법소원심판이 청구된 경우, ③ 법 제69조의 규정에 의한 청구기간이 경과한 후 헌법소원심판이 청구된 경우, ④ 법 제25조의 규정에 의한 대리인의 선임 없이 청구한 경우, ⑤ 기타 헌법소원심판의 청구가 부적법하고 그 흠결을 보정할 수 없는 경우 등이 있다. 각하결정에서 판시한 요건의 흠결을 보정하지 아니하는 한 이에 대한 불복신청은 인정되지 아니한다(헌재 2001.6.28. 98헌마485, 상속세법시행령 부

칙 제2항 위헌 확인 등(각하)).

(3) 청구기각결정

본안결정으로서의 기각결정은 청구가 이유없을 때 내리는 결정이다.

(4) 인용결정

(i) 본안심리결과 청구가 이유있다고 받아들이는 결정이다. 인용결정을 할 때에는 재판관 6인 이상의 찬성이 있어야 한다(헌법 제113조 제1항). "제68조제1항에 따른 인용결정을 할 때에는 인용결정서의 주문에 침해된 기본권과 침해의 원인이 된 공권력의 행사 또는 불행사를 특정하여야 한다." "제2항의 경우에 헌법재판소는 기본권침해의 원인이 된 공권력의 행사를 취소하거나 그 불행사가 위헌임을 확인할 수 있다"(헌재법 제75조 제2항 · 제3항).

(ii) 한편 헌법재판소법 제68조 제2항에 따른 헌법소원과 달리 헌법재판소법 제68조 제1항의 헌법소원에 대하여는 헌법재판소법 제45조를 준용하는 규정을 두고 있지 아니한다(헌재법 제75조 제6항 참조). 하지만, 법령소원이 사실상의 규범통제제도로서 기능한다는 점에서 헌법재판소법 제45조가 원용되는 것으로 해석할 필요가 있다. 헌법재판소가 법률에 관한 헌법소원에 대하여 인용결정을 하는 경우에는 객관적 헌법질서의 확립이란 점이 더 부각되어야 하고 법령소원에 대하여는 헌법재판소법 제45조 및 제47조의 규정이 준용된다는 점을 이유로 "침해된 기본권"을 인용결정의 주문에서 특정하지 아니한다(헌재 1990.10.8. 89헌마89, 교육공무원법 제11조 제1항에 대한 헌법소원(위헌,각하))(헌재 1998.12.24. 89헌마214등, 도시계획법 제21조의 위헌여부에 관한 헌법소원(헌법불합치, 적용중지)). 이에 따르면 헌법재판소는 청구된 법률 또는 법률 조항에 대하여만 위헌결정을 할 수 있으나, 법률 조항의 위헌결정으로 인하여 해당 법률 전부를 시행할 수 없다고 인정될 때에는 그 전부에 대하여 위헌결정을 할 수 있다(헌재법 제45조 원용).

(iii) 헌법재판소법 제75조 제6항 전단에 의하면 부수적 위헌심사에 따른 법률의 위헌결정의 경우에는 제45조 및 제47조가 준용된다(헌재법 제75조 제6항).

(5) 법률의 위헌 여부 결정

권리구제형 헌법소원에서 "공권력의 행사 또는 불행사가 위헌인 법률 또는 법률의 조항에 기인한 것이라고 인정될 때에는 인용결정에서 해당 법률 또는 법률의 조항이 위헌임을 선고할 수 있다"(헌재법 제75조 제2항 · 제5항). 따라서 헌법재판소법 제45조에 의하여 위헌선언의 범위가 결정되며, 헌법재판소법 제47조에 따라 위헌결정의 기속력과 장래효 및 소급효, 재심 등이 인정된다.

2. 인용결정의 효력

(1) 기속력

(ⅰ) "헌법소원의 인용결정은 모든 국가기관과 지방자치단체를 기속한다"(헌재법 제75조 제1항). 이에 따라 법령소원에 있어서 법령에 대한 위헌결정은 법원 기타 모든 국가기관과 지방자치단체에 대하여 기속력을 가지게 된다. 따라서 법령에 대한 헌법소원에서 위헌결정이 난 경우 법원은 해당 법령의 효력을 인정하는 재판을 하면 아니 된다.

(가) 단순위헌결정의 기속력

헌법재판의 결정은 확정력·일반적 효력·기속력을 가진다. 특히 "법률의 위헌결정은 법원과 그 밖의 국가기관 및 지방자치단체를 기속한다"(헌재법 제47조 제1항). 또한 "헌법소원의 인용결정은 모든 국가기관과 지방자치단체를 기속한다"(헌재법 제75조 제1항).

(나) 한정위헌결정과 같은 변형결정의 기속력(羈束力)

헌법재판소법 제68조 제1항에 따른 법령소원을 인용하는 경우에도 헌법재판소는 단순위헌결정 이외에도 헌법불합치결정(헌재 2018.1.25. 2016헌마541, 공직선거법 제57조 위헌확인(헌법불합치); 헌재 2012.5.31. 2010헌마278, 경찰공무원임용령 제39조 제1항 등 위헌확인(헌법불합치,각하)), 한정위헌결정(헌재 2012.11.29. 2011헌마786등, 법원조직법 부칙 제1조 등 위헌확인(한정위헌); 헌재 2004.12.16. 2003헌마226등, 화물자동차운수사업법시행규칙 제3조의2 제1항 제1호 등 위헌확인(한정위헌,기각,각하)) 등의 변형결정을 내리는 경우가 있다. 이에 따라 법령소원에 대한 변형결정의 경우 그 기속력을 인정할 것인지 의문이 제기될 수 있다. 헌법재판소는 헌법재판소법 제68조 제2항에 따른 헌법소원의 경우 변형결정도 당연히 기속력을 가진다고 판시하고 있으나, 대법원은 단순위헌·단순합헌 등 헌법재판소의 전형적인 결정에 대한 기속력은 문제가 되지 아니하지만, 헌법재판소의 변형결정은 법원을 기속하지 아니한다고 본다(대판 1996.4.9. 95누11405, 양도소득세부과처분 취소사건)[1)](상세는 제3절 위헌심사형 헌법소원 참조).

권리구제형 헌법소원에 있어서도 변형결정의 기속력에 관하여 위헌심사형 헌법소원의 경우와 마찬가지로 헌법재판소와 법원이 입장이 대립될 가능성이 높아 보인다.

생각건대 헌법재판소법 제45조 등에 비추어 본다면 헌법재판소의 변형결정은 예외적이다. 특히 헌법재판소가 변형결정을 남발하여 결과적으로 스스로의 권위에도 손상을 입고 있다는 점을 부인할 수 없다(예컨대 국가보안법 사건의 경우). 그러나 헌법재판의 특수성에 비추어 변형결정은 헌법재판제도를 도입한 각국에서

---

1) 이 사건에서 제시된 법원행정처장의 견해. 현직 법관들의 논문에서는 전적으로 대법원의 입장을 옹호한다. 사법연구원, 헌법문제와 재판(상), 1996 등 참조.

널리 인정된다.[1] 대법원이 강조하는 법률의 해석 · 적용권한도 법원의 전속적 권한이라고 보기는 어렵다. 또한 그러한 주장은 헌법상 법률의 위헌 여부에 관한 헌법재판소의 위헌심판권에 대한 이해 부족으로부터 기인한다.[2]

(다) 헌법재판소가 법원의 판결을 취소하는 결정의 효력

한편 예외적으로 재판에 대한 헌법소원이 인정되는 경우 헌법재판소는 문제의 법원 판결을 취소하는 결정을 내릴 수밖에 없다.

> "이 사건 대법원판결은 헌법재판소가 이 사건 법률조항에 대하여 한정위헌결정을 선고함으로써 이미 부분적으로 그 효력이 상실된 법률조항을 적용한 것으로서 위헌결정의 기속력에 반하는 재판임이 분명하므로 … 이에 대한 헌법소원은 허용된다. … 이 사건 대법원판결로 말미암아 청구인의 헌법상 보장된 기본권인 재산권이 침해되었다. … 이 사건 대법원판결은 헌법재판소법 제75조 제3항에 따라 취소되어야 마땅하다."[3]

그러나 반대의견은 헌법재판소와 법원의 권한 및 상호 간의 독립을 규정한 헌법의 취지와 대법원의 재판을 취소하는 경우의 후속절차에 관하여 아무런 규정이 없어 그 효력을 둘러싸고 법적 혼란이 일어날 우려가 있음을 지적한다.

> "헌법재판소가 위헌으로 결정한 법률을 법원이 위헌결정의 법리를 달리 해석하여 합헌으로 적용한 점에서 위헌이라고 확인만 하고 그 후속조치는 법원에 맡기는 것이 바람직하다"(3인)(헌재 1997.12.24. 96헌마172등).

생각건대 이와 같이 법원의 판결에 대하여 위헌결정과 동시에 동 판결을 취소한 전례도 없을 뿐 아니라 이와 관련된 입법적 정비도 이루어지지 아니한 상황이라 헌법재판소의 반대의견도 일응 수긍이 간다. 그러나 헌법재판소가 법원의 판결을 취소하지 아니하는 한 청구인의 권리구제가 전혀 이루어지지 아니할 뿐 아니라 이루어질 가능성도 없게 된다. 즉 청구인의 권리구제를 위하여 대법원판결은 취소됨이 마땅하다.

---

1) 변형결정의 불가변력 · 형식적 확정력 · 기판력 · 기속력인정에 대하여서는 학계에서는 대체로 이론이 없는 것 같다. 김문현, "위헌법률심판에 있어서의 변형결정", 고시연구 1997.8, 74-87면(84-86면). 김교수는 문제된 법률의 효력도 헌법재판소의 결정에 따라 달라진다고 본다; 황도수, "헌법재판소와 대법원의 관계", 고시계 1997.5(제483호), 81-97면; 남복현, "헌법재판소결정의 효력과 법원의 기속", 공법연구 24-1, 247면 이하; 손상식, "재판소원 금지와 원처분주의", 헌법학연구 29-2; 남복현, "재판소원에 있어 한국과 독일의 비교연구", 헌법학연구 29-3; 박경철, "법률에 대한 위헌결정의 효력과 헌법소원의 대상이 되는 법원 재판", 공법연구 52-2; 장선미, "한정위헌결정의 기속력에 관한 헌법재판소와 대법원의 견해 대립에 대한 비판적 고찰", 헌법학연구 30-2.

2) 김문현, "헌법재판소와 법원의 헌법해석의 불일치", 법정고시 1997.7, 58-72면. 그런 점에서 대법원의 법률해석권은 제한된 법률해석권으로 이해된다. 황도수, 앞의 논문, 81-97면 이하(87면).

3) 헌법재판소는 이 사건 관련 서울고등법원의 판결도 취소하여야 한다는 주장도 있다. 정연주, "헌법재판소법 제68조 제1항에 대한 한정위헌결정의 문제점", 고시계 1998.2, 113-128면(123면).

그런데 검사의 불기소처분에 대한 헌법소원에 대하여 헌법재판소가 이를 인용하였음에도 불구하고 검찰에서 재수사한 후에 다시금 불기소처분을 내리는 예가 문제된다. 이에 헌법재판소의 인용결정은 재수사명령이 아니라 기소명령으로 이해하여야 한다는 논의가 있으나 실현되지 못하고 있다. 마찬가지로 법원의 재판에 대한 취소결정이 어떠한 효과를 거둘 수 있을지 의문이다.

다른 한편 헌법 제107조 제2항은 "명령·규칙 또는 처분이 헌법이나 법률에 위반되는 여부가 재판의 전제가 된 경우에는 대법원은 이를 최종적으로 심사할 권한을 가진다"라고 규정하므로 행정처분에 대한 최종적인 심사권은 원칙적으로 대법원이 가진다. 하지만 적어도 위 사건에 관한 한 헌법재판소결정의 실효성을 담보하기 위하여 원행정처분에 대하여도 취소결정을 내린다(헌재 1997.12.24. 96헌마172등).

> "법원의 재판과 행정처분이 다 같이 헌법재판소의 위헌결정으로 그 효력을 상실한 법률을 적용함으로써 청구인의 기본권을 침해한 경우에는 그 처분의 위헌성이 명백하므로 원래의 행정처분까지 취소하여 보다 신속하고 효율적으로 국민의 기본권을 구제하는 한편, 기본권 침해의 위헌상태를 일거에 제거함으로써 합헌적 질서를 분명하게 회복하는 것이 법치주의의 요청에 부응하는 길이기도 하다."

이에 대한 헌법재판소의 반대의견(3인)은 부정적이다.

> "원래의 행정처분에 대한 헌법소원심판을 허용하는 것은 명령·규칙·처분에 대한 최종적인 위헌심판권을 대법원에 부여한 헌법 제107조 제2항과 법원의 재판을 헌법소원심판의 대상에서 제외하고 있는 헌법재판소법 제68조 제1항에 배치될 뿐 아니라, 이 사건에서 처분은 헌법재판소가 문제된 법률에 대하여 위헌결정하기 이전에 행하여진 것이어서 헌법재판소결정의 기속력에 반한 것도 아니므로 이 사건 처분은 헌법소원심판의 대상이 될 수 없다."

대법원판결의 취소가 어떠한 현실적 결과를 초래할지 또는 어떠한 권리구제를 담보할 수 있을지에 관한 의문이 제기되는 상황에서, 행정처분을 내린 원처분청을 기속하는 결정을 동시에 내린 결정도 나름 일리가 있다. 그러나 원처분에 대한 판단은 헌법 제107조 제2항에 비추어 법원에 맡겨야 한다고 본다.

(2) 재처분의무

"제68조제1항에 따른 헌법소원을 인용할 때에는 인용결정서의 주문에 침해된 기본권과 침해의 원인이 된 공권력의 행사 또는 불행사를 특정하여야 한다"(제2항). "제2항의 경우에 헌법재판소는 기본권 침해의 원인이 된 공권력의 행사를 취소하거나 그 불행사가 위헌임을 확인할 수 있다"(제3항). "헌법재판소가 공권력의 불행사에 대한 헌법소원을 인용하는 결정을 한 때에는 피청구인은 결정 취지에 따라 새로운 처분을 하여야 한다"(제4항). "제2항의 경우에 헌법재판소는 공권력의 행사 또는 불행사가 위헌인 법률 또는 법률의 조항에 기인한 것이라고 인정될 때에는 인용결정에서 해당 법률 또는 법률의 조항이 위헌임을 선고할 수 있다"(제5항).

또한 헌법재판소가 공권력의 불행사에 대한 헌법소원을 인용하는 결정을 한 때에는 피청구인은 결정 취지에 따라 새로운 처분을 하여야 한다(헌재법 제75조 제4항).

헌법재판소는 불기소처분을 취소하는 헌법소원 인용결정의 취지를 무시하고 불충분한 수사로 내린 불기소처분을 다시 취소한 바 있다.

> "검사의 불기소처분을 취소하는 헌법재판소의 결정이 있는 때에 그 결정에 따라 불기소한 사건을 재기수사하는 검사로서는 헌법재판소가 그 결정의 주문 및 이유에 설시한 취지에 맞도록 성실히 수사하여 결정을 하여야 할 것이다. …종전의 불기소처분의 이유와 동일한 이유를 들어 만연히 피고소인들에 대하여 다시 불기소처분을 한 것은, 헌법재판소법 제75조 제1항에서 명시된 헌법소원 인용결정의 기속력을 간과하고 거듭 자의적인 증거판단을 한 것이거나 적어도 마땅히 조사하였어야 할 중요한 사항을 조사하지 아니한 무성의하고 자의적인 수사임을 면치 못한다"(헌재 1993.11.25. 93헌마113, 불기소처분취소(인용(취소))).

하지만, 헌법재판소의 인용결정에 따라 검사가 기소하는 경우는 드물다는 현실적인 문제점이 있다. 이에 헌법재판소의 불기소처분에 대한 취소결정의 법적 성격을 기소강제로 이해하여야 한다는 주장도 제기되고 있으나 단순히 재수사명령으로 이해하는 입장도 있다. 이에 대하여 사건별로 판단하여야 한다는 개별적 판단론도 제기되고 있다(권영성, 1188면).

검사의 불기소처분과 헌법재판소의 불기소처분에 대한 취소결정의 법적 성격에 관한 위와 같은 견해의 대립은 개정 형사소송법이 재정신청의 대상 범죄를 모든 범죄로 확대하고 기소강제절차를 도입함으로써 거의 대부분 해소되었다고 보아야 한다. 왜냐 하면 검사의 불기소처분에 대한 통제권한이 원칙적으로 헌법재판소의 헌법소원심판으로부터 법원의 재정신청절차로 이전되었으며 법원은 재정신청이 이유 있는 때에는 사건에 대한 공소제기를 결정하여야 하고 법원으로부터 재정결정서를 송부 받은 관할 지방검찰청 검사장 또는 지청장은 지체 없이 담당 검사를 지정하고 지정받은 검사는 공소를 제기하여야 하기 때문이다(형사소송법 제262조).

> "검사의 불기소처분을 취소하는 헌법재판소의 결정이 있는 때에 그 결정에 따라 불기소한 사건을 재기수사하는 검사로서는 헌법재판소가 그 결정의 주문 및 이유에 설시한 취지에 맞도록 성실히 수사하여 결정을 하여야 할 것이다. … 종전의 불기소처분의 이유와 동일한 이유를 들어 만연히 피고소인들에 대하여 다시 불기소처분을 한 것은, 헌법재판소법 제75조 제1항에서 명시된 헌법소원 인용결정의 기속력을 간과하고 거듭 자의적인

증거판단을 한 것이거나 적어도 마땅히 조사하였어야 할 중요한 사항을 조사하지 아니한 무성의하고 자의적인 수사임을 면치 못한다 할 것이다"(헌재 1993.11.25. 93헌마113, 불기소처분취소(인용(취소))).

(ii) 하지만, 헌법재판소의 인용결정에 따라 검사가 기소하는 경우는 드물다는 현실적인 문제점이 있다. 이에 헌법재판소의 불기소처분에 대한 취소결정의 법적 성격을 기소강제로 이해하여야 한다는 주장도 제기되나 단순히 재수사명령으로 이해하는 입장도 있다. 이에 대하여 사건별로 판단하여야 한다는 개별적 판단론도 제기된다(권영성 1188면).

(iii) 개정 형사소송법이 재정신청의 대상 범죄를 모든 범죄로 확대하고 기소강제절차를 도입함으로써 검사의 불기소처분에 대한 통제권한이 원칙적으로 헌법재판소의 헌법소원심판으로부터 법원의 재정신청절차로 이전되었다. 법원은 재정신청이 이유 있는 때에는 사건에 대한 공소제기를 결정하여야 하고 법원으로부터 재정결정서를 송부 받은 관할 지방검찰청 검사장 또는 지청장은 지체 없이 담당 검사를 지정하고 지정받은 검사는 공소를 제기하여야 한다(형사소송법 제262조).

(2) 재처분의무

"헌법재판소가 공권력의 불행사에 대한 헌법소원을 인용하는 결정을 한 때에는 피청구인은 결정 취지에 따라 새로운 처분을 하여야 한다"(헌재법 제75조 제4항).

(3) 시간적 효력

헌법재판소법 제68조 제2항에 따른 헌법소원과 달리 헌법재판소법 제68조 제1항의 헌법소원에 대하여는 헌법재판소법 제47조를 준용하는 규정을 두고 있지 아니한다(헌재법 제75조 제6항 참조). 이에 따라 법령소원에서도 위헌결정이 소급효를 가질 수 있는지 관하여 의문이 제기될 수 있다. 생각건대 헌법재판소법 제75조 제5항 및 제6항의 취지, 법령소원이 사실상의 규범통제제도로서 기능한다는 사실 등에 비추어 볼 때 헌법재판소법 제47조 제2항 내지 제4항이 원용될 수 있다고 보아야 한다. 헌법재판소도 교통사고처리특례법상 불처벌의 특례조항이 문제된 법령소원 사건에서 헌법재판소법 제47조 제3항이 적용됨을 전제로 권리보호이익의 문제에 대하여 판단한 바 있다(헌재 2009.2.26. 2005헌마764등, 교통사고처리특례법 제4조제1항위헌확인(위헌))(헌재 1997.1.16. 90헌마110등, 교통사고처리특례법 제4조등에 대한 헌법소원(기각,각하)).

"이 사건 법률조항은 비록 형벌에 관한 것이기는 하지만 불처벌의 특례를 규정한 것이어서 위헌결정의 소급효를 인정할 경우 오히려 그 조항에 의거하여 형사처벌을 받지 않았던 자들에게 형사상의 불이익이 미치게 되므로 이와 같은 경우까지 헌법재판소법 제47조 제2항 단서의 적용범위에 포함시키는 것은 법적 안정성과 이미 면책받은 가해자의 신뢰보호의 이익을 크게 해치게 되므로 그 규정취지에 반한다. 따라서 이 사건 법률조항에 대하여 위헌선언을 하더라도 그 소급효는 인정되지 아니하므로, 가해자인 피의자들에 대한 불기소처분을 취소하고 그들을 처벌할 수는 없어 이 사건 심판청구는 주관적인 권리보호이익을 결여하고 있다. … 이 사건 법률조항에 대하여 위헌성이 엿보이는 경우에도 주관적 권리보호이익이 없다는 이유로 헌법적 해명을 하지 아니한다면 향후 교통사고 피해자는 헌법소원을 제기할 수 없고, 위헌적인 법률조항에 의한 불기소처분이 반복될 우려가 있으므로 헌법재판소로서는 이 사건 법률조항에 대하여 예외적으로 심판을 할 이익 내지는 필요성이 인정된다"(헌재 2009.2.26. 2005헌마764등, 교통사고처리특례법 제4조제1항위헌확인(위헌)).

이에 따르면 법령에 대한 헌법소원심판에서도 법률의 위헌결정은 원칙적으로 장래효를 가진다(헌재법 제47조 제2항 원용). 다만, 형벌조항에 대한 위헌결정에 대하여는 소급효가 인정된다(헌재법 제45조 제3항 원용). 물론 비형벌조항의 경우에도 위헌법률심판에서의 위헌결정과 마찬가지로 해석상 소급효가 인정될 수는 있다.

3. 헌법소원심판에 대한 재심

법령에 대한 헌법소원심판에 대하여는 재심에 관한 헌재법 제47조 제4항이 원용된다고 해석할 필요가 있다. 이에 따르면 형벌에 관한 법률 또는 법률의 조항에 대한 헌법소원이 인용되어 소급효가 인정되는 경우 그 법률 또는 법률의 조항에 근거한 유죄의 확정판결에 대하여는 재심을 청구할 수 있다(헌재법 제47조 제4항 원용).

한편 헌법재판소법 제68조 제1항에 의한 헌법소원 가운데 행정작용에 속하는 공권력작용을 대상으로 하는 권리구제형 헌법소원의 경우 헌법재판소는 처음에는 사안의 성질상 헌법재판소의 결정에 대한 재심은 재판부의 구성이 위법한 경우 등 절차상 중대하고 명백한 위법이 있어 재심을 허용하지 아니하면 현저히 정의에 반하는 경우에 한하여 제한적으로 허용될 수 있을 뿐이라고 하여 민사소송법 제451조 소정의 판단누락은 재심의 사유로 되지 아니한다는 입장이었다(헌재 1995.1.20. 93헌아1, 불기소처분취소(재심)(각하); 헌재 1998.3.26. 98헌아2, 불기소처분취소(재심)(각하)).

그러나 그 후 헌법재판소는 공권력작용에 대한 권리구제형 헌법소원절차에 있어서 헌법재판소의 결정에 영향을 미칠 중대한 사항에 관하여 판단을 유탈(遺脫)한 때를 재심사유로 허용하는 것이 헌법재판의 성질에 반한다고 볼 수 없다고 함으로써 판례를 변경하여 판단누락(判斷漏落)도 헌법재판소 결정에 대한 재심사유로 인정하였다(헌재 2001.9.27. 2001헌아3, 불기소처분취소(재심)(기각)).

따라서 행정작용에 속하는 공권력작용을 대상으로 하는 권리구제형 헌법소원에 있어서 재심의 사유로는 ① 재판부의 구성이 위법한 경우 등 절차상 중대하고 명백한 위법이 있어 사안의 성질상 헌법재판소의 결정에 대한 재심을 허용하지 아니하면 현저히 정의에 반하는 경우, ② 헌법재판소의 결정에 영향을 미칠 중대한 사항에 관하여 판단을 누락한 경우를 들 수 있다.

청구인이 청구기간을 준수하여 헌법소원심판청구를 하였음에도 우편집배원의 착오로 인해 잘못 기재된 우편송달보고서를 근거로 청구기간을 잘못 계산하여 헌법소원심판청구에 대한 본안 판단을 하지 아니한 채 심판청구가 청구기간을 도과하여 부적법하다는 이유로 각하하는 결정을 한 경우, 이러한 재심대상결정에는 헌법재판소 제40조 제1항에 의하여 준용되는 민사소송법 제451조 제1항 제9호의 '판결에 영향을 미칠 중요한 사항에 관하여 판단을 누락한 때'에 준하는 재심사유가 있다(헌재 2009.6.25. 2008헌아23, 불기소처분취소(재심)(취소,각하,기각)).

청구인이 적법한 사전구제절차를 거쳐 불기소처분의 취소를 구하는 헌법소원심판청구를 하였음에도, 본안 판단을 하지 아니한 채 착오로 잘못 기재된 사실조회 결과를 근거로 적법한 사전구제절차를 거치지 아니한 것으로 잘못 판단하여 각하하는 결정을 한 경우, 이러한 재심대상결정에는 헌법재판소 제40조 제1항에 의하여 준용되는 민사소송법 제451조 제1항 제9호의 '판결에 영향을 미칠 중요한 사항에 관하여 판단을 누락한 때'에 준하는 재심사유가 있다(헌재 2011.2.24. 2008헌아4, 불기소처분취소(재심)(재심취소,기각)).

"헌법재판소법 제47조 제2항은 비형벌법규에 대한 위헌결정의 효력을 장래효 원칙으로 하되, 구체적 타당성의 요청이 현저한 반면 소급효를 인정해도 법적 안정성을 침해하지 않는 경우 해석을 통해 예외적 소급효를 인정하는 규정이다. 이는 입법자가 '구체적 타당성 내지 정의의 요청'과 '법적 안정성 내지 신뢰보호의 요청'을 종합적으로 고려하여 양자를 조화시키기 위해 입법형성권을 행사한 결과라고 볼 수 있으므로, 이를 준용하는 장래효조항이 입법형성권의 한계를 일탈하였다고 보기 어렵다. 또한 비상적인 불복신청 방법인 재심제도의 규범적 형성에 있어, 입법자는 확정판결을 유지할 수 없을 정도의 중대한 하자가 무엇인지를 구체적으로 가려야 한다. 이는 법치주의에 내재된 '법적 안정성'과 '구체적 정의의 실현'이라는 상반된 요청을 어떻게 조화시킬 것인가의 문제이므로, 입법형성의 자유가 넓게 인정되는 영역이다. 헌법재판소법은 형벌법규에 대한 위헌결정의 경우에는 소급효와 재심을 통한 구제를 허용하고 있으나, 비형벌법규에 대한 위헌결정의 경우에는 장래효를 원칙으로 하되 당해 소송사건에 한해서 재심을 허용함으로써, 법적 안정성과 구체적 정의의 실현을 조화시키고 있으므로, 재심사유조항 역시 입법형성권의 한계를 일탈한 것으로 보기 어렵다. 과거사정리법 제2조 제1항 제3호, 제4호에 규정된 '민간인 집단희생사건'과 '중대한 인권침해·조작의혹사건'은 일반적인 국가 불법행위와 다른 특수성이 있다. 이에 헌법재판소는 2018.8.30. 2014헌바148등 결정(이하 '이 사건 위헌결정'이라 한다)에서, 이러한 사건유형의 국가배상청구에 적용되는 소멸시효의 객관적 기산점 조항(민법 제166조 제1항, 제766조 제2항)을 일부위헌으로 판단한 바 있다. 그러나 청구인들은 이 사건 위헌결정 전에 국가를 상대로 손해배상을 청구하여 소멸시효의 객관적 기산점 조항이 적용을 받아 청구기각의 확정판결을 받은 탓에 이 사건 위헌결정을 재심사유로 주장할 수 없게 되었는바, 적극적으로 권리를 행사한 것이 오히려 청구인들에게 불리하게 작용되었음을 부인할 수 없다. 그러나 위헌결정의 효력과 재심에 관한 일반조항인 장래효조항과 재심사유조항에서 개별 위헌결정의 소급효와 재심사유를 규정하는 것이 체계상 적절하다고 보기 어렵고, 법적 안정성과 구체적 정의의 실현이라는 대립하는 헌법적 가치의 형량·조화가 필요한 사정을 고려할 때, 위 사건 유형에서의 국가배상청구를 위헌결정의 소급효와 재심사유를 정하는 일반적인 기준으로 삼기는 어렵다. 결국 재심사유조항과 장래효조항은 입법형성권의 한계를 일탈하여 재판청구권을 침해하지 아니한다." "다만, 입법론으로는 '5·18민주화운동 등에 관한 특별법', '부마민주항쟁 관련자의 명예회복 및 보상 등에 관한 법률', '제주4·3사건 진상규명 및 희생자 명예회복에 관한 특별법' 등에서 재심사유에 관한 특별규정을 두고 있는 것과 같이, 2018년 위헌결정의 효력이 미치지 않는 피해자·유족에 대하여 특별재심을 허용하여 구제하는 방안을 고려해 볼 수 있다"(5:4). [반대의견] "재심사유와 위헌결정의 효력 범위를 불합리하게 제한함으로써 청구인들이 이 사건 위헌결정의 효력을 받아 재심 재판을 받을 권리의 실현을 불가능하게 만들었으므로, 입법형성권의 한계를 일탈하여 청구인들의 재판청구권을 침해한다"(헌재 2021.11.25. 2020헌바401, 헌법재판소법 제75조 제7항 등 위헌소원(합헌)).

제 4 절 권한쟁의심판

Ⅰ. 의 의

1. 의 의

(ⅰ) 현행헌법은 "국가기관 상호간, 국가기관과 지방자치단체간 및 지방자치단체 상호간의 권한쟁의에 관한 심판"(제111조 제1항 제4호)을 헌법재판소의 관할사항으로 규정한다. 즉 권한쟁의심판(權限爭議審判)은 국가기관 및 지방자치단체 상호간에 헌법과 법률에 의한 권한과 의무의 범위와 내용에 관하여 다툼이 있는 경우 헌법소송을 통하여 이를 유권적으로 심판함으로써 국가기능의 수행을 원활히 하고, 국가기관 및 지방자치단체 상호간의 견제와 균형을 유지시켜 헌법이 정한 권능질서(權能秩序)의 규범적 효력을 보호하기 위한 제도이다(헌재 2010.12.28. 2009헌라2, 서울특별시 은평구와 기획재정부장관 간의 권한쟁의(각하)).

(ⅱ) 기관 상호간의 "권한의 유무 또는 범위에 관하여 다툼이 있는 때에는" 헌법재판소가 헌법해석을 통하여 이를 명확히 함으로써, 기관 상호간의 원활한 업무수행 및 견제와 균형의 원리(권력분립)를 실현시키는 데 권한쟁의심판의 목적이 있다. 여기에서 권한이란 주관적 권리의무가 아니라 국가나 지방자치단체 등 공법인 또는 그 기관이 헌법 또는 법률에 의하여 부여되어 법적으로 유효한 행위를 할 수 있는 능력 또는 그 범위를 말한다(헌재 2010.12.28. 2009헌라2, 서울특별시 은평구와 기획재정부장관 간의 권한쟁의(각하)). 그러므로 권한쟁의심판은 개인적·주관적 권리 보호를 목적으로 하는 주관적 쟁송으로서의 성격보다는 헌법질서를 수호·유지하기 위한 객관적 소송으로서의 성격이 강하다.[1)]

---

1) 헌법재판연구 3-1 수록논문: 박진영, "공유수면매립지 행정구역 귀속에 관한 권한쟁의심판 결정의 기속력"; 조재현, "법률의 개정과 권한쟁의심판 결정의 기속력"; 이명웅, "권한쟁의심판에서 제3자 소속담당 인정 문제"; 정태호, "국가기관 상호간의 권한쟁의심판절차의 무력화"; 남복현, "기관소송과 권한쟁의심판의 관계", 공법연구 47-3; 임현, "권한쟁의심판과 기관소송 및 지방자치법상의 소송간의 관계에 관한 소고", 공법연구 47-3; 승이도, "지방자치단체 사이의 해상경계 획정에 관한 헌법재판소 권한쟁의심판연구", 헌법학연구 26-2; 이세주, "정치적 권력기관의 권한쟁의와 국회의장과 국회의원 간의 권한쟁의를 중심으로", 세계헌법연구 26-3; 정철, "공유수면 매립지의 관할결정에 대한 헌법재판소의 권한쟁의 심판권-헌재2015헌라3 결정을 중심으로", 세계헌법연구 27-2; 허완중, "헌법재판소는 권한쟁의심판의 당사자가 될 수 있는가", 공법연구 50-1; 손상식, "권한쟁의심판과 당사자에 관한 소고", 헌법학연구 28-2; 윤수정, "법률에 대한 권한쟁의심판의 적법성", 공법연구 51-4; 이황희, "수사권 제한 입법에 대한 검사의 권한쟁의심판청구의 적법성", 공법학연구 23-4; 박진영, "기초지방자치단체가 광역지방자치단체의 위법한 처분의 취소를 구하는 권한쟁의심판청구의 적법성", 헌법학연구 28-4.

(iii) 더 나아가 권한쟁의심판의 청구인을 확장함으로써 소수자보호의 기능도 가진다.

2. 종 류

(i) ① 국가기관 상호간의 권한쟁의심판이 있다. 국가기관에는 입법기관, 행정기관, 사법기관 및 중앙선거관리위원회도 포함된다(헌재법 제62조 제1항 제1호). ② 국가기관과 지방자치단체 간의 권한쟁의심판에는 정부와 특별시·광역시·특별자치시·도 또는 특별자치도 간의 권한쟁의심판과 정부와 시·군·자치구 간의 권한쟁의심판이 있다(제2호). ③ 지방자치단체 상호간의 권한쟁의심판에는 특별시·광역시·특별자치시·도 또는 특별자치도 상호간의 권한쟁의심판과 시·군·자치구 상호간의 권한쟁의심판과, 특별시·광역시·특별자치시·도 또는 특별자치도와 시·군·자치구 간의 권한쟁의심판이 있다(제3호).

지방자치단체 '상호간'의 권한쟁의심판에서 말하는 '상호간'이란 '서로 상이한 권리주체간'을 의미한다. 그런데 '지방교육자치에 관한 법률'은 교육감을 시·도의 교육·학예에 관한 사무의 '집행기관'으로 규정하고 있으므로, 교육감과 해당 지방자치단체 상호간의 권한쟁의심판은 '서로 상이한 권리주체간'의 권한쟁의심판청구로 볼 수 없다(헌재 2016.6.30. 2014헌라1, 경상남도 교육청과 경상남도 간의 권한쟁의(각하)).

'국민'인 청구인은 그 자체로는 헌법에 의하여 설치되고 헌법과 법률에 의하여 독자적인 권한을 부여받은 기관이라고 할 수 없으므로, '국민'인 청구인은 권한쟁의심판의 당사자가 되는 '국가기관'이 아니다(헌재 2017.5.25. 2016헌라2, 국민과 대법원장 간의 권한쟁의(각하)).

지방자치단체의 기관 상호간의 권한쟁의심판은 헌법재판소법에 의하여 헌법재판소가 관장하는 지방자치단체 상호간의 권한쟁의심판에 해당하지 아니하고, 그 밖의 국가기관 상호간의 권한쟁의심판이나 국가기관과 지방자치단체간의 권한쟁의심판에 해당하지도 아니한다(헌재 2018.7.26. 2018헌라1, 거제시의회와 거제시장 간의 권한쟁의(각하)).

(ii) 행정각부 상호간의 권한획정은 국무회의의 심의사항이나(헌법 제89조 제10호) 이에 불복할 경우에는 헌법재판소에 제소할 수 있다는 견해도 있다. 그러나 헌법재판소의 결정에 비추어 권한쟁의심판의 대상이 될 수 있을지 의문이다.

(iii) 권한쟁의의 유형으로서 적극적 권한쟁의는 당연히 인정된다. 하지만, 소극적 권한쟁의 즉 권한의 부존재를 서로 주장하는 경우에는 이의 인정 여부에 관하여 학설상 대립이 있다(후술하는 청구사유 참조).

3. 헌법재판소의 권한쟁의심판권과 법원의 행정재판권

(1) 헌법상 권한쟁의심판제도의 특징

(i) 국가기관 상호간의 권한쟁의뿐만 아니라 상이한 법주체인 국가기관과 지방자치단체 상호간 및 지방자치단체 상호간의 권한쟁의도 인정된다.

(ii) 권한쟁의심판사항과 중첩될 여지가 많은 기관소송에 관하여 헌법재판소 관장사항으로 되는 소송을 기관소송사항에서 제외함으로써(행정소송법 제3조 제4호 단서) 권한쟁의에 관한 한 헌법재판소에 원칙적이고 포괄적인 관할권을 인정한다.

(iii) 권한쟁의대상이 되는 법적 분쟁은 헌법상의 분쟁뿐만 아니라 법률상의 분쟁도 포함된다(헌재법 제61조 제2항). 따라서 헌법재판소의 권한쟁의심판권은 일반법원의 행정소송관할권과 중복될 가능성이 있다.

이에 따라 권한쟁의심판과 행정재판에 관련하여 주로 세 가지 면에서 문제가 된다. ① 헌법재판소의 권한쟁의심판권과 행정소송법상의 기관소송의 관할권 문제, ② 지방자치단체가 국가기관 등의 감독작용에 대하여 불복하는 경우 대법원의 지방자치법상의 재판권과 헌법재판소의 권한쟁의심판권 사이의 충돌 문제, ③ 헌법재판소의 권한쟁의심판권과 법원의 항고소송 등과의 관할권 문제가 있다.

(2) 권한쟁의심판권과 행정소송법상의 기관소송(機關訴訟)의 관할권

행정소송법에서 기관소송은 "국가 또는 공공단체의 기관상호간에 있어서의 권한의 존부 또는 그 행사에 관한 다툼이 있을 때에 이에 대하여 제기하는 소송"이다. "다만, 헌법재판소법 제2조의 규정에 의하여 헌법재판소의 관장사항으로 되는 소송은 제외한다"(제3조 제4호). 즉 국가기관 상호간의 권한쟁의는 헌법재판소의 관장사항이고, 기관소송은 공공단체의 기관 상호간의 권한분쟁만 관할한다.

(3) 권한쟁의심판과 지방자치법상의 소송

A. 지방자치법 제188조의 소송

(i) 국가기관 또는 상급 지방자치단체의 장의 시정명령 등에 이의가 있을 때에는 지방자치단체의 장은 지방자치법 제188조(위법·부당한 명령·처분의 시정) 제2항에 의하여 대법원에 소를 제기할 수 있다. 또한 위의 감독처분이 지방자치단체의 자치권한을 침해한다고 판단될 경우 당해 지방자치단체는 지방자치단체의 장의 대법원에의 제소와는 별도로 헌법재판소에 권한쟁의심판을 청구할 수도 있다.

(ii) 따라서 이 경우 헌법재판소와 대법원 사이에 관할권 문제가 발생할 가능성이 있으며, 위 지방자치법 제188조 제2항에 대하여는 헌법 제111조 제1항 제4

호에 의한 헌법재판소의 권한쟁의심판권을 침해하므로 위헌이라는 견해도 있다.

B. 지방자치법 제189조 소송

지방자치법 제188조의 소송과는 달리 제189조(지방자치단체의 장에 대한 직무이행명령)에 의거한 소송은 하급행정기관인 지방자치단체의 장이 상급 국가기관 또는 상급 지방자치단체를 상대로 제기하는 소송이므로 기관소송의 성격을 가진다.

(4) 권한쟁의심판과 항고소송(抗告訴訟)

(i) 헌법 제111조에 의한 헌법재판소의 권한쟁의심판권은 헌법상의 권한분쟁뿐만 아니라 법률상의 권한분쟁도 포함한다. 한편 행정소송법상 법원은 항고소송(제3조 제1호: 행정청의 처분등이나 부작위에 대하여 제기하는 소송)을 통하여 국가 또는 지방자치단체를 둘러싼 공법상의 분쟁에 관하여 행정재판권을 행사할 수 있다. 따라서 이러한 공법상의 분쟁에 관하여 헌법재판소의 권한쟁의심판권과 법원의 행정재판권이 충돌할 가능성이 있다.

(ii) 다수설에 의하면, 지방자치단체도 항고소송의 원고적격을 인정하므로 국가 또는 상급 지방자치단체의 처분이 위법하다고 판단할 경우에 지방자치단체는 그 처분의 취소를 구하는 항고소송을 제기할 수 있다. 다른 한편 국가 또는 상급 지방자치단체의 해당 처분이 자신의 헌법상 또는 법률상의 권한을 침해한다는 이유로 헌법재판소에 권한쟁의심판을 청구할 수 있으므로, 헌법재판소와 법원 사이에 상이한 결과를 가져올 수 있다.

Ⅱ. 권한쟁의심판의 청구

1. 청구권자

(1) 당사자적격

헌법과 법률에 의하여 일정한 권한을 가지는 자가 모두 권한쟁의심판의 청구인이 될 수 있는 것은 아니다. 침해받았다고 주장하는 권한과 일정한 관련성을 가지는 기관만이 구체적인 권한쟁의심판에서 청구인이 될 수 있는 자격 즉 당사자적격을 가지게 된다. 권한쟁의심판의 당사자적격을 판단하기 위한 권한 관련성의 인정여부는 청구인이 주장하는 권한이 헌법 또는 법률에 의하여 그 청구인에게 부여되어 있는 권한의 범위 내에 포함되는지 여부에 따라 판단된다. 다만 이 판단은 종국적이고 구체적인 판단과정일 필요는 없고 개연성에 기초한 추상적 판단으로 충분하다.

당사자적격이란, 구체적 권한쟁의심판 사건에서 당사자로서 소송을 수행하고 본안판단을 받을 수 있는 자격을 의미한다. 국가기관은 헌법과 법률에 의하여 부여받은 자신의 권한을 구제받기 위해서만 권한쟁의심판청구권을 가지는 것이므로, 이를 제3자가 수행하도록 하는 것은 자기책임의 원칙과 권한분할의 원리에 반할 뿐 아니라 헌법질서의 수호와 법적 안정성을 위해서도 바람직하지 않다. 또한 권한쟁의심판의 무한정한 확장은 국가기관이 민주적 방법으로 의견제출과 토론을 통해 의사를 결정하는 것을 등한시하게 하고 모든 문제를 헌법재판소에 제소하여 사법적 수단으로 해결하는 방향으로 남용될 우려가 있으므로, 그 적절한 균형점을 찾기 위해 당사자적격이 요구된다. 헌법재판소법 제61조 제2항은 "(권한쟁의) 심판청구는 피청구인의 처분 또는 부작위가 헌법 또는 법률에 의하여 부여받은 청구인의 권한을 침해하였거나 침해할 현저한 위험이 있는 경우에만 할 수 있다."라고 규정하므로, 피청구인의 처분 또는 부작위로 침해당했다고 주장하는 헌법상 또는 법률상 권한과 적절한 관련성이 인정되는 기관만이 '청구인적격'을 갖고, 그러한 처분 또는 부작위를 야기한 기관으로서 적절한 관련성이 인정되는 기관만이 '피청구인적격'을 가진다. '검사'는 앞서 살펴본 바와 같이 영장신청권을 행사하고(헌법 제12조 제3항, 제16조), 공익의 대표자로서 범죄수사, 공소제기 및 그 유지에 필요한 사항 등에 관한 직무를 담당하여(검찰청법 제4조 제1항), 헌법과 법률에 의해 독자적인 권한을 부여받고 있다. 이 사건 법률개정행위는 이와 같은 검사의 수사 및 공소제기에 관한 권한 중 일부를 조정·제한하는 것을 주요 골자로 하고 있으므로, 검사는 이 사건 법률개정행위에 대하여 권한쟁의심판을 청구할 적절한 관련성을 가지고 있다. 따라서 청구인 검사들은 이 사건 권한쟁의심판에서 청구인적격이 인정된다. '법무부장관'의 경우에도, 앞서 살펴본 바와 같이 소관 사무에 관하여 부령을 발할 수 있고(헌법 제95조), 검찰·행형·인권옹호·출입국관리 그 밖에 법무에 관한 사무를 관장하므로(정부조직법 제32조), 헌법과 법률에 의해 독자적인 권한을 부여받고 있다. 그러나 이 사건 법률개정행위는, 법무부장관의 이와 같은 독자적인 권한이 아닌, 수사 및 공소제기에 관한 검사의 독자적인 권한을 일부 제한하는 것을 주요 골자로 하고 있다. 물론 법무부장관에게는 일반적으로 검사를 지휘·감독하고 구체적 사건에 대하여는 검찰총장만을 지휘·감독할 권한이 있으나(검찰청법 제8조), 이 사건 법률개정행위가 이와 같은 법무부장관의 지휘·감독권한을 제한하는 것이 아님은 명백하며, 이 사건 법률개정행위에 대하여 수사권·소추권을 직접적으로 행사하는 검사들이 청구인으로서 권한쟁의심판을 청구한 이상, 수사권·소추권을 직접적으로 행사하지 아니하는 법무부장관에게 이 사건 법률개정행위에 대하여 권한쟁의심판을 청구할 적절한 관련성이 있다고 보기 어렵다. 따라서 청구인 법무부장관은 이 사건 권한쟁의심판에서 청구인적격이 인정되지 아니한다. 따라서 이 사건 권한쟁의심판에서 청구인 검사들은 청구인적격이 인정되나, 청구인 법무부장관은 청구인적격이 인정되지 아니한다(헌재 2023.3.23. 2022헌라4, 검사의 수사권 축소 등에 관한 권한쟁의(각하)).

공수처장의 대통령 윤석열에 대한 체포 및 수색 영장 청구 행위를 다투는 심판청구는 피청구인적격이 없는 자를 상대로 한 청구로서 부적법하고, 설령 위 심판청구를 수사처 검사를 상대로 한 것으로 선해할 경우에도, 청구인의 권한행사가 정지되어 있는 시점에 발생하였으므로, 헌법 또는 법률에 의하여 부여받은 청구인의 권한이 침해될 가능성이 있다고 볼 수 없다. 같이 제기된 효력정지가처분신청 사건에 대해서도 본안사건이 부적법하여 모두 각하되는 이상, 모두 부적법하다(2025헌사32)(헌재 2025.11.27. 2025헌라2, 대통령과 고위공직자범죄수사처장 등 간의 권한쟁의(각하)).

(2) 청구권자(請求權者)의 범위

권한쟁의심판을 청구할 수 있는 기관은 국가기관 또는 지방자치단체이다.

A. 국가기관 - 예시적(例示的)

(i) 여기에서 말하는 국가기관이라 함은 국가의사 형성에 참여하여 국법질서에 대하여 일정한 권한을 누리는 헌법상의 지위와 조직을 말한다. 국가기관 상호간의 권한쟁의심판의 구체적 유형으로 헌법재판소법은 "국회, 정부, 법원 및 중앙선거관리위원회 상호간의 권한쟁의심판"을 규정한다. 과거에 헌법재판소는 이 조항을 열거조항으로 이해하여 청구권자로서의 국가기관의 범위를 매우 좁게 해석하여 결과적으로 권한쟁의심판의 종류도 좁히게 된다는 지적을 받은 바 있다.

"헌법 제111조 제1항 제4호 및 헌법재판소법 제62조 제1항 제1호가 헌법재판소가 관장하는 국가기관 상호간의 권한쟁의심판을 국회, 정부, 법원 및 중앙선거관리위원회 상호간의 권한쟁의심판으로 한정하고 있으므로, 그에 열거되지 아니한 기관이나 또는 열거된 국가기관 내의 각급기관은 비록 그들이 공권적 처분을 할 수 있는 지위에 있을지라도 권한쟁의심판의 당사자가 될 수 없으며 또 위에 열거된 국가기관 내부의 권한에 관한 다툼은 권한쟁의심판의 대상이 되지 않는다고 볼 수밖에 없다. 따라서 국회의 경우 현행 권한쟁의심판제도에서는 국가기관으로서의 국회가 정부, 법원 또는 중앙선거관리위원회와 사이에 권한의 존부 또는 범위에 관하여 다툼이 있을 때 국회만이 당사자로 되어 권한쟁의심판을 수행할 수 있을 뿐이고, 국회의 구성원이거나 국회 내의 일부기관인 국회의원 및 교섭단체 등이 국회 내의 다른 기관인 국회의장을 상대로 권한쟁의심판을 청구할 수는 없다"(헌재 1995.2.23. 90헌라1, 국회의원과 국회의장간의 권한쟁의(각하)).

위 헌법재판소의 결정은 헌법에 의하여 일정한 권리의무의 주체로 설치된 헌법기관뿐만 아니라, 국가기관의 구성부분이라고 할 수 있는 국회의 상임위원회, 원내교섭단체, 국회의원 등에게 폭넓게 당사자능력을 인정하는 독일의 예에 비추어 부적절하다는 비판을 받았다. 이에 헌법재판소는 1997년에 종전의 판례를 변경하여 헌법재판소법 제62조 제1항 제1호의 규정을 한정적, 열거적인 조항이 아니라 예시적인 조항으로 해석하여야 헌법에 합치된다고 하면서 국회의원이 국회의장을 상대로 제기한 권한쟁의심판을 적법하다고 판시한다.

"헌법 제111조 제1항 제4호에서 헌법재판소의 관장사항의 하나로 "국가기관 상호간, 국가기관과 지방자치단체간 및 지방자치단체 상호간의 권한쟁의에 관한 심판"이라고 규정하고 있을 뿐 권한쟁의심판의 당사자가 될 수 있는 국가기관의 종류나 범위에 관하여는 아무런 규정을 두고 있지 않고, 이에 관하여 특별히 법률로 정하도록 위임하고 있지도 않다. 따라서 입법자인 국회는 권한쟁의심판의 종류나 당사자를 제한할 입법형성의 자유가 있다고 할 수 없고, 헌법 제111조 제1항 제4호에서 말하는 국가기관의 의미와 권한쟁의심판의 당사자가 될 수 있는 국가기관의 범위는 결국 헌법해석을 통하여 확정하여야 할 문제이다. 그렇다면 헌법재판소법 제62조 제1항 제1호가 비록 국가기관 상호간의 권한쟁의심판을 "국회, 정부, 법원 및 중앙선거관리위원회 상호간의 권한쟁의심판"이라고 규정한다고 할지라도 이 법률조항의 문언에 얽매여 곧바로 이들 기관 외에는 권한쟁의심판의 당사자가 될 수 없다고 단정할 수는 없다. … 그런데 헌법이 특별히 권한쟁의심판의 권한을 법원의 권한에 속하는 기관소송과 달리 헌법의 최고해석판단기관인 헌법재판소에 맡기고 있는 취지에 비추어 보면, 헌법 제111조 제1항 제4호가 규정하고 있는 '국가기관 상호간'의 권한쟁의심판은 헌법상의 국가기관 상호간에 권한의 존부나 범위에 관한 다툼이 있고 이를 해결할 수 있는 적당한 기관이나 방법이 없는 경우에 헌법재판소가 헌법해석을 통하여 그 분쟁을 해결함으로써 국가기능의 원활한 수행을 도모하고 국가권력간의 균형을 유지하여 헌법질서를 수호·유지하고자 하는 제도라고 할 것이다. 따라서 헌법 제111조 제1항 제4호 소정의 '국가기관'에 해당하는지 아닌지를 판별함에 있어서는 그 국가기관이 헌법에 의하여 설치되고 헌법과 법률에 의하여 독자적인 권한을 부여받고 있는지 여부, 헌법에 의하여 설치된 국가기관 상호간의 권한쟁의를 해결할 수 있는 적당한 기관이나 방법이 있는지 여부 등을 종합적으로 고려하여야 할 것이다. 이 사건 심판청구의 청구인인 국회의원은 헌법 제41조 제1항에 따라 국민의 선거에 의하여 선출된 헌법상의 국가기관으로서 헌법과 법률에 의하여 법률안 제출권, 법률안 심의·표결권 등 여러 가지 독자적인 권한을 부여받고 있으며, 피청구인인 국회의장도 헌법 제48조에 따라 국회에서 선출되는 헌법상의 국가기관으로서 헌법과 법률에 의하여 국회를 대표하고 의사를 정리하며, 질서를 유지하고 사무를 감독할 지위에 있고, 이러한 지위에서 본회의 개의시의 변경, 의사일정의 작성과 변경, 의안의 상정, 의안의 가결선포 등의 권한을 행사하게 되어 있다. 따라서 국회의원과 국회의장 사이에 위와 같은 각자 권한의 존부 및 범위와 행사를 둘러싸고 언제나 다툼이 생길 수 있고, 이와 같은 분쟁은 단순히 국회의 구성원인 국회의원과 국회의장간의 국가기관 내부의 분쟁이 아니라 각각 별개의 헌법상의 국가기관으로서의 권한을 둘러싸고 발생하는 분쟁이라고 할 것인데, 이와 같은 분쟁을 행정소송법상의 기관소송으로 해결할 수 없고 권한쟁의심판이외에 달리 해결할 적당한 기관이나 방법이 없으므로(행정소송법 제3조 제4호 단서는 헌법재판소의 관장사항으로 되는 소송을 기관소송의 대상에서 제외하고 있으며, 같은 법 제45조는 기관소송을 법률이 정한 경우에 법률이 정한 자에 한하여 제기할 수 있도록 규정하고 있다) 국회의원과 국회의장은 헌법 제111조 제1항 제4호 소정의 권한쟁의심판의 당사자가 될 수 있다고 보아야 할 것이다. … 국회의원과 국회의장을 헌법 제111조 제1항 제4호의 '국가기관'에 해당하는 것으로 해석하는 이상 국회의원과 국회의장을 권한쟁의심판을 할 수 있는 국가기관으로 열거하지 아니한 헌법재판소법 제62조 제1항 제1호의 규정도 한정적, 열거적인 조항이 아니라 예시적(例示的)인

조항으로 해석하는 것이 헌법에 합치된다고 할 것이다. … 국회의원은 국민에 의하여 직접 선출되는 국민의 대표로서 여러 가지 헌법상·법률상의 권한이 부여되어 있지만 그 중에서도 가장 중요하고 본질적인 것은 입법에 대한 권한임은 두 말할 나위가 없고, 이 권한에는 법률안제출권(헌법 제52조)과 법률안 심의·표결권이 포함된다. 국회의원의 법률안 심의·표결권은 비록 헌법에는 이에 관한 명문의 규정이 없지만 의회민주주의의 원리, 입법권을 국회에 귀속시키고 있는 헌법 제40조, 국민에 의하여 선출되는 국회의원으로 국회를 구성한다고 규정하고 있는 헌법 제41조 제1항으로부터 당연히 도출되는 헌법상의 권한이다. 그리고 이러한 국회의원의 법률안 심의·표결권은 국회의 다수파의원에게만 보장되는 것이 아니라 소수파의원과 특별한 사정이 없는 한 국회의원 개개인에게 모두 보장되는 것도 당연하다"(헌재 1997.7.16. 96헌라2, 국회의원과 국회의장간의 권한쟁의(인용(권한침해),기각))(헌재 2003.10.30. 2002헌라1, 국회의원과 국회의장간의 권한쟁의(기각)).

변경된 헌법재판소 판례에 의하면 국가기관 상호간의 권한쟁의심판의 구체적 청구권자로서 국회의 경우 전체기관으로서의 국회뿐만 아니라 부분기관으로서 국회의장과 부의장, 국회의원, 국회의 위원회 등도 독립한 헌법기관으로서 당사자능력을 가질 수 있다(그런데 헌법재판소는 원내교섭단체는 권한쟁의심판을 청구할 수 없다고 판시한다(헌재 2020.5.27. 2019헌라6등, 국회의원과 국회의장 간의 권한쟁의(기각))). 다만, 청구권자로서의 국회의원이 권한쟁의심판절차 계속 중 국회의원직을 상실한 경우에는 의원직 상실과 동시에 권한쟁의심판절차가 종료된다(헌재 2016.4.28. 2015헌라5, 국회의원과 행정자치부장관 간의 권한쟁의(절차종료,각하)).

국회의원이 국회의장의 직무를 대리하여 법률안 가결선포행위를 한 국회부의장을 상대로 자신의 법률안 심의·표결권의 침해를 이유로 권한쟁의심판을 청구한 것은 피청구인적격이 인정되지 아니한 자를 상대로 제기한 것으로 부적법하다(이 경우 국회의장을 상대로 권한쟁의심판을 청구하여야 한다)(헌재 2009.10.29. 2009헌라8등, 국회의원과 국회의장 등 간의 권한쟁의(각하,확인,기각)).

국회의원과 국회 상임위원회 위원장 간의 권한쟁의심판의 성립을 인정한다(헌재 2010.12.28. 2008헌라7, 국회의원과 국회의장 등 간의 권한쟁의(인용(권한침해),기각,각하)).

국회 상임위원회가 그 소관에 속하는 의안·청원 등을 심사하는 권한은 법률상 부여된 위원회의 고유한 권한이므로, 국회 상임위원회 위원장이 위원회를 대표해서 의안을 심사하는 권한이 국회의장으로부터 위임된 것임을 전제로 한 국회의장에 대한 권한쟁의심판청구는 피청구인적격이 없는 자를 상대로 한 청구로서 부적법하다(헌재 2010.12.28. 2008헌라7, 국회의원과 국회의장 등 간의 권한쟁의(각하,권한침해확인,기각)).

국회 행정안전위원회 제천화재관련평가소위원회 위원장이 국회 행정안전위원회 위원장을 상대로 제기한 권한쟁의심판청구에 대하여, 소위원회 및 그 위원장은 헌법에 의하여 설치된 국가기관에 해당한다고 볼 수 없다. 국회 소위원회 위원장에게 권한쟁의심판의 청구인능력이 인정되지 아니한다. 안건조정소위원회 위원장도 청구인능력이 없다(헌재 2020.5.27. 2019헌라4, 국회 행안위 제천화재관련평가소위 소위원장과 국회 행안위 위원장 간의 권한쟁의(각하)).

법률의 제·개정 행위를 다투는 권한쟁의심판의 경우에는 국회가 피청구인적격을 가지므로, 청구인들이 국회의장 및 국회 기획재정위원회 위원장에 대하여 제기한 이 사건 국회법 개정행위에 대한 심판청구는 피청구인적격이 없는 자를 상대로 한 청구로서 부적법하다(헌재 2016.5.26. 2015헌라1, 국회의원과 국회의장 등 간의 권한쟁의(각하)).

(ⅱ) 그러나 헌법재판소는 "대통령 등 국회 이외의 국가기관에 의하여 국회의원의 심의·표결권이 침해될 수 없다"는 입장이다. 이에 따라 국회의원의 심의·표결권을 다투는 경우의 피청구인은 국회의장이, 상임위원회의 의결을 다투는 경우의 피청구인은 상임위원장이, 국회의 법률 제정과 개정을 다투는 경우의 피청구인은 국회가 된다.

국회의원의 심의·표결권은 국회의 대내적인 관계에서 행사되고 침해될 수 있을 뿐 다른 국가기관과의 대외적인 관계에서는 침해될 수 없는 것이므로 피청구인인 대통령이 국회의 동의 없이 조약을 체결·비준하였다 하더라도 국회의원의 심의·표결권이 침해될 가능성은 없다(헌재 2007.7.26. 2005헌라8, 국회의원과 정부간의 권한쟁의(각하), 동지: 헌재 2008.1.17. 2005헌라10, 국회의원과 대통령 등 간의 권한쟁의(각하)).

(ⅲ) 정부의 경우에도 전체기관으로서의 정부뿐만 아니라 대통령, 국무총리, 행정각부의 장 등도 당사자능력을 가질 수 있다. 대통령 소속의 감사원도 마찬가지다. 중앙선거관리위원회도 헌법과 선거관리위원회법에 의하여 행정부 등 외부기관의 부당한 간섭 없이 선거사무는 물론 인사, 조직운영, 내부규율 등에 관한 각종 사무 등을 독립적으로 수행할 권한이 부여되어 있다는 점에서 권한쟁의 당사자능력이 있다(헌재 2025.2.27. 2023헌라5, 중앙선거관리위원회와 감사원 간의 권한쟁의(인용)).

해양수산부장관의 명을 받아 소관사무를 통할하고 소속공무원을 지휘·감독하는 부산지방해양수산청장은 권한쟁의심판의 당사자가 될 수 없다(헌재 2008.3.27. 2006헌라1, 경상남도 등과 정부 간의 권한쟁의(각하)).

청구인(중앙선거관리위원회)의 헌법상 지위와 헌법 및 선거관리위원회법의 관련 규정들을 종합하여 보면, 청구인에게는 헌법과 선거관리위원회법에 의하여 행정부 등 외부기관의 부당한 간섭 없이 선거사무는 물론 인사, 조직운영, 내부규율 등에 관한 각종 사무 등을 독립적으로 수행할 권한이 부여되어 있다고 할 것이다. 제3차 개정헌법은 3·15 부정선거에 대한 반성적 조치로 선거관리사무 및 그 주체를 정부와 기능적·조직적으로 분리하여 독립된 헌법기관에 맡기도록 규정하였고, 이러한 체계는 현행 헌법에 이르기까지 그대로 견지되고 있다. 이는 선거관리기구가 대의민주제에서 요청되는 독립적·중립적 선거관리라는 헌법적 과제를 제대로 수행하기 위해서는 외부 권력기관, 특히 대통령을 수반으로 하는 정부의 영향력을 제도적으로 차단할 필요가 있고, 이를 위해서는 선거관리사무를 행정부가 아닌 독립된 헌법기관에 맡겨야 한다는 헌법적 결단이 헌법체계에 반영된 결과라고 볼 수 있다(헌재 2025.2.27. 2023헌라5, 중앙선거관리위원회와 감사원 간의 권한쟁의(인용)).

(ⅳ) 한편 국가기관과 지방자치단체간의 권한쟁의심판에서 국가 측 당사자로

헌법재판소법은 정부만을 규정하고 있지만, 이 규정 또한 예시적 규정으로 보아 정부 이외의 여타 국가기관(예를 들어 국회) 또는 그 부분기관(예를 들어 국회의 위원회)도 이러한 권한쟁의심판의 당사자로 될 수 있다고 보아야 한다.

국회와 지방자치단체 사이의 권한쟁의가 인정된다(헌재 2006.5.25. 2005헌라4, 강남구등과 국회 등 간의 권한쟁의(각하)). 한편 중앙선거관리위원회 이외에 각급 구·시·군 선거관리위원회도 권한쟁의심판의 당사자능력이 인정된다(헌재 2008.6.26. 2005헌라7, 강남구등과 국회 등 간의 권한쟁의(기각,각하)).

(v) 다만, 권한쟁의심판의 당사자인 국가기관에 해당하는지 여부의 판단에 있어서는 ① 그 국가기관이 헌법에 의하여 설치되고, ② 헌법과 법률에 의하여 독자적인 권한을 부여받고 있는지 여부, ③ 헌법에 의하여 설치된 국가기관 상호간의 권한쟁의를 해결할 수 있는 적당한 기관이나 방법이 있는지 여부 등을 종합적으로 고려하여야 한다. 이에 따라 "그 심판을 담당하는 국가기관으로서 스스로 당사자가 될 수 없는 헌법재판소를 제외"한다(헌재 1995.2.23. 90헌라1, 국회의원과 국회의장간의 권한쟁의심판(각하)). 다른 한편 국가인권위원회는 헌법에 의하여 설치된 기관이 아니고, 정당은 국가기관이 아니기 때문에 권한쟁의심판의 당사자가 될 수 없다.

헌법상 국가에게 부여된 임무 또는 의무를 수행하고 그 독립성이 보장된 국가기관이라고 하더라도 오로지 법률에 설치근거를 둔 국가기관이라면 국회의 입법행위에 의하여 존폐 및 권한범위가 결정될 수 있으므로 이러한 국가기관은 '헌법에 의하여 설치되고 헌법과 법률에 의하여 독자적인 권한을 부여받은 국가기관'이라고 할 수 없다. 따라서 법률에 의하여 설치된 국가인권위원회에게는 권한쟁의심판의 당사자능력이 인정되지 아니한다(헌재 2010.10.28. 2009헌라6, 국가인권위원회와 대통령 간의 권한쟁의(각하)).

국가경찰위원회가 행정안전부장관을 상대로 제기한 '행정안전부장관의 소속청장 지휘에 관한 규칙인 행정안전부령 제348호의 제정행위가 국가경찰위원회의 권한을 침해한다'는 취지의 권한쟁의 심판청구에 대하여, 국가경찰위원회는 법률에 의하여 설치된 국가기관으로서 권한쟁의심판을 청구할 당사자능력이 없다(헌재 2022.12.22. 2022헌라5, 국가경찰위원회와 행정안전부장관 간의 권한쟁의(각하)).

문화재청 및 문화재청장은 정부조직법 제36조 제3항, 제4항에 의하여 행정각부 장의 하나인 문화체육관광부장관 소속으로 설치된 기관 및 기관장으로서, 오로지 법률에 그 설치 근거를 두고 있으며 그 결과 국회의 입법행위에 의하여 그 존폐 및 권한범위가 결정된다. 따라서 문화재청장은 '헌법에 의하여 설치되고 헌법과 법률에 의하여 독자적인 권한을 부여받은 국가기관'이라고 할 수 없다. 결국, 법률에 의하여 설치된 피청구인에게는 권한쟁의심판의 당사자능력이 인정되지 아니한다(헌재 2023.12.21. 2023헌라1, 문화재청과 송파구청 간의 권한쟁의(각하)).

정당이 국회 내에서 교섭단체를 구성하고 있다고 하더라도, 헌법은 권한쟁의심판청구의 당사자로서 국회의원들의 모임인 교섭단체에 대해서 규정하고 있지 않고, 교섭단체의 권한 침해는 교섭단체에 속한 국회의원 개개인의 심의·표결권 등 권한 침해로 이어질 가능성이 높아 그 분쟁을 해결할 적당한 기관이나 방법이 없다고 할 수 없다. 따라서 정당은 헌법 제111조 제1항 제4호 및 헌법재판소법 제62조 제1항 제1호의 '국가기관'에 해당한다고 볼 수 없으므로 당사자능력이 인정되지 아니한다(헌재 2020.5.27. 2019헌라6등, 국회의원과 국회의장 간의 권한쟁의(기각)).

권한쟁의심판의 당사자가 될 수 있는 국가기관의 범위에 관하여, 오로지 법률에 의하여 설치된 국가기관으로서 국회의 입법행위에 의하여 존폐 및 권한범위가 정해지는 국가기관까지 포함되는 것은 아니다. 따라서 청구인인 문화재청장은 권한쟁의심판 당사자능력이 인정되지 아니한다(헌재 2023.12.21. 2023헌라1, 서울특별시 송파구와 문화재청장 간의 권한쟁의(각하)).

(vi) 위와 같이 헌법재판소는 헌법에 적시된 국가기관을 열거적이 아니라 예시적이라고 판시하여 청구권자를 확대하고 있다. 이제 더 나아가 국가기관의 범위를 "헌법에 의하여 설치"된 기관으로 한정할 것이 아니라 법률상 기관으로도 확대할 필요가 있다. 예컨대 국가인권위원회는 비록 헌법상 국가기관은 아니지만 그에 버금가는 역할과 기능을 담당한다. 또한 국회법상 기관인 국회 원내교섭단체 및 상임위원회 소위원회와 그 위원장도 청구권자가 될 수 있어야 한다.

B. 지방자치단체

(a) 지방자치단체 - 열거적(列擧的)

(i) 한편 헌법재판소는 헌법재판소법 제62조 제1항 제1호의 '국가기관' 해석과 달리 제62조 제1항 제3호의 '지방자치단체'의 권한쟁의심판을 예시적으로 해석할 필요성 및 법적 근거가 없다는 입장이다(헌재 2016.6.30. 2014헌라1, 경상남도 교육청과 경상남도 간의 권한쟁의(각하)).

헌법은 '국가기관'과는 달리 '지방자치단체'의 경우에는 그 종류를 법률로 정하도록 규정하고 있으며(헌법 제117조 제2항), 지방자치법은 지방자치단체의 종류를 특별시, 광역시, 특별자치시, 도, 특별자치도와 시, 군, 구로 정하고 있고(지방자치법 제2조 제1항), 헌법재판소법은 이를 감안하여 권한쟁의심판의 종류를 정하고 있다. 즉, 지방자치법은 헌법의 위임을 받아 지방자치단체의 종류를 규정하고 있으므로, 지방자치단체 상호간의 권한쟁의심판을 규정하는 헌법재판소법 제62조 제1항 제3호를 예시적으로 해석할 필요성 및 법적 근거가 없다. 따라서 시·도의 교육·학예에 관한 집행기관인 교육감과 해당 지방자치단체 사이의 내부적 분쟁과 관련된 심판청구는 헌법재판소가 관장하는 권한쟁의심판에 속하지 아니한다(헌재 2016.6.30. 2014헌라1, 경상남도 교육청과 경상남도 간의 권한쟁의(각하)).

(ii) 국가기관과 지방자치단체간의 권한쟁의심판에는 정부와 특별시·광역시·특별자치시·도 또는 특별자치도 및 시·군·자치구가 청구권자가 된다. 지방자치단체상호간의 권한쟁의심판에는 특별시·광역시·특별자치시·도 또는 특별자치도 및 시·군·자치구가 청구권자가 된다.

의무교육 경비의 부담 주체로 국가와 나란히 지방자치단체를 규정한 '지방교육자치에 관한법률', 서울특별시에게 다른 지방자치단체보다 높은 부담률을 적용한 '지방교육재정교부금법'을 제정한 행위는 합헌이다(헌재 2005.12.22. 2004헌라3, 서울특별시와 정부간의 권한쟁의(기각,각하)).

"지방자치단체의 폐치는 국회의 입법에 의해 이루어지므로 앞으로 청구인들 시, 군이 필연적으로 폐치됨을 전제로 하는 자치권한 침해에 관한 청구는 아직 존재하지 않고, 피청구인들에 의해 이루어질 수도 없는 행위를 대상으로 한다"(헌재 2005.12.22. 2005헌라5, 제주시등과 행정자치부장관등간의 권한쟁의(각하)).

지방자치단체의 의결기관인 지방의회를 구성하는 지방의회 의원과 그 지방의회의 대표자인 지방의회 의장 간의 권한쟁의심판은 헌법 및 헌법재판소법에 의하여 헌법재판소가 관장하는 지방자치단체 상호간의 권한쟁의심판의 범위에 속한다고 볼 수 없으므로 부적법하다(헌재 2010.4.29. 2009헌라11, 경기도 안산시의회 의원과 의회 의장 간의 권한쟁의(각하)).

헌법 제117조 제1항에서 규정하는 '법령'에는 법규명령으로서 기능하는 행정규칙이 포함된다. 시간외근무수당의 지급기준 · 지급방법 등에 관하여 필요한 사항은 행정자치부장관이 정하는 범위 안에서 지방자치단체의 장이 정하도록 규정하고 있는 지방공무원수당등에 관한규정 제15조 제4항에서 말하는 '행정자치부장관이 정하는 범위'라는 것은 '법규명령으로 기능하는 행정규칙에 의하여 정하여지는 범위'를 가리키는 것이고 법규명령이 아닌 단순한 행정규칙에 의하여 정하여지는 것은 이에 포함되지 않는다고 해석되므로 문제조항은 헌법 제117조 제1항에 위반되는 것이 아니다. 문제조항은 시간외근무수당의 대강을 스스로 정하면서 단지 그 지급기준 · 지급방법 등의 범위만을 행정자치부장관이 정하도록 하고 있을 뿐이므로 청구인은 그 한계내에서 자신의 자치입법권을 행사하여 시간외근무수당에 관한 구체적 사항을 자신의 규칙으로 직접 제정하고 이를 위하여 스스로 예산을 편성, 집행하고 또 이를 토대로 하여 관련된 인사문제를 결정할 수 있는 것이다. 또한 행정자치부장관이 정하게 되는 '범위'라는 것이, 지방자치단체장의 구체적인 결정권 행사의 여지를 전혀 남기지 않는 획일적인 기준을 의미하는 것으로 볼 근거는 전혀 없는 것이므로, 문제조항은 그 형식이나 내용면에서 결코 지방자치단체장의 규칙제정권, 인사권, 재정권 등을 부정하는 것이 아니므로 청구인의 헌법상 자치권한을 본질적으로 침해한다고 볼 수 없다"(헌재 2002.10.31. 2001헌라1, 강남구청과 대통령간의 권한쟁의(기각)).

"2002.1.25.자 지방공무원수당업무처리지침 중에서 "Ⅵ. 초과근무수당 5. 초과근무수당 지급대상자 및 초과근무 인정범위 나. 일반대상자(시간외근무수당) · 지급시간수의 계산(영 제15조 제4항) - 평일은 1일 2시간 이상 시간외근무한 경우에 2시간을 공제한 후 4시간 이내에서 매분단위까지 합산함이라는 부분"은 비록 그 제정형식은 법규명령이 아닌 행정규칙이지만 그 내용으로 볼 때 그것이 상위법령의 위임한계, 즉 지급기준과 지급방법 등의 범위를 설정하도록 한 한계를 벗어난 것은 아니라고 인정되므로 이는 상위법령인 위 수당규정과 결합하여 대외적인 구속력을 갖는 법규명령으로서 기능하게 된다고 보아야 할 것이므로, 이 사건 지침부분은 헌법 제117조 제1항을 위반한 것이 아니고 청구인의 권한도 침해하는 것이 아니다. 이 사건 지침부분이 "평일 1일 2시간 이상 시간외근무한 경우에 2시간을 공제한 후 4시간 이내에서 합산"하도록 하여 근무시간 전후 2시간을 공제하도록 한 이유는 실제로 업무를 수행하는 것이 아닌 석식 및 휴게시간 등의 시간을 공제하여, 지방공무원의 시간외수당 지급시간수를 실제에 근접시켜 계산하도록 규정하는 내용이라고 볼 수 있어 그 합리성을 인정할 수 있으며, 이 사건 지침 부분은 지방자치단체가 시간외근무수당에 대한 예산을 자유롭게 편성하고 집행하는 것을 제한하는 측면이 있으나, 그 내용으로 볼 때 지방자치단체의 무분별한 재정운영을 제한하는 정도일 뿐이지 예산편성과 재정지출에 대한 지방자치단체의 고유한 권한을 유명무실하게 할 정도의 지나친 규율이라고는 볼 수 없으므로, 청구인의 자치권을 본질적으로 침해하는 것이 아니다”(헌재 2002.10.31. 2002헌라2, 강남구와 행정자치부장관등간의 권한쟁의(기각)).

지방자치법 제4조 제1항에 규정된 지방자치난체의 구역에는 육지는 물론 바다도 포함되므로 공유수면에 대한 지방자치단체의 자치권한이 존재하고, 육지가 바다로, 바다가 육지로 변화된다 하더라도 그 위의 경계는 의연히 유지되므로 종래 특정한 지방자치단체의 관할구역에 속하던 공유수면이 매립되는 경우에도 법령에 의한 경계변경이 없는 한, 그 매립지는 당해 지방자치단체의 관할구역에 편입된다(헌재 2010.6.24. 2005헌라9등, 경상남도 등과 정부 등 간의 권한쟁의 등(인용(권한확인),기각,각하)).

(iii) 권한쟁의가 ‘지방교육자치에 관한 법률’ 제2조의 규정에 의한 교육·학예에 관한 지방자치단체의 사무에 관한 것인 때에는 교육감이 지방자치단체를 대표한다(헌재법 제62조 제2항). 즉 지방자치단체가 자신의 권한 침해를 이유로 권한쟁의심판을 제기하는 경우 당사자는 지방자치단체가 되고 지방자치단체의 장은 지방자치단체의 기관에 불과하므로 당사자능력이 없는 반면, 교육·학예에 관한 지방자치단체의 사무에 관하여 권한쟁의심판을 청구하는 경우에는 ‘지방자치단체, 대표자 교육감’의 형식을 취한다(헌재 2011.8.30. 2010헌라4, 전라북도와 교육과학기술부 장관 간의 권한쟁의(각하); 헌재 2013.9.26. 2012헌라1, 교육과학기술부장관과 서울특별시교육감 간의 권한쟁의(기각); 헌재 2013.12.26. 2012헌라3등, 전라북도교육감과 교육과학기술부장관 간의 권한쟁의(각하)).

(b) 지방자치단체에 대한 기관위임사무 제외

헌법재판소 결정에 의하면, 지방자치단체는 헌법 또는 법률에 의하여 부여받은 그의 권한, 즉 지방자치단체의 사무에 관한 권한이 침해되거나 침해될 우려가 있는 때에 한하여 권한쟁의심판을 청구할 수 있다(헌재법 제61조 제2항)고 할 것인데, 기관위임사무는 지방자치단체의 사무범위에 속하지 아니하므로 이에 대하여 지방자치단체가 제기한 권한쟁의심판은 부적법하다. 지방자치단체는 권한쟁의 심판청구의 당사자능력은 있지만 이 사건에 대한 당사자적격이 없어 권한쟁의심판청구는 부적법하다.

“국가사무로서의 성격을 가지고 있는 기관위임사무의 집행권한의 존부 및 범위에 관하여 지방자치단체가 청구한 권한쟁의심판 청구는 지방자치단체의 권한에 속하지 아니하는 사무에 관한 심판청구로서 그 청구가 부적법하다”(헌재 2011.9.29. 2009헌라3, 인천광역시 중구와 인천광역시 등 간의 권한쟁의(각하,기각)).

지적공부의 등록사무(헌재 2008.12.26. 2005헌라11, 북제주군과 완도군 등 간의 권한쟁의(각하,인용)), 도시계획사업실시계획 인가사무(헌재 1999.7.22. 98헌라4, 성남시와 경기도간의 권한쟁의(인용(무효확인),인용(권한침해),각하)), 토지대장등록사무(헌재 2004.9.23. 2000헌라2, 당진군과 평택시간의 권한쟁의(인용(권한확인),각하)), 교육감 소속 교육장·장학관 등에 대한 징계사무(헌재 2013.12.26. 2012헌라3, 전라북도교육감과 교육과학기술부장관 간의 권한쟁의(각하)), 항만명칭결정(헌재 2008.3.27. 2006헌라1, 경상남도 등과 정부 간의 권한쟁의(각하)). 군공항 예비이전후보지 선정사무(헌재 2017.12.28. 2017헌라2, 화성시와 국방부장관 간의 권한쟁의(각하))는 기관위임사무이므로 심판청구는 부적법하다.

(3) 제3자 소송담당(第3者 訴訟擔當)

A. 의 의

제3자 소송담당이란 일반적으로 권리관계 주체 이외의 제3자가 당사자적격을 가지는 경우를 말한다. 민사소송에서는 법률상 제3자가 소송수행권을 가지거나, 제3자가 고유한 법적 이익 또는 포괄적인 관리처분권을 가지는 경우에 그 제3자의 소송수행이 인정된다. 권한쟁의심판의 경우 행정소송법과 민사소송법이 함께 준용되므로(헌재법 제40조 제1항), 권한쟁의심판에도 제3자 소송담당 관련 규정이 준용될 가능성이 있다. 또한 권한쟁의심판은 객관적 소송이므로 청구인적격을 엄격히 제한할 이유가 크지 아니하다는 점도 고려할 필요가 있다. 독일 연방헌법재판소법은 기관의 구성부분도 소속기관을 위하여 권한쟁의를 청구할 수 있다고 규정하여 권한쟁의절차에서 제3자 소송담당을 인정하고 있다. 하지만, 헌법재판소법은 이러한 명문 규정을 두고 있지 아니하므로 권한쟁의심판절차에서 제3자 소송담당의 인정 여부에 대하여는 견해가 대립한다. 이를 인정하더라도 예컨대 국회재적의원 절대다수에는 인정할 수 없다는 견해도 있다(헌재 1998.7.14. 98헌라1, 대통령과 국회의원 간의 권한쟁의(각하): 제3장 제2절 제1항 Ⅱ. 6. 참조).

1988년 김종필 총리 임명동의안 처리 무산과 관련한 권한쟁의심판에서 ① 국회의원들의 당사자적격이 없음을 이유로 각하의견(1인),[1] ② 국회의원들의 권리보호이익이 없음을 이유로 각하 의견(2인),[2] ③ 청구인적격성이 없음을 이유로 각하 의견(2인),[3] ④ 국무총

1) "정부에 의하여 국회의 권한이 침해가 된 때에, 국회가 권한쟁의심판을 청구하는 점에 관하여 다수의원이 찬성하지 아니함으로써 국회의 의결을 거칠 수 없는 경우에는, 침해된 국회의 권한을 회복하고자 하는 소수의원에게도 권한쟁의심판을 통하여 국회의 권한을 회복시킬 수 있는 기회를 주어야만 할 것이다. 그러나 위와 같이 국회의 부분기관에게 국회를 위한 '제3자소송담당'을 허용하는 것은 소수자를 보호하기 위한 것이므로, 일정 수 이상의 소수의원이나 소수의원으로 구성된 교섭단체에게만 국회를 위하여 권한쟁의심판을 청구할 적격이 인정되는 것이지, 재적의원 과반수를 이루는 다수의원이나 그들 의원으로 구성된 교섭단체의 경우에는 그들 스스로 국회의 의결을 거쳐 침해된 국회의 권한을 회복하기 위한 방법을 강구할 수 있으므로, 이들에게까지 굳이 법률에 규정되어 있지도 아니한 '제3자소송담당'을 허용할 필요성은 없는 것이다. 국회의원이 국회에서 심의·표결권한을 행사하는 것은 국회의원들 상호간 또는 국회의원과 국회의장 사이에서만 직접적인 법적 연관성을 가질 뿐, 국회의원과 대통령 등 국회 이외의 다른 국가기관과 사이에서는 아무런 직접적인 법적 연관성을 가지지 아니하므로, 대통령이 국회의 동의를 얻지 아니하고 국무총리서리를 임명한 행위가 국회에 대한 관계에서 국무총리의 임명에 관한 국회의 동의권한을 침해한 것인지의 여부는 별론으로 하고, 국회의원인 청구인들과의 관계에서 국무총리 임명동의안에 관한 청구인들의 심의·표결권한의 행사를 불가능하게 하거나 방해함으로써 그 권한을 침해할 가능성이 있다고 볼 수 없다"(재판관 김용준의 의견).

2) "대통령이 헌법에 정한 바에 따라 국회에 국무총리 임명동의요청을 한 다음 국회가 그 사정으로 임명동의안을 처리해 주지 아니한 특별한 사정이 있는 경우에 국무총리서리를 임명한 것은, 대통령이 국회에 국무총리 임명동의안을 제출하지 않거나 그 동의안이 부결된 상태에서 국무총리서리를 임명한 경우와는 달리, 실질적으로 국회의 동의를 얻어야 할 국무총리를 임명한 것이 아니라 그 명칭이나 형식에 관계없이 행정부 구성권자인 대통령이 헌법 제87조 제1항, 정부조직법 제23조에 따라 국무총리가 사

리서리제도의 위헌성을 이유로 권한침해를 인정하는 인용의견(3인),[1] ⑤ 국정공백을 메우기 위한 서리임명의 합헌성을 인정하여 권한침해를 부정하는 기각의견(1인)[2]을 제시하였다.

고로 인하여 직무를 수행할 수 없을 때에 국무위원을 임명하여 국무총리 직무대행자를 지명할 수 있는 것에 준하여 국회가 임명동의안을 의결할 때까지 한시적으로 국무총리 직무대행자를 임명한 것에 불과하다고 할 것이므로 그 임명절차에 하자가 있다고 하더라도 이 사건 국무총리서리 임명행위가 직접적으로 헌법 제86조 제1항에 의한 국회의 국무총리 임명동의권이나 그 임명동의안에 관한 청구인들의 심의·표결권을 침해하였거나 침해할 현서한 위험이 있는 경우에 해당한다고 볼 수 없다. 국가기관 상호간의 권한쟁의심판은 헌법상의 국가기관 상호간에 권한의 존부나 범위에 관한 다툼이 있고 이를 해결할 수 있는 적당한 기관이나 방법이 없는 경우에 헌법재판소가 헌법해석을 통하여 그 분쟁을 해결함으로써 국가기능의 원활한 수행을 도모하고 국가권력의 균형을 유지하여 헌법질서를 수호·유지하고자 하는 제도이다. 그런데 이 사건의 경우 국회는 대통령이 이미 국회에 제출한 국무총리 임명동의안에 대한 표결을 하여 가부를 결정할 수 있는 상태에 있고 특히 청구인들은 국회의 다수당인 한나라당 소속 국회의원들로서 그들만으로도 국무총리 임명동의안에 대한 가부를 결정하여 분쟁을 스스로 해결할 수 있는 방법이 있음에도 불구하고, 그 동의안에 대한 의결절차를 마치지도 아니한 채 미리 헌법재판소에 권한쟁의 심판을 청구한 것이므로, 청구인들의 이 사건 심판청구는 권리보호이익이 없어 부적법하다"(재판관 조승형·고중석의 의견).

3) "헌법재판소법 제62조 제1항 제1호에 열거되지 아니한 기관이나 또는 열거된 기관내의 각급 기관은 비록 그들이 공권적 처분을 할 수 있는 지위에 있을지라도 권한쟁의심판의 당사자가 될 수 없으며 또 위에 열거된 국가기관 내부의 권한에 관한 다툼은 권한쟁의심판의 대상이 되지 않는다고 볼 수밖에 없다. 그러므로 국회의 경우 현행 권한쟁의심판제도하에서는 국가기관으로서의 국회만이 당사자로 되어 권한쟁의심판을 수행할 수 있을 뿐이고, 국회의 구성원이나 국회내의 일부기관인 국회의원 및 교섭단체 등이 권한쟁의심판을 청구할 수는 없다고 할 것이다"(재판관 정경식·신창언의 의견).

1) "국회는 국회의원으로 구성되는 합의체 기관으로서 국회의 의사는 결국 표결 등으로 나타나는 국회의원들의 의사가 결집된 것이므로, 헌법 제86조 제1항에 규정된 국무총리 임명에 대한 국회의 동의권한은 그 속성상 필연적으로 국무총리 임명동의안에 대한 국회의원들의 표결권한을 내포하고 있다. 그렇다면 청구인들은 국회를 구성하는 국회의원으로서 이 사건 임명처분으로 국무총리 임명에 관한 국회의 동의권한 및 자신들의 국무총리 임명동의안에 대한 표결권한을 동시에 침해받았다고 주장하면서 권한쟁의심판을 청구할 자격이 있다. 청구인들이 다수당의 구성원으로서 스스로 이 사건 임명동의안을 처리할 수 있는지의 여부는 이미 행해진 이 사건 임명처분이 청구인들의 권한을 침해하였는지의 여부와는 직접적인 관련이 없다. 따라서 청구인들이 장차 이 사건 임명동의안을 부결시켜 청구외 김종필을 국무총리로 재직하지 못하게 할 수 있다고 하더라도 그것과는 별도로 이 사건 임명처분에 의한 권한침해를 다툴 이익이 있다. 헌법 제86조 제1항은 "국무총리는 국회의 동의를 얻어 대통령이 임명한다."고 명시하여 대통령이 국무총리를 임명함에 있어서는 "반드시 사전에" 국회의 동의를 얻어야 함을 분명히 밝히고 있다. 이는 법문상 다른 해석의 여지없이 분명하고, 이에 더하여 헌법이 국무총리의 임명에 관하여 규정하고 있는 국회동의제도의 취지를 고려하여 보면 국무총리 임명은 대통령의 단독행위에 국회가 단순히 부수적으로 협력하는 것에 그치지 아니하고 국회가 대통령과 공동으로 임명에 관여하는 것이라고 보아야 한다. 그러므로 국회의 동의는 국무총리 임명에 있어 불가결한 본질적 요건으로서 대통령이 국회의 동의 없이 국무총리를 임명하였다면 그 임명행위는 명백히 헌법에 위배되고, 이러한 법리는 국무총리 대신 국무총리 '서리'라는 이름으로 임명하였다고 하여 달라지는 것이 아니다. 정부조직법 제23조는 국무총리가 '사고'로 인하여 직무를 수행할 수 없을 때 직무대행자가 국무총리의 직무를 대행하도록 하고 있는데, 여기서의 '사고'는 국무총리가 직무를 행할 수 없는 일반적인 경우 즉, '사고'와 '궐위'를 포괄하는 넓은 개념으로 해석하는 것이 타당하다. 이 사건의 경우 국무총리의 사퇴로 인하여 국무총리의 직무를 수행할 사람이 없어 국정공백이 우려되었다면 정부조직법에 따라 국무총리 직무대행자를 지명함으로써 이 사건 임명동의안의 처리시까지 국정공백을 방지할 수도 있었다. 이와 같이 국무총리 직무대행체제가 법적으로 완비되어 있어 헌법에 위반함이 없이도 국정공백을 방지할 수 있음에도 불구하고 헌법상, 법률상의 근거가 전혀 없는 국무총리서리를 임명하였으므로 이를 국정공백의 방지라는 명분으로 정당화할 수 없다"(재판관 김문희·이재화·한대현의 의견).

2) "국무총리의 궐위는 대통령으로 하여금 새 행정부 구성을 할 수 없게 하고 있는데도 헌법은 궐위

재판관의 과반수인 5인이 이유를 달리하나 각하의견이어서 각하결정이 내려졌다.

B. 헌법재판소 판례

헌법재판소는 제3자 소송담당을 명시적으로 인정하는 법률의 규정도 없을 뿐만 아니라 다수결원리와 의회주의의 본질에 비추어 이를 부인한다. 그러나 반대의견에서는 권력분립의 원칙과 소수자보호의 이념으로부터 제3자 소송담당이 도출된다고 본다.

"권한쟁의심판에 있어서의 '제3자 소송담당'은, 정부와 국회가 원내 다수정당에 의해 주도되는 오늘날의 정당국가적 권력분립구조하에서 정부에 의한 국회의 권한침해가 이루어지더라도 다수정당이 이를 묵인할 위험성이 있어 소수정당으로 하여금 권한쟁의심판을 통하여 침해된 국회의 권한을 회복시킬 수 있도록 이를 인정할 필요성이 대두되기도 하지만, 국회의 의사가 다수결에 의하여 결정되었음에도 다수결의 결과에 반대하는 소수의 국회의원에게 권한쟁의심판을 청구할 수 있게 하는 것은 다수결의 원리와 의회주의의 본질에 어긋날 뿐만 아니라, 국가기관이 기관 내부에서 민주적인 방법으로 토론과 대화에 의하여 기관의 의사를 결정하려는 노력 대신 모든 문제를 사법적 수단에 의해 해결하려는 방향으로 남용될 우려도 있다. 따라서 권한쟁의심판에 있어 '제3자 소송담당'을 허용하는 법률의 규정이 없는 현행법 체계하에서 국회의 구성원인 청구인들은 국회의 조약에 대한 체결·비준 동의권의 침해를 주장하는 권한쟁의심판을 청구할 수 없다 할 것이므로," "심판청구는 청구인적격이 없어 부적법하다"(헌재 2007.7.26. 2005헌라8, 국회의원과 정부간의 권한쟁의(각하), 동지: 헌재 2008.1.17. 2005헌라10, 국회의원과 대통령 등 간의 권한쟁의(각하)).

[반대의견] "제3자 소송담당은 헌법의 권력분립원칙과 소수자보호의 이념으로부터 직접 도출될 수 있으므로, 헌법재판소법에 명문의 규정이 없다는 이유만으로 이를 전면 부정할 것은 아니다. … 정부와 의회가 다수당에 의해 지배되는 경우, 의회의 헌법상 권한이 행정부에 의해 침해되었거나 침해될 위험에 처하였음에도 불구하고 의회의 다수파 또는 특정 안건에 관한 다수세력이 그에 대한 방어를 제대로 하지 않는 상황이 초래될 수 있다. 다수파나 다수세력이 의회의 권한을 수호하기 위한 권한쟁의심판 등 견제수단을 취

된 국무총리의 직무를 누가, 어떤 방법으로 수행하는지에 관하여 아무런 규정을 하지 않고 있다. 헌법제정자는 이와 같은 특수한 경우를 예상하지 못하였고, 이러한 헌법규정의 흠때문에 대통령의 국무총리서리 임명이 헌법에 합치되는지 여부는 해석에 의하여 가려볼 수밖에 없다. 그런데 이 사건의 경우와 같은 조건을 갖춘 특수한 경우에 한하여 대통령은 국무총리 임명동의안을 국회가 표결할 때까지 예외적으로 서리를 임명하여 총리직을 수행하게 할 수 있고, 대통령의 이 국무총리서리 임명행위는 헌법 제86조 제1항의 흠을 보충하는 합리적인 해석범위내의 행위이므로 헌법상의 정당성이 있다. 정부조직법 제23조에는 국무총리가 '사고'로 직무를 수행할 수 없는 경우에 직무대행을 하는 규정을 두고 있을 뿐, '궐위'된 경우에 관한 규정은 없다. '사고'와 '궐위'의 개념은 대통령(헌법 제71조), 국회의장(국회법 제12조, 제16조), 대법원장(법원조직법 제13조 제3항), 헌법재판소장(헌법재판소법 제12조 제4항)의 경우에 이를 구분하여 규정하고 있으므로 사고의 개념에 궐위를 포함시키는 해석론은 옳다고 볼 수 없다. 신임 대통령의 취임으로 국무총리와 국무위원은 모두 사직서를 제출한 상태이고 국회는 국무총리 임명동의안을 처리하지 못하고 있는 경우에 사직서를 제출한 종전의 국무총리가 총리의 직무를 수행하거나 국무위원이 그 직무를 대행하여야만 헌법과 정부조직법의 관계조항에 부합한다는 견해는, 현실과 실질적인 면을 도외시한 것이다"(재판관 이영모의 기각의견).

하지 않음으로써 헌법이 명령하는 권력의 견제기능을 제대로 수행하지 않는 현상이 나타날 수 있는 것이다. 이와 같이 의회의 헌법적 권한이 제대로 수호되지 못하고 헌법의 권력분립 질서가 왜곡되는 상황하에서는, 의회 내 소수파 의원들의 권능을 보호하는 것을 통하여 궁극적으로는 의회의 헌법적 권한을 수호하기 위하여, 그들에게 일정한 요건하에 국회를 대신하여 국회의 권한침해를 다툴 수 있도록 하는 법적 지위를 인정할 필요가 있고, 그 구체적 방안으로서 이른바 '제3자 소송담당'을 인정할 필요가 있다. … '제3자 소송담당'은, 헌법이 요구하는 의회의 대정부 견제기능이 의회 내 다수파의 정략적 결정에 의하여 저해되고 그럼으로써 헌법이 명령하는 의회주의가 왜곡 내지 훼손되는 경우에, 그로부터 의회주의를 회복하기 위한 수단으로써 강구되는 것이므로 의회주의의 본질에 반한다고 볼 수 없고, 오히려 의회주의의 본질을 더욱 충실하게 하는 데 기여할 수 있다. … '제3자 소송담당'을 인정하는 경우 어떤 범위와 어떤 요건하에서 인정할 것인지가 문제인바, 적어도 국회의 교섭단체 또는 그에 준하는 정도의 실체를 갖춘 의원 집단에게는 제3자 소송담당의 방식으로 권한쟁의심판을 제기할 수 있는 지위를 인정하여야 할 것이다" (헌재 2007.7.26. 2005헌라8, 재판관 송두환의 반대의견).

C. 검 토

제3자 소송담당을 인정하는 견해가 학계의 다수 의견이다(허영 · 정종섭 · 한수웅). 생각건대 ① 국회의 판단은 정치적 고려에 의하여 좌우될 가능성이 크다는 점, ② 다수결의 원칙이 적용되는 국회에서 다수결에 의하여 국회가 스스로 그 권한이 침해되어도 방기할 가능성이 높다는 점, ③ 이러한 권한침해의 방기는 곧 국회의 소수자의 권한침해로 이어진다는 점, ④ 위 결정에서 다수의견은 국회 외부기관에 의한 국회의원 개인의 심의표결권 침해 또한 성립할 수 없다는 논지를 제시한다. 결국 이러한 문제에 대하여 소수파 국회의원이 다툴 수 있는 방법이 보이지 아니한다는 점 등에 비추어 보건대, 제3자 소송담당을 인정하여야 한다.

2. 청구기간

(i) 권한쟁의심판은 그 사유가 있음을 안 날부터 60일 이내(헌재 2001.10.25. 2000헌라3, 강남구청과 행정자치부 간의 권한쟁의(각하)), 그 사유가 있은 날부터 180일 이내에 청구하여야 한다(헌재법 제63조). 여기서 그 사유가 있음을 안 날이라 함은 다른 국가기관 등의 처분에 의하여 자신의 권한이 침해되었다는 사실을 특정할 수 있을 정도로 현실적으로 인식하고 이에 대하여 권한쟁의심판청구를 할 수 있게 된 때를 말하며, 그 처분의 내용이 확정적으로 변경될 수 없게 된 것까지를 요구하지는 아니한다(헌재 2007.3.29. 2006헌라7, 동래구청장과 건설교통부장관 간의 권한쟁의(각하)). 부작위를 대상으로 하는 권한쟁의심판의 경우에는 부작위 상태가 계속되는 한 기간의 제한 없이 권한쟁의심판을 청구할 수 있으며(헌재 2006.8.31. 2004헌라2, 강서구와 진해시간의 권한쟁의(인용)), 장래의 처분을

대상으로 한 권한쟁의심판이 허용되는 경우에는 처분 자체는 아직 내려지지 아니한 상태이므로 청구기간의 제한을 받지 아니한다(헌재 2004.9.23. 2000헌라2, 당진군과 평택시간의 권한쟁의(인용,각하)).

(ii) 이 기간은 불변기간이므로 원칙적으로 청구기간이 도과하게 되면 권한쟁의심판을 청구할 수 없지만 헌법재판소법 제40조 제1항과 행정소송법 제20조 제2항 단서에 의하여 그 청구기간이 경과되었더라도 이에 대하여 정당한 사유가 있는 경우에는 권한쟁의심판을 청구할 수 있다. 여기서 말하는 정당한 사유라 함은 청구기간이 경과된 원인 등 여러 가지 사정을 종합적으로 판단하여 지연된 권한쟁의심판청구의 허용이 사회통념상 상당한 경우를 뜻한다. 불변기간의 준수 여부는 헌법재판소의 직권조사사항이다.

3. 청구사유

"심판청구는 피청구인의 처분 또는 부작위가 헌법 또는 법률에 의하여 부여받은 청구인의 권한을 침해하였거나 침해할 현저한 위험이 있는 때에 한하여 이를 할 수 있다"(헌재법 제61조 제2항).

(1) 처분 또는 부작위

(i) 헌법재판소법 제61조 제2항에 따라 권한쟁의심판을 청구하려면 피청구인의 처분 또는 부작위가 존재하여야 한다. 처분(處分)이라 함은 입법행위와 같은 법률의 제정과 관련된 권한의 존부 및 행사상의 다툼, 행정처분은 물론 행정입법과 같은 모든 행정작용 그리고 법원의 재판 및 사법행정작용 등을 포함하는 넓은 의미의 공권력 처분을 의미한다(헌재 2006.5.25. 2005헌라4, 강남구등과 국회 간의 권한쟁의(각하)). 다만, 청구인의 법적 지위에 구체적으로 영향을 미칠 가능성이 없는 행위(예컨대 법률안)는 처분이라 할 수 없다.

> "헌법재판소법 제61조 제2항에 따라 권한쟁의심판을 청구하려면 피청구인의 처분 또는 부작위가 존재하여야 하고, 여기서 '처분'이란 법적 중요성을 지닌 것에 한하므로, 청구인의 법적 지위에 구체적으로 영향을 미칠 가능성이 없는 행위는 '처분'이라 할 수 없어 이를 대상으로 하는 권한쟁의심판청구는 허용되지 않는다. 정부가 법률안을 제출하였다 하더라도 그것이 법률로 성립되기 위해서는 국회의 많은 절차를 거쳐야 하고, 법률안을 받아들일지 여부는 전적으로 헌법상 입법권을 독점하고 있는 의회의 권한이다. 따라서 정부가 법률안을 제출하는 행위는 입법을 위한 하나의 사전 준비행위에 불과하고, 권한쟁의심판의 독자적 대상이 되기 위한 법적 중요성을 지닌 행위로 볼 수 없다"(헌재 2005.12.22. 2004헌라3, 서울특별시와 정부간의 권한쟁의(기각,각하)).
>
> 지방자치단체의 권한에 부정적인 영향을 주어서 법적으로 문제되는 경우에는 사실행위나 내부적인 행위도 권한쟁의심판의 대상이 되는 처분에 해당한다. 건설교통부장관의 역명 결정은 권한쟁의심판의 대상이 되는 처분에 해당한다(헌재 2006.3.30. 2003헌라2, 아산시와 건설교통부장관간의 권한쟁의(각하)).

강남구선거관리위원회가 지방선거를 앞두고 강남구의회가 다음해 예산을 편성할 때 지방선거에 소요되는 비용을 산입하도록 예상되는 비용을 미리 통보한 행위는 서울특별시 강남구의 법적 지위에 어떤 변화도 가져온다고 볼 수 없다(헌재 2008.6.26. 2005헌라7, 강남구 등과 국회 등 간의 권한쟁의(기각,각하)).

국가사무인 사립대학의 신설이나 학생정원 증원에 관한 '2011학년도 대학 및 산업대학 학생정원 조정계획'이 경기도의 권한을 침해할 위험이 없다(헌재 2012.7.26. 2010헌라3, 경기도와 국회 등 간의 권한쟁의(각하)).

사회보장위원회의 '지방자치단체 유사·중복 사회보장사업 정비 추진방안'을 의결한 행위(정비지침)는 각 지방자치단체가 자율적으로 사회보장사업을 정비·개선하도록 한 것이고, 통보행위상 정비계획 제출은 각 지방자치단체가 정비가 필요하고 가능하다고 판단한 사업에 대하여만 정비계획 및 결과를 제출하라는 의미이며, 실제로 각 지방자치단체들은 자율적으로 사회보장사업의 정비를 추진하였다. 통보행위를 강제하기 위한 권력적·규제적인 후속조치가 예정되어 있지 아니하고, 통보행위에 따르지 아니한 지방자치단체에 대하여 이를 강제하거나 불이익을 준 사례도 없으므로 통보행위는 권한쟁의심판의 대상이 되는 '처분'이라고 볼 수 없다(헌재 2018.7.26. 2015헌라4, 경기도 성남시 등과 국무총리 등간의 권한쟁의(각하)).

국회법 제85조 제1항 각 호의 심사기간 지정사유는 국회의장의 직권상정권한을 제한하는 역할을 할 뿐 국회의원의 법안에 대한 심의·표결권을 제한하는 내용을 담고 있지는 아니한다. 국회법 제85조 제1항의 지정사유가 있다 하더라도 국회의장은 직권상정권한을 행사하지 아니할 수 있으므로, 청구인들의 법안 심의·표결권에 대한 침해위험성은 해당 안건이 본회의에 상정되어야만 비로소 현실화된다. 따라서 이 사건 심사기간 지정 거부행위로 말미암아 청구인들의 법률안 심의·표결권이 직접 침해당할 가능성은 없다(헌재 2016.5.26. 2015헌라1, 국회의원과 국회의장 등 간의 권한쟁의 (각하)).

강남자원회수시설(소각장)은 서울특별시가 서울시비를 들여 단독으로 설치한 것이고 따라서 그 운영권한은 폐기물관리법에 의하여 서울시에 있고, 시설에의 반입수수료의 결정·부과징수권한 또한 서울시에 있다. 구체적인 반입수수료 금액은 조례로 정하게 된다. 서울시의 조례개정으로 인하여 적정하게 폐기물처리시설을 운영할 수 있는 권한을 침해하는 것이라고 할 수 없다(헌재 2004.9.23. 2003헌라3, 강남구와 서울특별시간의 권한쟁의(기각)).

"감사원법은 지방자치단체의 위임사무나 자치사무의 구별 없이 합법성 감사뿐만 아니라 합목적성 감사도 허용하고 있는 것으로 보이므로, 감사원의 지방자치단체에 대한 이 사건 감사는 법률상 권한 없이 이루어진 것은 아니다. 헌법이 감사원을 독립된 외부감사기관으로 정하고 있는 취지, 중앙정부와 지방자치단체는 서로 행정기능과 행정책임을 분담하면서 중앙행정의 효율성과 지방행정의 자주성을 조화시켜 국민과 주민의 복리증진이라는 공동목표를 추구하는 협력관계에 있다는 점을 고려하면 지방자치단체의 자치사무에 대한 합목적성 감사의 근거가 되는 이 사건 관련규정은 그 목적의 정당성과 합리성을 인정할 수 있다. 또한 감사원법에서 지방자치단체의 자치권을 존중할 수 있는 장치를 마련해두고 있는 점, 국가재정지원에 상당부분 의존하고 있는 우리 지방재정의 현실, 독립성이나 전문성이 보장되지 않은 지방자치단체 자체감사의 한계 등으로 인한 외부감사의 필요성까지 감안하면, 이 사건 관련규정이 지방자치단체의 고유한 권한을 유명무실하게 할 정도로 지나친 제한을 함으로써 지방자치권의 본질적 내용을 침해하였다고는 볼 수 없다"

(헌재 2008.5.29. 2005헌라3, 강남구청 등과 감사원간의 권한쟁의(각하, 기각)).

(ii) 피청구인의 부작위(不作爲)로 인하여 청구인의 권한이 침해되었다는 권한쟁의심판이 허용되기 위하여서는 피청구인에게 헌법상 또는 법률상 유래하는 작위의무가 있음에도 그러한 의무를 다하지 아니한 경우이어야만 한다.

"국회의장은 표결이 적법하게 진행되어 정상적으로 종결된 경우에는 개표절차를 진행하여 표결결과를 선포할 의무가 있다. 그러나 국무총리 임명동의안에 대한 투표가 진행되던 중 투표의 유효성을 둘러싸고 여·야간에 말다툼과 몸싸움이 벌어져 정상적인 투표가 이루어지지 않은 끝에 자정의 경과로 상당수의 국회의원들이 투표를 마치지 못한 가운데 본회의가 자동산회되었고, 이미 행하여진 투표가 과연 적법하게 진행되어 정상적으로 종결된 것인지 관련 법규나 국회의 의사관행에 비추어도 분명하지 않은 사정이라면 그 투표절차를 둘러싼 여러 문제는 국회가 여·야의 합의를 통하여 자율적으로 처리할 수 있다고 할 것이나, 여·야간에 타협과 절충이 실패하였다면 투표절차에 관한 최종적 판단권은 국회의장인 피청구인에게 유보되어 있다. 피청구인으로서는 이미 행해진 투표의 효력 여하, 투표의 종결 여부, 개표절차의 진행 여부 등 의사절차를 어떻게 진행할 것인지에 관한 선택권을 가진다고 할 것인데, 피청구인이 이와 같이 논란의 여지가 많은 사실관계하에서 개표절차를 진행하여 표결결과를 선포하지 아니하였다 하여 그것이 헌법이나 법률에 명백히 위배되는 행위라고는 인정되지 않으므로 다른 국가기관은 이를 존중하여야 한다. 따라서 투표가 정상적으로 종결되었는지에 관하여 헌법재판소가 독자적으로 판단하는 것은 바람직하지 않으며, 그 결과 피청구인에게 개표절차를 진행하여 표결결과를 선포할 의무가 있음을 인정할 수 없고, 그러한 작위의무가 인정되지 않는 이상 피청구인의 부작위에 의한 권한침해를 다투는 권한쟁의심판은 허용되지 않는다"(헌재 1998.7.14. 98헌라3, 국회의장과 국회의원간의 권한쟁의(각하)).

(iii) 헌법재판소는 법률에 대한 권한쟁의심판도 허용되지만, 권한쟁의심판과 위헌법률심판이 구분되어야 하므로 법률 그 자체가 아니라 법률제정행위를 권한쟁의심판의 대상으로 하여야 한다고 보고 있다(헌재 2006.5.25. 2005헌라4, 강남구 등과 국회 간의 권한쟁의(각하)).

(2) 권한의 침해

A. 의 의

'권한의 침해'란 피청구인의 처분 또는 부작위로 인한 청구인의 권한침해가 과거에 발생하였거나 현재까지 지속되는 경우를 의미한다. '권한을 침해할 현저한 위험'이란 아직 침해라고는 할 수 없으나 조만간 권한침해에 이르게 될 개연성이 상당히 높은 상황, 즉 현재와 같은 상황의 발전이 중단되지 아니한다면 조만간에 권한침해의 발생이 거의 확실하게 예상되며, 이미 구체적인 법적 분쟁의 존재를 인정할 수 있을 정도로 권한침해가 그 내용에 있어서나 시간적으로 충분히 구체화된 경우를 말한다. 권한에는 헌법상 권한과 법률상 권한을 포괄한다.

"권한쟁의심판은 권한이 침해되었다고 주장하는 청구인과 청구인의 권한행사에 부정적인 영향을 미친 것으로 추정되는 피청구인 간에 대립적인 소송구조를 취하기 때문에 주관적 쟁송으로서의 성격을 띨 수밖에 없으나, 이는 분쟁 당사자 간의 권한의 존부 또는 범위에 대한 다툼을 대상으로 하고(헌법재판소법 제61조 제1항), 그 결정 또한 심판의 대상이 된 국가기관 또는 지방자치단체의 권한의 존부 또는 그 범위를 내용으로 하고 있으므로, 궁극적으로는 수평적 또는 수직적 권력분립주의에 입각해 헌법과 법률이 설정한 객관적 권한질서를 유지하기 위한 법적 수단으로 이해되고 있다. 그리고 여기에서 권한이란 주관적 권리의무가 아니라 국가나 지방자치단체 등 공법인 또는 그 기관이 헌법 또는 법률에 의하여 부여되어 법적으로 유효한 행위를 할 수 있는 능력 또는 그 범위를 말한다"(헌재 2010.12.28. 2009헌라2, 서울특별시 은평구와 기획재정부장관 간의 권한쟁의(각하)).

가결선포행위가 단순히 국회의 재량 사항인 탄핵소추안의 법제사법위원회 회부 절차를 거치지 않은 채 이루어졌다는 이유만으로, 심의·표결권이 침해될 가능성이 있다고 볼 수 없다. 가결선포행위가 헌법 제65조 제2항 본문의 의결정족수를 기준으로 이루어짐에 따라, '가중된 의결정족수'에서 표결할 기회가 상실되었다거나, 부결표 행사의 가치가 희석되어 궁극적으로 이 사건 탄핵소추안에 대한 심의·표결권을 침해받았다고도 주장한다. 그러나 이는 결국 '일반 의결정족수'에 따라 이 사건 탄핵소추안이 가결됨으로써 이루어진 국회의 탄핵심판청구가 부적법하다는 취지에 불과할 뿐, 심의·표결권 침해 가능성을 인정할 근거는 될 수 없다. 헌법과 국회법은 개별 국회의원이 원하는 특정 의결정족수를 기준으로 심의·표결권을 행사할 기회를 보장하거나, 의결 결과와 연계하여 심의·표결권 행사의 가치를 인정하는 규정을 두고 있지 않다. 헌법 제49조의 다수결 원칙을 고려할 때, 심의·표결권을 행사하는 개별 국회의원의 의사가 반드시 국회의 최종 의사로 귀결되어야 한다고 볼 수도 없다. 대통령 권한대행 국무총리에 대한 탄핵소추 의결정족수는 헌법 제65조 제2항의 해석에 관한 문제여서 국회의 심의·표결로 결정할 사안이 아닌바, 최종 판단은 헌법재판소에 남겨 있음은 별론으로 하고, 그에 관한 확립된 해석이 없는 상황에서 피청구인이 일정한 의견수렴을 거쳐 '일반 의결정족수'를 적용한 것을 두고 헌법이나 법률을 명백히 위반한 흠이 있다거나 그로 인해 청구인들의 심의·표결권이 침해될 가능성이 있다고까지 단정하기는 어렵다. 게다가 본회의 표결 과정에 자유롭게 참여할 기회가 보장되었음에도 이를 스스로 행사하여 반대에 투표하지 아니한 이상, 만에 하나 피청구인이 의결정족수를 잘못 판단하여 적용함으로써 그에 따라 가결 선포가 이루어졌다고 하더라도, 청구인들의 이 사건 탄핵소추안에 대한 심의·표결권이 침해될 가능성이 있다고 볼 수 없다(6:2)(헌재 2025.4.10. 2024헌라8, 국회의원과 국회의장 간의 권한쟁의(대통령 권한대행 국무총리 탄핵소추안 의결에 관한 권한쟁의 사건)(각하)).

헌법 제97조는 '국가'를 대상으로 한 회계검사권과 '행정기관'을 대상으로 한 직무감찰권을 부여하고 있다. 선거관리가 그 사무의 성격상 행정작용에 해당한다고 하더라도, 선거관리위원회를 독립된 헌법기관으로 설치함으로써 선거관리에 정부가 영향력을 행사할 수 없도록 하여 선거관리의 독립성과 중립성을 보장하고자 하는 것이 헌법개정권자의 의사인 점을 고려하면, 헌법상 대통령 소속으로 행정부에 속한 직무감찰 대상에 당연히 포함된다고 볼 수 없다. 또한 피청구인의 직무감찰권은 행정부 내부의 통제장치로서의 성격을 갖는다고 볼 수 있는바, 정부와 독립된 헌법기관인 국회, 법원, 헌법재판소는 물론 이들 헌법기관과 마찬가지로 독립된 헌법기관으로 설치된 선거관리위원회도 헌법 제97조가 정한 피청구인의 직무감찰 대상에 포함되지 않는다고 봄이 타당하다. 대통령은 정당민주주의 하에서 특정 정당의 당원으로서 해당 정당의 정책이나 이익과 밀접하게 관련될 가능성이 있는바, 대통령 소속기관이 직무감찰을 할 수 있게 된다면 선거관리의 공정성과 중립성에 대한 국민의 신뢰가 훼손될 위험이 있다. 따라서 헌법 제97조가 정한 피청구인의 직무감찰 대상인 '행정기관 및 공무원'에 청구인과 그 소속 공무원은 포함되지 않는다고 봄이 타당하다. 한편 감사원법 제24조 제3항은 "제1항의 공무원에는 국회·법원 및 헌법재판소에 소속한 공무원은 제외한다."라고 규정하여 청구인 소속 공무원을 직무감찰 제외대상으로 명시하고 있지 않다. 이들 헌법기관 소속 공무원을 직무감찰 대상에서 제외한 감사원법 제24조 제3항은 예시적·확인적 규정에 불과하다. 따라서 감사원법 제24조 제3항이 청구인을 직무감찰 제외대상으로 명시하지 않았다고 하더라도 청구인이 피청구인의 직무감찰 대상에 포함되지 않는다는 결론에는 아무런 차이가 없다. 우리 헌법의 체계 및 헌법 제97조와 감사원법 제24조의 해석 등을 종합하면, 피청구인에게는 청구인에 대한 직무감찰권이 부여되어 있다고 볼 수 없다. 이 사건 직무감찰은 헌법 및 법률상 권한 없이 이루어진 것으로서 헌법과 선거관리위원회법에 의하여 부여받은 청구인의 독립적인 업무 수행에 관한 권한을 침해한다(6:2) (헌재 2025.2.27. 2023헌라5, 중앙선거관리위원회와 감사원 간의 권한쟁의(인용)).

검사의 수사권 축소 등에 관한 권한쟁의 사건에서 국회가 검찰청법 및 형사소송법을 개정한 국회의 입법행위에 대하여 국회 밖의 국가기관인 법무부장관과 검찰청법상 검사가 제기한 권한침해확인 및 그 행위의 무효확인 권한쟁의심판청구는 각하한다. [반대의견] 심판청구의 적법성이 모두 인정되고, 권한침해가 확인되므로, 헌법재판소법 제67조 제2항을 적용하여 법률개정행위를 취소하여야 한다(5:4) (헌재 2023.3.23. 2022헌라4, 법무부장관 등과 국회 간의 권한쟁의(각하)).

"이 사건 심판청구가 적법하려면 이 사건 시행령조항의 내용으로 인하여 실제로 청구인에게 권한침해가 발생하였거나 적어도 권한 침해의 현저한 위험이 인정되어야 한다. 그런데 이 사건 시행령조항 및 모법인 지방교부세법 제11조 제2항은 '지방자치단체가 협의·조정을 거치지 않거나 그 결과를 따르지 아니하고 경비를 지출한 경우 지방교부세를 감액하거나 반환하도록 명할 수 있다.'는 것에 불과하므로 실제로 지방교부세가 감액되거나 반환되지 않는 이상 권한침해가 현실화되었다고 보기는 어렵고, 그 전에는 조건 성립 자체가 유동적이므로 권한침해의 현저한 위험, 즉 조만간에 권한침해에 이르게 될 개연성이 현저하게 높은 상황이라고 보기도 어렵다. 따라서 이 사건 개정행위 자체로써 지방자치단체의 자치권한의 침해가 확정적으로 현실화되었다거나 자치권한을 침해할 현저한 위험이 인정된다고 보기는 어렵다" (헌재 2019.4.11. 2016헌라3, 서울특별시와 대통령 간의 권한쟁의(각하)).

사개특위 위원이 아닌 청구인들은 사개특위에서 이루어진 이 사건 각 개선행위에 의하여 그 권한을 침해받았거나 침해받을 현저한 위험성이 있다고 보기 어렵다. 사개특위 위원도 개선행위만으로는 권한의 침해나 침해의 위험성이 발생한다고 보기 어렵고, 사개특위가 개회되어 신속처리안건 지정동의안에 관한 심의·표결 절차에 들어갔을 때 비로소 그 권한의 침해 또는 침해의 위험성이 존재하므로 심판청구는 부적법하다. 법률안 수리행위에 대한 권한쟁의심판청구가 법률안에 대한 위원회 회부나 안건 상정, 본회의 부의 등과는 별도로 오로지 전자정보시스템으로 제출된 법률안을 접수하는 수리행위만을 대상으로 하는 한, 그러한 법률안 수리행위만으로는 사개특위 및 정개특위 위원들의 법률안 심의·표결권을 침해하지 아니하므로 심판청구는 부적법하다(헌재 2020.5.27. 2019헌라3, 국회의원과 국회의장 등 간의 권한쟁의(기각,각하)).

경기도가 특별조정교부금 배분에서 특정시를 제외한 행위가 헌법 및 지방자치법에 의하여 부여된 남양주시의 지방재정권을 침해하지 아니한다(7:2)(헌재 2022.12.22. 2020헌라3, 남양주시와 경기도 간의 권한쟁의(기각)).

권한의 침해와 관련하여 지방자치단체 사이에서 관할 구역을 둘러싼 분쟁이 증가하고 있다. 종래 헌법재판소는 해상경계 확정 방법과 관련하여, 국토지리정보원이 제작한 국가기본도상의 해상경계선을 기준으로 결정하여야 한다는 입장(헌재 2004.9.23. 2000헌라2, 당진군과 평택시간의 권한쟁의(각하, 확인))이었으나 등거리 중간선 원칙, 지리상의 자연적 조건, 관련 법령의 현황, 연혁적인 상황, 행정권한 행사 내용, 사무 처리의 실상, 주민들의 사회·경제적 편익 등을 종합하여 형평의 원칙에 따라 합리적이고 공평하게 해상경계선을 획정하여야 한다고 판례를 변경(헌재 2015.7.30. 2010헌라2, 홍성군과 태안군 등 간의 권한쟁의(인용(권한확인),인용(무효확인),기각,각하))하였다.

지방자치법 제4조 제1항은 지방자치단체의 관할구역 경계를 결정함에 있어서 '종전'에 의하도록 하고 있고, 지방자치법의 개정연혁에 비추어 보면 위 '종전'이라는 기준은 최초로 제정된 법률조항까지 순차 거슬러 올라가게 되므로 1948.8.15. 당시 존재하던 관할구역의 경계가 원천적인 기준이 된다. 그런데 지금까지 우리 법체계에서는 공유수면의 행정구역 경계에 관한 명시적인 법령상의 규정이 존재한 바 없으므로, 공유수면에 대한 행정구역 경계가 불문법상으로 존재한다면 그에 따라야 한다. 그리고 만약 해상경계에 관한 불문법도 존재하지 않으면, 주민, 구역과 자치권을 구성요소로 하는 지방자치단체의 본질에 비추어 지방자치단체의 관할구역에 경계가 없는 부분이 있다는 것을 상정할 수 없으므로, 헌법재판소가 지리상의 자연적 조건, 관련 법령의 현황, 연혁적인 상황, 행정권한 행사 내용, 사무 처리의 실상, 주민의 사회·경제적 편익 등을 종합하여 형평의 원칙에 따라 합리적이고 공평하게 해상경계선을 획정할 수밖에 없다(헌재 2015.7.30. 2010헌라2, 홍성군과 태안군 등 간의 권한쟁의.).

2010헌라2 결정은 특별한 사정이 없는 이상 1948.8.15.에 가장 근접한 국가기본도에 규범적 효력을 인정하여 국가기본도에 표시된 해상경계선을 그 자체로 불문법상 해상경계선으로 인정해 온 종전의 입장을 변경한 것일 뿐이고, 2010헌라2 결정에 따르더라도, 1948.8.15. 당시 존재하던 불문법상 경계는 여전히 해상경계 획정의 원천적인 기준이 되며, 비록 국토지리정보원이 발행한 국가기본도상에 표시된 해상경계가 특별한 사정이 없는 한 그 자체로 불문법상 해상경계선으로 인정될 수는 없다고 할지라도, 국가기본도에 표시된 해상경계선을 기준으로 하여 과거부터 현재에 이르기까지 관할 행정청이 반복적으로 처분을 내리고, 지방자치단체가 허가, 면허 및 단속 등의 업무를 지속적으로 수행하여 왔다면 국가기본도상의 해상경계선은 여전히 지방자치단체 관할 경계에 관하여 불문법으로서 그 기준이 될 수 있다(헌재 2021.2.25. 2015헌라7, 경상남도 등과 전라남도 등 간의 권한쟁의(기각)). 이는 2010헌라2 결정 이후 등거리 중간선 등 형평의 원칙에 따라 해상경계선을 획정하지 아니하고 불문법상 해상경계를 확인한 최초의 결정이다.

한편 공유수면매립지 경계확정 방법과 관련하여, 이미 소멸되어 사라진 종전 공유수면의 해상경계선을 매립지의 관할경계선으로 인정하여야 한다는 입장(헌재 2011.9.29. 2009헌라3, 인천광역시 중구와 인천광역시 등 간의 권한쟁의(각하,기각))이었다. 그러나 매립 목적, 그 사업목적의 효과적 달성, 매립지와 인근 지방자치단체의 교통관계나 외부로부터의 접근성 등 지리상의 조건, 행정권한의 행사 내용, 사무 처리의 실상, 매립 전 공유수면에 대한 행정권한의 행사 연혁이나 주민들의 사회적·경제적 편익 등을 모두 종합하여 형평의 원칙에 따라 합리적이고 공평하게 그 경계를 획정하여야 한다고 판례를 변경하였다(헌재 2019.4.11. 2016헌라8등, 고창군과 부안군 간의 권한쟁의(인용(권한확인),인용(무효확인),각하)). 그런데 헌법재판소는 다시 판례를 변경하여 공유수면에 대한 신생매립지의 경우에는 지방자치법 제5조 제7항에 따라 행정자치부장관이 귀속결정을 함으로써 비로소 신생매립지에 대한 관할이 창설되므로 비록 종전의 공유수면에 대한 관할을 가졌던 지방자치단체라 하더라도 신설 매립지에 대하여 어떤 권한을 보유한다고 볼 수 없어 그 자치권이 침해되거나 침해될 위험이 없음을 들어 관련 지방자치단체의 권한쟁의심판청구를 각하하였다(헌재 2020.7.16. 2015헌라3, 충청남도 등과 정부 등 간의 권한쟁의 등(각하)). 이 결정에도 불구하고 공유수면에 대한 해상경계 또는 지적공부 등록 누락지의 귀속문제는 지방자치단체의 자치권의 범위에 관한 분쟁이어서 여전히 헌법재판소의 권한쟁의심판의 대상이 되고 종래의 헌법재판의 결정들은 유지되고 있다.

지방자치법 제4조 제1항은 지방자치단체의 관할구역 경계를 결정함에 있어서 '종전'에 의하도록 하고 있고, 지방자치법의 개정연혁에 비추어 보면 위 '종전'이라는 기준은 최초로 제정된 법률조항까지 순차 거슬러 올라가게 되므로, 1948.8.15. 당시 존재하던 관할구역의 경계가 원천적인 기준이 된다고 할 수 있다. 이러한 지방자치단체의 관할구역 경계는 각 법령이 관할구역을 정하는 기준으로 삼고 있는 법률 또는 대통령령에 의하여 달리 정하여지지 않은 이상 현재까지 유지되고 있음이 원칙이다. 공유수면에 대한 지방자치단체의 관할구역 경계 역시 위와 같은 기준에 따라 1948.8.15. 당시 존재하던 경계가 먼저 확인되어야 할 것인데, 이에 관한 명시적인 법령상의 규정이 존재한다면 그에 따르고, 명시적인 법령상의 규정이 존재하지 않는다면 불문법에 따라야 한다. 그리고 이에 관한 불문법마저 존재하지 않는다면, 주민, 구역과 자치권을 구성요소로 하는 지방자치단체의 본질에 비추어 지방자치단체의 관할구역에 경계가 없는 부분이 있다는 것은 상정할 수 없으므로, 권한쟁의심판권을 가지고 있는 헌법재판소가 지리상의 자연적 조건, 관련 법령의 현황, 연혁적인 상황, 행정권한 행사 내용, 사무 처리의 실상, 주민의 사회·경제적 편익 등을 종합하여 형평의 원칙에 따라 합리적이고 공평하게 해상경계선을 획정할 수 밖에 없다(헌재 2019.4.11. 2016헌라8등, 고창군과 부안군 간의 권한쟁의(인용(권한확인), 인용(무효확인), 각하)).

대규모 공유수면의 매립은 막대한 사업비와 장기간의 시간 등이 투입될 뿐 아니라 해당 해안지역의 갯벌 등 가치 있는 자연자원의 상실 내지 환경의 파괴를 동반하는 등 국가 전체적으로 중대한 영향을 미치는 사업이다. 그러한 사업으로 새로이 확보된 매립지는 본래 사업목적에 적합하도록 최선의 활용계획을 세워 잘 이용될 수 있도록 하여야 할 것이어서, 매립지의 귀속 주체 내지 행정관할 등을 획정함에 있어서도 사업목적의 효과적 달성이 우선적으로 고려되어야 한다. 매립 전 공유수면을 청구인이 관할하였다 하여 매립지에 대한 관할권한을 인정하여야 한다고 볼 수는 없고, 공유수면의 매립 목적, 그 사업목적의 효과적 달성, 매립지와 인근 지방자치단체의 교통관계나 외부로부터의 접근성 등 지리상의 조건, 행정권한의 행사 내용, 사무 처리의 실상, 매립 전 공유수면에 대한 행정권한의 행사 연혁이나 주민들의 사회적·경제적 편익 등을 모두 종합하여 형평의 원칙에 따라 합리적이고 공평하게 그 경계를 획정할 수밖에 없다. 신생 매립지의 경우, 매립 전 공유수면에 대한 관할권을 가진 지방자치단체는 그 후 새로이 형성된 매립지에 대해서까지 어떠한 권한을 보유하고 있다고 볼 수 없으므로, 그 지방자치단체의 자치권한이 침해되거나 침해될 현저한 위험이 있다고 보기 어려워, 이와 관련된 권한쟁의심판이 부적법하다. 지방자치법 제4조 제8항(현행 제5조 제9항)에 의하면 관계 지방자치단체의 장은 행정안전부장관이 한 매립지가 속할 지방자치단체의 결정에 이의가 있으면 대법원에 소송을 제기하여 다툴 수 있다(헌재 2020.7.16. 2015헌라3, 충청남도 등과 행정자치부장관 등 간의 권한쟁의(각하)).

지방자치단체 사이의 해상경계에 관한 권한쟁의심판은 '㉠ 성문법상 해상경계 확인, ㉡ 불문법상 해상경계 확인, ㉢ 형평원칙상 해상경계 획정'이란 순서로 결론에 이른다. 쟁송해역을 둘러 싼 도서의 존재, 행정권한 행사 연혁, 주민들의 생업과 편익, 관련 행정구역의 관할 변경, 지리상의 자연적 조건 등을 종합적으로 고려하여 해상경계를 획정한다(5:4). [반대의견] 쟁송해역에서 형평의 원칙에 따른 해상경계를 획정함에 있어 무인도인 구돌서를 기점에 포함시키더라도 그 가중치를 다른 유인도들과 다르게 부여함으로써 잠정적인 등거리·중간선을 조정해야 한다(헌재 2024.8.29. 2022헌라1, 경상남도 남해군과 경상남도 통영시 간의 권한쟁의(인용(권한확인))).

B. 적극적 권한쟁의

(i) 헌법재판소법은 권한쟁의의 청구사유로서 권한의 침해 또는 그 위험성을 요구하고 있으므로 적극적 권한쟁의만을 규정한다.

(ii) 권한쟁의심판의 대상이 되는 권한이라 함은 헌법 또는 법률이 특정한 국가기관에 대하여 부여한 독자적인 권능을 말한다. 따라서 국가기관의 행위라 할지라도 헌법과 법률에 의하여 부여된 독자적인 권능을 행사하는 경우가 아니라면 국가기관이 그 행위를 함에 있어 제한을 받더라도 권한이 침해될 가능성은 없으므로 권한쟁의심판을 청구할 수 없다(헌재 2010.7.29. 2010헌라1, 국회의원과 법원 간의 권한쟁의(각하)).

"권한쟁의심판에서 다툼의 대상이 되는 권한이란 헌법 또는 법률이 특정한 국가기관에 대하여 부여한 독자적인 권능을 의미하므로, 국가기관의 모든 행위가 권한쟁의심판에서 의미하는 권한의 행사가 될 수는 없으며, 국가기관의 행위라 할지라도 헌법과 법률에 의해 그 국가기관에게 부여된 독자적인 권능을 행사하는 경우가 아닌 때에는 비록 그 행위가 제한을 받더라도 권한쟁의심판에서 말하는 권한이 침해될 가능성은 없는바, 특정 정보를 인터넷 홈페이지에 게시하거나 언론에 알리는 것과 같은 행위는 헌법과 법률이 특별히 국회의원에게 부여한 국회의원의 독자적인 권능이라고 할 수 없고 국회의원 이외의 다른 국가기관은 물론 일반 개인들도 누구든지 할 수 있는 행위로서, 그러한 행위가 제한된다고 해서 국회의원의 권한이 침해될 가능성은 없다. 청구인은 이 사건 가처분재판과 이 사건 간접 강제재판으로 인해 입법에 관한 국회의원의 권한과 국정감사 또는 조사에 관한 국회의원의 권한이 침해되었다는 취지로 주장하나, 이 사건 가처분재판이나 이 사건 간접강제재판에도 불구하고 청구인으로서는 얼마든지 법률안을 만들어 국회에 제출할 수 있고 국회에 제출된 법률안을 심의하고 표결할 수 있어 입법에 관한 국회의원의 권한인 법률안 제출권이나 심의·표결권이 침해될 가능성이 없으며, 이 사건 가처분재판과 이 사건 간접강제재판은 국정감사 또는 조사와 관련된 국회의원의 권한에 대해서도 아무런 제한을 가하지 않고 있어, 국정감사 또는 조사와 관련된 국회의원으로서의 권한이 침해될 가능성 또한 없다. 따라서 이 사건 권한쟁의심판청구는 청구인의 권한을 침해할 가능성이 없어 부적법하다"(헌재 2010.7.29. 2010헌라1, 국회의원과 법원 간의 권한쟁의(각하)).

국가는 영토고권을 가지지만, 지방자치단체에게 자신의 관할구역 내에 속하는 영토, 영해, 영공을 자유로이 관리하고 관할구역 내의 사람과 물건을 독점적, 배타적으로 지배할 수 있는 권리가 부여되어 있지 아니하다(헌재 2006.3.30. 2003헌라2, 아산시와 건설교통부장관간의 권한쟁의(각하)).

지방자치단체와 다른 지방자치단체의 관계에서 어느 지방자치단체가 특정한 행정동 명칭을 독점적·배타적으로 사용할 권한을 가지지 아니한다(헌재 2009.11.26. 2008헌라4, 서울특별시 강남구와 관악구간의 권한쟁의(각하)). 헌법재판소는 2015.11.26. 2013헌라3 결정에서, "국회의원의 심의·표결권은 국회의 대내적인 관계에서 행사되고 침해될 수 있을 뿐 다른 국가기관과의 대외적인 관계에서는 침해될 수 없다"는 취지로 판단한 바 있다. 따라서 나머지 청구인들이 국민안전처 등을 이전대상 제외 기관으로 명시할 것인지에 관한 법률안에 대하여 심의를 하던 중에 피청구인이 국민안전처 등을 세종시로 이전하는 내용의 이 사건 처분을 하였다고 하더라도 국회의원인 청구인들의 위 법률안에 대한 심의·표결권이 침해될 가능성은 없으므로, 나머지 이 부분 심판청구 역시 모두 부적법하다(헌재 2016.4.28. 2015헌라5, 국회의원과 행정자치부장관 간의 권한쟁의(절차종료,각하)).

C. 소극적 권한쟁의

(a) 의 의

자신의 권한이나 의무 없음을 확인하는 소극적 권한쟁의에 대하여는 이의 인정 여부에 대하여 논란이 있다. 즉, 헌법재판소법 제61조 제1항은 "권한의 유무 또는 범위에 관하여 다툼이 있을 때" 헌법재판소에 권한쟁의심판을 청구할 수 있다고 규정함으로써 소극적 권한쟁의도 권한쟁의심판에 포함될 수 있는 여지를 남겨 두었지만, 곧바로 제2항에서 "청구인의 권한을 침해하였거나 침해할 현저한 위험이 있는 경우에만" 권한쟁의심판청구를 할 수 있다고 규정함으로써 헌법재판소법의 해석상 소극적 권한쟁의의 인정 여부에 대하여 견해가 대립한다.

(b) 긍정설

현행법 아래에서 적극적 권한쟁의심판뿐만 아니라 소극적 권한쟁의심판도 인정하는 긍정설의 논거는 다음과 같다. 즉 ① 헌법재판의 국민의 자유와 권리보호기능, 객관적 권한질서유지기능을 통한 국가업무의 지속적 수행을 위하여 모든 권한쟁의는 헌법재판의 대상이 되어야 한다는 점, ② 헌법 제111조 제1항 제4호의 규정은 모든 유형의 권한쟁의를 포함한다는 취지로 해석함이 타당하다는 점, ③ 헌법재판소법 제61조 제1항의 "권한의 유무 또는 범위에 관하여 다툼이 있을 때"라는 표현은 소극적 권한쟁의를 포함하는 의미로 보아야 한다는 점, ④ 만약 소극적 권한쟁의를 인정하지 아니한다면 국가기관 또는 지방자치단체 사이에서 서로 책임회피가 있게 되고 이는 결과적으로 국민의 피해로 귀속되는 점 등을 근거로 소극적 권한쟁의를 인정한다.

(c) 부정설

이에 대하여 부정설은 ① 소극적 권한쟁의는 권한이나 의무의 유무만이 문제되고 상대방의 부작위로 청구인의 권한이 침해되지 아니한다는 점, ② 헌법재판소법은 소극적 권한쟁의를 고려한 규정으로 볼 수는 없다는 점, ③ 헌법 제111조 제1항 제4호를 소극적 권한쟁의를 인정하는 근거 규정으로 보기 어렵다는 점, ④ 소극적 권한쟁의가 문제되는 경우에는 현행 법체계상 행정소송법이 규정하는 부작위위법확인소송을 비롯한 다른 방법으로 해결할 수 있다는 점 등을 근거로 소극적 권한쟁의를 인정할 수 없다고 본다.

(d) 헌법재판소의 태도

소극적 권한쟁의심판의 인정 여부에 대하여 헌법재판소가 지금까지 명시적으로 입장을 밝힌 결정은 없다. 다만, 소극적 권한쟁의심판으로 볼 여지가 있는 두 사건에서 헌법재판소는 소극적 권한쟁의 사건으로 판단하지 아니하고 다른 방식으로 사건을 해결하였다.

> "이 사건 분쟁의 본질은 어업면허의 유효기간연장의 불허가처분으로 인한 어업권자에 대한 손실보상금채무를 처분을 행한 청구인이 부담할 것인가, 그 기간연장에 동의하지 아니한 피청구인이 부담할 것인가의 문제로서, 이와 같은 다툼은 유효기간연장의 불허가처분으로 인한 손실보상금 지급권한의 존부 및 범위 자체에 관한 청구인과 피청구인 사이의 직접적인 다툼이 아니라, 그 손실보상금 채무를 둘러싸고 어업권자와 청구인, 어업권자와

피청구인 사이의 단순한 채권채무관계의 분쟁에 불과하므로, 이 사건 심판청구는 청구인이 피청구인을 상대로 권한쟁의심판을 청구할 수 있는 요건을 갖추지 못한 것으로서 부적법하다"(헌재 1998.6.25. 94헌라1, 영일군과 정부 간의 권한쟁의(각하)).

"시화공업단지내의 공공시설은 특별히 공업단지의 기능을 유지하기 위하여 설치된 것이 아니라 일반행정구역에서도 설치되어 사용되고 있는 것으로서 불특정 다수의 사용에 제공되고 있는 공공시설이므로 이를 관리하는 것은 공업단지의 기능을 유지하기 위한 업무라기보다는 일반적인 행정업무라고 하여야 할 것이다. 따라서 이 사건 공공시설의 관리권자는 일반 행정구역의 공공시설에 적용되는 관련 법규를 적용하여 결정하여야 할 것이므로, 청구인(시흥시)은 도로법, 하천법, 하수도법, 수도법 등에 따라 이 사건 공공시설을 관리하여야 할 것이다. 그렇다면 청구인이 이 사건 공공시설의 관리권자이므로 피청구인(정부)이 이 사건 공공시설을 관리하지 아니하고 있다고 하여 청구인의 권한이 침해되거나 침해될 위험이 있다고 할 수 없을 것이다." [반대의견(3인)] "공공시설의 관리권한이 청구인과 피청구인 중 누구에게 있는지에 관계없이 피청구인의 부작위에 의하여 청구인의 권한이 침해되었거나 침해될 현저한 위험이 있다고 할 수 없으므로, 이 사건 심판청구는 헌법재판소법 제61조 제2항 소정의 적법요건을 갖추지 못한 것이"므로 각하하여야 한다(헌재 1998.8.27. 96헌라1, 시흥시와 정부 간의 권한쟁의(기각)).

(e) 검 토

생각건대 적어도 현행법상으로는 소극적 권한쟁의를 인정하기 어렵다. 하지만, 권한쟁의심판이 국가기능의 원활한 수행을 도모하고 국가권력 간의 균형을 유지함으로써 헌법질서를 수호하는 기능을 담당하고 있음을 고려할 때 청구인과 피청구인이 특정 권한과 의무에 대하여 서로 자신의 권한과 의무가 아니라고 주장함으로써 생기게 되는 소극적 권한쟁의 사건의 경우 국가기능의 원활한 수행을 저해하며 헌법질서에 장애를 가져올 위험성이 높을 뿐만 아니라 이로 인한 피해는 국민에게 귀착될 것이 분명하므로 입법론적으로는 소극적 권한쟁의를 인정하여야 한다고 본다. 따라서 앞으로 헌법재판소법의 개정을 통하여 소극적 권한쟁의를 도입하는 방향으로 나아가야 한다.

D. 장래처분(將來處分)

(i) 한편 장래처분은 원칙적으로 권한쟁의심판의 대상이 되지 아니하지만, 장래처분이 확실하게 예정되어 있고 장래처분에 의하여 청구인의 권한이 침해될 위험성이 있어서 청구인의 권한을 사전에 보호하여 주어야 할 필요성이 매우 큰 예외적인 경우에는 권한쟁의심판을 청구할 수 있다.

"피청구인의 장래처분에 의해서 청구인의 권한침해가 예상되는 경우에 청구인은 원칙적으로 이러한 장래처분이 행사되기를 기다린 이후에 이에 대한 권한쟁의심판청구를 통해서 침해된 권한의 구제를 받을 수 있으므로, 피청구인의 장래처분을 대상으로 하는 심판청구는 원칙적으로 허용되지 아니한다. 그러나 피청구인의 장래처분이 확실하게 예정되어 있고, 피청구인의 장래처분에 의해서 청구인의 권한이 침해될 위험성이 있어서 청구인의 권한을 사전에 보호해 주어야 할 필요성이 매우 큰 예외적인 경우에는 피청구인의 장래처분에 대해서도 권한쟁의심판을 청구할 수 있다고 할 것이다. 왜냐하면 권한의 존부와 범위에 대한 다툼이 이미 발생한 경우에는 피청구인의 장래처분이 내려지기를 기다렸다가 권한쟁의심판을 청구하게 하는 것보다는 사전에 권한쟁의심판을 청구하여 권한쟁의심판을 통하여 권한다툼을 사전에 해결하는 것이 권한쟁의심판제도의 목적에 더 부합되기 때문이다. … 처분이 아직 존재하지 않더라도, 권한의 존부 및 범위에 대한 다툼이 있으므로, 장래처분에 대한 권한쟁의심판청구를 허용함으로써 이 사건 제방에 대한 관할권한분쟁을 사전에 해결하여 청구인의 권한을 사전에 보호해야 할 필요성이 매우 크다고 할 것이다"(헌재 2004.9.23. 2000헌라2, 당진군과 평택시 간의 권한쟁의(인용(권한확인),각하). 동지: 헌재 2009.7.30. 2005헌라2, 옹진군과 태안군 등 간의 권한쟁의(각하,확인)).

비록 "처분이 아직 존재하지 않더라도, 권한의 존부 및 범위에 대한 다툼이 있으므로, 장래처분에 대한 권한쟁의심판청구를 허용함으로써 이 사건 제방에 대한 관할권한분쟁을 사전에 해결하여 청구인의 권한을 사전에 보호해야 할 필요성이 매우 크다"(헌재 2004.9.23. 2000헌라2, 당진군과 평택시 간의 권한쟁의(인용(권한확인),각하). 동지: 헌재 2009.7.30. 2005헌라2, 옹진군과 태안군 등 간의 권한쟁의(각하,확인)).

쟁송매립지에 대한 헌법상 및 법률상 자치권한을 가지고 있다고 인정할 가능성이 있다면 앞으로 행사할 장래처분으로 인하여 자치권한이 침해될 현저한 위험성이 존재한다고 할 수 있다. 장래처분에 의한 권한침해 위험성이 발생하는 경우에는 장래처분이 내려지지 아니한 상태이므로 청구기간의 제한이 없다(헌재 2009.7.30. 2005헌라2; 헌재 2011.9.29. 2009헌라3). 쟁송매립지에서 행사할 장래처분으로 인하여 헌법상 및 법률상 부여받은 청구인의 자치권한이 침해될 현저한 위험성이 존재한다고 볼 수 없다(헌재 2019.4.11. 2015헌라2, 경상남도 사천시와 경상남도 고성군 간의 권한쟁의(기각)).

욕지풍력(욕지풍력주식회사)은 향후 사업 추진과정에서 쟁송해역의 해상풍력발전소 설치를 위한 공유수면 점용·사용허가, 상세설계를 위한 지반조사 목적의 공유수면 점용·사용허가 등을 득하여야 하는바, 욕지풍력은 기존에 허가를 득하였던 피청구인(통영시)에게 허가신청을 할 것이고, 쟁송해역의 일부가 청구인의 관할임을 인정하지 않는 피청구인은 2021.9.28.자 허가처분 및 2021.12.30.자 연장처분과 같은 장래처분을 할 것이 명백하다. 또한 피청구인은 2021.9.28.자 허가처분에 대한 청구인(남해군)의 강한 이의제기를 받고도 이를 무시하고 2021.12.30.자 연장처분을 하였는바, 이러한 피청구인의 태도를 감안하면 향후에도 피청구인은 쟁송해역에 일방적인 관할권을 행사할 것이 충분히 예상되므로, 피청구인의 장래처분으로 인하여 청구인의 권한이 침해될 위험성이 있다(헌재 2024.8.29. 2022헌라1, 경상남도 남해군과 경상남도 통영시 간의 권한쟁의(인용)).

(ⅱ) 종전 헌법재판소는 국가가 대국민적 의무를 이행하지 아니하였다는 이유로 지방자치단체가 제기한 권한쟁의심판에서, 국가의 부작위에 의하여 "헌법 또는 법률에 의하여 부여받은 청구인의 권한을 침해하였거나 침해할 현저한 위험이 있는 경우"(헌재법 제61조 제2항)라는 소징의 요선을 갖추지 못하였다고 하여 기각하였

다. 헌법재판소는 헌법재판소법 제61조 제2항 소정의 요건을 본안요건, 즉 청구를 이유 있게 하는 사유로 보았다. 이에 대하여 그 요건은 권한쟁의심판의 적법요건이라는 반대의견도 있다(헌재 1998.8.27. 96헌라1, 시흥시와 정부 간의 권한쟁의(기각)). 하지만, 최근 헌법재판소는 피청구인의 처분 또는 부작위가 헌법 또는 법률에 따라 부여받은 청구인의 권한을 침해할 가능성이 없는 경우에 제기된 권한쟁의심판청구는 부적법하다고 하여 각하결정을 선고한다(헌재 2014.3.27. 2012헌라4, 서울특별시와 행정안전부장관 간의 권한쟁의(각하); 동지: 헌재 2013.12.26. 2012헌라3등).

이 사건 과세권 귀속 결정의 근거가 되는 구 지방세기본법 제12조는 피청구인이 관계 지방자치단체의 장으로부터 과세권 귀속 여부에 대한 결정의 청구를 받았을 때 60일 이내에 결정하여 지체 없이 그 뜻을 관계 지방자치단체의 장에게 통지하여야 한다고 규정하고 있을 뿐, 그 결정을 통지받은 관계 지방자치단체의 장이 반드시 그 결정사항을 이행하여야 할 법적 의무를 부담하는지, 그 결정을 이행하지 아니하면 피청구인이 그 이행을 강제할 수 있는지, 그 결정에 대하여 관계 지방자치단체의 장이 불복할 수 있는지 등에 대해서는 아무런 규정을 두고 있지 않다. 또한 그 결정과정에서 지방자치법상의 분쟁조정제도에서와 같이 지방자치단체중앙분쟁조정위원회나 지방자치단체지방분쟁조정위원회의 의결에 따르도록 하는 등의 절차적 보장에 대한 규정 역시 두고 있지 아니한다. 따라서 이 사건 과세권 귀속 결정은 지방세 과세권의 귀속 여부 등에 대하여 관계 지방자치단체의 장의 의견이 서로 다른 경우 피청구인의 행정적 관여 내지 공적인 견해 표명에 불과할 뿐, 그 결정에 법적 구속력이 있다고 보기 어렵다. 청구인은 피청구인의 이 사건 과세권 귀속 결정에도 불구하고, 이 사건 리스회사에 대하여 과세처분을 할 수 있으며, 이미 한 과세처분의 효력에도 아무런 영향이 없다. 따라서 피청구인의 이 사건 과세권 귀속 결정으로 말미암아 청구인의 자치재정권 등 자치권한이 침해될 가능성이 없으므로 이 사건 권한쟁의심판청구는 부적법하다.

(iii) 생각건대 기본권의 제한은 헌법소원의 적법요건이고 기본권의 침해는 본안요건이듯이, 피청구인의 처분 또는 부작위로 청구인의 권한의 침해될 가능성은 권한쟁의심판의 적법요건이고, 침해의 현실적 발생은 본안요건으로 보아야 한다.

대여용 차량에 대한 지방세(취득세) 과세권 귀속 결정으로 말미암아 서울시의 자치재정권이 침해될 가능성이 없으므로 부적법하다(헌재 2014.3.27. 2012헌라4, 서울특별시와 행정안전부장관 간의 권한쟁의(각하)).

(3) 권리보호이익

(i) 헌법재판소는 권리보호이익을 권한쟁의심판의 요건으로 본다. 이에 따라 권리보호이익이 없으면 부적법 각하하여야 하지만, 예외적으로 인정하기도 한다.

"현재의 제16대 국회는 2000.4.13. 실시된 총선거에 의하여 선출된 국회의원으로 구성되어 4년 임기중 전반기를 이미 마쳤고, 후반기 들어 2002.7.경 새로이 각 상임위원회의 위원배정이 이루어졌다. 국회사무처에서 보내온 2002.9.30.자 '상임위원회 위원명단'을 보면, 청구인은 다시 보건복지위원회에 배정되어 현재까지 동 위원회에서 활동하고 있다. 그러므로 청구인이 이 사건 권한쟁의심판청구에 의하여 달성하고자 하는 목적은 이미 이루어져 청구인이 주장하는 권리보호이익이 소멸하였다. 그러나 헌법소원심판과 마찬가지로 권한쟁의심판도 주관적 권리구제뿐만 아니라 객관적인 헌법질서 보장의 기능도 겸하고 있으므로, 청구인에 대한 권한침해 상태가 이미 종료하여 이를 취소할 여지가 없어졌다 하더라도 같은 유형의 침해행위가 앞으로도 반복될 위험이 있고, 헌법질서의 수호·유지를 위하여 그에 대한 헌법적 해명이 긴요한 사항에 대하여는 심판청구의 이익을 인정할 수 있다고 할 것이다(헌재 1997.11.27. 94헌마60 참조). 이 사건과 같이 상임위원회 위원의 개선, 즉 사·보임행위는 국회법 규정의 근거하에 국회관행상 빈번하게 행해지고 있고 그 과정에서 당해 위원의 의사에 반하는 사·보임이 이루어지는 경우도 얼마든지 예상할 수 있으므로 청구인에게 뿐만 아니라 일반적으로도 다시 반복될 수 있는 사안이어서 헌법적 해명의 필요성이 있으므로 이 사건은 심판의 이익이 있다고 할 것이다"(헌재 2003.10.30. 2002헌라1, 국회의원과 국회의장간의 권한쟁의(기각)).

개선행위는 자유위임원칙에 위배된다고 보기 어렵고, 국회법 규정에도 위배되지 않으므로, 청구인의 법률안 심의·표결권을 침해하였다고 볼 수 없다. 따라서 청구인의 법률안 심의·표결권을 침해하지 않으므로, 개선행위는 무효로 볼 수 없다. [별개의견(2인)] 권한침해를 확인하는 결정만으로도 피청구인의 행위의 위헌성을 해명하고 향후 유사한 행위의 반복을 억제하는 데에는 충분하므로, 개선행위에 대해서는 그 무효를 확인하지 않는 것이 타당하다. [반대의견(4인)] 개선행위로 인한 청구인의 권한 침해를 확인하는 것만으로는 향후 동일한 유형의 행위의 반복을 억제하는 데에 한계가 있으며, 그 위헌성이 중대한 것이라면 무효임을 밝히는 것이 필요하다(헌재 2020.5.27. 2019헌라1, 국회의원과 국회의장 간의 권한쟁의(기각)). 이 사건은 국회법 제48조 제6항이 적용되지 아니하였기 때문에 이와 관련된 최초의 결정이다.

국회법 제106조의2 제8항은 무제한토론의 대상이 다음 회기에서 표결될 수 있는 안건임을 전제하고 있다. 그런데 '회기결정의 건'은 해당 회기가 종료된 후 소집된 다음 회기에서 표결될 수 없으므로, '회기결정의 건'이 무제한토론의 대상이 된다고 해석하는 것은 국회법 제106조의2 제8항에도 반한다. [반대의견(4인)] 무제한토론은 특별한 사정이 없는 한 모든 의안에 대해서 인정되어야 한다. 만일 무제한토론을 배제하기 위해서는 명문의 규정 또는 무제한토론을 배제할 만한 합리적인 이유가 있어야 한다. 그런데 현행 국회법상으로는 '회기결정의 건'과 관련하여 무제한토론 또는 찬반토론을 배제하는 명문의 규정이 없고, 국회에서 '회기결정의 건'에 대해서 토론을 실시하지 아니하였던 관행이 존재한다고 볼 만한 자료도 없다. '회기결정의 건'은 성격상 해당 회기에만 적용되므로, '무제한토론을 실시한 해당 안건은 바로 다음 회기에 지체 없이 표결하여야 한다'는 국회법 제106조의2 제8항 제2문이 적용될 수 없다. 국회법 제106조의2 제8항 제2문이 적용될 수 없다고 하여 '회기결정의 건'이 무제한토론에 성격상 부적합하다고 볼 수 없다(헌재 2020.5.27. 2019헌라6등, 국회의원과 국회의장 간의 권한쟁의(기각)).

"지방교육자치에 관한 법률 제28조 제1항과 헌법이 지방자치를 보장하는 취지 등을 종합하여 보면, 교육부장관의 재의요구 요청과 관계 없이 교육감이 재의요구를 할 수 있는 기간은 '시·도의회의 의결사항을 이송받은 날부터 20일 이내'이다. 이 기간이 지난 뒤의 재의요구 요청은 부적법하므로, 부적법한 재의요구 요청이 있다고 하여 서울특별시교육감이 조례안에 대하여 재의요구를 하여야 할 헌법이나 법률상의 작위의무가 있다고 볼 수 없다. 또한 재의요구가 철회된 이상, 처음부터 재의요구가 없었던 것과 같게 되므로, 서울특별시교육감은 조례안을 공포할 권한이 있다. 그렇다면 서울특별시교육감이 조례안 재의요구를 하지 않은 부작위 및 서울특별시교육감이 조례를 공포한 행위는 교육부장관의 재의요구 요청권한을 침해하지 아니한다"(헌재 2013.9.26. 2012헌라1, 교육과학기술부장관과 서울특별시교육감 간의 권한쟁의(기각)).

4. 청구서의 기재사항

청구서에는 청구인 또는 청구인이 속한 기관 및 심판수행자 또는 대리인의 표시, 피청구인의 표시, 심판 대상이 되는 피청구인의 처분 또는 부작위, 청구 이유, 그 밖에 필요한 사항 등을 적어야 한다(헌재법 제64조).

5. 심판청구의 취하

비록 권한쟁의심판이 객관적 소송으로서의 성격을 갖고 있다고 하더라도, 소의 취하에 관한 민사소송법 제239조의 준용에 따라 당사자는 스스로의 의사에 의하여 자유롭게 심판청구를 취하할 수 있다(헌재 2001.5.8. 2000헌라1, 국회의장등과 국회의원 간의 권한쟁의(취하)). 다만, 권한쟁의심판은 국가기관 또는 지방자치단체 상호간의 권한에 관한 분쟁의 해결을 통하여 헌법질서를 수호하는 객관적 소송으로서의 성격도 가지고 있으므로 권한쟁의 심판절차에서의 소의 취하는 당사자 사이에서 발생한 권한에 관한 기존의 다툼이 해소되어 더 이상 보호할 이익 내지 권한쟁의심판이익이 없는 경우에 한정하여 인정되어야 한다.

"비록 권한쟁의심판이 개인의 주관적 권리구제를 목적으로 삼는 것이 아니라 헌법적 가치질서를 보호하는 객관적 기능을 수행하는 것이고, 특히 국회의원의 법률안에 대한 심의·표결권의 침해 여부가 다투어진 이 사건 권한쟁의심판의 경우에는 국회의원의 객관적 권한을 보호함으로써 헌법적 가치질서를 수호·유지하기 위한 쟁송으로서 공익적 성격이 강하다고는 할 것이다. 그러나 법률안에 대한 심의·표결권의 행사 여부가 국회의원 스스로의 판단에 맡겨져 있는 사항일 뿐만 아니라, 그러한 심의·표결권이 침해당한 경우에 권한쟁의심판을 청구할 것인지 여부도 국회의원의 판단에 맡겨져 있어서 심판청구의 자유가 인정되고 있는 만큼, 권한쟁의심판의 공익적 성격만을 이유로 이미 제기한 심판청구를 스스로의 의사에 기하여 자유롭게 철회할 수 있는 심판청구의 취하를 배제하는 것은 타당하지 않다"(헌재 2001.5.8. 2000헌라1, 국회의장등과 국회의원간의 권한쟁의(취하)). [반대의견(2인)] "소의 취하에 관한 규정을 권한쟁의심판절차에 준용할 것인지 여부는 권한쟁의심판을 관장하는 헌법재판소가 구체적인 권한쟁의심판에 있어서 당해 심판청구 취하의 효력을 인정함으로써 분쟁의 자율적 해결을 도모할 수 있다는 측면과 심판청구의 취하에도 불구하고 당해 심판청구에 대하여 심판을 함으로써 헌법적 가치질서를 수호·유지할 수 있다는 측면을 교량하여 판단·결정하여야 할 문제라고 할 것이다. 따라서 만약 헌법질서의 수호·유지를 위하여 긴요한 사항으로서 그 해명이 헌법적으로 특히 중대한 의미를 가지고 있는 경우에 해당하는 경우라면 예외적으로 당해 권한쟁의사건에 대하여는 처분권주의를 제한하여 소의 취하에 관한 규정의 준용을 배제할 수 있다 할 것이다. 특히 당해 권한쟁의 심판 사건에 대한 실체적 심리가 이미 종결되어 더 이상의 심리가 필요하지 아니한 단계에 이르고, 그 때까지 심리한 내용을 토대로 당해 사건이 헌법질서의 수호·유지를 위하여 긴요한 사항으로서 그 해명이 헌법적으로 특히 중대한 의미를 가지고 있는 경우에 해당한다고 판단되는 경우라면, 헌법재판소는 소의 취하에 관한 규정의 준용을 배제하여 심판청구의 취하에도 불구하고 심판절차가 종료되지 않은 것으로 보아야 할 것이다."

Ⅲ. 권한쟁의심판의 절차

1. 심리의 방식

권한쟁의심판은 구두변론(口頭辯論)에 의하는데, 재판부가 변론을 열 때에는 기일을 정하여 당사자와 관계인을 소환하여야 한다(헌재법 제30조). 권한쟁의심판제도는 구체적 권리보호뿐만 아니라 객관적 소송으로서의 성격을 가지고 있으므로 다른 기관의 소송참가를 허용하자는 견해도 있다(허영 847면).

2. 가 처 분

"헌법재판소가 권한쟁의심판의 청구를 받았을 때에는 직권 또는 청구인의 신청에 의하여 종국결정의 선고 시까지 심판 대상이 된 피청구인의 처분의 효력을 정지하는 결정을 할 수 있다"(헌재법 제65조).

"권한쟁의심판에서의 가처분결정은 피청구기관의 처분 등이나 그 집행 또는 절차의 속행으로 인하여 생길 회복하기 어려운 손해를 예방할 필요가 있거나 기타 공공복리상의 중대한 사유가 있어야 하고 그 처분의 효력을 정지시켜야 할 긴급한 필요가 있는 경우 등이 그 요건이 되고, 본안사건이 부적법하거나 이유없음이 명백하지 않은 한, 가처분을 인용한 뒤 종국결정에서 청구가 기각되었을 때 발생하게 될 불이익과 가처분을 기각한 뒤 청구가 인용되었을 때 발생하게 될 불이익에 대한 비교형량을 하여 행한다. 이 사건 진입도로에 관한 피신청인의 도시계획입안과 지정·인가처분의 효력을 정지시키는 가처분결정을 하였다가 신청인에게 불리한 종국결정을 하였을 경우, 처분의 상대방에게는 공사 지연으로 인한 손해가 발생하고 또 골프연습장을 이용하려는 잠재적 수요자의 불편이 예상된다는 점 외에 다른 불이익은 없는 반면, 가처분신청을 기각하였다가 신청인의 청구를 인용하는 종국결정을 하였을 경우, 피신청인의 직접처분에 따른 처분의 상대방의 공사 진행으로 교통 불편을 초래하고 공공공지를 훼손함과 동시에 이의 원상회복을 위한 비용이 소요되는 등의 불이익이 생기게 되므로, 종국결정이 기각되었을 경우의 불이익과 가처분신청을 기각한 뒤 결정이 인용되었을 경우의 불이익을 비교형량할 때 이 사건 가처분신청은 허용함이 상당하다"(헌재 1999.3.25. 98헌사98, 직접처분 효력정지 가처분신청(인용)).

신청인은 2022.5.24. 이 사건 가처분신청과 동시에 국회의장을 상대로 이 사건 징계안 가결선포행위가 법률안 심의·표결권 등 국회의원의 권한을 침해하여 무효라고 주장하며 권한쟁의심판을 청구하였고(2022헌라3), 국회의원에 대한 30일의 출석정지 처분을 권한쟁의심판으로 다툴 수 있는지 여부, 신청인이 법률안 심의·표결권 등을 침해받았는지 여부는 본안심판에서 심리를 거쳐 판단될 필요가 인정된다. 따라서 이 사건 가처분신청은 본안심판이 명백히 부적법하거나 이유 없는 경우에 해당한다고 보기 어렵다. 국회의원은 국민에 의하여 직접 선출되는 국민의 대표로서 여러 가지 헌법상·법률상의 권한을 부여받고 있지만 그중에서도 가장 중요하고 본질적인 것은 입법에 대한 권한이고, 이 권한에는 법률안 심의·표결권이 포함되어 있다(헌재 2009.10.29. 2009헌라8등). 한편, 국회의원의 법률안 심의·표결권은 본회의에서 뿐만 아니라 소관 상임위원회에서도 보장되어야 한다. 신청인에 대한 징계처분의 효력은 본회의의 의결에 의하여 국회의장이 선포한 때부터 발생하고, 출석정지의 기간은 그 의결의 선포가 있는 날부터 기산하여 휴회·폐회의 일수도 산입하여 계산하므로, 출석정지기간 중에는 폐회 중에 개회되는 위원회에도 참석할 수 없다. 그러므로 신청인에 대한 출석정지 처분의 효력이 그대로 유지되면 신청인은 30일의 출석정지기간(2022.5.20.~6.18.) 동안 회기 중 여부와 관계없이 국회의 모든 회의에 참석할 수 없게 되어 사실상 국회의원으로서의 활동이 정지되는바, 신청인은 국회의원의 가장 중요하고 본질적인 권한에 속하는 법률안 심의·표결권에 회복하기 어려운 중대한 손해를 입게 된다. 또한 신청인에 대한 30일의 출석정지 처분은 2022.6.18. 그 집행이 종료되므로, 손해를 방지할 긴급한 필요도 인정된다. 가처분을 인용한 뒤 종국결정에서 권한쟁의심판청구가 각하 또는 기각되면 그때부터 신청인에 대한 30일의 출석정지 처분 중 잔여기간에 대한 집행이 다시 진행되므로, 이 사건 가처분신청의 인용은 신청인에 대한 징계처분의 집행을 본안심판의 종국결정 선고 시까지 미루는 것에 불과하다. 반면 가처분을 기각한 뒤 종국결정에서 권한쟁의심판청구가 인용되는 경우에는 이미 신청인에 대한 징계처분의 집행이 종료된 이후이므로 신청인은 출석정지기간 동안 침해받은 법률안 심의·표결권을 회복하여 행사할 방법이 없게 된다. 따라서 가처분을 인용한 뒤 종국결정에서 청구가 기각되었을 때 발생하게 될 불이익보다 가처분을 기각한 뒤 청구가 인용되었을 때 발생하게 될 불이익이 더 크다(헌재 2022.6.3. 2022헌사448, 국회위원 출석정지징계안 효력정지 가처분신청(인용)).

Ⅳ. 권한쟁의심판의 결정

1. 결정정족수: 일반정족수

권한쟁의심판은 헌법재판소 재판관 전원으로 구성되는 재판부에서 관장한다(법 제22조 제1항). "재판부는 재판관 7명 이상의 출석으로 사건을 심리한다." "재판부는 종국심리(終局審理)에 관여한 재판관 과반수의 찬성으로" 권한쟁의사건에 관한 결정을 한다(제23조). 즉 특별정족수가 적용되지 아니한다. "다만, 종전에 헌법재판소가 판시한 헌법 또는 법률의 해석 적용에 관한 의견을 변경하는 경우" 재판관 6인 이상의 찬성이 있어야 한다(헌재법 제23조 제2항 제2호)(헌재 1997.7.16. 96헌라2, 국회의원과 국회의장 간의 권한쟁의(인용(권한침해), 기각)).

2. 종국결정의 유형

권한쟁의심판에 관한 종국결정의 유형은 각하결정, 기각결정 및 인용결정으로 구분할 수 있다. 그 밖에 예외적인 유형으로 심판절차종료선언결정이 있다.

(1) 심판절차종료선언결정

청구인이 권한쟁의심판청구를 취하하는 경우 내리는 결정유형이다. 심판절차종료선언결정의 주문은 "이 사건 권한쟁의심판절차는 청구인의 심판청구의 취하로 ○○년 ○월 ○일 종료되었다"라는 형식으로 표시한다(헌재 2001.5.8. 2000헌라1, 국회의장 등과 국회의원 간의 권한쟁의(취하)).

청구인은 법률안 심의·표결권의 주체인 국가기관으로서의 국회의원 자격으로 이 사건 권한쟁의심판을 청구한 것인바, 국회의원의 법률안 심의·표결권은 성질상 일신전속적인 것으로 당사자가 사망한 경우 승계되거나 상속될 수 있는 것이 아니다. 따라서 그에 관련된 이 사건 권한쟁의심판절차 또한 수계될 수 있는 성질의 것이 아니므로, 이 사건 심판청구는 청구인의 사망과 동시에 그 심판절차가 종료되었다(헌재 1992.11.12. 90헌마33; 헌재 1994.12.29. 90헌바13 참조).

이 사건 권한쟁의심판절차는 2010.1.20. 청구인의 사망으로 종료되었으므로, 이를 명확하게 하기 위하여 심판절차종료를 선언함이 상당하다(헌재 2010.11.25. 2009헌라12, 국회의원과 국회의장 간의 권한쟁의(종료, 기각)).

이 사건 권한쟁의심판절차는 2015.12.24. 청구인의 국회의원직 상실로 종료되었으므로, 이를 명확하게 하기 위하여 심판절차종료를 선언한다(헌재 2016.4.28. 2015헌라5, 국회의원과 행정자치부장관 간의 권한쟁의(종료, 각하)).

헌법재판소는 2022.6.3. '30일 국회 출석정지 처분'의 효력정지를 구하는 가처분신청에 대한 인용 결정(2022헌사448)을 하여, 출석정지 처분은 정지된 상태이었다. 그런데 권한쟁의심판청구의 심판절차 중 제21대 국회의원 임기가 만료되어 그 심판절차가 종료되었음을 선언하였다(헌재 2024.6.27. 2022헌라3, 국회의원과 국회의장 간의 권한쟁의(기타)).

(2) 각하결정

청구인의 권한쟁의심판청구가 당사자적격의 흠결, 부적격한 심판대상을 대상으로 한 청구, 청구기간의 미준수 등 권한쟁의심판청구에서 요구되는 형식적 요건을 구비하지 아니하였을 때 헌법재판소가 내리는 결정 유형이다. "이 사건 심판청구를 각하한다"라는 형식으로 주문을 표시한다.

(3) 기각결정

청구인의 권한쟁의심판청구가 형식적 요건을 구비하여 적법하지만, 본안 심리의 결과 청구인의 주장이 이유 없는 경우 또는 인용결정에 필요한 정족수에 달하지 않는 경우 헌법재판소는 기각결정을 한다. "이 사건 심판청구를 기각한다"라는 형식으로 주문을 표시한다.

(4) 인용결정

심리에 관여한 헌법재판소 재판관 과반수가 "권한의 유무 또는 범위"에 관한 청구인의 주장이 이유 있다고 인정할 때 헌법재판소가 내리는 결정 유형이다. 일반적으로 "피청구인의 처분(또는 부작위)은 헌법(또는 법률)에 의한 청구인의 ○○ 권한을 침해한다'라는 형식으로 주문을 표시한다. 이러한 인용결정을 할 때에 헌법재판소는 부가적으로 '처분의 취소결정', '무효확인결정'을 할 수 있다(헌재법 제66조 제2항).

3. 결정의 내용

(i) "헌법재판소는 심판의 대상이 된 국가기관 또는 지방자치단체의 권한의 유무 또는 범위에 관하여 판단한다." 이 경우 "헌법재판소는 권한침해의 원인이 된 피청구인의 처분을 취소하거나 그 무효를 확인할 수 있고, 헌법재판소가 부작위에 대한 심판청구를 인용하는 결정을 한 때에는 피청구인은 결정 취지에 따른 처분을 하여야 한다"(헌재법 제66조).

(ii) 헌법재판소의 권한쟁의에 대한 결정은 피청구인에게 권한이 있는지 유무와 그 범위에 관하여 내리는 결정이므로 기본적으로 확인결정의 성격을 가진다. 여기에서 더 나아가 헌법재판소가 권한쟁의심판결정을 통하여 권한침해의 원인이 된 피청구인의 처분을 취소(취소결정)하거나 그 무효를 확인(무효확인결정)하게 되면 그 결정은 형성결정으로서의 성격을 가진다.

> 지방자치단체의 지방자치사무에 관하여 단체장이 행한 처분은 지방자치단체의 대표이자 집행기관인 단체장이 지방자치법 제9조 소정의 지방자치단체의 사무 처리의 일환으로 당해 지방자치단체의 이름과 책임으로 행한 것이므로 지방자치단체를 피청구인으로 한 권한쟁의심판절차에서 단체장의 처분을 취소할 수 있다(헌재 2006.8.31. 2004헌라2, 강서구와 진해시 간의 권한쟁의(인용(취소), 인용(권한)).

(iii) 결정서에는 심판에 관여한 재판관의 의견이 표시되어야 한다(제36조 제3항). 권한쟁의심판을 통하여 법률의 무효확인을 할 경우 위헌법률심판의 의결정족수, 결정의 효력이 준용되어야 하는지에 관하여는 논란이 있다.

(iv) 헌법재판소는 국회의원과 국회의장간의 권한쟁의심판사건에서 국회의원의 법률안 심의·표결권한의 침해를 확인하였으나 법률안 가결선포행위에 대하여는 심의·표결권을 침해하여 위헌이나 무효가 아니라고 하였다.

> "설사 피청구인(국회의장)이 주장하는 대로의 통지가 있었다 하더라도 그러한 통지

는 야당소속 국회의원들의 본회의 출석을 도저히 기대할 수 없는 것으로서 국회법 제76조 제3항에 따른 적법한 통지라고 할 수 없다. 따라서 이 사건 본회의의 개의절차에는 위 국회법의 규정을 명백히 위반한 흠이 있다고 아니할 수 없다. … 그렇다면 피청구인이 국회법 제76조 제3항을 위반하여 청구인들에게 본회의 개의일시를 통지하지 않음으로써 청구인들은 이 사건 본회의에 출석할 기회를 잃게 되었고 그 결과 이 사건 법률안의 심의·표결 과정에도 참여하지 못하게 되었다. 따라서 나머지 국회법 규정의 위반여부를 더 나아가 살필 필요도 없이 피청구인의 그러한 행위로 인하여 청구인들이 헌법에 의하여 부여받은 권한인 법률안 심의·표결권이 침해되었음이 분명하다. … 국회의 입법절차는 법률안의 제출로부터 심의·표결 및 가결선포와 정부에의 이송에 이르기까지 여러과정을 거쳐 진행되며, 그 과정에 국회의 구성원인 다수의 국회의원들이 참여하여 국민의 의사나 상충하는 이익집단간의 이해를 반영하게 된다. 이와 같은 국회 입법절차의 특성상 그 개개의 과정에서 의도적이든 아니든 헌법이나 법률의 규정을 제대로 준수하지 못하는 잘못이 있을 수 있다. 그러한 잘못이 현실로 나타날 경우 그로 인하여 일부 국회의원들의 입법에 관한 각종의 권한이 침해될 수 있는데, 이러한 사정만으로 곧바로 법률안의 가결선포행위를 무효로 한다면 이는 곧 그 법률의 소급적 무효로 되어 국법질서의 안정에 위해를 초래하게 된다. 따라서 국회의 입법과 관련하여 일부 국회의원들의 권한이 침해되었다 하더라도 그것이 입법절차에 관한 헌법의 규정을 명백히 위반한 흠에 해당하는 것이 아니라면 그 법률안의 가결선포행위를 무효로 볼 것은 아니라고 할 것인바, 우리 헌법은 국회의 의사절차에 관한 기본원칙으로 제49조에서 '다수결의 원칙'을, 제50조에서 '회의공개의 원칙'을 각 선언하고 있으므로, 이 사건 법률안의 가결선포행위의 효력 유무는 결국 그 절차상에 위 헌법규정을 명백히 위반한 흠이 있는지 여부에 의하여 가려져야 할 것이다. … 이 사건 법률안은 재적의원의 과반수인 국회의원 155인이 출석한 가운데 개의된 본회의에서 출석의원 전원의 찬성으로(결국 재적의원 과반수의 찬성으로) 의결처리되었고, 그 본회의에 관하여 일반국민의 방청이나 언론의 취재를 금지하는 조치가 취하여지지도 않았음이 분명하므로, 그 의결절차에 위 헌법규정을 명백히 위반한 흠이 있다고는 볼 수 없다. 청구인들은 위 본회의의 소집과정에서 상당수 국회의원들에 대하여 적법한 개회통지가 이루어지지 않았고 또 전격적인 개의로 말미암아 일반국민의 방청이나 언론의 취재도 사실상 곤란하였다는 점을 들어 이 사건 법률안이 입법절차에 관한 헌법의 규정을 위반하여 가결선포된 것이라고 주장하고 있으나, 이러한 문제는 모두 의사절차상의 국회법위반 여부나 의사절차의 적정성 여부에 관련된 것에 불과한 것으로 보아야 할 것이다. 그렇다면 피청구인의 이 사건 법률안의 가결선포행위에는 위에서 본 바와 같은 국회법위반의 하자는 있을지언정 입법절차에 관한 헌법의 규정을 명백히 위반한 흠이 있다고 볼 수 없으므로, 이를 무효라고 할 수는 없다"(헌재 1997.7.16, 96헌라2, 국회의원과 국회의장간의 권한쟁의(인용(권한침해)기각)).

"'한국정책금융공사법안' 및 '신용정보의 이용 및 보호에 관한 법률 전부개정법률안(대안)'은 위원회의 심사를 거친 안건이지만 청구인으로부터 적법한 반대토론 신청이 있었으므로 원칙적으로 피청구인(국회의장)이 그 반대토론 절차를 생략하기 위해서는 반드시 본회의 의결을 거쳐야 할 것인데(국회법 제93조 단서), 피청구인은 청구인의 반대토론 신청이 적법하게 이루어졌음에도 이를 허가하지 않고 나아가 토론절차를 생략하기 위한 의결을 거치지도 않은 채 이 사건 법률안들에 대한 표결절차를 진행하였으므로, 이는 국회법 제93조 단서를 위반하여 청구인의 법률안 심의·표결권을 침해하였다. 국회의 입법과 관련하여 일부 국회의원들의 권한이 침해되었다 하더라도 그것이 다수결의 원칙(헌법 제49조)과 회의공개의 원칙(헌법 제50조)과 같은 입법절차에 관한 헌법의 규정을 명백히 위반한 흠에 해당하는 것이 아니라면 그 법률안의 가결 선포행위를 곧바로 무효로 볼 것은 아닌데, 피청구인의 이 사건 법률안들에 대한 가결 선포행위는 그것이 입법절차에 관한 헌법 규정을 위반하였다는 등 가결 선포행위를 취소 또는 무효로 할 정도의 하자에 해당한다고 보기는 어렵다"(헌재 2011.8.30. 2009헌라7, 국회의원과 국회의장 간의 권한쟁의(인용(권한침해)기각)).

국회의 의결을 요하는 안건에 대하여 의장이 본회의 의결에 앞서 소관위원회에 안건을 회부하는 것은 국회의 심의권을 위원회에 위양하는 것이 아니고, 그 안건이 본회의에 최종적으로 부의되기 이전의 한 단계로서, 소관위원회가 발의 또는 제출된 의안에 대한 심사권한을 행사하여 사전 심사를 할 수 있도록 소관위원회에 송부하는 행위라 할 수 있다. 상임위원회는 그 소관에 속하는 의안, 청원 등을 심사하므로, 국회의장이 안건을 위원회에 회부함으로써 상임위원회에 심사권이 부여되는 것이 아니고, 심사권 자체는 법률상 부여된 위원회의 고유한 권한으로 볼 수 있다(국회법 제36조, 제37조 참조). 따라서 국회 상임위원회 위원장이 위원회를 대표해서 의안을 심사하는 권한이 국회의장으로부터 위임된 것임을 전제로 한 국회의장에 대한 이 사건 심판청구는 피청구인적격이 없는 자를 상대로 한 청구로서 부적법하다. … 피청구인(국회 외교통상통일위원회 위원장)이 회의장 출입문의 폐쇄상태를 이 사건 회의 직전부터 이 사건 회의가 종료될 때까지 위법하게 유지하여 회의의 주체인 소수당 소속 위원들의 출입을 봉쇄한 상태로 이 사건 회의를 개의하여 행한 이 사건 상정·회부행위는 다수결의 원리, 의사공개의 원칙 및 국회법 제54조, 제75조 제1항에 위배하여 청구인들의 이 사건 동의안에 대한 심의권을 침해하였다고 할 것이다. … 피청구인이 질서유지권을 위법하게 행사하여 이 사건 회의를 개의할 무렵부터 회의가 종료할 때까지 소수당 소속 외통위 위원인 청구인들의 출입을 일체 봉쇄한 상태에서 이 사건 회의를 개의하여 이 사건 동의안을 상정하고 법안심사소위원회에 회부한 행위에는, 국회의원의 조약비준동의안 심의·표결의 전제가 되는 회의장 출석 자체를 봉쇄함으로써 의안 심의권의 한 내용을 이루는 대체토론권을 침해한 잘못이 있고, 그러한 절차상의 하자는 결코 가볍다고 할 수 없다. … 헌법재판소법 제66조 제2항이 권한침해의 원인이 된 처분의 취소나 무효확인에 관하여 헌법재판소에 재량적 판단의 여지를 부여하고 있는 이상, 권한쟁의심판의 종국결정 당시를 기준으로 보아 청구인들의 권한을 침해한 처분을 취소하거나 무효로 확인하는 것이 도리어 현저히 공공의 복리에 적합하지 않은 예외적인 사정이 있는 경우에는 행정소송에서의 사정판결의 법리를 유추 적용하여, 위헌·위법한 처분의 권한침해는 확인하면서도 그 처분의 취소나 무효확인을 하지 아니하여 처분의 효력을 유지하도록 할 수도 있다 할 것이다. … 이 사건에서 권한침해만을 확인하더라도 국회가 그 취지를 존중하여 본회의에서 내실 있고 진지한 대화와 토론을 통한 표결에 이를 경우, 이 사건 동의안 심의과정에 존재한 절차상 하자들이 종국적으로는 치유되는 효과를 기대할 수 있을 것으로 보이는 점 등, 심판대상 처분이 있은 이후 이 사건 종국결정에 이르기까지 전개된 여러 가지 상황들을 감안하여 볼 때, 현재의 시점에서 이 사건 상정·회부행위를 무효로 선언함으로써 이 사건 동의안에 대하여 상임위의 최초 심사절차부터 원점에서 다시 거치도록 하거나, 혹은 이 사건 동의안 상정·회부행위의 유효를 전제로 진행된 일련의 후속절차들 전부의 법적 효력을 근저에서부터 흔들리게 하는 것은 공공복리에 현저히 반하는 결과를 초래할 것으로 보인다. 그렇다면, 비록 이 사건 동의안의 상정·회부행위가 청구인들의 조약비준동의안 심의권을 침해하는 중대한 하자를 지니고 있기는 하지만, 이 사건 동의안에 대한 이후의 진행경과, 이 사건 동의안과 관련한 현재의 제반 상황, 이 사건 각 처분에 존재하는 하자가 국회 본회의 심사과정에서 치유될 가능성 등을 감안하여, 청구인들의 이 사건 동의안의 상정·회부행위에 대한 무효확인청구는 이를 기각함이 상당하다(헌재 2010.12.28. 2008헌라7, 국회의원과 국회의장 등 간의 권한쟁의(각하,인용(권한침해)기각)).

반면 성남시와 경기도간의 권한쟁의에서는 권한의 침해를 확인하면서 경기도의 처분이 무효임을 확인하였다.

"성남시는 인용재결내용에 포함되지 아니한 이 사건 진입도로에 대한 도시계획사업시행자지정처분을 할 의무는 없으므로, 피청구인 경기도지사가 이 사건 진입도로에 대하여까지 청구인의 불이행을 이유로 행정심판법 제37조 제2항에 의하여 도시계획사업시행자지정처분을 한 것은 인용재결의 범위를 넘어 청구인의 권한을 침해한 것으로서, 그 처분에 중대하고도 명백한 흠이 있어 무효"이다(헌재 1999.7.22. 98헌라4, 성남시와 경기도 간의 권한쟁의(인용(무효확인),인용(권한침해),각하)).

4. 결정의 효력

(i) "헌법재판소의 권한쟁의심판의 결정은 모든 국가기관과 지방자치단체를 기속한다"(헌재법 제67조 제1항).

권한침해확인결정의 기속력과 그로 인한 직위의무의 존부 및 내용에 대한 헌법재판소의 판단(헌재 2010.11.25. 2009헌라12, 국회의원과 국회의장 간의 권한쟁의(기각,기타): [각하의견(4인)] 헌법재판소의 권한쟁의심판의 결정은 모든 국가기관과 지방자치단체를 기속하는바, 권한침해의 확인결정에도 기속력이 인정된다. 그러나 그 내용은 장래에 어떤 처분을 행할 때 그 결정의 내용을 존중하고 동일한 사정 하에서 동일한 내용의 행위를 하여서는 아니 되는 의무를 부과하는 것에 그치고, 적극적인 재처분의무나 결과제거의무를 포함하는 것은 아니다. 재처분의무나 결과제거의무는 처분 자체가 위헌·위법하여 그 효력을 상실하는 것을 전제하는데, 이는 처분의 취소결정이나 무효확인 결정에 달린 것이기 때문이다. 헌법재판소법은 헌법재판소가 피청구인이나 제3자에 대하여 적극적으로 의무를 부과할 권한을 부여하고 있지 않고, 부작위에 대한 심판청구를 인용하는 결정을 한 때에 피청구인에게 결정의 취지에 따른 처분의무가 있음을 규정할 뿐이다. 따라서 헌법재판소가 권한의 존부 및 범위에 관한 판단을 하면서 피청구인이나 제3자인 국회에게 직접 어떠한 작위의무를 부과할 수는 없고, 권한의 존부 및 범위에 관한 판단 자체의 효력으로 권한침해행위에 내재하는 위헌・위법상태를 적극적으로 제거할 의무가 발생한다고 보기도 어렵다. 그러므로 2009헌라8등 사건에서 헌법재판소가 권한침해만을 확인하고 권한침해의 원인이 된 처분의 무효확인이나 취소를 선언하지 아니한 이상, 종전 권한침해확인결정의 기속력으로 피청구인에게 종전 권한침해행위에 내재하는 위헌・위법성을 제거할 적극적 조치를 취할 법적 의무가 발생한다고 볼 수 없으므로, 이 사건 심판청구는 부적법하다. [기각의견(1인)] 모든 국가기관과 지방자치단체는 헌법재판소의 권한쟁의심판에 관한 결정에 기속되는바, 헌법재판소가 국가기관 상호간의 권한쟁의심판을 관장하는 점, 권한쟁의심판의 제도적 취지, 국가작용의 합헌적 행사를 통제하는 헌법재판소의 기능을 종합하면, 권한침해확인결정의 기속력을 직접 받는 피청구인은 그 결정을 존중하고 헌법재판소가 그 결정에서 명시한 위헌・위법성을 제거할 헌법상의 의무를 부담한다. 그러나 권한쟁의심판은 본래 청구인의 '권한의 존부 또는 범위'에 관하여 판단하는 것이므로, 입법절차상의 하자에 대한 종전 권한침해확인결정이 갖는 기속력의 본래적 효력은 피청구인의 이 사건 각 법률안 가결선포행위가 청구인들의 법률안 심의・표결권을 위헌・위법하게 침해하였음을 확인하는 데 그친다. 그 결정의 기속력에 의하여 법률안 가결선포행위에 내재하는 위헌・위법성을 어떤 방법으로 제거할 것인지는 전적으로 국회의 자율에 맡겨져 있다. 따라서 헌법재판소가 '권한의 존부 또는 범위'의 확인을 넘어 그 구체적 실현방법까지 임의로 선택하여 가결선포행위의 효력을 무효확인 또는 취소하거나 부작위의 위법을 확인하는 등 기속력의 구체적 실현을 직접 도모할 수는 없다. 일반적인 권한쟁의심판과는 달리, 국회나 국회의장을 상대로 국회의 입법과정에서의 의사절차의 하자를 다투는 이 사건과 같은 특수한 유형의 권한쟁의심판에 있어서는, '처분'이 본래 행정행위의 범주에 속하는 개념으로 입법행위를 포함하지 아니하는 점, 권한침해확인결정의 구체적 실현방법에 관하여 국회법이나 국회규칙에 국회의 자율권을 제한하는 규정이 없는 점, 법률안 가결선포행위를 무효확인하거나 취소하는 것은 해당 법률 전체를 무효화하여 헌법 제113조 제1항의 취지에도 반하는 점 때문에 헌법재판소법 제66조 제2항을 적용할 수 없다. 이러한 권한침해확인결정의 기속력의 한계로 인하여 이 사건 심판청구는 이를 기각함이 상당하다. [인용의견(3인)] 2009헌라8등 권한침해확인결정의 기속력에 의하여 국회는 이 사건 각 법률안에 대한 심의・표결절차 중 위법한 사항을 시정하여 청구인들의 침해된 심의・표결권한을 회복시켜줄 의무를 부담한다. 따라서 국회는 이 사건 각 법률안을 다시 적법하게 심의・표결하여야 한다. 이를 위하여 필요한 경우에는 이 사건 각 법률안에 대한 종전 가결선포행위를 스스로 취소하거나 무효확인할 수도 있고, 신문법과 방송법의 폐지법률안이나 개정법률안을 상정하여 적법하게 심의할 수도 있고, 적법한 재심의・표결의 결과에 따라 종전의 심의・표결절차나 가결선포행위를 추인할 수도 있을 것이다. 2009헌라8등 결정이 신문법안과 방송법안에 대한 가결선포행위의 무효확인청구를 기각하였지만, 그것이 권한침해확인 결정의 기속력을 실효시키거나 배제하는 것은 아니고, 위법한 심의・표결절차를 시정하는 구체적인 절차와 방법은 국회의 자율에 맡기는 것이 바람직하다고 본 것일 뿐이다. 결국 2009헌라8등 권한침해확인결정에도 불구하고, 국회가 이 사건 각 법률안에 대한 심의・표결절차의 위법성을 바로잡고 침해된 청구인들의 심의·표결권을 회복시켜줄 의무를 이행하지 않는 것은 헌법재판소의 종전 결정의 기속력을 무시하고 청구인들의 심의·표결권 침해상태를 계속 존속시키는 것이므로, 이 사건 심판청구를 받아들여야 한다. [인용의견(1인)] 헌법재판소법 66조 제1항에 의한 권한침해확인 결정의 기속력은 모든 국가기관으로 하여금 헌법재판소의 판단에 저촉되는 다른 판단이나 행위를 할 수 없게 하고, 헌법재판소의 결정 내용을 자신의 판단 및 조치의 기초로 삼도록 하는 것이며, 특히 피청구인에게는 위헌·위법성이 확인된 행위를 반복하여서는 안 될 뿐만 아니라 나아가 헌법재판소가 별도로 취소 또는 무효확인 결정을 하지 않더라도 법적·사실적으로 가능한 범위 내에서 자신이 야기한 위헌·위법 상태를 제거하여 합헌·합법 상태를 회복하여야 할 의무를 부여하는 것으로 보아야 한다. 국회의 헌법적 위상과 지위, 자율권을 고려하여 헌법재판소는 국회의 입법과정에서 발생하는 구성원 간의 권한침해에 관하여는 원칙적으로 피청구인의 처분이나 부작위가 헌법과 법률에 위반되는지 여부만을 밝혀서 그 결정의 기속력 자체에 의하여 피청구인으로 하여금 스스로 합헌적인 상태를 구현하도록 함으로써 손상된 헌법상의 권한질서를 다시 회복시키는 데에 그쳐야 하고, 이를 넘어 법 제66조 제2항 전문에 의한 취소나 무효확인의 방법으로 처분의 효력에 관한 형성적 결정을 함으로써 국가의 정치적 과정에 적극적으로 개입하는 것은 바람직하지 않다. 2009헌라8등 사건의 주문 제2항에서 피청구인이 청구인들의 위 법률안에 대한 심의·표결권을 침해하였음이 확인된 이상, 주문 제4항에서 위 법률안 가결선포행위에 대한 무효확인 청구가 기각되었다고 하더라도, 피청구인은 위 권한침해확인 결정의 기속력에 의하여 권한침해처분의 위헌·위법 상태를 제거할 법적 작위의무를 부담하고, 그 위헌·위법 상태를 제거하는 구체적 방법은 국회나 국회를 대표하는 피청구인의 자율적 처리에 맡겨져야 한다. 그런데 피청구인은 위 주문 제2항의 기속력에 따른 법적 작위의무를 이행하지 아니할 뿐만 아니라 위 주문 제4항에서 무효확인 청구가 기각되었음을 이유로 법적 작위의무가 없다는 취지로 적극적으로 다투고 있으므로, 이 사건 청구는 인용되어야 한다.

(ii) "국가기관 또는 지방자치단체의 처분을 취소하는 결정은 그 처분의 상대방에 대하여 이미 생긴 효력에 영향을 미치지 아니한다(장래효)"(헌재법 제67조 제2항). 헌법재판소법 제67조 제2항은 당해 처분의 유효성을 믿은 제3자의 법적 안정성을 보호하기 위하여 처분의 상대방에 대한 관계에서는 헌법재판소의 취소결정의 소급효를 제한하기 위한 것이므로, 법률관계가 청구인·피청구인·제3자라는 관계가 형성된 경우 청구인과 피청구인간의 권한분쟁으로 인하여 선의의 제3자가 피해를 받지 아니하도록 배려를 한다는 규정이다. 따라서 당해 처분의 상대방이 청구인인 경우 법 제67조 제2항은 적용되지 아니한다고 보아야 한다(소급효 인정).

제 5 절 탄핵심판

Ⅰ. 의 의

(i) 탄핵제도(彈劾制度)는 고위공직자의 직무상 중대한 위헌·위법행위에 대하여 일반적인 사법절차가 아닌 특별한 절차를 통하여 처벌하거나 파면하는 제도를 말한다. 탄핵제도는 민주주의발전의 초기단계에서 반대파에 대한 숙청책의 일환으로 자행되기도 하였으나, 오늘날 세계 각국 헌법에서는 탄핵제도가 가진 정치적 평화유지기능을 인정하여 널리 채택한다.

정부형태에 따라 탄핵제도가 달라질 수 있다는 견해도 제기되고 있으나, 의원내각제 국가에서는 정부가 정치적 책임(내각 불신임)을 지므로 '정부직'에 대한 탄핵이 그 실제나 효과면에서 큰 의의를 가지지 못한다는 탄핵의 '대상'에 따른 차이에 불과하다.

순전히 법적 책임을 묻는 법치주의 모델(입헌주의 모델)은 탄핵사유를 위법행위에 한정하고 의회가 소추를 하지만 사법기관이 최종 판단을 내린다. 반면에 정치적 책임 추궁의 의미가 강한 모델(민주주의 모델)은 의회 중심의 탄핵심판을 구축한다. 하지만, 오늘날 두 모델은 혼용되어 있기 때문에 그 구별은 특별한 의미를 가지지 못한다.

탄핵제도의 구별 축은 탄핵사유와 탄핵기관에 따른 차이가 존재한다. 영국·미국은 하원이 소추하고 상원이 심판한다. 일본·프랑스에서는 의회에서 선출한 의원이 소추와 심판을 한다는 점에서 영국 등과 유사하다. 다만, 프랑스에서는 대통령에 대한 탄핵심판은 상·하원의원으로 구성된 고등탄핵재판소(Haute Cour de Justice)에서 담당하고, 그 외 탄핵 대상자들에 대하여는 공화국탄핵재판소(Cour de justice de la République)가 맡는다. 독일에서는 의회(양원이 각기)가 소추하고 연방헌법재판소가 심판한다는 점에서 한국의 제도와 유사한 측면이 있다.

(ii) 탄핵심판제도는 행정부와 사법부의 고위공직자에 의한 헌법위반이나 법률위반에 대하여 탄핵소추의 가능성을 규정함으로써, 그들에 의한 헌법위반을 경고하고 사전에 방지하는 기능을 하며, 그들이 권한을 남용하여 헌법이나 법률을 위반하는 경우에는 다시 그 권한을 박탈하는 기능을 한다. 즉 탄핵심판제도의 목적과 기능은 공직자가 직무수행에 있어서 헌법을 위반한 경우 그에 대한 법적 책임을 추궁함으로써, 헌법의 규범력을 확보하는 데 있다(헌재 2004.5.14. 2004헌나1, 대통령(노무현) 탄핵(기각)).

그러나 탄핵제도를 통하여 공직에서 추방되는 경우는 매우 이례적이다.

제12대 국회에서는 유태흥 대법원장에 대한 탄핵소추 발의(1985.10.18.), 제15대 국회에서는 김태정 검찰총장에 대한 탄핵소추가 발의되었으나 폐기 또는 부결되었다(1998.5.26; 1999.2.4.). 제16대 국회에서는 노무현 대통령에 대한 탄핵소추가 발의(2004.3.12.)되어 재적의원 271인 중 193인의 찬성으로 가결되었다. 하지만, 헌법재판소의 탄핵심판에서는 법위반은 있지만 파면하여야 할 정도로 중대한 법위반이 아니라고 하여 기각되었다.

제20대 국회에서 야당의원과 무소속 의원이 박근혜 대통령에 대한 탄핵소추안을 발의(2016.12.3.)하여 12월 9일 국회에서 찬성 234, 반대 56, 기권 2, 무효 7표로 가결되었다. 이후 헌법재판소 재판관 8명 전원일치의 탄핵인용결정으로 파면되었다(2017.3.10.).

제21대 국회에서는 법관에 대한 탄핵소추안이 국회에서 가결되었으나, 헌법재판소의 본안심리 진행 중 임기만료로 퇴임함에 따라 각하되었다(2021.10.28). 한편 이상민 행정안전부장관에 대한 탄핵심판도 기각되었다(2023.7.26.). 2023.9.21. 안동완 검사, 2023.12.1. 손준성·이정섭 검사에 대한 탄핵소추안이 가결되었다.

(iii) 헌법은 탄핵심판과 관련하여 탄핵소추의결권은 국회에, 탄핵심판권은 헌법재판소에 부여한다. 국회의 탄핵소추제도는 한편으로 국회에 정부와 사법부에 대한 통제기능을, 다른 한편 국가권력의 사실상 행사자인 고위공직자에 의한 헌법침해를 방지하는 기능을 수행한다. 국회의 탄핵소추에 따라 헌법보장기관인 헌법재판소가 최종적인 탄핵심판기관으로 기능한다.[1)]

---

1) 김하열, 탄핵심판에 관한 연구, 고려대 박사학위논문, 2006.2; 박진우, "탄핵제도에 관한 입법론적 연구", 공법연구 38-1-2; 임종훈, "탄핵심판제도에 대한 평가-탄핵사유의 중대성과 적용할 증거법 등을 중심으로", 공법연구 46-1; 김선택, "대통령의 국민주권주의 위반-2016헌나1 사건에서 비선실세의 국정농단의 위헌성 판단", 헌법학연구 23-3; 윤정인, "대통령 탄핵사유의 범위-2016헌나1 대통령(박근혜) 탄핵사건을 중심으로", 공법연구 45-3; 방승주, "박근혜 대통령 탄핵심판에 있어서 생명보호의무 위반여부", 헌법학연구 23-1; 표명환, "현행법상의 탄핵관련 규정의 몇 가지 문제점과 개선 입법방향", 법제연구 54; 윤정인·김선택, "법관 탄핵의 요건과 절차", 공법연구 47-3; 박성태, "탄핵심판절차에 관한 연구", 헌법재판연구 7-1; 손상식, "현행 헌법상 탄핵심판의 본질과 그 책임의 성격에 대한 일고찰", 헌법학연구 26-1; 손인혁, "국민통합의 관점에서 본 탄핵심판절차의 문제점-대통령 탄핵을 중심으로", 세계헌법연구 26-3; 김재영, "임기만료로 퇴직한 공무원에 대한 탄핵심판의 절차적 쟁점에 관한 소고", 헌법학연구 27-3; 장영수, "퇴직한 법관에 대한 탄핵심판은 정당한가?", 세계헌법연구 28-1; 정주백, "탄핵심판의 당사자", 헌법논총 33; 전학선, "프랑스 공화국 재판소에 관한 연구", 헌법학연구 30-1; 김진욱, 대통령 탄핵 보고서, RHK; 정일영, "탄핵에서 중대성 요건에 대한 한미 비교연구", 미국헌법연구 36-2; 윤정인, "탄핵심판 인용기준으로서 중대성 법리의 재검토", 헌법재판연구 12-1; 정철, "탄핵심판절차에서 가처분의 필요성", 세계헌법연구 31-2.

Ⅱ. 국회의 탄핵소추권(제2편 제2장 국회 제8절 제3항 Ⅲ. 탄핵소추. 소추기관 · 대상자 · 사유 · 발의 · 의결 · 효과 참조)

Ⅲ. 헌법재판소의 탄핵심판

1. 탄핵심판의 청구

(i) 탄핵심판청구는 소추위원이 소추의결서의 정본을 헌법재판소에 제출함으로써 청구한다. 탄핵심판(彈劾審判)에서는 "국회 법제사법위원회의 위원장이 소추위원이 된다"(헌재법 제49조).

(ii) "소추의결서가 송달되었을 때에는 소추된 사람의 권한 행사는 정지되며, 임명권자는 소추된 사람의 사직원을 접수하거나 소추된 사람을 해임할 수 없다"(국회법 제134조 제2항). 이는 사직이나 해임을 통한 탄핵 면탈을 방지하기 위한 규정이다.

(iii) 탄핵심판절차 진행 중에 국회가 종전에 자신이 행한 탄핵소추의결을 철회하여 헌법재판소에 계속된 탄핵심판청구를 취하할 수 있는지 여부 및 탄핵소추의 철회에 필요한 의결정족수가 문제될 수 있다. 국회법과 헌법재판소법에는 위와 같은 철회 내지 취하에 대하여 아무런 규정이 없다. 생각건대 국회는 헌법재판소에 계속(繫屬)된 탄핵심판사건에서 탄핵심판청구를 취하할 수 없다는 부정설[1]도 있지만, 일반적으로는 헌법재판소법 제40조에 의거한 형사소송법상의 공소취소규정(형소법 제255조)을 준용하여 헌법재판소의 탄핵심판결정의 선고 이전까지는 탄핵심판청구의 취하가 가능하다고 보아야 한다(헌법재판소(이성환 외 공저), 현행 헌법상 헌법재판제도의 문제점과 개선방안, 2005, 319면). 이 경우 국회의 탄핵소추 철회에는 재적의원 과반수의 찬성이 필요하다(독일 연방헌법재판소법 제52조).

2. 탄핵심판의 절차와 준용규정

탄핵사건의 심판은 변론의 전 취지와 증거조사의 결과를 종합하여 정의 및 형평의 원리에 입각하여 구두변론주의에 따라 행한다(헌재법 제30조). "피청구인에 대한 탄핵심판 청구와 동일한 사유로 형사소송이 진행되고 있는 경우에는 재판부는 심판절

1) 김현성, "탄핵심판청구 취하에 관한 비판적 고찰", 저스티스 98, 80-84면: 국회의 소추권남용을 통제하여야 할 필요성, 법치주의형 탄핵제도를 취하고 있는 이상 국회의 권한을 최소한으로 축소해석하여야 한다는 점, 객관적 소송절차로서 직권주의 소송구조를 지니는 탄핵심판절차에서는 처분권주의가 배제된다는 점, 탄핵심판의 종료 여부는 객관적 심판의 이익 유무에 따라 헌법재판소가 독자적으로 결정하여야 한다는 점, 독일과 달리 철회 내지 취하가능 여부에 대하여 명문의 규정을 두지 아니한다는 점 등을 근거로 탄핵심판절차에서 심판청구의 취하는 허용되지 아니한다고 본다.

차를 정지할 수 있다"(제51조).[1)]

"헌법재판소의 심판절차에 관하여는 이 법에 특별한 규정이 있는 경우를 제외하고는 헌법재판의 성질에 반하지 아니하는 한도에서 민사소송에 관한 법령을 준용한다. 이 경우 탄핵심판의 경우에는 형사소송에 관한 법령을 준용하고, 권한쟁의심판 및 헌법소원심판의 경우에는 행정소송법을 함께 준용한다." "제1항 후단의 경우에 형사소송에 관한 법령 또는 행정소송법이 민사소송에 관한 법령에 지촉될 때에는 민사소송에 관한 법령은 준용하지 아니한다"(제40조).

> "탄핵심판절차의 성격과 탄핵심판절차와 형사소송절차의 차이, 신속한 절차 진행의 필요성 등을 종합적으로 고려하면, 탄핵심판절차에서 전문법칙에 관한 형사소송법 조항들을 반드시 엄격하게 적용하여야 하는 것은 아니고 이를 완화하여 적용할 수 있다고 보는 것이 '탄핵심판의 성질에 반하지 아니하는 한도'에서 형사소송에 관한 법령을 준용하도록 한 헌법재판소법 제40조의 취지에 부합한다고 할 것이다"(헌재 2025.4.4. 2024헌나8, 대통령(윤석열) 탄핵(인용), 2인의 보충의견).
>
> "대통령 탄핵결정의 영향력과 파급력이 중대한 점, 탄핵심판절차에 공판중심주의를 강화하고 피청구인에게 반대신문 기회를 부여하는 것이 반드시 탄핵심판의 신속성의 요청에 반하거나, 그보다 덜 중요하다고 보기 어렵고, 오히려 탄핵심판절차의 구조에 부합하는 측면이 있는 점, 게다가 헌법재판소는 탄핵심판절차에서 당사자의 신청이나 직권으로 증인을 채택하여 그들에 대한 신문을 통해 증거가 심판정에 직접 현출되도록 하여 공정한 재판을 실현해가고 있는 점, 탄핵심판절차의 공정성 강화는 탄핵심판에 대한 국민의 신뢰를 제고하고, 탄핵심판결정으로 인한 국가적 혼란을 최소화할 수 있는 점에 비추어, 이제는 탄핵심판절차에 요청되는 신속성과 공정성, 두 가지 충돌되는 가치를 보다 조화시킬 방안을 모색할 시점이다"(헌재 2025.4.4. 2024헌나8, 대통령(윤석열) 탄핵(인용), 2인의 보충의견).

3. 탄핵심판의 대상

"헌법재판소는 사법기관으로서 원칙적으로 탄핵소추기관인 국회의 탄핵소추의결서에 기재된 소추사유에 의하여 구속을 받으므로 헌법재판소는 탄핵소추의결서에 기재되지 아니한 소추사유를 판단의 대상으로 삼을 수 없으나", "탄핵소추의결서에서 그 위반을 주장하는 '법규정의 판단'에 관하여 헌법재판소는 원칙적으로 구속을 받지 아니하므로, 청구인이 그 위반을 주장한 법규정 외에 다른 관련 법규정에 근거하여 탄핵의 원인이 된 사실관계를 판단할 수 있다"(헌재 2004.5.14. 2004헌나1, 대통령(노무현) 탄핵(기각)).

---

1) 헌법재판소는 탄핵심판 심리 중에 동일한 사유로 법원의 형사재판이 진행 중이라는 이유로 재판을 정지시켜 달라는 피청구인 손준성 검사의 요청에 따라 탄핵심판절차를 중지한 바 있다(2024.4.3.).

"헌법 제65조 제1항이 정하고 있는 탄핵소추사유는 '공무원이 그 직무집행에 있어서 헌법이나 법률을 위배한' 사실이고, 여기에서 법률은 형사법에 한정되지 아니한다. 그런데 헌법은 물론 형사법이 아닌 법률의 규정이 형사법과 같은 구체성과 명확성을 가지지 않은 경우가 많으므로 탄핵소추사유를 형사소송법상 공소사실과 같이 특정하도록 요구할 수는 없고, 소추의결서에는 피청구인이 방어권을 행사할 수 있고 헌법재판소가 심판대상을 확정할 수 있을 정도로 사실관계를 구체적으로 기재하면 된다고 보아야 한다. 공무원 징계의 경우 징계사유의 특정은 그 대상이 되는 비위사실을 다른 사실과 구별될 정도로 기재하면 충분하므로(대법원 2005.3.24. 선고 2004두14380 판결), 탄핵소추사유도 그 대상 사실을 다른 사실과 명백하게 구분할 수 있을 정도의 구체적 사정이 기재되면 충분하다. 이 사건 소추의결서의 헌법 위배행위 부분은 사실관계를 중심으로 기재되어 있지 않아 소추사유가 분명하게 유형별로 구분되지 않은 측면이 없지 않지만, 소추사유로 기재된 사실관계는 법률 위배행위 부분과 함께 보면 다른 소추사유와 명백하게 구분할 수 있을 정도로 충분히 구체적으로 기재되어 있다"(헌재 2017.3.10. 2016헌나1, 대통령(박근혜) 탄핵(인용)).

4. 탄핵심판의 심리와 결정

(1) 탄핵심판의 심리기간과 결정의 정족수

(i) 헌법재판소는 심판사건을 접수한 날부터 180일 이내에 종국결정의 선고를 하여야 한다(헌재법 제38조). 그런데 탄핵심판의 경우에는 국회에서 탄핵소추의결된 사람은 직무가 정지된다. 헌법과 법률에서 규정된 중요한 직책을 가진 탄핵심판 대상자의 직무를 오랜 기간 정지시키는 것은 바람직하지 아니하다. 따라서 탄핵의 경우에는 집중심리를 통하여 90일 이내로 선고기일을 단축할 필요가 있다.[1]

(ii) 탄핵의 결정에는 재판관 7인 이상의 출석으로 사건을 심리하고, 재판관 6인 이상의 찬성이 있어야 한다(제113조 제1항)(헌재법 제22조). 헌법재판소법 제23조 제1항에 대한 헌법재판소의 가처분신청 인용결정으로 재판관 7인 이상의 출석으로 심리하는 조항이 헌법재판소의 가처분 인용결정으로 사실상 무효가 됨에 따라 재판관 6인 이상의 출석으로 사건을 심리할 수 있다(헌재 2024.10.14. 2024헌사1250, 헌법재판소법 제23조 제1항 효력정지 가처분(인용)).

"헌법 제111조 제2항과 제3항은 대통령이 임명하는 3인, 국회가 선출하는 3인, 대법원장이 지명하는 3인 등 모두 9인의 재판관으로 헌법재판소를 구성한다고 규정하고 있다. 이와 같이 입법 · 사법 · 행정 3부가 동등하게 참여하는 헌법재판소의 구성방식에 비추어 볼 때, 헌법재판은 9인의 재판관으로 구성된 재판부에 의하여 이루어지는 것이 원칙임은 분명하다. … 그러나 현실적으로는 재판관의 공무상 출장이나 질병 또는 재판관 퇴직 이

---

1) 탄핵소추의결부터 탄핵심판결정까지 소요된 기간: 노무현 63일, 박근혜 91일, 이상민 167일, 이진숙 174일, 임성근 267일, 안동완 251일, 이정섭 272일, 손준성 591, 윤석열 111일, 한덕수 87일, 최재해 · 이창수 · 조상원 · 최재훈 98일, 박성재 115일, 조지호 366일.

후 후임 재판관 임명까지 사이의 공백 등 다양한 사유로 일부 재판관이 재판에 참여할 수 없는 경우가 발생할 수밖에 없다. 이럴 때마다 헌법재판을 할 수 없다고 한다면 헌법재판소의 헌법 수호 기능에 심각한 제약이 따르게 된다. 이에 헌법과 헌법재판소법은 재판관 중 결원이 발생한 경우에도 헌법재판소의 헌법 수호 기능이 중단되지 않도록 7명 이상의 재판관이 출석하면 사건을 심리하고 결정할 수 있음을 분명히 하고 있다. … 헌법재판관 1인이 결원이 되어 8인의 재판관으로 재판부가 구성되더라도 탄핵심판을 심리하고 결정하는 데 헌법과 법률상 아무런 문제가 없다"(헌재 2017.3.10. 2016헌나1, 대통령(박근혜) 탄핵(인용)).

"국회의 탄핵소추의 의결을 받은 자는 헌법재판소의 탄핵심판이 있을 때까지 그 권한행사가 정지된다(헌법 제65조 제3항, 헌법재판소법 제50조). 따라서 탄핵심판은 신중하면서도 신속하게 진행되어야 한다. 그런데 3명 이상의 재판관이 임기만료로 퇴직하여 재판관의 공석 상태가 된 경우에도 헌법재판소법 제23조 제1항에 따라 사건을 심리조차 할 수 없다고 한다면 이는 사실상 재판 외의 사유로 재판절차를 정지시키는 것이고 탄핵심판사건 피청구인의 신속한 재판을 받을 권리에 대한 과도한 제한이다. 또한 신청인의 권한행사 정지상태가 그만큼 장기화되면서 방송통신위원회 위원장으로서의 업무수행에도 중대한 장애가 발생할 수 있다. 결국 신청인으로서는 헌법재판소법 제23조 제1항으로 인하여 회복하기 어려운 중대한 손해를 입을 위험이 있다. 또한, 3명의 재판관 퇴임이 임박한 만큼 손해를 방지할 긴급한 필요도 인정된다. … 임기제를 두고 있는 우리 법제에서 임기만료로 인한 퇴임은 당연히 예상되는 것임에도 재판관 공석의 문제가 반복하여 발생하는 것은 국민 개개인의 주관적 권리보호 측면에서뿐만 아니라 헌법재판의 객관적 성격의 측면에서도 심각한 문제이다. 헌법재판소법 제23조 제1항에서 재판관 7명 이상이 출석하여야만 사건을 심리할 수 있다고 하면서도 직무대행제도와 같은 제도적 보완장치는 전무하다. 국회가 선출하여 임명된 재판관 중 공석이 발생한 경우, 국회가 상당한 기간 내에 공석이 된 재판관의 후임자를 선출하여야 할 헌법상 작위의무가 존재하고, 이러한 작위의무의 이행을 지체하였다고 판시한 사례(헌재 2014.4.24. 2012헌마2)가 있음에도 사정은 달라지지 않았다. 따라서 헌법재판소법 제23조 제1항이 위헌이라고 볼 여지가 있다. 결국 이 사건에서 가처분을 인용한 뒤 종국결정에서 청구가 기각되었을 때 발생하게 될 불이익보다 가처분을 기각한 뒤 청구가 인용되었을 때 발생하게 될 불이익이 더 크다. … 사정이 이러하다면 신청인의 이 사건 가처분신청은 허용함이 상당하다. 다만 이 사건에서는 재판관이 임기만료로 퇴직하여 재판관의 공석 상태가 된 경우가 문제되는 것이고 신청인이 실질적으로 다투고자 하는 바도 이와 같으므로 헌법재판소법 제23조 제1항 중 재판관이 임기만료로 퇴직하여 재판관의 공석 상태가 된 경우에 적용되는 부분에 한하여 그 효력을 정지함이 상당하다"(헌재 2024.10.14. 2024헌사1250, 헌법재판소법 제23조 제1항 효력정지 가처분(인용)).

(2) 탄핵심판결정에 소수의견 표시

탄핵심판절차에서 소수의견을 밝힐 수 있는지와 관련하여 헌법재판소법에 명문의 규정이 없었다. 헌법재판소는 2004년 대통령 탄핵심판의 특수성과 관련하여 소수의견을 밝히지 아니하기로 결정한 바 있다.

"헌법재판소 재판관들의 평의를 공개하지 아니한다는 의미는 평의의 경과뿐만 아니라 재판관 개개인의 개별적 의견 및 그 의견의 수 등을 공개하지 아니한다는 뜻이다. 그러므로 개별 재판관의 의견을 결정문에 표시하기 위해서는 이와 같은 평의의 비밀에 대해 예외를 인정하는 특별규정이 있어야만 가능하다. 그런데 법률의 위헌심판, 권한쟁의심판, 헌법소원심판에 대하여는 평의의 비밀에 관한 예외를 인정하는 특별규정이 헌법재판소법 제36조 제3항에 있으나, 탄핵심판에 관해서는 평의의 비밀에 대한 예외를 인정하는 법률규정이 없다. 따라서 이 탄핵심판사건에 관해서도 재판관 개개인의 개별적 의견 및 그 의견의 수 등을 결정문에 표시할 수는 없다"(헌재 2004.5.14. 2004헌나1, 대통령(노무현) 탄핵(기각)).

하지만, 탄핵심판에만 유독 소수의견이 실명으로 밝혀지지 아니한 데 대한 비판이 제기되었다. 이에 따라 개정된 헌법재판소법에서는 "심판에 관여한 재판관은 결정서에 의견을 표시하여야 한다"(제36조 제3항)라고 규정한다. 이에 따라 소수의견을 피력한 재판관도 그 의견을 표시할 의무를 부담하게 되었다.

(3) 탄핵심판의 종국결정

탄핵심판의 종국결정에는 각하결정, 기각결정, 탄핵결정이 있다.

A. 각하결정

재판부가 탄핵소추의 적법요건을 심사하여 부적법하다고 인정할 때 내리는 결정이다. 각하결정의 주문은 "이 사건 심판청구를 각하한다"라고 표시한다.

한편 탄핵심판 대상자가 탄핵심판 진행 중에 임기만료로 퇴임한 경우에도 헌법재판소는 각하결정을 내렸다(각하5:심판절차종료1:인용3)(헌재 2021.10.28. 2021헌나1, 법관(임성근)탄핵(각하)).

국회의 소추의결 이후 헌법재판소의 탄핵심판 중 임기만료로 피청구인이 법관의 직에서 퇴직한 사안에서, 재판관 5인의 각하의견으로, 이미 임기만료로 퇴직한 피청구인에 대해서는 본안판단에 나아가도 파면결정을 선고할 수 없으므로 탄핵심판청구는 부적법하다고 결정하였다. 이에 대하여 피청구인이 임기만료로 퇴직한 경우 더 이상 탄핵심판의 피청구인이 될 자격을 보유하지 아니하므로 탄핵심판절차를 종료하여야 한다는 1인의 심판절차종료의견, 헌법적 해명의 필요성을 인정하여 본안판단에 나아가 피청구인의 행위가 직무집행에 있어서 중대한 헌법위반행위임을 확인한다는 3인의 인용의견, 피청구인의 행위로 인한 법치주의 훼손을 확인하면서 탄핵심판의 제도적 한계를 극복하기 위한 노력을 강조한 1인의 인용의견에 대한 보충의견이 있다.

헌법 제65조 제4항 전문은 "탄핵결정은 공직으로부터 파면함에 그친다."라고 규정하고, 헌법재판소법 제53조 제1항은 "탄핵심판 청구가 이유 있는 경우에는 헌법재판소는 피청구인을 해당 공직에서 파면하는 결정을 선고한다."라고 규정함으로써, 탄핵심판이 피청구인을 해당 공직에서 파면할 것인지 여부를 판단하는 절차임을 명확히 하고 있다. 위에서 언급된 헌법 및 헌법재판소법에 의하면, '탄핵심판의 이익'이란 '탄핵심판청구가 이유 있는 경우에 피청구인을 해당 공직에서 파면하는 결정을 선고'하기 위하여 탄핵심판의 본안심리에 들어가 그 심리를 계속할 이익이라 할 것이다. 심판의 이익은 본안판단에 나아가는 것이 탄핵심판절차의 제도적 목적에 기여할 수 있는지 여부에 관한 문제로서 본안판단에서 상정할 수 있는 결정의 내용과 효력을 고려하여 판단되는 헌법재판의 적법요건이며, 무익한 탄핵심판절차의 진행을 통제하고 탄핵심판권 행사의 범위와 한계를 설정하는 기능을 수행한다.

[각하의견(4인)] "헌법 제65조 제4항 전문은 "탄핵결정은 공직으로부터 파면함에 그친다."라고 규정하고, 헌법재판소법 제53조 제1항은 "탄핵심판 청구가 이유 있는 경우에는 헌법재판소는 피청구인을 해당 공직에서 파면하는 결정을 선고한다."라고 규정하여 탄핵심판이 피청구인을 해당 공직에서 파면할 것인지 여부를 판단하는 절차임을 명확히 하고 있다. … 탄핵심판청구의 적법요건으로서 탄핵심판의 이익은 헌법 제65조 제4항 전문 및 헌법재판소법 제53조 제1항에서 규정한 바와 같이 '탄핵심판청구가 이유 있는 경우에 피청구인을 해당 공직에서 파면하는 결정을 선고'할 수 있는 가능성을 상정하여 탄핵심판의 본안심리에 들어가서 그 심리를 계속할 이익이다. 이것은 본안판단에 나아가는 것이 탄핵심판절차의 제도적 목적에 기여할 수 있는지 여부에 관한 문제로서 본안판단에서 상정할 수 있는 결정의 내용과 효력을 고려하여 판단되는 탄핵심판의 적법요건이다. ... 이것은 무익한 탄핵심판절차의 진행을 통제하고 탄핵심판권 행사의 범위와 한계를 설정하는 기능을 수행한다. … 헌법재판소는 선례의 탄핵심판에서 심판대상을 '대통령이 직무집행에 있어서 헌법이나 법률에 위반했는지의 여부' 및 '대통령에 대한 파면결정을 선고할 것인지의 여부'로 특정하였으나, 그 양자를 구별하여 각각에 대응하는 주문을 선고하지 않았다. 헌법재판소 역사상 두 번에 걸쳐 대통령에 대한 탄핵심판을 하면서 두 사건 모두 대통령이 직무집행에 있어서 헌법이나 법률에 위반하였다고 판단하였으나, 그 판단에 대응한 '직무집행의 위헌 · 위법 확인' 주문을 별도로 내지 않았다. 단지 '심판청구기각' 또는 '파면' 주문만을 선고하였을 뿐이다. 즉 두 사건 모두 '직무집행에 있어서 헌법 또는 법률에 위반'한 점을 인정하면서도 그것이 '파면을 정당화할 정도의 중대성'이 있는지 여부를 판단하여 그 결론에 따라 하나의 주문으로서 '심판청구기각' 또는 '파면'의 결정을 선고하였을 뿐이나(헌재 2004.5.14. 2004헌나1, 판례집 16-1, 609, 620, 625, 657-659; 헌재 2017.3.10. 2016헌나1, 판례집 29-1, 1, 8, 14, 46-48 참조). … 공무담임권은 선거권 및 피선거권, 정당 활동의 자유 등과 마찬가지로 국민이 국정에 참여하는 '정치적 기본권'에 속하므로, 탄핵결정에 의한 파면의 부수적 효력으로서 공직 취임의 제한은 "모든 국민은 소급입법에 의하여 참정권의 제한을 받거나 재산권을 박탈당하지 아니한다."라고 규정한 헌법 제13조 제2항의 적용 영역에 있다는 점에서 그 요건과 한계를 엄격하게 해석해야 한다. … 헌법재판소법 제54조 제2항이 헌법질서 수호 · 보장을 위한 규정이라는 이유로 파면결정 선고 후 5년 동안 공무원이 되는 자격을 정지시키는 제재의 대상을 확장하기 위해서, 헌법재판소법 제53조 제1항에서 정한 '해당 공직에서 파면하는 결정'을 '임기만료로 퇴직하여 해당 공직에 있지 않은 사람'에 대하여도 할 수 있도록 유추해석하거나, 헌법재판소법 제54조 제2항에서 정한 '탄핵결정에 의하여 파면된 사람' 이외에 '임기만료로 퇴직한 사람에게 탄핵사유가 있었던 것으로 확인되는 경우'에까지

공직 취임 제한 조항을 적용하도록 유추해석하는 것은 법률조항에서 명문으로 규정되지 않은 범위까지 공직 취임이 제한될 수 있는 경우를 확장하여 형사적 제재에 준하는 불이익을 가하는 것이다. 이것은 공무담임권의 자의적 배제 또는 부당한 박탈에 해당될 뿐만 아니라 의심스러울 때에는 국민의 기본권을 우선해야 한다는 입헌주의 원칙의 근간을 흔드는 것이다. … 탄핵제도 중 '공직자 개인에 대한 법적 책임의 추궁'이 아니라 '국가기관 사이의 권한질서에 관한 문제'의 성격을 가지는 것은 '국회의 탄핵소추의결' 절차이다. 국회의 탄핵소추의결은 권력분립원칙에 따라 국가기관인 국회가 행정부나 사법부에 소속된 다른 국가기관의 권한을 정지시키는 견제 수단의 성격이 있다. 그런데 헌법재판소의 탄핵심판절차에서 탄핵심판 계속 중 공직 임기만료의 경우와 같이 헌법과 헌법재판소법 등 명문의 규정과 취지 및 공직 박탈과 민주적 정당성의 박탈의 관점에서 탄핵심판의 이익을 인정할 수 없는 사안임에도 파면 여부와 상관없이 오로지 탄핵사유의 유무에 대한 객관적 해명만을 목적으로 청구인의 주장처럼 '피청구인 행위의 중대한 위헌·위법이 있는지 여부'를 심리하여 그에 대한 위헌·위법 확인결정을 한다면, 이는 실질적으로 국회의 탄핵소추의결이 그 실체적 요건을 갖추었는지에 대하여 판단하여 결정하는 것이 되어버린다. 이것은 국회의 의결로써 피청구인의 권한 행사를 정지한 것이 적법하였는지에 대해서만 판단하는 것과 다름없는 것으로서, 국가기관인 국회가 다른 국가기관인 피청구인의 권한을 침해하였는지에 관하여 권한쟁의심판을 하는 것과 같은 내용이 되므로, 탄핵심판과 권한쟁의심판을 달리 규정한 현행 헌법과 헌법재판소법의 체계상 이것이 허용된다고 보기 어렵다."

B. 기각결정

(i) 탄핵소추사유가 심리결과 위법하지 아니한 경우, 탄핵소추사유의 위법성은 인정할 수 있으나 법익형량의 결과 파면을 정당화할 정도의 중대한 위법행위가 아니라고 인정할 경우에는 탄핵결정할 이유가 없는 경우이어서 기각결정을 내린다. 이와 같은 사유에 대하여 재판관 사이에 의견이 나뉘어 인용결정에 필요한 정족수인 재판관 6인 이상의 찬성을 얻지 못한 경우에 실제적으로 기각결정을 내리게 된다. 또한 "피청구인이 결정 선고 전에 해당 공직에서 파면되었을 때에는" 심판의 이익이 없으므로 역시 심판청구를 기각하여야 한다(헌재법 제53조 제2항). 기각결정의 주문은 "이 사건 심판청구를 기각한다"라고 표시한다.

헌정사 최초의 '행정안전부장관(행정각부의 장이자 국무위원)에 대한 탄핵심판청구' 사건이자 현행헌법에서 네 번째 탄핵심판에서 헌법재판소는 기각결정을 내렸다. 재난 및 안전에 관한 정책의 수립·총괄·조정을 관장하는 행정안전부의 장으로, 다중밀집으로 인한 인명피해사고인 이 사건 참사와 관련하여 사전 예방·대비, 사후 재난대응 조치 및 관련 발언을 함에 있어 헌법과 법률을 위반하였는지가 문제되었다. 사전예방조치에 관하여는 기각에 의견이 일치하였으나, 사후 조치 및 사후 발언에 대하여는 국가공무원법상 품위유지 및 성실의무 위반이라는 소수의견이 있다. [법정의견(5인)] 재난대응 과정에서 최적의 판단과 대응을 하지 못하였다 하더라도, 헌법과 법률의 관점에서 보았을 때 재난대응기구의 설치·운영 및 재난관리 총괄·조정 등에 관한 재난안전법, 공무원의 성실의무 등을 규정한 국가공무원법, 국민의 기본권 보호에 관한 헌법 규정을 위반한 것으로 보기는 어렵다. [별개의견(3인)] 사후대응이 국가공무원법상 성실의무를 위반하였고, 참사원인, 골든타임에 관한 발언 및 재난관리주관기관에 관한 일부 사후 발언이 국가공무원법상 품위유지의무를 위반하였으나, 파면을 정당화하는 사유가 존재하지는 않는다. [별개의견(1인)] 참사원인, 골든타임에 관한 발언 및 재닌관리주관기관에 관한 일부 사후 발언이 품위유지의무에 위반되나 법 위반행위가 중대하여 파면을 정당화하는 사유로는 볼 수 없다(헌재 2023.7.25. 2023헌나1, 행정안전부장관(이상민) 탄핵(기각)).

피청구인이 외국환거래법위반 혐의로 공소를 제기하고, 공소권남용에 해당한다는 이유로 그 공소를 기각한 항소심판결에 대하여 상고함으로써 법률을 위반하였다(전원일치: 상고의 법률위반 여부)는 이유로 한 탄핵심판청구를 기각한다. 공소제기가 어떠한 법률도 위반하지 않은 것이다(3인). 공소제기가 구 검찰청법 제4조 제2항 및 국가공무원법 제56조를 위반한 것이지만, 형법 제123조 위반은 인정하지 아니하고, 피청구인에 대한 파면결정을 정당화하는 사유가 존재하지 아니한다(2인)(5:4) [반대의견] 공소제기는 형법 제123조, 구 검찰청법 제4조 제2항, 국가공무원법 제56조를 위반하였고, 이는 피청구인의 파면을 정당화할 수 있을 정도로 중대한 법률 위반이다(헌재 2024.5.30. 2023헌나2, 검사(안동완) 탄핵(기각)).

소추사유 중 범죄경력조회 무단열람 등, 부정청탁금지법위반 부분, 골프장 예약, 수사무마 의혹의 소추사유는 특정되지 않았다. 헌법 제65조 제1항에 따라 직무집행에 관련된 행위여야 탄핵소추사유가 될 수 있는데 소추사유 중 감염병예방법위반 및 위장전입 부분은 직무집행에 관련된 것이 아니어서 탄핵사유가 될 수 없다. 사전면담에 관해서는 헌법 제27조 제1항, 구 검찰청법 제4조 제2항을 위반하지 않았다. 다만 사전면담이 국가공무원법 제56조의 성실의무 및 헌법 제7조 제1항의 공익실현의무를 위반한 것인지에 대하여는 이를 부정하는 법정의견(7)과 별개의견(2)은 위반을 인정하면서도 헌법 및 법률위반이 파면을 정당화하는 사유에는 해당하지 않는다고 보았다(헌재 2024.8.29. 2023헌나4, 검사(이정섭) 탄핵(기각)).

① 재적위원 2인에 의하여 의결한 것, ② 방송문화진흥회 임원 임명에 관한 안건에 대하여 회피하지 않은 것, ③ 자신에 대한 기피신청에 대한 의결에 참여하여 각하한 것, ④ 한국방송공사 이사를 추천하고 방송문화진흥회 이사를 임명한 것이 헌법과 법률을 중대하게 위반하였다고 볼 수 없다. [법정의견] "재적위원은 문제 되는 의결의 시점에 방통위에 적을 두고 있는 위원을 의미한다." "방통위의 재적 위원은 피청구인(이 위원장)과 김태규 2인뿐이었다." "재적위원 전원의 출석 및 찬성으로 이뤄진 의결이 방통위법상의 정족수를 충족하지 못했다고 보는 것은 법규범의 문리적 한계를 넘는 해석이다." "재적위원 2인에 의해 의결을 한 것이 방통위법 13조 2항에 위반된다고 볼 수 없다." "중요하고 시급한 현안을 장기간 처리하지 않고 방치했다면 헌법 및 국가공무원법에 규정된 공무원의 성실의무에 위반되는 결과가 발생할 수 있었다." "기피신청은 방통위에 심의·의결을 할 수 있는 위원으로 김태규 1인만 남게 해 그 자체로서 위원회의 구성을 불가능하게 하는 기피신청권 남용에 해당해 부적법하다." 과거 MBC 재직 당시 노동조합 활동을 방

해하고 기자들을 징계하는 데 동참한 의혹이 있는데도 방문진 이사 선임 절차를 스스로 "회피할 의무가 인정된다고 볼 수 없다." KBS와 방문진 이사 "후보자 면접을 실시하지 않았다거나 회의에 소요된 시간이 1시간 45분 정도였다는 것만으로는 추천·임명 과정에서 대표성과 전문성이 고려되지 않았다고 인정하기 부족하다." [인용의견] "2인의 위원만이 재적한 상태에서는 방통위가 독임제 기관처럼 운영될 위험이 있다"며 "방통위 구성·운영의 공정성에 관한 의심을 최소화하고 방통위를 온전하게 구성해 적법한 의결을 할 수 있도록, 우선 국회에 방통위 위원 추천을 촉구하는 등 '2인 체제' 해소를 위한 노력을 했어야" 한다. 방통위법의 입법 취지를 고려하면 최소한 3인 이상의 위원이 채워진 상태에서 의결을 해야 한다는 취지다. "방송의 공익성과 공공성에 대한 국민의 신뢰를 심각하게 훼손했다." "법 위반은 임명권자인 대통령을 통해 피청구인에게 간접적으로 부여된 국민의 신임을 박탈해야 할 정도로 중대하다"(4기각:4인용)(헌재 2025.1.23. 2024헌나1, 방송통신위원회 위원장(이진숙) 탄핵(기각)).

① 감사원의 독립성을 훼손한 행위, ② 국민권익위원회 위원장 등에 대한 표적감사를 한 행위, ③ 감사원장으로서의 의무를 위반한 행위, ④ 국회의 자료제출요구를 거부한 행위가 헌법 및 법률을 중대하게 위반하지 아니하였다. [보충의견 3인] 훈령을 개정하여 국무총리에게 공익감사청구권을 부여한 행위 역시 헌법 및 감사원법 등을 위반한 것이나, 법 위반행위가 중대하여 파면을 정당화하는 사유가 존재한다고 보기는 어렵다(헌재 2025.3.13. 2024헌나2, 감사원장(최재해) 탄핵(기각)).

① 도이치모터스 주가조작 사건 수사의 지휘·감독 및 수사 과정에서 김건희를 대통령경호처 부속 청사에서 비공개로 조사하고, 수사심의위원회의 의견을 청취하지 아니하고 불기소처분, ② 기자회견 및 백브리핑 과정에서의 발언, 보도참고자료 제공 및 국정감사에서의 발언, ③ 검사 김△△를 서울중앙지방검찰청의 도이치모터스 주가조작 사건 수사에 참여시킨 행위가 헌법과 법률을 중대하게 위반하였다고 볼 수 없다(헌재 2025.3.13. 2024헌나3, 검사(이창수) 탄핵(기각))(헌재 2025.3.13. 2024헌나4, 검사(조상원) 탄핵(기각))(헌재 2025.3.13. 2024헌나5, 검사(최재훈) 탄핵(기각)).

① 대통령의 내란죄에 가담한 행위, ② 국회의 자료제출 요구를 거부한 행위, ③ 국회 본회의장 중도퇴장 행위가 헌법 및 법률을 중대하게 위반하였다고 볼 수 없다. 대통령의 비상계엄 선포에 가담하였다고 인정할 증거 또는 객관적 자료가 부족하다. 국회가 소추사유에 대한 별도의 조사를 거치지 않은 것만으로 탄핵심판청구가 부적법한 것은 아니지만, 조사 흠결 등으로 인한 소추사실 입증 부족의 경우 그 불이익을 청구인측이 지는 것이 타당하다. 헌재 2025.3.13. 2024헌나2 감사원장(최재해) 탄핵 사건에서 국회가 국정감사 등과 관련한 자료의 제출을 요구하면서 제출요구일 7일 전에 송달해야 한다는 요건을 준수하지 않았다면 그 제출 요구에 응하지 않았다 하더라도 국회증언감정법 위반이 아니라고 판단한 동일한 입장을 유지하였다. 다만 '서울구치소 출정기록' 관련 거부 부분은, 정당한 이유로 제출을 거부한 것이라고 보기 어려워 국회증언감정법 위반이지만, 그 위반행위가 피청구인에게 간접적으로 부여된 국민의 신임을 박탈하여야 할 정도로 중대하지는 아니한다(헌재 2025.3.27. 2024헌나6, 법무부장관(박성재) 탄핵(기각)).

대통령과 구별되는 민주적 정당성의 크기와 해당 공직의 박탈을 통하여 국민으로부터 위임된 권한을 환수함으로써 헌법을 수호하고자 하는 탄핵심판 제도의 취지 등을 종합하면, 대통령 권한대행 중인 국무총리에 대한 탄핵소추 시 그 의결정족수는 헌법 제65조 제2항 본문에 따라 국회재적의원 과반수의 찬성으로 족하다. [기각4] 특별검사 임명 법률안에 대한 재의요구권 행사, 비상계엄 선포 및 내란행위 관련, 공동 국정운영 관련, 특별검사 후보자 추천 의뢰 관련에 대하여는 청구인의 주장을 뒷받침하는 증거나 객관적 자료가 없다. 국회가 선출하도록 되어 있는 3인의 재판관을 임명하지 아니한 것은 헌법과 법률에 따른 구체적 작위의무를 위반한 것이다. 다만, 재판관 임명 거부가 현직 대통령에 대한 탄핵심판을 진행하는 헌법재판소를 무력화시키기 위한 목직 또는 의사에 기인하였다고까지 인정할 증거나 객관적 자료는 발견되지 않는 점 등을 고려하면, 대통령을 통하여 간접적으로 부여된 국민의 신임을 배반한 경우에 해당한다고 단정할 수 없다. [기각1] 헌법재판관 임명 부작위에 대해서도 헌법과 법률 위반을 인정할 수 없다. [인용1] 특별검사 후보자 추천 의뢰 및 헌법재판관 임명 부작위와 관련하여 헌법과 법률 위반이 인정되고 그 위반의 정도가 파면을 정당화할 수 있을 정도로 중대하다. 5인이 기각의견, 1인이 인용의견, 2인이 각하의견이므로 헌법재판소법 제23조 제2항 본문에 따라 기각한다(헌재 2024.3.24. 2024헌나9, 국무총리(한덕수) 탄핵).

일부 직무집행행위가 헌법과 법률을 위반한 것이기는 하나, 법률 위반 행위가 헌법질서에 미치는 부정적 영향이나 해악의 정도가 중대하여 간접적으로 부여된 국민의 신임을 박탈하여야 할 정도에 이르렀다고 보기는 어려우므로, 파면을 정당화하는 사유가 존재한다고 볼 수는 없다(헌재 2025.7.17. 2023헌나3, 검사(손준성) 탄핵(기각)).

(ii) 탄핵심판사건의 결과가 기각결정 또는 각하결정으로 내려졌을 때 탄핵심판과정에서 피청구인이 자신의 결백함을 입증하기 위하여 들인 노력과 비용은 보상하여 줄 필요가 있다.

C. 인용결정(중대한 법위반)

(i) "탄핵심판청구가 이유있는 때"의 해석과 관련하여 '경미한' 법위반의 경우에도 탄핵심판청구가 이유있는 때로 볼지 여부에 관하여 견해가 대립하나 적어도 대통령의 경우에는 헌법수호의 관점에서 중대한 법위반이 있는 경우만을 의미한다고 봄이 타당하다. 헌법재판소도 같은 입장이다. 이에 따라 대통령 노무현에 대한 탄핵은 기각되었지만, 대통령 박근혜·윤석열은 탄핵이 인용되었다.

그런데 법위반 중에서 '중대한' 법위반의 판단에 있어서는 대통령과 다른 공직자(예컨대 국무위원)는 그 정도에 있어서 차이가 있을 수 있다. 이에 관하여는 대통령 이외에는 아직 특별히 "중대한 법위반"으로 인용된 사례는 없다.

"헌법재판소법 제53조 제1항은 헌법 제65조 제1항의 탄핵사유가 인정되는 모든 경우에 자동적으로 파면결정을 하도록 규정하고 있는 것으로 문리적으로 해석할 수 있으나, 이러한 해석에 의하면 피청구인의 법위반행위가 확인되는 경우 법위반의 경중을 가리지 아니하고 헌법재판소가 파면결정을 해야 하는바, 직무행위로 인한 모든 사소한 법위반을 이유로 파면을 해야 한다면, 이는 피청구인의 책임에 상응하는 헌법적 징벌의 요청,

즉 법익형량의 원칙에 위반된다. 따라서 헌법재판소법 제53조 제1항의 '탄핵심판청구가 이유 있는 때'란, 모든 법위반의 경우가 아니라, 단지 공직자의 파면을 정당화할 정도로 '중대한' 법위반의 경우를 말한다. … 대통령의 직을 유지하는 것이 더 이상 헌법수호의 관점에서 용납될 수 없거나 대통령이 국민의 신임을 배신하여 국정을 담당할 자격을 상실한 경우에 한하여, 대통령에 대한 파면결정은 정당화되는 것이다."

"대통령의 파면을 요청할 정도로 '헌법수호의 관점에서 중대한 법위반'이란, 자유민주적 기본질서를 위협하는 행위로서 법치국가원리와 민주국가원리를 구성하는 기본원칙에 대한 적극적인 위반행위를 뜻하는 것이고, '국민의 신임을 배반한 행위'란 '헌법수호의 관점에서 중대한 법위반'에 해당하지 않는 그 외의 행위유형까지도 모두 포괄하는 것으로서, 자유민주적 기본질서를 위협하는 행위 외에도, 예컨대, 뇌물수수, 부정부패, 국가의 이익을 명백히 해하는 행위가 그의 전형적인 예라 할 것이다. 따라서 예컨대, 대통령이 헌법상 부여받은 권한과 지위를 남용하여 뇌물수수, 공금의 횡령 등 부정부패행위를 하는 경우, 공익실현의 의무가 있는 대통령으로서 명백하게 국익을 해하는 활동을 하는 경우, 대통령이 권한을 남용하여 국회 등 다른 헌법기관의 권한을 침해하는 경우, 국가조직을 이용하여 국민을 탄압하는 등 국민의 기본권을 침해하는 경우, 선거의 영역에서 국가조직을 이용하여 부정선거운동을 하거나 선거의 조작을 꾀하는 경우에는, 대통령이 자유민주적 기본질서를 수호하고 국정을 성실하게 수행하리라는 믿음이 상실되었기 때문에 더 이상 그에게 국정을 맡길 수 없을 정도에 이르렀다고 보아야 한다"(헌재 2004.5.14. 2004헌나1, 대통령(노무현) 탄핵(기각)).

대통령을 탄핵하기 위하여서는 대통령의 법 위배 행위가 헌법질서에 미치는 부정적 영향과 해악이 중대하여 대통령을 파면함으로써 얻는 헌법 수호의 이익이 대통령 파면에 따르는 국가적 손실을 압도할 정도로 커야 한다. 즉, '탄핵심판청구가 이유 있는 경우'란 대통령의 파면을 정당화할 수 있을 정도로 중대한 헌법이나 법률 위배가 있는 때를 말한다(헌재 2017.3.10. 2016헌나1).

(ii) "탄핵심판 청구가 이유 있는 경우에는 헌법재판소는 피청구인을 해당 공직에서 파면하는 결정을 선고한다"(헌재법 제53조 제1항). 탄핵결정의 주문은 "피청구인 ○○○를 ○○○직에서 파면한다"라고 표시한다. 헌법재판소의 인용결정에 따라 대통령 박근혜는 파면되었다.

헌법 제7조 제1항은 국민주권주의와 대의민주주의를 바탕으로 공무원을 '국민 전체에 대한 봉사자'로 규정하고 공무원의 공익실현의무를 천명하고 있고, 헌법 제69조는 대통령의 공익실현의무를 다시 한 번 강조하고 있다. 대통령은 '국민 전체'에 대한 봉사자이므로 특정 정당, 자신이 속한 계급・종교・지역・사회단체, 자신과 친분 있는 세력의 특수한 이익 등으로부터 독립하여 국민 전체를 위하여 공정하고 균형 있게 업무를 수행할 의무가 있다. 대통령의 공익실현의무는 국가공무원법 제59조, 공직자윤리법 제2조의2 제3항, '부패방지 및 국민권익위원회의 설치와 운영에 관한 법률' 제2조 제4호 가목, 제7조 등 법률을 통하여 구체화되고 있다. 이 사건 헌법과 법률 위배행위는 국민의 신임을 배반한 행위로서 헌법수호의 관점에서 용납될 수 없는 중대한 법 위배행위라고 보아야 한다. 이

사건에서 대통령의 법 위배행위가 헌법질서에 미치게 된 부정적 영향과 파급 효과가 중대하므로, 파면함으로써 얻는 헌법수호의 이익이 대통령 파면에 따르는 국가적 손실을 압도할 정도로 크다고 인정된다(헌재 2017.3.10. 2016헌나1). 헌법재판소가 적시한 그 구체적인 사유를 살펴보면 다음과 같다.

대통령의 재정 · 경제 분야에 대한 광범위한 권한과 영향력, 비정상적 재단 설립 과정과 운영 상황 등을 종합하여 보면, 피청구인의 요구는 임의적 협력을 기대하는 단순한 의견제시나 권고가 아니라 사실상 구속력 있는 행위라고 보아야 한다. 공권력 개입을 정당화할 수 있는 기준과 요건을 법률로 정하지 아니하고 대통령의 지위를 이용하여 기업으로 하여금 재단법인에 출연하도록 한 행위는 해당 기업의 재산권 및 기업경영의 자유를 침해한 것이다. 일련의 행위들은 기업의 임의적 협력을 기대하는 단순한 의견제시나 권고가 아니라 구속적 성격을 지닌 것으로 평가된다. 아무런 법적 근거 없이 대통령의 지위를 이용하여 기업의 사적 자치 영역에 간섭한 피청구인의 행위는 해당 기업의 재산권 및 기업경영의 자유를 침해한 것이다. 많은 문건이 유출되었고, 여기에는 대통령의 일정 · 외교 · 인사 · 정책 등에 관한 내용이 포함되어 있다. 이런 정보는 대통령의 직무와 관련된 것으로, 일반에 알려질 경우 행정 목적을 해할 우려가 있고 실질적으로 비밀로 보호할 가치가 있으므로 직무상 비밀에 해당한다. 최○원에게 문건이 유출되도록 지시 또는 방치한 행위는 국가공무원법 제60조의 비밀엄수의무를 위반한 것이다.

행정부의 수반으로서 국가가 국민의 생명과 신체의 안전 보호의무를 충실하게 이행할 수 있도록 권한을 행사하고 직책을 수행하여야 하는 의무를 부담한다. 하지만 국민의 생명이 위협받는 재난상황이 발생하였다고 하여 직접 구조 활동에 참여하여야 하는 등 구체적이고 특정한 행위의무까지 바로 발생한다고 보기는 어렵다. 세월호 참사에 대한 피청구인의 대응조치에 미흡하고 부적절한 면이 있었다고 하여 곧바로 피청구인이 생명권 보호의무를 위반하였다고 인정하기는 어렵다. 대통령의 '직책을 성실히 수행할 의무'는 헌법적 의무에 해당하지만, '헌법을 수호하여야 할 의무'와는 달리 규범적으로 그 이행이 관철될 수 있는 성격의 의무가 아니므로 원칙적으로 사법적 판단의 대상이 되기는 어렵다. 세월호 참사 당일 피청구인이 직책을 성실히 수행하였는지 여부는 그 자체로 소추사유가 될 수 없어, 탄핵심판절차의 판단대상이 되지 아니한다.

최○원 등의 이익을 위하여 대통령으로서의 지위와 권한을 남용한 것으로서 공정한 직무수행이라 할 수 없다. 그의 국정 개입을 허용하면서 이 사실을 철저히 비밀에 부쳤고, 그에 관한 의혹이 제기될 때마다 이를 부인하며 의혹 제기 행위만을 비난하였다. 따라서 권력분립원리에 따른 국회 등 헌법기관에 의한 견제나 언론 등 민간에 의한 감시 장치가 제대로 작동될 수 없었다. 이와 같은 일련의 행위는 대의민주제의 원리와 법치주의의 정신을 훼손한 것으로서 대통령으로서의 공익실현의무를 중대하게 위반한 것이다.

대통령 윤석열도 파면되었다(헌재 2025.4.4. 2024헌나8, 대통령(윤석열) 탄핵(인용(파면))).

가. (1) 헌법과 계엄법에서 계엄 선포에 관한 요건과 절차 등을 규정하고 있고, 탄핵심판은 고위공직자가 헌법 및 법률을 위반하는 경우 그 권한을 박탈하여 헌법질서를 지

키는 헌법재판이라는 점을 고려하면, 비상계엄 선포가 고도의 정치적 결단을 요하는 행위라 하더라도 탄핵심판절차에서 이를 심사할 수 있다. (2) 제419회 국회 임시회 회기 중 발의된 이 사건 탄핵소추안은, 제418회 국회 정기회 회기에 투표 불성립된 1차 탄핵소추안과 같은 회기 중에 다시 발의된 것이 아니므로, 이 사건 탄핵소추안의 의결은 일사부재의 원칙에 위반되지 않는다. (3) 청구인이 형법 위반 행위로 구성하였던 사실관계를 헌법 위반으로 포섭하는 것은, 기본적 사실관계는 동일하게 유지하면서 그 위반을 주장하는 법조문을 철회·변경하는 것에 지나지 않으므로, 소추사유의 철회·변경에 해당하지 않는다. 나. (1) 헌법상 국가긴급권의 인정 취지와 관련 규정들을 종합하여 보면, 비상계엄 선포가 헌법 및 계엄법이 정한 실체적 요건을 충족하기 위해서는, ① 전시·사변 또는 이에 준하는 국가비상사태로 적과 교전 상태에 있거나 사회질서가 극도로 교란되어 행정 및 사법 기능의 수행이 현저히 곤란한 상황이 현실적으로 발생하여야 하고, ② 병력으로써 군사상의 필요에 응하거나 공공의 안녕질서를 유지할 필요가 있어야 하며, ③ 비상계엄 선포의 목적이 군사상 필요에 따르거나 공공의 안녕질서를 유지하기 위한 것이어야 한다. 따라서 비상계엄은 위기상황이 발생할 우려가 있다는 이유만으로 사전적·예방적으로 선포할 수는 없고, 공공복리의 증진과 같은 적극적 목적을 위하여 선포할 수도 없다. '전시·사변에 준하는 국가비상사태'란 전쟁에 해당되지 아니하는 외적의 침입, 국토를 참절하거나 헌법질서를 문란하게 할 목적이 없는 무장 또는 비무장의 집단 또는 군중에 의한 사회질서교란, 자연적 재난으로 인한 사회질서교란 등으로 인하여, 국가의 존립이나 헌법질서의 유지가 위태롭게 되어 평상시의 헌법질서에 따른 권력행사방법으로는 대처할 수 없는 중대한 위기상황을 말한다. 이러한 상황이 현실적으로 발생하였는지에 관하여는 피청구인에게 일정 정도의 판단재량이 인정되나, 객관적으로 피청구인의 판단을 정당화할 수 있을 정도의 위기상황이 존재하여야 하고, 그 판단이 현저히 비합리적이거나 자의적인 경우에는 헌법 제77조 제1항 및 계엄법 제2조 제2항을 위반한 것으로 보아야 한다. (2) 피청구인은 야당이 다수의석을 차지한 국회의 이례적인 탄핵소추 추진, 일방적인 입법권 행사, 예산 삭감 시도 등으로 인하여 중대한 위기상황이 발생하였다고 주장한다. 그러나 이 사건 계엄 선포 당시에는 검사 1인 및 방송통신위원회 위원장에 대한 탄핵심판절차만이 진행 중이었고, 피청구인이 문제가 있다고 주장하는 법률안들은 피청구인이 재의를 요구하거나 공포를 보류하여 그 효력이 발생되지 않은 상태였다. 2025년도 예산안은 2024년 예산을 집행하고 있었던 이 사건 계엄 선포 당시 상황에 영향을 미칠 수 없고, 위 예산안에 대하여 국회 예산결산특별위원회의 의결이 있었을 뿐 본회의의 의결이 있었던 것도 아니다. 피청구인은 부정선거 의혹을 해소할 필요가 있었다고도 주장하지만, 어떠한 의혹이 있다는 것만으로 중대한 위기상황이 현실적으로 발생하였다고 볼 수는 없다. 결국 피청구인이 주장하는 사정을 모두 고려하더라도, 피청구인의 판단을 객관적으로 정당화할 수 있을 정도의 위기상황이 이 사건 계엄 선포 당시 존재하였다고 볼 수 없다. 한편, 피청구인이 주장하는 국회의 권한행사로 인한 국정 마비 상태나 부정선거 의혹은 정치적·제도적·사법적 수단을 통하여 해결하여야 할 문제이므로, 병력을 동원할 필요가 있었다고 볼 수 없다. 또한 피청구인은 이 사건 계엄이 야당의 전횡과 국정 위기상황을 국민에게 알리기 위한 '경고성 계엄' 또는 '호소형 계엄'이라고 주장하나, 피청구인이 단순히 그러한 목적만으로 비상계엄을 선포하였다고 볼 수 없고 경고나 호소는 그 자체로도 비상계엄 선포의 목적이 될 수 없다. 따라서 이 사건 계엄 선포는 비상계엄 선포의 실체적 요건을 갖추지 못하였다. (3) 피청구인이 이 사건 계엄 선포 직전 국무총리 및 일부 국무위원들에게 비상계엄 선포의 취지를 간략히 설명한 사실은 인정되나, 적법한 국무회의 소집 통지를 하였다고 인정하기 어려운 점, 계엄의 필요성, 시행일시, 계엄사령관 등 이 사건 계엄의 구체적인 내용을 설명하지 않은 점, 국무회의 구성원들에게 이 사건 계엄 선포에 관하여 의견을 진술할 기회를 부여하지 않은 점 등을 고려하면, 피청구인은 국무회의의 심의를 거치지 않은 채 이 사건 계엄을 선포하고 계엄사령관을 임명한 것이다. 또한 피청구인은 국무총리와 관계 국무위원이 비상계엄 선포문에 부서하지 않았음에도 이 사건 계엄을 선포하였고, 그 시행일시, 시행지역 및 계엄사령관을 공고하지 않았으며, 지체 없이 국회에 통고하지도 않았다. 따라서 이 사건 계엄 선포는 비상계엄 선포의 절차적 요건도 갖추지 못하였다. 다. 피청구인은 국회에 군경을 투입하여 비상계엄 해제요구 결의안을 심의하기 위해 국회로 모이고 있던 국회의장 및 국회의원들의 국회 출입을 통제하는 한편 이들을 끌어내라고 지시하였는바, 이는 국회에 계엄해제요구권을 부여한 헌법 제77조 제5항, 대의민주주의, 권력분립원칙 등을 위반하고, 국회의원의 심의·표결권, 불체포특권 등을 침해한 것이다. 또한 피청구인은 각 정당의 당원들에 대하여 상당한 영향력을 행사할 수 있는 각 정당 대표 등에 대하여 필요시 체포할 목적으로 행해진 위치 확인 지시에 관여하였는바, 이는 정당활동의 자유를 침해한 것이다. 한편, 피청구인은 야당이 중심이 된 국회의 권한행사를 막으려는 정치적 목적으로 군인들을 동원함으로써 일반 시민들과 대치하는 상황을 발생시킨바, 국군의 정치적 중립성에 반하여 국군통수권을 행사하였으므로 헌법 제5조 제2항 및 제74조 제1항을 위반하였다. 라. 피청구인은 이 사건 포고령을 통하여 국회, 지방의회, 정당의 활동 및 일체의 정치활동을 금지하였는바, 이는 국회에 계엄해제요구권을 부여한 헌법 제77조 제5항, 대의민주주의, 권력분립원칙, 정당제도를 규정한 헌법 제8조, 국민주권주의, 자유민주적 기본질서 등을 위반하고, 국회의원의 심의·표결권, 지방자치의 본질적 내용 등을 침해한 것이다. 또한 피청구인은 이 사건 포고령을 통하여 광범위한 행위를 금지하고 그 위반자에 대하여 영장 없이 체포·구금·압수·수색을 할 수 있도록 하였는바, 이는 비상계엄하에서 기본권을 제한하기 위한 요건을 정한 헌법 제77조 제3항과 계엄법 제9조 제1항 및 영장주의를 위반하여 국민의 정치적 기본권, 언론·출판·집회·결사의 자유, 정당의 자유, 단체행동권, 직업의 자유, 신체의 자유 등을 침해한 것이다. 마. 피청구인은 행정부 수반의 지위에서 영장주의의 예외에 해당하는 사유가 없음에도 독립된 헌법기관인 선거관리위원회에 대하여 병력을 동원하여 영장 없는 압수·수색을 하도록 지시하였는바, 이는 영장주의를 위반하고 선거관리위원회의 독립성을 침해한 것이다. 바. 피청구인은 행정부 수반의 지위에서 전 대법원장 및 전 대법관에 대하여 행해진 필요시 체포할 목적의 위치 확인 지시에 관여하였는바, 이는 현직 법관들로 하여금 언제든지 행정부에 의한 체포 대상이 될 수 있다는 압력을 받게 하므로 사법권의 독립을 침해한 것이다. 사. (1) 피청구구인은 위와 같은 헌법·법률 위반 행위로 국민주권주의 및 민주주의를 부정하고 헌법이 정한 통치구조를 무시하였으며 국민의 기본권을 광범위하게 침해하였다. 이는 법치국가원리와 민주국가원리의 기본원칙들을 위반한 것으로서, 헌법질서를 침해하고 민주공화정의 안정성에 심각한 위해를 끼쳤으므로 헌법수호의 관점에서 용납될 수 없는 중대한 법 위반에 해당한다. 국회가 신속하게 비상계엄해제요구 결의를 할 수 있었던 것은 시민들의 저항과 군경의 소극적인 임무 수행 덕분이었으므로, 피청구인의 법 위반이 중대하지 않다고 볼 수는 없다. 피청구인은 국가긴급권 남용의 역사를 재현하여 국민을 충격에 빠트리고, 사회적·경제적·정치적·외교적으로 엄청난 파장을 불러일으켰으며, 대통령으로서의 권한행사에 대한 불신을 초래하였다. 피청구인의 이 사건 헌법과 법률 위배 행위는 국민의 신임을 배반한 행위로서, 헌법수호의 관점에서 용납될 수 없는 중대한 법 위배 행위에 해당한다. 피청구인의 법 위배 행위가 헌법질서에 미친 부정적 영향과 파급 효과가 중대하므로, 피청구인을 파면함으로써 얻는 헌법수호의 이익이 대통령 파면에 따르는 국가적 손실을 압도할 정도로 크다고 인정된다. (2) 피청구인은 야당이 중심이 된 국회의 권한행사가 권력 남용이라거나 국정 마비를 초래하는 행위라고 판단하였더라도, 민주주의의 본질과 조화될 수 있는 범위에서 보다 적극적인 대화와 타협에 나서는 한편 헌법이 예정한 자구책을 통해 견제와 균형이 실현될 수 있도록 하였어야 한다. 그러나 피청구인은 국민의 대표인 국회를 협치의 대상이 아닌 배제의 대상으로 삼음으로써 민주정치의 전제를 허물었을 뿐만 아니라, 국민 모두의 대통령으로서 자신을 지지하는 국민을 초월하여 사회공동체를 통합시켜야 할 책무를 위반하였다. 결국 피청구인은 헌법과 법률을 위배하여, 헌법수호의 책무를 저버리고 민주공화국의 주권자인 대한국민의 신임을 중대하게 배반하였다. 그러므로 피청구인을 대통령직에서 파면한다.

[보충의견(이미선·김형두)] 탄핵심판절차의 성격, 탄핵심판절차와 형사소송절차의 차이, 신속한 절차 진행의 필요성 등을 종합적으로 고려하면, 탄핵심판절차에서는 전문법칙에 관한 형사소송법 조항들을 완화하여 적용할 수 있다고 보는 것이 헌법재판소법 제40조의 취지에 부합한다. 따라서 사건 관련자들에 대한 피의자신문조서나 진술조서는 절차의 적법성이 담보되는 범위에서 증거로 채택할 수 있고, 사건 관련자들의 진술을 기재한 국회 회의록은 형사소송법 제315조 제3호의 '기타 특히 신용할 만한 정황에 의하여 작성된 문서'에 준하여 당연히 증거능력이 인정된다. [보충의견(김복형·조한창)] 탄핵심판의 중대성, 피청구인의 방어권 보장 등을 고려할 때, 헌법재판소가 앞으로는 탄핵심판절차에서 형사소송법상 전문법칙을 보다 엄격하게 적용할 필요가 있다. 소추사유의 인정은 가급적 형사소송절차와 같이 공개된 재판관의 면전에서 직접 조사한 증거를 기초로 하고, 전문증거에 대해서는 반대신문의 기회를 보장하는 것이 바람직하다. 따라서 피청구인의 반대신문권이 보장되지 아니한 조서는 증거능력이 부인될 수 있고, 국회 회의록에 대하여도 형사소송법 제315조 제3호를 그대로 적용하기는 곤란하다. [보충의견(정형식)] 소추사유에 대한 사정변경의 가능성이 낮음에도 불구하고 탄핵소추안에 대한 무제한적 반복 발의를 허용할 경우, 고위공직자 지위의 불안정과 국가기능의 저하, 탄핵제도의 정쟁도구화 등의 문제가 발생할 수 있다. 따라서 입법자는 국회에서 탄핵소추안이 부결될 경우 다른 회기 중에도

다시 발의하는 횟수를 제한하는 규정을 입법할 필요가 있다.

대통령 이외의 자에 대하여는 경찰청장에 대한 파면을 선고한 사례가 있다.

계엄 당시 국회 봉쇄 및 출입 통제를 한 행위는 헌법 제77조 제5항, 대의민주주의와 권력분립원칙에 위배되고 국회의원의 심의·표결권 등 헌법상 권한을 침해한 것이며, 중앙선관위 과천청사 및 수원 선거연수원에 대한 경찰 배치는 선관위의 독립성을 침해한 것이므로 법 위반이 파면을 정당화할 수 있을 정도로 중대하다(헌재 2025.12.18. 2024헌나7, 경찰청장(조지호) 탄핵(인용(파면))).

(4) 탄핵결정의 효과

(ⅰ) "탄핵결정은 공직으로부터 파면함에 그친다. 그러나, 이에 의하여 민사상의 책임이나 형사상의 책임이 면제되지는 아니한다"(제65조 제4항). 즉 현행헌법에서 탄핵은 민·형사상 책임의 부과가 아니라 공직에서 파면함에 그치는 징계적 성격을 가지므로, 탄핵심판과 민·형사재판 사이에는 일사부재리의 원칙이 적용되지 아니한다(헌재법 제54조 제1항).

(ⅱ) 그런데 헌법재판소법에서는 "탄핵결정에 의하여 파면된 사람은 결정 선고가 있은 날부터 5년이 지나지 아니하면 공무원이 될 수 없다"(제54조 제2항)라고 하여 공직취임제한 규정도 둔다. 이것은 헌법이 보장하는 공무담임권을 침해하여 위헌이라는 견해도 있을 수 있으나, 탄핵제도의 실효성과 공직사회 정화의 차원에서 합헌이라고 보아야 한다. 또한 탄핵결정을 받은 자에 대하여 대통령이 사면할 수 있는지 여부에 관한 명문의 금지규정(미국 헌법)은 없지만, 제도의 취지에 비추어 볼 때 사면은 불가능하다고 본다.

(ⅲ) 또한 '전직 대통령 예우에 관한 법률'에서는 전직 대통령이 "재직 중 탄핵결정을 받아 퇴임한 경우"(제7조 제2항 제1호)에는 "필요한 기간의 경호 및 경비(警備)"(제6조 제4항 제1호)를 제외하고는 "이 법에 따른 전직대통령으로서의 예우를 하지 아니한다"(제7조 제2항).

(5) 탄핵결정에 대한 재심 가능 여부

(ⅰ) 헌법재판소법에서 재심에 관한 규정이 없으므로 탄핵심판절차에서도 재심이 허용되는지 여부가 논란이 된다. 왜냐하면 헌법재판소 재판관들이 잘못된 결정을 내릴 가능성이 없다고 단정할 수 없으며 헌법재판소 탄핵결정 이후 탄핵결정에서 결정적으로 작용한 증거의 오류성이 입증될 수 있기 때문이다. 이에 헌법재판소법 제40조에 따라 형사소송법상의 재심제도와의 연관하여 허용 여부를 검토하여야 한다.

(ⅱ) 헌법재판소의 탄핵심판 기각 또는 각하결정에 대하여는 헌법재판의 확정

력 내지 일사부재리의 원칙에 따라 재심이 허용되지 아니한다. 이는 헌법재판소법 제40조에 의하여 준용되는 형사소송법 제420조와의 관계에 비추어 분명하다.

(iii) 문제는 탄핵인용결정에 대한 재심의 허용 여부이다. 생각건대 탄핵제도가 가지는 헌법적 의미와 기능, 법적 안정성 등의 관점에서 탄핵인용결정에 대한 재심은 원칙적으로 허용되지 아니한다고 보아야 한다. 다만, 예외적으로 형사소송법 제420조에 열거된 사유가 있는 경우와 헌법재판소에서의 탄핵심판절차와 별도로 형사사건이 진행되어 각각 서로 다른 판결 즉, 형사사건에는 무죄로 확정되고 탄핵심판에서는 인용결정이 있는 경우에도 헌법재판소의 탄핵인용결정의 주요한 이유가 형사법원에서 무죄로 인정한 사실에 본질적으로 근거한 경우에는 재심이 허용될 수 있다고 본다.

그런데 재심이 허용된다고 하더라도 헌법상 탄핵대상 공직자를 고려할 때 탄핵인용결정에 대하여 재심이 허용되는 공직자는 대법원장·대법관을 제외한 일반법관에 한정되어야 한다. 예컨대 대통령의 경우 탄핵인용결정이 내리지면 공직으로부터 파면되고 대통령권한대행체제로 되어 최장 60일 이내에 후임 대통령을 선출하도록 되어 있는데 재심이 받아들여져 기존의 탄핵인용결정을 취소하게 되면 대통령이 두 명 존재하는 국정혼란이 야기된다. 이러한 점은 법관을 제외한 헌법 제65조의 모든 탄핵대상공직자의 경우에도 같은 문제가 제기된다.

독일 연방헌법재판소법 제61조는 탄핵대상자 가운데 연방대통령을 제외한 법관에 대하여서만 재심절차를 마련하고 있다.

제 6 절　위헌정당해산심판

Ⅰ. 의　　의

1. 방어적 민주주의를 구현하기 위한 헌법 제도

현행헌법은 헌법보장을 위한 방어적 민주주의의 한 제도적 장치로서 위헌정당해산제도를 도입한다. 즉 "정당의 목적이나 활동이 민주적 기본질서에 위배될 때에는 정부는 헌법재판소에 그 해산을 제소할 수 있고, 정당은 헌법재판소의 심판에 의하여 해산된다"(제8조 제4항)(제1편 제4장 제3절 제2관 제1항 Ⅳ. 제4항 Ⅲ. 참조).

2. 정당해산의 요건 및 절차의 엄격화 필요성

(ⅰ) 제1공화국헌법에는 정당해산에 관한 특별보호조항이 없었으나, 제2공화국헌법 이래 위헌정당해산에 관하여 헌법상 특별조항을 두고 있다. 이는 방어적 민주주의 이론에 따라 정당해산의 요건 및 권한을 헌법이 인정함과 동시에, 정당을 일반결사에 비하여 특별히 보호하는 규정이다.

정당해산제도는 정당에 대하여 일반 결사와 달리 엄격한 요건과 절차에 의해서만 해산되도록 한다는 정당보호라는 의미와, 정당이 정당 활동의 자유라는 미명(美名)으로 헌법을 공격하여 파괴하는 것을 방지한다는 헌법보호라는 의미를 가진다. 따라서 정당해산제도는 정당 존립의 특권을 보장함(정당의 보호)과 동시에, 정당 활동의 자유에 관한 한계를 설정한다(헌법의 보호)는 이중적 성격을 가진다(헌재 2014.2.27. 2014헌마7, 헌법재판소법 제40조 제1항 등 위헌확인(기각)).

진보당은 합헌적인 정당이라고 판시하였으나(대판 1959.2.27. 4291형상559), 당시에는 헌법에 정당해산에 관한 특별규정이 없었기 때문에 공보실장의 명령에 의하여 등록이 취소되었다.

(ⅱ) 우리나라는 남과 북이 대치하고 있는 상황에서 모든 양태의 정당을 인정할 수는 없으므로 정당해산제도를 도입하였다. 그러나 정당해산제도의 남용을 방지하기 위하여 그 요건 및 절차를 엄격히 규정한다.

"정당해산심판제도가 비록 정당을 보호하기 위한 취지에서 도입된 것이라 하더라도 다른 한편 이는 정당의 강제적 해산가능성을 헌법상 인정하는 것이므로, 그 자체가 민주주의에 대한 제약이자 위협이 될 수 있음을 또한 깊이 주의해야 한다. 정당해산심판제도는 운영 여하에 따라 그 자체가 민주주의에 대한 해악이 될 수 있으므로 일종의 극약처방인 셈이다. 따라서 정치적 비판자들을 탄압하기 위한 용도로 남용되는 일이 생기지 않도록 정당해산심판제도는 매우 엄격하고 제한적으로 운용되어야 한다. '의심스러울 때에는 자유를 우선시하는(in dubio pro libertate)' 근대 입헌주의의 원칙은 정당해산심판제도에서도 여전히 적용되어야" 한다(헌재 2014.12.19. 2013헌다1, 통합진보당 해산 청구 사건(인용(해산))).

(iii) 정치적 결사는 상법상 회사가 아니고 특별법상 결사도 아니기 때문에 일반적으로 민법의 규율을 받는다. 정치적 사회단체가 법인격 있는 사단인 경우, 주무관청은 허가를 취소할 수 있으나, 허가를 취소하여도 법인격 없는 사단으로 존속할 수 있으므로 허가의 취소가 사단의 존속에 결정적인 요인은 되지 아니한다. 정당의 법적 성격도 법인격 없는 사단이므로 주무관청의 허가가 필요하지도 아니하고 허가의 취소도 정당의 존속 문제에 있어서는 논의될 여지가 없다. 그런데 정당이 행정청의 자의적인 처분만으로 등록취소를 당한다면, 정당이 존속할 수는 있다고 하더라도 헌법상·법률상 '정당'으로서의 지위를 누릴 수 없게 되고, 결과적으로 정당으로서의 본래적 기능을 수행할 수 없게 된다. 헌법 제8조 제4항의 위헌정당해산제도는 바로 행정청의 자의적 처분에 의한 정당해산을 방지하기 위한 제도적 장치이다.

Ⅱ. 위헌정당해산심판의 청구

1. 청구권자

(1) 정 부

(i) 위헌정당해산심판(違憲政黨解散審判)을 청구할 수 있는 주체는 정부이다. 즉 정부는 정당의 목적이나 활동이 민주적 기본질서에 위배될 때에는 국무회의의 심의를 거쳐 헌법재판소에 해산을 제소할 수 있다(헌법 제8조 제4항, 제89조 제14호, 헌재법 제55조). 여기서 말하는 정부는 입법부·사법부와 대등한 지위에 있는 정부를 의미한다. 헌법은 정당해산의 제소를 국무회의의 심의사항으로 규정하고 있으므로 국무회의의 심의를 거치지 아니한 심판청구는 부적법하다고 보아야 한다. 대통령이 해외순방 중인 경우 그 직무는 국무총리가 대행하므로 국무총리가 주재한 국무회의에서 심의한 정당해산심판청구서의 제출안은 적법하다(헌재 2014.12.19. 2013헌다1 통합진보당 해산심판(인용)).

(ii) 위헌적 정당의 해산제소는 정부의 정치적 판단에 따른 자유재량으로 보는 견해도 있고, 정부의 제소의무를 인정하는 견해도 있다. 생각건대 정부의 제소 여부는 법원의 위헌법률심판제청 여부와 비슷한 정부의 재량사항으로 볼 수 있다. 헌법상 위헌정당의 해산제소 여부는 정부의 전속적 권한사항이지만 정부의 해산

제소는 엄격하고 신중하게 결정되어야 한다. 해산제소권의 남용은 자칫 헌법상 정당에 대한 특별보호의 의미를 무력화할 소지가 있으며, 반대로 해산제소권의 불행사가 자칫 민주적 기본질서를 어지럽히는 결과를 초래하여도 아니 되기 때문이다. 정부의 책임성이 강조되는 이유가 바로 여기에 있다.

(iii) 위헌정당해산심판이 헌법에 도입된 이후 사상 최초로 정부는 2013년 11월 5일에 통합진보당에 대한 위헌정당해산심판 청구안을 국무회의에서 의결하여 이를 헌법재판소에 제소하였다. 헌법재판소 출범 이후 처음으로 2014년 12월 19일 통합진보당 위헌정당해산심판사건에서 위헌결정을 내렸다.

(2) 정당 자신의 해산심판청구 인정 여부

헌법 제8조 제4항의 문언상 정당은 자기 자신의 해산청구를 헌법재판소에 청구할 수 없으며 정부의 위헌정당해산심판청구에 대한 반소(反訴)의 형식으로도 제기할 수 없다. 헌법 제8조 제4항은 정부에게만 해산심판청구권을 부여하고 있기 때문이다.

(3) 해산청구의 내용

(i) 위헌정당해산심판청구에서 청구권자인 정부는 민주적 기본질서에 위배되는 정당의 해산을 청구할 수 있을 뿐 정당의 합헌성의 확인을 구하는 청구, 정당해산결정의 취소를 구하는 청구 또는 금지된 정당의 복권을 구하는 청구는 허용되지 아니한다.

(ii) 정부는 정당에 대한 해산심판청구 이외에 그 정당의 목적이나 활동이 민주적 기본질서에 위배되는지 여부의 확인을 구하는 청구도 할 수 없다(부정설).

(4) 청구취하에 따른 문제점

A. 청구취하의 가능성

일단 정부가 위헌정당해산심판을 헌법재판소에 제소한 이후 청구를 취하할 수 있는가에 대하여는 긍정적으로 보아야 한다.

B. 청구취하에 대한 피청구인의 동의 요부

이에 대하여는 민사소송에 관한 법령에 따라 피청구인이 본안에 관하여 답변서를 제출하였거나 변론준비기일에 진술하였거나 변론을 한 후에는 피청구인인 당해 정당의 동의를 받아야만 취하의 효력이 있으며 심판청구취하의 서면이 피청구인에게 송달된 날부터 2주 이내에 이의제기가 없으면 정부의 청구취하에 대한 동의로 간주된다. 위헌정당해산심판에서 피청구인인 정당 역시 심판절차의 속행에 대하여 법적 이해관계가 있다고 보아야 한다. 기왕에 제기된 심판절차에서 자기 정당의 목적과 활동이 민주적 기본질서에 위배되지 아니한다는 점을 확인받을 이익이 있기 때문이다.

C. 청구취하에 대한 국무회의 심의의 필요 여부

정당해산심판청구가 국무회의의 필수적 심의사항이므로 그 청구를 취하하기 위하여서도 국무회의의 심의를 거쳐야 한다(김현철, "정당해산심판의 목적 및 해산사유-헌재 2014.12.19. 2013헌다1 결정에 대한 평석을 겸하여", 헌법학연구 22-2).

2. 피청구인

(1) 정 당

정당해산심판의 피청구인은 정당이다. 해산대상으로서의 정당은 원칙적으로 정당으로서의 등록을 필한 정당(기성정당)에 한한다. 그런데 정당해산과 마찬가지로 창당준비위원회(결성단계의 정당)의 강제해산도 정부의 제소에 의하여 헌법재판소의 심판을 통하여서만 가능한지 아니면 정부의 행정처분만으로 해산될 수 있는지 논란이 있다. 법리상으로 본다면 헌법상 정당은 중앙선거관리위원회에 등록을 마친 다음에 비로소 정당의 특권을 누릴 수 있다. 따라서 정당의 내부조직(시·도당, 연수원 등)·방계조직·위장조직은 정당으로서의 보호 대상에서 제외된다. 방계조직·위장조직은 헌법상 보호받는 정당이 아니므로 헌법 제21조 결사의 자유에 따라 행정처분으로 해산된다. 또한 창당준비위원회와 같이 결성단계에 있는 정당도 헌법상 보호를 받는 정당이 아니다. 그러나 오늘날 정당국가 경향에 따라 정당에 헌법상 특권을 부여한 취지에 비추어 본다면, 결성단계에 있는 정당 중에서 정당법 제17조·제18조의 요건을 이미 구비하고, 등록절차를 준비 중인 경우에는 실질적으로 정당에 해당하는 준정당(準政黨)으로 보아 해산요건과 해산절차는 등록된 정당에 준하여 보호할 필요가 있다. 그런 의미에서 정치자금법에서도 중앙당창장준비위원회의 정치활동에 소요되는 비용을 정치자금으로 인정한다(정치자금법 제3조 제1호).

피청구인이 확정되는 시기는 정부가 헌법재판소에 정당해산심판을 청구한 시점이다.

(2) 심판청구 후 정당의 자진해산

(ⅰ) 정당해산심판 청구가 이루어진 후 피청구인인 정당이 자발적으로 해산결의를 할 수 있는지가 문제된다. 실제로 독일의 사회주의제국당(SRP)의 해산심판에서도 피청구인측은 자진해산하였으므로 정당해산심판 절차는 종료되어야 한다고 주장하였다. 심판청구 후 정당의 자진해산 가능성을 판단하기 위하여서는

정당의 자유의 보장의 측면과 위헌정당해산제도의 실효성 확보의 측면이 고려되어야 하고 또한 법치국가의 신뢰보호의 원칙의 한계 역시 음미되어야 한다.

첫째, 심판청구 후 자진해산을 금지하는 규정이 없는 한 피청구인 정당은 관련법과 내부규율에 따라 자진해산을 결의할 수 있고 이런 경우 헌법재판소는 해산심판절차의 종료를 선언하여야 한다는 입장이 있다(제1설). 이 견해에 따를 경우 그 정당의 활동 및 정당이 누린 특권 역시 심판청구 이후 자진해산이 이루어질 때까지 판단되지 못하고 특권 역시 반사적으로 그 정당에게 유지되는 결과에 이른다. 이렇게 되면 정당의 자유는 최대한 확보되고 그 정당이 가지는 정당특권에 대한 신뢰는 보호되겠지만 헌법이 헌법을 보호하기 위하여 위헌정당해산제도를 도입한 취지가 몰각되어 버릴 수 있다. 또한 정당위헌판단의 소급효가 인정될 수 있다면 자진해산에도 불구하고 심판절차의 속행이 필요하다는 점도 문제이다.

둘째, 심판청구 후 피청구인 정당이 자진해산 결의를 할 경우 이를 무효로 보아야 하므로 헌법재판소는 심리를 속행하여야 한다는 입장이 있다(제2설). 심판청구 후 자진해산 결의는 정당해산결정에 따른 불이익을 사전에 면탈하려는 시도로 밖에 볼 수 없어서 이를 인정할 수 없으므로 선거관리위원회 역시 해산신고를 수리할 수 없다고 본다. 이 입장에 따르면 헌법보호 수단으로서의 위헌정당해산제도의 취지를 살릴 수 있지만 위헌정당이라고 합리적 의심을 받지만 아직은 위헌정당이 아닌 피청구인 정당의 자진해산을 법률의 근거 없이 헌법 제8조 제4항의 해산조항으로부터 직접 금지할 수 있는지 의문이 있다. 더욱이 위헌정당해산심판에서는 사전에 가처분 규정을 두고 있는 점을 보면, 오히려 심판청구 후 정당이 스스로 노선이나 조직을 변화할 수 있는 가능성을 인정한다고 볼 수도 있다.

(ii) 생각건대 우리나라에서는 위헌정당해산결정의 기초가 되는 위헌정당확인결정이 독일의 경우와 달리 정당해산심판의 주문에서 확인되지 아니하고 해산결정의 전제로 그친다. 또한 해산결정의 효력은 장래효이다. 이에 따라 위헌확인 판단의 소급효를 논의하기 어려운 구조이다. 또한 소급효를 인정할만한 구체적인 법적 이익을 주장할 수 있는 구조가 위헌법률심판의 경우와 다르다.

결국 위헌정당의 해산결정 전까지 피청구인 정당이 누리는 정당으로서의 특권이 임시적인지 아니면 법치국가원리에 입각한 신뢰보호의 대상인지가 문제된다. 생각건대 청구권자인 정부에게 사전에 가처분제도를 통하여 현상을 고정하는 수단을 부여하였으므로 그 이전의 단계에서는 정당의 자유가 우선하여야 하고 이런 방식이 법치국가의 신뢰보호의 원칙에도 어긋나지 아니한다는 점에서 제1설이 타당하다.

3. 청구서의 기재사항

정당해산심판의 청구서에는 해산을 요구하는 정당의 표시, 청구 이유를 적어야 한다(헌재법 제56조).

Ⅲ. 위헌정당해산심판의 절차

1. 심리의 방식

정당해산의 심판은 구두변론에 의한다(헌재법 제30조).

2. 가 처 분

헌법재판소는 정당해산심판의 청구를 받은 때에는 직권 또는 청구인(정부)의 신청에 의하여 종국결정의 선고시까지 피청구인의 활동을 정지하는 결정을 할 수 있다(헌재법 제57조). 이와 같은 가처분제도는 민주적 기본질서에 반하는 정당의 활동을 조속히 차단함으로써 방어적 민주주의원리를 실현하고 국법질서의 안정에 기여할 수 있다. 그러나 일단 한번 가처분결정을 받은 정당은 사실상 그 기능을 상실하게 되고 설사 합헌결정이 나더라도 정치적 회복이 어렵기 때문에, 가처분결정은 매우 신중하게 하여야 한다. 정당해산심판 청구 후 피청구인 정당이 자진해산을 할 가능성이 높은 경우 청구권자인 정부는 자진해산의 결의를 금지하는 가처분 또는 포괄적으로 정당 활동의 정지를 명하는 가처분을 통하여 헌법재판소의 결정의 효과를 면탈하고자 하는 시도를 저지할 수 있다. 통합진보당 사건에서 정부는 통합진보당의 활동이 민주적 기본질서에 미칠 해악을 우려하여 통합진보당의 활동을 정지하는 가처분신청을 헌법재판소에 제소하였으나, 헌법재판소는 결정을 미루다가 본안 결정과 같은 날 이를 기각한 바 있다(헌재 2014.11.19. 2013헌사907, 정당활동정지가처분신청(기각)).

하지만, 정당해산심판에서 가처분의 허용은 헌법에 위반되지 아니한다. 즉 헌법재판소법 제57조가 청구인의 정당 활동의 자유를 침해한다고 볼 수 없다(헌재 2014.2.27. 2014헌마7, 헌법재판소법 제40조 제1항 등 위헌확인(기각)).

3. 청구의 통지

정당해산심판의 청구가 있는 때, 가처분결정을 한 때 및 그 심판이 종료한 때에는 헌법재판소장은 그 사실을 국회와 중앙선거관리위원회에 통지하여야 한다(헌재법 제58조 제1항).

4. 정당해산심판절차에서 민사소송에 관한 법령 준용의 문제점

(i) 정당해산심판절차는 헌법재판소법에서 규율하지 아니한 사항에 대하여 헌법재판의 성질에 반하지 아니하는 한 민사소송에 관한 법령을 준용한다(헌재법 제40조 제1항).

(ii) 그러나 위헌정당해산제도는 사적 분쟁의 해결절차인 민사소송보다는 오히려 국가의 형벌권 내지 징계권의 발동을 통한 객관적 법질서유지의 기능을 수행하는 형사소송절차와 유사하다. 따라서 소송절차를 지배하는 지도원리도 상이하다. 즉, 민사소송에서는 변론주의가 원칙이지만 위헌정당해산절차에서는 직권탐지주의가 원칙이다(법 제31조 제1항). 이와 같이 민사소송과 위헌정당해산심판절차 사이에 유사성이 적음에도 불구하고 헌법재판소법 제40조에서 민사소송 관련법령을 정당해산절차에 준용하게 함으로써 정당의 목적이나 활동이 민주적 기본질서에 위배된다는 청구인인 정부의 주장을 입증하기 위한 증거자료확보에 커다란 결함을 보일 수 있다.

(iii) 따라서 증거확보에 관한 한, 위헌정당해산심판절차에 민사소송관련법령이 아닌 형사소송관련법령을 준용하도록 헌법재판소법 제40조를 개정함으로써 강제적인 압수·수색 등 형사소송법상의 강제적 증거확보수단을 활용할 수 있도록 하여야 한다.

> 정당해산심판절차에 민사소송에 관한 법령을 준용할 수 있도록 규정한 헌법재판소법 제40조 제1항 전문 중 '정당해산심판의 절차'에 관한 부분은 청구인의 공정한 재판을 받을 권리를 침해한다고 볼 수 없다(헌재 2014.2.27. 2014헌마7, 헌법재판소법 제40조 제1항 등 위헌확인(기각)).

Ⅳ. 위헌정당해산결정

1. 정당해산의 사유

(i) 헌법 제8조 제4항에서 정당의 "목적이나 활동"이 민주적 기본질서에 위배되어야 한다고 규정한다. 헌법재판소도 동 조항의 규정형식에 비추어 볼 때, 정

당의 목적이나 활동 중 어느 하나라도 민주적 기본질서에 위배된다면 정당해산의 사유가 될 수 있다고 해석한다(헌재 2014.12.19. 2013헌다1, 통합진보당 해산 청구 사건(인용(해산))).

(ii) 위배 여부의 판단자료로는 정당의 강령·당헌·기관지 등이 있다. 정당의 당수·당 간부 등 기관의 행위는 정당의 행위로 보아도 무방하다. 그러나 정당의 일반 당원이 정당의 정책노선과 달리 개별적으로 행한 행위는 정당이 이러한 행위를 의도적으로 묵인 또는 방임하였거나 지원하였을 때 또는 출당 등의 조치를 취할 수 있음에도 불구하고 이를 하지 아니한 경우를 제외하고는 정당의 행위로 간주할 수 없다.

"정당 소속의 국회의원 등은 비록 정당과 밀접한 관련성을 가지지만 헌법상으로는 정당의 대표자가 아닌 국민 전체의 대표자이므로 그들의 행위를 곧바로 정당의 활동으로 귀속시킬 수는 없겠으나, 가령 그들의 활동 중에서도 국민의 대표자의 지위가 아니라 그 정당에 속한 유력한 정치인의 지위에서 행한 활동으로서 정당과 밀접하게 관련되어 있는 행위들은 정당의 활동이 될 수도 있을 것이다. 그 밖의 정당에 속한 개인이나 단체의 활동은 그러한 활동이 이루어진 구체적인 경위를 살펴서 그것을 정당의 활동으로 볼 수 있는 사정이 있는지를 판단해야 한다. 예컨대, 활동을 한 개인이나 단체의 지위 등에 비추어 볼 때 정당이 그러한 활동을 할 권한을 부여하거나 그 활동을 독려하였는지 여부, 설령 그러한 권한의 부여 등이 없었다 하더라도 사후에 그 활동을 적극적으로 옹호하는 등 그 활동을 사실상 정당의 활동으로 추인한 것과 같다고 볼 수 있는 사정이 있는지 여부, 혹은 사전에 그 정당이 그러한 활동의 계획을 알았더라도 이를 정당 차원에서 지원하고 지지했을 것이라고 가정적으로 판단할 수 있는 사정이 있는지 여부 등을 구체적으로 살펴 전체적이고 종합적으로 판단해야 한다. 반면, 정당대표나 주요 관계자의 행위라 하더라도 개인적 차원의 행위에 불과한 것이라면 이러한 행위에 대해서까지 정당해산심판의 심판대상이 되는 활동으로 보기는 어렵다"(헌재 2014.12.19. 2013헌다1, 통합진보당 해산 청구 사건(인용(해산))).

(iii) 목적의 위헌성 여부를 판단함에 있어서는 단지 주관적인 측면에만 그치지 아니하고 목적을 추구하는 객관적 강도를 함께 고려하여야 한다.

(iv) 활동의 위헌성에 대한 주관적 인식이 요구되는가에 대하여는 정당해산제도가 개인의 처벌보다는 헌법의 보장을 위한 제도라는 점에서 위헌성에 대한 주관적 인식은 요구하지 아니한다고 보아야 한다.

2. 민주적 기본질서 위배

(1) 민주적 기본질서와 자유민주적 기본질서

(i) 헌법 제8조 제4항에서는 민주적 기본질서라고 표현하고 있지만 전문 및 제4조(평화통일)에서는 "자유민주적 기본질서"라는 상이한 표현을 사용하고 있

다. 하지만 헌법이 지향하는 기본적인 질서가 자유민주주의에 입각한 사회복지국가원리를 도입하고 있으므로 민주적 기본질서와 자유민주적 기본질서는 상호 별개의 충돌하는 개념이 아니라 상호융합적인 개념으로 이해하여야 한다.

(ii) 정당의 해산에 관한 헌법규정은 "민주주의를 파괴하려는 세력으로부터 민주주의를 보호하려는 소위 '방어적 민주주의'의 한 요소이고, 다른 한편으로는 헌법 스스로가 정당의 정치적 성격을 이유로 하는 정당금지의 요건을 엄격하게 정함으로써 되도록 민주적 정치과정의 개방성을 최대한으로 보장하려는 데 있다. 즉, 헌법은 정당의 금지를 민주적 정치과정의 개방성에 대한 중대한 침해로서 이해하여 오로지 제8조 제4항의 엄격한 요건하에서만 정당설립의 자유에 대한 예외를 허용하고 있다. 이에 따라 자유민주적 기본질서를 부정하고 이를 적극적으로 제거하려는 조직도, 국민의 정치적 의사형성에 참여하는 한, '정당의 자유'의 보호를 받는 정당에 해당하며, 오로지 헌법재판소가 그의 위헌성을 확인한 경우에만 정당은 정치생활의 영역으로부터 축출될 수 있다"(헌재 1999.12.23. 99헌마135, 경찰법 제11조 제4항 위헌확인(위헌,각하)).

헌법재판소의 결정은 대체로 그간 국내학자에 의하여 제시된 민주적 기본질서의 내용을 수용한 것일 뿐만 아니라 독일 헌법 제21조 제2항에 근거한 독일공산당(KPD) 위헌판결에서 나타난 독일 연방헌법재판소의 자유민주적 기본질서의 의미와도 대체로 상통한다. "자유민주적 기본질서에 위해를 준다 함은 모든 폭력적 지배와 자의적 지배, 즉 반국가단체의 일인독재 내지 일당독재를 배제하고 다수의 의사에 의한 국민의 자치·자유·평등의 기본원칙에 의한 법치주의적 통치질서의 유지를 어렵게 만드는 것이고, 이를 보다 구체적으로 말하면 기본적 인권의 존중, 권력분립, 의회제도, 복수정당제도, 선거제도, 사유재산과 시장경제를 골간으로 한 경제질서 및 사법권의 독립 등 우리의 내부체제를 파괴·변혁시키려는 것으로 풀이할 수 있"다(헌재 1990.4.2. 89헌가113, 국가보안법 제7조에 대한 위헌심판(한정합헌))(헌재 1990.6.25. 90헌가11, 국가보안법 제7조 제5항의 위헌심판(한정합헌)). 독일 연방헌법재판소는 "자유민주적 기본질서란 모든 폭력과 자의적 지배를 배제하고 그때그때의 다수의 의사에 따른 국민자결과 자유 및 평등에 기초한 법치국가적 통치질서를 말한다. 이 질서의 기본원리로는 최소한 다음의 요소들이 포함되어야 한다: 기본법에 구체화된 기본적 인권, 무엇보다도 생명과 그 자유로운 발현을 위한 인격권의 존중, 국민주권, 권력의 분립, 정부의 책임성, 행정의 합법성, 사법권의 독립, 복수정당의 원리와 헌법적인 야당의 구성권과 행동권을 가진 모든 정당의 기회균등"이라고 판시하고 있다(BVerfGE 5, 85. 1956. 8.17, KPD Urteil). 우리 헌법재판소의 판시사항과 비교하면 사유재산과 시장경제를 골간으로 하는 경제질서를 언급하지 아니한 반면에, 국민주권을 명시하고 있다(최희수, "위헌정당해산제도에 관한 연구", 정당과 헌법질서, 계희열교수화갑기념논문집, 1995, 444-479면).

(iii) 정당의 목적이나 활동의 기본전제인 민주적 기본질서란 한국헌법의 기본질서 및 한국적 특수상황까지를 고려한 민주적 기본질서의 의미로 이해하여야 하

며, 일반론적인 가치관에 입각한 민주적 기본질서일 수는 없다. 헌법재판소도 통합진보당 해산심판에서 유사한 입장이다(헌재 2014.12.19. 2013헌다1, 통합진보당 해산 청구 사건(인용(해산))). 따라서 미국·프랑스·이탈리아·일본 등 자유민주주의국가에서 허용되고 있는 공산당이, 구서독이나 한국에서는 민주적 기본질서에 반하는 정당이므로 허용될 수 없다. 이에 통일 전 서독 연방헌법재판소는 방어적 민주주의이론을 제시하면서 사회주의제국당(SRP), 독일공산당(KPD) 등에 대하여 위헌판결을 내린 바 있다.

(iv) 독일에서 위헌정당해산제도는 헌법이념인 (자유)민주적 기본질서를 위배하는 목적이나 활동을 하는 정당에 대하여 헌법재판을 통하여 강제해산함으로써 민주주의의 적으로부터 민주주의를 방어하기 위한 제도이다(독일기본법 제21조 제2항). 즉 독일 연방헌법재판소는 민주주의국가에서 정당의 해산은 정당의 특수한 지위로부터 비롯되므로 정당이 합법적 수단으로 헌법상 제도를 침해하였다고 하더라도 해산되지는 아니하고, 자유롭고 민주적인 헌법국가의 최고 기본가치를 침해하였을 경우에만 해산된다고 판시하고 있다(박병섭, "독일기본법상의 자유롭고 민주적인 기본질서", 공법연구 23-3, 125면).

당의 목적이 복수정당제를 부인하고, 당내조직과 운영이 지도자원리에 기초하고 있고, 당원의 활동이 기본권을 경시하고 있다고 판시하고 있다. 이에 따라 소속의원은 의원직상실, 대체정당결성금지 및 당소유재산은 몰수되었다(BVerfGE 2, 1, 1952. 10.23, SRP Urteil).

자유민주적 기본질서를 파괴를 목적으로 하는 정당은 헌법질서에 대한 명백한 도전이다(BVerfGE 5, 85, 1956. 8. 17, KPD Urteil).

(2) 민주적 기본질서 위배의 정도

정당해산제도는 헌법을 보장하는 최후수단이지만 오·남용의 경우에는 오히려 민주주의에 해악이 될 수 있으므로 목적이나 활동이 민주적 기본질서에 위배되는 정도를 고려하고 민주적 기본질서에 대한 위험의 정도를 고려할 필요가 있다. 따라서 정당의 조직·범위·당원의 수·활동정도를 고려할 때 국민의 정치적 의사형성에 미치는 영향이 미세한 경우에는 해산할 필요가 없다고 보아야 한다. 헌법재판소는 통합진보당 해산심판사건에서 민주적 기본질서의 위배란, 민주적 기본질서에 대한 단순한 위반이나 저촉을 의미하는 것이 아니라, 민주 사회의 불가결한 요소인 정당의 존립을 제약하여야 할 만큼 그 정당의 목적이나 활동이 우리 사회의 민주적 기본질서에 대하여 실질적인 해악을 끼칠 수 있는 구체적 위험성을 초래하는 경우를 가리킨다고 판시한다(헌재 2014.12.19. 2013헌다1, 통합진보당 해산 청구 사건(인용(해산))).

"헌법 제8조 제4항은 정당해산심판의 사유를 "정당의 목적이나 활동이 민주적 기본질서에 위배될 때"로 규정하고 있는바, 이 '위배될 때'의 해석 여하에 따라서는 정당의 목적이나 활동이 민주적 기본질서에 단순히 저촉되는 때에도 그 정당이 해산될 수 있다고 볼 수도 있을 것이다. 그러나 이러한 해석에 의하면 극단적인 경우 정당의 목적이나 활동이 민주적 기본질서와 부합하지 않는 부분이 경미하게라도 존재하기만 한다면 해산을 면할 수 없다는 결론도 가능한데, 이는 민주주의 사회에서 정당이 차지하는 중요성에 비추어 볼 때 쉽게 납득하기 어려운 결론이다. 정당에 대한 해산결정은 민주주의 원리와 정당의 존립과 활동에 대한 중대한 제약이라는 점에서, 정당의 목적과 활동에 관련된 모든 사소한 위헌성까지도 문제 삼아 정당을 해산하는 것은 적절하지 않다"(헌재 2014.12.19. 2013헌다1, 통합진보당 해산청구 사건(인용(해산))).

(3) 비례원칙의 적용

정당해산심판을 통한 정당의 강제적 해산은 자유민주주의원리의 중요한 실현 주체로서 정당의 활동의 자유에 대한 중대한 제한이 된다. 그런데 정당활동의 자유는 헌법상 핵심적인 정치적 기본권이라는 점이다. 그러므로 헌법재판소는 민주적 기본질서에 대한 위배한다고 하더라도 바로 해산결정을 내릴 수 없고 헌법상 정당화 사유로서 비례원칙의 준수 여부를 검토하여야 한다.

"일반적으로 비례원칙은 우리 재판소가 법률이나 기타 공권력 행사의 위헌 여부를 판단할 때 사용하는 위헌심사 척도의 하나이다. 그러나 정당해산심판제도에서는 헌법재판소의 정당해산결정이 정당의 자유를 침해할 수 있는 국가권력에 해당하므로 헌법재판소가 정당해산결정을 내리기 위해서는 그 해산결정이 비례원칙에 부합하는지를 숙고해야 하는바, 이 경우의 비례원칙 준수 여부는 그것이 통상적으로 기능하는 위헌심사의 척도가 아니라 헌법재판소의 정당해산결정이 충족해야 할 일종의 헌법적 요건 혹은 헌법적 정당화 사유에 해당한다. 이와 같이 강제적 정당해산은 우리 헌법상 핵심적인 정치적 기본권인 정당 활동의 자유에 대한 근본적 제한이므로 헌법재판소는 이에 관한 결정을 할 때 헌법 제37조 제2항이 규정하고 있는 비례원칙을 준수해야만 하는 것이다. 따라서 헌법 제37조 제2항의 내용, 침익적 국가권력의 행사에 수반되는 법치국가적 한계, 나아가 정당해산심판제도의 최후수단적 성격이나 보충적 성격을 감안한다면, 헌법 제8조 제4항의 명문규정상 요건이 구비된 경우에도 해당 정당의 위헌적 문제성을 해결할 수 있는 다른 대안적 수단이 없고, 정당해산결정을 통하여 얻을 수 있는 사회적 이익이 정당해산결정으로 인해 초래되는 정당의 정당활동 자유 제한으로 인한 불이익과 민주주의 사회에 대한 중대한 제약이라는 사회적 불이익을 초과할 수 있을 정도로 큰 경우에 한하여 정당해산결정이 헌법적으로 정당화될 수 있다"(헌재 2014.12.19. 2013헌다1, 통합진보당 해산 청구 사건(인용(해산))).

3. 결정정족수 및 결정범위

(ⅰ) 헌법재판소에서 정당해산의 결정을 할 때에는 헌법재판소 재판관 6인 이상의 찬성이 있어야 한다(제113조 제1항).

(ⅱ) 정당의 일부에 대한 해산청구가 가능하면 청구된 일부에 대한 해산결정은

가능하다고 본다. 문제는 정당 전체에 대한 해산청구의 경우에 피청구인 정당의 일부에 대하여만 해산결정을 할 수 있는가이다. 해산결정이 가지는 정치적 효과와 기본권 제한효과를 감안할 때 청구범위 안에서 축소판단이 가능하면 정당의 일부에 대하여만 해산결정이 비례원칙에 부합한다. 독일 연방헌법재판소법의 경우 법적으로 또는 조직상으로 정당의 독립적인 부분에 대하여 해산할 수 있다는 규정이 있으나(제46조 제2항, 제3항) 이런 규정이 없는 상황에서 이런 판단이 가능할지에 대하여는 논란이 있을 수 있다. 해산되는 정당의 일부가 가분적이고 해산사유가 여기에 한정된 경우 정당의 일부에 대하여서만 해산결정을 내릴 수 있다고 본다.

4. 결정서의 송달

"정당해산을 명하는 결정서는 피청구인 외에 국회·정부 및 중앙선거관리위원회에도 송달하여야 한다"(헌재법 제58조 제2항). 결정서를 정부에 송달하는 경우 이를 법무부장관에게 송달하여야 한다(헌재심판규칙 제66조 제2항). 위 결정은 중앙선거관리위원회가 정당법에 따라 집행한다(헌재법 제60조). 해산결정의 통지를 받은 "당해 선거관리위원회는 그 정당의 등록을 말소하고 지체 없이 그 뜻을 공고하여야 한다"(정당법 제47조).

5. 일사부재리의 원칙

헌법재판소가 정당의 위헌 여부를 심리한 결과, 위헌정당이 아니라는 결정이 내려진 경우에는, 일사부재리의 원칙에 따라 동일한 정당에 대하여 동일한 사유로 다시 제소할 수 없다(헌재법 제39조). 그러나 기각결정 후 새로운 사실을 기초로 하여 동일한 정당에 대한 해산심판의 청구는 가능하다.

6. 재심의 가능성

정당해산심판에 관한 헌법재판소 결정에 대하여 재심청구가 가능하다.

정당해산심판은 원칙적으로 해당 정당에게만 그 효력이 미치며, 정당해산결정은 대체정당이나 유사정당의 설립까지 금지하는 효력을 가지므로 오류가 드러난 결정을 바로잡지 못한다면 장래 세대의 정치적 의사결정에까지 부당한 제약을 초래할 수 있다. 따라서 정당해산심판절차에서는 재심을 허용하지 아니함으로써 얻을 수 있는 법적 안정성의 이익보다 재심을 허용함으로써 얻을 수 있는 구체적 타당성의 이익이 더 크므로 재심을 허용하여야 한다. 한편, 이 재심절차에서는 원칙적으로 민사소송법의 재심에 관한 규정이 준용된다(헌재 2016.5.26. 2015헌아20, 통합진보당 해산(재심)(각하)).

V. 위헌정당해산결정의 효력

1. 창설적 효력

(i) 헌법재판소가 "정당의 해산을 명하는 결정을 선고한 때에는 그 정당은 해산된다"(헌재법 제59조). 정당해산결정은 일종의 창설적 효력을 가진다. 헌법재판소의 결정에 의하여 위헌정당으로 확정되고 위헌결정된 정당은 자동적으로 해산된다(헌재법 제59조). 따라서 중앙선거관리위원회의 해산공고는 선언적·확인적 효력밖에 없다. "정당의 해산을 명하는 헌법재판소의 결정은 중앙선거관리위원회가 정당법에 따라 집행한다"(헌재법 제60조).

(ii) 위헌정당해산결정은 창설적 효력을 가지므로 헌법재판소의 결정에 의하여 비로소 정당해산의 효과가 발생하며, 중앙선거관리위원회의 등록말소 공고는 단순한 사후적 행정조치에 불과하다. 그런 의미에서 헌법재판소의 해산결정은 형성적 효력을 가진다. 해산결정 전까지 피청구인 정당이 누렸던 정당으로서의 특권과 이에 대한 신뢰에 기초한 행위는 위헌적 평가를 받지 아니한다. 또한 소속 국회의원의 국회에서의 의결 등의 입법 활동 역시 위헌이 되지 아니한다. 다만, 이와는 별개로 해산결정의 전제가 된 피청구인 정당의 활동의 위헌성에 관련된 자들의 법적 책임은 사법기관에 의하여 개별적으로 판단되게 된다.

2. 정당으로서의 특권상실

해산결정의 통지를 받은 중앙선거관리위원회는 "그 정당의 등록을 말소하고 지체 없이 그 뜻을 공고하여야 한다"(정당법 제47조). 이 공고행위는 단순한 선언적·확인적 효력을 가지는 데 불과하다. 해산결정이 선고된 정당은 그 때부터 불법결사가 되어 행정처분으로 그 존립과 활동이 금지될 수 있다. 이에 따라 누구든지 "헌법재판소의 결정에 의하여 해산된 정당의 목적을 달성하기 위한 집회 또는 시위"를 주최하여서는 아니 된다(집시법 제5조 제1항 제1호).

3. 대체정당의 설립 금지

"정당이 헌법재판소의 결정으로 해산된 때에는 해산된 정당의 강령(또는 기본정책)과 동일하거나 유사한 것으로 정당을 창당하지 못한다"(정당법 제40조). 또한 "해산된 정당의 명칭과 같은 명칭은 정당의 명칭으로 다시 사용하지 못한다"(동법 제41조 제2항).

대체정당이 설립된 경우 그 정당은 더 이상 정당의 특권을 부여받지 못하기 때문에 정부의 행정처분만으로도 해산된다.

4. 유사명칭의 사용 금지

"정당이 헌법재판소의 결정으로 해산된 때에는 해산된 정당의 명칭과 같은 명칭은 정당의 명칭으로 다시 사용하지 못한다"(제41조 제2항). 또한 정당이 해산되었으므로 해산된 정당의 당원자격도 상실된다.

5. 잔여재산의 국고귀속

"헌법재판소의 해산결정에 의하여 해산된 정당의 잔여재산은 국고에 귀속한다"(정당법 제48조 제2항). 이는 정당법 제44조에 의거한 중앙선거관리위원회의 등록취소 및 정당법 제45조에 의거한 자진해산의 경우 잔여재산은 먼저 당헌이 정하는 바에 따라 처분하고(동법 제48조 제1항), 그래도 처분되지 아니한 잔여재산이 국고에 귀속되는 것(동법 제48조 제2항)과 대비된다. 보조금을 받은 정당이 해산하거나 그 등록이 취소된 때 보조금의 잔액이 있는 때에는 이를 반환하여야 한다(정치자금법 제30조).

6. 소속의원의 자격상실 여부

(1) 의 의

헌법재판소의 해산결정에 따라 강제해산된 정당의 소속의원에 대한 의원직 상실 여부에 관하여 명문의 규정이 없다. 다만, 공직선거법에서 "비례대표국회의원 또는 비례대표지방의회의원이 소속정당의 합당·해산 또는 제명 외의 사유로 당적을 이탈·변경하거나 2 이상의 당적을 가지고 있는 때에는 국회법 제136조(퇴직) 또는 지방자치법 제78조(의원의 퇴직)의 규정에 불구하고 퇴직된다"(제192조 제4항)라는 규정을 두고 있을 뿐이다.

(2) 학 설

(i) 의원직유지설 현행법상 국회의원의 무소속입후보 및 무소속 지위를 인정하므로 해산정당의 소속의원은 의원직을 그대로 유지한 채 무소속의원이 된다는 견해가 있다.

(ii) 의원직상실설 현대적인 정당국가 경향에 비추어 유권자는 선거에서 후보자 개인에 대한 판단과 더불어 정당에 대하여 투표하는 경향이 강하기 때문에 해산정당 소속의원의 의원직 유지는 정당제 민주주의원리에도 부합하지 아니

할 뿐만 아니라 방어적 민주주의의 원리에도 어긋나기 때문에 의원직은 상실된다고 보는 견해도 있다.

(iii) 지역구 · 비례대표의원분리설(절충설) 비례대표의원은 정당을 바탕으로 하는 국민의 의사에 의하여 선출되므로 정당이 해산되는 경우에 의원직을 상실하게 되지만, 지역구의원은 정당보다 개인적인 자질을 기준으로 국민적 의사가 부여되므로 사유위임의 원칙에 따라 의원직을 상실하지 아니한다는 견해도 있다.

(3) 헌법재판소 결정과 대법원 판결

(i) 국회의원 의원직 상실 헌법재판소는 정당해산결정으로 소속 국회의원의 자격이 상실되는지 여부에 대하여, 엄격한 요건 아래 위헌정당으로 판단한 정당에 대한 해산명령은 헌법을 수호한다는 방어적 민주주의 관점에서 비롯되므로 이러한 비상상황에서는 국회의원의 국민대표성은 부득이 희생될 수밖에 없고, 해산정당 소속 국회의원의 의원직유지는 결국 정당해산제도가 가지는 헌법수호 기능이나 방어적 민주주의 이념과 원리에 어긋나고 정당해산결정의 실효성을 확보할 수 없게 된다는 점을 강조하면서, 헌법재판소의 해산결정으로 해산되는 정당 소속 국회의원의 의원직 상실은 위헌정당해산 제도의 본질로부터 인정되는 기본적 효력이므로 위헌정당해산심판을 통하여 정당이 강제해산되는 경우 지역구국회의원이냐 비례대표국회의원이냐를 불문하고 해당 정당소속 국회의원은 자격이 상실된다고 판시한다(헌재 2014.12.19. 2013헌다1, 통합진보당 해산청구 사건(인용)해산).

"만일 해산되는 위헌정당 소속 국회의원들이 의원직을 유지한다면 그 정당의 위헌적인 정치이념을 정치적 의사 형성과정에서 대변하고 또 이를 실현하려는 활동을 계속하는 것을 허용함으로써 실질적으로는 그 정당이 계속 존속하여 활동하는 것과 마찬가지의 결과를 가져오게 될 것이다. 따라서 해산정당 소속 국회의원의 의원직을 상실시키지 않는 것은 결국 위헌정당해산제도가 가지는 헌법수호의 기능이나 방어적 민주주의 이념과 원리에 어긋나는 것이고, 나아가 정당해산결정의 실효성을 제대로 확보할 수 없게 된다. 이와 같이 헌법재판소의 해산결정으로 해산되는 정당 소속 국회의원의 의원직 상실은 정당해산심판제도의 본질로부터 인정되는 기본적 효력으로 봄이 상당하므로, 이에 관하여 명문의 규정이 있는지 여부는 고려의 대상이 되지 아니하고, 그 국회의원이 지역구에서 당선되었는지, 비례대표로 당선되었는지에 따라 아무런 차이가 없이, 정당해산결정으로 인하여 신분유지의 헌법적인 정당성을 잃으므로 그 의원직은 상실되어야 한다"(헌재 2014.12.19. 2013헌다1, 통합진보당 해산청구 사건(인용)).

(ii) 헌법재판소: 지방의회의원 지역구 의원직유지 · 비례대표 의원직상실 지방의회의원의 자격도 당연히 상실되는가에 대하여는 헌법재판소가 통합진보당 해

산 청구 사건에서 명시적인 입장을 밝히지 아니하였다. 왜냐하면 청구인 측에서 지방의회의원의 자격상실 여부의 심판을 청구하지 아니하였기 때문이다. 그런데 헌법재판소는 공직선거법 제192조 제4항이 규정하는 '해산'의 의미를 정당이 '자진 해산'하는 경우에만 비례대표 국회의원은 퇴직되지 아니한다는 의미라고 해석함으로써 위헌정당소속 비례대표지방의회의원은 위헌정당해산결정으로 의원직을 당연히 상실한다고 본다. 이러한 헌법재판소 결정의 취지를 반영하여 중앙선거관리위원회는 위헌정당으로 해산된 통합진보당 소속 비례대표지방의회의원의 자격을 상실하는 결정을 내렸다. 다만, 위헌정당소속 지역구지방의회의원의 경우에는 명문의 규정이 없다는 이유로 의원직을 유지한다고 본다. 하지만, 지역구의원의 경우 국회의원과 지방의원 사이에 차별적 결과의 초래는 바람직하지 아니하다.

(iii) 대법원: 비례대표지방의회의원도 의원직유지 그런데 대법원은 비례대표국회의원과 달리 비례대표지방의회의원도 위헌정당해산결정으로 의원직을 상실하지 아니한다고 판시한다.

> "위헌정당 해산결정의 효과로 그 정당의 추천 등으로 당선되거나 임명된 공무원 등의 지위를 상실시킬지 여부는 헌법이나 법률로 명확히 규정하여야 하지만, 그와 같은 명문의 규정이 없더라도 위헌정당 해산결정에 따른 효과로 위헌정당 소속 국회의원은 그 국회의원직을 상실한다고 보아야 한다"(대판 2021.4.29. 2016두39856, 국회의원지위확인).

> "지방의회의원은 국회의원과 그 역할, 헌법·법률상 지위 등에 있어 본질적인 차이가 있고 비례대표지방의회의원의 의원직 상실이 헌법재판소의 정당해산결정 취지에서 곧바로 도출된다고 할 수 없는 점, '해산'의 문언적 의미, 정당의 해산에 관한 정당법과 공직선거법의 규정 체계, 공직선거법 제192조 제4항의 입법 연혁 등에 비추어, 공직선거법 제192조 제4항은 소속 정당이 헌법재판소의 위헌정당 해산결정에 따라 해산된 경우 비례대표지방의회의원의 퇴직을 규정하는 조항이라고 할 수 없으므로 비례대표 지방의회의원의 지위를 상실하였다고 볼 수 없다"(대판 2021.4.29. 2016두39825, 비례대표지방의회의원 퇴직처분 취소 등).

(4) 검 토

독일에서는 연방헌법재판소가 판결로 해산된 정당에 소속된 연방의회의원 또는 주의회의원은 의원자격을 상실한다고 판시함에 따라, 연방선거법(제46조 제1항 제5호)에 의원직상실에 관한 명문규정을 두고 있다(BVerfGE 2, 73; BVerfGE 5, 392).

생각건대 해산정당소속 의원의 의원직의 유지 여부에 관하여 헌법과 법률이 침묵하고 있는 입법의 공백 상태에서 헌법재판소가 위헌정당해산심판사건 결정을 통하여 소속의원의 자격을 상실하게 한 결정은 정당해산결정의 효력을 담보하기 위하여 불가피한 선택으로 보인다. 앞으로 새로운 입법을 통하여 헌법재판소로부터 위헌정당해산결정을 받은 정당 소속 국회의원뿐만 아니라 지방의회의원의 의원직 상실 여부에 관하여 이를 명시적으로 밝힐 필요가 있다.

제3편 기본권론

제1장 기본권 일반이론

제1절 기본권의 개념

Ⅰ. 의 의

1. 권력과 자유의 조화의 축으로서의 기본권론

헌법학은 권력의 학문으로서의 성격과 자유의 학문으로서의 성격을 다 함께 아우르는 자유와 권력의 조화의 기술로 이해하여야 한다. 기본권론(基本權論)은 바로 자유의 기술을 의미한다. 그런데 그 자유는 조직화된 국가권력이 작동하는 사회질서 속에서 향유하고 행사된다는 점을 간과하여서는 아니 된다. 특히 헌법재판이 활성화됨에 따라 국민의 자유와 권리보장의 헌법적 진전은 헌법학에서 기본권의 중요성을 한 번 더 인식시켜준다.[1)]

2. 근대헌법에서의 기본권보장

(ⅰ) 민주주의의 발전과정은 인간의 자유와 권리를 확대한 역사라 할 수 있다. 역사적으로 인간은 노예나 신민의 신분에서 자유로운 개인의 신분으로 정립되었다. 특히 영국 민주주의의 정작과정에서 대헌상(마그나 카르타, 1215)을 통하여 자유 보장의 초석을 마련하고, 권리청원(1628)에서는 신체의 자유 보장과 더불어 의회의 승인 없는 과세를 금지한다. 인신보호법(1679)에서는 인신보호영장제도를 도입하여 절차적 권리를 보장하고, 권리장전(1689)에서는 청원권·언론의 자유·형사절차를 강화하였다. 하지만, 영국에서 발전된 일련의 인간의 자유와 권리보장을 위한 절차법적 제도의 확립은 천부인권으로부터 비롯되기보다는 국왕으로부터 귀족의 권리를 확보하는 과정에서 구현되었다는 한계가 있다.

---

1) 김철수, 기본적 인권의 본질과 과제, 대한민국학술원; 김철수, 인간의 권리, 산자니; 김철수, 기본권의 발전사, 박영사; 성낙인, 서평: "인간의 존엄에 기초한 全 인류적 '인권 장전'의 구현", 대한민국학술원 통신, 2021.9.

(ii) 근대사회에서 인간의 자유와 권리를 제도화하는 노력은 근대자연법론, 사회계약론, 계몽주의사상에 기초하여 일어난 18세기 말 미국의 독립혁명과 프랑스의 시민혁명으로 그 빛을 발하였다. 시민혁명 이후에 근대입헌주의의 정립 과정에서 인간의 자유와 권리보장을 위한 법적·제도적 노력은 일련의 인권선언과 성문헌법으로 구현되어왔다.

미국은 1776년 독립전쟁을 거치면서 식민국가에서 새로운 독립국가를 건설하였다. 버지니아 인권선언(1776.6.12.)은 주권국가 시민의 자유와 권리를 확인한 최초의 기본권 목록을 제시하면서, 동시에 헌법에 이를 보장하기 위한 제도적 장치로서 권력분립원리를 도입하고 있다. 독립선언(1776.7.4.)은 자유주의 국가관에 기초하여 천부인권을 선언하고 행복추구권과 저항권을 인정한다. 1787년 제정되어 아직까지도 유효한 헌법으로 작동하는 미국헌법은 특유의 증보식(增補式) 헌법개정방식을 채택하고 있다. 특히 1791년 수정헌법 10개항에 권리장전을 추가(종교의 자유, 언론·출판·집회의 자유, 신체의 자유, 적법절차, 사유재산의 보장 등)함으로써 헌법에서 직접 기본권보장이 확인되었다. 남북전쟁 이후 노예제가 폐지(1865-1870)되고, 수정헌법 제19조(1920)는 여성참정권을 보장한다.[1)]

(iii) 한편, 1789년 프랑스혁명은 절대군주에 의하여 자행된 전제적 지배에 대한 저항으로서의 시민혁명이다. 혁명기에 '인간과 시민의 권리선언'이 채택되고 이에 기초하여 일련의 혁명헌법이 탄생되었다. 인권선언의 기원을 둘러싸고 독일의 옐리네크(Georg Jellinek)는 1776년 6월 12일 미국의 버지니아 권리선언(Bill of Rights) 이래 나온 각종 인권선언의 모방이라는 주장이고, 프랑스의 부트미(Émile Boutmy)는 프랑스의 독자적 사상 특히 장-자크 루소의 사상으로부터 기원한다는 논쟁이 19세기 말에서 20세기 초까지 진행된 바 있다.[2)]

역사적으로 미국의 인권선언이 앞선다. 하지만, 프랑스 인권선언은 그 시대에 서유럽과 북미대륙을 풍미한 계몽사상의 영향 아래 탄생되었다는 점을 부인할 수는 없다. 또한 이들 인권선언에는 이미 민주주의적 원리를 정립한 영국에서 채택한 일련의 인권선언에 관련된 내용이 상당 부분 미국의 인권선언과 프랑스 인권선언에도 구현되어 있다. 바로 그런 점에서 프랑스 인권선언은 그 자체로서 동시대의 인간의 자유와 권리를 보장하는 장전으로서의 가치를 가진다.

프랑스혁명의 구호였던 자유·평등·박애는 오늘날까지 인간과 시민의 자유와

---

1) 이재명, "미국헌법상 기본권보장과 한국헌법에 미친 그 영향", 헌법학연구 3.
2) 성낙인, "프랑스 인권선언과 헌법", 헌법학논집; 김효전 역, 인권선언논쟁, 법문사.

권리를 보장하는 기본원리로서, 현행 프랑스헌법에 국시(제2조 제4항)로 명시되어 있다. 자유와 평등이 고전적인 명제라면 박애의 원리는 최근에 더욱 그 빛을 발한다. 혁명의 구호였던 박애의 원리는 그간 국가생활에서 제대로 실천되지 못하였으나 제4공화국헌법 전문에서 사회권을 규정함으로써 20세기적인 사회권 및 연대권으로 재현되었다. 1958년 제5공화국헌법 전문에 의거하여, 프랑스 인권선언은 오늘날 헌법적 가치를 가진 규범으로 정립되었다. 그것은 곧 근대입헌주의 헌법의 기본원리 즉 인간의 자유와 권리의 보장과 그 제도적 장치인 권력분립원리가 오늘날까지 살아있는 현대헌법의 기본원리임을 의미한다.[1)]

국시(國是)로서의 자유·평등·박애 중 박애(fraternité)는 매우 특이한 개념이다. 박애라는 개념이 비록 법적으로 불명확하고 추상적인 개념이라고 하더라도 그것은 연대(solidarité) 개념과 연계되어 프랑스 공법학을 고취하는 기본원리로 이해된다.

프랑스 인권선언은 그 후 1831년에 제정된 벨기에헌법의 모델이 되었으며, 그 이후에 제정된 일련의 독일헌법에도 많은 영향을 주었다.

(iv) 독일은 근대입헌국가의 형성이 지체되어, 헌법에 인권보장이 뒤늦게 정립되었다. 1849년 프랑크푸르트헌법이나 1850년 프로이센헌법을 시민혁명에 의한 헌법으로 보기는 어려우며 1871년 독일제국헌법은 외견적 입헌주의헌법에 불과하다.

1807년 베스트팔렌왕국헌법; 1848년 12월 28일 '독일국민의 기본권에 관한 법률'(Die Grundrechte des deutschen Volkes); 1849년 프랑크푸르트헌법(바울교회헌법), 1850년 프로이센헌법; 1871년 독일제국헌법(비스마르크헌법).

그러나 1919년 바이마르공화국헌법은 현대적 인권을 헌법에 보장한 최초의 헌법으로 평가할 수 있다. 특히 바이마르공화국의 비극적 종말과 더불어 나치에 의한 인간존엄성 말살에 대한 반성으로서, 1949년에 제정된 독일기본법은 인간의 존엄을 헌법상 최고의 가치로 수용한다.[2)]

(v) 한국은 19세기 말부터 자유와 권리의 관념이 급속히 보급되기 시작하였으나 일본의 침략으로 국권(國權)과 민권(民權)을 동시에 상실하였다. 국권회복을 위한 투쟁이 국내외에서 전개되면서 1919년의 상해임시정부헌법에 평등권-자

---

1) Daniel Mornet, *Les origines intellectuels de la Révolution française*: 주명철 역, 프랑스혁명의 지적 기원, 민음사; Michel Borgetto, *La notion de fraternité en droit public français: le passé, le présent et l'avenir de la solidarité*, LGDJ.

2) Bodo Pieroth/Bernhard Schlink, 정태호 역, 독일기본권개론, 헌법재판소; Michael Sachs, 방승주 역, 헌법 II-기본권론, 헌법재판소; Georg Jellinek 외, 김효전 편역, 독일 기본권이론의 이해, 법문사.

유권-선거권과 의무 등이 규정되었다. 마침내 광복과 함께 1948년에 제정된 제헌헌법에서 비로소 서양에서 정립된 기본권이 본격적으로 수용되었다.

3. 현대헌법에서의 기본권보장

18세기 시민혁명 이후 인간의 자유와 권리보장을 향한 역사는 끊임없이 발전하여왔다. 그동안 세계사의 발전과정에서 인간의 자유와 권리보장에 많은 도전이 있었지만 그 도전은 새로운 응전을 통하여 뿌리칠 수 있었다.

(i) 인간의 자유와 권리의 가장 고전적 주제인 인간의 육체적·신체적 안전 및 정신적 안전과 자유는 2세기가 지난 오늘날에도 그대로 타당한 원리이다. 그것은 곧 자연적이고 양도불가능하며 신성불가침한 인간의 자유와 권리의 존엄과 가치보장의 원리이다.

(ii) 18세기 시민혁명시대에 미처 예견하지 못하였던 산업사회의 진전에 따라 사회주의적인 기본권론이 제기되면서, 사회권(생존권)이 새로운 기본권으로서의 위상을 차지한다. 또한 정보사회의 진전에 따라 사생활의 비밀과 자유·알 권리 등 새로운 권리가 헌법적 가치를 가지게 되었다. 특히 최근 정보사회의 고도화에 따라 등장한 인공지능(AI, Artificial Intelligence), 대화형 인공지능서비스(챗GPT, Chat Generative Pre-trained Transformer), 범용인공지능(AGI, Artificial General Intelligence)의 발전에 따라 이들 기본권은 새로운 도전에 직면하고 있다.

(iii) 기본권의 실질적 보장은 국내문제에 그치지 아니하고 국제적 보장을 통하여 더욱더 실효성을 담보할 수 있다. 이에 따라 인권의 국제적 보장은 더욱 강조되고 가속화된다.

① 국제연합의 세계인권선언(1945.6.26. 유엔헌장; 1948.12.10. 유엔세계인권선언). ② 지역별 인권규약(1950.11.4. 유럽인권규약). ③ 국제인권규약(1966.12.16. 제21차 유엔총회에서 채택, A 규약 – 경제적·사회적 및 문화적 권리에 관한 규약. B 규약 – 시민적 및 정치적 권리에 관한 규약)이 있다. 한국도 국제인권규약에 가입하고 있다. 다만, B규약 제22조(노조 설립과 참여)만 헌법 제33조 제2항과의 관계에서 유보한다.

(iv) UNESCO의 제3세대인권론에 의하면 연대권이 강조된다. 즉 제1세대 인권(시민적·정치적 권리), 제2세대 인권(경제적·사회적·문화적 권리)을 거쳐 제3세대 인권의 중요성을 적시한다. 그 구체적 내용으로는 개발권, 평화권, 의사소통권, 건강권, 환경권, 인도적 구조를 받을 수 있는 권리 등이 있다.

Ⅱ. 인권과 기본권

1. 인간의 권리와 시민의 권리

(1) 의 의

인간의 자유와 권리의 보장과 관련하여 '인권'(human rights, droits de l'homme, Menschenrechte), '자유와 권리', '기본권'(fundamental rights, droits fondamentaux, Grundrechte)이라는 표현이 혼용되고 있다.

(2) 인권(人權)

오늘날 인권개념의 역사적·철학적 기초는 자연법론과 사회계약론에서 찾을 수 있다.[1] 자연법론에 의하면 인간은 단지 인간이라는 이유만으로 태어나면서부터 자유와 권리를 향유한다. 1789년 프랑스에서 채택된 '인간과 시민의 권리선언'에서의 '인간의 권리선언'은 자연법사상의 실정법적 표현이다. 이 선언에서는 "인간의 자연적이고 양도불가능하고 신성불가침한 권리를 엄숙"히 선언하면서(전문), "인간은 자유롭고 평등하게 태어나며 생존한다"(제1조)라고 천명한다. 특히 제2조에서는 '자연권'이라는 표현을 사용하고, 미국의 버지니아주 권리장전에서는 "천부의 권리"(생래적 권리)라고 기술한다. 이러한 천부인권 사상 내지 자연권 사상은 근대국가의 형성과 더불어 각국 헌법과 인권선언에 구현되어 있다.[2]

(3) 기본권(基本權)

한편 기본권이라는 표현은 독일의 1919년 바이마르헌법과 1949년에 제정된 독일기본법 제1조와 제19조에서 사용되며, 우리나라에서도 일반화된 용어이다. 그런데 한국헌법에서는 기본권이란 용어가 직접적으로 언급되지 아니한다. 다만, 헌법재판소법(제68조 제1항)과 같이 법률에서 기본권이란 용례가 있을 뿐이다.

> 독일기본법 제1조 "① 인간의 존엄은 불가침이다. 이에 대한 존중과 보호는 모든 국가권력의 의무이다. ② 따라서 독일국민은 불가침·불가양의 인권을 세계의 모든 인간공동체, 평화 및 정의의 기초로서 인정한다. ③ 이하에 규정된 기본권(Grundrechte)은 직접적 효력을 가지는 법으로서 입법, 집행 및 사법을 구속한다."

사실 기본권이라는 용례는 독일 특유의 역사적 상황과도 직결되는데, 독일에

---

1) 성낙인, 프랑스헌법학, 755면 이하의 제5편 제1장 제1절 기본권론의 가치와 체계; 허성욱, "공법의 근본개념으로서의 자유와 권리", 공법연구 48-4.

2) Jean Morange, 변해철 역, 인간과 시민의 권리선언, 탐구당.

서는 모든 권력을 구속하는 가치를 기본권에 부여한다. 이와 같은 독일에서의 기본권 혹은 기본적 자유라는 개념과 프랑스에서의 인권 또는 기본권 개념은 기본권의 범위나 한계를 획정함에 있어서 서로 상응하는 측면이 있다.

(4) 인권과 기본권의 구별과 융합

(i) 프랑스의 '인간과 시민의 권리선언'에서 '시민의 권리'는 한 국가의 국민 내지 시민으로서의 권리를 의미한다. 그런 의미에서 프랑스 인권선언은 인간의 생래적(生來的) 권리인 자연권과 시민의 권리를 동시에 규정한다.

(ii) 인권은 인간의 자연적 권리라는 점에서 법학뿐만 아니라 철학·사회학에서도 널리 논의된다. 반면에, 기본권은 인간의 자연권 내지 천부인권 사상에 기초하여 국가의 실정헌법체계에 편입되어 헌법적 가치를 가진 국민으로서의 자유와 권리를 포괄하는 개념이다. 독일기본법이나 한국 헌법학에서 통용되는 기본권이라는 표현은 프랑스 헌법학에서 독립된 헌법학 교과목으로서 통용되는 '공적 자유'와 같은 맥락에서 이해할 수 있다. 프랑스에서도 최근 기본권론에서 인권·기본권·'기본적 권리'·'기본적 자유'를 포괄함으로써 기본권의 범위가 확대된다.

프랑스 법과대학에서는 우리 헌법학의 일반적인 체계인 총강-정치제도론-기본권론 중에서, '헌법과 정치제도'에서는 헌법총강과 정치제도론 부분을, 기본권은 독립된 교과목으로서 한국 헌법교과서의 기본권론 부분을 다룬다.

(iii) 물론 국내외적으로 기본권과 인권이라는 표현이 혼용되는 점도 부인할 수 없으나, 한국 헌법학에서 일반화된 기본권이라는 용례는 인권사상에 바탕을 두고 헌법전 또는 헌법학의 대상인 인권에 관한 연구라는 점에서 그 의의를 찾을 수 있다. 따라서 기본권론이란 자연권사상에 바탕을 둔 천부인권론에 기초하여 헌법에서 보장하는 일련의 자유와 권리에 관한 규범적 이해의 체계라고 정의할 수 있다. 기본권론은 인간의 권리와 시민의 권리를 동시에 포괄한다. 즉 기본권론에서는 인권론에서 제대로 드러나지 아니하는 시민의 권리 내지 국민의 권리, 다시 말하자면 국가 내적인 자유와 권리로 볼 수 있는 사회권(생존권)·기본권보장을 위한 기본권(청구권적 기본권)·정치권(참정권)까지도 포괄한다.

2. 헌법에서 기본권의 의미

(i) 기본권을 좁은 의미(狹義)로 볼 경우에는 자유-자율의 개념으로 이해할 수 있다. 즉 기본권은 국가권력에 대한 권리주체의 안전과 자율을 직접 보장한다. 기본권을 넓은 의미(廣義)로 보면 자유-참여의 개념으로 확대된다. 그것은 개인

이 스스로 자유를 선택하고 실현할 수 있도록 개인에게 인정된 사상의 자유·사상표현의 자유·결사의 자유·정치적 권리까지 포괄한다.

(ii) 자유-자율, 자유-참여라는 관념이 기본적으로 개인적 권리에 기초하여 있다면, 기본권의 가장 넓은 의미(最廣義)에는 사회권까지도 포괄한다. 그것은 뷔르도의 자유의 사회화 개념과 연계된다(G. Burdeau, *Les libertés publiques*, LGDJ, 1972, pp. 11-12). 전통적인 개인적 자유가 단순히 국가권력에 대한 항의적 성격으로서 국가권력의 소극적 측면을 강조하였다면, 자유의 사회화는 국가가 공공의 이익을 위하여 적극적으로 개입하는 현상을 강조한다. 즉, 자유의 사회화를 통하여 국가는 개인의 사회적 안전을 확보할 책무를 지게 된다. 이러한 사회권은 방어적 성격의 노동조합권이나 파업권뿐만 아니라 급부적 성격의 사회권까지 포괄한다. 예컨대 교육에 대한 권리·고용에 대한 권리·사회보장에 대한 권리 등이 그러하다.

Ⅲ. 대한민국헌법상 기본권보장

1. 대한민국헌법사에서 기본권의 보장

(1) 1948년 제헌헌법

제헌헌법은 기본권을 실정법상 권리로 보아 각 기본권에 개별적 법률유보조항을 두고, 기본권으로 자유권·평등권·청구권적 기본권 이외에 사회권을 규정한다. 근로3권, 생활무능력자의 보호 이외에 특히 근로자의 이익분배균점권(利益分配均霑權)을 규정하였는데 이는 시대를 뛰어넘는 파격적인 규정이다. 또한 재산권의 상대적 성격을 규정한다.

(2) 1960년 제2공화국헌법

제2공화국헌법은 기본권의 자연권적·천부인권적 성격을 강조한다. 이에 따라 개별적 법률유보조항을 삭제하고 일반적 법률유보조항을 두고, 기본권의 본질적 내용의 침해금지를 규정한다. 특히 표현의 자유에 대한 사전허가·검열제를 금지한다.

(3) 1962년 제3공화국헌법

제3공화국헌법은 인간의 존엄과 가치, 인간다운 생활을 할 권리, 고문금지 및 자백의 증거능력 제한규정을 신설하고, 이익분배균점권을 삭제하였다.

(4) 1972년 제4공화국헌법

제4공화국헌법은 개별적 법률유보조항을 부활하여 기본권을 실정권화함으로써 기본권보장이 후퇴하였다. 특히 구속적부심사제의 폐지, 자백의 증거능력 제한 규정 삭제, 근로자의 단체행동권 제한, 기본권의 본질적 내용침해금지조항의 삭제 등으로 인하여 기본권이 크게 약화되었다.

(5) 1980년 제5공화국헌법

제5공화국헌법은 개별적 법률유보조항을 삭제하고 일반적 법률유보조항을 두며, 기본권의 본질적 내용 침해금지를 규정함으로써 기본권의 자연권화를 도모한다. 특히 기본적 인권의 불가침성 및 행복추구권과 형사피고인의 무죄추정·연좌제금지·구속적부심사제의 부분적 부활을 규정한다. 또한 환경권, '사생활의 비밀과 자유', 근로자의 적정임금보장, 평생교육에 관한 권리를 신설하였다.

(6) 1987년 제6공화국헌법

제6공화국헌법은 전반적으로 기본권의 자연권성을 강조하고 새로이 기본권체계를 정비하면서 다수의 기본권을 신설하거나 그 내용을 강화한다.

(i) 새로운 기본권으로서 형사피의자의 형사보상청구권, 범죄피해자의 국가구조청구권, 노인·여자·청소년의 복지권, 쾌적한 주거생활권을 규정한다.

(ii) 신체의 안전과 자유를 강화한다. 처벌·체포·구금 등에 있어서 적법절차 도입, 체포·구속 시에 그 이유와 변호인의 조력을 받을 권리가 있음을 고지받을 권리, 체포·구속적부심사청구 범위의 확대를 규정한다.

(iii) 표현의 자유를 강화한다. 언론·출판에 대한 허가·검열의 금지, 집회에 대한 허가제금지, 방송·통신에 대한 시설기준의 법정제 등을 규정한다.

(iv) 사회권을 강화한다. 근로자의 최저임금제, 여성근로자의 보호, 국가의 재해예방의무 등을 규정한다. 또한 단체행동권의 법률유보조항도 삭제하였다.

그 밖에도 형사피해자의 재판절차진술권, 대학의 자율성, 과학기술자의 권리보호 등을 규정한다.

2. 헌법상 '자유와 권리'·'자유' 또는 '기본적 인권'

(i) 한국헌법에는 프랑스 인권선언에서처럼 인간의 권리와 시민의 권리를 구별하는 용례도 없을 뿐만 아니라 독일기본법에서와 같은 기본권이라는 표현도 없다. 헌법전문에서 "자유와 권리", "안전과 자유와 행복"이라는 표현에 이어, 헌법본문 제2장 "'국민의 권리'와 의무"라는 제목 아래 제10조에서 제37조에 이르기까지 국민의 자유와 권리를 규정한다. 제69조의 대통령 취임선서문에서는 "국민의 자유와 복리"를, 제119조에서는 "경제상의 자유"를 규정한다. 다만, 제10조

후문에서 '기본적 인권'이라는 표현을 사용한다. 특히 제10조 후문에서 "'국민'이 가지는 불가침의 기본적 인권"이라 하지 아니하고 "'개인'이 가지는 불가침의 기본적 인권"이라는 표현이 제11조 이하에서의 "모든 국민은 …"이라는 표현과 구별된다. 그런 점에서 제10조 후문에서 '개인'의 '기본적 인권'의 보장은 곧 인간의 자유와 권리를 강조한 규정으로 볼 수 있다.

(ii) 그런데 헌법 이외의 법률에서는 헌법학이론에서 일반화된 용례인 '기본권'이라는 표현을 법전 용어로 사용한다. 특히 헌법재판소법 제68조 제1항에서는 "공권력의 행사 또는 불행사로 인하여 '헌법상 보장된 기본권'을 침해받은 자는 법원의 재판을 제외하고는 헌법재판소에 헌법소원심판을 청구할 수 있다"라고 규정한다. 이에 따라 헌법에 기본권이라는 표현이 없음에도 불구하고 "헌법상 보장된 기본권"이란 실정법적으로 무엇을 의미하는지에 관한 논란이 있을 수 있다. 생각건대 헌법상 보장된 기본권을 헌법상 보장된 '국민의 자유와 권리'와 동의어로 이해하여도 무방하리라고 본다.

제 2 절 기본권의 범위

Ⅰ. 의의: 인권과 기본권

인권은 인간의 본성에서 나오는 태어나면서(生來的) 누리는 자연권이지만, 기본권은 헌법이 보장하는 국민의 기본적 권리이다. 따라서 기본권 중에는 자연권도 있지만 국가 내적 권리(사회권 · 청구권적 기본권 · 참정권)도 있기 때문에 인권과 기본권이 반드시 일치하지는 아니한다. 즉 인권이 헌법 속으로 편입되었을 때 이를 기본권이라 할 수 있다.

Ⅱ. '헌법상 보장된' 기본권

(i) 현행헌법에서는 기본권보다는 "자유와 권리"라는 표현이 사용된다. 그런데 헌법재판소법에서는 "헌법상 보장된 기본권"이라고 표현한다. 여기서 기본권이라는 용례 그 자체가 이미 헌법적 가치를 가진 국민의 자유와 권리를 의미하기 때문에 "헌법상 보장되지 아니한 기본권"이란 존재할 수 없다. 그러므로 헌법재판소법의 "헌법상 보장된 기본권"에서 "헌법상 보장된"이라는 표현은 기본권의 의미를 보다 분명히 각인시켜주는 추가적이고 부가적인 수식어에 불과하다.

(ii) "헌법상 보장된" 기본권이란 국민이 국가생활 속에서 누리는 많은 자유와 권리 중에서 헌법적 가치를 가지는 자유와 권리이므로 헌법적 가치를 가지지 아니하는 자유와 권리는 기본권으로 볼 수 없다. 따라서 주민투표권과 같이 법률상 보호되는 권리는 헌법소원을 통한 권리구제가 불가능하다.

"우리 헌법은 간접적인 참정권으로 선거권(제24조), 공무담임권(제25조)을, 직접적인 참정권으로 국민투표권(제72조, 제130조)을 규정하고 있을 뿐 주민투표권을 기본권으로 규정한 바가 없다. 또한 우리 헌법은 제117조, 제118조에서 지방자치단체의 자치를 제도적으로 보장하고 있으나 이에 따라 보장되는 내용은 자치단체의 설치와 존속 그리고 그 자치기능 및 자치사무로서 이는 어디까지나 지방자치단체의 자치권의 본질적 사항에 관한 것이다(헌재 1994.12.29. 94헌마201 참조). 그러므로 자치사무의 처리에 주민들이 직접 참여하는 것을 의미하는 주민투표권을 헌법상 보장된 기본권이라고 하거나 헌법 제37조 제1항의 '헌법에 열거되지 아니한 권리'로 보기는 어렵다." "지방자치법은 주민에게 주민투표권(제13조의2), 조례의 제정 및 개폐청구권(제13조의3), 감사청구권(제13조의4)등을 부여함으로써 주민이 지방자치사무에 직접 참여할 수 있는 길을 일부 열어 놓고 있지만 이러한 제도는 어디까지나 입법에 의하여 채택된 것일 뿐 헌법에 의하여 이러한 제도의 도입이 보장되고 있는 것은 아니다. 그렇다면 주민투표권은 법률이 보장하는 권리일 뿐이지 헌법이 보장하는 기본권 또는 헌법상 제도적으로 보장되는 주관적 공권으로 볼 수 없다(헌재 2001.6.28. 2000헌마735 참조). 따라서 이 사건 심판청구는 … 기본권의 침해 가능성이 인정될 수 없"다(헌재 2005.12.22. 2004헌마530, 주민투표법 제7조 제1항 등 위헌확인(각하)).

지방자치단체의 장 선거권 역시 다른 선거권과 마찬가지로 헌법 제24조에 의하여 보호되는 헌법상의 권리로 인정하여야 한다(헌재 2016.10.27. 2014헌마797, 공직선거법 제191조 제3항 등 위헌확인(기각)).

Ⅲ. 헌법에 '열거된' 기본권

(i) 헌법상 보장된 기본권은 헌법 제2장 국민의 권리와 의무에 열거된 기본권이다.

인간의 존엄과 가치·행복추구권(제10조), 평등권(제11조), 신체의 자유(제12조), 죄형법정주의(제13조), 거주·이전의 자유(제14조), 직업(선택)의 자유(제15조), 주거의 자유(제16조), 사생활의 비밀과 자유(제17조), 통신의 자유(제18조), 양심의 자유(제19조), 종교의 자유(제20조), 언론·출판·집회·결사의 자유(제21조), 학문과 예술의 자유(제22조), 재산권보장 및 손실보상청구권(제23조), 선거권(제24조), 공무담임권(제25조), 청원권(제26조), 재판청구권(제27조), 형사보상청구권(제28조), 국가배상청구권(제29조), 범죄피해자구조청구권(제30조), 교육을 받을 권리(제31조), 근로의 권리(제32조), 근로자의 단결권·단체교섭권·단체행동권(제33조), 인간다운 생활을 할 권리 및 사회보장수급권(제34조), 환경권(제35조), 혼인과 가족 및 보건에 관한 권리(제36조).

(ii) 헌법에 열거된 기본권이라 하더라도 개별적 기본권의 구체적 이해에 따라 그 내용과 범위의 확정은 쉬운 일이 아니다. 헌법에 열거된 개별적 기본권의 내용과 범위의 구체적인 내용의 획정에 따라서 권리구제의 범위 또한 달라진다.

(iii) 특히 사회권(생존권)은 그 법적 성격을 어떻게 파악하느냐에 따라 헌법상 보장된 기본권의 침해에 해당되는지 여부가 결정될 뿐만 아니라, 사회권의 침해에 대하여 헌법소원을 통한 권리구제가 가능한지 여부가 결정된다.

Ⅳ. 헌법에 '열거되지 아니한' 기본권

1. 헌법상 근거: 헌법 제10조와 제37조 제1항

(1) 문제의 소재

헌법에 명시적으로 열거되지 아니한 국민의 자유와 권리도 "헌법상 보장된 기본권"으로서의 가치를 가질 수 있는가? 이에 관하여는 헌법 제10조의 인간의 존엄과 가치·행복추구권으로부터 개별적 기본권을 도출할 수도 있고, 다른 개별적 기본권으로부터도 특정한 기본권을 구현할 수 있다. 이러한 가능성은 헌법 제10조 후문의 "국가는 개인이 가지는 불가침의 기본적 인권을 확인하고 이를 보장할 의무를 진다"라는 규정과 제37조 제1항의 "국민의 자유와 권리는 헌법에 열거되지 아니한 이유로 경시되지 아니한다"라는 규정에서 찾을 수 있다. 헌법 제10조와 제37조 제1항의 관계에 대하여는 다양한 견해가 제기된다.

미국 수정헌법 제9조: 헌법에 어떤 종류의 권리가 열거되어 있다고 하여 국민이 보유하는 그 밖의 여러 권리를 부인하거나 또는 경시하는 것으로 해석하여서는 아니 된다 (The enumeration in the Constitution, of certain rights, shall not be construed to deny or disparage others retained by the people).

(2) 주의적 규정 또는 확인규정이라는 견해

헌법 제10조를 초국가적인 천부인권의 실정권화로 보는 입장에서는 "헌법 제37조 제1항은 헌법 제10조에 의하여 확인·선언된 천부인권의 포괄성을 주의적으로 규정한" 주의적 규정 혹은 확인규정으로 이해한다.

김철수(상 509면): 권영성 교수(311면)는 헌법 제37조 제1항은 "자유와 권리의 전국가성과 포괄성을 확인하고" 있다고 본다. 다만, 권영성 교수(378면)는 제10조 제1문의 '인간의 존엄과 가치'는 기본권이 아니라 모든 기본권의 '목적'인 객관적 헌법원리로 보고, 제10조의 행복추구권 이하 제37조 제1항까지는 이 목적을 위한 수단으로 본다.

(3) 상호보완 또는 목적·수단관계라는 견해

제37조 제1항에 해당하는 자유와 권리는 인간으로서의 존엄과 가치에 부합하는 자유·권리이어야 한다는 전제에 따라 제37조 제1항을 제10조와 상호보완관계에 있는 포괄적 근본규범으로 보는 견해가 있다. 또 다른 견해는 "'인간의 존엄성'과 다른 기본권과의 관계를 '주'와 '파생'의 관계가 아닌 목적과 수단의 관계로 보

고 같은 맥락에서 제10조의 '인간의 존엄성'과 제37조 제1항에서 말하는 자유와 권리도 목적과 수단의 관계"로 이해한다(허영 353면).

(4) 권리창설규정이라는 견해

헌법 제10조를 실정법적 권리로 보는 법실증주의적 입장에서는 헌법 제37조 제1항을 헌법에 열거되지 아니한 권리를 창설하는 규정으로 이해한다. 즉 "헌법 제10조는 우리나라가 입헌민주국가이기 때문에 비로소 있을 수 있는 규정이며, 입헌주의적 헌법인 대한민국헌법이 그렇게 규정했기 때문에 기본적 인권이 법상 존립·보장될 수 있"다고 본다(박일경 220면).

(5) 검 토

(ⅰ) 헌법 제10조와 제37조 제1항의 관계를 보는 시각이 어떠하든 간에 헌법에 열거되지 아니한 기본권을 인정할 수 있다는 점에 관하여는 이견이 없다. 즉 헌법에 명시적으로 열거되지 아니한 국민의 자유와 권리라 하더라도, 학설과 판례를 통하여 헌법적 가치를 가지는 기본권의 창설이 가능하다. 또한 헌법의 역사성·개방성에 비추어 시대와 사회의 변화에 따라 헌법적 가치를 가지는 새로운 기본권이 헌법의 개정을 거치지 아니하고 창설될 수 있다.

(ⅱ) 헌법에 열거되지 아니한 기본권을 인정하기 위하여서는 그 필요성이 인정되고, 권리내용이나 보호영역이 명확하여 기본권으로서의 실체를 가져야 하고, 기본권이 제한되거나 침해될 경우에 재판을 통한 구제가 가능하여야 한다.

2. 헌법에 열거되지 아니한 기본권의 구체화

(1) 학자들의 견해

(ⅰ) 헌법에 열거되지 아니한 기본권에 관하여 학자들의 종합적이고 체계적인 검토는 보이지 아니한다. 다만, 앞에서 제시한 헌법 제10조와 제37조 제1항의 관계 내지 의미를 이해하는 과정에서 단편적으로 이에 관한 견해를 제시한다.

(ⅱ) 헌법학자들은 헌법에 열거되지 아니한 기본권으로서, 인간의 존엄과 가치·행복추구권의 내용을 구성하는 일련의 자유와 권리를 제시한다. 공통적으로 제시한 기본권으로는 생명권·자기결정권(인격적 자율권)·일반적 인격권(성명권·명예권·초상권)·일반적 행동자유권·평화적 생존권 등이 있다.

김철수 교수((상) 517-539면)는 협의의 인간의 존엄과 가치의 내용으로서 생명권, 자기결정권(인격적 자율권), 일반적 인격권(성명권·명예권·초상권), 알 권리·읽을 권리·들을 권리 등을 적시하고, 행복추구권의 내용으로서 신체의 불훼손권·일반적 행동자유권·평화적 생존권 등을 예시한다. 권영성 교수(311-313면)는 ① 자기결정권, ② 일반적 행동자유권, ③ 평화적 생존권, ④ 휴식권, ⑤ 일조권(소비자 기본권), ⑥ 생명권·신체를 훼손당하지 아니할 권리·수면권·스포츠권·소비자의 권리(소비자 기본권)·부모의 자녀에 대한 교육권, ⑦ 저항권 등을 적시한다. 허영 교수(353면)는 일반적인 행동의 자유·일조권·인격권·초상권·성명권·명예권 등을 제시한다.

(2) 판례의 입장

(i) 헌법재판소는 (일반적) 인격권·자기결정권·일반적 행동자유권과 개성의 자유로운 발현권·알 권리·생명권 등에 관하여 그 기본권성을 인정하고, 외국에서도 일반적 인격권의 내용으로 명예권·성명권·초상권 등을 인정한다.

인격권: 헌재 1991.9.16. 89헌마165, 정기간행물의등록등에관한법률 제16조 제3항·제19조 제3항의 위헌여부에 대한 헌법소원(합헌); 헌재 2001.7.19. 2000헌마546, 유치장 내 화장실설치 및 관리행위(이용강제) 위헌확인(인용(위헌확인)).

성적 자기결정권: 헌재 2015.2.26. 2009헌바17등, 형법 제241조 위헌소원 등(위헌).

소비자의 자기결정권: 헌재 1996.12.26. 96헌가18, 주세법 제38조의7 등에 대한 위헌제청(위헌).

일반적 행동자유권: 헌재 1991.6.3. 89헌마204, 화재로 인한 재해보상과 보험가입에 관한 법률 제5조 제1항의 위헌여부에 관한 헌법소원(한정위헌); 헌재 1992.4.14. 90헌바23, 국가보안법 제9조 제2항에 대한 헌법소원(한정합헌); 헌재 1993.5.13. 92헌마80, 체육시설의설치·이용에관한법률시행규칙 제5조에 대한 헌법소원(위헌).

개성의 자유로운 발현권: 헌재 1995.12.28. 91헌마80, 전투경찰대설치 등에 관한 헌법소원(기각,각하).

알 권리: 헌재 1989.9.4. 88헌마22, 공권력에 의한 재산권침해에 대한 헌법소원(인용(위헌확인),기각); 헌재 1992.2.25. 89헌가104, 군사기밀보호법 제6조 등에 대한 위헌심판결정(한정합헌).

생명권: 헌재 1996.11.28. 95헌바1, 형법 제250조 등 위헌소원(합헌,각하); 대판 1963.2.28. 62도241.

명예권: 헌재 1991.9.16. 89헌마165, 정기간행물의등록등에관한법률 제19조 제3항, 제16조 제3항의 위헌여부에 관한 헌법소원(합헌); 대판 1993.6.22. 92도3160; BVerfGE 54, 208; BVerfGE 35, 202.

성명권: 헌재 2005.12.22. 2003헌가5, 민법 제781조 제1항 위헌제청(헌법불합치,잠정적용); 일본 最高裁判 1988(昭和 63.)2.16.

초상권: 헌재 2014.3.27. 2012헌마652, 피의사실 언론공표 등 위헌확인(인용(위헌확인),각하); 대판 2006.10.13. 2004다16280; BVerfGE 43, 238.

(ii) 한편 헌법재판소는 헌법에 열거되지 아니한 기본권을 새롭게 인정하기 위하여서는 그 필요성이 특별히 인정되고, 그 권리내용(보호영역)이 비교적 명확하

여 구체적 기본권으로서의 실체 즉, 권리내용을 규범 상대방에게 요구할 힘이 있고, 그 실현이 방해되는 경우 재판에 의하여 그 실현을 보장받을 수 있는 구체적 권리로서의 실질에 부합하여야 한다고 판시한다(헌재 2009.5.28. 2007헌마369, 2007년 전시증원연습 등 위헌확인(각하)).

(3) 검 토

(ⅰ) 인간의 존엄과 가치・행복추구권은 헌법상 기본권의 원류 내지 근본규범으로 이해될 수 있기 때문에 헌법상 그 어떠한 기본권도 인간의 존엄과 가치・행복추구권과 관련되지 아니할 수 없다. 그러나 인간의 존엄과 가치・행복추구권으로부터 연역하지 아니하고 개별적 기본권으로부터도 헌법적 가치를 가지는 기본권을 도출할 수도 있다. 예컨대, 알 권리・휴식권・일조권 등이 있다.

(ⅱ) 오늘날 소위 새로운 인권으로 등장하는 사항들로는, ① 20세기 헌법에서 본격적으로 구현되는 사회권(생존권)을 들 수 있다. 사회권의 확대・강화는 사회복지국가 경향에 입각한 세계 각국의 보편적 현상이다. 그러나 헌법적 가치를 가지는 사회권 중에는 전통적인 자유권과 비교하여 동일한 규범적 가치를 가질 수 있는지 의문이 제기되는 사회권도 있다. ② 한편 과학기술의 발전과 더불어 급속한 정보사회의 진전에 따라 종래 그 헌법적 가치나 중요성이 약하던 사항들이 헌법적 가치를 가지는 기본권으로 자리 잡게 되는 경우도 있다.

헌법에 열거되지 아니한 기본권을 새롭게 인정하려면, 그 필요성이 특별히 인정되고, 그 권리내용(보호영역)이 비교적 명확하여 구체적 기본권으로서의 실체 즉, 권리내용을 규범 상대방에게 요구할 힘이 있고 그 실현이 방해되는 경우 재판에 의하여 그 실현을 보장받을 수 있는 구체적 권리로서의 실질에 부합하여야 한다(헌재 2009.5.28. 2007헌마369). 그런데 논리적이지 않고 정제되지 않은 법률조항이라고 하더라도 일반적인 법률해석방법에 따른 해석을 통하여 어느 정도의 비논리성이나 비정제성은 해소될 수도 있고, 이러한 해석을 통해서도 해소할 수 없는 비논리성이나 비정제성이 있는 법률조항이라면 명확성의 원칙 등 기존의 헌법상 원칙에 의하여 위헌선언이 가능하므로 이러한 법률조항의 적용을 배제하기 위하여 굳이 청구인들이 주장하는 기본권을 인정할 필요가 있다고 할 수 없다. 그리고 다른 법률조항들과 어느 정도로 충돌될 때에 논리성이나 정제성을 부인할 수 있는지의 기준이 명확하지 아니할 뿐만 아니라, 단지 다른 법률조항과의 법률체계상 불합치가 있다고 하여 바로 위헌이라고 할 수는 없으며 이러한 이유만으로 일반 국민이 당해 법률조항의 적용을 배제해달라고 요구할 힘을 갖는다고 인정하기도 어려우므로 이러한 권리가 구체적 권리로서 실효적으로 보호받으리라는 가능성도 긍정하기 쉽지 않다. 따라서 헌법 제37조 제1항에 의하여 기본권으로 인정되기 위한 요건을 갖추지 못한 '논리적이고 정제된 법률의 적용을 받을 권리'는 헌법상 보장되는 기본권이라고 할 수 없다(헌재 2011.8.30. 2008헌마477, 최저임금법 제6조 제5항 위헌확인(기각)).

V. 소 결

헌법상 보장되는 기본권의 개념과 범위를 이해함에 있어서는, ① 우선 헌법에 열거된 기본권의 구체적 내용을 어떻게 확정하느냐의 문제가 제기된다. 이 문제는 개별적 기본권의 내용을 구체적으로 분석·이해함으로써 해결될 수 있다. ② 비록 헌법에 열거된 기본권이라 하더라도 그 규범적 효력에 관하여는 차이가 발생할 수 있다. 예컨대 자유권과 사회권(생존권)의 효력을 동일한 평면에서 이해할 수는 없다. ③ 헌법에 구체적으로 열거되어 있는 사항이 아니라 하더라도 개별적·구체적 이해를 통하여 헌법적 가치를 가지는 기본권을 창설할 수 있다. 이러한 사항은 인권의 현대적 경향과 그에 따른 비교헌법적 이해에 기초한 이론이나 판례를 통하여 일정한 합의에 이르렀을 때 비로소 헌법적 가치를 가지는 기본권이 될 수 있다. ④ 헌법에 열거되지 아니한 사항이 기본권으로 평가될 경우에도 그 구체적 범위와 내용을 어떻게 설정할지의 문제는 여전히 남는다.[1)]

---

1) 최유경·김주영, "헌법상 기본권 보장체계의 개방성에 관한 소고: 헌법에 열거되지 아니한 권리의 헌법적 보장의 측면에서", 세계헌법연구 21-3; 이세주, "개별기본권으로서 생활형성권의 성립·인정과 헌법소송 가능성에 대한 고찰", 공법연구 52-1.

제 3 절　기본권의 법적 성격

Ⅰ. 의　　의

(i) 기본권의 중심이 전통적인 자유권에서 현대적인 사회권으로 발전하여 나감에 따라, 모든 기본권에 공통되는 법적 성격을 한마디로 정의하기는 어렵게 되었다. 그러므로 기본권 일반이론 차원에서의 논의는 기본권의 법적 성격에 관한 본질적이고 원론적인 논의에 한정된다.

(ii) 기본권의 법적 성격에 관하여는 기본권이 ① 초국가적 자연권이냐 아니면 국가 내적인 실정권이냐, ② 구체적 권리이냐 추상적 권리이냐, ③ 주관적 공권일 뿐이냐 아니면 객관적 법질서로서의 성격도 가지느냐가 주된 쟁점이다.

Ⅱ. 자 연 권

기본권이 자연법적 권리인지 아니면 실정법상 권리인지에 더하여 독일에서 논의되는 통합론적 가치체계를 수용할 수 있느냐의 문제가 제기된다.

1. 법실증주의의 실정권설

(i) 켈젠(H. Kelsen)을 중심으로 하는 법실증주의(法實證主義)에 입각한 실정권설의 주장은 다음과 같다: ① 기본권도 권리임에 틀림없다. 그렇다면 그 권리는 실정법을 떠나서 존재할 수는 없다. ② 특히 근대입헌주의에서 국민주권주의가 헌법의 기본원리로 정립되었기 때문에 역사적으로 기본권의 국가권력에 대한 항의적 성격은 그 의의를 상실하였다. ③ 이제 기본권은 국가생활에 관한 국민이 제정한 최고의 합의문서인 헌법에 권리장전으로 규정되어 있으며, 자연법적 원리는 헌법의 틀 속에 구현된다.

(ii) 한편 옐리네크(G. Jellinek)은 기본권을 법률상의 권리로 인정할 뿐이다.

2. 통합론의 가치적 컨센서스설(가치질서설)

독일의 스멘트(R. Smend), 해벌레(P. Häberle), 헷세(K. Hesse) 등이 주창한 통

합론(統合論)의 기본권이론은 다음과 같다: ① 국가는 통합의 과정이고, 헌법은 통합과정의 생활형식 내지 법질서이며, 기본권은 통합과정의 생활형식 내지 법질서의 바탕이 되는 가치체계 내지 문화체계이다. ② 사회 저변에 흐르는 가치적 컨센서스가 바로 기본권의 형식으로 집약된다. ③ 기본권의 존중과 보호는 사회가 동화되고 통합되어가기 위하여 불가결한 전제조건이다. 이와 같은 통합이론에 의하면 기본권은 국가로부터의 자유나 국가에 대항하는 자유가 아니라, "국가를 위한 자유" 즉 국가적 통합과정에 참여하기 위한 자유로 이해함으로써, 기본권의 국가창설적 기능을 강조한다. 이에 따라 기본권의 주관적 공권성(公權性)보다는 공동체의 객관적 법질서로서의 성격을 강조한다.[1] 그리하여 기본권을 통하여 국가의 통치구조가 형성된다.

3. 근대자연법론의 자연권설

근대자연법론(近代自然法論)의 기본권이론은 다음과 같다: ① 기본권은 인간 본성에 의거하여 인간으로서 가지는 권리이다. ② 기본권의 본질적 내용인 인권은 초국가적·전국가적 성격을 가진다. ③ 인권 내지 기본권의 역사적·항의적 성격은 이 시대에도 여전히 타당성을 가진다.

4. 사　　견

(i) 기본권의 역사적 성격은 전제적인 국가권력으로부터 "인간의 권리"와 "시민의 권리"를 확보하는 데 있었다. 근대 시민혁명의 과정에서 채택된 인권선언에서는 기본권의 본질적 성격으로 인간의 생래적(生來的) 권리로서의 천부인권(天賦人權)을 강조한다. 이와 같은 인권선언의 내용은 국민주권국가의 정립과 자유민주주의의 정착에 따라 헌법전의 틀 속으로 정립되었다. 따라서 기본권의 법적 성격을 자연권으로 이해하는가 아니면 실정권으로 이해하는가를 불문하고, 기본권의 최대한 보장이라는 대원칙에는 본질적인 차이가 있을 수 없다.

(ii) 다만, 실정권설의 경우 기본권은 성문헌법에 규정되어 있어야만 한다는 논리에 기초하기 때문에, 헌법에 규정되지 아니한 사항은 기본권이 될 수 없다는 우려를 자아내게 한다. 또한 기본권의 국가권력에 대한 항의적 성격은 오늘날에도 여전히 타당성이 있다는 점을 간과한다.

---

1) R. Smend, *Verfassung und Verfassungsrecht*, München, 1928; 서경석, 스멘트학파와 기본권이론, 인하대 박사학위논문, 1999; H. Kelsen, 김효전 역, 통합으로서의 국가-하나의 원리적 대결, 법문사; 이혜진, "민주주의의 발전과 주관적 공권의 확대 경향-일본의 평온생활권을 글감하여", 공법연구 51-3.

(iii) 통합설은 기본권을 통합의 생활양식으로 이해하기 때문에 기본권의 권리로서의 성격이 약화된다는 비판을 받는다. 기본권의 민주주의적 국가형성 기능으로 인하여 기본권의 권리성(공권성·자연권성)이 약화되어서는 아니 된다.

(iv) 결국 기본권의 이해에서는 근대시민혁명과정에서 정립된 근대자연법론의 사상적 틀 속에서 출발점을 찾아야 한다. 근대자연법론에 입각한 기본권이론은 인권선언이나 헌법에 구현되어 있다. 즉 기본권은 초국가적 자연권의 실정권화를 의미한다. 그러므로 헌법제정권력이 추구한 헌법이념에 따라 제정된 헌법규범의 틀 속에서 기본권은 최대한 보장되어야 한다. 이제 권리장전으로서의 헌법이 국가생활에서 최고의 규범으로 자리매김하고 헌법재판에 의하여 기본권을 실질적으로 보장할 수 있게 되었다. 또한 그 제도적·이론적 기저에는 켈젠의 헌법재판이론이 자리 잡고 있음을 과소평가하여서는 아니 된다.

바로 그런 의미에서 헌법학에 있어서 기본권론은 근대자연법론에 기초한 인간의 자유와 권리로부터 출발하여 국법질서에서 구현되는 국민의 자유와 권리를 법적 실존주의에 기초하여 논의하여야 한다.

5. 한국헌법상 기본권의 해석

(i) 헌법 제10조에서는 자연법적 원리인 인간으로서의 존엄과 가치를 보장하고, 특히 "국가는 개인이 가지는 불가침의 기본적 인권을 확인하고 이를 보장할 의무를 진다"라고 규정한다. 그것은 곧 자연법적 권리로서의 기본권이 헌법전의 틀 속에서 구현됨을 의미한다.

(ii) 제37조 제1항 "국민의 자유와 권리는 헌법에 열거되지 아니한 이유로 경시되지 아니한다"라는 규정은 헌법전에 명시되지 아니한 권리도 헌법적 가치를 가지는 기본권이 될 수 있음을 분명히 한다. 자연권설에 의하면 이 조항은 이미 헌법 제10조에서 천명한 기본원리를 한 번 더 강조하고 확인한 규정이다. 그러나 실정권설에 의하면 이 규정이 있기 때문에 비로소 헌법에 열거되지 아니한 기본권도 헌법적 가치를 가지는 기본권이 될 수 있으므로, 이 규정은 기본권 창설적 규정이 된다.

(iii) 제37조 제2항에서 국민의 자유와 권리의 "본질적 내용을 침해할 수 없다"라고 규정하는바, 본질적 내용은 자연권성에 기초하여서만 이해될 수 있다.

Ⅲ. 주관적 공권

1. 주관적 권리

(ⅰ) 기본권은 주관적(主觀的) 공권(公權)으로서 개인이 자신을 위하여 국가에 대하여 작위 또는 부작위를 요청할 수 있는 권리이다. 기본권 특히 자유권이 침해되면 개인은 그 침해의 배제를 청구할 수 있다. 이와 같은 청구권은 기본권의 주체인 개인이 누리는 권리로부터 비롯되므로 기본권의 권리성을 인정하여야 한다.

(ⅱ) 그런데 켈젠에 의하면 기본권 특히 자유권은 국가가 강제질서에 의한 의무를 부과하지 아니하였기 때문에 인정되는 '은혜적인 소산' 또는 '강제질서의 자제'에서 나오는 하나의 '반사적 이익'(反射的 利益)에 불과하므로 소송을 통하여 구제받을 수 없다.

2. 구체적 권리

(ⅰ) 기본권의 권리성(權利性)은 널리 인정되지만, 사회권에 대하여는 구체적 권리이냐 추상적 권리이냐에 관하여 논란이 있다(제3편 제6장 제1절 사회권 일반이론).

(ⅱ) 사회권은 다른 기본권과는 달리 헌법에 근거하여 구체적 입법이 있을 경우에 비로소 권리로서 구체화된다는 점에서 그 구체적 권리성을 인정하기 어렵다는 추상적 권리 내지 프로그램적 규정설이 있다.

(ⅲ) 하지만, 오늘날 사회복지국가원리에 비추어 본다면, 사회권은 비록 구체화의 정도에 있어서는 다소 미흡하고 불완전하더라도, 사회권의 보장을 위하여 개인이 직접 권리구제를 청구할 수 있으므로 그 구체적 권리성을 인정하여야 한다. 이러한 점에서 헌법상 기본권은 입법·행정·사법 등 국가권력 일반을 직접 구속하는 주관적 공권이다.

Ⅳ. 기본권의 이중적 성격

1. 의 의

기본권이 개인이 누리는 주관적 공권임과 동시에 국가의 기본적 법질서의 내용을 규정하는 객관적 법규범으로서의 성격, 즉 이중적 성격을 가지느냐에 관하여 논란이 있다. 기본권의 주관적 공권성에 관하여는 이론(異論)이 없으나 객관적 법질서(客觀的 法秩序)로서의 성격에 관하여는 긍정설과 부정설이 대립한다.

2. 긍 정 설

(i) 긍정설에 의하면 기본권은 주관적 공권인 동시에 국가의 가치질서인 기본적 법질서의 구성요소로서 직접 국가권력을 제한하고 의무를 부담시킨다. 즉 기본권은 객관적 가치질서로서 입법권·행정권·사법권 등 모든 국가권력을 구속하며 모든 실정법질서를 정당화하는 정당성의 원천이다.

(ii) 기본권의 이중적 성격을 인정하면, ① 기본권의 대사인적 효력과 국가의 기본권보장의무를 보다 쉽게 인정할 수 있고, ② 헌법소원에서 객관적 권리보호이익을 인정함으로써 심판청구이익을 확대할 수 있고, ③ 기본권의 포기가 불가능하다는 점을 명확히 인식할 수 있고, ④ 기본권이 공동체의 질서 형성을 위한 기본원칙으로 기능하게 한다.

(iii) 헌법재판소도 헌법 제10조 후문의 "국가는 개인이 가지는 불가침의 기본적 인권을 확인하고 이를 보장할 의무를 진다"라는 규정에 근거하여 긍정설을 취한다. 판례에서 기본권의 이중적 성격을 인정한 사례로는 정당가입 및 선거운동에 관한 정치적 기본권(헌재 2004.3.25. 2001헌마710, 정당법 제6조 제1항 등 위헌확인(기각)), 방송의 자유(헌재 2003.12.18. 2002헌바49, 방송법 제74조 위헌소원(합헌)), 직업의 자유(헌재 1996.8.29. 94헌마113, 공시지가및토지등의평가에관한법률시행령 제30조 등 위헌확인(기각)) 등이 있다.

> "국가는 적극적으로 국민의 기본권을 보호할 의무를 부담하고 있다는 의미에서 기본권은 국가권력에 대한 객관적 규범 내지 가치질서로서의 의미를 함께 가지며, 객관적 가치질서로서의 기본권은 입법·사법·행정의 모든 국가기능의 방향을 제시하는 지침으로서 작용하므로 국가기관에게 기본권의 객관적 내용을 실현할 의무를 부여한다"(헌재 1995.6.29. 93헌바45, 형사소송법 제312조 제1항 단서 위헌소원(합헌)).

3. 부 정 설

부정설에 의하면, 기본권은 천부인권으로서 자연권이므로 주관적 공권일 뿐이다. 기본권을 주관적 공권인 동시에 객관적 질서라고 파악한다면, 기본권의 주관적 공권으로서의 성격을 약화시키고 기본권과 제도보장의 구별을 불투명하게 할 우려가 있다. 독일의 경우 기본법 제1조 제2항에서 "독일 국민은 침범할 수 없고 또 박탈될 수 없는 인권을 모든 인간공동사회의 기초로서, 세계에 있어서 평화와 정의의 기초로서 인정한다"라고 규정하므로 기본권의 객관적 가치질서로서의 성격을 인정할 수 있는 여지가 있다. 하지만, 이러한 규정이 없는 한국헌법에서는 기본권 그 자체는 객관적 질서로서의 성격을 가지지 아니하지만, 자연권인 기본권이 헌법에 규정됨에 따라 비로소 헌법규범으로서 국가권력을 구속하는 객관적 질서가 될 뿐이라고 본다.

4. 사 견

(i) 천부인권사상으로부터 유래되는 자연권적 성격이 기본권의 본질적이고 원초적인 모습이다. 그 기본권의 국가생활에서의 구현은 국가권력에 대한 항의적 성격을 가진 주관적 공권으로부터 비롯된다. 하지만, 국민주권주의의 이념적 기초 아래 자유민주주의 원리가 작동되는 현대국가에서, 국가권력으로부터의 기본권 보호뿐만 아니라 다원화된 사회 제 세력에 의한 기본권침해의 위험으로부터 국민 개개인의 기본권 보호 또한 절실하게 제기된다. 이에 따라 기본권의 객관적 규범 내지 객관적 가치질서로서의 성격이 강조된다.

(ii) 한국헌법에는 독일기본법과 같이 객관적 법질서의 성격을 인정할 수 있는 명문의 규정은 없지만, 헌법 제10조 후문에서 규정하고 있는 "국가의 기본권 보장의무"로부터 기본권의 객관적 법질서로서의 성격을 수용할 수 있다. 다만, 이를 받아들이더라도 기본권 그 자체에 대한 객관적 법질서로서의 수용이 아니라, 자연권인 기본권의 헌법규범화를 통하여 국가권력을 구속하는 객관적 법질서가 된다는 점을 유념할 필요가 있다(이효원).

제 4 절 기본권과 제도보장

Ⅰ. 제도보장의 의의

(i) 제도보장(制度保障)이라 함은 역사적 · 전통적으로 확립된 기존의 객관적 제도 그 자체의 본질적 내용이 입법에 의하여 폐지되거나 본질이 훼손되지 아니하도록 헌법에서 제도를 객관적 법규범으로 보장하는 것을 말한다. 즉 제도보장은 헌법제정권자가 특히 중요하고도 가치가 있다고 인정하여 해당 제도의 본질을 유지하기 위하여 헌법적으로 보장할 필요가 있다고 생각하는 국가제도를 헌법에 규정함으로써 장래의 법발전, 법형성의 방침과 범주를 미리 규율하려는 데 있다(헌재 1997.4.24. 95헌바48, 구 지방공무원법 제2조 제3항 제2호 나목 등 위헌소원(합헌)).

(ii) 제도보장은 기본권과 결부되어 구현되기도 하고, 독립적인 제도로서 작동하기도 한다. 그러므로 제도보장이론은 반드시 기본권이론에 한정되지 아니한다. 다만, 이하에서는 논의의 편의상 기본권에서 살펴보기로 한다.

Ⅱ. 제도보장이론의 전개

1. 오류의 제도이론과 그 영향

(i) 제도의 개념은 원래 근대의 법사(法史)에서 사비니(F. C. v. Savigny), 슈탈(F. J Stahl), 슈타인(L. v. Stein) 등의 이론으로부터 비롯되었다. 특히 프랑스 헌법학자 오류(M. Hauriou)의 제도이론은 칼 슈미트, 카우프만(E. Kaufmann), 해벌레(P. Häberle) 등 현대 독일 헌법학에 많은 영향을 미친 바 있다.

(ii) 오류의 제도이론(théorie de l'institution)은, ① 사회집단 속에서 법적으로 실현 · 유지되어야 할 과업의 이념, ② 이 이념의 실현과 유지를 위하여 봉사하는 조직된 통치권력, ③ 이 이념의 실현과 유지에 관하여 사회집단 속에서 산출된 동의의 표시로 요약할 수 있다.[1] 그의 제도이론은 헌법학 전반을 관류하는 헌법철학적 성격을 가진다. 오류는 제도를 인적 제도와 물적 제도로 나누어 설명한다.

---

1) M. Hauriou, "La théorie de l'institution et de la fondation(Essai de vitalisme social)", in *Cahiers de la nouvelle journée*, n° 4, 1925, p. 73.

(iii) 오류는 주로 인적 제도의 고찰에 주력하지만, 자유 내지 기본권 그 자체를 제도로 파악하는 관점에서는 오히려 물적 제도가 중요하다. 자유와 제도와의 관계에서 오류는 개인의 권리는 객관적 법제도인 동시에 주관적 권리라고 한다.[1] 그는 '주관적 권리'를 법실증주의적인 엄격한 법개념으로서가 아니라 인간이 가지는 사실적인 자유로 이해하고, '객관적 법제도'는 권리행사의 관습적 형식과 객관적인 이념의 체계로 이해한다. 그 경우에 전자는 법제도를 동태적인 측면에서 파악하며 후자는 법제도를 정태적인 측면에서 파악한다. 특히 개인의 자유는 사회발전을 위한 창조적 동력의 원천으로서, 제도의 형성과 지속을 유지하는 기본적인 계기로 보고 있다.

(iv) 하지만, 오류의 제도이론은 불명확하고 난해한 점 등으로 인하여 공법학의 일반이론으로 수용되지 못하였지만, 1930년대의 독일을 비롯하여 이탈리아와 스페인 등에도 많은 영향을 미쳤다.[2]

2. 독일기본권이론에서의 전개

(i) 독일에서 제도보장이론은 바이마르헌법에서 기본권과 관련이 없는 지방자치제도와 공무원제도의 보장을 규정하면서 논의되어, 재산권보장으로 연결되었다. 제도보장이론은 볼프(M. Wolff)와 슈미트에 의하여 체계화가 이루어졌다.

(ii) 한국 헌법학과 헌법이론에 커다란 영향을 미친 제2차 세계대전 이후 독일에서의 기본권이론은 일반적으로 뵈켄뵈르데의 공식에 따라 자유주의적 기본권이론, 제도적 기본권이론, 기본권의 가치이론, 민주적·기능적 기본권이론, 사회국가적 기본권이론의 다섯 가지로 분류한다.[3] 이 중에서 칼 슈미트의 '자유주의적 기본권이론'은 "자유는 결코 제도일 수 없다"라고 하여 자유와 제도를 엄격히 구별하는 반면, 뵈켄뵈르데의 제도적 기본권이론은 "모든 자유는 제도일 수밖에 없다"라고 하여 기본권의 개인적 측면만이 아니라 객관적·제도적 측면도 강조한다. 이러한 견해의 대립은 결국 '제도'를 어떻게 이해하는가에서 비롯된다.

---

1) M. Hauriou, *Précis de droit constitutionnel*, p. 618.

2) Lucien Sfez, *Essai sur la contribution du Doyen Hauriou au droit administratif français*, LGDJ, 1966, p. 86; A. Hauriou, *Droit constitutionnel et institutions politiques*, Montchrestien, 1983; 김효전, "제도이론의 계보-모리스 오류와 독일 공법학", 월간고시 1993.9.

3) E.-W. Böckenförde, "Grundrechtstheorie und Grundrechtsinterpretation", in *Staat, Verfassung, Demokratie*, 1991. S. 115 ff. (김효전·정태호 공역, 헌법과 민주주의, 법문사) 참조. 이 정식은 국내에서도 권영성 교수(291-293면), 홍성방 교수(243-258면) 등이 수용한다. 독일에서의 제도보장이론의 발전에 관하여는, 정극원, 헌법국가와 기본권, 한국조세신문사, 159-183면; 박상돈, "한국 헌법상 제도보장과 기본권보장의 구별과 상호 관계에 대한 고찰", 공법연구 48-4.

Ⅲ. 제도보장의 법적 성격

1. 객관적 법규범

제도보장은 국법질서에 의하여 국가 안에서 인정되는 객관적 법규범이다.

"제도적 보장은 객관적 제도를 헌법에 규정하여 당해 제도의 본질을 유지하려는 것으로서 헌법제정권자가 특히 중요하고도 가치가 있다고 인정되고 헌법적으로도 보장할 필요가 있다고 생각하는 국가제도를 헌법에 규정함으로써 장래의 법발전, 법형성의 방침과 범주를 미리 규율하려는데 있다. 이러한 제도의 보장은 주관적 권리가 아닌 객관적 법규범이라는 점에서 기본권과 구별되기는 하지만 헌법에 의하여 일정한 제도가 보장되면 입법자는 그 제도를 설정하고 유지할 입법의무를 지게 될 뿐만 아니라 헌법에 규정되어 있기 때문에 법률로써 이를 폐지할 수 없고, 비록 내용을 제한한다고 하더라도 그 본질적 내용을 침해할 수는 없다"(헌재 1997.4.24. 95헌바48, 구 지방공무원법 제2조제3항 제2호 나목 등 위헌소원(합헌)).

2. 최소한의 보장

제도보장은 헌법상 보장할 필요가 있는 제도를 헌법에 규정함으로써 해당 제도의 본질을 유지하는 데 있으므로, 그 제도의 폐지나 본질의 침해에까지는 이르지 아니하도록 하는 소극적 의미를 가진다. 이에 따라 최대한의 보장이 요청되는 기본권과 달리 제도보장에 있어서는 최소보장의 원칙이 적용된다.

"기본권 보장은 '최대한 보장의 원칙'이 적용됨에 반하여, 제도적 보장은 그 본질적 내용을 침해하지 아니하는 범위 안에서 입법자에게 제도의 구체적인 내용과 형태의 형성권을 폭넓게 인정한다는 의미에서 '최소한 보장의 원칙'이 적용될 뿐이다"(헌재 1997.4.24. 95헌바48).

3. 재판규범성

제도보장은 입법·행정·사법을 직접적으로 구속하는 법규범이다. 따라서 제도보장은 재판규범으로서의 성격을 가진다. 그러나 제도보장은 권리보장규범이 아니기 때문에 제도보장 그 자체만을 근거로 소를 제기할 수는 없다(소권성(訴權性) 부인). 예컨대 기본권침해를 주장하지 아니하고 제도보장의 침해만을 이유로 헌법소원을 제기할 수는 없다.

4. 제도보장과 기본권의 관계

제도보장은 기본권과 반드시 관련되지는 아니한다. 예컨대 직업공무원제도의 보장이나 지방자치제도의 보장은 기본권과 직접적인 관련성이 없는 제도보장이다. 그러나 경우에 따라서는 제도보장이 기본권과 일정한 관련성을 가질 수도 있다.[1] 제도보장이 기본권과 관련이 있는 경우는 다음과 같다.

(i) 특정한 기본권을 확보하기 위한 수단으로서의 제도보장이 있다(제도보장의 기본권수반형). 예컨대 정치적 기본권을 확보하기 위한 수단으로서 민주적 선거제도를 보장한다.

(ii) 제도보장과 기본권보장이 동시에 존재하는 경우가 있다(양자의 보장병존형). 예컨대 사유재산제의 보장과 재산권보장이 여기에 해당한다.

(iii) 특정 제도가 헌법상 보장됨으로써 부수적·간접적으로 특정한 기본권이 보장되는 경우가 있다(기본권의 제도종속형). 예컨대 복수정당제가 보장됨으로써 정당의 설립·가입·탈퇴의 자유가 보장된다.

> "지방자치단체의 폐치·분합에 관한 것은 지방자치단체의 자치행정권 중 지역고권의 보장문제이나, 대상지역주민들은 그로 인하여 인간다운 생활공간에서 살 권리, 평등권, 정당한 청문권, 거주이전의 자유, 선거권, 공무담임권, 인간다운 생활을 할 권리, 사회보장·사회복지수급권 및 환경권 등을 침해받게 될 수도 있다는 점에서 기본권과도 관련이 있어 헌법소원의 대상이 될 수 있다"(헌재 1994.12.29. 94헌마201, 경기도남양주시등33개도농복합형태의시설치등에관한법률 제4조 위헌확인(기각)).

Ⅳ. 한국헌법상 제도보장

1. 학설·판례

헌법학계의 학설과 판례는 제도보장을 기본권과 구별하여 명시적으로 인정한다. 그러나 구체적으로 무엇이 제도보장에 해당되는지에 관하여는 학자마다 다소 차이가 있다. 즉 직업공무원제도의 보장(제7조 제2항)(헌재 1997.4.24. 95헌바48), 복수정당제도의 보장

1) 기본권과 제도보장의 비교

	기 본 권	제도보장
법적 성격	주관적 공권	객관적 법규범
보장의 대상	자연권으로서 천부인권	국가 내에서 형성된 제도
보장의 정도	최대한 보장	최소한 (제도의 본질) 보장
재판규범성	인정	인정
소권(訴權)성	인정(헌법소원 가능)	부인(헌법소원 등 소송 불가)
법적 효력	모든 국가권력 및 헌법개정권력 기속	모든 국가권력 기속, 헌법개정권력 불기속

(제8조 제1항)(헌재 1999.12.23. 99헌마135, 경찰법 제11조 제4항 등 위헌확인(위헌)), 사유재산제의 보장(제23조 제1항)(헌재 1996.3.28. 95헌바47, 도시재개발법 제10조 제1항 위헌소원(합헌)), 교육의 자주성 · 전문성 · 정치적 중립성(헌재 1991.2.11. 90헌가27, 교육법 제8조 제2항에 대한 위헌심판(합헌) 사건에서 헌법 제31조 제2항의 의무교육제도를 제도보장으로 보고 있다) 및 대학의 자율성 보장(제31조 제4항)(헌재 2001.2.22. 99헌마613, 세무대학설치법 폐지법률 위헌확인(기각,각하)), 혼인과 가족제도의 보장(헌재 1997.7.16. 95헌가6등, 민법 제809조 제1항 위헌제청(헌법불합치,적용중지); 헌재 2000.4.27. 98헌가16등, 학원의설립 · 운영에관한법률 제22조 제1항 제1호 등 위헌제청(과외교습금지사건)(위헌); 헌재 2002.3.28. 2000헌바53, 형법 제259조 제2항 위헌소원(합헌))(한편 헌재는 헌법 제36조 제1항을 헌법원리 내지 원칙규범으로서의 성격도 가진다고 판시한다. 헌재 2002.8.29. 2001헌바82, 소득세법 제61조 위헌소원(위헌)) 및 모성과 국민보건의 보호(제36조)(헌재 1997.12.24. 95헌마390, 의료보험법 제31조 제2항 위헌확인(기각)), 지방자치제도의 보장(제117조 제1항)(헌재 1995.3.23. 94헌마175, 경기도남양주시등33개도농복합형태의시설치에관한법률 제8조 위헌확인(기각); 헌재 2006.2.23. 2005헌마403, 지방자치법 제87조 제1항 위헌확인(기각)) 등에 관하여는 다수의 학설과 판례도 이를 제도보장으로 인정한다. 그 밖에 헌법상 보장 · 보호라는 명시적 표현은 없더라도 그 성질상 제도보장으로 볼 수 있는 사항으로는 자주적인 노동조합제도 등 근로3권의 보장(제33조), 민주적 선거제의 보장(제41조 제1항, 제67조 제1항)을 들 수 있다.

2. 사 견

생각건대 제도보장의 인정 여부는 학자에 따라서 보는 차이가 드러나기 마련이다. 제도보장을 통하여 제도의 본질을 헌법상 보장하려는 데 그 취지가 있다면 헌법상 제도보장의 틀로 인정될 수 있는 사항은 가급적 널리 제도보장으로 이해하여도 무방하다. 바로 그런 점에서 신문의 기능보장(제21조 제3항)(헌재 1991.9.16. 89헌마165, 정기간행물의등록등에관한법률 제19조 제3항의 위헌여부에 관한 헌법소원(합헌): "반론권을 인정하는 근거는 …객관적 질서로서의 언론제도를 보장하는 데 있다."), 농 · 어민과 중소기업의 자조조직의 보장(제123조 제5항)(헌재 1996.12.26. 96헌가18, 주세법 제38조의7 등 위헌제청(위헌))도 제도보장으로 볼 수 있다. 또한 1980년 헌법에서부터 규정하고 있는 소비자보호운동의 보장(제124조)도 제도보장으로 볼 수 있다. 대법원 판례에서도 소비자보호운동의 보장을 제도보장으로 보는 듯한 표현이 있다.

> 소비자불매운동은 소비자보호운동의 일환으로서 헌법 제124조를 통하여 제도로서 보장되나, 그와는 다른 측면에서 일반 시민들이 특정한 사회, 경제적 또는 정치적 대의나 가치를 주장 · 옹호하거나 이를 진작시키기 위한 수단으로서 소비자불매운동을 선택하는 경우도 있을 수 있고, 이러한 소비자불매운동 역시 반드시 헌법 제124조는 아니더라도 헌법 제21조에 따라 보장되는 정치적 표현의 자유나 헌법 제10조에 내재된 일반적 행동의 자유의 관점 등에서 보호받을 가능성이 있다(대판 2013.3.14. 2010도410).

제 5 절 기본권의 주체

Ⅰ. 의 의

(i) 기본권의 주체란 헌법이 보장하는 자유와 권리(기본권)를 누리는 자(향유자)를 말한다. 기본권의 주체이어야 헌법소원심판을 청구할 수 있다. 기본권향유에 있어서는 기본권 보유능력과 기본권 행위능력이 구별된다. 기본권 보유능력은 기본권을 보유 내지 향유하는 능력을 말한다. 모든 국민은 기본권 보유능력을 가진다. 헌법상 기본권 보유능력은 민법상 권리능력과 반드시 일치하지는 아니한다. 예컨대 민법상 권리능력 없는 사단이나 재단도 헌법상 기본권의 주체가 된다. 기본권 행위능력은 기본권의 주체가 특정한 기본권을 단독으로 유효하게 행사할 수 있는 능력이다. 특히 미성년자나 어린이의 기본권 행위능력은 개별적 기본권에 따라서 상이하다. 예컨대 선거권과 피선거권의 경우 기본권 보유능력을 가진 사람이라도 일정한 연령에 달하여야 기본권 행위능력이 인정된다. 그러나 인간의 존엄과 가치·행복추구권, 신체의 안전과 자유 등에 있어서는 기본권 보유능력과 기본권 행위능력이 일치한다(기본권 보유능력 ≧ 기본권 행위능력).

(ii) 한국헌법의 기본권 장(章)에서는 국민의 자유와 권리를 규정한다. 따라서 기본권의 원칙적 향유자는 국민이다. 그러나 기본권은 원래 초국가적 자연권이기 때문에, 국민이 아닌 외국인도 인간으로서 기본권의 주체가 될 수 있다. 반면에 국민 중에서도 특수신분관계에 있는 사람은 기본권이 제한될 수도 있다. 또한 기본권은 본래 자연인을 전제로 출발하였으나, 기본권의 성격에 따라서는 법인도 기본권의 주체가 될 수 있다.[1] 최근에는 인공지능의 발전에 따라 로봇의 기본권 주체성, 또는 인간과 함께한다는 의미에서 동물의 기본권 주체성이 새롭게

---

1) 기본권 주체의 도표

인(人)	자연인	국민	일반국민(재외동포·북한주민의 문제)
			특수신분관계에 있는 국민(공무원 등)
		외국인	제한적으로 인정(인간의 존엄과 가치 등)
	법인	내국법인	사법인(원칙적으로 인정)(정당의 특수성)
			공법인(원칙적으로 부정)
		외국법인	제한적으로 인정(사회·경제적 자유권 등)

제기된다.[1)]

Ⅱ. 자 연 인

1. 국 민

기본권의 출발조항인 헌법 제10조에서는 '모든 국민'의 기본권을 보장한다. "대한민국의 국민이 되는 요건은 법률로 정한다"(제2조). 이에 따라 국적법에서 대한민국의 국민이 되는 요건을 구체적으로 규정한다.

(1) 일반국민

대한민국 국민 중에서 일반국민은 가장 폭넓게 기본권을 향유하는 전형적인 기본권의 주체이다. 성별·연령·사회적 신분에 관계없이 기본권의 주체가 된다.

(ⅰ) 형성 중의 생명인 태아(胎兒)는 모(母)와는 별개의 생명체로서 헌법상 기본권의 주체가 될 수 있다. 이에 따라 국가는 태아의 생명을 보호할 의무가 있다.

> "모든 인간은 헌법상 생명권의 주체가 되며, 형성 중의 생명인 태아에게도 생명에 대한 권리가 인정되어야 한다. 따라서 태아도 헌법상 생명권의 주체가 되며, 국가는 헌법 제10조에 따라 태아의 생명을 보호할 의무가 있다." "하지만 그와 같은 국가의 기본권 보호의무로부터 태아의 출생 전에, 또한 태아가 살아서 출생할 것인가 와는 무관하게, 태아를 위하여 민법상 일반적 권리능력까지도 인정하여야 한다는 헌법적 요청이 도출되지는 않는다"(합헌7:한정위헌2)(헌재 2008.7.31. 2004헌바81, 민법 제3조 등 위헌소원(합헌)).

민법은 태아에 대하여 손해배상청구·상속·인지 등 예외적인 경우에만 권리능력을 인정한다. 이 경우 태아는 살아서 출생하는 경우(완전노출설)에 한하여 소급하여 권리능력을 가진다(정지조건설).

(ⅱ) 미성년자도 기본권의 주체가 되지만 기본권의 행사에는 일정한 제한이 따른다. 미성년자의 법적 지위는 부모·학교·국가와 직접적으로 관련된다. 헌법은 교육을 받게 할 의무와 의무교육의 무상(제31조 제2항·제3항)·연소자의 근로에 대한 특별한 보호(제32조 제5항)·청소년 복지향상을 위한 정책을 실시할 의무(제34조 제4항)를 규정한다.

헌법재판소는 헌법 제10조로부터 아동과 청소년의 인격권을 인정하면서, 이들

---

1) 전상현, 미국헌법상 법인의 기본권에 관한 연구, 서울대 박사학위논문, 2017.8; 정태호, "외국인의 기본권주체성과 헌법해석의 한계", 헌법재판연구 6-1; 윤수정, "외국인의 기본권 주체성에 대한 고찰", 공법연구 48-2; 조소영, "주식회사의 정치적 표현의 자유", 헌법재판연구 7-1; 전상현, "회사의 정치적 표현", 헌법재판연구 7-1; 김지혜, "외국인의 인권", 헌법학연구 29-1; 조하늬, "사자의 기본권 주체성", 헌법학연구 30-3; 김영진, "휴머노이드 로봇에 관한 헌법적 고찰", 헌법학연구 31-2.

에게 교육환경을 스스로 결정할 권리, 자유롭게 문화를 향유할 권리를 부여한다.

학교환경위생정화구역에서의 극장시설금지는 아동과 청소년의 문화향유권을 침해한다(헌재 2004.5.27. 2003헌가1등, 학교보건법 제6조 제1항 제2호 위헌제청 등(위헌,헌법불합치,적용중지)).

18세 미만자의 당구장 출입금지표시는 청소년의 일반적 행동자유권을 침해한다(헌재 1993.5.13. 92헌마80, 체육시설의설치·이용에관한법률시행규칙 제5조에 대한 헌법소원(위헌)).

(iii) 노인도 당연히 기본권의 주체이다. 그런데 현대 정보사회의 진전에 따라 정보격차(digital divide)에 더 나아가 AI 디바이드가 가속화됨에 따라 노인에 대한 배려가 특별히 요망된다. 헌법은 평생교육의 진흥(제31조 제5항)·노인의 복지향상을 위한 정책실시의무(제34조 제4항)·노령자에 대한 생활구조(제34조 제5항) 등을 규정한다.

(iv) 사자(死者)는 원칙적으로 기본권의 주체가 될 수 없다. 다만 일정한 경우에 한하여 보호할 뿐이다. 인수자가 없는 시체를 생전의 본인의 의사와 무관하게 해부용 시체로 제공할 수 있도록 한 것은 시체의 처분에 관한 자기결정권을 침해한다(헌재 2015.11.26. 2012헌마940, 시체 해부 및 보존에 관한 법률 제12조 제1항 위헌확인(위헌)). 형법은 공연히 허위의 사실을 적시한 경우에 사자명예훼손죄(제308조)로 처벌한다.

(2) 특수신분관계에 있는 국민

종래 특별권력관계이론을 정립하여 기본권제한의 특례를 인정하여왔다. 그러나 공법상 특별권력관계이론이 비판의 십자포화를 맞게 되어, 이 이론에 의한 국가와 국민과의 특별권력관계는 특수신분관계로 재구성되고 있다. 특수신분관계에 있는 사람으로는 공무원·군인·군무원·경찰관·국공립학교 학생·수형자 등이 있다. 이들도 국민인 이상 기본권의 주체가 된다는 점에는 이론의 여지가 없다. 다만, 신분의 특수성으로 인하여 헌법과 법률에 의하여 기본권제한의 정도가 달라질 뿐이다. 헌법상 공무원의 정치활동권(제7조 제2항), 군인·군무원 등의 재판청구권(제27조 제2항)과 국가배상청구권(제29조 제2항), 공무원 등의 근로3권(제33조 제2항) 등이 제한된다. '형의 집행 및 수용자의 처우에 관한 법률'에 따라 수형자는 통신의 자유 등이 제한된다(헌재 1995.7.21. 92헌마144, 서신검열 등 위헌확인(인용(위헌확인),한정위헌,기각,각하))(상세는 제8절 기본권의 제한 참조).

(3) 재외동포

(i) 재외동포는 재외국민과 외국국적동포로 구분된다. 재외국민은 "대한민국의 국민으로서 외국의 영주권을 취득한 자 또는 영주할 목적으로 외국에 거주하고 있는 자"이다(재외동포의출입국과법적지위에관한법률 제2조 제1호). 재외국민은 일반국민에 준하여 혜택을 받는다.

(ii) 외국국적동포는 "대한민국의 국적을 보유하였던 자(대한민국정부 수립 전에 국외로 이주한 동포를 포함한다) 또

는 그 직계비속으로서 외국국적을 취득한 자 중 대통령령이 정하는 자”이다(제2조 제2호). 재외동포의 적용대상에서 정부수립 이전 이주동포의 제외는 헌법에 합치되지 아니한다(헌재 2001.11.29. 99헌마494, 재외동포의 출입국과법적지위에관한법률 제2조 제2호 위헌확인). 외국국적동포도 일정한 조건에서 국민으로서의 혜택을 받을 수 있다(제11조 이하).

(4) 북한주민

북한을 국제법상 국가로서의 실체를 인정하는 입장에서는, 북한주민의 법적 지위를 외국인과 마찬가지로 본다. 그러나 헌법 제3조 영토조항의 규범력을 인정하면서 특히 남북관계를 민족 내부의 특수관계로 이해하는 입장에서 볼 때, 북한주민은 대한민국 국민으로 본다. 설사 북한법의 규정에 따라 북한국적을 취득하였더라도 조선인을 부친으로 하여 출생한 경우라면 그 사람도 제헌헌법의 공포와 동시에 대한민국 국적을 취득한 국민으로 보아야 한다(대판 1996.11.12. 96누1221, 강제퇴거명령무효확인 등). 결국 북한주민도 한국헌법상 대한민국의 국민으로서 기본권의 주체가 된다. 다만, 북한지역에 헌법의 규범력이 사실상 제약받고 있는 사정을 감안할 때 기본권행위능력은 법률에 의하여 특별한 제한을 받을 수 있다(제1편 제3장 제1절 참조).

2. 외 국 인

헌법은 “제2장 국민의 권리와 의무”라고 규정하는바, 이 문언만으로 보면 기본권의 주체는 ‘국민’에 한정된다. 그러나 헌법 제6조 제2항에서 “외국인은 국제법과 조약이 정하는 바에 의하여 그 지위가 보장된다”라고 규정하고 있어 외국인의 기본권주체성을 인정할 여지가 있다. 특히 외국인들의 국내취업·국내투자·밀입국 등이 증가하면서 이들의 기본적 인권보장이 현실적 쟁점이 된다. 외국인에는 무국적자도 포함한다. 다만, 개정된 국적법에 따라 외국국적을 동시에 가진 복수국적자도 대한민국 국민으로 본다(헌재 2004.8.26. 2002헌바13, 국적법 제12조 제1항 단서 위헌소원(합헌)).

(1) 부정설

부정설에 의하면 헌법상 ‘국민’이라고 표현되어 있기 때문에 외국인은 국민 개념에 포함될 수 없다(법실증주의). 또한 통합이론도 기본권을 공동체가 통합되어 가기 위한 가치질서로 파악하기 때문에 원칙적으로 외국인의 기본권주체성을 부인하며, 인정 여부는 입법정책적으로 결정할 사안으로 본다.

(2) 긍정설

“‘외국인’은 ‘국민’과 유사한 지위에 있으므로 원칙적으로 기본권주체성이 인정된다”(헌재 2001.11.29. 99헌마494, 재외동포의출입국과법적지위에관한법률 제2조 제2호 위헌확인(헌법불합치,잠정적용)). 통합이론에서도 공동체 내의 모든 구성원의 통합이 요구되므로 기본권주체성을 인정할 수 있다는 견해가 있다. 긍정설은 다시 개별적 기본권의 성질에 따라 외국인에게도 널리 기본권을 인정하여야 한다는 견해와 헌법의 문언에 따라야 한다는 견해로 나누어진다.

(3) 사 견

(i) 외국인의 기본권주체성은 기본권의 성질에 따라 인정 여부가 결정되어야 한다. 그런데 기본권 중에서 천부인권성 내지 자연권성을 가진 기본권에 대하여는 외국인의 기본권주체성을 인정하여야 한다. 예컨대 "인간의 존엄과 가치 및 행복추구권은 대체로 '인간의 권리'로서 외국인도 주체가 될 수 있다고 보아야 하고, 평등권도 인간의 권리로서 참정권 등에 대한 성질상의 제한 및 상호주의에 따른 제한이 있을 수 있을 뿐이다"(헌재 2001.11.29. 99헌마494). 자유권·청구권적 기본권도 원칙적으로 외국인에게 인정된다. 다만, 자유권이 인정되더라도 일정한 경우 제한될 수 있고(예컨대 평등권, 입국의 자유, 직업의 자유), 청구권적 기본권도 상호주의원칙에 따라 제한될 수 있다. 그러나 사회권(생존권)은 외국인에게 제한적으로만 인정된다(예컨대 근로의 권리, 근로3권).

"일할 자리에 관한 권리"는 국민에게만 인정되지만, "일할 환경에 관한 권리"는 외국인에게도 인정한다(헌재 2007.8.30. 2004헌마670, 산업기술연수생 도입기준 완화결정 등 위헌확인(위헌)). 불법체류외국인의 '인간의 권리'로서 "신체의 자유, 주거의 자유, 변호인의 조력을 받을 권리, 재판을 받을 권리 등"을 인정하지만, "국가인권위원회의 공정한 조사를 받을 권리"는 헌법상 보장된 기본권으로 보지 아니한다(헌재 2012.8.23. 2008헌마430, 긴급보호 및 보호명령 집행행위 등 위헌확인(기각)).

외국인 지역가입자에 대한 보험급여제한은 평등권에 위배되므로 헌법에 합치되지 아니한다(헌재 2023.9.26. 2019헌마1165, 국민건강보험법 제109조 제10항 등 위헌확인(헌법불합치,잠정적용,기각,각하)).

코로나19로 인한 경제적 타격의 회복을 위한 긴급재난지원금 지급대상에, 외국인 중 '영주권자 및 결혼이민자'를 포함하고 '난민인정자'를 제외한 '긴급재난지원금 가구구성 및 이의신청 처리기준(2차)' 조항은 합리적 이유 없는 차별로서 난민인정자인 청구인의 평등권을 침해한다(헌재 2024.3.28. 2020헌마1079, 긴급재난지원금 세부시행계획 등 위헌확인(인용(위헌확인))).

(ii) 참정권은 원칙적으로 외국인에게 인정되기 어려운 문제점이 있다. 국제화 시대에 외국인도 공무원으로 임용될 수 있다(국가공무원법 제26조의3, 지방공무원법 제25조의2). 공직선거법에서는 지방자치단체의 의회의원과 단체장선거의 경우에 일정한 요건을 갖춘 외국인에게 선거권을 인정한다(제15조 제2항). 또한 주민투표법에서도 일정한 요건에 따라 외국인에게 투표권을 부여한다(제5조 제1항 제2호). 대통령선거나 국회의원선거와 같은 국가적인 참정권 인정과는 별개로, 외국인에 대한 지방참정권 부여는 해당 지방의 주민

으로서 자신의 일상생활과 밀접한 관련성이 있는 공공사무를 처리하는 과정에 참여하는 자연스러운 현상이다.

Ⅲ. 법 인

1. 인정 여부

기본권은 본래 인간의 권리와 시민의 권리라는 특성을 동시에 가지기 때문에, 자연인에게만 기본권주체성을 인정하였다. 그러나 오늘날 법인이론이 발전하여 비록 법인의 의사나 행동이 자연인에 의하여 작동된다고 하더라도, 자연인과는 달리 법인을 독립적인 초개인적 조직체로 인정하여야 한다는 법인의 기본권주체성 긍정설이 통설·판례의 입장이다. 독일기본법은 "기본권이 그 성질상 내국법인에게 적용될 수 있는 때에는 그들에게도 적용된다"(제19조 제3항)라고 규정한다.[1)]

"우리 헌법은 법인의 기본권향유능력을 인정하는 명문의 규정을 두고 있지 않지만, 본래 자연인에게 적용되는 기본권규정이라도 언론·출판의 자유, 재산권의 보장 등과 같이 성질상 법인이 누릴 수 있는 기본권은 당연히 법인에게도 적용하여야" 한다고 본다(헌재 1991.6.3. 90헌마56, 영화법 제12조 등에 관한 헌법소원(각하)).

"법인도 법인의 목적과 사회적 기능에 비추어 볼 때 그 성질에 반하지 않는 범위 내에서 인격권의 한 내용인 사회적 신용이나 명예 등의 주체가 될 수 있고 법인이 이러한 사회적 신용이나 명예 유지 내지 법인격의 자유로운 발현을 위하여 의사결정이나 행동을 어떻게 할 것인지를 자율적으로 결정하는 것도 법인의 인격권의 한 내용을 이룬다." 그러므로 "방송사업자가 제33조의 심의규정을 위반한 경우"에 관한 부분은 방송사업자의 인격권을 침해한다(헌재 2012.8.23. 2009헌가27, 방송법 제100조 제1항 제1호 위헌제청(위헌)).

2. 인정범위

구체적으로 법인에 대하여 어떠한 기본권을 어느 범위까지 인정하느냐의 문제는 법인의 유형 및 개별적 기본권의 성질에 따라 달라진다.

---

1) 한국헌법학계에서 논란이 되고 있는 독일의 헌법관에 따른 외국인과 법인의 기본권 주체성 인정 여부에 관하여 정리하면 다음과 같다.

	법실증주의	결단주의	통합론적 헌법관
외국인	부 정	긍 정	부 정
법 인	공법인 부정, 사법인 긍정	공·사법인 모두 부정	공·사법인 모두 긍정

(1) 법인의 유형에 따른 기본권주체성

A. 사법인(私法人)

기본권의 성질상 법인의 기본권주체성을 인정할 경우 그 법인의 기본 모델은 국내 사법인이다. 사법인은 법인격을 갖춘 사단법인·재단법인뿐만 아니라 법인격 없는 사단(권리능력 없는 사단) 기타 인적(人的) 결사를 포함한다.

"법인 아닌 사단·재단이라고 하더라도 대표자의 정함이 있고 독립된 사회적 조직체로서 활동하는 때에는 성질상 법인이 누릴 수 있는 기본권을 침해당하게 되면 그의 이름으로 헌법소원심판을 청구할 수 있다." 그러나 한국영화인협회 감독위원회는 내부분과위원회로서 협회 내부 조직에 불과하여 단체로서의 실체가 없으므로 당사자능력이 부인된다(헌재 1991.6.3. 90헌마56, 영화법 제12조 등에 관한 헌법소원(각하)).

"사죄광고 과정에서는 자연인이든 법인이든 인격의 자유로운 발현을 위해 보호받아야 할 인격권이 무시되고 국가에 의한 인격의 외형적 변형이 초래되어 인격형성에 분열이 필연적으로 수반되게 된다. 이러한 의미에서 사죄광고제도는 헌법에서 보장된 인격의 존엄과 가치 및 그를 바탕으로 하는 인격권에 큰 위해도 된다"(헌재 1991.4.1. 89헌마160, 민법 제764조의 위헌여부에 관한 헌법소원(일부위헌)).

한국신문편집인협회의 기본권주체성을 인정하지만, 협회 소속원의 언론의 자유가 침해됨에 따라 협회의 기본권도 간접적으로 침해된 것에 불과하므로 협회는 헌법소원의 자기관련성이 인정되지 아니한다(헌재 1995.7.21. 92헌마177등, 대통령선거법 제65조 위헌확인(각하)).

B. 공법인(公法人)

(i) 공법상 법인 즉 공법인은 원칙적으로 기본권주체성이 부인된다. 공법인에 대하여 기본권주체성을 인정할 경우 기본권의 반전을 초래할 우려가 있기 때문이다. "국가나 국가기관 또는 국가조직의 일부나 공법인은 기본권의 '수범자'(Adressat)이지 기본권의 주체로서 그 '소지자'(Träger)가 아니라 오히려 국민의 기본권을 보호 내지 실현해야 할 '책임'과 '의무'를 지니고 있는 지위에 있을 뿐이다"(헌재 1994.12.29. 93헌마120, 불기소처분취소(각하); 헌재 2006.2.23. 2004헌바50, 구농촌근대화촉진법 제16조 위헌소원(합헌)).

이에 따라 헌법재판소는 국회의 노동위원회(헌재 1994.12.29. 93헌마120), 지방자치단체나 그 기관인 지방자치단체의 장(헌재 1997.12.24. 96헌마365, 행정심판법 제37조 제1항 위헌확인(각하))과 지방의회(헌재 1998.3.26. 96헌마345, 지방자치단체의행정기구와정원기준등에관한규정 제14조 제1항 등 위헌확인(각하)), 농지개량조합(헌재 2005.6.30. 2003헌바74, 구 농지개량조합법 제40조 등 위헌소원(합헌)), 직장의료보험조합에 대하여 기본권주체성을 부인한다.

(ii) 공법인도 예외적으로 ① 기본권에 의하여 보호되는 생활영역에 속하거나, ② 자연인의 개인적 기본권의 실현에 기여하거나, ③ 조직법상 국가로부터 독립되어 있을 경우에는 그 기본권주체성을 인정할 수 있다. 이에 따라 국립대학, 국(공)영 언론기관, 축협중앙회 등 일정한 공법인 내지 공법인에 준하는 단체에 대하여는

이들 단체가 가진 특성을 고려하여 기본권주체성을 인정하여도 무방하다.

"대학의 자율성은 헌법 제22조 제1항이 보장하고 있는 학문의 자유의 확실한 보장수단으로 꼭 필요한 것으로서 이는 대학에게 부여된 헌법상의 기본권이다." 이에 따라 국립서울대학교가 공권력행사의 주체인 동시에 학문의 자유와 대학의 자율권이라는 기본권의 주체이고, 대학의 자율권에 대학의 입시나 학생선발방법의 자주적 결정권도 포함하여, 고사과목에 일본어의 제외는 합헌이다(헌재 1992.10.1. 92헌마68등, 1994학년도 서울대학교 신입생선발입시안에 대한 헌법소원(기각)).

축협중앙회는 공법인으로서의 성격이 상대적으로 크지만 공법인성과 사법인성을 겸유한 특수한 법인으로서 기본권의 주체가 되지만, 보호의 정도는 낮다(헌재 2000.6.1. 99헌마553, 농업협동조합법 위헌확인(기각)).

청구인은 공법상 재단법인인 방송문화진흥회가 최다출자자인 방송사업자로서 방송법 등 관련 규정에 의하여 공법상의 의무를 부담하고 있지만, 그 설립목적이 언론의 자유의 핵심 영역인 방송 사업이므로 이러한 업무수행과 관련하여서는 기본권 주체가 될 수 있고, 그 운영을 광고수익에 전적으로 의존하고 있는 만큼 이를 위하여 사경제 주체로서 활동하는 경우에도 기본권 주체가 될 수 있다(헌재 2013.9.26. 2012헌마271, 방송광고판매대행 등에 관한 법률 제5조 제2항 위헌확인(기각)).

대통령도 발언내용이 직무부문과 사적 부문이 경합하는 경우에 사적 부문에 대하여는 기본권주체성이 인정된다(헌재 2008.1.17. 2007헌마700, 대통령의 선거중립의무 준수요청 등 조치 취소(기각)).

C. 외국법인

외국법인의 기본권주체성은 자연인으로서의 외국인의 기본권주체성과 마찬가지로 일정한 제한에 따라 인정되며, 상호주의 원칙에 따른다. 다만, 외국공법인은 주권국가에 존재할 수 없으므로 기본권 인정 여부가 문제되지 아니한다.

(2) 기본권의 성질에 따른 기본권주체성

기본권의 성질상 비교적 법인에게 폭넓게 기본권주체성이 인정되는 기본권으로는 평등권, 직업선택의 자유, 거주·이전의 자유, 주거의 자유, 언론·출판·집회·결사의 자유, 통신의 자유, 직업의 자유, 재산권, 청원권, 재판청구권, 국가배상청구권 등이 있다. 그러나 '인간의 존엄과 가치'·행복추구권, 신체의 안전과 자유, 양심의 자유, 신앙의 자유, 선거권, 형사보상청구권, 범죄피해자구조청구권 등은 인정하기 어렵다. 사회권에 대하여는 제한적으로 인정할 수 있다.

(3) 정당의 기본권주체성

(i) 정당의 헌법상 지위는 국가기관도 순수한 사법상 결사도 아닌 중간기관 즉 중개적 기관이다. 하지만, 그 법적 성격은 헌법상 제21조의 일반결사체보다 강화된 법적 지위를 보장받는 특수형태의 정치결사체로 인정된다. 헌법재판소도 "정당의 법적 지위는 적어도 그 소유재산의 귀속형태에 있어서는 법인격 없는 사단으로 보아야 한다"라고 판시한다(헌재 1993.7.29. 92헌마262, 불기소처분취소(기각): 정당의 재산권 주체 인정). 따라서 정당도 다른

법인과 마찬가지로 기본권주체성을 인정하여야 한다. 하지만, 국회의 교섭단체는 기본권의 주체로 인정하지 아니한다.

헌법재판소는 정당의 청구인적격을 인정하고(헌재 1991.3.11. 91헌마21 (헌법불합치, 잠정적용, 각하)), 정당의 기회균등도 인정한다(헌재 1996.3.28. 96헌마9등, 공직선거법 제150조 제3항 등 위헌확인(기각))(헌재 1999.11.25. 99헌바28, 공직선거법 제84조 위헌소원(합헌)).

(ii) 헌법재판소는 등록취소된 정당에 대하여 비록 등록이 취소되었더라도 정당으로서의 실질적인 활동을 계속하고 있으면 기본권주체성을 인정하지만, 정당으로서의 실질적 활동이 없을 경우에는 기본권주체성을 인정하지 아니한다.

청구인(사회당)은 등록이 취소된 이후에도, 취소 전 사회당의 명칭을 사용하면서 대외적인 정치활동을 계속하고 있고, 대내외 조직 구성과 선거에 참여할 것을 전제로 하는 당헌과 대내적 최고의사결정기구로서 당대회와, 대표단 및 중앙위원회, 지역조직으로 시・도위원회를 두는 등 계속적인 조직을 구비하고 있는 사실 등에 비추어 보면, 청구인은 등록이 취소된 이후에도 '등록정당'에 준하는 '권리능력 없는 사단'으로서의 실질을 유지하고 있다고 볼 수 있으므로 헌법소원의 청구인능력을 인정할 수 있다(헌재 2006.3.30. 2004헌마246, 정당법 제25조 등 위헌확인(기각)).

청구인 녹색사민당은 정당법상 등록된 정당이었으나 2004년 실시된 총선거에 참여, 유효투표총수의 100분의 2 이상을 득표하지 못하여 정당등록이 취소되었다. 그렇다면 녹색사민당은 더 이상 등록된 정당이 아니어서 기본권을 향유할 수 있는 주체가 될 수 없으므로 녹색사민당의 심판청구는 부적법하다(헌재 2006.2.23. 2004헌마208, 정치자금에관한법률 제12조 등 위헌확인(각하)).

Ⅳ. 결 어

1. 기본권은 본래 자연인으로부터 비롯되는 천부인권적 권리이다. 그러나 오늘날 법인에게도 널리 기본권 주체성이 인정되어야 한다.

2. 기본권 주체의 확대는 동시에 기본권 향유자의 확대로 이어져야 한다. 그런 점에서 예컨대 국회 교섭단체, 협회 등의 내부조직 등에 대하여도 기본권 주체성을 확대하여야 한다.

제 6 절 기본권의 효력

Ⅰ. 의 의

기본권의 효력은 기본권의 힘이 어디까지 미치는가의 문제이다. 기본권은 원래 "국가로부터의 자유"로부터 비롯되었다는 점에서 기본권의 대국가적 효력은 당연히 인정되어야 한다. 하지만, 기본권의 효력은 국가생활에서 일어나는 모든 작용에 미쳐야 한다는 점에서 기본권의 대사인적 효력을 인정하려는 경향이 나타나기 시작하였다. 이에 따라 기본권의 역사적 발전과정에서 기본권의 효력이 미치는 범위는 대국가적 효력으로부터 대사인적 효력으로 확장되어왔다.

Ⅱ. 기본권의 대국가적 효력

1. 의 의

기본권은 역사적으로 국가에 대한 항의적 · 방어적 성격의 권리로 정립되어왔다. 또한 기본권은 국민 개개인이 누리는 주관적 공권이기 때문에 모든 국민은 기본권에 기초하여 국가에 대하여 적극적으로 작위 또는 부작위를 청구할 수 있다. 독일기본법 제1조 제3항에서는 "이하에 규정된 기본권은 직접적 효력을 가지는 법으로서 입법, 집행 및 사법을 구속한다"라고 규정한다. 한국헌법에서는 독일기본법과 같은 직접적 효력 규정은 없지만, 제10조 후문에서 "국가는 개인이 가지는 불가침의 기본적 인권을 확인하고 이를 보장할 의무를 진다"라고 규정한다.

2. 기본권의 대국가적 직접효력성

(1) 의 의

바이마르헌법에서는 기본권의 대국가적 효력의 직접성에 관하여 논란이 있었으나, 독일기본법에서는 이를 명문으로 인정한다. 그러나 한국헌법에는 기본권의 대국가적 직접효력에 관하여 명문의 규정이 없기 때문에 논란이 있다.

(2) 입법방침규정설

입법방침규정설에 의하면 기본권에 관한 헌법규정은 단순한 선언 내지 정책적 방향을 제시하는 프로그램적 규정이라고 본다. 이에 따라 헌법 제10조 후문 규정은 직접적 효력규정으로 볼 수 없다고 한다.

(3) 직접적 효력규정설

오늘날 통설적 견해는 직접적 효력규정설을 취한다. 즉 기본권 규정은 입법권·행정권·사법권·헌법개정권력을 구속하는 직접적 효력규정이라고 본다. 다만, 직접적 효력규정설에 의할 경우에도 그 직접적 효력의 근거를 헌법 제10조 후문에서 찾는 견해와 헌법의 개별적 규정에서 찾는 견해로 나누어진다. 개별적 근거로서 입법에 대한 구속력의 근거는 제37조 제2항(기본권의 제한) 및 제111조(위헌법률심판 및 헌법소원심판), 행정에 대한 구속력의 근거는 제37조 제2항 및 제107조 제2항(명령·규칙·처분의 위헌·위법심사), 사법에 대한 구속력의 근거는 제27조(재판청구권) 및 제103조(법관의 독립)가 있다.

(4) 검 토

생각건대 헌법 제10조 후문의 "국가는 개인이 가지는 불가침의 기본적 인권을 확인하고 이를 보장할 의무를 진다"라는 규정은 기본권의 직접적 효력규정으로 보아도 무방하다.

3. 국가작용에 따른 기본권의 대국가적 효력

기본권은 원칙적으로 모든 국가작용을 구속하지만, 국가작용의 성격이나 내용에 따라 구속력의 정도에는 차이가 있을 수 있다.

(1) 입법권

기본권의 입법작용에 대한 구속력은 헌법 제10조(인간의 존엄과 가치 및 행복추구권), 제37조 제2항(기본권의 제한) 및 제111조(위헌법률심판 및 헌법소원심판)에 비추어 명백하다. 국회의 입법권은 법률의 합헌성추정의 원칙과 헌법합치적 법률해석의 원리로 담보된다. 그러나 국회가 제정한 법률이라 하더라도 헌법 제37조 제2항의 규정에 따라 기본권의 본질적 내용을 침해할 수 없을 뿐만 아니라 동시에 비례의 원칙(과잉금지의 원칙)에도 위배되지 아니하여야 한다.

(2) 집행권

기본권은 국가의 모든 집행작용에 대하여 효력을 미친다. 따라서 집행권의 작용은 기본권에 기속되며, 법치주의원리에 따라 법률에 의하지 아니하고는 국민의 기본권을 제한할 수 없다. 집행권에 대한 기본권의 효력은 헌법 제107조 제2항(명령·규칙·처분의 위헌·위법심사)을 통하여 뒷받침된다. 그러나 집행작용의 성질이나 주체 여하를 불문하고 모든 집행작용에 대하여 기본권의 효력이 미치는지 여부에 관하여 논란이 있다.

(i) 권력작용에는 당연히 기본권의 효력이 미친다. 그런데 관리작용 · 국고작용에도 기본권의 효력이 미치는지에 대하여 논란이 있다. 부정설에 의하면 비록 그 작용의 주체가 행정기관이라 할지라도 그 작용의 성질이 사법(私法)적 성격을 띠기 때문에 기본권의 효력이 미치지 아니한다고 본다. 헌법재판소도 행정청이 사경제 주체로서 하는 사법상 법률행위는 헌법소원의 대상이 되는 공권력행사가 아니라고 본다(헌재 1992.11.12. 90헌마160, 하천부지 교환에 대한 헌법소원(각하)). 생각건대 사법적 작용도 공적 과제를 수행하기 위한 수단이고, 헌법 제10조에서 국가의 기본권보장의무를 규정하고 있는바, 이때 국가는 권력적 작용의 주체에만 한정되지 아니하고 비권력적 작용의 주체까지 포괄한다고 보아야 한다. 특히 기본권의 대사인적 효력도 인정하고 있으므로, 모든 국가작용에 대하여 기본권의 효력이 당연히 미친다고 보아야 한다.

(ii) 권력관계의 특수성으로 인하여 기본권의 효력이 미치지 아니하는 영역이 있다는 견해가 있었다. 그것은 공법상 특별권력관계이론에 기초하여 특별권력관계를 설정한 특별한 목적달성을 위하여 필요한 범위 안에서 법률의 근거가 없어도 기본권을 제한할 수 있다는 이론이다. 그러나 오늘날 공법상 특별권력관계이론이 부정되고 있으므로, 신분관계의 특수성에 따라 헌법과 법률에 근거하여 기본권제한이 가능할 뿐이다(헌재 제3편 제1장 제8절 V. 3. 특수신분관계 참조). 또한 통치행위나 자유재량행위도 원칙적으로 기본권에 기속된다. 다만, 이들 행위에 대하여서는 사법심사가 제한된다. 국가긴급권의 발동 등 특수한 권력작용으로 인하여 기본권이 제한될 수 있으나 이때에도 헌법과 법률의 규정에 따라서만 제한할 수 있다(제2편 제4장 제4절 V. 5. 통치행위 참조)

(3) 사법권

사법에 대한 구속력의 근거로는 헌법 제27조(재판청구권) 및 제103조(법관의 독립)를 적시한다. 법원의 사법작용에 있어서 재판절차 및 재판내용도 기본권존중의 원칙에 기속된다. 그러나 헌법재판소법 제68조 제1항에서 법원의 재판에 대한 헌법소원을 금지하기 때문에, 사법작용에 대한 기본권 기속을 실현하는 데에는 일정한 한계가 있다.

(4) 헌법개정권력(제도화된 제헌권)

헌법개정 한계긍정론(통설)에 의하면 헌법개정권력도 기본권에 기속된다. 따라서 헌법개정권력의 발동에 따른 헌법개정은 기본권을 확장 · 보호하는 방향으로 이루어져야 한다.

Ⅲ. 기본권의 대사인적 효력

1. 의 의

(i) 기본권은 전통적으로 국가권력으로부터 개인의 자유와 권리를 보호하기 위한 대국가적 방어권으로 작용하여왔다. 하지만, 오늘날 기본권의 효력이 사인 사이에도 확장되어야 한다는 이론이 일반화되고 있다. 기본권의 효력이 사인 사이에 미치지 아니할 경우, 자본주의사회의 고도화와 더불어 형성된 거대한 사회세력과 개인 사이에 야기되는 힘의 차이로 인하여 기본권보장의 사각지대가 발생할 우려가 있기 때문이다. 사실 대기업·정당·언론사 등과 같은 거대조직이나 단체는 조직되지 아니한 개인에 대하여 공권력에 버금가는 막강한 영향력을 행사하기 때문에 가히 사정부(private government)라고 할 수 있다. 이러한 거대조직이나 단체와 개인 사이에도 기본권의 효력이 미치도록 할 필요성이 있다.

(ii) 하지만, 기본권의 효력이 사인 사이의 관계에 무제한적으로 확장되어서는 아니 된다. 대등한 관계에 있는 사인 사이의 거래에 대하여서까지 기본권의 효력이 미치게 되면 자칫 사법질서의 근간이 되는 사적 자치의 이념이 지나치게 위축되는 결과를 초래할 수 있다. 따라서 기본권의 대사인적 효력은 사적 거래라 하더라도 양자 사이에 힘의 불균형이 현저하여 계약의 자유가 유명무실하여질 우려가 있는 경우에 한하여 논의될 수 있는 문제이다.[1]

(iii) 기본권의 대사인적 효력이 특히 문제되는 사안으로는 사기업에서의 결혼퇴직제나 남녀임금차별, 언론기관보도에 의한 인격권(명예권) 침해 및 언론기관에 대한 접근권, 사립학교에서의 종교교육, 공해문제 등이 있다.

2. 기본권의 대사인적 효력을 구체화하는 방법

기본권의 대사인적 효력을 구체화하는 방법으로는 헌법에 명시하는 방법과 입법에 의하는 방법 및 헌법해석에 의하는 방법이 있다.

(i) 헌법에 명시하는 방법은 가장 확실하게 기본권의 대사인적 효력을 보장하

1) 윤영미, 민사재판과 기본권, 이화여대 박사학위논문, 2012.2; 이노홍, "미연방대법원의 국가행위심사기준 중 긴밀 관련성(Close Nexus)이론에 관한 고찰", 헌법논총 15; 장영철, "헌법재판과 사적 자치", 공법연구 45-2; 이병규, "기본권의 사인 효력과 입헌주의 그리고 공사 구분", 공법학연구 17-1; 이노홍, "사인에 대한 기본권의 효력", 헌법실무연구 18; 정광현, "외국인의 기본권 주체성", 헌법실무연구 18; 김용욱, "독일의 기본권 제3자효(대사인효) 이론과 판례의 전개양상", 헌법학연구 30-4.

는 방법이다. 한국헌법에는 표현의 자유와 관련된 헌법 제21조 제4항이 있다.

(ii) 입법에 의하는 방법은 헌법에는 명시되지 아니하지만, 헌법 제37조 제2항에 근거한 입법을 통하여 기본권의 대사인적 효력을 명시하는 방법이다. 예컨대 남녀평등과 강제노역금지를 규정한 근로기준법과 '남녀고용평등과 일·가정 양립 지원에 관한 법률', 정정보도청구권(제14조) 및 반론보도청구권(제16조)을 규정한 '언론중재 및 피해구제 등에 관한 법률' 등이 있다.

(iii) 헌법해석에 의하는 방법은 헌법이나 법률에 명문의 규정이 없거나 불명확할 때, 헌법해석을 통하여 기본권의 대사인적 효력을 확장하는 방법이다.

3. 외국의 이론

미국과 독일에서는 기본권의 대사인적 효력을 인정하는 데 있어서 각기 그 나라 특유의 이론을 발전시켜왔다.

(1) 미국의 판례이론

미국 연방대법원은 기본권의 대사인적 효력 문제와 관련하여, 사인의 행위는 아무리 차별적이고 부당하더라도 수정헌법 제14조의 적용대상이 되는 '국가행위'(state action)가 아니기 때문에 헌법의 적용대상이 되지 아니한다는 이론을 유지한 바 있다. 이에 따라 인종차별을 금지하는 1875년의 민권법이 효력을 발휘할 수 없게 되었다. 하지만, 거대하게 조직화된 사적 단체들이 힘없는 개인들의 권리를 침해할 가능성이 커짐에 따라 연방대법원은 사인 사이에도 기본권의 효력을 인정하여야 할 필요성을 인식하게 되었다. 이와 같은 시대적 배경 속에서 1940년대 이후 연방대법원은 사인의 행위를 '국가행위'(state action)로 전환하는 여러 이론, 즉 '국가유사설'(looks-like government theory) 혹은 '국가행위의제이론'(state action doctrine)을 도입하여, '사인의 행위'도 국가의 행위로 귀속되어 헌법의 적용대상이 된다고 해석하기 시작하였다. 그러한 확대이론은 다음과 같다.

(i) 국유재산이론(state property theory)은 국유재산을 임차한 사인(私人)이 그 시설에서 행한 기본권침해행위는 국가행위와 마찬가지로 보아야 한다는 이론이다(*Turner v. City of Memphis*, 369 U.S. 350(1962)).

(ii) 통치기능이론(governmental function theory)은 정당이나 사립학교 등과 같이 성질상 실질적으로 통치기능을 행사하는 사인의 인권침해행위를 국가행위와 같이 보아야 한다는 이론이다(*Smith v. Allwright*, 321 U.S. 649(1944)).

(iii) 국가원조이론(state assistance theory)은 국가로부터 재정적 원조나 토지

수용권·조세면제 기타의 원조를 받은 사인이 행한 사적 행위를 국가행위와 마찬가지로 보아 헌법을 적용하여야 한다는 이론이다(*Norwood v. Harrison*, 413 U.S. 455(1973)).

(iv) **특권부여의 이론**(governmental regulation theory)은 국가로부터 특권을 부여받아 국가와 밀접한 관계에 있는 사적 단체의 행위를 국가의 행위와 마찬가지로 보아야 한다는 이론이다(*Public Utilities Commission(of District of Columbia) v. Pollak*, 343 U.S. 451(1952)).

(v) **사법적 집행의 이론**(judicial enforcement theory)은 사인 사이의 기본권침해행위가 재판에서 문제되어 이를 법원의 판결에 의한 사법적 집행으로 실현하는 경우에, 그 집행은 위헌적인 국가행위가 된다는 이론이다(*Shelley v. Kraemer*, 334 U.S. 1(1948)).

미국의 판례이론에 대하여는 현대국가의 기능 확대와 관련하여 볼 때 기본권의 효력이 지나치게 확장됨으로써 **사적 자치의 이념이 크게 손상되는 결과**를 초래할 수 있다는 비판이 제기되기도 한다.

1961년 연방대법원(*Burton v. Wilmington Parking Authority*, 365 U.S. 715(1961))이 "state action이 존재하는지를 결정하는 데 있어 정확한 공식을 유형화하고 그에 따른 적용은 법원이 한 번도 시도한 적이 없는 불가능한 작업"이라고 언급한 것처럼 오늘날에도 state action 심사이론, 즉 state action 확장이론을 정확히 분류하고 분석하는 작업은 그리 쉬운 일이 아니다. 법원은 그간의 state action 심사이론의 용어나 기준에 대한 명확한 분석이나 해석을 하지 못하였으며 그 적용에 있어서도 일관성 있는 모습을 보여주지 못하였기 때문이다.

(2) 독일의 이론

A. 효력부인설

독일에서는 초기에 효력부인설이 지배적이었다. 즉 개인 사이의 문제는 헌법이 관여할 사항이 아니고, 기본권은 국가권력에 대한 항의적 성격을 그 본질적 요소로 파악하고 이해한다. 또한 이 학설은 기본권의 대사인적 효력을 인정하게 되면, 전통적인 공법과 사법의 이원적 체계가 흔들릴 우려가 있다고 본다.

B. 효력인정설

(i) 오늘날에는 기본권의 대사인적 효력을 인정하는 방향으로 학설이 정립되었다. 다만, 대사인적 효력을 인정하는 방법에 있어서는 직접적용설과 간접적용설이 대립한다.

(ii) **직접적용설**은 헌법이 국가의 최고법규범이므로 비록 그 법률관계가 사법적인 관계라 하더라도 당연히 적용되어야 한다는 입장이다. 그러나 기본권의 직접적 효력을 사법관계에 전면적으로 적용할 경우에는 **전통적인 공·사법의 이원적**

법질서나 가치체계 자체에 혼란을 초래하게 되고, 특히 사법관계는 당사자 사이의 사적 자치의 원리에 입각하여 법이론과 체계가 정립되어왔기 때문에, 공법관계적인 이론체계에 따라 구축된 기본권이론을 사법관계에 전면적으로 적용하게 되면 자칫 혼란을 초래할 위험이 있다는 비판도 제기된다. 이에 따라 기본권의 직접적용설을 인정하는 입장에서도 기본권의 대사인적 효력을 전면적으로 허용하기보다는, 헌법에 대사인적 효력에 대하여 직접적인 명문의 규정이 있거나, 기본권의 성질상 사인 사이에도 직접 적용될 수 있는 기본권에 한하여 한정적으로 인정하자는 **한정적 직접적용설**이 설득력을 얻는다.

(iii) 직접적용설의 문제점을 비판적으로 인식하여 공·사법의 이원적 체계를 유지하는 가운데 **공서양속·신의성실의 원칙** 등과 같은 **사법의 일반조항**을 통하여 기본권의 효력이 사법관계에 간접적으로 적용된다는 **간접적용설**이 다수의 지지를 받는다. 즉 기본권은 주관적 공권이면서 동시에 객관적 질서로서의 성격을 가지기 때문에 모든 국가생활에서 **'방사효과'**가 미치게 된다(BVerfGE 7,198 (207): Lüth 판결). 방사효과는 사법상의 일반조항을 통하여 사인 사이의 사적 법률관계에도 적용된다.

그러나 간접적용설은 결과적으로 법관에게 적용 여부에 관하여 너무 많은 재량을 부여하게 되어 법적 안정성을 해칠 우려가 있다는 비판도 제기된다.

4. 한국에서 기본권의 대사인적 효력

(1) 원칙적으로 간접적용

(i) 한국에서 기본권의 대사인적 효력에 관한 이론은 대체로 독일에서 기본권의 대사인적 효력에 관한 이론과 유사하다. 이는 한국의 실정법체계가 독일과 같이 대륙법적인 공·사법 이원체계의 유지와도 일맥상통한다. 한국헌법에는 독일 기본법과 같이 기본권의 효력을 명시한 헌법규정이 없지만 헌법 제10조 제2문 "국가는 개인이 가지는 불가침의 기본적 인권을 확인하고 이를 보장할 의무를 진다"라는 규정이 있기 때문에 널리 기본권의 효력을 인정하여야 한다. 이에 따라 기본권의 성질상 사인 사이의 법률관계에도 적용될 수 있는 기본권은 사법의 일반조항들(민법 제2조, 제103조, 제750조, 제751조)을 통하여 **간접적용설**(公序良俗說)에 입각하여 기본권의 효력을 인정하여야 한다.

> "헌법상의 기본권은 제1차적으로 개인의 자유로운 영역을 공권력의 침해로부터 보호하기 위한 방어적 권리이지만 다른 한편으로 헌법의 기본적인 결단인 객관적인 가치질서를 구체화한 것으로서, 사법을 포함한 모든 법 영역에 그 영향을 미치는 것이므로 사

인간의 사적인 법률관계도 헌법상의 기본권 규정에 적합하게 규율되어야 한다. 다만 기본권 규정은 그 성질상 사법관계에 직접 적용될 수 있는 예외적인 것을 제외하고는 사법상의 일반원칙을 규정한 민법 제2조, 제103조, 제750조, 제751조 등의 내용을 형성하고 그 해석 기준이 되어 간접적으로 사법관계에 효력을 미치게 된다"(대판(전합) 2010.4.22. 2008다38288).

(ii) 하지만, 헌법규정이나 헌법해석상 기본권의 대사인적 효력이 부인되는 기본권과 대사인적 효력이 직접적용되는 기본권도 있다.

(2) 대사인적 효력이 직접 적용되는 기본권

헌법에서 사법관계에 적용된다는 명시적인 규정이 있거나 명시적인 규정이 없더라도 그 기본권의 성질상 사인 사이에도 직접 적용되는 기본권이 있다. 예컨대 대사인적 효력이 직접 적용되는 기본권으로는 헌법 제33조의 근로3권을 들 수 있다. 근로3권은 그 기본권의 본질상 노사관계라는 사인 사이의 관계를 전제로 하기 때문이다. 그 밖에도 언론출판의 자유·좁은 의미의 인간의 존엄과 가치 및 행복추구권 등도 직접 적용될 수 있는 기본권이다.

(3) 대사인적 효력이 부인되는 기본권

기본권의 성질상 사인 사이에는 효력이 부인되는 기본권으로는, 예컨대 청구권적 기본권·사법절차적 기본권·참정권·소급입법에 의한 참정권제한과 재산권박탈금지(제13조 제2항) 등이 있다.

제 7 절 기본권의 경합과 충돌

Ⅰ. 의 의

(i) 기본권의 경합(Grundrechtskonkurrenz)은 하나의 기본권의 주체에 관한 문제로서 "단일의 기본권주체가 국가에 대하여 동시에 여러 기본권의 적용을 주장할 수 있는 경우"를 말한다.

(ii) 그러나 기본권의 충돌(Grundrechtskollision)은 서로 다른 기본권주체를 전제로 한 개념형식으로서, "복수의 기본권주체가 서로 충돌하는 권익을 실현하기 위하여 국가에 대하여 각기 대립되는 기본권의 적용을 주장하는 상황"을 말한다. 즉, 기본권의 경합과 충돌은 서술과 이해의 편의에 따라 양자를 비교하기도 하나 서로 전혀 다른 차원의 논의이다. 기본권의 경합(경쟁)과 충돌(상충) 이론은 독일에서 정립되어왔는데 한국에서도 이론과 판례를 통하여 사실상 수용되어 있다.

Ⅱ. 기본권의 경합의 해결

1. 기본권경합의 의의

(i) 동일한 기본권주체의 하나의 행위에 대하여 여러 가지 기본권이 적용될 수 있을 때 이를 기본권의 경합이라고 한다. 예컨대 종교단체가 발행하는 신문에 대하여 국가가 간섭하는 경우에 발행인은 헌법 제20조의 종교의 자유와 제21조의 언론의 자유를 동시에 주장할 수 있다. 일반적으로 기본권이 경합되면 상호 보완적으로 적용될 수 있기 때문에 기본권의 보호가 강화된다.

계희열((중) 117면): 그 밖에도 집회에 참석하는 사람을 체포·구속하는 경우 신체의 자유(제12조)와 집회의 자유, 목사의 설교에 대한 제한의 경우 언론의 자유와 종교의 자유를 주장할 수 있다. 또한 일반법·특별법의 관계는 기본권의 경합으로 보아도 문제가 되지 아니한다고 본다. 권영성(333-334면): 정치적 단체에 가입하였다는 이유로 교사를 파면한 경우 결사의 자유와 직업수행의 자유(제15조) 및 수업권(제31조 제1항), 벽화 등 재산적 가치가 있는 예술작품의 강제철거에 대하여 예술의 자유(제22조)와 재산권(제23조), 신문배달치랑의 입수에 대하여 언론의 자유와 재산권을 동시에 주장할 수 있다.

(ii) 기본권의 진정경합과는 달리 기본권의 **유사경합(부진정경합)**은 구별되어야 한다. 즉 하나의 사안에서 복수의 기본권이 관련된 경우라 하더라도 **특별한 지위에 있는 기본권만 문제될 경우**에는 기본권의 경합이 아니라 부진정경합으로 보아야 한다. 주로 특별법의 지위와 일반법의 지위에 있는 경우가 이에 해당한다. 기본권의 경합이론을 보다 명확하게 정리하려면 적어도 이와 같은 경우에는 미리 기본권의 경합과 구별하여야 한다.

(iii) 헌법재판소는 **특별법적 규정, 특별기본권, 특별관계, 보충적 기본권** 등의 표현을 통하여 기본권의 경합으로부터 부진정경합을 분리하려는 듯한 태도를 보인다. 예컨대 행복추구권과 다른 기본권이 경합하면 행복추구권은 보충적 기본권이므로 따로 논의하지 아니한다.

> "공직의 경우 공무담임권은 직업선택의 자유에 대하여 **특별기본권**이어서 후자의 적용을 배제하므로, 사립학교 교원의 청구를 부적법한 것으로 보는 한 직업선택의 자유는 문제되지 않는다"(헌재 2000.12.14. 99헌마112등, 교육공무원법 제47조 제1항 위헌확인(기각)).
>
> 피선거권에 대한 제한은 이 사건 법률조항이 가져오는 간접적이고 부수적인 효과에 지나지 아니하므로 헌법 제25조의 공무담임권(피선거권)은 이 사건 법률조항에 의하여 제한되는 기본권이 아니다. 또한 직업의 자유도 침해되었다고 주장하나, 공무원직에 관한 한 공무담임권은 직업의 자유에 우선하여 적용되는 **특별법적 규정**이고, 공무담임권(피선거권)은 이 사건 법률조항에 의하여 제한되는 기본권이 아니므로, 직업의 자유 또한 이 사건 법률조항에 의하여 제한되는 기본권으로서 고려되지 아니한다. 민주적 의사형성과정의 개방성을 보장하기 위하여 정당설립의 자유를 최대한으로 보호하려는 헌법 제8조의 정신에 비추어, 정당의 설립 및 가입을 금지하는 법률조항은 이를 정당화하는 사유의 중대성에 있어서 적어도 '민주적 기본질서에 대한 위반'에 버금가야 한다(헌재 1999.12.23. 99헌마135, 경찰법 제11조 제4항 등 위헌확인(위헌, 각하)).
>
> "어떠한 법령이 수범자의 직업의 자유와 행복추구권 양자를 제한하는 외관을 띠는 경우 두 기본권의 경합 문제가 발생하는데, 보호영역으로서 '직업'이 문제되는 경우 직업의 자유와 행복추구권은 서로 **특별관계**에 있어 기본권의 내용상 특별성을 갖는 직업의 자유의 침해 여부가 우선하므로, 행복추구권 관련 위헌 여부의 심사는 배제된다고 보아야 한다"(헌재 2003.9.25. 2002헌마519, 학원의설립·운영및과외교습에관한법률 제13조 제1항 등 위헌확인(기각)); "보호영역으로서의 '선거운동'의 자유가 문제되는 경우 표현의 자유 및 선거권과 일반적 행동자유권으로서의 행복추구권은 서로 특별관계에 있어 기본권의 내용상 특별성을 갖는 표현의 자유 및 선거권이 우선 적용된다"(헌재 2004.4.29. 2002헌마467, 공직선거법 제60조 제1항 제9호에 대한 헌법소원(기각). 동지: 헌재 2002.4.25. 2001헌마614, 경비업법 제7조 제8항 등 위헌확인(위헌); 헌재 2004.5.27. 2003헌가1등, 학교보건법 제6조 제1항 제2호 위헌제청 등(위헌, 헌법불합치, 적용중지)).
>
> "행복추구권은 다른 기본권에 대한 **보충적 기본권**으로서의 성격을 지니므로, … 행복추구권침해 여부를 독자적으로 판단할 필요가 없다"(헌재 2000.12.14. 99헌마112, 교육공무원법 제47조 제1항 본문 위헌확인(기각)).
>
> 성매매 알선조항에 대하여 성적자기결정권 내지 행복추구권 침해 여부도 다투고 있으나, 성적자기결정권은 성매매 영업알선행위와 직접적인 관련이 있다고 보기 어렵고, 행

복추구권은 다른 구체적인 기본권에 대한 보충적 기본권이므로, 이들 주장에 대하여는 따로 판단하지 아니한다(헌재 2016.9.29. 2015헌바65, 성매매알선 등 행위의 처벌에 관한 법률 제19조 제2항 제1호 등 위헌소원(합헌)).

채무자에 대한 회생절차가 개시된 경우 관리인에게 쌍방 미이행 쌍무계약에 대한 해제권 부여는 계약의 자유를 침해하지 아니한다. 재산권 침해 주장에 관하여는 계약의 자유가 제한됨에 따른 결과로서 계약의 자유 침해 여부에 대한 판단에 포함되므로, 재산권 침해 여부에 대하여 별도로 판단하지 아니한다. 평등권 침해 주장에 대하여는 계약의 자유 침해와 같은 주장이므로 따로 판단하지 아니한다(헌재 2016.9.29. 2015헌바28, 채무자 회생 및 파산에 관한 법률 제119조 제1항 등 위헌소원 (합헌)).

2. 기본권경합의 해결이론

(1) 문제의 소재

기본권의 경합은 결국 어느 기본권을 더 우월적으로 보호하느냐의 문제이다. 어떠한 기본권을 더 강하게 보호하여야 하느냐에 관하여는 여러 가지 견해가 있다. 그런데 실제로 어느 기본권을 보호하여 주어야 기본권을 더욱더 잘 보호할 수 있는지에 관한 문제의 확정은 그리 쉬운 일이 아니다.

(2) 최약효력설

최약효력설은 헌법상 제한의 가능성과 정도가 가장 큰 기본권, 즉 효력이 가장 약한 기본권이 우선되어야 한다는 이론이다.

(3) 최강효력설

최강효력설은 헌법상 제한의 가능성과 정도가 가장 작은 기본권, 즉 효력이 가장 강한 기본권이 우선되어야 한다는 이론이다.

(4) 검 토

생각건대 기본권보호의 이념에 비추어 본다면 제한의 가능성과 정도가 가장 작은 기본권을 우선하여야 한다. 하지만, 최강효력설에 따라서만 판단할 경우 구체적인 사안과 가장 밀접한 관계에 있는 핵심적인 기본권이 오히려 뒤로 물러나게 될 가능성이 있다. 따라서 특정 사안과 가장 직접적인 관계가 있는 기본권을 중심으로 최강효력설에 따라야 한다.

헌법재판소는 초기에 하나의 기본권주체와 관련된 하나의 사안에서 복수의 기본권이 경합하는 경우에 원칙적으로 모든 기본권을 망라적으로 판단하는 방법을 채택하여왔다. 그러나 이러한 방법은 기본권보호범위의 획정 및 헌법재판의 경제성에 비추어 바람직하지 아니하다. 근래 헌법재판소도 기본권의 경합이론에 입각하여 주된 기본권을 중심으로 판단하려는 경향을 보인다.

"하나의 규제로 인해 여러 기본권이 동시에 제약을 받는 기본권경합의 경우에는 기본권침해를 주장하는 제청신청인과 제청법원의 의도 및 기본권을 제한하는 입법자의 객관적 동기 등을 참작하여 사안과 가장 밀접한 관계에 있고 또 침해의 정도가 큰 주된 기본권을 중심으로 해서 그 제한의 한계를 따져 보아야" 한다. 이에 따라 경합적으로 제약하는 직업선택의 자유 및 재산권에 대하여는 판단하지 아니하고 언론·출판의 자유를 중심으로 판단한다(헌재 1998.4.30. 95헌가16, 출판사및인쇄소의등록에관한법률 제5조의2 제5호 등 위헌제청(위헌,합헌)).

학교환경위생정화구역에서의 극장시설금지와 관련하여 표현 및 예술의 자유의 제한은 극장 운영자의 직업의 자유에 대한 제한을 매개로 하여 간접적으로 제약되고 있고, 입법자의 객관적인 동기 등을 참작하여 볼 때 사안과 가장 밀접한 관계에 있고 또 침해의 정도가 가장 큰 주된 기본권은 직업의 자유라고 할 수 있다. 따라서 직업의 자유의 침해 여부를 중심으로 살피는 가운데 표현·예술의 자유의 침해 여부에 대하여도 부가적으로 살펴보기로 한다(헌재 2004.5.27. 2003헌가1등, 학교보건법 제6조 제1항 제2호 위헌제청 등(위헌,헌법불합치,적용중지)).

"개인정보자기결정권의 보호영역과 중첩되는 범위에서만 관련되어 있다고 할 수 있으므로, 특별한 사정이 없는 이상 개인정보자기결정권에 대한 판단이 함께 이루어지는 것으로 볼 수 있어 그 침해 여부를 별도로 다룰 필요는 없다"(헌재 2005.5.26. 99헌마513, 주민등록법 제17조의8 등위헌소원(합헌)).

지방자치단체장의 계속 재임을 3기로 제한은 "공무담임권과 가장 밀접한 관계에 있고, 제한의 정도가 가장 큰 주된 기본권도 공무담임권"이므로, 행복추구권 침해 여부는 공무담임권 침해 여부에 대한 판단을 원용함으로써 족하다(헌재 2006.2.23. 2005헌마403, 지방자치법 제87조 제1항 위헌확인(기각)).

헌법 제10조의 인간의 존엄과 가치 및 행복추구권을 침해한다고 주장하나, 양심의 자유는 인간의 존엄과 가치와 불가분의 관계에 있는 정신적 기본권이고, 행복추구권은 다른 개별적 기본권이 적용되지 않는 경우에 한하여 보충적으로 적용되는 기본권이므로(헌재 2002.8.29. 2000헌가5등), 양심의 자유의 침해 여부를 판단하는 이상 인간의 존엄과 가치나 행복추구권 침해 여부는 판단하지 아니한다(헌재 2018.6.28. 2011헌바379등, 병역법 제88조 제1항 등 위헌소원(헌법불합치(잠정적용),합헌)).

Ⅲ. 기본권충돌의 해결

1. 기본권충돌의 의의

기본권의 충돌은 서로 다른 기본권주체가 서로 각기 충돌하는 권익을 실현하기 위하여 서로 대립되는 기본권의 적용을 국가에 대하여 주장함으로써 표출되는 충돌현상이다. 예컨대 인공임신중절의 경우 모(母)의 행복추구권과 태아의 생명권이 충돌하게 된다.

계희열((중) 121면); 권영성(338-339면): 문학작품에서 개인의 사생활침해(예술의 자유와 사생활의 자유), 언론기관의 과거의 범죄사건의 보도(보도의 자유와 범인의 인격권), 합리적 이유 없는 자의적 사원채용(계약의 자유와 평등권), 사용자의 반노조적 의사표현(언론의 자유와 근로자의 단결권), 기업주의 공해산업의 운용(직업의 자유(재산권)와 건강권(환경권)), 종교단체의 거리에서의 종교집회(종교의 자유와 시민의 교통권) 등이 있다.

기본권충돌이론은 기본법에서 기본권 사이에 우열관계를 인정하는 독일에서 발전된 이론이다.

(1) 논의의 필요성 여부

(i) 한국헌법에서는 기본권 사이에 서열규정이 없기 때문에 충돌문제는 개인과 타인이 가지는 기본권간의 충돌문제로 된다고 하면서, "우리나라에서는 일반적 제한원리로 헌법 제37조 제2항의 일반유보에 따라 이익형량과 과잉금지, 비례의 원칙으로서 처리할 수 있기 때문에 특별히 논란할 필요가 없다"라는 견해도 있다(김철수). 즉 기본권충돌의 경우 어느 측의 기본권을 우선적으로 보장하느냐 혹은 각자의 기본권을 어느 정도로 보장하느냐 하는 문제는 기본적으로 기본권의 제한과 관련되는 사안이고, 여기서 타인의 기본권은 국가안전보장·질서유지와 공공복리에 해당하기 때문에 타방의 기본권으로 인하여 일방의 기본권을 제한하는 경우에도 기본권제한의 일반이론에 의하여 해결하면 된다고 본다. 실제로 기본권충돌의 해결이론으로 제시되는 내용들도 기본권제한의 일반법리인 비례의 원칙과 크게 다를 바 없다는 점에서 수긍이 가는 측면이 있다.

(ii) 하지만, 기본권충돌은 처음부터 복수의 주체가 각자의 기본권을 주장하고 나서는 경우이고, 일방의 기본권보장에 있어 타방의 기본권을 그 제한사유로서 고려하는 일반적 기본권제한의 문제 상황과 구별되는 유형적 특징을 가진다. 이러한 점에서 한국 헌법학에서도 독자적인 영역으로 정착된 기본권충돌의 문제는 그 나름대로 의미가 있으며, 그 해결을 위하여 고유한 법리를 개발하고 발전시켜 나가야 한다.

(2) 구별하여야 할 문제

(i) 기본권의 충돌은 사적 영역에서 이해관계의 충돌을 다룬다는 점에서 기본권의 대사인적 효력과 밀접한 관련이 있다. 그러나 기본권의 대사인적 효력은 사인 사이에 기본권을 주장하는 문제인 데 반하여, 기본권의 충돌은 쌍방 당사자가 국가에 대하여 기본권을 주장하는 경우이기 때문에 양자는 구별되어야 한다.

(ii) 기본권 사이의 충돌이 아니라 기본권과 헌법상 보호되는 다른 법익(국가안전보장·질서유지, 공공복리 등)과의 충돌은 기본권의 충돌로 볼 수 없다. 이에 대하여 기본권과 다른 법익의 충돌을 넓은 의미의 기본권충돌에 포함하여야 한다는 견해도 있다. 생각건대 기본권과 다른 법익의 충돌은 곧 기본권제한의 문제로 나타나기 때문에 이를 기본권충돌의 문제와 동일시할 수는 없다.

(iii) 또한 겉으로는 충돌로 보이지만 실제로 기본권의 충돌로 볼 수 없는 유

사충돌(부진정충돌)도 기본권의 충돌로 볼 수는 없다. 예컨대 사람을 살해한 자가 자신의 행복추구권을 주장한다면 이는 희생자의 생명권과 충돌하는 상황처럼 보이나, 살인행위는 행복추구권의 보호영역에 해당하지 아니하기 때문에 기본권의 충돌이 일어나지 아니한다.

계희열(중, 123면) ; 권영성(337-338면) : 예컨대 출판업자의 종이절취에 대한 재산권침해에 대하여 출판의 자유를 주장하는 경우, 연극배우가 무대에서의 살인에 대하여 예술의 자유를 주장하는 경우 등도 기본권충돌로 볼 수 없다.

그런데 기본권의 충돌과 유사충돌의 구별은 결코 쉬운 일이 아니다. 실제로 기본권의 보호영역을 어떻게 확정하느냐에 따라 기본권의 충돌인지 유사충돌인지가 결정되는데, 기본권의 충돌은 매우 다양한 형태로 나타나므로 기본권의 보호영역의 확정 또한 매우 어려운 문제이다. 예컨대 교통을 방해한 집회가 집회의 자유의 보호영역에 포함될 수 있느냐의 여부에 따라 기본권의 충돌이 될 수도 있고 유사충돌이 될 수도 있는데, 이 경우 교통방해의 정도가 그 판단에 많은 영향을 미치게 된다. 결국 기본권의 유사충돌과 기본권의 충돌의 구별은 규범영역의 분석을 통하여 많은 부분이 해결될 수 있다. 다만, 기본권이 충돌하는 상황의 개별성·다양성과 기본권의 규범영역은 고정불변의 사항이 아니라는 점을 고려하여 볼 때 규범영역의 분석만으로 기본권충돌과 유사충돌을 구별하는 데에도 일정한 한계가 있다.

2. 기본권충돌의 해결에 관한 이론과 판례

(1) 학자들의 견해

기본권충돌의 해결을 위한 이론은 학자마다 다소 차이가 있지만, 국내학자들은 이익(법익)형량의 원칙과 규범조화적 해석에 입각하고 있다.

권영성 교수(339-344면)는 독일에서의 학설로서 입법의 자유영역이론(입법자역할론)·기본권의 서열이론(기본권등급론)·실제적 조화의 이론(형평성중시론)·규범영역의 이론(핵심규범영역존중론) 등을 들고 있다. 이에 따라 기본권충돌의 제1차적 준거는 기본권해석의 문제라는 인식을 통하여 유사충돌을 해결하고, 제2차적 준거로서 헌법원칙을 제시한다. 즉 법익형량의 원칙(생명권·인격권우선의 원칙, 생존권우선의 원칙, 자유권우선의 원칙)과 형평성의 원칙(공평한 제한의 원칙, 대안발견의 원칙)이 그것이다. 제3차적 준거로서 입법에 의한 해결론을 제시한다.

허영 교수(285-289면)는 기본권의 상충관계에 대한 해결방법으로서 이익형량과 규범조화적 해석론을 제시한다. 이익형량의 기준으로서는 상하기본권이 상충할 때에는 상위기본권 우선, 동위기본권이 상충할 때에는 인격적 가치와 자유 우선을 제시한다. 규범조화적 해석의 구체적 방법으로서는 과잉금지의 방법, 대안식 해결방법, 최후수단억제의 방법을 제시한다.

계희열 교수((중) 124면)는 입법의 자유영역이론, 기본권의 서열이론, 법익형량의 원리, 실제적 조화의 원리(=규범조화적 해석)를 제시한다.

(2) 판 례

헌법재판소와 대법원의 판례는 대체로 이익형량의 원칙에 입각하여 규범조화적 해석을 도모함으로써 기본권충돌을 해결하려 한다. 그 밖에도 기본권의 서열가능성을 엿보인 판례도 있다.

A. 이익형량의 원칙에 입각한 규범조화적 해석

헌법재판소는 교사의 수업권과 학생의 학습권이 충돌하는 경우 이익형량의 원칙에 입각하여 판시하고, 보도기관의 언론의 자유와 피해자의 반론권이 충돌하는 경우 규범조화적 해석에 입각한 과잉금지의 원칙에 따라 해결하며, 집회의 자유를 행사함으로써 발생하는 일반대중에 대한 불편함이나 법익에 대한 위험은 보호법익과 조화를 이루는 범위 안에서 국가와 제3자가 수인하여야 한다고 하면서 국내주재 외교기관 청사의 경계지점으로부터 1백 미터 이내의 장소에서의 옥외집회를 전면적으로 금지하는 '집회 및 시위에 관한 법률' 규정의 위헌 여부를 과잉금지의 원칙에 따라 판단하였다. 대법원도 표현의 자유와 인격권이 충돌하는 경우 구체적인 이익을 비교형량하여 양자의 조화점을 찾아야 한다고 판시한다.

"교원의 교수 내지 수업에 관련된 권리는 피교육자의 교육을 받을 권리 이른바 학습권과 앞뒤 면을 이루는 것이다. 특히 수업의 소극적 거부는 피교육자의 교육받을 권리와 정면으로 상충되는 것으로서 교육의 계속성유지의 중요성은 나라 일의 그 어느 것에도 뒤지지 아니하며, 교육의 공공성에 비추어 보거나 피교육자인 학생이나 학부모 등 교육제도의 다른 한편의 주체들의 이익과 교량해 볼 때 고의로 수업을 거부할 자유는 어떠한 경우에도 인정되지 아니한다"(헌재 1991.7.22. 89헌가106, 사립학교법 제55조 등 위헌심판(합헌)).

"두 기본권이 서로 충돌하는 경우에는 헌법의 통일성을 유지하기 위하여 상충하는 기본권 모두가 최대한으로 그 기능과 효력을 나타낼 수 있도록 하는 조화로운 방법이 모색되어야 할 것이고, 결국은 이 법에 규정한 정정보도청구제도가 과잉금지의 원칙에 따라 그 목적이 정당한 것인가 그러한 목적을 달성하기 위하여 마련된 수단 또한 언론의 자유를 제한하는 정도가 인격권과의 사이에 적정한 비례를 유지하는 것인가의 여부가 문제된다"(헌재 1991.9.16. 89헌마165, 정기간행물의등록등에관한법률 제16조 제3항 등 위헌여부에 관한 헌법소원(합헌)).

"특정 장소에서의 집회가 이 사건 법률조항에 의하여 보호되는 법익에 대한 직접적인 위협을 초래한다는 일반적 추정이 구체적인 상황에 의하여 부인될 수 있다면, 입법자는 '최소침해의 원칙'의 관점에서 금지에 대한 예외적인 허가를 할 수 있도록 규정해야 한다"(헌재 2003.10.30. 2000헌바67등, 집회및시위에관한법률 제11조 제1호 중 국내주재 외국의 외교기관 부분 위헌소원(위헌)).

"침해되는 사익은 신문판매업자가 발행업자로부터 공급받은 신문을 무가지로 활용하고 구독자들에게 경품을 제공하는 데 있어서 누리는 사업활동의 자유와 재산권행사의 자유라고 할 수 있는 반면, 동 조항에 의하여 보호하고자 하는 공익은 경제적으로 우월적 지위를 가진 신문발행업자를 배경으로 한 신문판매업자가 무가지와 경품 등 살포를 통하여 경쟁상대신문의 구독자들을 탈취하고자 하는 신문업계의 과당경쟁상황을 완화시키고 신문판매구독시장의 경쟁질서를 정상화하여 민주사회에서 신속정확한 정보제공과 올바른 여론형성을 주도하여야 하는 신문의 공적 기능을 유지하고자 하는 데 있는바, 이러한 공익과 사익을 서로 비교할 때 신문판매업자가 거래상대방에게 제공할 수 있는 무가지와 경품의 범위를 유료신문대금의 20% 이하로 제한하고 있는 이 사건 조항은 그 보호하고자 하는 공익이 침해하는 사익에 비하여 크다고 판단되므로 동 조항은 양쪽의 법익교량의 측면에서도 균형을 도모하고 있다고 할 것이어서 결국 과잉금지의 원칙에 위배되지 아니하며, 헌법 제119조 제1항을 포함한 우리 헌법의 경제질서조항에도 위반되지 아니한다"(헌재 2002.7.18. 2001헌마605, 신문업에있어서의불공정거래행위및시장지배적지위남용행위의유형및기준 제3조 제1항 등 위헌확인(기각,각하)).

"인격권으로서의 개인의 명예의 보호와 표현의 자유의 보장이라는 두 법익이 충돌하였을 때 그 조정을 어떻게 할 것인지는 구체적인 경우에 사회적인 여러 가지 이익을 비교하여 표현의 자유로 얻어지는 이익, 가치와 인격권의 보호에 의하여 달성되는 가치를 형량하여 그 규제의 폭과 방법을 정하여야 한다. 위와 같은 취지에서 볼 때 형사상이나 민사상으로 타인의 명예를 훼손하는 행위를 한 경우에도 그것이 공공의 이해에 관한 사항으로서 그 목적이 오로지 공공의 이익을 위한 것일 때에는 진실한 사실이라는 증명이 있으면 위 행위에 위법성이 없으며 또한 그 증명이 없더라도 행위자가 그것을 진실이라고 믿을 상당한 이유가 있는 경우에는 위법성이 없다고 보아야 할 것이다. 이렇게 함으로써 인격권으로서의 명예의 보호와 표현의 자유의 보장과의 조화를 꾀할 수 있다"(대판 1988.10.11. 85다카29; 대판 1998.7.14. 96다17257).

"이 사건 법률조항은 노동조합의 조직유지·강화를 위하여 당해 사업장에 종사하는 근로자의 3분의 2 이상을 대표하는 노동조합의 경우 단체협약을 매개로 한 조직강제(유니언 샵(Union Shop) 협정의 체결)를 용인하고 있다. 이 경우 근로자의 단결하지 아니할 자유와 노동조합의 적극적 단결권(조직강제권)이 충돌하게 되나, 근로자에게 보장되는 적극적 단결권이 단결하지 아니할 자유보다 특별한 의미를 갖고 있고, 노동조합의 조직강제권도 이른바 자유권을 수정하는 의미의 생존권(사회권)적 성격을 함께 가지는 만큼 근로자 개인의 자유권에 비하여 보다 특별한 가치로 보장되는 점 등을 고려하면, 노동조합의 적극적 단결권은 근로자 개인의 단결하지 않을 자유보다 중시된다고 할 것이고, 또 노동조합에게 위와 같은 조직강제권을 부여한다고 하여 이를 근로자의 단결하지 아니할 자유의 본질적인 내용을 침해하는 것으로 단정할 수는 없다." "개인적 단결권과 집단적 단결권이 충돌하는 경우 기본권의 서열이론이나 법익형량의 원리에 입각하여 어느 기본권이 더 상위기본권이라고 단정할 수는 없다. 왜냐하면 개인적 단결권은 헌법상 단결권의 기초이자 집단적 단결권의 전제가 되는 반면에, 집단적 단결권은 개인적 단결권을 바탕으로 조직·강화된 단결체를 통하여 사용자와 사이에 실질적으로 대등한 관계를 유지하기 위하여 필수불가결한 것이기 때문이다. 즉 개인적 단결권이든 집단적 단결권이든 기본권의 서열이나 법익의 형량을 통하여 어느 쪽을 우선시키고 다른 쪽을 후퇴시킬 수는 없다고 할 것이다. 따라서 이러한 경우 헌법의 통일성을 유지하기 위하여 상충하는 기본권 모두가 최대한으로 그 기능과 효력을 발휘할 수 있도록 조화로운 방법을 모색하되(규범조화적 해석), 법익형량의 원리, 입법에 의한 선택적 재량 등을 종합적으로 참작하여 심사하여야 한다"(헌재 2005.11.24. 2002헌바95등, 노동조합및노동관계조정법 제81조 제2호 단서 위헌소원(합헌)).

학교가 가지는 종교교육의 자유 및 운영의 자유와 학생들이 가지는 소극적 종교행위의 자유 및 소극적 신앙고백의 자유 사이에 충돌이 생기게 된다. 이와 같이 하나의 법률관계를 둘러싸고 두 기본권이 충돌하는 경우에는 구체적인 사안에서의 사정을 종합적으로 고려한 이익형량과 함께 양 기본권 사이의 실제적인 조화를 꾀하는 해석 등을 통하여 이를 해결하여야 하고(대판 2006.11.23. 2004다50747; 대결 2009.1.15. 2008그202), 그 결과에 따라 양 기본권 행사의 한계 등을 감안하여 그 행위의 최종적인 위법성 여부를 판단하여야 한다(대판(전합) 2010.4.22. 2008다38288).

B. 언론의 자유와 인격권·사생활의 상충관계에서의 구체화

특히 언론의 자유와 개인의 인격권 및 사생활의 비밀과 자유의 상충관계에 있어서는 일련의 판례이론이 미국에서 발전되어왔고 이를 우리나라에서도 수용하고 있는바, 권리포기의 이론·공익의 이론·공적 인물의 이론 등이 그것이다. 또한 독일에서는 인격영역이론이 개발되어 있다. 이들 이론은 이익형량의 원칙과 규범조화적 해석원칙의 구체화라 할 수 있다.

"신문보도의 명예훼손적 표현의 피해자가 공적 인물인지 아니면 사인인지, 그 표현이 공적인 관심사안에 관한 것인지 순수한 사적인 영역에 속하는 사안인지의 여부에 따라 헌법적 심사기준에는 차이가 있어야 한다"(헌재 1999.6.24. 97헌마265, 불기소처분취소(기각)).

"언론·출판의 자유와 명예보호 사이의 한계를 설정함에 있어서 표현된 내용이 사적(私的) 관계에 관한 것인가 공적(公的) 관계에 관한 것인가에 따라 차이가 있는바, 즉 당해 표현으로 인한 피해자가 공적인 존재인지 사적인 존재인지, 그 표현이 공적인 관심사안에 관한 것인지 순수한 사적인 영역에 속하는 사안에 관한 것인지, 그 표현이 객관적으로 국민이 알아야 할 공공성, 사회성을 갖춘 사안에 관한 것으로 여론형성이나 공개토론에 기여하는 것인지 아닌지 등을 따져보아 공적 존재에 대한 공적 관심사안과 사적인 영역에 속하는 사안간에는 심사기준에 차이를 두어야 하며, 당해 표현이 사적인 영역에 속하는 사안에 관한 것인 경우에는 언론의 자유보다 명예의 보호라는 인격권이 우선할 수 있으나, 공공적·사회적인 의미를 가진 사안에 관한 것인 경우에는 그 평가를 달리하여야 하고 언론의 자유에 대한 제한이 완화되어야 하며, 피해자가 당해 명예훼손적 표현의 위험을 자초한 것인지의 여부도 또한 고려되어야 한다"(대판 2002.1.22. 2000다37524, 37531).

C. 기본권의 서열가능성

기본권 사이에 우열을 확정하는 작업은 결코 쉬운 일이 아니지만, 헌법재판소와 대법원은 기본권의 서열가능성을 적시하기도 한다.

> "개인의 기본권인 언론의 자유와 타인의 인격권인 명예는 모두 인간으로서의 존엄과 가치, 행복추구권에 그 뿌리를 두고 있으므로 두 권리의 우열은 쉽사리 단정할 성질의 것이 아니다. 그러나 자기의 사상과 의견표현에 아무런 제한도 받지 않고 타인의 인격권인 명예를 함부로 침해할 수 있다고 한다면 언론의 자유는 자기모순에서 헤어나지 못하므로, 헌법은 언론·출판의 자유는 보장하되 명예보호와의 관계에서 일정한 제한을 받는다는" 점을 분명히 한다(헌재 1999.6.24. 97헌마265, 불기소처분취소(기각)).
>
> "기본권을 보장하는 목적은 인간의 존엄성을 실현하기 위한 것이다. 그러므로 우리 헌법구조에서 보다 더 중요한 자유영역과 덜 중요한 자유영역을 나눌 수 있다면, 이를 판단하는 유일한 기준은 '인간의 존엄성'이다. 따라서 인간의 존엄성을 실현하는 데 불가결하고 근본적인 자유는 더욱 강하게 보호되어야 하고 이에 대한 제한은 더욱 엄격히 심사되어야 하는 반면에, 인간의 존엄성의 실현에 있어서 부차적이고 잉여적인 자유는 공익상의 이유로 광범위한 제한이 가능하다"(헌재 1999.4.29. 94헌바37등, 택지소유상한에 관한법률 제2조 제1호 나목 등 위헌소원(위헌)).
>
> "흡연권은 사생활의 자유를 실질적 핵으로 하는 것이고 혐연권은 사생활의 자유뿐만 아니라 생명권에까지 연결되는 것이므로 혐연권이 흡연권보다 상위의 기본권이다. 상하의 위계질서가 있는 기본권끼리 충돌하는 경우에는 상위기본권우선의 원칙에 따라 하위기본권이 제한될 수 있으므로, 흡연권은 혐연권을 침해하지 않는 한에서 인정되어야 한다"(헌재 2004.8.26. 2003헌마457, 국민건강증진법시행규칙 제7조 위헌확인(기각)).
>
> "학교교육에 있어서 교원의 가르치는 권리를 수업권이라고 한다면, 이것은 교원의 지위에서 생기는 학생에 대한 일차적인 교육상의 직무권한이지만 어디까지나 학생의 학습권 실현을 위하여 인정되는 것이므로, 학생의 학습권은 교원의 수업권에 대하여 우월한 지위에 있다. 따라서 학생의 학습권이 왜곡되지 않고 올바로 행사될 수 있도록 하기 위해서라면 교원의 수업권은 일정한 범위 내에서 제약을 받을 수밖에 없고, 학생의 학습권은 개개 교원들의 정상을 벗어난 행동으로부터 보호되어야 한다"(대판 2007.9.20. 2005다25298).

3. 사 견

기본권충돌에 관한 이론과 판례는 다음과 같이 정리할 수 있다.

이익형량의 원칙에 따라 기본권 사이의 우열을 정하는 경우 생명권·인격권, 자유권 우선의 원칙 등을 제시할 수 있다. 그런데 기본권 사이의 우열을 확정할 수 없는 경우가 있을 수 있다. 이 경우에는 형평성의 원칙에 따라 공평한 제한의 원칙·대안발견의 원칙(권영성)이나, 규범조화적 해석의 원칙에 따라 과잉금지의 원칙·대안적 해결방법·최후수단억제방법(허영) 등을 동원할 수밖에 없다. 결국 기본권의 충돌이론에 의하면 과잉금지의 원칙이나 비례의 원칙 등에 입각하여 규범조화적인 해석을 하는 방향으로 정립되어야 한다. 하지만, 실제로 이를 통하여도 명확한 결론을 도출하기란 쉽지 아니하다.

기본권의 충돌이 입법(立法)에 의하여 구체적으로 규율되어 그 입법 자체가 문제되는 경우, 기본권의 충돌문제는 그 입법의 합헌성문제로 해결할 수 있다. 이익형량의 원칙이나 규범조화적 해석의 원칙은 비례의 원칙, 특히 그중에서 협의의 비례의 원칙이나 최소침해의 원칙에서 충분히 고려된다. 따라서 이 경우 기본권의 충돌문제는 입법을 통하여 기본권제한의 한계문제로 전환된다. 그런데 이를 규율하는 입법이 없거나, 그 입법만으로는 규율이 불충분하여, 행정청의 처분 등 입법이 아닌 국가의 다른 작용이 문제되는 경우에도 또한 비례의 원칙으로 해결이 가능하다. 왜냐하면 비례의 원칙은 입법을 제외한 모든 국가작용에 적용되는 원칙이기 때문이다. 이러한 점에서 기본권의 충돌문제는 그 중요성이 반감된다.

국가의 존립과 안전을 위한 불가결한 헌법적 가치를 담고 있는 국방의 의무와 개인의 인격과 존엄의 기초가 되는 양심의 자유가 상충하게 된다. 이처럼 헌법적 가치가 서로 충돌하는 경우, 입법자는 두 가치를 양립시킬 수 있는 조화점을 최대한 모색해야 하고, 그것이 불가능해 부득이 어느 하나의 헌법적 가치를 후퇴시킬 수밖에 없는 경우에도 그 목적에 비례하는 범위 내에 그쳐야 한다. 헌법 제37조 제2항의 비례원칙은, 단순히 기본권제한의 일반원칙에 그치지 않고, 모든 국가작용은 정당한 목적을 달성하기 위하여 필요한 범위 내에서만 행사되어야 한다는 국가작용의 한계를 선언한 것이므로, 비록 이 사건 법률조항이 헌법 제39조에 규정된 국방의 의무를 형성하는 입법이라 할지라도 그에 대한 심사는 헌법상 비례원칙에 의하여야 한다(헌재 2011.8.30. 2008헌가22등 참조)(헌재 2018.6.28. 2011헌바379등, 병역법 제88조 제1항 등 위헌소원(헌법불합치(잠정적용),합헌)).

제 8 절 기본권의 제한

Ⅰ. 의 의

(i) 기본권은 최대한 보장되어야 한다. 하지만, 기본권도 헌법이 요구하는 요건을 충족할 경우에 제한될 수 있다. 다만, 그 제한도 기본권의 본질적 내용을 침해하지 아니하는 범위 안에서 필요한 최소한에 그쳐야 한다.

(ii) 기본권의 제한에는 우선 기본권의 구체적인 구성요소를 획정하여야 한다. 헌법적 가치를 가지는 기본권의 개념과 범위의 획정은 결코 쉬운 일이 아니다. 기본권의 개념과 범위는 개별적 기본권의 특성을 구체적으로 파악함으로써 획정될 수 있으며, 이에 따라 해당 기본권의 효력범위는 제한을 받게 된다. 개별적 기본권의 개념과 범위는 입법자에 의하여 구체화되기 때문에, 기본권의 구성요소 결정에 있어서 입법자는 비교적 폭넓은 형성의 자유를 가진다. 또한 기본권은 최대한 보장되어야 하기 때문에, 국가권력이 기본권을 제한할 때에는 스스로 정당성을 입증하여야 하는바, 이것이 바로 기본권제한의 한계 문제이다.[1]

Ⅱ. 기본권제한의 유형

1. 헌법직접적 제한(헌법유보에 의한 제한)

(1) 의 의

헌법직접적 제한은 헌법에서 직접 기본권을 제한하는 명시적인 규정을 두는 경우이다. 헌법직접적 제한은 한편으로 입법자의 입법재량권의 한계를 적시하면서, 다른 한편 기본권의 남용(濫用)을 방지하고자 하는 데 있다. 헌법직접적 제한에는

1) 김형성, "과잉금지의 원칙과 적용상의 문제점", 헌법실무연구 3; 한수웅, "헌법 제37조 제2항의 과잉금지원칙의 의미와 적용범위", 저스티스 95; 이종근, "미연방헌법과 비례의 원칙 : 독일 헌법상의 비례원칙의 도입논의를 중심으로" 헌법학연구 16-2; 유승익, 형량이론과 기본권논증 : 원칙이론의 형량개념에 대한 비판, 고려대 박사학위논문, 2011.8; 이민열, 기본권 제한 심사에서의 법익 형량에 대한 연구-논증대화적 해명, 서울대 박사학위논문, 2016.2; 이재홍, 과잉금지원칙의 이론과 실무, 경인문화사; 이재홍, "과잉금지원칙의 논증구조-침해의 최소성 원칙을 중심으로", 헌법실무연구 18; 최규환, 기본권제한입법의 목적정당성 심사, 헌법재판심사기준, 2020-C-1; 이혜진, 일본 헌법상의 공공의 복지-기본권제약원리로서의 공공의 복지론, 비교헌법연구 2019-B-8; 배중화, "헌법적 심사기준으로서 법률유보원칙", 헌법학연구 31-1.

일반적 헌법유보에 의한 제한과 개별적 헌법유보에 의한 제한이 있다.

(2) 일반적 헌법유보에 의한 제한

일반적 헌법유보에 의한 제한은 헌법에서 직접 기본권 일반이 특정한 헌법질서 또는 헌법원리에 의하여 제약된다고 명시한다. 한국헌법에는 일반적 헌법유보에 의한 제한규정이 없다. 독일기본법 제2조 제1항이 일반적 헌법유보에 의한 제한규정이라는 견해(권영성)도 있으나, 그것은 인격의 자유로운 발현권에 대한 개별적 헌법유보라고 보아야 한다.

> "누구든지 타인의 권리를 침해하지 아니하고 또한 헌법적 질서 또는 도덕률에 위반하지 아니하는 한 인격의 자유로운 발현권을 가진다"(독일기본법 제2조 제1항).

(3) 개별적 헌법유보에 의한 제한

개별적 헌법유보에 의한 제한은 개별적 기본권에 대하여 특정한 헌법질서 또는 헌법원리에 의하여 제약된다는 명문의 규정을 둔 경우이다. 예컨대 표현의 자유에 관한 제21조 제4항, 재산권행사의 공공복리적합성을 규정한 제23조 제2항, 군인 등에 대한 이중배상제한을 규정한 제29조 제2항이 그에 해당된다.

2. 헌법간접적 제한(법률유보에 의한 제한)

(1) 의 의

기본권제한에 있어서 법률유보란 헌법이 입법자에게 기본권을 법률에 의하여 제한할 수 있도록 명시적 규정을 두는 경우를 말한다. 그 제한의 대상이 기본권 일반이냐 아니면 개별 기본권이냐에 따라 일반적 법률유보와 개별적 법률유보로 나누어 볼 수 있다. 또한 법률유보의 구체적 내용에 따라 기본권제한적 법률유보와 기본권형성적 법률유보로 구별할 수도 있다.

(2) 일반적 법률유보에 의한 제한과 개별적 법률유보에 의한 제한

(i) 일반적 법률유보란 기본권 일반에 대하여 법률로써 제한할 수 있도록 규정한 경우를 말한다. 헌법 제37조 제2항이 이에 해당한다.

(ii) 개별적 법률유보란 개별적 기본권에 법률유보조항을 두어서 특정한 기본권을 법률로써 제한할 수 있도록 한 규정이다. 예컨대 헌법 제23조 제3항(재산권), 제12조(신체의 자유), 제13조(죄형법정주의) 등이 있다.

(3) 기본권제한적 법률유보와 기본권형성적 법률유보

(i) 기본권제한과 관련된 원칙적인 법률유보는 기본권제한적 법률유보를 의미한다. 헌법 제37조 제2항이 규정하는 "국민의 모든 자유와 권리는 … 법률로써

제한할 수 있다"라는 형식이 그것이다. 기본권형성적 법률유보란 기본권을 구체화하는 법률을 통하여 비로소 해당 기본권의 행사절차나 내용이 구체화되는 경우를 말한다. 재산권에 관한 헌법 제23조 제1항이 대표적인 규정이다. 기본권형성적 법률유보는 본질적으로 국민의 대표기관인 국회에서 국민의 기본권을 국가생활 안에서 실현하고 보장하기 위한 법률유보이지, 헌법상 보장된 자유와 권리를 제한하기 위한 법률유보가 아니므로 기본권제한적 법률유보와 구별되어야 한다. 그런 의미에서 기본권형성적 법률유보개념의 수용에 부정적인 견해도 제기된다(권영성 348면).

(ii) 헌법재판소는 헌법 제23조 제1항의 "재산권의 내용과 한계는 법률로 정한다"라는 규정을 기본권형성적 법률유보로 판시한다. 한편 '전교조' 사건에서는 헌법 제31조 제6항에서 규정하는 교육제도와 교원의 지위에 관한 법률유보(헌법 제31조 제6항)를 기본권제한적 법률유보로 해석하고 이 조항에 따라 사립학교법에서 교원의 근로3권 제한은 합헌이라고 보았지만, 소수의견은 헌법 제31조 제6항은 기본권형성적 법률유보이므로 교원의 근로기본권제한의 근거로 삼을 수 없다고 판시한 바 있다(헌재 1991.7.22. 89헌가106, 사립학교법 제55조 등에 관한 위헌심판(합헌)).

> "우리 헌법상 재산권에 관한 규정은 다른 기본권규정과는 달리 그 내용과 한계가 법률에 의해 구체적으로 형성되는 기본권형성적 법률유보의 형태를 띠고 있으므로, 재산권의 구체적 모습은 재산권의 내용과 한계를 정하는 법률에 의하여 형성되고 그 법률은 재산권을 제한한다는 의미가 아니라 재산권을 형성한다는 의미를 갖는다"(헌재 1993.7.29. 92헌바20, 민법 제245조 제1항에 대한 헌법소원(합헌)).

3. 헌법내재적 한계(기본권의 내재적 한계)

(i) 법률로써 제한할 수 없는 절대적 기본권, 예컨대 양심의 자유에서 내심, 종교의 자유에서 신앙 등도, 기본권의 내재적 한계에 의하여 제한된다는 입장이 있다. 그 내재적 한계로는 타인의 권리 · 헌법질서 · 도덕률과 같은 3한계론이나 국가존립을 위한 국가공동체유보론 등이 있다.

헌법재판소는 1990년의 간통죄사건에서 성적 자기결정권에 대하여 기본권의 헌법내재적 한계를 인정하는 듯한 결정을 내린 적이 있다.

> "개인의 성적 자기결정권도 국가적 · 사회적 공동생활의 테두리 안에서 타인의 권리 · 공중도덕 · 사회윤리 · 공공복리 등의 존중에 의해 내재적 한계가 있는 것이며, 따라서 절대적으로 보장되는 것이 아니다"(헌재 1990.9.10. 89헌마82, 형법 제241조의 위헌여부에 관한 헌법소원(합헌)).

(ii) 그러나 기본권의 내재적 한계이론은 독일에 특유한 이론이다. 즉 독일기

본법이 개별적 법률유보 형식을 취하는 반사효과(反射效果)로서 개별적 법률유보가 없는 기본권을 절대적 기본권이라 하는데, 내재적 한계이론은 절대적 기본권을 제한하기 위하여 동원된 이론에 불과하다. 한국헌법 제37조 제2항은 일반적 법률유보조항을 설정하고 있기 때문에 굳이 헌법내재적 한계를 논의할 실익이 없다. 특히 이를 인정하게 되면 자칫 헌법 제37조 제2항에서 규정하는 기본권의 본질적 내용의 침해금지를 무색하게 할 우려가 있다(부정론(김철수(상) 439면; 계희열(중) 133면; 허영 294면), 긍정론(권영성 345면)). 따라서 이 문제는 기본권제한의 한계문제로 해결하여야 한다.

Ⅲ. 기본권제한의 일반원칙

1. 의　　의

헌법 제37조 제2항은 "국민의 모든 자유와 권리는 국가안전보장·질서유지 또는 공공복리를 위하여 필요한 경우에 한하여 법률로써 제한할 수 있으며, 제한하는 경우에도 자유와 권리의 본질적 내용을 침해할 수 없다"라고 규정한다. 이것은 헌법상 기본권제한의 일반원칙과 기본권제한의 한계 규정이다. 또한 이 조항은 헌법상 기본권제한의 일반적 법률유보조항이다. 헌법상 개별적 법률유보조항은 본 조항과 특별법과 일반법의 관계에 있다.

2. 기본권제한의 형식: '법률로써'

(1) '법률로써'의 의의

(ⅰ) 기본권의 제한은 법률로써 할 수 있다. 여기서 법률은 국민의 대표기관인 국회에서 제정한 형식적 의미의 법률을 의미한다. 법률로써 제한할 수 있으므로 '법률유보'이며, 기본권 일반에 관한 유보이므로 '일반적' 법률유보이다.

이 사건 경고의 경우 법률(구 방송법 제100조 제1항)에서 명시적으로 규정된 제재보다 더 가벼운 것을 하위 규칙에서 규정한 경우이므로, 그러한 제재가 행정법에서 요구되는 법률유보원칙에 어긋났다고 단정하기 어려운 측면이 있다. 그러나 만일 그것이 기본권 제한적 효과를 지니게 된다면, 이는 행정법적 법률유보원칙의 위배 여부에도 불구하고 헌법 제37조 제2항에 따라 엄격한 법률적 근거를 지녀야 한다(헌재 2007.11.29. 2004헌마290, 경고 및 관계자 경고 처분취소(인용(취소),각하)).

헌법상 법치주의의 한 내용인 법률유보의 원칙은 국민의 기본권 실현에 관련된 영역에 있어서 국가 행정권의 행사에 관하여 적용되는 것이지, 기본권규범과 관련 없는 경우에까지 준수되도록 요청되는 것은 아니라 할 것인데, 청원경찰은 근무의 공공성 때문에 일정한 경우에 공무원과 유사한 대우를 받고 있는 등으로 일반 근로자와 공무원의 복합적 성질을 가지고 있지만, 그 임면주체는 국가 행정권이 아니라 청원경찰법상의 청원주로서 그 근로관계의 창설과 존속 등이 본질적으로 사법상 고용계약의 성질을 가지는바, 청원경찰의 징계로 인하여 사적 고용계약상의 문제인 근로관계의 존속에 영향을 받을 수 있다 하더라도 이는 국가 행정주체와 관련되고 기본권의 보호가 문제되는 것이 아니어서 여기에 법률유보의 원칙이 적용될 여지가 없으므로, 그 징계에 관한 사항을 법률에 정하지 않았다고 하여 법률유보의 원칙에 위반된다 할 수 없다(헌재 2010.2.25. 2008헌바160, 청원경찰법 제5조 제3항 위헌소원(합헌)).

(ii) 기본권제한에 있어서 법률유보의 원칙은 기본권제한에 있어서 국회입법원칙에 따른 국회에 대한 무조건적 수권(授權)이 아니라 기본권제한의 한계를 의미하기도 한다. 즉 "헌법 제37조 제2항의 규정은 기본권제한의 수권규정이지만 그것은 동시에 기본권제한입법의 한계규정이기도 하기 때문에, 입법부도 수권의 범위를 넘어서 자의적인 입법을 할 수" 없다(헌재 1990.9.3. 89헌가95, 국세기본법 제35조 제1항 제3호의 위헌심판(위헌)). 또한 오늘날 법률유보원칙은 행정작용이 법률에 근거를 둔다고 하더라도 그것만으로 충분하지 아니하고 "국가공동체와 그 구성원에게 기본적이고 중요한 의미를 갖는 영역, 특히 국민의 기본권실현과 관련된 영역에 있어서는 국민의 대표자인 입법자가 본질적 사항에 대하여 스스로 결정하여야 한다는 요구까지 포함하고 있다"(헌재 1999.5.27. 98헌바70, 한국방송공사법 제35조 등 위헌소원(헌법불합치,잠정적용,합헌)).

어떠한 사안이 국회가 형식적 법률로 스스로 규정하여야 하는 본질적 사항에 해당되는지는, 구체적 사례에서 관련된 이익 내지 가치의 중요성, 규제 또는 침해의 정도와 방법 등을 고려하여 개별적으로 결정하여야 하지만, 규율대상이 국민의 기본권과 관련한 중요성을 가질수록 그리고 그에 관한 공개적 토론의 필요성 또는 상충하는 이익 사이의 조정 필요성이 클수록, 그것이 국회의 법률에 의하여 직접 규율될 필요성은 더 증대된다. 따라서 국민의 권리 · 의무에 관한 기본적이고 본질적인 사항은 국회가 정하여야 하고, 헌법상 보장된 국민의 자유나 권리를 제한할 때에는 적어도 그 제한의 본질적인 사항에 관하여 국회가 법률로써 스스로 규율하여야 한다(대판(전합) 2020.9.3. 2016두32992).

(iii) 그러나 법률과 동일한 효력을 가진 긴급명령 · 긴급재정경제명령 및 국제조약(실질적 의미의 법률)은 기본권제한의 일반원칙에 대한 예외로서 인정된다.

(2) 법률의 일반성원칙과 개별적 법률(처분적 법률)의 인정 여부

기본권을 제한하는 법률은 일반국민에게 널리 적용될 수 있는 법률이어야 한다(일반성). 그러므로 원칙적으로 개별적인 사람이나 사건을 규율하는 법률로써 기본권을 제한할 수는 없다. 그런데 헌법재판소와 학계에서는 처분적 법률의 존재 자체를 너무 광범위하게 인정하는데, 이는 자칫 처분적 법률에 의한 기본권제한을 인정하는 결과를 초래한다(제2편 제2장 제8절 제1항 국회입법권 참조).

"개별사건법률은 원칙적으로 평등원칙에 위배되는 자의적 규정이라는 강한 의심을 불러일으키는 것이지만, 개별법률금지의 원칙이 법률제정에 있어서 입법자가 평등원칙을 준수할 것을 요구하는 것이기 때문에 특정규범이 개별사건법률에 해당한다 하여 곧바로 위헌을 뜻하는 것은 아니며, 이러한 차별적 규율이 합리적인 이유로 정당화될 수 있는 경우에는 합헌적일 수 있다. 이른바 12·12 및 5·18 사건의 경우 그 이전에 있었던 다른 헌정질서파괴범과 비교해 보면, 공소시효의 완성 여부에 관한 논의가 아직 진행중이고, 집권과정에서의 불법적 요소나 올바른 헌정사의 정립을 위한 과거청산의 요청에 미루어 볼 때 비록 특별법이 개별사건법률이라고 하더라도 입법을 정당화할 수 있는 공익이 인정될 수 있으므로 위 법률조항은 헌법에 위반되지 않는다"(헌재 1996.2.16. 96헌가2등, 5·18민주화운동등에관한특별법 제2조 위헌제청 등(합헌)).

(3) 법률의 명확성·구체성의 원칙

A. 의 의

기본권을 제한하는 법률은 명확하여야 한다(불명확(막연)하기 때문에 무효의 원칙). 명확성의 원칙은 법치국가원리의 한 표현으로서 법률은 적용대상자가 그 규제내용을 미리 알 수 있도록 분명하게 규정하여 장래의 행동지침으로 삼을 수 있도록 하여야 함을 그 내용으로 하는 기본권제한에 관한 헌법의 원칙이다. 그러므로 법률로써 기본권을 제한할 경우에, 제한되는 기본권이 구체적으로 특정되어야 한다. 즉 규범의 의미내용으로부터 무엇이 금지되는 행위이고 무엇이 허용되는 행위인지를 수범자(受範者)가 알 수 없다면 법적 안정성과 예측가능성은 확보될 수 없게 되고, 또한 법집행 당국에 의한 자의적 집행이 가능하게 된다(헌재 1998.4.30. 95헌가16, 출판사및인쇄소의등록에관한법률 제5조의2 제5호 등 위헌제청(일부위헌)).

"'근로자에 대하여 정당한 이유 없이 해고를 함으로써 제30조 제1항을 위반한 사용자'에 대한 부분이 형사처벌의 대상이 되는 해고의 기준을 일반추상적 개념인 '정당한 이유'의 유무에 두고 있는 것이 헌법상 명확성의 원칙에 반하지 아니한다"(헌재 2005.3.31. 2003헌바12, 근로기준법 제110조 위헌소원(합헌)).

방송통신심의위원회의 직무의 하나로 '건전한 통신윤리의 함양을 위하여 필요한 사항으로서 대통령령이 정하는 정보의 심의 및 시정요구'를 규정하는 '방송통신위원회의 설치 및 운영에 관한 법률' 제21조 제4호 중 '건전한 통신윤리' 부분이 명확성의 원칙에 어긋난다고 할 수 없다(헌재 2012.2.23. 2011헌가13, 방송통신위원회의 설치 및 운영에 관한 법률 제21조 제4호 위헌제청(합헌)).

민법 제103조의 '선량한 풍속 기타 사회질서에 위반한 사항'이 다소 추상적이고 광범위한 의미를 가진 것으로 보이는 용어이기는 하나, 그 문언의 의미, 민법 제103조의 입법목적과 기능, 개별적·구체적 사안에서 문제되는 법률행위가 선량한 풍속 기타 사회질서에 위반한 것인지는 헌법을 최고규범으로 하는 법 공동체의 객관적 관점에 의하여 판단될 수 있는 점 등을 종합하면 명확성원칙에 위반된다고 볼 수 없다(헌재 2023.9.26. 2020헌바552, 민법 제103조 위헌소원(합헌)).

"공공의 질서 및 선량한 풍속을 문란하게 할 염려가 있는 상표는 등록받을 수 없다"라는 규정이 명확성원칙에 위반된다고 할 수 없다(헌재 2014.3.27. 2012헌바55, 구 상표법 제7조 제1항 제4호 위헌소원(합헌)).

교원의 경제적·사회적 지위 향상을 위한 활동은 노조활동의 일환으로서 당연히 허용되고, 교원노조는 교육 전문가 집단이라는 점에서 초·중등교육 교육정책과 관련된 정치적 의견표명 역시 그것이 정치적 중립성을 훼손하지 아니하고 학생들의 학습권을 침해하지 아니할 정도의 범위 내라면 허용된다고 보아야 한다. 이와 같이 법률 규정의 의미내용을 한정하여 해석하는 것이 가능한 이상, 명확성원칙에 위반된다고 볼 수는 없다(헌재 2014.8.28. 2011헌바32등, 국가공무원법 제66조 제1항 등 위헌소원 등(합헌)).

'제한상영가' 등급의 영화를 '상영 및 광고·선전에 있어서 일정한 제한이 필요한 영화'라고 정의한 영화진흥법은 명확성원칙에 위배된다(헌재 2008.7.31. 2007헌가4, 영화진흥법 제21조 제3항 제5호 등 위헌제청(헌법불합치,잠정적용,당해사건적용중지)). (적용법률이 이미 폐지된 상황에서 해당 사건에 적용되는 특수한 상황 아래에서 헌법재판소가 당해 사건에 대하여 적용정지를 '특별히' 강조하려고 결정문에 표기하였다.)

B. 대 상

명확성의 원칙은 모든 기본권제한입법에서 요구된다. 이 원칙은 형벌의 구성요건 규정에서 특히 강조된다.

"범죄의 구성요건이 추상적이거나 모호한 개념으로 이루어지거나, 그 적용범위가 너무 광범위하고 포괄적이어서 불명확한 경우에는 국민이 법률에 의하여 금지된 행위가 무엇인가를 알 수 없게 되어 죄형법정주의의 원칙에 위배된다." 헌법재판소는 이 결정에서 명확성의 원칙의 한 내용으로서 포괄적 위임입법금지의 원칙을 들고 있다. 이는 양자 모두 '예측가능성'을 근거로 하기 때문인 것으로 보인다(헌재 1997.9.25. 96헌가16, 건축법 제79조 제4호 중 '제26조의 규정에 위반한 자' 부분 위헌제청(위헌): 제79조 제4호 중 '제26조의 규정에 위반한 자' 부분은 헌법에 위반된다).

C. 판단기준

(i) 명확성·구체성 원칙의 준수 여부는 해당 법률의 입법목적에 비추어 건전한 상식과 통상적인 법감정을 통하여 판단할 수 있으며, 구체적인 사건에서는 법관의 합리적인 해석에 의하여 판단할 수 있다.

(ii) 특히 해당 법률조항의 명확성 여부를 판단함에 있어서는 해당 법률의 "입법목적과 다른 조항과의 연관성, 합리적인 해석가능성, 입법기술상의 한계 등을 고려"하여야 하며, 어떤 법규범이 명확성 원칙에 위반되는지 여부는 이러한 종합적인 고려에 의한 해석방법에 의하여 그 의미내용을 합리적으로 파악할 수 있는 해석의 기준을 얻을 수 있는지 여부에 따라 결정하여야 한다.

"처벌법규의 구성요건이 다소 광범위하여 어떤 범위에서는 법관의 보충적인 해석을 필요로 한다고 할지라도 그 점만으로는 헌법이 요구하는 처벌법규의 명확성에 반드시 배치되는 것이라고 할 수 없다. 결국 처벌법규의 구성요건이 어느 정도 명확하여야 하는가는 일률적으로 정할 수 없고, 각 구성요건의 특수성과 그러한 법적 규제의 원인이 된 여건이나 처벌의 정도 등을 고려하여 종합적으로 판단하여야 한다"(헌재 1994.7.29. 93헌가4등, 구 대통령선거법 제36조 제1항 및 제34조의 위헌제청(위헌,합헌). 동지: 헌재 1995.5.25. 91헌바20, 군형법 제47조에 대한 헌법소원(합헌); 헌재 2000.2.24. 99헌가4, 도로교통법 제20조의2 등 위헌제청(합헌)).

"명확성의 원칙이란 기본적으로 최대한이 아닌 최소한의 명확성을 요구하는 것이다. 그러므로 법문언(法文言)이 해석을 통해서, 즉 법관의 보충적인 가치판단을 통해서 그 의미내용을 확인해 낼 수 있고, 그러한 보충적 해석이 해석자의 개인적인 취향에 따라 좌우될 가능성이 없다면 명확성의 원칙에 반한다고 할 수 없다"(헌재 1998.4.30. 95헌가16, 출판사및인쇄소의등록에관한법률 제5조의2 제5호 등 위헌제청(위헌,합헌)).

"법규범이 명확한지 여부는 그 법규범이 수범자에게 법규의 의미내용을 알 수 있도록 공정한 고지를 하여 예측가능성을 주고 있는지 여부 및 그 법규범이 법을 해석·집행하는 기관에게 충분한 의미내용을 규율하여 자의적인 법해석이나 법집행이 배제되는지 여부, 다시 말하면 예측가능성 및 자의적 법집행배제가 확보되는지 여부에 따라 이를 판단할 수 있는데, 법규범의 의미내용은 그 문언뿐만 아니라 입법목적이나 입법취지, 입법연혁, 그리고 법규범의 체계적 구조 등을 종합적으로 고려하는 해석방법에 의하여 구체화하게 되므로, 결국 법규범이 명확성원칙에 위반되는지 여부는 위와 같은 해석방법에 의하여 그 의미내용을 합리적으로 파악할 수 있는 해석기준을 얻을 수 있는지 여부에 달려 있다"(헌재 2005.6.30. 2002헌바83, 노동조합및노동관계조정법 제91조 제1호 등 위헌확인(합헌)).

형의 집행을 유예하면서 사회봉사를 명할 수 있도록 한 형법 제62조의2 제1항 중 사회봉사명령에 관한 부분은 명확성원칙에 위배되지 아니한다(헌재 2012.3.29. 2010헌바100, 형법 제62조의2 제1항 위헌공무원연금법 제47조 제2호 등 위헌제청(위헌)).

'기타 특히 신용할 만한 정황에 의하여 작성된 문서'를 당연히 증거능력 있는 서류로 규정한 것은 명확성원칙에 위배되지 아니한다. 또한 공범이 다른 사건에서 피고인으로서 한 진술을 기재한 공판조서가 포함된다고 보는 것은 피고인의 공정한 재판을 받을 권리를 침해하지 아니한다(헌재 2013.10.24. 2011헌바79, 형사소송법 제315조 제3호 위헌소원 등(합헌)).

형사소송법 제420조 제5호 중 "명백한 증거가 새로 발견된 때" 부분은 건전한 상식을 가진 일반인이면 "명백한 증거가 새로 발견된 때"의 의미내용을 예측할 수 있고, 설사 법 문언의 불확정적인 측면이 다소 있더라도 장기간에 걸쳐 집적된 법원의 동일한 취지의 판례가 가지는 법률보충적 기능을 통하여 이 불명확성은 이미 치유 내지 제거되었으므로 명확성원칙에 위반되지 아니한다(헌재 2014.7.24. 2012헌바277, 형사소송법 제420조 제5호 위헌확인(합헌)).

(4) 소급입법의 금지 및 신뢰보호의 원칙

기본권을 제한하는 입법은 소급입법금지의 원칙 및 신뢰보호의 원칙도 지켜야 한다(상세는 제1편 제4장 제3절 제2관 제5항 법치주의 참조).

(5) 입법절차의 준수원칙

국회에서 제정한 형식적 의미의 법률이라 할지라도 그 법률제정절차가 헌법의 일반원칙인 적법절차의 원칙에 어긋나서는 아니 된다. 여기에서의 적법절차에는 절차내용의 적법도 포함한다.

"자기에게 아무런 책임 없는 사유로 출석하지 못한 피고인에 대하여 별다른 증거조사도 없이 곧바로 유죄판결을 선고할 수 있도록 한 것은 그 절차의 내용이 심히 적정치 못한 경우로서 헌법 제12조 제1항 후문의 적법절차원칙에 반한다"(헌재 1998.7.16. 97헌바22, 소송촉진등에관한특례법 제23조 위헌소원(위헌)).

(6) 위임입법에 의한 기본권제한과 그 한계(포괄적 위임입법의 금지원칙)

오늘날 현대사회에서의 국가기능을 고려하여 볼 때, 위임입법이 불가피하지만 기본권제한과 관련된 포괄적 위임입법은 금지된다(제2편 제3장 제1절 제3항 Ⅳ. 참조).

(i) 법률의 구체적 위임을 받은 위임명령은 기본권을 제한할 수 있지만, 상위법인 법률의 집행규범에 불과한 집행명령은 새로운 권리·의무를 부과할 수 없다.

(ii) 조례는 법률의 위임을 받은 경우에 한하여 기본권 제한이 가능하다.

(iii) 행정규칙은 행정청 내부의 의사표시에 불과하기 때문에 국민의 권리·의무에 관한 사항을 규정할 수 없다. 다만, 행정규칙 중에서 상위법령과 결합하여 대외적 구속력을 가지는 '법률보충적 행정규칙'은 기본권을 제한할 수 있다.

"기본권은 헌법 제37조 제2항에 의하여 국가안전보장·질서유지 또는 공공복리를 위하여 필요한 경우에 한하여 이를 제한할 수 있으나, 그 제한의 방법은 원칙적으로 법률로써만 가능하고 제한의 정도도 기본권의 본질적 내용을 침해할 수 없고 필요한 최소한도에 그쳐야 한다. 그런데 위 조항에서 규정하고 있는 기본권제한에 관한 법률유보의 원칙은 '법률에 의한 규율'을 요청하는 것이 아니라 '법률에 근거한 규율'을 요청하는 것이므로, 기본권의 제한에는 법률의 근거가 필요할 뿐이고 기본권 제한의 형식이 반드시 법률의 형식일 필요는 없다"(헌재 2005.5.26. 99헌마513등, 주민등록법 제17조의8 등 위헌확인 등(기각)).

"오늘날 의회의 입법독점주의에서 입법중심주의로 전환하여 일정한 범위 내에서 행정입법을 허용하게 된 동기가 사회적 변화에 대응한 입법수요의 급증과 종래의 형식적 권력분립주의로는 현대사회에 대응할 수 없다는 기능적 권력분립론에 있다는 점 등을 감안하여 헌법 제40조와 헌법 제75조, 제95조의 의미를 살펴보면, 국회입법에 의한 수권이 입법기관이 아닌 행정기관에게 법률 등으로 구체적인 범위를 정하여 위임한 사항에 관하여는 당해 행정기관에게 법정립의 권한을 갖게 되고, 입법자가 규율의 형식도 선택할 수도 있다 할 것이므로, 헌법이 인정하고 있는 위임입법의 형식은 예시적인 것으로 보아야 할 것이고, 그것은 법률이 행정규칙에 위임하더라도 그 행정규칙은 위임된 사항만을 규율할 수 있으므로, 국회입법의 원칙과 상치되지도 않는다. 다만, 형식의 선택에 있어서 규율의 밀도와 규율영역의 특성이 개별적으로 고찰되어야 할 것이고, 그에 따라 입법자에게 상세한 규율이 불가능한 것으로 보이는 영역이라면 행정부에게 필요한 보충을 할 책임이 인정되고 극히 전문적인 식견에 좌우되는 영역에서는 행정기관에 의한 구체화의 우위가 불가피하게 있을 수 있다. 그러한 영역에서 행정규칙에 대한 위임입법이 제한적으로 인정될 수 있다"(헌재 2004.10.28. 99헌바91, 금융산업의구조개선에관한법률 제2조 제3호 가목 등 위헌소원(합헌)).

"위임입법에 관한 헌법 제75조는 처벌법규에도 적용되는 것이지만, … 처벌법규의 위임은 특히 긴급한 필요가 있거나 미리 법률로써 자세히 정할 수 없는 부득이한 사정이 있는 경우에 한정되어야 하고 이러한 경우일지라도 법률에서 범죄의 구성요건은 처벌대상인 행위가 어떠한 것일 거라고 이를 예측할 수 있을 정도로 구체적으로 정하고 형벌의 종류 및 그 상한과 폭을 명백히 규정하여야 한다"(헌재 1997.9.25. 96헌가16, 건축법 제79조 제4호 중 '제26조의 규정에 위반한 자' 부분 위헌제청(위헌). 동지: 헌재 2004.8.26. 2004헌바14, 새마을금고법 제66조 제2항 제6호 등 위헌소원(합헌,각하)).

"시행령에서 규정될 범죄의 구성요건이 당해 위임법률조문 하나만으로는 예측이 다소 어렵더라도 다른 법률조항과 법률의 입법취지를 종합적으로 고찰할 때 합리적으로 그 대강이 예측될 수 있는 것이라면 위임의 한계를 일탈하지 아니한 것으로 판단되어야" 한다(헌재 1994.6.30. 93헌가15등, 수산업법 제52조 제2항 등 위헌제청(합헌)).

"위임의 구체성·명확성의 요구 정도는 그 규율대상의 종류와 성격에 따라 달라질 것이지만 특히 처벌법규나 조세법규와 같이 국민의 기본권을 직접적으로 제한하거나 침해할 소지가 있는 법규에서는 구체성·명확성의 요구가 강화되어 그 위임의 요건과 범위가 일반적인 급부행정의 경우보다 더 엄격하게 제한적으로 규정되어야 하는 반면에, 규율대상이 지극히 다양하거나 수시로 변화하는 성질의 것일 때에는 위임의 구체성·명확성의 요건이 완화되어야" 한다(헌재 1994.6.30. 93헌가15등. 동지: 헌재 1999.1.28. 97헌가8, 교통안전공단법 제17조 위헌제청(위헌): "조세유사적 성격의 분담금의 경우도 위임의 구체성 및 명확성의 요구가 강화된다").

포괄위임입법금지원칙 위반 여부를 심사함에 있어서 대상법률이 형성 법률인 경우 위헌성 판단은 기본권 제한의 한계 규정인 헌법 제37조 제2항에 따른 과잉금지 내지 비례의 원칙의 적용을 받는 것이 아니라, 그러한 형성 법률이 그 재량의 한계인 자유민주주의 등 헌법상의 기본원리를 지키면서 관련 기본권이나 객관적 가치질서의 보장에 기여하는지 여부에 따라 판단된다(헌재 2006.4.27. 2005헌마1047등, 교육공무원법 제24조 제4항 등 위헌확인(기각)).

"운전이 금지되는 술에 취한 상태의 기준"을 대통령령에 위임하는 구 도로교통법 규정은 포괄위임입법금지에 위배되지 아니한다(헌재 2005.9.29. 2003헌바94, 도로교통법 제107조의2 제1호 위헌소원(합헌)).

헌재 2002.4.25. 2001헌가19등 결정에서 사상 후 미조치를 운전면허의 필요적 취소사유로 규정하였던 구 도로교통법 조항에 대하여 6:2로 합헌결정을 내린 이후 도로교통법 개정으로 사상 후 미조치가 임의적 면허 취소·정지사유로 변경되어 기본권 제한을 완화하여 위헌의 소지가 줄어들었으므로 법률유보원칙 및 포괄적 위임금지원칙에 위배되지 아니한다(헌재 2019.8.29. 2018헌바4, 도로교통법 제93조 제1항 제6호 등 위헌소원(합헌,각하)).

구 국가공무원법의 대통령령으로 정하는 정치적 행위의 금지에 관한 한계를 위반한 자' 부분은 포괄위임입법금지원칙에 위배되지 아니한다(헌재 2014.3.27. 2011헌바42, 정당법 제22조 제1항 제1호 등 위헌소원(합헌)).

언론인 및 사립학교 관계자가 받을 수 있는 외부강의 등의 대가와 음식물·경조사비·선물 등의 가액을 대통령령에 위임하도록 하는 '부정청탁 및 금품등 수수의 금지에 관한 법률'의 사립학교 관계자와 언론인에 관한 부분이 포괄위임금지원칙에 위배되어 일반적 행동자유권을 침해한다고 볼 수 없다(헌재 2016.7.28. 2015헌마236등, 부정청탁 및 금품등 수수의 금지에 관한 법률 제2조 제1호 마목 등 위헌확인 등(각하,기각)).

3. 기본권제한의 목적: 헌법 제37조 제2항의 국가안전보장 · 질서유지 · 공공복리

(1) 의 의

"국가안전보장 · 질서유지 또는 공공복리"라는 목적을 달성하기 위하여 법률로써 기본권을 제한할 수 있다. 그러나 기본권을 제한하는 경우에도 이들 목적을 달성하기 위하여 기본권을 제한하지 아니하면 아니 되는 불가피한 경우에 한하여 최소한으로 그쳐야 한다.

(2) 국가안전보장

(i) 헌법 제37조 제2항에서 기본권제한의 근거로 제시하는 국가안전보장의 개념은 국가의 존립 · 헌법의 기본질서 유지 등을 포함하는 개념으로서 국가의 독립 · 영토의 보전 · 헌법과 법률의 기능 · 헌법에 의하여 설치된 국가기관의 유지(維持) 등의 의미로 이해된다(헌재 1992.2.25. 89헌가104, 군사기밀보호법 제6조 등에 관한 위헌심판(한정합헌)).

오늘날 국가안보의 개념은 군사적 위협과 같은 전통적 안보 위기뿐만 아니라, 자연재난이나 사회재난, 테러 등으로 인한 안보 위기에 대한 대응을 포함하는 포괄적 안보 개념으로 나아가고 있으며, 특히 현대 국가에서는 후자의 중요성이 점점 더 커지고 있다(헌재 2018.6.28. 2011헌바379등, 병역법 제88조 제1항 등 위헌소원(헌법불합치(잠정적용),합헌)). 국가의 안전보장이란 기본적으로 외부의 위협이나 침략으로부터 국가의 존립과 안전을 지키는 것을 의미하고, 국가의 독립, 영토의 보전, 국가적 안전을 확보하는 것을 말하며, 국토방위란 외부의 위협이나 침략으로부터 영토를 보전하는 것을 의미한다. 국가의 안전보장과 국토방위는 국가의 존립과 안전을 지키기 위한 필수적 요건이자, 헌법의 핵심적 가치와 질서를 확보하고 국민의 생명과 자유, 안전과 행복을 보장하며 인간의 존엄과 가치를 실현하기 위한 전제조건으로서 헌법상 인정되는 중대한 법익이다(2인의 처벌조항 합헌의견 중에서).

(ii) 국가안전보장을 위하여 국가보안법과 형법 등이 제정되어 있다.

대한민국 또는 헌법상 국가기관에 대하여 모욕, 비방, 사실 왜곡, 허위사실 유포 또는 기타 방법으로 대한민국의 안전, 이익 또는 위신을 해하거나 해할 우려가 있는 표현이나 행위에 대하여 형사처벌하도록 규정한 구 형법 제104조의2는 과잉금지원칙에 위배되어 표현의 자유를 침해한다(헌재 2015.10.21. 2013헌가20, 구 형법 제104조의2 위헌제청(위헌)).

'업무상 군사기밀을 취급하는 사람 또는 취급하였던 사람' 부분이 다소 일반적 · 규범적 개념으로 규정되었다 하더라도, 그 구체적 내용은 군사기밀을 보호하여 국가안전보장에 기여하고자 하는 '군사기밀 보호법'의 입법목적을 고려하여 법관이 해석 · 적용함으로써 보완될 수 있으므로 죄형법정주의의 명확성원칙에 위반되지 아니한다. 군사기밀을 보호하여 국가의 안전을 보장하고자 하는 심판대상조항의 보호법익은 중대하고, 군사기밀에 관련된 업무를 담당하는 사람은 쉽게 군사기밀을 지득할 수 있을 뿐 아니라 그 자체로 군사기밀을 보호할 책무가 있음에도 이를 누설한 것이어서 죄질이 중하며, 행위태양, 피해정도, 수법 등 구체적 사정은 법정형의 범위 내에서 충분히 고려될 수 있으므로, 책임과 형벌 간의 비례원칙에 위반된다 할 수 없다(헌재 2020.5.27. 2018헌바233, 군사기밀 보호법 제13조 제1항 위헌소원(합헌)).

(3) 질서유지

(i) 종래 헌법에서는 질서유지와 공공복리만을 규정하고 있었으나, 1972년 헌법에서 국가안전보장을 새로이 추가하였다. 따라서 현행헌법의 질서유지는 넓은 의미의 질서유지에서 국가안전보장을 제외한 질서유지를 의미한다. 여기서 질서유지란 평상시 국가의 정상적인 작동을 위하여 요구되는 기본적인 질서의 유지를 의미한다. 즉 질서유지란 널리 사회공공의 안녕질서의 유지를 의미한다.

(ii) 질서유지를 목적으로 제정된 법률로는 형법, '집회 및 시위에 관한 법률', '성매매알선 등 행위의 처벌에 관한 법률', 도로교통법, 민방위기본법, 청소년 보호법, 소방기본법, 경범죄 처벌법, 경찰관직무집행법, '풍속영업의 규제에 관한 법률', '화염병 사용 등의 처벌에 관한 법률' 등이 있다.

'현저히 사회적 불안을 야기시킬 우려가 있는 집회 또는 시위'를 금지하는 규정에 대하여 "공공의 안녕과 질서에 직접적인 위협을 가할 것이 명백한 경우에 적용된다고 할 것이므로 이러한 해석하에 헌법에 위반되지 아니한다"(헌재 1992.1.28. 89헌가8, 국가보안법 제7조 등에 관한 위헌심판(한정합헌)).

(4) 공공복리

(i) 공공복리 개념은 다의적이고 불확정적인 개념이므로 기본권제한의 목적으로는 국가안전보장·질서유지보다는 더 신중하고 제한적으로 이해하고 적용하여야 한다. 공공복리는 추구하는 이념이나 가치관의 차이에 따라 그 개념 또한 달라진다.

(ii) 개인주의적 가치관에 의하면 공공복리란 궁극적으로 개개인의 이익과 복리에 한정하게 된다. 이는 근대입헌주의 초기에 자유 절대주의적 사고에 기초한 근대시민국가적 복리라 할 수 있다. 반면에 전체주의 내지 국가절대주의적 가치관에 의하면 공공복리란 개개인의 이익을 희생하더라도 국가 전체의 이익이 곧 공공복리가 된다. 이는 전제주의 내지 전체주의 국가에서 요구하는 공공복리이다. 하지만, 오늘날 개인주의에만 의탁한 공공복리 이념은 공동체구속적인 기본권의 본질에 부합하지 아니한다. 또한 전체주의적 사고는 국가구성원인 주권자 개개인의 인격과 이익을 부정하게 된다.

(iii) 따라서 근대 시민국가시대를 뛰어넘어 전체 국가구성원의 보편적인 공공의 이익을 구현하고자 하는 현대 사회복지국가의 헌법이념을 적극적으로 구현하

기 위한 공공복리 개념으로 재정립되어야 한다. 사회복지국가 이념에 부합하는 공공복리란 국민 개개인의 자유와 권리를 최대한 보장하면서도 궁극적으로 그 자유와 권리는 사회구성원 전체를 위한 공공의 이익으로 귀결되어야 한다. 이때 비로소 공공복리는 공동체가 지향하는 가치 즉 공동선(共同善)과 부합하게 된다.

> "우리 헌법은 헌법 제119조 이하의 경제에 관한 장에서 '균형있는 국민경제의 성장과 안정, 적정한 소득의 분배, 시장의 지배와 경제력남용의 방지, 경제주체간의 조화를 통한 경제의 민주화, 균형있는 지역경제의 육성, 중소기업의 보호육성, 소비자보호 등'의 경제영역에서의 국가목표를 명시적으로 규정함으로써 국가가 경제정책을 통하여 달성하여야 할 '공익'을 구체화하고, 동시에 헌법 제37조 제2항의 기본권제한을 위한 일반법률유보에서의 '공공복리'를 구체화하고 있다. 그러나 경제적 기본권의 제한을 정당화하는 공익이 헌법에 명시적으로 규정된 목표에만 제한되는 것은 아니고, 헌법은 단지 국가가 실현하려고 의도하는 전형적인 경제목표를 예시적으로 구체화하고 있을 뿐이므로 기본권의 침해를 정당화할 수 있는 모든 공익을 아울러 고려하여 법률의 합헌성 여부를 심사하여야 한다"(헌재 1996.12.26. 96헌가18, 주세법 제38조의7 등에 대한 위헌제청(위헌)).

(iv) 그런데 헌법 제37조 제2항에서는 기본권제한의 목적으로서 공공복리를 적시하지만, 제23조 제3항에서는 공공필요에 의한 재산권의 제한과 그에 따른 손실보상제도를 규정하기 때문에, 이 두 규정 사이의 관계에 관한 논란이 있다. 생각건대 공공필요에 의한 재산권제한은 국가정책 등을 수행하는 과정에서 야기되는 특별한 희생에 대한 손실보상을 위한 요건이므로 공공복리의 개념보다는 좁은 의미로 이해할 수 있다(다수설). 이 경우에도 제37조 제2항의 일반적 법률유보에 따른 원칙을 최대한 존중하여야 한다(제4장 제5절 제3항 Ⅶ. 2. 참조).

(v) 공공복리를 위하여 제정된 법률로는 '국토의 계획 및 이용에 관한 법률', 건축법, '산림자원의 조성 및 관리에 관한 법률', 도로법, 하천법, 항공법, '도시공원 및 녹지 등에 관한 법률', 자연재해대책법, 전기통신사업법, 사방사업법, '공익사업을 위한 토지 등의 취득 및 보상에 관한 법률' 등이 있다.

(5) 상호중첩성

국가안전보장과 질서유지를 위하여 기본권을 제한하는 법률은 서로 중첩적일 수 있고, 질서유지와 공공복리를 위하여 기본권을 제한하는 법률도 서로 중첩적일 수 있다.

> "질서유지 또는 공공복리를 위하여 구속제도가 헌법 및 법률상 이미 용인되어 있는 이상 … 미결수용자의 서신에 대한 검열은 그 필요성이 인정된다고 할 것이고, 이로 인하여 미결수용자의 통신의 비밀이 일부 제한되는 것은 질서유지 또는 공공복리라는 정당

한 목적을 위하여 불가피할 뿐만 아니라 유효적절한 방법에 의한 최소한의 제한으로서 헌법에 위반된다고 할 수 없다"(헌재 1995.7.21. 92헌마144, 서신검열 등 위헌확인(인용(위헌확인),한정위헌,기각)).

4. 기본권제한의 대상: 모든 자유와 권리

(i) 헌법에서 "모든 자유와 권리"로 규정되어 있다. '모든' 자유와 권리는 특정한 종류나 내용의 기본권에 한정되지 아니하고 모든 기본권으로 보아야 한다. 이에 대하여 자유권 이외의 기본권에 대한 법률유보는 그 기본권의 내용이나 절차를 형성하거나 구체화하는 의미를 가지며, 자유권은 그 성질상 한계가 없기 때문에 자유권만이 기본권제한의 대상이라는 견해가 있다. 그러나 이 견해는 "모든 자유와 권리"라고 명시한 헌법의 문리적 해석에도 부합하지 아니할 뿐만 아니라, 자유권 이외의 기본권에 대한 제한의 한계가 설정되지 아니할 우려가 있다.

(ii) 그런데 '모든' 자유와 권리라고 규정하지만, 양심의 자유의 내심의 의사와 같이 제한이 불가능한 절대적 기본권은 실제로 적용대상이 되지 아니한다.

5. 기본권제한의 필요: 과잉금지의 원칙(비례의 원칙)

(1) "필요한 경우에 한하여"

제37조 제2항은 "국민의 모든 자유와 권리는 … 를 위하여 필요한 경우에 한하여"라고 규정한다. 여기서 "필요한 경우"란 국가안전보장 · 질서유지 · 공공복리를 위하여 기본권의 제한이 불가피한 경우에(보충성의 원칙), 그 제한이 최소한으로 그쳐야 하며(최소침해의 원칙), 그 제한은 보호하고자 하는 법익을 구현하는데 적합하여야 하며(적합성의 원칙), 보호하려는 법익과 제한하는 기본권 사이에 상당한 비례관계가 있어야 한다(비례의 원칙)는 의미이다. 그것은 곧 헌법 제10조 후문에서 규정하는 국가의 "기본적 인권을 확인하고 이를 보장할 의무"에도 부합한다.

(2) 비례의 원칙(과잉금지의 원칙)

A. 의 의

(i) 기본권을 제한할 때 그 제한이 목적과 균형을 유지하여야 한다는 의미에서의 "필요한 경우"를 일반적으로 기본권제한에 있어서 비례의 원칙이라고 한다. 비례의 원칙은 오늘날 법의 일반원칙으로 이해되어 공 · 사법에서 널리 통용되는 원칙이다. 헌법학에서도 비례의 원칙은 일반원칙으로 볼 수 있다. 비례의 원칙의 헌법적 근거를 찾는다면 헌법상 법치국가원리와 헌법 제37조 제2항을 들 수 있다. 특히 헌법재판소는 이를 과잉금지의 원칙으로 표현하면서 위헌심사에 있어서

확고한 판단원칙으로 인정한다(過猶不及).

(ii) 비례의 원칙의 적용에 있어서는 신체의 안전과 자유 및 정신의 안전과 자유에 관하여는 엄격한 심사기준이 적용되지만, 사회경제적 안전과 자유에 관하여는 비교적 완화된 심사기준이 적용된다. 즉 "사회적 연관관계에 놓여지는 경제적 활동을 규제하는 경제사회적인 입법사항에 비례의 원칙을 적용함에 있어서는 보다 완화된 심사기준이 적용된다"(헌재 2005.2.24. 2001헌바71, 주택건설촉진법 제3조 제8호 등 위헌소원(합헌)).

위헌판례

① "폭력행위등처벌에관한법률 제3조 제2항 부분은 지나치게 과중한 형벌을 규정함으로써 죄질과 그에 따른 행위자의 책임 사이에 비례관계가 준수되지 않아 인간의 존엄과 가치를 존중하고 보호하려는 실질적 법치국가이념에 어긋나고, 형벌 본래의 기능과 목적을 달성하는 데 필요한 정도를 현저히 일탈하여 과잉금지원칙에 위배되고 …"(합헌결정을 한 헌재 1995.3.23. 94헌가4 결정을 판례 변경)(헌재 2004.12.16. 2003헌가12, 폭력행위등처벌에관한법률 제3조 제2항 위헌제청(위헌)).

② 지나치게 과중한 형벌을 규정함으로써 죄질과 그에 따른 행위자의 책임 사이에 비례관계가 준수되지 아니하여 인간의 존엄과 가치를 존중하고 보호하려는 실질적 법치국가의 이념에 어긋나고, 형벌체계상 균형성을 상실하여 다른 범죄와의 관계에서 평등의 원칙에 위반된다(종전에 합헌결정을 한 헌재 2005.6.30. 2004헌바4등 결정을 판례 변경)(헌재 2006.4.27. 2006헌가5, 특정경제범죄가중처벌등에관한법률 제5조 제4항 제1호 등 위헌제청(위헌)). 해당 조항은 2012년 전면 개정되었다.

③ "수형자나 미결수용자에 대한 계호의 필요에 따라 수갑, 포승(捕繩) 등의 계구(戒具)를 사용할 수 있지만 구금된 자라는 이유만으로 계구사용이 당연히 허용되는 것이 아니고 계구사용으로 인한 신체의 자유의 추가적 제한 역시 과잉금지원칙에 반하지 않아야 한다. 그러므로 구속 피의자에 대한 계구사용은 도주, 폭행, 소요 또는 자해나 자살의 위험이 분명하고 구체적으로 드러난 상태에서 이를 제거할 필요가 있을 때 이루어져야 하며, 필요한 만큼만 사용하여야 한다"(헌재 2005.5.26. 2004헌마49, 계호근무준칙 제298조 등 위헌확인(위헌, 인용(위헌확인))).

④ "산출세액의 100분의 20을 가산세로 획일적으로 규정하여 의무위반의 정도를 결정하는 두 가지 요소 중 미납세액만을 고려하고 또 하나의 요소인 미납기간의 장단을 전혀 고려하지 아니한 것은 의무위반의 정도와 부과되는 제재 사이에 적정한 비례관계를 결한 것으로서 헌법상 비례의 원칙에 위배된다"(헌재 2005.10.27. 2004헌가21, 구 지방세법 제177조의2 제4항 위헌제청(위헌)). 같은 취지로 법인세할(法人稅割) 주민세의 가산세에 위헌결정을 내렸다(헌재 2005.10.27. 2004헌가22, 지방세법 제177조의2 제3항 위헌제청(위헌)).

⑤ 배우자 있는 자의 간통행위 및 그와의 상간행위를 2년 이하의 징역에 처하도록 규정한 형법 제241조는 과잉금지원칙에 위배하여 국민의 성적 자기결정권 및 사생활의 비밀과 자유를 침해하는 것으로서 헌법에 위반된다(헌재 2015.2.26. 2009헌바17등, 형법 제241조 위헌소원 등(위헌)).

⑥ 전문과목을 표시한 치과의원은 그 표시한 전문과목에 해당하는 환자만을 진료하여야 한다고 규정한 의료법 규정은 과잉금지원칙에 위배되어 청구인들의 직업수행의 자유를 침해한다(헌재 2015.5.28. 2013헌마799, 의료법 제77조 제3항 위헌확인(위헌)).

⑦ 인수자가 없는 시체를 생전의 본인의 의사와는 무관하게 해부용 시체로 제공될 수 있도록 한 '시체 해부 및 보존에 관한 법률' 규정은 과잉금지원칙을 위반하여 시체의 처분

에 대한 자기결정권을 침해하여 헌법에 위반된다(헌재 2015.11.26. 2012헌마940, 시체 해부 및 보존에 관한 법률 제12조 제1항 위헌확인(위헌)).

⑧ 영상물에 수록된 미성년 성폭력 피해자의 진술에서 조사과정에 동석하였던 신뢰관계인 내지 진술조력인의 법정진술에 의하여 그 성립의 진정함이 인정된 경우에도 증거능력을 인정할 수 있도록 한 조항은 원진술자에 대한 반대신문권을 실질적으로 배제하여 방어권을 과도하게 제한하여 과잉금지원칙에 반한다(6:3)(헌재 2021.12.23. 2018헌바524, 구 성폭력범죄의 처벌 및 피해자보호 등에 관한 법률 제21조의3 제4항 등 위헌소원(위헌)).

헌법불합치판례

① 일반 불법행위에 대한 과실책임주의의 예외로서 경과실로 인한 실화의 경우 실화피해자에게 손해배상청구권을 전면 부정하는 실화책임에 관한 법률은 입법목적을 달성하는 수단으로서 경과실로 인한 화재의 경우에 실화자의 손해배상책임을 감면하여 조절하는 방법이 아닌 실화자의 배상책임을 전부 부정하고 실화피해자의 손해배상청구권도 부정하는 방법을 채택함으로써 입법목적을 달성함에 있어 합리성과 구체적 타당성을 인정하기 어렵고 과잉금지원칙에 위반된다(헌재 1995.3.23. 92헌가4등, 실화책임에관한법률에 대한 위헌심판(합헌) 결정을 판례 변경)(헌재 2007.8.30. 2004헌가25, 실화책임에 관한 법률 위헌제청(헌법불합치,적용중지)).

② 외국에서 형의 전부 또는 일부의 집행을 받은 자에 대하여 형을 감경 또는 면제할 수 있도록 규정한 형법 제7조가 우리 형법에 의한 처벌 시 외국에서 받은 형의 집행을 전혀 반영하지 아니할 수도 있도록 한 것은 과잉금지원칙에 위배되어 신체의 자유를 침해한다(헌재 2015.5.28. 2013헌바129, 형법 제7조 위헌소원(헌법불합치,잠정적용)).

③ 수형자와 소송대리인인 변호사와의 접견을 시간은 일반 접견과 동일하게 회당 30분 이내로, 횟수는 다른 일반 접견과 합하여 월 4회로 제한하는 구 '형의 집행 및 수용자의 처우에 관한 법률 시행령' 중 각 '수형자'에 관한 부분, 시행령 제58조 제3항은 과잉금지원칙을 위반하여 수형자의 재판청구권을 침해한다(8:1)(헌재 2015.11.26. 2012헌마858, 변호인접견불허 위헌확인(헌법불합치,잠정적용)). 이에 따라 접견 시간은 60분으로, 접견 횟수도 추가가 가능하도록 개정되었다(시행령 제59조의2 신설).

합헌판례

① 거주자가 대통령령이 정하는 바에 의하여 기획재정부장관에게 신고를 하지 아니하고 취득한 해외부동산을 필요적으로 몰수·추징(헌재 2012.5.31. 2010헌가97, 구 외국환거래법 제30조 위헌제청(합헌)).

② 사립대학 교원이 국회의원으로 당선된 경우 임기개시일 전까지 그 직을 사직하도록 규정한 국회법 규정은 합헌이다(헌재 2015.4.30. 2014 헌마621, 국회법 제29조 제2항 제3호 위헌확인(기각)).

③ 성폭력범죄자로부터 잠재적인 피해자와 지역사회를 보호하기 위하여서는 신상정보 공개·고지명령 제도가 시행되기 전 형이 확정된 자들 중에서도 재범의 위험성이 높은 자들에 대하여는 신상정보를 소급하여 공개할 필요성이 인정된다(헌재 2016.12.29. 2015헌바196, 성폭력범죄의 처벌 등에 관한 특례법 부칙 제7조 제1항 등 위헌소원(합헌)).

④ 북한이탈주민이 '거짓이나 그 밖의 부정한 방법으로' 보호 또는 지원을 받아 재물이나 재산상의 이익을 받은 경우 이를 필요적으로 몰수·추징하도록 하는 것은 과잉금지금지원칙에 위반되지 아니한다(4:4)(헌재 2017.8.31. 2015헌가22, 북한이탈주민의 보호 및 정착지원에 관한 법률 제33조 제3항 위헌제청(합헌)).

⑤ 임차주택의 양수인이 임대인의 지위 승계는 임차인의 주거생활이 안정을 도모함과 동시에 주민등록이라는 공시기능을 통하여 주택 양수인의 불측의 손해를 예방할 수 있

도록 하고 있으므로, 과잉금지원칙에 위반되지 아니한다(헌재 2017.8.31. 2016헌바146, 주택임대차보호법 제3조 제4항 위헌소원(합헌)).

⑥ 공기총(空氣銃)의 소지허가를 받은 자로 하여금 그 공기총을 허가관청이 지정하는 곳에 보관하도록 한 것은 과잉금지의 원칙과 신뢰보호의 원칙에 위배되지 아니한다(헌재 2019.6.28. 2018헌바400, 총포·도검·화약류 등의 안전관리에 관한 법률 제14조의2 제1항 등 위헌소원(합헌)).

⑦ 시장·군수·구청장이 지방자치단체의 조례로 정하는 바에 따라 일정한 구역을 지정·고시하여 가축의 사육을 제한할 수 있도록 한 규정은 포괄위임금지원칙과 과잉금지원칙에 위배되지 아니한다(헌재 2023.12.21. 2020헌바374, 가축분뇨의 관리 및 이용에 관한 법률 제8조 제1항 위헌소원(합헌)).

⑧ 생활폐기물 수집·운반 대행계약과 관련하여 뇌물공여, 사기 등 범죄를 범하여 일정한 형을 선고받은 자를 3년 간 위 대행계약 대상에서 제외하도록 한 규정은 과잉금지원칙에 위반되지 아니한다(헌재 2023.12.21. 2020헌바189, 폐기물관리법 제14조 제8항 제7호 위헌소원(합헌)).

⑨ 테러단체 가입을 타인에게 권유하거나 선동하는 사람을 처벌하는 '국민보호와 공공안전을 위한 테러방지법' 중 가입권유에 관한 부분에 대한 심판청구는 재판의 전제성이 인정되지 않아 부적법 각하하고, 가입선동에 관한 부분은 ① 관련 조항의 체계적 해석과 대법원 판례 등을 종합하면 명확히 해석되므로 죄형법정주의의 명확성원칙에 위반되지 않고, ② 그 조항의 내용이 명확성의 원칙을 침해하지 않고 처벌의 정도도 과중하지 아니하여 과잉금지원칙에 위반되지 아니한다(헌재 2025.1.23. 2019헌바317, 국민보호와 공공안전을 위한 테러방지법 제17조 제3항 위헌소원(각하,합헌)).

B. 비례의 원칙(과잉금지의 원칙)의 내용

비례의 원칙 즉 과잉금지의 원칙의 내용으로서 목적의 정당성·방법(수단)의 적절성·피해의 최소성·법익의 균형성을 들 수 있으며, 이는 기본권을 제한하는 법률에 대한 위헌성판단의 기준이다.

"국가작용 중 특히 입법작용에 있어서의 과잉입법금지의 원칙이라 함은 국가가 국민의 기본권을 제한하는 내용의 입법활동을 함에 있어서 준수하여야 할 기본원칙 내지 입법활동의 한계를 의미하는 것으로서, 국민의 기본권을 제한하려는 입법의 목적이 헌법 및 법률의 체제상 그 정당성이 인정되어야 하고(목적의 정당성), 그 목적의 달성을 위하여 그 방법이 효과적이고 적절하여야 하며(방법의 적절성), 입법권자가 선택한 기본권제한의 조치가 입법목적달성을 위하여 설사 적절하다 할지라도 가능한 한 보다 완화된 형태나 방법을 모색함으로써 기본권의 제한은 필요한 최소한도에 그치도록 하여야 하며(피해의 최소성), 그 입법에 의하여 보호하려는 공익과 침해되는 사익을 비교형량할 때 보호되는 공익이 더 커야 한다(법익의 균형성)는 법치국가의 원리에서 당연히 파생되는 헌법상의 기본원리의 하나인 비례의 원칙을 말하는 것이다. 이를 우리 헌법은 제37조 제1항에서 '국민의 자유와 권리는 헌법에 열거되지 아니한 이유로 경시되지 아니한다.' 제2항에서 '국민의 모든 자유와 권리는 국가안전보장, 질서유지 또는 공공복리를 위하여 필요한 경우에 한하여 법률로써 제한할 수 있으며, 제한하는 경우에도 자유와 권리의 본질적인 내용을 침해할 수 없다'라고 선언하여 입법권의 한계로서 과잉입법금지의 원칙을 명문으로 인정하고 있"다(헌재 1992.12.24. 92헌가8, 형사소송법 제331조 단서규정에 대한 위헌심판(위헌). 동지: 헌재 1999.5.27. 97헌마137, 재소자용수의착용처분 위헌확인(인용(위헌확인),기각); 헌재 2005.2.24. 2004

헌바26, 소득세법 제81조 제1항 위헌소원(합헌)).

강제추행죄로 벌금형이 확정된 체육지도자의 자격을 필요적으로 취소하도록 한 구 국민체육진흥법 규정은 목적의 정당성 · 방법(수단)의 적절성 · 피해의 최소성 · 법익의 균형성에 어긋난다고 볼 수 없으므로 과잉금지원칙에 위반하여 직업선택의 자유를 침해한다고 볼 수 없다(헌재 2024.8.29. 2023헌가10, 국민체육진흥법 제12조 제1항 제4호 등 위헌제청(합헌)).

(a) 목적의 정당성 기본권제한의 목적(目的)에서 살펴본 바와 같이, 기본권을 제한하는 입법은 국가안전보장 · 질서유지 · 공공복리를 위한 정당한 목적이 있어야 한다. 그런데 입법목적의 정당성요건은 헌법 제37조 제2항의 기본권제한 입법에서의 목적의 정당성과 중복되는 측면이 있다. 이에 비례의 원칙은 기본권제한적 법률의 방법적 한계를 심사하는 기준이고, 기본권제한의 목적은 헌법이 명시하는 목적의 존재를 요구하므로 목적의 정당성을 비례의 원칙에서 제외하여야 한다는 견해도 있다(정종섭 · 한수웅).

그러나 기본권제한입법에서의 정당한 목적 이외에 기본권제한 그 자체에서도 정당한 목적이 있어야 한다. 헌법재판소는 입법목적이 정당하다고 하더라도 제한되는 기본권과 기본권제한법률의 입법목적 사이에 균형관계를 강조하기도 한다(헌재 1999.12.23. 99헌마135, 경찰법 제11조 제4항 등 위헌확인(위헌)).

"이 사건 법률조항은 입법목적과 입법수단간의 인과관계가 막연하고, 입법목적을 달성할 수 있는가 하는 법률의 효과 또한 불확실하므로 정당의 자유를 제한함에 있어서 갖추어야 할 적합성의 엄격한 요건을 충족시키지 못한 것으로 판단된다."

"동성동본 금혼을 규정한 민법 제809조 제1항"(헌재 1997.7.16. 95헌가6등, 민법 제809조 제1항 위헌제청(헌법불합치,적용중지)), "노동단체의 정치자금의 기부에 대한 금지"(헌재 1999.11.25. 95헌마154, 노동조합법 제12조 등 위헌확인(위헌)), "기초의회의원선거에서 정당의 영향을 배제"(헌재 2003.1.30. 2001헌가4, 공직선거법 제47조 제1항 중 앞괄호부분 등 위헌제청(위헌,각하)), 형법의 "혼인을 빙자하여 음행의 상습 없는 부녀를 기망하여 간음한 자"부분(헌재 2009.11.26. 2008헌바58등, 형법 제304조 위헌소원(위헌)), 공특법 제6조는 재산의 처분권, 사용권이 소유권자의 의사에 관계없이 박탈되는 결과를 가져와 사법질서에 의한 공익추구를 일차적으로 장려하고자 하는 동법의 입법목적 위배(헌재 1995.11.30. 94헌가2, 공공용지의취득및손실보상에관한특례법 제6조위헌제청(위헌)).

(b) 방법(수단)의 적절성 국가가 입법 · 행정 등 국가작용을 하면서 합리적인 판단에 입각하여 추구하고자 하는 사안의 목적에 적합한 조치를 취하여야 하고, 그때 선택하는 수단은 목적을 달성함에 있어서 필요하고 효과적이며 상대방에게는 최소한의 피해를 줄 때에 한하여 그 국가작용은 정당성을 가지게 되고 상대방은 그 침해를 감수하게 된다. 국가가 어떠한 목적을 달성함에 있어서는 어떠한 조치나 수단 하나만으로써 가능하다고 판단할 경우도 있고 다른 여러 가지의 조치나 수단을 병과하여야 가능하다고 판단하는 경우도 있을 수 있으므로 과잉금

지의 원칙이 목적달성에 필요한 유일의 수단선택을 요건으로 한다고 할 수는 없다. 이 경우 "선택하는 수단은 목적을 달성함에 있어서 합리적인 판단에 입각하여 추구하고자 하는 사안의 목적을 달성함에 있어서 필요하고 효과적"이어야 한다(헌재 1989.12.22. 88헌가13, 국토이용관리법 제21조의3 제1항, 제31조의2의 위헌심판(합헌))(헌재 1996.4.25. 92헌바47, 축산업협동조합법 제99조 제2항 위헌소원(위헌)).

공무원의 신분이나 직무상 의무와 관련이 없는 범죄의 경우에도 퇴직급여 등을 제한하는 것은 재산권제한에 있어서 방법의 적정성을 위배한다(헌재 2007.3.29. 2005헌바33, 공무원연금법 제64조 제1항 제1호 위헌확인(헌법불합치)).

사립학교 교원 또는 사립학교 교원이었던 자가 재직 중의 사유로 금고 이상의 형을 받은 때에는 대통령령이 정하는 바에 의하여 퇴직급여 및 퇴직수당의 일부를 감액하여 지급하도록 하는 것은 사립학교 교원의 신분이나 직무상 의무와 관련이 없는 범죄의 경우에도 퇴직급여 및 퇴직수당을 제한하는 것으로 교원범죄를 예방하고 교원이 재직 중 성실히 근무하도록 유도하는 입법목적을 달성하는 데 적합한 수단이라고 볼 수 없다(헌재 2010.7.29. 2008헌가15, 사립학교교직원 연금법 제42조 제1항 위헌제청(헌법불합치)).

축산업협동조합의 복수조합설립금지(헌재 1996.4.25. 92헌바47, 축산업협동조합법 제99조 제2항 위헌소원(위헌)), 변호사 개업지 제한(헌재 1989.11.20. 89헌가102, 변호사법 제10조 제2항에 대한 위헌제청(위헌)), 제대군인 가산점제도(헌재 1999.12.23. 98헌마363, 제대군인지원에관한법률 제8조 제1항 등 위헌확인(위헌)) 등도 수단의 적합성에 위배된다.

도로를 차단하고서 통행하는 모든 운전자를 상대로 한 음주단속은 방법의 적절성이 인정되므로 헌법에 위배되지 아니한다(헌재 2004.1.29. 2002헌마293, 무작위음주운전단속 위헌확인(기각)).

공무원이 재직 중의 사유로 금고 이상의 형을 받아 퇴직급여 등의 일부를 감액하여 지급함에 있어, 그 이후 형의 선고의 효력을 상실하게 하는 특별사면 및 복권을 받은 경우에도 동일하게 퇴직급여 등을 감액하도록 한 규정이 재산권 및 인간다운 생활을 할 권리를 침해하지 아니한다(헌재 2020.4.23. 2018헌바402, 구 공무원연금법 제64조 제1항 제1호 등 위헌소원(합헌)).

"수용개시일까지 토지 등의 인도의무를 규정하고 그 위반시 형사처벌을 정하고 있는 것은 효율적인 공익사업의 수행을 담보하기 위하여 수용된 토지 등의 인도의무를 형사처벌로 강제하고 있으므로 그 목적의 정당성과 수단의 적합성이 인정된다." 하지만, 형사처벌은 법익균형성 위반이라는 의견도 있다(5:4)(헌재 2020.5.27. 2017헌바464등, 공익사업을 위한 토지 등의 취득 및 보상에 관한 법률 제95조의2 제2호 위헌소원(합헌)).

(c) 피해의 최소성 입법자는 공익실현을 위하여 기본권을 제한하는 경우에도 입법목적을 실현하기에 적합한 여러 수단 중에서 되도록 국민의 기본권을 가장 존중하고 기본권을 최소로 침해하는 수단을 선택하여야 한다. 기본권을 제한하는 규정은 기본권행사의 '방법'에 관한 규정과 기본권행사의 '여부'에 관한 규정으로 구분할 수 있다. 침해의 최소성의 관점에서, 입법자는 그가 의도하는 공익을 달성하기 위하여 우선 기본권을 보다 적게 제한하는 단계인 기본권행사의 '방법'에 관한 규제로써 공익을 실현할 수 있는가를 시도하고 이러한 방법으로는 공익달성이 어렵다고 판단되는 경우에 비로소 그 다음 단계인 기본권행사의 '여부'에

관한 규제를 선택하여야 한다(헌재 1998.5.28. 96헌가5, 기부금품 모집금지법 제3조 등 위헌제청(위헌)). 따라서 입법자가 임의적 규정으로도 법의 목적을 실현할 수 있는 경우에 구체적 사안의 개별성과 특수성을 고려할 수 있는 가능성을 일체 배제하는 필요적 규정을 둔다면, 이는 비례의 원칙의 한 요소인 '최소침해성의 원칙'에 위배된다(헌재 1998.5.28. 96헌가12, 구 국가공무원법 제73조의2 제1항 단서 위헌제청(위헌)). 즉 어떤 법률의 입법목적이 정당하고 그 목적을 달성하기 위하여 국민에게 의무를 부과하고 그 불이행에 대한 제재가 적합하다고 하더라도 입법자기 그러한 수단을 선택하지 아니하고도 보다 덜 제한적인 방법을 선택하거나, 아예 국민에게 의무를 부과하지 아니하고도 그 목적을 실현할 수 있음에도 불구하고 국민에게 의무를 부과하고 그 의무를 강제하기 위하여 그 불이행에 대하여 제재를 가한다면 이는 과잉금지원칙의 한 요소인 '최소침해성의 원칙'에 위배된다(헌재 2006.6.29. 2002헌바80등, 구 법인세법 제41조 제14항 위헌소원 등(위헌)).

하지만, 가장 합리적이며 효율적인 수단의 선택이 아니라고 하더라도 적어도 현저하게 불합리하고 불공정한 수단의 선택이 아니라면 반드시 피해의 최소성 원칙에 어긋나지 아니한다(헌재 1996.12.26. 96헌가18, 주세법 제38조의7 등에 대한 위헌제청(위헌); 헌재 2004.12.16. 2002헌마478, 접견불허처분 등 위헌확인: "금치수용자에 대하여 일체의 운동 금지는" 위헌). 특히 개인이 기본권 행사를 통하여 일반적으로 타인과 사회적 연관관계에 놓여지는 경제적 활동을 규제하는 사회·경제정책적 법률을 제정함에 있어서는 입법자에게 보다 광범위한 형성권이 인정되므로, 이 경우 피해의 최소성을 평가함에 있어서는 입법재량의 허용 범위를 고려하여 구체적으로는 "입법자의 판단이 현저하게 잘못되었는가"라고 하는 명백성의 통제에 그쳐야 한다(헌재 2011.8.30. 2009헌마638, 수산자원보호령 제9조 위헌확인(기각)).

위헌판례

농협·축협 조합장이 금고 이상의 형을 선고받고 그 형이 확정되지 아니한 경우에도 이사가 그 직무를 대행하도록 하는 규정은 조합장이 범한 범죄가 조합장에 선출되는 과정에서 또는 선출된 이후 직무와 관련하여 발생하였는지 여부, 고의범인지 과실범인지 여부, 범죄의 유형과 죄질이 조합장의 직무를 수행할 수 없을 정도로 공공의 신뢰를 중차대하게 훼손하는지 여부 등을 고려하지 아니하고 단순히 금고 이상의 형을 선고받은 모든 범죄로 그 적용대상을 무한정 확대함으로써 기본권의 최소침해성 원칙을 위반하였다(헌재 2013.8.29. 2010헌마562 등, 농업협동조합법 제46조 제4항 제3호 위헌확인(위헌, 각하)).

선거범죄로 인하여 100만 원 이상의 벌금형이 선고되면 임원의 결격사유가 됨에도, 선거범죄와 다른 죄가 병합되어 경합범으로 재판하게 되는 경우 선거범죄를 분리 심리하여 따루 선고하는 규정을 두지 아니한 것은 입법목적의 달성에 필요한 정도를 넘어서는 과도한 제한을 하여 침해의 최소성원칙에 위반된다(헌재 2014.9.25. 2013헌바208, 새마을금고법 제21조 제1항 제8호 등 위헌소원(헌법불합치, 잠정적용)).

운전면허를 받은 사람이 자동차 등을 이용하여 살인 또는 강간 등 행정안전부령이 정하는 범죄행위를 한 때 운전면허를 취소하도록 하는 규정은 필요직으로 운전면허를 취소하도록 하여 구체적 사안의 개별성과 특수성을 고려할 수 있는 여지를 일체 배제하고 있다. 나아가 '자동차 등을 이용하여' 부분은 포섭될 수 있는 행위 태양이 지나치게 넓을 뿐만 아니라, 하위법령에서 규정될 대상범죄에 심판대상조항의 입법목적을 달성하기 위하여 반드시 규제할 필요가 있는 범죄행위가 아닌 경우까지 포함될 우려가 있어 침해의 최소성 원칙에 위배된다. 또한 운전을 생업으로 하는 자에 대하여는 생계에 지장을 초래할 만큼 중대한 직업의 자유의 제약을 초래하고, 운전을 업으로 하지 아니하는 자에 대하여도 일상생활에 심대한 불편을 초래하여 일반적 행동의 자유를 제약하므로 법익의 균형성 원칙에도 위배된다(헌재 2015.5.28. 2013헌가6, 구 도로교통법 제93조 제1항 단서 제11호 위헌제청(위헌)). 그 밖에 건축사의 업무범위 위반 시 2년 간 필요적 등록 취소(헌재 1995.2.23. 93헌가1, 건축사법 제28조 제1항 제2호 위헌제청(위헌)), 여객운송사업자가 지입제 경영을 하면 사업면허를 필요적 취소(헌재 2000.6.1. 99헌가11등, 여객자동차운수사업법 제76조 제1항 단서 중 제8호 부분 위헌제청(위헌)) 등도 위헌이다.

형사재판의 피고인으로 출석하는 수형자에 대하여 사복착용에 관한 규정을 준용하지 아니한 것은 침해의 최소성 및 법익의 균형성에 위배되어 공정한 재판을 받을 권리, 인격권, 행복추구권을 침해한다(헌재 2015.12.23. 2013헌마712, 형의 집행 및 수용자의 처우에 관한 법률 제82조 위헌확인(헌법불합치,잠정적용,기각)).

'마약류 관리에 관한 법률'을 위반하여 금고 이상의 실형을 선고받고 그 집행이 끝나거나 면제된 날부터 20년이 지나지 아니한 것을 택시운송사업의 운전업무 종사자격의 결격사유 및 취소사유로 정한 규정은 구체적 사안의 개별성과 특수성을 고려할 수 있는 여지를 일체 배제하고 획일적으로 20년이라는 장기간 동안 택시운송사업의 운전업무 종사자격을 제한하므로 침해의 최소성 원칙에 위배된다(헌재 2015.12.23. 2014헌바446등, 여객자동차 운수사업법 제24조 제3항 제1호 다목 등 위헌소원(헌법불합치,잠정적용)).

통신매체이용음란죄로 유죄판결이 확정된 자는 신상정보 등록대상자가 된다는 규정은 이 범죄의 죄질 및 재범의 위험성에 따라 등록대상을 축소하거나, 유죄판결 확정과 별도로 신상정보 등록 여부에 관하여 법관의 판단을 받도록 하는 절차를 두는 등 기본권 침해를 줄일 수 있는 다른 수단을 채택하지 아니하였다는 점에서 침해의 최소성 원칙에 위배되고 비교적 불법성이 경미한 통신매체이용음란죄를 저지르고 재범의 위험성이 인정되지 아니하는 이들에 대하여는 달성되는 공익과 침해되는 사익 사이에 불균형이 발생할 수 있다는 점에서 법익의 균형성도 인정하기 어렵다(헌재 2016.3.31. 2015헌마688, 성폭력범죄의 처벌 등에 관한 특례법 제42조 제1항 위헌확인(위헌)).

성인대상 성범죄로 형을 선고받아 확정된 자로 하여금 그 형의 집행을 종료한 날부터 10년 동안 의료기관을 개설하거나 의료기관에 취업할 수 없도록 한 규정은 성범죄 전력만으로 10년 동안 일률적인 취업제한 부과는 침해의 최소성 원칙과 법익의 균형성 원칙에 위배된다(헌재 2016. 3.31. 2013헌마585등, 구 아동·청소년의 성보호에 관한 법률 제44조 제1항 등 위헌확인 등(위헌,합헌,기각)).

보호의무자 2인의 동의와 정신건강의학과 전문의 1인의 진단으로 정신질환자에 대한 보호입원이 가능하도록 한 정신보건법 규정은 침해의 최소성 원칙에 위배되고 법익의 균형성 요건도 충족하지 못하여 과잉금지원칙을 위반하여 정신질환자의 신체의 자유를 침해한다(헌재 2016.9.29. 2014헌가9, 정신보건법 제24조 제1항 등 위헌제청(헌법불합치,잠정적용)).

아동학대관련범죄전력만으로 그가 장래에 동일한 유형의 범죄를 다시 저지를 것을 당연시하고, 형의 집행이 종료된 때부터 10년이 경과하기 전에는 결코 재범의 위험성이 소멸하지 아니한다고 보며, 각 행위의 죄질에 따른 상이한 제재의 필요성을 간과함으로써, 아동학대관련범죄전력자 중 재범의 위험성이 없는 자, 아동학대관련범죄전력이 있지만 10년의 기간 안에 재범의 위험성이 해소될 수 있는 자, 범행의 정도가 가볍고 재범의 위험성이 상대적으로 크지 않은 자에게까지 10년 동안 일률적인 취업제한을 부과하고 있는데, 이는 침해의 최소성 원칙과 법익의 균형성 원칙에 위배되어 직업선택의 자유를 침해한다(헌재 2018.6.28. 2017헌마130등, 아동복지법 제29조의3 제1항 위헌확인(위헌)).

금치처분을 받은 자에 대하여 집필(執筆)의 목적과 내용 등을 묻지 아니하고 일체의 집필행위를 금지(헌재 2005.2.24. 2003헌마289, 행형법시행령 제145조 제2항 등 위헌확인(위헌,각하)), 타소장치의 허가를 받고 물품반입신고를 하였으나 수입신고 없이 물품을 반출한 경우에 당해 물품을 필요적으로 몰수·추징(헌재 2004.3.25. 2001헌바89, 구 관세법 제198조 제2항 등 위헌소원(위헌)), 형사사건으로 기소되면 필요적으로 직위해제처분을 하도록 한 국가공무원법(헌재 1998.5.28. 96헌가12, 구 국가공무원법 제73조의2 제1항 단서 위헌제청(위헌)), 직업군인이 자격정지 이상의 형의 선고유예를 받은 경우에 군공무원직에서 당연히 제적하도록 하는 군인사법 규정은 자격정지 이상의 선고유예 판결을 받은 모든 범죄를 포괄하여 규정하고 있을 뿐 아니라, 심지어 오늘날 누구에게나 위험이 상존하는 교통사고 관련범죄 등 과실범의 경우마저 당연제적의 사유(헌재 2003.9.25. 2003헌마293, 군인사법 제40조 제1항 제4호 위헌확인(위헌))(헌재 2004.3.25. 2001헌바89, 구 관세법 제198조 제2항 등 위헌소원(위헌)), 과외교습금지는 부모의 자녀교육권과 자녀의 교육받을 권리를 제한(8:1)(헌재 2000.4.27. 98헌가16등, 학원의설립운영등에관한법률 제22조 제1항 제1호 등 위헌제청(위헌)), 형사보상의 청구는 무죄재판이 확정된 때로부터 1년 이내에 하도록 규정하고 있는 형사보상법 제7조(헌재 2010.7.29. 2008헌가4, 형사보상법 제7조 위헌제청(헌법불합치,적용중지)), 경찰청장이 경찰버스들로 서울특별시 서울광장을 둘러싸 통행을 제지한 행위(헌재 2011.6.30. 2009헌마406, 서울특별시 서울광장통행저지행위 위헌확인(위헌확인)), 수용자가 밖으로 내보내는 모든 서신을 봉함하지 아니한 상태로 교정시설에 제출하도록 하는 것은 수용자가 보내려는 모든 서신에 대하여 무봉함 상태의 제출을 강제(헌재 2012.2.23. 2009헌마333, 형의 집행 및 수용자의 처우에 관한 법률 제43조 제3항 등 위헌확인(각하,위헌)), 순경, 소방사·지방소방사, 소방간부후보생 공개경쟁채용시험 및 특별채용시험의 응시연령 상한을 '30세 이하'로 규정(헌재 2012.5.31. 2010헌마278, 경찰공무원임용령 제39조 제1항 등 위헌확인(각하,헌법불합치,잠정적용)), 법원의 구속집행정지결정에 대하여 검사의 즉시항고할 수 있도록 한 규정(헌재 2012.6.27. 2011헌가36, 형사소송법 제101조 제3항 위헌제청(위헌)), 방송통신심의위원회의 심의를 거쳐 '시청자에 대한 사과'를 명할 수 있도록 한 규정(헌재 2012.8.23. 2009헌가27, 방송법 제100조 제1항 제1호 위헌제청(위헌)).

합헌판례

이자제한법에서 최고이자율을 초과하여 이자를 받은 자를 1년 이하의 징역 또는 1천만원 이하의 벌금에 처하는 것은 침해의 최소성과 법익의 균형성에 위반되지 아니한다(헌재 2023.2.23. 2022헌바22, 이자제한법 제8조 제1항 위헌소원(합헌)).

의료기관의 장으로 하여금 보건복지부장관에게 비급여 진료비용에 관한 사항을 보고하도록 한 의료법 중 '비급여 진료비용'에 관한 부분 및 의원급 의료기관의 비급여 진료비용에 관한 현황조사·분석 결과를 공개하도록 한 '비급여 진료비용 등의 공개에 관한 기준' 중 의료기관의 '비급여 진료비용'에 관한 부분(고시조항)이 법률유보원칙과 과잉금지원칙에 어긋나지 아니한다(5:4)(헌재 2023.2.23. 2021헌마374등, 의료법 제45조의2 제1항 등 위헌확인(기각,각하)).

(d) 법익의 균형성(이익형량의 원칙) "입법에 의하여 보호하려는 공익과 침해되는 사익을 비교형량할 때 보호되는 공익이 더 커야 한다"(헌재 1990.9.3. 89헌가95, 국세기본법 제35조 제1항 제3호의 위헌심판(위헌)). 헌법재판소는 법정형이 과중하다는 주장에 대하여는 원칙적으로 입법재량

사항으로 보아 합헌판단을 하고 있다(헌재 2001.4.26. 99헌바43, 형법 제337조 위헌소원(합헌): 강도상해죄의 법정형량(소극); 헌재 2001.11.29. 2001헌가16, 성폭력범죄의처벌및피해자보호등에관한법률 제5조 제2항 위헌제청(합헌). 다만 도주차량운전자의 가중처벌에 대하여만 위헌결정을 내린 바 있다(헌재 1992.4.28. 90헌바24)). 하지만, 국가보안법 제13조에서 법정형의 최고를 사형으로 한 규정(헌재 2002.11.28. 2002헌가5, 국가보안법 제13조 위헌제청(위헌)), 과실로 사람을 치상(致傷)하게 한 자가 구호행위를 하지 아니하고 도주하거나 고의로 유기함으로써 치사(致死)의 결과에 이르게 한 경우에 살인죄와 비교하여 그 법정형을 더 무겁게 한 규정(헌재 1992.4.28. 90헌바24, 특정범죄가중처벌등에관한법률 제5조의3 제2항 제1호에 대한 헌법소원(위헌)), 구 특정경제범죄가중처벌법에서 금융기관 임·직원의 수뢰에 대한 지나친 가중처벌(수뢰액이 5천만원 이상이면 무기 또는 10년 이상의 징역, 1천만원 이상이면 5년 이상의 징역)(헌재 2006.4.27. 2006헌가5, 특정경제범죄가중처벌등에관한법률 제5조 제4항 제1호 등 위헌제청(위헌)), 사형을 유일한 법정형으로 규정한 군형법상 상관살해죄(헌재 2007.11.29. 2006헌가13, 군형법 제53조 제1항 위헌제청(위헌))에 대하여 위헌이라고 판시한다.

집행유예기간 중에 저지른 고의의 범죄로 실형의 확정판결을 받는 경우보다 더 중한 집행유예 취소사유를 상정하기 어렵다는 점에서 법원의 재판을 통해 집행유예 취소 여부가 가려지도록 한다 하여 신체의 자유를 덜 제한한다고 단정하기 어렵기 때문에 침해의 최소성 원칙에 위배되지 아니한다. 제한되는 신체의 자유의 구체적인 내용은 이를 통하여 달성하려는 공익보다 중하다고 보이지 아니하므로 법익의 균형성 원칙에 위배되지 아니한다(헌재 2020.6.25. 2019헌마192, 형법 제63조 위헌확인(기각)).

C. 비례의 원칙의 준수와 국민의 수인의무

입법작용도 비례의 원칙을 준수하여야 정당성이 인정되고, 이에 따라 그 입법에 대한 국민의 수인의무(受忍義務)가 발생한다.

"과잉금지의 원칙이 충족될 때 국가의 입법작용에 비로소 정당성이 인정되고 그에 따라 국민의 수인의무가 생겨나는 것으로서, 이러한 요구는 오늘날 법치국가의 원리에서 당연히 추출되는 확고한 원칙으로서 부동의 위치를 점하고 있으며, 헌법 제37조 제2항에서도 이러한 취지의 규정을 두고 있"다(헌재 1990.9.3. 89헌가95, 국세기본법 제35조 제1항 제3호의 위헌심판(위헌)).

(3) 기타 기본권제한에 관한 이론

이중기준이론은 경제적 자유에 대한 정신적 자유의 우월적 지위를 인정하여 그 제한을 특히 엄격하게 하여야 한다는 이론이다. 또한 개인의 기본권과 사회적 연관관계에 있는 기본권이 문제될 경우에는 사회적 연관관계에 있는 기본권이 더 폭넓은 제한을 받게 된다는 견해도 제기된다. 그 밖에도 사전억제금지의 원칙, 기본권제한입법에 있어서의 명확성과 합리성의 요구, 명백하고 현존하는 위험의 원칙, 직업의 자유제한에 관한 단계이론 등이 개발되어 있다.

표현내용에 대한 규제는 원칙적으로 중대한 공익의 실현을 위하여 불가피한 경우에 한하여 엄격한 요건 하에서 허용되는 반면, 표현내용과 무관하게 표현의 방법을 규제하는 것은 합리적인 공익상의 이유로 폭넓은 제한이 가능하다. 헌법상 표현의 자유가 보호하고자 하는 가장 핵심적인 것이 바로 '표현행위가 어떠한 내용을 대상으로 한 것이든 보호를 받아야 한다'는 것이며, '국가가 표현행위를 그 내용에 따라 차별함으로써 특정한 견해나 입장을 선호하거나 억압해서는 안 된다'(헌재 2002.12.18. 2000헌마764, 옥외광고물등 관리법 제3조 제1항 제6호 등 위헌확인(기각)).

위임에 의하여 대통령령으로 정하여질 협찬고지의 내재적 허용범위는 실정법상 광고방송이 허용되는 범위 내에서 건전한 방송문화 및 광고질서 확립을 통하여 방송의 공정성과 공익성을 기하고 나아가 방송의 자유를 실질적으로 보장하는데 기여할 수 있는 범위로 한정될 것이므로 방송사업자는 당해사건의 협찬주인 구 한국담배인삼공사와 같이 방송광고가 금지된 담배 등의 상품이나 용역을 제조·판매 또는 제공하는 자로부터 협찬을 받거나 협찬고지할 수 없음을 충분히 예측할 수 있어 위임의 구체성·명확성의 요건이 충족되었다(헌재 2003.12.18. 2002헌바49, 방송법 제74조 위헌소원(합헌)).

개인이 기본권의 행사를 통하여 일반적으로 타인과 사회적 연관관계에 놓여지는 경제적 활동을 규제하는 사회·경제정책적 법률을 제정함에 있어서는 입법자에게 보다 광범위한 형성권이 인정되므로, 입법자의 예측판단이나 평가가 명백히 반박될 수 있는가 아니면 현저하게 잘못되었는가 하는 심사가 타당하다(헌재 2002.10.31. 99헌바76등, 구 의료보험법 제32조 제1항 등 위헌소원, 국민건강보험법 제40조 제1항 위헌확인(합헌)).

Ⅳ. 기본권제한의 한계: 기본권의 본질적 내용침해금지

1. 의　　의

기본권제한의 일반원칙에 입각하여 기본권제한을 하더라도 그 제한에 있어서 지켜져야 할 한계는 바로 "자유와 권리의 본질적 내용은 침해할 수 없다"(제37조 제2항). 이 규정은 독일기본법 제19조 제2항의 "기본권의 본질적 내용은 어떠한 경우에도 침해되어서는 아니 된다"라는 규정에서 비롯되었다(제2공화국헌법(1960년)에서 처음으로 규정되었으나, 1972년 헌법에서 삭제되었다가, 1980년 헌법에서 부활되었다).

2. 기본권의 본질적 내용

기본권의 본질적 내용은 흔히 기본권의 근본요소 내지 핵심요소라고 정의된다. 하지만, 기본권의 본질적 내용이 구체적으로 무엇을 의미하는가는 명확하지 아니하다. 이에 관하여는 학설이 대립된다.

(1) 본질적 내용의 의미

A 학　설

본질적 내용은 기본권의 내용 가운데 어떠한 이유로도 침해할 수 없는 핵심영역으로서 이는 절대적으로 보호되어야 한다는 절대설,[1] 본질적 내용은 개별적 기본권에 있어서 이익과 가치의 형량을 통하여 구체적으로 확정되고 필요에 따라 제한도 가능하다는 상대설,[2] 기본권의 핵심에 대한 절대적 보호는 긍정하지만 공동체의 존립을 위하여 필요한 법익의 보호를 위하여 예외적으로 개인의 기본권침해를 허용할 수 있다는 절충설이 있다.

계희열((중) 161-162면); 권영성 교수(356-357면)는 "기본권의 본질적 내용이 되는 것은 모든 기본권에 공통된 최소한의 어떤 가치(예컨대 인간으로서의 존엄성)에다 각 기본권에 특유한 어떤 고유가치를 더한 것"으로 파악하면서 절충설의 입장에 선다고 밝히고 있다.

B. 헌법재판소 판례

헌법재판소는 개별 기본권에 있어서 본질적 내용의 의미를 적극적으로 규명하려는 태도를 보인다.

"토지재산권의 본질적인 내용이라는 것은 토지재산권의 핵이 되는 실질적 요소 내지 근본요소를 뜻하며, 따라서 재산권의 본질적 내용을 침해하는 경우라고 하는 것은 그 침해로 사유재산권이 유명무실해지고 사유재산제도가 형해화되어 헌법이 재산권을 보장하는 궁극적인 목적을 달성할 수 없게 되는 지경에 이르는 경우라고 할 것이다"(헌재 1989.12.22. 88헌가13, 국토이용관리법 제21조의3 제1항 등 위헌심판(합헌)).

"기본권의 본질적 내용은 만약 이를 제한하는 경우에는 기본권 그 자체가 무의미하여지는 경우에 그 본질적인 요소를 말하는 것으로서, 이는 개별기본권마다 다를 수 있"다(헌재 1995.4.20. 92헌바29, 구 지방의회의원선거법 제181조 제2호 등 위헌소원(합헌)).

근로자에게 그 퇴직금 전액에 대하여 질권자나 저당권자에 우선하는 변제수령권을 인정함으로써 결과적으로 질권자나 저당권자가 그 권리의 목적물로부터 거의 또는 전혀 변제를 받지 못하게 되는 경우에는, 그 질권이나 저당권의 본질적 내용을 이루는 우선변제수령권이 형해화하게 되므로 '퇴직금'부분은 질권이나 저당권의 본질적 내용을 침해할 소지가 생기게 된다(헌재 1997.8.21. 94헌바19등, 근로기준법 제30조의2 제2항 위헌소원(헌법불합치,적용중지)).

나아가서 비례의 원칙과 본질적 내용침해금지를 별도의 심사기준으로 삼으려 한다(동지: 헌재 2001.12.20. 2000헌바96등, 공직선거법 제90조 등 위헌소원(합헌); 대판 2005.1.27. 2004도7511).

"이 사건 심판대상이 된 법조항은 기본권 제한법률로서 그 내용상의 한계를 일탈하여 담보물권의 본질적인 내용을 침해하고 있는 것이 분명하지만, 설사 이와 견해를 달리하여 담보물권의 본질적인 내용의 침해가 없는 것이라고 할지라도 국민의 기본권을 제한

---

1) 김대환, 기본권제한의 한계, 법영사, 296면; 김형성, "기본권의 개념에 관한 연구", 헌법재판연구 6, 487면; 강태수, "기본권의 보호영역, 제한 및 제한의 한계", 허영박사화갑기념논문집, 142면; 이민열, 기본권제한심사의 법익형량에 대한 연구, 서울대 박사학위논문, 2016.2.

2) 박일경, 215면; 박홍우, "재산권제한의 법리와 그 적용한계", 헌법문제와 헌법재판(하), 684면; 황동혁, "본질적 내용 침해금지 원칙의 수범자", 공법학연구 17-1.

하는 법률은 그 제한의 방법에 있어서도 일정한 원칙의 준수가 요구되는 바, 그것이 과잉금지의 원칙이며 …" "재산권의 본질적인 내용을 침해할 뿐만 아니라 나아가서 과잉금지의 원칙에도 위배되어 위헌임을 면키 어렵다"(헌재 1990.9.3. 89헌가95, 국세기본법 제35조 제1항 제3호에 관한 위헌심판(위헌)).

"국토이용관리법 제21조의3 제1항의 토지거래허가제는 사유재산제도의 부정이 아니라 그 제한의 한 형태이고 토지의 투기적 거래의 억제를 위하여 그 처분을 제한함은 부득이한 것이므로 재산권의 본질적인 침해가 아니며, 헌법상의 경제조항에도 위배되지 아니하고 현재의 상황에서 이러한 제한수단의 선택이 헌법상의 비례의 원칙이나 과잉금지의 원칙에 위배된다고 할 수도 없다"(헌재 1989.12.22. 88헌가13, 국토이용관리법 제21조의3 제1항 등 위헌심판(합헌)).

그런데 헌법재판소는 비례의 원칙과 본질적 내용침해금지를 사실상 동일시하는 경향도 있다(헌재 1998.2.27. 97헌마64, 공중위생법시행규칙 [별표 3] 중 나의 (2)의 (다)목 위헌확인(기각); 헌재 1999.11.25. 97헌마54, 지방자치법 제65조 위헌확인(기각); 헌재 2001.7.19. 99헌바9등, 민법 제999조 제2항 위헌소원(위헌)).

특히 사형제도와 관련하여 예외적으로 생명권도 법률유보의 대상이 될 수 있다. 따라서 헌법재판소가 절대설과 상대설 가운데 어느 입장을 취하고 있는지 단정 짓기는 곤란하다.

"헌법의 기본정신(헌법 제37조 제2항)에 비추어 볼 때, 기본권의 본질적인 내용의 침해가 설사 없다고 하더라도 과잉금지의 원칙에 위반되면 역시 위헌임을 면하지 못"한다(헌재 1989.12.22. 88헌가13, 국토이용관리법 제21조의3 제1항 등 위헌심판(합헌)).

"생명권에 대한 제한은 곧 생명권의 완전한 박탈을 의미한다 할 것이므로, 사형이 비례의 원칙에 따라서 최소한 동등한 가치가 있는 다른 생명 또는 그에 못지아니한 공공의 이익을 보호하기 위한 불가피성이 충족되는 예외적인 경우에 적용되는 한, 그것이 비록 생명을 빼앗는 형벌이라고 하더라도 헌법 제37조 제2항 단서에 위반되는 것으로 볼 수는 없다"(헌재 1996.11.28. 95헌바1, 형법 제250조 등 위헌소원(합헌,각하)).

C. 검 토

절대설에 따르면 모든 기본권은 제한하고 난 후에도 남는 무엇이 있어야 하므로 비례의 원칙 준수 외에도 본질적 내용침해금지의 요청까지 충족하여야만 한다. 반면에 상대설에 의하면 가령 국가적 이익을 위하여 필요한 경우에는 기본권의 본질적 내용까지도 완전히 배제할 수 있게 되고, 기본권의 본질적 내용침해금지는 비례의 원칙의 재차 확인에 불과하다.

생각건대 본질적 내용의 침해금지는 과잉금지원칙의 내용으로 포섭할 수 있다고 본다. 즉 기본권의 본질적 내용 침해는 과도한 제한으로서 비례의 원칙에 어긋난다. 본질적 내용침해금지가 독자적 의의를 가지는 경우는 비례의 원칙에는 부합되지만 본질적 내용을 침해할 때라 할 수 있는데, 이러한 상황은 거의 존재하기 어렵다. 또한 기본권의 본질적 내용이 어떠한 경우에도 제한될 수 없다고 하면 그 적용의 현실에서 불합리한 결과를 초래하기 쉽다. 사형제도는 별론으로 하더라도 정당방위상황에서의 살인이나 적군의 사살 등과 같은 경우는 생명권의 형해화라 할 수 있는 생명의 박탈을 가져오지만 법질서의 유지나 공동체의 수호를 위하여 불가피하게 받아들여야 한다. 또한 재산의 무상몰수도 전쟁과 같은 특별한 상황에서는 허용될 수 있다. 따라서 절대설을 일관되게 고수하기는 어렵다.

(2) 보호의 대상

A. 학 설

본질적 내용의 침해금지를 통하여 보호하려는 대상이 무엇인가에 관하여 객관적 법원리라는 객관설과, 개인의 주관적 권리라는 주관설의 대립이 있다. 객관설에 의하면 헌법이 해당 기본권을 통하여 보호하고자 하는 공동체의 객관적 가치질서가 유명무실하여지는 경우에 본질적 내용이 침해된다고 본다. 주관설에 의하면 개인의 구체적 기본권을 문제삼아 당사자에게 그 기본권을 보장한 의미가 전혀 없게 되는 경우에 본질적 내용이 침해된다고 본다. 한편 본질적 내용의 보호 대상에는 주관적 권리만이 아니라 일반적·추상적인 기본권규범과 같은 객관적인 사항도 포함된다는 절충설도 제기된다.

B. 검 토

생각건대 기본권의 주된 성격이 주관적 공권성에 있다고 이해하는 이상 기본권의 침해 여부는 해당 기본권을 원용하는 주체를 중심으로 개별적으로 판단하여야 한다. 하지만, 개인이 향유하는 기본권의 본질적 내용을 유지하면서 기본권의 객관적 가치질서로서의 성격도 동시에 보장하여야 하므로 주관설과 객관설의 대립은 무의미하다는 견해도 경청할 필요가 있다(김대환, 기본권론, 173면).

(3) 인간의 존엄과 가치와의 관계

개별적 기본권의 본질적 내용을 구명함에 있어서는 헌법상 기본권보장의 근본규범인 인간의 존엄과 가치와 동일시하는 견해, 인간의 존엄과 가치를 보다 협의로 이해하는 견해도 있다. 생각건대 기본권의 본질적 내용과 인간의 존엄과 가치는 상호 독립적인 문제로 이해하여야 한다.

3. 절대적 기본권의 문제

독일기본법과는 달리 한국헌법에서는 절대적 기본권을 명문으로 규정하지는 아니하지만, 이론상 양심의 자유에서 내심의 의사·종교의 자유에서 신앙 등은 법률로써도 제한할 수 없다.

V. 기본권제한의 예외

1. 긴급명령, 긴급재정경제명령

헌법 제76조의 긴급명령, 긴급재정경제명령은 법률과 동일한 효력이 있으므로 헌법 제37조 제2항이 의미하는 법률의 개념에 포함되어야 한다.

긴급재정경제명령이 헌법 제76조 소정의 요건과 한계에 부합하는 것이라면 그 자체로 목적의 정당성, 수단의 적정성, 피해의 최소성, 법익의 균형성이라는 기본권제한의 한계로서의 과잉금지원칙을 준수한 것으로 보아, 따로 과잉금지의 원칙 준수 여부를 살필 필요는 없다(헌재 1996.2.29. 93헌마186, 긴급재정경제명령 등 위헌확인(기각,각하)).

2. 비상계엄

헌법 제77조에 의한 비상계엄이 선포된 때에는 "영장제도, 언론 · 출판 · 집회 · 결사의 자유"에 대하여 특별한 조치가 취하여질 수 있다. 그런데 계엄법 제9조에서는 특별한 조치의 대상인 기본권을 거주 · 이전의 자유와 근로자의 단체행동으로 확대하여 논란이 된다(제2편 제3장 제3항 Ⅶ. 4. (2) E. (d) (i)). 예외적으로 민간인에 대하여도 군사재판이 가능하다(제27조, 제110조).

3. 특수신분관계

(1) 의 의

특별권력관계라 함은 일반권력관계에 대응하는 개념으로서 법률규정이나 당사자의 동의 등 특별한 법적 원인에 의거하여 성립하며, 공법상의 특정한 목적달성에 필요한 한도 안에서 당사자의 일방이 상대방을 포괄적으로 지배하고, 상대방이 이에 복종함을 내용으로 하는 공법상의 특수한 법률관계를 말한다. 하지만, 오늘날에는 공법상 특별권력관계이론이 비판을 받게 되어 이를 특수신분관계로 이해한다. 이에 따라 민주법치국가에서는 국가와 국민의 관계를 명령과 복종에 바탕을 둔 종속관계로서만 파악할 수는 없지만, 일정한 영역에서는 국가와 국민 사이에 일반적인 권리의무의 관계만으로는 설명할 수 없는 밀접한 특수관계, 즉 '특수한 신분관계'가 발생할 뿐이라고 본다. 이러한 신분관계에 있는 경우에는 일반국민은 널리 누릴 수 있는 기본권이 제한될 수도 있다. 이 경우 어느 정도까지 제한이 가능한지가 문제된다.

(2) 특수신분관계와 법치주의

A. 의 의

특별권력관계는 일반권력관계와의 차이에 따라 법치주의원리의 적용 여부에도 차이가 발생한다.

B. 학 설

(i) 전통적인 특별권력관계이론에서 특별권력관계는 일반권력관계에 적용되는 법치주의원리가 적용되지 아니하는 "법으로부터 자유로운 영역"이라고 하였다(절대적 구별설). 절대적 구별설에 의하면 권력주체가 구체적인 법률의 근거가 없을지라도 포괄적 지배권을 발동하여 상대방의 자유를 제한하고 명령·강제할 수 있게 된다.

(ii) 다른 한편 특별권력관계의 존재 자체를 부인할 수는 없으나, 그것은 상대적 차이에 불과하며 일반국민으로서의 지위가 특수화된 경우이므로 법치주의에 대한 상대적 제한만이 가능하다는 **상대적 구별설**이 제기되었다.

(iii) 이에 반하여 법치주의원리와 기본권보장의 원리에 비추어 보건대 특별권력관계에도 법치주의원리가 당연히 적용되어야 하며, 특별권력관계에서의 공권력행사에도 법률의 개별적 근거가 필요하다는 **구별부인설**이 등장하였다.

C. 검 토

생각건대 오늘날 특별권력관계이론 자체가 비판받는 실정이고 보면, 특별권력관계라는 이론에 기초한 기본권제한보다는 특수한 신분관계 또는 특별한 법률관계에서 오는 기본권제한으로 설명하여야 한다. 그러므로 특별권력관계에도 법치주의원리가 전면적으로 적용되어야 한다.

(3) 특수신분관계와 기본권제한

A. 의 의

절대적 기본권은 그 본질상 기본권의 제한이 불가능하지만, 상대적 기본권은 특수신분관계의 목적달성을 위한 합리적 범위 안에서 일정한 기본권의 제한이 가능하다.

B. 헌법에 의한 제한

특수신분관계가 법규에 의하여 강제적으로 성립한 경우에는 헌법에 이에 관한 근거가 있어야만 제한이 가능하다. 예컨대 공무원인 근로자의 근로3권 제한(제33조 제2항)(제3편 제6장 제5절 Ⅳ. 8. 참조), 군인·군무원·경찰공무원 등의 국가배상청구권 제한(제29조 제2항)(제3편 제7장 제4절 Ⅴ. 1. 참조), 군인·군무원의 군사재판원칙(제27조 제2항·제110조 제1항)(제2편 제4장 제1절 제2항 Ⅸ. 5. (2) 참조) 등이 그러하다.

C. 법률에 의한 제한

특수신분관계가 법률에 의거하여 성립한 경우에는 당연히 이에 관한 법률의 근거가 있어야 한다. 또한 특수신분관계가 당사자 사이의 합의에 따라 임의로 성립한 경우에도 법률에 그에 관한 최소한의 근거가 있어야만 제한이 가능하다. 예컨대 국·공립학교의 학생, 입원중인 전염병환자 등에 대한 기본권제한은 교육기본법, '감염병의 예방 및 관리에 관한 법률' 등에서 규율한다. 특히 팬데믹 현상에 따라 감염병 접종 의무화에 대한 기본권제한 등 법적 문제가 제기된다.[1]

(4) 특수신분관계와 사법적 구제

A. 학 설

특수신분관계에서의 처분이 사법심사의 대상이 될 수 있는지에 관하여 논란이 있다. 즉 법률의 근거가 없는 한 사법심사를 인정할 수 없다는 부정설, 외부적 관계(기본관계)와 내부적 관계(복무관계)로 구분하여 외부적 관계에 한정하여 사법심사를 인정하는 제한적 긍정설, 사법심사가 가능하다는 전면적 긍정설이 있다.

B. 검 토

생각건대 헌법상 기본권보장과 법치주의원리에 비추어 볼 때 특수신분관계라는 이유만으로 사법심사의 대상에서 원천적으로 제외하여서는 아니 된다. 따라서 행정소송이나 헌법소원을 제기할 수 있다. 다만, 순전히 내부적 규율사항이거나 자유재량이 인정되는 영역 안에서 행하여진 처분은 위법이 아니라 부당에 그치므로 사법적 구제가 인정되지 아니할 수도 있다.[2]

"경찰공무원을 비롯한 공무원의 근무관계인 이른바 특별권력관계에 있어서도 일반행정법관계에 있어서와 마찬가지로 행정청의 위법한 처분 또는 공권력의 행사·불행사 등으로 인하여 권리 또는 법적 이익을 침해당한 자는 행정소송 등에 의하여 그 위법한 처분 등의 취소를 구할 수 있다고 보아야" 한다(헌재 1993.12.23. 92헌마247 결정 참조)(헌재 1995.12.28. 91헌마80, 전투경찰대설치법 등에 대한 헌법소원(기각,각하)); "특별권력관계에 있어서도 위법·부당한 특별권력의 발동으로 인하여 권리를 침해당한 자는 그 위법·부당한 처분의 취소를 구할 수 있다"(대판 1982.7.27. 80누86).

"사관생도는 군 장교를 배출하기 위하여 국가가 모든 재정을 부담하는 특수교육기관인 육군3사관학교의 구성원으로서, 학교에 입학한 날에 육군 사관생도의 병적에 편입하고 준사관에 준하는 대우를 받는 특수한 신분관계에 있다(육군3사관학교 설치법 시행령 제3조). 따라서 그 존립목적을 달성하기 위하여 필요한 한도 내에서 일반 국민보다 상대적으로 기본권이 더 제한될 수 있으나, 그러한 경우에도 법률유보원칙, 과잉금지원칙 등 기본권 제한의 헌법상 원

---

1) 박규환, "백신접종의무화에 대한 헌법적 검토-특수신분관계인의 접종의무부과를 중심으로", 헌법학연구 28-1; 이재강, "의무화된 예방접종의 기본권 침해 가능성", 공법연구 50-3.

2) 김종세, 경찰권행사에 있어서 기본권보장에 관한 연구, 한양대 박사학위논문, 2006.2 참조.

칙들을 지켜야 한다." 사관생도의 모든 사적 생활에서 예외 없이 금주의무를 요구하여 4회에 걸쳐 학교 밖에서 음주행위를 하였다고 내린 퇴학처분은 일반적 행동자유권은 물론 사생활의 비밀과 자유를 지나치게 제한하므로 위법하다(대판 2018.8.30. 2016두60591 퇴학처분취소(파기환송)).

4. 조　　약

국회의 동의를 얻어 비준된 조약 및 일반적으로 승인된 국제법규는 법률과 동일한 효력을 가진다. 따라서 헌법 제60조 제1항에 열거된 조약은 기본권을 제한할 수 있다.

5. 헌법개정

기본권제한이론은 헌법개정에도 영향을 미칠 수 있다. 원칙적으로 개헌을 통하여 기본권을 제한할 수는 있지만, 기본권을 폐지하거나 기본권의 본질적 내용을 침해하여서는 아니 된다. 그런 의미에서 소급입법에 대한 헌법적 근거를 마련하기 위한 제4차 개헌(1960년)은 비록 형식적으로는 합헌이라 할지라도 그 실질에 있어서는 위헌이다.

Ⅵ. 기본권제한의 원칙일탈에 대한 통제

기본권제한의 일반원칙, 기본권제한의 한계, 기본권제한의 예외에 관한 헌법규범 및 이론에 위배되는 제한에 대한 통제장치로는 ① 청원권, ② 행정심판, ③ 행정소송, ④ 명령 · 규칙 · 처분심사제도, ⑤ 위헌법률심사제도, ⑥ 법률과 공권력작용 등에 대한 헌법소원 등이 마련되어 있다.

제9절 기본권의 보호

헌법상 보장된 국민의 자유와 권리 즉 기본권은 최대한 보장되어야 한다. 이를 위하여 "국가는 개인이 가지는 불가침의 기본적 인권을 확인하고 이를 보장할 의무를 진다"(제10조 후문). 헌법상 보장된 기본적 인권이 침해되었거나 침해될 우려가 있을 때 여러 가지 구제수단이 마련되어 있다. 이것은 곧 국가의 기본적 인권보장의무를 다하기 위한 헌법상의 제도적 장치이다.

제1항 국가의 기본권보장의무

I. 기본권보장의무의 의의

(i) 국가의 기본권보장의무란 기본권에 의하여 보호받을 법익이 국가나 사인에 의하여 위법하게 침해받지 아니하도록 보호하여야 할 국가의 의무를 말한다(권영성·정종섭). 이에 대하여 국가의 침해에 대한 기본권보장의무는 방어권적 기본권으로 취급될 문제이므로, 국가의 기본권보장의무는 사인으로부터 오는 위험에 한정하여 좁은 의미의 기본권보장(보호)의무로 인정하려는 견해도 있다(이승우·정태호). 특히 기본권이 주관적 공권일 뿐만 아니라 객관적 가치질서의 성격도 가지기 때문에 이에 반하는 사인의 행위도 규제하여야 할 국가적 의무를 부담하게 된다. 생각건대 오늘날 국가생활에서 위험이 일상화된 위험사회에서 기본권을 적극적으로 보장하기 위하여서는 국가의 기본권보장의무는 사인에 한정하지 아니하고 국가로부터도 보장받아야 한다.[1)]

(ii) 헌법 제10조 후문에서 "국가는 개인이 가지는 불가침의 기본적 인권을 확인하고 이를 보장할 의무를 진다"라고 규정한다. 즉 국민의 기본적 인권은 국가 이전에 존재하는 천부인권적 성질을 가지며 이의 최대한 보장이 국가의 중대

---

1) 송기춘, 국가의 기본권보장의무에 관한 연구, 서울대 박사학위논문, 1999; 정태호, "기본권보호의무", 인권과 정의, 1997.8; 이민열, "기본권보호의무 위반 심사기준으로서 과소보호금지원칙", 헌법재판연구 7-1; 김현철, "기본권보호의무론에 관한 몇 가지 쟁점", 세계헌법연구 26-1; 김대환, "대한민국헌법상 국민에 대한 국가의 의무", 세계헌법연구 29-3.

한 책무라는 점을 밝히고 있다. 이로써 기본권의 보호의무자인 국가는 국민의 기본권에 대한 침해자로서의 지위가 아니라 국민과 동반자로서의 지위에 서게 된다(헌재 1997.1.16. 90헌마110등, 교통사고처리특례법 제4조 등에 대한 헌법소원 등(기각,각하)).

Ⅱ. 기본권보장의무의 법적 성격

(i) 기본권보장의무의 법적 성격에 관하여는 법적 의무설과 도덕적 의무설의 대립이 있다.

(ii) 생각건대 국가의 기본권보장의무를 헌법에서 명시적으로 규정하고 있으므로 국가의 기본권보장의무는 단순한 도덕적·윤리적 의무가 아니라 규범적 의무로 보아야 한다. 이는 국가가 기본권보장의무를 이행하지 아니하면 그 위반에 대한 법적 책임의 추궁이나 그 이행을 확보하는 법적 수단을 강구할 수 있음을 의미한다. 따라서 기본권보장의무의 이행 여부는 헌법재판소의 규범통제에 있어서 위헌성판단의 기준이 된다.

Ⅲ. 기본권보장의무의 내용

1. 의 의

기본권보장의무의 수범자는 입법·행정·사법 등 모든 국가기관이다. 특히 입법자는 입법행위를 통하여 기본권보장의무를 적극적으로 구현할 수 있다. 기본권보장의무의 구체적 내용으로는 국가의 기본권 침해금지의무·기본권의 적극적 실현의무, 사인 사이의 기본권침해방지의무로 나누어 볼 수 있다.

2. 국가의 기본권 침해금지의무

(i) 국가는 공권력을 통하여 국민의 기본권을 스스로 침해하여서는 아니 된다. 가령 법률유보의 원칙을 준수하지 아니하거나, 비례의 원칙을 위반하거나, 기본권의 본질적 내용을 침해하는 등의 형태로 국가가 공권력을 행사하는 경우에, 그것은 소극적 방어권으로서의 기본권침해이기도 하지만 동시에 국가가 하여야 할 국민을 위한 기본권보장의무에도 위배된다.

(ii) 이에 대하여 이것은 방어권의 문제이기 때문에 국가의 기본권보장의무에 포함되지 아니한다고 보는 견해도 있다.

3. 국가의 적극적인 기본권 실현의무

(i) 국가는 기본권의 실현을 위한 법령과 제도를 정비함으로써 기본권이 최대한 보장되도록 노력하여야 한다. 특히 입법부에 의한 기본권의 구체화가 중요한데, 이는 현실적 상황을 충분히 고려하여야 하는 정책적 판단의 문제이다. 이 경우에도 기본권의 최대한 보장의 요청을 외면하여서는 아니 된다는 한계가 따르게 마련이다.

(ii) 기본권보호입법이 흠결되거나 충분하지 아니한 경우에는 입법자에게 입법의무가 부과되거나 입법개선의무가 존재하게 된다. 그러므로 기본권보장의무의 제1차적 수범자는 국회이다.

(iii) 한편 행정기관은 법령의 집행에 있어서나 관련 명령·규칙의 정립에 있어서 국민의 기본권이 최대한 보장될 수 있도록 노력하여야 한다.

(iv) 또한 사법기관도 국민의 기본권침해에 대하여 기본권을 최대한 보장하는 방향으로 법을 적용함으로써 국민의 권리구제에 적극적으로 대처하여야 한다.

4. 사인 사이의 기본권침해방지의무

(i) 기본권의 실현이 모든 영역에서 이루어질 수 있도록 국가는 사인에 의한 기본권침해를 방지하고 나아가 실효성 있는 피해구제수단을 마련하여야 한다. 이러한 기본권보장의무는 기본권의 대사인적 효력과도 관련이 있다. 기본권의 효력은 사인 사이에도 미치므로, 법원은 사인 사이의 법적 분쟁을 해결함에 있어서 기본권의 최대한 보장이라는 헌법의 요청을 적극적으로 수용함으로써 국가기관의 기본권실현의무에 부응하여야 한다.

(ii) 이와 관련하여 독일에서는 사인 사이에 기본권침해가 발생할 경우에 국가의 적극적 개입을 정당화하는 기본권보호의무이론이 전개된다. 헌법재판소도 교통사고처리특례법사건에서 이와 같은 논리를 수용한다(헌재 1997.1.16. 90헌마110등).

Ⅳ. 헌법재판소의 심사기준

1. 과소보호금지의 원칙

(i) 국가권력에 의하여 국민의 기본권이 침해당하는 경우와 달리, 국가의 기본권보장의무의 이행 여부를 판단함에 있어서 헌법재판소는 단지 제한적으로만

입법자에 의한 보호의무의 이행을 심사할 수 있을 뿐이다. 즉 국가권력에 의한 기본권침해의 경우와는 달리 권력분립원칙과 민주주의원칙까지 충분히 고려하면서, 과소보호금지의 원칙을 그 심사기준으로 삼아야 한다.

(ii) 과소보호금지의 원칙이란 국가가 국민의 기본권보호를 위하여 적절하고 효율적인 최소한의 보호조치를 취하였는가를 기준으로 심사하여야 한다는 원칙이다. 이 원칙에 의하면 입법부작위나 불완전한 입법에 의한 기본권침해는 입법자의 보호의무에 대한 명백한 위반이 있는 경우에만 인정될 수 있다.

국제수역사무국(OIE)의 국제기준과 현재의 과학기술 지식을 토대로 볼 때, 비록 미국산 쇠고기 수입의 위생조건에 관한 고시상의 보호조치가 완벽한 것은 아니라 할지라도 생명·신체의 안전을 보호할 국가의 헌법상 의무를 위반한 조치임이 명백하다고 할 만큼 전적으로 부적합하거나 매우 부족하다고 단정할 수는 없다(헌재 2008.12.26. 2008헌마419, 미국산 쇠고기 및 쇠고기제품 수입위생조건 위헌확인(각하,기각)).

비록 태평양전쟁 관련 강제동원자들에 대한 국가의 지원이 충분하지 못한 점이 있다 하더라도, 이 사건은 국가가 국내 강제동원자들을 위하여 아무런 보호조치를 취하지 아니하였다거나 아니면 국가가 취한 조치가 전적으로 부적합하거나 매우 불충분한 것임이 명백한 경우라고 단정하기 어려우므로, 구 '태평양전쟁 전후 국외 강제동원희생자 등 지원에 관한 법률' 중 "강제동원생환자" 정의가 의료지원금 지급 대상의 범위에서 국내 강제동원자를 제외하고 있는 것이 국민에 대한 국가의 기본권보호의무에 위배된다고 볼 수 없다(헌재 2011.2.24. 2009헌마94, 태평양전쟁 전후 국외 강제동원희생자 등 지원에 관한 법률 제2조 등 위헌확인(기각)).

담배사업법은 담배성분의 표시나 경고문구의 표시, 담배광고의 제한 등 여러 규제들을 통하여 직접흡연으로부터 국민의 생명·신체의 안전을 보호하려고 노력한다. 따라서 담배사업법이 국가의 보호의무에 관한 과소보호금지 원칙을 위반하여 청구인의 생명·신체의 안전에 관한 권리를 침해하였다고 볼 수 없다(헌재 2015.4.30. 2012헌마38, 담배사업법 위헌확인(절차종료선언,각하,기각)).

전원개발촉진법에서 원전 건설을 내용으로 하는 전원개발사업 실시계획에 대한 승인권한을 다른 전원개발과 마찬가지로 산업통상자원부장관에게 부여한다 하더라도, 국가가 국민의 생명·신체의 안전을 보호하기 위하여 필요한 최소한의 보호조치를 취하지 아니하였다고 보기는 어렵다(헌재 2016.10.27. 2015헌바358, 전원개발촉진법 제2조 제1호 등 위헌소원(합헌,각하)).

국가는 국민의 건강하고 쾌적한 환경에서 생활할 권리를 보호할 의무를 진다. 그러나 이를 입법자가 어떻게 실현하여야 할 것인가 하는 문제는 원칙적으로 권력분립과 민주주의의 원칙에 따라 입법자의 책임범위에 속한다. 따라서 국가가 국민의 건강하고 쾌적한 환경에서 생활할 권리에 관한 보호의무를 다하지 않았는지를 심사할 때에는 국가가 이를 보호하기 위하여 적어도 적절하고 효율적인 최소한의 보호조치를 취하였는가 하는 이른바 '과소보호금지원칙'의 위반 여부를 기준으로 삼아야 한다. 학교시설에서 유해중금속 등의 예방 및 관리를 위한 기준을 규정하면서도 마사토 운동장에 대하여는 규정을 두지 않고 있다고 하더라도, 그것이 기본권 보호의무 위반에 해당하여 헌법상 보장된 환경권의 침해가 되기 위해서는 적어도 국가가 국민의 기본권적 법익 보호를 위하여 마사토 운동장에 대한 유해중금속 등 유해물질의 예방 및 관리와 관련한 적절하고도 효율적인 최소한의 보호조치를 취하지 않았음이 명백히 인정되어야 한다(헌재 2024.4.25. 2020헌마107, 학교보건법 시행규칙 [별표 2의2] 제1호 등 위헌확인(기각)).

(iii) 한편 교통사고 피해자에 대한 국가의 기본권보호의무 위반 여부에 대하여는 변경 전 판례와 입장을 같이 하였으나, 재판절차진술권 및 평등권 침해 여부에 대하여는 교통사고처리특례법에서 업무상 과실 또는 중대한 과실로 인한 교통사고로 말미암아 피해자로 하여금 중상해에 이르게 한 경우에 공소를 제기할 수 없도록 규정한 부분은 헌법에 위반된다고 판시한다(헌재 2009.2.26. 2005헌마764등, 교통사고처리특례법 제4조 제1항 등 위헌확인(일부위헌)).

교통사고처리특례법에서 1. 업무상 과실 또는 중대한 과실로 인한 교통사고로 말미암아 피해자로 하여금 상해에 이르게 한 경우 공소를 제기할 수 없도록 한 부분은 교통사고 피해자의 재판절차진술권을 침해한다. 2. 교통사고 피해자의 평등권을 일부 침해한다. 3. 교통사고 피해자에 대한 국가의 기본권보호의무에 위반되지 아니한다. 4. 구 교통사고처리특례법 제4조 제1항에 대해 합헌결정을 하였던 판례를 변경한다.

"국가가 국민의 법익을 보호하기 위하여 전혀 아무런 보호조치를 취하지 않았든지 아니면 취한 조치가 법익을 보호하기에 명백하게 전적으로 부적합하거나 불충분한 경우에 한하여 헌법재판소는 국가의 보호의무의 위반을 확인할 수 있을 뿐이다. 헌법재판소는 원칙적으로 국가의 보호의무에서 특정 조치를 취해야 할, 또는 특정 법률을 제정해야 할 구체적인 국가의 의무를 이끌어 낼 수 없다. 단지 국가가 특정 조치를 취해야만 당해 법익을 효율적으로 보호할 수 있는 유일한 수단일 경우에만 입법자의 광범위한 형성권은 국가의 구체적인 보호의무로 축소되며, 이 경우 국가가 보호의무이행의 유일한 수단인 특정 조치를 취하지 않은 때에는 헌법재판소는 보호의무의 위반을 확인하게 된다." "국가가 교통사고로부터 국민을 적절하고 효율적으로 보호하기 위하여 취해야 할 최소한의 조치를 취함으로써 헌법이 입법자에게 요구하는 최소한의 요청을 충족시켰는가의 문제가 판단되어야 한다"(헌재 1997.1.16. 90헌마110등, 교통사고처리특례법 제4조 등에 대한 헌법소원(기각,각하)).

2. 헌법재판소 판례를 통하여 본 기본권보장의무

(1) 인정한 판례

헌법재판소는 범죄피해자보호에 대한 국가의 의무(헌재 1989.4.17. 88헌마3, 검사의 공소권행사에 대한 헌법소원(각하)), 특정범죄가중처벌법의 도주차량운전자에 대한 가중처벌(헌재 1992.4.28. 90헌바24, 특정범죄가중처벌등에관한법률 제5조의3 제2항 제1호에 대한 헌법소원(위헌)), 불명확한 불변기간규정(헌재 1992.7.23. 90헌바2등, 국세기본법 제56조 제2항 등에 대한 헌법소원(위헌)), 법률에 의한 재판청구권의 침해(헌재 1996.11.28. 96헌가15, 구 국세기본법 제61조 제1항 단서 위헌제청(위헌)), 자동차보험에 가입한 교통사고운전자에 대하여 일정한 사고유형 이외에는 공소를 제기할 수 없도록 한 교통사고처리특례법(헌재 1997.1.16. 90헌마110등(기각,각하)), 가축전염병예방법에 근거한 농림부장관의 '미국산 쇠고기 수입의 위생조건에 관한 고시'(헌재 2008.12.26. 2008헌마419, 미국산 쇠고기 및 쇠고기제품 수입위생조건 위헌확인(각하,기각)), 발전용원자로 및 관계시설의 건설허가 신청 시 필요한 방사선환경영향평가서 및 그 초안을 작성하는 데 있어 '중대사고'에 대한 평가를 제외하고 있는 '원자력이용시설 방사선환경영향평가서 작성 등에 관한 규정'(헌재 2016.10.27. 2012헌마121, 원자력이용시설 방사선환경영향평가서 작성 등에 관한 고시 제5조 제1항 별표1 등 위헌확인(기각)), 국민의 알 권리에 입각하여 소송기록에 대한 국민의 열람·복사청구에 대한 국가의 의무 등과 관련된 사건에서 헌법 제10조의 국가의 기본권보장의무를 적시한다.

"그 부분의 공개가 관계인의 기본권과 충돌되는 소지가 있거나 또는 국가안전보장, 질서유지, 공공복리를 침해하는 요소가 있는 경우가 아니라면 그 열람·복사를 허용하는 조처를 취하는 것이 헌법 제10조 후문에서 명시하고 있는 국가의 기본권보장의무를 성실히 수행하는 것이라고 할 수 있을 것임에도 불구하고 현행 실정법상 청구인에게 형사확정 소송기록을 열람·복사할 수 있는 권리를 인정한 명문규정이 없다는 것만을 이유로 하여 … 요구되는 검토를 구체적으로 행함이 없이 무조건 청구인의 복사신청을 접수조차 거부하면서 복사를 해 줄 수 없다고 한 행위"는 위법하다(헌재 1991.5.13. 90헌마133, 기록등사신청에 대한 헌법소원(인용(취소))).

또한 헌법재판소는 헌법 제36조 제3항이 국가의 국민보건에 관한 보호의무를 명시한 규정으로 판시한다.

"국가의 국민보건에 관한 보호의무를 명시한 헌법 제36조 제3항에 의한 권리를 헌법소원을 통하여 주장할 수 있는 자는 직접 자신의 보건이나 의료문제가 국가에 의해 보호받지 못하고 있는 의료 수혜자적 지위에 있는 국민이라고 할 것이므로 청구인과 같은 의료시술자적 지위에 있는 안과의사가 자기 고유의 업무범위를 주장하여 다투는 경우에는 위 헌법규정을 원용할 수 없다"(헌재 1993.11.25. 92헌마87, 의료기사법시행령 제2조에 대한 헌법소원(기각)).

(2) 부인한 판례

헌법재판소는 '외교관계에 관한 비엔나협약' 가입에 의하여 외국의 대사관저에 대하여 강제집행이 불가능하게 된 경우에 그에 따른 국가의 손실보상 입법의무를 부인한다(헌재 1998.5.28. 96헌마44, 입법부작위 위헌확인(각하)).

나아가서 헌법재판소는 "국가가 근로관계의 존속을 보호하기 위한 최소한의 보호조치를 취하고 있는지 여부는 당해 법률조항에 의할 것이 아니라, 노사관계에 관한 법체계 전반을 통하여 판단하여야 할 것인바, 현행법제상 국가는 근로관계의 존속보호를 위한 최소한의 보호조치마저 제공하고 있지 않다고 보기 어렵다"라고 판시한다(헌재 2002.11.28. 2001헌바50, 한국보건산업진흥원법 부칙 제3조 위헌소원(합헌)). 또한 민법 제3조 및 제762조가 태아의 생명권을 보호하는 데 미흡하여 국가의 기본권보호의무를 위반하고 있는지 여부에 대하여 소극적인 입장이다(헌재 2008.7.31. 2004헌바81, 민법 제3조 등 위헌소원(합헌)).

3. 헌법재판을 통한 통제의 한계

헌법재판소는 국민의 기본권 보장을 위한 보호조치가 전혀 이루어지지 아니하는 진정입법부작위에 대하여만 위헌결정을 내릴 수 있다. 또한 입법적으로 채택된 보장조치가 기본권보호에 명백히 부적합·불충분한 경우에만 기본권보장의무 위반을 이유로 위헌판단을 할 수 있다.

1. 공직선거법이 확성장치에 의해 발생하는 선거운동 소음을 규제하는 입법을 전혀 하지 않았다고 할 수 없고, 다만 소음제한 입법이 확성장치의 출력수 등 소음 제한에 관한 기준을 설정하지 않는 등 불완전·불충분한 것이므로 부진정입법부작위를 다투는 것에 해당한다. 2. 일정한 경우 국가는 사인인 제3자에 의한 국민의 환경권 침해에 대해서도 적극적으로 기본권 보호조치를 취할 의무를 지나, 헌법재판소는 '과소보호금지원칙'의 위반 여부를 기준으로 삼아야 한다(헌재 2008.7.31. 2006헌마711, 입법부작위 위헌확인(기각)).

"국가가 국민의 건강하고 쾌적한 환경에서 생활할 권리에 대한 보호의무를 다하지 않았는지 여부를 헌법재판소가 심사할 때에는 국가가 이를 보호하기 위하여 적어도 적절하고 효율적인 최소한의 보호조치를 취하였는가 하는 이른바 '과소보호금지원칙'의 위반 여부를 기준으로 삼아야 한다." "수인한도 내에서 확성장치의 최고출력 내지 소음 규제기준에 관한 규정을 두지 아니한 것은, 국민이 건강하고 쾌적하게 생활할 수 있는 양호한 주거환경을 위하여 노력하여야 할 국가의 의무를 부과한 헌법 제35조 제3항에 비추어 보면, 적절하고 효율적인 최소한의 보호조치를 취하지 아니하여 국가의 기본권 보호의무를 과소하게 이행한 것으로서, 청구인의 건강하고 쾌적한 환경에서 생활할 권리를 침해하므로 헌법에 위반된다"(7:2)(헌재 2019.12.27. 2018헌마730, 공직선거법 제79조 제3항 등 위헌확인(헌법불합치,잠정적용)). 이후 2022년 공직선거법 제79조 제3항 개정으로 확성장치의 최고출력과 소음규제 기준이 도입되었다.

제2항 기본권의 침해와 구제

Ⅰ. 의 의

(i) 국민의 자유와 권리 즉 기본권은 최대한 보호·보장되어야 한다. 그런데 국가생활에서는 기본권제한의 한계를 벗어난 기본권침해 현상이 불가피하게 발생한다. 이에 기본권의 침해를 사전에 방지하기 위하여서는 사전예방적 조치를 마련하고, 기본권의 침해가 발생하였을 경우에는 침해의 배제 및 사후적인 구제절차를 완비하여야만 기본권의 실질적 보호가 이루어질 수 있다.

(ii) 기본권이 침해되는 모습은 기본권을 누가(主體)·어떻게(方法) 침해하였느냐에 따라 다양하게 설명될 수 있다. 기본권침해의 주체를 중심으로 본다면 입법기관·행정기관·사법기관 등 국가기관에 의한 침해와 사인에 의한 침해로 나누어 볼 수 있다. 기본권침해에 대한 헌법상 구제수단으로는 ① 청원권(제26조), ② 재판청구권(제27조), ③ 국가배상청구권(제29조), ④ 손실보상청구권(제23조 제3항), ⑤ 형사보상청구권(제28조), ⑥ 범죄피해자구조청구권(제30조), ⑦ 위헌법률심사 및 위헌·위법한 명령·규칙·처분심사(제107조 제1항·제2항, 제111조 제1항 제1호), ⑧ 행정쟁송(제107조 제2항·제3항, 제27조 제1항), ⑨ 헌법소원심판(제111조 제1항 제5호) 등이 있다. 그리고 예외적인 구제수단으로서 자구행위와 저항권을 들 수 있다(헌법상 기본권 침해에 대한 구제 수단에 관한 상세는, 제3편 제7장 청구권적 기본권 참조).

이하에서는 기본권침해의 주체를 중심으로 살펴보고자 한다.

Ⅱ. 입법기관에 의한 기본권침해와 구제

입법기관에 의한 기본권침해는 적극적 입법에 의한 침해와 입법부작위에 의한 침해로 나누어 볼 수 있다.

1. 적극적 입법에 의한 침해와 구제

(1) 침 해

기본권은 모든 국가권력을 구속한다. 따라서 입법권도 기본권에 기속되기 때문에 기본권을 침해하는 입법작용을 할 수 없다(위헌무효).

(2) 구 제

A. 헌법소송을 통한 구제

(i) 현행헌법상 위헌적인 법률에 대한 심사에 있어서 헌법재판소는 재판을 전제로 한 구체적 규범통제제도를 채택한다(제107조 제1항, 제111조 제1항 제1호). 따라서 예방적·추상적 규범통제제도는 원칙적으로 인정되지 아니하고, 위헌인 법률이 재판의 전제가 되는 경우에만 위헌법률심사가 가능하다.

(ii) 그러나 집행기관의 집행을 필요로 하지 아니하고 직접적으로 국민의 권리·의무에 변동을 초래하는 법률로 인하여 국민의 기본권이 침해된 경우에는 예외적으로 헌법소원심판(제111조 제1항 제5호)을 통하여 그 법률 자체의 위헌심사를 헌법재판소에 청구할 수 있다. 이 경우 헌법소원의 청구기간이 준수되어야 한다.

B. 법원의 사법심사를 통한 구제

국회의 입법은 행정소송이나 행정심판의 대상이 되지 아니한다. 행정소송을 제기하고 행정심판을 청구하기 위하여서는 처분성이 인정되어야 하는데 입법은 일반성·추상성을 가지기 때문이다. 국회의 입법을 이유로 한 국가배상청구에 대하여 대법원은 부정적이다.

"국회의원은 입법에 관하여 원칙적으로 국민 전체에 대한 관계에서 정치적 책임을 질 뿐 국민 개개인의 권리에 대응하여 법적 의무를 지는 것은 아니므로, 국회의원의 입법행위는 그 입법내용이 헌법의 문언에 명백히 위반됨에도 불구하고 국회가 굳이 당해 입법을 한 것과 같은 특수한 경우가 아닌 한 국가배상법 제2조 제1항 소정의 위법행위에 해당된다고 볼 수 없다"(대판 1997.6.13. 96다56115).

C. 청원을 통한 구제

기본권을 침해하는 법률의 폐지 및 개정의 청원을 할 수 있다(제26조).

D. 주권적 의사의 개입을 통한 구제

(i) 국민은 선거를 통하여 국회의원을 정치적으로 견제를 할 수 있지만, 이것은 어디까지나 정치적 통제수단에 불과하다. 그 밖에 국회의원에 대한 국민소환제, 제3공화국헌법에서와 같이 국회의원선거권자 50만인 이상의 헌법개정안 국민발안제 등의 방안이 있으나, 현행헌법에서는 이를 채택하지 아니한다.

(ii) '지방자치분권 및 지방행정체제개편에 관한 특별법'에서는 "국가 및 지방자치단체는 주민참여를 활성화하기 위하여 주민투표제도·주민소환제도·주민소송제도·주민발의제도를 보완하는 등 주민직접참여제도를 강화하여야 한다"(제15조) 라고 규정한다. 지방자치법에서는 주민투표제(제18조), 법령에 위반하지 아니하는 조

례와 규칙의 제정 및 개폐청구(제19조·제20조), 주민감사청구제도(제21조), 주민소송제(제22조), 주민소환제(제25조)를 도입하고 있다. 이를 구현하기 위하여 주민투표법과 '주민소환에 관한 법률'이 제정되었다(제2편 제3장 제3절 Ⅳ. 3. (2) D; 제3편 제5장 Ⅳ. 2.).

(iii) 국민투표를 통한 법률의 제정과 개정의 가능성에 대하여는 논란이 있다(제2편 제3장 제3항 Ⅲ. 국민투표부의권 참조).

2. 입법부작위에 의한 침해와 구제

(1) 의의: 진정입법부작위와 부진정입법부작위

(i) 입법부작위란 입법자에게 법률제정의 작위의무가 법적으로 존재하거나 입법자에게 입법의무의 내용과 범위를 정한 법률제정에 관하여 명백한 헌법상 수권위임이 입증됨에도 불구하고 입법자가 법률제정의무를 이행하지 아니함을 말한다. 이와 같이 입법부작위는 입법의무를 전제로 한 개념이며, 입법의무를 전제로 하지 아니하는 단순입법부작위는 입법형성의 자유문제이므로 기본권침해가 문제되지 아니한다. 입법부작위에는 진정입법부작위와 부진정입법부작위가 있다.

(ii) 진정입법부작위란 입법자가 헌법상 입법의무가 있는 어떤 사항에 관하여 전혀 입법을 하지 아니함으로써 "입법행위의 흠결(欠缺)이 있는 경우"(즉, 입법권의 불행사)를 말한다. 부진정입법부작위란 입법자가 헌법상 입법의무에 따라 어떤 사항에 관하여 입법을 하였으나 그 입법의 내용·범위·절차 등이 해당 사항을 불완전·불충분 또는 불공정하게 규율함으로써 "입법행위에 결함이 있는 경우"(즉, 결함이 있는 입법권의 행사)를 말한다(헌재 1996.10.31. 94헌마108, 입법부작위 위헌확인(각하)). 따라서 부진정입법부작위는 적극적인 입법의 위헌성을 부작위의 측면에서 다룬다.

(iii) 헌법재판소는 불완전입법만을 부진정입법부작위로 보고 있다. 하지만, 입법개선의무를 어긴 경우도 부진정입법부작위로 볼 수 있다.

한편 헌법재판소의 반대의견에서는 양적·절대적 흠결을 진정입법부작위로, 질적·상대적 결함을 부진정입법부작위로 보기도 한다.

> "다수의견은 입법부작위를 진정·부진정의 두 경우로 나누고 있으며, 그 판단기준을 어떤 사항에 관하여 "입법이 있었느냐"의 여부에만 두고 있으나, 이와 같은 2분법적 기준은 애매모호하여 국민의 기본권보호에 실효성이 없으며, 가사 2분법에 따른다 하더라도, 헌법상 입법의무의 대상이 되는 입법사항이 여러 가지로 나누어져 있을 때에 각 입법사항을 모두 규율하고 있으나 입법자가 질적·상대적으로 불완전·불충분하게 규율하고 있는 경우를 부진정입법부작위로, 위 입법사항들 중 일부의 입법사항에 대하여는 규율하면서 나머지 일부의 입법사항에 관하여서는 전혀 규율하고 있지 아니한 경우 즉 양적·

절대적으로 규율하고 있지 아니한 경우에는 진정입법부작위로 보아야 한다"(헌재 1996. 10.31. 94헌마108, 입법부작위 위헌확인(각하), 재판관 김진우·이재화·조승형의 반대의견).

(2) 기본권침해

(i) 입법자는 헌법상 입법의무에 따른 입법을 전혀 하지 아니하거나(진정입법부작위) 불충분한 입법을 함으로써(부진정입법부작위) 기본권을 침해할 수 있다.

(ii) 입법부작위로 인한 기본권침해는 국가의 적극적인 개입을 요구하는 기본권형성적 법률유보와 기본권구체화적 법률유보가 있는 기본권, 특히 사회권(생존권)이나 청구권적 기본권에서 주로 문제된다.

(iii) 진정입법부작위에 의한 기본권침해가 성립하려면 ① 헌법상 입법자가 법률을 제정할 명시적 헌법위임 또는 헌법해석을 통하여 입법의무가 존재함에도 불구하고, ② 입법자가 해당 입법의무를 상당한 기간 동안 해태(懈怠)함으로써, ③ 해당 부작위에 의하여 직접 개인의 기본권이 침해되어야 한다.

헌법 전문, 제2조 제2항, 제10조와 한일청구권협정 제3조의 문언에 비추어 볼 때, 피청구인이 협정 제3조에 따라 분쟁해결의 절차로 나아갈 의무는 일본국에 의해 자행된 조직적이고 지속적인 불법행위에 의하여 인간의 존엄과 가치를 심각하게 훼손당한 자국민들이 청구권을 실현하도록 협력하고 보호하여야 할 헌법적 요청에 의한 것으로서, 그 의무의 이행이 없으면 청구인들의 기본권이 중대하게 침해될 가능성이 있으므로, 피청구인의 작위의무는 헌법에서 유래하는 작위의무로서 그것이 법령에 구체적으로 규정되어 있는 경우라고 할 것이다. 특히, 우리 정부가 직접 청구인들의 기본권을 침해하는 행위를 한 것은 아니지만, 일본에 대한 청구권의 실현 및 인간으로서의 존엄과 가치의 회복에 대한 장애상태가 초래된 것은 우리 정부가 청구권의 내용을 명확히 하지 않고 '모든 청구권'이라는 포괄적인 개념을 사용하여 이 사건 협정을 체결한 것에도 책임이 있다는 점에 주목한다면, 그 장애상태를 제거하는 행위로 나아가야 할 구체적 의무가 있음을 부인하기 어렵다. 우리 정부는 2013.6.3. 구술서로 일본국에 대하여 사할린 한인의 대일청구권 문제에 대한 한·일 양국 간의 입장이 충돌하고 있으므로 협정 제3조에 따른 한·일 외교당국 간 협의를 개최할 것을 제안한다는 취지를 밝힌 바 있고, 이후 국장급 면담 및 실무협의를 통해 위 구술서에서 제안한 바와 같은 협의 요청에 대한 성의 있는 대응을 촉구해 왔으며, 현재에도 그와 같은 기조가 철회된 바는 없다. 피청구인이 청구인들이 원하는 수준의 적극적인 노력을 펼치지 않았다 해도, 분쟁해결절차를 언제, 어떻게 이행할 것인가에 관해서는, 국가마다 가치와 법률을 서로 달리하는 국제환경에서 국가와 국가 간의 관계를 다루는 외교행위의 특성과 이 사건 협정 제3조 제1항, 제2항이 모두 외교행위를 필요로 한다는 점을 고려할 때, 피청구인에게 상당한 재량이 인정된다. 이러한 사실을 종합하면, 설사 그에 따른 가시적인 성과가 충분하지 않다고 하더라도 피청구인이 자신에게 부여된 작위의무를 이행하지 않고 있다고 볼 수는 없다. 그렇다면 협정 분쟁해결절차와 관련하여 피청구인이 작위의무를 이행하지 않았다고 할 수 없으므로, 작위의무 불이행을 전제로 위헌임을 주장하는 심판청구는 부적법하다(헌재 2019.12.27. 2012헌마939, 대한민국과 일본국 간의 재산 및 청구권에 관한 문제의 해결과 경제협력에 관한 협정 제3조의 분쟁해결 부작위 위헌확인(각하)).

(iv) 특히 부진정입법부작위에 의한 기본권침해는 ① 헌법상 위임받은 특정 내용이 법률에서 처음부터 배제된 경우, ② 법률의 개정이나 폐지에 따라 입법의 무불이행이 발생한 경우, ③ 법률을 제정할 때에는 문제가 없었으나 상황의 변화에 따라 법률을 개정하여야 함에도 불구하고 법률개정이 없는 경우, ④ 경과규정을 두지 아니한 경우, ⑤ 입법개선의무를 위반한 경우에 발생할 수 있다.

(3) 구 제

A. 헌법소송(헌법소원)을 통한 구제

(a) 진정입법부작위에 대한 구제 단순입법부작위와는 달리 진정입법부작위는 행사하여야 할 공권력을 행사하지 아니하였으므로 헌법소원을 제기할 수 있다고 보아야 한다. 하지만, 헌법재판소는 다음과 같은 일정한 요건에 해당될 때에 한하여 예외적으로 헌법소원을 인정한다.

헌법에서 기본권보장을 위하여 명시적인 입법위임을 하였음에도 입법자가 이를 이행하지 아니할 때, 그리고 헌법해석상 특정인에게 구체적인 기본권이 생겨 이를 보장하기 위한 국가의 행위의무 내지 보호의무가 발생하였음이 명백함에도 불구하고 입법자가 아무런 입법조치를 취하고 있지 아니한 경우라야 한다(헌재 1993.3.11. 89헌마79, 의료법시행규칙에 관한 헌법소원(각하): 이 요건에 해당되지 아니한다고 보고 있다)(헌재 1994.12.29. 89헌마2, 조선철도주식회사 주식의 보상금청구에 관한 헌법소원(인용(위헌확인))(헌재 1989.3.17. 88헌마1, 사법서사법 시행규칙에 관한 헌법소원(기각,각하))(헌재 2006.4.27. 2005헌마968, 입법부작위위헌확인(각하)).

> "산업재해보상보험법 … 및 근로기준법시행령 …은 근로기준법과 같은 법 시행령에 의하여 근로자의 평균임금을 산정할 수 없는 경우에 노동부장관으로 하여금 평균임금을 정하여 고시하도록 규정하고 있으므로, 노동부장관으로서는 그 취지에 따라 평균임금을 정하여 고시하는 내용의 행정입법을 하여야 할 의무가 있다고 할 것인바, 노동부장관의 그러한 작위의무는 직접 헌법에 의하여 부여된 것은 아니나, 법률이 행정입법을 당연한 전제로 규정하고 있음에도 불구하고 행정권이 그 취지에 따라 행정입법을 하지 아니함으로써 법령의 공백상태를 방치하고 있는 경우에는 행정권에 의하여 입법권이 침해되는 결과가 되는 것이므로, 노동부장관의 그러한 행정입법 작위의무는 헌법적 의무라고 보아야 한다." "입법의무가 있더라도 합리적인 기간 내의 지체라면 위헌적인 부작위라고 할 수 없으나, 이 사건의 경우 작위의무가 발생한 때로부터 30년이 지난 것이므로 합리적인 기간 내의 지체라고 할 수 없어, 그 부작위로 말미암아 재산권이 침해된 것이다"(헌재 2002.7.18. 2000헌마707, 평균임금결정·고시부작위위헌확인(인용(위헌확인))).

이러한 입법부작위가 계속되는 동안에는 다른 구제방법이 없으므로 보충성원칙의 예외에 해당한다(헌재 1989.3.17. 88헌마1, 사법서사법 시행규칙에 관한 헌법소원(기각,각하)). 이 경우 기본권침해가 계속되므로 청구기간의 제한도 받지 아니한다(헌재 1994.12.29. 89헌마2, 조선철도주식의 보상금청구에 관한 헌법소원(인용(위헌확인))). 또한 기본권침해의 직접성도 별도로 심사할 필요가 없다.

(b) **부진정입법부작위에 대한 구제** 부진정입법부작위는 해당 법규 자체를 대상으로 헌법위반이라는 적극적인 헌법소원 즉 **위헌확인소원**을 제기하여야 한다. 그러나 입법부작위 그 자체를 헌법소원의 대상으로 삼을 수는 없다.

헌법재판소는 부진정입법부작위의 경우, 입법부작위위헌확인청구를 각하하면서 "그 불완전한 법규 자체를 대상으로 하여 그것이 헌법위반이라는 적극적 헌법소원은 별론으로 하고"라고 판시한다(헌재 1989.7.28. 89헌마1, 사법서사법시행규칙에 관한 헌법소원(각하)).

부진정입법부작위는 입법이 존재하므로 헌법소원의 보충성(특히 해당 규정의 직접성)과 청구기간 등의 요건을 갖추어야 한다.

특히 입법개선의무 위반에 대하여는 입법자가 입법개선의무를 이행하지 아니함으로 인하여 기본권이 침해되었다는 사실을 확인하는 헌법소원을 제기할 수 있고, 입법개선을 요하는 법률의 위헌성이 아주 명백하여 더 이상 그 효력을 인정할 수 없는 경우에는 그 법률의 무효선언을 구하는 헌법소원을 제기할 수 있다.

B. 법원의 사법심사를 통한 구제

(i) 부진정입법부작위는 불충분한 입법 자체가 기본권을 침해한 경우이므로 재판의 전제성 요건을 갖추면 법원에 위헌법률심판제청신청을 할 수 있다. 법원이 이를 기각하면 헌법재판소법 제68조 제2항에 의한 위헌심사형 헌법소원을 제기할 수 있다.

(ii) 특히 사회권(생존권)에 대한 입법의 부작위에 대하여 **작위의무이행소송**이나 부작위위법확인소송을 인정할 수 있는지에 관하여 논란이 있다. 그러나 이를 인정하게 되면 법원이 국회에 입법작용을 명하는 결과를 초래하게 되기 때문에 **권력분립의 원리**에 비추어 인정되기 어렵다. 또한 입법부작위에 대한 국가배상청구도 대법원 판례(대판 1997.6.13. 96다56115)에 비추어 보건대 헌법의 문언에 의하여 명백히 입법의무가 부여된 경우 외에는 인정되기 어렵다.

C. 청원 등을 통한 구제

입법부작위에 의하여 국민의 기본권이 침해되는 경우에는 헌법 제26조의 청원권 및 청원법 제4조 제3호에 근거한 입법청원을 할 수 있다. 이와 같은 국민의 청원 등을 제대로 이행하지 아니하는 국회의원에 대하여는 차기선거에서 낙선시키는 정치적 통제가 가능하다.

Ⅲ. 행정기관에 의한 기본권침해와 구제

1. 침 해

국가생활에서 가장 직접적으로 국민의 자유와 권리를 침해할 수 있는 기관이 행정기관이다. 행정기관에 의한 기본권침해는, ① 행정기관이 위헌법률을 그대로 집행함으로써 침해하는 경우, ② 법률의 해석적용을 잘못함으로써 침해하는 경우, ③ 법률에 위반하여 기본권을 침해하는 경우, ④ 행정부작위에 의하여 기본권을 침해하는 경우 등으로 구분할 수 있다.

2. 구 제

(1) 행정기관을 통한 구제

행정기관의 잘못으로 인하여 국민의 기본권이 침해되었을 경우에 국민의 권리구제 방법은 여러 가지가 있다.

(i) 국민은 청원권행사를 통하여 관계공무원의 해임·징계 등의 청원을 할 수 있다.

(ii) 행정절차법이 제정되어 사전적 권리구제가 강화되었다. 이는 행정기관이 행정작용을 하기 이전에 이해관계인의 진술이나 자료제출의 기회를 부여하고, 청문 등을 통하여 권리침해를 사전적으로 예방하기 위한 제도적 장치이다(행정절차법 제22조, 제27조 등).

(iii) 행정심판을 통한 권리구제가 있다. 행정심판제도는 행정청의 위법 또는 부당한 처분이나 부작위로 인하여 권리·이익을 침해당한 자가 행정기관에 대하여 그 시정을 구하는 절차이다(행정심판법 제1조). 행정심판은 행정기관의 전문성·자율성을 통하여 신속하고 경제적으로 권리구제를 받을 수 있는 제도이다. 헌법은 행정심판의 준사법절차화(제107조 제3항)를 통하여 권리구제의 실효성을 강화한다. 그러나 과거 필수적 행정심판전치주의는 선택적 행정심판전치제도로 변경되었다. 물론 일반행정심판에 대한 예외로서 필수적 행정심판전치주의도 존재한다(제2편 제4장 제2절 Ⅰ. 재판의 심급제 참조).

(iv) 그 밖에도 감독청의 직권정지나 취소를 통한 구제 및 당해 공무원에 대한 민사·형사·징계책임을 추궁할 수 있다.

(2) 법원을 통한 구제

법원을 통한 권리구제제도로서 ① 행정소송제도가 있다. 가령 행정청의 부작위에 대하여는 부작위위법확인소송제도가 있다(행정소송법 제4조). ② 또한 위헌·위법한 명령·규칙·처분심사제(제107조 제2항)도 있다. ③ 그리고 국가배상청구권을 통한 권리구제도 가능하다(제29조). ④ 그 밖에도 형사피고인은 형사보상청구권을 행사할 수 있다(제28조).

(3) 헌법재판소를 통한 구제

행정소송의 대상이 되지 아니하는 행정기관의 기본권침해에 대하여는 헌법소원심판(제111조 제1항 제5호)을 통하여 권리구제를 받을 수 있다. 특히 헌법재판소 결정에 의하면 준사법적 처분인 검사의 불기소처분에 대하여도 고소인에게 헌법소원심판청구권을 인정하였다. 그런데 형사소송법이 개정되어 재정신청의 대상이 모든 범죄로 확대되었기 때문에 검사의 불기소처분에 대한 고소인의 헌법소원은 현재는 예외적인 경우에만 작동한다.

Ⅳ. 사법기관에 의한 기본권침해와 구제

1. 침 해

사법기관은 위헌적인 법률의 적용, 법률의 해석·적용상의 오류, 사실인정의 잘못, 재판의 지연 등에 의하여 기본권을 침해할 수 있다.

2. 구 제

(i) 국민의 자유와 권리를 보장하는 사법권도 잘못을 저지를 수 있다. 이를 시정하고 보정(補正)하기 위하여 구제제도를 마련한다.

(ii) 오판(誤判)에 의한 기본권침해에 대하여는 상소·재심·비상상고 등을 통하여 구제받을 수 있다.

(iii) 형사피고인으로 구금되었던 사람이 무죄판결을 받은 때에는 형사보상청구권(제28조)을 행사할 수 있다.

(iv) 법원의 재판에 대한 헌법소원은 원칙적으로 인정되지 아니한다(헌법재판소법 제68조 제1항). 그런데 헌법재판소는 "법원의 재판"에 대하여 헌법재판소가 위헌으로 결정하여 그 효력을 상실한 법률을 적용함으로써 국민의 기본권을 침해하는 재판을 포함한다고 해석하는 한도 안에서 위헌이라고 판시한다(헌재 1997.12.24. 96헌마172등, 헌법재판소법 제68조 제1항 위헌확인 등(한정위헌, 인용(취소))).

Ⅴ. 사인에 의한 기본권침해와 구제

사인이나 사적 단체 사이에 기본권의 침해행위가 발생하였을 경우에 민사상 불법행위에 기한 손해배상청구 등 권리보호청구가 가능하다. 또한 형사상 고소·고발 등을 통하여 기본권침해를 저지른 자에 대한 처벌을 청구할 수 있다.

Ⅵ. 예외적인 구제

1. 자구행위

근대 법원칙상 개인의 자력구제는 원칙적으로 허용되지 아니하나, 기본권침해가 긴박한 상황에서 예외적으로 자력구제(自力救濟)를 인정할 수 있다. 형법상 정당방위(제21조), 긴급피난(제22조), 자구행위(제23조)가 인정된다. 또한 민법상 점유권보호를 위한 자력구제가 인정된다(제209조).

2. 국가인권위원회를 통한 구제

(1) 의 의

사법적인 권리구제절차 이외에 인권상담제도나 법률구조제도를 통하여 권리구제가 가능하다. 특히 국가인권위원회법의 제정에 따라 국가인권위원회의 활동을 통하여 권리구제가 가능하다. 국가인권위원회법은 "대한민국 국민과 대한민국의 영역에 있는 외국인에 대하여 적용한다"(제4조).[1]

(2) 국가인권위원회의 법적 지위와 특성

국가인권위원회는 독립된 국가기관으로서 대통령의 지휘·감독을 받지 아니한다(제3조). 국가인권위원회는 국회가 선출하는 4인(상임위원 2인), 대통령이 지명하는 4인(상임위원 1인), 대법원장이 지명하는 3인으로 구성한다. 위원의 특정 성(性)이 10분의 6을 초과하여서는 아니 된다. 위원장은 위원 중에서 대통령이 임명하며, 국회의 인사청문회를 거쳐야 한다(제5조). 국무회의에 출석·발언할 수 있지만 표결권은 없다(제6조). 헌법에 의하여 설치된 기관이 아니라 법률로 설치한 기관이기 때문에 권한쟁의심판의 당사자가 될 수 없다. 위원회의 처분은 행정처분

---

1) 신현석, "국가인권위원회 독립성의 규범적 의의", 법제 704; 이흥용·이발래, "국가의 기본권보장의무와 국가인권기구에 관한 연구", 건국대 사회과학연구 14; 정다영, "국가인권위원회의 독립성 보장에 관한 헌법적 고찰", 헌법학연구 31-3.

에 해당되므로 행정심판이나 행정소송(항고소송) 등의 사전 구제절차를 거친 후가 아니면 보충성의 원칙을 충족하지 못하기 때문에 헌법소원을 제기할 수 없다(헌재 2015.3.26. 2013헌마214등, 진정사건 각하결정 취소 등(각하)).

(3) 국가인권위원회의 직무

국가인권위원회는 인권에 관한 법령·제도·정책·관행의 조사와 연구 및 개선이 필요한 사항에 관한 권고 또는 의견의 표명, 인권침해행위에 대한 조사와 구제, 차별행위에 대한 조사와 구제, 인권상황에 대한 실태조사, 인권에 관한 교육 및 홍보, 인권침해의 유형·판단기준 및 그 예방조치 등에 관한 지침의 제시 및 권고, 국제인권조약에의 가입 및 조약의 이행에 관한 연구와 권고 또는 의견의 표명, 인권의 옹호와 신장을 위하여 활동하는 단체 및 개인과의 협력, 인권과 관련된 국제기구 및 외국의 인권기구와의 교류·협력 등 인권의 보호와 향상을 위한 업무를 독립하여 수행하는 국가기관이다(제3조, 제19조).

(4) 국가인권위원회의 인권침해의 조사와 구제

(i) 제4장 '인권침해 및 차별행위의 조사와 구제'에서는 인권을 침해당하였거나 차별행위를 당한 경우 피해자 등이 국가인권위원회에 진정할 수 있으며(제30조 제1항), 국가인권위원회는 진정에 대하여 진정각하 및 관계기관 이송(제32조), 다른 국가기관에 이송(제33조), 수사기관에 수사개시 및 필요한 조치의뢰(제34조), 진정기각(제39조), 합의권고(제40조), 조정(제42조), 구제조치 등의 권고(제44조), 고발 및 징계권고(제45조), 법률구조요청(제47조), 긴급구제조치의 권고(제48조) 등의 조치를 행한다.

즉 국가인권위원회는 개인의 인권침해나 피해에 관한 진정을 조사·심리한다. 인권침해를 조사하고 피해를 구제하는 제도는 인권침해에 대한 강력한 견제장치이다. 하지만, 개선·시정권고·고발·징계권고를 할 뿐 명령권이 없고, 권고는 구속력이 없다.

(ii) 한편, 헌법재판소는 법원의 재판을 국가인권위원회에 진정할 수 있는 대상에서 제외하고 있는 국가인권위원회법에 대하여 합헌으로 판시한다.

> "국가인권위원회는 제대로 운영되고 있는 기존의 국가기관들과 경합하는 것이 아니라 보충하는 방법으로 설립되고 운영되는 것이 바람직하며, 법원의 재판을 포함하여 모든 인권침해에 관한 진정을 빠짐없이 국가인권위원회의 조사대상으로 삼아야만 국가인권기구의 본질에 부합하는 것은 아니다. 입법례를 살피더라도 국가인권기구가 각 나라의 실정에 따라 진정대상을 제한하는 것이 보편적이다." "법원의 재판도 국민의 기본권을 침해할 가능성이 없지 아니하니, 기본권침해에 대한 보호의무를 담당하는 법원에 의한 기

본권침해의 가능성은 입법기관인 국회나 집행기관인 행정부에 의한 경우보다 상대적으로 적고, 상급심법원이 하급심법원이 한 재판이 기본권을 침해하는지 여부에 관하여 다시 심사할 기회가 있다는 점에서 다른 기관에 의한 기본권침해의 경우와는 본질적인 차이가 있어 차별을 정당화하므로, 평등의 원칙에 위반된 것이라고 할 수 없다"(헌재 2004.8.26. 2002헌마302, 국가인권위원회법 제30조 제1항 제1호 등 위헌확인(기각,각하)).

3. 국민권익위원회를 통한 구제

(i) '부패방지 및 국민권익위원회의 설치와 운영에 관한 법률'에 의거하여 국무총리 소속 국민권익위원회가 국민의 고충민원처리와 이에 관련된 불합리한 행정제도 개선 등의 업무를 수행하고(제12조), 각 지방자치단체에도 시민고충처리위원회를 설치할 수 있다(제32조). 국회의 위원회는 회부된 청원이 부패방지법의 "고충민원으로서 정부에서 조사하는 것이 타당하다고 인정하는 경우에는 그 의결로 국민권익위원회에 대하여 그 청원의 조사를 요구할 수 있다"(국회법 제127조의3).

(ii) 국민권익위원회는 과거 국무총리 산하 행정심판위원회가 담당하던 "행정심판법에 따른 중앙행정심판위원회의 운영에 관한 사항"(제12조 제19호)도 관장한다.

4. 대한법률구조공단 등 인권옹호기관을 통한 구제

(i) 국민의 기본권침해에 대하여 이를 실질적으로 구제하기 위하여 다양한 인권옹호기관이 활동한다. 한국가정법률상담소와 같은 사적인 기관과 달리 국가에서도 '법률구조법'을 제정하여 법률구조를 시행한다.

(ii) 법률구조법에 의거하여 "경제적으로 어렵거나 법을 몰라서 법의 보호를 충분히 받지 못하는 자에게 법률구조(法律救助)를 함으로써 기본적 인권을 옹호하고 나아가 법률 복지를 증진하는 데에 이바지함을 목적으로"(제1조) 대한법률구조공단(大韓法律救助公團)을 설립하여 민·형사사건 및 행정소송·헌법소송의 상담·소송대리·국선변호를 한다.[1)]

5. 저항권행사를 통한 구제

기본권을 침해하는 국가의 공권력행사에 대하여 실정법적인 구제수단을 통하여 구제가 불가능할 경우에, 국민은 최후의 수단인 저항권을 행사할 수 있다(제1편 제2장 제2절 제2항 헌법의 보장(저항권) 참조).

---

1) 성낙인, "법률복지국가실현을 위한 정부와 법률구조공단의 역할과 관계," 헌법학논집: 대한가정법률복지상담원, 법률구조의 현황과 발전방향, 2010 참조.

제10절 기본권의 분류와 체계

Ⅰ. 의　　의

기본권을 체계적으로 분류하는 작업은 그리 간단한 문제가 아니다. 기본권은 개별적으로 각기 특성을 가지기 때문에 이를 일의적으로 분류하면 자칫 오류를 범할 소지가 있다. 오늘날 기본권이 근대자연법론에 기초한 근대입헌주의 이래 정립된 권리임에 비추어 본다면, 그 기초에는 인간존엄성의 원리에 입각한 평등권·신체의 자유(안전)·사상의 자유·표현의 자유·재산권이 있음을 부인할 수 없다. 그런데 그간 기본권의 영역은 사회권으로까지 확대되면서 기본권의 분류와 이를 체계화하는 일은 더욱 어렵게 되었다. 이에 따라 전통적인 기본권과 새로운 기본권이 혼재하면서 전통적인 성격에 머무르지 아니하고 복합적 성격을 가지는 기본권도 출현한다. 그럼에도 불구하고 기본권의 분류와 체계에 관한 논의를 통하여 개별적 기본권의 특성을 이해할 수 있게 될 뿐만 아니라 이에 기초하여 논술과 강의의 편의를 제공할 수 있다.

Ⅱ. 기본권의 분류

1. 의　　의

기본권은 전통적으로 성질·내용·주체 등의 기준에 따라 다양하게 분류되어 왔다.

2. 성질에 따른 분류

(1) 인간의 권리(초국가적 기본권)와 국민의 권리(국가 내적 기본권)

(ⅰ) 1789년 프랑스 인권선언은 정확하게 표현하면 "인간의 권리와 시민의 권리 선언"이다. 여기서 지칭하는 인간의 권리는 자연법적 원리에 기초하여 인간으로서 누리는 초국가적 기본권이다. 반면에 시민의 권리는 국가 내지 사회의 구성원으로서의 권리를 의미하는바, 그것은 국가 내적 기본권으로 이해할 수 있다. 선거권·공무담임권·재판청구권과 일련의 사회권 등이 여기에 해당한다.

(ii) 한편, 인간의 권리와 국민의 권리를 주체에 따른 분류로 별도로 설명하는 견해도 있다(권영성 304면; 계희열(중) 183면).

(2) 절대적 기본권과 상대적 기본권

절대적 기본권은 적어도 그 기본권의 본질적 내용에 관한 한 법률로써도 제한할 수 없는 기본권을 말한다. 예컨대 양심의 자유에서 내심의 의사, 종교의 자유에서 신앙이 그것이다. 반면에 상대적 기본권은 헌법 제37조 제2항에서 적시하는 바와 같이 국가안전보장·질서유지 또는 공공복리를 위하여 필요한 경우에 한하여 법률로써 제한할 수 있는 기본권이다.

(3) 진정한 기본권과 부진정한 기본권

진정(眞正)한 기본권은 주관적 공권으로서, 국가에 대하여 작위 또는 부작위를 요청할 수 있는 권리이다. 반면에 부진정(不眞正)한 기본권은 헌법이 일정한 사회·경제·문화질서에 관한 객관적 질서, 이를테면 교육제도·혼인제도·가족제도 등을 보장함으로써 반사적으로 누리는 권리이다. 이러한 권리로는 예컨대 교육시설이용권·독과점거부권·문화시설이용권 등이 있다.

3. 주체에 따른 분류: 자연인의 권리와 법인의 권리

기본권의 출발점은 자연인의 권리보장에 있다. 따라서 헌법상 기본권의 주체는 원칙적으로 자연인이다.

기본권영역의 다양화와 더불어 오늘날 법인에게도 일정한 기본권주체성을 인정한다(통설). 법인이 누릴 수 있는 기본권으로는 평등권·재산권·직업의 자유·거주이전의 자유·주거의 자유·통신의 자유·결사의 자유·재판청구권 등이 있다.

4. 효력에 따른 분류

(1) 현실적 기본권과 프로그램적 기본권

기본권은 원칙적으로 현실적 효력을 가지는 권리이다. 그러나 사회권(생존권)의 등장과 더불어 프로그램적 기본권의 성격이 논의되어왔다. 하지만, 오늘날 통설은 사회권의 구체적 권리성을 인정한다.

(2) 대국가적 기본권과 대사인적 기본권

기본권의 효력은 대국가적 효력이 원칙적이다. 하지만, 오늘날 기본권의 대사인적 효력도 인정된다. 대사인적 효력은 기본권의 성질에 따라 직접적 효력 내지 간접적 효력이 인정되는 경우, 효력이 부인되는 경우 등으로 다양화되어 있다.

5. 내용에 따른 분류

(1) 고전적인 옐리네크의 지위이론

옐리네크는 국민의 국가에 대한 지위를 넷으로 나누어 소극적 지위로부터 자유권, 적극적 지위로부터 수익권, 능동적 지위로부터 참정권, 수동적 지위로부터 의무를 도출한다. 이러한 지위이론에 기초한 기본권분류는 국내에서 박일경 교수에 의하여 전적으로 수용된 바 있으며, 다른 헌법학자들의 기본권분류에서도 그 흔적을 발견할 수 있다.

(2) 국내 학자들의 기본권분류

국내 헌법학자들도 다양한 기본권의 분류를 제시한다. 그 용례도 외견상 차이를 보인다.

김철수 교수: ① 인간의 존엄과 가치·행복추구권(광의의 인간의 존엄과 가치·행복추구권=주(主)기본권, 협의의 인간의 존엄과 가치·행복추구권), ② 평등권, ③ 자유권적 기본권, ④ 생존권적 기본권, ⑤ 청구권적 기본권, ⑥ 참정권.

권영성 교수: ① 기본권보장의 이념과 포괄적 기본권(인간의 존엄과 가치, 행복추구권), ② 평등권, ③ 자유권적 기본권, ④ 경제적 기본권, ⑤ 정치적 기본권, ⑥ 청구권적 기본권(권리보장적 기본권), ⑦ 사회적 기본권.

계희열 교수: ① 인간의 존엄과 가치 및 행복추구권, ② 평등권, ③ 자유권적 기본권, ④ 정치적 기본권, ⑤ 청구권적 기본권, ⑥ 사회적 기본권.

문홍주 교수: ① 평등권, ② 자유권적 기본권, ③ 생활권적 기본권, ④ 정치권, ⑤ 기본권보장을 위한 기본권, ⑥ 사회적 기본권.

박일경 교수: ① 자유권, ② 수익권, ③ 참정권.

허 영 교수: ① 기본권의 이념적 기초로서의 인간의 존엄성, ② 기본권실현의 방법적 기초로서의 평등권, ③ 인신권, ④ 사생활영역의 보호, ⑤ 정신·문화·건강생활영역의 보호, ⑥ 경제생활영역의 보호, ⑦ 정치·사회생활영역의 보호, ⑧ 권리구제를 위한 기본권.

(3) 정 리

(i) 국내 헌법학자들이 제시하는 기본권의 분류는 생활영역에 따라 기본권을 분류한 허영 교수를 제외하고는 대체로 유사한 형태를 취한다. ① 인간의 존엄과 가치·행복추구권, ② 평등권, ③ 자유권적 기본권, ④ 사회적(생존권적) 기본권, ⑤ 청구권적 기본권, ⑥ 참정권의 모델이 가장 일반적이다(이효원). 이를 종합하여 살펴보면, ① 자유권적 기본권은 그 성질상 가장 많은 내용을 담고 있기 때

문에 학자에 따라서는 각기 다르게 나눈다. ② 사회권(생존권)은 사회권적 기본권, 사회권 또는 생존권적 기본권으로 지칭되기도 한다. ③ 청구권적 기본권은 권리보장을 위한 기본권 또는 권리구제를 위한 기본권으로 지칭되기도 한다. ④ 참정권은 정치적 기본권 또는 정치권으로 지칭되기도 한다.

(ii) 다만, 인간의 존엄과 가치·행복추구권에 관하여는 기본권성을 부인하는 견해와 기본권성을 인정하는 견해의 대립이 있다. 인간의 존엄과 가치·행복추구권의 기본권성을 인정할 경우에도 주기본권성의 인정 여부에 관하여 견해가 대립한다.

(4) 보론: 유럽연합 기본권헌장의 체계

유럽연합은 2004년에 기본권헌장을 채택한 바 있다. 그 체계와 내용은 매우 전진적이며 고전적 기본권에서 현대적 기본권까지 매우 폭넓게 규정한다. 전문과 본문 7절(54개조)로 구성된 방대한 기본권 헌장이다. 그간 논의되어 온 기본권 사항을 거의 망라하여 규정하는 점이 특징적이다. 특히 인간복제금지에서부터 연대권에 이르기까지 방대하게 명시하고 있는 점도 눈여겨 볼만하다.

전 문

제1절 존엄성: 제1조 인간의 존엄성, 제2조 생명권, 제3조 신체를 훼손당하지 아니할 권리, 제4조 고문과 비인간적이고 굴욕적인 대우나 처벌의 금지, 제5조 노예제와 강제노동의 금지

제2절 자 유: 제6조 자유와 안전에 대한 권리, 제7조 사생활 및 가족생활의 존중, 제8조 개인정보의 보호, 제9조 혼인 및 가족형성에 대한 권리, 제10조 사상·양심·종교의 자유, 제11조 표현과 정보의 자유, 제12조 집회와 결사의 자유, 제13조 예술과 학문의 자유, 제14조 교육을 받을 권리, 제15조 직업선택의 자유와 직업수행의 권리, 제16조 기업의 자유, 제17조 재산권, 제18조 망명권, 제19조 격리퇴거·추방 또는 인도에 대한 보호

제3절 평 등: 제20조 법률 앞의 평등, 제21조 차별금지, 제22조 문화·종교 및 언어의 다양성, 제23조 남녀평등, 제24조 아동의 권리, 제25조 노인의 권리, 제26조 장애인의 통합

제4절 연 대: 제27조 기업에 고용된 노동자의 정보 및 청문 요구권, 제28조 단체교섭과 단체행동의 권리, 제29조 직업소개기관 이용권, 제30조 부당해고에 대한 보호, 제31조 공정하고 적합한 노동조건, 제32조 아동노동의 금지와 직장에서의 청소년 보호, 제33조 가족생활 및 직업생활, 제34조 사회보장과 사회부조, 제35조 보건, 제36조 시민의 생존에 필요한 경제재의 이용, 제37조 환경보호, 제38조 소비자 보호

제5절 시민권: 제39조 유럽의회 선거권 및 피선거권, 제40조 각국의 지방자치선거에서 선거권 및 피선거권, 제41조 양질의 행정을 요구할 권리, 제42조 문서에 대한 접근권, 제43조 옴부즈만, 제44조 청원권, 제45조 이주 및 거주의 자유, 제46조 외교·영사 보호

제6절 재 판: 제47조 실효적 권리구제와 공정한 재판을 받을 권리, 제48조 무죄추정 및 변호권, 제49조 죄형법정주의 및 범죄행위와 형벌 사이의 비례원칙, 제50조 동일한 범죄범죄로 거듭 형사소추를 받거나 처벌받지 아니할 권리

제7절 일반규정: 제51조 효력 범위, 제52조 보장된 권리의 효력 범위, 제53조 보호수준, 제54조 권리남용의 금지

Ⅲ. 기본권분류의 체계화와 그 한계

현대사회의 다원화 현상만큼이나 다양한 특성을 가진 개별적 기본권의 완벽한 체계적 분류는 사실상 불가능하다.[1] 특히 개별적 기본권은 그 성질상 전통적인 자유권이나 사회적 기본권 등으로 편별(編別)할 경우에 어느 한 쪽으로만 분류하기 어려운 기본권이 있는가 하면, 청구권적 기본권은 그 기본권의 본질적 속성상 모든 기본권에 궁극적으로 연계될 수밖에 없다. 하지만, 기본권의 체계적 이해와 논의의 편의를 위하여 최소한의 분류는 불가피하다. 그것은 주로 기본권의 내용에 따른 분류일 수밖에 없는데, 저술과 강의의 편의상 전통적인 분류방식을 고려하여 다음과 같이 분류하고자 한다.

(1) 인간의 존엄과 가치 · 행복추구권

(2) 평등권

(3) 자유권

A. 신체의 안전과 자유

B. 정신의 안전과 자유

C. 사생활의 안전과 자유

D. 사회 · 경제적 안전과 자유

(4) 참정권(정치권)

(5) 사회권(생존권)

(6) 청구권적 기본권(기본권보장을 위한 기본권)

---

1) 프랑스에서의 기본권분류에 관한 논의는 성낙인, 헌법과 국가정체성, 프랑스헌법학 참조.

제 2 장 인간의 존엄과 가치 및 행복추구권

제 1 절 인간의 존엄과 가치

I. 의 의

(i) 헌법 제10조 전문에서 "모든 국민은 인간으로서의 존엄과 가치를 가지며"라고 규정한다. 인간으로서의 존엄과 가치는 1962년 제3공화국헌법에서 규정된 이래 1980년 제5공화국헌법에서 "행복을 추구할 권리를 가진다"라는 행복추구권이 추가되어 현행헌법에 이르고 있다. 이 규정은 기본권보장의 일반원칙으로서 인간의 존엄이라는 윤리적·자연법적 원리를 헌법규범으로 수용한 것이다.

(ii) 한편 헌법이 인간의 존엄과 가치와 행복추구권을 함께 규정하면서 양자 사이의 관계에 관하여 논란이 계속된다. 이는 인간의 존엄과 가치 및 행복추구권의 법적 성격·기본권성과 연계되어 논의를 증폭시킨다.[1)]

II. 인간의 존엄과 가치의 연혁

인간은 스스로 이성적인 존재라고 생각하지만, 인류의 역사에서 횡행하던 노예제도나 인신매매, 그리고 전쟁 등으로 야기된 비인간적인 인권침해가 끊이지 아니하였다. 이러한 비인간적인 행태의 근절을 통한 인간성 회복을 위하여 인간의 존엄과 가치의 보장을 요구하게 되었다. 근대입헌주의의 정립과정에서 계몽주의·인문주의의 사상적 흐름에 따라 자연법적 원리인 인간의 존엄은 인권선언의 기본정신으로 자리 잡았다. 그럼에도 불구하고 인간의 존엄은 인류세계에서 제대로 구현되지 못하였다. 특히 19세기 산업혁명에 따른 빈부의 갈등과 20세기에 겪

1) 조소영, "기본권 규범구조에서의 '인간의 존엄성'의 지위", 공법연구 48-1; 이세주, "헌법 제10조 인간의 존엄과 가치의 성격에 관한 고찰", 헌법학연구 28-2; 김희정, "집단학살 부정 처벌의 정당성", 공법연구 52-1; 허창환, "동물은 존엄한가-존엄성의 확장 가능성", 공법연구 52-2.

었던 두 차례에 걸친 세계대전 과정에서 인간의 존엄을 말살하는 극단적인 행태가 드러났다. 이에 일련의 인권선언(유엔헌장 전문, 세계인권선언 제1조, 유럽인권규약, 국제인권규약(A규약 전문))에서 인간의 존엄을 규정하기에 이르렀다. 특히 제2차 세계대전의 당사국들은 반성적 성찰에서 1946년에 제정된 일본헌법 제11조·제13조, 1949년에 제정된 독일기본법 제1조에서 각기 인간의 존엄을 규정한다.

Ⅲ. 인간의 존엄과 가치의 의미

1. 학 설

인간의 존엄과 가치의 헌법적 의미에 대한 이해에 관하여는 학자에 따라서 다소 차이가 있다. "인간으로서의 자주적인 인격과 가치"(문홍주), "인간의 본질로 간주되는 인격의 내용과 인간에 대한 절대적 평가"(한태연), "정신적 존재로서의 개개인의 존엄"(박일경), "인격성 내지 인격주체성"(권영성), "인격의 내용을 이루는 윤리적인 가치"(허영), "인간의 윤리적 가치"(계희열), "인간의 인격과 그 평가"(김철수) 등으로 이해한다.

2. 판 례

헌법재판소는 "헌법상의 인간상은 자기결정권을 지닌 창의적이고 성숙한 개체로서의 국민이다. 우리 국민은 자신이 스스로 선택한 인생관·사회관을 바탕으로 사회공동체 안에서 각자의 생활을 자신의 책임하에 스스로 결정하고 형성하는 민주적 시민이다"라고 판시한다(헌재 1998.5.28. 96헌가5, 기부금품 모집금지법 제3조 등 위헌제청(위헌)).

3. 사 견

인간의 존엄과 가치는 인간을 인격적으로 대우하고, 독자적인 인격적 평가를 하여야 한다는 의미이다. 즉 인간의 존엄과 가치는 "자주적 인격체로서의 인간에 대한 평가"를 의미한다. 따라서 헌법이 인간의 존엄과 가치에서 상정하는 인간상은 전체주의 혹은 개인주의적인 인간상이 아니라 인격주의적인 자주적 인간상이다. 그것은 독일 연방헌법재판소가 판시한 바와 같이 "고립된 주관적 개인이 아니고, 개인과 공동체의 긴장관계에 있어서 인간의 독립적 가치를 침해함이 없이 공동체구속성과 공동체관련성을 가지는 인격"(BVerfGE 4, 7(15))이라고 보아야 한다. 그런데 최근에는 인간의 존엄성의 내용을 확장하여 "동물의 존엄"도 논의되고 있다.

Ⅳ. 인간의 존엄과 가치의 법적 성격

한국헌법에서 인간의 존엄과 가치의 법적 성격은 근본규범성, 반전체주의적 성격, 기본권성, 전국가적 자연권성 등의 특징을 가진다.

김철수 교수((상) 502-509면): ① 반전체주의적 성격, ② 근본규범성, ③ 기본권성, ④ 전국가적 자연권성의 선언. 권영성 교수(378-380면): a) 규범적 성격: ① 객관적 헌법원리성, ② 국법체계상 최고규범성, ③ 기본권제한의 한계규범성, ④ 간접적 대국가적 방어권성, b) ① 주관적 공권성, ② 자연권성, ③ 포괄적 권리성, ④ 양면적 권리성. 허영 교수(348-350면): 인간의 존엄성규정의 헌법상의 의의에 대하여, ① 기본권보장의 가치지표, ② 기본권실현의 목적, ③ 헌법질서의 최고가치, ④ 국가작용의 가치적 실천기준.

1. 최고규범성과 근본규범성

인간의 존엄과 가치는 기본권존중주의를 규정한 헌법상 최고의 근본규범이다.

(1) 국가의 근본질서

인간의 존엄과 가치는 국가의 근본질서로서 모든 국가권력을 구속하며, 국가작용에 있어서 목적과 가치판단의 기준이다. 모든 국가작용은 인간의 존엄과 가치를 바탕으로 하는 국가질서를 유지하기 위한 범위 안에서만 허용되며, 그 구체적인 내용과 효력은 인간의 존엄과 가치를 추구하는 방향으로 형성되어야 한다.

(2) 법해석의 최고기준

인간의 존엄과 가치는 최고규범으로서 법령의 내용과 효력을 해석하는 최고기준이다. 이 최고기준은 공법뿐만 아니라 사법에도 적용되며, 구체적인 사안에서 법의 흠결을 보충하는 원리이며, 헌법적 가치 사이에 충돌이 있는 경우에 해결기준으로 작용함으로써 헌법규정 사이의 조화로운 해석을 가능하게 한다.

(3) 헌법의 통제적 원리로서 헌법개정의 한계 및 기본권제한의 한계

한국헌법은 독일기본법 제79조 제3항과 달리 인간의 존엄과 가치에 관한 규정의 개정이 불가능함을 명문으로 규정하지는 아니하지만, 인간의 존엄과 가치는 국가의 근본질서이며 법해석의 최고기준이라는 점에 비추어 헌법상 근본규범일 뿐만 아니라 헌법개정의 한계이기도 하다. 또한 인간의 존엄과 가치는 기본권보장에서도 최고의 가치이므로 본질적 내용을 침해할 수 없을 뿐만 아니라 기본권제한의 한계로서의 성격도 가진다.

2. 반전체주의적 성격

반(反)전체주의적 성격이란 국가나 공동체는 개인을 위하여 존재하고 개인을 수단으로 삼을 수 없으며, 국가나 공동체의 이익과 개인의 이익이 충돌할 때에는 개인의 이익에서 출발하여야 하고, 개인의 기본권을 제한하는 국가작용은 최소한에 그쳐야 한다는 의미이다. 물론 이는 고립되고 주관적인 개인주의가 아니라 공동체관련성을 통한 인격주의의 채택으로 이해할 수 있다. 그러므로 인간의 존엄과 가치를 존중하는 헌법의 태도는 인간존엄성을 말살하는 전체주의에 대하여 적대적일 수밖에 없다. 반전체주의적 성격은 특히 제2차 세계대전 중에 자행되었던 인간에 의한 인간에 대한 비인격적 행태를 타파하고자 하는 데 있다.

3. 기본권성

(1) 문제의 소재

인간의 존엄과 가치를 ① 다른 개별적 기본권과 같이 독자적 내용을 가진 주관적 공권인 동시에 모든 기본권조항에 적용될 수 있는 일반원칙의 선언이라고 보아야 하는지, ② 아니면 인간의 존엄과 가치는 개별적·구체적 권리가 아니라 모든 기본권의 전제가 되는 기본원리의 선언으로서 기본권의 이념적 출발점 내지 구성원리에 불과한지에 관한 논의가 있다. 즉 주관적 공권으로서 기본권성을 인정할 수 있느냐가 문제된다.

(2) 학 설

A. 기본권성 인정설

인간의 존엄과 가치의 기본권성을 인정하는 견해도 다양한 논거를 제시한다.

(i) 인간의 존엄과 가치·행복추구권을 통합하여 하나의 주(主)기본권으로 파악함으로써 모든 기본권을 포괄하는 권리로 보고 그 아래에 다시 협의의 인간의 존엄과 가치·행복추구권과 자유권적 기본권, 청구권적 기본권, 생존권적 기본권 등의 개별적 기본권이 파생된다고 하는 견해가 있다(김철수).

(ii) 헌법 제10조는 인격적 생존에 불가결한 모든 사항을 포함한 포괄적 권리이며, 동시에 모든 생활에 있어서 일반적 자유를 보장하고 있으므로 구체적 권리성을 인정하여야 한다는 견해도 있다(구병삭, 김학성, 김하열, 심경수, 양건, 이준일, 장영철, 조병윤, 정영화, 정재황, 한수웅).

(iii) 한국헌법상 인간의 존엄성 규정이 모든 기본권의 이념적 출발점이며 모든 기본권보장의 목표임과 동시에 인간의 존엄성 규정은 이러한 이념적 성격뿐만 아

니라 구체적 기본권으로서의 성격도 가진다(강경근). 그러나 존엄성 규정이 기본권으로서의 성격을 가진다고 하여 이 규정이 바로 주기본권으로서 포괄적 기본권이라고 할 수는 없다는 견해도 있다. 그 논거로 독일기본법과 달리 한국헌법에서는 제37조 제1항이 규정되어 있기 때문에 포괄적 기본권으로 보아야 할 필요성이 없다고 본다(계희열·이준일).

B. 기본권성 부정설

부정설에 의하면 인간의 존엄과 가치는 기본권보장의 가치지표, 기본권실현의 목적, 헌법질서의 최고가치, 국가작용의 가치적 실천기준이지만 구체적 기본권보장규정은 아니라고 한다. 기본권성을 부정하는 견해도 그 논거는 다양하다.

(i) 인간의 존엄성 존중에 관한 헌법 제10조 제1문 전단은 이른바 주기본권 등 구체적·개별적 권리의 보장이 아니라 모든 기본권의 이념적 전제인 동시에 기본권보장의 목적이 되는 헌법적 이념의 규범화로 보는 견해가 있다. 여기서 "모든 기본권의 이념적 전제가 된다"라고 함은 인간으로서의 존엄과 가치가 모든 기본권의 근원 내지 모든 기본권의 핵심이 된다는 의미이며, "모든 기본권보장의 목적이 된다"라고 함은 헌법 제10조와 제11조 내지 제37조 제1항은 목적과 수단이라는 유기적 관계에 있다는 의미로 이해한다(권영성. 동지: 안용교, 최대권, 이관희, 전광석, 정종섭).

(ii) 헌법 제10조는 개인의 주관적 공권을 의미하는 어떤 구체적 기본권의 부여가 아니라 국법질서 전체에 걸친 최고의 구성원리로서의 성격을 가지는 헌법상 근본원리의 선언으로서 기본적 인권의 이념적 기초를 의미한다는 견해도 있다(박일경).

(iii) 인간의 존엄성 규정의 헌법적 의의는 자연법적 기본권사상의 구체적 표현 형태라고 하기보다는 한국헌법상 기본권보장의 원칙적인 가치지표가 인간으로서의 존엄과 가치를 그 가치적인 핵으로 자주적 인간들의 동화적 통합질서를 마련하는 데 있으므로 기본권성 논의 자체가 무의미하다는 견해도 있다(허영, 이승우).

다만, 부정설 중에도 비록 인간의 존엄과 가치 자체의 기본권성은 부정하지만, 국가가 인간으로서의 존엄과 가치를 침해하는 행위를 하는 경우에는 제10조 제1문 전단을 근거로 그 침해행위의 위헌·무효와 더불어 침해행위의 배제를 주장할 수 있으므로 인간의 존엄과 가치규정은 간접적(2차적)으로는 대국가적 방어권에 관한 근거규정의 성격도 가진다는 견해도 있다(권영성).

C. 절충설

인간의 존엄을 헌법질서의 이념적 기초(최고이념)로서 인정하면서, 인간의 존엄이 독자적·개별적 권리성을 가질 만큼 구체적인 내용으로 특정될 수 있는지에 따라서 구체적 권리성 여부를 결정하여야 한다는 견해도 있다. 나아가서 인간의 존엄에 대하여 헌법에 열거되지 아니한 자유와 권리의 판단기준으로서의 역할과 기능을 부여한다(장영수·홍성방).

(3) 판 례

헌법재판소는 인간의 존엄과 가치의 기본원리적 성격과 더불어 구체적 권리성을 인정한다. 즉 "인간으로서의 존엄과 가치를 핵으로 하는 헌법상의 기본권보장이 다른 헌법규정을 기속하는 최고의 헌법원리"이다(헌재 1992.10.1. 91헌마31, 불기소처분에 대한 헌법소원(기각): 재판관 한병채의 반대의견). 이로써 모든 국민은 그의 존엄한 인격권을 바탕으로 하여 자율적으로 자신의 생활영역을 형성해 나갈 수 있는 권리를 가진다(헌재 1997.3.27. 95헌가14등, 민법 제847조 제1항 위헌제청 등(헌법불합치,적용중지)). 그러므로 헌법 제10조는 "모든 기본권보장의 종국적 목적(기본이념)이라고 할 수 있는 인간의 본질이며 고유한 가치인 개인의 인격권"(헌재 1990.9.10. 89헌마82, 형법 제241조의 위헌 여부에 대한 헌법소원(합헌))이다.

> "헌법 제10조에서 규정한 인간의 존엄과 가치는 헌법이념의 핵심으로, 국가는 헌법에 규정된 개별적 기본권을 비롯하여 헌법에 열거되지 아니한 자유와 권리까지도 이를 보장하여야 하며, 이를 통하여 개별 국민이 가지는 인간으로서의 존엄과 가치를 존중하고 확보하여야 한다는 헌법의 기본원리를 선언한 것이다. 따라서 자유와 권리의 보장은 1차적으로 헌법상 개별적 기본권규정을 매개로 이루어지지만, 기본권제한에 있어서 인간의 존엄과 가치를 침해하거나 기본권 형성에 있어서 최소한의 필요한 보장조차 규정하지 않음으로써 결과적으로 인간으로서의 존엄과 가치를 훼손한다면 헌법 제10조에서 규정한 인간의 존엄과 가치에 위반된다(헌재 2000.6.1. 98헌마216 참조)"(헌재 2016.12.29. 2013헌마142, 구치소내 과밀수용행위 위헌확인(인용(위헌확인)).

(4) 사 견

(i) 부정설의 논의는 독일기본법의 조문해석에서 비롯되는데(계희열), 이는 헌법의 법적 특성에 비추어 지나치게 형식적인 해석에서 비롯되었다고 할 수 있으며, 더욱이 한국헌법과는 규정상 차이가 있으므로, 그것만으로는 기본권성을 부정하는 근거가 될 수는 없다. 또한 비록 제37조 제1항이 헌법상 열거되지 아니한 기본권을 인정하고 있으나, 그 구체적인 내용은 규정되어 있지 아니하기 때문에, 제37조 제1항과 인간의 존엄과 가치의 기본권성은 서로 충돌하기보다는 오히려 서로 조응하기 때문에 부정설의 비판 또한 설득력이 없다.

(ii) 생각건대 인간의 존엄과 가치는 헌법의 근본규범으로서 "다른 기본권의

이념적 출발점"이자 동시에 "기본권보장의 목표"임에 틀림없다. 그렇다고 하여 인간의 존엄과 가치가 가지는 기본권으로서의 성격을 부인하여서는 아니 된다. 즉, 헌법상 보장된 개별 기본권을 통하여 해석상 받아들이기 어려운 구체적인 기본권을 인정하는 근거규정으로 원용하기 위하여 인간의 존엄과 가치의 기본권성을 인정하여야 한다.

4. 전국가적인 자연권성

(i) 제10조의 인간의 존엄과 가치는 전(前)국가적인 자연법적 원리를 헌법의 틀 속으로 끌어들인 조항이다. 그러므로 "국가는 개인이 가지는 불가침의 기본적 인권을 확인하고 이를 보장할 의무를 진다"(제10조 제2문).

(ii) 이와 관련하여 헌법 제37조 제1항 "국민의 자유와 권리는 헌법에 열거되지 아니한 이유로 경시되지 아니한다"라는 규정의 법적 성격에 대한 논의가 있다. 실정법적 권리설에서는 제10조의 인간의 존엄과 가치를 권리선언적 규범으로 이해하고, 제37조 제1항은 권리창설적 규정으로 본다. 반면에 제10조의 인간의 존엄과 가치를 권리창설적 규범으로 이해할 경우 제37조 제1항은 단순한 주의적 규정으로 이해된다. 하지만, 제10조가 제37조 제1항을 통하여 서로 상승작용을 하는 측면도 부인할 수 없다.

V. 인간의 존엄과 가치의 주체

(i) 인간의 존엄과 가치의 향유주체는 자연인(인간)이다. 따라서 인간이 아닌 법인이나 법인격 없는 단체는 그 주체가 될 수 없다. 내국인뿐만 아니라 외국인도 그 주체가 될 수 있다. 한편 태아(胎兒)는 법상 자연인이라고 할 수는 없지만 태아도 생명권의 주체가 될 수 있으므로 인간의 존엄과 가치의 기본권주체성을 인정하여야 한다. 나아가 생명공학의 발달에 따라 배아(胚芽)의 기본권 주체성 인정 여부에 관하여 논란이 있다(후술하는 생명권 참조).

(ii) 인간의 존엄과 가치의 향유와 개인의 정신적·신체적 상황과는 관련성이 없다. 따라서 사회적 생존가치를 평가하여 인간의 존엄과 가치를 부정하거나, 보호 정도에 차별을 두어서는 아니 된다.

(iii) 그런데, 사자(死者)의 기본권주체성은 제한적으로 인정할 수밖에 없다. 죽은 사람에게는 생존하는 인간과 같은 정도로 "공동체구속성과 공동체관련성을

가진 인격"이 인정될 수 없다. 다만, 시신의 처리 · 유족과의 관계 · 사후 평가 등과 관련하여 인격성이 인정될 수 있으므로, 그 범위에서 기본권주체성을 인정할 수 있다. 특히 시체의 해부 · 장기이식 같은 시신의 활용은, 원칙적으로 본인의 생전 유언이나 유족의 동의가 있는 경우에만 가능하며, 예외적으로 엄격한 요건에 입각하여 허용될 수 있다.

피상속인이 생전행위 또는 유언으로 자신의 유체 · 유골의 처분 방법을 정하거나 매장장소를 지정한 경우 그 효력이 문제된 사안에서, "피상속인의 의사를 존중해야 하는 의무는 도의적인 것"에 그친다는 다수의견에 대하여, 반대의견은 "정당한 사유 없이 피상속인의 의사에 반하여 유체 · 유골을 처분하거나 매장장소를 변경하는 것까지 허용된다고 볼 수는 없다"라거나 "망인이 자신의 장례 기타 유체를 그 본래적 성질에 좇아 처리하는 것에 관하여 생전에 종국적인 의사를 명확하게 표명한 경우에는, 그 의사는 법적으로도 존중되어야 하며 일정한 법적 효력을 가진다"라고 하여 사자의 인격권을 고려하여 판단한다(대판(전합) 2008.11.20. 2007다27670(유체인도등)).

독일 연방헌법재판소는 이 Mephisto 판결에서 "기본법 제1조 제1항에서 모든 국가권력에 부과된 인간의 존엄의 침해에 대하여 개인을 보호하여야 하는 의무는 죽음으로 소멸하지 아니한다"라고 하여 사자(死者)의 기본권주체성을 인정한다("Mephisto", BVerfGE 30, 173(194)).

Ⅵ. 인간의 존엄과 가치의 효력

1. 헌법의 근본규범으로서의 효력

인간의 존엄과 가치는 국가의 근본질서로서 모든 국가권력을 구속한다. 모든 국가작용은 인간의 존엄과 가치를 바탕으로 하는 국가질서를 형성하기 위한 범위 안에서만 허용된다. 따라서 헌법소원뿐만 아니라 그 밖의 헌법재판에서도 인간의 존엄과 가치는 위헌 여부의 심사기준으로 작용하게 된다.

형사특별법으로서 갖추어야 할 형벌체계상의 정당성과 균형을 잃은 것이 명백하므로, 인간의 존엄성과 가치를 보장하는 헌법의 기본원리에 위배되고 그 내용에 있어서도 평등원칙에 위반된다(헌재 2014.4.24. 2011헌바2, 특정범죄 가중처벌 등에 관한 법률 제11조 위헌소원(위헌); 동지: 헌재 2014.11.27. 2014헌가11등, 특정범죄 가중처벌 등에 관한 법률 제10조 위헌소원(위헌)).

2. 대국가적 공권으로서의 효력

인간의 존엄과 가치는 대국가적 공권인 기본권으로서 효력을 가진다. 이에 따라 공권력에 의한 침해가 있는 경우에는 침해의 배제 등을 요구할 수 있으며, 구체적으로는 헌법소원을 제기하여 위헌인 공권력의 행사를 다툴 수 있다.

3. 객관적 법규범으로서 사인 사이에도 효력

인간의 존엄과 가치는 객관적 법규범으로서 사인 사이에도 효력이 미친다. 이에 따라 인간의 존엄과 가치를 침해하는 사인의 행위는 불법행위가 되며, 인간의 존엄과 가치를 침해하는 내용의 사적 계약은 무효이다.

Ⅶ. 인간의 존엄과 가치의 내용

1. 주관적 공권으로서의 인간의 존엄과 가치

인간의 존엄과 가치의 기본권성을 인정하면서 인간의 존엄과 가치 · 행복추구권이 주기본권(광의)이고, 제37조 제1항은 주기본권의 존재를 전제로 하며, 제11조 내지 제36조의 기본권은 주기본권을 세분화한 규정이므로 제10조의 인간의 존엄과 가치 · 행복추구권은 자연권적 주기본권인 동시에 좁은 의미의 인간의 존엄과 가치 · 행복추구권도 함께 보장한다는 견해도 있다(김철수). 그러나 제10조를 한편으로 주기본권으로, 다른 한편으로 좁은 의미의 기본권으로 이해하게 되면 자칫 기본권체계상 혼란을 가져올 우려도 있다.

2. 일반적 인격권

(i) 주관적 공권으로서의 인간의 존엄과 가치는 일반적 인격권으로 이해할 수 있다. 일반적 인격권은 인격에 대하여 소극적으로 침해받지 아니할 권리와 적극적으로 보호받을 권리를 포함한다.

정정보도청구권(헌재 1991.9.16. 89헌마16, 정기간행물의등록등에 관한법률 제16조 제3항에 대한 헌법소원5(합헌)); 민법상 친생부인의 소(헌재 1997.3.27. 95헌가14, 민법 제847조 제1항 위헌제청 등(헌법불합치,적용중지)); 신체과잉수색행위(헌재 2002.7.18. 2000헌마327, 신체과잉수색행위(경찰서 유치장에서 정밀신체수색행위) 위헌확인(인용(위헌확인))).

(ii) 일반적 인격권의 주체와 효력은 위 인간의 존엄과 가치의 효력과 동일하다. 일반적 인격권은 첫째, 인간의 자기 정체성에 기초하여 인격을 스스로 구현할 수 있는 인격의 자유로운 형성에 관한 권리, 둘째, 외부의 간섭을 배제할 수 있는 인격의 자유로운 유지에 관한 권리, 셋째, 인격의 형성과 유지에 기초하여 인격의 자유로운 표현을 할 수 있는 권리를 보장한다.

일반적 인격권의 구체적 내용으로는 명예권, 성명권, 초상권 등이 있다.

"헌법 제10조로부터 도출되는 일반적 인격권에는 개인의 명예에 관한 권리도 포함될 수 있으나, '명예'는 사람이나 그 인격에 대한 '사회적 평가', 즉 객관적 · 외부적 가치평가를 말하는 것이지 단순히 주관적 · 내면적인 명예감정은 포함되지 않는다"(헌재 2005.10.27. 2002헌마425, 민주화운동관련자명예회복및보상등에관한법률 제2조 제1항 등 위헌확인(각하)).

"이름(姓名)은 특정한 개인을 다른 사람으로부터 식별하는 표지가 됨과 동시에 이를 기초로 사회적 신뢰가 형성되는 등 고도의 사회성을 가지는 일방, 다른 한편 인격의 주체적인 개인의 입장에서는 자기 스스로를 표시하는 인격의 상징으로서의 의미를 가지는 것이고 나아가 이름에서 연유되는 이익들을 침해받지 아니하고 자신의 관리와 처분 아래 둘 수 있는 권리인 성명권의 기초가 되는 것이며, 이러한 성명권은 헌법상의 행복추구권과 인격권의 한 내용을" 이룬다. 따라서 엄격한 개명(改名)제한은 개인의 인격권과 행복추구권을 침해한다(대판 2005.11.16. 2005스26).

사람은 누구나 자신의 얼굴 기타 사회통념상 특정인임을 식별할 수 있는 신체적 특징에 관하여 함부로 촬영 또는 그림으로 묘사되거나 공표되지 아니하며 영리적으로 이용당하지 아니할 권리를 가지는데, 이러한 초상권은 우리 헌법 제10조 제1문에 의하여 헌법적으로 보장되는 권리이다(대판 2006.10.13. 2004다16280[위자료]).

배아생성자(胚芽生成者)의 배아에 대한 결정권은 헌법상 명문으로 규정되어 있지는 아니하지만, 헌법 제10조로부터 도출되는 일반적 인격권의 한 유형으로서의 헌법상 권리이다(헌재 2010.5.27. 2005헌마346, 생명윤리 및 안전에 관한 법률 제13조 제1항 등 위헌확인(기각,각하)).

"사죄광고 과정에서 인격의 자유로운 발현을 위해 보호받아야 할 인격권이 무시되고 국가에 의한 인격의 외형적 변형이 초래되어 인격형성에 분열이 필연적으로 수반되게 된다. 이러한 의미에서 사죄광고제도는 인격권에도 큰 위해가 된다"(헌재 1991.4.1. 89헌마160, 민법 제764조의 위헌 여부에 관한 헌법소원(한정위헌)).

선거기사심의위원회가 불공정한 선거기사를 보도하였다고 인정한 언론사에 대하여 언론중재위원회를 통하여 사과문을 게재할 것을 명하도록 하는 공직선거법의 '사과문 게재' 부분과, 해당 언론사가 사과문 게재 명령을 지체 없이 이행하지 아니할 경우 형사처벌하는 것은 과잉금지원칙에 위배되어 언론사의 인격권을 침해하므로 헌법에 위반된다(헌재 2015.7.30. 2013헌가8, 공직선거법 제8조의3 제3항 등 위헌제청(위헌)).

헌법 제10조로부터 도출되는 일반적 인격권(헌재 1990.9.10. 89헌마82; 헌재 2003.6.26. 2002헌가14)에는 각 개인이 그 삶을 사적으로 형성할 수 있는 자율영역에 대한 보장이 포함되어 있음을 감안할 때, 낙태가 사실상 불가능하게 되는 임신 후반기에 이르러서도 태아에 대한 성별 정보를 태아의 부모에게 알려 주지 못하게 하는 것은 일반적 인격권으로부터 나오는 부모의 태아 성별 정보에 대한 접근을 방해받지 않을 권리를 제한하고 있다. 이는 최소침해성원칙에 위반된다(헌재 2008.7.31. 2004헌마1010등, 의료법 제19조의2 제2항 위헌확인 등(헌법불합치,적용중지)).

성별을 원인으로 한 낙태를 방지하기 위해 낙태를 유발시킨다는 인과관계조차 명확치 않은 태아의 성별고지 행위를 규제하는 것은 태아의 생명 보호라는 입법목적을 달성하기 위한 수단으로 적합하지 않고, 낙태로 나아갈 의도가 없이 부모로서 가지는 권리에 따라 태아의 성별을 알고 싶은 부모에게도 임신 32주 이전에 태아의 성별을 알게 하지 못하게 금지하는 것은 과잉금지원칙에 위반하여, 부모가 태아의 성별 정보에 대한 접근을 방해받지 않을 권리를 침해한다(6:3)(헌재 2024.2.28. 2022헌마356, 의료법 제20조 제2항 위헌확인(위헌)).

미결수용자가 수감되어 있는 동안 구치소 등 수용시설 안에서 사복을 입지 못하게 하고 재소자용 의류를 입게 한 행위는 기본권침해가 되지 아니한다. 하지만, 미결수용자가 수감되어 있는 동안 수사 또는 재판을 받을 때에도 사복을 입지 못하게 하고 재소자용 의류를 입게 한 행위는 무죄추정의 원칙에 반하고 인간으로서의 존엄과 가치에서 유래하는 인격권과 행복추구권, 공정한 재판을 받을 권리를 침해한다(헌재 1999.5.27. 97헌마137등, 재소자용수의 착용처분 위헌확인(인용(위헌확인),기각)).

공정한 재판을 받을 권리, 인격권, 행복추구권에 비추어 보건대 민사재판에 당사자로 출석하는 수형자의 사복착용 불허는 합헌이지만(6:3), 형사재판에 피고인으로 출석하는 수형자의 사복착용 불허는 위헌이다(헌재 2015.12.23. 2013헌마712, 형의 집행 및 수용자의 처우에 관한 법률 제82조 위헌확인(헌법불합치,잠정적용,기각)).

교도소 독거실 내 화장실 창문과 철격자(鐵格子) 사이에 안전 철망을 설치한 행위는 환경권, 인격권 등 기본권을 침해하지 아니한다(헌재 2014.6.26. 2011헌마150, 교도소 내 화장실 창문 철망 설치행위 위헌확인(기각)).

호송과정에서 수형자(受刑者)에게 상체승(上體繩)의 포승(捕繩)과 수갑을 채우고 별도의 포승으로 다른 수용자(收容者)와 연승(延繩)한 호송행위는 청구인의 인격권 내지 신체의 자유를 침해하지 아니한다(헌재 2014.5.29. 2013헌마280, 영치품반입제한 위헌확인 등(기각,각하)).

일제강점하 반민족행위 진상규명과 관련하여 '조선총독부 중추원 참의로 활동한 행위' 부분이, 조사대상자의 사회적 평가에 영향을 미치므로 헌법 제10조에서 유래하는 일반적 인격권이 제한받는다. 조사대상자가 사자(死者)의 경우에도 인격적 가치에 대한 중대한 왜곡으로부터 보호되어야 한다. 사자에 대한 사회적 명예와 평가의 훼손은 사자와의 관계를 통하여 스스로의 인격상을 형성하고 명예를 지켜온 그들의 후손의 인격권, 즉 유족의 명예 또는 유족의 사자에 대한 경애추모의 정을 제한한다. 이 조항이 조사대상자 등의 인격권을 침해하지 아니한다(헌재 2010.10.28. 2007헌가23, 일제강점하 반민족행위 진상규명에 관한 특별법 제2조 제9호 위헌제청(합헌)).

3. 인간의 존엄과 가치의 헌법상 제도화

헌법은 인간의 존엄을 개별적 기본권에서 특별히 강조하기도 한다. "근로조건의 기준은 인간의 존엄성을 보장하도록 법률로 정한다"(제32조 제3항). "혼인과 가족생활은 개인의 존엄과 양성의 평등을 기초로 성립되고 유지되어야 하며, 국가는 이를 보장한다"(제36조 제1항).

Ⅷ. 인간의 존엄과 가치의 제한

헌법의 최고원리인 인간의 존엄과 가치는 원칙적으로 제한할 수 없다. 그러나 인간의 존엄과 가치로부터 비롯되는 구체적 권리로서의 성격은 일반적인 기본권과 마찬가지로 제한의 대상이 된다. 제한은 헌법 제37조 제2항에서 규정하는 기본권제한의 일반원리에 따른 제한을 의미한다.

그런데 구체적 기본권성을 인정하면서도 절대적 기본권에 준하여 제한이 아니 된다고 보는 견해는 결과적으로 구체적 기본권으로서 인간의 존엄과 가치를 부정하게 될 우려가 있다.

1. 법률에 의한 제한(후술하는 생명권 참조)

인간의 존엄과 가치도 헌법 제37조 제2항의 규정에 따라 법률에 의하여 제한될 수 있다. 이와 관련하여 다음과 같은 문제점들이 제기된다.

(1) 사형제도

인간의 존엄과 가치는 인간의 생명권을 구체적인 기본권으로 인정하는데, 판례는 사형제도를 법률에 의하여 도입하더라도 헌법에 위반된다고 할 수는 없다.(헌재 2010.2.25. 2008헌가23, 형법 제41조 등 위헌제청(합헌,각하))(제3편 제4장 제2절 V. 5. 사형제도 참조).

(2) 인공임신중절 및 안락사, 정당방위 · 긴급피난

(i) 인공임신중절(人工姙娠中絕) 즉 낙태도 태아의 생명권을 침해하는 행위로서 위헌이라는 견해도 있다. 하지만, 이는 단순히 태아의 생명권을 어느 범위로 제한할 수 있는가의 문제가 아니라, 태아의 생명권과 임산부의 자기결정권이 충돌하는 문제이므로 두 기본권이 조화되는 범위 안에서 낙태도 인정되어야 한다(생명권 참조). 다만, 생명권은 인간의 존엄의 핵심이라는 점을 고려하여, 낙태의 요건을 법률로 엄격하게 정하여야 한다.

(ii) 안락사(安樂死)는 엄격한 요건에 따라 인정할 필요가 있다(제3편 제4장 제2절 제1항 생명권 참조).

(iii) 정당방위 · 긴급피난에 의한 살인은 관련 법익이 충돌되는 경우, 더 상위의 법익을 추구하는 방향으로 문제를 해결하고자 하는 행위이며, 성립요건이 엄격하므로 합헌이라고 보아야 한다.

2. 본질적 내용 침해금지

헌법 제37조 제2항의 규정에 따라 인간의 존엄과 가치의 본질적 내용은 침해할 수 없다.

Ⅸ. 인간의 존엄과 가치의 침해와 구제

(i) 인간의 존엄과 가치에 대한 침해행위로는 노예제도 · 인신매매 · 고문 ·

집단학살 · 인간실험 · 인간복제 · 국외추방 · 인종차별 등이 있다. 헌법재판소는 인간의 존엄에 어긋나는 유치장시설 및 교도소수감에 대하여 위헌으로 판시한다.

차폐시설(遮蔽施設)이 불충분한 유치장 화장실의 사용강제는 인간의 존엄과 가치로부터 유래하는 인격권을 침해한다(헌재 2001.7.19. 2000헌마546, 유치장내화장실설치및관리행위 위헌확인(인용,(위헌확인))).

교도소에 수용되어 있는 청구인에게 상시적으로 양팔을 사용할 수 없도록 금속수갑(金屬手匣)과 가죽수갑을 착용하게 한 것은 청구인의 신체의 자유와 인간의 존엄성을 침해한 것으로 위헌이다(헌재 2003.12.18. 2001헌마163, 계구사용행위 위헌확인(인용(위헌확인),각하)).

사법경찰관이 기자들의 취재 요청에 응하여 청구인이 경찰서 조사실에서 양손에 수갑을 찬 채 조사받는 모습을 촬영할 수 있도록 허용한 행위는 목적의 정당성이 인정되지 아니하며, 과잉금지원칙에 위반되어 인격권을 침해하였다(헌재 2014.3.27. 2012헌마652, 피의사실 언론공표 등 위헌확인(위헌확인,각하)).

교도관이 마약류사범에게 검사의 취지와 방법을 설명하고 반입금지품을 제출하도록 안내한 후 외부와 차단된 검사실에서 같은 성별의 교도관 앞에 돌아서서 하의속옷을 내린 채 상체를 숙이고 양손으로 둔부를 벌려 항문을 보이는 방법으로 실시한 정밀신체검사가 (법익의 균형성)과잉금지의 원칙에 반하지 아니한다(헌재 2006.6.29. 2004헌마826, 항문내 검사 위헌확인(기각)).

수용자를 교정시설에 수용할 때마다 전자영상 검사기를 이용하여 수용자의 항문(肛門) 부위에 대한 신체검사가 필요한 최소한도를 벗어나 과잉금지원칙에 위배되어 청구인의 인격권 내지 신체의 자유를 침해한다고 볼 수 없다(헌재 2011.5.26. 2010헌마775, 수용자 신체검사 위헌확인(각하,기각)).

(ii) 공권력에 의한 침해행위에 대하여는 청원권 · 헌법소원심판청구권 · 국가배상청구권 등을 통하여 구제받을 수 있다.

(iii) 사인에 의한 침해행위에 대하여는 민사법적으로는 불법행위에 대한 손해배상청구권을 행사하고, 형사법적으로는 형사고소에 따른 국가형벌권의 발동을 요구함으로써 구제받을 수 있다.

제 2 절 행복추구권

Ⅰ. 의 의

(ⅰ) 헌법 제10조 전문에 인간으로서의 존엄과 가치와 더불어 1980년 제5공화국헌법에서 행복추구권을 추가하여 현행헌법에 이르고 있다. 그러나 행복추구권을 인간의 존엄과 가치와 더불어 규정한 헌법의 태도는 혼란을 야기한다.

(ⅱ) 행복추구권은 미국의 버지니아 인권선언(1776)에서 최초로 규정하였고(정작 미국헌법에는 행복추구권 규정이 없다), 일본헌법(제13조) 등에서 규정한다.

(ⅲ) 행복추구권에서의 행복이란 매우 주관적이고 다의적인 개념이므로 각 개인의 인생관이나 세계관에 따라서 그 인식이 달라질 수 있다. 여기서 행복은 단순히 물질적인 행복뿐 아니라 정신적 행복까지 포괄하는 개념으로 보아야 한다. 그런 의미에서 행복추구권이란 물심양면에 걸쳐서 안락한 삶을 추구할 수 있는 권리라 할 수 있다.

Ⅱ. 기본권체계상 행복추구권

(ⅰ) 헌법상 행복추구권의 존재 자체를 부정적으로 보는 견해에 의하면 행복추구권은 "어떤 구체적인 권리를 내용으로 한다기보다는 인간으로서의 존엄과 가치를 존중받으며 살아갈 수 있는 모든 국민의 당위적이고 이상적인 삶의 지표를 설정해 놓음으로써 인간의 존엄과 가치가 갖는 윤리규범적 성격과 실천규범적 성격"의 강조로 이해한다(허영, 327면; 임지봉, "행복추구권의 기본권성", 저스티스 71).

"행복추구권이란 소극적으로는 고통과 불쾌감이 없는 상태를 추구할 권리, 적극적으로는 만족감을 느끼는 상태를 추구할 수 있는 권리라고 일반적으로 해석되고 있으나, 행복이라는 개념 자체가 역사적 조건이나 때와 장소에 따라 그 개념이 달라질 수 있으며, 행복을 느끼는 정신적 상태는 생활환경이나 생활조건, 인생관, 가치관에 따라 각기 다른 것이므로 일률적으로 정의하기가 어려운 개념일 수밖에 없고, 이와 같이 불확실한 개념을 헌법상의 기본권으로 규정한 데 대한 비판적 논의도 없지 아니하며 우리 헌법은 인간의 기본권리로서 인간의 존엄과 가치의 존중, 사생활의 비밀의 자유, 환경권 등 구체적 기본권을 따로 규정해 놓고 있으면서 또 다시 그 개념이나 법적 성격, 내용 등에 있어서 불명확한 행복추구권을 규정한 것은 추상적 권리를 중복하여 규정한 것이고 법해석의 혼란만 초래할 우려가 있다는 비난도 나오고 있다"(헌재 1997.7.16. 95헌가6등, 민법 제809조 제1항 위헌제청(헌법불합치,적용중지), 반대의견(2인)).

(ⅱ) 이에 반하여 헌법 제10조에서 행복추구권이 인간의 존엄과 가치와 병렬적으로 규정되고 있음에 비추어, 인간의 존엄과 가치·행복추구권을 병렬적으로 판단하여 이를 구별하지 아니하면서 기본권성을 인정하는 견해도 있다(김철수).

(ⅲ) 생각건대 행복추구권이 비록 헌법에서 인간의 존엄과 가치와 병렬적으로 규정되어 있기는 하지만, 행복추구권과 인간의 존엄과 가치를 굳이 동일시할 필요는 없다. 따라서 헌법상 행복추구권을 인간의 존엄과 가치와 구별하여 독자적인 기본권으로서 인정하여야 한다.

(ⅳ) 헌법재판소는 인간의 존엄과 가치·행복추구권을 헌법재판의 준거규범으로서 병렬적으로 적시하기도 하고, 행복추구권만을 독자적인 기본권으로 인정하기도 한다. 이에 따라 기본권으로서의 행복추구권 속에 "일반적 행동자유권"과 "개성의 자유로운 발현권", 성적 자기결정권(헌재 1990.9.10. 89헌마82, 형법 제241조의 위헌여부에 관한 헌법소원(합헌)), 소비자의 자기결정권(헌재 1996.12.26. 96헌가18, 주세법 제38조의7 등에 대한 위헌제청(위헌))이 함축되어 있다고 보며, 일반적 행동자유권으로부터 계약의 자유가 파생된다고 판시한다(헌재 1991.6.3. 89헌마204, 화재로인한재해보상과보험가입에 관한법률 제5조 제1항의 위헌여부에 관한 헌법소원(한정위헌)).

"헌법 제10조는 모든 기본권의 보장의 종국적 목적(기본이념)이라 할 수 있는 인간의 본질이며 고유한 가치인 개인의 인격권과 행복추구권을 보장하고 있다. 그리고 개인의 인격권·행복추구권에는 개인의 자기운명결정권이 전제되는 것이고, 이 자기운명결정권에는 성행위 여부 및 그 상대방을 결정할 수 있는 성적 자기결정권이 또한 포함되어 있으며 간통죄의 규정이 개인의 성적 자기결정권을 제한하는 것임은 틀림없다"(헌재 1990.9.10. 89헌마82, 형법 제241조의 위헌여부에 관한 헌법소원(합헌)).

단체보험의 특성에 따라 개별적 동의를 집단적 동의로 대체하는 것은 인간의 존엄성과 가치를 훼손하고 행복추구권을 침해하거나 국가의 기본권 보장의무에 위배되지 아니한다(헌재 1999.9.16. 98헌가6, 상법 제735조의3 제1항 위헌제청(합헌)).

동영상들은 모두 일본에서 성인 배우를 출연시켜 합법적으로 제작된 성인 동영상이므로 아동·청소년이용음란물에 해당하지 아니한다. 따라서 기소유예처분은 중대한 수사미진 또는 법리오해의 잘못이 있어 자의적인 검찰권의 행사로 인하여 청구인의 평등권과 행복추구권이 침해되었다(헌재 2015.10.21. 2014헌마916, 기소유예처분취소(인용(취소))).

공무원이었던 변호사가 직무상 취급하거나 취급하게 된 사건을 수임하지 못하도록 한 변호사법 규정은 직업수행의 자유, 평등권, 행복추구권을 침해하지 아니하지만 공소시효가 완성된 이후 기소유예는 취소되어야 한다(헌재 2016.12.29. 2015헌마880, 기소유예처분취소 등(인용(취소),기각)).

부모가 자녀의 이름을 지어주는 것은 자녀의 양육과 가족생활을 위하여 필수적인 것이며, 가족생활의 핵심적 요소라 할 수 있다. 따라서 비록 헌법에 명문으로 규정되어 있지는 아니하지만, '부모의 자녀의 이름을 지을 자유'는 혼인과 가족생활을 보장하는 헌법 제36조 제1항과 행복추구권을 보장하는 헌법 제10조에 의하여 보호받는다. 출생신고 시 자녀의 이름에 사용할 수 있는 한자를 '통상 사용되는 한자'로 제한하는 것은 자녀의 이름을 지을 권리를 침해하지 아니한다(6:3)(헌재 2016.7.28. 2015헌마964, 호적법 제49조 제3항 등 위헌확인(기각)).

19세 이상의 사람이 13세 이상 16세 미만인 사람을 상대로 성행위를 한 경우, 설령 그것이 피해자의 동의에 의한 것이라 하더라도, 강간죄, 유사강간죄 또는 강제추행죄의 예에 따라 처벌하도록 한 것이 헌법에 위반되지 아니한다(헌재 2024.6.27. 2022헌바106등, 형법 제305조 제2항 위헌소원(합헌)).

학원설립·운영자는 '학습자가 수강을 계속할 수 없는 경우에는 학습자로부터 받은 교습비등을 반환하여야' 하는 규정은 과잉금지원칙에 반하여 학원설립·운영자의 계약의 자유를 침해한다고 볼 수 없다(헌재 2024.8.29. 2021헌바74, 학원의 설립·운영 및 과외교습에 관한 법률 제18조 제1항 등 위헌소원(합헌,각하)).

Ⅲ. 행복추구권의 법적 성격

1. 의　　의

행복추구권의 법적 성격에 관하여는 기본권성의 인정 여부, 인정할 경우 그 법적 성격에 관하여 논란이 제기된다.

2. 기본권성 인정설

(ⅰ) 인간의 존엄과 가치·행복추구권을 통합하여 하나의 주기본권으로 보고, 그 아래에 협의의 인간의 존엄과 가치·행복추구권의 한 내용으로서 행복추구권을 인정하는 견해도 있다. 이러한 협의의 행복추구권의 구체적 내용으로서 일반적 행동자유권·신체의 불훼손권·평화적 생존권을 들고 있다(김철수).

(ⅱ) 행복추구권은 인격가치의 핵심이라는 점에서 일정한 인격적 이익을 대상으로 하는 포괄적 권리이고(이준일), 개별적 기본권과의 관계는 일반법과 특별법의 관계에 있다는 견해도 있다(구병삭).

(ⅲ) 행복추구권은 그 규정 자체가 권리의 형식으로 표현되어 있듯이 주관적 권리로서 국가의 간섭이나 침해에 대한 방어권이므로 단순히 포괄적 규범이 아니라 구체적 내용을 가진 규범이 분명하다는 견해도 있다(계희열, 강경근, 김하열, 장영수, 장영철, 홍성방).

(ⅳ) 행복추구권은 헌법 제11조 내지 제36조에 걸쳐 규정된 기본권은 물론이고 인간으로서의 존엄과 가치를 유지하는 데에도 필요하므로 헌법 제37조 제1항에서 적시하는 헌법에 열거되지 아니한 자유와 권리까지도 그 내용으로 하는 포괄적인 기본권이다(안용교, 심경수, 양건, 이순일, 성낙희, 정영화, 정재황, 조병윤, 한수웅). 이에 따라 인간의 존엄성 존중 조항과

행복추구권의 관계도 목적과 수단의 관계로 보아야 한다는 견해도 있다(권영성).

3. 기본권성 부정설

(i) 한국헌법에서 행복추구권은 개개의 다른 기본권과 경합하는 독자적인 구체적 기본권도 아니고 개개의 기본권이 타당하지 아니하는 경우에 이를 보충하는 독자적인 구체적 기본권도 아니므로 현실적으로 법적 효력을 가지는 구체적 권리가 아니라고 하는 견해도 있다(박일경, 동지: 최대권).

(ii) 행복추구권은 그것이 아무리 기본권의 형식으로 규정되었다 하더라도 어떤 구체적인 권리를 내용으로 한다기보다는 인간으로서의 존엄과 가치를 존중받으며 살아갈 수 있는 모든 국민의 당위적이고 이상적인 삶의 지표를 설정하여 놓음으로써 인간의 존엄과 가치가 가지는 윤리규범적 성격과 실천규범적 성격의 강조로 보는 견해도 있다(허영, 동지: 임지봉, 정종섭).

4. 사견: 자연법적 권리 · 포괄적 기본권 · 보충적 기본권

(i) 헌법상 기본권으로서 행복추구권 규정이 바람직하냐의 문제와는 별개로 헌법 제10조에서 분명히 "행복을 추구할 권리를 가진다"라고 규정하고 있으므로 헌법규범의 문리해석상 기본권성을 부인하기는 어렵다. 그러므로 행복추구권은 독자적인 기본권으로서의 성격과 더불어 다른 기본권과 결합하여 헌법에 열거되지 아니한 새로운 기본권을 도출하는 근거가 되기도 한다(동지: 이관희, 이준일, 전광석, 김선택).

(ii) 자연법적 권리인 행복추구권은 포괄적 의미의 기본권(자유권)이므로 다른 기본권에 대한 보충적 기본권으로서의 성격을 가진다. 따라서 우선적으로 적용되는 다른 기본권이 존재하여 그 침해 여부를 판단하는 이상, 행복추구권 침해 여부를 독자적으로 판단할 필요가 없다(헌재 2000.12.14. 99헌마112등, 교육공무원법 제47조 제1항 위헌확인(기각)).

> "어떻든 이 행복추구권의 법적 성격에 관하여 자연권적 권리이고 인간으로서의 존엄과 가치의 존중규정과 밀접 불가분의 관계가 있고, 헌법에 규정하고 있는 모든 개별적, 구체적 기본권은 물론 그 이외에 헌법에 열거되지 아니하는 모든 자유와 권리까지도 그 내용으로 하는 포괄적 기본권으로 해석되고 있다"(헌재 1997.7.16. 95헌가6등, 민법 제809조 제1항 위헌제청(헌법불합치,적용중지), 재판관 이재화 · 조승형의 반대의견).
>
> "헌법 제10조의 행복추구권은 국민이 행복을 추구하기 위하여 필요한 급부를 국가에게 적극적으로 요구할 수 있는 것을 내용으로 하는 것이 아니라, 국민이 행복을 추구하기 위한 활동을 국가권력의 간섭없이 자유롭게 할 수 있다는 포괄적인 의미의 자유권으로서의 성격을 가진다"(헌재 1995.7.21. 93헌가14, 국가유공자예우등에관한법률 제9조 본문 위헌제청(합헌))(헌재 2003.9.25. 2001헌마814등, 편입생특별전형대상자선발시험시행계획및공개경쟁시험공고취소(각하)).
>
> "헌법 제10조에 의거한 행복추구권은 헌법에 열거된 기본권으로서 행복추구의 수단

이 될 수 있는 개별적 기본권들을 제외한 헌법에 열거되지 아니한 권리들에 대한 포괄적인 기본권의 성격을" 가진다(헌재 2005.4.28. 2004헌바65, 도로교통법 제70조 제2항 제2호 위헌소원(합헌); 헌재 1997.3.27. 96헌가11, 도로교통법 제41조 제2항 위헌제청(합헌)).

"헌법 제10조의 행복추구권은 국민이 행복을 추구하기 위한 활동을 국가권력의 간섭 없이 자유롭게 할 수 있다는 포괄적인 의미의 자유권으로서의 성격을 가진다고 할 것이므로 자유권이나 자유권의 제한영역에 관한 규정이 아닌 '국민기초생활 보장법 시행령' 제2조 제2항 제3호가 행복추구권을 침해하는 규정이라고 할 수도 없다"(헌재 2011.3.31. 2009헌마617, 국민기초생활 보장법 시행령 제2조 제2항 제3호 위헌확인 등(기각)).

무공영예수당의 수급 자격에 대한 60세 이상으로의 제한은 평등권과 행복추구권을 침해하지 아니한다(헌재 2007.3.29. 2004헌마207, 국가유공자등예우및지원에관한법률 제16조의2 제1항 위헌확인(기각)).

Ⅳ. 행복추구권의 주체

(i) 행복추구권은 인간의 존엄과 가치와 밀접하고 불가분의 관계에 있는 인간의 권리이다. 따라서 행복추구권의 주체는 자연인으로서 내국인뿐만 아니라 외국인도 포함된다.

(ii) 법인은 본질적 의미의 행복을 추구할 권리의 주체가 될 수 없다. 다만, 일반적 행동자유권 및 개성의 자유로운 발현권의 경우에는 제한적으로 인정된다.

노동단체가 정당에 정치자금을 기부하는 것을 금지함으로써 정당에 정치자금을 기부하는 형태로 정치적 의사를 표현하는 자유를 제한하는 한편, 정치자금의 기부를 통하여 정당에 정치적 영향력을 행사하는 결사의 자유(단체활동의 자유)를 제한하므로, 침해된 기본권은 헌법 제33조의 단결권이 아니라 헌법 제21조의 노동조합의 정치활동의 자유, 즉 표현의 자유, 결사의 자유, 일반적인 행동자유권 및 개성의 자유로운 발현권을 그 보장내용으로 하는 행복추구권이라고 보아야 한다(헌재 1999.11.25. 95헌마154, 노동조합법 제15조 등 위헌확인(위헌,각하)).

학교법인은 법인격이 있는 사법상의 사단이나 재단은 성질상 기본권주체가 될 수 있는 범위에서 청구인능력을 가진다(헌재 1991.6.3. 90헌마56). 그런데 헌법 제10조의 인간으로서의 존엄과 가치, 행복을 추구할 권리는 그 성질상 자연인에게 인정되는 기본권이므로 법인에게는 적용되지 아니한다(헌재 2006.12.28. 2004헌바67, 교원의노동조합설립및운영등에관한법률(합헌)).

Ⅴ. 행복추구권의 효력

행복추구권도 다른 기본권과 마찬가지로 입법·행정·사법권 등 모든 국가권력을 직접적으로 구속한다. 또한 사법상의 일반원칙을 통하여 사인 사이에도 적용된다(間接適用說).

Ⅵ. 행복추구권의 내용

1. 의 의

(ⅰ) 행복추구권은 인간의 존엄과 가치와 불가분의 관계에 있으므로 인간의 존엄과 가치와 병렬적인 성격을 가진 일련의 내용은 행복추구권에도 타당하다.

(ⅱ) 헌법재판소는 행복추구권에 일반적 행동자유권, 개성의 자유로운 발현권, 자기결정권, 계약의 자유 등이 포함된다고 판시한다(헌재 2005.4.28. 2004헌바65, 도로교통법 제70조 제2항 제2호 위헌소원(합헌); 헌재 1997.3.27. 96헌가11, 도로교통법 제41조 제2항 위헌제청(합헌)). 그런데 일반적 행동자유권, 개성의 자유로운 발현권 및 자기결정권은 서로 구별하기가 어렵기 때문에 헌법재판소는 때로 둘 이상을 동시에 거론하면서 행복추구권을 설명하기도 한다.

(ⅲ) 그 외에도 신체의 불훼손권·생명권·문화향유권·자기책임의 원리·휴식권·수면권·일조권·스포츠권 등도 행복추구권의 내용이 될 수 있다. 평화적 생존권의 인정 여부에 대하여는 헌법재판소 판례가 유동적이다.

2. 일반적 행동자유권

(1) 의 의

(ⅰ) 일반적 행동자유권이란 모든 국민이 행복을 추구하기 위하여 자유롭게 행동할 수 있는 자유권이다. 일반적 행동자유권에는 적극적으로 자유롭게 행동하는 권리는 물론 소극적으로 행동하지 아니할 부작위의 자유도 포함되며 반드시 가치 있는 행동만을 그 보호영역으로 하지는 아니한다.

(ⅱ) 일반적 행동자유권은 개인이 행위를 할지 여부에 대하여 자유로운 결단을 전제로 하여 이성적이고 책임감 있는 사람이라면 자기에 관한 사항은 스스로 처리할 수 있다는 생각에서 인정된다(헌재 2005.12.22. 2004헌바64, 사회간접자본시설에대한민간투자법 제3조 등 위헌소원(합헌)).

(2) 법적 성격

인간은 자신의 운명이나 인생을 스스로 결정하고 그에 따라 행동할 수 있어야 인격적 가치의 존중과 고유한 개성의 발현이 가능하다는 점에서 일반적 행동자유권은 자기결정권과 관련된다. 여기서 일반적 행동자유권은 행동의 측면을, 자기결정권은 결정의 측면을 강조한다는 점에서 양자는 구별된다.

(3) 헌법상 근거

일반적 행동자유권은 헌법 제10조의 행복추구권으로부터 도출된다. 즉 헌법상 행복추구권의 핵심적인 내용의 하나가 일반적 행동자유권이다. 헌법재판소도 일반적 행동자유권은 개성의 자유로운 발현권과 더불어 행복추구권 속에 함축되어 있다고 판시한다.

공정거래위원회의 명령으로 공정거래법 위반의 혐의자에게 스스로 법위반사실을 인정하여 공표하도록 강제하고 있는 제27조의 '법위반사실공표명령' 부분은 헌법상 일반적 행동의 자유·명예권·무죄추정권에 위반된다. 하지만, 양심의 자유는 침해하지 아니한다(헌재 2002.1.31. 2001헌바43, 독점규제및공정거래에관한법률 제27조 위헌소원(위헌)).

(4) 내 용

헌법재판소는 법률행위의 영역에 있어서 계약의 자유는 일반적 행동자유권으로부터 파생되므로, 4층 이상의 건물에 대한 획일적 화재보험가입강제(헌재 1991.6.3. 89헌마204, 화재로 인한재해보상과보험가입에관한법률 제5조 제1항의 위헌여부에 관한 헌법소원(한정위헌)), 기부금품모집행위의 과도한 법적 제한(헌재 1998.5.28. 96헌가5, 기부금품모집금지법 제3조 등 위헌제청(위헌)) 등은 행복추구권에 의하여 보호되는 계약의 자유를 침해한다고 판시한 바 있다.

또한 18세 미만의 자에 대한 당구장 출입금지(헌재 1993.5.13. 92헌마80, 체육시설의설치·이용에관한법률시행규칙 제5조에 대한 헌법소원(위헌)), 결혼식 하객에게 주류와 음식물을 접대하는 행위(헌재 1998.10.15. 98헌마168, 가정의례에관한법률 제4조 제1항 제7호 위헌확인(위헌,각하)), 사관생도의 4회에 걸친 학교 밖 음주에 대한 퇴학처분(대판 2018.8.30. 2016두60591 퇴학처분취소(파기환송)), 사적 자치권의 제한 등은 일반적 행동자유권의 침해라고 판시한다.

"법 제3조는 기부 금품을 모집하고자 하는 국민에게 허가를 청구할 법적 권리를 부여하지 아니"하고 허가 여부를 행정청의 자유로운 재량에 맡김으로써 국민의 기본권-행복추구권-을 침해하는 위헌적인 규정이다." "행복추구권은 그의 구체적인 표현으로서 일반적인 행동자유권과 개성의 자유로운 발현권을 포함하기 때문에(헌재 1991.6.3. 89헌마204), 기부금품의 모집행위는 행복추구권에 의하여 보호된다. 계약의 자유도 헌법상의 행복추구권에 포함된 일반적인 행동자유권으로부터 파생하므로, 계약의 자유 또한 행복추구권에 의하여 보호된다"(헌재 1998.5.28. 96헌가5, 기부금품모집금지법 제3조 등 위헌제청(위헌)).

기부금품의 모집에 허가를 받도록 하는 것은 과잉금지원칙에 위반하여 기부금품을 모집할 일반적 행동의 자유를 침해하지 아니한다(헌재 2010.2.25. 2008헌바83, 구 기부금품모집규제법 제15조 제1항 제1호 등 위헌소원(합헌)).

미결수용자(未決收容者)의 가족이 만남을 추구하는 가족의 행동은 인간으로서의 존엄과 가치를 형성함과 동시에 행복추구권의 한 발현이다(헌재 2003.11.27. 2002헌마193, 군사법원법 제242조 제1항 등 위헌소원(위헌)).

"결혼식 등의 당사자가 자신을 축하하러 온 하객들에게 주류와 음식물을 접대하는 행위는 인류의 오래된 보편적인 사회생활의 한 모습으로서 개인의 일반적인 행동의 자유영역에 속하는 행위이므로 이는 헌법 제37조 제1항에 의하여 경시되지 아니하는 기본권이며 헌법 제10조가 정하고 있는 행복추구권에 포함되는 일반적 행동자유권으로서 보호되어야 할 기본권이다"(헌재 1998.10.15. 98헌마168, 가정의례에관한법률 제4조 제1항 제7호 위헌확인(위헌,각하)).

임대차존속기간을 20년으로 제한하는 민법 제651조 제1항은 과잉금지원칙을 위반하여 계약의 자유를 침해한다(헌재 2013.12.26. 2011헌바234, 민법 제651조 제1항 위헌소원(위헌)).

세월호피해지원법은 배상금 등의 지급 이후 효과나 의무에 관한 일반규정을 두거나 이에 관하여 범위를 정하여 하위 법규에 위임한 바가 전혀 없다. 따라서 세월호피해지원법의 위임에 따라 시행령으로 규정할 수 있는 사항은 지급신청이나 지급에 관한 기술적이고 절차적인 사항일 뿐이다. 신청인에게 지급결정에 대한 동의의 의사표시 전에 숙고의 기회를 보장하고, 그 법적 의미와 효력에 관하여 안내해 줄 필요성이 인정된다 하더라도, 세월호피해지원법에서 규정하는 동의의 효력 범위를 초과하여 세월호 참사 전반에 관한 일체의 이의제기를 금지시킬 수 있는 권한을 부여받았다고 볼 수는 없다. 따라서 이의제기금지조항은 법률유보원칙을 위반하여 법률의 근거 없이 대통령령으로 청구인들에게 세월호 참사와 관련된 일체의 이의 제기 금지 의무를 부담시킴으로써 일반적 행동의 자유를 침해한다(헌재 2017.6.29. 2015헌마654, 4·16세월호참사 피해구제 및 지원 등을 위한 특별법 제6조 제3항 등 위헌확인(위헌,기각,각하)).

자동차 절취행위에 이르게 된 경위, 행위의 태양, 당해 범죄의 경중이나 그 위법성의 정도, 운전자의 형사처벌 여부 등 제반사정을 고려할 여지를 전혀 두지 아니한 채 다른 사람의 자동차등을 훔친 모든 경우에 필요적 운전면허취소는, 그것이 달성하려는 공익의 비중에도 불구하고 운전면허 소지자의 직업의 자유 내지 일반적 행동의 자유를 과도하게 제한하므로 직업의 자유 내지 일반적 행동의 자유를 침해한다(헌재 2017.5.25. 2016헌가6, 구 도로교통법 제93조 제1항 제12호 위헌제청(위헌)).

수상레저안전법상 조종면허를 받은 사람이 동력수상레저기구를 이용하여 범죄행위를 하는 경우에 조종면허를 필요적으로 취소하도록 하는 규정은 직업의 자유 내지 일반적 행동의 자유를 침해한다(헌재 2015.7.30. 2014헌가13, 수상레저안전법 제13조 제1항 제3호 위헌제청(위헌)).

누구든지 금융회사등에 종사하는 자에게 금융거래정보등의 제공을 요구하는 것을 금지하고 위반 시 형사처벌하는 것이 과도하게 일반적 행동자유권을 제한하여 헌법에 위반된다(8:1)(헌재 2022.2.24. 2020헌가5, 금융실명거래 및 비밀보장에 관한 법률 제6조 제1항 등 위헌제청(위헌)).

나아가서 헌법재판소는 휴식권(헌재 2001.9.27. 2000헌마159, 제42회 사법시험 제1차시험 시행일자 위헌확인(기각): "사법시험 시행일을 일요일로 정한 피청구인의 이 사건 공고는 청구인 등에게 공무담임의 기회를 제공하는 것이어서 행복추구의 한 방편이 될지언정 거꾸로 이를 침해한다고 볼 수는 없다"), 자유롭게 문화를 향유할 권리(헌재 2004.5.27. 2003헌가1등, 학교보건법 제6조 제1항 제2호 위헌제청(위헌,헌법불합치,적용중지): 학교정화구역 내에서의 극장시설 및 영업을 금지하고 있는 학교보건법 규정이 극장주의 직업의 자유를 침해하고 학생들의 자유로운 문화향유에 관한 권리 등 행복추구권을 침해하여 일부에 대하여는 위헌, 일부에 대하여는 헌법불합치결정), 지역 방언을 자신의 언어로 선택하여 공·사적인 의사소통 및 교육수단으로 사용(헌재 2009.5.28. 2006헌마618, 표준어 규정 제1장 제1항 등 위헌확인(각하,기각): 공공기관의 공문서를 표준어 규정에 맞추어 작성하도록 하고 초·중등교육법상 교과용 도서를 편찬하거나 검정 또는 인정하는 경우 표준어 규정을 준수하도록 하는 것이 과잉금지원칙에 위배되어 행복추구권을 침해하는 것으로 보기 어렵다), 사회복지법인 운영의 자유(헌재 2005.2.3. 2004헌바10, 사회복지사업법 제23조 제2항 등 위헌소원(합헌)), 자신이 마실 물을 선택할 자유(헌재 1998.12.24. 98헌가1, 구 먹는물관리법 제28조 제1항 위헌제청(합헌)) 등도 행복추구권의 내용으로 본다.

대법원은 행복추구권의 내용으로서, 만나고 싶은 사람을 만날 권리(구속된 피고인 또는 피의자의 타인과의 접견권)(대판 1992.5.8. 91누7552), 자신이 먹고 싶은 음식이나 마시고 싶은 음료수를 자유롭게 선택할 권리(대판 1994.3.8. 92누1728), 일시오락의 정도에 불과한 도박행위(대판 1983.3.22. 82도2151) 등을 들고 있다.

합헌판례

교통사고 후 구호 및 신고 의무를 위반하고 도주하는 이른바 '뺑소니' 사고의 경우 4년간 운전면허 취득 금지(헌재 2017.12.28. 2016헌바254, 도로교통법 제82조 제2항 제4호 위헌소원(합헌)), 2회 이상 음주운전 시 2년간 운전면허 취득금지(헌재 2025.6.27. 2022헌마1505등, 도로교통법 제93조 제1항 단서 등 위헌확인(기각,각하)).

의료사고가 사망에 해당하는 경우 한국의료분쟁조정중재원의 원장은 지체 없이 의료분쟁 조정절차를 개시하여야 한다는 의료분쟁 조정절차 자동개시 제도가 청구인의 일반적 행동의 자유를 침해하지 아니한다(헌재 2021.5.27. 2019헌마321, 의료사고 피해구제 및 의료분쟁 조정 등에 관한 법률 제27조 제9항 위헌확인(기각)).

'마약류 관리에 관한 법률'상 마약류가 아닌 부탄가스·본드 등 환각물질의 섭취·흡입을 금지하고 처벌하는 화학물질관리법 조항은 일반적 행동자유권, 책임과 형벌 사이의 비례원칙 및 형벌체계상 평등원칙에 위반되지 아니한다(헌재 2021.10.28. 2018헌바367, 화학물질관리법 제59조 제6호 위헌소원(합헌)).

명의신탁이 증여로 의제되는 경우 명의신탁의 당사자에게 증여세 과세표준 등의 신고의무를 부과하는 구 '상속세 및 증여세법'은 합헌이다(헌재 2022.2.24. 2019헌바225등, 구 상속세 및 증여세법 제68조 제1항 본문 위헌소원(합헌)).

못된 장난 등으로 업무 및 공무를 방해하는 행위를 처벌하는 경범죄 처벌법 조항이 죄형법정주의의 명확성원칙 및 과잉금지원칙을 위반하여 청구인의 일반적 행동자유권을 침해하지는 아니한다(헌재 2022.11.24. 2021헌마426, 경범죄 처벌법 제3조 제2항 제3호 위헌확인(기각)).

어린이 보호구역에서 제한속도 준수의무 또는 안전운전의무를 위반하여 어린이를 상해에 이르게 한 경우 1년 이상 15년 이하의 징역 또는 500만 원 이상 3천만 원 이하의 벌금에, 사망에 이르게 한 경우 무기 또는 3년 이상의 징역에 처하도록 규정한 특정범죄 가중처벌 등에 관한 법률 제5조의13(이른바 '민식이법')이 일반적 행동자유권을 침해한다고 볼 수 없다(8:1)(헌재 2023.2.23. 2020헌마460등, 특정범죄 가중처벌 등에 관한 법률 제5조의13 위헌확인(기각)).

운전자의 좌석안전띠착용의무 위반자에 대한 범칙금 부과(헌재 2003.10.30. 2002헌마518, 도로교통법 제118조 위헌확인(기각)), 음주 운전금지 3회 위반자에 대한 운전면허취소(헌재 2006.5.25. 2005헌바91, 도로교통법 제78조 제1항 제14호 위헌소원(합헌)), 음주측정 거부자에 대한 필요적 운전면허 취소(헌재 2007.12.27. 2005헌바95, 도로교통법 제78조 제1항 단서 제8호 위헌소원(합헌)), 운전 중 휴대전화 사용의 금지(헌재 2021.6.24. 2019헌바5, 도로교통법 제156조 제1호 등 위헌소원(합헌,각하)), 도로가 아닌 곳에서의 운전도 음주운전으로 간주(헌재 2016.2.25. 2015헌가11, 도로교통법 제2조 제26호 위헌제청(합헌)), 기간임용제에서 탈락한 대학교원에 대한 구제(헌재 2006. 4.27. 2005헌마1119, 대학교원기간임용제탈락자구제를위한특별법 위헌확인(기각,각하)), 학교운영위원회에 행정직원대표의 입후보 배제(헌재 2007.3.29. 2005헌마1133등, 초·중등교육법 제31조 제2항 위헌확인(기각)), 자필증서에 의한 유언에 있어서 '주소의 자서'를 유효요건(헌재 2011. 9.29. 2010헌바250등, 민법 제1066조 제1항 위헌소원(합헌)), 학교폭력예방법에서 가해 학생과 함께 그 보호자도 특별교육 이수 의무화(헌재 2013.10.24. 2012헌마832, 학교폭력예방 및 대책에 관한 법률 제17조 제7항 등 위헌확인(각하,기각)), 아동·청소년 대상 성범죄자에게 1년마다 새로 촬영한 사진 제출의무 위반한 경우 형사처벌(헌재 2015.7.30. 2014헌바257, 구 아동·청소년의 성보호에 관한 법률 제34조 제2항 위헌소원(합헌)), 전용차로로 통행할 수 있는 차가 아닌 차의 전용차로 통행을 원칙적으로 금지하고 대통령령으로 정하는 경우에만 예외적으로 허용(헌재 2018.11.29. 2017헌바465, 구 도로교통법 제15조 제3항 위헌소원(합헌)), 제대혈의 매매금지(헌재 2017.11.30. 2016헌바38, 제대혈 관리 및 연구에 관한 법률 제5조 제1항 제1호 위헌소원(합헌)), 장애인 의무고용(헌재 2003.7.24. 2001헌바96, 구 장애인고용촉진등에관한법률 제35조 제1항 본문 등 위헌소원(합헌)), 가스 간선시설 설치 비용부담(헌재 2009.5.28. 2006헌바86, 구 주택건설촉진법 제36조 제1항 제2호 등 위헌소원(합헌)), 발주자에 의한 하도급대금 직접 지급

(헌재 2003.5.15. 2001헌바98, 하도급거래공정화에관한법률 제14조 제1항 등 위헌소원(합헌)), 중과실로 인한 보험사고에 보험금 지급(헌재 1999.12.23. 98헌가12, 상법 제732조의2 위헌제청, 상법 제732조의2 위헌소원(합헌)), 마약류 수용자 소변 채취(헌재 2006.7.27. 2005헌마277, 소변강제채취 위헌확인(합헌)), 자동차전용도로에 이륜차 통행금지(헌재 2007.1.17. 2005헌마1111등, 도로교통법 제58조 위헌확인(기각))(헌재 2002.2.27. 2019헌마203, 도로교통법 제63조 위헌확인(기각)), 영내 기거하는 군인의 그가 속한 세대의 거주지에서 주민등록의무(헌재 2011.6.30. 2009헌마59, 주민등록법 제6조 제2항 위헌확인(기각)), 교도소에서의 인원 점검 과정에서 수형자로 하여금 차례를 번호를 외치도록 하는 행위(헌재 2012.7.26. 2011헌마332, 계호업무지침 제118조 등 위헌확인(기각,각하)), 인천국제공항도로를 이용할 때에 사용료를 징수하는 행위(헌재 2005.12.22. 2004헌바64, 사회간접자본시설에대한민간투자법 제3조 등 위헌소원(합헌)), 무면허 의료행위의 금지(헌재 2010.7.29. 2008헌가19등, 구 의료법 제25조 제1항 위헌제청 등(합헌,각하)), 가정법원의 변론기일에 출석의무(헌재 2012.10.25. 2011헌마598, 가사소송법 제7조 등 위헌확인(기각,각하)), 협의이혼에 신청서 대리제출 금지(헌재 2016.6.30. 2015헌마894, 가족관계의 등록 등에 관한 법률 제75조 등 위헌확인(기각,각하)), 비어업인의 잠수용 스쿠버장비를 사용한 수산자원 포획채취 금지(헌재 2016.10.27. 2013헌마450, 수산자원관리법 제18조 등 위헌확인(기각,각하)), 산업재해보상보험 적용제외사업의 범위를 대통령령에 위임(헌재 2018.1.25. 2016헌바466, 산업재해보상보험법 제6조 단서 위헌소원(합헌)), 정비사업 조합 임원 후보자가 금품을 제공받는 행위를 금지하고 이에 위반한 경우 처벌(헌재 2022.10.27. 2019헌바324, 구 도시 및 주거환경정비법 제21조 제4항 등 위헌소원(합헌)) 등.

(5) 제 한

일반적 행동자유권도 헌법질서, 타인의 권리 및 도덕률에 위반되지 아니하는 한도 내에서 인정된다. 일반적 행동의 자유는 개인의 인격 발현과 밀접히 관련되므로 최대한 존중되어야 하지만, 헌법 제37조 제2항에 따라 국가안전보장·질서유지 또는 공공복리를 위하여 제한될 수 있다(헌재 2005.4.28. 2004헌바65, 도로교통법 제70조 제2항 제2호 위헌소원(합헌)).

공중이용시설의 전체 또는 일정 구역을 금연구역으로 지정하도록 한 구 국민건강증진법 시행규칙은 합헌이며(헌재 2004.8.26. 2003헌마457, 국민건강증진법시행규칙 제7조 위헌확인(기각)), 인터넷컴퓨터게임시설제공업소(PC방) 전체를 금연구역으로 지정하도록 한 국민건강증진법이 과잉금지원칙에 반하여 PC방 운영자의 직업수행의 자유를 침해하지 아니하며(헌재 2013.6.27. 2011헌마315등, 국민건강증진법 제9조 제4항 제24호 등 위헌확인(기각)), 공중이용시설의 소유자 등은 해당시설의 전체를 금연구역으로 지정하여야 한다는 국민건강증진법이 흡연자의 일반적 행동자유권을 침해하지 아니한다(헌재 2014.9.25. 2013헌마411등, 국민건강증진법 제9조 제4항 제23호 위헌확인(기각,각하)). 위와 같은 선례의 연장선상에서 연면적 1천 제곱미터 이상의 사무용건축물, 공장 및 복합용도의 건축물로서 금연구역으로 지정된 공간은 다수인이 왕래할 가능성이 높고, 간접흡연으로부터의 보호를 관철할 필요성이 더욱 크므로 합헌이다(헌재 2024.4.25. 2022헌바163, 국민건강증진법 제9조 제8항 위헌소원(합헌)).

3. 개성의 자유로운 발현권

헌법재판소는 다수의 판례에서 일반적 행동자유권과 개성의 자유로운 발현권을 동시에 헌법 제10조에서 규정하고 있는 행복추구권의 내용으로서 적시한다.

또한 헌법재판소는 행복추구권의 구체적인 내용으로서 개성의 자유로운 발현권을 독자적으로 적시하기도 한다(헌재 1990.1.15. 89헌가103, 노동쟁의조정법 제13조의2, 제45조의2에 대한 위헌심판(합헌), 재판관 김진우·이시윤의 한정합헌의견).

4. 자기결정권

(1) 의 의

헌법재판소가 행복추구권의 내용으로서 자기결정권을 적시함에 따라 이에 대한 논의가 확산된다. 자기결정권을 넓은 의미로 이해할 경우에는 헌법 제17조의 사생활의 비밀과 자유 등을 포괄하는 **포괄적 기본권**으로서의 성격을 가지기 때문에 개별적 기본권과 서로 중첩적일 수 있다. 바로 그런 의미에서 행복추구권의 한 내용으로서의 자기결정권은 좁은 의미의 자기결정권으로만 이해하여야 한다(初宿正典, 憲法 2(基本權) 제2판, 成文堂, 2003, 135면 이하). 즉 자기결정권이란 개인이 자신의 삶에 중대한 사항에 대하여 스스로 자유롭게 결정하고 그 결정에 따라 행동할 수 있는 권리를 의미한다.

(2) 법적 성격

자기결정권을 개인의 인격적 생존의 핵심영역 또는 인격의 발전에 관계되는 행위와 관련된 영역에 한정된다고 볼 수도 있으나(**人格的 利益說**), 인간은 자신의 운명이나 인생을 스스로 결정하고 그에 따라 행동할 수 있어야 인격적 가치의 존중과 고유한 개성의 발현이 가능하다는 점에서 자기결정권은 일반적 자유와 관련된다고 보아야 한다(**一般的 自由說**).[1]

(3) 헌법상 근거

(i) 자기결정권은 헌법에 열거되지 아니한 기본권으로서 포괄적 기본권이라 할 수 있다. 그런데 우리 헌법상 자기결정권의 내용은 대부분 개별적 기본권으로 포섭된다. 가령 생명·양심·종교·직업 등의 선택과 관련한 자기결정은 생명권·양심의 자유·종교의 자유·직업선택의 자유 등으로 보장되고, 사생활에 관련된 영역도 대부분 헌법 제17조의 사생활의 자유에서 규율될 수 있다. 그런 점에서 자기결정권은 **보충적 기본권**이라 할 수 있다. 이러한 보충적 관계를 전제로 할 때 자기결정권의 법적 근거는 **헌법 제10조 제1문 후단의 행복추구권**에서 구할 수 있다.

(ii) 헌법재판소는 자기결정권을 헌법 제10조 인간의 존엄과 가치로부터 비롯되는 인격권, 행복추구권 및 헌법 제17조 사생활의 비밀과 자유로부터 도출되는 권리로 판시한다.

---

1) 김주현, "자기결정권과 그 제한", 헌법논총 7; 김종일, "헌법상 자기결정권에 관한 검토", 헌법학연구 27-3; 이세주, "구체적·개별적 자기결정권의 헌법적 근거에 관한 고찰", 헌법학연구 29-2; 정기상, "헌법재판소의 헌법상 책임주의에 대한 비판적 고찰", 공법연구 51-2.

(4) 주 체

자기결정권은 인격체로서의 개인의 자율권에 기초하고 있으므로 자연인에 한하여 인정되는 권리로 보아야 한다. 따라서 법인이나 사자(死者)는 자기결정권의 주체가 될 수 없다.

(5) 내 용

넓은 의미의 자기결정권은 ① 결혼 등 인생의 전반에 걸친 설계, ② 의복 등 개인의 생활방식(life style)이나 취미, ③ 혼전성교 등 성인 사이의 합의에 의한 성적 행동, ④ 생명연장치료의 거부 등 삶과 죽음 등과 관련된다. 하지만, 좁은 의미의 자기결정권은 낙태나 치료, 장기기증 등 생명과 신체에 관한 문제와 같이 헌법 제17조에 포섭되기 어려운 사항에 관한 결정을 보호영역으로 한다. 헌법재판소는 죽음에 임박한 환자의 '연명치료 중단에 관한 자기결정권'이 헌법상 기본권인 자기결정권의 한 내용으로서 보장된다는 입장이다(헌재 2009.11.26. 2008헌마385, 입법부작위위헌확인(각하)).

헌법재판소가 판시하고 있는 자기결정권과 관련된 구체적 내용은 다음과 같다.

(i) "개인의 인격권·행복추구권에는 개인의 자기운명결정권이 전제"된다. 헌법재판소는 개인의 자기운명결정권에 입각한 성행위 여부 및 그 상대방을 결정할 수 있는 성적 자기결정권, 혼인의 자유와 혼인에 있어서 상대방을 결정할 자유(동성동본금혼사건)(헌재 1997.7.16. 95헌가6등, 민법 제809조 제1항 위헌제청(헌법불합치)) 등을 적시한다.

배우자 있는 자의 간통행위 및 그와의 상간행위를 2년 이하의 징역에 처하도록 규정한 형법 제241조는 과잉금지원칙에 위배하여 국민의 성적 자기결정권 및 사생활의 비밀과 자유를 침해하므로 헌법에 위반된다(판례변경)(헌재 2015.2.26. 2009헌바17등, 형법 제241조 위헌소원 등(위헌)).

동성인 군인 사이의 항문성교나 그 밖에 이와 유사한 행위가 사적 공간에서 자발적 의사합치에 따라 이루어지는 경우 이를 처벌하는 것은 합리적인 이유 없이 군인이라는 이유만으로 성적 자기결정권을 과도하게 제한하는 것으로서 헌법상 보장된 평등권, 인간으로서의 존엄과 가치, 행복추구권을 침해할 우려가 있다(대판(전합) 2022.4.21. 2019도3047, 추행).

(ii) 행복추구권으로부터 소비자가 자신의 의사에 따라 자유롭게 상품을 선택할 수 있는 소비자의 자기결정권이 파생된다.

"자도소주구입명령제도(自道燒酒購入命令制度)는 능력경쟁을 통한 시장의 점유를 억제함으로써 소주제조업자의 '기업의 자유' 및 '경쟁의 자유'를 제한하고, 소비자가 자신의 의사에 따라 자유롭게 상품을 선택하는 것을 제약함으로써 소비자의 행복추구권에서 파생되는 '자기결정권'도 제한하고 있다"(헌재 1996.12.26. 96헌가18, 주세법 제38조의7(자도소주구입명령제도) 등에 대한 위헌제청(위헌)).

전동킥보드 최고속도를 25km/h로 제한하는 것은 소비자의 자기결정권 및 일반적 행동자유권을 침해하지 아니한다(헌재 2020.2.27. 2017헌마1339, 안전확인대상생활용품의 안전기준 제2조 제2항 제32호 위헌확인(기각)).

전동킥보드와 같은 개인형 이동장치의 면허와 보호 장구에 관한 규제는 개인형 이동장치의 특성, 운행 과정에서 발생할 수 있는 사고의 양상과 위험성 등을 종합적으로 고려하여, 일반적 행동의 자유와 평등권을 침해하지 아니한다(헌재 2025.12.18. 2021헌마946, 도로교통법 제43조 등 위헌확인(기각,각하)).

(iii) 자기 운명(運命)에 대한 결정선택권의 보장은 그 결과에 대한 책임부담을 전제로 하는 자기책임의 원리이다. 헌법재판소는 "헌법 제10조가 정하고 있는 행복추구권에서 파생되는 자기결정권 내지 일반적 행동자유권은 이성적이고 책임감 있는 사람의 자기 운명에 내한 결정·선택을 존중하되 그에 대한 책임은 스스로 부담함을 전제로 한다." 자기책임의 원리는 이와 같이 자기결정권의 한계논리로서 책임부담의 근거로 기능하는 동시에 자기가 결정하지 아니하였거나 결정할 수 없는 사항에 대하여는 책임을 지지 아니하고 책임부담의 범위도 스스로 결정한 결과 내지 그와 상관관계가 있는 부분에 국한됨을 의미하는 책임의 한정원리로 기능한다. "이러한 자기책임의 원리는 인간의 자유와 유책성, 그리고 인간의 존엄성을 진지하게 반영한 원리로서 그것이 비단 민사법이나 형사법에 국한된 원리라기보다는 근대법의 기본이념으로서 법치주의에 당연히 내재하는 원리로 볼" 수 있다고 판시한다(헌재 2004.6.24. 2002헌가27, 지방세법 제225조 제1항 등 위헌제청(위헌))(헌재 2013.5.30. 2011헌바360등; 헌재 2015.3.26. 2012헌바381등; 헌재 2017.5.25. 2014헌바360).

"헌법 제13조 제3항은 그 한 표현에 해당하는 것으로서 자기책임의 원리에 반하는 제재는 그 자체로서 헌법위반을 구성한다." 그러므로 면세담배를 공급받은 소매인이 용도외로 사용하는 경우 제조자에게 담배소비세와 가산세납부의무를 부담하도록 한 것은 자기책임원칙에 반하여 위헌이다(헌재 2004.6.24. 2002헌가27, 지방세법 제225조 제1항 등 위헌제청(위헌)).

영업주가 고용한 종업원이 그 업무와 관련하여 무면허의료행위를 한 경우 그 종업원을 처벌하는 동시에 자동적으로 영업주도 종업원과 동일한 법정형으로 처벌하도록 하는 양벌규정은 헌법에 위반된다(헌재 2007.11.29. 2005헌가10, 보건범죄단속에관한특별조치법 제6조 위헌제청(위헌)).

시신 자체의 제공과는 구별되는 장기나 인체조직에 있어서는 본인이 명시적으로 반대하는 경우 이식·채취될 수 없도록 규정하고 있음에도 불구하고, 본인이 해부용 시체로 제공되는 것에 대해 반대하는 의사표시를 명시적으로 표시할 수 있는 절차도 마련하지 않고 본인의 의사와는 무관하게 해부용 시체로 제공될 수 있도록 규정하고 있다는 점에서 침해의 최소성 원칙을 충족했다고 보기 어렵고, 실제로 해부용 시체로 제공된 사례가 거의 없는 상황에서 추구하는 공익이 사후 자신의 시체가 자신의 의사와는 무관하게 해부용 시체로 제공됨으로써 침해되는 사익보다 크다고 할 수 없으므로 시체 처분에 대한 자기결정권을 침해한다(헌재 2015.11.26. 2012헌마940, 시체 해부 및 보존에 관한 법률 제12조 제1항 위헌확인(위헌)).

가집행선고 있는 본안판결이 취소·변경되면 가집행선고의 효력은 그 취소·변경의 한도 내에서 실효된다. 이 경우 가집행채권자가 원상회복 및 손해배상책임을 지는 것은 실효(失效)될 수도 있는 가집행선고에 기하여 집행하기로 한 자기결정에서 비롯된 것이고, 그 책임의 범위도 가집행채권자의 결정과 상관관계 있는 범위로 한정되므로, 자기책임원리에 위반되지 아니한다(헌재 2017.5.25. 2014헌바360, 민사소송법 제215조 제2항 위헌소원(합헌)).

구 조세범처벌법의 "법인의 대리인, 사용인, 기타의 종업원이 그 법인의 업무 또는 재산에 관하여 제11조의2 제4항 제3호에 규정하는 범칙행위를 한 때에는 그 법인에 대하여서도 본조의 벌금형에 처한다"는 부분은 책임주의원칙에 반한다. "법인의 대표자가 그 법인의 업무 또는 재산에 관하여 제11조의2 제4항 제3호에 규정하는 범칙행위를 한 때에는 그 법인에 대하여서도 본조의 벌금형에 처한다"는 부분은 책임주의원칙에 반하지 아니한다(헌재 2013.10.24. 2013헌가18, 구 조세범처벌법 제3조 위헌제청(위헌,합헌)).

금융기관 임직원이 직무 관련 1억 원 이상 수재(受財)한 경우 무기 또는 10년 이상 징역에 처하는 가중처벌은 헌법에 위반되지 아니한다(헌재 2015.5.28. 2013헌바35등, 특정경제범죄 가중처벌 등에 관한 법률 제5조 제4항 제1호 등 위헌소원(합헌)).

뇌물을 요구한 액수가 1억 원 이상인 때에는 무기 또는 10년 이상의 징역으로 처벌하도록 규정은 책임과 형벌 간의 비례원칙이나 형벌체계상의 균형성에 위배되지 아니한다(헌재 2013.8.29. 2011헌바364, 특정범죄 가중처벌 등에 관한 법률 제2조 제1항 위헌소원(합헌)).

'정신적인 장애로 항거불능 또는 항거곤란 상태에 있음을 이용하여 사람을 간음한 사람을 무기징역 또는 7년 이상의 징역에 처하도록 규정한 부분'은 정신적 장애인의 성적 자기결정권을 침해하거나 평등원칙에 위배되지 아니한다(헌재 2016.11.24. 2015헌바136, 성폭력범죄의 처벌 등에 관한 특례법 제6조 제4항 위헌소원(합헌)).

외국항행선박에서 사용된다는 이유로 교통세를 환급 또는 공제받은 물품이 외국항행선박에 반입되지 아니한 사실이 확인된 때 반출자로부터 환급 또는 공제된 교통세를 징수하는 '외국항행선박' 부분은 자기책임의 원리에 위배되지 아니한다(헌재 2013.5.30. 2011헌바360등, 구 교통세법 제17조 제8항 위헌소원(합헌)).

법인과 개인에 대한 양벌(헌재 2017.10.26. 2017헌바166, 산업안전보건법 제71조 본문 등 위헌소원(합헌)), 해외재산도피범이 도피시키는 재산을 필요적으로 몰수·추징(헌재 2011.12.29. 2010헌바117, 특정경제범죄 가중처벌 등에 관한 법률 제4조 제2항 등 위헌소원(합헌,각하))은 합헌이다.

5. 평화적 생존권

(i) 헌법재판소는 초기에 평화적 생존권의 권리성에 관하여 다소 애매하지만 부정적인 입장을 취한 바 있다.

평화적 생존권의 침해와 같은 "그러한 내용의 피해는 국민의, 또는 인류의 일원으로서 입는 사실상의, 또는 간접적인 성격을 지닌 것"이고 법적으로 포착될 수 있는 이익 또는 권리라고 보기는 어렵다(헌재 2003.12.18. 2003헌마255등, 이라크전쟁 파견결정 등 위헌확인(각하)).

(ii) 그 후 헌법재판소는 평화적 생존권을 헌법에 열거되지 아니한 개별적 기본권으로 인정한 바도 있다.

"오늘날 전쟁과 테러 혹은 무력행위로부터 자유로워야 하는 것은 인간의 존엄과 가치를 실현하고 행복을 추구하기 위한 기본전제가 되는 것이므로 달리 이를 보호하는 명시적 기본권이 없다면 헌법 제10조, 제37조 제1항으로부터 평화적 생존권이라는 이름으로 이를 보호하는 것이 필요하다. 그 기본 내용은 침략전쟁에 강제되지 않고 평화적 생존을 할 수 있도록 국가에 요청할 수 있는 권리라고 볼 수 있"다(헌재 2006.2.23. 2005헌마268, 대한민국과 미합중국간의 미합중국군대의 서울지역으로부터의 이전에 관한 협정 등 위헌확인(각하)).

(iii) 하지만, 헌법재판소는 2009년 판례를 변경하여 평화적 생존권의 기본권성을 부인한다. 즉 "헌법에 열거되지 아니한 기본권을 새롭게 인정하려면 그 필요성이 특별히 인정되고 그 권리내용(보호영역)이 비교적 명확하여 구체적 기본권으로서의 실체 즉, 권리내용을 규범 상대방에게 요구할 힘이 있고 그 실현이 방해되는 경우 재판에 의하여 그 실현을 보장받을 수 있는 구체적 권리로서의 실질에 부합하여야" 한다. 그런데 평화적 생존권을 헌법에 열거되지 아니한 기본권으로서 특별히 새롭게 인정할 필요성이 있다거나 그 권리 내용이 비교적 명확하여 구체적 권리로서의 실질에 부합한다고 보기 어렵기 때문에 헌법상 보장된 기본권이라 할 수 없다(헌재 2009.5.28. 2007헌마369, 2007년 전시증원연습 등 위헌확인(각하)).

Ⅶ. 행복추구권의 제한

(i) 행복추구권은 타인의 권리나 도덕률 및 헌법질서를 침해하여서는 아니 된다. "행복추구권이라 할지라도 반사회적 내지 반자연적 행위를 금지하는 규범이나 전통문화로 인식되어 온 국민의 법감정에 반하여 이를 남용할 수 없음은 물론 타인의 행복추구권을 침해하거나 방해할 수 없음은 너무나 당연하"며 "적어도 국민의 의사에 정면으로 반하지 아니하는 한 전통·관습에 반한 행복추구권을 추구할 수는 없다"(헌재 1997.7.16. 95헌가6등, 민법 제809조 제1항 위헌제청(헌법불합치,적용중지), 재판관 이재화·조승형의 반대의견).

또한 헌법이 보장하는 행복추구권이 공동체의 이익과 무관하게 특정 개인의 무제한적인 사적 이익을 보장하지는 아니한다(헌재 1991.6.3. 89헌마204, 화재로인한재해보상과보험가입에관한법률 제5조 제1항의 위헌여부에 관한 헌법소원(한정위헌))(헌재 1995.7.21. 94헌마125, 영화법 제26조 등 위헌확인(기각): "경제적 고려와 공동체의 이익을 위한 목적에서 비롯된 국산영화의무상영제가 공연장 경영자의 행복추구권을 침해한 것이라고 보기 어렵다").

(ii) 행복추구권도 국가안전보장·질서유지 또는 공공복리를 위하여 필요한 경우에 제한될 수 있다. 따라서 예컨대 자동차 안전띠 착용의무는 일반적 행동자유권을 제한하기는 하지만 이를 침해하지는 아니한다.

숙련기술장려법 시행령에서 '전국기능경기대회에 참가하여 입상한 사실이 없는 사람에게만 참가자격을 부여한 부분'이 전국기능경기대회 입상자의 국내기능경기대회 참가를 전면적으로 금지함으로써 입법형성권의 한계를 넘어서므로 청구인들의 행복추구권을 침해한다(헌재 2015.10.21. 2013헌마757, 숙련기술장려법 시행령 제27조 제1항 등 위헌확인(헌법불합치,잠정적용)).

"추구하는 목적의 중대성, 음주측정의 불가피성, 국민에게 부과되는 부담의 정도, 처벌의 요건과 정도에 비추어 헌법 제37조 제2항의 과잉금지의 원칙에 어긋나는 것이라 할 수 없다. 그러므로 이 사건 법률조항은 헌법 제10조에 규정된 행복추구권에서 도출되는 일반적 행동의 자유를 침해"한다고 할 수 없다(헌재 1997.3.27. 96헌가11, 도로교통법 제41조 제2항 등 위헌제청(합헌)).

"행복추구권도 국가안전보장·질서유지 또는 공공복리를 위하여 제한될 수 있는 것이므로 목적의 정당성, 방법의 적정성 등의 요건을 갖추고 있는 위 조항들이 청구인이나 18세 미만의 청소년들의 행복추구권을 침해"한다고 할 수 없다(헌재 1996.2.29. 94헌마13, 풍속영업의규제에관한법률 제3조 제5호 등 위헌확인(기각,각하)).

"달성하고자 하는 공익이 침해되는 청구인의 좌석안전띠를 매지 않을 자유라는 사익보다 크며, 제도의 연혁과 현황을 종합하여 볼 때 청구인의 일반적 행동자유권을 비례의 원칙에 위반되게 과도하게 침해하"지 아니한다(헌재 2003.10.30. 2002헌마518, 도로교통법 제118조 위헌확인(합헌)).

건강보험 강제가입에 관하여 규정한 구 국민건강보험법은 행복추구권을 침해하지 아니한다(헌재 2013.7.25. 2010헌바51, 국민건강보험법 제5조 제1항 등 위헌소원(합헌)).

공공기관 등의 공문서는 어문규범에 맞추어 한글로 작성하도록 규정한 국어기본법 제14조는 '공공기관 등이 작성하는 공문서'에 대하여만 적용되고, 일반 국민이 공공기관 등에 접수·제출하기 위하여 작성하는 문서나 일상생활에서 사적 의사소통을 위하여 작성되는 문서에는 적용되지 아니하므로 청구인들의 행복추구권을 침해하지 아니한다(헌재 2015.10.21. 2012헌마854, 국어기본법 제3조 등 위헌확인(기각,각하)).

Ⅷ. 행복추구권의 침해와 구제

국가는 개인이 가지는 불가침의 기본적 인권인 행복추구권을 확인하고 보장할 의무를 진다(제10조 후문). 행복추구권의 침해에 대하여는 청원권·재판청구권·손해배상청구권·헌법소원심판청구권 등을 통하여 구제받을 수 있다.

제3장 평 등 권

Ⅰ. 의　　의

(ⅰ) 인류의 역사에서 평등의 실현은 곧 국가와 사회가 해결하여야 할 기본적인 과제이다. 이에 근대입헌주의 헌법에서는 평등의 원리를 헌법상 최고의 원리로 선언하기에 이르렀다. 평등권은 1776년 미국의 버지니아 권리장전을 통하여 헌법상 원리로 수용되었고, 1789년 프랑스혁명의 구호인 자유·평등·박애는 프랑스헌법 제1조에서 프랑스의 국시(國是)로 채택되어 있다.

(ⅱ) 그러나 근대입헌주의의 평등의 원리는 자유의 원리와 갈등과정을 거치면서 형식적 평등으로 머물고 말았다. 특히 산업혁명의 성공과 더불어 자본주의 발전의 고도화에 따라 더욱 심화되면서 실질적 평등이 구현되지 아니하고는 국가공동체의 형성과 유지가 위태로운 상황에 이르렀다. 이에 현대 사회복지국가 헌법에서는 국민의 실질적 평등을 구현하기 위한 법과 제도를 헌법의 틀 속으로 포섭하여왔다. 특히 사회권(생존권)이 헌법적 가치를 가진 기본권으로 정립됨으로써 실질적 평등을 더욱 강화하기에 이르렀다. 경제적 약자의 인간다운 생활이 보장되지 아니하는 곳에서 평등의 원리는 공허한 주의나 주장에 머무를 뿐이다.[1]

1) 성기용, "평등권의 보장과 발전", 헌법논총 19; 황동혁, "기본권심사에 있어 심사기준으로서의 평등", 공법학연구 18-2; 남정아, 헌법상 성별에 의한 차별금지에 관한 연구: 미국의 반고정관념화원칙을 중심으로, 서울시립대 박사학위논문, 2018.2; 이준일, "상대적 평등으로서 평등의 의미", 공법연구 48-1; 이준일, "평등심사의 구조와 단계-성차별 관련 헌법재판소 결정에 대한 분석을 중심으로", 헌법학연구 29-4; 이우철, "인공지능시대 알고리즘 의사결정에 의한 차별과 인권보호방안에 관한 연구", 세계헌법연구 30-2; 박종원, 평등권과 평등원칙에 따른 위헌심사기준, 서울대 박사학위논문, 2024.8; 허창환, "연령차별의 합리성에 대한 재고-정년제도를 중심으로", 헌법학연구 31-3.

Ⅱ. 헌법상 평등원리의 구체화

1. 초실정법적 자연권인 평등권(평등원칙)의 헌법화

(1) 최고의 헌법원리, 기본권 중의 기본권

(i) 헌법상 평등규범은 헌법이 지향하는 기본원리가 평등임을 확인한다. 따라서 평등권이란 헌법에서 규정하기 때문에 국민이 비로소 누리는 권리가 아니라 인간의 존엄과 가치와 더불어 초실정법적 법원칙이다. 헌법재판소도 평등원칙을 "기본권보장에 관한 헌법의 최고원리", "기본권 중의 기본권"이라고 판시한다.

> "평등의 원칙은 국민의 기본권보장에 관한 우리 헌법의 최고원리로서 국가가 입법을 하거나 법을 해석 및 집행함에 있어 따라야 할 기준인 동시에, 국가에 대하여 합리적 이유없이 불평등한 대우를 하지 말 것과 평등한 대우를 요구할 수 있는 모든 국민의 기본권 중의 기본권"이다. 이에 따라 국가를 상대로 하는 재산권의 청구에 관하여는 가집행의 선고를 할 수 없다는 규정은 재산권과 신속한 재판을 받을 권리의 보장에 있어 소송당사자를 차별하여 헌법 제11조 제1항에 위배된다(헌재 1989.1.25. 88헌가7, 소송촉진등에관한특례법 제6조의 위헌심판(위헌)).
>
> 위 판례와 같은 취지로 국가를 상대로 한 당사자소송에는 가집행선고를 할 수 없도록 규정하고 있는 행정소송법 제43조는 헌법에 위반된다(헌재 2022.2.24. 2020헌가12, 행정소송법 제43조 위헌제청(위헌)).

(ii) 평등권은 국가로부터 차별대우를 받지 아니하여야 한다는 소극적 권리임과 동시에 국가에 대하여 적극적으로 평등을 요구할 수 있는 적극적 권리이다. 그런 점에서 국가의 부작위를 요구하는 소극적 권리인 자유권과 구별된다.

(2) 일반적 평등원리의 규범화

한국헌법의 성립유래와 기본원리를 담고 있는 헌법 전문에서 "정치·경제·사회·문화의 모든 영역에 있어서 각인의 기회를 균등히 하고… 국민생활의 균등한 향상을 기하고"라고 하여 평등의 원리를 규정한다. 이어서 헌법 본문에서는 제11조에서 평등권에 관한 기본적인 규정이 있다. 제1항에서는 법 앞의 평등, 성별·종교·사회적 신분에 의한 차별금지와 정치·경제·사회·문화 각 생활영역에 있어서의 차별금지를, 제2항에서는 사회적 특수계급의 부인을, 제3항에서는 영전일대(榮典一代)의 원칙을 규정한다.

(3) 개별적 평등원리의 규범화

헌법 제11조의 평등권규정뿐만 아니라 제31조 제1항에서는 교육의 기회균등을, 제32조 제4항에서는 여성근로자의 차별금지를, 제36조 제1항에서는 혼인과 가족생활에 있어서 양성평등을, 제119조 제2항에서는 경제의 민주화를 규정한다.

2. 법 앞의 평등

헌법상 법 앞의 평등은 단순한 법원리의 선언이 아니라, 주관적 공권으로서의 기본권이다.

(ⅰ) '법'이란 국회에서 제정한 법률뿐만 아니라 모든 법규범을 포괄한다. 그러므로 법률·명령·조례·규칙 등 모든 형태의 법규범은 자연법적 원리인 평등의 원리에 위반하여서는 아니 된다.

(ⅱ) '법 앞의' 평등이란 법적용 내지 법집행의 평등만을 의미하는 법적용평등(입법자비구속)만이 아니라 행정·사법과 더 나아가서 입법자까지도 구속하는 법내용평등(입법자구속)을 의미한다.

> "우리 헌법이 선언하고 있는 '법 앞의 평등'은 행정부나 사법부에 의한 법적용상의 평등만을 의미하는 것이 아니고, 입법권자에게 정의와 형평의 원칙에 합당하게 합헌적으로 법률을 제정하도록 하는 것을 명하는 법내용상의 평등을 의미하고 있기 때문에 그 입법내용이 정의와 형평에 반하거나 자의적으로 이루어진 경우에는 평등권 등의 기본권을 본질적으로 침해한 입법권의 행사로서 위헌성을 면하기 어렵다"(헌재 1992.4.28. 90헌바24, 특정범죄가중처벌등에관한법률 제5조의3 제2항 제1호에 대한 헌법소원(뺑소니 운전자 가중처벌)(위헌)).

(ⅲ) '평등'은 결코 일체의 차별적 대우를 부정하는 절대적 평등이 아니라 입법과 법의 적용에 있어서 합리적인 근거가 없는 차별을 하여서는 아니 된다는 상대적 평등을 뜻한다. 상대적 평등의 기준으로는 합리성, 자의금지의 원칙, 형평과 정의 등이 있다(헌재 1999.5.27. 98헌바26, 특정범죄가중처벌등에관한법률 제5조 제1항 위헌소원(합헌); 대판 1966.3.29. 65누69등). 합리적인 근거가 있는 차별인가의 여부는 그 차별이 인간의 존엄성 존중이라는 헌법원리에 반하지 아니하면서 정당한 입법목적을 달성하기 위하여 필요하고 적정한지를 기준으로 판단하여야 한다.

> "평등의 원칙은 입법자에게 본질적으로 같은 것을 자의적으로 다르게, 본질적으로 다른 것을 자의적으로 같게 취급하는 것을 금하고 있다. 그러므로 비교의 대상을 이루는 두 개의 사실관계 사이에 서로 상이한 취급을 정당화할 수 있을 정도의 차이가 없음에도 불구하고 두 사실관계를 서로 다르게 취급한다면, 입법자는 이로써 평등권을 침해하게 된다. 그러나 서로 비교될 수 있는 두 사실관계가 모든 관점에서 완전히 동일한 것이 아니라 단지 일정 요소에 있어서만 동일인 경우에 비교되는 두 사실관계를 법적으로 동일한 것으로 볼 것인지 아니면 다른 것으로 볼 것인지를 판단하기 위하여는 어떠한 요소가 결정적인 기준이 되는가가 문제된다. 두 개의 사실관계가 본질적으로 동일한가의 판단은

일반적으로 당해 법률조항의 의미와 목적에 달려 있다"(헌재 1996.12.26. 96헌가18, 주세법 제38조의7 등 위헌제청(자도소주구입명령제도)(위헌)).

평등원칙의 작동은 영역에 따라서도 달리할 수 있다. 예컨대 사회·경제적 영역에서는 원칙적으로 상대적 평등원리가 중시되지만, 정치적 영역에서는 국민주권주의의 구현이라는 측면에서 보통선거와 더불어 평등선거(1인 1표나 투표가치의 평등)와 같은 절대적 평등이 강조된다.

(iv) 헌법상 평등원칙을 실질적으로 구현하기 위하여 국가는 합리적인 기준에 따라 능력이 허용하는 범위 안에서 법적 가치의 상향적 구현을 위한 제도의 단계적 개선을 추진하여야 한다(헌재 1991.2.11. 90헌가27, 교육법 제8조의2에 관한 위헌심판(합헌)). 투표가치의 평등을 실현하기 위한 일련의 헌법재판소 판례는 4:1 위헌에서 3:1 위헌으로 진전되었다가 마침내 2:1 이상 위헌이라는 결론에 이른다. 국가의 무상교육실현도 그 단적인 예라 할 수 있다. 초등의무교육에서 시작하여 중등의무교육 단계적 실시를 거쳐서 마침내 고교 무상교육으로 나아간다.

3. 평등원칙 위배의 심사기준

(1) 독일의 경우

(i) 독일 연방헌법재판소는 초기부터 자의금지의 원칙에 따라 평등원칙위배의 심사기준을 정하여왔다. 자의금지원칙(恣意禁止原則)이란 본질적으로 서로 같은 것을 자의적으로 불평등하게 또는 본질적으로 서로 다른 것을 자의적으로 평등하게 취급하는 것을 금지하는 원칙이다.

(ii) 그러나 자의금지원칙에 따른 평등심사를 통하여 입법자의 구속을 실효성 있게 관철할 수 없다는 비판이 제기됨으로써, '인적 평등'의 경우에는 보다 엄격한 비례성의 심사기준을 적용하고(비례성심사), '물적 평등'의 경우에는 여전히 전통적인 자의금지원칙을 적용하려는 '새로운 정식'을 채택한 바 있다.

(iii) 그런데 인적 평등의 침해와 물적 평등의 침해의 명확한 구별이 불가능하다는 비판이 제기되었다. 이에 따라 '최신의 정식'을 통하여 일반적 평등원칙은 규율대상과 차별기준에 따라서 각각 단순한 자의금지로부터 비례성의 요청에 이르기까지 입법자를 구속하는 다양한 한계가 도출된다고 한다(계희열(중) 238-242).

(2) 미국의 경우

(i) 미국 연방대법원은 전통적인 2단계 기준, 즉 워렌 대법원 이전의 합리적 심사기준과 워렌 대법원 이후의 엄격한 심사기준에 의하여 평등위반 여부를 심사하여왔다. 합리적 심사기준이란 입법 등에 의하여 결과적으로 차별적 효과가 발

생하더라도 정당한 국가이익을 달성하기 위한 목적과 수단 사이에 합리적 관련성이 인정되면 악의적 차별은 아니라고 본다. 이에 반하여 엄격한 심사기준이란 당사자의 기본적 권리와 대립하는 연방정부나 주의 '압도적인 이익'이 있을 때, 그러한 차별조치가 그 목적수행에 '필수적 관련성'이 있어야 한다는 기준이다.

(ii) 그런데 1976년 크레이그 판결에서는 성별에 의한 구분은 정부의 중요한 목적과 그 목적달성을 위한 수단 사이에 실질적 관계가 성립되어야 한다고 하여, 2단계 기준의 중간위치에 해당되는 새로운 기준 즉 중간적 기준으로서 실질적 심사기준을 새로 도입한 3단계 기준을 채택한다. 실질적 심사기준은 차별의 목적이 중요한 국가이익을 달성하기 위하여 차별취급의 수단과 목적 사이에 실질적 관련성이 있어야 한다고 판시한다(*Craig v. Boren*, 429 U.S. 190(1976)).

(iii) 합리적 심사기준은 주로 사회·경제입법에 대한 합헌성 승인의 경우에 사용된다. 엄격한 심사기준은 주로 인종·출생 등의 문제에 적용된다. 남녀차별 문제에 있어서는 아직도 그 기준이 유동적이긴 하지만, 실질적 심사기준이 주로 사용된다(김선택, 헌법사례연습, 법문사, 2005, 397면).

(3) 헌법재판소의 입장

(i) 헌법재판소도 합리적 심사기준과 엄격한 심사기준을 원용한다. 엄격한 심사기준이 적용되면 국회의 입법형성권이 축소되지만, 합리적 심사기준이 적용되면 광범위한 입법형성권을 가진다.

> "평등위반 여부를 심사함에 있어 엄격한 심사척도에 의할 것인지 완화된 심사척도에 의할 것인지는 입법자에게 인정되는 입법형성권의 정도에 따라 달라진다(헌재 2002.11.28. 2002헌바45)" (헌재 2008.10.30. 2006헌바35, 6·25전쟁중적후방지역작전수행공로자에대한군복무인정및보상등에관한법률 제2조제1호 중 동년 4월 사이에 부분 등 위헌소원(제2조 제2호 중 육군본부직할결사대 소속으로 부분)(합헌)).

"자의심사의 경우에는 차별을 정당화하는 합리적인 이유가 있는지만 심사하기 때문에 그에 해당하는 비교대상 간의 사실상의 차이나 입법목적(차별목적)의 발견, 확인에 그치는 반면에, 비례심사의 경우에는 단순히 합리적인 이유의 존부 문제가 아니라 차별을 정당화하는 이유와 차별 사이의 상관관계에 대한 심사, 즉 비교대상 간의 사실상 차이의 성질과 비중 또는 입법목적(차별목적)의 비중과 차별의 정도에 적정한 균형관계가 이루어져 있는가를 심사한다"(헌재 2001.2.22. 2000헌마25, 국가유공자예우및지원에관한법률 제34조 제1항 위헌확인(기각)).

(ii) 엄격한 심사기준이라 함은 비례성원칙에 따른 심사, 즉 정당한 차별목적·차별취급의 적합성·차별취급의 불가피성 또는 필요성·법익균형성이 인정되는지를 기준으로 한 심사를 의미한다. 헌법에서 특별히 평등을 요구하는 경우(예컨대 혼인과 가족생활의 양성 평등(제36조 제1항))와 차별로 인하여 관련 기본권에 중대한 제

한이 발생하는 경우(예컨대 공무담임권의 심각한 제한과 청소년대상 성범죄)에 엄격한 심사기준이 적용된다. 비례원칙을 적용한 사례로는 '제대군인 공무원채용시험 가산제도', 국가유공자 가산점, 7급공무원시험에 기능사 자격증 보유자 가산점 불가, 국적법의 부계혈통주의, 부부 자산소득 합산과세 사건 등이 있다.

"헌법에서 특별히 평등을 요구하고 있는 경우 엄격한 심사척도가 적용될 수 있다. 헌법이 스스로 차별의 근거로 삼아서는 아니되는 기준을 제시하거나 차별을 특히 금지하고 있는 영역을 제시하고 있다면 그러한 기준을 근거로 한 차별이나 그러한 영역에서의 차별에 대하여 엄격하게 심사하는 것이 정당화된다. 다음으로 차별적 취급으로 인하여 관련 기본권에 대한 중대한 제한을 초래하게 된다면 입법형성권은 축소되어 보다 엄격한 심사척도가 적용되어야 할 것이다. … 엄격한 심사를 한다는 것은 자의금지원칙에 따른 심사, 즉 합리적 이유의 유무를 심사하는 것에 그치지 아니하고 비례성원칙에 따른 심사, 즉 차별취급의 목적과 수단간에 엄격한 비례관계가 성립하는지를 기준으로 한 심사를 행함을 의미한다"(헌재 1999.12.23. 98헌마363, 제대군인지원에관한법률 제8조 제1항 등 위헌확인(위헌); 헌재 2003.1.30. 2001헌바64, 구 전통사찰보존법 제6조 제1항 제2호 등 위헌소원(헌법불합치,잠정적용)).

"국가공무원 7급시험에서 기능사 자격증에는 가산점을 주지 않고 기사 등급 이상의 자격증에는 가산점을 주는 것은 공무담임권 및 평등권을 침해한 것이 아니다. 입법자가 설정한 차별이 기본권에 관련된 차별을 가져온다면 헌법재판소는 그러한 차별에 대해서는 자의금지 내지 합리성심사를 넘어서 목적과 수단간의 엄격한 비례성이 준수되었는지를 심사하여야 한다. 이 경우 사람이나 사항에 대한 불평등대우가 기본권으로 보호된 자유의 행사에 불리한 영향을 미칠 수 있는 정도가 크면 클수록, 입법자의 형성의 여지에 대해서는 그만큼 더 좁은 한계가 설정되므로, 헌법재판소는 보다 엄격한 심사척도를 적용한다"(헌재 2003.9.25. 2003헌마30, 공무원임용시험시행규칙 제12조의3 위헌확인(기각)); "청소년대상 성범죄와 그 밖의 일반범죄는 서로 비교집단을 이루는 '본질적으로 동일한 것'이라고 단언하기는 어려우며, 나아가 그러한 구분기준이 특별히 자의적이라고 볼 만한 사정이 없다." 또한 "청소년대상 성범죄자 중 일부 범죄자의 신상이 공개되지 않는다 하더라도 그러한 차별입법이 자의적인 것이라거나 합리성이 없는 것이라고 단정하기 어렵다"(헌재 2003.6.26. 2002헌가14, 청소년의성보호에관한법률 제20조 제2항 제1호 등 위헌제청(합헌,각하)).

비례원칙을 적용하면서도 완화한 경우도 있다. 헌법재판소는 국가유공자 가족에게도 10%의 가산점 부여에 대하여 비례원칙을 완화하여 합헌으로 결정한 바 있으나, 그 이후 판례를 변경하여 헌법불합치결정을 내렸다.

기본권 행사에 있어서의 차별은 차별목적과 수단 간에 비례성을 갖추어야만 헌법적으로 정당화될 수 있다. 종전 결정은 국가유공자와 그 가족에 대한 가산점제도는 모두 헌법 제32조 제6항에 근거를 두고 있으므로 평등권 침해 여부에 관하여 보다 완화된 기준을 적용한 비례심사를 하였으나, 국가유공자 본인의 경우는 별론으로 하고, 그 가족의 경우는 위에서 본 바와 같이 헌법 제32조 제6항이 가산점제도의 근거라고 볼 수 없으므로 그러한 완화된 심사는 부적절하다(헌재 2006.2.23. 2004헌마675등, 국가유공자등예우및지원에관한법률 제31조 제1항 등 위헌확인(헌법불합치,잠정적용)).

(iii) 합리적 심사기준은 자의(恣意)금지원칙에 의한 심사를 의미하는데 자의금지원칙에 관한 심사요건은 차별취급의 존재 여부와 차별취급의 자의성 유무가 있다. ① 차별취급의 존재 여부는 본질적으로 동일한 비교 대상(집단)을 서로 다르게 취급하고 있는가와 관련되는데 본질적으로 동일한 비교 대상(집단)인지 여부는 일반적으로 관련 헌법규정과 해당 법률규정의 의미와 목적에 의하여 판단한다. ② 차별취급의 자의성 유무는 차별의 합리적 이유가 있는지 여부에 따라 판단하므로 자의적이면 합리적인 이유의 결여를 의미한다. 하지만, 차별적 취급을 정당화하는 객관적이고 합리적인 이유가 존재한다면 자의적이라고 할 수 없다(헌재 2001.1.30. 2001헌바64)"(헌재 2008.10.30. 2006헌바35).

"평등원칙은 행위규범으로서 입법자에게, 객관적으로 같은 것은 같게 다른 것은 다르게, 규범의 대상을 실질적으로 평등하게 규율할 것을 요구하고 있다. 그러나 헌법재판소의 심사기준이 되는 통제규범으로서의 평등원칙은 단지 자의적인 입법의 금지기준만을 의미하게 되므로 헌법재판소는 입법자의 결정에서 차별을 정당화할 수 있는 합리적인 이유를 찾아 볼 수 없는 경우에만 평등원칙의 위반을 선언하게 된다. 즉 헌법에 따른 입법자의 평등실현의무는 헌법재판소에 대하여는 단지 자의금지원칙으로 그 의미가 한정축소된다. 따라서 헌법재판소가 행하는 규범에 대한 심사는 그것이 가장 합리적이고 타당한 수단인가에 있지 아니하고 단지 입법자의 정치적 형성이 헌법적 한계내에 머물고 있는가 하는 것에 국한시켜야 하며, 그럼으로써 입법자의 형성의 자유와 민주국가의 권력분립적 기능질서가 보장될 수 있다"(헌재 1997.1.16. 90헌마110등, 교통사고처리특례법 제4조 등에 대한 헌법소원 등(기각,각하)).

비교 대상(집단)이 부인되는 사례

영내기거 군인과 일반국민·공익근무요원·영내에 기거하지 않는 군 간부·전투경찰순경(헌재 2011.6.30. 2009헌마59, 주민등록법 제6조 제2항 위헌확인(기각)), 영장실질심사에서 구속영장이 기각된 피의자와 구속적부심사절차에서 '석방결정'이 있었던 피의자, 미결수용자와 형이 확정된 수형자, 의료보험수급자와 의료보호수급자, 공무원연금과 산업재해보상보험, 상속세 및 증여세법의 규제를 받는 주식 등의 명의수탁자와 부동산 실명권리자명의 등기에 관한 법률의 규제, 자치구 의원선거에서 선거구별 의원 정수가 서로 다른 경우 등이 있다.

비교 대상(집단)이 인정되는 사례

경찰공무원과 군인의 봉급액 책정 규정, 기초의원선거 후보자만 정당표방금지와 다른 공직선거후보자의 정당표방(헌재 2003.1.30. 2001헌가4, 공직선거법 제47조 제1항 중 앞괄호부분 등 위헌제청(위헌,각하)), 공무원연금법의 적용을 받는 공무원과 군인연금법의 적용을 받는 군인, 퇴역 전 폐질(廢疾)상태가 확정된 군인과 퇴역 후 폐질상태가 확정된 군인에 대한 연금지급거부, "계속근로기간이 1년 이상인지 여부"에 따른 퇴직급여법 적용 등이 있다.

자의금지원칙 적용 사례

법인의 약국개설 금지, 공익근무요원의 제2국민역 편입 불허, 남성만 병역의무, 국민건강보험의 보험료 부과, 61세 이후 혼인한 배우자의 군인연금 수혜 유족에서 예외 없이 제외, 국민참여재판의 대상사건을 합의부 관할사건으로 한정, 전통사찰의 경내지 수용, 누범 가중처벌, 준법서약서, 지방자치단체장 임기 3회 제한, 중혼취소청구권자에 직계비속 제외, 공무원의 정치적 중립성 의무 사건 등이 있다.

'공익신고자 보호법'상 보상금의 지급을 신청할 수 있는 자의 범위를 '내부 공익신고자'로 한정함으로써 '외부 공익신고자'를 보상금 지급대상에서 배제한 규정은 자의금지의 원칙에 위배되지 아니한다(헌재 2021.5.27. 2018헌바127, 공익신고자 보호법 제26조 위헌소원(합헌)).

(4) 소결: 판단기준의 상대성

(i) 평등원칙에 관한 심사기준은 자의금지원칙에 따른 합리성 심사와 비례성원칙에 따른 엄격한 심사로 작동되어왔다. 그런데 둘 사이에 구획이 명확하지 아니한 경우도 있기 때문에 완화된 비례성 심사도 작동한다.

(ii) 자의금지원칙은 "명백히 정의에 어긋나지 아니하는 한" 입법자에게 폭넓은 입법형성권을 부여한다. 이는 주로 물적 차별 또는 시혜적 차별에 적용된다.

(iii) 비례성원칙은 차별목적과 차별수단 사이에 엄격한 비례관계가 충족되어야 한다. 이는 인적 차별, 기본권에 중대한 제한을 초래하는 차별이나 헌법에 명시된 차별금지영역에 적용된다.

(iv) 완화된 비례성 심사는 인적 차별에 해당하더라도 그것이 기본권의 중대한 제한이나 헌법의 명시적인 규정에 위배되지 아니한 경우에 가능하다. 즉 비례성 심사에 따른 경직성을 완화하는 심사기준이다.

4. 평등권의 효력

(i) 평등원리는 오늘날 국가와 개인 사이의 관계뿐만 아니라 개인과 개인 사이의 관계에서도 널리 적용된다. 예컨대 평등원리는 국가나 공공단체의 직원채용뿐만 아니라 사기업의 직원채용에서도 적용되어야 한다.

> "평등원칙은 원칙적으로 입법자에게 헌법적으로 아무런 구체적인 입법의무를 부과하지 않고, 다만, 입법자가 평등원칙에 반하는 일정 내용의 입법을 하게 되면, 이로써 피해를 입게 된 자는 직접 당해 법률조항을 대상으로 하여 평등원칙의 위반 여부를 다툴 수 있을 뿐"이다(헌재 2003.1.30. 2002헌마358, 입법부작위 위헌확인(각하)).

(ii) 하지만, 특별한 법규정이 없는 한, 평등원리는 사법상 권리남용금지의 법리나 신의성실의 원칙 등을 통하여 간접적으로 적용된다. 비록 헌법이 국가생활에

서의 최고법이고 기본법이라고는 하지만, 공법 · 사법의 이원적 체계를 가진 한국의 법체계에서 헌법원리인 평등원리를 사법관계에 직접적으로 적용할 경우에는, 당사자 자치를 기본으로 하는 사법원리에 불평등관계 · 권력관계를 기본으로 하는 공법원리를 직접적용함으로써 공 · 사법 구별의 이원적인 체계가 혼란에 빠질 우려가 있기 때문이다.

"사적 단체를 포함하여 사회공동체 내에서 개인이 성별에 따른 불합리한 차별을 받지 아니하고 자신의 희망과 소양에 따라 다양한 사회적 · 경제적 활동을 영위하는 것은 그 인격권 실현의 본질적 부분에 해당하므로 평등권이라는 기본권의 침해도 민법 제750조의 일반규정을 통하여 사법상 보호되는 인격적 법익침해의 형태로 구체화되어 논하여질 수 있고, 그 위법성 인정을 위하여 반드시 사인간의 평등권 보호에 관한 별개의 입법이 있어야만 하는 것은 아니다"(대판 2011.1.27. 2009다19864).

Ⅲ. 평등권의 구체적 내용

국가생활에서 평등권의 구체적 구현은 오늘날 가장 본질적인 사항이기 때문에 사실상 국민의 기본권과 관련된 거의 모든 사항이 평등문제를 안고 있다. 이에 따라 헌법재판소의 위헌법률심판 및 헌법소원심판에서 평등원칙 내지 평등권이 헌법상 준거규범으로 가장 많이 인용된다. 헌법적 쟁점에 관하여 평등원칙이 적용되지 아니하는 사항은 거의 없다고 하여도 과언이 아니다. 다만, 구체적인 사안에서 평등원칙이 적극적 준거규범이냐 소극적 준거규범이냐의 여부 또는 직접적 준거규범이냐 간접적 준거규범이냐의 여부에 따른 차이가 있을 따름이다.

1. 차별금지의 사유

헌법 제11조에서는 차별금지의 사유로 "성별 · 종교 또는 사회적 신분"을 명시한다. 하지만, 이러한 차별금지사유는 열거적(列擧的)이 아니라 단순히 예시적(例示的)이기 때문에, 그 이외에 학력 · 건강 · 연령 등 어떠한 사유로도 불합리한 차별을 하여서는 아니 된다.

"법관의 정년을 직위에 따라 순차적으로 낮게 차등하게 설정한 것은 법관 업무의 성격과 특수성, 평균수명, 조직체 내의 질서 등을 고려하여 정한 것으로 그 차별에 합리적인 이유가 있다고 할 것이므로, … 평등권을 침해하였다고 볼 수 없다"(헌재 2002.10.31. 2001헌마557, 법원조직법 제45조 제4항 위헌확인(기각)). 법원조직법 개정으로 대법관은 70세 일반 법관은 65세로 정년이 연장되었다.

국가가 보훈보상대상자의 유족인 부모에게 보상금을 지급함에 있어 합리적인 이유 없이 보상금 수급권자의 수를 일률적으로 제한하고, 부모 중 나이가 많은 자와 그렇지 않은 자를 합리적인 이유 없이 차별하고 있으므로 나이가 적은 부모의 평등권을 침해하여 헌법에 위반된다(헌재 2018.6.28. 2016헌가14, 보훈대상자 지원에 관한 법률 제11조 제1항 제2호 등 위헌제청(헌법불합치)). 이에 따라 합의가 되지 않거나 특정하기 어려운 경우에 부와 모에게 보상금을 균등하게 지급하도록 개정되었다.

(1) 성별 – 남녀평등

(i) 남녀의 성에 따른 차별을 하여서는 아니 된다. 헌법상 남녀평등이념을 구현하기 위하여 양성평등기본법, '남녀고용평등과 일·가정 양립 지원에 관한 법률' 등을 제정하고 있다.

(ii) 특히 정치적 영역에서의 남녀평등을 적극적으로 구현하기 위하여 "정당이 비례대표국회의원선거 및 비례대표지방의회의원선거에 후보자를 추천하는 때에는 그 후보자 중 100분의 50 이상을 여성으로 추천하되, 그 후보자명부의 순위의 매 홀수에는 여성을 추천하여야 한다"(공직선거법 제47조 제3항). 또한 "정당이 임기만료에 따른 지역구국회의원선거 및 지역구지방의회의원선거에 후보자를 추천하는 때에는 각각 전국지역구총수의 100분의 30 이상을 여성으로 추천하도록 노력하여야 한다"(제4항). 이를 준수한 정당에 대하여는 정치자금법 제25조(보조금의 계상)의 규정에 의하여 지급하는 보조금 외에 같은 법 제26조의 규정에 의하여 지급하는 공직후보자 여성추천보조금을 추가로 지급할 수 있다(제1편 제4장 제3절 제4항 III. 3. 참조).

(iii) 사법질서의 기본법인 민법 중 친족상속편에는 재산상속제도 등에서 남녀불평등의 우려가 있는 내용을 담고 있다. 헌법불합치결정에 따라 호주제도는 양성평등이라는 헌법이념과 시대변화에 부합하지 아니한다는 이유로 폐지되었다(헌재 2005.2.3. 2001헌가9등, 민법 제781조 제1항 본문 후단부분 위헌제청 등(호주제)(헌법불합치,잠정적용)). 이에 따라 제정된 '가족관계의 등록 등에 관한 법률'은 종래의 호적제도를 대체하여 국민의 출생·혼인·사망 등 가족관계의 발생 및 변동사항을 증명하는 가족관계 등록제도를 마련하고 있다.

민법 제809조 제1항의 동성동본금혼규정(민법 개정으로 폐지되고 혈족간 혼인범위를 합리적으로 조정)은 "그 금혼의 범위를 동성동본인 혈족, 즉 남계혈족에만 한정하여 성별에 의한 차별을 하고 있는데 이를 시인할 만한 합리적인 이유를 찾아볼 수 없으므로" 평등원칙에 위반된다(헌재 1997.7.16. 95헌가6, 민법 제809조 제1항 위헌제청(헌법불합치,적용중지)).

제대군인지원에관한법률에 규정된 가산점제도는 "헌법 제32조 제4항이 특별히 남녀평등을 요구하고 있는 '근로' 내지 '고용'의 영역에서 남성과 여성을 달리 취급하는 제도이고, 또한 헌법 제25조에 의하여 보장된 공무담임권이라는 기본권의 행사에 중대한 제약을 초래하는 것이기 때문에 엄격한 심사척도가 적용된다. … 가산점제도는 제대군인에 비하여, 여성 및 제대군인이 아닌 남성을 부당한 방법으로 지나치게 차별하는 것으로서 헌법 제11조에 위배"되기 때문에 위헌이다(헌재 1999.12.23. 98헌마363, 제대군인지원에관한법률 제8조 제1항 등 위헌확인(위헌)).

출생에 의한 국적취득에 있어 부계혈통주의는 한국인 부와 외국인 모 사이의 자녀와 한국인 모와 외국인 부 사이의 자녀를 차별취급하여 모가 한국인인 자녀와 그 모에게 불리한 영향을 끼치므로 헌법 제11조 제1항의 남녀평등원칙에 어긋나고, 헌법 제36조 제1항 "가족생활에 있어서의 양성의 평등원칙"에도 위배된다. 또한 구법상 부가 외국인이기 때문에 대한민국 국적을 취득할 수 없었던 한국인 모의 자녀 중에서 신법 시행 전 10년 동안에 태어난 자녀에게만 대한민국 국적을 취득하도록 하는 경과규정인 부칙 제7조 제1항을 평등원칙에 위배된다(헌재 2000.8.31. 97헌가12, 국적법 제2조 제1항 제1호 위헌제청(헌법불합치,잠정적용,각하)). 개정된 국적법에서는 10세 미만의 자에서 20세 미만의 자로 확대되었다.

2005년 개정되기 전 민법 제781조 제1항 본문 중 "자(子)는 부(父)의 성(姓)과 본(本)을 따르고" 부분은 인격권에 따른 헌법에 위반된다(헌재 2005.12.22. 2003헌가5등, 민법 제781조 제1항 위헌제청(헌법불합치,잠정적용)).

대한민국 국민인 남자에 한하여 병역의무를 부과한 구 병역법 제3조 제1항 전문이 성별을 기준으로 병역의무자의 범위를 정한 것이 합리적 이유 없는 차별취급으로서 자의금지원칙에 위배하여 평등권을 침해한 것이라고 볼 수 없다(헌재 2011.6.30. 2010헌마460, 병역법 제3조 제1항 등 위헌확인(각하,기각)).

(iv) 구 형법 제297조는 강간죄의 객체를 부녀로 하였으며 대법원도 이를 합헌으로 판단하였으나(대판 1967.2.28. 67도1), 개정 형법에서는 객체가 '사람'으로 확대되었다. 이에 따라 남성도 강간죄의 객체가 될 수 있다. 한편 대법원은 부부 사이에도 강간죄가 성립할 수 있음을 인정한다(대판(전합) 2013.5.16. 2012도14788,2012전도252).

(v) 또한 정리해고대상자를 선정하면서 사내부부 중 여직원만을 의원면직한 구조조정은 부당해고로서 당연무효라고 판시한다(대판 2002.7.26. 2002다19292). 한편 대법원은 "종중(宗中) 회원은 성년 남자만 해당"된다는 판례를 변경하여, "종중의 본질상 공동선조와 성(姓)과 본(本)을 같이하는 후손은 성별의 구별 없이 성년이 되면 당연히 그 구성원이 된다"라고 판시한다. 다만, 판례변경의 효력범위와 관련하여 "변경된 판례는 향후 새로이 성립된 관계에만 적용되고 예외적으로 이 사건에 적용된다"라고 하여 법적 안정성을 도모한다. 한편 별개의견은 "종래 관습법에 따라 남성은 성년이 되면 당연히 종원(宗員)이 되고, 성년 여성은 가입을 희망하면 종원이 될 수 있다"라고 적시한다(대판 2005.7.21. 2002다1178). 또한 자녀의 성과 본이 모로 변경되었을 경우 성년인 그 자녀는 모가 속한 종중의 구성원이 된다(대판 2022.5.26. 2017다260940(宗員지위 확인)).

"종중에 대하여는 가급적 그 독자성과 자율성을 존중해 주는 것이 바람직하고, 따라서 원칙적으로 종중규약은 그것이 종원이 가지는 고유하고 기본적인 권리의 본질적인 내용을 침해하는 등 종중의 본질이나 설립 목적에 크게 위배되지 않는 한 그 유효성을 인정"하여야 한다(대판 2008.10.9. 2005다30566)

"공동선조와 성과 본을 같이 하는 후손은 성별의 구별없이 성년이 되면 당연히 종중의 구성원이" 된다. 종중에서 항렬(行列)이 가장 높고 나이가 가장 많은 사람인 "연고항존자(年高行尊者)는 종중의 대표자가 선임되어 있지 아니하고 선임에 관한 규약이나 관례가 없을 경우 대표자선임을 위한 종중총회의 소집권을 가지는 데 불과하므로 여성이 연고항존자가 된다고 하더라도 이러한 종중사무의 집행에 특별한 어려움이 없"다. "연고항존자를 확정함에 있어서 여성을 제외할 아무런 이유가 없으므로, 여성을 포함한 전체 종원 중 항렬이 가장 높고 나이가 가장 많은 사람이 연고항존자가 된다." "사회통념상 가능하다고 인정되는 방법으로 생사여부나 연락처를 파악하여 연락이 가능한 범위 내에서 종중총회의 소집권을 행사할 연고항존자를 특정하면 충분하다"(대판 2010.12.9. 2009다26596).

더 나아가 딸도 제사주재자(祭祀主宰者)로 인정함으로써 남성 우위를 인정하지 아니한다.

"공동상속인들 사이에 협의가 이뤄지지 않는 경우에는 제사주재자의 지위를 인정할 수 없는 '특별한 사정'이 있지 않는 한 피상속인의 직계비속 중 남녀, 적서(嫡庶)를 불문하고 최근친의 연장자가 제사주재자로 우선한다고 보는 것이 가장 조리에 부합한다"(대판(전합) 2023.5.11. 2018다248626 유해인도).

(2) 종 교

(i) 종교적 이유로 한 차별은 금지된다. 헌법 제20조 제1항에서는 종교의 자유를 규정한 다음 제2항에서는 "국교는 인정되지 아니하며, 종교와 정치는 분리된다"라고 하여 국교부인과 정교분리의 원칙을 분명히 한다.

(ii) 헌법재판소는 일요일은 특정 종교의 종교의식일이 아니라 일반적인 공휴일이므로 사법시험의 일요일 시행은 헌법상 평등원칙에 어긋나는 불합리한 차별이 아니라고 판시한다(헌재 2001.9.27. 2000헌마159, 제42회 사법시험 제1차시험 시행일자 위헌확인(기각); 헌재 2010.4.29. 2009헌마399, 2010학년도 법학적성시험 시행일자 공고 등 위헌확인(각하,기각)).

(3) 사회적 신분

(i) 사회적 신분의 의미에 관하여 "출생에 의하여 고정된 생래의 신분에 한정된다"는 선천적 신분설도 있으나, "선천적 신분은 물론 후천적으로 취득한 신분도 포함된다"는 후천적 신분설이 타당하다. 즉 사회적 신분이란 사람이 사회에서 일시적이 아니고 장기적으로 차지하는 지위를 의미한다. 구체적으로 전과자, 귀화인, 사용인, 노동자, 교원, 공무원, 직업상의 지위, 부자, 빈자, 농민, 어민, 상인, 학생 등이 이에 해당한다. 장애인복지법(제8조)과 '장애인 차별금지 및 권리구제 등에 관한 법률'(제6조)은 장애인에 대한 차별을 금지한다.

(iii) 헌법재판소도 후천적 신분설에 따라 "사회적 신분이란 사회에서 장기간 점하는 지위로서 일정한 사회적 평가를 수반"한다고 판시하면서, 전과(前科)는

사회적 신분에 해당하나 전과자에 대한 가중처벌이 평등원칙에 대한 위반은 아니라고 하여, 누범(헌재 1995.2.23. 93헌바43, 형법 제35조(누범가중처벌) 등 위헌소원(합헌))과 상습범(헌재 1989.9.29. 89헌마53, 폭력행관한 헌법소원위등처벌에관한법률의 위헌여부에 (합헌,각하))에 대한 가중처벌의 합헌성을 인정한다.

(iv) 그리고 배우자나 직계 존·비속 사이에 이루어지는 증여에 있어서도 증여당사자가 특수한 신분관계에 있다는 이유만으로 기타 일반증여당사자와 차별하여서는 아니 된다(헌재 1992.2.25. 90헌가69등, 상속세법 제29조의4 제2항에 대한 위헌심판(위헌)).

(v) 존속살해죄에서 존속·비속의 지위도 사회적 신분으로 보아야 한다(헌재 2013.7.25. 2011헌바267, 형법 제250조 제2항 위헌소원: 존속살해죄의 가중처벌은 합헌). 일본에서는 종래 존속살해죄의 가중처벌규정에 대하여 합헌이라고 판시한 판례를 변경하여 위헌이라고 판시한다(日本 最高裁判 1973(昭和 48.)4.4. 1995년에 가중처벌규정이 삭제되었다). 한편 헌법재판소는 자기 또는 배우자의 직계존속을 고소하지 못하도록 규정한 형사소송법 제224조에 대하여 합리적 근거가 있는 차별이므로 헌법상 평등원칙에 위반되지 아니한다고 판시한다(헌재 2011.2.24. 2008헌바56, 형사소송법 제224조 등 위헌소원(합헌). 평등원칙 위반이라는 위헌의견이 5인이었지만 위헌결정 정족수 미달로 합헌결정을 함).

구 '성폭력범죄의 처벌 등에 관한 특례법'에서 주거침입 강간치상의 범죄를 범한 경우 및 위험한 물건 휴대에 의한 특수강간의 미수범이 피해자에게 상해를 입게 한 경우를 무기징역 또는 10년 이상의 징역에 처하는 법정형은 책임과 형벌 간의 비례원칙에 위반되지 아니한다(헌재 2012.5.31. 2010헌바401, 성폭력범죄의 처벌 등에 관한 특례법 제3조 제1항 등 위헌소원(합헌))(헌재 2013.10.24. 2011헌바106 등, 아동·청소년의 성보호에 관한 법률 제38조 제1항 제1호 위헌소원(합헌)).

'징역형 또는 벌금형'의 선택형 체계에서는 13세 미만 미성년자에 대한 강제추행을 효과적으로 예방하기 어렵다는 형사정책적 측면을 고려하여 벌금형을 삭제한 것에 합리적 이유가 있고, 입법재량의 한계를 현저히 일탈한 것으로 볼 수 없으며, 다른 범죄들과 그 법정형을 평면적으로 비교하여 형벌체계상의 정당성과 균형성을 상실하여 평등원칙에 반한다고도 볼 수 없다(헌재 2025.11.27. 2022헌가39등, 성폭력범죄의 처벌 등에 관한 특례법 제7조 제3항 위헌제청(합헌)).

범행전력과 범행빈도를 요건으로 하여 법정형을 가중하는 '특정범죄 가중처벌 등에 관한 법률' 제5조의4 제6항 중 "제1항 또는 제2항의 죄로 두 번 이상 실형을 선고받고 그 집행이 끝나거나 면제된 후 3년 이내에 다시 제1항의 죄를 범한 경우에는 그 죄에 대하여 정한 형의 단기의 2배까지 가중한다"는 부분은 책임과 형벌 간의 비례원칙 및 평등원칙에 위반되지 아니한다(헌재 2012.5.31. 2011헌바98등, 특정범죄 가중처벌 등에 관한 법률 제5조의4 제6항 위헌소원(합헌)).

지역농협 임원 선거와 관련하여 거짓의 사실을 공표하거나 공연히 사실을 적시하여 후보자를 비방하기만 하면 범죄가 성립하도록 규정하고 있는 구 농업협동조합법 제172조 제3항 중 "지역농협의 임원 선거와 관련하여 거짓의 사실을 공표하거나 공연히 사실을 적시(摘示)하여 후보자를 비방함으로써 제50조 제3항을 위반한 자"에 관한 부분은 평등원칙에 위배되지 아니한다(헌재 2013.7.25. 2012헌바112, 구 농업협동조합법 제50조 제3항 등 위헌소원(합헌)).

반의사불벌죄 이외의 죄를 범하고 피해자에게 자복(自服)한 사람에 대하여 반의사불벌죄를 범하고 피해자에게 자복한 사람과 달리 임의적 감면의 혜택을 부여하지 아니한다 하더라도, 자의적인 차별이라 할 수 없다(헌재 2018.3.29. 2016헌바270, 형법 제52조 제2항 위헌소원(합헌)).

사업주의 지시·감독을 받으면서 사실상 노무를 제공하고 수당 명목의 금품을 수령하는 등 실질적인 근로관계에 있는 산업연수생에 대하여 일반 근로자와 달리 근로기준법의 일부 조항의 적용 배제는 자의적인 차별이다(헌재 2007.8.30. 2004헌마670, 산업기술연수생 도입기준 완화결정 등 위헌확인(위헌)).

산업기능요원에 편입되어 1년 이상 종사하다가 편입이 취소되어 입영하는 사람의 경우 복무기간을 단축할 수 있는 규정 중 '1년 이상' 부분이 1년 미만을 종사하다가 편입취소된 산업기능요원만 다른 병역의무자들과 달리 취급하는 것은 합리적 이유 없는 차별취급으로서 청구인의 평등권을 침해한다(헌재 2011.11.24. 2010헌마746, 구 병역법 제41조 제3항 등 위헌확인(위헌,각하)).

형의 집행이 종료되거나 면제된 자에 한하여 자격에 관한 법령의 적용에 있어 장래에 향하여 형의 선고를 받지 아니한 것으로 본다는 규정은 집행유예를 선고받은 소년범을 합리적 이유 없이 차별하여 평등원칙에 위반된다(헌재 2018.1.25. 2017헌가7, 구 소년법 제67조 위헌제청(헌법불합치,적용중지,입법촉구)).

코로나19 격리자의 가구원이 행정기관 근로자인 경우 입원·격리자에 대한 생활지원비 지원 대상에서 제외한 것은 평등권 침해가 아니다(헌재 2024.8.29. 2021헌마450, 코로나19 입원·격리자를 위한 생활지원사업 위헌확인(기각)).

(4) 기타 사유

기타 사유로는 언어·인종·출신지역 등에 의한 차별금지를 들 수 있다. 단일민족국가인 우리나라에서는 언어나 인종차별과 같은 문제는 별로 없다. 그러나 다민족국가인 미국에서는 특히 흑백인종차별문제가 평등권의 주된 쟁점으로 제기되어왔다. 이러한 문제를 해결하기 위하여 국가적 차원에서 '적극적 평등실현조치'(affirmative action)를 입법화하기도 하였다.

2. 차별금지의 영역

(1) 정 치

(i) 정치적 생활영역에서의 평등은 주권적 의사의 표현인 선거제도와 관련된 사항, 이를테면 선거권·피선거권을 비롯하여 특히 선거운동과 관련된 사항이 많이 있다. 선거와 관련된 사항은 헌법총론의 선거제도와 중첩되는 사항이 많이 있다(제1편 제4장 제3절 제2관 제3항 민주적 선거제도 참조). 그 밖에도 정치적 기본권이라 할 수 있는 참정권과 관련하여 국민투표권·공무담임권 등에서 문제된다.

국내의 정규학력에 대하여는 수학기간의 기재를 요구하지 아니하면서 정규학력에 준하는 외국의 교육과정을 이수한 경력에 대하여서만 수학기간을 기재하도록 요구하는 것이 불합리한 차별이라고 볼 수 없으며, 국내 정규교육과정이라 하더라도 중퇴의 경우에는 수학기간을 기재하지 아니하면 학력의 차이를 비교할 수 없으므로 외국의 정규교육과정을 모두 마친 자를 국내 정규교육과정의 중퇴자와 마찬가지로 수학기간의 기재를 요구하는 것도 불합리한 차별이라고 할 수 없다(헌재 2010.3.25. 2009헌바121, 공직선거법 제250조 제1항 등 위헌소원(합헌)).

선거운동기간 전의 선거운동을 원칙적으로 금지하면서 후보자와 후보자가 되고자 하는 자가 자신이 개설한 인터넷 홈페이지를 이용한 선거운동을 할 경우에는 그 예외를 인정하는 공직선거법 제59조 제3호는 평등원칙 및 선거운동 기회균등 원칙에 어긋나지 아니한다(헌재 2010.6.24. 2008헌바169, 공직선거법 제59조 제3호 위헌소원(합헌)).

정당 소속 예비후보자가 경선에서 후보자로 선출되지 아니하여 후보자로 등록될 수 없는 경우에는 기탁금을 반환하는 것과 달리 무소속 예비후보자가 후보자로 등록하지 아니하는 경우에는 기탁금을 반환하지 아니하도록 하는 공직선거법조항들이 불합리한 차별이라고 보기 어려우므로 평등권을 침해하지 아니한다(헌재 2010.12.28. 2010헌마79, 공직선거법 제56조 제1항 후문 등 위헌확인(기각)).

지역구시·도의회의원후보자와 달리 비례대표시·도의회의원후보자에게 사전선거운동, 선거벽보 및 선거공보 작성, 공개 대담·연설을 허용하지 아니하는 규정이 비례대표시·도의회의원후보자의 평등권을 침해한다고 볼 수 없다(헌재 2011.3.31. 2010헌마314, 공직선거법 제60조의2 제1항 등 위헌확인(기각)).

입법자가 회계책임자에 의하지 아니하고 선거비용을 수입·지출한 행위를 처벌함에 있어 다른 정치자금과 동일하게 일반 공소시효를 적용하도록 한 것이 단기 공소시효 특칙을 적용하는 공직선거법 제258조 제1항 제1호의 '선거비용 부정지출 등 죄'와 같은 다른 선거범죄를 저지른 자들과 비교하여 합리적 이유 없이 자의적으로 차별하였다고 보기는 어렵다(헌재 2015.2.26. 2013헌바176, 정치자금법 제49조 제2항 제3호 등 위헌소원(합헌)).

선거범죄로 당선이 무효로 된 자에게 이미 반환받은 기탁금과 보전받은 선거비용을 다시 반환하는 규정(헌재 2011.4.28. 2010헌바232, 공직선거법 제265조의2 제1항 위헌소원(합헌)), 국무총리·행정각부의 장·국회의원과 달리 지방자치단체의 장이 '공소제기된 후 구금상태에 있는 경우' 부단체장이 그 권한을 대행(헌재 2011.4.28. 2010헌마474, 지방자치법 제111조 제1항 제2호 위헌확인(기각)), 초·중등학교 교원에 대하여는 정당가입을 금지하면서 대학교원에게는 허용하는 것은 기초적인 지식전달, 연구기능 등 직무의 본질이 서로 다른 점을 고려한 합리적 차별(헌재 2014.3.27. 2011헌바42, 정당법 제22조 제1항 제1호 등 위헌소원(합헌)).

(ii) 선거구획정에 있어서는 인구불평등이 특히 문제된다. 종래 정치문제(통치행위)라 하여 사법적 판단을 하지 아니하는 경향도 있었으나, 오늘날에는 사법부가 적극적으로 개입한다. 헌법재판소는 1995년에 선거구 간 인구편차가 4:1 이상이면 위헌, 2001년에는 판례를 변경하여 3:1 이상이면 위헌, 2014년에 다시 판례를 변경하여 2:1 이상이면 위헌이라고 판시하였나(헌재 2014.10.30. 2012헌마190등, 공직선거법 제25조 제2항 별표1 위헌확인 등(각하,헌법불합치,잠정적용)).

(iii) 정당에 대한 특별대우는 헌법 제8조에서 정당에 대한 적극적 보호조항을 두고 있으므로 합헌이라는 헌법재판소의 판례가 있다: 정치자금모금이나 후원회를 통한 우대(헌재 1997.5.29. 96헌마85, 정치자금에관한법률 제5조 등 위헌확인(기각)), 정당공천후보와 무소속후보 사이의 선거운동에 있어서의 차별(헌재 1992.3.13. 92헌마37, 국회의원선거법 제55조의3 등에 대한 헌법소원(한정위헌, 기각)), 선거후보자번호 등의 우대 등.

(iv) 또한 선거사범에 대한 피선거권 제한(헌재 1993.7.29. 93헌마23, 지방의회의원선거법 제12조 제3호 위헌확인(기각)), 공무원 정년의 연령 차등(헌재 1997.3.27. 96헌바86, 국가공무원법 제74조 제1항 제1호 등 위헌소원(합헌)), 국회 교섭단체에 한하여 정책연구위원 배정(헌재 2008.3.27. 2004헌마654, 국회법 제34조 등 위헌확인(기각))은 합헌이라고 판시한다. 그런데 국가공무원법과 지방공무원법의 개정으로 모든 일반직 공무원의 정년은 다른 법률에 특별한 규정이

있는 경우를 제외하고는 60세로 통일되었다.

(v) 하지만, 정당공천후보자와 무소속후보자의 기탁금 차이는 위헌이라고 판시하였다(헌재 1989.9.8. 88헌가6, 국회의원선거법 제33조·제34조 위헌심판(헌법불합치,잠정적용)). 이에 따라 국회의원입후보자의 기탁금은 1천만원으로 통일되었다가, 2000년 2월 선거법개정에 따라 2천만원으로 상향조정되었지만 헌법재판소의 위헌결정(헌재 2001.7.19. 2000헌마91등, 공직선거법 제146조 제2항 위헌확인 등(한정위헌))에 따라 1천 500만원으로 개정되었다(헌재 2003.8.21. 2001헌마687등, 공직선거법 제56조 제1항 제2호 등 위헌확인(기각))(단, 비례대표국회의원은 500만원).

(2) 경제 · 사회

(i) 경제 · 사회적 활동에 있어서도 차별은 금지된다.

합헌판례

경찰공무원과 달리 소방공무원은 화재진압, 구조 · 구급 업무수행 또는 이와 관련된 교육훈련 중 사망한 경우에 한하여 순직군경으로서 예우(헌재 2005.9.29. 2004헌바53, 소방공무원법 제14조의2 제1항 등 위헌소원(합헌)), 31세가 되면 입영의무 등이 감면되나 해외체제를 이유로 병역을 연기한 사람은 36세가 되어야 해당(헌재 2004.11.25. 2004헌바15, 구 병역법 제71조 제1항 단서 제6호 위헌소원(합헌)), 독거수용실에만 TV시청 시설을 설치하지 아니함으로써 독거수용 중에는 TV시청 불가(헌재 2005.5.26. 2004헌마571, 독거수용자 텔레비전시청제한 취소(기각)), 한약업사의 영업장소를 일정한 지역에 한정하여 허가(헌재 1991.9.16. 89헌마231, 약사법 제37조 제2항 위헌여부에 관한 헌법소원(합헌)), 국산영화의무상영제(헌재 1995.7.21. 94헌마125, 영화법 제26조 등 위헌확인(기각)), 세무사자격시험의 일부 시험 면제에서 지방세사무에 종사한 경력자를 국세사무에 종사한 경력자들에 비하여 불리하게 취급(헌재 2007.5.31. 2006헌마646, 세무사법 제5조의2 위헌확인(기각)), 유족연금지급에 남성배우자와 여성배우자의 차등 취급(헌재 2008.11.27. 2006 헌가1, 국민연금법 제63조 제1항 제1호 단서 위헌제청(합헌)), 공무원노동조합설립 최소단위를 '행정부'로 규정(헌재 2008.12.26. 2006헌마518, 공무원 노동조합의 설립 및 운영에 관한 법률 제5조 제1항 행정부 부분 등 위헌확인(기각)), 군인이 자비로 해외유학을 위한 휴직을 할 때 다른 국가공무원과 달리 봉급을 지급하지 아니함(헌재 2009.4.30. 2007헌마290, 군인사법 제48조 제4항 위헌확인(기각)), 2분의 1의 범위 안에서 압류가 허용되는 일반연금 및 퇴직연금수급권자의 채권자와 달리 퇴역군인의 경우 퇴역연금수급권 전액 압류 금지(헌재 2009.7.30. 2007헌바139등, 군인연금법 제7조 위헌소원 등(합헌,기각)), 국채 소멸시효 5년 단기로 하여 민사 일반채권자나 회사채 채권자에 비하여 국채 채권자 차별 취급(헌재 2010.4.29. 2009헌바120, 2010헌바37등, 국채법 제17조 위헌소원(합헌)), 행정관서요원으로 근무한 공익근무요원과는 달리 국제협력요원으로 근무한 공익근무요원을 국가유공자법에 의한 보상에서 제외(헌재 2010.7.29. 2009헌가13, 병역법 제75조 제2항 위헌제청(합헌)), 전몰군경 등 국가유공자의 경우와 달리 독립유공자로 등록되기 위하여서는 독립운동을 한 사실 이외에 상훈 수여 요건을 요구(헌재 2010.6.24. 2009헌바111, 독립유공자예우에 관한 법률 제4조 제2호 위헌소원(합헌)), 병으로 근무한 자를 장교로 임용할 경우 및 군인 외 공무원으로 근무한 자가 장교로 임용될 경우에 장교로 근무한 자가 다시 장교로 임용되는 경우와 달리 종전 경력의 8할만 장교의 호봉경력으로 인정(헌재 2010.6.24. 2009헌마177, 군인보수법 제9조 제1호 등 위헌확인(각하,기각)), 변리사시험을 거친 변리사와 달리 변호사에게 변리사의 자격을 부여하거나 특허청 경력공무원에게 변리사 시험과목 중 일부 면제(헌재 2010.2.25. 2007헌마956, 변리사법 제3조 제1항 제2호 등 위헌확인(기각)), 양친자관계와는 달리 계모자관계를 법정혈족관계에서 제외(헌재 2011.2.24. 2009헌바69등, 구 민법 부칙 제4조 위헌소원(합헌)), 군형법에서 동성 간의 성적 행위만을 금지하고 이를 위반한 경우 형사처벌(헌재 2011.3.31. 2008헌가21, 군형법 제92조 위헌제청(합헌)), 독립유공자의 유족에 대한 보상금 지급을 손자녀의 경우에는 독립유공자가 1945년 8월 14일 이전에 사망한 경우에만 지급(헌재 2011.4.28. 2009헌마610, 구 독립유공자 예우에 관한 법률 제12조 제2항 위헌확인(기각)), 형사소송절차와 달리 소년심판절차에서 검사에게 상소권 불인정(헌재 2012.7.26. 2011헌마232, 소년법 제43조 위헌확인(기각)), 3년 이상 혼인 중인 부부만 친양자를 입양할 수 있어 독신자의 입양 불가(4:5)(헌재 2013.9.26. 2011헌가42, 민법 제908조의2 제1항 제1호 위헌제청(합헌)), 산재보험법이나 국민연금법에서 형제자매에 대하여 일정한 범위에서 연금수급권을 인정하지만, 공무원이 유족 없이 사망하였을 경우 연금수급자의 범위를 공무원연금법에서 직계존비속으로 한정(헌재 2014.5.29. 2012헌마555, 공무원연금법 제30조 등 위헌확인(기각)), 군부대에 입영하기 위하여 단체이동 중인 자와 달리 개별이동 중인 자를 국가유공자의 대상에서 제외(헌재 2005.10.27. 2004헌바37, 병역법 제75조 제1항 위헌소원(합헌)), 현역병 등의 복무기간과는 달리 사관생도의 사관학교 교육기간을 연금 산정의 기초가 되는 복무기간에 산입하지 아니함(헌재 2022.6.30. 2019헌마150, 군인연금법 제16조 제5항 위헌확인(기각)), 과징금 부과 특례대상을 부동산에 관한 물권을 법률혼 배우자 명의 등기로 한정(헌재 2010.12.28. 2009헌바400, 부동산 실권리자명의 등기에 관한 법률 제8조 위헌소원(합헌)), 공익근무요원의 경우와 달리 산업기능요원의 군 복무기간을 공무원 재직기간으로 산입하지 아니함(헌재 2012.8.23. 2010헌마328, 제대군인지원에 관한 법률 제16조 제1항 등 위헌확인(기각)), 의료인에 대한 자격정지처분의 사유가 발생한 날로부터 5년이 지난 경우 처분을 할 수 없도록 시효규정을 신설하면서 이미 자격정지처분이 있었던 경우를 시효규정의 적용대상에서 제외(헌재 2017.11.30. 2016헌마725, 의료법 부칙 제4조 위헌확인(기각)), 회원제 골프장용 부동산의 재산세 1000분의 40 중과세율(헌재 2020.3.26. 2016헌가17, 지방세법 제111조 제1항 제1호 다목 2) 등 위헌제청(합헌)), '주택'에 적용되는 취득세율 중 '취득 당시의 가액이 6억 원 이하인 주택'에서 주거 목적으로 취득한 '오피스텔'의 제외(헌재 2020.3.26. 2017헌바363등, 지방세법 제11조 제1항 제8호 위헌소원(합헌)). 대마수입행위를 단순매매보다 가중처벌, 친고죄 고소가능 시기를 제1심 판결선고 전까지로 제한, 자수를 형의 임의적 감경사유, 형사처분 면할 목적으로 국외 체류기간 동안 공소시효 정지 등.

형법 제328조 제1항에 규정된 가까운 친족 간의 절도죄에 대하여 피해재물 소유자의 고소가 있어야 형을 면제하는 것으로 규정하지 아니한 것이 형법 제328조 제2항에 규정된 먼 친척간의 절도죄를 저지른 자보다 불리하게 처벌하는 것으로 평등원칙에 위반되지 아니한다. 절도죄에 있어서 피해재물의 소유자와 점유자가 다른 경우, 범인과 소유자 및 점유자 쌍방 간에 모두 친족관계가 있어야 한다는 규정이 피해재물의 소유자와만 친족관계에 있는 사람과 소유자 및 점유자 모두와 친족관계에 있는 사람을 차별하여 평등원칙에 위반되지 아니한다(헌재 2012.3.29. 2010헌바89, 형법 제328조 제1항 위헌소원(합헌)).

국내 소재 상속재산을 목적으로 하는 유치권·질권 또는 저당권으로 담보된 채무와 외국 법원의 확정판결에 기초하여 이루어진 가압류의 피보전채무는 담세력, 당해 상속재산과의 관련성 등의 측면에서 차이가 있으므로, 양자를 달리 취급하는 데에는 합리적인 이유가 있다(헌재 2015.4.30. 2011헌바177, 구 상속세 및 증여세법 제14조 제2항 위헌소원(합헌)).

가족 중 순직자가 있는 경우의 병역감경 대상에서 재해사망군인의 가족을 제외하고 있는 병역법 시행령 중 순직자 부분은 청구인의 평등권을 침해하지 아니한다. '국가유공자 등

예우 및 지원에 관한 법률'상의 순직군인 등은 국가의 수호·안전보장 또는 국민의 생명·재산 보호와 직접적인 관련이 있는 직무수행이나 교육훈련 중에 순직한 자로서, 보훈보상자법상의 재해사망군인에 비하여 국가에 공헌한 정도가 더 크고 직접적이다. 따라서 순직군인 등에 대하여는 재해사망군인과 구별되는, 그에 합당한 예우와 보상을 할 필요가 있고, 이에 국가유공자법과 보훈보상자법에서는 그 구체적인 보상이나 지원에 대하여 달리 정하고 있다. 병역감경제도 역시 국가유공자를 대상으로 하여, 국가유공자에 대한 예우와 지원의 차원에서 이루어지는 것이므로, 심판대상조항에서 양자를 달리 취급하는 것이다(헌재 2019.7.25. 2017헌마323, 병역법 시행령 제130조 제4항 위헌확인(기각)).

(ii) 위헌결정도 많이 있다: 법무사자격취득 기회를 하위법인 시행규칙으로 박탈(헌재 1990.10.15. 89헌마178, 법무사법시행규칙에 대한 헌법소원(위헌)), 담보물권보다 조세채권 우선(헌재 1990.9.3. 89헌가95, 국세기본법 제35조 제1항 제3호의 위헌심판(위헌)), 국유잡종재산의 시효취득 배제(헌재 1991.5.13. 89헌가97, 국유재산법 제5조 제2항의 위헌심판(한정위헌)), 토지초과이득세의 일괄부과(헌재 1994.7.29. 92헌바49등, 토지초과이득세법 제10조 등 위헌소원(헌법불합치,적용중지)), "향정신성의약품관리법위반사범과 달리 마약사범에 대하여만 가중" 처벌(헌재 2003.11.27. 2002헌바24, 특정범죄가중처벌등에관한법률 제11조 제1항 위헌소원(위헌)), "군행형법시행령의 적용을 받는 미결수용자를 행형법시행령의 적용을 받는 미결수용자에 비하여 자의적으로 다르게 취급"(헌재 2003.11.27. 2002헌마193, 군사법원법 제242조 제1항 등 위헌확인(위헌)), 일반 공무원과 달리 공무상 질병 또는 부상으로 퇴직 이후에 폐질상태가 확정된 군인에 대하여 상이연금 지급 배제(헌재 2010.6.24. 2008헌마128, 군인연금법 제23조 제1항 위헌소원(헌법불합치,잠정적용)), 고엽제후유의증환자가 사망한 때에 유족에게 교육지원과 취업지원을 하면서 그 법률 시행일 이전에 사망한 고엽제후유의증환자의 유족 제외(헌재 2011.6.30. 2008헌마715등, 고엽제후유의증환자지원 등에 관한 법률 부칙 제2조 위헌확인(위헌)), 독립유공자의 손자녀 중 1명에게만 보상금을 지급하고 선순위 자녀의 자녀에 해당하는 손자녀가 2명 이상인 경우에 나이가 많은 손자녀 우선(헌재 2013.10.24. 2011헌마724, 독립유공자예우에 관한 법률 제12조 제2항 등 위헌확인(헌법불합치,잠정적용)), 국가유공자 예우에서 6·25전몰군경자녀수당 지급대상을 전투기간 중 '전사'한 전몰군경의 자녀로 제한(헌재 2018.11.29. 2017헌바252, 국가유공자 등 예우 및 지원에 관한 법률 제16조의3 제1항 위헌소원(합헌)), 6·25전몰군경자녀에게 자녀수당을 지급하면서 그 수급권자를 자녀 중 1명에 한정하고, 그 1명도 나이가 많은 자를 우선(헌재 2021.3.25.2018헌가6, 국가유공자 등 예우 및 지원에 관한 법률 제13조 제2항 제1호 등 위헌제청(헌법불합치,잠정적용))(나이와 관계없이 협의 등으로 법 개정), 병원·치과병원·종합병원과 달리 정신병원의 경우에는 한의사를 두어 한의과 진료과목을 추가로 설치·운영할 수 있다고 규정하지 아니한 의료법 규정(헌재 2025.1.23. 2021헌마886, 의료법 제43조 제1항 등 위헌확인(헌법불합치,잠정적용)). 공매절차에서 계약보증금의 국고귀속, 우체국보험에 대한 압류금지, 사망 전에 등록한 고엽제후유증 환자에 한하여 유족보상 지급, 중혼의 취소청구권자에서 직계비속 제외 등.

1983.1.1. 이후 출생한 A형 혈우병 환자에 한하여 유전자재조합제제에 대한 요양급여를 인정하는 '요양급여의 적용기준 및 방법에 관한 세부사항'이 수혜자 한정의 기준으로 정한

환자의 출생 시기는 그 부모가 언제 혼인하여 임신, 출산을 하였는지와 같은 우연한 사정에 기인하는 결과의 차이일 뿐, 이러한 차이로 인해 A형 혈우병 환자들에 대한 치료제인 유전자재조합제제의 요양급여 필요성이 달라진다고 할 수 없으므로 1983.1.1. 이전에 출생한 A형 혈우병 환자들의 평등권을 침해한다(헌재 2012.6.27. 2010헌마716, 보건복지부 고시 제2009-79호 위헌확인(위헌)).

'도시 및 주거환경정비법' 제2조 제2호 "나목"의 규정에 따른 "주택재개발사업"에 관한 부분이 현금청산의 대상이 되어 제3자에게 분양됨으로써 기존에 비하여 가구 수가 증가하지 아니하는 개발사업분을 학교용지부담금 부과 대상에서 제외하는 규정을 두지 아니한 것이 평등원칙에 위배된다(헌재 2014.4.24. 2013헌가28, 학교용지 확보 등에 관한 특례법 제5조 제1항 단서 제5호 위헌제청(헌법불합치,잠정적용)).

월급근로자로서 6개월이 되지 못한 자를 해고예고제도의 적용예외 사유로 규정한 것은 근무기간이 6개월 미만인 월급근로자의 근로의 권리를 침해하고, 평등원칙에 위배된다(헌재 2015.12.23. 2014헌바3, 근로기준법 제35조 제3호 위헌소원(위헌)).

대한민국 국적을 가지고 있는 영유아 중에서 재외국민인 영유아를 보육료 · 양육수당의 지원대상에서 제외함으로써, 국내에 거주하면서 재외국민인 영유아를 양육하는 부모를 차별하여 평등권을 침해한다(헌재 2018.1.25. 2015헌마1047, 보건복지부지침 2015년도 보육사업안내 부록2 위헌확인(위헌)).

회원제로 운영하는 골프장 시설의 입장료에 대한 부가금을 국민체육진흥기금의 재원으로 규정한 구 국민체육진흥법 및 위 부가금을 국민체육진흥계정의 재원으로 규정한 국민체육진흥법 규정은 헌법에 위반된다. 골프장 부가금이 재정조달목적 부담금의 헌법적 정당화 요건을 갖추지 못하여 헌법상 평등원칙에 위배된다. 이 결정으로 골프장 부가금을 국민체육진흥계정의 재원으로 한 규정은 효력을 상실하며, 이에 기초한 골프장 부가금의 수납 · 징수도 이루어질 수 없게 된다(헌재 2019.12.27. 2017헌가21, 국민체육진흥법 제20조 제1항 제3호 위헌제청(위헌)).

의료법에서 금지하고 있는 '금품 제공'은 환자로 하여금 특정 의료기관 또는 의료인과 치료위임계약을 체결하도록 유도할 만한 경제적 이익이 있는 것으로서 이를 허용할 경우 의료시장의 질서를 해할 우려가 있는 것으로 한정하여야 한다. 의료인인 청구인이 지인을 소개하는 기존 환자에게 자신의 병원에서 비급여 진료 혜택을 1회 받을 수 있는 상품권을 제공하겠다는 포스터를 게시한 사실은 인정되나, 그와 같은 사정만으로는 이를 의료법에서 금지하는 환자 유인행위에 해당한다고 단정하기 어려우므로, 피청구인의 기소유예처분은 청구인의 평등권과 행복추구권을 침해하였다(헌재 2019.5.30. 2017헌마1217, 기소유예처분취소(인용(취소))).

(3) 교육과 문화

교육 · 문화 · 정보 등에서의 차별은 금지된다. 그러나 능력에 따른 차별은 인정된다. 예컨대 시험성적에 따른 입학 등은 당연히 허용된다. 다만, 헌법의 기본원리나 특정조항에 비추어 능력주의원칙에 대한 예외를 인정할 수 있는 경우도 있는데 그러한 헌법원리로는 우리 헌법의 기본원리인 사회복지국가원리를 들 수 있고, 헌법조항으로는 헌법 제32조 제4항 내지 제6항, 제34조 제2항 내지 제5항 등을 들 수 있다(헌재 2006.5.25. 2005헌마362, 입법부작위 등 위헌확인(각하)). 헌법재판소는 중학의무교육의 순차적 실시를 대통령령에 위임한 법률규정을 합헌이라고 판시한 바 있다(헌재 1991.2.11. 90헌가27, 교육법 제8조의2에 관한 위헌심판(합헌)).

이 결정은 수익적 입법을 통하여 "국가가 종전의 상황을 개선함에 있어서 그 개선의 효과가 일부의 사람에게만 미치고 동일한 상황하에 있는 다른 사람에게는 미치지 않아 그들 사이에 일견 차별이 생기게 된다고 하더라도 그것만으로는 평등의 원칙을 위반한 것이라고는 할 수 없다"는 점에서 의의를 찾을 수 있다.

합헌판례

도서·벽지학교에 근무한 교원에게 기존 규정을 적용하여 현행보다 가산점을 2-3점 부여(헌재 2005.12.22. 2002헌마152, 경상남도교육공무원가산점평점규정 제7조 제2항 등 위헌확인(기각)), 중등교사 임용시험에서 동일지역 사범대학졸업한 자에게 가산점 부여(헌재 2007.12.27. 2005헌가11, 교육공무원법 제11조의2 [별표2] 제2호 위헌제청(합헌)), 일반교사와 달리 수석교사 임기 중 교장 등 관리직 자격 취득 제한(헌재 2015.6.25. 2012헌마494, 교육공무원법 제29조의3 제4항 등 위헌확인(각하, 기각)), 국·공립대학과 달리 사립대학 예·결산에 등록금심의위원회 심사·의결 요구(헌재 2016.2.25. 2013헌마692, 사립학교법 제29조 제4항 제1호 등 위헌확인(각하, 기각)), 공공성이 큰 민간분야 종사자와 달리 사립학교 관계자와 언론인은 부정청탁금지법 적용(헌재 2016.7.28. 2015헌마236등, 부정청탁 및 금품등 수수의 금지에 관한 법률 제2조 제1호 마목 등 위헌확인 등(각하, 기각)), 사법시험합격자가 사법연수원과정을 마친 자와 달리 변호사시험합격자들에게 6개월 실무수습 의무부과(헌재 2014.9.25. 2012헌마741, 변호사법 제21조의2 제1항 위헌확인 등(각하, 기각)), 자격시험 및 사법시험과 달리 변호사시험의 응시기간과 응시횟수를 법학전문대학원의 석사학위를 취득한 달의 말일 또는 취득예정기간 내 시행된 시험일부터 5년 안에 5회로 제한(헌재 2016.9.29. 2016헌마47 등, 변호사시험법 제7조 위헌확인 등(기각, 각하)), 대학·산업대학·전문대학에서 의무기록사 관련 학문 전공자와 달리 사이버대학에서 같은 학문 전공자에 대한 의무기록사 국가시험에 응시 거부(헌재 2016.10.27. 2014헌마1037, 의료기사 등에 관한 법률 제4조 제1항 제1호 위헌확인(각하, 기각)), 변호사시험의 시험장으로 서울 소재 4개 대학교로 제한(헌재 2013.9.26. 2011헌마782등, 변호사시험 시험장 선정행위 위헌확인 등(기각)), 전문대학 졸업자만 인정하고 미졸업자에 대하여 대학·산업대학 또는 원격대학에 편입학 불허(헌재 2010.11.25. 2010헌마144, 전문대학 미졸업자 편입불허행위 위헌확인(기각)) 등.

위헌판례

교사채용에서 국공립교육대학 등 졸업자 우선(헌재 1990.10.8. 89헌마89, 교육공무원법 제11조 제1항에 대한 헌법소원(위헌, 각하)), 전문과목 표시에 의사전문의·한의사전문의와 달리 치과전문의의 경우에만 전문과목의 표시를 이유로 진료범위 제한(헌재 2015.5.28. 2013헌마799, 의료법 제77조 제3항 위헌확인(위헌)) 등.

3. 특권제도의 금지

(i) "사회적 특수계급의 제도는 인정되지 아니하며, 어떠한 형태로도 이를 창설할 수 없다"(제11조 제2항). "훈장 등의 영전은 이를 받은 자에게만 효력이 있고, 어떠한 특권도 이에 따르지 아니한다"(제11조 제3항).

(ii) 헌법재판소는 국가유공자에 대한 일정한 우대는 합헌이라고 판시하였다.

"독립유공자 본인에 대한 부가임금지급에 있어 그 공헌과 희생의 정도에 따라 차등을 두는 것이 합리적인 것이라면, 그 유족에 대한 부가임금지급에 있어서도 독립유공자 본인의 서훈등급에 따라 차등을 두는 것은 합리적인 이유가 있다"(헌재 1997.6.26. 94헌마52, 국가유공자예우등에관한법률 시행령 제23조 위헌확인(기각)); 국가유공자와 그 유족에게 국가기관이 실시하는 채용시험에 응시하는 경우 10%의 가산점을 부여한 것은 헌법 제32조 제6항에 근거한 것으로 불합리한 차별이 아니다(헌재 2001.2.22. 2000헌마25, 국가유공자예우및지원에관한법률 제34조 제1항 위헌확인(기각)).

국가유공자의 유족 중 보상을 받을 자녀의 순위를 정함에 있어 ① 자녀 간 협의에 의하여 자녀 중 1명을 지정한 경우 그 자녀를 선순위 유족으로 정하는 '국가유공자 등 예우 및 지원에 관한 법률' 중 '자녀 간 협의에 의하여 지녀 중 1명을 선순위자로 정하는 부분'에 대한 심판청구를 각하하고[각하], ② 협의로 지정된 자녀가 없는 경우 국가유공자를 주로 부양한 자녀를 선순위 유족으로 정하는 규정 중 '자녀 중 국가유공자를 주로 부양한 사람을 선순위자로 정하는 부분'은 헌법에 위반되지 아니하며[합헌], ③ 협의로 지정되거나 주로 부양한 자녀가 없는 경우 나이가 많은 자녀를 선순위 유족으로 정하는 규정 중 '자녀 중 나이가 많은 사람을 선순위자로 정하는 부분'은 헌법에 합치되지 아니한다[헌법불합치](헌재 2025.3.27. 2024헌가12등, 국가유공자 등 예우 및 지원에 관한 법률 제13조 제2항 제3호 위헌제청(헌법불합치,잠정적용,합헌,각하)).

[해설] 헌법재판소는 독립유공자의 유족보상금 수급권자를 독립유공자의 손자녀 중 1명에 한정하고, 그중 나이가 많은 자를 우선하도록 정한 '독립유공자예우에 관한 법률' 조항(헌재 2013.10.24. 2011헌마724), 재해사망군경의 유족보상금 수급권자를 재해사망군경의 부모 중 1명에 한정하고 그중 나이가 많은 자를 우선하도록 정한 '보훈보상대상자 지원에 관한 법률' 조항(헌재 2018.6.28. 2016헌가14), 6 · 25전몰군경자녀에게 6 · 25전몰군경자녀수당을 지급하면서 그 수급권자를 6 · 25전몰군경자녀 중 1명에 한정하고, 나이가 많은 자를 우선하도록 정한 '국가유공자 등 예우 및 지원에 관한 법률' 조항(헌재 2021.3.25. 2018헌가6)에 각 헌법불합치 결정을 선고한 바 있다. 위 결정들과 유사한 취지에서, 연장자우선조항이 국가유공자의 자녀 중 나이가 많은 자를 선순위 수급권자로 정하는 것은 국가유공자법의 각종 보상이 가지는 사회보장적 성격에 부합하지 아니하고, 나이가 많다는 우연한 사정을 기준으로 보상의 지급순위를 정하는 것에 합리적인 이유가 있다고 볼 수 없으므로, 평등원칙에 위반된다고 판단하였다.

다만, 2000헌마25 결정에서 헌법재판소는 헌법 제32조 제6항의 "국가유공자 · 상이군경 및 전몰군경의 유가족은 법률이 정하는 바에 의하여 우선적으로 근로의 기회를 부여받는다"라는 규정을 넓게 해석하여, 이 조항이 국가유공자 본인뿐만 아니라 그 가족들에 대한 취업보호제도(가산점)의 근거가 될 수 있다고 보았다. 그러나 ① 가산점의 대상이 되는 국가유공자와 그 가족의 수가 과거에 비하여 비약적으로 증가하고 있는 현실과, ② 취업보호대상자에서 가족이 차지하는 비율, ③ 공무원시험의 경쟁이 갈수록 치열하여지는 상황을 고려할 때, 위 조항의 폭넓은 해석은 필연적으로 일반 응시자의 공무담임의 기회를 제약하게 되는 결과가 될 수 있으므로 위 조항은 엄격하게 해석할 필요가 있다. 이러한 관점에서 헌법재판소는 "위 조항의 대상자는 조문의 문리해석대로 '국가유공자', '상이군경', 그리고 '전몰군경의 유가족'이라고 봄이 상당하다"라고 하여 종전 판례를 변경하여 국가유공자의 자녀에 대한 공무원채용에 있어서의 일정한 우대는 위헌이라고 판시하였다(헌재 2006.2.23. 2004헌마675등, 국가유공자등예우및지원에 관한법률 제31조 제1항 등 위헌확인(헌법불합치,잠정적용)).

헌법재판소의 헌법불합치결정으로 채용시험에서 국가유공자, 상이군경, 전몰군경의 유가족의 경우에는 만점의 10%를, 국가유공자의 가족과 유족 등의 경우에는 만점의 5%를 가점하도록 '국가유공자 등 예우 및 지원에 관한 법률'이 개정되었다(제31조).

한편 '제대군인지원에 관한 법률'에서 제대군인이 공무원채용시험 등에 응시한 때에 과목별 득점에 과목별 만점의 5% 또는 3%를 가산하는 제대군인가산점제도는 위헌이라고 판시하였다. 이에 따라 이 법률은 제대군인의 채용시험 응시연령을 3세의 범위 내에서 연장할 수 있고, 군복무기간을 근무경력으로 포함할 수 있도록 개정되었다(제18조).

가산점제도는 국방의무에 관한 "헌법 제39조 제2항의 범위를 넘어 제대군인에게 일종의 적극적 보상조치를 취하는 제도라고 할 것이므로, 이를 헌법 제39조 제2항에 근거한 제도라고 할 수 없고, 제대군인은 헌법 제32조 제6항에 규정된 '국가유공자 · 상이군경 및 전몰군경의 유가족'에 해당하지 아니하므로 이 헌법조항도 가산점제도의 근거가 될 수 없으며, 달리 헌법상의 근거를 찾아볼 수 없다"(헌재 1999.12.23. 98헌마363, 제대군인지원에관한법률 제8조 제1항 등 위헌확인(위헌)).

Ⅳ. 평등권의 제한

1. 헌법상 평등권의 예외로서의 특권

헌법상 예외적으로 특권이 인정되는 경우가 있는데, 이는 곧 평등권의 예외조항이다. 헌법 제8조에서는 정당에 대하여 일반결사보다 특권을 인정함으로써 정당국가적 경향을 반영한다. 또한 대통령은 재직 중 형사상 특권(제84조)을 향유하며, 국회의원은 면책특권(제45조)과 불체포특권(제44조)을 가진다. 국가유공자 · 상이군경 및 전몰군경의 유가족의 취업우선권(제32조 제6항)도 보장된다.

"국가유공자인 공상(公傷)공무원에 국 · 공립학교 교원만을 포함시키고 사립학교 교원을 포함시키지 아니한 것은 보훈대상의 범위 · 내용 등에 관한 입법자의 입법형성의 자유에 속하는 입법정책의 문제로서 합리적인 근거와 이유있는 차별이므로 청구인의 평등권을 침해하였다고 볼 수 없다"(헌재 1994.6.30. 91헌마161, 국가유공자의예우등에관한법률 제4조 등에 대한 헌법소원(기각,각하)); 공상공무원을 공상군경과는 달리 연금지급대상자에 포함하지 아니한 것은 합헌이다(헌재 2001.6.28. 99헌바32, 구 국가유공자예우등에관한법률 제12조 제1항 위헌소원(합헌)).

2. 헌법상 공무원에 대한 제한

(ⅰ) 공무원인 근로자는 법률이 정하는 자에 한하여 단결권·단체교섭권·단체행동권을 가진다(제33조 제2항). 군인·군무원·경찰공무원 기타 법률이 정한 자의 이중배상청구(二重賠償請求)는 금지된다(제29조 제2항). 군인·군무원에 대한 국가배상청구권을 법률로써 세한은 위헌이라는 내법원판결(대판 1971.6.22. 70다1010)이 있었으나, 1972년 제4공화국헌법 이래 현행헌법에도 이중배상금지조항이 존치한다.

그런데 대법원이 위헌판결을 내린 후에 헌법전으로의 도피는 민주법치주의원리에 대한 중대한 도전이다. 이와 관련하여 헌법재판소는 "헌법의 개별규정 그 자체의 위헌 여부"에 관한 판단은 헌법재판소의 관장사항이 아니라고 판시한다(헌재 1995.12.28. 95헌바3, 국가배상법 제2조 제1항 등 위헌소원(합헌,각하)). 헌법규범상 헌법재판소는 위헌헌법심판권을 가지지 아니하기 때문에 불가피한 선택이라고 볼 수도 있다. 그러나 헌법재판소가 보다 적극적이고 실질적인 헌법판단을 한다면 위헌적인 헌법조항의 사실상 무효를 선언할 수도 있다.

(ⅱ) 그 밖에도 군인·군무원은 군사법원관할(제27조 제2항)에 속하고, 군인은 현역을 면한 후가 아니면 국무총리·국무위원에 임명될 수 없다(제86조 제3항, 제87조 제4항). 국회의원과 대통령은 법률이 정하는 직을 겸할 수 없다(제43조·제83조). 또한 법률이 정하는 주요방위산업체에 종사하는 근로자의 단체행동권은 법률이 정하는 바에 의하여 이를 제한하거나 인정하지 아니할 수 있다(제33조 제3항).

3. 법률상 제한

(ⅰ) 헌법 제37조 제2항에 따라 평등권도 국가안전보장·질서유지 또는 공공복리를 위하여 필요한 경우에 법률로써 제한할 수 있다. 다만, 평등권을 제한하는 법률의 위헌 여부를 판단함에 있어서는, 헌법 제11조를 비롯한 헌법상 평등조항과 헌법 제37조 제2항과의 관계를 고려하여야 한다. 이 경우 헌법 제37조 제2항의 기본권침해 여부에 대한 일반기준인 과잉금지의 원칙뿐만 아니라, 평등권에 특화된 심사기준인 자의금지원칙과 비례성 원칙에 준거하여 판단하여야 한다.

> 농어촌등보건의료를위한특별조치법이 시행되기 이전에 공중보건의사로 복무한 사람이 사립학교 교직원으로 임용된 경우 공중보건의사로 복무한 기간을 사립학교 교직원 재직기간에 산입하도록 규정하지 않은 '사립학교교직원 연금법' 규정은 평등원칙에 합치되지 아니한다(헌재 2016.2.25. 2015헌가15, 사립학교교직원 연금법 제31조 제2항 위헌제청(헌법불합치,잠정적용)).

경찰공무원은 그 직무 범위와 권한이 포괄적인 점, 특히 경사 계급은 현장수사의 핵심 인력으로서 직무수행과 관련하여 많은 대민접촉이 이루어지므로 민사 분쟁에 개입하거나 금품을 수수하는 등의 비리 개연성이 높다는 점 등을 종합하여 보면, 대민접촉이 거의 전무한 교육공무원이나 군인 등과 달리 경찰업무의 특수성을 고려하여 경사 계급까지 재산등록의무 부과는 합리적인 이유가 있다(헌재 2010.10.28. 2009헌마544, 공직자윤리법 제3조 제1항 제13호 등 위헌확인(기각,각하)).

"여호주가 사망하거나 출가하여 호주상속이 없이 절가(絶家)된 경우, 유산은 그 절가된 가(家)의 가족이 승계하고 가족이 없을 때는 출가녀(出嫁女)가 승계한다"는 구 관습법은 헌법소원심판의 대상이 되고 평등원칙에 위배되지 아니한다(헌재 2016.4.28. 2013헌바396등, 상속에 관한 관습법 위헌소원 등(합헌)).

국민건강보험공단이 보험급여사유를 발생시켜 보험급여를 하게 한 제3자에 대하여 구상권을 취득할 수 있도록 한 규정(헌재 2012.5.31. 2011헌바127, 국민건강보험법 제53조 제1항 위헌소원(합헌)), 근로자의 날을 관공서의 공휴일에 포함시키지 않은 '규정'(헌재 2015.5.28. 2013헌마343, 관공서의 공휴일에 관한 규정 제2조 위헌확인(기각))(7:2)(헌재 2022.8.31. 2020헌마1025, 관공서의 공휴일에 관한 규정 제2조 본문 위헌확인(기각)), 전문과목을 표시한 치과의원은 그 표시한 전문과목에 해당하는 환자만을 진료하여야 한다는 규정(헌재 2015.5.28. 2013헌마799, 의료법 제77조 제3항 위헌확인(위헌)), 모집정원의 70%를 임직원 자녀 전형으로 선발하고 10%만을 일반전형으로 선발하는 내용의 ○○고교 입학전형요강에 대한 충청남도 교육감의 승인(헌재 2015.11.26. 2014헌마145, 2014년도 충남○○고등학교 신입생 입학전형요강 승인 위헌확인(기각,각하)), "대한민국고엽제전우회의 회원으로 가입한 사람은 월남전참전자회의 회원이 될 수 없다."라는 규정(헌재 2016.4.28. 2014헌바442, 참전유공자 예우 및 단체설립에 관한 법률 제19조 단서 위헌소원(합헌)), 현역병 및 사회복무요원과 달리 공무원의 초임호봉 획정에 인정되는 경력에 산업기능요원의 경력을 제외하도록 한 공무원보수 규정(헌재 2016.6.30. 2014헌마192, 공무원보수규정 제8조 제2항 별표16 위헌확인(기각)), 선발예정인원이 3명 이하인 채용시험의 경우 국가유공자법상 가점 배제(헌재 2016.9.29. 2014헌마541, 국가유공자 등 예우 및 지원에 관한 법률 제31조 제3항 위헌확인(기각)) 등.

(ii) 공무원 등 **특수신분관계**에 있는 사람에 대하여는 국가공무원법 등에서 일반 사인과는 달리 여러 가지 제한이 가하여진다. 예컨대 공무원의 겸직금지・정당가입금지와 정치활동제한・복종의무・직장이탈금지 등이 그러하다. 특히 군인에 대하여는 영내근무(營內勤務)를 명할 수 있다. 또한 예외적으로 전과자에 대하여는 공무담임권 제한규정도 있다(제2편 제3장 제1절 제3항 Ⅶ. 4. E. (d); 제2절 제5항 Ⅳ. 3. 제3편 제1장).

"국가공무원법 제66조 제1항이 사실상 노무에 종사하는 공무원에 대하여서만 근로3권을 보장하고 그 이외의 공무원에 대하여는 근로3권의 행사를 제한함으로써 일반근로자 또는 사실상 노무에 종사하는 공무원의 경우와 달리 취급하는 것은 헌법 제33조 제2항에 그 근거를 두고 있을 뿐 아니라 합리적인 이유가 있다 할 것이므로 헌법상 평등의 원칙에 위반되"지 아니한다(헌재 1992.4.28. 90헌바27등, 국가공무원법 제66조에 대한 헌법소원(합헌); 헌재 2005. 10.27. 2003헌바50등, 지방공무원법 제58조 제1항 등 위헌소원(합헌); 헌재 2007.8.30. 2003헌바51등, 국가공무원법 제66조 제1항 등 위헌소원등(합헌)).

"**경찰공무원**에게는 일반공무원보다 더 높은 윤리성과 성실성 등이 요구된다고 할 것이어서 경찰공무원법에서 국가공무원법보다 다소 넓은 임용결격 및 당연퇴직의 사유를 설정(자격정지에 의하여도 당연퇴직)하였다 하더라도 그와 같은 차별은 합리적이고 정당"하다(헌재 1998.4.30. 96헌마7, 경찰공무원법 제21조 등 위헌확인(기각)).

전시 · 사변 등 국가비상사태에 있어서 전투에 종사하는 자에 대하여는 각령이 정하는 바에 의하여 전투근무수당을 지급하도록 한 구 군인보수법 제17조가 명확성원칙 및 평등원칙에 위반되지 아니한다(헌재 2023.8.31. 2020헌바594, 구 군인보수법 위헌소원(합헌)).

베트남전쟁 참전군인은 특수근무수당 또는 해외파견근무수당의 지급대상에 해당할 뿐, 구 군인보수법 제17조의 '전시 · 사변 등 국가비상사태에 있어서 전투에 종사하는 자'로서 전투근무수당의 지급대상에 해당한다고 볼 수 없으므로, 부작위의 자기관련성이 인정되지 아니한다(헌재 2023.8.31. 2022헌마17, 입법부작위 위헌소원(각하)).

Ⅴ. 평등권의 침해와 구제

평등권침해에 대하여는 일반적인 기본권침해에 대한 구제절차를 밟을 수 있다. 헌법상 마련된 구제수단으로서는 청원권(제26조), 재판청구권(제27조), 행정쟁송권(제107조 제2항 및 제3항, 제27조), 국가배상청구권(제29조), 형사보상청구권(제28조), 범죄피해자구조청구권(제30조), 위헌적인 법률 · 명령 · 규칙 · 처분심사제(제107조, 제111조), 헌법소원심판청구권(제111조 제1항 제5호) 등이 있다.

Ⅵ. 적극적 평등실현조치

1. 의의 및 특징

(ⅰ) 적극적 평등실현조치(잠정적 우대조치, affirmative action)란 역사적으로 사회로부터 차별을 받아 온 특정 집단에 대하여 차별로 인한 불이익을 보상하여 주기 위하여 그 집단의 구성원에게 취업 · 학교입학 등 사회적 이익을 직접 또는 간접적으로 부여하는 정부의 정책을 말한다. 이는 미국에서 발전된 이론이다.[1] 그런데 최근 미국 연방대법원은 대학입학에 있어서 이의 적용을 부인하여 논란이 일고 있다(*Students for Fain Admission v. Harvard*, 600 U.S. 181(2023)).

---

1) 김문현, 사례연구 헌법, 법원사; 김영환, 적극적 평등실현조치에 관한 연구, 영남대 법학박사학위논문, 1991.2; 이지영, 적극적 평등실현조치에 대한 미국 연방대법원의 심사, 헌법재판연구원, 2017; 최희경, "미국 대학입학정책에서의 적극적 평등실현조치의 위헌성여부", 세계헌법연구 25-2; 장선희, "여성의 정치적 대표성 제고를 위한 법제에 대한 평가와 개정의 방향에 관한 연구", 세계헌법연구 26-1; 이재희, 헌법상 평등보장과 간접차별금지, 헌법이론과 실무 2020-A-4; 윤성현, "하버드-아시아인 소송에서 인종을 고려한 대학입학정책과 아시안 차별에 대한 헌법적 검토", 공법연구 51-1; 김연진 · 지성우, "최근 미국 연방대법원의 변화된 엄격심사기준에 관한 고찰"; 김병록, "어퍼머티브 액션에 관한 고찰", 미국헌법연구 34-3; 이춘희, "적극적 평등실현조치에 관한 미연방대법원의 최근 판결(SFFA)과 그 시사점", 공법연구 52-3; 김주현, "헌법 제11조 평등개념에 대한 새로운 해석-적극적 평등", 법학(서울대) 65-4.

(ii) 적극적 평등실현조치는 ① 기회의 평등보다 결과의 평등·실질적 평등을 추구하는 정책이고, ② 개인보다 집단에 초점을 맞춘 개념이며, ③ 항구적 정책이 아니라 구제목적을 달성하게 되면 종료하게 되는 잠정적 조치이다(헌재 1999.12.23. 98헌마363, 제대군인지원에관한법률 제8조 제1항 등 위헌확인(위헌)).

2. 적극적 평등실현조치의 인정 여부

(i) 적극적 평등실현조치를 긍정하는 견해에 의하면, ① 소수집단의 구성원들은 소수집단에 속한다는 사실만으로도 과거의 차별에 대하여 보상을 받을 자격이 있고, ② 현재와 앞으로의 기회균등을 위하여 과거에 공정한 경쟁 참가 기회를 박탈당한 소수인종·여성들에게 일시적으로 더 많은 혜택을 주어 진정한 기회균등이 이루어질 수 있도록 하여야 한다고 본다.

(ii) 하지만, 적극적 평등실현조치를 부정하는 견해에 의하면, ① 기회의 균등원칙에 어긋나며, ② 모든 소수인종이나 여성이 개인적으로 차별받지는 아니하고 소수인종이나 여성이 아닌 자도 차별의 피해자일 수 있으므로 우선적 처우의 개별화가 바람직하며, ③ 과거에 소수가 차별받은 사실 때문에 차별을 야기하지도 아니한 다수를 희생하여서는 아니 되며, ④ 차별받은 소수의 희생에 따른 반사적인 이익을 받았을 뿐인 다수에 대한 차별은 역차별이라고 본다.

(iii) 생각건대 미국 연방대법원이 적절히 판시한 바와 같이, 적극적 평등실현조치를 위하여 일의적 기준을 제시하여 모든 관계자에 대한 동일한 적용은 위헌이지만, 구체적 타당성에 기초한 적극적 평등실현조치는 합헌적이다. 예컨대 대학입학에 있어서 유색인종에게 일의적 가산점 부여는 위헌이지만, 유색인종 중에서 개별적으로 판단하여 정당한 사유가 있을 때 가산점 부여는 합헌이다.

미국 연방대법원은 *Gratz v. Bollinger*, 539 U.S. 24(2003) 사건에서 특정소수민족 학부지원자에게 일률적으로 20점을 부여하도록 하는 미시간대학의 학부입학정책에 대하여 위헌이라고 판시하였다. 그러나 입학사정을 할 때 인종을 하나의 요소로 고려하는 미시간대학 법학대학원의 입학정책에 대하여는 합헌으로 판시하였다(*Grutter v. Bollinger*, 539. U.S. 306(2003)).

한편 연방대법원은 *Schuette v. Coalition to Defend Affirmative Action*, 572 U.S. 291 (2014) 사건에서 미시간 주가 주민투표를 통하여 공립대학들의 소수계 우대정책을 금지하는 주 헌법개정에 대하여 대법관 6:2로 합헌결정을 내렸다. 한편 최근에는 적극적 평등실현조치가 오히려 아시아계 학생들에게 불리하다는 비판이 제기된다.

3. 적극적 평등실현조치의 심사기준

적극적 평등실현조치는 상대 집단에 대한 역차별을 야기한다. 따라서 적극적 평등실현조치를 인정하더라도 일정한 제한과 한계가 불가피하다. 그 제한과 한계를 판단하는 기준에 대하여는 논란이 있다. 이에 관하여는 일률적인 기준을 적용하기는 쉽지 아니하기 때문에 구체적인 사안의 특성을 적극적으로 고려하여 판단하여야 한다. 즉 인종차별 문제는 엄격한 심사기준이 작동되어야 한다. 다른 한편 남녀차별의 경우에는 합리적 심사기준이 적용되어도 무방하다.

4. 적극적 평등실현조치의 한국에서의 적용

(i) 한국에서도 적극적 평등실현조치와 관련된 법제가 시행되고 있다. 국가공무원법과 지방공무원법에서는 여성·장애인·이공계전공자 및 저소득층 등 공직 내 소수집단에 대하여 대통령령 등이 정하는 바에 따라 채용·전보·승진 등에 있어 적극적인 우대와 실질적 양성평등의 구현을 위한 정책을 실시할 수 있도록 규정한다(국가공무원법 제26조 단서·지방공무원법 제25조 단서). 교육공무원법은 국·공립대학 교수채용 시 특정 성별이 4분의 3을 초과하지 아니하도록 노력하여야 한다고 규정하여 여성 교수 채용을 강화한다(제11조의5). 헌법재판소도 "여성공무원채용목표제는 이른바 잠정적 우대조치로 시행되는 제도"로서 제대군인가산점제도와는 제도의 취지 및 기능이 다르다고 판시한다(헌재 1999.12.23. 98헌마363, 제대군인지원에관한법률 제8조 제1항 등 위헌확인(위헌)). 그런데 여성채용목표제는 남성에 대한 역차별 문제가 제기되어 여성채용목표제를 발전적으로 개선·보완하여 공직 내 양성의 평등을 제고하고 남녀의 성비의 균형을 도모할 수 있도록 공무원임용시험령을 개정하여 2003년부터 양성평등채용목표제를 도입한다.

(ii) 정치자금법에서는 공직후보자 여성추천보조금제도(제26조) 및 장애인추천보조금제도(제26조의2)를 도입하고, 공직선거법(제47조)에서도 비례대표후보자에 대한 50% 이상 여성공천할당제를 도입한다. 양성평등기본법은 "국가와 지방자치단체는 차별로 인하여 특정 성별의 참여가 현저히 부진한 분야에 대하여 합리적인 범위에서 해당 성별의 참여를 촉진하기 위하여 적극적 조치를 취하도록 노력하여야 한다. 여성가족부장관은 국가기관 및 지방자치단체의 장에게 제1항에 따른 적극적 조치를 취하도록 권고하고, 그 이행 결과를 점검하여야 한다"라고 규정하여 실질적 양성평등을 촉진하기 위한 적극적 조치제도를 도입한다(제20조). 그 밖에도 '남녀고용평등과 일·가정 양립 지원에 관한 법률' 등에서도 이러한 취지를 반영한

다("'적극적 고용개선조치'란 현존하는 남녀 간의 고용차별을 없애거나 고용평등을 촉진하기 위하여 잠정적으로 특정 성을 우대하는 조치를 말한다"(제2조 제3호)). 이처럼 한국에서는 인종문제가 아니라 주로 남녀불평등을 시정하기 위하여 적용된다.

Ⅶ. 간접차별

1. 문제의 소재

과거에는 직접차별의 경우만 평등권침해로 생각하고, 간접차별은 사회적 관습이나 고정관념에서 비롯된 사안으로 평등권을 침해하는 차별행위가 아니라 사실문제에 불과하다고 보았고, 그 결과 법적인 구제도 소홀히 하였다. 하지만, 오늘날 간접차별은 사회적 관습 또는 고정관념을 매개로 평등권을 침해하는 차별행위로 다루어야 한다는 인식이 제기된다.[1]

2. 간접차별의 의미

(i) 간접차별은 직접차별에 비하여 그 개념이 다소 불분명한 점도 있지만 일반적으로 ① 다수의 집단에 동일한 기준을 적용하지만, ② 사회적 고정관념·관행·제도·사실상의 차이 때문에, ③ 결과적으로 불평등한 경우를 의미한다.

(ii) 예를 들면, 교도관을 채용하면서 남자와 여자에게 동일한 키와 몸무게를 요구하는 경우 남자가 훨씬 유리할 수밖에 없고, 동일한 회사에 근무하는 부부에 대하여 둘 중 한 명에게 사직을 요구할 경우 바깥일은 남자가 하여야 한다는 고정관념 때문에 대부분 여자가 그만두게 되고, 소득공제의 대상을 부양가족이 있는 세대주로 제한하는 경우 세대주라는 별개의 제도 때문에 소득공제에서 동일한 기준이 적용되더라도 여자가 차별받는 경우 등이 여기에 해당한다.

3. 한국에서의 인정 여부

(구)'남녀차별금지 및 구제에 관한 법률'에서 간접차별의 개념을 도입하여 "남성과 여성에 대한 적용조건이 양성 중립적이거나 성별에 관계없는 표현으로 제시되었다고 하더라도 그 조건을 충족시킬 수 있는 남성 또는 여성이 다른 한 성에 비하여 현저히 적고 그로 인하여 특정 성에게 불리한 결과를 초래하며 그 조건

---

1) 정인섭 편, 사회적 차별과 법의 지배, 박영사; 이준일, "소수자와 평등원칙", 헌법학연구 8-4; 이준일, 인권법, 홍문사, 2012; 정주백, "간접차별 개념의 필요성에 관한 관견-헌재 1999.12.23. 98헌마363에 대한 평석을 겸하여", 헌법학연구 22-1.

이 정당한 것임을 입증할 수 없는 때에도 이를 남녀차별로 본다"(제2조 제1호)라고 규정한 바 있다. 또한 '남녀고용평등과 일 · 가정 양립 지원에 관한 법률' 역시 "사업주가 채용조건이나 근로조건은 동일하게 적용하더라도 그 조건을 충족할 수 있는 남성 또는 여성이 다른 한 성(性)에 비하여 현저히 적고 그에 따라 특정 성에게 불리한 결과를 초래하며 그 조건이 정당한 것임을 증명할 수 없는 경우를 포함한다"(제2조)라고 규정하는데, 이는 간접차별의 개념을 도입한 규정으로 볼 수 있다.

4. 간접차별의 심사기준

(i) 어느 정도 불평등한 결과가 있는 경우에 간접차별로 볼지에 대한 문제점이 여전히 남는다. 왜냐하면 집단 사이의 '동일하지 아니함'은 오히려 자연스럽고, 따라서 일정범위를 벗어난 결과상의 불평등이 있을 때에만 차별의 경우로 볼 수 있기 때문이다.

미국고용평등위원회는 어떠한 고용상의 기준에 의하여 소수집단의 비율이 다수집단의 비율의 4/5 미만일 경우에 그 기준을 소수집단에게 불평등 효과를 야기하므로 간접차별에 해당한다고 판단한다.

국립대학교 법학전문대학원에 입학원서를 제출한 제칠일안식일예수재림교 신자가 1단계 서류전형 평가 합격 통지와 함께 토요일 오전반으로 면접고사 일정이 지정되자, 토요일 일몰 전에 세속적 행위를 금지하는 안식일에 관한 종교적 신념을 지키기 위하여 면접 일정을 토요일 오후 마지막 순번으로 변경하여 달라는 취지의 이의신청서를 제출하였으나, 총장이 이를 거부하고 면접평가 불응을 이유로 한 불합격 통지는 종교적 신념을 이유로 받게 된 중대한 불이익을 방치함으로써 헌법상 평등원칙을 위반한 것으로 불합격처분은 취소되어야 한다(대판 2024.4.4. 2022두56661[입학전형이의신청거부처분및불합격처분취소의소]).

(ii) 따라서 간접차별의 경우에는 ① 중립적인 조건을 적용하였으나, ② 사회적 고정관념 · 관행 · 인식 등의 사실상의 이유 때문에, ③ 일부에 대하여 중대한 불이익한 결과를 가져왔는지를 살펴봄으로써 "간접차별이 있는지를" 먼저 판단한 후에, ④ 합리적인 이유가 있는지를 평등권침해의 심사기준(자의금지원칙과 비례의 원칙)을 통하여 판단하여야 한다.

Ⅷ. 결 어

평등원리 · 평등권은 국민의 가장 본질적이고 기본적인 권리이기 때문에 입법자는 법률을 제정할 때, 행정부는 법을 집행할 때, 사법부는 법적 분쟁을 해결할 때 반드시 유념하여야 할 기본규범이다. 국가생활에 있어서 국민들의 실질적 평등이 구현될 수 있도록 하는 노력은 바로 국가의 의무이기도 하다. 특히 편견(偏見)에 따른 소수자에 대한 차별은 보다 적극적으로 시정하여야 한다.

제4장 자 유 권

제1절 자유권의 일반이론

Ⅰ. 의의: 자유와 안전을 향한 역사

(i) 인류의 역사는 자유(自由)를 향한 역사라 하여도 과언이 아니다. 근대입헌주의 이전에도 이미 인간의 자유를 구현하기 위한 노력이 계속되어왔다. 마그나 카르타(1215년), 권리청원(1628년), 인신보호법(Habeas Corps Act, 1679년), 권리장전(1689년)을 통한 일련의 자유권 쟁취는 영국 민주주의의 발전사이다. 천부인권으로서의 자유권은 자유주의·개인주의에 기초한 근대자연법론의 사상적 영향 아래 미국의 독립선언과 프랑스의 인권선언을 통하여 헌법상 기본원리로 자리잡았다. 그 이후에 탄생한 헌법에서는 자유권을 헌법상 권리로 규정하기에 이르렀고, 그것은 곧 자연권인 자유권의 실정권화를 의미한다. 그러나 지난 2세기에 걸쳐 펼쳐진 인권의 발전과정에서 자유권은 사회권(생존권)이라는 새로운 권리의 전개에 따른 도전을 받기도 하였다. 다른 한편 제2차 세계대전 기간에 자행된 비인간적인 행태에 대한 반성적 성찰로서 자연법의 재생이 논의되어왔다.

(ii) 특히 인간의 자유는 삶의 안전과 결부되기 때문에 안전과 자유는 포괄적으로 논의되어야 한다. 즉 외부로부터 가하여지는 정신적·물질적 위험으로부터의 안전은 자율적·임의적으로 활동할 수 있는 자유와 상호 연계되어 있다.[1] 근대입헌주의 시대에는 국가권력으로부터 자유를 보장하기 위한 자유권 중심의 기본권이 형성되었다. 하지만, 현대적인 위기사회에 직면하여 이제 안전을 담보하지 아니한 자유는 자칫 공허한 자유를 위한 자유로만 머무를 우려를 지울 수 없다. 이에 자유는 안전과 동반하는 결합체로 작동하여야 한다.

---

1) 송석윤, "기본권으로서의 안전권에 관한 시론적 연구", 이화여대 법학논집 8-1; 김소연, "기본권으로서의 안전권 인정에 대한 헌법적 고찰", 공법연구 45-3; 박찬권, "과학기술의 발전에 있어 안전권이 갖는 헌법상 의미에 관한 고찰 Ⅰ", 공법연구 53-3.

Ⅱ. 자유권의 법적 성격

1. 제한가능한 상대적 자연권으로서의 자유권

(i) 법실증주의의 논리에 따르면 인간의 자유는 전(前)국가적일 수 있으나, 권리로서의 자유권은 국가 안에서의 자유를 의미하므로, 자유권은 자연법적 권리가 아니라 국가 내적인 권리에 불과하다.

(ii) 그런데 자연법적 권리로서의 자유권은 국가로부터의 자유, 즉 국가권력으로부터 침해를 받지 아니할 소극적 권리이다. 하지만, 자유권은 국법질서체계 안에서 일정한 제한이 가능하다. 따라서 자유권도 헌법 제37조 제2항에 따라 법률에 의한 제한이 가능하다. 헌법 제10조 후문에서 "국가는 개인이 가지는 불가침의 기본적 인권을 확인하고" 라고 규정하고 있으므로 한국헌법상 자유권은 자연권인 자유권의 실정헌법으로의 구현이라고 보아야 한다.

(iii) 자유권의 자연권적 성격에 비추어 보건대, 자유권은 국민으로서의 권리에 한정되지 아니하고 인간의 권리로서의 특성을 가지기 때문에 자유권은 원칙적으로 내국인뿐만 아니라 외국인도 누릴 수 있는 권리이다.

2. 자유권의 소극적 · 방어권적 성격

(i) 자유권은 적극적으로 국가에 대하여 작위를 청구하는 권리가 아니라, 소극적으로 국가권력에 의한 침해를 배제할 수 있는 방어권이다. 이와 같은 자유권의 소극적 성격으로 인하여 자유권의 권리성을 부인하는 견해가 제기된 바 있다. 즉 켈젠(H. Kelsen)은 자유권의 권리성을 부인하면서, 자유란 실정법상 자유의 제한에 관한 규정을 두지 아니함으로써 얻게 되는 반사적 이익에 불과하다고 본다. 그러나 자유권이 국가권력에 의한 침해에 대하여 그 침해배제를 청구할 수 있는 소극적인 성격을 가진다고 하여 자유권의 권리성(공권성)을 부인할 수는 없다.

(ii) 국가에 대한 방어권으로서 자유권은 모든 국가권력을 구속한다. 다만, 사인 사이에는 원칙적으로 간접적용된다(간접적용설).

3. 자유권의 포괄적 권리성

(i) 자유권의 자연권적 성격을 부인하는 실정권설에 의하면, 자유권은 원칙적으로 헌법의 개별적 규정에서 열거되어 있어야 하지만 헌법 제37조 제1항에 따

라 헌법에 열거되지 아니한 자유권이 창설될 수 있다고 본다.

(ii) 그러나 자연권설에 의하면 헌법규정상 개별적으로 열거된 자유권은 예시적인 나열에 불과하다. 따라서 자유권은 헌법 제10조에서 보장되는 기본적 인권으로서 헌법에 열거되지 아니하더라도 보장되며, 헌법 제37조 제1항은 자유권의 포괄적 권리성을 재확인하는 데 불과하다. 이에 따라 자연법론의 시각에서 헌법 제37조 제1항을 주의적·선언적 규정에 불과하다고 보는 견해도 같은 맥락에서 이해할 수 있다(김철수(상) 669면).

Ⅲ. 자유권의 분류와 체계

(i) 헌법상 자유권은 헌법에 열거된 자유권과 헌법에 열거되지 아니한 자유권으로 분류할 수 있다. 다른 한편 자유권을 일반적(포괄적) 자유권과 파생적(개별적·구체적) 자유권으로 분류하여, 헌법 제10조 인간의 존엄과 가치·행복추구권으로부터 일반적 행동자유권이 도출되기 때문에 이를 주자유권으로 이해하고, 이 일반적 행동자유권으로부터 헌법에 열거되지 아니한 자유권이 파생된다는 견해도 있다(김철수(상) 671면). 이 견해에 의하면 행복추구권(일반적 행동자유권)과 개별적 자유권은 일반법과 특별법의 관계에 있게 된다.

(ii) 일반적으로 자유권은 그 내용에 따라 분류된다. 인간의 신체 및 정신의 안전과 자유는 가장 고전적이고 기본적인 자유권이다. 그다음에 인간의 사생활 및 사회·경제적 안전과 자유를 들 수 있다. 그런데 사회·경제적 자유는 현대적인 사회권(생존권)이 발전하면서 사회권과 상호연대적인 성격을 띠고 있다. 또한 주권자로서 누리는 정치적 자유는 참정권과 직접적으로 연계된다.

(iii) 자유권의 성질에 따라 고립된 개인으로서의 개인적 자유권과 공동체생활을 전제로 한 집단적 자유권으로 나누어 볼 수도 있다. 학자에 따라서는 자유권에 한정하지 아니하고 기본권 전체를 개인적 기본권과 집단적 기본권으로 나누어 설명하기도 한다(성낙인, 헌법과 국가정체성, 박영사, 2018, 300면 이하 참조. 예컨대 Jean Morange).

(iv) 생각건대 기본권의 분류와 체계가 완결적일 수 없듯이 자유권의 분류 또한 일의적으로 정립하기 어려운 점이 있다. 다만, 본서에서는 편의상 자유권의 성질과 내용에 따라 다음과 같이 분류하기로 한다. 즉 첫째, 자유는 사람의 인신 즉 신체 그 자체의 안전과 자유로부터 비롯된다. 둘째, 사람의 정신세계의 안전과 자유의 보장으로 이어진다. 셋째, 이제 인신과 정신의 안전과 자유가 확보된 이후에

는 사람을 둘러싼 사생활의 안전과 자유의 보장으로 이어진다. 넷째, 궁극적으로 자본주의 사회에서 사람의 물질적 생활과 직결되는 사회·경제적 안전과 자유로 연결된다. 이러한 분류에 따르다면 자유권의 안전과 자유의 보장은 순차적으로 그 강도에서 차이가 나게 된다.

자 유 권

(1) 인신의 안전과 자유
(2) 정신의 안전과 자유
(3) 사생활의 안전과 자유
(4) 사회·경제적 안전과 자유

제 2 절 인신의 안전과 자유

(ⅰ) 인신(人身)의 안전과 자유는 인간의 가장 원초적인 요구이다. 이에 인신의 안전과 활동의 자유는 바로 헌법 제10조 인간의 존엄과 가치 · 행복추구권의 내용이 될 뿐만 아니라, 헌법 제12조를 비롯한 신체의 안전과 자유의 기본적 내용이기도 하다. 헌법상 인신의 안전과 자유의 범위를 헌법 제12조 이하에서 규정하는 신체의 자유, 즉 신체활동의 자유에 한정하는 견해는 생명권이나 신체를 훼손당하지 아니할 권리를 인간의 존엄과 가치 · 행복추구권의 내용으로 본다. 이와 같은 논의는 아마도 현행헌법에 생명권이나 신체를 훼손당하지 아니할 권리에 관한 명문의 규정이 없기 때문이기도 하다.

(ⅱ) 헌법 제12조 제1항 전문의 "모든 국민은 신체의 자유를 가진다"라는 신체의 (안전과) 자유를 보장하는 규정은 "신체의 안전성이 외부로부터의 물리적인 힘이나 정신적인 위험으로부터 침해당하지 아니할 자유와 신체활동을 임의적이고 자율적으로 할 수 있는 자유"를 말한다(헌재 1992.12.24. 92헌가8, 형사소송법 제331조 단서규정에 대한 위헌심판(위헌)). 헌법재판소는 "신체의 자유는 신체의 안전과 신체활동의 자유"를 의미하며, 제12조 제1항 전문의 신체의 자유는 넓은 의미의 신체의 자유로 본다.

(ⅲ) 생각건대 신체의 자유를 신체활동의 자유로 좁게 보는 견해나, 신체의 안전까지 포괄하는 넓은 의미로 보거나 그 논의의 본질에서 차이가 존재하지 아니한다. 본서에서는 논의의 편의상 인신의 안전과 자유를 넓게 이해하여 생명권 · 신체를 훼손당하지 아니할 권리에 이어 제12조 이하의 신체의 안전과 자유를 설명하고자 한다. 다만, 헌법 제36조 제3항의 건강의 권리는 인신의 안전과 자유와 직접적으로 연계되지만 그 권리의 연원이나 성격에 비추어 볼 때 사회권에서 논의하는 것이 적절하다고 본다.

제1항 생 명 권

Ⅰ. 의 의

1. 생명권의 헌법상 근거

(ⅰ) 제2차 세계대전 와중에 자행된 인간존엄성 말살에 대한 반성적 성찰로서 유엔 인권선언, '집단살해 방지와 처벌에 관한 협약', 유럽 인권협약 등에서 생명권을 규정한다. 더 나아가 1949년 제정된 독일기본법에서는 생명권뿐만 아니라 신체를 훼손당하지 아니할 권리 · 사형 폐지를 규정한다.

(ⅱ) 하지만, 한국헌법에는 생명권(生命權)에 관한 명문의 규정이 없다. 이에 생명권의 헌법적 근거에 관하여는 헌법 제10조의 인간의 존엄과 가치 · 행복추구권으로부터 비롯된다는 견해(김철수)와 헌법 제10조와 제12조의 신체의 자유 또는 헌법 제37조 제1항으로부터 비롯된다는 견해(권영성)가 있다.

(ⅲ) 생각건대 생명권의 헌법적 근거는 헌법 제10조 인간의 존엄성에서 비롯될 뿐만 아니라 생명은 인간의 신체의 안전과 자유의 본원적 기초이므로 인신의 안전과 자유를 규정한 헌법 제12조도 함께 그 근거가 될 수 있다.

2. 생명권의 의의

생명권에 있어서 생명은 자연적인 개념으로서 "인간의 생명은 고귀하고, 이 세상에서 무엇과도 바꿀 수 없는 존엄한 인간존재의 근원이다. 이러한 생명에 대한 권리는 비록 헌법에 명문의 규정이 없다 하더라도 인간의 생존본능과 존재목적에 바탕을 둔 선험적이고 자연법적인 권리로서 헌법에 규정된 모든 기본권의 전제로서 기능하는 기본권 중의 기본권"이다(헌재 1996.11.28. 95헌바1, 형법 제250조 등 위헌소원(합헌,각하)).[1)]

"생명은 한번 잃으면 영원히 회복할 수 없고 이 세상 무엇과도 바꿀 수 없는 절대적 존재이며, 한 사람의 생명은 고귀하고 전지구보다도 무겁고 또 귀중하고 엄숙한 것이며 존엄한 인간존재의 근원이다"(대판 1967.9.19. 67도988).

---

1) 강철, "생명의 고귀성과 삶의 존엄성-연명의료 제도화를 위한 한 가지 제언", 공법연구 43-2; 김현귀, "연명의료중단의 허용범위 제한에 관한 헌법적 검토", 헌법학연구 21-3; 김민우, "연명치료중단의 허용요건에 관한 법적 쟁점과 과제", 유럽헌법연구 24; 문재완, "죽을 권리에 관한 연구-의사조력자살을 중심으로", 헌법학연구 26-1; 김주현 · 김정아, "치료거부권의 법적 현실", 세계헌법연구 30-2; 백수원, "죽을 권리에 대한 법적 · 사회적 인식 변화의 필요성과 헌법적 논의", 미국헌법연구 35-2.

Ⅱ. 생명권의 법적 성격

자연법적 권리로서의 생명권은 국가에 대하여 그 침해의 배제를 청구할 수 있는 국가에 대한 방어권으로서의 성격과 사인에 의한 생명권의 침해에 대하여는 국가의 기본권보장의무에 기초하여 국가에 대하여 보호를 요구할 수 있는 보호청구권의 성격을 가진다. 나아가서 국가에 대하여 생존을 위한 사회·경제적 여건의 마련을 요구할 수 있는 사회권적 성격도 가진다.

Ⅲ. 생명권의 주체

(i) 자연법적 권리로서의 생명권의 향유자는 내·외국인을 불문한다. 그러나 생명권의 본질에 비추어 법인이 아닌 자연인만이 그 주체가 될 수 있다. 생명권에서 생명의 시기(始期)는 민법이나 형법에서 논의하는 인간의 출생시기와 다소 차이가 있을 수 있다. 생명권에서 보호하고자 하는 생명은 모든 생명 있는 존재를 의미하기 때문에 독자적인 생존가능성이 있는 생명에 한정할 필요는 없다. 따라서 생명권의 생명에는 태아도 포함되어야 하나(헌재 2008.7.31. 2004헌바81, 민법 제3조 등 위헌소원(합헌)), 어느 시점부터 생명권의 주체가 될 수 있는지는 논란이 되고 있다. 특히 생명공학의 발달에 따라 배아(胚芽)를 생명권의 기본권 주체로 인정할 수 있는데, 인정하더라도 그 보호의 범위는 최소한에 그쳐야 한다.

1. 출생 전 형성 과정 중에 있는 생명에 대하여 기본권 주체성을 인정할 수 있는지, 어떤 시점부터 기본권 주체성을 인정할 수 있는지, 어떤 기본권에 대하여 기본권 주체성을 긍정할 수 있는지 등의 문제는 생물학적 지식을 토대로 한 자연과학·기술 발전성과 및 헌법의 규범론적 해석을 종합적으로 고려하여 결정하여야 한다. 예컨대 수정 후 14일이 경과하여 원시선(原始線)이 나타나기 전의 수정란(受精卵) 상태인 초기배아의 경우에는 기본권주체성을 인정하기 어렵다. 2. 법학자, 윤리학자, 철학자, 의사 등은 불편을 겪는다고 하더라도 사실적·간접적 불이익에 불과하므로 기본권침해의 가능성 및 자기관련성을 인정하기 어렵다. 3. 배아생성자는 배아에 대해 자신의 유전자정보가 담긴 신체의 일부를 제공하고, 또 배아가 모체에 성공적으로 착상하여 인간으로 출생할 경우 생물학적 부모로서의 지위를 갖게 되므로, 배아의 관리 또는 처분에 대한 결정권을 가진다. 이러한 배아생성자의 배아에 대한 결정권은 헌법상 명문으로 규정되어 있지는 아니하지만, 헌법 제10조로부터 도출되는 일반적 인격권의 한 유형으로서의 헌법상 권리이다. 다만, 배

아의 경우 형성 중에 있는 생명이라는 독특한 지위로 인하여 국가에 의한 적극적인 보호가 요구된다는 점, 배아의 관리·처분에는 공공복리 및 사회 윤리적 차원의 평가가 필연적으로 수반되지 않을 수 없다는 점에서도 그 제한의 필요성은 크다. 그러므로 배아생성자의 배아에 대한 자기결정권은 자기결정이라는 인격권적 측면에도 불구하고 배아의 법적 보호라는 헌법적 가치에 명백히 배치될 경우에는 그 제한의 필요성이 상대적으로 큰 기본권이다. 4. 배아에 대한 5년의 보존기간 및 보존기간 경과 후 폐기의무 규정은 그 입법목적의 정당성과 방법의 적절성이 인정되며, 입법목적을 실현하면서 기본권을 덜 침해하는 수단이 명백히 존재한다고 할 수 없는 점, 5년 동안의 보존기간이 임신을 원하는 사람들에게 배아를 이용할 기회를 부여하기에 명백히 불합리한 기간이라고 볼 수 없는 점, 배아 수의 지나친 증가와 그로 인한 사회적 비용의 증가 및 부적절한 연구목적의 이용가능성을 방지하여야 할 공익적 필요성의 정도가 배아생성자의 자기결정권이 제한됨으로 인한 불이익의 정도에 비해 작다고 볼 수 없는 점 등을 고려하면, 피해의 최소성에 반하거나 법익의 균형성을 잃었다고 보기 어렵다(헌재 2010.5.27. 2005헌마346, 생명윤리 및 안전에 관한 법률 제13조 제1항 등 위헌확인(기각,각하)).

(ii) 생명권의 주체라고 하더라도 자신의 생명을 마음대로 하는 데에는 일정한 제한이 뒤따르기 마련이다. 특히 자신의 생명처분권을 타인에게 위임할 수는 없다. 이때 그 타인은 형법상 자살교사죄 또는 자살방조죄로 처벌될 수 있다. 그러나 생명권의 주체는 자신의 생명을 주관적 결단에 의하여 포기할 수 있으므로 자살에 대하여 국가가 개입할 수는 없다. 즉 자살미수에 대한 형사처벌은 헌법에 위배된다. 자살에 대하여 국가가 형벌권을 발동하는 방법을 통하여 개입할 수는 없다고 하더라도, 자살은 사회적 전염성이 강하고 사회 전반에 큰 영향을 미치므로, 국민의 생명권을 보호하여야 할 제1차적 책임이 있는 국가는 자살예방정책과 생명존중문화 조성을 위한 대책 등을 수립하고 시행하여야 한다. 이에 따라 '자살예방 및 생명존중문화 조성을 위한 법률'이 제정되었다.

Washington v. Glucksberg, 521 U.S. 702(1997): 자살을 교사하거나 방조하는 행위를 불법으로 규정하여 금지하는 워싱턴주의 법률(Natural Death Act of 1979)은 수정헌법 제14조에 위반되지 아니한다.

Gonzales v. Oregon, 546 U.S. 243(2006): 불치병 환자가 희망하는 경우에 한하여 의사가 독약을 처방할 수 있도록 허용하는 오레건주의 법률(Death with Dignity Act)은 헌법에 위반되지 아니한다.

Ⅳ. 생명권의 효력

생명권은 그 법적 성격에 비추어 모든 국가권력을 구속하고, 사인 사이에도 효력이 미친다(간접적용설).

V. 생명권의 제한 및 한계

1. 법적 판단가능성

모든 생명은 등가적(等價的)으로 평가되어야 하며, 생명에 관한 사회적 또는 법적 평가는 원칙적으로 허용되지 아니한다. 그러나 타인의 생명을 부정하거나 둘 이상의 생명이 양립할 수 없는 경우에는 예외적으로 사회적 또는 법적 평가가 허용된다.

"헌법은 절대적 기본권을 명문으로 인정하고 있지 아니하며, 헌법 제37조 제2항에서는 국민의 모든 자유와 권리는 국가안전보장·질서유지 또는 공공복리를 위하여 필요한 경우에 한하여 법률로써 제한할 수 있도록 규정하고 있는바, 어느 개인의 생명권에 대한 보호가 곧바로 다른 개인의 생명권에 대한 제한이 될 수밖에 없거나, 특정한 인간에 대한 생명권의 제한이 일반국민의 생명 보호나 이에 준하는 매우 중대한 공익을 지키기 위하여 불가피한 경우에는 비록 생명이 이념적으로 절대적 가치를 지닌 것이라 하더라도 생명에 대한 법적 평가가 예외적으로 허용될 수 있다고 할 것이므로 생명권 역시 헌법 제37조 제2항에 의한 일반적 법률유보의 대상이 될 수밖에 없다"(헌재 2010.2.25. 2008헌가23, 형법 제41조 등 위헌제청(합헌,각하)).

"인간의 생명에 대하여는 함부로 사회과학적 혹은 법적인 평가가 행하여져서는 안 될 것이지만, 비록 생명에 대한 권리라고 하더라도 그것이 헌법상의 기본권으로서 법률상의 의미가 조영되어야 할 때에는 그 자체로서 모든 규범을 초월하여 영구히 타당한 권리로서 남아있어야 하는 것이라고 볼 수는 없다. 다시 말하면 한 생명의 가치만을 놓고 본다면 인간존엄성의 활력적인 기초를 의미하는 생명권은 절대적 기본권으로 보아야 함이 당연하고, 따라서 인간존엄성의 존중과 생명권의 보장이란 헌법정신에 비추어 볼 때 생명권에 대한 법률유보를 인정한다는 것은 이념적으로는 법리상 모순이라고 할 수도 있다. 그러나 현실적인 측면에서 볼 때 정당한 이유 없이 타인의 생명을 부정하거나 그에 못지아니한 중대한 공공이익을 침해한 경우에 국법은 그중에서 타인의 생명이나 공공의 이익을 우선하여 보호할 것인가의 규준을 제시하지 않을 수 없게 되고, 이러한 경우에는 비록 생명이 이념적으로 절대적 가치를 지닌 것이라 하더라도 생명에 대한 법적 평가가 예외적으로 허용될 수 있다고 할 것이므로, 생명권 역시 헌법 제37조 제2항에 의한 일반적 법률유보의 대상이 될 수밖에 없다"(헌재 1996.11.28. 95헌바1, 형법 제250조 등 위헌소원(합헌,각하)).

2. 생명권 제한의 한계 – 생명권의 본질적 내용 침해 여부

(i) 헌법재판소는 원칙적으로 기본권이 형해화될 정도의 제한은 기본권의 본질적 내용에 관한 침해로 본다(헌재 1989.12.22. 88헌가13, 국토이용관리법 제21조의3 등 위헌심판(합헌)). 그러나 생명권도 그 제

한이 정당화될 수 있는 예외적인 경우에는 생명의 박탈이 초래된다고 하더라도 곧바로 기본권의 본질적 내용의 침해라고 볼 수 없다고 판시한다.

> "사형이 비례의 원칙에 따라서 최소한 동등한 가치가 있는 다른 생명 또는 그에 못지아니한 공공의 이익을 보호하기 위한 불가피성이 충족되는 예외적인 경우에만 적용되는 한, 그것이 비록 생명을 빼앗는 형벌이라 하더라도 헌법 제37조 제2항 단서에 위반되는 것으로 볼 수는 없다"(6:3)(헌재 2010.2.25. 2008헌가23, 형법 제41조 등 위헌제청(합헌,각하); 헌재 1996.11.28. 95헌바1, 형법 제250조 등 위헌소원(합헌,각하)).

(ii) 그러나 위 결정에서 재판관 3인의 위헌의견에 따르면 생명권의 제한은 성질상 생명의 박탈을 의미하며 생명권의 본질은 생명 그 자체이므로 이의 박탈은 곧 생명권의 본질적 내용의 침해라고 본다.

(iii) 생각건대 기본권이 형해화하면 기본권의 본질적 내용이 침해되므로 위헌이라고 하여야 한다. 하지만, 기본권의 본질적 내용에 대한 침해금지의 원칙도 그 사회를 유지하는 데에 긴절한 경우에는 한발 물러나야 한다. 그러므로 생명의 박탈은 생명권을 형해화한다고 볼 수 있겠지만, 그것이 사회 또는 국가의 유지에 필수적인 경우에는 위헌이라 할 수 없다. 다만, 이 경우에도 최소한의 범위에서 매우 좁게 인정하여야 한다.

3. 인공임신중절(낙태)

(i) 인공임신중절(人工姙娠中絕) 즉 낙태(落胎)의 허용 여부에 관하여는 낙태를 전면 금지하여야 한다는 입장에서부터, 전면 허용하여야 한다는 입장까지 다양한 견해가 제기된다. 낙태의 허용 여부를 결정짓기 어려운 가장 큰 이유는 과연 생명이 언제부터 시작하는가, 더 나아가 생명이란 무엇인가라는 아직 풀지 못한 자연과학적 숙제 때문에 기인한다. 특히 낙태는 태아의 생명권이 임산부의 자기결정권과 충돌한다는 점에서 논의를 더 어렵게 한다.[1)]

독일에서는 임신 후 12주 내의 낙태를 인정하는 형법에 대하여 1975년 연방헌법재판소

---

1) 지규철, "미국과 독일의 낙태판결에 대한 비교법적 고찰", 공법학연구 9-1, 2008; 신옥주, "낙태죄 헌법불합치 결정 이후 합헌적 법제정비 방안에 관한 연구", 공법연구 47-4; 남복현, "낙태죄의 헌법불합치결정에 있어 헌법소송법적 문제점 검토", 헌법학연구 25-3; 정애령, "태아의 생명보호의 헌법적 접근을 토대로 한 낙태죄의 개선입법방향", 공법학연구 21-1; 최희경, "미국의 낙태규제에 대한 사법심사기준", 헌법학연구 26-3; 문재완, "미국 낙태죄 논쟁", 세계헌법연구28-2; 전상현, "미국연방대법원의 돕스 판결에 나타난 헌법해석 논쟁", 세계헌법연구 28-2. 마지막 두 논문에서는 '살아있는 헌법주의'에 대한 페더럴리스트 소사이어티 중심의 보수주의자들에 의한 원의주의의 영향을 비판적으로 분석한다; 최지연, "미 연방대법원 Roe v. Wade 판결폐기의 함의와 향후 주별 입법 전망", 미국헌법연구 33-2; 한유진, "소수자 인권에 있어 Dobbs 판결의 의미와 영향", 세계헌법연구 29-2; 김명식, "Roe v. Wade 판결폐기와 낙태권의 헌법적 근거", 미국헌법연구 34-3.

는 기한방식의 채택이 태아의 생명권을 침해한다고 보아 위헌을 선언하였다. 즉 낙태를 원칙적으로 전임신기간(全姙娠期間)을 통하여 모두 위헌으로 이해하는 입장으로, 다만 엄격한 기준을 갖춘 적응해결방식만을 허용한다(BVerfGE 39, 1; BVerfGE 88, 203).

미국 연방대법원은 *Roe v. Wade*, 410 U.S. 113(1973) 판결에서 사생활보호로부터 도출되는 낙태권은 태아의 생명에 우선하므로 일정한 경우에만 낙태 허용은 위헌이라고 하였다. 임신 후 3개월 동안은 낙태 여부가 임부의 사생활영역에 속하고, 4-6개월 기간 동안에는 국가가 임부의 건강보호를 위하여 합리적 범위 안에서 낙태절차를 규제할 수 있고, 그 이후에는 태아의 생명을 보호하기 위하여서나 임부의 생명과 건강을 위하여 필요한 경우를 제외하고는 낙태를 금지한다고 하였다. 그러나 *Planned Parenthood v. Casey*, 505 U.S. 833(1992) 판결에서는, 엄격심사척도에 따른 Roe 판결의 3개월 기간구분방식(trimester framework)을 폐기하고, 이보다 완화된 '부당한 부담 기준(undue burden test)'을 낙태규제입법의 합헌성을 판단하는 기준으로 채택하였다. 다만, 낙태를 할지 여부를 결정할 수 있는 임부의 권리가 헌법상 프라이버시권으로부터 도출된다는 점에 있어서는 여전히 Roe 판결이 선례로서 효력을 가지고 있음을 재확인하였다. 하지만, 연방대법원은 *Dobbs v. Jackson Women's Health Organization*, 597 U.S. 215(2022) 사건에서, 미시시피주의 15주 낙태금지법을 지지하고 1973년 *Roe v. Wade* 판결을 뒤집었다. 이제 낙태 허용 여부는 주 정부 및 의회의 권한으로 넘어갔다. 이 판결은 다수의 비판과 저항에 직면하고 있다.

옛 유고슬로비아연방(1974년)이 세계 최초로 낙태권을 헌법에 명시한 이후 세르비아헌법(2006)도 "모든 사람은 아이에 대한 결정권을 가진다"라고 규정한다. 프랑스헌법 제34조: "여성이 자발적으로 임신을 중단할 수 있는 자유가 보장되는 조건을 법으로 정한다"(2024.3.4. 개헌). 원래 제안된 낙태할 '권리'가 보수파의 반대를 수용하여 '자유 보장'으로 수정되어, 낙태에 대한 국가의 권리보장의무보다는 개인의 자유로 완화되었다. 이는 미국이 '로 대 웨이드'(1973년) 판결을 2022년 폐기한데 대한 우려에서 비롯되었다.

(ii) 헌법재판소는 2012년 결정에서 자기낙태죄 조항이 임신한 여성의 자기결정권을 침해하지 아니하고, 조산사 등이 부녀의 촉탁 또는 승낙을 받아 낙태하게 한 경우를 처벌하는 형법 제270조 제1항 중 '조산사'(助産師)에 관한 부분이 책임과 형벌 간의 비례원칙이나 평등원칙에 위배되지 아니한다는 결정을 한 바 있다(4:4).

부녀가 약물 기타 방법으로 낙태한 때에는 1년 이하의 징역 또는 200만 원 이하의 벌금에 처하도록 규정한 형법 제269조 제1항이 임신 초기의 낙태나 사회적·경제적 사유에 의한 낙태를 허용하고 있지 아니한 것이 임부의 자기결정권에 대한 과도한 제한이라고 보기 어려우므로 자기낙태죄는 헌법에 위반되지 아니한다(헌재 2012.8.23. 2010헌바402, 형법 제270조 제1항 위헌소원(합헌)).

그런데 2019년에 판례를 변경하여 자기낙태죄 및 의사낙태죄(醫師落胎罪) 조항에 대하여 헌법불합치결정을 내렸다(단순위헌3:헌법불합치4:합헌2).

임신한 여성의 자기낙태(自己落胎)를 처벌하는 형법 제269조 제1항, 의사가 임신한 여성의 촉탁(囑託) 또는 승낙(承諾)을 받아 낙태하게 한 경우를 처벌하는 형법 제270조 제1항 중 '의사'(醫師)에 관한 부분은 모두 헌법에 합치되지 아니하며, 위 조항들은 2020.12.31.을 시한으로 입법자가 개정할 때까지 계속 적용된다. 태아가 모체를 떠난 상태에서 독자적으로 생존할 수 있는 시점인 임신 22주 내외에 도달하기 전이면서 동시에 임신 유지와 출산 여부에 관한 자기결정권을 행사하기에 충분한 시간이 보장되는 시기(결정가능기간)까지의 낙태에 대하여는 국가가 생명보호의 수단 및 정도를 달리 정할 수 있다(헌재 2019.4.11. 2017헌바127, 형법 제269조 제1항 등 위헌소원(헌법불합치,잠정적용)).

(iii) 낙태로 인한 생명의 박탈은 돌이킬 수 없고 생명은 인간의 존재 자체이기에, 낙태의 자유도 일정한 한계가 있기 마련이다. 그러나 태아의 생명 때문에 임산부에게 장래의 모든 고통을 감수하도록 하면 이는 합리적이라 할 수 없으므로, 엄격한 적응규정에 따라 전문가와의 필요적 상담을 거쳐 낙태를 허용하여야 한다. 다만, 이러한 적응규정에 해당한다 할지라도, 생명이 시작되었음이 확실한 시점 이후에는 낙태를 억제하여야 한다. 특히 자신의 부주의로 임신한 임산부는 그 부주의로 인하여 자기결정권을 주장할 여지가 줄어든다.

한편 헌법재판소의 헌법불합치결정에 따라 모자보건법 제14조 제1항의 낙태를 허용할 수 있는 정당화사유를 확대하여야 한다는 주장이 제기된다.

4. 안 락 사

(1) 안락사의 종류

안락사(安樂死)는 심한 육체적·정신적 고통에 시달리는 불치 상태의 환자에 대하여 그 고통을 덜어주기 위한 목적으로 죽는 시기를 인위적으로 앞당기는 의학적인 조치를 말한다. 이러한 안락사에는 세 가지 유형이 있다.

(i) 간접적 안락사는 환자의 고통을 완화하기 위한 약물투여 등과 같은 조치가 필연적으로 생명단축이라는 부수적인 효과를 가져오는 경우를 말한다.

(ii) 소극적 안락사는 환자를 고통으로부터 빨리 벗어나도록 하기 위하여 생명연장의 적극적인 수단을 사용하지 아니하는 경우를 말한다. 예컨대 수혈·인공호흡장치·생명연장주사 등을 하지 아니하는 사례가 있다.

(iii) 적극적 안락사란 회생의 가능성이 없는 질병으로 인하여 빈사상태(瀕死狀態)에 빠진 환자에 대하여, 그의 뜻에 따르거나 혹은 환자가 의식이 없는 경우에는 보호자의 뜻에 따라, 인간다운 죽음을 맞이할 수 있도록 인위적으로 생명을 단축하는 행위를 말한다. 네덜란드에서 세계 최초로 이를 인정한다.

(2) 안락사의 허용 여부

(ⅰ) 최근 각국에서는 안락사 허용 여부에 관한 논의가 진행된다. 현재까지의 이론과 판례는 적극적 안락사는 촉탁승낙(囑託承諾)에 의한 살인죄 내지 살인죄에 해당한다고 본다(대판 1957.7.26. 4290형상126). 적극적 안락사는 적극적인 작위에 의하여 사람의 생명을 단축하므로 원칙적으로 인정할 수 없다. 또한 이를 인정하는 경우에 나타날 부작용도 무시하여서는 아니 된다. 그런데 단지 나이가 많다는 이유로 혈관주사를 사용하여 스스로 생을 마감한 데이비드 구달(David Goodall)의 안락사에 대하여 생명존엄의 차원에서 비판이 계속된다. 이는 전통적인 적극적 안락사와는 다르기 때문이다.

(ⅱ) 하지만, 인위적인 생명연장조치를 취하지 아니하는 소극적 안락사는 엄격한 조건에 따라 인정할 수 있다. ① 특히 의학적으로 환자가 의식의 회복가능성이 없고, ② 생명과 관련된 중요한 생체기능의 상실을 회복할 수 없으며, ③ 환자의 신체 상태에 비추어 짧은 시간 안에 사망에 이를 수 있음이 명백한 경우인 '회복불가능한 사망의 단계'에 있는 환자에게 이루어지는 연명치료를 중단하는 행위가 생명권 보호라는 헌법적 가치와의 관계에서 허용 여부가 문제된다.

(ⅲ) 대법원은 진료중단의 허용 가능성을 판단함에 있어 '회복불가능한 사망의 단계'에 있는 환자와 그렇지 아니한 환자를 구별하여 다른 기준으로 판단하여야 한다고 판시한다. 즉, 이미 의식의 회복가능성을 상실하여 더 이상 인격체로서의 활동을 기대할 수 없고 자연적으로는 이미 죽음의 과정이 시작되었다고 볼 수 있는 '회복불가능한 사망의 단계'에 이른 경우와 같은 예외적인 상황에서는 환자가 인간으로서의 존엄과 가치 및 행복추구권에 기초하여 자기결정권의 행사로 인정되는 경우에는 특별한 사정이 없는 한 연명치료의 중단이 허용될 수 있다고 본다.

환자의 연명치료중단에 대한 자기결정권과 관련하여, 대법원은 환자가 회복불가능한 사망의 단계에 이르렀을 경우에 대비하여 미리 의료인에게 자신의 연명치료 거부 내지 중단에 관한 의사를 밝힌 사전의료지시의 경우와 이러한 사전의료지시가 없는 경우로 구분하여 사전의료지시의 경우에는 비록 진료 중단 시점에서 자기결정권의 행사는 아니지만 사전의료지시를 한 후 환자의 의사가 바뀌었다고 볼 만한 특별한 사정이 없는 한 사전의료지시에 의한 자기결정권의 행사로 인정할 수 있다고 보았다. 환자의 사전의료지시가 없는 상태에서 회복불가능한 사망의 단계에 진입한 경우에는 환자에게 의식의 회복가능성이 없으므로 더 이상 환자 자신이 자기결정권을 행사하여 진료행위의 내용 변경이나 중단을 요구하는 의사표시를 기대할 수 없지만 환자의 평소 가치관이나 신념 등에 비추어 연명치료의 중단이 객관적으로 환자의 최선의 이익에 부합한다고 인정되어 환자에게 자기결정권을 행사할 수 있는 기회가 주어지더라도 연명치료의 중단을 선택하였으리라고 객관적으로 볼 수 있는 경우에는 그 연명치료중단에 관한 환자의 의사를 추정할 수 있다고 판시하였다. 회복불가능한 사망의 단계에 이르렀는지 여부에 관한 판단은 전문의사 등으로 구성된 위원회에서 하는 게 바람직하다.

사전의료지시로서의 효력을 인정하기 위하여 대법원은 다음과 같은 요건을 요구한다. 즉, 의사결정능력이 있는 환자가 의료인으로부터 직접 충분한 의학적 정보를 제공받은 후 그 의학적 정보를 바탕으로 자신의 고유한 가치관에 따라 진지하게 구체적인 진료행위에 관한 의사를 결정하여야 하며 이와 같은 의사결정과정이 환자 자신이 직접 의료인을 상대방으로 하여 작성한 서면이나 의료인이 환자를 진료하는 과정에서 위와 같은 의사결정 내용을 기재한 진료기록 등에 의하여 진료 중단 시점에서 명확하게 입증될 수 있어야 비로소 사전의료지시로서의 효력을 인정할 수 있다(대판(전합) 2009.5.21. 2009다17417, 무의미한 연명치료장치제거등).

(iv) 한편 헌법재판소도 죽음에 임박한 환자의 연명치료중단에 관하여 대법원과 비슷한 입장이다. 연명치료중단에 관한 자기결정권을 보장하는 방법으로서 '법원의 재판을 통한 규범의 제시'와 '입법' 중 무엇이 바람직한가는 원칙적으로 입법정책의 문제로서 국회의 재량에 속한다고 본다(헌재 2009.11.26. 2008헌마385, 입법부작위 위헌확인(각하)).

"'연명치료 중단, 즉 생명단축에 관한 자기결정'은 '생명권 보호'의 헌법적 가치와 충돌하므로 '연명치료 중단에 관한 자기결정권'의 인정 여부가 문제되는 '죽음에 임박한 환자'란 '의학적으로 환자가 의식의 회복가능성이 없고 생명과 관련된 중요한 생체기능의 상실을 회복할 수 없으며 환자의 신체상태에 비추어 짧은 시간 내에 사망에 이를 수 있음이 명백한 경우', 즉 '회복 불가능한 사망의 단계'에 이른 경우를 의미한다 할 것이다. 이와 같이 '죽음에 임박한 환자'는 전적으로 기계적인 장치에 의존하여 연명할 수밖에 없고, 전혀 회복가능성이 없는 상태에서 결국 신체의 다른 기능까지 상실되어 기계적인 장치에 의하여서도 연명할 수 없는 상태에 이르기를 기다리고 있을 뿐이므로, '죽음에 임박한 환자'에 대한 연명치료는 의학적인 의미에서 치료의 목적을 상실한 신체침해 행위가 계속적으로 이루어지는 것이라 할 수 있고, 죽음의 과정이 시작되는 것을 막는 것이 아니라 자연적으로는 이미 시작된 죽음의 과정에서의 종기를 인위적으로 연장시키는 것으로 볼 수 있어, 비록 연명치료 중단에 관한 결정 및 그 실행이 환자의 생명단축을 초래한다 하더라도 이를 생명에 대한 임의적 처분으로서 자살이라고 평가할 수 없고, 오히려 인위적인 신체침해 행위에서 벗어나서 자신의 생명을 자연적인 상태에 맡기고자 하는 것으로서 인간의 존엄과 가치에 부합한다 할 것이다. 그렇다면 환자가 장차 죽음에 임박한 상태에 이를 경우에 대비하여 미리 의료인 등에게 연명치료 거부 또는 중단에 관한 의사를 밝히는 등의 방법으로 죽음에 임박한 상태에서 인간으로서의 존엄과 가치를 지키기 위하여 연명치료의 거부 또는 중단을 결정할 수 있다 할 것이고, 위 결정은 헌법상 기본권인 자기결정권의 한 내용으로서 보장된다 할 것이다."

(v) 이에 반하여 대법원의 반대의견은 생명에 직결되는 진료에서 환자의 자

기결정권은 소극적으로 그 진료 내지 치료를 거부하는 방법으로는 행사될 수 있어도 이미 환자의 신체에 삽입 또는 장착되어 있는 인공호흡기 등의 생명유지장치를 제거하는 방법으로 하는 치료 중단과 같이 적극적인 방법의 행사는 허용되지 아니하므로 이미 생명유지장치가 삽입 또는 장착되어 있는 환자로부터 생명유지장치를 제거하고 그 장치에 의한 치료의 중단은 환자의 현재 상태에 인위적인 변경을 가하여 사망을 초래하거나 사망시간을 앞당기게 되므로 이미 삽입 또는 장착되어있는 생명유지장치를 제거하거나 그 장치에 의한 치료를 중단하라는 환자의 요구는 특별한 사정이 없는 한 자살로 평가되어야 하고, 이와 같은 환자의 요구에 응하여 생명유지장치를 제거하고 치료의 중단은 자살 관여이므로 원칙적으로 허용되지 아니한다는 입장을 표명한다.

(vi) 임종과정(臨終過程)에 있는 환자의 연명의료와 연명의료중단 등 결정 및 그 이행에 필요한 사항을 규정함으로써 환자의 최선의 이익을 보장하고 자기결정을 존중하여 인간으로서의 존엄과 가치를 보호하는 것을 목적으로 하는 '호스피스·완화의료 및 임종과정에 있는 환자의 연명의료결정에 관한 법률'을 제정하였다. 이 법률은 연명의료에 대한 기본원칙, 연명의료결정의 관리 체계, 연명의료의 결정 및 그 이행 등에 필요한 사항을 규정하여 임종과정에 있는 환자의 연명의료결정을 제도화하였다는 데 그 의의가 있다.

5. 사형제도

(1) 헌법재판소와 대법원의 합헌론

헌법재판소(헌재 1996.11.28. 95헌바1, 형법 제250조 등 위헌소원(합헌,각하); 헌재 2010.2.25. 2008헌가23, 형법 제41조 등 위헌제청(합헌,가하))는 ① 헌법 제110조 제4항 단서에서 간접적이나마 법률에 의하여 사형이 형벌로서 규정되고 또 적용될 수 있음을 인정한다는 점, ② 사형이 인간의 존엄에 어긋나는 잔인하고 이상한 형벌이라고 평가되거나 형벌의 목적달성에 필요한 정도를 넘는 과도한 형벌로 평가된다면 현행헌법의 해석상 허용될 수 없는 위헌적인 형벌이나 현재는 그렇게 볼 수 없다는 점, ③ 생명에 대한 법적 평가는 예외적으로 가능하여 일반적 법률유보의 대상이 된다는 점, ④ 사형의 위하력(威嚇力)을 통한 범죄예방효과가 추정된다는 점, ⑤ 타인의 생명을 부정하는 범죄행위에 대하여 그 불법효과의 하나로서 사형은 불가피한 수단의 선택이라는 점 등을 이유로 사형제도를 합헌으로 판시한다.

대법원도 생명은 한번 상실하면 회복할 수 없다는 점과 그 존귀성을 인정하나, 사형제도(死刑制度)는 항상 국가의 형사정책적 측면과 인도상의 문제로서 심각하게 고려되고 비판될 문제이며, 이것은 국가의 발전과 도덕적 감정의 변천에 따라 그 제도의 입법적 존폐가 문제될 수 있다는 전제에 입각하여, 현재 한국의 실정과 국민의 도덕적 감정 등을 고려하여 국가의 형사상 정책으로서 질서유지를 위하여 형법이나 군형법 등에 사형이라는 처벌의 종류를 규정하여도 위헌은 아니라는 입장이다(대판 1987.9.8. 87도1458; 대판 1990.4.24. 90도319).

다만, 사형은 비례의 원칙에 따라서 최소한 동등한 가치가 있는 다른 생명 또는 그에 못지아니한 공공의 이익을 보호하기 위하여 불가피성이 충족되는 예외적인 경우에만 적용되어야 한다고 그 범위를 제한하였다.

(2) 헌법재판소 반대의견의 위헌론

헌법재판소의 반대의견은 ① 생명은 창조주 외에는 박탈할 수 없다는 점, ② 사형은 주로 전제군주제나 전체주의국가에서 군주나 독재자의 권력유지수단으로서 기능하였다는 점, ③ 생명의 박탈은 되돌릴 수 없는데 오판(誤判)의 여지는 항상 존재한다는 점, ④ 생명의 박탈은 생명권의 본질적 내용을 침해한다는 점, ⑤ 사형의 일반 또는 특별예방적 기능은 무기징역으로 달성할 수 있다는 점, ⑥ 현행 헌법은 사형제도를 예정하지 아니하였다는 점, ⑦ 헌법 제110조 제4항은 헌법 제10조에 어긋나는 위헌적인 조항이라는 점, ⑧ 생명은 평범 이상의 신비스러운 외경의 존재이므로 단순히 여론조사에서 표출된 국민 일반의 법감정으로 사형제도를 정당화시킬 수 없다는 점 등을 이유로 사형제도는 헌법에 위반된다고 하였다.

(3) 검토: 한정적 · 예외적 인정

(i) 생각건대 생명의 박탈은 생명권의 본질적 내용을 침해한다고 볼 수도 있겠지만, 예외적인 경우 이를 용인할 수밖에 없다. 예외적인 경우란 헌법재판소가 판시한 바와 같이 다른 생명 또는 그에 못지아니한 공공의 이익을 보호하기 위하여 불가피성이 충족되는 경우를 말한다. 따라서 이러한 경우 사형제도는 생명권의 본질적 내용을 침해하였다는 이유로 위헌이라 하기는 어려운 측면이 있다.

(ii) 외국의 경우, 사형을 법정형으로 인정하는 범죄가 5 내지 6개 정도인 데 반하여 한국의 현행법에서는 무려 103개 조항(형법 19개, 특별법 84개)에서 사형을 규정한다. 이 모두가 위의 예외적인 경우에 해당한다고 보기는 어렵다. 사형은 되돌릴 수 없는 형벌이므로 적용의 여지를 미리 최소화할 필요가 있다.

(iii) 또한 사형의 일반예방적 효과가 증명되지 아니하였으므로 사형은 비례의 원칙 중 최소침해원칙에 부합하지 아니한다. 그렇다면 형사정책적 측면에서 특별예방적 효과가 인정될 경우에만 사형을 예외적으로 인정하여야 한다.

미국 연방대법원은 사형제도 자체가 위헌이라는 판결을 번복하여 절대적 법정형으로 사형을 규정한 경우에만 위헌이라고 판시한다.

Furman v. Georgia, 408 U.S. 238(1972) 사건에서 사형제도를 위헌이라 판단하였으나, *Gregg v. Georgia*, 428 U.S. 153(1976)에서 이를 번복하였다. 다만, 절대적 법정형으로 사형을 규정한 조항에 대하여는 *Woodson v. North Carolina*, 428 U.S. 280(1976) 및 *Roberts v. Louisiana*, 428 U.S. 325(1976)에서 위헌이라 판시하였다.

(iv) 근래 여러 나라에서 사형제도를 폐지하는 방향으로 나아가고 있다. 유럽연합과 독일기본법에서는 사형폐지를 규정하고, 국제연합의 '시민적 정치적 권리에 관한 국제규약'(B규약)은 사형의 자제를 권고하고 있다. 헌법재판소도 "생명권에 대한 제한은 곧 생명권의 완전한 박탈을 의미한다 할 것이므로, 사형이 비례의 원칙에 따라서 최소한 동등한 가치가 있는 다른 생명 또는 그에 못지 아니한 공공의 이익을 보호하기 위한 불가피성이 충족되는 예외적인 경우에만 적용되는"(헌재 1996.11.28. 95헌바1, 형법 제250조 등 위헌소원(합헌,각하)) '필요악'으로 판단하고 있으므로, 현행헌법상 합헌이지만 법정책적인 관점에서는 폐지 여부를 신중히 고려할 필요가 있다.

그런데 사형제도가 폐지되지는 아니하였지만, 사형집행이 되지 아니함에 따라 형의 시효가 완성되면 집행이 면제되는 형에서 사형을 제외하고 있다(형법 제77조).

(v) 한편 헌법재판소는 사형제도가 무고(無辜)한 일반국민의 생명 보호 등 극히 중대한 공익을 보호하기 위한 제도로서 생명권 제한에 있어서의 헌법적 한계를 일탈하였다고 할 수 없는 이상, 사형제도가 사형을 선고하는 법관이나 이를 집행하여야 하는 교도관 등의 인간으로서의 존엄과 가치를 침해하는 위헌적 형벌제도라고 할 수 없다는 입장이다.

사형을 선고하는 법관이나 이를 집행하여야 하는 교도관 등은 인간의 생명을 박탈하는 사형을 선고하거나 집행하는 과정에서 인간으로서의 자책감을 가지게 될 여지가 있으나, 이는 사형제도가 본래 목적한 바가 아니고 사형의 적용 및 집행이라는 과정에서 필연적으로 발생하게 되는 부수적인 결과이다. 사형제도는 무고한 일반국민의 생명 보호 등 극히 중대한 공익을 보호하기 위한 것으로서 생명권 제한에 있어서의 헌법적 한계를 일탈하였다고 할 수 없는 이상, 이러한 공익을 보호하여야 할 공적 지위에 있는 법관 및 교도관 등은 다른 형벌의 적용, 집행과 마찬가지로 사형의 적용, 집행을 수인할 의무가 있다. 따라서 법관 및 교도관 등이 인간적 자책감을 가질 수 있다는 이유만으로 사형제도가 법관 및 교도관 등을 공익 달성을 위한 도구로서만 취급하여 그들의 인간으로서의 존엄과 가치를 침해하는 위헌적인 형벌제도라고 할 수는 없다(헌재 2010.2.25. 2008헌가23, 형법 제41조 등 위헌제청(합헌,각하)).

6. 전투나 정당방위에 의한 살인과 생명권

군인이나 경찰관 등은 전투나 직무수행과정에서 적(敵)의 사살이나 인질범의 살해 등과 같은 살인행위를 할 수 있다. 이 경우는 국민의 자유와 권리를 보호하기 위한 적극적 공무집행과정에서 야기되는 불가피한 생명권의 박탈이기 때문에 생명권침해가 문제되지 아니한다. 그것은 오히려 국민의 생명·자유·재산을 보호하기 위한 국가의 책무이기도 하다.

Ⅵ. 생명권의 침해와 구제

생명권의 침해유형으로는 살인·사형·낙태·안락사·자살방조 등이 있다. 생명권이 침해당하면 국가에 대하여 형사보상청구권·범죄피해자구조청구권·국가배상청구권 등을 행사할 수 있다. 생명권을 침해한 사인(私人)은 형사처벌을 받게 되며, 민사상 손해배상책임도 진다.

제 2 항 신체를 훼손당하지 아니할 자유와 권리

Ⅰ. 의 의

(ⅰ) 제2차 세계대전 동안에 자행된 비인간적인 인체실험 · 고문 · 강제거세 등에 대한 반성적 성찰로 신체(身體)를 훼손(毁損)당하지 아니할 자유와 권리가 독일기본법에 규정되었다(제2조 제2항: "누구든지 생명권과 신체를 훼손당하지 아니할 권리를 가진다. 신체의 자유는 불가침이다. 이 권리들은 법률에 근거하여서만 제한될 수 있다"). 또한 유럽연합 기본권헌장에서도 이를 규정한다(제1절(존엄성) 제3조).

(ⅱ) 그러나 한국헌법에는 신체를 훼손당하지 아니할 자유와 권리에 관한 명문규정이 없기 때문에, 그 헌법적 근거를 헌법 제10조 인간의 존엄과 가치 · 제12조 신체의 자유 · 제37조 제1항 헌법에 열거되지 아니한 자유와 권리 등으로부터 찾고 있다. 생각건대 신체의 훼손은 제10조 인간의 존엄과 가치의 침해이기도 하지만, 신체의 훼손은 인간의 신체의 완전성에 대한 침해라는 점에서 제12조 신체의 자유의 한 내용으로 볼 수 있다.[1)]

Ⅱ. 신체를 훼손당하지 아니할 자유와 권리의 법적 성격 · 주체 · 효력

(ⅰ) 신체를 훼손당하지 아니할 자유와 권리는 개인의 주관적 공권으로서 개인의 신체에 대한 국가권력의 간섭이나 침해에 대하여 방어할 수 있는 권리이다.

(ⅱ) 신체를 훼손당하지 아니할 자유와 권리는 자연권적 성격을 가지므로 인간의 권리이다. 따라서 내 · 외국인을 불문한다. 태아도 신체를 훼손당하지 아니할 자유와 권리를 가진다. 다만, 사자(死者)는 생명을 가진 신체가 아니기 때문에 신체를 훼손당하지 아니할 자유와 권리의 주체가 될 수 없다. 법인도 그 성질상 신체를 훼손당하지 아니할 자유와 권리의 주체가 될 수 없다.

(ⅲ) 신체를 훼손당하지 아니할 자유와 권리는 대국가적 · 대사인적 효력을 가진다(간접적용설).

---

1) 김진곤, "신체의 자유에 대한 기본권 체계와 신체를 훼손당하지 않을 권리", 헌법학연구 29-4.

Ⅲ. 신체를 훼손당하지 아니할 자유와 권리의 제한과 한계·침해와 구제

(ⅰ) 신체를 훼손당하지 아니할 자유와 권리는 헌법 제37조 제2항의 일반원리에 따라서 제한될 수 있다. 그러나 신체를 훼손당하지 아니할 자유와 권리의 본질적 내용은 침해할 수 없다.

(ⅱ) 신체를 훼손당하지 아니할 자유와 권리에 대한 침해에 대하여는 기본권의 침해와 그 구제에 관한 일반이론에 따라 구제받을 수 있다.

최근 성폭력범죄 특히 아동·청소년을 상대로 한 성폭력범죄자에 대하여 일정한 조건을 넘어서면 강제거세(强制去勢)하여야 한다는 논의가 제기된다. 이 문제는 신체를 훼손당하지 아니할 자유와 권리와의 사이에 이익형량의 원칙에 입각한 규범조화적 운용이 필요한 사안이다.

'성폭력범죄자의 성충동 약물치료에 관한 법률'에서 성폭력범죄를 저지른 성도착증(性倒錯症) 환자로서 성폭력범죄를 다시 범할 위험성이 인정되는 19세 이상의 사람에 대한 검사의 약물치료명령 청구에 관한 규정은 과잉금지원칙을 위배하지 아니하나, 법원의 약물치료명령 선고에 관한 규정은 장기형의 선고로 치료명령의 선고시점과 집행시점 사이에 상당한 시간적 간극이 존재하여 집행시점에서 치료의 필요성이 달라진 때에 불필요한 치료를 배제할 수 있는 절차가 없는 상태에서 선고시점에서 치료명령청구가 이유 있는 경우 치료명령을 선고하도록 한 점에서 과잉금지원칙을 위배하여 치료대상자의 신체의 안전성이 훼손당하지 아니할 자유를 포함하는 신체의 자유와 그 밖에 사생활의 자유, 자기결정권, 인격권 등을 침해하여 위헌이다(헌재 2015.12.23. 2013헌가9, 성폭력범죄자의 성충동 약물치료에 관한 법률 제4조 제1항 등 위헌제청(합헌,헌법불합치,잠정적용)). 이에 따라 약물치료명령의 집행면제 신청절차를 마련한 법 개정이 이루어졌다.

실외운동은 구금되어 있는 수형자의 신체적·정신적 건강 유지를 위한 최소한의 기본적 요청이라고 할 수 있는데, 금치 처분을 받은 수형자는 일반 독거 수용자에 비하여 접견, 서신수발, 전화통화, 집필, 작업, 신문·도서열람, 라디오청취, 텔레비전 시청 등이 금지되어(행형법시행령 제145조 제2항 본문) 외부세계와의 교통이 단절된 상태에 있게 되며, 환기가 잘 안 되는 1평 남짓한 징벌실에 최장 2개월 동안 수용된다는 점을 고려할 때, 금치 수형자에 대하여 일체의 운동 금지는 수형자의 신체적 건강뿐만 아니라 정신적 건강을 해칠 위험성이 현저히 높다. 따라서 금치 처분을 받은 수형자에 대한 절대적인 운동의 금지는 징벌의 목적을 고려하더라도 그 수단과 방법에 있어서 필요한 최소한도의 범위를 벗어나서, 수형자의 헌법 제10조의 인간의 존엄과 가치 및 신체의 안전성이 훼손당하지 아니할 자유를 포함하는 제12조의 신체의 자유를 침해하는 정도에 이르렀다(헌재 2004.12.16. 2002헌마478, 접견불허처분 등 위헌확인(위헌,기각)).

경북북부제1교도소로 이송함에 있어 4시간 정도에 걸쳐 포승과 수갑 2개를 채운 행위가 신체의 자유 및 인격권을 침해하지 아니한다(헌재 2012.7.26. 2011헌마426, 형의 집행 및 수용자의 처우에 관한 법률 제97조 제1항 등 위헌확인(기각,각하)).

[1] 환자는 헌법 제10조에서 규정한 개인의 인격권과 행복추구권에 의하여 생명과 신체의 기능을 어떻게 유지할 것인지에 대하여 스스로 결정하고 의료행위를 선택할 권리를 보유한다. 따라서 수술과 같이 신체를 침해하는 의료행위를 하는 경우 환자로부터 의료행위에 대한 동의 내지 승낙을 받아야 하고, 동의 등의 전제로서 질병의 증상, 치료방법의 내용 및 필요성, 발생이 예상되는 위험 등에 관하여 당시의 의료수준에 비추어 상당하다고 생각되는 사항을 설명하여 환자가 필요성이나 위험성을 충분히 비교해 보고 의료행위를 받을 것인지를 선택할 수 있도록 하여야 한다. 만일 의료행위 주체가 위와 같은 설명의무를 소홀히 하여 환자로 하여금 자기결정권을 실질적으로 행사할 수 없게 하였다면 그 자체만으로도 불법행위가 성립할 수 있다. [2] 국가가 한센인들에게 시행한 정관절제수술과 임신중절수술은 신체에 대한 직접적인 침해행위로서 그에 관한 동의 내지 승낙을 받지 아니하였다면 헌법상 신체를 훼손당하지 아니할 권리와 태아의 생명권 등을 침해하는 행위이다. 또한 한센인들의 임신과 출산을 사실상 금지함으로써 자손을 낳고 단란한 가정을 이루어 행복을 추구할 권리는 물론이거니와 인간으로서의 존엄과 가치, 인격권 및 자기결정권, 내밀한 사생활의 비밀 등을 침해하거나 제한하는 행위임이 분명하다. 더욱이 위와 같은 침해행위가 정부의 정책에 따른 정당한 공권력의 행사라고 인정받으려면 법률에 그에 관한 명시적인 근거가 있어야 하고, 과잉금지의 원칙에 위배되지 아니하여야 하며, 침해행위의 상대방인 한센인들로부터 '사전에 이루어진 설명에 기한 동의(prior informed consent)'가 있어야 한다. 만일 국가가 위와 같은 요건을 갖추지 아니한 채 한센인들을 상대로 정관절제수술이나 임신중절수술을 시행하였다면 설령 이러한 조치가 정부의 보건정책이나 산아제한정책을 수행하기 위한 것이었다고 하더라도 이는 위법한 공권력의 행사로서 민사상 불법행위가 성립한다. [3] 의사 등이 한센인인 갑 등에 대하여 시행한 정관절제수술과 임신중절수술은 법률상 근거가 없거나 적법 요건을 갖추었다고 볼 수 없는 점, 수술이 행해진 시점에서 의학적으로 밝혀진 한센병의 유전위험성과 전염위험성, 치료가능성 등을 고려해 볼 때 한센병 예방이라는 보건정책 목적을 고려하더라도 수단의 적정성이나 피해의 최소성을 인정하기 어려운 점, 갑 등이 수술에 동의 내지 승낙하였다 할지라도, 갑 등은 한센병이 유전되는지, 자녀에게 감염될 가능성이 어느 정도인지, 치료가 가능한지 등에 관하여 충분히 설명을 받지 못한 상태에서 한센인에 대한 사회적 편견과 차별, 열악한 사회·교육·경제적 여건 등으로 어쩔 수 없이 동의 내지 승낙한 것으로 보일 뿐 자유롭고 진정한 의사에 기한 것으로 볼 수 없는 점 등을 종합해 보면, 국가는 소속 의사 등이 행한 위와 같은 행위로 갑 등이 입은 손해에 대하여 국가배상책임을 부담한다(대판 2017.2.15. 2014다230535(손해배상)).

제 3 항 신체의 안전과 자유

Ⅰ. 의 의

1. 연 혁

(i) 신체(身體)의 안전과 자유는 연혁적으로 영국의 1215년 마그나 카르타·1628년 권리청원·1679년 인신보호법·1689년 권리장전, 미국의 1776년 버지니아 권리선언, 프랑스의 1789년 인권선언 등에 규정되어 있는 인간의 가장 기본적 권리이다. 이에 따라 오늘날 입헌국가에서는 신체의 안전과 자유의 보장 정도가 바로 그 나라의 안전 및 자유와 권리 보장의 척도가 된다.

(ii) 신체의 안전과 자유는 천부인권적 자연권으로서 소극적·방어적 공권의 전형이다. 그러므로 신체의 자유는 자연인으로서 인간의 권리이다.

2. 신체의 안전과 자유 보장을 위한 헌법규정

(i) 현행헌법은 신체의 안전과 자유의 보장에 관한 한 매우 상세한 규정을 두고 있다. 제12조, 제13조를 비롯하여 제27조 제3항(신속한 재판, 형사피고인의 공개재판)·제4항(무죄추정의 원칙)·제5항(형사피해자진술권), 제28조(형사보상청구권), 제30조(범죄피해자구조청구권) 등이 그것이다. 이와 같이 헌법에 형사법적 원리를 직접 규정함으로써 헌법상 기본권으로 정립하고 있다. 신체의 안전과 자유는 인간의 삶의 본원적 기초와 직결되기 때문에 이를 보장하기 위하여 최대한 적법절차원리에 입각한 형사사법적 원리가 지켜져야 한다.[1)]

(ii) 헌법상 신체의 안전과 자유는 실체적 보장과 절차적 보장으로 나누어 볼 수 있다. 실체적 보장으로는 ① 죄형법정주의(제12조 제1항 제2문)와 그 파생원칙인 형벌법규

---

1) 김진한, "새로운 형태의 형사제재와 소급처벌 금지 원칙", 공법연구 43-2; 이준일, "보안처분의 확대를 통한 형벌의 강화와 범죄에 대한 국가책임의 회피- '디엔에이신원확인정보의 이용 및 보호에 관한 법률'에 관한 판례 평석", 헌법학연구 21-3; 허순철, "스마트폰 비밀번호 해제와 진술거부권", 공법연구 48-1; 오영신, "형벌법규 위헌심사기준에 대한 비판적 검토", 헌법실무연구 18; 이권일, "중형주의와 입헌주의-중형주의의 헌법적 정당화를 중심으로", 공법연구 49-4; 김희정, "보호감호집행의 합헌성 기준", 헌법학연구 29-1; 윤지영, "과학기술의 발전에 따른 형사절차상 변화와 헌법적 쟁점", 헌법학연구 29-2; 손인혁, "형사 확정판결의 기판력과 그 통제원리로서 이중처벌금지원칙", 헌법실무연구 23; 이준일, "과밀수용 판단의 법적 근거와 기준", 헌법논총 33; 조동은, "법원의 인권합치적 법해석에 관하여", 헌법학연구 28-4.

의 소급효금지(제13조 제1항), ② 소급입법에 의한 참정권제한 및 재산권박탈금지(제2항), ③ 일사부재리의 원칙 내지 이중처벌금지의 원칙(제13조 제1항 후문), ④ 연좌제의 금지(제13조 제3항)를 규정한다. 절차적 보장으로는 ① 법률주의(제12조 제1항), ② 적법절차원칙(제12조 제3항), ③ 영장주의(제12조 제3항), ④ 체포·구속이유 등 고지제도(제12조 제5항), ⑤ 체포·구속적부심사제도(제12조 제6항) 등이 있다.

(iii) 또한 신체의 안전과 자유는 형사피의자 및 형사피고인의 권리보장이라는 차원에서 살펴볼 수도 있다. 형사피의자란 범죄혐의가 있어 수사기관에 의하여 수사의 대상이 된 자로서 수사개시 이후 공소제기(公訴提起) 전단계에 있는 자이고, 형사피고인이란 검사에 의하여 공소가 제기된 자로서 공소제기 이후 확정판결 전 단계에 있는 자를 말한다.

형사피의자(刑事被疑者)는 ① 불법한 체포·구속·압수·수색·심문을 받지 아니할 권리(제12조 제1항), ② 고문을 받지 아니할 권리와 묵비권(제2항), ③ 영장에 의하지 아니하고는 체포·구속·압수·수색을 받지 아니할 권리(제3항), ④ 변호인의 조력을 받을 권리(제4항), ⑤ 체포·구속적부심사청구권(제6항), ⑥ 무죄추정의 원칙(제27조 제4항), ⑦ 형사보상청구권(제28조), ⑧ 국가배상청구권(제29조)을 가진다.

형사피고인(刑事被告人)은 형사피의자의 권리에 더 추가하여 ① 신속하고 공정한 재판을 받을 권리(제27조 제3항), ② 법률과 적법한 절차에 의하지 아니하고는 처벌·보안처분 또는 강제노역을 받지 아니할 권리(제12조 제1항 후문)를 가진다.

Ⅱ. 신체의 안전과 자유의 실체적 보장

1. 죄형법정주의

(1) 의 의

(i) 죄형법정주의는 헌법의 기본원리인 국민주권주의·법치주의·자유주의·권력분립주의에 터 잡고 있다. 죄형법정주의는 신체의 안전과 자유를 확보하기 위하여 처벌될 행위·형벌의 종류를 법률로 규정함으로써 국가형벌권의 자의적 행사로부터 개인의 자유와 권리를 보호하려는 원리이다.

(ii) 제12조 제1항 후문에서는 "누구든지 … 법률과 적법한 절차에 의하지 아니하고는 처벌, 보안처분 또는 강제노역을 받지 아니한다"라고 하여 죄형법정주의(罪刑法定主義)를 규정한다. 그 파생원칙으로 제13조 제1항에서 형벌법규의 소급효금지와 제13조 제2항에서 소급입법금지를 규정한다.

(2) 죄형법정주의의 내용

(i) 죄형법정주의는 "법률 없으면 범죄 없고, 법률 없으면 형벌 없다. 즉 법률 없으면 범죄도 없고 형벌도 없다"라는 법언(法諺)으로 표현된다. "죄형법정주의는 이미 제정된 정의로운 법률에 의하지 아니하고는 처벌되지 아니한다는 원칙으로서 이는 무엇이 처벌될 행위인가를 국민이 예측가능한 형식으로 정하도록 하여 개인의 법적 안정성을 보호하고 성문의 형벌법규에 의한 실정법질서를 확립하여 국가형벌권의 자의적 행사로부터 개인의 자유와 권리를 보장하려는 법치국가형법의 기본원리"이다(헌재 1991.7.8. 91헌가4, 복표발행·현상기타사행행위단속법 제9조 및 제5조에 관한 위헌심판(위헌)).

(ii) 죄형법정주의에서 요구되는 사항은 첫째, 국회에서 제정한 형식적 의미의 법률이다. 다만, 최소한의 위임입법은 불가피하다. 둘째, 법률의 내용이 명확하여야 한다. 범죄와 형벌은 가능한 한 명확하게 규정되어야 한다. 그래야만 일반 국민의 행위규범으로 무엇이 금지되고 무엇이 허용되는지 알 수 있다. 형벌에 대한 예측가능성이 확보되지 아니하면 재판에서도 법관의 자의적인 법적용이 가능하게 된다. 즉 "막연하기 때문에 무효의 원칙"은 죄형법정주의에서 규범명확성의 원칙으로 연결된다.

(iii) 범죄와 형벌은 국회에서 제정한 형식적 의미의 법률로 제정되어야 하므로 벌칙규정의 일반적·포괄적 위임은 금지된다. 따라서 범죄와 형벌에 대한 위임입법은 엄격히 그 한계가 설정되어야 한다. 다만, 모법에 처벌대상행위의 구체적인 기준을 제시하고 형의 종류 및 최상한을 정하여 행하는 구체적 위임은 가능하다. 즉 형벌법규를 위임하기 위하여서는 첫째, 긴급한 필요나 미리 법률로써 정할 수 없는 부득이한 사정이 있어야 한다. 둘째, 법률에서 범죄의 구성요건과 처벌대상행위를 예측할 수 있을 정도로 구체적으로 정하여야 한다. 셋째, 형벌의 종류 및 상한과 폭을 법률에서 명백히 규정하여야 한다(제2편 제3장 제3항 Ⅳ. 참조).

"법률에 의한 처벌법규의 위임은 특히 긴급한 필요가 있거나 미리 법률로써 자세히 정할 수 없는 부득이한 사정이 있는 경우에 한정되어야 하고 이러한 경우일지라도 법률에서 범죄의 구성요건은 처벌대상인 행위가 어떠한 것일 거라고 이를 예측할 수 있을 정도로 구체적으로 정하고 형벌의 종류 및 그 상한과 폭을 명백히 규정하여야 한다"(헌재 1997.9.25. 96헌가16, 건축법 제79조 제4호 중 '제26조의 규정에 위반한 자' 부분 위헌제청(위헌)).

범죄행위의 유형을 정하는 구성요건규정과 제재규정인 처벌규정을 별도의 조항에서 정하는 법률조항은 처벌규정에서 범죄 구성요건에 해당하는 당해 법률 규정을 명시하지 아니하고 단지 '이 법과 이 법에 의한 명령에 위반하여'라고만 한 것은 죄형법정주의의 명확성의 원칙에 위반된다(헌재 2001.1.18. 99헌바112, 새마을금고법 제66조 제1항 제2호 등 위헌소원(위헌,각하))(헌재 2005.6.30. 2003헌바114, 구 외국환거래법 제27조 제1항 제8호 등 위헌소원(합헌))(헌재 2001.

6.28. 99헌바31, 형법 제21조 제1항 중 "상당한 이유" 부분 위헌소원(합헌); 헌재 2004.1.29. 2002헌가20등, 구 주식회사의외부감사에관한법률 제20조 제1항 제2호 위헌제청(일부위헌): "감사 보고서에 기재하여야 할 사항을 기재하지 아니하거나 허위의 기재를 한 때"의 명확성 원칙위배 여부).

"법률조항에서 직접 청소년유해매체물의 범위를 확정하지 아니하고 행정기관(청소년보호위원회 등)에 위임하여 그 행정기관으로 하여금 청소년유해매체물을 확정하도록 하는 것은 부득이하다"(헌재 2000.6.29. 99헌가16, 구 청소년보호법 제2조 제3호 가목 등 위헌제청(합헌)); "대통령령으로 정하는 제품의 생산, 판매를 처벌하도록 한 것은 합헌이다"(헌재 2001.12.20. 2001헌가6, 석유사업법 제33조 제3호 등 위헌제청(합헌)).

행정관청이 노동위원회의 의결을 얻어 위법한 단체협약의 시정을 명한 경우 그 시정명령에 위반한 자를 500만 원 이하의 벌금에 처하는 규정 중 "제31조 제3항의 규정에 의한 명령에 위반한 자" 부분은 죄형법정주의에 위반되지 아니한다(헌재 2012.8.23. 2011헌가22, 노동조합 및 노동관계조정법 제93조 제2호 위헌제청(합헌)).

관광진흥개발기금 관리·운용업무에 종사하도록 하기 위하여 문화체육관광부 장관에 의해 채용된 민간 전문가에 대해 형법상 뇌물죄의 적용에 있어서 공무원으로 의제하는 규정은 신체의 자유 등을 과도하게 제한하지 아니한다(헌재 2014.7.24. 2012헌바188, 관광진흥개발기금법 제13조 등 위헌소원(합헌)).

징역형 수형자에게 정역의무(定役義務)를 부과하는 형법 제67조는 신체의 자유를 침해하지 아니한다(헌재 2012.11.29. 2011헌마318, 형의 집행 및 수용자의 처우에 관한 법률 제66조 위헌확인(기각)).

약식명령에 대한 정식재판청구권 회복청구 시 필요적 집행정지가 아닌 임의적 집행정지로 규정한 형사소송법 제458조 제1항 중 제348조 제1항을 준용하는 부분은 약식명령에 의한 벌금형을 납부하지 않아 노역장에 유치된 자의 신체의 자유를 침해하지 아니한다(헌재 2014.5.29. 2012헌마104, 형사소송법 제348조 위헌확인(기각)).

(iv) 규범명확성의 원칙이란 범죄와 형벌을 가능한 한 법률에서 명확하게 규정함으로써 수범자로 하여금 어떠한 행위가 금지되고, 그 행위에 대하여 어떠한 형벌이 부과되는지 예측할 수 있게 하여, 법관의 자의적인 법적용을 배제하기 위한 원칙이다. 하지만, 명확성의 원칙은 모든 법률에 동일하게 요구되기보다는 입법정책적으로 판단하여야 할 사안이기도 하다. 이에 따라 국민에게 부담을 가하는 규정보다 시혜적 성격을 가진 규정에는 엄격성의 원칙이 완화된다.

법치국가원리의 한 표현인 명확성의 원칙은 모든 기본권제한입법에 대하여 요구된다. 규범의 의미내용으로부터 무엇이 금지되고 허용되는 행위인지를 수범자가 알 수 없다면 법적 안정성과 예측가능성은 확보될 수 없을 뿐만 아니라, 법집행 당국에 의한 자의적 집행을 가능하게 한다(헌재 1990.4.2. 89헌가113; 헌재 1996.8.29. 94헌바15; 헌재 1996.11.28. 96헌가15). 명확성의 원칙은 기본적으로 최대한이 아닌 최소한의 명확성을 요구한다. 그러므로 법문언이 해석을 통하여, 즉 법관의 보충적인 가치판단을 통하여 그 의미내용을 확인해 낼 수 있고, 그러한 보충적 해석이 해석자의 개인적인 취향에 따라 좌우될 가능성이 없다면 명확성의 원칙에 반한다고 할 수 없다(헌법재판소는 표현의 자유와 관련하여 저속(低俗)은 명확성의 원칙에 위배되지만, 음란(淫亂)은 명확성의 원칙에 위배되지 아니한다고 판시한다(헌재 1998.4.30. 95헌가16, 출판사및인쇄소의등록에관한법률 제5조의2 제5호 등 위헌제청(위헌,합헌))).

특히 형사처벌의 대상이 되는 범죄의 구성요건은 형식적 의미의 법률로 명확하게 규정되어야 하며, 만약 범죄의 구성요건에 관한 규정이 지나치게 추상적이거나 모호하여 그 내용과 적용범위가 과도하게 광범위하거나 불명확한 경우에는 국가형벌권의 자의적 행사가 가능하게 되어 개인의 자유와 권리를 보장할 수 없으므로 죄형법정주의에 위배된다(헌재 1995.9.28. 93헌바50, 특정범죄가중처벌등에관한법률 제4조 위헌소원(위헌))(헌재 2002.5.30. 2001헌바5, 구 전기통신사업법 제74조 등 위헌소원(위헌))(헌재 2003.3.27. 2001헌바39, 새마을금고법 제66조 제2항 제1호 위헌소원(한정위헌)).

다만, 어떤 행위를 범죄로 규정하고, 이에 대하여 어떠한 형벌을 과할 것인가의 문제는 그 범죄의 죄질과 보호법익에 대한 고려뿐만 아니라 우리의 역사와 문화, 입법 당시의 시대적 상황, 국민 일반의 가치관 내지 법감정 그리고 범죄예방을 위한 형사정책적 측면 등 여러 가지 요소를 종합적으로 고려하여 입법자가 결정할 사항이다. 이에 대하여는 광범위한 입법재량 또는 입법형성의 자유가 인정된다(헌재 2007.3.29. 2003헌바15등: 보건범죄단속에관한특별조치법 제5조 위헌소원(합헌))(예컨대 무면허 의료행위에 대한 가중처벌은 합헌이다)(헌재 1995.10.26. 92헌바45, 구 군형법 제75조 제1항 제1호 위헌소원(합헌)).

위헌판례

미성년자보호법 중 "잔인성을 조장할 우려가 있거나 범죄의 충동을 일으킬 수 있게 하는" 부분과 아동복지법 중 "덕성(德性)을 심히 해할 우려가 있는" 부분은 법집행자의 자의적인 판단을 허용할 여지가 높아 죄형법정주의에서 파생하는 명확성의 원칙에 위배되어 위헌이다(헌재 2002.2.28. 99헌가8, 미성년자보호법 제2조의2 제1호 등 위헌제청(위헌)).

"증권감독위원회의 명령을 위반한 경우 형사처벌하도록 한 규정은 죄형법정주의의 명확성의 원칙과 포괄위임금지의 원칙에 반하여 위헌이다"(헌재 2004.9.23. 2002헌가26, (구)증권거래법 제209조 제7호 위헌제청(위헌)).

"야간에 흉기 기타 위험한 물건을 휴대하여 형법 제283조 제1항(협박)의 죄를 범한 자를 5년 이상의 유기징역에 처하도록 규정한" 제3조 제2항 부분은 다른 범죄와의 관계에서 형벌의 체계정당성에 어긋나고 평등원칙에 위반되며 과잉금지의 원칙에도 어긋난다((헌재 1995.3.23. 94헌가4) 판례 변경)(헌재 2004.12.16. 2003헌가12, 폭력행위등처벌에관한법률 제3조 제2항 위헌제청(위헌)).

"'공중도덕상 유해한 업무' 부분은 건전한 상식과 통상적인 법감정을 가진 사람으로서는 금지되는 직업소개의 대상을 위와 같은 기준에 맞추어 특정하거나 예측한다는 것은 매우 어렵다고 할 것이므로 죄형법정주의에서 파생된 명확성의 원칙을 충족시키고 있다고 할 수 없다"(헌재 2005.3.31. 2004헌바29, 직업안정법 제46조 제1항 제2호 위헌소원(위헌)).

"이 법 또는 이 법에 의한 명령의 시행을 위하여 필요한 사항"의 의미범위가 명확하지 아니하여 수범자로 하여금 그 내용을 예측하여 자신의 행위를 결정하기 어렵게 하므로 죄형법정주의에서 요구하는 명확성의 원칙에 위배된다(헌재 2010.2.25. 2008헌가6, 산업안전보건법 제69조 제1호 위헌제청(위헌)).

'대통령령으로 필요한 벌칙을 둘 수 있다'고만 할 뿐 어떠한 사항들의 위반 행위에 대하여 벌칙을 둘 수 있는지에 대하여 아무런 기준도 제시하지 아니하며, 대통령령에 규정할 벌칙으로 "500만 원 이하의 벌금·구류 또는 과료"를 규정하지만, 대통령령에 의하여 처벌될 수 있는 행위유형들도 죄질과 불법의 정도가 다양할 수 있고 그에 따라 처벌의 정도도 달라질 수 있는데 다양한 유형의 구성요건적 행위들에 대하여 각각 어느 정도의 처벌이 가하여질 것인지에 대하여 아무런 기준을 제시하지 아니하여 어떠한 사항들을 위반하면 처벌받게 될 것인지, 어느 정도로 처벌될 것인지를 예측할 수 없으므로 구 수산업법은 헌법 제12조 제1항의 죄형법정주의 원칙에 위배된다(헌재 2010.9.30. 2009헌바2, 수산자원보호령 제37조 제5호 등 위헌소원(위헌)).

공익을 해할 목적으로 전기통신설비에 의하여 공연히 허위의 통신을 한 자를 형사 처벌하는 전기통신기본법은 '공익' 개념이 불명확하여 수범자인 국민에 대하여 일반적으로 허용되는 '허위의 통신' 가운데 어떤 목적의 통신이 금지되는 것인지 고지하여 주지 못하고 있으므로 표현의 자유에서 요구하는 명확성의 요청 및 죄형법정주의의 명확성 원칙에 위반된다(헌재 2010.12.28. 2008헌바157, 전기통신기본법 제47조 제1항 위헌소원(위헌)).

재개발·재건축·도시환경정비사업을 시행하는 조합 등으로 하여금 중요한 회의가 있는 때에는 속기록·녹음 또는 영상자료를 만들도록 하고, 이를 위반한 경우 조합임직원 등을 처벌하는 내용 중 '중요한 회의' 부분은 범죄의 구성요건을 지나치게 추상적이고 모호하게 규정함으로써 통상의 판단능력을 가진 국민이 무엇이 금지되는지를 예견하기 어렵게 하여 죄형법정주의의 명확성원칙을 위반한다(헌재 2011.10.25. 2010헌가29, 구 도시 및 주거환경정비법 제86조 제7호 등 위헌제청(위헌)).

'수질 및 수생태계 보전에 관한 법률'이나 관련 법령 어디에도 '토사'의 의미나 '다량'의 정도, '현저히 오염'되었다고 판단할 만한 기준에 대하여 아무런 규정도 하지 아니하고 있으므로, 일반 국민으로서는 자신의 행위가 처벌대상인지 여부를 예측하기 어렵고 감독 행정관청이나 법관의 자의적인 법해석과 집행을 초래할 우려가 죄형법정주의의 명확성원칙에 위배된다(헌재 2013.7.25. 2011헌가26등, 수질 및 수생태계 보전에 관한 법률 제78조 제4호 등 위헌제청(위헌)).

'부정한 방법에 의한 산업기술 취득행위'에 관한 부분은 죄형법정주의의 명확성원칙에 위배된다(헌재 2013.7.25. 2011헌바39, 산업기술의 유출방지 및 보호에 관한 법률 제2조 등 위헌소원(위헌)).

'공중도덕상 유해한 업무' 부분은 건전한 상식과 통상적 법감정을 가진 사람으로 하여금 자신의 행위를 결정해 나가기에 충분한 기준이 될 정도의 의미내용을 가지고 있다고 볼 수 없다. 이 때문에 수범자로서는 실제 단속이 이루어지거나 형벌을 받기 전에 자신의 행위가 금지되는 것인지 예측하기 어렵고, 불명확한 규정으로 말미암아 관련 행정기관이나 법관의 자의적 법해석과 집행을 가져올 위험성도 크다. 따라서 죄형법정주의의 명확성원칙에 위배된다(헌재 2016.11.24. 2015헌가23, 구 파견근로자 보호 등에 관한 법률 제42조 제1항 위헌제청(위헌)). 이후 동법이 개정되어 8호에 걸쳐서 상세하게 규정한다.

과다노출을 금지하고 위반 시 처벌하는 '경범죄 처벌법'은 구성요건의 내용을 불명확하게 규정하여 죄형법정주의의 명확성원칙에 위배된다(헌재 2016.11.24. 2016헌가3, 경범죄 처벌법 제3조 제1항 제33호 위헌제청(위헌)). 이후 동법 제3조 제1항 제33호(과다노출)는 "여러 사람의 눈에 뜨이는 곳에서"는 "공개된 장소에서"로, "알몸을 지나치게 내놓거나 가려야 할 곳을 내놓아"는 "성기(性器)·엉덩이 등 신체의 주요한 부위를 노출하여"로 개정되었다. 제33호: "공개된 장소에서 공공연하게 성기·엉덩이 등 신체의 주요한 부위를 노출하여 다른 사람에게 부끄러운 느낌이나 불쾌감을 준 사람."

합헌판례

변호사법의 "기타 일반의 법률사건과 법률사무"는 건전한 상식과 통상적인 법감정을 가진 일반인이라도 충분히 구체성을 이해할 수 있어 법관의 자의적 해석이 확대될 염려가 없으므로(헌재 2000.4.27. 98헌바95등, 변호사법 제90조 제2호 위헌소원(합헌)) 형벌법규의 명확성의 원칙에 위배되지 아니한다.

"변호사에게 사건을 알선해 주고 금품을 수수하는 행위를 금지하고 있는 규정은 합헌이다"(헌재 2005.11.24. 2004헌바83, 소송촉진등에관한특례법 제24조 등 위헌소원(합헌)).

군형법(제92조)의 "계간(鷄姦) 기타 추행한 자는 1년 이하의 징역에 처한다"라는 규정에서 '기타 추행' 부분은 계간이라는 예시를 통하여 그 내용이 확정될 수 있으므로 명확성원칙에 위배되지 아니한다(헌재 2002.6.27. 2001헌바70, 군형법 제92조 위헌소원(합헌))(헌재 2011.3.31. 2008헌가21, 군형법 제92조 위헌제청(합헌)).

세금계산서 교부의무 위반 등의 가중처벌 등의 규정은 죄형법정주의 명확성원칙에 위배되지 아니하고, 책임과 형벌 간의 비례원칙에 위배되지 아니하며, 평등원칙에 위배되지 아니한다고 한 종전의 선례들(2012헌바217등; 2015헌바244; 2015헌바249; 2016헌바81; 2017헌바226)의 결론을 유지한다. 헌재 2017.10.26. 2015헌바239등 사건에서 위헌으로 결정된 형법 부칙조항이 헌법재판소법 제47조 제3항에서 규정한 '형벌에 관한 법률조항'에 해당한다고 보고, 형법 부칙조항을 적용하여 벌금형에 대한 노역장유치를 선고한 확정판결에 대하여 헌법재판소법 제75조 제6항, 제47조 제4항에 따라 재심을 청구할 수 있음을 명확히 하였다(헌재 2018.3.29. 2016헌바202, 특정범죄 가중처벌 등에 관한 법률 제8조의2 등 위헌소원(합헌, 각하)).

형법상 강제추행죄의 문언이 가진 뜻, 입법목적이나 취지, 성범죄와 관련한 법규범의 체계 등을 종합하여 보았을 때, 건전한 상식과 통상적 법감정을 가진 사람이라면 어떠한 행위가 강제추행죄 구성요건에 해당하는지 합리적으로 파악할 수 있다. 게다가 오랜 기간에 걸쳐 집적된 대법원 판결로 종합적인 판단 기준이 제시되고 있으므로, 약간의 불명확성은 법관의 통상적인 해석작용으로써 충분히 보완될 수 있으므로 죄형법정주의의 명확성원칙에 위배되지 아니한다(헌재 2017.11.30. 2015헌바300, 형법 제298조 위헌소원(합헌))(헌재 2020.6.25. 2019헌바121, 형법 제298조 위헌소원(합헌)).

"폭행 또는 협박이 추행보다 시간적으로 앞서 그 수단으로 행해진 유형(이른바 폭행·협박 선행형)의 강제추행죄에서의 '폭행 또는 협박'은, 상대방의 항거를 곤란하게 할 정도로 강력할 것이 요구되지 아니하고 상대방의 신체에 대하여 불법한 유형력을 행사(폭행)하거나 일반적으로 보아 상대방으로 하여금 공포심을 일으킬 수 있을 정도의 해악을 고지(협박)하는 것이라고 보아야 한다."라고 판시하여, '폭행 또는 협박'의 의미에 관한 종전 견해를 일부 변경하였다(대판(전합) 2023.9.21. 2018도13877). 위 대법원 판결은 강제추행죄의 범죄구성요건과 보호법익, 종래의 판례 법리의 문제점, 성폭력범죄에 대한 사회적 인식, 판례 법리와 재판 실무의 변화에 따라 해석 기준을 명확히 할 필요성 등을 고려한 것으로서, 이러한 해석은 문언의 통상적인 의미나 입법취지, 법질서 전체 및 다른 조항과의 관계 등에 비추어 예측 가능한 범위 내에 있다. 따라서 건전한 상식과 통상적인 법감정을 가진 사람이라면 어떠한 행위가 강제추행죄의 '폭행 또는 협박'에 해당하는지를 알 수 있을 것이므로 심판대상조항은 죄형법정주의의 명확성원칙에 반한다고 볼 수 없다.

이 결정은 2019헌바121 결정 이후 대법원이 심판대상조항의 '폭행 또는 협박'에 관한 종전의 견해를 일부 변경하였다고 하더라도, 대법원의 판단이 문언의 통상적인 의미나 입법취지, 법질서 전체 및 다른 조항과의 관계 등에 비추어 예측 가능한 범위에 있는 이상, 심판대상조항은 죄형법정주의의 명확성원칙에 위반되지 아니하고, 따라서 선례를 변경할 사정변경이나 필요성이 인정되지 아니한다(헌재 2024.7.18. 2024헌바71, 형법 제298조 위헌소원(합헌)).

금지하는 '의료기관 중복운영'이란, '의료인이 둘 이상의 의료기관에 대하여 그 존폐·이전, 의료행위 시행 여부, 자금 조달, 인력·시설·장비의 충원과 관리, 운영성과의 귀속·배분 등의 경영사항에 관하여 의사 결정 권한을 보유하면서 관련 업무를 처리하거나 처리하도록 하는 경우'를 의미하는 것으로 충분히 예측할 수 있고, 그 구체적인 내용은 법관의 통상적인 해석·적용에 의하여 보완될 수 있으므로 죄형법정주의의 명확성원칙에 어긋나지 아니한다(헌재 2019.8.29. 2014헌바212등, 의료법 제87조 제1항 제2호 위헌소원(합헌)).

공중이 밀집하는 장소에서 사람을 추행한 사람의 처벌은 죄형법정주의의 명확성원칙과 과잉금지원칙에 위배되지 아니한다(헌재 2021.3.25. 2019헌바413, 성폭력범죄의 처벌 등에 관한 특례법 제11조 위헌소원(합헌)). 공중밀집장소추행죄는 강제추행죄에 관한 헌법재판소 선례 및 공중밀집장소추행죄에 관한 대법원 판결, 공중밀집장소에서 발생하는 추행행위의 특수성, 법정형 등을 고려한 결정이다.

"'청소년이용음란물'에는 실제인물인 청소년이 등장하여야 한다고 보아야 함이 명백하고, 따라서 법률적용단계에서 다의적으로 해석될 우려가 없이 건전한 법관의 양식이나 조리에 따른 보충적인 해석에 의하여 그 의미가 구체화되어 해결될 수 있는 이상 죄형법정주의에 있어서의 명확성의 원칙을 위반하였다고 볼 수 없다"(헌재 2002.4.25. 2001헌가27, 청소년의성보호에관한법률 제2조 제3호 등 위헌제청(합헌)).

"'직무'·'유기' 등의 용어들이 지닌 약간의 불명확성은 법관의 통상적인 해석작용에 의하여 충분히 보완될 수 있고, 건전한 상식과 통상적인 법감정을 가진 일반인 및 이 사건 법률조항의 피적용자인 공무원이라면 금지되는 행위가 무엇인지 예측할 수 있다"(헌재 2005.9.29. 2003헌바52, 형법 제122조 위헌소원(합헌)).

선거운동기간 전 '각종 인쇄물'을 사용한 선거운동을 형사처벌하도록 한 규정 중 "각종 인쇄물"이란 명칭 및 용도 여하를 불문하고 선거운동에 이용된 모든 종류의 인쇄된 유형물을 의미한다고 해석함이 상당하므로, 죄형법정주의의 명확성원칙에 위배되지 아니한다(헌재 2010.2.25. 2008헌바10, 구 지방교육자치에 관한 법률 제158조 제2항 제1호 위헌소원(합헌)).

'일제 강점하 반민족행위 진상규명에 관한 특별법'(반민규명법)의 정의조항 중 '제2조 제6호 내지 제9호의 행위를 한 자'로 규정한 부분이 불명확하다고 할 수 없고, '독립운동에 적극 참여한 자' 부분은 '일제 강점하에서 우리 민족의 독립을 쟁취하려는 운동에 의욕적이고 능동적으로 관여한 자'라는 뜻이므로 그 의미를 넉넉히 파악할 수 있다. 친일재산의 국가귀속이 해방 이후 오랜 시간이 경과한 상황에서 이루어지고 있어서 친일재산 여부를 국가측이 일일이 입증하는 것은 곤란한 반면, 일반적으로 재산의 취득자측은 취득내역을 잘 알고 있을 개연성이 높다. 또한 추정조항이 친일반민족행위자측에 전적으로 입증책임을 전가한 것도 아니고, 행정소송을 통해 추정을 번복할 수 있는 방도도 마련되어 있으며, 가사 처분청 또는 법원이 이러한 추정의 번복을 쉽게 인정하지 않는다 할지라도 이는 처분청 또는 법원이 추정조항의 취지를 충분히 실현하지 못한 결과이지 추정조항을 활용한 입법적 재량이 일탈・남용되었다고 보기 어려우므로, 추정조항이 재판청구권 침해나 적법절차원칙에 반한다고 할 수 없다(헌재 2011.3.31. 2008헌바141등, 친일반민족행위자 재산의 국가귀속에 관한 특별법 제2조 등 위헌소원 등(합헌)).

온라인서비스제공자에게 자신이 관리하는 정보통신망에서 아동・청소년이용음란물을 발견하기 위하여 대통령령으로 정하는 조치를 취하고, 발견된 아동・청소년이용음란물을 즉시 삭제, 전송을 방지 또는 중단하는 기술적인 조치를 할 의무를 부과하고, 이에 위반한 경우 처벌하는 것은 합헌이다. 이 규정으로 온라인서비스제공자들의 영업의 자유가 제한되고, 서비스이용자의 통신의 비밀이나 표현의 자유가 다소 위축되는 등의 사적 불이익이 있으나, 아동음란물의 유통・확산을 사전에 차단하여 아동음란물이 초래하는 각종 폐해를 방지한다는 공익이 우위에 있다(헌재 2018.6.28. 2016헌가15, 아동・청소년의 성보호에 관한 법률 제17조 제1항 위헌제청(합헌)).

'성적 욕망 또는 수치심을 유발할 수 있는 다른 사람의 신체'는 구체적, 개별적, 상대적으로 판단할 수밖에 없고, 사회와 시대의 문화, 풍속 및 가치관의 변화에 따라 수시로 변화하므로, 다소 개방적이거나 추상적인 표현을 사용하면서 그 의미를 법관의 보충적 해석에 맡긴 것은 어느 정도 불가피하다. 법원은 합리적인 해석기준을 제시하고 그 기준에 따라 판단하므로, 법 집행기관이 자의적으로 해석할 염려가 없으므로 죄형법정주의의 명확성원칙에 위배되지 아니한다(헌재 2017.6.29. 2015헌바243, 구 성폭력범죄의 처벌 등에 관한 특례법 제13조 제1항 위헌소원(합헌)).

군인 아닌 자가 유사군복(類似軍服)을 입고 군인임을 사칭하여 군인에 대한 국민의 신뢰를 실추시키는 행동을 하는 등 군에 대한 신뢰 저하 문제로 이어져 향후 발생할 국가안전보장상의 부작용을 상정해볼 때, 유사군복의 착용 금지만으로는 입법목적을 달성하기에 부족하고, 유사군복을 판매 목적으로 소지하는 것까지 금지하여 유사군복이 유통되지 아니하도록 하는 사전적 규제조치가 불가피하다(헌재 2019.4.11. 2018헌가14, 군복 및 군용장구의 단속에 관한 법률 제8조 제2항 위헌제청(합헌)).

운행 중인 자동차의 운전자를 폭행하거나 협박하여 사람을 상해에 이르게 한 경우를 3년 이상의 유기징역에 처하도록 한 '특정범죄 가중처벌 등에 관한 법률' 중 '상해'에 관한 부분이 헌법에 위반되지 아니한다고 하여 헌재 2017.11.30. 2015헌바336 결정의 선례의 태도를 유지한다(헌재 2020.11.26. 2020헌바281, 특정범죄 가중처벌 등에 관한 법률 제5조의10 제2항 위헌소원(합헌)).

'아동학대범죄를 범한 사람'의 의미가 아동학대처벌법 및 아동복지법상 관련규정에 비추어 그 의미가 명확하고, 성인에 의한 학대로부터 아동을 특별히 보호하여 이들의 건강한 성장을 도모하는 것은 이 사회가 양보할 수 없는 중요한 법익인 점 등에 비추어 죄형법정주의의 명확성원칙, 책임과 형벌 사이의 비례원칙, 평등원칙에 위배되지 아니한다(헌재 2025.8.21. 2022헌바88, 구 아동학대범죄의 처벌 등에 관한 특례법 제4조 등 위헌소원(합헌,각하)).

"그 밖에 국가의 회계사무를 처리하는 사람"을 회계관계직원으로 규정한 회계직원책임법 조항, 위 회계관계직원이 국고 손실을 입힐 것을 알고서 횡령의 죄를 범하고 손실이 1억 원 이상인 경우 가중처벌을 하는 특정범죄가중법 조항 및 이 사건 형법 조항이 타인의 재물을 보관하는 자가 제3자의 이익을 위하여 횡령행위를 하는 경우를 자기의 이익을 위하여 횡령행위를 하는 경우와 동일한 법정형으로 처벌하는 점에 대하여 죄형법정주의의 명확성원칙에 위반되지 아니하고, 형벌체계상의 균형을 잃어 평등원칙에 위배된다고 할 수 없다(헌재 2024.4.25. 2021헌바21, 특정범죄 가중처벌 등에 관한 법률 제5조 위헌소원(합헌)).

부정한 방법으로 대가를 지급하지 아니하고 유료자동설비를 이용하여 재물 또는 재산상의 이익을 취득한 자를 3년 이하의 징역, 500만 원 이하의 벌금, 구류 또는 과료에 처(편의시설부정이용죄 처벌)하는 형법 제348조의2가 죄형법정주의의 명확성의 원칙에 위반되지 아니한다(헌재 2021.10.28. 2019헌바448, 형법 제348조의2 위헌소원(합헌)).

군형법상 추행죄의 객체를 보다 명확하게 한 법률의 개정, 그 적용범위를 제한적으로 해석하는 대법원의 판결(대판 2022.4.21. 2019도3047) 등에 비추어 "그 밖의 추행" 부분이 죄형법정주의의 명확성원칙에 위배되지 아니하고, 상명하복체계로서 대부분 남성으로 구성된 군 조직의 특수성, 군기 확립 및 전투력 보호라는 공익 등을 종합하여 보면, 과잉금지원칙과 평등원칙에도 위배되지 아니한다(5:4)(헌재 2023.10.26. 2017헌가16, 군형법 제92조의6 위헌제청(합헌,각하)).

인체면역결핍바이러스(HIV)에 감염된 사람이 혈액 또는 체액을 통하여 다른 사람에게 전파매개행위의 금지는 헌법에 위반되지 아니한다. [일부위헌의견] "의료인의 처방에 따른 치료법을 성실히 이행하는 감염인의 전파매개행위를 금지 및 처벌하는 부분"은 헌법에 위반된다(합헌4:일부위헌5)(헌재 2023.10.26. 2019헌가30, 후천성면역결핍증 예방법 제19조 등 위헌제청(합헌)).

형법 제123조 중 공무원이 "직권을 남용하여 사람으로 하여금 의무없는 일을 하게 하거나"에 관한 부분 및 직권남용행위의 상대방인 '사람'에 관한 해석도 명확하고, 공무원의 직권남용행위를 행정상 제재가 아닌 형사처벌로 규율하는 것이 책임과 형벌 간의 비례원칙에 위반되지 아니한다(헌재 2024.5.30. 2021헌바55등, 형법 제123조 위헌소원(합헌,각하)).

"선박의 감항성의 결함"의 의미가 무엇인지 명확하게 해석할 수 있고, 막대한 인명피해를 초래할 위험성이 큰 선박 사고를 예방하여야 할 필요성 등에 비추어 보면 '선박의 감항성의 결함'을 발견하고도 이를 신고하지 아니한 행위를 형사처벌하는 것이 부당하다고 볼 수도 없다(6:3)(헌재 2024.5.30. 2020헌바234, 선박안전법 제84조 제1항 제11호 등 위헌소원(합헌)).

형법 제139조 중 인권옹호에 관한 검사의 명령 불준수의 부분(헌재 2007.3.29. 2006헌바69, 형법 제139조 위헌소원(합헌)), '성매매알선 등 행위의 처벌에 관한 법률'에서의 영업상 유사성교행위 알선의 처벌 부분(헌재 2018.12.27. 2017헌바519, 성매매알선 등 행위의 처벌에 관한 법률 제19조 제2항 제1호 등 위헌소원(합헌)), 사람의 항거불능 상태를 이용하여 간음 또는 추행을 한 자를 처벌하는 형법 제299조 중 '항거불능' 부분(헌재 2022.1.27. 2017헌바528, 형법 제299조 위헌소원(합헌)), 보험모집인의 등록취소 또는 업무정지 사유의 하나로 "현저하게 부적당한 행위" 부분(헌재 2002.1.31. 2000헌가8, 구 보험업법 제150조 제2항에 의하여 준용되는 제147조 제2항 제2호 위헌제청(합헌)), "영리를 목적으로 한의사가 아닌 자가 한방의료행위 업" 처벌(헌재 2003.2.27. 2002헌바23, 보건범죄단속에 관한특별조치법 제5조 위헌소원(합헌))(헌재 2005.11.24. 2003헌바95, 보건범죄단속에관한특별조치법 제5조 등 위헌소원(합헌)), 학교환경위생정화구역안의 '미풍양속을 해하는 행위 및 시설' 부분(헌재 2008.4.24. 2004헌바92, 학교보건법 시행령 제4조의2 제1호 등 위헌소원(합헌)), 공연히 사람을 모욕한 자를 처벌하도록 규정한 형법 제311조(헌재 2011.6.30. 2009헌바199, 형법 제311조 위헌소원 등(합헌,기각)), 아동·청소년이용음란물 가운데 "아동·청소년으로 인식될 수 있는 사람이나 표현물이 등장하여 그 밖의 성적 행위를 하는 내용을 표현하는 것"(헌재 2015.6.25. 2013헌가17 등, 아동·청소년의 성보호에 관한 법률 제2조 제5호 등 위헌제청 등(합헌)), 비방할 목적으로 정보통신망을 이용하여 공공연하게 사실을 드러내어 다른 사람의 명예를 훼손한 자의 처벌(헌재 2016.2.25. 2013헌바105·2015헌바234, 정보통신망이용촉진및정보보호 등에 관한 법률 제70조 제1항 위헌소원(합헌)), 통신매체를 이용한 음란행위를 처벌하는 규정 중 '성적 수치심이나 혐오감'(헌재 2016.3.31. 2014헌바397, 성폭력범죄의 처벌 등에 관한 특례법 제13조 위헌소원(합헌)), 청탁금지법의 '부정청탁', '법령', '사회상규'(헌재 2016.7.28. 2015헌마236등, 부정청탁 및 금품등 수수의 금지에 관한 법률 제2조 제1호 마목 등 위헌확인 등(각하,기각)), 단체나 다중의 위력으로써 형법상 상해죄를 범한 사람을 가중 처벌하는 '단체나 다중의 위력으로써 형법 제257조 제1항(상해)의 죄를 범한 자' 부분(헌재 2017.7.27. 2015헌바450, 구 폭력행위 등 처벌에 관한 법률 제3조 제1항 위헌소원(합헌)), 식품에 관하여 '의약품으로 오인·혼동할 우려가 있는 내용의 광고'를 금지(헌재 2019.7.25. 2017헌바513, 식품위생법제13조 제1항 제1호 등 위헌소원 (합헌)), 출퇴근 카풀 시 자가용자동차 유상운송의 예외적 허용(헌재 2021.4.29. 2018헌바100, 여객자동차 운수사업법 제81조 제1항 제1호 등 위헌소원(합헌)) 및 구 '폭력행위 등 처벌에 관한 법률'의 '위험한 물건', '특정범죄 가중처벌 등에 관한 법률'의 '추업에 사용할 목적', 지방공무원법의 '사실상 노무에 종사하는 공무원', 형법 제185조의 육로를 불통하게 하거나 기타 방법으로 교통을 방해한 자를 처벌, '폭력행위 등 처벌에 관한 법률'의 '구성원으로 활동한 자', 구 의료법의 '직접 진찰한', '공무원의 노동조합 설립 및 운영에 관한 법률'의 국가 또는 지방자치단체의 정책결정 사항이나 기관의 관리운영에 관한 사항으로서 근무조건과 직접 관련되지 아니하는 사항을 공무원노동조합의 단체교섭대상에서 제외하는 '직접', '강제적 다운제'를 규정한 구 청소년보호법의 '인터넷게임', 군인의 대통령에 대한 상관모욕죄를 처벌하는 군형법의 '명령복종관계에서 명령권을 가진 사람', '집회 및 시위에 관한 법률'의 '최소한의 범위', '자본시장과 금융투자업에 관한 법률'의 부당권유의 금지 및 불확실한 사항에 대하여 단정적 판단을 제공하거나 확실하다고 오인하게 할 소지가 있는 내용을 알리는 행위, 의료법의 '본인부담금을 할인하여 유인하는 행위' 등은 명확성의 원칙에 위배되지 아니한다.

(3) 죄형법정주의의 파생원칙(派生原則)

죄형법정주의의 파생원칙으로서는 **형벌불소급의 원칙**(형벌법규의 소급효금지)·**관습형법의 금지·절대적 부정기형의 금지·유추해석의 금지**가 있다. 헌법 제13조 제1항에서는 "모든 국민은 행위시의 법률에 의하여 범죄를 구성하지 아니하는 행위로 소추되지 아니하며"라고 하여 형벌법규의 소급효금지를, 제2항에서는 "모든 국민은 소급입법에 의하여 참정권의 제한을 받거나 재산권을 박탈당하지 아니한다"라고 하여 소급입법에 의한 참정권 및 재산권박탈을 금지한다.

A. 형벌불소급(刑罰不遡及)의 원칙

(i) **형벌불소급의 원칙**은 "범죄의 성립과 처벌을 행위시의 법률에 의하게 함으로써 사후법률에 의한 처벌을 금지하여 국민의 법적 안정성을 도모하려는 데 그 목적이 있다"(대판 1995.7.28. 93도1977). 비록 법률에서 규정된 내용이 형식적 의미의 형벌이 아니더라도 범죄행위에 따른 제재의 내용이나 실제적 효과가 형벌적 성격이 강하여 신체의 자유를 박탈하거나 이에 준하는 정도로 신체의 자유를 제한하는 경우에는 법적 안정성, 예측 가능성 및 국민의 신뢰를 보호하기 위하여 형벌불소급원칙이 적용된다. 나아가 범죄행위에 따른 제재의 내용이나 실제적 효과가 가중되거나 부수효과가 불이익하게 변경되는 경우에도 행위시법(行爲時法)을 적용함

이 바람직하므로 불이익하게 개정된 사후 입법의 소급적용에 신중을 기하여야 한다(헌재 2017.10.26. 2015헌바239등, 형법 부칙 제2조 제1항 위헌소원(합헌,위헌)).

형벌불소급원칙에서 의미하는 '처벌'은 형법에 규정되어 있는 형식적 의미의 형벌 유형에 국한되지 아니하며, 범죄행위에 따른 제재의 내용이나 실제적 효과가 형벌적 성격이 강하여 신체의 자유를 박탈하거나 이에 준하는 정도로 신체의 자유를 제한하는 경우에는 형벌불소급원칙이 적용되어야 한다. 예컨대 노역장유치(勞役場留置)는 그 실질이 신체의 자유를 박탈하기 때문에 징역형과 유사한 형벌적 성격을 가지고 있으므로 형벌불소급원칙의 적용대상이 된다.

> "노역장유치조항은 1억 원 이상의 벌금형을 선고받는 자에 대하여 유치기간의 하한을 중하게 변경시킨 것이므로, 이 조항 시행 전에 행한 범죄행위에 대해서는 범죄행위 당시에 존재하였던 법률을 적용하여야 한다. 그런데 부칙조항은 노역장유치조항의 시행 전에 행해진 범죄행위에 대해서도 공소제기의 시기가 노역장유치조항의 시행 이후이면 이를 적용하도록 하고 있으므로, 이는 범죄행위 당시 보다 불이익한 법률을 소급 적용하도록 하는 것으로서 헌법상 형벌불소급원칙에 위반된다"(헌재 2017.10.26. 2015헌바239등, 형법 부칙 제2조 제1항 위헌소원(합헌,위헌)). 이후 형법 부칙 제2조 제1항 중 "공소가 제기되는 경우부터"는 "저지른 범죄행위부터"로 개정되었다.

(ii) 형벌불소급의 원칙의 적용은 실체법에 한정되고, 절차법에는 적용되지 아니한다. 따라서 공소시효에 관한 규정은 실체법적 규정이 아니기 때문에 형벌불소급의 원칙이 적용되지 아니한다. 다만, 시혜적 소급입법은 가능하며 이 경우에는 입법자에게 광범위한 형성의 자유가 인정된다.

> "형벌불소급의 원칙은 '행위의 가벌성' 즉 형사소추가 '언제부터 어떠한 조건하에서' 가능한가의 문제에 관한 것이고, '얼마 동안' 가능한가의 문제에 관한 것은 아니므로, 과거에 이미 행한 범죄에 대하여 공소시효를 정지시키는 법률이라 하더라도 그 사유만으로 헌법 제12조 제1항 및 제13조 제1항에 규정한 죄형법정주의의 파생원칙인 형벌불소급의 원칙에 언제나 위배되는 것으로 단정할 수는 없다"(헌재 1996.2.16. 96헌가2등, 5·18민주화운동등에관한특별법 제2조 위헌제청 등(합헌))(헌재 2021.6.24. 2018헌바457, 성폭력범죄의 처벌 등에 관한 특례법 부칙 제3조 등 위헌소원(합헌,각하)).
>
> 형사처벌의 근거가 되는 것은 법률이지 판례가 아니고, 형법 조항에 관한 판례의 변경은 그 법률조항의 내용을 확인하는 것에 지나지 아니하여 이로써 그 법률조항 자체가 변경된 것으로 볼 수 없으므로, 행위 당시의 판례에 의하면 처벌대상이 되지 아니하는 것으로 해석되었던 행위를 판례의 변경에 따라 확인된 내용의 형법 조항에 근거하여 처벌한다고 하여 형벌불소급원칙에 위반된다고 할 수 없다(헌재 2014.5.29. 2012헌바390등, 도시 및 주거환경정비법 제85조 제5호 등 위헌소원(합헌)).

(iii) 형벌불소급의 원칙은 형벌뿐만 아니라 신체의 자유를 제한하는 보안처분에도 적용된다. 보안처분은 장래의 범죄를 예방하기 위하여 내려지는 처분이다(헌재 2021.6.24. 2017헌바479, 보안관찰법 제2조 등 위헌소원(헌법불합치(잠정적용)합헌): 국가보안법 위반사범 출소 후 주기적 변동사항보고). 이미 확정판결을 받은 사람에게 보안

처분 등을 통하여 과거의 범죄에 대한 소급적 제재는 소급형벌금지의 원칙에 어긋날 수 있기 때문에 원칙적으로 금지된다. 형벌과 보안처분은 병과(竝科)하여도 이중처벌이 아니다.

하지만, 보안관찰 · 전자장치 부착명령 · 신상정보의 공개나 고지명령 · 디엔에이신원확인정보의 수집과 이용과 같은 비형벌적 보안처분 등과 같은 새로운 형태의 형사적 제재를 가할 경우에는 형벌불소급의 원칙이 적용되지 아니하여 문제점으로 지적된다.

사회봉사명령은 가정폭력범죄를 범한 자에 대하여 환경의 조정과 성행(性行)의 교정을 목적으로 하는 것으로서 형벌 그 자체가 아니라 보안처분의 성격을 가지는 것이 사실이다. 그러나 한편으로 이는 가정폭력범죄행위에 대하여 형사처벌 대신 부과되는 것으로서, 가정폭력범죄를 범한 자에게 의무적 노동을 부과하고 여가시간을 박탈하여 실질적으로는 신체적 자유를 제한하게 되므로, 이에 대하여는 원칙적으로 형벌불소급의 원칙에 따라 행위시법을 적용함이 상당하다(대결 2008.7.24. 2008어4(보호처분에대한재항고)).

전자장치 부착명령은 전통적 의미의 형벌이 아닐 뿐 아니라, 성폭력범죄자의 성행교정과 재범방지를 도모하고 국민을 성폭력범죄로부터 보호한다고 하는 공익을 목적으로 하며 전자장치의 부착을 통하여 피부착자의 행동 자체를 통제하는 것도 아니라는 점에서 자유를 박탈하는 구금 형식과는 구별되고 이 사건 부칙조항이 적용되었을 때 처벌적인 효과를 나타낸다고 보기 어렵다. 그러므로 이 사건 부착명령은 범죄행위를 한 사람에 대한 응보를 주된 목적으로 그 책임을 추궁하는 사후적 처분인 형벌과 구별되는 비형벌적 보안처분으로서, 전자장치 부착을 통한 위치추적 감시제도가 처음 도입되어 시행될 때 부착명령의 대상에서 제외되어 있던 사람들이 법 시행 이후 약 1년 7개월이 경과한 시점에 법 개정을 통하여 새로이 부착명령 대상에 포함되게 되었다 하더라도 소급효금지원칙이 적용되지 아니한다(헌재 2012.12.27. 2010헌가82, 특정 범죄자에 대한 위치추적 전자장치 부착 등에 관한 법률 부칙 제2조 제1항 위헌제청(합헌)).

디엔에이신원확인정보의 수집 · 이용은 수형인 등에게 심리적 압박으로 범죄예방효과를 가지는 점에서 보안처분의 성격을 지니지만, 처벌적인 효과가 없는 비형벌적 보안처분으로서 소급입법금지원칙이 적용되지 아니한다(헌재 2014.8.28. 2011헌마28등, 디엔에이신원확인정보의 이용 및 보호에 관한 법률 부칙 제2조 제1항 위헌확인 등(기각,각하)).

신상정보 공개 · 고지명령은 형벌과는 구분되는 비형벌적 보안처분으로서 어떠한 형벌적 효과나 신체의 자유를 박탈하는 효과를 가져오지 아니하므로 소급처벌금지원칙이 적용되지 아니한다. 성폭력처벌법 시행 당시 신상정보 공개 · 고지명령의 대상에 포함되지 아니하였던 사람들을 이후 소급하여 신상정보 공개 · 고지명령의 대상이 되도록 하였더라도 소급처벌금지원칙에 위배되는 것은 아니다(헌재 2016.12.29. 2015헌바196, 성폭력범죄의 처벌 등에 관한 특례법 부칙 제7조 제1항 등 위헌소원(합헌)).

"보호감호처분에 대하여는 소급입법이 금지되므로 비록 구법이 개정되어 신법이 소급 적용되도록 규정되었다고 하더라도 실체적인 규정에 관한 한 오로지 구법이 합헌적이어서 유효하였고 다시 신법이 보다 더 유리하게 변경되었을 때에만 신법이 소급적용될 것이므로 폐지된 구법에 대한 위헌여부의 문제는 신법이 소급적용될 수 있기 위한 전제문제로서 판단의 이익이 있어 위헌제청은 적법하다"(헌재 1989.7.14. 88헌가5등, 사회보호법 제5조의 위헌심판(위헌,합헌)).

보안관찰처분 취소등을 구하는 행정소송절차에서는 일률적으로 가처분을 할 수 없도록 한 법률조항은 적법절차원칙에 위배된다(헌재 2001.4.26. 98헌바79등, 보안관찰법 부칙 제2조 제2호 등 위헌소원, 구 국방경비법 위헌소원(위헌,합헌,각하)).

보안관찰처분 대상자에게 부과된 출소후신고조항 및 위반 시 처벌조항은 선례와 같이 헌법에 위반되지 아니한다(5:4). 하지만, 변동신고조항 및 위반 시 처벌조항은 헌법에 합치되지 아니한다(위헌4;헌법불합치2;합헌3)(헌재 2021.6.24. 2017헌바479, 보안관찰법 제2조 등 위헌소원(헌법불합치(잠정적용)합헌)).

B. 관습형법금지(慣習刑法禁止)의 원칙

관습형법금지의 원칙은 범죄와 형벌은 성문의 법률로써 규정하여야 한다는 원칙으로서 형벌법규법률주의라고도 한다. 이는 범죄와 형벌에 관한 법률유보를 의미한다. 즉 범죄와 형벌은 성문의 법률에 의하여야 한다. 따라서 법률보다 하위규범인 명령이나 규칙으로 범죄와 형벌을 규정할 수 없다.

C. 절대적(絕對的) 부정기형(不定期刑禁止) 선고 금지의 원칙

절대적 부정기형 또는 절대적 부정기형선고란 자유형의 선고형기간을 재판에서 확정하지 아니하고 행형(行刑)의 경과에 따라 사후에 결정하게 하는 형벌제도이다. 절대적 부정기형금지의 원칙은 형의 기간을 재판에서 확정하여야 한다는 원칙이다. 그러나 예외적으로 소년범에 대하여는 상대적 부정기형을 허용한다.

D. 유추해석(類推解釋) 금지(禁止)의 원칙

유추해석이란 법률에 규정이 없는 사항에 관하여 이와 유사한 성질을 가지는 사항에 관한 법률이나 법률조항을 적용하는 것을 말한다. 유추해석 금지의 원칙은 처벌법규가 미비(未備)된 경우, 유사한 사안에 적용되는 법규를 유추적용하여서는 아니 된다는 원칙이다.

죄형법정주의로부터 파생된 유추해석금지 원칙과 국가보안법 제1조 제2항, 제7조 제1항, 제5항에 비추어 볼 때, '블로그', '미니 홈페이지', '카페' 등의 이름으로 개설된 사적(私的) 인터넷 게시공간의 운영자가 사적 인터넷 게시공간에 게시된 타인의 글을 삭제할 권한이 있는데도 이를 삭제하지 아니하고 그대로 두었다는 사정만으로, 사적 인터넷 게시공간의 운영자가 타인의 글을 국가보안법 제7조 제5항에서 규정하는 바와 같이 '소지'하였다고 볼 수는 없다(대판 2012.1.27. 2010도8336).

"형벌법규에 있어 독자적인 공무원 개념을 사용하기 위해서는 법률에 명시하는 것이 일반적 입법례인데, 우리의 경우에는 구 형법의 공무원 개념규정을 형법 제정 당시 두지 않았고, 국가공무원법 · 지방공무원법에 의한 공무원이 아니라고 하더라도 국가나 지방자치단체의 사무에 관여하거나 공공성이 높은 직무를 담당하여 청렴성과 직무의 불가매수성이 요구되는 경우에, 개별 법률에 '공무원 의제' 조항을 두어 공무원과 마찬가지로 뇌물죄로 처벌하거나, 특별규정을 두어 처벌하고 있다. 그런데 국가공무원법 · 지방공무원

법에 따른 공무원이 아님에도 법령에 기하여 공무에 종사한다는 이유로 공무원 의제규정(擬制規定)이 없는 사인(私人)을 이 사건 법률조항의 '공무원'에 포함된다고 해석하는 것은 처벌의 필요성만을 지나치게 강조하여 범죄와 형벌에 대한 규정이 없음에도 구성요건을 확대한 것으로서 죄형법정주의와 조화될 수 없다. 따라서 이 사건 법률조항의 '공무원'에 국가공무원법 · 지방공무원법에 따른 공무원이 아니고 공무원으로 간주되는 사람도 아닌 제주자치도 위촉위원이 포함된다고 해석하는 것은 법률해석의 한계를 넘은 것으로서 죄형법정주의에 위배된다"(헌재 2012.12.27. 2011헌바117, 구 특정범죄 가중처벌 등에 관한 법률 제2조 제1항 위헌소원 등(한정위헌)).

(4) 형벌과 책임 사이의 비례원칙

"형벌은 범행의 경중과 행위자의 책임, 즉 형벌 사이에 비례성을 갖추어야" 한다(헌재 2004.12.16. 2003헌가12, 폭력행위등처벌에관한법률 제3조 제2항 위헌제청(위헌)). "책임 없는 자에게 형벌을 부과할 수 없다"라는 책임주의는 형사법의 기본원리로서, 헌법상 법치국가원리로부터 도출되는 원리이다. 형벌은 범죄에 대한 제재로서 그 본질은 법질서에 의하여 부정적으로 평가된 행위에 대한 비난이다. 만약 법질서가 부정적으로 평가한 결과가 발생하였다고 하더라도 그러한 결과의 발생이 누구의 잘못에 의한 결과가 아니라면, 부정적인 결과가 발생하였다는 이유만으로 누군가에게 형벌을 가할 수는 없다.

위헌판례

마약의 단순매수를 영리매수와 동일한 법정형으로 처벌하는 규정은 위헌이다. "법정형의 종류와 범위를 정할 때는 헌법 제37조 제2항이 규정하고 있는 과잉입법금지의 정신에 따라 형벌개별화원칙이 적용될 수 있는 범위의 법정형을 설정하여 실질적 법치국가의 원리를 구현하도록 하여야 하며, 형벌이 죄질과 책임에 상응하도록 적절한 비례성을 지켜야 한다"(헌재 2003.11.27. 2002헌바24, 특정범죄가중처벌등에관한법률 제11조 제1항 위헌소원(위헌)).

구체적 행위태양이나 적법한 보유권한의 유무 등에 관계없이 은닉, 보유 · 보관된 당해 문화재의 필요적 몰수는 책임과 형벌의 비례원칙에 위배된다(헌재 2007.7.26. 2003헌마377, 문화재보호법 제81조 제4항 등 위헌확인(위헌)).

상관(上官)살해죄 등을 규정한 군형법 규정은 범죄의 중대성 정도에 비하여 심각하게 불균형적인 과중한 형벌을 규정함으로써 죄질과 그에 따른 행위자의 책임 사이에 비례관계가 준수되지 아니하여 인간의 존엄과 가치를 존중하고 보호하는 실질적 법치국가의 이념에 어긋나고 형벌체계상 정당성을 상실한 것이다(헌재 2007.11.29. 2006헌가13, 군형법 제53조 제1항 위헌제청(위헌))(앞에서 설명한 기본권제한에서 있어서 본질적 내용침해금지 참조).

밀수입 예비행위의 본죄에 준한 처벌은 책임과 형벌의 비례원칙에 위배되고 형벌체계상의 균형성 및 평등원칙에 비추어 보아도 위반된다(헌재 2019.2.28. 2016헌가13, 특정범죄 가중처벌 등에 관한 법률 제6조 제7항 위헌제청(위헌)).

2회 이상 음주운전 금지규정을 위반한 사람에 대하여 과거 위반 전력 등과 관련하여 아무런 제한을 두지 않고 죄질이 비교적 가벼운 재범 음주운전행위까지 일률적으로 법정형의 하한인 징역 2년, 벌금 1천만 원을 기준으로 가중처벌하도록 하는 것은 책임과 형벌 사이의 비례성에 위반된다(7:2)(헌재 2021.11.25. 2019헌바446등, 도로교통법 제148조의2 제1항 위헌소원(위헌)). 선례와 달리, 과거위반 전력과 처벌대상이 되는 재범행위 사이에 시간적 제한이 존재하게 되고, 구체적 사안에 따라 재범행위의 위험성에 차이가 있다 하더라도 혈중알코올농도 0.05% 이상인 상태에서 음주운전 금지규정을 3회 이상 반복하여 위반하였다는 점에서 재범행위의 비난가능성에 있어 본질적인 차이가 있다고 보기 어렵다(헌재 2025.11.27. 2024헌가3, 구 도로교통법 제148조의2 제1항 제1호 위헌제청(합헌)). 음주운항(運航) 재범(7:2)(헌재 2022.8.31. 2022헌가10, 해사안전법 제104조의2 제2항 위헌제청(위헌)), 재범 음주운전 금지규정 위반행위 또는 음주측정거부행위(7:2)(헌재 2022.5.26. 2021헌가30등, 도로교통법 제148조의2 제1항 위헌제청(위헌))(헌재 2022.5.26. 2021헌가32등, 도로교통법 제148조의2 제1항 위헌제청(위헌)), 음주측정거부 전력자가 다시 음주측정거부행위를 한 경우에 일률적으로 가중처벌하면 헌법에 위반된다(7:2)(헌재 2022.8.31. 2022헌가14, 구 도로교통법 제148조의2 제1항 위헌제청(위헌))(헌재 2022.8.31. 2022헌가18등, 도로교통법 제148조의2 제1항 위헌제청(위헌)).

애완견(愛玩犬)에게 목줄을 착용시키지 아니한 사람에게 유형력 행사를 인정할 증거가 부족함에도 불구하고 기소유예처분이 자의적인 검찰권의 행사로 평등권과 행복추구권을 침해한다. 기소유예처분을 함에 있어 비록 사안 자체가 가볍다고 하더라도 피의사실을 인정함에 있어 신중을 기하여야 하며 현출(現出)된 증거가 유죄를 인정하기에 부족하다면 단순히 재량적, 심정적 판단으로 혐의를 인정할 것이 아니라 무죄추정의 원칙 및 형사 증거법의 원칙에 따라 피의사실 인정 여부를 판단하거나 추가적인 조사를 통하여 사실을 규명하는 것이 헌법상 원칙에 부합한다(헌재 2019.6.28. 2017헌마882, 기소유예처분취소(인용(취소))).

예비군에 관한 전반적인 사무는 대한민국 정부가 수행하여야 하는 공적 사무이고, 예비군대원 본인의 부재 시 대신 예비군훈련 소집통지서를 수령한 같은 세대 내의 가족 중 성년자가 이를 본인에게 전달하여야 하는 의무는 단순히 국가에 대한 행정절차적 협조의무로 보아, 이를 위반한 가족 중 성년자를 과태료가 아닌 형사처벌을 하는 조항은 책임과 형벌 사이의 비례원칙에 위반된다(6:3)(헌재 2022.5.26. 2019헌가12, 예비군법 제15조 제10항 전문 위헌제청(위헌)).

주거침입강제추행죄 및 주거침입준강제추행죄에 대하여 무기징역 또는 7년 이상의 징역에 처하도록 한 '성폭력범죄의 처벌 등에 관한 특례법'(2020. 개정) 제3조 제1항 중 "형법 제319조 제1항(주거침입)의 죄를 범한 사람이 같은 법 제298조(강제추행), 제299조(준강제추행) 가운데 제298조의 예에 의하는 부분의 죄를 범한 경우에는 무기징역 또는 7년 이상의 징역에 처한다"라는 부분은 책임과 형벌 사이의 비례원칙에 반한다. [별개의견(1인)] 법정형의 종류와 범위를 정하는 입법재량의 한계와 관련하여 입법과정상 중대한 오류가 있어 비례원칙 및 평등원칙에 반한다(헌재 2023.2.23. 2021헌가9등, 성폭력범죄의 처벌 등에 관한 특례법 제3조 제1항 위헌제청(위헌)). '야간주거침입절도미수범의 준강제추행죄'의 법정형을 '무기징역 또는 7년 이상의 징역'으로 정한 조항은 합헌이다(7:2)(헌재 2023.2.23. 2022헌가2, 성폭력범죄의 처벌 등에 관한 특례법 제3조 제1항 위헌제청(합헌)). [해설] 주거침입강제추행죄의 법정형 '무기징역 또는 5년 이상의 징역'에 대하여 여러 차례 합헌으로 판단하였고, 주거침입준강제추행죄의 법정형(헌재 2020.9.24. 2018헌바171, 성폭력범죄의 처벌 등에 관한 특례법 제3조 제1항 위헌소원), 주거침입강제추행치상죄의 법정형을 주거침입강간치상죄나 강간치사죄와 동일한 법정형에 대하여 합헌결정하였다(헌재 2021.5.27. 2018헌바497, 성폭력범죄의 처벌 등에 관한 특례법 제8조 제1항 위헌소원(합헌)). 그런데 구법과 달리 그 하한을 '징역 7년'으로 정함으로써, 주거침입의 기회에 행하여진 강제추행 및 준강제추행의 경우에는 다른 법률상 감경사유가 없는 한 법관이 정상참작감경을 하더라도 집행유예를 선고할 수 없도록 하였다. 이 결정은 법정형의 하한이 5년 이상의 징역이어서 작량감경의 사유가 있는 경우에는 얼마든지 집행유예를 선고할 수 있다는 점을 주요 논거로 하는 종전의 합헌결정들을 이제는 추종할 수 없게 되었다고 보고, 책임과 형벌 간의 비례원칙에 위반하여 헌법에 위반된다고 선언하였다. 같은 날 선고된 2022헌가2 사건(합헌결정)의 법정의견은 '야간주거침입절도미수준강제추행죄'의 기본범죄인 준강제추행죄에 있어 추행으로 인정되는 행위 유형의 범위가 넓다고 하더라도 가중적 구성요건인 야간주거침입절도행위의 죄질과 불법성이 중대하고, 단순 주거침입에 비하여 범행의 동기와 정황이 제한적이며, 야간주거침입절도의 기회에 성범죄에 이르게 된 동기의 비난가능성이 현저히 큰 점 등을 고려하였다. [반대의견(1인)] 법정형의 종류와 범위를 정하는 입법재량의 한계와 관련하여 입법과정상 중대한 오류가 있었다. [반대의견(1인)] '야간주거침입절도미수범의 준강제추행죄'의 행위 태양도 다양하고 죄질의 폭이 넓을 수 있어 그 법정형의 하한을 징역 7년으로 정한 것은 책임과 형벌 사이의 비례원칙에 위배된다.

허위재무제표작성죄 및 허위감사보고서작성죄에 대하여 배수벌금형을 규정하면서도, '그 위반행위로 얻은 이익 또는 회피한 손실액이 없거나 산정하기 곤란한 경우'에 관한 벌금 상액을 별도로 규정하지 않음으로써, 법원으로 하여금 죄질과 책임에 상응하는 벌금형을 선고할 수 없도록 한 것이 법원의 양형재량권을 침해하고, 피고인에 대한 책임과 형벌 간의 비례원칙에 위배된다(8:1일부위헌)(헌재 2024.7.18. 2022헌가6, 주식회사 등의 외부감사에 관한 법률 제39조 제1항 위헌제청(헌법불합치,적용중지)).

합헌판례

응급의료법의 입법 취지, 규정형식 및 문언의 내용을 종합하여 볼 때, 건전한 상식과 통상적인 법 감정을 가진 일반인이라면 구체적인 사건에서 어떠한 행위가 이 사건 금지조항의 '그 밖의 방법'에 의하여 규율되는지 충분히 예견할 수 있고, 이는 법관의 보충적 해석을 통하여 확정될 수 있는 개념이다. 행위의 위법 정도와 행위자의 책임에 비례하는 형벌을 부과하는 것이 가능하므로 이 사건 처벌조항이 과중한 형벌을 규정하고 있다고 볼 수 없다(헌재 2019.6.28. 2018헌바128, 응급진료 방해 행위의 금지 및 처벌에 관한 응급의료에 관한 법률 조항 위헌소원(합헌)).

속칭 '키스방'을 운영하면서 미성년자를 고용하여 성교를 한 행위를 살인죄보다 무겁게 처벌하는 이 사건 법률조항은 장차 국가의 장래를 책임지게 될 아동·청소년을 성매매의 폐해로부터 보호하여 건전한 사회구성원으로 성장할 수 있도록 하고, 우리 사회의 성문화에 대한 최소한의 도덕성을 지키기 위한 것으로서 그 보호법익이 매우 중요하고, 아동·청소년 성매매의 영업알선행위는 아동·청소년이 직업적·계속적으로 성매매를 하도록 하여 아동·청소년 성매매를 고착화시키고 확산시키므로 그 불법성이 매우 크다. 또한 아동·청소년 성매매의 효율적 예방과 실형 선고를 통해 영업의 기반을 무너뜨려 재발을 방지하도록 한다는 형사정책적 필요성, 아동·청소년의 객관적 징표로서 획일적 연령획정의 불가피성까지 종합적으로 고려할 때, 7년 이상의 유기징역형은 책임과 형벌 사이의 비례원칙에 위반되지 아니한다(헌재 2011.10.25. 2011헌가1, 아동·청소년의 성보호에 관한 법률 제12조 제1항 제2호 위헌제청(합헌)).

형법 제129조 제1항의 수뢰죄(受賂罪)를 범한 사람에게 수뢰액의 2배 이상 5배 이하의 벌금형의 필요적 병과가 수뢰액의 다과를 불문하고 수뢰행위의 반사회성, 반윤리성에 터잡아 수뢰범에 대하여 경제적인 불이익을 가함으로써 공무원 등의 청렴성, 공직 등의 불가매수성 및 순수성을 확보하고, 이에 대한 사회적 신뢰를 회복하기 위한 입법목적에서 비롯되었으므로 특가법 적용을 받는 수뢰죄뿐 아니라 형법 적용을 받는 수뢰죄에도 벌금형을 필요적으로 병과하도록 하였다 하더라도 형벌과 책임 사이의 비례관계를 벗어난 것이라고 할 수 없다(헌재 2017.7.27. 2016헌바42, 특정범죄 가중처벌 등에 관한 법률 제2조 제2항 위헌소원(합헌)).

독립행위가 경합하여 상해의 결과를 발생하게 한 경우에 있어서 원인된 행위가 판명되지 아니한 때에는 공동정범의 예에 의하도록 한 형법 제263조는 법치주의와 헌법 제10조의 취지로부터 도출되는 책임주의원칙에 위반되지 아니한다(4:5)(헌재 2018.3.29. 2017헌가10, 형법 제263조 위헌제청(합헌)).

분묘(墳墓)를 발굴(發掘)한 행위에 대하여 우리의 전통문화와 사상, 분묘에 대하여 가지는 국민 일반의 가치관 내지 법감정, 범죄예방을 위한 형사정책적 측면 등 여러 가지 요소를 고려하여 볼 때 벌금형을 선택적으로 규정함이 없이 5년 이하의 징역으로 규정(헌재 2019.2.28. 2017헌가33, 형법 제160조 위헌제청(합헌)), 향정신성의약품 매수행위를 무기 또는 5년 이상의 징역에 처하는 것(헌재 2019.2.28. 2016헌바382, 마약류 관리에 관한 법률 제58조 제1항 본문 등 위헌소원(합헌)), 500만 원 이상 5천만 원 미만의 향정신성의약품을 소지한 경우 무기 또는 3년 이상의 징역에 처하는 규정(헌재 2021.4.29. 2019헌바83, 특정범죄 가중처벌 등에 관한 법률 제11조 제2항 위헌소원(합헌)). 사람의 신체, 주거, 자동차 등을 수색하는 행위를 3년 이하의 징역에 처하도록 규정한 형법 제321조 중 '주거' 및 '자동차'에 관한 부분(헌재 2019.7.25. 2018헌가7, 형법 제321조 위헌제청(합헌)). 샘플 화장품 판매 금지와 그 위반자에 대한 형사처벌(헌재 2017.5.25. 2016헌바408, 화장품법 제37조 제1항 등 위헌소원(합헌)), 폭행 또는 협박으로 13세 미만의 사람에 대하여 추행을 한 자는 징역 또는 벌금형으로 처벌(헌재 2017.12.28. 2016헌바3, 성폭력범죄의 처벌 등에 관한 특례법 제7조 제3항 위헌소원(합헌)), 택시운전자격을 취득한 자가 친족관계인 사람을 강제추행하여 금고 이상의 실형을 선고받은 경우 그 택시운전자격을 취소(헌재 2020.5.27. 2018헌바264, 여객자동차 운수사업법 제87조 제1항 제3호 등 위헌소원(합헌)), 외국 또는 외국인을 위하여 군사기밀을 탐지하거나 수집한 사람에 대한 형의 2분의 1까지 가중처벌(헌재 2018.1.25. 2015헌바367, 군사기밀보호법 제13조의2 제1항 등 위헌소원(합헌)).

금융회사 등 임직원의 직무에 관한 수재 등 행위를 처벌하는 규정이 헌법에 위반되지 아니한다는 선례(98헌바26, 99헌바72 등, 2011헌바217) 및 수수액이 5천만 원 이상인 때에는 가중처벌하도록 규정한 구 특정경제범죄법 규정이 헌법에 위반되지 아니한다는 선례(2011헌바217)의 결론을 유지하였다(헌재 2017.12.28. 2017헌바193, 특정경제범죄 가중처벌 등에 관한 법률 제5조 제1항 등 위헌소원(합헌)), 금융회사 등 임직원이 그 직무에 관하여 5천만 원 이상 1억 원 미만의 금품 등의 수수를 '약속한 경우 가중처벌'(합헌4:위헌5)(헌재 2020.10.29. 2019헌가15, 특정경제범죄 가중처벌 등에 관한 법률 제5조 제4항 제2호 위헌제청(합헌)), 수뢰액이 5천만 원 이상 1억 원 미만인 경우 7년 이상의 유기징역에 처하도록 하고, 뇌물죄를 범한 사람에게 수뢰액의 2배 이상 5배 이하의 벌금을 필요적으로 병과(헌재 2017.7.27. 2015헌바301, 특정범죄 가중처벌 등에 관한 법률 제2조 제1항 제2호 등 위헌소원(합헌)), 금융회사 등 임직원이 그 직무에 관하여 금품 수수액이 1억 원 이상인 경우에 가중처벌하는 규정(합헌4:위헌5)(헌재 2020.3.26. 2017헌바129, 구 특정경제범죄 가중처벌 등에 관한 법률 제5조 제4항 제1호 등 위헌소원(합헌)), 자본시장법에서 부정거래행위자를 징역에 처하는 경우 '위반행위로 얻은 이익 또는 회피한 손실액의 1배 이상 3배 이하의 벌금'의 필요적 병과(6:3)(헌재 2020.12.23. 2018헌바230, 자본시장과 금융투자업에 관한 법률 제447조 제1항 등 위헌소원(합헌)), 초·중등교육법상 교원으로서 자신이 보호하는 아동에 대하여 아동학대범죄를 범한 경우 그 죄에 정한 형의 2분의 1까지 가중 처벌(헌재 2021.3.25. 2018헌바388, 아동학대범죄의 처벌 등에 관한 특례법 제7조 위헌소원(합헌)), 대규모 밀반송범의 관세법 및 특정범죄가중법상 처벌(헌재 2023.6.29. 2020헌바177등, 특정범죄 가중처벌 등에 관한 법률 제6조 제3항 등 위헌소원(합헌)).

법인도 자연인과 같이 책임주의원칙이 적용된다는 것이 양벌규정에 관한 헌법재판소의 일관된 입장이다(헌재 2009.7.30. 2008헌가14, 사행행위 등 규제 및 처벌특례법 제31조 위헌제청(위헌)) (헌재 2021.4.29. 2019헌가2, 구 수질환경보전법 제61조 위헌제청(위헌)) (헌재 2021.7.15. 2020헌바201, 관세법 제282조 제2항 등 위헌소원(합헌)).

종업원 등의 부당노동행위로 처벌되는 경우라 하여도 그를 고용한 법인에게 아무런 면책사유 없이 형사처벌하도록 한 것은 헌법상 법치국가원리로부터 도출되는 책임주의원칙에 반한다(헌재 2019.4.11. 2017헌가30, 노동조합 및 노동관계조정법 제94조 위헌제청(위헌)) (헌재 2020.4.23. 2019헌가25, 노동조합 및 노동관계조정법 제94조 위헌제청(위헌,합헌)).

기존 선례의 태도와 같이, 종업원 등의 범죄행위에 대하여 비난할 근거가 되는 법인의 독자적인 책임에 관하여 전혀 규정하지 않은 채, 종업원 등이 업무에 관하여 범죄행위를 하였다는 이유만으로 법인에 대하여 형벌을 부과하도록 한 규정은 헌법상 법치국가원리로부터 도출되는 책임주의원칙에 위배된다(헌재 2020.6.25. 2020헌가7, 구 도로법 제86조 위헌제청(위헌)).

2. 일사부재리(一事不再理)의 원칙

(i) 헌법 제13조 제1항 후문은 "모든 국민은 … 동일한 범죄에 대하여 거듭 처벌받지 아니한다"라고 하여 일사부재리의 원칙 내지 거듭처벌금지의 원칙을 규정한다. 이는 형사재판에서 실체판결이 확정되어 판결의 실체적 확정력(기판력)이 발생하면 이후 동일사건에 대하여는 거듭 심판받지 아니한다는 원칙이다. 일사부재리는 판결의 기판력 문제이므로, 기판력이 발생하지 아니하는 공소기각판결이나 관할위반의 판결에는 인정되지 아니한다. 그러나 면소판결(免訴判決)은 실체관계적 형식재판으로 보기 때문에 일사부재리가 인정된다.

(ii) 일사부재리의 원칙은 실체판결의 실체적 확정력의 문제이다. 반면에 영미법상의 이중위험금지의 원칙은 형사절차가 일정 단계에 이르면 동일절차를 반복할 수 없다는 절차법적 관점이라는 점에서 차이가 있다.

(iii) 처벌(處罰)이라 함은 국가가 행하는 일체의 제재나 불이익처분이 모두 포함되지는 아니하고 원칙적으로 범죄에 대한 국가의 형벌권실행으로서의 과벌(課罰)만을 의미한다(헌재 2002.7.18. 2000헌바57, 공무원연금법 제64조 제3항 위헌소원(한정위헌)). 하지만, 형벌과 행정처분의 병과는 가능하다고 본다. 또한 형벌과 과태료 또는 과징금의 병과도 일사부재리의 원칙에 위배되지 아니한다.

연금 급여제한 사유로 '재직 중의 사유'만인지 '퇴직 후의 사유'도 해당되는지에 관하여 일체의 언급이 없이 해당 범죄의 종류만을 열거하고 있다. 이러한 법문상의 표현은 입법의 결함이라고 할 것이고, 이로 인하여 대립적 해석을 낳고 있는바, 이러한 불명확한 규정에 의하여 '퇴직 후의 사유'를 급여제한의 사유에 해당하는 것으로 본다면, 이는 법규정이 불명확하여 법집행당국의 자의적인 법해석과 집행을 가능하게 하는 것으로서 헌법상의 명확성의 원칙에 어긋나는 조항이다. 하지만, 급여를 제한한다고 하더라도 그것이 헌법이 금하고 있는 이중적인 처벌에 해당하는 것은 아니다(헌재 2002.7.18. 2000헌바57, 공무원연금법 제64조 제3항 위헌소원(한정위헌)).

부당내부거래에 대한 과징금은 그 취지와 기능, 부과의 주체와 절차 등을 종합할 때 부당내부거래 억지라는 행정목적을 실현하기 위하여 그 위반행위에 대하여 제재를 가하는 행정상의 제재금으로서의 기본적 성격에 부당이득환수적 요소도 부가되어 있는 것이라 할 것이고, 이를 두고 헌법 제13조 제1항에서 금지하는 국가형벌권 행사로서의 '처벌'에 해당한다고는 할 수 없으므로, 공정거래법에서 형사처벌과 아울러 과징금의 병과를 예정하고 있더라도 이중처벌금지원칙에 위반된다고 볼 수 없으며, 이 과징금 부과처분에 대하여 공정력과 집행력을 인정한다고 하여 이를 확정판결 전의 형벌집행과 같은 것으로 보아 무죄추정의 원칙에 위반된다고도 할 수 없다(헌재 2003.7.24. 2001헌가25, 구 독점규제및공정거래에관한법률 제24조의2 위헌제청(합헌)).

피치료감호자에 대한 치료감호가 종료되었을 때 필요적으로 3년간의 보호관찰이 시작되도록 한 규정은 거듭처벌금지원칙에 반하지 아니한다(헌재 2012.12.27. 2011헌마285, 치료감호법 제16조 제2항 제1호 등 위헌확인(기각,각하)).

청소년성매수자의 신상공개제도는 이중처벌금지, 과잉금지원칙, 평등원칙, 적법절차, 포괄위임입법금지원칙에 부합한다(합헌4:위헌5)(헌재 2003.6.26. 2002헌가14, 청소년의성보호에관한법률 제20조 제2항 제1호 등 위헌제청(합헌,각하)).

구 의료법에 의한 의사면허자격정지처분을 받은 자에게 구 국민건강보험법에 의한 과징금 부과는 이중처벌금지의 원칙에 위반되지 아니한다(헌재 2008.7.31. 2007헌바85, 의료법 제53조 등 위헌소원(각하,합헌)).

벌금형을 선고받은 자가 그 벌금을 납입하지 아니한 때에 노역장에 유치는 이미 형벌을 받은 사건에 대하여 거듭된 형의 부과가 아니라 단순한 형벌집행방법의 변경에 불과하므로 이중처벌금지의 원칙에 위반되지 아니한다(헌재 2009. 3.26. 2008헌바52등, 특정범죄가중처벌 등에 관한 법률 제8조 제1항 제1호 등 위헌소원 등(합헌)).

운전면허 취소처분은 형법상에 규정된 형이 아니고, 그 절차도 일반 형사소송절차와는 다를 뿐만 아니라, 주취(酒臭) 중 운전금지라는 행정상 의무의 존재를 전제하면서 그 이행을 확보하기 위하여 마련된 수단이며 형벌과는 다른 목적과 기능을 가지고 있으므로, 이를 이중처벌금지원칙에서 말하는 처벌로 보기 어렵다(헌재 2010.3.25. 2009헌바83, 도로교통법 제93조 제1항 제2호 위헌소원(합헌)).

이행강제금(履行强制金)은 일정한 기한까지 의무를 이행하지 아니할 때에는 일정한 금전적 부담을 과할 뜻을 미리 계고(戒告)함으로써 의무자에게 심리적 압박을 주어 장래에 그 의무를 이행하게 하려는 행정상 간접적인 강제집행 수단의 하나로서 과거의 일정한 법률위반 행위에 대한 제재로서의 형벌이 아니라 장래의 의무이행의 확보를 위한 강제수단일 뿐이어서 범죄에 대하여 국가가 형벌권을 실행한다고 하는 과벌(課罰)에 해당하지 아니하므로 헌법 제13조 제1항이 금지하는 이중처벌금지의 원칙이 적용될 여지가 없다(헌재 2011.10.25. 2009헌바140, 건축법 제80조 제1항 등 위헌소원(합헌)).

경범죄처벌법상 범칙금의 납부에 따라 확정판결에 준하는 효력이 인정되는 범위는 범칙금 통고의 이유에 기재된 당해 범칙행위 자체 및 범칙행위와 동일성이 인정되는 범칙행위에 한정된다. 따라서 범칙행위와 같은 시간과 장소에서 이루어진 행위라 하더라도 범칙행위의 동일성을 벗어난 형사범죄행위에 대하여는 범칙금의 납부에 따라 확정판결에 준하는 일사부재리의 효력이 미치지 아니한다(대판 2012.9.13. 2012도6612).

집행유예의 취소 시 부활되는 본형(本刑)은 집행유예의 선고와 함께 선고되었던 것으로 판결이 확정된 동일한 사건에 대하여 다시 심판한 결과 부과되는 것이 아니므로 일사부재리의 원칙과 무관하고, 사회봉사명령 또는 수강명령은 그 성격, 목적, 이행방식 등에서 형벌과 본질적 차이가 있어 이중처벌금지원칙에서 말하는 '처벌'이라 보기 어려우므로, 보호관찰이나 사회봉사 또는 수강을 명한 집행유예를 선고받은 자가 준수사항이나 명령을 위반하고 그 정도가 무거운 때에 집행유예의 선고를 취소할 수 있도록 한 형법 제64조 제2항은 이중처벌금지원칙에 위반되지 아니한다(헌재 2013.6.27. 2012헌바345 등, 형법 제64조 제2항 위헌소원(합헌)).

특정한 범죄행위에 대하여 동일한 재판절차를 거쳐 형벌과 신상정보 공개명령을 함께 선고하는 것은 이중처벌금지원칙과 관련이 없다(헌재 2013.10.24. 2011헌바106 등, 아동·청소년의 성보호에 관한 법률 제38조 제1항 제1호 위헌소원(합헌)).

신상정보 공개·고지명령은 형벌과는 목적이나 심사대상 등을 달리하는 보안처분에 해당하므로 동일한 범죄행위에 대하여 형벌이 부과된 이후 다시 신상정보 공개·고지명령이 선고 및 집행된다고 하여 이중처벌금지의 원칙에 위반된다고 할 수 없다(헌재 2016.12.29. 2015헌바196, 성폭력범죄의 처벌 등에 관한 특례법 부칙 제7조 제1항 등 위헌소원(합헌)).

공직선거법위반죄를 범하여 형사처벌을 받은 공무원에 대하여 당선무효라는 불이익을 가하는 것은 공직선거법위반 행위 자체에 대한 국가의 형벌권 실행으로서의 과벌에 해당하지 아니하므로, 이중처벌금지원칙에 위배되지 아니한다(헌재 2015.2.26. 2012헌마581, 공직선거법 제264조 등 위헌확인(기각)).

이중처벌금지원칙은 동일한 범죄에 대하여 대한민국 내에서 거듭 형벌권이 행사되어서는 아니 된다는 뜻으로 새겨야 할 것이므로, 외국에서 형의 전부 또는 일부의 집행을 받은 자에 대하여 형을 감경 또는 면제할 수 있도록 규정한 형법 제7조는 헌법 제13조 제1항의 이중처벌금지원칙에 위배되지 아니한다(헌재 2015.5.28. 2013헌바129, 형법 제7조 위헌소원(헌법불합치,잠정적용)).

성폭력범죄의 습벽이란 행위자의 성격, 범행의 유사성 등을 종합하여 판단된 피부착자의 성폭력범죄의 경향 및 버릇을 의미하는 것으로서 법관의 보충적 해석을 통하여 충분히 확정될 수 있으므로, 이를 요건으로 한 부착명령청구조항은 명확성원칙에 위배되지 아니한다. 전자장치 부착은 과거의 불법에 대한 응보가 아닌 장래의 재범 위험성을 방지하기 위한 보안처분에 해당되므로, 부착명령청구조항은 헌법 제13조 제1항 후단의 이중처벌금지원칙에 위배되지 아니한다. 전자장치 부착은 전통적 의미의 형벌이 아니며, 이를 통하여 피부착자의 위치만 국가에 노출될 뿐 그 행동 자체를 통제하지 않는다는 점에서 비형벌적 보안처분에 해당되므로, 이를 소급적용하도록 한 부칙경과조항은 헌법 제13조 제1항 전단의 소급처벌금지원칙에 위배되지 아니한다(헌재 2015.9.24. 2015헌바35, 구 특정성폭력범죄자에 대한 위치추적 전자장치 부착에 관한 법률 제5조 제1항 제3호 등 위헌소원(합헌)).

추가징수조항은 보조금 부정수급으로 인한 재정 누수를 예방하기 위한 조항으로서, 사업주가 거짓이나 그 밖의 부정한 방법으로 보조금을 교부받았다는 사실을 알지 못한 것에 '정당한 사유'가 있다면 추가징수의 제재를 받지 아니할 수 있으므로 사업주의 고의 또는 과실을 요건으로 하지 아니하였다 하여 침해최소성원칙에 위배되지 아니하고, 추가징수액의 상한이 부정수급금으로 한정되어 있으므로 청구인의 재산권을 과도하게 침해하지 아니한다(헌재 2016.12.29. 2015헌바198, 근로자직업능력 개발법 제55조 제2항 등 위헌소원(합헌)).

3. 법률과 적법절차(適法節次)에 의한 보안처분과 강제노역

(i) 헌법 제12조 제1항 후문에서 "누구든지 … 법률과 적법한 절차에 의하지 아니하고는 처벌·보안처분 또는 강제노역을 받지 아니한다"라고 규정한다. 헌법상 "처벌·보안처분 또는 강제노역"만을 규정하고 있지만, 그 적용대상의 한정적 열거(한정적·제한적 열거설)가 아니라, 그 적용대상의 예시에 불과하다(예시설)

(헌재 1992.12.24. 92헌가8, 형사소송법 제331조 단서규정에 대한 위헌심판(위헌); 헌재 1989.7.14. 88헌가9등, 사회보호법 제5조의 위헌심판(취하)).

(ii) 보안처분(保安處分)은 형벌보충처분과 범죄예방처분을 말한다. 현행법상 소년법의 보호처분, '보호관찰 등에 관한 법률'의 보호관찰, 보안관찰법의 보안관찰처분, 치료감호법의 치료감호 · 보호관찰, '마약류관리에 관한 법률'에 따른 마약류중독자의 치료감호, '전자장치부착 등에 관한 법률'이 정하고 있는 전자장치부착 등이 있다. 한편 구 사회보호법이 폐지됨에 따라 이 법에 따른 보호감호 · 치료감호 · 보호관찰 등도 폐지되었다.

폐지된 사회보호법의 보호감호는 수형생활을 마친 자에 대하여 다시 보호감호소에 인치(引致)하기 때문에 사실상 징역과 동일한 처분이다. 보호감호는 형벌과 유사하기 때문에 소급금지의 원칙이 적용된다. 다만, 형벌과 병과하더라도 이중처벌은 아니다.

구 사회보호법 부칙 제2조는 범죄전력이 있다는 사실만으로 보호처분(保護處分)을 받게 되는 것이 아니므로 헌법 제13조 제1항에 정한 일사부재리의 원칙이나 형벌불소급의 원칙에 반하지 아니한다(헌재 1989.9.29. 89헌가86, 사회보호법 제5조 및 같은 법 부칙 제2조의 위헌심판(합헌,각하)).

"헌법 제12조 제1항 후문이 보안처분을 처벌 또는 강제노역과 나란히 열거하고 있다는 규정의 형식에 비추어 보거나 보안처분이 처벌 또는 강제노역에 버금가는 중대한 기본권제한을 수반한다는 그 내용에 비추어 보거나 보안처분에도 적법절차의 원칙이 적용되어야 함은 당연한 것이다. 다만 보안처분에도 다양한 형태와 내용이 존재하므로 각 보안처분에 적용되어야 할 적법절차의 범위 내지 한계에는 차이가 있어야 할 것이다"(헌재 2005.2.3. 2003헌바1, 형사소송법 제221조의3 제1항 등 위헌소원(합헌,각하)).

"보안처분은 그 본질, 추구하는 목적 및 기능에 있어 형벌과는 다른 독자적 의의를 가진 사회보호적인 처분이므로 형벌과 보안처분은 서로 병과하여 선고한다고 해서 그것이 헌법 제13조 제1항 후단 소정의 거듭처벌금지의 원칙에 해당되지 아니한다고 할 것인데, 이 법상의 보안관찰처분 역시 그 본질이 헌법 제12조 제1항에 근거한 보안처분인 이상, 형의 집행종료 후 별도로 이 법상의 보안관찰처분을 명할 수 있다고 하여 헌법 제13조 제1항이 규정한 일사부재리의 원칙에 위반하였다고 할 수 없다"(헌재 1997.11.27. 92헌바28, 보안관찰법 제2조 등 위헌소원(합헌,각하)).

보안관찰대상자의 출소 후 신고의무(헌재 2003.6.26. 2001헌가17등, 보안관찰법 제27조 제2항 위헌제청(합헌)), 치료감호청구권자를 검사로 한정(헌재 2010.4.29. 2008헌마622, 치료감호법 제4조 제1항 위헌확인(기각)), 검사가 치료감호를 청구할 수 있고, 법원은 검사에게 치료감호청구를 요구(헌재 2021.1.28. 2019헌가24등, 치료감호 등에 관한 법률 제4조 제7항 위헌제청(합헌)), 사회보호법이 보호감호처분의 요건으로 규정하고 있는 '재범의 위험성' 부분(헌재 2001.3.21. 99헌바7, 구 국가보위입법회의법 등 위헌소원(합헌,각하)), "사회보호법에서 치료감호기간의 상한을 정하지 아니한 것, 법관 아닌 사회보호위원회가 치료감호의 종료 여부를 결정하도록 한 것"은 위헌이 아니다(헌재 2005.2.3. 2003헌바1, 형사소송법 제221조의3 제1항 등 위헌소원(합헌,각하)).

(iii) 강제노역(強制勞役)이란 본인의 의사에 반하여 강요된 노역을 말한다. 다만, 대역 내지 금전대납이 가능한 부역(賦役)이나, 헌법상 의무로서의 병역은 강

제노역이 아니다. 그러나 부역 등은 가급적 억제되어야 한다.

4. 연좌제(連坐制)의 금지

(i) 헌법 제13조 제3항에서는 "자기의 행위가 아닌 친족의 행위로 인하여 불이익한 처우를 받지 아니 한다"라고 하여 연좌제를 금지한다. 왜냐하면 근대형법의 기본원리인 자기책임 · 개인책임의 원리에 어긋나기 때문이다. 근대법의 기본원리인 자기책임 · 개인책임의 원리에 따라 친족의 행위와 본인 사이에 실질적인 법적 연관성이 인정될 수 없음에도 오로지 친족이라는 이유만으로 국가가 국민에게 불이익한 처우를 가할 수 없다. 헌법에서는 친족이라고만 적시되고 있지만 그 밖에 모든 타인의 행위로 인한 불이익한 처우도 금지된다.

(ii) 불이익한 처우란 모든 영역에서 국가기관에 의한 모든 불이익한 대우를 말하며, 형벌뿐만 아니라 국가로부터 어떠한 불이익도 받지 아니함을 의미한다.

친족이 아닌 회계책임자가 300만 원 이상의 벌금을 선고받은 경우 후보자의 당선을 무효로 하는 규정은 후보자 '자신의 행위'에 대하여 책임을 지우는 것에 불과하므로 자기책임의 원칙에 위반되지 아니한다(헌재 2010.3.25. 2009헌마170, 공직선거법 제265조 본문 위헌확인(기각); 헌재 2004.6.24. 2002헌가27, 지방세법 제225조 제1항 등 위헌제청(위헌))(대판 1997.4.11. 96도3451).

친일반민족행위자의 친일재산을 그 취득 · 증여 등 원인행위 시에 국가의 소유로 하도록 규정한 '친일반민족행위자 재산의 국가귀속에 관한 특별법'이 친일반민족행위자 후손의 재산 중 그 후손 자신의 경제적 활동으로 취득하게 된 재산이라든가 친일재산 이외의 상속재산 등을 단지 그 선조가 친일행위를 했다는 이유만으로 국가로 귀속시키는 것은 아니므로 연좌제금지원칙에 반한다고 할 수 없다(헌재 2011.3.31. 2008헌바141 등, 친일반민족행위자 재산의 국가귀속에 관한 특별법 제2조 등 위헌소원 등(합헌)).

국회의원이 보유한 직무관련성 있는 주식의 매각 또는 백지신탁을 명하고 있는 구 공직자윤리법의 '국회의원' 부분이 매각 또는 백지신탁의 대상이 되는 주식의 보유한도액을 결정함에 있어 국회의원 본인뿐만 아니라 본인과 일정한 친족관계가 있는 자들의 보유주식 역시 포함하도록 하고 있는 것은 본인과 친족 사이의 실질적 · 경제적 관련성에 근거한 것이지, 실질적으로 의미 있는 관련성이 없음에도 오로지 친족관계 그 자체만으로 불이익한 처우를 가하는 것이 아니므로 헌법 제13조 제3항에 위배되지 아니한다(헌재 2012.8.23. 2010헌가65, 공직자윤리법 제14조의4 제1항 위헌제청(합헌)).

'부정청탁 및 금품등 수수의 금지에 관한 법률'은 금품 등을 받은 배우자를 처벌하는 규정을 두지 아니하며 신고조항과 제재조항은 배우자가 위법한 행위를 한 사실을 알고도 공직자 등이 신고의무를 이행하지 아니할 때 비로소 그 의무위반 행위를 처벌하는 것이므로, 헌법 제13조 제3항에서 금지하는 연좌제에 해당하지 아니하며 자기책임원리에도 위배되지 아니한다(헌재 2016.7.28. 2015헌마236등, 부정청탁 및 금품등 수수의 금지에 관한 법률 제2조 제1호 마목 등 위헌확인 등(각하,기각)).

신상정보 공개 · 고지명령은 성범죄자의 신상정보를 대상으로 하는 것으로, 신상정보 공개 · 고지명령을 받은 성범죄자의 친족에 대하여 직접적으로 어떠한 처벌을 가하거나 불이익을 주는 제도라고 보기 어렵다(헌재 2016.12.29. 2015헌바196, 성폭력범죄의 처벌 등에 관한 특례법 부칙 제7조 제1항 등 위헌소원(합헌)).

"친족(親族)의 재산까지도 검사가 적시하기만 하면 증거조사없이 몰수형(沒收刑)이 선고되게 되어 있으므로, 헌법 제13조 제3항에서 금지한 연좌형(連坐刑)이 될 소지가 크다"(헌재 1996.1.25. 95헌가5, 반국가행위자의처벌에관한특별조치법 제2조 제1항 제2호 등 위헌심판(위헌)).

Ⅲ. 신체의 안전과 자유의 절차적 보장

1. 법률주의

(i) 제12조 제1항 후문에서는 "누구든지 법률에 의하지 아니하고는 체포·구속·압수·수색 또는 심문을 받지 아니하며, 법률과 적법한 절차에 의하지 아니하고는 처벌·보안처분 또는 강제노역을 받지 아니한다"라고 규정하여 법률과 적법절차에 의하지 아니하는 불법적인 체포·구금 등을 금지한다.

(ii) 법률주의에서의 법률이란 국회에서 제정한 형식적 의미의 법률을 말한다. 다만, 법률과 동일한 효력을 가지는 조약·긴급명령·긴급재정경제명령도 포함한다.

(iii) 체포(逮捕)란 실력으로 신체의 자유를 구속하는 행위이다. 구속(拘束)이란 장소의 이전가능성을 제한 또는 박탈하여 신체의 자유를 제한하는 행위이다. 수색(搜索)이란 물건이나 사람을 발견할 목적으로 사람의 신체나 물건 또는 일정한 장소에서 그 대상을 찾는 처분이다. 압수(押收)란 목적물에 대한 점유를 강제취득하는 처분이다. 심문(審問)이란 답변을 강요하는 행위이다. 처벌(處罰)이란 형벌 및 행정벌을 말한다.

2. 적법절차원리

(1) 신체의 안전과 자유를 보장하기 위한 원리로서 출발한 적법절차(適法節次)

(i) 헌법 제12조 신체의 자유에 관한 조항에서는 특별히 적법절차원리를 규정한다. 제1항 후문은 "누구든지 … 법률과 적법한 절차에 의하지 아니하고는 처벌·보안처분 또는 강제노역을 받지 아니한다"라고 규정하고, 제3항은 "체포·구속·압수 또는 수색을 할 때에는 적법한 절차에 따라 검사의 신청에 의하여 법관이 발부한 영장을 제시하여야 한다"라고 규정한다.

(ii) 적법절차(due process of law)원리는 원래 1215년 영국의 마그나 카르타에서 유래하여, 미국의 수정헌법(제5조, 제14조), 독일기본법(제104조), 일본헌법(제31조)에서도 이를 규정한다. 한국에서는 1987년 제6공화국헌법에서 최초로 규정한다. 적법절차원리는 원래 신체의 자유보장 내지 형사사법적 원리로서 출발하였다. 따라서 형

사사법작용에 있어서 적법절차원리가 특히 강조된다.[1]

(iii) 적법절차에서 적(適, due)은 적정하고 정당하다는 의미이다. 그 적정은 적법성뿐만 아니라 정당성까지 요구한다. 적법절차에서 법(法, law)은 헌법을 비롯한 모든 실정법규범뿐만 아니라 자연법적 정의나 사회상규까지 포괄한다. 절차(節次, process)는 자유와 권리의 실질적 보장을 위하여 고지(告知)·청문(聽聞)·변명(辨明)과 같은 방어기회를 제공하기 위한 절차를 말한다.

(iv) 적법절차의 원리는 절차상의 적법성뿐만 아니라 법률의 실체적 내용도 합리성과 정당성을 갖춘 실체적인 적법성이 요구되는 헌법의 기본원칙이다.

"헌법 제12조 제3항 본문은 동조 제1항과 함께 적법절차원리의 일반조항에 해당하는 것으로서, 형식절차상의 영역에 한정되지 아니하고 입법, 행정 등 국가의 모든 공권력의 작용에는 절차상의 적법성뿐만 아니라 법률의 실체적 내용도 합리성과 정당성을 갖춘 실체적인 적법성이 있어야 한다는 것을 헌법의 기본원칙으로 명시하고 있다"(헌재 1992.12.24. 92헌가8)(헌재 1994.12.29. 94헌마201, 경기도남양주시등33개도농복합형태의시설치등에관한법률(기각)).

적법절차 원리는 헌법상 신체의 자유 조항에서 규정하고 있으므로 우선적으로 형사절차에서의 적법절차가 요구된다.

합헌판례

① "사회보호법 제5조 제1항은 전과(前科)나 감호처분을 선고받은 사실 등 법정의 요건에 해당되면 재범의 위험성 유무에도 불구하고 반드시 그에 정한 보호감호를 선고하여야 할 의무를 법관에게 부과하고 있으니 헌법 제12조 제1항 후문(적법절차의 원리), 제37조 제2항(기본권제한), 제27조 제1항(재판을 받을 권리)에 위반된다. 같은 법 제5조 제2항의 보호감호처분은 헌법에 위반되지 아니한다"(헌재 1989.7.14. 88헌가5등, 사회보호법 제5조의 위헌심판(위헌,합헌)).

② "범죄인 인도심사를 서울고등법원의 전속관할로 하고 그 심사결정에 대한 불복절차를 인정하지 않은 것은 적법절차에 반하지" 아니한다(헌재 2003.1.30. 2001헌바95, 범죄인인도법 제3조 위헌소원(합헌)).

③ 교도소장이 징벌혐의의 조사를 위하여 14일간 청구인을 조사실에 분리수용하고 공동행사참가 등 처우를 제한한 행위가 적법절차원칙에 위반된 것이라고 볼 수는 없다. 또한 변호인이 아닌 자와 접견할 당시 교도관이 참여하여 대화내용을 기록하게 한 행위도 사생활의 비밀과 자유를 침해하지 아니한다(헌재 2014.9.25. 2012헌마523, 형의 집행 및 수용자의 처우에 관한 법률 제110조 위헌확인 등(기각,각하)).

④ 법원은 감치(監置)재판기일에 재산명시명령을 이행하지 아니한 채무자를 소환하여 감치사유를 고지하고 변명할 기회를 주며, 감치결정에 대한 불복절차도 마련되어 있

1) 권영설, "미국헌법상 적법절차의 법리와 그 전개", 미국헌법연구 1; 안경환, "마법의 상자 적법절차조항", 사법행정, 1987.9; 손형섭, "범칙금 통고처분·즉결심판 제도의 위헌성과 개혁방안", 공법연구 51-1; 소은영, "온라인 수색과 헌법상 기본권": 박희영·홍선기, "독일의 온라인 수색과 IT 기본권," 헌법학연구 29-3; 김종현, 무죄추정원칙의 헌법적 검토, 헌법원리와 국가권력 2024-A-1; 서경미, "위헌심사기준으로서 적법절차원칙의 적용 범위", 헌법재판연구 12-1.

으므로 민사집행법상 재산명시의무를 위반한 채무자에 대하여 법원이 결정으로 20일 이내의 감치에 처하도록 규정한 민사집행법 제68조 제1항은 적법절차원칙에 위반되지 아니한다(헌재 2014.9.25. 2013헌마11, 민사집행법 제68조 위헌확인(기각)).

⑤ 강제퇴거명령을 받은 사람을 즉시 대한민국 밖으로 송환할 수 없으면 송환할 수 있을 때까지 보호시설에 보호할 수 있도록 한 규정은 과잉금지원칙과 적법절차원칙에 따른 신체의 자유를 침해하지 아니한다(합헌4:위헌5)(헌재 2018.2.22. 2017헌가29, 출입국관리법 제63조 제1항 위헌제청(합헌)).

⑥ 징계시효 연장을 규정하면서, 징계절차를 진행하지 아니함을 통보하지 아니한 경우에는 징계시효가 연장되지 않는다는 예외규정을 두지 아니한 구 지방공무원법 규정은 적법절차원칙에 위배되지 아니한다(헌재 2017.6.29. 2015헌바29, 구 지방공무원법 제73조 제2항 등 위헌소원(합헌)).

⑦ 사회보호법 폐지 전에 이미 판결이 확정된 보호감호를 종전의 사회보호법에 따른 집행은 신체의 자유 등을 침해하지 아니한다(헌재 2015.9.24. 2014헌바222등, 사회보호법 폐지법률 부칙 제2조 등 위헌소원 등(합헌)).

위헌판례

① 공판전 증인신문제도는 "범인필벌의 요구만을 앞세워 과잉된 입법수단으로 증거수집과 증거조사를 허용함으로써 법관의 합리적이고 공정한 자유심증을 방해하여 헌법상 보장된 법관의 독립성을 침해할 우려가 있으므로, 결과적으로 그 자체로서도 적법절차의 원칙 및 공정한 재판을 받을 권리에 위배"된다(헌재 1996.12.26. 94헌바1, 형사소송법 제221조의2 위헌소원(위헌)).

② "중형에 해당하는 사건에 대하여 피고인에게 출석기회조차 주지 아니하여 답변과 입증 및 반증 등 공격·방어의 기회를 부여하지 않고, 피고인에게 불출석에 대한 개인적 책임을 전혀 물을 수 없는 경우까지 궐석(闕席)재판을 행할 수 있다는 것은 절차의 내용이 심히 적정하지 못하여 적법절차의 원칙에도 반한다"(헌재 1996.1.25. 95헌가5, 반국가행위자의처벌에관한특별조치법 제2조 제1항 제2호 등 위헌제청(위헌)).

③ 사법경찰관인 피청구인이 위험발생의 염려가 없음에도 불구하고 사건종결 전에 압수물을 폐기한 행위는 적법절차의 원칙에 반하고, 공정한 재판을 받을 권리를 침해한다(헌재 2012.12.27. 2011헌마351, 압수물품 폐기조치 취소 등(인용(위헌확인),각하)).

④ 병(兵)에 대한 징계처분으로 일정기간 부대나 함정 내의 영창, 그 밖의 구금장소에 감금하는 영창처분이 가능하도록 규정한 구 군인사법 제57조 제2항 중 '영창'에 관한 부분이 헌법에 위반된다(7:2)(헌재 2020.9.24. 2017헌바157, 군인사법 제57조 제2항 제2호 위헌소원(위헌)). 군인사법의 개정으로 영창제도가 폐지되었다. 헌법재판소는 과거 전투경찰순경에 대한 영창처분에 대하여 헌법에 위반되지 아니한다고 결정하였다(합헌4:위헌5)(헌재 2016.3.31. 2013헌바190, 전투경찰대 설치법 제5조 등 위헌소원(합헌,각하)). 이 결정에서 4인은 형사절차가 아닌 징계절차상의 인신구금에 대하여는 영장주의의 적용을 부정한 반면, 5인은 행정상 징계절차에 대하여도 영장주의의 적용을 주장하였다. 2020년 결정에서 영창처분에 의한 징계구금이 헌법에 위반됨을 명확히 하였다.

(2) 오늘날 헌법 전반을 관류하는 원리로서의 적법절차원리

A. 헌법의 일반원리(一般原理)로서의 적법절차

(i) 오늘날 적법절차의 원리는 ① 신체의 안전과 자유에 한정된 원리가 아니라 모든 공권력작용에 있어서 지켜야 할 기본원리로서의 가치를 가지며, ② 단순히 절차적 정의의 구현을 위한 원리에 머물지 아니하고 공권력행사의 근거가 되는 적

정한 실체법(due law)의 원리로까지 확장된다.

따라서 적법절차원리는 사법절차뿐만 아니라 입법절차·행정절차에도 적용되어야 한다. 즉 적법절차원리는 입법·행정·사법 등 모든 국가작용은 절차상의 적법성을 갖추어야 할 뿐 아니라 공권력행사의 근거가 되는 법률의 실체적 내용도 합리성과 정당성을 갖추어야 한다는 헌법의 일반원리이다.

"제12조 제1항의 처벌, 보안처분, 강제노역 등 및 제12조 제3항의 영장주의와 관련하여 각각 적법절차의 원칙을 규정하고 있지만 이는 그 대상을 한정적으로 열거하고 있는 것이 아니라 그 적용대상을 예시(例示)한 것에 불과하다고 해석하는 것이 우리의 통설적 견해이다. 다만, 현행헌법상 규정된 적법절차의 원칙을 어떻게 해석할 것인가에 대하여 표현의 차이는 있지만 대체적으로 적법절차의 원칙이 독자적인 헌법원리의 하나로 수용되고 있으며 이는 형식적인 절차뿐만 아니라 실체적 법률내용이 합리성과 정당성을 갖춘 것이어야 한다는 실질적 의미로 확대해석하고 있으며, 우리 헌법재판소의 판례에서도 이 적법절차의 원칙은 법률의 위헌 여부에 관한 심사기준으로서 그 적용대상을 형사소송절차에 국한하지 않고 모든 국가작용, 특히 입법작용 전반에 대하여 문제된 법률의 실체적 내용이 합리성과 정당성을 갖추고 있는지 여부를 판단하는 기준으로 적용되고 있음을 보여주고 있다"(헌재 1992.12.24. 92헌가8, 형사소송법 제331조 단서규정에 대한 위헌심판(위헌); 헌재 2001.3.15. 2001헌가1등, 공적자금관리특별법 제20조 중 파산관재인 관련부분 등 위헌제청(합헌)).

국회의 탄핵소추절차는 국회와 대통령이라는 헌법기관 사이의 문제이고, 국회의 탄핵소추의결에 의하여 사인으로서의 대통령의 기본권이 침해되는 것이 아니라, 국가기관으로서의 대통령의 권한행사가 정지되는 것이다. 따라서 국가기관이 국민과의 관계에서 공권력을 행사함에 있어서 준수해야 할 법원칙으로서 형성된 적법절차의 원칙을 국가기관에 대하여 헌법을 수호하고자 하는 탄핵소추절차에는 직접 적용할 수 없다고 할 것이고, 그 외 달리 탄핵소추절차와 관련하여 피소추인에게 의견진술의 기회를 부여할 것을 요청하는 명문의 규정도 없으므로, 국회의 탄핵소추절차가 적법절차원칙에 위배되었다는 주장은 이유 없다(헌재 2004.5.14. 2004헌나1, 대통령(노무현) 탄핵(기각)).

특정공무원범죄의 범인에 대한 추징판결을 범인 외의 자가 그 정황을 알면서 취득한 불법재산 및 그로부터 유래한 재산에 대하여 그 범인 외의 자를 상대로 집행할 수 있도록 한 규정은 적법절차원칙에 위반되지 아니한다(헌재 2020.2.27. 2015헌가4, 공무원범죄에 관한 몰수 특례법 제9조의2 위헌제청(합헌)).

(ii) 행정절차에서도 적법절차원리가 적용되어야 한다. 특히 행정작용에 있어서 절차의 적법성을 담보하기 위하여 행정절차법이 제정되어 있다.

"법무부장관의 일방적 명령에 의하여 변호사업무를 정지시키는 것은 당해 변호사가 자기에게 유리한 사실을 진술하거나 필요한 증거를 제출할 수 있는 청문의 기회가 보장되지 아니하여 적법절차를 존중하지 아니한 것이 된다"(헌재 1990.11.19. 90헌가48, 변호사법 제15조에 대한 위헌심판(위헌); 헌재 1997.5.29. 96헌가17, 구 관세법 제215조 위헌제청(위헌)).

선거관리위원회의 선거중립 준수요청 조치에는 적법절차의 원칙이 적용되지 아니한다. 선거관리위원회법 제14조의2의 조치 이전에 상대방에게 의견진술의 기회를 부여하지 아니한 것이 적법절차의 원리에 위배된다고 볼 수 없다(헌재 2008.1.17. 2007헌마700, 대통령의 선거중립의무 준수요청 등 조치 취소(기각)).

범칙금(犯則金) 통고처분을 받고도 납부기간 이내에 범칙금을 납부하지 아니한 사람에 대하여 행정청에 대한 이의제기나 의견진술 등의 기회를 주지 아니하고 경찰서장이 곧바로 즉결심판(卽決審判)을 청구하도록 하는 규정이 현저히 불합리하여 적법절차원칙에 위배된다고 보기 어렵다(헌재 2014.8.28. 2012헌바433, 도로교통법 제165조 등 위헌소원(합헌)). 범칙금 통고처분은 헌법소원이나 행정소송의 대상이 되지 아니한다.

아동·청소년대상 성폭력범죄자의 신상정보를 공개하도록 하거나 신상정보를 고지하도록 하는 구 아동·청소년의 성보호에 관한 법률 조항이 검사의 청구를 요건으로 규정하지 아니하였다고 하여 적법절차에 위반된다거나 재판을 받을 권리를 침해한다고 볼 수는 없다(헌재 2016.5.26. 2014헌바68·164, 구 아동·청소년의 성보호에 관한 법률 제13조 제1항 등 위헌소원(합헌)).

연락운송 운임수입의 배분에 관한 협의가 성립하지 아니한 때에는 당사자의 신청을 받아 국토교통부 장관이 결정하도록 한 것은 그 문언, 입법목적 등에 비추어 그 의미와 내용을 알 수 있고 행정절차법상 절차보장을 받으므로 명확성의 원칙과 적법절차원칙에 위배되지 아니한다(헌재 2019.6.28. 2017헌바135, 구 도시철도법 제34조 제2항 위헌소원(합헌)).

납세고지서에 해당 본세의 과세표준과 세액의 산출근거 등이 제대로 기재되지 아니하였다면 특별한 사정이 없는 한 그 과세처분은 위법하다는 것이 판례의 확립된 견해이다. 개별 세법에 납세고지에 관한 별도의 규정이 없더라도 국세징수법이 정한 것과 같은 납세고지의 요건을 갖추지 아니하면 안 된다는 것이고, 이는 적법절차의 원칙이 과세처분에도 적용됨에 따른 당연한 귀결이다(대판(전합) 2012.10.18. 2010두12347, 증여세부과처분취소).

(iii) 입법절차에도 적법절차원리가 적용되어야 한다. 입법부는 입법형성에 있어서 고유권한을 가지고 있으나 그 권한의 행사는 적법절차원리를 충족하여야 한다. 이에 따라 국회는 법률제정과정에서 일련의 적법절차 즉 제정과정의 공개, 다수결 원리 등 입법과정에서 거쳐야 할 절차를 지켜야 한다. 하지만, 입법부는 법률제정에 있어서 폭넓은 입법형성권을 가지므로, 국민의 기본권을 제약하는 법률을 제정하더라도 반드시 청문절차를 요구하지는 아니한다.

헌법재판소는 '법률안 변칙처리사건'에서 "법치주의의 원리상 모든 국가기관은 헌법과 법률에 의하여 기속을 받는 것이므로 국회의 자율권도 헌법이나 법률을 위반하지 않는 범위 내에서 허용되어야 하고 따라서 국회의 의사절차나 입법절차에 헌법이나 법률의 규정을 명백히 위반한 흠이 있는 경우에도 국회가 자율권을 가진다고는 할 수 없다"라고 판시하여 국회의 입법절차도 적법절차원리의 지배를 받는다고 간접적으로 밝히고 있다(헌재 2003.10.30. 2002헌라1, 국회의원과 국회의장간의 권한쟁의(기각); 헌재 2009.6.25. 2007헌마451, 게임산업 진흥에 관한 법률 제32조 제1항 제7호 위헌확인(기각)).

제주도의 지방자치단체인 시·군을 폐지하는 입법을 위해 제주도 전역에서 행해진 주민투표절차에 의하여 폐지되는 지방자치단체의 주민들의 청문권이 침해되었다고 볼 수 없다(헌재 2006.4.27. 2005헌마1190, 제주특별자치도의 설치 및 국제자유도시조성을 위한 특별법안 제15조 제1항 등 위헌확인(기각)).

반민족규명법(反民族糾明法) 자체가 태생적으로 과거의 행위를 역사적·법적으로 재평가하기 위한 진정소급입법에 해당하는 점, 국회의 입법자료를 살펴보면, 입법자는 '일제로부터 작위를 받거나 이를 계승한 행위'를 친일반민족행위에 포함시키기 위한 취지에서 구 반민족규명법 제2조 제7호를 규정하였으나, 그 문언 해석상 논란이 있자 불필요한 분쟁을 방지하고 당초의 입법취지를 분명하게 하기 위하여 현행 조항과 같이 반민족규명법 제2조 제7호를 개정하게 된 것으로 보이는 점 등을 아울러 종합하여 보면, 입법자는 반민족규명법의 입법목적을 관철하기 위하여 과거의 행위를 법적으로 재평가하는 매우 특수하고 이례적인 공동체적 과업을 계속해서 수행해 나가는 과정에서, 이러한 역사적 과업이 더 이상 지체되지 않도록 불가피한 입법적 결단을 한 것으로 보이므로 적법절차 원칙 등에 위반된다고 볼 수는 없다(헌재 2018.4.26. 2016헌바453, 일제강점하 반민족행위 진상규명에 관한 특별법 부칙 제2조 본문 위헌소원(합헌)).

특히 헌법재판소는 조세법률주의와 관련된 사안에서 실질적 적법절차의 의미와 실질적 법치주의의 의미를 사실상 동일한 차원에서 설명한다. 그것은 나아가서 실질적 조세법률주의의 의미로도 연결된다.

"오늘날 법치주의는 국민의 권리·의무에 관한 사항을 법률로써 정해야 한다는 형식적 법치주의에 그치는 것이 아니라 그 법률의 목적과 내용 또한 기본권보장의 헌법이념에 부합되어야 한다는 실질적 적법절차를 요구하는 법치주의를 의미하며, 헌법 제38조, 제59조가 선언하는 조세법률주의도 이러한 실질적 적법절차가 지배하는 법치주의를 뜻하므로 비록 과세요건이 법률로 명확히 정해진 것일지라도 그것만으로 충분한 것은 아니고 조세법의 목적이나 내용이 기본권보장의 헌법이념과 이를 뒷받침하는 헌법상 요구되는 제원칙에 합치되어야 한다"(헌재 1994.6.30. 93헌바9, 구 상속세법 제7조의2 제1항 위헌소원(한정위헌)).

B. 적법절차원리와 헌법 제37조 제2항의 관계

(i) 헌법상 적법절차의 원칙은 법률이 정한 절차와 그 법률의 그 실체적인 내용이 합리성과 정당성을 갖출 것을 요구한다. 그 법률이 기본권의 제한입법에 해당하는 한 헌법 제37조 제2항의 일반적 법률유보조항의 해석상 요구되는 기본권제한법률의 정당성요건과 개념상 중복될 수도 있다. 하지만, 헌법상 적법절차의 원칙은 단순히 입법권의 유보제한이라는 한정적인 의미에 그치지 아니하고 모든 국가작용을 지배하는 독자적인 헌법의 기본원리로서 해석되어야 할 원칙이라는 점에서 입법권의 유보적 한계를 선언하는 과잉입법금지 원칙과는 구별된다(헌재 1992.12.24. 92헌가8, 형사소송법 제331조 단서규정에 대한 위헌심판(위헌)).

(ii) 현실적으로 적법절차원리는 과잉금지의 원칙과 더불어 헌법재판에 적용되기도 한다.

"노동조합법 제46조 중 '제42조의 규정에 의한 구제명령에 위반하거나' 부분은 노동위원회의 확정되지 아니한 구제명령을 그 취소 전에 이행하지 아니한 행위를 동법 제43조 제4항 위반의 확정된 구제명령을 위반한 경우와 차별함이 없이 똑같이 2년 이하의 징역과 3,000만원 이하의 벌금이라는 형벌을 그 제재방법과 이행확보수단으로 선택함으로써 국민의 기본권제한방법에 있어 형평을 심히 잃어 위 법률규정의 실체적 내용에 있어 그 합리성과 정당성을 더욱 결여하였다고 할 것이므로 헌법상의 적법절차원리에 반하고 과잉금지의 원칙에도 저촉된다"(헌재 1995.3.23. 92헌가14, 노동조합법 제46조 위헌제청(위헌)).

자유형 형기의 '연월'을 역수(曆數)에 따라 계산하도록 하면서 윤달이 있는 해에 형집행 대상이 되는 경우에 관하여 형기를 감하여 주는 보완규정을 두지 아니한 형법 제83조 과잉금지원칙에 위반하여 신체의 자유를 침해하지 아니한다(헌재 2013.5.30. 2011헌마861, 형법 제83조 등 위헌확인(기각)).

모의총포 '소지'에 대한 형사처벌은 합헌이다(헌재 2013.6.27. 2012헌바273, 총포·도검·화약류 등 단속법 제11조 제1항 위헌소원(합헌)).

(3) 헌법상 적법절차원리에 입각한 형사사법절차(刑事司法節次)

A. 의 의

(i) 헌법에서 명시적으로 규정하는 형사사법적 적법절차로는 체포·구속의 영장주의(제3항), 주거의 압수·수색에 있어서 영장주의(제16조), 구속이유 등 고지제도(제5항), 영장발부에 있어서의 적법절차(제3항) 등이 있다. 또한 헌법에서 명시적으로 적법한 절차라는 표현을 사용하지 아니하지만 헌법 제12조에서는 신체의 안전과 자유의 절차적 보장에 관한 일련의 원칙에 준거하여 체포·구속적부심사제도(제6항)를 마련한다.

(ii) 적법절차의 원칙에서 도출되는 원리로서 영장주의는 중립적인 법관이 구체적 판단을 거쳐 발부한 영장에 의하여서만 수사기관이 국민의 신체의 안전과 자유를 침해하는 강제처분을 할 수 있다는 데 그 본질이 있다.

B. 영장주의(令狀主義)와 그 예외

(a) 영장주의[1)]

(i) 영장주의란 수사기관이 형사절차에서 강제처분, 즉 "체포·구속·압수 또는 수색을 할 때에는 적법한 절차에 따라 검사의 신청에 의하여 법관이 발부한 영장을 제시하여야 한다"라는 원칙이다. 여기서 영장이라 함은 원칙적으로 사전영장을 의미한다. "다만, 현행범인인 경우와 장기 3년 이상의 형에 해당하는 죄를 범하고 도피 또는 증거인멸의 염려가 있는 때에는 사후에 영장을 청구할 수 있다"(제12조 제3항). 영장주의는 신체에 대한 직접적인 물리적 강제력의 행사라는 점에서 신체에 대한 간접적이고 심리적인 강제에는 영장주의가 적용되지 아니한다.

법무부장관의 출국금지결정은 형사재판에 계속 중인 국민의 출국의 자유를 제한하는 행정처분일 뿐이고, 영장주의가 적용되는 신체에 대하여 직접적으로 물리적 강제력을 수반하

---

1) 수사과정 흐름도
내사 ⟶ 수사개시 ⟶ 영장청구 ⟶ 구속적부심사청구 ⟶ 공소제기 ⟶ 보석신청
구속 전 피의자 심문 / 피의자 ⟶ 피고인
영장실질심사

는 강제처분이라고 할 수는 없다(헌재 2015.9.24. 2012헌바302, 출입국관리법 제4조 제1항 제1호 위헌소원(합헌)).

헌법상 적법절차의 원리와 영장주의는 신체의 안전과 자유를 포함한 국민의 기본적 인권의 보장을 확실하게 보장하기 위한 규정이다. 따라서 적법절차와 영장주의에 관한 헌법과 이를 구체화한 형사소송법의 규정에 따르지 아니한 수사기관의 행위는 위법하며 이러한 행위를 통하여 수집한 증거는 유죄인정의 증거로 사용할 수 없다(대판(전합) 2007.11.15. 2007도3061). 형사소송법에서는 "적법한 절차에 따르지 아니하고 수집한 증거는 증거로 할 수 없다"(제308조의2)라고 명시적으로 규정한다.

다만, 대법원은 수사기관이 증거수집과정에서 적법절차를 따르지 아니하고 수집한 증거라 하더라도 예외적인 일정한 경우라는 구체적이고 특별한 사정을 검사가 입증하면 법원이 그 증거를 유죄인정의 증거로 사용할 수 있다는 입장이다.

헌법과 형사소송법이 정한 절차에 위반하여 수집한 증거는 기본적 인권 보장을 위하여 마련된 적법한 절차에 따르지 아니한 것으로서 원칙적으로 유죄의 증거로 삼을 수 없다. 다만, 수사기관의 증거 수집 과정에서 이루어진 절차위반행위와 관련된 모든 사정을 전체적·종합적으로 살펴볼 때, 수사기관의 절차위반행위가 적법절차의 실질적인 내용을 침해하는 경우에 해당하지 아니하고, 오히려 그 증거의 증거능력을 배제하는 것이 헌법과 형사소송법이 형사소송에 관한 절차 조항을 마련하여 적법절차의 원칙과 실체적 진실 규명의 조화를 도모하고 이를 통하여 형사사법 정의를 실현하려한 취지에 어긋나는 결과를 초래하는 것으로 평가되는 예외적인 경우라면 법원은 그 증거를 유죄 인정의 증거로 사용할 수 있으나, 구체적 사안이 위와 같은 예외적인 경우에 해당하는지를 판단하는 과정에서 적법한 절차를 따르지 아니하고 수집된 증거를 유죄의 증거로 삼을 수 없다는 원칙이 훼손되지 아니하도록 유념하여야 하고, 그러한 예외적인 경우에 해당한다고 볼 만한 구체적이고 특별한 사정이 존재한다는 것은 검사가 입증하여야 한다(대판 2009.3.12. 2008도763).

"범죄의 피의자로 입건된 사람들에게 경찰공무원이나 검사의 신문을 받으면서 자신의 신원을 밝히지 않고 지문채취에 불응하는 경우 형사처벌을 통하여 지문채취를 강제하는 구 경범죄처벌법 제1조 제42호는 영장주의의 원칙에 위반되지 않으며 적법절차의 원칙에도 위반되지 않는다"(헌재 2004.9.23. 2002헌가17, 경범죄처벌법 제1조 제42호 위헌제청(합헌)).

"적법한 절차에 따르지 아니하고 수집한 증거를 기초로 하여 획득한 2차적 증거의 경우에도 마찬가지여서 절차에 따르지 아니한 증거 수집과 2차적 증거 수집 사이 인과관계의 희석 또는 단절 여부를 중심으로 2차적 증거 수집과 관련된 모든 사정을 전체적·종합적으로 고려하여 예외적인 경우에는 유죄인정의 증거로 사용할 수 있다"(대판 2009.12.24. 2009도11401).

(ii) 수사단계에서 영장신청의 주체는 헌법의 명시적 규정에 따라 검사로 한정된다. 따라서 사법경찰관은 검사에게 법원에 영장을 신청하여 줄 것을 청구하는 데 그친다. 영장의 발부는 법관의 고유한 권한이다. 공판단계에서는 형사소송법(제70조 제1항, 제73조)의 규정에 따라 검사의 신청없이 법원이 직권으로 영장을 발부(직권구

속)할 수 있다. 검사의 신청에 의한 영장발부는 허가장의 성격을, 법관의 직권에 의한 영장발부는 명령장의 성격을 가진다. 2020년 개정된 형사소송법과 검찰청법에서는 '검·경 수사권 조정 합의문'을 반영하여 경찰은 1차적 수사권 및 수사종결권을 가지고, 검찰은 기소권과 함께 특정 사건에 관한 직접 수사권·송치 후 수사권·사법경찰관의 수사에 대한 보완수사 및 시정조치 요구권 등 사법통제 권한을 가졌다. 그런데 2022년 소위 '검수완박법'에 따라 검찰이 직접 수사를 개시할 수 있는 범죄의 종류가 6대 범죄(공직자범죄·선거범죄·방위사업범죄·대형참사·부패·경제범죄)에서 2대 범죄(부패·경제범죄)로 축소되었다(검찰청법 제4조제1항 제1호가목 및 나목). 또한 검사는 사법경찰관이 송치한 사건의 공소 제기 여부의 결정 및 그 유지를 위하여 필요한 수사를 하는 경우에는 해당 사건과 동일한 범죄사실의 범위 내에서만 수사할 수 있다(검찰청법 제4조제1항제1호다목, 제4조제2항, 형사소송법 제196조제2항).

"형사절차에 있어서의 영장주의(令狀主義)란 체포·구속·압수 등의 강제처분을 함에 있어서는 사법권 독립에 의하여 그 신분이 보장되는 법관이 발부한 영장에 의하지 않으면 아니된다는 원칙이고, 따라서 영장주의의 본질은 신체의 자유를 침해하는 강제처분을 함에 있어서는 중립적인 법관이 구체적 판단을 거쳐 발부한 영장에 의하여야만 한다는 데에 있다." "헌법 제12조 제3항이 영장의 발부에 관하여 '검사의 신청'에 의할 것을 규정한 취지는 모든 영장의 발부에 검사의 신청이 필요하다는 데에 있는 것이 아니라 수사단계에서 영장의 발부를 신청할 수 있는 자를 검사로 한정함으로써 검사 아닌 다른 수사기관의 영장신청에서 오는 인권유린의 폐해를 방지하고자 함에 있으므로, 공판단계에서 법원이 직권에 의하여 구속영장을 발부할 수 있음을 규정한 형사소송법 제70조 제1항 및 제73조 중 "피고인을 … 구인 또는 구금함에는 구속영장을 발부하여야 한다" 부분은 헌법 제12조 제3항에 위반되지 아니한다(헌재 1997.3.27. 96헌바28등, 형사소송법 제70조 제1항 위헌소원 등(합헌)).

(iii) 영장제도는 구속의 개시시점뿐만 아니라 발부된 구속영장의 효력을 계속 유지할지 여부, 취소 또는 실효시킬지 여부도 법관의 판단에 의하여야 함을 그 내용으로 한다.

"헌법 제12조 제3항에 규정된 영장주의는 구속의 개시시점에 한하지 않고 구속영장의 효력을 계속 유지할 것인지 아니면 취소 또는 실효시킬 것인지의 여부도 사법권독립의 원칙에 의하여 신분이 보장되고 있는 법관의 판단에 의하여 결정되어야 한다는 것을 의미하고, 따라서 형사소송법 제331조 단서규정과 같이 구속영장의 실효 여부를 검사의 의견에 좌우되도록 하는 것은 헌법상의 적법절차의 원칙에 위배된다"(헌재 1992.12.24. 92헌가8, 형사소송법 제331조 단서규정에 대한 위헌심판(위헌); 헌재 2003.12.18. 2002헌마593, 형사소송법 제201조 제1항 위헌확인(기각)). 이에 따라 검사가 10년 이상 구형한 경우에는 법원의 무죄판결에도 불구하고 구속영장의 효력을 지속하는 것은 위헌이다.

형사소송법은 제215조에서 검사가 압수·수색 영장을 청구할 수 있는 시기를 공소제기 전으로 명시적으로 한정하고 있지는 아니하나, 헌법상 보장된 적법절차의 원칙과 재판받을 권리, 공판중심주의·당사자주의·직접주의를 지향하는 현행 형사소송법의 소송구조, 관련 법규의 체계, 문언 형식, 내용 등을 종합하여 보면, 일단 공소가 제기된 후에는 피고사건에 관하여 검사로서는 형사소송법 제215조에 의하여 압수·수색을 할 수 없다고 보아야 하며, 그럼에도 검사가 공소제기 후 형사소송법 제215조에 따라 수소법원(受訴法院) 이외의 지방법원 판사에게 청구하여 발부받은 영장에 의하여 압수·수색을 하였다면, 그와 같이 수집된 증거는 기본적 인권 보장을 위하여 마련된 적법한 절차에 따르지 아니한 것으로서 원칙적으로 유죄의 증거로 삼을 수 없다(대판 2011.4.28. 2009도10412).

법원이 피고인의 구속 또는 그 유지 여부의 필요성에 관하여 한 재판의 효력이 검사나 다른 기관의 이견이나 불복이 있다 하여 좌우되거나 제한받는다면 이는 영장주의에 위반된다고 할 것인바, 구속집행정지결정에 대한 검사의 즉시항고를 인정하는 이 사건 법률조항은 검사의 불복을 그 피고인에 대한 구속집행을 정지할 필요가 있다는 법원의 판단보다 우선시킬 뿐만 아니라, 사실상 법원의 구속집행정지결정을 무의미하게 할 수 있는 권한을 검사에게 부여한 것이라는 점에서 헌법 제12조 제3항의 영장주의원칙에 위배된다. 또한 헌법 제12조 제3항의 영장주의는 헌법 제12조 제1항의 적법절차원칙의 특별규정이므로 헌법상 영장주의원칙에 위배되는 이 사건 법률조항은 헌법 제12조 제1항의 적법절차원칙에도 위배된다(헌재 2012.6.27. 2011헌가36, 형사소송법 제101조 제3항 위헌제청(위헌)). 마찬가지로 보석허가결정에 대하여 검사의 즉시항고를 허용하여 항고심까지 그 집행이 정지되록 하는 것도 영장주의에 위배된다(헌재 1993.12.23. 93헌가2, 형사소송법 제97조 제3항 위헌제청(위헌)). 또한 1심에서 무죄 또는 집행유예의 판결이 선고되면 구치소에 간 다음에 석방할 것이 아니라 즉시 석방하여야 한다고 법원과 검찰이 합의하였다.

지방의회의장의 동행명령장제도에 증인을 일정 장소에 인치(引致)하도록 하는 것은 영장주의에 위배된다(대판 1995.6.30. 93추83).

국가보안법위반죄 등 일부 범죄혐의자를 법관의 영장없이 구속, 압수, 수색할 수 있도록 규정하고 있던 구 인신구속 등에 관한 임시 특례법 제2조 제1항은 영장주의에 위배된다(헌재 2012.12.27. 2011헌가5, 구 인신구속 등에 관한 임시특례법 제2조 제1항 위헌제청(위헌)).

현행범인은 누구든지 영장없이 체포할 수 있다고 규정한 형사소송법 제212조(현행범인체포조항)와 체포한 피의자를 구속하고자 할 때에는 체포한 때부터 48시간 이내에 구속영장을 청구하도록 한 형사소송법 제200조의2 제5항을 현행범인 체포에 준용하도록 규정한 형사소송법 제213조의2 중 '제200조의2 제5항을 준용하는 부분'(영장청구조항)은 헌법상 영장주의에 반하지 아니한다(헌재 2012.5.31. 2010헌마672, 형사소송법 제212조 등 위헌확인(기각)).

(b) 체포영장(逮捕令狀)과 구속영장(拘束令狀)

(i) 영장(令狀)에는 체포영장과 구속영장이 있다. 형사소송법에서는 체포영장제도를 신설하여 체포 시에도 영장을 발부하도록 의무화하고 영장없이 긴급체포한 경우에는 사후에 구속영장을 청구하도록 한다. 또한 체포영장에 의하여 체포한 경우에도 구속이 필요하고 도주 또는 증거인멸의 우려가 있는 경우에는 구속영장을 청구할 수 있다(제200조의2, 제200조의3, 제200조의4, 제201조). 영장에는 피의자·피고인의 성명과 주

거 등이 구체적으로 명시되어야 한다(일반영장의 금지). 인신구속이 아닌 대물적 강제처분인 압수·수색의 경우에는 압수·수색영장을 발부받아야 한다(제215조).

(ii) 흔히 수사기관의 편의상 이용되는 별건체포·구속이란 중대한 본건의 수사를 목적으로 이미 증거자료를 확보한 경미한 별건으로 체포·구속하여 본건을 조사하는 수사방법이다. 이러한 별건체포는 인권보장을 목적으로 하는 영장주의의 원칙에 비추어 위헌이다(통설). 특히 수사기관이 압수한 휴대전화 정보를 통째로 보관하면서 이를 재활용하여 별건 수사를 벌이는 것은 위법하다.

수사기관이 유관 정보를 선별해 압수한 뒤에도 무관 정보를 삭제·폐기·반려하지 아니한 채로 그대로 보관하고 있다면 전자정보를 영장 없이 압수·수색하여 취득한 것이어서 위법하다(대판 2022.7.28. 2022도2960).

전자정보에 대한 압수·수색에 있어 저장매체 자체를 외부로 반출하거나 하드카피·이미징 등의 형태로 복제본을 만들어 외부에서 그 저장매체나 복제본에 대하여 압수·수색이 허용되는 예외적인 경우에도 혐의사실과 관련된 전자정보 이외에 이와 무관한 전자정보를 탐색·복제·출력하는 것은 원칙적으로 위법한 압수·수색에 해당하므로 허용될 수 없다. 그러나 전자정보에 대한 압수·수색이 종료되기 전에 혐의사실과 관련된 정보를 적법하게 탐색하는 과정에서 혐의사실과 무관한 정보를 우연히 발견한 경우라면, 수사기관으로서는 더 이상의 추가 탐색을 중단하고 법원으로부터 별도의 범죄혐의에 대한 압수·수색영장을 발부받은 경우에 한하여 그러한 정보에 대하여도 적법하게 압수·수색을 할 수 있다(대판 2024.4.16. 2020도3050).

형사소송법 제215조에 따른 압수·수색영장은 수사기관의 압수·수색에 대한 허가장으로서 거기에 기재되는 유효기간은 집행에 착수할 수 있는 종기를 의미하는 것이므로, 수사기관이 압수·수색영장을 제시하고 집행에 착수하여 압수·수색을 실시하고 그 집행을 종료하였다면 이미 그 영장은 목적을 달성하여 효력이 상실되는 것이고, 동일한 장소 또는 목적물에 대하여 다시 압수·수색할 필요가 있는 경우라면 그 필요성을 소명하여 법원으로부터 새로운 압수·수색영장을 발부받아야 하는 것이지, 앞서 발부받은 압수·수색영장의 유효기간이 남아 있다고 하여 이를 제시하고 다시 압수·수색을 할 수 없다(대판 2023.10.18. 2023도8752).

(iii) 구속영장의 실질적 심사를 도모하고 피의자의 인신의 자유를 보장하기 위하여 구속영장의 발부에 있어서 법관의 피의자심문을 가능하게 하는 구속전 피의자심문제도(영장실질심사제도)를 도입하였다. "심문할 피의자에게 변호인이 없는 때에는 지방법원판사는 직권으로 변호인을 선정하여야 한다"(제201조의2 제8항).

(iv) 종래 구속 전 피의자심문제도(被疑者審問制度)는 피의자 등의 신청이 있는 경우에만 가능하도록 규정하고 있었는데 이에 대하여 법관의 대면권(對面權)

보장 등 피의자의 기본권보장에 충실하지 못하다는 비판이 있었다. 이러한 비판을 수용하고 피의자의 방어권 보장에 충실을 기하기 위하여 필요적 영장실질심사제를 도입하였다(제201조의2). 즉 구속영장을 청구받은 판사는 지체 없이 피의자를 심문하여야 하며 특별한 사정이 없는 한 구속영장이 청구된 날의 다음날까지 심문하여야 한다(제201조의2). 구속사유를 심사함에 있어서 판사는 범죄의 중대성, 재범의 위험성, 피해자 및 중요 참고인 등에 대한 위해 우려 등을 고려하여야 한다(제209조, 제70조 제2항).

(c) 영장주의의 예외

(ⅰ) 긴급체포(제200조의4) · 현행범인 및 준현행범인(제213조, 제213조의2) · 비상계엄의 경우에는 영장주의의 예외가 인정된다. 즉 장기 3년 이상의 형에 해당하는 범죄를 범하고 도피 또는 증거인멸의 염려가 있을 때(긴급체포) 및 현행범과 준현행범인은 영장 없이 체포할 수 있다. 긴급체포 등에 따른 압수 · 수색의 경우에도 마찬가지이다. 긴급체포 · (준)현행범인으로 체포된 경우라 하더라도 검사는 구속할 필요가 있다고 인정하면 관할지방법원판사에게 48시간 이내에 구속영장을 청구하여야 하고, 검사가 구속영장을 청구하지 아니하거나 법원의 영장을 발부받지 못하였을 때에는 피의자를 즉시 석방하여야 한다.

현행범인으로 체포하기 위하여는 행위의 가벌성, 범죄의 현행성 · 시간적 접착성, 범인 · 범죄의 명백성 이외에 체포의 필요성 즉, 도망 또는 증거인멸의 염려가 있어야 하고, 이러한 요건을 갖추지 못한 현행범인 체포는 법적 근거에 의하지 아니한 영장없는 체포로서 위법한 체포에 해당한다(대판 2011.5.26. 2011도3682).

체포된 현행범인에 대하여 일정 시간 내에 구속영장 청구 여부를 결정하도록 하고 그 기간 내에 구속영장을 청구하지 아니하는 때에는 즉시 석방하도록 한 것은 영장에 의하지 아니한 체포 상태가 부당하게 장기화되어서는 안 된다는 인권보호의 요청과 함께 수사기관에서 구속영장 청구 여부를 결정하기 위한 합리적이고 충분한 시간을 보장해 주려는 데에도 그 입법취지가 있다. 따라서 검사 등이 아닌 이에 의하여 현행범인이 체포된 후 불필요한 지체없이 검사 등에게 인도된 경우 위 48시간의 기산점은 체포시가 아니라 검사 등이 현행범인을 인도받은 때라고 보아야 한다(대판 2011.12.22. 2011도12927).

특히 긴급체포한 피의자에 대하여 검사가 구속영장을 청구하지 아니하고 피의자를 석방한 경우에는 석방한 날부터 30일 이내에 일정 사항을 기재한 서면으로 법원에 통지하여야 한다. 이 경우 긴급체포서의 사본을 첨부하여야 한다(제200조의4 제4항).

특별검사가 참고인에게 지정된 장소까지 동행할 것을 명령할 수 있게 하고 참고인이 정당한 이유 없이 위 동행명령을 거부한 경우 천만원 이하의 벌금형에 처하는 동행명령조항은 영장주의 또는 과잉금지원칙에 위배하여 청구인들의 평등권과 신체의 자유를 침해한다(헌재 2008.1.10. 2007헌마1468, 한나라당 대통령후보 이명박의 주가조작 등 범죄혐의의 진상규명을 위한 특별검사의 임명 등에 관한 법률 위헌확인(일부위헌)). 하지만, 인격권, 일반적 행동자유권은 침해되지 아니한다.

헌법재판소는 체포영장이 발부된 피의자를 체포하기 위하여 타인의 주거 등을 수색하는 경우 별도의 수색영장없이 수색할 수 있는 예외사유로서 ① 피의자가 그 장소에 소재할 개연성이 인정되고, ② 수색영장을 발부받기 어려운 긴급한 사정이 있어야 한다(헌재 2018.4.26. 2015헌바370등, 형사소송법 제216조 제1항 제1호 위헌소원(헌법불합치(잠정적용)))는 점을 밝힌 바 있다. 이에 따라 형사소송법이 개정되어 체포영장과 구속영장 집행을 위하여 영장없이 타인의 주거 등을 수색하려는 경우에는 "미리 수색영장을 발부받기 어려운 긴급한 사정"이 있는 경우로 한정한다는 예외사유를 규정한다(제137조, 제216조 제1항 제1호).

심판대상조항은 별도로 영장을 발부받기 어려운 긴급한 사정이 있는지 여부를 구별하지 아니하고 피의자가 소재할 개연성만 소명되면 영장없이 타인의 주거 등을 수색할 수 있도록 허용하고 있다. 이는 체포영장이 발부된 피의자가 타인의 주거 등에 소재할 개연성은 소명되나, 수색에 앞서 영장을 발부받기 어려운 긴급한 사정이 인정되지 않는 경우에도 영장없이 피의자 수색을 할 수 있다는 것이므로, 헌법 제16조의 영장주의 예외 요건을 벗어나는 것으로서 영장주의에 위반된다.

(ii) 행정상 즉시강제(卽時强制)를 할 때에도 법관이 발부한 영장이 필요한가에 관하여 논란이 있다. 그러나 행정목적을 달성하기 위하여 불가피하고 합리적 이유가 있는 경우에 한하여 예외적으로 영장주의가 배제될 수 있을 뿐이다.

행정상 즉시강제는 그 본질상 행정목적달성을 위하여 불가피한 한도 내에서 예외적으로 허용되는 것이므로 경찰관직무집행법 제6조 제1항에 의한 경찰관의 제지 조치 역시 그러한 조치가 불가피한 최소한도 내에서만 행사되도록 그 발동·행사요건을 신중하고 엄격하게 해석하여야 한다(대판 2008.11.13. 2007도9794).

관계행정청이 등급분류(等級分類)를 받은 게임물과 다른 내용의 게임물을 발견한 경우 관계공무원으로 하여금 이를 수거·폐기하게 할 수 있도록 한 것은 합헌이다: "행정상 즉시강제는 상대방의 임의이행을 기다릴 시간적 여유가 없을 때 하명(下命)없이 바로 실력을 행사하는 것으로서, 그 본질상 급박성을 요건으로 하고 있어 법관의 영장을 기다려서는 그 목적을 달성할 수 없다고 할 것이므로, 원칙적으로 영장주의가 적용되지 않는다." 다만, "만일 어떤 법률조항이 영장주의를 배제할 만한 합리적인 이유가 없을 정도로 급박성(急迫性)이 인정되지 아니함에도 행정상 즉시강제를 인정하고 있다면" 과잉금지의 원칙에 위반되는 것으로서 위헌이다(헌재 2002.10.31. 2000헌가12, 음반·비디오물및게임물에관한법률 제24조 제3항 제4호 중 게임물에 관한 규정부분 위헌제청(합헌)).

구 사회안전법(보안관찰법으로 개정)상 보안처분 대상자에 대한 동행보호규정을 재범의 위험성이 현저한 자를 상대로 긴급히 보호할 필요가 있는 경우에 한하여 단기간의 동행보호를 허용한 것은 그 요건을 엄격히 해석하는 한, 동 규정 자체가 사전영장주의를 규정한 헌법규정에 반한다고 볼 수 없다(대판 1997.6.13. 96다56115).

(iii) 권력적 행정조사(行政調査)도 영장주의의 예외에 해당하는지에 관한 논의가 있다. 즉 행정기관이 정책을 결정하거나 직무를 수행하는 데 필요한 정보나 자료를 수집하기 위하여 현장조사·문서열람·시료채취 등을 하거나 조사대상자에게 보고요구·자료제출요구 및 출석·진술요구를 행하는 활동을 뜻하는 행정조사(행정조사기본법 제2조 제1호)에 영장주의의 적용 여부가 문제된다. 행정조사 가운데 강제적 조사방법을 수반하는 권력적 행정조사의 경우에 특히 문제된다. 생각건대 행정조사는 행정작용을 위한 자료를 획득하기 위하여 행하여지는 보조적·준비적 수단으로서의 성격을 가지고 있으므로 행정상 즉시강제의 경우와 달리 영장을 발부받을 시간적 여유가 충분하므로 원칙적으로 권력적 행정조사의 경우에도 영장주의가 적용된다. 다만, 긴급한 상황에서 영장을 발부받아서는 행정조사의 목적을 달성할 수 없는 예외적인 경우에는 영장주의의 예외가 인정된다.

행정조사에 관하여는 행정조사기본법이 있다. 행정조사는 조사목적을 달성하는데 필요한 최소한의 범위 안에서 실시하여야 하며, 다른 목적 등을 위하여 조사권을 남용하여서는 아니 되며(동법 제4조), 행정기관은 법령 등에서 행정조사를 규정하고 있는 경우에 한하여 행정조사를 실시할 수 있다(동법 제5조).

권력적 행정조사와 관련하여 마약류 관련 수형자에 대하여 마약류반응검사를 위하여 소변을 받아 제출하게 한 처분에 대하여 "헌법 제12조 제3항의 영장주의는 법관이 발부한 영장에 의하지 아니하고는 수사에 필요한 강제처분을 하지 못한다는 원칙으로 소변을 받아 제출하도록 한 것은 교도소의 안전과 질서유지를 위한 것으로 수사에 필요한 처분이 아닐 뿐만 아니라 검사대상자들의 협력이 필수적이어서 강제처분이라고 할 수 없어 영장주의의 원칙이 적용되지 않는다"(헌재 2006.7.27. 2005헌마277, 소변강제채취 위헌확인(합헌)).

세관공무원이 밀수품을 싣고 왔다는 정보에 의하여 정박 중인 선박에 대하여 수색을 하려면 선박의 소유자 또는 점유자의 승낙을 얻거나 법관의 압수수색영장을 발부 받거나 또는 관세법 제212조 제1항 후단에 의하여 긴급을 요하는 경우에 한하여 수색압수를 하고 사후에 영장의 교부를 받아야 한다(대판 1976.11.9. 76도2703).

C. 체포·구속의 이유와 변호인조력청구권의 고지(告知)를 받을 권리

(a) 의 의 (i) "누구든지 체포 또는 구속의 이유와 변호인의 조력을 받을 권리가 있음을 고지받지 아니하고는 체포 또는 구속을 당하지 아니한다. 체포 또는 구속을 당한 자의 가족 등 법률이 정하는 자에게는 그 이유와 일시·장소가 지체없이 통지되어야 한다"(제12조 제5항).

(ii) 변호인(辯護人)의 조력을 받을 권리와 체포·구속이유의 고지를 받을 권

리는 미국 연방대법원이 수정헌법 제5조의 자기부죄거부특권(自己負罪拒否特權, privilege against self-incrimination)에 근거하여 정립한 미란다원칙을 헌법에 명문화한 것이다. 그간 피의자 보호를 위한 절차적 권리가 제대로 보장받지 못하였으나 이제 헌법과 형사소송법(제72조·제87조) 규정 및 판례를 통하여 실천된다.

(iii) 미란다원칙이란 형사사법절차에서 피의자를 보호하기 위하여 수사기관이 피의자를 신문하기 전에 피의자가 진술거부권을 가지고 있다는 사실, 피의자의 진술이 그에게 불리한 증거로 사용될 수 있다는 사실, 피의자가 변호인의 도움을 받을 수 있다는 사실을 고지하여야 한다는 원칙이다(*Miranda v. Arizona*, 384 U.S. 436(1966)).

(b) 주 체 고지를 받을 권리의 주체는 체포·구속을 당한 형사피의자이고, 통지를 받을 권리의 주체는 체포·구속을 당하는 자의 가족 등 법률(형소법 제87조)이 정하는 자이다. 체포·구속에는 영장에 의한 경우뿐만 아니라 긴급체포·현행범의 체포 등의 경우도 포함된다(형소법 제200조의5).

사법경찰리(司法警察吏)가 현행범인으로 체포하는 경우에는 반드시 범죄사실의 요지, 구속의 이유와 변호인을 선임할 수 있음을 말하고 변명할 기회를 주어야 한다(대판 2010.6.24. 2008도11226).

(c) 시기와 방법 (i) 고지의 시기 및 방식에 관하여는 명문의 규정이 없으나 체포·구속 당시에 구두 또는 서면으로 한다. 통지의 시기 및 방법에 관하여 형사소송법은 지체(遲滯)없이 서면으로 통지하도록 규정한다(형소법 제87조 제2항). 검사 또는 사법경찰관리는 현행범인을 체포하거나 일반인이 체포한 현행범인을 인도받는 경우 형사소송법 제213조의2에 의하여 준용되는 제200조의5에 따라 피의자에 대하여 피의사실의 요지, 체포의 이유와 변호인을 선임할 수 있음을 말하고 변명할 기회를 주어야 하고, 이와 같은 고지는 체포를 위한 실력행사에 들어가기 전에 미리 하여야 하는 것이 원칙이지만, 달아나는 피의자를 쫓아가 붙들거나 폭력으로 대항하는 피의자를 실력으로 제압하는 경우에는 붙들거나 제압하는 과정에서 하거나 그것이 여의치 아니한 경우에는 일단 붙들거나 제압한 후에 지체없이 하면 된다(대판 2012.2.9. 2011도7193).

(ii) 수사기관이 고지나 통지의무를 이행하지 아니한 경우에는 그 이후 수집된 증거는 위법수집증거로서 증거능력이 부인되어야 하며, 수사기관은 의무위반에 따른 불법행위를 이유로 민사상 손해배상책임 또는 국가배상책임을 질 수 있다.

"피의자를 구속영장없이 현행범으로 체포하기 위하여는 체포 당시에 피의자에 대하여 범죄사실의 요지, 체포의 이유와 변호인을 선임할 수 있음을 말하고 변명할 기회를 준 후가 아니면 체포할 수 없고, 이와 같은 절차를 밟지 아니한 채 실력으로 연행하려 하였다면 적법한 공무집행으로 볼 수 없다"(대판 1995.5.9. 94도3016).

D. 변호인(辯護人)의 조력(助力)을 받을 권리

(a) 의 의　(i) "누구든지 체포 또는 구속을 당한 때에는 즉시 변호인의 조력을 받을 권리를 가진다. 다만, 형사피고인이 스스로 변호인을 구할 수 없을 때에는 법률이 정하는 바에 의하여 국가가 변호인을 붙인다"(제12조 제4항).[1)]

(ii) "변호인의 조력을 받을 권리란 국가권력의 일방적인 형벌권행사에 대항하여 자신에게 부여된 헌법상, 소송법상의 권리를 효율적·독립적으로 행사하기 위하여 변호인의 도움을 얻을 피의자·피고인의 권리를 의미한다"(헌재 2004.9.23. 2000헌마138, 변호인의 조력을 받을 권리 등 침해 위헌확인(인용(위헌확인))). 여기서 조력(助力)이라 함은 피의자 등에게 수사기관과 대등한 지위를 확보하여 줄 정도의 충분하고 실질적인 변호인의 도움을 의미한다.

(iii) 변호인의 조력을 받을 권리에는 변호인 선임권, 변호인과의 접견교통권, 변호인의 조력을 구할 권리 등을 통하여 피의자나 피고인 자신을 위한 공격과 방어의 준비를 할 수 있는 권리를 널리 포함한다.

(iv) 변호인의 조력을 받을 권리는 주로 형사사법절차에서 인정되는 기본권이지만 비단 형사사법절차에만 국한되지 아니하고 널리 행정조사 절차에서도 변호인의 조력을 받을 권리가 인정된다. 행정조사기본법(제23조 제2항), 국세기본법(제81조 의5), 독점규제 및 공정거래에 관한 법률(제83조), 감사원 감사사무 처리규칙(제18조) 등에서 명문으로 변호인의 조력을 받을 권리를 인정하고 있다.

인천공항출입국·외국인청장이 인천국제공항 송환대기실에 수용된 난민(難民)에 대한 변호인 접견신청을 거부한 행위가 헌법 제12조 제4항 본문에 규정된 변호인의 조력을 받을 권리를 침해한다(헌재 2018.5.31. 2014헌마346, 변호인 접견 불허처분 등 위헌확인(인용(위헌확인))). 이 결정은 출입국 관련 행정절차에는 적용되지 아니한다는 취지의 선례(헌재 2012.8.23. 2008헌마430)를 변경하여, 행정기관에 의하여 구금된 사람에게도 변호인의 조력을 받을 권리가 즉시 보장됨을 분명히 하였다.

(b) 주 체

(i) 체포·구속된 피의자와 피고인　헌법 제12조 제4항 본문은 "체포 또는 구속을 당한" 경우에 변호인의 조력을 받을 수 있다고 규정한다. 체포·구속된 피의자 또는 피고인은 변호인의 조력을 가장 필요로 하는 존재이므로 체포·

1) 정철, "국선변호인제도의 개혁방안-최근 국선전담변호사제도 개혁논의를 중심으로", 헌법학연구 20-4; 장철준, "헌법상 변호인의 조력을 받을 권리와 의뢰인의 비밀보장", 헌법학연구 23-1; 이재강, "난민신청자의 변호사 도움을 받을 권리", 헌법학연구 26-2.

구속된 피의자 또는 피고인이 변호인의 조력을 받을 권리의 주체가 된다.

헌법 제12조 제4항 본문 "누구든지 체포 또는 구속을 당한 때에는 즉시 변호인의 조력을 받을 권리를 가진다"는 규정이 피의자에 대하여 일반적으로 국선변호인의 조력(助力)을 받을 권리가 있음을 천명한 것으로 볼 수는 없다(헌재 2008.9.25. 2007헌마1126, 체포처분취소(각하)).

(ii) 불구속상태의 피의자와 피고인　변호인의 조력을 받을 권리가 불구속상태의 피의자・피고인 모두에게 인정되는지 여부에 관하여 헌법은 명시적으로 규율하지는 아니하지만, 변호인의 조력을 받을 권리는 구속 여부를 떠나 형사절차와 관련된 모든 사람에게 필요한 기본권이므로 불구속상태의 피의자・피고인뿐만 아니라 임의동행된 피내사자에게도 인정되어야 한다.

불구속 피의자의 경우도 변호인의 조력을 받을 권리는 우리 헌법에 나타난 법치국가원리・적법절차원칙에서 인정되는 당연한 내용이라고 판시하면서, 불구속피의자가 피의자신문시 변호인이 참여하여 조력을 받게 하여달라는 요청을 거부한 검사의 행위가 불구속피의자의 변호인의 조력을 받을 권리를 침해하여 위헌이다(헌재 2004.9.23. 2000헌마138, 변호인의 조력을 받을 권리 등 침해 위헌확인(인용(위헌확인))).

임의동행(任意同行)된 피의자(被疑者) 또는 피내사자(被內査者)도 피의사실에 대한 충분한 방어권행사가 필요하므로 변호인의 조력을 받을 권리의 주체가 된다. 임의동행의 형식으로 수사기관에 연행된 피의자와 피내사자에게 변호인 또는 변호인이 되려는 자와의 접견교통권이 인정된다(대판 1996.6.3. 96모18).

(iii) 형사절차가 종료된 수형자(불인정)　변호인의 조력을 받을 권리는 수사를 개시할 때부터 판결이 확정될 때까지만 인정된다. 그러므로 유죄판결이 확정되어 교정시설에 수용중인 수형자(受刑者)에게는 인정되지 아니한다. 또한 수형자가 형사사건이 아닌 다른 사건 즉 민사사건, 행정사건, 헌법소원사건 등에서 변호사와 접견할 경우에도 헌법상 변호인의 조력을 받을 권리의 주체가 될 수 없다(헌재 2013.9.26. 2011헌마398, 접견교통권방해 등 위헌확인(각하, 위헌확인)).

형사절차가 종료되어 교정시설에 수용중인 수형자가 변호인과 주고받은 서신을 검열한 행위는 변호인의 조력을 받을 권리를 침해하지 아니한다(헌재 1998.8.27. 96헌마398, 통신의 자유침해 등 위헌확인(기각, 각하)).

(c) 내　용

(i) 변호인선임권　변호인선임권은 변호인의 조력을 받을 권리의 출발점이다. 헌법재판소는 변호인선임권을 구체적인 입법형성 없이 헌법상 바로 도출되는 권리이며 법률로써도 제한할 수 없다고 판시한다. 다만, 법치국가원리 또는 적법절차원리와 같은 원리에서 절차적 기본권을 도출할 수 있는지 여부에 대하여는 반대의견이 있다(헌재 2004.9.23. 2000헌마138, 변호인의 조력을 받을 권리 등 침해 위헌확인(인용(위헌확인))).

(ⅱ) 국선변호인(國選辯護人)의 조력을 받을 권리　① "형사피고인이 스스로 변호인을 구할 수 없을 때에는 법률이 정하는 바에 의하여 국가가 변호인을 붙인다"(제12조 제4항 단서). 헌법 문언상으로는 피고인만이 국선변호인의 조력을 받을 수 있도록 규정한다. 그런데 실제 형사절차에 있어서는 피의자 또는 피고인이 체포 직후 또는 구속 상태일 때 변호인의 조력이 가장 필요하다. 따라서 국선변호인 제도를 두고 있는 헌법정신을 구체화하고 형사절차에서 침해될 수 있는 인신의 안전과 자유를 최대한 보장하기 위하여 형사소송법에서는 구속 전 피의자심문(拘束 前 被疑者審問)을 받는 피의자에게 변호인이 없는 경우와 체포·구속적부심사절차에서 체포 또는 구속된 피의자에게 변호인이 없는 경우에도 법원이 필요적으로 국선변호인을 선정하도록 규정한다(제33조 제1항·제201조의2 제8항).

② 또한 "법원은 피고인이 빈곤이나 그 밖의 사유로 변호인을 선임할 수 없는 경우에 피고인의 청구가 있는 때에는 변호인을 선정하여야 한다"(제33조 제2항). 이는 변호인의 조력을 받기를 원하지만 경제적인 이유 등으로 조력을 받을 수 없는 경우의 피고인을 위하여 마련된 제도로서 변호인의 조력을 받을 권리가 실질적으로 기능하도록 한다. "법원은 피고인의 나이·지능 및 교육 정도 등을 참작하여 권리보호를 위하여 법원이 필요하다고 인정하면 피고인의 명시적 의사에 반하지 아니하는 범위에서 변호인을 선정하여야 한다"(제33조 제3항). 그 밖에 '국민의 형사재판 참여에 관한 법률'에 따른 국민참여재판에 관하여 변호인이 없는 경우 법원은 필요적으로 국선변호인을 선정하여야 한다.

③ 국선변호인 선임권은 피고인의 경우 헌법상 권리이지만, 피의자의 경우 법률상 권리이다. 피의자의 국선변호인의 도움을 받을 권리는 영장실질심사와 체포·구속적부심판청구에 한정된다.

피고인이 1. 구속된 때, 2. 미성년자인 때, 3. 70세 이상인 때, 4. 듣거나 말하는 데 모두 장애가 있는 사람인 때, 5. 심신장애가 있는 것으로 의심되는 때, 6. 사형, 무기 또는 단기 3년 이상의 징역이나 금고에 해당하는 사건으로 기소된 경우에 변호인이 없는 때에는 법원은 직권으로 변호인을 선정하여야 한다(제33조 제1항).

헌법상 보장되는 '변호인의 조력을 받을 권리'는 변호인의 '충분한 조력'을 받을 권리를 의미하므로, 일정한 경우 피고인에게 국선변호인의 조력을 받을 권리를 보장하여야 할 국가의 의무에는 형사소송절차에서 단순히 국선변호인을 선정하여 주는 데 그치지 아니하고 한 걸음 더 나아가 피고인이 국선변호인의 실질적인 조력을 받을 수 있도록 필요한 업무 감독과 절차적 조치를 취할 책무까지 포함된다(대판(전합) 2012.2.16. 2009모1044, 항소기각결정에대한재항고).

(ⅲ) 변호인과의 접견교통권(接見交通權)　① 피의자와 피고인을 조력하는 변호인을 선임하였다 하더라도 변호인과 자유롭게 접견교통할 수 없다면 변호인의 조력을 받을 권리는 무의미하여진다. 변호인과의 접견은 피의자 또는 피고인이 교도관이나 수사관 등 관계공무원의 참여가 없어 피의자 등의 심리적인 압박감이 최소화된 상태에서 이루어져야 한다. 이와 같은 변호인과의 접견교통권은 최대한 보장되어야 함이 원칙이나 국가형벌권의 적정한 행사와 피의자·피고인의 인권보장을 목적으로 하는 형사소송절차의 전체적인 체계 안에서 제한될 수 있다. 다만, 그 제한에 있어서는 엄격한 비례의 원칙을 준수하여야 한다. 그러므로 법률로써 미결수용자와 변호인과의 접견이 이루어지는 일반적인 시간대의 설정은 가능하다(헌재 2011.5.26. 2009헌마341, 미결수용자 변호인 접견불허 처분 위헌 확인(기각)).

1. 헌법재판소가 91헌마111 결정에서 미결수용자와 변호인과의 접견에 대해 어떠한 명분으로도 제한할 수 없다고 한 것은 구속된 자와 변호인 간의 접견이 실제로 이루어지는 경우에 있어서의 '자유로운 접견', 즉 '대화내용에 대하여 비밀이 완전히 보장되고 어떠한 제한, 영향, 압력 또는 부당한 간섭 없이 자유롭게 대화할 수 있는 접견'을 제한할 수 없다는 것이지, 변호인과의 접견 자체에 대해 아무런 제한도 가할 수 없다는 것을 의미하는 것이 아니므로 미결수용자의 변호인 접견권 역시 국가안전보장·질서유지 또는 공공복리를 위해 필요한 경우에는 법률로써 제한될 수 있음은 당연하다. 2. 수용자처우법 제84조 제2항에 의해 금지되는 접견시간 제한의 의미는 접견에 관한 일체의 시간적 제한이 금지된다는 것으로 볼 수는 없고, 수용자와 변호인의 접견이 현실적으로 실시되는 경우, 그 접견이 미결수용자와 변호인의 접견인 때에는 미결수용자의 방어권 행사로서의 중요성을 감안하여 자유롭고 충분한 변호인의 조력을 보장하기 위해 접견시간을 양적으로 제한하지 못한다는 의미로 이해하는 것이 타당하므로, 수용자처우법 제84조 제2항에도 불구하고 같은 법 제41조 제4항의 위임에 따라 수용자의 접견이 이루어지는 일반적인 시간대를 대통령령으로 규정하는 것은 가능하다. 3. 변호인의 조력을 받을 권리를 보장하는 목적은 피의자 또는 피고인의 방어권 행사를 보장하기 위한 것이므로, 미결수용자 또는 변호인이 원하는 특정한 시점에 접견이 이루어지지 못하였다 하더라도 그것만으로 곧바로 변호인의 조력을 받을 권리가 침해되었다고 단정할 수는 없는 것이고, 변호인의 조력을 받을 권리가 침해되었다고 하기 위해서는 접견이 불허된 특정한 시점을 전후한 수사 또는 재판의 진행 경과에 비추어 보아, 그 시점에 접견이 불허됨으로써 피의자 또는 피고인의 방어권 행사에 어느 정도는 불이익이 초래되었다고 인정할 수 있어야만 하며, 그 시점을 전후한 변호인 접견의 상황이나 수사 또는 재판의 진행 과정에 비추어 미결수용자가 방어권을 행사하기 위해 변호인의 조력을 받을 기회가 충분히 보장되었다고 인정될 수 있는 경우에는, 비록 미결수용자 또는 그 상대방인 변호인이 원하는 특정 시점에는 접견이 이루어지지 못하였다 하더라도 변호인의 조력을 받을 권리가 침해되었다고 할 수 없다(헌재 2011.5.26. 2009헌마341, 미결수용자 변호인 접견불허 처분 위헌확인(기각)).

소송사건의 대리인인 변호사가 수용자를 접견하고자 하는 경우 소송계속 사실을 소명할 수 있는 자료를 제출하도록 요구하는 '형의 집행 및 수용자의 처우에 관한 법률 시행규칙' 중 '수형자 접견' 부분은 변호사인 청구인의 직업수행의 자유를 침해하여 헌법에 위반된다(8:1)(헌재 2021.10.28. 2018헌마60, 형의 집행 및 수용자의 처우에 관한 법률 시행규칙 제29조의2 제1항 제2호 위헌확인(위헌)). [해설] 헌재 2015.11.26. 2012헌마858 결정에서 소송대리인인 변호사와의 접견 시간 및 횟수에 대한 별도의 규정을 두지 아니하고 일반접견에 포함시켜 이를 제한하는 것은 수형자의 재판청구권을 침해한다는 이유로 헌법불합치결정을 하였다. 이후 구 형집행법 시행령에 변호사접견이 도입되면서 소송사건의 대리인인 변호사는 별도의 접견 시간 및 횟수를 이용할 수 있게 되었다. 그러나 심판대상조항이 만들어지면서 소송사건의 대리인인 변호사라 하더라도 변호사접견을 하기 위하여는 소송계속 사실 소명자료를 제출하여야만 하고, 아직 소를 제기하지 아니하였다는 등의 사정으로 이를 제출하지 못하는 변호사는 다시 일반접견을 이용할 수밖에 없었다. 헌법재판소의 위헌결정으로 추후 소송사건의 대리인인 변호사가 소를 제기하지 아니한 단계에서도 수형자와 충분한 접견 시간을 가지게 됨에 따라 수형자의 재판청구권 행사가 충실히 보장받을 수 있게 되었다.

"청구인이 국가안전기획부 면회실에서, 그의 변호인과 접견할 때 (안기부)소속직원(수사관)이 참여하여 대화내용을 듣거나 기록한 것은 헌법 제12조 제4항이 규정한 변호인의 조력을 받을 권리를 침해한 것으로서 위헌임을 확인한다"(헌재 1992.1.28. 91헌마111, 변호인의 조력을 받은 권리에 대한 헌법소원(인용(위헌확인),위헌)). 한편 '형의 집행 및 수용자의 처우에 관한 법률' 제84조 제1항은 "제41조 제2항에도 불구하고 미결수용자와 변호인(변호인이 되려고 하는 사람을 포함한다)과의 접견에는 교도관이 참여하지 못하며 그 내용을 청취 또는 녹취하지 못한다. 다만, 보이는 거리에서 미결수용자를 관찰할 수 있다"라고 규정한다.

구치소장이 변호인접견실에 CCTV를 설치하여 미결수용자와 변호인 간의 접견을 관찰한 행위가 청구인의 변호인의 조력을 받을 권리를 침해한다고 할 수 없다(헌재 2016.4.28. 2015헌마243, 접견실내 CCTV 감시·녹화행위 등 위헌확인(기각)).

법정 옆 피고인 대기실에서 재판대기 중인 피고인이 공판을 앞두고 호송교도관(護送矯導官)에게 변호인과의 면담을 신청한 것에 대하여 이를 허용하지 아니하는 교도관의 접견불허행위가 피고인의 변호인의 조력을 받을 권리를 침해하는 위헌적인 공권력의 행사라고 보기 어렵다(헌재 2009.10.29. 2007헌마992, 변호인의 조력을 받을 권리침해 위헌확인(기각)).

교도소 내 접촉차단시설이 설치되지 아니한 장소에서 수용자를 접견할 수 있는 예외대상에 소송사건의 대리인으로 선임된 변호사만 규정하고 소송사건의 대리인이 되려는 변호사는 포함하지 않은 것은 변호사인 청구인의 직업수행의 자유를 과도하게 침해하지 아니한다(합헌4:위헌5)(헌재 2022.2.24. 2018헌마1010, 형의 집행 및 수용자의 처우에 관한 법률 시행령 제58조 제4항 위헌확인 등(기각,각하)).

② 헌법재판소는 변호인과의 접견교통권을 실질적으로 보장하기 위하여 접견시간을 확대하고 변호인이 되려는 자의 접견교통권도 인정한다.

접견시간 조항은 수용자의 접견을 '국가공무원 복무규정'에 따른 근무시간 내로 한정함으로써 피의자와 변호인 등의 접견교통을 제한하고 있는데, 검사 또는 사법경찰관이 그 허가 여부를 결정하는 피의자신문 중 변호인 등의 접견신청의 경우에는 위 조항이 적용되지 아니한다. 또한 '변호인이 되려는 자'의 접견교통권 역시 헌법상 기본권으로서 보장되어야 한다(헌재 2019.2.28. 2015헌마1204, 변호인 접견불허 위헌확인 등(인용(위헌확인),각하)). 이후 법 제41조 제2항이 개정되고 이에 따라 시행령 제58조 제4항도 삭제되었다.

③ 헌법재판소는 구속된 피의자·피고인이 가지는 변호인과의 접견교통권은 변호인의 조력을 받을 권리로부터 도출되는 헌법상의 권리라고 본다. 반면에 일반인과 집견할 수 있는 권리에 관하여는 헌법상 명문의 규정은 없으나 일반적 행동자유권에서 나온다고 판시한다. 다만, 군사법원법 등에서 일반인과의 접견교통권(면회)에 대한 지나친 제한은 위헌이라고 판시한다.

"면회 횟수를 주2회로 한정하는 것은 미결수용자 및 그 가족의 접견교통권을 침해한 것이다"(헌재 2003.11.27. 2002헌마193, 군사법원법 제242조 제1항 등 위헌확인(위헌); 헌재 2002.4.25. 2002헌사129, 효력정지 가처분신청(기각,인용)).

(iv) 미결수용자(未決收容者)와 변호인의 서신비밀보장　　변호인과 미결수용자 사이에 서신교환을 할 때에도 비밀이 보장되어야 한다. 미결수용자와 변호인 간의 서신은 교정시설에서 상대방이 변호인임을 확인할 수 없는 경우를 제외하고는 검열할 수 없다(형의 집행 및 수용자의 처우에 관한 법률 제84조 제3항).

"미결수용자가 변호사에게 발송의뢰한 서신, 변호사가 미결수에게 보낸 서신에 대해 교도관이 서신검열한 행위는 통신비밀의 자유 및 변호인의 조력을 받을 권리를 침해한 것으로 위헌이다"(헌재 1995.7.21. 92헌마144, 서신검열 등 위헌확인(인용(위헌확인),한정위헌,기각,각하)).

교도소장이 수용자의 변호인이 수용자에게 보낸 서신을 개봉 후 교부한 행위는 미결수용자와 같은 지위에 있는 수형자의 변호인의 조력을 받을 권리를 침해하지 아니한다(8:1)(헌재 2021.10.28. 2019헌마973, 형의 집행 및 수용자의 처우에 관한 법률 시행령 제65조 제2항 위헌확인 등(기각,각하)).

(v) 변호인의 피구속자(被拘束者)를 조력할 권리

① 제한적으로 인정되는 헌법상 기본권　　종래 헌법재판소는 "변호인 자신의 구속된 피의자·피고인과의 접견교통권은 헌법상의 권리라고 말할 수 없으며 형사소송법 제34조에 의하여 보장되는 권리임에 그친다"라고 판시하여 매우 제한적으로 이해한 바 있다(헌재 1991.7.8. 89헌마181, 수사기관의 기본권침해에 대한 헌법소원(각하); 헌재 1992.1.28. 91헌마111, 변호인의 조력을 받은 권리에 대한 헌법소원(인용(위헌확인),위헌)).

그러나 "피구속자를 조력할 변호인의 권리 중 그것이 보장되지 않으면 피구속자가 변호인으로부터 조력을 받는다는 것이 유명무실하게 되는 핵심적인 부분은 변호인의 조력을 받을 피구속자의 기본권과 표리의 관계에 있기 때문에 이러한 핵심부분에 관한 변호인의 조력할 권리 역시 헌법상의 기본권으로서 보호되어야 한다"라고 판시한다(헌재 2003.3.27. 2000헌마474, 정보비공개결정 위헌확인(인용(위헌확인))).

또한 궐석재판(闕席裁判) 시에도 변호인의 조력을 받을 권리가 있다.

반국가행위자의처벌에관한특별조치법 제7조 제6항에서 반국가행위자의 궐석재판 시에는 변호인의 출석을 금지하고 있는바, 헌법재판소법 제45조 단서규정에 의하여 위 법 전체에 대하여 위헌결정을 내린 바 있다(헌재 1996.1.25. 95헌가5, 반국가행위자의처벌에관한특별조치법 제2조 제1항 제2호 등 위헌제청(위헌)).

② 변호인의 소송관계 서류 등의 열람·등사권 피고인이 변호인의 충분한 조력을 받기 위하여서는 피고인이 그의 변호인을 통하여 수사기록을 포함한 소송관계서류를 열람·등사하고 이에 대한 검토결과를 토대로 공격과 방어의 준비를 할 수 있는 권리도 변호인의 조력을 받을 권리에 포함된다고 보아야 한다.

변호인의 수사서류 열람·등사권은 피고인의 신속·공정한 재판을 받을 권리 및 변호인의 조력을 받을 권리라는 헌법상 기본권의 중요한 내용이자 구성요소이며 이를 실현하는 구체적인 수단이 된다(헌재 2010.6.24. 2009헌마257, 열람·등사 거부처분취소(위헌확인)).

피고인 또는 변호인은 검사에게 공소 제기된 사건에 관한 서류 또는 물건의 목록과 공소사실의 인정 또는 양형에 영향을 미칠 수 있는 서류등의 열람·등사 또는 서면의 교부를 신청할 수 있다(형사소송법 제266조의3 제1항). 검사는 국가안보·증인보호의 필요성·증거인멸의 염려·관련 사건의 수사에 장애를 가져올 것으로 예상되는 구체적인 사유 등 열람·등사 또는 서면의 교부를 허용하지 아니할 상당한 이유가 있다고 인정하는 때에는 열람·등사 또는 서면의 교부를 거부하거나 그 범위를 제한할 수 있으며(제2항), 이 경우 지체 없이 그 이유를 서면으로 통지하여야 하고(제3항), 서류등의 목록에 대하여는 열람 또는 등사를 거부할 수 없다(제5항). "피고인 또는 변호인은 검사가 서류등의 열람·등사 또는 서면의 교부를 거부하거나 그 범위를 제한한 때에는 법원에 그 서류등의 열람·등사 또는 서면의 교부를 허용하도록 할 것을 신청할 수 있다"(제266조의4 제1항).

법원의 열람·등사 허용 결정에도 불구하고 이를 거부한 검사의 행위는 위헌이라는 것이 헌법재판소의 일관된 입장이다(헌재 2010.6.24. 2009헌마257, 열람·등사 거부처분취소(위헌확인)); (헌재 2017.12.28. 2015헌마632, 열람·등사신청 거부행위 위헌확인(인용(위헌확인))); (헌재 1997.11.27. 94헌마60, 등사신청거부처분취소(위헌)) (헌재 2022.6.30. 2019헌마356, 열람·등사신청 거부 위헌확인(인용(위헌확인))) (헌재 2022.6.30. 2019헌마356, 열람·등사신청 거부 위헌확인(인용(위헌확인))).

구속적부심을 청구한 피구속자에 대한 고소장과 피의자신문조서에 대한 변호인의 열람 및 등사권은 변호인의 피구속자를 조력할 권리의 본질적인 부분이므로 이에 대한 열람 및 등사를 거부한 관할경찰서장의 정보비공개결정은 위헌이다(헌재 2003.3.27. 2000헌마474, 정보비공개결정 위헌확인(인용(위헌확인))).

(vi) 수사기관의 피의자신문절차에서의 변호인참여요구권 대법원 판결(대판 1996.6.3. 96모18; 대판 2003.11.11. 2003모402)과 헌법재판소 결정(헌재 2004.9.23. 2000헌마138, 변호인의 조력을 받을 권리 등 침해 위헌확인(인용(위헌확인)))에 따라 개정된 형

사소송법은 수사기관의 피의자신문절차에서의 변호인참여요구권을 보장한다.

"검사 또는 사법경찰관은 피의자 또는 그 변호인·법정대리인·배우자·직계친족·형제자매의 신청에 따라 변호인을 피의자와 접견하게 하거나 정당한 사유가 없는 한 피의자에 대한 신문에 참여하게 하여야 한다"(제243조의2 제1항). "신문에 참여한 변호인은 신문 후 의견을 진술할 수 있다. 다만, 신문 중이라도 부당한 신문방법에 대하여 이의를 제기할 수 있고, 검사 또는 사법경찰관의 승인을 얻어 의견을 진술할 수 있다"(제3항). "검사 또는 사법경찰관은 변호인의 신문참여 및 그 제한에 관한 사항을 피의자신문조서에 기재하여야 한다"(제5항).

변호인참여요구권은 구속된 피의자뿐만 아니라 불구속상태에 있는 피의자에게도 인정되며, 정당한 사유가 없는 한 수사기관은 신문절차에 변호인의 참여를 제한할 수 없다. 여기서 정당한 사유라 함은 피의자신문에 변호인이 참여를 신청할 경우 신문을 방해할 염려가 있거나 혹은 수사기밀을 누설하여 증거를 인멸하거나 관련 사건의 수사를 방해할 염려가 있음이 객관적으로 명백한 경우 등을 말한다(대판 2003.11.11. 2003모402; 대판 2005.5.9. 2004모24; 대결 2008.9.12. 2008모793, 변호인퇴실명령에대한준항고결정에대한재항고). 검사 또는 사법경찰관이 변호인의 신문절차에의 참여를 제한하거나 퇴거시킨 처분에 대하여는 준항고(準抗告) 절차를 통하여 이를 다툴 수 있다(제417조).

피의자신문 시 변호인이 피의자의 옆에서 조력하는 것은 변호인의 피의자신문참여권의 주요부분이므로, 수사기관이 피의자신문에 참여한 변호인에 대하여 후방착석(後方着席)을 요구하는 행위는 권력적 사실행위로서 변호인의 피의자신문참여를 제한함으로써 헌법상 기본권인 변호인의 변호권을 제한한다(헌재 2017.11.30. 2016헌마503, 변호인 참여신청서 요구행위 등 위헌확인(인용(위헌확인),각하)).

수사기관이 정당한 사유 없이 변호인을 참여하게 하지 아니한 채 피의자를 신문하여 작성한 피의자신문조서는 형사소송법 제312조에 정한 '적법한 절차와 방식'에 위반된 증거일 뿐만 아니라, 형사소송법 제308조의2에서 정한 '적법한 절차에 따르지 아니하고 수집한 증거'에 해당하므로 이를 증거로 할 수 없다(대판 2013.3.28. 2010도3359, 업무상 횡령).

(d) 제 한 변호인의 조력을 받을 권리도 헌법 제37조 제2항에 의하여 제한이 가능하다. 변호인선임권과 변호인과의 자유로운 접견권은 변호인의 조력을 받을 권리의 본질적 내용이므로 법률로써도 제한할 수 없다.

변호인과의 자유로운 접견은 변호인의 조력을 받을 권리의 핵심적인 내용이어서 국가안전보장·질서유지·공공복리 등 어떠한 명분으로도 제한될 수 있는 성질의 것이 아니며, 변호인선임권도 변호인의 조력을 받을 권리의 출발점이라고 하여 법률로써도 제한될 수 없다(헌재 2004.9.23. 2000헌마138, 변호인의 조력을 받을 권리 등 침해 위헌확인(인용(위헌확인))).

E. 고문(拷問)을 받지 아니할 권리와 묵비권(默秘權)

(i) "모든 국민은 고문을 받지 아니하며, 형사상 자기에게 불리한 진술을 강요당하지 아니한다"(제12조 제2항). 고문은 유엔인권선언(제5조)을 비롯하여 국제적 인권보장의 차원에서 금지한다. 야만적인 고문은 인간의 정신과 육체를 황폐화시킨다. 우리나라에서도 과거 권위주의 시절에 자행된 고문은 선량한 민주시민의 삶과 생명을 앗아갔다. 헌법 제12조 제7항에서는 고문을 근절하기 위하여 "피고인의 자백(自白)이 고문 … 기타의 방법에 의하여 자의(自意)로 진술된 것이 아니라고 인정될 때 … 이를 유죄의 증거로 삼거나 이를 이유로 처벌할 수 없다"라고 규정하고 있으며 형사소송법(제309조)에서도 이를 재확인한다. 고문에 의한 자백뿐만 아니라 고문에 의한 자백으로 수집된 증거의 가치를 제한한다. 특히 형법(제125조)과 '특정범죄가중처벌 등에 관한 법률'(제4조의2)에서는 고문행위를 한 공무원을 처벌한다. 고문과 관련하여서는 마취분석(痲醉分析)이나 거짓말탐지기를 사용한 범죄수사가 문제된다.

(허언)탐지기 시험결과의 증거능력이 인정되기 위하여는 우선 그 검사결과의 정확성이 보증되어야 한다(대판 1979.5.22. 79도547).

(ii) 형사상 자기에게 불리한 진술의 강요도 금지한다.

① 진술거부권은 피의자·피고인이 수사절차나 공판절차에서 수사기관 또는 법원의 신문에 대하여 진술을 거부하는 권리이다. 진술이란 자신의 생각이나 지식 등을 언어나 문자로 하는 표현이다. 따라서 언어나 문자가 아닌 표현은 진술거부권의 대상이 아니다.

② 피의자·피고인을 비롯하여 그 대리인도 진술거부권을 가진다. 외국인도 진술거부권을 가진다.

③ 진술거부권은 비단 형사절차뿐만 아니라 행정절차나 국회에서의 조사절차 등에서도 보장되지만 수사절차나 공판절차에서 특히 강조된다. "헌법이 진술거부권을 기본적 권리로 보장하는 것은 형사피의자나 피고인의 인권을 형사소송의 목적인 실체적 진실발견이나 구체적 사회정의의 실현이라는 국가이익보다 우선적으로 보호함으로써 인간의 존엄성과 가치를 보장하고, 나아가 비인간적인 자백의 강요와 고문을 근절하려는 데 있다"(대판 2004.12.24. 2004도5494). 진술거부권은 헌법상 권리이므로 법률로써 제한할 수 없다. 헌법에서는 불리한 진술의 강요만을 금지하고 있으나, 형사소송법에서는 유리·불리를 가리지 아니하고 진술거부권을 확대한다

(제200조 제2항, 제289조).

④ 묵비권(黙秘權)은 미란다원칙의 한 부분이며 수사기관인 검사 또는 사법경찰관이 피의자로부터 진술을 듣는 경우에는 미리 피의자에게 진술거부권이 있음을 고지하여야 한다(형소법 제244조의3 제1항). 이에 따라 "피고인의 자백이 고문·폭행·협박·구속의 부당한 장기화 또는 기망(欺罔) 기타의 방법에 의하여 임의로 진술된 것이 아니라고 인정될 때 또는 정식재판에 있어서 피고인의 자백이 그에게 불리한 유일한 증거일 때에는 이를 유죄의 증거로 삼거나 이를 이유로 처벌할 수 없다" (제12조 제7항; 형소법 제309조, 제310조).

⑤ "수사기관이 피의자를 신문하면서 피의자에게 진술거부권을 고지하지 아니한 경우에는 그 자백의 임의성이 인정되는 경우에도 위법수집증거배제의 법칙에 의하여 그 자백의 증거능력을 부정하여야 한다"(대판 1992.6.23. 92도682).

⑥ 또한 공판절차에서도 재판장은 피고인에게 개개의 신문에 대한 진술거부를 할 수 있다는 취지를 고지하여야 한다(형소법 제283조의2 제2항).

독수독과이론(毒樹毒果理論, Fruit of the poisonous tree)은 위법하게 수집한 증거(독수)에 의하여 발견된 제2차 증거(독과)도 증거능력을 인정할 수 없다는 이론으로 미국 연방대법원 판례를 형사소송법이 증거법칙으로 채택하였다.

"검사가 피의자나 피의자 아닌 자의 진술을 기재한 조서는 공판준비 또는 공판기일에서 원진술자의 진술에 의하여 형식적 진정성립뿐만 아니라 실질적 진정성립까지 인정된 때에 한하여 비로소 그 성립의 진정함이 인정되어 증거로 사용할 수 있다고 보아야" 한다(대판(전합) 2004.12.16. 2002도537(파기환송)).

"피의자가 경찰수사 단계에서 고문에 의한 자백을 하고 그 임의성 없는 심리상태가 검사의 피의자신문시까지 계속되었다고 인정되는 경우에는, 검사의 피의자신문시에 자백 강요사실이 없었다 할지라도 검찰자백의 임의성은 부정되어야 한다"(대판 1992.11.24. 92도2409).

"진술거부권은 … 형사절차뿐 아니라 행정절차·국회에서의 조사절차 등에서도 보장된다. … 이때 진술(陳述)이라 함은 언어적 표출, 즉 생각이나 지식, 경험사실을 정신작용의 일환인 언어를 통하여 표출하는 것을 의미한다." "호흡측정은 신체의 물리적, 사실적 상태를 그대로 드러내는 행위에 불과하다. … 따라서 호흡측정행위는 진술이 아니므로 호흡측정에 응하도록 유도하고 이를 거부할 경우 처벌한다고 하여도 진술강요에 해당한다고 할 수 없다"(헌재 1997.3.27. 96헌가11, 도로교통법 제41조 제2항 등 위헌제청(합헌)). 따라서 음주측정 불응에 음주측정 불응죄를 적용하여도 영장주의에 위배되지 아니한다.

교통사고를 일으킨 운전자의 신고의무는 "피해자의 구호 및 교통질서의 회복을 위한 조치가 필요한 범위 내에서 교통사고의 객관적 내용만을 신고하도록 한 것으로 해석하고, 형사책임과 관련되는 사항에는 적용되지 아니하는 것으로 해석하는 한 헌법에 위반되지 아니한다"(헌재 1990.8.27. 89헌가118, 도로교통법 제50조 제2항 등에 관한 위헌심판(한정합헌)).

"불고지죄가 성립하기 이전의 단계 즉, 불고지의 대상이 되는 죄를 범한 자라는 사실을 알게 되어 고지의무가 발생하였으나 아직 상당한 기간이 경과하지 아니한 단계에 있어서는 고지의무(告知義務)의 대상이 되는 것은 자신의 범죄사실이 아니고 타인의 범죄사실에 대한 것이므로 자기에게 불리한 진술을 강요받지 아니할 진술거부권의 문제가 발생할 여지가 없다"(헌재 1998.7.16. 96헌바35, 구 국가보안법 제10조 위헌소원(합헌)).

"정치자금의 수입·지출에 관한 명세서, 영수증 및 회계장부를 보존하지 않거나, 정치자금의 수입·지출에 관한 내역을 회계장부에 허위기재 또는 관할 선거관리위원회에 허위보고한 정당의 회계책임자를 형사처벌하는 것은 진술거부권을 침해하지 않는다"(헌재 2005.12.22. 2004헌바25, 정치자금에관한 법률 제31조 제1호 등 위헌소원(합헌)).

F. 체포·구속적부심사제도(逮捕·拘束適否審査制度)

(a) 의 의 (i) 헌법 제12조에서는 신체의 안전과 자유의 절차적 보장에 관한 일련의 원칙에 준거하여 체포·구속적부심사제도를 규정한다. "누구든지 체포 또는 구속을 당한 때에는 적부의 심사를 법원에 청구할 권리를 가진다"(제6항).

(ii) 1679년 영국의 인신보호법(Habeas Corpus Act)에 의하여 확립된 구속적부심사제도는 1948년 군정법령(제176호)에서 도입된 후 제헌헌법에 규정되었으나 유신헌법(1972년)에서 삭제되었다가, 제5공화국헌법(1980년)에서 법률유보조항을 두고 부활된 후, 제6공화국헌법(1987년)에서는 법률유보조항도 삭제되었다.

제헌헌법(1948년) 제9조: "누구든지 체포, 구금을 받은 때에는 즉시 변호인의 조력을 받을 권리와 그 당부의 심사를 법원에 청구할 권리가 보장된다."

제8차 개정헌법(1980년) 제11조 제5항: "누구든지 체포·구금을 당한 때에는 법률이 정하는 바에 의하여 적부의 심사를 법원에 청구할 권리를 가진다."

(iii) "헌법 제12조 제6항은 당사자가 체포·구속된 원인관계 등에 대한 최종적인 사법적 판단절차와는 별도로 체포·구속 자체에 대한 적부 여부를 법원에 심사청구할 수 있는 절차(Collateral Review)를 헌법적 차원에서 보장하는 규정"이다.

이 "규정은 '체포 또는 구속을 당한 때'라고 하는 매우 구체적인 상황에 관련하여 헌법적 차원에서 '적부의 심사를 법원에 청구할 권리'라는 구체적인 절차적 권리를 보장하고 있지만, 입법자의 형성적 법률이 존재하지 아니하는 경우 현실적으로 법원에서 당사자의 '체포·구속적부심사청구권'에 대하여 심리할 방법이 없기 때문에, 입법자가 법률로써 구체적인 내용을 형성하여야만 권리주체가 실질적으로 이를 행사할 수 있는 경우에 해당하는, 이른바 헌법의 개별규정에 의한 헌법위임(Verfassungsauftrag)이 존재한다고 볼 수 있다. 나아가 이러한 체포·구속적부심사청구권의 경우 헌법적 차원에서 독자적인 지위를 가지고 있기 때문에 입법자가 전반적인 법체계를 통하여 관련자에게 그 구체적인 절차적 권리를 제대로 행사할 수 있는 기회를 최소한 1회 이상 제공하여야 할 의무가 있다"(헌재 2004.3.25. 2002헌바104, 형사소송법 제214조의2 제1항 위헌소원(헌법불합치,잠정적용)).

한편 헌법 제12조 제6항의 취지를 구체화하고, 위법한 행정처분 또는 사인에 의한 시설에의 수용으로 인하여 부당하게 인신의 자유를 제한당하고 있는 개인의 권리구제절차를 마련함으로써 헌법이 보장하는 국민의 기본권을 보호하기 위한 목직으로 인신보호법이 제정되있다.

(b) 주 체 형사소송법에 의하면 체포·구속적부심사청구의 주체는 "체포되거나 구속된 피의자 또는 그 변호인, 법정대리인, 배우자, 직계친족, 형제자매나 가족, 동거인 또는 고용주"이다(형소법 제214조의2 제1항). "피의자를 체포하거나 구속한 검사 또는 사법경찰관은 체포되거나 구속된 피의자와 제1항에 규정된 사람 중에서 피의자가 지정하는 사람에게 제1항에 따른 적부심사를 청구할 수 있음을 알려야 한다"(제214조의2 제2항). 개정 형사소송법은 체포·구속적부심사를 청구할 수 있는 주체로서 체포되거나 구속된 피의자 등으로 규정함으로써 영장에 의하여 체포 또는 구속된 자뿐만 아니라 긴급체포, 현행범으로 체포된 자도 그 적부심사를 법원에 청구할 수 있음을 분명히 한다.

현행범으로 체포된 자가 구속적부심을 거치지 아니하고 제기한 헌법소원은 보충성의 원칙에 반하여 부적법하다(헌재 2011.6.30. 2009헌바199, 형법 제311조 위헌소원 등(합헌,기각)).

(c) 법원의 심사 (i) 체포·구속적부심사의 청구를 받은 "법원은 청구서가 접수된 때부터 48시간 이내에 체포되거나 구속된 피의자를 심문하고 수사 관계서류와 증거물을 조사하여 그 청구가 이유 없다고 인정한 경우에는 결정으로 기각하고, 이유 있다고 인정한 경우에는 결정으로 체포되거나 구속된 피의자의 석방을 명하여야 한다. 심사 청구 후 피의자에 대하여 공소제기가 있는 경우에도 또한 같다"(제214조의2 제4항). "제4항의 결정에 대하여는 항고할 수 없다"(제214조의2 제8항).

체포영장이나 구속영장을 발부한 법관은 원칙적으로 심문·조사·결정에 관여하지 못한다(제214조의2 제12항). 체포되거나 구속된 피의자에게 변호인이 없는 때에는 국선변호인을 선정하여야 한다(제214조의2 제10항). 일정한 경우를 제외하고는 동일한 범죄사실로 재차 체포하거나 구속할 수 없다(제214조의3). 그러나 청구권자가 아닌 자의 청구나 일정한 수사방해목적의 청구는 제한된다(제214조의2 제3항).

(ii) 한편 구속적부심사의 청구인적격을 피의자로 한정한 규정은 위헌의 소지가 있다는 헌법재판소 결정에 따라, 개정 형사소송법에서는 체포·구속적부심사

청구 후 피의자에 대하여 공소제기가 있는 경우에도 법원에 의한 기각 또는 석방결정과 보증금납입조건부 석방결정이 가능하도록 규정한다(제214조의2 제4항, 제5항).

> "우리 형사소송법은 피의자에 대하여는 제214조의2에서 구속적부심사제도를, 피고인에 대하여는 제93조에서 구속취소제도를 두어 당해 구속의 근거인, 검사가 수사단계에서 판사로부터 발부받은 구속영장의 헌법적 정당성에 대하여 법원이 다시 심사할 수 있도록 하면서, 만일 그 구속영장 자체에서 명백한 하자 등이 발견되는 경우 법원이 당사자를 즉시 석방할 수 있도록 규정하고 있기 때문에, 입법자는 헌법 제12조 제3항 및 형사소송법 제201조의 적용영역에 관하여 그 입법형성의무 중 대부분을 일단 이행하였다고 보아야 한다.
>
> 다만, 우리 형사소송법상 구속적부심사의 청구인적격을 피의자(被疑者) 등으로 한정하고 있어서 청구인이 구속적부심사청구권을 행사한 다음 검사가 법원의 결정이 있기 전에 기소하는 경우(이른바 전격기소), 영장에 근거한 구속의 헌법적 정당성에 대하여 법원이 실질적인 판단을 하지 못하고 그 청구를 기각할 수밖에 없다. 그러나 구속된 피의자가 적부심사청구권을 행사한 경우 검사는 그 적부심사절차에서 피구속자와 대립하는 반대당사자의 지위만을 가지게 됨에도 불구하고 헌법상 독립된 법관으로부터 심사를 받고자 하는 청구인의 '절차적 기회'가 반대당사자의 '전격기소'(電擊起訴)라고 하는 일방적 행위에 의하여 제한되어야 할 합리적인 이유가 없고, 검사가 전격기소를 한 이후 청구인에게 '구속취소'라는 후속절차가 보장되어 있다고 하더라도 그에 따르는 적지 않은 시간적, 정신적, 경제적인 부담을 청구인에게 지워야 할 이유도 없으며, 기소이전단계에서 이미 행사된 적부심사청구권의 당부에 대하여 법원으로부터 실질적인 심사를 받을 수 있는 청구인의 절차적 기회를 완전히 박탈하여야 하는 합리적인 근거도 없기 때문에, 입법자는 그 한도 내에서 적부심사청구권의 본질적 내용을 제대로 구현하지 아니하였다고 보아야 한다. '단순위헌결정' 등을 선고하게 되면, 이 사건과 같이 피의자가 적부심사청구권을 행사한 이후 전격기소가 행해진 사안에 대한 권리구제의 효과는 발생하지 않고 오히려 통상적인 피의자의 구속적부심사청구권의 행사에 관한 근거규정이 전면적으로 효력을 상실하는 결과가 야기되기 때문에, … 단순위헌결정 등을 할 수는 없다. ① 전격기소가 이루어진 이후에도 법원이 당해 적부심사청구에 대하여 실질적인 심사를 계속할 수 있도록 허용하는 방법, ② 또는 헌법 제12조 제6항의 전반적인 적용영역에 대한 일반법을 제정하는 방법 등 다양한 개선입법 중 하나를 선택하여 현행제도를 적극적으로 보완해야 할 의무가 입법자에게 부과된다(헌재 2004.3.25. 2002헌바104, 형사소송법 제214조의2 제1항 위헌소원(헌법불합치,잠정적용)).

(iii) 구속적부심의 청구는 모든 범죄에 가능하며, 법원의 심사는 영장발부의 요식과 절차에 관한 '형식적 사항'뿐만 아니라 체포·구속 사유의 타당성과 적법성에 관한 '실질적 심사'도 가능하다.

(iv) 법원의 결정에 대하여는 기각결정이든 인용결정이든 불복은 허용되지 아니한다(제214조의2 제8항). 따라서 구속적부심 결정에 대하여 검사와 피의자 모두 항고하지

못한다. 다만, 보증금납입 조건부 석방 결정에 대하여는 항고가 가능하다.

G. 무죄추정(無罪推定)의 원칙

(ⅰ) **무죄추정**이란 유죄의 판결이 확정되기 전까지 피의자 또는 피고인을 죄 없는 자에 준하여 취급함으로써 법률적·사실적 측면에서 유형·무형의 불이익을 주지 아니함을 말하고, 여기서 **불이익**이란 유죄를 근거로 그에 대하여 사회적 비난 내지 기타 응보적 의미의 차별취급을 가하는 유죄인정의 효과로서의 불이익을 뜻한다. 1980년 헌법에서 처음으로 도입된 규정이다.

(ⅱ) "형사피고인은 유죄의 판결이 확정될 때까지는 무죄로 추정된다"(제27조 제4항). 헌법에서는 형사피고인이라고 규정하고 있으나, **형사 피내사자나 형사피의자**에 대하여도 당연히 이 원칙이 적용된다.

(ⅲ) **유죄판결**이란 실형선고판결은 물론이고, 형면제·집행유예판결·선고유예판결 등을 포함한다. 확정판결의 효력이 부여된 약식명령이나 즉결심판도 무죄추정의 종료사유인 유죄판결에 포함된다. 면소판결이나 공소기각판결·공소기각결정은 유무죄의 실체적 판결이 아니라 형식적 재판이므로 무죄추정은 그대로 유지된다. 재심은 유죄의 확정판결 이후의 절차이기 때문에 무죄추정이 인정되지 아니한다.

무죄추정의 원칙은 형사절차와 관련하여 아직 공소가 제기되지 아니한 피의자는 물론 비록 공소가 제기된 피고인이라 할지라도 유죄의 판결이 확정될 때까지는 원칙적으로 죄가 없는 자로 다루어져야 하고, 그 불이익은 필요최소한에 그쳐야 한다는 원칙을 말한다. **이 원칙은 언제나 불리한 처지에 놓여 인권이 유린되기 쉬운 피의자나 피고인의 지위를 옹호하여 형사절차에서 그들의 불이익을 필요한 최소한에 그치게 하자는 것으로서 인간의 존엄성 존중을 궁극의 목표로 하고 있는 헌법이념에서 나온 것이다.** 그런데 압수한 관세범칙물건은 범인이 당해 관서에 출두하지 아니하거나 또는 범인이 도주한 때에는 그 물품을 압수한 날로부터 4월을 경과하면 별도의 재판이나 처분없이 곧바로 국고에 귀속한다는 것이다. 이는 유죄판결이 확정되기도 전에 무죄의 추정을 받는 자의 소유에 속한 압수물건을 국고에 귀속하도록 규정함으로써 실질적으로는 몰수형을 집행한 것과 같은 효과를 발생케 하는 내용의 것이므로 결국 헌법 제27조 제4항에 정한 무죄추정의 원칙에 위반된다(헌재 1997.5.29. 96헌가17, 구 관세법 제215조 위헌제청(위헌)).

형사사건으로 공소가 제기된 변호사에 대하여 법무부장관이 일방적으로 그 업무의 정지를 명할 수 있게 한 변호사법은 무죄추정의 원칙에 위배된다(헌재 1990.11.19. 90헌가48, 변호사법 제15조에 대한 위헌심판(위헌)).

사립학교법 규정이 형사사건으로 기소된 교원에 대하여 필요적 직위해제처분(職位解除處分)은 무죄추정의 원칙에 위배된다(헌재 1994.7.29. 93헌가3등, 사립학교법 제58조의2 제1항 단서 및 제3호 위헌제청(위헌,합헌)).

지방자치단체의 장이 금고 이상의 형의 선고를 받은 경우 부단체장으로 하여금 그 권한을 대행하도록 한 지방자치법의 규정은 합헌으로 판시하였다가 종전 판례를 변경하여 무죄추정의 원칙에 위배되고 과잉금지원칙을 위반하여 지방자치단체의 장의 공무담임권을 침해하므로 위헌이라고 판시한다(헌재 2010.9.2. 2010헌마418, 지방자치법 제111조 제1항 제3호 위헌확인(헌법불합치,적용중지)). 하지만, 지방자치단체의 장이 '공소제기된 후 구금상태에 있는 경우' 부단체장이 그 권한을 대행하도록 한 규정은 무죄추정의 원칙에 위반되지 아니한다(헌재 2011.4.28. 2010헌마474, 지방자치법 제111조 제1항 제2호 위헌확인(기각)).

소년보호사건은 소년의 개선과 교화를 목적으로 하는 것으로서 통상의 형사사건과는 구별되어야 하고, 법원이 소년의 비행사실이 인정되고 보호의 필요성이 있다고 판단하여 소년원 송치처분을 함과 동시에 이를 집행하는 것은 무죄추정원칙과는 무관하다. 소년보호사건에서 소년은 피고인이 아닌 피보호자이며, 원 결정에 따라 소년원 송치처분을 집행하는 것은 비행을 저지른 소년에 대한 보호의 필요성이 시급하다고 판단하였기 때문에 즉시 보호를 하기 위한 것이지, 소년이 비행을 저질렀다는 전제하에 그에게 불이익을 주거나 처벌을 하기 위한 것이 아니다. 또한 항고심에서는 1심 결정과 그에 따른 집행을 감안하여 항고심 판단 시를 기준으로 소년에 대한 보호의 필요성과 그 정도를 판단하여 새로운 처분을 하는 것이다. 따라서 1심 결정에 의한 소년원 수용기간을 항고심 결정에 의한 보호기간에 산입하지 않더라도 이는 무죄추정원칙에 위배되지 아니하고, 신체의 자유와 평등권을 침해하지 아니한다(헌재 2015.12.23. 2014헌마768, 소년법 제32조 등 위헌확인(기각)).

법원이 스토킹범죄의 원활한 조사·심리 또는 피해자 보호를 위하여 필요하다고 인정하는 경우에는 결정으로 스토킹행위자에게 '피해자에 대한 스토킹범죄 중단에 관한 서면 경고'를 할 수 있도록 한 규정은 무죄추정의 원칙에 반하지 아니하고, 공정한 재판을 받을 권리를 침해하지 아니한다(헌재 2025.9.25. 2024헌바188, 스토킹범죄의 처벌 등에 관한 법률 제9조 제1항 제1호 위헌소원(합헌)). [해설] 스토킹처벌법, '아동학대범죄의 처벌 등에 관한 특례법', '가정폭력범죄의 처벌 등에 관한 특례법' 등의 법령에서 잠정조치나 임시조치의 이름으로 유죄 확정 전에 피해자를 보호하기 위한 잠정적·임시적 성격의 조치를 도입한다. 이는 무죄추정의 원칙에 위반되지 아니한다는 판시다.

무죄추정의 원칙으로부터 불구속수사의 원칙과 미결구금일수의 본형(本刑) 산입원칙이 나온다.

판결선고 전 구금일수의 산입을 규정한 형법 제57조 제1항 중 '또는 일부' 부분은 헌법상 무죄추정의 원칙 및 적법절차의 원칙 등을 위배하여 합리성과 정당성없이 신체의 자유를 침해한다(헌재 2009.6.25. 2007헌바25, 성폭력범죄의 처벌 및 피해자보호 등에 관한 법률 제5조 제2항 등 위헌소원(위헌,합헌)).

(iv) 무죄추정의 원칙은 형사절차상 처분과 행정상 불이익에도 적용된다. 무죄추정의 원칙에 따라 원칙적으로 수사기관이나 재판기관은 불구속수사와 불구속재판을 진행하여야 하며, 무죄추정을 받는 피의자·피고인에 대한 수사에 있어서 고문이나 모욕적 언행을 사용할 수 없다.

"검사조사실에 소환되어 피의자신문을 받을 때 계호교도관이 포승과 수갑을 채운 상태에서 피의자조사를 받도록 한 것은 신체의 자유를 과도하게 침해한 것이며 무죄추정원칙 및 방어권행사보장원칙의 근본취지에도 반하는 행위로서 위헌임을 확인한다"(헌재 2005.5.26. 2001헌마

728, 수갑 및 포승시용(施用) 위헌확인(인용(위헌확인))); "검사조사실에서 조사를 받는 수용자에 대한 계구사용을 원칙으로 정한 계호근무준칙은 위헌이며, 이 사건 청구인이 검사조사실에 소환되어 피의자신문을 받을 때 도주 등의 구체적 위험이 없음에도 포승과 수갑을 채운 상태에서 조사를 받도록 한 것은 신체의 자유를 침해한 행위로서 위헌임을 확인한다"(헌재 2005.5.26. 2004헌마49, 계호근무준칙 제298조 등 위헌확인(위헌,인용(위헌확인))).

마약류사범인 수용자(收容者)에 대하여는 시설의 안전과 질서유지를 위하여 필요한 범위에서 다른 수용자와의 접촉을 차단하거나 계호(戒護)를 엄중히 하는 등 법무부령으로 정하는 바에 따라 다른 수용자와 달리 관리할 수 있음을 규정하고 있는 '형의 집행 및 수용자의 처우에 관한 법률' 제104조 제1항은 마약류사범인 수용자에 대하여서는 그가 미결수용자인지 또는 수형자인지 여부를 불문하고 마약류에 대한 중독성 및 높은 재범률 등 마약류사범의 특성을 고려한 처우를 할 수 있음을 규정한 것일 뿐, 마약류사범인 미결수용자에 대하여 범죄사실의 인정 또는 유죄판결을 전제로 불이익을 가하는 것이 아니므로 무죄추정원칙에 위반되지 아니한다(헌재 2013.7.25. 2012헌바63, 형의 집행 및 수용자의 처우에 관한 법률 제44조 등 위헌소원(각하,합헌)).

"행정소송에 관한 판결이 확정되기 전에 행정청의 처분에 대하여 공정력과 집행력을 인정하는 것은 징계부가금에 국한되는 것이 아니라 우리 행정법체계에서 일반적으로 채택되고 있는 것이므로, 징계부가금 부과처분에 대하여 공정력과 집행력을 인정한다고 하여 이를 확정판결 전의 형벌집행과 같은 것으로 보아 곧바로 무죄추정원칙에 위배된다고 할 수 없다"(헌재 2015.2.26. 2012헌바435, 지방공무원법 제69조의2 제1항 등 위헌소원(합헌)).

(v) 범죄사실의 입증책임은 검사가 부담한다. 그리하여 범죄에 대한 확증이 없을 때, 법관은 "의심스러울 때에는 피고인의 이익으로"(in dubio pro reo)라는 원칙에 따라 무죄를 선고하여야 한다. 수사기관이 피의자의 피의사실을 공판청구 전에 공표하는 때에는 피의사실공표죄로 처벌받을 수 있고(형법 제126조), 언론기관의 경우에는 민사상 손해배상책임이 발생할 수 있다.

"형사재판에서 범죄사실의 인정은 법관으로 하여금 합리적인 의심을 할 여지가 없을 정도의 확신을 가지게 하는 증명력을 가진 엄격한 증거에 의하여야 하므로, 검사의 입증이 위와 같은 확신을 가지게 하는 정도에 충분히 이르지 못한 경우에는 비록 피고인의 주장이나 변명이 모순되거나 석연치 않은 면이 있는 등 유죄의 의심이 간다고 하더라도 피고인의 이익으로 판단하여야 한다"(대판 2011.4.28. 2010도14487).

(vi) 유죄판결의 확정시까지 무죄로 추정된다. 상소기간의 경과로 판결은 확정되며, 그 기간 내의 상소제기 시에는 확정이 차단된다.

"법위반사실의 공표명령은 공소제기조차 되지 아니하고 단지 고발만 이루어진 수사의 초기 단계에서 아직 법원의 유무죄에 대한 판단이 가려지지 아니하였는데도 관련행위자를 유죄로 추정하는 불이익한 처분이 된다"(헌재 2002.1.31. 2001헌바43, 독점규제및공정거래에관한법률 제27조 위헌소원(위헌)).

상소제기 후 상소취하 시까지의 미결구금을 형기에 산입하지 아니하는 것은 헌법상 무죄추정의 원칙 및 적법절차의 원칙, 평등원칙 등을 위배하여 합리성과 정당성없이 신체의 자유를 지나치게 제한하는 것이므로 '상소제기 후 미결구금일수의 산입'에 관하여 규정하고 있는 형사소송법 제482조 제1항 및 제2항은 헌법에 합치되지 아니한다(헌재 2009.12.29. 2008헌가13, 형사소송법 제482조 제1항 등 위헌제청(헌법불합치,잠정적용)).

H. 자백(自白)의 증거능력(證據能力) 및 증명력(證明力)의 제한

(i) 헌법 제12조 제7항은 "피고인의 자백이 고문·폭행·협박·구속의 부당한 장기화 또는 기망(欺罔) 기타의 방법에 의하여 자의(自意)로 진술된 것이 아니라고 인정될 때 또는 정식재판에 있어서 피고인의 자백이 그에게 불리한 유일한 증거일 때에는 이를 유죄의 증거로 삼거나 이를 이유로 처벌할 수 없다"라고 하여, 임의성없는 자백의 증거능력을 부인한다(형소법 제309조). 불리하고 유일한 증거인 자백에 대하여는 증거능력이 있는 독립된 증거로서의 보강증거가 있어야 유죄의 근거로 삼을 수 있다(형소법 제310조). 증거능력은 해당 증거를 증거로 사용할 수 있는지 여부의 문제라면, 증명력은 증거능력이 있는 증거의 진실성에 관한 문제이다. 증거능력이 없는 증거는 법관의 검토 대상이 아니다.

(ii) 임의성에 의심이 있는 자백은 위법하기 때문에 자백의 증거능력이 부정되며, 그 어떠한 형태의 증거로 사용될 수 없고, 어떠한 절차에서도 사용되어서는 아니 된다. 자백이 유일한 증거일 때 증명력만을 제한하는 자백의 보강법칙에 의하면, 다른 독립된 보강증거가 없는 한 이를 이유로 유죄판결을 할 수 없으므로 법관의 자유심증주의를 제한하게 된다. 다만, 자백의 보강법칙은 정식재판에서만 적용되고, 간이공판절차에서는 원칙적으로 적용되지 아니한다.

I. 신속(迅速)한 공개재판(公開裁判)을 받을 권리

헌법 제27조 제3항은 "모든 국민은 신속한 재판을 받을 권리를 가진다. 형사피고인은 상당한 이유가 없는 한 지체없이 공개재판을 받을 권리를 가진다"라고 하여 형사피고인의 신속한 공개재판을 받을 권리를 보장한다. 재판의 공개란 심리와 판결의 공개를 말한다. "다만, 심리는 국가의 안전보장 또는 안녕질서를 방해하거나 선량한 풍속을 해할 염려가 있을 때에는 법원의 결정으로 공개하지 아니할 수 있다"(제109조 단서).

J. 형사보상청구권

헌법 제28조는 "형사피의자 또는 형사피고인으로서 구금되었던 자가 법률이 정하는 불기소처분을 받거나 무죄판결을 받은 때에는 법률이 정하는 바에 의하여 국가에 정당한 보상을 청구할 수 있다"라고 하여 형사보상청구권을 규정한다. 특히 형사피의자에게도 확대된 점이 특징적이다(제7장 제6절 참조).

K. 기타 형사소송법상의 권리

(ⅰ) 형사피의자나 피고인의 구속은 당사자뿐만 아니라 가족 전체에 대한 파멸을 가져올 수 있으므로 아무리 주의하여도 지나침이 없다. 이에 헌법상 절차적 보호 외에도 형사소송법에서는 구속영장을 발부하기 이전에 직접 법관이 피의자를 심문할 수 있는 구속영장실질심사제(제201조의2 제1항), 구속이 된 경우라도 구속사유가 없어졌다고 볼 만한 사정이 있는 경우에는 피고인을 석방할 수 있는 피고인 보석제도(제94조-제100조)를 마련하고 있다. 특히 검사의 기소전 단계에 있는 피의자에게도 보석제도를 적용하고 있다. 즉 법원은 구속된 피의자에 대하여 피의자의 출석을 보증할만한 보증금의 납입을 조건으로 하여 결정으로써 그 석방을 명할 수 있다(보증금납입조건부피의자석방제도 제214조의2 제5항).

(ⅱ) 또한 형사피의자나 형사피고인은 자기와 관련된 피의사실 및 공판절차 등에 관하여 알 권리를 가지므로 형사소송기록과 소송계속중인 증거서류를 열람하고 복사하여 줄 것을 요구할 권리를 가진다(제55조·제266조의3). 열람·복사 청구권은 헌법상 알 권리로부터 비롯되었지만, 이제 형사소송법에서 보장하고 있다. 따라서 열람·복사 청구에 대한 거부처분에 대하여 과거에는 헌법소원의 대상이었지만, 이제 행정쟁송의 대상이 되므로 헌법소원의 보충성원칙에 위배된다.

> "피고인 또는 변호인이 형사소송법 제56조의2 제2항에 기하여 녹취(錄取)를 하고자 할 때에는 미리 법원허가를 받도록 규정하였다고 하여 헌법상 형사사건의 피고인에게 보장되는 방어권의 적정한 행사를 위한 권리, 변호인의 조력을 받을 권리 또는 정당한 재판을 받을 권리를 침해하였다고 할 수 없다"(헌재 1995.12.28. 91헌마114, 형사소송규칙 제40조에 대한 헌법소원(기각)).

Ⅳ. 신체의 안전과 자유의 제한과 한계

1. 일반원칙

(ⅰ) 신체의 안전과 자유도 기본권제한의 일반원칙에 따른 제한이 가능하다. 그러나 그간 신체의 자유가 제대로 보장되지 아니하던 관행에 비추어 신체의 안전과 자유를 실질적으로 보장하기 위하여서는 적법절차원리가 존중되어야 한다. 헌법상 신체의 안전과 자유를 보다 현실적으로 보장하기 위한 형사소송법의 개정 취지도 충분히 반영하여야 한다.

(ⅱ) 체포·구속을 통하여 신체의 자유를 제한함에는 체포·구속영장이 있어야 하며, 긴급체포·현행범체포와 같이 체포영장없이 체포된 다음에는 48시간 이

내에 구속영장이 법원에 청구되어야 한다. 이 경우 구속영장청구를 받은 판사는 원칙적으로 모든 피의자를 심문하여야 한다(형소법 제201조의2 제1항). 종래 피의자의 신청에 의한 임의적 구속영장실질심사제는 피의자의 권리보장 측면에서 비판을 받았는데 이에 필수적 구속영장실질심사제로 형사소송법이 개정되었다. 만약 구속영장을 발부받지 못한 경우에는 즉시 석방하여야 한다. 체포된 이후에는 체포·구속적부심사청구권 및 보석제도를 통하여 신체의 안전을 도모할 수 있다.

2. 수용자의 기본권제한과 한계

(1) 수용자(收容者)의 기본권제한의 의의: 특수신분관계

"수용자란 수형자(受刑者)·미결수용자(未決收容者)·사형확정자 등 법률과 적법한 절차에 따라 교도소·구치소 및 그 지소(이하 "교정시설"이라 한다)에 수용된 사람을 말한다." "수형자란 징역형·금고형 또는 구류형의 선고를 받아 그 형이 확정되어 교정시설에 수용된 사람과 벌금 또는 과료를 완납하지 아니하여 노역장 유치명령을 받아 교정시설에 수용된 사람을 말한다." "미결수용자란 형사피의자 또는 형사피고인으로서 체포되거나 구속영장의 집행을 받아 교정시설에 수용된 사람을 말한다." "사형확정자란 사형의 선고를 받아 그 형이 확정되어 교정시설에 수용된 사람을 말한다"(형의 집행 및 수용자의 처우에 관한 법률 제2조). 이들은 격리된 시설에서 강제적인 공동생활을 하게 되며 헌법이 보장하는 신체의 안전과 자유 등 기본권에 대한 제한은 불가피하다.

(2) 제한되는 기본권

(i) 수용자의 경우에도 모든 기본권의 제한이 정당화될 수 없으며, 국가는 "개인이 가지는 불가침의 기본적 인권을 확인하고 이를 보장할 의무"(헌법 제10조)로부터 자유로울 수는 없다. 특히 미결수용자는 무죄의 추정을 받으므로 그에 합당한 처우를 받아야 한다(형의 집행 및 수용자의 처우에 관한 법률 제79조). 따라서 수용자의 지위에서 제한이 예정되어 있는 자유와 권리는 형의 집행과 도주·증거인멸의 방지라는 구금의 목적과 관련된 신체의 안전과 자유 및 거주이전의 자유 등 몇몇 기본권에 한정되어야 하며 그 역시 필요한 범위를 벗어날 수 없다. 특히 수용시설 내의 질서 및 안전유지를 위하여 규율과 징계를 통한 기본권의 제한은 단지 공동생활의 유지를 위하여 수용자에게 구금과는 별도로 부가적으로 가하여지는 고통으로서 다른 방법으로는 그 목적을 달성할 수 없는 경우에만 예외적으로 허용되어야 한다.

(ii) 수용자의 기본권제한에 대한 구체적인 한계는 헌법 제37조 제2항에 따라

구체적인 자유 · 권리의 내용과 성질, 그 제한의 태양과 정도 등을 교량하여 설정하게 되고, 수용시설 내의 안전과 질서를 유지하기 위하여 이들 기본권의 일부 제한이 불가피하다 하더라도 그 본질적인 내용을 침해하거나, 목적의 정당성 · 방법의 적정성 · 피해의 최소성 및 법익의 균형성 등을 의미하는 과잉금지의 원칙에 위배되어서는 아니 된다(헌재 2005.2.24. 2003헌마289, 행형법시행령 제145조 제2항 등 위헌확인(위헌,각하)).

(3) 개별적 검토

(i) 수용자의 접견 · 서신수수(형의 집행 및 수용자의 처우에 관한 법률 제41조, 제43조)나 운동 · 목욕(제33조) 등은 일정한 조건에서 허용된다. 하지만, 일반인과의 접견교통권은 엄격히 제한된다.

(ii) 미결수용자의 변호인접견에 교도관의 참여는 접견교통권을 침해한다(헌재 1992.1.28. 91헌마111, 변호인의 조력을 받을 권리에 대한 헌법소원(인용(위헌확인),위헌)). 변호인과 미결수용자의 서신교환 시 비밀이 보장되어야 한다(헌재 1995.7.21. 92헌마144, 서신검열 등 위헌확인(인용(위헌확인),한정위헌,기각,각하)). 군사법원법 등에서 일반인과 접견교통권(면회)의 지나친 제한은 위헌이다(헌재 2003.11.27. 2002헌마193, 군사법원법 제242조 제1항 등 위헌확인(위헌); 헌재 2002.4.25. 2002헌사129, 효력정지 가처분신청(기각,인용)). 구치소 내에서 실시하는 종교의식 또는 행사에 미결수용자의 참석을 금지한 구치소장의 행위는 과잉금지원칙을 위반하여 미결수용자의 종교의 자유를 침해한다(헌재 2011.12.29. 2009헌마527, 형의 집행 및 수용자의 처우에 관한 법률 제45조 제1항 위헌확인 등(인용)). 다만, 미결수용자가 교정시설 내에서 규율위반행위 등을 이유로 금치처분을 받은 경우 금치기간 중 서신수수 · 접견 · 전화통화 제한 · 집필 제한, 신문과 자비구매도서의 열람 제한, CCTV를 통한 계호행위, 양형참고자료 통보행위는 통신의 자유 · 표현의 자유 · 알권리를 제한하지 아니한다.

수용자의 서신 개봉 · 열람행위는 통신의 자유를 침해하지 아니한다. '개봉'이란 봉투를 열어 단순히 내용물을 확인하는 행위, '열람'이란 개봉에서 더 나아가 내용의 일부 또는 전부를 지득하는 행위이다. 또한, '열람'은 열람 후 예외 없이 본인에게 그대로 전달하여야 한다는 점에서 내용을 심사하여 전달 여부를 결정하는 '검열'과는 차이가 있다(헌재 2016.4.28. 2012헌마549 등, 형의 집행 및 수용자의 처우에 관한 법률 제112조 제3항 위헌확인 등(기각)).

(iii) 미결수용자와 달리 금치처분(禁置處分)을 받은 수형자에 대하여 금치기간 중 접견 · 서신수발을 금지하고 있는 구 행형법시행령(현 형의 집행 및 수용자의 처우에 관한 법률 시행령 제133조 제2항) 중 접견 · 서신수발 부분은 수형자의 통신의 자유 등을 침해하지 아니하며 '형의 집행 및 수용자의 처우에 관한 법률'이 금치기간 중 공동행사 참가의 정지, 텔레비전 시청의 제한 및 신문 · 도서 · 잡지 외 자비구매물품의 사용 제한은 각각 수형자의 통신의 자유 · 종교의 자유 · 알권리 그리고 일반적 행동자유권을 침해하지 아니한다(헌재 2016.5.26. 2014헌바45, 형의 집행 및 수용자의 처우에 관한 법률 제108조 위헌확인(위헌,기각,각하)). 그러나 금치처분을 받은 수형자이 금치기간 동안 실외운동을 원칙적으로 금지하고 소장의 재량에 의하여 예외적으로 허

용하는 '형의 집행 및 수용자의 처우에 관한 법률'의 관련 규정은 인간의 존엄과 가치·신체의 자유 등을 침해한다(헌재 2016.5.26. 2014헌바45, 형의 집행 및 수용자의 처우에 관한 법률 제108조 위헌확인(위헌,기각,각하)). 또한 금치처분을 받은 자에 대하여 집필(執筆)의 목적과 내용 등을 묻지 아니하고 심지어 대상자에 대한 교화 또는 처우상 필요한 경우까지도 예외없이 일체의 집필행위 금지는 입법목적달성을 위한 필요최소한의 제한이라는 한계를 벗어나므로 과잉금지의 원칙에 위반된다(헌재 2005.2.24. 2003헌마289, 행형법시행령 제145조 제2항 등 위헌확인(위헌,각하)).

(iv) 검사조사실에 소환(召喚)되어 피의자신문을 받을 때 계호교도관이 포승(捕繩)으로 청구인의 팔과 상반신을 묶고 양손에 수갑을 채운 상태에서 피의자조사를 받도록 한 계구(戒具)사용행위는 과잉금지원칙에 어긋나게 청구인의 신체의 자유를 침해하여 위헌인 공권력행사이다(헌재 2005.5.26. 2001헌마728, 수갑 및 포승시용(施用) 위헌확인(인용(위헌확인))).

(v) "오늘날 교정의 궁극적인 목적인 재사회화(再社會化)의 목적을 달성하기 위해서는 그에 알맞는 적절한 환경과 조건을 갖출 것이 요구된다." 교정시설의 1인당 수용면적이 수형자의 인간으로서의 기본 욕구에 따른 생활조차 어렵게 할 만큼 지나치게 협소하다면(과밀수용), 이는 그 자체로 국가형벌권 행사의 한계를 넘어 수형자의 인간의 존엄과 가치를 침해한다(헌재 2016.12.29. 2013헌마142, 구치소내 과밀수용행위 위헌확인(인용(위헌확인))). 현재 1인당 할당된 면적은 1.27㎡에 불과하다. 보충의견에서는 최소한 1인당 2.58㎡로 확대되어야 한다고 판시한다.

(vi) 엄중격리대상자의 수용장소에 CCTV를 설치하여 감시할 경우에 대한 법률적 근거를 마련하여야 한다. 행형법을 대체한 '형의 집행 및 수용자의 처우에 관한 법률'은 전자영상장비를 이용한 수용자 또는 시설 계호에 관한 근거규정을 둔다.

교도소 내 엄중격리대상자에 대하여 이동 시 계구를 사용하고 교도관이 동행계호하는 행위 및 1인 운동장을 사용하게 하는 처우 및 엄중격리대상자의 수용거실에 CCTV를 설치하여 24시간 감시하는 것은 행형법 및 교도관직무규칙 등에 대하여 합헌결정을 내린 바 있다(합헌4:위헌5)(헌재 2008.5.29. 2005헌마137등, 계구사용행위 등 위헌확인 등(각하,기각)). [반대의견] CCTV 감시는 법률의 근거가 없어 헌법 제17조, 제37조 제2항에 위반된다.

구치소장이 수용자의 거실에 폐쇄회로 텔레비전을 설치하여 계호한 행위는 청구인의 생명·신체의 안전을 보호하기 위한 것으로서 그 목적이 정당하고, 교도관의 시선에 의한 감시만으로는 자살·자해 등의 교정사고 발생을 막는 데 시간적·공간적 공백이 있으므로 이를 메우기 위하여 CCTV를 설치하여 수형자를 상시적으로 관찰하는 것은 위 목적 달성에 적합한 수단이라 할 것이며, '형의 집행 및 수용자의 처우에 관한 법률' 및 동법 시행규칙은 CCTV 계호행위로 인하여 수용자가 입게 되는 피해를 최소화하기 위하여 CCTV의 설치·운용에 관한 여러 가지 규정을 하고 있고, 이에 따라 피청구인은 청구인의 사생활의 비밀 및 자유에 대한 제한을 최소화하기 위한 조치를 취하고 있는 점, 상시적으로 청구인을 시선계호(視線戒護)할 인력을 확보하는 것이 불가능한 현실에서 자살이 시도되는 경우 신속하게 이를 파악하여 응급조치를 실행하기 위하여는 CCTV를 설치하여 청구인의 행동을 지속적으로 관찰하는 방법 외에 더 효과적인 다른 방법을 찾기 어려운 점 등에 비추어 보면, 이 사건 CCTV 계호행위는 피해의 최소성 요건을 갖추었다 할 것이고, 이로 인하여 청구인의 사생활에 상당한 제약이 가하여진다고 하더라도, 청구인의 행동을 상시적으로 관찰함으로써 그의 생명·신체를 보호하고 교정시설 내의 안전과 질서를 보호하려는 공익 또한 그보다 결코 작다고 할 수 없으므로, 법익의 균형성도 갖추었다. 따라서 이 사건 CCTV 계호행위가 과잉금지원칙을 위배하여 청구인의 사생활의 비밀 및 자유를 침해하였다고는 볼 수 없다(헌재 2011.9.29. 2010헌마413, 독거실내 폐쇄회로 텔레비전 설치 위헌확인(기각)).

교도소 수용자가 없는 상태에서 거실이나 작업장을 검사하도록 하는 법무부 훈령인 계호업무지침은 거실 및 작업장 검사를 할 수 있는 시기와 방법 등을 정해 놓은 것으로서, 교도관에게 '가급적' 수용자가 없는 상태에서 거실 또는 작업장 검사를 할 수 있도록 하고 있을 뿐 상황에 따라 수용자가 거실이나 작업장에 있을 때에도 검사할 수 있게 하는 재량의 여지를 주고 있어서, 교도관의 구체적인 검사행위 없이 이 사건 훈령조항 자체가 바로 청구인의 기본권을 직접 제한하지 아니한다. 교도소장이 수용자가 없는 상태에서 실시한 거실 및 작업장 검사행위가 수용자의 사생활의 비밀 및 자유와 적법절차원칙에 위배되지 아니한다(헌재 2011.10.25. 2009헌마691, 계호업무지침 제60조 등 위헌확인(기각,각하)).

제 3 절 정신의 안전과 자유

(i) 정신의 안전과 자유는 인신의 안전과 자유에 이어서 가장 기본적인 자유이다. 이에 따라 정신의 안전과 자유는 다른 기본권보다 폭넓게 보호받는다.

(ii) 현행헌법에서 규정하는 정신의 안전과 자유는 양심의 자유·종교의 자유·예술의 자유와 같이 그야말로 인간의 내면세계의 안전과 자유가 그 출발점에 있다. 그런데 한국헌법에서는 사상의 자유를 명시적으로 규정하지 아니하지만 일반적으로 양심의 자유의 한 내용으로 이해한다.

(iii) 내면세계의 의사가 외부에 드러나면 표현의 자유와 연계된다. 표현의 자유는 다시 개인적 표현의 자유로서 언론·출판의 자유와 집단적 표현의 자유로서 집회·결사의 자유로 나누어 볼 수 있다. 다른 한편 표현의 자유의 한 내용으로 볼 수 있지만, 그 성격이 다소 상이한 알 권리도 비록 헌법에 명시되지 아니한 권리이지만 헌법적 가치를 가지는 기본권으로 인정한다. 이에 따라 알 권리는 정보의 자유라는 관점에서 보면 언론의 자유의 한 내용으로도 포섭될 수 있겠지만, 현대적인 알 권리의 출현이 정보공개와 연계된다는 점에서 이를 언론의 자유와 별개의 독자적인 기본권으로 설명하고자 한다.

(iv) 결국 정신의 안전과 자유는 내면세계의 안전과 자유의 관점에서 양심(사상)·종교·예술의 자유와, 외부로 드러나는 관점에서 언론·출판·알 권리·집회·결사의 자유라는 두 가지 유형으로 나누어 볼 수 있다. 이 경우 표현의 자유는 다시 개인적 표현의 자유로서 언론·출판의 자유와 집단적 표현의 자유로서 집회·결사의 자유로 나누어 볼 수 있다.

(v) 민주주의의 발전과정에서 표현의 자유는 심각한 도전을 받아왔다. 하지만, 오늘날 표현의 자유에 대한 제약은 매우 제한적이다. 오히려 인터넷시대에 정보의 홍수와 더불어 표현의 자유의 남용이 심각한 문제로 제기된다. 인터넷 언론의 정확한 자리매김 또한 불가피한 현실이다.

제 1 항 양심의 자유

I. 의 의

1. 헌법상 양심의 자유

"모든 국민은 양심의 자유를 가진다"(제19조). 양심(良心)은 인간의 윤리적·도덕적 내심 영역의 문제이다. 헌법이 보호하려는 양심은 어떤 일의 옳고 그름을 판단함에 있어서 그렇게 행동하지 아니하고는 자신의 인격적인 존재가치가 허물어지고 말 것이라는 강력하고 진지한 마음의 소리이며, 막연하고 추상적인 개념으로서의 양심은 아니다(헌재 1997.3.27. 96헌가11, 도로교통법 제41조 제2항 등 위헌제청(합헌)).[1)]

2. 연 혁

양심의 자유는 종교의 자유·사상의 자유와 밀접한 관련성이 있다. 제헌헌법에서는 독일기본법과 같이 양심의 자유는 종교의 자유와 같은 조문에 규정하였으나, 제3공화국헌법 이래 종교의 자유와 분리하여 규정한다.

1789년 프랑스 인권선언 제10조에서 "어느 누구도 그 표현이 법률에 의하여 확립된 공공질서를 교란하지 아니하는 한, 그 의사가(종교상의 의사까지 포함하여) 방해될 수 없다"라고 규정하는데, 이것은 제4조의 "자유란 타인을 해치지 아니하는 한 모든 것을 할 수 있는 데 있다"라는 자유의 원리를 구현한 규정으로 평가할 수 있다. 따라서 제10조는 종교의 자유·사상의 자유뿐만 아니라 양심의 자유도 표현하고 있다.

독일기본법 제4조 제1항: "신앙과 양심의 자유 그리고 종교적·세계관적 고백의 자유는 불가침이다.

"양심의 자유는 역사적으로 국가에 의한 신앙의 강제에 대하여 개인의 자유를 보호하고자 하는 방어권으로서의 의미를 가진다. 국가가 국교결정권(國敎決定權)을 가진다는 전제 아래, 양심의 자유의 출발점은 국가로부터 종교를 강요받지 아니할 개인의 자유를 보장하려는 데에 있다. 초기의 양심의 자유는 종교와 관련되어 보장되었으며, 그 범위도 특정한 종교를 받아들이거나 유지하여야 하는 국가적 강제로부터의 자유 또는 신앙을 자유롭게 행사하기 위하여 '이민을 갈 자유'에 제한되어 있었다(한수웅, "헌법 제19조의 양심의 자유", 헌법논총 11집, 4-5면).

1) 문의빈, "사상의 자유의 재조명-인공지능에 의한 의사형성과정의 조정 가능성을 중심으로", 공법연구 52-3; 손상식, "양심의 자유의 체계적 지위와 그 보장에 관한 소고", 세계헌법연구 30-1.

3. 양심의 의의

(i) 양심의 자유에서 양심의 의미에 관하여는 인간의 내심의 자유 중 윤리적 성격만을 지칭하는가(倫理的 良心說), 아니면 윤리적 성격에 국한되지 아니하고 널리 사회적 양심으로서 사상의 자유를 포괄하는 내심의 자유를 의미하는가(社會的 良心說)의 논의가 있다. 헌법재판소는 사회적 양심설을 취하기도 하지만, 최근에는 다수의 결정에서 윤리적 양심설에 입각한 판시가 보인다.

"헌법 제19조에서 보호하는 양심은 옳고 그른 것에 대한 판단을 추구하는 가치적 · 도덕적 마음가짐으로, 개인의 소신에 따른 다양성이 보장되어야 하고 그 형성과 변경에 외부적 개입과 억압에 의한 강요가 있어서는 아니 되는 인간의 윤리적 내심영역이다. 따라서 단순한 사실관계의 확인과 같이 가치적 · 윤리적 판단이 개입될 여지가 없는 경우는 물론, 법률해석에 관하여 여러 견해가 갈리는 경우처럼 다소의 가치관련성을 가진다고 하더라도 개인의 인격형성과는 관계가 없는 사사로운 사유나 의견 등은 그 보호대상이 아니다." "이 사건의 경우와 같이 경제규제법적 성격을 가진 공정거래법에 위반하였는지에 대한 법률판단의 문제는 헌법 제19조에 의하여 보장되는 양심의 영역에 포함되지 아니한다"(헌재 2002.1.31. 2001헌바43, 독점규제및공정거래에관한법률 제27조 위헌소원(위헌)).

"'양심상의 결정'이란 선과 악의 기준에 따른 모든 진지한 윤리적 결정으로서 구체적인 상황에서 개인이 이러한 결정을 자신을 구속하고 무조건적으로 따라야 하는 것으로 받아들이기 때문에 양심상의 심각한 갈등 없이는 그에 반하여 행동할 수 없는 것을 말한다." "'양심의 자유'가 보장하고자 하는 '양심'은 민주적 사고나 가치관과 일치하는 것이 아니라, 개인적 현상으로서 지극히 주관적인 것이다. 양심은 그 대상이나 내용 또는 동기에 의하여 판단될 수 없으며, 특히 양심상의 결정이 이성적 · 합리적인가, 타당한가 또는 법질서나 사회규범, 도덕률과 일치하는가 하는 관점은 양심의 존재를 판단하는 기준이 될 수 없다"(헌재 2004.8.26. 2002헌가1, 병역법 제88조 제1항 제1호 위헌제청(합헌)).

그러나 헌법재판소는 사회적 양심설도 취하고 있어 논란의 소지를 제공한다.

"양심이란 세계관 · 인생관 · 주의 · 신조 등은 물론, 이에 이르지 아니하여도 보다 널리 개인의 인격형성에 관계되는 내심에 있어서의 가치적 · 윤리적 판단도 포함된다"(헌재 1991.4.1. 89헌마160, 민법 제764조의 위헌 여부에 관한 헌법소원(한정위헌))(헌재 1997.11.27. 92헌바28, 보안관찰법 제2조 등 위헌소원(합헌,각하))(헌재 1998.7.16. 96헌바35, 구 국가보안법 제10조 위헌소원(합헌))(헌재 2001.8.30. 99헌바92, 공직선거법 제93조 제1항 위헌소원(합헌)).

(ii) 한편 한국헌법에는 사상의 자유에 관한 명문이 없지만, 헌법 제19조의 양심의 자유에는 사상의 자유도 내포한다고 보아야 한다. 여기서 사상은 좁은 의미로 이해하여야 하는데, 그것은 곧 사상의 본질적 내용이 "어떠한 영역에서건 간에 진실을 추구하는 자유인 견해(의견)의 자유"이며, 그에 따른 "윤리 · 도덕적

측면에서의 인간의 태도"로서 나타났을 때 이를 양심의 자유라고 할 수 있다.

이러한 사상의 외부표현이나 전달은 각기 그 자유의 특성에 따라서 종교의식의 자유 · 언론의 자유 · 공연의 자유 · 교육의 자유로 구현된다. 나아가서 집단적 의견은 집회 · 시위 · 결사의 자유를 통하여 전파된다.

Ⅱ. 양심의 자유의 법적 성격

(ⅰ) 양심의 자유는 인간 내심의 자유이므로 인간의 자유 중에서 가장 기본적인 자유이다. 이에 따라 양심의 자유의 본질적 내용인 내심의 자유는 자연권이자 동시에 절대적 기본권이다.

(ⅱ) 그런데 양심의 자유에서의 양심은 국회의원(제46조 제2항), 법관(제103조), 헌법재판관(헌재법 제4조) 등이 가지는 직업적 양심과는 구별되어야 한다(제2편 제4장 제5절 Ⅳ. 3. 법관의 양심에 따른 심판 참조).

Ⅲ. 양심의 자유의 주체

양심의 자유의 주체는 자연인이다. 헌법상 '모든 국민'이라는 표현에도 불구하고 내 · 외국인을 불문한다. 양심의 자유의 본질상 법인은 양심의 자유의 주체가 될 수 없다. 그런데 헌법재판소는 법인의 기본권 주체성을 간접적으로 인정한다.

> "사죄광고제도란 … 양심의 자유의 제약(법인의 경우라면 그 대표자에게 양심표명의 강제를 요구하는 결과가 된다)이라고 보지 않을 수 없다"(헌재 1991.4.1. 89헌마160, 민법 제764조의 위헌여부에 관한 헌법소원(한정위헌)).

Ⅳ. 양심의 자유의 효력

양심의 자유는 모든 국가권력을 구속하며, 사인 간에도 적용된다(간접적용설).

Ⅴ. 양심의 자유의 내용

양심의 자유의 내용으로는 양심의 형성(결정)의 자유, 양심유지의 자유, 양심표현의 자유를 들 수 있다.

1. 양심형성(결정)의 자유

(1) 양심의 자유의 본질적 내용

양심형성·양심결정의 자유란 외부로부터 어떠한 간섭이나 압력·강제를 받지 아니하고 양심을 형성하며 내적으로 양심상의 결정을 내리는 자유를 말한다.

"헌법 제19조의 양심의 자유는 크게 양심형성의 내부영역과 형성된 양심을 실현하는 외부영역으로 나누어 볼 수 있으므로, 그 구체적인 보장내용에 있어서도 내심의 자유인 '양심형성의 자유'와 양심적 결정을 외부로 표현하고 실현하는 '양심실현의 자유'로 구분된다." "양심형성의 자유란 외부로부터의 부당한 간섭이나 강제를 받지 않고 개인의 내심영역에서 양심을 형성하고 양심상의 결정을 내리는 자유를 말하고, 양심실현의 자유란 형성된 양심을 외부로 표명하고 양심에 따라 삶을 형성할 자유, 구체적으로는 양심을 표명하거나 또는 양심을 표명하도록 강요받지 아니할 자유(양심표명의 자유), 양심에 반하는 행동을 강요받지 아니할 자유(부작위에 의한 양심실현의 자유), 양심에 따른 행동을 할 자유(작위에 의한 양심실현의 자유)를 모두 포함한다"(헌재 2004.8.26. 2002헌가1, 병역법 제88조 제1항 제1호 위헌제청(합헌)).

양심형성 내지 양심결정의 자유는 양심의 자유의 본질적 내용인바, 이는 어떠한 경우에도 제한될 수 없는 절대적 자유에 속한다. 그러므로 국가는 개인이 특정한 양심을 형성하도록 강제할 수 없다.

일기(日記)를 타인에게 보이기 위하여 작성하였거나 혹은 작성된 일기를 타인이 인식할 수 있는 상태에 놓는 등 어느 정도 외부와의 관련사항이 수반되는 등의 특별한 사정이 없는 한 일기의 내용을 근거로 삼아 처벌할 수 없다(대판 1975.12.9. 73도3392).

(2) 미결수용자(未決收容者)에 대한 신문구독금지

한편 미결수용자에 대한 신문구독금지 조치는 양심·사상을 가지지 못하게 하는 처분으로서 양심의 자유를 침해할 우려가 있다.

헌법재판소는 미결수용자의 신문구독금지에 대하여 양심의 자유에 관하여는 언급하지 아니하였고, 다만 "교화상 또는 구금목적에 특히 부적당하다고 인정되는 기사, 조직범죄 등 수용자관련 범죄기사에 대해 신문을 삭제한 후 수용자에게 구독케 한 행위가 알 권리의 과잉침해에 해당하지 않는다"라고 판시한 바 있다(헌재 1998.10.29. 98헌마4, 일간지구독금지처분 등 위헌확인(기각,각하)).

2. 양심유지의 자유

(1) 침묵(沈默)의 자유

(i) 양심유지의 자유는 형성된 양심을 직접 혹은 간접적으로 외부에 표명하도록 강제당하지 아니하는 자유이다. 즉 양심의 자유에는 널리 사물의 시시비비와

선악과 같은 윤리적 판단에 국가가 개입하여서는 아니 되는 내심의 자유는 물론, 윤리적 판단을 국가권력에 의하여 외부에 표명하도록 강제받지 아니할 자유, 즉 윤리적 판단사항에 관한 침묵의 자유까지 포괄한다(헌재 1991.4.1. 89헌마160, 민법 제764조의 위헌여부에 관한 헌법소원(한정위헌)).

(ii) 침묵의 자유란 "자기가 가지고 있는 사상 및 양심을 외부에 표명하도록 강제당하지 아니할 자유"이다. 따라서 양심을 지키는 자유와 침묵의 자유 사이에 개념 정의에서 본질적인 차이는 존재하지 아니한다. 침묵의 자유의 내용으로는 양심추지(推知)금지와 양심에 어긋나는 행위를 강제당하지 아니할 자유도 포함되므로 침묵의 자유냐 양심을 지키는 자유냐는 그 내용에 본질적 차이가 없고, 다만 그 표현의 차이가 있을 뿐이다.

(2) 사죄광고제도(謝罪廣告制度) 및 양심추지 금지

헌법재판소는 사죄광고제도가 위헌이라고 판시한다. 양심에 어긋나는 행위를 강제당하지 아니할 자유도 넓은 의미의 침묵의 자유로 보아, 사죄광고제도도 침묵의 자유와 관련하여 판단한다(헌재 1991.4.1. 89헌마160, 민법 제764조의 위헌여부에 관한 헌법소원(한정위헌)). 또한 사상조사·충성선서나 십자가밟기 등 외부적 행위를 통하여 간접적으로 양심을 추지(推知)하는 행위도 금지된다.

세계관·인생관·주의·신조 등이나 내심의 윤리적 판단을 고지대상으로 하지 아니하는 고지의무는 침묵의 자유를 직접적으로 침해하지 아니한다(헌재 1998.7.16. 96헌바35, 구 국가보안법 제10조 위헌소원(합헌)).

취업규칙에서 사고근로자에 대한 시말서에 "자신의 잘못을 반성하고 사죄한다는 내용"이 포함된다면 양심의 자유를 침해하므로 정당한 명령으로 볼 수 없다(대판 2010.1.14. 2009두6605).

(3) 준법서약서제도(遵法誓約書制度)

국가보안법과 '집회 및 시위에 관한 법률' 위반 등에 의한 수형자의 가석방 결정 전에 출소 후의 준법의지를 확인하기 위하여 제출하도록 하던 준법서약제에 대하여 헌법재판소는 합헌이라고 판시한 바 있다(7:2). 하지만, 합헌결정 이후에도 준법서약 관련 규정(가석방심사등에관한 규칙 제14조 제2항)이 헌법상 양심의 자유를 침해한다는 비판이 계속 제기되고 형사정책상 실효성이 없다는 지적에 따라 폐지되었다(법무부령 제536호, 2003. 7. 31).

"내용상 단순히 국법질서나 헌법체제를 준수하겠다는 취지의 서약을" 요구하는 "준법서약은 국민이 부담하는 일반적 의무를 장래를 향하여 확인하는 것에 불과하며, 어떠한 가정적 혹은 실제적 상황하에서 특정의 사유(思惟)를 하거나 특별한 행동을 할 것을 새로이 요구하는 것이 아니다. 따라서 이 사건 준법서약은 어떤 구체적이거나 적극적인 내용을 담지 않은 채 단순한 헌법적 의무의 확인서약에 불과하다." [보충의견] "학문과 예술의 문제에 대하여 판단하고 선택하는 정신적 작용은 양심의 문제가 아니며 마찬가지로 윤리적 선악의 문제와 직접 연결되지 않는 정치적 사상과 신조 및 교리와 원칙 등에 관한 정신적 작용도 양심의 문제는" 아니다. [반대의견] "헌법재판소는 양심의 자유의 보호범위에 관하여 헌법 제19조에서 말하는 양심이란 개인의 인격형성에 관계되는 내심에 있어서의 가치적 · 윤리적 판단뿐만 아니라 세계관 · 인생관 · 주의 · 신조 등을 포함한다고 한 바 있다. 그런데 다수의견은 이러한 선례를 고려하지 않고 양심의 범위를 도덕적 양심에 국한시키면서, 개인의 윤리적 정체성에 관한 절박하고 구체적인 양심에 한정시켜 이 사건을 판단하고 있는바, 이는 명백히 종래의 판례취지를 축소 내지 변경하는 것이다"(헌재 2002.4.25. 98헌마425등, 준법서약서제 위헌확인, 가석방심사등에관한규칙 제14조 제2항 위헌확인(기각)).

(4) 양심적(良心的) 병역(兵役) 거부

A. 대외적 양심실현의 제한가능성

(i) 의 의 양심적 병역거부(conscientious objections)란 종교적 신앙이나 윤리적 · 철학적 신념을 이유로 하는 전쟁참가의 거부뿐만 아니라, 평화 시에 전쟁에 대비하여 무기를 들고 하는 병역의무의 이행 거부도 포함한다.[1] 따라서 양심적 병역거부는 특정 전쟁만의 반대가 아니라 전쟁 일반을 반대하는 경우에도 적용된다(대판 2021.6.24. 2020도17564, 병역법위반). 그간 양심적 병역거부에 대한 제재나 처벌에 대하여 위헌 여부가 논의되었으나 헌법재판소의 위헌결정에 따라 대체복무제도가 도입되었다.

종교적 신념이 아닌 '인간에 대한 폭력과 살인 거부'라는 윤리적 · 도덕적 · 철학적 신념 등을 이유로 예비군훈련과 병력동원훈련소집에 대하여 이른바 '양심적 예비군훈련거부'에서 말하는 '진정한 양심'에 따라 입영 거부가 소명되었으므로 구 '향토예비군 설치법', 예비군법, 구 병역법에서 정한 '정당한 사유'에 해당한다(대판 2021.2.25. 2019도18442, 예비군법위반 등).

미국에서는 1973년부터 징병제에서 모병제로 바뀌었기 때문에 양심적 병역거부가 문제될 소지가 줄어들었다.

한편 독일기본법에서는 이를 명시적으로 보장한다. 제4조 제3항: "누구도 그의 양심에 반하여 무기를 드는 병역에 강제되지 아니한다. 상세한 내용은 연방법률이 정한다." 제12a조 제2항: "양심상의 이유로 무기를 드는 병역을 거부하는 자에게는 대체복무에 대한 의무를 지울 수 있다. 대체복무의 기간은 병역기간을 초과하여서는 아니 된다. 상세한 내용은 법률이 정하며, 이 법률은 양심에 따른 결정의 자유를 침해하여서는 아니 되고, 군대와 연방 경계의 보호와 관련되지 아니하는 대체복무의 가능성도 규정하여야 한다."

미국 연방대법원은 전쟁 일반이 아닌 특정 전쟁만을 반대한 자에게 양심적 집총거부를 부인하였고(*Gillette v. U.S.*, 401 U.S. 437(1971)), 독일 연방헌법재판소도 상황조건부 병역거부를 허용하지 아

1) 안경환 · 장복희 편, 양심적 병역거부, 사람생각; 나달숙, 양심의 자유와 양심적 병역거부에 관한 연구, 이화여대 박사학위논문, 2005.8; 함재학, "침묵할 자유와 강제된 사과에 관한 헌법사상적 고찰", 헌법학연구 22-2; 정주백, "이른바 양심적 병역거부 관련 헌법재판소 결정에 관한 검토", 헌법학연구 24-4; 이인호, "양심에 따른 병역거부와 헌법재판소의 월권", 헌법학연구 25-2; 홍관표, "국제인권규범으로서의 양심적 병역거부권", 공법연구 49-3; 전상현, "'양심에 따른 거부'의 쟁점", 헌법학연구 28-3; 김나루, "대체복무제의 개선방향에 관한 소고", 헌법학연구 30-2.

니한다(BVerfGE 12, 45(52)).

전투경찰에 대한 시위진압명령은 양심의 자유를 침해하지 아니한다(헌재 1995.12.28. 91헌마80).

(ii) 합헌론 　종래 헌법재판소와 대법원은 양심적 병역거부자들의 집총거부를 수용하지 아니하는 병역법의 합헌성을 인정하여왔다.

"양심상의 이유로 법적 의무의 이행을 거부하거나 법적 의무를 대신하는 대체의무(代替義務)의 제공을 요구할 수 있는 권리가 아니다"(헌재 2004.8.26. 2002헌가1, 병역법 제88조 제1항 제1호 위헌제청(합헌)).

"양심의 자유는 제한될 수 있는 상대적 기본권으로서 병역의무에서 문제되는 헌법적 법익보다 우월한 가치가 아니기 때문에 대체복무를 인정하지 않는 현행 병역법조항은 헌법에 위반되지 아니한다"(대판(전합) 2004.7.15. 2004도2965); 양심적 병역거부자에게 병역의무 면제나 대체복무의 기회를 부여하지 아니한 채 병역법 제88조 제1항 위반죄로 처벌하는 것이 '시민적 및 정치적 권리에 관한 국제규약'에 위반되지 아니한다(대판 1992.9.14. 92도1534등; 대판 1969.7.22. 69도934; 대판 2007.12.27. 2007도7941(병역법위반)).

(iii) 위헌론 　헌법재판소는 판례를 변경하여 병역의 종류에 양심적 병역거부자의 대체복무제를 규정하지 아니한 '병역종류조항'(병역법 제5조 제1항)에 대하여 헌법불합치결정을 내렸다(헌법불합치6:각하3)(헌재 2018.6.28. 2011헌바379등, 병역법 제88조 제1항 등 위헌소원(헌법불합치(잠정적용),합헌)). 한편 병역종류조항에 대한 청구에 대하여는 진정입법부작위를 다투는 청구로서 부적법하다는 의견, 재판의 전제성이 없어 부적법하다는 반대의견, 병역종류조항 그 자체에 대한 반대의견이 있다.

1. 비군사적 성격을 갖는 복무도 입법자의 형성에 따라 병역의무의 내용에 포함될 수 있고, 대체복무제는 그 개념상 병역종류조항과 밀접한 관련을 갖는다. 따라서 병역종류조항에 대한 이 사건 심판청구는 입법자가 아무런 입법을 하지 아니한 진정입법부작위를 다투는 것이 아니라, 입법자가 병역의 종류에 관하여 입법은 하였으나 그 내용이 양심적 병역거부자를 위한 대체복무제를 포함하지 아니하여 불완전·불충분하다는 부진정입법부작위를 다투는 것이라고 봄이 상당하다. 2. 병역종류조항이 대체복무제를 포함하고 있지 아니한다는 이유로 위헌으로 결정된다면, 양심적 병역거부자가 현역입영 또는 소집 통지서를 받은 후 3일 내에 입영하지 아니하거나 소집에 불응하더라도 대체복무의 기회를 부여받지 않는 한 당해 형사사건을 담당하는 법원이 무죄를 선고할 가능성이 있으므로, 병역종류조항은 재판의 전제성이 인정된다. 3. 병역종류조항은, 병역부담의 형평을 기하고 병역자원을 효과적으로 확보하여 효율적으로 배분함으로써 국가안보를 실현하고자 하는 것이므로 정당한 입법목적을 달성하기 위한 적합한 수단이다. 국가가 관리하는 객관적이고 공정한 사전심사절차와 엄격한 사후관리절차를 갖추고, 현역복무와 대체복무 사이에 복무의 난이도나 기간과 관련하여 형평성을 확보해 현역복무를 회피할 요인을 제거한다면, 심사의 곤란성과 양심을 빙자한 병역기피자의 증가 문제를 해결할 수 있으므로, 대체복무제를 도입하면서도 병역의무의 형평을 유지하는 것은 충분히 가능하다.

따라서 대체복무제라는 대안이 있음에도 불구하고 군사훈련을 수반하는 병역의무만을 규정한 병역종류조항은, 침해의 최소성 원칙에 어긋난다. 병역종류조항이 추구하는 '국가안보' 및 '병역의무의 공평한 부담'이라는 공익은 대단히 중요하나, 병역종류조항에 대체복무제를 도입한다고 하더라도 공익은 충분히 달성할 수 있다. 반면, 병역종류조항이 대체복무제를 규정하지 아니함으로 인하여 양심적 병역거부자들은 최소 1년 6월 이상의 징역형과 그에 따른 막대한 유·무형의 불이익을 감수하여야 한다. 양심적 병역거부자들에게 공익 관련 업무에 종사하도록 한다면, 이들을 처벌하여 교도소에 수용하고 있는 것보다는 넓은 의미의 안보와 공익실현에 더 유익한 효과를 거둘 수 있다. 따라서 병역종류조항은 법익의 균형성 요건을 충족하지 못하였다. 그렇다면 양심적 병역거부자에 대한 대체복무제를 규정하지 아니한 병역종류조항은 과잉금지원칙에 위배하여 양심적 병역거부자의 양심의 자유를 침해한다. 헌법재판소는 2004년 입법자에 대하여 국가안보라는 공익의 실현을 확보하면서도 병역거부자의 양심을 보호할 수 있는 대안이 있는지 검토할 것을 권고하였는데, 그로부터 14년이 경과하도록 이에 관한 입법적 진전이 이루어지지 못하였다. 그사이 여러 국가기관에서 대체복무제 도입을 검토하거나 그 도입을 권고하였으며, 법원에서도 양심적 병역거부에 대해 무죄판결을 선고하는 사례가 증가하고 있다. 이러한 사정을 감안할 때 국가는 이 문제의 해결을 더 이상 미룰 수 없으며, 대체복무제를 도입함으로써 기본권 침해 상황을 제거할 의무가 있다.

B. 형사처벌과 비례의 원칙

(i) 의 의 양심적 병역거부자의 형사처벌을 규정하는 병역법 제88조가 기본권제한입법의 한계규정인 과잉금지의 원칙 위배 여부가 쟁점이다.

(ii) 합헌론 헌법재판소는 양심적 병역거부자의 처벌 근거가 된 병역법의 '처벌조항'은 헌법에 위반되지 아니한다고 결정하였다(합헌4:일부위헌4:각하1). 처벌조항 중 양심적 병역거부자를 처벌하는 부분은 헌법에 위반된다는 일부위헌의견, 처벌조항에 대한 청구는 법원의 법률해석이나 재판결과에 대한 다툼에 불과하여 부적법하다는 각하의견이 있다(헌재 2018.6.28. 2011헌바379등, 병역법 제88조 제1항 등 위헌소원(헌법불합치(잠정적용),합헌)).

양심적 병역거부자에 대한 처벌은 대체복무제를 규정하지 않은 병역종류조항의 입법상 불비와 양심적 병역거부는 처벌조항의 '정당한 사유'에 해당하지 않는다는 것이다. 따라서 처벌조항에 의하여 제한되는 사익이 달성하려는 공익에 비하여 우월하다고 할 수 없으므로, 처벌조항은 법익의 균형성 요건을 충족한다(2인의 합헌의견). 병역거부는 양심의 자유를 제한하는 근거가 되는 다른 공익적 가치와 형량할 때 우선적으로 보호받아야 할 보편적 가치를 가진다고 할 수 없다. 반면 처벌조항에 의하여 달성되는 공익은 국가공동체의 안전보장과 국토방위를 수호함으로써, 헌법의 핵심적 가치와 질서를 확보하고 국민의 생명과 자유, 안전과 행복을 지키는 것이다. 따라서 처벌조항에 의하여 제한되는 사익이 달성하려는 공익에 비하여 우월하다고 할 수 없으므로, 처벌조항은 법익의 균형성 요건을 충족한다(2인의 합헌의견).

이전 판례는 남북분단의 현실과 대체복무제도로 인한 병역의무수행상의 형평성문제로 형사적 제재 이외에 적절한 대체수단을 발견하기란 쉬운 일이 아니므로 수단의 적합성과 피해의 최소성에 어긋난다고 단언하기는 어렵다고 보았다. 2018년 대법원의 소수의견도 비슷한 입장이다.

"양심의 자유로부터 대체복무를 요구할 권리가 도출되지 않으며, 대체복무제를 도입하지 않은 입법자의 판단이 현저히 불합리하거나 명백히 잘못되었다고 볼 수 없다"(헌재 2004.8.26. 2002헌가1, 병역법 제88조 제1항 제1호 위헌제청(합헌)); "양심·종교의 자유는 상대적 자유이며, 양심적 병역거부자에게 형벌부과 외에 대체복무제도를 허용하지 않고 있더라도 이는 입법자의 광범위한 입법재량에 해당하는 만큼 과잉금지나 비례원칙을 위배했다고 볼 수 없다"(대판 2004.7.15. 2004도2965).

병역법의 입법 취지와 목적, 체계, 병역의무의 감당능력에 관련된 규정들의 성격에 비추어 병역법 제88조 제1항의 정당한 사유는 당사자의 질병이나 재난의 발생 등 일반적이고 객관적인 사정에 한정되고 양심적 병역거부와 같은 주관적 사정은 인정될 수 없다(대판(전합) 2018.11.1. 2004도2965).

(iii) 위헌 · 위법론　　비전투복무·공익근무 등의 대체복무가 가능함에도 불구하고 형사처벌하는 규정은 수단의 적합성과 피해의 최소성에 어긋난다.

"형사처벌이라는 제재를 통하여 양심적 병역거부자에게 양심에 반하는 행동을 강요하고 있으므로, '국가에 의하여 양심에 반하는 행동을 강요당하지 아니 할 자유', '양심에 반하는 법적 의무를 이행하지 아니 할 자유' 즉, 부작위에 의한 양심실현의 자유를 제한하는 규정이다"(헌재 2004.8.26. 2002헌가1, 병역법 제88조 제1항 제1호 위헌제청(합헌)(재판관 2인의 반대의견)).

처벌조항은 양심적 병역거부자에 대한 처벌의 예외를 인정하지 않고 일률적으로 형벌을 부과하고 있으나, 대체복무제의 도입은 병역자원을 확보하고 병역부담의 형평을 기하고자 하는 입법목적을 처벌조항과 같은 정도로 충분히 달성할 수 있다고 판단되므로, 처벌조항은 침해의 최소성 원칙에 어긋난다. '국가안보' 및 '병역의무의 공평한 부담'이라는 공익은 중요하나, 양심적 병역거부자에 한정하여 볼 때 형사처벌이 특별예방효과나 일반예방효과를 가지지 못하는 것으로 보이므로, 처벌조항이 위 공익 달성에 기여하는 정도는 그다지 크다고 하기 어렵다. 반면, 형사처벌로 인한 불이익은 매우 크므로, 처벌조항은 법익의 균형성 요건을 충족하지 못한다(헌재 2018.6.28. 2011헌바379등)(4인의 일부위헌의견).

대법원은 2004년(대판(전합) 2004.7.15. 2004도2965) 및 2007년(대판 2007.12.27. 2007도7941) 판례를 변경하여 형사처벌은 위법하다고 판시한다(대판(전합) 2018.11.1. 2016도10912).

양심에 따른 병역거부, 이른바 양심적 병역거부는 종교적·윤리적·도덕적·철학적 또는 이와 유사한 동기에서 형성된 양심상 결정을 이유로 집총이나 군사훈련을 수반하는 병역의무의 이행을 거부하는 행위를 말한다. 헌법상 국가의 안전보장과 국토방위의 신성한 의무, 그리고 국민에게 부여된 국방의 의무는 아무리 강조해도 지나치지 않다.

국가의 존립이 없으면 기본권 보장의 토대가 무너지기 때문이다. 따라서 양심적 병역거부의 허용 여부는 헌법 제19조 양심의 자유 등 기본권 규범과 헌법 제39조 국방의 의무 규범 사이의 충돌·조정 문제가 된다. 국방의 의무는 법률이 정하는 바에 따라 부담한다(헌법 제39조 제1항). 즉 국방의 의무의 구체적인 이행방법과 내용은 법률로 정할 사항이다. 그에 따라 병역법에서 병역의무를 구체적으로 정하고 있고, 병역법 제88조 제1항에서 입영의무의 불이행을 처벌하면서도 한편으로는 '정당한 사유'라는 문언을 두어 입법자가 미처 구체적으로 열거하기 어려운 충돌 상황을 해결할 수 있도록 하고 있다. 양심적 병역거부는 이러한 소극적 부작위에 의한 양심실현에 해당한다. 양심적 병역거부자들은 헌법상 국방의 의무 자체를 부정하지 않는다. 단지 국방의 의무를 구체화하는 법률에서 병역의무를 정하고 그 병역의무를 이행하는 방법으로 정한 집총이나 군사훈련을 수반하는 행위를 할 수 없다는 이유로 그 이행을 거부할 뿐이다. 양심적 병역거부자에게 병역의무의 이행을 일률적으로 강제하고 그 불이행에 대하여 형사처벌 등 제재를 하는 것은 양심의 자유를 비롯한 헌법상 기본권 보장체계와 전체 법질서에 비추어 타당하지 않을 뿐만 아니라 소수자에 대한 관용과 포용이라는 자유민주주의 정신에도 위배되므로 진정한 양심에 따른 병역거부라면 이는 병역법 제88조 제1항의 '정당한 사유'에 해당한다.

C. 소 결

(i) 헌법재판소가 양심적 병역거부를 인정하면서 대체복무제도를 마련하지 아니한 병역종류조항에 헌법불합치결정을 내림에 따라, 법원도 양심적 병역거부자에 대하여 무죄판결을 내렸다. 이에 따른 후속조치로서 병역법이 개정되고, '대체역의 편입 및 복무 등에 관한 법률'이 제정되었다.

진지한 양심의 결정에 따라 예비군 훈련을 거부하는 사람에 대한 처벌 문제는 심판대상조항의 위헌 여부가 아니라 법원의 구체적 판단의 문제로 남게 되었다는 이유로, 구 향토예비군설치법 및 예비군법 각 해당 부분에 대한 위헌법률심판제청은 재판의 전제성이 없어 부적법하다(헌재 2021.2.25. 2013헌가13등, 향토예비군설치법 제15조 제9항 제1호 위헌제청(각하)).

(ii) 병역법에 대체복무요원 및 대체역을 신설하였다. "'대체복무요원'이란 대체역으로 편입된 사람으로서 '대체역의 편입 및 복무 등에 관한 법률'에 따른 대체복무기관에 소집되어 공익 분야에 복무하는 사람을 말한다"(제2조 제1항 제17호의2). 병역의 종류에 대체역을 신설하여 대체역은 "병역의무자 중 대한민국헌법이 보장하는 양심의 자유를 이유로 현역, 보충역 또는 예비역의 복무를 대신하여 병역을 이행하고 있거나 이행할 의무가 있는 사람으로서 '대체역의 편입 및 복무 등에 관한 법률'에 따라 대체역에 편입된 사람"이다(제5조 제1항 제6호). 대체복무의 기간은 36개월로 하고, 대체복무 시설은 '교정시설 등 대통령령으로 정하는 대체복무기관'으로 하며, 복무 형태는 '합숙'으로 한다(제3장 대체역 복무 등). 이와 관련하여 육군 현역병 복무기간이 18개월로 단

축된 현실에 비추어 보면 대체복무기간이 지나치게 길다는 비판에 대하여 헌법재판소는 양심의 자유를 침해하지 아니한다고 판시한다.

대체복무요원의 실질적인 복무내용, 현역병 등과의 복무기간 및 복무강도의 차이 등을 종합적으로 고려해 볼 때, ① 복무기간을 '36개월'로 한 '대체역의 편입 및 복무 등에 관한 법률' 제18조 제1항, ② '합숙'하여 복무하도록 한 같은 제21조 제2항, ③ 대체복무기관을 '교정시설'로 한정한 법 시행령 제18조는 양심의 자유를 침해하지 아니한다(5:4)(헌재 2024.5.30. 2021헌마117등, 대체역의 편입 및 복무 등에 관한 법률 제18조 제1항 등 위헌확인(기각)). 대체복무요원이 합숙하는 "생활관 내부의 공용공간에 CCTV를 설치하여 촬영하는 행위"는 사생활의 비밀과 자유를 침해하지 아니한다(5:4)(헌재 2024.5.30. 2022헌마707등, 대체역의 편입 및 복무 등에 관한 법률 제18조 제1항 등 위헌확인(기각)). 대체복무요원의 정당가입 금지는 정당가입의 자유를 침해하지 아니한다(5:4)(헌재 2024.5.30. 2022헌마1146, 대체역의 편입 및 복무 등에 관한 법률 제18조 제1항 등 위헌확인(기각)).

(5) 진술거부권(陳述拒否權)

헌법 제12조 제2항의 진술거부권은 형사절차에 있어서 인신의 자유를 보장하려는 권리이므로 침묵의 자유와는 구별되어야 한다. 또한 증언거부권이나 취재원에 대한 진술거부권 등은 객관적 사실에 관한 단순한 진술거부에 불과하므로 가치판단을 그 내용으로 하는 침묵의 자유에 포함되지 아니한다.

3. 양심의 표현(실현)의 자유

(i) 양심의 표현의 자유와 관련하여 다수설은 이를 양심의 자유에 포함시킬 경우에 양심의 자유의 지나친 확대해석을 초래하므로 이를 양심의 자유의 내용으로 볼 수 없다는 입장이다. 한편 소수설과 헌법재판소 판례에 의하면 양심의 자유에는 "양심의 결정을 행동으로 옮겨서 실현할 수 있는 자유"로서의 양심실현의 자유를 포괄한다.

(ii) 부작위에 의한 양심 실현의 자유란 자신의 양심에 반하는 행위를 강제당하지 아니하거나 양심에 반하는 작위의무로부터의 해방을 말한다. 예컨대 병역강제는 부작위에 의한 양심 실현의 자유를 제한하지만, 양심 실현의 자유의 침해는 아니다. 작위에 의한 양심 실현의 자유란 양심상의 행위명령과 그에 대한 법적인 금지명령이 충돌하는 경우를 말한다. 이에 대하여는 상대적으로 폭넓은 제한이 가능하다. 예컨대 양심선언을 위한 부대이탈에 대하여 군무이탈죄(軍務離脫罪)로의 처벌은 적법하다고 본다(대판 1993.6.8. 93도766).

"헌법 제19조가 보호하고 있는 양심의 자유는 양심형성의 자유와 양심적 결정의 자유를 포함하는 내심적 자유(forum internum)뿐만 아니라, 양심적 결정을 외부로 표현하고 실현할 수 있는 양심실현의 자유(forum externum)를 포함한다고 할 수 있다." "불고지는 결국 부작위에 의한 양심실현 즉 내심의 의사를 외부에 표현하거나 실현하는 행위가 되는 것이고 이미 순수한 내심의 영역을 벗어난 것이므로 이에 대하여는 필요한 경우 법률에 의한 제한이 가능하다"(헌재 1998.7.16. 96헌바35, 구 국가보안법 제10조 위헌소원(합헌)).

(iii) 생각건대 양심이 외부로 표현되는 순간 양심의 자유와 표현의 자유가 서로 중첩될 수밖에 없으며, 이 경우 절대적 기본권으로서의 성격을 상실한 단계라 할 수 있다. 하지만, 양심실현의 자유를 넓은 의미의 양심의 자유에 포섭할 경우에 표현의 자유보다 더 강한 보호를 받을 수 있다면 굳이 이를 양심의 자유에서 배제할 이유는 없다. 양심실현의 자유를 양심의 자유에 포섭하더라도 "사회공동체의 법적인 평화와 헌법질서의 유지를 위하여" 일정한 한계가 불가피하다.

Ⅵ. 양심의 자유의 제한과 한계

1. 양심의 자유의 제한가능성

(1) 학 설

양심의 자유의 제한과 한계에 관하여는, ① 양심이 내면세계에 머무는 경우뿐만 아니라 외부에 표현되더라도 제한될 수 없다는 절대적 무제한설, ② 양심이 순전히 내면세계에 머무르고 있는 한 절대적으로 제약될 수 없다는 내면적 무제한설, ③ 양심이 외부에 표명되지 아니하였다고 하더라도 내면적으로 일정한 한계(국가의 존립 그 자체의 부정 등)가 있다는 내면적 한계설이 있다.

(2) 헌법재판소와 대법원의 판례

헌법재판소와 대법원은 양심이 내심에 머무르는 한 절대적인 자유로 보아 내면적 무제한설을 채택한다.

"헌법이 보장한 양심의 자유는 정신적인 자유로서 어떠한 사상·감정을 가지고 있더라도 그것이 내심에 머무르는 한 절대적인 자유이므로 제한할 수 없"다. "양심의 자유 중 양심형성의 자유는 내심에 머무르는 한, 절대적으로 보호되는 기본권이라 할 수 있는 반면, 양심적 결정을 외부로 표현하고 실현할 수 있는 권리인 양심실현의 자유는 법질서에 위배되거나 타인의 권리를 침해할 수 있기 때문에 법률에 의하여 제한될 수 있는 상대적 자유"이다(헌재 1998.7.16. 96헌바35, 구 국가보안법 제10조 위헌소원(합헌)).

"양심의 자유는 헌법이 보장하는 기본적 권리이기는 하나 무제한적인 것이 아니기 때문에 헌법 제37조 제2항에 의하여 국가안전보장·질서유지 또는 공공복리를 위하여 필요한 경우에는 양심의 자유의 본질적 내용을 침해하지 않는 한도 내에서 제한할 수 있다"(대판 1993.9.28. 93도1730; 대판 1984.1.24. 82누163).

(3) 검 토

개인의 사상이나 윤리적 판단은 내면에 머무르는 경우에는 외부에서 명확하게 인식할 수 없을 뿐만 아니라, 개인의 의지에 따라서 변경될 수 있으므로, 객관적으로 제한이 불가능하고 제한을 시도하는 경우 오히려 부작용을 낳게 된다. 그렇지만 내면세계의 의사가 밖으로 표현되었을 때에는 표현된 의사의 객관적 의미에 대한 제한이 기능할 뿐만 아니라 불가피하므로 내면적 무제한설이 타당하다.

2. 양심의 자유 침해의 판단기준

양심실현의 자유의 경우 법익교량과정은 특수한 형태를 띤다. 수단의 적합성, 최소침해성의 여부 등의 심사를 통하여 어느 정도까지 기본권이 공익상의 이유로 양보하여야 하는가를 밝히는 비례원칙의 일반적 심사과정은 양심의 자유에 있어서는 그대로 적용되지 아니한다.

"양심의 자유의 경우 비례의 원칙을 통하여 양심의 자유를 공익과 교량하고 공익을 실현하기 위하여 양심을 상대화하는 것은 양심의 자유의 본질과 부합될 수 없다. 양심상의 결정이 법익교량과정에서 공익에 부합하는 상태로 축소되거나 그 내용에 있어서 왜곡·굴절된다면, 이는 이미 '양심'이 아니다." "따라서 양심의 자유의 경우에는 법익교량을 통하여 양심의 자유와 공익을 조화와 균형의 상태로 이루어 양 법익을 함께 실현하는 것이 아니라, 단지 '양심의 자유'와 '공익' 중 양자택일 즉, 양심에 반하는 작위나 부작위를 법질서에 의하여 '강요받는가 아니면 강요받지 않는가'의 문제가 있을 뿐이다"(헌재 2004. 8.26. 2002헌가1, 병역법 제88조 제1항 제1호 위헌심판(합헌)).

제 2 항 종교의 자유

Ⅰ. 의 의

1. 헌법상 종교의 자유

인간의 내면세계(內面世界)에서 인격의 자유로운 발현을 위하여 헌법은 양심의 자유(제19조)와는 별도로 종교의 자유를 보장한다. "모든 국민은 종교의 자유를 가진다"(제1항). "국교는 인정되지 아니하며, 종교와 정치는 분리된다"(제2항).

종교란 일반적으로 "신(神)이나 절대자(絶對者)를 인정하여 일정한 양식 아래 그것을 믿고, 숭배하고 받듦으로써 마음의 평안과 행복을 얻고자 하는 정신문화의 한 체계"라고 정의된다. 하지만, 불교와 같이 신이나 절대자를 인정하지 아니하는 종교도 있으므로 종교에 대한 정의는 매우 어려운 문제이다.[1]

2. 연 혁

중세 유럽에서는 국가권력이 교회와 결합하여 종교의 자유가 인정되지 아니하였다. 이에 따라 종교의 자유를 확보하기 위한 일련의 투쟁이 전개되었다. 하지만, 종교의 자유는 근대입헌주의 이래 인간의 자유의 한 내용을 이룬다. 한국에서도 종교의 자유가 제대로 보장되지 아니하여 역사적으로 신라시대 이차돈의 순교, 조선 말 김대건의 순교 등 종교의 자유를 확보하기 위한 노력이 계속되었다.

Ⅱ. 종교의 자유의 법적 성격

종교의 자유는 인간내면의 신앙이므로 인간의 자유 중 가장 기본적인 자유이다. 따라서 종교의 자유의 본질적 내용인 신앙의 자유는 자연권이자 동시에 절대적 기본권이다.

---

1) 황우여, 국가와 교회-독일을 중심으로, 육법사; 이석민, 국가와 종교의 관계에 대한 연구-중립성개념을 중심으로, 서울대 박사학위논문, 2014.2; 박홍우, "미국헌법상의 국교설립금지의 원칙", 헌법논총 13; 김정수, "세속화과정으로서의 '종교와 헌법' 간 조화로운 관계에 관한 일고찰", 세계헌법연구 25-2; 이석민, 국공립학교에서의 종교의 자유, 헌법이론과 실무 2020-A-3.

Ⅲ. 종교의 자유의 주체

종교의 자유의 주체는 자연인이다. 헌법의 "모든 국민"이라는 표현에도 불구하고 내 · 외국인을 불문한다. 다만, 신앙의 자유와 같은 내심의 자유의 본질상 법인은 종교의 자유의 주체가 될 수 없다. 그러나 교회의 선교의 자유 등은 종교직 행위의 자유로서 인정된다.

Ⅳ. 종교의 자유의 효력

종교의 자유는 모든 국가권력을 구속한다. 그러므로 국민은 종교의 자유조항을 통하여 종교와 관련된 공권력의 강제나 개입 등으로부터 보호받는다. 종교의 자유가 모든 국가권력을 구속한다고 할지라도 헌법상 종교의 자유조항을 근거로 국민이 종교를 이유로 한 적극적인 우대조치를 국가에게 요구할 권리가 직접 도출된다거나 적극적인 우대조치를 할 국가의 의무가 발생하지는 아니한다(헌재 2010. 2.25. 2007헌바131등, 기반시설부담금에 관한 법률 제8조 제1항 등 위헌소원 등(합헌,각하)). 또한 종교의 자유는 사인 사이에도 적용된다(간접적용설). 따라서 원칙적으로 특정 신앙을 이유로 해고 등을 할 수 없다. 그러나 특정 종교에서 운영하는 경향(傾向)기업의 경우에는 특수성을 인정할 수 있다.

> "종교활동은 헌법상 종교의 자유와 정교분리의 원칙에 의하여 국가의 간섭으로부터 그 자유가 보장되어 있다. 따라서 국가기관인 법원으로서도 종교단체 내부관계에 관한 사항에 대하여는 그것이 일반 국민으로서의 권리의무나 법률관계를 규율하는 것이 아닌 이상 원칙적으로 실체적인 심리 · 판단을 하지 아니함으로써 당해 종교단체의 자율권을 최대한 보장하여야 한다"(대판 2011.10.27. 2009다32386).

Ⅴ. 종교의 자유의 내용

종교의 자유의 내용으로는 신앙의 자유, 종교적 행위의 자유, 종교적 집회 · 결사의 자유로 나누어 볼 수 있다.

1. 신앙의 자유의 절대적 보장

신앙의 자유에는 종교선택 · 종교변경(改宗) · 무종교의 자유와 신앙고백의 자유가 포함된다. 따라서 특정 신앙을 취임조건으로 하거나 종교적 시험을 과할 수 없다(미국 연방헌법 제6조 제3항 단서). 신앙의 자유는 인간의 내심의 작용이므로 어떠한 이유로도 제한될 수 없는 절대적 자유이다.

2. 종교적 표현의 상대적 보장

(i) 종교적 행위란 신앙을 외부에 나타내는 모든 의식(儀式)·축전(祝典)(기도·예배·독경 등)을 말한다. 종교적 행위의 자유에는 종교의식의 자유·선교의 자유·종교교육의 자유가 포함된다. 종교적 행위의 자유는 내심영역에 머물지 아니하여 제한이 가능하다.

(ii) 선교(宣敎)의 자유는 "자기가 신봉하는 종교를 선전하고 새로운 신자를 규합하기 위한" 자유인바, "선교의 자유에는 다른 종교를 비판하거나 다른 종교의 신자에 대하여 개종(改宗)을 권고하는 자유도 포함"된다(대판 1996.9.6. 96다19246). 그렇지만 선교의 자유가 인정된다고 하더라도 이러한 선교의 자유에 국민이 선택한 임의의 장소에서 자유롭게 종교전파를 할 수 있는 권리까지 포함된다고 할 수는 없다(헌재 2008.6.26. 2007헌마1366, 여권의 사용제한 등에 관한 고시 위헌확인(기각)).

(iii) 종교적 집회·결사의 자유는 일반적인 집회·결사의 자유에 대한 특별법적인 성격을 가진다. '집회 및 시위에 관한 법률'은 종교집회에 대하여 옥외집회 및 시위의 신고제 등을 적용하지 아니한다(제15조).

> "종교단체의 징계결의는 교인(敎人)으로서 비위가 있는 자에게 종교적인 방법으로 징계·제재하는 종교단체 내부의 규제에 지나지 아니하므로 이는 사법심사의 대상이 되지 아니한다"(대판 1981.9.22. 81다276).

Ⅵ. 종교의 자유의 제한과 한계

1. 제한의 일반원리

양심의 자유 중에서 양심형성의 자유와 마찬가지로(내면적 무제한설), 종교의 자유 중 신앙의 자유는 절대적 기본권으로서 제한이 불가능하다. 그런데 외부적 표현을 동반하는 종교적 행위의 자유와 종교적 집회·결사의 자유는 상대적 기본권으로서 헌법 제37조 제2항의 기본권제한의 일반원리에 따라 제한이 가능하다. 따라서 종교단체 내부에서 징계 등으로 인하여 갈등이 야기될 경우에 그것이 국민의 권리·의무와 관련되면 사법심사가 가능하다.

"종교적 선전, 타종교에 대한 비판 등은 동시에 표현의 자유의 보호대상이 되는 것이나, 이 경우 종교의 자유에 관한 헌법 제20조 제1항은 표현의 자유에 관한 헌법 제21조 제1항에 대하여 특별규정의 성격을 갖는다 할 것이므로, 종교적 목적을 위한 언론·출판의 경우에는 그 밖의 일반적인 언론·출판에 비하여 보다 고도의 보장을 받게 된다. … 다른 종교나 종교집단을 비판할 권리는 최대한 보장받아야 할 것인데, 그로 인하여 타인의 명예 등 인격권을 침해하는 경우에 종교의 자유보장과 개인의 명예보호라는 두 법익을 어떻게 조정할 것인지는, 그 비판행위로 얻어지는 이익, 가치와 공표가 이루어진 범위의 광협, 그 표현방법 등 그 비판행위 자체에 관한 제반사정을 감안함과 동시에 그 비판에 의하여 훼손되거나 훼손될 수 있는 타인의 명예침해의 정도를 비교·고려하여 결정하여야 한다"(대판 1996.9.6. 96다19246; 대판 2007.4.26. 2006다87903).

"국기(國旗)에 대한 경례(敬禮)를 종교상의 우상숭배라 하여 거부한 학칙위반학생에 대한 제적처분은 정당하다"(대판 1976.4.27. 75누249); "성경의 교리상 국기에 절을 하여서는 아니 되나 국가를 존중하는 의미에서 가슴에 손을 얹고 주목하는 경의를 표할 수 있다고 말한 것은 국기배기(國旗排旗)에 해당하지 아니한다"(대판 1975.5.13. 74도2183).

"피고인이 믿는 여호와의 증인에 대한 종교적 신념 때문에 의사가 당시 권유한 국내 최신의 치료방법인 수혈(輸血)을 완강하게 거부하고 방해하였다면, 이는 결과적으로 요부조자(要扶助者)를 위험한 장소에 두고 떠나는 것이나 다름없다고 할 것이므로, 이를 유기치사죄에 해당한다고 판시한 원심판결은 옳다"(대판 1980.9.24. 79도1387).

사법시험을 토요일 또는 토요일을 포함한 기간에 실시하도록 한 법무부장관의 사법시험계획공고가 과잉금지원칙을 위반하여 청구인들의 종교의 자유를 침해한 것이라고 할 수 없다(헌재 2010.6.24. 2010헌마41, 사법시험실시계획 공고 중 시험일자 부분 위헌확인(기각,각하))(헌재 2001.9.27. 2000헌마159, 제42회사법시험 제1차시험 시행일자 위헌확인(기각)); 서울시 교육감이 교원임용시험일자를 일요일로 지정하여 공고한 것이 기독교를 믿는 청구인의 종교의 자유 등 기본권을 침해한 것이 아니다(헌재 2010.11.25. 2010헌마199, 2010학년도 서울특별시 공립 중등학교 교사 임용후보자 선정경쟁시험 시행 공고위헌확인(기각)).

"군종장교(軍宗將校)의 예비군훈련은 적법하다"(헌재 2003.3.27. 2002헌바35, 향토예비군설치법 제3조 제1항 등 위헌소원(합헌,각하)).

구치소장이 미결수용자의 신분으로 수용되었던 기간 중 조사수용 내지 징벌(금치)집행 중이었던 기간을 제외한 기간 및 미지정 수형자(추가 사건이 진행 중인 자 등)의 신분으로 수용되어 있던 기간 동안, 교정시설 안에서 매주 화요일에 실시하는 종교집회 참석을 제한한 행위는 청구인의 종교의 자유를 침해한다(헌재 2014.6.26. 2012헌마782, 미결수용자 등 종교집회 참석 불허 위헌확인(인용(위헌확인))).

구치소장이 미결수용자를 대상으로 한 개신교 종교행사를 4주에 1회, 일요일이 아닌 요일에 실시한 행위는 종교의 자유를 침해하지 아니한다(헌재 2015.4.30. 2013헌마190, 교도소 내 부당처우행위 위헌확인(기각,각하)).

학교정화구역 내의 납골시설의 설치·운영의 절대적 금지는 종교의 자유, 행복추구권, 직업의 자유를 침해하지 아니한다(헌재 2009.7.30. 2008헌가2, 학교보건법 제6조 제1항 제3호 위헌제청(합헌)).

2. 종교적 행위의 자유로서의 종교교육의 자유의 한계

(1) 종교교육의 자유와 학교에서의 종교교육(宗敎敎育)

종교적 행위의 자유에는 종교교육의 자유도 포함된다. 종교교육의 자유란 가정이나 학교 등에서 종교교리에 관한 교육을 실시할 수 있는 자유를 말한다. 이에 따라 특정 종교단체에서 설립한 학교나 육영기관에서의 종교교육은 원칙적으로 자유이다.

독일에서는 '아동의 종교교육에 관한 법률'(Gesetz über die religiöse Kindererziehung) 제5조에 따라 만 14세가 지나면 자녀에게 신앙선택의 자유가 완전히 보장된다.

"종교교육 및 종교지도자의 양성은 헌법 제20조에 규정된 종교의 자유의 한 내용으로 보장되지만, 그것이 학교라는 교육기관의 형태를 취할 때에는 헌법 제31조 제1항, 제6항의 규정 및 이에 기한 교육법상의 각 규정들에 의한 규제를 받게 된다"(대판 1992.12.22. 92도1742).

(2) 사립 중·고등학교에서의 종교교육

중·고교 평준화정책에 따라 대도시에서는 국·공립 중·고등학교는 물론 사립 중·고등학교도 본인의 의사와는 관계없이 일방적으로 배정(配定)된다. 이는 학생의 학교선택권을 침해할 소지가 있다. 특히 강제배정된 학교가 특정 종교재단에 의하여 설립된 경우에 특정 종교교육 및 종교이념을 일방적으로 수용하여야만 한다. 이는 학생의 종교의 자유를 침해하는 위헌의 소지가 있다. 이를 해결하기 위하여 학교배정에 있어서 종교문제가 제도적으로 고려되어야 한다. 그런데 헌법재판소와 대법원은 이를 합헌으로 판시한다.

대부분의 시·도에서 선복수지원·후추첨방식을 채택하고 있어 제한적으로 종교학교를 선택하거나 선택하지 아니할 권리를 보장하고 있고 종교과목이 정규과목인 경우 대체과목의 설치를 의무화하고 있는 점들을 고려할 때, 고교평준화지역에서 일반계 고등학교에 진학하는 학생을 교육감이 학교군별로 추첨에 의하여 배정하도록 하는 초·중등교육법시행령이 학부모의 종교교육을 위한 학교선택권을 과도하게 제한한다고 보기 어렵다(헌재 2009.4.30. 2005헌마514, 초·중등교육법시행령 제84조 위헌확인(기각)).

고등학교 평준화정책에 따른 학교 강제배정제도에 의하여 학생이나 학교법인의 기본권에 일부 제한이 가하여진다고 하더라도 그것만으로는 위 제도가 학생이나 학교법인의 기본권을 본질적으로 침해하는 위헌적인 것이라고까지 할 수는 없다. 다만, 종교교육에 대하여는 일정한 한계를 인정한다. 즉 대법원의 법정의견(다수의견)은 종립(宗立)학교가 고등학교 평준화정책에 따라 학생 자신의 신앙과 무관하게 입학하게 된 학생들을 상대로 종교적 중립성이 유지된 보편적인 교양으로서의 종교교육의 범위를 넘어서서 학교의 설립이념이 된 특정의 종교교리를 전파하는 종파교육 형태의 종교교육을 실시하는 경우에는 그 종교교육의 구체적인 내용과 정도, 종교교육이 일시적인 것인지 아니면 계속적인 것인지 여부, 학생들에게 그러한 종교교육에 관하여 사전에 충분한 설명을 하고 동의를 구하였는지 여부, 종교교육에 대한 학생들의 태도나 학생들이 불이익이 있을 것을 염려하지 아니하고 자유롭게 대체과목을 선택하거나 종교교육에 참여를 거부할 수 있었는지 여부 등의 구체적인 사정을 종합적으로 고려하여 사회공동체의 건전한 상식과 법감정에 비추어 볼 때 용인될 수 있는 한계를 초과한 종교교육이라고 보이는 경우에는 위법성을 인정할 수 있다(대판(전합) 2010.4.22. 2008다38288).

(3) 사립대학교에서의 종교교육

(i) 현행법제상 학생의 대학선택권이 비교적 자유롭게 보장된다. 이에 따라 대법원은 사립대학에서의 종교교육은 정당하다고 판시한다.

"기독교 재단이 설립한 사립대학이 학칙으로 대학예배의 6학기 참석을 졸업요건으로 정한 경우, 위 대학교의 대학예배는 목사에 의한 예배뿐만 아니라 강연이나 드라마 등 다양한 형식을 취하고 있고, 학생들에 대하여도 예배시간의 참석만을 졸업의 요건으로 할 뿐 그 태도나 성과 등을 평가하지는 않는 사실 등에 비추어 볼 때, 위 대학교의 학칙은 헌법상 종교의 자유에 반하는 위헌무효의 학칙이 아니다"(대판 1998.11.10. 96다37268).

생각건대 학교선택권이 실질적으로 확보되지 아니한 한국적 특수상황을 외면한 채 학생의 입학·재학관계를 당사자의 자유로운 의사표시의 합치에 따른 사법상 계약의 법리로만 해결하여서는 아니 된다. 학생의 대학선택 및 대학의 학생선발과정에는 사법상 계약의 법리가 작동되지 못하는 많은 법적·제도적 요인이 있다. 대학의 본고사 실시금지·국가가 시행하는 대학입학수학능력시험·내신성적 반영 외에도, 입시일자가 사실상 특정되어 있고 학생의 학교선택도 동일한 학교군에는 1개교밖에 지원할 수가 없는 등 많은 공법적 규제를 받는다. 이러한 공법적 규제의 틀 속에서 실시되는 입학관계를 단순히 '사법상의 계약관계'로만 이해하여서는 아니 된다.

(ii) 특히 신앙을 가지지 아니할 자유란 종교의 자유 중 신앙의 자유의 내용으로서 절대적 기본권의 성격을 가진다. 예컨대 채플에서 다 함께 기도하는 시간은 결과적으로 절대적 기본권인 학생들의 신앙고백의 자유를 침해할 소지가 있다. 사립대학도 많은 국가적 원조를 받고 있으므로 기본권의 대사인적 효력에 관한 국가원조이론을 원용하여, 사립대학에서의 종교교육에 대하여 정책적으로 일정한 한계를 설정하여야 한다.

Ⅶ. 국교의 부인과 정교분리의 원칙

1. 의　　의

헌법 제20조 제1항에서 종교의 자유를 규정한 데 이어, 제20조 제2항에서는 정교분리(政敎分離)의 원칙을 규정한다. 정교분리의 원칙에 대하여는 종교의 자유의 한 내용으로서 기본권이라고 보는 견해와, 정교분리의 원칙은 특정 종교와 결합하여 다른 종교를 압박할 수 없다는 의미에서 간접적인 제도보장에 불과하다고 보는 견해가 있다. 생각건대 정교분리의 원칙은 주관적 공권인 종교의 자유의 당연한 내용으로 볼 것이 아니라 오히려 종교의 자유를 간접적으로 보장하는 제도적 보장으로 이해하여야 한다. 이에 대하여 객관적 가치질서로서의 측면을 강조하는 견해도 있다(허영 450면).

2. 정교분리의 현실적 의미

(i) 서양 각국은 전통적으로 기독교문화에 기초하고 있음에도 불구하고, 오늘날에는 정교분리의 원칙을 채택한다. 즉 서양에서 정교분리원칙의 수용은 곧 정교일치적인 역사적·사회적 현실로부터의 결별을 의미한다.

(ii) 한국에서도 역사적으로 정치와 종교가 분리되지 아니하여 많은 정치적·사회적 갈등을 야기한 바 있다. 이에 1948년 제헌헌법 이래 정교분리의 원칙을 채택한다.

(iii) 교육기본법에서는 "교육은 교육 본래의 목적에 따라 그 기능을 다하도록 운영되어야 하며, 정치적·파당적 또는 개인적 편견을 전파하기 위한 방편으로 이용되어서는 아니 된다"(제6조 제1항)라고 하여 교육의 중립을 명시하고 있다.

또한 "국가와 지방자치단체가 설립한 학교에서는 특정한 종교를 위한 종교교육을 하여서는 아니 된다"(제2항)라고 하여 헌법상 국교부인과 정교분리의 원칙에 입각하여 국·공립학교에서의 특정 종교교육의 금지를 규정한다. 따라서 모든 국·공립 초·중·고·대학에서의 특정 종교에 대한 교육은 헌법위반이다.

미국 연방대법원 판례: 공립학교에서 일과 개시 전이라도 기도문 또는 성서낭독은 위헌이다(*Engel v. Vitale,* 370 U.S. 421(1962)). 공직취임 시에 신의 존재를 믿는다는 선서의 강요행위는 위헌이다(*Torcaso v. Watkins,* 367 U.S. 488(1961)). 국교설립금지 규정의 위배 여부를 판단하는 기준으로서 *Lemon v. Kurtzman,* 403 U.S. 602(1971) 사건에서는 세 가지 심사기준이 확립되었다. 국교설립금지 규정에 위배되지 아니하려면 ① 입법목적이 세속적(世俗的)이어야 하고, ② 중요하거나 우선적인 효과가 종교를 발전시키거나 금지하여서는 아니 되며, ③ 정부가 종교에 지나친 연루(連累)(excessive government entanglement)를 조장하여서는 아니 된다. 그러나 이 이론에 불만을 표시하는 대법관이 늘어나면서 적용범위가 축소되어갔고, 결국 *Kennedy v. Bremerton School District*, 597 U.S. 507(2022) 사건에서 연방대법원의 다수의견(6:3)은 Lemon 판결을 명시적으로 뒤집지는 아니하였지만 향후 하급심은 Lemon test를 사용하지 말고 '역사적 관행과 이해'를 고려하여 판단하도록 하여 실질적으로 판례가 변경되있다. 그런데 이에 대한 반대의견은 Kennedy 판결이 Lemon 판결을 뒤집는 것이라고 비판한다. 한편 미국에서는 관행적으로 성경에 손을 얹고 대통령취임선서를 한다. 이는 독일의 십자가판결에 비추어 본다면 위헌의 의심이 든다. 만약 대통령이 기독교나 가톨릭 신자가 아닐 경우에는 새로운 문제가 발생할 수 있다.

독일 연방헌법재판소는 '십자가판결'에서 각급학교 교실에 십자가와 십자가 예수상을 걸도록 규정한 바이에른(Bayern)주 교육법은 종교의 자유를 침해하므로 위헌이라고 판시한다. 즉 공립학교는 국가의 '종교적 중립' 입장을 반영하여야 하며 '십자가 아래서 배우도록' 강요하여서는 아니 된다고 판시한다(BVerfG E 93, 1)(방승주, "십자가결정", 헌법재판자료집 9).

(iv) 종교단체가 운영하는 학교 혹은 학원 형태의 교육기관에 대하여도 교육법의 적용이 가능하다(헌재 2000.3.30. 99헌바14, 구 교육법 제85조 제1항 등 위헌소원(합헌,각하)). 물론 헌법상 종교교육의 자유에 비추어 교육기본법 제6조의 규정을 반대로 해석하면 사립학교에서의 종교교육은 자유라는 명제가 성립된다. 그러나 사립학교에서의 종교교육도 경우에 따라서는 학생의 종교의 자유를 침해할 소지가 있다.

"정교분리원칙상 국·공립학교에서의 특정 종교를 위한 종교교육은 금지되나 사립학교에서의 종교교육 및 종교지도자육성은 선교의 자유의 일환으로 보장되는 것이고, 교육법 제81조는 능력에 따라 균등하게 교육을 받을 권리를 규정한 위 헌법 제29조 제1항과 마찬가지로 신앙, 성별, 사회적 신분, 경제적 지위 등에 의한 불합리한 차별을 금지하는 것일 뿐이므로 교육기관이 학교설립인가를 받았다 하여 종교지도자양성을 위한 종교교육을 할 수 없게 되는 것도 아니다"(대판 1989.9.26. 87도519).

(v) 한편 헌법이 보장하는 종교의 자유와 평등권 침해를 예방하고 정교분리의 원칙에 따른 정부와 종교의 바람직한 역할구분 및 협력관계를 재정립하여 국가발전과 국민화합에 기여하고자 공무원의 복무조항에 종교중립의 의무를 신설하였다(국가공무원법 제59조의2, 지방공무원법 제51조의2).

3. 국교의 부인과 정교분리원칙의 내용

(1) 국교(國敎)의 부인

(ⅰ) 국가는 특정 종교를 특별히 보호하거나, 각종 특권을 부여하는 종교를 지정할 수는 없다. 국가에 의한 특정 종교의 우대나 차별대우는 금지된다.

국가가 오로지 종교만을 이유로 일반적이고 중립적인 법률에 따른 의무를 면제하거나 부과하는 입법을 한다면, 그러한 법률의 주요한 효과는 종교를 장려하거나 금지하는 것이 될 것이어서 헌법 제20조 제2항과 배치된다. 모든 종교를 동등하게 보호하거나 우대하는 조치도 무종교의 자유를 고려하면 헌법이 규정하는 종교와 정치의 분리원칙에 어긋난다(헌재 2010.2.25. 2007헌바131등, 기반시설부담금에 관한 법률 제8조 제1항 등 위헌소원 등(합헌,각하)).

육군훈련소장이 내린 장병의 4대 종교 행사 강제 참석조치는 헌법상 정교분리원칙에 위배되고 종교의 자유를 침해한다(6:3)(헌재 2022.11.24. 2019헌마941, 육군훈련소 내 종교행사 참석 강제 위헌확인(인용(위헌확인))).

오늘날 종교적인 의식 또는 행사가 하나의 사회공동체의 문화적인 현상으로 자리 잡고 있으므로 어떤 의식, 행사, 유형물 등이 비록 종교적인 의식, 행사 또는 상징에서 유래되었다고 하더라도 그것이 이미 우리 사회공동체 구성원들 사이에서 관습화된 문화요소로 인식되고 받아들여질 정도에 이르렀다면, 이는 정교분리원칙이 적용되는 종교의 영역이 아니라 헌법적 보호가치를 지닌 문화의 의미를 가지게 된다. 그러므로 이와 같이 이미 문화적 가치로 성숙한 종교적인 의식, 행사, 유형물에 대한 국가 등의 지원은 일정 범위 내에서 전통문화의 계승·발전이라는 문화국가원리에 부합하며 정교분리원칙에 위배되지 아니한다(대판 2009.5.28. 2008두16933).

천주교성당 일대 문화관광지 조성은 정교분리원칙에 어긋나지 아니한다(대판 2009.5.28. 2008두16933).

(ⅱ) 국가의 중요한 행사 예컨대 국가장(國家葬)의 경우에는 주요 종교지도자들이 각기 종교의식을 실시한다. 한국의 경우 대표적 종단인 불교·기독교·가톨릭교·원불교의 성직자들이 차례로 집전한다.

(2) 종교의 정치간여금지

종교가 정치에 간여할 수는 없기 때문에 종교단체도 원칙적으로 정치활동을 할 수 없다. 따라서 종교의식(宗敎儀式)에서 정치활동은 제한된다(대판 1973.5.22. 73도525). 그런데 종교적 성격의 정당 결성은 가능하지만 가급적 자제하는 게 바람직하다. 특히 신도는 종교단체와 직접적인 관계없이 정치활동을 할 수 있다.

제 3 항 학문의 자유

I. 의　　의

헌법 제22조 제1항은 "모든 국민은 학문과 예술의 자유를 가진다"라고 하여 학문(學問)과 예술의 자유를 동일한 조항에서 규정한다. 학문의 자유와 예술의 자유는 서로 밀접한 관계를 가진다. 그러나 오늘날 학문의 자유와 예술의 자유는 관점을 달리하는 부분이 많기 때문에 이를 동일하게 다루지 아니하고 따로 독자적인 개별적 기본권으로 논술한다.

학문의 자유는 진리탐구의 자유를 의미한다. 진리탐구란 객관적 진리에 대한 주관적 진리탐구를 말한다. 특히 헌법 제31조 제4항에서는 진리탐구의 전당인 '대학의 자율성'을 보장한다.[1)]

II. 학문의 자유의 법적 성격

학문의 자유의 법적 성격에 대하여는 개인의 학문연구에 중점을 두는 자유권설과, 학문의 자유를 대학의 자유로 이해하여 대학자치제에 중점을 두는 제도보장설이 있다. 학문의 자유가 개인의 자유권으로서의 성격을 가진다는 점에 관하여는 이론이 없다. 또한 학문의 자유의 본질적 내용이 대학자치제를 기반으로 하는 대학의 자유에 있으므로 대학자치제의 제도보장도 학문의 자유의 내용이 된다.

III. 학문의 자유의 주체 · 효력

(i) 학문의 자유는 헌법상 '모든 국민'이라는 문구에도 불구하고 내 · 외국인이 널리 누리는 권리이다. 또한 학문의 자유도 대학자치제라는 제도보장적 성격

---

1) 이재명, "국립대학의 의사결정과 대학의 자치", 공법학연구 20-1; 송기춘, "국립대학교의 대학평의원회 설치와 관련된 헌법적 문제", 세계헌법연구 25-2; 남정아, "대학의 자치와 총장 선출방식에 대한 헌법적 고찰", 헌법학연구 28-4; 박병욱, "고등교육법상 대학평의원회 교원 구성비율 과반 이내 제한 조항에 대한 헌법소원 기각결정 비평", 공법연구 52-2; 윤수정, "대학의 자유와 총장 임용 제도에 대한 대한 헌법적 검토", 법제 707.

을 가지기 때문에 대학 등 연구기관도 그 단체의 성격에 따라 일정한 경우 학문의 자유의 주체가 될 수 있다.

"국립대학인 서울대학교는 다른 국가기관 내지 행정기관과는 달리 공권력의 행사자의 지위와 함께 기본권의 주체라는 점도 중요하게 다루어져야 한다"(헌재 1992.10.1. 92헌마68등, 1994년도 신입생선발시안에 대한 헌법소원(기각)).

(ii) 학문의 자유는 대국가적 권리로서, 국가권력에 의한 침해나 간섭을 받지 아니할 권리이다. 사인 사이에는 간접적용된다.

Ⅳ. 학문의 자유의 내용

학문의 자유는 원래 연구의 자유·연구결과발표의 자유·교수의 자유를 의미한다. 학문의 자유는 진리를 탐구하는 자유를 의미하는데, 그것은 단순한 진리탐구에 그치지 아니하고 탐구한 결과에 대한 발표의 자유 내지 가르치는 자유 등을 포함한다(헌재 1992.11.12. 89헌마88, 교육법 제157조(교과서 검·인정제도)에 관한 헌법소원(기각)). 또한 대학자치제의 보장도 학문의 자유에 포함된다.

1. 연구의 자유

연구의 자유는 곧 학문의 자유의 본체인 진리탐구(眞理探究)의 자유를 의미한다. 학문의 자유를 절대적 기본권이라고 할 경우는 바로 학문연구의 자유를 지칭한다. 하지만, 연구의 자유도 오늘날 과학기술의 발전에 따라 새로운 형태의 규제가 불가피하다. 예컨대 인간배아복제를 위한 연구는 인간의 존엄성에 어긋난다는 이유로 일정한 경우에 연구 그 자체가 금지된다. 이에 '생명윤리 및 안전에 관한 법률'을 제정하여 인간을 복제하기 위하여 체세포복제배아(體細胞複製胚芽)를 자궁에 착상·유지 또는 출산하는 행위를 금지(제11조)한다(최두훈, 인간배아복제에 관한 헌법적 과제, 중앙대 박사학위논문, 2004.2 참조).

"학문의 연구는 기존의 사상 및 가치에 대하여 의문을 제기하고 비판을 가함으로써 이를 개선하거나 새로운 것을 창조하려는 노력이므로 이 연구자료가 사회에서 현재 받아들여지고 있는 기존의 사상 및 가치체계와 상반되거나 저촉된다고 하여도 용인되어야" 한다(대판 1982.5.25. 82도716).

2. 연구결과발표의 자유

학문연구결과발표의 자유는 학문연구를 통하여 나타난 연구결과를 외부에 발표하는 자유이다. 연구결과가 외부로 표현되었다는 점에서 표현의 자유로 귀결될 수 있다. 연구결과발표의 자유는 그 발표장소에 따라 보호의 정도가 달라질 수 있다. 즉 대학이나 학회에서의 발표는 표현의 자유보다 더 강한 보호를 받아야 한다. 그러나 일반공중을 상대로 한 연구결과발표는 더 많은 제한이 뒤따른다.

"대학의 실험실에서 진리와 가치를 탐구하기 위하여 실험을 하고 그 결과를 발표하는 것이 학문의 자유에 속한다고 할지라도, 그 실험결과가 잘못되었는데도 이를 사회에 알려서 선의(善意)의 제3자를 해친다면, 이는 학문의 범위를 넘어선 것으로 허용될 수 없다"(대판 1967.12.26. 67다591).

"대학교수인 피고인이 제작·반포한 '한국전쟁과 민족통일'이라는 제목의 논문 및 피고인이 작성한 강연 자료, 기고문 등의 이적표현물에 대하여, 그 반포·게재된 경위 및 피고인의 사회단체 활동 내용 등에 비추어 피고인이 절대적으로 누릴 수 있는 연구의 자유의 영역을 벗어나 헌법 제37조 제2항과 국가보안법 제7조 제1항, 제5항에 따른 제한의 대상이 되었고, 또한 피고인이 북한문제와 통일문제를 연구하는 학자로서 순수한 학문적인 동기와 목적 아래 위 논문 등을 제작·반포하거나 발표하였다고 볼 수 없을 뿐만 아니라, 피고인이 반국가단체로서의 북한의 활동을 찬양·고무·선전 또는 이에 동조할 목적 아래 위 논문 등을 제작·반포하거나 발표한 것이어서 그것이 헌법이 보장하는 학문의 자유의 범위 내에 있지 않다"(대판 2010.12.9. 2007도10121).

3. 교수의 자유(강학의 자유)

(1) 의 의

(ⅰ) 교수(教授)의 자유 혹은 강학(講學)의 자유는 대학 등 고등교육기관에서 교수 및 연구자가 자유로이 교수 및 교육을 할 수 있는 자유를 말한다.

교수(教授)의 자유는 대학 등 고등교육기관에서 교수 및 연구자가 자신이 학문적 연구와 성과에 따라 가르치고 강의를 할 수 있는 자유로서 교수의 내용과 방법 등에 있어 어떠한 지시나 간섭·통제를 받지 아니할 자유를 의미한다. 이러한 교수의 자유는 헌법 제22조 제1항이 보장하는 학문의 자유의 한 내용으로서 보호되고, 헌법 제31조 제4항도 학문적 연구와 교수의 자유의 기초가 되는 대학의 자율성을 보장하고 있다. 정신적 자유의 핵심인 학문의 자유는 기존의 인식과 방법을 답습하지 아니하고 끊임없이 문제를 제기하거나 비판을 가함으로써 새로운 인식을 얻기 위한 활동을 보장하는 데에 그 본질이 있다. 교수의 자유는 이러한 학문의 자유의 근간을 이루는 것으로, 교수행위는 연구결과를 전달하고 학술적 대화와 토론을 통하여 새롭고 다양한 비판과 자극을 받아들여 연구성과를 발전시키는 행위로서 그 자체가 진리를 탐구하는 학문적 과정이며 이러한 과정을 자유롭게 거칠 수 있어야만 궁극적으로 학문이 발전할 수 있다. 헌법이 대학에서의 학문의 자유와 교수의 자유를 특별히 보호하고 있는 취지에 비추어 보면 교수의 자유에 대한 제한은 필요 최소한에 그쳐야 한다. 따라서 어느 교수행위의 내용과 방법이 기존의 관행과 질서에서 다소 벗어나는 것으로 보이더라도 함부로 위법한 행위로 평가하여서는 아니 되고, 그 교수행위가 객관적으로 보아 외형만 교수행위의 모습을 띠고 있을 뿐 그 내용과 방법이 학문적 연구결과의 전달이나 학문적 과정이라고 볼 수 없음이 명백하다는 등의 특별한 사정이 없는 한 원칙적으로 학문적 연구와 교수를 위한 정당한 행위로 보는 것이 타당하다. 대학의 교수나 연구자가 특정한 역사적 사건과 인물, 사회적 현안이나 문화현상 등에 관하여 탐구하고 비판하며 교수하는 활동은 교수의 자유로서 널리 보장되어야 한다. 특정인이 특정한 선거에 출마하였거나 출마할 예정이라고 하여 그와 관련한 역사적 사건과 인물 등에 대한 평가나 비판 등의 연구결과를 발표하거나 교수하는 행위를 모두 선거운동으로 보게 되면 선거운동 금지기간에는 학문연구와 교수행위를 사실상 금지하는 결과가 되어 학문적 연구와 교수의 자유를 중대하게 침해할 수 있다(대판 2018.7.12. 2014도3923).

(ii) 그러나 초·중등학교 교사 등의 교육의 자유가 학문의 자유의 내용인 교수의 자유에 포함되는지 논란이 있다. 적극적인 입장에서는 학문과 교육의 불가분성을 이유로 일정한 범위 안에서 교사 등의 교육의 자유를 인정하여야 한다고 본다. 소극적인 입장에서는 초·중등학교에서의 교육이 대학교육과 다른 특수성에 비추어 이를 부인한다. 헌법재판소도 소극적인 입장이다.

"초·중·고교의 교사는 자신의 연구한 결과에 대하여 스스로 확신을 갖고 있다고 하더라도 그것을 학회에서 보고하거나 학술지에 기고하거나 스스로 저술하여 책자를 발행하는 것은 별론으로 하고, 수업(授業)의 자유를 내세워 함부로 학생들에게 여과없이 전파할 수는 없다 할 것이다. 나아가 헌법과 법률이 지향하고 있는 자유민주적 기본질서를 침해할 수 없음은 물론 사회상규나 윤리도덕을 일탈할 수 없으며, 가치편향적이거나 반도덕적인 내용의 교육은 할 수 없다"(헌재 1992.11.12. 89헌마88, 교육법 제157조에 대한 헌법소원(기각)).

(iii) 생각건대 초·중등학교에서의 교육의 자유는 학문의 자유의 내용인 교수의 자유에 포섭할 것이 아니라, 헌법 제31조의 교육을 받을 권리 내지 교육의 자유로 이해하여야 한다(제3편 제6장 제4절 Ⅲ. 3. 참조).

(2) 한 계

교수의 자유는 교수의 내용과 방법 등에 있어서 어떠한 지시나 통제를 받지 아니할 자유를 말한다. 하지만, 교수의 자유도 자유민주적 기본질서의 틀에 입각하여 헌법질서를 존중하는 범위 안에서 인정된다.

독일기본법 제5조 제3항 제2문: "교수의 자유는 헌법에 대한 충성으로부터 벗어나지 못한다."

4. 학문적 집회·결사의 자유

학문을 연구하고 그 연구결과를 발표하고 이를 교수하는 자유의 실질적 확보를 위하여 학문적인 집회나 결사의 자유 또한 보장되어야 한다. 학회나 연구단체 등의 자유가 그것이다. 이러한 단체를 통하여 공동연구도 할 수 있고, 그 연구결과를 발표하는 장을 마련할 수 있다. 이를 위한 집회에는 '집회 및 시위에 관한 법률'의 적용이 배제된다(제15조).

Ⅴ. 대학의 자치(자유)

1. 의의: 대학의 자치의 최대한 보장

대학은 연구와 교육의 중심이기 때문에 이를 위하여 대학에 최대한 자율과 자치(自治)를 보장하여야 한다. 바로 그런 점에서 학문의 자유의 실질적 구현을 위한 중심축에 대학의 자치가 있다.

2. 대학의 자치의 헌법적 근거와 법적 성격

헌법 제22조 제1항에서 보장하는 학문의 자유의 핵심적인 내용은 대학의 자치이다. 헌법 제31조 제4항에서 대학의 자율성 보장은 대학의 자치를 다시 한 번 더 확인하고 강조한다. 또한 대학의 자치는 기본권적 성격뿐만 아니라 대학의 자치에 입각하여 대학 특유의 제도를 보장한 제도보장의 성격도 동시에 가진다.

> "헌법 제22조 제1항에서 규정한 학문의 자유 등의 보호는 개인의 인권으로서의 학문의 자유뿐만 아니라 특히 대학에서 학문연구의 자유·연구활동의 자유·교수의 자유 등도 보장하는 취지이다. 이와 같은 대학에서의 학문의 자유에 대한 보장을 담보하기 위하여는 대학의 자율성이 보장되어야 한다. … 여기서 대학의 자율은 대학시설의 관리·운영만이 아니라 전반적인 것이라야 하므로 연구와 교육의 내용, 그 방법과 대상, 교과과정의 편성, 학생의 선발과 전형 및 특히 교원의 임면에 관한 사항도 자율의 범위에 속한다(헌재 1992.10.1. 92헌마68등 참조)" (헌재 1998.7.16. 96헌바33등, 사립학교법 제53조의2 제2항 위헌소원 등(합헌,각하)).

3. 대학의 자치의 주체

(1) 의 의

학문의 자유는 모든 국민이 누리는 자유이다. 그중에서 특히 대학에서 연구하고 강의하는 대학교수가 핵심적인 주체이다. 그러므로 가장 좁은 의미에서의 학문의 자유란 바로 교수의 연구의 자유와 교수(講學)의 자유를 말한다. 하지만, 한국사회에서는 아직도 이러한 연구의 자유와 교수의 자유를 제도적으로 보장할 수 있는 법과 제도가 제대로 정비되지 못하고 있다.

(2) 교수의 자치

대학자치의 핵심은 교수의 자치, 즉 교수의 신분에 관한 인사의 자치와 연구와 교육의 자치라 아니할 수 없다. 흔히 대학의 3주체를 교수 · 학생 · 직원으로 보고, 이들의 관계를 단순한 수의 대등관계로 이해하여 동일시하는 견해도 있으나, 대학의 핵심주체는 교수로 보아야 한다. 독일과 프랑스에서도 1960년대에 대학이 심각한 몸살을 앓은 이후 대학에 관한 기본적인 틀을 법과 제도로 정비하고 있다. 특히 대학의 세 주체 사이의 관계는 원칙적으로 교수에게 우위를 부여하는 방향으로 정립되어 있다. 즉 총장선거를 비롯한 대학에서의 의사결정과정에서 적어도 과반수를 대학교수에게 할애하도록 법제화되어 있다.

헌법 제31조 제4항이 대학의 자율성은 법률이 정하는 바에 의하여 보장된다고 규정하고 있는 취지는, 대학에 대한 공권력 등 외부세력의 간섭을 배제하고 대학구성원 자신이 대학을 자주적으로 운영할 수 있도록 함으로써 대학인으로 하여금 연구와 교육을 자유롭게 하여 진리탐구와 지도적 인격의 도야라는 대학의 기능을 충분히 발휘할 수 있도록 하려는 데 있으므로 학문의 자유의 주체인 교원들이 그 중심이 되는 것이지만, 공권력 등 외부세력의 간섭을 배제하고 대학을 자주적으로 운영한다는 측면에서는 교원뿐만 아니라 역시 대학의 구성원인 직원, 학생 등도 원칙적으로 대학자치의 주체가 될 수 있다고 보아야 한다. 이와 같은 사정을 고려하여 구 사립학교법도 학교법인이 운영하는 학교가 대학인 경우에 해당 대학의 교원뿐만 아니라 직원, 학생으로 하여금 대학평의원회를 구성하도록 규정하고, 대학평의원회로 하여금 추천위원회 위원의 2분의 1을 추천하도록 규정하고 있다(대판 2015.7.23. 2012두19496, 이사선임처분취소).

"대학의 자치의 주체를 기본적으로 대학으로 본다고 하더라도 교수나 교수회의 주체성이 부정된다고 볼 수는 없고, 가령 학문의 자유를 침해하는 대학의 장에 대한 관계에서는 교수나 교수회가 주체가 될 수 있고, 또한 국가에 의한 침해에 있어서는 대학 자체 외에도 대학 전구성원이 자율성을 갖는 경우도 있을 것이므로 문제되는 경우에 따라서 대학, 교수, 교수회 모두가 단독, 혹은 중첩적으로 주체가 될 수 있다"(헌재 2006.4.27. 2005헌마1047등, 교육공무원법 제24조 제4항 등 위헌확인(기각)).

(3) 대학의 자치의 한 부분인 학생의 자치

학생자치를 대학자치의 내용으로 보는 데 대하여 반대하는 견해가 있으나, 학생도 대학의 구성원으로서 대학의 교육환경이나 여건의 유지 · 개선에 중대한 이해관계를 가지는 만큼 이를 인정할 필요가 있다. 다만, 대학자치의 핵심은 학문의 자유를 실효성 있게 보장하기 위한 교수의 자치로부터 비롯되었으므로 학생의 자치는 학문과 관련된 활동에 한하여 제한적으로 인정된다.

(4) 대학의 자치(자유)와 교수의 신분보장

대학의 주체인 교수가 연구와 강의를 자유롭게 할 수 있는 신분보장이 되지 아니한다면, 대학의 자치 또한 허울에 불과하며 그것은 결과적으로 헌법규범을 무력화시킬 뿐만 아니라 입헌주의에 대한 중대한 도전이다. 여기에 헌법질서에 부합하는 교수의 신분보장에 관한 법리의 재정립 필요성이 제기된다.

정부나 사학재단에서 부당하게 교수가 그 신분을 박탈당하는 일이 없도록 하기 위한 법적·제도적 장치의 마련은 대학의 자치의 기본 토대가 된다. 이에 따라 교수재임용제도도 근본적인 개혁이 이루어진 바 있다(상세는 제6장 제4절 교수재임용제도 참조).

4. 대학의 자치의 내용

(1) 의 의

대학의 자치의 내용은 교수인사의 자치, 학생자치, 연구교육의 내용 및 방법의 자치, 시설관리의 자치, 예산관리의 자치 등이다.

"대학의 자율은 대학시설의 관리·운영만이 아니라 학사관리 등 전반적인 것이라야 하므로 연구와 교육의 내용·그 방법과 그 대상·교과과정의 편성·학생의 선발·학생의 전형도 자율의 범위에 속해야 하고 따라서 입학시험제도도 자주적으로 마련될 수 있어야 한다"(헌재 1992.10.1. 92헌마68등, 1994년도 신입생선발시안에 대한 헌법소원(기각)).

국립대학법인 서울대학교의 이사회와 재경위원회에 일정 비율 이상의 외부인사를 포함하는 내용 등을 담고 있는 법률 조항이 대학의 자율의 본질적인 부분을 침해하였다고 볼 수 없다(헌재 2014.4.24. 2011헌마612, 국립대학법인 서울대학교 설립·운영에 관한 법률 위헌확인(각하, 기각)).

교육부장관이 강원대학교 법학전문대학원 2015학년도 및 2016학년도 신입생 각 1명의 모집을 정지한 행위는 과잉금지원칙에 반하여 헌법 제31조 제4항이 정하는 대학의 자율권을 침해한다(헌재 2015.12.23. 2014헌마1149, 강원대학교 법학전문대학원 2015학년 모집정지처분 등 취소(위헌확인, 취소)).

교육부장관의 학칙시정요구는 공권력행사이다. 하지만, 이는 총장을 상대로 한 것이므로 교수들의 자기관련성은 인정되지 아니한다(헌재 2003.6.26. 2002헌마337등 학칙시정요구 등 위헌확인(각하)).

○○대학교의 재학생들은 신입생자격 제한조치의 직접적인 상대방이 아닌 제3자이다. 신입생자격제한으로 인하여 재학생인 자신들의 학문의 자유, 대학자치에의 참여권이 침해당했다고 주장하나, 대학에 입학하고자 하는 자의 기본권이 직접 침해되었는지 여부는 별론으로 하고 재학생들의 기본권이 침해될 여지는 없으므로 교육부장관의 부작위가 위헌인지의 여부를 다툴 기본권침해의 자기관련성이 없다(헌재 1997.3.27. 94헌마277, 1995학년도 ○○대학교 신입생지원자격 제한조치에 대한 부작위 위헌확인(각하)).

세무대학 설치법과 폐지법은 처분적 법률이다. 세무대학은 기본권의 주체가 된다. 하지만, 대학의 자율성의 보호영역이 대학 자체의 계속적 존립에까지 미치지는 아니한다(헌재 2001.2.22. 99헌마613, 세무대학설치법 폐지법률 위헌확인(기각, 각하)).

(2) 대학의 총장선출과 총장직선제

(i) 권위주의 시절의 총장임명제에 대한 반대명제로 민주화 이후에는 총장직선제가 널리 시행된다. 총장직선제는 법적인 제도라기보다는 사실상 구현되어 왔다. 하지만, 총장직선제는 대학사회에 또 다른 문제점들을 야기하였다. 이에 사립대학을 중심으로 직선제 대신 간선제를 도입하여왔다. 국립대학에서도 직선제를 확대하여 나간다. 그 과정에서 처음에는 교수들만 참여하였지만 차츰 그 참여범위가 확대되어 직원·학생·동창 등 각계를 대표하는 인사들이 참여한다.

(ii) 생각건대 지성의 전당인 대학사회에서 총장직선제가 가진 민주적 정당성에 대한 향수에만 의탁하기보다는 학내외의 다양한 여론을 수렴하여 나가면서 동시에 대학구성원들이 참여하는 협의와 숙의 민주적 방식을 원용한 총장선출제도가 뿌리내리도록 노력하여야 한다.

(iii) 한편 교육공무원법 제24조의3에서는 대학의 장 후보자를 대학 내의 직접선거에 의하여 선출하는 경우 과열된 선거운동 등으로 인한 부작용을 방지하기 위하여, 대학의 장 후보자추천을 해당 대학 교원의 합의된 방식과 절차에 따른 직접선거로 선출하는 때에는, 해당 대학 소재지를 관할하는 구·시·군 선거관리위원회에 선거사무를 위탁(委託)하도록 하는데, 이는 국가기관이 대학의 총장선거에 관여한다는 점에서 대학의 자율성을 침해하는 위헌의 소지가 있다. 하지만, 헌법재판소는 이를 합헌이라 판시한다(헌재 2006.4.27. 2005헌마1047등, 교육공무원법 제24조 제4항 등 위헌확인(기각)). 다만, 헌법재판소가 이 결정에서 교수들의 총장후보자 선출에 참여하는 권리를 대학의 자치의 본질적 내용으로 판시하는 점에서 그 의의를 찾을 수 있다(성낙인, "대학의 자치(자율)와 국립대학 총장선거", 헌법학논집).

국립대학법인 서울대학교 설립·운영에 관한 법률상 총장의 간접선출 조항은 교직원이 참여하는 총장추천위원회에서 추천한 후보자 중에서만 총장을 선출하도록 하고 있으므로 단순 임명제와는 달리 교직원의 의사가 어느 정도 반영되고 있으며, 총장추천위원회 운영에 관한 구체적인 사항을 정관에서 정하도록 위임하여 직접선거와 유사한 방식을 채택할 가능성도 열어 놓고 있으므로, 대학의 자율의 본질적 부분을 침해하였다고 볼 수 없다(헌재 2014.4.24. 2011헌마612, 국립대학법인 서울대학교 설립·운영에 관한 법률 위헌확인(각하,기각)).

간선제인 전북대학교 총장후보자에 지원하려는 사람에게 1,000만 원을 납부하는 기탁금조항은 후보자 난립 방지 및 선거 과열 예방 등으로 달성하려는 공익이 제한되는 공무담임권보다 크다고 단정할 수 없으므로 공무담임권을 침해한다(헌재 2018.4.26. 2014헌마274, 전북대학교 총장임용후보자 선정에 관한 규정 제15조 제1항 제9호 등 위헌확인(위헌,각하)). 직선제인 대구교육대학교 총장선거 후보자에게 1,000만원의 기탁금은 적정하나(6:3), 최다득표자조차 기탁금의 반액은 반환 받지 못할 정도로 반환 요건이 지나치게 까다롭기 때문에 위헌이다(7:2)(헌재 2021.12.23. 2019헌마825, 대구교육대학교 총장임용후보자 선정규정 제23조 제1항 제2호 등 위헌확인(위헌,기각)).

국립대학 교수나 교수회는 대학의 자율과 관련한 기본권 주체성이 있다. 국립대학 교수나 교수회는 헌법 제31조 제4항의 대학의 자율의 보장내용에 포함되는 헌법상의 기본권인 국립대학의 장 후보자 선정에 참여할 권리가 있다. 대학의 장 후보자 선정의 방식으로 '대학의 장 임용추천위원회에서의 선정'을 규정한 교육공무원법 제24조 제4항은 간선제만을 강요하지 아니하므로 대학의 자율을 침해하지 아니한다(헌재 2006.4.27. 2005헌마1047등, 교육공무원법 제24조 제4항 등 위헌확인(기각)). 하지만, 사립대학 교수의 총장선출권은 인정되지 아니한다(대판 1996.5.31. 95다26971).

(3) 대학의 학생선발권

(i) 대학에서의 교육대상은 학생이다. 따라서 대학은 원칙적으로 자율적으로 학생을 선발하고 교육할 권리가 있다. 하지만, 대학의 학생선발에 대한 국가적 개입이 어느 정도는 가능하다. 다만, 그 개입의 범위에 대하여는 논란이 계속된다. 이 문제는 본고사 도입, 수능성적과 내신의 반영 방법과 비율, 기여입학제 등과 관련하여 대학과 정부 사이에 갈등을 야기한다. 궁극적으로는 대학의 자율적인 학생선발권을 보장하는 방향으로 나아가야 한다.

(ii) 한편 기여입학제(寄與入學制)는 한국사회에서 이를 수용할 만한 사회적 합의에 이르지 못하고 있다. 앞으로 대학의 재정문제를 해결하는 중요한 방안의 하나로 논의가 계속되어야 한다.

(4) 사립대학의 구조개선

인구감소 · 지역소멸 현상으로 사립대학의 경영이 매우 어려운 상황이다. 이에 "학령인구 감소로 인하여 위기를 겪고 있는 학교법인과 사립대학의 정상화를 위한 구조개선, 해산 및 청산을 체계적이고 안정적으로 관리하고 지원함으로써 학생, 교직원 등 대학의 구성원을 보호하고 대학의 건전한 발전과 고등교육의 경쟁력 강화에 이바지하는 것을 목적으로" '사립대학의 구조개선 지원에 관한 법률'이 제정되었다.

5. 대학의 자치의 한계

(i) 대학도 공권력발동의 치외법권지역이 아니다. 그러나 대학이라는 특수한 연구권역에서 대학의 자치를 실질적으로 보장하기 위하여 스스로 질서를 유지하도록 하고, 대학에 대한 경찰권 발동은 가급적 자제되어야 한다.

(ii) '집회 및 시위에 관한 법률'에 의하면 대학총장의 유청이 없어도 경찰권이 개입할 수 있다(제19조). 하지만, 그 개입은 최대한 자제하여야 한다. 다만, 학생의 집회가 학문적 연구 · 결과의 발표가 아닌 정치적 활동에 해당된다면 대학자치에 의하여 보호되지 아니한다는 일본 판례(Popolo좌 사건)가 있다(일본 最高裁判 1963(昭和 38.)5.22.).

Ⅵ. 학문의 자유의 제한과 한계

학문연구의 자유는 절대적으로 보장되어야 하겠지만, 연구결과의 발표나 교수의 자유는 일정한 제한이 불가피하다(대판 1993.2.9. 92도1711). 그러나 그 제한은 불가피한 최소한에 그쳐야 한다.

제 4 항 예술의 자유

Ⅰ. 의 의

(i) 학문의 자유와 예술의 자유는 서로 밀접한 관계를 가진다. 헌법 제22조 제1항은 "모든 국민은 학문과 예술의 자유를 가진다"라고 하여 학문과 예술의 자유를 동일한 조항에서 규정한다.

(ii) 예술(藝術)의 자유는 미(美)를 추구하는 자유이다. 그러나 예술의 자유란 비교적 최근에 정립된 기본권이기 때문에 예술의 정확한 개념에 대하여는 논란이 있다. 독일 연방헌법재판소는 '메피스토-클라우스만' 판결에서 실질적 예술개념을 제시한다. "예술활동의 본질은 예술가의 인상, 경험, 체험 등을 일정한 언어형태를 수단으로 하여 직접적인 표상으로 나타내는 자유로운 창조적 형성이다. 모든 예술적 활동은 합리적으로 풀어낼 수 없는, 의식적·무의식적 과정들의 혼합이다. 예술적 창조에는 직관(直觀), 상상(想像) 및 예술적 이해가 공동으로 작용한다. 그것은 무엇보다도 (단순한) 통지(전달)가 아니라 표현이며, 더욱이 예술가의 개인적 인격의 가장 직접적인 표현"이다(계희열, "메피스토-클라우스만 결정", 판례연구 2, 고려대 법학연구소, 1983, 7면 이하).

(iii) 그러나 이와 같은 실질적 예술개념 이외에도 다양한 예술개념이 동원된다. 이에 "예술에 대한 실질적·내용적 개념, 형식적 개념 및 개방적 개념을 그때그때 모두 활용할 수밖에 없으며 스스로 예술가임을 주장하는 사람들, 그 분야의 전문가 및 예술의 수용자(비평가, 감상자 등)의 견해를 참고하는 절차를 거쳐야 한다. 예술인지 아닌지를 확정하기 어려운 때에는 '의심스러운 경우에는 예술에게 유리하게(in dubio pro arte)'라는 원칙"에 따라야 한다(계희열(중) 377면).[1)]

Ⅱ. 예술의 자유의 법적 성격

예술의 자유는 인간의 자유로운 인격의 창조적 발현을 위한 주관적 공권이다. 또한 예술의 자유는 문화국가원리에 기초한 제도로서의 예술을 보장하여야 하는 객관적 가치질서로서의 성격을 가진다.

---

1) 양소연, 예술의 자유에 관한 연구, 서울대 박사학위논문, 2023.8.

Ⅲ. 예술의 자유의 주체

1. 의 의

예술의 자유는 인간의 권리이기 때문에 내·외국인을 불문하고 누리는 자유이다. 그러나 법인이나 단체가 예술의 자유의 주체가 될 수 있는가에 관하여는 논란이 있다.

2. 긍 정 설

긍정설은 "직접적이고 전적으로 예술의 창작과 커뮤니케이션을 통한 전달에 봉사하는 매개체는 예술의 자유의 주체가 된다." 이들은 예술의 자유의 주체로서 그 구성원이기 때문이 아니라 그 자체로서 예술의 자유의 주체가 된다. 즉 법인이나 단체도 예술의 자유의 주체가 된다고 본다.

3. 부 정 설

한편 부정설에는 "예술의 개념에 내포된 강한 개성적 특성 때문에, 예술단체의 기본권주체성에는 스스로 일정한 한계가 있다는 점을 주의할 필요가 있다. 즉 극장·박물관·미술관·예술학교 등은 그 자체로서 예술의 자유의 주체가 될 수는 없다. 또 교향악단도 그 자체로서 예술의 자유의 주체가 될 수 없고, 교향악단을 구성하는 음악가 한 사람 한 사람이 예술의 자유의 주체이고, 이들이 다만, 예술의 자유를 집단적으로 함께 행사하고 있다"라는 견해(허영)와, "법인인 예술단체는 예술의 자유의 주체가 되지만, 법인이 아닌 예술단체의 경우에는 단체를 구성하는 예술가 개개인이 그 주체가 되고, 단체는 예술의 자유를 집단적으로 공동행사"할 뿐이라는 견해(권영성)가 있다.

4. 검 토

생각건대 예술의 자유의 특수성으로 인하여 야기되는 예술의 자유의 기본권주체에 관한 논의에 있어서, ① 법인과 법인이 아닌 단체의 구별은 의미가 없다. 법인이나 단체의 기본권주체성 인정 여부는 그 법인이나 단체를 통하여 비로소 하나의 예술이 창조되는 특수성에 기인하며, 그 단체의 법인격 여부에 따라 결정될 사안은 아니기 때문이다. ② 예술의 자유의 본질에 비추어 본다면, 예술창작은 고도의 정신적·육체적 작업의 결집체이기 때문에, 개인의 정신적 자유인 예술의 자유의 영역에서 법인이나 단체의 기본권주체성을 인정하기는 어렵다는 견해도 타당한 측면이 있다. 그러나 예외적인 경우 예술의 특수성을 고려하여야 한다. 예컨대 교향악단의 연주는 그 자체로서 하나의 예술인바, 이를 구성원의 개인적인 자유로 보기보다는 오히려 악단 그 자체의 기본권주체성을 인정하여야 한다.

다른 한편 예술작품에 대한 비평(비평가)은 예술의 자유가 아니라 언론·출판의 자유의 기본권 주체가 된다.

극장운영자도 예술의 자유의 주체가 인정된다(헌재 2004.5.27. 2003헌가1, 학교보건법 제6조 제1항 제2호 위헌제청(위헌,헌법불합치,적용중지)).

Ⅳ. 예술의 자유의 효력

예술의 자유는 국가권력으로부터 예술의 자유가 침해받거나 제한받지 아니할 자유이기 때문에 당연히 대국가적 효력을 가진다. 또한 예술의 자유는 사인 사이에도 적용된다(간접적용).

Ⅴ. 예술의 자유의 내용

예술의 자유의 내용으로서는 예술창작의 자유, 예술표현의 자유, 예술적 집회 및 결사의 자유 등이 있다.

1. 예술창작의 자유

"예술창작의 자유는 예술창작활동을 할 수 있는 자유로서 창작소재, 창작형태 및 창작과정 등에 대한 임의로운 결정권을 포함한 모든 예술창작활동의 자유를 그 내용으로 한다." 따라서 음반 및 비디오물로써 예술창작활동을 하는 자유도 이 예술의 자유에 포함된다(헌재 1993.5.13. 91헌바17, 음반에관한법률 제3조 등에 대한 헌법소원(한정위헌)).

2. 예술표현의 자유

"예술표현의 자유는 창작한 예술품을 일반대중에게 전시·공연·보급할 수 있는 자유이다. 예술품보급의 자유와 관련해서 예술품보급을 목적으로 하는 예술출판사 등도 이러한 의미에서의 예술의 자유의 보호를 받는다." 따라서 비디오물을 포함하는 음반제작자도 예술표현의 자유를 향유한다(헌재 1993.5.13. 91헌바17(한정위헌)).

3. 예술적 집회 · 결사의 자유

예술의 자유의 한 내용인 예술적 활동을 위한 집회 · 결사는 종교의 자유 · 학문의 자유와 마찬가지로 일반적 집회 · 결사의 자유보다 더 강한 보호를 받는다. '집회 및 시위에 관한 법률'에서도 그 규제를 완화한다(제15조).

Ⅵ. 예술의 자유의 제한과 한계

1. 의　　의

예술의 자유도 국가안전보장 · 질서유지 또는 공공복리를 위하여 필요한 경우에는 헌법 제37조 제2항에 의하여 법률로써 제한할 수 있다. 예술의 자유도 타인의 권리와 명예 또는 공중도덕이나 사회윤리를 침해하여서는 아니 된다(제21조 제4항).

2. 사전심의제도

(i) 예술의 자유는 최대한 보장되어야 한다는 취지에 비추어 본다면, 예술창작의 자유는 절대적 기본권의 수준으로 보장되어야 한다. 하지만, 예술창작의 자유는 대부분 예술적 표현을 동반하기 때문에 실제로 예술창작의 자유도 제한될 수 있다. 특히 예술적 표현인 영화 · 연극 · 음반 및 비디오물 등에 대한 제한이 문제된다. 원칙적으로 이들 예술활동에 대한 사전제한은 금지되어야 하겠지만, 자율적 사전심의제도(事前審議制度) 그 자체를 위헌으로 보기는 어렵다. 헌법재판소의 위헌결정에 따라 관련 법률은 '영화 및 비디오물'과 '게임물'으로 정비되었다.

문화 · 예술분야를 규율하던 종래의 법률은 '공연법'(1961년 제정), 구 '영화법'(1962년 제정), 구 '음반에 관한 법률'(1967년 제정)로 대표된다. 이 중 공연법은 그 규율범위의 개정이 있었을 뿐 그대로 존속한다. 하지만, 영화법과 '음반에 관한 법률'은 전면적으로 대체입법이 제정되었다.

구 '음반에 관한 법률'은 비디오물에 관련된 사항을 전면적으로 보완하고 음반에 관련된 사항도 일부 보완하여 구 '음반 및 비디오물에 관한 법률'(1991년 제정)로 대체되었다. 구 '음반 및 비디오물에 관한 법률'의 공연윤리위원회에 의한 사전심의제는 사전검열에 해당된다고 하여 위헌으로 결정되었다. 또한 1997년 개정법률에서 설치된 한국공연예술진흥협의회도 공연윤리위원회와 비슷한 성격으로 보아 위헌으로 결정되었다(헌재 1996.10.31. 94헌가6; 헌재 1997.3.27. 97헌가1(위헌)). 등급심사제도는 사전검열이 아니지만, 음반의 사전심의제도는 사전검열제도에 해당한다(헌재 1997.3.27. 97헌가1, 음반및비디오물에관한법률 제16조 제2항 등 위헌제청(위헌))(헌재 1998.12.24. 96헌가23, 음반및비디오물에관한법률 제17조 제1항 등 위헌제청(위헌))(헌재 1999.9.16. 99헌가1, 음반및비디오물에관한법률 제

17조 제1항 등 위헌제청(위헌, 각하)).

이에 따라 사전심의제도를 등급분류제로 전환하는 등 음반 · 비디오물 및 게임물의 제작 · 유통과 관련된 규제를 폐지 · 완화하려는 목적으로 구 '음반 및 비디오물에 관한 법률'은 구 '음반 · 비디오물 및 게임물에 관한 법률'(1999년 제정)로 대체되었다. 구 '음반 · 비디오물 및 게임물에 관한 법률'에서의 영상물등급위원회에 의한 외국음반 국내제작 추천제도(헌재 2005.2.3. 2004헌가8, 구 음반 · 비디오물및게임물에관한법률 제16조 제1항 등 위헌제청(위헌); 헌재 2006.10.26. 2005헌가14, 음반 · 비디오물및게임물에관한법률 제35조 제1항 등 위헌제청(위헌))와 비디오물 등급분류보류제도(헌재 2008.10.30. 2004헌가18, 구 음반 · 비디오물 및 게임물에 관한 법률 제20조 제4항 위헌제청(위헌))는 사전검열에 해당되어 위헌결정되었다. 다만, 게임물판매업자의 등록제는 사전검열에 해당되지 아니한다고 판시하였다(헌재 2002.2.28. 99헌바117, 음반 · 비디오물및게임물에관한법률 제30조 제1호 등 위헌소원(합헌)).

검열 논란이 제기되었던 구 영화법상 공연윤리위원회의 사전심의제도가 위헌으로 결정되어 구 영화법도 구 '영화진흥법'(1995년 제정)으로 대체되었다: "공연윤리위원회가 민간인으로 구성된 자율적인 기관이라고 할지라도 영화법에서 영화에 대한 사전허가제도를 채택하고, 공연법에 의하여 공연윤리위원회를 설치토록 하여 행정권이 공연윤리위원회의 구성에 지속적인 영향을 미칠 수 있게 하였으므로 공연윤리위원회는 검열기관으로 볼 수밖에 없다"(헌재 1996.10.4. 93헌가13등(위헌)). 대체된 구 영화진흥법은 헌법재판소의 위헌결정을 반영하여(1997년 1차 개정) 영상물등급위원회의 상영등급분류제를 채택하였다. 그러나 영화진흥법 제21조 제4항 상영등급분류보류제는 실질적으로 검열에 해당되어 위헌이라고 판시된 바 있다(헌재 2001.8.30. 2000헌가9, 영화진흥법 제21조 제4항 위헌제청(위헌)).

(ii) 구 '음반 · 비디오물 및 게임물에 관한 법률'과 구 영화진흥법은 '영화 및 비디오물의 진흥에 관한 법률'(2006년 제정)로 통합되었다. 영화와 비디오물이라는 연속적인 영상물로서 그 규율대상이 동일함에도 불구하고 각기 다른 법률로써 규율하고 있어 그 효율성이 떨어지는바, 통합 규정함으로써 효율성을 도모하는 한편 인터넷과 디지털 기술의 발전에 따라 영상물의 이용이 디지털과 온라인 형태로 변화하고 있어 이를 포함할 수 있도록 비디오물의 개념을 확대한다. 특히 영화의 상영 전에 "영상물등급위원회로부터 상영등급을 분류 받아야 한다"(제29조 제1항).

전기통신설비를 이용하여 시청에 제공되는 텔레비전방송프로그램은 '영화 및 비디오물의 진흥에 관한 법률' 제2조 제12호의 '비디오물'에 해당하지 아니한다(대판 2010.7.15. 2009도4545).

(iii) 한편 게임물만의 고유한 특성을 고려하여 게임이용자의 권익향상과 건전한 게임문화를 확립하기 위하여 '게임산업진흥에 관한 법률'(2006년)이 제정되었다. 다른 한편 '음반 · 비디오물 및 게임물에 관한 법률'을 분법(分法)하여 신규매체의 발달로 기존 음반중심의 산업에서 인터넷 · 모바일 등을 통한 음악파일 중심의 음악서비스산업으로 급속하게 변화하는 음악산업 환경변화에 적극 대처하

기 위하여 '음악산업진흥에 관한 법률'(2006년)이 제정되었다.

3. 음란한 표현과 예술의 자유의 한계

(i) 예술의 자유는 음란(淫亂)한 표현과 관련하여 그 한계가 문제된다. 헌법재판소는 '음란'이 사회의 건전한 성도덕을 크게 해칠 뿐만 아니라 사상의 경쟁메커니즘에 의하여도 그 해악이 해소되기 어려워 언론·출판의 자유에 의한 보장을 받지 아니하는 반면, '저속'(低俗)은 이러한 정도에 이르지 아니하는 성표현 등을 의미하므로 헌법적인 보호영역 안에 있다고 하여 음란과 저속을 구별한 바 있다.

"이 사건 법률조항의 '음란'개념은 적어도 수범자와 법집행자에게 적정한 지침을 제시하고 있다고 볼 수 있고 또 법적용자의 개인적 취향에 따라 그 의미가 달라질 수 있는 가능성도 희박하다고 하지 않을 수 없다. 따라서 이 사건 법률조항의 '음란'개념은 그것이 애매모호하여 명확성의 원칙에 반한다고 할 수 없다. … '음란'의 개념과는 달리 '저속'의 개념은 그 적용범위가 매우 광범위할 뿐만 아니라 법관의 보충적인 해석에 의한다 하더라도 그 의미내용을 확정하기 어려울 정도로 매우 추상적이다. 이 '저속'의 개념에는 출판사등록이 취소되는 성적 표현의 하한이 열려 있을 뿐만 아니라 폭력성이나 잔인성 및 천한 정도도 그 하한이 모두 열려 있기 때문에 출판을 하고자 하는 자는 어느 정도로 자신의 표현내용을 조절해야 되는지를 도저히 알 수 없도록 되어 있어 명확성의 원칙 및 과도한 광범성의 원칙에 반한다. 청소년의 건전한 심성을 보호하기 위해서 퇴폐적인 성표현이나 지나치게 폭력적이고 잔인한 표현 등을 규제할 필요성은 분명 존재하지만, 이들 저속한 표현을 규제하더라도 그 보호대상은 청소년에 한정되어야 하고, 규제수단 또는 청소년에 대한 유통을 금지하는 방향으로 좁게 설정되어야 할 것인데, 저속한 간행물의 출판을 전면 금지시키고 출판사의 등록을 취소시킬 수 있도록 하는 것은 청소년보호를 위해 지나치게 과도한 수단을 선택한 것이고, 또 청소년보호라는 명목으로 성인이 볼 수 있는 것까지 전면 금지시킨다면 이는 성인의 알 권리의 수준을 청소년의 수준으로 맞출 것을 국가가 강요하는 것이어서 성인의 알 권리까지 침해하게 된다"(헌재 1998.4.30. 95헌가16, 출판사및인쇄소의등록에관한법률 제5조의2 제5호 등 위헌제청(위헌,합헌)).

(ii) 그러나 헌법재판소는 "'음란표현'도 헌법 제21조가 규정하는 언론·출판의 자유의 보호영역에는 해당하되, 다만, 헌법 제37조 제2항에 따라 국가안전보장·질서유지 또는 공공복리를 위하여 제한할 수 있"다고 판례를 변경하였다.

'음란표현'은 헌법상 언론·출판 자유의 보호영역 밖에 있다고 해석할 경우, 음란표현에 대하여는 언론·출판의 자유의 제한에 대한 헌법상의 기본원칙, 예컨대 명확성의 원칙, 검열 금지의 원칙 등에 입각한 합헌성 심사를 하지 못하게 될 뿐만 아니라, 기본권 제한에 대한 헌법상의 기본원칙, 예컨대 법률에 의한 제한, 본질적 내용의 침해금지 원칙 등도 적용하기 어렵게 되는 결과, 모든 음란표현에 대하여 사전 검열을 받도록 하고 이를 받지 않은 경우 형사처벌을 하거나, 유통목적이 없는 음란물의 단순소지를 금지하거나, 법률에 의하지 아니하고 음란물출판에 대한 불이익을 부과하는 행위 등에 대한 합헌성 심사도 하지 못하게 됨으로써, 결국 음란표현에 대한 최소한의 헌법상 보호마저도 부인하게 될 위험성이 농후하게 된다는 점을 간과할 수 없다. … 따라서 음란표현도 헌법 제21조가 규정하는 언론·출판의 자유의 보호영역에는 해당하되, 다만 헌법 제37조 제2항에 따라 국가안전보장·질서유지 또는 공공복리를 위하여 제한할 수 있는 것이라고 해석하여야 할 것이다. … 이 사건 법률조항의 음란표현은 헌법 제21조가 규정하는 언론·출판의 자유의 보호영역 내에 있다고 볼 것인바, 종전에 이와 견해를 달리하여 음란표현은 헌법 제21조가 규정하는 언론·출판의 자유의 보호영역에 해당하지 아니한다는 취지로 판시한 우리 재판소의 의견(헌재 1998.4.30. 95헌가16)은 이를 변경하기로 한다(헌재 2009.5.28. 2006헌바109, 정보통신망 이용촉진 및 정보보호 등에 관한 법률 제65조 제1항 제2호 위헌소원(각하,합헌)).

(iii) 대법원은 "'음란'이라 함은, 일반 보통인의 성욕을 자극하여 성적 흥분을 유발하고 정상적인 성적 수치심을 해하여 성적 도의관념에 반하는 것을 말하고, 표현물의 음란 여부를 판단함에 있어서는 당해 표현물의 성에 관한 노골적이고 상세한 묘사·서술의 정도와 그 수법, 묘사·서술이 그 표현물 전체에서 차지하는 비중, 거기에 표현된 사상 등과 묘사·서술의 관련성, 표현물의 구성이나 전개 또는 예술성·사상성 등에 의한 성적 자극의 완화 정도, 이들의 관점으로부터 당해 표현물을 전체로서 보았을 때 주로 그 표현물을 보는 사람들의 호색적 흥미를 돋우느냐의 여부 등 여러 점을 고려하여야 하며, 표현물제작자의 주관적 의도가 아니라 그 사회의 평균인의 입장에서 그 시대의 건전한 사회통념에 따라 객관적이고 규범적으로 평가하여야 한다"라고 판시한다(대판 2005.7.22. 2003도2911(청소년의성보호에관한법률위반(변경된 죄명: 전기통신기본법위반)·전기통신기본법위반)).

이와 같은 음란개념에 기초하여 예술성과 음란성을 구별한다. 즉 "예술성과 음란성은 차원을 달리하는 관념이고 어느 예술작품에 예술성이 있다고 하여 그 작품의 음란성이 당연히 부정"되지는 아니한다. "다만 그 작품의 예술적 가치, 주제와 성적 표현의 관련성 정도 등에 따라서는 그 음란성이 완화되어 결국은 처벌대상으로 삼을 수 없게 되는 경우가 있을 뿐이다."

결국 대법원은 음란한 표현행위인지 여부에 관하여 표현행위 그 자체를 객관적으로 판단하여 미술교사가 자신의 인터넷 홈페이지에 게시한 자신의 미술작품, 사진 및 동영상의 일부에 대하여 음란성을 인정하고 있고, 노골적인 성적 묘사 등을 야기한 연극공연행위의 음란성도 인정한다.

"당해 공연행위의 성에 관한 노골적이고 상세한 묘사·서술과의 관련성, 연극작품의 구성이나 전개 또는 예술성·사상성 등에 의한 성적 자극의 완화의 정도, 이들의 관점으로부터 당해 공연행위를 전체로서 보았을 때 주로 관람객들의 호색적 흥미를 돋구는 것으로 인정되느냐 여부 등의 여러 점을 검토하는 것이 필요하고, 이들의 사정을 종합하여 그 시대의 건전한 사회통념에 비추어 그것이 성적 도의관념에 반하는 것이라고 할 수 있는가 여부에 따라 결정되어야 한다. … 연극공연행위의 음란성 여부는 그 공연행위 자체로서 객관적으로 판단하여야 할 것이고, 그 행위자의 주관적인 의사에 따라 좌우되는 것은 아니다"(대판 1996.6.11. 96도980).

미국에서 표현매체의 음란성 판단 기준은 Miller v. California, 413 U.S. 15 (1973) 사건에서 제시한다. ① 현시대의 지역공동체 기준들을 적용하여 평균인이 느끼기에 "그 표현물이 -그 표현물을 전체적으로 이해하였을 때- 호색적 흥미에 호소하는 표현으로 받아들여지는가," ② 그 표현물이 적용가능한 주법(州法)에 구체적으로 정의된 대로 성적(性的) 행위를 "명백히 거슬리는 방법으로 묘사하는가," ③ 전체적으로 보아 그 표현물이 "중대한 문학적·예술적·정치적 혹은 과학적 가치를 결하는 표현인가"하는 세 가지를 제시한다(헌법재판소, 사이버공간상의 표현의 자유와 그 규제에 관한 연구, 헌법재판연구 13, 헌법재판소, 2002, 163면).

독일 형법은 청소년들에게 단순 음란문서의 내용을 인식할 수 있게 하는 구체적·추상적 가능성이 주어지지 아니하도록 음란문서를 청소년에게 제공하거나 청소년이 출입하는 장소에 전시·게시·상영 기타 접근을 용이하게 하는 행위 등을 금지하고(제184조 제1항), 절대금지음란문서에 대하여 규정한다(제184조 제3항 및 제4항). 특히 아동포르노그라피의 제작·반포행위 및 단순 소지나 제공도 처벌한다(제5항).

(iv) '아동·청소년의 성보호에 관한 법률'은 아동·청소년을 이용한 음란물을 제작·수입 또는 수출하는 행위 및 영리를 목적으로 아동·청소년이용음란물을 판매·대여·배포하거나 이를 목적으로 소지·운반하거나 공연히 전시 또는 상영하는 행위를 처벌한다. 또한 영리목적 없이 아동·청소년이용음란물을 배포하거나 공연히 전시·상영하는 행위 및 아동·청소년이용음란물을 단순 소지하는 행위도 처벌한다(제8조).

Ⅶ. 저작자·발명가·예술가의 권리보호

(i) 헌법 제22조 제2항은 "저작자·발명가·과학기술자와 예술가의 권리는 법률로써 보호한다"라고 규정함으로써 과학기술자의 특별보호를 명시하고 있다. 이는 과학·기술의 자유롭고 창조적인 연구개발을 촉진하여 이론과 실제 양면에 있어서 그 연구와 소산을 보호함으로써 문화창달을 제고하려는 데 그 목적이 있다. 이에 관한 법률로서 저작권법, 발명진흥법, 특허법, 과학기술기본법, 국가기술

자격법 등이 있다(헌재 1993.11.25. 92헌마87, 의료기사법 시행령 제2조에 대한 헌법소원(기각)).

헌법 제22조 제2항은 입법자에게 지식재산권을 형성할 수 있는 광범위한 입법형성권을 부여하고 있는바, 디자인을 창작한 경우에 어떠한 요건 하에서 디자인등록을 허용할 것인지에 관하여는 입법자에게 광범위한 형성의 여지가 인정된다(헌재 2018.8.30. 2016헌가12 참조). 이에 따라 신규성 상실의 예외를 제한하는 디자인보호법 조항은 헌법에 위반되지 아니한다(헌재 2023.7.20. 2020헌바497, 디자인보호법 제36조 제1항 단서 위헌소원(합헌)).

(ii) 저작자・발명가・과학기술자와 예술가의 지식재산권은 특별한 보호의 대상이다. 그 특수성을 고려하여 권리구제에 있어서도 특허심판원과 특허법원제도를 설치하여 운영한다.

유사석유제품의 생산 또는 판매를 금지하는 구 석유사업법 규정이 헌법상의 발명가, 과학기술자의 권리보호규정에 위반된다고 보기 어렵다(헌재 2009.5.28. 2006헌바24, 구 석유사업법 제26조 등 위헌소원(합헌)).

청중이나 관중으로부터 당해 공연에 대한 반대급부를 받지 아니하는 경우에는 상업용 목적으로 공표된 음반 또는 상업용 목적으로 공표된 영상저작물을 재생하여 공중에게 공연할 수 있다고 규정한 저작권법의 '공연권제한조항' 및 저작인접권의 목적이 되는 실연・음반 및 방송에 관하여 준용하는 것이 저작재산권자와 저작인접권자의 재산권을 침해하지 아니하며, 공연권제한조항이 헌법에 위반되지 아니한다(헌재 2019.11.28. 2016헌마1115등, 저작권법 제29조 제2항 위헌확인(기각)).

출판권자의 이해를 지나치게 해하지 않는 범위 내에서 저작물의 공정한 이용을 위하여 학교교육목적 저작물 이용에 관련하여 보상금 지급 규정을 준용하지 아니한 것은 출판권자가 수인하여야 하는 사회적 제약의 범위 내에 있으므로, 출판권자의 재산권을 침해하거나 평등원칙에 위반되지 아니한다(헌재 2025.7.17. 2023헌가8, 저작권법 제63조의2 등 위헌제청(합헌)).

제 5 항 언론 · 출판의 자유

Ⅰ. 의 의

(i) 표현(表現)의 자유는 민주주의국가에서 필요불가결한 자유이다. 표현의 자유는 언론 · 출판 · 집회 · 결사의 자유를 총괄하여 통칭하는 개념이다. 헌법 제21조에서는 언론 · 출판 · 집회 · 결사의 자유를 동일한 조문에서 규정한다. 한편 헌법 제17조 사생활의 비밀과 자유 · 제19조 양심의 자유 · 제20조 종교의 자유 · 제22조 학문과 예술의 자유도 표현의 자유와 밀접한 관련을 가진다.[1)]

"언론 · 출판의 자유는 민주체제에 있어서 불가결의 본질적 요소이다. 사회구성원이 자신의 사상과 의견을 자유롭게 표현할 수 있다는 것이야말로 모든 민주사회의 기초이며, 사상의 자유로운 교환을 위한 열린 공간이 확보되지 않는다면 민주정치는 결코 기대할 수 없기 때문이다. 또한 언론 · 출판의 자유는 인간이 그 생활 속에서 지각하고 사고한 결과를 자유롭게 외부에 표출하고 타인과 소통함으로써 스스로 공동사회의 일원으로 포섭되는 동시에 자신의 인격을 발현하는 가장 유효하고도 직접적인 수단으로서 기능한다. 아울러 언론 · 출판의 자유가 보장되지 않는다면, 사상은 억제되고 진리는 더 이상 존재하지 않게 될 것이다. 요컨대, 헌법 제21조가 언론 · 출판의 자유를 보장하고 있는 것은 이 같은 헌법적 가치들을 확보하기 위한 전제조건을 마련하기 위한 것이다"(헌재 1998. 4.30. 95헌가16, 출판사및인쇄소의등록에관한 법률 제5조의2 제5호 등 위헌제청(위헌,합헌)). 언론의 자유는 가장 기초적인 기본권이고 그것이 선거과정에서도 충분히 보장되어야 한다(대판 2011.12.22. 2008도11847, 공직선거법위반).

(ii) 표현의 자유 특히, 언론(言論) · 출판(出版)의 자유는 다른 개별적 기본권에 비하여 우월적인 지위를 부여받고 있다. 언론 · 출판 · 집회 · 결사의 자유는

---

1) 성낙인, 언론정보법, 나남; 박용상 · 성낙인 외 편, 세계언론판례총람, 한국언론연구원; 김한성, 언론출판의 자유의 현대적 기능과 법적 통제에 관한 연구, 연세대 박사학위논문, 1987; 박용상, 표현의 자유, 현암사; 조소영, 표현의 자유의 제한방법론에 관한 연구-미국의 연방대법원 판례를 중심으로, 연세대 박사학위논문, 2001.2; 이우영, "미국 위헌법률심사기준의 정립과정에서 우월적 지위 이론의 의의", 공법학연구 12-4; 전일주, "LRA기준론에 관한 미국 연방대법원의 선도판례연구", 헌법학연구 8-4; 정연철, "미국헌법상의 자유언론이론에 관한 고찰", 헌법학연구 8-4; 손태규, "취재의 자유와 엠바고 파기의 제재", 헌법학연구 20-3; 조영승, 미국헌법상 정부언론 이론에 관한 고찰: 미연방법원의 판례를 중심으로, 부산대 박사학위논문, 2017.2; 서보건, "표현의 자유의 보호범위와 차별적 표현의 규제에 관한 비교법적 연구", 공법학연구 21-2; 허진성, "동당 성낙인 교수의 언론법 사상", 언론과 법 20-2; 이진, "국경간 표현의 자유에 관한 비교헌법적 연구", 헌법학연구 29-2; 한위수, "모욕과 표현의 자유", 헌법논총 33; 문재완, "사상의 자유시장이 작동하지 않을 때", 세계헌법연구 30-2; 문의빈, "사상의 자유시장 이론과 플렛폼 거버넌스", 헌법학연구 30-3; 권형둔, "한국 언론법제의 역사와 전망", 법제연구 67.

그 기본권의 성격상 개인적 의사의 표현인 언론 · 출판의 자유와 집단적 의사의 표현인 집회 · 결사의 자유로 나누어 볼 수 있다.

Ⅱ. 언론 · 출판의 자유의 보장

1. 헌법상 언론 · 출판의 자유의 정립 - 소극적 자유에서 적극적 자유로

(i) 한국헌법상 언론 · 출판의 자유는 규정형식이나 내용상 다소의 변화를 거치긴 하였어도 제헌헌법 이래 헌법에서 명시적으로 보장한다. 헌법 제21조 제1항이 언론 · 출판의 자유보장에 관한 원론적 · 총론적 규정이라면, 헌법 제21조 제2항의 사전검열금지, 제3항의 언론기관시설법정주의, 제4항의 언론의 사회적 책임은 각론적 규정이라 할 수 있다. 또한 기본권제한의 일반원칙에 관한 헌법 제37조 제2항은 언론 · 출판의 자유의 제한에 관한 일반원리를 제공하며, 제17조의 사생활의 비밀과 자유도 언론의 자유와 상호 표리의 관계에 있다. 헌법의 총론적 · 각론적 규범에 기초하여 이를 구체화하는 법률로서 언론기본법 폐지 이후 '정기간행물의등록등에관한법률'과 방송법 및 지역신문발전법 등이 제정된 바 있으나, '정기간행물의등록등에관한법률'을 대체하는 '신문 등의 진흥에 관한 법률'(구 '신문 등의 자유와 기능 보장에 관한 법률'), '언론중재 및 피해구제 등에 관한 법률', '잡지 등 정기간행물의 진흥에 관한 법률' 및 '지역신문발전지원 특별법'이 제정되었다. 또한 방송통신분야에서는 방송법, '방송통신발전 기본법', '방송미디어통신위원회의 설치 및 운영에 관한 법률', '뉴스통신 진흥에 관한 법률', '인터넷 멀티미디어 방송사업법', '방송광고판매대행 등에 관한 법률'이 있다.

(ii) 종래 언론 · 출판의 자유는 국가권력으로부터의 자유를 의미하는 소극적 자유권으로 이해되어왔다. 그런데 정보사회의 진전과 더불어 적극적인 정보의 수집 · 처리 · 유통을 포괄하는 정보의 자유(알 권리)까지 포함하게 된다.

2. 고전적인 언론·출판의 자유보장

(1) 언론 · 출판의 자유의 헌법적 보장

(i) 헌법 제21조 제1항에서는 "모든 국민은 언론 · 출판의 자유와 집회 · 결사의 자유를 가진다"라고 규정한다. 언론 · 출판의 자유보장은 미국독립혁명 및 프랑스혁명 이후에 출현한 입헌주의적 문서를 통하여 확인된다.

1789년 프랑스의 '인간과 시민의 권리선언' 제11조: "사상 및 의견의 자유로운 통신은 인간의 가장 귀중한 권리의 하나이다. 따라서 모든 시민은 자유롭게 말하고, 저작하고 출판할 수 있다. 다만, 모든 시민은 법률에 규정된 경우에만 이 자유의 남용에 대하여 책임을 진다."

1776년 미국의 버지니아주 권리선언 제12조: "언론·출판의 자유의 제한은 전제정부(專制政府)라고 할 수 있다." 미국 건국 직후 보완된 수정헌법 제1조: "미합중국의회는 종교를 수립하거나 종교의 자유로운 행사를 금지하거나 언론 또는 출판의 자유를 제한하거나 또는 평온하게 집회하고 고통의 구제를 위하여 정부에 청원하는 인민의 권리를 침범하는 법률을 제정할 수 없다"(1791년 12월 15일 공포).

(ii) 고전적 의미의 언론·출판의 자유는 사상 및 의견을 표현할 자유와 이를 전파할 자유를 총괄하는 개념으로서, 언론의 자유는 단순히 자기의 가치판단에 따른 견해 표현뿐만 아니라 사실보도까지 포괄한다(불포함설(평가적 의사설): 허영 610면). 따라서 이를 억제하는 어떠한 형태의 인신구속, 사전검열, 입법조치, 도청 등도 할 수 없다.

(2) 표현의 자유의 기능과 우월적 지위

A. 의 의

(i) 일찍이 에머슨(T. I. Emerson)은 표현의 자유의 기능으로서 ① 개인의 인격의 자유로운 형성과 전개, ② 입헌민주주의의 유지형성, ③ 진리에의 도달, ④ 사회의 안정과 변화 사이의 균형을 적시한 바 있다.

(ii) 표현의 자유의 우월적 지위이론은 미국 연방대법원 판례를 통하여 형성되었으며 표현의 자유는 다른 모든 자유의 기반이며 없어서는 아니 될 전제조건으로 본다. 헌법재판소도 언론의 자유는 민주국가의 존립과 발전을 위한 기초가 되므로 '우월적 지위'를 가진다고 판시한다(헌재 1991.9.16. 89헌마165, 정기간행물의등록등에관한법률 제16조 제3항, 제19조 제3항의 위헌여부에 관한 헌법소원(합헌)). 즉 표현의 자유 규제에 대한 합헌성판단의 기준을 다른 자유권의 규제보다 엄격하게 설정한다. 그 예로는 ① 언론·출판에 대한 사전검열제를 금지하는 사전억제(prior restraint)금지의 이론, ② 명확성의 이론(막연하기 때문에 무효의 이론, void for vagueness)과 합헌성추정의 배제원칙, ③ 명백하고 현존하는 위험(clear and present danger)이 있어야 한다는 원칙, ④ 덜 제한적인 수단(less restrictive alternative, LRA)을 선택하여야 한다는 필요최소한도의 규제수단의 선택에 관한 원칙, ⑤ 비교형량(balancing test)의 원칙 또는 이중기준(double standard)의 원칙이 있다. 그 밖에도 표현의 자유가 침해되었을 때 시민단체 등에 원고적격을 인정하여 당사자적격을 완화하기도 한다. 또한 표현방법에 대하여는 표현내용에 대한 규제보다 더 많은 규제가 가능하다.

B. 언론·출판에 대한 사전검열을 금지하는 사전억제금지의 이론

(i) 사전억제금지의 이론은 언론·출판에 대한 검열금지와 집회·결사에 대한 허가제의 금지를 의미한다. 검열(檢閱)이란 사상이나 정보의 발표 이전에 행정권에 의하여 그 내용을 심사·선별하여 일정한 사상표현을 저지하는 제도이다. 사전검열은 금지된다(통설·판례).

언론의 자유의 보장은 의회나 정부에 의한 출판에 대한 사전적 세한을 금지하는 데에 그 주된 의의가 있다. 단지 공무상의 비행에 대한 비난을 하였다는 이유로 출판에 대한 억압과 금지의 허용은 그 본질적 요소에 있어서 검열에 해당한다(*Near v. Minnesota,* 283 U.S. 697(1931)).

가두연설에 대하여 허가를 요건으로 하는 뉴욕시조례에 의하면 허가 여부에 관하여 구체적인 기준을 규정하지 아니하고 시경찰당국에 완전한 재량권을 부여한다. 이와 같이 언론의 자유에 대한 사전적 제한은 수정헌법 제1조에 위반된다(*Kunz v. New York,* 340 U.S. 290(1951)).

(ii) 헌법재판소는 사전검열만을 검열로 보아 정기간행물의 납본제도와 검·인정교과서제도는 합헌으로 판시한다(헌재 1992.6.26. 90헌바26: 정기간행물의등록등에관한법률 제10조 제1항 등에 관한 위헌소원(합헌); 헌재 1992.11.12. 89헌마88, 교육법 제157조에 대한 헌법소원(기각)).

그러나 사전검열뿐만 아니라 사후검열이라 하더라도 그것이 사실상 사전검열과 같은 효과를 나타낼 경우에는 사후검열도 금지되어야 한다.

C. 명확성의 이론(막연하기 때문에 무효의 이론)과 합헌성추정의 배제원칙

표현행위를 규제하는 법령의 규정은 명확하여야 한다. 따라서 표현의 자유를 침해하는 법률의 합헌성추정을 부인하고, 표현의 자유를 규제하는 법률이 불명확한 경우에는 그 내용이 막연하기 때문에 무효이며, 나아가서 지나치게 막연하고 넓은 범위의 내용을 담고 있는 법률은 법원의 판단을 기다릴 필요도 없이 문언상 무효(void on its face)가 된다는 이론이 명확성의 이론과 합헌성추정의 배제원칙이다. 특히 표현의 자유와 관련된 형벌규정은 죄형법정주의와 결부되어 이 원칙이 한층 더 엄격하게 적용된다. 표현의 자유영역에서 발전된 명확성의 원칙은 기본권제한의 일반원칙이기도 하다.

"표현의 자유를 규제하는 입법에 있어서 이러한 명확성의 원칙은 특별히 중요한 의미를 지닌다. 민주사회에서 표현의 자유가 수행하는 역할과 기능에 비추어 볼 때, 불명확한 규범에 의한 표현의 자유의 규제는 헌법상 보호받는 표현에 대한 위축적 효과를 수반하기 때문이다. 즉, 무엇이 금지되는 표현인지가 불명확한 경우에는, 자신이 행하고자 하는 표현이 규제의 대상이 아니라는 확신이 없는 기본권주체는 형벌 등의 불이익을 감수하고서라도 자신의 의견을 전달하고자 하는 강한 신념을 가진 경우를 제외하고 대체로 규제를 받을 것을 우려해서 표현행위를 스스로 억제하게 될 가능성이 높은 것이다." 이에 따라 "음란 또는 저속한 간행물"에 관한 부분 중 "음란한 간행물"에 관한 부분은 헌

법에 위반되지 아니하고, "저속한 간행물"에 관한 부분은 헌법에 위반된다(헌재 1998.4.30. 95헌가16, 출판사및인쇄소의등록에관한법률 제5조 등에 대한 위헌심판(위헌,합헌)).

"무엇이 금지되는 표현인지가 불명확한 경우에, 자신이 행하고자 하는 표현이 규제의 대상이 아니라는 확신이 없는 기본권주체는 대체로 규제를 받을 것을 우려해서 표현행위를 스스로 억제하게 될 가능성이 높기 때문에 표현의 자유를 규제하는 법률은 규제되는 표현의 개념을 세밀하고 명확하게 규정할 것이 헌법적으로 요구된다. 그런데, "공공의 안녕질서 또는 미풍양속을 해하는"이라는 불온통신의 개념은 너무나 불명확하고 애매하다. 여기서의 "공공의 안녕질서"는 위 헌법 제37조 제2항의 "국가의 안전보장 · 질서유지"와, "미풍양속"은 헌법 제21조 제4항의 "공중도덕이나 사회윤리"와 비교하여 볼 때 동어반복이라 해도 좋을 정도로 전혀 구체화되어 있지 아니하다. 이처럼, "공공의 안녕질서", "미풍양속"은 매우 추상적인 개념이어서 어떠한 표현행위가 과연 "공공의 안녕질서"나 "미풍양속"을 해하는 것인지, 아닌지에 관한 판단은 사람마다의 가치관, 윤리관에 따라 크게 달라질 수밖에 없고, 법집행자의 통상적 해석을 통하여 그 의미내용을 객관적으로 확정하기도 어렵다"(헌재 2002.6.27. 99헌마480, 전기통신사업법 제53조 등 위헌확인(위헌,각하)).

'제한상영가' 등급의 영화를 '상영 및 광고 · 선전에 있어서 일정한 제한이 필요한 영화'라고 규정하고 있는데, 이는 제한상영가 등급의 영화가 어떤 영화인지를 말해주기보다는 제한상영가 등급을 받은 영화가 사후에 어떠한 법률적 제한을 받는지를 기술하고 있는바, 이것으로는 제한상영가 영화가 어떤 영화인지를 알 수가 없으므로 명확성원칙에 위배된다. 등급분류의 기준에 관하여 아무런 언급 없이 영상물등급위원회가 그 규정으로 이를 정하도록 하고 있는바, 이것만으로는 무엇이 제한상영가 등급을 정하는 기준인지에 대해 전혀 알 수 없고, 다른 관련규정들을 살펴보더라도 위임되는 내용이 구체적으로 무엇인지 알 수 없으므로 포괄위임금지원칙에 위반된다(헌재 2008.7.31. 2007헌가4, 영화진흥법 제21조 제3항 제5호 등 위헌제청(헌법불합치,잠정적용,당해사건적용중지)).

"기초의원후보자의 정당표시금지는 명확성의 원칙에 반한다"(헌재 2003.5.15. 2003헌가9, 공직선거법 제84조 위헌제청(위헌)).

"각 그 소정행위가 공공의 안녕(安寧)과 질서(秩序)에 직접적인 위협(威脅)을 가할 것이 명백한 경우에 적용된다고 할 것이므로 이러한 해석하에 헌법에 위반되지 아니한다"(헌재 1992.1.28. 89헌가8, 국가보안법 제7조 등에 관한 위헌심판(한정합헌)).

거리에서 3인 이상이 모여 행인들을 불쾌하게 하는 행위를 불법이라고 규정한 명령에서 '불쾌하게 하는'의 의미는 모호하고 광범위하여 명확성에 어긋난다(*Coates v. Cincinnati*, 402 U.S. 611(1971)).

영화검열의 기준으로서 유해하지 아니하여야 한다든가(Ohio주 영화검열법), 부도덕 또는 도덕을 문란하게 하는(New York주 영화허가법) 등의 용어는 그 개념이 애매하고 명확성과 구체성이 없기 때문에 부당하다(*Superior Films v. Departement of Education*, 346 U.S. 587(1954)).

법률규정이 막연하고 불확실하여 부당하게 정상적인 표현을 금지된 표현처럼 알리는 경우에 이는 헌법상 적법절차의 보장을 침해한다(*Winters v. New York*, 333 U.S. 507(1948)).

D. 명백(明白)하고 현존(現存)하는 위험(危險)의 원칙

(ⅰ) 1919년 미국의 홈즈(Holmes) 연방대법관이 주장한 이론으로서, 표현의 자유를 사후적으로 제약할 경우에도 명백하고 현존하는 위험이 있어야 한다는 원

칙이다.

징집법(徵集法)이 위헌이라는 주장의 인쇄물배포에 대하여 방첩법 위배에 대한 상고는 기각되었지만 종래 언론의 자유보장을 위한 사전억제금지에서 이제 사후처벌까지 명백하고 현존하는 위험을 발생시키는가의 여부에 따라 판단하여야 한다는 점을 적시하였다(*Schenck v. United States*, 249 U.S. 47(1919)).

(ii) 이 원칙은 '위험경향의 원칙'(dangerous tendency rule)(*Gitlow v. New York*, 268 U.S. 652(1925))으로 후퇴하였다가, 명백하고 현존하는 위험의 원칙으로 복귀되었다.

미국공산당의 후신인 공산당정치결사를 조직한 자들의 스미스법 위반에 대한 사건에서 어떠한 언론행위가 정부전복의 결과를 야기할 명백하고 현존하는 위험이 있는 한 정부는 비록 언론의 자유에 대한 침해가 있더라도 정부전복으로부터 그 자신을 보호할 권한을 가진다(*Herndon v. Lowry*, 301 U.S. 242(1937); *Dennis v. United States*, 341 U.S. 494(1951)).

단순히 추상적으로 무력과 폭력에 의존하는 표현의 도덕적 정당성 또는 나아가 도덕적 필요성을 가르치는 행위는 폭력행위를 위한 단체를 준비하는 행위와 동일시할 수 없다(*Brandenburg v. Ohio*, 395 U.S. 444(1969)).

(iii) 헌법재판소도 반국가단체의 활동을 찬양 · 고무하는 자를 처벌하는 국가보안법 제7조 제1항 · 제5항은 국가의 존립 · 안전을 위태롭게 하거나 자유민주적 기본질서에 실질적 해악을 미칠 명백한 위험성이 있는 행위에 대하여서만 적용된다고 판시한다.

"국가의 존립 · 안전이나 자유민주적 기본질서에 무해(無害)한 행위는 처벌에서 배제하고, 이에 실질적 해악을 미칠 명백한 위험성이 있는 경우로 처벌을 축소 제한하는 것이 헌법전문 · 제4조 · 제8조 제4항 · 제37조 제2항에 합치하는 해석일 것이다. 이러한 제한은 표현의 자유의 우월적 지위에 비추어 당연한 요청"이다(헌재 1990.4.2. 89헌가113, 국가보안법 제7조에 관한 위헌심판(한정합헌)).

(iv) 명백하고 현존하는 위험의 원칙에서 명백(明白)이란 표현과 해악(害惡)의 발생 사이에 긴밀한 인과관계가 존재하는 경우를 말하고, 현존(現存)이란 해악의 발생이 시간적으로 근접하고 있는 경우를 말하며, 위험(危險)이란 공공의 이익에 대한 위협 즉 해악의 발생을 말한다. 이 원칙에 의하면 언론과 해악의 발생 사이에 일정한 인과관계가 있고, 해악이 목전에 절박하여 해악의 발생을 다른 수단으로써는 방지할 수 없는 경우에 언론에 대한 제한은 정당화된다.

(v) 그러나 이 원칙은 먼저 위험의 명백성 · 현존성을 따지므로 결국 "위험의 근접성과 정도"가 위험성판단의 중심문제로 되는데 그것은 그 판단의 주관적 기준에서 오는 불명확성의 문제를 야기한다. 또한 이 원칙은 사후적으로 사법절차에

의하여 판단하는 기준으로는 적합하나, 행정청이 사전에 표현의 자유를 규제함에 있어서 이를 판단의 기준으로 하기에는 부적합한 점이 있다.

E. 필요최소한도의 규제수단 선택에 관한 원칙

표현의 자유를 제한하는 경우에도 표현의 자유가 다른 자유권보다 우월적 지위를 가진다는 점을 고려하여 보다 덜 제한적인 수단을 선택하여야 한다는 원칙이 필요최소한도의 규제수단의 선택에 관한 원칙이다. 법원이 어떤 대체수단을 개인의 이익에 관하여 보다 덜 제한적이라고 판단함에 있어서는, 개인의 이익의 중요성 및 그 이익의 보호를 위하여 법원이 하여왔거나 앞으로 할 정도, 문제의 법률이 취하는 수단과 대체수단의 유효성의 차이, 양 수단의 비용상의 차이, 보다 덜 제한적인 대체수단의 정도 등이 고려되어야 한다.

F. 이익형량(利益衡量)의 원칙과 이중기준(二重基準)의 원칙

(i) 표현의 자유가 여러 가지 사회적 이익과 충돌하는 경우에 필연적으로 그 상호간의 목적 · 상태 · 실현방법 등에 관한 비교형량이 행하여지는바, 이 경우 표현의 자유보장과 표현의 자유규제 사이에 나타날 사회적 이익 · 효용 · 가치를 비교형량하여 그 규제의 폭을 결정하여야 한다는 이익형량의 원칙과 정신적 자유의 우월성을 인정하는 이중기준의 원칙이 있다.

> "인격권으로서의 개인의 명예의 보호와 표현의 자유의 보장이라는 두 법익이 충돌하였을 때 그 조정을 어떻게 할 것인지는 구체적인 경우에 사회적인 여러 가지 이익을 비교하여 표현의 자유로 얻어지는 이익, 가치와 인격권의 보호에 의하여 달성되는 가치를 형량하여 그 규제의 폭과 방법을 정하여야 한다"(대판 1988.10.11. 85다카29).

(ii) 정신적 자유와 경제적 자유를 구별하여 정신적 자유의 우월성을 인정하는 이중기준론은 그 근거에 관하여 정신적 자유는 최고의 자연권이라는 입장, 사상의 자유시장의 확보는 경제적 자유시장보다는 고도로 요청된다는 입장, 사상표현의 자유는 대표민주제의 필수적 전제로서 특별히 보호되어야 한다는 입장이 있다.

(iii) 그런데 이익형량의 원칙은 다음과 같은 비판에 직면한다. ① 대립되는 이익은 일반적으로 공적 이익이기 때문에 이들 가치를 우선하기 쉽다. ② 이익형량을 위하여 그 기본권의 성격, 대립하는 이익의 성질, 제한의 정도 · 목적 · 방법 · 필요성, 보다 덜 제한적인 다른 선택수단의 유무 등 많은 요소를 고려하여야 하는데, 법원이 이 모든 요소를 고려하여 내리는 적정한 판단은 사실상 불가능하다. ③ 사건마다 판단이 달라져 법적 안정성과 판결의 예측가능성을 파괴할 위험이 있으며, 결과적으로 법률해석에서 법관의 자의를 허용하게 된다. 이에 상황과 인식

의 변화에 따른 광의의 유형별 이익형량론이 제기된다.

3. 정보사회와 언론 · 출판의 자유

(i) 현대정보사회의 성숙과 더불어 정보의 대량적 · 집단적인 유통이 일방통행적인 성격을 가지는 상황에서, 주권자인 국민이 정보에 대한 독자적 선택권을 행사할 수 없게 되었다. 이에 언론 · 출판의 자유를 사회적 · 제도적으로 보장하기 위하여 알 권리(정보의 자유)를 정립하여 다원적인 정보가 자유로이 유통되는 메커니즘을 만들었으며, 이를 유지 · 확보하는 언론 · 출판제도의 정립과 정보를 수령하는 국민의 **정보접근권**을 제도화하기에 이르렀다. 이에 따라 이제 정보의 자유는 공권력의 방해를 받지 아니하면서 일반적으로 접근할 수 있는 정보를 받아들이고 받아들인 정보를 취사선택할 수 있는 **소극적 정보의 자유**에 그치지 아니하고, 의사형성 · 여론형성에 필요한 정보를 적극적으로 수집할 수 있는 **적극적 정보의 자유**까지도 포괄한다.

(ii) 특히 정보통신망 즉 인터넷 등을 통한 표현의 자유가 새로운 문제를 제기한다. 이는 동시에 통신의 자유와 직결된 사안이다(헌재 2002.6.27. 99헌마480, 전기통신사업법 제53조 등 위헌확인(위헌,각하)).

III. 언론 · 출판의 자유의 법적 성격

1. 의 의

언론 · 출판의 자유의 법적 성격에 관하여는 개인적 자유권설과 제도적 보장설이 있다.

2. 개인적 자유권설

개인적 자유권설에 의하면 언론 · 출판의 자유는 전통적인 기본권의 하나로서, 국민의 소극적 지위에서 나오는 시민의 방어적인 자유권이므로 언론 · 출판의 자유는 국가에 의하여 방해됨이 없이 자유로이 자기의 의견을 표현하고 형성하는 자유를 포함한다.

3. 제도적 보장설

제도적 보장설에 의하면 언론 · 출판의 자유를 개체로서의 인간에서 출발하기보다는 조직 사회에서 비롯된 민주정치의 필수적 요소인 여론형성의 자유로 이해한다. 특히 오늘날 신문과 방송의 중요성에 비추어 여론형성을 위한 공적 책무와 그 제도적 보장을 중시한다.

4. 검 토

생각건대 언론·출판의 자유는 고전적 의미에서 개인의 자유권성에 기초한다. 그러나 오늘날 국민의 여론형성을 위한 신문·방송과 같은 대중매체의 기능과 중요성이 증대되고, 이들의 국민여론형성을 위한 중개적 기능에 비추어 그 제도적 보장으로서의 성격을 부인할 수 없다. 결국 언론·출판의 자유는 고전적인 개인적 자유권으로서의 성격에 언론·출판의 제도적 보장으로서의 성격이 결부된다.

Ⅳ. 언론·출판의 자유의 주체

언론·출판의 자유는 개인의 자유권적 성격뿐만 아니라 언론기관의 자유까지도 포괄하기 때문에, 신문사·방송사·통신사와 같은 법인도 기본권의 주체가 된다. 또한 언론·출판의 자유는 단순히 국민으로서의 권리일 뿐만 아니라 인간으로서의 권리이므로, 외국인도 기본권의 주체가 된다. 그러나 외국인의 정치적 표현의 자유는 더 많은 제한을 받는다.

Ⅴ. 언론·출판의 자유의 효력

언론·출판의 자유는 대국가적 효력뿐만 아니라 대사인적 효력도 인정된다. 대사인적 효력에 관하여는 일반적으로 간접적용설을 따르지만, 언론·출판의 자유는 헌법 제21조 제4항에 의하여 헌법상 직접적용된다.

Ⅵ. 언론·출판의 자유의 내용

1. 의 의

(ⅰ) 언론·출판의 자유는 고전적인 소극적인 자유로부터 현대정보사회에서의 적극적인 정보의 자유까지 포괄적으로 이해하여야 한다. 따라서 언론·출판의 자유는 사상이나 의견을 단순히 표현·전달하는 자유 이외에 알 권리, 보도기관의 자유와 책무, 액세스권, 반론권까지 포괄하는 통일적 체계로 이해하여야 한다.

(ii) 언론이란 구두(口頭)에 의한 표현을, 출판이란 문자 또는 상형(象形)에 의한 표현을 말한다. 언론·출판의 자유에서 "언론·출판"이라 함은 사상·양심 및 지식·경험 등을 표현하는 모든 수단, 즉 담화·연설·토론·연극·방송·음악·영화·가요 등과 문서·도화·사진·조각·서화·소설·시가(詩歌) 기타 형상(形狀)에 의한 표현을 모두 포괄한다.

(iii) 언론·출판의 자유는 불특정 다수인을 상대로 한 표현을 보호하는 자유이므로, 자기에 관한 정보의 표현은 사생활의 비밀과 자유(제17조)로, 개인 사이의 사적 접촉을 가능하게 하는 표현은 통신의 자유(제18조)로 보호받는다. 또한 양심표현의 자유(제19조)·신앙표현의 자유(제20조)는 표현의 자유의 특별법적 규정이다.

(iv) 음악·영화·연극·도화·사진 등의 순수한 예술적 표현은 원칙적으로 예술의 자유(제22조 제1항)로 보호받는다.

2. 사상·의견을 표명·전달할 자유

(1) 모든 형태의 표현

사상(思想)이나 의견(意見)을 표명하고 전달할 자유는 언론·출판의 자유의 기본적 내용이다. 이것은 자기의 사상이나 의견의 적극적 개진(開陣)뿐만 아니라 단순히 소극적으로 침묵하는 자유까지도 포함한다. 또한 사상이나 의견을 익명(匿名) 또는 가명(假名)으로 표명하고 전달하는 익명표현의 자유도 여기에 포함된다. 사상이나 의견의 표현방법은 구두 혹은 문자(예컨대 執筆)나 상형에 의한 방법뿐만 아니라 텔레비전·라디오, 영화·음반 및 비디오물·음란물, 인터넷, 상징적 표현까지 포괄한다. 상징적 표현이란 자신의 의사를 표현하기 위하여 언어를 사용하지 아니하고 일정한 상징을 사용하는 행위를 말한다. 허위사실의 표현도 일단은 표현의 내용에 포함되지만 대신 폭넓은 제한이 뒤따른다.

"구체적인 전달이나 전파의 상대방이 없는 집필(執筆)의 단계를 표현의 자유의 보호영역에 포함시킬 것인지 의문이 있을 수 있으나, 집필은 문자를 통한 모든 의사표현의 기본 전제가 된다는 점에서 당연히 표현의 자유의 보호영역에 속해 있다고 보아야 한다"(헌재 2005.2.24. 2003헌마289, 행형법시행령 제145조 제2항 등 위헌확인(수용자에 대한 집필금지)(위헌,각하))

"영화도 의사표현의 한 수단이므로 그 제작 및 상영은 … 언론·출판의 자유에 의한 보장을 받음은 물론"(영화 및 비디오물·게임물도 포함된다. 헌재 1996.10.4. 93헌가13, 영화법 제12조 등 위헌제청(위헌)); 외국음반의 국내제작도 의사 형성적 작용이라는 관점에서 당연히 의사의 표현·전파 형식의 하나에 해당한다고 할 수 있으므로 역시 언론·출판의 자유의 보호범위 내에 있다(헌재 2006.10.26. 2005헌가14, 음반·비디오물및게임물에관한법률 제35조 제1항 등 위헌제청(위헌)).

"'자유로운' 표명과 전파의 자유에는 자신의 신원을 누구에게도 밝히지 아니한 채 익명(匿名) 또는 가명(假名)으로 자신의 사상이나 견해를 표명하고 전파할 익명표현의 자유도 그 보호영역에 포함된다." "인터넷언론사의 공개된 게시판·대화방에서 스스로의 의사에 의하여 정당·후보자에 대한 지지·반대의 글을 게시하는 행위가 양심의 자유나 사생활 비밀의 자유에 의하여 보호되는 영역이라고 할 수 없다"(헌재 2010.2.25. 2008헌마324, 공직선거법 제82조의6 제1항 등 위헌확인 등(합헌,기각)).

정보통신망의 발달에 따라 선거기간 중 인터넷언론사의 선거와 관련한 게시판·대화방 등도 정치적 의사를 형성·전파하는 매체로서 역할을 담당하고 있으므로, 의사의 표현·전파의 형식의 하나로 인정되고, 따라서 언론·출판의 자유에 의하여 보호된다" (헌재 2010.2.25. 2008헌마324, 공직선거법 제82조의6 제1항 등 위헌확인 등(합헌,기각)).

상징적 표현도 언론·출판의 자유의 내용으로 보장된다. 미국에서 월남전쟁에 반대하여 징병카드를 대중 앞에서 태우는 행위, 검은 완장을 달고 학생이 등교하는 행위, 분신자살, 탈춤 등으로 정부에 항의하는 행위 등이 이에 속한다. 이것은 현대사회에서 소수파가 보다 적극적인 방법으로 자기의 의사를 표현할 수 있는 방안으로 모색된다.

(2) 영업광고(상업광고)

(i) 기업 등의 영업광고도 표현의 자유의 보호대상인지에 관하여 견해가 대립된다. 부정설은 영업광고는 상업적 성질에 비추어 직업의 자유 중 영업의 자유로 이해하여야 하며, 표현의 자유는 인간의 정신활동으로서 의사표현에 한정되어야 한다고 한다. 긍정설은 영업광고도 의사를 표현하고 정보를 전달하는 기능을 담당하고 있으므로 표현의 자유의 보호영역으로 본다. 절충설은 개별 상업광고의 내용이 공익적인 의사전달을 포함하는 경우에만 표현의 자유의 보호대상으로 볼 수 있다고 한다. 헌법재판소는 광고물을 표현의 자유의 보호대상으로 인정한다.[1)]

"광고물도 사상·지식·정보 등을 불특정다수인에게 전파하는 것으로서 언론·출판의 자유에 의한 보호를 받는 대상이다. … 광고가 단순히 상업적인 상품이나 서비스에 관한 사실을 알리는 경우에도 그 내용이 공익을 포함하는 때에는 헌법 제21조의 표현의 자유에 의하여 보호된다"(헌재 2002.12.18. 2000헌마764, 옥외광고물 관리법 제3조 제1항 제6호 등 위헌확인(합헌)). "뿐만 아니라 국민의 알 권리는 국민 누구나가 일반적으로 접근할 수 있는 모든 정보원(情報源)으로부터 정보를 수집할 수 있는 권리로서 정보수집의 수단에는 제한이 없는 권리인바, 알 권리의 정보원으로서 광고를 배제시킬 합리적인 이유가 없음을 고려할 때, 광고는 이러한 관점에서도 표현의 자유에 속한다"(헌재 1998.2.27. 96헌바2, 옥외광고물관리법 제3조 위헌소원(합헌)).

(ii) 그러나 영업상 표현은 경제적 자유권과 밀접하게 관련되므로 전통적인 언

---

1) 김웅규, 미국헌법상의 상업적 언론, 부산대 박사학위논문, 2001.8; 장철준, "정치광고와 유권자의 표현의 자유", 언론과 법 10-2; 조소영, "광고규제에 대한 헌법적 검토-상업광고에 대한 논의를 중심으로", 공법학연구 18-3; 박찬권, "헌법체계상 인격권과 표현의 자유의 규범적 위상 및 상호관계-상업광고의 기본권 보호범위에 관한 보론", 공법연구 48-1; 황성기, "의료광고 플랫폼의 법적 쟁점과 정책 과제의 방향", 공법연구 52-3.

론의 자유보다는 더 많은 제한이 불가피하다. 이에 따라 상업광고(商業廣告) 규제에 대한 사법심사에 있어서는 비례의 원칙이 완화될 수밖에 없다. 하지만, 변경된 판례에 의하면 상업광고에도 사전검열금지의 원칙이 예외 없이 적용된다.

"상업광고는 사상이나 지식에 관한 정치적, 시민적 표현행위와는 차이가 있고, 직업수행의 자유의 보호영역에 속하지만 인격발현과 개성신장에 미치는 효과가 중대한 것은 아니므로, 상업광고 규제에 관한 비례의 원칙 심사에 있어서 '피해의 최소성'원칙은 '입법목적을 달성하기 위하여 필요한 범위 내의 것인지'를 심사하는 정도로 완화되는 것이 상당하다." "의료인의 기능과 진료방법에 대한 광고를 일률적으로 금지하고 이에 대하여 벌금형에 처하도록 한 것은 입법목적을 달성하기 위하여 필요한 범위를 넘어선 것이므로, '피해의 최소성'원칙에 위반되고, 보호하고자 하는 공익보다 제한되는 사익이 더 중하다고 볼 것이므로 '법익의 균형성'원칙에도 위배된다(6:3)(헌재 2005.10.27. 2003헌가3, 의료법 제69조 등 위헌제청(위헌)).

'소비자를 현혹할 우려가 있는 내용의 광고'란, '광고 내용의 진실성 · 객관성을 불문하고, 오로지 의료서비스의 긍정적인 측면만을 강조하는 취지의 표현을 사용함으로써 의료소비자를 혼란스럽게 하고 합리적인 선택을 방해할 것으로 걱정되는 광고'의 의미로 충분히 해석할 수 있으므로 죄형법정주의의 명확성원칙에 위배되지 아니한다. 의료광고는 국민의 생명 · 건강에 직결되는 의료서비스를 그 내용으로 하고 소비자에게 상당한 영향을 미치므로, 그 내용이 객관적이고 진실하여야 함은 물론 표현에 있어서도 소비자로 하여금 오해를 불러일으키지 아니하도록 이루어져야 한다. 의료광고가 소비자를 현혹하는 방법으로 이루어질 경우, 소비자는 해당 의료서비스의 부정적인 측면을 충분히 고려하지 못함으로써 의료피해라는 예상치 못한 변수에 노출될 수 있다. 부당한 의료광고 표현에 대한 규제가 적절히 이루어지지 않는다면 의료인 등의 비정상적인 광고경쟁을 유발할 수 있고, 이러한 과당경쟁은 소비자의 심리를 자극하기 위한 의료광고의 급증으로 이어져 문란한 국민의료질서를 조장할 위험성이 높으며, 결국 그 피해는 소비자인 국민에게 돌아오게 되므로 과잉금지원칙을 위배하여 의료인 등의 표현의 자유나 직업수행의 자유를 침해한다고 볼 수 없다(헌재 2014.9.25. 2013헌바28, 의료법 제56조 제2항 제2호 등 위헌소원(합헌,각하)).

방송위원회로부터 위탁받은 한국광고자율심의기구로 하여금 텔레비전 방송광고의 사전심의를 담당하게 한 것은 헌법이 금지하는 사전검열에 해당한다(헌재 2008.6.26. 2005헌마506, 방송법 제32조 제2항 등 위헌확인(위헌)).

건강기능식품의 표시 · 광고에 관한 사전심의절차를 법률로 규정하였다 하여 헌법이 금지하는 사전검열에 해당한다고 보기는 어렵다(헌재 2010.7.29. 2006헌바75, 건강기능식품에 관한 법률 제18조 제1항 제5호 등 위헌소원(각하,합헌)). 그러나 의료광고도 사전검열금지원칙이 적용되며 의사협회와 같은 민간심의기구가 사전심의를 담당하는 경우에도 행정권의 개입가능성 때문에 그 사전심의에 자율성이 보장되지 아니한다면 행정기관의 사전검열에 해당한다(헌재 2015.12.23. 2015헌바75). 이에 따라 2006헌바75 결정을 변경하여 상업광고도 표현의 자유 보호대상이라는 점, 표현의 자유 보호대상이면 예외 없이 사전검열금지원칙이 적용되며, 행정권이 현실적으로 개입하지 아니하더라도 개입가능성이 있다면 사전심의에 자율성이 보장되지 아니한다. 이에 건강기능식품 기능성 광고 사전심의는 헌법이 금지하는 사전검열에 해당된다(헌재 2018.6.28. 2016헌가8등, 건강기능식품에 관한 법률 제18조 제1항 제6호 등 위헌제청(위헌))

(헌재 2019.5.30. 2019헌가4, 구 건강기능식품에 관한 법률 제44조 제4호 위헌제청(위헌)). 의료기기 사전심의를 받지 아니하거나 심의받은 내용과 다른 내용의 광고를 금지하고, 이를 위반하면 행정제재와 형벌을 부과하는 규정은 모두 헌법에 위반된다(8:1)(헌재 2020.8.28. 2017헌가35, 의료기기법 제24조 제2항 제6호 등 위헌제청(위헌)).

식품·식품첨가물의 표시에 있어서 의약품과 혼동할 우려가 있는 표시·광고 금지가 영업·광고표현의 자유, 학문의 자유를 침해하지 아니한다(헌재 2000.3.30. 97헌마108, 식품위생법 제11조 위헌확인(기각)). 이 결정에서 "식품광고로서의 본질과 한계를 벗어나 질병의 치료·예방 등을 직접적이고 주된 목적으로 하는 의약품으로 혼동·오인하게 하는 표시·광고만을 규제하는 것으로 보아야 한다"라고 판시한다. 이에 대판 2006.11.24. 2005도844에서도 헌법재판소의 선례를 참조하여 과대광고 규제조항을 한정적으로 해석한다.

양배추, 양파, 흑마늘 식품에 대한 블로그 광고 글이 식품광고로서의 한계를 벗어난 과대광고에 해당한다고 보기 어렵다(헌재 2020.11.26. 2017헌마1156, 기소유예처분취소(인용(취소))).

(3) 인터넷 본인확인(인터넷실명제)

(i) 헌법재판소는 인터넷실명제 소위 본인확인제의 전면적인 실시는 위헌이라고 본다. 그러나 청소년 유해매체물, 게임, 휴대전화가입 등에서는 본인확인과 관련된 일련의 규정에 대하여 합헌이라고 판시한다.[1)]

건전한 인터넷 문화의 조성 등 입법목적은, 인터넷 주소 등의 추적 및 확인, 당해 정보의 삭제·임시조치, 손해배상, 형사처벌 등 인터넷 이용자의 표현의 자유나 개인정보자기결정권을 제약하지 않는 다른 수단에 의해서도 충분히 달성할 수 있음에도, 인터넷의 특성을 고려하지 아니한 채 본인확인제의 적용범위를 광범위하게 정하여 법집행자에게 자의적인 집행의 여지를 부여하고, 목적달성에 필요한 범위를 넘는 과도한 기본권제한을 하고 있으므로 침해의 최소성이 인정되지 아니한다. 또한 국내 인터넷 이용자들의 해외 사이트로의 도피, 국내 사업자와 해외 사업자 사이의 차별 내지 자의적 법집행의 시비로 인한 집행 곤란의 문제를 발생시키고 있고, 나아가 본인확인제 시행 이후에 명예훼손, 모욕, 비방의 정보의 게시가 표현의 자유의 사전 제한을 정당화할 정도로 의미 있게 감소하였다는 증거를 찾아볼 수 없는 반면에, 게시판 이용자의 표현의 자유를 사전에 제한하여 의사표현 자체를 위축시킴으로써 자유로운 여론의 형성을 방해하고, 본인확인제의 적용을 받지 않는 정보통신망상의 새로운 의사소통수단과 경쟁하여야 하는 게시판 운영자에게 업무상 불리한 제한을 가하며, 게시판 이용자의 개인정보가 외부로 유출되거나 부당하게 이용될 가능성이 증가하게 되었는바, 이러한 인터넷게시판 이용자 및 정보통신서비스 제공자의 불이익은 본인확인제가 달성하려는 공익보다 결코 더 작다고 할 수 없으므로, 법익의 균형성도 인정되지 않는다. 따라서 본인확인제는 과잉금지원칙에 위배하여 인터넷 게시판 이용자의 표현의 자유, 개인정보자기결정권 및 인터넷게시판을 운영하는 정보통신서비스 제공자의 언론의 자유를 침해한다(헌재 2012.8.23. 2010헌마47, 정보통신망 이용촉진 및 정보보호 등에 관한 법률 제44조의5 제1항 제2호 등 위헌확인(위헌)).

공공기관등이 정보통신망에 게시판을 설치·운영하려면 게시판 이용자의 본인 확인을 위

1) 정구진, "익명표현의 자유에 대한 비판적 고찰", 세계헌법연구 30-1.

한 방법 및 절차의 마련 등 대통령령으로 정하는 필요한 조치를 하도록 한 규정은 게시판이 공공기관등이 아닌 주체가 설치·운영하는 게시판에 비하여 공동체 구성원으로서의 책임이 더욱 강하게 요구되는 곳임을 전제로 과잉금지원칙을 준수하고 있으므로 익명표현의 자유를 침해하지 아니한다(5:4). [반대의견(4인)] 규율하고 있는 공적 영역은 그렇지 않은 영역에 비하여 오히려 익명표현의 자유가 더욱 강하게 보장될 필요가 있는 곳이므로 위헌이다(헌재 2022.12.22. 2019헌마654, 정보통신망 이용촉진 및 정보보호 등에 관한 법률 제44조의5 제1항 제1호 위헌확인(기각)).

정보통신망을 통하여 청소년유해매체물을 제공하는 자에게 이용자의 본인확인 의무를 부과하고 있는 청소년 보호법 제16조 제1항 및 본인확인을 위하여 공인인증서, 아이핀(I-PIN), 휴대전화를 통한 인증 방법 등을 정하고 있는 청소년 보호법 시행령 제17조는 과잉금지원칙에 반하여 청구인들의 알 권리 및 개인정보자기결정권을 침해하지 아니한다(헌재 2015.3. 26. 2013헌마354, 청소년보호법 제16조 제1항 등 위헌확인(기각)).

게임물 관련사업자에게 게임물 이용자의 회원가입 시 본인인증을 할 수 있는 절차를 마련하도록 하고 있는 게임산업진흥에 관한 법률과 시행령은 청구인들의 일반적 행동의 자유 및 개인정보자기결정권을 침해하지 아니한다(헌재 2015.3.26. 2013헌마517, 게임산업진흥에 관한 법률 제12조의3 제1항 제1호 등 위헌확인(기각)).

전기통신역무제공에 관한 계약(휴대전화 통신계약)을 체결하는 경우 전기통신사업자로 하여금 가입자에게 본인임을 확인(본인확인제)할 수 있는 증서 등을 제시하도록 요구하고 부정가입방지시스템 등을 이용하여 본인인지 여부를 확인하도록 하는 전기통신사업법 규정은 개인정보자기결정권, 통신의 자유를 침해하지 아니한다. 주민등록번호의 수집사유가 엄격히 제한되고 있는 현행 개인정보 보호법제에서, 통신내역이라는 정보는 통신당사자의 신원정보와 달리 통신의 비밀에 의하여 보호되며 이를 취득하기 위해서는 통신사실확인자료 취득이라는 통신비밀보호법상의 별도의 절차를 거치도록 요구됨을 전제로, 잠재적인 명의도용피해 예방, 범행도구에 악용되는 차명휴대전화(대포폰) 생성 방지를 통한 통신망 질서유지라는 공익을 이유로, 주민등록번호의 일회적인 수집에 그치는 방식을 취한 점을 고려할 때, 이동통신서비스에 가입할 때에 주민등록번호의 수집은 과잉금지원칙을 위반하지 아니한다(7:2)(헌재 2019.9.26. 2017헌마1209, 전기통신사업법 제32조의4 제2항 등 위헌확인(기각)).

소위 대포폰 개통 방지를 위하여 "이동통신사업자가 제공하는 전기통신역무를 타인의 통신용으로 제공하는 것을 원칙적으로 금지하고, 위반 시 형사처벌하는 전기통신사업법 제30조 본문 중 "누구든지 전기통신사업자 가운데 이동통신사업자가 제공하는 전기통신역무를 타인의 통신용으로 제공하여서는 아니 된다." 부분과 제97조 제7호 중 "전기통신사업자 가운데 이동통신사업자가 제공하는 전기통신역무를 타인의 통신용으로 제공한 자"에 관한 부분이 헌법에 위반되지 않는다"(7:2)(헌재 2022.6.30. 2019헌가14, 전기통신사업법 제30조 등 위헌제청(합헌)).

(ii) 인터넷실명제에 대하여는 재판관 전원이 위헌이라고 판시하고 있지만, 나머지 사안에는 소수의견으로만 재판관들의 위헌의견이 제시된다. 청소년보호·전기통신안전이라는 큰 공익에 비추어 본다면 이들 분야에서는 최소한 실명제가 불가피한 측면이 분명히 있다. 인터넷의 바다에서 현실적인 규제가 그리 쉬운 일은 아니지만 그래도 청소년을 보호하고 범죄를 예방한다는 원칙은 전 세계적으

로 수용되고 있다. 반대의견도 그 필요성을 인정하면서 다만, 그 효과나 실제 실천에서의 문제점을 적시한다. 특히 게임물의 경우 이를 통하여 어느 정도 청소년 보호가 이루어질지에 관한 의문이 제기된다. 보다 근본적으로는 실명제를 통하여 구현하려는 공익이 현실적으로 달성 가능한 가장 적절한 방안을 찾아야 한다. 예컨대, 익명전화 금지의 효과를 달성하면서도 소위 '대포폰'과 같은 피해를 최소화할 수 있는 기술적 조치가 모색되어야 한다.

(iii) 특히 선거라는 특정시점에서 국민의 주권적 의사가 왜곡될 수 있는 소지를 최소화하여야 한다. 이에 따라 헌법재판소는 선거기간 중 실명확인 조치는 합헌으로 결정한 바 있다.

1. 관계법령의 규정 내용이 구체적으로 인터넷언론사의 범위에 관하여 규정하고 있고 독립된 헌법기관인 중앙선거관리위원회가 설치·운영하는 인터넷선거보도심의위원회가 이를 결정·게시하는 이상, 해당 인터넷언론사가 자신이 실명확인 조치의무를 지는지 여부에 관하여 확신이 없는 상태에 빠지는 경우를 상정할 수 없고, '지지·반대의 글'은 건전한 상식과 통상적인 법감정을 가진 사람이면 자신의 글이 이에 해당하는지를 충분히 알 수 있으므로 명확성의 원칙에 위배된다고 할 수 없다. 2. 인터넷이용자로서는 스스로의 판단에 따라 실명확인 절차를 거치거나 거치지 아니하고 자신의 글을 게시할 수 있으므로 사전검열금지의 원칙에 위배된다고도 할 수 없다. 3. 소수에 의한 여론 왜곡으로 선거의 평온과 공정이 위협받아 발생하는 사회경제적 손실과 부작용을 방지하고 선거의 공정성을 확보하기 위한 것이므로 목적의 정당성이 인정되고 그 수단의 적합성 또한 인정되며, 인터넷의 특성상 흑색선전이나 허위사실이 빠르게 유포되어 정보의 왜곡이 쉬운 점, 짧은 선거운동기간 중 이를 치유하기 불가능한 점, 인터넷이용자의 실명이 표출되지 않고 다만 '실명확인' 표시만이 나타나는 점을 고려하면, 피해를 최소화하기 위한 요건도 갖추었다. 4. 인터넷언론사의 공개된 게시판·대화방에서 스스로의 의사에 의하여 정당·후보자에 대한 지지·반대의 글을 게시하는 행위가 양심의 자유나 사생활 비밀의 자유에 의하여 보호되는 영역이라고 할 수 없다. 5. 실명인증자료의 보관 및 제출의무는 개인의 인적정보를 수집할 목적으로 규정된 조항이 아니므로 개인정보를 대상으로 한 개인정보자기결정권에 대한 제한은 아니다(7:2)(헌재 2010.2.25. 2008헌마324, 공직선거법 제82조의6 제1항 등 위헌확인 등(합헌,기각)).

그런데 헌법재판소는 인터넷언론사가 선거운동기간 중 당해 홈페이지 게시판 등에 정당·후보자에 대한 지지·반대 등의 정보를 게시하는 경우 실명을 확인받는 기술적 조치를 하도록 규정한 공직선거법 조항 중 "인터넷언론사" 및 "지지·반대" 부분은 명확성원칙에 위배되지 아니하지만, 실명확인과 관련된 기술적 조치를 비롯하여 이에 따른 과태료 부과에 대하여는 위헌이라고 결정하였다(6:3)(헌재 2021.1.28. 2018헌마456등, 공직선거법 제82조의6 제1항 등 위헌확인(위헌)). 이는 위 선거기간 인터넷 실명제에 대한 합헌결정을 실질적으로 변경한 판례이다. 생각건대 선거운동기간 중이라는 특성에 비추어 본다면 반대의견과 같이 실명제를 위헌으로 보아서는 아니 되는 측면이 존재한다. 표현의 자유보다는 오히려 선거의 공정이라는 공익이 더 중요하기 때문이다.

실명확인 조항 중 "인터넷언론사" 및 "지지·반대" 부분은 명확성 원칙에 반하지 않는다. 그러나 인터넷언론사는 선거운동기간 중 당해 홈페이지 게시판 등에 정당·후보자에 대한 지지·반대 등의 정보를 게시하는 경우 실명을 확인받는 기술적 조치를 해야 하고, 행정안전부장관 및 신용정보업자는 실명인증자료를 관리하고 중앙선거관리위원회가 요구하는 경우 지체 없이 그 자료를 제출해야 하며, 실명확인을 위한 기술적 조치를 하지 아니하거나 실명인증의 표시가 없는 정보를 삭제하지 않는 경우 과태료 부과는 위헌이다.

(iv) 인터넷실명제가 위헌이라면 익명의 그늘에 숨어서 혼란을 야기하는 문제를 해결할 적절한 방안이 마련되어야 한다. 가짜뉴스와 같은 경우는 적어도 뉴스라는 특성에 따른 규제가 가능하겠지만, 그렇지 아니한 경우 익명의 그늘에서 자행되는 갖가지 폭언과 폭력에 대응할 방안은 없는지 의문이다. 인터넷 폭력과 폭언 등으로 인하여 수많은 사람들이 극단적인 선택을 한다. 인터넷 이용자들의 윤리성과 도덕성에 의존하는 이른바 네티켓만으로는 소기의 목적달성이 어렵다. 그렇다면 어떤 특단의 대책을 마련하여야 하는지 고민하여야 한다.

(4) 소위 '가짜뉴스'

(i) 인류의 역사에서 허위뉴스는 언제나 존재하여왔다. 가짜뉴스와 허위뉴스와의 본질적인 차이로는 ① 정보의 홍수 속에 언론사의 게이트키퍼(gatekeeper) 역할 취약, ② 딥 페이크(deep fake)와 같은 정교한 허위정보의 조작, ③ 정보의 남용에 따른 데이타 스모그(data smog) 현상, ④ 폐쇄적 소셜 네트워크에 기인하는 사기확증에 따른 방향실 효과(echo chamber effect) 등을 든다.[1)]

가짜뉴스는 협의의 가짜뉴스, 의도된 가짜뉴스(disinformation), 잘못된 정보(misinformation), 풍자적 가짜뉴스 등으로 구분되기도 한다. 일반적으로 가짜뉴스

1) 성낙인, "사회변동과 표현의 자유", 공법학연구 21-2; 김종현, "가짜뉴스 규제에 관한 비교법적 연구", 법학(서울대) 60-3; 지성우, "허위조작정보(소위 '가짜뉴스')에 대한 헌법적 문제점에 관한 연구", 공법연구 48-2; 한동훈, "프랑스의 정보조작대처법률에 대한 헌법적 검토", 세계헌법연구 25-1; Hubertus Gersdorf(Leipzig법대 교수), 표현의 자유, 헌법재판연구원 국제학술심포지엄 발제문, 2019.12.16; 조영승, "가짜뉴스의 개념과 헌법적 한계에 관한 연구", 공법학연구 21-1; 조재현, "가짜뉴스와 공직선거법상 규제에 관한 고찰", 공법학연구 21-1; 최승필, "가짜뉴스에 대한 규제법적 검토-언론관계법 및 정보통신망법상 규제를 중심으로", 공법학연구 21-1; 이민영, "딥페이크와 여론형성", 미국헌법연구 31-1; 송현정, "현행법상 혐오표현에 대한 사법적 대응", 헌법학연구 28-4; 한동훈, 프랑스의 인터넷상 혐오표현 및 불법정보 규제에 대한 헌법적 검토, 비교헌법연구 2023-B-3; 송현정, "혐오표현 판단기준 정립을 위한 시론적 고찰", 공법연구 54-1.

의 정의로는 "작성 · 유통하는 주체를 특정하지 아니한 채 허위성 · 고의성(의도성) · 목적성 · 기사형식이라는 공통표지를 가지고 있다고 한다." 즉 가짜뉴스는 "① 작성주체와 상관없이, ② 허위의 사실관계를, ③ 허위임을 인식하면서, ④ (주로) 정치적 · 경제적인 목적을 가지고, ⑤ 기사의 형식으로 작성한 것"으로 정의할 수 있다.

현재까지의 논의에서 '가짜' 정의에 관한 한 일정한 합의에 이르고 있다. 그러나 뉴스에 관하여는 아직도 논의가 성숙하지 못하고 있다. 뉴스의 사전적 의미는 "일반인에게 알려지지 아니한 소식"으로 되어 있다. 언제(when), 어디서(where), 누가(who), 왜(why), 무엇을(what), 어떻게(how)라는, 이른바 '5W 1H'의 원칙이 뉴스의 기본모형이다. 그런데 전통적인 언론매체를 통한 뉴스는 이제 인터넷매체에 더 나아가 포털과 사회관계망서비스(SNS)를 통한 개인적인 정보제공이 넘쳐나는 상황에서 이를 어떻게 수용하고 자리매김할지 여전히 의문이 남는다.

(ii) 가짜뉴스는 특히 선거과정에서 문제를 야기한다. 2016년 미국 대통령선거와 2017년 프랑스 대통령선거에서 가짜뉴스가 정치적으로 큰 물의를 일으킨 바 있다. 이에 프랑스에서는 선거기간 동안 정보조작대처법률을 제정하였다. 독일에서는 혐오발언에 의한 인격권 보호를 위하여 네트워크시행법을 제정하였다.[1)]

프랑스나 독일의 사회적 책임이론과는 달리 사상의 자유시장이론에 입각한 미국에서의 표현의 자유에 관한 논의도 가짜뉴스에 직면하면서 새로운 규제대책을 논의한다. 미국에서는 가짜뉴스를 표현의 자유 영역에서 제외하자는 입장, 사상의 자유시장에서 시장의 실패 가능성을 경고하는 연구, 온라인서비스제공자의 법적 책임을 강화하자는 논의, 표현의 자유에 관한 내용중립적인 규제방안을 제시하는 연구 등이 제시된다.

(iii) 2017년 한국의 대통령선거에서도 문제가 제기되어 2018년에 드루킹특별

---

1) 프랑스에서는 2018년에 '정보조작대처법률'(Loi n° 2018-1202 du 22 décembre 2018 relative à la lutte contre la manipulation de l'information)이 제정되었다. 이 법률에서는 ① 거짓정보의 배포를 중단시키기 위한 가처분 제도를 창설하고, ② 고등시청각위원회(Conseil supérieur de l'audiovisuel, CSA)의 권한을 확대하고, ③ 온라인 서비스 제공자에게 협력의무를 부과하는 방향의 구체적 법률규정을 둔다. 독일에서는 네트워크시행법(Nezwerkdurchsetzungsgesetz)이 2017년에 발효되었다. 이 법률은 이용자가 이의를 제기하였을 때 페이스북 · 유튜브 · 트위터와 같은 네트워크 제공자에게 포스팅된 내용이 법률로 규정된 요건을 준수하였는지, 특정 위반에 해당하는지를 검토하도록 하고 이를 위반하였을 때에는 삭제를 의무화하고 있다. 이때 검토 기간은 법적으로 적용된다. 위법임이 명백한 내용은 원칙적으로 24시간 이내에 삭제되어야 한다. 명백하지는 아니하고 '단순히' 위법한 내용은 원칙적으로 7일 이내에 삭제되어야 하는데, 특정조건하에서는 이 7일 기한에 대한 예외가 적용된다. 소셜 네트워크 제공자가 반복적으로 검토 및 삭제 의무를 이행하지 아니할 때에는 범칙금이 부과될 수 있다.

검사법(드루킹의 인터넷상 불법 댓글 조작 사건과 관련된 진상규명을 위한 특별검사의 임명 등에 관한 법률)이 제정되어 드루킹 일당의 매크로 프로그램을 동원한 정보조작이 쟁점으로 부상하였다.

그 이전에 발생한 소위 '미네르바' 사건도 가짜뉴스를 SNS에 유포시킨 전형적인 사례라 할 수 있다. "공익을 해할 목적으로" "공연히 허위의 통신을 한 자"를 처벌하는 전기통신기본법에 대한 헌법재판소의 위헌결정은 다양한 반응을 초래한 바 있다. 이와 관련된 주된 쟁점은 첫째, 인터넷포털사이트의 게재물이므로 인터넷포털사이트의 법적 지위가 문제된다. 둘째, 소위 가짜뉴스에 해당되는지가 문제된다. 헌법재판소의 위헌결정과 반대의견은 다음과 같다.

어떠한 표현행위가 '공익'을 해하는 것인지, 아닌지에 관한 판단은 사람마다의 가치관, 윤리관에 따라 크게 달라질 수밖에 없으며, 이는 판단주체가 법전문가라 하여도 마찬가지이고, 법집행자의 통상적 해석을 통하여 그 의미내용이 객관적으로 확정될 수 있다고 보기 어렵다. 나아가 현재의 다원적이고 가치상대적인 사회구조 하에서 구체적으로 어떤 행위상황이 문제되었을 때에 문제되는 공익은 하나로 수렴되지 않는 경우가 대부분인바, 공익을 해할 목적이 있는지 여부를 판단하기 위한 공익간 형량의 결과가 언제나 객관적으로 명백한 것도 아니다. 결국, 이 사건 법률조항은 수범자인 국민에 대하여 일반적으로 허용되는 '허위의 통신' 가운데 어떤 목적의 통신이 금지되는 것인지 고지하여 주지 못하고 있으므로 표현의 자유에서 요구하는 명확성의 요청 및 죄형법정주의의 명확성원칙에 위배하여 헌법에 위반된다(7:2)(헌재 2010.12.28. 2008헌바157, 전기통신기본법 제47조 제1항 위헌소원(위헌)).

[반대의견] "공익을 해할 목적"이라는 초과주관적 구성요건을 추가하여 '허위의 통신' 가운데 구성요건해당성이 인정되는 행위의 범위를 대폭 축소시키고 있는바, 초과주관적 구성요건 부분에 대하여 객관적 구성요건 행위와 같은 정도의 명확성을 요구할 것은 아니다. 한편 법률상 '공익' 개념은 '대한민국에서 공동으로 사회생활을 영위하는 국민 전체 내지 대다수 국민과 그들의 구성체인 국가사회의 이익'을 의미하고, 공익을 '해할 목적'은 행위의 주요 목적이 공익을 해하는 것인 때를 의미하는바, 그 의미가 불명확하다고 보기 어렵다. '허위의 통신'에서 일반적인 '허위'의 관념은 내용의 거짓과 명의의 거짓을 모두 포괄하는 점 및 다른 형사처벌 규정에서의 '허위' 개념의 용례에 비추어 볼 때, '허위의 통신'에서 '내용이 거짓인 통신'이 배제된다는 해석은 불가능하다. 한편 '내용의 허위'란 내용이 진실에 부합하지 않는 것으로서, 전체적으로 보아 '의견 표명'이나 '제안'이라고 볼 수 있는 경우는 이에 해당하지 아니한다. 결국 '허위의 통신'은 그 의미가 명확하고, 죄형법정주의의 명확성원칙에 위배되지 않는다. 허위사실의 표현이 표현의 자유의 보호영역에서 배제되는 것은 아니지만, 이는 원론적으로 사상이나 지식에 관한 정치적·시민적 표현행위라고 볼 수 없으므로, 그에 대한 심사는 엄격한 비례의 원칙을 적용하는 것보다는 '피해의 최소성' 원칙에서 일부 완화된 심사를 함이 상당하다.

다른 한편 시민방송RTV(민족문제연구소)가 제작한 '백년전쟁'에 대한 방송통신위원회의 징계 및 경고 제재처분이 적법하다고 판단한 원심은 대법관 7 : 6으로 파기환송되었다(대판(전합) 2019.11.21. 2015두49474, 제재조치명령의취소).

방송이 사회에 미치는 영향력의 구체적인 차이를 고려하지 않은 채 일률적인 기준을 적용하여 객관성 · 공정성 · 균형성을 심사한다면, 방송법이 매체와 채널 및 방송분야를 구별하여 각 규율 내용을 달리하고, 각 방송프로그램을 통해 다양한 목적을 추구함으로써 국민생활의 질적 향상을 도모함과 동시에 방송의 다양성을 보장하고자 하는 취지 및 이로써 공정한 여론의 장을 형성하고자 하는 방송의 역할을 과도하게 제한할 우려가 있다. 따라서 방송내용이 공정성과 공공성을 유지하고 있는지 여부 등을 심의할 때에는 매체별, 채널별, 프로그램별 특성을 모두 고려하여야 한다. 방송내용 중 역사적 평가의 대상이 되는 공인에 대하여 그 명예가 훼손되는 사실이 적시되었다고 하더라도 특별한 사정이 없는 한 구 심의규정 제20조 제2항을 위반하였다고 볼 수 없을 뿐 아니라, 그 적시된 사실이 공공의 이익에 관한 사항으로서 진실한 것이거나 진실한 사실이라고 믿을 상당한 이유가 있는 경우에는 구 심의규정 제20조 제3항에 의하여 방송법 제100조 제1항에서 정한 제재조치의 대상이 될 수 없다고 보아야 한다. 또한 명예훼손과 모욕적 표현은 구분해서 다루어야 한다. 사실의 적시가 없는 모욕적 표현이나 저속한 표현은 "방송은 저속한 표현 등으로 시청자에게 혐오감을 주어서는 아니 된다"라고 규정한 구 심의규정 제27조 제2항 위반에 해당할 여지는 있을지언정, 명예훼손 금지를 규정한 구 심의규정 제20조 위반으로 포섭할 수는 없다.

[반대의견(6인)] 다수의견이 사용하는 '상대적으로 완화된 심사기준'이라는 용어의 의미가 객관성 · 공정성 · 균형성 유지의무 위반을 엄격하게 인정해야 한다는 것이라면, 침익적 행정처분의 근거 법령에 관한 엄격해석의 원칙이라는 확립된 대법원의 법리를 동어반복한 것에 지나지 않는다. … 다양하고 방대한 자료들 중 제작 의도에 부합하도록 선별된 것이었고, 선별된 자료들 중에서도 제작 의도에 부합하지 아니하는 내용은 누락하거나, 부합하는 것처럼 보이는 일부 내용만을 발췌 · 편집하여 마치 그것만이 유일한 사실인 것처럼 꾸몄을 뿐만 아니라, 사용된 표현 역시 저속하고 모욕적인 것으로 점철되어 있다. 따라서 위 각 방송은 방송에 요구되는 최소한의 객관성 · 공정성 · 균형성을 갖추지 못하였고, 사자 명예존중 의무를 준수하지도 못하였으며 사자에 대한 모욕과 조롱이 '오로지 공공의 이익을 위한 것'에 포섭될 수도 없으므로, 위 각 제재처분이 적법하다는 원심 판결에는 아무런 잘못이 없다.

[평석] 미네르바라는 경제학자도 아닌 익명의 개인이 올린 글로 인하여 한국사회가 마치 금융위기에 빠지게 된다는 착각을 불러일으켰다. 진보신당의 카페 등으로 야기된 광우병 파동은 정권이 흔들릴 정도로 시위가 넘쳐났지만 그 이후 광우병 논의는 흔적 없이 사라졌다. 사실관계가 이러함에도 우리는 여전히 "공익을 해할 목적"과 "공연히 허위의 통신"을 위헌적이라고 보아야 하는가에 대한 성찰이 필요하다. 법정의견과 같이 공익이 추상적이고 불명확한 개념이라면 헌법상 '공공복리'나 '공공의 복지' 같은 개념도 같은 차원에서 위헌 여부에 관한 성찰이 먼저 필요하다. 백년전쟁 판결은 첫째, RTV와 같은

인터넷방송의 법적 성격과 위상이 명확하게 제시되어야 한다. 인터넷방송은 사실상 특별한 법적 규제가 불가능하므로 완화된 심사기준이 적용되어야 한다. 방송의 공정성·공공성·객관성이라는 요건을 완벽하게 충족할 수 있는 방송보도가 가능한지 아니면 완벽하게 충족하지 못한 보도에 대하여 어떤 제재가 과연 가능한지에 대한 성찰이 필요하다. 둘째, 실체적 진실에 부합하는지 여부 및 그 부합의 정도에 따라 어떠한 결론을 내릴지에 대한 합리적 가이드라인이 필요하다. 셋째, 언론보도와 관련된 판결이 사회적 갈등을 해결하기보다는 오히려 사회적 갈등이 증폭되는 상황이 우려된다. 하급심법원의 판결을 인용하든 파기환송하든 우리 사회에서 이와 관련된 논쟁이 종식되지 아니하고 오히려 갈등이 증폭된다. 그런 점에서 법정의견은 하급심 판결을 파기할 정도의 명확한 논리를 제공하고 있는지 의심이 간다. 무엇보다도 방송통신심의위원회 및 방송통신위원회의 제재를 받은 지 6년, 대법원에 상고한 지 3년 5개월 만에 파기환송되었다("지체된 정의는 정의가 아니다").

(iv) 현행법상 가짜뉴스에 대한 일련의 법적 규제로는 다음과 같다. ① 가짜뉴스 생성자 본인의 책임으로는, 형법상 책임(제307조 제2항·제308조·제314조)에 이어 '정보통신망 이용촉진과 정보보호 등에 관한 법률'에서 대폭적인 제재와 처벌 규정을 신설하였다. 피해자의 삭제 또는 반박게재요구권(제44조의2·제44조의18)과 명예훼손에 대한 민·형사 소제기를 위한 사전절차(명예훼손분쟁조정제도)(제44조의6·10) 등이 있다. 또한 공직선거법상 책임(당선되게 하거나 되게 할 목적, 당선되지 못하게 할 목적에 따른 책임)(제250조)도 있다. ② 가짜뉴스 전달 매개자의 책임으로는 정보통신망법상 타인의 권리를 침해하는 가짜뉴스 유통에 대한 책임(제4조·제4조의2)으로는 불법정보 및 허위조작정보의 유통금지 등(제4조의7), 이에 따른 징벌적 손해배상과 형사 책임(제70조)이 있다. 이에 대하여는 언론의 자유를 침해한다는 비판이 제기된다. 공직선거법상 책임으로 가짜뉴스에 대한 삭제 또는 취급의 거부·정지·제한 등의 조치(제82조의4) 등이 있다. 이에 대한 법적 규제가 여전히 미흡하다는 여론에 따라 포털의 책임을 강화하는 가짜뉴스 대응 관련 새로운 법안이 제시되고 있다.

3. 알 권리

알 권리는 종래 표현의 자유의 한 내용으로서 설명되고 있었으나 이제 헌법상 독자적인 개별적 기본권으로서 자리매김한다. 하지만, 알 권리는 여전히 언론보도를 통하여 실질적으로 구현되기 때문에 언론의 자유와 밀접한 관련성이 있다(제6항에서 상술한다). 일반적으로 국민의 알 권리는 언론보도를 통하여 구현된다. 그런데 보도유예(엠바고) 파기와 언론의 자유의 일환으로 보장되는 취재의 자유가 문제된다. 하지만, 이는 법적인 문제라기보다는 언론윤리의 문제로 보아야 한다.

4. 액세스(access)권

(1) 의 의

A. 개 념

(i) 매스 미디어에 대한 액세스권이란 언론매체에 접근하여 언론매체를 이용할 수 있는 언론매체 접근·이용권이다. 즉 국민이 자신의 사상이나 의견을 표명하기 위하여 언론매체에 자유로이 접근·이용할 수 있는 권리를 말한다.

여기에서 액세스권은 전통적인 매스 미디어에 대한 액세스권에 한정하여 설명하기로 한다. 그런데 오늘날 정보사회의 진전에 따른 정보공개청구권의 행사, 개인정보에 대한 자기통제권(개인정보자기결정권)의 행사도 넓은 의미의 액세스권으로 볼 수 있다.

(ii) 매스 미디어나 국민은 다 같이 사인이기 때문에, 매스 미디어에 대한 액세스는 국민의 국가에 대한 권리가 아니다. 따라서 이는 전통적인 언론의 자유의 내용으로 간주되지 아니하였다. 그런데 현대 언론기관이 거대한 독과점기업화함에 따라 국민의 알 권리를 충족시키고 정보를 전달하여야 할 언론매체에 대한 국민의 접근·이용이 배제된 채, 국민은 일방적인 정보의 수령자의 지위로 전락하고 말았다. 이에 배런(Barron)은 미국 수정헌법 제1조의 "연방의회는 … 언론·출판의 자유를 제한하는 법률을 제정하여서는 아니 된다"라는 규정이 "토론을 위한 적당한 기회"까지도 보장한 규정으로 해석하여, 매스 미디어에 대한 액세스권의 정립을 위한 국가의 적극적인 역할을 강조한 바 있다.[1] 이에 따라 오늘날 언론기관에 대한 액세스권은 헌법적 가치를 가지는 기본권으로 인식된다.

(iii) 알 권리와 액세스권은 언론의 독과점화 등에 따라 새롭게 인식되는 기본권이라는 점에서 공통된다. 그러나 알 권리가 표현의 전제가 되는 정보의 인식과 관련된 권리라면, 액세스권은 의사의 표현 그 자체와 관련된다는 점에서 구별된다.

B. 기 능

액세스권은 "매스 미디어에 대한 의사표현"을 가능하게 함으로써 표현의 자유를 실질화하는 데 이바지한다. 이에 표현의 자유가 가지는 국민주권의 실질화, 인간의 존엄의 전제, 민주주의의 실현 등의 기능을 공유한다. 액세스권을 통하여 매스 미디어에 다양한 사상과 의견을 반영함으로써 언론기관의 자의에 의한 여론

---

1) Jerome A. Barron, "Access to the Press-A New First Amendment Right", 80 *Harv. L. Rev.*, 1967, pp. 1641-1678; Jerome A. Barron, *Freedom of Press for Whom?(The Right of Access to Mass Media)*, 김병국 역, 누구를 위한 언론자유인가?, 고시계 1989. 또한 이에 관한 기타 논의의 상세는, 김병국, 언론과 시민권, 커뮤니케이션북스, 20-28면 참조.

왜곡현상을 방지하여 공정하고 정확한 정보를 보도하도록 하는 기능을 수행한다.

(2) 헌법상 근거

(i) 액세스권의 헌법상 근거로 헌법 제21조 제1항(표현의 자유 및 객관적 가치질서)·제4항(언론의 사회적 책임), 제10조(인간의 존엄과 가치), 제34조 제1항(인간다운 생활을 할 권리)을 근거로 드는 견해가 있다.

(ii) 생각건대 한국헌법에서 액세스권의 근거로는, ① 헌법 제21조의 언론·출판의 자유로부터 출발하여야 한다. 여론형성에 중대한 영향을 미치는 언론매체에 대한 접근·이용은 민주시민의 당연한 권리이며, 액세스권의 행사를 통하여 언론기관의 공적 기능과 진실보도의 책임을 추궁함으로써 결과적으로 언론기관에 대한 국민의 통제기능을 가진다. ② 액세스권은 헌법 제10조의 인간의 존엄과 가치에 기초한 인격권의 보호를 위하여 인정되어야 하며, 특히 반론권 및 해명권의 헌법적 근거이다. ③ 헌법 제34조 제1항의 "인간다운 생활을 할 권리"를 보장하기 위하여서도 액세스권이 필요하다.

(3) 법적 성격

액세스권은 개인이 누리는 주관적 공권이다. 하지만, 액세스권은 언론사 등 사인을 대상으로 하는 점에서 정보공개청구권과 구별된다. 한편 액세스권을 표현의 자유의 실현을 위하여 국가권력의 발동을 적극적으로 요구하는 청구권적 성격의 권리로 파악하는 견해도 있다(권영성 504면).

(4) 내 용

A. 넓은 의미의(일반적) 액세스권과 좁은 의미의 액세스권

(i) 넓은 의미 내지 일반적 액세스권(general right of access)은 국민이 매스 미디어를 이용하여 자신의 사상이나 의견을 표명할 수 있는 권리이다. 좁은 의미의 액세스권은 매스 미디어에 의하여 명예훼손·비판·공격 등을 당한 국민이 해당 매스 미디어에 대하여 자기와 관련이 있는 보도에 대한 반론 내지 해명을 요구할 수 있는 권리를 말한다. 즉 좁은 의미의 액세스권은 특정한 보도내용에 한정하여 주장할 수 있는 권리로서, 반론보도청구권이나 정정보도청구권 등으로 구현된다. 액세스권은 언론의 공공적 성격에 기초하여 제기된 이론이나, 사적 기관인 언론에 대한 액세스권의 구현형태는 나라마다 이론과 제도상의 차이가 있다.

(ii) 넓은 의미의 액세스권의 법적 인정 범위는 논란이 있다. 즉 언론매체에 대한 액세스권의 지나친 제도화는 자칫 언론의 편집권에 대한 침해를 야기할 뿐만 아니라, 결과적으로 언론기관이 정치적·경제적 강자에 대하여 약한 존재로 전락

하게 되어 언론보도내용의 독자성을 저해할 소지가 있기 때문이다.

(iii) 한국에서도 대통령이 텔레비전이나 라디오 시간을 이용하여 국민에게 호소한 후에 야당이 반박시간(反駁時間)을 요구하는 권리인 한정적 액세스권(limited right of access)이 실현된다.[1]

(iv) 액세스권의 한 유형인 의견광고는 "광고주가 광고란·광고시간에 따라 대가를 지불하고 매스 미디어에 자신의 의견을 광고라는 형식을 통하여 선전하는 행위"로서 일종의 상업적 광고이기 때문에 순수한 의미의 언론과 구별된다. 의견광고의 게재를 거부할 경우에는 그 거절기준의 공공성과 합리성이 문제된다.

미국 연방대법원은 의견광고의 수리 여부에 대한 결정권은 방송사업자의 권한으로 판시한다(*Columbia Broadcasting Co. v. Democratic National Committee*, 412 U.S. 94(1973)).

B. 방송매체의 특수성

인쇄매체와 방송매체에 대하여 다 같이 국민의 액세스권을 인정하여야 한다. 하지만, "매체가 다르면 그만큼 매체에 대한 규제의 정도와 내용도 다르다."[2] 인쇄매체는 방송매체와 달리 공법적 규제가 상대적으로 미약한 등록제를 취한다. 그러나 방송은 주파수 자원의 유한성으로 인하여 그 설립에서부터 허가제를 채택하며, 국가적인 방송정책이 공영방송체제를 취하든 민영방송체제를 취하든 관계없이 폭넓은 제한이 가하여진다. 그런데 방송사허가제는 방송의 특성상 불가피하다고 하더라도 허가의 기준까지 자의적이어서는 아니 된다.[3] 방송법은 전반적으로 시청자권리의 강화를 위한 일련의 액세스권을 규정한다.[4]

(5) 한 계

액세스권은 언론기관의 계약의 자유·언론의 자유를 과도하게 침해하여서는 아니 된다. 계약의 자유와 액세스권이 충돌할 경우 '이중기준의 원칙'이 적용될 수 있으나, 이 경우에도 계약의 자유를 과도하게 침해하여서는 아니 된다. 액세스권이 언론의 자유와 충돌할 경우 규범조화적 해석이 요구된다.

---

1) 안용교, 422면. 1998년 김대중 대통령의 방송을 통한 "국민과의 대화"에 대하여 야당이 자신의 주장을 펼칠 시간을 요구하여 어느 정도 관철시킨 바 있다.

2) *Red Lion Broadcasting Co. v. FCC*, 395 U.S. 367(1969). 박용상·성낙인, 세계언론판례총람, 한국언론연구원, 844-846면 참조.

3) *NBC v. U.S.*, 319 U.S. 190(1943). 한국에서도 이러한 방송국허가와 관련하여 보다 구체적인 기준설정이 요망된다.

4) 성낙인, "시청자와 액세스-편성·제작관련", 헌법학논집; 고민수, 방송의 개념과 본질에 관한 헌법학적 연구, 연세대 박사학위논문, 2005.8 참조.

5. 보도의 자유

정보사회에서 국민은 언론보도를 통하여 알 권리를 충족한다. 따라서 언론보도는 신속·공정하게 사실에 입각하여 아무런 간섭 없이 이루어져야 한다. 보도의 자유는 신문·잡지·방송 등 매스 미디어의 자유를 포괄한다. 보도의 자유에는 뉴스 등을 보도할 자유뿐만 아니라 신문 등의 발행의 자유와 신문 등의 배포(配布)의 자유까지 포함한다. 또한 보도의 자유는 동시에 진실보도의무를 수반한다.

(1) 언론기관시설법정주의

A. 의 의

(i) 보도(報道)의 자유를 확립하기 위하여 언론기관은 권력이나 자본으로부터 자유롭고 독자적으로 존립할 수 있는 조직과 형태를 갖추어야 한다. 헌법 제21조 제3항은 "통신·방송의 시설기준과 신문의 기능을 보장하기 위하여 필요한 사항은 법률로 정한다"라고 하여 언론기관시설법정주의를 명시한다.

(ii) '신문 등의 진흥에 관한 법률', 방송법, '잡지 등 정기간행물의 진흥에 관한 법률' 및 '뉴스통신 진흥에 관한 법률'은 언론기관의 설립에 있어서 일정한 제한규정을 둔다. 정기간행물의 등록제, 방송의 허가제(헌재 2001.5.31. 2000헌바43등, 구 유선방송관리법 제22조 제2항 제6호 중 제15조 제1항 제1호 부분 위헌소원 등(합헌)), 대기업의 일반일간신문 소유 등 제한, 뉴스통신의 허가제 등이 그것이다.[1]

(iii) 그런데 현행법제는 신문 또는 통신의 발행시설기준이 너무 과중하여 언론기관남설의 폐해를 방지하고자 하는 법의 원래의 제정목적을 넘어 신문사나 통신사 설립의 자유를 사실상 제한한다. 더구나 디지털 시대에 인터넷매체가 보편화되고 있는 상황에서 시설기준은 불필요한 규제라 할 수 있다.

> 정기간행물을 발행하고자 하는 자에게 일정한 물적 시설을 갖추어 등록할 것을 요구하는 '정기간행물의 등록 등에 관한 법률'에서의 '해당 시설'은 임차 또는 리스 등에 의하여도 갖출 수 있는 것이므로 "'해당 시설'을 자기소유이어야 하는 것으로 해석하는 한 신문발행인의 자유를 제한하는 것으로서 허가제의 수단으로 남용될 우려가 있으므로 헌법 제12조의 죄형법정주의의 원칙에 반하고 과잉금지의 원칙이나 비례의 원칙에 반한다"(헌재 1992.6.26. 90헌가23, 정기간행물의등록등에관한법률 제7조 제1항의 위헌심판(한정위헌)).

프랑스에서는 '1881년 7월 29일 출판의 자유에 관한 법률'을 통하여 언론·출판의 자유를 법적으로 뒷받침한다. 신문의 창간은 단순히 사전신고만 하면 된다. 다만, 형사책임의 문제가 야기될 경우에 대비하기 위하여 언론의 제호, 주기적 발행일, 발행인과 인쇄

---

1) 박진우, 신문기업의 자유와 한계에 관한 연구, 서울대 박사학위논문, 2007.8; 성낙인, "디지털 시대 헌법상 표현의 자유 개념", 헌법과 국가정체성.

인의 성명을 검찰에 신고하여야 한다.

B. 신문·통신·방송의 겸영금지

(ⅰ) 신문·통신·방송의 겸영금지(兼營禁止)는 언론기업의 독과점으로 인하여 야기될 국민의사의 왜곡현상을 시정하려는 입법적 조치이다. 그런데 국제화·개방화의 흐름은 언론기업경영에도 예외일 수 없기 때문에 국내언론기업도 일정한 '규모의 경제'를 실현할 필요성이 있다. 하지만, 구 신문법에서는 일간신문과 방송사업의 겸영금지(제15조)를 규정하였다. 헌법재판소는 구 신문법 제15조 제2항과 제3항(소유규제 및 겸영금지 조항)에 대하여 이종(異種)미디어 간 겸영금지는 합헌(개정법은 겸영허용)이지만, 동종(同種)미디어 간 일률적 겸영금지는 직업의 자유 및 재산권을 침해한다는 이유로 헌법불합치결정을, 신문사업자를 일반사업자에 비하여 더 쉽게 시장지배적 사업자로 추정하는 규정은 위헌결정을 내렸다.

구 신문법 제15조 제2항: "일간신문과 뉴스통신 진흥에 관한 법률의 규정에 의한 뉴스통신(이하 "뉴스통신"이라 한다)은 상호 겸영할 수 없으며, 방송법에 의한 종합편성 또는 보도에 관한 전문편성을 행하는 방송사업(이하 "방송사업"이라 한다. 이하 이 조에서 같다)을 겸영할 수 없다."

"'일간신문이 뉴스통신이나 방송사업과 같은 이종 미디어를 겸영하는 것을 어떻게 규율할 것인가 하는 것은 고도의 정책적 접근과 판단이 필요한 분야'라 하여 겸영금지의 규제정책을 지속할 것인지 및 그 정도에 대해서는 입법자의 판단에 맡길 일이다. 신문법 제15조 제2항은 그 규제의 대상과 정도를 선별하여 제한적으로 규제하고 있다고 볼 수 있어 헌법에 위반되지 아니한다. 한편 신문법 제15조 제3항 중 일간신문의 지배주주에 의한 신문의 복수소유를 규제하는 부분은 다양성에 기여하는 경우도 있음에도 불구하고 복수소유를 일률적으로 금지하여 필요 이상으로 신문의 자유를 제약한다. 다만 그 기준 설정은 역시 입법자의 재량에 맡겨져 있으므로 헌법불합치결정을 선고하고, 계속 적용을 명한다"(헌재 2006.6.29. 2005헌마165등, 신문등의자유와기능보장에관한법률 제16조 등 위헌확인 등(위헌,헌법불합치,잠정적용,기각,각하)).

(ⅱ) 헌법재판소의 헌법불합치결정을 반영하고 신문·방송·뉴스통신 사이의 겸영(교차소유)의 원천적 금지는 매체 사이의 융합추세 등의 언론환경에 부적합하고 신문산업 활성화에 장애로 지적되어 겸영 규제를 완화하는 등 신문의 자유와 산업발전을 위한 법적 기반을 확충하기 위하여 일간신문과 뉴스통신의 상호 겸영금지를 폐지하고, 일간신문·뉴스통신 또는 방송사업법인의 주식·지분 소유자의 일간신문법인의 주식 및 지분 취득 제한의 폐지를 규정한 '신문 등의 진흥에 관한 법률'이 제정되었다. 이 법률에서는 종래의 신문·방송·뉴스통신 상호 간의 겸영금지를 폐지하는 대신 대기업의 일반일간신문 소유 등에 대하여 제한규정을 두고 있다. 즉 "'독점규제 및 공정거래에 관한 법률' 제2조제2호에 따른 기업집단

중 자산총액 등 대통령령으로 정하는 기준에 해당하는 기업집단에 속하는 회사(대기업)와 그 계열회사(대통령령으로 정하는 특수한 관계에 있는 자를 포함한다)는 일반일간신문을 경영하는 법인이 발행한 주식 또는 지분의 2분의 1을 초과하여 취득 또는 소유할 수 없다"(제18조 제1항). "일반일간신문을 경영하는 법인의 이사(합명회사의 경우에는 업무집행사원, 합자회사의 경우에는 무한책임사원을 말한다) 중 그 상호 간에 민법 제777조에 따른 친족관계에 있는 자가 그 총수의 3분의 1을 넘지 못한다"(제2항).

(iii) 한편 방송법은 일정한 소유제한을 규정하고 있는데 대기업과 그 계열회사(특수관계자를 포함) 또는 '신문 등의 진흥에 관한 법률'에 따른 일간신문이나 '뉴스통신 진흥에 관한 법률'의 규정에 따른 뉴스통신을 경영하는 법인(특수관계자를 포함한다)은 "지상파방송사업자의 주식 또는 지분 총수의 100분의 10을 초과하여 소유할 수 없으며, 종합편성 또는 보도에 관한 전문편성을 행하는 방송채널사용사업자의 주식 또는 지분 총수의 100분의 30을 초과하여 소유할 수 없다"(제8조 제3항). 또한 "지상파방송사업자, 종합편성 또는 보도에 관한 전문편성을 행하는 방송채널사용사업자의 주식 또는 지분을 소유하고자 하는 일간신문을 경영하는 법인(특수관계자를 포함한다)은 경영의 투명성을 위하여 대통령령으로 정하는 바에 따라 전체 발행부수, 유가 판매부수 등의 자료를 방송미디어통신위원회에 제출하여 공개하여야 하며, 제3항에도 불구하고 일간신문의 구독률(대통령령으로 정하는 바에 따라 전체 가구 중 일정 기간 동안 특정 일간신문을 유료로 구독하는 가구가 차지하는 비율을 말한다)이 100분의 20 이상인 경우에는 지상파방송사업 및 종합편성 또는 보도에 관한 전문편성을 행하는 방송채널사용사업을 겸영하거나 주식 또는 지분을 소유할 수 없다"(제8조 제4항).

C. 일간신문의 독과점규제 폐지

일간신문의 독과점규제에 관한 구 신문법의 제한은 헌법재판소의 위헌결정에 따라 '신문 등의 진흥에 관한 법률'에서는 이 조항이 폐지되었다.

구 신문법 제17조에서는 일반일간신문 및 특수일간신문(무료로 발행되는 일간신문 제외) 중 1개 사업자의 시장점유율이 전년 12개월 평균 전국발행부수의 100분의 30 이상이거나 3개 이하 사업자의 시장점유율 합계가 전년 12개월 평균 전국발행부수의 100분의 60 이상(다만, 시장점유율이 100분의 10 미만인 자는 제외한다)인 경우에는 '독점규제 및 공정거래에 관한 법률'상의 시장지배적 사업자로 추정하고 있었다.

헌법재판소는 위 규정에 대하여 ① 발행부수만을 기준으로 신문시장의 점유율을 평가하는 점, ② 신문시장의 시장지배력을 평가함에 있어 서로 다른 경향을 가진 신문들에 대한 개별적인 선호도를 합쳐 이들을 하나의 시장으로 묶고 있는 점, ③ 그 취급분야와 독자층이 완연히 다른 일반일간신문과 특수일간신문 사이에 시장의 동질성을 인정하는 점, ④ 신문의 시장지배적 지위는 결국 독자의 개별적·정신적 선택에 의하여 형성되는 것인 만큼 그것이 불공정행위의 산물이라고 보거나 불공정행위를 초래할 위험성이 특별히 크다고 볼 만한 사정이 없는데도 신문사업자를 일반사업자에 비하여 더 쉽게 시장지배적 사업자로 추정되도록 하는 점 등을 근거로 신문법 제17조는 입법목적을 달성하기 위한 합리적이고 적정한 수단이 되지 못하여 신문사업자의 평등권과 신문의 자유를 침해하기 때문에 헌법에 위반된다고 결정하였다(헌재 2006.6.29. 2005헌마165등, 신문등의자유와기능보장에관한법률 제16조 등 위헌확인 등(위헌,헌법불합치,잠정적용,기각,각하)).

(2) 취재의 자유

A. 의 의

보도의 자유는 취재(取材)의 자유 없이는 실질적으로 확립될 수 없기 때문에, 보도의 자유는 취재의 자유를 당연히 포함한다. 다만, 취재의 자유는 질서유지, 프라이버시보호, 국가기밀유지를 위한 제한을 받는다. 법정에서의 사진촬영·녹화·중계방송 등은 재판장의 허가 없이는 행할 수 없다(법원조직법 제59조).

B. 국가비밀보호(國家機密保護)

(i) 국가는 비밀보호에 관한 법령규정에 근거하여 정보를 공개하지 아니할 수 있으며, 공무원은 재직 중은 물론 퇴직 후에도 직무상 알게 된 비밀을 엄수하여야 한다(국가공무원법 제60조).

(ii) 그러나 단순히 형식적인 비밀의 취재보도만으로 곧 위법성이 추정된다고 해석할 수 없고 비밀이 객관적인 실질적 요건(비공지성, 필요성, 상당성)을 갖추어야 한다. 비밀의 실질성 판단기준도 자유로운 정보유통이 저해되지 아니하도록 엄격한 한정해석이 필요하다.

C. 취재원비닉권(取材原秘匿權)

(i) 취재원에 대한 진술거부권은 아직까지 법적으로 인정되지 아니한다.

신문기자의 취재원의 비밀은 언론의 자유에 당연히 포함되지는 아니한다. [해설] 취재원의 비밀을 직접적으로 보장하지 아니한 5:4 판결이다. 취재원의 비밀을 보장한 헌법이나 법률을 두고 있는 입법례는 극소수이며, 미국에서도 40개 주와 워싱턴D.C.에서만 이를 명문으로 보장한다(방패법). 앞으로의 입법이나 판례의 방향이 주목되는 부분이다(*Branzburg v. Hayes*, 408 U.S. 665(1972)).

신문기자에게 취재원에 대한 증언거부권의 인정 여부는 입법정책상 고려의 여지가 있는 문제이다(일본 最高裁判 1952(昭和 27.)8.6.).

취재원을 함부로 밝힐 경우 취재원과의 신뢰관계가 깨져 자유로운 취재활동이 불가능하여질 수 있으므로, 취재원 보호는 원칙적으로 증언 거부를 인정하는 민사소송법상의 '직업의 비밀'에 해당하고 따라서 취재 방법이 일반 형법에 저촉되는 등의 사정이 없는 한 취재기자는 원칙적으로 취재원에 대한 법정 증언을 거부할 수 있다(일본 最高裁判 2006(平成 18.)10.3.).

(ii) 취재원에 대한 진술거부권은 국민에 대한 정보전파의 목적으로 내적 신

뢰관계를 통하여 취재한 취재원의 공개를 당하지 아니할 권리이다. 취재원비닉권은 언론의 진실보도 및 공정보도를 위한 불가결의 전제조건이며, 이 권리가 없으면 언론은 진실보도의 공공적 기능을 수행하기 어렵다. 그러므로 이 권리는 원칙적으로 취재의 자유의 내용으로 인정되어야 한다. 비록 헌법이나 개별 법률에 명문의 규정은 없지만 헌법상 언론의 자유의 한 내용으로서 비닉권을 인정하여야 한다. '신문 등의 진흥에 관한 법률'에서는 "신문 및 인터넷신문은 제1항의 언론자유의 하나로서 정보원에 대하여 자유로이 접근할 권리와 그 취재한 정보를 자유로이 공표할 자유를 갖는다"라고 규정한다(제3조 제2항).

(iii) 다만, 이 진술거부권도 공공의 이익을 위하여 제한을 받는다. 즉, 이 권리는 공정한 재판의 실현 때문에 형사재판과 관련된 제한된 범위 내, 예컨대 범죄를 구성하는 내용이 공표된 때, 범죄행위로 공표의 기초가 된 자료 또는 정보를 입수한 때 등의 경우에는 인정되지 아니한다. 그러나 진술거부권을 부인할 경우에도 형사재판에서 증거의 중요성과 취재원공개로 인한 보도의 자유의 침해를 비교형량하여 그 인정 여부를 결정하여야 한다(성낙인, 언론정보법, 나남, 107-120면 참조).

(3) 언론기관 내부의 자유

(i) 언론의 자유는 언론기관이나 언론인의 국가로부터의 자유도 중요하지만, 오늘날 언론기관이 대기업화·독과점화·상업화함에 따라 국민여론의 왜곡이 더욱 문제된다. 언론경영자의 인사권·경리권·운영권이 언론종사자의 편집권을 침해하지 아니하도록 경영권으로부터 편집·편성권의 제도적 보장이 마련되어야 한다. 편집권이 경영자로부터 독립성과 공정성을 확보하기 위하여, 언론인의 신분을 법적으로 보호하여야 한다.

직업적인 언론인이란 독자의 정보를 위한 정기간행물의 간행에 지적이고 항구적인 협력을 행하면서 급여를 받는 원칙적이고 정기적인 직업을 가지고 있는 사람을 말한다(Cour de cassation(Ch. soc.) 1987.3.5. Mlle Mermet)(참조판례: C.E. 1983.6.29. Forest).

(ii) "신문 및 인터넷신문의 편집의 자유와 독립은 보장된다"(신문법 제4조 제1항). "신문사업자 및 인터넷신문사업자는 편집인의 자율적인 편집을 보장하여야 한다"(제4조 제2항). 헌법재판소는 구 신문법 제3조 제3항이 편집인 또는 기자들에게 독점적으로 '편집권'이라는 법적 권리의 부여가 아니라 편집활동 보호에 관한 선언적·권고적 규정에 불과하다고 판시한 바 있다(헌재 2006.6.29. 2005헌마165등, 신문등의자유와기능보장에관한법률 제16조 등 위헌확인 등(위헌,헌법불합치,잠정적용,기각,각하)). 또한 "일반일간신문사업자는 편집위원회를 둘 수 있다"(제5조).

(iii) 방송법에서도 "방송편성의 자유와 독립은 보장된다"(제4조 제1항), "누구든지

방송편성에 관하여 이 법 또는 다른 법률에 의하지 아니하고는 어떠한 규제나 간섭도 할 수 없다"(제2항)라고 규정한다. 편집·편성권의 입법적 보장에도 불구하고 언론기관 내부의 자유는 심각한 도전을 받는다. 특히 시사적인 보도와 관련하여 언론경영자와 언론노조 사이에 첨예한 갈등을 야기하기도 한다.

"신문기사의 편집행위가 사시(社是)에 반하는지의 여부나 어떤 사태가 언론의 자유와 근로자의 신문에 대한 부당한 침해가 되는지의 여부에 대한 판단은 신문기자 각자의 주관이나 정치적·종교적 신념과 양심에 따라 결론을 달리할 수 있는 것이지만, 그 의도하는 바를 행동으로 옮기는 경우에는 고용계약이나 근무규정 등의 범위 내에서만 허용되는 것이므로, 고용계약상의 노무계약(勞務契約)을 거부하며 근무규정상의 의무에 반하여 기업체 내의 질서를 문란케 하는 행동은 기업의 운명을 좌우하는 중대한 고용계약위반이다"(대판 1980.9.9. 77다2030, 조선일보기자들의 해고무효확인소송).

(4) 방송의 자유

A. 방송의 개념

방송(放送)이라 함은 방송프로그램을 기획·편성 또는 제작하여 이를 시청자에게 전기통신설비에 의하여 송신하는 것으로서 텔레비전방송·라디오방송·데이터방송·이동멀티미디어방송을 포괄한다(제2조).

B. 방송의 자유와 공적 책임

(i) 언론의 자유에 관한 고전적 논의는 개인의 언론의 자유와 국민의 알 권리를 충족하여 주는 언론기관의 보도의 자유를 지칭하였다. 보도의 자유는 일반적으로 신문의 자유를 의미하였다. 그런데 오늘날 영상매체가 눈부시게 발달하면서 방송의 자유의 새로운 법적 대응에는 동시에 방송의 책임도 강조될 수밖에 없다.[1)]

(ii) 방송법에서도 언론의 자유의 일환으로 방송의 자유·방송편성의 자유와 독립(제4조)을 보장한다. "헌법상 방송의 자유란 방송주체의 존립과 활동이 국가권력의 간섭으로부터 벗어나 독립함을 의미할 뿐만 아니라 국가권력 이외에 방송의 자유를 침해하는 사회 제세력에 대하여도 그 효력을 주장할 수" 있는 자유를 말한다(서울고법 1994.9.27. 94나35846).

아동학대사건의 피해아동의 사진이나 인적사항 등의 보도는 금지되나, 그 보도에 목적의 정당성, 수단의 상당성이 인정되고, 해당 보도가 오히려 피해아동의 이익에 부합한다고

1) 곽상진, "방송의 자유와 방송제도", 공법연구 28-4-1; 김종서, 시청자의 방송통제에 관한 연구, 서울대 박사학위논문, 1994.2; 전정환·변무웅 역, 독일방송헌법판례, 한울, 2002; 성낙인, 공직선거법과 선거방송심의, 나남, 2007; 권형둔, "방송통신융합 환경에서 방송의 공적 기능에 대한 법제도 변화", 법학논문집(중앙대) 35-3, 2011.

볼 수 있는 경우로, 언론의 자유라는 기본권의 행사로서의 의미에 비추어 정당행위에 해당하여 위법성이 조각된다. 보도금지의무위반 혐의가 인정됨을 전제로 한 기소유예처분은 평등권과 행복추구권을 침해하였다(헌재 2025.12.18. 2023헌마1114, 기소유예처분취소(인용(취소))).

(iii) 그러나 "그 자유는 자유민주주의헌법상 국민의사결정의 원리에 따라 다양성원칙과 공정성의무에 의하여 구속되는 제도적 자유"이다. 즉 방송이 가지는 영향력이 증대되고, 이에 따른 개인의 사생활침해·여론왜곡 등의 문제가 심각하게 제기되며 이러한 문제점들은 공적 규제만으로 해결되기 어렵다. 특히 방송이 가지는 전파력과 전통적인 지상파방송 전파자원의 유한성에 따른 특권을 고려한다면 방송의 공적 책임(제5조)·방송의 공정성과 공익성(제6조)이 강조되어야 한다. 그 결과 신문 등 정기간행물에 관한 법제보다 더욱 방송의 공적 기능이 강조된다.

(iv) 통신혁명이라 불릴 정도로 방송매체가 다양하게 발전함에 따라, 기존의 공적 책임만으로는 적극적인 대응이 불가능한 상황에 처하여 있다. 즉 종래 방송은 전파사용의 독점적 체제와 더불어 공영방송체제로 작동되어왔으나, 오늘날 상업방송·위성방송의 시대로 대전환을 이루고, 방송과 통신의 융합이 가속화되는 상황에서, 방송에 관한 새로운 법질서의 모색이 필요하다.[1] 방송과 통신이 융합되는 새로운 커뮤니케이션 환경에 대응하여 방송통신의 공익성·공공성을 보장하고, 방송통신의 진흥 및 방송통신의 기술기준·재난관리 등에 관한 사항을 정함으로써 공공복리의 증진과 방송통신 발전에 이바지함을 목적으로 '방송통신발전기본법'이 제정되었다. 동법에 의하면 "방송통신이란 유선·무선·광선(光線) 또는 그 밖의 전자적 방식에 의하여 방송통신콘텐츠를 송신(공중에게 송신하는 것을 포함한다)하거나 수신하는 것과 이에 수반하는 일련의 활동 등을 말하며" 방송법 제2조에 따른 방송, 인터넷 멀티미디어 방송사업법 제2조에 따른 인터넷 멀티미디어 방송 및 전기통신기본법 제2조에 따른 전기통신을 포함한다(제2조 제1호).

방송통신위원회가 정보통신서비스제공자 등에게 앞으로 SNI 차단 방식을 함께 적용하도록 협조를 요청한 행위는 이미 협의된 사항을 전제로 임의적 협력을 요청하는 행정지도에 불과하여 공권력의 행사에 해당하지 아니한다(헌재 2023.10.26. 2019헌마164, 불법 해외 인터넷 사이트 접속 차단 기능 고도화 조치 위헌확인(각하)).

---

1) 황성기, 언론매체규제에 관한 헌법학적 연구-방송통신의 융합에 대응한 언론매체규제제도의 개선방안, 서울대 박사학위논문, 1999.8; 박희정, 방송·통신 융합에 관한 헌법정책적 연구, 서울대 박사학위논문, 2006.8; 안정민, 방송규제와 방송행정기관에 관한 공법적 고찰, 연세대 박사학위논문, 2006.8; 장영수, "방송법 시행령 제43조 제2항의 합헌성 여부에 대한 헌법적 검토", 헌법학연구 30-1.

C. 방송의 자유와 한국방송공사의 텔레비전 수신료 징수

공영방송이 언론의 자유의 주체로서 공적 책무를 수행하기 위하여서는 국가권력이나 사회 제 세력으로부터 독립성을 견지하여야 한다. 이를 위하여 공영방송의 재정 독립성이 요구된다. 이에 따라 공영방송의 텔레비전 수신료 징수는 공영방송의 존립을 위한 재정적 토대이다.

"공영방송은 민주주의를 실현하기 위한 필수조건인 다양하고 민주적인 여론을 매개하고, 공적 정보를 제공함으로써 시민의 알 권리를 보장하며, 사회·문화·경제적 약자나 소외계층이 마땅히 누려야 할 문화에 대한 접근기회를 보장하여 인간다운 생활을 할 권리를 실현하는 기능을 수행하므로 우리 헌법상 그 존립가치와 책무가 크다." "공영방송사로서 다양한 의견과 정보를 균형 있고 공정하게 방송하는 공적 기능을 수행하면서도 아울러 언론자유의 주체로서 방송의 자유를 향유하기 위하여서는 국가권력 및 특정한 사회 세력으로부터 그 독립성이 보장되어야 한다. 공영방송사의 독립성은 그 조직구성과 재원조달 측면에서 관철되어야 하는바, 특히 재원조달과 관련하여서는 청구인이 그 방송프로그램에 관한 자유를 누리고 국가나 정치적 영향력, 특정 사회세력으로부터 자유로울 수 있도록 적정한 재정적 토대가 확립되어야 한다"(헌재 2024.5.30. 2023헌마820등, 방송법 시행령 입법예고 공고 취소(기각,각하)).

텔레비전방송 수신료는 종래 한국방송공사법에 따라 한국방송공사가 수신료 금액을 결정하여 문화관광부장관의 승인을 얻도록 되어 있었다. 그러나 이에 대하여 헌법재판소가 헌법불합치결정을 내렸다.

텔레비전방송수신료는 대다수 국민의 재산권 보장의 측면이나 한국방송공사에게 보장된 방송자유의 측면에서 국민의 기본권실현에 관련된 영역에 속하고, 수신료금액의 결정은 납부의무자의 범위 등과 함께 수신료에 관한 본질적인 중요한 사항이므로 국회가 스스로 행하여야 하는 사항에 속하는 것임에도 불구하고 한국방송공사법 제36조 제1항에서 국회의 결정이나 관여를 배제한 채 한국방송공사로 하여금 수신료금액을 결정해서 문화관광부장관의 승인을 얻도록 한 것은 법률유보원칙에 위반된다(헌재 1999.5.27. 98헌바70, 한국방송공사법 제35조 등 위헌소원(헌법불합치,잠정적용,합헌)).

이에 따라 개정된 방송법에서는 수신료의 금액은 한국방송공사의 이사회에서 심의·의결한 후 방송미디어통신위원회를 거쳐 국회의 승인을 얻도록 규정하고 있다(제65조).

"수신료의 부과·징수에 관한 본질적인 요소들은 방송법에 모두 규정되어 있다." 징수업무를 한국방송공사가 직접 수행할 것인지 여부는 국민의 기본권제한에 관한 본질적인 사항이 아니므로 "법률유보의 원칙에 위반되지 아니한다"(헌재 2008.2.28. 2006헌바70, 방송법 제64조 등 위헌소원(합헌)).

그런데 텔레비전방송 수신료는 1994년부터 방송법 제67조 제2항에 따라 한국전력공사에 수신료 징수업무를 위탁함에 따라 전기요금과 함께 부과되어왔다. 그

런데 2023년 정부는 수신료의 징수를 전기요금과 결합하여 행할 수 없도록 하는 내용의 방송법 시행령(제43조 제2항)을 일부 개정하였으나, 한국방송공사의 지정으로 텔레비전방송수신료 징수업무를 위탁받은 자가 수신료를 징수한 때에는 자신의 고유업무와 관련된 고지사항과 결합하여 이를 징수할 수 있도록 다시 개정되었다(제67조 제3항). 헌법재판소는 수신료 분리징수 그 자체는 합헌이라고 판시한다.

> 한국방송공사로부터 수신료 징수업무를 위탁받은 자가 수신료를 징수할 때 그 고유업무와 관련된 고지행위와 결합하여 이를 행사하여서는 아니 된다고 규정한 방송법 시행령 제43조 제2항은 법률유보원칙, 적법절차원칙, 신뢰보호원칙을 위반하지 않고, 입법재량의 한계를 일탈하지 않아 방송의 자유를 침해하지 아니한다(6:3). [반대의견] 적법절차원칙, 신뢰보호원칙, 법률유보원칙을 위반한다(헌재 2024.5.30. 2023헌마820등, 방송법 시행령 입법예고 공고 취소(기각,각하)).

D. 방송의 자유와 방송광고

방송매체의 특수성에 따라 방송광고는 과거에 한국방송광고공사의 독점적 체제를 유지하였다. 하지만, 헌법재판소의 헌법불합치결정에 따라 '방송광고판매대행 등에 관한 법률'을 제정하였다. 이 법에 따라 방송광고판매대행업에 허가제를 도입함으로써 복수의 방송광고판매대행업체가 존재할 수 있게 되었다.

> 한국방송광고공사와 이로부터 출자를 받은 회사에 대하여서만 지상파 방송광고 판매대행을 할 수 있도록 하는 구 방송법 규정은 기본권 침해의 최소침해성 원칙을 위반하여 청구인의 직업수행의 자유를 침해한다(위헌결정의 실효성을 담보하고 법질서의 정합성과 소송경제를 위하여 동일한 규정을 두고 있는 개정된 방송법과 방송법시행령 규정에 대하여도 이 사건 규정과 함께 위헌을 선언하였다)(헌재 2008.11.27. 2006헌마352, 방송법 제73조 제5항 등 위헌확인(헌법불합치,잠정적용)).
>
> '방송문화진흥회법에 따라 설립된 방송문화진흥회가 최다출자자인 방송 사업자' 부분이 종전 헌법불합치결정의 기속력에 반하지 아니하고, 과잉금지원칙에도 위반되지 아니한다(헌재 2013.9.26. 2012헌마271, 방송광고판매대행 등에 관한 법률 제5조 제2항 위헌확인(기각)).

하지만 헌법재판소는 지상파방송의 광고 '판매대행'과는 달리 정부광고 업무의 한국언론진흥재단 위탁에 대하여는 합헌결정을 내렸다.

> 문화체육관광부장관이 정부광고 업무를 대통령령으로 정하는 기관이나 단체에 위탁할 수 있도록 한 '정부기관 및 공공법인 등의 광고시행에 관한 법률'에 대한 심판청구가 기본권 침해의 직접성 요건을 갖추지 못하여 부적법하다(전원일치). 정부광고 업무를 한국언론진흥재단에 위탁하도록 한 위 법률 시행령이 광고대행업에 종사하는 청구인들의 직업수행의 자유를 침해하지 아니한다(8:1)(헌재 2023.6.29. 2019헌마227, 정부기관 및 공공법인 등의 광고시행에 관한 법률 제10조 등 위헌확인(기각,각하)).

(5) 표현의 자유와 인터넷매체

A. 의 의

인터넷(Internet)이란 "전 세계 수많은 컴퓨터 네트워크의 집단을 서로 연결한 거대한 네트워크", 즉 "네트워크들의 네트워크(network of networks)"로 정의된다. 인터넷의 특성에 비추어 인터넷매체의 정의 또한 어려운 문제이다. "인터넷의 바다"에서 개인이나 단체는 인터넷을 이용하여 자신의 의사를 자유롭게 표현할 수 있다. 이와 같이 인터넷을 통하여 매체로서의 역할을 구현하는 인터넷매체를 언론법상 언론매체로 법적 자리매김할 수 있는지에 대한 의문이 제기된다.[1]

B. 인터넷매체의 법적 지위

(i) 인터넷매체는 인터넷신문과 인터넷방송으로 구별할 수 있다. 그런데 인터넷매체는 통신매체이므로 방송도 아니며 더더구나 신문법상의 인쇄매체도 아니다. 따라서 인터넷매체 관련 법제를 신문법을 통하여 구현하는 것은 적절하지 못하다. 굳이 법적 대상으로 삼으려 한다면 방송법에서 규율되어야 한다. 그런데 방송법은 특유의 허가제에 기초한 법제이므로 인터넷매체를 규율하기에는 적절한 법률이 아니다. 따라서 인터넷매체의 법체계는 독자적으로 구축되어야 한다.

(ii) 인터넷신문의 법적 지위를 마련하기 위하여 신문법에 인터넷신문에 관련 조항을 설정하여 새로운 유형의 일간신문으로서 인터넷신문을 규정한다. "'인터넷신문'이라 함은 컴퓨터 등 정보처리능력을 가진 장치와 통신망을 이용하여 정치·경제·사회·문화 등에 관한 보도·논평·여론 및 정보 등을 전파하기 위하여 간행하는 전자간행물로서 독자적 기사생산과 지속적인 발행 등 대통령령이 정하는 기준을 충족하는 것을 말한다"(제2조 제2호).

독자적인 기사 생산을 위하여서는 ① 주간 게재 기사 건수의 100분의 30 이상을 자체적으로 생산한 기사로 게재할 것(시행령 제2조 제1항 제1호), ② 지속적인 발행요건으로서 주간

1) 성낙인, "인터넷매체의 법적 지위에 관한 연구", 헌법학논집; 원우현 편, 인터넷 커뮤니케이션, 박영사; 황승흠·황성기, 인터넷은 자유공간인가?, 커뮤니케이션북스; 정재황 외, 사이버공간상의 표현의 자유와 그 규제에 관한 연구, 헌법재판연구 13; 이준복, 인터넷광고의 자유에 관한 헌법적 연구, 동국대 박사학위논문, 2008.8; 이상경, "사이버공간의 특성과 사이버 법규범체계에 대한 일고", 공법연구 43-1; 문재완, "인터넷상 사적 검열과 표현의 자유", 공법연구 43-3; 권은정, "개인방송 규제에 관한 법체계적 고찰-통합방송법안에 대한 비판과 대안적 규제입법 논의를 중심으로", 공법연구 47-4; 문재완, "민주주의와 인터넷 공론장", 공법연구 51-1; 문의빈, "알고리즘 기반 추천과 플랫폼의 기본권 제한에 관한 비교법적 연구", 헌법학연구 29-2; 임효준, "인터넷 검열에 대한 헌법적 통제", 헌법실무연구 23; 전학선, "메타버스 시대와 온라인 플랫폼 자율규제"; 박용숙, "인터넷상의 악성댓글과 관련한 대응방안에 대한 고찰", 헌법학연구 28-4; 임효준, 헌법상 검열금지 법리에 관한 연구: 매체환경 변화와 관련하여, 서울대 박사학위논문, 2021.2; 최경미·지성우, "온라인 플랫폼 규제 철학 및 방법 비교 연구", 헌법학연구 30-4; 남정아, "SNS상의 표현의 자유의 한계", 헌법학연구 31-3.

단위로 새로운 기사를 게재할 것(시행령 제2조 제1항 제2호)이라는 요건을 충족하여야 한다. 즉 동일한 제호(題號)로 주 1회 이상 계속 제작되어야 한다.

1. '인터넷신문'은 지면이 아닌 인터넷을 통하여 발행·배포되는 신문을 뜻하는 것임이 분명하고, 정의조항은 독자적 기사 생산과 지속적 발행을 인터넷신문의 기본사항으로 명확하게 규정하고 있다. 또한, 시대적·기술적 변화 상황에 따라 유연하게 인터넷신문을 규율하기 위해서는 인터넷신문이 갖추어야 할 구체적 발행기준 등을 대통령령에 위임하여야 할 필요성이 인정된다. 한편, 신문법은 인터넷신문의 독립 및 기능을 보장하는 한편, 사회적 책임에 관한 규정을 두고 있고, 인터넷신문은 종이신문과 달리 물적 시설에 관한 기준이 필요하지는 않는 점에 비추어 볼 때, 대통령령에 규정될 인터넷신문의 요건은 주로 인터넷신문의 인적 기준 요건이 될 것임이 예측가능하다. 따라서 정의조항은 명확성원칙 및 포괄위임금지원칙에 위배되지 않는다. 2. 인터넷신문 등록 시 적어도 "독자적 기사 생산 및 지속적 발행" 요건을 갖추었음을 확인할 수 있는 서류에 관한 내용이 대통령령에 규정될 것임을 충분히 예측할 수 있다. 따라서 등록조항은 명확성원칙 및 포괄위임금지원칙에 위배되지 않는다. 등록조항은 인터넷신문의 명칭, 발행인과 편집인의 인적사항 등 인터넷신문의 외형적이고 객관적 사항을 제한적으로 등록하도록 하고 있고, 고용조항 및 확인조항은 5인 이상 취재 및 편집 인력을 고용하되, 그 확인을 위해 등록 시 서류를 제출하도록 하고 있다. 이런 조항들은 인터넷신문에 대한 인적 요건의 규제 및 확인에 관한 것으로, 인터넷신문의 내용을 심사·선별하여 사전에 통제하기 위한 규정이 아님이 명백하다. 따라서 등록조항은 사전허가금지원칙에도 위배되지 않는다(전원일치). 3. 그런데 고용조항과 확인조항에 따라 소규모 인터넷신문이 신문법 적용대상에서 제외되면 신문법상 언론사의 의무를 전혀 부담하지 않게 될 뿐만 아니라, 언론중재법에 따른 구제절차 대상에서도 제외된다. 또 소규모 인터넷신문의 대표자나 임직원은 '부정청탁 및 금품등 수수의 금지에 관한 법률'상 공직자등에도 포함되지 않게 되어, 소규모 인터넷신문의 언론활동으로 인한 폐해를 예방하거나 이를 구제하는 법률의 테두리에서 완전히 벗어나는 결과를 초래한다. 고용조항 및 확인조항은 소규모 인터넷신문이 언론으로서 활동할 수 있는 기회 자체를 원천적으로 봉쇄할 수 있음에 비하여, 인터넷신문의 신뢰도 제고라는 입법목적의 효과는 불확실하다는 점에서 법익의 균형성도 잃고 있다. 따라서 고용조항 및 확인조항은 입법목적의 정당성 및 수단의 적합성은 인정되지만 법익의 균형성에 어긋나 인터넷신문의 발행을 제한하는 효과를 가지고 있으므로 언론의 자유를 침해한다(고용조항 및 확인조항(7:2)). [합헌의견] 언론의 자유는 언론·출판의 본질적 표현의 방법과 내용의 자유를 보장하는 것이지, 그를 객관화하는 수단으로 필요한 시설이나 언론기업의 주체인 기업인으로서의 활동에 관한 것까지 포함하는 것으로 볼 수 없다. 고용조항과 확인조항은 언론의 표현 방법이나 내용에 대한 규제, 즉 신문의 기능과 본질적으로 관련된 부분에 대한 규제라기보다는 인터넷신문의 형태로 언론 활동을 하기 위한 외적 조건을 규제하는 것에 불과하고, 외적 조건을 갖추지 못한 자들은 인터넷신문이 아닌 다른 형태의 언론 활동을 할 수 있다는 점 등을 고려할 때, 고용조항과 확인조항에 의해 언론

의 자유가 직접 제한받는다고 볼 수 없다. 이 사건은 언론의 자유가 아니라 직업수행의 자유를 침해하는지 여부를 중심으로 판단하여야 한다. 인터넷신문은 종이신문과 비교하여 설비투자에 소요되는 비용이 상대적으로 적고 지면의 한계가 없을 뿐만 아니라, 유통에도 큰 비용이 들지 않아 기사를 쉽게 작성하여 발행할 수 있으며, 인터넷에 접속하고 있는 불특정 다수를 독자로 하고, 블로그, SNS 등을 통하여 기사가 확대·재생산되며, 기사가 삭제된 이후에도 SNS 등에 게시됨으로써 지속적으로 보존 및 검색될 수 있으므로 종이신문에 비하여 그 파급력이 매우 높다. 위와 같은 인터넷신문의 특성에 비추어 보면, 종이신문과는 다르게 인터넷신문에 대하여만 인적 기준 요건을 규정하고 있다 하더라도 이는 합리적인 이유 있는 차별이다(헌재 2016.10.27. 2015헌마1206등, 신문 등의 진흥에 관한 법률 제2조 제2호 등 위헌확인 등(위헌,기각,각하)).

다만, 이 경우에도 인터넷신문은 신문법이 원래 예정한 일반정기간행물이 아니라 새로운 시대적 상황에 발맞추어 도입된 새로운 매체라는 점에서 이 또한 일시적인 미봉책에 불과하다.

신문법이 제정되기 이전에 공직선거법에서는 인터넷언론사를 다음과 같이 정의한 바 있다. 즉 "정치·경제·사회·문화·시사 등에 관한 보도·논평 및 여론 등을 전파할 목적으로 취재·편집·집필한 기사를 인터넷을 통하여 보도·제공하거나 매개하는 인터넷홈페이지를 경영·관리하는 자와 이와 유사한 언론의 기능을 행하는 인터넷홈페이지를 경영·관리하는 자를 말한다"(제8조 의5).

(iii) "인터넷방송이라 함은 인터넷을 통하여 방송프로그램을 기획·편성 또는 제작하여 이를 공중(개별계약에 의한 수신자를 포함하며, 이하 '시청자'라 한다)에게 송신하는 것"으로 정의된다(방송법 제2조 제1호 참조). 인터넷방송은 여러 가지 기술적 방식이 원용되고 있으나 일반적으로 웹캐스팅(webcasting), 스트리밍 미디어(streaming media) 방식이 이용된다.

인터넷방송을 방송법상 방송의 일종으로 편입하면 전통적인 방송의 특성에 기초한 방송의 공공성과 공익성에 대한 근본적인 변화를 초래한다. 이는 방송법의 근본이념 그 자체의 변화를 의미한다. 또한 방송법상 기존 방송의 특성에 근거한 허가제도·시설기준 등도 인터넷방송의 경우에는 최소화될 수밖에 없다. 그것은 진입장벽의 해소로 연결된다.

C. 인터넷매체의 규제 모델

(i) 인터넷매체를 탈규제적인 사상의 자유시장으로 맡겨둘 것인지 아니면 규제를 할 것인지에 관한 정책적인 판단이 뒤따라야 한다. 무엇보다도 탈규제 모델에 방송법상의 규제 모델을 적용하기에는 무리가 뒤따른다. 궁극적으로는 인터넷신문과 인터넷방송이 통합되는 시청각법 내지 방송통신법의 제정으로 나아가야 한다. 이와 관련하여 미국의 연방통신위원회(FCC) 모델이나, 프랑스의 고등시청

각위원회(CSA) 모델을 참조할 수 있다.

(ii) 향후 인터넷매체에 대한 내용규제의 방향은 전 세계적인 인터넷매체에 대한 법적 규제의 공통적인 흐름인 폭력, 외설, 명예훼손, 사생활침해, 청소년문제, 저작권침해 등에 관한 규제에 한정될 수밖에 없다.

D. 검 토

(i) 생각건대 인터넷매체와 관련된 법적 규제나 지위에 관한 기본적인 적용법률은 기존 언론 관련법제의 틀을 뛰어넘는 정보통신 관련법제가 되어야 한다. 즉 인쇄매체 중심의 신문법과, 방송통신을 아우르는 탈규제적인 방송통신법제의 정립으로 나아가야 한다. 이 경우 방송통신법제는 전통적인 방송과 인터넷매체를 구획하는 이중의 틀을 마련하여야 한다.

(ii) 새로운 언론법제의 정립을 위하여 언론의 사회적 책임을 강조하는 현행법의 틀을 뛰어넘는 언론 내지 사상의 자유시장이론에 터 잡은 인터넷매체의 설정을 그려보는 작업도 필요하다.

Ⅶ. 언론·출판의 자유의 제한

언론·출판의 자유도 무제한적인 절대적 자유가 아니기 때문에 일정한 제한이 따를 수 있다. 하지만, 언론·출판의 자유는 민주주의 국가생활에서 필요불가결한 기본권이므로 현행헌법 제21조 제2항은 사전제한(事前制限)을 명문으로 금지하고, 사후제한(事後制限)도 표현의 자유에 대한 제한의 특별한 원칙들(막연하기 때문에 무효의 이론과 합헌성추정의 배제원칙, 명백하고 현존하는 위험의 원칙 등)에 의하여 제한이 억제된다. 따라서 언론·출판의 자유의 제한은 사전제한, 사후제한, 예외적 제한이 문제된다.

1. 사전제한

(1) 헌법 제21조 제2항의 의의

헌법 제21조 제2항은 "언론·출판에 대한 허가나 검열은 인정되지 아니한다"라고 명시한다. 허가제나 검열제는 국민의 정신생활에 미치는 위험이 클 뿐만 아니라 관제의견(官製意見)이나 권력자에게 해가 되지 아니하는 여론만이 허용되는 결과를 초래할 염려가 있기 때문에 엄격히 금지된다. 그러므로 비록 헌법 제37조 제2항에 근거한다 하더라도, 언론·출판의 자유를 허가나 검열을 통하여 제한하는 것은 법률로써도 허용되지 아니한다(헌재 2005.2.3. 2004헌가8, 구 음반·비디오물및게임물에관한법률 제16조 제1항 등 위헌제청(위헌)).

(2) 허가제의 금지

허가(許可)라 함은 "자연적 자유에 속하는 행위를 법령으로써 일반적으로 제한 또는 금지하고, 다만 특정한 경우에 이를 해제함으로써 그 행위를 적법하게 행할 수 있도록 하는 행정처분"을 말한다. 언론에 관한 허가제는 자연적 자유를 일단 전면적으로 제한·금지하고, 국가기관이 표현 전에 내용을 선별하여 특정한 경우에 한하여 그 제한·금지를 해제하는 처분이다. 결국 표현한 자의 의사는 국가기관에 의하여 왜곡되어 발표되거나, 이미 표현의 내용형성 단계에서 부당한 영향을 받을 수밖에 없으므로, 허가제는 언론의 자유의 본질적 내용을 침해한다. 다만, 방송의 특성상 방송법은 허가·승인·등록 등을 규정한다(제9조).

(3) 검열제의 금지

(a) 검열의 의미 "검열(檢閱)이란 행정권이 주체가 되어 사상이나 의견 등이 발표되기 이전에 예방적 조치로서 그 내용을 심사, 선별하여 발표를 사전에 억제하는 제도"를 말한다. 검열은 그 명칭이나 형식에 구애됨이 없이 실질적으로 일정한 검열의 요건을 충족하면 된다(헌재 2005.2.3. 2004헌가8, 구 음반·비디오물및게임물에관한법률 제16조 제1항 등 위헌제청(위헌)). 특히 사전검열금지의 원칙을 적용함에 있어서는 사전검열행위 자체의 범위를 제한하여 적용하여야 할 뿐만 아니라 사전검열금지원칙이 적용될 대상 또한 헌법이 언론·출판의 자유를 보장하고 사전검열을 금지하는 목적에 맞게 한정하여 적용하여야 한다(헌재 2010.7.29. 2006헌바75, 건강기능식품에 관한 법률 제18조 제1항 제5호 등 위헌소원(각하,합헌)).

(b) 검열의 요건 검열금지의 원칙은 모든 형태의 사전적 규제 금지가 아니고, 단지 의사표현의 발표 여부가 오로지 행정권의 허가에 달려 있는 사전심사만을 금지하는 원칙이다. 그러므로 검열은 일반적으로 "허가를 받기 위한 표현물의 제출의무, 행정권이 주체가 된 사전심사절차, 허가를 받지 아니한 의사표현의 금지 및 심사절차를 관철할 수 있는 강제수단 등의 요건을 갖춘 경우에만 이에 해당"한다(헌재 1996.10.4. 93헌가13, 영화법 제12조 등에 대한 위헌심판(위헌)).

(i) 검열의 주체로서 행정권 ① 검열의 주체는 국가기관이 아니라 행정권이다. 법원은 분쟁해결·권리보호기관이기 때문에 검열의 주체로 볼 수 없다. 검열의 주체로서 행정권에 한정한다는 취지는 행정권이 아닌 사법기관은 표현의 자유를 사전에 제한할 수 있다는 논리로 연결되어서는 아니 된다.[1] 사법부에 의

1) 성낙인, "방송보도와 명예훼손", 헌법학논집; 홍강훈, "'기본권 제한 입법의 이원적 통제이론'에 따른 헌법 제21조 언론·출판의 자유에 대한 허가 및 검열금지의 법적 의미", 공법연구 48-4; 문재완,

한 표현의 자유에 대한 사전제한은 검열이 아니라는 이유로 비교적 폭넓게 인정하지만, 이 또한 가능한 한 억제되어야 한다.

헌법재판소는 '정기간행물의등록등에관한법률' 제10조 제1항 등에 대한 헌법소원(헌재 1992.6.26. 90헌바26(합헌))과 교육법 제157조에 관한 헌법소원(헌재 1992.11.12. 89헌마88(기각))에서 '국가기관'이라고 한 바 있으나, (구)민사소송법 제714조 제2항 위헌소원(헌재 2001.8.30. 2000헌바36(합헌))에서 "'법원'에 의한 방영금지가처분은 비록 사전에 그 내용을 심사하여 금지하는 것이기는 하지만 행정권에 의한 사전심사가 아니어서 사전검열에 해당하지 않는다"라고 판시한 이래 계속하여 같은 취지의 판례를 유지한다.

② 행정기관인지 여부는 기관의 형식에 의하기보다는 그 실질에 따라 판단되어야 한다. 검열을 행정기관이 아닌 독립적인 위원회에서 행한다고 하더라도 행정권이 주체가 되어 검열절차를 형성하고 검열기관의 구성에 지속적인 영향을 미칠 수 있는 경우라면 실질적으로 보아 검열기관은 행정기관이라고 보아야 한다(헌재 1996.10.4. 93헌가13, 영화법 제12조 등에 대한 위헌심판(위헌)).

공연법의 영상물등급위원회와 음반법의 영상물등급위원회는 그 설립 · 구성 · 절차 및 그 권한에 있어 거의 동일한 권한을 가진 행정기관에 해당한다(헌재 2006.10.26. 2005헌가14, 음반·비디오물및게임물에관한법률 제35조 제1항 등 위헌제청(위헌)).

(ii) **표현물의 내용에 대한 사전심사** ① 표현물의 내용에 대한 심사가 아닌 경우에는 비록 발표 이전에 행하여진다고 하더라도 검열에 해당하지 아니한다. 이에 따라 검열의 목적이 내용의 규제가 아닌 경우, 예를 들어 광고물 등의 종류 · 모양 · 크기 · 색깔 · 표시 또는 설치의 방법과 기간 등을 규제할 뿐이거나(헌재 1998.2.27. 96헌바2, 옥외광고물등관리법 제3조 위헌소원(합헌)), 자료의 내용과 관계없이 단순히 납본(納本)만을 요구하는 경우(헌재 1992.6.26. 90헌바26, 정기간행물의등록등에관한법률 제10조 제1항 등에 대한 헌법소원(합헌))에는 검열에 해당하지 아니한다.

② 헌법재판소는 정기간행물의 등록제, 옥외광고물의 사전허가, 종합유선방송의 사전허가, 비디오물의 등급분류제, 법원에 의한 방영금지 가처분, 건강기능식품 표시광고의 사전심의 등은 합헌이라고 판시한다. 반면에 영화 · 음반 · 비디오물의 사전심의, 영화등급보류제, 비디오등급보류제, 외국비디오물 수입추천제, 외국음반 국내제작 추천제, 텔레비전 방송광고 사전심의, 방송위원회로부터 위탁받은 한국광고자율심의기구의 텔레비전 방송광고의 사전심의, 사전심의를 받지 아니한 의료광고의 금지는 검열에 해당한다고 판시한다.

"대북전단 살포 금지와 표현의 자유", 세계헌법연구 30-3.

(iii) 허가를 받기 위한 표현물의 제출의무, 허가를 받지 아니한 의사표현의 금지 및 심사절차를 관철할 수 있는 강제수단의 존재   허가를 받지 아니하면 의사표현이 금지되고, 그러한 금지가 행정명령 · 과태료 · 형벌 등에 의하여 실제로 강제되는 경우에만, 검열이 의사표현에 대한 위헌적인 제한으로 작용한다.

(c) 연예 · 영화에 대한 사전검열   (i) 연예와 영화는 표현의 상대방이 다양하고 넓기 때문에 영향력이 강력하고 광범위하기 때문에 사후제한만으로는 규제가 불충분하므로 사전검열에 대하여 논란이 있다. 긍정설은 헌법 제21조 제4항 "언론 · 출판은 타인의 명예나 권리 또는 공중도덕이나 사회윤리를 침해하여서는 아니 된다"라는 조항을 근거로 공중도덕과 사회윤리를 위하여 필요한 경우에는 사전검열도 가능하다고 한다. 부정설은 연예와 영화도 언론 · 출판의 자유의 보호대상이므로 헌법 제21조 제2항이 적용되어 사전검열은 절대적으로 금지된다고 한다. 생각건대 연예 · 영화도 원칙적으로 표현의 자유의 보호영역에 속하므로 사전검열은 원칙적으로 금지된다고 보아야 한다.

(ii) 헌법재판소는 공연윤리위원회와 공연예술진흥협의회에 의한 사전심의제도(헌재 1996.10.4. 93헌가13, 영화법 제12조 등에 대한 위헌심판(위헌)), 영상물등급위원회에 의한 비디오물 등급분류보류제도(헌재 2008.10.30. 2004헌가18, 구 음반 · 비디오물 및 게임물에 관한 법률 제20조 제4항 위헌제청(위헌)), 영화진흥법상 등급분류보류의 횟수제한이 없는 영화상영등급분류제도는 사전검열에 해당된다고 하여 위헌결정을 내린 바 있다. 이에 따라 영화의 등급분류보류제도가 삭제되고 완전등급제가 실시된다.

> "의사표현 · 전파의 자유에 있어서 의사표현 또는 전파의 매개체는 어떠한 형태이건 가능하며 그 제한이 없다고 하는 것이 우리 재판소의 확립된 견해이다. 즉, 담화 · 연설 · 토론 · 연극 · 방송 · 음악 · 영화 · 가요 등과 문서 · 소설 · 시가 · 도화 · 사진 · 조각 · 서화 등 모든 형상의 의사표현 또는 의사전파의 매개체를 포함한다." "영상물등급위원회의 등급분류보류제도는 우리 헌법이 절대적으로 금지하고 있는 사전검열에 해당하는 것으로서 더 나아가 비례의 원칙이나 명확성의 원칙에 반하는지 여부를 살펴볼 필요도 없이 헌법에 위반된다"(헌재 2001.8.30. 2000헌가9, 영화진흥법 제21조 제4항 위헌제청(위헌)).

한편 헌법재판소는 표현물의 공개나 유통 자체를 사전적으로 금지하여 시간이 경과하여도 이에 대한 접근이나 이용을 불가능하게 하는 사전검열과 달리 등급분류(等級分類)는 시간이 경과하여 이용 가능한 연령이 되면 이에 대한 접근이나 이용이 자유로워진다는 점에서 차이를 보인다고 하면서, 등급분류를 받지 아니한 비디오물의 유통을 금지하더라도 이것은 사전검열에 해당하지 아니한다고 결정하였다(헌재 2007.10.4. 2004헌바36, 구 음반 · 비디오물 및 게임물에 관한 법률 제18조 제5항 위헌소원(합헌)).

(iii) 또한 구 방송위원회로부터 위탁을 받은 한국광고자율심의기구가 행하는 텔레비전 방송광고의 사전심의는 헌법상 금지되는 사전검열이라고 판시한다.

① 한국광고자율심의기구는 민간이 주도가 되어 설립된 기구이기는 하나, 그 구성에 행정권이 개입하고 있고 행정법상 공무수탁사인(公務受託私人)으로서 그 위탁받은 업무에 관하여 국가의 지휘·감독을 받고 있다는 점, ② 구 방송위원회는 텔레비전 방송광고의 심의 기준이 되는 방송광고 심의규정을 제정·개정할 권한을 가지고 있고 자율심의기구의 운영비나 사무실 유지비, 인건비 등을 지급한다는 점, ③ 방송광고 사전심의는 구 방송위원회가 위탁이라는 방법에 의하여 그 업무의 범위를 확장한 것에 지나지 아니한다는 점을 근거로 한국광고자율심의기구가 행하는 텔레비전 방송광고 사전심의는 행정기관에 의한 사전검열로서 헌법이 금지하는 사전검열에 해당한다. 이 결정에서 헌법재판소는 구 방송법이 개정되어 "방송광고 사전심의의 주체를 방송통신심의위원회로 변경하였는데, 방송통신심의위원회의 구성이나 업무, 업무처리 방식 등은 구 방송위원회의 그것과 다르지 않다고 할 것인바, 법질서의 정합성과 소송경제의 측면에서 개정된 방송법에 대해서도 위헌을 선언할 필요가 있다고 할 것이므로 구 방송법 규정과 함께 개정된 방송법 제32조 제2항, 제3항에 대해서도 위헌을 선언"한다(헌재 2008.6.26. 2005헌마506, 방송법 제32조 제2항 등 위헌확인(위헌)).

(iv) 한편 헌법재판소는 인터넷언론사에 대하여 선거운동기간 중 해당 인터넷 홈페이지의 게시판·대화방 등에 정당·후보자에 대한 지지·반대의 글을 게시할 수 있도록 하는 경우 실명(實名)을 확인받도록 하는 기술적 조치 등을 취할 의무를 부과하는 공직선거법 제82조의6은 사전검열에 해당하지 아니한다고 판시한 바 있다(7:2).

"당해 법률조항과 관련한 인터넷언론사의 의무는 후보자·정당에 대한 지지·반대의 글을 게시하려는 이용자의 경우에는 실명을 확인받도록 하는 기술적 조치를 할 의무(제1항), 그와 같은 실명확인을 받은 경우 '실명확인' 표시가 나타나도록 기술적 조치를 취할 의무(제4항), '실명확인'의 표시가 없는 지지·반대의 글이 이미 게시되어 있을 경우 이를 삭제할 의무(제6항·제7항)를 부담할 뿐이고, 이용자로서는 스스로의 판단에 따라 자신이 게시하려는 글이 지지·반대의 글에 해당하면 실명확인 절차를 거쳐 '실명확인'의 표시가 나타나게 게시하고 그렇지 아니하다고 판단되면 실명확인 절차를 거치지 아니하고 게시하는 것이 가능하므로 이러한 제한이 사전검열금지의 원칙에 위배된다고 할 수 없다"(헌재 2010.2.25. 2008헌마324, 공직선거법 제82조의6 제1항 등 위헌확인 등(합헌,기각)).

하지만, 헌법재판소는 일부 판례를 변경하여 위 조항에 대하여 위헌결정을 내렸다(6:3)(헌재 2021.1.28. 2018헌마456등, 공직선거법 제82조의6 제1항 등 위헌확인(위헌)). 다만, 이 결정에서는 앞의 결정에서 내린 검열 여부에 관한 언급은 없다(VI. 2. (3) 인터넷 본인확인제 (iii) 참조).

(d) 등록·신고제와 사전검열 (i) 등록이나 신고는 행정상의 필요에 의

하여 요건을 갖추어 신청하는 것까지만 요구하고, 의사표현의 내용 규제가 아니므로, 사전허가나 검열과는 달리 허용된다. 하지만, 등록제가 실질적으로 허가제나 검열제와 유사한 법적 효과를 가질 경우에는 위헌이다.

(ii) 헌법재판소도 영화법 제4조 제1항 등의 등록이나 신고는 사전검열로서 위헌이라고 할 수 없으나, 실질적으로 허가제나 검열제와 유사한 법적 효과를 가질 경우에는 표현의 자유에 대한 허가·검열로서 위헌이 된다고 판시한다.

> "영화법에서 … 등록의무를 부과하는 것은 … 헌법상 보장된 표현의 자유의 내용을 간섭하기 위한 것이 아니라 단순히 주무행정관청의 기본업무인 행정상의 절차와 행정업무상 필요한 사항을 등록하게 하고 이를 규제하기 위하여 그 위반행위에 대한 벌칙규정을 두고 있는 데 불과한 것이다 … 위 법령조항 등에 정한 예탁금액이 지나치게 많은 경우에는 사실상 영화제작업자의 자유로운 등록을 제한하여 실질적으로 표현의 자유를 직접 또는 간접적으로 침해할 수가 있고, 나아가 헌법에서 금지하는 언론·출판의 허가제에 유사한 제한을 하는 것에 해당하게 된다"(헌재 1996.8.29. 94헌바15, 영화법 제4조 제1항 등 위헌소원(합헌)).

(iii) 헌법재판소는 외국음반 국내제작 추천제도는 헌법 제21조 제2항이 절대적으로 금지하는 사전검열로 판시한다(헌재 2006.10.26. 2005헌가14, 음반·비디오물및게임물에관한법률 제35조 제1항 등 위헌제청(위헌)).

(4) 예외적인 사전제한

표현의 자유도 상대적 자유이므로 예외적으로 사전제한이 가능하다. 하지만, 엄격한 조건에 따라 극히 한정적으로 허용되어야 한다.

> "표현행위에 대한 사전금지는 원칙적으로 허용되어서는 안 될 것이지만, 다만 그와 같은 경우에도 그 표현내용이 진실이 아니거나 그것이 공공의 이해에 관한 사항으로서 그 목적이 오로지 공공의 이익을 위한 것이 아니며, 또한 피해자에게 중대하고 현저하게 회복하기 어려운 손해를 입힐 우려가 있는 경우에는 그와 같은 표현행위는 그 가치가 피해자의 명예에 우월하지 아니하는 것이 명백하고, 또 그에 대한 유효적절한 구제수단으로서 금지의 필요성도 인정되므로 이러한 실체적인 요건을 갖춘 때에 한하여 예외적으로 사전금지가 허용된다"(대결 2005.1.17. 2003마1477, 서적발행판매반포등금지가처분).

2. 사후제한

(i) 언론의 자유도 헌법 제37조 제2항의 일반적 법률유보에 의한 제한을 받는다. 즉, 언론의 자유도 국가안전보장·질서유지 또는 공공복리를 위하여 필요한 경우에 한하여 법률로써 제한할 수 있으나, 그 제한은 언론의 자유의 본질적 내용을 침해할 수 없다.

[사실관계] 피고인은 좌익선언(Left Wing Manifesto)을 집필·출간하였다. 그 내용은

정치적 스트라이크를 통한 전투적 사회주의에 의하여 공산주의혁명을 이룩할 필요성을 고취하고, 궁극적으로 의회주의국가를 타도하고 프롤레타리아 독재를 실현하고자 하였다. [판결요지] 수정헌법 제1조 표현의 자유는 수정헌법 제14조를 통하여 주(州)에도 적용된다. 그러나 표현의 자유는 절대적인 권리가 아니며 경찰력에 의한 합리적인 제한이 가능하다. 폭력에 의한 정부전복(政府顚覆)을 창도(唱導)하는 언사(言辭)에 대하여는 각각의 경우에 구체적인 위험의 존재를 입증하지 아니하고서도 이를 금지할 수 있다. 문제된 법률은 수정헌법 제14조의 위반이 아니다(*Gitlow v. New York*, 268 U.S. 652(1925)).

[사실관계] 1971년 6월 13일 New York Times지는 "월남 전사: 국방성 비밀문서를 통하여 미국개입의 30년을 추적하다"라는 표제하에 국방성의 극비 연구문서에 기초하여 월남전쟁에 대한 미국의 정책결정과정을 상세하게 연재하기 시작하였다. 법무부는 그 보도가 방첩법을 위반한다는 이유로 보도중지를 요구하였으나 거절당하였다. [판결요지] 다수의견: N.Y. Times지와 Washington Post를 상대로 하여 미국정부가 요구한 보도금지명령이 관련된 사건의 상고심사를 위하여 직무집행영장을 부여한다. 표현의 자유에 대한 사전적 제한은 강력한 위헌의 추정을 받는다. 따라서 이러한 제한을 부과하려 할 때 정부는 그 정당성에 대하여 무거운 입증책임을 부담한다(*New York Times v. United States*, 403 U.S. 713(1971)).

(ii) 신문법에서는 신문 및 인터넷신문의 등록취소와 발행정지를 명할 수 있음을 규정한다(제22조 이하). 발행정지처분은 정간처분이고, 등록취소는 폐간처분에 해당되므로 등록취소는 법원의 심판에 의하여서만 가능하다(제22조)(대판 1971.7.6. 71누62; 대판 1972.4.25. 71누183). 그러므로 신문법의 행정기관에 의한 직권등록취소제도(제23조)는 논란의 소지를 안고 있다. 한편 '잡지 등 정기간행물의 진흥에 관한 법률'은 정기간행물의 등록취소와 발행정지에 관하여 규정하며(제24조), 정기간행물의 등록취소와 발행정지에 관한 공정하고 객관적인 심의를 위하여 등록·신고취소심의위원회를 설치한다(제26조). 특히 등록취소를 할 때에는 청문을 실시하여야 한다(제27조). 방송의 경우 전파법에서 전파의 시정·철거·파기·수거 또는 사용중지 등 필요한 조치(제71조의2)와 무선국의 허가취소(제72조)를 할 수 있도록 규정하고, 방송법도 허가·승인·등록의 취소제도를 규정한다(제18조). 또한 '출판문화산업 진흥법'에서는 간행물의 윤리적·사회적 책임을 구현하고 간행물의 유해성 여부를 심의하기 위하여 한국출판문화산업진흥원에 간행물윤리위원회를 설치한다(제17조).

그 밖에도 언론·출판의 자유를 제한하는 법률로는 형법, 국가보안법, 계엄법(제9조 제1항의 비상계엄사령관의 언론·출판에 대한 특별조치), 군사기밀보호법 등이 있다.

(iii) 그러나 이와 같은 공적 규제는 남용의 위험이 크기 때문에 유해한 언론 등이 사상의 자유시장에서 걸러질 수 있어야 하며, 그것이 불가능할 경우에는 가급적 언론기관의 자율적 규제에 맡겨야 한다. 언론기관의 자율적 규제를 강화하기

위하여 '언론중재 및 피해구제 등에 관한 법률'과 '방송미디어통신위원회의 설치 및 운영에 관한 법률'은 언론중재위원회(언론중재법 제7조), 방송미디어통신위원회(방통법 제2장), 방송미디어통신심의위원회(제5장) 등의 설치와 운영에 관한 사항을 규정한다.

'정보통신망 이용촉진 및 정보보호 등에 관한 법률'에서 방송통신위원회가 일정한 요건 하에 서비스제공자 등에게 불법정보의 취급거부 등을 명하도록 한 관련 규정이 과도하게 언론의 자유를 침해한다고 할 수도 없다(헌재 2014.9.25. 2012헌바325, 정보통신망 이용촉진 및 정보보호 등에 관한 법률 제44조의7 제1항 제8호 등 위헌소원(합헌)).

3. 예외적 제한

(i) 언론의 자유는 헌법상 대통령이 긴급명령을 발동한 경우(제76조)에는 형식적 법률이 아닌 긴급명령에 의한 제한을 받게 되며, 대통령이 비상계엄을 선포한 경우에는(제77조 제3항) 계엄법이 정하는 바에 따라 계엄사령관이 포고령에 의하여 언론의 자유에 대한 특별한 조치를 할 수 있다.

(ii) 또한 공무원·군인 또는 수형자(受刑者) 등 특수한 신분관계에 있는 국민의 언론·출판의 자유는 일반국민과 다른 제한을 받는다.

4. 제한의 한계

(i) 언론·출판의 자유를 제한하는 경우에도 본질적 내용은 침해할 수 없다. 사전허가·사전검열은 금지되며 사후적으로라도 폐간처분(廢刊處分)은 법원의 심판에 의하여서만 가능하다.

(ii) 언론의 자유는 언론보도와 그 정보를 받는 일반국민의 권리보장이라는 통일적인 보장체제로 이해되어야 한다. 특히 국가기밀, 사생활의 비밀과 자유, 명예훼손, 선동 등의 영역에서 언론의 자유의 구체적 내용과 한계를 살펴보아야 한다.

(iii) 재판과정에 대한 언론보도는 개인의 인격권 보호와 언론의 보도기능 및 언론의 자유보장 사이에 조화가 요망된다. 그런데 최근 법원의 재량으로 재판의 실황중계를 결정할 수 있도록 한다. 다른 한편 외국과 비교할 때 한국에서는 범죄사건의 보도에 있어서 익명보도(匿名報道)를 원칙으로 한다(대판 1999.1.26. 97다10215, 10222). 하지만, 사안의 중대성에 비추어 피의자의 얼굴·성명 등 신상에 관한 정보를 공개할 수도 있다.

공개재판기록에서 얻은 강간피해자(사망)의 이름을 텔레비전으로 방송하였는데 이를 금지한 조지아주 법률은 언론자유에 위배된다(*Cox Broadcasting Corp. v. Cohn*, 420 U.S. 469(1975)).

공개된 경찰의 발표에 따른 강간 피해자의 이름 공개는 수정헌법 제1조에 의하여 보호된다(Florida Star v. B.J.F., 491 U.S. 524(1989)).

피의자의 요청이 있어도 신문보도는 할 수 있다(Richmond Newspapers Inc. v. Virginia, 448 U.S. 555(1980)).

Ⅷ. 언론·출판의 자유의 한계와 책임

1. 의 의

헌법 제21조 제4항은 "언론·출판은 타인의 명예나 권리 또는 공중도덕이나 사회윤리를 침해하여서는 아니 된다"라고 규정한다.[1] 헌법규정에 따라 '신문등의 진흥에 관한 법률'(제4조)과 '언론중재 및 피해구제 등에 관한 법률'(제4조)에서는 언론의 사회적 책임을 규정하고, 방송법도 방송의 공적 책임과(제5조) 공정성과 공익성을(제6조) 강조하며, 공직선거법도 언론기관의 공정보도의무를(제8조) 규정한다. 언론의 자유의 내재적 한계가 문제되는 전형적인 경우로서 국가기밀, 사생활의 비밀과 자유, 음란성, 공중도덕과 사회윤리, 선동 등이 있다(박용상, 언론과 개인법익, 조선일보사, 1997 참조).

2. 국가기밀

(i) 국가기밀은 일반인에게 알려지지 아니한 비공지의 사실(넓은 의미)로서, 국가의 안전에 대한 불이익의 발생을 방지하기 위하여 기밀이 적국 또는 반국가단체에 알려지지 아니하도록 할 필요성 즉 '요비닉성'(要秘匿性)이 있는 동시에, 기밀이 누설되는 경우 국가의 안전에 명백한 위험을 초래한다고 볼 만큼의 실질적 가치가 있는 '실질비성'(實質秘性)을 갖추어야 한다(헌재 1997.1.16. 92헌바6등, 국가보안법 위헌소원(한정합헌,합헌)).

> "군사기밀이라 함은 비공지의 사실로서 관계기관에 의하여 적법절차에 따라 군사기밀로 분류표시 또는 고지된 군사관련 사항이어야 할 뿐만 아니라 아울러 그 내용이 누설될 경우 국가의 안전보장에 명백한 위험이 초래된다고 할 수 있을 정도로 그 내용자체가 실질적인 비밀가치를 지닌 비공지의 사실"에 한정한다(헌재 1992.2.25. 89헌가104, 군사기밀보호법 제6조 등에 관한 위헌심판(한정합헌)).

(ii) 국가공무원법(제60조), 계엄법(제10조 제1항), 군형법(제13조 제2항, 제80조), 군사기밀보호법 등에서 이를 규율한다. 그러나 "군사기밀의 범위는 국민의 표현의 자유 내지 '알 권리'의 대상영역을 최대한 넓혀줄 수 있도록 필요한 최소한도에 한정되어야" 한다. 따라서 "'군사상의 기밀'이 비공지의 사실로서 적법절차에 따라 군사기밀로서의 표지(標識)를 갖추고 그 누설이 국가의 안전보장에 명백한 위험을 초래한다고 볼 만큼의 실질가치를 지닌" 경우에 한하여 헌법에 위배되지 아니한다고 해석할 수

1) 이승선, "헌법 제21조 제4항은 살았는가, 죽었는가?", 세계헌법연구 28-1.

있다(헌재 1992.2.25. 89헌가104, 군사기밀보호법 제6조 등에 관한 위헌심판(한정합헌)).

군사기밀보호법은 국가안전보장에 미치는 영향의 정도에 따라 군사기밀의 등급을 구분하고 보호에 필요한 최저등급으로 지정하며, 계속 보호할 필요가 없게 된 때에는 지정을 해제하고 있으며, 군사기밀 공개, 군사기밀의 제공 및 설명, 공개요청 등 알 권리를 보장하는 다양한 제도적 장치가 마련되어 있다. 따라서 군사기밀보호법 제11조가 국민의 알 권리를 과도하게 제한한다고 볼 수 없다(헌재 2014.9.25. 2011헌바358, 국가보안법 제8조 제1항 등 위헌소원(합헌)).

3. 명예훼손

(i) "명예(名譽)는 생명, 신체와 함께 매우 중대한 보호법익이고 인격권으로서의 명예권은 물권의 경우와 마찬가지로 배타성을 가지는 권리"이므로 "사람의 품성, 덕행, 명성, 신용 등의 인격적 가치에 관하여 사회로부터 받는 객관적인 평가인 명예를 위법하게 침해당한 자는 손해배상 또는 명예회복을 위한 처분을 구할 수 있는 이외에 인격권으로서 명예권에 기초하여 가해자에 대하여 현재 이루어지고 있는 침해행위를 배제하거나 장래에 생길 침해를 예방하기 위하여 침해행위의 금지를 구할 수도 있다"(대결 2005.1.17. 2003마1477, 서적발행판매반포등금지가처분). 헌법재판소는 형법상 국기훼손행위(國旗毁損行爲)의 처벌은 합헌이라고 판시한다.

대한민국을 모욕할 목적으로 국기를 손상, 제거, 오욕한 행위를 처벌하는 형법 제105조 중 "국기" 부분은 헌법에 위반되지 아니한다(합헌4:일부위헌2:위헌3).

'대한민국을 모욕'한다는 것은, '국가공동체인 대한민국의 사회적 평가를 저해할 만한 추상적 또는 구체적 판단이나 경멸적 감정을 표현하는 것'을 의미한다. 심판대상조항이 다소 광범위한 개념을 사용했다 하더라도, 건전한 상식과 통상적 법 감정을 가진 사람이 일반적 해석방법에 따라 보호법익과 금지 행위, 처벌의 종류와 정도를 알 수 있는 이상, 명확성원칙에 위배되지 않는다. 국기는 국가의 역사, 국민성, 이상을 반영하고 헌법적 질서와 가치, 국가정체성을 표상하며, 한 국가가 다른 국가와의 관계에서 가지는 독립성과 자주성을 상징하고, 국제회의 등에서 참가자의 국적을 표시하고 소속감을 대변한다. 대부분 국민은 국가상징물로서 국기가 가지는 고유의 상징성과 위상을 인정하고, 이에 대한 존중의 감정을 가지고 있다. 이러한 상징성과 위상은 비단 공용에 공하는 국기에 국한되는 것이 아니다. 만약 표현의 자유를 강조하여 국기 훼손행위를 금지·처벌하지 않는다면, 국기가 상징하는 국가의 권위와 체면이 훼손되고, 국민의 국기에 대한 존중의 감정이 손상될 것이다. 국가의 권위와 체면을 지키고, 국민의 존중의 감정을 보호하기 위해서는 국기훼손행위를 형벌로 제재하는 것이 불가피하며, 단순히 경범죄로 취급하거나 형벌 이외의 다른 수단으로 제재하여서는 입법목적을 효과적으로 달성하기 어렵다. 심판대상조항은 '대한민국을 모욕할 목적'을 요구함으로써 범죄 성립범위를 대폭 축소하고 있다. 형법 제정 이후 국기모독죄로 기소·처벌된 사례가 거의 없다는 점에서 알 수 있듯이, 대한민국을 모욕할 목적 없이 우발적으로 이루어지거나 정치적 의사표현의 한 방법으로 이루어진 국기훼손 행위는 처벌 대상에서 제외되고 있다. 또한, 법정형도 법관이 구체적 사정을 고려하여 합리적으로 양형할 수 있도록 규정되어 있다(헌재 2019.12.27. 2016헌바96, 형법 제105조 위헌소원(합헌)).

(ii) 고의 또는 과실로 명예를 해하면 민법상 불법행위가 된다(민법 제750조·제751조).

형법(형법 제307조 - 제310조)에서는 "공연히 사실을 적시하여 사람의 명예를 훼손한 자"(제307조 제1항), "사람을 비방할 목적으로 신문, 잡지 또는 라디오 기타 출판물에 의하여 제307조제1항의 죄를 범한 자"(제309조)도 처벌한다. 그러나 그 행위가 "진실한 사실로서 오로지 공공의 이익에 관한 때에는 처벌하지 아니한다"(제310조). 하지만, "공연히 허위의 사실을 적시하여" "사람의 명예를 훼손한 자"(제307조 제2항) 및 "사자의 명예를 훼손한 자"(제308조)도 처벌한다. 이에 따라 형법상 명예훼손죄에는 '공연히'·'사실을 적시'·'허위'·진실한 사실·'공공의 이익' 등에 대한 해명이 필요하다. 공연히 사실을 적시하여 명예를 훼손하면 형법상 범죄가 될 뿐만 아니라(형법 제307조 -제310조), 고의 또는 과실로 명예를 해하면 민법상 불법행위가 된다(민법 제750조· 제751조). 그러나 타인의 명예를 훼손한 언론·출판이라 하더라도 "진실한 사실로서 오로지 공공의 이익에 관한 때에는 처벌하지 아니한다"(형법 제310조). 한편 '정보통신망 이용촉진 및 정보보호 등에 관한 법률'(약칭 정보통신망법)에서도 사이버명예훼손죄(제70조)로 처벌한다.

'허위사실'의 표현은 증거에 의하여 허위성이 입증된 경우에만 처벌되는데, '적시된 사실이 객관적으로 허위'이고 피고인이 적시한 사실이 '허위임을 인식'하였는지에 대한 증명책임은 원칙적으로 검사에게 있고(대판 1994.10.28. 94도2186; 대판 2010.10.28. 2009도4949), 법원은 적시된 사실의 내용 전체의 취지를 살펴볼 때 중요한 부분이 객관적 사실과 합치되는 경우에는 세부에서 진실과 약간 차이가 나거나 다소 과장된 표현이 있다 하더라도 이를 허위의 사실이라고 볼 수는 없다는 취지의 판례를 확립하여(대판 1998.10.9. 97도158; 대판 1999.10.22. 99도3213), 구성요건을 엄격히 해석·적용하는 등 표현의 자유에 대한 위축을 최소화하고 있으므로 침해의 최소성 원칙에 위배되지 아니한다. 허위 사실을 인식하면서 타인의 명예를 훼손하는 행위는 표현의 자유 보장을 통해 달성하고자 하는 개인의 인격 실현과 자치정체의 이념 실현에 기여한다고 볼 수 없고, 오히려 신뢰를 바탕으로 한 비판과 검증을 통하여 형성되어야 할 공적 여론 형성에도 부정적인 영향을 끼치게 된다. 따라서 표현의 자유 제한 정도가 달성되는 공익에 비하여 지나치게 크다고 볼 수 없으므로 법익 균형성 원칙을 충족한다(헌재 2021.2.25. 2016헌바84, 형법 제307조 제2항 위헌소원(합헌)).

그 목적이 오로지 공공의 이익을 위한 표현이라 함은 행위자의 주요한 목적이나 동기가 공공의 이익을 위한 표현이라면 부수적으로 다른 사익적 목적이나 동기가 내포되어 있더라도 무방하다(대판 2002.1.22. 2000다37524). 진실한 사실이란 그 내용의 전체 취지를 살펴볼 때 중요한 부분이 객관적 사실과 합치되는 사실이라면 세부적인 면에 있어 약간 차이가 나거나 다소 과장된 표현이라도 무방하다(대판 2002.1.22. 2000다37524; 대판 1998.10.9. 97도158). 표현 내용이 진실이라고 믿을 만한 상당한 이유가 있는지의 여부는 적시된 사실의 내용, 진실이라고 믿게 된 근거나 자료의 확실성과 신빙성, 사실 확인의 용이성, 피해자의 피해 정도 등 여러 사정을 종합하여 행위자가 적시 내용의 진위 여부를 확인하기 위하여 적절하고도 충분한 조사를 다하였는가, 그 진실성이 객관적이고도 합리적인 자료나 근거에 의하여 뒷받침되는가 하는 점에 비추어 판단하여야 한다(대판 2009.2.26. 2008다27769).

형법 제307조 제2항(공연히 허위의 사실 적시)에 대한 전원일치 합헌결정과 달리, 제307조 제1항(공연히 사실 적시)에 대하여는 인격권을 강조하는 법정의견과 표현의 자유를 강조하는 반대의견이 첨예하게 대립한다(헌재 2021.2.25. 2017헌마1113등, 형법 제307조 제1항 위헌확인(기각))(김희정, "사실적시 명예훼손 합헌 결정에 대한 평석", 헌법학연구 27-3).

[법정의견(5인)] ① 명예는 사회에서 개인의 인격을 발현하기 위한 기본조건이므로 표현의 자유와 인격권의 우열은 쉽게 단정할 성질의 것이 아닌 점, ② 일단 훼손되면 완전한 회복이 사실상 불가능하다는 보호법익(외적 명예)의 특성과 사회적으로 명예가 중시되나 명예훼손으로 인한 피해는 더 커지고 있는 우리 사회의 특수성, ③ 징벌적 손해배상(punitive damages)이 인정되는 입법례와 달리 우리나라의 민사적 구제방법만으로는 형벌과 같은 예방이나 위하효과(威嚇效果)를 확보하기 어려워, 입법목적을 동일하게 달성하면서도 덜 침익적인 수단이 있다고 보기 어려운 점, ④ 형법 제310조는 "심판대상조항의 행위가 진실한 사실로서 오로지 공공의 이익에 관한 때에 처벌하지 아니한다."라고 규정하고 있고, 헌법재판소와 대법원은 이러한 형법 제310조의 적용범위를 넓게 해석함으로써 표현의 자유 제한을 최소화함과 동시에 사실 적시 명예훼손죄가 공적인물과 국가기관에 대한 비판을 억압하는 수단으로 남용되지 않도록 하고 있는 점, ⑤ 만약 표현의 자유에 대한 위축효과를 고려하여 전부위헌으로 결정한다면 사람의 가치에 대한 사회적 평가인 외적 명예가 침해되는 것을 방치하게 되고, 그로 인해 어떠한 사실이 진실에 부합하더라도 개인이 숨기고 싶은 병력·성적 지향(性的 志向)·가정사 등 사생활의 비밀이 침해될 수 있는 점, ⑥ 이에 대해서는 '사실'을 '사생활의 비밀에 해당하는 사실'로 한정하는 방향으로 일부위헌 결정을 함으로써 사생활의 비밀 보호와 표현의 자유 보장을 조화시킬 수 있다는 의견도 제시될 수 있으나, 그러한 경우에도 '사생활의 비밀에 해당하는 사실'과 '그렇지 않은 사실' 사이의 불명확성으로 인한 위축효과가 발생할 가능성은 여전히 존재하는 점을 종합적으로 고려할 때, 침해의 최소성도 인정된다.

① 헌법 제21조는 제1항에서 표현의 자유를 보장하면서도 제4항에서 표현의 자유의 한계로 타인의 명예와 권리를 선언하는 점, ② 타인으로부터 부당한 피해를 받았다고 생각하는 사람이 손해배상청구 또는 형사고소와 같은 민·형사상 절차에 따르지 아니한 채 공연히 사실을 적시하여 가해자의 명예를 훼손하려는 것은 가해자의 책임에 부합하지 않는 사적 제재수단으로 악용될 수 있기에 규제할 필요성이 있는 점, ③ 형법 제310조의 공익성이 인정되지 않음에도 불구하고 단순히 타인의 명예가 허명(虛名)임을 드러내기 위해 개인의 약점과 허물을 공연히 적시하는 것은 자유로운 논쟁과 의견의 경합을 통해 민주적 의사형성에 기여한다는 표현의 자유의 목적에도 부합하지 않는 점을 고려하면, 법익의 균형성도 인정된다.

[위헌의견(4인)] ① 표현의 자유에 대한 제한이 불가피하더라도 최소한의 제한이 이루어져야 하는 점, ② 헌법 제21조 제4항 전문은 '타인의 명예'를 표현의 자유의 한계로 선언하고 있으나, 같은 항 후문에서 명예훼손의 구제수단으로 민사상 손해배상을 명시할 뿐이므로, 헌법이 명예훼손에 대한 구제수단으로 형사처벌까지 예정하고 있다고 보기 어려운 점, ③ 표현의 자유의 중요한 가치는 국가·공직자에 대한 감시와 비판인데, 감시와 비판의 객체가 되어야 할 국가·공직자가 표현행위에 대한 형사처벌의 주체가 될 경우 국민의 감시와 비판은 위축될 수밖에 없는 점, ④ 형사처벌이 정당화되기 위해서는 행위반가치와 결과반가치가 있어야 하는데, 진실한 사실을 적시하는 것은 일반적으로 법질서에 의해 부정적으로 평가되는 행위로 보기 어려워 행위반가치를 인정하기 어렵고, 진실한 사실의 적시로 손상되는 것은 잘못되거나 과장된 사실에 기초한 허명에 불과하므로 결과반가치도 인정하기 어려운 점, ⑤ 사실 적시 표현행위로부터 외적 명예를 보호할 필요성이 있더라도, 피해자로서는 형사처벌이 아니더라도 정정보도와 반론보도 청구, 손해배상 청구와 명예회복에 적당한 처분을 통해 구제받을 수 있는 점, ⑥ 심판대상조항은 반의사불벌죄이므로, 피해자가 명예훼손으로 인한 피해 회복을 목적으로 하는 것이 아니라, 제3자가 공적인물·공적사안에 대한 감시·비판을 봉쇄할 목적으로 고발을 통해 진실한 사실 적시 표현에 대해서도 형사절차가 개시되도록 하는 전략적 봉쇄소송(strategic lawsuit against public participation)마저 가능하게 된 점, ⑦ 법정의견은 형법 제310조를 통해 표현의 자유 제한이 최소화된다는 입장이나, 향후 재판절차에서 형법 제310조의 위법성조각사유에 해당된다는 판단을 받을 가능성이 있더라도 일단 심판대상조항의 구성요건에 해당되는 것이 확실한 이상, 자신의 표현행위로 수사·재판에 회부될 수 있다는 사실만으로 위축효과는 발생할 수 있으며, 이후 수사·재판절차에서 마주하게 될 공익성 입증의 불확실성으로 인해 표현의 자유에 대한 위축효과는 더 커지게 될 것임을 종합적으로 고려하면, 침해의 최소성을 인정하기 어렵다.

① 사실 적시 표현행위가 타인에 대한 사적 제재수단으로 이용되어서는 안 되겠지만, 이를 지나치게 강조하여 진실한 사실 적시 표현행위를 명예훼손죄의 구성요건에 포함시키면 표현의 자유는 형해화될 수 있는 점, ② 진실한 사실을 토대로 토론과 숙의를 통해 공동체가 자유롭게 의사와 여론을 형성하는 것이 민주주의의 근간이므로 진실한 사실 적시 표현행위를 처벌하는 것은 이에 반할 수 있는 점, ③ 진실한 사실이 가려진 채 형성된 허위·과장된 명예가 표현의 자유에 대한 위축효과를 야기하면서까지 보호해야 할 법익이라고 보기 어려운 점 등을 고려하면, 법익의 균형성을 충족하고 있다고 보기 어렵다.

하지만, 헌법재판소는 전원일치 의견으로 "사람을 비방할 목적으로 정보통신망을 통하여 공공연하게 거짓의 사실을 드러내어 다른 사람의 명예를 훼손한 자"를 징역·자격정지 또는 벌금형에 처하도록 한 '정보통신망 이용촉진 및 정보보호 등에 관한 법률' 제70조 제2항이 헌법에 위반되지 아니한다고 판시한다. 이는 '공연히 사실을 적시'하여 사람의 명예를 훼손한 경우 형사처벌하는 형법 제307조 제1항과 달리, 정보통신망법 제70조 제2항은 "비방할 목적으로 정보통신망을 통하여 공연히 거짓 사실을 적시"한다는 점에서 형법 제307조 제1항보다 행위불법과 결과불법이 가중된 경우로 본다(헌재 2021.3.25. 2015헌바438등, 정보통신망 이용촉진 및 정보보호 등에 관한 법률 제70조 제2항 위헌소원(합헌)).

한편 헌법재판소는 비방할 목적으로 정보통신망을 통하여 공공연하게 거짓의 사실을 드러내는 명예훼손죄를 '반의사불벌죄'로 규정한 '정보통신망 이용촉진 및 정보보호 등에 관한 법률' 제70조 제3항이 헌법에 위반되지 아니한다고 판시한다.

> 국가소추주의의 예외로서 친고죄 · 반의사불벌죄를 인정하더라도 어떤 범죄를 친고죄로 정하고 어떤 범죄를 반의사불벌죄로 정할 것인지는 입법자에게 광범위한 형성의 자유가 인정되는 영역이므로, 입법자가 개별 범죄의 불법성과 피해자의 의사에 따른 공소권 제한으로 얻을 수 있는 이익의 조화 등을 종합적으로 형량하여, 형법상 모욕죄 · 사자명예훼손죄와 달리 정보통신망법 제70조 제2항의 명예훼손죄를 반의사불벌죄로 정한 것이 형벌체계상 균형을 상실하여 평등원칙에 위반되지 아니한다(헌재 2021.4.29. 2018헌바113, 정보통신망 이용촉진 및 정보보호 등에 관한 법률 제70조 제3항 위헌소원(합헌)).

(iv) 언론 · 출판의 자유와 명예보호 사이의 한계를 정함에 있어 그 표현내용의 대상이 사적인 존재인가 또는 공적 존재인가, 그 표현이 공적인 관심 사안인지 순수한 사적인 영역에 속하는 사안인지 여부에 따라 그 한계설정을 달리하여야 한다. 공적 사안에 관한 표현의 경우에는 언론의 자유에 대한 제한이 완화되어야 한다. 특히 표현의 대상이 공직자(대판 2003.7.8. 2002다64384; 대판 2003.7.22. 2002다62494; 대판 2004.2.27. 2001다53387)이거나 타인에 대한 비판자로서 언론의 자유를 누리는 범위가 넓은 언론사(대판 2006.3.23. 2003다52142)인 경우에는 악의적이거나 현저히 상당성을 잃은 표현이 아닌 한 쉽게 그 책임을 추궁하여서는 아니 된다. 한편 공직자의 공무집행과 직접적인 관련이 없는 개인적인 사생활에 관한 사실이라 하더라도 일정한 경우에는 공적인 관심 사안에 해당되어 이에 대한 문제제기 내지 비판이 허용될 수 있다. 예를 들어 공직자의 자질 · 도덕성 · 청렴성 등에 관련된 사실은 공직자 등의 사회적 활동에 대한 비판 내지 평가의 한 자료가 될 수 있고 업무집행의 내용에 따라서는 업무와 관련이 있을 수도 있으므로 이에 대한 비판에 대하여는 언론의 자유에 대한 제한이 완화되어야 한다(헌재 2013.12.26. 2009헌마747, 기소유예처분취소(취소)).

> 특히 정부 또는 국가기관의 정책결정이나 업무수행과 관련된 사항은 항상 국민의 감시와 비판의 대상이 되어야 하고, 이러한 감시와 비판은 이를 주요 임무로 하는 언론보도의 자유가 충분히 보장될 때 비로소 정상적으로 수행될 수 있으며, 정부 또는 국가기관은 형법상 명예훼손죄의 피해자가 될 수 없으므로, 정부 또는 국가기관의 정책결정 또는 업무수행과 관련된 사항을 주된 내용으로 하는 언론보도로 인하여 그 정책결정이나 업무수행에 관여한 공직자에 대한 사회적 평가가 다소 저하될 수 있더라도, 그 보도의 내용이 공직자 개인에 대한 악의적이거나 심히 경솔한 공격으로서 현저히 상당성을 잃은 것으로

평가되지 아니하는 한, 그 보도로 인하여 곧바로 공직자 개인에 대한 명예훼손이 된다고 할 수 없다(대판 2011.9.2. 2010도17237).

명예훼손적 표현의 피해자가 공적 인물인지 아니면 사인인지, 그 표현이 공적인 관심 사안에 관한 것인지 순수한 사적인 영역에 속하는 사안인지의 여부에 따라 헌법적 심사 기준에는 차이가 있어야 한다. 공적 인물의 공적 활동에 대한 명예훼손적 표현은 그 제한이 더 완화되어야 하는 등 개별사례에서의 이익형량에 따라 그 결론도 달라진다. 공인 내지 공적인 관심 사안에 관한 표현이라도 무제한 허용되는 것은 아니다. 일상적인 수준으로 허용되는 과장의 범위를 넘어서는 명백한 허위사실로서 개인에 대한 악의적이거나 현저히 상당성을 잃은 공격은 명예훼손으로 처벌될 수 있다(헌재 2013.12.26. 2009헌마747, 기소유예처분취소(취소)).

(v) 한편 언론매체의 보도 기사가 타인의 명예를 훼손하여 불법행위가 되는지 여부에 관한 판단에 있어서는 일반 독자가 기사를 접하는 통상의 방법을 전제로 그 기사의 전체적인 취지와 연관하여 기사의 객관적 내용, 사용된 어휘의 통상적인 의미, 문구의 연결방법 등을 종합적으로 고려하여야 하며 그 기사가 독자에게 주는 전체적인 인상을 기준으로 판단하여야 하고, 여기에다가 해당 기사의 배경이 된 사회적 흐름 속에서 해당 표현이 가지는 의미를 함께 고려하여야 한다.

신문기사의 명예훼손 여부를 판단함에 있어서는 제목이 본문의 내용으로부터 현저히 일탈하고 있어 그 자체만으로 별개의 독립된 기사로 보지 아니할 수 없는 경우 등과 같은 특별한 사정이 없는 한 제목만을 따로 떼어 본문과 별개로 다루어서는 아니 되고, 제목과 본문을 포함한 기사 전체의 취지를 전체적으로 파악하여야 한다(대판 2009.1.30. 2006다60908; 대판 2002.1.22. 2000다37524).

(vi) "인격권으로서의 개인의 명예의 보호와 표현의 자유의 보장이라는 두 법익이 충돌하였을 때 그 조정"은 구체적인 경우에 사회적인 여러 가지 이익을 비교하여 표현의 자유로 얻어지는 이익가치와 인격권의 보호에 의하여 달성되는 가치를 형량하여 그 규제의 폭과 방법을 정하여야 한다(대판 1988.10.11. 85다카29).[1]

미국 연방대법원은 공적 인물에 대한 언론매체의 명예훼손 행위가 현실적 악의에 의한 행위임을 피해자가 입증하여야 한다는 현실적 악의(現實的 惡意, actual malice)의 이론을 정립한다.[2] 이와 관련하여 대법원이 이를 사실상 수용한다는 견해도 있으나 명시적으로 수용하고 있는 것으로 보기에는 한계가 있다.

공무원은 공무집행에 대한 명예훼손적인 허위의 언동에 대하여 그것이 현실적인 악의에

1) 성선제, "사이버스페이스에서의 명예훼손", 헌법학연구 8-4; 이동훈, "표현의 자유와 명예훼손-정부정책에 대한 언론보도를 중심으로", 공법학연구 18-4 참조.

2) 신평, 헌법적 관점에서 본 새로운 명예훼손법, 청림출판, 291-311면; 한국의 언론법, 높이깊이; 허순철, "한국과 미국의 공적 관심사안의 비교", 공법학연구 46-1; 조소영, "디지털시대의 '현실적 악의' 기준에 대한 쟁점적 검토", 공법학연구 25-1.

의한 것, 즉 허위를 알고 하였거나 또는 허위냐 진실이냐를 불문하고 부주의에 의한 것임을 입증하지 아니하는 한 그 손해에 대한 배상을 청구할 수 없다(New York Times v. Sullivan, 376 U.S. 254(1964)).

"방송 등 언론매체가 사실을 적시하여 개인의 명예를 훼손하는 행위를 한 경우에도 그 것이 공공의 이해에 관한 사항으로서 그 목적이 오로지 공공의 이익을 위한 것일 때에는 적시된 사실이 진실이라는 증명이 있거나 그 증명이 없다 하더라도 행위자가 그것을 진실이라고 믿었고 또 그렇게 믿을 상당한 이유가 있으면 위법성이 없다고 보아야 할 것이나, 그에 대한 입증책임은 어디까지나 명예훼손 행위를 한 방송 등 언론매체에 있고 피해자가 공적인 인물이라 하여 방송 등 언론매체의 명예훼손 행위가 현실적인 악의에 기한 것임을 그 피해자 측에서 입증하여야 하는 것은 아니다"(대판 2004.2.27. 2001다53387; 대판 2003.9.2. 2002다63558).

4. 사생활의 비밀과 자유

(1) 새로운 기본권으로서의 사생활보호

국민의 알 권리의 충족기능을 가지는 언론이라 하더라도 그 보도내용이 개인의 프라이버시를 침해하여서는 아니 된다. 1980년 이래 헌법에서 "모든 국민은 사생활의 비밀과 자유를 침해받지 아니한다"(제17조)라고 규정하여 사생활보호의 개별적 기본권으로서의 위상을 분명히 한다. 헌법이념의 구체화 법률로서 '개인정보 보호법' 등이 제정되어 있다.

(2) 사생활비밀과 언론

(i) 개인의 사생활보호와 언론의 국민의 알 권리의 충족기능 사이의 갈등구조는 그 한계와 기준을 일의적으로 논할 수는 없겠으나, 공적인 존재·공적인 이익이 분명한 경우에는 언론의 자유에 중점을 둘 수밖에 없다.[1)]

(ii) 그러나 대중적·상업적 매스 미디어의 범람으로 인하여 야기되는 분명한 사생활의 침해는 처벌(형법 제309조 이하)되거나 불법행위가 된다. 이와 관련하여 언론이 범죄보도를 하면서 피의자의 실명(實名)을 공개할 수 있는지 여부가 문제된다. 원칙적으로 언론은 범죄보도를 함에 있어 피의자의 실명을 공개하여서는 아니 된다. 즉 익명보도를 원칙으로 하여야 한다. 다만, 피의자의 실명을 보도함으로써 얻어지는 공공의 이익과 피의자의 명예나 사생활의 비밀이 유지됨으로써 얻어지는 이익을 비교형량한 후 전자의 이익이 후자의 이익보다 더 우월하다고 인정되는 경우에는 예외적으로 범죄사실의 보도와 함께 피의자의 실명을 공개할 수 있다.

(iii) 검사와 사법경찰관은 ① 범행수단이 잔인하고 중대한 피해가 발생하였

---

1) 김정순, 언론보도에서의 프라이버시에 대한 인식유형연구, 한국외대 박사학위논문, 2004.2; 윤학, 뉴스취재의 자유와 프라이버시권의 상충과 조화에 관한 연구, 서울대 법학박사학위논문, 2003.2; 이수종, "언론보도와 개인정보보호의 법적 문제에 관한 연구", 헌법학연구 22-4.

을 것, ② 피의자가 그 죄를 범하였다고 믿을 만한 충분한 증거가 있을 것, ③ 국민의 알 권리 보장·피의자의 재범방지 및 범죄예방 등 오로지 공공의 이익을 위하여 필요할 것이라는 요건을 모두 갖춘 특정중대범죄사건의 피의자의 얼굴, 성명 및 나이 등 신상에 관한 정보를 공개할 수 있다. 이에 따라 공개를 할 때에는 피의자의 인권을 고려하여 신중하게 결정하고 이를 남용하여서는 아니 된다(특정중대범죄 피의자 등 신상정보 공개에 관한 법률 제4조 제1항).

어떠한 경우에 피의자의 실명보도를 허용할 수 있을 정도로 공공의 정보에 관한 이익이 더 우월하다고 보아야 할 것인지는 일률적으로 정할 수는 없고, 범죄사실의 내용 및 태양, 범죄 발생 당시의 정치·사회·경제·문화적 배경과 그 범죄가 정치·사회·경제·문화에 미치는 영향력, 피의자의 직업, 사회적 지위·활동 내지 공적 인물로서의 성격 여부, 범죄사건 보도에 피의자의 특정이 필요한 정도, 개별 법률에 피의자의 실명 공개를 금지하는 규정이 있는지 여부, 피의자의 실명을 공개함으로써 침해되는 이익 및 당해 사실의 공표가 이루어진 상대방의 범위의 광협 등을 종합·참작하여 정하여야 한다. 사회적으로 고도의 해악성을 가진 중대한 범죄에 관한 것이거나 사안의 중대성이 그보다 다소 떨어지더라도 정치·사회·경제·문화적 측면에서 비범성(非凡性)을 가지고 있어 공공에게 중요성을 가지거나 공공의 이익과 연관성을 갖는 경우 또는 피의자가 가지는 공적 인물로서의 특성과 그 업무 내지 활동과의 연관성 때문에 일반 범죄로서의 평범한 수준을 넘어서서 공공에 중요성을 가지게 되는 등 시사성이 인정되는 경우 등에는, 개별 법률에 달리 정함이 있다거나 그 밖에 다른 특별한 사정이 없는 한 공공의 정보에 관한 이익이 더 우월하다고 보아 피의자의 실명을 공개하여 보도하는 것도 허용될 수 있다(대판 2009.9.10. 2007다71).

아동학대 사건처리 과정에서 발생할 수 있는 사생활 노출 등 2차 피해로부터의 피해아동 보호를 중요한 공익으로 인정하면서, 아동학대행위자의 식별정보의 보도는 그와 밀접한 관계에 있는 피해아동의 2차 피해로 이어질 수 있는 점, 언론기능 및 국민의 알 권리는 익명화된 사건보도로도 충족될 수 있는 점 등을 고려하여 아동학대행위자 식별정보에 대한 보도금지는 언론·출판의 자유 및 국민의 알 권리를 침해하지 아니한다. 왜냐하면 보도금지조항으로 제한되는 사익은 아동학대행위자의 식별정보 보도라는 자극적인 보도의 금지에 지나지 않는 반면 이를 통해 달성하려는 2차 피해로부터의 아동보호 및 아동의 건강한 성장이라는 공익은 매우 중요하다(헌재 2022.10.27. 2021헌가4, 아동학대범죄의 처벌 등에 관한 특례법 제35조 제2항 위헌제청(합헌)).

5. 공중도덕과 사회윤리

(i) 헌법상 일반적 법률유보가 있기 때문에 공중도덕(公衆道德), 사회윤리(社會倫理), 타인의 권리를 제한의 근거로 규정할 필요가 없다는 비판도 제기된다. 특히 공중도덕·사회윤리 개념은 가변적이며 불명확하고, '타인의 권리'라는

요건 역시 대부분 법률에 의하여 구체화되어야 하며, 이는 자칫 입법자의 자의에 의하여 표현의 자유가 제대로 보장되기 어려울 수 있다. 외국의 헌법에서도 공중도덕·타인의 권리에 따른 제한 규정을 찾기 어렵고, 사회윤리는 어느 나라 헌법에도 존재하지 아니한다.

(ii) 공중도덕·사회윤리에 의한 제한은 주로 음란·외설적인 보도와 관련된다. 형법 제243조는 음란한 문서·도화 등을 반포·판매·임대하거나 공연히 전시한 자를 처벌하나 음란개념의 불명확성이 특히 문제된다. "묘사의 수법, 비중 등 제반사정을 종합하여 그 시대의 건전한 사회통념에 비추어 성욕을 흥분·자극시키고 또한 보통인의 정상적인 성적 수치심을 해하고, 선량한 성적 도의관념에 반하는" 경우 음란성이 인정된다(대판 1996.6.11. 96도980, 소위 '연극 미란다'사건). 그러나 저속한 성표현과는 구별된다(헌재 1998.4.30. 95헌가16, 출판사및인쇄소의등록에 관한법률 제5조의2 제5호 등 위헌제청(위헌,합헌)) (제3편 제4장 제4항 예술의 자유 Ⅳ. 3. 참조).

6. 선 동

선동(煽動)이란 문서·도화 또는 언동으로 타인으로 하여금 범죄실행의 결의를 하게 하거나 이미 한 결의를 강화하는 자극을 말하고, 선동된 행위의 실행 여부는 관계가 없다. 선동행위가 처벌되는 경우는 형법(제90조 제2항, 제101조 제2항)과 국가보안법(제4조 제1항 제6호·제7조)에 규정되어 있다. 선동죄는 선동된 행위의 실행위험성만으로 처벌된다. 특히 언론의 대정부비판과 관련하여 표현의 자유를 침해할 위험성이 높기 때문에 법규정의 해석이 보다 엄격하고 한정적이어야 한다.

Ⅸ. 언론·출판의 자유의 침해와 구제

1. 의 의

국가권력이 언론·출판의 자유를 침해할 때에는 언론·출판의 자유의 우월적 지위이론으로 보장받아야 한다. 그러나 언론기관이나 사인에 의하여 개인의 언론·출판의 자유가 침해된 경우, 기본권의 대사인적 효력에 관한 직접적용설에 따라 헌법을 근거로 직접 구제받을 수 있다.

2. 언론·출판에 의한 기본권의 침해와 구제

(1) 의 의

(i) 언론보도에 의한 개인의 자유와 권리가 침해되는 현상이 증대된다. 헌법

제21조 제4항 제2문은 "언론·출판이 타인의 명예나 권리를 침해한 때에는 피해자는 이에 대한 피해의 배상을 청구할 수 있다"라고 하여 언론의 사후책임을 명시한다.

(ii) 특히 "언론사 등의 언론보도 또는 그 매개(媒介)로 인하여 침해되는 명예 또는 권리나 그 밖의 법익에 관한 다툼이 있는 경우 이를 조정하고 중재하는 등의 실효성 있는 구제제도를 확립함으로써 언론의 자유와 공적 책임을 조화함을 목적으로"(제1조) '언론중재 및 피해구제 등에 관한 법률'이 제정되었다. "언론의 보도는 공정하고 객관적이어야 하고, 국민의 알 권리와 표현의 자유를 보호·신장하여야 하며, 인간의 존엄과 가치를 존중하여야 하고 타인의 명예를 훼손하거나 타인의 권리나 공중도덕 또는 사회윤리를 침해하여서는 아니 된다"(제4조). 또한 "언론·인터넷뉴스서비스 및 인터넷 멀티미디어 방송(이하 '언론등'이라 한다)은 타인의 생명, 자유, 신체, 건강, 명예, 사생활의 비밀과 자유, 초상(肖像), 성명, 음성, 대화, 저작물 및 사적(私的) 문서, 그 밖의 인격적 가치 등에 관한 권리(이하 '인격권'이라 한다)를 침해하여서는 아니 되며, 언론등이 타인의 인격권을 침해한 경우에는 이 법에서 정한 절차에 따라 그 피해를 신속하게 구제하여야 한다"(제5조 제1항). "인격권 침해가 사회상규(社會常規)에 반하지 아니하는 한도에서 다음 각 호의 어느 하나에 해당하는 경우에는 법률에 특별한 규정이 없으면 언론등은 그 보도 내용과 관련하여 책임을 지지 아니한다. 1. 피해자의 동의를 받아 이루어진 경우, 2. 언론등의 보도가 공공의 이익에 관한 것으로서, 진실한 것이거나 진실하다고 믿는 데에 정당한 사유가 있는 경우"(제5조 제2항).

"제5조제1항의 타인에는 사망한 사람을 포함한다(제5조의2 제1항). "사망한 사람의 인격권을 침해하였거나 침해할 우려가 있는 경우에는 이에 따른 구제절차를 유족이 수행하며, 다른 법률에 특별한 규정이 없으면 사망 후 30년이 지났을 때에는 구제절차를 수행할 수 없다"(제5조의2 제2항).

(2) 구제방법

(i) 언론보도로 인한 기본권 침해에 대한 피해의 구제방법으로는 언론사에 직접 시정요구, 피해구제기구의 이용, 소송제기 등이 있다. 언론사의 자율적인 구제나 민간단체를 통한 구제방법은 만족스러운 정도로 정착되지 못하고 있다.

(ii) 이에 법적 효과를 동반하는 손해배상청구·사전유지(事前留止)·사죄광고·반론권에 의한 구제방법 등이 원용된다. 이 중에서 사죄광고제도는 헌법재판소의 한정위헌결정(헌재 1991.4.1. 89헌마160, 민법 제764조의 위헌여부에 관한 헌법소원(한정위헌))에 의하여 판결문공시(判決文公示)의

방법으로 대체되었다.

(iii) 그런데 사법적 구제제도는 ① 고의 · 과실 등 귀책사유를 전제로 하고 손해 기타 법익의 침해에 대한 피해자의 구체적 입증이 필요하며, ② 소송제도의 성질상 신속한 구제를 기대하기 어렵고, ③ 금전적 배상만으로는 개인의 법익보호에 미흡한 점이 많다. 이에 언론중재법에서는 정정보도청구권 · 반론보도청구권과 추후보도청구권을 규정한다.

(3) 반론권(反論權) · 정정권(訂正權)의 제도화와 언론중재(言論仲裁)

(a) 의 의 '언론중재 및 피해구제에 관한 법률'에서는 반론보도청구권과 정정보도청구권 및 추후보도청구권을 규정한다. 이는 언론보도에 대한 사실적 주장과 관련된다. "'언론보도'란 언론의 사실적 주장에 관한 보도를 말한다"(제2조 제15호). "'사실적 주장'이란 증거에 의하여 그 존재 여부를 판단할 수 있는 사실관계에 관한 주장을 말한다"(제2조 제14호).

(b) 정정보도청구권(訂正報道請求權) (i) "'정정보도'란 언론의 보도 내용의 전부 또는 일부가 진실하지 아니한 경우 이를 진실에 부합되게 고쳐서 보도하는 것을 말한다"(제2조 제16호). "사실적 주장에 관한 언론보도등이 진실하지 아니함으로 인하여 피해를 입은 자는 해당 언론보도등이 있음을 안 날부터 3개월 이내에 언론사 · 인터넷뉴스서비스사업자 및 인터넷 멀티미디어 방송사업자에게 그 언론보도등의 내용에 관한 정정보도를 청구할 수 있다. 다만, 해당 언론보도등이 있은 후 6개월이 지났을 때에는 그러하지 아니하다." 정정보도의 청구에는 "언론사등의 고의 · 과실이나 위법성을 요하지 아니한다"(제14조). 언론보도등이 사실적 주장인지 아니면 단순한 의견표명인지를 구별하는 기준으로서 대법원은 언론매체에 의한 명예훼손책임 성립에 관한 기준과 동일한 기준을 제시한다.

구 언론중재 및 피해구제 등에 관한 법률 제14조에서 정하는 '사실적 주장에 관한 언론보도가 진실하지 아니함으로 인하여 피해를 입은 자'라고 함은 그 보도내용에서 지명되거나 그 보도내용과 개별적인 연관성이 있음이 명백히 인정되는 자로서 보도내용이 진실하지 아니함으로 인하여 자기의 인격적 법익이 침해되었음을 이유로 그 보도내용에 대한 정정보도를 제기할 이익이 있는 자를 가리킨다(대판(전합) 2011.9.2. 2009다52649).

언론보도는 대개 사실적 주장과 의견표명이 혼재하는 형식으로 이루어지는 것이어서 구별기준 자체가 일의적이라고 할 수 없고, 양자를 구별할 때에는 당해 원보도의 객관적인 내용과 아울러 일반 독자가 보통의 주의로 원보도를 접하는 방법을 전제로, 사용된 어휘의 통상적인 의미, 전체적인 흐름, 문구의 연결 방법뿐만 아니라 당해 원보도가 게재한 문맥의 보다 넓은 의미나 배경이 되는 사회적 흐름 및 일반 독자에게 주는 전체적인 인상도 함께 고려하여야 한다(대판 2012.11.15. 2011다86782).

(ii) 허위의 언론보도로 피해를 입었으나 언론사 측에 고의·과실이 없거나 이를 입증하기 곤란한 경우, 위법성조각사유가 인정될 때에는 피해자가 기존의 민사상 불법행위책임이나 형사책임을 추궁할 수 없다. 이러한 경우 피해자가 그러한 피해상황으로부터 벗어날 수 있도록 하는 구제책으로서 언론중재법상의 정정보도청구권의 존재의의가 있다. 언론보도등이 진실하지 아니하나는 데 대한 증명책임은 정정보도를 청구하는 피해자가 부담한다.

(iii) 한편, 헌법재판소는 언론중재법에서 ① 언론사의 고의·과실이나 위법성을 요하지 아니하고(제14조 제2항), ② 정정보도청구의 소 제기로 인하여 민법 제764조의 규정에 의한 권리의 행사에 영향을 미치지 아니하며(제26조 제4항), ③ 민법상의 불법행위로 인한 손해배상청구권의 소멸시효에 비하여 현저히 짧은 제소기간을 두고 있다는 점(제14조 제1항) 등을 근거로, 언론중재법 제14조의 정정보도청구권을 보도내용의 진실 여부와 관계없이 사실적 보도에 의하여 인격권을 침해당한 자가 언론사에 대하여 자신의 사실적 주장을 게재하여 주기를 청구하는 반론보도청구권이나 민법상 불법행위에 의거한 청구권과는 전혀 다른 새로운 성격의 청구권으로 본다(헌재 2006.6.29. 2005헌마165등, 신문등의자유와기능보장에관한 법률 제16조 등 위헌확인 등(위헌,헌법불합치,잠정적용,기각,각하)).

(iv) 정정보도청구권의 제도화 및 강화는 반론보도청구권과의 혼동을 피하고 개인의 기본권침해를 신속하게 구제하기 위한 제도이긴 하지만, 이로 인하여 언론의 위축효과를 초래할 우려가 있으므로 신중하게 운용되어야 한다.

(c) 반론보도청구권(反論報道請求權) (i) 반론권은 신문·방송 등 언론기관의 보도에 의하여 피해를 입은 자가 반론의 게재 또는 방송을 할 수 있도록 언론기관에 요구할 수 있는 권리이다. 1789년 프랑스 인권선언 이래 언론의 검열제도가 폐지됨에 따라 언론자유의 남용이 문제되자 반론권제도를 도입하였다. 1822년 프랑스 출판법에서 반론권이 규정된 이래 오늘날 세계 30여개 국가에서 입법화하고 있다.

> "모든 권리의 출발점인 동시에 그 구심점을 이루는 인격권이 언론의 자유와 서로 충돌하게 되는 경우에는 헌법을 규범조화적으로 해석하여 이들을 합리적으로 조정하여 조화시키기 위한 노력이 따르지 않을 수 없고, 이는 각 나라의 역사적 전통과 사회적 배경에 따라 조금씩 다른 모습을 보이고 있다." 영국이나 미국에서는 "엄중한 손해배상책임을 지우는 방법에 의하여 그 해결책을 찾았다." "반론권제도를 받아들인 나라들의 법제는 오늘날 크게 프랑스형과 독일형을 들 수 있다. 프랑스형의 반론권은 사실상의 주장은 물

> 론 논평·비판 등의 의견이나 가치판단에 대해서도 반론을 허용하여 반론권의 범위를 넓게 인정하는 데 반하여 독일형의 경우는 사실적 주장에 대하여서만 반론을 허용하여 반론권의 범위를 좁게 해석하는 것이 다르다." "반론권의 헌법적 근거는 … 제10조, 제17조, 제21조 제4항" 등에서 찾을 수 있다(헌재 1991.9.16. 89헌마165, 정기간행물의등록등에관한법률 제16조 제3항, 제19조 제3항의 위헌여부에 관한 헌법소원(합헌)).

(ii) "'반론보도'란 언론의 보도 내용의 진실 여부와 관계없이 그와 대립되는 반박적 주장을 보도하는 것을 말한다"(제2조 제17호). "사실적 주장에 관한 언론보도등으로 인하여 피해를 입은 자는 그 보도내용에 관한 반론보도를 언론사등에 청구할 수 있다." "그 청구에는 언론사등의 고의·과실이나 위법성을 필요로 하지 아니하며, 보도 내용의 진실 여부와 상관없이 그 청구를 할 수 있다"(제16조).

(iii) 다만, 반론보도청구인이 스스로 허위임을 알면서도 반론보도를 청구하는 것은 허용되지 아니한다. 반론보도청구에 관하여는 따로 규정된 것을 제외하고는 정정보도청구에 관한 규정을 준용한다(제16조 제3항).

> 반론보도청구사건에 있어서 반론의 대상으로 삼는 언론보도의 내용에 언론사의 단순한 의견은 포함되지 아니한다(대판 2006.2.10. 2002다49040).
>
> 반론보도청구에는 원보도의 내용이 허위임을 요건으로 하지 아니하고, 나아가 반론보도의 내용도 반드시 진실임을 증명할 필요가 없으며 이에 따라 반론보도의 내용이 허위일 위험성은 불가피하게 뒤따르게 되지만 이는 반론보도청구권을 인정하는 취지에 비추어 감수하여야 하는 위험이다(대판 2009.1.15. 2008그193).
>
> 반론보도청구인이 스스로 허위임을 인식한 반론보도내용을 게재하는 것은 반론보도청구권이 가지는 피해자의 권리구제라는 주관적 의미나 올바른 여론의 형성이라는 객관적 제도로서의 의미 어느 것에도 기여하지 못하여 반론보도청구권을 인정한 헌법적 취지에도 부합하지 아니하는 것으로 이를 정당화할 아무런 이익이 존재하지 아니하는 반면, 이러한 반론으로부터 자유로울 언론기관의 이익은 그만큼 크다고 할 수 있기 때문에 청구인이 스스로 허위임을 알면서도 반론보도를 청구하는 것은 당연히 배척되어야 한다(대판 2006.11.23. 2004다50747).

(iv) 반론보도청구권은 인간의 존엄과 가치 및 행복추구권을 규정한 헌법 제10조, 사생활의 비밀과 자유를 규정한 헌법 제17조, 언론·출판의 자유를 규정한 헌법 제21조 제1항, 언론·출판의 자유의 한계와 책임을 규정한 헌법 제21조 제4항 등의 헌법적 요청에 뿌리를 둔다. 반론보도청구권을 인정한 취지는 "첫째, 언론기관이 특정인의 일반적 인격권을 침해한 경우 피해를 받은 개인에게도 신속·적절하고 대등한 방어수단이 주어져야 함이 마땅하며, 특히 공격내용과 동일한 효과를 갖게끔 보도된 매체 자체를 통하여 방어주장의 기회를 보장하는 반론권 제도가 적절하고 형평의 원칙에도 잘 부합할 수 있다는 점"과 "둘째, 독자로서는

언론기관이 시간적 제약 아래 일방적으로 수집·공급하는 정보에만 의존하기보다는 상대방의 반대주장까지 들어야 비로소 올바른 판단을 내릴 수 있기 때문에 이 제도는 진실발견과 올바른 여론형성을 위하여 중요한 기여를 할 수 있게 된다는 점"이며, "피해자에게 보도된 사실적 내용에 대하여 반박(反駁)의 기회를 허용함으로써 피해자의 인격권을 보호함과 동시에 공정한 여론의 형성에 참여할 수 있도록 하여 언론보도의 객관성을 향상시켜 제도로서의 언론보장을 더욱 충실하게 할 수도 있"다(헌재 1991.9.16. 89헌마165, 정기간행물의등록등에관한법률 제16조 제3항, 제19조 제3항의 위헌여부에 관한 헌법소원(합헌)).

(v) 반론권은 "언론의 자유와는 비록 서로 충돌되는 면이 없지 아니하나 전체적으로 상충되는 기본권 사이에 합리적 조화를 이루고 있으므로," "결코 평등의 원칙에 반하지 아니하고, 언론의 자유의 본질적 내용을 침해하"지 아니한다.[1)]

(d) 추후보도청구권(追後報道請求權) "언론등에 의하여 범죄혐의가 있거나 형사상의 조치를 받았다고 보도 또는 공표된 자는 그에 대한 형사절차가 무죄판결 또는 이와 동등한 형태로 종결되었을 때에는 그 사실을 안 날부터 3개월 이내에 언론사 등에 이 사실에 관한 추후보도의 게재를 청구할 수 있다"(제17조).

(e) 인터넷뉴스서비스에 대한 특칙 "'인터넷뉴스서비스'란 언론의 기사를 인터넷을 통하여 계속적으로 제공하거나 매개하는 전자간행물을 말한다.[2)] 다만, 인터넷신문 및 인터넷 멀티미디어 방송, 그 밖에 대통령령으로 정하는 것은 제외한다"(제2조 제18호). "인터넷뉴스서비스사업자는 언론중재법 제14조제1항에 따른 정정보도청구, 제16조제1항에 따른 반론보도청구 또는 제17조제1항에 따른 추후보도청구(이하 "정정보도청구등"이라 한다)를 받은 경우 지체없이 해당 기사에 관하여 정정보도청구등이 있음을 알리는 표시를 하고 해단 기사를 제공한 언론사등(이하 "기사제공언론사"라 한다)에 그 청구내용을 통보하여야 한다." "제1항에 따라 정정보도청구등이 있음을 통보받은 경우에는 기사제공언론사도 같은 내용의 청구를 받은 것으로 본다." "기사제공언론사가 법 제15조제2항(제16조 제3항 및 제17조 제3항에 따라 준용되는 경우를 포함한다)에 따른 청구에 대하여 그 청구의 수용 여부를 청구인에게 통지하는 경우에는 해당 기사를 매개한 인터넷뉴스서비스사업자에게도 통지하여야 한다"(제17조 의2).

(f) 언론중재위원회(言論仲裁委員會) (i) "언론등의 보도 또는 매개로 인

---

1) 박운희(박선영), 반론권에 관한 비교헌법학적 고찰, 서울대 박사학위논문, 1997; 성낙인·김태열, "언론조정중재와 언론피해구제-40년의 변화와 성과", 세계헌법연구 27-3.

2) 허진성, 인터넷 포털의 법적 지위와 책임에 관한 연구, 서울대 박사학위논문, 2009.8; 장철준, "자유로운 여론형성과 국가의 역할-인터넷 여론조작 시대의 민주주의", 헌법학연구 24-3; 권형둔, "언론중재법 20년, 성과와 미래", 미디어와 인격권 11-2.

한 분쟁조정 · 중재 및 침해사항을 심의하기 위하여 언론중재위원회를 둔다"(제7조).

(ii) "조정은 신청 접수일부터 14일 이내에 하여야 하며, 중재부의 장은 조정신청을 접수하였을 때에는 지체 없이 조정기일을 정하여 당사자에게 출석을 요구하여야 한다." "출석요구를 받은 신청인이 2회에 걸쳐 출석하지 아니한 경우에는 조정신청을 취하한 것으로 보며, 피신청 언론사등이 2회에 걸쳐 출석하지 아니한 경우에는 조정신청 취지에 따라 정정보도등을 이행하기로 합의한 것으로 본다"(제19조).

(iii) "당사자 사이에 합의가 이루어지지 아니한 경우 또는 신청인의 주장이 이유 있다고 판단되는 경우 중재부는 당사자들의 이익이나 그 밖의 모든 사정을 고려하여 신청취지에 반하지 아니하는 한도에서 직권으로 조정을 갈음하는 직권조정결정(職權調停決定)을 할 수 있다." "직권조정결정에 불복하는 자는 결정 정본을 송달받은 날부터 7일 이내에 불복 사유를 명시하여 서면으로 중재부에 이의신청을 할 수 있다. 이 경우 그 결정은 효력을 상실한다." "직권조정결정에 관하여 이의신청이 있는 경우에는 그 이의신청이 있은 때에 제26조 제1항에 따른 소(訴)가 제기된 것으로 보며, 피해자를 원고로 하고 상대방인 언론사등을 피고로 한다"(제22조).

(iv) 손해배상에 대하여도 언론중재위원회의 조정과 중재절차에 의하여 구제받을 수 있다(제18조 제2항, 제24조 제1항).

(v) "중재위원회는 언론의 보도내용에 의한 국가적 법익, 사회적 법익 또는 타인의 법익 침해사항을 심의하여 필요한 경우 해당 언론사에 서면으로 그 시정을 권고할 수 있다"(제32조).

언론보도의 피해자가 아닌 자의 시정권고 신청권을 규정하지 아니한 '언론중재 및 피해구제 등에 관한 법률' 제32조 제1항이 표현의 자유를 침해하였다고 볼 수 없다(헌재 2015. 4.30. 2012헌마890, 언론중재 및 피해구제 등에 관한 법률 제32조 등 위헌확인(기각)).

(vi) 정정보도 · 반론보도 및 추후보도청구의 소는 중재위원회의 절차를 거치지 아니하고서도 법원에 제기할 수 있다. "법원은 접수 후 3개월 이내에 판결을 선고하여야 한다"(제26조, 제27조). 헌법재판소는 정정보도청구의 소를 민사집행법상의 가처분절차에 의하여 재판하도록 하는 언론중재법 제26조 제6항 본문 전단은 언론사의 방어권을 심각하게 제약하여 공정한 재판을 받을 권리를 침해하고 언론의 자유를 합리적인 이유 없이 지나치게 제한하므로 위헌이라고 판시하였다(헌재 2006.6.29. 2005헌마165등).

이에 따라 정정보도청구의 소에 대하여는 민사소송법의 소송절차에 관한 규정에 따라 재판하며 반론보도청구 및 추후보도청구의 소에 대하여는 민사집행법의 가처분절차에 관한 규정에 따라 재판하도록 '언론중재 및 피해구제 등에 관한 법률'이 개정되었다(제26조 제6항).

(g) 고충처리인제도(苦衷處理人制度) "종합편성 또는 보도에 관한 전문편성을 하는 방송사업자, 일반일간신문을 발행하는 신문사업자 및 뉴스통신사업자는 사내(社內)에 언론피해의 자율적 예방 및 구제를 위한 고충처리인을 두어야 한다"(제6조). 헌법재판소는 고충처리인제도에 대하여 "언론피해의 예방, 피해발생시의 신속한 구제 및 분쟁해결에 있어서 적은 비용으로 큰 효과를 나타낼 수 있"는 합헌적 제도로 본다.

언론중재법 제6조에 의하여 신문사에게 강제되는 것은 고충처리인을 두어야 한다는 것과 고충처리인에 관한 사항을 공표하여야 한다는 것뿐이고, 그 외에 고충처리인제도의 운영에 관한 사항은 전적으로 신문사업자의 자율에 맡겨져 있다. 뿐만 아니라 고충처리인제도의 직무권한은 권고나 자문에 불과하여 실질적으로 신문사를 구속하는 효과도 적다. 이에 비해 고충처리인제도가 원활하게 기능할 경우 달성되는 공익은 매우 크다(헌재 2006. 6. 29. 2005 헌마165등).

(4) 방송미디어통신심의위원회(放送미디어通信審議委員會)의 심의

'방송미디어통신위원회의 설치 및 운영에 관한 법률'에서는 방송미디어통신위원회와 방송미디어통신심의위원회를 규정한다. 방송미디어통신위원회는 방송미디어와 통신의 융합 환경에 능동적으로 대응하여 방송미디어의 자유와 공공성 및 공익성을 높이고 국민의 권익보호와 공공복리의 증진에 이바지하기 위하여 대통령소속으로 설치된 위원회이다(제1조, 제3조). 방송미디어통신심의위원회는 "방송 내용의 공공성 및 공정성을 보장하고 정보통신에서의 건전한 문화를 창달하며 정보통신의 올바른 이용환경 조성을 위하여 독립적으로 사무를 수행하는 기구이다"(제18조). 방송미디어통신심의위원회는 한국에 독특한 제도인데 방송에 대한 사전검열 내지 사후통제에 대한 우려를 불식시켜야 한다.

방송미디어통신위원회는 위원장 1명, 부위원장 1명, 상임위원 1명을 포함한 7명의 위원으로 구성하며, 그 중 4명은 비상임위원으로 한다(제4조). 위원장 및 위원은 방송 및 정보통신 분야의 전문성을 고려하여 대통령이 임명 또는 위촉한다. 이 경우 위원장은 국회의 인사청문을 거쳐야 한다. 위원 7명 중 위원장을 포함한 2명은 대통령이 지명하고 5명은 국회의 추천을 받아 임명 또는 위촉한다. 이 경우 국회는 위원을 추천할 때 대통령이 소

속되거나 소속되었던 정당의 교섭단체가 상임위원 1명을 포함한 2명을 추천하고 그 외 교섭단체가 상임위원 1명을 포함한 3명을 추천한다. 부위원장은 상임위원 중에서 정하되, 위원회에서 호선한다(제5조).

방송미디어통신심의위원회는 9명의 위원으로 구성한다. 위원장 1명, 부위원장 1명을 포함한 3명의 위원을 상임으로 한다. 심의위원은 대통령이 임명 또는 위촉한다. 3명은 국회의장이 국회 각 교섭단체 대표의원과 협의하여 추천한 사람을 위촉하고, 3명은 국회의 소관 상임위원회에서 추천한 사람을 위촉한다. 심의위원장 1명, 부위원장 1명을 포함한 상임위원 3명은 호선(互選)한다. 호선된 심의위원장은 국회의 인사청문을 거쳐 대통령이 임명한다(제18조).

방송통신심의위원회가 방송법 제100조 제1항 단서에 따라 한 의견제시는 헌법소원의 대상이 되는 공권력의 행사에 해당하지 아니하고, 위 조항은 기본권침해의 직접성이 인정되지 아니한다(헌재 2018.4.26. 2016헌마46, 방송법 제100조 제1항 위헌확인 등(각하)). 하지만, 구 방송법 제100조에 규정된 제재조치에는 해당하지 않지만 구 '선거방송심의위원회의 구성과 운영에 관한 규칙' 제11조 제2항에 따른 구 방송위원회의 '방송사업자에 대한 경고 및 관계자 경고'에 대하여 사실상 방송사업자에 대한 제재수단으로 작용하고 규제적·구속적 성격을 가지고 있으며 방송사업자의 방송의 자유에 직접적으로 효과를 미치고 있다고 볼 것이므로 헌법소원의 대상이 되는 권력적 사실행위에 해당한다(헌재 2007.11.29. 2004헌마290). 방송통신위원회법 제21조 제4호에 근거한 피청구인의 '시정요구'는 단순한 행정지도로서의 한계를 넘어 규제적·구속적 성격을 상당히 강하게 갖는 것으로서 헌법소원 또는 항고소송의 대상이 되는 공권력의 행사라고 봄이 상당하다(헌재 2012.2.23. 2008헌마500).

'방송통신심의위원회'의 접속차단 시정요구는, 과거부터 사용되던 DNS 차단 방식, URL 차단 방식 외에 보다 기술적으로 고도화된 SNI 차단 방식을 함께 적용하는 것을 전제로 하더라도, 이용자들의 통신의 비밀과 자유 및 알 권리를 침해하지 아니한다(헌재 2023.10.26. 2019헌마158, 웹사이트 차단 위헌확인(기각)).

제6항 알 권리

Ⅰ. 의 의

1. 개 념

(i) 알 권리(정보의 자유)는 일반적으로 접근할 수 있는 정보를 받아들이고, 받아들인 정보를 취사·선택할 수 있고(소극적 자유), 의사형성·여론형성에 필요한 정보를 적극적으로 수집할 수 있는(적극적 자유) 권리이다.

(ii) 근대입헌주의 이래 정립된 표현의 자유는 현대국가에서 새로운 변화를 맞이한다. 종래 일방적 정보전달체계가 이제 다원화되고 복합적인 정보전달체계로 변화함에 따라 국민과 정부 및 매스 미디어의 관계에도 근본적인 변화를 초래한다. 정보의 형성 및 전달은 정보원→정보수집→정보처리→정보전달의 과정을 거친다. 이러한 정보전달체계에서 사실상 주도적인 입장을 유지하던 매스 미디어의 기능과 역할 또한 새로운 변화를 초래하게 되었다. 즉 고전적인 정보(원)→언론보도→국민이라는 관계가 이제 정보원으로부터 곧바로 국민에게로 연결될 수 있는 정보전달체계로 변화된다.

(iii) 알 권리는 흔히 정보의 자유와 동일한 의미로 이해된다. 알 권리의 정립은 현대적인 정보사회의 진전에 따른 정보체계의 근본적인 변화와 맥락을 같이한다. 일반적으로 알 권리는 정보전달체계와 직접적으로 관련되는 표현의 자유의 한 내용으로서 이해되어왔다. 그러나 알 권리가 난순히 표현의 자유의 한 내용으로 머물지 아니하고, 주권자인 국민의 정보욕구를 충족시켜 주고 이를 통하여 소극적인 지위에 머무르고 있던 국민이 주권자의 입장에서 적극적으로 정보전달체계에 직접 개입할 수 있다는 점에서 그 의의를 찾을 수 있다.[1)]

2. 기 능

(i) 사상 또는 의견의 자유로운 표명은 자유로운 의사의 형성을 전제로 한

1) 경건, 정보공개행정제도에 관한 연구, 서울대 박사학위논문, 1997.8; 성낙인, "알 권리", "미국의 전자자유법(EFOIA)과 운용현황", 헌법학논집; 김배원, "미국 정보자유법(FOIA) 50년(1966-2016)", 공법학연구 20-1; 선훈, "프랑스 정보공개 법제의 변화와 시사점", 공법학연구 23-2; 이진, 국외 정보접근권에 대한 헌법적 연구, 서울대 박사학위논문, 2025.2.

다. 자유로운 의사의 형성은 충분한 정보에의 접근이 보장됨으로써 비로소 가능하다. 다른 한편으로 자유로운 표명은 자유로운 수용 또는 접수와 불가분의 관계에 있다(헌재 1989.9.4. 88헌마22, 공권력에 의한 재산권침해에 대한 헌법소원(인용(위헌확인, 기각))). 특히 정보사회에서 국가와 거대언론기업에 의한 정보의 독점으로 국민은 일방적으로 정보를 수령하는 수동적 주체로 전락할 위험에 처하여 있다. 알 권리는 국민을 실질적인 표현의 주체로서 이러한 위기를 극복하기 위한 권리이다.

(ii) 알 권리는 대의제의 한계를 극복하고, 국민주권의 실질화에 기여한다. 현대 대의민주정치의 위기를 극복하기 위하여서는, 주권자인 국민이 오늘날 만연되는 정치적 소외현상에서 벗어나 널리 국정상황을 정확하게 파악하여 올바른 정치적 의사형성을 도모함으로써 전통적인 관료행정의 비밀주의를 극복하여 국민의 알 권리를 확보하여야 한다. 이제 알 권리의 구현을 통하여 대의민주주의의 문제점을 극복하고 실질적으로 직접민주주의의 이상을 구현할 수 있다.

(iii) 의사의 자유로운 형성과 표명은 인간 존재의 본질에 속한다는 점에서 알 권리는 인간의 존엄과 행복추구권의 전제조건이 되며, 나아가 정보사회에서 소비자의 권리·인간다운 생활을 할 권리의 실현에도 이바지한다.

Ⅱ. 알 권리의 헌법상 근거

1. 의 의

최근에 제정 또는 개정된 외국 헌법들은 알 권리를 헌법상 기본권으로 규정한다. 일찍이 독일기본법 제5조 제1항과 세계인권선언 제19조에서는 알 권리를 규정한다. 한국헌법에는 명문의 규정은 없지만 알 권리를 헌법적 가치를 가진 기본권으로 이해하는 데 이론이 없다(2018년 문재인 대통령 헌법개정안에서도 이를 명시적으로 보장한다). 그런데 알 권리의 헌법적 근거에 관하여는 논란이 있다.

2. 학 설

학자들은 알 권리의 헌법상 근거를 제10조(인간의 존엄과 가치)(김철수), 또는 제21조 제1항(언론의 자유), 제1조(국민주권주의), 제10조(인간의 존엄과 가치), 제34조 제1항(인간다운 생활을 할 권리)(권영성) 등으로부터 찾기도 한다.

3. 판 례

헌법재판소는 전통적인 표현의 자유를 중심으로 알 권리의 헌법상 근거를 찾는다. 그 밖에도 헌법전문, 국민주권의 원리에 관한 제1조, 인간의 존엄과 행복추구권에 관한 제10조, 인간다운 생활을 할 권리에 관한 제34조 제1항, 국민의 재판청구권에 관한 제27조 등도 근거로 제시하기도 한다.

① 공권력에 의한 재산권침해와 헌법소원(헌재 1989.9.4. 88헌마22(인용(위헌확인),기각)), ② 기록등사신청에 대한 헌법소원(헌재 1991.5.13. 90헌마133(인용(취소))), ③ 지세명기장 열람거부 등 위헌확인(헌재 1994.8.31. 93헌마174(기각)), ④ 군사기밀보호법 제6조 등에 관한 위헌심판(헌재 1992.2.25. 89헌가104(한정합헌)), ⑤ 형사소송법 제55조 제1항 등 위헌소원(헌재 1994.12.29. 92헌바31(합헌)), ⑥ 대통령선거법 제65조 위헌확인(헌재 1995.7.21. 92헌마177등(각하)) 등.

4. 검 토

(i) 원래 알 권리는 정보의 자유라는 측면에서 헌법상 표현의 자유 특히 언론의 자유의 한 내용으로서 이해되어왔다. 그러나 알 권리가 정보사회의 진전에 따라 구현되는 권리의 특성을 발휘하기 위하여서는 알 권리를 단순히 표현의 자유 또는 언론의 자유의 한 내용으로만 이해하는 데에는 일정한 한계가 있다.

(ii) 오늘날 알 권리는 국민주권주의의 실질적 구현을 위한 적극적 권리로서의 기능이 강조된다. 특히 '공공기관의 정보공개에 관한 법률'이 제정되어 정보공개청구권을 제도화함으로써 알 권리를 통하여 주권자의 국정에 대한 비판과 감시를 현실화할 수 있게 되었다. 또한 알 권리는 정보자유로만 머무는 권리가 아니라, 적극적으로 인간존엄을 실현하기 위한 권리로서 인정되어야 한다. 국민주권주의와 인간의 존엄성실현이라는 측면에 기초하여, 알 권리로부터 참정권적인 성격과 인간다운 생활을 할 권리의 보장 및 청구권적 성격이 도출될 수 있다.

(iii) 다만, 인간다운 생활을 할 권리를 알 권리의 헌법상 근거로 받아들이면 헌법에 열거되지 아니한 기본권의 헌법적 근거를 지나치게 확대해석할 소지가 있다. 왜냐하면 인간다운 생활을 할 권리는 사회권(생존권)으로서의 본질을 가지기 때문이다. 따라서 알 권리는 헌법 제1조, 제10조, 제21조 제1항에서 그 주된 근거를 찾아야 한다.

(iv) 결국 알 권리를 언론(정보)자유의 한 내용에서 논술한다고 하더라도 이는 어디까지나 논의의 편의에 불과하다. 이제 알 권리는 언론(정보)자유의 한 내용이 아니라 독자적인 개별적 기본권임을 인식하여야 한다.

Ⅲ. 알 권리의 법적 성격

1. 판례(복합적 성격과 구체적 권리성)

헌법재판소는 알 권리의 복합적 성격을 인정하면서 특히 청구권적 기본권의 측면을 강조한다. 이에 따라 알 권리로부터 직접 정보공개청구권을 도출함으로써 구체적 권리성을 인정한다.

"자유로운 의사의 형성은 정보에의 접근이 충분히 보장됨으로써 비로소 가능한 것이며, 그러한 의미에서 정보에의 접근·수집·처리의 자유, 즉 '알 권리'는 표현의 자유와 표리일체의 관계에 있으며 자유권적 성질과 청구권적 성질을 공유하는 것이다. 자유권적 성질은 일반적으로 정보에 접근하고 수집·처리함에 있어 국가권력의 방해를 받지 아니한다는 것을 말하며, 청구권적 성질은 의사형성이나 여론형성에 필요한 정보를 적극적으로 수집하고 수집을 방해하는 방해제거를 청구할 수 있다는 것을 의미하는바, 이는 정보수집권 또는 정보공개청구권으로 나타난다. 나아가 현대사회가 고도의 정보사회로 이행해 감에 따라 '알 권리'는 한편으로 생활권적 성질까지도 획득해 나가고 있다"(헌재 1991.5.13. 90헌마133, 기록등사신청에 대한 헌법소원(인용(취소))).

2. 국민주권과 인간존엄의 실현원리로서의 '알 권리'

(ⅰ) 알 권리의 헌법적 근거를 표현의 자유에서만 찾아서는 아니 된다. 오늘날 알 권리의 구현은 국민주권주의의 실천적 과제로 등장하고 있다. 바로 그런 의미에서 알 권리는 청구권적 기본권으로서의 성격보다는 종합적 기본권으로 보아야 한다. 헌법재판소도 알 권리의 생활권적 성격을 인정한다.

(ⅱ) 특히 헌법재판소는 헌법적 가치를 가지고 있는 알 권리로부터 바로 국민의 정보공개청구권을 도출함으로써 알 권리의 실효성을 담보한다.

대법원은 공공기관의정보공개에관한법률이 제정되기 이전, 청주시의회가 제정한 '행정정보공개조례'에 대하여 청주시장이 '법령에 근거가 없어 위법'하다며 제기한 행정소송에서 이 조례는 행정에 대한 주민의 알 권리의 실현을 그 근본내용으로 하면서도 이로 인한 개인의 권익침해가능성을 배제하고 있으므로 이를 들어 주민의 권리를 제한하거나 의무를 부과하는 조례라고는 단정할 수 없고, 그 제정에 있어서 반드시 법률의 개별적 위임이 따로 필요한 것은 아니므로 적법하다고 판시한 바 있다(대판 1992.6.23. 92추17).

(ⅲ) '공공기관의 정보공개에 관한 법률'의 제정됨에 따라 법적 공백을 메워준다. 특히 개정된 법률에서는 정보의 전자적 공개의 근거를 마련한다(제15조). 또한

학교교육의 정상화를 위하여 '교육관련기관의 정보공개에 관한 특례법'도 제정되었고, '원자력안전 정보공개 및 소통에 관한 법률'도 제정되었다. 한편 알 권리를 구체적으로 구현하기 위하여 '공공기록물 관리에 관한 법률'과 '대통령기록물 관리에 관한 법률'이 제정되어 있다. 하지만, 아직까지 기록물관리가 철저하지 못하다는 비판을 받는다.

> 대통령비서실 기록관장 등 대통령기록물생산기관의 장이 대통령기록물을 중앙기록물관리기관에 이관한 행위는 기록물 관리업무 수행기관 변경을 위한 국가기관 사이의 내부적, 절차적 행위로서 헌법소원심판의 대상이 되는 공권력의 행사에 해당하지 아니하고, 대통령 권한대행이 대통령지정기록물의 보호기간을 정한 행위는 개별 기록물에 대해 이관행위 이전에 하는 것으로 외부에 표시되지 않는 국가기관 사이의 행위이므로 청구인들의 법적 지위에 직접 영향을 미치는 공권력 작용으로서 기본권 침해의 법적 관련성이 인정된다고 보기 어렵기 때문에 심판청구를 각하한다(헌재 2019.12.27. 2017헌마359, 대통령기록물 이관 등 위헌확인(각하)).

Ⅳ. 알 권리의 주체

알 권리의 주체는 원칙적으로 자연인인 대한민국 국민이다. 그러나 알 권리가 가진 인간존엄의 실현원리로서의 성격에 비추어 외국인에게도 널리 인정하여야 한다. 법인도 알 권리의 주체가 된다. 특히 언론기관의 취재를 위하여 필요하다.

Ⅴ. 알 권리의 효력

알 권리는 원칙적으로 대국가적 효력을 가지는 기본권이다. 다만, 예외적으로 사인 사이에도 간접적용되는 경우가 있을 수 있다(간접적용설).

Ⅵ. 알 권리의 내용

1. 의 의

알 권리는 소극적으로 정보를 받아들이는 권리와, 적극적으로 정보를 수집하는 권리를 포괄한다.

2. 소극적인 정보의 수령권

(i) 소극적 정보수령권이란 국민이 정보를 수령·수집하면서 국가권력의 방해를 받지 아니할 권리이다.

(ii) 알 권리의 실질적 구현을 위하여서는 제공되는 정보 자체가 객관적이고 공정한 정보이어야 한다. 객관적이고 공정한 정보가 제공되기 위하여 국민에 대한 정보제공의 원천으로서 언론보도의 자유가 전제된다. 그러므로 알 권리와 언론(보도)의 자유는 서로 보완관계에 있다.

(iii) 그런데 언론기관의 합병과 결합을 통하여 정보를 제공하는 언론기관의 독과점 현상이 초래될 경우에 공정하고 객관적인 보도가 상당부분 왜곡될 수 있다. 특히 방송매체의 경우 CATV 등의 보급으로 방송환경이 변화하고 있지만, 아직도 지상파방송의 독과점으로 인한 정보 자체가 왜곡·변질될 소지가 있다.

(iv) 언론기관 내부에서 기업으로서의 언론과 언론의 공적 과업(課業)이 조화를 통하여, 언론기업의 경영과 편집·편성의 자유의 조화가 요망된다. 궁극적으로 보도의 자유·취재의 자유의 통하여 국민의 알 권리 충족으로 귀결된다.

(v) 또한 공공기관이 보유한 정보의 적극적 제공은 알 권리의 실질화를 위하여 바람직하다. 실제로 정보공개는 공공기관이 보유하는 정보의 전산화와 전산화된 정보의 인터넷 공개를 통하여 현실화될 수 있다.

3. 적극적인 정보의 수집권(정보공개청구권)

(i) 국민은 이제 공공기관이나 언론보도를 통하여 제공되는 정보를 수령하여 이를 취사·선택하는 데 머물지 아니하고, 적극적으로 스스로 정보를 수집할 수 있는 권리를 가진다. 알 권리의 적극적인 구현은 정보공개제도로 달성될 수 있으므로 정보공개제도의 법적 제도화가 필요하게 된다.

"알 권리는 국민이 일반적으로 정보에 접근하고 수집·처리함에 있어서 국가권력의 방해를 받지 않음을 보장하고 의사형성이나 여론형성에 필요한 정보를 적극적으로 수집하고 수집에 대한 방해의 제거를 청구할 수 있는 권리로서, 원칙적으로 국가에게 이해관계인의 공개청구 이전에 적극적으로 정보를 공개할 것을 요구하는 것까지 알 권리로 보장되는 것은 아니다. 따라서 일반적으로 국민의 권리의무에 영향을 미치거나 국민의 이해관계와 밀접한 관련이 있는 정책결정 등에 관하여 적극적으로 그 내용을 알 수 있도록 공개할 국가의 의무는 기본권인 알 권리에 의하여 바로 인정될 수는 없고 이에 대한 구체적인 입법이 있는 경우에야 비로소 가능하다. 이와 같이 알 권리에서 파생되는 정부의 공개의무는 특별한 사정이 없는 한 국민의 적극적인 정보수집행위, 특히 특정의 정보에 대한 공개청구가 있는 경우에야 비로소 존재하므로, 청구인들의 정보공개청구가 없었던 이 사건의 경우 이 사건 조항을 사전에 마늘재배농가들에게 공개할 정부의 의무는 인정되지 아니한다(헌재 2004.12.16. 2002헌마579, 대한민국정부와 중화인민공화국정부간의마늘교역에관한합의서 등 위헌확인(각하))"; "이해관계인의 문서열람청구에 대하여 당해 행정기관이 그가 보관하고 있는 현황대로 문서를 열람하게 하고 당해 문서를 보관하지 않을 경우 그 문서를 보관하고 있지 않음에 대하여 일반인이 납득할 수 있을 정도로 확인의 기회를 부여하였다면, 비록 이해관계인이 문서열람의 목적을 달성하지 못하게 되었다고 하더라도" 알 권리의 침해가 아니다(헌재 1994.8.31. 93헌마174, 지세명기장열람등거부 위헌확인(기각)); 변호사에 대한 피의자신문조서(被疑者訊問調書) 등 열람·등사거부는 위헌이다(헌재 2003.3.27. 2000헌마474, 정보비공개결정 위헌확인(위헌)).

공공기관이 사경제 주체의 지위에서 행한 사업과 관련된 정보(아파트 분양가)도 정보공개의 대상이다(대판 2007.6.1. 2000두20587).

(ii) 정보공개제도는 국민 개개인이 공공기관에 정보공개를 청구함으로써 구현된다. 즉 언론기관에 대한 국민의 액세스권과는 제도의 본질에서 구별된다.

(iii) 언론기관의 보도를 통한 알 권리의 실현은, 그 자체로서 국민 개개인의 소극적인 정보의 수령으로 이해할 수 있다. 언론보도도 결국 국민의 알 권리를 구현하기 위한 매체이므로 취재의 자유를 포함한 언론보도의 자유는 적극적인 정보의 수집이라는 관점에서 이해할 수도 있다. 그러나 알 권리를 국민 개개인의 주권적 지위의 실현 또는 기본권실현이라는 관점에서 이해한다면, 언론보도의 자유는 국민의 입장에서 소극적인 측면으로 이해하여야 한다.

(iv) 알 권리는 공적 권리이기 때문에, 사적 기관 예컨대 기업에 대한 국민의 정보공개청구는 불가능하다. 다만, 오늘날 기업의 사회적 책임론이 제기되고, 특히 소비자보호·환경보호 등의 시각에서 기업에 대한 법적 규제가 강화되고 있으므로, 국가기관에 의한 규제나 시민단체의 정보공개 활동을 통하여 알 권리의 간접적 구현이 가능하다. 다른 한편 기업경영의 투명화 요구에 따라 기업의 정보공개 또한 일반화되어가고 있다.

(v) 끝으로 알 권리와 서로 보완적인 관계에 있는 자기정보에 대한 통제권(개인정보자기결정권)도 알 권리의 관점에서 이해할 수 있다. 즉 공공기관이 보유하는 개인정보에 대하여 국민 개개인이 접근·이용할 수 있어야 한다. 그러나 이 문제는 본질적으로 사생활의 비밀과 자유라는 관점에서 개인정보보호를 위한 논의가 이루어져야 한다.

Ⅶ. 알 권리의 제한과 한계

1. 의 의

알 권리도 헌법 제37조 제2항에 따라 국가안전보장 · 질서유지 또는 공공복리를 위하여 필요한 경우에 한하여 법률로써 제한할 수 있지만, 알 권리의 본질적 내용에 대한 제한은 불가능하다. 알 권리가 가지는 국민주권주의의 실현 및 인간 존엄성의 실현이라는 측면에 비추어 볼 때 그 제한은 엄격하여야 한다. 표현의 자유의 우월적 지위의 논리를 알 권리에도 적용할 수 있다. 알 권리의 제한과 관련하여 국가안전보장과 관련된 기밀 · 사생활의 비밀과 자유의 보장과의 관계 · 영업상 비밀 · 의료비밀 등이 특히 문제된다.

2. 알 권리의 제한

(ⅰ) 알 권리의 제한은 정보공개법상의 공개제외대상과 직접적으로 연관된다. 미국의 정보공개법을 비롯한 외국의 정보공개법에서 일반화된 비공개정보의 범위는 '공공기관의 정보공개에 관한 법률' 제9조 제1항에서도 명시되어 있다. 그 구체적 내용은 다음과 같다.

① 다른 법률 또는 법률에서 위임한 명령(국회규칙 · 대법원규칙 · 헌법재판소규칙 · 중앙선거관리위원회규칙 · 대통령령 및 조례에 한정한다)에 따라 비밀이나 비공개 사항으로 규정된 정보

"헌법은 국회 회의의 공개 여부에 관하여 회의 구성원의 자율적 판단을 허용하고 있으므로, 소위원회 회의의 공개 여부 또한 소위원회 또는 소위원회가 속한 위원회에서 여러 가지 사정을 종합하여 합리적으로 결정할 수 있다." [반대의견] 방청불허행위로 청구인들의 방청의 자유 내지 알 권리를 침해한다(헌재 2000.6.29. 98헌마443등, 국회예산결산특별위원회 계수조정소위원회 방청허가불허 위헌확인, 국회상임위원회 방청불허행위 위헌확인 등(기각)).

제1호의 '법률이 위임한 명령'은 정보의 공개에 관하여 법률의 구체적인 위임 아래 제정된 법규명령(위임명령)을 의미한다(대판 2006.10.26. 2006두11910, 정보비공개결정취소).

행정심판위원회에서 위원이 발언한 내용 기타 공개할 경우 위원회의 심리 · 의결의 공정성을 해할 우려가 있는 사항으로서 대통령령이 정하는 사항은 이를 공개하지 아니하는 규정은 정보공개청구권의 본질적 내용을 침해하지 아니한다(헌재 2004.8.26. 2003헌바81등, 행정심판법 제26조의2 위헌소원(합헌)).

인터넷 등 전자적 방법에 의한 판결서 열람 · 복사의 범위를 개정법 시행 이후 확정된 사건의 판결서로 한정하고 있는 군사법원법 부칙은 정보공개청구권을 침해하지 아니한다(헌재 2015.12.23. 2014헌마185, 군사법원 판결문 인터넷 비공개 위헌확인(기각)).

② 국가안전보장 · 국방 · 통일 · 외교관계 등에 관한 사항으로서 공개될 경우 국가의 중대한 이익을 현저히 해칠 우려가 있다고 인정되는 정보.

③ 공개될 경우 국민의 생명 · 신체 및 재산의 보호에 현저한 지장을 초래할 우려가 있다고 인정되는 정보.

④ 진행 중인 재판에 관련된 정보와 범죄의 예방, 수사, 공소의 제기 및 유지, 형의 집행, 교정, 보안처분에 관한 사항으로서 공개될 경우 그 직무수행을 현저히 곤란하게 하거나 형사피고인의 공정한 재판을 받을 권리를 침해한다고 인정할 만한 상당한 이유가 있는 정보.

공공기관의 정보공개에 관한 법률의 입법목적, 정보공개의 원칙, 비공개대상정보의 규정 형식과 취지 등을 고려하면, 법원 이외의 공공기관이 '진행 중인 재판에 관련된 정보'에 해당한다는 사유로 정보공개를 거부하기 위하여는 반드시 그 정보가 진행 중인 재판의 소송기록 자체에 포함된 내용일 필요는 없다. 그러나 재판에 관련된 일체의 정보가 그에 해당하는 것은 아니고 진행 중인 재판의 심리 또는 재판결과에 구체적으로 영향을 미칠 위험이 있는 정보에 한정된다고 보아야 한다(대판 2011.11.24. 2009두19021, 정보공개거부처분취소).

⑤ 감사 · 감독 · 검사 · 시험 · 규제 · 입찰계약 · 기술개발 · 인사관리 · 의사결정과정 또는 내부검토과정에 있는 사항 등으로서 공개될 경우 업무의 공정한 수행이나 연구 · 개발에 현저한 지장을 초래한다고 인정할 만한 상당한 이유가 있는 정보.

'공공기관의 정보공개에 관한 법률' 제9조 제1항 제5호의 "인사관리"에 관한 부분은 '현저한 지장', '상당한 이유'라는 부분이 다소 추상적이기는 하지만, 인사관리업무 및 정보의 다양성에서 비롯된 것으로서 입법기술상 불가피한 측면이 있고, 그 의미의 대강을 확정할 수 있는데다가, 구체적 의미는 법원의 보충적 해석을 통하여 확정할 수 있어서 법집행자가 정보의 비공개 범위를 자의적으로 해석하여 적용할 여지가 없다. 따라서 이 사건 법률조항은 명확성원칙에 위반되지 아니한다(헌재 2014.3.27. 2012헌바373, 경찰공무원 승진임용규정 제7조 제5항 등 위헌소원(각하,합헌)).

'변호사시험법 시행일부터 6개월 내'라는 성적 공개 청구기간은 지나치게 짧아 청구인의 정보공개청구권을 침해한다(헌재 2019.7.25. 2017헌마1329, 변호사시험법제18조 제1항 본문 등 위헌확인(위헌,각하)). 이에 따라 법이 개정되어 성적과 석차를 공개한다.

시험정보로서 공개될 경우 업무의 공정한 수행에 현저한 지장을 초래하는지 여부는 법 및 시험정보를 공개하지 아니할 수 있도록 하고 있는 입법취지, 당해 시험 및 그에 대한 평가행위의 성격과 내용, 공개의 내용과 공개로 인한 업무의 증가, 공개로 인한 파급효과 등을 종합하여 개별적으로 판단되어야 한다. 답안지는 응시자의 시험문제에 대한 답안이 기재되어 있을 뿐 평가자의 평가기준이나 평가 결과가 반영되어 있는 것은 아니므로 응시자가 자신의 답안지를 열람한다고 하더라도 시험문항에 대한 채점위원별 채점 결과가 열람되는 경우와 달리 평가자가 시험에 대한 평가업무를 수행함에 있어서 지장을 초래할 가능성이 적은 점, 답안지에 대한 열람이 허용된다고 하더라도 답안지를 상호비교함으로써 생기는 부작용이 생길 가능성이 희박하고, 열람업무의 폭증이 예상된다고 볼만한 자료도 없는 점 등을 종합적으로 고려하면, 답안지의 열람으로 인하여 시험업무의 수행에 현저한 지장을 초래한다고 볼 수 없으므로 사법시험 2차시험 답안지 열람거부처분은 위법하다(대판 2003.3.14. 2000두6114).

"업무의 공정한 수행"이나 "연구·개발에 현저한 지장"이라고 하는 개념이 다소 추상적인 개념이라고 할 것이나, 시험정보의 특성 및 시험정보를 공개하지 아니할 수 있도록 하고 있는 입법취지, 당해 시험의 특성, 해당 정보와 관련된 시험관리 업무의 특성 등을 감안하면 그 규율범위의 대강을 예측할 수 있다. 따라서 지나치게 불명확하거나 법 집행기관의 자의적인 해석을 가능하게 하거나, 수범자의 예측가능성을 침해한다고 보기 어렵기 때문에 치과의사 국가고시 문제 비공개는 정보공개청구권, 알 권리, 기본권제한에 관한 명확성의 원칙에 반하지 아니한다(헌재 2009.9.24. 2007헌바107, 공공기관의 정보공개에 관한 법률 제9조 제1항 제5호 위헌소원(합헌)).

⑥ 해당 정보에 포함되어 있는 성명·주민등록번호 등 개인에 관한 사항으로서 공개될 경우 사생활의 비밀 또는 자유를 침해할 우려가 있다고 인정되는 정보.

교원의 개인정보 공개를 금지하고 있는 '교육관련기관의 정보공개에 관한 특례법' 제3조 제2항 및 교원의 "교원단체 및 노동조합 가입 현황(인원 수)"만을 공시정보로 규정하고 있는 '구 교육관련기관의 정보공개에 관한 특례법 시행령' 제3조 제1항 별표 1 제15호 아목은 학부모 등의 알 권리와 교원의 개인정보자기결정권을 합리적으로 조화시킨 것으로서 학부모 등의 알 권리를 침해하지 아니한다(헌재 2011.12.29. 2010헌마293, 교육관련기관의 정보공개에 관한 특례법 제3조 제2항 등 위헌확인(각하,기각)).

이름·주민등록번호 등 정보 형식이나 유형을 기준으로 비공개대상정보에 해당하는지를 판단하는 '개인식별정보'뿐만 아니라 그 외에 정보의 내용을 구체적으로 살펴 '개인에 관한 사항의 공개로 개인의 내밀한 내용의 비밀 등이 알려지게 되고, 그 결과 인격적·정신적 내면생활에 지장을 초래하거나 자유로운 사생활을 영위할 수 없게 될 위험성이 있는 정보'도 포함된다고 새겨야 한다. 따라서 불기소처분 기록 중 피의자신문조서 등에 기재된 피의자 등의 인적사항 이외의 진술내용 역시 개인의 사생활의 비밀 또는 자유를 침해할 우려가 인정되는 경우 제6호 소정의 비공개대상에 해당한다(대판 2012.6.18. 2011두2361, 정보공개청구거부처분취소).

제6호 본문은 기본권제한에 관한 명확성의 원칙에 위반되지 아니하며, 청구인의 알권리와 개인정보 주체의 사생활의 비밀과 자유 사이에 적정한 비례관계를 유지하고 있으므로 청구인의 알 권리를 침해하지 아니한다(헌재 2010.12.28. 2009헌바258, 공공기관의 정보공개에 관한 법률 제9조 제1항 제6호 가목 등 위헌소원(합헌,각하)).

변호사시험 성적을 합격자에게 공개하지 아니하도록 규정한 변호사시험법 제18조 제1항 본문은 수단의 적절성·침해의 최소성 및 법익의 균형성 요건도 갖추지 못하여 과잉금지원칙에 위배하여 청구인들의 알 권리를 침해한다. 시험 성적의 비공개가 법조인으로서의 직역 선택이나 직업수행에 있어서 어떠한 제한을 두고 있는 것은 아니므로 심판대상조항이 청구인들의 직업선택의 자유를 제한하지 아니한다. 개인정보자기결정권의 한 내용인 자기정보공개청구권은 자신에 관한 정보가 부정확하거나 불완전한 상태로 보유되고 있는지 여부를 알기 위하여 정보를 보유하고 있는 자에게 자신에 관한 정보의 열람을 청구함으로써 개인정보를 보호하고, 개인정보의 수집, 보유, 이용에 관한 통제권을 실질적으로 보장하기 위하여 인정된다. 변호사시험 성적 공개 요구는 개인정보의 보호나 개인정보의 수집, 보유, 이용에 관한 통제권을 실질적으로 보장해 달라는 것으로 보기 어렵고, 변호사시험 성적이 정보주체의 요구에 따라 수정되거나 삭제되는 등 정보주체의 통제권이 인정되는 성질을 가진 개인정보라고 보기도 어렵기 때문에 개인정보자기결정권을 제한하지 아니한다. 다른 자격시험의 경우, 특정의 전문교육과정을 요구하지 않거나 요구하는 경우라고 하더라도 전문교육기관 간의 과다 경쟁 및 서열화 방지, 충실한 교육의 담보라는 목적과는 관련이 없는 등 다른 자격시험 응시자와 변호사시험 응시자를 본질적으로 동일한 비교집단으로 볼 수 없다. 따라서 다른 자격시험 응시자와 차별취급하고 있다고 볼 수 없으므로 평등권 침해 문제는 발생하지 아니한다(헌재 2015.6.25. 2011헌마769등, 변호사시험법 제18조 제1항 위헌확인(위헌)).

⑦ 법인·단체 또는 개인의 경영상·영업상 비밀에 관한 사항으로서 공개될 경우 법인 등의 정당한 이익을 현저히 해칠 우려가 있다고 인정되는 정보.

⑧ 공개될 경우 부동산 투기·매점매석 등으로 특정인에게 이익 또는 불이익을 줄 우려가 있다고 인정되는 정보.

(ii) 헌법재판소는 선거기간 동안의 여론조사결과공표금지를 규정한 공직선거법을 합헌이라고 판시하였으나 소수의견이 제시한 바와 같이 지나친 제한이라는 비판을 수용하여 "선거일 전 6일부터 선거일의 투표마감시각까지" "공표하거나 인용하여 보도할 수 없"도록 개정되었다(제108조). 하지만, 사전투표제도의 도입과 정보시장의 급속한 흐름에 비추어 선거일 전으로 단축하거나 폐지되어야 한다.

"선거일에 가까워질수록 여론조사결과의 공표가 갖는 부정적 효과는 극대화되고 특히 불공정하거나 부정확한 여론조사결과가 공표될 때에는 선거의 공정성을 결정적으로 해칠 가능성이 높지만 이를 반박하고 시정할 수 있는 가능성은 점점 희박해진다고 할 것이므로, 대통령선거의 중요성에 비추어 선거의 공정을 위하여 선거일을 앞두고 어느 정도의 기간 동안 선거에 관한 여론조사결과의 공표를 금지하는 것 자체는 그 금지기간이 지나치게 길지 않는 한 위헌이라고 할 수 없다"(전원일치)(헌재 1995.7.21. 92헌마177등, 대통령선거법 제65조 위헌확인(각하)). [반대의견] "국내에 있는 신문·방송 등 언론매체만 규제할 수 있을 뿐 외국의 언론매체와 인터넷 등에는 대응하지 못하므로 오늘날의 국제화·정보화시대에 걸맞지 아니한 약점을 안고 있어 실질적인 효력면에서 의문이 있다." "여론조사결과의 공표는 선거기간에 유권자들의 정당·후보자에 대한 지지도와 그 지지도의 변화과정을 알 수 있는 유일한 수단이"다. "여론조사결과의 공표금지는 헌법이 보장하는 국민의 알 권리·표현의 자유의 핵심 부분을 제한함으로써 여론형성을 제대로 못하게 막고 국민의 올바른 참정권행사를 침해하게 된다"(헌재 1998.5.28. 97헌마362등, 공직선거법 제108조 제1항에 대한 위헌확인(기각,각하))(헌재 1999.1.28. 98헌바64, 공직선거법 제108조 제1항 등 위헌소원(합헌)).

(iii) 수형자(受刑者)에 대하여 일정한 조건에 따라 신문구독의 제한, 선거방송토론회에 일정한 조건하에서 초청대상의 제한, 국회 소위원회에서의 방청불허결정은 합헌이라고 판시한다.

"교화상 또는 구금목적에 특히 부적당하다고 인정되는 기사, 조직범죄 등 수용자관련 범죄기사에 대한 신문기사삭제행위는 기사 삭제를 통해 얻을 수 있는 구치소의 질서유지와 보안에 대한 공익을 비교할 때 청구인의 알 권리를 과도하게 침해한 것은 아니다"(헌재 1998.10.29. 98헌마4, 일간지구독금지처분 등 위헌확인(기각,각하)).

"토론위원회가 방송토론회의 장점을 극대화하고 대담·토론의 본래 취지를 살리기 위하여, 공직선거법이 부여한 재량범위 내에서, 후보자선정기준으로서 최소한의 당선가능성과 주요정당의 추천에 입각한 소수의 후보자를 선정(選定)한 것은 비합리적이고 자의적이라 할 수 없다"(헌재 1998.8.27. 97헌마372등, 방송토론회진행사항결정행위등취소(기각)).

(iv) 변호인이 있는 피고인에게 공판조서열람권을 부여하지 아니하더라도 합헌이다(헌재 1994.12.29. 92헌바31, 형사소송법 제55조 제1항 등 위헌소원(합헌)). 형사재판이 확정되면 속기록 등을 폐기하도록 한 형사소송규칙 제39조는 알 권리를 침해하였다고 볼 수 없다(헌재 2012.3.29. 2010헌마599, 공판기록 폐기처분 위헌확인 등(각하,기각)). 군사기밀의 범위는 최소한으로 해석하여야 한다(헌재 1992.2.25. 89헌가104, 군사기밀보호법 제6조 등에 대한 위헌심판(한정합헌)). 국가보안법상의 국가기밀도 합헌적으로 축소·제한 해석되어야 한다(헌재 1997.1.16. 92헌바6등, 국가보안법 위헌소원(한정합헌,합헌)).

(v) 한편 변호인에게 고소장과 피의자신문조서에 대한 열람 및 등사를 거부한 경찰서장의 정보비공개결정은 위헌이다(헌재 2003.3.27. 2000헌마474, 정보비공개결정 위헌확인(인용(위헌확인))).

Ⅷ. 결 어

헌법에 명시적인 규정이 없는 알 권리는 이제 헌법상의 권리로서 확립되었다. 이는 국민주권주의의 실현을 위한 원리로서의 성격을 가진다는 점에서 그 의의를 찾을 수 있다. 특히 정보공개법을 제정하여 알 권리를 보다 적극적으로 구현하게 된다.

제7항 집회 · 결사의 자유

Ⅰ. 의 의

(i) 헌법 제21조 제1항에서는 언론 · 출판의 자유와 더불어 집회(集會) · 결사(結社)의 자유를 규정한다. 집회 · 결사의 자유는 언론 · 출판의 자유의 집단적(集團的) 성격의 표현이다. 현대국가의 사회생활에서 국민은 집회의 개최나 단체의 결성을 통하여 자기의 의사를 적극적으로 표현한다. 그러나 집회 · 결사는 사회의 질서유지에 미치는 영향력이 언론이나 출판보다 훨씬 직접적이기 때문에 언론 · 출판의 자유보다 더 강력한 국가적 통제를 받는다.

(ii) 집회 · 결사의 자유는 집단적 표현의 자유라는 점에서 같이 규정하기도 한다(한국헌법, 미국 수정헌법 제1조, 일본 헌법 제21조). 그러나 독일기본법에서는 집회의 자유와 결사의 자유를 별개의 조항에서 규정한다(제8조 · 제9조). 이하에서는 집회 · 결사의 자유를 집회와 결사의 성격상 차이를 고려하여 집회의 자유와 결사의 자유로 나누어 설명한다.

Ⅱ. 집회 · 결사의 자유의 기능

(i) 집회 · 결사의 자유는 집회나 집단행동을 통하여 단순히 자신의 의사표명을 하는 데 그치지 아니하고, 다른 사람과의 의사교환을 통하여 새로운 여론을 조성할 수 있는 유효한 수단이다. 이에 집회 · 결사의 자유는 "표현의 자유의 실실화를 위한 조건 또는 보완적 기능"을 가진다. 또한 집회 · 결사의 자유는 민주주의의 실천을 위한 불가결한 전제로서, 특히 소외된 정치적 소수자들이 자기의 목소리를 정치과정에 반영할 수 있는 방편이라는 점에서 다수결 원리에 의하여 진행되는 현대 대의제도를 보완하는 기능을 가진다(헌재 1992.1.28. 89헌가8, 국가보안법 제7조 등에 관한 위헌심판(한정합헌): 반대의견 참조).

(ii) 바로 그런 점에서 집회 · 결사의 자유는 개인의 인격발현과 민주주의의 실천이라는 이중적 기능을 가진다(헌재 2003.10.30. 2000헌바67등, 집회및시위에관한법률 제11조 제1호 중 국내주재 외국의 외교기관 부분 위헌소원, 집회및시위에관한법률 제11조 위헌소원(위헌)).

Ⅲ. 집회의 자유

1. 집회의 개념

(i) 집회란 다수인이 일정한 장소에서 공동목적을 가지고 평화적으로 회합하는 일시적 결합체이다. 다수인은 최소한 3인 이상으로 보아야 한다. 그러나 대법원은 2인 이상으로 본다. 집회는 일시적 결합체란 점에서 결사와 구별된다.

집회란 자신의 사상이나 견해를 표현하거나 자신의 이익을 옹호하려는 목적으로 이를 구체화하기 위하여 형성된 사람들의 일시적 결합체(un groupement momentané)이다(C.E. Ass. 1933.5.19, Benjamin, *Rec.*, *541*, Concl. Commi. du gouvernement Michel).

'1인 시위'는 집시법의 적용요건인 '다수인'에 해당되지 아니하므로 집시법에 의한 규제는 받지 아니한다. 다만, 사회상규를 벗어난 '1인 시위'는 업무방해죄에 해당된다.

집회란 '특정 또는 불특정 다수인이 공동의 의견을 형성하여 이를 대외적으로 표명할 목적 아래 일시적으로 일정한 장소에 모이는 것'을 말하고, 모이는 장소나 사람의 다과에 제한이 있을 수 없으므로 2인이 모인 집회도 위 법률의 규제 대상이 된다(대판 2012.5.24. 2010도11381).

(ii) 공동목적이 있어야 하므로 집회에 참가한 다수인 사이에는 적어도 "내적인 유대감에 의한 의사접촉"이 있어야 한다.[1] 따라서 교통사고 현장의 구경꾼이나 카페에 앉아 있는 손님들은 단순한 군집(群集)에 불과할 뿐이므로 집회참가자라 할 수 없다. 정당 · 신앙 · 학문 · 예술을 목적으로 하는 집회, 근로자의 집회는 각각 헌법 제8조 · 제20조 · 제22조 · 제33조의 적용을 받는다.

일반적으로 집회는, 일정한 장소를 전제로 하여 특정 목적을 가진 다수인이 일시적으로 회합하는 것을 말하는 것으로 일컬어지고 있고, 그 공동의 목적은 '내적인 유대 관계'로 족하다. 건전한 상식과 통상적인 법감정을 가진 사람이면 위와 같은 의미에서 구 집시법상 '집회'가 무엇을 의미하는지를 추론할 수 있다고 할 것이므로, 구 집시법상 '집회'의 개념이 불명확하다고 할 수 없다(헌재 2009.5.28. 2007헌바22, 집회및시위에관한법률 제2조 제1호 등 위헌소원(각하,합헌)).

(iii) '집회 및 시위에 관한 법률'에서는 시위(示威)의 개념을 "여러 사람이 공동목적을 가지고 도로, 광장, 공원 등 일반인이 자유로이 통행할 수 있는 장소를 진행하거나 위력 또는 기세를 보여, 불특정한 여러 사람의 의견에 영향을 주거나 제압을 가하는 행위"(제2조 제2호)로 정의한다. 헌법재판소는 시위의 개념에 장소적 제한

1) 허영, 633-634면: 공동의 목적의 범위에 관하여 협의(공동생활관련 공적인 사항), 광의(오락적 성격의 모임만 제외), 최광의(내면적 유대에 의한 의사접촉의 요소)로 나누어 설명하면서 광의설을 취한다; 구병삭, 448면.

개념을 포함하는 경우와 그렇지 아니한 경우로 구별한다(7:2). 그러나 반대의견에서는 장소적 제한개념을 요구한다.

"제2조 제2호의 '시위'는 그 문리(文理)와 개정연혁에 비추어 다수인이 공동목적을 가지고 (1) 도로・광장・공원 등 공중이 자유로이 통행할 수 있는 장소를 진행함으로써 불특정다수인의 의견에 영향을 주거나 제압을 가하는 행위와 (2) 위력(威力) 또는 기세(氣勢)를 보여 불특정다수인의 의견에 영향을 주거나 제압을 가하는 행위를 말한다고 풀이되므로, 위 (2)의 경우에는 '공중이 자유로이 통행할 수 있는 장소'라는 장소적 제한개념은 시위라는 개념의 요소라고 볼 수 없다." [반대의견] "시위의 개념은 다수의견과 달리 다수인이 공동목적을 가지고 '공중이 자유로이 통행할 수 있는 장소에서', '행진 기타 위력 또는 기세를 보이는 방법으로' 불특정다수인의 의견에 영향을 주거나 제압을 가하는 행위로 보아야" 한다(헌재 1994.4.28. 91헌바14, 집회및시위에 관한법률 제2조 등에 대한 헌법소원(합헌,각하)).

집회의 자유에 있어서 집회의 개념에 시위가 포함 여부에 관하여 논란이 있다. 시위의 형태로서 나타나는 집단행위・집단시위행위는 헌법상 집회의 자유의 범주에 포함되지 아니한다는 입장도 있다. 그러나 집회의 자유란 집회를 통하여 단체로서의 의사를 형성하고, 형성된 의사를 표현하며, 나아가서 그 의사를 관철하기 위한 활동의 자유까지 포함한다고 보아야 한다. 따라서 시위행진은 '장소이동적인 집회', '움직이는 집회' 혹은 '이동하는 집회'(헌재 1992.1.28. 89헌가8, 국가보안법 제7조 등에 관한 위헌심판(한정합헌))로서 집회의 자유에 포함되어야 한다(통설・판례). 그런 취지에서 '집회 및 시위에 관한 법률'은 집회의 자유와 시위의 자유를 모두 보장한다.

집회와 시위는 공동의 목적을 가진다는 점에서는 동일하지만 그 장소가 시위의 경우에는 도로 등으로 한정되어 있다는 점에서 차이가 있다. 프랑스에서는 법적인 규제가 차이가 나는 점에 착안하여 집회와 시위를 따로 분리하여 논술한다.

2. 집회의 자유의 법적 성격

(i) 집회의 자유는 국가권력의 간섭이나 방해를 배제할 수 있는 주관적 공권이라는 데에는 이론(異論)이 없다. 또한 기본권의 이중적 성격을 인정하면 객관적 가치질서로서의 성격을 집회의 자유에도 인정할 수밖에 없다. 그런데 집회의 자유가 제도보장의 성격을 가지는지에 관하여 논란이 있다.[1)]

1) 강태수, "집회의 자유와 '허가'의 의미에 관한 고찰", 헌법재판연구 4-1; 김해원, "집회의 자유에 대한 헌법재판소의 판단-헌법재판소 판례에 대한 비판적 분석을 중심으로", 헌법재판연구 4-1; 정영화, "헌법상 야간옥외집회금지에 대한 위헌심사", 세계헌법연구 16-3; 장영수, "집회의 자유의 본질과 복면집회의 헌법적 문제점", 헌법학연구 22-3; 조영승, "맞불집회의 제한과 한계에 관한 소고", 공법연구 48-2; 이장희, "감염병과 집회의 자유", 헌법학연구 28-3; 김소연, "현행 집회 및 시위에 관한 법률상의

(ii) 집회의 자유와 관련된 제도보장에 관한 논의는 집회의 본질, 기본권의 법적 성격, 제도보장의 본질에 관한 이해의 차이에서 비롯된다. 생각건대 제도보장의 본질에 비추어 보건대 집회를 집회제도의 보장으로 보기는 어려워 보인다.

3. 집회의 자유의 주체

집회의 자유의 주체는 원칙적으로 국민이지만, 외국인이나 무국적자도 헌법상 특별히 금지할 사유가 없으면 널리 인정하여야 한다. 자연인뿐만 아니라 법인도 일정한 범위 안에서 집회의 자유의 주체가 될 수 있다.

4. 집회의 자유의 효력

집회의 자유는 주관적 공권이므로 모든 국가권력을 구속하며, 대사인적 효력은 간접적용설에 따라 보장된다. '집회 및 시위에 관한 법률' 제3조는 집회의 자유의 대사인적 효력을 수용한다.

> "① 누구든지 폭행·협박 그 밖의 방법으로 평화적인 집회 또는 시위를 방해하거나 질서를 문란하게 하여서는 아니 된다. ③ 집회 또는 시위의 주최자는 평화적인 집회 또는 시위가 방해받을 염려가 있다고 인정되면 관할경찰관서에 그 사실을 알려 보호를 요청할 수 있다."

5. 집회의 자유의 내용

(1) 집회의 종류

A. 장소에 따른 분류: 옥내집회와 옥외집회

옥외집회란 "천장이 없거나 사방이 폐쇄되지 아니한 장소에서 여는 집회"를 말한다(집시법 제2조 제1호). 옥외집회는 옥내집회에 비하여 법익충돌의 위험성이 크기 때문에 달리 규제한다. 그런데 집시법에서 '사방의 폐쇄' 이외에 '천장'(天障)의 존재 여부를 독자적인 기준으로 정한 규정은 옥내·옥외집회의 구분의 목적과 의미에 부합하지 아니한다. '집회 및 시위에 관한 법률'에서 신고대상인 집회는 옥외집회와 시위이며 옥내집회는 신고대상이 아니다.

> "집시법이 옥외집회와 옥내집회를 구분하는 이유는, 옥외집회의 경우 외부세계, 즉 다른 기본권의 주체와 직접적으로 접촉할 가능성으로 인하여 옥내집회와 비교할 때 법익

옥외집회 금지장소에 대한 헌법적 고찰"; 조영승, "집회 시위에 대한 경찰권 행사에 관한 연구", 헌법학연구 28-4; 배소연, 집회·시위 장소 제한에 관한 헌법적 검토, 헌법이론과 실무 2023-A-4; 이재홍, "헌법재판소 결정에 대한 정량적 분석에 관한 시론적 연구", 헌법학연구 30-1.

충돌의 위험성이 크다는 점에서 집회의 자유의 행사방법과 절차에 관하여 보다 자세하게 규율할 필요가 있기 때문이다. 이는 한편으로는 집회의 자유의 행사를 실질적으로 가능하게 하기 위한 것이고, 다른 한편으로는 집회의 자유와 충돌하는 제3자의 법익을 충분히 보호하기 위한 것이다"(헌재 2003.10.30. 2000헌바67등, 집회및시위에관한법률 제11조 제1호 중 국내주재 외국의 외교기관 부분 위헌소원(위헌)).

B. 공개 여부에 따른 분류: 공개집회와 비공개집회

집회의 공개 여부에 따라 일반에 널리 공개된 집회와 특정 집회목적을 가진 인사들이 일반인에게 알리지 아니하고 비공개로 진행하는 비공개집회로 구분할 수 있다. 이것은 장소적 관념이 아니라 일반인의 접근 여부에 따른 구분이다.

C. 계획된 집회와 우발적(偶發的) 집회

일정한 목적을 가지고 사전계획된 집회가 집시법의 일반적인 규율대상이다. 하지만, 우발적으로 집회가 이루어질 수도 있다. 우발적 집회란 아무런 공동의 목적이 없는 군중(群衆)이 어떤 사건을 계기로 현장에서 공동의 의사를 형성하여 표현하기에 이른 집회를 의미한다. 우발적 집회도 주최자만 없을 뿐이지 다수인이 공동의 목적 아래 일정한 장소에서 회합한다는 점에서는 일반적인 집회와 다르지 아니하므로 그 보호대상이 된다. 다만, 집시법의 적용에 있어서 주최자가 없다는 점에서 사전신고제의 적용을 완화하여 해석할 필요가 있다. 이와 관련하여 우발적 집회의 경우 사전신고가 없다는 이유로 해산명령 등의 발령은 실질적으로 사전허가제와 다름없다는 비판도 있다(허영).

D. 평화적 집회와 비평화적 집회

집회는 원칙적으로 평화적으로 이루어져야 한다. 하지만, 현실적으로 집회과정에서 불법적인 비평화적 양상을 드러내기도 한다. 이에 평화적 집회와 비평화적 집회의 구별기준으로 심리적 폭력설과 물리적 폭력설이 제기되지만, 물리적 폭력에 한정하여 불법적인 비평화적 집회로 보아야 한다.

집회의 자유에 의하여 보호되는 것은 단지 '평화적' 또는 '비폭력적' 집회이다. 집회의 자유는 민주국가에서 정신적 대립과 논의의 수단으로서, 평화적 수단을 이용한 의견의 표명은 헌법적으로 보호되지만, 폭력을 사용한 의견의 강요는 헌법적으로 보호되지 아니한다. 헌법은 집회의 자유를 국민의 기본권으로 보장함으로써, 평화적 집회 그 자체는 공공의 안녕질서에 대한 위험이나 침해로서 평가되어서는 아니 되며, 개인이 집회의 자유를 집단적으로 행사함으로써 불가피하게 발생하는 일반대중에 대한 불편함이나 법익에 대한 위험은 보호법익과 조화를 이루는 범위 내에서 국가와 제3자에 의하여 수인되어야 한다는 것을 헌법 스스로 규정하고 있다(헌재 2003.10.30. 2000헌바67등, 집회및시위에관한법률 제11조 제1호 중 국내주재 외국의 외교기관 부분 위헌소원(위헌)).

E. 기타의 분류

그 밖에 집회는 주간집회와 야간집회, 무장집회와 비무장집회 등으로 분류할 수 있다.

(2) 집회의 자유의 구체적 내용

(i) 집회의 자유의 내용으로는 적극적으로 집회를 주최하는 자유, 집회를 사회·진행하는 자유 및 집회에 참여하는 자유와 소극적으로 집회를 주최하지 아니할 자유, 집회에 참가하지 아니할 자유를 포함한다.

(ii) 집회에서의 연설·토론을 언론·출판의 자유로 보는 견해(김철수)와 집회의 자유로 보는 견해(권영성·허영)가 있다. 헌법재판소는 집회에서의 의사표현 자체를 제한하는 경우, 그 제한되는 기본권의 핵심은 "집회에 있어서의 표현의 자유"로 본다(헌재 1992.1.28. 89헌가8, 국가보안법 제7조 등에 관한 위헌심판(한정합헌)).

(iii) 생각건대 이러한 견해들 사이에 본질적인 차이는 없어 보인다. 왜냐하면 연설·토론이 없는 집회란 침묵시위에 한정되므로 연설·토론은 당연히 집회의 자유의 한 부분을 형성한다. 그러나 집회의 자유보다 언론·출판의 자유가 더 강한 보호를 받고 있으므로 집회행위 그 자체는 집회의 자유로 보더라도 연설·토론은 언론·출판의 자유로 보호함으로써 기본권보장에 더 효과적일 수 있다.

6. 집회의 자유의 제한

"헌법이 보장하는 집회의 자유도 스스로 한계가 있어 무제한의 자유가 아닌"(대판 1987.7.21. 87도1081; 대판 1987.3.10. 86도1246) 상대적 기본권이므로 헌법 제37조 제2항에 의하여 법률에 의한 제한을 받는다. 집회의 자유보장과 필요한 제한 사이에 조화를 도모하기 위하여 '집회 및 시위에 관한 법률'이 제정되어 있다.

재판에 영향을 미칠 염려가 있거나 미치게 하기 위한 집회 또는 시위를 금지하고 이를 위반한 자를 형사처벌하는 규정은 과잉금지원칙에 위배되어 집회의 자유를 침해한다. 헌법의 민주적 기본질서에 위배되는 집회 또는 시위를 금지하고 이에 위반한 자의 형사처벌은 집회의 자유를 침해한다(헌재 2016.9.29. 2014헌가3 등, 구 집회 및 시위에 관한 법률 제3조 제1항 제3호 위헌제청 등(위헌)).

형법 제185조 중 '육로를 불통하게 하거나 기타 방법으로 교통을 방해한 자' 부분은 헌법상 명확성의 원칙에 위배되지 아니한다(헌재 2013.6.27. 2012헌바194, 형법 제185조 위헌소원(합헌)).

(1) 집회의 사전제한 – 허가제금지와 신고제

A. 의 의

표현의 자유의 최대한 보장을 위하여 언론·출판에 대한 '사전검열제' 금지와 마찬가지로 집회의 '사전허가제'를 금지하고(제21조 제2항) '사전신고제'로 한다(집시법 제6조). 집회의 허가제란 일반적으로 집회를 금지하고, 다만 당국의 재량적 행정처분에 따라 특정한 경우에 금지를 해제하여 주는 제도로 사전억제금지의 법리에 어긋난다. 그러나 집회나 시위가 미치는 사회경제적 혼란을 예방하고 공물(公物)의 안전한 관리를 위하여 집회에 대한 사전신고제는 인정된다.

헌법 제21조 제2항은 "헌법 자체에서 직접 집회의 자유에 대한 제한의 한계를 명시한 것이므로 기본권 제한에 관한 일반적 법률유보조항인 헌법 제37조 제2항에 앞서서, 우선적이고 제1차적인 위헌심사기준이 되어야 한다"(5인 위헌의견)(헌재 2009.9.24. 2008헌가25, 집회 및 시위에 관한 법률 제10조 등 위헌제청(헌법불합치,잠정적용)).

옥외집회의 사전신고의무를 규정한 구 집시법 제6조 제1항 중 '옥외집회'에 관한 부분이 과잉금지원칙에 위배하여 집회의 자유를 침해한다고 볼 수 없다(헌재 2009.5.28. 2007헌바22, 집회 및 시위에 관한 법률 제2조 제1호 등 위헌소원(각하,합헌)).

옥외집회에 대하여 사전신고의무 부과(합헌5:위헌4), 그 위반 시 형사처벌(합헌4:위헌5)은 합헌이다(헌재 2021.6.24. 2018헌마663, 기소유예처분취소 등(기각)).

집단적인 폭행·협박·손괴·방화 등으로 공공의 안녕질서에 직접적인 위협을 가할 것이 명백한 집회 또는 시위의 주최를 금지하는 구 집시법 제5조 제1항 제2호는 입법자 스스로에 의한 일정한 집회 또는 시위에 대한 금지조항으로서, 집회 또는 시위의 방법에 따른 위험성에 근거한 내용중립적인 규제라 할 것이므로 헌법 제21조 제2항에 의하여 금지되는 사전허가제에 해당한다고 할 수 없다(헌재 2010.4.29. 2008헌바118, 구 집회 및 시위에 관한 법률 제5조 제1항 제2호 등 위헌소원(합헌)).

주최자가 신고한 내용과 실제로 진행된 내용을 비교하여 볼 때 동일성을 유지하지만, 신고에 의해 예상되는 범위를 현저히 일탈하여 신고제도의 목적 달성을 심히 곤란하게 할 정도로 양자 사이에 커다란 질적 차이가 보이고, 제3자, 일반 공중의 이익이나 공공의 안녕질서를 더 침해하거나 위협하여 사회통념상 수인하기 어렵다고 판단된다면 실제 개최된 집회는 당초 신고한 내용에서 '뚜렷이' 벗어나는 옥외집회에 해당한다. 다소 신고한 범위를 벗어났지만 상황상 그것이 충분히 예측가능하고, 더 큰 공공의 위험을 야기하였다고 볼 사정이 없는 경우까지 금지하고 있다고 할 수 없으므로 명확성원칙에 위배되지 아니한다(헌재 2013.12.26. 2013헌바24, 집회 및 시위에 관한 법률 제16조 제4항 제3호 위헌소원(합헌)).

B. 집회 및 시위의 신고

(i) 옥외집회나 시위를 주최하려는 자는 그 목적·일시(소요시간을 포함한다)·장소, 주최자(단체인 경우에는 대표자를 포함한다)·연락책임자·질서유지인의 주소·성명·직업과 연사의 주소·성명·직업·연제(演題), 참가예정단체 및 참가예정인원과 시위방법(진로 및 약도를 포함한다)을 기재한 신고서를 옥외집회나 시위를 시작하기 720시간 전부터 48시간 전에 관할 경찰서장에게 제출하여야 한다(집시법 제6조 제1항). 구법에서는 48시간 전에 신고서만 제출하면 되는 규정을 의도적으로 악용하여 신고서를 미리 제출하여 장기간 집회를 독점하는 현상에 대한 비판이 제기되어 720시간 전부터라는 규정을 추가하였다.

(ii) 관할경찰서장은 "신고서의 기재 사항에 미비한 점을 발견하면 접수증을 교부한 때부터 12시간 이내에 주최자에게 24시간을 기한으로 그 기재사항을 보완할 것을 통고할 수 있다"(제7조 제1항). 시간과 장소가 중복되는 2개 이상의 집회가 신고되면 적법한 절차에 따라 접수순위를 확정하여야 한다.

"관할경찰관서장은 집회 또는 시위의 시간과 장소가 중복되는 2개 이상의 신고가 있는 경우 그 목적으로 보아 서로 상반되거나 방해가 된다고 인정되면 각 옥외집회 또는 시위 간에 시간을 나누거나 장소를 분할하여 개최하도록 권유하는 등 각 옥외집회 또는 시위가 서로 방해되지 아니하고 평화적으로 개최·진행될 수 있도록 노력하여야 한다"(제7조 제2항) "관할경찰관서장은 제2항에 따른 권유가 받아들여지지 아니하면 뒤에 접수된 옥외집회 또는 시위에 대하여 제1항에 준하여 그 집회 또는 시위의 금지를 통고할 수 있다"(제7조 제3항).

서울남대문경찰서장은 별개의 단체가 제출한 옥외집회신고서를 폭력사태 발생이 우려된다는 이유로 동시에 접수하였고, 이후 상호 충돌을 피한다는 이유로 두 개의 집회신고를 모두 반려하였는바, 법의 집행을 책임지고 있는 국가기관으로서는 집회의 자유를 제한함에 있어 실무상 아무리 어렵더라도 법에 규정된 방식에 따라야 할 책무가 있고, 이 사건 집회신고에 관한 사무를 처리하는데 있어서도 적법한 절차에 따라 접수순위를 확정하려는 최선의 노력을 한 후, 집시법 제8조 제2항에 따라 후순위로 접수된 집회의 금지 또는 제한을 통고하였어야 한다. 만일 접수순위를 정하기 어렵다는 현실적인 이유로 중복신고된 모든 옥외집회의 개최가 법률적 근거 없이 불허되는 것이 용인된다면, 집회의 자유를 보장하고 집회의 사전허가를 금지한 헌법 제21조 제1항 및 제2항은 무의미한 규정으로 전락할 위험성이 있다. 결국 이 사건 반려행위는 법률의 근거 없이 집회의 자유를 침해한 것으로서 헌법상 법률유보원칙에 위반된다(헌재 2008.5.29. 2007헌마712, 민원서류반려 위헌확인(위헌)).

C. 집회 및 시위의 금지 통고

신고서를 접수한 관할경찰관서장은 신고된 옥외집회 또는 시위가 금지대상에 해당하는 집회·시위이거나(제5조 제1항) 신고서의 기재사항을 보완하지 아니한 때(제8조 제1항), 또한 대통령령이 정하는 주요도시의 주요도로에서의 교통소통을 위하여 금지할 집회 또는 시위라고 인정할 때(제12조 제1항)에는 그 신고서를 접수한 때부터 48시간 이내에 집회 또는 시위의 금지를 주최자에게 통고할 수 있다(제8조 제1항).

"다만, 집회 또는 시위가 집단적인 폭행, 협박, 손괴, 방화 등으로 공공의 안녕 질서에 직접적인 위험을 초래한 경우에는 남은 기간의 해당 집회 또는 시위에 대하여 신고서를 접수한 때부터 48시간이 지난 경우에도 금지 통고를 할 수 있다"(제8조 제1항 단서). 또한 학교나 군사시설 주변에서의 집회·시위로 인한 피해를 방지하기 위하여 집회 또는 시위의 금지·제한을 통고할 수 있다(제8조 제5항).

D. 집회 및 시위의 금지 통고에 대한 이의신청

"집회 또는 시위의 주최자는 제8조의 규정에 따른 금지 통고를 받은 날부터 10일 이내에 해당 경찰관서의 바로 위의 상급경찰관서의 장에게 이의를 신청할 수 있다"(제9조 제1항). 제1항에 따른 이의신청을 받은 경찰관서의 장은 이의신청을 "접수한 때부터 24시간 이내에 재결서를 발송하지 아니하면 관할경찰관서장의 금지 통고는 소급하여 효력을 잃는다"(제9조 제2항)(대판 1991.11.12. 91도1870).

(2) 금지되는 집회 및 시위

(ⅰ) 구 집시법의 "현저히 사회적 불안을 야기할 우려가 있는 집회 또는 시위" 제한에 대하여 대법원은 합헌판결을, 헌법재판소는 한정합헌결정을 내렸다.

"현저한 사회적 불안을 야기시킬 우려가 있는 집회인가의 여부는 그 시위의 구체적인 상황을 객관적으로 평가하여 가려내는 것이므로, 위 조문이 그 구성요건을 엄격하고도 구체적으로 제정하지 아니하였다고 하여 위헌입법은 아니다"(대판 1987.3.10. 86도1245).

"'현저히 사회적 불안을 야기할 우려가 있는 집회 또는 시위'를 주관하거나 개최한 자를 처벌하는 개정 전 규정은 문언해석상 그 적용범위가 과도하게 광범위하고 불명확하므로, 헌법상 보장된 집회의 자유를 위축시킬 수 있고 법운영당국에 의한 편의적·자의적 법운영집행을 가능하게 함으로써 법치주의와 권력분립주의 및 죄형법정주의에 위배될 수 있으며 법집행을 받는 자에 대한 평등권침해가 될 수 있어 기본권제한의 한계를 넘어서게 되어 위헌의 소지가 있다"(헌재 1992.1.28. 89헌가8, 국가보안법 제7조 등에 관한 위헌심판(한정합헌)).

(ⅱ) 현행법에서는 금지대상집회를 한정한다: "1. 헌법재판소의 결정에 따라 해산된 정당의 목적을 달성하기 위한 집회 또는 시위, 2. 집단적인 폭행, 협박, 손괴(損壞), 방화 등으로 공공의 안녕 질서에 직접적인 위협을 끼칠 것이 명백한 집회 또는 시위"는 금지된다(제5조 제1항).

집회의 자유를 제한하는 대표적인 공권력의 행위는 집시법에서 규정하는 집회의 금지, 해산과 조건부 허용이다. 집회의 자유에 대한 제한은 다른 중요한 법익의 보호를 위하여 반드시 필요한 경우에 한하여 정당화되는 것이며, 특히 집회의 금지와 해산은 원칙적으로 공공의 안녕질서에 대한 직접적인 위협이 명백하게 존재하는 경우에 한하여 허용될 수 있다. 집회의 금지와 해산은 집회의 자유를 보다 적게 제한하는 다른 수단, 즉 조건을 붙여 집회를 허용하는 가능성을 모두 소진한 후에 비로소 고려될 수 있는 최종적인 수단이다(헌재 2003.10.30. 2000헌바67등, 집회및시위에관한법률 제11조 제1호 중 국내주재 외국의 외교기관 부분 위헌소원(위헌)).

집단적인 폭행·협박·손괴·방화 등으로 공공의 안녕질서에 직접적인 위협을 가할 것이 명백한 집회 또는 시위의 주최를 금지하고, 이에 위반한 집회 또는 시위에 그 정을 알면서 참가한 자를 형사 처벌하는 구 '집회 및 시위에 관한 법률' 제5조 제1항 제2호 및 제19조 제4항 부분이 과잉금지원칙에 위반하여 집회의 자유를 침해하지 아니한다(헌재 2010.

4.29. 2008헌바118, 구 집회 및 시위에 관한 법률 제5조 제1항 제2호 등 위헌소원(합헌)).

집회·시위를 위한 인천애뜰 잔디마당의 사용허가를 예외 없이 제한하는 '인천애(愛)뜰의 사용 및 관리에 관한 조례'는 헌법에 위반된다(헌재 2023.9.26. 2019헌마1417, 인천애(愛)뜰의 사용 및 관리에 관한 조례 제6조 등 위헌확인(위헌)).

(3) 시간·장소 등을 이유로 한 제한

A. 옥외집회 및 시위의 시간제한

(i) 해가 뜨기 전이나 해가 진 후의 옥외집회 또는 시위를 금지하고 일정한 경우 관할경찰관서장이 허용할 수 있도록 한 '집회 및 시위에 관한 법률' 제10조와 이에 위반한 경우의 처벌규정인 제23조에 대하여, 헌법재판소는 '옥외집회' 부분에 관하여는 종전의 합헌결정(헌재 1994.4.28. 91헌바14, 집회및시위에관한 법률 제2조 등에 대한 헌법소원(합헌,각하))을 변경하여 헌법불합치결정(헌재 2009.9.24. 2008헌가25, 집회 및 시위에 관한 법률 제10조 등 위헌제청(헌법불합치,잠정적용))을, '시위' 부분에 관하여는 한정위헌결정을 내렸다(헌재 2014.3.27. 2010헌가2등, 집회및시위에관한법률 제10조 등 위헌제청(한정위헌)).

[다수의견(단순위헌5인)] 집회에 대한 허가제는 집회에 대한 검열제와 마찬가지이므로 이를 절대적으로 금지하겠다는 헌법개정권력자인 국민들의 헌법가치적 합의이며 헌법적 결단이다. 또한 위 조항은 헌법 자체에서 직접 집회의 자유에 대한 제한의 한계를 명시한 것이므로 기본권 제한에 관한 일반적 법률유보조항인 헌법 제37조 제2항에 앞서서 우선적이고 제1차적인 위헌심사기준이 되어야 한다. 헌법 제21조 제2항에서 금지하는 '허가'는 행정권이 주체가 되어 집회 이전에 예방적 조치로서 집회의 내용·시간·장소 등을 사전심사하여 일반적인 집회금지를 특정한 경우에 해제함으로써 집회를 할 수 있게 하는 제도, 즉 허가를 받지 아니한 집회를 금지하는 제도를 의미한다. 집시법 제10조 본문은 야간옥외집회를 일반적으로 금지하고, 그 단서는 행정권인 관할경찰서장이 집회의 성격 등을 포함하여 야간옥외집회의 허용 여부를 사전에 심사하여 결정한다는 것이므로, 결국 야간옥외집회에 관한 일반적 금지를 규정한 집시법 제10조 본문과 관할 경찰서장에 의한 예외적 허용을 규정한 단서는 그 전체로서 야간옥외집회에 대한 허가를 규정한 것이라고 보지 아니할 수 없고, 이는 헌법 제21조 제2항에 정면으로 위반된다. 따라서 집시법 제10조 중 '옥외집회' 부분은 헌법 제21조 제2항에 의하여 금지되는 허가제를 규정한 것으로서 헌법에 위반되고, 이에 위반한 경우에 적용되는 처벌조항인 집시법 제23조 제1호 중 "제10조 본문의 옥외집회" 부분도 헌법에 위반된다.

[헌법불합치(2인)] (가) '행정청이 주체가 되어 집회의 허용 여부를 사전에 결정하는 것'으로서 행정청에 의한 사전허가는 헌법상 금지되지만, 입법자가 법률로써 일반적으로 집회를 제한하는 것은 헌법상 '사전허가금지'에 해당하지 아니한다. 집시법 제10조 본문은 "해가 뜨기 전이나 해가 진 후에는" 옥외집회를 못하도록 시간적 제한을 규정한 것이고, 단서는 오히려 본문에 의한 제한을 완화시키려는 규정이다. 따라서 본문에 의한 시간적 제한이 집회의 자유를 과도하게 제한하는지 여부는 별론으로 하고, 단서의 "관할경찰관서장의 허용"이 '옥외집회에 대한 일반적인 사전허가'라고는 볼 수 없는 것이다. 집시법 제10조는 법률에 의하여 옥외집회의 시간적 제한을 규정한 것으로서 그 단서 조항

의 존재에 관계없이 헌법 제21조 제2항의 '사전허가금지'에 위반되지 아니한다. (나) 옥외집회는 그 속성상 공공의 안녕질서, 법적 평화 및 타인의 평온과 마찰을 빚을 가능성이 크다. 야간이라는 특수한 시간적 상황은 시민들의 평온이 더욱더 요청되는 시간대이고, 집회참가자 입장에서도 주간보다 감성적으로 민감하여져 자제력이 낮아질 가능성이 높다. 또한 행정관서 입장에서도 야간옥외집회는 질서를 유지시키기가 어렵다. 집시법 제10조는 야간옥외집회의 위와 같은 특징과 차별성을 고려하여, 원칙적으로 야간옥외집회를 제한하는 것이므로, 그 입법목적의 정당성과 수단의 적합성이 인정된다. 한편 집시법 제10조에 의하면 낮 시간이 짧은 동절기의 평일의 경우에는 직장인이나 학생은 사실상 집회를 주최하거나 참가할 수 없게 되어, 집회의 자유를 실질적으로 박탈하거나 명목상의 것으로 만드는 결과를 초래하게 된다. 또한 도시화·산업화가 진행된 현대 사회에서, '야간'이라는 시간으로 인한 특징이나 차별성은 보다 구체적으로 표현하면 '심야'의 특수성으로 인한 위험성이라고도 할 수 있다. 그러므로 집시법 제10조는 목적달성을 위하여 필요한 정도를 넘는 지나친 제한이다. 나아가 우리 집시법은 제8조, 제12조, 제14조 등에서 국민의 평온과 사회의 공공질서가 보호될 수 있는 보완장치를 마련하고 있으므로, 옥외집회가 금지되는 야간시간대를 집시법 제10조와 같이 광범위하게 정하지 아니하더라도 입법목적을 달성하는 데 큰 어려움이 없다. 집시법 제10조 단서는, 관할경찰관서장이 일정한 조건하에 집회를 허용할 수 있도록 규정하고 있으나, 그 허용 여부를 행정청의 판단에 맡기고 있는 이상, 과도한 제한을 완화하는 적절한 방법이라고 할 수 없다. 따라서 집시법 제10조는 침해최소성의 원칙에 반하고, 법익균형성도 갖추지 못하였다. 집시법 제10조 중 '옥외집회'에 관한 부분은 과잉금지원칙에 위배하여 집회의 자유를 침해하는 것으로 헌법에 위반되고, 이를 구성요건으로 하는 집시법 제23조 제1호의 해당 부분 역시 헌법에 위반된다.

[합헌(2인)] (가) 집회의 자유에 대한 내용중립적인 시간, 장소 및 방법에 관한 규제는 구체적이고 명확한 기준에 의하여 이루어지는 한, 헌법 제21조 제2항의 금지된 허가에 해당하지 아니한다. 집시법 제10조가 헌법 제21조 제2항에서 금지하는 집회에 대한 허가에 해당하는지 여부는 결국 그 사전적 제한의 기준이 내용중립적인 것으로서 구체적이고 명확한 것인지에 따라 결정되어질 문제라고 할 것인데, 집시법 제10조는 옥외집회의 자유를 제한함에 있어서 야간이라는 내용중립적이고 구체적이며 명확한 시간적 기준을 정하고 있으므로, 허가에 해당한다고 볼 수는 없다. (나) 집시법 제10조는 집회 및 시위의 보장과 공공의 안녕질서 유지의 조화라는 정당한 입법목적하에 규정된 것으로서, 야간의 옥외집회는 '야간'이라는 특수성과 '옥외집회'라는 속성상 공공의 안녕질서를 침해할 수 있는 높은 개연성을 지니고 있다는 점에서 야간옥외집회의 원칙적 금지를 규정한 집시법 제10조는 입법목적 달성에 기여할 수 있는 적합한 수단이라고 할 것이다. 또한 야간옥외집회를 시간적으로 또는 공간적·장소적으로 더 세분화하여 규제하는 것이 사실상 어렵고 특히 필요한 야간옥외집회의 경우에는 일정한 조건하에서 허용되며, 대안적 의사형성 및 소통수단도 마련되어 있는 점 등을 종합해보면 집시법 제10조가 침해의 최소성 및 법익 균형성 원칙에 위배된다고 볼 수도 없다. 한편 입법목적 달성을 위하

여 옥외집회에 대하여 어느 정도의 시간적 규제가 필요한 것인가 하는 문제는 당시의 집회 및 시위 문화의 성숙도, 법과 질서에 대한 존중의 정도 등을 종합적으로 고려하여 궁극적으로 의회가 입법재량으로 결정할 문제라 할 것인데, 입법재량의 범위를 현저히 벗어난 것으로 보기는 어려우며, 타인의 기본권 보호와 존중이라는 관점에서도 야간옥외집회를 규제할 정당한 국가적 이익이 인정된다.

[시위 부분 한정위헌결정(6:3)] 위 헌법불합치결정(헌재 2009.9.24. 2008헌가25) 이후의 규범공백 상태 및 현실의 문제를 종합적으로 고려하면, 현재는 헌법에 합치되지 아니하는 법률의 잠정적용을 명하여야 할 예외적인 필요성은 인정하기 어렵고, 한편, 헌법불합치결정을 하면서 전부의 적용을 중지할 경우, 야간의 옥외집회와 시위 전부가 주최 시간대와 관계없이 주간의 옥외집회나 시위와 마찬가지로 규율됨에 따라, 공공의 질서 내지 법적 평화에 대한 침해의 위험이 높아 일반적인 옥외집회나 시위에 비하여 높은 수준의 규제가 불가피한 경우에도 대응하기 어려운 문제가 발생할 수 있다고 본 것이다. 따라서 야간시위 금지규정에 존재하는 합헌적인 부분과 위헌적인 부분 가운데, 현행 집시법의 체계 내에서 시간을 기준으로 한 규율의 측면에서 볼 때, 규제가 불가피하다고 보기 어려움에도 시위를 절대적으로 금지한 부분의 경우에는 위헌성이 명백하다고 할 수 있으므로 이에 한하여 위헌결정을 한 것이다(헌재 2014.3.27. 2010헌가2 등 참조). [전부위헌의견] "심판대상조항들이 과잉금지원칙에 위배하여 집회의 자유를 침해하는 것으로서 헌법에 위반된다는 점은 다수의견과 견해를 같이 한다. 그런데 법률조항의 내용 중 일부만이 위헌이라고 하더라도, 위헌적인 부분을 명확하게 구분해 낼 수 없는 경우에는 원칙적으로 그 법률조항 자체가 헌법에 위반된다고 보아야 한다. 헌법재판소가 스스로 일정한 시간대를 기준으로 하여 심판대상조항들의 위헌적인 부분과 합헌적인 부분의 경계를 명확하게 정하는 것은 입법자의 일차적인 입법권한과 책임에 대한 제약으로 작용하여 권력분립의 원칙을 침해할 가능성을 배제할 수 없으며, 심판대상조항들의 위헌적인 부분을 일정한 시간대를 기준으로 명확하게 구분하여 특정할 수는 없다고 할 것이므로, 심판대상조항들에 대하여 전부위헌결정을 하여야 할 것이다."

그런데 헌법불합치결정에서 제시한 입법시한(2010.6.30.)을 국회가 준수하지 아니하고 방치함에 따라 헌법재판소는 '옥외시위(屋外示威)' 부분에 관하여 한정위헌결정을 선고하였다(헌재 2014.4.24. 2011헌가29, 구 집회 및 시위에 관한 법률 제10조 등 위헌제청(한정위헌)).

[옥외시위 부분 한정위헌결정(한정위헌6:전부위헌3)] "위와 같은 위헌 부분 특정의 필요성은, 이 사건 법률조항에 대하여도 동일하게 인정된다. 이 사건 법률조항이 구 집시법 조항으로서, 현재 일반 국민에 대한 행위규범으로서의 의미는 없는 것이라 하더라도, 이 사건 법률조항이 재판규범으로서의 의미를 상실했다 보기 어려운 점, 형벌조항에 대한 위헌결정이 있는 경우 그 조항은 소급하여 효력을 상실하게 되어 그 형벌조항에 근거한 유죄의 확정판결에 대한 재심청구가 가능하다는 점을 고려할 때, 가능한 한 이 사건 법률조항 중 위헌인 부분을 가려내야 할 필요성은 여전히 존재한다고 볼 것이다. 따라서 집시법상 시간을 기준으로 한 규율의 측면에서 볼 때 규제가 불가피하다고 보기 어려움

에도 옥외집회 또는 시위를 원칙적으로 금지한 부분의 경우에는 위헌성이 명백하다고 할 수 있으므로 이에 한하여 위헌결정을 하기로 한다. 우리 국민의 일반적인 생활형태 및 보통의 집회·시위의 소요시간이나 행위태양, 대중교통의 운행시간, 도심지의 점포·상가 등의 운영시간 등에 비추어 보면, 적어도 해가 진 후부터 같은 날 24시까지의 시위의 경우, 이미 보편화된 야간의 일상적인 생활의 범주에 속하는 것이어서 특별히 공공의 질서 내지 법적 평화를 침해할 위험성이 크다고 할 수 없으므로 그와 같은 시위를 일률적으로 금지하는 것은 과잉금지원칙에 위반됨이 명백하다(헌재 2014.3.27. 2010헌가2 등 참조)." "이 사건 법률조항과 이를 구성요건으로 하는 집시법 제20조 제3호 중 '제10조 본문' 부분은 '일몰시간 후부터 같은 날 24시까지의 옥외집회 및 시위'에 적용하는 한 헌법에 위반된다."

(ii) 이제 야간 옥외집회 및 시위의 제한기준이 새로 설정되어야 하는데, 헌법재판소의 한정위헌결정 취지를 고려한다면 자정부터 해가 뜨기 전까지로 설정하는 방안이 적절하다고 본다. 야간옥외집회의 시간 제한에 관한 입법이 지체됨에 따라 야기되는 1박2일 집회는 시정되어야 한다.

B. 옥외집회 및 시위의 장소제한

(i) 구 집시법은 국회의사당, 각급법원, 대통령관저, 외교기관 등의 경계지점으로부터 1백 미터 이내 장소에서의 옥외집회 또는 시위를 금지하였다. 이에 따라 국회의사당 앞과 같이 집회가 필요한 장소에서의 집회가 금지되거나 기업 건물에 입주한 외교기관으로 말미암아 당해 외교기관과는 관계가 없는 집회까지 불가능하다는 등의 비판이 제기되었다. 헌법재판소는 외교기관의 경계지점으로부터 1백 미터 내의 집회를 예외 없이 금지하는 규정에 대하여 위헌결정을 내렸다.

집회의 자유는 집회의 시간, 장소, 방법과 목적을 스스로 결정할 권리를 가진다. 집회장소는 특별한 상징적 의미를 가진다. 특정 장소가 시위의 목적과 특별한 연관성이 있기 때문에 시위장소로서 선택되는 경우가 빈번하다. 일반적으로 시위를 통하여 반대하고자 하는 대상물이 위치하거나(예컨대 핵발전소, 쓰레기 소각장 등 혐오시설) 또는 시위의 계기를 제공한 사건이 발생한 장소(예컨대 문제의 결정을 내린 국가기관 청사)에서 시위를 통한 의견표명이 이루어진다. 예컨대 여성차별적 법안에 대하여 항의하는 시민단체의 시위는 상가나 주택가에서 이루어지는 경우 큰 효과를 기대할 수 없는 반면, 국회의사당 앞에서 이루어지는 경우에는 시위효과의 극대화를 노릴 수 있다. 즉 집회의 목적·내용과 집회의 장소는 일반적으로 밀접한 내적인 연관관계에 있기 때문에, 집회의 장소에 대한 선택이 집회의 성과를 결정짓는 경우가 적지 않다. 집회가 국가권력에 의하여 세인의 주목을 받지 못하는 장소나 집회에서 표명되는 의견에 대하여 아무도 귀기울이지 않는 장소로 추방된다면, 기본권의 보호가 사실상 그 효력을 잃게 된다는 점에서도 집회의 자유에 있어서 장소의 중요성은 뚜렷하게 드러난다. 집회장소가 바로 집회의 목적과 효과에 대하여 중요한 의미를 가지기 때문에, 누구나 '어떤 장소에서' 자신이 계획한 집회를 할 것인가를 원칙적으로 자유롭게 결정할 수 있어야만 집회의 자유가 비로소 효과적으로 보장되는 것이다. 따라서 집의 자유는 다른 법익의 보호를 위하여 정당화되지 않는 한, 집회장소를 항의의 대상으로부터 분리시키는 것을 금지한다. “국내주재 외국의 외교기관” 부분은 “입법자가 ‘외교기관 인근에서의 집회의 경우에는 일반적으로 고도의 법익충돌위험이 있다’는 예측판단을 전제로 하여 이 장소에서의 집회를 원칙적으로 금지할 수는 있으나, 일반 · 추상적인 법규정으로부터 발생하는 과도한 기본권제한의 가능성이 완화될 수 있도록 일반적 금지에 대한 예외조항을 두어야 할 것이다. … 그러므로 이 사건 법률조항은 최소침해의 원칙에 위반되어 집회의 자유를 과도하게 침해하는 위헌적인 규정이다”(헌재 2003.10.30. 2000헌바67등, 집회및시위에관한법률 제11조 제1호 중 국내주재 외국의 외교기관 부분 위헌소원(위헌)).

(ii) 또한 헌법재판소는 제1호 국회의사당 및 제3호 국무총리공관으로부터 100미터의 제한에 대하여는 헌법불합치결정(헌재 2018.5.31. 2013헌바322등, 집회 및 시위에 관한 법률 제11조 제1호 위헌소원(헌법불합치(잠정적용)))(헌재 2018.6.28. 2015헌가28등, 집회 및 시위에 관한 법률 제23조 제1호 위헌제청(헌법불합치(잠정적용)))을 내리고 각급 법원의 경계지점으로부터 100미터 이내의 장소에서 옥외집회 또는 시위 금지에 대하여도 헌법불합치결정을 내렸다(헌재 2018.7.26. 2018헌바137, 집회 및 시위에 관한 법률 제11조 제1호 위헌소원(헌법불합치(잠정적용)))(2019.12.31.까지 잠정적용). 이로써 두 차례에 걸친 합헌결정(2004헌가17, 2006헌바13)을 변경하였다.

(iii) 헌법재판소의 위헌결정에 맞추어 집시법은 다음과 같이 개정되었다.

제11조(옥외집회와 시위의 금지 장소) 누구든지 다음 각 호의 어느 하나에 해당하는 청사 또는 저택의 경계 지점으로부터 100미터 이내의 장소에서는 옥외집회 또는 시위를 하여서는 아니 된다. 1. 국회의사당. 다만, 다음 각 목의 어느 하나에 해당하는 경우로서 국회의 기능이나 안녕을 침해할 우려가 없다고 인정되는 때에는 그러하지 아니하다. 가. 국회의 활동을 방해할 우려가 없는 경우, 나. 대규모 집회 또는 시위로 확산될 우려가 없는 경우. 2. 각급 법원, 헌법재판소. 다만, 다음 각 목의 어느 하나에 해당하는 경우로서 각급 법원, 헌법재판소의 기능이나 안녕을 침해할 우려가 없다고 인정되는 때에는 그러하지 아니하다. 가. 법관이나 재판관의 직무상 독립이나 구체적 사건의 재판에 영향을 미칠 우려가 없는 경우, 나. 대규모 집회 또는 시위로 확산될 우려가 없는 경우. 3. 대통령 관저(官邸), 국회의장 공관, 대법원장 공관, 헌법재판소장 공관. 4. 국무총리 공관. 다만, 다음 각 목의 어느 하나에 해당하는 경우로서 국무총리 공관의 기능이나 안녕을 침해할 우려가 없다고 인정되는 때에는 그러하지 아니하다. 가. 국무총리를 대상으로 하지 아니하는 경우, 나. 대규모 집회 또는 시위로 확산될 우려가 없는 경우. 5. 국내 주재 외국의 외교기관이나 외교사절의 숙소. 다만, 다음 각 목의 어느 하나에 해당하는 경우로서 외교기관 또는 외교사절 숙소의 기능이나 안녕을 침해할 우려가 없다고 인정되는 때에는 그러하지 아니하다. 가. 해당 외교기관 또는 외교사절의 숙소를 대상으로 하지 아니하는 경우, 나. 대규모 집회 또는 시위로 확산될 우려가 없는 경우, 다. 외교기관의 업무가 없는 휴일에 개최하는 경우

개정 집시법에 따르면 청사 또는 저택의 경계 지점으로부터 100미터 이내의 장소에서는 옥외집회 또는 시위를 하여서는 아니 되지만, 비교적 폭넓게 예외를 인정하여 집회와 시위를 허용한다.

외교기관 인근의 옥외집회나 시위를 원칙적으로 금지하면서도 외교기관의 기능이나 안녕을 침해할 우려가 없다고 인정되는 구체적인 경우에는 예외적으로 옥외집회나 시위를 허용하고 있는 '집회 및 시위에 관한 법률' 제11조 제4호 중 '국내 주재 외국의 외교기관' 부분이 청구인의 집회의 자유를 침해한다고 할 수 없다(헌재 2010.10.28. 2010헌마111, 집회 및 시위에 관한 법률 제11조 제4호 가목 위헌확인(기각)).

"각급법원의 경계지점으로부터 100미터 이내의 장소에서는 옥외집회 및 시위가 예외 없이 금지됨을 규정하고 있는바, 이는 장소선택의 자유를 제한함으로써 집회·시위의 자유를 제한하는 규정으로 비례원칙에 위반되지 아니한다." 이 결정은 지나친 제한의 허용이라는 비판의 소지가 있다(헌재 2005.11.24. 2004헌가17, 집회및시위에관한법률 제11조 제1호 위헌제청(합헌), 동지: 헌재 2009.12.29. 2006헌바13, 집회및시위에관한법률 제20조 제1호 등 위헌소원(합헌)).

(iv) '대통령 관저', '국회의장 공관', '대법원장 공관', '헌법재판소장 공관'의 경우에도 100미터 이내의 장소에서 옥외집회 또는 시위를 금지하기보다는 외교기관이나 외교사절의 숙소의 경우와 같은 예외적인 허용 규정을 둘 필요가 있다. 관저나 공관의 경우의 경우 굳이 다른 청사나 저택들처럼 옥외집회나 시위로부터 보호할 필요성이 없으므로, 동 조항에서 삭제하고 동법 제8조 제3항 제1호의 '타인의 주거지역이나 이와 유사한 장소'로 규율하면 충분하다는 비판도 제기된다(이희훈, "집회 및 시위에 관한 법률 제11조의 문제점과 개선방안", 헌법재판연구 8, 378-385면). 이에 대통령관저(헌재 2022.12.22. 2018헌바48등, 집회 및 시위에 관한 법률 제11조 제2호 위헌소원(헌법불합치,잠정적용)), 국회의장 공관(헌재 2023.3.23. 2021헌가1, 구 집회 및 시위에 관한 법률 제11조 제2호 등 위헌제청(헌법불합치,적용중지,잠정적용)) 부근의 집회 및 시위의 금지에 대한 헌법불합치결정은 바람직하다.

C. 교통소통 및 소음방지를 위한 제한

"관할경찰관서장은 대통령령이 정하는 주요 도시의 주요 도로에서의 집회 또는 시위에 대하여 교통 소통을 위하여 필요하다고 인정하면 이를 금지하거나 교통질서 유지를 위한 조건을 붙여 제한할 수 있다"(제12조 제1항). 집회 또는 시위의 주최자가 "질서유지인(秩序維持人)을 두고 도로를 행진하는 경우에는 제1항의 규정에 따른 금지를 할 수 없다"(제2항). 하지만, 행진으로 인한 심각한 교통소통장애 등을 방지하기 위하여 "해당 도로와 주변 도로의 교통 소통에 장애를 발생시켜 심각한 교통 불편을 줄 우려가 있"는 경우에는 제1항에 따라 금지할 수 있다(제2항 단서).

"집회 또는 시위의 주최자는 확성기, 북, 징, 꽹과리 등의 기계·기구('확성기 등')를 사용하여 타인에게 심각한 피해를 주는 소음으로서 대통령령으로 정하는 기준을 위반하는 소음을 발생시켜서는 아니 된다"(제14조 제1항).

D. 질서유지선의 설정

"제6조제1항에 따른 신고를 받은 관할경찰관서장은 집회 및 시위의 보호와 공공의 질서 유지를 위하여 필요하다고 인정하면 최소한의 범위를 정하여 질서유지선을 설정할 수 있다." "제1항에 따라 경찰관서장이 질서유지선을 설정할 때에는 주최자 또는 연락책임자에게 이를 알려야 한다"(제13조).

E. 적용의 배제

"학문, 예술, 체육, 종교, 의식, 친목, 오락, 관혼상제(冠婚喪祭) 및 국경행사(國慶行事)에 관한 집회는 제6조부터 제12조까지의 규정을 적용하지 아니한다"(제15조).

공중이 자유로이 통행할 수 없는 장소인 대학구내에서의 시위도 그것이 불특정 다수인의 의견에 영향을 주는 행위이면 바로 집시법상의 시위로서 집시법의 규제대상이 된다(헌재 1994.4.28. 91헌바14, 집회및시위에관한법률 제2조 등에 대한 헌법소원(합헌,각하)).

(4) 집회의 사후제한

집회의 자유도 법률로써 제한할 수 있다. 이와 관련한 법률은 집시법 외에 형법, 국가보안법, '화염병사용 등의 처벌에 관한 법률' 등이 있다. 특히 집시법은 경찰관의 집회장소출입(제19조), 경찰서장의 해산요청 · 명령(제20조) 등을 규정한다.

(5) 집회의 자유의 제한의 한계

헌법 제37조 제2항 후단의 규정에 따라 집회의 자유의 본질적 내용에 대한 침해가 되는 제한은 할 수 없다. 사전허가제는 집회의 자유의 본질적 내용에 대한 침해이다. 사전신고제라 하더라도 사실상 허가제와 마찬가지일 경우(예: 반드시 경찰서에 출석하여 집회 · 시위 신고서를 접수하도록 하고 우편접수를 일절 불허하는 것)에는 본질적 내용에 대한 침해가 된다. 그 외에도 표현의 자유의 우월적 지위에 관한 이론들이 적용된다.

미신고(未申告) 옥외집회 주최자를 형사처벌하도록 한 구 집회및시위에관한법률 제19조 제2항이 집회의 자유를 침해한다고 볼 수 없고 그 법정형이 입법재량의 한계를 벗어난 과중한 처벌이라고 볼 수 없으며 이로 인하여 신고제가 사실상 허가제화한다고도 볼 수 없다(헌재 2009.5.28. 2007헌바22, 집회및시위에관한법률 제2조 제1호 등 위헌소원(각하,합헌)).

미신고 시위에 대한 해산명령에 불응하는 자를 처벌하도록 규정한 '집회 및 시위에 관한 법률' 제24조 제5호 중 '제20조 제2항' 가운데 '제6조 제1항에 따른 신고를 하지 아니한 시위'에 관한 부분이 과잉금지원칙을 위반하여 집회의 자유를 침해한다고 볼 수 없다(헌재 2016.9.29. 2014헌바492, 집회 및 시위에 관한 법률 제24조 제5호 위헌소원(합헌)).

'현저히 사회적 불안을 야기시킬 우려가 있는 집회 또는 시위'를 금지하고 주최자에 대하여 7년 이하의 징역을 처하는 규정에 대하여 "위 조문은 각 그 소정행위가 공공의 안녕과 질서에 직접적인 위협을 가할 것이 명백한 경우에 적용된다고 할 것이므로 이러한 해석하에 헌법에 위반되지 아니한다”(헌재 1992.1.28. 89헌가8, 국가보안법 제7조 등에 관한 위헌심판(한정합헌)).

신고는 행정관청에 집회에 관한 구체적인 정보를 제공함으로써 공공질서의 유지에 협력하도록 하는 데 의의가 있는 것으로 집회의 허가를 구하는 신청으로 변질되어서는 아니 되므로, 신고를 하지 아니하였다는 이유만으로 옥외집회 또는 시위를 헌법의 보호 범위를 벗어나 개최가 허용되지 아니하는 집회 내지 시위라고 단정할 수 없다. 따라서 집회 및 시위에 관한 법률 제20조 제1항 제2호가 미신고 옥외집회 또는 시위를 해산명령 대상으로 하면서 별도의 해산 요건을 정하고 있지 아니하더라도, 그 옥외집회 또는 시위로 인하여 타인의 법익이나 공공의 안녕질서에 대한 직접적인 위험이 명백하게 초래된 경우에 한하여 위 조항에 기하여 해산을 명할 수 있고, 이러한 요건을 갖춘 해산명령에 불응하는 경우에만 처벌할 수 있다고 보아야 한다(대판(전합) 2012.4.19. 2010도6388, 국가공무원법위반 · 집회및시위에관한법률위반).

최루액(催涙液)을 물에 혼합한 용액을 살수차를 이용하여 살수한 행위(混合撒水行爲)는 헌법에 위반된다(헌재 2018.5.31. 2015헌마476, 물포 발포 행위 등 위헌확인(인용(위헌확인),각하)).

살수차를 이용하여 물줄기가 일직선 형태로 도달되도록 살수한 행위(直射撒水行爲)는 생명권과 집회의 자유를 침해한다. 직사살수가 합헌적이기 위하여는 위험을 제거하기 위하여 필요한 최소한의 직사살수의 시기, 범위, 거리, 방향, 수압, 주의사항 등을 구체적으로 지시하여야 한다. 또한 현장 상황의 변경을 예의주시하여 직사살수의 필요성이 소멸하였거나 과잉 살수가 이루어지는 경우에는 즉시 살수의 중단, 물줄기의 방향 및 수압 변경, 안전 요원의 추가 배치 등을 지시할 의무가 있다(헌재 2020.4.23. 2015헌마1149, 직사살수행위 위헌확인 등(인용(위헌확인),각하)).

집회에 참가한 청구인들을 촬영한 행위는 일반적 인격권, 개인정보자기결정권, 집회의 자유를 침해하지 아니한다(4:5)(헌재 2018.8.30. 2014헌마843, 채증활동규칙 위헌확인(기각,각하)).

Ⅳ. 결사의 자유

1. 결사의 개념

결사란 다수인이 일정한 공동의 목적을 위하여 계속적인 단체의 자발적 결성을 말한다.[1] 즉 결사는 2인 이상의 자연인 혹은 법인이 스스로의 자유로운 의사결정에 따라서 그들의 공동목적을 달성하기 위하여 결성한 계속적 단체로서 가입과 탈퇴의 자유가 인정된다. 여기서 결사는 자발적인 단체이므로 가입강제가 인정되는 공법상 결사는 결사의 자유로 보호되지 아니한다.

“결사라 함은 공동의 목적을 가진 특정 다수인의 임의체적인 계속적 집합체라 할 것이므로 ① 결사에 구성원은 2인 이상임을 필요로 하고, ② 결사에는 공동목적이 있어야

1) 김현정, 대한제국기 정치적 결사에 관한 헌법사적 연구, 서울대 박사학위논문, 2016.8; 이세주, “결사의 자유 보호영역과 위헌심사의 내용 및 기준에 대한 비판적 검토”, 헌법학연구 27-4; 김진곤, “공법상 강제결사의 기본권 주체성 문제와 위헌심사”, 공법연구 54-2.

하고, 그 공동목적이 있는 이상 그것이 결사조직의 유일한 목적임을 요하지 않고 다른 목적이 있어도 결사임에는 무방하고, ③ 결사는 다수인의 임의적 결합이어야 하고, ④ 결사는 계속성이 있어야 한다. 그러나 이 계속은 사실상 계속하여 존재함을 요하지 않고 계속시킬 의도하에서 결합된 이상 결사임에는 틀림없다. 이상 네 가지 요건을 구비한 결합은 결사인 것으로 구성원이 회합한 사실이 없거나 사칙이 정하여 있지 않거나, 간부가 없어도 결사의 성립에는 영향이 없고 결단식 또는 결당식, 창립의 모임 같은 형식을 거치지 아니하였어도 결사의 성립에는 지장이 없으며, 또 결사의 명칭이나 대표자가 정하여져 있지 아니하여도 무방한 것이라고 풀이된다"(대판 1982.9.28. 82도2016).

공동목적의 범위를 비영리적인 것으로 제한하지 아니하기 때문에 영리단체도 헌법상 결사의 자유에 의하여 보호된다(헌재 2002.9.19. 2000헌바84, 약사법 제16조 제1항 등 위헌소원(헌법불합치,잠정적용)).

"헌법 제21조 제1항이 보장하고 있는 결사의 자유에 의하여 보호되는 '결사'개념에는 법이 특별한 공공목적에 의하여 구성원의 자격을 정하고 있는 특수단체의 조직활동까지 그에 해당하는 것으로 볼 수 없다"(헌재 1994.2.24. 92헌바43, 주택건설촉진법 제3조 제9호 위헌확인(합헌)).

민법 제78조의 사단법인은 총사원의 4분의 3 이상의 동의가 없으면 해산을 결의하지 못한다. 사단법인 해산결의의 의결정족수는 사원 전원의 동의와 과반수의 동의 사이에서 정하는 것이 바람직하여 보이지만, 그 구체적인 내용의 형성에 관하여는 입법자에게 광범위한 재량이 인정되므로 정관에 다른 규정이 있을 때에는 그 규정에 의하는 규정은 결사의 자유를 침해하지 아니한다(헌재 2017.5.25. 2015헌바260, 민법 제78조 위헌소원(합헌)).

'약사 또는 한약사가 아닌 자연인'의 약국개설을 금지하고 위반 시 형사처벌하는, 약사법 부분은 헌법에 위반되지 아니한다(헌재 2020.10.29. 2019헌바249, 약사법 제20조 제1항 등 위헌소원(합헌)).

2. 결사의 자유의 법적 성격

(i) 결사의 자유가 주관적 공권이라는 데에는 이론이 없으며, 객관적 가치질서의 성격도 가진다. 그러나 제도보장 여부에 관하여는 논란이 있다. 결사의 자유는 제도적 보장을 의미하지 아니한다는 부정설도 있지만, 결사의 성립과 존속에 대한 제도보장의 성격을 아울러 가진다고 본다(다수설).

(ii) 생각건대 집회의 자유와는 달리 사단(社團)과 조합 등의 단체를 위한 법제도의 존립을 보장하는 제도보장을 인정하는 다수설의 입장이 타당하다.

3. 결사의 자유의 주체

결사의 자유의 주체는 국민이다. 다만, 외국인이나 무국적자에 대하여도 헌법상 특별히 금지할 사유가 없을 경우에는 널리 인정하여야 한다(김승환, "결사의자유", 헌법학연구 6-2). 자연인뿐만 아니라 법인도 일정한 범위 안에서 결사의 자유의 주체가 될 수 있다. 공법인은 예외적으로 결사의 자유의 주체가 될 수 있다.

"법인 등 결사체도 그 조직과 의사형성에 있어서, 그리고 업무수행에 있어서 자기결정권을 가지고 있어 결사의 자유의 주체가 된다 … 헌법상 기본권의 주체가 될 수 있는 법인은 원칙적으로 사법인에 한하는 것이고 공법인은 헌법의 수범자이지 기본권의 주체가 될 수 없다 … 축협중앙회는 … 공법인성과 사법인성을 겸유한 특수한 법인으로서 이 사건에서 기본권의 주체가 될 수 있다." 다만, 기존의 축협중앙회를 해산하여 신설되는 농협중앙회에 합병토록 한 농업협동조합법규정은 청구인들의 결사의 자유·직업의 자유·재산권 등 기본권을 제한한다고 하더라도, 그 정도가 과도하여 기본권제한의 목적·수단간의 비례성을 현저히 상실하였다고 보기 어렵다(헌재 2000.6.1. 99헌마553, 농업협동조합법 위헌확인(기각)).

축협중앙회는 공법인으로서의 성격이 상대적으로 크지만 공법인성과 사법인성을 겸유한 특수한 법인으로서 기본권의 주체가 되지만, 보호의 정도는 낮다. 축협중앙회의 해산 및 새로 설립되는 농협중앙회로의 통합은 축협중앙회 등이 가지는 기본권의 본질적인 내용을 침해하지 아니하고, 농업협동조합법이 축협중앙회 등의 결사의 자유, 직업의 자유, 재산권 등을 과도하게 제한하지 아니한다(헌재 2000.6.1. 99헌마553, 농업협동조합법 위헌확인(기각)).

농지개량조합은 공법인으로서 기본권의 주체가 될 수 없기 때문에 헌법소원의 청구인적격을 가지지 못한다(헌재 2000.11.30. 99헌마190, 농업기반공사및농지관리기금법 위헌확인(기각, 각하)).

상공회의소는 상공업자들의 사적인 단체이기는 하나, 설립·회원·기관·의결방법·예산편성과 결산 등이 상공회의소법에 의하여 규율되고, 단체결성·가입·탈퇴에 상당한 제한이 있는 조직이며 다른 결사와 달리 일정한 공적인 역무를 수행하면서 지방자치단체의 행정지원과 자금지원 등의 혜택을 받고 있는 법인이므로, 결사의 자유 제한이 과잉금지원칙에 위배되는지 판단할 때에는, 순수한 사적인 임의결사에 비해서 완화된 기준을 적용할 수 있다. 상공회의소가 설립될 수 있는 행정구역에서 광역시에 속해 있는 군을 제외하고 있는 부분이 결사의 자유를 침해하지 아니한다(헌재 2006.5.25. 2004헌가1, 상공회의소법 제5조 제1항 위헌제청(합헌)).

4. 결사의 자유의 효력

집회의 자유의 효력과 대체로 동일하다. 결사의 자유도 주관적 공권이므로 모든 국가권력을 구속한다. 결사의 자유의 대사인적 효력은 간접적용설에 따라 인정된다.

5. 결사의 자유의 내용

(1) 결사의 종류

결사는 목적에 따라 정치적 결사와 비정치적 결사로 구분할 수 있다. 헌법 제21조의 결사는 결사의 자유에 관한 일반법적 성격을 가진 조항이다. 정치적 결사인 정당에 관한 헌법 제8조의 규정은 헌법 제21조의 결사에 대한 특별법적 규정이다. 또한 비정치적 특수한 결사인 종교단체·교단은 헌법 제20조, 학문 또는 예술적 목적의 결사인 학회·예술단체는 헌법 제22조, 근로조건향상을 위한 근로자의 결사인 노동조합은 헌법 제33조가 우선적으로 적용된다.

(2) 결사의 자유의 보장

(i) 헌법 제21조가 규정하는 결사의 자유라 함은 다수의 자연인 또는 법인이 공동의 목적을 위하여 단체를 결성할 수 있는 자유를 말한다. 결사의 자유는 적극적으로는 ① 단체결성의 자유, ② 단체존속의 자유, ③ 단체활동의 자유, ④ 결사에의 가입·잔류(殘留)의 자유를,[1] 소극적으로는 기존의 단체로부터 탈퇴할 자유와 결사에 가입하지 아니할 자유를 내용으로 한다.

"근로자가 노동조합을 결성하지 아니할 자유나 노동조합에 가입을 강제당하지 아니할 자유, 그리고 가입한 노동조합을 탈퇴할 자유는 근로자에게 보장된 단결권의 내용에 포섭되는 권리로서가 아니라 헌법 제10조의 행복추구권에서 파생되는 일반적 행동의 자유 또는 제21조 제1항의 결사의 자유에서 그 근거를 찾을 수 있다"(헌재 2005.11.24. 2002헌바95등, 노동조합및노동관계조정법 제81조 제2호 단서 위헌확인(합헌)).

변리사를 변리사회에 의무적으로 가입하도록 규정하는 변리사법은 변리사의 결사의 자유를 침해하지 아니한다(헌재 2008.7.31. 2006헌마666, 변리사법 제2조 등 위헌확인(각하,기각))(헌재 2017.12.28. 2015헌마1000, 변리사법 제3조 제2호 등 위헌확인(기각,각하)).

누구든지 이사 선거와 관련하여 전화·컴퓨터통신을 이용한 지지 호소의 선거운동을 할 수 없도록 하고, 이를 위반하여 선거운동을 한 자를 처벌하는 구 농업협동조합법 규정은 과잉금지의 원칙을 위반하여 농협 이사 선거 후보자의 결사의 자유 및 표현의 자유를 침해한다(헌재 2016.11.24. 2015헌바62, 구 농업협동조합법 제50조 제4항 등 위헌소원(위헌)).

(ii) 결사란 자연인 또는 법인의 다수가 상당한 기간 동안 공동목적을 위하여 자유의사에 기하여 결합하고 조직화된 의사형성이 가능한 단체를 말한다. 사법적 결사에는 소극적 결사의 자유가 인정되나, 공법상의 결사(변호사회, 약사회 등)는 이에 포함되지 아니하므로 가입강제가 허용된다. 그런데 사법적 결사로 볼 수 있는 축산업협동조합의 복수조합설립금지는 위헌이다(헌재 1996.4.25. 92헌바47, 축산업협동조합법 제99조 제2항 위헌소원(위헌)).

(iii) 결사의 자유는 원래 정치적 자유의 보장을 위한 기본권으로 발전되어왔으나 영리 목적의 결사도 보호범위에 포함된다(헌재 2002.9.19. 2000헌바84, 약사법 제16조 제1항 등 위헌소원(헌법불합치,잠정적용)).

6. 결사의 자유의 제한

결사의 자유도 국가안전보장·질서유지 또는 공공복리를 위하여 필요한 경우에 법률로써 제한할 수 있다.

공적인 역할을 수행하는 결사 또는 그 구성원들이 기본권의 침해를 주장하는 경우에 과잉금지원칙 위배 여부를 판단할 때에는, 순수한 사적인 임의결사의 기본권이 제한되는 경우의 심사에 비해서는 완화된 기준을 적용할 수 있다. 농협의 공법인적 성격과 조합장선거

1) 그 외에 허영 교수(640면)는 단체 내부의 조직, 의사결정 등에 있어서의 자유를 '결사내향적 자율권'이라 하여 설명하고 있으나, 단체활동의 자유의 대내적 측면으로 보면 될 것이다.

관리의 공공성 등의 특성상 기본권제한의 과잉금지원칙 위배 여부를 심사함에 있어 농협 및 농협 조합장선거의 공적인 측면을 고려하여야 한다(헌재 2012.12.27. 2011헌마562등, 농업협동조합법 부칙 제11조 제1항 등 위헌확인(기각)).

"'조합원의 자격이 없는 때에 당연히 탈퇴되고, 이사회는 그에 해당하는지를 확인하여야 한다'는 의미는 '법령이 정한 조합원으로서의 자격요건을 충족하지 못하는 경우 다른 절차 없이도 마땅히 조합에서 탈퇴되는 효력이 발생하는 것'을 의미하고, '이사회의 확인'은 '당연히 탈퇴사유에 해당하는지 여부를 명확하게 알아보거나 인정하는 조합 내부의 절차'를 뜻하는 것이 명백하다. 건전한 상식과 통상적인 법감정을 가진 사람이라면 심판대상조항의 의미내용을 합리적으로 파악할 수 있고, 법관의 보충적인 해석을 통하여 그 의미가 확정될 수 있으므로 심판대상조항은 명확성원칙에 위배되지 아니한다." "지역축산업협동조합이 그 설립 목적과 취지에 맞게 운영되도록 하기 위해 조합의 구성원 운영에 관한 결사의 자유를 일부 제한하고 있으나, 불가항력적인 사유로 조합원의 지위가 일시적으로 상실되는 경우까지 당연 탈퇴되도록 규정하고 있지 않고, 이사회의 확인 절차를 통해 조합원의 법적 지위의 혼란을 방지하고 있으므로 과도한 제한이라고 할 수 없"으므로 과잉금지원칙과 결사의 자유 등을 침해하지 아니한다(헌재 2018.1.25. 2016헌바315, 농업협동조합법 제29조 제3항 위헌소원(합헌)).

(1) 결사의 신고제의 폐지

구 '사회단체등록에관한법률'에서 규정한 결사의 등록제는 남용가능성에 대한 비판이 제기됨에 따라 1994년 동법이 '사회단체신고에관한법률'로 개정되면서 결사의 등록제는 신고제로 바뀌었지만, 이 법률도 1997년에 폐지되었다.

(2) 개별법을 통한 결사금지

다만, 개별 법률규정에 의하여 특정한 결사가 금지되는 경우도 있다. 예컨대 국가보안법 제3조, 형법 제114조 등에서 반국가단체 · 범죄단체의 결사를 금지한다. 그런데 범죄단체조직죄를 규정한 형법 제114조는 ① 구성요건이 막연하고, ② 범죄단체를 조직하거나 그에 가입만 하면 그 목적한 죄를 실행한 행위와 동일한 형으로 처벌한다는 점에서 죄형법정주의에 위배된다는 위헌론이 제기된다. 그렇지만 범죄단체조직죄에 대하여는 실제로 '폭력행위 등 처벌에 관한 법률' 제4조로 의율(擬律)한다. 한편 정당법에서는 위헌선언으로 해산된 정당의 대체조직을 금지한다(제40조).

(3) 결사의 사후제한

적법하게 성립한 결사라 할지라도 그 활동이나 목적이 원래의 목적이나 활동에 어긋난다고 볼 수 있는 경우에는 사후적인 제한이 불가피하다. 결사의 자유를 사후에 제한할 경우에도 '명백하고 현존하는 위험의 원칙' 등과 같은 표현의 자유의 우월적 지위에 관한 이론이 적용되어야 한다.

(4) 결사의 자유의 제한의 한계

(i) 국민이 결사의 자유를 실제로 행사할 수 있도록 그에 필요한 단체의 결성

과 운영을 가능하게 하는 최소한의 법적 형태를 제공하여야 한다는 구속을 받을 뿐만 아니라, 단체제도를 법적으로 형성함에 있어서 지나친 규율을 통하여 단체의 설립과 운영을 현저하게 곤란하게 하여서도 아니 된다는 점에서 입법자에 의한 형성은 비례의 원칙을 준수하여야 한다(헌재 2002.8.29. 2000헌가5등, 상호신용금고법 제37조의3 제1항 등 위헌제청(한정위헌)).

(ii) 헌법 제37조 제2항 후단의 규정에 따라 결사의 자유의 "본질적 내용에 대한 침해"가 되는 제한은 할 수 없다. 사전허가제는 결사의 자유의 본질적 내용에 대한 침해에 해당하므로 헌법상 인정되지 아니한다(제21조 제2항). 헌법상 금지되는 결사의 자유에 대한 사전허가제는 행정권이 주체가 되어 예방적 조치로 단체의 설립 여부를 사전에 심사하여 일반적인 단체결성의 금지를 특정한 경우에 한하여 해제함으로써 단체를 설립할 수 있게 하는 제도, 즉 사전허가를 받지 아니한 단체 결성을 금지하는 제도를 말한다. 사전신고제라 하더라도 그것이 사실상 허가제와 마찬가지일 경우에는 본질적 내용에 대한 침해가 된다.

노동조합을 설립할 때 행정관청에 설립신고서를 제출하게 하고 그 요건을 충족하지 못하는 경우 설립신고서를 반려하도록 하고 있는 '노동조합 및 노동관계조정법' 제12조 제3항 제1호가 헌법 제21조 제2항 후단에서 금지하는 결사에 대한 허가제라고 볼 수 없다(헌재 2012.3.29. 2011헌바53, 노동조합 및 노동관계조정법 제12조 제3항 제1호 위헌소원(합헌)).

제 4 절 사생활의 안전과 자유

(i) 사생활보호는 개인적 기본권이다. 또한 순전히 개인의 신상에 관련된 기본권이다. 한편 사생활보호는 개인의 안전과 자유에 관한 기본권이라는 점에서 신체의 자유와 공통점을 가진다. 그러나 사생활보호는 사람의 육체적 안전이 아니라 주로 사람의 인격과 관련된 안전에 관한 기본권이라는 점에서 구별된다.

(ii) 넓은 의미의 사생활에 관한 기본권은 주거의 자유(제16조), 사생활의 비밀과 자유(제17조), 통신의 자유(제18조)가 있다. 이 중에서 주거의 자유가 가장 고전적인 사생활보호의 영역이고, 이어서 통신의 자유가 헌법에 기본권으로 도입되었다. 사생활의 비밀과 자유는 가장 최근에 헌법적 가치를 가진 기본권으로 자리 잡는다.

(iii) 정보사회의 비약적 진전에 따라 헌법의 기본권에서도 사생활의 비밀과 자유 · 알 권리가 새로운 개별적 기본권으로 자리매김한다. 사생활의 비밀과 자유는 사생활보호 내지 프라이버시보호의 법리를 헌법에서 개별적 기본권으로 인정한다. 그런데 사생활보호와 관련하여서는 이미 주거의 자유와 통신의 자유가 개별적 기본권으로 규정되어 있었다. 따라서 헌법 제17조의 사생활의 비밀과 자유는 주거의 자유와 통신의 자유를 제외한 나머지 사생활의 비밀과 자유에 관한 사생활보호를 위한 기본권으로 일응 이해할 수 있다.

(iv) 통신의 자유도 정보통신과 과학기술의 진전에 따라 새로운 변화를 맞이한다. 통신 그 자체의 안전과 평온의 보호는 주로 통신의 자유의 문제라면, 통신의 구체적인 내용에 따라 야기되는 사생활의 비밀과 자유 및 개인정보보호는 주로 사생활보호 내지 개인정보보호로 이해하여야 한다.

(v) 다른 한편 정보통신의 발달에 따라 전통적인 표현의 자유는 정보통신의 이용을 통한 표현이 일반화되어 가고 방송과 통신의 융합도 가속화되면서 새로운 법적 패러다임의 정립이 요망된다. 결국 정보통신의 발전에 따라 야기되는 기본권에서의 문제점은 한편으로는 통신의 자유의 주요한 내용이 되지만 동시에 그것은 사생활의 비밀과 자유 및 개인정보보호의 주요한 내용이 될 수 있을 뿐만 아니라 나아가서는 표현의 자유의 문제에까지 귀결된다.[1)]

---

1) 성낙인, "통신에서의 기본권보호", 헌법학논집.

제 1 항 주거의 자유

Ⅰ. 의 의

"모든 국민은 주거의 자유를 침해받지 아니한다. 주거에 대한 압수나 수색을 할 때에는 검사의 신청에 의하여 법관이 발부한 영장을 제시하여야 한다"(제16조).

주거(住居)의 자유는 주거의 평온과 불가침을 헌법상 개인의 권리로서 보장되고 있다. 주거의 자유는 넓은 의미의 사생활의 비밀과 자유의 영역에 속한다. 주거의 자유는 사생활에 관한 가장 고전적인 자유이고, 헌법 제17조 사생활의 비밀과 자유는 현대 정보사회에서 개인의 사생활보호를 위한 기본권이다.

Ⅱ. 주거의 자유의 법적 성격 · 주체 · 효력

(i) 주거의 자유는 국가권력과 개인이 이를 침해하여서는 아니 되는 개인의 방어권적 성격을 가지는 주관적 공권이다.

(ii) 주거의 자유의 주체는 원칙적으로 자연인이다. 자연인인 한 내 · 외국인을 불문한다. 또한 주거의 자유에서 보호하고자 하는 사생활은 사적인 생활영역 내지 생활공간이며 법인이나 단체도 각기 고유한 사적인 생활공간을 확보하고 있으므로 이들에게도 주거의 자유를 보장하여야 한다.

(iii) 주거의 자유는 대국가적 효력을 가진다. 주거의 자유의 대사인적 효력은 간접적용설에 의한다.

Ⅲ. 주거의 자유의 내용

1. 주거의 불가침

(i) 주거란 개인의 공간적인 사생활영역이다. 따라서 주거란 주택에 한정되지 아니하고, 현재 거주 여부를 불문하고 사람이 거주하기 위하여 점유하는 일체의 건조물을 포괄한다. 예컨대 학교 · 회사 · 여관의 객실 · 사무실 등도 포함한다.

(ii) 침해란 주거자의 승낙 없이 또는 거주자의 의사에 반하여 불법적으로 주

거에 들어가거나 수색하는 행위이다. 정당한 이유 없이 주거에 침입하면 형법상 주거침입죄(제319조)가 성립될 수 있다.

2. 영장주의

(i) "주거에 대한 압수나 수색을 할 때에는 검사의 신청에 의하여 법관이 발부한 영장을 제시하여야 한다"(제16조). 수색이란 물건이나 사람을 발견할 목적으로 사람의 신체나 물건 또는 일정한 장소에서 그 대상을 찾는 처분이다. 압수란 강제적으로 물건의 점유를 취득하는 처분이다.

(ii) 압수·수색을 할 때에는 정당한 이유에 근거하여 권한 있는 법관이 발부한 수색장소와 압수물건을 명시한 영장을 제시하여야 한다. 정당한 이유란 범죄의 객관적 혐의, 압수·수색의 필요성, 대상물존재의 개연성을 의미한다. 압수·수색영장은 처분을 받은 자에게 반드시 제시하여야 하며 현장에서 압수·수색을 당하는 사람이 여러 명일 경우에는 그 사람들 모두에게 개별적으로 영장을 제시하여야 한다. 처분의 대상·시각 및 장소를 특정하지 아니한 일반영장은 금지된다.

수사기관이 압수·수색에 착수하면서 그 장소의 관리책임자에게 영장을 제시하였다고 하더라도, 물건을 소지하고 있는 다른 사람으로부터 이를 압수하고자 하는 때에는 그 사람에게 따로 영장을 제시하여야 한다(대판 2009.3.12. 2008도763).

3. 영장주의의 예외

현행범인을 체포하거나 긴급체포를 하는 경우에는 예외적으로 영장없이 주거에 대한 압수·수색을 할 수 있다(형사소송법 제216조).

4. 행정상 즉시강제와 영장제도

(i) 행정상 즉시강제와 같은 행정절차에 영장제도의 적용 여부에 대하여는 필요설, 불필요설, 예외적 인정설 등이 있다.

(ii) 생각건대 행정상 즉시강제에도 원칙적으로 영장제도가 적용되어야 한다. 다만, 전염병예방이나 소화(消火)와 같이 순수한 행정목적의 달성을 위한 작용으로서 영장을 받을 시간적 여유가 없는 긴급한 경우에는 예외적으로 영장제도가 배제될 수 있다(통설). 특히 감염병(感染病)이 창궐(猖獗)할 때에는 국민의 생명·자유·안전을 적시에 효과적으로 보장하기 위하여 행정상 즉시강제를 강력하게 발동하여야 한다(감염병의 예방 및 관리에 관한 법률). 헌법 제37조 제2항에 비추어 보건대 영장의 발부요

건 및 절차, 예외인정의 요건을 입법적으로 명시하는 노력이 필요하다.[1)]

확진자가 참석한 종교행사 출입자명단 등에 대한 방역당국의 제출요구는 '감염병의예방및관리에관한법률' 및 동법 시행령이 정한 내용, 방법 등의 요건을 충족하지 아니하여 감염병예방법상의 '역학조사'로 볼 수 없으므로 그 명단제출요구를 거부하거나 거짓의 명단을 제출하였다고 하더라도 '역학조사'를 거부하거나 '역학조사'에서 거짓자료를 제출하였다고 할 수 없음에도 그 혐의가 인정됨을 전제로 한 기소유예처분은 자의적인 검찰권 행사로서 청구인의 평등권과 행복추구권을 침해한다(헌재 2024.4.25. 2021헌마1174, 기소유예처분취소(인용(취소))).

Ⅳ. 주거의 자유의 제한과 한계

주거의 자유도 기본권제한의 일반이론에 따른 제한이 가능한바, 헌법 제37조 제2항에 따라 법률로써 제한할 수 있다.

1) 김태호, "코로나 위기 대응에서 법치주의의 공법적 쟁점", 헌법실무연구 23; 백옥선, "코로나 방역 조치를 통해 본 행정강제의 제도적 쟁점", 공법연구 50-4; 김송옥, "감염자 접촉추적 시스템 구축에 따른 프라이버시 침해 문제 및 법적 대응방안", 헌법학연구 29-4.

제 2 항 사생활의 비밀과 자유

Ⅰ. 의 의

(ⅰ) 정보과학의 발전에 따라 정보의 수십·관리가 대량적·집단적으로 이루어짐으로써 개인의 사생활의 비밀과 자유에 중대한 위협을 초래한다.

사생활의 비밀과 자유는 1980년 헌법에서 처음 도입된 이래로 현행헌법에서도 이를 규정한다. "모든 국민은 사생활의 비밀과 자유를 침해받지 아니한다"(제17조).

(ⅱ) 사생활보호(私生活保護)는 원래 형법상 명예훼손이나 민법상 불법행위책임의 문제로 이해되었으나, 1890년 워렌·브랜다이스의 '프라이버시권'[1]이라는 논문이 나온 이래 그 중요성이 인식되어 오다가, 정보사회의 진전에 따라 1965년 미국 연방대법원의 판례(*Griswold v. Connecticut*, 381 U.S. 479(1965))를 통하여 수정헌법 제14조의 보호를 받는 권리로 인정되었다.[2] 프랑스에서도 사생활보호는 주로 법원의 판례를 통하여 인정되어왔으나 1970년에 개정된 민법 제9조에 '사생활보호' 조항을 삽입하였으며, 그 이후 헌법적 가치를 가지는 권리로 인정한다.

Ⅱ. 사생활의 비밀과 자유의 법적 성격

1. 기본권으로서의 사생활보호

(ⅰ) 사생활보호는 집회·결사의 자유와 같은 집단적 성격의 기본권과 구별되는 개인적 기본권이다. 또한 경제적 성격의 기본권과는 구별되는 순전히 개인의 신상(身上)에 관련된 기본권이다. 한편 사생활보호는 개인의 안전에 관한 기본권이라는 점에서 신체의 안전과 자유와 공통점을 가지지만, 사생활보호는 사람의 육체적 안전이 아니라 사람의 인격과 관련된 안전에 관한 기본권이다.

(ⅱ) 넓은 의미의 사생활보호에 관한 기본권은 고전적인 주거의 보호, 직업상 비밀, 통신의 비밀 등을 포괄하는 개념이다. 바로 그런 의미에서 사생활에 관한

1) Samuel D. Warren · Louis D. Brandeis, "The Right to Privacy", *Harvard Law Review*, vol.4, 1890, p.193; 서주실, "Warren · Brandeis의 The Right to Privacy", 미국헌법연구 6, 45-84면.

2) 허순철, 미국헌법상 프라이버시권에 관한 연구, 한양대 박사학위논문, 1996.8; 최희경, 미국 헌법상 여성의 프라이버시권리에 관한 연구, 이화여대 박사학위논문, 2001.2 참조.

기본권으로 주거의 자유(제16조), 사생활의 비밀과 자유(제17조), 통신의 자유(제18조)를 들고 있다. 이 중에서 주거의 자유가 가장 고전적인 사생활보호의 영역이고, 이어서 통신의 자유가 헌법상 기본권으로 도입되었다. 사생활의 비밀과 자유는 가장 최근에 헌법적 가치를 가지는 기본권으로 자리 잡게 되었다.

(iii) 생각건대 고전적인 주거의 자유와는 달리 사생활의 비밀과 자유 및 통신의 자유는 현대과학기술의 발달과 직접적으로 관련되는 기본권이다. 특히 사생활의 비밀과 자유는 기존의 다른 기본권과 패러다임을 달리한다.[1)]

(iv) 한편 사생활의 비밀과 자유와 명예훼손(민법 제751조)은 인격권보호라는 점에서 보호법익상 동일한 점이 있고, 침해시 민법상 불법행위를 구성할 수 있다는 점에서도 유사하다. 그런데 명예훼손은 개인의 사회적 평가의 저하를 성립요건으로 하며, "진실한 사실로서 오로지 공공의 이익에 관한 때에는" 위법성이 조각(阻却)된다(형법 제310조). 반면에 사생활의 비밀과 자유는 사회적 평가의 저하(低下) 여부 등과 관계없이 자유로운 사생활의 침해만으로 성립요건이 충족되고, 진실 여부와 관계없이 권리침해가 성립될 수 있다.

2. 소극적 권리에서 적극적 권리로서의 사생활보호

(i) 헌법상 '사생활의 비밀과 자유'라는 표현에도 불구하고 영문 표기인 프라이버시(privacy)라는 표현이 일반화된다.[2)] 프라이버시권은 소극적으로 "사생활의 평온을 침해받지 아니하고 사생활의 비밀을 함부로 공개당하지 아니할 권리"에서 더 나아가서 적극적으로 "자신에 관한 정보를 관리·통제할 수 있는 권리"를 포함한다.[3)] 이에 따라 프라이버시권은 소극적으로 "혼자 있을 권리"에 머무르지 아니하고 "사생활을 함부로 공개당하지 아니할 권리" 및 "자기에 관한 정보유통을 스스로 통제할 수 있는 권리"로서 적극적인 측면이 강조된다.

---

1) 이인호, 정보환경의 변화와 법의 패러다임, 중앙대 법학박사학위논문, 1996; 김현철, 정보기본권에 관한 연구, 동국대 박사학위논문, 2011.2; 홍석한, "미국의 사물인터넷 발전과 법적 대응 - 개인정보 보호 문제를 중심으로", 헌법학연구 21-3; 강현구, "정보주체의 동의 없는 개인정보 활용의 위법성 판단방법 - 기본권 충돌의 관점에서", 헌법학연구 28-1; 엄주희, "디지털과 바이오 융합기술에서 새로운 인권의 형성", 헌법학연구 28-4; 김강한, "가명화 개인건강정보 보호 관련 기본권 보장에 관한 연구", 세계헌법연구 27-2; 손형섭, "언론의 공익목적 개인정보 사용에 대한 개인정보 보호법 적용제외 연구", 헌법학연구 29-1; 남정아, "생체정보의 헌법적 함의와 생체인식정보 보호 및 활용의 균형방안에 대한 법제적 연구", 공법학연구 26-2; 김유정, "일본법상 개인관련정보에 관한 연구", 미국헌법연구 36-2.

2) 변재옥, "정보사회에 있어서의 프라이버시권리와 표현의 자유", 보도와 명예훼손, 한국언론연구원, 207면. 권영성 교수(452면)는 사생활의 비밀과 자유≦프라이버시권<인격권으로 도식화한다.

3) 김철수 교수((상) 838면): 헌법 제17조의 사생활의 비밀과 자유는 소극적인 권리로 이해하고, 정보사회에서 개인의 존엄을 보장하기 위한 정보에 대한 자기결정권은 헌법 제10조에서 보장한다.

(ⅱ) 사생활의 비밀과 자유는 인간의 존엄과 가치에 기초한 인격권적인 성격과 자유권적 성격 및 이의 보호를 위한 청구권적 성격을 동시에 가진 권리이다.

"국가기관이 평소의 동향을 감시할 목적으로 개인의 정보를 비밀리에 수집한 경우에는 그 대상자가 공적 인물이라는 이유만으로 면책될 수 없다"(대판 1998.7.24. 96다42789).

"공판정에서 진술을 하는 피고인 · 증인 등도 인간으로서의 존엄과 가치를 가지며(헌법 제10조), 사생활의 비밀과 자유를 침해받지 아니할 권리를 가지고 있으므로(헌법 제17조), 본인이 비밀로 하고자 하는 사적인 사항이 일반에 공개되지 아니하고 자신의 인격적 징표가 타인에 의하여 일방적으로 이용당하지 아니할 권리가 있다"(헌재 1995.12.28. 91헌마114, 형사소송규칙 제40조에 대한 헌법소원(기각)).

Ⅲ. 사생활의 비밀과 자유의 주체

(ⅰ) 사생활의 비밀과 자유는 인간의 존엄성에 기초하므로, 그 주체는 원칙적으로 자연인(내 · 외국인 포괄)이다. '개인정보 보호법'의 보호 대상도 "살아 있는 개인에 관한 정보"에 한정되므로 '사자'(死者)는 이 법의 적용대상이 아니다. 다만, 사자의 정보 중에서 생존하는 유족의 입장에서 보호될 수 있는 여지는 있다.

(ⅱ) 법인은 원칙적으로 사생활의 비밀과 자유의 주체가 될 수 없다. '개인정보 보호법'의 보호대상에서 법인을 제외한다(부정설). 반면에 법인 또는 권리능력 없는 사단 등의 단체도 주체가 될 수 있다는 긍정설은 법인의 명칭 · 상호 기타 표지(標識)가 타인에 의하여 영업적으로 이용당하는 경우 등 그 성질상 가능한 범위 안에서 주체가 될 수 있다고 본다(변재옥, 정보사회에 있어서의 프라이버시의 권리, 서울대 박사학위논문, 1979, 36 · 40면).

그런데 법인에 대하여 사생활보호의 기본권주체성을 부인하더라도, 자연인의 사생활이 법인과 직접적으로 연계되어있는 중소기업자의 예를 들면서 비판하는 견해도 있다. 이에 개인사업자의 경우 해당 사업에 관한 정보가 순수한 개인에 관한 정보와 구분하기 곤란하다는 점을 고려하여 개인에 관한 사항은 개인정보보호법을 적용한다. 다만, 법인 · 단체의 기관으로서의 정보는 제외된다.

Ⅳ. 사생활의 비밀과 자유의 효력

사생활의 비밀과 자유에도 기본권의 효력에 관한 일반이론이 적용된다. 즉 국가권력을 구속하고, 개인 사이에도 적용된다(간접적용설).

V. 사생활의 비밀과 자유의 내용

1. 의 의

(i) 사생활의 비밀과 자유는 넓은 의미로는 인격적 이익의 총체를 포괄한다.
(ii) 미국 판례에서는 프라이버시를 비교적 넓게 수용한다.

결사, 정치적 신념, 익명 삐라 배포, 신체의 불가침, 결혼생활에서 부부, 음란문서의 사적 소유, 부당한 압수·수색, 행정조사, 도청, 싫은 정보, 자기에 관한 기록장부 등에 대한 프라이버시가 있다. 그 외에도 프라이버시권을 개인의 사적 영역에서의 자율권으로 이해할 경우에는 결혼·임신·출산·자녀의 양육·교육 등을 포괄하며, 낙태금지에 관한 주(州) 법률의 위헌근거가 된다.

(iii) 그러나 프라이버시권을 넓은 의미로 이해할 경우에 개별적 기본권과의 관계설정에서 어려운 문제를 야기하기 때문에, 현행헌법상 사생활의 비밀과 자유를 미국에서의 프라이버시권과 같은 넓은 의미로 이해하는 데에는 한계가 있다.
(iv) 사생활의 비밀과 자유는 사생활의 비밀의 불가침, 사생활의 자유의 불가침 및 자기정보에 대한 통제권(개인정보자기결정권)으로 나누어 볼 수 있다.

"자신의 인격권이나 명예권을 보호하기 위하여 대외적으로 해명을 하는 행위는 표현의 자유에 속하는 영역일 뿐 이미 사생활의 자유에 의하여 보호되는 범주를 벗어난 행위"이다. "'사생활의 자유'란 사회공동체의 일반적인 생활규범의 범위 내에서 사생활을 자유롭게 형성해 나가고 그 설계 및 내용에 대해서 외부로부터의 간섭을 받지 아니할 권리이며, 사생활과 관련된 사사로운 자신만의 영역이 본인의 의사에 반해서 타인에게 알려지지 않도록 할 수 있는 권리인 '사생활의 비밀'과 함께 헌법상 보장되고" 있다(헌재 2001.8.30. 99헌바92등, 공직선거법 제93조 제1항 위헌소원(합헌)).

변호사에게 전년도에 처리한 수임사건의 건수 및 수임액을 소속 지방변호사회 보고하도록 하는 것은 영업의 자유, 사생활의 비밀을 침해하지 아니한다(헌재 2009.10.29. 2007헌마667, 변호사법 제28조의2 위헌확인(기각)).

2. 사생활의 비밀의 불가침

(1) 의 의

사생활의 비밀(秘密)의 불가침에 대한 침해행위의 유형으로는 ① 사적인 일(私事)의 공개금지, ② 오해를 낳게 하는 공개금지, ③ 성명·초상·경력 등 인격권과 불가분의 관계에 있는 사사의 영리적 이용의 금지 등이 있다.

(2) 사사(私事)의 공개금지

사사의 공개란 신문·잡지·영화·TV 등 매스 미디어에 의하여 사적 사항에 관한 사실이나 사진 등을 함부로 공표하거나 공개하는 행위를 말한다. 금지되는 사사가 공개되려면 ① 오해(誤解)를 낳게 하는 공표가 있어야 하고, ② 일반인의 감수성을 기준으로 볼 때 공개로 인하여 심리적 부담이나 불안을 야기할 수 있어야 하고, ③ 일반에 아직 공개되지 아니한 사항이어야 하며, ④ 공개된 사적 사항이 자신에 관한 것이라는 동일성이 증명되어야 하며, ⑤ 공개사항의 진실성이나 공개자의 악의의 결여는 항변(면책)사유가 되지 아니한다.

예컨대 개인의 숨겨진 과거의 사실을 영화화하는 경우, 여인의 골반부위의 X선 사진을 공개하는 행위, 기형적인 코의 사진을 의학잡지에 게재하는 행위, 제왕절개수술을 촬영하여 일반공중에게 상영하는 행위, 환자가 혼수상태에 있는 동안에 촬영한 추한 안면의 사진을 공개하는 행위 등은 아직 일반에게 공개되지 아니한 경우이다(안용교 453면).

사생활과 관련된 사항의 공개가 사생활의 비밀을 침해하는 것으로서 위법하다고 하기 위하여는, 적어도 그 공표된 사항이 일반인의 감수성을 기준으로 하여 그 개인의 입장에 섰을 때 공개되기를 바라지 아니할 것에 해당한다고 인정되고 아울러 일반인에게 아직 알려지지 아니한 것으로서 그것이 공개됨으로써 그 개인이 불쾌감이나 불안감을 가질 사항 등에 해당하여야 한다(대판 2006.12.22. 2006다15922).

(3) 오해(誤解)를 낳게 하는 공표의 금지

오해를 낳게 하는 공표란 허위의 사실을 공표하거나 사실을 과장 또는 왜곡하여 공표함으로써 세상 사람들(世人)로 하여금 특정인을 진실과 다르게 알게 하는 행위를 말한다. 이러한 공표는 사회통념상 수인할 수 없는 정도이어야 한다.

예컨대 세인(世人)으로 하여금 그릇된 판단 또는 오해를 낳게 하는 표현, 범죄혐의가 없어진 후에도 한 개인의 사진이 범죄앨범에 게재·발표되는 경우, 여러 사람이 함께 찍은 사진을 일부 절단하여 게재하는 행위 등이 그러하다(안용교 454면).

(4) 인격적 징표의 영리적 이용금지

인격적 징표의 영리적 이용이란 성명·초상·경력 등 인격과 불가분의 관계에 있는 사항을 영리적 목적으로 이용하는 행위를 말한다. 이와 같은 영리적 이용이 되려면, ① 이용된 사진 등이 본인과 일치하며, ② 영리적 목적이 있어야 하고, ③ 그것이 흔하지 아니하여야 한다.

'퍼블리시티권'(right of publicity)이란 사회적으로 저명한 사람이 자신의 이름이나 사진 혹은 모습 등이 상업적으로 부당하게 이용되는 현상을 방지하기 위하여 보호되는 유명도에 관한 개인적 권리이며 지적재산권이다.[1]

3. 사생활의 자유의 불가침

(1) 의 의

사생활 자유(自由)의 불가침은 그 침해행위의 유형에 따라 사생활의 평온의 불가침, 사생활의 형성·영위의 억제나 위협의 금지 등으로 나누어 볼 수 있다.

(2) 사생활의 평온의 불가침

(i) 사생활의 평온의 불가침이란 감시·도청·도촬(盜撮) 등의 방법으로써 사생활을 소극적·적극적으로 침범하는 행위의 금지를 말한다. 이것은 개인의 인격적 자율과 존재에 관한 정보가 노출될 수 있는 범위를 스스로 선택할 수 있는 권리로서의 특성에 기인한다.

예컨대 적법한 절차를 거치지 아니한 거짓말탐지기나 마약분석 등을 통하여 인간정신의 해체를 야기하여 당사자로부터 정보를 얻으려는 행위, 호텔에 투숙한 여인이 매춘행위를 하고 있는지의 여부를 확인하기 위하여 관리인이 무단침입하는 행위, 상점에서 상품절취의 혐의를 받은 여인의 쇼핑백을 상점주인이 불법으로 수색하는 행위, 방에 마이크를 장치하고 옆방에서 도청하는 행위, 보험회사의 의뢰를 받은 사설탐정이 산업재해의 원인조사를 위하여 부부의 동태를 망원경으로 관찰하는 행위, 은행예금을 관찰하는 행위, 은행예금을 부당하게 조사하는 행위 등이 그러하다(안용교 455면).

(ii) 사생활과 관련된 사항의 공개가 사생활의 비밀을 침해하는 위법행위가 되기 위하여서는 ① 적어도 공표된 사항이 일반인의 감수성을 기준으로 하여 그 개인의 입장에 섰을 때 공개되기를 바라지 아니할 사항에 해당하고, ② 일반인에게 아직 알려지지 아니한 내용으로서 그것이 공개됨으로써 그 개인이 불쾌감이나 불안감을 가질 사항 등에 해당하여야 한다(대판 2006.12.22. 2006다15922).

미국 판례에 의하면 비록 합리적인 수색이라 하더라도 개인에게는 수인할 수 없는 성역이 있으며, 그 성역을 침입하여 음란물의 사적 소지를 금지하기 위하여서는 국가가 불가피한 다른 이익의 존재를 입증하여야 한다(*Stanley v. Georgia*, 394 U.S. 557(1969)).

(3) 사생활의 자유로운 형성·유지의 불가침

사생활의 형성·영위의 억제나 위협의 금지란 개인이 형성·영위하는 자유로운 사생활이 억제 또는 위협받지 아니함을 의미한다. 사생활의 자유는 단순히 생활의 안전성 확보에 머물지 아니하고 일반적 행동의 자유까지를 포괄한다. 그 결

1) 남형두, "세계시장 관점에서 본 퍼블리시티권", 저스티스 86; 권태상, 퍼블리시티권의 이론적 구성, 경인문화사, 2013.

과 개개인은 타인의 권리를 침해하지 아니하고 헌법질서에 어긋나지 아니하는 한 자유로이 행동할 수 있다.

"사생활의 자유란 사회공동체의 일반적인 생활규범의 범위 내에서 사생활을 자유롭게 형성해 나가고 그 설계 및 내용에 대해서 외부로부터의 간섭을 받지 아니할 권리를 말하는바(헌재 2001.8.30. 99헌바92), 흡연을 하는 행위는 이와 같은 사생활의 영역에 포함된다고 할 것이므로, 흡연권은 헌법 제17조에서 그 헌법적 근거를 찾을 수 있다"(헌재 2004.8.26. 2003헌마457, 국민건강증진법시행규칙 제7조 위헌확인(기각)).

안전띠 착용 여부의 "생활관계가 개인의 전체적 인격과 생존에 관계되는 '사생활의 기본조건'이라거나 자기결정의 핵심적 영역 또는 인격적 핵심과 관련된다고 보기 어려워 더 이상 사생활영역의 문제가 아니므로, 운전할 때 운전자가 좌석안전띠를 착용할 의무는 청구인의 사생활의 비밀과 자유를 침해"하지 아니한다(헌재 2003.10.30. 2002헌마518, 도로교통법 제118조 위헌확인(기각)).

프라이버시는 인간의 권리이므로 기혼자와 미혼자 사이에 차별이 있을 수 없으므로, 미혼자나 독신자에게 피임약 또는 피임도구의 판매를 금지한 매사추세츠 주법은 프라이버시를 침해한다(*Eisenstadt v. Baird*, 405 U.S. 438(1972)) (*Griswold v. Connecticut*, 381 U.S. 479(1965)). 경찰관의 모발 길이를 제한하는 군규칙(county regulation)은 수정헌법 제14조에서 보장된 경찰관의 권리를 침해하지 아니한다(*Kelly v. Johnson*, 425 U.S. 238(1976)).

4. 자기정보에 대한 통제권(개인정보자기결정권)

(1) 의 의

(i) 자기정보(自己情報)에 대한 통제권(개인정보자기결정권)은 자신에 관한 정보가 언제 누구에게 어느 범위까지 알려지고 또 이용되도록 할 것인지를 그 정보주체가 스스로 통제하고 결정할 수 있는 권리이다. 즉 정보주체가 개인정보의 공개와 이용에 관하여 스스로 통제하고 결정할 권리를 말한다(헌재 2005.5.26. 99헌마513, 주민등록법 제17조의8 등 위헌확인 등(기각)).

(ii) 정보통신기술의 발전에 따라 개인정보를 수집·처리하는 국가의 개인에 대한 감시능력이 현저히 증대된다. 이에 따라 개인정보 노출의 위험으로부터 개인을 보호하고 궁극적으로는 개인의 자기정보에 대한 결정의 자유를 구현하기 위하여 자기정보에 대한 통제권을 정립하기에 이르렀다.[1)]

1) 권건보, 개인정보보호와 자기정보통제권, 경인문화사; 이상명, 주민등록제도에 대한 헌법적 평가: 주민등록번호와 지문날인을 중심으로, 한양대 박사학위논문, 2007.8; 권건보, "개인정보자기결정권의 보호범위에 대한 분석 - 개인정보의 개념을 중심으로", 공법학연구 18-3; 임규철, "정보화사회에서의 개인정보자기결정권에 대한 연구", 헌법학연구 8-3; 전상현, "개인정보자기결정권의 헌법상 근거와 보호영역", 헌법실무연구 20; 이희옥, "인공지능 의사결정에 대응한 자기결정권의 보장", 헌법학연구 27-1; 윤기열, 개인정보의 헌법적 보호에 관한 연구, 서울대 박사학위논문, 2022.8; 김강한, "생성형 인공지능 시대에 대응한 정보주체 권리의 실효적 보장 방안", 헌법학연구 30-4; 김민우, "의료 마이데이터에서 기본권 침해의 헌법적 검토", 헌법학연구 30-4", 손형섭·유정수, "인공지능에 의한 자동의사결정과 알고리즘에 대한 설명요구권 구현에 관한 헌법연구", 헌법학연구 31-1; 허순철, "빅데이터를 이

(iii) 1995년 '공공기관의 개인정보 보호에 관한 법률'이 제정되었으나, 사적 기관에서의 개인정보 보호가 제대로 규율되지 아니하였다. 이에 공공부문과 민간부문을 망라하여 국가사회 전반에 걸쳐 국제 수준에 부합하는 개인정보의 수집과 이용 등 개인정보 처리원칙 등을 규정하고 개인정보의 침해로 인한 국민의 피해 구제를 강화함으로써 개인정보에 관한 정보주체의 권리와 이익을 보장하기 위하여 개인정보 보호에 관한 일반법으로 2011년에 '개인정보 보호법'이 제정되었다.

1974년 미국에서 프라이버시법이 제정된 이래 각국에서 프라이버시권의 보호를 위한 법률을 제정한다. 국제기구를 통하여 법률제정의 준칙을 제시한다. 정보의 집단적·대량적 흐름은 동시에 국제적인 정보유통(TDF, Transborder Data Flow)에 있어서 개인정보 보호의 문제가 제기되었다. 1980년 경제협력개발기구이사회에서는 각국에서의 개인정보 보호법 제정과 관련하여 채택한 '프라이버시보호와 개인데이터의 국제유통에 관한 가이드라인에 관한 이사회권고'에서는 ① 수집제한, ② 정보정확성, ③ 목적명확성, ④ 이용제한, ⑤ 안전보호, ⑥ 공개, ⑦ 개인참가, ⑧ 책임이라는 8가지 원칙을 제시하였다. 1989년에는 국제연합 인권위원회에서 '컴퓨터처리된 개인화일에 대한 가이드라인'을 결의한 바 있다. 1995년에는 유럽연합도 개인정보보호지침(Directive 95/46/EC), 즉 '개인정보의 처리와 자유로운 유통과 관련된 개인의 보호를 위한 지침'을 제정하였으며, 2016년에는 회원국에 직접 적용되는 개인정보보호 일반규정(General Data Protection Regulation, GDPR), 즉 '개인정보의 처리와 관련한 개인의 보호 및 개인정보의 자유로운 이동에 관한 규정'을 제정한 바 있다.

(2) 자기정보에 대한 통제권의 헌법적 근거

(i) 자기정보에 대한 통제권의 헌법적 근거에 대하여는 ① 헌법 제17조는 소극적 권리이므로 인간의 존엄과 가치를 규정한 헌법 제10조에서 근거를 찾는 견해,[1] ② 헌법 제17조의 사생활의 비밀과 자유를 근거로 하는 견해,[2] ③ 헌법 제10조와 제17조를 종합하여 이해하는 견해가 있다. 헌법재판소와 대법원도 종래 헌법 제10조와 제17조로부터 그 근거를 찾는다.

헌법 제10조와 제17조는 "개인의 사생활 활동이 타인으로부터 침해되거나 사생활이 함부로 공개되지 아니할 소극적인 권리는 물론, 오늘날 고도로 정보화된 현대사회에서 자신에 대한 정보를 자율적으로 통제할 수 있는 적극적인 권리까지도 보장하려는 데에 그

용한 범죄 수사와 프라이버시의 보호", 공법연구 54-1.

1) 정태호, "개인정보자결권의 헌법적 근거 및 구조에 관한 고찰", 헌법논총 14, 401-496면.

2) 김철수(상), 838면; 권영성, 454면; 이인호, "정보사회와 개인정보자기결정권", 중앙법학 창간호 71면; 김일환, "정보자기결정권의 헌법상 근거와 보호에 관한 연구", 공법연구 29-3, 101-102면; 변재옥, 정보화사회에 있어서의 프라이버시의 권리, 서울대학교 박사학위논문, 1979; 김연진·김일환, "안면인식기술의 발전에 따른 개인정보자기결정권 보호에 관한 고찰", 헌법학연구 28-4; 정애령, "예측치안을 위한 데이터 활용의 정당성과 헌법적 한계", 공법연구 54-1.

취지가 있는 것으로 해석된다"(대판 1998.7.24. 96다42789).

"공판정에서 진술을 하는 … 모든 진술인은 원칙적으로 자기의 말을 누가 녹음할 것인지와 녹음된 기기의 음성이 재생될 것인지 여부 및 누가 재생할 것인지 여부에 관하여 스스로 결정할 권리가 있다"(헌재 1995.12.28. 91헌마114, 형사소송규칙 제40조에 대한 헌법소원(기각)).

(ii) 그런데 헌법재판소는 헌법 제17조에서 포섭하는 자기정보에 대한 통제권과는 별도로 개인정보자기결정권을 헌법에 열거되지 아니한 기본권으로서 독자적인 개별적 기본권으로 판시한다.

"개인정보자기결정권의 헌법상 근거로는 헌법 제17조의 사생활의 비밀과 자유, 헌법 제10조 제1문의 인간의 존엄과 가치 및 행복추구권에 근거를 둔 일반적 인격권 또는 위 조문들과 동시에 우리 헌법의 자유민주적 기본질서 규정 또는 국민주권원리와 민주주의원리 등을 고려할 수 있으나, 개인정보자기결정권으로 보호하려는 내용을 위 각 기본권들 및 헌법원리들 중 일부에 완전히 포섭시키는 것은 불가능하다고 할 것이므로, 그 헌법적 근거를 굳이 어느 한두 개에 국한시키는 것은 바람직하지 않은 것으로 보이고, 오히려 개인정보자기결정권은 이들을 이념적 기초로 하는 독자적 기본권으로서 헌법에 명시되지 아니한 기본권이라고 보아야 할 것이다"(헌재 2005.5.26. 99헌마513, 주민등록법 제17조의8등 위헌확인등(기각). 동지: 헌재 2009.10.29. 2008헌마257, 형의 실효 등에 관한 법률 제8조의2 위헌확인(기각)).

(iii) 생각건대 헌법 제10조의 자기결정권은 그것의 보충적 권리성과 개별적 기본권과의 관련성에 비추어 좁은 의미로 이해하여야 하고, 자신에 관한 정보의 흐름에 주도적으로 관여할 수 있느냐 하는 문제는 기본적으로 사생활의 자유와 관련되는 문제이므로, 결국 자기정보에 대한 통제권의 헌법적 근거는 헌법 제17조로부터 찾아야 한다.

"제17조의 사생활의 비밀과 자유의 불가침은 인간존엄성존중의 구체적 내용이 되는 인격의 자유로운 발현과 법적 안정성을 그 보호법익으로 하고, 나아가 사생활을 공개당하지 아니할 권리(사생활 비밀의 자유), 사생활의 평온한 유지 및 자유로운 형성을 방해받지 아니할 권리(사생활 평온 및 형성의 자유), 자신에 관한 정보를 관리·통제할 수 있는 권리(정보관리통제권)를 그 내용으로 한다"(서울고법 1996.8.20. 95나44148)(서울고법 1995.8.24. 94구39262).

(iv) 헌법재판소는 "개인정보자기결정권의 보호대상이 되는 개인정보는 개인의 신체, 신념, 사회적 지위, 신분 등과 같이 개인의 인격주체성을 특징짓는 사항으로서 그 개인의 동일성(同一性)을 식별(識別)할 수 있게 하는 일체의 정보라고 할 수 있고, 반드시 개인의 내밀한 영역이나 사사(私事)의 영역에 속하는 정보에 국한되지 않고 공적 생활에서 형성되었거나 이미 공개된 개인정보까지 포함한다. 그러한 개인정보를 대상으로 한 조사·수집·보관·처리·이용 등의 행위는 모

두 원칙적으로 개인정보자기결정권에 대한 제한에 해당한다"(헌재 2005.5.26. 99헌마513)라고 판시하는데, "개인의 동일성을 식별할 수 있는 일체의 정보"에 널리 포섭되지 못할 사항이 자기정보통제권에 있는지 나아가서 행복추구권에서 적시한 자기결정권과의 견련성을 어떻게 설정할지에 관하여 의문을 가지게 된다. 개별적 기본권의 지나친 창설은 자칫 기본권을 백화점화할 우려가 있다. 따라서 기왕에 헌법 제17조에 사생활의 비밀과 자유를 규정하고 있음에 비추어 개인의 사생활 관련사항을 보다 폭넓게 이해하여 개인정보자기통제권을 발전적으로 포섭할 때 개별적 기본권으로서의 개인정보자기결정권을 설정할 필요성은 줄어들기 마련이다.

(3) 주 체

자기정보에 대한 통제권의 주체는 원칙적으로 자연인에 한정되고, 법인이나 사자(死者)가 포함되지 아니한다. '개인정보 보호법' 도 보호대상인 개인정보를 "살아 있는 개인에 관한 정보"에 한정한다(제2조 제1호).

(4) 내 용

(i) 정보관리시스템을 설치할 때에는 ① 일정한 종류의 기록 금지, ② 개인정보 수집 방법의 제한, ③ 개인의 의사에 어긋나는 입력의 금지, ④ 개인정보의 무제한 축적의 금지, ⑤ 자기 파일에 대한 액세스권의 보장, ⑥ 개인정보에 대한 정정권의 보장, ⑦ 남용금지 등이 요구된다. 헌법재판소는 개인정보자기결정권의 보호대상은 개인의 내밀한 영역에 국한되지 아니하고 공적 생활에서 형성되었거나 이미 공개된 개인정보까지 포함된다고 판시한다(헌재 2005.5.26. 99헌마513).[1] 이에 따라 '각급학교 교원의 교원단체 및 교원노조 가입현황 실명자료'를 인터넷에 공개한 행위는 해당 교원의 개인정보자기결정권을 침해한다(대판 2014.7.24. 2013다49933)고 판시한다. 하지만, 교원의 공적 활동은 공적 인물의 이론에 따라 공개되어야 한다고도 볼 수 있다.

합헌판례

① "국민기초생활보장법상의 수급신청자에게 금융실명거래및비밀보장에관한법률시행령에 의한 금융거래정보자료제공동의서와 거래금융기관의 통장사본 등 수급자 등의 금융자산 또는 부채를 확인할 수 있는 자료의 제출을 요구할 수 있도록 하는 국민기초생활보장법 시행규칙 제35조 제1항 제5호 부분"(헌재 2005.11.24. 2005헌마112, 국민기초생활보장법 제23조 위헌확인(기각,각하)).

② 연말정산 간소화를 위하여 의료기관에게 환자들의 의료비 내역에 관한 정보를 국세청에 제출하는 의무를 환자에게 부과(헌재 2008.10.30. 2006헌마1401등, 소득세법 제165조 제1항 등 위헌확인 등(기각)).

③ 채무불이행자명부나 그 부본(副本)은 누구든지 보거나 복사할 것을 신청할 수 있도

1) 김주영, "「주민등록법」의 개정방향에 관한 소고-주민등록번호 변경제도를 중심으로", 헌법학연구 22-2; 손형섭, "주민등록법 제7조 헌법불합치결정과 개정 법률에 관한 연구", 헌법학연구 22-2.

록 규정한 민사집행법 제72조 제4항(헌재 2010.5.27. 2008헌마663, 민사집행법 제70조 등 위헌확인(기각)).

④ 법원의 제출명령이 있을 때 그 사용목적에 필요한 최소한의 범위 안에서 거래정보 등을 제공(헌재 2010.9.30. 2008헌바132, 민사소송법 제290조 등 위헌소원(각하,합헌)).

⑤ '형의 실효 등에 관한 법률' 제8조의2가 수사경력자료의 보존 및 보존기간을 정하면서 범죄경력자료의 삭제에 대하여 규정하지 아니한 것과 '혐의 없음'의 불기소처분을 받은 수사경력자료를 보존하고 그 보존기간 규정(헌재 2012.7.26. 2010헌마446, 형의 실효 등에 관한 법률 제8조 제1항 등 위헌확인(각하,기각)).

⑥ 검사의 기소유예처분 등에 관한 수사경력자료의 보존 및 그 보존기간을 정한 '형의 실효 등에 관한 법률' 중 기소유예의 불기소처분 부분(헌재 2016.6.30. 2015헌마828, 형의 실효등에 관한 법률 제8조의2 위헌확인(기각)).

⑦ 부산구치소장이 청구인과 배우자의 접견을 녹음하여 부산지방검찰청 검사장에게 그 접견녹음파일을 제공한 행위(헌재 2012.12.27. 2010헌마153, 접견 녹음파일 송부 요청 취소(기각)).

⑧ 이동전화번호를 구성하는 숫자가 개인의 인격 내지 인간의 존엄과 관련성을 가진다고 보기 어렵고, 한시적 번호이동을 허용하도록 한 이행명령으로 인하여 개인정보가 청구인들의 의사에 반하여 수집되거나 이용되지 아니하며, 이동전화번호는 유한한 국가자원으로서 번호이용은 사업자와의 서비스 이용계약 관계에 의한 것일 뿐이므로 한시적 번호이동을 허용한 방송통신위원회의 이행명령(헌재 2013.7.25. 2011헌마63등, 이동전화 식별번호 통합추진 위헌확인(기각,각하)).

⑨ 가축전염병의 발생 예방 및 확산 방지를 위하여 축산관계시설 출입차량에 차량무선인식장치를 설치하여 이동경로를 파악관련 규정(헌재 2015.4.30. 2013헌마81, 가축전염병예방법 제17조의3 등 위헌확인(기각)).

⑩ 인구주택총조사의 조사항목은 시의성(時宜性)을 가지고 시대와 상황에 따라 변경될 수 있는 사항이므로, 모든 조사항목을 입법자가 반드시 법률로 규율하여야 한다고 볼 수 없다. 통계청장이 2015 인구주택총조사의 방문 면접조사를 실시하면서, 담당 조사원을 통하여 조사표의 조사항목들에 응답할 것을 요구한 행위(헌재 2017.7.27. 2015헌마1094, 2015년 인구주택총조사 위헌확인(기각)).

⑪ 어린이집에 폐쇄회로 텔레비전 설치를 원칙적으로 의무화하고, 보호자의 CCTV 영상정보 열람 요청 및 어린이집 참관 규정(헌재 2017.12.28. 2015헌마994, 영유아보육법 제15조의4 제1항 제1호 등 위헌확인(일부각하,일부기각)).

⑫ 특정인의 사생활 등을 조사하는 일을 업으로 하는 행위와 탐정(探偵) 유사 명칭의 사용 금지는 적법하다(헌재 2018.6.28. 2016헌마473, 신용정보의 이용 및 보호에 관한 법률 제40조 제4호 등 위헌확인(기각,각하)). 특정인의 소재·연락처 및 사생활 등 조사의 과정에서 자행되는 불법행위를 막고 개인의 사생활의 비밀과 평온을 보호하기 위하여 소위 탐정업의 개설·운영을 제한하는 것이 위헌이라 할 수 없고, 탐정 유사 명칭을 사용하는 것 역시 위헌이라 보기 어렵다. 탐정제도의 도입은 국민의 의견을 수렴하여 궁극적으로 입법을 통하여 이루어져야 하는 문제이다.

⑬ 의료급여 자격관리 시스템에 관하여 규정한 보건복지부장관 고시 조항에 따라 의료급여 수권권자의 진료정보를 국민건강보험공단에 제공(헌재 2009.9.24. 2007헌마1092, 의료급여법 시행령 별표 제1호 가목 등 위헌확인(기각,각하)).

⑭ 학교생활세부사항기록부의 '행동특성 및 종합의견'에 학교폭력예방법에 규정된 가해학생에 대한 조치사항을 입력하도록 규정한 '학교생활기록 작성 및 관리지침' 및 이러한 내용을 학생의 졸업과 동시에 삭제하도록 규정한 지침(헌재 2016.4.28. 2012헌마630, 학교생활기록 작성 및 관리지침 제7조 제3항 등 위헌확인(기각,각하)).

⑮ 법무부장관의 변호사시험 합격자 성명 공개에 관한 변호사시험법 제11조 중 명단 공고 부분(합헌4:위헌5)(헌재 2020.3.26. 2018헌마77등, 변호사시험법 제11조 위헌확인(기각)).

⑯ 적십자사 지로통지서가 전국의 세대주에게 발송된 근거규정인 적십자법 및 그 시행

령이 개인정보자기결정권을 침해하지 아니한다(7:2)(헌재 2023.2.23. 2019헌마1404등, 대한적십자사 조직법 제8조 위헌확인 등(기각,각하)). 심판대상조항들은 개정되지 아니하였지만, 2023년도부터는 최근 5년간 적십자회비 모금에 참여 이력이 있는 세대주에게만 지로통지서를 발송하는 것으로 모금실무가 개선되었다.

⑰ 미리 예측하기 어려운 다양한 감염병 유행 상황에 적합한 방역조치를 보건당국이 전문적 판단재량을 가지고 신속하고 적절하게 취할 수 있도록 감염병 예방 및 감염 전파의 차단을 위하여 감염병의심자 등에 관한 인적사항 수집을 허용하는 구 감염병법 관련 규정이 개인정보자기결정권을 침해하지 아니한다(헌재 2024.4.25. 2020헌마1028, 감염병의 예방 및 관리에 관한 법률 제2조 제15호 위헌확인 등(기각,각하)).

⑱ 조합 임원의 선출과 관련하여 향응 제공 금지는 죄형법정주의의 명확성원칙에 위배되지 아니하고, 조합 임원이 조합원의 조합원 명부 복사 요청에 15일 이내에 응하도록 한 것이 조합 임원의 직업수행의 자유 및 조합원들의 개인정보자기결정권을 침해하지 아니한(헌재 2025.6.27. 2020헌바514, 구 도시 및 주거환경정비법 제84조의2 제3호 등 위헌소원(합헌)).

헌법불합치판례

① 성폭력범죄의처벌등에관한특례법 위반(카메라등이용촬영, 카메라등이용촬영미수)죄로 유죄판결이 확정된 자는 신상정보 등록대상자가 되도록 규정하고 있는 부분은 개인정보자기결정권을 침해하지 아니한다(5:4). 하지만, 법무부장관은 등록정보를 최초 등록일부터 20년간 보존·관리하여야 한다고 규정한 성폭력범죄의 처벌 등에 관한 특례법은 개인정보자기결정권을 침해한다(헌재 2015.7.30. 2014헌마340등, 성폭력범죄의 처벌 등에 관한 특례법 제42조 제1항 등 위헌확인(헌법불합치,잠정적용,기각)).

② 주민등록번호는 표준식별번호로 기능함으로써 개인정보를 통합하는 연결자로 사용되고 있어, 불법 유출 또는 오·남용될 경우 개인의 사생활뿐만 아니라 생명·신체·재산까지 침해될 소지가 크므로 이를 관리하는 국가는 이러한 사례가 발생하지 않도록 철저히 관리하여야 하고, 이러한 문제가 발생한 경우 그로 인한 피해가 최소화되도록 제도를 정비하고 보완하여야 할 의무가 있다. 그럼에도 불구하고 주민등록번호 유출 또는 오·남용으로 인하여 발생할 수 있는 피해 등에 대한 아무런 고려 없이 주민등록번호 변경을 일체 허용하지 않는 것은 그 자체로 개인정보자기결정권에 대한 과도한 침해가 될 수 있다. 비록 국가가 개인정보 보호법 등으로 정보보호를 위한 조치를 취하고 있더라도, 여전히 주민등록번호를 처리하거나 수집·이용할 수 있는 경우가 적지 아니하며, 이미 유출되어 발생된 피해에 대해서는 뚜렷한 해결책을 제시해 주지 못하므로, 국민의 개인정보를 충분히 보호하고 있다고 보기 어렵다. 한편, 개별적인 주민등록번호 변경을 허용하더라도 변경 전 주민등록번호와의 연계 시스템을 구축하여 활용한다면 개인식별기능 및 본인 동일성 증명기능에 혼란이 발생할 가능성이 없고, 일정한 요건 하에 객관성과 공정성을 갖춘 기관의 심사를 거쳐 변경할 수 있도록 한다면 주민등록번호 변경절차를 악용하려는 시도를 차단할 수 있으며, 사회적으로 큰 혼란을 불러일으키지도 않을 것이다. 따라서 주민등록번호 변경에 관한 규정을 두지 아니한 주민등록법 제7조는 과잉금지원칙을 위반하여 개인정보자기결정권을 침해한다(헌재 2015.12.23. 2013헌바68, 주민등록법 제7조 제3항 등 위헌소원(헌법불합치,잠정적용)).

③ 가정폭력 가해자인 전 배우자라도 직계혈족으로서 그 자녀의 가족관계증명서와 기본증명서를 사실상 자유롭게 발급받아서 거기에 기재된 가정폭력 피해자의 개인정보를

무단으로 취득하므로 개인정보자기결정권을 침해한다(피해의 최소성, 법익의 균형성 위배)(헌재 2020.8.28. 2018헌마927, 입법부작위 위헌확인(헌법불합치,잠정적용)).

④ '형의 실효 등에 관한 법률'이 법원에서 불처분결정된 소년부송치 사건의 수사경력자료에 대한 삭제 및 보존기간의 규정을 두지 아니하여, 당사자의 사망 시까지 소년부송치되었다는 내용의 수사경력자료가 보존되는 것은 당사자의 개인정보자기결정권을 침해하여 헌법에 위반된다(헌재 2021.6.24. 2018헌가2, 형의 실효 등에 관한 법률 제8조의2 위헌제청(헌법불합치,잠정적용)). 이에 따라 소년부의 불처분 결정 등이 있는 경우 그 소년에 대한 수사경력자료는 해당 불처분 결정 등이 있은 날부터 3년 간 보존한 후 삭제하도록 개정되었다.

⑤ "전기통신사업자가 수사기관 등의 통신자료 제공요청에 따라 수사기관 등에 제공하는 이용자의 성명, 주민등록번호, 주소, 전화번호, 아이디, 가입일 또는 해지일은 청구인들의 동일성을 식별할 수 있게 해주는 개인정보에 해당하므로", 개인정보자기결정권을 제한한다(헌재 2022.7.21. 2016헌마388, 통신자료 취득행위 위헌확인 등(헌법불합치(잠정적용)각하)).

위헌판례

① 통신매체이용음란죄로 유죄판결이 확정된 자는 신상정보 등록대상자가 된다고 규정한 '성폭력범죄의 처벌 등에 관한 특례법' 중 "제13조의 범죄로 유죄판결이 확정된 자는 신상정보 등록대상자가 된다"는 부분(6:3)(헌재 2016.3.31. 2015헌마688, 성폭력범죄의 처벌 등에 관한 특례법 제42조 제1항 위헌확인(위헌)).

② 형제자매에게 가족관계등록부 등의 기록사항에 관한 증명서 교부청구권을 부여하는 '가족관계의 등록 등에 관한 법률'의 '형제자매' 부분(헌재 2016.6.30. 2015헌마924, 가족관계의 등록 등에 관한 법률 제14조 제1항 위헌확인(위헌)). 이에 따라 개정된 법률에서는 형제자매 부분이 삭제되었다.

③ 국민건강보험공단이 경찰서장에게 요양급여내역을 제공한 행위는 위헌이다(헌재 2018.8.30. 2014헌마368, 건강보험 요양급여내역 제공 요청 및 제공 행위 등 위헌확인(인용(위헌확인),각하)). [해설] 이 결정은 상병명 등을 포함하지 아니한 요양급여일자, 요양기관명에 국한된 정보라고 하더라도, 요양기관이 산부인과, 비뇨기과, 정신건강의학과 등과 같은 전문의의 병원인 경우에는 요양기관명만으로도 질병의 종류를 예측할 수 있는 점, 약 2-3년 동안의 장기간의 정보는 정보주체의 건강에 관한 포괄적이고 통합적인 정보를 구성할 수 있는 점 등에 비추어 볼 때, '개인정보 보호법'이 '건강에 관한 정보'로서 민감정보에 해당한다고 판단한다. 또한 이 결정은 공공기관은 '개인정보 보호법', '경찰관 직무집행법 시행령' 등에 따라 범죄의 수사를 위하여 '불가피한 경우' 정보주체 또는 제3자의 이익을 부당하게 침해할 우려가 있을 때를 제외하고 민감정보(敏感情報)를 수사기관에게 제공할 수 있다고 판단함으로써, 공공기관이 수사기관에 민감정보를 제공할 수 있는 요건을 밝힌 첫 사례이다. 현재 국민건강보험공단이 개인정보의 목적 외 제3자 제공에 필요한 절차, 방법 등에 관하여 내부적으로 정한 기준인 '외부기관 개인정보자료 제공지침'은 특수상병명 등 일부 요양급여정보는 영장에 의해서만 수사기관에게 제공하되, 이를 제외한 나머지 요양급여정보는 수사의 '필요성'만 소명되면 수사기관에게 제공할 수 있도록 규정하고 있다. 민감정보의 범위와 수사기관 제공 요건에 대한 이 결정의 해석이 적용되면, 국민건강보험공단이 보유하고 있는 요양급여정보가 보다 엄격한 요건 하에서 수사기관에게 제공되게 될 것이다. 한편 헌법재판소는 헌재 2018.8.30. 2016헌마483 사건에서, 김포시장이 김포경찰서장에게 청구인들의 이름, 생년월일, 전화번호, 주소를 제공한 행위는 청구인들의 개인정보자기결정권을 침해하지 아니

한다고 결정하였다. 이 사건의 경우 수사기관에 제공된 개인정보가 민감정보에 해당하는 반면, 2016헌마483 사건에서 수사기관에 제공된 개인정보는 피의자 등을 특정하고 연락을 취하기 위하여 반드시 필요한 것으로서 그 자체로 엄격한 보호의 대상이 된다고 보기 어려운 이름, 생년월일, 주소, 전화번호이다. 또한 2016헌마483 사건에서 제공된 개인정보는 활동지원급여비용의 부정 수급 관련 수사에 사용되었는데, 청구인들은 활동보조인 및 수급자로서 활동지원급여비용 청구가 적정한지 여부에 관한 행정관청의 조사를 수인해야 하는 지위에 있어 청구인들이 전혀 예상하지 못한 목적으로 개인정보가 사용된 것은 아니었다. 이러한 개인정보의 성격, 사용 목적 등의 차이로 인하여 이 사건과 2016헌마483 사건의 결론을 달리한다.

④ 이른바 문화예술계 블랙리스트 사건과 관련하여, 정부의 지원을 차단할 목적으로 개인의 정치적 견해에 관한 정보를 수집·보유·이용한 행위가 개인의 개인정보자기결정권을 침해하는 것으로 위헌임을 확인한다. 또한, 정부에 대한 비판적 견해를 가졌다는 이유로 지원사업에서 배제되도록 지시한 것은, 정치적 표현의 자유에 대한 사후적인 제한으로서, 헌법상 허용될 수 없음을 확인한다. 정보수집행위 등과 지원배제 지시는 헌법에 위배되므로 모두 취소되어야 할 것이나, 이미 피청구인들의 행위가 종료되었으므로 동일 또는 유사한 기본권 침해의 반복을 방지하기 위하여 선언적 의미에서 그에 대한 위헌 확인을 하였다(헌재 2020.12.23. 2017헌마416, 특정 문화예술인 지원사업 배제행위 등 위헌확인(인용(위헌확인),기타)).

(ii) '개인정보 보호법'에서는 공공부문과 민간부문을 망라하여 개인정보를 수집·처리함에 있어서 준수하여야 할 기본원칙으로서의 개인정보 보호원칙을 천명한다(제3조). 그간 '개인정보 보호법', '정보통신망 이용촉진 및 정보보호 등에 관한 법률', '위치정보의 보호 및 이용 등에 관한 법률', '신용정보의 이용 및 보호에 관한 법률' 등 개인정보 관련 법령에서 유사·중복조항을 정비하였다. 이에 따라 '개인정보 보호법'이 개인정보 보호를 위한 실질적인 기본법이 된다. 첫째, 개인정보와 관련된 개념체계를 개인정보·가명정보(假名情報)·익명정보(匿名情報)로 명확히 하고, 가명정보는 통계작성·과학적 연구·공익적 기록보존의 목적으로 처리할 수 있도록 하며, 서로 다른 개인정보처리자가 보유하는 가명정보는 대통령령으로 정하는 보안시설을 갖춘 전문기관을 통하여서만 결합할 수 있도록 하고, 전문기관의 승인을 거쳐 반출을 허용한다(제2조 제1호, 제15조, 제17조, 제28조의2, 제28조의3, 제58조의2). 둘째, 가명정보를 처리하는 경우에는 관련 기록을 작성·보관하는 등 대통령령으로 정하는 안전성 확보조치를 하도록 하고, 특정 개인을 알아보는 행위를 금지하는 한편 이를 위반하는 경우 형사처벌, 과징금 등의 벌칙을 부과한다(제28조의4, 제28조의5, 제28조의6). 셋째, '개인정보 보호위원회'를 국무총리 소속 중앙행정기관으로 규정하는 한편, 현행법상 행정안전부 및 방송(미디어)통신위원회의 개인정보 보호 관련 기능을 '개인정보 보호위원회'로 이관하여 개인정보 보호 컨트롤타워 기능을 강화한다(제7조, 제7조의2-제7조의14, 제63조). 넷

째, '정보통신망 이용촉진 및 정보보호 등에 관한 법률'의 개인정보 보호 관련 규정을 삭제하고, 국외 이전 시 보호 조치, 국외 재 이전, 국내대리인, 손해배상 보험 등 현행법과 상이하거나 '정보통신망 이용촉진 및 정보보호 등에 관한 법률'에만 있는 규정을 특례로 규정한다(第17조, 第18조, 第30조, 第39조의3-第39조의15).

1. '개인정보'란 살아 있는 개인에 관한 정보로서 다음 각 목의 어느 하나에 해당하는 정보를 말한다. 가. 성명, 주민등록번호 및 영상 등을 통하여 개인을 알아볼 수 있는 정보, 나. 해당 정보만으로는 특정 개인을 알아볼 수 없더라도 다른 정보와 쉽게 결합하여 알아볼 수 있는 정보. 이 경우 쉽게 결합할 수 있는지 여부는 다른 정보의 입수 가능성 등 개인을 알아보는 데 소요되는 시간, 비용, 기술 등을 합리적으로 고려하여야 한다. 다. 가목 또는 나목을 제1호의2에 따라 가명처리함으로써 원래의 상태로 복원하기 위한 추가 정보의 사용·결합 없이는 특정 개인을 알아볼 수 없는 정보(이하 '가명정보'라 한다).

1의2. '가명처리'란 개인정보의 일부를 삭제하거나 일부 또는 전부를 대체하는 등의 방법으로 추가 정보가 없이는 특정 개인을 알아볼 수 없도록 처리하는 것을 말한다.

5. '개인정보처리자'란 업무를 목적으로 개인정보파일을 운용하기 위하여 스스로 또는 다른 사람을 통하여 개인정보를 처리하는 공공기관, 법인, 단체 및 개인 등을 말한다.

7. '고정형 영상정보처리기기'란 일정한 공간에 설치되어 지속적 또는 주기적으로 사람 또는 사물의 영상 등을 촬영하거나 이를 유·무선망을 통하여 전송하는 장치로서 대통령령으로 정하는 장치를 말한다.

7의2. '이동형 영상정보처리기기'란 사람이 신체에 착용 또는 휴대하거나 이동 가능한 물체에 부착 또는 거치(据置)하여 사람 또는 사물의 영상 등을 촬영하거나 이를 유·무선망을 통하여 전송하는 장치로서 대통령령으로 정하는 장치를 말한다.

8. '과학적 연구'란 기술의 개발과 실증, 기초연구, 응용연구 및 민간 투자 연구 등 과학적 방법을 적용하는 연구를 말한다(제2조).

개인정보처리자는 ① 개인정보의 처리 목적을 명확하게 하여야 하고 그 목적에 필요한 범위에서 최소한의 개인정보만을 적법하고 정당하게 수집하여야 하며, ② 개인정보의 처리 목적에 필요한 범위에서 적합하게 개인정보를 처리하여야 하며, 그 목적 외의 용도로 활용하여서는 아니 되고, ③ 개인정보의 처리 목적에 필요한 범위에서 개인정보의 정확성, 완전성 및 최신성이 보장되도록 하여야 하고, ④ 정보주체의 사생활 침해를 최소화하는 방법으로 개인정보를 처리하여야 하며, 개인정보의 익명처리가 가능한 경우에는 익명(匿名)에 의하여 처리될 수 있도록 하여야 하며, ⑤ 인권침해의 우려가 있는 민감한 개인정보의 수집을 금지하며(제23조), ⑥ 원칙적으로 주민등록번호 처리를 금지하고(제24조의2), ⑦ 보유기간의 경과·개인정보의 처리 목적 달성 등 그 개인정보가 불필요하게 되었을 때에는 지체 없이 그 개인정보를 파기하도록 하고(제21조), ⑧ 개인정보의 안전성을 확보하고(제29조), ⑨ 공공기관의 장이 개인정보파일을 운용하는 경우에는 법정 사항을 보호위원회에 등록(제32조), ⑩ 개인정보의 국외 제3자에게 제공 시 본인이 동의(제17조), ⑪ 영업양도 등에 따른 개인정보 이전 제한(제27조) 등을 규정한다.

가명정보제도의 도입에 따라 다음과 같이 규정한다. "개인정보처리자는 개인정보를 익명 또는 가명으로 처리하여도 개인정보 수집목적을 달성할 수 있는 경우 익명처리가 가능한 경우에는 익명에 의하여, 익명처리로 목적을 달성할 수 없는 경우에는 가명에 의하여 처리될 수 있도록 하여야 한다"(제3조 제7항). "개인정보처리자는 당초 수집 목적과 합리적으로 관련된 범위 내에서 정보주체에게 불이익이 발생하는지 여부, 암호화 등 안전성 확보에 필요한 조치를 하였는지 여부 등을 고려하여 대통령령이 정하는 바에 따라 정보주체의 동의 없이 개인정보를 제공할 수 있다"(제17조 제4항). "개인정보처리자는 통계작성, 과학적 연구, 공익적 기록보존 등을 위하여 정보주체의 동의 없이 가명정보를 처리할 수 있다." "개인정보처리자는 제1항에 따라 가명정보를 제3자에게 제공하는 경우에는 특정 개인을 알아보기 위하여 사용될 수 있는 정보를 포함해서는 아니 된다"(제28조의2 제1항·제2항). "제28조의2에도 불구하고 통계작성, 과학적 연구, 공익적 기록보존 등을 위한 서로 다른 개인정보처리자 간의 가명정보의 결합은 보호위원회 또는 관계 중앙행정기관의 장이 지정하는 전문기관이 수행한다"(제28조의3 제1항). "개인정보처리자는 제28조의2 또는 제28조의3에 따라 가명정보를 처리하는 과정에서 특정 개인을 알아볼 수 있는 정보가 생성된 경우에는 즉시 해당 정보의 처리를 중지하고, 지체 없이 회수·파기하여야 한다"(제28조의5 제1항·제2항).

(iii) 정보주체의 권리도 보장한다. 정보주체는 자신의 개인정보처리와 관련하여 ① 개인정보의 처리에 관한 정보를 제공받을 권리, ② 개인정보의 처리에 관한 동의 여부·동의 범위 등을 선택하고 결정할 권리, ③ 개인정보의 처리 여부를 확인하고 개인정보에 대하여 열람(사본의 발급을 포함)을 요구할 권리, ④ 개인정보의 처리 정지, 정정·삭제 및 파기를 요구할 권리, ⑤ 개인정보의 처리로 인하여 발생한 피해를 신속하고 공정한 절차에 따라 구제받을 권리를 가진다(제4조).

"정보통신서비스 제공자 등으로서 대통령령으로 정하는 기준에 해당하는 자는 제23조, 제39조의3에 따라 수집한 이용자의 개인정보의 이용내역(제17조에 따른 제공을 포함한다)을 주기적으로 이용자에게 통지하여야 한다"(제39조의8 제1항). "정보통신서비스 제공자 등은 주민등록번호, 계좌정보, 신용카드정보 등 이용자의 개인정보가 정보통신망을 통하여 공중에 노출되지 아니하도록 하여야 한다"(제39조의10 제1항).

한편 '신용정보의 이용 및 보호에 관한 법률'도 대폭 개정되었다. 첫째, 금융분야 빅데이터 분석·이용의 법적 근거를 명확히 한다. 1) 추가정보를 사용하지 아니하고는 특정 개인을 알아볼 수 없도록 처리(가명처리)한 개인신용정보로서 가명정보의 개념을 도입하고, 통계작성(시장조사 등 상업적 목적의 통계작성을 포함), 연구(산업적 연구를 포함), 공익적 기록보존 등을 위해서는 가명정보를 신용정보주체의 동의 없이도 이용하거나 제공할 수 있도록 함으로써 금융분야에서 빅데이터 분석·이용을 활성화한다(제2조 제15호·제16호, 제32조 제6항 제9호의2·제9호의4). 2) 신용정보회사 등에 대하여 가명처리에 사용한 추가정보는 일정한 방법으로 분리하여 보관하도록 하고, 신용정보회사 등은 가명정보를 보호하기 위하여 일정한 기술적·물리적·관리적 보안대책을 수립·시행하도록 하며, 가명정보를 이용하는 과정에서 특정 개인을 알아볼 수 있게 된 경우 처리를 즉시 중지토록 하고, 특정 개인을 알아볼 수 있게 된 정보를 즉시 삭제토록 하는 등의 의무를 부과함으로써 빅데이터 분석·이용에 따라 발생할 수 있는 부작용을 방지하기 위한 안전장치를 마련한다(제40조의2 제1항·제2항 및 제6항-제8항). 3) 더 이상 특정 개인을 알아볼 수 없도록 개인신용정보를 처리하는 익명처리에 대해서는 금융위원회가 지정하는 데이터전문기관의 적정성 평가를 거친 경우에는 더 이상 특정 개인을 알아볼 수 없도록 처리된 정보로 추정하여 금융회사 등의 빅데이터 활용에 따른 법적 불확실성을 해소한다(제2조 제17호, 제26조의4, 제40조의2 제3항-제5항). 4) 신용정보회사 등이 보유하는 정보집합물을 제3자가 보유하는 다른 정보집합물과 결합할 경우에는 데이터전문기관을 통해서만 하도록 하고, 데이터전문기관이 결합된 정보집합물을 해당 신용정보회사 등에게 전달하는 경우에는 가명처리 또는 익명처리가 된 상태로 전달되도록 하는 등 이종(異種) 산업분야 간의 데이터 결합을 촉진함과 동시에 안전하게 데이터 결합이 이루어질 수 있는 제도적 기반을 마련한다(제17조의2, 제26조의4, 제32조 제6항 제9호의3). 5) 영리 또는 부정한 목적으로 특정 개인을 알아볼 수 있게 가명정보를 처리한 경우 금융위원회가 전체 매출액의 100분의 3 이하에 해당하는 금액을 과징금으로 부과할 수 있도록 하는 동시에, 5년 이하의 징역 또는 5천만원 이하의 벌금에 처하도록 하는 등 빅데이터 활용에 따른 부작용을 방지하기 위한 책임성 확보 장치를 마련한다(제42조의2 제1항 제1호의4, 제50조 제2항 제7호의2). 이에 따라 '마이데이터(MyData·본인신용정보관리업)산업'과 '비금융전문신용조회(CB)업'과 같은 신산업이 도입되고 '데이터 거래소'도 설립된다.

주민등록제도를 도입하면서 열손가락 지문날인제도(指紋捺印制度)의 채택이 개인정보자기결정권을 침해하지 아니한다(6:3)(헌재 2005.5.26. 99헌마513, 주민등록법 제17조의8 등 위헌확인 등(기각)).

[합헌의견(6인)] ① 이 사건 지문날인제도의 목적은 17세 이상 모든 국민의 열 손가락 지문정보를 수집하여 신원확인기능의 효율적인 수행을 도모하고, 신원확인의 정확성 내지 완벽성을 제고하기 위한 것으로서 그 목적의 정당성이 인정되고, ② 그 정보를 수집하여 이를 보관·전산화하여 이용하는 것이 위와 같은 목적을 달성하기 위한 효과적이고 적절한 방법의 하나가 될 수 있다는 점에서 수단의 적합성이 인정되고, 또한 ③ 범죄자 등 특정인의 지문정보만 보관하여서는 모든 국민의 지문정보를 보관하는 경우와 같은 신원확인기능을 도저히 수행할 수 없고 손가락 하나의 지문정보만 수집하는 것도 그 정확성의 면에서 비교가 어려우며, 그 밖의 수단의 경우에도 사진은 정확도가 떨어지고 유전자, 홍채, 치아 등은 수집·보관과 관련한 인권침해의 우려가 높고 확인시스템의 구축에 비용 및 시간이 많이 드는 등의 단점이 지적되고 있어 이를 정보의 과잉수집으로 피해의 최소성원칙에 위반되는 것으로 보아서는 아니 될 것이며, ④ 지문정보를 범죄수사, 대형사건사고 또는 변사자발생시의 신원확인, 타인의 인적 사항 도용방지 등 각종 신원확인의 목적을 위하여 이용함으로써 달성할 수 있는 공익이 그로 인한 정보주체의 불이익보다 크다고 보아 법익의 균형성 요건도 충족하는 것으로 보았다. [위헌의견(3인)] 실정법적 근거가 없으므로 ① 경찰청장의 지문정보의 수집·보관행위는 헌법상 법률유보원칙에 어긋나며, ② 가사 법률적 근거를 갖추었다고 하더라도 기본권의 과잉제한금지원칙에 위배된다는 위헌의견을 제시한다. 그 이유로서 열 손가락의 지문 모두를 수집하

여야 할 필요성이 있다고 보기는 어렵고, 열 손가락의 지문 일체를 보관·전산화하고 있다가 이를 그 범위, 대상, 기한 등 어떠한 제한도 없이 일반적인 범죄수사목적 등에 활용하는 것은 개인정보자기결정권에 대한 최소한의 침해라고 할 수 없고, 전국민을 대상으로 하는 지문정보는 위와 같은 구체적인 범죄수사를 위하여서뿐 아니라 일반적인 범죄예방이나, 범죄정보수집 내지는 범죄예방을 빙자한 특정한 개인에 대한 행동의 감시에 남용될 수 있어 법익균형성도 상실될 우려가 있다고 본다. [평석] 지문날인제도는 국내외적으로 야만적인 제도로 폄하되어왔다. 그런데 2001년 9·11테러 이후 지문날인을 넘어서서 생체인식정보까지 수집되고 있다. 그런 점에서 개인정보법제도 시대상황에 따라 변용되고 있음을 인지하여야 한다.

① 주민등록증에 지문을 수록하도록 한 구 주민등록법 조항, ② 주민등록증 발급신청서에 열 손가락의 지문을 찍도록 한 구 주민등록법 시행령 조항, ③ 시장·군수·구청장으로 하여금 주민등록증 발급신청서를 관할 경찰서의 지구대장 또는 파출소장에게 보내도록 한 구 주민등록법 시행규칙 조항 및 ④ 피청구인 경찰청장이 지문정보를 보관·전산화하고 이를 범죄수사목적에 이용하는 행위에 대한 심판청구를 모두 기각하였다. 다만, 위 시행령 조항이 개인정보자기결정권을 침해한다는 1인의 반대의견(과잉금지원칙 위반)이 있다. 다만, 위 시행규칙 조항이 개인정보자기결정권을 침해하지 아니한다는 2인의 기각의견·개인정보자기결정권을 침해한다는 4인의 인용의견(법률유보원칙 위반) 및 이 부분 심판청구는 기본권침해의 자기관련성 및 현재성이 인정되지 아니한다는 3인의 각하의견이 있다. 또한 위 피청구인의 보관·이용등행위가 개인정보자기결정권을 침해한다는 4인의 반대의견(법률유보원칙 위반)이 있다(헌재 2024.4.25. 2020헌마542, 주민등록법 제24조 제2항 위헌확인 등(기각)).

교육관련기관이 보유하는 교육정보시스템(NEIS)은 헌법에 위배되지 아니한다(헌재 2005.7.21. 2003헌마282등, 개인정보수집 등 위헌확인(기각)). [법정의견(8인)] 서울특별시 교육감과 교육인적자원부장관이 졸업생 관련 제 증명의 발급이라는 소관 민원업무를 효율적으로 수행함에 필요하다고 보아 개인의 인격에 밀접히 연관된 민감한 정보라고 보기 어려운 졸업생의 성명, 생년월일 및 졸업일자만을 교육정보시스템(NEIS)에 보유하는 행위에 대하여는 그 보유정보의 성격과 양(量), 정보보유 목적의 비침해성 등을 종합할 때 수권법률의 명확성이 특별히 강하게 요구된다고는 할 수 없으며, 따라서 '공공기관의 개인정보 보호에 관한 법률' 제5조와 같은 일반적 수권조항에 근거하여 보유행위가 이루어졌다 하더라도 법률유보원칙에 위배된다고 단정하기 어렵다. 졸업증명서 발급업무에 관한 민원인의 편의도모, 행정효율성의 제고를 위하여 개인의 존엄과 인격권에 심대한 영향을 미칠 수 있는 민감한 정보라고 보기 어려운 성명, 생년월일, 졸업일자 정보만을 NEIS에 보유하는 것은 목적의 달성에 필요한 최소한의 정보만을 보유하는 것이라 할 수 있고, '공공기관의 개인정보 보호에 관한 법률'에 규정된 개인정보 보호를 위한 법규정들의 적용을 받을 뿐만 아니라 피청구인들이 보유목적을 벗어나 개인정보를 무단 사용하였다는 점을 인정할 만한 자료가 없는 한 NEIS라는 자동화된 전산시스템으로 그 정보를 보유한다는 점만으로 적법한 보유행위 자체의 정당성마저 부인하기는 어렵다. [반대의견(1인)] 우리나라와 같이 학력이 중시되는 사회에서는 그 정보주체의 인격상 추출에 대단히 중요한 역할을 할 수 있는 학력에 관한 정보이므로 자신의 동의 없이 타인에게 알리고 싶지 아니한 민감한 정보가 될 수 있고, 이러한 정보를 NEIS와 같이 컴퓨터와 인터넷망을 이용하는 고도로 집중화된 정보시스템에 보유하면서 그 근거를 정보수집·처리의 목적특정성이 현저히 결여된 '공공기관의 개인정보 보호에 관한 법률' 제5조의 일반조항에 둘 수 있는지 의문이다. 졸업증명서 발급이라는 민원업무처리를 위하여 시·도 교육감, 나아가 교육인적자원부 차원에서 관련 개인정보들을 전산시스템에 집적하여 관리할 필요성이 무엇인지, 그로 인하여 추구되는 진정한 공익이 과연 존재하는지 의문을 품지 아니할 수 없는바, 개인정보보호법제도 완비되지 아니한 상황에서 그 보유목적의 정당성과 보유수단의 적정성을 인정하기 어려운 가운데 결코 가벼이 취급할 수 없는 개인정보를 피청구인들이 NEIS에 보유하고 있는 행위는 그 정보주체의 개인정보자기결정권을 침해하는 것이다.

국민기초생활보장법 소정의 급여신청을 할 때 가족 모두의 금융거래정보 관련기록이 기재된 '금융거래정보제공동의서'의 제출 요구는 합헌이다(헌재 2005.11.24. 2005헌마112, 국민기초생활보장법 제23조 위헌확인(기각,각하)): "보장법시행규칙은 급여신청자의 수급자격 및 급여액 결정을 객관적이고 공정하게 판정하려는 데 그 목적이 있는 것으로 그 정당성이 인정되고, 이를 위해서 금융거래정보를 파악하는 것은 적절한 수단이며 금융기관과의 금융거래정보로 제한된 범위에서 수집되고 조사를 통해 얻은 정보와 자료를 목적외의 다른 용도로 사용하거나 다른 기관에 제공하는 것이 금지될 뿐만 아니라 이를 어긴 경우 형벌을 부과하므로 정보주체의 자기결정권을 제한하는 데 따른 피해를 최소화하고 있고 위 시행규칙조항으로 인한 정보주체의 불이익보다 추구하는 공익이 더 크므로 개인정보자기결정권을 침해하지 아니한다."

그런데 인공지능 환경에서 새로운 형태의 개인정보 처리가 증대함에 따라 개인정보 침해 가능성이 제기된다. 불법으로 수집한 개인정보 데이터나 이를 이용하여 개발한 알고리즘으로부터 이득을 얻어서는 아니 된다. 이에 미국 연방거래위원회(Federal Trade Commission)는 개인정보를 침해하여 수집한 데이터로 학습한 인공지능 알고리즘의 삭제를 명령하고 있다. 이러한 규제는 인공지능 알고리즘의 위험성을 제거하지만, 다른 한편 과학기술과 경제발전을 저해할 우려도 제기된다.[1)]

(iv) 개인정보 유출에 따른 피해구제를 강화하기 위하여 '개인정보 보호법'에서는 입증책임의 전환과 책임감경(제39조), 비밀유지명령(제39조의4), 손해배상의 보장(제39조의7), 집단분쟁조정(제49조), 개인정보 단체소송(제51조)을 규정한다.

개인정보처리자의 고의 또는 중대한 과실로 인하여 개인정보가 분실·도난·유출·위조·변조 또는 훼손된 경우로서 정보주체에게 손해가 발생한 때에는 법원은 그 손해액의 5배를 넘지 아니하는 범위에서 손해배상액을 정할 수 있다. 다만, 개인정보처리자가 고의

1) 박소영, 미국 FTC의 알고리즘 삭제 명령, 개인정보 침해 데이터로 학습한 인공지능 규제의 시사점, 이슈와 논점 2219, 국회입법조사처, 2024.3.

또는 중대한 과실이 없음을 증명한 경우에는 그러하지 아니하다(제39조 제3항). 또한 제39조 제1항에도 불구하고 정보주체는 개인정보처리자의 고의 또는 과실로 인하여 개인정보가 분실·도난·유출·위조·변조 또는 훼손된 경우에는 300만원 이하의 범위에서 상당한 금액을 손해액으로 하여 배상을 청구할 수 있다. 이 경우 해당 개인정보처리자는 고의 또는 과실이 없음을 입증하지 아니하면 책임을 면할 수 없다(제39조의2 제1항).

(6) '잊힐 권리'('잊혀질 권리')

(i) '잊힐 권리'(right to be forgotten)는 정보통신에서 자신과 관련된 정보를 보호하기 위하여 정보의 삭제요구권과 검색차단요구권을 내용으로 권리이다.[1)]

잊힐 권리라는 개념은 2012년 '유럽 일반 데이터 보호 규칙'(General Data Protection Regulation, GDPR)에서 처음으로 등장한다. 유럽연합(EU)은 1995년에 '데이터 보호 지침'(Data Protection Directive)을 제정하여 검색사업자에 대한 규제를 시작하였다. 유럽에서는 유럽인권협약(European Convention on Human Rights, ECHR) 제8조[2)]를 토대로 2018년에 '일반 데이터 보호 규칙'(General Data Protection Regulation, GDRP)이 발효되었는데 제17조[3)]에서 잊힐 권리를 규정한다.

(ii) 잊힐 권리의 개념에 본인이 동의한 정보이어야 하느냐에 관하여는 논란이 있다. 왜냐하면 잊힐 권리는 정작 본인의 동의 여부와 관계없이 인터넷을 통하여 횡행하는 개인정보를 차단하고자 하는 역할과 기능이 많기 때문이다.

(iii) 다른 한편 잊힐 권리는 표현의 자유 및 정보의 자유와 충돌할 우려가 있다. 유럽재판소도 2019년 9월 24일자 '구글결정'에서 기본권 차원의 형량을 요구한다. 그런 점에서 사상의 자유시장에 입각하여 표현의 자유를 강조하는 미국보다는 유럽에서 빨리 자리 잡고 있다.

(iv) 한국에서는 2016년 4월 '인터넷 자기게시물 접근배제 요청권'이라는 가이드라인을 제정하여 배포하였지만, 아직도 입법화는 걸음마 단계에 있다.

---

1) 문재완, 잊혀질 권리: 이상과 현실, 집문당; 박진우, "이른바 '잊힐 권리'에 관한 헌법적 조명", 세계헌법연구 20-2; 박용숙·김학성, "잊혀질 권리에 관한 헌법적 고찰", 헌법학연구 21-1; 허완중, "잊힐 권리에 관한 헌법적 검토", 헌법학연구 26-3; 이재운, "EU 다층적 규범구조와 독일 연방헌법재판소의 기본권심사-잊힐 권리를 중심으로", 공법연구 49-1.

2) 제8조(사생활 및 가정생활을 존중받을 권리, Right to respect for private and family life)) 1. 모든 사람은 그의 사생활, 가정생활, 주거 및 통신을 존중받을 권리를 가진다. 2. 이 권리의 행사에 대하여는 무질서와 범죄의 방지, 보건 도덕의 보호 또는 타인의 권리 및 자유를 보호하기 위하여 민주사회에서 국가안보, 공공의 안전 또는 국가의 경제적 복리에 필요하여 법률에 따른 경우 이외에는 어떠한 공공당국의 개입도 있어서는 아니 된다.

3) 정보관리자가 정보주체의 개인정보를 삭제할 의무가 있는 경우에, 그 관리자는 이용가능한 기술과 이행비용을 고려하여, 정보주체가 그 개인정보에의 링크 또는 그 복사나 복제의 삭제를 청구하였음을 그 정보를 처리하고 있는 관리자들에게 통지할, 기술적 조치를 포함하여 합리적인 조치를 취할 의무가 있다.

Ⅵ. 사생활의 비밀과 자유의 제한과 한계

1. 의 의

사생활의 비밀과 자유도 헌법 제37조 제2항에 따라 국가안전보장·질서유지 또는 공공복리를 위하여 필요한 경우에 한하여 법률로써 제한할 수 있다. 다만, 사생활의 비밀과 자유의 본질적 내용은 침해할 수 없다. 이와 관련하여 사생활의 비밀과 자유와 ① 언론의 자유(알 권리), ② 국정감사·조사, ③ 행정조사, ④ 수사권, ⑤ 행정법상 의무위반자의 명단공개, ⑥ 형법상 컴퓨터스파이범죄, ⑦ '아동·청소년의 성보호에 관한 법률'의 신상정보등록 및 공개제도, ⑧ '위치정보의 이용 및 보호 등에 관한 법률'의 위치정보, ⑨ 공직자의 병역사항 공개, ⑩ '디엔에이신원확인정보의 이용 및 보호에 관한 법률', ⑪ '특정중대범죄 피의자 등 신상정보 공개에 관한 법률', ⑫ 민사소송절차의 변론과정 등이 문제된다. 최근에는 무인항공기에 의한 사생활 침해 논의까지 전개된다.[1)]

2. 표현의 자유와 사생활보호(기본권충돌)

(ⅰ) 언론보도로 개인의 사생활이 침해된 경우 언론의 자유와 사생활의 자유라는 두 기본권의 충돌문제가 발생한다. 기본권이 충돌할 때에는 이익(법익)형량의 원칙과 규범조화적 해석의 원칙을 통하여 해결할 수 있다.

(ⅱ) **이익형량(利益衡量)의 원칙**에 따라 기본권 상호간의 우열을 정하는 경우 생명과 인격권·자유권우선의 원칙 등을 제시할 수 있다. 그러나 표현의 자유와 사생활보호 사이에 우열은 쉽게 획정할 수 없다. 이에 형평성의 원칙에 따라 공평한 제한의 원칙·대안(절충안)발견의 원칙이나, **규범조화적 해석의 원칙**에 따라 과잉금지의 원칙·대안적 해결방법·최후수단억제방법 등을 동원할 수 있다. 결국 기본권의 충돌이론을 원용하더라도 과잉금지의 원칙이나 비례의 원칙 등에 입각한 규범조화적인 해석이 바람직하지만, 현실적으로 이를 통하여 명확한 결론을 도출하기가 어려운 문제이다(헌재 1991.9.16. 89헌마165, 정기간행물의등록등에관한법률 제16조 제3항, 제19조 제3항 등에 관한 헌법소원(합헌); 대판 1988.10.11. 85다카29).

---

1) 김태수, 공인에 관한 표현의 자유의 한계, 고려대 박사학위논문, 2006.8; 자의로 유명인이 된 자(정치인, 연예인 등)뿐만 아니라 타의로 유명인이 된 자(범인, 피의자 등)도 여기에 포함된다(권영성, 454면); 박창석, "무인항공기와 사생활의 자유-무인기 활용 기반 조성을 위한 법제도 구축 시론", 공법연구 43-3; 류성진, "드론의 프라이버시권 침해에 대한 헌법적 검토", 이대 법학논집, 21-4; 최경미·김상원, "아동·청소년 온라인 안정을 위한 법적 연구", 미국헌법연구 35-1.

그 결과 언론의 자유와 사생활의 비밀과 자유 또는 명예훼손과의 상충관계가 가지는 중요성과 특수성에 비추어 일련의 판례이론이 발전되어왔다. 그것이 바로 권리포기의 이론, 공익의 이론, 공적 인물의 이론 등이다. 권리포기의 이론은 사생활의 비밀과 자유를 포기한 경우에는 그에 관한 권리가 소멸하므로 공개할 수 있다는 이론이다. 공익의 이론이란 공익에 부합하는 한 사생활의 비밀과 자유도 공개될 수 있다는 이론이다. 공적 인물의 이론이란 정치인이나 유명 연예인 등의 사생활은 일반인과 달리 공개되더라도 수인(受忍)하여야 한다는 이론이다. 그 밖에도 공무원시험 합격자에 발표된 개인의 성명과 같은 공적 기록도 공개가 가능하다고 본다.

> "신문보도의 명예훼손적 표현의 피해자가 공적 인물인지 아니면 사인인지, 그 표현이 공적인 관심사안에 관한 것인지 순수한 사적인 영역에 속하는 사안인지의 여부에 따라 헌법적 심사기준에는 차이가 있어야 한다. 객관적으로 국민이 알아야 할 공공성·사회성을 갖춘 사실은 민주제의 토대인 여론형성이나 공개토론에 기여하므로 형사제재로 인하여 이러한 사안의 게재를 주저하게 만들어서는 안 된다"(헌재 1999.6.24. 97헌마265, 불기소처분취소(기각)).

(iii) 한편 개인의 사생활에 속하는 사항이라도 그 성격에 따라 인격적 가치에 미치는 의미가 다를 수 있다. 가령 개인적으로 비밀로 하고 싶어 하는 내용이라 하더라도 그것이 누구에게든 알려지면 인간으로서의 존엄성이 심대하게 훼손되는 경우가 있는가 하면, 특정한 집단에게만 알려지지 아니한다면 상관이 없는 경우나 혹은 세상에 알려지더라도 그것이 사회 전체의 이익을 위하여 감수하여야만 하는 상황도 있을 수 있다.

이에 독일의 인격영역이론(Sphärentheorie der Persönlichkeit)에서는 인격의 영역을 가장 폐쇄적 성격이 강한 영역에서 가장 개방적 성격이 강한 영역으로 단계화하여 ① 내밀영역, ② 비밀영역, ③ 사적 영역, ④ 사회적 영역, ⑤ 공개적 영역 등으로 나누고, 관계되는 인격적 가치가 이들 가운데 어디에 속하는가에 따라 사적 영역에 대한 국가적 개입의 정도나 사생활에 관한 언론보도의 한계 등을 다르게 파악한다. 즉, 내밀영역(內密領域)에 관한 사항의 폭로에 대하여 가장 강력한 보호를 받게 되나, 공개적 영역에 관하여는 그 보호가 인정되지 아니한다. 가령 혼인관계·가족관계·성관계·건강기록 등과 같은 사적 영역은 국가의 개입을 허용한다. 이러한 영역이론은 비례원칙의 구체화로서 이해될 수도 있다.

하지만, 인격영역의 정밀한 세분화가 매우 어렵다는 점에 이론적 난점이 있다. 인간의 내부공간이 사회적인 체험과정을 통하여 구성된다고 할 때 이러한 공간을 사회적 접촉과 사회적 영역에서 적당히 구획하는 것은 매우 어려운 문제이다.

이 밖에도 독일에서는 직장동료, 정당원, 가족구성원, 직장상사 등과 같이 표출되는 역할에 따라 보호되는 인격성을 각각 개별적으로 판단할 것을 주장하는 역할이론, 외부에 대한 자기표현의 자유를 강조하면서 자신에 관한 정보가 언제 누구에게 알려져야 하는지 결정할 수 있는 권한에 초점을 맞추어야 한다는 자율적 자기표현이론, 인간의 사회화와 인간의 인격상 내지 언어적 의사소통의 온전함이 사적 영역의 보호의 대상이 된다고 하면서 각 의사소통의 상황이나 대화상대방의 신뢰성의 정도에 의하여 그 보호가 결정된다고 하는 의사소통이론 등의 이론이 전개된 바 있다(박용상, 명예훼손법, 현암사, 2007 참조).

(iv) 특정 인물의 신체 등을 대상으로 한 영상물 등을 성적 욕망 또는 수치심을 유발할 수 있는 형태로 편집하는 등의 소위 '딥페이크'(deepfake)를 제작·반포하는 기술이 빠르게 발전한다. 이에 '성폭력범죄의 처벌 등에 관한 특례법'에서는 이에 대한 처벌근거를 마련하고 특히 영리 목적으로 정보통신망을 이용하여 반포 등을 한 경우 가중처벌한다(제14조의2).

3. 국정감사·조사와 사생활보호

(i) 국정감사·조사라 하더라도 헌법상 보장된 개인의 기본권을 침해할 수는 없다. 주로 사생활보호와 불리한 진술거부권이 문제가 된다.

(ii) '국정감사 및 조사에 관한 법률'에서는 "국정 감사 또는 조사는 개인의 사생활을 침해하여서는 아니 된다"라고 규정한다(제8조). 즉 국가작용과 관련이 없는 순수한 사적 사항은 국정감사·조사의 대상에서 제외된다. 다만, 국정감사·조사의 목적상 이에 관한 조사가 불가피한 경우에는 사생활의 비밀과 자유의 보장에도 일정한 한계가 뒤따를 수 있다(제2편 제2장 제8절 제3항 Ⅳ. 5. (3) A. 참조).

4. 사생활의 비밀·자유와 범죄수사

불법시위에 대한 증거보전을 목적으로 한 사진촬영이나 범죄수사를 목적으로 한 전화도청 등이 사생활을 침해할 소지가 있다. 또한 수사기관에 의한 피의사실의 유포로 인하여 피의자의 사생활침해나 명예훼손이 성립될 수도 있다. '개인정보 보호법'에서는 국가안전보장을 위한 정보분석을 목적으로 수집 또는 제공요청되는 개인정보에 대하여는 적용을 일부 배제한다(제58조 제1항). 또 개인정보처리자는 일정한 경우에는 정보열람을 제한할 수 있다(제35조 제4항).

"수사기관이 피의자의 자백을 받아 기자들에게 보도자료를 배포하는 방법으로 피의사실을 공표함으로써 피의자의 명예가 훼손된 경우, 피의사실이 진실이라고 믿는 데에 상당한 이유가 없는 경우 보도자료의 작성·배포에 관여한 경찰서장과 수사경찰관 및 국가는 연대배상책임을 져야 한다"(대판 1996.8.20. 94다29928).

"범죄수사를 위한 피의자의 사진촬영은 현재 죄를 범하였다고 의심할 상당한 이유가 있을 경우, 범죄가 막 행해지려고 하는 경우 및 긴급성이 인정되고 그 방법이 일반적으로 허용된 상당성을 갖추었을 경우에는 피의자의 의사에 반해서도 행할 수 있다고 해석하여야 한다. 이러한 경우에 행하여진 경찰관에 의한 사진촬영은 그 대상 가운데 범인의 얼굴 외에 범인의 신변 또는 근처의 제3자인 개인의 모습 등을 포함하고 있더라도 헌법에 위반되지 아니한다"(일본 最高裁判 1969(昭和 44.)12.24.).

5. 행정법상 의무위반자의 명단공개

(i) 행정법상 의무위반자의 명단공개 등에 관한 일반적인 법률규정은 없다. 다만, 국세기본법(제85조 의5)·지방세기본법(제140조)·관세법(제116조의2)에서 고액·상습체납자의 명단공개 규정을, 근로기준법(제43조 의2)에서 임금 등 체불사업주에 대한 명단공개 규정을 두고 있다.

(ii) 행정법상 의무의 불이행자에 대한 징벌적 수단으로서의 명단공개는 그 공익성을 인정할 수 있지만, 공표의 필요성과 사생활보호와의 조화를 도모하여야 한다. 병역의무 기피자의 인적 사항은 공개한다(제81조 의2). 다만, 병역법 개정으로 귀국보증제도는 폐지되었다(제70조 및 제95조 제1항).

6. 형법상 컴퓨터스파이범죄

형법 제316조 제2항에서는 "봉함(封緘) 기타 비밀장치한 사람의 편지, 문서, 도화 또는 전자기록등 특수매체기록을 기술적 수단을 이용하여 그 내용을 알아낸 자도 제1항의 형(3년 이하의 징역이나 500만원 이하의 벌금)과 같다"라고 하여 컴퓨터비밀침해죄를 신설하였는데, 이 범죄의 보호법익은 '개인의 비밀'이다.

7. 신상정보 공개와 전자장치 부착

구 '청소년의 성보호에 관한 법률'은 청소년을 성적 유희의 대상으로 한 일정한 자의 성명, 연령, 직업 등의 신상과 범죄사실의 요지를 그 형이 확정된 후 관보 등에 게재하여 공개할 수 있도록 하였다(제20조 제2항). 특히 당사자의 사진까지도 공개하도록 하자는 주장이 제기된 바 있으나, 당사자 자신은 물론 그 가족에게까지 과도한 영향을 미칠 수 있다는 비판에 따라 제한된 범위 내에서 공개하도록 한정하였다. 이는 청소년보호라는 더 중요한 이익의 보호를 위하여 개인의 사생활이 제약되는 예이다.

구법의 청소년 성매수자(性買受者)에 대한 신상공개제도에 대하여 헌법재판소는 ① 이중처벌금지원칙, ② 과잉금지원칙, ③ 평등원칙, ④ 법관에 의한 재판을 받을 권리, ⑤ 적법절차원칙에 위반되지 아니한다고 판시한다. 또한 신상공개의 시기·기간·절차 등에 관한 사항을 대통령령에 위임한 것도 포괄위임입법금지원칙에 위반되지 아니한다고 판시한 바 있다. 하지만, 위헌의견(5인)은 헌법상 인격권 및 평등원칙에 위배된다고 판시한다(헌재 2003.6.26. 2002헌가14, 청소년성보호에관한 법률 제20조 제2항 제1호 등 위헌제청(합헌,각하)).

(i) '아동·청소년의 성보호에 관한 법률'은 이전의 신원공개제도를 폐지하고 아동·청소년대상 성범죄로 유죄판결이 확정된 자의 신상정보 공개제도를 도입한다. 즉 법원은 공개대상자에 대하여 판결로 등록정보 가운데 일정한 정보(이를 공개정보[1]라 함)를 "등록기간 동안 정보통신망을 이용하여 공개하도록 하는 명령(공개명령)을 등록대상 사건의 판결과 동시에 선고하여야 한다. 다만, 피고인이 아동·청소년인 경우, 그 밖에 신상정보를 공개하여서는 아니 될 특별한 사정이 있다고 판단되는 경우에는 그러하지 아니하다"(제49조 제1항). 여기에서 '피고인이 아동·청소년인 경우'에 해당하는지는 사실심 판결의 선고시를 기준으로 판단하여야 한다(대판 2012.5.24. 2012도2763).

공개명령 및 고지명령 제도는 아동·청소년대상 성폭력범죄 등을 효과적으로 예방하고 그 범죄로부터 아동·청소년을 보호함을 목적으로 하는 일종의 보안처분으로서 그 목적과 성격, 운영에 관한 법률의 규정 내용 및 취지 등을 종합하여 보면, 공개명령 및 고지명령 제도는 범죄행위를 한 자에 대한 응보 등을 목적으로 그 책임을 추궁하는 사후적 처분인 형벌과 구별되어 그 본질을 달리한다(대판 2012.5.24. 2012도2763).

아동·청소년 대상 성폭력 범죄를 저지른 사람에 대하여 신상정보 공개는 과잉금지원칙을 위반하여 인격권과 개인정보 자기결정권을 침해한다고 볼 수 없다(헌재 2013.10.24. 2011헌바106등, 아동·청소년의 성보호에 관한 법률 제38조 제1항 제1호 위헌소원(합헌))(헌재 2019.11.28. 2017헌마399, 구 아동·청소년의 성보호에 관한 법률 제42조 제1항 위헌확인(기각)).

아동·청소년이 등장하는 아동·청소년이용음란물 배포(配布) 및 (단순) 소지 행위로 징역형이 확정된 자는 신상정보 등록대상자가 된다고 규정한 구 '성폭력범죄의 처벌 등에 관한 특례법'은 합헌이다(7:2)(헌재 2017.10.26. 2016헌마656, 신상등록 위헌확인 등(기각,각하)); 아동·청소년이용음란물을 제작한 자를 무기 또는 5년 이상의 징역에 처하는 규정(헌재 2002.4.25. 2001헌가27 참조)과 관련하여, '제작'의 의미가 객관적으로 아동·청소년이용음란물을 촬영하여 재생이 가능한 형태로 저장할 것을 전체적으로 기획하고 구체적인 지시를 하는 등으로 책임을 지는 것이다. 피해자인 아동·청소년의 동의 여부나 영리목적 여부를 불문함은 물론 해당 영상을 직접 촬영하거나 기기에 저장할 것을 요하지도 아니한다(헌재 2019.12.27. 2018헌바46, 아동·청소년의 성보호에 관한 법률 제11조 제1항 위헌소원(합헌)). '아동·청소년이 등장하는 아동·청소년성착취물을 배포한 자'에 관한 부분은 헌법에 위반되

---

1) 법 제49조 제4항이 열거하는 공개정보는 ① 성명, ② 나이, ③ 주소 및 실제거주지(도로명 주소법 제2조 제5호의 도로명 및 제2조 제7호의 건물번호까지로 한다), ④ 신체정보(키와 몸무게), ⑤ 사진, ⑥ 등록대상 성범죄 요지(판결일자, 죄명, 선고형량을 포함한다), ⑦ 성폭력범죄 전과사실(죄명 및 횟수), ⑧ '전자장치 부착 등에 관한 법률'에 따른 전자장치 부착 여부이다.

지 아니한다(헌재 2022.11.24. 2021헌바144, 아동 · 청소년의 성보호에 관한 법률 제11조 제3항 위헌소원(합헌)).

(ii) 성폭력범죄의 처벌 등에 관한 특례법의 신상정보 등록대상자 규정에 대하여 헌법재판소는 합헌으로 판시한다.

형법상 강제추행죄로 유죄판결이 확정된 자는 신상정보 등록대상자가 되도록 규정한 구 '성폭력범죄의 처벌 등에 관한 특례법'(헌재 2014.7.24. 2013헌마423등, 성폭력범죄의 처벌 등에 관한 특례법 제32조 제1항 위헌확인 등(기각)).

가상의 아동 · 청소년이용음란물배포죄로 유죄판결이 확정된 자는 신상정보 등록대상자가 되도록 규정한 '성폭력범죄의 처벌 등에 관한 특례법' 중 구 '아동 · 청소년의 성보호에 관한 법률'의 아동 · 청소년이용음란물 가운데 "아동 · 청소년으로 인식될 수 있는 사람이나 표현물이 등장하는 것"에 관한 부분으로 유죄판결이 확정된 자에 관한 부분(합헌4: 위헌5)(헌재 2016.3.31. 2014헌마785, 성폭력범죄의 처벌 등에 관한 특례법 제42조 제1항 등 위헌확인(기각,각하)).

주거침입강간상해, 강간으로 유죄판결이 확정된 자는 신상정보 등록대상자가 되도록 한 '성폭력범죄의 처벌 등에 관한 법률'(헌재 2017.9.28. 2016헌마964, 특정 범죄자에 대한 보호관찰 및 전자장치 부착 등에 관한 법률 제5조 제1항 제3호 등 위헌확(기각,각하))).

공중밀집장소추행죄(公衆密集場所醜行罪)로 유죄판결이 확정된 자를 신상정보 등록대상자로 규정(헌재 2017.12.28. 2016헌마1124, 구 성폭력범죄의 처벌 등에 관한 특례법 제42조 제1항 위헌확인(기각)).

'성폭력범죄의 처벌 등에 관한 특례법' 위반(공중밀집장소에서의 추행)죄로 '유죄판결이 확정된 자'를 신상정보 등록대상자로 규정한 부분이 신상정보 등록대상자의 개인정보자기결정권과 평등권을 침해하지 아니한다(6:3)(헌재 2020.6.25. 2019헌마699, 성폭력범죄의 처벌 등에 관한 특례법 제42조 제1항 위헌확인(기각)). 선례(헌재 2017.12.28. 2016헌마1124)를 유지하면서, 재범의 위험성을 요구하지 아니하는 부분과 평등권침해 여부에 대하여 추가적으로 판단하였다. [반대의견] 헌재 2019.11.28. 2017헌마399 결정의 반대의견을 원용하여, 개인정보자기결정권을 침해하여 헌법에 위반된다.

카메라등이용촬영죄로 유죄판결이 확정된 자를 신상정보 등록대상자로 정하는 '성폭력범죄의 처벌 등에 관한 특례법' 조항들이 개인정보자기결정권, 일반적 행동의 자유를 침해하지 아니한다(6:3)(헌재 2020.10.29. 2018헌마1067, 성폭력범죄의 처벌 등에 관한 특례법 제42조 제1항 등 위헌확인(기각)). 헌재 2015.7.30. 2014헌마340 등 결정에서 등록대상자조항과 실질적으로 내용이 동일한 구 성폭력처벌법 조항이 개인정보자기결정권을 침해하지 아니한다고 결정하고, 헌재 2019.11.28. 2017헌마399 결정에서 성범죄자의 신상정보 등록에 있어 반드시 재범의 위험성을 등록요건으로 하여야 하는 것은 아니라고 결정한 바 있다. 2017헌마399 결정 및 2016헌마109 결정에서 제출조항, 처벌조항들과 실질적으로 내용이 동일한 성폭력처벌법 조항들이 개인정보자기결정권, 일반적 행동의 자유를 침해하지 아니한다고 결정한 바 있다.

(iii) 한편 "수사 · 재판 · 집행 등 형사사법 절차에서 전자장치를 효율적으로 활용하여 불구속재판을 확대하고, 범죄인의 사회복귀를 촉진하며, 범죄로부터 국민을 보호함을 목적으로" '전자장치 부착 등에 관한 법률'도 제정되었다.

해당 규정은 기본권 침해의 직접성이 인정되지 아니한다. 전자장치 부착명령을 집행할 수 없는 기간 동안 집행을 정지하고 다시 집행이 가능해졌을 때 잔여기간을 집행함으로써 재범 방지 및 재사회화라는 전자장치부착의 목적을 달성하기 위한 것으로서 입법목적의 정당성 및 수단의 적절성이 인정되며, 부착명령 집행이 불가능한 기간 동안 집행을 정지하는 것 이외에 덜 침해적인 수단이 있다고 보기도 어렵다. 또한 특정범죄자의 재범방지 및 재사회화라는 공익을 고려하면, 침해되는 사익이 더 크다고 볼 수 없어 법익균형성도 인정되므로 과잉금지원칙에 위배되지 아니한다(헌재 2013.7.25. 2011헌마781, 특정범죄자에 대한 위치추적 전자장치 부착에 관한 법률시행령 제8조 제1항 등 위헌확인(기각,각하)).

대법원은 동법에 의한 전자감시제도를 일종의 보안처분으로 파악하여 범죄행위를 한 자에 대한 응보를 주된 목적으로 그 책임을 추궁하는 사후적 처분인 형벌과는 본질을 달리하는 것으로 이해한다(대판 2009.5.14. 2009도1947, 2009전도5).

8. '위치정보의 보호 및 이용 등에 관한 법률'

정보과학기술의 발전에 따라 위치정보(位置情報)의 정확한 파악이 가능하여졌다. 반면에 개인의 위치정보에 대한 침해의 우려가 매우 높다. 하지만, 긴급구조 등에서 위치정보는 매우 유익한 기능을 수행하기 때문에 그 문제점을 최소화하는 전제에서 위치정보가 수집·이용·관리되어야 한다.

9. 공직자의 병역사항신고 및 공개

(i) 부정한 병역면탈의 방지와 병역의무의 자진이행에 기여를 도모하기 위하여 '공직자 등의 병역사항 신고 및 공개에 관한 법률'이 제정되었다. 이 법률에서는 일정한 직위 이상의 공무원 등의 병역사항을 신고·공개하도록 규정한다.

(ii) 공무원 등의 병역사항의 신고·공개는 공개 대상의 범위에 따라 개인의 사생활의 비밀과 자유와 상호충돌을 야기할 수 있다. 특히 신고와 공개 대상에 사람의 육체적·정신적 상태나 건강에 대한 정보 등과 같은 인격의 내적 핵심에 근접하는 민감한 개인정보가 포함된다면 이러한 사항에 대한 공개는 공무원 등이 개인적 차원에서 가지는 사생활의 비밀과 자유를 심각하게 제한할 가능성이 있다. 따라서 공개되는 병역사항에 개인의 내밀 영역에 해당하는 정보는 포함하지 아니하여야 하며 불가피하게 이러한 정보를 공개한다면 그 대상은 국가의 정책이나 기획의 직접적이고 최종적인 결정권을 가지는 극소수에 한정하여야 한다.

대통령령으로 정하는 질병·심신장애 또는 처분사유로 전시근로역에 편입되거나 병역이 면제된 경우 병역사항 신고·공개에 있어서 신고의무자로 하여금 질병명·심신장애내용 또는 처분사유 등의 비공개를 요구할 수 있고 이 경우 그 질병명·심신장애내용 또는 처분사유 등을 공개하여서는 아니 된다(제8조 제3항).

공직자등의병역사항신고및공개에관한법률이 공적 관심의 정도가 약한 4급 이상의 공무원들까지 대상으로 삼아 모든 질병명을 아무런 예외 없이 공개하도록 한 것은 해당 공무원들의 사생활의 비밀과 자유를 침해한다(헌재 2007.5.31. 2005헌마1139, 공직자등의병역사항신고및공개에관한법률 제3조 등 위헌확인(헌법불합치,잠정적용)).

10. '디엔에이신원확인정보의 이용 및 보호에 관한 법률'

범죄수사 및 범죄예방 등을 위하여 '디엔에이신원확인정보의 이용 및 보호에 관한 법률'이 제정되었다. 디엔에이 감식시료(鑑識試料)의 채취는 수형인, 구속피의자 등으로부터 채취하고 특히 범죄현장으로부터의 채취도 가능하다. 그 과정에서 인간의 존엄성 및 개인의 사생활이 침해되어서는 아니 된다. "데이터베이스에 수록되는 디엔에이신원확인정보에는 개인 식별을 위하여 필요한 사항 외의 정보 또는 인적사항이 포함되어서는 아니 된다"(제3조).

디엔에이감식시료채취영장 발부 과정에서 채취대상자가 자신의 의견을 진술하거나 영장발부에 대하여 불복하는 등의 절차를 두지 아니한 것은 과잉금지원칙을 위반하여 재판청구권을 침해한다(6:3). 하지만, 채취 그 자체는 합헌이며(5:4), 채취대상자가 사망할 때까지 디엔에이신원확인정보를 데이터베이스에 수록, 관리할 수 있도록 한 규정은 개인정보자기결정권을 침해하지 아니한다(8:1)(헌재 2018.8.30. 2016헌마344등, 디엔에이감식시료채취영장 발부 위헌확인 등(헌법불합치(잠정적용),기각,각하)). 이에 심사단계에서 채취대상자에게 서면으로 의견진술의 기회를 부여하고, 채취에 관한 처분에 불복절차를 마련하고, 처분 취소결정이 확정된 경우 데이터베이스에 수록된 디엔에이신원확인정보를 삭제하도록 법률이 개정되었다.

11. '특정중대범죄 피의자 등 신상정보 공개에 관한 법률'

토막살인·연쇄살인·강간살인미수 등 반사회적이고 반인륜적인 극악범죄의 발생이 빈번하다. 개별법에서 피의자 신상정보 공개에 대한 근거를 일부 규정하고 있으나, 대상 범죄가 제한적이고 공개 대상자가 공소제기 이전 피의자에 한정되어 있었다. 이에 특정한 중대범죄에 대하여 수사 및 재판 단계에서 신상정보 공개에 대한 대상과 절차 등을 규정함으로써 신상정보 공개 제도의 실효성을 확보하고, 국민의 알 권리 보장 및 범죄예방 강화를 도모하고자 이 법률이 제정되었다.

12. 민사소송절차의 변론과정

민사소송절차의 변론과정에서 당사자가 상대방의 프라이버시나 명예에 관한 사항을 주장하고 이에 관한 증거자료를 제출함으로써 상대방의 프라이버시가 침해되거나 명예가 훼손되었다 하더라도, 그 주장과 입증이 당사자에게 허용되는 정당한 변론활동의 범위를 일탈하지 아니하면 위법성이 없다.

교도소에 수감 중인 기결수가 교도소장의 위법한 서신발송불허행위(書信發送不許行爲) 등으로 통신권을 침해당하였다고 주장하며 국가를 상대로 제기한 위자료청구소송에서,

상대방이 그 답변서를 통하여 기결수의 추가적인 범죄사실이나 수용생활 중 고소·진정 행위 내역 등에 관하여 제출한 주장과 입증은 정당한 변론활동의 범위를 일탈한 것이 아니어서 위법성이 없다(대판 2008.2.15. 2006다26243).

국민의 인간으로서의 존엄과 가치를 보장하는 것은 국가기관의 기본적인 의무에 속하는 것이고 이는 형사절차에서도 당연히 구현되어야 하는 것이지만, 국민의 사생활 영역에 관계된 모든 증거의 제출이 곧바로 금지되는 것으로 볼 수는 없으므로 법원으로서는 효과적인 형사소추 및 형사소송에서의 진실발견이라는 공익과 개인의 인격적 이익 등의 보호이익을 비교형량하여 그 허용 여부를 결정하여야 한다(대판 2010.9.9. 2008도3990).

Ⅶ. 사생활의 비밀과 자유의 침해와 구제

(i) 사생활침해의 내용에 따른 유형은 사생활의 비밀과 자유의 내용과 관련된 것이고, 주체에 따른 유형으로는 공권력에 의한 침해와 사인에 의한 침해를 들 수 있다. 특히 정보과학기술의 발전에 따라서 사적 기관에 의한 침해가 증가하고 있으므로 이에 관한 입법적 정비가 요망된다.

(ii) 침해에 대한 구제제도로는 위헌심사·청원·손해배상청구·관련자의 징계요구 등이 있다. 사인(私人)에 의한 침해에 대하여는 원인배제청구·손해배상청구·정정요구 등의 구제수단이 있다. 다만, 사죄광고(謝罪廣告)제도는 헌법재판소의 위헌결정에 따라 금지된다.

(iii) 언론보도로 인한 침해에 대하여는 '언론중재 및 피해구제 등에 관한 법률'에 따라 정정보도청구권, 반론보도청구권, 추후보도청구권을 행사할 수 있다.

(iv) '정보통신망 이용촉진 및 정보보호 등에 관한 법률'에서는 정보통신망을 통하여 "다른 사람의 명예를 훼손한 자"(제70조 제1항·제2항) 및 정보통신망에 의하여 처리·보관 또는 전송되는 "타인의 정보를 훼손하거나 타인의 비밀을 침해·도용 또는 누설한 자"(제71조 제11호)를 처벌한다.

제44조의2(정보의 삭제요청 등) ① 정보통신망을 통하여 일반에게 공개를 목적으로 제공된 정보로 사생활 침해나 명예훼손 등 타인의 권리가 침해된 경우 그 침해를 받은 자는 해당 정보를 처리한 정보통신서비스 제공자에게 침해사실을 소명하여 그 정보의 삭제 또는 반박내용의 게재("삭제등")를 요청할 수 있다. 이 경우 삭제등을 요청하는 자("신청인")는 문자메시지, 전자우편 등 그 처리 경과 및 결과를 통지받을 수단을 지정할 수 있으며, 해당 정보를 게재한 자("정보게재자")는 문자메시지, 전자우편 등 제2항에 따른 조치 사실을 통지받을 수단을 미리 지정할 수 있다.

정보통신망을 통하여 일반에게 공개된 정보로 사생활 침해, 명예훼손 등 타인의 권리가 침해된 경우 그 침해를 받은 자가 삭제요청을 하면 정보통신서비스 제공자는 권리의 침해 여부를 판단하기 어렵거나 이해당사자 간에 다툼이 예상되는 경우에는 30일 이내에서 해당 정보에 대한 접근을 임시적으로 차단하는 조치를 하여야 한다는 '임시조치' 부분 등이 표현의 자유를 침해하지 아니한다(6:3)(헌재 2020.11.26. 2016헌마275, 정보통신망 이용촉진 및 정보보호 등에 관한 법률 제44조의2 위헌확인(기각)). 헌재 2012.5.31. 2010헌마88 결정의 선례를 유지한다.

정보통신시스템 등에 악성프로그램을 유포하는 행위를 금지하고 처벌하는 법률조항이 헌법에 위배되지 아니한다(헌재 2021.7.15. 2018헌바428, 정보통신망 이용촉진 및 정보보호 등에 관한 법률 제48조 제2항 등 위헌소원(합헌)).

더 나아가서 소위 '사이버스토킹'을 처벌한다. "'공포심이나 불안감을 유발하는 문언을 반복적으로 도달하게 한 행위'(제74조 제1항 제3호, 제44조의7 제1항 제3호)란 '사회통념상 일반인에게 두려워하고 무서워하는 마음, 마음이 편하지 아니하고 조마조마한 느낌을 일으킬 수 있는 내용의 문언을 되풀이하여 전송하는 일련의 행위'를 의미"한다. 따라서 "건전한 상식과 통상적인 법감정을 가진 수범자는 심판대상조항에 의하여 금지되는 행위가 어떠한 것인지 충분히 알 수 있고, 법관의 보충적인 해석을 통하여 그 의미가 확정될 수 있으므로, 명확성원칙에 위배되지 아니한다."

"불건전한 정보통신망이용으로부터 개인의 사생활의 평온을 보호함과 아울러 정보의 건전한 이용풍토를 조성하기 위한 것으로 그 입법목적이 정당하고, 이를 위반하는 경우 형사처벌하는 것은 입법목적을 달성하기 위한 적절한 수단이다. 형법상 협박죄는 해악의 고지를 그 요건으로 하고 있어서, 해악의 고지는 없으나 반복적인 음향이나 문언 전송 등의 다양한 방법으로 상대방에게 공포심이나 불안감을 유발하는 소위 '사이버스토킹'을 규제하기는 불충분한 반면, 현대정보사회에서 정보통신망을 이용한 불법행위가 급증하는 추세에 있고, 오프라인 공간에서 발생하는 불법행위에 비해 행위유형이 비정형적이고 다양하여 피해자에게 주는 고통이 더욱 클 수도 있어서 규제의 필요성은 매우 크다. … 이러한 사정을 종합하면 공포심이나 불안감을 유발하는 문언의 전송행위에 대하여 … 형벌을 가한다 하여 침해의 최소성에 반한다고 할 수 없다. 또한 … 개인은 정보통신망을 통한 표현에 일정한 제약을 받게 되나, 수신인인 피해자의 사생활의 평온 보호 및 정보의 건전한 이용풍토 조성이라고 하는 공익이 침해되는 사익보다 크다고 할 것이어서 … 법익균형성의 요건도 충족하였다"(헌재 2016.12.29. 2014헌바434, 정보통신망의 이용촉진 및 정보보호 등에 관한 법률 제74조 제1항 제3호 등 위헌소원(합헌)).

(ⅴ) 통신비밀보호법에서는 "우편물의 검열 또는 전기통신의 감청을 하거나 공개되지 아니한 타인간의 대화를 녹음 또는 청취한 자"를 처벌한다(제16조 제1항 제1호).

제 3 항 통신의 자유

Ⅰ. 의 의

(i) 통신(通信)의 자유란 개인이 그 의사나 정보를 편지·전화·전신 등의 통신수단으로 전달할 때 본인의 의사에 반하여 그 내용·당사자 등을 공개당하지 아니할 자유를 말한다.

(ii) 넓은 의미의 사생활보호에 속하면서 동시에 정보사회의 진전과 직접적으로 관련된 통신의 자유에 관하여는, 헌법 제18조에서 "모든 국민은 통신의 비밀을 침해받지 아니한다"라고 규정한다.

(iii) 전기통신기술의 비약적 발전은 이제 전통적인 통신비밀보호의 영역에 새로운 문제점을 야기한다. 특히 전기통신을 이용한 당사자 사이의 사적 통신이 도청 등에 의하여 침해된다.

그간 통신비밀의 보호는 공적 부문에서 주로 논의되었으나 1992년 대통령선거 당시 상대방 후보 지지자들의 회동내용을 탐지하기 위하여 비밀리에 도청장치를 설치한 소위 '초원복집사건'에서 드러났듯이 사적 부문에서의 통신비밀 침해도 심각한 현안문제로 등장한다. 이 사건을 계기로 통신비밀보호법이 제정되었다(박영도, 주요국가의 도청방지법제, 한국법제연구원, 현안분석 93-3, 1993). 대법원은 이 사건에서 도청 자체에 대한 처벌의 근거를 찾지는 못하다가 결국 피고인들에게 주거침입죄를 인정하였다(대판 1997.3.28. 95도2674).

Ⅱ. 통신의 자유의 법적 성격

1. 광의의 사생활보호

넓은 의미의 사생활보호에 관한 기본권은 고전적인 주거의 보호, 직업상 비밀, 통신의 비밀 등을 포괄하는 개념으로 이해된다. 고전적인 주거의 자유와는 달리 사생활의 비밀과 자유 및 통신의 자유는 현대적인 과학기술의 발달과 직접적으로 관련되는 기본권이다.

2. 표현의 자유와의 관계

통신의 자유는 양심의 자유·종교의 자유·학문의 자유와 같은 내면적 정신활동의 자유와는 달리, 표현의 자유와 마찬가지로 외면적 정신활동의 자유로 볼 수 있다. 그런데 통신의 자유는 사생활보호를 기초로 한 표현행위를 보호하려는 점에서 언론·출판의 자유와는 구별된다. 즉 언론·출판의 자유는 일반적인 대외적 표현을 보호하는 데 있지만, 통신의 자유는 제한된 한정적인 범위 안에서의 대내적인 의사표시의 비밀을 보호하려는 점에서 양자는 구별된다. 하지만, 통신의 자유를 보장함으로써 언론·출판의 자유와 같은 대외적인 의사전달과정을 보다 원활히 할 수 있다.

Ⅲ. 통신의 자유의 주체

통신의 자유의 주체는 원칙적으로 자연인이다. 외국인도 특별한 사정이 없는 한 널리 인정된다. 그런데 오늘날 법인의 역할과 기능이 다변화함에 따라 법인도 제한적으로 통신의 자유의 주체가 될 수 있다.

Ⅳ. 통신의 자유의 효력

(ⅰ) 통신의 자유는 원래 국가기관, 특히 수사기관이나 정보기관에 의하여 통신의 비밀이 침해되지 아니하도록 하기 위하여 보장된 자유이다(대국가적 효력). 통신의 자유는 국가에 대한 자유인 동시에 제3자에 대한 자유를 의미하므로 사인 사이에도 보장되어야 한다(대사인적 효력, 통설). 전기통신기술의 발전에 따라 무선통신·인터넷이 일반화되면서, 국민들은 통신 및 인터넷서비스에 크게 의존하게 되었다. 이에 따라 통신비밀침해가 심각한 문제로 제기되어 사인 사이의 효력을 인정하게 된다.

(ⅱ) 특히 발전된 과학기술의 현실적 이용능력은 단순히 개인의 통신비밀보호 차원을 뛰어넘는 국익보호 차원의 문제이기도 하다. 첩보인공위성(諜報人工衛星)을 통한 감청기술의 발달은 이제 그 감청기술을 현실적으로 생산·운용할 수 있는 국가나 기업만이 수혜자일 수밖에 없다.

V. 통신의 자유의 내용

1. 통신의 비밀

(i) 통신의 비밀에서 보호대상인 통신의 개념은 매우 넓게 해석하여야 한다.

(ii) 통신비밀보호법에서 "통신이라 함은 우편물 및 전기통신을 말한다." "우편물이라 함은 우편법에 의한 통상우편물과 소포우편물을 말한다." "전기통신이라 함은 전화・전자우편・회원제정보서비스・모사전송・무선호출 등과 같이 유선・무선・광선 및 기타의 전자적 방식에 의하여 모든 종류의 음향・문언・부호 또는 영상을 송신하거나 수신하는 것을 말한다"(제2조 제1호-제3호).

(iii) 통신은 오늘날 통신기술의 발달에 따라 시간적 개념은 사실상 없어졌으나, 여전히 격지자(隔地者) 사이의 통신이라는 장소적 개념이 필요하다는 주장도 있다. 그러나 통신의 자유에서 문제되는 중요사안 중의 하나인 감청은 반드시 격지자 사이의 통신을 대상으로 하지는 아니하기 때문에 통신의 개념요소에 격지자 사이라는 장소적 개념은 필요하지 아니하다.[1] 따라서 통신의 비밀은 통신(우편물과 전기통신) 및 대화의 비밀로 이해할 수 있다(통비법 제1조 참조).

2. 불 가 침

(i) 통신의 비밀의 '불가침'이라 함은 본인의 의사에 반하여 그 내용 등을 인지(認知)하는 행위의 금지를 말한다. 따라서 본인의 동의 없이 통신수단을 개봉・도청・열람하는 행위 등은 금지된다. 직무상 적법하게 지득한 정보라도 이를 누설(漏泄)하여서는 아니 된다.[2]

(ii) 통신의 비밀에 의하여 보호되는 대상은 비단 정보의 내용에 한정되지 아니하고, 그 당사자(수신인과 발신인) 및 수신지와 발신지, 정보의 형태, 발신횟수 등 정보에 관한 일체를 포괄한다.

(iii) 통신비밀보호법은 "누구든지 … 우편물의 검열・전기통신의 감청 또는 통신사실확인자료의 제공을 하거나 공개되지 아니한 타인간의 대화를 녹음 또는

---

1) 권영성 교수(473면)는 통신의 개념을 협의로는 "격지자간의 의사전달"로, 광의로는 '격지자간의 의사의 전달과 물품의 수수'로 이해하고 있다.

2) 허영 교수(433면)는 그 밖에도 정보금지를 들고 있다. 즉 통신업무내용을 정보활동의 목적에 제공하거나 제공받는 것은 금지된다고 한다. 그러나 전자는 열람금지, 후자는 누설금지로 볼 수 있다.

청취하지 못"하도록 규정하며(제3조) 이를 위반한 자에 대하여는 형벌을 부과할 수 있다(제16조 제1항 제1호). 그 외에 위법하게 타인의 통신의 비밀을 침해한 자는 우편법·통신비밀보호법 및 형법상 비밀침해죄(제316조)의 규정 등에 의하여 처벌되고, 민법상 불법행위책임을 면할 수 없다. 또한 통신비밀보호법은 불법 감청·녹음 등에 의하여 수집된 통신 또는 대화의 내용을 공개하거나 누설하는 행위를 불법 감청·녹음 등의 행위와 동일한 형으로 처벌한다(제16조 제1항 제2호).

"통신비밀보호법이 통신비밀의 공개·누설행위를 불법 감청·녹음 등의 행위와 똑같이 처벌대상으로 하고 법정형도 동일하게 규정하고 있는 것은, 통신비밀의 침해로 수집된 정보의 내용에 관계없이 정보 자체의 사용을 금지함으로써 당초 존재하지 아니하였어야 할 불법의 결과를 용인하지 않겠다는 취지이고, 이는 불법의 결과를 이용하여 이익을 얻는 것을 금지함과 아울러 그러한 행위의 유인마저 없애겠다는 정책적 고려에 기인한 것이다"(대판(전합) 2011.3.17. 2006도8839).

통신비밀보호법상 '감청'이란 대상이 되는 전기통신의 송·수신과 동시에 이루어지는 경우만을 의미하고 이미 수신이 완료된 전기통신의 내용을 지득하는 등의 행위는 포함되지 아니한다(대판 2012.10.25. 2012도4644).

(iv) 정부의 통신관계공직자가 재직 중 지득한 타인의 통신비밀을 누설하여서는 아니 되고(국가공무원법 제60조, 우편법 제3조, 통신비밀보호법 제11조, 형법 제127조), 누구든지 전기통신사업자가 취급 중에 있는 비밀을 침해하거나 누설하여서는 아니 된다(전기통신사업법 제54조).

개인정보의 수집·이용·제공 등에 관한 절차를 강화하고, 정보통신서비스제공자와 공공기관의 책임성을 확보·강화하기 위하여 도입된 제한적인 본인확인제도는 헌법재판소의 위헌결정으로 폐지되었다(헌재 2012.8.23. 2010헌마47, 정보통신망 이용촉진 및 정보보호 등에 관한 법률 제44조의5 제1항 제2호 등 위헌확인(위헌)).

Ⅵ. 통신의 자유의 제한과 한계

1. 헌법 제37조 제2항에 의한 제한과 한계

(i) 통신의 자유는 절대적 기본권이 아니므로 헌법 제37조 제2항에 따라 국가안전보장·질서유지 또는 공공복리를 위하여 필요한 경우에는 법률로써 제한할 수 있다. 다만, 이를 제한하는 경우에도 그 본질적 내용을 침해할 수 없다.

(ii) 통신의 자유의 보장 및 제한에 관한 대표적인 법률이 통신비밀보호법이다. 그 외에도 국가보안법상 반국가단체와의 통신금지(제8조), 형사소송법상 피고인과 관련된 우체물의 제출명령·압수 등(제107조), '형의 집행 및 수용자의 처우에 관

한 법률'상 교도관의 예외적 서신검열(제43조), '채무자 회생 및 파산에 관한 법률'상 파산관재인의 파산자 우편물개피(제484조 제2항), 전파법상 폭력수단으로 정부의 파괴를 주장하는 통신의 규제(제30조) 등이 있다. 이와 같은 통신의 자유의 제한, 즉 통신의 검열이나 압수수색에는 헌법상 영장주의원칙이 적용되어야 한다.

(iii) 한편 인터넷주소자원(住所資源)의 안정적인 관리체계의 정립, 인터넷주소의 등록·관리에 관한 세제정립 및 부정한 목적의 도메인(domain)이름 선점등록(先占登錄)의 금지를 위하여 '인터넷 주소자원에 관한 법률'이 제정되었다.

(iv) 위치정보(位置情報)의 유출로 인한 사생활침해의 방지와 위치정보에 관한 기술개발을 위하여 '위치정보의 보호 및 이용 등에 관한 법률'이 제정되었다.

2. 통신비밀보호법 및 전기통신사업법상의 제한과 한계

(1) 의 의

통신비밀보호법은 통신 및 대화의 비밀과 자유를 보장하기 위하여 국가안보를 위한 통신제한조치(제7조)·통신제한조치에 대한 긴급처분(제8조) 등 예외적인 경우를 제외하고는 설령 범죄수사를 할 때에도 통신제한조치는 반드시 법원의 허가를 받아야만 가능하도록 규정한다(제5조·제6조). 그간 위헌논란의 대상이던 임시우편단속법은 폐지되었다(부칙 제2조). 또한 전기통신사업법상 "수사기관의 사후통지 없는 통신정보 수집"도 위헌이다(헌재 2022.7.21. 2016헌마388, 통신자료 취득행위 위헌확인 등(헌법불합치(잠정적용)각하)).

"통신자료 제공요청이 있는 경우 통신자료의 정보주체인 이용자에게는 통신자료 제공요청이 있었다는 점이 사전에 고지되지 아니하며, 전기통신사업자가 수사기관 등에게 통신자료를 제공한 경우에도 이러한 사실이 이용자에게 별도로 통지되지 않는다. 그런데 당사자에 대한 통지는 당사자가 기본권 제한 사실을 확인하고 그 정당성 여부를 다툴 수 있는 전제조건이 된다는 점에서 매우 중요하다. 효율적인 수사와 정보수집의 신속성, 밀행성 등의 필요성을 고려하여 사전에 정보주체인 이용자에게 그 내역을 통지하도록 하는 것이 적절하지 않다면 수사기관 등이 통신자료를 취득한 이후에 수사 등 정보수집의 목적에 방해가 되지 않는 범위 내에서 통신자료의 취득사실을 이용자에게 통지하는 것이 얼마든지 가능하다. 그럼에도 이 사건 법률조항은 통신자료 취득에 대한 사후통지절차를 두지 않아 적법절차원칙에 위배된다."

부가통신사업자에게 불법촬영물등에 대한 기술적·관리적 조치를 하도록 한 전기통신사업법은 표현의 자유·통신의 자유를 침해하지 않는다(헌재 2025.10.23. 2021헌마290등, 전기통신사업법 제22조의5 제2항 등 위헌확인(기각,각하)).

(2) 감청(도청)문제

(i) 통신제한조치 중 "'감청'이라 함은 전기통신에 대하여 당사자의 동의없이

전자장치·기계장치 등을 사용하여 통신의 음향·문언·부호·영상을 청취·공독(共讀)하여 그 내용을 지득(知得) 또는 채록(採錄)하거나 전기통신의 송·수신을 방해하는 것을 말한다"(통비법 제2조 제7호)(헌재 2002.11.25. 2002헌바85, 통신비밀보호법 제2조 제7호 등 위헌소원(합헌)).[1]

통신비밀보호법도 원칙적으로 감청을 금지한다: "누구든지 이 법과 형사소송법 또는 군사법원법의 규정에 의하지 아니하고는 우편물의 검열·전기통신의 감청 또는 통신사실확인자료의 제공을 하거나 공개되지 아니한 타인간의 대화를 녹음 또는 청취하지 못한다"(제3조). "누구든지 공개되지 아니한 타인간의 대화를 녹음하거나 전자장치 또는 기계적 수단을 이용하여 청취할 수 없다"(제14조 제1항).

통신비밀보호법 제3조 제1항이 "공개되지 아니한 타인간의 대화를 녹음 또는 청취하지 못한다"라고 정한 것은, 대화에 원래부터 참여하지 않는 제3자가 그 대화를 하는 타인들 간의 발언을 녹음해서는 아니 된다는 취지이다. 3인 간의 대화에 있어서 그중 한 사람이 그 대화를 녹음하는 경우에 다른 두 사람의 발언은 그 녹음자에 대한 관계에서 '타인 간의 대화'라고 할 수 없으므로, 이와 같은 녹음행위가 통신비밀보호법 제3조 제1항에 위배된다고 볼 수는 없다(대판 2006.10.12. 2006도4981).

국가기관의 감청설비 보유·사용에 대한 관리와 통제를 위한 법적, 제도적 장치가 마련되어 있으므로, 국가기관이 인가 없이 감청설비를 보유, 사용할 수 있다는 사실만 가지고 바로 국가기관에 의한 통신비밀침해행위를 용이하게 하는 결과를 초래함으로써 통신의 자유를 침해한다고 볼 수는 없다(헌재 2001.3.21. 2000헌바25, 통신비밀보호법 제10조 제1항 등 위헌소원(합헌)).

육군신병교육지침서에서 신병교육훈련기간 동안 전화사용을 하지 못하도록 정하고 있는 규율이 청구인을 포함한 신병교육훈련생들의 통신의 자유 등 기본권을 필요한 정도를 넘어 과도하게 제한하는 것이라고 보기 어렵다(헌재 2010.10.28. 2007헌마890, 훈련소 공중전화 사용금지 위헌확인(기각)).

공개되지 아니한 타인 간의 대화를 녹음 또는 청취하여 지득한 대화의 내용을 공개하거나 누설한 자를 처벌하는 통신비밀보호법 중 '대화의 내용'에 관한 부분이 대화의 내용을 공개한 자의 표현의 자유를 침해하지 아니한다(헌재 2011.8.30. 2009헌바42, 통신비밀보호법 제16조 제1항 제2호 위헌소원(합헌)).

(ii) 다만, 일정한 요건에 따라 예외적으로 감청 등과 같은 통신제한조치가 허

---

1) 박종현, "통신비밀보호법상 통신사실 확인자료 제공관련 조항들에 대한 헌법적 검토- 2018.6.28. 2012헌마191등 결정례와 2018.6.28. 2012헌마538 결정례에 대한 검토를 중심으로", 헌법학연구 25-2; 김현귀, "패킷감청에 대한 위헌심사-헌재 2018.8.30. 2016헌마263 결정을 중심으로", 헌법학연구 25-2; 이상경, "정보통신기술을 활용한 수사기법에 대한 헌법적 통제: 감청과 위치추적", 헌법재판연구 6-1; 오길영, "첨단감청 시대의 통신비밀 보호방안", 헌법재판연구 6-1; 정애령, "기본권 침해심사기준으로서의 '적법한 절차'-인터넷 패킷감청을 중심으로", 공법연구 49-4; 임규철, "판례에 나타난 통신비밀보호법상 공개되지 아니한 타인과의 대화내용 비밀녹음에 대한 비판적 소고", 미국헌법연구 32-3; 차진아, "전기통신기본법상 범죄수사를 위한 통신자료 제공요청의 헌법적 쟁점", 헌법실무연구 23; 김현귀, "통신자료제공과 개인정보자기결정권", 공법학연구 24-3; 차원일, "'정보적 침해'에 대한 독일 연방헌법재판소의 위헌심사기준", 헌법학연구 29-4; 이상학, "디지털 기반의 무작위적 대단위 감시에 대한 헌법적 쟁점과 기본권 보호", 세계헌법연구 30-2; 백수원, "온라인 수색에 관한 입법적 과제", 세계헌법연구 31-2.

용된다.

① 범죄수사를 위한 감청은 제5조 제1항 각호의 "범죄를 계획 또는 실행하고 있거나 실행하였다고 의심할 만한 충분한 이유가 있고 다른 방법으로는 그 범죄의 실행을 저지하거나 범인의 체포 또는 증거의 수집이 어려운 경우에 한하여" 검사의 청구에 의하여 법원이 허가할 수 있다. 허가서에는 감청의 종류·목적·대상·범위·기간 등을 특정하여 기재하여야 한다(제5조, 제6조).

통신비밀보호법에서는 정보수사기관의 장이 국가안전보장에 대한 위해(危害)를 방지하기 위하여 정보수집이 필요하여 전기통신사업자에게 "통신사실 확인자료"의 열람이나 제출을 요청하는 경우 통신제한조치의 예에 따라 고등법원 수석판사의 허가 또는 대통령의 승인을 얻어야 하며, 그동안 대통령령으로 규정되어 있던 컴퓨터통신 또는 인터넷의 로그(log)기록자료, 발신기지국의 위치추적자료, 정보통신기기의 접속지추적자료 등을 통신사실 확인자료의 범위에 포함하여 범죄의 수사나 국가안보를 위하여 수사기관이 전기통신사업자에게 통신사실 확인자료의 열람이나 제공을 요청하는 경우에 따른 절차를 마련한다. 그 주요내용으로는 범죄수사를 위한 통신사실 확인자료제공의 절차(제13조 제2항), 범죄수사를 위한 통신사실확인자료제공의 통지(제13조 의3), 국가안보를 위한 통신사실 확인자료제공의 절차(제13조 의4) 등이 있다.

통신제한조치 기간의 연장을 허가함에 있어 총 기간 내지 총연장횟수의 제한을 두지 아니하고 무제한 연장을 허가할 수 있도록 규정한 통신비밀보호법 중 전기통신에 관한 '통신제한조치 기간의 연장'에 관한 부분은 과잉금지원칙을 위반하여 통신의 비밀을 침해하는 법률로서 헌법에 합치하지 아니한다(헌재 2010.12.28. 2009헌가30, 통신비밀보호법 제6조 제7항 단서 위헌제청(헌법불합치,잠정적용)).

헌법재판소의 헌법불합치결정에 따라 개정된 통신비밀보호법에서는 통신제한조치 기간 연장 시 총 연장기간을 신설하였다. 즉 통신제한조치 기간을 연장하는 경우 총 연장기간을 1년 이내로 하도록 하고, 예외적으로 내란죄·외환죄 등 국가안보와 관련된 범죄 등에 대해서는 통신제한조치의 총 연장기간을 3년 이내로 하여 통신제한조치와 관련한 국민의 권리제한 범위를 명확히 한다(제6조 제8항).

② 국가안전보장에 상당한 위험이 예상되는 경우 또는 '국민보호와 공공안전을 위한 테러방지법' 제2조 제6호의 대테러활동에 필요한 경우에 한하여 그 위해를 방지하기 위하여 이에 관한 정보수집이 특히 필요한 때에는 대통령령이 정하는 정보수사기관의 장은 고등법원 수석판사의 허가 또는 대통령의 승인을 얻어 감청을 할 수 있다(제7조). 통신비밀보호법 제7조 제1항 제2호의 경우 대통령의 승인만

으로 감청을 허용하는 것은 그 대상자에게 대한민국의 재판권이 미치지 아니하는 사정을 고려한 영장주의의 예외라 할 수 있다.

③ "검사, 사법경찰관 또는 정보수사기관의 장은 국가안보를 위협하는 음모행위, 직접적인 사망이나 심각한 상해의 위험을 야기할 수 있는 범죄 또는 조직범죄등 중대한 범죄의 계획이나 실행 등 긴박한 상황에 있고, 제5조제1항 또는 제7조제1항제1호의 규정에 의한 요건을 구비한 자에 대하여 제6조 또는 제7조제1항 및 제3항의 규정에 의한 절차를 거칠 수 없는 긴급한 사유가 있는 때에는 법원의 허가없이 통신제한조치를 할 수 있다"(제8조 제1항). '긴급통신제한조치'의 집행에 착수한 후 지체 없이 법원에 허가청구를 하여야 하고(제2조), 36시간 이내에 법원의 허가를 받지 못한 경우에는 해당 조치를 즉시 중지하고 해당 조치로 취득한 자료를 폐기하여야 한다(제5항).

(iii) 헌법재판소는 범죄예방과 사건의 조기해결을 위하여 수사기관의 위치정보 추적자료 제공 필요성을 인정하면서도 그 요건을 현재의 '수사의 필요성'보다 더 강화하고, 적법절차원칙 준수를 위한 사후통지 절차를 보완하여, 범죄수사라는 공익과 정보주체의 기본권 보호라는 사익이 조화되어야 한다고 판시한다.

범죄예방과 사건의 조기해결을 위하여 수사기관이 전기통신사업자에게 위치정보 추적자료 제공요청을 할 수 있도록 한 규정 중 검사 또는 사법경찰관은 수사를 위하여 필요한 경우 통신사실 확인자료의 열람이나 제출을 요청할 수 있는 부분(6:3)과, 수사 종료 후 위치정보 추적자료를 제공받은 사실 등을 통지하도록 한 규정 중 통신사실 확인자료에 관한 부분(6:3)은 헌법에 합치되지 아니한다(헌재 2018.6.28. 2012헌마191등, 통신비밀보호법 제2조 제11호 바목 등 위헌확인(헌법불합치(잠정적용),기각,각하)).
[해설] 이동전화나 인터넷의 사용이 일상화되면서, 수사기관은 그 사용에 관한 정보를 이용하여 특정인의 활동반경 · 이동경로 · 현재위치 등을 확인하는 등, 위치정보 추적자료를 범죄 수사에 있어 중요한 자료로 활용한다. 통신비밀보호법상의 통신제한조치(제5조, 제6조)의 경우에는 대상범죄를 제한하고 보충성(다른 방법으로는 범죄의 실행을 저지하거나 범인의 체포 또는 증거의 수집이 어려운 경우)을 요구함으로써 수사기관의 남용가능성을 제한한다.

또한 기지국수사의 필요성을 인정하면서도 통신비밀보호법의 요건인 '수사의 필요성'보다 그 요건을 강화하고 적법절차의 보완을 요구한다.

기지국수사(基地局搜査)란 특정 시간대 특정 기지국에서 발신된 모든 전화번호 등을 통신사실 확인자료로 제공받는 수사방식이며, 주로 수사기관이 용의자를 특정하기 어려운 연쇄범죄가 발생하거나 동일 사건 단서가 여러 지역에서 시차(時差)를 두고 발견된 경우, 사건발생지역 기지국에서 발신된 전화번호들을 추적하여 용의자를 좁혀나가는 수사기법으로 활용된다. 실체진실의 발견과 국가형벌권의 적정한 행사를 위하여, 이러한 기지국수사를 일정 요건 하에 허용할 필요성이 있다. 그런데 기지국수사를 허용하면서 검사 또는 사법경찰관은 수사를 위하여 필요한 경우 전기통신사업법에 의한 전기통신사업자에게 통신사실 확인자료의 열람이나 제출을 요청할 수 있도록 한 부분은 헌법에 합치되지 아니한다(헌재 2018.6.28. 2012헌마538등, 통신비밀보호법 제13조 제1항 위헌확인 등(헌법불합치(잠정적용),기각,각하)).

① 위와 같이 헌법재판소는 수사기관이 수사를 위하여 필요하면 발신기지국 위치추적자료나 정보통신기기의 위치를 확인할 수 있는 접속지의 추적자료 등 위치정보 추직자료를 열람·제출하도록 요청할 수 있게 한 규정 및 특정한 기지국에 대한 통신사실 확인자료제공 요청 시 수사의 필요성만을 그 요건으로 하고 있는 규정에 대하여 헌법불합치결정을 내렸다. 개정된 통신비밀보호법에서는 실시간 위치정보 추적자료의 제공 요청 및 기지국에 대한 통신사실확인자료제공 요청 시 보충성 요건을 추가하였다. 즉 검사나 사법경찰관은 다른 방법으로는 범죄 실행을 저지하기 어렵거나 범인의 발견·확보 또는 증거의 수집·보전이 어렵다는 등의 보충적인 요건(보충성 요건)을 갖춘 경우에만 실시간 위치정보 추적자료 요청 및 특정한 기지국에 대하여 통신사실 확인자료제공을 요청할 수 있도록 규정한다.

② 헌법재판소는 이 법에서 통신사실 확인자료를 제공받은 사건에 관하여 기소중지결정이 있거나 수사·내사가 장기간 계속되는 경우 정보주체에게 그의 위치정보가 범죄수사에 활용되었다는 사실을 통지하도록 규정하지 아니한 조항에 대하여 헌법불합치결정을 내린 바 있다. 개정된 통신비밀보호법에서는 통신사실 확인자료제공을 받은 검사 또는 사법경찰관은 기소중지결정이나 참고인중지결정의 처분을 한 날부터 1년(제국가안보 관련 범죄 등의 수사 등을 목적으로 하는 경우는 3년)이 경과한 때 또는 수사가 진행 중인 경우 통신사실 확인자료제공을 받은 날부터 1년(제국가안보 관련 범죄 등의 수사 등을 목적으로 하는 경우는 3년)이 경과한 때에는 그 기간이 경과한 날부터 30일 이내에 통신사실 확인자료제공을 받은 사실, 제공요청기관 및 그 기간 등을 정보주체인 전기통신가입자에게 서면으로 통지하도록 규정한다. 다만, 검사 또는 사법경찰관은 국가안전보장, 사건관계인의 생명·신체의 안전, 공정한 사법절차의 진행, 사건관계인의 명예·사생활 등을 해칠 우려가 있는 경우 등의 사유가 있으면 관할 지방검찰청 검사장의 승인을 받아 통신사실 확인자료제공 관련 통지를 유예할 수 있도록 하고, 그 사유가 해소된 때에는 그 날부터 30일 이내에 정보주체에게 통신사실 확인자료제공 관련 통지를 하도록 하여야 한다(제13조의3 제1항, 제13조의3 제2항-제4항).

③ 헌법재판소는 수사기관이 정보주체에게 통신사실 확인자료제공 사실을 통지하는 경우에도 그 사유에 대하여 통지하지 아니하는 규정에 대하여 헌법불합치결정을 내렸다. 개정된 통신비밀보호법은 통신사실 확인자료제공 사실을 통지받은

당사자는 그 통신사실 확인자료제공 요청 사유를 알려주도록 수사기관에 신청할 수 있게 하고, 수사기관은 국가안전보장을 해칠 우려가 있는 등의 사유가 있는 경우 외에는 30일 이내에 그 사유를 통지하도록 규정한다(제13조의3 제5항·제6항).

④ 통신비밀보호법에서 정한 통신사실확인자료의 제출을 명하는 법원의 문서제출명령에 대하여 전기통신사업자가 통신비밀보호법의 규정(제3조 제1항 본문)을 이유로 자료의 제출을 거부할 수 있는지 여부와 관련하여, 대법원은 민사소송법 제344조 이하의 규정을 근거로 법원은 통신사실확인자료에 대한 문서제출명령을 할 수 있고 전기통신사업자는 특별한 사정이 없는 한 이에 응할 의무가 있으며, 전기통신사업자가 통신비밀보호법 제3조 제1항 본문을 들어 문서제출명령의 대상이 된 통신사실확인자료의 제출을 거부하는 것에는 정당한 사유가 있다고 볼 수 없다는 입장이다(대결(전합) 2023.7.17. 2018스34).

(iv) 통신비밀보호법상의 '통신사실 확인자료'와 구별되는 개념으로 전기통신사업법상의 '통신이용자정보'가 있다. 전기통신사업자는 법원, 검사 또는 수사관서의 장(군 수사기관의 장, 국세청장 및 지방국세청장을 포함), 정보수사기관의 장이 재판, 수사, 형의 집행 또는 국가안전보장에 대한 위해를 방지하기 위한 정보수집을 위하여 통신이용자정보의 열람 또는 제출을 요청하면 그 요청에 따를 수 있다(전기통신사업법 제83조 제3항). 통신이용자정보는 ① 이용자의 성명, ② 이용자의 주민등록번호, ③ 이용자의 주소, ④ 이용자의 전화번호, ⑤ 이용자의 아이디(컴퓨터시스템이나 통신망의 정당한 이용자임을 알아보기 위한 이용자 식별부호를 말한다), ⑥ 이용자의 가입일 또는 해지일 자료로 구성된다. 이러한 전기통신사업법상의 통신이용자정보 제공은 전기통신사업자가 수사기관 등의 요청에 반드시 따라야 하는 의무적 사항이 아니라 그 제공 여부를 자율적으로 결정할 수 있으며 통신비밀보호법상의 통신사실 확인자료 제공과 달리 수사기관 등은 전기통신사업자에게 통신이용자정보 제공을 요청하기 전 법원의 허가를 받을 필요가 없다. 한편, 종전의 전기통신사업법은 수사기관 등의 통신자료(통신이용자정보로 용어 변경) 취득 후 정보 주체인 이용자에게 사후통지를 하도록 하는 규정을 두고 있지 아니하였는데 이에 대하여 헌법재판소는 헌법불합치결정을 선고하였다(헌재 2022.7.21. 2016헌마388등, 통신자료 취득행위 위헌확인 등(헌법불합치,잠정적용,각하)).

"전기통신사업법 제83조에 의하여 이루어지는 수사기관 등의 통신자료 제공요청은 임의수사에 해당하는 것으로, 이 사건 통신자료 취득행위는 피청구인들의 [별지 3] [별지 4] 기재 청구인들에 대한 통신자료 제공요청에 대하여 공권력주체가 아닌 사인인 전기통신사업자가 임의로 이를 제공함으로써 이루어진 것이다. 전기통신사업법은 전기통신사업자가 수사기관 등의 통신자료 제공요청에 따를 수 있다고 규정함으로써 전기통신사업자에게 이용자의 통신자료를 수사기관 등의 요청에 응하여 합법적으로 제공할 수 있는 권한을 부여하면서 통신자료의 제공 여부를 전기통신사업자의 재량에 맡겨 두고 있을 뿐, 전기통신사업자의 협조의무 등에 대해 명시하고 있는 바가 없으며 전기통신사업자가 통신자료 제공요청에 응하지 아니한 경우의 강제수단에 대하여도 전혀 정하고 있지 아니하다. 또한 피청구인들과 전기통신사업자 사이에는 어떠한 상하관계도 없고, 피청구인들의 통신자료 제공요청에 응하지 아니하였다고 하여 전기통신사업자가 어떠한 법적 불이익을 입게 되는 것도 아니다. 설령 수사기관 등의 요청 등으로 인해 전기통신사업자가 심리적 압박감을 느낀다고 할지라도 이는 간접적·사실적인 불이익에 불과하고, … 따라서 이 사건 통신자료 취득행위는 헌법재판소법 제68조 제1항에 의한 헌법소원의 대상이 되는 공권력의 행사에 해당하지 아니한다고 할 것이므로, [별지 3] [별지 4] 기재 청구인들의 각 통신자료 취득행위에 대한 심판청구는 부적법하다."

헌법불합치 결정을 반영한 개정 전기통신사업법은 통신이용자정보 제공에 대한 사후통지 제도를 마련하고 있다. 즉, 통신이용자정보 제공을 받은 수사기관 등은 원칙적으로 해당 통신이용자정보 제공을 받은 날부터 30일 이내에 ① 통신이용자정보 조회의 주요 내용 및 사용 목적, ② 통신이용자정보 제공을 받은 자, ③ 통신이용자정보 제공을 받은 날짜를 통신이용자정보 제공의 대상이 된 당사자에게 서면 또는 문자메시지, 메신저 등 전자적 방법으로 통지하여야 한다(전기통신사업법 제83조2 제1항). 다만 국가 및 공공의 안전보장을 위태롭게 할 우려가 있는 경우 또는 증거인멸, 도주, 증인 위협 등 공정한 사법절차의 진행을 방해할 우려가 있는 경우 등 법이 정한 예외적 사유에 해당할 경우 수사기관 등은 일정 기간 그 통지를 유예할 수 있다(전기통신사업법 제83조2 제2항·제3항). 하지만 통신이용자정보 제공에 대한 사전통제인 법원의 허가 제도는 개정 전기통신사업법이 여전히 도입하고 있지 아니한다.

(v) 인터넷시대에 감청의 기술과 방법도 다양화한다. 특히 심층패킷분석(DPI, Deep Packet Inspection) 기술을 이용하여 인터넷 회선에서 오가는 모든 정보를 중간에서 실시간으로 가로채는 감청 방식인 패킷감청이 문제된다. 헌법재판소는 중대한 범죄수사를 위하여 통신제한조치의 하나로 패킷(packet)감청의 필요성을 인정하면서도, 그 기술적 특성으로 수사기관이 허가받은 범위 이상의 매우 광범위한 범위의 통신 자료를 취득하게 됨에도, 현행법상 집행 과정이나 그 이후에 객관적인 감독·통제 수단이나 감청자료의 처리 등을 확인할 수 있는 법적 장치가 제대로 마련되어 있지 아니하므로, 이러한 상태에서 패킷감청의 허용은 과잉금지원칙을 위반하여 통신 및 사생활의 비밀과 자유를 침해한다고 판단하였다.

인터넷회선 감청의 특성을 고려하여 그 집행 단계나 집행 이후에 수사기관의 권한 남용을 통제하고 관련 기본권의 침해를 최소화하기 위한 제도적 조치가 제대로 마련되어 있지 않은 상태에서, 범죄수사 목적을 이유로 인터넷회선 감청을 통신제한조치 허가 대상 중 하나로 정하고 있으므로 침해의 최소성 요건을 충족한다고 할 수 없다. 인터넷회선의 감청을 허용하는 것은 개인의 통신 및 사생활의 비밀과 자유에 심각한 위협을 초래하게 되므로 달성하려는 공익과 제한되는 사익 사이의 법익 균형성도 인정되지 아니하므로 과잉금지원칙에 위반된다(6:3)(헌재 2018.8.30. 2016헌마263, 통신제한조치 허가 위헌확인 등(헌법불합치(잠정적용),각하)).

개정된 통신비밀보호법에서는 수사기관이 인터넷 회선을 통하여 송신·수신하는 전기통신에 대한 통신제한조치로 취득한 자료에 대해서는 집행종료 후 범죄수사나 소추 등에 필요한 자료를 선별하여 법원으로부터 보관등의 승인을 받도록 하는 한편, 승인받지 못한 자료는 폐기한 후 폐기결과보고서를 작성하여 수사기록·내사사건기록에 첨부하고 법원에 송부하도록 함으로써 법원에 의한 사후 감독·통제 장치를 마련하여 합헌성을 제고한다(제12조의2).

(vi) "불법검열에 의하여 취득한 우편물이나 그 내용 및 불법감청에 의하여 지득 또는 채록된 전기통신의 내용은 재판 또는 징계절차에서 증거로 사용할 수 없다"(제4조). 통신제한조치로 알게 된 내용을 공개하여서는 아니 되며(제11조), 통신제한조치의 집행으로 인하여 취득된 우편물 또는 그 내용과 전기통신의 내용의 사용도 제한된다(제12조).

이와 관련하여 전화교환수가 업무수행과정의 일환으로 행한 감화(監話) 도중에 범죄행위를 청취한 경우, 또는 수사기관 또는 피해자의 의뢰에 의하여 통신의 발신장소·발신인을 탐지하는 경우(역탐지)는 넓은 의미의 감청으로 볼 수 있으나, 현행범이론에 입각하여 수사기관에 통보 및 그에 따른 체포가 허용된다. 다만, 그 내용 자체를 수사기관에 제공한 때에는 별도로 법원의 감청허가장 또는 영장이 필요하다.

(3) 송신인(발신자)전화번호서비스제도

송신인전화번호확인장치는 수신인이 자동으로 송신인의 전화번호를 알 수 있게 하는 장치이다(2001.1.8. 개정, 전기통신사업법 제54조의2 참조). 구 통신비밀보호법에서는 발신자전화번호통보제도(제13조)를 규정하고 있었으나 그 이후 폐지되었다.

(4) 문제점

통신비밀보호법의 제정으로 감청이나 검열 등 통신제한조치의 법적 근거를 마련하고 이를 엄격히 시행할 수 있도록 법규를 정비하고 있다. 하지만, 지나친 통신제한조치에 대한 경계를 늦추어서는 아니 된다.

3. 국가보안법 · 남북교류협력에 관한 법률 · 전파법상의 제한과 한계

(i) "국가의 존립 · 안전이나 자유민주적 기본질서를 위태롭게 한다는 정(情)을 알면서 반국가단체의 구성원 또는 그 지령을 받은 자와 회합 · 통신 기타의 방법으로 연락을 한 자는 10년 이하의 징역에 처한다"(국가보안법 제8조 제1항). 헌법재판소의 한정합헌결정에 따라 "국가의 존립 · 안전이나 자유민주적 기본질서를 위태롭게 한다는 정을 알면서"라는 요건이 추가되었다.

> "국가보안법 제7조 제1항 및 제5항의 규정은 각 소정의 행위가 국가의 존립 · 안전을 위태롭게 하거나 자유민주적 기본질서에 위해를 줄 명백한 위험이 있을 경우에만 축소적용되는 것으로 해석한다면 헌법에 위반되지 아니한다"(헌재 1990.4.2. 89헌가113, 국가보안법 제7조에 대한 위헌심판(한정합헌); 헌재 1990.6.25.90헌가11, 국가보안법 제7조 제5항의 위헌심판(한정합헌)).

(ii) 그런데 국가보안법 제8조 제1항의 개정에도 불구하고 남북교류와 대화가 활성화됨에 따라 법체계상 조화롭게 적용되기 어려운 문제점이 있다. '남북교류협력에 관한 법률'에 의하면 "남한의 주민이 북한의 주민과 회합 · 통신 그 밖의 방법으로 접촉하려면 통일부장관에게 미리 신고하여야 한다. 다만, 대통령령으로 정하는 부득이한 사유에 해당하는 경우에는 접촉한 후에 신고할 수 있다"(제9조의2 제1항). 한편 전파법은 헌법 또는 헌법에 의하여 설치된 국가기관의 폭력적 파괴를 주장하는 통신을 금지한다(제30조).

> "이 조항은 헌법 제18조에서 정한 통신의 자유 등을 제한하는 측면이 있으나 이는 헌법 제37조 제2항에서 정하고 있는 필요한 경우의 제한으로서 … 과잉금지원칙에 반하지 않는다"(헌재 2000.7.20. 98헌바63, 남북교류협력에관한법률 제9조 제3항 위헌소원(합헌)).

4. '형의 집행 및 수용자의 처우에 관한 법률'상의 제한과 한계

(i) "통신의 중요한 수단인 서신의 당사자나 내용은 본인의 의사에 반하여 공개될 수 없으므로 서신의 검열은 원칙적으로 금지된다"(헌재 1995.7.21. 92헌마144, 서신검열 등 위헌확인(기각)). 수용자(收容者)도 원칙적으로 다른 사람과 서신을 주고받을 수 있고 수용자가 주고받는 서신의 내용은 검열받지 아니한다. 다만, 행형목적을 달성하기 위하여 '형의 집행 및 수용자의 처우에 관한 법률'은 예외적으로 일정한 경우에는 수용자의 서신수수를 금지할 수 있고 서신의 검열을 행할 수 있음을 규정한다(제43조 제1항, 제4항). 미결수용자와 변호인 사이의 서신은 교정시설에서 상대방이 변호인임을 확인할 수 없는 경우를 제외하고는 검열할 수 없다(제84조 제3항).

(ii) 구 행형법은 "수용자의 접견과 서신수발은 교도관의 참여와 검열을 요한다"라고만 규정하고 변호사와의 서신수발에 대한 예외를 인정하지 아니하였다. 이에 헌법재판소는 서신검열 자체는 합헌이지만, 구 행형법 제62조의 규정 중 변호인과의 서신교환이라는 사실이 확인되고 소지금품 또는 불법내용이 있다고 의심되지 아니한 경우에도 검열할 수 있도록 한 규정은 위헌이라고 판시한다.

"수용자의 서신에 대한 검열은 국가안전보장·질서유지 또는 공공복리라는 정당한 목적을 위하여 불가피할 뿐만 아니라 유효 적절한 방법에 의한 최소한의 제한이며, 통신비밀의 자유의 본질적 내용을 침해하는 것이 아니어서 헌법에 위반된다고 할 수 없다"(헌재 2001.11.29. 99헌마713, 행형법시행령 제62조 등 위헌확인(기각); 헌재 1995.7.21. 92헌마144, 서신검열 등 위헌확인(기각)).

수형자에 대한 서신검열도 같은 이유에서 합헌으로 본다. 다만, 92헌마144와의 차이점은 형사절차가 종료되어 교정시설에 수용중인 수형자는 재심 등의 경우를 제외하고는 원칙적으로 변호인의 조력을 받을 권리의 주체가 될 수 없다고 본 점에 있다(헌재 1998.8.27. 96헌마398, 통신의 자유침해 등 위헌확인(기각,각하)).

수용자의 접견내용의 녹음 또는 녹화에 관하여 규정한 '형의 집행 및 수용자의 처우에 관한 법률' 제41조 제2항 제1호, 제3호 중 '미결수용자의 접견내용의 녹음·녹화'에 관한 부분이 과잉금지원칙을 위배하여 청구인의 사생활의 비밀과 자유 및 통신의 비밀을 침해하지 아니한다(헌재 2016.11.24. 2014헌바401, 형의 집행 및 수용자의 처우에 관한 법률 제41조 제2항 등 위헌소원(합헌,각하)).

특정인의 실명을 거론한 집필문이 외부로 반출되어 공개될 경우 당사자의 사생활의 비밀은 무방비 상태로 노출될 수 있으며, 소설 형태의 집필문이라 해도 자전적 소설을 표방한 경우에는 이야기 전개에 따라 당사자의 정체가 밝혀질 가능성이 높아 사생활의 비밀이 침해될 수 있다. 일단 사생활의 비밀이 침해된 이후에는 이에 대해 형사처벌을 하거나 손해배상청구를 하는 것만으로는 피해자의 권리를 충분히 구제하기 어려우므로, 이러한 위험을 예방하기 위해서 해당 집필문의 반출을 금지하는 것은 피해자의 권리보호를 위한 가장 효과적인 수단이 될 수 있다. 형집행법상 수용자들의 집필활동은 특별한 사정이 없는 한 자유롭게 허용되고, 작성된 집필문의 외부 반출도 원칙적으로 허용되며, 예외적으로 금지되는 사유도 구체적이고 한정되어 있으므로 그 제한의 정도도 최소한에 그치고 있다. 집필문의 외부반출이 불허되고 영치처분이 내려진 경우에도 수용자는 행정소송 등을 통해 이러한 처분의 취소를 구할 수 있는 등의 불복수단도 마련되어 있으므로, 수용자의 통신의 자유를 침해하지 아니한다(헌재 2016.5.26. 2013헌바98, 형의 집행 및 수용자의 처우에 관한 법률 제43조 제5항 제4호 등 위헌소원(합헌)).

5. 인터넷통신의 폐쇄와 통신의 자유제한

(i) 인터넷(Internet)이란 "전 세계 수많은 컴퓨터 네트워크의 집단을 서로 연결한 거대한 네트워크", 즉 "네트워크들의 네트워크(network of networks)"로 정의된다. 인터넷의 발달에 따라 통신의 자유 및 표현의 자유에 대한 제한이 사실

상 불가능하거나 실효를 거두기 어려운 실정에 이르고 있는 반면에, 또 한편에서는 지나친 제한이 문제된다.

(ii) 과거에 정부는 한총련이 국내용 전용정보통신망(CUG) 및 컴퓨터통신ID를 통하여 투쟁지침을 전파하였고 또한 그 내용에 이적성이 있었다는 이유로, 한총련을 압수수색한 후 통신수단을 폐쇄한 바 있다. 그러나 해당 통신수단을 폐쇄함으로써 컴퓨터통신망에 대한 접근 그 자체를 금지하는 것은 헌법상 표현의 자유 내지 통신의 자유를 침해할 소지가 있다. 특히 인터넷이 국제적 통신망으로 자리 잡은 지금 미국의 외설물인터넷규제(블랙리본 사건)가 논란을 불러일으킨 이후, 인터넷의 규제가 자칫 전자민주주의에 대한 위협이 될 뿐만 아니라 현실적으로도 다른 나라의 통신을 이용하는 경우(멕시코의 치아파스반군세력이 미국에 홈페이지를 개설함)에는 규제의 실효성을 거두지 못한다는 비판을 받는다.

(iii) 한편, 인터넷이라는 사이버공간에 대한 법적 규제를 가하려는 시도는 성공을 거두지 못한다. 미국에서 연방통신품위법(CDA)에 대한 위헌결정은 이를 단적으로 반영한다(*Reno v. ACLU*, 521 U.S. 844(1997)).

(iv) '정보통신망 이용촉진 및 정보보호 등에 관한 법률'에서는 누구든지 청소년유해매체물을 광고하는 내용을 전송하거나 공개적으로 전시할 수 없으며(제42조의2)(헌재 2004.1.29. 2001헌마894, 정보통신망이용촉진및정보보호등에관한법률 제42조 등 위헌확인(기각, 각하)), 청소년유해정보의 확산을 방지하기 위하여 청소년보호책임자를 두도록 하고(제42조의3), 수신자의 사전동의 없는 전화·모사전송을 이용한 광고성 정보 전송행위를 금지하고(제50조), 인터넷에 영리목적의 광고성 정보 게시를 삭제할 수 있도록 규정한다(제50조의7).

Ⅶ. 통신의 자유의 침해와 구제

통신의 자유의 침해와 그에 따른 구제는 기본권침해와 그 구제에 관한 일반원리가 그대로 적용된다. 통신비밀보호법의 제정하여 통신의 자유를 보다 적극적으로 보장하려 하나, 여전히 통신의 비밀이 위협받는다.

제 5 절 사회·경제적 안전과 자유

(i) 사회·경제적 안전과 자유는 신체의 안전과 자유·정신의 안전과 자유·사생활의 안전과 자유에 이어서 인간의 사회·경제적 활동과 관련된 안전과 자유이다.

(ii) 사회·경제적 안전과 자유는 생활의 기본적 수요를 충족시키는 안전과 자유라는 점에서 인간의 삶에 있어서 가장 중요한 요청이긴 하지만, 다른 안전과 자유에 비하면 상대적으로 더 많은 제한이 가하여질 수 있는 안전과 자유라는 점에서 다른 안전과 자유와 구별된다.

(iii) 사회·경제적 안전과 자유는 인간의 사회·경제적 활동과 직결되는 점에서 특히 자본주의적 사회질서와 밀접하게 관련된다. 오늘날 수정자본주의가 국가적 규제와 조정을 받는 사회적 시장경제질서에 입각하고 있는 바와 같이 사회·경제적 안전과 자유도 그에 상응한 규제와 제한을 받는다.

(iv) 사회·경제적 안전과 자유 중에서 가장 좁은 의미의 고전적인 기본권이 거주·이전의 자유이다. 이는 인간이 사회·경제적 활동을 수행하기 위한 최소한의 요구이기도 하다.

(v) 한편, 직업의 자유는 자신의 의지에 따라서 자유롭게 자신의 직업을 향유할 수 있는 자유이다. 생활의 기본적 수요를 충족시키기 위한 직업 활동이야말로 자유롭게 수행할 수 있어야 한다. 이에 따라 직업의 자유의 제한은 최소한에 그쳐야 한다는 점을 확인하기 위하여 단계이론 등 다양한 이론이 개발되어 있다.

(vi) 다른 한편, 재산권은 현대적인 수정자본주의 내지 사회적 시장경제질서의 영향을 가장 많이 받는 기본권이다. 재산권의 내용과 한계는 법률로 정할 뿐만 아니라 21세기에 이르러 재산권행사의 공공복리적합의무의 일환으로 재산권의 사회적 기속성이 강조된다. 재산권의 제한에 관한 논의는 특히 유한한 자원인 토지재산권의 제한으로부터 비롯된 논쟁이 소위 '토지공개념' 논의를 촉발시킨 바 있다. 재산권은 개인의 사적 소유의 본원적 형태이지만 동시에 사회적 기속성과의 조화가 요망된다.

제 1 항 거주 · 이전의 자유

Ⅰ. 의 의

(i) "모든 국민은 거주 · 이전의 자유를 가진다"(제14조). 거주(居住) · 이전(移轉)의 자유란 모든 국민이 자기가 원하는 장소에 주소나 거소를 설정하고 이를 이전하거나, 그 의사에 반하여 거주지를 이전당하지 아니할 자유이다.

(ii) 거주 · 이전의 자유는 인간의 사회 · 경제적 활동을 개시하기 위하여 필요한 요소이며, 자본주의사회에서 경제적 활동과 직접적으로 관련되므로, 사회 · 경제적 자유로서의 성격을 가진다. 그런데 거주 · 이전의 자유는 개인의 신체이동이라는 점에서 신체의 자유와도 직접적으로 관련된다. 그러나 신체의 자유가 인신 그 자체의 안전에 중점을 두고 있다면, 거주 · 이전의 자유는 인신의 이동을 통한 사회 · 경제적 활동에 중점을 둔다. 또한 거주 · 이전의 자유는 개인의 사적 활동의 보장이라는 점에서 사생활의 보호영역이라고 할 수 있지만, 그것은 순수한 의미의 사적 생활영역의 보장이라기보다는 자유로운 사회 · 경제적 활동을 보장하는 데 중점이 있다. 특히 자본주의의 발전에 따라 사람과 재화의 자유로운 이동이 필수적으로 요구된다.

Ⅱ. 거주 · 이전의 자유의 법적 성격

거주 · 이전의 자유는 개인의 주관적 공권이다. 따라서 국가는 개인의 거주 · 이전의 자유를 침해하여서는 아니 된다. 거주 · 이전의 자유는 인간의 인신 이동의 자유라는 점에서 인신의 자유와 관련되고, 인간이 집단적으로 이동할 경우에는 집회 · 시위의 자유와 직접적으로 관련된다.

Ⅲ. 거주 · 이전의 자유의 주체

거주 · 이전의 자유의 주체는 원칙적으로 내국인이다. 내국인에는 자연인뿐만 아니라 거주 · 이전의 자유의 사회 · 경제적 기본권으로서의 성격에 비추어 법인이나 단체도 포함되어야 한다. 외국인도 거주·이전의 자유를 누리지만 출입국관리법 등을 통하여 특별한 제한이 가하여진다.

Ⅳ. 거주·이전의 자유의 효력

거주·이전의 자유는 대국가적 효력 및 대사인적 효력(간접적용)을 가진다.

Ⅴ. 거주·이전의 자유의 내용

1. 국내 거주·이전의 자유

모든 국민은 국내에서 자유로이 주소·거소를 설정하고 이전할 수 있는 자유를 가진다. 헌법에서 "대한민국의 영토는 한반도와 그 부속도서로 한다"(제3조)라고 규정하고 있으므로 북한지역에도 대한민국의 주권이 미친다. 그러나 현실적으로 북한지역에는 대한민국헌법의 효력이 미치지 아니하므로, 북한지역으로의 거주·이전의 자유는 보장되지 아니한다. 이에 '남북 교류협력에 관한 법률'(제9조)에 따라 통일부장관의 승인 등을 얻지 아니하고 무단으로 북한을 방문하면 국가보안법상 잠입(潛入)·탈출죄(제6조)를 구성한다.[1)]

대한민국 국민이 아닌 사람이 외국에 거주하다가 그곳을 떠나 반국가단체의 지배에 있는 지역으로 들어가는 행위는, 대한민국의 영역에 대한 통치권이 실지로 미치는 지역을 떠나는 행위 또는 대한민국의 국민에 대한 통치권으로부터 벗어나는 행위 어디에도 해당하지 아니하므로, 이는 국가보안법 제6조 제1항, 제2항의 탈출 개념에 포함되지 아니한다(대판(전합) 1997.11.20. 97도2021을 변경)(대판(전합) 2008.4.17. 2004도4899).

남북교류협력에관한법률 제3조 소정의 "정당하다고 인정되는 범위 안에서"라는 문언의 불명확성을 이유로 제기된 헌법소원에서 재판의 전제성을 부정하여 각하함으로써 본안판단을 회피한다[6:3]. [반대의견(1인)] 동 문언이 애매모호한 것이어서 죄형법정주의에 어긋나고 평등권을 침해한다고 본다(헌재 1993.7.29. 92헌바48, 남북교류협력에관한법률 제3조 위헌소원(각하)).

거주·이전의 자유는 생활형성의 중심지 즉, 거주지나 체류지라고 볼 만한 정도로 생활과 밀접한 연관을 가지는 장소를 선택하고 변경하는 행위를 보호하는 기본권으로서, 생활의 근거지에 이르지 못하는 일시적인 이동을 위한 장소의 선택과 변경까지 그 보호영역에 포함되는 것은 아니다(헌재 2011.6.30. 2009헌마406, 서울특별시 서울광장통행저지행위 위헌확인(위헌확인)).

누구든지 주민등록 여부와 무관하게 거주지를 자유롭게 이전할 수 있으므로 주민등록

---

1) 정혜영, "동독이탈주민의 거주·이전의 자유 보장에 관한 헌법적 문제", 공법학연구 21-1.

여부가 거주 · 이전의 자유와 직접적인 관계가 있다고 보기 어려우며, 영내 기거(起居)하는 현역병은 그가 속한 세대의 거주지에서 등록하여야 하는 규정으로 인해 영내 기거 현역병의 거주 · 이전의 자유를 제한하지 않는다. 영내 기거하는 현역병은 보다 밀접한 이해관계를 가지는 그가 속한 세대의 거주지 선거에서 선거권을 행사할 수 있고, 영내 기거하는 현역병을 병영이 소재하는 지역의 주민에 해당한다고 보기 어려운 이상, 영내 기거 현역병의 선거권을 제한하지 아니한다(헌재 2011.6.30. 2009헌마59, 주민등록법 제6조 제2항 위헌확인(기각)).

2. 국외 거주 · 이전의 자유

(1) 국외이주 · 해외여행 · 귀국의 자유

거주 · 이전의 자유는 국외이주의 자유, 해외여행의 자유, 귀국의 자유를 포함한다. 모든 국민은 국외에 영주하거나 장기간 해외에 거주하는 국외 거주 · 이전의 자유를 가진다. 이를 뒷받침하기 위하여 '재외동포의 출입국과 법적 지위에 관한 법률'에서는 특별한 보호규정을 마련한다. 모든 국민은 해외에 자유로이 여행을 할 수 있다. 또한 모든 국민은 자신이 원하는 바에 따라 해외에서 국내로 귀국할 자유를 가진다.

"거주 · 이전의 자유는 국가의 간섭없이 자유롭게 거주와 체류지를 정할 수 있는 자유로서 정치 · 경제 · 사회 · 문화 등 모든 생활영역에서 개성신장을 촉진함으로써 헌법상 보장되고 있는 다른 기본권들의 실효성을 증대시켜주는 기능을 한다. 구체적으로는 국내에서 체류지와 거주지를 자유롭게 정할 수 있는 자유영역뿐 아니라 나아가 국외에서 체류지와 거주지를 자유롭게 정할 수 있는 '해외여행 및 해외 이주의 자유'를 포함하고 덧붙여 대한민국의 국적을 이탈할 수 있는 '국적변경의 자유' 등도 그 내용에 포섭된다고 보아야 한다. 따라서 해외여행 및 해외이주의 자유는 필연적으로 외국에서 체류 또는 거주하기 위해서 대한민국을 떠날 수 있는 "출국의 자유"와 외국체류 또는 거주를 중단하고 다시 대한민국으로 돌아올 수 있는 '입국의 자유'를 포함한다"(헌재 2014.10.28. 2003헌가18, 출입국관리법 제4조 제1항 제4호 위헌제청(합헌)).

[여권발급거부취소] 여권발급 신청인이 북한 고위직 출신의 탈북 인사로서 신변에 대한 위해(危害) 우려가 있다는 이유로 신청인의 미국 방문을 위한 여권발급을 거부한 것은 여권법 제8조 제1항 제5호에 정한 사유에 해당한다고 볼 수 없고 거주 · 이전의 자유를 과도하게 제한하는 것으로서 위법하다(대판 2008.1.24. 2007두10846).

국외여행은 국민이 대한민국으로부터 대한민국 밖의 지역으로 출국하는 것을 뜻하며, 국외여행허가는 이러한 외국으로의 출국에 대하여 허가를 받을 것을 뜻하므로 그 의미에 불명확함이 없다(헌재 2009.7.30. 2007헌바120, 구 병역법 제94조 등 위헌소원(합헌)).

제1국민역은 특별한 사정이 없는 한 27세까지만 단기 국외여행을 허용하는 규정이 거주 · 이전의 자유를 침해하지 아니한다(헌재 2013.6.27. 2011헌마475, 병역법 시행령 제146조 제2항 등 위헌확인(기각,각하)).

(2) 국적변경(國籍變更)의 자유

모든 국민은 자신의 의사에 따라 국적을 이탈하여 외국에 귀화할 수 있다. 헌법재판소는 "거주·이전의 자유는 국가의 간섭 없이 자유롭게 거주와 체류지를 정할 수 있는 자유로서 … 대한민국의 국적을 이탈할 수 있는 '국적변경의 자유' 등도 그 내용에 포섭된다고 보아야 한다"라고 판시하여 국적변경의 자유를 헌법상 기본권으로 인정한다(헌재 2004.10.28. 2003헌가18, 출입국관리법 제4조 제1항 제4호 위헌심판(합헌)). 하지만, 이 결정만으로 무국적의 자유를 인정한다고 볼 수는 없다.

국외에서 체류지와 거주지를 자유롭게 정할 수 있는 '해외여행 및 해외이주의 자유'를 포함하고 덧붙여 대한민국의 국적을 이탈할 수 있는 '국적변경의 자유' 등도 그 내용에 포섭된다고 보아야 한다. 따라서 해외여행 및 해외이주의 자유는 필연적으로 외국에서 체류 또는 거주하기 위해서 대한민국을 떠날 수 있는 '출국의 자유'와 외국체류 또는 거주를 중단하고 다시 대한민국으로 돌아올 수 있는 '입국의 자유'를 포함한다. 추징금 미납자에 대한 출국금지조치는 헌법에 위반되지 아니한다(헌재 2004.10.28. 2003헌가18, 출입국관리법 제4조 제1항 제4호 위헌심판(합헌)).

Ⅵ. 거주·이전의 자유의 제한과 한계

1. 제 한

(i) 거주·이전의 자유는 헌법 제37조 제2항에 따른 제한을 받는다. 예컨대 군사작전·국가안보·국제외교·특수신분관계의 목적달성·수사·국민보건 등의 필요에 의하여 거주·이전의 자유는 제한될 수 있다.

(ii) 여권법은 "외교부장관은 천재지변·전쟁·내란·폭동·테러 등 대통령령으로 정하는 국외 위난상황(危難狀況)으로부터 국민의 생명·신체나 재산을 보호하기 위하여 국민이 특정 국가 또는 지역을 방문하거나 체류하는 것을 중지시키는 것이 필요하다고 인정하는 때에는 기간을 정하여 해당 국가 또는 지역에서의 여권의 사용을 제한하거나 방문·체류를 금지할 수 있"도록 규정한다(제17조 제1항).

외교부장관의 허가 없이 여행금지국가를 방문한 사람을 처벌하는 여권법 규정은 해외여행의 자유를 침해하지 아니한다(헌재 2020.2.27. 2016헌마945, 여권법 제26조 제3호 등 위헌확인(기각,각하)).

아프가니스탄 등 전쟁 또는 테러위험이 있는 해외 위난지역에서 여권사용을 제한하거나 방문 또는 체류를 금지한 외교통상부 고시가 거주·이전의 자유를 침해하지 아니한다(헌재 2008.6.26. 2007헌마1366, 여권의 사용제한 등에 관한 고시 위헌확인(기각)).

(iii) 서울과 대도시의 인구집중억제를 위하여 법인에 부동산등기에 대한 중과세에 등에 대하여도 헌법재판소는 합헌으로 판시한다.

"인구와 경제력의 대도시집중을 억제함으로써 대도시 주민의 생활환경을 보존·개선하고 지역간의 균형발전 내지는 지역경제를 활성화하려는 복지국가적 정책목표에 이바지하는 규정이고(목적의 정당성), 그 수단이 부동산등기에 대하여 통상보다 높은 세율의 등록세를 부과함으로써 간접적으로 이를 억제하는 방법을 선택하고 있고(수단의 상당성), 부동산을 취득할 정도의 재정능력을 갖춘 법인에 대하여 통상세율의 5배의 등록세를 부과하는 것이 위 목적달성에 필요한 정도를 넘는 자의적인 세율의 설정이라고 볼 수 없으며(침해의 최소성), 위 목적에 비추어 위 조항에 의하여 보호되는 공익과 제한되는 기본권 사이에 현저한 불균형이 있다고 볼 수 없으므로(법익의 균형성), 위 조항은 과잉금지원칙에 위배되지 아니한다"(헌재 1996.3.28. 94헌바42, 지방세법 제138조 제1항 제3호 위헌소원(합헌)). 법인이 대도시 내에서 향유하여야 할 직업수행의 자유나 거주·이전의 자유의 자유가 형해화할 정도에 이르러 그 기본적인 내용이 침해되었다고 볼 수 없다(헌재 1998.2.27. 97헌바79, 지방세법 제138조 제1항 제3호 위헌소원(합헌)).

법인이 과밀억제권역(過密抑制圈域) 내에 본점의 사업용 부동산으로 건축물을 신축하여 이를 취득하는 경우 취득세를 중과세하는 구 지방세법 제112조 제3항 본문 중 "본점의 사업용 부동산을 취득하는 경우"에 관한 부분은 거주·이전의 자유와 영업의 자유를 침해하지 아니한다(헌재 2014.7.24. 2012헌바408, 구 지방세법 제112조 제3항 위헌소원(합헌)).

주거환경개선사업 및 주택재개발사업의 시행으로 철거되는 주택의 소유자에 대해서는 임시수용시설의 설치 등을 사업시행자의 의무로 규정한 반면, 도시환경정비사업의 경우에는 이와 같은 규정을 두지 아니한 도시 및 주거환경정비법 규정은 평등원칙, 인간다운 생활을 할 권리, 거주·이전의 자유에 위반되지 아니한다(헌재 2014.3.27. 2011헌바396, 도시 및 주거환경정비법 제36조 제1항 위헌소원(합헌)).

2. 한 계

(i) 거주·이전의 자유를 제한할 경우에도 거주·이전의 자유의 본질적 내용을 침해할 수는 없다.

(ii) 헌법재판소는 지방자치단체장의 피선거권자격요건으로서 90일 이상 주민등록요구(헌재 1996.6.26. 96헌마200(기각): 그 후 60일 이내로 개정되었다), 한약업사의 허가 및 영업행위에 대한 지역적 제한, 전자감시제도 등에 대하여 합헌으로 판시한다.

"한약업사의 허가 및 영업행위에 대하여 지역적 제한을 가한 내용의 약사법 제37조 제2항은 오로지 국민보건의 유지·향상이라는 공공의 복리를 위하여 마련된 것이고, 그 제한의 정도 또한 목적을 달성하기 위하여 적정한 것이다"(헌재 1991.9.16. 89헌마231(합헌)).

'특정 성폭력범죄자에 대한 위치추적(位置追跡) 전자장치 부착에 관한 법률'에 의한 전자감시제도에 헌법이 보장한 거주·이전의 자유를 본질적으로 침해하는 측면이 있다고 볼 수 없다(대판 2009.9.10. 2009도6061·2009전도13).

(iii) 또한 거주지를 기준으로 중·고등학교 입학을 제한하는 교육법시행령(제71조)에 대하여 합헌이라고 판시하였다. 그러나 별도의 타당한 시험으로 뽑거나 무작

위로 선발할 수도 있고, 최소한 정원의 일정부분은 비거주지역 학생에게 기회를 제공할 수 있으면서도, 학부모와 자녀의 의지 및 자녀의 자질과 상관없이 사실상 학부모의 경제적 능력에 종속되는 거주지만을 기준으로 한 중·고등학교의 입학 제한은 최소침해성에 어긋나는 위헌 규정으로 보아야 한다.

> "이 사건 규정이 적용되는 학교에 자녀를 입학시키고자 하는 학부모는 생활상 발생할 수 있는 여러 가지 불이익을 감수하면서라도 당해 학교 소재지로 거주지를 이전하여야 한다. 그러나 학부모는 원하는 경우 언제든지 자유로이 거주지를 이전할 수 있으므로 그와 같은 생활상의 불이익만으로는 이 사건 규정이 거주이전의 자유를 제한한다고는 할 수 없고, 설혹 이 사건 규정이 거주이전의 자유를 다소 제한한다고 하더라도 앞서 본 바와 같이 그 입법목적 및 입법수단이 정당하므로 그 제한의 정도는 기본권의 본질적인 내용을 침해하였다거나 이를 과도하게 제한한 경우에 해당하지 않으므로 헌법 제14조 및 헌법 제37조 제2항에 위반되지 아니한다"(헌재 1995.2.23. 91헌마204, 교육법시행령 제71조 등에 대한 헌법소원(기각)).

제 2 항 직업(선택)의 자유

I. 의 의

(i) 직업선택(職業選擇)의 자유 또는 직업의 자유란 "자기가 선택한 직업에 종사하여 이를 영위하고 언제든지 임의로 그것을 전환할 수 있는 자유"이다. 중세 봉건적 신분사회에서 인정되지 아니하던 직업(선택)의 자유는 근대시민사회의 출범과 함께 널리 인정된다. 하지만, 현대사회에서도 공산주의국가에서는 원칙적으로 직업의 자유가 인정되지 아니한다(헌재 1993.5.13. 92헌마80, 체육시설의 설치·이용에관한법률시행규칙 제5조에 대한 헌법소원(위헌)).

(ii) 직업선택의 자유는 제2공화국헌법(1960년)에서 처음으로 도입되었다. 직업(선택)의 자유는 삶의 보람이고 생활의 터전인 직업을 개인의 창의와 자유로운 의사에 따라 선택하게 함으로써 자유로운 인격의 발전에 이바지하게 하는 한편 자유주의적 경제·사회질서의 요소가 되는 기본적 인권이다(헌재 1989.11.20. 89헌가102, 변호사법 제10조 제2항에 대한 위헌심판(위헌)).

> "헌법 제15조는 '모든 국민은 직업선택의 자유를 가진다'라고만 규정하고 있으나, 이러한 헌법규정이 비단 직업선택의 자유를 보장하고 있는 것에 그치지 아니하고 직업행사의 자유를 포함하는 직업의 자유를 보장하고 있는 것임은 의문의 여지가 없다"(헌재 1996.2.29. 94헌마13, 풍속영업의규제에관한법률 제3조 제5호 등 위헌확인(기각,각하)).

II. 직업(선택)의 자유의 법적 성격

직업(선택)의 자유는 각자의 생활의 기본적 수요를 충족시키는 방편이 되고, 또한 개성신장의 바탕이 된다는 점에서 주관적 공권의 성격이 두드러진다. "다른 한편으로는 국민 개개인이 선택한 직업의 수행에 의하여 국가의 사회질서와 경제질서가 형성된다는 점에서 사회적 시장경제질서라고 하는 객관적 법질서의 구성요소이기도 하다"(헌재 1996.8.29. 94헌마113, 공시지가및토지등의평가에관한법률시행령 제30조 등 위헌확인(기각)).

III. 직업(선택)의 자유의 주체

(i) 자연인 중에서 내국인은 당연히 직업선택의 자유의 주체가 된다. 외국인

도 원칙적으로 직업선택의 자유를 누려야 하지만, 국가정책적으로 일정한 제한이 불가피하다. 그러므로 다양한 요소를 고려한 입법자의 정책적 판단에 따라 법률로써 그 구체적 내용이 규정됨으로써 외국인 근로자의 직업선택의 자유는 비로소 구체화된다(헌재 2011.9.29. 2007헌마1083등, 외국인근로자의 고용 등에 관한 법률 제25조 제4항 등 위헌확인 등(기각)).

외국인고용법이 외국인 근로자에게 사업장 변경을 3회로 제한한 것은 헌법에 위반되지 아니한다. 또한 직업의 자유는 경제상황과 국가자격제도에 따라 제한(면허된 의료행위 이외의 의료행위금지)이 허용되므로 외국인의 직업의 자유 및 평등권의 기본권 주체성을 인정할 수 없다(헌재 2014.8.28. 2013헌마359, 의료법 제27조 등 위헌확인(각하)).

(ii) 법인의 경우 사법인은 널리 인정되나, 공법인은 기본권수범자이므로 부인된다.

Ⅳ. 직업(선택)의 자유의 효력

직업선택의 자유는 모든 국가권력을 직접적으로 구속하는 대국가적 방어권이다. 대사인적으로는 간접적용되나, 비교적 많은 제한이 뒤따른다.

Ⅴ. 직업(선택)의 자유의 내용

1. 직업의 결정·종사·전직(겸직)의 자유

(i) "직업이란 생활의 기본적 수요를 충족시키기 위한 계속적인 활동을 의미하며 그러한 내용의 활동인 한 그 종류나 성질을 불문하는데 …, 직업선택의 자유에는 직업결정의 자유, 직업종사(직업수행)의 자유, 전직의 자유 등이 포함"된다(헌재 1993.5.13. 92헌마80, 체육시설의설치·이용에관한법률시행규칙 제5조에 대한 헌법소원(위헌)).[1] 직업의 개념표지들은 개방적 성질을 가지므로 엄격하게 해석할 필요는 없다. '계속성'은 주관적으로 활동의 주체가 어느 정도 계속적으로 해당 소득활동을 영위할 의사가 있고, 객관적으로도 그러한 활동이 계속성을 띨 수 있으면 충분하다. 따라서 휴가기간 중에 하는 일, 수습직으로서의 활동 등도 이에 포함된다. 또한 '생활수단성'은 단순한 여가활동이나 취미활동은 직업의 개념에 포함되지 아니하나 겸업이나 부업은 삶의 수요를 충족하기에 적합

---

1) 이승우, 직업선택의 자유와 면허제도, 세창출판사; 이세주, "헌법재판소 결정에 나타난 기업의 자유에 대한 이해", 헌법학연구 20-3; 정형근, "변호사업무의 플랫폼 광고 규제에 관한 헌법적 고찰", 헌법실무연구 23; 진호성, "통신판매 관련 헌법재판소 결정의 비판적 검토", 헌법학연구 30-3.

하므로 직업에 해당한다.

> "위에서 살펴본 '직업'의 개념에 비추어 보면 비록 학업수행이 대학생의 본업이라 하더라도 방학기간을 이용하여 또는 휴학 중에 학비 등을 벌기 위하여 학원강사로서 일하는 행위는 어느 정도 계속성을 띤 소득활동으로서 직업의 자유의 보호영역에 속한다"(헌재 2003. 9.25. 2002헌마519, 학원의설립·운영및과외교습에관한법률 제13조 제1항 등 위헌확인(기각)).

(ⅱ) 직업의 개념에 공공무해성(公共無害性)을 개념 요소에 포함하려는 견해가 있으나, 공공무해성은 기본권보장의 측면에서 직업의 자유의 제한에서 논의하는 게 타당하다. 헌법재판소도 "그 종류나 성질을 불문"한다고 판시하여 직업의 개념에서 공공무해성을 요구하지 아니한다.

> 게임 결과물의 환전업은 헌법 제15조가 보장하는 직업에 해당한다(헌재 2010.2.25. 2009헌바38, 게임산업진흥에 관한 법률 제44조 제1항 제2호 등 위헌소원(합헌)). 같은 의미에서 성매매도 직업에 해당된다.
>
> 게임 내에서 사용되는 가상의 화폐로서 대통령령이 정하는 게임머니 등과 같이 일정한 기준에 해당하는 게임결과물에 대한 환전업 등을 금지하고 위반 시 처벌은 합헌이다(헌재 2022.2.24. 2017헌바438등, 게임산업진흥에 관한 법률 제32조 제1항 제7호 위헌소원(합헌)).

또한 직업선택의 자유로서 여러 개의 직업을 선택하여 동시에 함께 할 수 있는 자유, 즉 겸직(兼職)의 자유도 가진다.

> 일반적으로 겸직금지규정은 당해 업종의 성격상 다른 업무와의 겸직이 업무의 공정성을 해칠 우려가 있을 경우에 제한적으로 둘 수 있다 할 것이므로 겸직금지규정을 둔 그 자체만으로는 위헌적이라 할 수 없으나, 위 법률 제35조 제1항 제1호는 행정사의 모든 겸직을 금지하고, 그 위반행위에 대하여 모두 징역형을 포함한 형사처벌을 하도록 하는 내용으로 규정하고 있으므로 공익의 실현을 위하여 필요한 정도를 넘어 직업선택의 자유를 지나치게 침해하는 위헌적 규정이다(헌재 1997.4.24. 95헌마90, 행정사법 제35조 제1항 제1호 위헌확인(위헌, 기각)).
>
> 음주운전금지규정에 위반하여 운전면허가 취소된 사람은 운전면허가 취소된 날부터 5년간 운전면허를 받을 자격이 없다는 규정은 합헌이다(헌재 2005.4.28. 2004헌바65, 도로교통법 제70조 제2항 제2호 위헌소원(합헌)).
>
> 거짓이나 그 밖의 부정한 수단으로 운전면허를 받은 해당 운전면허의 필요적 취소는 헌법에 위반되지 아니하나, 이를 제외한 운전면허까지 필요적으로 취소하는 규정은 헌법에 위반된다(6:3)(헌재 2020.6.25. 2019헌가9등, 구 도로교통법 제93조 제1항 제8호 위헌제청(위헌)). 이 결정에 의하더라도 '거짓이나 그 밖의 부정한 수단으로 받은 운전면허를 제외한 운전면허'의 임의적 취소·정지는 가능하다.

2. 영업의 자유와 경쟁의 자유

직업의 자유는 영업의 자유와 기업의 자유를 포함하므로 이를 근거로 원칙적으로 누구나 자유롭게 경쟁에 참가할 수 있다. 경쟁의 자유는 기본권의 주체가 직업의 자유를 실제로 행사하는 데에서 나오는 결과이므로 당연히 직업의 자유에 의하여 보장되고, 다른 기업과의 경쟁에서 국가의 간섭이나 방해를 받지 아니하고 기업활동을 할 수 있는 자유를 의미한다(헌재 1996.12.26. 96헌가18, 주세법 제38조의7 등에 대한 위헌제청(위헌)).

변호사의 활동은, 상인의 영업활동과는 본질적으로 차이가 있다(대결 2007.7.16. 2006마334). 자연인인 변호사의 영리행위 겸직을 원칙적으로 금지하고 지방변호사회의 허가를 받아 예외적으로 겸직할 수 있도록 한 변호사법을 법무법인에 대하여 준용하지 아니한 이유는, 법무법인이 단순한 영리추구 기업으로의 변질을 방지하고, 또한 법무법인이 변호사의 직무와 영리행위를 함께 수행할 때 발생할 수 있는 양자의 혼입(混入)을 방지하는 데 목적의 정당성과 수단의 적합성이 있다. 법무법인이 영리기업으로 변질될지 여부를 영리행위 겸업 허가 당시에 심사하는 것은 매우 어렵고, 법무법인이 영리기업으로 변질됨에 따라 변호사 직무의 일반적 신뢰 저하나 법률소비자의 불측의 손해가 발생할 수 있고, 그 정도 또한 클 것으로 예상되는 점, 변호사법 규정으로는 영리추구 기업으로 변질된 법무법인에 대한 실질적인 감독·제재가 어려운 점 등을 종합하면, 법무법인이 변호사회 등의 허가를 받아 영리행위를 할 수 있도록 하는 방법으로는 입법목적을 달성하기가 어렵다. 또한 법무법인이 영리행위를 겸업할 경우에는 변호사와 달리 '법무법인'의 명칭 사용이 불가피하여 영리행위와 변호사 직무의 구분이 현실적으로 어렵게 된다. 그리고 법무법인의 구성원 변호사들은 자신에 대한 겸직허가를 받아 영리행위를 하거나 영리법인을 설립할 수 있으므로, 법무법인의 구성원 변호사의 기본권실현에 특별한 지장이 있다고 보기도 어렵다. 따라서 피해의 최소성 및 법익의 균형성 원칙에 위반된다고 볼 수 없다. 법무법인의 영업의 자유를 침해하지 아니한다(헌재 2020.7.16. 2018헌바195, 변호사법 제38조 제2항 등 위헌소원(합헌)).

변호사법의 위임을 받아 변호사 광고에 관한 규제를 설정한 대한변호사협회의 '변호사 광고에 관한 규정'에 대하여, 변협의 유권해석에 위반되는 광고를 금지한 규정이 법률유보원칙에 위반되고(전원일치), 대가수수 광고금지규정('변호사등을 광고·홍보·소개하는 행위' 규정)이 과잉금지원칙에 위반되어(6:3), 표현의 자유, 직업의 자유를 침해한다. 즉 변호사 광고에 대한 규제에 있어 변협이 변호사법으로부터 위임된 범위 안에서 명확하게 규율 범위를 정하여야 한다는 점, 기술의 발전에 따라 등장하는 새로운 매체에 대하여도 광고표현의 기본권적 성질을 고려하여 규율 범위를 정하여야 한다(헌재 2022.5.26. 2021헌마619, 변호사 광고에 관한 규정 제3조 제2항 등 위헌확인(위헌,기각)).

도서정가제는 출판문화산업에서 존재하고 있는 자본력, 협상력 등의 차이를 간과하고 이를 그대로 방임할 경우 사회 전체의 문화적 다양성 축소로 이어지게 되고, 지식문화 상품인 간행물에 관한 소비자의 후생이 단순히 저렴한 가격에 상품을 구입함으로써 얻는 경제적 이득에만 한정되지는 않는 점 등에 비추어 직업의 자유를 침해하지 않는다(헌재 2023.7.20. 2020헌마104, 출판문화산업 진흥법 제22조 제4항 등 위헌확인(기각)).

민간 임대사업자가 건설한 공공건설임대주택에 대하여 우선분양전환의무의 범위를 확대하고 임대주택의 제3자 매각 시 가격을 통제하는 조항들을 소급 적용하도록 규정은 임대사업자의 영업의 자유를 침해하지 아니한다(헌재 2025.9.25. 2021헌마728, 공공주택 특별법 제50조의3 제1항 제1호 라목 등 위헌확인(기각)).

3. 무직업의 자유

헌법 제32조 제2항의 근로의 의무의 법적 성격을 법적 의무로 볼 경우에는 무직업(無職業)의 자유는 부인된다. 그러나 근로의 의무를 법적 의무가 아니라 윤리적 의무로 볼 경우에는 직업의 자유에 무직업의 자유도 인정된다(다수설).

4. 직업교육장 선택의 자유

헌법은 학교교육을 넘어 직업교육에 기여하는 모든 시설인 직업교육장 선택의 자유를 명문으로 규정하지 아니하여 이를 직업의 자유에 포함할 수 있는지에 관하여 논란이 제기된다. 생각건대 직업교육장을 자유롭게 선택할 수 있는 자유도 직업의 자유의 내용으로 포섭하여야 한다.

직업선택의 자유에는 자신이 원하는 직업 내지 직종에 종사하는데 필요한 전문지식을 습득하기 위한 직업교육장을 임의로 선택할 수 있는 '직업교육장 선택의 자유'도 포함된다. 법학전문대학원 입학자 중 법학 외의 분야 및 당해 법학전문대학원이 설치된 대학 외의 대학에서 학사학위를 취득한 자가 차지하는 비율이 입학자의 3분의 1 이상의 요구는 직업의 자유를 침해하지 아니한다(헌재 2009.2.26. 2007헌마1262, 법학전문대학원 설치·운영에 관한 법률 제1조 등 위헌확인(각하,기각)).

변호사시험 응시자격을 법학전문대학원 석사학위 취득자로 한정하고, 사법시험의 폐지와 법학전문대학원의 도입으로 교육을 통한 법조인을 양성하려는 공익이 더 크므로 법익의 균형성도 갖추었다(헌재 2016.12.29. 2016헌마550, 법학전문대학원 설치·운영에 관한 법률 제23조 제2항 위헌확인(기각))(헌재 2016.9.29. 2012헌마1002등, 변호사시험법 부칙 제2조 등 위헌확인 등(기각))(헌재 2017.12.28. 2016헌마1152등, 변호사시험법 부칙 제2조 위헌확인(기각,각하))(헌재 2012.3.29. 2009헌마754(기각))(헌재 2012.4.24. 2009헌마608등(기각))(헌재 2018.2.22. 2016헌마713등, 변호사시험법 제5조 제1항 위헌확인(기각)).

변호사시험에서 '외국어능력' 부분과 다른 입학전형자료 필수활용기준은 직업선택의 자유를 침해하지 아니한다(헌재 2020.10.29. 2017헌마1128, 변호사시험법 제5조 제1항 등 위헌확인(기각,각하)).

변호사시험 응시기회를 법학전문대학원 석사학위를 취득한 달의 말일부터 5년 내 5회로 정하고, 병역의무의 이행만을 예외로 한 규정은 직업선택의 자유를 침해하지 아니한다(5:4)(헌재 2016.9.29. 2016헌마47등)(헌재 2018.3.29. 2017헌마387등)(헌재 2020.9.24. 2018헌마739등, 변호사시험법 제7조 제1항 등 위헌확인(기각,각하)). [반대의견] 정상적인 변호사시험 준비·응시를 사실상 불가능하게 하는 다른 여러 사유들에 대한 고려 또는 변호사시험 응시기회의 실질적인 보장에 대한 고려 없이 오로지 병역의무 이행에 관하여만 응시한도의 예외 인정은 결과적으로 정상적으로 변호사시험 준비·응시를 기대하기 어려운 다른 주관적·객관적 사유가 있는 변호사시험 준비생들을 배제하게 되므로 평등권을 침해한다(헌재 2020.11.26. 2018헌마733등, 변호사시험법 제7조 제1항 위헌확인(기각)).

법학전문대학원 출신 변호사들에게 6개월간의 법률사무 종사 또는 연수 의무를 부과한 변호사법은 직업수행의 자유를 침해하지 아니한다. 이 규정이 법률사무종사기관의 취업자와 미취업자, 또는 사법연수생과 법학전문대학원 출신 변호사를 차별하여 평등권을 침해하지 아니한다(헌재 2013.10.24. 2012헌마480, 변호사법 제31조의2 제1항 위헌확인(기각)). 하지만, 이 조항으로 인하여 사실상 변호사시험 합격자들이 최저임금에도 미달하는 급여를 받고 있는 현실을 고려할 때 적어도 위헌은 아니라고 하더라도 폐지되어야 할 악법이다.

'제10회 변호사시험 일시·장소 및 응시자준수사항 공고'(법무부공고 제2020-360호) 및 '코로나19 관련 제10회 변호사시험 응시자 유의사항 등 알림' 중 코로나19 확진환자의 응시를 금지하고, 자가격리자 및 고위험자의 응시를 제한한 부분은 청구인들의 직업선택의 자유를 침해하여 위헌임을 확인한다(8:1)(헌재 2023.2.23. 2020헌마1736, 법무부공고 제2020-360호 등 위헌확인(인용(위헌확인))).

중등교사 임용시험에서 코로나19 확진자의 응시를 금지하고 자가격리자 및 접촉자의 응시를 제한한 강원도교육청 공고에 대한 심판청구가 부적법하다. 하지만, 시험 시행 전에 확진자의 응시를 허용하는 것으로 교육부 등의 지침이 변경되었고, 강원도교육감도 변경 안내를 통해 위 금지조치를 철회하였으며, 위 공고의 해석에 의할 때 자가격리자 및 접촉자에 대하여는 응시가 허용되었다(헌재 2023.2.23. 2021헌마48, 강원도교육청 공고 제2020-163호 위헌확인(각하)).

Ⅵ. 직업(선택)의 자유의 제한과 한계

1. 제한의 목적

(1) 직업(선택)의 자유 제한의 목적

(i) 직업(선택)의 자유도 다른 기본권과 마찬가지로 헌법 제37조 제2항 전문에 의하여 제한을 받을 수 있다. 직업의 자유도 본질적인 내용에 대한 침해가 아닌 한 국가안전보장·질서유지 또는 공공복리를 위하여 법률로써 제한될 수 있다.

(ii) 직업의 자유 보장이 특정인에게 배타적인 직업선택권이나 독점적인 직업활동의 자유 보장이 아니다. 특히 법률이 일정 전문분야에 관하여 자격제도를 마련하고 그 자격자의 업무영역에 관하여 상당한 법률상 보호를 하는 경우에도 그 자격자 이외의 자에게 동종업무의 취급 허용 여부는 그 제도를 도입하게 된 배경과 목적, 해당 전문분야 업무의 성격 등을 입법자가 종합적으로 고려하고 합목적적으로 판단하여 결정할 입법정책의 문제이다(헌재 1997.10.30. 96헌마109, 자동차관리법 제2조 제7호 등 위헌확인(기각)).

예컨대 헌법재판소 판례에 의하면 학교위생정화구역의 정화시설과 정화대상에 따라 적지 않은 차이가 있다. 초·중·고(헌법불합치)·대학 근처에서의 극장 설치 제한은 위헌이지만(헌재 2004.5.27. 2003헌가1등, 학교보건법 제6조 제1항 제2호 위헌제청 등, 학교보건법 제19조 등 위헌제청(위헌, 헌법불합치, 적용중지)), 반대로 납골 시설 제한은 합헌이다(헌재 2009.7.30. 2008헌가2, 학교보건법 제6조 제1항 제3호 위헌제청(합헌)). 한편, 18세 미만자에 대한 당구장출입금지 표시의 부착 강요는 위헌이다(헌재 1993.5.13. 92헌마80, 체육시설의설치·이용에관한법률시행규칙 제5조에 대한 헌법소원(위헌)). 그런데 문제는 대학·유치원 근처의 당구장 설치 제한은 위헌이지만, 초·중·고 근처 설치 제한은 합헌이다(헌재 1997.3.27. 94헌마196등, 학교보건법 제6조 제1항 제13호 위헌확인(위헌)). 하지만, 여관의 설치 제한은 초·중·고·

대학을 불문하고 합헌이다(헌재 2006.3.30. 2005헌바110, 학교보건법 제6조 제1항 제11호 여관부분 위헌소원(합헌)). 그러나 이와 같은 판례가 시대에 부합하는지 의문이 제기된다. 당구는 이미 법적으로 스포츠로 분류되고 있기 때문에 이에 대한 제한은 부당하다. 극장(일반적으로 영화관)은 정화구역이고 여관은 정화구역이 아닌 것에 대한 기준도 새로 정립하여야 한다. 또한 정화구역 내에 납골시설의 설치·운영의 절대적 금지(헌재 2009.7.30. 2008헌가2, 학교보건법 제6조 제1항 제3호 위헌제청(합헌))는 외국의 입법례에 비추어 타당한지 재검토되어야 한다.

(iii) 직업의 자유의 보장이 입법자로 하여금 이미 형성된 직종을 무기한으로 유지하거나 직업종사의 요건을 계속하여 동일하게 유지하여야 한다고 요구하지는 아니한다. 입법자가 공익상의 필요에 의하여 직업행사의 요건을 달리 정하거나 강화하는 등 직업제도를 개혁함에 있어서는 기존 종사자들의 신뢰보호가 헌법상 법치국가의 원리로부터 요청되고, 신뢰보호가 충분히 이루어졌는지 여부가 과잉금지의 원칙의 위반 여부를 판단하는 기준이 된다(헌재 1997.11.27. 97헌바10 참조).

"1971년 유기장법시행령이 개정된 이래 청구인들이 자신의 영업행위가 언제든지 새로운 법적 기준에 의하여 규율되고 이로써 종료될 수 있음을 충분히 예견할 수 있었던 점, 청구인들의 유기기구(遊技機具)가 그 지나친 사행성으로 말미암아 장기간의 유예기간을 부여하는 것에 대하여 이의를 제기하는 공익상의 이유가 존재한다는 점, 게임제공업의 경우 다른 게임물을 설치함으로써 다른 업종으로의 전환이 용이하다는 점 등을 고려할 때, 이 사건 법령조항에 의하여 청구인들에게 주어진 6개월의 유예기간은 법개정으로 인한 상황변화에 적절히 대처하기에 지나치게 짧은 것이라고 할 수 없다. 따라서 이 사건 법령조항은 청구인들의 신뢰이익을 충분히 고려하고 있는 것으로서 과잉금지의 원칙에 위반하여 직업의 자유를 침해하는 위헌적인 규정이라 할 수 없다"(헌재 2002.7.18. 99헌마574, 음반·비디오물및게임물에관한법률 부칙 제3조 제4항 단서 등 위헌확인(기각)).

(2) 판례를 통하여 본 직업의 자유의 제한

직업의 자유의 제한에 관한 판례를 목적에 따라 분류하면 다음과 같다.

A. 국가안전보장을 위한 제한

이적표현물의 복사행위를 하면서 의뢰자로부터 대가를 받았다 하여 그와 같은 행위를 직업의 자유로 주장할 수는 없다(대판 1990.7.24. 89도251).

B. 질서유지를 위한 제한

합헌판례: 구 방문판매에관한법률에서 소위 피라미드 판매조직의 개설·관리·운영의 금지와 위반행위처벌(헌재 1997.11.27. 96헌바12, 구 방문판매에관한법률 제18조 제1항 위헌소원(합헌,각하)), 공중위생법시행규칙에서 터키탕업소 안에 이성 입욕보조자 고용 금지(헌재 1998.2.27. 97헌마64, 공중위생법시행규칙 [별표3]중2의나의(2)의(다)목 위헌확인(기각)), 학교보건법시행령에서 학교환경위생정화구역 안에서 노래연습장 시설을 못하게 하

고 예외적으로 학교환경위생정화위원회의 심의를 거쳐 상대적 정화구역 안에서만 시설의 설치 허용(헌재 1999.7.22. 98헌마480등, 학교보건법 시행령 제4조의2 제5호 위헌확인(기각,각하)), 식품위생법 시행규칙에서 단란주점의 출입을 제한하고 주류 제공을 금지하는 연령을 만 20세 미만으로 제한(헌재 1999.9.16. 96헌마39, 식품위생법시행규칙 제42조 별표13 제5. 라. 마. 목. 위헌확인(기각)), 청소년보호법에서 19세 미만자에 대한 주류 판매 금지(헌재 2001.1.18. 99헌마555, 청소년보호법 제2조에 대한 위헌확인(기각,각하)), 여객자동차운수사업법에서 백화점의 무상셔틀버스운행 금지(헌재 2001.6.28. 2001헌마132, 여객자동차운수사업법 제73조의2 위헌확인(기각,각하)), 약국의 셔틀버스운행 금지(헌재 2002.11.28. 2001헌마596, 여객자동차운수사업법 제73조의2(기각)), 음주측정거부자에 대하여 필요적으로 면허 취소(헌재 2004.12.16. 2003헌바87, 도로교통법 제78조 제1항 단서 위헌소원(합헌)), 일반게임장에서 18세이용가 게임물의 설치비율을 제한 및 전체이용가 게임물과 18세이용가 게임물을 구분하여 비치 · 관리하고 18세이용가 게임물의 비치장소에는 청소년의 출입금지 표시 강제(헌재 2005.2.3. 2003헌마930, 음반 · 비디오물및게임물에관한법률 제27조 제2항 등 위헌확인(기각)), 게임물을 통한 경품제공 규제(헌재 2020.12.23. 2012헌바463등, 게임산업진흥에 관한 법률 제28조 제3호 등 위헌소원(합헌,각하)), 개인택시운송사업자의 운전면허가 취소된 경우 개인택시운송사업 면허 취소(헌재 2008.5.29. 2006헌바85등, 여객자동차 운수사업법 제76조 제1항 제15호 위헌소원 등(합헌)), 승합자동차 임차인에 대한 운전자 알선(헌재 2021.6.24. 2020헌마651, 여객자동차 운수사업법 제34조 제2항 제1호 바목 위헌확인(기각,각하)), 세금계산서 교부의무 위반 등의 금액이 총 매출액의 100분의 10 이상인 때 주류판매업 면허취소, 국제결혼중개업의 등록요건으로 1억원 이상의 자본금, 금고 이상 형의 집행이 끝나거나 면제된 날로부터 3년 경과하여야만 행정사 자격, 사회복지사업 관련 횡령죄 등 형의 집행유예 선고 후 7년 지나야 종사자 가능, '문화재수리 등에 관한 법률' 위반과 다른 죄의 경합범으로 징역형 집행유예 시 문화재수리기술자 자격 취소, 허위진료비청구로 사기죄 금고 이상 형 선고 후 집행 미종료 의료인의 필요적 면허취소, 여객자동차운송사업의 운전자격 취득자가 '특정범죄 가중처벌 등에 관한 법률' 위반으로 금고 이상 형 선고 시 그 기간 동안 운전자격 취소 등이 있다.

'제조업의 직접생산공정업무'를 원칙적으로 근로자파견의 대상 업무에서 제외하고, 이에 관하여 근로자파견의 역무를 제공받는 것을 금지하며, 이를 위반할 경우 처벌하는 것이 사용사업주의 직업수행의 자유를 침해하지 아니한다(헌재 2017.12.28. 2016헌바346, 파견근로자보호 등에 관한 법률 제5조 제1항 등 위헌소원(합헌)).

형법상 상해죄를 범하여 벌금형을 선고받고 5년이 지나지 아니한 사람은 화약류관리보안책임자 면허를 받을 수 없다고 정한 결격조항은 직업의 자유를 침해하지 아니하고 평등원칙에도 위반되지 아니한다(헌재 2019.8.29. 2016헌가16, 총포 · 도검 · 화약류 등의 안전관리에 관한 법률 제30조 제1항 위헌제청(합헌,각하)).

성매매는 그 자체로 폭력적, 착취적 성격을 가진 것으로 경제적 대가를 매개로 하여 경제적 약자인 성판매자의 신체와 인격을 지배하는 형태를 띠므로 대등한 당사자 사이의 자유로운 거래 행위로 볼 수 없고, 인간의 성을 상품화하여 성범죄가 발생하기 쉬운 환경을 만드는 등 사회 전반의 성풍속과 성도덕을 허물어뜨린다. 사회 전반의 건전한 성풍속과 성도덕이라는 공익적 가치는 개인의 성적 자기결정권 등 기본권 제한의 정도에 비해

결코 작다고 볼 수 없어 성매매를 한 자의 형사처벌은 개인의 성적 자기결정권, 사생활의 비밀과 자유, 직업선택의 자유를 침해하지 아니한다. 불특정인을 상대로 한 성매매와 특정인을 상대로 한 성매매는, 건전한 성풍속 및 성도덕에 미치는 영향, 제3자의 착취 문제 등에 있어 다르다고 할 것이므로, 불특정인에 대한 성매매만을 금지대상으로 규정하고 있는 것이 평등권을 침해한다고 볼 수도 없다(헌재 2016.3.31. 2013헌가2, 성매매알선 등 행위의 처벌에 관한 법률 제21조 제1항 위헌제청(합헌)).

위헌판례: 식품 등의 표시기준이 식품의 용기나 포장에 "숙취해소" 또는 "음주전후"라는 표시 금지(헌재 2000.3.30. 99헌마143, 식품등의표시기준 제7조 별지1 식품등의세부표시기준 1에 대한 헌법소원(위헌)), 정화구역 내 극장영업 제한(헌재 2004.5.27. 2003헌가1등, 학교보건법 제6조 제1항 제2호 위헌제청 등, 학교보건법 제19조 등 위헌제청(위헌, 헌법불합치, 적용중지)), 운전전문학원의 수료생이 일정비율 이상의 교통사고를 일으킨 경우 운전전문학원의 귀책사유를 불문하고 이를 해당 학원의 법적 책임으로 연관시켜 해당학원에 대하여 운영정지나 등록취소 가능(헌재 2005.7.21. 2004헌가30, 도로교통법 제71조의15 제2항 제8호 위헌제청(위헌)), 한국방송광고공사와 이로부터 출자를 받은 회사만 지상파방송광고의 판매대행 허용(헌재 2008.11.27. 2006헌마352, 방송법 제73조 제5항 등 위헌확인(헌법불합치, 잠정적용)), 선출원상표의 상표등록 무효심결이 확정되더라도 그와 동일 또는 유사한 상표의 등록을 금지하거나 후출원된 등록상표를 무효화(헌재 2009.4.30. 2006헌바113등, 구 상표법 제7조 제3항 위헌소원(위헌)), 임원이 금고 이상의 형을 선고받은 경우 법인의 건설업 등록을 필요적으로 말소(헌재 2014.4.24. 2013헌바25, 건설산업기본법 제13조 제1항 제4호 등 위헌소원(위헌)), 법인의 임원이 '학원의 설립·운영 및 과외교습에 관한 법률'을 위반하여 벌금형을 선고받은 경우 법인의 학원 설립·운영 등록이 효력 상실(헌재 2015.5.28. 2012헌마653, 학원의 설립·운영 및 과외교습에 관한 법률 제9조 제1항 제4호 등 위헌확인(위헌, 기각, 각하)), 규칙으로 시각장애인에 한하여 안마사 자격인정, 체육시설의설치·이용에관한법률시행규칙이 18세 미만자에 대한 당구장출입 금지 표시의 부착 강요 등이 있다.

헌재 2006.5.25. 2003헌마715등, 안마사에관한규칙 제3조 제1항 제1호 등 위헌확인(위헌). 헌법재판소의 위헌결정이 있은 후 국회는 2006년 9월 27일 시각장애인에 대하여만 안마사 자격인정을 받을 수 있도록 의료법 제61조 제1항을 새로 개정함으로써 비시각장애인의 안마사 자격취득제한을 그대로 유지하였는데 이러한 의료법 조항에 대하여 헌법소원이 다시 제기되었다. 이 헌법소원에 대하여 헌법재판소는 기각결정을 하였다(헌재 2008.10.30. 2006헌마1098등, 의료법 제61조 제1항 중 '장애인복지법'에 따른 시각장애인 중 부분 위헌확인(기각))(헌재 2017.12.28. 2017헌가15, 의료법 제82조 제1항 등 위헌제청(합헌))(헌재 2021.12.23. 2019헌마656, 의료법 제82조 제3항 등 위헌확인(기각, 각하)).

"이 사건 심판대상규정은 법령이 직접적으로 청구인에게 그러한 표시를 하여야 할 의무를 부과하는 사례에 해당하는 경우로서, 그 표시에 의하여 18세 미만자에 대한 당구장 출입을 저지하는 사실상의 규제력을 가지게 되는 것이므로 이는 결국 그 게시의무규정으로 인하여 당구장 이용고객의 일정범위를 당구장 영업대상에서 제외시키는 결과가 된다고 할 것이고 따라서 청구인을 포함한 모든 당구장 경영자의 직업종사(직업수행)의 자유가 제한되어 헌법상 보장되고 있는 직업선택의 자유가 침해된다"(헌재 1993.5.13. 92헌마80, 체육시설의설치·이용에 관한법률시행규칙 제5조 위헌확인(위헌)).

아동학대관련범죄로 형이 확정된 자는 10년간 아동관련기관(어린이집, 체육시설, 학교)에 취업 제한은 위헌이다(헌재 2018.6.28. 2017헌마130등, 아동복지법제29조의3 제1항위헌확인(위헌)), 이에 따라 법률에 의한 10년간의 일률적 취업제한에서 법원이 판결 선고 시 10년을 상한으로 하여 취업제한명령을 선고하는 것으로 개정되었다. 개정 법률에서도 아동학대관련범죄의 경중, 재범의 위험성에 대한 개별·구체적 심사를 통해 취업제한의 제재를 부과하는 것이 직업선택의 자유 보장과 조화될 수 있다(6:3)(헌재 2022.9.29. 2019헌마813, 영유아보육법 제16조 제8호 등 위헌확인(위헌,각하)).

C. 공공복리를 위한 제한

공공복리를 위한 제한사유로는 공공복리의 유지를 위한 제한과 공공복리의 증진을 위한 제한으로 나누어 볼 수 있다.[1]

(a) 공공복리의 유지를 위한 제한

합헌판례: 외국의 치·의과대학을 졸업한 우리 국민이라도 국내 의사면허시험을 치기 위하여서는 새로이 예비시험을 치도록 하고 이러한 시험을 3년 후부터 실시하도록 한 일률적인 경과규정(헌재 2003.4.24. 2002헌마611, 의료법 제5조 등 위헌확인(기각)), 세무사의 자격이 있는 자 중 변호사 자격이 있는 자로 하여금 세무사 또는 이와 유사한 명칭 사용 금지(헌재 2008.5.29. 2007헌마248, 세무사법 제20조 제2항 위헌확인(기각)), 특허·실용신안·디자인·상표의 침해로 인한 손해배상·침해금지 등 민사소송에서 변리사에게 소송대리 불허(헌재 2012.8.23. 2010헌마740, 변리사법 제8조 등 위헌확인(각하,기각)), 변호인선임서 등을 공공기관에 제출할 때 소속 지방변호사회의 필요적 경유(헌재 2013.5.30. 2011헌마131, 변호사법 제29조 등 위헌확인(기각)), 부천시의회가 조례로써 자동판매기를 통한 담배판매금지(헌재 1995.4.20. 92헌마264등, 부천시담배자동판매기설치금지조례 제4조 등 위헌확인(기각)) 등이 있다.

금고 이상의 형의 집행유예를 선고받은 경우 변호사 결격사유로 정한 변호사법은 직업수행의 자유 및 평등권 등을 침해하지 아니한다(헌재 2019.5.30. 2018헌마267, 변호사법 제5조 제2호 위헌확인(기각)).

공고로 인하여 실무형 문제를 풀어야 하는 부담을 지게 되지만, 제한받게 되는 사익이 공고로 달성하고자 하는 공익보다 크다고 보기 어려우므로 과잉금지원칙이나 직업선택의 자유를 침해하지 아니한다(헌재 2019.5.30. 2018헌마1208, 2019년도 제56회 변리사 국가자격시험 시행계획 공고 중 2. 실무형 문제 출제 위헌확인(각하,기각)).

안경사 면허를 가진 자연인에게만 안경업소의 개설등록 등을 할 수 있도록 한 규정은 "헌법에 위반되지 아니한다"(합헌4:헌법불합치5). 안경사들로 구성된 법인의 안경업소 개설까지 포함하여 전면적이고 일률적으로 법인의 안경업소 개설을 금지한 규정은 헌법에 합치되지 아니한다(헌재 2021.6.24. 2017헌가31, 구 의료기사 등에 관한 법률 제12조 제1항 등 위헌제청(합헌)).

헌재 2018.4.26. 2015헌가19에서 세무사 등록을 한 사람이 아니면 세무대리를 할 수 없

---

1) 이와 같은 분류가 반드시 적절한 것인지에 대하여는 의문이 제기될 수 있다. 특히 공공복리의 유지를 위한 제한으로는 일정한 자격제, 등록제, 신고제 등에 의한 제한이 포함된다. 그런데 이와 같은 제한은 또 다른 측면에서는 특정한 신분에 의한 제한과 연계된다. 또한 공직자에 대한 신분상 제한은 한편으로는 공공복리의 유지를 위한 제한으로도 볼 수 있으나, 본서에서는 그 신분의 특수성을 고려하여 따로 항을 나누어 특정한 신분에 따른 제한으로 설명한다.

도록 한 세무사법 중 변호사에 관한 부분에 관하여 헌법불합치 결정을 내렸다. 다만, 이 선례에서는 세무사의 자격을 이미 보유한 변호사로 하여금 세무사등록부에 등록을 하지 못하도록 하여 세무사로서 그 직무에 해당하는 세무대리를 일체 할 수 없게 하였던 세무사법 조항의 위헌 여부가 쟁점이었던 데 반하여, 변호사에게 세무사 자격을 더 이상 자동으로 부여하지 아니하는 세무사법은 헌법에 위반되지 아니한다(기각4:헌법불합치5)(헌재 2021. 7.15. 2018헌마279, 세무사법 제3조 등 위헌확인(기각)).

세무사 자격 보유 변호사로 하여금 세무사로서 장부작성대행업무와 성실신고확인업무를 수행할 수 없도록 한 세무사법 개정 조항이 세무사 자격 보유 변호사의 직업선택의 자유 및 평등권을 침해하지 아니한다(7:2)(헌재 2025.12.18. 2021헌마1464, 세무사법 제20조의2 제2항 위헌확인(기각,각하)).

조정계획으로 인하여 전체 약학대학 정원 1,693명 중 합계 320명의 정원이 여자대학 약학대학에 배정되어 있다. 그러나 여자대학 이외의 다른 남녀공학 약학대학의 재적학생 성비에서 여학생이 평균적으로 약 50%를 점하고 있다. 여성에 할당된 정원 없이 남녀 지원자가 대등하게 경쟁하더라도 여성은 여자대학 약학대학에 배정된 정원의 비율(18.9%)을 초과하여 약학대학에 합격하고 있다. 여자대학을 제외한 다른 약학대학에 입학하여 소정의 교육을 마친 후 약사국가시험을 통해 약사가 될 수 있는 충분한 기회와 가능성이 부여되어 있으므로 직업선택의 자유를 침해하지 아니한다(헌재 2020.7.16. 2018헌마566, 2019학년도 약학대학 입학정원 배정행위 위헌확인(기각)).

그 밖에도 의료기관의 시설 또는 부지의 일부를 분할·변경 또는 개수(改修)하여 약국의 개설 금지(헌재 2003.10.30. 2001헌마700, 약사법 제69조 제1항 제2호 등 위헌확인 등(기각,합헌))(헌재 2018.2.22. 2016헌바401, 약사법 제20조 제5항 제3호 위헌소원(합헌)), 물리치료사와 임상병리사의 독자적인 영업을 금지하고 의사의 지도하에서만 영업을 허용하는 의료기사제도(헌재 1996.4.25. 94헌마129, 의료기사법 제1조 등 위헌소원(기각)), 보건복지부장관이 정하는 바에 따라 보험자 또는 보험자단체가 요양기관을 지정할 수 있고 의료기관은 이를 거부 불허(헌재 2002.10.31. 99헌바76, 구 의료보험법 제32조 제1항 등 위헌소원(합헌)), 1차시험과 2차시험을 동시에 실시하는 공인중개사 시험에서 1차시험 불합격자의 2차시험 무효 처리, 건축사 예비시험 합격 및 건축사 예비시험 응시자격 취득 후 일정기간 실무경험을 요구하는 건축사자격시험 응시자격, 금고 이상의 실형을 선고받고 그 형의 집행이 종료되거나 면제되지 아니한 자의 중도매업허가를 불허한 '농수산물 유통 및 가격안정에 관한 법률', 초음파기기 등 현대의료장비 사용금지 위반 시 한의사의 형사처벌, 공동주택 입주자대표회의 및 주택관리업자를 제외하고 관리사무소장에게만 손해배상책임 부과 및 보증보험 가입강제, 의약품 도매상 허가에 필요한 창고면적의 최소기준, 의료법에 따라 개설된 의료기관이 당연히 국민건강보험 요양기관 지정, 물리치료사가 의사·치과의사의 지도하에서만 업무 가능한 '의료기사 등에 관한 법률', 유치원 주변 학교환경위생정화구역에 성관련 청소년 유해물건 제작·생산·유통하는 청소년 유해업소의 예외 없는 금지, 음란물건의 판매 및 판매목적 소치 처벌 등이 있다.

위헌판례:　　보건복지부장관이 치과전문의 자격시험제도의 실시 절차를 마련하지 아니한 입법부작위(헌재 1998.7.16. 96헌마246, 복지부장관의 입법부작위에 대한 위헌확인(인용(위헌확인),각하)), 지적측량업무를 비영리법인에게만 대행(헌재 2002.5.30. 2000헌마81, 지적법 제28조 제2항 위헌확인(헌법불합치,잠정적용)), 약사들만으로 구성된 법인의 약국설립 및 운영금지(헌재 2002.9.19. 2000헌바84, 약사법 제16조 제1항 등 위헌소원(헌법불합치,잠정적용)), 의료기관의 시설 안 또는 구내에서의 약

국개설등록금지(헌재 2003.10.30. 2000헌마563, 약사법 제21조 제8항 등 위헌확인(기각,각하)), 의사면허와 한의사면허를 복수로 취득한 복수면허 의료인에게 하나의 의료기관만 개설 허용(헌재 2007.12.27. 2004헌마1021, 의료법 제2조 등 위헌확인(헌법불합치,잠정적용)), 치과전문의 자격 인정 요건으로 외국에서 치과전문의 과정을 이수하였더라도 다시 국내에서 치과전문의 수련과정 이수 요구(헌재 2015.9.24. 2013헌마197, 치과의사전문의의 수련 및 자격인정 등에 관한 규정 제18조 제1항 위헌확인(헌법불합치,잠정적용)), 한의사의 안압측정기 등 의료기기 사용에 대한 기소유예처분, 행정사 자격시험 미실시 등이 있다.

(b) 공공복리의 증진을 위한 제한

합헌판례: 독점 등에 대한 규제가 그 예라고 할 수 있는데, 한약업사의 허가 및 지역적 제한을 가한 약사법(헌재 1991.9.16. 89헌마231, 약사법 제37조 제2항 위헌확인(합헌)), 약사법 부칙에 의한 약사의 한약조제 제한규정(헌재 1997.11.27. 97헌바10, 약사법 부칙 제4조 제2항에 대한 위헌소원(합헌)), 등기신청대리 등을 법무사에게만 허용한 법무사법(헌재 2003.9.25. 2001헌마156, 법무사법 제3조 제1항 위헌확인(기각)), 일반학원 강사의 주관적 전제조건으로서 "대학졸업 이상의 학력소지"라는 자격조건의 요구(헌재 2003.9.25. 2002헌마519, 학원의설립·운영및과외교습에관한법률 제13조제1항 등 위헌확인(기각)), 스크린쿼터제의 일환으로서 국산영화의 연간상영일수를 규정한 영화법 등이 있다.

> "영화법 제26조는 개봉관의 확보를 통하여 국산영화의 제작과 상영의 기회를 보장하여 국산영화의 존립과 발전의 터전을 마련해 주기 위한 것으로 공연장의 경영자에 대하여 직업의 자유를 제한하고 있는 것이기는 하나, 그 제한목적의 정당성과 방법의 적정성이 인정될 뿐만 아니라, 연간상영일수의 5분의 2에 한정하여 직업수행의 자유를 제한하고 있으므로, 과잉금지의 원칙에 반하여 직업의 자유의 본질적 내용을 침해한 것이라 할 수 없고, 위와 같은 제한이 공연장의 경영자에게 주어진 것은 영상상품을 최종적으로 공급하는 위치에 있다는 점에 기인한 것이므로 영화인, 영화업자 혹은 영화수입업자와 비교하여 합리적인 이유없이 자의로 공연장의 경영자만을 차별한 것이라고 할 수도 없다"(헌재 1995.7.21. 94헌마125, 영화법 제26조 등 위헌확인(기각)).

위헌판례: 정부투자기관의 부정당업자(不正當業者)에 대한 입찰참가자격 제한제도(헌재 2005.4.28. 2003헌바40, 정부투자기관관리기본법 제20조 제2항 등 위헌소원(헌법불합치,잠정적용)), 아동·청소년대상 성범죄로 형 또는 치료감호를 선고받아 확정된 자에 대하여 그 형 또는 치료감호의 전부 또는 일부의 집행을 종료하거나 집행이 유예·면제된 날부터 10년간 아동·청소년 관련기관 등을 운영하거나 이에 취업하거나 사실상 노무의 제공 금지(헌재 2016.3.31. 2015헌마98, 기본권침해 위헌확인(위헌,각하)), 성인대상 성범죄로 형을 선고받아 확정된 자는 그 형의 집행을 종료한 날부터 10년 동안 아동·청소년 관련 교육기관 등을 운영하거나 위 기관에 취업 금지(헌재 2016.7.28. 2013헌마436, 구 아동·청소년의 성보호에 관한 법률 제44조 제1항 위헌확인(위헌)), 자도소주구입명령제도(헌재 1996.12.26. 96헌가18, 주세법 제38조의7 제1항의 위헌제청(위헌)), 세무사 자격 보유 변호사의 세무대리금지(헌재 2018.4.26. 2015헌가19, 세무사법 제6조 등 위헌제청(헌법불합치(잠정적용))), 변호사의 개업지

에 대한 제한을 규정한 구 변호사법, '학원의 설립 · 운영 및 과외교습에 관한 법률' 위반에 따른 벌금형 선고받으면 등록의 효력 상실 및 법인의 임원이 법위반 벌금형 시 법인의 학원 · 설립 등록 무효(반면에 벌금형 선고 후 1년 지나야 학원 · 설립 가능조항은 합헌), 탁주의 공급구역제한(합헌4:위헌5)(헌재 1999.7.22. 98헌가5) 등이 있다.

"합리적인 이유없이 변호사로 개업하고자 하는 공무원을 차별하고 있으며, 병역의무의 이행을 위하여 군법무관으로 복무한 후 개업하는 경우에는 병역의무의 이행으로 인하여 불이익한 처우를 받게 되어 헌법 제11조 제1항, 제15조, 제37조 제2항, 제39조 제1항에 각 위반된다"(헌재 1989.11.20. 89헌가102, 변호사법 제10조 제2항에 대한 위헌제청(위헌)).

D. 특정한 신분에 따른 제한

합헌판례: 금고 이상의 형의 집행유예 판결을 받은 사람의 공무원 임용결격 및 당연퇴직사유로 규정한 국가공무원법(헌재 1997.11.27. 95헌바14등, 국가공무원법 제69조 등 위헌소원(합헌)), 파산선고를 사립학교 교원의 당연퇴직사유로 하는 사립학교법(헌재 2008.11.27. 2005헌가21, 사립학교법 제57조 위헌제청(합헌)) 등이 있다.

금융감독원의 4급 이상 직원에 대하여 공직자윤리법상 재산등록의무를 부과하는 것은 사생활의 비밀의 자유 및 평등권을 침해하지 아니한다. 또한 금융감독원의 4급 이상 직원에 대하여 퇴직일로부터 2년간 사기업체등에의 취업을 제한하는 것도 직업의 자유 및 평등권을 침해하지 아니한다(헌재 2014.6.26. 2012헌마331, 공직자윤리법 시행령 제3조 제4항 제15호 등 위헌확인(기각)).

금융감독원의 4급 이상 직원에 대하여 퇴직일부터 3년간 퇴직 전 5년 동안 소속하였던 부서 또는 기관의 업무와 밀접한 관련성이 있는 취업심사대상기관에의 취업을 제한하는 공직자윤리법 중 '대통령령으로 정하는 공직유관단체의 직원' 부분 가운데 같은 법 시행령 부분은 헌법에 위반되지 아니한다(8:1)(헌재 2021.11.25. 2019헌마555, 공직자윤리법 제17조 제1항 등 위헌확인(기각)). 위 선례에서의 2년은 3년으로 확대되었다.

국민권익위원회 심사보호국 소속 5급 이하 7급 이상의 일반직공무원에 대하여 퇴직일부터 3년간 취업심사대상기관에 취업을 제한한 조항에 대하여, 국민권익위원회 심사보호국의 업무 내용과 그 권한을 고려할 때, 소속 공무원에 대한 취업제한이 과도하지 않다(8:1)(헌재 2024.3.28. 2020헌마1527, 공직자윤리법 제17조 제1항 위헌확인(기각)).

아동 · 청소년에 대한 위계에 의한 추행죄로 금고 이상의 형의 집행유예를 선고받은 경우 택시운전자격을 필요적으로 취소하도록 한 것은 과잉금지원칙에 반하여 직업선택의 자유를 침해한다고 볼 수 없다(동지: 2016헌바14등, 2023헌바170)(헌재 2025.5.29. 2024헌바448, 여객자동차 운수사업법 제24조 제4항 제1호 다목 등 위헌소원(합헌)).

위헌판례: 금고 이상의 형의 선고유예를 받은 공무원의 당연퇴직사유(헌재 2003.10.30. 2002헌마684등, 국가공무원법 제33조 제1항 위헌확인(위헌)), 공무원이 형사사건으로 기소되기만 하면 일률적으로 직위해제처분(헌재 1998.5.28. 96헌가12, 구 국가공무원법 제73조의2 제1항 단서 위헌제청(위헌)), 검찰총장 · 경찰청장 및 국가인권위원회위원의 퇴임 후 2년간 공직취임제한은 위헌으로 결정하였다(헌재 1997.7.16. 97헌마26, 검찰청법 제12조 제14항 등 위헌확인(위헌,각하); 헌재

1999.12.23. 99헌마135, 경찰법 제11조 제4항 등 위헌확인(위헌,각하); 헌재 2004.1.29. 2002헌마788, 국가인권위원회법 제11조 위헌확인 헌법소원(위헌)). 그러나 이들 결정은 임기제도와 연계되어 있는 제도의 본질을 잘못 이해하고 있다. 교사의 신규채용에 있어서 국·공립대학 교육대학 및 사범대학 기타 교원양성기관의 졸업자 및 수료자를 우선채용(헌재 1990.10.8. 89헌마89, 교육공무원법 제11조 제1항에 관한 헌법소원(위헌,각하))은 위헌이라 결정하였지만, 경과조치 등을 제대로 마련하지 아니하여 혼란을 야기하였다. 이후에 제정된 '국립사범대학졸업자 중 교원미임용자 등에 관한 특별법'은 이런 문제점을 부분적으로나마 시정하였다.

2. 제한의 방법

(1) 직업(선택)의 자유와 비례의 원칙

(i) 법률로써 제한할 경우에도 그 제한의 방법이 합리적이어야 하고, 과잉금지의 원칙에 위반되거나 직업의 자유의 본질적인 내용을 침해하여서는 아니 된다. 직업선택의 자유와 직업행사의 자유는 기본권주체에 대한 그 제한의 효과가 다르기 때문에 제한에 있어서 적용되는 기준도 다르다. 특히 직업수행의 자유에 대한 제한은 인격발현에 대한 침해의 효과가 일반적으로 직업선택 그 자체에 대한 제한에 비하여 적기 때문에, 그에 대한 제한은 폭넓게 허용된다.

(ii) 하지만, 헌법재판소는 직업수행의 자유를 제한할 때에도 헌법 제37조 제2항에 의거한 비례의 원칙이 적용되어야 한다고 본다. 즉 직업행사의 자유를 제한하는 법률이 헌법에 위반되지 아니하기 위하여서는 직업행사에 대한 제한이 공익상 이유로 충분히 정당화되고, 입법자가 선택한 수단이 의도하는 입법목적을 달성하기에 적정하여야 하며, 입법목적을 달성하기 위하여 동일하게 적절한 수단들 중에서 기본권을 되도록 적게 제한하는 수단을 선택하여야 하고, 제한의 정도와 공익의 비중을 비교형량하여 추구하는 입법목적과 선정된 입법수단 사이에 균형적인 비례관계가 성립하여야 한다(헌재 2005.2.3. 2003헌마930, 음반·비디오물및게임물에관한법률 제27조 제2항 등 위헌확인(기각); 헌재 1996.12.26. 96헌가18, 주세법 제38조의7 위헌확인(자도소주구입명령제도, 위헌); 헌재 2003.9.25. 2001헌마447, 도로교통법 제71조의16 위헌확인 등(운전학원 미등록자의 운전연습실시 및 운전연습시설 제공금지)(기각)).

> "직업의 자유에 대한 제한이라고 하더라도 그 제한사유가 직업의 자유의 내용을 이루는 직업수행의 자유와 직업선택의 자유 중 어느 쪽에 작용하느냐에 따라 그 제한에 대하여 요구되는 정당화의 수준이 달라진다. 그리하여 직업의 자유에 대한 법적 규율이 직업수행에 대한 규율로부터 직업선택에 대한 규율로 가면 갈수록 자유제약의 정도가 상대적으로 강해져 입법재량의 폭이 좁아지게 되고, 직업선택의 자유에 대한 제한이 문제되는 경우에 있어서도 일정한 주관적 사유를 직업의 개시 또는 계속수행의 전제조건으로 삼아 직업선택의 자유를 제한하는 경우보다는 직업의 선택을 객관적 허가조건에 걸리게 하는 방법으로 제한하는 경우에 침해의 심각성이 더 크므로 보다 엄밀한 정당화가 요구된다"(헌재 2003.

9.25. 2002헌마519, 학원의설립·운영및과외교습에관한법률 제13조 제1항 등 위헌확인(기각)).

변호사 등록을 신청하는 자에게 등록료 1,000,000원을 납부하도록 정한 대한변호사협회의 '변호사 등록 등에 관한 규칙'은 헌법소원심판의 대상이 되는 '공권력의 행사'에 해당한다. 변호사 등록제도는 원래 국가의 공행정의 일부라 할 수 있으나, 국가가 행정상 필요로 인해 대한변호사협회에 관련 권한을 이관한 것이므로 변협은 변호사 등록에 관한 한 공법인의 성격을 가진다. 심판대상조항들은 변호사 등록을 하고자 하는 청구인의 직업의 자유를 침해하지 아니한다(헌재 2019.11.28. 2017헌마759, 변호사 등록 등에 관한 규정 제9조 제1호 위헌확인(기각)).

변호사 아닌 자에게 변호사 명의 이용 허락을 금지(헌재 2018.5.31. 2017헌바204등, 변호사법 제34조 제3항 등 위헌소원(합헌)), 허가된 어업의 어획효과를 높이기 위하여 다른 어업의 도움을 받아 조업활동을 하는 행위를 금지(공조조업 금지)(헌재 2023.5.25. 2020헌바604, 수산자원관리법 제22조 제2호 위헌소원(합헌)), 감차(減車)사업구역 내 일반택시운송사업자에 대한 그 운송사업의 양도 금지(헌재 2019.9.26. 2017헌바467, 택시운송사업의 발전에 관한 법률 제11조 제3항 위헌소원(합헌)), 아동학대관련범죄로 처벌을 받은 어린이집 원장 또는 보육교사에 대한 행정청의 자격 취소(헌재 2023.5.25. 2021헌바234, 영유아보육법 제16조 제6호 등 위헌소원(합헌)), 아동·청소년에 대한 위계에 의한 추행죄로 금고 이상의 형의 집행유예를 선고받은 경우 택시운전자격을 필요적으로 취소(동지: 2016헌바14등, 2023헌바170)(헌재 2025.5.29. 2024헌바448, 여객자동차 운수사업법 제24조 제4항 제1호 다목 등 위헌소원(합헌)) 등은 직업선택의 자유를 침해하지 아니한다.

안경사가 전자상거래 등을 통하여 콘택트렌즈를 판매하는 행위를 금지하고 있는 '의료기사 등에 관한 법률' 중 '안경사의 콘택트렌즈 판매'에 관한 부분이 헌법에 위반되지 아니한다(8:1)(헌재 2024.3.28. 2020헌가10, 의료기사 등에 관한 법률 제12조 제5항 위헌제청(합헌)).

(2) 직업의 자유 제한에 관한 단계이론

(i) 독일의 단계이론(段階理論)은 한국헌법상의 과잉금지원칙과 구별되는 별개의 기본권 제한의 한계법리가 아니라 과잉금지원칙 중 특히 침해최소성의 원칙을 직업의 자유의 영역에서 특수화·구체화로 볼 수 있다.

헌법재판소는 "직업결정의 자유나 전직의 자유에 비하여 직업종사(직업수행)의 자유에 대하여는 상대적으로 더욱 넓은 법률상의 규제가 가능하다"라고 판시한다(헌재 1993.5.13. 92헌마80, 체육시설의설치·이용에관한법률시행규칙 제5조에 관한 헌법소원(위헌); 헌재 2003.10.30. 2000헌마563, 약사법 제21조 제8항 등 위헌확인(기각,각하)). 이 결정에 대하여 학계에서는 독일 연방헌법재판소가 1958년 '약국판결'(BVerfGE 7, 377(400))에서 제시한 직업의 자유의 제한에 대한 3단계이론의 수용으로 이해된다. 하지만, 헌법재판소는 독일의 3단계이론을 간접적으로 인정하는 정도로 보인다. 헌법재판소는 직업(선택)의 자유와 관련된 많은 사건에서 3단계이론에 직접적으로 기초하여 판단하기보다는 기본권제한의 일반원칙을 직업의 자유에 적용하여 판단하고 있다.

단계이론에 따르면 입법자는 직업의 자유에 대한 제한이 불가피하다고 판단할 때 우선 직업의 자유에 대한 침해가 가장 작은 방법(1단계)으로 목적달성을 추구하여 보고, 그 제한방법만으로는 도저히 그 목적달성이 불가능한 경우에만 그다음 단계의 제한방법(제2단계)을 사용하고, 그 두 번째 제한방법도 실효성이 없다고 판단되는 최후의 불가피한 경우에만 마지막 단계의 방법(제3단계)을 선택하여야 한다.[1)]

(ii) 제1단계는 직업종사(수행)의 자유 제한이다. 여기서는 그 합헌성을 비례의 원칙에 비추어 판단한다. 제1단계에서는 비교적 폭넓은 제한이 가능하다. 예컨대 연중 바겐세일 기간 제한, 식당의 영업시간 제한 등이 이에 해당된다.

허영(513면): "공정거래법에 의한 백화점에서 실시하는 바겐세일의 연중 횟수와 기간을 제한하는 영업행위의 규제조치, 택시의 합승행위금지, 택시의 격일제영업제도, 유흥업소 및 식당의 영업시간의 제한" 등이 이에 해당된다.

영업규제의 필요에 따라 영업시간 제한과 의무휴업일 지정 중 한 가지 방법만을 사용하거나 두 가지 방법 모두를 사용할 수 있도록 하면서 의무휴업일을 지정할 경우에는 그 의무휴업일 수를 매월 이틀로 지정하도록 하고 있는 것으로 충분히 해석할 수 있고, 이는 건전한 상식과 통상적인 법감정을 가진 일반인이라면 그 의미를 충분히 이해할 수 있다(헌재 2018.6.28. 2016헌바77등, 유통산업발전법 제12조의2 위헌소원(합헌)).

"직업수행의 자유는 직업결정의 자유에 비하여 상대적으로 그 침해의 정도가 작다고 할 것이므로 이에 대하여는 공공복리 등 공익상의 이유로 비교적 넓은 법률상의 규제가 가능하지만 그 경우에도 헌법 제37조 제2항에서 정한 한계인 과잉금지의 원칙은 지켜져야" 한다(헌재 1995.4.20. 92헌마264등, 부천시담배자동판매기설치금지조례 제4조 등 위헌확인(기각)).

"노래연습장에 18세 미만자의 출입을 금지하는 것은 직업행사의 자유를 제한하고 있는 것이기는 하나, 목적의 정당성과 방법의 적정성이 인정될 뿐만 아니라 피해의 최소성 및 법익의 균형성의 원칙에도 위배되지 아니하므로 위 조항들이 과잉금지의 원칙에 위배하여 청구인의 직업행사의 자유를 침해한 것이라고 할 수 없다"(헌재 1996.2.29. 94헌마13, 풍속영업의규제에관한법률 제3조 제5호 등 위헌확인(기각, 각하)).

다른 사람들 상호간에 컴퓨터 등을 이용하여 저작물 등을 전송하도록 하는 것을 주된 목적으로 하는 특수한 유형의 온라인서비스제공자로 하여금 권리자의 요청이 있는 경우 당해 저작물 등의 불법적인 전송을 차단하는 기술적인 조치 등 필요한 조치를 하도록 한 규정과 특수한 유형의 온라인서비스제공자의 범위를 문화체육관광부장관의 고시로 정할 수 있

1) 직업의 자유 단계 이론

	제한 내용	기준과 예시
제1단계	직업 종사(수행)의 자유	넓은 제한(예: 연중 바겐세일 제한, 식당 영업시간 제한)
제2단계	주관적 사유에 의한 직업결정의 자유 제한	전문직 자격시험(예: 변호사시험 합격자만 법조인)
제3단계	객관적 사유에 의한 직업결정의 자유 제한	능력 자격과 무관, 예외적으로 허용(예: 경비업 외 업종 제한)

도록 한 규정은 직업수행의 자유를 침해하지 아니한다(헌재 2011.2.24. 2009헌바13등, 저작권법 제104조 등 위헌소원(합헌)).

수중형 체험활동 운영자에게 연안체험활동 안전관리 계획서 작성 및 신고의무에 관한 법률 규정 중 '수중형 체험활동'에 관련된 부분은 직업수행의 자유를 침해하지 아니한다. 수중형 체험활동 참가자에게 발생한 생명·신체의 손해를 배상하기 위하여 보험가입강제는 계약의 자유를 침해하지 아니한다(헌재 2016.7.28. 2015헌마923, 연안사고 예방에 관한 법률 제2조 제3호 등 위헌확인(기각)).

현금영수증 발급의무조항 기준금액이 건당 10만 원 이상으로 하향되었고, 조세범 처벌법 및 법인세법 등의 개성으로 과태료조항이 없어지고 현금영수증 미발급 거래대금의 100분의 20에 상당하는 가산세 부과로 바뀌게 되었으나, 선례(헌재 2015.7.30. 2013헌바56등; 헌재 2017.5.25. 2017헌바57)를 변경할 만한 사정에 해당하지 아니하므로 직업수행의 자유를 침해하지 아니한다(헌재 2019.8. 29. 2018헌바265, 조세범 처벌법 제15조 제1항 위헌소원(합헌)).

지역아동센터 시설별 신고정원의 80% 이상을 돌봄취약아동으로 구성하도록 정한 보건복지부 지침 '2019년 지역아동센터 지원 사업안내' 부분이 기본권을 침해하지 아니한다(6:3). [반대의견] 과잉금지원칙에 위반하여 지역아동센터 운영자의 직업수행의 자유 및 지역아동센터 이용아동의 인격권을 침해한다(헌재 2022.1.27. 2019헌마583, 2019년 지역아동센터 지원 사업안내 제1장 1. 목적 등 위헌확인(기각)).

만성신부전증환자에 대한 외래 혈액투석의 의료급여수가 기준을 정액수가로 규정한 '의료급여수가의 기준 및 일반기준'이 법률유보의 원칙, 명확성의 원칙에 위배되지 아니하고, 의사의 직업수행의 자유, 의료급여 수급권자의 인간다운 생활을 할 권리 내지 보건권, 의료행위선택권을 침해하지 아니한다(6:3). [반대의견] 의사의 직업수행의 자유를 침해하고 의료급여 수급권자의 의료행위선택권을 침해한다(헌재 2020.4.23. 2017헌마103, 의료급여수가의 기준 및 일반기준 제7조 제1항 본문 등 위헌확인(기각)).

그 밖에 제1단계에 속하는 사안으로, 주세법상의 자도소주구입명령제도(헌재 1996.12.26. 96헌가18, 주세법 제38조의7 등에 대한 위헌제청(위헌)); 학교 정화 구역 내에서의 극장시설 및 영업 금지, 유치원 및 초·중·고등학교의 정화구역 중 극장영업을 절대적으로 금지(헌재 2004.5.27. 2003헌가1, 학교보건법 제6조 제1항 제2호 위헌제청(위헌, 헌법불합치, 적용중지)); 한국방송광고공사와 이로부터 출자를 받은 회사가 아니면 지상파방송사업자에 대하여 방송광고 판매대행 금지(헌재 2008.11.27. 2006헌마352, 방송법 제73조 제5항 등 위헌확인(헌법불합치, 잠정적용)); 선출원상표의 상표등록 무효심결이 확정되더라도 그와 동일 또는 유사한 상표의 등록을 금지하거나 후에 출원된 등록상표의 무효 처리(헌재 2009.4.30. 2006헌바113등, 구 상표법 제7조 제3항 위헌소원(위헌)); 중계방송사업자가 방송의 중계송신업무만 수행하고 보도·논평·광고의 금지(헌재 2001.5.31. 2000헌바43등, 구 유선방송관리법 제22조 제2항 제6호 중 제15조 제1항 제1호 부분 위헌소원(합헌)); 백화점·약국의 셔틀버스운영운행 금지(헌재 2001.6.28. 2001헌마132, 여객자동차운수사업법 제73조의2 등 위헌확인(기각, 각하))(헌재 2002.11.28. 2001헌마596, 여객자동차운수사업법 제73조의2 제1항 제1호 등 위헌확인(기각)); 법무사는 법이 정한 보수 외에 금품 등 수수금지(6:3)(헌재 2003.6.26. 2002헌바3, 법무사법 제19조 등 위헌소원(합헌)); 외래환자 원외처방전을 의료기관의 조제실에서 조제 금지(헌재 2003.10.30. 2000헌마563, 약사법 제21조 제8항 등 위헌확인(기각, 각하)); 자유업종이던 인터넷컴퓨터게임시설제공업의 등록제 도입(헌재 2009.9.24. 2009헌바28, 게임산업진흥에 관한 법률 제26조 제2항 위헌소원(합헌)); 사용자가 외국인근로자를 고용함에 있어 직업안정기관의 허가를 받도록 하는 고용허가제(헌재 2009.9.24. 2006헌마1264, 외국인근로자의 고용 등에 관한 법률 제7조 등 위헌확인(각하, 기각)); 어린이통학버스에 어린이 등과 함께 보호자를 의무적으로 동승 운행(헌재 2020.4.23. 2017헌마479, 여객자동차 운수사업법제83조 제1항 제2호 등 위헌확인(기각, 각하)); '가맹사업거래의 공정화에 관한 법률 시행령'에서 가맹본부가 가맹희망자에게 제공하기 위한 정보공개서에 차액가맹금과 관련된 정보 등을 기재 요구(헌재 2021.10.28. 2019헌마288, 가맹사업거래의 공정화에 관한 법률 시행령 [별표 1] 제5호 나목 2)항 등 위헌확인(기각,각하)); 방치폐기물 처리이행보증보험계약 갱신명령을 이행하지 아니한 건설폐기물 처리업자에 대한 허가취소(헌재 2022.2.24. 2019헌바184, 건설폐기물의 재활용촉에 관한 법률 제25조 제1항 제4호의2 위헌소원(합)), 액화석유가스의 판매지역 제한, 대덕연구단지 내 LPG충전소 설치금지, 재해발생 우려지역 채석금지, 약국 이외 장소 의약품 판매금지, 의료기관시설 내 약국 개설금지, 학교환경정화구역 내 PC방 금지, 찜질방 밤 10시 이후 청소년 출입제한, 터키탕업소 이성입욕보조자 금지 등이 있다.

사업주로부터 위임을 받아 고용보험 및 산업재해보상보험에 관한 보험사무를 대행할 수 있는 기관의 자격을 일정한 기준을 충족하는 단체 또는 법인, 공인노무사 또는 세무사로 한정한 '고용보험 및 산업재해보상보험의 보험료징수 등에 관한 법률' 및 시행령이 과잉금지원칙에 위배되어 공인회계사의 직업수행의 자유를 침해하지 아니한다(5:4)(헌재 2024.2.28. 2020헌마139, 고용보험 및 산업재해보상보험의 보험료징수 등에 관한 법률 제33조 제1항 등 위헌확인(기각)).

대형트롤어업의 허가를 할 때 동경 128도 이동수역에서 조업하여서는 아니 된다는 조건을 붙이도록 한 구 '어업의 허가 및 신고 등에 관한 규칙'은 법률유보원칙에 반하여 직업수행의 자유를 침해한다고 볼 수 없다(8:1)(헌재 2024.7.18. 2021헌마533, 어업의 허가 및 신고 등에 관한 규칙 제13조 본문 [별표8] 제1호 가목 위헌확인(기각)).

(iii) 제2단계는 주관적 사유에 의한 직업결정의 자유의 제한이다. 주관적 요건 그 자체가 제한목적과 합리적 관계가 있어야 한다. 직업의 성질상 일정한 전문성·기술성 등을 요구하는 시험합격 등과 같은 조건을 요구한다. 예컨대 사법시험 또는 변호사시험에 합격한 사람에게만 법조인 자격 부여와 같이, 직업이 요구하는 일정한 자격(資格)과 결부(結付)하여 직업선택의 자유를 제한한다.

사법시험의 합격자를 정원제로 선발하도록 규정하는 사법시험법 제4조는 객관적 사유가 아닌 주관적 사유에 의한 직업선택의 자유의 제한이며 직업의 자유를 침해하지 아니한다(헌재 2010.5.27. 2008헌바110, 사법시험법 제4조 등 위헌소원(각하,합헌)).

건설업자가 부정한 방법으로 건설업의 등록을 한 경우 건설업 등록의 필요적 말소는 합헌이다(헌재 2004.7.15. 2003헌바35, 건설산업기본법 제83조 제1호 위헌소원(합헌)); 음주운전금지규정에 위반하여 사람을 사상(死傷)한 후, 교통사고 사상자 구호의무 및 교통사고 신고의무 불이행에 대한 제재는 합헌이다(헌재 2005.4.28. 2004헌바65, 도로교통법 제70조 제2항 제2호 위헌소원(합헌)).

이러한 자격은 기본권주체 스스로의 노력으로 충족시킬 수 있어야 하며 그것이 누구에게나 제한 없이 그 직업에 종사하도록 방임함으로써 발생할 우려가 있는 공공의 손실과 위험을 방지하기 위한 적절한 수단이고 그 직업을 희망하는 모든 사람에게 동일하게 적용되어야 하며 주관적인 요건 자체가 그 제한의 목적과 합리적인 관계가 있어야 한다.

"일정한 요건을 갖춘 자에 대하여만 변호사의 자격을 인정하는 것은 기본권주체의 능력과 자질에 의한 제한으로서 이른바 "주관적 요건에 의한 직업선택의 자유의 제한"에 해당하는 것이라 할 수 있는바, 원칙적으로 사법시험에 합격하여 사법연수원의 소정과정을 마치거나 판사 또는 검사의 자격이 있는 자에게만 변호사 자격을 인정하는 것은 우선 변호사 직업의 공공성과 전문성을 보장하기 위한 목적에 부합하고 그 제한의 방법이나 정도가 필요한 최소한의 것으로서 합리적인 것임은 대체로 인정되고 있으며 이와 같은 주관적 제한은 비례의 원칙에 위배된다고도 할 수 없"다(헌재 1995.6.29. 90헌바43, 군법무관임용법 부칙 제3항 등에 대한 헌법소원(합헌,각하)).

군법무관 임용시험에 합격한 군법무관들에게 군법무관시보로 임용된 때부터 10년간 근무하여야 변호사자격을 유지하게 한 것은 주관적 사유에 의한 직업결정의 자유의 제한이다(헌재 2007.5.31. 2006헌마767, 군법무관 임용 등에 관한 법률 제7조 단서 위헌확인(기각)).

사회질서유지 및 사회정의 실현이라는 변호사의 사명을 고려할 때 변호사의 결격 사유인 금고 이상의 형의 원인이 된 범죄행위가 그 직무관련범죄로 한정되는 것은 아니므로 변호사의 결격사유를 정하는 입법재량을 일탈하였다고 보기는 어렵다. 그러므로 "금고 이상의 형의 집행유예를 선고받고 그 기간이 경과한 후 2년을 경과하지 아니한 자"는 변호사가 될 수 없다고는 규정은 직업의 자유를 침해하지 아니한다(헌재 2009.10.29. 2008헌마432, 변호사법 제5조 제2호 위헌확인(기각)).

국민의 생명·건강에 직결되는 분야에 대한 민간자격의 신설·관리·운영을 금지하고 이를 위반하는 경우 형사처벌하도록 하는 자격기본법은 죄형법정주의의 명확성원칙, 직업선택의 자유 및 일반적 행동의 자유를 침해하지 아니한다(헌재 2010.7.29. 2009헌바53등, 자격기본법 제39조 제1호 등 위헌소원(합헌)).

변호사 아닌 자의 법률사무취급을 포괄적으로 금지함으로써 법률사무를 변호사에게 독점시키는 결과를 가져오더라도 일반국민의 직업선택의 자유를 침해하지 아니한다(헌재 2000.4.27. 98헌바95등, 변호사법 제90조 제2호 위헌소원(합헌)).

그 밖에 제2단계에 속하는 사안으로는, 특별전형제도를 2001년 1월 1일부터 폐지하면서 2000년 12월 31일 현재 특별전형의 요건에 해당하는 자에 대하여는 2002년 12월 31일까지 종전의 특별전형절차에 의하여 관세사자격 부여(헌재 2001.1.18. 2000헌마364, 관세사법 제4조 제3호 등 위헌확인(기각)); 국세관련 경력공무원에게 세무사자격을 부여하지 아니하도록 개정된 세무사법 제3조 등 위헌확인(헌재 2001.9.27. 2000헌마152, 세무사법중개정법률 중 제3조 제2호를 삭제한다는 부분 등 위헌확인(헌법불합치,잠정적용,기각)); 특허청 경력공무원에게 변리사자격 부여 불허(헌재 2001.9.27. 2000헌마208등, 변리사법 부칙 제4항 위헌확인(헌법불합치,잠정적용,기각)); 안마사의 자격인정을 받지 아니하고 영리를 목적으로 안마행위를 한 자의 처벌(헌재 2003.6.26. 2002헌가16, 구 의료법 제67조 등 위헌제청(합헌)); 일반학원의 강사는 직업의 개시를 위한 주관적 전제조건으로서 '대학졸업 이상의 학력소지'라는 자격기준을 갖추도록 요구(헌재 2003.9.25. 2002헌마519, 학원의설립·운영및과외교습에관한법률 제13조 제1항 등 위헌확인(기각)); 변호사가 아닌 자가 타인의 권리를 양수하거나 양수를 가장하여 소송·조정 또는 화해 기타의 방법으로 그 권리의 실행을 업으로 하는 행위의 금지(헌재 2004.1.29. 2002헌바36등, 구 변호사법 제91조 제1항 위헌소원 등(합헌,각하)); 세무 관련 분야에서 전문성이 인정되는 자격증을 소지한 자를 7급 공무원 공개경쟁채용시험에서 우대(헌재 2020.6.25. 2017헌마1178, 공무원임용시험령 제31조 제2항 [별표11] 1. 6·7급 부분 위헌확인(기각)) 등이 있다.

(iv) 제3단계는 객관적 사유에 의한 직업결정의 자유의 제한이다. 제3단계는 일정한 직업을 희망하는 기본권주체의 개인적 능력이나 자격과는 상관관계가 없고 기본권주체가 그 조건충족에 아무런 영향도 미칠 수 없는 어떤 객관적인 사유(전제조건) 때문에 직업선택의 자유가 제한된다. 이 단계에서는 '직업의 자유'에 대한

침해의 심각성이 크므로 매우 엄격한 요건을 갖춘 예외적인 경우에만 허용되어야 한다. 예를 들어 "경비업을 경영하고 있는 자들이나 다른 업종을 경영하면서 새로이 경비업에 진출하고자 하는 자들로 하여금 경비업 외 업종영업을 제한하는 경우이다. 이와 같이 당사자의 능력이나 자격과 상관없는 객관적 사유에 의한 직업선택의 자유제한은 월등하게 중요한 공익을 위하여 명백하고 확실한 위험을 방지하기 위한 경우에만 정당화될 수 있고, 따라서 헌법재판소가 이 사건을 심사함에 있어서는 헌법 제37조 제2항이 요구하는 바 과잉금지의 원칙, 즉 엄격한 비례의 원칙이 그 심사척도가 된다"(헌재 2002.4.25. 2001헌마614, 경비업법 제7조 제8항 등 위헌확인(위헌)).

그 밖에 제3단계에 속하는 사안으로는, 국·공립사범대출신자를 교사로 우선채용하도록 한 교육공무원법(헌재 1990.10.8. 89헌마89, 교육공무원법 제11조 제1항에 대한 헌법소원(위헌,각하)); 법무사시험을 반드시 정기적으로 실시하도록 규정한 법무사법의 취지에도 불구하고 법무사시험 실시 여부를 전적으로 법원행정처장의 자유재량에 맡겨 법무사희망자에게 부여된 법무사시험 응시기회를 박탈함으로써 직업선택의 자유를 침해한다고 한 법무사법시행규칙(헌재 1990.10.15. 89헌마178, 법무사법시행규칙에 대한 헌법소원(위헌)); 형사사건으로 공소가 제기된 변호사에 대하여 법무부장관이 일방적으로 그 업무의 정지를 명할 수 있게 규정한 변호사법(헌재 1990.11.19. 90헌가48, 변호사법 제15조에 대한 위헌심판(위헌)); 고소·고발장이 최종적으로는 법원과 검찰청의 업무에 관련된 서류라는 이유로 법무사만이 그 작성업무를 할 수 있게 하고, 일반행정사에게는 그 작성을 업으로 하지 못하게 한 법무사법(헌재 2000.7.20. 98헌마52, 법무사법 제2조 제1항 제2호 위헌확인(기각)); 등기신청대리를 법무사에게만 인정한 법무사법(헌재 2003.9.25. 2001헌마156, 법무사법 제74조 제1항 제1호 등 위헌확인(기각)), 법무사가 아닌 자는 법무사법에 따른 사무의 금지(헌재 2025.8.21. 2020헌마1491, 법무사법 제2조 제1항 제8호 위헌확인(기각,각하)) 등이 있다.

3. 제한의 한계

국가안전보장·질서유지 또는 공공복리를 위하여 필요한 경우에 법률로 직업의 자유를 제한하더라도 제37조 제2항 후단에 의하여 그 본질적 내용은 침해할 수 없다. 본연의 직업활동의 가능성이 모두 박탈되는 정도의 경우에는 직업의 자유의 본질적 내용이 침해되었다고 할 수 있다.

"약사자격만으로는 한약조제의 직업활동을 과거와 같이 영위할 수 없게 된다. 그러나 … 주된 활동인 이른바 "양(洋)"약사라는 직업을 재개할 수 있기 때문에 … 그들의 본연의 직업활동의 가능성이 모두 박탈되는 것도 아니다. 따라서 이 사건 법률조항은 직업의 자유의 본질적 내용을 침해한다 할 수는 없다"(헌재 1997.11.27. 97헌바10, 약사법 부칙 제4조 제2항 위헌소원(합헌)).

"정당한 이유 없이 본래 약국개설권이 있는 약사들만으로 구성된 법인에게도 약국개설을 금지하는 것은 입법목적을 달성하기 위하여 필요하고 적정한 방법이 아니고, 입법형성권의 범위를 넘어 과도한 제한을 가하는 것으로서, 법인을 구성하여 약국을 개설·운영하려고 하는 약사들 및 이들로 구성된 법인의 직업선택(직업수행)의 자유의 본질적 내용을 침해하는 것이고, 동시에 약사들이 약국경영을 위한 법인을 설립하고 운영하는 것에 관한 결사의 자유를 침해하는 것이다"(헌재 2002.9.19. 2000헌바84, 약사법 제16조 제1항등 위헌소원(헌법불합치, 잠정적용)). 이 결정에도 불구하고 개정 약사법에 동일한 내용이 그대로 존속한다.

제3항 재 산 권

Ⅰ. 의 의

1. 재산권보장의 전통적인 이론

(ⅰ) 근대입헌주의 헌법에서 재산권(財産權)은 '신성불가침의 권리'로서 전국가적인 천부인권으로 이해되었다. 이러한 재산권보장의 절대적 성격과 계약의 자유는 근대자본주의사회 및 근대시민사회를 떠받드는 법적인 지주였다.

프랑스의 1789년 '인간과 시민의 권리선언' 제17조: 신성불가침의 권리인 소유권은, 합법적으로 확인된 공공필요성에 따라 사전에 정당한 보상조건하에서 그것을 명백히 요구하는 경우가 아니면, 어느 누구도 박탈할 수 없다.

미국 수정헌법 제5조: 법의 정당한 절차에 의하지 아니하고는 생명, 자유 또는 재산은 박탈되지 아니한다. 사유재산은 정당한 보상 없이 공공의 이용에 제공하기 위하여 징수되지 아니한다.

(ⅱ) 그러나 산업사회의 발달에 따라 야기된 빈부격차에 따른 사회적 갈등으로 바이마르헌법(1919년)에 이르러 재산권의 절대성 및 계약의 자유를 대신하여 재산권의 사회적 구속성을 강조하는 수정자본주의원리가 지배하게 되었다.

바이마르헌법 제153조 ③ 재산권(소유권)은 의무를 수반한다. 재산권의 행사는 공공복리를 위하여야 한다.

독일기본법 제14조 ① 소유권과 상속권은 보장된다. 그 내용과 제한은 법률로써 정한다. ② 소유권은 의무를 포함한다. 그 행사는 동시에 공공의 복지에 이바지하여야 한다.

2. 헌법상 재산권규정

(ⅰ) 현행헌법은 국민의 재산권을 보장하면서도(제23조 제1항 제1문), 사회적 구속성의 범위 안에서 인정된다는 한계를 강조한다(동조 제2항). 이에 따라 재산권의 구체적인 내용과 한계는 입법자에 의하여 형성된다는 기본권형성적 법률유보규정을 두고 있다(동조 제1항 제2문). 또한 재산권의 제한은 정당한 보상을 전제로 한다(동조 제3항). 그 외에도 소급입법에 의한 재산권박탈금지(제13조 제2항), 지식재산권 보호(제22조 제2항)를 규정한다.

(ⅱ) 또한 제9장 경제를 따로 마련하여 상세한 규정을 둔다. 이는 외국의 헌법에서 찾기 어려운 매우 특이한 체제이다. 이처럼 기본권으로서의 재산권관련규정

과 경제질서 관련규정을 별도로 설치함에 따라 헌법상 경제질서의 기본원칙은 재산권보장(사유재산제보장)과 시장경제질서 및 경제의 민주화(경제질서)를 위한 국가적 규제와 조정이라 할 수 있다. 여기서 시장경제와 재산권보장은 다소 중첩적인 측면도 있지만, 그것은 각기 경제질서와 재산권을 대변한다. 구체적으로는 사영기업의 국공유화 및 경영의 통제·관리에 대한 엄격한 요건(제126조) 등을 통하여 재산권의 실효적 보상을 도모하고, 기업의 국·공유화 등의 예외적 허용(제126조), 천연자원의 이용 등에 대한 특허(제120조), 소작금지(제121조), 국토의 효율적 이용을 위한 제한(제122조) 등 재산권의 무제약적 행사를 제한하기 위한 헌법상 근거를 마련함으로써, 재산권보장과 사회적 시장경제질서의 조화를 도모한다.

Ⅱ. 재산권보장의 법적 성격

1. 의 의

헌법 제23조는 "모든 국민의 재산권을 보장"하면서도, "그 내용과 한계는 법률로 정"하며, 그 "행사는 공공복리에 적합"하여야 한다고 규정하는바 재산권보장의 법적 성격이 문제된다.

2. 학 설

(i) **자유권적 기본권설**에 의하면 재산권은 원칙적으로 자유권이나, 다만 그 내용과 한계가 법률로 정하여지고 그 행사는 공공복리에 적합하여야 한다는 고도의 사회적 의무성을 수반하는 권리로 본다.

(ii) **제도보장설**에 의하면 재산권은 헌법규정에 의하여 비로소 보장되는 제도적 보장이며, 재산권의 보장이란 상대적 보장이라고 본다.

(iii) **절충설(권리·제도 동시보장설)**에 의하면 재산권보장은 "그 내용과 한계가 법률로 정"하여지는 제도보장이다. 하지만, 일단 사유재산제가 보장된 다음에는 재산권은 사유재산으로서 자유권적 성격을 가지며, "그 수용·사용이나 제한" 등은 공공복리와 국가안전보장·질서유지를 위하여 필요한 경우에 한하여 법률로 정할 수 있다고 한다(다수설). **헌법재판소도 절충설**을 취한다.

"재산권보장은 개인이 현재 누리고 있는 재산권을 보장한다는 의미와 개인이 재산권을 향유할 수 있는 법제도로서의 사유재산제도를 보장한다는 이중적 의미를 가지고 있다"(헌재 1993.7.29. 92헌바20, 민법 제245조 제1항에 대한 헌법소원(합헌)).

3. 검 토

생각건대 헌법상 재산권의 내용과 한계는 법률로 정하도록 되어 있기 때문에 재산권의 내용과 한계는 사유재산제도 보장의 본질에 어긋나지 아니하는 한 광범위한 입법적 재량이 부여된다. 바로 그런 의미에서 헌법상 재산권보장은 권리와 제도를 동시에 보장하고 있는 **절충설**로 이해하여야 한다.

> "우리 헌법상의 재산권에 관한 규정은 다른 기본권규정과는 달리 그 내용과 한계가 법률에 의해 구체적으로 형성되는 **기본권형성적 법률유보**의 형태를 띠고 있으므로, 재산권의 구체적 모습은 재산권의 내용과 한계를 정하는 법률에 의하여 형성되고, 그 법률은 재산권을 제한한다는 의미가 아니라 재산권을 형성한다는 의미를 갖는다"(헌재 1993.7.29. 92헌바20(합헌)).

Ⅲ. 재산권의 주체와 객체

(i) 자연인과 법인 등은 재산권의 주체가 될 수 있다. 다만, 외국인 및 외국법인에 대하여는 국가정책이나 국제조약 등에 의하여 특별한 제한이 가능하다(예: '부동산 거래신고 등에 관한 법률' 제3장). 하지만, 국가기관이나 지방자치단체는 재산권 침해를 이유로 한 헌법소원의 주체가 될 수 없다(헌재 2009.5.28. 2007헌바80등, 도시 및 주거환경정비법 제65조 제2항 위헌소원(합헌)).

(ii) 재산권의 객체인 재산권은 **경제적 가치**가 있는 모든 공·사법상의 권리이다. 즉 "헌법상 보장하고 있는 재산권은 경제적 가치가 있는 모든 공법상·사법상의 권리를 뜻하고, … 재산권의 보장은 재산권의 자유로운 처분의 보장까지 포함"한다(헌재 1992.6.26. 90헌바26, 정기간행물의등록에관한법률 제10조 제1항 등에 대한 헌법소원(합헌)). 재산권에는 민법상 소유권·물권·채권 및 특별법상의 광업권·어업권·특허권·저작권과 공법적 성격을 가진 수리권·하천점유권을 포괄한다.

> 헌법 제23조 제1항의 재산권보장에 의하여 보호되는 재산권은 사적유용성(私的有用性) 및 그에 대한 원칙적 처분권(處分權)을 내포하는 재산가치 있는 구체적 권리이므로 구체적인 권리가 아닌 단순한 이익이나 재화의 획득에 관한 기회 등은 재산권보장의 대상이 아니다(헌재 1996.8.29. 95헌바36, 구 산업재해보상보험법 제4조 단서 위헌소원(합헌)).
>
> 고엽제후유증환자 및 그 유족의 보상수급권은 법률에 의하여 비로소 인정되는 권리로서 재산권적 성질을 가지지만 그 발생에 필요한 요건이 법정되어 있는 이상 이러한 요건을 갖추기 전에는 헌법이 보장하는 재산권이라고 할 수 없다. 고엽제후유증환자의 유족이 보상수급권을 취득하기 위한 요건을 충족하지 못하였기 때문에 보상수급권이라고 하는 재산권

을 헌재로서는 취득하지 못하였으므로 이미 취득한 재산권을 침해한다고는 할 수 없다. 생전에 고엽제후유증환자로 등록신청을 하지 아니하고 사망한 경우 그 유족에게 유족등록신청자격의 부인은 평등원칙을 위반한다(헌재 2001.6.28. 99헌마516, 고엽제후유의증환자지원등에 관한법률 제8조 제1항 제1호 등 위헌확인(헌법불합치,각하)).

일본국에 대하여 가지는 일본군위안부로서의 배상청구권은 헌법상 보장되는 재산권이다(헌재 2011.8.30. 2006헌마788, 대한민국과 일본국 간의 재산 및 청구권에 관한 문제의 해결과 경제협력에 관한 협정 제3조 부작위 위헌확인(위헌확인)).

헌법재판소가 인정한 재산권으로는, 공무원의 퇴직급여청구권, 토지수용법상의 환매권, 정당한 지목을 등록함으로써 얻는 이익, 건설업영업권, 실용신안권, 관행어업권은 물권에 유사한 권리, 정리회사의 주식, 국민연금수급권, 유언자의 유언의 자유, 의료보험수급권 등이 있다. 반면에 의료보험조합에 매달 내는 환불되지 아니하는 보험금인 적립금, 자신이 기여가 없는 저소득층에 지급되는 의료급여수급권은 재산권이 아니라고 판시한다.

(iii) 그런데 헌법재판소는 국유재산 중 잡종재산(개정 국유재산법에서의 일반재산)도 사인의 재산으로 취득시효의 대상이 된다고 판시한다. 그러나 국유재산을 사유재산과 동일한 이론적 관점에서 판단한 이 결정은 비판받아 마땅하다.

국유잡종재산(國有雜種財產)에 대한 시효취득(時效取得)을 부인하는 국유재산법(7:2)(헌재 1991.5.13. 89헌가97, 국유재산법 제5조제2항에 관한 위헌심판(한정위헌)); 공유재산 중 잡종재산에 대하여까지 시효취득을 부인하는 지방재정법은 헌법에 위반된다(7:2)(헌재 1992.10.1. 92헌가6등, 지방재정법 제74조제2항에 대한 위헌심판(한정위헌)).

그 외에도 재산권관련 판례는 사인의 재산권보장과 시장경제라는 시각에 편중되어 있다. 토지초과이득세법의 헌법불합치결정(헌재 1994.7.29. 92헌바49등, 토지초과이득세법 제10조 등 위헌소원(헌법불합치,적용중지)), 택지소유상한에관한법률의 위헌결정(헌재 1999.4.29. 94헌바37등, 택지소유상한에 관한법률 제2조 제1호 나목 등 위헌소원(위헌)), 4층 이상의 건물에 대한 획일적 화재보험 가입강제에 대한 한정위헌결정(헌재 1991.6.3. 89헌마204, 화재로 인한재해보상과보험가입에관한법률 제5조 제1항의 위헌여부에 관한 헌법소원(한정위헌)) 등도 비판의 소지가 있다.

(iv) 헌법재판소는 단순한 이익이나 재화의 획득에 관한 기회, 반사적 이익, 우연히 발생한 법적 지위, 시혜적 입법에 의하여 얻을 수 있는 재산상 이익의 기대, 기업활동의 사실적·법적 여건 등은 헌법상 재산권보장의 대상이 아니라고 본다.

약사의 한약조제권은 법률에 의하여 약사의 지위에서 인정되는 하나의 권능(權能)에 불과하다(헌재 1997.11.27. 97헌바10(합헌)).

시혜적 입법의 시혜대상(施惠對象)이 될 경우 얻을 수 있는 재산상 이익의 기대가 성취되지 아니하였다고 하여도 그러한 단순한 재산상 이익의 기대(期待)는 헌법이 보호하는 재산권의 영역에 포함되지 아니한다(헌재 2011.7.28. 2008헌바13, 도시 및 주거환경정비법 제65조 제2항 후문 위헌소원(합헌))(헌재 1999.7.22. 98헌바14(합헌)).

공무원의 보수청구권은 법률 및 법률의 위임을 받은 하위법령에 의하여 그 구체적 내용이 형성되면 재산적 가치가 있는 공법상의 권리가 되어 재산권의 내용에 포함되지만, 법령에 의하여 구체적 내용이 형성되기 전의 권리, 즉 공무원이 국가 또는 지방자치단체에 대하여 어느 수준의 보수를 청구할 수 있는 권리는 단순한 기대이익에 불과하여 재산권의 내용에 포함된다고 볼 수 없다(헌재 2012.10.25. 2011헌마307, 공무원보수규정 제5조 중 별표 13 등 위헌확인(기각,각하)).

재산권에 관계되는 시혜적 입법의 시혜대상에서 제외되었다는 이유만으로 재산권침해가 생기는 것은 아니고, 시혜적 입법의 시혜대상이 될 경우 얻을 수 있는 재산상 이익의 기대가 성취되지 않았다고 하여도 그러한 단순한 재산상 이익의 기대는 헌법이 보호하는 재산권의 영역에 포함되지 아니한다. 나아가 조세평등주의는 헌법 제11조 제1항의 평등원칙의 조세법적 표현으로서, 공무원의 명예퇴직수당에 대한 퇴직소득공제율은 100분의 75로 되어 있으면서 공무원 아닌 자의 명예퇴직 수당에 대해서는 100분의 50의 퇴직소득공제율을 적용하는 차별적 퇴직소득 공제율이 합리적 차별에 해당하여 평등원칙 및 조세평등주의나 국민의 납세의무에도 위반되지 아니한다(헌재 2002.12.18. 2001헌바55, 구 소득세법 제22조 제1항 제1호 나목 등 위헌소원(합헌)).

구체적인 권리가 아닌 단순한 이익이나 재화의 획득에 관한 기회 또는 기업활동의 사실적·법적 여건 등은 재산권보장의 대상에 포함되지 아니하므로, 코로나19의 예방을 위한 집합제한 조치로 인하여 음식점을 영업하는 청구인들의 영업이익이 감소하였다고 하더라도 그 손실을 보상하지 않는 것이 재산권을 제한하는 것은 아니다(헌재 2023.6.29. 2020헌마1669, 입법부작위 위헌확인(기각)).

그 밖에도 헌법재판소는 문화재에 대한 선의취득의 배제, 현재의 장소에서 계속 약국을 운영할 권리, 상공회의소의 의결권 및 재산, 불법적인 사용에 대한 수용청구권, 환매권 소멸 후의 우선매수권, 소멸시효의 기대이익, 농지개량조합의 재산, 국립공원 입장료 수입, 강제집행권은 재산권이 아니라고 판시한다.

(ⅴ) 개발제한구역(이른바 그린벨트)의 지정 그 자체는 합헌적이다. 다만, 그 지정에 따라 손실이 발생하면 이를 보상하기 위한 입법이 필요하다.

"개발제한구역의 지정으로 인한 개발가능성의 소멸과 그에 따른 지가의 하락이나 지가상승률의 상대적 감소는 토지소유자가 감수해야 하는 사회적 제약의 범주에 속하는 것으로 보아야 한다. 자신의 토지를 장래에 건축이나 개발목적으로 사용할 수 있으리라는 기대가능성이나 신뢰 및 이에 따른 지가상승의 기회는 원칙적으로 재산권의 보호범위에 속하지 않는다. 구역지정 당시의 상태대로 토지를 사용·수익·처분할 수 있는 이상, 구역지정에 따른 단순한 토지이용의 제한은 원칙적으로 재산권에 내재하는 사회적 제약의 범주를 넘지 않는다"(헌재 1998.12.24. 89헌마214등, 도시계획법 제21조에 대한 헌법소원(헌법불합치,적용중지)).

그 외에도 헌법재판소는 재산권의 제한이 사회적 구속성의 범위 내에서 용인되는지를 따지기 이전에 과연 헌법상 보호되는 재산권의 범위에 포섭되는지를 검토하고 있다.

"한약학과 외의 학과 출신자에 대한 한약사시험응시자격의 부여로 인해 한약사면허취득자가 증가함으로써 그 기대가 실현되지 않게 된다고 하더라도 이는 사실상 기대되던 반사적 이익이 실현되지 않게 된 것에 불과"하다(헌재 2000.1.27. 99헌마660, 한약사자격면허취득국가시험공고 처분취소 등(각하)).

Ⅳ. 재산권의 효력

재산권도 대국가적 효력을 가진다. 대사인적 효력은 간접적용설에 의한다. 전통적으로 재산권은 사인 사이에 많은 문제를 야기한다.

Ⅴ. 재산권의 내용

1. 의　　의

헌법이 보장하는 재산권이란 경제적 가치가 있는 모든 공법상 · 사법상의 권리를 뜻하며 사적 유용성 및 그에 대한 원칙적인 처분권을 내포하는 재산가치 있는 구체적 권리이다. 사적 유용성(私的 有用性)이 인정되기 위하여서는 그 권리가 권리주체에게 귀속되어 그 주체의 이익을 위하여 이용 가능하여야 한다. 원칙적 처분권이란 자신의 의사에 따라 처분할 수 있어야 함을 의미한다. 재산가치는 사적 유용성과 원칙적인 처분권 등 재산으로서의 성격을 인정할 만한 가치를 말한다(헌재 2005.7.21. 2004헌바57, 지방세법 제112조 제2항 위헌소원(합헌)).

헌법 제23조의 재산권은 민법상의 소유권뿐만 아니라 재산적 가치있는 물권 · 채권 등 모든 권리를 포함하며, 국가로부터의 일방적 급부가 아닌 자기노력의 대가나 자본의 투자 등 특별한 희생을 통하여 얻은 공법상의 권리도 포함된다(헌재 2009.9.24. 2007헌마1092, 의료급여법 시행령 별표 제1호 가목 등 위헌확인(기각,각하)).

2. 재산권의 내용과 한계의 법정주의

(1) 사유재산제도의 보장

헌법 제23조 제1항 제2문의 재산권의 "내용과 한계는 법률로 정한다"라는 규정은 국가법질서체계 안에서의 재산권보장을 의미한다. 하지만, 재산권은 제도보장의 성격을 가지기 때문에 법률로써 사유재산제도 자체를 부인할 수는 없다. 그것은 곧 재산권의 내용과 한계를 규율하는 입법의 한계이기도 하다. 따라서 생산수단의 전면적인 국 · 공유화는 인정될 수 없다.

(2) 사유재산권의 보장

개인은 구체적으로 재산을 사용 · 수익 · 처분할 수 있는 권리와 자유를 누린다. 따라서 법률에 의하지 아니하고는 재산권을 제한할 수 없다. 법률에 의한 제한에 있어서도 헌법상 정당한 보상의 법리(제23조 제3항), 자연력의 특허(제120조), 기업의 국·공유화(제126조) 등에 의한 제한을 받는다.

(3) 재산권의 내용과 한계의 법정주의

(i) 헌법이 재산권을 보장하는 동시에 그 사회적 구속성을 강조하는 결과, 재산권의 구체적인 내용과 한계는 법률에 의하여 정하여진다(제23조 제1항 제2문). 여기서 법률의 범주에는 국회에서 제정한 법률뿐만 아니라 긴급명령, 긴급재정경제명령도 당연히 포함된다. 그러나 명령이나 조례는 포함되지 아니한다.

(ii) "법률로 정한다"는 의미를 사유재산제도의 한계로 보는 견해와 사유재산제도와 재산권 모두에 관련되는 형성적 법률유보로 보는 견해가 있다. 헌법재판소는 후자의 견해를 취한다(헌재 1993.7.29. 92헌바20, 민법 제245조 제1항에 대한 헌법소원(합헌)).

(4) 한 계

재산권의 구체적 내용과 한계에 관한 입법도 헌법 제37조 제2항의 한계를 준수하여야 하며, 특히 과잉금지의 원칙을 준수하여야 한다(후술하는 사회적 구속성의 한계 참조). 재산권의 한계와 관련된 주요판례는 다음과 같다.

합헌판례

① 임차인의 보증금에 대한 우선변제권 인정(헌재 1998.2.27. 97헌바20, 주택임대차보호법 제3조의2 제1항 위헌소원(합헌)).

② 협의취득 내지 수용 후 당해 사업의 폐지나 변경이 있은 경우 환매권 인정의 대상으로 토지만을 규정(헌재 2005.5.26. 2004헌가10, 공익사업을위한토지등의취득및보상에관한법률 제91조 제1항 위헌제청(합헌)).

③ 초·중·고등학교 및 대학교 경계선으로부터 200미터 내로 설정된 학교환경위생정화구역 안에서 여관시설 및 영업행위 금지(헌재 2006.3. 30. 2005헌바110, 학교보건법 제6조 제1항 제11호 여관부분 위헌소원(합헌)).

④ 신고납세방식의 국세에서 납세의무자가 이를 신고한 경우 그 조세채권과 담보권과의 우선순위를 국세신고일을 기준으로 정한 국세기본법(헌재 2007.5.31. 2005헌바60, 국세기본법 제35조 제1항 제3호 가목 위헌소원(합헌)).

⑤ 도시관리계획으로 '역사문화미관지구'를 지정하고 그 경우 해당 지구 내 토지소유자들에게 지정목적에 맞는 건축제한 등 재산권제한을 부과하면서도 아무런 보상조치를 규정하지 아니한 구 '국토의 계획 및 이용에 관한 법률'(헌재 2012.7.26. 2009헌바328, 구 국토의 계획 및 이용에 관한 법률 제37조 제1항 제2호 등 위헌소원(합헌)).

⑥ 담보권의 목적인 재산의 매각대금에서 정부가 과세표준과 세액을 결정·경정 또는 수시부과결정하는 국세를 징수하는 경우 당해 국세의 납세고지서 발송일 후에 설정된 담보권의 피담보채권에 우선하여 국세를 징수(헌재 2012.8.23. 2011헌바97, 국세기본법 제35조 제1항 제3호 나목 위헌소원(합헌)).

⑦ 생활대책은 헌법 제23조 제3항에 규정된 정당한 보상에 포함되는 것이라기보다는 생활보상의 일환으로서 국가의 정책적인 배려에 의하여 마련된 제도이므로, 그 실시 여부는 입법자의 입법정책적 재량의 영역(헌재 2013.7.25. 2012헌바71, 공익사업을 위한 토지등의 취득 및 보상에 관한 법률 제78조 위헌소원(합헌)).

⑧ 광업권주의에 따라 법상 제한은 광업권자가 수인(受忍)하여야 하는 사회적 제약의 범주(헌재 2014.2.27. 2010헌바483, 광업법 제44조 제1항 제1호 위헌소원(합헌)).

⑨ 공무원이 유족 없이 사망하였을 경우, 연금수급자의 범위를 직계존비속으로만 한정. 공

무원연금법상의 유족급여수급권자와 산재보험법상의 유족급여수급권자가 본질적으로 동일한 비교집단이라고 보기 어렵다(헌재 2014.5.29. 2012헌마555, 공무원연금법 제30조 등 위헌확인(기각)).

⑩ 살처분(殺處分) 보상금을 대통령령으로 위임(헌재 2014.4.24. 2013헌바110, 구 가축전염병예방법 제48조 제1항 위헌소원(합헌)).

⑪ 법률혼주의를 채택한 취지에 비추어 볼 때 제3자에게 영향을 미쳐 명확성과 획일성이 요청되는 상속과 같은 법률관계에서는 사실혼 배우자에게 상속권을 인정하지 않음(헌재 2014.8.28. 2013헌바119, 민법 제1003조 제1항 위헌소원(합헌)).

⑫ '개발이익 환수에 관한 법률'에서 개발부담금을 개발부담금 납부 고지일 후에 저당권 등으로 담보된 채권에 우선한 징수(헌재 2016.6.30. 2013헌바191등, 개발이익환수에관한법률제22조 제2항 위헌소원(합헌)).

⑬ 변호사법 중 법무법인에 관하여 합명회사 사원의 무한연대책임을 정한 상법 제212조, 신입사원에게 동일한 책임을 부과하는 상법 제213조, 퇴사한 사원에게 퇴사등기 후 2년 내에 동일한 책임을 부과하는 상법 제225조 제1항 준용(헌재 2016.11.24. 2014헌바203등, 변호사법 제58조 제1항 위헌소원(합헌)).

⑭ 법정이율을 연 5분으로 정한 민법 제379조(헌재 2017.5.25. 2015헌바421, 민법 제379조 등 위헌소원(합헌)).

⑮ 체납처분의 목적물인 재산의 추산가액이 체납처분비와 우선채권금액에 충당하고 남을 여지가 없더라도, 다른 과세관청의 교부청구가 있는 경우에는 체납처분을 중지하지 아니함(헌재 2017.12.28. 2016헌바160, 국세징수법 제85조 제2항 단서 위헌소원(합헌)).

⑯ 최대주주 등의 보유주식에 대한 증여세 과세가액 할증평가 시 증여로 의제된 명의신탁 주식을 제외하지 아니함(헌재 2019.11.28. 2017헌바260, 구 상속세 및 증여세법 제63조 제3항 등 위헌소원(합헌)).

⑰ 소액임차보증금 반환채권에 대한 압류를 금지(헌재 2019.12.27. 2018헌마825, 민사집행법 제246조 제1항 제6호 위헌확인(기각)).

⑱ 임대차 목적물인 상가건물이 유통산업발전법 제2조에 따른 대규모점포의 일부인 경우 임차인의 권리금 회수기회 보호 등에 관한 '상가건물 임대차보호법'을 적용하지 아니함(헌재 2020.7.16. 2018헌바242등, 상가건물 임대차보호법 제10조의5 제1호 위헌소원(합헌)).

⑲ 전자세금계산서 발급의무자가 전자세금계산서를 발급하지 아니하고 종이 세금계산서를 발급한 경우 가산세 부과(헌재 2020.12.23. 2018헌바439, 부가가치세법 제60조 제2항 제2호 단서 위헌소원(합헌)).

⑳ 부동산등기에 관한 공동신청주의의 예외를 두고, 부동산 양수 사실에 관한 증명부담을 완화하는 특별한 등기신청절차(헌재 2020.12.23. 2019헌바41, 구 부동산소유권이전등기등에관한특별조치법 제7조 등 위헌소원(합헌)).

㉑ 부당이득반환청구권 등 채권의 경우 권리를 행사할 수 있는 때로부터 10년간 행사하지 아니하면 소멸시효가 완성(헌재 2020.12.23. 2019헌바129, 민법 제162조 제1항 등 위헌소원(합헌,각하)).

㉒ 대중골프장 등 다른 체육시설과 달리 회원제골프장용 부동산의 재산세에 대한 1천분의 40의 중과세율(헌재 2020.3.26. 2016헌가17, 지방세법 제111조 제1항 제1호 다목 2) 등 위헌제청(합헌)).

그 밖에도 일정한 호수(戶數) 이상 주택건설사업과정에서 필수사항인 공공시설 소유권의 무상 국가귀속, 무면허 매립지 국유화, 국립공원 지정, 불법행위로 인한 손해배상청구권의 단기 소멸시효, 1년 내 공사 착수하지 않으면 필수적 허가 취소, 상속 개시 시 재산 가액에 증여재산의 가액을 가산하여 유류분 산정, 임대한 토지에 대한 토지소유자의 폐기물 처리 명령, 환매권 행사기간을 수용일로부터 10년 이내로 제한한 구 토지수용법, 성매매에 제공되는 사실을 알면서 건물 제공에 대한 처벌, 명예퇴직 공무원의 재직 중 사유로 금고 이상의 형을 받은 때 명예퇴직수당의 필요적 환수, 자필증서에 의한 유언방식으로 날인 요구, 자필증서에 의한 유언에서 주소지 자서 요구, 집합건물의 전 소유자가 체납한 관리비 중 공용부분을 특별승계인에게 청구, '채무자 회생 및 파산에 관한 법률', 매도인의 선의 계약명의신탁에 대한 과징금 부과, 농업경영에 이용하지 않는 농지소유 금지원칙의 예외에 종중 불포함, 국민연금의 조기노령연금 수급개시연령의 59세에서 60세로 상향 조정, 대통령령으로 정하는 보증금액 초과 임대차에 상가임대차보호법 적용 배제, 가입기간 10년 미만 · 사망 · 국적 상실 · 국외이주 이외 반환일시금 지급을 금지하는 국민연금법, 채권자가 가압류법원이 정한 제소기간 내에 본안의 소 제기 증명서류 미제출 시 가압류 취소, '특수관계에 있는 자외의 자 간에 거래의 관행상 정당한 사유 없이 시가보다 현저히 낮은 가액으로 재산을 양수한 경우'에 양수인에게 증여세 부과, 우편법상 손해배상청구권자를 발송인의 승인을 받은 수취인, 비용보상청구권의 제척기간을 무죄판결이 확정된 날부터 6개월, 실종기간이 구법 시행기간 중에 만료 시 실종이 개정민법 시행일 후에 선고된 때에는 상속에 관하여 개정민법 적용, 집합투자기구(펀드) 이익에 대한 소득금액 계산 시 손익 통산 불허용 소득세법, 국세환급금을 체납 국세 등에 충당하도록 한 국세기본법, 농업협동조합이 취득한 부동산을 2년 이상 해당 용도로 직접 사용 않고 매각하면 감면된 취득세 추징, 전기통신금융사기 범인이 피해자에게 그 범죄와 무관한 사람의 계좌에 피해금을 입금하도록 하고 범인은 그 계좌 명의인으로부터 재화 또는 용역을 제공받는 경우 그 계좌 명의인은 범죄에 가담하지 않았음에도 지급정지 및 전자금융거래의 제한(헌재 2022.6.30. 2019헌마579, 전기통신금융사기 피해 방지 및 피해금 환급에 관한 특별법 제4조 제1항 위헌확인(기각)), 집합건물 하자담보청구권 제척기간 제한(헌재 2022.10.27. 2020헌바368, 집합건물의 소유 및 관리에 관한 법률 제9조의2 제1항 위헌소원(합헌)) 등이 있다.

위헌판례

① "임금과는 달리 퇴직금에 관하여는 아무런 범위나 한도의 제한도 없이 질권(質權)이나 저당권(抵當權)에 우선하여 그 변제를 받을 수 있다고 규정하고 있으므로 … 담보권자의 담보권을 제한함에 있어서 그 방법의 적정성을 그르친 것이며 침해의 최소성 및 법익의 균형성요청에도 저촉되는 것이므로 과잉금지의 원칙에도 위배된다." 다만, "퇴직금의 전액이 아니고 근로자의 최저생활을 보장하고 사회정의를 실현할 수 있는 적정한 범위 내의 퇴직금채권을 다른 채권들보다 우선변제함은 퇴직금의 후불임금적 성격 및 사회보장적 급여로서의 성격에 비추어 상당하다고 할 것인데 이 '적정한 범위'의 결정은 그 성질상 입법자의 입법정책적 판단에 맡기는 것이 옳다"(헌재 1997.8.21. 94헌바19등, 근로기준법 제30조의2 제2항 위헌소원(헌법불합치, 적용중지)).

② 상속개시 있음을 안 날로부터 3월 이내에 한정승인 또는 포기를 하지 아니한 때에는 단순승인을 한 것으로 본 헌법불합치결정(헌재 1998.8.27. 96헌가22등, 민법 제1026조 제2호 위헌제청(헌법불합치, 적용중지))에 따라 개정 민법에서 중대한 과실 없이 상속채무초과사실을 알지 못하여 단순승인이 의제된 경우에 상속채무초과사실을 안 날로부터 3월 이내에 특별한정승인을 할 수 있도록 개정하면서, 그 소급적용의 범위를 1998.5.27. 이후에 상속개시 있음을 안 자에게 한정하고, "1998.5.27. 전에 상속개시 있음을 알았으나 위 날짜 이후에 상속채무초과사실을 안 자"를 포함하지 아니하는 범위에서 헌법에 합치하지 아니한다(헌재 2004.1.29. 2002헌가22등, 민법 부칙 제3항 위헌제청(헌법불합치, 적용중지)).

③ 상속회복청구권의 행사기간을 상속개시일로부터 10년으로 제한한 규정은 위헌이다

(헌재 2001.7.19. 99헌바9등, 민법 제999조 제2항 위헌소원(위헌)): 이에 따라 "상속권의 침해행위가 있은 날부터 10년"으로 개정되었다(헌재 2002.11.28. 2002헌마134, 민법 제999조 제2항 위헌확인(기각)). 상속회복청구권 행사기간을 상속침해를 안 날부터 3년, 상속권의 침해행위가 있은 날부터 10년으로 제한하고 있는 민법 제999조 제2항은 헌법에 위배되지 아니한다(헌재 2008.7.31. 2006헌바110, 민법 제999조 제2항 위헌소원(합헌)). 상속개시 후 인지에 의하여 공동상속인이 된 자가 다른 공동상속인에 대하여 그 상속분에 상당한 가액의 지급에 관한 청구권(상속분가액지급청구권)을 행사하는 경우에도 상속회복청구권에 관한 10년의 제척기간을 적용하도록 한 민법 조항이 청구인의 재산권과 재판청구권을 침해하여 헌법에 위반된다(7:2)(헌재 2024.6.27. 2021헌마1588, 민법 제1014조 등 위헌확인(위헌)). 헌재 2010.7.29. 2005헌바89, 민법 제999조 등 위헌소원(제1014조) 결정은 이 사건 결정과 저촉되는 범위에서 변경되었다.

④ 공무원의 급여제한 사유를 퇴직 후에 범한 죄에도 적용(헌재 2002.7.18. 2000헌바57, 공무원연금법 제64조 제3항 위헌소원(한정위헌)).

⑤ 반국가적 범죄, 직무관련범죄, 고의 또는 과실범, 파렴치 범죄 여부 등을 묻지 아니하고 재직 중의 사유로 금고 이상의 형을 받은 공무원 또는 공무원이었던 자에 대하여 일률적으로 퇴직급여 및 퇴직수당의 일부를 감액하여 지급(헌재 2007.3.29. 2005헌바33, 공무원연금법 제64조 제1항 제1호 위헌소원(헌법불합치,잠정적용)).

⑥ 군인 또는 군인이었던 자가 복무 중의 사유로 금고 이상의 형을 받은 때에는 대통령령으로 퇴직급여 및 퇴직수당의 일부를 감액하여 지급(헌재 2009.7.30. 2008헌가1등, 군인연금법 제33조 제1항 제1호 위헌제청 등(헌법불합치,잠정적용)).

⑦ 과징금을 부과할 당시에 법위반자의 명의신탁 관계가 이미 종료된 경우에도 과징금 부과시점의 부동산가액을 과징금 산정기준(헌재 2006.5.25. 2005헌가17등, 부동산실권리자명의등기에관한법률 제5조 제2항 위헌제청 등(위헌, 헌법불합치, 적용중지)).

⑧ 부동산실명법 시행 후 법을 위반한 명의신탁자 및 법 시행일로부터 1년 이내에 실명등기를 하지 아니한 기존 명의신탁자 등에 대하여 부동산가액의 100분의 30에 해당하는 과징금 부과(헌재 2001.5.31. 99헌가18등, 부동산실권리자명의등기에관한법률 제10조 제1항 위헌제청 등(헌법불합치, 적용중지)).

⑨ 과징금 및 가산금 채권을 구 파산법에서 불공정거래행위에 대한 과징금을 일반우선파산채권으로 취급하고 더 나아가 재단채권으로까지 이를 인정(헌재 2009.11.26. 2008헌가9, 구 파산법 제38조 제2호 위헌제청(위헌)).

⑩ 정리계획에 의하여 새로이 정리회사의 주주가 된 자가 3년 내에 주권의 교부를 청구하지 아니한 때에는 주주로서의 권리를 잃도록 한 규정(헌재 2012.5.31. 2010헌가85, 구 회사정리법 제262조 제4항 위헌제청(위헌)).

3. 소급입법에 의한 재산권의 박탈금지

헌법 제13조 제2항은 "모든 국민은 소급입법에 의하여 … 재산권을 박탈당하지 아니한다"라고 규정한다. 소급입법(遡及立法)에 의한 재산권의 박탈 금지는 진정소급효의 입법이고, 소위 부진정소급효의 입법은 원칙적으로 허용된다.

"소급입법은 새로운 입법으로 이미 종료된 사실관계 또는 법률관계에 작용케 하는 진정소급입법과 현재 진행중인 사실관계 또는 법률관계에 작용케 하는 부진정소급입법으로 나눌 수 있는바, 부진정소급입법은 원칙적으로 허용되지만 … 기존의 법에 의하여 형성되어 이미 굳어진 개인의 법적 지위를 사후입법을 통하여 박탈하는 것 등을 내용으로 하는 진정소급입법은 개인의 신뢰보호와 법적 안정성을 내용으로 하는 법치국가원리에 의하여 특단의 사정이 없는 한 헌법적으로 허용되지 아니하는 것이 원칙이고, 다만 일반적으로 국민이 소급입법을 예상할 수 있었거나 법적 상태가 불확실하고 혼란스러워 보호할 만한 신뢰이익이 적은 경우와 소급입법에 의한 당사자의 손실이 없거나 아주 경미한 경우 그리고 신뢰보호의 요청에 우선하는 심히 중대한 공익상의 사유가 소급입법을 정당화하는 경우 등에는 예외적으로 진정소급입법이 허용된다"(헌재 1999.7.22. 97헌바76등, 구 수산업법 제2조 제7호 등 위헌소원(합헌,각하)).

"러·일전쟁 개전시부터 1945년 8월 15일까지 친일반민족행위자가 친일행위의 대가로 취득한 친일재산을 그 취득·증여 등 원인행위시에 국가의 소유로 하도록 규정한 '친일반민족행위자 재산의 국가귀속에 관한 특별법' 제3조 제1항 본문은 진정소급입법에 해당하지만, 진정소급입법이라 할지라도 예외적으로 국민이 소급입법을 예상할 수 있었던 경우와 같이 소급입법이 정당화되는 경우에는 허용될 수 있다. 친일재산의 취득 경위에 내포된 민족배반적 성격, 대한민국임시정부의 법통 계승을 선언한 헌법 전문 등에 비추어 친일반민족행위자 측으로서는 친일재산의 소급적 박탈을 충분히 예상할 수 있었고, 친일재산 환수 문제는 그 시대적 배경에 비추어 역사적으로 매우 이례적인 공동체적 과업이므로 이러한 소급입법의 합헌성을 인정한다고 하더라도 이를 계기로 진정소급입법이 빈번하게 발생할 것이라는 우려는 충분히 불식될 수 있다. 따라서 이 사건 귀속조항은 진정소급입법에 해당하나 헌법 제13조 제2항에 반하지 않는다"(헌재 2011.3.31. 2008헌바141 등, 친일반민족행위자 재산의 국가귀속 에 관한 특별법 제2조 등 위헌소원 등(합헌)).

합헌판례

"민법이 제정되면서 부동산물권변동에 관하여 형식주의로 대전환하는 과정에서 중대한 공익적 목적을 위하여 그 경과조치로서 부득이 구법하에서 취득한 물권에 대하여 민법시행 후 장기간 등기를 하지 않고 방치한 경우에 한하여 물권변동의 효력을 상실시키고 채권적 효력으로서의 등기청구권만 존속시키는 정도의 제한"(헌재 1996.12.26. 93헌바67, 민법 부칙 제10조 제1항 위헌소원(합헌)).

상가건물 임대차의 계약갱신요구권 행사 기간을 5년에서 10년으로 연장하면서, 이를 개정법 시행 후 갱신되는 임대차에 대하여도 적용(8:1)(헌재 2021.10.28. 2019헌마106등, 상가건물 임대차보호법 부칙 제2조 위헌확인(기각)).

위헌판례

"직무의 종류나 근무기간 등을 전혀 구분함이 없이 일률적으로 규정하여 단기간 단순노무직에 근무한 공무원이었다는 사유만으로도 평생에 걸쳐 급여의 환수라는 불이익을 가하게 되는 것은 입법형성의 자유를 넘어선 과도한 제한이다. 뿐만 아니라, 공무원연금법상의 급여청구권은 공무원의 퇴직 또는 사망으로 인하여 발생하는 것이므로 퇴직 후의 사유로 급여청구권을 제한하는 것은 이미 발생한 급여청구권을 사후에 발생한 사유로 소급하여 제한하는 것이 된다"(헌재 2002.7.18. 2000헌바57, 공무원연금법 제64조 제3항 위헌소원(한정위헌)).

4. 무체재산권의 보장

재산권에는 유체재산권뿐만 아니라 무체재산권(無體財産權)도 포함된다. 헌법 제22조 제2항에서는 무체재산권(지식재산권)을 보호하기 위한 특별규정을 둔다.

5. 특수재산권의 보장

헌법 제9장 경제에서 보장하고 있는 특수한 재산권, 즉 자연력(제120조 제1항)·농지(제121조)·국토(제122조)·사영기업의 국공유화(제126조)에 관한 규정들은 제23조(재산권 보장)를 보완하는 의미를 가진다.

Ⅵ. 재산권행사의 공공복리적합의무

1. 재산권의 제한원리로서의 재산권의 사회적 구속성

(ⅰ) 헌법 제23조 제2항은 "재산권의 행사는 공공복리(公共福利)에 적합하도록 하여야 한다"라고 하여 재산권의 사회적 구속성을 규정한다. 헌법상 재산권행사의 공공복리적합의무의 법적 성격에 관하여는 윤리적 의무라는 견해도 있으나, 헌법적 한계를 규정한 법적 의무[1]로 보아야 한다.

"재산권의 사회적 제약 내지 사회기속성을 강조하는 것은 재산권의 절대적 보장에서 배태되는 사회적 폐단을 최소화함과 아울러 사유재산제도의 기본이념을 보호하려는 것으로서 사유재산제도의 유지존속을 위한 사유재산제도의 최소한의 자기희생 내지 양보인 것이다"(헌재 1993.7.29. 92헌바20, 민법 제245조 제1항에 대한 헌법소원(합헌); 헌재 1989.12.22. 88헌가13, 국토이용관리법 제31조의2 제1호 및 제21조의3의 위헌심판제청(합헌)).

"재산권행사의 사회적 의무성을 헌법에 명문화한 것은 사유재산제도의 보장이 타인과 더불어 살아가야 하는 공동체생활과의 조화와 균형을 흐트러뜨리지 않는 범위 내에서의 보장임을 천명한 것이다"(헌재 1993.7.29. 92헌바20(합헌); 헌재 1989.12.22. 88헌가13, 국토이용관리법 제31조의2 제1호 및 제21조의3 제1항의 위헌심판제청(합헌)).

(ⅱ) 근대헌법에서 재산권의 절대적 성격은 현대헌법에 이르러 재산권의 상대적 성격으로 전환되었다. 헌법상 재산권행사의 공공복리적합의무는 재산권의 사회적 구속성원리의 헌법적 표현이다(헌재 2000.2.24. 97헌바41, 어음법 제76조 제1항 전문 등 위헌소원(합헌); 헌재 1998.12.24. 89헌마214, 도시계획법 제21조에 대한 위헌소헌(헌법불합치, 적용중지) 참조).[2]

---

1) 김철수(상), 877면; 허영, 538면(헌법적 한계설); 권영성, 567면(내재적 제약성, 헌법원리설). 반면, 한국헌법과 독일헌법은 규정형식이 다르므로 독일식의 개념인 사회적구속성 개념의 도입에 대하여 비판적인 견해도 있다(이명웅, "헌법 제23조의 구조", 헌법논총 11, 321면).

2) 김문현, 재산권의 사회적 구속성에 관한 연구: 사회국가의 경우를 중심으로, 서울대 박사학위논문, 1987; 민경식, 서독기본법에 있어서의 사회화에 관한 연구, 서울대 박사학위논문, 1987; 정극원, 헌법국가와 기본권, 한국조세신문사, 2002; 정하중, "헌법재판소 판례에 있어서 재산권의 보장", 헌법논총 9; 윤영미, "재산권 보장과 헌법재판소의 역할", 헌법학연구 21-3; 정광현, "헌법 제23조 제3항에서 '수용·사용·제한'의 개념", 헌법학연구 25-3; 신정규, "정부의 부동산 정책과 헌법상 재산권 보장", 공법학연구 22-3; 박찬권, "헌법체계상 재산권의 규범적 지위 및 존속보장-재산권의 규정성으로 인한 공·사법의 외면적 관계를 중심으로", 헌법학연구 27-3; 정기상, "공용수용에 있어 공공필요의 검증과 헌법

(iii) 재산권의 사회적 구속성원리는 사유재산제도의 본질적인 내용은 보장하되, 다만 재산권이 가지는 사회적 의미를 통찰하여 일정한 제약과 통제가 가능하다는 의미이다. 그러나 사회적 구속성의 구체적인 내용은 사유재산제도의 본질적 내용을 침해하지 아니하는 범위 안에서 결정될 수밖에 없다. 해당 재산이 가지는 사회경제적 의미를 통찰하여 차별적인 구속성의 논리가 적용될 수 있다. 재산권이 사회적인 관련성을 가지고 사회적인 기능이 크면 클수록 재산권의 내용과 한계를 결정하는 입법자의 입법형성권의 폭은 넓게 된다.

2. 재산권의 사회적 구속성의 한계

(1) 재산권제한의 규범구조

(i) 어떠한 권리가 '재산권'으로 인정되는 경우에도, 그 행사는 공공복리에 적합하여야 하며, 그 구체적 내용과 한계는 법률에 의하여 정하여진다(제23조 제1항 제2문, 제2항). 다만, 개인의 재산권 역시 기본권으로 보장되어 입법자의 입법형성권에도 일정한 한계가 있다. 즉 재산권과 사회적 시장경제질서의 합리적 조화가 요청된다.

(ii) 이러한 사회적 구속성의 한계는 구체적으로 ① 법률에 의하여야 하고, ② 입법형성권의 한계로서 재산권이나 사유재산제도의 본질적 내용을 침해하지 아니할 뿐만 아니라 사회적 기속성을 함께 고려하여 균형을 이루어야 하고, ③ 헌법 제37조 제2항과의 관계상 기본권제한의 한계원리인 과잉금지의 원칙 및 본질적 내용침해금지에 위배되지 아니하여야 한다.

(iii) 위와 같은 사회적 구속성의 한계는 법률의 위헌 여부를 결정하는 데에 있어 사법심사의 기준으로 작용한다. 그중에서 ②는 그 성질상 입법재량이 합리적인지 여부를 기준으로 위헌 여부를 판단하기 때문에 완화된 기준으로 볼 수 있고, ③은 비례원칙에 따라 위헌 여부를 판단하기 때문에 강화된 기준으로 볼 수 있다. 재산권은 사회적 구속성을 수반하는 권리이기는 하나, 원칙적으로 자유권적 기본권이고 한국헌법상 경제질서의 기본은 시장경제이므로(헌법 제119조 제1항 등) 어떠한 법률이 재산권에 제약을 가하는 효과를 가질 경우에는 원칙적으로 비례원칙을 기준으로 위헌 여부를 심사하여야 한다. ②와 같이 완화된 기준에 의하는 경우는 해당 법률이 사적 자치에 의한 거래질서에 공권적으로 개입하여 특정한 재산권을 강화하는 내용을 담고 있거나 재산권행사가 가지는 사회적 연관성과 사회적

재판", 헌법논총 33; 성중탁, "헌법 제23조의 적용과 해석에 관한 헌재결정에 대한 비판적 검토", 공법학연구 24-4.

기능이 큰 경우로 한정하여야 한다.[1)]

"재산권이 헌법 제23조에 의하여 보장된다고 하더라도, 입법자에 의하여 일단 형성된 구체적 권리가 그 형태로 영원히 지속될 것이 보장된다고까지 하는 의미는 아니다. 재산권의 내용과 한계를 정할 입법자의 권한은, 장래에 발생할 사실관계에 적용될 새로운 권리를 형성하고 그 내용을 규정할 권한뿐만 아니라, 더 나아가 과거의 법에 의하여 취득한 구체적인 법적 지위에 대하여 까지도 그 내용을 새로이 형성할 수 있는 권한을 포함하고 있는 것이다. 그러나 이러한 입법자의 권한이 무제한적인 것은 아니다. 재산권의 내용을 새로이 형성하는 규정은 비례의 원칙을 기준으로 판단하였을 때 공익에 의하여 정당화되는 경우에만 합헌적이다. 즉 재산권의 내용을 새로이 형성하는 법률이 합헌적이기 위하여서는 장래에 적용될 법률이 헌법에 합치하여야 할 뿐만 아니라, 또한 과거의 법적 상태에 의하여 부여된 구체적 권리에 대한 침해를 정당화하는 이유가 존재하여야" 한다(헌재 1999.4.29. 94헌바37, 택지소유상한에관한법률 제2조 제1호 나목 등 위헌소원(위헌))(헌재 2003.4.24. 99헌바110등, 자연공원법 제4조 등 위헌소원(합헌))(헌재 2003.8.21. 2000헌가11등, 도시계획법 제83조 제2항 전단 부분 등 위헌제청(합헌))(헌재 200512.22. 2003헌바88, 농촌근대화촉진법에 대한 위헌소원(합헌))(헌재 2005.9.29. 2002헌바84, 도시계획법상 도시계획시설결정 실효에 관한 경과 규정에 대한 위헌소원(합헌))(헌재 2006.1.26. 2005헌바18, 자연공원법상 자연환경지구에서의 건축제한에 대한 위헌소원(합헌)).

"재산권의 내용과 한계를 정하는 법률의 경우에도 사유재산제도나 사유재산을 부인하는 것은 재산권보장규정의 침해를 의미하고, 결코 재산권형성적 법률유보라는 이유로 정당화될 수 없다"(헌재 1993.7.29. 92헌바20, 민법 제245조 제1항에 대한 헌법소원(합헌)).

"재산권의 내용과 한계를 구체적으로 형성함에 있어서는 입법자는 광범위한 입법형성권을 가진다고 할 것이고, 재산권의 본질적 내용을 침해하여서는 아니 된다거나, 사회적 기속성을 함께 고려하여 균형을 이루도록 하여야 한다는 등의 입법형성권의 한계를 일탈하지 않는 한 재산권형성적 법률규정은 헌법에 위반되지 않는다"(헌재 2000.6.29. 98헌마36(합헌); 헌재 2005.4.28. 2003헌바73(합헌); 헌재 2005. 7. 21. 2004헌바57(합헌)). 헌재 2000.6.29. 98헌마36(합헌) 사안과 같이 임대차보증금 중 일정액에 대한 우선변제청구권(優先辨濟請求權)을 공경매절차(公競賣節次)에서 인정하는 경우 혹은 헌재 2005.7.21. 2004헌바57(합헌) 사안과 같이 토지수용절차에서 특별히 토지매수청구권을 인정하는 경우가 이에 해당되는 대표적인 예라 할 수 있다. 즉 재산권에 관한 법률이 사회권적 기본권을 구체화하는 법률과 유사한 성격을 가지는 경우에만 예외적으로 완화된 기준을 사용함이 타당하다.

도축장 사용정지 · 제한명령은 구제역과 같은 가축전염병의 발생과 확산을 막기 위한 것이고, 도축장 사용정지 · 제한명령이 내려지면 국가가 도축장 영업권을 강제로 취득하여 공익 목적으로 사용하는 것이 아니라 소유자들이 일정기간 동안 도축장을 사용하지 못하게 되는 효과가 발생할 뿐이다. 도축장 사용정지 · 제한명령은 공익목적을 위하여 이미 형성된 구체적 재산권을 박탈하거나 제한하는 헌법 제23조 제3항의 수용 · 사용 또는 제한에 해당하는 것이 아니라, 도축장 소유자들이 수인하여야 할 사회적 제약으로서 헌법 제23조 제1항의 재산권의 내용과 한계에 해당한다(헌재 2015.10.21. 2012헌바367, 가축전염병예방법 부칙 제2조 제3항 위헌소원(합헌)).

---

1) 이덕연, "보상없는 재산권제한의 한계에 관한 연구", 헌법재판연구 제9권, 69-79: 이와 같은 한계와 함께 신뢰보호의 원칙, 자의금지의 원칙이라는 한계도 준수하여야 한다.

"가축의 살처분으로 인한 재산권의 제약은 가축의 소유자가 수인해야 하는 사회적 제약의 범위에 속한다. 그러나 헌법 제23조 제1항 및 제2항에 따라 재산권의 사회적 제약을 구체화하는 법률조항이라 하더라도 권리자에게 수인의 한계를 넘어 가혹한 부담이 발생하는 예외적인 경우에는 이를 완화하는 보상규정을 두어야 한다." 살처분 보상금은 가축의 소유자인 축산화계열화사업자와 계약사육농가에게 가축의 살처분으로 인한 각자의 경제적 가치의 손실에 비례하여 개인별로 지급하는 방식으로 입법을 개선하여야 한다(헌법불합치7:합헌2)(헌재 2024.5.30. 2021헌가3, 가축전염병 예방법 제48조 제1항 제3호 단서 위헌제청(헌법불합치,잠정적용)).

장기미집행 도시계획시설에 대한 실효제도를 도입하면서 경과규정으로 기산일을 따로 정한 것은 합헌이다(헌재 2005.9.29. 2002헌바84등; 헌재 2009.7.30. 2007헌바110; 헌재 2014.7.24. 2013헌바387)(헌재 2018.4.26. 2017헌가5, 국토의 계획 및 이용에 관한 법률 부칙 제16조 제1항 위헌제청(합헌)).

(2) 사회적 구속성의 한계에 관한 구체적 기준

(i) 사회적 구속성의 한계와 관련하여 보상이 필요 없는 재산권의 사회적 제약과 보상이 필요한 재산권제한의 구별기준이 문제된다. 즉 어떤 경우가 보상이 필요한 특별한 희생인가의 문제이다. 이와 관련하여 보호가치설·사회기속성설·수인가능성설·사적 이용설·목적위배설·상황기속설 등이 주장된다. 하지만, 어느 주장도 특별희생의 구체적인 기준을 제시하지 못하고, 또한 어느 하나의 기준만을 가지고 획일적으로 결정하기에는 불합리한 결과가 도출될 수 있다는 어려움이 있다. 따라서 제반사정을 구체적으로 살펴 위의 여러 기준을 종합적으로 고려하여 판단하여야 한다.

(ii) 다만, 특별희생(特別犧牲) 여부의 판단은 제23조 제2항과의 관계상 1차적으로 입법부에 이니셔티브가 있으므로, 헌법재판소가 이를 판단함에 있어서는 보상규정을 제외한 재산권제한 그 자체가 과잉금지원칙에 위배되는지 여부 및 평등권을 침해하는지 여부에 따라 결정하여야 한다.[1)]

"토지재산권은 강한 사회성, 공공성을 지니고 있어 이에 대하여는 다른 재산권에 비하여 보다 강한 제한과 의무를 부과할 수 있으나, 그렇다고 하더라도 다른 기본권을 제한하는 입법과 마찬가지로 비례성원칙을 준수하여야 하고, 재산권의 본질적 내용인 사용·수익권과 처분권을 부인하여서는 아니 된다." "도시계획법 제21조에 의한 재산권의 제한은 개발제한구역으로 지정된 토지를 원칙적으로 지정 당시의 지목과 토지현황에 의한 이용방법에 따라 사용할 수 있는 한, 재산권에 내재하는 사회적 제약을 비례의 원칙에 합치하게 합헌적으로 구체화한 것이라고 할 것이나, 종래의 지목과 토지현황에 의한 이용방법에 따른 토지의 사용도 할 수 없거나 실질적으로 사용·수익을 전혀 할 수 없는 예외적인 경우에도 아무런 보상없이 이를 감수하도록 하고 있는 한, 비례의 원칙에 위반되어

1) 김문현, 사례연구 헌법, 377면; 허영 교수(542면)는 어떠한 판단기준에 따른다고 하여도 과잉금지원칙에 위배하는 재산권제한은 재산권의 단순한 사회적 제약이라고 평가하기 어렵다고 설명한다.

당해 토지소유자의 재산권을 과도하게 침해하는 것으로서 헌법에 위반된다"(헌재 1998.12. 24, 89헌마214 등, 도시계획법 제21조에 대한 헌법소원(헌법불합치, 적용중지)).

3. 토지재산권의 특수성과 토지공개념

(1) 토지재산권의 특수성

토지는 유한성·고정성·비대체성, 재화생산의 본원적 기초로서의 성질 등을 가진다. 헌법 제23조 제1항 제2문(내용과 한계 법정주의), 제23조 제2항(공공복리 적합의무), 제119조(경제질서), 제120조 제2항(국토계획), 제122조(국토개발), 제123조(농어촌개발) 등에서 토지재산권에 대한 가중적 규제를 마련한다. 사실 근대헌법에서 소유권절대의 논리도 토지재산권에 관한 한 일정한 한계를 가진다.

"토지는 수요가 늘어난다고 해서 공급을 늘릴 수 없기 때문에 시장경제의 원리를 그대로 적용할 수 없고, 고정성, 인접성, 본원적 생산성, 환경성, 상린성, 사회성, 공공성, 영토성 등 여러 가지 특성을 지닌 것으로서 자손만대로 향유하고 함께 살아가야 할 생활터전이기 때문에 그 이용을 자유로운 힘에 맡겨서도 아니되며, 개인의 자의에 맡기는 것도 적당하지 않을 것이다. 토지의 자의적인 사용이나 처분은 국토의 효율적이고 균형있는 발전을 저해하고, 특히 도시와 농촌의 택지와 경지·녹지 등의 합리적인 배치나 개발을 어렵게 하기 때문에 올바른 법과 조화있는 공동체질서를 추구하는 사회는 토지에 대하여 다른 재산권의 경우보다 더욱 강하게 전체의 이익을 관철할 것을 요구하는 것이다"(헌재 1989. 12.22. 88헌가13, 국토이용관리법 제21조 등 위헌심판(토지거래허가제)(합헌); 헌재 1999.10.21. 97헌바26, 도시계획법 제6조 위헌소원(헌법불합치,잠정적용)).

(2) 토지공개념(土地公槪念) 찬반논쟁

(ⅰ) 토지공개념은 실정법상의 개념이 아니고 강학(講學) 내지 실무의 편의상 정립된 용어이다.[1] 토지공개념이론은 헌법재판소의 판례를 통하여도 별다른 이의(異議) 없이 수용되고 있다.

"모든 사람들에게 인간으로서의 생존권을 보장해 주기 위하여서는 토지소유권은 이제 더 이상 절대적인 것일 수가 없었고 공공의 이익 내지 공공복리의 증진을 위하여 의무를 부담하거나 제약을 수반하는 것으로 변화되었으며, 토지소유권은 신성불가침의 것이 아니고 실정법상의 여러 의무와 제약을 감내하지 않으면 안되는 것으로 되었으니 이것이 이른바, '토지공개념이론'"이다(헌재 1989.12.22. 88헌가13(합헌)).

(ⅱ) 그러나 토지공개념이라는 용어 자체에 부정적인 견해가 대두되었다.

"토지의 공개념은 토지라는 재화의 특성에서 나오는 토지재산권의 특유한 사회적 기

1) 성낙인, "토지재산권과 토지공개념 실천법제", 헌법학논집; 서원우, "토지공개념의 헌법적 조명", 한국공법학회 제46회 학술발표회, 33-46면.

속성을 나타내는 말로 … 헌법 내의 개념이어야지 그것이 결코 초헌법적인 개념일 수 없다."[1] "토지공개념은 자유시장경제질서하에서 토지소유권의 공익성 내지 사회적 연대성을 강조한 것에 지나지 않는다. … 토지공개념에 의한 토지소유권제도는 역사적 반동이며, 모든 토지소유자를 토지세 및 재산세부담부 사용차주의 지위로 격하시키는 토지제도의 거대한 변혁, 즉 사회주의체제로의 접근을 의미한다."[2]

(iii) 생각건대 토지공개념은 법적인 개념이 아니라 사회정책적인 도구개념으로 등장한 이론이다. 하지만, 토지공개념에 기초한 법적 제도의 정비는 곧 토지공개념의 법적 수용을 의미한다. 토지공개념은 재산권의 사회적 구속성 내지 공공복리적합의무라는 재산권에 관한 헌법상 일반이론에 입각하여 토지의 특수성을 강조하기 위한 이론이다. 따라서 토지공개념이 헌법상 사회적 시장경제질서의 원리를 뛰어넘는 초헌법적인 원리는 결코 아니라는 점에서 토지공개념 그 자체에 대한 비판적 시각은 그 한계를 드러낸다.[3]

(3) 토지공개념 실천법률의 문제점

A. 의 의

토지공개념이론에 기초하여 토지자원배분의 형평성·토지이용의 효율성·토지거래의 정상화라는 목표를 실천하기 위한 일련의 법률이 제정 혹은 개정되었다. 관련 법률로는 '부동산 거래신고 등에 관한 법률'의 토지거래허가제·(구 도시계획법의) 개발제한구역(그린벨트), '개발이익 환수에 관한 법률', '재건축초과이익 환수에 관한 법률', '택지소유상한에관한법률', 토지초과이득세법, 종합부동산세법 등이 있다.

그 외에 '부동산등기 특별조치법', '부동산 가격공시 및 감정평가에 관한 법률', '금융실명거래 및 비밀보장에 관한 법률', '부동산 실권리자 명의등기에 관한 법률' 등이 있다.

B. 토지거래허가제(土地去來許可制)

(i) 토지거래허가제는 치열한 찬반논쟁을 불러일으킨 가운데 헌재 1989.12.22. 88헌가13 사건에서 합헌 및 위헌불선언으로 결론이 났다.

(ii) 합헌론: ① 유한한 자원인 토지의 특수성, ② 토지투기는 엄청난 불로소득을 가져와 결국에는 경제발전을 저해하고 국민의 건전한 근로의욕을 저해하며 계층 사이의 불화와 갈등을 심화시키는 점, ③ 토지거래허가제는 헌법이 명문

---

1) 허영, "토지거래허가제의 헌법상 문제점", 고시연구, 1989.8, 184, 185면.

2) 조규창, "사유재산제도의 위기: 공개념의 허구성과 위험성", 월간고시, 1989.8, 48-50면.

3) 이에 관한 상세는 다음 문헌 참조. 법무부, 법무자료 제118집, 토지공개념과 토지정책; 김상용, 토지소유권 법사상, 대우학술총서 인문사회과학 87, 민음사.

으로 인정하는(헌법 제122조) 재산권제한의 한 형태인 점, ④ 국토이용관리법의 규제 대상은 모든 사유지가 아니고 투기의심지역 또는 지가폭등지역의 토지에 한정한다는 점과 규제기간이 5년 이내인 점, ⑤ 기준에 위배되지 아니하는 한 당연히 당국의 거래허가를 받을 수 있어 처분권의 완전한 금지가 아닌 점 및 당국의 거래불허가처분에 대하여는 불복방법이 마련된 점, ⑥ 토지의 투기적 거래를 억제하는 조치나 수단인 등기제도 · 조세제도 · 행정지도 · 개발이익환수제 · 토지거래신고제 · 토지거래실명제 등만으로 투기억제에 미흡하므로 최소침해성에 위배되지 아니하는 점 등을 근거로, "국토이용관리법 제21조의3 제1항의 토지거래허가제는 사유재산제도의 부정이 아니라 그 제한의 한 형태이고 토지의 투기적 거래의 억제를 위하여 그 처분을 제한함은 부득이한 것이므로 재산권의 본질적인 침해가 아니며, 헌법상의 경제조항에도 위배되지 아니하고 현재의 상황에서 이러한 제한수단의 선택이 헌법상의 비례원칙이나 과잉금지원칙에 위배된다고 할 수도 없다"라고 판시하였다(5:4). 또한 "같은 법률 제31조의2가 벌금형과 선택적으로 징역형을 정함은 부득이한 것으로서 입법재량의 문제이고 과잉금지의 원칙에 반하지 않으며, 그 구성요건은 건전한 법관의 양식이나 조리에 따른 보충적인 해석으로 법문의 의미가 구체화될 수 있으므로 죄형법정주의의 명확성의 원칙에도 반하지 않는다" 라고 판시하였다(4:5).

그 이후에도 헌법재판소는 허가받지 아니한 계약의 사법상 효력을 부인하는 조항에 대하여 그 합헌성을 재확인한다. 그런데 종전의 결정에서와 달리 이 결정에서는 1인의 위헌의견만 있을 뿐이다(헌재 1997.6.26. 92헌바5, 국토이용관리법 제21조의3 제7항에 대한 헌법소원(합헌)).

(iii) 위헌론: 이에 대하여는 형벌부과만은 헌법에 위배된다는 의견과(1인), 토지거래허가제 자체가 헌법에 위배된다는 의견이 제시되었다(4인).

재판관 4인은 토지거래허가제 자체가 헌법에 위반된다거나, 재산권의 객체로서 토지가 가지는 여러 가지의 특성으로 말미암아 다른 재산권에 비하여 보다 많은 제한을 받아야 한다는 점에 반대하는 것은 아니라고 하면서도, 토지거래허가제와 같은 개인의 재산권행사에 대한 강력한 규제는 비록 그 목적이 공공복리를 위한 것이라고 하더라도, 그 구제수단으로 토지거래허가처분을 받지 못한 토지소유자가 적정한 값으로 환가(換價)할 수 있는 합리적인 길이 열려 있을 때에 비로소 헌법에 합치된다 할 것인데 국토이용관리법 제21조의15가 규정한 매수청구권은 이러한 환가수단으로는 극히 미흡하므로 헌법상 재산권보장과, 정당보상원리에 위배되어 토지거래허가제 자체가 위헌이 된다고 한다.

학자들 중에서도 토지거래허가제는 토지소유권을 형해화하고, 사유재산제노의 본질적 내용을 침해하며, 거래의 효력 자체를 부인하기 때문에 과잉금지원칙에 위배된다는 비판이 있다.

(iv) 한편 대법원은 허가받지 아니한 토지거래계약도 사후에 허가를 받으면 소급하여 유효하다고 보거나(대판(전합) 1991.12.24, 90다12243), 투기목적 없이 허가 취득을 전제로 한 거래계약의 체결은 동법 위반이 아니어서 처벌할 수 없다(대판 1992.1.21, 91도2912)라고 하여 토지거래허가제 규정을 다소 탄력적으로 해석 · 적용한다.

C. 토지초과이득세법(土地超過利得稅法)

(i) 토지초과이득세법은 미실현이득에 대한 과세라는 이유로 헌법재판소가 헌법불합치결정을 내림에 따라 사실상 형해화되었다가 1998년에 폐지되었다.

> "토지초과이득세법의 미실현이득에 대한 과세제도는 극히 예외적인 제도임에도 신중성이 결여되었으며, 과표를 전적으로 대통령령에 맡긴 것은 잘못이고, 지가의 등락에 관계없는 징세는 헌법상 사유재산권보장에 위반되고, 임대토지를 유휴토지로 하고 대통령령으로 예외규정한 것은 위헌이며, 고율의 단일비례세로 한 것은 고소득자와 저소득자간의 평등을 저해하며, 유휴토지의 범위가 택지소유상한에관한법률의 소유제한범위와 상충될 뿐만 아니라, 토초세액 전액을 양도세에서 공제하지 아니하는 것은 실질과세원칙에 위배되므로 헌법에 합치되지 아니한다"(헌재 1994.7.29. 92헌바49등, 토지초과이득세법 제10조 등 위헌소원(헌법불합치, 적용중지)).

(ii) 헌법재판소의 결정으로 인하여 결과적으로 성실하게 토지초과이득세를 납부한 사람에게만 불이익을 초래하게 되었다. 물론 이상적으로는 양도소득세 등을 통하여 토지초과이득세를 대체하는 일반세제의 정립이 바람직하겠지만 부동산투기가 가지는 특수성에 따른 과도기적인 특수입법으로서의 성격을 도외시한 결정이라는 비난을 면하기 어렵다.[1] 앞으로 토지세제는 양도소득세에 치중하기보다는 보유에 따른 중과세로 나아가야 한다.

D. '개발이익(開發利益) 환수(還收)에 관한 법률'

(i) 부과대상토지의 가액산정에 대하여 일부위헌결정을 내린 부분을 제외하고는, 포괄위임입법금지원칙이나 재산권보장에 위반되지 아니한다고 판시한다.

> "대통령령이 정하는 경우에만 실제 매입가액을 기준으로 부과개시시점의 부과대상토지의 가액을 산정하게 한 부분은 헌법에 위반된다"(일부위헌결정)(헌재 1998.6.25. 95헌바35등, 개발이익 환수에 관한법률 제10조 제3항 단서 위헌소원(위헌)).
>
> 그러나 개발부담금의 부과대상인 개발사업의 하나로 "지목변경이 수반되는 사업으로서 대통령령이 정하는 사업"이라고 규정한 것이 포괄위임입법금지원칙에 위배되지 아니하

1) 김문현, "토지문제에 관한 헌법적 시각과 토초세법헌법불합치결정에 대한 평가", 한국공법학회 제46회 학술발표회 주제발표문, 1994.9.24, 9-20면.

며, 개별공시지가를 기초로 개발부담금을 산정하는 것도 납부의무자의 재산권 등 기본권을 침해하지 아니한다(헌재 2000.8.31. 99헌바104, 개발이익 환수에 관한법률 제5조 제1항 제10호 등 위헌소원(합헌))(헌재 2002.5.30. 99헌바41, 개발이익 환수에 관한 법률 제9조 제1항 등 위헌소원(합헌))(헌재 2021.12.23. 2018헌바435등, 구 부동산 가격공시 및 감정평가에 관한 법률 제11조 제3항 등 위헌소원(합헌)).

(ii) '개발이익 환수에 관한 법률'과는 별개로 제정된 '재건축초과이익 환수에 관한 법률'에 대하여도 헌법재판소는 합헌으로 판시한다.

주택재건축사업에서 발생되는 재건축초과이익에 대하여 재건축부담금 징수, 일반분양분의 종료시점 주택가액을 분양시점 분양가격을 기준으로 산정하는 규정은 합헌이다. 결국 환수조항 등은 주택재건축사업을 통하여 발생한 정상주택가격상승분을 초과하는 주택가액의 증가분 중 일부를 환수함으로써 재건축사업을 간접적으로 규제함에 그치고 있을 뿐, 재건축사업 자체를 원천적으로 봉쇄하는 것이 아닌 점 등을 종합하여 보면, 개발비용 등 재건축조합의 비용과 노력을 투입한 부분을 공제한 평균 재건축초과이익이 3천만 원을 초과하는 경우에 한하여 일정 부과율을 적용하여 재건축부담금을 부과하도록 한 환수조항 등이 과잉금지원칙에 반하지 아니한다(헌재 2019.12.27. 2014헌바381, 재건축초과이익 환수에 관한 법률 제3조 등 위헌소원 (합헌)).

E. '택지소유(宅地所有) 상한(上限)에 관한 법률'

(i) 택지소유상한제는 헌법 제35조 제3항의 쾌적한 주거생활을 실천하는 데 기여할 수 있다는 점에서 제도 자체는 긍정적으로 평가할 수 있다. 상한초과택지의 소유자는 국가에 대하여 형성권으로서의 매수청구권을 가진다. 택지거래는 국토교통부장관의 허가를 받게 하고 이때 국토교통부장관은 상한초과택지를 선매(先買)할 수 있도록 규정한다. 매수청구권제도와 택지거래허가제는 구 국토이용관리법상의 토지거래허가제와 유사한 성격의 헌법적 논의를 불러일으킨 바 있다. 그런데 헌법재판소는 '택지소유 상한에 관한 법률'을 위헌이라고 판시한다.

"소유목적이나 택지의 기능에 따른 예외를 전혀 인정하지 아니한 채 일률적으로 200평으로 소유상한을 제한함으로써, 어떠한 경우에도 어느 누구도 200평을 초과하는 택지를 소유할 수 없도록 하는 것은 적정한 택지공급이라는 입법목적을 달성하기 위해서 필요한 정도를 넘는 과도한 제한으로서 헌법상의 재산권을 과도하게 침해하는 위헌적인 규정이다." "택지를 소유하게 된 경위나 그 목적 여하에 관계없이 법 시행 이전부터 택지를 소유하고 있는 개인에 대하여 일률적으로 소유상한을 적용하도록 한 것은 입법목적을 달성하기 위하여 필요한 정도를 넘는 과도한 침해이자 신뢰보호의 원칙 및 평등원칙에 위반된다. 경과규정에 있어서 '법 시행 이전부터 개인의 주거용으로 택지를 소유하고 있는 경우'를 '법 시행 이후에 택지를 소유한 경우'나 '법 시행 이전에 취득하였다고 하더라도 투기목적으로 취득한 택지의 경우'와 동일하게 취급하는 것은 평등원칙에 위반된다"(헌재 1999.4.29. 94헌바37등(위헌): 헌법재판소는 이 사건에서 헌법재판소법 제45조 단서에 따라 법 전부에 대하여 위헌결정을 내렸다. 택지소유 상한에 관한 법률은 이미 1998.9.19. 법률 5571호로 폐지되었다).

(ii) 헌법재판소의 위헌결정은 비판의 여지가 있다. ① 택지소유상한의 설정이나 부담금부과율의 문제는 재산권의 본질적 내용에 대한 제한 문제라기보다는 정도의 문제에 불과하기 때문에 단순위헌결정보다는 헌법불합치결정이 오히려 바람직하다(윤홍근, "택지소유상한에 관한 법률의 단순위헌결정", 헌법실무연구 1, 11면). ② 결정 당시의 주택보급상황에 비추어 보건대 과연 200평의 상한제한이 지나친 제한인지도 의문이다.

F. '국토의 이용 및 계획에 관한 법률'(구 도시계획법)의 개발제한구역

헌법재판소는 구 도시계획법 제21조에 따른 개발제한구역제도 그 자체는 원칙적으로 합헌적이지만, 개발제한구역(開發制限區域)의 지정으로 말미암아 일부 토지소유자에게 사회적 제약의 범위를 넘는 가혹한 부담이 발생하는 예외적인 경우에, 보상규정을 두지 아니한 부분에 대하여 헌법불합치결정을 선고하면서 구체적 기준과 방법은 광범위한 입법형성권을 가진 입법자가 입법정책적으로 정할 사항이라고 판시하였다. 이에 따라 보상의 법적 근거를 마련한 '개발제한구역의 지정 및 관리에 관한 특별조치법'이 제정되었다.

> "종래의 지목과 토지현황에 의한 이용방법에 따른 토지의 사용도 할 수 없거나 실질적으로 사용·수익을 전혀 할 수 없는 예외적인 경우에도 아무런 보상없이 이를 감수하도록 하고 있는 한, 비례의 원칙에 위반되어 당해 토지소유자의 재산권을 과도하게 침해하는 것으로서 헌법에 위반된다. 도시계획법 제21조에 규정된 개발제한구역제도 그 자체는 원칙적으로 합헌적인 규정인데, 다만 개발제한구역의 지정으로 말미암아 일부 토지소유자에게 사회적 제약의 범위를 넘는 가혹한 부담이 발생하는 예외적인 경우에 대하여 보상규정을 두지 않은 것에 위헌성이 있"다(헌재 1998.12.24. 89헌마214등, 도시계획법 제21조에 대한 위헌소원(헌법불합치,적용중지)).

G. 종합부동산세법(2005년 제정)상 종합부동산세(綜合不動産稅)

(i) 종합부동산세는 토지소유자들을 대상으로 주소지가 속한 지방자치단체가 관할 구역의 토지를 대상으로 세금을 부과하는 종합토지세와 별도로, 국세청이 일정 기준을 초과하는 토지와 주택 소유자들의 전국 소유 현황을 분석하여 누진세율을 적용하여 부과하는 국세를 말하며, 주택에 대한 종합부동산세와 토지에 대한 종합부동산세의 세액을 합한 금액으로 이루어져 있다. 종합부동산세는 일정한 가액을 초과하는 주택과 토지 등 부동산을 보유하는 자에 대하여 재산의 소유라는 사실에 담세력을 인정하여 부과하는 세금이라는 점에서 '재산보유세'로서의 성격을 가지고, 일부 과세대상 부동산으로부터 발생하는 수익에 대하여 부과하는 '수익세'적 성격과 부동산의 과도한 보유 및 투기적 수요 등을 억제하여 부동산 가격을 안정시키고자 하는 '정책적 조세'로서의 성격을 동시에 가진다.

(ii) 종합부동산세의 헌법적합성에 대하여는 끊임없이 의문이 제기되어왔다. ① 과세대상 부동산에 대하여 부과되는 재산세 또는 양도소득세와의 관계에서 종합부동산세는 이중과세라는 점, ② 종합부동산세는 미실현이익에 대한 과세이며 부동산의 원본가액을 잠식하여 재산권을 침해할 수 있다는 점, ③ 종합부동산세법이 부동산 보유세인 종합부동산세를 국세로 규정함으로써 지방재정권을 침해할 소지가 있는 점, ④ 세대별 합산규정에 의하여 혼인한 부부 또는 가족과 함께 세대를 구성한 자에게 더 많은 조세의 부과는 혼인과 가족생활을 특별히 더 보호하도록 한 헌법 제36조 제1항에 위반될 소지가 있다는 점, ⑤ 주거 목적으로 한 채의 주택만을 보유하고 있는 사람 등 일정한 범위의 부동산 보유자에 대하여 일률적 또는 무차별적으로 상대적 고율(高率)인 누진세율(累進稅率)을 적용하여 결과적으로 고액의 종합부동산세 부과는 그 입법목적의 달성에 필요최소한의 범위를 넘어 과도하게 주택 보유자의 재산권을 제한할 소지가 있다는 점 등이 있다.

(iii) 헌법재판소는 세대별 합산규정은 위헌이며, 주택분 종합부동산세는 주택소유자에 대하여 보유기간이나 조세지불능력을 고려하지 아니한 일률적 부과에 대하여는 헌법불합치결정을, 나머지 부분은 합헌결정을 내렸다.

"① 세대별 합산규정은 혼인한 자 또는 가족과 함께 세대를 구성한 자를 비례의 원칙에 반하여 개인별로 과세되는 독신자, 사실혼 관계의 부부, 세대원이 아닌 주택 등의 소유자 등에 비하여 불리하게 차별하여 취급하고 있으므로 헌법 제36조 제1항에 위반된다. ② 주택분 종합부동산세 부분은 적어도 주거 목적으로 과세기준 이상의 주택 한 채만을 보유하고 있는 자로서, 그 중에서도 특히 일정한 기간 이상 이를 보유하거나 또는 그 보유기간이 이에 미치지 않는다 하더라도 과세 대상 주택 이외에 별다른 재산이나 수입이 없어 조세지불 능력이 낮거나 사실상 거의 없는 자 등에 대하여도 납세의무자의 예외를 두거나 과세표준 또는 세율을 조정하여 납세의무를 감면하는 등의 일체의 여과 조치 없이 일률적으로 종합부동산세를 과세함으로써 과잉금지원칙에 위배하여 재산권을 침해하고 있으므로 헌법에 위반된다 할 것이다. 다만 주택분 종합부동산세 부과규정에 대하여는 세대별 합산규정과는 달리 단순위헌의 결정을 하는 것은 적절치 아니하며 따라서 헌법불합치결정을 선고하되 입법자의 개선입법이 있을 때까지 계속 적용을 명하기로 한다. 그러나 종합합산과세 대상 토지분 종합부동산세 부분은 과잉금지원칙에 위배하여 재산권을 침해한다고 보기 어렵다 할 것이다. ③ 이중과세, 재산권침해, 지방재정권 침해 등의 쟁점에 대해서는 종합부동산세가 헌법에 위반되지 아니한다"(헌재 2008.11.13. 2006헌바112, 구 종합부동산세법 제5조 등 위헌소원(위헌,헌법불합치, 잠정적용,합헌)).

종합부동산세의 과세표준, 세율 및 세액, 세부담 상한 등에 관한 규정은 합헌이다(전원일치). 다만, 조정대상지역 내 2주택 소유자에 대한 중과세 부분은 과잉금지원칙에 위배된다(위헌의견 3인)(헌재 2024.5.30. 2022헌바238등, 종합부동산세법 제8조 제1항 등 위헌소원(합헌))(헌재 2024.5.30. 2022헌바189등, 구 종합부동산세법 제7조 제1항 등 위헌소원(합헌)).

H. 검 토

헌법재판소가 일관되게 판시하는 바와 같이 토지재산권에 대한 제한입법도 과잉금지의 원칙을 준수하여야 하고, 재산권의 본질적 내용인 사적 유용성과 원칙적인 처분권을 인정하여야 한다(헌재 2003.4.24. 99헌바110등, 자연공원법 제4조 등 위헌소원(합헌); 헌재 2003.8.21. 2000헌가11등, 도시계획법 제83조 제2항 전단 부분 등 위헌제청(합헌)).

Ⅶ. 재산권의 제한

1. 의 의

(1) 재산권의 내용한계 형성규정

헌법 제23조 제1항 제2문은 "재산권의 내용 및 한계는 법률로 정한다"라고 하여 입법자에게 재산권의 구체적 내용을 형성할 권한을 부여한다. 즉 입법자는 법률의 일반적·추상적 규정을 통하여 현존하는 재산권의 범위를 축소하는 법률의 제정도 가능하다. 그러나 재산권에 대한 입법자의 입법형성권은 제23조 제2항의 재산권행사의 사회적 기속성의 한계 안에서만 허용되고, 법치국가원리에서 파생되는 명확성원칙과 비례성원칙을 준수하여야 하며, 동조 제1항 제1문이 보장하는 재산권과 사유재산제도의 본질적 내용을 침해할 수 없다.

(2) 재산권의 공용침해(公用侵害)

(i) 헌법 제23조 제3항은 재산권의 사회적 기속성의 한계를 넘더라도 적법한 재산권의 제한과 그에 대한 손실보상을 규정한다. 즉 "공공필요·법률(형식)·(정당한) 보상"이라는 세 가지 요건을 갖춘 경우에는 개별적·구체적 규정을 통한 재산권의 제한이 공용침해로서 정당화된다. 다만, 헌법 제23조 제3항은 재산권수용의 주체를 한정하지 아니하므로 수용의 주체를 국가 등의 공적 기관에 한정하여 해석할 필요는 없다.

민간기업을 수용의 주체로 규정한 '산업입지 및 개발에 관한 법률' 규정 자체를 두고 헌법 제23조 제3항에 위반된다고 할 수 없다(헌재 2009.9.24. 2007헌바114, 산업입지 및 개발에 관한 법률 제11조 제1항 등 위헌소원(합헌)).

(ii) 제23조 제3항의 재산권제한은 헌법 제37조 제2항의 일반적 기본권제한에 관한 특별조항이므로, 동 조항의 제한요건이 충족되더라도 제37조 제2항의 일반적 기본권제한의 한계 일탈 여부도 필요한 범위 안에서 검토되어야 한다.

2. 제한의 목적

(i) 헌법 제23조 제3항에서 규정하는 공용침해의 요건인 '공공필요'의 의미를 헌법재판소는 "국민의 재산권을 그 의사에 반하여 강제적으로라도 취득하여야 할 공익적 필요성"으로 해석한다(헌재 2014.10.30. 2011헌바129등, 지역균형개발 및 지방중소기업 육성에 관한 법률 제18조 제1항 등 위헌소원 등(헌법불합치,잠정적용)). 즉 '공공필요'의 개념은 '공익성'과 '필요성'이라는 요소로 구성된다고 본다.

> 공용수용이 허용될 수 있는 공익성을 가진 사업, 즉 공익사업의 범위는 사업시행자와 토지소유자 등의 이해가 상반되는 중요한 사항으로서, 공용수용에 대한 법률유보의 원칙에 따라 법률에서 명확히 규정되어야 한다. 공공의 이익에 도움이 되는 사업이라도 '공익사업'으로 실정법에 열거되어 있지 아니한 사업은 공용수용이 허용될 수 없다. … 헌법적 요청에 의한 수용이라 하더라도 국민의 재산을 그 의사에 반하여 강제적으로라도 취득하여야 할 정도의 필요성이 인정되어야 하고, 그 필요성이 인정되기 위하여서는 공용수용을 통하여 달성하려는 공익과 그로 인하여 재산권을 침해당하는 사인의 이익 사이의 형량에서 사인의 재산권침해를 정당화할 정도의 공익의 우월성이 인정되어야 한다. 특히 사업시행자가 사인인 경우에는 위와 같은 공익의 우월성이 인정되는 것 외에도 사인은 경제활동의 근본적인 목적이 이윤을 추구하는 일에 있으므로, 그 사업 시행으로 획득할 수 있는 공익이 현저히 해태되지 아니하도록 보장하는 제도적 규율도 갖추어져 있어야 한다(헌재 2014.10.30. 2011헌바129등, 지역균형개발 및 지방중소기업 육성에 관한 법률 제18조 제1항 등 위헌소원 등(헌법불합치,잠정적용)).

(ii) 헌법 제23조 제3항의 공공필요를 제37조 제2항의 "필요한 경우"와 동일한 의미로 받아들이는 견해도 있으나,[1] 공공필요를 보다 신축적으로 해석하여 "국가안전보장·질서유지 또는 공공복리를 위하여 필요한 경우" 이외에도 국가정책적인 고려까지 포괄하는 개념으로 이해하여야 한다.[2]

즉 헌법이 재산권제한과 관련하여 제23조 제1항·제2항 외에 제3항을 별도로 규정한 이유는 재산권이 다른 기본권과 달리 보상에 의하여 대체가능한 성질을 가지기 때문이다. 재산권을 수용하거나 제한하는 경우에도 그 객관적 가치를 완전히 보상하여 준다면, 적어도 '재산권'에 대한 침해가 문제될 소지는 크게 줄어든다. 그 결과 헌법 제23조 제3항은 재산권에 대한 제한이 "국가안전보장·질서유지 또는 공공복리"를 위하여 필요한 경우가 아니더라도 '공공필요'가 인정되면 보상을 전제로 한 제한을 인정한다.[3] 또한 재산권에 대한 제한 그 자체가 과도한 경

1) 홍강훈, "헌법 제37조 제2항의 '공공복리'와 제23조 제3항의 '공공필요'의 관계에 관한 연구", 공법연구 45-1: "헌법 제23조 제3항의 '공공필요'와 제37조 제2항의 '공공복리'는 동일한 목적개념이며, 이들 두 개념은 결과개념인 '공익'보다는 협의의 개념이다.

2) 성중탁, "우리 헌법상 재산권 제한의 법리", 변호사 41.

우에도 보상규정이 있고, 그러한 보상규정을 감안하였을 때 비례원칙에 위배되지 만 아니한다면 그러한 재산권제한을 허용한다(제23조 제3항)(헌재 2003.10.30. 2000헌마801, 국민건강보험법 제62조 제3항 등 위헌확인(기각)).

(iii) 그런 의미에서 헌법재판소는 헌법 제23조 제3항의 '공공필요'는 헌법 제37조 제2항의 '공공복리'보다 좁게 이해하여야 한다고 판시한다.

"오늘날 공익사업의 범위가 확대되는 경향에 대응하여 재산권의 존속보장과의 조화를 위해서는, '공공필요'의 요건에 관하여, 공익성은 추상적인 공익 일반 또는 국가의 이익 이상의 중대한 공익을 요구하므로 기본권 일반의 제한사유인 '공공복리'보다 좁게 보는 것이 타당"하다(헌재 2014.10.30. 2011헌바129등, 지역균형개발 및 지방중소기업 육성에 관한 법률 제18조 제1항 등 위헌소원 등(헌법불합치,잠정적용)).

3. 제한의 형식: 법률

법률의 범주에 국회에서 제정한 법률뿐만 아니라 긴급명령, 긴급재정경제명령도 당연히 포함된다. 여기에 명령이나 조례를 포함하여서는 아니 된다.

도시계획법과 국토이용관리법은 '국토의 계획 및 이용에 관한 법률'로 통합되었고, 국토건설종합계획법은 국토기본법의 시행에 따라 폐지되었다. 한편 구 국토이용관리법이 규정하던 토지거래허가제는 '부동산 거래신고 등에 관한 법률'에서 규정하고 있다.

4. 제한의 유형: 수용·사용·제한

(1) 수용(收用)·사용(使用)·제한(制限)

(i) 재산권제한의 유형으로는 수용·사용·제한이 있다. 수용은 특정한 공익사업의 시행을 위하여 법률에 의하여 개인의 특정 재산권을 종국적·강제적으로 취득하는 행위이다. 사용은 개인의 토지 기타 재산권을 일시적·강제적으로 사용하는 행위이다. 제한은 개인의 특정 재산권에 대하여 과하는 공법상 행위이다.

행정기관이 개발촉진지구 지역개발사업으로 실시계획을 승인하고 이를 고시하기만 하면 골프장 사업과 같이 공익성이 낮은 사업까지도 시행자인 민간개발자에게 수용 권한 부여는 헌법 제23조 제3항에 위배된다(헌재 2014.10.30. 2011헌바129등, 지역균형개발 및 지방중소기업 육성에 관한 법률 제18조 제1항 등 위헌소원 등(헌법불합치,잠정적용)).

'집합건물의소유및관리에관한법률'에 따른 매도청구권은 실질적으로 헌법 제23조 제3항의 '공용수용'으로 볼 수 있다(헌재 2006.7.27. 2003헌바18, 중소기업의구조개선과재래시장활성화를위한특별조치법 제16조 제1항 등 위헌소원(합헌)).

미 보상 선하지(線下地)에 대한 공용사용과 이에 따른 구분지상권의 존속기간을 정한 조항이 미 보상 선하지 소유자의 재산권을 침해하지 아니한다(헌재 2019.12.27. 2018헌바109, 전원개발촉진법 제6조의2 제1항 위헌소원(합헌,각하)).

---

3) 반대: 허영 교수(544면)는 "'공공필요'의 요건이 존재하는지 여부를 판단하는 데 있어서는 과잉금지원칙이 그 기준이 된다"라고 한다.

수용된 토지 등의 인도의무를 정하는 토지보상법 제43조 중 '토지소유자 및 관계인의 수용된 토지나 물건의 인도'에 관한 부분은 효율적인 공익사업의 수행을 담보하기 위하여 수용된 토지 등의 인도의무를 형사처벌로 강제하고 있으므로 그 목적의 정당성과 수단의 적합성이 인정된다(5:4). [반대의견] 형사처벌 조항에 대하여는 과잉금지원칙에 반하여 헌법에 위반된다(헌재 2020.5.27. 2017헌바464등, 공익사업을 위한 토지 등의 취득 및 보상에 관한 법률 제95조의2 제2호 위헌소원(합헌)).

환매권의 발생기간을 제한한 '공익사업을 위한 토지 등의 취득 및 보상에 관한 법률' 중 '토지의 협의취득일 또는 수용의 개시일부터 10년 이내에' 부분은 국민의 재산권을 과도하게 제한하여 헌법에 위반된다. 입법자는 최대한 빠른 시일 내에 개선입법을 하여 위헌적 상태를 제거하여야 한다(6:3)(헌재 2020.11.26. 2019헌바131, 공익사업을 위한 토지 등의 취득 및 보상에 관한 법률 제91조 제1항 위헌소원(헌법불합치, 적용중지)). 동일한 내용의 구 '공공용지의 취득 및 손실보상에 관한 특례법' 및 구 토지수용법 조항이 헌법에 위반되지 아니한다고 판시한 헌재 1994.2.24. 92헌가15등 결정은 이 결정과 저촉되는 범위 안에서 이를 변경한다.

주택재건축사업 시행자가 재건축조합 설립에 동의하지 아니한 토지 또는 건축물 소유자에 대하여 매도청구를 할 수 있도록 하는 구 도시 및 주거환경정비법 부분이 헌법에 위배되지 아니한다(7:2)(헌재 2020.11.26. 2018헌바407등, 도시 및 주거환경정비법 제39조 등 위헌소원(합헌)).

(ii) 헌법재판소는 음반이나 비디오물의 몰수(헌재 1995.11.30. 94헌가3, 음반및비디오물에관한법률 제25조 제2항 위헌제청(위헌)), 관세법상 몰수(헌재 1997.5.29. 96헌가17, 구 관세법 제215조 위헌제청(위헌)), 구 국채법에서 공시최고절차에 의한 증서의 실효를 규정한 민법 제521조의 적용 배제(헌재 1995.10.26. 93헌마246, 국채법 제7조 위헌확인(위헌))는 위헌으로 판시한다.

(iii) 한편 "소송비용에 대한 독립적인 상소를 제한함으로써 간접적으로 소송비용청구권을 제한한 것"(헌재 1996.2.29. 92헌바8, 민사소송법 제361조에 대한 헌법소원(합헌))은 재산권제한의 한계범위 내라고 보아 합헌결정을 내린다.

(2) 사회적 제약과 공용침해(헌법 제23조 제1항 · 제2항과 제3항의 관계)[1]

헌법 제23조 제1항 · 제2항과 제3항의 관계 즉, 재산권의 사회적 기속과 공용침해 사이에 어떠한 관련이 있는지 논란이 있다. 즉 재산권의 내용규정과 공용침해규정이 동일선상에 있고 내용규정의 한계를 벗어나면 바로 보상의무 있는 공용수용으로 전환되는지, 아니면 재산권의 내용규정과 공용침해규정은 질적으로 상이하기 때문에 서로 구별되어야 한다고 보는지가 문제된다. 이러한 해석론은 독일에서 경계이론과 분리이론이란 이름으로 발전하여왔고 한국헌법의 해석과 헌법재판소 결정에도 영향을 주었다.

---

1) 김문현, "재산권의 사회적 구속성과 공용수용의 체계에 관한 검토", 한국공법학회 학술대회 발표문, 2003.12.20; 정하중, "헌법재판소의 판례에 있어서 재산권보장", 헌법논총 9; 이명웅, "헌법 제23조의 구조", 헌법논총 11; 한수웅, "재산권의 내용을 새로이 형성하는 법규정의 헌법적 문제", 저스티스 32-2; 최갑선, "헌법 제23조 제1항 2문에 의거한 재산권의 내용 및 한계규정", 계희열박사화갑기념논문집 참조.

A. 헌법 제23조 제3항의 성격

헌법 제23조 제1항 · 제2항과 제3항의 관계를 논하기에 앞서 헌법 제23조 제3항의 해석과 관련하여 이를 결부조항(結付條項, Junktim-Klausel)으로 볼 수 있는지 여부가 문제된다. 결부조항이란 헌법이 입법부에 입법을 위임하면서 동시에 그 법률이 일정한 요건을 충족하여야 한다거나 일정한 내용을 규정하여야 한다는 취지를 규정한 조항을 말한다.

헌법 제23조 제3항을 독일기본법상의 결부조항으로 이해하는 권영성 교수(569-570면)는 헌법 제23조 제3항의 헌법적 의미에 대하여, ① 제23조 제1항 제1문이 보장하는 재산권에 대한 침해는 법치국가적 절차와 헌법적합적 보상을 전제로 하는 것일 것, ② 입법자에게 재산권을 제한하는 법률을 제정함에 있어 당해 법률이 규정하는 재산권제한이 보상을 요하는 것인가 아닌가를 판단하고, 보상을 요하는 것으로 판단하면 어떠한 종류의 보상이어야 할 것인가를 미리 판단하도록 요구한다는 것을 뜻한다고 한다.

(a) 결부조항 긍정설 　한국헌법 제23조 제3항을 동일한 법률에서 재산권의 수용 · 사용 · 제한과 보상의 방법과 기준을 하나로 결합하여 규정하여야 한다는 결부조항으로 해석하는 견해이다. 즉, 공용수용과 보상을 하나의 법률에 결부시켜야 한다고 본다. 이 견해에 의하면 보상규정을 두지 아니하거나 불충분하게 보상규정을 두는 수용관련 법률은 헌법에 위반되어 무효이고 수용의 근거가 될 수 없다. 만약 보상규정을 법률에서 규정하지 아니한 경우에 법원에 손실보상을 청구할 수는 없지만 보상규정의 미비를 이유로 입법부작위 위헌소원을 청구할 수 있고 나아가서 위헌법률에 의한 재산권침해의 위법을 이유로 국가배상청구도 가능하다고 한다.

(b) 결부조항 부정설 　한국헌법 제23조 제3항은 독일기본법 제14조 제3항 제2문(공용수용은 보상의 종류와 범위를 정한 법률에 의하여 또는 법률에 근거하여서만 행하여진다)과 달리 이를 명시하지 아니하기 때문에 결부조항으로 볼 수 없다는 견해이다. 한국헌법 제23조 제3항은 "보상은 법률로써 하되"라고 하여 보상에 관하여 입법형성권을 인정하고 있어 반드시 이를 결부조항으로 볼 필요는 없다고 본다.

(c) 검 토 　한국헌법은 독일기본법 제14조 제3항과 달리 공용침해의 유형으로서 협의의 수용뿐만 아니라 사용과 제한까지도 규정하고 있으며 보상에 관하여 법률로 정하도록 하여 입법형성권을 인정하므로 제23조 제3항을 반드시 결부조항으로 볼 필요는 없다.

B. 경계이론과 분리이론

경계이론과 분리이론은 한국헌법 제23조와 유사한 규정을 두고 있는 독일에서 기본법 제14조의 해석과 관련하여 발전하여 온 이론이다.

(a) 경계이론(境界理論) 경계이론이란 재산권에 대한 내용과 한계규정을 공용침해규정과 구분하지 아니하고 동일선상에 있는 규정으로 파악하고 재산권에 대한 내용이나 한계규정이 사회적 제약을 넘어서면 바로 특별한 희생으로서 이는 곧 수용에 해당한다는 이론이다. 즉 경계이론에 따르면 특별한 희생에 해당하는 경우 헌법 제23조 제1항과 제3항 사이에 놓여 있는 문지방(threshold)의 경계를 넘어올 수 있어서 보상규정이 없더라도 손실보상이 가능하게 된다. 사회적 제약과 공용침해로서의 수용의 구별기준으로 경계이론은 특별희생을 들고 있다. 경계이론은 독일의 연방통상재판소(BGH)가 취하는 입장이다.

(b) 분리이론(分離理論) 분리이론이란 재산권의 내용규정과 공용침해를 헌법적으로 독립된 별개의 제도로 파악하여 이들에게는 서로 다른 헌법상의 전제조건들이 적용되고 따라서 서로 구별되어야 한다는 이론이다. 분리이론에 의하면 재산권의 사회적 제약은 재산권의 내용규정의 영역이고 공용수용은 수용규정의 영역으로서 둘은 상호 구별되는 다른 체계를 구성한다고 본다. 즉, 분리이론에 따르면 헌법 제23조 제1항과 제3항은 서로 분리되게 된다. 따라서 재산권의 내용과 한계규정이 비례의 원칙을 비롯한 일정한 헌법적 한계(신뢰보호의 원칙, 평등의 원칙 등)를 벗어나더라도 바로 수용의 문제(영역)로 전환되지 아니하며 위헌의 문제만 가져오고, 이 경우 재산권의 주체는 헌법 제23조 제3항에 의한 손실보상청구권이 아니라 헌법 제23조 제1항에 의한 구제수단을 강구하여야 한다. 그리하여 재산권의 내용규정의 위헌성을 방지하기 위하여서는 해당 법률에 보상규정을 두어야 하며 이러한 규정을 보상의무 있는 내용규정이라고 한다. 분리이론에 의하면 재산권 제한의 유형으로 ① 보상이 필요 없는 내용 및 한계규정, ② 보상의무 있는 내용 및 한계규정, ③ 보상이 필요한 협의의 수용으로 구분할 수 있다.

분리이론에 의하면 한국헌법상 재산권의 내용은 기본권주체의 재산권 존속을 보장하는 존속보장에 있다. 따라서 재산권의 보호를 강화하는 분리이론이 우리 헌법에 더 적합하다고 본다. 특히 경계이론에 의하면 무엇이 사회적 제약이고 수용인가의 문제를 입법자가 아니라 법원에 의하여 결정되므로 권력분립의 원칙에 위배된다. 그러므로 분리이론이 한국헌법에 부합된다고 한다(장영철, 한수웅).

이는 독일 연방헌법재판소가 소위 '자갈채취판결' 이후 수용의 요건을 엄격하게 해석하고 구제수단의 선택을 부정하면서 확립한 이론이다.

연방헌법재판소는 기본법 제14조 제3항에 의거한 행정수용은 그에 따른 보상의 종류와 범위를 정하고 있는 법률상 근거가 있는 경우에만 허용된다고 하면서, 수용의 관념을 엄격하게 해석하였다. 이에 따라 해당 법률이 보상규정을 두지 아니한다면 이는 위헌적 법률이고 그에 기한 수용처분도 위법한 처분이 된다는 결론으로 이어진다. 따라서 관계인은 취소소송과 손실보상청구 사이의 선택권을 가질 수 없게 된다. 분리이론은 이러한 이론적 배경을 기초로 하여, 권리구제의 사각지대를 위한 조정보상의 법리를 구체화한 것이라 여겨진다(BVerfGE 58, 300).

(c) 헌법재판소 판례 헌법재판소 판례는 어느 쪽이라고 단정하기 어려운 측면이 있기는 하지만, 분리이론에 입각한 듯한 내용을 부분적으로 볼 수 있다.

국민의 재산권을 비례의 원칙에 부합하게 합헌적으로 제한하기 위해서는, 수인의 한계를 넘어 가혹한 부담이 발생하는 예외적인 경우에는 이를 완화하는 보상규정을 두어야 한다. 이러한 보상규정은 입법자가 헌법 제23조 제1항 및 제2항에 의하여 재산권의 내용을 구체적으로 형성하고 공공의 이익을 위하여 재산권을 제한하는 과정에서 이를 합헌적으로 규율하기 위하여 두어야 하는 규정이다"(헌재 1998.12.24. 89헌마214등, 도시계획법 제21조에 대한 위헌소원(헌법불합치,적용중지)).

"헌법 제23조에 의하여 재산권을 제한하는 형태에는, 제1항 및 제2항에 근거하여 재산권의 내용과 한계를 정하는 것과, 제3항에 따른 수용·사용 또는 제한을 하는 것의 두 가지 형태가 있다. 전자는 "입법자가 장래에 있어서 추상적이고 일반적인 형식으로 재산권의 내용을 형성하고 확정하는 것"을 의미하고, 후자는 "국가가 구체적인 공적 과제를 수행하기 위하여 이미 형성된 구체적인 재산적 권리를 전면적 또는 부분적으로 박탈하거나 제한하는 것"을 의미한다. 그런데 법은, 택지의 소유에 상한을 두거나 그 소유를 금지하고, 허용된 소유상한을 넘은 택지에 대하여는 처분 또는 이용·개발의무를 부과하며, 이러한 의무를 이행하지 아니하였을 때에는 부담금을 부과하는 등의 제한 및 의무부과규정을 두고 있는바, 위와 같은 규정은 헌법 제23조 제1항 및 제2항에 의하여 토지재산권에 관한 권리와 의무를 일반·추상적으로 확정함으로써 재산권의 내용과 한계를 정하는 규정이라고 보아야 한다"(헌재 1999.4.29. 94헌바37, 택지소유상한에관한법률 제2조 제1호 나목 등 위헌소원(위헌); 헌재 2004.11.25. 2003헌가16, 하천구역편입토지보상에관한특별조치법 제2조 등 위헌제청(합헌)).

(d) 검 토 분리이론의 입장에서는 경계이론은 재산권보장에 충실하지 못하고 권력분립의 원칙에 위배된다고 주장한다. 하지만, 재산권의 향유자는 자기 재산의 존속보장뿐만 아니라 자기의 재산권을 그에 상응하는 대가를 받고서 임의로 처분할 수도 있다. 그러므로 취소소송과 손실보상청구 사이의 선택권을 부정하는 분리이론이 재산권의 보장에 더 충실하다고 할 수 없다. 오히려 재산권자의 선택권을 인정함으로써 모든 재산권의 금전으로의 환가(換價)가 가능한 오늘날 재산권자에게 더 유익하게 된다. 그리고 법원의 보상판결을 통하여 위헌법률에

대한 합헌성 부여는 위헌법률심판권에 관한 헌법재판소의 관할을 침해한다고 하나, 법원의 보상판결은 위헌법률에 대한 합헌성 부여가 아니라 어디까지나 분쟁해결수단으로서 개개의 국민에게 발생한 특별희생을 전보(塡補)하기 때문에 권력분립의 원칙에 위배되지 아니한다.

한국헌법은 독일기본법 제14조[1]와 달리 제23조 제3항에서 수용 · 사용 · 제한이라는 포괄적인 재산권침해유형을 규정하고 있는데 헌법 제23조 제3항은 바로 재산권의 내용 및 한계규정인 헌법 제23조 제1항 · 제2항과 논리적인 연관을 가진 규정으로 해석하여야 한다. 즉 헌법 제23조 제1항에서 재산권을 보장하고 있으므로 헌법 제23조 제3항이 보상의무를 규정하는 조항이며 제1항에 의한 재산권의 보장과 제3항에 의한 공용침해와 그에 대한 보상의 법률주의는 목적과 수단의 관계에 놓인다. 재산권에 관련된 문제에 대한 헌법적 해석과 적용에 있어서는 제23조의 조항 모두를 논리적이고 체계적으로 해석하여야 하므로, 제23조 제1항 · 제2항과 제3항을 분리하여 판단하는 분리이론보다는 오히려 이를 체계적으로 종합하여 판단하는 경계이론이 한국헌법의 해석에 더 적합하다(이준일). 이 경우 ① 공공필요의 개념과 ② 특별희생 여부(이에 대한 판단은 앞의 2.(2) 참조)를 명확히 하고, ③ 보상규정 없는 공용침해에 대한 구제방법(이에 대한 내용은 Ⅷ. 참조)의 모색이 중요한 과제가 된다.

5. 손실보상

(1) 손실보상(損失補償)의 근거

(ⅰ) "공공필요에 의한 재산권의 수용 · 사용 또는 제한 및 그에 대한 보상은 법률로써 하되, 정당한 보상을 지급하여야 한다"(제23조 제3항).[2]

(ⅱ) 공공필요에 의한 재산권의 수용 · 사용 · 제한은 공법상 특별한 원인에

1) "① 재산권과 상속권은 보장된다. 그 내용과 한계는 법률로 정한다. ② 재산권은 의무를 수반한다. 그 행사는 동시에 공공복리에 봉사하여야 한다. ③ 수용은 공공복리를 위하여서만 허용된다. 수용은 보상의 종류와 범위를 정한 법률에 의하여 또는 법률에 근거하여서만 행하여진다. 보상은 공공의 이익과 관계자의 이익을 공정하게 형량하여 정하여져야 한다. 보상액에 대하여는 일반법원에서 소송으로 다툴 수 있다."

2) 재산권의 손실보상에 관한 헌법규정의 변천은 다음과 같다.

	헌 법 규 정
제1공화국 헌법	상당보상
제3공화국 헌법	정당보상
제4공화국 헌법	법률유보(그 보상의 기준과 방법은 법률로 정한다)
제5공화국 헌법	이익형량(보상은 공익 및 관계자의 이익을 정당하게 형량하여 법률로 정한다)
제6공화국 헌법	정당보상

의하여 특별한 희생이 따르게 되므로 정당한 손실보상을 하여야 한다. 특별한 희생에 대한 정당한 보상은 특정인에 가하여진 특별한 희생에 대하여 이를 전체의 부담으로 보상함으로써 정의와 공평의 원칙에 합치된다.

(iii) 제23조 제3항의 법적 성격에 관하여는 직접적 효력규정설과 방침규정설이 있다. 직접적 효력규정설에 의하면 헌법 제23조 제3항의 보상은 필수적이다. 다만, 그 기준과 방법만을 법률에 위임할 뿐이므로 헌법 제23조 제1항의 사유재산제 보장의 법리에도 부합한다고 본다(다수설).

(2) 손실보상의 요건

(i) 손실보상을 받으려면 개인의 ① 재산권이, ② 공공필요에 따른, ③ 적법한 공권력행사에 의하여, ④ 특별한 희생을 당하여야 한다.

③ "적법한 공권력행사에 의하여"라는 요건이 요구됨에 따라 불법행위로 인한 국가배상과 구별된다.

"공권력의 작용에 의한 손실(손해)전보제도를 손실보상과 국가배상으로 나누고 있는 우리 헌법 아래에서 불법사용의 경우에는 국가배상 등을 통하여 문제를 해결할 것으로 예정되어 있고 기존 침해상태의 유지를 전제로 보상청구나 수용청구를 함으로써 문제를 해결하도록 예정되어 있지는 않으므로 토지수용법 제48조 제2항 중 '사용' 부분이 불법사용의 경우를 포함하지 않는다고 하더라도 헌법에 위반되지 아니한다"(헌재 1997.3.27. 96헌바21, 토지수용법 제48조 제2항 위헌소원(합헌)).

④ 대법원은 개발제한구역을 설정하더라도 특별한 희생을 초래하지 아니하므로 손실보상 규정을 두지 아니한 법률에 대하여 합헌판결을 내린 바 있다.

"도시의 무질서한 확산을 방지하고 도시주변의 자연환경을 보전하여 도시민의 건전한 생활환경을 확보하기 위하여 또는 국방부장관의 요청이 있어 보안상 도시의 개발을 제한할 필요가 있다고 인정되는 때에 한하여 가하여지는 그와 같은 제한으로 인한 토지소유자의 불이익은 공공의 복리를 위하여 감수하지 아니하면 안될 정도의 것이라고 인정되므로, 그에 대하여 손실보상의 규정을 두지 아니하였다 하여 도시계획법 제21조의 규정을 헌법 제23조 제3항, 제11조 제1항 및 제37조 제2항에 위배되는 것으로 볼 수 없다"(대판 1996.6.28. 94다54511).

반면에 헌법재판소는 헌법불합치결정을 내렸다(헌재 1998.12.24. 89헌마214등, 도시계획법 제21조에 대한 헌법소원(헌법불합치, 적용중지)). 또한 헌법재판소는 도시계획법 제6조에 대하여도 헌법불합치결정(잠정적용)을 내리고 있다.

"도시계획시설의 지정으로 말미암아 당해 토지의 이용가능성이 배제되거나 또는 토지소유자가 토지를 종래 허용된 용도대로도 사용할 수 없기 때문에 이로 말미암아 현저한 재산적 손실이 발생하는 경우에는, 원칙적으로 사회적 제약의 범위를 넘는 수용적 효과를 인정하여 국가나 지방자치단체는 이에 대한 보상을 해야 한다." "재산권의 사회적 제약이 보상을 요하는 수용적 효과로 전환되는 시점, 즉 보상의무가 발생하는 시점을 확정하여 보상규정을 두어야 한다. 토지재산권의 강화된 사회적 의무와 도시계획의 필요성이란 공익에 비추어 일정한 기간까지는 토지소유자가 도시계획시설결정의 집행지연으로 인한 재산권의 제한을 수인해야 하지만, 일정 기간이 지난 뒤에는 입법자가 보상규정의 제정을 통하여 과도한 부담에 대한 보상을 하도록 함으로써 도시계획시설결정에 관한 집행계획은 비로소 헌법상의 재산권보장과 조화될 수 있다. … 어떠한 경우라도 토지의 사적 이용권이 배제된 상태에서 토지소유자로 하여금 10년 이상을 아무런 보상없이 수인하도록 하는 것은 공익실현의 관점에서도 정당화될 수 없는 과도한 제한으로서 헌법상의 재산권보장에 위배된다고 보아야 한다"(헌재 1999.10.21. 97헌바26, 도시계획법 제6조 위헌소원(헌법불합치,잠정적용)).

(3) 손실보상의 기준

정당한 보상의 의미에 관하여 재산권의 객관적 가치의 완전한 보상이어야 한다는 완전보상설, 사회관념상 타당 내지 합리적인 보상이면 족하다는 상당보상설, 구체적 사정에 비추어 위 양설을 적용하려는 절충설이 있으나 완전보상설이 타당하다. 정당한 보상이란 보상은 원칙적으로 피수용재산의 객관적인 재산가치를 완전하게 보상하여야 한다는 완전보상을 뜻하며 보상금액뿐만 아니라 보상의 시기나 방법 등에 있어서도 어떠한 제한을 두어서는 아니 된다는 의미이다.

"구 토지수용법 제46조 제2항이 보상액을 산정함에 있어 개발이익을 배제하고, 기준지가의 고시일 이후 시점보정을 인근토지의 가격변동률과 도매물가상승률 등에 의하여 행하도록 규정한 것은 헌법 제23조 제3항에 규정한 정당보상의 원리에 어긋나지 않는다"(헌재 1990.6.25. 89헌마107, 토지수용법 제46조 제2항이 위헌여부에 관한 헌법소원(합헌)).

"공익사업의 시행으로 인한 개발이익은 완전보상의 범위에 포함되는 피수용토지의 객관적 가치 내지 피수용자의 손실이라고는 볼 수 없다"(헌재 1990.6.25. 89헌마107, 토지수용법 제46조 제2항의 위헌여부에 관한 헌법소원(합헌). 동지: 헌재 2009.9.24. 2008헌바112, 구 공익사업을 위한 토지 등의 취득 및 보상에 관한 법률 제67조 제2항 등 위헌소원(합헌)).

"토지의 수용에 대한 보상을 표준지공시지가(標準地公示地價)를 기준으로 하도록 한 것은 합헌이다"(헌재 2001.4.26. 2000헌바31, 지가공시및토지등의평가에관한법률 제10조 제1항 제1호 위헌소원(합헌)) ; 개발이익을 배제하여 표준지공시지가를 기준으로 토지수용에 대한 보상을 하도록 한 공익사업을 위한 토지 등의 취득 및 보상에 관한 법률 제67조 제2항 등은 헌법상 정당한 보상의 원칙에 위반되지 아니한다(헌재 2009.12.29. 2009헌바142, 공익사업을 위한 토지 등의 취득 및 보상에 관한 법률 제67조 제2항 등 위헌소원(합헌)).

헌법 제23조 제3항에 규정된 '정당한 보상'의 원칙이 모든 경우에 예외 없이 개별적 시가에 의한 보상을 요구하는 것이라고 할 수 없다. 50여 년 전에 국가에 수용되었던 주식의 현재가치를, 정확한 자료가 미비한 상태에서 산정하여야 하는 특수한 어려움이 존재하므로, 어떤 방식으로 주식의 가치를 산출할 것인지에 관하여 입법자에게 보다 넓은 판단권과 형성권을 부여하지 않을 수 없다(헌재 2002.12.18. 2002헌가4, 사설철도주식회사주식소유자에대한보상에관한법률 제4조 제2항 제1호 등 위헌제청(합헌)).

"보상금의 공탁만으로 소유권을 취득할 수 있도록 한 공익사업법 …이 헌법 제23조 제3항의 정당보상의 원칙에 반한다고 볼 수 없다"(헌재 2011.10.25. 2009헌바281, 공익사업을 위한 토지 등의 취득 및 보상에 관한 법률 제40조 등 위헌소원(각하,합헌)).

감정평가업자가 토지를 감정평가하는 경우 당해 토지와 유사한 이용가치를 지닌다고 인정되는 표준지의 공시지가를 기준으로 하도록 하는 '부동산 가격공시 및 감정평가에 관한 법률'은 헌법상 정당보상원칙에 어긋나지 아니한다(헌재 2012.3.29. 2010헌바370, 공익사업을 위한 토지 등의 취득 및 보상에 관한 법률 제19조 제1항 등 위헌소원(각하,합헌)).

(4) 손실보상의 방법

손실보상의 방법은 금전보상과 현물보상, 선급·일시금지급·분할급 등이 있으며, 구체적인 방법은 개별법률에서 정한다. '공익사업을 위한 토지 등의 취득 및 보상에 관한 법률'은 금전보상·사전보상의 원칙에 입각한다. 또한 채권보상제를 도입한다.

Ⅷ. 재산권의 침해와 구제

1. 침해의 유형

위헌·위법인 재산권침해의 유형으로는 제23조 제1항·제2항과 관련하여 ① 재산권의 한계와 내용을 정한 법률이 사유재산제도의 본질을 침해한 경우, ② 재산권의 본질적 내용을 침해하는 경우, ③ 법률이 아닌 조례·행정입법·행정행위 등에 의하여 재산권이 제한된 경우 등을 들 수 있다. 제23조 제3항과 관련하여서는 ① 공공필요가 없는 경우, ② 법률에 의하지 아니한 경우, ③ 사회적 구속성의 범위를 벗어남에도 보상규정이 없는 경우를 들 수 있다. 그 외에 소급입법에 의한 재산권박탈도 재산권의 본질적 내용을 침해한다(헌재 1989.12.22. 88헌가13, 국토이용관리법 제21조의3 제1항 위헌심판(합헌)).

2. 구제방법

위헌·위법적인 재산권침해에 대하여 국민은 위헌법률심판·헌법소원·명령규칙심사를 청구할 수 있고 국가배상을 청구할 수 있다. 그런데 재산권의 사회적 구속성의 범위를 벗어남에도 불구하고 보상규정이 없는 경우에 대하여는 학설과 판례가 대립한다.

(1) 학 설

학설은 헌법 제23조 제3항의 성질과 관련하여 이 문제를 설명한다.

(ⅰ) 방침규정설은 이 규정이 프로그램적 규정에 불과하기 때문에 보상에 관

한 명시적 입법이 없는 이상 손실보상을 청구할 수 없다고 한다.

(ii) 직접효력설은 이 규정이 보상은 필수적으로 하되, 다만 그 기준이나 방법 등의 세부적인 사항을 법률로 정하라는 취지이므로 보상에 관한 법률규정이 없더라도 헌법 제23조 제3항을 직접 근거로 손실보상을 청구할 수 있다고 한다.

(iii) 위헌무효설은 보상규정이 없는 이상 손실보상을 청구할 수는 없고, 다만 결부조항의 원칙에 위배되어 재산권제한 자체가 위헌 무효가 되며, 피해자는 국가배상을 청구할 수 있다고 한다.

(iv) 유추적용설은 헌법 제23조 제1항 및 제11조에 근거하고 제23조 제3항 및 관계조항을 유추적용하여 손실보상청구권을 인정할 수 있다는 견해로 독일에서 발전된 수용유사침해(收用類似侵害)의 법리 즉, "국가 기타 공권력의 주체가 위법하게 공권력을 행사하여 국민의 재산권을 침해하고 그 효과가 실제에 있어서 수용과 다름이 없을 때에는 적법한 수용이 있는 것과 마찬가지로 국민이 그로 인한 손실의 보상을 청구할 수 있다"(대판 1993.10.26. 93다6409)라는 이론으로 문제를 해결하고자 하는 견해이다.

(v) 최근 입법부작위 위헌설도 제기된다. 즉 입법자가 손실보상에 관한 입법을 하여야 함에도 불구하고 입법을 하지 아니한 입법부작위에 해당된다고 본다.

(2) 헌법재판소 결정

A. 헌재 1994.12.29. 89헌마2, 조선철도(주)주식의 보상금청구에 관한 헌법소원

"우리 헌법은 제헌 이래 현재까지 일관하여 재산의 수용, 사용 또는 제한에 대한 보상금을 지급하도록 규정하면서 이를 법률이 정하도록 위임함으로써 국가에게 명시적으로 수용 등의 경우 그 보상에 관한 입법의무를 부과하여 왔는바, 해방 후 사설철도회사의 전재산을 수용하면서 그 보상절차를 규정한 군정법령 제75호에 따른 보상절차가 이루어지지 않은 단계에서 조선철도의통일폐지법률에 의하여 위 군정법령이 폐지됨으로써 대한민국의 법령에 의한 수용은 있었으나 그에 대한 보상을 실시할 수 있는 절차를 규정하는 법률이 없는 상태가 현재까지 계속되고 있으므로, 대한민국은 위 군정법령에 근거한 수용에 대하여 보상에 관한 법률을 제정하여야 하는 입법자의 헌법상 명시된 입법의무가 발생하였으며, 위 폐지법률이 시행된 지 30년이 지나도록 입법자가 전혀 아무런 입법조치를 취하지 않고 있는 것은 입법재량의 한계를 넘는 입법의무불이행으로서 보상청구권이 확정된 자의 헌법상 보장된 재산권을 침해하는 것이므로 위헌이다."(인용(위헌확인))

이 사건에서 헌법재판소는 보상규정을 마련하지 아니한 입법부작위에 대하여 위헌선언을 하였다. 그런데 이는 보상규정미비의 입법부작위에 대하여 위헌선언을 한 유일한 판례이다. 처음부터 보상규정이 결여되었던 다른 사선들과는 달리, 이

사건에서는 군정법령상의 보상규정에 의하여 일단 완전한 손실보상청구권이 발생한 후에 군정법령이 폐지되었기 때문이다. 이에 따라 2001년에 '사설철도주식회사 주식소유자에 대한 보상에 관한 법률'이 제정되었다.

"입법부작위를 진정 · 부진정의 두 경우로 나누는 2분법은 그 기준이 애매모호하여 부당하다고 할 것이지만, 이에 따른다고 하더라도, 헌법상 입법의무의 대상이 되는 입법사항이 여러 가지로 나누어져 있을 때에 각 입법사항을 모두 규율하고 있지만 입법자가 질적 · 상대적으로 불완전 · 불충분하게 규율하고 있는 경우를 부진정입법부작위로, 위 입법사항들 중 일부의 입법사항에 대하여는 규율하면서 나머지 일부의 입법사항에 관하여서는 전혀 규율하고 있지 아니한 경우 즉 양적 · 절대적으로 규율하고 있지 아니한 경우에는 진정입법부작위로 보아야 한다. … 구 도시계획법 제21조가 정한 개발제한구역의 지정은 토지소유자에 대하여 특별한 희생을 강요하는 경우로서 헌법 제23조 제3항 소정의 재산권의 제한과 정당한 보상에 관한 두 가지 입법사항에 속하는 문제라 할 것이나, 구 도시계획법 제21조의 규정은 재산권의 제한에 관한 입법사항만을 규정하고 있을 뿐 그 제한으로 인한 정당한 보상에 관한 입법사항에 관하여서는 전혀 규정하고 있지 아니하며 구 도시계획법의 어느 조항에서도 위 입법사항을 규정한 바가 없다"(헌재 1998.12.24. 89헌마214등(헌법불합치,적용중지); 헌재 1996.10.31. 94헌마204, 입법부작위 위헌확인(각하)).

"구 도시계획법 제21조 및 도시계획법 제21조에 의하여 개발제한구역이 지정됨으로 인하여 재산권이 제한된 자에 대하여 정당한 보상을 지급하는 법률을 제정하지 아니한 것이 위헌이라는 것으로서 이른바 부진정입법부작위에 해당하는 것이므로, 헌법소원의 대상으로 할 수 없는 입법부작위를 그 대상으로 하고 있다"(헌재 1999.1.28. 98헌마80, 도시계획법 제21조 위헌확인(각하)).

B. 헌재 1998.12.24. 89헌마214등, 도시계획법 제21조에 대한 헌법소원

헌법재판소는 특별희생이 있음에도 불구하고 보상규정이 없는 재산권제한의 경우, 침해를 입은 당사자는 새로운 법률이 제정되어 보상규정을 마련한 때에 그 보상규정에 따라 보상을 받을 수 있다고 판시한다. 이 결정은 보상규정의 입법 이전에는 손실보상의 청구를 부정한 점에서 직접효력설과는 차이가 있다. 또 결부조항원칙의 위배를 이유로 제한규정을 위헌선언하고 국가배상을 허용하는 독일 판례와는 달리, 보상입법에 의한 보상청구 외에 토지재산권의 제한 그 자체의 효력을 다툴 수 없다고 한 점에서 위헌무효설의 입장과도 차이가 있다. 헌법재판소의 이 결정에 따라 도시계획법 제30조 · 제40조 · 제41조 및 '개발제한구역의 지정 및 관리에 관한 특별조치법' 제12조 · 제14조 · 제15조 · 제16조 등 관련 법률이 정비되었다.

"5. 도시계획법 제21조에 의한 재산권의 제한은 개발제한구역으로 지정된 토지를 원칙적으로 지정 당시의 지목과 토지현황에 의한 이용방법에 따라 사용할 수 있는 한, 재

산권에 내재하는 사회적 제약을 비례의 원칙에 합치하게 합헌적으로 구체화한 것이라고 할 것이나, 종래의 지목과 토지현황에 의한 이용방법에 따른 토지의 사용도 할 수 없거나 실질적으로 사용·수익을 전혀 할 수 없는 예외적인 경우에도 아무런 보상없이 이를 감수하도록 하고 있는 한, 비례의 원칙에 위반되어 당해 토지소유자의 재산권을 과도하게 침해하는 것으로서 헌법에 위반된다." "6. 도시계획법 제21조에 규정된 개발제한구역제도 그 자체는 원칙적으로 합헌적인 규정인데, 다만 개발제한구역의 지정으로 말미암아 일부 토지소유자에게 사회적 제약의 범위를 넘는 가혹한 부담이 발생하는 예외적인 경우에 대하여 보상규정을 두지 않은 것에 위헌성이 있는 것이고, 보상의 구체적 기준과 방법은 헌법재판소가 결정할 성질의 것이 아니라 광범위한 입법형성권을 가진 입법자가 입법정책적으로 정할 사항이므로, 입법자가 보상입법을 마련함으로써 위헌적인 상태를 제거할 때까지 위 조항을 형식적으로 존속케 하기 위하여 헌법불합치결정을 하는 것인 바, 입법자는 되도록 빠른 시일 내에 보상입법을 하여 위헌적 상태를 제거할 의무가 있고, 행정청은 보상입법이 마련되기 전에는 새로 개발제한구역을 지정하여서는 아니되며, 토지소유자는 보상입법을 기다려 그에 따른 권리행사를 할 수 있을 뿐 개발제한구역의 지정이나 그에 따른 토지재산권의 제한 그 자체의 효력을 다투거나 위 조항에 위반하여 행한 자신들의 행위의 정당성을 주장할 수는 없다"(헌법불합치(적용중지)7:위헌1:합헌1).

3. 검 토

(1) 손실보상청구의 가능성

(i) 방침규정설은 오늘날 실질적 법치국가에서 받아들이기 어려운 주장이다. 또한 유추적용설은 판례가 수용유사침해이론의 수용에 대하여 유보적인 입장을 보이는 점(대판 1993.10.26. 93다6409), 독일에서와 달리 이를 인정한 헌법관습법적 근거가 없는 점 등에 비추어 받아들이기 어렵다.

(ii) 위헌무효설은 국가배상청구의 인용이 어려울 뿐만 아니라 재산권제한규정 그 자체를 위헌선언하게 되어 법적 공백이 우려되며, 그 결과 법원이나 헌법재판소가 사법소극주의로 흐를 우려가 있다.

(iii) 결국 국민의 권리구제의 관점에서 직접효력설이 가장 바람직하다. 직접효력설에 의할 경우 구체적인 보상의 시기와 방법 등에 관하여 국회가 아닌 사법부가 주도권을 가지게 된다는 점이 사법의 본질과 관련하여 문제가 될 소지가 있다. 그러나 보상규정의 흠결은 입법과정상 중대한 하자인 점, 국회에 일차적으로 입법의 기회가 주어졌음에도 이를 게을리(懈怠) 한 점, 보상금청구소송의 진행 중에도 국회가 보상규정을 입법한다면 소를 각하하고 법률에 따른 보상을 하게 된다는 점에서 입법권침해의 문제는 일어나지 아니한다.

직접효력설에 따를 때 재산권을 침해당한 국민은 헌법 제23조 제3항을 근거로 법원에 보상금청구소송을 제기할 수 있다.

(2) 국가배상청구의 가능성

(i) 국가배상과 관련하여서는 회의체국가기관인 국회의 특성상 국가배상법 제2조 제1항의 "고의·과실"을 인정하기 힘들다는 문제가 있다.

(ii) 보상규정의 미비가 문제된 사안은 아니었지만 대법원은 국회의원의 입법행위는 국가배상의 대상이 아니라고 판시한 바 있다. 이러한 대법원 판례의 취지에 비추어 보상규정 미비의 경우 국가배상청구가 인용되기는 어려워 보인다.

"국회의원의 입법행위는 그 입법내용이 헌법의 문언에 명백히 위반됨에도 불구하고 국회가 굳이 당해 입법을 한 것과 같은 특수한 경우가 아닌 한 국가배상법 제2조 제1항 소정의 위법행위에 해당된다고 볼 수 없다"(대판 1997.6.13. 96다56115).

(3) 헌법소송

(i) 헌법소송을 통한 구제에는 보상규정 미비의 입법부작위를 다투는 헌법소원과, 결부조항원칙 위배를 이유로 재산권의 제한입법 자체의 위헌법률심판을 청구하는 방법이 있다.

(ii) 직접효력설에 따를 때 양자 모두 위헌성을 인정할 수 있는지에 대하여는 의문이 있다. 그러나 권리구제의 실효성 및 국회의 입법권존중의 관점에서 볼 때, 법원에 대한 직접청구보다는 국회의 보상입법을 기다리는 방법이 바람직하다는 점을 고려한다면, 입법부작위를 다투는 헌법소원을 인정하여야 한다. 따라서 이를 부진정입법부작위로 보아 일률적으로 각하하는 헌법재판소의 태도는 지양되어야 한다. 다만, 헌법재판소는 이 경우 위헌적인 법률 그 자체에 대한 위헌심사형 헌법소원(헌법재판소법 제68조 제2항)은 가능하다고 한다. 실제로 이와 같은 사건에서 헌법불합치결정을 함으로써 권리구제형 헌법소원(동조 제1항)의 인용과 같은 결과에 이르고 있다(헌재 1998.12.24. 89헌마214등, 도시계획법 제21조에 대한 헌법소원 등(헌법불합치, 적용중지)).

(iii) 생각건대 재산권제한 자체는 합헌적이되 보상규정만 미비된 경우 해당 법률에 대한 일률적 위헌선언은 자칫 중대한 법적 공백을 초래할 수 있다는 점에서 헌법재판소의 태도는 타당한 측면이 있다. 그러나 헌법재판소법 제68조 제1항의 권리구제형 헌법소원을 인정하는 것이 보다 직접적인 구제방법이다.

다만, 헌법소원을 인정할 경우 제소기간의 제한을 인정할 것인지가 문제될 수 있으나, 위헌법률심판의 경우 제소기간이 문제되지 아니한다는 점에서 헌법재판소법 제68조 제2항 유형도 인정할 수 있겠다.

제 5 장 참정권(정치권)

Ⅰ. 의　　의

참정권(參政權, 정치적 기본권 또는 정치권)은 주권자인 국민이 국가기관의 형성과 국가의 정치적 의사형성과정에 참여하는 권리이다. 주권자인 국민이 국가의 정치적 의사결정에 참정권을 행사하여야만 국가가 비로소 민주적 정당성을 확보할 수 있다. 국민의 정치적 참여는 주권적 의사의 표현인 선거를 통하여 대표자를 선출하고, 대의민주주의의 문제점을 보완하기 위하여 국민이 국가의 정치적 의사를 직접 결정하는 직접민주주의적 요소도 가미되어 있다(반대표민주주의).[1)]

Ⅱ. 참정권의 법적 성격

(ⅰ) 참정권은 인간으로서의 권리가 아니라 국민으로서의 권리이므로 국가 내적 권리이다. 또한 참정권은 주권자로서의 일신전속적 권리이기 때문에 양도나 대리행사가 불가능한 권리이다(헌재 1989.9.8. 88헌가6, 국회의원선거법 제33조, 제34조의 위헌심판(헌법불합치,잠정적용)).

(ⅱ) 참정권이 권리이면서 동시에 의무이냐에 관하여는 논란이 있다(도의적 의무설(박일경 338면); 도덕적 의무 부정설(문홍주 212면; 허영 589면)). 생각건대 참정권이 법적 의무는 아니지만 주권자의 권리포기는 바람직하지 아니하기 때문에 윤리적 의무로서의 성격이 강조된다. 다만, 참정권은 국가 내적인 권리이기 때문에 실정법상 의무를 부과한다고 하여 위헌은 아니다. 오늘날 국민의 정치적 무관심으로 선거권행사가 제대로 이루어지지 못하고, 그에 따라 결과적으로 전체 국민의 정확한 의사가 선거를 통하여 제대로 투영되지 못하는 현상이 심화함에 따라, 국가에 따라서는 법률로써 선거참여의무를 부과하고 기권 시에는 일정한 제재를 가하기도 한다.

---

1) 한수웅, "공무담임권의 보장내용", 헌법실무연구 20; 水島玲央, 외국인 참정권의 가능성과 한계: 한국과 일본을 중심으로, 서울대 박사학위논문, 2010.8; 윤수정, "장애인의 참정권 보장", 공법연구 47 1; Bernard Cubertafond, "Souveraineté en crise", *R.D.P.*, 1989, pp. 1273-1344.

헌법에서 직접 선거의무를 규정한 나라로는 그리스(헌법 제51조 제5항), 벨기에(헌법 제62조 제3항), 오스트리아(헌법 제60조 제1항), 이탈리아(헌법 제48조 제2항) 등이 있고 선거의무를 이행하지 아니한 경우의 제재방법으로는 벌금만 부과하는 경우(오스트레일리아, 벨기에, 볼리비아, 그리스, 브라질, 칠레 등), 자유형의 부과가능성까지 규정하여 놓은 경우(이집트, 룩셈부르크), 차기 선거인명부에서 삭제하는 경우(싱가포르), 은행거래를 정지시키는 경우(볼리비아) 등이 있다.

Ⅲ. 참정권의 주체

1. 대한민국 국민

"모든 국민은 법률이 정하는 바에 의하여 선거권을 가진다"(제24조). 이에 따라 공직선거법에서는 선거연령을 18세로 규정한다. 참정권은 자연인 중 국민만이 누리는 권리이다. 대한민국 국민에는 재외국민도 포함된다.

2. 외 국 인

(ⅰ) 원칙적으로 외국인은 참정권을 가지지 못한다. 근래 외국인에 대하여 일정한 범위 안에서 참정권을 부여하려는 경향이 있다. 공직선거법에서는 일정한 요건을 구비한 외국인에게 지방선거의 선거권을 인정한다(제15조 제2항). 또한 주민투표법에서도 일정한 자격을 갖춘 외국인에게 투표권을 부여한다. 나아가서 외국인의 국가공무원과 지방공무원 임용도 가능하다(국가공무원법 제26조의3, 지방공무원법 제25조의2).

(ⅱ) 사실 외국인에 대한 투표권 부여에 따라 전통적인 주권이론은 새로운 위기에 봉착한다는 주장까지 제기된다. 일본에서는 재일동포의 특수한 법적 지위와 관련하여 선거권과 피선거권 문제가 제기되어 온 바 있다.

(ⅲ) 생각건대 외국인에 대한 투표권부여와 공직개방은 일정한 한계가 불가피하다. 다만, 지방선거와 지방자치의 특성상 외국인도 해당 지역주민이라는 점을 고려하여 일정한 요건에 따라 참정권을 부여한다.

Ⅳ. 참정권의 내용

1. 직접참정권과 간접참정권

(ⅰ) 참정권에는 국민이 국가의사의 형성과 정책결정에 직접 참여하는 직접참정권(直接參政權)과 국민이 국가기관의 구성에 참여하거나 국가기관의 구성원

으로 선임될 수 있는 간접참정권(間接參政權)이 있다.

(ii) 직접참정권으로는 국민발안권, 국민표결권, 국민소환권 등이 있다.

(iii) 간접참정권으로는 국민이 주권적 의사표시로서 대표를 선출하는 선거권과 공무를 담임하는 공무담임권이 있다.

2. 직접민주주의의 원리에 입각한 참정권

(i) 헌법개정안이나 법률안을 직접 발안할 수 있는 국민발안권(國民發案權)이 있다. 국민발안에는 국민이 발의한 안이 바로 국민투표에 부의되는 직접발안과 의회의 의결을 거쳐서 국민투표에 부의되는 간접발안이 있다.

(ii) 중요한 법안이나 정책을 국민투표로 결정할 수 있는 국민표결권(國民表決權 또는 國民投票權)이 있다. 국민투표제도는 단순히 정책이나 의사를 묻는 레퍼렌덤(referendum)과 통치권자의 신임을 묻는 플레비시트(plebiscite)가 있다. 레퍼렌덤에는 헌법안에 대한 레퍼렌덤과 법률안에 대한 레퍼렌덤이 있다. 또한 필수적 국민투표와 선택적 국민투표가 있다(제2편 제3장 제1절 제3항 III. 국민투표부의권 참조).

> 제3공화국헌법에서 "헌법개정의 제안은 … 국회의원선거권자 50만인 이상의 찬성으로써 한다"(제119조)라고 하여 헌법개정국민발안제도를 도입한 바 있다.

현행헌법에서는 헌법개정 필수적 국민투표제도(제130조 제2항·제3항)와 국가안위에 관한 중요정책 국민투표제(제72조)를 도입하고 있다. 또한 지방자치단체의 주요 결정사항 등에 대한 주민투표제도를 도입한다(제18조 제1항). 이를 구체화하기 위하여 주민투표법이 제정되었다. 그 외에도 주민의 조례제정·개폐청구권을 인정한다(제19조 제1항).

(iii) 공직자를 임기만료 전에 해직시킬 수 있는 국민소환권(國民召還權, 또는 國民罷免權)이 있다. 현행헌법상 국민소환제도는 도입되지 아니한다. 하지만, 지방자치법과 '지방교육자치에 관한 법률'에서 선출직 공직자인 지방자치단체의 장, 지방의회의원(비례대표지방의회의원은 제외), 교육감에 대한 주민의 통제장치를 마련함으로써 지방행정의 민주성과 책임성을 제고하기 위하여 지방자치 차원에서 주민소환제도를 도입한다(지방자치법 제25조, 지방교육자치에관한법률 제24조의2). '주민소환에 관한 법률'에서는 주민소환투표절차의 상당부분에 대하여 주민투표법을 준용한다(다만 '제주특별자치도 설치 및 국제자유도시 조성을 위한 특별법' 제28조에서는 특례를 규정한다). 그런데 현행 주민소환제도에 대하여는 청구사유에 제한을 두지 아니하고, 주민소환투표결과를 공표할 때까지 단체장의 직무를 정지시키고, 투표청구 이전에 갈등해결절차가 제대로 마련되지 아니하고 있다는 비판을 받는다(수원지법 2007.9.13. 2007구합7360(주민소환투표청구수리처분등무효확인)).

"주민소환법이 주민소환의 청구사유에 제한을 두지 않은 것은 주민소환제를 기본적으로 정치적인 절차로 설계함으로써 위법행위를 한 공직자뿐만 아니라 정책적으로 실패하거나 무능하고 부패한 공직자까지도 그 대상으로 삼아 공직에서의 해임이 가능하도록 하여 책임정치 혹은 책임행정의 실현을 기하려는 데 그 목적이 있고, 이러한 입법목적은 결과적으로 주민자치를 실현하기 위하여 주민소환제가 잘 기능할 수 있도록 한다는 점에서 그 정당성을 인정할 수 있다"(헌재 2011.3.31. 2008헌마355, 주민소환에 관한 법률 위헌확인(기각)).

주민소환투표의 청구 시 주민소환의 청구사유를 명시하지 아니하고 주민소환 청구사유의 진위 여부에 대한 확인을 규정하지 아니하는 '주민소환에 관한 법률' 제7조 제1항 제3호 중 '지역선거구자치구의회의원' 부분이 과잉금지의 원칙에 위배하여 청구인의 공무담임권을 침해한다고 볼 수 없다(헌재 2011.3.31. 2008헌마355, 주민소환에 관한 법률 위헌확인(기각)).

3. 선거권 및 피선거권(이에 관한 상세는 제1편 제4장 제3절 제2관 제3항 민주적 선거제도 참조)

4. 공무담임권

(1) 의 의

"모든 국민은 법률이 정하는 바에 의하여 공무담임권을 가진다"(제25조). 공무담임권(公務擔任權)은 일체의 국가기관과 공공단체의 직무를 담임할 수 있는 권리이다. 공무담임권에는 공직취임권·신분보유권과 피선거권을 포괄한다. 피선거권은 선거직 공무원이 될 수 있는 자격요건이기 때문에 공직취임권보다 좁은 개념이다.

공무원의 직무 수행 중 금지하는 '정치적 주장을 표시 또는 상징하는 행위'에서의 '정치적 주장'이란 정당 활동이나 선거와 직접적으로 관련되거나 특정 정당과의 밀접한 연계성을 인정할 수 있는 경우 등 정치적 중립성을 훼손할 가능성이 높은 주장에 한정된다고 해석되므로, 명확성원칙에 위배되지 아니한다(헌재 2012.5.31. 2009헌마705, 국가공무원 복무규정 제3조 제2항 등 위헌확인(각하, 기각)).

(2) 내 용

(ⅰ) 현행헌법이 채택하는 사회국가 원리가 공무담임권에도 반영되어 오늘날 현대 민주국가에서는 모든 공무원에게 보호가치가 있는 이익과 권리를 인정하여 주고 공직수행에 상응하는 생활의 부양 등을 주요 내용으로 하는 사회국가원리에 입각한 공직제도가 특히 강조된다. 여기서 공무원으로서 생활보장의 가장 일차적이며 기본적인 수단은 일자리 그 자체에 대한 보장이라는 점에서 사회국가원리에 입각한 공직제도에서 개개의 공무원의 공무담임권 보장이 더욱 중요한 의미를 가지게 된다.

(ⅱ) 공무담임권의 내용은 '공직에의 취임', '공직 신분의 유지'로 한정된다. 따라서 공무원관계를 유지하면서 상위직급으로의 승진임용기회의 보장은 공무담임

권의 보호영역에 포함되지 아니한다.

공무담임권의 보호영역에는 일반적으로 공직취임의 기회보장, 신분박탈, 직무의 정지가 포함될 뿐이고 여기서 더 나아가 공무원이 특정의 장소에서 근무하는 것 또는 특정의 보직을 받아 근무하는 것을 포함하는 일종의 '공무수행의 자유'까지 그 보호영역에 포함된다고 보기는 어렵다(헌재 2008.6.26. 2005헌마1275, 정부조직법 제2조 제7항 위헌확인(기각)).

'승진시험의 응시제한'이나 이를 통한 승진기회의 보장 문제는 공직신분의 유지나 업무수행에는 영향을 주지 아니하는 단순한 내부 승진인사에 관한 문제에 불과하여 공무담임권의 보호영역에 포함된다고 볼 수 없다(헌재 2007.6.28. 2005헌마1179, 공무원임용시험령 제42조 제1항 위헌확인(기각,합헌)).

승진가능성이라는 것은 공직신분의 유지나 업무수행과 같은 법적 지위에 직접 영향을 미치는 것이 아니고 간접적, 사실적 또는 경제적 이해관계에 영향을 미치는 것에 불과하여 공무담임권의 보호영역에 포함된다고 보기는 어렵다(헌재 2010.3.25. 2009헌마538, 공무원임용령 부칙 제2조 제1항 등 위헌확인(각하)).

공무원 징계처분의 효력과 취지를 담보하기 위하여 필요한 범위 내의 불이익 규정 중, 승진임용 제한은 공무담임권을, 승급 및 정근수당 제한은 재산권을 침해하지 아니한다(헌재 2022.3.31. 2020헌마211, 국가공무원법 제80조 제6항 등 위헌확인(기각,각하)).

(iii) 오늘날 헌법상 보장되는 공무담임권의 내용에는 공직취임 기회의 자의적인 배제뿐 아니라 공무원 신분의 부당한 박탈이나 권한(직무)의 부당한 정지도 포함된다(헌재 2003.10.30. 2002헌마684등, 국가공무원법 제33조 제1항 제5호 등 위헌확인(위헌)).

능력주의는 직업공무원의 공무담임권 보장에 있어 중요한 가치이지만 사회국가원리 등 다른 헌법적 요청에 따라 제한될 수 있다. 정신상의 장애로 성년후견이 개시된 국가공무원을 당연퇴직시키는 것은 공익을 지나치게 우선하여 과잉금지원칙에 위반되므로 공무담임권을 침해한다(6:3)(헌재 2022.12.22. 2020헌가8, 국가공무원법 제69조 제1호 위헌제청(위헌)).

"공무담임권 조항은 모든 국민이 누구나 그 능력과 적성에 따라 공직에 취임할 수 있는 균등한 기회를 보장함을 내용으로 하므로, 공직자선발에 관하여 능력주의에 바탕한 선발기준을 마련하지 아니하고 해당 공직이 요구하는 직무수행능력과 무관한 요소를 기준으로 삼는 것은 국민의 공직취임권을 침해"한다(헌재 1999.12.23. 98헌마363, 제대군인지원에관한법률 제8조 제1항 등 위헌확인(위헌)).

형사사건으로 기소된 국가공무원의 필요적 직위해제는 위헌이라고 판시한다(헌재 1998.5.28. 96헌가12, 구 국가공무원법 제73조의2 제1항 단서 위헌제청(위헌)). 또한 공무원이 금고 이상의 형의 선고유예 판결을 받은 경우에 당연퇴직 규정은 위헌이지만(헌재 2002.8.29. 2001헌마788등, 지방공무원법 제31조 제5호 등 위헌확인(위헌)), 집행유예 판결을 받은 경우에 당연퇴직 규정은 합헌으로 본다(헌재 2015.10.21. 2015헌바215, 지방공무원법 제61조 위헌소원(합헌)).

수뢰죄(受賂罪)를 범하여 금고 이상의 형의 선고유예를 받은 국가공무원에 대하여 별도의 징계절차를 거치지 아니하고 당연퇴직하도록 규정한 국가공무원법 제69조 단서조항은 적법절차원칙에 위반되지 아니한다(헌재 2013.7.25. 2012헌바409, 국가공무원법 제69조 위헌소원(합헌)).

공무원이 '직무와 관련 없는 과실로 인한 경우' 및 '소속상관의 정당한 직무상의 명령에 따르다가 과실로 인한 경우'를 제외하고 재직 중의 사유로 금고 이상의 형을 받은 경우, 퇴직급여 등을 감액하도록 규정한 공무원연금법의 감액조항이 헌법불합치결정의 기속력에 반하지 아니한다. 2009.12.31. 개정된 이 사건 감액조항을 2009.1.1.까지 소급하여 적용하는 부칙조항은 소급입법금지원칙에 위배된다(헌재 2013.8.29. 2010헌바354등, 공무원연금법 제64조 제1항 제1호 등 위헌소원(위헌,합헌)).

지방자치단체의 장이 금고 이상의 형의 선고를 받은 경우 부단체장으로 하여금 그 권한을 대행하도록 한 지방자치법의 규정은 합헌으로 판시하였다(헌재 2006. 5.25. 2004헌바12, 국가공무원법 제73조의2 제1항 제4호 위헌소원(합헌)). 그런데 헌법재판소는 종전 판례를 변경하여 무죄추정의 원칙에 위배되고 과잉금지원칙을 위반하여 지방자치단체의 장의 공무담임권을 침해하므로 위헌이라고 판시한다(헌재 2010.9.2. 2010헌마418, 지방자치법 제111조 제1항 제3호 위헌확인(헌법불합치,적용중지)). 다만, 지방자치단체의 장이 '공소제기된 후 구금상태에 있는 경우' 부단체장이 그 권한을 대행하도록 한 규정은 무죄추정의 원칙에 위반되지 아니한다(헌재 2011.4.28. 2010헌마474, 지방자치법 제111조 제1항 제2호 위헌확인(기각)).

(3) 제한과 한계

A. 제 한

(i) 공무담임권은 헌법 제37조 제2항의 규정에 따라 법률에 의하여 제한될 수 있다. "민주주의는 피치자가 곧 치자가 되는 치자와 피치자의 자동성을 뜻하기 때문에 공무담임권을 통해 최대다수의 최대정치참여, 자치참여의 기회를 보장하여야" 하며 "그 제한은 어디까지나 예외적이고 필요부득이한 경우에 국한되어야 한다"(헌재 1991.3.11. 90헌마28, 지방의회의원선거법 제28조 등에 대한 헌법소원(위헌,기각); 헌재 2004.3.25. 2002헌마411, 공직선거법 제18조 위헌확인(기각)).

헌법 제32조 제6항은 엄격하게 해석할 필요가 있다. 이러한 관점에서 위 조항의 대상자는 조문의 문리해석대로 "국가유공자", "상이군경", 그리고 "전몰(戰歿)군경의 유가족"이라고 봄이 상당하다. 이 조항은 일반 응시자들의 공직취임의 기회를 차별하는 것이며, 이러한 기본권 행사에 있어서의 차별은 차별목적과 수단 간에 비례성을 갖추어야만 헌법적으로 정당화될 수 있다. 이 사건 조항은 청구인들과 같은 공직시험 응시자들의 평등권을 침해하며, 공무담임권을 침해한다(헌재 2006.2.23. 2004헌마675등, 국가유공자등예우및지원에관한법률 제31조 제1항 등 위헌확인(헌법불합치,잠정적용)). 이는 기존 판례보다 엄격한 해석이다.

"지방고등고시응시연령의 기준일을 정함에 있어서 매 연도별로 결정되고 그 결정에 달리 객관적인 기준이 있는 것도 아닌 최종시험시행일을 기준일로 하는 것은 국민(응시자)의 예측가능성을 현저히 저해"한다(헌재 2000.1.27. 99헌마123, 1999년도 공무원채용시험시행계획 위헌확인(인용(취소))).

법률에 근거 없이 "해당지역 고등학교 출신자나 부전공 교사자격증 소지자 또는 복수전공 교사자격증 소지자에게 가산점"(헌재 2004.3.25. 2001헌마882, 2002학년도 대전광역시 공립중등학교 교사임용후보자 선정경쟁시험 시행요강 취소(인용(위헌확인))).

'아동에게 성적 수치심을 주는 성희롱 등의 성적 학대행위로 형을 선고받아 그 형이 확정된 사람은 부사관으로 임용될 수 없도록 한 것'은 범죄의 경중, 재범의 위험성 등을 고려하지 아니하고 일률적·영구적으로, 아동과 관련된 직무인지 여부를 불문하고 모든 일반직공무원 및 부사관에 임용될 수 없도록 하는 것(6:3)(헌재 2022.11.21. 2020헌마1181, 국가공무원법 제33조 제6의4호 등 위헌확인(헌법불합치,잠정적용)).

5급 공개경쟁채용시험의 응시연령 상한을 '32세까지'(헌재 2008.5.29. 2007헌마1105, 국가공무원법 제36조 등 위헌확인(헌법불합치,잠정적용)).

사법시험시험시행일을 일요일(헌재 2001.9.27. 2000헌마159, 제42회 사법시험 제1차시험 시행일자 위헌확인(기각)).

해임처분을 받은 공무원의 경찰공무원 임용 금지(헌재 2010.9.30. 2009헌바122, 구 경찰공무원법 제7조 제2항 제6호 부분 위헌소원(합헌)).

부사관으로 최초로 임용되는 사람의 최고연령을 27세(헌재 2014.9.25. 2011헌마414, 군인사법 제15조 제1항 위헌확인(기각)).

(ii) 공직선거법에서는 피선거권의 결격사유를 규정하고, 국가공무원법에서는 자격요건을 규정한다. 금고 이상의 형의 선고유예를 받은 경우에는 공직에서 당연히 퇴직하도록 한 규정에 대하여 헌법재판소는 합헌판례(헌재 1990.6.25. 89헌마220, 지방공무원법 제31조, 제61조에 대한 헌법소원(기각))를 변경하여 위헌으로 판시한다. 이는 국가공무원(헌재 2003.10.30. 2002헌마684등, 구 국가공무원법 제69조 중 제33조 제1항 제5호 등 위헌확인(위헌)), 지방공무원(헌재 2002.8.29. 2001헌마788등, 지방공무원법 제31조 제5호 등 위헌확인(위헌))뿐 아니라 경찰공무원(헌재 2004.9.23. 2004헌가12, (구)경찰공무원법 제21조 위헌심판(위헌)), 군무원(헌재 2003.9.25. 2003헌마293등, 군인사법 제40조 제1항 제4호 위헌확인(위헌)), 청원경찰(헌재 2018.1.25. 2017헌가26, 청원경찰법 제10조의6 제1호 위헌제청(위헌)), 향토예비군 지휘관(헌재 2005.12.22. 2004헌마947, 향토예비군설치법시행규칙 제10조 제3항 제5호 위헌확인(위헌))도 마찬가지이다. 이에 따라 금고 이상의 형의 선고유예를 받은 경우 당연퇴직하는 사유를 제한하고 있다(국가공무원법 제69조 지방공무원법 제61조).

"범죄의 종류와 내용을 가리지 아니하고 모두 당연퇴직사유로 규정'한 것은 위헌이다"(헌재 2003.10.30. 2002헌마684등, 국가공무원법 제33조 제1항 제5호 등 위헌확인(위헌)).

법원의 판결에 의하여 자격이 정지된 자를 공무원직으로부터 당연퇴직하도록 하고 있는 법률조항은 당해 형벌의 본질적인 내용을 확인한 것에 불과하고, 공무원신분의 박탈과 관련된 구체적인 사정들은 법원의 재판절차에서 고려되므로 절차적으로도 당연퇴직의 합리성이 보장된다고 할 수 있어 공무담임권을 침해하지 아니한다(헌재 2005.9.29. 2003헌마127, 지방공무원법 제61조 위헌확인(기각)).

교육위원과 초·중등교사의 겸직금지는 합헌이다(헌재 1993.7.29. 91헌마69, 지방교육자치에관한법률 제9조 제1항에 대한 헌법소원(기각)).

공립학교 학교운영위원회는 단위 학교차원의 자치기구로서 심의기구로서의 기능을 할 뿐이고 학교 운영위원의 지위는 어디까지니 무보수 봉사지이 성격을 가지므로 헌법상 보호되는 피선거권의 대상으로서의 공무원으로 보기 어렵기 때문에 공립학교 운영위원회를 당해 학교의 교원대표, 학부모대표 및 지역사회 인사로 구성하도록 하여 일반행정직원 대표의 입후보를 배제하고 있는 초·중등교육법 제31조 제2항 중 공립학교에 관한 부분은 학교 행정직원의 피선거권과 관련되지 아니한다(헌재 2007.3.29. 2005헌마1144, 초·중등교육법 제31조 제2항 위헌확인(기각,합헌)).

지방공무원이 국회의원재선거에 출마하려면 후보자등록신청 전까지 그 직에서 사퇴하도록 한 공직선거법 중 '지방공무원이 국회의원재선거에 입후보하는 경우'에 관한 부분은 지방공무원인 청구인의 공무담임권을 침해하지 아니한다(헌재 2014.3.27. 2013헌마185, 공직선거법 제52조 제1항 제5호 등 위헌확인(기각)).

금고 이상의 형의 선고유예를 받고 그 기간 중에 있는 자를 임용결격사유로 삼고, 위 사유에 해당하는 자가 임용되더라도 이를 당연무효로 하는 구 국가공무원법이 입법자의 재량을 일탈하여 공무담임권을 침해한 것이라고 볼 수 없다(헌재 2016.7.28. 2014헌바437, 지방공무원법 제31조 제5호 위헌소원(합헌)).

성범죄를 범하여 그 형이 확정된 자를 초·중등교육법상의 교원 임용 결격사유로 규정한 조항은 학생의 정신적·육체적 건강과 안전 그리고 자유로운 인격발현을 보호하기 위한 것으로서 청구인의 공무담임권을 침해하지 아니한다(헌재 2019.7.25. 2016헌마754, 교육공무원법제10조의4 등위헌확인(기각,각하)).

B. 한 계

공무담임권의 본질적 내용을 침해할 수 없다.

교육감 입후보자에게 5년 이상의 교육경력 또는 교육공무원으로서의 교육행정경력의 요구나 교육의원 입후보자에게 10년 이상의 교육경력 또는 교육행정경력을 요구하는 지방교육자치에 관한 법률은 청구인들의 공무담임권 등 기본권의 본질적 내용을 침해할 정도로 과도하다고 볼 수 없다(헌재 2009.9.24. 2007헌마117등, 지방교육자치에 관한 법률 제24조 제2항 위헌확인 등(기각)).

Ⅴ. 참정권의 제한

1. 헌법 제37조 제2항에 의한 일반적 제한

참정권도 기본권제한에 관한 일반원리에 따라 제한할 수 있다. 그런데 국민주권주의의 실질화를 구현하기 위한 일련의 참정권에 대한 침해는 자칫 참정권의 본질적 내용에 대한 침해로 오도될 소지가 있으므로 엄격한 제한이 불가피하다.

2. 소급입법에 의한 참정권의 제한금지

"모든 국민은 소급입법에 의하여 참정권의 제한을 받거나 재산권을 박탈당하지 아니한다"(제13조 제2항). 소급입법에 의한 참정권의 제한금지는 입헌주의헌법의 일반원리이다. 그런데 반민족행위처벌법(제헌국회), 반민주행위자공민권제한법(제2공화국), 정치활동정화법(1961년 5·16 이후), '정치풍토쇄신을위한특별조치법'(1980년 5·18 이후) 등으로 인하여 참정권의 소급적 제한이 행하여진 바 있다.

3. 제한의 한계

참정권의 제한에서도 과잉금지의 원칙, 본질적 내용침해금지의 원칙 등의 한계가 준수되어야 한다.

제 6 장 사회권(생존권)

제 1 절 사회권(사회적 기본권, 생존권적 기본권)의 일반이론

Ⅰ. 의 의

인류 역사에서 18 · 19세기가 자유권의 역사라면, 20세기는 사회적 권리를 확보하기 위한 역사라 할 만큼 사회적 기본권(생존권적 기본권)의 헌법적 보장이 일반화된다. 사회권(社會權)은 제1차 세계대전의 패전을 초래한 우파와 자본주의의 모순을 혁파하려는 좌파 사이에 하나의 국가공동체를 구성하는 과정에서 타협적 구조(Kompromißstruktur)로서 제정된 1919년 바이마르헌법으로부터 비롯된다.

바이마르헌법 제151조: "경제생활의 질서는 각인(各人)으로 하여금 '인간다운 생활의 보장'을 목적으로 하는 정의의 원칙에 합치하여야 한다."

그런데 인간다운 생활을 보장하기 위한 사회권(soziale Grundrechte, droits sociaux)은 그 내용뿐만 아니라 그 용어 또한 매우 다양하게 표현된다.

(i) 한국 헌법학이론서에서도 생존권적 기본권(김철수, 구병삭, 김학성, 정재황, 조병윤),[1] 생활권적 기본권(문홍주), 사회적 기본권(사회권(권영성, 김백유, 김하열, 김경수, 양건, 이승우, 이준일, 이효원, 장영수, 장영철, 전광석, 정만희, 정영화, 정종섭, 한구웅, 한태연)), 국가사회적 기본권(안용교), 생활권(허영) 등으로 매우 다양한 용어가 사용된다.[2]

(ii) 사회권의 본질도 학자에 따라서 다소 상이한 설명을 한다.

(iii) 사회권의 법적 성격도 고전적인 추상적 권리에서 현대적인 구체적 권리로 발전하고 있으나 여전히 해결되지 못한 문제점들이 남아 있다.[3]

---

1) 생존권은 독일어의 Recht auf ein menschenwürdiges Dasein에서 비롯된 것 같다(김철수, 비교헌법론, 박영사, 427면).

2) 한병호, 인간다운 생존의 헌법적 보장에 관한 연구, 서울대 법학박사학위논문, 1993.2 참조.

3) 정철, "사회보장의 헌법적 실현방식", 세계헌법연구 23-3; 이준일, "사회적 기본권에 관한 헌법재판소의 심사기준", 헌법재판연구 2-2; 김해원, "사회적 기본권에 대한 헌법재판소의 판단", 헌법재판연구 2-2; 홍석한, "사회적 기본권의 법적 성격과 입법재량에 대한 고찰: 미국과의 비교를 겸하여", 미국헌법연구 28-1; 이준일, "사회권의 복권을 위한 구상", 헌법학연구 25-3; 전상현, "위헌심사를 통한 사

(iv) 사회권의 범주에 속하는 개별적 기본권도 학자들에 따라 차이를 보인다.

Ⅱ. 사회권의 본질

1. 사회권의 연혁적 기초

(i) 사회권은 자본주의 경제체제의 모순과 갈등이 심화하고 있는 상황에서 독점자본세력이 정치권력과 결탁한 제국주의의 발호로 사회적 갈등이 더욱더 악화되면서 등장하기 시작한 사회주의 이념의 헌법적 수용으로 볼 수 있다. 그것은 곧 인간의 실질적 평등을 구가하기 위한 자유와 평등이념의 실질적 구현에 있다. 이러한 이념의 헌법적 표현이 바로 1919년 바이마르헌법을 통하여 나타났다. 사회권은 경제적·사회적 약자의 경제적 궁핍상황을 국가정책적인 배려로서 해결하여야 한다는 명제에서 출발한다. 이러한 약자를 위한 권리의 헌법상 제도화는 '요람에서 무덤까지'라는 명제로 대표되는 현대입헌주의헌법에서 복지국가·급부국가의 구현으로 나타나며, 독일에서는 특유의 사회국가원리로 자리 잡고 있다.

(ii) 산업사회의 진전에 따라 대량으로 배출된 춥고 배고픈 무산대중에 대한 경제적 배려의 원천은 유산계급의 소득으로부터 연유하기 때문에, 결국 사회권은 유산계급의 자유와 재산에 대한 실질적 제한을 의미한다고 하여도 과언이 아니다. 그런 의미에서 사회권은 전통적인 자유권과 갈등의 소지를 안고 있다.

(iii) 그런데 사회권도 새로운 사회권의 등장으로 재조명이 불가피하다. 전통적인 사회권이 경제적·사회적 강자의 희생 위에서 이루어질 수 있다면, 환경권과 같은 새로운 사회권의 등장으로 이제 사회권도 가진 자·가지지 못한 자 혹은 경제사회적인 강자·약자라는 대립구도를 전제로 한 사고에서 벗어나야 한다. 이것은 곧 전통적인 사회권의 본질이나 체계에 대한 인식의 전환을 의미한다. 여기에 필연적으로 사회권의 위상에 관한 체계적 정립의 어려움이 뒤따른다.

2. 사회권과 자유권의 관계에 관한 전통적 이론

(1) 양자의 차이

자유권과 사회권의 차이는 명확하게 구획할 수 없는 사항도 있지만 대체로 다음과 같이 정리할 수 있다.

회적 기본권의 실현 방안", 헌법학연구 29-3; 윤수정, "사회변화와 사회적 기본권", 헌법학연구 29-4.

(i) 이념적 기초에 차이가 있다. 자유권은 근대입헌주의 헌법의 이념에 기초한다. 즉 자연법사상 · 사회계약론 · 계몽주의 · 자유주의 · 개인주의 · 시민국가 원리에 기초한다. 반면에 사회권은 현대복지주의 헌법의 이념에 기초한다. 즉 사회정의의 실현을 위한 단체주의 · 복지국가 · 사회국가 · 급부국가 원리에 기초한다.[1)]

(ii) 법적 성격에 차이가 있다. 자유권은 전국가적 권리로서 국가권력으로부터의 침해를 배제하는 소극적 · 방어적 · 항의적 성격의 권리이다. 반면에 사회권은 국가 내적 권리로서 국가의 관여(배려와 급부)를 요청하는 적극적 권리이다. 다만, 권리의 성격과 관련하여 과거에 자유권은 구체적 권리이지만 사회권은 추상적 권리라는 이론이 있었지만, 오늘날 사회권도 구체적 권리로 이해한다. 하지만, 사회권의 구체적 권리로서의 성격은 자유권에 비하여 취약하다.

(iii) 권리의 주체에서 차이가 있다. 자유권은 천부인권적 자연권이기 때문에 자연인인 국민과 외국인의 권리이다. 다만, 외국인에 대하여는 일정한 제한이 불가피한 경우도 있다. 또한 법인은 예외적으로 권리의 주체가 될 수 있을 뿐이다. 반면에 사회권은 국가 내적인 권리이기 때문에 원칙적으로 자연인 중에서 국민만이 누리는 권리이다. 외국인은 국내법이 허용하는 범위 안에서 예외적으로 권리의 주체가 될 수 있을 뿐이다. 또한 법인의 기본권주체성도 부인된다.

(iv) 기본권의 효력에서도 차이가 있다. 자유권은 모든 국가권력을 직접 구속하는 권리이기 때문에 헌법규범이 바로 재판규범이다. 사회권도 원칙적으로 자유권과 마찬가지의 효력을 가지기는 하지만, 국가권력 중에서 주로 국회의 입법형성권을 구속하며 재판규범으로서의 성격이 자유권에 비하여 상대적으로 약하다. 기본권의 대사인적 효력도 자유권은 원칙적으로 사인 사이에도 효력이 미치나, 사회권은 예외적으로 효력이 미칠 뿐이다.

1) 사회권(생존권)과 자유권의 비교

	사회권(생존권)	자 유 권
이념적 기초	복지국가 · 급부국가 · 사회국가	사회계약론 · 개인주의 · 자유주의
법적 성격	적극적 급부청구권(권리성 약함)	소극적 방어권(전 국가적 권리)
입법상 차이	기본권 형성유보	기본권 제한유보
기본권주체	원칙적으로 국민만	국민뿐만 아니라 외국인에게도 인정 (예외적으로 법인에게도 인정)
시대적 차이	현대적 기본권(2세대 기본권)	고전적 기본권(1세대 기본권)
기본권효력	재판규범으로서의 성격 상대적으로 약함 주로 입법권을 구속 예외적으로 대사인적 효력	재판규범으로도 기능 모든 국가권력 구속 원칙적으로 대사인적 효력 인정

(ⅴ) 기본권의 제한과 법률유보에서도 차이가 있다. 자유권에 대한 제한은 기본권제한적 법률유보를 의미하지만, 사회권에서의 법률유보는 기본권형성적(기본권구체화적) 법률유보를 의미한다.

(2) 양자의 대립관계

인간의 자유에 중점을 둔 자유권과 인간의 생존을 위한 실질적 평등에 중점을 둔 사회권은 기본적으로 대립관계에 있다. 즉 사회권의 확대는 자유권의 제한을 불가피하게 한다. 하지만, 그 대립도 국가 안에서의 대립이라는 한계가 있다.

(3) 양자의 조화관계

자유권이든 사회권이든 그것은 인간의 존엄과 가치 및 인격의 자유로운 발현에 기초하므로 양자는 서로 조화를 이루어야 한다. 사회권의 구현은 인간을 생존에 대한 위협으로부터 해방시켜 자유권의 토대를 굳건하게 하기 때문에, 사회권의 보장은 결국 자유와 평등의 실질화에 기여할 수 있다.

Ⅲ. 사회권의 기본권분류체계상의 좌표

1. 기본권의 분류와 체계화의 어려움과 전통적인 사회권

(ⅰ) 전통적인 기본권의 분류와 체계는 대체로 인간의 존엄과 가치·행복추구권(포괄적 기본권), 평등권, 자유권, 사회권(생존권), 청구권적 기본권(기본권보장을 위한 기본권), 참정권(정치권)으로 유형화된다.

(ⅱ) 전통적인 기본권의 분류와 체계에서 고전적인 자유권과 20세기적인 사회권의 관계정립이 문제된다. 전통적 이론에서 사회권으로 분류하는 개별적 기본권을 살펴보면 인간다운 생활을 할 권리, 교육을 받을 권리, 근로의 권리, 근로3권, 환경권, 혼인과 가족에 관한 권리, 보건에 관한 권리 등이 있다.

(ⅲ) 위의 예시에서 인간다운 생활을 할 권리·근로의 권리·근로3권 등은 사회권의 전형적인 예에 해당한다. 20세기 헌법에서 사회권이 대두된 연유가 바로 경제생활에서 인간의 삶의 질을 확보하는 데 있으므로, 인간의 자유라는 정신적 삶의 질(質)과는 다소 거리가 있었다. 바로 그런 의미에서 사회권은 인간의 경제생활에 관한 기본권으로서의 속성을 가진다.

(ⅳ) 그런데 교육을 받을 권리·환경권 등은 그 본질상 사회권의 전형적인 예에 포함될 수 있을지 의문이다. 교육을 받을 권리나 환경권은 인간의 경제생활과 직결되는 문제로만 볼 수는 없다. 교육을 받을 권리와 환경권이 사회권으로서의

본질을 가지기는 하지만, 동시에 자유권으로서의 속성 또한 도외시할 수가 없다. 교육을 받을 권리나 환경권 등은 종합적인 기본권으로서의 속성을 가지기 때문이다. 실제로 교육을 받을 권리를 교육기본권으로서 정립하고자 하는 이론[1]이 제기될 뿐만 아니라, 이를 교육의 자유의 차원에서도 이해하여야 한다는 점에서 헌법의 조문표현상 "교육을 받을 권리"에 구애될 필요는 없다. 또한 환경권은 원래 사회권에서 그 출발점을 구하였으나 오늘날 환경권의 자유권적 성격과 사회권적 성격을 동시에 인정한다. 바로 그런 의미에서 교육권과 환경권 등을 사회권으로 편입함으로써 이제 사회권은 그 본질에 있어서 경제적 생존의 문제를 넘어서서 비경제적인 영역(정신적 영역을 포함한)에서의 생존문제로까지 확대되고 있다.

2. 실질적 자유의 확보를 위한 사회권

(i) 사회권은 자유권을 더 실질화할 수 있는 실질적 자유로서의 속성을 가진다. 이에 따라 자유권과 사회권의 대칭적인 기본권의 분류는 한계에 봉착한다. 예컨대 근로의 권리를 보장하기 위하여서는 근로의 자유가 전제되어야 하며, 근로3권은 헌법상 결사의 자유의 특별법적 보장을 의미한다. 한편 액세스권(접근이용권)도 원래 자유권(특히 표현의 자유)에서만 논의되었다. 그런데 정보사회의 진전에 따라 이제 사회권의 차원에서 정보에 대한 접근이용의 실질적인 제약에 따른 정보격차 해소의 문제로 연결된다.[2]

(ii) 이에 허영 교수는 "'자유권의 생활권화 현상'에 부응할 수 있는 새로운 기본권의 유형화와 체계화가 모색"되어야 함을 강조한다. 이에 따라 종래 사회권으로 보는 개별적 기본권을 각기 정신·문화·건강생활영역의 보호(교육을 받을 권리·보건에 관한 권리·환경권), 경제생활영역의 보호(근로활동권·인간다운 생활을 할 권리) 등으로 분산하여 설명한다. 확실히 자유권이 추구하는 자유의 이념과 사회권이 추구하는 평등의 이념의 적절한 조화를 통한 '자유 속의 평등'(Gleichheit in Freiheit)의 논리는 상당한 설득력이 있다. 그것은 실질적 자유의 확보라는 차원에서 사회권(사회적 권리)을 이해하려는 흐름과 함께 하는 측면이 있다.

(iii) 하지만, 사회권이 가지는 다양한 특성과 법적 성격의 특수성으로 인하여

1) 신현직, 교육기본권에 관한 연구, 서울대 박사학위논문, 1990: 교육기본권을 종합적 기본권(Gesamtgrundrecht)으로 파악하여야 함을 강조한다.

2) 성관정, 디지털 격차 해소를 위한 인터넷 접근권에 관한 연구-사회적 기본권을 중심으로, 서울대 박사학위논문, 2022.8; 권건보·방동희, "고령자의 헌법적 지위와 법적 보호에 대한 고찰-고령자의 디지털 정보접근권의 보장을 중심으로", 공법학연구 24-1.

이를 자유권의 문제와 바로 연결하여 이해하는 데에는 일정한 한계가 있다. 자유권과 직접적으로 연계되는 사회권도 있지만, 자유권과 그 이념이나 법적 성격을 전혀 달리하는 사회권도 있기 때문이다.

Ⅳ. 사회권의 법적 성격과 권리구제

1. 법적 성격: 입법방침규정에서 구체적 권리로

(1) 의 의

사회권의 체계적 정립이 일정한 한계가 있음에도 불구하고, 사회권의 존재 및 분류체계의 존립가치는 그 법적 성격 및 효력의 특수성에서 찾을 수 있다. 즉, 자유권은 존재 그 자체만으로 국가권력으로부터 침해배제를 보장(국가권력으로부터의 자유)받을 뿐만 아니라, 모든 국가권력을 구속하며 직접적으로 재판규범으로서의 효력을 가진다. 반면에 사회권은 국가의 적극적인 배려를 통하여 국가 안에서 실현될 수 있으므로 국가권력의 적극적인 개입이 불가피하다. 특히 사회권의 개별적 기본권으로서의 가치는 다분히 상징적 성격을 가진다. 사회권의 국가 안에서의 실현은 국가의 급부능력(給付能力)에 따라 입법정책적으로 결정된다.

(2) 입법방침규정설

고전적인 입법방침(Programm)규정(권리)설에 의하면 사회권은, ① 국가의 정치적 강령의 헌법상 선언에 불과하며 현실적으로는 국가의 입법이 있을 때 비로소 국가에 요구할 수 있는 공권이 발생한다. ② 국가의 재정능력에 발맞추어 국가의 사회정책이 정립될 수밖에 없다. ③ 구체화할 수 있는 실질적인 전제가 헌법에 결여되어 있으므로 완전한 권리라 할 수 없기 때문에 이를 근거로 법원에 직접 소구(訴求)할 수 없다고 본다.

(3) 원칙규범설

원칙규범설에 의하면 사회권은 개인에게 주관적 권리를 부여하기는 하지만, 이 권리는 일정한 형량(衡量)을 거친 후에 비로소 확정적인 권리가 될 수 있다고 본다. 즉, 사회권의 권리성은 곧바로 확정적인 권리가 되지 아니하고 여러 가지 요소들을 형량하여 각기 다양한 정도로 실현될 수 있다고 본다(일종).

원칙규범설도 사회권의 주관적 권리성을 궁극적으로 인정한다는 점에서 법적 권리설의 일종으로 이해할 수도 있다.

(4) 법적 권리설

법적 권리설에 의하면 사회권은 국민 개개인이 국가에 요구할 수 있는 법적 권리이기 때문에 국가는 사회권보장의 법적 의무를 진다고 본다. 이 견해는 다시 법적 권리성의 강약에 따라 추상적 권리설과 구체적 권리설로 나누어진다.

A. 추상적 권리설

추상적 권리설은 프로그램적 규정설을 비판하면서 사회권은, ① 헌법규정에 따라 국민은 국가에 대하여 추상적 권리를 가지고, 국가는 "입법 기타 국정상 필요한 조치를 강구할" 추상적 의무를 진다고 본다. ② 보장수단의 불완전성은 사회권에 국한되지 아니하고 권리실현을 위하여 국가의 작위를 요구하는 권리(예컨대 재판청구권·청원권 등)에도 마찬가지이므로 이를 이유로 법적 권리성을 부인할 수 없다. ③ 하지만, 구체적인 입법이 없는 경우에는 바로 헌법의 사회권규정을 근거로 소송을 통한 권리구제를 주장할 수 없다고 본다.

헌법재판소도 "입법자에게 광범위한 형성의 자유가 인정"되므로 "그에 관한 구체적인 사항이 법률에 규정됨으로써 비로소 구체적인 법적 권리가 형성된다고 보아야 한다"라고 판시함으로써 원칙적으로 사회권의 추상적 권리성에 무게를 싣고 있다(헌재 2005.7.21. 2004헌바2, 구 산업재해보상보험법 제10조 제2호 위헌소원(합헌)).

B. 불완전한 구체적 권리설

사회권은 자유권에 비견될 정도의 구체적 권리일 수는 없어도, 청구권적 기본권이나 참정권의 일부와 동일한 수준의 불완전하나마 구체적인 성격의 권리라고 이해한다.

C. 구체적 권리설

구체적 권리설에 의하면 사회권은 법적(헌법적) 권리이므로 사회권실현을 위한 국가의 헌법적 의무가 있다고 본다. 이에 헌법재판소도 "최소한의 물질적인 생활"을 요구할 수 있는 범위 안에서 구체적 권리성을 인정한다. 종래 국가의 의무불이행에 대하여는 국가의 불충분한 입법 및 입법부작위를 이유로 한 위헌심사청구가 불가능하다고 보았지만, 이제 헌법재판소에 국가의 입법부작위위헌확인소송을 제기할 수 있다고 본다. 즉 국회의 작위·부작위에 의한 사회권의 침해에 대하여는 헌법소원 또는 위헌법률심판제청신청을 통하여, 행정권의 행사 또는 불행사로 인한 침해에 대하여는 행정소송에 의하여 권리구제를 받을 수 있다.

(5) 소 결

(i) 앞에서 적시한 학설들은 사회권의 특성상 그 나름대로 가치를 인정할 수

있는 측면이 없는 바는 아니지만 동시에 수용할 수 없는 한계도 안고 있다.

(ii) 즉, 입법방침규정설 등과 같은 사회권의 권리성 부인설은 현행헌법 제34조 제1항에서 "모든 국민은 인간다운 생활을 할 권리를 가진다"라고 하여 명시적으로 "권리를 가진다"라고 규정한 취지에 비추어 볼 때, 받아들이기 어렵다.

(iii) 또한 원칙규범설은 여러 요소를 형량하여 그 권리성을 인정하게 됨으로써 사회권의 실현 정도를 상대화하여 해석자마다 달리 해석할 여지를 주게 된다는 비판을 면하기 어렵다.

(iv) 한편 법적 권리설 중에서 추상적 권리설은 사회권에 대하여 소극적·자유권적 효과만을 인정하고 있으므로 프로그램규정설과 본질적인 차이가 없다. 또한 불완전한 구체적 권리설은 구체적 권리설의 문제점을 극복하려는 의도로 보이나 현실적으로 구체적 권리설과의 본질적인 차이를 발견하기 어렵다.

(v) 생각건대 헌법재판소의 위헌법률심사가 가능할 뿐만 아니라 "공권력의 행사 또는 불행사로 인하여 국민의 기본권이 침해된 경우"(헌재법 제68조 제1항)에 헌법소원을 제기할 수 있기 때문에, 사회권의 재판규범성을 부인할 수 없다. 그러므로 사회권의 구체적인 법적 권리성을 인정하여야 한다.

하지만, 현실적으로 사회권이 구체적 권리로서의 역할과 기능을 다하기 위하여서는 다른 기본권 예컨대 자유권 등과 마찬가지로 권리침해가 발생하면 구체적·현실적인 구제가 가능하여야 한다. 다만 사회권은 다른 여러 가지의 제약요인에 의하여 구체적·현실적 구제가 자유권에 비하여 상대적으로 불충분하다. 바로 이 지점이 사회권의 구체적 권리성을 부인하는 논리로 원용되기도 한다.

사회권의 본질적 요소인 인간다운 생활을 할 권리가 침해되었느냐의 여부를 판단하면서 우선 권리침해에 따른 소송법상의 구제를 받을 수 있느냐의 문제가 제기된다. 현실적으로 일반법원에 의한 권리구제가 쉽지 아니한 상황에서 헌법재판소를 통한 권리구제가 가능하여야 한다. 이 경우 헌법재판소는 권리구제의 가능성을 원천적으로 배제하기보다는 일단 권리침해 여부를 본안에서 판단하여야 한다는 점에서 사회권은 구체적 권리로서 재판규범이 될 수 있다.

다른 한편, 권리구제에 있어서 자유권에서는 고려할 필요가 없는 국가의 재정능력과 그에 따른 입법정책까지도 고려하여야 한다는 점에서 자유권의 권리구제와는 그 측면을 달리한다. 바로 이와 같은 이유로 사회권의 권리성이 약하다는 주장이 가능하다. 그러나 최종적인 권리구제 여부에 대한 한계가 곧바로 사회권의 구체적 권리성을 부정하는 결정적인 요소로 작동할 수는 없다.

사실 근대적인 기본권 논의에 있어서 권리성은 인간의 천부인권으로부터 비롯되었으며, 이는 주로 자유권을 중심으로 발전·형성되어왔다. 하지만, 근대 기본권론에서 천부인권으로 간주되던 재산권은 많은 사회적 제약을 수반하게 되었고, 한국헌법에서도 재산권의 "내용과 한계는 법률로 정한다"(제23조 제1항 후문), "재산권의 행사는 공공복리에 적합하도록 하여야 한다"(제23조 제2항)라고 하여 입법정책적 고려에 따라서 재산권보장의 내용이 달라질 수 있고, 그 권리구세 또한 달라질 수 있다. 특히 그간 자유권을 구체화·현실화하는 과정에서 등장한 청구권적 기본권은 그 속성상 기본권보장을 위한 기본권에 불과하기 때문에 본질적인 의미의 기본권이라기보다는 기본권실현을 위한 권리임에도 불구하고 한국헌법에서는 기본권으로 규정한다. 실제로 청구권적 기본권은 많은 제약을 내포할 뿐만 아니라 헌법에 규정됨으로써 비로소 기본권으로서의 가치를 가지게 된다. 예컨대 범죄피해자구조청구권은 헌법에 규정되어 있느냐의 여부에 따라 그 기본권성 여부가 좌우될 뿐이며 그 자체가 본질적으로 기본권으로서의 속성을 가지지는 아니한다.

같은 이유로 사회권도 헌법에 규정되어 있는 이상 헌법적 가치를 가지는 기본권이며, 여기서 기본권이라는 의미는 곧 구체적이고 주관적인 권리로서의 의미를 가진다고 보아야 한다. 만일 사회권이 헌법에 명시적으로 규정되어 있지 아니할 경우에는 헌법에 열거되지 아니한 권리로서 사회권의 창설이 가능하다. 이 경우에도 일단 학설과 판례를 통하여 기본권성을 인정한다는 사실은 곧 사회권에 대한 구체적 권리로서의 성격 부여를 의미한다. 다만, 주관적·구체적 권리로서의 사회권의 현실적 구현은 다른 많은 기본권과 마찬가지로 해당 국가가 처한 현실과 유리되어서 논의될 수는 없다. 그런 의미에서 사회권만 유독 그 권리성 자체가 논의되고 나아가서 권리성 부정론의 제기는 바람직하지 아니하며, 사회권의 현실적 구제는 시대정신의 발현을 통하여 구현될 수 있다. 요컨대 사회권의 구체적 권리성은 해당 국가가 처한 상황에서 입법정책·입법재량·시대정신의 조화로운 반영의 결과물이라 할 수 있다.

2. 구체적 권리로서의 한계: 권리구제의 불충분

(1) 의 의

사회권의 실질적 보장은 국가정책의 입법적 반영을 통하여 이루어질 수 있으므로, 사회권은 자유권에 비하여 상대적으로 불완전한 구체적 권리이다. 실제로 사회권보장을 위한 입법을 국가가 제대로 하지 아니하는 입법부작위에 대하여 헌법소원을 제기할 수는 있겠지만 궁극적인 권리구제는 매우 제한적일 수밖에 없다. 예컨대 헌법상 모든 국민에게 인간다운 생활을 보장하기 위하여서는 인간으로서 최소한의 생활이 보장되어야 한다. 이를 위하여 국가는 사회보장제도를 확충·강화하여야 한다. 하지만, 국가가 경제적으로 곤궁한 모든 사람의 인간다운 생활을 보장할 수 있는 물질적 급부의 완전한 충족은 국가의 재정능력상 불가능하다. 결국 사회권의 구체적인 법적 권리로서의 성격을 인정함으로써, 헌법재판소는 본안판단을 통하여 국가적 배려(급부)의 필요성 유무를 판단하고, 필요하다면 어떠한 범위의 배려가 헌법이념과 국가의 재정능력에 비추어 합리적인지를 판단할 수 있다. 이와 관련하여 헌법재판소는 '1994년 생계보호기준'사건에서 헌법소원 요건을 충족하였다고 인정하고 그 위헌 여부를 심사한 바 있다.

"국가가 인간다운 생활을 보장하기 위한 헌법적 의무를 다하였는지의 여부가 사법적 심사의 대상이 된 경우에는 국가가 생계보호에 관한 입법을 전혀 하지 아니하였다든가 그 내용이 현저히 불합리하여 헌법상 용인될 수 있는 재량의 범위를 명백히 일탈한 경우에 한하여 헌법에 위반된다고 할 수 있다"(헌재 1997.5.29. 94헌마33, 1994년 생계보호기준 위헌확인(기각); 헌재 2004.10.28. 2002헌마328, 2002년도 국민기초생활보장최저생계비 위헌확인(기각)).

(2) 적극적 입법에 의한 침해와 구제

입법이 일정한 범위와 기준을 벗어났을 때, 국민은 사회권의 침해를 이유로 위헌법률심판제청신청권, 위헌·위법한 명령·규칙에 대한 심사청구권을 행사할 수 있다.

(3) 입법부작위에 의한 침해와 구제

(i) 불완전하지만 법적 권리로서의 사회권의 실현을 위한 입법을 하지 아니할 경우에 국민은 사회권의 침해를 이유로 입법부작위에 따른 헌법소원을 제기할 수 있다. 입법부작위에는 진정입법부작위와 부진정입법부작위가 있다. 헌법재판소는 진정입법부작위에 대한 헌법소원만 일부 인정하고, 부진정입법부작위에 대한 입법부작위헌법소원에 대하여는 각하로 일관한다.

"널리 입법부작위에는 기본권보장을 위한 규정을 전혀 두지 않는 경우와 이에 관한 규정은 두고 있지만 불완전하게 규정하여 그 보충을 요하는 경우를 상정할 수 있는데, 결국 이 사건은 후자의 범주에 속한다고 할 것이며, 이 경우는 그 불완전한 법규 자체를 대상으로 하여 그것이 헌법위반이라는 적극적인 헌법소원은 별론으로 하고, 입법부작위로서 헌법소원의 대상은 삼을 수 없다"(헌재 1989.7.28. 89헌마1, 사법서사법시행규칙에 관한 헌법소원(각하)).

"진정입법부작위가 헌법소원의 대상이 되려면 헌법에서 기본권보장을 위하여 법령에 명시적인 위임을 하였는데도 입법자가 상당한 기간 내에 이를 이행하지 않거나 또는 헌법해석상 특정인에게 구체적인 기본권이 생겨 이를 보장하기 위한 국가의 작위의무 내지 보호의무가 발생하였음이 명백함에도 불구하고 입법자가 아무런 입법조치를 취하고 있지 않는 경우라야 한다."

(ii) 사회권에 관한 입법부작위헌법소원을 인용할 경우 단순위헌결정보다는 헌법불합치·입법촉구 등의 변형결정이 오히려 바람직한 경우가 많으리라고 본다. 헌법재판소는 행정입법부작위에 대하여 위헌을 확인한다(헌재 2002.7.18. 2000헌마707, 평균임금결정·고시부작위 위헌확인(인용(위헌확인))).

(4) 행정권에 의한 침해와 구제

현실적으로 입법이 존재함에도 불구하고 행정권이 사회권을 실현하지 아니한다면, 헌법이 보장하는 기본권침해에 대한 구제제도에 의한 권리구제가 가능하다.

행정권에 의한 사회권의 침해는 크게 행정작용으로 인한 적극적 침해와 행정부작위로 인한 소극적 침해로 구별될 수 있는데, 이 모든 경우에 행정소송이나 헌법재판소법 제68조 제1항의 권리구제형 헌법소원 등을 통하여 구제받을 수 있다.

(5) 소 결

전통적인 사회권과 자유권이라는 이원론적 분류 및 사고의 틀에 비추어 사회권의 법적 성격 및 권리구제를 이해하는 데에는 사회권이 가지는 권리구제의 미완성적인 성격과 관련이 있다. 어쩌면 사회권은 영원히 미완성 기본권으로 머무를 수도 있다. 이에 비록 종래 사회권으로 분류되는 개별적 기본권이라 하더라도 그것이 자유권적인 성격을 가진다면, 그 범위 안에서는 침해에 따른 권리구제에 있어서 자유권의 법리가 원용되어야 한다. 그렇게 함으로써 전통적인 자유권·사회권체계가 가진 문제점을 최소화할 수 있다. 예컨대 근로의 권리·교육을 받을 권리·환경권 등이 가지고 있는 자유권의 성격은 자유권적 기본권의 법리에 입각하여 권리구제를 받을 수 있어야 한다.

Ⅴ. 결 어

전통적인 사회적 기본권의 법리는 그 자체로서 충분한 가치를 가지므로 자유권과 사회권의 이원론적 사고를 부인할 수 없다. 다만, 현대산업사회의 진전에 부응하여 새로운 사회권의 등장과 더불어 고전적인 사회권의 의미도 변용될 수밖에 없다. 이에 자유권과 사회권의 차별적 이해가 아니라 사회복지헌법의 원리에 부응하여 자유와 평등의 실질적 보장이라는 큰 흐름에서의 이해가 요구된다.

제 2 절 인간다운 생활을 할 권리

Ⅰ. 의 의

(ⅰ) 1919년 바이마르헌법 제151조에서 '인간다운 생활'(menschenwürdiges Dasein)을 규정한 이래 세계 각국의 헌법에서 인간다운 생활을 할 권리를 규정한다. 이러한 정신은 세계인권선언 등을 통하여 국제적 보장으로 나아간다.[1]

세계인권선언 제22조 · 제25조, 1966년 12월 19일 경제적 · 사회적 · 문화적 권리에 관한 국제규약(제9조), 1961년 유럽사회헌장, 1977년 12월 16일 유엔총회결의.

(ⅱ) 한국헌법도 제헌헌법 이래 현행헌법 제34조에서도 이를 규정한다. 제1항에서 "모든 국민은 인간다운 생활을 할 권리를 가진다"라는 원칙규정을 둔다. 제2항 이하 제6항에서는 인간다운 생활을 실현하기 위한 구체적 규정을 둔다: "② 국가는 사회보장 · 사회복지의 증진에 노력할 의무를 진다. ③ 국가는 여자의 복지와 권익의 향상을 위하여 노력하여야 한다. ④ 국가는 노인과 청소년의 복지향상을 위한 정책을 실시할 의무를 진다. ⑤ 신체장애자 및 질병 · 노령 기타의 사유로 생활능력이 없는 국민은 법률이 정하는 바에 의하여 국가의 보호를 받는다. ⑥ 국가는 재해를 예방하고 그 위험으로부터 국민을 보호하기 위하여 노력하여야 한다." 또한 환경권에 관한 제35조에서 "③ 국가는 주택개발정책등을 통하여 모든 국민이 쾌적한 주거생활을 할 수 있도록 노력하여야 한다"라고 하여 주거생활권을 규정한다.

Ⅱ. 인간다운 생활을 할 권리의 법적 성격

(ⅰ) 인간다운 생활을 할 권리는 단순한 입법방침규정에 그치지 아니하고 법적 권리이다. 그런데 이는 국민이 구체적으로 국가에 대하여 청구할 수 있는 권리(구체적 권리)이기는 하지만, 입법의 뒷받침이 있어야만 실질적으로 구현될 수 있는 불완전한 구체적 권리로서의 성격도 배제할 수 없다. 헌법재판소는 "최소한의

---

1) 김진곤, "인간다운 최저생활을 보장받을 권리와 외국인", 헌법학연구 26-1.

물질적인 생활"을 요구할 수 있는 범위 안에서 구체적 권리성을 인정한다.

김문현 교수(사례연구 헌법, 392-393면)는 인간다운 생활의 수준을 ① 육체적 존재형식을 가진 존재로서 생물학적 최저수준, ② 육체적 존재일 뿐 아니라 정신적·인격적 존재로서의 최소한의 생활수준, ③ 자유로운 인격의 발현과 자기가치를 실현할 수 있는 품위 있고 문화적인 생활수준으로 나눈다. 이 중 ①은 구체적 권리, ②는 추상적 권리, ③은 프로그램적 규정으로 나눈다. 헌재 1995.7.21. 93헌가14 결정도 이러한 맥락에서 이해될 수 있다.

"'인간다운 생활을 할 권리'는 여타 사회적 기본권에 관한 헌법규범들의 이념적 목표를 제시하고 있는 동시에 국민이 인간적 생존의 최소한을 확보하는 데 있어서 필요한 최소한의 재화를 국가에게 요구할 수 있는 권리를 내용으로 한다." "인간다운 생활을 할 권리로부터는 인간의 존엄에 상응하는 생활에 필요한 '최소한의 물질적인 생활'의 유지에 필요한 급부를 요구할 수 있는 구체적인 권리가 상황에 따라서는 직접 도출될 수 있다고 할 수는 있어도, 동 기본권이 직접 그 이상의 급부를 내용으로 하는 구체적인 권리를 발생케 한다고는 볼 수 없다고 할 것이다. 이러한 구체적인 권리는 국가가 재정형편 등 여러 가지 상황을 종합적으로 감안하여 법률을 통하여 구체화할 때 비로소 인정되는 법률적 권리"이다(헌재 1995.7.21. 93헌가14, 국가유공자예우등에관한법률 제9조 본문 위헌제청(합헌)).

(ii) 그런데 헌법재판소는 인간다운 생활을 할 권리에 관한 "헌법의 규정은 모든 국가기관을 기속하지만, 그 기속의 의미는 적극적·형성적 활동을 하는 입법부 또는 행정부의 경우와 헌법재판에 의한 사법적 통제기능을 하는 헌법재판소에 있어서 동일하지 아니하다"(헌재 1997.5.29. 94헌마33, 1994년생계보호기준 위헌확인(기각))라고 판시한다.

"모든 국민은 인간다운 생활을 할 권리를 가지며 국가는 생활능력없는 국민을 보호할 의무가 있다는 헌법의 규정은 입법부와 행정부에 대하여는 국민소득, 국가의 재정능력과 정책 등을 고려하여 가능한 범위안에서 최대한으로 모든 국민이 물질적인 최저생활을 넘어서 인간의 존엄성에 맞는 건강하고 문화적인 생활을 누릴 수 있도록 하여야 한다는 행위의 지침 즉 행위규범으로서 작용하지만, 헌법재판에 있어서는 다른 국가기관 즉 입법부나 행정부가 국민으로 하여금 인간다운 생활을 영위하도록 하기 위하여 객관적으로 필요한 최소한의 조치를 취할 의무를 다하였는지의 여부를 기준으로 국가기관의 행위의 합헌성을 심사하여야 한다는 통제규범으로 작용하는 것이다. 그러므로 국가가 인간다운 생활을 보장하기 위한 헌법적인 의무를 다하였는지의 여부가 사법적 심사의 대상이 된 경우에는, 국가가 생계보호에 관한 입법을 전혀 하지 아니하였다든가 그 내용이 현저히 불합리하여 헌법상 용인될 수 있는 재량의 범위를 명백히 일탈한 경우에 한하여 헌법에 위반된다고 할 수 있다."

"헌법 제25조 1항은 직접 개개의 국민에 대하여 구체적 권리를 부여한 것이 아니고, 생활보호법에 따라서 구체적 권리가 부여된다. 이에 따라서 국가에서 생활보호를 받는 것은 반사적 이익이 아니고 법적 권리(보호수급권)이다. 보호기준은 헌법에서 정한 건강하고도 문화적인 최소한도의 생활을 유지함에 족한 것이어야 한다. 이는 추상적·상대적 개념이며 그 구체적 내용은 문화의 발달, 국민경제의 진전에 따라서 향상되는 것은 물론이며, 다수의 불확정요소를 종합교량하여 비로소 결정될 수 있다"(일본 最高裁判 1967(昭和 42.)5.24.).

Ⅲ. 인간다운 생활을 할 권리의 주체

인간다운 생활을 할 권리는 자연인의 권리이기 때문에 법인에게는 인정되지 아니한다. 또한 원칙적으로 자연인 중 내국인, 즉 국민의 권리이며 외국인에게는 인정되지 아니한다. 다만, 인권의 국제적 보장의 정신에 따라 외국인에게도 최소한의 인간다운 생활을 할 권리의 보장이 바람직하지만, 해당 국가의 재정능력 등에 따를 수밖에 없다. 국민기초생활보장법은 대한민국 국민과 일정한 가족관계에 있는 경우에 외국인에게도 급부를 실시한다(제5조의2).

Ⅳ. 인간다운 생활을 할 권리의 효력

(i) 인간다운 생활을 할 권리는 법적 권리로서의 성격이 인정되기 때문에 이에 대한 침해배제를 청구할 수 있는 대국가적 효력을 가진다. "국가가 인간다운 생활을 보장하기 위한 헌법적 의무를 다하였는지의 여부가 사법적 심사의 대상이 된 경우에는, 국가가 생계보호에 관한 입법을 전혀 하지 아니하였다든가 그 내용이 현저히 불합리하여 헌법상 용인될 수 있는 재량의 범위를 명백히 일탈한 경우에 한하여 헌법에 위반된다고 할 수 있다"(헌재 1997.5.29. 94헌마33, 1994년 생계보호기준에 대한 헌법소원(기각)).

(ii) 구체적 입법이 없을 경우에 급부청구권을 인정할 수 있는지, 인정한다면 인정범위가 문제된다. 생각건대 헌법재판소가 "인간의 존엄에 상응하는 생활에 필요한 '최소한의 물질적인 생활'의 유지에 필요한 급부를 요구할 수 있는 구체적인 권리"성을 인정하고 있음에 비추어 보건대 그 범위 안에서 구체적인 급부청구권이 인정된다(헌재 1995.7.21. 93헌가14, 국가유공자예우등에관한법률 제9조 본문 위헌제청(합헌)).

(iii) 인간다운 생활을 할 권리의 대사인적 효력은 기본권의 대사인적 효력에 관한 간접적 효력의 이론에 입각하여 일정한 요건에 따라 인정된다.

V. 인간다운 생활을 할 권리의 내용

1. 인간다운 생활의 의미

(i) 인간다운 생활의 의미는 인간의 존엄성에 상응하는 건강하고 문화적인 최저한의 생활을 말한다. 그런데 건강하고 문화적인 생활의 의미는 매우 불확정적이고 추상적인 개념이다. 이에 해당 국가의 정치·경제적인 현실에 비추어 어느 정도가 인간다운 생활을 할 수 있는 범주인지를 결정하여야 한다. 인간다운 생활이 단순히 사회학적 개념이 아니라 구체적인 권리로서 정립하기 위하여서는, 이의 실현을 위한 국가의 적극적인 의지가 있어야 한다. 또한 쟁송에 있어서도 어느 정도의 구체적인 기준은 제시될 수 있어야 한다. 그것이 바로 최소한의 생활수준이라는 의미로 부각된다.

(ii) 최소한의 의미는 생물학적인 최저생존, 인간다운 최저생존, 이상적인 인간다운 최저생존 등의 차원에서 각기 이해할 수 있다. 생각건대 현실적으로 이상향만을 추구할 수는 없으므로, 인간이 정상적인 사회활동을 할 수 있는 정도의 인간다운 최저생존의 의미로 이해할 수밖에 없다.

2. 인간다운 생활을 할 권리의 구체적 내용

(i) 인간다운 생활을 할 권리가 사회권(생존권)의 이념적 기초로서 원리적 규정이라면, 기타 생존권에 관한 헌법의 규정은 이를 실현하기 위한 구체적 규정이다. 그것은 사회보장수급권(제34조 제2항-6항), 교육을 받을 권리(제21조), 근로의 권리(제32조), 근로3권(제33조), 환경권(제35조), 보건권(제36조 제3항) 등이다.

(ii) 한편, 비록 기본권으로서 헌법에 규정되어 있지는 아니하지만 제9장(경제)의 사회적 시장경제질서를 실천하기 위한 일련의 규정은 사회권(생존권)과도 간접적으로 연계되는 사항이다. 예컨대 경제에 대한 국가적 규제와 조정(제119조 제2항)을 비롯하여 농어민보호(제123조 제4항), 소비자보호운동의 보장(제124조) 등이 있다.

VI. 인간다운 생활을 할 권리의 제한과 한계

인간다운 생활을 할 권리도 다른 기본권과 마찬가지로 헌법 제37조 제2항의 일반원리에 따른 제한이 가능하다. 하지만, 인간다운 생활을 할 권리를 보장하기 위한 입법은 그 자체가 공공복리의 실현에 해당하므로, 법률로써 제한하기에 적합하지 아니한 기본권이라는 견해도 있다.

Ⅶ. 인간다운 생활을 할 권리의 침해와 구제

1. 입법에 의한 침해와 구제

인간다운 생활을 할 권리는 불완전한 구체적 권리로서의 성격을 가지므로 이에 대한 침해는 개별적인 입법과 관련될 수밖에 없다. 이때 입법이 일정한 범위와 기준을 벗어났을 때 인간다운 생활을 할 권리의 침해로 보아야 한다. 그에 관한 기준은 헌법상 인간의 존엄과 가치·행복추구권에 기초하여야 한다. 따라서 인간다운 생활을 할 권리를 침해당한 기본권주체는 위헌법률심판제청신청권, 위헌·위법한 명령·규칙에 대한 심사청구권을 행사할 수 있다.

생계급여를 지급함에 있어 자활사업 참가조건의 부과를 유예할 수 있는 대상자에 '대학원 재학생'과 '고아'를 포함시키지 아니한 국민기초생활 보장법 시행령은 평등권과 인간다운 생활을 할 권리를 침해하지 아니한다(헌재 2017.11.30. 2016헌마448, 국민기초생활보장법 제15조 위헌확인(기각,각하)).

2. 입법부작위에 의한 침해와 구제

사회권(생존권)은 비록 불완전한 성격이 있기는 하지만, 구체적 권리로서의 성격을 가진다. 사회권의 실현을 위한 입법작위의무에 대하여 입법부가 법률을 전혀 제정하지 아니하거나 불충분한 법률을 제정함으로써 인간다운 생활을 영위할 수 없을 경우에 국민은 생존권침해를 이유로 헌법소원을 제기할 수 있다.

그런데 헌법재판소는 본래의 의미의 헌법소원의 대상이 되는 입법부작위는 진정입법부작위에 한정하고 그 대상 또한 매우 제한적으로 인정된다.

제 3 절 사회보장수급권

Ⅰ. 의 의

헌법상 인간다운 생활을 할 권리(제34조 제1항)는 사회권(생존권)의 기본적이고 원칙적인 규정이다. 사회보장수급권(社會保障需給權)은 인간다운 생활을 할 권리를 구현하기 위한 독자적인 개별적 기본권이다(제34조 제2항). 오늘날 복지국가·급부국가·사회국가원리의 강화에 따라 사회보장수급권의 중요성이 증가하고 있을 뿐만 아니라 독자적인 법학의 한 분과로서 사회보장법학이 정립되고 있다.[1]

Ⅱ. 사회보장수급권의 법적 성격

사회보장수급권은 국가에 대하여 적극적으로 사회보장적인 급부를 요구할 수 있는 권리이다(헌재 2003.9.25. 2000헌바94등, 공무원연금법 제47조 제3호 위헌소원 등: 퇴직 후 소득발생시 퇴직연금수급권의 일부 지급정지(합헌)). 그것은 인간의 생존을 위하여 요구되는 권리이며, 본질적으로 사회권(생존권)의 법적 성격과 같다. 비록 사회보장수급권이 경제적 약자의 경제적 자유를 향한 경제적 기본권의 성격도 가지기는 하지만 그 본질은 사회권(생존권)에 기초한다.

"사회보장수급권은 헌법 제34조 제1항 및 제2항 등으로부터 개인에게 직접 주어지는 헌법적 차원의 권리라거나 사회적 기본권의 하나라고 볼 수는 없고, 다만 위와 같은 사회보장·사회복지 증진의무를 포섭하는 이념적 지표로서의 인간다운 생활을 할 권리를 실현하기 위하여 입법자가 입법재량권을 행사하여 제정하는 사회보장입법에 그 수급요건, 수급자의 범위, 수급액 등 구체적인 사항이 규정될 때 비로소 형성되는 법률적 차원의 권리에 불과하다"(헌재 2003.7.24. 2002헌바51, 산업재해보상보험법 제5조 단서 등 위헌소원(합헌,각하)).

---

1) 홍석한, "지능정보사회에서 사회보장 영역의 정보화와 기본권 보호", 헌법학연구 29-3; 김수연, "다문화사회에서 외국인 사회보장의 헌법적 쟁점, 현황 및 과제", 헌법학연구 29-4; 권건보, "교통약자의 이동권 보장에 관한 헌법적 검토", 공법연구 53-3.

Ⅲ. 사회보장수급권의 주체

사회보장수급권은 인간다운 생활을 할 권리로서의 성격을 가진다. 다만, 사회권의 본질에 따라 국가 내적인 국민의 권리로 보아야 한다. 사회보장수급권은 자연인의 권리이기 때문에 법인에게는 인정되지 아니한다.

Ⅳ. 사회보장수급권

(i) 헌법은 국가의 사회보장·사회복지의 증진에 노력할 의무를 규정하므로, 대국가적 효력을 인정하는 데 이의가 없다. 이는 모든 국가기관을 기속하지만, 그 기속의 의미는 국가기관에 따라서 동일하지 아니하다(헌재 1997.5.29. 94헌마33, 1994년 생계보호기준 위헌확인(기각)).

(ii) 사회보장은 원칙적으로 국가가 부담하는 의무이지만 사인 사이에도 예외적으로 적용될 수 있다. 비록 국가기관은 아니지만 사회보장기관의 증대로 이들 기관을 매개로 하여 사회보장수급권의 효력이 사적 기관에도 적용될 수 있다. 따라서 대사인적 효력은 한정적으로 간접적용된다.

Ⅴ. 사회보장수급권의 내용

1. 사회보장·사회복지

(i) "국가는 사회보장·사회복지의 증진에 노력할 의무를 진다"(제34조 제2항). '국가의 사회보장·사회복지증진 의무'는 국가가 물질적 궁핍이나 각종 재난으로부터 국민을 보호할 의무로서 헌법 제34조 제1항의 인간다운 생활을 할 권리의 구체적 실현을 위한 수단적 성격을 가진다(헌재 2011.3.31. 2009헌마617, 국민기초생활 보장법 시행령 제2조 제2항 제3호 위헌확인 등(기각)).

(ii) 헌법이념을 구체화하고 사회보장에 관한 국민의 권리와 국가 및 지방자치단체의 책임을 정하고 사회보장제도에 관한 기본적인 사항을 규정함으로써 국민의 복지증진에 기여함을 목적으로 사회보장기본법이 제정되었다. "사회보장은 모든 국민이 다양한 사회적 위험으로부터 벗어나 행복하고 인간다운 생활을 향유할 수 있도록 자립을 지원하며, 사회참여·자아실현에 필요한 제도와 여건을 조성하여 사회통합과 행복한 복지사회를 실현하는 것을 기본 이념으로 한다"(제2조).

(iii) "'사회보장'이란 출산, 양육, 실업, 노령, 장애, 질병, 빈곤 및 사망 등의 사

회적 위험으로부터 모든 국민을 보호하고 국민 삶의 질을 향상시키는 데 필요한 소득·서비스를 보장하는 사회보험, 공공부조, 사회서비스를 말한다"(제3조 제1호). 현행 법체계상 사회보장기본법은 인간다운 생활을 할 권리를 구현하기 위한 사회보장에 관련된 기본법이며, 이에 따라 그 내용은 헌법 제34조 제2항뿐만 아니라 제34조 제3항 이하에 관련된 내용도 포괄한다. 그 밖에도 '국민기초생활 보장법'·국민건강보험법 등이 제정되어 있다.

합헌판례

사회보험의 목적은 국민 개개인에게 절실히 필요한 의료보험을 제공하고 보험가입자 간의 소득재분배 효과를 거두고자 하는 것이며, 이러한 목적은 동일위험집단에 속한 구성원에게 법률로써 가입을 강제하고 소득재분배를 하기에 적합한 방식으로 보험료를 부과함으로써 달성될 수 있다. "사회보험료란, 피보험자 또는 그 사용자가 보험자의 보험급여를 위한 재정을 충당할 목적으로 법률에 근거하여 납부하는 공과금이다. "사회보험법상의 지위는 청구권자에게 구체적인 급여에 대한 법적 권리가 인정되어 있는 경우에 한하여 재산권의 보호대상이 된다. 그러나 이 사건 적립금의 경우, … 사법상의 재산권과 비교될 만한 최소한의 재산권적 특성이 결여되어 있다. 따라서 의료보험조합의 적립금은 헌법 제23조에 의하여 보장되는 재산권의 보호대상이라고 볼 수 없다. 그리고 의료보험수급권은 의료보험법상 재산권의 보장을 받는 공법상의 권리이다. 그러나 적립금의 통합이 의료보험수급권의 존속을 위태롭게 하거나 의료보험법 제29조 내지 제46조에 규정된 구체적인 급여의 내용을 직장가입자에게 불리하게 변경하는 것이 아니므로, 적립금의 통합에 의하여 재산권인 의료보험수급권이 제한되는 것은 아니다." "국고지원에 있어서의 지역가입자와 직장가입자의 차별취급은 사회국가원리의 관점에서 합리적인 차별에 해당하는 것으로서 평등원칙에 위반되지 아니한다"(헌재 2000.6.29. 99헌마289, 국민건강보험법 제33조 제2항 등 위헌확인(기각)).

국가 등의 양로시설 등에 입소하는 국가유공자에게 부가연금, 생활조정수당 등 일부 연금이나 수당이 지급정지된다고 하여도 청구인들에게 기본연금이 계속 지급되며, 더구나 양로시설에서 무상으로 생활할 수 있게 된다는 점, 인간다운 생활이라고 하는 개념이 사회의 경제적 수준 등에 따라 달라질 수 있는 상대적 개념이라는 점을 고려하면, 헌법 제34조 제1항의 인간의 존엄에 상응하는 최소한의 물질생활의 보장을 내용으로 하는 인간다운 생활을 할 권리를 침해하였다고 볼 수 없다(헌재 2000.6.1. 98헌마216, 국가유공자등예우및지원에관한법률 제20조 제2항 등 위헌확인(기각,각하)).

산재피해 근로자에게 인정되는 산재보험수급권은 산재보험법에 의하여 비로소 구체화되는 법률상의 권리이며 개인에게 국가에 대한 사회보장·사회복지 또는 재해예방 등과 관련된 적극적 급부청구권이 인정되지 아니한다. 사회보장급여의 하나인 산재보험급여의 내용이나 발생시기, 징수방법 등을 구체적으로 확정하는 문제는 입법자에게 광범위한 입법형성의 자유가 주어진 영역이다(헌재 2005.7.21. 2004헌바2, 구 산업재해보상보험법 제10조 제2호 위헌소원(합헌)).

연금보험료를 낸 기간이 그 연금보험료를 낸 기간과 연금보험료를 내지 아니한 기간을 합산한 기간의 3분의 2보다 짧은 경우 유족연금 지급을 제한한 규정이 인간다운 생활을 할 권리 및 재산권을 침해하지 아니한다. [반대의견(1인)] 실제 납부기간을 고려하지 아니하고 일률적으로 연금보험료 납입비율에 따라 유족연금의 지급 여부 결정은 합리적인 기준에 의한 차별이라고 볼 수 없다(헌재 2020.5.27. 2018헌바129, 구 국민연금법 제85조 제2호 위헌소원(합헌)).

재혼으로 인한 유족연금수급권 상실은 헌법에 위반되지 아니한다(합헌4:헌법불합치,잠정적용5)(헌재 2022.8.31. 2019헌가31, 구 공무원연금법 제59조 제1항 제2호 위헌제청(합헌)). [반대의견] 구체적인 사정을 전혀 고려하지 않고 일률적으로 영구히 유족연금수급권 전부를 박탈시키므로 헌법에 합치되지 아니한다.

공무원연금법상 급여의 압류를 금지하는 조항에 대한 심판청구를 기각하고(4:5), 재판관 전원의 일치된 의견으로 지급된 급여 중 1개월간 생계비에 해당하는 금액의 압류를 금지하는 공무원연금법 조항에 대한 심판청구를 기각한다(헌재 2018.7.26. 2016헌마260, 공무원연금법 제32조 위헌확인(기각)).

국민연금 가입대상을 18세 이상 60세 미만 국민으로 제한(헌재 2001.4.26. 2000헌마390, 국민연금법 제6조 등 위헌확인(기각)), 퇴직연금수급자가 지방의회의원에 취임한 경우 그 재직기간 중 퇴직연금 전부의 지급을 정지(헌재 2017.7.27. 2015헌마1052, 공무원연금법 제47조 제1항 제2호 위헌확인(기각)), 연금인 급여를 전국소비자물가변동률에 따라 매년 증액 또는 감액하도록 하는 공무원연금법을 일정기간을 정하여 적용하지 아니하도록 한 것(헌재 2017.11.30. 2016헌마101등, 공무원연금법 부칙 제5조 위헌확인(기각)), 공무원 퇴직연금의 수급요건을 재직기간 20년에서 10년으로 완화(헌재 2017.5.25. 2015헌마933, 입법부작위 위헌확인 등(기각)), 장기급여에 대한 권리를 5년간 행사하지 아니하면 시효로 소멸(헌재 2017.12.28. 2016헌바341, 사립학교교직원 연금법 제54조 제1항 위헌소원(합헌)), 퇴직연금 수급자가 유족연금을 함께 받게 된 경우 그 유족연금액의 2분의 1을 빼고 지급(헌재 2020.6.25. 2018헌마865, 공무원연금법 제45조 제4항 위헌확인(기각)).

그 밖에도 60세 이상에 대한 국민연금 가입 제한, 2개 이상 수급권발생 시 일부의 지급정지, 공무원유족연금 수급대상에서 18세 이상인 자 제외, 공무원연금 지급을 보수연동에서 물가연동으로 전환, 지역의료보험조합과 직장의료보험조합의 통합, 휴직자에게 휴직 전월의 표준보수월액 기준 보험료 부과, 연금 외 일정 소득에 따라 퇴직연금 중 일부 지급정지를 기 퇴직자에게도 적용, 산업재해보상보험법 소정의 유족 범위에 직계혈족의 배우자 불포함 등은 헌법에 위반되지 아니한다.

위헌판례

"의료보험법상의 보험급여는 가입자가 기여금의 형태로 납부한 보험료에 대한 반대급부의 성질을 갖는 것이고 본질상 보험사고로 초래되는 가입자의 재산상의 부담을 전보하여 주는 경제적 유용성을 가지므로 의료보험수급권은 재산권의 성질을 갖는다"(헌재 2003.12.18. 2002헌바1, 구 국민의료보험법 제41조 제1항 등 위헌소원(위헌)). 즉 "법률에 의하여 구체적으로 형성된 의료보험수급권에 대하여 헌법재판소는 이를 재산권의 보장을 받는 공법상의 권리로서(헌재 2000.6.29. 99헌마289) 헌법상의 사회적 기본권의 성격과 재산권의 성격을 아울러 지니고 있다고 보므로(헌재 1999.4.29. 97헌마333), 보험급여를 받을 수 있는 가입자가 만일 계쟁조항에 의하여 보험급여를 받을 수 없게 된다면 이것은 헌법상의 재산권과 사회적 기본권에 대한 제한이 된다."

지방의회의원으로서 받게 되는 보수가 연금에 미치지 못하는 경우에도 연금 전액의 지급을 정지하는 것은 재산권을 과도하게 제한한다(6:3) 이는 위 합헌판례를 변경한 사례이다(헌재 2022.1.27. 2019헌바161, 구 공무원연금법 제47조 제1항 제2호 등 위헌소원(헌법불합치,적용중지)).

군인연금법상 퇴역연금 수급자가 지방의회의원에 취임한 경우, 퇴역연금 전부의 지급을 정지하도록 한 규정은 과잉금지원칙에 위반되어 퇴역연금 수급자의 재산권을 침해하므로 헌법에 합치하지 아니한다(8:1)(헌재 2024.4.25. 2022헌가33, 군인연금법 제27조 제1항 제2호 위헌제청(헌법불합치, 적용중지)).

퇴역연금 지급정지대상기관을 국방부령으로 정하도록 위임하고 퇴역연금 지급정지의 요건 및 내용을 대통령령으로 정하도록 위임하고 있는 규정이 포괄위임금지의 원칙에 위반된다(헌재 2005.12.22. 2004헌가24, 구 군인연금법 제21조 제5항 제3호 위헌제청(위헌)).

공무원의 퇴직연금을 지급정지하는 대상기관을 총리령에, 지급정지의 요건과 내용을 대통령령으로의 위임은 포괄위임입법금지원칙에 위반된다(헌재 2005.10.27. 2004헌가20, 구 공무원연금법 제47조 제2호 등 위헌제청(위헌)).

2. 여자의 복지와 권익향상

"국가는 여자의 복지와 권익의 향상을 위하여 노력하여야 한다"(제34조 제3항). 남녀평등을 적극적으로 국가생활 속에서 구현하고자 하는 헌법의 의지가 사회권(생존권)에서 강조된다. 헌법 제11조의 평등권과 사회권으로서 보장되는 헌법 제36조 제1항의 혼인과 가족생활의 양성평등 및 제2항의 모성보호와 함께 여성의 복지를 적극적으로 구현하고자 한다. 개별적 법률로는 한부모가족지원법, 모자보건법, 영유아보육법 등이 있다.

3. 노인과 청소년의 복지향상

"국가는 노인과 청소년의 복지향상을 위한 정책을 실시할 의무를 진다"(제34조 제4항). 노령화 사회에 따라 노인복지정책이 전 세계적인 관심사항으로 대두된다. 또한 미래의 어른인 청소년을 보호함으로써 청소년에게 인간으로서의 생존부담을 덜어주어야 한다. 개별적 법률로는 노인복지법 · 청소년 기본법 · 청소년 보호법 · 청소년복지 지원법 · 청소년활동 진흥법 · 아동복지법과 '장애인 · 노인 · 임산부 등의 편의증진 보장에 관한 법률' 등이 있다.

친권자 또는 후견인(법정대리인)의 대출 신청으로 인하여 아동이 자신 명의의 계좌로 대출금을 지급받은 대신 성인이 된 30세 이후, 자신이 신청하는데 관여하지 않은 대출의 상환의무를 부담한다. 이렇게 생활형편이 어려운 계층에 대한 지원을 무상의 보조금이 아닌 대출형태로 한 것에 대하여, 특히 유자녀는 물질적 생존뿐 아니라 인격발달을 위한 보호가 요청되는 등 특별한 집단인 '아동'(18세 미만의 자)에 해당하므로, 아동으로서의 인간다운 생활을 할 권리의 침해 여부를 판단함에 있어서는 아동의 최선의 이익에 반하는지 여부를 고려할 필요가 있다. 다만, 유자녀에 대하여 적기에 경제적 지원을 하는 동시에 자동차 피해지원사업의 지속가능성을 확보할 필요가 있는 점 등을 고려하여 유자녀 대출 상환의무가 헌법에 위배되지 아니한다. [반대의견] 생계가 어려운 아동의 불확실한 미래 소득을 담보로 하는 대출사업은 국가의 아동에 대한 부양과 양육의 책임과는 조화될 수 없다(5:4)(헌재 2024.4.25. 2021헌마473, 구 자동차손해배상 보장법 시행령 제18조 제1항 제2호 등 위헌확인(기각,각하)).

4. 장애자 등 생활능력이 없는 국민의 보호

"신체장애자 및 질병 · 노령 기타의 사유로 생활능력이 없는 국민은 법률이 정하는 바에 의하여 국가의 보호를 받는다"(제34조 제5항). 장애인에 대한 복지정책이 종래 매우 부진하였지만 이에 대한 적극적인 국가적 시책의 수립이 요망된다. 개별적 법률로는 '국민기초생활 보장법'과 장애인복지법 등이 제정되어 있다. 특히 '국민기초생활 보장법'에서는 최저생계비를 보장한다(제6조). 그 밖에도 특별법으로 '국가유공자 등 예우 및 지원에 관한 법률', '장애인 고용촉진 및 직업재활법', '장애인 · 노인 · 임산부 등의 편의증진 보장에 관한 법률', '장애인활동 지원에 관한 법률', '교통약자의 이동편의 증진법' 등이 있다.

장애인활동법의 활동지원급여와 노인장기요양보험법의 장기요양급여는 서로 취지를 달리하며, 급여의 내용 및 수급액 편차가 커진 상황이다. 그런데 65세 미만의 장애인 중 일정한 노인성 질병이 있는 사람은 장기요양인정을 신청할 수 있을 뿐, 일률적으로 활동지원급여 신청자격이 제한되었다. 장애인활동지원 제도가 장애인의 삶의 질과 건강한 삶에 가장 큰 영향을 미치는 장애인 관련 국가사업으로 평가받고 있는 만큼, 입법자로서는 장애인의 자립의지와 가능성, 생애주기를 포함한 사회 일반의 생활양태, 국가 재정상황, 전체적인 사회보장의 상태와 균형을 종합적으로 고려하여 합리적인 범위에서 수급자 선정이 이루어지도록 할 제도개선의 책임이 있다(헌재 2020.12.23. 2017헌가22, 장애인활동 지원에 관한 법률 제5조 제2호 본문 위헌제청(헌법불합치,잠정적용)).

장애인은 국가 · 사회의 구성원으로서 모든 분야의 활동에 참여할 권리를 가지고(장애인복지법), 인간으로서의 존엄과 가치 및 행복을 추구할 권리를 보장받기 위하여 장애인이 아닌 사람들이 이용하는 시설과 설비를 동등하게 이용하고 정보에 자유롭게 접근할 수 있는 권리를 가진다('장애인 · 노인 · 임산부 등의 편의증진 보장에 관한 법률'). '교통약자의 이동편의 증진법 시행규칙'은 표준휠체어를 사용할 수 없는 장애인(예: 침대형 휠체어 사용 장애인)은 특별교통수단을 이용할 수 없게 만들고 있는바, 이는 합리적 이유 없이 표준휠체어를 이용할 수 있는 장애인과 달리 취급하여 평등권을 침해한다(헌재 2023.5.25. 2019헌마1234, 입법부작위 위헌확인(헌법불합치,잠정적용)).

(1) 생활능력이 없는 국민에 대한 국가의 보호의무

국가의 사회보장증진의무와 관련하여 입법부와 행정부에 대하여는 행위의 지침 즉 행위규범으로서 작용하지만, 헌법재판에 있어서는 국가기관의 행위의 합헌성을 심사하는 통제규범으로 작용한다(헌재 1997.5.29. 94헌마33, 1994년 생계보호기준 위헌확인(기각)).

(2) 생계보호기준(生計保護基準)의 위헌 여부

헌법재판소는 생계보호기준의 구체적 설정은 입법재량사항이라고 판시한다.

"생활보호법에 근거하여 보건복지부장관이 정한 생계보호기준에 따라 행하여지는 생계보호는 … 사회부조의 전형적인 한 형태이다. 국가가 행하는 생계보호가 헌법이 요구하는 객관적인 최소한도의 내용을 실현하고 있는지의 여부는 결국 국가가 국민의 '인간다운 생활'을 보장함에 필요한 최소한도의 조치는 취하였는가의 여부에 달려있다고 할 것인바, '인간다운 생활'이란 그 자체가 추상적이고 상대적인 개념으로서 … 국가가 이를 보장하기 위한 생계보호수준을 구체적으로 결정함에 있어서는 국민 전체의 소득수준과 생활수준, 국가의 재정규모와 정책, 국민 각 계층의 상충하는 갖가지 이해관계 등 복잡하고도 다양한 요소들을 함께 고려하여야 한다. 따라서 생계보호의 구체적 수준을 결정하는 것은 입법부 또는 입법에 의하여 다시 위임을 받은 행정부 등 해당 기관의 광범위한 재량에 맡겨져 있다고 보아야 한다." 그러므로 보건복지부장관이 고시한 생활보호사업지침상의 "94년 생계보호기준"은 헌법상의 행복추구권과 인간다운 생활을 할 권리를 침해한 것으로 볼 수 없다(헌재 1997.5.29. 94헌마33(기각)).

보건복지부장관이 2002년도 최저생계비를 고시함에 있어 장애로 인한 추가지출비용을 반영한 별도의 최저생계비를 결정하지 않은 채 가구별 인원수만을 기준으로 최저생계비를 결정한 2002년도 최저생계비고시가 생활능력 없는 장애인가구 구성원의 인간의 존엄과 가치 및 행복추구권, 인간다운 생활을 할 권리와 평등권을 침해하지 아니한다(헌재 2004.10. 28. 2002헌마328, 2002년도 국민기초생활보장최저생계비 위헌확인(기각)).

그 밖에 국가유공자의 범위에 사후양자(死後養子) 불포함, 소방공무원과 경찰공무원의 차별, 시각장애 선거인 용 점자형 선거공보 1종을 책자형 선거공보 면수 이내에서 후보자가 임의작성 등은 합헌이다.

5. 재해예방과 위험으로부터 보호

"국가는 재해(災害)를 예방하고 그 위험으로부터 국민을 보호하기 위하여 노력하여야 한다"(제34조 제6항). 국가적 재앙은 전 국민의 생존에 연결되는 사안이다. 국가와 지방자치단체는 재난이나 그 밖의 각종 사고로부터 국민의 생명·신체 및 재산을 보호할 책무를 지고, 재난이나 그 밖의 각종 사고를 예방하고 피해를 줄이기 위하여 노력하여야 하며, 발생한 피해를 신속히 대응·복구하여 일상으로 회복할 수 있도록 지원하기 위한 계획을 수립·시행하여야 한다(재난 및 안전관리 기본법 제4조 제1항). 국가의 적극적인 시책의 수립과 더불어 불의의 국가적 재앙으로부터 국민을 보호하여야 할 국가의 적극적인 정책수립은 사회복지국가원리의 구현이기도 하다. 그것은 특히 청구권적 기본권으로 규정되어 있는 범죄피해자구조청구권(제30조)과도 직접 연계된다. 개별적 법률로는 '재난 및 안전관리 기본법', 재해구호법 등이 있다.

Ⅵ. 사회보장수급권의 제한과 한계

(i) 사회보장수급권의 제한은 헌법 제37조 제2항의 기본권제한의 일반원리에 따른다. 특히 인간다운 생활을 할 권리의 제한과 한계의 원리에 원칙적으로 따른다.

(ii) 한편, 사회급여청구권의 차등지급이 허용되는가에 관하여 논란이 있다. 생각건대 개인의 노력이나 금전적 기여를 통한 사회급여청구권(연금수급권·산재보상보험청구권)은 헌법상의 재산권으로 차등지급이 허용되지 아니하나, 국가가 일방적으로 지급하는 사회급여(사회원호급여 등)는 합리적인 범위 안에서 차등지급이 가능하다고 본다. 또한 지급대상자의 연령범위 등은 법상 위임의 범위를 벗어날 수 없다.

"주택조합(지역조합과 직장조합)의 조합원자격을 무주택자로 한정하고 있는 주택건설촉진법 제3조 제9호는 우리 헌법이 전문에서 천명한 사회국가, 복지국가, 문화국가의 이념과 그 구현을 위한 사회적 기본권조항인 헌법 제34조 제1·2항, 제35조 제3항의 규정에 의하여 국가에게 부과된 사회보장의무의 이행과 국민의 주거확보에 관한 정책시행을 위한 정당한 고려하에서 이루어진 것으로서 조합원자격에서 유주택자를 배제하였다고 해서 그것이 인간의 존엄성이라는 헌법이념에 반하는 것도 아니고 우선 무주택자를 해소하겠다는 주택건설촉진법의 목적달성을 위하여 적정한 수단이기도 하므로 이는 합리적 근거있는 차별이어서 헌법의 평등이념에 반하지 아니하고 그에 합치된 것이며 헌법 제37조 제2항의 기본권제한과잉금지의 원칙에도 저촉되지 아니한다"(헌재 1994.2.24. 92헌바43, 주택건설촉진법 제3조 제9호 위헌확인(합헌). 동지: 헌재 1994.7.29. 92헌바49 등, 택지소유상한에관한법률 위헌판단 이유).

참전명예수당은 국가보훈적 성격과, 수급권자의 생활보호를 위한 사회보장적 의미를 동시에 가진다. 그러므로 참전유공자 중 70세 이상자에게 참전명예수당을 지급하는 규정은 헌법상 평등권, 인간다운 생활을 할 권리, 행복추구권 등을 침해하지 아니한다(헌재 2003.7.24. 2002헌마522등, 참전유공자예우에관한법률 제6조 제1항 위헌확인(기각)); 국가유공자의 상이등급에 따른 연금지급차등은 합헌이다(헌재 2003.5.15. 2002헌마90, 국가유공자등예우및지원에관한법률시행령 제22조 위헌확인(기각)).

공무원연금법상 분할연금액은 퇴직연금액을 균등하게 나눈 금액으로 하되 당사자들의 협의 또는 법원 판결에 의한 분할비율의 조정(調停)을 허용한 것이 입법재량의 한계를 일탈하였다고 볼 수 없다(헌재 2018.4.26. 2016헌마54, 공무원연금법 제46조의4 등 위헌확인(각하,기각)).

기초생활보장제도의 보장단위인 개별가구에서 교도소·구치소에 수용 중인 자를 제외하도록 규정한 '국민기초생활 보장법 시행령' 중 "'형의 집행 및 수용자의 처우에 관한 법률'에 의한 교도소·구치소에 수용 중인 자" 부분이 교도소·구치소에 수용 중인 자를 기초생활보장급여의 지급 대상에서 제외시킴으로써 헌법상 용인될 수 있는 재량의 범위를 일탈하여 인간다운 생활을 할 권리를 침해한다고 볼 수 없다(헌재 2011.3.31. 2009헌마617등, 국민기초생활 보장법 시행령 제2조 제2항 제3호 위헌확인 등(기각)).

재요양의 요건은 그 의미가 명확하며, 단지 고정된 증상의 악화를 방지하기 위한 치료만 필요한 경우로서 재요양의 대상이 되지 아니하는 경우에도 산재보험법상 장해급여나 '합병증 등 예방관리사업'을 통한 의료적 조치를 받을 수 있으므로 명확성원칙, 인간다운 생활을 할 권리, 포괄위임금지원칙을 침해하지 아니한다(헌재 2018.12.27. 2017헌바231, 산업재해보상보험법 제51조 제1항 등 위헌소원(합헌)).

노인복지법에 따른 노인복지법시행령은 "노령수당의 지급대상자의 연령범위에 관하여 위 법 조항과 동일하게 '65세 이상의 자'로 규정한 다음 지급대상자의 선정기준과 그 지급대상자에 대한 구체적인 지급수준(지급액) 등의 결정을 보건사회부장관에게 위임하고 있는데, 지급대상자의 최저연령을 법령상의 규정보다 높게 정하는 등 노령수당의 지급대상자의 범위를 법령의 규정보다 축소·조정하여 정할 수는 없다 … 노령수당의 지급대상자를 '70세 이상'으로 규정한 부분은 법령의 위임한계를 벗어난 것이어서 그 효력이 없다"(대판 1996.4.12. 95누7727).

분할연금제도 그 자체는 위헌이 아니지만, 분할연금을 산정함에 있어 법률혼 관계에 있었지만 별거·가출 등으로 실질적인 혼인관계가 존재하지 아니하였던 기간을 전혀 고려하지 아니하고 일률적으로 혼인기간에 포함시키도록 하는 점에 위헌성이 있다(헌재 2016.12.29. 2015헌바182, 국민연금법 제64조 위헌소원(헌법불합치,잠정적용)).

종전 헌법불합치결정 이후, 신법 조항 시행 전에 분할연금 지급 사유가 발생한 자에 대하여, 실질적인 혼인관계가 해소되어 분할연금의 기초가 되는 노령연금 수급권 형성에 아무런 기여가 없었던 배우자에게 일률적으로 분할연금이 지급되지 않도록 규정한 신법 조항을 적용하지 않은 것이 평등원칙에 위반된다(헌재 2024.5.30. 2019헌가29, 국민연금법 부칙 제2조 위헌제청(헌법불합치,적용중지)).

"어떠한 질병 또는 부상이 공무수행 중에 발생하였고, 그로 인하여 장애 상태에 이른 것이 분명하다면, '퇴직 후 신법 조항 시행일 전에 장애 상태가 확정된 군인'과 '퇴직 후 신법 조항 시행일 이후에 장애 상태가 확정된 군인'은 모두 공무상 질병 또는 부상으로 인하여 장애 상태에 이른 사람으로서, 장애에 노출될 수 있는 가능성 및 위험성, 장애가 퇴직 이후의 생활에 미치는 영향, 보호의 필요성 등의 측면에서 본질적인 차이가 없다. 퇴직 후 장애 상태가 확정된 군인에 대하여 그 장애 상태의 확정시기가 신법 조항 시행일 전이라는 이유만으로 상이연금을 전혀 지급하지 않는 것은 종전 헌법불합치결정의 취지에도 어긋난다"(헌재 2016.12.29. 2015헌바208등, 구 군인연금법 제23조 제1항 등 위헌소원(헌법불합치,잠정적용)).

Ⅶ. 사회보장수급권의 침해와 구제

사회보장청구권에 대한 기본권 침해와 구제는 인간다운 생활을 할 권리에 관한 침해와 구제에 관한 원리에 따른다.

제 4 절 교육을 받을 권리와 교육의 자유

Ⅰ. 의 의

1. 교육과 교육이념

(ⅰ) 교육이란 인간의 인격과 능력을 고양하는 인간 가치의 형성 과정이며 사회개조의 수단으로서, 가정 · 학교 · 사회에서 사회발전을 꾀하는 작용이다.

(ⅱ) "교육은 홍익인간(弘益人間)의 이념 아래 모든 국민으로 하여금 인격을 도야(陶冶)하고 자주적 생활능력과 민주시민으로서 필요한 자질을 갖추게 함으로써 인간다운 삶을 영위하게 하고 민주국가의 발전과 인류공영(人類共榮)의 이상을 실현하는 데에 이바지하게 함을 목적으로 한다"(교육기본법 제2조).

"교육의 목적은 국민 개개인의 타고난 소질을 계발하여 인격을 완성하게 하고, 자립생활을 할 능력을 증진시킴으로써 인간다운 생활을 누릴 수 있게 하는 데에 있다(헌재 1991.7.22. 89헌가106)" (헌재 1999.3.25. 97헌마130, 지방교육자치에 관한법률 제44조의2 제2항 위헌확인(기각)).

2. 교육기본권으로의 확대

(ⅰ) 헌법상 '교육(敎育)을 받을 권리'는 다른 기본권의 예와 같이 '교육의 권리', '교육권'이라 하지 아니하고 '교육을 받을 권리'로 규정한다. 하지만, 이러한 표현에 구속되지 아니하고 노동기본권 등의 표현과 같은 맥락에서 '교육기본권' 내지 '교육권'으로 이해하려는 태도는 충분히 수긍이 간다.[1)]

"교육기본권은 학습권과 교육권을 포괄하는 상위개념으로서 구체적인 관련당사자들의 권리의무관계를 명확히 제시해 줄 기준으로서의 의미를 가질 수 있을 것이다. 따라서 종래의 역사적 과정에서 '교육에 관한 권리의 총칭'으로서 사용되었던 것과 같은 광의의 교육권과 구별하여, 협의의 교육권은 '국민의 교육기본권을 실현하기 위해 각 주체(관련당사자)가 가질 수 있는 개별 · 구체적 권리 또는 권한'을 의미할 수 있다."

(ⅱ) 이렇게 이해할 경우 교육을 받을 권리에서 설명하는 교육을 할(시킬) 자

1) 신현직, 교육기본권에 관한 연구, 서울대 박사학위논문, 1990.8, 74-82면; 노기호, 교원의 교육권에 관한 연구, 한양대 박사학위논문, 1998; 정필운, 전환기의 교육헌법, 박영사; 정인경, 교육을 받을 권리에 관한 연구: 헌법 제31조 해석을 중심으로, 이화여대 박사학위논문, 2023.8; 김하열, "교육을 받을 권리의 자유권적 성격", 헌법학연구 22-3.

유 즉 교육의 자유도 개별적 기본권으로서의 교육의 권리와 자유에서 종합적으로 설명할 수 있게 된다. 그리하여 좁은 의미의 수학권(修學權)에서 넓은 의미의 교육기회제공청구권까지 포괄하는 교육의 자유와 권리의 정립이 가능하다(권영성 666면).

(iii) 생각건대 헌법 제31조의 교육에 관한 규정을 종합적으로 이해하여 이를 교육의 자유와 권리라는 기본권으로 파악하는 것이 헌법문언에 따른 '교육을 받을 권리'로 이해하는 것보다 오히려 바람직하다고 본다.

3. 교육을 받을 권리의 의의와 기능

헌법상 '교육을 받을 권리'는 교육의 자유와 권리로 이해할 수 있다. '교육을 받을 권리'는 사회국가·복지국가의 이념을 실현하는 의의와 기능을 가진다.

> "교육을 받을 권리는, 첫째 교육을 통해 개인의 잠재적인 능력을 계발시켜 줌으로써 인간다운 문화생활과 직업생활을 할 수 있는 기초를 마련해 주고, 둘째 문화적이고 지적인 사회풍토를 조성하고 문화창조의 바탕을 마련함으로써 헌법이 추구하는 문화국가를 촉진시키고, 셋째 합리적이고 계속적인 교육을 통해서 민주주의가 필요로 하는 민주시민의 윤리적 생활철학을 어렸을 때부터 습성화시킴으로써 헌법이 추구하는 민주주의의 토착화에 이바지하고, 넷째 능력에 따른 균등한 교육을 통해서 직업생활과 경제생활의 영역에서 실질적인 평등을 실현시킴으로써 헌법이 추구하는 사회국가, 복지국가의 이념을 실현하는 의의와 기능을 가진다"(헌재 1994.2.24. 93헌마192, 교육법 제96조 제1항 위헌확인(기각)).

4. 헌법상 보장

"헌법 제31조 제1항은 '모든 국민은 능력에 따라 균등하게 교육을 받을 권리를 가진다"라고 규정하여 국민의 교육을 받을 권리(修學權)를 보장한다. "이 권리는 통상 국가에 의한 교육조건의 개선·정비와 교육기회의 균등한 보장을 적극적으로 구할 수 있는 권리로 이해되고 있다. 수학권의 보장은 인간으로서의 존엄과 가치를 가지며 행복을 추구하고(헌법 제10조 전문) 인간다운 생활을 영위하는 데(헌법 제34조 제1항) 필수적인 조건이자 대전제이다. 헌법 제31조 제2항 내지 제6항 소정의 교육을 받게 할 의무, 의무교육의 무상, 교육의 자주성·전문성·정치적 중립성 및 대학의 자율성, 평생교육진흥, 교육제도와 그 운영·교육재정 및 교원지위법률주의 등은 수학권의 효율적인 보장을 위한 규정이다"(헌재 1999.3.25. 97헌마130, 지방교육자치에 관한법률 제44조의2 제2항 위헌확인(기각)).

Ⅱ. 교육을 받을 권리의 법적 성격

(i) 교육을 받을 권리를 수학권(修學權)으로 좁게 이해하면 법적 성격이 사회권(생존권)으로 한정된다. 교육을 받을 권리를 사회권으로 이해할 경우 사회권의 법적 성격에 따라 추상적 권리성과 구체적 권리성이 문제된다. 헌법재판소는 교육을 받을 권리는 사회권으로 보면서, 의무교육무상제도와 관련하여 무상초등교육을 받을 권리는 구체적 권리이나, 무상중등교육을 받을 권리는 추상적 권리라고 판시한다(헌재 1991.2.11. 90헌가27, 교육법 제8조의2에 관한 위헌심판(합헌)).

(ii) 그러나 교육을 받을 권리를 국가로부터 방해당하지 아니할 교육의 자유까지 포괄하는 개념으로 넓힐 경우에 교육을 받을 권리는 자유권적 성격도 동시에 가지며, 그것은 곧 교육의 자유의 헌법상 근거규정이 된다.

헌법 제31조 제1항의 교육을 받을 권리는, 국민이 능력에 따라 균등하게 교육받을 것을 공권력에 의하여 부당하게 침해받지 않을 권리와, 국민이 능력에 따라 균등하게 교육받을 수 있도록 국가가 적극적으로 배려하여 줄 것을 요구할 수 있는 권리로 구성되는바, 전자는 자유권적 기본권의 성격이, 후자는 사회권적 기본권의 성격이 강하다. 그런데 검정고시응시자격 제한은, 국민의 교육받을 권리 중 그 의사와 능력에 따라 균등하게 교육받을 것을 국가로부터 방해받지 않을 권리, 즉 자유권적 기본권을 제한하는 것이므로, 헌법 제37조 제2항의 비례원칙에 의한 심사를 받아야 한다. 고시 공고일을 기준으로 고등학교에서 퇴학된 날로부터 6월이 지나지 아니한 자를 고등학교 졸업학력 검정고시를 받을 수 있는 자의 범위에서 제외하고 있는 고등학교 졸업학력 검정고시 규칙은 위임입법의 한계를 일탈하지 아니한다(헌재 2008.4.24. 2007헌마1456, 고등학교 졸업학력 검정고시 규칙 제10조 제1항 위헌확인(기각)).

Ⅲ. 교육을 받을 권리의 주체

1. 의 의

교육을 받을 권리의 주체는 자연인으로서의 국민이다. 수학권의 주체는 개개 국민이고, 교육기회제공청구권의 주체는 학령아동(學齡兒童)의 부모 등 보호자이다.

그러나 교육실시의 주체는 국민과 그 대표자인 국가가 공유한다. 이에 따라 일정한 범위 안에서 국가의 일정한 교육내용의 결정권, 양친(兩親)의 교육의 자유, 사학교육의 자유, 교사의 교육의 자유를 인정하여야 한다.

2. 헌법상 부모의 '교육을 받을 권리'의 기본권주체성

1948년 세계인권선언 제26조 제3항에서는 "부모는 그 자녀에게 부여할 교육의 종류를 선택할 우선적 권리를 가진다"라고 하여 부모의 교육에 관한 권리를 규정한다. 또한 1959년 국제연합 아동권리선언 제7조 제2항에서는 "아동의 교육 및 지도에 대하여 책임을 지는 자는, 아동의 최선의 이익을 그 지도원칙으로 하지 아니하면 아니 된다. 그 책임은 우선 일차적으로 아동의 부모에게 있다"라고 규정한다. 나아가서 1989년 3월 8일 국제연합인권위원회가 채택한 '어린이의 권리에 관한 조약안'에서도 자녀의 양육과 발달에 관한 부모의 제1차적 책임(제18조 제1항)을 인정하고, 그 책임에 대하여 국가가 적당한 원조를 할 의무(제2항)를 규정한다. 또한 독일기본법에서는 자녀교육에 관한 부모의 권리를 명시한다: "자녀의 부양과 교육은 부모의 자연적 권리이며 또한 부모에게 부과된 제1차적 의무이다. 그 실행에 대하여는 국가적 공동체가 감시한다"(제6조 제2항).

(i) 헌법 제31조 제1항의 "모든 국민은 능력에 따라 균등하게 교육을 받을 권리를 가진다"라는 규정은 교육에 관한 원칙 규정이다. 제2항의 "모든 국민은 그 보호하는 자녀에게 적어도 초등교육과 법률이 정하는 교육을 받게 할 의무를 진다"라는 규정은 교육의 의무에 관한 규정이다. 이와 같이 헌법의 교육에 관한 권리 및 의무조항에서는 부모의 교육에 관한 권리에 대하여 직접적인 언급은 없고, 다만 간접적으로 "모든 국민은 그 보호하는 자녀"라는 표현을 통하여 부모의 교육의 의무를 규정할 뿐이다. 이에 따라 헌법 제31조에서 규정하는 교육을 받을 권리에 관하여 부모를 기본권주체로 인정할 것인지 여부에 관하여 논란이 제기될 수 있지만, 헌법재판소는 부모도 교육을 받을 권리의 주체가 된다고 판시한다.

"이 사건 규정과 청구인(부모)이 자녀를 교육시킬 학교를 선택할 수 있는 권리를 포함하는 교육을 받을 권리 등 청구인이 주장하는 기본권의 침해 사이에는 헌법소원심판청구시 요구되는 자기관련성 및 직접관련성이 인정된다"(헌재 1995.2.23. 91헌마204, 교육법시행령 제71조 등에 대한 헌법소원(기각)).

"자녀의 양육과 교육은 일차적으로 부모의 천부적인 권리인 동시에 부모에게 부과된 의무이기도 하다. '부모의 자녀에 대한 교육권'은 비록 헌법에 명문으로 규정되어 있지는 아니하지만, 이는 모든 인간이 누리는 불가침의 인권으로서 혼인과 가족생활을 보장하는 헌법 제36조 제1항, 행복추구권을 보장하는 헌법 제10조 및 '국민의 자유와 권리는 헌법에 열거되지 아니한 이유로 경시되지 아니한다'고 규정하는 헌법 제37조 제1항에서 나오는 중요한 기본권이다." "학교교육에 관한 한, 국가는 헌법 제31조에 의하여 부모의 교육권으로부터 원칙적으로 독립된 독자적인 교육권한을 부여받음으로써 부모의 교육권과 함께 자녀의 교육을 담당하지만, 학교 밖의 교육영역에서는 원칙적으로 부모의 교육권이 우위를 차지한다. 학원의설립·운영에관한법률 제3조에 의하여 제한되는 기본권은, 배우고자 하는 아동과 청소년의 인격의 자유로운 발현권, 자녀를 가르치고자 하는 부모의 교육권, 과외교습을 하고자 하는 개인의 직업선택의 자유 및 행복추구권이다." "과외교습과 같은 사적으로 이루어지는 교육을 제한하는 경우에는 특히 자녀인격의 자유로운 발현권과 부모의 교육권"에 대한 국가의 규율에 한계가 있으므로, 비례의 원칙을 준수하여야 한다(헌재 2000.4.27. 98헌가16등, 학원의설립·운영에관한법률 제22조 제1항 제1호 등 위헌제청, 학원의설립·운영에관한법률 제3조 등 위헌확인(위헌)).

부모의 자녀에 대한 교육권은 비록 헌법에 명문으로 규정되어 있지는 아니하지만, 혼인과 가족생활을 보장하는 헌법 제36조 제1항, 행복추구권을 보장하는 헌법 제10조 및 헌법 제37조 제1항에서 나오는 중요한 기본권이며, 이러한 부모의 자녀교육권이 학교영역에서는 자녀의 교육진로에 관한 결정권 내지는 자녀가 다닐 학교를 선택하는 권리로 구체화된다. 고교평준화지역에서 일반계 고등학교에 진학하는 학생을 교육감이 학교군별로 추첨에 의하여 배정하도록 하는 초·중등교육법시행령이 학부모의 자녀 학교선택권을 침해하지 아니한다. 학교선택권을 법률이 아닌 대통령령으로 제한한 것은 법률유보의 원칙 및 수권법률의 위임 범위를 일탈하지 아니한다(헌재 2009.4.30. 2005헌마514, 초·중등교육법시행령 제84조 위헌확인(기각)).

부모는 어떠한 방향으로 자녀의 인격이 형성되어야 하는가에 관하여 목표를 정하고, 자녀의 개인적 성향, 능력 등을 고려하여 교육목적을 달성하기에 적합한 수단을 선택할 권리를 가진다 할 것이며, 그러한 인격의 형성과 긴밀한 관련을 가지는 국어교육에 있어 지역 공동체의 정서와 문화가 배어있는 방언에 기초한 교육을 할 것인가, 표준어에 기초한 교육을 할 것인가를 결정할 수 있는 것으로서, 이는 자녀 교육권의 한 내용이라 할 수 있다. 표준어를 '교양 있는 사람들이 두루 쓰는 현대 서울말로 정함을 원칙'으로 하고 있는 표준어 규정과 공공기관의 공문서를 표준어 규정에 맞추어 작성하도록 하는 구 국어기본법 및 초·중등교육법상 교과용 도서를 편찬하거나 검정 또는 인정하는 경우 표준어 규정을 준수하도록 하는 것이 과잉금지원칙에 위배되어 행복추구권을 침해하는 것으로 보기 어렵다(헌재 2009.5.28. 2006헌마618, 표준어 규정 제1장 제1항 등 위헌확인(각하, 기각)).

학교교과교습학원 및 교습소의 교습시간을 05:00부터 22:00까지 규정하고 있는 '서울특별시 학원의 설립·운영 및 과외교습에 관한 조례는 인격의 자유로운 발현권, 자녀교육권, 직업의 자유를 침해하지 아니한다(헌재 2009.10.29. 2008헌마635, 서울특별시 학원의 설립·운영 및 과외교습에 관한 조례 제5조 제1항 전문 위헌확인(기각)).

(ii) 헌법재판소는 이 사건에서 비례원칙의 적용에 있어서 목적의 정당성·수단의 적합성은 충족하나, 침해의 최소성과 법익의 균형성요건을 만족하지 못한다고 판단하여 과외금지는 위헌이라고 판시한다(다수의견).

3. 교사의 수업의 자유의 기본권성 인정 여부

(i) 대학교수의 교수의 자유와는 달리 교사의 수업권(授業權)에 대하여는 기본권성 인정 여부에 관하여 논란이 있다(제4장 제3항 Ⅳ. 3. 참조).

(ii) 긍정하는 견해는 헌법 제31조 제1항 및 제4항, 학문의 자유, 일반적 행동자유권에 근거하여 이를 인정하려 한다.

(iii) 그러나 부정하는 견해에 의하면 대학교수의 교수와 교사의 수업은 구별

된다. 즉 보통교육에서는 교사의 교육내용과 교육방법에 제약이 따른다. 그러므로 교사의 수업권의 기본권성이 부정되거나 기본권성을 인정하더라도 학생의 수학권을 침해할 수 없다고 본다.

"교사의 수업권은 교사의 지위에서 생겨나는 직권인데, 그것이 헌법상 보장되는 기본권이라고 할 수 있느냐에 대하여서는 이를 부정적으로 보는 견해가 많으며, 설사 헌법상 보장되고 있는 학문의 자유 또는 교육을 받을 권리의 규정에서 교사의 수업권이 파생되는 것으로 해석하여 기본권에 준하는 것으로 간주하더라도 수업권을 내세워 수학권을 침해할 수는 없으며 국민의 수학권의 보장을 위하여 교사의 수업권은 일정범위 내에서 제약을 받을 수밖에 없는 것이다." "교사의 수업권은 헌법상 보장되는 기본권이 아니며, 설사 보장된다고 하더라도 학생의 수학권을 위한 제약이 불가피하다"(헌재 1992.11.12. 89헌마88(기각). 동지: 헌재 2009.3.26. 2007헌마359, 지방교육자치에 관한 법률 제4조 등 위헌확인(각하)).

학생의 학습권이 교원의 수업권보다 우월한 지위에 있고 학생의 학습권은 개개 교원들의 정상을 벗어난 행동으로부터 보호되어야 하므로, 학원비리척결을 이유로 한 전국교직원노동조합 소속 교사의 수업거부 및 수업방해 행위로 인하여 학생들의 학습권과 학부모의 교육권이 침해되었다면 당해 교사들은 손해배상의 책임을 진다(대판 2007.9.20. 2005다25298).

(iv) 생각건대 교사의 수업의 자유는 학문의 자유의 핵심적 내용인 교수의 강학(講學)의 자유와는 구별되기 때문에 이를 기본권으로 인정하는 데에는 일정한 한계가 있다. 다만, 교사의 수업의 자유는 헌법 제31조 제1항 및 제4항에서 보장하는 교육의 자유의 한 내용으로 포섭될 수는 있다. 따라서 교사는 수업과 교육을 자유롭게 할 수 있지만, 그 내용에서 있어서는 교수의 강학의 자유와는 본질적으로 다른 차원에서 많은 제한이 불가피하다. 이에 따라 아직도 성장과정에 있는 어린 학생에게 특정한 사상주입을 강제하는 교육은 배척되어야 한다.

Ⅳ. 교육을 받을 권리의 내용

"모든 국민은 능력에 따라 균등하게 교육을 받을 권리를 가진다"(제31조 제1항).[1]

---

1) 안주열, 어린이 학습권과 그 보장에 관한 연구, 전북대 박사학위논문, 2002.8; 전지수, 청각장애인의 기본권 보장에 관한 연구: 교육을 받을 권리를 중심으로, 한국외대 박사학위논문, 2016.2; 김갑석, "학생의 안전권 보장의 입법적 과제-학교폭력을 중심으로", 헌법학연구 22-3; 정기상, "아동의 놀 권리에 대한 헌법적 보장 연구", 헌법재판연구 7-1; 정순원, "학교폭력 조치사항의 학교생활기록부 기록·보관에 관한 헌법적 쟁점 고찰", 헌법학연구 27-1; 김갑석, "홈스쿨링의 헌법적 허용성 검토", 헌법학연구 29-4; 이상수, "학교교육에서 이해당사자 간의 관계를 둘러싼 헌법적 쟁점", 법제 707; 김소연, "교원의 학생생활지도에 관한 고시에 관한 헌법적 검토", 헌법학연구 31-3.

1. '능력에 따라' 교육을 받을 권리

능력(能力)에 따른 교육이란 정신적 · 육체적 능력에 상응하는 교육을 의미한다. 그러므로 불합리한 차별이 아닌 능력에 따른 차별은 정당하다. 이에 따라 공개경쟁을 통한 입학시험제도는 합헌이다. 하지만, 능력이 떨어지는 사람에 대하여 국가는 이들을 교육하기 위한 적극적 배려를 하여야 한다.

> "대학입학지원자가 모집정원에 미달한 경우라도 대학이 정한 수학능력이 없는 자에 대하여 불합격처분을 한 것은 교육법 제111조 제1항에 위반되지 아니하여 무효라 할 수 없고, 또 위 학교에서 정한 수학능력에 미달하는 지원자를 불합격으로 한 처분이 재량권의 남용이라 볼 수 없다"(대판 1983.6.28. 83누193).

2. '균등하게' 교육을 받을 권리

(i) 교육의 기회균등(機會均等)이 보장되어야 한다. "모든 국민은 성별, 종교, 신념, 인종, 사회적 신분, 경제적 지위 또는 신체적 조건 등을 이유로 교육에서 차별을 받지 아니한다." "국가와 지방자치단체는 학습자가 평등하게 교육을 받을 수 있도록 지역 간의 교원 수급 등 교육 여건 격차를 최소화하는 시책을 마련하여 시행하여야 한다"(교육기본법 제4조). 즉 "합리적 차별사유없이 교육을 받을 권리를 제한하지 아니함과 동시에 국가가 모든 국민에게 균등한 교육을 받게 하고, 특히 경제적 약자가 실질적인 평등교육을 받을 수 있도록 적극적인 정책을 시행해야 한다."

> "의무취학시기를 만 6세가 된 다음날 이후의 학년 초로 규정하고 있는 교육법 제96조 제1항은 의무교육제도실시를 위해 불가피한 것이며 이와 같은 아동들에 대하여 만 6세가 되기 전에 앞당겨서 입학을 허용하지 않는다고 해서 헌법 제31조 제1항의 능력에 따라 균등하게 교육을 받을 권리를 본질적으로 침해한 것으로 볼 수 없다"(헌재 1994.2.24. 93헌마192, 교육법 제96조 제1항(취학연령을 만 6세 이상)에 대한 헌법소원(기각)).

(ii) 이를 구체화하기 위하여 교육기본법에서는 교육에 있어서의 차별금지(제4조), 남녀평등(제17조의2) 및 교육재정의 안정적 확보를 위한 시책의 수립 · 실시(제7조) 등을 규정한다. 교육의 기회균등원칙과 관련하여 모든 교육시설의 이용에 균등한 참여를 요구할 수 있는 교육참여청구권이 포함되느냐가 문제된다. 독일 연방헌법재판소는 '사회적 참여권의 이론'으로 이를 긍정한다.

(iii) 예컨대 혼혈아(混血兒)에 대한 입학거부는 위헌이지만, 중등학교의 남녀

구별은 합헌이다. 헌법재판소는 대학입시 내신제(헌재 1996.4.25. 94헌마119, 대학입시 기본계획 일부변경처분 위헌확인(기각)), 중학교 과정인 3년제 고등공민학교(高等公民學校) 졸업자에 대한 중학교 학력의 부인(헌재 2005.11.24. 2003헌마173, 고등학교입학자격검정고시규칙 제15조 위헌확인(기각)), 국가유공자의 유족연금 지급대상자를 미성년 자녀로 제한(헌재 2003.11.27. 2003헌바39, 국가유공자등예우및지원에관한법률 제12조 제2항 위헌소원(합헌)), 서울대학교 신입생선발입시안에서 일본어 제외(헌재 1992.10.1. 92헌마68등, 1994학년도 서울대학교 신입생선발입시안에 대한 헌법소원(기각)), 지방대학 한의과대학 지역인재전형(헌재 2025.7.17. 2021헌마1572, 지방대학 및 지역균형인재 육성에 관한 법률 시행령 제10조 제3항 [별표] 위헌확인(기각)). 초·중등학교의 학구제(學區制), 하생생활기록부 등에 대하여 합헌으로 판시한다.

주거지를 기준으로 한 중·고등학교 입학의 제한은 "과열된 입시경쟁으로 말미암아 발생하는 부작용을 방지한다고 하는 입법목적을 달성하기 위한 방안의 하나이고, 도시와 농어촌에 있는 중고등학교의 교육여건의 차이가 심하지 아니하며, 획일적인 제도의 운용에 따른 문제점을 해소하기 위한 여러 가지 보완책이 위 시행령에 상당히 마련되어 있어서 그 입법수단은 정당하므로, 위 규정은 학부모의 자녀를 교육시킬 학교선택권의 본질적 내용을 침해하였거나 과도하게 제한한 경우에 해당하지 아니한다"(헌재 1995.2.23. 91헌마204, 교육법시행령 제71조 등에 대한 헌법소원(기각)); 고교평준화지역에서 일반계 고등학교에 진학하는 학생을 교육감이 학교군별로 추첨에 의하여 배정하도록 하는 초·중등교육법시행령 제84조 제2항은 학부모의 학교선택권을 과도하게 제한한다고 보기 어렵다(헌재 2009.4.30. 2005헌마514, 초·중등교육법시행령 제84조 위헌확인(기각)).

종합생활기록부제도개선보완시행지침은 "입학하기 전에 공표된 교육개혁방안도 대학의 선택에 따라 학생부기록이 상대평가방식에 의하여 대학입학전형자료로 사용될 수 있도록 허용하고 있었던 것이므로, 이 지침으로 특목고인 외국어고등학교에 재학중인 청구인들의 균등하게 교육을 받을 권리가 침해되었다고 할 수 없다"(헌재 1997.7.16. 97헌마38, 종합생활기록부제도개선보완시행지침 위헌확인(기각)).

서울대학교가 2022학년도 정시모집 수능위주전형(일반전형)에서 신입학생의 선발 및 입학전형에 관하여 교과이수 가산점 부여는 대학의 자율성을 행사한 것으로 법률유보원칙 및 기회균등에 반하여 교육받을 권리를 침해하지 아니한다. 다만, 이러한 대학의 자율적 학생 선발권을 내세워 국민의 교육받을 권리를 침해할 수 없으며, 이를 위하여 대학의 자율권은 일정부분 제약을 받을 수 있다(헌재 2022.3.31. 2021헌마1230, 2022학년도 대학 신입학생 정시모집 안내 위헌확인(기각)).

헌법 제31조 제1항의 평등권으로서 교육을 받을 권리는 '취학의 기회균등', 즉 각자의 능력에 상응하는 교육을 받을 수 있도록 학교 입학에 있어서 자의적 차별이 금지되어야 한다는 차별금지원칙을 의미한다. 한편, 헌법 제22조 제1항이 보장하고 있는 학문의 자유와 헌법 제31조 제4항에서 보장하고 있는 대학의 자율성에 따라 대학이 학생의 선발 및 전형 등 대학입시제도를 자율적으로 마련할 수 있다 하더라도, 이러한 대학의 자율적 학생 선발권을 내세워 국민의 '균등하게 교육을 받을 권리'를 침해할 수 없으며, 이를 위하여 대학의 자율권은 일정부분 제약을 받을 수 있다. 교육대학교 등 대학교의 '2017학년도 신입생 수시모집 입시요강'이 검정고시(檢定考試)로 고등학교 졸업학력을 취득한 사람들의 수시모집 지원을 제한하는 것은 교육을 받을 권리를 침해한다. 따라서 이 사건 수시모집 요강은 헌법에 위반되므로 취소하여야 하나, 2017년도 신입생 합격자 발표가 이미 종료되었으므로 선언적 의미에서 위헌확인을 한다(헌재 2017.12.28. 2016헌마649, 서울교육대학교 등 2017학년도 수시모집 입시요강 위헌확인(인용(위헌확인))).

해외근로자 자녀 대상 특별전형에서 외교관과 공무원 자녀만 실제 취득점수의 20% 가산점 부여는 위법하다(대판 1990.8.28. 89누8255).

3. '교육을' 받을 권리

교육이란 가정교육, 사회교육(평생교육 등), 공민교육(公民教育) 등을 포괄하는 넓은 의미의 교육을 말하나 학교교육이 중심이 된다. 기본권으로서의 교육을 받을 권리에 있어서는 사교육보다는 공교육이 중심이다.

"두밀분교의 아동들이 상색국민학교에서 교육을 받음으로써 발생하는 긍정적인 교육효과를 고려한다면 두밀분교의 폐지로 인한 통학조건이 다소 악화되는 등의 부정적인 효과는 그다지 크다고 할 수 없으므로, 통폐합에 관한 이 사건 조례는 재량권의 범위를 일탈한 것이라거나 두밀분교의 학생들인 원고들의 교육을 받을 권리 또는 의무교육을 받을 권리를 침해한 것이라고 할 수 없다"(대판 1996.9.20. 95누7994, 폐교처분취소).

학원(學院)의 등록제(登錄制)는 합헌이다(헌재 2001.2.22. 99헌바93, 학원의설립·운영에관한법률 제6조 등 위헌소원(합헌)).

4. 교육을 '받을 권리'

(i) 수학권(학습권)은 수업권(교육권)에 대응하는 개념으로서 모든 국민이 태어나면서부터 교육을 받아 학습하고 인간적으로 발달·성장하여 갈 권리를 말한다. 수학권은 "통상 국가에 의한 교육조건의 개선·정비와 교육기회의 균등한 보장을 적극적으로 요구할 수 있는 권리로 이해되고 있다"(헌재 1992.11.12. 89헌마88, 교육법 제157조에 관한 헌법소원(기각)).

고졸검정고시 또는 '고등학교 입학자격 검정고시'에 합격하였던 자는 해당 검정고시에 다시 응시할 수 없도록 응시자격을 제한한 전라남도 교육청 공고 중 해당 검정고시 합격자 응시자격 제한 부분은 위임받은 바 없는 응시자격의 제한을 새로이 설정한 것으로서 기본권 제한의 법률유보원칙에 위배하여 청구인의 교육을 받을 권리 등을 침해한다(헌재 2012.5.31. 2010헌마139등, 전라남도 교육청 공고 제2010-67호 위헌확인 등(각하, 위헌확인)).

교육영역에서의 기회균등을 내용으로 하는 것이지, 자신의 교육환경을 최상 혹은 최적으로 만들기 위해 타인의 교육시설 참여 기회를 제한할 것을 청구할 수 있는 기본권은 아니므로, 기존의 재학생들에 대한 교육환경이 상대적으로 열악해질 수 있음을 이유로 새로운 편입학 자체를 하지 말도록 요구하는 것은 교육을 받을 권리의 내용으로는 포섭할 수 없다. 중등교사자격자들 중 교육대학교 3학년에 특별편입학시킬 대상자를 선발하기 위한 시험의 공고로 인해 당해 교육대학교 재학생들이 직접 기본권을 침해당할 가능성이 없다(헌재 2003.9.25. 2001헌마814등, 편입생특별전형대상자선발시험시행계획및공개경쟁시험공고취소(각하)).

2018학년도 수능시험의 문항 수 기준 70%를 EBS 교재와 연계하여 출제한다는 '2018학년도 대학수학능력시험 시행기본계획'이 학생들의 자유로운 인격발현권을 침해하지 아니하므로 청구인들의 심판청구를 기각하며, 교사 또는 학부모인 청구인들의 심판청구는 기본권 침해 가능성이 없어 부적법하므로 각하한다(헌재 2018.2.22. 2017헌마691, 2018학년도 수능시행기본계획 위헌확인(기각,각하)).

(ii) 특히 오늘날 학교폭력이 심각한 사회문제로 대두되고 있는 바와 같이, 학생들이 학교에서 안전하게 교육을 받을 권리가 위협받고 있다. 헌법재판소는 학교폭력 가해학생에 대한 각종 조치를 규정하고 있는 '학교폭력예방 및 대책에 관한 법률' 조항에 대하여 합헌이라는 입장을 견지하고 있다.

학교폭력과 관련하여 가해학생에게 전학과 퇴학을 제외한 나머지 조치에 대해 재심을 제한하는 학교폭력예방법이 가해학생 보호자의 자녀교육권을 침해하지 아니한다. 가해학생이 특별교육을 이수할 경우 보호자도 함께 특별교육을 이수하도록 하여도 가해학생 보호자의 일반적 행동자유권을 침해하지 아니한다(헌재 2013.10.24. 2012헌마832, 학교폭력예방 및 대책에 관한 법률 제17조 제7항 등 위헌확인(각하,기각)).

법률에서 '학교폭력 가해학생에 대하여 수개의 조치를 병과할 수 있도록 하고, 출석정지기간의 상한을 두지 아니한 부분'이 청구인들의 학습의 자유를 침해하지 아니한다(7:2)(헌재 2019.4.11. 2017헌바140등, 학교폭력예방 및 대책에 관한 법률 제17조 제1항 등 위헌소원(합헌,각하)).

가해학생에 대한 조치로 피해학생에 대한 서면사과를 규정한 구 '학교폭력예방 및 대책에 관한 법률'이 가해학생의 양심의 자유와 인격권을 침해하지 아니한다(6:3). [반대의견] 사과는 외부에서 강제할 수 없는 성질의 것이므로 아직 성장과정에 있는 학생이라 하더라도 이를 강제하는 것은 위헌이다(헌재 2023.2.23. 2019헌바93, 학교폭력예방 및 대책에 관한 법률 제12조 제4항 등 위헌소원(합헌)). 다만, 피해학생과 신고·고발한 학생에 대한 접촉 등 금지, 학급교체 등에 대하여는 피해학생 등을 보호하기 위하여 필요한 조치로서 가해학생의 일반적 행동자유권을 침해하지 아니한다[전원일치]. [해설] 헌법재판소는 사죄광고나 사과문 게재를 명하는 조항은 위헌이라고 판시한 바 있다. 그러나 가해학생의 선도와 피해학생의 피해회복 및 정상적인 교육관계회복을 위한 특별한 교육적 조치로 보아 합헌으로 판단하였다.

(iii) 한편 최근 학교현장에서 제정되어 시행되는 학생인권조례에 대하여 헌법재판소는 합헌으로 판시한다.

학교 구성원은 성별 등의 사유를 이유로 차별적 언사나 행동, 혐오적 표현 등을 통해 다른 사람의 인권을 침해하여서는 아니 된다는 점을 규정한 '서울특별시 학생인권조례'는 달성되는 공익이 매우 중대한 반면, 제한되는 표현은 타인의 인권을 침해하는 정도에 이르는 표현으로 그 보호가치가 매우 낮으므로, 법익 간 균형이 인정된다. 교육기본법, 초·중등교육법, '아동의 권리에 관한 협약'(United Nations Convention on the Right of the Child)은 학생의 인권이 학교교육 또는 사회교육의 과정에서 존중되고 보호될 것, 교육내용, 교육방법 등은 학생의 인격을 존중할 수 있도록 마련될 것, 아동은 신분, 의견, 신념 등을 이유로 하는 모든 형태의 차별이나 처벌로부터 보호되도록 보장될 것 등과 같이 학생의 기본적 인권이 보장되도록 규정하고 있고, 지방자치법과 '지방교육자치에 관한 법률'은 교육감이 학생의 인권이 헌법과 법률, 협약 등에서 규정하고 있는 바와 같이 존중되고 보장될 수 있도록 관할 구역 내 학교의 운영에 관한 사무를 지도·감독할 수 있는 권한을 갖고 있으며, 이를 적절히 수행하기 위한 방편으로 교육에 관한 조례안의 작성 및 제출 권한이 있음을 규정하고 있다(헌재 2019.11.28. 2017헌마1356, 서울시 학생인권조례 제3조 제1항 등 위헌확인(기각,각하)).

V. 교육의 의무와 의무교육의 무상

1. 교육의 의무와 의무교육

(i) "모든 국민은 그 보호하는 자녀에게 적어도 초등교육과 법률이 정하는 교육을 받게 할 의무를 진다"(제31조 제2항). 이에 따라 교육기본법과 초·중등교육법이 제정되었다. 종래 교육기본법은 "의무교육은 6년의 초등교육 및 3년의 중등교육으로 한다. 다만, 3년의 중등교육에 대한 의무교육은 국가의 재정여건을 고려하여 대통령령이 정하는 바에 의하여 순차적으로 실시한다"(제8조 제1항)라고 규정하고 있었으나, 개정 법률에서 단서조항을 삭제하여 3년의 중등교육에 대한 전면적인 의무교육을 실시한다. "모든 국민은 제1항에 따른 의무교육을 받을 권리를 가진다"(제8조 제2항).[1)]

> "헌법상 초등교육에 대한 의무교육과는 달리 중등교육의 단계에서는 어느 범위에서 어떠한 절차를 거쳐 어느 시점에서 의무교육으로 실시할 것인가는 입법자의 형성의 자유에 속하는 사항으로서, 국회가 입법정책적으로 판단하여 법률로 규정할 때에 비로소 헌법상의 권리로서 구체화되는 것으로 보아야 한다"(헌재 1991.2.11. 90헌가27, 교육법 제8조의2에 관한 위헌심판(합헌)).

(ii) 교육을 받을 권리의 주체는 실질적으로는 미성년의 학생이기 때문에, 보호자가 취학시킬 의무를 다함으로써 교육을 받을 권리의 실효성을 담보하기 위하여 교육의 의무를 부과한다. 교육의 의무의 주체는 학령아동의 친권자 또는 그 후견인이다.

2. 의무교육의 무상

(i) "의무교육은 무상으로 한다"(제31조 제3항). 무상의무교육(無償義務敎育)의 대상도 초등교육과 법률이 정하는 교육이다.

> "의무교육에 필요한 학교시설은 국가의 일반적 과제이고, … 이를 달성하기 위한 비용은 국가의 일반재정으로 충당하여야 한다. … 특정한 집단으로부터 그 비용을 추가로 징수하여 충당하는 것은 의무교육의 무상성을 선언한 헌법에 반한다." 그러므로 학교용지확보를 위하여 공동주택 수분양자들에게 학교용지부담금을 부과할 수 있도록 하고 있는 구 학교용지확보에관한특례법 중 주택건설촉진법에 의하여 시행하는 개발사업지역

---

1) 정재황, "의무교육에 관한 헌법적 고찰", 헌법학연구 20-3; 김진곤, "독일의 의무교육 관철을 위한 법적 체계와 수단", 공법연구 45-3.

에서 공동주택을 분양받은 자에게 학교용지확보를 위하여 부담금을 부과·징수할 수 있다는 부분은 헌법상 의무교육의 무상원칙에 부합하지 아니한다(헌재 2005.3.31. 2003헌가20, 구 학교용지확보에 관한 특례법 제2조 제2호 등 위헌제청(위헌)); 학교용지부담금의 부과대상을 수분양자(受分讓者)가 아닌 개발사업자로 정하고 있는 구 학교용지 확보 등에 관한 특례법 조항은 의무교육의 무상 원칙에 위배되지 아니한다(헌재 2008.9.25. 2007헌가1, 학교용지 확보 등에 관한 특례법 제2조 제2호 등 위헌제청(합헌)). 즉, 개발사업자에게 부과는 합헌이지만, 사업주에 부과는 위헌이다.

노시개발법의 도시개발사업, 도시정비법의 재개발사업, 재건축사업 등에 대해서는 이러한 개발사업의 결과로 증가된 가구 수에 대해서만 학교용지부담금을 부과하면서 주택법에 따른 주택건설사업에 대해서는 가구 수 증가와 상관없이 개발사업의 결과로 지어지는 전체 가구 수에 대하여 학교용지부담금을 부과하는 구 '학교용지 확보 등에 관한 특례법' 규정은 헌법에 위반되지 아니한다(6:2)(헌재 2025.3.27. 2020헌바363등, 구 학교용지 확보 등에 관한 특례법 제5조 제1항 위헌소원(합헌)). [해설] 개발사업지역에서 공동주택을 분양받은 자에게 학교용지부담금을 부과·징수할 수 있도록 한 법률조항에 대하여 의무교육에 필요한 학교시설은 국가의 일반적 과제이고, 학교용지는 의무교육을 시행하기 위한 물적 기반으로 이를 달성하기 위한 비용은 국가의 일반재정으로 충당하여야 한다고 하면서 해당 조문이 의무교육의 무상성을 선언한 헌법에 반한다고 판단한 바 있다(헌재 2005.3.31. 2003헌가20). 또한 주택재건축사업에서 '기존 거주자와 토지 및 건축물의 소유자에게 분양하는 경우'를 학교용지부담금의 부과 대상에서 제외하면서 매도나 현금청산의 대상이 되어 제3자에게 일반분양됨으로써 기존에 비하여 가구수가 증가하지 아니한 개발사업분에 대해서는 부담금 부과 대상에서 제외하는 규정을 두지 아니한 것이 평등원칙에 위반된다고 판단한 바 있다(헌재 2013.7.25. 2011헌가32). 위 위헌 결정 이후 개정된 법률에 대하여 판단한 것으로 개발사업 이후 증가된 가구 수에 대해서만 학교용지부담금을 부과할 것인지, 아니면 개발사업 결과로 지어진 전체 가구 수에 대하여 학교용지부담금을 부과할 것인지는 기존 세대의 잔류 가능성, 새로운 학교시설 확보의 필요성 등 개발사업의 실질을 고려하여 판단되어야 한다고 보았다.

의무교육의 무상성에 관한 헌법상 규정은 교육을 받을 권리를 보다 실효성 있게 보장하기 위하여 의무교육 비용을 학령아동 보호자의 부담으로부터 공동체 전체의 부담으로 이전하라는 명령일 뿐 의무교육의 모든 비용을 조세로 해결하여야 함을 의미하는 것은 아니다(헌재 2008.9.25. 2007헌가1, 학교용지 확보 등에 관한 특례법 제2조 제2호 등 위헌제청(합헌)).

헌법 제31조 제2항·제3항으로부터 직접 의무교육 경비를 중앙정부로서의 국가가 부담하여야 한다는 결론은 도출되지 않으며, 그렇다고 하여 의무교육의 성질상 중앙정부로서의 국가가 모든 비용을 부담하여야 하는 것도 아니므로, 지방교육자치에관한법률 제39조 제1항이 의무교육 경비에 대한 지방자치단체의 부담 가능성을 예정하고 있다는 점만으로는 헌법에 위반되지 않는다(헌재 2005.12.22. 2004헌라3, 서울특별시와 정부간의 권한쟁의(기각,각하)).

학교운영지원비를 학교회계 세입항목에 포함시키도록 하는 구 초·중등교육법 중 중학교 학생으로부터 징수하는 것에 관한 부분은 헌법 제31조 제3항에 규정되어 있는 의무교육의 무상원칙에 위배되어 헌법에 위반된다(헌재 2012.8.23. 2010헌바220, 초·중등교육법 제30조의2 제2항 제2호 등 위헌소원(각하,위헌)).

(ii) 무상의 범위에 관하여는 법률이 정하는 바에 따른다는 무상범위 법정설, 수업료만 면제된다는 수업료 면제설(일본 最高裁判 1964(昭和 39.)2.26.), 수업료뿐만 아니라 교재·학용품·급식까지 무상이어야 한다는 취학필수비 무상설이 있다. 취학필수비 무상설이 이론상 타당하다. 국가는 재정능력 등을 종합적으로 고려하여 보호자의 부담이 경감되도록 노력하여야 한다. 초·중등교육법에서는 수업료 등을 거두는 방법에 필요한 사항은 국립학교의 경우에는 교육부령으로 정하고, 공립·사립학교의 경우에는 특별시·광역시·도의 조례로 정하도록 함으로써 시·도교육감이 지역 실정에 맞는 교육정책을 자율적으로 결정할 수 있도록 규정한다(제10조 제2항).

헌법 제31조 제3항에 규정된 의무교육 무상의 원칙에 있어서 무상의 범위는 헌법상 교육의 기회균등을 실현하기 위하여 필수불가결한 비용, 즉 모든 학생이 의무교육을 받음에 있어서 경제적인 차별 없이 수학하는 데 반드시 필요한 비용에 한한다고 할 것이며, 수업료나 입학금의 면제, 학교와 교사 등 인적·물적 기반 및 그 기반을 유지하기 위한 인건비와 시설유지비, 신규시설투자비 등의 재원마련 및 의무교육의 실질적인 균등보장을 위하여 필수불가결한 비용은 무상의 범위에 포함된다(헌재 2012.8.23. 2010헌바220, 초·중등교육법 제30조의2 제2항 제2호 등 위헌소원(각하, 위헌)).

(iii) 한편, 유아교육법과 영유아보육법(嬰幼兒保育法)에서는 유아교육과 영유아보육의 중요성과 무상성을 입법적으로 반영하고 있다. 유아교육법에서는 유치원을, 영유아보육법에서는 어린이집 관련 사항을 규정한다.

유아교육법: "'유아'란 만 3세부터 초등학교 취학전까지의 어린이를 말한다"(제2조 제1호). "초등학교 취학직전 3년의 유아교육은 무상(無償)으로 실시하되, 무상의 내용 및 범위는 대통령령으로 정한다"(제24조 제1항).

영유아보육법: "'영유아'란 6세 미만의 취학 전 아동을 말한다"(제2조 제1호). "국가와 지방자치단체는 영유아에 대한 보육을 무상으로 하되, 그 내용 및 범위는 대통령령으로 정한다"(제34조 제1항).

(iv) 이제 명실상부한 무상의무교육의 구현이 필요하다. 특히 국가적 과제인 저출산 문제를 해결하기 위하여서도 출생 후 취학 전 영유아에 대한 전면적인 무상보육과 무상교육이 구현되어야 한다. 그리하여 모든 국민은 태어나면서부터 무상보육·무상교육에 이어서 이제 중학교와 고등학교까지 무상교육이 실시된다. 다만, 자진하여 특수한 사립교육기관(사립 어린이집·유치원·초등학교, 특목고, 국제학교 등)에 취학한 경우에는 유상으로 할 수 있다.

보건복지부지침이 보육예산의 한계를 감안하여 국공립어린이집을 단계적으로 확충하는 과정에서 국공립어린이집 등은 영리 추구를 제한하는 대신 인건비를 지원하고, 민간

어린이집은 영리 추구를 허용하는 대신 인건비를 지원하지 않는 데에는 합리적 이유가 있다(헌재 2022.2.24. 2020헌마177, 2020년도 보육사업안내 중 X.보육예산 지원 1.공통사항 부분 등 위헌확인(기각)).

3. 국가의 평생교육진흥의무

"국가는 평생교육을 진흥하여야 한다"(제31조 제5항). 다원화 사회에서 국민 개개인이 자신의 능력개발을 통하여 국가발전에 기여할 수 있도록 하기 위하여 국가의 평생교육진흥의무를 강조한다. 평생교육이란 학교의 정규교육과정을 제외한 학력보완교육, 성인 문해교육, 직업능력 향상교육, 성인 진로개발역량 향상교육, 인문교양교육, 문화예술교육, 시민참여교육 등을 포함하는 모든 형태의 조직적인 교육활동을 말한다(평생교육법 제2조 제1호).

Ⅵ. 교육의 자유와 교육제도의 보장

1. 수학권과 교육권

第31조 제4항에서는 교육제도에 관한 기본원칙으로서 교육의 자주성·전문성·정치적 중립성·대학의 자율성을 보장하고, 제6항에서는 교육제도의 법정주의를 규정한다. 교육제도의 보장과 교육의 자유는 불가분의 일체관계에 있다. 또한 교육을 받을 권리의 본질적 내용인 수학권을 정상적으로 확보하기 위하여서는 교육의 자유 즉 교육권이 확립되어야 한다.

2. 교육제도에 관한 기본원칙

"교육의 자주성·전문성·정치적 중립성 및 대학의 자율성은 법률이 정하는 바에 의하여 보장된다"(제31조 제4항).[1)]

(1) 교육의 자주성 – 교육의 자유

(i) 교육의 자주성을 확보하기 위하여 교육내용·교육기구는 교육자가 자주적으로 결정하고, 공권력에 의한 감독과 개입은 필요하고 합리적인 범위 안에서만 가능하다. 즉 "교육의 자주성은 교육을 받을 기본권을 가진 피교육자인 학생들의 권익과 복리증진에 저해가 되어서는 아니 되고, 또 국가와 사회공동체의 이

1) 정상우, "헌법상 교육의 정치적 중립성과 공법적 과제", 공법연구 44-1; 이민열, "교육의 정치적 중립과 표현의 자유", 헌법학연구 22-1; 배소연, "교육의 정치적 중립성의 헌법적 의미 회복을 위한 비판적 검토", 공법연구 48-4; 이시우, "사립학교의 공공성과 자율성에 관한 연구", 공법연구, 39-3; 김용훈, "대학교에서의 시간강사의 법적 지위와 법제도 운영방안 소고", 공법연구 48-3.

념과 윤리에 의하여 제약을 받게 된다"(헌재 1997.12.24. 95헌바29등, 사립학교법 제58조 제1항 제2호 등 위헌소원(합헌)).

개인이 설립한 사립 유치원 역시 법률상 '학교'로서 공익적 역할을 수행하며, 그 재정 및 회계의 투명성을 담보하기 위한 규정이 입법형성권의 한계를 일탈하여 사립유치원 설립·경영자의 사립유치원 운영의 자유를 침해한다고 볼 수 없다(헌재 2019.7.25. 2017헌마1038, 사학기관 재무·회계 규칙제15조의2 제1항 위헌확인 등(기각)).

사립유치원의 교비회계에 속하는 예산·결산 및 회계 업무를 교육부장관이 지정하는 정보처리장치로 처리하도록 규정한 사학기관 재무·회계 규칙에 따른 사립유치원에 관한 부분이 사립학교 운영의 자유를 침해하지 아니한다. 사립유치원은 비록 설립주체의 사유재산으로 설립·운영되기는 하지만, 유아교육법, 사립학교법 등 교육관계법령에 의하여 국·공립학교와 마찬가지의 재정적 지원과 감독·통제를 받는 학교로서, 사립유치원의 재정 및 회계의 건전성과 투명성은 그 유치원에 의하여 수행되는 교육의 공공성과 직결된다. 사립유치원의 회계투명성을 확보하기 위하여 교비회계업무를 처리함에 있어 국가관리회계시스템(에듀파인)을 이용하도록 한 것은 사립유치원 설립·경영자의 사립학교 운영의 자유를 침해하지 아니한다(헌재 2021.11.25. 2019헌마542등, 사학기관 재무·회계 규칙 제53조의3 위헌확인(기각)).

사립학교법상 교비회계의 세입세출에 관한 사항을 대통령령으로 정하도록 한 규정이 포괄위임금지원칙에 위반되지 않고, 교비회계의 다른 회계로의 전용을 금지하는 규정과 위 금지규정을 위반한 경우 처벌하는 규정이 사립학교 운영의 자유를 침해하지 않는다(헌재 2023.8.31. 2021헌바180, 구 사립학교법 제73조의2 등 위헌소원(합헌)).

(ii) 한편, 학교교육은 교육자의 자주성에 입각하여 교육의 자유를 누릴 수 있어야 하지만, 대학과 같은 차원의 교수의 자유를 누리기는 어렵다. 이에 헌법재판소는 초·중등교육에서 일부 시행되고 있는 국정교과서(國定敎科書)제도는 합헌이라고 판시한다(헌재 1992.11.12. 89헌마88, 교육법 제157에 관한 헌법소원(기각)).

(2) 교육의 전문성

교육의 특수성에 비추어 교육정책의 수립 및 집행은 교육전문가가 담당하거나 적극적으로 참여하여야 한다. 교육활동의 특수성은 "첫째, 교원의 수업활동과 학생지도에 필요한 기술과 능력은 해당분야에 대한 최신의 연구결과에 대한 식견과 정보뿐 아니라 인격의 성장과 발달·행동심리·정신건강과 위생·학생의 요구에 관한 고도의 지식을 필요로 하는 정신적 활동이므로, 교원 자신이 장기간에 걸친 교육과 훈련을 받지 않고서는 그 직업이 요구하는 소양과 지식을 갖출 수 없다는 점이다. 둘째, 교원은 다른 전문직인 의사·변호사 또는 성직자와 같이 고도의 자율성과 사회적 책임성을 아울러 가져야 한다는 사회적·윤리적 특성이 있다는 점이다"(헌재 1991.7.22. 89헌가106, 사립학교법 제55조 등에 관한 위헌심판(합헌)).

"교육위원과 초·중등학교 교원의 겸직을 금지하였다고 하여 그것만으로 교육의 전문성을 규정한 헌법 제31조 제4항에 위반된다고 할 수 없다"(헌재 1993.7.29. 91헌마69(기각)).

대학교원을 제외한 교육공무원의 정년을 62세로 단축한 것은 합헌이다(헌재 2000.12.14. 99헌마112등, 교육공무원법 제47조 제1항 위헌확인(기각)). 현재는 정년이 62세이다.

(3) 교육의 정치적 중립성

교육은 국가권력·정치세력·사회세력의 압력으로부터 벗어나야 한다. 이를 위하여 교육의 담당자인 교원의 정치활동은 금지되고(대판 1981.12.22. 80누499), 노동운동을 위한 집단행동도 금지된다. 그런데 교원의 정당 가입은 금지되지만, 그 밖의 정치단체 가입은 헌법에 위반되지 아니한다.

초·중등학교의 교육공무원이 정치단체의 결성에 관여하거나 이에 가입하는 행위를 금지한 국가공무원법 조항 중 '그 밖의 정치단체'에 관한 부분은 헌법에 위반된다. 반면, 교원이 정당의 결성에 관여하거나 이에 가입하는 행위를 금지한 정당법조항 및 국가공무원법조항 중 '정당'에 관한 부분은 헌법에 위반되지 아니한다. 국가공무원법조항 중 '그 밖의 정치단체'에 관한 부분은 명확성원칙에 위배된다는 의견(3인), 명확성원칙 및 과잉금지원칙에 위배된다는 의견(3인)에 따라 위헌결정을 하였다. 정당법조항 및 국가공무원법조항 중 '정당'에 관한 부분은 국가공무원이 정당의 발기인 및 당원이 되는 것을 금지하는 것이 헌법에 위반되지 아니한다는 헌재 2004.3.25. 2001헌마710 및 헌재 2014.3.27. 2011헌바42는 그대로 유지하였다(헌재 2020.4.23. 2018헌마551, 정당법 제22조 제1항 단서 제1호 등 위헌확인(위헌,기각,각하)).

교원노조의 정치활동을 금지하고 있는 구 '교원의 노동조합 설립 및 운영 등에 관한 법률' 제3조 중 '일체의 정치활동' 부분이 과잉금지원칙에 위반된다고 볼 수 없다(헌재 2014.8.28. 2011헌바32 등, 국가공무원법 제66조 제1항 등 위헌소원 등(합헌)).

(4) 대학의 자율성보장

대학의 자율성보장은 교육의 자주성·전문성·정치적 중립성보다는 오히려 학문의 자유와 더욱 밀접한 관계가 있다(헌재 2001.2.22. 99헌마613, 세무대학설치법 폐지법률 위헌확인(기각,각하)).

3. 지방교육자치제도

(i) 교육자치제란 지방자치단체(특별시·광역시·특별자치시·도·특별자치도)가 교육의 자주성 및 전문성과 지방교육의 특수성을 살리기 위하여 해당 지역의 교육·과학·기술·체육 그 밖의 학예에 관한 사무를 일반행정조직과 구별되는 행정기관을 설치·조직하여 운영하는 제도이다. 현행 '지방교육자치에 관한 법률'에 의하면 광역자치단체에 한하여 교육자치를 시행한다. 교육자치기구로는 의결기관인 지방의회와 집행기관인 교육감이 있다.

(ii) 집행기관인 교육감은 주민직선으로 선출하고 임기는 4년이며, 교육감의 계속 재임은 3기로 제한된다. 지방의회는 교육에 관한 조례안 및 예산안 심의권

을, 교육감은 교육규칙제정권을 가진다.

지방교육자치제도의 정립에 관하여는, ① 집행기관의 장 및 의결기관구성을 주민직선제로 하여 양자를 완전분리하는 방안, ② 집행기관의 장 및 의결기관구성을 선거인단의 직선제로 하여 양자를 완전분리하는 방안, ③ 집행기관의 장 및 의결기관을 통합하여 순수한 합의제행정기관으로 하고, 그 구성원은 주민직선제 혹은 선거인단을 통하여 선출하되 장은 내부에서 선출하는 통합형이 있다. 초기에는 ② 모델을 채택한 바 있는데 학교운영위원회제도의 정착 및 활성화가 필수적 전제이다. 헌법재판소는 사립학교에서 학교운영위원회를 법률로써 강제하는 것은 합헌이라고 판시한 바 있다(헌재 2001.11.29. 2000헌마278, 초·중등교육법 제31조 등 위헌확인(기각,각하)). 현행제도는 ① 모델에 가깝다.

개정 전 법에서 교육위원 및 교육감선거인단을 학교운영위원회 위원 전원으로 구성한 것은 합헌이다(헌재 2002.3.28. 2000헌마283등, 지방교육자치에관한법률 제62조 제1항 위헌확인(기각)). 한편 사립학교에 학교운영위원회의 임의적 설치도 학부모의 교육참여권을 침해하지 아니한다(헌재 1999.3.25. 97헌마130, 지방교육자치에관한법률 제44조의2 제2항 위헌확인(기각)).

교육감의 학교법인 임원취임승인권을 조례가 아닌 규칙에 의한 권한의 위임은 무효이다(대판(전합) 1997.6.19. 95누8669).

4. 교육제도법정주의

(1) 의 의

"학교교육 및 평생교육을 포함한 교육제도와 그 운영, 교육재정 및 교원의 지위에 관한 기본적인 사항은 법률로 정한다"(제31조 제6항). 입법자는 국민들의 요청과 시대적인 상황 등을 고려하여 최적의 교육기반을 조성함에 있어 광범위한 재량을 가진다. 교육제도법정주의(敎育制度法定主義)에 따라 교육기본법을 비롯한 각종 교육관련법률들이 제정되어 있다.

교원의 신분과 정년뿐만 아니라 명예퇴직수당의 지급 여부도 교육의 목표, 교원의 수급균형, 사회경제적 여건을 종합적으로 고려하여 입법자가 결정할 입법정책에 속한다(헌재 2007.4.26. 2003헌마533, 사립학교법 제60조의3 위헌확인(기각)).

헌법 제31조 제6항은 교육 특히 학교교육의 중요성에 비추어 교육에 관한 기본정책 또는 기본방침 등 교육에 관한 기본적 사항을 국민의 대표기관인 국회가 직접 입법절차를 거쳐 제정한 형식적 의미의 법률로 규정하게 함으로써 국민의 교육을 받을 권리가 행정기관에 의하여 자의적으로 무시되거나 침해당하지 아니하도록 하고, 교육의 자주성과 중립성을 유지하고자 하는 데에 그 의의가 있다(헌재 2013.11.28. 2011헌마282등, 공무원보수규정 제39조의2 위헌확인(기각)).

초·중등교육법 제23조 제2항이 교육과정의 기준과 내용에 관한 기본적인 사항을 교육부장관이 정하도록 위임한 것 자체가 교육제도 법정주의에 반한다고 보기 어렵다(헌재 2016.2.25. 2013헌마838, 교육과학기술부 고시 제2012-31호 Ⅱ 위헌확인(기각)).

정상적인 학사운영이 불가능한 경우 학교폐쇄명령조항에서 학교폐쇄가 가능한 경우를 구체적으로 열거하고 있지 아니하더라도 그 내용을 충분히 합리적으로 해석할 수 있으므로 명확성원칙에 반하지 아니한다. 폐쇄명령조항에 따라 학교가 폐쇄됨으로써 달성할 수 있는 교육에 관한 국민의 권리보호라는 공공의 이익이, 학교 폐쇄로 인하여 학교법인 등이 입게 될 불이익보다 작다고 할 수 없다. 따라서 이 사건 폐쇄명령조항은 법익의 균형성 원칙에 반하지 아니함으로 폐쇄명령조항은 과잉금지원칙을 위반하여 사학의 자유를 침해한다고 볼 수 없다. 학교법인 해산명령조항이 '목적 달성이 불가능한 때'라는 표현을 사용하고는 있지만 그 구체적인 내용은 통상적인 해석을 통하여 충분히 파악할 수 있으므로, 명확성원칙에 반하지 아니한다. 학교법인이 해산됨으로써 달성할 수 있는 공익이, 학교법인 해산으로 인하여 발생하게 될 불이익보다 작다고 할 수 없으므로 해산명령조항은 법익의 균형성 원칙에 반하지 아니하기 때문에 과잉금지원칙을 위반하여 사학의 자유를 침해한다고 볼 수 없다(헌재 2018.12.27. 2016헌바217, 구 고등교육법 제62조 제1항 등 위헌소원(합헌)).

인가를 받지 아니하고 시설을 사실상 학교 형태로 운영한 초·중등교육법위반 피의사건의 기소유예처분은 청구인의 기본권을 침해하지 아니한다(헌재 2019.2.28. 2017헌마460, 기소유예처분취소(기각)).

자사고 지원자에게 평준화지역 후기학교에 중복지원을 못하게 한 조항은 학생 및 학부모의 평등권을 침해하여 헌법에 위반된다. 위 조항은 헌재 2018.6.28. 2018헌사213 효력정지가처분결정으로 효력을 정지시켰던 조항으로서 지난 2019학년도 고등학교 입학전형에서는 적용되지 아니하였다. 반면에 자사고를 후기학교로 정하여 신입생을 일반고와 동시에 선발하도록 한 조항에 대하여는 위헌의견이 다수이지만 정족수미달로 기각되었다(4:5)(헌재 2019.4.11. 2018헌마221, 초·중등교육법 시행령 제80조 제1항 등 위헌확인(위헌,기각)).

(2) 교원지위법정주의

(ⅰ) 헌법 제31조 제6항은 국민의 교육을 받을 권리를 보다 효과적으로 보장하기 위하여 '교원의 보수 및 근로조건' 등을 포함하여 교원의 지위에 관한 기본적인 사항을 법률로써 정하도록 함으로써 교원의 지위에 관한 한 헌법 제33조 제1항에 '우선'하여 적용된다(헌재 1991.7.22. 89헌가106, 사립학교법 제55조 등에 관한 위헌심판(합헌)). 헌법 제31조 제6항이 규정한 교원지위법정주의는 단순히 교원의 권익을 보장하기 위한 규정이라거나 교원의 지위를 행정권력에 의한 부당한 침해로부터의 보호만을 목적으로 한 규정이 아니고, 국민의 교육을 받을 기본권의 실효성 보장까지 포함하여 교원의 지위를 법률로 정하도록 한 규정이다(헌재 1998.7.16. 96헌바33등, 사립학교법 제53조의2 제2항 등 위헌소원 등(합헌,각하)). 반면에 교육제도에 관한 기본방침을 제외한 나머지 세부적인 사항까지 반드시 형식적 의미의 법률만으로 정할 필요는 없다(헌재 1991.2.11. 90헌가27, 교육법 제8조의2에 관한 위헌심판(합헌)).

"헌법이 교육제도와 그 운영에 관한 기본적인 사항을 법률로써 정하도록 한 것은 국가의 백년대계인 교육이 일시적인 특정 정치세력에 영향을 받거나 집권자의 통치상의 의도에 따라 수시로 변경하는 것을 예방하고 장래를 전망한 일관성이 있는 교육체계를 유지·발전시키기 위한 것으로 국민의 대표기관인 국회의 통제하에 두는 것이 가장 온당하다는 의회민주주의 내지 법치주의이념에서 비롯된"다(헌재 1999.3.25. 97헌마130, 지방교육자치에 관한법률 제44조의2 제2항 위헌확인(기각)).

"교육이 수행하는 중요한 기능에 비추어 우리 헌법은 제31조에서 학교교육 및 평생교육을 포함한 교육제도와 그 운영, 교육재정 및 교원의 지위에 관한 기본적 사항을 법률로 정하도록(제6조) 한 것이다. 따라서, 입법자가 법률로 정하여야 할 교원지위의 기본적 사항에는 교원의 신분이 부당하게 박탈되지 않도록 하는 최소한의 보호의무에 관한 사항이 포함된다"(헌재 2003.12.18. 2002헌바14등, 교원지위향상을위한 특별법 제9조 제1항 등 위헌소원(헌법불합치,잠정적용)).

교원지위법정주의(敎員地位法定主義)를 구현하기 위하여 ① 교육재정의 대폭적인 확충을 통하여 열악한 교육현장의 환경을 개선하여야 하며, ② 교육현장에서 교육을 직접 담당하는 교원의 지위가 헌법상 교육의 자주성 · 전문성 · 정치적 중립성에 부합하도록 보장되어야 한다.

학교법인이 의무를 부담하고자 할 때 관할청의 허가를 받도록 하는 것은 사립학교운영의 자유를 침해하지 아니한다(헌재 2001.1.18. 99헌바63, 사립학교법 제28조 제1항 본문 위헌확인(합헌)).

"사립학교 교원의 신분보장을 위한 조치로서 위와 같은 직권면직 사유를 법정화하고, 또한 임면권자의 재량권 남용으로 인한 폐해를 방지하기 위하여 교원징계위원회의 동의절차를 두었다면 … 국 · 공립학교 교원과 직권면직이나 징계의 사유와 절차를 달리한다고 하더라도 이는 입법정책적 재량사항에 불과하고 사립학교 교원에게 국 · 공립학교 교원보다 부당하게 불리한 차별대우를 하여 평등권을 침해하였다고 할 수 없다"(헌재 1997.12.24. 95헌바29등, 사립학교법 제28조 제1항 본문 위헌소원(합헌)).

교원 재임용의 심사요소로 학생교육 · 학문연구 · 학생지도를 언급하되 이를 모두 필수요소로 강제하지 아니하는 사립학교법 제53조의2 제7항 전문은 교원지위법정주의에 위반되지 아니한다(헌재 2014.4.24. 2012헌바336, 사립학교법 제53조의2 제7항 위헌소원(합헌)).

사립학교법 및 '교원지위향상을위한특별법'상 교원의 신분보장에 관한 규정은 사립대학에서 공립대학으로 설립자변경이 된 경우에는 적용되기 어렵다(대판 1997.10.10. 96누4046).

(ii) 헌법재판소는 종래 교원징계재심위원회의 재심결정에 대하여 교원만 행정소송을 제기할 수 있고 학교법인 또는 그 경영자에는 이를 금지한 교원지위향상을위한특별법에 대하여 합헌결정(헌재 1998.7.16. 95헌바19등, 교원지위향상을위한특별법 제10조 제3항 위헌소원(합헌))을 내린 바 있으나, 그 후 판례를 변경하여 이를 위헌으로 판시한다(헌재 2006.2.23. 2005헌가7등, 교원지위향상을위한특별법 제10조 제3항 위헌제청 등(위헌)). 같은 이유로 재임용에서 탈락한 사립대학 교원의 권리구제절차를 형성하면서 분쟁의 당사자이자 재심절차의 피청구인인 학교법인에게는 교원소청심사특별위원회의 재심결정에 대하여 소송으로 다투지 못하게 하는 특별법 규정도 위헌이라고 결정하였다(헌재 2006.4.27. 2005헌마1119, 대학교원기간임용제탈락자구제를 위한 특별법 위헌확인(위헌)). 이에 따라 관련 법률도 개정되었다.

(iii) 종래 교원들의 자주적인 단체인 전국교원노동조합이 위헌적인 불법단체로 간주되었으나, 이제 '교원의 노동조합 설립 및 운영 등에 관한 법률'에 따라 합법

화되었다. 다만, 단결권과 단체교섭권은 허용하되 단체행동권의 행사는 금지되며(제8조), 개별직장단위가 아닌 광역단위 또는 전국단위에 한하여 노동조합을 설립할 수 있다(제4조).

노동운동을 금지한 사립학교법은 "근로자의 근로기본권을 규정한 헌법 제33조 제1항, 법률유보에 관한 헌법 제37조 제2항, 평등에 관한 헌법 제11조 제1항 및 국제법존중주의를 규정한 헌법 제6조 제1항에 위반되지 아니한다"(헌재 1991.7.22. 89헌가106, 사립학교법 제55조 제58조 제1항 제4호에 관한 위헌심판(합헌). 동지: 헌재 1999.6.24. 97헌바61, 사립학교법 제58조 제1항 제4호 위헌소원(합헌)). 그 이후 노동조합의 설립이 허용되었다.

(3) 교수재임용제도(敎授再任用制度)의 문제점

(i) 대학교수의 재임용제도는 대학의 경쟁력을 제고하고 대학에서의 연구분위기를 조성하기 위하여 도입된 제도임에도 불구하고, 그간 한국사회에서의 권위주의적인 분위기에 편승하여 정부정책 또는 사학재단에 비협조적인 교수에 대한 탄압수단으로 악용되어왔다. 이에 교수재임용제도를 근본적으로 개혁하여 재임용제도의 원래 목적에 충실한 제도로 정립시킴으로써 대학의 자유·학문의 자유를 보장하고 있는 헌법이념에 부합하도록 하여야 한다(성낙인, 헌법연습 제2편 [30] 대학의 자유와 교수재임명제 참조).

(ii) 헌법재판소는 종래 "교수재임용제도는 교수의 연임이 보장되어 자동적으로 재임용되어 임기가 계속되도록 되어 있는 것이 아니며(헌재 1993.5.13. 91헌마190, 교수재임용추천거부 등에 대한 헌법소원(기각)), 또한 대학교원의 기간제 임용을 규정한 법률조항은 교원지위법정주의에 위반된다고 할 수 없고 학문의 자유와 교육의 자주성·전문성·정치적 중립성·대학의 자율성을 침해하는 위헌조항이라고 보기 어렵다"(헌재 1998.7.16. 96헌바33등, 사립학교법 제53조의2 제2항 위헌소원 등(합헌,각하))라고 판시하여 비판을 받은 바 있다.

그 이후 헌법재판소는 구 사립학교법상 교원기간임용제는 그 자체만으로는 위헌이라 할 수 없지만, 재임용 거부사유 및 그 사전절차, 그리고 부당한 재임용거부에 대하여 다툴 수 있는 사후의 구제절차에 관하여 아무런 규정도 마련되지 아니함으로써 재임용을 거부당한 교원이 구제받을 수 있는 길이 완전히 차단되므로 교원지위법정주의에 위반된다는 이유로 종래의 합헌 판례를 변경하여 헌법불합치결정을 내린 바 있다. 이에 따라 임기가 만료된 교원에 대한 재임용거부에 대하여 헌법재판소는 교원징계재심위원회의 재심사유가 된다고 보았다.

(iii) 대법원도 종전 판례를 변경하여 재임용에서 탈락한 국립대학 교수에 대한 권리구제의 폭을 넓혀 "합리적인 기준에 의한 공정한 심사를 요구할 법규상 또는 조리상 신청권을 가진다"라고 보아 임용기간 만료 통지가 행정소송의 대상이 되는 행정처분으로 본다(대판(전합) 2004.4.22. 2000두7735).

임기가 만료된 교원이 "재임용을 받을 권리 내지 기대권"을 가진다고는 할 수 없지만 적어도 학교법인으로부터 재임용 여부에 관하여 "합리적인 기준과 정당한 평가에 의한 심사를 받을 권리"를 가진다고 보아야 한다. 따라서 교원지위법조항 소정의 "징계처분 기타 그 의사에 반하는 불리한 처분"에 버금가는 효과를 가진다고 보아야 한다(헌재 2003. 2.27. 2000헌바26, 구 사립학교법 제53조의2 제3항 위헌소원(헌법불합치,적용중지)).

과거에 대법원은 재임용제를 규정한 임용기간이 만료되면 특별한 절차 없이도 당연히 신분을 상실하며 이를 다툴 대상도 없고 확인할 법률상 이익도 없다고 보았다. 그러나 2000헌바26 헌법불합치결정 이후 대법원은 판례를 변경하여 국·공립대학교수의 재임용 거부도 처분이어서 행정소송의 대상이 되므로 각하할 것이 아니라 본안에 나아가 심리하여야 한다고 판시한다(대판(전합) 2004.4.22. 2000두7735).

객관적인 기준의 재임용 거부사유와 재임용에서 탈락하게 되는 교원이 자신의 입장을 진술할 수 있는 기회 그리고 재임용거부를 사전에 통지하는 규정 등이 없으며, 나아가 재임용이 거부되었을 경우 사후에 그에 대하여 다툴 수 있는 제도적 장치를 전혀 마련하지 아니하고 있는 이 사건 법률조항은, 현대사회에서 대학교육이 가지는 중요한 기능과 그 교육을 담당하고 있는 대학교원의 신분의 부당한 박탈에 대한 최소한의 보호요청에 비추어 볼 때 헌법 제31조 제6항에서 정하고 있는 교원지위법정주의에 위반된다고 볼 수 밖에 없다(헌재 2003.2.27. 2000헌바26, 구 사립학교법 제53조의2 제3항 위헌소원(헌법불합치,적용중지)).

심판대상 법률조항의 위헌성은 기간임용제 그 자체에 있는 것이 아니라 재임용거부사유 및 그 사전절차 그리고 부당한 재임용거부에 대하여 다툴 수 있는 사후의 구제절차에 관하여 아무런 규정을 하지 아니함으로써 재임용을 거부당한 교원이 구제를 받을 수 있는 길을 완전히 차단한 데 있다(헌재 2003.12.18. 2002헌바14등, 교원지위향상을위한특별법 제9조 제1항 등 위헌소원(헌법불합치,잠정적용)).

(iv) 이에 따라 개정된 교육공무원법(제11조의3)과 사립학교법(제53조의2)에서는 대학교원 재임용에 관한 적법절차를 명시한다. 즉, 학칙이 정하는 사유에 기초한 교원인사위원회의 재임용 심의를 거치고, 재임용을 거부할 때에는 그 사유를 명시하여 통지하고, 재임용거부처분에 대하여 불복이 있는 당사자는 교원소청심사위원회에 재심을 청구할 수 있다. 이와 함께 국회는 헌법재판소의 위 헌법불합치결정 취지를 존중하여 위 개정법들의 시행일(2005.2.27.) 이전에 재임용이 거부되었던 교원들의 권익을 보호하기 위하여 '대학교원기간임용제탈락자구제를위한특별법'을 제정하였다. 다만, 이 법에 의한 재심결정에는 과거의 재임용거부처분이 부당하였음을 확인하는 정도의 제한적 효력만 있고 소급효는 인정되지 아니한다.

교원의 지위향상 및 교육활동 보호를 위한 특별법 제7조: 각급학교 교원의 징계처분 그 밖에 그의 의사에 반하는 불리한 처분(교육공무원 제11조의3 제4항 및 사립학교법 제53조의2 제6항의 규정에 의한 교원에 대한 재임용거부처분을 포함한다. 이하 같다)에 대한 소청심사를 하기 위하여 교육부에 교원소청심사위원회를 둔다.

'대학교원 기간임용제 탈락자 구제를 위한 특별법'에 의하여 과거의 재임용 거부처분에 대한 재심청구가 가능하지만 재심청구 인용결정에 의하여 바로 "학교법인과 재임용이 거부되었던 당해 교원 사이에 교원임용관계가 성립된다"거나 "학교법인이 당해 교원을 반드시 재임용할 의무를 부담하게 되는 효력이 있다"고는 할 수 없고, 다만 과거의 재임용 거부처분이 부당하였음을 확인하는 정도의 효력만 있으며 소급효는 인정되지 않는다"(헌재 2006. 4.27. 2005헌마1119, 대학교원 기간임용제 탈락자 구제를 위한 특별법 위헌확인(위헌,기각)).

'대학교원 기간임용제 탈락자 구제를 위한 특별법' 제2조 제2호가 특별법에 의한 구제의 범위를 원칙적으로 재임용 탈락자의 경우로 한정히면시도 예외적으로 해임, 파면 또는 면직 교원 중 일부에 제한하여 특별법에 의한 재임용 재심사를 청구할 수 있도록 하는 것이 교원지위법정주의 및 평등원칙에 위배되지 아니한다(헌재 2009.5.28. 2007헌바105, 대학교원 기간임용제 탈락자 구제를 위한 특별법 등 위헌소원(합헌,각하)).

제 5 절 근로기본권

Ⅰ. 의 의

(ⅰ) 근로기본권(勤勞基本權)의 정립은 현대 산업사회의 핵심적인 과제로 부각된다. 근로기본권은 헌법상 사회복지국가의 원리 및 사회적 시장경제질서의 원리에 기초한 인간다운 생활을 할 권리 · 근로의 권리 · 근로3권의 원리에 부합하는 노동관련 법률의 정립으로 현실적 구현을 도모하여야 한다.[1)]

(ⅱ) 민주화 과정에서 노동관계법은 대폭 개편되었다. '노동조합 및 노동관계조정법', '근로자참여 및 협력증진에 관한 법률'이 정립되었다. '고용정책 기본법' · 근로기준법 · 노동위원회법 · 고용보험법 · 최저임금법 · 임금채권보장법 · 근로자퇴직급여 보장법이 개정되었다. 또한 '파견근로자보호 등에 관한 법률', '공무원직장협의회의 설립 · 운영에 관한 법률', '공무원의 노동조합 설립 및 운영 등에 관한 법률', '교원의 노동조합 설립 및 운영 등에 관한 법률', '고용상 연령차별금지 및 고령자고용촉진에 관한 법률' 등이 제정되었다.

Ⅱ. 근로기본권의 정립

1. 근로와 관련된 헌법상 직접 · 간접적 규정

(1) 직접적 규정

근로와 관련된 헌법직접적인 규정은 제32조의 근로의 권리, 제33조의 근로3권, 제32조 제2항의 근로의 의무조항이다.

(2) 밀접한 규정

사회권과 관련된 일련의 헌법상 기본권은 근로기본권과 밀접하게 관련된다.

1) 서보건, "헌법상 근로의 권리의 보장과 국가의 역할", 헌법학연구 23-2; 홍석한, "헌법상 근로의 권리에 대한 고찰", 공법학연구 20-2; 김종현, "교섭창구 단일화 제도의 헌법적 검토", 공법연구 52-3; 김연식, "현대 사회에서 헌법상 근로자 개념의 재구성", 헌법학연구 30-1; 백수원, "국가유공자 지원 및 배제 제도에 대한 헌법적 고찰", 미국헌법연구 35-1; 김종현, "플랫폼 노동자의 근로권에 관한 헌법적 검토", 헌법학연구 30-3; 김종철, "간접고용 근로자의 단체교섭권에 대한 헌법적 검토", 헌법학연구 30-4; 김연식, "노동헌법의 의미와 역사적 전개", 공법연구 53-4; 김진곤, "근로조건의 불평등 해소를 위한 입법적 고찰", 헌법학연구 31-1.

헌법 제34조 제1항의 "인간다운 생활을 할 권리"를 비롯하여 제34조 제2항 이하에서 규정하고 있는 사회보장·사회복지조항, 즉 국가의 사회보장·사회복지증진의무(제2항), 국가의 여자의 복지와 권익향상노력(제3항), 국가의 노인과 청소년의 복지향상정책 실시의무(제4항), 국가의 신체장애자 및 질병·노령 기타 생활능력이 없는 국민의 보호(제5항), 국가의 재해예방 및 위험으로부터 국민보호노력(제6항)은 바로 사회적 약자인 근로자보호를 위한 헌법적 의지의 표현이다.

(3) 간접적 규정

한국헌법상 기본원리 내지 기본질서로서의 사회복지국가원리 및 사회적 시장경제질서(제119조 이하)에 관한 일련의 규정은 근로기본권과 간접적인 관련성을 가진다. 헌법상 기본권의 원리적 규정인 인간의 존엄과 가치·행복추구권(제10조) 및 근본규범인 평등권(제11조)도 근로기본권과 간접적으로 관련된다. 나아가서 거주·이전의 자유(제14조), 직업의 자유(제15조), 집회·결사의 자유(제21조), 재산권보장(제23조) 등은 근로기본권 보장의 전제를 이루는 기본권이다. 하지만, 이들 규정을 헌법상 근로기본권과 직접 연계시킬 필요는 없다.

2. 근로기본권의 개념

헌법상 사회권으로서의 근로의 권리와 근로3권은 개별적 기본권으로 설명하여 왔다. 하지만, 근래 개별적 기본권으로서의 근로의 권리와 근로3권을 포괄하여 근로활동권, 근로기본권 또는 노동기본권으로 설명한다. 그런데 헌법상 '근로'라는 표현이 사용되고, '노동'이라는 표현이 사용되지 아니하기 때문에 헌법재판소 판례는 이를 근로기본권으로 표현한다. 그러나 오늘날 헌법이념을 구체화한 관련 법률에서는 근로라는 표현보다는 오히려 노동이라는 표현이 일반화되어 있음에 비추어 헌법상 근로라는 용례를 노동으로 바꾸는 경향이 드러나면서 헌법개정논의 과정에서도 근로기본권을 노동기본권으로 개칭하려 한다.

> "헌법 제32조 및 제33조에 각 규정된 근로기본권은 근로자의 근로조건을 개선함으로써 그들의 경제적·사회적 지위의 향상을 기하기 위한 것으로서 자유권적 기본권으로서의 성격보다는 생존권 내지 사회적 기본권으로서의 측면이 보다 강한 것으로서 그 권리의 실질적 보장을 위해서는 국가의 적극적인 개입과 뒷받침이 요구되는 기본권이다" (헌재 1991.7.22. 89헌가106, 사립학교법 제55조, 제58조 제1항 제4호에 관한 위헌심판(전교조사건)(합헌)).

Ⅲ. 근로의 권리

1. 근로의 권리의 의의

(ⅰ) 근로의 권리는 1919년 바이마르헌법에서 규정된 이래, 특히 제2차 세계대전 이후의 헌법(예컨대 1946년 프랑스 제4공화국헌법전문 등)에서 일반적으로 수용되어 있다. 한국헌법에서도 제헌헌법 이래 근로의 권리를 규정한다.

(ⅱ) 근로의 권리란 "인간이 생활에 필요한 기본적 수요를 충족시키기 위한 육체적·정신적 활동을 할 수 있는 권리"라고 정의할 수 있다. 여기에 더 나아가서 "근로능력을 가진 자가 일을 하려고 하여도 일할 기회를 가질 수 없을 경우에, 국가에 대하여 일할 기회를 제공하여 주도록 요구할 수 있는 권리"라는 사회권으로서의 성격이 오늘날 특히 강조된다.

허영 교수(554-555면)는 근로의 권리의 헌법상 기능으로서 자주적 인간의 불가피한 생활수단, 기본적 수요의 자조적 충족수단, 자본주의의 이념적 기초, 국가적 보호의무경감기능, 고용·노동·사회정책의 방향기능을 제시한다.

2. 근로의 권리의 법적 성격

(ⅰ) 근로의 권리는 개인의 일할 권리를 국가로부터 침해받지 아니할 자유권적 성격과 경제적 약자인 근로자의 인간다운 생활을 영위하기 위한 생존권적 성격을 동시에 가지지만, 생존권적 성격이 더 강하다(헌재 1991.7.22. 89헌가106, 사립학교법 제55조 등에 관한 위헌심판(합헌)).

(ⅱ) 사회권의 법적 성격에 관한 프로그램적 규정설(입법방침규정설), 추상적 권리설, 구체적 권리설에 따라 근로의 권리의 법적 성격도 달라진다. 그런데 위헌법률심판뿐만 아니라 "공권력의 행사 또는 불행사로 인하여 국민의 기본권이 침해된 경우"(헌법재판소법 제68조 제1항)에 헌법소원을 제기할 수 있기 때문에, 사회권의 재판규범성을 부인하면 헌법규범의 형해화 현상을 초래하게 된다. 따라서 사회권(생존권)의 구체적인 법적 권리성을 인정할 수밖에 없고, 이에 따라 근로의 권리도 구체적인 법적 권리로 보아야 한다.

근로의 권리는 사회적 기본권으로서 국가에 대하여 직접 일자리를 청구하거나 일자리에 갈음하는 생계비의 지급을 청구할 수 있는 권리를 의미하는 것이 아니라 고용증진을 위한 사회적·경제적 정책을 요구할 수 있는 권리에 그치며, 근로의 권리로부터 국가에 대한 직접적인 직장존속청구권이 도출되는 것도 아니다(헌재 2012.10.25. 2011헌마307, 공무원보수규정 제5조 중 별표 13 등 위헌확인(기각,각하)).

3. 근로의 권리의 주체

근로의 권리의 주체는 자연인 중에서 원칙적으로 대한민국 국민에 한한다. 다만, 외국인도 인간의 존엄성과 자유권의 보장 차원에서는 근로의 권리의 기본권 주체성을 인정하여야 한다. 헌법 제32조 제1항이 규정하는 근로의 권리는 근로자를 개인의 차원에서 보호하기 위한 권리이므로 개인인 근로자가 그 주체이다. 따라서 노동조합이나 법인은 원칙적으로 근로의 권리의 주체가 될 수 없다.

"근로의 권리는 '일할 자리에 관한 권리'만 아니라 '일할 환경에 관한 권리'도 함께 내포하고 있는바 후자는 인간의 존엄성에 대한 침해를 방어하기 위한 자유권적 기본권의 성격도 갖고 있어 건강한 작업환경, 일에 대한 정당한 보수, 합리적인 근로조건의 보장 등을 요구할 수 있는 권리 등을 포함한다고 할 것이므로 외국인 근로자라고 하여 이 부분에까지 기본권 주체성을 부인할 수 없다. 즉, 자본주의 경제질서하에서 근로자가 기본적 생활수단을 확보하고 인간의 존엄성을 보장받기 위하여 최소한의 근로조건을 요구할 수 있는 권리는 자유권적 기본권의 성격도 아울러 가지므로 이러한 경우 외국인 근로자에게도 그 기본권 주체성을 인정함이 타당하다"(헌재 2007.8.30. 2004헌마670, 산업기술연수생 도입기준 완화결정 등 위헌확인(위헌)).

고용 허가를 받아 국내에 입국한 외국인근로자의 출국만기보험금은 퇴직금의 성질을 가지고 있어서 그 지급시기에 관한 것은 근로조건의 문제이므로 외국인인 청구인들에게도 기본권 주체성이 인정된다(헌재 2016.3.31. 2014헌마367, 외국인근로자의 고용 등에 관한 법률 제13조 제3항 등 위헌확인(기각)).

"외국인(비록 위장취업을 위하여 불법입국한 외국인이라 할지라도)이 국내사업주와 불법으로 근로계약을 체결하였더라도 그 계약은 유효하고, 그 외국인은 근로기준법상의 근로자에 해당된다"(서울고법 1993.11.26. 93구16774; 대판 1995.9.15. 94누12067, 요양불승인처분취소).

노동조합을 사업소세의 비과세대상으로 규정하지 아니한 지방세법 규정이 헌법 제32조 제1항에 반한다고 볼 여지는 없다. 노동주합은 근로의 권리의 주체가 될 수 없다(헌재 2009.2.26. 2007헌바27, 지방세법 제245조의2 제1항 위헌소원(합헌)).

출입국관리 법령에 따라 취업활동을 할 수 있는 체류자격을 받지 않은 외국인이 타인과의 사용종속관계하에서 근로를 제공하고 그 대가로 임금 등을 받아 생활하는 경우, 노동조합 및 노동관계조정법상 근로자의 범위에 포함된다(대판(전합) 2015.6.25. 2007두4995).

4. 근로의 권리의 효력

근로의 권리는 원칙적으로 대국가적 효력을 가지는 기본권인 동시에 대사인적 효력을 가지는 기본권이다. 특히 헌법은 "국가는 사회적 · 경제적 방법으로 근로자의 고용의 증진과 적정임금의 보장에 노력하여야 하며, 법률이 정하는 바에 의하여 최저임금제를 시행하여야 한다"(제32조 제1항 후문)라고 명시한다.

5. 근로의 권리의 내용

(1) 국가의 고용증진노력

(i) 헌법에서 "국가는 사회적·경제적 방법으로 근로자의 고용의 증진 … 에 노력하여야 하며"(제32조 제1항 후문)라고 규정하므로, 근로의 권리의 내용은 근로기회제공을 요구할 수 있는 권리이지, 더 나아가서 생계비지급(生計費支給)까지도 요구할 수 있는 권리로 확대해석하여서는 아니 된다. 즉 근로의 권리는 일자리청구권·생계비청구권·직장존속청구권을 보장하는 권리가 아니라, 고용증진을 위한 사회적·경제적 정책을 요구할 수 있는 권리이다(헌재 2002.11.28. 2001헌바50, 한국보건산업진흥원법 부칙 제3조 위헌소원(합헌)).

(ii) 완전고용상태의 실현을 위하여 '고용정책 기본법'·직업안정법·'남녀고용평등과 일·가정 양립 지원에 관한 법률'·'장애인고용촉진 및 직업재활법'·'고용상 연령차별금지 및 고령자고용촉진에 관한 법률'·'청년고용촉진 특별법' 등이 제정되어 있다.

(2) 근로자의 적정임금보장노력과 최저임금제실시

(i) 헌법상 "국가는 사회적·경제적 방법으로 … 적정임금의 보장에 노력하여야 하며, 법률이 정하는 바에 의하여 최저임금제를 시행하여야 한다"(제32조 제1항 후문)라는 규정에 비추어, 적정임금의 보장과 최저임금제의 실시는 헌법의 요청이다. 또한 헌법 제32조 제4항의 규정에 따라 여자에게도 동일노동·동일임금의 원칙이 적용되어야 한다. 최저임금법에서는 "최저임금은 근로자의 생계비, 유사근로자의 임금, 노동생산성 및 소득분배율 등을 고려하여 정한다. 이 경우 사업의 종류별로 구분하여 정할 수 있다"(제4조 제1항)라고 규정한다.

정부의 최저임금 고시가 청구인들의 계약의 자유와 기업의 자유를 침해한다고 볼 수 없다(헌재 2019.12.27. 2017헌마1366등, 고용노동부 고시 제2017-42호 위헌확인(기각,각하)).

최저임금의 적용을 위해 주(週) 단위로 정해진 근로자의 임금을 시간에 대한 임금으로 환산할 때, 해당 임금을 1주 동안의 소정근로시간 수와 법정 주휴시간 수를 합산한 시간 수로 나누도록 한 최저임금법 시행령이 사용자인 청구인의 계약의 자유 및 직업의 자유를 침해하지 아니한다(헌재 2020.6.25. 2019헌마15, 최저임금법 제5조의2 등 위헌확인(기각,각하)). ① 매월 1회 이상 지급하는 정기상여금 등 및 복리후생비의 일부를 최저임금에 산입. ② 최저임금 산입을 위하여 임금지급 주기에 관한 취업규칙을 변경하는 경우 노동조합 또는 근로자 과반수의 동의를 받을 필요 없어도 합헌이다(5:4)(헌재 2021.12.23. 2018헌마629등, 최저임금법 제6조 제4항 등 위헌확인(기각)).

택시운전근로자의 최저임금에 산입되는 범위를 정한 최저임금법 중 '생산고에 따른 임금을 제외한' 부분이 헌법에 위반되지 아니한다. [보충의견(4인)] 운송수입금의 전액관리제의 정착에 발맞추어 심판대상조항과 같은 특례조항이 궁극적으로는 폐지되는 것이 타당하다(헌재 2023.2.23. 2020헌바11등, 최저임금법 제6조 제5항 위헌소원(합헌)). [해설] 대법원은 "정액사납금제하에서 생산고에 따른 임금을 제외한 고정급이 최저임금에 미달하는 것을 회피할 의도로 사용자가 소정근로시간을 기준으로 산정되는 시간당 고정급의 외형상 액수를 증가시키기 위해 택시운전근로자 노동조합과 사이에 실제 근무형태나 운행시간의 변경 없이 소정근로시간만을 단축하기로 합의한 경우, 이러한 합의는 강행법규인 최저임금법상 심판대상조항 등의 적용을 잠탈하기 위한 탈법행위로서 무효"라고 판단하였다(대판(전합) 2019.4.18. 2016다2451). 헌법재판소는, 위 대법원 판결이 심판대상조항의 입법 취지를 회피한 택시운송사업자들의 탈법행위에 따라 발생한 불가피한 결과이므로, 심판대상조항에 따라 제한되는 사익을 평가함에 있어서 중요한 고려 요소가 될 수 없다고 보았다.

(ii) 헌법재판소는 퇴직금에 대하여 다른 채권에 비하여 우선변제권을 규정한 구 근로기준법에 대하여 헌법불합치결정(헌재 1997.8.21. 94헌바19등, 근로기준법 제30조의2 제2항 위헌소원(헌법불합치,적용중지))을 내렸다. 이 결정으로 사용자의 파산 시 최종 3개월분의 임금과 최종 3년간 퇴직금에 대하여 최우선변제권을 인정하게 되었다. 이 조항에 대하여 헌법재판소는 근로자의 임금 확보를 위한 최우선변제권 조항이 담보물권자의 재산권에 대한 과도한 제한으로 볼 수 없다고 판시한다(헌재 2008.11.27. 2007헌바36, 근로기준법 제37조 제2항 등 위헌소원(각하,합헌))(헌재 2006.7.27. 2004헌바20, 근로기준법 부칙 제2조 위헌소원(합헌)).

'근로자퇴직급여 보장법'에서는 퇴직급여등은 "사용자의 총재산에 대하여 질권 또는 저당권에 의하여 담보된 채권을 제외하고는 조세·공과금 및 다른 채권에 우선하여 변제되어야 한다. 다만, 질권 또는 저당권에 우선하는 조세·공과금에 대하여는 그러하지 아니하다"(제12조 제1항). "제1항에도 불구하고 최종 3년간의 퇴직급여등은 사용자의 총재산에 대하여 질권 또는 저당권에 의하여 담보된 채권, 조세·공과금 및 다른 채권에 우선하여 변제되어야 한다"(제2항)라고 규정한다.

4주간을 평균하여 1주간의 소정근로시간이 15시간 미만인 근로자, 즉 이른바 '초단시간근로자'를 퇴직급여제도의 적용대상에서 제외하고 있는 '근로자퇴직급여 보장법' 규정은 헌법에 위반되지 아니한다(6:3)(헌재 2021.11.25. 2015헌바334등, 근로자퇴직급여 보장법 제4조 제1항 단서 위헌소원(합헌)).

'가구 내 고용활동'에 대해서는 '근로자퇴직급여 보장법'을 적용하지 아니하는 '근로자퇴직급여 보장법' 규정은 헌법에 위반되지 아니한다(7:2)(헌재 2022.10.27. 2019헌바454, 근로자퇴직급여 보장법 제3조 단서 위헌소원(합헌)). 그런데 '가사근로자의 고용개선 등에 관한 법률'이 제정되어 문제점을 보완한다.

(3) 근로조건기준의 법정주의

"근로조건의 기준은 인간의 존엄성을 보장하도록 법률로 정한다"(제32조 제3항). 이에 따라 근로계약의 기본적인 내용인 근로조건은 계약자유의 원칙에 대한 중대한 제약이 된다. 인간의 존엄성에 상응하는 근로조건의 기준이 무엇인지를 정함에 있어서 입법자는 일차적으로 형성의 자유를 가진다. "근로조건이라 함은 사용자와 근로자 사이의 근로관계에서 임금·근로시간·후생·해고 기타 근로자의 대우에 관하여 정한 조건을" 말한다(대판 1992.6.23. 91다19210). 이에 따라 제정된 근로기준법에서 정하는 기준에 미치지 못하는 근로조건을 정한 근로계약은 그 부분에 한하여 무효로 하며, 무효로 된 부분은 근로기준법에서 정한 기준에 따른다(제15조).

근로계약 체결 시 사용자에게 근로조건의 명시의무를 규정하면서 이를 위반하는 경우 형사처벌하고 임금의 구성항목, 계산방법 및 지불방법에 관한 사항의 '명시방법'에 대해서는 대통령령에 위임한 근로기준법이 과잉금지의 원칙 및 포괄위임으로써 죄형법정주의원칙에 위배되지 아니한다(헌재 2006.7.27. 2004헌바77, 근로기준법 제24조 등 위헌소원(합헌,각하)).

"구 근로기준법 제42조 제1항이 '근로시간은 휴게시간을 제하고 1일에 8시간, 1주일에 44시간을 초과할 수 없다'고 규정하고 있는데 노사간 합의로 이를 초과한 근로시간을 정했다 하더라도 이는 무효이다"(대판 1997.10.10. 97누4951).

월급근로자로서 6월이 되지 못한 자를 해고예고제도(解雇豫告制度)의 적용대상에서 배제(헌재 2001.7.19. 99헌마663, 근로기준법 제35조 제3호 위헌확인(합헌)), 계속근로기간 1년 이상인 근로자가 근로연도 중도에 퇴직한 경우 중도퇴직 전 1년 미만의 근로에 대하여 유급휴가를 보장하지 않는 것(헌재 2015.5.28. 2013헌마619, 입법부작위 위헌확인(기각)), 일용근로자로서 3개월을 계속 근무하지 아니한 자를 해고예고제도의 적용제외사유로 규정(헌재 2017.5.25. 2016헌마640, 기본권 침해 위헌확인원(기각)), 업무상 재해로 휴업하여 당해 연도에 출근의무가 없는 근로자에게도 유급휴가(헌재 2020.8.28. 2017헌바433, 근로기준법 제60조 제1항 등 위헌소원(합헌)), 영화업자가 영화근로자와 계약을 체결할 때 근로시간을 명시하도록 하고 위반 시 처벌(헌재 2022.11.24. 2018헌바514, 영화 및 비디오물의 진흥에 관한 법률 제3조의4 등 위헌소원(합헌))은 합헌이다.

A. 탄력적 근로시간제

"1주 간의 근로시간은 휴게시간을 제외하고 40시간을 초과할 수 없다." "1일의 근로시간은 휴게시간을 제외하고 8시간을 초과할 수 없다"(제50조). 또한 취업규칙에 따라 일정 단위기간을 평균하여 주 40시간을 초과하지 아니하면, 특정한 주(48시간 초과 금지)나 특정한 날의 근로시간을 초과할 수 있다. 서면 합의에 따르더라도 3개월 이내의 기간에서 특정한 주의 근로시간은 52시간(헌재 2024.2.28. 2019헌마500, 최저임금법 제8조 제1항 등 위헌확인(기각,각하))을, 특정한 날의 근로시간은 12시간을 초과할 수 없다(제51조).

4명 이하의 근로자를 사용하는 사업 또는 사업장에 적용될 근로기준법 조항 중 부당해고를 제한하는 제23조 제1항, 노동위원회 구제절차에 관한 제28조 제1항을 포함하지 아니한 근로기준법 시행령 제7조 [별표 1]이 평등권, 근로의 권리를 침해하지 아니한다(7:2)(헌재 2019.4.11. 2017헌마820, 근로기준법 제11조 제1항 본문 등 위헌확인(기각)).

상시 4명 이하의 근로자를 사용하는 사업 또는 사업장에 대하여 대통령령으로 정하는 바에 따라 근로기준법의 일부 규정을 적용할 수 있도록 위임한 근로기준법 제11조 제2항이 헌법에 위반되지 아니한다(7:2)(헌재 2019.4.11. 2013헌바112, 근로기준법 제11조 제2항 위헌소원(합헌)).

B. 정리해고제(整理解雇制)

대법원 판례를 통하여 허용되어왔던 정리해고제를 법률에 명시하고 있다. "사용자가 경영상 이유에 의하여 근로자를 해고하려면 긴박한 경영상의 필요가 있어야 한다. 이 경우 경영 악화를 방지하기 위한 사업의 양도 · 인수 · 합병은 긴박한 경영상의 필요가 있는 것으로 본다"(제24조).

C. 그 외에도 퇴직금중간정산제와 퇴직보험제의 도입(제34조, 근로자 퇴직급여 보장법), 그리고 선택적 근로시간제의 도입(제52조) 등을 들 수 있다.

(4) 여자근로의 보호와 차별금지

(i) "여자의 근로는 특별한 보호를 받으며, 고용 · 임금 및 근로조건에 있어서 부당한 차별을 받지 아니한다"(제32조 제4항). 이에 따라 대법원은 성별 작업구분이나 근로조건의 구분을 명확히 하지 아니한 채 남녀를 차별하여 정년을 규정한 단체협약서 및 취업규칙의 조항이 근로기준법 제5조와 남녀고용평등법 제8조 제1항에 위배되어 무효라고 보았다(대판 1993.4.9. 92누15765).

(ii) 근로기준법에서는 여자근로에 대한 특별한 보호를 규정하고(제5장 이하), '남녀고용평등과 일 · 가정 양립 지원에 관한 법률'에서는 동일노동 · 동일임금의 원칙(제8조), 근로자의 정년 · 퇴직 및 해고에서의 남녀차별금지(제11조) 등이 규정되어 있다. 또한 영유아보육법도 제정되었다.

남자사원이 무거운 물건을 운반한다는 이유로 남녀 간 임금차등은 위법하다(대판 2003.3.14. 2002도3883).

(5) 연소자의 근로보호

"연소자의 근로는 특별한 보호를 받는다"(제32조 제5항). 근로기준법에서는 의무교육과정이 중학교까지 확대되었음을 고려하여 최저취업연령을 종래 13세에서 15세로 상향조정하였다(제64조). 또한 "15세 이상 18세 미만인 자의 근로시간은 원칙적으로 1일에 7시간, 1주일에 35시간을 초과하지 못한다"(제69조).

(6) 국가유공자 등의 우선적 근로기회부여

"국가유공자 · 상이군경 및 전몰군경의 유가족은 법률이 정하는 바에 의하여 우선적으로 근로의 기회를 부여받는다"(제32조 제6항). 이에 관한 기본법으로 '국가유공자 등 예우 및 지원에 관한 법률'이 있다.[1)]

---

1) 그 밖에도 '독립유공자예우에 관한 법률', '참전유공자 예우 및 단체설립에 관한 법률', '고엽제후유의증 등 환자지원 및 단체설립에 관한 법률', '5 · 18민주유공자예우 및 단체설립에 관한 법률' 등이 있다.

헌법재판소는 헌법 제32조 제6항의 혜택을 받는 대상자를 비교적 넓게 인정한 바 있으나(헌재 2001.2.22. 2000헌마25, 국가유공자등예우및지원에관한법률 제34조 제1항 위헌확인(기각)), 판례를 변경하여 조문의 문리해석대로 엄격하게 "국가유공자", "상이군경", 그리고 "전몰군경의 유가족"에 한정되며(헌재 2006.2.23. 2004헌마675등, 국가유공자등예우및지원에관한법률 제31조 제1항 등 위헌확인(헌법불합치,잠정적용)), 제대군인은 여기서 말하는 국가유공자에 해당하지 아니한다고 판시한다(헌재 1999.12.23. 98헌마363, 제대군인지원에관한법률 제8조 제1항등 위헌확인(위헌)).

전몰군경의 유가족을 제외한 국가유공자의 가족은 위 헌법 조항에 의한 보호대상에 포함되지 아니하고, '국가유공자 등 예우 및 지원에 관한 법률' 시행령조항이 국가유공자의 가족인 청구인의 취업지원과 관련하여 국가기관 등이 시행하는 공무원 채용시험 중에서 기능직 공무원과 유사한 계약직 공무원을 가점 대상에서 배제하였다고 하여 헌법 제32조 제6항의 우선적 근로의 기회제공의무를 위반하였다고 볼 수 없다(헌재 2012.11.29. 2011헌마533, 국가유공자 등 예우 및 지원에 관한 법률 시행령 제48조 별표8 관련 입법부작위위헌확인(기각)).

(7) 기타 신앙 · 사회적 신분 등에 의한 차별대우금지

근로기준법(제6조)과 직업안정법(제2조)에서는 성별 · 연령 · 국적 · 신앙(종교) · 사회적 신분 · 신체적 조건 또는 혼인 여부 등에 따른 차별대우의 금지를 규정한다. 이는 헌법상 평등원칙의 구체적 적용이다. 기간제 근로자 및 단시간 근로자에 대한 불합리한 차별을 시정하고 기간제 근로자 및 단시간 근로자의 근로조건 보호를 강화함으로써 노동시장의 건전한 발전에 이바지함을 목적으로 제정된 '기간제 및 단시간근로자 보호 등에 관한 법률'은 기간제 근로자 또는 단시간 근로자임을 이유로 해당 사업 또는 사업장에서 차별적 처우를 하여서는 아니 된다고 규정한다(제8조).

사용자로 하여금 2년을 초과하여 기간제 근로자를 사용할 수 없도록 한 '기간제 및 단시간근로자 보호 등에 관한 법률' 제4조 제1항 본문이 기간제 근로자의 계약의 자유를 침해한다고 볼 수 없다(헌재 2013.10.24. 2010헌마219 · 265(병합), 기간제 및 단시간근로자 보호 등에 관한 법률 제4조 위헌확인(기각)).

Ⅳ. 근로3권

1. 근로3권의 의의

(ⅰ) 사유재산제 · 계약의 자유 · 과실책임의 원칙을 기조로 한 근대시민법질서는 산업혁명에 따른 새로운 노동자계급의 등장으로 인하여 근대입헌주의 헌법의 이념적 지표인 자유 · 평등 · 박애의 원리에 대한 근본적 변화가 불가피하였다. 노동자주권론에 기초한 사회주의의 대두로 이제 근로자의 인간다운 생활을 할

권리를 보장하지 아니하고는 자본주의적인 근대시민법질서 자체도 지탱하기 어려운 상황에 처하게 되었다. 이에 사회정의의 실현과 근로자의 실질적인 평등을 구현하기 위하여 헌법상 가치를 가지는 기본권으로서 근로3권을 보장한다.

(ii) 1919년 바이마르헌법에서 도입된 근로3권(勤勞三權)은 1946년 프랑스 제4공화국헌법 전문에 이어 1948년 한국의 제헌헌법에도 규정되기에 이르렀다. "근로자는 근로조건의 향상을 위하여 자주적인 단결권·단체교섭권 및 단체행동권을 가진다"(제33조 제1항). 헌법이 "근로3권을 보장하는 취지는 원칙적으로 개인과 기업의 경제상의 자유와 창의를 존중함을 기본으로 하는 시장경제의 원리를 경제의 기본질서로 채택하면서, 노동관계 당사자가 상반된 이해관계로 말미암아 계급적 대립·적대의 관계로 나아가지 아니하고 활동과정에서 서로 기능을 나누어 가진 대등한 교섭주체의 관계로 발전하게 하여 그들로 하여금 때로는 대립·항쟁하고, 때로는 교섭·타협의 조정과정을 거쳐 분쟁을 평화적으로 해결하게 함으로써, 결국에 있어서 근로자의 이익과 지위의 향상을 도모하는 사회복지국가건설의 과제를 달성하고자 함에 있다"(헌재 1993.3.11. 92헌바33, 노동조합법 제45조의2 등 위헌소원(합헌)).

(iii) 헌법이 근로3권을 동일조항에서 규정함에 따라 이를 전체적·통일적 시각에서 접근하여야 한다(권영성). 그런데 근로3권 사이의 관계에 대하여 단체교섭권중심설(다수설), 단결권중심설, 단체행동권중심설(허영)이 있다. 대법원은 단체교섭권중심설(대판 1990.5.15. 90도357)을 취하나, 대법원의 소수의견(대판 1995.12.21. 94다26721)과 헌법재판소의 반대의견은 단체행동권중심설을 취한다(합헌4:위헌5)(헌재 1996.12.26. 90헌바19등, 노동쟁의조정법 제4조, 제30조 제3호, 제31조, 제47조에 대한헌법소원(합헌)).

(iv) 생각건대 단결권은 자유권인 결사의 자유의 특별법적 성격을 가지지만, 단체교섭권이나 단체행동권은 근로3권에 고유한 권리이다. 그런데 단체행동권은 단체교섭권의 최종적인 결과라는 점에서 단체교섭권을 근로3권의 중심으로 보는 견해가 타당하다.

근로자의 근로3권의 보장에 관한 헌법 정신이 존중되고 근로3권이 제대로 보호되기 위하여서는 근로자의 권리행사의 실질적 조건을 형성하고 유지하여야 할 국가의 적극적 입법조치가 요청된다. 이러한 국가의 적극적인 입법조치에는 근로자단체의 조직과 단체교섭, 단체협약, 노동쟁의 등에 관한 법률의 제정을 통한 노사 간의 세력균형의 형성 및 근로자의 근로3권이 실질적으로 기능할 수 있는 법적 제도의 정비 등이 포함된다. 이에 따라 "헌법에 의한 근로자의 단결권·단체교섭권 및 단체행동권을 보장하여 근로조건의 유지·개선과 근로자의 경제적·사회적 지위의 향상을 도모하고, 노동관계를 공정하게 조정하여 노동쟁의를 예방 · 해결함으로써 산업평화의 유지와 국민경제의 발전에 이바지함을 목적으로" '노동조합 및 노동관계 조정법'이 제정되었다(제1조).

2. 근로3권의 법적 성격

(i) "헌법 제32조 및 제33조에 각 규정된 근로기본권은 근로자의 근로조건을 개선함으로써 그들의 경제적 · 사회적 지위의 향상을 기하기 위한 것으로서 **자유권적 기본권으로서의 성격보다는 생존권 내지 사회적 기본권으로서의 측면이 보다 강**"하다(헌재 1991.7.22. 89헌가106, 사립학교법 제55조, 제58조 제1항 제4호에 관한 위헌심판(합헌)). 그런데 헌법재판소는 다른 판례에서 근로3권의 자유권적 성격을 강조하기도 한다.

> "근로3권은 국가공권력에 대하여 근로자의 단결권의 방어를 일차적인 목표로 하지만, 근로3권의 보다 큰 헌법적 의미는 근로자단체라는 사회적 반대세력의 창출을 가능하게 함으로써 노사관계의 형성에 있어서 사회적 균형을 이루어 근로조건에 관한 노사간의 실질적인 자치를 보장하려는 데 있다. 근로자는 노동조합과 같은 근로자단체의 결성을 통하여 집단으로 사용자에 대항함으로써 사용자와 대등한 세력을 이루어 근로조건의 형성에 영향을 미칠 수 있는 기회를 가지게 되므로 이러한 의미에서 근로3권은 **'사회적 보호기능을 담당하는 자유권' 또는 '사회권적 성격을 띤 자유권'**이라고 말할 수 있다"(헌재 1998.2.27. 94헌바13등, 노동조합법 제33조 제1항 위헌소원(합헌)).

(ii) 생각건대 근로3권은 사회권적 성격과 자유권적 성격이 병존하는 권리이지만(자유권으로 보는 견해: 이흥재 편, 단체행동권, 사람생각, 2004), 그 권리의 발생연원을 살펴보면 자유권에서 사회권으로 전화된 권리라 할 수 있다. 또한 근로3권은 기본권의 분류체계상 개인적 기본권의 측면보다는 **집단적 기본권**의 측면이 강하다.

3. 근로3권의 주체: 내국인 근로자

(i) 근로3권을 향유하는 자는 근로자이다. "**'근로자'**라 함은 직업의 종류를 불문하고 임금 · 급료 기타 이에 준하는 수입에 의하여 생활하는 자를 말한다"(노조조정법 제2조 제1호). 근로3권의 주체는 자연인 중에서 원칙적으로 **대한민국 국민에 한하며**, 입법정책상 외국인에게도 인정될 수 있겠지만 현실적으로 제대로 인정되지 아니한다. 사용자의 범위도 대폭 확대되었다. "**'사용자'**라 함은 사업주, 사업의 경영담당자 또는 그 사업의 근로자에 관한 사항에 대하여 사업주를 위하여 행동하는 자를 말한다. 이 경우 **근로계약 체결 당사자가 아니더라도 근로자의 근로조건에 대하여 실질적이고 구체적으로 지배 · 결정할 수 있는 지위에 있는 자도 그 범위에 있어서는 사용자로 본다**"(제2조 제2호).

(ii) 노동을 제공하고 그 대가를 받는 자이면 육체적·정신적 노동자를 포괄한다. 그러나 예컨대 자영업자(예: 소작인·자영농민·어민·일용노동자·개인택시운전자)(대판 1972.3.28. 72도334), 자유직업종사자는 이 법상의 근로자가 아니다(대판 1992.3.31. 91다14413). 근로3권의 주체에 실업자도 포함되는지 논란이 있다. 대법원은 원칙적으로 이를 긍정한다.

노조법에서 말하는 "'근로자'에는 일시적으로 실업상태에 있는 자나 구직중(求職中)인 자도 노동3권을 보장할 필요성이 있는 한 그 범위에 포함된다"(대판 2004.2.27. 2001두8568).

4. 근로3권의 효력

근로3권은 원칙적으로 대국가적 효력을 가지는 기본권인 동시에 대사인적 효력을 가지는 기본권이다. 근로자의 근로3권을 침해하는 사용자의 행위로부터 근로자를 보호하기 위하여 노조조정법 제6장에서는 부당노동행위에 관하여 상세하게 규정한다.

5. 단 결 권

(1) 단결권(團結權)의 의의

(i) 단결권이라 함은 "근로자가 주체가 되어 자주적으로 단결하여 근로조건의 유지·개선 기타 근로자의 경제적·사회적 지위의 향상"(노조조정법 제2조 제4호: 노동조합의 정의)을 위하여 사용자와 대등한 교섭권을 가지기 위한 단체를 구성하는 권리를 말한다. "근로자는 자유로이 노동조합을 조직하거나 이에 가입할 수 있다. 다만, 공무원과 교원에 대하여는 따로 법률로 정한다"(제5조).

'이 법에 의하여 설립된 노동조합이 아니면 노동조합이라는 명칭을 사용할 수 없다.'라고 하고, 이에 위반할 경우 형사 처벌하도록 규정은 과잉금지의 원칙을 위배하여 단결권을 침해하지 아니한다(헌재 2008.7.31. 20044.헌바9 노동조합법 제7조 제3항 등 위헌소원(합헌)).

(ii) 노동조합의 정치활동 금지조항은 삭제되었으나, "주로 정치운동을 목적으로 하는 경우"(제2조 제4호 마목)에는 노동조합으로 인정하지 아니한다. 헌법재판소는 노동조합의 정치자금기부금지를 규정하는 정치자금법에 대하여 위헌결정을 내린 바 있다. 현행 정치자금법은 법인 또는 단체의 정치자금 기부를 금지하고 있으므로(제31조 제1항) 노동조합은 정치자금을 기부할 수 없다.

다만, 헌법재판소는 문제되는 법률조항이 침해하는 기본권은 헌법 제33조의 단결권이 아니라 헌법 제21조의 노동조합의 정치활동의 자유, 즉 표현의 자유, 결사의 자유, 일반적 행동자유권 및 개성의 자유로운 발현권을 그 보장 내용으로 하는 행복추구권이라고 본다. 즉 금품기부는 단결권에 의하여 보호받는 영역이 아니라, 개인·단체에 동일하게 적용되는 기본적인 의사표현의 자유에 속한다고 본다(헌재 1999.11.25. 95헌마154, 노동조합법 제15조 등 위헌확인(위헌,각하)).

(iii) "근로자는 단체협약으로 정하거나 사용자의 동의가 있는 경우에는 사용자 또는 노동조합으로부터 급여를 지급받으면서 근로계약 소정의 근로를 제공하지 아니하고 노동조합의 업무에 종사할 수 있다"(제24조 제1항). "제1항에 따라 사용자로부터 급여를 지급받는 근로자(근로시간면제자)는 사업 또는 사업장별로 종사근로자인 조합원 수 등을 고려하여 제24조의2에 따라 결정된 근로시간 면제 한도를 초과하지 아니하는 범위에서 임금의 손실 없이 사용자와의 협의·교섭, 고충처리, 산업안전 활동 등 이 법 또는 다른 법률에서 정하는 업무와 건전한 노사관계 발전을 위한 노동조합의 유지·관리업무를 할 수 있다"(제24조 제2항). '공무원의 노동조합 설립 및 운영 등에 관한 법률'(제7조 의2)과 '교원의 노동조합 설립 및 운영 등에 관한 법률'(제5조 의2)에도 근로시간 면제조항이 신설되었다.

노조전임자 급여 금지, '근로시간 면제 제도', 노동조합이 이를 위반하여 급여 지급을 요구하고 이를 관철할 목적의 쟁의행위금지를 규정한 노조법이 과잉금지원칙에 위반되어 노사자치의 원칙 또는 단체교섭권 및 단체행동권을 침해한다고 볼 수 없다. 헌법 제6조 제1항의 국제법존중주의에도 위배되지 아니한다(헌재 2014.5.29. 2010헌마606, 노동조합 및 노동관계조정법 제24조 제2항 등 위헌소원(기각,각하)).

(2) 단결권의 주체

단결권의 주체는 근로자이지만, 집단도 주체가 될 수 있다. 실업 중에 있는 자, 해고의 효력을 다투는 자, 외국인 근로자, 일용직 근로자도 주체가 될 수 있다. 하지만, 사용자는 헌법 제21조에 근거한 결사의 자유와 헌법 제23조에 근거한 재산권 보호 차원에서 사용자 단체의 결성은 별론으로 하고, 헌법 제33조 제1항에 근거한 단결권의 주체가 될 수 없다.

산업별 노동조합의 지회 등이 독자적인 노동조합 또는 노동조합 유사의 독립한 근로자단체로서 법인 아닌 사단에 해당하는 경우, '노동조합 및 노동관계조정법'에서 정한 조직형태 변경 결의를 통하여 기업별 노동조합으로 전환할 수 있다(대판(전합) 2016.2.19. 2012다96120).

구직 중인 여성노동자도 근로자이다(대판 2004.2.27. 2001두8568).

(3) 단결권의 내용

(i) 단결권은 한편으로 헌법 제21조의 결사의 자유에 대한 특별법적 성격을 가지지만, 본질적으로 단결권은 사회권의 특성이 강하므로 결사의 자유의 일반원리와는 접근시각이 달라야 한다.

(ii) 단결권은 근로자 개인이 가지는 개인적 단결권과 근로자집단이 가지는 집단적 단결권으로 나누어 볼 수 있다. 근로자 개개인이 자주적으로 단체를 조직·가입·탈퇴를 할 수 있는 권리가 개인적 단결권이다. 개인의 단결권에 대한 불법적인 제한은 부당노동행위가 된다. 노조조정법에서는 부당노동행위의 유형을 제시한다.

제81조 (부당노동행위) 사용자는 다음 각 호의 어느 하나에 해당하는 행위(이하 "부당노동행위"라 한다)를 할 수 없다. ① 1. 근로자가 노동조합에 가입 또는 가입하려고 하였거나 노동조합을 조직하려고 하였거나 기타 노동조합의 업무를 위한 정당한 행위를 한 것을 이유로 그 근로자를 해고하거나 그 근로자에게 불이익을 주는 행위, 2. 근로자가 어느 노동조합에 가입하지 아니할 것 또는 탈퇴할 것을 고용조건으로 하거나 특정한 노동조합의 조합원이 될 것을 고용조건으로 하는 행위. 3. 노동조합의 대표자 또는 노동조합으로부터 위임을 받은 자와의 단체협약체결 기타의 단체교섭을 정당한 이유없이 거부하거나 해태하는 행위, 4. 근로자가 노동조합을 조직 또는 운영하는 것을 지배하거나 이에 개입하는 행위와 노동조합의 전임자에게 급여를 지원하거나 노동조합의 운영비를 원조하는 행위. 5. 근로자가 정당한 단체행위에 참가한 것을 이유로 하거나 또는 노동위원회에 대하여 사용자가 이 조의 규정에 위반한 것을 신고하거나 그에 관한 증언을 하거나 기타 행정관청에 증거를 제출한 것을 이유로 그 근로자를 해고하거나 그 근로자에게 불이익을 주는 행위.

② 제1항제4호단서에 따른 "노동조합의 자주적 운영 또는 활동을 침해할 위험" 여부를 판단할 때에는 다음 각 호의 사항을 고려하여야 한다. 1. 운영비 원조의 목적과 경위, 2. 원조된 운영비 횟수와 기간, 3. 원조된 운영비 금액과 원조방법, 4. 원조된 운영비가 노동조합의 총수입에서 차지하는 비율, 5. 원조된 운영비의 관리방법 및 사용처 등.

두 가지 예외를 제외하고 사용자가 노동조합의 운영비를 원조하는 행위를 부당노동행위로 일체 금지하는 노조법의 '노동조합의 운영비를 원조하는 행위'에 관한 부분은 헌법에 합치되지 아니한다(헌재 2018.5.31. 2012헌바90, 노동조합 및 노동관계조정법 제24조 제2항 등 위헌소원(헌법불합치(잠정적용),각하)). 이에 위와 같이 개정되었다.

당해 사업장에 종사하는 근로자의 3분의 2 이상을 대표하는 노동조합의 경우 단체협약을 매개로 한 조직강제[이른바 유니언 샵(Union Shop) 협정의 체결]의 용인은 헌법상 근로자의 단결권을 보장에 위반되지 아니한다(헌재 2005.11.24. 2003헌바9등, 노동조합및노동관계조정법 제81조 제2호 단서 위헌소원(합헌)).

사용자의 노동조합에 대한 지배·개입행위와 노조전임자 급여지원행위를 부당노동행위로 규정한 것과, 위 부당노동행위에 해당할 경우 사용자를 형사처벌하는 규정은 헌법에 위반되지 아니한다(헌재 2022.5.26. 2019헌바341, 노동조합 및 노동관계조정법 제81조 제4호 등 위헌소원(합헌)).

(iii) 근로자가 단체를 조직하고 가입하는 적극적 단결권뿐만 아니라 단체에 가입하지 아니할 소극적 단결권의 인정 여부에 관하여 논란이 있다. 생각건대 여기서 단결권은 결사의 자유에서 보장하는 단결권을 뛰어넘어 헌법 제33조에서 보장하는 근로자의 기본적인 권리로 보아야 한다. 다만, 소극적 단결권은 적극적 단

결권을 전제로 한 권리이므로 적극적 단결권이 소극적 단결권에 비하여 특별한 우월적 가치를 가진다. 그런데 헌법재판소는 소극적 단결권을 인정하면서도 그 근거를 "근로자에게 보장된 단결권에서가 아니라 헌법 제10조의 행복추구권에서 파생되는 일반적 행동의 자유 또는 헌법 제21조 제1항의 결사의 자유에서" 찾고 있다(헌재 2005.11.24. 2003헌바9등, 노동조합및노동관계조정법 제81조 제2호 단서 위헌소원(합헌). 동지: 김철수(상) 1188면. 그 외에 일반적 행동의 자유 및 헌법에 열거되지 아니한 자유로 보장된다는 견해(권영성 682-683면), 헌법 제33조 제1항의 내용으로 보는 견해(허영 507면)).

"단결하지 아니할 자유와 적극적 단결권이 충돌하게 되더라도, 근로자에게 보장되는 적극적 단결권이 단결하지 아니할 자유보다 특별한 의미를 갖고 있다고 볼 수 있고, 노동조합의 조직강제권도 이른바 자유권을 수정하는 의미의 생존권(사회권)적 성격을 함께 가지는 만큼 근로자 개인의 자유권에 비하여 보다 특별한 가치로 보장되는 점 등을 고려하면, 노동조합의 적극적 단결권은 근로자 개인의 단결하지 않을 자유보다 중시된다"(헌재 2005.11.24. 2003헌바9등, 노동조합및노동관계조정법 제81조 제2호 단서 위헌소원(합헌)): 당해 사업장에 종사하는 근로자의 3분의 2 이상을 대표하는 노동조합의 경우 단체협약을 매개로 한 조직강제[이른바 유니언 샵(Union Shop) 협정의 체결]를 용인하는 노동조합및노동관계조정법 규정은 근로자의 단결권을 보장한 헌법 제33조 제1항 및 평등의 원칙에 위배되지 아니한다.

근로자의 단결권보장을 위한 강제조직의 유형에는 ① Closed shop: 노조원이 아니면 고용하지 아니함, ② Union shop: 고용된 근로자는 일정기간 내에 노조에 가입하여야 함, ③ Maintenance of membership: 근로자가 노조를 탈퇴할 수 없고, 탈퇴시 해고하도록 함 등이 있다.

"유니언숍협정이 근로자 개인의 조합에 가입하지 않을 자유나 조합선택의 자유와 충돌하는 측면이 있기는 하지만 조직강제의 일환으로서 노조의 조직유지와 강화에 기여하는 측면을 고려하여 일정한 요건 하에서 체결된 유니언숍협정의 효력을 인정한 것이라 할 것이어서 헌법상의 근로자의 단결권을 침해하는 조항으로 볼 수는 없다"(대결 2002.10.25. 2000카기183, 노동조합및노동관계조정법 위헌제청).

6. 단체교섭권

(1) 단체교섭권(團體交涉權)의 의의

단체교섭권이란 근로자가 단결권에 기초하여 결성한 단체가 사용자 또는 사용자단체와 자주적으로 교섭하는 권리이다. 따라서 "노동조합의 대표자는 그 노동조합 또는 조합원을 위하여 사용자나 사용자단체와 교섭하고 단체협약을 체결할 권한을 가진다"(노조조정법 제29조 제1항).

국가의 행정관청이 사법상 근로계약을 체결한 경우 그 근로계약관계의 권리·의무는 행정주체인 국가에 귀속되므로, 국가는 그러한 근로계약관계에 있어서 노동조합 및 노동관계조정법 제2조 제2호에 정한 사업주로서 단체교섭의 당사자의 지위에 있는 사용자에 해당한다(대판 2008.9.11. 2006다40935).

(2) 단체교섭권의 주체

단체교섭권의 주체는 개별근로자가 아니라 노동조합이다. 이때 근로자는 단체교섭의 담당자일 뿐이다.

(3) 단체교섭권의 내용

(ⅰ) 단체교섭권은 근로조건의 유지 및 개선을 목적으로 하므로 근로조건과 무관한 사항은 단체교섭의 대상에서 제외된다. 원칙적으로 사용자의 권한인 경영권, 인사권, 이윤취득권 등에 관한 사항은 단체교섭의 대상이 아니다. 헌법 제33조 제1항에서 "'단체협약체결권'을 명시하여 규정하고 있지 않다고 하더라도 근로조건의 향상을 위한 근로자 및 그 단체의 본질적인 활동의 자유인 '단체교섭권'에는 단체협약체결권이 포함되어 있다고 보아야 한다"(헌재 1998.2.27. 94헌바13등, 노동조합법 제33조 제1항 위헌소원(합헌)).

단체협약 등에 규정된 인사조항의 구체적 내용이 사용자가 인사처분을 함에 있어서 신중을 기할 수 있도록 노동조합이 의견을 제시할 수 있는 기회만을 주어야 하도록 규정된 경우에는 그 절차를 거치지 아니하였다고 하더라도 인사처분의 효력에는 영향이 없다고 보아야 하지만, 사용자가 인사처분을 함에 있어 노동조합의 사전동의를 얻어야 한다거나 또는 노동조합의 승낙을 얻거나 노동조합과 인사처분에 관한 논의를 하여 의견의 합치를 보아 인사처분을 하도록 규정된 경우에는 그 절차를 거치지 아니한 인사처분은 원칙적으로 무효라고 보아야 한다(대판 1993.9.28. 91다30620).

(ⅱ) "노동조합과 사용자 또는 사용자단체는 신의에 따라 성실히 교섭하고 단체협약을 체결하여야 하며 그 권한을 남용하여서는 아니 된다." "노동조합과 사용자 또는 사용자단체는 정당한 이유없이 교섭 또는 단체협약의 체결을 거부하거나 해태하여서는 아니 된다"(노조조정법 제30조). "노동조합의 대표자 또는 노동조합으로부터 위임을 받은 자와의 단체협약체결 기타의 단체교섭을 정당한 이유없이 거부하거나 해태하는 행위"(제81조 제3호)는 부당노동행위가 된다.

사용자의 성실교섭의무위반에 대한 형사처벌은 계약의 자유나 기업의 자유를 침해하지 아니한다(헌재 2002.12.18. 2002헌바12, 노동조합및노동관계조정법 제81조 제3호 위헌소원(합헌)).

노동조합의 자주성을 저해하거나 저해할 위험이 현저하지 않은 운영비 원조행위를 부당노동행위로 규제하는 것은 입법목적 달성에 기여하는 바가 전혀 없는 반면, 운영비원조 금지로 인하여 청구인은 사용자로부터 운영비를 원조받을 수 없을 뿐만 아니라 궁극적으로 노사자치의 원칙을 실현할 수 없게 되므로, 과잉금지원칙을 위반하여 청구인의 단체교섭권을 침해하므로 헌법에 위반된다(7:2)(헌재 2018.5.31. 2012헌바90, 노동조합 및 노동관계조정법 제24조 제2항 등 위헌소원(헌법불합치,잠정적용,각하)).

공무원인 노동조합원의 쟁의행위를 처벌하면서 사용자측인 정부교섭대표의 부당노동행위에 대하여는 그 구제수단으로서 민사상의 구제절차를 마련하는데 그치고 형사처벌까지 규정하지 아니하였다고 하여 공무원의 단체교섭권을 침해하여 헌법에 위반된다고 할 수는 없다(8:1)(헌재 2008.12.26. 2005헌마971, 공무원의 노동조합 설립 및 운영 등에 관한 법률 위헌소원(기각,각하)).

단체교섭에 대한 사용자의 거부나 해태에 정당한 이유가 있는지 여부는 노동조합 측의 교섭권자, 노동조합 측이 요구하는 교섭시간, 교섭 장소 및 그의 교섭태도 등을 종합하여 사회통념상 사용자에게 단체교섭의무의 이행을 기대하는 것이 어렵다고 인정되는지 여부에 따라 판단하여야 한다(대판 2010.4.29. 2007두11542).

(iii) 하나의 사업 또는 사업장에서 복수의 노동조합이 허용됨에 따라 사용자와 노동조합의 단체교섭절차에도 종전과 다른 절차가 도입되었다. 즉, "하나의 사업 또는 사업장에서 조직형태에 관계없이 근로자가 설립하거나 가입한 노동조합이 2개 이상인 경우 노동조합은 교섭대표노동조합을 정하여 교섭을 요구하여야 한다"(제29조의2 제1항).

하나의 사업 또는 사업장에 복수 노동조합이 존재하는 경우 '교섭대표노동조합'을 정하여 교섭을 요구하도록 하는 제1조항과, 자율적으로 교섭창구를 단일화하지 못하거나 사용자가 단일화 절차를 거치지 아니하기로 동의하지 않은 경우 과반수 노동조합이 '교섭대표노동조합'이 되도록 하는 제2조항이 과잉금지원칙을 위반하여 단체교섭권을 침해하지 아니하며 단체교섭권의 본질적 내용을 침해하지도 아니하고, '교섭대표노동조합'에 의하여 주도되지 아니한 쟁의행위를 금지하는 제3조항이 과잉금지원칙을 위반하여 단체행동권을 침해하지도 아니한다(5:4)(헌재 2024.6.27. 2020헌마237등, 노동조합 및 노동관계조정법 제29조 제2항 등 위헌확인(합헌,기각)).

(iv) 단체교섭의 대상이 되는 내용의 범위는 원칙적으로 근로조건의 유지·개선에 한정되어야 하겠지만, 이와 간접적으로 관련되는 사항에 대한 단체교섭이 자주 논란이 된다. 노동조합의 경영권·인사권참여가 문제되고 있고, 특히 노조원에 대한 부당해고 철회요구가 심각한 분쟁의 소지를 안고 있다.

협약자치의 원칙상 노동조합은 사용자와 근로조건을 유리하게 변경하는 내용의 단체협약뿐만 아니라 근로조건을 불리하게 변경하는 내용의 단체협약을 체결할 수 있으므로, 근로조건을 불리하게 변경하는 내용의 단체협약이 현저히 합리성을 결하여 노동조합의 목적을 벗어난 것으로 볼 수 있는 경우와 같은 특별한 사정이 없는 한 그러한 노사 간의 합의를 무효라고 볼 수는 없고, 노동조합으로서는 그러한 합의를 위하여 사전에 근로자들로부터 개별적인 동의나 수권을 받을 필요가 없으며, 단체협약이 현저히 합리성을 결하였는지 여부는 단체협약의 내용과 그 체결경위, 당시 사용자측의 경영상태 등 여러 사정에 비추어 판단하여야 한다(대판 2007.12.14. 2007다18584).

"사용자가 인사처분을 함에 있어 노동조합의 사전동의를 얻어야 한다거나 또는 노동조합의 승낙을 얻거나 노동조합과 인사처분에 관한 논의를 하여 의견의 합치를 보아 인사처분을 하도록 규정된 경우에는 그 절차를 거치지 아니한 인사처분은 원칙적으로 무효라고 보아야 한다"(대판 1993.9.28. 91다30620); "단체협약 중 … 그 내용이 한편으로는 사용자의 경영권에 속하는 사항이지만 다른 한편으로는 근로자들의 근로조건과도 밀접한 관련이 있는 부분으로서 사용자의 경영권을 근본적으로 제약하는 것은 아니라고 보여지므로 단체협약의 대상이 될 수 있다"(대판 1994.8.26. 93누8998); "사용자가 경영권의 본질에 속하여 단체교섭의 대상이 될 수 없는 사항에 관하여 노동조합과 '합의'하여 결정 혹은 시행하기로 하는 단체협약의 일부조항이 있는 경우, 그 조항 하나만을 주목하여 쉽게 사용자의 경영권의 일부포기나 중대한 제한을 인정하여서는 아니 되고, 그와 같은 단체협약을 체결하게 된 경위와 당시의 상황, 단체협약의 다른 조항과의 관계, 권한에는 책임이 따른다는 원칙에 입각하여 노동조합이 경영에 대한 책임까지도 분담하고 있는지 여부 등을 종합적으로 검토하여 그 조항에 기재된 '합의'의 의미를 해석하여야 한다"(대판 2002.2.26. 99도5380).

(4) '근로자참여 및 협력증진에 관한 법률'

(구)노사협의회법이 '근로자참여 및 협력증진에 관한 법률'로 개칭되었다. 동법은 "근로자와 사용자 쌍방이 참여와 협력을 통하여 노사 공동의 이익을 증진함으로써 산업 평화를 도모하고 국민경제 발전에 이바지함을 목적"으로 제정되었다(제1조). 노사협의회의 근로자와 사용자의 대표는 동수로 하고(제6조 제2항), 근로자를 대표하는 위원을 근로자 과반수가 참여하여 직접·비밀·무기명 투표로 선출함으로써, 근로자위원의 대표성 및 민주적 정당성을 확보하고 있다(제6조 제2항).

7. 단체행동권

(1) 단체행동권(團體行動權)의 의의

단체행동권은 노동쟁의가 발생한 경우에 쟁의행위를 할 수 있는 권리이다. 쟁의행위의 범위도 확대되었다. "'노동쟁의'라 함은 노동조합과 사용자 또는 사용자단체간에 임금·근로시간·복지·해고·근로자의 지위 기타 대우등 근로조건의 결정과 근로조건에 영향을 미치는 사업경영상의 결정에 관한 주장의 불일치 및 제92조제2호가목부터 라목까지의 사항에 관한 사용자의 명백한 단체협약 위반으로 인하여 발생한 분쟁상태를 말한다. 이 경우 주장의 불일치라 함은 당사자간에 합의를 위한 노력을 계속하여도 더이상 자주적 교섭에 의한 합의의 여지가 없는 경우를 말한다"(노조조정법 제2조 제5호). "'쟁의행위'라 함은 파업·태업·직장폐쇄 기타 노동관계 당사자가 그 주장을 관철할 목적으로 행하는 행위와 이에 대항하는 행위로서 업무의 정상적인 운영을 저해하는 행위를 말한다"(제6조). 이러한 단체행동권의 주체는 근로자 개개인과 근로자단체이다.

(2) 단체행동권의 주체

단체행동권의 제1차적 주체는 근로자이다. 하지만, 실제로 근로자단체를 통하여 단체행동권을 구현한다. 따라서 노동조합도 단체행동권의 주체이다.

(3) 단체행동권의 내용

(i) 단체행동권은 쟁의행위권으로 표현될 수 있다. '노동조합 및 노동관계조정법'에서는 근로자의 쟁의행위의 유형으로서 파업(Strike)·태업(Sabotage)을 예시하고 있으나 그 외에도 보이콧(Boycott)·생산관리·피케팅(Picketing) 등의 방법이 널리 인정된다. 한편 동법에서는 쟁의행위의 유형으로서 직장폐쇄를 규정한다. 그러나 단체행동권 내지 쟁의행위의 주체는 근로자이므로 쟁의행위의 개념에 사용자의 직장폐쇄를 포함할 수 있을지에 관하여는 논쟁적이다(위헌론(김철수(상) 1193-1194면), 합헌론(권영성 693면, 논거: 재산권을 보장하고 기업의 경제상 자유를 규정한 헌법 제23조 제1항과 헌법 제119조 제1항)). 생각건대 직장폐쇄의 위헌성을 불식시키기 위하여서는 불가피한 예외적인 경우에 제한적으로 사용되어야 한다.

(ii) "사용자는 이 법(노조조정법)에 의한 단체교섭 또는 쟁의행위, 그 밖의 노동조합의 활동으로 인하여 손해를 입은 경우에 노동조합 또는 근로자에 대하여 그 배상을 청구할 수 없다." "사용자의 불법행위에 대하여 노동조합 또는 근로자의 이익을 방위하기 위하여 부득이 사용자에게 손해를 가한 노동조합 또는 근로자는 배상할 책임이 없다"(노조조정법 제3조). 민사상 배상책임이 면제되는 손해는 정당한 쟁의행위로 인한 손해에 국한된다고 풀이하여야 하고, 정당성이 없는 쟁의행위는 불법행위를 구성하고 이로 말미암아 손해를 입은 사용자는 노동조합이나 근로자에 대하여 손해배상을 청구할 수 있다(대판 2011.3.24. 2009다29366). "형법 제20조(정당행위)의 규정은 노동조합이 단체교섭·쟁의행위 기타의 행위로서 제1조의 목적을 달성하기 위하여 한 정당한 행위에 대하여 적용된다. 다만, 어떠한 경우에도 폭력이나 파괴행위는 정당한 행위로 해석되어서는 아니 된다"(제4조).

형법상 업무방해죄는 모든 쟁의행위에 대하여 무조건 적용되는 것이 아니라, 단체행동권의 내재적 한계를 넘어 정당성이 없다고 판단되는 쟁의행위에 대하여만 적용되는 조항임이 명백하다고 할 것이므로, 그 목적이나 방법 및 절차상 한계를 넘어 업무방해의 결과를 야기시키는 쟁의행위에 대하여만 이 사건 법률조항을 적용하여 형사 처벌하는 것은 헌법상 단체행동권을 침해하였다고 볼 수 없다. 다만, 헌법 제33조 제1항은 근로자의 단체행동권을 헌법상 기본권으로 보장하면서, 단체행동권에 대한 어떠한 개별적 법률유보 조항도 두고 있지 아니하며, 단체행동권에 있어서 쟁의행위는 핵심적인 것인데, 쟁의행위는 고용주의 업무에 지장을 초래하는 것을 당연한 전제로 하므로, 헌법상 기본권 행사에 본질적으로 수반되는 것으로서 정당화될 수 있는 업무의 지장 초래의 경우에는 당연히 업무방해죄의 구성요건에 해당하여 원칙적으로 불법한 것이라고 볼 수는 없다. 단체행동권의 행사로서 노동법상의 요건을 갖추어 헌법적으로 정당화되는 행위를 범죄행위의 구성요건에 해당하는 행위임을 인정하되, 다만 위법성을 조각하도록 한 취지라는 해석은 헌법상 기본권의 보호영역을 하위 법률을 통하여 지나치게 축소시키는 것이기 때문이다(헌재 2010.4.29. 2009헌바168, 형법 제314조 제1항 위헌소원(합헌)).

형법 제314조 제1항 중 '위력으로써 사람의 업무를 방해한 자' 부분이 헌법에 위반되지 아니한다(4:5). [위헌의견] 근로조건의 향상을 위한 쟁의행위 가운데 적극적 행위를 수반하지 아니하는 집단적 노무제공 거부행위인 단순파업에 관한 부분이 단체행동권을 침해한다(헌재 2022.5.26. 2012헌바66, 형법 제314조 제1항 위헌소원(합헌)). 위 선례는 유지하나, 위헌의견이 5인이다.

(iii) "근로자가 정당한 단체행위에 참가한 것을 이유로 하거나 또는 노동위원회에 대하여 사용자가 이 조의 규정에 위반한 것을 신고하거나 그에 관한 증언을 하거나 기타 행정관청에 증거를 제출한 것을 이유로 그 근로자를 해고하거나 그 근로자에게 불이익을 주는 행위"는 부당노동행위가 된다(제81조 제5호). "① 사용자는 쟁의행위 기간중 그 쟁의행위로 중단된 업무의 수행을 위하여 당해 사업과 관계없는 자를 채용 또는 대체할 수 없다. ② 사용자는 쟁의행위기간중 그 쟁의행위로 중단된 업무를 도급 또는 하도급 줄 수 없다"(제43조).

(iv) 노동쟁의조정을 위하여 종전 알선과 조정을 조정(調停)으로 일원화하고, 쟁의행위는 반드시 조정 또는 중재 등의 조정절차를 거친 후에만 할 수 있도록 개정하였다(제45조 및 제5장). 또한 종전에는 모든 공익사업에 대하여 직권중재를 할 수 있도록 하였으나, 개정 법률에서는 쟁의권 행사와 공익보호가 조화를 이룰 수 있도록 필수공익사업에 대한 직권중재제도를 폐지하고, "필수공익사업의 업무 중 그 업무가 정지 또는 폐지되는 경우 공중의 생명·보건 또는 신체의 안전이나 공중의 일상생활을 현저히 위태롭게 하는 업무"를 필수유지업무로 규정하여 필수유지업무에 대하여는 쟁의행위기간 중에도 정당한 유지·운영 의무를 부과하고, 필수공익사업에도 대체근로를 허용한다(제42조의2 내지 제42조의5 및 제43조 제3항).

특수공익사업에 대한 강제중재제도는 합헌이다(4:5)(헌재 1996.12.26. 90헌바19등, 노동쟁의조정법 제4조, 제30조 제3호, 제31조, 제47조에 대한 헌법소원(합헌)); 구 필수공익사업의 직권중재 조항은 근로자의 단체행동권을 침해하지 아니한다(헌재 2003.5.15. 2001헌가31, 노동조합및노동관계조정법 제62조 제3호 위헌제청 등(합헌)); 필수공익사업 중에서 필수유지업무에 대한 쟁의행위 금지는 헌법에 위반되지 아니한다(헌재 2011.12.29. 2010헌바385등, 노동조합 및 노동관계조정법 제42조의2 등 위헌소원(합헌)).

(3) 단체행동권의 한계

(i) "쟁의행위는 그 목적·방법 및 절차에 있어서 법령 기타 사회질서에 위반되어서는 아니 된다"(제37조). 비폭력·비파괴(노조조정법 제42조)적이어야 한다. 정치적 목적을 가진 쟁의행위는 원칙적으로 허용되지 아니한다. "근로자의 쟁의행위정당성은 첫

째 그 주체가 단체교섭의 주체로 될 수 있는 자이어야 하고, 둘째 그 목적이 근로조건의 향상을 위한 노사 간의 자치적 교섭을 조성하는 데에 있어야 하며, 셋째 사용자가 근로자의 근로조건개선에 관한 구체적인 요구에 대하여 단체교섭을 거부하였을 때 개시하되 특별한 사정이 없는 한 조합원의 찬성결정 및 노동쟁의발생신고 등 절차를 거쳐야 하는 한편, 넷째 그 수단과 방법이 사용자의 재산권과 조화를 이루어야 할 것은 물론 폭력의 행사에 해당되지 아니하여야 한다는 여러 조건을 모두 구비하여야 비로소 인정될 수 있다"(대판 1996.1.26, 95도1959).

쟁의행위에서 추구되는 목적이 여러 가지이고 그 중 일부가 정당하지 못한 경우에는 주된 목적 내지 진정한 목적의 당부에 의하여 그 쟁의목적의 당부를 판단하여야 할 것이고, 부당한 요구사항을 뺐더라면 쟁의행위를 하지 않았을 것이라고 인정되는 경우에는 그 쟁의행위 전체가 정당성을 갖지 못한다. 노동조합이 다른 한편으로 조합원인 미화원들의 신분을 고용직 공무원으로 환원되도록 하여 달라고 외부기관에 진정하고 조합원들이 쟁의기간 중 같은 내용이 적힌 리본을 착용한 바 있어도 이는 대외적 활동이거나 쟁의행위의 부차적 목적에 지나지 아니하고 쟁의행위의 직접적이고 주된 목적은 아니라고 보아야 할 것이므로 이 때문에 쟁의행위가 부당한 것으로 된다고 할 수 없고, 또 노동조합이 회사로서는 수용할 수 없는 요구를 하고 있었다고 하더라도 이는 단체교섭의 단계에서 조정할 문제이지 노동조합측으로부터 과다한 요구가 있었다고 하여 막바로 그 쟁의행위의 목적이 부당한 것이라고 해석할 수는 없다(대판 1992.1.21, 91누5204).

사업장의 안전보호시설에 대하여 정상적인 유지·운영을 정지·폐지 또는 방해하는 행위를 금지하는 법률조항과 그 처벌조항은 단체행동권을 과도하게 침해한다고 할 수 없다(헌재 2005.6.30, 2002헌바83, 노동조합및노동관계조정법 제91조 제1호 등 위헌확인(합헌)).

공항·항만 등 국가중요시설의 경비업무를 담당하는 특수경비원에게 경비업무의 정상적인 운영을 저해하는 일체의 쟁의행위를 금지하는 경비업법이 특수경비원의 단체행동권을 박탈하여 헌법 제33조 제1항에 위배되지 아니한다(헌재 2009.10.29, 2007헌마1359, 경비업법 제15조 제3항 등 위헌확인(기각,각하)).

(ii) 단체행동권의 목적상 한계로는 정치적 파업의 금지이다. 그러나 근로자의 지위 향상과 직접 관련되는 산업적 정치파업은 헌법상 단체행동권의 보호범위에 포함되므로 민·형사상 책임이 면제된다.

(iii) 단체행동권의 수단상 한계로는 생산관리 즉 생산수단을 노동자가 점거하고 생산을 통제하는 정도에 이른다면 사유재산을 부정하게 되므로 생산관리는 인정되지 아니한다.

(iv) 단체행동권의 절차상 한계로는 '노동조합 및 노동관계조정법'을 지켜야 하므로, 단체교섭권은 단체교섭이 진행되는 동안에는 행사할 수 없다.

8. 근로3권의 제한

(1) 공무원(公務員)인 근로자의 근로3권제한

(i) "공무원인 근로자는 법률이 정하는 자에 한하여 단결권 · 단체교섭권 및 단체행동권을 가진다"(제33조 제2항). 헌법 제33조 제2항은 공무원인 근로자 가운데 법률이 정하는 자 이외의 공무원에게는 근로3권의 행사의 제한을 넘어서 근로3권의 금지까지도 법률에서 규정할 수 있음을 헌법에서 직접 인정한다는 점에서 특별한 의미를 가진다. 헌법 제33조 제2항에 의하여 법률이 정하는 자 이외의 공무원은 근로3권의 향유자가 되지 못하므로 기본권제한에 관한 일반원칙인 과잉금지의 원칙은 적용될 여지가 없다. 왜냐하면 과잉금지의 원칙은 기본권이 인정됨을 전제로 기본권의 제한에 대하여 적용되는 원칙이기 때문이다(헌재 2007.8.30. 2003헌바51등, 국가공무원법 제66조 제1항 등 위헌소원 등(합헌)).

공무원의 근로3권제한 근거로서는 공법상 특별권력관계론(특수신분관계론), 국민전체에 대한 봉사론, 대상조치론, 공공복리론 등이 있다.

> "공무원의 국민 전체에 대한 봉사자로서의 지위 및 그 직무상의 공공성 · 공정성 · 성실성 · 중립성의 성질을 고려한 합리적인 공무원제도의 보장과 아울러 공무원제도와 관련한 주권자 등 이해관계인의 권익을 공공복리의 목적 아래 통합 조정"하여야 한다는 점을 들 수 있다(헌재 1992.4.28. 90헌바27등, 국가공무원법 제66조에 대한 헌법소원(합헌); 헌재 2005.10.27. 2003헌바50등, 지방공무원법 제58조 제1항 등 위헌소원(합헌)).

그런데 공무원법에서는 "공무원은 노동운동이나 그 밖에 공무 이외의 일을 위한 집단행위를 하여서는 아니 된다. 다만, 사실상 노무에 종사하는 공무원은 예외로 한다"(국가공무원법 제66조, 지방공무원법 제58조)라고 하여 원칙적으로 공무원의 집단행동을 금지한다.

> 공무원인 교원이 집단적으로 행한 의사표현행위가 국가공무원법이나 공직선거법 등 개별 법률에서 공무원에 대하여 금지하는 특정의 정치적 활동에 해당하는 경우나 특정 정당이나 정치세력에 대한 지지 또는 반대의사를 직접적으로 표현하는 등 정치적 편향성 또는 당파성을 명백히 드러내는 행위 등과 같이 공무원인 교원의 정치적 중립성을 침해할 만한 직접적인 위험을 초래할 정도에 이르렀다고 볼 수 있는 경우에, 그 행위는 공무원인 교원의 본분을 벗어나 공익에 반하는 행위로서 공무원의 직무에 관한 기강을 저해하거나 공무의 본질을 해치는 것이어서 직무전념의무를 해태한 것이라 할 것이므로 국가공무원법 제66조 제1항에서 금지하는 '공무 외의 일을 위한 집단행위'에 해당한다고 보아야 한다(대판(전합) 2012.4.19. 2010도6388(다수의견)).
>
> 구 지방공무원법 제58조 제1항에서 정하는 '노동운동 기타 공무 이외의 일을 위한 집단행위'는 공무에 속하지 아니하는 어떤 일을 위하여 공무원들이 하는 모든 집단적 행위를

의미하는 것이 아니라, 언론·출판·집회·결사의 자유를 보장하는 헌법 제21조 제1항과 지방공무원법의 입법 취지, 지방공무원법상의 성실의무와 직무전념의무 등을 종합적으로 고려하여 '공익에 반하는 목적을 위하여 직무전념의무를 해태하는 등의 영향을 가져오는 집단적 행위'라고 해석하여야 한다(대판 2011.4.28. 2007도7514).

공무원의 공무 이외의 일을 위한 집단행위를 금지하는 것은 공무원의 집단행동이 공무원집단의 이익을 대변함으로써 국민전체의 이익추구에 장애가 될 소지가 있기 때문에 공무원이라는 특수한 신분에서 나오는 의무의 하나를 규정한 것이다(헌재 2007.8.30. 2003헌바51등, 국가공무원법 제66조 제1항 등 위헌소원 등(합헌)).

노동운동의 개념은 근로자의 근로조건의 향상을 위한 단결권·단체교섭권·단체행동권 등 근로3권을 기초로 하여 이에 직접 관련된 행위를 의미하는 것으로 좁게 해석하여야 한다(헌재 2007.8.30. 2003헌바51등, 국가공무원법 제66조 제1항 등 위헌소원 등(합헌)).

노동운동 기타 공무 이외의 일을 위한 공무원의 집단행위를 금지한 지방공무원법 제58조는 헌법에 위반되지 아니한다(헌재 2008.4.24. 2004헌바47, 지방공무원법 제57조 제2항 제1호 등 위헌소원(합헌)).

"'사실상 노무에 종사하는 공무원'의 개념이 불명확하여 명확성의 원칙에 반하는지에 관하여 살피건대, 통상 '사실상 노무'의 개념은 '육체노동을 통한 직무수행의 영역'으로서 '사실상 노무에 종사하는 공무원'은 공무원의 주된 직무를 정신활동으로 보고 이에 대비되는 신체활동에 종사하는 공무원으로 해석된다"(헌재 2005.10.27. 2003헌바50등, 지방공무원법 제58조 제1항 등 위헌소원(합헌)).

"사실상 노무에 종사하는 공무원에 대하여서만 근로3권을 보장하고 그 이외의 공무원에 대하여는 근로3권의 행사를 제한함으로써 일반근로자 또는 사실상 노무에 종사하는 공무원의 경우와 달리 취급하는 것은 헌법 제33조 제2항에 근거를 두고 있을 뿐 아니라 합리적인 이유가 있다 할 것이므로 헌법상 평등의 원칙에 위반되는 것이 아니다"(헌재 1992.4.28. 90헌바27등, 국가공무원법 제66조에 대한 헌법소원(합헌), 별개의견(변정수): 헌법의 특별유보조항(제33조 제2항)에 근거를 두고 있기 때문에 아직은 쉽사리 위헌선언을 할 수 없을 뿐이다; 헌재 2007.8.30. 2003헌바51등, 국가공무원법 제66조 제1항 등 위헌소원 등(합헌)).

지방자치단체인 피청구인들이 지방공무원법의 위임에 따라 '사실상 노무에 종사하는 공무원의 범위'를 정하는 조례를 제정하지 아니한 부작위는 청구인들의 근로3권을 침해하여 위헌이다(헌재 2009.7.30. 2006헌마358, 입법부작위 위헌확인(위헌)).

모든 공무원에게 단체행동권을 전면적으로 금지한 (구)노동쟁의조정법 제12조 제2항에 대하여는 헌법불합치·잠정적용 결정을 내린 바 있다(헌재 1993.3.11. 88헌마5, 노동쟁의조정법에 관한 헌법소원(헌법불합치,잠정적용)).

한편 "공무원의 근무환경 개선·업무능률 향상 및 고충처리 등을 위한 직장협의회의 설립과 운영에 관한 기본적인 사항을 규정함을 목적"으로 '공무원직장협의회의 설립·운영에 관한 법률'이 제정되었으며(제1조), 가입할 수 있는 공무원의 범위에 "일반직공무원 및 이에 준하는 일반직공무원"에 특정직공무원 중 "가. 외무영사직렬·외교정보기술직렬 외무공무원, 나. 경찰공무원, 다. 소방공무원"이 추가되었다(제3조 제1항 제2호). 또한 '공무원의 노동조합 설립 및 운영 등에 관한 법률'이 제정되었다. "이 법은 헌법 제33조제2항의 규정에 의한 공무원의 노동기본권을 보장하기 위하여 노동조합 및 노동관계조정법 제5조 단서의 규정에 따라 공무원의 노동조합 설립 및 운영 등에 관한 사항을 정함을 목적으로 한다"(제1조). 이 법에서는 일반직공무원 등의 노동조합 가입허용(제6조), 공무원의 정치활동금지(제4조), 단체교섭 배제 사항(제8조 제1항 단서)과 쟁의행위금지(제11조)를 규정한다. 앞으로 공무원노동조합이 공직사회에 근로조건의 개선과 상향식 의사수렴을 충실히 도모하여야 한다.

노동조합에 가입할 수 있는 특정직공무원의 범위를 "6급 이하의 일반직공무원에 상당하는 외무행정·외교정보관리직 공무원"으로 한정하여 소방공무원을 노동조합 가입대상에서 제외한 것은 업무의 공공성, 신분의 특수성을 고려한 것으로 헌법 제33조 제2항에 근거를 두고 있을 뿐 아니라 합리적인 이유가 있다(헌재 2008.12.26. 2006헌마462, 공무원의 노동조합 설립 및 운영 등에 관한 법률 제6조(가입범위) 제1항 제2호 위헌확인(기각)); 공무원 노동조합의 설립 최소단위를 '행정부'로 규정하여 노동부만의 노동조합 결성을 제한한 공노법 중 '행정부'부분(공노법 제5조 부분) 및 노동부 소속 근로감독관 및 조사관의 공무원 노동조합 가입을 제한한 공노법 및 공노법 시행령은 청구인들의 단결권 및 평등권을 침해하지 아니한다(헌재 2008.12. 26. 2006헌마518, 공무원 노동조합의 설립 및 운영에 관한 법률 제5조 제1항 행정부 부분 등 위헌확인(기각)).

공무원이 쟁의행위를 통하여 공무원 집단의 이익을 대변하는 것은 국민전체에 대한 봉사자로서의 공무원의 지위와 특성에 반하고 국민전체의 이익추구에 장애가 되며 공무원의 보수 등 근무조건은 국회에서 결정되고 그 비용은 최종적으로 국민이 부담하는바, 공무원이 자기요구를 관철하고자 국민을 상대로 파업하는 것은 허용되기 어려우며 공무원의 파업으로 행정서비스가 중단되면 국가기능이 마비될 우려가 크고 그 손해는 고스란히 국민이 부담하게 되고 공공업무의 속성상 공무원의 파업에 대한 정부의 대응수단을 찾기 어려워 노사 간 힘의 균형을 확보하기 어렵다는 특성이 있다. 따라서 공무원의 쟁의행위를 금지한 공노법 제11조는 헌법 제33조 제2항에 따른 입법형성권의 범위 내에 있다 할 것이고 헌법에 위배되지 아니한다(헌재 2008.12.26. 2005헌마971, 공무원의 노동조합 설립 및 운영 등에 관한 법률 위헌소원(기각)).

국가공무원법 규정 중 '그 밖에 공무 외의 일을 위한 집단행위' 부분은 법원이 헌법 및 국가공무원법을 고려하여 한정해석하고 있으며 통상적 법해석으로 의미가 보충될 수 있어 명확성원칙에 위반되지 아니하고, 공무원의 집단행위는 정치적 중립성을 훼손시킬 수 있으므로 이를 제한하는 것은 과잉금지원칙에 위반되지 아니한다(7:2). [반대의견] 심판대상조항의 의미는 여러 요소의 형량을 통해 구체화되는데, 어떤 요소가 형량에 투입될지 불분명하기 때문에 명확성원칙에 반하고, 정치적 편향성에 대한 추상적 우려를 불식하기 위해 민주사회의 중요한 기본권인 집단적으로 의사를 표현할 자유가 심각하게 침해되므로 과잉금지원칙에도 위반된다(헌재 2020.4.23. 2018헌마550, 국가공무원법 제66조 제1항 위헌확인(기각,각하)).

종래 헌법재판소는 국가공무원법 제66조 제1항을 위반하여 노동운동 기타 공무 이외의 일을 위한 집단적 행위를 한 청원경찰을 형사처벌하도록 규정한 청원경찰법 제11조가 헌법에 위배되지 아니한다고 판단한 바 있으나(헌재 2008.7.31. 2004헌바9), 선례를 변경하여 심판대상조항이 국가기관이나 지방자치단체 이외의 곳에서 근무하는 청원경찰인 청구인들이 근로3권을 침해한다고 판시한다. 즉 청원경찰의 근로3권에 대한 제한 자체가 위헌이 아니라, 모든 청원경찰에 대하여 획일적으로 근로3권 전부를 제한한 점에 위헌성이 있다.

입법자는 청원경찰의 구체적 직무내용, 근무장소의 성격, 근로조건이나 신분보장 등을 고려하여 심판대상조항의 위헌성을 제거할 재량을 가진다(헌재 2017.9.28. 2015헌마653, 청원경찰법 제5조 제4항 등 위헌확인(헌법불합치(잠정적용),각하)).

(ii) 교원의 근로3권은 '교원의 노동조합설립 및 운영에 관한 법률'에 따라 교원의 단결권과 단체교섭권이 보장된다. 다만, 쟁의행위는 금지된다. '공무원의 노동조합 설립 및 운영 등에 관한 법률'은 법령 등에 따라 국가나 지방자치단체가 그 권한으로 행하는 정책결정에 관한 사항, 임용권의 행사 등 그 기관의 관리·운영에 관한 사항으로서 근무조건과 직접 관련되지 아니하는 사항을 단체교섭의 대상이 되지 아니함을 명시하고 있다(제8조 제1항 단서). 반면에 '교원의 노동조합 설립 및 운영 등에 관한 법률'에서는 이에 관한 명시적 규정이 없어 논란이 되고 있다.

'교원의 노동조합 설립 및 운영 등에 관한 법률 시행령' 중 '노동조합 및 노동관계조정법 시행령'의 '법외노조통보 조항'은 시정요구 및 법외노조통보라는 별도의 집행행위를 예정하고 있으므로, 법외노조통보 조항에 대한 헌법소원은 기본권 침해의 직접성이 인정되지 아니한다. 고용노동부장관의 전국교직원노동조합에 대한 '시정요구'는 전국교직원노동조합('전교조')의 권리·의무에 변동을 일으키는 행정행위에 해당하나, 전교조는 시정요구에 대하여 다른 불복절차를 거치지 아니하고 곧바로 헌법소원심판을 청구하였으므로, 헌법소원은 보충성 요건을 결하였다. 교원이 아닌 사람이 교원노조에 일부 포함되어 있다는 이유로 이미 설립신고를 마치고 활동 중인 노동조합을 법외노조로 할 것인지 여부는 법외노조통보 조항이 정하고 있고, 법원은 법외노조통보 조항에 따른 행정당국의 판단이 적법한 재량의 범위 안에 있는 것인지 충분히 판단할 수 있으므로, 이미 설립신고를 마친 교원노조의 법상 지위를 박탈할 것인지 여부는 법외노조통보 조항의 해석 내지 법 집행의 운용에 달린 문제이므로 침해의 최소성에도 위반되지 않는다. 교원노조 및 해직 교원의 단결권 자체가 박탈된다고 할 수는 없는 반면, 교원이 아닌 자가 교원노조의 조합원 자격을 가질 경우 교원노조의 자주성에 대한 침해는 중대할 것이어서 법익의 균형성도 갖추었으므로 단결권을 침해하지 아니한다. '교원의 노동조합 설립 및 운영 등에 관한 법률'의 적용을 받는 교원의 범위를 초·중등학교에 재직 중인 교원으로 한정하는 규정은 전국교직원노동조합 및 해직 교원들의 단결권을 침해하지 아니한다(헌재 2015.5.28. 2013헌마671 등, 교원의 노동조합 설립 및 운영 등에 관한 법률 제2조 위헌확인 등(각하,기각,합헌)). 교원노동조합법 개정으로 "교원으로 임용되어 근무하였던 사람으로서 노동조합 규약으로 정하는 사람"(제4조2 제2호)이 추가되었다. 따라서 노조 규약으로 정하면 퇴직교사도 노조법상 노조원이 가능하다. 다만, 근로기준법상 근로자는 아니라서 근로기준법 적용대상자는 아니다.

"전교조 조합원들이 다수 조합원들과 함께 집단 연가서를 제출한 후 수업을 하지 않고 무단결근 내지 무단조퇴를 한 채 교육인적자원부가 추진하고 있는 교육행정정보시스템(NEIS) 반대집회에 참석하는 등의 쟁의행위는 NEIS의 시행을 저지하기 위한 목적으로 이루어진 것인바, 청구인들의 행위는 직접적으로는 물론 간접적으로도 근로조건의 결정에 관한 주장을 관철할 목적으로 한 쟁의행위라고 볼 수 없어 노동조합및노동관계조정법의 적용대상인 쟁의행위에 해당하지 않는다"(헌재 2004.7.15. 2003헌마878, 기소유예처분취소(인용(취소), 기각)).

(2) 주요방위산업체에 종사하는 근로자의 단체행동권 제한

헌법상 "법률이 정하는 주요방위산업체에 종사하는 근로자의 단체행동권은 법률이 정하는 바에 의하여 이를 제한하거나 인정하지 아니할 수 있다"(제33조 제3항). 종전에는 주요방위산업체에 종사하는 모든 근로자는 쟁의행위를 할 수 없도록 하였으나, 노조조정법에서는 그 범위를 축소하였다. "방위사업법에 의하여 지정된 주요방위산업체에 종사하는 근로자중 전력, 용수 및 주로 방산물자(防產物資)를 생산하는 업무에 종사하는 자는 쟁의행위를 할 수 없으며 주로 방산물자를 생산하는 업무에 종사하는 자의 범위는 대통령령으로 정한다"(제41조 제2항).

"구 노동쟁의조정법 제12조 제2항에 의하여 쟁의행위가 금지되는 '방위산업체에 종사하는 근로자'의 범위를 방산물자의 생산이라는 실질적인 기준에 따라 주요방산물자를 직접 생산하거나 생산과정상 그와 긴밀한 연계성이 인정되는 공장에 속하는 근로자에 한정함으로써 해석상 그 범위의 제한이 가능하다고 볼 것이고, 그러한 해석이 근로3권을 대폭 신장하는 방향으로 나아가면서도 단체행동권의 제한 또는 금지의 대상을 '주요방산업체에 종사하는 근로자'로 보다 한정하고 있는 현행헌법의 취지에 부합된다"(헌재 1998. 2.27. 95헌바10(합헌)).

"헌법 제37조 제2항 전단에 의하여 근로자의 근로3권에 대해 일부 제한이 가능하다 하더라도, '공무원 또는 주요방위사업체 근로자'가 아닌 근로자의 근로3권을 전면적으로 부정하는 것은 헌법 제37조 제2항 후단의 본질적 내용 침해금지에 위반된다. 그런데 구 '국가보위에 관한 특별조치법' …에서 단체교섭권·단체행동권이 제한되는 근로자의 범위를 구체적으로 제한함이 없이, 단체교섭권·단체행동권의 행사요건 및 한계 등에 관한 기본적 사항조차 법률에서 정하지 아니한 채, 그 허용 여부를 주무관청의 조정결정에 포괄적으로 위임하고 이에 위반할 경우 형사처벌하도록 하고 있는바, 이는 모든 근로자의 단체교섭권·단체행동권을 사실상 전면적으로 부정하는 것으로서 헌법에 규정된 근로3권의 본질적 내용을 침해"한다(헌재 2015.3.26. 2014헌가5, 국가보위에관한특별조치법 제9조등 위헌제청(위헌)).

(3) 헌법 제37조 제2항에 의한 제한

(i) 헌법 제37조 제2항의 규정에 의하여 근로3권을 제한할 수 있으나 비례(과잉금지)의 원칙을 지켜야 하며, 근로3권의 본질적 내용을 침해할 수 없다.

노동조합은 행정관청이 요구하는 경우에는 결산결과와 운영상황을 보고하도록 하고 이를 위반한 경우 과태료에 처하도록 하는 노동조합 및 노동관계조정법 관련 조항은 과잉금지원칙을 위반하여 노동조합의 단결권을 침해하지 아니한다(헌재 2013.7.25. 2012헌바116, 노동조합 및 노동관계조정법 제96조 제1항 제2호 등 위헌소원(합헌)).

(ii) 교원의 노동조합결성이 종래 금지되었으나, '교원의 노동조합 설립 및 운영 등에 관한 법률'에 따라 설립이 허용되었다. 다만, 쟁의행위는 금지된다(제8조). 그런데 교원의 범위에 위헌문제가 제기되어 유아교육법(제20조 제1항), 초중등교육법(제19조 제1항), 고등교육법(제14조)에 따른 교원(강사는 제외)으로 관련 법률이 개정되었다.

전교조 사건에서 헌법재판소의 다수의견은 노동3권의 본질적 내용을 근로기본권의 보장에 의하여 이룩하고자 하는 목적으로 이해하여 대상조치 강구 시 합헌으로 보았다. 그러나 소수의견은 노동3권을 전혀 부인하거나 또는 노동3권 중 어느 하나라도 완전배제하거나, 단결권을 부인하는 것은 노동3권의 본질적 내용을 침해하는 것으로 보고 있다(6:3)(헌재 1991.7.22. 89헌가106, 사립학교법 제55조 등에 관한 위헌심판(합헌)).

교원의 지위에 관련된 사항에 관한 한 헌법 제31조 제6항이 근로기본권에 관한 헌법 제33조 제1항에 우선하여 적용되기 때문에, 입법자가 교원에 대하여 일반노동조합과 유사한 형태의 조합을 결성할 수 있음을 규정하되 그 규율방식을 달리하여 근로조건의 향상 등을 목적으로 하는 단결권 및 단체교섭권은 허용하면서도 단체행동권의 행사는 전면적으로 금지하거나, 혹은 개별 직장이 아닌 광역단위에 한하여 노동조합을 설립할 수 있도록 하는 등 이에 대하여 특별한 규율을 하는 것도 허용된다(대판 2006.5.26. 2004다62597[가처분이의]).

교원노조법의 적용대상을 초·중등교육법 제19조 제1항의 교원이라고 규정함으로써 고등교육법에서 규율하는 대학 교원의 단결권을 일체 인정하지 아니하는 것은 대학 교원들의 단결권을 침해한다(헌재 2018.8.30. 2015헌가38, 노동조합 및 노동관계조정법 제5조 단서 등 위헌제청(헌법불합치(잠정적용))).

(iii) 노동관계법의 개정에 따라 복수노조의 설립이 허용되고(노조조정법 제5조, 부칙 제5조), 제3자 개입금지(헌재 1993.3.11. 92헌바33, 노동조합법 제45조의2 등 위헌소원(합헌); 헌재 2004.12.16. 2002헌바57, 구 노동조합및노동관계조정법 제40조 제2항 등 위헌소원(합헌)) 및 필수공익사업에 대한 직권중재제도는 폐지되었다(헌재 1996.12.26. 90헌바19등, 노동쟁의조정법 제4조 등에 대한 헌법소원(합헌)).

(iv) 또한 무노동·무임금의 원칙을 도입하여 "사용자는 쟁의행위에 참가하여 근로를 제공하지 아니한 근로자에 대하여는 그 기간중의 임금을 지급할 의무가 없다." "노동조합은 그 기간에 대한 임금의 지급을 요구하여 이를 관철할 목적으로 쟁의행위를 하여서는 아니된다"(노조조정법 제44조).

"쟁의행위로 인하여 사용자에게 근로를 제공하지 아니한 근로자는 일반적으로 근로의 대가인 임금을 구할 수는 없다 할 것이지만(무노동 무임금의 원칙), 구체적으로 지급청구권을 갖지 못하는 임금의 범위는 임금 중 사실상 근로를 제공한 데 대하여 받는 교환적 부분과 근로자로서의 지위에 기하여 받는 생활보장적 부분 중 전자만에 국한된다" 라고 하여 이른바 '임금 이분설'을 취하였다(대판 1992.3.27. 91다36307). 그러나 대판 1995.12.21. 94다26721 판결에서는 "모든 임금은 근로의 대가로서 '근로자가 사용자의 지휘를 받으며 근로를 제공하는 것에 대한 보수'를 의미하므로 현실의 근로제공을 전제로 하지 않고 단순히 근로자로서의 지위에 기하여 발생한다는 이른바 생활보장적 임금이란 있을 수 없고,

또한 우리 현행법상 임금을 사실상 근로를 제공한 데 대하여 지급받는 교환적 부분과 근로자로서의 지위에 기하여 받는 생활보장적 부분으로 2분할 아무런 법적 근거도 없다"라고 하여 무노동 무임금원칙을 보다 엄격히 해석한다.

V. 결 어

20세기 사회권의 대표적 기본권인 근로기본권은 인간다운 생활을 할 권리를 확보한다는 차원에서 그 강화의 길을 걸어왔다. 노동관계법은 이제 국제적인 인권보장의 원리에 적합한 기준과 원칙에 따라야 한다. 그간 열악한 노동관계법 및 노동환경에 비추어 바로잡아야 할 부분이 많지만, 동시에 한국적 현실도 충분히 고려한 노동관계법을 재정립함으로써 국민통합의 길로 나아갈 수 있다.

제6절 환 경 권

Ⅰ. 의 의

(i) 1960년대 이후 공업화·산업화의 부작용으로 환경문제의 중요성이 부각되기 시작한 이래, 1980년 헌법에서 헌법상 기본권으로서 환경권(環境權)을 명시한 이후 현행헌법에 이르렀다(제35조): "① 모든 국민은 건강하고 쾌적한 환경에서 생활할 권리를 가지며, 국가와 국민은 환경보전을 위하여 노력하여야 한다. ② 환경권의 내용과 행사에 관하여는 법률로 정한다. ③ 국가는 주택개발정책등을 통하여 모든 국민이 쾌적한 주거생활을 할 수 있도록 노력하여야 한다."

(ii) 환경권 문제의 중요성이 부각된 초기에는 대자연의 심각한 환경오염으로부터 국민을 보호하는 데 있었으나(좁은 의미: 자연환경), 점차 "건강하고 쾌적한 환경에서 생활할 권리"로(넓은 의미: 사회적 환경) 확대되었다.

허영 교수(489면)는 환경권의 특성으로서 타기본권의 제한·의무성·경제성장장애·미래세대의 기본권을 든다.

Ⅱ. 환경권의 법적 성격

(i) 환경권은 개인이 누려야 할 건강하고 쾌적한 환경에 대한 침해배제를 청구할 수 있는 자유권적 측면과 건강하고 쾌적한 환경에서 생활할 수 있도록 배려하는 보호·보장청구권의 측면을 동시에 가진다. 이에 환경권의 법적 성격을 종합적 기본권으로도 설명한다. 사실 모든 기본권이 종합적 측면을 동시에 가지기 때문에 환경권만 종합적 기본권이라고 할 수 있을지는 의문이나, 환경권의 가진 특성상 종합적(總合的) 기본권성이 특히 강조된다.

(ii) 사회권(생존권)으로서의 환경권은 추상적 권리로서의 한계를 가진다. 이에 "환경권의 내용과 행사에 관하여는 법률로 정"하며, "국가와 국민은 환경보전을 위하여 노력하여야 한다."

대법원은 일조권 관련사건에서 환경권의 법적 성질을 추상적 권리로 이해한다. "환경권은 명문의 법률규정이나 관계법령의 규정취지 및 조리에 비추어 권리의 주체, 대상,

내용, 행사방법 등이 구체적으로 정립될 수 있어야만 인정되는 것이므로, 사법상의 권리로서의 환경권을 인정하는 명문의 규정이 없는 데도 환경권에 기하여 직접 방해배제청구권을 인정할 수 없다"(대판 1997.7.22. 96다56153). 한편 대판(전합) 2008.4.17. 2006다35865에서 소수의견은 사회통념상 일반적으로 인용되는 수인한도를 넘는 일조권침해인 일조방해의 경우 사법상 위법한 가해행위(加害行爲)로 평가될 뿐만 아니라 헌법 제35조 제1항에 비추어 일조방해가 단순한 재산권의 침해에 그치는 것이 아니라 건강하고 쾌적한 환경에서 생활할 개인의 인격권을 침해하는 성격도 지닌다고 함으로써 좀 더 전향된 입장을 표명한다.

Ⅲ. 환경권의 주체

환경권은 "건강하고 쾌적한 환경에서 생활할" 자연인인 국민의 권리이다. 법인에게는 원칙적으로 인정되지 아니한다. 사회권으로서 환경권의 주체는 국민에 한정되어야 할 것이나, 외국인에게도 제한적으로 인정되어야 한다.

Ⅳ. 환경권의 효력

(ⅰ) "모든 국민은 건강하고 쾌적한 환경에서 생활할 권리를 가지며, 국가와 국민은 환경보전을 위하여 노력하여야 한다." 따라서 환경권은 국가권력을 기속한다(대국가적 효력). 또한 "국민은 환경보전을 위하여 노력하여야" 하는 만큼 당연히 사인 사이에도 효력이 미친다(간접적용).

(ⅱ) 환경문제는 초기에 환경오염 피해자의 손해배상청구라는 사법상 권리보호의 측면에서 논의되었으나 이제 환경권이 헌법상 권리로 보장됨에 따라 공법상 권리로서의 특성이 강조된다.[1] 다만, 대법원은 현행헌법상 환경권의 보장만으로 사법상 권리로서의 환경권을 인정하기는 어렵다고 판시한다.

> "헌법 제35조 제1항은 '모든 국민은 건강하고 쾌적한 환경에서 생활할 권리를 가지며, 국가와 국민은 환경 보전을 위하여 노력하여야 한다'고 규정하여 환경권을 국민의 기본권의 하나로 승인하고 있으므로, 사법의 해석과 적용에 있어서도 그러한 기본권이 충분히 보장되도록 배려하여야 할 것임은 당연하다고 할 것이나, 헌법상의 기본권으로서의

1) 고문현, 헌법상 환경조항에 관한 연구: 국가목표조항과 기본권조항의 비교연구를 중심으로, 서울대 박사학위 논문, 1999.2; 이유봉, 공법과 사법간의 갈등에 관한 연구-환경사례를 중심으로, 서울대 박사학위논문, 2008; 석인선, "환경정책기본법의 규범적 의미와 확립", 환경법연구 23-1; 남정아, "헌법질서 내에서 환경권의 의미와 환경권의 실현구조", 공법학연구 21-1; 이재희, "기후변화와 인권", 헌법학연구 29-3; 최승필, "기후변화대응에 대한 법적 검토", 헌법실무연구 23.

환경권에 관한 위 규정만으로서는 그 보호대상인 환경의 내용과 범위, 권리의 주체가 되는 권리자의 범위 등이 명확하지 못하여 이 규정이 개개의 국민에게 직접으로 구체적인 사법상의 권리를 부여한 것이라고 보기는 어렵고, 또 사법적 권리인 환경권을 인정하면 그 상대방의 활동의 자유와 권리를 불가피하게 제약할 수밖에 없는 것이므로, 사법상의 권리로서의 환경권이 인정되려면 그에 관한 명문의 법률규정이 있거나 관계법령의 규정취지나 조리에 비추어 권리의 주체, 대상, 내용, 행사방법 등이 구체적으로 정립될 수 있어야 할 것이다. 그것은 환경의 보전이라는 이념과 산업개발 등을 위한 개인활동의 자유와 권리의 보호라는 상호 대립하는 법익 중에서 어느 것을 우선시킬 것이며 이를 어떻게 조정 조화시킬 것인가 하는 점은 기본적으로 국민을 대표하는 국회에서 법률에 의하여 결정하여야 할 성질의 것이라고 보아야 할 것이기 때문이다. 헌법 제35조 제2항에서 '환경권의 내용과 행사에 관하여는 법률로 정한다'고 규정하고 있는 것도 이러한 고려에 근거한 것이라고 여겨진다. 그러므로 원심이, 신청인들이 주장하는 환경권의 취지가 현행의 사법체계 아래서 인정되는 생활이익 내지 상린관계에 터잡은 사법적 구제를 초과하는 의미에서의 구제수단인 이 사건 골프연습장의 설치를 금지하는 가처분을 구할 수 없다고 판시한 것은 위와 같은 법리에 비추어 수긍할 수 있고, 거기에 소론과 같은 환경권에 관한 법리오해의 위법이 있다고 할 수 없다"(대판 1995.5.23. 94마2218).

V. 환경권의 내용

1. 좁은 의미의 자연환경과 넓은 의미의 사회적 환경 포괄

모든 국민은 자연환경뿐만 아니라 사회적 환경까지도 포함하여 "건강하고 쾌적한 환경에서 생활할 권리"를 가진다. 환경정책기본법도 "환경이라 함은 자연환경과 생활환경을 말한다"라고 정의한다(제3조 제1호).

"헌법상 규정된 환경권은 사람이 인간다운 생활을 영위함으로써 인간으로서의 존엄을 유지하기 위하여 필수적으로 요구되는 것이므로 인간의 생래적인 기본권의 하나로서 모든 사람에게 다 같이 보장되는 보편적인 권리로서의 성질을 가진다 할 것이고, 이러한 환경권의 내용인 환경에는 공기, 물, 일광, 토양, 정온 등 자연적 환경을 비롯하여 자연의 경관도 포함되고, 이러한 자연적 환경 이외에 역사적, 문화적 유산인 문화적 환경뿐 아니라 사람이 사회적 활동을 하는 데 필요한 도로, 공원, 교량 등과 같은 사회적 시설로서 인간 생활상 필요불가결한 사회적 환경도 포함됨은 당연하고, 교육환경 역시 사회적, 문화적 환경에 속한다 할 것이다"(부산고법 1995.5.18. 95카합5). "환경권에 관한 헌법 제35조의 규정이 개개의 국민에게 직접으로 구체적인 사법상의 권리를 부여한 것이라고 보기는 어렵고, 사법상의 권리로서의 환경권이 인정되려면 그에 관한 명문의 법률규정이 있거나 관계법령의 규정취지 및 조리에 비추어 권리의 주체, 대상, 내용, 행사방법 등이 구체적으로 정립될 수 있어야 한다"(대판 1995.9.15. 95다23378. [공사중지가처분이의]).

"보존음료수의 국내판매를 금지하는 보건사회부장관의 고시는 헌법에 위반되어 효력이 없는 것이다"(대판 1994.3.8. 92누1728, 풀무원샘물 생수시판금지); 먹는 샘물제조업자에게 수질개선부담금 부과는 합헌이다(헌재 1998.12.24. 98헌가1).

'건강하고 쾌적한 환경에서 생활할 권리'를 보장하는 환경권의 보호대상이 되는 환경에는 자연환경뿐만 아니라 인공적 환경과 같은 생활환경도 포함된다. 기후변화로 인하여 생활의 기반이 되는 제반 환경이 훼손되고 생명·신체의 안전 등을 위협할 수 있는 위험에 대하여, 기후변화의 원인을 줄어 이를 완화하거나 그 결과에 적응하는 조치를 하는 국가의 기후위기에 대한 대응의 의무도 국가와 국민이 '환경보전'을 위하여 노력할 의무에 포함된다. 국가가 국민의 건강하고 쾌적한 환경에서 생활할 권리에 관한 보호의무를 다하지 않았는지를 헌법재판소가 심사할 때에는 국가가 이를 보호하기 위하여 적어도 적절하고 효율적인 최소한의 보호조치를 취하였는가 하는 '과소보호금지원칙'의 위반 여부를 기준으로 삼아야 한다. 개별 사례에서 과소보호금지원칙 위반 여부는 기본권침해가 예상되어 보호가 필요한 '위험상황'에 대응하는 '보호조치'의 내용이, 문제 되는 위험상황의 성격에 상응하는 보호조치로서 필요한 최소한의 성격을 갖고 있는지에 따라 판단한다. 이에 대한 판단이 전문적이고 기술적인 영역에 있거나 국제적 성격을 갖는 경우, 그러한 위험상황의 성격 등은 '과학적 사실'과 '국제기준'에 근거하여 객관적으로 검토되어야 한다. 이에 따라 ① 정부가 '국가 온실가스 배출량을 2030년까지 2018년 국가 온실가스 배출량 대비 35퍼센트 이상의 범위에서 대통령령으로 정하는 비율만큼 감축하는 것'을 '중장기 국가 온실가스 감축 목표'로 하도록 규정한 '기후위기 대응을 위한 탄소중립·녹색성장 기본법' 규정은 헌법에 합치되지 아니한다, ② 감축비율을 '40퍼센트'로 규정한 동법 시행령에 대한 심판청구를 기각하고, ③ 정부가 수립한 '제1차 국가 탄소중립 녹색성장 기본계획' 중 2023년부터 2030년까지의 부문별 및 연도별 배출·흡수량의 목표치를 설정한 'Ⅴ. 중장기 감축 목표' 가운데 '나. 부문별 감축목표' 부분 및 '다. 연도별 감축목표' 부분에 대한 심판청구를 기각한다(기각4:위헌확인5)(헌재 2024.8.29. 2020헌마389등, 저탄소 녹색성장 기본법 제42조 제1항 제1호 위헌확인(헌법불합치(계속적용), 기각, 각하)).

2. "건강하고 쾌적"한 환경에서 생활할 권리의 법정주의

(i) 건강에는 육체적 건강뿐만 아니라 정신적 건강까지도 포함된다. 쾌적한 환경이란 안락하고 평온한 환경을 말한다. 환경권은 환경오염이나 피해로부터 개인을 보호하기 위한 공해배제청구권(환경복구청구권)과 환경급부적인 생존배려를 요구할 수 있는 생활환경조성청구권(환경예방청구권)으로 구현된다. 오늘날 도시생활에서는 특히 일조권, 조망권, 경관권이 문제된다.

(ii) "환경권의 내용과 행사에 관하여는 법률로 정한다"(제35조 제2항). 이에 따라 환경정책기본법, 환경분쟁 조정법, 환경영향평가법, '소음·진동관리법', 물환경보전법, '환경개선비용 부담법' 등이 제정되어 있다.

경유차 소유자로부터 환경개선부담금을 부과·징수하도록 정한 환경개선비용 부담법 제9조 제1항이 헌법에 위반되지 아니한다(헌재 2022.6.30. 2019헌바440, 환경개선비용 부담법 제9조 제1항 위헌소원(합헌)).

3. 쾌적한 주거생활: 주거권

(1) 헌법상 쾌적한 주거생활의 보장

인간의 생활에서 의·식·주라는 기본적인 생활의 수요가 충족되어야 인간다운 생활의 최소한을 확보할 수 있다. 주거문제는 특히 도시화·산업화 과정에서 심각한 사회문제로 대두된다. 이에 "국가는 주택개발정책등을 통하여 모든 국민이 쾌적한 주거생활을 할 수 있도록 노력하여야 한다"(제35조 제3항). 이를 위하여 국가는 체계적인 주택정책을 수립하여 양질의 주거환경을 조성하여야 한다.[1)]

(2) 헌법상 기본권으로 주거권의 정립

근래 주거문제는 단순히 국민 개개인의 사적인 문제를 넘어서서 국가공동체의 정상적인 작동을 위한 핵심의제가 되어 있다. 이에 헌법상 "쾌적한 주거생활"이라는 제35조 제3항의 취지를 살려서 앞으로 헌법적 가치를 가지는 기본권으로서의 '주거권'을 정립하여야 하는 과제를 남기고 있다. 따라서 주거권은 이제 헌법상 환경권의 일환으로서가 아니라 '헌법에 열거되지 아니한 기본권'으로 새롭게 재구성되어야 한다. 그러나 굳이 '헌법에 열거되지 아니한 기본권'이 아니라 헌법 제35조 제3항으로부터 주거권을 연역할 수 있다고 본다. 이는 곧 사회적 기본권으로서의 주거권의 정립에서 더 나아가 현대국가가 지향하는 사회복지국가원리의 헌법적 구현이기도 하다. 주거기본법 제2조는 "국민은 관계 법령 및 조례로 정하는 바에 따라 물리적·사회적 위험으로부터 벗어나 쾌적하고 안정적인 주거환경에서 인간다운 주거생활을 할 권리를 갖는다"라고 규정함으로써 주거권을 명문으로 보장한다. 앞으로의 과제로 남겨둔다.

주택 임차인에게 계약갱신요구권을 부여하고, 계약갱신 시 보증금과 차임의 증액 한도를 제한한 조항, 실제 거주 목적으로 갱신거절을 한 후 정당한 사유 없이 제3자에게 임대한 임대인의 손해배상책임을 규정한 조항 및 개정법 시행 당시 존속 중인 임대차에도 개정조항을 적용하도록 한 부칙조항과, 이보다 앞서 개정된 보증금을 월차임으로 전환하는 경우의 산정률을 규정한 조항은, 임차인의 주거안정 보장이라는 주택임대차보호법의 취지 등을 고려해 과잉금지원칙, 명확성원칙, 포괄위임금지원칙, 신뢰보호원칙에 반하여 임대인의

---

1) 김희정, "적절한 주거권(적절한 주거에 관한 권리)-강화된 합리성 심사와 최소핵심의무를 중심으로", 헌법학연구 25-1; 전찬희, "어떻게 주거권을 보장할 것인가?", 미국헌법연구 31-1; 장-마르크 스테베, 강대훈 역, 집 없는 서민의 주거권: 1789년부터 현재까지 프랑스 사회주택의 역사, 황소걸음.

계약의 자유와 재산권을 침해하지 않는다(헌재 2024.2.28. 2020헌마1343, 주택임대차보호법 제6조의3 위헌확인 등(합헌,기각,각하)).

단기민간임대주택과 아파트 장기일반민간임대주택 등록 말소 사건에서, 민간임대주택의 영역에서 기존의 법적 규율 상태가 앞으로도 동일한 형태로 존속할 것이라는 임대사업자의 기대 또는 신뢰의 보호가치는, 임대주택제도의 개편 필요성, 주택시장 안정화 및 임대주택에 거주하는 임차인의 장기적이고 안정적인 주거 환경 보장이라는 공익보다 크다고 보기 어려워 신뢰보호원칙에 위배되지 않는다(헌재 2024.2.28. 2020헌마1482, 민간임대주택에 관한 특별법 제6조 제5항 등 위헌확인(기각,각하)).

(3) 도시빈민의 주거권 보장

특히 도시빈민의 주거문제를 해결하기 위하여서는 영구임대주택을 대량으로 건설함으로써 주거문제로 인하여 서민들의 삶이 피폐하지 아니하도록 배려하여야 한다. 또한 도시화에 따른 주거환경개선을 위하여 국가의 적극적인 개입이 필요하다(헌재 1994.7.29. 92헌바49등, 토지초과이득세법 제10조, 제8조 등 위헌소원(헌법불합치,적용중지)).

전용면적 85제곱미터 이하이고 임대의무기간이 10년인 공공건설임대주택의 분양전환가격 산정기준은 임차인의 평등권을 침해하지 아니한다(헌재 2021.4.29. 2019헌마202, 구 임대주택법 시행규칙 제3조의3 제1항 등 위헌확인(기각)).

전용면적 85제곱미터를 초과하는 공공건설임대주택의 분양전환가격 자율화는 임대주택 임차인의 평등권을 침해하지 아니한다(헌재 2021.4.29. 2020헌마923, 입법부작위 위헌확인(기각)).

Ⅵ. 국가와 국민의 환경보전노력과 의무

헌법 제35조 제1항에서는 "국가와 국민은 환경보전을 위하여 노력하여야 한다"라고 규정한다. 사실 환경보전은 국가의 노력뿐만 아니라 국민들의 적극적인 참여와 노력이 뒷받침되어야 한다. 이에 헌법은 국민의 환경보전노력도 명시한다. 또한 쾌적한 주거환경을 위한 국가적 노력도 규정한다(제35조 제3항).

Ⅶ. 환경권의 제한과 한계

환경권도 헌법 제37조 제2항의 기본권제한의 일반원리에 따른 제한이 가능하지만, 환경권의 본질적 내용에 대한 제한은 불가능하다. 다만, 환경권이 가지는 상린관계적 특성에 비추어 일정한 수인의무(受忍義務)가 뒤따른다.

Ⅷ. 환경권의 침해와 구제

1. 공권력에 의한 침해와 구제

공권력의 적극적 발동에 따른 환경권침해와 공권력의 소극적인 대응으로 인하여 환경권이 침해되는 경우가 있다. 특히 후자의 경우는 공해시설에 대한 설치허가, 지나치게 낮은 수준의 오염물질배출기준 규정 등에 의하여 설치가 가능하게 된 공장·시설로 말미암아 간접적으로 환경권에 대한 침해가 발생하게 된다. 환경권의 구체적인 내용은 법률로 정하도록 되어 있으므로, 입법부작위의 경우에는 헌법소원 등을 통하여 권리구제를 청구할 수 있어야 한다.

외교부 북미국장이 2017.4.20. 주한미군사령부 부사령관과 사이에 주한미군에 성주 스○○ 골프장 부지 중 일부의 사용을 공여하는 내용으로 체결한 협정은 평화적 생존권, 건강권, 환경권, 직업의 자유와 원불교도 및 그 단체인 청구인들의 종교의 자유를 침해할 가능성을 인정하기 어렵다(헌재 2024.3.28. 2017헌마372, 고고도미사일방어체계 배치 승인 위헌확인(각하)).

2. 사인에 의한 침해와 구제

(ⅰ) 사인에 의한 환경피해에 대하여는 사후적 구제방법으로서 민사상 손해배상청구권과 사전적 구제방법으로서 사전유지청구권(事前留止請求權)이 있다. 사전유지청구권이란 사후적 구제방법인 손해배상청구권의 한계를 감안하여, 환경권의 침해가 발생하였거나 발생할 우려가 있을 경우 이의 중지·배제·예방을 청구할 수 있는 권리이다. 민법상 이를 명문으로 규정하지는 아니하나 학설과 판례는 인정하는 데 이견이 없다.

(ⅱ) 그런데 환경분쟁의 특수성에 비추어 위법성판단과 관련하여 수인한도론(受忍限度論)이 정립되어 있는바, 이는 피해자와 가해자의 이익·피해의 형태·사업의 유효성 등을 비교형량하여 가해행위가 사회생활상 일반적으로 수인할 수 있을 정도를 초월한 침해가 아닌 경우에는 수인하여야 한다는 이론이다. 일조권(日照權)과 관련하여 다수의 판례가 나와 있다.

불법행위 성립요건으로서 위법성의 판단 기준은 유해 정도가 사회생활상 통상의 수인한도를 넘는 것인데, 수인한도 기준을 결정할 때는 일반적으로 침해되는 권리나 이익의 성질과 침해 정도뿐만 아니라 침해행위가 가지는 공공성의 내용과 정도, 지역환경의 특수성, 공법적인 규제에 의하여 확보하려는 환경기준, 침해를 방지 또는 경감시키거나 손해를 회피할 방안의 유무 및 난이 정도 등 여러 사정을 종합적으로 고려하여 구체적 사건에 따라 개별적으로 결정하여야 한다(대판 2012.1.12. 2009다84608, 84615, 84622, 84639).

"건물의 신축으로 인하여 그 이웃 토지상의 거주자가 직사광선이 차단되는 불이익을 받은 경우에 그 신축 행위가 정당한 권리행사로서의 범위를 벗어나 사법상 위법한 가해행위로 평가되기 위해서는 그 일조방해의 정도가 사회통념상 일반적으로 인용하는 수인한도를 넘어야 하고, 일조방해행위가 사회통념상 수인한도를 넘었는지 여부는 피해의 정도, 피해이익의 성질 및 그에 대한 사회적 평가, 가해건물의 용도, 지역성, 토지이용의 선후관계, 가해 방지 및 피해 회피의 가능성, 공법적 규제의 위반 여부, 교섭 경과 등 모든 사정을 종합적으로 고려하여 판단하여야 한다"(대판 2007.6.28. 2004다54282).

"조망이익(眺望利益)이 법적인 보호의 대상이 되는 경우에 이를 침해하는 행위가 사법상 위법한 가해행위로 평가되기 위해서는 조망이익의 침해 정도가 사회통념상 일반적으로 인용하는 수인한도를 넘어야 하고, 그 수인한도를 넘었는지 여부는 조망의 대상이 되는 경관의 내용과 피해건물이 입지하고 있는 지역에 있어서 건조물의 전체적 상황 등의 사정을 포함한 넓은 의미에서의 지역성, 피해건물의 위치 및 구조와 조망상황, 특히 조망과의 관계에서의 건물의 건축・사용목적 등 피해건물의 상황, 주관적 성격이 강한 것인지 여부와 여관・식당 등의 영업과 같이 경제적 이익과 밀접하게 결부되어 있는지 여부 등 당해 조망이익의 내용, 가해건물의 위치 및 구조와 조망방해의 상황 및 건축・사용목적 등 가해건물의 상황, 가해건물 건축의 경위, 조망방해를 회피할 수 있는 가능성의 유무, 조망방해에 관하여 가해자측이 해의(害意)를 가졌는지의 유무, 조망이익이 피해이익으로서 보호가 필요한 정도 등 모든 사정을 종합적으로 고려하여 판단하여야 한다"(대판 2004.9.13. 2003다64602).

헌법상 국가와 국민의 환경보전의무를 바탕으로 주민의 건강과 생활환경의 보전을 위하여 사업장에서 배출되는 악취를 규제・관리하고자 하는 데 그 목적이 있으므로, 정당성이 인정된다. 그리고 악취가 배출되는 사업장이 있는 지역을 악취관리지역으로 지정함으로써 악취방지를 위한 예방적・관리적 조치를 할 수 있도록 한 것은 이러한 목적을 달성하기에 적합한 수단이다(헌재 2020.12.23. 2019헌바25등, 악취관리지역 지정 요건을 정한 악취방지법 조항에 대한 위헌소원(합헌)).

3. 환경오염피해분쟁기구

환경피해에 따른 분쟁을 해결함에 있어서는 소송을 통한 전통적인 법이론의 적용에 일정한 한계가 있다. 이에 '환경분쟁 조정법'에서는 환경분쟁을 신속・공정하고 효율적으로 해결하기 위하여 환경분쟁조정위원회를 설치한다(제4조).

4. 공해소송에서의 원고적격과 입증책임의 전환

공해소송(公害訴訟)에서는 직접피해자는 물론 널리 오염된 환경과 관련된 자에게까지 원고적격을 확대하여야 한다(집단소송[1]). 또한 피해자와 가해자, 손해발생과 인과관계, 손해 정도의 입증이 매우 어려우므로 입증책임의 전환이론이 제기된다. 즉, 피해자의 인과관계의 입증에 있어서 과학적으로 엄밀한 증명을 요하지 아니하고, 침해행위와 손해발생 사이에 상당한 인과관계가 존재한다는 개연성이 있으면 충분하다는 개연성이론(蓋然性理論)에 의하여 피해자의 입증책임부담을 덜어준다.

일반적으로 불법행위로 인한 손해배상청구사건에 있어서 가해행위와 손해발생 사이의 인과관계의 입증책임은 청구자인 피해자가 부담하나, 대기오염이나 수질오염에 의한 공해로 인한 손해배상을 청구하는 소송에 있어서는 기업이 배출한 원인물질이 대기나 물을 매체로 하여 간접적으로 손해를 끼치는 수가 많고 공해문제에 관하여는 현재의 과학수준으로도 해명할 수 없는 분야가 있기 때문에 가해행위와 손해의 발생 사이의 인과관계를 구성하는 하나하나의 고리를 자연과학적으로 증명한다는 것이 매우 곤란하거나 불가능한 경우가 많으므로, 이러한 공해소송에 있어서 피해자에게 사실적인 인과관계의 존재에 관하여 과학적으로 엄밀한 증명을 요구한다는 것은 공해로 인한 사법적 구제를 사실상 거부하는 결과가 될 우려가 있는 반면에, 가해기업은 기술적·경제적으로 피해자보다 훨씬 원인조사가 용이한 경우가 많을 뿐만 아니라, 그 원인을 은폐할 염려가 있기 때문에, 가해기업이 어떠한 유해한 원인물질을 배출하고 그것이 피해물건에 도달하여 손해가 발생하였다면 가해자 측에서 그것이 무해하다는 것을 입증하지 못하는 한 책임을 면할 수 없다고 보는 것이 사회형평의 관념에 적합하다(대판 2009.10.29. 2009다42666).

한편 환경정책기본법에서는 환경오염 또는 환경훼손으로 피해가 발생한 경우에는 해당 환경오염 또는 환경훼손의 원인자가 그 피해를 배상하되(제44조 제1항), 환경오염 또는 환경훼손의 원인자가 둘 이상인 경우에 어느 원인자에 의하여 피해가 발생한 것인지를 알 수 없을 때에는 각 원인자(原因者)가 연대하여 배상하여야 한다(제44조 제2항)고 하여 무과실책임(無過失責任)을 인정한다.

1) 조홍식, "분산이익소송에서의 당사자적격", 판례실무연구(Ⅳ), 박영사, 439-474면 참조.

제 7 절 혼인과 가족에 관한 권리

Ⅰ. 의 의

(i) 가족(家族)이란 혈연·혼인·입양 등의 형태로 관계되어 생활을 공유하는 사람들의 집단(共同體) 또는 그 구성원을 말한다. 혼인(婚姻)이란 사회적·법적으로 승인된 남편과 아내의 결합, 즉 남녀가 부부관계를 맺는 행위 또는 부부관계에 있는 상태를 말한다. 그러나 최근 일부 국가에서는 같은 성(性)을 가진 사람끼리 혼인하는 동성혼(同性婚)이 합법화되기도 한다. 현행헌법은 "양성의 평등을 기초로" 하고 있기 때문에 동성혼을 부인하는 것으로 보인다.[1] 그런데 최근 대법원은 "동성 동반자"에 대하여 건강보험 피부양자 자격을 인정한다(9:4)(대판(전합) 2024.7.18. 2023두36800).

(ii) "혼인과 가족생활은 개인의 존엄과 양성의 평등을 기초로 성립되고 유지되어야 하며, 국가는 이를 보장한다. 국가는 모성의 보호를 위하여 노력하여야 한다"(제36조). 이에 따라 혼인제도와 가족제도는 인간의 존엄성존중과 민주주의원리에 따라야 한다. 즉, 혼인(婚姻)은 개인의 존엄과 양성의 본질적 평등의 바탕 위에서 모든 국민은 스스로 혼인 여부를 결정할 수 있고, 혼인을 할 때에도 그 시기는 물론 상대방을 자유로이 선택할 수 있으며, 이러한 결정에 따라 혼인과 가족생활을 유지할 수 있고, 국가는 이를 보장하여야 한다(헌재 1997.7.16. 95헌가6등, 민법 제809조 제1항 위헌제청(헌법불합치,적용중지)). 건강가정기본법, '가정폭력방지 및 피해자보호 등에 관한 법률'이 제정되어 있다.

"우리 헌법은 제정 당시부터 특별히 혼인의 남녀동권을 헌법적 혼인질서의 기초로 선언함으로써 우리 사회 전래의 가부장적인 봉건적 혼인질서를 더 이상 용인하지 않겠다는 헌법적 결단을 표현하였으며, 현행헌법에 이르러 양성평등과 개인의 존엄은 혼인과

1) 이세주, "가족의 보호에 관한 비교헌법적 고찰", 공법연구 46-4; 이재희, "헌법 제36조 제1항을 중심으로 한 혼인의 헌법적 보장에 대한 검토", 헌법학연구 24-4; 이동훈, "동성혼의 헌법적 쟁점", 공법학연구 20-2; 정애령, "동성 간 생활공동체의 법적 보장을 통한 현행 헌법상 혼인제도의 보완", 헌법학연구 26-2; 윤진수, "전통적 가족제도와 헌법", 서울대 법학 47-2(139호); 김정수, "최근 혼인과 가족생활의 변화에 대한 헌법적 대응과 보장", 헌법학연구 29-3; 조홍석, "현행 헌법상 동성혼인", 공법학연구 24-4; 정인경, "개인정보자기결정권이 문제되는 사건의 위헌심사에 대한 제언", 세계헌법연구 30-2; 차원일, "혼인과 가족제도의 변화와 헌법 제36조 제1항의 규범적 의미", 헌법학연구 30-2; 이승현, "간성(intersex)에 대한 헌법적 논의를 위한 시론", 공법연구 53-2.

가족제도에 관한 최고의 가치규범으로 확고히 자리잡았다. 한편, 헌법전문과 헌법 제9조에서 말하는 '전통', '전통문화'란 역사성과 시대성을 띤 개념으로서 헌법의 가치질서, 인류의 보편가치, 정의와 인도정신 등을 고려하여 오늘날의 의미로 포착하여야 하며, 가족제도에 관한 전통·전통문화란 적어도 그것이 가족제도에 관한 헌법이념인 개인의 존엄과 양성의 평등에 반하는 것이어서는 안 된다는 한계가 도출되므로, 전래의 어떤 가족제도가 헌법 제36조 제1항이 요구하는 개인의 존엄과 양성평등에 반한다면 헌법 제9조를 근거로 그 헌법적 정당성을 주장할 수는 없다"(헌재 2005.2.3. 2001헌가9등, 민법 제781조 제1항 본문 후단부분 위헌제청 등(호주제)(헌법불합치, 잠정적용)).

피해자보호명령에 우편을 이용한 접근금지에 관한 규정을 두지 아니한 구 '가정폭력범죄의 처벌 등에 관한 특례법'은 헌법에 위반되지 아니한다(합헌4:헌법불합치5)(헌재 2023.2.23. 2019헌바43, 가정폭력범죄의 처벌 등에 관한 특례법 제55조의2 제1항 위헌소원(합헌)).

Ⅱ. 혼인과 가족에 관한 권리의 법적 성격

1. 원칙규범 + 제도보장설

제도보장설에 의하면 헌법상 비록 사회권 규정에 위치하여 있기는 하지만, 혼인과 가족생활에 관한 민주적인 헌법원칙을 규정한 것에 불과하며, "… 권리를 가진다"라고 규정하지 아니하기 때문에 제도보장에 불과하다고 본다.

권영성 교수(279-280면)는 사회적 기본권을 규정한 것이 아니라, 하나의 헌법원리를 선언한 원칙규범, 민주적인 혼인제도와 가족제도라는 특정의 제도를 보장한 제도보장규범, 그 자체로서 모든 국가기관을 직접 구속하는 효력을 가지는 직접적 효력규정이라고 한다.

2. 사회권설(생존권설)

사회권설은 비록 '권리'라는 표현이 없다 하더라도 헌법조문 위치상으로나 그 실질적 성격에 비추어 사회권으로 보아야 한다는 견해이다.

3. 사회권설(생존권설) + 제도보장설

혼인과 가족에 관한 권리는 인간의 존엄 및 평등원리에 기초한 사회권으로 보아야 하지만, 혼인제도·가족제도의 제도보장 측면도 있다고 보는 견해이다.

4. 사 견

생각건대 혼인과 가족에 관하여 비록 '권리'라고 명시하고 있지는 아니하지만, 헌법조문체계상 사회권에 편제되어 있을 뿐만 아니라 그 본질상 인간다운 생활을 할 권리와 직결되는 사회권으로 보아야 한다. 또한 혼인제도와 가족제도의 본질을 보장하고 있으므로 제도보장으로 볼 수 있다. 따라서 혼인과 가족에 대한 권리는 기본권으로서의 성격과 제도보장으로서의 성격을 동시에 가진다.

헌법 제36조 제1항은 혼인과 가족생활을 스스로 결정하고 형성할 수 있는 자유를 기본권으로서 보장하고, 혼인과 가족에 대한 제도를 보장한다. 그리고 헌법 제36조 제1항은 혼인과 가족에 관련되는 공법 및 사법의 모든 영역에 영향을 미치는 헌법원리 내지 원칙규범으로서의 성격도 가지는데, 이는 적극적으로는 적절한 조치를 통하여 혼인과 가족을 지원하고 제삼자에 의한 침해 앞에서 혼인과 가족을 보호하여야 할 국가의 과제를 포함하며, 소극적으로는 불이익을 야기하는 제한조치를 통하여 혼인과 가족을 차별하는 것을 금지하여야 할 국가의 의무를 포함한다(헌재 2002.8.29. 2001헌바82, 소득세법 제61조 위헌소원(위헌)).

Ⅲ. 혼인과 가족에 관한 권리의 주체

(i) 혼인과 가족에 관한 권리는 인간의 존엄 및 양성평등원리에 기초하기 때문에 자연인으로서의 국민에 한정되지 아니하고 가급적 외국인에게도 인정되어야 한다. 그러나 법인에게는 인정되지 아니한다.

(ii) 성전환자(性轉換者)에 대하여 법률적으로 새로이 평가받게 된 현재의 진정한 성별을 인정하는 호적정정허가(戶籍訂正許可)를 인정한다(대판(전합) 2006.6.22. 2004스42).

"성전환자의 성별정정을 허가함에 있어 현재 혼인 중에 있거나 성전환자에게 미성년 자녀가 있는 경우에는 성별정정이 허용되지 않는다"는 결정(대결(전합) 2011.9.2. 2009스117[등록부정정]〈성전환자의 성별정정 사건〉) 가운데 "현재 혼인 중에 있지 아니한" 성전환자에게 "미성년 자녀가 있다"는 이유만으로 성별정정을 불허하여서는 아니 된다(판례 변경)(대결(전합) 2022.11.24. 2020스616[성전환자의 성별정정]).

생래적 간성(intersexuality/intersex) 즉, 출생 시 생식 관련 기관이나 기능이 전형적인 남성 또는 여성 어느 한쪽으로 일치하지 아니한 상태인 사람에 대한 헌법적 논의가 필요하다. 간성을 가진 사람에 대한 성별(性別)의 기준과 '제3의 성별'을 인정할 것인지가 문제된다.

Ⅳ. 혼인과 가족에 관한 권리의 효력

헌법상 국가의 보장의무를 규정하고 있으므로 대국가적 효력을 인정하는 데 이의가 없다. 양성의 평등에 기초하고 있기 때문에 대사인적 효력도 인정된다.

V. 혼인과 가족에 관한 권리의 내용

1. 혼인의 순결과 혼인의 자유

(ⅰ) 혼인의 순결은 곧 일부일처제를 요구한다. 이에 따라 사실혼, 축첩제도나 배우자가 있는 사람이 다시 혼인하는 중혼(重婚)은 금지된다(민법 제810조). 또한 일정범위의 혈족 사이의 혼인도 금지된다(민법 제809조 제1항 · 제2항).

중혼(重婚)을 혼인취소의 사유로 정하면서 그 취소청구권의 제척기간 또는 소멸사유를 규정하지 아니한 민법 제816조 제1호 중 "제810조의 규정에 위반한 때" 부분은 우리 사회의 중대한 공익이며 헌법 제36조 제1항으로부터 도출되는 일부일처제를 실현하기 위한 것이므로, 현저히 입법재량의 범위를 일탈하여 후혼배우자(後婚配偶者)의 인격권 및 행복추구권을 침해한다고 보기 어렵다(헌재 2014.7.24. 2011헌바275, 민법 제810조 등 위헌소원(합헌)).

① 사실혼 배우자의 상속권을 인정하지 않은 민법 제1003조 제1항 중 '배우자' 부분은 헌법에 위반되지 아니하고(전원일치), ② 재산분할청구권에 관한 민법 제839조의2 제1항, 제2항, 제843조 중 제839조의2 제1항, 제2항에 관한 부분에 대한 심판청구는 부적법하다(6:3)(헌재 2024.3.28. 2020헌바494, 민법 제1003조 제1항 위헌소원(합헌)).

(ⅱ) 혼인의 자유는 혼인 여부 · 배우자선택 · 혼인시기결정의 자유를 의미한다. 따라서 결혼퇴직제(結婚退職制)는 금지된다. 민법상 미성년자의 혼인에 대한 부모의 동의 등의 제한이 있다(민법 제808조). 헌법재판소는 간통죄(姦通罪) 합헌 판례를 변경하여 위헌으로 판시한다.

"사회 구조 및 결혼과 성에 관한 국민의 의식이 변화되고, 성적 자기결정권을 보다 중요시하는 인식이 확산됨에 따라 간통행위(姦通行爲)를 국가가 형벌로 다스리는 것이 적정한지에 대해서는 이제 더 이상 국민의 인식이 일치한다고 보기 어렵고, 비록 비도덕적인 행위라 할지라도 본질적으로 개인의 사생활에 속하고 사회에 끼치는 해악이 그다지 크지 않거나 구체적 법익에 대한 명백한 침해가 없는 경우에는 국가권력이 개입해서는 안 된다는 것이 현대 형법의 추세여서 전세계적으로 간통죄는 폐지되고 있다. 또한 간통죄의 보호법익인 혼인과 가정의 유지는 당사자의 자유로운 의지와 애정에 맡겨야지, 형벌을 통하여 타율적으로 강제될 수 없는 것이며, 현재 간통으로 처벌되는 비율이 매우 낮고, 간통행위에 대한 사회적 비난 역시 상당한 수준으로 낮아져 간통죄는 행위규제규범으로서 기능을 잃어가고, 형사정책상 일반예방 및 특별예방의 효과를 거두기도 어렵게 되었다. 부부 간 정조의무 및 여성 배우자의 보호는 간통한 배우자를 상대로 한 재판상 이혼청구, 손해배상청구 등 민사상의 제도에 의해 보다 효과적으로 달성될 수 있고, 오히려 간통죄가 유책의 정도가 훨씬 큰 배우자의 이혼수단으로 이용되거나 일시 탈선한 가정주부 등을 공갈하는 수단으로 악용되고 있기도 하다. 결국 심판대상조항은 과잉금지원칙에 위배하여 국민의 성적 자기결정권 및 사생활의 비밀과 자유를 침해하는 것으로서 헌법에 위반된다"(헌재 2015.2.26. 2009헌바17등, 형법 제241조 위헌소원 등(위헌)).

헌법재판소는 "동성동본금혼규정(同姓同本禁婚規定)은 개인의 존엄과 양성의 평등을 기초로 한 혼인과 가족생활의 성립·유지라는 헌법규정에 정면으로 배치된다"라고 판시하였다(헌재 1997.7.16. 95헌가6등, 민법 제809조 제1항 위헌제청(헌법불합치,적용중지)). 개정 민법에서는 8촌 이내의 혈족 사이에서의 혼인을 금지한다. 이에 대하여 헌법재판소는 합헌으로 판단하면서(5:4), 다만, 이를 위반한 혼인을 무효로 하는 민법 제815조 제2호는 헌법에 합치되지 아니한다고 보았다(전원일치)(헌재 2022.10.27. 2018헌바115, 민법 제809조 제1항 등 위헌소원(헌법불합치,잠정적용,합헌)).

아직까지 우리나라에서는 동성혼을 법적으로 인정하지 아니한다. 하지만. 최근 대법원은 "동성 동반자"에 대하여 건강보험 피부양자 자격을 인정하고 있다(9:4)(대판(전합) 2024.7.18. 2023두36800). 이는 동성혼을 법적으로 인정하는 초기 단계로 보인다.

"동성 동반자는 직장가입자와 단순히 동거하는 관계를 뛰어 넘어 동거·부양·협조·정조 의무를 바탕으로 부부공동생활에 준할 정도의 경제적 생활공동체를 형성하고 있는 사람으로, 공단이 피부양자로 인정하는 '사실상 혼인관계에 있는 사람'과 차이가 없다." "두 사람의 관계가 전통적인 가족법제가 아닌 기본적인 사회보장제도인 건강보험의 피부양자 제도에서조차도 인정받지 못하는 것으로 인간의 존엄과 가치, 행복추구권, 사생활의 자유, 법 앞에 평등할 권리를 침해하는 차별행위이고 그 침해의 정도도 중하다." 다만 동성 동반자에 대해 사실상 혼인관계에 있는 사람에 준하여 건강보험의 피부양자로 인정하는 문제와 민법이나 가족법상 '배우자'의 범위를 해석·확정하는 문제는 다른 국면에서 충분히 논의할 수 있다고 판시한다. [별개의견] "국민건강보험법에서 직장가입자의 피부양자로 인정하는 '배우자'는 이성 간의 결합을 본질로 하는 '혼인'을 전제로 하는데, 동성 간의 결합에는 혼인관계의 실질이 존재한다고 보기 어렵다." "동성 동반자가 법률상 또는 사실상 배우자와 본질적으로 동일한 집단에 속한다고 볼 수 없고 설령 두 집단이 본질적으로 동일한 집단이라고 하더라도 공단이 동성 동반자를 피부양자로 인정하지 않은 것을 두고 합리적 근거 없는 자의적 차별이라고 볼 수 없다."

또한 여자의 재혼금지기간도 삭제되었다. 그런데 최근 외국에서는 동성(同性) 사이의 혼인을 법적인 부부관계로 인정하고 있어서 논란이 된다.

2. 부부의 평등보장

(ⅰ) 부부평등제를 보장하기 위하여 구 민법상 처(妻)의 무능력자 조항은 폐지되었다. 또한 헌법재판소는 호주제도(戶主制度)는 "혼인과 가족생활에서 개인의 존엄을 존중하라는 헌법 제36조 제1항의 요구에 부합하지 않는다"라고 하여 위

헌(헌법불합치)으로 판시한 바 있다.

"민법 제778조는 당사자의 의사와 자결권을 외면한 채 법률로 호주의 지위를 강요한다는 점에서 개인의 존엄에 반할 뿐만 아니라 호주 지위의 획득에 있어 남녀를 차별하고 있으며, 민법 제781조 제1항 본문 후단 및 민법 제826조 제3항 본문은 당사자의 의사와 자율적 선택권을 무시한 채 혼인 및 자녀에 관한 신분관계를 일방적으로 형성한다는 점에서 개인의 존엄에 반하고 나아가 정당한 이유 없이 남녀를 차별한다"(헌재 2005.2.3. 2001헌가9등, 민법 제781조 제1항 본문 후단부분 위헌제청 등(헌법불합치,잠정적용); 윤진수, "전통적 가족제도와 헌법", 서울대 법학 47-2(139호), 149-188면 참조).

(ii) 성명(姓名)은 개인의 정체성과 개별성을 나타내는 인격의 상징으로서 개인이 사회 속에서 자신의 생활영역을 형성하고 발현하는 기초가 되므로 자유로운 성의 사용은 헌법상 인격권으로부터 보호된다. 또한 헌법 제36조 제1항은 개인의 존엄과 양성의 평등을 기초로 한 가족제도를 헌법적 차원에서 보장하고 있는바, 성은 혈통을 상징하는 기호로서 개인의 혈통관계를 어떻게 성으로 반영할지에 관한 문제이며 이는 가족제도의 한 내용을 이룬다. 따라서 성에 관한 규율에 대하여 폭넓은 입법형성의 자유가 인정된다고 하더라도 그것이 개인의 인격권을 침해하거나 개인의 존엄과 양성의 평등에 반하는 내용으로 가족제도를 형성할 수 없다는 한계를 가진다(헌재 2005.12.22. 2003헌가5등, 민법 제781조 제1항 위헌제청(헌법불합치,잠정적용)). 이에 따라 민법에 부성주의를 보완하여 부모양성주의가 도입되었다.

제781조(자의 성과 본) ① 자는 부의 성과 본을 따른다. 다만, 부모가 혼인신고시 모의 성과 본을 따르기로 협의한 경우에는 모의 성과 본을 따른다. ② 부가 외국인인 경우에는 자는 모의 성과 본을 따를 수 있다. ③ 부를 알 수 없는 자는 모의 성과 본을 따른다. ④ 부모를 알 수 없는 자는 법원의 허가를 받아 성과 본을 창설한다. 다만, 성과 본을 창설한 후 부 또는 모를 알게 된 때에는 부 또는 모의 성과 본을 따를 수 있다. ⑤ 혼인외의 출생자가 인지된 경우 자는 부모의 협의에 따라 종전의 성과 본을 계속 사용할 수 있다. 다만, 부모가 협의할 수 없거나 협의가 이루어지지 아니한 경우에는 자는 법원의 허가를 받아 종전의 성과 본을 계속 사용할 수 있다. ⑥ 자의 복리를 위하여 자의 성과 본을 변경할 필요가 있을 때에는 부, 모 또는 자의 청구에 의하여 법원의 허가를 받아 이를 변경할 수 있다. 다만, 자가 미성년자이고 법정대리인이 청구할 수 없는 경우에는 제777조의 규정에 따른 친족 또는 검사가 청구할 수 있다.

재판관 7:1의 의견으로 민법 제781조 제1항 본문(2005.3.31. 법률 제7427호로 개정되기 전의 것) 중 "자(子)는 부(父)의 성과 본을 따르고" 부분은 헌법에 합치되지 아니함과 더불어 법률조항의 잠정적용을 명하였다. 다만, 법정의견 7인의 재판관 중 5인의 재판관은 조항 자체는 합헌이나 예외적인 경우에 대한 규율이 부족하여 헌법불합치결정을 하여야 한다고 보았고 2인의 재판관은 부성(父姓)주의 조항 자체가 헌법에 위반되지만 단순위헌을 선언할 경우 발생할 법적 공백을 방지하기 위하여 헌법불합치의 주문을 택하였다.

민법 제781조 제6항에 따라 자녀의 성과 본이 모의 성과 본으로 변경되었을 경우, 성년인 그 자녀는 모가 속한 종중의 공동선조와 성과 본을 같이 하는 후손으로서 당연히 종중의 구성원이 된다(대판 2022.5.26. 2017다260940[종원지위확인]).

(iii) 2008년에 호적이 폐지되고 국민 개인별로 가족관계등록부(家族關係登錄簿)가 작성된다. 가족관계등록부는 가족관계증명서, 기본증명서, 혼인관계증명서, 입양관계증명서, 친양자관계증명서 등 5가지 종류이다.

국립묘지 안장 대상자의 배우자 가운데 안장 대상자 사후에 재혼한 자를 합장 대상에서 제외하는 규정은 합헌이다(6:3)(헌재 2022.11.24. 2020헌바463, 국립묘지의 설치 및 운영에 관한 법률 제5조 제3항 제1호 단서 위헌소원(합헌)).

가족관계등록법상 입양신고를 포함한 창설적 신고와 관련하여 신고사건 본인이 직접 출석하지 아니할 경우에 본인의 신분증명서를 제시하도록 하여 입양당사자의 신고의사의 진실성을 담보한 조항은 합헌이다(7:2)(헌재 2022.11.24. 2019헌바108, 가족관계의 등록 등에 관한 법률 제23조 제2항 전문 위헌소원(합헌)).

정보주체의 배우자나 직계혈족이 정보주체의 위임 없이도 정보주체의 가족관계 상세증명서의 교부 청구를 할 수 있도록 하는 '가족관계의 등록 등에 관한 법률' 제14조 제1항 본문 중 '배우자, 직계혈족은 제15조 제1항 제1호에 규정된 가족관계증명서에 대한 상세증명서의 교부를 청구할 수 있다.' 부분은 개인정보자기결정권을 침해하지 아니한다(7:2)(헌재 2022.11.24. 2021헌마130, 가족관계의 등록 등에 관한 법률 제14조 제1항 본문 위헌확인(기각)).

혼인신고 시 협의하면 어머니의 성과 본을 자녀가 가질 수 있으며, 이혼한 여성이 전 남편과 사이에 얻은 자녀를 기르고 있을 경우 새 아버지의 성과 본으로 바꿀 수 있다. 자녀의 복리를 위하여 양자를 법률상 완전한 친생자로 인정하는 '친양자제도'도 시행한다(민법 제908조의2 이하).

(iv) 그러나 민법의 일부 불평등조항은 시정되어야 한다. 특히 부부별산제·부부소득합산과세·자녀합산과세 등이 문제된다.

부부의 자산소득을 합산하여 과세하도록 하는 자산소득합산과세제도는 "헌법 제11조 제1항에서 보장하는 평등원칙을 혼인과 가족생활에서 더 구체화함으로써 혼인한 자의 차별을 금지하고 있는 헌법 제36조 제1항에 위반된다"(헌재 2002.8.29. 2001헌바82, 소득세법 제61조 제1항에 대한 위헌소원(위헌))(이에 대한 비판론은, 이창희, "부부자산소득합산과세는 위헌인가," 헌법실무연구 4 참조); 누진과세제도에서 혼인한 부부에게 조세부담의 증가를 초래하는 부부자산소득합산과세를 규정하고 있는 구 소득세법 규정은 혼인한 부부를 비례의 원칙에 반하여 사실혼관계의 부부나 독신자에 비하여 차별하는 것으로서 헌법 제36조 제1항에 위반한다(헌재 2005.5.26. 2004헌가6, 구 소득세법 제80조 등 위헌제청(위헌)).

종합부동산세법의 인별 합산이 아니라 세대별 합산과세규정은 혼인한 자 또는 가족과 함께 세대를 구성한 자를 비례의 원칙에 반하여 개인별로 과세되는 독신자, 사실혼 관계의 부부, 세대원이 아닌 주택 등의 소유자 등에 비하여 불리하게 차별하여 취급하고 있으므로 헌법 제36조 제1항에 위반된다(헌재 2008.11.13. 2006헌바112, 구 종합부동산세법 제5조 등 위헌소원(위헌,헌법불합치,합헌)).

대통령령으로 정하는 1세대 3주택 이상에 해당하는 주택의 보유자에 대하여 중과세하는 것을 내용으로 하는 소득세법 관련 조항은 "혼인으로 새로이 1세대를 이루는 자를 위하여 상당한 기간 내에 보유 주택수를 줄일 수 있도록 하고 그러한 경과규정이 정하는 기간 내에 양도하는 주택에 대해서는 혼인 전의 보유 주택 수에 따라 양도소득세를 정하는 등의 완화규정을 두는 것과 같은 손쉬운 방법이 있음에도 이러한 완화규정을 두지 아니한 것은 최소침해성 원칙에 위배된다고 할 것이고, 이 사건 법률조항으로 인하여 침해되는 것은 헌법이 강도 높게 보호하고자 하는 헌법 제36조 제1항에 근거하는 혼인의 자유 또는 혼인에 따른 차별금지라는 헌법적 가치라 할 것이므로 이 사건 법률조항이 달성하고자 하는 공익과 침해되는 사익 사이에 적절한 균형관계를 인정할 수 없어 법익균형성원칙에도 반한다. 결국 이 사건 법률조항은 과잉금지원칙에 반하여 헌법 제36조 제1항이 정하고 있는 혼인의 자유를 침해하고, 혼인에 따른 차별금지원칙에 위배되어 위헌이다" (헌재 2011.11.24. 2009헌바146, 구 소득세법 제89조 제3호 등 위헌소원(헌법불합치,적용중지,헌법불합치,잠정적용)).

"거주자 1인과 그와 대통령령이 정하는 특수관계에 있는 자가 사업소득이 발생하는 사업을 공동으로 경영하는 사업자 중에 포함되어 있는 경우에는 당해 특수관계자의 소득금액은 그 지분 또는 손익분배의 비율이 큰 공동사업자의 소득금액으로 본다"는 규정은 포괄위임입법금지원칙에 위반되지 아니하고, 특수관계자 간의 공동사업에 있어 배우자와 가족을 차별하여 헌법 제36조 제1항에 위반되지 아니한다. 하지만 조세행정상 과세관청의 부담을 특별히 가중시킨다고 볼 수 없는 반면, 반증의 기회를 제공하지 않음으로써 납세자에게 회복할 수 없는 피해를 초래할 가능성이 높아 이를 통해 달성하려는 입법 목적과 사용된 수단 사이의 비례관계가 적정하지 아니하다(헌재 2006.4.27. 2004헌가19, 소득세법 제43조 제3항 위헌제청(위헌)).

이혼 시 재산분할을 청구하여 상속세 인적공제액을 초과하는 재산을 취득한 경우 그 초과부분에 대하여 증여세를 부과는 위헌이다(헌재 1997.10.30. 96헌바14, 구 상속세법 제29조의2 제1항 제1호 중 이혼한 자의 재산분할에 대한 증여세 규정부분 위헌소원(위헌)).

피상속인의 4촌 이내의 방계혈족을 4순위 법정상속인으로 규정한 민법 제1000조는 재산권 및 사적 자치권을 침해하지 아니한다(헌재 2020.2.27. 2018헌가11, 민법 제1000조 제1항 제4호 위헌제청(합헌)).

(v) 개정 민법에서는 부부평등의 이념과 조화되도록 부(夫)만이 제기할 수 있던 친생부인(親生否認)의 소(訴)의 제기권자로 처(妻)도 신설하여 처의 친생부인의 소 제기를 인정하고, 친생부인의 소의 제척기간도 친생부인사유가 있음을 안 날부터 2년 내로 연장하여 친생부인제도를 개선하였다(민법 제847조).

"심판대상 조항(친생부인의 소를 자의 출생을 안 날로부터 1년 이내에 제기하도록 규정하고 있는 민법 제847조 제1항)으로 인하여 친자관계를 더 이상 다툴 수 없게 된 부로서는 진실에 반하는 친자관계를 그 의사에 반하여 강요당하게 된다는 점에서 인간의 존엄과 가치, 행복추구권을 보장한 헌법 제10조와 혼인과 가족생활의 보호를 규정한 헌법 제36조에 위반할 소지가 있"다(헌재 1997.3.27. 95헌가14등, 민법 제847조 제1항 위헌제청 등(헌법불합치,적용중지)).

친생부인의 소의 제척기간을 규정한 민법 제847조 제1항 중 "부(夫)가 그 사유가 있음을 안 날부터 2년 내" 부분은 친생부인의 소의 제척기간에 관한 입법재량의 한계를 일탈하지 아니한 것으로서 헌법에 위반되지 아니한다(헌재 2015.3.26. 2012헌바357, 민법 제847조 제1항 위헌소원(합헌)).

친생자관계 존부의 당사자가 사망한 경우 이해관계인이 그 사망을 안 날로부터 2년 내에 검사를 상대로 친생자관계부존재확인의 소를 제기할 수 있도록 한 민법 제865조 제2항 중 이해관계인이 검사를 상대로 친생자관계부존재확인의 소를 제기하는 경우에 관한 부분은 행복추구권, 재판청구권 등을 침해하지 아니한다(헌재 2014.3.27. 2010헌바397, 민법 제865조 제2항 위헌소원(합헌)).

혼인 종료 후 300일 이내에 출생한 자를 전남편의 친생자로 추정하는 민법 제844조 제2항 중 "혼인관계종료의 날로부터 300일 내에 출생한 자"에 관한 부분은 민법 제정 이후의 사회적·법률적·의학적 사정변경을 전혀 반영하지 아니한 채, 이미 혼인관계가 해소된 이후에 자가 출생하고 생부가 출생한 자를 인지하려는 경우마저도, 아무런 예외 없이 그 자를 전남편의 친생자로 추정함으로써 친생부인의 소를 거치도록 하는 등 입법형성의 한계를 벗어나 모가 가정생활과 신분관계에서 누려야 할 인격권, 혼인과 가족생활에 관한 기본권을 침해한다(헌재 2015.4.30. 2013헌마623, 민법 제844조 제2항 등 위헌확인(헌법불합치,잠정적용)).

헌법재판소의 헌법불합치결정에 따라 민법 제844조는 다음과 같이 개정되었다: ① 아내가 혼인 중에 임신한 자녀는 남편의 자녀로 추정한다. ② 혼인이 성립한 날부터 200일 후에 출생한 자녀는 혼인 중에 임신한 것으로 추정한다. ③ 혼인관계가 종료된 날부터 300일 이내에 출생한 자녀는 혼인 중에 임신한 것으로 추정한다. 민법 제844조의 개정과 더불어 어머니와 어머니의 전 남편은 친생부인(親生否認)의 허가 청구(제854조의2)를, 생부(生父)는 인지(認知)의 허가 청구(제855조의2)를 할 수 있도록 하여 친생부인의 소보다 간이한 방법으로 친생추정(親生推定)을 배제할 수 있도록 한다.

한편, 공직자윤리법에서 혼인한 여성 등록의무자의 등록대상재산도 남녀평등의 엄격한 적용에 따라 구현되어야 한다.

개정 전 공직자윤리법 조항에 따라 재산등록을 마친 혼인한 여성 등록의무자의 경우에만 본인이 아닌 배우자의 직계존·비속의 재산을 등록하도록 하는 규정은 절차상 편의, 행정비용의 최소화 등의 이유만으로 성별에 의한 차별금지, 혼인과 가족생활에서의 양성의 평등을 천명하고 있는 헌법에 어긋난다(헌재 2021.9.30. 2019헌가3, 공직자윤리법 부칙 제2조 위헌제청(위헌)).

3. 친자관계와 자녀에 대한 양육권

(i) 헌법은 제36조 제1항에서 혼인과 가족생활을 보장함으로써 가족의 자율영역이 국가의 간섭에 의하여 획일화·평준화·이념화되지 아니하도록 보호하고 있는데, 이와 같은 가족생활을 구성하는 핵심적 내용 중의 하나가 바로 자녀의 양육이다. 부모는 자녀의 양육에 관하여 전반적인 계획을 세우고 자신의 인생

관 · 사회관 · 교육관에 따라 자녀의 양육을 자유롭게 형성할 권리를 가진다. 이러한 자녀에 대한 부모의 양육권은 비록 헌법에 명문으로 규정되어 있지는 아니하지만, 이는 모든 인간이 누리는 불가침의 인권으로서 혼인과 가족생활을 보장하는 헌법 제36조 제1항, 행복추구권을 보장하는 헌법 제10조 및 헌법에 열거되지 아니한 권리를 규정한 헌법 제37조 제1항에서 나오는 중요한 기본권이다.

(ii) 기본권으로서의 양육권은 공권력으로부터 자녀의 양육을 방해받지 아니할 권리라는 점에서는 자유권적 기본권으로서의 성격을, 자녀의 양육에 관하여 국가의 지원을 요구할 수 있는 권리라는 점에서는 사회권적 기본권으로서의 성격을 아울러 가지고 있다. 현행 법률상 시행되고 있는 육아휴직제도는 양육권의 사회권으로서의 측면이 입법자에 의하여 제도화된 것이다.

육아휴직제도의 헌법적 근거를 헌법 제36조 제1항에서 구한다고 하더라도 육아휴직신청권은 헌법 제36조 제1항 등으로부터 개인에게 직접 주어지는 헌법적 차원의 권리라고 볼 수는 없고, 입법자가 입법의 목적, 수혜자의 상황, 국가예산, 전체적인 사회보장수준, 국민정서 등 여러 요소를 고려하여 제정하는 입법에 적용요건, 적용대상, 기간 등 구체적인 사항이 규정될 때 비로소 형성되는 법률상의 권리에 불과하다(헌재 2008.10.30. 2005헌마1156, 군인사법 제48조 제3항 위헌확인(기각)).

특별수익자가 배우자인 경우에 특별수익 산정에 관한 예외규정을 두지 아니한 민법 제1008조 및 상속재산분할에 관한 사건을 가사비송사건으로 규정한 가사소송법은 입법재량의 한계를 벗어나지 아니하고 재산권을 침해하지 아니한다(헌재 2017.4.27. 2015헌바24, 민법 제1008조 등 위헌소원(합헌,각하)).

피상속인에 대한 부양의무를 이행하지 않은 직계존속의 경우를 상속결격사유로 규정하지 아니한 민법 제1004조는 헌법에 위반되지 아니한다(헌재 2018.2.22. 2017헌바59, 민법 제1000조 제1항 제2호 위헌소원(합헌)).

친생부모의 친권이 상실되거나 사망 그 밖의 사유로 동의할 수 없는 경우를 제외하고는 친생부모의 동의가 있어야 친양자 입양을 청구할 수 있도록 규정하여 친양자가 될 자의 가족생활에 관한 기본권 등을 제한하고 있는바, 친양자 입양은 친생부모와 그 자녀 사이의 친족관계를 완전히 단절시키는 등 친생부모의 지위에 중대한 영향을 미치는 점, 친생부모 역시 헌법 제10조 및 제36조 제1항에 근거한 가족생활에 관한 기본권을 보유하고 있다는 점에 비추어 볼 때 그 입법목적은 정당하고, 나아가 친양자 입양에 있어 무조건 친생부모의 동의를 요하도록 하고 있는 것이 아니라, '친생부모의 친권이 상실되거나 사망 기타 그 밖의 사유로 동의할 수 없는 경우'에는 그 동의 없이도 친양자 입양이 가능하도록 예외규정을 두어 기본권제한의 비례성을 준수하고 있다(헌재 2012.5.31. 2010헌바87, 민법 제908조의2 제1항 제3호 위헌소원(합헌)).

1990.1.13. 민법이 개정되면서 법정혈족관계로 인정되던 계모자관계가 폐지되었음에도 제1순위 상속인을 '피상속인의 직계비속'으로만 규정하고 계자(繼子)를 계모(繼母)의 상속인으로 규정하지 않고 있는 민법 제1000조 제1항 제1호가 계자의 재산권(상속권)을 침해하지 아니한다. 계모의 직계비속인 이복형제들과 계자인 청구인을 합리적 이

유 없이 차별하여 평등권을 침해하지 아니한다(헌재 2009.11.26. 2007헌마1424, 민법 제1000조 제1항 제1호 위헌확인(기각)).

상속재산에 대한 취득세 부과 시 상속채무초과상태에 있는 자와 그렇지 아니한 자를 구별하지 아니하는 평등원칙에 위배되지 아니한다(헌재 2006.2.23. 2004헌바43, 지방세법 제110조 위헌소원(합헌)).

민법과 가사소송법의 '피성년후견인이 될 사람'에 관한 부분은 헌법에 위반되지 않는다. 성년후견개시심판조항에 의하여 제한되는 피성년후견인의 기본권이 위 조항에 의하여 달성되는 피성년후견인 본인의 신상과 재산의 보호 강화, 피성년후견인 보호에 드는 사회적 비용의 효율적 운용 및 거래의 안전이라는 법익보다 크다고 보기 어려우므로 성년후견개시심판조항은 법익의 균형성도 갖추었다. 성년후견개시심판조항이 과잉금지원칙에 위배되어 피성년후견인이 될 사람의 자기결정권 및 일반적 행동자유권을 침해하였다고 볼 수 없다(헌재 2019.12.27. 2018헌바130, 민법 제9조 제1항 등 위헌소원(합헌)).

민법은 피성년후견인의 자기결정권이 부당하게 침해되는 것을 방지하고자 피성년후견인 자신의 신상에 관하여 단독 결정 원칙(제947조의2 제1항), 피성년후견인의 일정한 법률행위에 대한 성년후견인의 취소권 제한 및 범위의 조정(제10조), 성년후견인 선임에 있어서 피성년후견인의 의사 존중(제936조 제4항), 복수 또는 추가적인 성년후견인 선임(제930조 제2항, 제936조 제3항), 일정 범위의 법률행위 대리에 대한 후견감독인의 동의(제950조), 임의후견에서 법정후견으로의 변경에 대한 원칙적 제한(제959조의20) 등 여러 제도적 장치를 두고 있다. 성년후견개시심판에서 성년후견기간을 특정하게 되면 그 기간 만료로 성년후견이 종료되는 결과 다시 성년후견개시심판을 받을 때까지 공백이 생길 위험이 있다. 따라서 피성년후견인의 자기결정권 및 일반적 행동자유권을 침해하였다고 볼 수 없다(헌재 2019.12.27. 2018헌바161, 민법 제9조 등 위헌소원(합헌)).

4. 친족·혈족·가족의 범위와 유류분제도

제767조(친족의 정의) 배우자, 혈족 및 인척을 친족으로 한다. 제768조(혈족의 정의) 자기의 직계존속과 직계비속을 직계혈족이라 하고 자기의 형제자매와 형제자매의 직계비속, 직계존속의 형제자매 및 그 형제자매의 직계비속을 방계혈족이라 한다. 제769조(인척의 계원) 혈족의 배우자, 배우자의 혈족, 배우자의 혈족의 배우자를 인척으로 한다. 제777조(친족의 범위) 친족관계로 인한 법률상 효력은 이 법 또는 다른 법률에 특별한 규정이 없는 한 다음 각호에 해당하는 자에 미친다. 1. 8촌 이내의 혈족, 2. 4촌 이내의 인척, 3. 배우자. 제779조(가족의 범위) ① 다음의 자는 가족으로 한다. 1. 배우자, 직계혈족 및 형제자매, 2. 직계혈족의 배우자, 배우자의 직계혈족 및 배우자의 형제자매, ② 제1항제2호의 경우에는 생계를 같이 하는 경우에 한한다.

(i) 헌법이 보호하고자 하는 친족·혈족·가족의 범위는 논쟁적이다. 민법의 규정에 의하면 가족은 엄격한 법적 보호를 받는 범주로 보기는 어려워 보인다. 특별히 법적 보호의 대상이 되는 범위는 친족 중에서 배우자와 직계혈족이고 부차적으로 방계혈족이 보호의 대상이다. 특이한 점은 계부나 계모는 친족이 아니

기 때문에 법적으로 특별한 가족으로서의 관계가 형성되지 아니한다.

(ⅱ) 그런데 최근 혼인이 금지되는 친족의 범위를 축소하려는 움직임이 제기된다. 또한 유류분제도와 관련하여 헌법재판소는 직계가족 이외에 형제자매의 유류분을 위헌으로 판시하고, 유류분상실사유를 명시하여야 한다고 판시한다.

유류분제도는 유족들의 생존권을 보호하고, 가족의 긴밀한 연대를 유지하기 위하여 필요하다는 점에서 헌법적 정당성은 인정한다. 하지만, ① 피상속인의 형제자매의 유류분을 규정한 민법 제1112조 제4호를 단순위헌으로 결정하고, ② 유류분상실사유를 별도로 규정하지 아니한 민법 제1112조 제1호부터 제3호 및 기여분에 관한 민법 제1008조의2를 준용하는 규정을 두지 아니한 민법 제1118조는 모두 헌법에 합치되지 아니하고 2025.12.31.을 시한으로 입법자가 개정할 때까지 계속 적용된다(헌재 2024.4.25. 2020헌가4, 민법 제1112조 등 위헌제청(각하,위헌,헌법불합치,잠정적용)).

Ⅵ. 모성보호

모성보호(母性保護)는 현행헌법에서 신설된 조항이다. 모자보건법은 '모성'을 '임산부와 가임기(可姙期) 여성'으로 정의한다(제2조 제2호).

세 번째 이후에 출산한 자녀에 대한 분만급여 제한(分娩給與基準)의 행정입법 위임은 위헌이 아니고 행복추구권, 평등권, 모성보호 및 보건의 보호규정에 위배되지 아니한다 (6:3)(헌재 1997.12.24. 95헌마390, 의료보험법 제31조 제2항 위헌확인(기각)).

입양기관이 '기본생활지원을 위한 미혼모자가족복지시설'을 함께 운영할 수 없도록 한 한부모가족지원법 관련 규정은 사회복지법인 운영의 자유 등을 침해하지 아니한다 (헌재 2014.5.29. 2011헌마363, 한부모가족지원법 제20조 제4항 등 위헌확인(기각)).

제 8 절 보건에 관한 권리

Ⅰ. 의 의

헌법 제36조 제3항은 "모든 국민은 보건에 관하여 국가의 보호를 받는다"라고 하여 국가가 적극적으로 국민보건에 필요한 배려를 하여야 함을 규정한다. 그런데 다른 기본권의 규정형식과 달리 "국가의 보호를 받는다"라고 함으로써 보건에 관한 권리 내지 보건권(保健權)을 인정할 수 있을지가 문제된다.[1] 그러나 헌법의 규정형식에 얽매일 필요 없이 보건권을 인정하는 데 큰 무리는 없어 보인다. 헌법재판소 역시 이 규정에서 보건권을 도출한다.

"청구인들은 국민의 일원으로서 치과전문의제도가 시행되지 않고 있는 한, 치과분야에 있어서 충분한 의료서비스를 제공받지 못하고 의료사고의 위험성 앞에 무방비 상태로 노출되어 보건에 관하여 국가의 보호를 받을 권리, 즉 보건권을 침해받고 있다고 주장한다. 살피건대, 헌법은 '모든 국민은 보건에 관하여 국가의 보호를 받는다'라고 규정하고 있는바(제36조 제3항), 이를 '보건에 관한 권리' 또는 '보건권'으로 부르고, 국가에 대하여 건강한 생활을 침해하지 않도록 요구할 수 있을 뿐만 아니라 보건을 유지하도록 국가에 대하여 적극적으로 요구할 수 있는 권리로 이해한다 하더라도 치과전문의제도를 시행하고 있지 않기 때문에 청구인을 포함한 국민의 보건권이 현재 침해당하고 있다고 보기는 어렵다" (헌재 1998.7.16. 96헌마246, 전문의자격시험불실시 위헌확인 등(인용(위헌확인),각하)).

Ⅱ. 보건에 관한 권리의 법적 성격 · 주체 · 효력

보건에 관한 권리는 국가가 국민의 보건을 침해할 경우에 이의 배제를 청구할 수 있다는 점에서 자유권적 측면도 있으나, 주로 국가에 대하여 건강한 생활을 유지하기 위한 배려를 요구하는 사회권(생존권)적 측면이 문제된다. 사회권적 성격을 가지는 보건에 관한 권리는 원칙적으로 자연인인 국민에 한한다. 다만, 질병으로부터 인간생존에 필요한 보호를 받아야 한다는 측면에서 외국인에게도 제한적으로 인정하도록 노력하여야 한다.

---

1) 김경수, 헌법상 국가의 건강보호의무와 그 실현방안에 관한 연구, 서울대 박사학위논문, 2002.2; 김성률, "헌법상 건강권의 내용과 식품안전의 보장", 헌법학연구 22-3.

Ⅲ. 보건에 관한 권리의 내용

(i) 헌법 제36조 제3항이 규정하는 국민의 보건에 관한 권리는 국민이 자신의 건강을 유지하는 데 필요한 국가적 급부와 배려를 요구할 수 있는 권리를 말한다. 국가는 국민의 건강을 소극적으로 침해하여서는 아니 될 의무를 부담한다. 한 걸음 더 나아가 적극적으로 국민의 보건을 위한 정책을 수립하고 시행하여야 할 의무를 부담한다(헌재 1995.4.20. 91헌바11, 특정범죄가중처벌등에관한 법률 제11조 및 마약법 제60조에 대한 헌법소원(합헌)).

(ii) 보건에 관한 권리는 소극적으로는 강제적 불임시술·의학실험과 같은 국가의 건강 침해로부터의 방어권이면서, 적극적으로는 전염병에 대한 예방·관리, 식품유통과정에 대한 관리·감독, 건강보험제도와 같은 의료정책의 실시 등의 적극적 시행을 청구할 수 있는 권리이다.

"우리 헌법 제36조 제3항은 '모든 국민은 보건에 관하여 국가의 보호를 받는다'고 규정하여 국민보건에 관한 보호 의무를 명시하고 있으므로 국가는 국민보건의 양적, 질적 향상을 위한 제반 인적·물적 의료시설을 확충하는 등 높은 수준의 국민보건증진 의료정책을 수립·시행하여야" 한다(헌재 1993.11.25. 92헌마87, 의료기사법시행령 제2조에 대한 헌법소원(기각); 헌재 2004.1.29. 2001헌바30. 약사법 제37조 제4항 제4호 등 위헌소원(합헌)).

이 사건 고시상의 보호조치가 완벽한 것은 아니라 할지라도, 쇠고기 소비자인 국민의 생명·신체의 안전을 보호하기에 전적으로 부적합하거나 매우 부족하여 그 보호의무를 명백히 위반한 것이라고 단정하기는 어렵다(헌재 2008.12.26. 2008헌마419, 미국산 쇠고기 및 쇠고기제품 수입위생조건 위헌확인(각하,기각)).

(iii) 그런데 의무적으로 가입하여야 하는 건강보험제도는 필연적으로 건강보험제도에 가입할 의사가 없는 국민의 행복추구권이나 재산권을 제한하게 되는바, 이에 대하여 헌법재판소는 재산권 등을 침해하지 아니한다고 하였다.

"국민건강보험법이 의무적 가입을 규정하고 임의해지를 금지하면서 보험료를 납부케 하는 것은, 경제적인 약자에게도 기본적인 의료서비스를 제공하기 위한 국가의 사회보장·사회복지의 증진 의무(헌법 제34조 제2항)라는 정당한 공공복리를 효과적으로 달성하기 위한 것이며, 조세가 아닌 보험료를 한 재원으로 하여 사회보험을 추구하기 위한 것이다. 다만 보험료가 과도할 경우 그런 제도의 정당성이 문제되지만, 동법 제62조(보험료) 자체가 과도한 보험료를 정하고 있다거나 그에 대한 근거가 된다고 할 수 없다"(헌재 2001.8.30. 2000헌마668, 국민건강보험법 제5조 등 위헌확인(기각)).

"국가가 국민을 강제로 건강보험에 가입시키고 경제적 능력에 따라 보험료를 납부하도록 하는 것은 행복추구권으로부터 파생하는 일반적 행동의 자유의 하나인 공법상의 단체에 강제로 가입하지 아니할 자유와 정당한 사유 없는 금전의 납부를 강제당하지 않을 재산권에 대한 제한이 되지만, 이러한 제한은 정당한 국가목적을 달성하기 위하여 부득이한 것이고, 가입강제와 보험료의 차등부과로 인하여 달성되는 공익은 그로 인하여 침해되는 사익에 비하여 월등히 크다고 할 수 있으므로, 위의 조항들이 헌법상의 행복추구권이나 재산권을 침해한다고 볼 수 없다"(헌재 2003.10.30. 2000헌마801, 국민건강보험법 제62조 제3항 등 위헌확인(기각)).

직장가입자가 소득월액보험료를 일정 기간 이상 체납한 경우 그 체납한 보험료를 완납할 때까지 국민건강보험공단이 그 가입자 및 피부양자에 대하여 보험급여를 실시하지 아니할 수 있도록 한 규정은 해당 직장가입자의 인간다운 생활을 할 권리 및 재산권을 침해하지 아니한다(헌재 2020.4.23. 2017헌바244, 국민건강보험법 제53조 제3항 제1호 위헌소원(합헌)).

Ⅳ. 보건에 관한 권리의 제한과 한계·침해와 구제

보건에 관한 권리는 헌법 제37조 제2항의 일반원리에 따라 제한이 가능하다. 또한 침해와 구제에 관하여도 기본권침해와 그 구제에 관한 일반원리에 따른다.

제 7 장 청구권적 기본권

제 1 절 청구권적 기본권의 일반이론

Ⅰ. 의 의

청구권적(請求權的) 기본권(基本權)은 기본권보장을 위한 기본권, 권리구제를 위한 기본권, 수익권(受益權) 등 다양하게 표현되는 국민의 권리구제를 위한 기본권이다. 즉, 청구권적 기본권은 국민이 국가에 대하여 적극적으로 특정의 행위를 요구하거나 국가의 보호를 요청하는 주관적 공권이다.

Ⅱ. 청구권적 기본권의 법적 성격

(i) 청구권적 기본권은 반사적 이익이 아니라 기본권을 실현하기 위한 공법상 권리 즉 공권(公權)이다.

(ii) 자유권은 국가로부터의 자유를 의미하는 소극적 권리이지만, 청구권적 기본권은 국가에 대하여 청구하는 적극적 성격을 가진다.

(iii) 자유권은 인간으로서 누리는 전국가적 자연권이지만, 청구권적 기본권은 국가 내적인 실정법상 국민(시민)의 권리이다. 따라서 청구권적 기본권은 그 본질상 헌법적 가치를 가지는 기본권이라기보다는, 헌법에 규정됨으로써 비로소 헌법적 가치를 가지는 기본권이 된다.

(iv) 사회권은 구체적 법률을 통하여 현실적으로 구현될 수 있는 권리이지만, 청구권적 기본권은 헌법의 규정에서 직접적 효력을 가지는 권리이다.

(v) 청구권적 기본권은 그 자체가 실체적 기본권이 아니라 실체적 기본권을 실현하기 위한 절차적 기본권이다. 실체적 기본권인 사회권보다 청구권적 기본권(제26조-제30조)을 앞서 규정하고 있는 현행헌법의 규정 순서는 재고되어야 한다.

Ⅲ. 청구권적 기본권의 효력

(ⅰ) 청구권적 기본권은 헌법에 의하여 권리가 형성되고 법률에 의하여 구체화되며, 모든 국가권력을 구속한다. 청구권적 기본권이 "법률이 정하는 바에 의하여" 보장된다고 하더라도, 그것은 형성적 유보가 아니다. 즉, 기본권으로서의 청구권적 기본권은 헌법에서 보장하고 있는 청구권적 기본권의 개별화·구체화 법률을 입법부에서 정립한다는 의미이다.

(ⅱ) 청구권적 기본권은 원칙적으로 대국가적 효력을 가진다. 청구권적 기본권은 국가에 대한 권리이기 때문에 사인 사이에는 간접적으로 적용되는 경우는 있을 수 있으나 직접적용될 수는 없다.

Ⅳ. 청구권적 기본권의 내용

(ⅰ) 헌법상 청구권적 기본권에는 청원권, 재판청구권, 국가배상청구권, 손실보상청구권, 형사보상청구권, 범죄피해자구조청구권이 있다. 청원권은 사전적 권리구제제도이지만, 나머지는 사후적 권리구제제도이다. 청구권적 기본권은 권리구제에 그 본질이 있으므로 청구권적 기본권에 관한 논의는 기본권침해와 구제(기본권의 보호)에 관한 내용과 중첩되고 서로 연계된다.

(ⅱ) 그러나 실제로 청구권적 기본권 중에서 국가배상청구권·손실보상청구권은 행정상 손해전보제도로서 행정법에서, 재판청구권은 헌법재판소법 및 민사소송법·형사소송법에서 구체화된다. 이에 청구권적 기본권에 관한 구체적인 내용은 헌법구체화법에서 상세히 논술하게 되고, 이하에서는 청구권적 기본권과 관련된 헌법적 문제만을 논의하고자 한다.

(ⅲ) 특히 형사보상청구권은 인신의 구속에 따라 발생한 손해에 대한 결과책임이므로 인신의 안전과 자유와도 직접적으로 연계된다.

제 2 절 청 원 권

Ⅰ. 의 의

(i) 청원권(請願權)이란 국민이 국가기관에 대하여 의견이나 희망을 진술할 수 있는 권리이다. 즉, 청원권은 공권력과의 관계에서 일어나는 여러 가지 이해관계 · 의견 · 희망 등에 관하여 적법한 청원을 한 모든 국민에게 국가기관이 청원을 수리할 뿐만 아니라 심사하여 청원자에게 그 처리결과를 통지할 것을 요구할 수 있는 권리이다(헌재 1994.2.24. 93헌마213등, 종교시설용지 공급처분취소 등(각하)).

(ii) 역사적으로 청원권은 재판제도나 의회제도가 미비된 시대에 개인의 권리구제를 위한 중요한 수단인 동시에 국민의 정치적 의사를 위정자에게 전달하는 수단으로 기능하였다. 그러나 재판제도와 의회제도가 정비됨에 따라 이제 청원권은 국민의 희망을 개진하는 민의전달의 수단이다.[1)]

(iii) "모든 국민은 법률이 정하는 바에 의하여 국가기관에 문서로 청원할 권리를 가진다. 국가는 청원에 대하여 심사할 의무를 진다"(제26조). "정부에 제출 또는 회부된 정부의 정책에 관계되는 청원의 심사"는 국무회의의 필수적 심의사항이다(제89조 제15호). 청원에 관한 일반법으로 청원법이 있고, 그 밖에도 국회법(제123조-제126조), 지방자치법(제85조-제88조), '형의 집행 및 수용자의 처우에 관한 법률'(제117조) 등이 있다.

Ⅱ. 청원권의 법적 성격

청원권의 법적 성격에 관하여는 자유권설, 참정권설, 청구권설, 참정권과 청구권의 이중적 성격설 등이 있다. 생각건대 청원권은 국민이 국가기관에 대하여 의견이나 희망을 자유롭게 진술할 수 있는 권리라는 점에서 자유권적 측면이 있다. 또한 국민이 청원을 통하여 국가의사형성과정에 참여한다는 의미에서 참정권적 측면도 있다. 특히 청원권이 대의민주주의의 문제점을 보완하는 점에서 참정권적 성격을 소홀히 할 수는 없다. 그러나 국민이 국가기관에 대하여 의견이나 희망을

1) 김성배, "청원권의 기원과 청원법의 개선방향", 세계헌법연구 23-3; 박범용, "청원권의 의미와 한계, 그리고 개선방향에 대한 소고", 헌법학연구 30-3.

진술하여 국가가 이를 수리 · 심사 · 처리결과의 통지를 청구할 수 있는 적극적인 권리라는 점에서 청구권적 성격이 청원권의 본질과 가장 부합한다.

Ⅲ. 청원권의 주체와 객체

(i) 헌법상 '국민'이라고 표현되어 있지만, 청원권의 주체는 자연인으로서의 일반국민 및 특수신분관계에 있는 국민뿐만 아니라 외국인 및 법인에게도 널리 인정된다. 다만, 특수신분관계에 있는 국민(예컨대 공무원이나 군인 등)의 경우 자신의 직무와 관련된 청원 및 집단적 청원은 제한될 수 있다.

(ii) 청원권을 행사할 수 있는 대상기관을 헌법은 '국가기관'이라 규정하고 있으나, 청원법에서는 국가기관뿐만 아니라 널리 "지방자치단체와 그 소속기관, 법령에 의하여 행정권한을 가지고 있거나 행정권한을 위임 또는 위탁받은 법인 · 단체 또는 그 기관이나 개인"까지 넓히고 있다(제4조).

Ⅳ. 청원권의 효력

청원권은 대국가적 기본권이지만, 사인 사이에도 간접적으로 효력이 미친다.

헌법은 국가의 청원심사의무(제26조)만 규정하지만, 청원법에서는 국가의 청원 심사 · 처리의무와 결과를 원칙적으로 90일 이내에 통지할 의무(제21조 제2항), 청원을 이유로 하는 차별대우와 불이익처우금지(제26조)를 규정한다. 국회를 상대로 한 청원은 소관위원회에서 처리한다(국회법 제124조). 하지만, 청원에 대한 재결이나 결정의무까지 인정되지는 아니한다.

> "헌법상 보장된 청원권은 공권력과의 관계에서 일어나는 여러 가지 이해관계, 의견, 희망 등에 관하여 적법한 청원을 한 모든 당사자에게 국가기관이 청원을 수리할 뿐만 아니라 이를 심사하여 청원자에게 그 처리결과를 통지할 것을 요구할 수 있는 권리를 말하나, 청원사항의 처리결과에 심판서나 재결서에 준하여 이유를 명시할 것까지를 요구하는 것은 청원권의 보호범위에 포함되지 아니하므로 청원 소관관서는 청원법이 정하는 절차와 범위내에서 청원사항을 성실 · 공정 · 신속히 심사하고 청원인에게 그 청원을 어떻게 처리하였거나 처리하려고 하는지를 알 수 있는 정도로 결과를 통지함으로써 충분하고, 비록 그 처리내용이 청원인이 기대하는 바에 미치지 않는다고 하더라도 헌법소원의 대상이 되는 공권력의 행사 내지 불행사라고는 볼 수 없다"(헌재 1997.7.16. 93헌마239, 청원처리 위헌확인(각하); 헌재 2000.6.1. 2000헌마18, 입법부작위 위헌확인(각하)).

V. 청원권의 내용

1. 청원사항

헌법 제26조 제1항은 청원사항을 입법사항으로 규정한다. 청원법 제5조의 청원사항은 다음과 같다: ① 피해의 구제, ② 공무원의 위법·부당한 행위에 대한 시정이나 징계의 요구, ③ 법률·명령·조례·규칙 등의 제정·개정 또는 폐지, ④ 공공의 제도 또는 시설의 운영, ⑤ 그 밖에 청원기관의 권한에 속하는 사항. "그 밖에 청원기관의 권한에 속하는 사항"이라고 규정하므로 이들 사항은 예시적이다. 따라서 청원기관의 권한에 속하는 사항은 원칙적으로 모두 청원의 대상이 된다.

다만, 1. 국가기밀 또는 공무상 비밀에 관한 사항, 2. 감사·수사·재판·행정심판·조정·중재 등 다른 법령에 의한 조사·불복 또는 구제절차가 진행 중인 사항, 3. 허위의 사실로 타인으로 하여금 형사처분 또는 징계처분을 받게 하는 사항, 4. 허위의 사실로 국가기관 등의 명예를 실추시키는 사항, 5. 사인간의 권리관계 또는 개인의 사생활에 관한 사항, 6. 청원인의 성명, 주소 등이 불분명하거나 청원내용이 불명확한 사항에 해당하는 경우에는 처리를 하지 아니할 수 있다(제6조). 또한 타인을 모해(謀害)할 목적으로 허위의 사실을 적시한 청원을 하여서는 아니된다(제25조).

2. 청원의 방법과 절차

청원은 문서로써 하여야 한다(제26조 제1항). 특히 개정 전 국회법에 의하면 국회와 지방의회에 대한 청원은 국회의원·지방의회의원의 소개(紹介)가 있어야만 가능하였다(국회법 제123조 제1항, 지자법 제73조 제1항). 이에 대하여 헌법재판소도 합헌으로 판시하였다.

국회에 청원을 할 때 의원의 소개를 얻어 청원서를 제출하도록 한 것은 청원권을 침해한다고 볼 수 없다(헌재 2006.6.29. 2005헌마604, 국회법 제123조 제1항 등 위헌확인(기각,합헌)).

"의원이 미리 청원의 내용을 확인하고 이를 소개하도록 함으로써 청원의 남발을 규제하고 심사의 효율을 기하기 위한 것이고, 지방의회 의원 모두가 소개의원이 되기를 거절하였다면 그 청원내용에 찬성하는 의원이 없는 것이므로 지방의회에서 심사하더라도 인용가능성이 전혀 없어 심사의 실익이 없으며, 청원의 소개의원도 1인으로 족한 점을 감안하면 이러한 정도의 제한은 공공복리를 위한 필요·최소한의 것이라고 할 수 있다" (6:3)(헌재 1999.11.25. 97헌마54, 지방자치법 제65조 위헌확인(기각)).

개정된 국회법은 "국회에 청원을 하려는 자는 의원의 소개를 받거나 국회규칙으로 정하는 기간 동안 국회규칙으로 정하는 일정한 수 이상의 국민의 동의를 받아 청원서를 제출하여야 한다"(제123조 제1항)라고 규정하여 국민동의청원 제도를 새로 도입하였다. 국민동의청원을 제출하려면 30일 동안 5만명 이상의 국민 동의를 받아야 한다(국회청원심사 규칙 제2조의2). 또한 청원은 전자문서로도 가능하다(제123조 제2항). 다만, 국회는 청원이 다음 각 호의 어느 하나에 해당하는 경우에는 이를 접수하지 아니한다. 1. 재판에 간섭하는 내용의 청원, 2. 국가기관을 모독하는 내용의 청원, 3. 국가기밀에 관한 내용의 청원(제123조 제4항). 한편 지방의회에 대한 청원은 여전히 지방의회의원의 소개를 받아야만 가능하다(지방자치법 제85조 제1항).

3. 청원의 심사와 처리

(i) "청원기관의 장은 청원서에 부족한 사항이 있다고 판단되는 경우에는 보완사항 및 보완기간을 표시하여 청원인(공동청원의 경우 대표자를 말한다)에게 보완을 요구할 수 있다"(제15조 제1항). "청원기관의 장은 청원사항이 다른 기관 소관인 경우에는 지체 없이 소관 기관에 청원서를 이송하고 이를 청원인(공동청원의 경우 대표자를 말한다)에게 알려야 한다"(제15조 제2항).

(ii) "청원기관의 장은 청원을 접수한 경우에는 지체 없이 청원사항을 성실하고 공정하게 조사하여야 한다"(제18조). "청원기관의 장은 청원을 접수한 때에는 특별한 사유가 없으면 90일 이내(제13조제1항에 따른 공개청원의 공개 여부 결정기간 및 같은 조 제2항에 따른 국민의 의견을 듣는 기간을 제외한다)에 처리결과를 청원인(공동청원의 경우 대표자를 말한다)에게 알려야 한다"(제21조 제2항).

> "청원기관의 장은 부득이한 사유로 제2항에 따른 처리기간에 청원을 처리하기 곤란한 경우에는 60일의 범위에서 한 차례만 처리기간을 연장할 수 있다. 이 경우 그 사유와 처리 예정기한을 지체 없이 청원인(공동청원의 경우 대표자를 말한다)에게 알려야 한다"(제21조 제3항). "청원인은 다음 각 호의 어느 하나에 해당하는 경우로서 공개 부적합 결정 통지를 받은 날 또는 제21조에 따른 처리기간이 경과한 날부터 30일 이내에 청원기관의 장에게 문서로 이의신청을 할 수 있다." 1. 청원기관의 장의 공개 부적합 결정에 대하여 불복하는 경우, 2. 청원기관의 장이 제21조에 따른 처리기간 내에 청원을 처리하지 못한 경우(제22조 제1항). "청원기관의 장은 이의신청을 받은 날부터 15일 이내에 이의신청에 대하여 인용 여부를 결정하고, 그 결과를 청원인(공동청원의 경우 대표자를 말한다)에게 지체 없이 알려야 한다"(제22조 제2항).

(iii) 국회의 "위원회는 청원 심사를 위하여 청원심사소위원회를 둔다." "위원장은 폐회 중이거나 그 밖에 필요한 경우 청원을 바로 청원심사소위원회에 회부하여 심사보고하게 할 수 있다." "청원을 소개한 의원은 소관 위원회 또는 청원

심사소위원회의 요구가 있을 때에는 청원의 취지를 설명하여야 한다"(국회법 제125조). "국회가 채택한 청원으로서 정부에서 처리하는 것이 타당하다고 인정되는 청원은 의견서를 첨부하여 정부에 이송한다." "정부는 제1항의 청원을 처리하고 그 처리 결과를 지체 없이 국회에 보고하여야 한다"(제126조).

Ⅵ. 청원권의 제한과 한계

청원권도 헌법 제37조 제2항에 따라 제한될 수 있다. 청원법에는 특히 청원 처리의 예외(제6조), 반복청원 및 이중청원의 처리(제16조), 모해청원금지(제25조) 등이 규정되어 있다. "청원기관의 장은 동일인이 같은 내용의 청원서를 같은 청원기관에 2건 이상 제출한 반복청원의 경우에는 나중에 제출된 청원서를 반려하거나 종결처리할 수 있고, 종결처리하는 경우 이를 청원인에게 알려야 한다"(제16조 제1항).

> "헌법상 청원권이 보장된다 하더라도 청원권의 구체적 내용은 입법활동에 의하여 형성되며 입법형성에는 폭넓은 재량권이 있으므로 입법자는 수용 목적 달성을 저해하지 않는 범위 내에서 교도소 수용자에게 청원권을 보장하는 합리적인 수단을 선택할 수 있다고 할 것인바, 서신을 통한 수용자의 청원을 아무런 제한 없이 허용한다면 수용자가 이를 악용하여 검열 없이 외부에 서신을 발송하는 탈법수단으로 이용할 수 있게 되므로 이에 대한 검열은 수용 목적 달성을 위한 불가피한 것으로서 청원권의 본질적 내용을 침해한다고 할 수 없다"(헌재 2001.11.29. 99헌마713, 행형법시행령 제62조 등 위헌확인(기각); 헌재 1995.7.21. 92헌마144, 서신검열 등 위헌확인(기각)).
>
> 다원화되고 있는 현대사회에서 국가기관 등의 정책결정 및 집행과정에 로비스트와 같은 중개자나 알선자를 통해 자신의 의견이나 자료를 제출할 수 있도록 허용한다면, 국민은 언제나 이러한 의견 전달 통로를 이용해 국정에 참여할 수 있을 것이므로 국민주권의 상시화가 이루어질 수 있을 것이다. 그러나 금전적 대가를 받는 알선 내지 로비활동을 합법적으로 보장할 것인지 여부는 그 시대 국민의 법 감정이나 사회적 상황에 따라 입법자가 판단할 사항으로, 우리의 역사에서 로비가 공익이 아닌 특정 개인이나 집단의 사익을 추구하는 도구로 이용되었다는 점이나 건전한 정보제공보다는 비합리적인 의사결정을 하게 하여 시민사회의 발전을 저해하는 요소가 되었다는 점을 감안하여 청원권 등의 구체적인 내용 형성에 폭넓은 재량을 가진 입법부가 대가를 받는 로비제도를 인정하지 않고, 공무원의 직무에 속한 사항의 알선에 관하여 금품 등을 수수하는 모든 행위를 형사처벌하고 있다고 하더라도 이것이 청원권이나 일반적 행동자유권을 침해하는 것으로 볼 수 없다(헌재 2005.11.24. 2003헌바108, 특정범죄가중처벌등에관한법률 제3조 위헌소원(합헌)).

Ⅶ. 청원과 옴부즈만제도

1. 옴부즈만제도를 통한 청원

(i) 청원사항을 적극적으로 실현하여 신속하고 효율적으로 국민의 자유와 권리를 구제하기 위한 제도로서 옴부즈민(Ombudsman)제도가 있다.

(ii) 원래 옴부즈만제도는 의회에서 임명된 옴부즈만이 의회의 위임에 따라 정부의 집행작용에 관련된 민원 · 인권침해 · 비리 등을 독립적으로 조사 · 보고하여 그 시정을 권고(勸告)함으로써 국민의 기본권을 보호하는 제도로서 스웨덴에서 발전된 제도이다. 옴부즈만은 독립적으로 정부를 통제하고 국민의 고충(苦衷)을 처리하고 권리를 구제한다.

(iii) 옴부즈만제도는 권리구제의 경제성 · 효율성 · 편의성 등의 장점이 있다. 하지만, 국회나 헌법재판소 · 법원 · 검찰의 권한과 중복될 소지가 있고, 그 권한이 시정(是正)이 아니라 권고(勸告)에 그친다는 한계가 있다.

(iv) 이와 같은 문제점을 극복하기 위하여 옴부즈만의 독립성 · 전문성 · 도덕성 등이 요구된다. 또한 제3의 국가기관이 가지는 한계를 극복하기 위하여 다른 국가기관과의 적극적인 협조체계가 구축되어야 한다.

2. 한국에서 옴부즈만제도의 도입

(i) 2005년에 국민고충처리위원회(國民苦衷處理委員會)가 설치된 바 있다. 그런데 2008년부터 국무총리소속으로 국민권익위원회가 출범하면서 국민고충처리위원회가 담당하던 고충민원, 국가청렴위원회가 담당하던 부패방지, 국무총리실이 담당하던 중앙행정심판 업무를 포괄한다(부패방지 및 국민권익위원회의 설치와 운영에 관한 법률 제11조).

(ii) 앞으로 옴부즈만제도는 독립규제행정위원회와 같은 기구와의 조화를 통하여 작동되어야 할 것이다. 근래 옴부즈만제도보다는 유럽대륙식 각종 위원회가 활성화되어가고 있다.

제 3 절 재판청구권

Ⅰ. 의 의

1. 헌법규정

(ⅰ) 헌법은 제5장 법원 이외에 제6장에서 헌법재판소를 따로 설치하고 있다. 이에 따라 법원의 재판을 받을 권리의 정확한 의미, 재판을 받을 권리가 어떠한 법원의 재판을 받을 권리이며, 그에 따른 법원의 재판에 대한 헌법소원의 인정 여부, 재판의 구체적 내용, 심급제도의 본질 등이 쟁점으로 부각된다.

(ⅱ) 헌법 제27조에서는 재판을 받을 권리에 관하여 규정한다.

> "① 모든 국민은 헌법과 법률이 정한 법관에 의하여 법률에 의한 재판을 받을 권리를 가진다. ② 군인 또는 군무원이 아닌 국민은 대한민국의 영역 안에서는 중대한 군사상 기밀·초병·초소·유독음식물공급·포로·군용물에 관한 죄중 법률이 정한 경우와 비상계엄이 선포된 경우를 제외하고는 군사법원의 재판을 받지 아니한다. ③ 모든 국민은 신속한 재판을 받을 권리를 가진다. 형사피고인은 상당한 이유가 없는 한 지체없이 공개재판을 받을 권리를 가진다. ④ 형사피고인은 유죄의 판결이 확정될 때까지는 무죄로 추정된다. ⑤ 형사피해자는 법률이 정하는 바에 의하여 당해 사건의 재판절차에서 진술할 수 있다."

헌법상 재판청구권(裁判請求權)에 관한 기본적인 조항은 제27조 제1항이다. 헌법 제5장 법원(제101조-제110조) 및 제6장 헌법재판소(제111조-제113조)에 관한 규정이 재판청구권의 보장을 위한 전제규정이라면, 제27조 제2항 내지 제5항·신체의 자유보장을 위한 제12조 및 제13조는 재판청구권을 보장하기 위한 구체적 규정이다. 이에 "헌법과 법률이 정한 법관"에 의하여 "재판을 받을 권리"의 정확한 의미를 이해할 필요가 있다.[1)]

2. 재판청구권의 의의

재판청구권은 국가에 대하여 독립된 법원에 의하여 헌법과 법률이 정한 법관

1) 김진곤, "단심재판의 헌법적 한계", 공법학연구 18-4; 김현귀, 재판청구권의 위헌심사기준-법관에 의한 재판을 받을 권리를 중심으로, 헌법이론과 실무 2020-A-2; 공진성·임기영, 적절한 기간 내에 재판을 받을 권리와 재판지연에 대한 국가책임, 비교헌법연구 2024-B-3.

에 의한 재판을 받을 권리이다. "재판청구권은 재판이라는 국가적 행위를 청구할 수 있는 적극적 측면과 헌법과 법률이 정한 법관이 아닌 자에 의한 재판이나 법률에 의하지 아니한 재판을 받지 아니하는 소극적 측면을 아울러 가지고 있다"(헌재 1998.5.28. 96헌바4, 관세법 제38조 제3항 제2호 위헌소원(합헌)). 즉, "재판청구권은 재판절차를 규율하는 법률과 재판에서 적용될 실체적 법률이 모두 합헌적이어야 한다는 의미에서의 법률에 의한 재판을 받을 권리뿐만 아니라, 비밀재판을 배제하고 일반국민의 감시하에서 심리와 판결을 받음으로써 공정한 재판을 받을 수 있는 권리를 포함"한다(헌재 1996.12.26. 94헌바1, 형사소송법 제221조의2 위헌소원(위헌)).

재판이란 사실확정(事實確定)과 법률의 해석적용(解釋適用)을 본질로 함에 비추어 법관에 의하여 사실적 측면과 법률적 측면의 한 차례의 심리검토의 기회는 적어도 보장되어야 할 것은 물론, 또 그와 같은 기회에 접근하기 어렵도록 제약이나 장벽을 쌓아서는 안 된다 할 것인바, 만일 그러한 보장이 제대로 안 되면 헌법상 재판을 받을 권리의 본질적 침해의 문제가 생길 수 있다(헌재 1992.6.26. 90헌바25, 소액사건심판법 제3조에 대한 헌법소원(합헌)).

증인신문사항의 서면제출을 명하고 이를 이행하지 아니할 경우에 증거결정을 취소할 수 있는 권한의 근거가 되는 형사소송법 제279조(재판장의 소송지휘권) 및 제299조(불필요한 변론 등의 제한)는 헌법상 보장된 무죄추정의 원칙 내지 공정한 재판을 받을 권리를 침해하지 아니한다(헌재 1998.12.24. 94헌바46, 형사소송법 제279조 등 위헌소원(합헌)).

"재판청구권은 권리보호절차의 개설과 개설된 절차에의 접근의 효율성에 관한 절차법적 요청으로서, 권리구제절차 내지 소송절차를 규정하는 절차법에 의하여 구체적으로 형성·실현되며, 또한 이에 의하여 제한"된다(헌재 2002.10.31. 2000헌가12, 음반·비디오물및게임물에관한법률 제24조 제3항 제4호 중 게임물에 관한 규정 부분 위헌제청(합헌)).

"재판청구권은 법적 분쟁의 해결을 가능하게 하는 적어도 한 번의 권리구제절차가 개설될 것을 요청할 뿐 아니라 그를 넘어서 소송절차의 형성에 있어서 실효성 있는 권리보호를 제공하기 위하여 그에 필요한 절차적 요건을 갖출 것을 요구한다. 비록 재판절차가 국민에게 개설되어 있다 하더라도 절차적 규정들에 의하여 법원에의 접근이 합리적인 이유로 정당화될 수 없는 방법으로 어렵게 된다면 재판청구권은 사실상 형해화될 수 있으므로 바로 여기에 입법형성권의 한계가 있다"(헌재 2006.2.23. 2005헌가7등, 교원지위향상을위한특별법 제10조 제3항 위헌제청 등(위헌)).

Ⅱ. 재판청구권의 법적 성격

(i) 재판청구권은 국가에 대하여 기본권을 보장하기 위하여 재판을 청구하는 권리이다. 따라서 재판청구권은 헌법상 보장된 기본권을 실질적으로 보장하기 위한 사법절차상 기본권 또는 소송상 기본권이라는 점에서 보조적·형식적 기본권이라 할 수 있다. 이 재판청구권은 개인이 가지는 주관적 공권이다.

(ii) 하지만, "재판청구권과 같은 절차적 기본권은 원칙적으로 제도적 보장의

성격이 강하기 때문에 자유권적 기본권 등 다른 기본권과 비교하여 볼 때 상대적으로 광범위한 입법형성권이 인정되므로, 절차적 기본권 관련법률에 대한 위헌심사기준은 합리성원칙 내지 자의금지원칙이 적용된다"(헌재 2005.5.26. 2003헌가7, 형사소송법 제312조 제1항 위헌제청(검사작성의 피의자신문조서에 대한 증거능력의 인정요건을 정한 규정)(합헌)).

Ⅲ. 재판청구권의 주체

재판청구권은 자연인인 국민뿐만 아니라 외국인에게도 인정된다. 또한 법인도 내·외국법인 및 법인이 아닌 사법상 결사 모두에게 인정된다(헌재 1991.9.16. 89헌마165, 정기간행물의등록등에관한법률 제16조 제3항 등 헌법소원(합헌)). 국가나 지방자치단체는 원칙적으로 기본권의 주체가 될 수 없기 때문에 헌법소원의 당사자는 될 수 없지만, 재판청구권의 주체가 된다.

Ⅳ. 재판청구권의 효력

재판청구권은 모든 국가권력을 기속한다. 사인 사이에 간접적용된다. "소권(訴權)은 사인의 국가에 대한 공권이므로 당사자의 합의로 국가에 대한 공권을 포기할 수 없다"(대판 1995.9.15. 94누4455). 그러나 부제소(不提訴)의 합의나 불항소(不抗訴)의 합의는 가능하다.

> 교도소장은 수형자가 출정비용을 예납하지 아니하였거나 영치금과의 상계에 동의하지 아니하였다고 하더라도 우선 수형자를 출정(出廷)시키고 사후에 출정비용을 받거나 영치금(領置金)과의 상계(相計)를 통하여 출정비용을 회수하여야 하는 것이지, 이러한 이유로 수형자의 출정을 제한할 수 있는 것은 아니다. 그러므로 청구인이 출정하기 이전에 여비를 납부하지 아니하였거나 출정비용과 영치금과의 상계에 미리 동의하지 아니하였다는 이유로, 행정소송 변론기일에 청구인의 출정을 제한한 행위를 한 것은 형벌의 집행을 위하여 필요한 한도를 벗어나서 청구인의 재판청구권을 과도하게 침해하였다(헌재 2012.3.29. 2010헌마475, 공권력행사 위헌확인(위헌확인)).

V. 재판청구권의 내용

1. "헌법과 법률이 정한 법관에 의한 재판"을 받을 권리

(1) 의 의

(i) 헌법과 법률이 정한 법관이라 함은 ① 헌법 제101조 제3항에 의하여 제정된 법률인 법원조직법 제41조·제42조에 정한 자격이 있는 자로서, ② 헌법 제104조 및 법원조직법 제41조에 정한 절차에 따라서 법원을 구성하기 위하여 임명되었으며, ③ 헌법 제105조·제106조에 의한 임기·정년 및 신분보장이 확보되어 있으며, ④ 헌법 제103조에 따라 헌법과 법률에 의하여 그 양심에 따라 독립하여 심판을 할 수 있는 자이며, ⑤ 법원의 구성과 관할 및 그 사무분배 등에 관한 법률의 규정에 의하여 권한이 있고, ⑥ 제척 기타의 사유에 의하여 법률상 그 재판에 대한 관여가 금지되지 아니한 법관을 말한다.

> "헌법에 의하여 그 신분이 직접적으로 보장되고 있는 법관이 적법절차에 의하지 않고 그 의사에 반하여 해직이 강제된다면 사적으로는 법관 개인의 인간적인 존엄과 가치 및 행복추구권에 심각한 상처를 입게 되겠지만, 공적으로는 사법권독립과 법치주의에 중대한 위협이 될 것이다. … 따라서 특조법 제2조 제1항 제1호의 '차관급 상당 이상의 보수를 받은'에 법관을 포함시키는 것은 위헌이다"(헌재 1992.11.12. 91헌가2, 1980년해직공무원의보상등에관한특별조치법 제2조에 대한 위헌심판(한정위헌)).

(ii) 헌법 제27조 제1항 전단 '헌법과 법률이 정한 법관에 의하여' 재판을 받을 권리라 함은 헌법과 법률이 정한 자격과 절차에 의하여 임명되고, 물적 독립과 인적 독립이 보장된 법관에 의한 재판을 받을 권리를 의미한다(헌재 1993.11.25. 91헌바8, 민사소송법 제473조 제3항 등에 대한 헌법소원(합헌)). 이에 따라 "법관에 의한 재판을 받을 권리를 보장한다고 함은 결국 법관이 사실을 확정하고 법률을 해석·적용하는 재판을 받을 권리를 보장한다는 뜻이다."

> "특허청의 행정심판절차에 의한 심결(審決)이나 보정각하결정(補正却下決定)은 특허청의 행정공무원에 의한 것으로 이를 헌법과 법률이 정한 법관에 의한 사실확정 및 법률적용의 기회를 박탈하는 것으로서 …"(헌재 1995.9.28. 92헌가11등, 특허법 제186조 제1항 등 위헌제청(헌법불합치,잠정적용)).

(iii) "법관에 의한 사실확정과 법률의 해석적용의 기회에 접근하기 어렵도록 제약이나 장벽을 쌓아서는 아니 되며, 만일 그러한 보장이 제대로 이루어지지 아니한다면 헌법상 보장된 재판을 받을 권리의 본질적 내용을 침해"하므로 한국헌법상 허용되지 아니한다.

변호사징계위원회나 법무부징계위원회의 징계에 관한 결정은 법관에 의한 재판이 아니다. 대법원만 변호사징계사건의 심사를 하도록 하는 것은 위헌이다(헌재 2002.2.28. 2001헌가18, 변호사법 제100조 제4항 등 위헌제청(위헌)). 이에 따라 변호사법은 "법무부징계위원회의 결정에 불복하는 징계혐의자는 「행정소송법」으로 정하는 바에 따라 그 통지를 받은 날부터 90일 이내에 행정법원에 소(訴)를 제기할 수 있다"로 개정되었다.

"법무부변호사징계위원회를 사실확정에 관한 한 사실상 최종심으로 기능하게 하고 있으므로, 일체의 법률적 쟁송에 대한 재판기능을 대법원을 최고법원으로 하는 법원에 속하도록 규정하고 있는 헌법 제101조 제1항 및 재판의 전심절차로서 행정심판을 두도록 하는 헌법 제107조 제3항에 위반된다. … 변호사법 제81조 제4항 내지 제6항은 변호사징계사건에 대하여는 법원에 의한 사실심리의 기회를 배제함으로써, 징계처분을 다투는 의사·공인회계사·세무사·건축사 등 다른 전문자격종사자에 비교하여 변호사를 차별대우하고 있는데, 변호사의 자유성·공공성·단체자치성·자율성 등 두드러진 직업적 특성들을 감안하더라도 이러한 차별을 합리화할 정당한 목적이 있다고 할 수 없다"(헌재 2000.6.29. 99헌가9, 변호사법 제81조 제4항 등 위헌제청(위헌)).

"구 법관징계법 제27조는 법관에 대한 대법원장의 징계처분 취소청구소송을 대법원에 의한 단심재판에 의하도록 규정하고 있는바, 이는 독립적으로 사법권을 행사하는 법관이라는 지위의 특수성과 법관에 대한 징계절차의 특수성을 감안하여 재판의 신속을 도모하기 위한 것으로 그 합리성을 인정할 수 있고, 대법원이 법관에 대한 징계처분 취소청구소송을 단심으로 재판하는 경우에는 사실확정도 대법원의 권한에 속하여 법관에 의한 사실확정의 기회가 박탈되었다고 볼 수 없으므로 헌법 제27조 제1항의 재판청구권을 침해하지 아니한다"(헌재 2012.2.23. 2009헌바34, 법관징계법 제2조 제2호 등 위헌소원(합헌)).

(2) 즉결심판(卽決審判)·보호처분·가사심판: 법관에 의한 재판

즉결심판·법원소년부의 보호처분·가정법원의 가사심판·구 사회보호법상 보호처분 등은 헌법과 법률이 정한 법관에 의한 재판이다.

(3) 약식명령·통고처분: 불응 시 정식재판보장

공판 전 간이소송절차인 약식절차·재정범 및 교통범칙자에 대한 통고처분 등도 정식재판의 길이 열려 있으므로 위헌이 아니다. 통고처분은 정식재판절차로 가게 되면 효력을 잃기 때문에 헌법소원의 대상이 아니고, 항고소송의 대상인 처분도 아니다.

"통고처분이라 함은 법원에 의하여 자유형 또는 재산형에 처하는 과벌제도에 갈음하여 행정관청이 법규위반자에게 금전적 제재를 통고하고 이를 이행한 경우에는 당해 위반행위에 대한 소추를 면하게 하는 것을 말한다. … 통고처분은 이와 같이 법관이 아닌 행정공무원에 의한 것이지만 처분을 받은 당사자의 임의의 승복(承服)을 발효요건으로 하고 불응시 정식재판의 절차가 보장되어 있으므로 통고처분에 대하여 행정쟁송을 배제하고 있는 이 사건 법률조항이 법관에 의한 재판받을 권리를 침해한다든가 적법절차의 원칙에 저촉된다고 볼 수 없다"(헌재 1998.5.28. 96헌바4, 관세법 제38조 제3항 제2호 위헌소원(합헌); 헌재 2003.10.30. 2002헌마275, 통고처분취소(기각)).

정식재판 청구기간을 '약식명령의 고지를 받은 날로부터 7일 이내'로 정하고 있는 형사소송법 제453조 제1항 중 피고인에 관한 부분이 합리적인 입법재량의 범위를 벗어나 약식명령 피고인의 재판청구권을 침해한다고 볼 수 없다(헌재 2013.10.24. 2012헌바428, 형사소송법 제453조 제1항 위헌소원(합헌)).

(4) 배심제(陪審制) · 참심제(參審制)

A. 배심제(Jury)

(i) 배심제는 일반시민으로 구성된 배심원단이 직업법관과 독립하여 사실문제에 대한 평결을 내리고, 법관이 그 사실판단에 대한 평결결과에 구속되어 재판하는 제도를 말한다. 배심제는 11세기경 영국에서 시작되었으며, 형사배심의 경우 오늘날 미국 · 캐나다 · 호주 · 러시아 등 50여 국가에서 실시되고 있다.

(ii) 배심제는 국민의 사법참여를 보장함으로써 사법작용에 있어서도 민주주의 원리가 관철되도록 할 뿐 아니라, 법관의 관료화를 억제하고 일반인이 쉽게 납득할 수 있는 재판결과를 기대할 수 있다. 하지만, 상당한 시간과 비용의 투입이 불가피하여 비효율적인 측면이 없지 아니하고, 여론이나 개인적인 선입관 · 편견 등의 영향으로 사실인정을 그르칠 염려가 있다.

B. 참심제(Schöffen)

(i) 참심제는 일반시민인 참심원이 직업법관과 함께 재판부의 일원으로 참여하여 직업법관과 동등한 권한을 가지고 사실문제 및 법률문제를 모두 판단하는 제도를 말한다. 참심제는 13세기경 스웨덴에서 시작되었으며, 오늘날 독일 · 프랑스 · 이탈리아 등 유럽 여러 나라에서 실시되고 있다.

(ii) 참심제는 국민에게 사법과정에 참여할 수 있는 기회를 제공하여 주는 동시에 소송에서 전문적 지식을 갖춘 자를 적극적으로 활용할 수 있는 장점이 있다. 하지만, 일반시민인 참심원이 직업법관과 대등한 지위에서의 소송 관여를 사실상 기대하기 어렵기 때문에 참심원의 역할이 형식적일 가능성이 크다.

C. 현행헌법상 배심제와 참심제의 합헌성 여부

(a) 의 의 　참여민주주의의 활성화와 사법민주화라는 명제 아래, 사법개혁의 일환으로 국민의 사법참여를 위하여 배심제와 참심제의 도입이 논의된다. 그런데 헌법 제27조 제1항은 "모든 국민은 헌법과 법률이 정한 법관에 의하여 법률에 의한 재판을 받을 권리를 가진다"라고 규정한다. 따라서 한국에서는 배심제나 참심제의 도입문제를 둘러싸고 과연 배심재판이나 참심재판이 "헌법과 법률이 정한 법관에 의한 재판"이라 할 수 있는지에 초점이 모아진다.

"형사소송에서 배심원제도를 채택할 것을 우리 헌법이 명시적으로 입법 위임한 바 없을 뿐 아니라 헌법의 해석을 통해서도 입법자에게 그와 같은 입법의무가 인정되는 것으로 볼 수 없다"(헌재 2006.4.27. 2006헌마187, 재판취소 등(기각,각하)).

우리 헌법상 헌법과 법률이 정한 법관에 의한 재판을 받을 권리라 함은 직업법관에 의한 재판을 주된 내용으로 하는 것이므로, '국민참여재판을 받을 권리'는 헌법 제27조 제1항에서 규정한 재판을 받을 권리의 보호범위에 속한다고 볼 수 없다(헌재 2015.7.30. 2014헌바447, 국민의 형사재판 참여에 관한 법률 제5조 제1항 제1호 위헌소원(합헌)).

(b) 학 설 (i) 배심원은 사실판정에만 관여하고 법률판단에는 참여하지 아니하기 때문에 배심제는 합헌인 데 비하여, 참심원은 법률판단까지 하므로 참심제는 위헌이라는 견해가 있다.

(ii) 이에 대하여 직업법관이 아닌 자에 의한 사실판단과 법률판단을 가능하게 하는 배심제와 참심제 모두 국민의 재판을 받을 권리(헌법 제27조), 법관의 신분보장 규정(헌법 제101조 이하) 등 헌법의 여러 규정에 위반된다는 견해도 있다.[1)]

(iii) 반면에 일반시민은 사실인정에만 관여하고 법관은 이에 구속되지 아니하는 형태의 배심제와 참심제가 현행헌법의 틀 안에서도 적극적으로 도입할 수 있다는 견해도 있다.[2)] 그 방식은 "배심제의 원리에 맞는 모델" 또는 "가능한 배심제적 원리를 구현하는 참심제"의 모습이 구현되어야 한다고 본다.[3)]

(c) 사 견 (i) 생각건대 배심원이 사실을 확정한다 하더라도 이는 법관이 주재하는 재판절차에서 법관의 지도에 따라 증거의 가치를 판단하여 사실을 확정하기 때문에 법관에 의한 사실확정의 기회가 전면적으로 박탈당한다고 보기는 어렵다. 따라서 현행헌법에서도 배심제는 배심원의 평결(評決)에 대하여 법관이 수용 여부를 결정하는 한 위헌으로 보기 어렵기 때문에 형사재판을 중심으로 일정한 수준에서 도입이 가능하다.[4)]

(ii) 한편, 법률로써 참심원을 법관으로 인정한다면 문제가 되지 아니할 수 있다. 하지만, 자칫 법관이 아닌 전문가의 참여를 보장하는 참심제의 속성을 상실하게 되어 이미 참심제라고 하기 어렵게 된다. 따라서 현행헌법에서 참심제의 도입은 위헌의 소지가 크다.

1) 양건, "국민의 사법참가", 2000.10.23. 대법원 주최 "국민과 사법" 심포지엄 발표 논문, 115면 이하.

2) 황성기, "한국에서의 참심제와 배심제의 헌법적합성", 법과 사회 26, 123-142면.

3) 안경환 · 한인섭, 배심제와 시민의 사법참여, 집문당, 111면.

4) 권영설, 헌법이론과 헌법담론, 법문사, 563-581면; 김일환, "국민참여재판제도의 헌법합치적인 정비방안", 헌법학연구 18-3; 손상식, 현행 헌법상 국민의 재판참여 가능성, 헌법재판연구원, 2016.

(iii) 다만, 재판에 참여하는 일반시민이 법관에게 사실인정에만 관여한다든가 혹은 양형 등 법률판단에 관한 의견을 제시하되 법관은 이에 구속되지 아니하는 형태의 이른바 **준참심제**는 법률의 뒷받침이 있을 경우 도입할 수 있다. 현행 법원조직법에서는 특허소송에서 '기술심리관'이 심리참여 및 재판합의에서 의견진술권을 인정한다(제54조의2). 문재인 정부 개헌안과 같이 "헌법과 법률이 정한 법관에 의한 재판"을 삭제하고 이를 "헌법과 법률에 따라 법원의 재판"을 받을 권리로 개정하면 배심제와 참심제가 도입될 수 있는 가능성이 열리게 된다.

D. '국민의 형사재판 참여에 관한 법률'의 배심원제도

(a) 배심원의 형사재판참여 (i) "헌법 제27조 제1항의 재판을 받을 권리는 신분이 보장되고 독립된 법관에 의한 재판의 보장을 주된 내용으로 하므로 국민참여재판을 받을 권리는 헌법 제27조 제1항에서 규정하는 재판받을 권리의 보호범위에 속하지 아니한다"(헌재 2016.12.29. 2015헌바63, 법원조직법 제32조 제1항 제3호 위헌소원(합헌)).

(ii) 사법의 민주적 정당성과 신뢰를 높이기 위하여 국민이 형사재판에 참여하는 제도를 시행함에 있어서 참여에 따른 권한과 책임을 명확히 하고, 재판절차의 특례와 그 밖에 필요한 사항에 관하여 규정함을 목적으로 '국민의 형사재판 참여에 관한 법률'이 제정되었다.

(iii) **국민참여재판**(國民參與裁判)이란 배심원이 참여하는 형사재판을 의미하고, **배심원**(陪審員)이란 국민의 형사재판 참여에 관한 법률에 의하여 형사재판에 참여하도록 선정된 사람을 말한다(제2조).

(b) 대상사건 (i) "국민주권주의는 모든 국가권력이 국민의 의사에 기초해야 한다는 의미로(헌재 2016.10.27. 2012헌마121 참조), 사법권의 민주적 정당성을 위한 국민참여재판을 도입한 근거가 되고 있으나, 그렇다고 하여 국민주권주의 이념이 곧 사법권을 포함한 모든 권력을 국민이 직접 행사하여야 하고 이에 따라 모든 사건을 국민참여재판으로 할" 수는 없다. 따라서 "국민참여재판의 대상을 제한하는 심판대상조항이 국민주권주의에 위배될 여지는 없다"(헌재 2016.12.29. 2015헌바63, 법원조직법 제32조 제1항 제3호 위헌소원(합헌)).

(ii) 법원조직법 제32조 제1항(제2호 및 제5호는 제외)에 따른 **합의부 관할 사건**이 원칙적으로 국민참여재판의 대상사건이 된다(제5조 제1항).

법원은 국민참여재판 대상사건의 피고인에 대하여 국민참여재판을 원하는지 여부에 관한 의사를 서면 등의 방법으로 반드시 확인하여야 한다. 이 경우 피고인 의사의 구체적인 확인 방법은 대법원규칙으로 정하되, 피고인의 국민참여재판을 받을 권리가 최대한 보장되도록 하여야 한다(제8조 제1항). 피고인은 **공소장 부본을 송달받은 날부터 7일 이내에**

국민참여재판을 원하는지 여부에 관한 의사가 기재된 서면을 제출하여야 한다(제8조 제2항). 피고인이 제2항의 서면을 제출하지 아니한 때에는 국민참여재판을 원하지 아니하는 것으로 본다(제8조 제3항). 피고인이 국민참여재판을 원하지 아니하거나 제9조 제1항에 따른 배제결정이 있는 경우에는 국민참여재판을 하지 아니한다(제5조 제2항). 국민참여재판에 관하여 변호인이 없는 때에는 법원은 직권으로 변호인을 선정하여야 한다(제7조).

'국민의 형사재판 참여에 관한 법률' 제5조 제1항이 국민참여재판의 대상사건의 범위를 제한하고 있는 것이 헌법에 위반된다고 볼 수 없다(헌재 2009.11.26. 2008헌바12, 국민의 형사재판 참여에 관한 법률 제5조 제1항 등 위헌소원(합헌)).

국민참여재판의 대상사건을 형사사건 중 합의부 관할사건으로 한정한 '국민의 형사재판 참여에 관한 법률'은 피고인에 대한 범죄사실 인정이나 유죄판결을 전제로 하여 불이익을 주는 것이 아니므로 무죄추정의 원칙과 무관하다(헌재 2015.7.30. 2014헌바447, 국민의 형사재판 참여에 관한 법률 제5조 제1항 제1호 위헌소원(합헌)).

국민참여재판으로 진행하는 것이 적절하지 아니하다고 인정되는 경우 법원이 국민참여재판 배제 결정을 할 수 있도록 한 구 '국민의 형사재판 참여에 관한 법률' 규정은 무죄추정원칙에 위배되지 아니한다(헌재 2014.1.28. 2012헌바298, 국민의 형사재판 참여에 관한 법률 제9조 제1항 제3호 등 위헌소원(합헌,각하)).

폭력행위등처벌에관한법률위반(집단·흉기등상해)죄를 국민참여재판 대상에서 제외한 것은 재판을 받을 권리, 국민주권주의에 위반되지 아니한다(헌재 2016.12.29. 2015헌바63, 법원조직법 제32조 제1항 제3호 위헌소원(합헌)).

(iii) 국민참여재판에는 원칙적으로 법정형이 사형·무기징역 또는 무기금고에 해당하는 대상사건인 경우 9인의 배심원이 참여하고, 그 외의 대상사건에는 7인의 배심원이 참여한다. 다만, 법원은 피고인 또는 변호인이 공판준비절차에서 공소사실의 주요내용을 인정한 때에는 5인의 배심원이 참여하게 할 수 있다(제13조).

(c) 배심원의 자격 배심원의 자격은 만 20세 이상의 대한민국 국민 중에서 일정한 결격사유 또는 직업 등에 따른 제외사유가 없는 자이다(제16조, 제17조, 제18조). 정무직 공무원, 선출직 공직자, 법률전문가 등은 자격이 없다.

국민참여재판 배심원의 자격을 만 20세 이상으로 정한 규정은 헌법에 위반되지 아니한다(7:2)(헌재 2021.5.27. 2019헌가19, 국민의 형사재판 참여에 관한 법률 제16조 위헌제청(합헌)).

(d) 배심원의 역할 (i) 배심원은 국민참여재판을 하는 사건에 관하여 사실의 인정, 법령의 적용 및 형의 양정에 관한 의견을 제시할 권한이 있다. 또한 배심원은 법령을 준수하고 독립하여 성실히 직무를 수행하여야 하고 직무상 알게 된 비밀을 누설하거나 재판의 공정을 해하는 행위를 하여서는 아니 되는 의무를 부담한다(제12조).

(ii) 변론이 종결된 후 심리에 관여한 배심원은 재판장의 일정한 설명을 들은 후 유·무죄에 관하여 평의(評議)를 한다. 평의의 결과 전원의 의견이 일치하면 그에 따라 평결(評決)을 한다. 배심원 과반수의 요청이 있으면 심리에 관여한 판

사의 의견을 들을 수 있다. 유·무죄에 관하여 배심원 전원의 의견이 일치하지 아니하는 때에는 평결을 하기 전 심리에 관여한 판사의 의견을 들어야 한다. 이 경우에 유·무죄의 평결은 다수결의 방법으로 한다. 평결이 유죄인 경우 배심원은 심리에 관여한 판사와 함께 양형에 관하여 토의하고 그에 관한 의견을 개진한다. 위와 같은 배심원의 평결과 의견은 법원을 기속하지 아니한다(제46조).

(iii) 재판장은 판결선고 시 피고인에게 배심원의 평결결과를 고지하여야 하며 배심원의 평결결과와 다른 판결을 선고하는 때에는 피고인에게 그 이유를 설명하고 판결서에 기재하여야 한다(제48조 제4항, 제49조 제2항).

배심원이 증인신문 등 사실심리의 전 과정에 함께 참여한 후 증인이 한 진술의 신빙성 등 증거의 취사와 사실의 인정에 관하여 만장일치의 의견으로 내린 무죄의 평결이 재판부의 심증에 부합하여 그대로 채택된 경우라면, 이러한 절차를 거쳐 이루어진 증거의 취사 및 사실의 인정에 관한 제1심의 판단은 실질적 직접심리주의 및 공판중심주의의 취지와 정신에 비추어 항소심에서의 새로운 증거조사를 통하여 그에 명백히 반대되는 충분하고도 납득할 만한 현저한 사정이 나타나지 아니하는 한 한층 더 존중될 필요가 있다(대판 2010.3.25. 2009도14065).

(e) 평 가 (i) 배심원은 사실인정과 양형(量刑) 과정에 모두 참여한다는 점에서 배심제와 구별되고, 배심원의 의견은 권고적(勸告的) 효력만을 가질 뿐이라는 점에서 배심제나 참심제와 구별된다. 또한 평의에서 만장일치의 의견이 있더라도 법관을 구속하지 아니한다. 이와 같은 제도의 설정은 위헌 논의를 불식시키기 위한 불가피한 선택으로 보인다.

(ii) 한편 검찰도 2018년부터 국민적 의혹이 제기되거나 사회적 이목이 집중되는 사건에 대하여 수사의 계속 여부, 공소제기 또는 불기소처분 여부 등을 심의하는 검찰수사심의위원회를 운영한다. 하지만, 이는 법률상의 제도가 아니라 검찰 자체적으로 운영하는 제도이다.

(5) 행정심판: 정식재판청구의 보장

(i) 행정심판 등 행정청이 내리는 각종 재결(裁決)·사전결정·재정(裁定)은 법관이 아닌 자에 의한 준사법적 절차이기 때문에 위헌의 소지가 있었다. 이에 헌법 제107조 제3항에서는 "재판의 전심절차로서 행정심판을 할 수 있다. 행정심판의 절차는 법률로 정하되, 사법절차가 준용(準用)되어야 한다"라고 규정한다. 행정심판 등에 불복하는 당사자에게는 정식재판청구의 길이 열려 있기 때문에 위헌이 아니나. 종래 필수적 행정심판전치주의는 폐지되고 1998년부터 행정심판은 원

칙적으로 임의적인 절차로 바뀌었다. 그런데 개별법률(예, 국가공무원법 제16조, 국세기본법 제56조 제2항, 도로교통법 제142조)에서는 예외적으로 그 업무와 기능의 특수성을 고려하여 행정심판전치주의를 채택한다.

(ⅱ) 행정심판전치주의의 한 형태로 볼 수 있는 국가배상법 제9조의 배상심의 결정전치주의를 대법원은 합헌이라고 판시한 바 있으나, 그 이후 국가배상법이 개정되어 임의적(선택적) 배상전치주의(賠償前置主義)로 바뀌었다.

"국가배상법 제16조 중 '심의회의 배상결정은 신청인이 동의한 때에는 민사소송법의 규정에 의한 재판상의 화해가 성립된 것으로 본다'는 부분은 위헌"이다(헌재 1995.5.25. 91헌가7, 국가배상법 제16조에 관한 위헌심판(위헌); 대판 1990.8.24. 90카72). 재판상 화해는 확정판결과 동일한 효력이 인정되므로 기판력이 발생한다. 그 결과 추가적인 손해배상을 청구하지 못하기 때문에 재판청구권을 침해한다.

행정심판의 대상인 처분 개념을 규정한 행정심판법 제2조 제1호 및 제3조 제1항 중 '처분'에 관한 부분이 행정심판 대상을 한정하고 있더라도, 헌법 제107조 제3항은 행정심판을 임의적 전치제도로 규정함에 그치고 있어 행정심판을 거치지 아니하고 곧 바로 행정소송을 제기할 수 있는 선택권이 보장되어 있으므로 법관에 의하여 재판을 받을 권리를 제한하지는 아니한다(헌재 2014.6.26. 2012헌바333, 대한민국 정부와 홍콩 정부간의 항공업무에 관한 협정 제9조 제2호 위헌소원 등(합헌,각하)).

이의신청 및 심사청구를 거치지 아니하고서는 지방세 부과처분에 대하여 행정소송을 제기할 수 없도록 한 지방세법이, 행정심판에 사법절차를 준용하도록 한 헌법 제107조 제3항 및 재판청구권을 보장하는 헌법 제27조에 위반된다(헌재 2001.6.28. 2000헌바30, 구 지방세법 제74조 제1항 등 위헌소원(위헌,각하)). 이에 따라 지방세법은 임의적 행정심판전치주의로 개정되었다.

국세정보통신망에 저장하는 방법에 의한 전자송달의 효력발생시점을 송달할 서류가 국세정보통신망에 저장된 때로 정한 국세기본법은 재판청구권과 적법절차원칙에 위반되지 아니한다(헌재 2017.10.26. 2016헌가19, 국세기본법 제12조 제1항 단서 위헌제청(합헌)).

(6) 군사재판: 헌법상 제도

위헌의 논란이 있을 수 있는 군사법원에 대하여 헌법은 제110조 제3항에서 "군사법원의 조직·권한 및 재판관의 자격은 법률로 정한다"라고 하여 예외법원인 군사법원의 헌법상 근거를 명시하고, 제27조 제2항은 군사법원의 관할사항을 명시하고 있다. 군사법원의 상고심은 원칙적으로 대법원이다(제110조 제2항).

(7) 검사의 기소유예처분·불기소처분

(ⅰ) 검사의 기소유예처분이나 불기소처분이 검사의 자의(恣意)에 의한 경우에는 법관에 의한 재판을 받을 권리를 침해할 수 있다.

(ⅱ) 헌법재판소는 검사의 자의적인 불기소처분의 경우 고소인의 재판절차진술권과 평등권을 침해한다고 판시하고 있으나, 고발인의 헌법소원 청구인적격은 부인한다.

"모든 국민의 법 앞에서의 평등(제11조 제1항), 형사피해자의 재판절차에서의 진술권(제27조 제5항), 범죄피해국민의 구조청구권(제30조) 등을 보장하고 있는 헌법정신과, 검사의 불편부당한 공소권행사에 대한 국민적 신뢰를 기본적 전제로 하는 기소편의주의제도 자체의 취지와 목적에 비추어 보면, 형사소송법 제247조 제1항에서 규정하는 검사의 소추재량권은 그 운용에 있어 자의가 허용되는 무제한의 재량이 아니라 그 스스로 내재적인 한계를 가지는 합목적적 자유재량으로 이해함이 마땅하고, 기소편의주의 혹은 소추재량권의 내재적 제약은 바로 형법 제51조에 집약되어 있는 것으로 판단되며, 따라서 형법 제51조에 규정된 사항들이나 이러한 사항들과 동등하게 평가될 만한 사항 이외의 사항에 기한 검사의 기소유예처분은 소추재량권의 내재적 한계를 넘는 자의적 처분으로서 정의와 형평에 반하고 헌법상 인정되는 국가의 평등보호의무에 위반된다"(헌재 1995.1.20. 94헌마246, 불기소처분취소(기각,각하)).

(iii) 하지만, 형사소송법에서 재정신청(裁定申請)의 대상을 모든 범죄로 확대함에 따라 검사의 불기소처분에 대한 헌법소원은 대폭 축소되고 있다(제2편 제5장 제3절 Ⅲ. 5.).

2. "법률에 의한" 재판을 받을 권리

(i) 헌법 제27조 제1항 후단의 "법률에 의한 재판"을 받을 권리라 함은 법관에 의한 재판은 받되 법대로의 재판 즉 절차법이 정한 절차에 따라 실체법이 정한 내용대로 재판을 받을 권리를 보장하자는 취지이다. 이는 재판에 있어서 법관이 법대로가 아닌 자의와 전단에 의한 판단을 배제한다(헌재 1993.11.25. 91헌바8, 민사소송법 제473조 제3항 등에 대한 헌법소원(합헌)). 이러한 절차법과 실체법은 모두 합헌적이어야 하며(헌재 1998.12.24. 94헌바46, 형사소송법 제279조 등 위헌소원(합헌)), 특히 "형사재판에 있어서는 적어도 그 기본원리인 죄형법정주의와 적법절차주의에 위배되지 않는 실체법과 절차법에 따라 규율되는 재판이라야 '법률에 의한 재판'이라고 할 수 있다"(헌재 1993.7.29. 90헌바35, 반국가행위자의처벌에관한특별조치법 제5조 등 위헌소원(상소권회복청구소송)(위헌,각하); 헌재 2002.10.31. 2001헌바40, 도로교통법 제101조의3 위헌소원(합헌)).

입법자에게 민사소송절차를 형성함에 있어 상대적으로 넓은 입법형성권이 인정된다는 전제 아래, 소송당사자가 전자소송 진행에 대한 동의를 하여야 전자적 송달제도가 사용되는 점, 현대사회에서는 컴퓨터와 휴대전화의 이용이 보편화되었다는 점, 전자송달 간주 조항을 두지 않을 경우 소송당사자의 의지에 따라 재판이 지연될 우려가 있다는 점, 민소전자문서법 등은 소송당사자가 전자적 송달을 받을 수 없는 경우에 대한 규정을 충분히 마련하고 있다는 점 등을 근거로 전자송달 간주는 합헌이다(헌재 2024.7.18. 2022헌바4, 민사소송법 제268조 제2항 등 위헌소원(합헌,각하)).

(ii) 그러나 그 밖에 민사·행정재판 등에 있어서는 형식적 의미의 법률뿐만 아니라 일체의 성문법 및 불문법을 포괄하는 의미이다.

3. '재판'을 받을 권리

(1) 의 의

재판을 받을 권리란 법률적 분쟁의 당사자가 독립된 국가기관인 법원의 판단을 청구할 수 있는 권리를 의미하며 헌법재판·민사재판·형사재판·행정재판 등 각종 재판을 받을 권리를 포함한다. 그것은 적극적으로는 재판청구권, 소극적으로는 헌법과 법률이 정한 재판 이외의 재판을 받지 아니할 권리이다. 따라서 예컨대 민사소송 등에서 지나치게 고액의 인지대의 첩부(貼付) 요구도 위헌이다.

항고소송의 대상인 처분 개념을 규정한 행정소송법 제2조 제1항 제1호 중 "행정청이 행하는 구체적 사실에 관한 법집행으로서의 공권력의 행사 또는 그 거부와 그 밖에 이에 준하는 행정작용" 부분은 국민의 재판을 받을 권리를 침해하지 아니한다(헌재 2009.4.30. 2006헌바66, 행정소송법 제2조 제1항 제1호 등 위헌소원(합헌)).

민사소송등인지법 제3조는 무자력자의 재판청구권을 침해하거나 불합리하게 차별하는 규정이 아니다(헌재 1994.2.24. 93헌바10(합헌))(헌재 2001.2.22. 99헌바74, 민사소송법 제118조 제1항 단서 위헌소원 등: 패소할 것이 명백한 경우 소송구조의 거부(합헌)).

친생자관계 존부 확인의 소의 확정판결에 기초하여 형성된 사법적 관계들의 법적 불안 상태를 막을 필요성이 없거나 적다고 볼 수 없으므로, 친생자관계 존부 확인의 소의 확정판결에 대하여도 재심의 사유를 안 날로부터 30일 내에 재심을 제기하도록 하고 판결확정 후 5년이 지난 때에는 재심을 제기할 수 없도록 한 심판대상조항이 재판청구권을 침해하지 아니한다(헌재 2018.12.27. 2017헌바472, 구 민사소송법 제426조 위헌소원(합헌)).

교도소장이 출정비용납부거부 또는 상계동의거부를 이유로 행정소송 변론기일에 출정을 제한한 행위는 재판청구권을 침해한다(헌재 2012.3.29. 2010헌마475, 공권력행사 위헌확인(인용(위헌확인))).

(2) 헌법재판을 받을 권리

모든 국민은 헌법 제111조에 의하여 위헌법률심판제청, 헌법소원심판을 법원이나 헌법재판소에 청구할 수 있다.

헌법 제27조가 보장하는 재판청구권에는 공정한 헌법재판을 받을 권리도 포함되고, 헌법 제111조 제2항은 헌법재판소가 9인의 재판관으로 구성된다고 명시하여 다양한 가치관과 헌법관을 가진 9인의 재판관으로 구성된 합의체가 헌법재판을 담당하도록 하고 있으며, 같은 조 제3항은 재판관 중 3인은 국회에서 선출하는 자를 임명한다고 규정하고 있다. 그렇다면 헌법 제27조, 제111조 제2항 및 제3항의 해석상, 국회는 공정한 헌법재판을 받을 권리의 보장을 위하여 공석인 재판관의 후임자를 선출하여야 할 구체적 작위의무를 부담한다(헌재 2014.4.24. 2012헌마2, 퇴임재판관 후임자선출 부작위 위헌확인(각하)).

재판청구권은 사실관계와 법률관계에 관하여 최소한 한 번의 재판을 받을 기회가 제공될 것을 국가에게 요구할 수 있는 절차적 기본권을 뜻하므로 기본권의 침해에 대한 구제절차가 반드시 헌법소원의 형태로 독립된 헌법재판기관에 의하여 이루어질 것만을 요구하지는 않는다. 법원의 재판은 법률상 권리의 구제절차이자 동시에 기본권의 구제절차를 의미하므로, 법원의 재판에 의한 기본권의 보호는 이미 기본권의 영역에서의 재판청구권을 충족시키고 있기 때문이다(헌재 1997.12.24. 96헌마172등, 헌법재판소법 제68조 제1항 위헌확인 등(한정위헌,인용(취소))).

(3) 대법원의 재판을 받을 권리

A. 재판청구권과 상고제한(上告制限)

(i) 헌법재판소는 모든 사건에 대법원의 재판을 받을 권리가 보장되지는 아니한다고 판시한다. 이에 따라 소액사건심판법(少額事件審判法) 제3조의 상고제한에 대하여 헌법재판소는 재판청구권의 개념정의를 제시하면서 이를 합헌이라고 일관되게 판시한다.

"'헌법과 법률이 정한 법관에 의하여' 재판을 받을 권리라 함은 생각건대 헌법과 법률이 정한 자격과 절차에 의하여 임명되고(헌법 제104조, 법원조직법 제41조 내지 43조), 물적 독립(헌법 제103조)과 인적 독립(헌법 제106조, 법원조직법 제46조)이 보장된 법관에 의한 재판을 받을 권리를 의미하는 것이라 봄이 상당할 것이고, 대법원을 구성하는 법관에 의한 재판을 받을 권리이거나 더구나 사건의 경중을 가리지 않고 모든 사건에 대하여 대법원을 구성하는 법관에 의한 재판을 받을 권리라고는 보여지지 않는다. … 대저 재판이란 사실확정과 법률의 해석적용을 본질로 함에 비추어 법관에 의하여 사실적 측면과 법률적 측면의 한 차례의 심리검토의 기회는 적어도 보장되어야 할 것이며, 또 그와 같은 기회에 접근하기 어렵도록 제약이나 장벽을 쌓아서는 안된다고 할 것으로, 만일 그러한 보장이 제대로 안되면 재판을 받을 권리의 본질적 침해의 문제가 생길 수 있다"(헌재 1992.6.26. 90헌바25, 소액사건심판법 제3조에 대한 헌법소원(합헌); 동지: 헌재 1995.1.20. 90헌바1, 구 소송촉진등에관한특례법 제11조 및 제12조의 위헌여부에 관한 헌법소원(합헌); 헌재 2011.6.30. 2010헌바395, 소액사건심판법 제3조 위헌소원(합헌); 헌재 2009.2.28. 2007헌마1433, 소액사건심판법 제2조 등 위헌확인(기각); 헌재 2005.3.31. 2004헌마933; 헌재 2001.9.27. 2000헌바93; 헌재 1995.10.26. 94헌바28; 헌재 1992.6.26. 90헌바25).

① 법정이율을 연 5%로 정한 민법 제379조, 법정이율을 연 6%로 정한 상법 제54조, 금전채무의 이행을 명하는 판결에 적용되는 법정이율에 관하여 규정한 '소송촉진 등에 관한 특례법' 제3조 제1항 본무, 제2항이 헌법에 위배되지 아니하고, ② 금전채무의 이행을 명하는 판결에 적용되는 법정이율을 연 15%로 정한 구 '소송촉진 등에 관한 특례법 제3조 제1항 본문의 법정이율에 관한 규정'과 연 12%로 정한 '소송촉진 등에 관한 특례법 제3조 제1항 본문의 법정이율에 관한 규정'에 대한 심판청구는 부적법하여 각하한다 (7:1)(헌재 2025.3.27. 2021헌바278등, 소송촉진 등에 관한 특례법 제3조 등 위헌소원(합헌,각하)). [반대의견(1인)] 법정이율과 시장이율의 격차가 지나치게 커지면 채권자와 채무자 사이의 경제적 형평성을 해치게 되어 부당한 결과가 초래된다. 이로 인한 손해는 법정이율 고정제를 유지함으로써 얻을 수 있는 공익을 훨씬 상회할 것으로 보인다. 따라서 민법 제379조와 상법 제54조는 법익의 균형성이 인정되지 않는다. 민법 제379조와 상법 제54조가 과잉금지원칙에 위배되어 헌법에 위반된다. [해설] 금전채무의 이행을 구하는 민사소송에서 통상적으로 문제되는 법정이율 관련 법률조항들에 대하여 민법 제379조에 대해서는 합헌으로 결정한 선례(헌재 2017.5.25. 2015헌바421)가 있으나, 상법 제54조와 현행 소송촉진법 제3조 제1항 본문, 제2항에 대해서는 처음으로 위헌여부에 대한 판단을 한 것이다. 이율에 관한 표준 규범 정립이라는 법정이율의 입법목적

과 법적 안정성 등을 고려할 때 민법 제379조와 상법 제54조가 과잉금지원칙에 반한다고 볼 수 없고, 소송지연과 상소권 남용 방지, 사실심 판결 선고 후 채무의 신속한 이행 확보라는 입법목적, 위임의 상한과 하한이 명확하게 정해져 있는 점 등에 비추어 소송촉진법 제3조 제1항 본문이 과잉금지원칙, 평등원칙, 포괄위임금지원칙에 반한다고 볼 수 없으며, 소송촉진법 제3조 제2항도 대법원의 해석 기준에 따라 사안별로 합리적인 해석이 가능하므로 명확성원칙에 반한다고 볼 수 없다고 보았다. 다만, 대통령령인 소송촉진이율규정에 대하여는 헌법재판소법 제68조 제2항 헌법소원의 대상이 되지 않는다는 이유로 각하 결정을 하였다.

(ii) 이는 종래의 "모든 사건에 대해 획일적으로 상소할 수 있게 하느냐 않느냐는 특단의 사정이 없는 한 입법정책의 문제"라고 본 대법원 판례를 그대로 답습한 판례이다(대판 1976.11.9. 76도3076; 대판 1989.10.24. 89카55). 한편, 구 소송촉진등에관한특례법의 상고허가제에 관하여 위헌논의가 불식되지 아니하여 1990년에 동 법률의 개정으로 상고허가제는 사실상 폐지된 바 있다. 그런데 1994년에 대법원은 다시금 '상고심절차에 관한 특례법'을 통하여 상고심리불속행제도(上告審理不續行制度)를 도입하였다.

대법원은 상고이유에 관한 주장이 다음 각 호의 어느 하나의 사유를 포함하지 아니한다고 인정하면 더 나아가 심리를 하지 아니하고 판결로 상고를 기각한다: 1. 원심판결이 헌법에 위반되거나 헌법을 부당하게 해석한 경우, 2. 원심판결이 명령·규칙 또는 처분의 법률위반 여부에 대하여 부당하게 판단한 경우, 3. 원심판결이 법률·명령·규칙 또는 처분에 대하여 대법원판례와 상반되게 해석한 경우, 4. 법률·명령·규칙 또는 처분에 대한 해석에 관하여 대법원판례가 없거나 대법원판례를 변경할 필요가 있는 경우, 5. 제1호부터 제4호까지의 규정 외에 중대한 법령위반에 관한 사항이 있는 경우, 6. 민사소송법 제424조 제1항 제1호부터 제5호까지에 규정된 사유가 있는 경우(상고심절차에 관한 특례법 제4조 제1항).

상고심 심리불속행제도에 의하여 상고이유에 관한 주장이 법정사유를 포함하지 아니한다고 인정할 경우 대법원은 더 이상 심리를 하지 아니하고 판결로 상고를 기각한다. 이러한 판결에는 판결이유를 적지 아니할 수 있으며, 선고할 필요도 없이 상고인에게 송달됨으로써 그 효력이 생긴다. 그러나 상고심리불속행제도는 상고허가제의 위헌성을 피하면서 사실상 상고허가제를 도입한 변형적인 입법에 불과하다는 비판을 받는다. 하지만, 헌법재판소는 이를 합헌이라고 판시한다.

"심급제도는 사법에 의한 권리보호에 관한 한정된 법발견 자원의 합리적인 분배의 문제인 동시에 재판의 적정과 신속이라는 서로 상반되는 두 가지의 요청을 어떻게 조화시키느냐의 문제로 돌아가므로 원칙적으로 입법자의 형성의 자유에 속하는 사항이다. 그러므로 상고심절차에관한특례법 제4조 제1항 및 제3항과 제5조 제1항 및 제2항은 … 대법원의 최고법원성을 존중하면서 민사, 가사, 행정 등 소송사건에 있어서 상고심재판을 받을 수 있는 객관적인 기준을 정함에 있어 개별적 사건에서의 권리구제보다 법령해석의 통일을 더 우위에 둔 규정으로서 그 합리성이 있다고 할 것이므로 헌법에 위반되지 아니한다"(헌재 1997.10.30. 97헌바37등, 상고심절차에관한특례법 제4조 위헌소원 등(합헌); 헌재 2001.2.22. 99헌마461등, 헌법재판소법 제68조 제1항 위헌확인 등(기각,각하); 헌재 2005.9.29. 2005헌마567, 상고심절차에관한특례법 제4조 등 위헌확인(기각); 헌재 2007.7.26. 2006헌마551등, 상고심절차에 관한 특례법 제4조 등 위헌확인 등(기각); 대판 1995.7.14. 95카기41).

"상고심 심리불속행 판결의 경우 이유를 붙이지 아니할 수 있도록 한 것은 사건의 보다 신속한 처리를 위한 것이고 판결의 이유는 하급심판결에서 사실상 모두 설명된 것이어서 재판청구권 등 기본권을 침해하시 아니한다"(헌재 2005.9.29. 2005헌마567, 상고심절차에관한특례법 제4조 등 위헌확인(기각); 헌재 1996.2.29. 92헌바8(합헌): 민사소송법 제361조의 소송비용에 대한 독립적 상소금지는 합헌)(헌재 2009.4.30. 2007헌마589, 민법 제766조 제1항 위헌확인 등(기각,각하))(헌재 2012.5.31. 2010헌마625, 2011헌마393·399·754, 상고심절차에 관한 특례법 제4조 제1항 등, 위헌확인 등(각하,기각)).

B. 비상계엄하의 단심제(單審制)

헌법 제110조 제4항에서는 "비상계엄하의 군사재판은 군인·군무원의 범죄나 군사에 관한 간첩죄의 경우와 초병·초소·유독음식물공급·포로에 관한 죄중 법률이 정한 경우에 한하여 단심으로 할 수 있다"라고 하여 군사법원에 의한 예외적 단심제를 규정한다. 이처럼 비록 헌법상 단심제가 규정되어 있다 하여도 제도 자체는 대법원의 상고를 제한하고 있으므로 국민의 재판청구권에 대한 중대한 제한이다. "다만, 사형을 선고한 경우에는 그러하지 아니하다"(제110조 제4항 단서).

(4) 군사법원의 재판을 받지 아니할 권리

일반국민은 원칙적으로 군사법원의 재판을 받지 아니할 권리가 있다. 즉 "군인 또는 군무원이 아닌 국민은 대한민국의 영역 안에서는 중대한 군사상 기밀·초병·초소·유독음식물공급·포로·군용물에 관한 죄 중 법률이 정한 경우와 비상계엄이 선포된 경우를 제외하고는 군사법원의 재판을 받지 아니한다"(제27조 제2항).

"헌법이 군사법원을 특별법원으로 설치하도록 허용하되 대법원을 군사재판의 최종심으로 하고 있고, 구 군사법원법 제21조 제1항은 재판관의 재판상의 독립을, 같은 조 제2항은 재판관의 신분을 보장하고 있으며, 또한 같은 법 제22조 제3항, 제23조 제1항에 의하면 군사법원의 재판관은 반드시 일반법원의 법관과 동등한 자격을 가진 군판사를 포함시켜 구성하도록 하고 있는바, 이러한 사정을 감안하면 구 군사법원법 제6조가 일반법원과 따로 군사법원을 군부대 등에 설치하도록 하였다는 사유만으로 헌법이 허용한 특별법원으로서 군사법원의 한계를 일탈하여 사법권의 독립을 침해하고 위임입법의 한계를 일탈하거나 헌법 제27조 제1항의 재판청구권, 헌법 제11조의 평등권을 본질적으로 침해한 것이라고 할 수 없고, 또한 같은 법 제7조, 제23조, 제24조, 제25조가 일반법원의 조직이나 재판부구성 및 법관의 자격과 달리 군사법원에 관할관을 두고 군검찰관에 대한 임명, 지휘, 감독권을 가지고 있는 관할관이 심판관의 임명권 및 재판관의 지정권을 가지며 심판관은 일반장교 중에서 임명할 수 있도록 규정하였다고 하여 바로 위 조항들 자체가 군사법원의 헌법적 한계를 일탈하여 사법권의 독립과 재판의 독립을 침해하고 죄형법정주의에 반하거나 인간의 존엄과 가치, 행복추구권, 평등권, 신체의 자유, 정당한 재판을 받을 권리 및 정신적 자유를 본질적으로 침해하는 것이라고 할 수 없다"(헌재 1996.10.31. 93헌바25, 군사법원법 제6조 등 위헌소원(군사법원의 군부대설치 및 관할관제도)(합헌)).

또한 대법원은 비상계엄해제 후에도 대통령이 필요하다고 인정할 때에는 군사법원의 재판권을 1월 이내에 한하여 연기할 수 있다고 규정하고 있는 계엄법 제12조는 합헌이라고 판시한다(대판 1985.5.28. 81도1045).

"헌법 개정의 취지, 군사법원의 재판권 범위에 대한 엄격해석의 필요성 등을 종합하면, 현행 헌법 제27조 제2항의 '군용물'은 '군사시설'을 포함하지 아니하는 것으로 해석함이 상당하다. 따라서 구 군사법원법 제2조 제1항 제1호 중 '구 군형법 제1조 제4항 제4호' 가운데 '구 군형법 제69조 중 전투용에 공하는 시설의 손괴죄를 범한 내국인에 대하여 적용되는 부분'은 헌법 제27조 제2항에 위반되어 군인 또는 군무원이 아닌 일반 국민의 헌법과 법률이 정한 법관에 의한 재판을 받을 권리를 침해한다"(헌재 2013.11.28. 2012헌가10, 군사법원법 제2조 제1항 제1호 등 위헌제청(위헌)).

군사법원이 군사법원법에 의하여 특정 군사범죄를 범한 일반 국민에 대하여 신분적 재판권을 가지더라도 이는 어디까지나 해당 특정 군사범죄에 한하는 것이지 이전 또는 이후에 범한 다른 일반 범죄에 대하여서까지 재판권을 가지는 것은 아니다. 따라서 일반 국민이 범한 수 개의 죄 가운데 특정 군사범죄와 그 밖의 일반 범죄가 형법 제37조 전단의 경합범 관계에 있다고 보아 하나의 사건으로 기소된 경우, 특정 군사범죄에 대하여는 군사법원이 전속적인 재판권을 가지므로 일반 법원은 이에 대하여 재판권을 행사할 수 없다. 반대로 그 밖의 일반 범죄에 대하여 군사법원이 재판권을 행사하는 것도 허용될 수 없다. 이 경우 어느 한 법원에서 기소된 모든 범죄에 대하여 재판권을 행사한다면 재판권이 없는 법원이 아무런 법적 근거 없이 임의로 재판권을 창설하여 재판권이 없는 범죄에 대한 재판을 하는 것이 되므로, 결국 기소된 사건 전부에 대하여 재판권을 가지지 아니한 일반 법원이나 군사법원은 사건 전부를 심판할 수 없다(대결(전합) 2016.6.16. 2016초기318).

4. "공정하고 신속한 공개재판"을 받을 권리

"모든 국민은 신속한 재판을 받을 권리를 가진다. 형사피고인은 상당한 이유가 없는 한 지체없이 공개재판을 받을 권리를 가진다"(제27조 제3항).

(1) 공정(公正)한 재판

(i) 현행헌법에 "공정한 재판"에 관한 명문의 규정은 없지만 재판청구권이 국민에게 효율적인 권리보호를 제공하기 위하여 법원의 재판은 당연히 공정하여야 하므로 '공정한 재판을 받을 권리'는 헌법 제27조의 재판청구권에 의하여 함께 보장된다고 보아야 한다. 하지만, 형사재판절차에서 소송비용을 피고인이 부담하도록 하여도 헌법에 위반되지 아니한다.

"헌법 제27조가 보장하고 있는 공정한 재판을 받을 권리 속에는 신속하고 공개된 법정의 법관의 면전에서 모든 증거자료가 조사·진술되고 이에 대하여 피고인이 공격·방어할 수 있는 기회가 보장되는 재판, 즉 원칙적으로 당사자주의와 구두변론주의가 보장되어 당사자가 공소사실에 대한 답변과 입증 및 반증하는 등 공격·방어권이 충분히 보장되는 재판을 받을 권리가 포함되어 있다"(헌재 1996.12.26. 94헌바1, 형사소송법 제221조의2 위헌소원(공판기일전 증인신문제도의 위헌성)(위헌); 헌재 2006.7.27. 2005헌바58, 형사소송법 제20조 제1항 등 위헌소원(합헌)).

형사재판절차에서 법원이 형의 선고를 하는 때에 피고인에게 소송비용의 전부 또는 일부를 부담하도록 한 법률조항이 피고인의 방어권 행사의 남용을 방지함으로써 사법절차의 적정을 도모할 수 있고, 피고인이 부담하는 소송비용의 범위가 제한적이며, 경제적 사정을 고려하여 정하도록 되어 있고, 추후 빈곤을 이유로 집행면제를 받을 수 있는 점 등을 고려할 때 재판청구권을 침해하지 아니한다(헌재 2021.2.25. 2018헌바224, 형사소송법 제186조 제1항 등 위헌소원(합헌)).

(ii) 헌법재판소는 획일적인 궐석재판의 허용(헌재 1998.7.16. 97헌바22, 소송촉진에관한특례법 제23조 위헌소원(위헌)), 미결수용자가 수감되어 있는 동안 수사 또는 재판을 받을 때에도 사복(私服)을 입지 못하게 하고 재소자용 의류의 착용 강제(헌재 1999.5.27. 98헌마5등, 재소자의 수의착용처분 위헌확인(인용(위헌확인),기각)), 검사가 증인으로 수감된 자의 매일 소환(헌재 2001.8.30. 99헌마496, 검찰공권력남용 위헌확인(인용(위헌확인),기각)), 형사재판에 피고인으로 출석하는 수형자에 대하여 사복착용의 불허(헌재 2015.12.23. 2013헌마712, 형의 집행 및 수용자의 처우에 관한 법률 제82조 위헌확인(헌법불합치,잠정적용,기각))는 공정한 재판을 받을 권리를 침해한다고 판시한다.

그러나 구속기간의 제한(헌재 2001.6.28. 99헌가14, 형사소송법 제92조 제1항 위헌제청(합헌)), 약식절차에서 피고인이 정식재판을 청구한 경우 약식명령보다 더 중한 형의 선고 불허(헌재 2005.3.31. 2004헌가27등, 형사소송법 제457조의2 위헌제청 등(합헌)), 검사가 작성한 피의자신문조서에 대한 증거능력의 인정요건 명시(헌재 2005.5.26. 2003헌가7, 형사소송법 제312조 제1항 위헌제청(합헌)), 원진술자가 외국거주로 인하여 진술할 수 없는 때에는 예외적으로 전문증거(傳聞證據)의 증거능력 인정(헌재 2005.12.22. 2004헌바45, 형사소송법 제314조 위헌확인(합헌)), 소송을 지연시키는 목적이 명백한 기피신청 기각(헌재 2006.7.27. 2005헌바58, 형사소송법 제20조 제1항 등 위헌소원(합헌); 헌재 2008.6.26. 2007헌바28등, 민사소송법 제45조 제1항 등 위헌소원 등(합헌); 헌재 2009.12.29. 2008헌바124, 형사소송법 제20조 제1항 등 위헌소원(합헌)), 항소심 법원이 필요적 변호를 규정하는 형사소송법 규정에 위반한 원심판결을 파기한 후 자판(自判)(헌재 2010.2.25. 2008헌바67, 형사소송법 제366조 위헌소원(합헌)), 형사소송절차에서 특정범죄에 관한 범죄신고자 등이나 그 친족 등이 보복을 당할 우려가 있는 경우 증인의 인적사항을 비공개하도록 하고 피고인을 퇴정시키고 변호인만 재정한 상태에서 증인신문(헌재 2010.11.25. 2009헌바57, 특정범죄신고자 등 보호법 제11조 제2항 등 위헌소원(합헌)), 증거신청에 대하여 법원의 재량에 의한 증거채택 여부의 결정(헌재 2012.5.31. 2010헌바403, 형사소송법 제295조 등 위헌소원(각하,합헌)), 형사재판절차에서 증인이 피고인의 면전에서 충분한 진술을 할 수 없다고 재판장이 인정한 경우에 피고인을 퇴정시키고 증인의 진술 허용(헌재 2012.7.26. 2010헌바62, 형사소송법 제297조 제1항 위헌소원(합헌)), 민사소송의 당사자가 법관에 대하여 기피신청을 한 경우 당해 법관의 소속 법원 합의부에서의 기피재판(헌재 2013.3.21. 2011헌바219, 민사소송법 제46조 제1항 위헌소원(합헌)), 정당해산심판절차에 민사소송에 관한 법령의 준용(헌재 2014.2.27. 2014헌마7, 헌법재판소법 제40조 제1항 등 위헌확인(기각)), 성폭력범죄 피해아동의 진술이 수록된 영상녹화물에 관하여 피해아동의 법정진술 없이도 증거능력 인정(헌재 2013.12.26. 2011헌바108, 아동·청소년의 성보호에 관한 법률 제3조 등 위헌소원(합헌)), 민사재판에서 당사자인 수형자에 대한 사복착용의 불허(헌재 2015.12.23. 2013헌마712, 형의 집행 및 수용자의 처우에 관한 법률 제82조 위헌확인(헌법불합치,잠정적용,기각)) 등은 공정한 재판을 받을 권리를 침해한다고 할 수 없다.

형사재판에 계속 중인 자는 6개월 이내의 기간 출국을 금지할 수 있는 규정은 법무부장관으로 하여금 피고인의 출국을 금지할 수 있도록 하는 것일 뿐 피고인의 공격·방어권 행사와 직접 관련이 있다고 할 수 없고, 공정한 재판을 받을 권리에 외국에 나가 증거를 수집할 권리가 포함된다고 보기도 어렵다. 따라서 공정한 재판을 받을 권리를 침해한다고 볼 수 없다(헌재 2015.9.24. 2012헌바302, 출입국관리법 제4조 제1항 제1호 위헌소원(합헌)).

그 밖에 유류분반환청구권 행사기간을 1년으로 제한, 보상금 등의 지급결정에 동의한 때에는 특수임무수행 등으로 인하여 입은 피해에 대하여 재판상 화해가 성립된 것으로 간주, 사법보좌관의 소송비용액 확정결정절차 처리, 법관이 아닌 반민규명위원회의 친일반민족행위자 결정, 사실오인 또는 양형부당을 이유로 한 상고를 "사형, 무기 또는 10년 이상의 징역이나 금고가 선고된 사건"으로 제한, 고등법원 부(원외재판부)의 관할구역 안의 지방법원 소재지 사무처리, 재판장의 녹음불허가는 사법행정행위로 이에 대하여 이의신청이 있더라도 재판절차 개시가 아님, 증인심문절차에서 재판부와 검사는 증인을 볼 수 있으나 증인과 변호인 사이에 차폐시설 설치 하에 증인신문, 개인회생절차에서 면책취소신청 기각결정에 대한 즉시항고권 부재, 소취하 간주의 경우 변호사보수를 소송비용에 산입하여 원고가 부담, 취소소송 등의 제기 시 집행부정지원칙 및 집행정지요건을 규정한 행정소송법, 매각허가결정에 대한 즉시항고 시 보증으로 매각대금의 10분의 1에 해당하는 금전 또는 유가증권 공탁하고 이를 증명하는 서류 미제출 시 결정으로 각하 등이 있다.

(2) 신속(迅速)한 재판

(i) "지체된 정의는 정의가 아니다"라는 법언(法諺)과 같이, 아무리 공정한 재판이 진행된다고 하더라도 재판이 지연되게 되면 당사자의 정신적·육체적·재산적 고통이 가중되기 때문에 신속한 재판 또한 재판의 생명이라 할 수 있다. 헌법 제27조 제3항에서 보장되는 신속한 재판을 받을 권리는 판결절차뿐만 아니라 집행절차에도 적용되며 신속성의 요청은 판결절차에서보다 오히려 권리의 강제적 실현을 목적으로 하는 강제집행절차에서 더 강하게 요청된다. 또한 신속한 재판을 받을 권리에서의 '신속'의 개념에는 분쟁해결의 시간적 단축뿐만 아니라 효율적인 절차의 운영이라는 요소도 포함된다.

"신속한 재판을 받을 권리의 실현을 위해서는 구체적인 입법형성이 필요하며, 다른 사법절차적 기본권에 비하여 폭넓은 입법재량이 허용된다. 특히 신속한 재판을 위해서 적정한 판결선고기일을 정하는 것은 법률상 쟁점의 난이도, 개별사건의 특수상황, 접수된 사건량 등 여러 가지 요소를 복합적으로 고려하여 결정되어야 할 사항인데, 이때 관할법원에게는 광범위한 재량권이 부여된다. 따라서 법률에 의한 구체적 형성없이는 신속한 재판을 위한 어떤 직접적이고 구체적인 청구권이 발생하지 아니한다." "법원은 민사소송법 제184조에서 정하는 기간 내에 판결을 선고하도록 노력해야 하겠지만, 이 기간 내에 반드시 판결을 선고해야 할 법률상의 의무가 발생한다고 볼 수 없으며, 헌법 제27조 제3항 제1문에 의거한 신속한 재판을 받을 권리의 실현을 위해서는 구체적인 입법형성이 필요하고, 신속한 재판을 위한 어떤 직접적이고 구체적인 청구권이 이 헌법규정으로부터 직접 발생하지 아니하므로, 보안관찰처분들의 취소청구에 대해서 법원이 그 처분들의 효력이 만료되기 전까지 신속하게 판결을 선고해야 할 헌법이나 법률상의 작위의무가 존재하지 아니한다"(헌재 1999.9.16. 98헌마75, 재판지연 위헌확인(각하)).

헌법 제27조 제3항 전단은 신속한 재판을 받을 권리를 국민의 기본권으로 규정하고 있으므로 강제집행절차에서의 신속한 재판의 요청은 단순히 헌법 제27조 제1항이 정한 재판청구권의 제한의 원리에 그치는 것이 아니라 재판청구권과 관련되어 있으면서 독자적인 헌법적 가치를 갖는 것으로 파악되어야 한다. 배당기일에 이의한 사람이 배당이의의 소(訴)의 첫 변론기일에 출석하지 아니한 때에는 소를 취하한 것으로 보는 조항이 적극적 소송행위를 유도함으로써 강제집행절차를 신속하고 효율적으로 진행시키기 위한 것으로 재판청구권에 대한 과도한 제한이라고 할 수 없다(헌재 2005.3.31. 2003헌바92, 민사집행법 제158조 등 위헌소원(합헌)).

"신속한 재판을 받을 권리는 주로 피고인의 이익을 보호하기 위하여 인정된 기본권이지만 동시에 실체적 진실발견, 소송경제, 재판에 대한 국민의 신뢰와 형벌목적의 달성과 같은 공공의 이익에도 근거가 있기 때문에 어느 면에서는 이중적인 성격을 갖고 있다고 할 수 있어, 형사사법체제 자체를 위하여서도 아주 중요한 의미를 갖는 기본권이다"(헌재 1995.11.30. 92헌마44(위헌)).

군사법경찰관에 의한 구속기간의 연장을 허용하는 것은 위헌이다(헌재 2003.11.27. 2002헌마193, 군사법원법 제242조 제1항 등 위헌확인(위헌)). 이에 따라 관련 규정이 개정되었다.

국가보안법 제19조 중 같은 법 제8조의 죄에 관한 구속기간연장 부분(헌재 1997.8.21. 96헌마48, 국가보안법 제19조 위헌확인(기각)), 부동산 강제집행절차에서 남을 가망이 없는 경우의 경매취소(헌재 2007.3.29. 2004헌바93, 민사집행법 제102조 제1항 위헌소원(합헌)), 변론의 병합·분리와 관련하여 법원에게 재량을 부여(헌재 2011.3.31. 2009헌바351, 형사소송법 제5조 위헌소원 등(합헌,각하)), 선거범죄에 대한 재정신청절차에서 사전에 검찰청법상의 항고(헌재 2015.2.26. 2014헌바181, 공직선거법 제273조 위헌소원(합헌)), 자백간주(自白看做)로 인한 피고 패소판결을 항소의 대상에서 제외하는 규정을 두지 아니한 것(헌재 2015.7.30. 2013헌바120, 민사소송법 제390조 제1항 위헌소원(합헌))은 합헌이다.

(ii) 다만, 재판의 지연이 재판부 구성원의 변경, 재판의 전제성과 관련한 본안심리의 필요성, 청구인에 대한 송달불능 등으로 인한 경우에는 법원이 재판을 특별히 지연시켰다고 볼 수 없다.

"보안처분의 효력만료일 전까지 판결을 선고해야 할 구체적 의무가 헌법상 직접 도출된다고 할 수 없다"(헌재 1993.11.25. 92헌마169, 재판의 지연 위헌확인(각하); 헌재 1999.9.16. 98헌마75(각하)).

하지만, 형사재판에 있어서 구속기간의 지나친 연장(헌재 1992.4.14. 90헌마82(위헌); 헌재 1997.6.26. 96헌가8등(합헌)), 검사가 보관하는 수사기록에 대한 변호인의 열람·등사의 지나친 제한(헌재 1995.11.30. 92헌마44(위헌): 형사소송법 제361조 제1항(항소심법원의 소송기록송부시 검사를 경유하게 하는 절차)은 위헌이다)은 신속·공정한 재판을 받을 권리를 침해한다.

(3) 공개재판(公開裁判)

공개재판은 재판의 심리와 판결을 널리 일반국민에게 공개함으로써 재판의 공정성을 제고하기 위한 제도이다. 따라서 헌법상 공개재판청구권이 형사피고인의 권리로 규정되어 있지만 널리 일반국민이 누리는 권리이다. 그것이 헌법 제109조의 "재판의 심리와 판결은 공개한다"라는 규정에도 부합한다. "다만, 심리는 국가의 안전보장 또는 안녕질서를 방해하거나 선량한 풍속을 해할 염려가 있을 때에는 법원의 결정으로 공개하지 아니할 수 있다"(제109조 단서).

방청권발행을 통하여 방청인의 수를 제한하는 것은 재판공개주의에 어긋나지 아니한다(대판 1990.6.8. 90도646).

5. 형사피해자의 진술권

(i) 헌법 제27조 제5항은 "형사피해자(刑事被害者)는 법률이 정하는 바에 의하여 당해 사건의 재판절차에서 진술할 수 있다"라고 규정하여 형사피해자의 진술권을 보장한다. 이는 피해자가 적극적으로 자신의 권리를 방어하고 주장하기 위한 권리이다.

'범죄피해자 보호법': "국가는 범죄피해자가 해당 사건과 관련하여 수사담당자와 상담하거나 재판절차에 참여하여 진술하는 등 형사절차상의 권리를 행사할 수 있도록 보장하여야 한다"(제8조 제1항). 수사 및 재판 과정에서 범죄피해자의 해당 재판절차 참여 진술권 등 형사절차상 범죄피해자의 권리에 관한 정보 등을 범죄피해자에게 제공하여야 한다(제8조의2 제1항).

(ii) 헌법재판소는 이를 형사피해자의 재판절차진술권으로 본다. "형사피해자의 개념은 헌법이 형사피해자의 재판절차진술권을 독립된 기본권으로 인정한 취지에 비추어 넓게 해석할 것으로 반드시 형사실체법상의 보호법익을 기준으로 한 피해자개념에 의존하여 결정하여야 할 필요는 없다. 다시 말하여 형사실체법상으로는 직접적인 보호법익의 주체로 해석되지 않는 자라 하여도 문제되는 범죄 때문에 법률상 불이익을 받게 되는 자라면 헌법상 형사피해자의 재판절차진술권의 주체가 될 수 있다."

"위증죄(僞證罪)가 직접적으로는 개인적 법익에 관한 범죄가 아니고 그 보호법익은 원칙적으로 국가의 심판작용의 공정이라 하여도 이에 불구하고 위증으로 인하여 불이익한 재판을 받게 되는 사건 당사자는 재판절차진술권의 주체인 형사피해자가 된다고 보아야 할 것이고 …"(헌재 1992.2.25. 90헌마91(기각)), 불기소처분에 대한 헌법소원을 청구할 수 있는 청구인 적격을 가진다(헌재 2002.10.31. 2002헌마453, 불기소처분취소(기각)).

① 위헌결정: 교통사고에서 현장목격자를 조사하지 아니하고 엇갈리는 진술도 규명하지 아니하고 혐의없음의 불기소처분을 한 것은 위헌이다(헌재 1999.10.21. 99헌마131(인용(취소))); 교통사고 피해자가 업무상 과실 또는 중대한 과실로 인하여 '중상해'를 입은 경우에도 운전자에 대하여 공소를 제기할 수 없도록 한 교통사고처리특례법은 과잉금지원칙에 위반하여 교통사고로 중상해를 입은 피해자의 재판절차진술권을 침해한다(헌재 2009.2.26. 2005헌마764등, 교통사고처리특례법 제4조 제1항 등 위헌확인(일부위헌)).

② 헌법불합치결정: 직계혈족, 배우자, 동거친족, 동거가족 또는 그 배우자간의 권리행사방해죄는 그 형을 면제하도록 한 형법 제328조 제1항(친족상도례)은 헌법 제27조 제5항(형사피해자의 재판절차진술권)에 합치되지 아니한다(헌재 2024.6.27. 2020헌마468등, 형법 제328조 제1항 등 위헌확인(헌법불합치(적용중지))).

③ 합헌결정: 고소사건을 적법한 절차에 따라 고소사건으로 처리하지 아니하고 단순히 진정사건으로 보아 공람종결처분을 한 것은 부당하다고 아니할 수 없으나, 고소사건은 피청구인이 고소사건으로 수리하여 처리하였다고 하더라도 공소를 제기할 사건으로 보이지 아니하므로 피청구인의 위 진정종결처분으로 인하여 청구인의 재판절차진술권과 평등권이 침해되었다고 볼 수는 없다(합헌4:위헌5)(헌재 1999.1.28. 98헌마85, 고소사건진정종결처분 위헌확인(기각)); 형사미성년자를 몇 세로 할 것인가의 문제는 입법정책의 문제이다(헌재 2003.9.25. 2002헌마533, 형법 제9조 위헌확인 등(기각)); 교통사고 피해자가 업무상 과실 또는 중대한 과실로 인하여 '중상해가 아닌 상해'를 입은 경우 운전자에 대하여 공소를 제기할 수 없도록 한 교통사고처리특례법 제4조 제1항은 과잉금지의 원칙에 반하지 아니한다(헌재 2009.2.26. 2005헌마764등, 교통사고처리특례법 제4조 제1항 등 위헌확인(일부위헌)). 형사피해자에게 약식명령을 고지하지 아니하고, 정식재판청구권도 인정하지 아니하는 형사소송법 관련 규정은 헌법상 형사피해자의 재판절차진술권을 침해하지 아니한다(헌재 2019.9.26. 2018헌마1015, 형사소송법 제452조 등 위헌확인(기각)).

Ⅵ. 재판청구권의 제한

1. 헌법직접적 제한

헌법은 명문으로 재판청구권을 직접 제한하는데, 국회의원의 자격심사・징계・제명에 대하여는 "법원에 제소할 수 없다"(제64조 제4항)라고 규정한다.

2. 법률에 의한 일반적 제한

헌법 제37조 제2항에 따라 재판청구권도 제한될 수 있다. 재판청구권을 제한하는 법률로는 법원조직법・행정소송법・민사소송법・형사소송법・군사법원법・소액사건심판법・헌법재판소법 등이 있다.

소송기록접수통지를 받은 후 20일의 기간 내에 상고이유서를 제출하지 아니한 경우 판결로 상고를 기각하도록 한 민사소송법 제429조 본문은 헌법 제27조 제1항의 재판청구권을 침해하지 아니한다(헌재 2008.10.30. 2007헌마532, 민사소송법 제429조 위헌확인(기각)); 기판력제도를 규정한 민사소송법 제216조 제1항은 패소당사자의 재판청구권을 침해하지 아니한다(헌재 2010.11.25. 2009헌바250, 민사소송법 제216조 제1항 위헌소원(합헌));

소송을 대리한 변호사에게 당사자가 지급하였거나 지급할 보수를 대법원규칙이 정하는 금액 범위 안에서 소송비용으로 인정한 민사소송법 제109조 제1항은 소송당사자의 재판청구권을 침해하지 아니한다(헌재 2011.5.26. 2010헌바204, 민사소송법 제109조 위헌소원(합헌)); 민사소송의 양쪽 당사자가 변론기일에 2회 불출석하고 그로부터 1개월 이내에 기일지정신청을 하지 아니한 경우 소가 취하된 것으로 간주하는 민사소송법 규정은 합리적인 입법형성의 범위 내에 있으므로, 청구인의 재판청구권을 침해하지 아니한다(헌재 2012.11.29. 2012헌바180, 민사소송법 제268조 위헌소원(합헌)); 소송비용을 패소한 당사자가 부담하도록 규정한 민사소송법 제98조가 재판청구권을 침해하였다고 볼 수 없다(헌재 2013.5.30. 2012헌바335, 민법 제2조 제2항 등 위헌소원(각하,합헌)); 항소심 기일에 2회 불출석한 경우 항소취하(抗訴取下) 간주(看做)를 규정한 민사소송법 제268조 제4항 중 같은 조 제2항을 준용하는 부분이 항소취하간주의 요건과 효과를 정함에 있어 입법재량의 범위를 일탈하였다고 볼 수 없으므로, 청구인의 재판청구권을 침해하지 아니한다(헌재 2013.7.25. 2012헌마656, 재판취소 등 위헌소원(각하,기각)); 민사소송법 제202조 중 "변론(辯論) 전체의 취지" 및 "자유로운 심증(心證)으로" 부분이 공정한 재판절차를 훼손할 정도로 민사소송절차에 관한 입법형성의 한계를 벗어났다고 볼 수 없으므로, 헌법 제27조 제1항의 법률에 의한 재판을 받을 권리를 침해하지 아니한다(헌재 2012.12.27. 2011헌바155, 민법 제393조 제1항 등 위헌소원(각하,합헌)); 민법상 비영리법인의 청산인을 해임하는 재판에 대하여 불복신청을 할 수 없도록 규정한 구 비송사건절차법 제36조 중 제119조 전문의 청산인 해임 재판에 관한 부분을 준용하는 부분은 청산인 해임 재판에 의하여 해임된 청구인의 재판을 받을 권리를 침해하지 아니한다(헌재 2013.9.26. 2012헌마1005, 비송사건절차법 제36조 등 위헌확인(기각)). 특별항고 사유를 제한하는 것은 재판청구권을 침해하지 아니한다(헌재 2007.11.25. 2005헌바12, 회사정리법 제240조 제2항 위헌소원 등(기각,각하)).

헌법소원 사건의 국선대리인인 변호사의 접견내용에 대하여는 접견의 목적이나 접견의 상대방 등을 고려할 때 녹음·기록이 허용되어서는 아니 될 것임에도, 이를 녹음·기록한 행위는 청구인의 재판을 받을 권리를 침해한다(헌재 2013.9.26. 2011헌마398, 접견교통권방해 등 위헌확인(각하,위헌확인)).

(1) 군사법원의 재판

모든 국민은 헌법과 법률이 정한 법관에 의한 재판을 받을 권리가 있다. 그러나 군인·군무원은 헌법 제110조 제1항의 군사법원의 재판을 받는다. 또한 일반국민도 제27조 제2항 소정의 범죄에 해당되는 죄 중 법률이 정한 죄를 범한 경우에는 예외적으로 군사법원의 재판을 받는다.

현역병의 군대 입대 전 범죄에 대한 군사법원의 재판권을 규정하고 있는 군사법원법 제2조 제2항은 헌법에 위반되지 아니한다(헌재 2009.7.30. 2008헌바162, 군사법원법 제2조 제2항 위헌소원 등(각하,합헌)).

(2) 상고 및 항소·항고의 제한

(i) 재판의 심급제에 관하여 헌법에 명문의 규정은 없으나 "법원은 최고법원인 대법원과 각급법원으로 조직"(제101조 제2항)되기 때문에 원칙적으로 대법원에 상고할 수 있어야 한다. 다만, 헌법재판소와 대법원(대판 1987.4.14. 87도350)의 판례는 상고심을 순수한 법률심으로 하여 법령위반을 이유로 하는 때에 한하여 상고를 할 수 있다고 하든

가 또는 법령위반 이외에 양형부당(量刑不當)이나 사실오인(事實誤認)을 이유로 한 때에도 상고제한을 할지 여부는 입법정책의 문제이고 헌법에 위배되는 문제가 아니라고 본다.

민사소송법 제393조에 따라 환송 후 항소심에서 항소인이 임의로 항소를 취하하여 결과적으로 부대항소인(附帶抗訴人)인 청구인이 항소심 판단을 다시 받지 못하게 되었다고 하더라도 이는 부대항소의 종속성에서 도출되는 당연한 결과이므로 이것 때문에 항소심의 재판을 받을 권리가 침해된 것으로 볼 수 없다(헌재 2005.6.30. 2003헌바117, 민사소송법 제393조 제1항 등 위헌소원(기각)).

(ii) 헌법 제110조 제4항에서 비상계엄하의 군사재판에 대한 단심제는 재판청구권의 본질적 내용의 제한이라 할 수 있다. 그러나 이는 헌법 규정이기 때문에 헌법규정에 관한 위헌심사는 별론으로 하고, 위헌법률심사의 대상은 되지 아니한다. 또한 합리적인 이유없는 항소권 내지 항고권을 제한은 위헌이다.

위헌판례: ① 금융기관의 연체대출금에 관한 경매절차의 경락허가결정에 대하여 항고를 하고자 하는 자는 담보로써 일정금액을 공탁하여야 하는 '금융기관의연체대출금에관한특별조치법' 제5조의2는 위헌이다(헌재 1989.5.24. 89헌가37등, 금융기관의연체대출금에관한특별조치법 제5조의2의 위헌심판(위헌)).

② '원칙적으로 미결구금기간(未決拘禁期間) 전부는 재정통산(在廷通算) 또는 법정통산(法廷通算)의 방법으로 본형에 산입될 수 있도록 하고 있는 것에 비추어, 상소제기기간에 한하여 특별히 통산대상에서 제외할 이유가 없다. 위헌결정으로 이 사건 법률조항의 효력을 상실시키거나 그 적용을 중지할 경우에는 이 사건 법률조항에서 규정하고 있는 사유가 있는 형사사건에 적용할 법정통산의 근거조항이 없어지게 되어 법치국가적으로 용인하기 어려운 법적 공백이 생기게 된다(헌재 2000.7.20. 99헌가7, 형사소송법 제482조 제1항 위헌제청(헌법불합치,잠정적용)). 이에 따라 형사소송법이 개정되었다.

② 인신보호법 제15조 중 '피수용자인 구제청구자'의 즉시항고 제기기간을 '3일'로 정한 부분은 피수용자의 재판청구권을 침해한다(헌재 2015.9.24. 2013헌가21, 인신보호법 제15조 위헌제청(위헌)). 이에 따라 동법의 구제청구 사건의 즉시항고 제기기간을 '3일'에서 '7일'로 연장하고, 수용해제 결정 후에도 이를 지연시키는 수단으로 악용되는 것을 방지하기 위하여 즉시항고의 집행정지 효력은 없도록 개정되었다. 형사소송법의 즉시항고 제기기간도 7일로 개정되었다.

(iii) 헌법재판소는 교원징계재심위원회의 재심결정에 대하여 사립학교법인이 행정소송제기를 할 수 없도록 한 것은 합헌으로 판시한 바 있다(헌재 1998.7.16. 95헌바19등, 교원지위향상을위한특별법 제10조 제3항 등 헌법소원(합헌,각하)). 그런데 종전 판례를 변경하여 이를 위헌으로 판시한 바 있다. 하지만, 공공단체(총장)의 행정소송 제소권한을 부인한다(6:3).

"학교법인은 그 소속 교원과 사법상의 고용계약관계에 있고 재심절차에서 그 결정의 효력을 받는 일방 당사자의 지위에 있음에도 불구하고 이 사건 법률조항은 합리적인 이유 없이 학교법인의 제소권한을 부인함으로써 헌법 제11조의 평등원칙에 위배되고, 사립학교 교원에 대한 징계 등 불리한 처분의 적법여부에 관하여 재심위원회의 재심결정이 최종적인 것이 되는 결과 일체의 법률적 쟁송에 대한 재판권능을 법원에 부여한 헌법 제101조 제1항에도 위배되며, 행정처분인 재심결정의 적법여부에 관하여 대법원을 최종심으로 하는 법원의 심사를 박탈함으로써 헌법 제107조 제2항에도 아울러 위배된다"(헌재 2006.2.23. 2005헌가7, 교원지위향상을위한특별법 제10조 제3항 위헌제청(위헌))(헌재 2006.4.27. 2005헌마1119, 대학교원 기간임용제 탈락자 구제를 위한 특별법 위헌확인(위헌,기각)).

교원의 신분보장을 둘러싼 재판상 권리구제절차가 반드시 근로관계의 법적 성격에 의해서만 좌우되는 것은 아니며, 당해 학교의 설립목적과 공공적 성격의 정도, 국가의 감독 수준 등을 두루 고려하여 정할 수 있는 입법정책의 문제에 해당한다고 보면서, 2005헌가7등 결정에서 사립학교법인에 대하여 판단한 것과 달리, 공법인 형태로 국가의 출연으로 설립된 한국과학기술원이나 광주과학기술원의 경우, 한국과학기술원 총장이나 광주과학기술원에 교원소청심사결정에 대해 행정소송을 제기하지 못하도록 하더라도 재판청구권을 침해하는 것이 아니다(헌재 2022.10.27. 2019헌바117, 교원의 지위 향상 및 교육활동 보호를 위한 특별법 제10조 제3항 위헌소원(합헌)).

학교안전사고에 대한 공제급여결정에 대하여 학교안전공제중앙회 소속의 학교안전공제보상재심사위원회가 재결을 행한 경우 재심사청구인이 공제급여와 관련된 소를 제기하지 아니하거나 소를 취하한 경우에는 학교안전공제회와 재심사청구인 간에 당해 재결 내용과 동일한 합의가 성립된 것으로 간주하는 '학교안전사고 예방 및 보상에 관한 법률' 제64조는 실질적으로 재심사청구인에게만 재결을 다툴 수 있도록 하고 있으므로, 합리적인 이유 없이 분쟁의 일방당사자인 학교안전공제회의 재판청구권을 침해한다(헌재 2015.7.30. 2014헌가7, 학교안전사고 예방 및 보상에 관한 법률 제37조 등 위헌제청(위헌,합헌)).

(iv) 재심청구권 역시 헌법 제27조에서 규정한 재판을 받을 권리에 당연히 포함된다고 할 수 없으며(헌재 2004.12.16. 2003헌바105, 상고심절차에관한특례법 제5조 등 위헌소원(합헌)), "어떤 사유를 재심사유로 하여 재심이나 준재심을 허용할 것인가는 입법자가 확정된 판결이나 화해조서에 대한 법적 안정성, 재판의 신속, 적정성, 법원의 업무부담 등을 고려하여 결정하여야 할 입법정책의 문제이다"(헌재 1996.3.28. 93헌바27, 민사소송법 제431조(준재심)).

합헌판례: ① "재심청구권도 입법형성권의 행사에 의하여 비로소 창설되는 법률상의 권리일 뿐, 청구인의 주장과 같이 헌법 제27조 제1항, 제37조 제1항에 의하여 직접 발생되는 기본적 인권은 아니다"(헌재 2000.6.29. 99헌바66, 헌법재판소법 제75조 제7항 위헌소원(합헌)).

② "판결서의 이유에 판단이유를 빠짐없이 설시해야 하는 것은 아니고, 심급제도 내에서 사건의 특성을 고려하여 판결 등의 이유 기재 자체가 생략될 수 있다. 재심은 확정판결에 대한 불복방법이기 때문에 상소보다 더 예외적으로 인정되어야 하는데, 판결의 이유를 밝히지 아니한 경우는 절대적 상고이유가 되므로 민사소송의 당사자는 심급구조 내에서 판단이유를 제시받을 기회를 보장받고 있다. 판단누락(判斷漏落) 자체를 재심사유로 규정하지 않는 입법례도 있다. 이상을 종합하면, '판단이유의 누락'이 아니라 '판단누락'을 재심사유로 규정하였다 하여도 재판의 적정성을 현저히 희생하였다고 보기는 어렵다"(헌재 2016.12.29. 2015헌바208등, 구 군인연금법 제23조 제1항 등 위헌소원(헌법불합치,잠정적용)).

③ 과학기술의 발전으로 인해 기존의 확정판결에서 인정된 사실과는 다른 새로운 사실이 드러난 경우를 민사소송법상 재심의 사유로 인정하지 않는 것이 재판청구권 및 평등권을 침해하지 아니한다. 재심제도의 규범적 형성에 있어서 입법자는 확정판결을 유지할 수 없을 정도의 중대한 하자가 무엇인지를 구체적으로 가려내어야 하는바, 이는 사법에 의한 권리보호에 관하여 한정된 사법자원의 합리적인 분배의 문제인 동시에 법치주의에 내재된 두 가지의 대립적 이념 즉, 법적 안정성과 정의의 실현이라는 상반된 요청을 어떻게 조화시키느냐의 문제로 돌아가므로, 결국 이는 불가피하게 입법사의 형성적 자유가 넓게 인정되는 영역이라고 할 수 있다(헌재 2009.4.30. 2007헌바121, 민사소송법 제451조 제1항 제7호 등 위헌소원(합헌)).

(v) 또한 헌법재판소는 범죄인인도심사(犯罪人引渡審査)를 서울고등법원의 단심제로 하고 상소를 불허하더라도 합헌이라고 판시한다(헌재 2003.1.30. 2001헌바95, 범죄인인도법 제3조 위헌소원(합헌)).

"법원의 범죄인인도결정은 신체의 자유에 밀접하게 관련된 문제이므로 범죄인인도심사에 있어서 적법절차가 준수되어야 한다. 그런데 심급제도는 사법에 의한 권리보호에 관하여 한정된 법발견, 자원의 합리적인 분배의 문제인 동시에 재판의 적정과 신속이라는 서로 상반되는 두 가지의 요청을 어떻게 조화시키느냐의 문제이므로 기본적으로 입법자의 형성의 자유에 속하는 사항이다. 한편 법원에 의한 범죄인인도심사는 국가형벌권의 확정을 목적으로 하는 형사절차와 같은 전형적인 사법절차의 대상에 해당되는 것은 아니며, 법률(범죄인인도법)에 의하여 인정된 특별한 절차라 볼 것이다."

그리고 헌법재판소는 소취하에 피고의 동의를 요하는 규정을 준용하지 아니함으로써 결과적으로 피항소인의 동의 없이 항소인이 항소를 취하할 수 있도록 허용한 민사소송법 제393조는 피항소인의 항소심 및 상고심재판을 받을 권리를 침해하지 아니한다고 판시하였다(헌재 2005.6.30. 2003헌바117, 민사소송법 제393조 제1항 등 위헌확인(합헌)). 또한 헌법재판소는 소송비용에 관한 재판에 대하여는 독립하여 항소하지 못한다고 규정하고 있는 민사소송법 제391조가 전부 승소한 소송당사자의 재판을 받을 권리를 과도하게 제한하는 것은 아니라고 판시하였다(헌재 2010.3.25. 2008헌마510, 민사소송법 제391조 위헌확인(기각)).

(3) 행정소송상 제한

(i) 행정소송에서는 제소기간을 한정한다(행정소송법 제20조). 그것은 행정상 법률관계의 조속한 안정을 위한 합리적 제한이라 할 수 있다. "제소기간과 같은 불변기간(不變期間)은 국민의 기본권인 재판을 받을 권리행사와 직접 관련되기 때문에 그 기간 계산에 있어서 나무랄 수 없는 법의 오해로 재판을 받을 권리를 상실하는 일이 없도록 쉽사리 이해되게, 그리고 명확히 규정되어야" 한다(불변기간 명확성의 원칙). 따라서 제소기간이 불명확한 경우에는 재판청구권을 침해한다.

"지방세부과처분 이의신청에 대한 과세관청의 결정통지가 없는 경우 상급관청에 대한 심사청구기간과 그 기산점에 관하여 규정한 지방세법 제58조 제3항의 전단 및 후단의 규정은 통상의 주의력을 가진 이의신청인이 심사청구기간에 관하여 명료하게 파악할 수 없을 정도로 그 규정이 모호하고 불완전하며 오해의 소지가 충분하여 헌법상 법치주의의 파생인 불변기간명확성의 원칙에도 반하고, 그 불복청구기간마저 단기간이어서 종당(從當)에는 재판청구권으로 연결되는 불복신청권상실의 위험을 초래케 하는 등 헌법상 보장된 국민의 재판을 받을 권리를 본질적으로 침해할 우려가 크므로 헌법에 위반된다"(헌재 1993.12.23. 92헌바11, 지방세법 제58조 제3항에 대한 헌법소원(위헌)).

토지수용위원회의 수용재결서(收用裁決書)를 받은 날로부터 60일 이내에 보상금증감청구소송을 제기하도록 한 '공익사업을 위한 토지 등의 취득 및 보상에 관한 법률'에서 정한 60일의 제소기간은 입법재량의 한계를 벗어났다고 보기 어려우므로, 토지소유자의 재판청구권을 침해한다고 볼 수 없다(헌재 2016.7.28. 2014헌바206, 공익사업을 위한 토지 등의 취득 및 보상에 관한 법률 제85조 제1항 등 위헌소원(합헌)).

노동위원회에 대한 부당해고 구제신청을 부당해고가 있었던 날로부터 3개월 이내에 하도록 규정(헌재 2012.2.23. 2011헌마233, 근로기준법 제28조 제2항 등 위헌확인(기각)), 지방공무원이 면직처분에 대하여 불복할 경우 행정소송 제기에 앞서 반드시 소청심사를 거치도록 한 규정(헌재 2015.3.26. 2013헌바186, 지방공무원법 제20조의2 등 위헌소원(합헌))은 합헌이다.

(ii) 보안관찰처분을 다투는 행정소송이 제기되더라도 집행정지를 할 수 없도록 한 규정은 위헌이다(헌재 2001.4.26. 98헌바79등, 보안관찰법 부칙 제2조 제2호 등 위헌소원(위헌,합헌,각하)). 이에 따라 보안관찰법의 관련 규정은 삭제되었다.

(iii) 행정소송법은 행정처분이 위법하다고 인정되는 경우라도 그 처분의 취소가 현저히 공공복리에 적합하지 아니하다고 인정하는 때에는 법원이 원고의 청구를 기각할 수 있는 사정판결제도를 규정한다(동법 제28조). 이러한 사정판결(事情判決)은 행정처분의 위법성이 인정됨에도 불구하고 행정처분의 취소가 현저히 공공의 복리에 적합하지 아니한 경우에 극히 예외적으로 허용되는 점, 원고는 국가 또는 공공단체를 상대로 손해배상 등 적당한 구제방법을 당해 취소소송이 계속된 법원에 청구할 수 있다는 점 등을 고려할 때, 사정판결제도가 위법한 행정처분으로 법률상 이익을 침해당한 자의 재판청구권을 침해한다고 볼 수는 없다(대판 2009.12.10. 2009두8359, 예비인가처분취소).

(4) 헌법소송상 제한

(i) 3인의 지정재판부제도를 두어 헌법소원심판의 사전심사를 담당하게 하여 일정한 요건을 미비한 경우에 각하할 수 있도록 규정하는 헌법재판소법 제72조는 합헌이다.

(ii) 헌법소원에 있어서 변호사강제주의는 위헌의 소지가 있다. 하지만, 헌법재판소는 "고도의 기술성과 전문성을 요하는 헌법재판에 있어서 재판의 본질을 이해하지 못하고 재판자료를 제대로 정리하여 제출할 능력이 없는 당사자를 보

호해 주며 사법적 정의의 실현에 기여하는" 제도로 본다(헌재 1990.9.3. 89헌마120등, 헌법재판소법 제25조 제3항 헌법소원(기각)).

(iii) 권리구제형 헌법소원의 제소기간은 그 사유가 있음을 안 날부터 90일 이내에, 그 사유가 있는 날부터 1년 이내에 청구하도록 규정한다. 하지만, 사회통념상 인정될 수 있는 정당한 사유가 있는 경우에는 제소기간적용의 예외를 인정한다(헌재 1993.7.29. 89헌마31, 공권력행사로 인한 재산권침해에 대한 헌법소원(인용(위헌확인))).

(iv) 헌법재판소법 제68조 제1항 본문에서 권리구제형 헌법소원의 대상에서 법원의 재판을 제외한다. 다만, 헌법재판소는 헌법소원의 대상에서 제외되는 "법원의 재판에 헌법재판소가 위헌으로 결정한 법령을 적용함으로써 국민의 기본권을 침해한 재판도 포함하는 것으로 해석하는 한도 내에서, 헌법재판소법 제68조 제1항은 헌법에 위반된다"라고 판시한다(헌재 1997.12.24. 96헌마172등, 헌법재판소법 제68조 제1항 위헌확인 등(한정위헌,인용(취소)); 헌재 2006.4.27. 2006헌마187, 재판취소 등(기각,각하)).

(5) 형사재판상 제한

헌법재판소는 형사소송에서의 직접심리주의, 공판중심주의, 전문법칙에도 공정·신속한 재판과 실체적 진실발견을 통한 공정재판의 요청이라는 각 요청의 조화를 위하여 예외를 인정한다.

합헌판례: ① "공판조서(公判調書)는 공판절차의 증명과 피고인의 방어권행사에 중요한 자료가 되므로 변호인이 없는 경우에는 적어도 피고인에게 직접 그 열람청구권을 부여하여야 하겠지만, 변호인이 있는 경우에는 변호인을 통하여 피고인이 공판조서의 내용을 알 수 있고 그 기재의 정확성도 보장할 수 있으며 만약 변호인이 피고인의 정당한 이익을 보호하지 아니하고 불성실한 변호를 할 때에는 피고인은 언제든지 자신의 의사에 반하는 변호인을 배제하고 위 규정에 의한 공판조서열람권을 행사할 수도 있게 되어 있으므로, 형사소송법 제55조 제1항이 변호인이 있는 피고인에게 변호인과는 별도로 공판조서열람권을 부여하지 않는다고 하여 피고인의 공정한 재판을 받을 권리가 침해된다고 할 수는 없다"(헌재 1994.12.29. 92헌바31, 형사소송법 제55조 제1항 등 위헌소원(합헌)).

② 형사소송법 제262조 제3항이 재정신청사건의 심리를 비공개원칙으로 하고 제262조의2 본문이 재정신청사건의 심리 중 관련 서류 및 증거물의 열람 또는 등사를 불허가 재판청구권을 침해하지 아니한다(헌재 2011.11.24. 2008헌마578, 형사소송법 제262조 제4항 위헌확인(한정위헌,기각,각하))(헌재 2013.9.26. 2012헌바34, 형사소송법 제262조의2 등 위헌소원(합헌)).

누범의 경우에도 법률상 감경사유가 중첩되거나 법률상 감경사유와 작량감경사유가 경합되는 때에는 그 형의 집행을 유예받는 길이 있음(헌재 2002.10.31. 2001헌바68, 폭력행위등처벌에관한법률 제3조 제4항 위헌소원(합헌)), 항소심에서 공소장변경 허용(헌재 2012.5.31. 2010헌바128, 형사소송법 제298조 등 위헌소원(각하,합헌)), 검사의 불기소처분에 따른 재정신청(裁定申請)에 대한 법원의 공소제기 결정에 대하여 재항고를 불허(대결 2012.10.29. 2012모1090, 재항고기각결정에대한재항고), 항소심에서 심판대상이 된 사항에 한하여 법령위반의 상고이유로 삼을 수 있도록 상고 제한(헌재 2015.9.24. 2012헌마798, 형사소송법 제383조 제1호 위헌확인(기각)).

위헌·헌법불합치판례: ① "피고인의 공판기일출석권을 제한하고 있는 이 사건 법률조항은 피고인 불출석상태에서 중형(重刑)이 선고될 수도 있는 가능성을 배제하고 있지 아니할 뿐만 아니라 그 적용대상이 너무 광범위하므로, 비록 정당한 입법목적 아래 마련된 조항이라 할지라도 헌법 제37조 제2항의 과잉금지의 원칙에 위배되어 피고인의 공정한 재판을 받을 권리를 침해"한다(헌재 1998.7.16. 97헌바22, 소송촉진등에관한특례법 제23조 위헌소원(위헌)).

② "피고인 등의 반대신문권(反對訊問權)을 제한하고 있는 법 제221조의2 제5항은 피고인들의 공격·방어권을 과다히 제한하는 것으로서 그 자체의 내용이나 대법원의 제한적 해석에 의하더라도 그 입법목적을 달성하기에 필요한 입법수단으로서의 합리성 내지 정당성이 인정될 수는 없다고 할 것이므로, 헌법상의 적법절차의 원칙 및 청구인의 공정한 재판을 받을 권리를 침해하고 있다"(헌재 1996.12.26. 94헌바1, 형사소송법 제221조의2 위헌소원(위헌)).

③ "형사소송법 제361조 제1항, 제2항은 그 입법목적을 달성하기 위하여 형사소송법의 다른 규정만으로 충분한 데도 구태여 항소법원에의 기록송부시 검사를 거치도록 함으로써 피고인의 헌법상 기본권을 침해하고 법관의 재판상 독립에도 영향을 주는 것으로 과잉금지의 원칙에 반하여 피고인의 신속·공정한 재판을 받을 기본권을 침해하는 위헌의 법률조항이다"(헌재 1995.11.30. 92헌마44, 소송기록송부지연 등에 대한 헌법소원(위헌)).

④ 국가정보원직원법에서 직무상의 비밀에 속하는 사항을 진술하고자 할 때에는 미리 원장의 허가를 받아야 한다는 부분이 국가비밀의 보호라는 공익유지에 편중하여 대상자인 직원의 재판청구권을 지나치게 광범위하게 제한하여 공익과 사익간의 합리적인 비례관계를 형성하지 못함으로써 과잉금지원칙에 위배하여 소송당사자의 재판청구권을 침해한다(헌재 2002.11.28. 2001헌가28, 국가정보원직원법 제17조 제2항 위헌제청(헌법불합치,잠정적용)).

⑤ 형사보상청구에 대한 보상의 결정에 대하여는 불복을 신청할 수 없도록 하여 형사보상의 결정을 단심재판으로 행하도록 규정한 형사보상법 규정은 보상액의 산정에 기초되는 사실인정이나 보상액에 관한 판단에서 오류나 불합리성이 발견되는 경우에도 그 시정을 구하는 불복신청을 할 수 없도록 한다. 이는 형사보상청구권 및 그 실현을 위한 기본권인 재판청구권의 본질적 내용을 침해한다(헌재 2010.10.28. 2008헌마514·2010헌마220(병합), 형사보상법 제19조 제1항 등 위헌확인 등(위헌,기각)).

⑥ 형사소송법 제262조 제4항이 재정신청 기각결정에 대하여 불복할 수 없다고 규정함으로써 재정신청 기각결정에 대하여 제415조의 재항고를 금지하는 것은 대법원에 명령·규칙 또는 처분의 위헌·위법 심사권한을 부여하여 법령해석의 통일성을 기하고자 하는 헌법 제107조 제2항의 취지에 반할 뿐 아니라, 헌법재판소법에 의하여 법원의 재판이 헌법소원의 대상에서 제외되어 있는 상황에서 재정신청인의 재판청구권을 지나치게 제약한다. 따라서 형사소송법 제262조 제4항 전문의 '불복'에 법 제415조의 재항고가 포함되는 것으로 해석하는 한, 기각결정에 대한 불복불허규정은 재정신청인인 청구인들의 재판청구권을 침해한다(헌재 2011.11.24. 2008헌마578, 형사소송법 제262조제4항 위헌확인(한정위헌,기각,각하)).

⑦ 변호사와 접견하는 경우에도 수용자의 접견은 원칙적으로 접촉차단시설(接觸遮斷施設)이 설치된 장소에서 하도록 규정하고 있는 형의 집행 및 수용자의 처우에 관한 법률 시행령 제58조 제4항은 과잉금지원칙에 위배하여 청구인의 재판청구권을 지나치게 제한하고 있으므로 헌법에 위반된다(7:2)(헌재 2013.8.29. 2011헌마122, 형의 집행 및 수용자의 처우에 관한 법률 제41조 등 위헌확인(헌법불합치,잠정적용,각하)). 이에 따라 동

조항은 삭제되었다.

⑧ 형사소송법 제405조가 즉시항고 제기기간을 3일로 제한한 것은 재판청구권에 관한 입법재량의 한계를 넘어 헌법상 보장된 재판청구권을 공허하게 할 정도에 이르렀다(헌재 2018.12.27. 2015헌바77등, 형사소송법 제405조 위헌소원(헌법불합치,잠정적용)). 이는 종래 합헌결정한 선례(헌재 2011.5.26. 2010헌마499; 헌재 2012.10.25. 2011헌마789)를 변경한 것이다. 이에 따라 형사소송법과 군사법원법이 개정되어 즉시항고 및 준항고 제기기간을 3일에서 7일로 연장하였다(제405조, 제416조)(군사법원법 제455조 및 제465조 제3항).

3. 제한의 한계

재판청구권의 본질적 내용은 침해할 수 없다. 따라서 "법관에 의한 사실확정과 법률의 해석적용의 기회에 접근하기 어렵도록 제약이나 장벽을 쌓아서는 아니 된다." 만일 그러한 보장이 제대로 이루어지지 아니한다면 헌법상 보장된 재판을 받을 권리의 본질적 내용을 침해한다(헌재 1995.9.28. 92헌가11등, 특허법 제186조 제1항 등 위헌제청(헌법불합치,잠정적용)).

배우자 또는 직계존비속간의 부담부증여(負擔附贈與)에 있어서 수증자가 증여자의 채무를 인수한 것이 명백한 경우에도 단서에 규정한 특수한 경우를 제외하고는 인수채무액을 공제하지 못하도록 한 것은 위헌이다(헌재 1992.2.25. 90헌가69등, 상속세법 제29조의4 제2항에 대한 위헌 여부(위헌)).

4. 예외적 제한

(1) 국가긴급권에 의한 제한

비상계엄하에서는 법원의 재판에 대하여 특별한 조치를 할 수 있고(제77조 제3항), 민간인을 군사법원에서 재판할 수 있고(제27조 제2항), 특별한 경우에 단심으로 할 수 있다(제110조 제4항).

(2) 특수신분관계에 의한 제한

특수신분관계에 있는 국민 중에서 특히 군인이나 군무원은 군사법원의 재판을 받게 된다: "군인 또는 군무원이 아닌 국민은 대한민국의 영역안에서는 중대한 군사상 기밀 · 초병 · 초소 · 유독음식물공급 · 포로 · 군용물에 관한 죄중 법률이 정한 경우와 비상계엄이 선포된 경우를 제외하고는 군사법원의 재판을 받지 아니한다"(제27조 제2항).

제 4 절 국가배상청구권

Ⅰ. 의 의

1. 헌법규정

헌법 제29조 제1항에서는 "공무원의 직무상 불법행위로 손해를 받은 국민은 법률이 정하는 바에 의하여 국가 또는 공공단체에 정당한 배상을 청구할 수 있다. 이 경우 공무원 자신의 책임은 면제되지 아니한다"라고 규정하여 국가배상청구권을 인정한다. 국가배상청구권(國家賠償請求權)은 공무원의 직무상 불법행위로 인하여 손해를 받은 국민이 국가나 공공단체를 상대로 배상책임을 청구하는 권리이다.

2. 연 혁

(i) 종래 국가배상책임의 인정 여부에 관하여 영미법계에서는 이를 부정하여 국가무책임의 원칙을 강조하여왔던 반면에, 대륙법계에서는 국가책임을 인정하여왔다. 그런데 영미법계인 영국에서도 1947년에 국왕소추법을 제정하였고, 미국에서도 1946년에 '연방불법행위배상청구권법'을 제정하였으며 1948년에는 연방사법법에 흡수되어 일정한 범위 안에서 국가책임을 인정한다.

(ii) 프랑스에서는 국사원 판례를 통하여 공역무과실책임이론과 위험책임이론을 정립하여 국가책임제도를 인정한다. 독일에서는 1919년 바이마르헌법 제131조에서 국가대위책임을 규정하고, 1949년 독일기본법 제49조에서도 국가배상책임을 인정한다.

Ⅱ. 국가배상청구권의 법적 성격

1. 헌법 제29조의 성질

(i) 헌법 제29조에서 국가배상청구권을 규정하는바, 이 규정의 법적 성질과 관련하여 입법방침규정설과 직접적 효력규정설이 대립된다.

(ii) 입법방침규정설에 의하면 헌법 제29조는 구체적인 권리를 부여하는 규정이 아니라, 손해배상요건 등이 법률로 보완되지 아니하는 한 입법자에 대한 명령

에 불과하다는 입장이다.

(iii) 직접적 효력규정설에 의하면 헌법 제29조를 근거로 직접 국가배상청구권이 도출되며 "법률이 정하는 바에 의하여"란 구체적인 기준·절차 등을 법률로 규정한다는 의미로 이해하여야 한다는 입장이다.

(iv) 생각건대 제4공화국헌법 이후 법률유보조항을 두고 있기 때문에 입법방침규정으로 이해하려는 견해도 있지만, 국가의 책임에 근거한 손해보전이라는 국가배상청구권의 본질에 비추어 보건대 학설과 판례는 직접적 효력규정으로 본다. 국가배상법 외에 국가배상에 관한 다른 법규정이 없으면 민법을 적용하여야 한다(국가배상법 제8조).

2. 국가배상청구권의 본질

(1) 청구권으로서의 국가배상청구권

국가배상청구권은 일종의 채권(債權)으로서 헌법 제23조의 재산권의 일종이다. 그런데 국가배상책임은 실체적 기본권인 재산권으로서의 성격보다는 오히려 절차적 기본권인 청구권적 기본권으로서의 성격이 강하다. 특히 국가배상청구권은 헌법에 의하여 실정적으로 보장되는 국가 내적 권리라는 특성을 가진다(대판 1971.6.22. 70다1010).

(2) 공권인지 사권인지 여부

(i) 국가배상청구권의 법적 성격을 공권(公權)으로 보는 견해에 의하면, 주관적 공권으로서 양도·압류가 금지되며, 외국인에게는 상호보증이 있는 경우에만 적용된다. 이에 대하여 국가배상청구권의 법적 성격을 사권(私權)으로 보는 견해에 의하면 국가배상법은 민법의 특별법적 성격을 가지며, 국가가 사인과 같은 사적 사용자로서의 지위에서 지는 책임이므로 사권이라고 본다.

(ii) 생각건대 국가배상청구권은 헌법 제29조로부터 직접효력이 발생하는 주관적 공권이기 때문에 공권으로 보아야 한다. 또한 사권으로 보는 견해는 국가가 사적인 사용자의 지위에서 지는 책임이라는 본질에 따라 사권(私權)으로 이해하고 있으나, 오늘날 급부국가적인 상황에서 공권력작용과 사법관계의 구별이 불명확하기 때문에 공권력주체의 작용에 관한 사항이면 널리 공법관계로 이해하여야 한다. 그간 한국에서는 소송실무상 행정소송이 아닌 민사소송으로 처리하고 있으나 그 본질은 어디까지나 공권이다. 따라서 국가배상사건은 행정소송이어야 한다.

3. 국가배상법의 성질: 사법인지 공법인지 여부

(i) 국가배상법의 성질에 관하여 공법설에 의하면 국가배상법은 공권인 국가배상청구권의 실현에 관한 법이며 국가배상청구의 원인행위가 공법적 작용일 뿐만 아니라 국가배상법은 단체주의적인 공평부담의 원칙에 입각하여 행정주체의 의무를 선언하고 있으므로 공법이라고 한다.

(ii) 이에 대하여 사법설에 의하면 국가배상법은 민법의 특별법적 성격을 가지므로 사법이며, 국가배상책임은 국가가 사인과 대등한 지위에서 지는 책임이며, 국가배상법 제8조가 민법을 준용하고 있기 때문에 사법으로 본다(대판 1972.10.10, 69다701).

(iii) 생각건대 국가배상청구권의 본질을 공권으로 보아야 한다면 국가배상법 또한 그 구체화법으로서 공법으로 보아야 한다.

Ⅲ. 국가배상청구권의 주체

헌법 제29조의 국민에는 대한민국 국민과 내국법인을 포함한다. 다만, 외국인에 대하여는 국가배상법 제7조에 의하여 상호주의가 적용된다.

국가배상법 제7조는 우리나라만이 입을 수 있는 불이익을 방지하고 국제관계에서 형평을 도모하기 위하여 외국인의 국가배상청구권의 발생요건으로 '외국인이 피해자인 경우에는 해당 국가와 상호보증이 있을 것'을 요구하고 있는데, 해당 국가에서 외국인에 대한 국가배상청구권의 발생요건이 우리나라의 그것과 동일하거나 오히려 관대할 것을 요구하는 것은 지나치게 외국인의 국가배상청구권을 제한하는 결과가 되어 국제적인 교류가 빈번한 오늘날의 현실에 맞지 아니할 뿐만 아니라 외국에서 우리나라 국민에 대한 보호를 거부하게 하는 불합리한 결과를 가져올 수 있는 점을 고려할 때, 우리나라와 외국 사이에 국가배상청구권의 발생요건이 현저히 균형을 상실하지 아니하고 외국에서 정한 요건이 우리나라에서 정한 그것보다 전체로서 과중하지 아니하여 중요한 점에서 실질적으로 거의 차이가 없는 정도라면 국가배상법 제7조가 정하는 상호보증의 요건을 구비하였다고 봄이 타당하다. 그리고 상호보증은 외국의 법령, 판례 및 관례 등에 의하여 발생요건을 비교하여 인정되면 충분하고 반드시 당사국과의 조약이 체결되어 있을 필요는 없으며, 당해 외국에서 구체적으로 우리나라 국민에게 국가배상청구를 인정한 사례가 없더라도 실제로 인정될 것이라고 기대할 수 있는 상태이면 충분하다(대판 2015.6.11. 2013다208388, 손해배상).

그런데 헌법 제29조 제2항에서는 군인·군무원·경찰공무원에 대하여 이중배상을 금지하기 때문에 그 한도 내에서 기본권주체성이 제한된다. 하지만, 이는 본질상 위헌적인 규정이다.

Ⅳ. 국가배상청구권의 내용

1. 국가배상청구의 유형

국가배상청구권의 유형으로는 국가배상법 제2조에서 규정하는 공무원의 직무상 불법행위로 인한 국가배상청구권이 전형적이다.

> 긴급조치 제9호의 발령과 적용·집행에 관한 국가작용 및 이에 관여한 공무원들의 직무수행은 법치국가 원리에 반하여 유신헌법 제8조가 정하는 국가의 기본권 보장의무를 다하지 못한 것으로서 '전체적'으로 보아 객관적 주의의무를 소홀히 하여 그 정당성을 결여하였다고 평가되고, 그렇다면 개별 국민의 기본권이 침해되어 현실화된 손해에 대하여는 국가배상책임이 인정된다(판례(대판 2015.3.26. 2012다48824) 변경)(대판(전합) 2022.8.30. 2018다212610[손해배상(기)]).

그러나 오늘날 공공시설의 설치·관리의 하자로 인한 국가배상청구권도 인정된다. 국가배상법 제5조는 도로·하천 그 밖의 공공의 영조물의 설치나 관리의 하자로 인한 손해발생의 경우에도 국가나 공공단체의 배상책임을 규정한다. 이는 민법 제758조(공작물등의 점유자, 소유자의 책임)와 유사하나, 책임의 범위가 넓고 점유자의 면책규정이 없는 점에 차이가 있다.

2. 국가배상청구권의 성립요건: "공무원 또는 공무를 위탁받은 사인의 직무상 불법행위로 손해가 발생"

(1) 공무원 또는 공무를 위탁받은 사인

(i) 공무원은 국가공무원 및 지방공무원을 포함하고 공무를 위탁(委託)받은 사인은 널리 국가나 공공단체를 위하여 공무를 집행하는 일체의 사람을 말한다(국가배상법 제2조). 기관구성자인 자연인 이외에 기관 자체도 포함한다(대판 1970.11.24. 70다2253).

(ii) 판례는 카투사, 소집중인 향토예비군, 시청소차운전수, 소방원, 집행관 등은 공무원으로 본다. 하지만, 시영버스운전수, 의용소방대원, 법령에 의하여 대집행권한을 위탁받은 한국토지공사는 공무원이 아니라고 한다.

> 대법원(대판 1997.4.25. 96다16940)은 외교관계에관한비엔나협약의 적용에 의하여 외국 대사관저(大使館邸)에 대한 강제집행을 하지 못함으로써 발생한 손해에 대하여 국가가 손실보상책임이나 손해배상책임을 지는지 여부에 대하여 소극적으로 해석한다.
>
> 헌법재판소(헌재 1998.5.28. 96헌마44)도 외교관계에관한비엔나협약 제22조 제3항과 관련하여 재산

권을 제한당한 국민에게 국회가 손실보상에 관한 입법을 하지 아니한 부작위로 인하여 재산권, 평등권 및 계약의 자유 등 기본권이 침해되었다고 주장한 헌법소원을 각하한 바 있다: "가. 강제집행은 채권자의 신청에 의하여 국가의 집행기관이 채권자를 위하여 채무명의에 표시된 사법상의 이행청구권을 국가권력에 의하여 강제적으로 실현하는 법적 절차를 지칭하는 것이다. 강제집행권은 국가가 보유하는 통치권의 한 작용으로서 민사사법권에 속하는 것이고, 채권자인 청구인들은 국가에 대하여 강제집행권의 발동을 구하는 공법상의 권능(權能)인 강제집행청구권만을 보유하고 있을 따름으로서 청구인들이 강제집행권을 침해받았다고 주장하는 권리는 헌법 제23조 제3항 소정의 재산권에 해당되지 아니한다. 나. 외교관계에관한비엔나협약 제32조 제1항과 제4항에 의하여 외교관 등을 파견한 국가는 판결의 집행으로부터의 면제의 특권을 포기할 수도 있는 것이므로 위 협약에 가입하는 것이 바로 헌법 제23조 제3항 소정의 '공공필요에 의한 재산권의 제한'에 해당하는 것은 아니다. 다. 외국의 대사관저에 대하여 강제집행을 할 수 없다는 이유로 집행관이 청구인들의 강제집행의 신청의 접수를 거부하여 강제집행이 불가능하게 된 경우 국가가 청구인들에게 손실을 보상하는 법률을 제정하여야 할 헌법상의 명시적인 입법위임은 인정되지 아니하고, 헌법의 해석으로도 그러한 법률을 제정함으로써 청구인들의 기본권을 보호하여야 할 입법자의 행위의무 내지 보호의무가 발생하였다고 볼 수 없다."

한국토지공사는 법령의 위탁(委託)에 의하여 대집행(代執行)을 수권(授權)받은 자로서 공무인 대집행을 실시함에 따르는 권리·의무 및 책임이 귀속되는 행정주체의 지위에 있다고 볼 것이지, 지방자치단체 등의 기관으로서 국가배상법 제2조 소정의 공무원에 해당한다고 볼 것은 아니다(대판 2010.1.28. 2007다82950, 82967).

(2) 직무상 행위

A. 직무의 범위

(i) 직무의 범위에 관하여는 논란이 있다. ① 협의설은 그 범위를 권력행위에 국한한다. ② 광의설은 권력행위 외에 관리행위를 포함한다. ③ 최광의설은 권력행위·관리행위뿐만 아니라 사법(私法)상의 행위까지도 포함한다. 대법원은 "국가배상법이 정한 손해배상청구의 요건인 '공무원의 직무'에는 국가나 지방자치단체의 권력적 작용뿐만 아니라 비권력적 작용도 포함되지만 단순한 사경제의 주체로서 하는 작용은 포함되지 않는다"라고 하여 광의설을 취한다(대판 2004.4.9. 2002다10691).

(ii) 생각건대 제29조의 "직무상 행위"에는 권력행위와 비권력적 관리행위 이외에 직무에 관련된 "사법상의 행위"도 포함된다고 보아야 한다(최광의설). 그것은 행위의 주체가 국가 또는 공공단체이기 때문이다.

B. "직무를 집행하면서"

국가배상법 제2조 제1항의 "직무를 집행하면서"라 함은 직무의 집행은 물론이고, 객관적으로 직무행위와 외형상 관련이 있는 행위도 포함한다(外形理論).

"공무원의 행위의 외관을 객관적으로 관찰하여 공무원의 직무행위로 보여질 때에는 비록 그것이 실질적으로는 직무행위이거나 아니거나 또는 행위자의 주관적 의사에 관계없이 그 행위는 본법상의 공무원의 직무집행행위로 보아야 한다"(대판 1966.6.28. 66다781).

(3) 불법행위

(i) 불법행위란 고의나 과실에 의한 위법한 행위를 말한다. 이러한 불법행위의 유형으로는 작위 · 부작위 · 행위의 지체 등이 있다.

공무원의 부작위로 인한 국가배상책임을 인정할 것인지 여부가 문제되는 경우에 관련 공무원에 대하여 작위의무를 명하는 법령의 규정이 없는 때라면 공무원의 부작위로 인하여 침해되는 국민의 법익 또는 국민에게 발생하는 손해가 어느 정도 심각하고 절박한 것인지, 관련 공무원이 그와 같은 결과를 예견하여 그 결과를 회피하기 위한 조치를 취할 수 있는 가능성이 있는지 등을 종합적으로 고려하여 판단하여야 한다(대판 2012.7.26. 2010다95666).

(ii) 불법행위의 성립과 관련하여 판례는 국회의원의 입법행위는 원칙적으로 위법행위가 되지 아니한다고 한다(대판 1997.6.13. 96다56115). 다만, 국가가 일정한 사항에 관하여 헌법에 의하여 부과되는 구체적인 입법의무를 부담하고 있음에도 불구하고 그 입법에 필요한 상당한 기간이 경과하도록 고의 또는 과실로 이러한 입법의무를 이행하지 아니하는 등 극히 예외적인 사정이 인정되는 사안에 한정하여 국가배상법 소정의 배상책임이 인정될 수 있다고 한다.

"우리 헌법이 채택하고 있는 의회민주주의하에서 국회는 다원적 의견이나 갖가지 이익을 반영시킨 토론과정을 거쳐 다수결의 원리에 따라 통일적인 국가의사를 형성하는 역할을 담당하는 국가기관으로서 그 과정에 참여한 국회의원은 입법에 관하여 원칙적으로 국민 전체에 대한 관계에서 정치적 책임을 질 뿐 국민 개개인의 권리에 대응하여 법적 의무를 지는 것은 아니므로 국회의원의 입법행위는 그 입법내용이 헌법의 문언에 명백히 위반됨에도 불구하고 국회가 굳이 당해 입법을 한 것과 같은 특수한 경우가 아닌 한 국가배상법 제2조 제1항 소정의 위법행위에 해당된다고 볼 수 없다"(대판 2008.5.29. 2004다33469).

(iii) 다른 한편 판례는 입법부가 법률로써 행정부에게 특정한 사항을 위임하였음에도 불구하고 행정부가 정당한 이유 없이 시행령을 제정하지 아니함으로써 이를 이행하지 아니하면 불법행위에 해당된다는 입장이다(대판 2007.11.29. 2006다3561).

검사는 공익의 대표자로서 실체적 진실에 입각한 국가 형벌권의 실현을 위하여 공소제기와 유지를 할 의무뿐만 아니라 그 과정에서 피고인의 정당한 이익을 옹호하여야 할 의무가 있다. 그리고 법원이 형사소송절차에서 피고인의 권리를 실질적으로 보장하기 위하여 마련되어 있는 형사소송법 등 관련 법령에 근거하여 검사에게 어떠한 조치를 이행할 것을 명하였고, 관련 법령의 해석상 그러한 법원의 결정에 따르는 것이 당연하고 그와 달리 해석될 여지가 없는 경우라면, 법에 기속되는 검사로서는 법원의 결정에 따라야 할 직무상 의무도 있다. 그런데도 그와 같은 상황에서 검사가 관련 법령의 해석에 관하여 대법원판례 등의 선례가 없다는 이유 등으로 법원의 결정에 어긋나는 행위를 하였다면 특별한 사정이 없는 한 당해 검사에게 직무상 의무를 위반한 과실이 있다고 보아야 한다(대판 2012.11.15. 2011다48452).

국가배상법 제8조에 따라, 심판대상조항들은 국가배상청구권의 소멸시효 기산점을 피해자나 법정대리인이 그 손해 및 가해자를 안 날(주관적 기산점, 민법 제766조 제1항) 및 불법행위를 한 날(객관적 기산점, 민법 제166조 제1항, 제766조 제2항)로 정하되, 그 시효기간을 주관적 기산점으로부터 3년(단기소멸시효기간, 민법 제766조 제1항) 및 객관적 기산점으로부터 5년(장기소멸시효기간, 국가재정법 제96조 제2항, 구 예산회계법 제96조 제2항)으로 정하고 있다. 일반적인 국가배상청구권에 적용되는 소멸시효 기산점과 시효기간에 합리적 이유가 인정된다 하더라도, 과거사정리법에 규정된 '민간인 집단희생사건' 및 '중대한 인권침해 · 조작의혹사건'의 특수성을 고려하지 아니한 채 민법의 '객관적 기산점'이 그대로 적용되도록 규정하는 것은 국가배상청구권에 관한 입법형성의 한계를 일탈한 것이다. 민법의 객관적 기산점을 과거사정리법의 민간인 집단희생사건, 중대한 인권침해 · 조작의혹사건에 적용하도록 규정하는 것은, 소멸시효제도를 통한 법적 안정성과 가해자 보호만을 지나치게 중시한 나머지 합리적 이유 없이 이러한 유형에 관한 국가배상청구권 보장 필요성을 외면한 것으로서 입법형성의 한계를 일탈하여 청구인들의 국가배상청구권을 침해한다(헌재 2018.8.30. 2014헌바148등, 민법 제166조 제1항 등 위헌소원(위헌(일부위헌),합헌)).

(iv) 과실책임주의의 원칙에 따라 불법행위의 입증책임은 피해자에게 있으나, 점차 피해자의 입증책임을 경감 내지 완화하는 경향으로 가고 있다.

"국가배상법 제2조 제1항에 대한 헌재 2015.4.30. 2013헌바395 결정의 요지는 다음과 같다." "헌법 제29조 제1항 제1문은 '공무원의 직무상 불법행위'로 인한 국가 또는 공공단체의 책임을 규정하면서 제2문은 '이 경우 공무원 자신의 책임은 면제되지 아니한다.' 고 규정하는 등 헌법상 국가배상책임은 공무원의 책임을 일정 부분 전제하는 것으로 해석될 수 있고, 헌법 제29조 제1항에 법률유보 문구를 추가한 것은 국가재정을 고려하여 국가배상책임의 범위를 법률로 정하도록 한 것으로 해석되며, 공무원의 고의 또는 과실이 없는데도 국가배상을 인정할 경우 피해자 구제가 확대되기도 하겠지만 현실적으로 원활한 공무수행이 저해될 수 있어 이를 입법정책적으로 고려할 필요성이 있다. 외국의 경우에도 대부분 국가에서 국가배상책임에 공무수행자의 유책성을 요구하고 있으며, 최근에는 국가배상법상의 과실관념의 객관화, 조직과실의 인정, 과실 추정과 같은 논리를 통하여 되도록 피해자에 대한 구제의 폭을 넓히려는 추세에 있다. 피해자구제기능이 충분하지 못한 점은 위 조항의 해석 · 적용을 통해서 완화될 수 있다. 이러한 점들을 고려할 때, 위 조항이 국가배상청구권의 성립요건으로서 공무원의 고의 또는 과실을 규정한 것을 두고 입법형성의 범위를 벗어나 헌법 제29조에서 규정한 국가배상청구권을 침해한다고 보기는 어렵다." … 국가의 행위로 인한 모든 손해가 이 조항으로 구제되어야 하는 것은 아니다. 긴급조치 제1호 또는 제9호로 인한 손해의 특수성과 구제 필요성 등을 고려할 때 공무원의 고의 또는 과실 여부를 떠나 국가가 더욱 폭넓은 배상을 할 필요가 있는 것이라면, 이는 국가배상책임의 일반적 요건을 규정한 심판대상조항이 아니라 국민적 합의를 토대로 입법자가 별도의 입법을 통해 구제하면 된다. 이상의 내용을 종합하면, 심판대상조항이 헌법상 국가배상청구권을 침해하지 않는다고 판단한 헌법재판소의 선례는 여전히 타당하고, 이 사건에서 선례를 변경해야 할 특별한 사정이 있다고 볼 수 없다.

[반대의견(3인)] 헌법재판소의 선례가 특정 법률조항에 관하여 헌법에 위반되지 않는다는 판단을 하였다 하더라도, 그 법률조항 중 특수성이 있는 이례적인 부분의 위헌 여부가 새롭게 문제된다면 그 부분에 대해서는 별개로 다시 검토하여야 한다. 긴급조치 제1호, 제9호의 발령·적용·집행을 통한 국가의 의도적·적극적 불법행위는 우리 헌법의 근본이념인 자유민주적 기본질서를 정면으로 훼손하고, 국민의 기본권을 존중하고 보호하여야 한다는 국가의 본질을 거스르는 행위이므로 불법의 정도가 심각하다. 뿐만 아니라, 그러한 불법행위를 직접 실행한 공무원은 국가가 교체할 수 있는 부품에 불과한 지위에 있었으며, 그 불법행위로 인한 피해 역시 이례적으로 중대하다. 따라서 위와 같은 불법행위는 특수하고 이례적이다. 따라서 심판대상조항 중 위와 같이 특수하고 이례적인 불법행위에 관한 부분의 위헌 여부는 이 사건에서 별개로 다시 판단하여야 한다. 국가배상청구권에 관한 법률조항이 지나치게 불합리하여 국가배상청구를 현저히 곤란하게 만들거나 사실상 불가능하게 하면, 이는 헌법에 위반된다. 심판대상조항은 긴급조치 제1호, 제9호에 관한 불법행위에 대해서도 개별 공무원의 고의 또는 과실을 요구한 결과, 이에 관해서는 국가배상청구가 현저히 어렵게 되었다. 그 때문에 법령의 정당성의 기초가 객관적으로 상실될 정도로 부정의한 규범의 준수에 따른 피해를 사후적으로 회복하기가 어려워졌다. 이로써 법치주의를 실현하기 위한 국가배상청구에 관한 법률조항이 오히려 법치주의에 큰 공백을 허용하였음은 물론이고, 국가의 기본권 보호의무에 관한 헌법 제10조 제2문에도 위반되는 불합리한 결과가 빚어졌다. 뿐만 아니라 이로 인하여 불법성이 더 큰 국가의 불법행위에 대해 오히려 국가배상청구가 어려워졌고, 국가의 불법행위에 따른 피해를 외면하는 결과가 발생하였다. 이로써 국가배상청구권에 관한 법률조항이 오히려 국가배상제도의 본래의 취지인 손해의 공평한 분담과 사회공동체의 배분적 정의 실현에 반하게 되었다. 법정의견이 합헌의 근거로 드는 공무원에 대한 제재기능과 불법행위의 억제기능은 국가가 개별 공무원의 불법행위 실행을 실질적으로 지배한 상태에서 벌어진 경우에는 설득력이 떨어지고, 국가배상제도를 헌법으로 보장한 정신에도 들어맞지 않는다. 나아가 선례에서 고려한 국가재정 역시 국가배상제도의 본질이 국가의 불법행위에 의한 기본권 보호의무 위반에 대한 사후적 구제라는 점에 비추어 보면 중대한 요소로 평가하기 어렵다. 따라서 심판대상조항 중 '긴급조치 제1호, 제9호의 발령·적용·집행을 통한 국가의 의도적·적극적 불법행위에 관한 부분'은 청구인들의 국가배상청구권을 침해하여 헌법에 위반된다(헌재 2020.3.26. 2016헌바55, 국가배상법 제2조 제1항 위헌소원(합헌)).

(v) 위법성의 의미에 대하여, 공무원의 행위가 법규에 위반하였는지를 기준으로 하여야 한다는 행위불법설, 해당 국민이 손해를 수인(受忍)하여야 할지 여부를

기준으로 하여야 한다는 결과불법설, 제반요소를 고려하여 해당 공무원의 행위가 국가행위로서 요구되는 객관적 정당성을 상실한 경우인지를 기준으로 하여야 한다는 상대적 위법성설의 대립이 있다. 생각건대 위법성은 엄격한 법령위반뿐만 아니라 인권존중·권리남용금지·신의성실·사회질서 등의 원칙에 어긋나는 객관적으로 부적당함을 의미한다.

"행정처분의 담당공무원이 보통 일반의 공무원을 표준으로 하여 볼 때 객관적 주의의무를 결하여 그 행정처분이 객관적 정당성을 상실하였다고 인정될 정도에 이른 경우에 국가배상법 제2조 소정의 국가배상책임의 요건을 충족하였다고 봄이 상당할 것이며, 이 때에 객관적 정당성을 상실하였는지 여부는 피침해이익의 종류 및 성질, 침해행위가 되는 행정처분의 태양 및 그 원인, 행정처분의 발동에 대한 피해자 측의 관여의 유무, 정도 및 손해의 정도 등 제반사정을 종합하여 손해의 전보책임을 국가 또는 지방자치단체에게 부담시켜야 할 실질적인 이유가 있는지 여부에 의하여 판단하여야" 한다(대판 2001.1.27. 2008다30703; 대판 2001.12.14. 2000다12679; 대판 2000.5.12. 99다70600).

(4) 손해의 발생

불법행위를 한 공무원과 국가를 제외한 타인에게 손해가 발생하여야 하며, 손해란 법익의 침해로 야기되는 모든 정신적·물질적인 불이익을 말한다. 공무원의 불법행위와 손해의 발생 사이에는 상당인과관계가 있어야 한다.

일반적으로 국가 또는 지방자치단체가 권한을 행사할 때에는 국민에 대한 손해를 방지하여야 하고, 국민의 안전을 배려하여야 하며, 소속 공무원이 전적으로 또는 부수적으로라도 국민 개개인의 안전과 이익을 보호하기 위하여 법령에서 정한 직무상의 의무에 위반하여 국민에게 손해를 가하면 상당인과관계가 인정되는 범위 안에서 국가 또는 지방자치단체가 배상책임을 부담하는 것이지만, 공무원이 직무를 수행하면서 그 근거되는 법령의 규정에 따라 구체적으로 의무를 부여받았어도 그것이 국민의 이익과는 관계없이 순전히 행정기관 내부의 질서를 유지하기 위한 것이거나, 또는 국민의 이익과 관련된 것이라도 직접 국민 개개인의 이익을 위한 것이 아니라 전체적으로 공공 일반의 이익을 도모하기 위한 것이라면 그 의무에 위반하여 국민에게 손해를 가하여도 국가 또는 지방자치단체는 배상책임을 부담하지 아니한다(대판 2006.4.14. 2003다41746[손해배상(기)]; 대판 1970.3.24. 70다152).

(5) 자동차손해배상보장법상의 요건

국가배상법 제2조 제1항 후단은 자동차손해배상보장법의 규정에 의하여 손해배상의 책임이 있는 경우를 추가한다. 자동차손해배상보장법 제3조·제4조에 의하여 사용자책임원칙이 적용된다.

3. 국가배상책임의 성질

국가배상책임의 성질에 관하여는 학설이 대립되어 있다.

(ⅰ) 대위책임설(代位責任說)에 의하면 국가배상책임은 국가나 공공단체의 자기책임이 아니라 공무원에 대위하여 지는 책임이라고 한다. 이 학설은 국가배상제도의 연혁상 국가나 공공단체의 구상권을 규정하고 있고, 국가배상책임이 실질적으로 민법상의 사용자책임이라고 본다.

(ⅱ) 자기책임설(自己責任說)에 의하면 국가배상책임은 국가가 공무원의 책임에 대한 대신 부담이 아니라 공무원을 자신의 기관으로 사용한 데 대한 책임이므로, 국가가 자기의 행위에 대한 책임을 스스로 져야 한다. 그 논거로는 공무원에 대신하여 국가배상을 한다는 명문의 규정이 없고, 위법하게 행사할 수 있는 권한을 부여한 결과에 대하여 국가 등이 부담하여야 할 위험책임인 점 등이 있다.

(ⅲ) 중간설(절충설)에 의하면 고의·중과실에 의한 배상책임은 기관행위로서의 품격을 가지지 못하므로 국가 등이 대위책임으로 보아야 하나, 공무원의 경과실에 의한 배상책임은 기관의 행위로 인정할 수 있기 때문에 국가 등의 자기책임으로 보아야 한다고 한다. 즉 절충설에 의하면 공무원의 고의·중과실의 경우에는 선택적 청구를 인용하는 반면, 경과실의 경우에는 선택적 청구를 부정한다.

대판(전합) 1996.2.15. 95다38677: [다수의견](절충설) "국가배상법 제2조 제1항 본문 및 제2항의 입법취지는 공무원의 직무상 위법행위로 타인에게 손해를 끼친 경우에는 변제자력이 충분한 국가 등에게 선임감독상 과실 여부에 불구하고 손해배상책임을 부담시켜 국민의 재산권을 보장하되, 공무원이 직무를 수행함에 있어 경과실로 타인에게 손해를 입힌 경우에는 그 직무수행상 통상 예기할 수 있는 흠이 있는 것에 불과하므로, 이러한 공무원의 행위는 여전히 국가 등의 기관의 행위로 보아 그로 인하여 발생한 손해에 대한 배상책임도 전적으로 국가 등에만 귀속시키고 공무원 개인에게는 그로 인한 책임을 부담시키지 아니하여 공무원의 공무집행의 안정성을 확보하고, 반면에 공무원의 위법행위가 고의·중과실에 기한 경우에는 비록 그 행위가 그의 직무와 관련된 것이라고 하더라도 그와 같은 행위는 그 본질에 있어서 기관행위로서의 품격(品格)을 상실하여 국가 등에게 그 책임을 귀속시킬 수 없으므로 공무원 개인에게 불법행위로 인한 손해배상책임을 부담시키되, 다만 이러한 경우에도 그 행위의 외관을 객관적으로 관찰하여 공무원의 직무집행으로 보여질 때에는 피해자인 국민을 두텁게 보호하기 위하여 국가 등이 공무원 개인과 중첩적으로 배상책임을 부담하되 국가 등이 배상책임을 지는 경우에는 공무원 개인에게 구상할 수 있도록 함으로써 궁극적으로 그 책임이 공무원 개인에게 귀속되도록 하려는 것이라고 봄이 합당하다."

[별개의견](자기책임설) "국가배상법 제2조 제2항의 입법취지가 공무원의 직무집행의 안정성 내지 효율성의 확보에 있음은 의문이 없는 바이나, 위 법 조항은 어디까지나 국가 등과 공무원 사이의 대내적 구상관계만을 규정함으로써, 즉 경과실의 경우에는 공무원에 대한 구상책임을 면제하는 것만으로써 공무 집행의 안정성을 확보하려는 것이고, 대외적 관계 즉 피해자(국민)와 불법행위자(공무원) 본인 사이의 책임관계를 규율하는 취지로 볼 수는 없다. 그것은 국가배상법의 목적이 그 제1조가 밝히고 있는 바와 같이 국가 등의 손해배상책임과 그 배상절차 즉 국가 등과 피해자인 국민간의 관계를 규정함에 있고 가해자인 공무원과 피해자인 국민간의 관계를 규정함에 있는 것이 아닌 점에 비추어 보아도 명백하다."

[반대의견](대위책임설) "헌법 제29조 제1항 및 국가배상법 제2조 제1항의 규정이 공무원의 직무상 불법행위에 대하여 자기의 행위에 대한 책임에서와 같이 국가 또는 공공단체의 무조건적인 배상책임을 규정한 것은, 오로지 변제자력이 충분한 국가 또는 공공단체로 하여금 배상하게 함으로써 피해자구제에 만전을 기한다는 것에 그치는 것이 아니라, 더 나아가 국민 전체에 대한 봉사자인 공무원들로 하여금 보다 적극적이고 능동적으로 공무를 수행하게 하기 위하여 공무원 개인의 배상책임을 면제한다는 것에 초점이 있는 것으로 보아야 한다."

(iv) 생각건대 국가배상제도의 연혁을 고려하여 볼 때 오늘날 국가배상책임은 국가의 무과실책임·위험책임의 원리에 충실하여야 한다. 현실적인 논거로서는 중간설이 타당한 측면도 있으나, 그 본질에 비추어 국가의 자기책임·무과실책임에 기초한 자기책임설이 타당하다.

4. 배상책임자: 국가책임과 공무원책임

(i) 국가배상청구권의 성립요건을 구비하게 되면 피해자인 국민은 국가 또는 공공단체에 대하여 국가배상청구권을 가지게 된다. 헌법 제29조 제1항은 국가배상청구의 상대방으로 "국가 또는 공공단체"라고 규정하지만 국가배상법 제2조 제1항은 국가배상청구의 상대방으로 "국가나 지방자치단체"로 규정함으로써 청구 상대방의 범위를 좁힌다. 한편, 국가배상법 제2조 제2항은 불법행위를 한 공무원에게 고의 또는 중대한 과실이 있으면 국가나 지방자치단체는 그 공무원에게 구상할 수 있다고 함으로써 가해공무원의 내부적 구상책임을 규정한다. 여기서 '중대한 과실'이라 함은 공무원에게 통상 요구되는 정도의 상당한 주의를 하지 아니하더라도 약간의 주의를 한다면 손쉽게 위법, 유해한 결과를 예견할 수 있는 경우임에도 만연히 이를 간과함과 같은 거의 고의(故意)에 가까운 현저한 주의를 결여한 상태를 의미한다(대판 2003.12.26. 2003다13307; 대판 2003.2.11. 2002다65929).

(ii) 국가배상책임 요건인 공무원의 고의·과실과 관련하여, 공무원이 관계 법령을 알지 못하였다거나 직무수행에 필요한 지식을 갖추지 못하여 법령 해석과 적용을 그르친 경우에 원칙적으로 공무원의 과실이 인정된다. 다만, 예외적으로 법령의 해석이 문언 자체만으로 명확하지 아니하여 여러 견해가 존재할 수 있고 이에 대한 선례·판례 등도 귀일(歸一)된 바 없어 관계 공무원이 전문가에게 자문하는 등 해당 법령을 신중하게 해석·적용한 경우에는 과실이 인정되지 아니한다.

일반적으로 공무원이 직무를 집행함에 있어서 관계 법규를 알지 못하거나 필요한 지식을 갖추지 못하여 법규의 해석을 그르쳐 잘못된 행정처분을 하였다면 그가 법률전문가가 아닌 행정직 공무원이라고 하여 과실이 없다고 할 수 없으나, 법령에 대한 해석이 그 문언 자체만으로는 명백하지 아니하여 여러 견해가 있을 수 있는 데다가 이에 대한 선례나 학설, 판례 등도 귀일된 바 없어 의의(疑義)가 없을 수 없는 경우에 관계 공무원이 그 나름대로 신중을 다하여 합리적인 근거를 찾아 그 중 어느 한 견해를 따라 내린 해석이 후에 대법원이 내린 입장과 같지 않아 결과적으로 잘못된 해석에 돌아가고, 이에 따른 처리가 역시 결과적으로 위법하게 되어 그 법령의 부당집행이라는 결과를 가져오게 되었다고 하더라도 그와 같은 처리방법 이상의 것을 성실한 평균적 공무원에게 기대하기는 어려운 일이고, 따라서 이러한 경우에까지 공무원의 과실을 인정할 수는 없다(대판 2010.4.29. 2009다97925).

수사기관이 법령에 의하지 않고는 변호인의 접견교통권을 제한할 수 없다는 것은 대법원이 오래전부터 선언해 온 확고한 법리로서 변호인의 접견신청에 대하여 허용 여부를 결정하는 수사기관으로서는 마땅히 이를 숙지해야 한다. 이러한 법리에 반하여 변호인의 접견신청을 허용하지 않고 변호인의 접견교통권을 침해한 경우에는 접견 불허결정을 한 공무원에게 고의나 과실이 있다고 볼 수 있다(대판 2018.12.27. 2016다266736).

(iii) 국가배상청구와 관련하여 피해자가 국가배상청구를 국가나 공공단체에 대하여서만 청구를 할 수 있는가, 아니면 국가나 공공단체와 공무원의 양쪽에 대하여 선택적으로 청구할 수 있는가에 관하여 견해가 대립된다.

① 선택적 청구권설에 의하면, 헌법 제29조 제1항 단서에서 공무원의 민·형사상 책임은 면제되지 아니한다고 규정하고 있으므로 선택적으로 청구할 수 있다.

전술한 대법원 전원합의체의 다수의견에 의하면 공무원 개인이 경과실인 경우에는 국가가 책임을 지고 공무원 개인이 고의 또는 중과실인 경우이자 그 행위를 직무수행으로 볼 수 없는 경우에는 공무원 개인이 책임을 지는 것으로 이해된다. 그러므로 이 판례에 의하면 경과실의 경우에는 선택적 청구가 불가능하고 고의·중과실이며 직무행위로 볼 수 없는 경우에도 선택적 청구가 역시 불가능하게 된다.

② 대국가적 청구권설에 의하면, 헌법 제29조 제1항 단서에서 규정하는 공무원의 민사책임은 국가배상법 제2조 제2항에 의하여 국가나 공공단체에 대한 공무

원의 내부적 구상책임으로 구체화되고, 또한 피해자구제에 최선을 다하기 위하여 충분한 배상자력을 가진 국가나 공공단체만을 배상책임자로 규정하였다고 본다.

③ 생각건대 국가배상책임의 본질은 **자기책임설**에 기초하여야 하며, 이에 따라 국가배상청구의 상대방은 원칙적으로 국가가 되어야 한다.

5. 국가배상청구의 절차와 배상범위

(i) 국가배상법 제9조에서는 배상심의회 결정전치주의를 채택한 바 있으나, 헌법재판소는 합헌으로 판시한 바 있다.

> 국가배상법에 의한 손해배상청구에 관한 시간, 노력, 비용의 절감을 도모하여 배상사무의 원활을 기하며 피해자로서도 신속, 간편한 절차에 의하여 배상금을 지급받을 수 있도록 하는 한편, 국고손실을 절감하도록 하기 위한 공익과, 배상절차의 합리성 및 적정성의 정도, 그리고 한편으로는 배상신청을 하는 국민이 치루어야 하는 수고나 시간의 소모를 비교하여볼 때, 재판청구권을 침해하지 아니한다(헌재 2000.2.24. 99헌바17등, 국가배상법 제9조 위헌소원(합헌)).

이후 임의적(선택적) 전치주의로 개정되었다.

(ii) 배상의 범위에 관하여 헌법 제29조 제1항에서는 정당한 배상을 규정하고 있기 때문에, 해당 불법행위와 상당인과관계에 있는 모든 손해를 배상하여야 한다. 국가배상법 제3조의2 제3항에 근거한 같은 법 시행령 제6조 제3항은 배상액 산정에 있어서 **호프만방식**을 채택한다.

(iii) 소멸시효를 배제하는 등의 특별규정을 두지 아니함으로써 국가배상청구권에 대하여 민법 또는 그 외의 법률상의 소멸시효 규정이 적용되도록 한 국가배상법 제8조는 합헌이다(헌재 1997.2.20. 96헌바24, 국가배상법 제8조 위헌소원(기각,각하); 헌재 2011.9.29. 2010헌바116, 국가배상법 제8조 등 위헌소원(합헌)).

> 국가배상법 제2조 제1항 본문 전단 규정에 따른 배상청구권은 금전의 급부를 목적으로 하는 국가에 대한 권리로서 구 예산회계법 제96조 제2항, 제1항이 적용되므로 이를 5년간 행사하지 아니할 때에는 시효로 인하여 소멸한다(대판 1971.6.22. 70다1010; 대판 2008.5.29. 2004다33469).

(iv) 국가배상법 제2조 제2항 · 제5조 제2항 · 제6조 제2항에 내부적 구상권에 관한 규정을 두고 있다.

> 부마민주항쟁 관련자에 대하여 관련자와 그 유족이 더 간이한 절차를 통하여 일정한 손해배상 내지 손실보상을 받을 수 있도록 특별한 절차를 마련한 것이므로, 이에 따라 지급되는 보상금 등의 수급권은 전통적 의미의 국가배상청구권과 달리 부마항쟁보상법에 의하여 비로소 인정되는 권리로서, 그 수급권에 관한 구체적인 사항을 정하는 것은 입법자의 입법형성의 영역에 속한다(7:2)(헌재 2019.4.11. 2016헌마418, 부마민주항쟁 관련자의 명예회복 및 보상 등에 관한 법률 제21조 등 위헌확인 (기각)).

V. 국가배상청구권의 제한

1. 헌법 제29조 제2항: 이중배상청구금지

(i) 이중배상청구금지 규정은 원래 헌법상의 규정이 아니라 국가배상법 제2조 제1항 단서에 규정되어 있었다. 이 규정에 대하여 1971년 대법원은 이 규정에 대하여 위헌판결 을 내린 바 있다(9:7)(대판(전합) 1971.6.22. 70다1010(손해배상)).

"헌법 제26조는 공무원의 직무상 불법행위로 손해를 받은 국민은 국가 또는 공공단체에 배상을 청구할 수 있다고 규정하여 공무원의 불법행위로 손해를 받은 국민은 그 신분에 관계 없이 누구든지 국가 또는 공공단체에 그 불법행위로 인한 손해전부의 배상을 청구할 수 있는 기본권을 보장하였고 한편 헌법 제32조 제2항에는 국민의 모든 자유와 권리는 질서유지 또는 공공복리를 위하여 필요한 경우에 한하여 법률로써 제한할 수 있으며 제한하는 경우에도 자유와 권리의 본질적인 내용을 침해할 수 없다고 규정하여 헌법 제26조의 규정에 의하여 보장된 국민의 손해배상청구권은 질서유지 또는 공공복리를 위하여 필요한 경우에 한하여 그 배상청구권의 본질적 내용을 침해하지 않는 범위안에서 법률로써 제한할 수 있으나 헌법 제32조 제2항에 의하여 손해배상청구권을 법률로써 제한하는 경우에도 다시 헌법 제9조의 모든 국민은 법 앞에 평등하다. 누구든지 성별, 종교 또는 사회적 신분에 의하여 정치적, 경제적, 사회적, 문화적 생활의 모든 영역에 있어서 차별을 받지 아니한다는 규정에 위반되지 않아야 하며 또 헌법 제8조의 모든 국민은 인간으로서의 존엄과 가치를 가지며 이를 위하여 국가는 국민의 기본적 인권을 최대한으로 보장할 의무를 진다는 규정에도 적합하여야 하므로 결국 헌법 제26조에 의하여 보장된 손해배상청구권을 법률로써 제한함에는 첫째 질서유지 또는 공공복리를 위하여 제한할 필요가 있어야 하고 둘째, 위 제한은 질서유지 또는 공공복리를 위하여 필요한 최소한도에 끝임으로써 손해배상청구권을 최대한도로 보장하여야 하며 어떠한 이유로도 헌법 제26조에 보장된 손해배상청구권의 본질적 내용을 침해하는 정도로 제한할 수 없으며 셋째, 위 제한은 국민평등의 원칙에 적합하게 모든 피해국민에게 평등하게 제한하여야 하며 일부국민 특히 군인군속에 대하여서만 제한하는 경우에는 헌법 제9조의 평등의 원칙에 반하지 않는 합리적인 이유와 범위안에서만 할 수 있다 할 것이요, 이 제한의 범주를 넘은 손해배상청구권의 부인은 위 헌법이 보장한 기본권 자체의 박탈이므로 어떠한 이유로도 헌법의 규정상 불가능하다." "유독 군인 또는 군속에 대하여서만 차별을 할 하등의 합리적 이유도 없다 할 것이니 군인 또는 군속이 공무원의 직무상 불법행위의 피해자인 경우에 그 군인 또는 군속에게 이로 인한 손해배상청구권을 제한 또는 부인하는 국가배상법 제2조 제1항 단행은 헌법 제26조에서 보장된 국민의 기본권인 손해배상청구권을 헌법 제32조 제2항의 질서유지 또는 공공 복리를 위하여 제한할 필요성이 없이 제한한 것이고 또 헌법 제9조의 평등의 원칙에 반하여 군인 또는 군속인 피해자에 대하여서만 그 권리를 부인함으로써 그 권리자체의 본질적 내용을 침해하였으며 기본권제한의 범주를 넘어 권리 자체를 박탈하는 규정이므로 이는 헌법 제26조, 같은법 제8조, 같은법 제9조 및 같은법 제32조 제2항에 위반한다."

이후 같은 내용이 1972년 헌법에 규정된 이래 현재에 이르고 있다. 헌법 제29조 제2항에서는 "군인 · 군무원 · 경찰공무원 기타 법률이 정하는 자가 전투 · 훈련 등 직무집행과 관련하여 받은 손해에 대하여는 법률이 정하는 보상외에 국가 또는 공공단체에 공무원의 직무상 불법행위로 인한 배상은 청구할 수 없다"라는 이중배상청구금지 규정을 두고 있다. 이 조항에 대하여는 그간 위헌성이 제기되어 왔으나, 헌법재판소는 헌법규범이라는 이유로 합헌이라고 판시한다.

"국가배상법 제2조 제1항 단서는 헌법 제29조 제1항에 의하여 보장되는 국가배상청구권을 헌법내재적으로 제한하는 헌법 제29조 제2항에 직접 근거하고, 실질적으로 그 내용을 같이하는 것이므로 헌법에 위반되지 아니한다"(헌재 2001.2.22. 2000헌바38, 국가배상법 제2조 제1항 단서 등 위헌소원(합헌,각하); 헌재 2005.5.26. 2005헌바28, 헌법 제29조 제2항 등 위헌소원(합헌,각하)) ; "국가배상법 제2조 제1항 단서 중 군인에 관련되는 부분을, 일반국민이 직무집행중인 군인과의 공동불법행위로 직무집행중인 다른 군인에게 공상을 입혀 그 피해자에게 공동의 불법행위로 인한 손해를 배상한 다음 공동불법행위자인 군인의 부담 부분에 관하여 국가에 대하여 구상권을 행사하는 것을 허용하지 않는다고 해석한다면, 이는 위 단서규정의 헌법상 근거 규정인 헌법 제29조가 구상권의 행사를 배제하지 아니하는 데도 이를 배제하는 것으로 해석하는 것으로서 합리적인 이유없이 일반국민을 국가에 대하여 지나치게 차별하는 경우에 해당하므로 헌법 제11조, 제29조에 위반되며, 또한 국가에 대한 구상권은 헌법 제23조 제1항에 의하여 보장되는 재산권이고 위와 같은 해석은 그러한 재산권의 제한에 해당하며 재산권의 제한은 헌법 제37조 제2항에 의한 기본권제한의 한계 내에서만 가능한데, 위와 같은 해석은 헌법 제37조 제2항에 의하여 기본권을 제한할 때 요구되는 비례의 원칙에 위배하여 일반국민의 재산권을 과잉제한하는 경우에 해당하여 헌법 제23조 제1항 및 제37조 제2항에도 위반된다"(헌재 1995.12.28. 95헌바3(합헌,각하)) (헌재 1994.12.29. 93헌바21(한정위헌); 헌재 1996.6.13. 94헌마118등(기각,각하); 대판(전합) 2001.2.15. 96다42420).

대판(전합) 2001.2.15. 96다42420[다수의견] "헌법 제29조 제2항, 국가배상법 제2조 제1항 단서의 입법취지를 관철하기 위하여는, 국가배상법 제2조 제1항 단서가 적용되는 공무원의 직무상 불법행위로 인하여 직무집행과 관련하여 피해를 입은 군인 등에 대하여 위 불법행위에 관련된 '민간인'이 공동불법행위책임, 사용자책임, 자동차운행자책임 등에 의하여 그 손해를 자신의 귀책부분을 넘어서 배상한 경우에도, 국가 등은 피해 군인 등에 대한 국가배상책임을 면할 뿐만 아니라, 나아가 민간인에 대한 국가의 귀책비율에 따른 구상의무도 부담하지 않는다고 하여야 할 것이다. 그러나 위와 같은 경우, 민간인은 여전히 공동불법행위자 등이라는 이유로 피해 군인 등의 손해 전부를 배상할 책임을 부담하도록 하면서 국가 등에 대하여는 귀책비율에 따른 구상을 청구할 수 없도록 한다면, 공무원의 직무활동으로 빚어지는 이익의 귀속주체인 국가 등과 민간인과의 관계에서 원래는 국가 등이 부담하여야 할 손해까지 민간인이 부담하는 부당한 결과가 될 것이고, … 공동불법행위자 등이 부진정연대채무자로서 각자 피해자의 손해 전부를 배상할 의무를 부담하는 공동불법행위의 일반적인 경우와 달리 예외적으로 민간인은 피해 군인 등에 대하여 그 손해 중 국가 등이 민간인에 대한 구상의무를 부담한다면 그 내부적인 관계에서 부담하여야 할 부분을 제외한 나머지 자신의 부담부분에 한하여 손해배상의무를 부담하고, 한편 국가 등에 대하여는 그 귀책부분의 구상을 청구할 수 없다고 해석함이 상당하다."

[반대의견] "불법행위법의 목적과 일반원칙에 비추어 볼 때, 가해 공무원의 사용사로서의 지위에서 피해 군인 등의 손해발생에 책임이 있는 국가 등의 손해배상의무가 위 헌법 및 국가배상법의 규정에 의하여 배제 또는 면제되었다고 하더라도, 피해자를 보호하기 위해서는 그 손해발생의 다른 책임주체인 민간인의 손해배상의무까지 감축된다고 할 수 없고 그 민간인은 여전히 피해 군인 등의 손해 전부를 배상할 의무가 있는 것이다. 한편, 손해의 공평·타당한 부담·배분을 위해서는 군인 등의 손해를 배상한 민간인이 국가 등에 대하여 구상권을 행사할 수 있다고 해석하여야 한다."

[보충의견] 다수의견은 공동불법행위자의 책임에 관하여 피해자를 두텁게 보호하기 위하여 그동안 우리의 지배적 학설과 판례가 취하여 온, 공동불법행위자는 각자 손해 전부에 대한 배상의무를 부담한다는 원칙은 여전히 타당하다고 보지만, 법률에 의하여 보장되는 국가보상청구권제도에 의하여 피해자의 구제가 확실해 보이는 경우에 민간인이 국가에 대하여 구상권을 행사할 수 없다고 봄으로 인하여 민간인이 부당한 손해를 입을 수 있는 위험을 방지하기 위하여 특별한 사정을 기초로 예외적으로 공동불법행위자인 민간인의 손해배상의무를 제한하려는 것이므로, 이로 인하여 불법행위제도에 의한 피해자 보호의 취지가 특별히 훼손된다거나 불법행위로 인한 피해자의 구제에 관하여 일관성 없는 차별적 처리를 초래할 위험이 있다고 볼 수는 없으며, 민간인의 손해배상의무가 제한된다고 보는 것은 피해자가 누구로부터 먼저 배상이나 보상을 받느냐에 따라 민간인이 최종적으로 부담할 손해배상액에 차이가 생기고, 경우에 따라서는 민간인의 부담 아래 피해자가 과잉배상을 받게 되는 부당한 결과를 방지하기 위한 것으로서, 민간인은 그 손해배상의무의 제한으로 인하여 부당한 이득을 얻는 것이 아니라, 그 반대의 경우에 발생할 수 있는 부당한 손해를 입을 위험이 없게 될 뿐이므로 다수의견이 피해자보다 민간인을 부당하게 더 두텁게 보호하려는 것으로 볼 수도 없다.

앞으로 헌법개정이 있을 때에는 이 조항은 삭제되어야 한다. 한편 현실적으로 야기되는 위헌논의를 불식시키기 위하여서는 군인 등에 대한 보상이 피해자를 만족시킬 수 있는 수준으로 이루어져야 한다.

(ii) 한편 국가배상법 제2조 제1항 단서의 종래 "전투·훈련 기타 직무집행과 관련하거나 국방 또는 치안유지의 목적상 사용하는 시설 및 자동차·함선·항공기·기타 운반기구 안에서"라는 규정은 "전투·훈련 등 직무집행과 관련하여"로 개정되었다. 이는 전투·훈련 외의 일반직무로 인한 순직(殉職)·공상(公傷)의 경

우에는 손해배상청구가 가능하게 함으로써 그동안 배상대상에서 제외되어 불합리한 차별을 받아오던 경찰공무원의 보상체계를 부분적으로 개선하였다. 또한 "제1항 단서에도 불구하고 전사하거나 순직한 군인·군무원·경찰공무원 또는 예비군대원의 유족은 자신의 정신적 고통에 대한 위자료를 청구할 수 있다"(제3항)라는 조항이 신설되어 유족의 정신적 위자료 청구를 인정한다. 이에 따라 유족이 가지는 위자료 청구권은 군인 등 본인의 청구권과는 별개의 독립적인 청구권으로 인정한다.

"국가배상법 제2조 제1항 단서는 헌법 제29조 제2항에 근거를 둔 규정으로서, 구 국가유공자법이 정한 보상에 관한 규정은 국가배상법 제2조 제1항 단서가 정한 '다른 법령'에 해당하므로, 구 국가유공자법에서 정한 국가유공자 요건에 해당하여 보상금 등 보훈급여금을 지급받을 수 있는 경우는 구 국가유공자법에 따라 '보상을 지급받을 수 있을 때'에 해당한다(대판 1994.12.13. 93다29969, 대판 2002.5.10. 2000다39735 참조). 따라서 군인·군무원·경찰공무원 또는 향토예비군대원(이하 '군인 등'이라 한다)이 전투·훈련 등 직무집행과 관련하여 공상을 입는 등의 이유로 구 국가유공자법이 정한 국가유공자 요건에 해당하여 보상금 등 보훈급여금을 지급받을 수 있는 경우에는 국가배상법 제2조 제1항 단서에 따라 국가를 상대로 국가배상을 청구할 수 없다고 보아야 한다. 그러나 이와 달리 전투·훈련 등 직무집행과 관련하여 공상을 입은 군인 등이 먼저 국가배상법에 따라 손해배상금을 지급받은 다음 구 국가유공자법이 정한 보상금 등 보훈급여금의 지급을 청구하는 경우 피고로서는 다음과 같은 사정에 비추어 국가배상법에 따라 손해배상을 받았다는 사정을 들어 보상금 등 보훈급여금의 지급을 거부할 수 없다고 보아야 한다"(대판 2017.2.3. 2014두40012, 보훈급여지급비대상결정처분취소).

2. 법률에 의한 제한

국가배상청구권도 헌법 제37조 제2항의 일반원리에 따라 제한될 수 있다. 헌법재판소는 국가배상법 제16조 중 "심의회의 배상결정은 신청인이 동의한 때에는 민사소송법의 규정에 의한 재판상의 화해가 성립한 것으로 본다"라는 규정은 위헌이라고 결정하였다(헌재 1995.5.25. 91헌가7, 국가배상법 제16조에 관한 위헌심판(위헌)). 이에 따라 동 규정은 삭제되었다.

특수임무수행자등이 보상금등 지급결정에 동의한 경우 특수임무수행 또는 이와 관련한 교육훈련으로 입은 피해에 대하여 재판상 화해가 성립된 것으로 보는 법률 제17조의2 가운데 특수임무수행 또는 이와 관련한 교육훈련으로 입은 피해 중 '정신적 손해'에 관한 부분은 헌법에 위반되지 아니한다(헌재 2021.9.30. 2019헌가28, 특수임무수행자 보상에 관한 법률 제17조의2 위헌제청(합헌))(헌재 2009.4.30. 2006헌마1322; 헌재 2011.2.24. 2010헌바199).
[해설] 위 결정은 구 '민주화운동 관련자 명예회복 및 보상 등에 관한 법률'('민주화보상법') 및 구 '광주민주화운동 관련자 보상 등에 관한 법률'('5·18보상법')과 달리 '특수임무수행자 보상에 관한 법률'의 보상금 산정 관련조항에는 정신적 손해배상에 상응하는 항목이 존재한다는 점이 중요하게 고려되었다.

민주화보상법의 보상금 등에는 정신적 손해에 대한 배상이 포함되어 있지 아니한바, 정신적 손해에 대해 적절한 배상이 이루어지지 아니한 상태에서 적극적·소극적 손해에 상응하는 배상이 이루어졌다는 사정만으로 정신적 손해에 대한 국가배상청구마저 금지하는 것은, 해당 손해에 대한 적절한 배상이 이루어졌음을 전제로 하여 국가배상청구권 행사를 제한하려 한 민주화보상법의 입법목적에도 부합하지 아니하며, 국가의 기본권 보호의무를 규정한 헌법 제10조 제2문의 취지에도 반하는 것으로서, 국가배상청구권에 대한 지나치게 과도한 제한에 해당한다(헌재 2018.8.30. 2014헌바180등, 민주화운동관련자 명예회복 및 보상 등에 관한 법률 제18조 제2항 위헌소원(위헌,각하)). 이는 '민주화운동과 관련하여 입은 피해'에는 정신적 손해를 포함한 일체를 의미한다는 대법원 판례(대판(전합) 2015.1.22. 2012다204365)에 부합하는 결정이다. 아래 결정도 위 결정과 같은 취지이다.

5·18보상법은 관련자와 그 유족의 신청이 있을 경우 보상심의위원회로 하여금 보상금 등 지급결정을 하도록 하되, 신청인이 그 지급결정에 동의한 때에는 5·18민주화운동과 관련하여 입은 피해(정신적 손해 포함)에 대하여 재판상 화해가 성립된 것으로 간주하는 규정은 헌법에 위반된다(헌재 2021.5.27. 2019헌가17, 구 광주민주화운동관련자보상등에관한법률 제16조 제2항 위헌제청(위헌)).

3. 예외적 제한

국가배상청구권은 국가긴급 시 긴급명령 등에 의하여 제한될 수 있다.

제 5 절 손실보상청구권

Ⅰ. 의 의

(ⅰ) "공공필요에 의한 재산권의 수용·사용 또는 제한 및 그에 대한 보상은 법률로써 하되, 정당한 보상을 지급하여야 한다"(제23조 제3항)(상세는 제2편 제4장 제5절 제3항 재산권 중 Ⅵ. Ⅶ. 참조).

(ⅱ) 공공필요에 의하여 재산권에 대한 수용·사용·제한을 하는 경우에는 공법상 특별한 원인에 기하여 특별한 희생이 따르게 되므로 정당한 손실보상을 하여야 한다. 손실보상청구권(損失報償請求權)은 특별한 희생에 대하여 정당한 보상을 함으로써 특정인에 가하여진 특별한 희생은 이를 전체의 부담으로 보상하여야 한다는 정의와 공평의 원칙에 입각한다.

(ⅲ) 손실보상청구권은 손해배상청구권과 더불어 행정상(行政上) 손해전보제도(損害塡補制度)로서 사후적 구제수단이다. 그런데 손실보상청구권은 적법한 공권력의 행사로 인한 재산상 손실을 구제하는 제도이지만, 손해배상청구권은 위법한 공권력의 행사로 인한 재산상 손해를 구제하는 제도라는 점에서 구별된다.

Ⅱ. 손실보상청구권의 법적 성격

(ⅰ) 제23조 제3항에서 규정하는 손실보상청구권의 실정법적 성격에 관하여는 직접적 효력규정설과 방침규정설이 있다. 직접적 효력규정설에 의하면 헌법 제23조 제3항의 보상은 필수적이며, 다만 그 기준과 방법만을 법률에 위임하고 있을 뿐이다. 이와 같은 해석이 헌법 제23조 제1항의 사유재산제의 보장의 법리에도 부합한다.

(ⅱ) 손실보상청구권이 공권이냐 사권이냐의 논의가 있을 수 있으나, 공권력의 행사에 따른 청구권이라는 점에서 공권으로 보아야 한다.

Ⅲ. 손실보상청구권의 주체

공용수용·사용·제한 등 적법한 공권력의 발동으로 인하여 재산상 특별한 희생을 당한 국민이다. 내국인뿐만 아니라 외국인 및 법인도 주체가 된다.

Ⅳ. 손실보상청구권의 내용

1. 성립요건

개인의 재산권이, 공공필요에 의하여, 적법한 공권력의 행사로 인하여, 특별한 희생을 당하여야 한다.

(i) 재산권이란 공·사법상 재산적 가치가 있는 모든 권리이다.

(ii) 공공필요란 공익사업의 시행이나 공공복리를 달성하기 위하여 재산권의 제한이 불가피한 경우이다. 공공필요의 유무는 공익과 사익을 비교형량하여 결정되어야 한다.

(iii) 공권력에 의한 침해란 개인의 재산권에 대한 일체의 침해를 말한다. 헌법 제23조 제3항에서는 공권력에 의한 침해의 유형으로서 수용·사용·제한을 규정한다. 수용(收用)은 국가·공공단체 또는 사업주체가 공공필요에 따라 사인의 재산권을 강제적으로 취득하는 행위를 말한다. 사용(使用)은 공공필요에 따라 국가 등이 개인의 재산권을 일시적·강제적으로 사용하는 행위를 말한다. 제한(制限)은 공공필요에 따라 국가 등이 개인의 특정재산에 과하는 공법상의 제한을 말한다.

(iv) 특별한 희생(犧牲)이란 특정인에게 과하여진 일반적 수인의무의 범위를 넘어서는 재산권에 대한 희생을 말한다.

2. 기 준

(i) 정당한 보상이란 침해된 재산권의 객관적 가치를 완전히 보상하는 것을 의미한다. 헌법이 규정한 "정당한 보상"이란 … 손실보상의 원인이 되는 재산권의 침해가 기존의 법질서 안에서 개인의 재산권에 대한 개별적인 침해인 경우에는 그 손실보상은 원칙적으로 피수용재산의 객관적인 재산가치의 완전보상을 의미하며 보상금액뿐만 아니라 보상의 시기나 방법 등에 있어서도 어떠한 제한을 두어서는 아니 된다(헌재 1990.6.25. 89헌마107, 토지수용법 제46조 제2항의 위헌여부에 관한 헌법소원(합헌)).

손실보상의 기준에 관하여 제헌헌법에서 제2공화국헌법까지는 "법률이 정하는 바에 의하여 상당한 보상", 제3공화국헌법에서는 "법률로써 하되 정당한 보상", 제4공화국헌법에서는 "공공필요에 의한 재산권의 수용·사용 또는 제한 및 그 보상의 기준과 방법은 법률로 정한다", 제5공화국헌법은 "보상은 공익 및 관계자의 이익을 정당하게 형량하여 법률로 정한다"라고 규정한다.

"구 토지수용법 제46조 제2항이 보상액을 산정함에 있어 개발이익을 배제하고, 기준지가의 고시일 이후 시점보정을 인근토지의 가격변동률과 도매물가상승률 등에 의하여 행하도록 규정한 것은 헌법 제23조 제3항에 규정한 정당보상의 원리에 어긋나지 않는다"(헌재 1990.6.25. 89헌마107, 토지수용법 제46조 제2항의 위헌여부에 관한 헌법소원(합헌)) (상세는 제3편 제4장 제5절 제3항 재산권 중 VI. VII. 참조).

(ii) 그런데 여기서 보상은 완전보상이 원칙이지만 예외적으로 불가피한 경우에는 상당한 보상도 가능하다는 견해도 있다. 다른 한편, 오늘날 손실보상은 생활의 터전을 보상하여주는 생활보상(生活補償)의 법리를 정착시켜야 한다. 예컨대 대규모 댐건설로 인하여 발생한 수몰지구 주민들이 새로운 터전에서 그들이 평생 영위하던 농업 등 생업을 유지할 수 있는 배려가 있어야 한다.

3. 방 법

손실보상의 방법은 금전보상과 현물보상, 선급·일시금지급·분할급 등이 있다. 구체적인 방법은 개별법률에서 정한다. '공익사업을 위한 토지 등의 취득 및 보상에 관한 법률'은 금전보상·사전보상의 원칙에 입각한다. 또한 채권보상제를 도입한다.

4. 손실보상에 대한 불복

개별특별법에 규정이 없으면 원칙적으로 행정쟁송절차를 통하여 불복할 수 있다. 그러나 대법원은 행정소송이 아니라 민사소송으로 처리한다.

보상규정이 없는 공용침해에 대하여는 직접효력설에 따라 법원에 보상금청구소송을 제기할 수 있다(제3편 제4장 제5절 제3항 VIII. 재산권의 침해와 구제 참조).

V. 손실보상청구권의 제한

손실보상청구권도 헌법 제37조 제2항의 일반원리에 따라 제한될 수 있다. 재산권은 다른 기본권에 비하여 비교적 폭넓은 제한이 가능하기 때문에 특별한 희생의 정도에 이르지 아니한 재산권의 제한에 대하여는 손실보상청구권이 제한되거나 부인된다.

제 6 절 형사보상청구권

Ⅰ. 의 의

"형사피의자 또는 형사피고인으로서 구금되었던 자가 법률이 정하는 불기소처분을 받거나 무죄판결을 받은 때에는 법률이 정하는 바에 의하여 국가에 정당한 보상을 청구할 수 있다"(제28조). 헌법 제28조가 규정하는 형사보상청구권은 국가의 형사사법작용으로 인하여 신체의 안전과 자유가 침해된 국민에게 사후적 구제를 인정함으로써 국민의 기본권 보장을 강화하는 데 그 주된 목적이 있다. 특히 형사보상청구권이 형사피의자에게도 확대된 점이 특징적이다.

Ⅱ. 형사보상청구권의 본질 및 법적 성격

1. 본 질

형사보상의 본질에 관한 논의가 있다. 손해배상설에 의하면 공무원의 고의나 과실이 없더라도 부당한 구속이나 판결이라는 객관적 위법행위에 대한 배상책임으로 본다. 손실보상설에 의하면 형사보상을 정당하고 적법한 구속이라 하더라도 불기소처분이나 무죄판결에 대한 공법상 공평보상을 위한 무과실보상책임으로 본다. 절충설은 오판에 대한 보상은 손해배상이지만 구금에 대한 보상은 손실보상으로 본다. 생각건대 헌법은 형사보상을 국가배상과는 따로 규정할 뿐만 아니라 형사보상에는 고의나 과실을 요건으로 하지 아니하므로, 형사보상은 인신의 구속으로 인한 손실의 발생에 대하여 결과책임으로서의 무과실손실보상책임으로 이해하는 것이 타당하다.

2. 법적 성격

헌법 제28조에서 "법률이 정하는 바에 의하여"라고 규정하기 때문에 형사보상법의 제정에 의하여 비로소 발생하는 프로그램적 규정이냐 아니면 헌법 제28조가 직접적인 효력규정이냐의 논의가 제기된다. 생각건대 헌법에서 명시적으로 형사보상청구권을 규정하기 때문에 직접적 효력규정이라고 보아야 하지만, 그 구체적인 내용은 법률이 정하는 바에 의하여야 한다.

Ⅲ. 형사보상청구권의 주체

형사보상청구권의 주체는 구금되었던 형사피고인과 형사피의자이다. 다만, 본인이 사망한 경우에는 상속인이 청구할 수 있다(형사보상 및 명예회복에 관한 법률 제3조). 외국인도 형사보상의 주체가 된다.

Ⅳ. 형사보상청구권의 내용

1. 성립요건

(i) 형사보상을 청구하려면 형사피의자로서 구금되었던 자가 법률이 정하는 불기소처분을 받거나 형사피고인으로서 구금되었던 자가 무죄판결을 받아야 한다.

(ii) 형사보상법에 대한 헌법불합치결정(헌재 2010.7.29. 2008헌가4, 형사보상법 제7조 위헌제청(헌법불합치,적용중지))을 계기로 무죄재판 등을 받은 자에 대한 정당한 보상과 실질적 명예회복을 위하여 '형사보상 및 명예회복에 관한 법률'이 제정되었다.

원판결의 근거가 된 가중처벌규정에 대하여 헌법재판소의 위헌결정이 있었음을 이유로 개시된 재심절차에서, 공소장 변경을 통하여 위헌결정된 가중처벌규정보다 법정형이 가벼운 처벌규정으로 적용법조가 변경되어 피고인이 무죄재판을 받지는 않았으나 원판결보다 가벼운 형으로 유죄판결이 확정된 경우, 재심판결에서 선고된 형을 초과하여 집행된 구금에 대하여 보상요건을 전혀 규정하지 아니한 형사보상법 제26조 제1항이 평등원칙을 위반하여 평등권을 침해한다(6:3)(헌재 2022.2.24. 2018헌마998등, 입법부작위 위헌확인(헌법불합치,잠정적용)). 이에 따라 헌법재판소 위헌 결정이 있었음을 이유로 개시된 재심 절차에서, 원판결보다 가벼운 형으로 확정됨에 따라 원판결에 의한 형 집행이 재심 절차에서 선고된 형을 초과한 경우 보상을 청구할 수 있고, 그 경우 재심절차에서 선고된 형을 초과하여 집행된 구금에 한정하여 보상을 청구할 수 있다. 또한 법원의 재량으로 보상청구의 전부 또는 일부를 기각할 수 있다(제26조 제1항 단서 및 제3호, 제3항).

(iii) 형사피의자(刑事被疑者)란 범죄의 혐의를 받아 수사기관에 의하여 수사의 대상이 된 자로서 아직 공소제기가 되지 아니한 자를 말한다. 그런 점에서 검사에 의하여 공소가 제기된 형사피고인과 구별된다.

(iv) 구금(拘禁)이란 형사소송법에서 미결구금과 형집행으로 나누어진다. 여기에는 형집행을 위한 구치(拘置)나 노역장유치의 집행이 포함된다. 그러나 불구

속이었던 자는 형사보상청구를 할 수 없다.

(v) 형사보상의 대상인 '법률이 정한 불기소처분'이란 구금되었던 자에 대한 기소중지처분이나 기소유예처분이 아닌 불기소처분이다. 이는 구금되었지만 범인이 아니거나 구금 당시부터 불기소처분의 사유가 있어 공소를 제기하지 아니한 처분을 말한다.

(vi) 무죄판결에는 당해 절차에 의한 무죄판결, 재심 또는 비상상고에 의한 무죄판결을 포함한다. 또한 면소(免訴)나 공소기각의 재판을 받은 경우도 무죄판결에 해당되므로 형사보상을 청구할 수 있다.

(vii) 치료감호법(제7조)에 따라 공소가 제기되지 아니하고 치료감호의 독립 청구를 받은 피치료감호청구인의 치료감호사건이 범죄로 되지 아니하거나 범죄사실의 증명이 없는 때에 해당되어 청구기각의 판결을 받아 확정된 경우에도 형사보상청구를 할 수 있도록 함으로써 형사보상청구권자의 범위를 확대한다(제26조 제1항 제2호).

2. 적법절차에 따른 정당한 보상

(i) '형사보상 및 명예회복에 관한 법률'은 형사보상청구권자에게 정당한 보상이 될 수 있도록 형사보상금액의 하한을 최저임금법에 따른 최저임금액으로 상향조정하고(제5조), 형사보상청구권의 행사기간을 무죄재판이 확정된 사실을 안 날부터 3년, 무죄재판이 확정된 때부터 5년 이내에 하도록 연장하였다(제8조).

(ii) 무죄재판(면소·공소기각·치료감호독립청구에 대한 청구기각재판을 포함)을 받아 확정된 사건의 피고인은 무죄재판 등이 확정된 때부터 3년 이내에 확정된 무죄재판사건의 재판서를 법무부 인터넷 홈페이지에 게재하도록 해당 사건을 기소한 검사가 소속된 지방검찰청에 청구할 수 있다(제30조).

구 형사보상법 제7조는 "보상의 청구는 무죄재판이 확정된 때로부터 1년 이내에 하여야 한다"라고 규정한다. 그런데 "권리의 행사가 용이하고 일상 빈번히 발생하는 것이거나 권리의 행사로 인하여 상대방의 지위가 불안정해지는 경우 또는 법률관계를 보다 신속히 확정하여 분쟁을 방지할 필요가 있는 경우에는 특별히 짧은 소멸시효나 제척기간을 인정할 필요가 있으나, 이 사건 법률조항은 위의 어떠한 사유에도 해당하지 아니하는 등 달리 합리적인 이유를 찾기 어렵고, 일반적인 사법상의 권리보다 더 확실하게 보호되어야 할 권리인 형사보상청구권의 보호를 저해하고 있다. 또한, 이 사건 법률조항은 형사소송법상 형사피고인이 재정하지 아니한 가운데 재판할 수 있는 예외적인 경우를 상정하고 있는 등 형사피고인은 당사자가 책임질 수 없는 사유에 의하여 무죄재판이 확정사실을 모를 수 있는 가능성이 있으므로, 형사피고인이 책임질 수 없는 사유에 의하여 제척기간을 도과할 가능성이 있는바, 이는 국가의 잘못된 형사사법작용에 의하여 신체의 자유라는 중대한 법익을 침해받은 국민의 기본권을 사법상의 권리보다도 가볍게 보호하는 것으로서 부당하다"(헌재 2010.7.29. 2008헌가4, 형사보상법 제7조 위헌제청(헌법불합치, 적용중지)).

3. 국가의 소송비용 보상

형사소송법은 피고인의 구금에 대한 보상인 '형사보상 및 명예회복에 관한 법률'의 형사보상청구와는 별도로 무죄가 확정된 피고인이 소송 과정에서 지출한 소송비용을 국가가 보상하는 법적 근거를 마련한다. 즉, 국가는 무죄판결이 확정된 경우에는 당해 사건의 피고인이었던 자에 대하여 그 재판에 소요된 비용을 보상하여야 한다(제194조의2 제1항). 이러한 비용의 보상은 피고인이었던 자의 청구에 따라 무죄판결을 선고한 법원의 합의부에서 결정으로 하며 그 청구는 무죄판결이 확정된 사실을 안 날부터 3년, 무죄판결이 확정된 때부터 5년 이내에 하여야 한다(제194조의3). 비용보상의 범위는 피고인이었던 자 또는 그 변호인이었던 자가 공판준비 및 공판기일에 출석하는 데 소요된 여비·일당·숙박료와 변호인이었던 자에 대한 보수에 한한다. 이 경우 보상금액에 관하여는 '형사소송비용 등에 관한 법률'을 준용한다(제194조의4).

비용보상청구권의 제척기간을 무죄판결이 확정된 날부터 6개월로 규정한 구 형사소송법 제194조의3 제2항이 과잉금지원칙에 위반되어 청구인의 재판청구권 및 재산권을 침해하지는 아니한다(헌재 2015.4.30. 2014헌바408 등, 형사소송법 제194조의3 제2항 위헌소원 등(합헌)). 이후 법이 "무죄판결이 확정된 사실을 안 날부터 3년, 무죄판결이 확정된 때부터 5년 이내"로 개정되었다.

군사법원 피고인의 비용보상청구권의 제척기간을 '무죄판결이 확정된 날부터 6개월'로 정한 규정은 헌법에 위반된다(위헌8:헌법불합치1)(헌재 2023.8.31. 2020헌바252, 군사법원법 제227조의12 제2항 위헌소원(위헌)).

형사보상청구권은 헌법 제28조에 따라 '법률이 정하는 바에 의하여' 행사되므로 그 내용은 법률에 의해 정해지는바, 형사보상의 구체적 내용과 금액 및 절차에 관한 사항은 입법자가 정하여야 할 사항이다. 보상금조항 및 시행령조항은 보상금을 일정한 범위 내로 한정하고 있는데, 형사보상은 형사사법절차에 내재하는 불가피한 위험으로 인한 피해에 대한 보상으로서 국가의 위법·부당한 행위를 전제로 하는 국가배상과는 그 취지 자체가 상이하므로 형사보상절차로서 인과관계 있는 모든 손해를 보상하지 않는다고 하여 반드시 부당하다고 할 수는 없으며, 보상금액의 구체화·개별화를 추구할 경우에는 개별적인 보상금액을 산정하는 데 상당한 기간의 소요 및 절차의 지연을 초래하여 형사보상제도의 취지에 반하는 결과가 될 위험이 크고 나아가 그로 인하여 형사보상금의 액수에 지나친 차등이 발생하여 오히려 공평의 관념을 저해할 우려가 있는바, 형사보상청구권을 침해한다고 볼 수 없다. 형사보상의 청구에 대하여 한 보상의 결정에 대하여는 불복을 신청할 수 없도록 하여 형사보상의 결정을 단심재판으로 규정한 형사보상법은 형사보상청구권 및 재판청구권을 침해한다(헌재 2010.10.28. 2008헌마514등, 형사보상법 제19조 제1항 등 위헌확인 등(위헌, 기각)).

제 7 절 범죄피해자구조청구권

Ⅰ. 의 의

(i) 헌법 제30조는 "타인의 범죄행위로 인하여 생명 · 신체에 대한 피해를 받은 국민은 법률이 정하는 바에 의하여 국가로부터 구조를 받을 수 있다"라고 하여 범죄피해자구조청구권을 규정한다. 범죄피해자구조청구권(犯罪被害者救助請求權)은 타인의 범죄행위로 인하여 생명 · 신체에 피해를 받은 국민이 국가에 대하여 유족구조 또는 장해구조를 청구할 수 있는 권리이다.

(ii) 범죄피해자구조청구권은 범죄피해자의 손해를 국가가 도와주어야 한다는 사상을 헌법상 권리로 수용한 것으로서, 현행헌법(1987년)에서 처음으로 도입되었다. 이에 따라 '범죄피해자 보호법'이 제정되었다.

Ⅱ. 범죄피해자구조청구권의 본질 및 법적 성격

1. 본 질

(i) 범죄피해자구조청구권의 본질에 관하여는, ① 국가가 범죄를 예방하고 진압할 책임이 있으므로 당연히 범죄피해를 받은 국민에 대하여 국가는 무과실 배상책임이 있다는 국가책임설, ② 국가가 사회보장적 차원에서 범죄의 피해를 구조하여야 한다는 사회보장설, ③ 국가가 범죄의 피해를 사회구성원에게 분담시키는 제도라는 사회부담설이 있다.

(ii) 생각건대 범죄피해자구조청구권은 국가책임의 성질과 사회보장적 성질에 근거를 두고 있는 청구권적 기본권이라고 할 수 있다.

2. 법적 성격

(i) 헌법 제30조의 범죄피해자구조청구권을 국가배상청구권으로 파악하는 직접효력규정설과, 사회적 기본권의 하나로서 사회보장에 관한 권리로 보는 입법방침규정설이 있다.

(ii) 생각건대 헌법 제30조의 범죄피해자구조청구권은 직접적 효력규정으로

보아야 한다. 즉, 헌법상 법률유보는 범죄피해자구조청구권이라는 헌법상 권리를 구체화하는 의미를 가지는 것으로 보아야 한다.

Ⅲ. 범죄피해자구조청구권의 주체

범죄피해자구조청구권의 주체는 생명 또는 신체를 해하는 범죄행위로 인하여 사망한 자의 유족이나 장해 또는 중상해를 당한 자이다(헌법 제30조, 범죄피해자보호법 제1조·제3조 제4호·제16조 제1항).

Ⅳ. 범죄피해자구조청구권의 내용

1. 성립요건

(ⅰ) 적극적 요건으로는 생명·신체에 관한 타인의 범죄행위로 사망하거나 장해 또는 중상해를 입은 피해자가 피해의 전부 또는 일부를 배상받지 못하는 경우이거나 자기 또는 타인의 형사사건의 수사 또는 재판에서 고소·고발 등 수사단서를 제공하거나 진술, 증언 또는 자료제출을 하다가 피해자가 된 경우이어야 한다. 여기에서의 범죄행위에는 형법 제9조(형사미성년자), 제10조 제1항(심신장애인), 제12조(강요된 행위), 제22조 제1항(긴급피난)의 규정에 의하여 처벌되지 아니하는 행위는 포함되지만, 형법 제20조(정당행위) 또는 제21조 제1항(정당방위)의 규정에 의하여 처벌되지 아니하는 행위 및 과실에 의한 행위는 제외된다(법 제3조 제4호·제16조).

(ⅱ) 소극적 요건으로는 범죄행위 당시 구조피해자와 가해자 사이에 부부(사실상의 혼인관계를 포함), 직계혈족, 4촌 이내의 친족, 동거친족에 해당하는 친족관계가 있는 경우에는 구조금을 지급하지 아니한다(제19조 제1항). 또한 구조피해자가 해당 범죄행위를 교사 또는 방조하는 행위를 하거나 과도한 폭행·협박 또는 중대한 모욕 등 해당 범죄행위를 유발하는 행위 등 법정사유에 해당하는 행위를 한 경우에는 구조금을 지급하지 아니하거나 구조금의 일부를 지급하지 아니한다(제19조 제3항, 제4항). 위와 같은 소극적 요건을 갖춘 경우라 하더라도 구조금의 실질적인 수혜자가 가해자로 귀착될 우려가 없는 경우 등 구조금을 지급하지 아니하는 것이 사회통념에 위배된다고 인정할 만한 특별한 사정이 있는 경우에는 구조금의 전부 또는 일부를 지급할 수 있다(제19조 제7항).

2. 범죄피해구조금의 내용

구조금은 유족구조금·장해구조금 및 중상해구조금으로 구분된다(제17조 제1항). 구조금은 일시금으로 지급하되, 대통령령으로 정하는 바에 따라 구조금을 분할하여 지급할 수 있다(제17조 제4항).

3. 청구절차

구조금의 지급신청은 법무부령으로 정하는 바에 따라 그 주소지, 거주지 또는 범죄 발생지를 관할하는 지구심의회에 신청하여야 하며, 해당 구조대상 범죄피해의 발생을 안 날부터 3년이 지나거나 해당 구조대상 범죄피해가 발생한 날부터 10년이 지나면 할 수 없다(제25조). 구조금 지급에 관한 사항을 심의·결정하기 위하여 각 지방검찰청에 범죄피해구조심의회를 두고 법무부에 범죄피해구조본부심의회를 둔다(제24조). 구조금을 받을 권리는 그 구조결정이 해당 신청인에게 송달된 날부터 2년간 행사하지 아니하면 시효로 인하여 소멸된다(제31조).

4. 지급제한

(i) '범죄피해자 보호법' 제19조의 사유가 있는 경우에는 지급이 제한된다.

(ii) 구조피해자나 유족이 해당 구조대상 범죄피해를 원인으로 하여 국가배상법이나 그 밖의 법령에 따른 급여 등을 받을 수 있는 경우에는 대통령령으로 정하는 바에 따라 구조금을 지급하지 아니한다(제20조). 한편 국가는 구조피해자나 유족이 해당 구조대상 범죄피해를 원인으로 하여 손해배상을 받았으면 그 범위 내에서 구조금을 지급하지 아니한다(제21조).

Ⅴ. 범죄피해자구조청구권의 제한

헌법 제37조 제2항의 기본권제한의 일반원리에 따라 제한될 수 있다. 또한 '범죄피해자 보호법' 제19조, 제20조, 제21조 등에서도 구조금의 지급이 제한되는 경우를 규정한다. 외국인에 대하여는 일정한 조건에 따라 적용한다(제23조).

제8장 국민의 기본의무

Ⅰ. 의 의

(ⅰ) 국민의 기본의무(基本義務)란 국가구성원인 국민이 부담하여야 하는 헌법상 의무이다. 국민의 기본의무에 관한 내용은 각국의 헌법이념과 국민의 기본의무에 관한 역사적 발전과정에 따라 다소 차이가 있다.

(ⅱ) 한국 헌법상 국민의 기본의무는 납세의무(제38조), 국방의무(제39조), 교육의무(제31조 제2항), 근로의무(제32조 제2항), 재산권행사의 공공복리적합의무(제23조 제2항), 환경보전의무(제35조)가 있다. 그 외에도 비록 헌법에 명문의 규정은 없지만 헌법과 법률의 준수의무, 국가수호의무 등은 국민의 당연한 의무이다.[1]

허영 교수(589면 이하)는 국가창설적 국민의 의무(복종의무와 평화의무)·기본권에 내포된 국민의 윤리적 의무·헌법이 정하는 국민의 기본적인 의무로 설명한다. 또한 계희열 교수((중) 805면 이하)는 기본의무의 내용으로서 헌법에 명시된 기본의무와 헌법에 열거되지 아니한 기본의무(법률에 대한 복종의무·타인의 권리를 존중할 의무·허용된 위험을 감수할 의무·증언의무)로 나누어 설명한다.

Ⅱ. 기본의무의 법적 성격

국민의 기본의무의 법적 성격과 관련하여서는 인간으로서의 의무인가, 국민으로서의 의무인가에 관한 논의가 있다. 그러나 국민의 기본의무는 국민의 국가구성원으로서의 의무라는 점에 비추어 볼 때 인간으로서의 의무가 아니라 국민으로서의 의무라고 보아야 한다.

---

1) 이혜정, "국방의 의무의 헌법적 의미와 정당화 조건", 헌법학연구 26-3; 이혜정, "성 평등한 국방의무의 부담", 공법학연구 24-2; 황동혁, "기본의무부과의 헌법적합성 심사방법", 공법학연구 22-3; 승이도, "남성 병역의무 부담에 관한 헌법재판소의 평등심사 연구", 헌법학연구 31-3.

Ⅲ. 기본의무의 유형

1. 고전적 의무

납세의무(제38조)와 국방의무(제39조)는 국가존립의 기초가 되는 국민의 가장 고전적인 의무이다.

2. 새로운 의무

사회복지국가원리의 전개에 따라 국민의 사회권(생존권)이 확대·강화되어 가는 이면에 교육의무(제31조 제2항), 근로의무(제32조 제2항), 재산권행사의 공공복리적합의무(제23조 제2항), 환경보전의무(제35조) 등과 같은 새로운 의무가 자리 잡게 되었다.

Ⅳ. 기본의무의 내용

1. 납세의무

(1) 의 의

(i) "모든 국민은 법률이 정하는 바에 의하여 납세의 의무를 진다"(제38조). 납세의무(納稅義務)는 국가의 재정적 기초를 마련하기 위하여 설정된 의무이다.

(ii) "헌법이나 국세기본법에 조세의 개념정의는 없으나 조세는 국가 또는 지방자치단체가 재정수요를 충족시키거나 경제적·사회적 특수정책의 실현을 위하여 국민 또는 주민에 대하여 아무런 특별한 반대급부없이 강제적으로 부과징수하는 과징금(過徵金)을 의미"한다.

(iii) 오늘날 국가의 활동영역이나 기능이 방대하여짐에 따라 그에 소요되는 재정수요도 막대하게 팽창되었다. 그 재정자금의 핵심고리인 조세정책의 향방에 따라 국민의 재산권에 미치는 영향은 지대하게 되었다. 이에 현대국가는 조세국가라고 할 수 있다(헌재 1990.9.3. 89헌가95, 국세기본법 제35조 제1항 제3호의 위헌심판(위헌)).

(2) 법적 성격

납세의무의 법적 성격에는 국가구성원으로서의 국민이 국가에 대하여 재정적 부담을 진다는 적극적 성격과 국가공권력에 의한 자의적 과세로 인하여 국민의 재산권을 침해당하지 아니하여야 한다는 소극적 성격이 있다.

(3) 주 체

자연인으로서의 내·외국인뿐만 아니라 내·외국법인도 국내에 재산이 있거나 과세대상이 되는 행위를 한 경우에는 납세의무를 부담하여야 한다. 다만, 치외법권자는 제외된다.

(4) 내 용

과세에 있어서는 조세법률주의, 공평과세(公平課稅)의 원칙이 적용되어야 한다. "우리 헌법은 국민주권주의와 국민의 기본권보장 차원에서 조세의 부과징수에 있어서는 반드시 법률적 근거를 필요로 하게 하고(조세의 합법률성의 원칙), 아울러 조세관계법률의 내용이 형평의 원칙 내지 평등의 원칙에 합당하여 조세의 부과징수대상자로서의 국민이 합리적 기준에 의하여 평등하게 처우되도록" 한다(조세의 합형평성의 원칙).

"헌법전문, 제1조, 제10조, 제11조 제1항, 제23조 제1항, 제38조, 제59조가 그 근거이며, 국세기본법 제18조 제1항, 제19조 등은 조세의 합형평성의 원칙을 재확인하고 있다"(헌재 1991.11.25. 91헌가6, 지방세법 제31조에 대한 위헌심판(위헌)).

2. 국방의무

(1) 의 의

(i) "모든 국민은 법률이 정하는 바에 의하여 국방의 의무를 진다"(제39조 제1항). "누구든지 병역의무의 이행으로 인하여 불이익한 처우를 받지 아니한다"(제2항).

(ii) 국방의무(國防義務)란 외국 또는 외적의 침략으로부터 국가의 독립과 영토의 보전을 위하여 부담하는 국가방위의무이다.

"헌법 제39조 제1항에 규정된 국방의 의무는 외부 적대세력의 직·간접적인 침략행위로부터 국가의 독립을 유지하고 영토를 보전하기 위한 의무로서, 헌법에서 이러한 국방의 의무를 국민에게 부과하고 있는 이상 병역법에 따라 군복무를 하는 것은 국민이 마땅히 하여야 할 이른바 신성한 의무를 다하는 것일 뿐, 국가나 공익목적을 위하여 개인이 특별한 희생을 하는 것이라고 할 수 없다"(헌재 1999.12.23. 98헌마363, 제대군인지원에관한법률 제8조 제1항 등 위헌확인(위헌)).

(2) 법적 성격

국방의무는 ① 적극적으로는 주권자로서의 국민이 스스로 국가를 외침으로부터 방위하기 위한 성격과, ② 소극적으로는 자의적이고 일방적인 징집(徵集)으로부터 국민의 신체의 자유를 보장하기 위한 성격을 가진다. ③ 또한 국방의무는 타인에 의한 대체적 이행이 불가능한 일신전속적(一身專屬的) 성격을 가진다.

(3) 주 체

국방의무의 주체는 국가구성원인 대한민국 국민이다. 직접적인 병역의무는 병역법상 징집대상자인 대한민국 남성에 한한다. 징집대상자의 범위를 결정하는 직접적인 병력의무형성에 관한 사항을 정함에 있어서는 국가의 안보상황・재정능력 등을 고려하여 광범위한 입법형성권이 입법자에게 부여된다.

"대한민국 국적으로 외국의 영주권을 얻은 자는 본적지 병무청장의 병역면제처분을 기다릴 것 없이 당연히 병역이 면제된다"(대판 1974.8.20. 73누248).

대한민국 국민인 남자에 한정하여 병역의무를 부과하는 구 병역법 제3조 제1항 전문이 성별을 기준으로 병역의무자의 범위를 정한 것은 자의금지원칙에 위배하여 평등권을 침해하지 아니한다(헌재 2010.11.25. 2006헌마328, 병역법 제3조 제1항 등 위헌확인(각하,기각))(헌재 2002.11.28. 2002헌바45, 구 병역법 제71조 제1항 단서 위헌소원(합헌)). 대한민국 국민인 남성에 대한 병역의무 부과는 합헌이다(헌재 2023.9.26. 2019헌마423, 병역법 제3조 제1항 전문 등 위헌확인(합헌,기각,각하)).

"병역의무를 이행한 사람과 아직 병역의무를 마치지 않은 사람은 본질적으로 동일하다고 보기 어려우므로, 현역병 지원이나 현역으로 변경처분을 할 대상자에서 이미 공익근무요원의 복무를 마친 현역병을 제외했다고 해서 평등권이 침해된다고 할 수 없다." [위헌의견(1인)] "병역법은 현역병 지원 대상자를 18세 이상으로만 규정해 병역의무를 마쳤다고 현역병 지원을 받아주지 않는 것은 직업선택의 자유 등을 침해한다"(헌재 2010.12.28. 2008헌마528, 입법부작위위헌확인(기각)).

(4) 내 용

A. 국방의무의 범위

(i) 국방의 의무는 직접적인 병력형성의 의무뿐만 아니라 병역법, 예비군법, 민방위기본법, '비상대비에 관한 법률' 등에 의한 간접적인 병력형성의무 및 병력형성 이후 군작전명령에 복종하고 협력하여야 할 의무를 포함하는 개념이다. 이에 따라 병역법에 의한 병역제공의무뿐만 아니라, 전투경찰대설치법에 따른 대간첩작전의 수행 및 시위진압, 예비군법에 의한 예비군복무의무, 민방위기본법에 의한 민방위응소의무, '비상대비에 관한 법률'에 의한 훈련에 응할 의무 등을 포괄한다(헌재 2002.11.28. 2002헌바45, 구 병역법 제71조 제1항 단서 위헌소원(합헌)).

"이 사건 진압명령(鎭壓命令)이 합리적인 이유없이 청구인을 차별하여 시위진압임무에 투입하는 것이라고 볼 수 없을 뿐 아니라, 병역의무의 이행을 위하여 발하여지는 명령에 불과한 것이지 병역의무의 이행을 원인으로 하여 행하여진 불이익한 처우라고 볼 수 없는 점 등을 종합하여 보면, 이 사건 진압명령은 그 자체로서도 청구인의 행복추구권 등 기본권을 침해한 것이라고 할 수 없다"(헌재 1995.12.28. 91헌마80, 전투경찰대설치법 등에 대한 헌법소원(각하,기각)).

"실역(實役)에 복무중인 예비역에 대하여 현역군인에 준하여 군형법을 적용토록 하였다 하더라도 이는 국방의 의무(헌법 제39조 제1항)에 근거한 것으로서 그 병역의무의 이행을 실효성있게 확보하기 위한 것이기 때문에 헌법에 위반된다고 할 수 없다"(헌재 1999.2.25. 97헌바3, 군형법 제1조 제3항 제3호 등 위헌소원(합헌)).

(ii) 특히 국방의무의 핵심인 "병역의무는 국가수호를 위해 전국민에게 과하여진 헌법상의 의무로서 그 의무를 부과함에 있어서는 형평성을 유지하여야 함은 물론 그 면탈(免脫)을 방지하도록 하여야 할 공익적 필요성이 매우 크다."

"헌법은 병역의무와 관련하여 양심의 자유의 일방적인 우위를 인정하는 어떠한 규범적 표현도 하고 있지 않다"(대판 1995.2.28. 94누7713; 헌재 2004.8.26. 2002헌가1, 병역법 제88조 제1항 제1호 위헌제청(합헌)); 해외체재 혹은 거주를 이유로 입영의무 등 감면연령을 통상보다 연장은 합헌이다(헌재 2004.11.25. 2004헌바15, 구 병역법 제71조 제1항 단서 제6호위헌소원(합헌)).

군인이 군사기지·군사시설에서 군인을 폭행한 경우 형법 제260조 제3항(반의사불벌죄)을 적용하지 아니하도록 한 부분이 헌법에 위반되지 아니한다. "특히 병역의무자는 헌법상 국방의 의무의 일환으로서 병역의무를 이행하는 대신, 국가는 병영생활을 하는 병역의무자의 신체·안전을 보호할 책임이 있음을 고려할 때, 궁극적으로는 군사기지·군사시설에서의 폭행으로부터 병역의무자를 보호해야 한다는 입법자의 판단이 헌법이 부여한 광범위한 형성의 자유를 일탈한다고 보기 어렵다"(헌재 2022.3.31. 2021헌바62등, 군형법 제60조의6 제1호 위헌소원(합헌)).

(iii) 양심적 병역거부를 인정하면서 대체복무제도를 마련하지 아니한 병역종류조항에 대한 헌법재판소의 헌법불합치결정(헌재 2021.2.25. 2013헌가13등, 향토예비군설치법 제15조 제9항 제1호 위헌제청(각하))에 따라 병역법에 대체복무요원 및 대체역을 신설하고, '대체역의 편입 및 복무 등에 관한 법률'이 제정되었다(제3편 제4장 제3절 제1항 V. 참조).

(iv) 헌법정책적으로는 남북분단이라는 특수상황에 따라 국민개병제(國民皆兵制)를 채택하고 있는 한국적 특수성을 최대한 반영하여야 한다. 병역자원이 지속적으로 줄어들고, 현대적인 첨단정보전쟁에 능동적으로 대응하고, 궁극적으로 남북평화의 길이 열리면, 한국도 의무복무가 아니라 직업으로서의 군인의 길을 마련하여야 한다.

B. 병역의무(兵役義務)의 이행으로 인하여 불이익한 처우금지

(i) "누구든지 병역의무의 이행으로 인하여 불이익한 처우(處遇)를 받지 아니한다"(제39조 제2항).

"헌법 제39조 제2항은 병역의무를 이행한 사람에게 보상조치를 취하거나 특혜를 부여할 의무를 국가에게 지우는 것이 아니라, 법문 그대로 병역의무의 이행을 이유로 불이익한 처우를 하는 것을 금지하고 있을 뿐이다. 그리고 이 조항에서 금지하는 '불이익한 처우'라 함은 단순한 사실상, 경제상의 불이익을 모두 포함하는 것이 아니라 법적인 불이익을 의미하는 것으로 보아야 한다. 그렇지 않으면 병역의무의 이행과 자연적 인과관계를 가지는 모든 불이익 - 그 범위는 헤아릴 수도 예측할 수도 없을 만큼 넓다고 할 것인데 - 으로부터 보호하여야 할 의무를 국가에 부과하는 것이 되어 이 또한 국민에게 국방의

의무를 부과하고 있는 헌법 제39조 제1항과 조화될 수 없기 때문이다"(헌재 1999.12.23. 98헌마363, 제대군인지원에관한법률 제8조 제1항 등 위헌확인(위헌)): 6급 이하 공무원 또는 공·사기업체 채용 필기시험에서 5%(2년 이상 복무) 또는 3%(2년 미만 복무)의 "가산점제도는 이러한 헌법 제39조 제2항의 범위를 넘어 제대군인에게 일종의 적극적 보상조치를 취하는 제도라고 할 것이므로 이를 헌법 제39조 제2항에 근거한 제도라고 할 수 없다." 이에 따라 헌법재판소는 제대군인의 특별우대를 위한 가산점(加算點) 제도는 위헌이라고 판시한 바 있다.

(ii) 한편, 군법무관의 개업지(開業地) 제한은 반대이유로 위헌으로 판시한다.

"군법무관으로의 복무 여부가 자신의 선택에 의하여 정해지는 경우와는 달리 병역의무의 이행으로 이루어지는 경우, 이는 병역의무의 이행으로 말미암아 불이익한 처우를 받게 되는 것이라 아니할 수 없어 이의 금지를 규정한 헌법 제39조 제2항에 위반된다"(헌재 1989.11.20. 89헌가102, 구 변호사법 제10조 제2항에 대한 위헌심판(위헌)).

(iii) 그러나 "병역의무 그 자체를 이행하느라 받는 불이익은 병역의무의 이행으로 인한 불이익한 처우의 금지(헌법 제39조 제2항)와는 무관"하다.

"예비역이 병역법에 의하여 병력동원훈련 등을 위하여 소집을 받는 것은 헌법과 법률에 따른 국방의 의무를 이행하는 것이고, 그 동안 군형법의 적용을 받는 것 또한 국방의 의무를 이행하는 중에 범한 군사상의 범죄에 대하여 형벌이라는 제재를 받는 것이므로, 어느 것이나 헌법 제39조 제1항에 규정된 국방의 의무를 이행하느라 입는 불이익이라고 할 수는 있을지언정, 병역의무의 이행으로 불이익한 처우를 받는 것이라고는 할 수 없다"(헌재 2003.6.26. 2002헌마484, 예비군훈련비용지급처분취소(각하)).

이 사건 공고는 현역군인 신분자에게 다른 직종의 시험응시기회를 제한하고 있으나 이는 병역의무 그 자체를 이행하느라 받는 불이익으로서 병역의무 중에 입는 불이익에 해당될 뿐, 병역의무의 이행을 이유로 한 불이익은 아니므로 이 사건 공고로 인하여 현역군인이 타 직종에 시험응시를 하지 못하는 것은 헌법 제39조 제2항에서 금지하는 '불이익한 처우'라 볼 수 없다(헌재 2007.5.31. 2006헌마627, 군미필자 응시자격 제한 위헌확인(기각)).

(iv) 또한 '직업군인'으로 임용되어 복무하는 자와 '현역병'으로 복무하는 자의 보수의 차이, 사회복무요원과 현역병의 보수 차이는 합리적 이유가 있다.

군복무를 직업으로 선택한 직업군인에게는 생활의 기본적 수요를 충당할 정도의 상당한 보수를 지급할 필요가 있는 반면, 병역의무를 이행하기 위하여 비교적 단기간 군복무를 하는 현역병은 의무복무기간 동안 병영에서 생활하도록 하는 한편 의무복무에 필요한 급식비, 피복비 등의 모든 의식주 비용을 국고에서 지급하도록 하고 있어서 현역병의 의무복무에 대하여 지급하는 보수는 직업군인들과는 달리 생활의 기본적 수요를 충족할 정도에 이를 필요는 없다. '직업군인'으로 임용되어 복무하는 자와 '현역병'으로 복무하는 자의 보수를 다르게 규정한 것은 합리적 이유가 있는 것이어서 청구인의 평등권을 침해하지 아니한다(헌재 2012.10.25. 2011헌마307, 공무원 보수규정 제5조 중 별표 13 등 위헌확인(기각,각하)).

사회복무요원에게 현역병의 봉급과 동일한 보수를 지급하면서 현역병과 달리 중식비, 교통비, 제복 등을 제외한 다른 의식주 비용을 추가로 지급하지 아니한 것은 합리적 이유 없이 자의적으로 차별한 것이라고 볼 수 없다(헌재 2019.2.28. 2017헌마374등, 병역법 시행령 제62조 제1항 위헌확인(기각)).

사회복무요원에 대한 복무기관의 장의 허가 없이 다른 직무의 겸직 제한은 직업의 자유 및 일반적 행동자유권을 침해하지 아니한다(헌재 2022.9.29. 2019헌마938, 병역법 제33조 제2항 본문 등 위헌확인(기각)).

전문연구요원과 공중보건의사가 같은 보충역으로서, 군사교육소집기간 및 의무복무기간이 동일하지만 제도의 취지, 신분, 군사교육소집시기, 병역의무 이행방식 등 여러 측면에서 차이가 있으므로, 전문연구요원과 달리 공중보건의사의 군사교육소집기간을 의무복무기간에 산입하지 아니하여도 평등권을 침해하지 아니한다(헌재 2020.9.24. 2017헌바157, 군인사법 제57조 제2항 제2호 위헌소원(위헌)).

공중보건의사에 편입되어 군사교육에 소집된 사람을 군인보수법의 적용대상에서 제외하여 군사교육 소집기간 동안의 보수를 지급하지 아니하도록 한 군인보수법 중 '군사교육소집된 자' 가운데 '병역법 제5조 제1항 제3호 나목 4) 공중보건의사'에 관한 부분이 헌법에 위반되지 아니한다(4:5)(헌재 2020.9.24. 2017헌마643, 군인보수법 제2조 제1항 위헌확인(기각)).

3. 교육을 받게 할 의무

(1) 의 의

"모든 국민은 그 보호하는 자녀에게 적어도 초등교육과 법률이 정하는 교육(敎育)을 받게 할 의무를 진다"(제31조 제2항). 교육을 받게 할 의무는 친권자나 후견인이 보호하는 어린이에게 초등교육과 법률이 정하는 교육을 받게 할 의무이다.

(2) 법적 성격

교육을 받게 할 의무는 모든 국민이 인간다운 생활을 영위할 수 있도록 하는 의무로서 윤리적 의무가 아닌 법적 의무이다. 이에 따라 초·중등교육법에서는 위반에 대한 제재규정(제68조)을 두고 있다.

(3) 주 체

헌법상 교육을 받게 할 의무의 주체는 친권자(親權者)나 후견인(後見人) 등과 같은 보호자이다. 다만, 헌법 제31조 제3항에 의한 무상(無償) 의무교육의 책임주체는 국가나 지방자치단체이다.

(4) 내 용

교육을 받게 할 의무의 대상이 되는 교육은 초등교육과 법률이 정하는 교육이다. 무상의 범위에 관하여 초·중등교육법은 입학금·수업료·학교운영지원비·교과용 도서구입비를 규정(제12조 제4항)하고 있으나, 학용품·급식 등의 취학필수비용도 무상으로 하여야 한다.

중등교육에 대한 무상교육을 대통령령이 정하는 바에 의하여 순차적으로 실시하도록 규정하고 있는 교육법 제8조의2는 합헌이다(헌재 1991.2.11. 90헌가27). 현재 중학교는 물론 고등학교까지 전면적인 무상교육을 실시한다.

4. 근로의무

(1) 의 의

"모든 국민은 근로(勤勞)의 의무를 진다. 국가는 근로의 의무의 내용과 조건을 민주주의원칙에 따라 법률로 정한다"(제32조 제2항).[1] 근로의 의무에서의 근로는 노동과 동일한 개념으로서 육체적 노동뿐만 아니라 정신적 노동까지 포함한다.

(2) 법적 성격

(i) 근로의 의무는 특히 사회주의국가에서 강조되는 바와 같은 국가의 공적 필요에 의하여 근로를 명령·강제하지 아니하고, 근로의 능력이 있음에도 불구하고 근로하지 아니하는 자에 대하여 헌법적 비난을 가할 수 있다는 의미로 이해하여야 한다. 그런 의미에서 근로의 의무는 헌법적 의무이지, 근로의 능력이 있음에도 불구하고 근로를 하지 아니하는 사람에 대하여 생활보호를 하지 아니한다는 사상의 표현으로서 단순한 윤리적 의무일 수는 없다.

(ii) 하지만, 그 헌법적 의무는 다른 헌법상 의무와는 차이가 있다. 왜냐하면 근로의 의무를 이행하지 아니하는 사람에 대한 법적 강제나 제재는 자칫 헌법상 민주주의원칙에 위배될 수 있기 때문이다. 이에 헌법상 "국가는 근로의 의무의 내용과 조건을 민주주의원칙에 따라 법률로 정"(제32조 제2항)하도록 규정한다.

(3) 주 체

근로의 의무의 주체는 모든 국민이다. 여기서 국민은 자연인에 한한다.

(4) 내 용

"국가는 근로의 의무의 내용과 조건을 민주주의원칙에 따라 법률로 정한다"(제32조 제2항). 헌법에서 근로의 의무의 내용과 조건을 정하면서 민주주의원칙에 따르도록 명시한다. 그 민주주의원칙에는 헌법상의 원칙도 당연히 내포되어야 한다. 예컨대 직업의 자유, 강제노역의 금지 등이 포함된다.

5. 재산권행사의 공공복리적합의무

(1) 의 의

"재산권의 행사는 공공복리에 적합하도록 하여야 한다"(제23조 제2항). 이는 일반적으

---

1) 허창환, "헌법상 근로의 의무에 관한 연구-업무개시명령 제도를 중심으로", 헌법학연구 28-1.

로 재산권의 사회적 구속성으로 표현된다.

(2) 법적 성격

재산권행사(財産權行使)의 공공복리적합의무(公共福利適合義務)는 단순한 윤리적 의무에 불과하다는 견해도 있으나, 이 의무는 단순한 윤리적 차원을 넘어선 헌법적 의무이기 때문에 이에 근거하여 법률로써 재산권행사의 공공복리적합의무를 강제할 수 있다.

(3) 주 체

재산권행사의 공공복리적합의무의 주체에는 자연인으로서의 내·외국인뿐만 아니라 내·외국법인도 포함된다.

(4) 내 용

재산권행사의 공공복리적합의무의 내용으로 재산권을 남용하지 아니할 의무와 특히 토지의 적극적인 이용·개발의무 등이 있다.

6. 환경보전의무

(1) 의 의

"국민은 환경보전을 위하여 노력하여야 한다"(제35조 제1항 후단). 심각한 환경문제에 대처하기 위하여 헌법에서 환경권과 더불어 환경보전의무(環境保全義務)를 규정하는바, 이는 국가뿐만 아니라 국민에게도 부과되고 있는 의무이다.

(2) 법적 성격

환경보전의무는 다른 의무와는 달리 헌법에서 "노력하여야 한다"라고 규정한다. 하지만, 이는 헌법상 명시되어 있는 의무이기 때문에 단순한 윤리적 의무가 아니라 헌법적 의무로 보아야 하며, 이에 근거하여 법률로써 환경보전의무를 강제할 수 있다.

(3) 주 체

환경보전의무의 주체는 환경보전의 성격상 내·외국인 및 무국적자뿐만 아니라 내·외국법인도 포함한다.

(4) 내 용

환경보전의무에는 환경을 오염시키지 아니할 의무, 공해방지시설을 할 의무 등이 있다.

부 록

대한민국헌법

대한민국헌법

전 문

유구한 역사와 전통에 빛나는 우리 대한국민은 3·1운동으로 건립된 대한민국임시정부의 법통과 불의에 항거한 4·19민주이념을 계승하고, 조국의 민주개혁과 평화적 통일의 사명에 입각하여 정의·인도와 동포애로써 민족의 단결을 공고히 하고, 모든 사회적 폐습과 불의를 타파하며, 자율과 조화를 바탕으로 자유민주적 기본질서를 더욱 확고히 하여 정치·경제·사회·문화의 모든 영역에 있어서 각인의 기회를 균등히 하고, 능력을 최고도로 발휘하게 하며, 자유와 권리에 따르는 책임과 의무를 완수하게 하여, 안으로는 국민생활의 균등한 향상을 기하고 밖으로는 항구적인 세계평화와 인류공영에 이바지함으로써 우리들과 우리들의 자손의 안전과 자유와 행복을 영원히 확보할 것을 다짐하면서 1948년 7월 12일에 제정되고 8차에 걸쳐 개정된 헌법을 이제 국회의 의결을 거쳐 국민투표에 의하여 개정한다.

1987년 10월 29일

제1장 총 강

제1조 ① 대한민국은 민주공화국이다.
② 대한민국의 주권은 국민에게 있고, 모든 권력은 국민으로부터 나온다.

제2조 ① 대한민국의 국민이 되는 요건은 법률로 정한다.
② 국가는 법률이 정하는 바에 의하여 재외국민을 보호할 의무를 진다.

제3조 대한민국의 영토는 한반도와 그 부속도서로 한다.

제4조 대한민국은 통일을 지향하며, 자유민주적 기본질서에 입각한 평화적통일 정책을 수립하고 이를 추진한다.

제5조 ① 대한민국은 국제평화의 유지에 노력하고 침략적 전쟁을 부인한다.
② 국군은 국가의 안전보장과 국토방위의 신성한 의무를 수행함을 사명으로 하며, 그 정치적 중립성은 준수된다.

제6조 ① 헌법에 의하여 체결·공포된 조약과 일반적으로 승인된 국제법규는 국내법과 같은 효력을 가진다.
② 외국인은 국제법과 조약이 정하는 바에 의하여 그 지위가 보장된다.

제7조 ① 공무원은 국민전체에 대한 봉사자이며, 국민에 대하여 책임을 진다.
② 공무원의 신분과 정치적 중립성은 법률이 정하는 바에 의하여 보장된다.

제8조 ① 정당의 설립은 자유이며, 복수정당제는 보장된다.
② 정당은 그 목적·조직과 활동이 민주적이어야 하며, 국민의 정치적 의사형성에 참여하는데 필요한 조직을 가져야 한다.
③ 정당은 법률이 정하는 바에 의하여 국가의 보호를 받으며, 국가는 법률이 정하는 바에 의하여 정당운영에 필요한 자금을 보조할 수 있다.
④ 정당의 목적이나 활동이 민주적 기본질서에 위배될 때에는 정부는 헌법재판소에 그 해산을 제소할 수 있고, 정당은 헌법재판소의 심판에 의하여 해산된다.

제9조 국가는 전통문화의 계승·발전과 민족문화의 창달에 노력하여야 한다.

제2장 국민의 권리와 의무

제10조 모든 국민은 인간으로서의 존엄과 가치를 가지며, 행복을 추구할 권리를 가진다. 국가는 개인이 가지는 불가침의 기본적 인권을 확인하고 이를 보장할 의무를 진다.

제11조 ① 모든 국민은 법 앞에 평등하다. 누구든지 성별·종교 또는 사회적 신분에 의하여 정치적·경제적·사회적·문

화적 생활의 모든 영역에 있어서 차별을 받지 아니한다.
② 사회적 특수계급의 제도는 인정되지 아니하며, 어떠한 형태로도 이를 창설할 수 없다.
③ 훈장등의 영전은 이를 받은 자에게만 효력이 있고, 어떠한 특권도 이에 따르지 아니한다.

제12조 ① 모든 국민은 신체의 자유를 가진다. 누구든지 법률에 의하지 아니하고는 체포·구속·압수·수색 또는 심문을 받지 아니하며, 법률과 적법한 절차에 의하지 아니하고는 처벌·보안처분 또는 강제노역을 받지 아니한다.
② 모든 국민은 고문을 받지 아니하며, 형사상 자기에게 불리한 진술을 강요당하지 아니한다.
③ 체포·구속·압수 또는 수색을 할 때에는 적법한 절차에 따라 검사의 신청에 의하여 법관이 발부한 영장을 제시하여야 한다. 다만, 현행범인인 경우와 장기 3년 이상의 형에 해당하는 죄를 범하고 도피 또는 증거인멸의 염려가 있을 때에는 사후에 영장을 청구할 수 있다.
④ 누구든지 체포 또는 구속을 당한 때에는 즉시 변호인의 조력을 받을 권리를 가진다. 다만, 형사피고인이 스스로 변호인을 구할 수 없을 때에는 법률이 정하는 바에 의하여 국가가 변호인을 붙인다.
⑤ 누구든지 체포 또는 구속의 이유와 변호인의 조력을 받을 권리가 있음을 고지받지 아니하고는 체포 또는 구속을 당하지 아니한다. 체포 또는 구속을 당한자의 가족등 법률이 정하는 자에게는 그 이유와 일시·장소가 지체없이 통지되어야 한다.
⑥ 누구든지 체포 또는 구속을 당한 때에는 적부의 심사를 법원에 청구할 권리를 가진다.
⑦ 피고인의 자백이 고문·폭행·협박·구속의 부당한 장기화 또는 기망 기타의 방법에 의하여 자의로 진술된 것이 아니라고 인정될 때 또는 정식재판에 있어서 피고인의 자백이 그에게 불리한 유일한 증거일 때에는 이를 유죄의 증거로 삼거나 이를 이유로 처벌할 수 없다.

제13조 ① 모든 국민은 행위시의 법률에 의하여 범죄를 구성하지 아니하는 행위로 소추되지 아니하며, 동일한 범죄에 대하여 거듭 처벌받지 아니한다.
② 모든 국민은 소급입법에 의하여 참정권의 제한을 받거나 재산권을 박탈당하지 아니한다.
③ 모든 국민은 자기의 행위가 아닌 친족의 행위로 인하여 불이익한 처우를 받지 아니한다.

제14조 모든 국민은 거주·이전의 자유를 가진다.

제15조 모든 국민은 직업선택의 자유를 가진다.

제16조 모든 국민은 주거의 자유를 침해받지 아니한다. 주거에 대한 압수나 수색을 할 때에는 검사의 신청에 의하여 법관이 발부한 영장을 제시하여야 한다.

제17조 모든 국민은 사생활의 비밀과 자유를 침해받지 아니한다.

제18조 모든 국민은 통신의 비밀을 침해받지 아니한다.

제19조 모든 국민은 양심의 자유를 가진다.

제20조 ① 모든 국민은 종교의 자유를 가진다.
② 국교는 인정되지 아니하며, 종교와 정치는 분리된다.

제21조 ① 모든 국민은 언론·출판의 자유와 집회·결사의 자유를 가진다.
② 언론·출판에 대한 허가나 검열과 집회·결사에 대한 허가는 인정되지 아니한다.
③ 통신·방송의 시설기준과 신문의 기능을 보장하기 위하여 필요한 사항은 법률로 정한다.
④ 언론·출판은 타인의 명예나 권리 또는 공중도덕이나 사회윤리를 침해하여서는 아니된다. 언론·출판이 타인의 명예나 권리를 침해한 때에는 피해자는 이에 대한 피해의 배상을 청구할 수 있다.

제22조 ① 모든 국민은 학문과 예술의 자유를 가진다.
② 저작자·발명가·과학기술자와 예술가의 권리는 법률로써 보호한다.

제23조 ① 모든 국민의 재산권은 보장된다. 그 내용과 한계는 법률로 정한다.
② 재산권의 행사는 공공복리에 적합하도록 하여야 한다.
③ 공공필요에 의한 재산권의 수용·사용 또는 제한 및 그에 대한 보상은 법률로써

하되, 정당한 보상을 지급하여야 한다.

제24조 모든 국민은 법률이 정하는 바에 의하여 선거권을 가진다.

제25조 모든 국민은 법률이 정하는 바에 의하여 공무담임권을 가진다.

제26조 ① 모든 국민은 법률이 정하는 바에 의하여 국가기관에 문서로 청원할 권리를 가진다.

② 국가는 청원에 대하여 심사할 의무를 진다.

제27조 ① 모든 국민은 헌법과 법률이 정한 법관에 의하여 법률에 의한 재판을 받을 권리를 가진다.

② 군인 또는 군무원이 아닌 국민은 대한민국의 영역 안에서는 중대한 군사상 기밀·초병·초소·유독음식물공급·포로·군용 물에 관한 죄 중 법률이 정한 경우와 비상계엄이 선포된 경우를 제외하고는 군사법원의 재판을 받지 아니한다.

③ 모든 국민은 신속한 재판을 받을 권리를 가진다. 형사피고인은 상당한 이유가 없는 한 지체없이 공개재판을 받을 권리를 가진다.

④ 형사피고인은 유죄의 판결이 확정될 때까지는 무죄로 추정된다.

⑤ 형사피해자는 법률이 정하는 바에 의하여 당해 사건의 재판절차에서 진술할 수 있다.

제28조 형사피의자 또는 형사피고인으로서 구금되었던 자가 법률이 정하는 불기소처분을 받거나 무죄판결을 받은 때에는 법률이 정하는 바에 의하여 국가에 정당한 보상을 청구할 수 있다.

제29조 ① 공무원의 직무상 불법행위로 손해를 받은 국민은 법률이 정하는 바에 의하여 국가 또는 공공단체에 정당한 배상을 청구할 수 있다. 이 경우 공무원 자신의 책임은 면제되지 아니한다.

② 군인·군무원·경찰공무원 기타 법률이 정하는 자가 전투·훈련등 직무집행과 관련하여 받은 손해에 대하여는 법률이 정하는 보상 외에 국가 또는 공공단체에 공무원의 직무상 불법행위로 인한 배상은 청구할 수 없다.

제30조 타인의 범죄행위로 인하여 생명·신체에 대한 피해를 받은 국민은 법률이 정하는 바에 의하여 국가로부터 구조를 받을 수 있다.

제31조 ① 모든 국민은 능력에 따라 균등하게 교육을 받을 권리를 가진다.

② 모든 국민은 그 보호하는 자녀에게 적어도 초등교육과 법률이 정하는 교육을 받게 할 의무를 진다.

③ 의무교육은 무상으로 한다.

④ 교육의 자주성·전문성·정치적 중립성 및 대학의 자율성은 법률이 정하는 바에 의하여 보장된다.

⑤ 국가는 평생교육을 진흥하여야 한다.

⑥ 학교교육 및 평생교육을 포함한 교육제도와 그 운영, 교육재정 및 교원의 지위에 관한 기본적인 사항은 법률로 정한다.

제32조 ① 모든 국민은 근로의 권리를 가진다. 국가는 사회적·경제적 방법으로 근로자의 고용의 증진과 적정임금의 보장에 노력하여야 하며, 법률이 정하는 바에 의하여 최저임금제를 시행하여야 한다.

② 모든 국민은 근로의 의무를 진다. 국가는 근로의 의무의 내용과 조건을 민주주의원칙에 따라 법률로 정한다.

③ 근로조건의 기준은 인간의 존엄성을 보장하도록 법률로 정한다.

④ 여자의 근로는 특별한 보호를 받으며, 고용·임금 및 근로조건에 있어서 부당한 차별을 받지 아니한다.

⑤ 연소자의 근로는 특별한 보호를 받는다.

⑥ 국가유공자·상이군경 및 전몰군경의 유가족은 법률이 정하는 바에 의하여 우선적으로 근로의 기회를 부여받는다.

제33조 ① 근로자는 근로조건의 향상을 위하여 자주적인 단결권·단체교섭권 및 단체행동권을 가진다.

② 공무원인 근로자는 법률이 정하는 자에 한하여 단결권·단체교섭권 및 단체행동권을 가진다.

③ 법률이 정하는 주요방위산업체에 종사하는 근로자의 단체행동권은 법률이 정하는 바에 의하여 이를 제한하거나 인정하지 아니할 수 있다.

제34조 ① 모든 국민은 인간다운 생활을 할 권리를 가진다.

② 국가는 사회보장·사회복지의 증진에 노력할 의무를 진다.

③ 국가는 여자의 복지와 권익의 향상을 위하여 노력하여야 한다.

④ 국가는 노인과 청소년의 복지향상을 위한 정책을 실시할 의무를 진다.

⑤ 신체장애자 및 질병·노령 기타의 사유로 생활능력이 없는 국민은 법률이 정하는 바에 의하여 국가의 보호를 받는다.
⑥ 국가는 재해를 예방하고 그 위험으로부터 국민을 보호하기 위하여 노력하여야 한다.

제35조 ① 모든 국민은 건강하고 쾌적한 환경에서 생활할 권리를 가지며, 국가와 국민은 환경보전을 위하여 노력하여야 한다.
② 환경권의 내용과 행사에 관하여는 법률로 정한다.
③ 국가는 주택개발정책등을 통하여 모든 국민이 쾌적한 주거생활을 할 수 있도록 노력하여야 한다.

제36조 ① 혼인과 가족생활은 개인의 존엄과 양성의 평등을 기초로 성립되고 유지되어야 하며, 국가는 이를 보장한다.
② 국가는 모성의 보호를 위하여 노력하여야 한다.
③ 모든 국민은 보건에 관하여 국가의 보호를 받는다.

제37조 ① 국민의 자유와 권리는 헌법에 열거되지 아니한 이유로 경시되지 아니한다.
② 국민의 모든 자유와 권리는 국가안전보장·질서유지 또는 공공복리를 위하여 필요한 경우에 한하여 법률로써 제한할 수 있으며, 제한하는 경우에도 자유와 권리의 본질적인 내용을 침해할 수 없다.

제38조 모든 국민은 법률이 정하는 바에 의하여 납세의 의무를 진다.

제39조 ① 모든 국민은 법률이 정하는 바에 의하여 국방의 의무를 진다.
② 누구든지 병역의무의 이행으로 인하여 불이익한 처우를 받지 아니한다.

제 3 장 국 회

제40조 입법권은 국회에 속한다.

제41조 ① 국회는 국민의 보통·평등·직접·비밀선거에 의하여 선출된 국회의원으로 구성한다.
② 국회의원의 수는 법률로 정하되, 200인 이상으로 한다.
③ 국회의원의 선거구와 비례대표제 기타 선거에 관한 사항은 법률로 정한다.

제42조 국회의원의 임기는 4년으로 한다.

제43조 국회의원은 법률이 정하는 직을 겸할 수 없다.

제44조 ① 국회의원은 현행범인인 경우를 제외하고는 회기중 국회의 동의없이 체포 또는 구금되지 아니한다.
② 국회의원이 회기전에 체포 또는 구금된 때에는 현행범인이 아닌 한 국회의 요구가 있으면 회기중 석방된다.

제45조 국회의원은 국회에서 직무상 행한 발언과 표결에 관하여 국회외에서 책임을 지지 아니한다.

제46조 ① 국회의원은 청렴의 의무가 있다.
② 국회의원은 국가이익을 우선하여 양심에 따라 직무를 행한다.
③ 국회의원은 그 지위를 남용하여 국가·공공단체 또는 기업체와의 계약이나 그 처분에 의하여 재산상의 권리·이익 또는 직위를 취득하거나 타인을 위하여 그 취득을 알선할 수 없다.

제47조 ① 국회의 정기회는 법률이 정하는 바에 의하여 매년 1회 집회되며, 국회의 임시회는 대통령 또는 국회재적의원 4분의 1 이상의 요구에 의하여 집회된다.
② 정기회의 회기는 100일을, 임시회의 회기는 30일을 초과할 수 없다.
③ 대통령이 임시회의 집회를 요구할 때에는 기간과 집회요구의 이유를 명시하여야 한다.

제48조 국회는 의장 1인과 부의장 2인을 선출한다.

제49조 국회는 헌법 또는 법률에 특별한 규정이 없는 한 재적의원 과반수의 출석과 출석의원 과반수의 찬성으로 의결한다. 가부동수인 때에는 부결된 것으로 본다.

제50조 ① 국회의 회의는 공개한다. 다만, 출석의원 과반수의 찬성이 있거나 의장이 국가의 안전보장을 위하여 필요하다고 인정할 때에는 공개하지 아니할 수 있다.
② 공개하지 아니한 회의내용의 공표에 관하여는 법률이 정하는 바에 의한다.

제51조 국회에 제출된 법률안 기타의 의안은 회기중에 의결되지 못한 이유로 폐기되지 아니한다. 다만, 국회의원의 임기가 만료된 때에는 그러하지 아니하다.

제52조 국회의원과 정부는 법률안을 제출할 수 있다.

제53조 ① 국회에서 의결된 법률안은 정

부에 이송되어 15일 이내에 대통령이 공포한다.
② 법률안에 이의가 있을 때에는 대통령은 제1항의 기간 내에 이의서를 붙여 국회로 환부하고, 그 재의를 요구할 수 있다. 국회의 폐회중에도 또한 같다.
③ 대통령은 법률안의 일부에 대하여 또는 법률안을 수정하여 재의를 요구할 수 없다.
④ 재의의 요구가 있을 때에는 국회는 재의에 붙이고, 재적의원과반수의 출석과 출석의원 3분의 2 이상의 찬성으로 전과 같은 의결을 하면 그 법률안은 법률로서 확정된다.
⑤ 대통령이 제1항의 기간 내에 공포나 재의의 요구를 하지 아니한 때에도 그 법률안은 법률로서 확정된다.
⑥ 대통령은 제4항과 제5항의 규정에 의하여 확정된 법률을 지체없이 공포하여야 한다. 제5항에 의하여 법률이 확정된 후 또는 제4항에 의한 확정법률이 정부에 이송된 후 5일 이내에 대통령이 공포하지 아니할 때에는 국회의장이 이를 공포한다.
⑦ 법률은 특별한 규정이 없는 한 공포한 날로부터 20일을 경과함으로써 효력을 발생한다.

第54조 ① 국회는 국가의 예산안을 심의·확정한다.
② 정부는 회계연도마다 예산안을 편성하여 회계연도 개시 90일전까지 국회에 제출하고, 국회는 회계연도 개시 30일전까지 이를 의결하여야 한다.
③ 새로운 회계연도가 개시될 때까지 예산안이 의결되지 못한 때에는 정부는 국회에서 예산안이 의결될 때까지 다음의 목적을 위한 경비는 전년도 예산에 준하여 집행할 수 있다.
1. 헌법이나 법률에 의하여 설치된 기관 또는 시설의 유지·운영
2. 법률상 지출의무의 이행
3. 이미 예산으로 승인된 사업의 계속

第55조 ① 한 회계연도를 넘어 계속하여 지출할 필요가 있을 때에는 정부는 연한을 정하여 계속비로서 국회의 의결을 얻어야 한다.
② 예비비는 총액으로 국회의 의결을 얻어야 한다. 예비비의 지출은 차기국회의 승인을 얻어야 한다.

第56조 정부는 예산에 변경을 가할 필요가 있을 때에는 추가경정 예산안을 편성하여 국회에 제출할 수 있다.

第57조 국회는 정부의 동의없이 정부가 제출한 지출예산 각항의 금액을 증가하거나 새 비목을 설치할 수 없다.

第58조 국채를 모집하거나 예산외에 국가의 부담이 될 계약을 체결하려 할 때에는 정부는 미리 국회의 의결을 얻어야 한다.

第59조 조세의 종목과 세율은 법률로 정한다.

第60조 ① 국회는 상호원조 또는 안전보장에 관한 조약, 중요한 국제조직에 관한 조약, 우호통상항해조약, 주권의 제약에 관한 조약, 강화조약, 국가나 국민에게 중대한 재정적 부담을 지우는 조약 또는 입법사항에 관한 조약의 체결·비준에 대한 동의권을 가진다.
② 국회는 선전포고, 국군의 외국에의 파견 또는 외국군대의 대한민국 영역안에서의 주류에 대한 동의권을 가진다.

第61조 ① 국회는 국정을 감사하거나 특정한 국정사안에 대하여 조사할 수 있으며,이에 필요한 서류의 제출 또는 증인의 출석과 증언이나 의견의 진술을 요구할 수 있다.
② 국정감사 및 조사에 관한 절차 기타 필요한 사항은 법률로 정한다.

第62조 ① 국무총리·국무위원 또는 정부위원은 국회나 그 위원회에 출석하여 국정처리상황을 보고하거나 의견을 진술하고 질문에 응답할 수 있다.
② 국회나 그 위원회의 요구가 있을 때에는 국무총리·국무위원 또는 정부위원은 출석·답변하여야 하며, 국무총리 또는 국무위원이 출석요구를 받은 때에는 국무위원 또는 정부위원으로 하여금 출석·답변하게 할 수 있다.

第63조 ① 국회는 국무총리 또는 국무위원의 해임을 대통령에게 건의할 수 있다.
② 제1항의 해임건의는 국회재적의원 3분의 1 이상의 발의에 의하여 국회재적의원 과반수의 찬성이 있어야 한다.

第64조 ① 국회는 법률에 저촉되지 아니하는 범위안에서 의사와 내부규율에 관한 규칙을 제정할 수 있다.

② 국회는 의원의 자격을 심사하며, 의원을 징계할 수 있다.
③ 의원을 제명하려면 국회재적의원 3분의 2 이상의 찬성이 있어야 한다.
④ 제2항과 제3항의 처분에 대하여는 법원에 제소할 수 없다.

第65조 ① 대통령·국무총리·국무위원·행정각부의장·헌법재판소 재판관·법관·중앙선거관리위원회 위원·감사원장·감사위원 기타 법률이 정한 공무원이 그 직무집행에 있어서 헌법이나 법률을 위배한 때에는 국회는 탄핵의 소추를 의결할 수 있다.
② 제1항의 탄핵소추는 국회재적의원 3분의 1 이상의 발의가 있어야 하며, 그 의결은 국회재적의원 과반수의 찬성이 있어야 한다. 다만, 대통령에 대한 탄핵소추는 국회재적의원 과반수의 발의와 국회재적의원 3분의 2 이상의 찬성이 있어야 한다.
③ 탄핵소추의 의결을 받은 자는 탄핵심판이 있을 때까지 그 권한행사가 정지된다.
④ 탄핵결정은 공직으로부터 파면함에 그친다. 그러나, 이에 의하여 민사상이나 형사상의 책임이 면제되지는 아니한다.

제 4 장 정 부

제 1 절 대 통 령

第66조 ① 대통령은 국가의 원수이며, 외국에 대하여 국가를 대표한다.
② 대통령은 국가의 독립·영토의 보전·국가의 계속성과 헌법을 수호할 책무를 진다.
③ 대통령은 조국의 평화적 통일을 위한 성실한 의무를 진다.
④ 행정권은 대통령을 수반으로 하는 정부에 속한다.

第67조 ① 대통령은 국민의 보통·평등·직접·비밀선거에 의하여 선출한다.
② 제1항의 선거에 있어서 최고득표자가 2인 이상인 때에는 국회의 재적의원 과반수가 출석한 공개회의에서 다수표를 얻은 자를 당선자로 한다.
③ 대통령후보자가 1인일 때에는 그 득표수가 선거권자 총수의 3분의 1 이상이 아니면 대통령으로 당선될 수 없다.
④ 대통령으로 선거될 수 있는 자는 국회의원의 피선거권이 있고 선거일 현재 40세에 달하여야 한다.
⑤ 대통령의 선거에 관한 사항은 법률로 정한다.

第68조 ① 대통령의 임기가 만료되는 때에는 임기만료 70일 내지 40일전에 후임자를 선거한다.
② 대통령이 궐위된 때 또는 대통령 당선자가 사망하거나 판결 기타의 사유로 그 자격을 상실한 때에는 60일 이내에 후임자를 선거한다.

第69조 대통령은 취임에 즈음하여 다음의 선서를 한다. "나는 헌법을 준수하고 국가를 보위하며 조국의 평화적 통일과 국민의 자유와 복리의 증진 및 민족문화의 창달에 노력하여 대통령으로서의 직책을 성실히 수행할 것을 국민 앞에 엄숙히 선서합니다."

第70조 대통령의 임기는 5년으로 하며, 중임할 수 없다.

第71조 대통령이 궐위되거나 사고로 인하여 직무를 수행할 수 없을 때에는 국무총리, 법률이 정한 국무위원의 순서로 그 권한을 대행한다.

第72조 대통령은 필요하다고 인정할 때에는 외교·국방·통일 기타 국가안위에 관한 중요정책을 국민투표에 붙일 수 있다.

第73조 대통령은 조약을 체결·비준하고, 외교사절을 신임·접수 또는 파견하며, 선전포고와 강화를 한다.

第74조 ① 대통령은 헌법과 법률이 정하는 바에 의하여 국군을 통수한다.
② 국군의 조직과 편성은 법률로 정한다.

第75조 대통령은 법률에서 구체적으로 범위를 정하여 위임받은 사항과 법률을 집행하기 위하여 필요한 사항에 관하여 대통령령을 발할 수 있다.

第76조 ① 대통령은 내우·외환·천재·지변 또는 중대한 재정·경제상의 위기에 있어서 국가의 안전보장 또는 공공의 안녕질서를 유지하기 위하여 긴급한 조치가 필요하고 국회의 집회를 기다릴 여유가 없을 때에 한하여 최소한으로 필요한 재정·경제상의 처분을 하거나 이에 관하여 법률의 효력을 가지는 명령을 발할 수 있다.
② 대통령은 국가의 안위에 관계되는 중

대한 교전상태에 있어서 국가를 보위하기 위하여 긴급한 조치가 필요하고 국회의 집회가 불가능한 때에 한하여 법률의 효력을 가지는 명령을 발할 수 있다.

③ 대통령은 제1항과 제2항의 처분 또는 명령을 한 때에는 지체없이 국회에 보고하여 그 승인을 얻어야 한다.

④ 제3항의 승인을 얻지 못한 때에는 그 처분 또는 명령은 그때부터 효력을 상실한다. 이 경우 그 명령에 의하여 개정 또는 폐지되었던 법률은 그 명령이 승인을 얻지 못한 때부터 당연히 효력을 회복한다.

⑤ 대통령은 제3항과 제4항의 사유를 지체없이 공포하여야 한다.

제77조 ① 대통령은 전시·사변 또는 이에 준하는 국가비상사태에 있어서 병력으로써 군사상의 필요에 응하거나 공공의 안녕질서를 유지할 필요가 있을 때에는 법률이 정하는 바에 의하여 계엄을 선포할 수 있다.

② 계엄은 비상계엄과 경비계엄으로 한다.

③ 비상계엄이 선포된 때에는 법률이 정하는 바에 의하여 영장제도, 언론·출판·집회·결사의 자유, 정부나 법원의 권한에 관하여 특별한 조치를 할 수 있다.

④ 계엄을 선포한 때에는 대통령은 지체없이 국회에 통고하여야 한다.

⑤ 국회가 재적의원 과반수의 찬성으로 계엄의 해제를 요구한 때에는 대통령은 이를 해제하여야 한다.

제78조 대통령은 헌법과 법률이 정하는 바에 의하여 공무원을 임면한다.

제79조 ① 대통령은 법률이 정하는 바에 의하여 사면·감형 또는 복권을 명할 수 있다.

② 일반사면을 명하려면 국회의 동의를 얻어야 한다.

③ 사면·감형 및 복권에 관한 사항은 법률로 정한다.

제80조 대통령은 법률이 정하는 바에 의하여 훈장 기타의 영전을 수여한다.

제81조 대통령은 국회에 출석하여 발언하거나 서한으로 의견을 표시할 수 있다.

제82조 대통령의 국법상 행위는 문서로써 하며, 이 문서에는 국무총리와 관계 국무위원이 부서한다. 군사에 관한 것도 또한 같다.

제83조 대통령은 국무총리·국무위원·행정각부의 장 기타 법률이 정하는 공사의 직을 겸할 수 없다.

제84조 대통령은 내란 또는 외환의 죄를 범한 경우를 제외하고는 재직중 형사상의 소추를 받지 아니한다.

제85조 전직대통령의 신분과 예우에 관하여는 법률로 정한다.

제 2 절 행 정 부

제 1 관 국무총리와 국무위원

제86조 ① 국무총리는 국회의 동의를 얻어 대통령이 임명한다.

② 국무총리는 대통령을 보좌하며, 행정에 관하여 대통령의 명을 받아 행정각부를 통할한다.

③ 군인은 현역을 면한 후가 아니면 국무총리로 임명될 수 없다.

제87조 ① 국무위원은 국무총리의 제청으로 대통령이 임명한다.

② 국무위원은 국정에 관하여 대통령을 보좌하며, 국무회의의 구성원으로서 국정을 심의한다.

③ 국무총리는 국무위원의 해임을 대통령에게 건의할 수 있다.

④ 군인은 현역을 면한 후가 아니면 국무위원으로 임명될 수 없다.

제 2 관 국무회의

제88조 ① 국무회의는 정부의 권한에 속하는 중요한 정책을 심의한다.

② 국무회의는 대통령·국무총리와 15인 이상 30인 이하의 국무위원으로 구성한다.

③ 대통령은 국무회의의 의장이 되고, 국무총리는 부의장이 된다.

제89조 다음 사항은 국무회의의 심의를 거쳐야 한다.

1. 국정의 기본계획과 정부의 일반정책
2. 선전·강화 기타 중요한 대외정책
3. 헌법개정안·국민투표안·조약안·법률안 및 대통령령안
4. 예산안·결산·국유재산처분의 기본계획·국가의 부담이 될 계약 기타 재정에 관한 중요사항
5. 대통령의 긴급명령·긴급재정경제처분 및 명령 또는 계엄과 그 해제
6. 군사에 관한 중요사항

7. 국회의 임시회 집회의 요구
8. 영전수여
9. 사면·감형과 복권
10. 행정각부간의 권한의 획정
11. 정부안의 권한의 위임 또는 배정에 관한 기본계획
12. 국정처리상황의 평가·분석
13. 행정각부의 중요한 정책의 수립과 조정
14. 정당해산의 제소
15. 정부에 제출 또는 회부된 정부의 정책에 관계되는 청원의 심사
16. 검찰총장·합동참모의장·각군참모총장·국립대학교총장·대사 기타 법률이 정한 공무원과 국영기업체관리자의 임명
17. 기타 대통령·국무총리 또는 국무위원이 제출한 사항

제90조 ① 국정의 중요한 사항에 관한 대통령의 자문에 응하기 위하여 국가원로로 구성되는 국가원로자문회의를 둘 수 있다.
② 국가원로자문회의의 의장은 직전대통령이 된다. 다만, 직전대통령이 없을 때에는 대통령이 지명한다.
③ 국가원로자문회의의 조직·직무범위 기타 필요한 사항은 법률로 정한다.

제91조 ① 국가안전보장에 관련되는 대외정책·군사정책과 국내정책의 수립에 관하여 국무회의의 심의에 앞서 대통령의 자문에 응하기 위하여 국가안전보장회의를 둔다.
② 국가안전보장회의는 대통령이 주재한다.
③ 국가안전보장회의의 조직·직무범위 기타 필요한 사항은 법률로 정한다.

제92조 ① 평화통일정책의 수립에 관한 대통령의 자문에 응하기 위하여 민주평화통일자문회의를 둘 수 있다.
② 민주평화통일자문회의의 조직·직무범위 기타 필요한 사항은 법률로 정한다.

제93조 ① 국민경제의 발전을 위한 중요정책의 수립에 관하여 대통령의 자문에 응하기 위하여 국민경제자문회의를 둘 수 있다.
② 국민경제자문회의의 조직·직무범위 기타 필요한 사항은 법률로 정한다.

제3관 행정각부

제94조 행정각부의 장은 국무위원 중에서 국무총리의 제청으로 대통령이 임명한다.

제95조 국무총리 또는 행정각부의 장은 소관사무에 관하여 법률이나 대통령령의 위임 또는 직권으로 총리령 또는 부령을 발할 수 있다.

제96조 행정각부의 설치·조직과 직무범위는 법률로 정한다.

제4관 감 사 원

제97조 국가의 세입·세출의 결산, 국가 및 법률이 정한 단체의 회계검사와 행정기관 및 공무원의 직무에 관한 감찰을 하기 위하여 대통령 소속하에 감사원을 둔다.

제98조 ① 감사원은 원장을 포함한 5인 이상 11인 이하의 감사위원으로 구성한다.
② 원장은 국회의 동의를 얻어 대통령이 임명하고, 그 임기는 4년으로 하며, 1차에 한하여 중임할 수 있다.
③ 감사위원은 원장의 제청으로 대통령이 임명하고, 그 임기는 4년으로 하며,1차에 한하여 중임할 수 있다.

제99조 감사원은 세입·세출의 결산을 매년 검사하여 대통령과 차년도 국회에 그 결과를 보고하여야 한다.

제100조 감사원의 조직·직무범위·감사위원의 자격·감사대상공무원의 범위 기타 필요한 사항은 법률로 정한다.

제5장 법 원

제101조 ① 사법권은 법관으로 구성된 법원에 속한다.
② 법원은 최고 법원인 대법원과 각급법원으로 조직된다.
③ 법관의 자격은 법률로 정한다.

제102조 ① 대법원에 부를 둘 수 있다.
② 대법원에 대법관을 둔다. 다만, 법률이 정하는 바에 의하여 대법관이 아닌 법관을 둘 수 있다.
③ 대법원과 각급법원의 조직은 법률로 정한다.

제103조 법관은 헌법과 법률에 의하여 그 양심에 따라 독립하여 심판한다.

제104조 ① 대법원장은 국회의 동의를 얻어 대통령이 임명한다.
② 대법관은 대법원장의 제청으로 국회의 동의를 얻어 대통령이 임명한다.
③ 대법원장과 대법관이 아닌 법관은 대

법관회의의 동의를 얻어 대법원장이 임명한다.

제105조 ① 대법원장의 임기는 6년으로 하며, 중임할 수 없다.
② 대법관의 임기는 6년으로 하며, 법률이 정하는 바에 의하여 연임할 수 있다.
③ 대법원장과 대법관이 아닌 법관의 임기는 10년으로 하며, 법률이 정하는 바에 의하여 연임할 수 있다.
④ 법관의 정년은 법률로 정한다.

제106조 ① 법관은 탄핵 또는 금고 이상의 형의 선고에 의하지 아니하고는 파면되지 아니하며, 징계처분에 의하지 아니하고는 정직·감봉 기타 불리한 처분을 받지 아니한다.
② 법관이 중대한 심신상의 장해로 직무를 수행할 수 없을 때에는 법률이 정하는 바에 의하여 퇴직하게 할 수 있다.

제107조 ① 법률이 헌법에 위반되는 여부가 재판의 전제가 된 경우에는 법원은 헌법재판소에 제청하여 그 심판에 의하여 재판한다.
② 명령·규칙 또는 처분이 헌법이나 법률에 위반되는 여부가 재판의 전제가 된 경우에는 대법원은 이를 최종적으로 심사할 권한을 가진다.
③ 재판의 전심절차로서 행정심판을 할 수 있다. 행정심판의 절차는 법률로 정하되, 사법절차가 준용되어야 한다.

제108조 대법원은 법률에 저촉되지 아니하는 범위안에서 소송에 관한 절차, 법원의 내부규율과 사무처리에 관한 규칙을 제정할 수 있다.

제109조 재판의 심리와 판결은 공개한다. 다만, 심리는 국가의 안전보장 또는 안녕질서를 방해하거나 선량한 풍속을 해할 염려가 있을 때에는 법원의 결정으로 공개하지 아니할 수 있다.

제110조 ① 군사재판을 관할하기 위하여 특별법원으로서 군사법원을 둘 수 있다.
② 군사법원의 상고심은 대법원에서 관할한다.
③ 군사법원의 조직·권한 및 재판관의 자격은 법률로 정한다.
④ 비상계엄하의 군사재판은 군인·군무원의 범죄나 군사에 관한 간첩죄의 경우와 초병·초소·유독음식물공급·포로에 관한 죄 중 법률이 정한 경우에 한하여 단심으로 할 수 있다. 다만, 사형을 선고한 경우에는 그러하지 아니하다.

제 6 장 헌법재판소

제111조 ① 헌법재판소는 다음 사항을 관장한다.
1. 법원의 제청에 의한 법률의 위헌여부 심판
2. 탄핵의 심판
3. 정당의 해산 심판
4. 국가기관 상호간, 국가기관과 지방자치단체간 및 지방자치단체 상호간의 권한쟁의에 관한 심판
5. 법률이 정하는 헌법소원에 관한 심판
② 헌법재판소는 법관의 자격을 가진 9인의 재판관으로 구성하며, 재판관은 대통령이 임명한다.
③ 제2항의 재판관중 3인은 국회에서 선출하는 자를, 3인은 대법원장이 지명하는 자를 임명한다.
④ 헌법재판소의 장은 국회의 동의를 얻어 재판관 중에서 대통령이 임명한다.

제112조 ① 헌법재판소 재판관의 임기는 6년으로 하며, 법률이 정하는 바에 의하여 연임할 수 있다.
② 헌법재판소 재판관은 정당에 가입하거나 정치에 관여할 수 없다.
③ 헌법재판소 재판관은 탄핵 또는 금고 이상의 형의 선고에 의하지 아니하고는 파면되지 아니한다.

제113조 ① 헌법재판소에서 법률의 위헌결정, 탄핵의 결정, 정당해산의 결정 또는 헌법소원에 관한 인용결정을 할 때에는 재판관 6인 이상의 찬성이 있어야 한다.
② 헌법재판소는 법률에 저촉되지 아니하는 범위 안에서 심판에 관한 절차, 내부규율과 사무처리에 관한 규칙을 제정할 수 있다.
③ 헌법재판소의 조직과 운영 기타 필요한 사항은 법률로 정한다.

제 7 장 선거관리

제114조 ① 선거와 국민투표의 공정한 관리 및 정당에 관한 사무를 처리하기 위하여 선거관리위원회를 둔다.
② 중앙선거관리위원회는 대통령이 임명

하는 3인, 국회에서 선출하는 3인과 대법원장이 지명하는 3인의 위원으로 구성한다. 위원장은 위원 중에서 호선한다.
③ 위원의 임기는 6년으로 한다.
④ 위원은 정당에 가입하거나 정치에 관여할 수 없다.
⑤ 위원은 탄핵 또는 금고 이상의 형의 선고에 의하지 아니하고는 파면되지 아니한다.
⑥ 중앙선거관리위원회는 법령의 범위안에서 선거관리·국민투표관리 또는 정당사무에 관한 규칙을 제정할 수 있으며, 법률에 저촉되지 아니하는 범위안에서 내부규율에 관한 규칙을 제정할 수 있다.
⑦ 각급 선거관리위원회의 조직·직무범위 기타 필요한 사항은 법률로 정한다.

제115조 ① 각급 선거관리위원회는 선거인명부의 작성등 선거사무와 국민투표사무에 관하여 관계 행정기관에 필요한 지시를 할 수 있다.
② 제1항의 지시를 받은 당해 행정기관은 이에 응하여야 한다.

제116조 ① 선거운동은 각급 선거관리위원회의 관리하에 법률이 정하는 범위안에서 하되, 균등한 기회가 보장되어야 한다.
② 선거에 관한 경비는 법률이 정하는 경우를 제외하고는 정당 또는 후보자에게 부담시킬 수 없다.

제 8 장 지방자치

제117조 ① 지방자치단체는 주민의 복리에 관한 사무를 처리하고 재산을 관리하며, 법령의 범위 안에서 자치에 관한 규정을 제정할 수 있다.
② 지방자치단체의 종류는 법률로 정한다.

제118조 ① 지방자치단체에 의회를 둔다.
② 지방의회의 조직·권한·의원선거와 지방자치단체의 장의 선임방법 기타 지방자치단체의 조직과 운영에 관한 사항은 법률로 정한다.

제 9 장 경 제

제119조 ① 대한민국의 경제질서는 개인과 기업의 경제상의 자유와 창의를 존중함을 기본으로 한다.
② 국가는 균형있는 국민경제의 성장 및 안정과 적정한 소득의 분배를 유지하고, 시장의 지배와 경제력의 남용을 방지하며, 경제주체간의 조화를 통한 경제의 민주화를 위하여 경제에 관한 규제와 조정을 할 수 있다.

제120조 ① 광물 기타 중요한 지하자원·수산자원·수력과 경제상 이용할 수 있는 자연력은 법률이 정하는 바에 의하여 일정한 기간 그 채취·개발 또는 이용을 특허할 수 있다.
② 국토와 자원은 국가의 보호를 받으며, 국가는 그 균형있는 개발과 이용을 위하여 필요한 계획을 수립한다.

제121조 ① 국가는 농지에 관하여 경자유전의 원칙이 달성될 수 있도록 노력하여야 하며, 농지의 소작제도는 금지된다.
② 농업생산성의 제고와 농지의 합리적인 이용을 위하거나 불가피한 사정으로 발생하는 농지의 임대차와 위탁경영은 법률이 정하는 바에 의하여 인정된다.

제122조 국가는 국민 모두의 생산 및 생활의 기반이 되는 국토의 효율적이고 균형있는 이용·개발과 보전을 위하여 법률이 정하는 바에 의하여 그에 관한 필요한 제한과 의무를 과할 수 있다.

제123조 ① 국가는 농업 및 어업을 보호·육성하기 위하여 농·어촌종합개발과 그 지원등 필요한 계획을 수립·시행하여야 한다.
② 국가는 지역간의 균형있는 발전을 위하여 지역경제를 육성할 의무를 진다.
③ 국가는 중소기업을 보호·육성하여야 한다.
④ 국가는 농수산물의 수급균형과 유통구조의 개선에 노력하여 가격안정을 도모함으로써 농·어민의 이익을 보호한다.
⑤ 국가는 농·어민과 중소기업의 자조조직을 육성하여야 하며, 그 자율적 활동과 발전을 보장한다.

제124조 국가는 건전한 소비행위를 계도하고 생산품의 품질향상을 촉구하기 위한 소비자보호운동을 법률이 정하는 바에 의하여 보장한다.

제125조 국가는 대외무역을 육성하며, 이를 규제·조정할 수 있다.

제126조 국방상 또는 국민경제상 긴절한 필요로 인하여 법률이 정하는 경우를 제외하고는, 사영기업을 국유 또는 공유로

이전하거나 그 경영을 통제 또는 관리할 수 없다.

제127조 ① 국가는 과학기술의 혁신과 정보 및 인력의 개발을 통하여 국민경제의 발전에 노력하여야 한다.

② 국가는 국가표준제도를 확립한다.

③ 대통령은 제1항의 목적을 달성하기 위하여 필요한 자문기구를 둘 수 있다.

제10장 헌법개정

제128조 ① 헌법개정은 국회재적의원 과반수 또는 대통령의 발의로 제안된다.

② 대통령의 임기연장 또는 중임변경을 위한 헌법개정은 그 헌법개정 제안 당시의 대통령에 대하여는 효력이 없다.

제129조 제안된 헌법개정안은 대통령이 20일 이상의 기간 이를 공고하여야 한다.

제130조 ① 국회는 헌법개정안이 공고된 날로부터 60일 이내에 의결하여야 하며, 국회의 의결은 재적의원 3분의 2 이상의 찬성을 얻어야 한다.

② 헌법개정안은 국회가 의결한 후 30일 이내에 국민투표에 붙여 국회의원선거권자과반수의 투표와 투표자 과반수의 찬성을 얻어야 한다.

③ 헌법개정안이 제2항의 찬성을 얻은 때에는 헌법개정은 확정되며, 대통령은 즉시 이를 공포하여야 한다.

〈부 칙〉

제1조 이 헌법은 1988년 2월 25일부터 시행한다. 다만, 이 헌법을 시행하기 위하여 필요한 법률의 제정·개정과 이 헌법에 의한 대통령 및 국회의원의 선거 기타 이 헌법시행에 관한 준비는 이 헌법시행 전에 할 수 있다.

제2조 ① 이 헌법에 의한 최초의 대통령선거는 이 헌법시행일 40일 전까지 실시한다.

② 이 헌법에 의한 최초의 대통령의 임기는 이 헌법시행일로부터 개시한다.

제3조 ① 이 헌법에 의한 최초의 국회의원선거는 이 헌법공포일로부터 6월이내에 실시하며, 이 헌법에 의하여 선출된 최초의 국회의원의 임기는 국회의원선거후 이 헌법에 의한 국회의 최초의 집회일로부터 개시한다.

② 이 헌법공포 당시의 국회의원의 임기는 제1항에 의한 국회의 최초의 집회일 전일까지로 한다.

제4조 ① 이 헌법시행 당시의 공무원과 정부가 임명한 기업체의 임원은 이 헌법에 의하여 임명된 것으로 본다. 다만, 이 헌법에 의하여 선임방법이나 임명권자가 변경된 공무원과 대법원장 및 감사원장은 이 헌법에 의하여 후임자가 선임될 때까지 그 직무를 행하며, 이 경우 전임자인 공무원의 임기는 후임자가 선임되는 전일까지로 한다.

② 이 헌법시행 당시의 대법원장과 대법원판사가 아닌 법관은 제1항 단서의 규정에 불구하고 이 헌법에 의하여 임명된 것으로 본다.

③ 이 헌법중 공무원의 임기 또는 중임제한에 관한 규정은 이 헌법에 의하여 그 공무원이 최초로 선출 또는 임명된 때로부터 적용한다.

제5조 이 헌법시행 당시의 법령과 조약은 이 헌법에 위배되지 아니하는 한 그 효력을 지속한다.

제6조 이 헌법시행 당시에 이 헌법에 의하여 새로 설치될 기관의 권한에 속하는 직무를 행하고 있는 기관은 이 헌법에 의하여 새로운 기관이 설치될 때까지 존속하며 그 직무를 행한다.

판례색인

=국내 판례=

[헌법재판소]

[대 법 원]

[기타 법원]

= 국외 판례 =

[일 본]

[독 일]

[프랑스]

[미 국]

사항색인

[ㄱ]

[ㅇ]

[ㅈ]

[ㅊ]

[저자 약력]

成樂寅(성낙인)

서울대학교 법과대학 졸업, 서울대학교 대학원 법학석사・박사과정 수료
프랑스 파리2대학교 법학박사과정 수료(D.E.A.)・법학박사(Docteur en droit)
서울대학교 법과대학 교수, 영남대학교 법과대학 교수
사법시험, 행정・입법・외무고시 및 군법무관시험 위원
서울대학교 법과대학 학장, 한국법학교수회 회장
한국공법학회 회장, 국제헌법학회 한국지부 회장, 한국법교육학회 회장
대통령자문 교육개혁위원회 위원, 국무총리 행정심판위원회 위원
국회 공직자윤리위원회 위원장, 국회 헌법연구자문위원회 부위원장
헌법재판소 자문위원, 대법원 대법관후보추천위원회 위원
경찰위원회 위원장, 통일부 정책자문위원회 위원장
법무부 사법시험관리위원회 위원, 대검찰청 제도개선 위원장
동아시아연구중심대학협의회(AEARU) 의장
서울대학교 제26대 총장, 서울대학교 법학전문대학원 명예교수(헌법학)

[주요 저서 및 논문]

헌법학논집(법문사, 2018), 국가와 헌법 Ⅰ(헌법총론・정치제도론), Ⅱ(기본권론)(법문사, 2018)
헌법개론 제15판(법문사, 2026), 헌법소송론 제3판(공저, 법문사, 2026)
87년 체제의 종언과 제7공화국, 나남, 2025
成樂寅 著, 蔡永浩・朴大憲 共譯, 韓國憲法學槪論, 中國, 知识产权出版社, 2022.
Les ministres de la Ve République française(Paris, L.G.D.J., 1988)
판례헌법 제4판(법문사, 2014), 헌법과 국가정체성(박영사, 2019)
헌법과 생활법치(세창출판사, 2017), 대한민국헌법사(법문사, 2012)
프랑스헌법학(법문사, 1995), 선거법론(법문사, 1998)
헌법연습(법문사, 2000), 한국헌법연습(고시계, 1997・1998)
언론정보법(나남출판, 1998), 공직선거법과 선거방송심의(나남출판, 2007)
세계언론판례총람(공저, 한국언론연구원, 1998), 자금세탁방지법제론(경인문화사, 2007)
헌법판례 백선(법문사, 2013), 주석헌법(공저, 법원사, 1990)
만화 판례헌법 1(헌법과 정치제도), 2(헌법과 기본권)(법률저널, 2013)
우리헌법읽기, 국민을 위한 사법개혁과 법학교육(법률저널, 2014)
한국헌법과 이원정부제(반대통령제), 정보공개와 사생활보호 외 다수

헌 법 학 [제26판]

2001년 2월 26일 초판 발행
2002년 2월 25일 제2판 발행
2003년 2월 20일 제3판 발행
2004년 2월 28일 제4판 발행
2005년 2월 15일 제5판 발행
2006년 2월 10일 제6판 발행
2007년 2월 1일 제7판 발행
2008년 2월 11일 제8판 발행
2009년 2월 10일 제9판 발행
2010년 2월 19일 제10판 발행
2011년 2월 21일 제11판 발행
2012년 2월 25일 제12판 발행
2013년 1월 31일 제13판 발행
2014년 2월 10일 제14판 발행
2015년 2월 5일 제15판 발행
2016년 2월 20일 제16판 발행
2017년 2월 10일 제17판 발행
2018년 2월 10일 제18판 발행
2019년 2월 1일 제19판 발행
2020년 2월 10일 제20판 발행
2021년 1월 31일 제21판 발행
2022년 1월 20일 제22판 발행
2023년 1월 25일 제23판 발행
2024년 2월 15일 제24판 발행
2025년 2월 25일 제25판 발행
2026년 3월 1일 제26판 1쇄 발행

저 자 성 낙 인
발행인 배 효 선

발행처 도서출판 法 文 社

주 소 10881 경기도 파주시 회동길 37-29
등 록 1957년 12월 12일 / 제2-76호 (윤)
전 화 (031)955-6500~6 FAX (031)955-6525
E-mail (영업) bms@bobmunsa.co.kr
(편집) edit66@bobmunsa.co.kr
홈페이지 http://www.bobmunsa.co.kr
조 판 법 문 사 전 산 실

정가 61,000원 ISBN 978-89-18-91666-8